デイリーコンサイス
韓日辞典

SANSEIDO'S DAILY CONCISE KOREAN-JAPANESE DICTIONARY

尹亭仁 [編]

三省堂

© Sanseido Co., Ltd. 2009

Printed in Japan

[編　者]	尹亭仁
[執筆・執筆協力者]	尹亭仁　永原歩　小野順子　文彰鶴　金秀美　車香春
[編集協力者]	上保敏　吉岡幸子　李根雨　尹恵禎　細川雄　鈴木康子　佐々木香奈　金銀珠　三上将宏　金珠怜　西條香菜　香川義雄　金倫廷　金志訓　趙懸貞　柳彬　馬場緑
[システム及びデータ設計]	三省堂データ編集室
[地　図]	ジェイ・マップ
[装　丁]	三省堂デザイン室

序

ここ数年の間に, スポーツやドラマなどを介して日本と韓国の社会的・文化的交流がかつて類を見ないほどの勢いで深まっている. 日本における韓国語学習者の数も飛躍的に増えてきて, 一時的な興味の対象としてではなく真摯に韓国語を学ぼうという学生や社会人の層が着実に形成されつつある. その影響は当然辞書の編纂やテキスト・参考書類の編集にも及んでくることになった.

本書は, そのような流れに押されて 2005 年の春に企画の構想に着手し, 執筆のための準備作業に入った. 韓国人と日本人の執筆者が大学の授業の中で日々体験する問題を出し合い, 学習者にとってどのような辞書がよいものなのか, 知恵を絞って様々な工夫を凝らした. 三省堂のデイリーコンサイスシリーズの特長を活かし, コンパクトながら現代生活に必要十分な項目数を収録した辞書をめざしたことは言うまでもなく, 今新しく登場する韓国語の辞書として我々が特に意図した点は以下の通りである.

韓国語には日本語にない子音や母音が多いため, 学習者は発音を習得するのにまず苦労する. そこで, 韓日辞典では見出し語の発音情報を充実させた. すなわち, 頻度の高い重要語には IPA (国際音声記号) を表示した. また, 学習者がおそらく一番初めに覚えるべき実際の発音をハングルで併記した. 本書を使ううちに, 韓国語の発音の仕組みが自然に分かるようになると思われる.

複合語は親となる見出し語のもとに見やすく表示した. 名詞の場合, 一語を通して関連語も一緒に学習できるように心がけた. 特に漢語名詞の習得には役立つものと期待している. また, この種のハンディサイズの限界まで, 語の使い方が分かるような句例・文例を豊富に収録した.

語彙の習得を意味の関連で捉えられるように, 類義語, 対義語, 関連語や派生関係が個別的にわかるような受身形, 使役形, 略語などを掲載した. 韓国語に特徴的な母音の交替で語感の強弱・軽重を表わす対語も表示した.

韓国語習得の重要なポイントとなる用言の活用の理解に役立つように, 紙幅の許す限り「正則・変則活用」「重要動詞・形容詞活用表」を巻末に掲載した. 眺めるだけで変則や用言の活用形の違いが分かるように意図した. そのほか, 韓国についての文化的な情報および語法的な知識を補強するのに役立つ付録を巻末に掲載した.

1990 年の来日以来, 『大辞林』をはじめとする国語辞典を愛用している編者であるが, 韓国語と日本語の学習者にいささかでも役に立ち親しまれる辞書を届けたいと心から願って, 本書が成った次第である. 不十分な点が色々あると思われるが, 読者の方々のご意見・ご叱正を待ちたい.

最後に, 精緻な組版と印刷・製本を担当された三省堂データ編集室および三省堂印刷株式会社の関係者の方々, 出版をお勧めくださった株式会社三省堂, とりわけ企画・編集を担当された柳百合編集長をはじめ外国語辞書編集室の崔煕眞さん, 村上眞美子さんには深く感謝申し上げる.

2009 年 3 月

編者 尹亭仁

凡 例

1. 見出し語
1-1. 約4万8千の見出し語を，韓国での正書法におけるハングルの字母順に配列した．親見出しを含む複合語は，子見出しとしてその項目にまとめて示した．見出し語に2以上の品詞の別がある場合には，— で区分した（自動詞・他動詞の別もこれに準じた）．見出し語から派生した副詞・受身動詞などは，見出し語と同じ書体でその項目末に置いた．

가격(價格) /kagjək/ 価格; 値段; 値.
가구(家口) /kagu/ 世帯. 例 세대(世帶).
......
가격^연동제(價格連動制)【-정년-】名 価格連動制. —— 低почтому…世帯.

1-2. 同じハングル表記の語(同音異義語の見出し語)は右肩に番号を付して別見出しとした．

가상¹(家相) 名 家相. **가상**²(假想) 名 自他動 仮想.

1-3. 英語などの外来語，地名などの固有名詞，助詞，補助動詞，略語，重要動詞・形容詞の活用形も見出し語とした．

1-4. 重要語 5,160 語を色付きで表示した．そのうち特に使用頻度の高い最重要語 1,100 語を 2 行取り大字で表示した．

가능 (可能) /ka:nɯŋ/ 하形
可能; できること．

1-5. 見出し語にはハイフン(-)で語結合を表示したが，分かち書きをしてもよい語には ˆ を表示した．

가랑-눈 名 粉雪. **공과ˆ대학**(工科大學)【-돠-】名
工科大学; 工学部.

1-6. 接頭・接尾辞，語尾などはハイフン付きで，自立語の後に配列した．

가-⁶(假) 接頭 仮…; 仮の…; ‖가—**가-**⁷(家) 接尾 ❶…家(か).
계약 仮契約, 가면허 仮免許.

2. 表 記
2-1. 漢字語の見出し語には，( )に入れて韓国漢字を併記した．

간편-하다(簡便-) /ka:npʰjənhada/ 形 하変 簡便だ; 便利だ;…

2-2. 英語などの外来語の見出し語には，原語のスペルを( )に入れて併記した（「13. 記号・略語類」参照）．

가제²(Gaze ド) 名 ガーゼ.

3. 発 音
3-1. 色付きで示した重要語には，/ / に入れて国際音声記号(IPA)を表示した．

가수(歌手) /kasu/ 名 歌手.

3-2. ハングル通りの読みではなく，実際の発音において鼻音化・濃音化など音変化の起こる見出し語については，実際発音を【 】に入れてハングルで併記した．発音が変わらない部分は - で表示した．

가라-앉다 /karaanʔta/【-안따】自 ❶ 沈む.

3-3. 見出しに掲載した「反切法とカナ発音表記」に従って本文中の姓や地名をカナ表記したが（ただし音節末子音には小字を使用しない），キムチ，チョゴリなど固有の事物は日本における慣用表記を使用した．

凡例

4. 品詞

4-1. 見出し語の品詞を 图 のように略号で示した（「13. 記号・略号類」参照）．品詞の名称および分類は，原則として韓国の現行の学校文法に従った．

4-2. 名詞・副詞のうち，하다 あるいは 되다 がついて動詞あるいは形容詞になるものには 하動 되動 のような記号を表示した（「13. 記号・略号類」参照）．

　　가결（可決）图 하他 可決．하不 (否決)．

5. 活用・変化

5-1. 変則活用をする動詞・形容詞には [ㅂ変] のような表示をした（「13. 記号・略号類」参照）．活用の詳細については，付録の「正則・変則活用表」「重要動詞・形容詞活用表」参照．

　　가까운 形 [ㅂ変] 가깝다（近い）の現在連体形．

5-2. 重要動詞・形容詞には，現在連用形および現在連体形を品詞・変則活用の後に表示した．また，過去連用形で語幹の変わるものは併記した．

　　기르다 /kiruda/ 他 [르変] [길러, 기르는] ❶ 育てる；育成する．

6. 語義

6-1. 語義の配列に当たっては，原則として頻度を重視した．

6-2. 語義の区分は ❶❷… で示した．これを更に区分する場合は，(i)(ii)… を使用した．

6-3. （　）内に語義の補足説明を入れた．

6-4. 〔　〕内に文法的・語法的説明を入れた．

6-5. 《　》内に専門分野を表示した．ただし，《経》は経済・経営，《地》は地理・地質・地学，《薬》は薬学・薬剤・薬物のように複数の分野を含む．

7. 用例

7-1. 用例は語義ごとに示し，語義と用例は ‖ で区分した．

7-2. 用例中の見出し語に当たる部分は，活用形も含めて省略せずに全書した．

8. 慣用句・諺

8-1. 慣用句・諺は項目末に ▸ を付して掲載した．
　　▸가까운 남이 먼 일가보다 낫다
　　《諺》遠い一家より近い隣；遠くの親
　　類より近くの他人．

8-2. 慣用句・諺は，原則として先頭の語を見出しとする項目に挙げた．

8-3. 慣用句・諺の語義は①②… で区別した．

9. 百科的・語法的解説

9-1. 韓国固有の文化や語の運用に関する説明は，語義や用例の後に ✤ で示した．
　　국화²（國花）【구화】 国花．✤韓国は무궁화（無窮花），日本は桜．

10. 類義語・対義語・関連語

10-1. 類義語，対義語，シリーズをなす関連語は，語義ごとに 類 対 関 で示した．

가-수요 (假需要) [名] ((経)) 仮需要. [対]실수요(實需要).

11. 受身形・使役形・略語・縮約形
11-1. 受身形, 使役形, 略語, 縮約形は [受] [使] [略] [縮] で示した.

가지-가지 /kadʒigadʒi/ [名] 色々; 様々. [縮]갖가지.

12. 語感の強弱・軽重を表現する語
12-1. 母音の交替によって語感の強弱・軽重を表現する対語は, それぞれ [큰] [작] で示した.

깔깔 [副] [하自] 屈託なく高らかに笑う声: けらけら; からから. [큰]껄껄.

13. 記号・略号類

( )	省略可能/補足/韓国漢字	[하自]	하다が付くと自動詞
[ ]	置換可能/連用・連体形	[하他]	하다が付くと他動詞
/ /	発音(IPA)	[하自他]	하다が付くと自動詞・他動詞
【 】	実際発音	[하形]	하다が付くと形容詞
⇨	参照	[되自]	되다が付くと自動詞
←	語源		
‖	用例の開始	[類]	類義語
▸	慣用句・諺	[対]	対義語
✣	百科的・語法的解説	[関]	関連語
		[使]	使役形
[名]	名詞	[受]	受身形
[代]	代名詞	[略]	略語
[数]	数詞	[큰]	語感を強める語
[依名]	依存名詞	[작]	語感を弱める語
[自]	自動詞		
[他]	他動詞	イ	イタリア語
[自他]	自動詞・他動詞	オ	オランダ語
[形]	形容詞	ギ	ギリシャ語
[冠]	冠形詞	ス	スペイン語
[副]	副詞	ド	ドイツ語
[感]	感歎詞	フ	フランス語
[助]	助詞	ポ	ポルトガル語
[補動]	補助動詞	ラ	ラテン語
[補形]	補助形容詞	ロ	ロシア語
[受身]	受身動詞	中	中国語
[接頭]	接頭辞	日	日本語
[接尾]	接尾辞	梵	梵語
[語尾]	語尾		

『ㄹ語幹』	ㄹ(리을)語幹
『ㄷ変』	ㄷ(디귿)変則
『러変』	러変則
『르変』	르変則
『ㅂ変』	ㅂ(비읍) 変則
『ㅅ変』	ㅅ(시옷) 変則
『우変』	우変則
『으変』	으変則
『ㅎ変』	ㅎ(히읗) 変則
『하変』	하変則

1　　　　　　　가구

ㄱ

ㄱ 图 ハングル子音字母の第1番目。名称は「기역」.
ㄱㄴ-순 (-順) 图 ハングルの字母順; いろは順.
ㄱ-자 (-字) 图 「ㄱ」のような形のもの; 直角.
가¹ /ka/ 图 はし;ほとり;縁(ふち);…際;…辺;…岸.∥모자 가에 레이스를 달다 帽子の縁にレースをつける. 연못가에 池のほとり. 물가 水際. 창가 窓辺;窓際. 강가 河岸;川岸.
가² (可) 图 ❶可. ∥즉시 입주 가 即時入居可. ❷5段階の成績評価(秀・優・美・良・可)の第5番目の成績.
가³ /ka/ 勔 [母音で終わる体言に付いて; 子音の場合은이] ❶ …が. ∥친구가 기다리고 있다 友だちが待っている. 오빠가 결혼을 했다 兄が結婚した. 내가 선택한 길이에요 私が選んだ道です. ❷ [疑問文などで新しい話題として] …は. ∥프레스센터가 어디에 있어요? プレスセンターはどこにありますか. 학교가 어디에 있어요? 学校はどこにありますか. ❸ […가 되다の形で] …になる. ∥내년 봄에 엄마가 됩니다 来年の春、ママになります. 신문 기자가 되고 싶다 新聞記者になりたい. ❹ […가 아니다の形で] …で(は)ない. ∥아직은 할 말이 아니다 まだ話す時ではない. ❺ [넘다・모자라다などの文で] 数量を示して. ∥천 대가 넘는 차 千台を超える車. 나사가 두 개가 모자라다 ねじが2つ足りない.
가⁴ 图 가다(行く)の連用形.
가⁵ (加) 接頭 加…. ∥가속도 加速度.
가⁶ (假) 接頭 仮…;仮の…. ∥가계약 仮契約. 가면허 仮免許.
-가⁷ (家) 接尾 ❶ …家(ゕ). ∥소설가 小説家. 실업가 実業家. 자산가 資産家. 노력가 努力家. ❷ …家(け). ∥케네디가 ケネディ家. 박정희가 朴正熙家の人々.
-가⁸ (哥) 接尾 ❶ [名字に付けて] その名字であることを表わす. ∥한국에는 김가 성을 가진 사람이 많다 韓国には金という名字の人が多い. ❷ [男性同士で名字に付けて] 親しい関係または軽く扱うような感じを表わす. ∥저 김가가 그렇게 말했어 あの金がそう言った.
-가⁹ (街) 接尾 …街; …丁目. ∥상점가 商店街.
-가¹⁰ (歌) 接尾 歌. ∥응원가 応援歌.
가가-대소 (呵呵大笑) 图 自サ 呵々(か)大笑.
가가호호 (家家戸戸) 图 副 家ごと;一軒ずつ. ∥가가호호 방문하다 一軒

一軒訪ねる.
가가-건물 (假建物) 图 認可を受けていない仮の建物.
가게 (∥假家) /ka:ge/ 图 〔小規模の〕店. ∥가게를 내다〔차리〕다 店を出す. 아침 열 시에 가게 문을 엽니다 朝10時に店を開けます. 가게 안으로 들어가다 店内に入る. 가게 문 닫을 시간에 손님이 들어왔다 閉店の時間にお客さんが入ってきた. 채소 가게 八百屋. 생선 가게 魚屋.
가격 (價格) /kagjŏk/ 图 価格;値段;値. ∥가격 파괴 価格破壊. 가격이 오르다 値段が上がる. 가격이 내리다 値段が下がる. 생각보다 가격이 비싸다 思ったより値段が高い. 소비자 가격 消費者価格. 도매가격 卸価.
가격-연동제 (價格連動制) 〔-경년-〕 图 価格連動制.
가격-자유화 (價格自由化) 〔-짜-〕 图 価格自由化.
가격-지수 (價格指數) 〔-찌-〕 图 (経) 価格指数.
가격-탄력성 (價格彈力性) 〔-탈-썽〕 图 価格弾力性.
가격-표 (價格票) 图 値札. ∥가격표를 붙이다 値札をつける.
가격 '협정' 카르텔 (價格協定 Kartell) 〔-겨렵쩡-〕 图 (経) 価格カルテル.
가결 (可決) 图 他サ 可決. 반부결(否決). ∥만장일치로 가결하다 満場一致で可決する. 가결-되다 受身
가계¹ (家計) /-/-게/ 图 家計.
가계-부 (家計簿) 图 家計簿. ∥가계부를 적다 家計簿をつける.
가계-비 (家計費) 图 家計費.
가계 '조사 (家計調査) 图 家計調査.
가계² (家系) /-/-게/ 图 家系; 血統.
가계약 (假契約) /-/-게/ 图 他サ 仮契約. ∥가계약을 맺다 仮契約を結ぶ.
가곡 (歌曲) 图 歌曲.
가공¹ (加工) /kagoŋ/ 图 他サ 加工. ∥원료를 가공하여 수출하다 原材料を加工して輸出する.
가공-무역 (加工貿易) 图 加工貿易.
가공-수입 (加工輸入) 图 加工輸入.
가공-수출 (加工輸出) 图 ＝가공 무역(加工貿易).
가공-식품 (加工食品) 图 加工食品.
가공² (架空) 图 他サ 架空. ∥가공의 인물 架空の人物.
가공-하다 (可恐--) 形 [하变] 〔主に가공할…の形で〕恐るべき…;驚くべき…. ∥가공할 핵무기 恐るべき核兵器.
가관 (可觀) 图 ❶見る価値があること. ❷見苦しいこと;みっともないこと. ∥물꼴이 가관이다 格好が見苦しい.
가교 (架橋) 图 架橋;かけ橋.
가구¹ (家口) /kagu/ 图 世帯;세대(世帯). ∥가구수 世帯数. 가구주 世

帯主.
── 依고 …世帯. ‖이 연립 주택에는 스무 가구가 살고 있다 このテラスハウスには 20 世帯が住んでいる.

가구² (家具) 图 家具. ‖가구점 家具店.

가극 (歌劇) 图 《音楽》歌劇. オペラ.

가금 (家禽) 图 家禽.

가급-적 (可及的) /ka:gup²tɕ͈ʌk/【-的】图 可及的. できること. ‖가급적이면 이 일은 하고 싶지 않다 できることなら, この仕事はしたくない.
── 副 可及的に. なるべく. できるだけ. ‖싸움은 가급적 피하는 것이 좋다 けんかはできるだけ避けた方がよい. 내일은 가급적 빨리 가자 明日はなるべく早く行こう.

가까스로 /ka²k͈asuro/ 副 やっと; 辛うじて; ようやく; どうにか. ‖가까스로 마감 시간을 지키다 どうにか締め切りを守る. 가까스로 이기다 辛うじて勝つ.

가까와 [ㅂ変] 가깝다(近い)의 현재 연체형.

가까워 [ㅂ変] 가깝다(近い)의 연용형.

가까-이 /ka²k͈ai/ 副 他能 ❶ 近く. ‖역 가까이에 살고 있다 駅の近くに住んでいる. 오늘은 십 킬로 가까이 뛰었다 今日は 10 キロ近く走った. 가까이 가서 보다 近寄って見る. ❷ 親しく. ‖가까이 지내는 사람들 親しく付き合う人たち. 책을 가까이하는 습관 書物に親しむ習慣.

가깝다 /ka²k͈ap²t͈a/【-다】图 [ㅂ変] [가까워, 가까운] ❶《空間的·時間的》近い. ‖친구 집은 역에서 가깝다 友だちの家は駅から近い. 가까운 시일 내에 찾아뵙겠습니다 近いうちに伺います. 환갑 가까운 나이 還暦に近い歳. ❷《性質や内容が》近い. 似ている; ほとんど同じである. ‖불가능에 가깝다 不可能に近い. 술에 가까운 음료수 酒に近い飲み物. ❸ 親しい. ‖가까운 사이 親しい間. ▶가까운 남이 먼 일가보다 낫다 《諺》 遠い一家より近くの他人; 遠くの親戚より近くの他人.

가꾸는 가꾸다(栽培する)의 현재 연체형.

가꾸다 /ka²k͈uda/ 他能 ❶《植物などを》育てる; 培う; 栽培する. ‖난을 가꾸다 蘭を育てる. 농작물을 가꾸다 農作物を栽培する. ❷ 手入れする; 整える. ‖정성 들여 가꾼 정원 丹精込めて手入れした庭. 몸매를 가꾸다 スタイルを整える.

가꾸어 [가꿔] 他能 가꾸다(栽培する)의 연용형.

가꾼 他能 가꾸다(栽培する)의 과거 연체형.

가꿀 他能 가꾸다(栽培する)의 미래 연체형.

가끔 /ka²k͈um/ 副 時々; 時折; たまに; 時たま. ‖가끔 놀러 오세요 たまに遊びに来てください. 가끔 생각이 난다 たまに思い出す. 가끔 만나기도 한다 時たま会うこともある.

가나다-순 (-順) 图 ハングルの字母順; いろは順. ‖가나다순으로 배열하다 いろは順に並べる.

가난 /kanan/ 图 他能 貧乏; 貧困; 貧しさ; 貧しいこと. ‖가난에 쪼들리다 貧乏に苦しむ. 젊고 가난했을 때 若くて貧乏していた頃. 마음이 가난하다 心が貧しい. ‖가난 구제는 나라도 못한다 《諺》貧民救済は国も手に余る. ▶가난이 죄다 《諺》(事が順調に運ばないのは) 貧乏のせいだ. ▶가난한 집 제사 돌아오듯 (한다) 《諺》(「貧しい家に祭祀が回ってくるよう」の意で) 相次いで困難なことが起きることのたとえ.

가난-뱅이 图 〔さげすむ言い方で〕貧乏人.

가내 (家内) 图 家族; 家の中; 家内.

가내-공업 (家内工業) 图 家内工業.

가내-노동 (家内労動) 图 家内労動.

가냘프다 [으変] 图 か弱い; 弱々しい; か細い. ‖가냘픈 몸으로 か弱い体で. 가냘픈 목소리로 대답하다 か細い声で答える.

가녀리다 图 か細い. ‖가녀린 몸매 か細い体つき.

가누다 /kanuda/ 他能《体を》支える; 保つ. ‖몸을 제대로 못 가누다 体を支えきれない.

가느-다랗다 [-라타] 图 [ㅎ変] きわめて細い; 極細い. ⑤굵다랗다.

가는¹ [ㄹ語幹] 갈다(替える)의 현재 연체형.

가는² [ㄹ語幹] 가늘다(細い)의 현재 연체형.

가는³ 가다(行く)의 현재 연체형. ‖서울에 가는 사람 ソウルに行く人.

가는-눈 图 細目; 薄目. ⑱실눈. ‖가는눈을 뜨고 주위를 살피다 細目を開けて様子を伺う.

가늘다 /kanulda/ 图 [ㄹ語幹] [가늘어, 가는] ❶ 細い. ‖손가락이 가늘다 指が細い. 신경이 가는 사람 細い神経の持ち主. 목소리가 가늘게 뜨다 目を細める. ❸《織り目などが》細かい. ‖가늘게 짜인 옷감 細かく織られた生地. 파를 가늘게 썰다 ネギを細かく刻む.

가늘어 [ㄹ語幹] 가늘다(細い)의 연용형.

가늠 /kanɯm/ 图 他能 ❶ ねらい. ‖제대로 가늠하다 よくねらいをつける. ❷ 見当; 見積もり; 見立て. ‖전혀 가늠할 수가 없다 全く見当がつかない. 출하 시

기를 가늠하다 出荷の時期を見計らう.

가능 (可能) /ka:nuɴ/ (하형) 可能: できること. ‖실행 가능한 계획 実行可能な計画. 재생 가능 에너지 再生可能エネルギー. 가능한 한 可能な限り; できる限り; 極力.

가능-성 (可能性) /-썽/ 图 可能性. ‖성공할 가능성 成功する可能性.

가다¹ /kada/ 值 ❶ 行く. ‖걸어서 학교에 가다 歩いて学校に行く. 같이 갑시다 駅まで一緒に行きましょう. 저리 가! あっち行け! 역까지 걸어서 십 분이면 갈 수 있다 駅まで歩いて10分で行ける. 서울에 간 적이 있다 ソウルに行ったことがある. 서울에서 부산 가는 열차 ソウルから釜山に行く列車. 담당자한테서 연락이 갈 겁니다 担当者から連絡が行くはずです. 가는 봄을 아쉬워하다 行く春を惜しむ. ❷ 去る; 過ぎ去る. ‖겨울이 가고 봄이 왔다 冬が去り, 春が来た. 시간이 가는 줄도 모르고 친구 집에서 놀다 時間が経つのも忘れて友だちの家で遊ぶ. ❹ (明かりが) 消える. ‖불이 가다 明かりが消える. ❺ ひびが入る. ‖접시에 금이 가다 皿にひびが入る. ❻ 気持ちが向いた状態になる. ‖납득이 갈 때까지 질문하다 納得の行くまで質問する. 자꾸 눈이 가다 しょっちゅう目が行く. 이해가 가다 理解が行く. 호감이 가다 好感が持てる. 예쁜 여학생에게 마음이 가다 かわいい女子学生に気が行く. ❼ (物事が) 複雑になり組む. ‖손이 많이 가는 일 手のこんだ仕事. ❸ (体重·値段などが) それくらいある [なる]. ‖체중이 백 킬로그램이나 가다 体重が100kgにもなる. 시가로 백만 원은 간다 時価100万ウォンはする. ❾ (味가) 変わる; 変になる. ‖맛이 가다 味が変になる. ❿ (까무러치기의 俗談) (ひっくり返る) 伸びる. ‖어퍼컷 한 방에 가 버렸다 アッパーカットを1発くらってのびた.

―値 ❶ 行く. ‖밤길을 가다 夜道を行く. 이 길을 쭉 가면 역이 나옵니다 この道をまっすぐに行けば駅に出ます. ❷ 〔一部の名詞+을[를]로 가다の形で〕…に行く. ‖심부름을 가다 お使いに行く. 소풍을 가다 遠足に行く. ❸ 〔動作性名詞+을[를]로 가다の形で〕…する. ‖미국으로 이민을 가다 アメリカへ移民する. 서울로 전학을 가다 ソウルへ転学する. ❹ 〔動作性名詞+을[를]로 가다の形で〕動作の目的を表わす. ‖미국으로 유학을 가다 アメリカへ留学に行く. 서울로 출장을 가다 ソウルへ出張に行く. 중국으로 조사를 가다 中国へ調査に行く. 남동생은 바다로 캠프를 가고 없다 弟は海へキャンプに行って今いない. ❺ 〔…(으)러 가다の形で〕動作の目的を表わす. ‖친구하고 영화를 보러 가다 友

だちと映画を見に行く. 대사관에 비자를 받으러 가다 大使館にビザを取りに行く. ▶가는 날이 장날 [諺] (「行った日が市の立った日」の意で) たまたま行ったところ意外なことに遭遇することのたとえ. ▶가는 말이 고와야 오는 말이 곱다 [諺] 売り言葉に買い言葉.

가다² /kada/ 庬 〔…아[어] 가다の形で〕 …ていく. ‖열심히 살아 가다 一生懸命生きていく. 마음이 점점 멀어져 가다 気持ちがだんだん遠ざかっていく. 밤이 깊어 가다 夜が更けていく. 주름이 늘어 가다 しわが増えていく. ❷ …(し)つつある. ‖병이 나아 가다 病気が治りつつある. 그 사람은 점점 더 말이 없어져 간다 彼は益々寡黙になりつつある. ❸ …から. ‖여름이 끝나 가고 있었다 夏が終わりかけていた.

가다듬다 /kadadɯmt'a/ 〔-따〕 他 ❶ (気を)取り直す; (心を) 落ち着かせる; (気持ちを) 静める. ‖마음을 가다듬고 얘기를 듣다 気持ちを落ち着かせて話を聞く. ❷ 整える. ‖호흡을 가다듬다 呼吸を整える. 전열을 가다듬다 隊列を整える. ❸ 繕う. ‖머리를 가다듬다 髪を繕う. 옷차림을 가다듬다 身なりを繕う.

가다랑어 (魚介類) カツオ (鰹).

가닥 /kadak/ 图 ❶ (糸などの) 縷(ぉ); 糸すじ; (話の)すじ; 糸口. ‖이야기의 가닥을 잡다 話の糸口をつかむ. ❷ 〔한 가닥の形で〕 一筋の; わずかな. ‖한 가닥의 희망 一縷の希望.

―値 糸などを数える語: すじ. ‖한 가닥을 실 1 すじの糸.

가당찮다 (可當-) 〔-찬타〕 厖 〔가당하지 아니하다の縮約形〕 ❶ とんでもない. ‖가당찮은 소리를 하다 とんでもないことを言う. ❷ 手ごわい. ‖가당찮은 상대 手ごわい相手.

가도 (街道) 图 街道. ‖차는 지금 김포 가도를 달리고 있다 車は今金浦街道を走っている. 출세 가도 出世街道.

가동 (稼動) (하형) 稼動. ‖가동 인구 稼動人口. 가동 중 稼動中. **가동-되다** (動)

가동-률 (稼動率) 〔-뉼〕 图 稼動率. ‖가동률을 높이다 稼動率を上げる.

가두 (街頭) 图 街頭. ‖가두 캠페인 街頭キャンペーン. 가두시위 街頭デモ.

가두-모금 (街頭募金) 图 街頭募金.

가두-연설 (街頭演説) 图 街頭演説.

가두다 /kaduda/ 他 閉じ込める; 押し込める; 監禁する. ‖사람을 방에 가두다 人を部屋に閉じ込める. 지하실에 가두다 地下室に監禁する. 돼지를 우리에 가두다 豚を小屋に囲う. ⑩ 갇히다.

가드 (guard) 图 ガード. ‖보디가드 ボディーガード.

가득

가드-펜스 (guard fence) 图 ガードフェンス.
가드-레일 (guardrail) 图 ガードレール.

가득 /kaduk/ 副 (하자) いっぱい; たっぷり; ぎっしり. ‖선물을 가득 안고 들어오는 두노 발육에 좋은 DHA가 가득 들어 있습니다 이 우유에는 두뇌 발육에 좋은 DHA가 가득 들어 있습니다 この牛乳には頭脳の発育によいDHAがたっぷり入っています. 행복이 가득한 집 幸せいっぱいの家.

가든-파티 (garden party) 图 ガーデンパーティー.

가등기 (假登記) 图 (하자) 仮登記. ↔본등기 (本登記).

가득-이나 副 それでなくても; ただでさえ. ‖가뜩이나 바쁜데 쓸데없는 얘기는 하지 말아 줘 それでなくても忙しいのに、くだらない話を持ち出さないで(くれ).

가라-앉다 /karaanʔta/ 【-안따】 自 ❶沈む. ‖유조선이 침몰되어 바다 밑으로 가라앉았다 タンカーが沈没して海の底に沈んだ. ❷(痛みなどが) 和らぐ. ‖통증이 조금 가라앉았다 痛みが少し和らぐ. ❸(怒りなどが) 静まる; 治まる. ‖분이 조금 가라앉았다 興奮が多少静まった. 아직도 분이 가라앉지 않았다 まだ怒りが治まっていない. ❹(腫れなどが) 引く. ‖부기가 많이 가라앉았다 腫れがずいぶん引いた. ❺(雰囲気などが) 静まる; 収まる; 落ち着く. ‖시험이 다가오고 있어서 그런지 교실 분위기는 많이 가라앉아 있었다 試験が近づいているせいか教室の雰囲気がずいぶん落ち着いていた. 他가라앉히다.

가라앉-히다 /karaanʔhida/ 【-안치-】 他 [가라앉다의 사동동사] ❶沈める. ‖적함을 가라앉히다 敵艦を沈める. ❷(痛みなどを) 和らげる. ‖통증을 가라앉히다 痛みを和らげる. ❸(怒りなどを) 静める; 鎮静させる; 落ち着かせる. ‖분을 가라앉히다 怒りを静める. 사람들의 흥분을 가라앉히다 人々の興奮を落ち着かせる.

가라오케 (からオケ 日) 图 カラオケ. ‖노래방 (-房).

가라테 (唐手) 图 (スポーツ) 空手.

가락[1] 图 細長い棒状か筒状か物の一つ一つ. ‖젓가락 箸. 숟가락 さじ. スプーン.
   가락-국수 【-꾹쑤】 图 (料理) 平打ちうどん.

가락[2] 图 ❶(音の)調子; 節; 拍子. ‖노래 가락 曲調. ❷(慣れた)調子; 手業み; 技量. ‖옛날 가락이 나오다 昔の調子がよみがえる.

가락지 【-찌】 图 (二つ一組の)指輪.

가랑-눈 图 細雪.

가랑-비 /karaŋbi/ 图 小雨; 細雨. ‖가랑비가 뿌리다 小雨がぱらつく. ▶가랑비에 옷 젖는 줄 모른다 (諺「小雨に服が濡れるのも気づかない」の意で) 僅かな支出でも度重なればばかにならないことのたとえ.

가랑이 图 股; 股ぐら. ‖바짓가랑이 ズボンの股下. ‖가랑이가 찢어지게 가난하다 (諺) 赤貧洗うが如し.

가랑-잎 【-닢】 图 (広葉樹の)落ち葉.

가래[1] /kare/ 图 痰. 自 담(痰). ‖가래가 끼다 痰がからむ. 가래를 뱉다 [切る] 痰を吐く [切る].
   가래-침 图 痰つば.

가래[2] 图 鋤(すき).

가래[3] 图 (餅·飴などを棒状に延ばして切った)一切れ.
   가래-떡 图 細長い棒状の白い餅.
   가래-엿 【-엳】 图 細長い棒状の飴.

-가량 (假量) /ka:rjaŋ/ 接尾 ほどくらい; 位. ‖나보다 키가 오 센티가량 크다 私より背が5センチほど大きい. 시십 대가량의 남자 40代くらいの男性. 만 원가량 주세요 1万ウォンばかりください.

가려-내다 /karjəne:da/ 他 えり分ける; より分ける; 選別する. ‖불량품을 가려내다 不良品をより分ける.

가련-하다 (可憐-) 形 (하자) 可憐だ; 不憫だ. ‖소녀의 가련한 모습 少女の可憐な姿. 가련하게 여기다 不憫に思う. 가련-히 副

가렵다 /karjəpʔta/ 【-따】 形 [ㅂ変] かゆい. ‖등이 가렵다 背中がかゆい. 가려운 데를 긁다 かゆいところをかく. 가려워서 참을 수 없다 かゆくてたまらない. ▶가려운 데를 긁어 주다 かゆいところに手が届く.

가령 (假令) /ka:rjəŋ/ 副 仮に; もしも; たとえ; 例えば. ‖가령 그렇다고 치자 仮にそうだとしよう. 가령 당신이라면 어떻게 하겠습니까? 例えばあなたならどうしますか.

가로[1] /karo/ 图 横. 自 세로. ‖가로 십 센티, 세로 십 센티의 상자 横10センチ、縦10センチの箱. 가로 길이가 얼마예요? 横の長さはどれくらいですか.
   가로-축 (-軸) 图 (数学) 横軸; x 軸. ↔세로축 (-軸).

가로[2] (街路) 图 街路.
   가로-등 (街路燈) 图 街路灯; 街灯.
   가로-수 (街路樹) 图 街路樹; 並木.

가로-놓다 【-노타】 他 横にして置く. 가로놓이다.

가로-놓이다 【-노-】 [가로놓다의 수동동사] 横たわる. ‖큰 다리가 가로놓여 있다 大きな橋が横たわっている(かかっている). 많은 어려움이 가로놓여 있다 多くの困難が横たわっている.

가로누이다 가로눕다의 사동동사.

가로눕다 【-따】 自 [ㅂ変] 横になる;

横たわる. ‖침대에 가로누워 이것저것 생각하ို다 ベッドに横たわってあれこれと考える. ㉠가로누이다.

가로-막다 /karomak˚ta/【~따】 타 ❶ (前을) 塞ぐ; 立ちはだかる. ‖ 들놓구를 가로막다 出口を塞ぐ. 고장 난 트럭이 길을 가로막고 있다 故障したトラックが道を塞いでいる. ㉠가로막히다. ❷ 遮る; 妨げる. ‖상대방 말을 가로막다 相手の言葉を遮る.

가로막-히다 [-마키-] 자 〔가로막다의 受動詞〕塞がれる; 塞がる; 立ち塞がれる. ‖큰 차에 가로막히다 大きな車に立ち塞がれる.

가로-세로 명 縦横; 横縦(オウ).
가로쓰-기 8画 横書き. ㉠횡서 (横書).
가로-젓다 [-젇따] [ㅅ変] (首を)横に振る. ‖고개를 가로저으며 싫다고 하다 首を横に振りながら嫌がる.
가로-줄 명 横の線. ㉠세로줄.
가로-지르다 타【르変】 ❶(横に)かけ渡す; (門(몬)などをかける. ‖문빗장을 가로질러 두다 門をかけておく. ❷横切る. ‖큰길을 가로질러 가다 大通りを横切って行く.

가로-채다 /karot͡ɕʰeda/ 타 ❶横取りする; 奪い取る. ‖남의 몫을 가로채다 人の取り分を横取りする. ❷(話の腰を)折る. ‖내 말을 가로채서는 자기 이야기만 했다 私の話の腰を折って自分の話ばかりした. ㉠가로채이다.

가로채-이다 자 〔가로채다의 受動詞〕横取りされる; 奪われる; 取られる. ‖상대 팀 선수에게 공을 가로채이다 相手チームの選手にボールを取られる.

가루 /karu/ 명 粉; 粉末. ‖가루를 빻다 粉を挽(ひ)く. 밀가루 小麦粉. 콩가루 きな粉. 찹쌀 가루 白玉粉. 고춧가루 唐辛子の粉. 분필 가루 チョークの粉.

가루-비누 명 粉石けん.
가루-약 (-薬) 명 粉薬.
가르는 [르変] 가르다(裂く·分ける)の現在連体形.

가르다 /karuda/ 타 [르変] [갈라, 가르는] ❶裂く; かき切る; 割切りり裂く. ‖배를 가르다 腹を裂く. 배를 갈라 알을 들어내다 腹を裂いて卵を取り出す. 두 사람 사이를 갈라 놓다 2人の仲を裂く. ❷分ける. ‖팀을 가르다 チームを分ける. 승패를 가르다 勝敗を分ける. ㉠갈리다.

가르마 (髪の)分け目; 分け方. ‖가르마를 타다 髪に分け目をつける.
가르치는 [他] 가르치다(教える)の現在連体形.

가르치다 /karut͡ɕʰida/ 타 ❶教える; 教授する. ‖피아노를 가르치다 ピアノを教える. 인사하는 법을 가르치다 挨拶の仕方を教える. ❷教え導く; 指導する. 手ほどきする. ‖미국인 친구에게 한국어 기초를 가르쳐 주다 アメリカ人の友だちに韓国語の手ほどきをする. ❸教え込む; 仕込む. ‖춤을 가르치다 踊りを仕込む.

가르치어 [가르쳐] 타 가르치다(教える)の連用形.
가르친 타 가르치다(教える)の過去連体形.
가르칠 타 가르치다(教える)の未来連体形.
가르침 /karut͡ɕʰim/ 명 教え; 教訓. ‖선생님의 가르침 先生の教え.

가른 [르変] 가르다(裂く·分ける)の過去連体形.
가를 [르変] 가르다(裂く·分ける)の未来連体形.
가리는 타 가리다(選ぶ·覆う)の現在連体形.

가리다¹ 자 遮られる; 遮断される. ‖앞 건물에 시계가 가리다 前のビルに視界を遮られる.

가리다² /karida/ 타 ❶選ぶ; えり分ける; より分ける. ‖이기기 위해 수단을 가리지 않다 勝つために手段を選ばない. ❷人見知りする; 人みしりする. ‖낯을 가리다 人見知りする. ❸弁(벤)える; 見分ける; 分かつ. ‖때와 장소를 가리다 時と場所柄を弁える. ❹えり好みする. ‖가리지 않고 뭐든지 잘 먹다 えり好みせずに何でもよく食べる.

가리다³ /karida/ 타 覆う; 遮る; 隠す. ‖햇빛을 가리기 위한 커튼이 필요하다 日差しを遮るためのカーテンが必要だ. 구름이 해를 가리고 있다 雲が日を遮っている. 손수건으로 얼굴을 가리다 ハンカチで顔を覆う.

가리어 [가려] 타 가리다(選ぶ·覆う)の連用形.
가리키는 타 가리키다(指す·指し示す)の現在連体形.

가리키다 /karikʰida/ 타 ❶指す; 指し示す; 指差す; 示す. ‖나침반이 남쪽을 가리키다 羅針盤が南を指す. 사고 싶은 우산을 손가락으로 가리키다 買いたい傘を指で指す. 범인을 가리키다 犯人を指差す. 시계는 벌써 열두 시를 가리키고 있었다 時計はすでに12時を示していた. ❷[…을 [를] 가리키の形で] …を指して, …のことを. ‖동네에서는 그를 가리켜 신동이라고 했다 村では彼のことを神童と言っていた.

가리키어 [가리켜] 타 가리키다(指す·指し示す)の連用形.
가리킨 타 가리키다(指す·指し示す)の過去連体形.
가리킬 타 가리키다(指す·指し示す)の未来連体形.

가린 倒 가리다(選ぶ・覆う)の過去連体形.

가릴 倒 가리다(選ぶ・覆う)の未来連体形.

가마¹ 图 가마솥の略語.

가마² 图 〔陶磁器・炭などを焼く〕窯の略.

가마³ 图 가마니の略語.

가마⁴ 图 つむじ; 旋毛. ‖머리에 가마가 두 개 있다 頭につむじが2つある.

가마니 图 かます; 俵. ⑩가마. ‖가마니를 짜다 かますを編む.
—依名 (米・炭などを入れた)かますを数える語: …かます; …俵. ‖쌀 두 가마 米2俵. 숯 세 가마 炭3俵.

가마득-하다 [-드카-] 倒 [하変] 遙かに遠い;気が遠くなる; 途方に暮れる. ‖어떻게 살아가야 할지 가마득하다 どう生きていったらいいのか途方に暮れている. 가마득한 옛날 일 遥か昔のこと. **가마득-히** 圖

가마-솥 [-솓] 图 釜. ⑩가마.

가마우지 图 〔鳥類〕ウ〔鵜〕.

가만-있다 [-마닏따] 圏 ❶ おとなしくしている; 黙っている; じっとしている. ‖가만있지 말고 뭐라고 한마디 하세요. 黙っていないで何か一言言ってください. ❷〔가만있자・가만있어라などの形で〕さて; はて; ええと; 待ってよ. ‖가만있자 저 사람이 누구더라? ええと, あの人, 誰だっけ?

가만-히 /kamanhi/ 圖 じっと; 黙って; おとなしく. ‖그는 가만히 듣고만 있었다 彼は黙って聞いているばかりだった. 눈을 감은 채 가만히 누워 있다 目を閉じたままじっと横になっている. 否 가만히 있으세요 ちょっとおとなしくしてください.

가망 (可望) /ka:maŋ/ 图 見込み; 望み. ‖더 이상 가망이 없다 もう見込みがない. 성공할 가망이 없다 成功する望みがない.
가망-성 (可望性) [-썽] 图 見込み; 将来の可能性.

가-매장 (假埋葬) 图 [하他] 仮埋葬.

가맹 (加盟) 图 [自] 加盟.
가맹-자 (加盟者) 图 加盟者.
가맹-점 (加盟店) 图 加盟店.

가면 (假面) /ka:mjʌn/ 图 仮面. ▶가면을 벗다 仮面を脱ぐ; 仮面をはぐ. ▶가면을 쓰다 仮面を被る.
가면-극 (假面劇) 图 仮面劇.
가면-무도회 (假面舞蹈會) 〔-/-왜〕图 仮面舞踏会.

가-면허 (假免許) 图 仮免許; 仮免.

가명 (假名) 图 仮名. 対본명 (本名)・실명 (實名).

가무 (歌舞) 图 [하自] 歌舞.

가무스레-하다 倒 [하変] =가무스름하다.

가무스름-하다 倒 [하変] 浅黒い; 薄黒い. ‖얼굴이 통통하고 가무스름하다 顔がぽっちゃりして浅黒い.

가무잡잡-하다 [-짜파-] 倒 [하変] 浅黒い. ‖가무잡잡한 피부 浅黒い肌.

가문 (家門) 图 家門; 家柄. ⑩ 집안.
‖가문의 명예 家門の名誉.

가문비-나무 图 〔植物〕エゾマツ〔蝦夷松〕.

가물 /kamul/ 图 旱魃(가뭄); 日照り. ⑩ 한발(旱魃). ‖올해는 가물 피해가 심각하다 今年は旱魃による被害が深刻である. ▶가물에 콩 나듯 (諺) (「日照りに豆が生えるように」の意で)ごくまれであることのたとえ.

가물가물-하다 倒 [하変] ぼんやりする; ちらちらする; かすかだ. ‖그 사람에 대한 기억도 이제는 가물가물한다 あの人の記憶も今ではかすかである. 작은 글씨는 가물가물해서 못 읽겠다 小さい字はちらちらして読めない. ⑩가물거물하다.

가물-거리다 /kamulgʌrida/ 自 ❶ 〔明かりなどが〕ちらちらする; ちらつく; ゆらゆらする; 揺らぐ; ゆらめく. ‖가물거리는 불빛 揺らぐ明かり. ❷〔遠くのものが〕かすんで見える; しょぼつく. ‖눈이 가물거리다 目がちらちらする. ❸〔記憶などが〕かすかだ. ‖가물거리는 기억 かすかな記憶. ⑩가물거리다.

가물다 [ㄹ語幹] 倒 旱魃が続く; 日照りが続く.

가물치 图 〔魚介類〕タイワンドジョウ科の淡水魚.

가뭄 图 =가물.

가미 (加味) 图 [하他] 加味.

가발 (假髮) /ka:bal/ 图 かつら. ‖가발을 쓰다 かつらをつける〔かぶる〕.

가방 /kabaŋ/ 图 かばん; 袋. ‖손가방 手提げかばん. 종이 가방 紙袋. 가죽 가방 革のかばん. 가방에 집어넣다 かばんに詰め込む.

가벼운 [ㅂ変] 가볍다(軽い)の現在連体形. ‖가벼운 복장 軽い服装.

가벼워 [ㅂ変] 가볍다(軽い)の連用形.

가변 (可變) 图 [하自] 可変. 対불변 (不變).
가변-성 (可變性) [-썽] 图 可変性.
가변 자본 (可變資本) 图 可変資本.
가변-적 (可變的) 图 可変的. ‖가변적인 요소 可変的な要素.

가볍다 /kabjʌpt'a/ [-따] 倒 [ㅂ変] 〔가벼운, 가벼워〕 ❶ 軽い. ‖수소는 공기보다 가볍다 水素は空気より軽い. 오늘은 가방이 가볍다 今日はかばんが軽い. 입이 가볍다 口が軽い. 가벼운 상처 軽いけが. 가볍게 들어 올리다 軽々と持ち上げる. ❷ 軽率だ. ‖좀 가볍게 구는 사람 多少軽率にふるまう人. ❸ 軽微だ. ‖가벼운 피해 軽微な被害. ❹ 軽やかだ; 軽快だ. ‖가벼운

복장 軽やかな服装. 가벼운 발걸음 軽やかな足取り. ❺ 簡単だ. ‖이 정도 문제는 가볍게 풀 수 있다 このくらいの問題は簡単に解ける. **가벼이** 副

가보(家寶) 图 家宝.

가보트(gavotte 프) 图〖音楽〗ガボット.

가봉(假縫) 图 他サ 仮縫い. ‖드레스를 가봉하다 ドレスを仮縫いする.

가봉(Gabon) 图〖国名〗ガボン.

가부(可否) 图 可否. ‖가부 여하 可否如何.

가부-간(可否間) 副 いずれにせよ;いずれにしても;どちらにしても. ‖물리 치료든 수술이든 가부간 결정해야 한다 物理療法か手術かどちらにしても決めなければならない.

가부-장(家父長) 图 家父長.

가부장-제(家父長制) 图 家父長制.

가부-좌(跏趺坐) 图 結跏(ッ)趺坐(ざ). 徊 결가부좌(結跏趺坐). ‖가부좌를 틀다 結跏趺坐を組む.

가분수(假分數) 图 ❶〖数学〗仮分数. 徊진분수(眞分數). ❷ (あざける言い方で) 体に比べ頭が大きい人.

가불(假拂) 图 他サ 前貸し. 徊가지급(假支給).

가뿐-하다 形 ㅎ変 ❶ 身体の動きが軽い. ‖운동을 했더니 몸이 가뿐하다 運動をしたら体が軽い. ❷ わりと簡単だ. 徊거뜬하다.

가쁘다 形 으変 (息が)苦しい. ‖숨을 가쁘게 몰아쉬다 苦しそうに息をする.

가사¹(家事) 图 家事. ‖가사에 전념하다 家事に専念する. 가사 노동 家事労働.

가사²(袈裟←kaṣāya 梵) 图〖仏教〗袈裟.

가사³(假死) 图 仮死. ‖가사 상태에 빠지다 仮死状態に陥る.

가사⁴(歌詞) 图〖音楽〗歌詞.

가산¹(加算) 图 他サ 加算. ‖원금에 이자를 가산하다 元金に利子を加算する. **가산-되다** 受動

가산-세(加算稅)【-쎄】 图 加算税.

가산-점(加算點)【-쩜】 图 加算点.

가산²(家産) 图 家産;身代;身上. ‖가산을 탕진하다 身代を潰す.

가상¹(家喪) 图 家相.

가상²(假想) 图 自他サ 仮想. ‖가상 현실 仮想現実;バーチャルリアリティー. 가상 적국 仮想敵国.

가상-공간(假想空間) 图 サイバースペース.

가상-극(假想劇) 图〖文芸〗仮想劇.

가상-하다(嘉尙一) 形 ㅎ変 感心だ;奇特だ;けなげだ. ‖가상한 일이다 けなげなことだ. **가상-히** 副

가석방(假釋放)【-빵】 图 他サ〖法律〗仮釈放. **가석방-되다** 受動

가설¹(架設) 图 他サ 架設. ‖전화를 가설하다 電話を架設する. 가설 공사 架設工事.

가설²(假設) 图 他サ 仮設. ‖가설 극장 仮設劇場.

가설³(假說) 图 仮説. ‖가설을 세우다 仮説を立てる. 가설을 검증하다 仮説を検証する.

가설⁴(假說) 图 ❶ 仮声;つくり声. ❷ 裏声.

가성²(歌聲) 图 歌声.

가성³(苛性) 图 苛性(皮膚やその他の動物組織に激しく作用し, 腐食させる性質).

가성ː소다(苛性 soda) 图 苛性ソーダ.

가성⁴(假性)图〖医学〗仮性. 徊진성(眞性). ‖가성 근시 仮性近視.

가세¹(加勢) 图 他サ 加勢.

가세²(家勢) 图 家勢. ‖가세가 기울다 家勢が衰える.

가소-롭다(可笑一) 【一따】 形 ㅂ変 笑いぐさだ;ちゃんちゃらおかしい;全く滑稽だ;笑止千万だ;片腹痛い. ‖하는 짓이 가소롭기 짝이 없다 やっていることが笑止千万だ. **가소로이** 副

가소-성(可塑性)【-썽】 图 可塑性.

가속(加速) 图 自他サ 加速. 徊감속(減速).

가속-도(加速度)【-또】 图 加速度. ‖가속도가 붙다 加速度がつく.

가속도-계(加速度計)【-또-/-또계】 图 加速度計.

가속 장치(加速裝置)【-짱-】 图 加速装置.

가솔린(gasoline) 图 ガソリン.

가솔린ː기관(gasoline 機關) 图 ガソリン機関.

가솔린ː엔진(gasoline engine) 图 = 가솔린 기관(gasoline 機關).

가솔린ː차(gasoline 車) 图 ガソリン車.

가수(歌手)/kasu/ 图 歌手. ‖샹송 가수 シャンソン歌手.

가수ː분해(加水分解) 图〖化学〗加水分解.

가수요(假需要)【-수/-쑤】 图 仮需要. 徊실수요(實需要).

가스(gas 네)/kasu/ 图 ガス. ‖가스가 새다 ガスが漏れる. 탄산 가스 炭酸ガス. 액화 석유 가스 液化石油ガス.

가스-관(gas 管) 图 ガス管.

가스ː기관(gas 機關) 图 ガス機関.

가스-난로(gas 煖爐)【-날-】 图 ガスストーブ. 徊가스스토브.

가스-등(gas 燈) 图 ガス灯.

가스-라이터(gas lighter) 图 ガスライター.

가스ː레인지(gas range) 图 ガスレンジ.

가스ː마스크(gas mask) 图 ガスマスク.

가스펠

ク. 酎 방독면(防毒面).
가스-버너 (gas burner) 图 ガスバーナー.
가스-봄베 (Gasbombe ᴰ) 图 ガスボンベ.
가스-스토브 (gas+stove 日) 图 ガスストーブ, ガスだんろ(gas 煖爐).
가스-엔진 (gas engine) 图 ガスエンジン.
가스-총 (一銃) 图 ガス銃.
가스펠 (gospel) 图《キリスト教》ゴスペル.

가슴 /kasum/ 图 ❶胸. ‖가슴을 펴고 걷다 胸を張って歩く. 가슴이 답답하다 胸が苦しい. 괴로워서 가슴이 미어져을 것 같다 苦しくて胸が張り裂けそうだ. 가슴을 쓸어내리다 胸をなでろす. 가슴이 설레다 胸がさわぐ. 가슴에 손을 얹고 생각해 보렴 自分の胸に聞いてみて. 가슴에 새기다 胸に刻む. ❷心. ‖가슴 아픈 이야기 心が痛くなる話. 가슴이 두근거리다 心が騒ぐ;胸騒ぎがする. ❸前身頃. ▶가슴에 못을 박다 心を深く傷つける. 가슴이 내려앉다 胸がつぶれる. ▶가슴이 뜨끔하다 胸を突かれる. ▶가슴이 미어지다 胸がつかえる. ▶가슴(이) 벅차다 胸がいっぱいになる. 가슴이 아리다 胸が痛い.
가슴-둘레 图 胸回り(胸圍).
가슴-샘 《解剖》胸腺. 图 胸腺(胸腺).
가슴-속 [-쏙] 图 胸中;胸. ‖가슴속을 털어놓다 胸中をを吐露する. 가슴속에 묻어두다 胸にしまっておく.
가슴-앓이 [-스마리] 图《医学》胸痛. ❷切ない思い.
가슴-지느러미 图《魚介類》胸びれ.
가슴-통 图 ❶胸囲. ❷胸幅.
가습-기 (加湿器) [-끼] 图 加湿器.

가시¹ /kaʃi/ 图 ❶刺(トゲ)・棘(トゲ);いばら. ‖손가락에 가시에 찔리다 指にとげが刺さる. 장미 가시 バラのとげ. 가시가 돋친 말 とげとげしい言い方. 말에 가시가 있는 듯하다 とげのある言い方だ. ❷魚の骨. ‖생선 가시를 발라내다 魚の小骨をとる. ❸《比喩的に》目障りな人. ‖눈엣가시 目の上のこぶ.
가시-나무 图《植物》シラカシ(白樫).
가시-덤불 图 いばらの藪.
가시-밭 [-빧] 图 いばらの藪原.
가시-밭길 [-받낄] 图 いばらの道. ‖인생은 가시밭길이라고도 한다 人生はいばらの道とも言われる.
가시² (可視) 图 可視. ‖가시광선 可視光線.
가시-성 (可視性) 图 可視性.
가시-화 (可視化) 图 ᴴᴱ 可視化.

가시다¹ /kaʃida/ 圓 去る;失せる;消える;なくなる. ‖무서움이 가시다 恐怖が失せる. 아픔이 가시지 않다 痛みが消

8

れない. 미움이 가시다 憎しみが消える.
가시다² 圓 (口を)ゆすぐ. ‖입을 가시다 口をゆすぐ.
가식 (假飾) 图 ᴴᴱ 飾り気. ‖가식이 없다 飾り気がない.
가십 (gossip) 图 ゴシップ. ‖가십 기사 ゴシップ記事.
가압 (加壓) 图 ᴴᴱ自 加圧.
가압류 (假押留) [-암뉴] 图 ᴴᴱ《法律》仮差し押え.
가야-금 (伽倻琴) 图《音楽》カヤグム(朝鮮の撥弦(ᴴᴬ)楽器の一つ. 十二弦の筝(ʏ)); 新羅(ᴵ²)琴.
가업 (家業) 图 家業. ‖가업을 잇다 家業を継ぐ.
가없다 [-업따] 圇 果てしない;限りがない. **가없-이** 圖 可底.
가역 (可逆) 图 可逆.
가역 반응 (可逆反應)【-빠능】图 可逆反応.
가역 변화 (可逆變化)【-변-】图《物理》可逆変化.
가역-성 (可逆性) [-썽] 图 可逆性.
가연 (可燃) 图 可燃.
가연-물 (可燃物) 图 可燃物.
가연-성 (可燃性) [-썽] 图 可燃性. ‖가연성 폐기물 可燃性廃棄物.
가열 (加熱) /kaʝʌl/ 图 ᴴᴱ 加熱. ‖가열 처리 加熱処理. 가열 살균된 제품 加熱殺菌された製品.
가열-기 (加熱器) 图 加熱器.
가엾다 /ka:ʝʌpt̚a/ [-엽따] 圇 かわいそうだ; 哀れだ;気の毒だ. ‖가엾은 목소리로 울고 있다 哀れな声で泣いている. 가엾게도 선생님한테 혼나고 있다 かわいそうに 先生に叱られている. 가엾은 생각이 들다 気の毒に思う. **가엾-이** 圖 가엾이 여기다 かわいそうに思う.
가오리 图《魚介類》エイ(鱏).
가옥 (家屋) 图 家屋.
가외-로 (加外-) 圖 [-/-웨-] それ以外に;他に.
가요 (歌謡) /kajo/ 图 歌謡. ‖대중 가요 大衆歌謡.
가요-계 (歌謠界) 圖 [-/-게] 图 歌謡界.
가요-곡 (歌謠曲) 图 歌謡曲.
가요-제 (歌謠祭) 图 歌謡祭.
가우스 (gauss) 依名 …ガウス(G).
가운 (家運) 图 家運.
가운² (gown) 图 ガウン. ‖가운을 걸치다 ガウンを羽織る.

가운데 /kaunde/ 图 ❶中;真ん中. ‖길 가운데로 걷다 道の真ん中を歩く. 가운데가 꺼져 있다 真ん中がへこんでいる. 이 가운데 범인은 누구일까? この中で犯人は誰だろう? 저 가운데 아는 사람이 있니? あの中で知り合いはいる? 가운데 아들 真ん中の息子. ❷間. ‖학생들 가운데서는 가운데. ❸성적이 반에서 가운데다 成績が クラスで中間だ.
가운뎃-발가락 [-데빨까-/-덷빨까-] 图 足の中指.
가운뎃-손가락 [-데쏜까-/-덷쏜까-] 图 手の中指. ⑳中指(中指).

가위¹ /kawi/ 图 ❶はさみ. ‖가위로 자르다 はさみで切る; はさみを入れる. 나무가위[전지가위] 剪定ばさみ. 잘 드는 가위 よく切れるはさみ. 다섯 살인데 아직 가위질을 못 한다 5歳なのにまだはさみが使えない. ❷〈じゃんけんの〉チョキ.
가위-표 (-標) 图 伏せ字.
가위² 图 悪い夢にうなされること; 金縛りにあうこと. ‖가위에 눌리다 悪夢にうなされる; 金縛りに遭う.
가위³ 图 中秋. 陰暦8月15日. ⑳한가위·추석(秋夕).
가위⁴ (可謂) 图 ❶ 言うなれば; いわば. ❷ 実に. ‖가위 명필이다 実に名筆だ.
가위바위보 图 じゃんけん; じゃんけんぽん.

가을 /kaɯl/ 图 ❶ 결실의 가을 実りの秋. 가을이 깊어가다 秋が深まる. 가을바람이 불다 秋風が吹く.
가을-걷이 [-거지] 图 (하동) 秋の取り入れ.
가을-바람 [-빠-] 图 秋風.
가을-비 [-삐] 图 秋雨.
가을-철 图 秋季.

가이드 (guide /kaidɯ/) 图 ガイド. ‖관광 가이드 観光ガイド.
가이드-라인 (guideline) 图 ガイドライン.
가이드-북 (guidebook) 图 ガイドブック.
가이아나 (Guyana) 图 〔国名〕ガイアナ.
가이-없다 [-업따] 厖 가없다の誤り.
가인 (佳人) 图 佳人. 美人.
가-일층 (加一層) 图 (하동) なお一層; より一層. ‖가일층의 노력 より一層の努力.
— 图 なお一層; より一層. ‖가일층 노력하다 より一層努力する.
가입 (加入) /kaip/ 图 (하동) 加入する. ‖보험에 가입하다 保険に加入する. 신규 가입 新規加入.
가입-자 (加入者) 【-짜】图 加入者.
가자미 (魚介類) 图 カレイ(鰈).
가자미-눈 图 怒ってにらみつける目.
가작 (佳作) 图 佳作.
가장¹ (家長) 图 家長.
가장² (假裝) 图 (하동) ❶ 仮装. ‖가장무도회 仮装舞踏会. 가장행렬 仮装行列. ❷ 装うこと; 見せかけること.

가장³ /kadʒaŋ/ 副 最も; 一番; 何より(も). 그 이상. ‖세계에서 가장 높은 산은 해발 팔천팔백사십육 미터의 에베레스트이다 世界で最も高い山は海抜8846 mのエベレストだ. 학교에서 가장 발이 빠른 학생 学校で最も足の速い生徒. 가장 중요한 인물 最も重要な人物. 가장 필요한 것 一番必要なもの. 가장 좋은 물건 一番いい品. 네가 와준 것이 가장 기뻐다 君が来てくれたことが何よりも(も)うれしい. 지금이 가장 행복한 때다 今が一番幸せな時だ.
가장-자리 图 はし; ほとり; へり; 縁(ふち). ‖가장자리에는 앉지 마세요 はしには座らないでください. 연못 가장자리 池のほとり[へり].
가재¹ /kadʒe/ 图 〔魚介類〕ザリガニ(蝲蛄); エビガニ(海老蟹). ⇒가재는 게 편이라 〔ザリガニこもカニに味方する〕の意で)似ていて縁のある方に味方する.
가재² (家財) 图 家財. ‖가재 도구 家財道具.
가전 (家電) 图 家電. ‖가전 업계 家電業界.
가전-제품 (家電製品) 图 家庭用電気製品.
가정¹ (假定) /kadʒəŋ/ 图 (하동) 仮定. ‖네가 한 말이 옳다고 가정하자 お前が言ったことが正しいと仮定しよう. 지진이 일어나지 않을 거라는 가정하에 地震が起きないという仮定のもとに.
가정-법 (假定法) 【-뻡】图 〔言語〕仮定法.
가정² (家庭) /kadʒəŋ/ 图 家庭. ‖행복한 가정을 이루다 幸せな家庭を築く. 가정 내 폭력 家庭内暴力; ドメスティックバイオレンス.
가정-교사 (家庭教師) 图 家庭教師.
가정-교육 (家庭教育) 图 家庭教育.
가정-극 (家庭劇) 图 (文芸) 家庭劇.
가정-란 (家庭欄) 【-난】图 〔新聞·雑誌などで〕家庭欄.
가정 방문 (家庭訪問) 图 家庭訪問.
가정 법원 (家庭法院) 图 家庭裁判所.
가정^소설 (家庭小説) 图 〔文芸〕家庭小説.
가정-적 (家庭的) 图 家庭的. ‖가정적인 분위기 家庭的な雰囲気.
가정-환경 (家庭環境) 图 家庭環境.
가정³ (家政) 图 家政.
가정-과 (家政科) 【-꽈】图 家政科.
가정-부 (家政婦) 图 家政婦.
가정-학 (家政学) 图 家政学.
가제¹ (假題) 图 仮題.
가제² (Gaze /ga:zɐ/) 图 ガーゼ. ‖가제 마스크 ガーゼのマスク.
가-제본 (假製本) 图 (하동) 仮製本.

가져-가다 /kadʒəgada/ 【-저-】他 持っていく. ‖선물을 가

저가다 プレゼントを持っていく. 쓰레기를 가져가는 날 ごみ収集の日.

가져-오다 /kadʒoda/ 【-지-】 저 持ってくる; もたらす. ‖학교에 게임기를 가져와서는 안 된다 学校にゲーム機を持ってきてはいけない. 행운을 가져오다 幸運をもたらす.

가족 (家族) /kadʒok/ 图 家族. 働식구(食口). ‖가족은 네 명이다 4人家族である. 가족을 부양하다 家族を養う[扶養する]. 가족이 늘다 家族が増える. 핵가족 核家族. 대가족 大家族.

가족-계획 (家族計劃)【-께-/-꿰-】图 家族計画.

가족-법 (家族法)【-뻡】图 《法律》家族法.

가족-수당 (家族手當)【-쑤-】图 家族手当.

가족-제도 (家族制度)【-쩨-】图 家族制度.

가죽 /kadʒuk/ 图 ❶ 皮; 毛皮. ‖호랑이 가죽 虎の皮. 가죽이 두껍다 面の皮が厚い. 햇볕에 타서 등가죽이 벗겨졌다 日焼けで背中の皮がむけた. ❷ 革; 皮革; レザー. ‖가죽 제품 革製品. 가죽 가방 革のかばん. 가죽 잠바 革ジャン; 革製のジャンパー.

가중 (加重) 图 加重; 《負担など》加わること. ‖부담이 가중되다 負担が加わる.

가증 (加增) 图 하自他 加增.

가증-스럽다 (可憎-)【-따】 形【ㅂ变】 非常に憎らしい. **가증스레** 副

가지[1] /kadʒi/ 图 《植物》ナス(茄子); なすび.

가지[2] /kadʒi/ 图 枝. ‖나뭇가지를 꺾다 木の枝を折る. 가지를 치다 枝分かれする. ▶가지 많은 나무에 바람 잘 날이 없다 (俗)〔《枝の多い木は風で静まる日がない》の意で〕子供の多い人は心配が絶えない.

가지-치기 图 하他 枝打ち.

가지[3] 依名 … 種類; … 通り; … 品. ‖세 가지 방법 3つの方法. 푸는 법은 두 가지 있다 解き方は 2通りある. 오늘 반찬은 두 가지밖에 없다 今日のおかずは 2品しかない. 하나를 보면 열 가지를 안다 一事が万事.

가지-각색 (-各色)【-깍-】图 色々;様々. 働갖가지. ‖가지각색의 물건 色々な品. 가지각색의 옷 色とりどりの服.

가지-가지 /kadʒigadʒi/ 图 色々;様々. 働갖가지. ‖취향도 가지가지다 好みも色々だ. 성격도 가지가지다 性格も様々だ.

가-지급 (假支給) 图 하他 前貸し. 働가불(假拂).

가지다[1] /kadʒida/ 他 ❶ 持つ. 働갖다. ‖우산을 가지고 나가다 傘を持って出かける. 지금 지갑을 안 가지고 있다 今財布を持っていない. 집을 두 채나 가지고 있다 家を 2軒も持っている. 차 면허를 가지고 있다 車の免許を持っている. 오래된 전통을 가지고 있는 학교 古い伝統を持っている学校. 음악에 재능을 가지고 있는 소년 音楽の才能を持った少年. 자신을 가지다 自信を持つ. 여유를 가지다 余裕を持つ. 긍지를 가지다 詩りを持つ. 얘기할 기회를 가지고 싶다 話し合う機会を持ちたい. 관계를 가지다 関係を持つ. ❷ 身に着ける. ‖아이를 가지다 子どもを身ごもる. ❸ […을[를] 가지고(서)] …を相手に; …について; …で. ‖그 일을 가지고 주위에서 말이 많다 そのことで周りがうるさい. 그걸 가지고 될까? それで足りるかな.

가지다[2] 補助 […아[어] 가지다の形で〕動作・状態が持続していることを表わす. ‖어머니한테 용돈을 받아 가지고 왔어 お母さんから小遣いをもらってきた. 술도 사 가지고 와라 ついでに酒も買ってきて. 많이 울어 가지고 눈이 부었다 泣き過ぎて目が腫れた. 많이 먹어 가지고 일어날 수가 없다 食べ過ぎて起き上がれない.

가지런-하다 形【하였】《物の大きさや高さが》整っている. 整然としている; そろっている. ‖크기가 가지런하다 つぶがそろっている. **가지런-히** 副 きちんと. ‖현관의 신을 가지런히 정돈하다 玄関の靴をきちんとそろえる.

가짜 (假-) /ka.ʔdʒa/ 图 にせ物;まがい物; にせ;ウソ. 働진짜. ‖순 가짜 まったくのにせ物. 가짜 상품 いんちき商品.

가차 (假借) 图 하他 ❶ 仮借(する). ‖가차 없는 비판 仮借ない批判. 가차 없이 처벌하다 容赦なく処罰する. ❷ 《漢字の六書の一つの》仮借(する). ‖가차 표기 仮借表記.

가창 (歌唱) 图 하他 歌唱.

가창-력 (歌唱力)【-녁】图 歌唱力.

가책 (呵責)【-짝】图 呵責(する). ‖양심의 가책을 느끼다 良心の呵責を感じる.

가-처분 (假處分) 图 하他 仮処分.

가처분-소득 (可處分所得) 图 可処分所得.

가축 (家畜) /katʃʰuk/ 图 家畜. 働집짐승.

가출 (家出) 图 하自他 家出.

가치 (價値) /katʃʰi/ 图 価値; 値打ち. ‖한 번 읽어 볼 가치가 있는 책 一読の価値のある本. 언급할 가치도 없다 言及する価値もない. 화폐 가치 貨幣価値. 희소가치 希少価値.

가치-관 (價値觀) 图 価値観. ‖가치관의 차이 価値観の相違.

가치-판단 (價値判斷) 图 価値判断.

가칭 (假稱) [명][하타] 仮称.
가타-부타 (可否一) [부] うんともすんとも. ‖그것에 대해 가타부타 말이 없다 それについてうんともすんとも返事がない.
가탈 (事を進めるにおいての)支障; 妨げ; 差し障り; 障害; 邪魔. ❶가탈이 많다 差し障りが多い. 쓸데없는 가탈을 부리다 要らぬ邪魔立てをする.
가탈-스럽다 [형] 까다롭다의 오류.
가택 (家宅) [명] 家宅. ‖가택 연금 家宅軟禁.
가택~수색 (家宅捜索) [-쑤-] [명][하타] 家宅捜索. ‖가택 수색을 받다 家宅捜索を受ける.
가톨릭 (katholiek^네) [명] 「普遍的」の意.
가톨릭-교 (-敎) [명] [宗敎] カトリック.
가파르다 [르변] 険しい; 切り立っている. ‖가파른 언덕길 急な坂道. 가파른 절벽 切り立っている絶壁.
가표 (可票) [명] 票決で賛成票. ↔부표(否票).
가풍 (家風) [명] 家風.
가필 (加筆) [명][하타] 加筆.
가-하다 (加一) /kahada/ [타] [여변] ❶ 加える. ‖공격을 가하다 攻撃を加える. 일격을 가하다 一撃を加える. 체벌을 가하다 体罰を加える. 제재가 가해지다 制裁が加えられる. ❷ 作用を及ぼす; (圧力などを)かける. ‖박차를 가하다 拍車をかける. 압력을 가하다 圧力をかける.
가해 (加害) [명][하타] 加害. ↔피해(被害).
가해-자 (加害者) [명] 加害者. ↔피해자(被害者).
가호¹ (加護) [명][하타] 加護. ‖신의 가호 神のご加護.
가호² (家戶) [명] 戶籍上の家; 所帶数を単位とする家.
가혹-하다 (苛酷一) [-코카-] [형] [여변] 過酷だ; 惨い; 辛い. ‖가혹한 처사 惨い仕打ち. 가혹하게 굴다 辛く当たる.
가훈 (家訓) [명] 家訓.
가히 (可一) [부] ❶まさに. ‖가히 절경이다 まさに絶景である. ❷十分; かなり. ‖가히 천재라는 소리를 들을 만하다 十分天才だと言われるに値する.

각¹ (角) ❶角(뿔). ‖각이 지다 角が立つ. ❷ [數字学] 角.
각² (各) /kak/ [관] 各々の; それぞれ. ‖각 방면 各方面. 각 학교 各学校. 각 나라에서 各国から.
각-각¹ (各各) /kak²kak/ [-깍] [명] 各自; おのおの; それぞれ. ‖각자의 의견이 각각이다 各自の意見がまちまちだ.
— [부] 各々; 各自; めいめい; それぞれ. ‖각각 하나씩 가지고 가다 めいめい1つずつ持って行く. 어느 작품에도 각각 특색이 있다 どの作品にもそれぞれ特色がある.

각각² (刻刻) [-깍] [명] 刻々. ‖시시각각 時々刻々. 각각으로 刻々と(と).
각개 (各個) [명] 各個. ‖각개 격파 各個擊破.
각계 (各界) [-계/-게] [명] 各界. ‖각계의 반응 各界の反応.
각계-각층 (各界各層) [명] 各界各層. ‖각계각층의 노력 各界各層の努力.
각고 (刻苦) [-꼬] [명][하타] 刻苦; 大変努力すること. ‖각고의 노력 끝에 개발에 성공하다 大変な努力の末, 開発に成功する.
각골 (刻骨) [명][하타] (恩や恨みなどが)心に刻まれること.
각골-난망 (刻骨難忘) [명][하타] (恩を心に刻みつけて忘れないこと.
각광 (脚光) [-꽝] [명] 脚光. ‖각광을 받다 脚光を浴びる.
각국 (各國) [-꾹] [명] 各国.
각급 (各級) [-끕] [명] 各級.
각기 (各其) [-끼] [부] 各々; それぞれ. ‖각기 다른 이름 各々違う名前.
각기-병 (脚氣病) [-끼뼝] [명] [医学] 脚気(カッケ).
각도 (角度) /kak²to/ [-또] [명] 角度. ‖다른 각도에서의 조명 違う角度からの照明. 각도를 바꾸어 한번 더 생각해 보자 角度を変えてもう一度考えてみよう.
각도-계 (角度計) [-또-/-또게] [명] 角度計.
각도-기 (角度器) [명] 角度定規.
각론 (各論) [강논] [명] 各論. ↔총론(總論). ‖지금부터 각론으로 들어가겠습니다 これより各論に入ります.
각료 (閣僚) [강뇨] [명] 閣僚.
각막 (角膜) [강-] [명] [解剖] 角膜.
각막-염 (角膜炎) [강망념] [명] [医学] 角膜炎.
각막~이식 (角膜移植) [医学] 角膜移植.
각목 (角木) [강-] [명] 角材.
각박-하다 (刻薄一) [-빡카-] [형] [여변] 世知辛い; 薄情だ. ‖각박한 세상 世知辛い世の中. **각박-히** [부]
각방¹ (各方) [-빵] [명] 各方面.
각방² (各房) [-빵] [명] それぞれの部屋. ‖각방을 쓰다 それぞれ別の部屋を使う.
각별-하다 (各別一) [-뼐-] [형] ❶격별だ; 格段だ; 特別だ; 特段だ. ‖더울 때 마시는 맥주 맛은 각별하다 暑い時のビールの味は格別だ. 각별한 배려 特段の配慮. ❷丁寧だ; 礼儀正しい. ‖손님을 맞는 태도가 각별하다 お客を迎える態度が丁寧だ. **각별-히** [부] 特に; 特別に. ‖각별히 유념하다 特に気を付ける.
각본 (脚本) [-뽄] [명] 脚本.

각본-가 (脚本家) 圀 脚本家.
각색 (脚色)【-쌕】圀 他 脚色. ‖전설을 연극으로 각색하다 伝説を芝居に脚色する.
각서 (覚書)【-써】圀 念書; 覚え書. ‖각서를 쓰다 念書を書く.
각선 (脚線)【-썬】圀 脚線.
각선-미 (脚線美) 圀 脚線美.
각설 (却説)【-썰】圀 他 〔主に…ある[は]で始まる形で〕…はさておき. ‖그 이야기는 각설하고 다른 이야기를 합시다 その話はさておいて別の話をしましょう.
각-설탕 (角雪糖)【-썰-】圀 角砂糖.
각섬-석 (角閃石)【-썸-】圀 〔鉱物〕角閃石.
각성 (覚醒)【-썽】圀 他 覚醒. ‖의식의 각성을 촉구하다 意識の覚醒を促す.
각성-제 (覚醒剤) 圀 覚醒剤.
각양-각색 (各様各色)【-쌕】圀 十人十色.
각오 (覚悟) /kago/【-오】圀 他 覚悟. ‖죽을 각오가 되어 있다 死ぬ覚悟はできている. 비난을 각오하고 구조 조정을 단행하다 非難は覚悟の上でリストラを断行する.
각인 (刻印) 圀 他 刻印.
각인-각색 (各人各色)【-쌕】圀 十人十色.
각자 (各自) /kak̚tɕa/【-짜】圀 各自. ‖각자의 책임하에 행하다 各自の責任の下で行なう.
── 圓 各自; 各々; それぞれ. ‖각자 하나씩 들다 各々1つずつ持つ.
각종 (各種)【-쫑】圀 各種. ‖각종 법규 各種法規.
각주 (脚注・脚註)【-쭈】圀 脚注. ‖각주를 달다 脚注をつける.
각지 (各地)【-찌】圀 全国各地.
각질 (角質)【-찔】圀 角質.
각질-층 (角質層) 圀 角質層.
각질-화 (角質化) 圀 囶他 角質化.
각처 (各処) 圀 各所.
각축 (角逐) 圀 他 角逐(ᴋ̚ᴊ̕); せり合うこと.
각축-장 (角逐場)【-짱】圀 角逐の場.
각축-전 (角逐戦)【-쩐】圀 角逐戦. ‖각축전을 벌이다 角逐戦を繰り広げる.
각층 (各層) 圀 各層. ‖사회 각층 社会の各層.
각하[1] (却下) 【가카】 圀 他 ❶下げ戻し(政府・役所などに差し出した書類などをそのまま本人に返すこと). ❷却下.
각하[2] (閣下) 【가카】 圀 閣下. ‖대통령 각하 大統領閣下.
각혈 (咯血)【가켤】圀 囶 喀血.
간[1] /kan/ 圀 塩加減; 塩気. ‖간이 짜다 塩辛い; しょっぱい. 간이 맞다 塩加減がいい. 간을 보다 味見をする; 塩加減を見る. 간을 맞추다 塩加減をする.

간[2] (肝) /ka:n/ 圀 ❶〔肝臓(肝臓)の略語〕肝臓. ‖간이 안 좋다 肝臓がよくない. 간에 좋은 식품 肝臓にいい食品. ❷〔食品としての〕レバー; 肝. ‖소 간 牛のレバー. ▸간에 기별도 안 간다 量が少なくて食べた気がしない. ▸간에 바람이 들다 わけもなくしょっちゅう笑う. ▸간을 녹이다 心をとろかす; 心を奪う. ▸간이 떨어지다 肝を潰す. ▸간이 붓다〔俗っぽい言い方で〕大胆になる. ▸간이 콩알만 해지다 肝を冷やす. ▸간(이) 크다 肝が太い; 大胆だ. 간 큰 짓을 하다 大胆なことをする. ▸간에 붙었다 쓸개에 붙었다 하다 二股膏薬. ▸간이라도 빼어 먹이겠다 俗 (「肝でも取り出して食べさせそうだ」の意で)ごく親しい仲で, 何でも惜しみなくやりそうだ.

간[3] (間) /kan/ 依⾸ …間. ‖친구 간 友だちとの間柄. 두 나라 간에 両国の間に.
간[4] ⟨ㄹ語幹⟩ 갈다(替える)の過去連体形.
간[5] 가다(行く)の過去連体形.
-간[6] (間) 接尾 ❶ 場所を表わす; …屋. ‖외양간 牛小屋, 대장간 鍛冶屋. ❷ 〔時間的に〕…間. ‖삼 일간 3日間.
간간-이 (間間-) /kanɡani/ 圓 ❶〔時間的に〕ときどき; 時たま. ‖간간이 들려오는 차 소리 時々聞こえる車の音. ❷ 〔空間的に〕所々. ‖간간이 오자가 있다 所々誤字がある.
간간-하다 圀 하숑 塩気がきいて味がちょうどいい.
간격 (間隔) /ka:nɡjək̚/ 圀 間隔. ‖간격을 좁히다 間隔を詰める. 충분한 간격을 두다 十分な間隔をとる. 버스는 십 분 간격으로 온다 バスは10分間隔で来る.
간결 (簡潔) 圀 하형 簡潔. ‖간결한 문장 簡潔な文章. 간결하게 설명하다 簡潔に説明する.
간경변-증 (肝硬変症)【-쯩】圀 〔医学〕肝硬変.
간계 (奸計)【-/-게】圀 奸計. ‖간계를 부리다 奸計をめぐらす. 간계에 빠지다 奸計に陥る.
간곡-하다 (懇曲-) /kaːnɡok̚ʰada/【-고카-】圀 하숑 懇切だ; 丁重だ. ‖간곡하게 부탁하다 丁重に頼む. **간곡-히** 圓
간과 (看過) /kanɡwa/ 圀 他 看過; 見逃すこと; 見落とすこと. ‖간과하기 쉽다 見落としやすい. 간과할 수 없는 문제 看過できない問題.
간교 (奸巧) 圀 하숑 ずる賢いこと; 悪賢いこと. ‖간교한 남자 悪賢い男.

간구(懇求)【-하다】切実に求めること.

간극(間隙) 圏 間隙(ﾍﾞき). ‖간극을 메우다 間隙を縫う. 간극이 생기다 間隙が生ずる.

간뇌(間腦)【-/-ㅞ】圏【解剖】間腦.

간단(簡單) 圏【하다】 簡單. 複雜(複雜). ‖간단한 문제 簡單な問題. 간단-히 점심을 간단히 해결하다 昼食を簡單にすます. 간단히 말하자면 簡單に言えば.

간단명료-하다(簡單明瞭-)【-됴-】 圏 簡單明瞭だ.

간단-없다(間斷-)【-다업따】圏 絶え間ない. **간단없-이** 圖

간담(懇談) 圏 懇談. ‖간담을 나누다 懇談を交わす.

간담-회(懇談會)【-ㅚ/-ㅞ】圏 懇談会. ‖학부모 간담회 PTA 懇談会.

간담(肝膽) 圏 肝胆. 心中. ‖간담을 서늘하게 하다 肝胆を寒からしめる.

간-덩이(肝-)【-떵-】圏 肝²(肝)の俗語. ‖간덩이가 붓다 くそ度胸がある. ▶간덩이가 크다 肝っ玉が太い.

간-동맥(肝動脈)圏【解剖】肝動脈.

간드러-지다(特に女性の声・身ぶりなどが)なまめかしい; 色っぽい. ‖간드러진 웃음소리 なまめかしい笑い声.

간들-간들 圖 ❶ 小さなものが軽く揺れる様子: ゆらゆら. ❷ 風がそよそよと吹く様子. ‖봄바람이 간들간들 불다 春風がそよそよと吹く.

간-디스토마(肝 distoma)圏【医学】肝臓ジストマ; 肝吸虫.

간략(簡略)【-냑】圏【하다】圏 簡略. ‖간략한 설명 簡略な説明. 결혼식은 간략히 結婚式は簡略にする. **간략-히** 圖

간략-화(簡略化)【갸랴콰】圏【하다】 簡略化.

간만(干滿) 圏 干滿. ‖간만의 차 干滿の差.

간발(間髮)圏 間一髮. ‖간발의 차이로 구조되다 間一髮のところで助けられる.

간-밤 圏 昨夜; 昨晩; 夕べ. ‖간밤에 비가 많이 왔다 昨夜大雨が降った.

간병(看病)圏【하다】圏 看病. **간병-인**(看病人)圏 看病人.

간부¹(奸婦)圏 奸婦(ﾑ); 毒婦(どくﾌ)婦.

간부²(幹部)/kanbu/圏 幹部. ‖조합간부 組合幹部. 간부 회의 幹部会議.

간빙-기(間氷期)圏【地】間氷期.

간사¹(幹事)圏 幹事. ‖동창회 간사同窓会の幹事.

간사²(奸詐)圏【하다】圏 奸巧みなこと. ‖간사를 부리다 悪巧みをする.

간사³(奸邪)圏【하다】圏 ずる賢いこと; 悪賢いこと. ‖간사한 놈 ずる賢いやつ.

간사-스럽다(奸邪-)【-따】圏【ㅂ変】ずる賢い; 悪賢い.

간살 圏 お世辞; お愛想; ヘつらい. ‖간살을 떨다[부리다] お世辞を言う; おべっかを使う.

간살-스럽다【-따】圏【ㅂ変】おべっかを使う.

간살-쟁이 圏 お世辞者; おべっか使い.

간석-지(干潟地)【-찌】圏 干潟地.

간선(幹線) 圏 幹線. ⑦지선(支線). ‖간선 도로 幹線道路.

간선-제(間制制)圏【間接 選挙 制度(間接選挙制度)の略語】間接選挙制.

간섭(干涉) 圏【하다】/kan*s*ʌp/ 干涉. ‖남의 일에 간섭하다 人のことに干涉する. 지나치게 간섭하다 干涉しすぎる. 내정 간섭 内政干涉.

간소(簡素) 圏【하다】圏 簡素. ‖간소한 결혼식 簡素な結婚式. **간소-히** 圖

간소-화(簡素化) 圏【하다】圏 簡素化. ‖수속을 간소화하다 手続きを簡素化する.

간수¹ 圏【하다】圏 保管すること; きちんとしまっておくこと. ‖소중한 것이니까 잘 간수해 두어라 大切なものだからちゃんとしまっておきなさい.

간수²(-水) 圏 苦汁(にがり).

간수³(看守) 圏【하다】圏 看守.

간식(間食) 圏【하다】圏 間食.

간신-히(艱辛-)/kansinhi/圖 辛うじて; 辛くも; ようやく; やっと; ぎりぎりのところで. ‖간신히 합격하다 辛うじて合格する. 간신히 列다 辛くも免れる. 간신히 먹고 살 수 있을 정도의 월급 やっと食べていけるくらいの給料.

간암(肝癌)圏【医学】肝臟癌.

간염(肝炎)圏【医学】肝炎. ‖B 형 간염 B 型肝炎.

간원(懇願)圏【하다】圏 懇願.

간유(肝油)圏 肝油.

간음(姦淫)圏【하다】圏 姦淫.

간이(簡易)/ka:ni/圏 簡易. ‖간이 식당 簡易食堂. 간이 화장실 簡易トイレ.

간이-역(簡易驛)圏 無人駅.

간이-화(簡易化)圏【하다】圏 簡素化.

간장¹(-醬)圏 醬油(しょうゆ)圏(醬).

간장²(肝臟) 圏【解剖】肝臟. ⑦간(肝).

간장³(肝腸)/ka:ndʒaŋ/圏 ❶肝臟. ❷いらだって焦がれるような気持ち. ▶간장을 녹이다 ① 心をとろかす; 心を奪う. ② 気苦労をさせる; 心を苦しめる. ▶간장을 태우다 胸を焦がす; 気をもませる.

간절-하다(懇切-)【-쩔-】【하다】【하ㅇ】 切実だ. ‖간절한 마음으로 빌다 切実な気持ちで祈る. **간절-히** 圖

간접(間接)/ka:ndʒʌp/圏 間接. ⑦직접(直接).

간접-비 (間接費) 【-삐】 [名] 《経》 間接費.
간접^선거 (間接選擧) 【-썬-】 [名] 間接選挙.
간접^선거^제도 (間接選擧制度) 【-썬-】 [名] 間接選挙制度. [略]간선제(間選制).
간접-세 (間接稅) 【-쎄】 [名] 間接税.
간접^인용 (間接引用) [名] 間接引用.
간접-적 (間接的) 【-쩍】 [名] 間接(的). ‖간접적으로 영향을 받다 間接的に影響を受ける. 간접적으로 말하다 間接に言う.
간접^조명 (間接照明) 【-쪼-】 [名] 間接照明.
간접^화법 (間接話法) 【-저퐈뻡】 [名] 《言語》 間接話法.
간접-흡연 (間接吸煙) 【-저프변】 [名] 間接喫煙.
간조 (干潮) [名] 干潮. [対]만조(滿潮).
간조-선 (干潮線) [名] 干潮線. [対]만조선(滿潮線).
간주 (看做) [名] [하他] 見なすこと. ‖없었던 일로 간주하다 なかったことと見なす. 결석은 기권으로 간주하겠습니다 欠席は棄権と見なします. **간주-되다** [受身]
간지 (干支) [名] 干支(えと).
간지럼 [名] くすぐったいこと. ‖간지럼을 잘 타다 くすぐったがり屋だ. 간지럼을 태우다 くすぐる.
간지럽다 /kandʒirɔp̚ta/ 【-따】 [形] 『ㅂ変』 [간지러워, 간지러운] ❶くすぐったい; こそばゆい. ‖발바닥이 간지럽다 足の裏がくすぐったい. ❷(口を出したくて)むずむずする. ‖한마디 하고 싶어서 입이 간지럽다 一言言いたくてむずむずする.
간직-하다 /kandʒikʰada/ 【-지카-】 [他] 『하変』 大事にしまっておく; 大事にとってある; 大切に持っている; 維持する; とどめる. ‖고등학교 교복을 아직도 간직하고 있다 高校の時の制服を今も大事にとってある. 옛 모습을 간직하고 있다 面影をとどめている.
간질 (癎疾) [名] 《医学》 癲癇(てんかん). [類]지랄병(-病).
간질-간질 [副] [하自他] ❶くすぐったい様子: むずむず. ‖등이 간질간질하다 背中がむずむずする. ❷何かをしたくて落ち着かない様子: むずむず; うずうず.
간질-거리다[-대다] [他] くすぐる. ‖발바닥을 간질거리다 足の裏をくすぐる.
간질-이다 [他] =간질거리다.
간척 (干拓) [名] [하他] 干拓.
간척-지 (干拓地) 【-찌】 [名] 干拓地.
간첩 (間諜) [名] 間諜(かんちょう); スパイ.
간청 (懇請) [名] [하他] 懇請(こんせい).
간추리다 /kantʃʰurida/ [他] 簡単にまとめる; 要約する; かいつまむ. ‖강연 취지를 간추리다 講演の趣旨を要約する. 경과를 간추려서 이야기하다 経過をかいつまんで話す.
간통 (姦通) [名] [하自] 姦通.
간투-사 (間投詞) [名] 《言語》 間投詞; 感動詞.
간파-하다 (看破-) [他] 『하変』 看破する; 見破る; 見抜く. ‖정체를 간파하다 正体を見破る. 속셈을 간파하다 下心を見抜く. **간파-당하다** [受身]
간판 (看板) /kanpʰan/ [名] ❶看板. ‖약국 간판 薬局の看板. 간판을 걸다 看板を出す. 입간판 立て看板. 간판 스타 看板スター. ❷〔俗っぽい言い方で〕学歴; 看板倒れ. ‖간판만 좋았지 실력은 없어 学歴だけで実力はない.
간편-하다 (簡便-) /ka:npʰjɔnhada/ [形] 『하変』 簡便だ; 便利だ; 扱いやすい; 手っ取り早い. ‖이 제품은 사용이 간편하다 この製品は扱いやすい. 간편한 방법 簡便な方法. **간편-히** [副]
간행 (刊行) [名] [하他] 刊行. ‖미술 전집을 간행하다 美術全集を刊行する. **간행-되다** [受身]
간행-물 (刊行物) [名] 刊行物.
간행-본 (刊行本) [名] 刊行本.
간헐-적 (間歇的) 【-쩍】 [名] 間欠的. ‖간헐적인 진통 間欠的な陣痛.
간호 (看護) /kanho/ [名] [하他] 看護. ‖간호 활동 看護活動. 부상자를 간호하다 けが人を看護する.
간호-부 (看護婦) [名] 看護師.
간호-사 (看護師) [名] 看護師.
간호-원 (看護員) [名] 看護師.
간혹 (間或) /kanhok/ [副] 時々; 時折; 時たま; たまに. ‖간혹 역까지 걸을 때도 있다 時々駅まで歩くこともある. 저 사람은 간혹 역에서 본다 あの人は時折駅で見かける. 간혹 만나기도 한다 たまに会ったりもする.
갇히다 /katʃʰida/ 【가치-】 [自] 〔가두다の受身動詞〕 閉じこめられる; 監禁される. ‖감옥에 갇히다 投獄される. 우리는 폭설에 갇히고 말았다 私たちは吹雪に閉じこめられてしまった.
갈[1] [他] 『ㄹ語幹』 갈다(替える)の未来連体形.
갈[2] [自] 가다(行く)の未来連体形.
갈겨-쓰다 [他] 『으変』 殴り書きする; 走り書きする. ‖글씨를 갈겨쓰다 字を走り書きする.
갈고랑-이 [名] 鉤(かぎ). [略]갈고리.
갈고리 [名] 갈고랑이の縮約形.
갈구 (渴求) [名] [하他] 渇望. ‖자유를 갈구하다 自由を渇望する.
갈근-탕 (葛根湯) [名] 《漢方》 葛根湯.
갈기 [名] たてがみ. ‖사자의 갈기 ライオンのたてがみ.
갈기-갈기 [副] ちぎれちぎれに; きれぎれ

갈기다 ❶ ぶん殴る; 引っぱたく。‖뺨을 한 대 갈기다 頬を一発ぶん殴る。❷ 乱射する。‖총을 갈기다 銃を乱射する。❸ 殴り書きする。‖마구 갈겨쓴 글씨 殴り書きした字。❹〔ところかまわず〕小便をする。

갈다¹ /ka:lda/ 他〔こ語幹〕〔갈아, 가는, 간〕❶ 研ぐ;〔墨などを〕する; 下ろす; 下ろす。‖식칼을 갈다 包丁を研ぐ。먹을 갈다 墨をする。무를 강판에 갈다 大根を下ろし金で下ろす。❷〔石臼などで〕ひく。‖맷돌에 콩을 갈다 石臼で豆をひく。❸ 歯ぎしりする。‖분해서 이를 갈다 悔しくて歯ぎしりする。⑩ 갈리다.

갈다² /ka:lda/ 他〔こ語幹〕〔갈아, 가는, 간〕替える;〔換える・代える〕; 取り替える; 張り替える; 交換する。‖베갯잇을 갈다 枕カバーを取り替える。주수를 갈다 ピッチャーを代える。타이어를 새 것으로 갈다 タイヤを新品に取り替える。⑩ 갈리다.

갈다³ /ka:lda/ 他〔こ語幹〕〔갈아, 가는, 간〕耕す; 起こす。‖밭을 갈다 田を耕す。⑩ 갈리다.

갈-대 [-때] 图〔植物〕アシ〔葦〕。‖인간은 생각하는 갈대이다 人間は考える葦であるパスカルの言葉〕。

갈대-밭 [-때받] 图 葦原。

갈등〔葛藤〕/ka:lt'uŋ/〔-뜽〕图 葛藤。‖갈등이 생기다 葛藤が生じる。심리적 갈등 心理的葛藤。갈등이 해소되다 葛藤が解消する。

갈라 他〔르変〕 가르다〔裂く・分ける〕の連用形。

갈라-놓다 /kallanot<super>h</super>a/ 〔-노타〕他 引き離す; 引き裂く。‖두 사람 사이를 갈라놓다 2人の仲を引き離す。

갈라-서다 /kallasʌda/ 自 別れる; 離婚する; 関係が切れる。‖남편과 갈라서다 夫と別れる。

갈라-지다 /kalladʑida/ 自 分かれる; 割れる; ひびが入る。‖길이 갈라지다 道が分かれる。의견이 갈라지다 意見が分かれる。평가가 갈라지다 評価が分かれる。지진으로 땅이 갈라지다 地震で地面が割れた。표가 갈라지다 票が割れる。벼락이 떨어져서 나무가 갈라졌다 落雷で木が割れた。

갈래 图 分岐点; 枝分かれ。
── 依存 …股。‖두 갈래로 갈라지다 二股に分かれる。

갈리다¹ 自〔가르다の受身形〕分かれる; 分けられる; 分岐する。‖의견이 두 갈래로 갈리다 意見が二つに分かれる。

갈리다² 自〔갈다¹の受身動詞〕❶ 研がれる。❷ 歯ぎしりする。‖분해서 이가 갈리다 悔しさで歯ぎしりする。

갈리다³ 自〔갈다²の受身動詞〕替えられる; 取り替えられる; 交替される; 代わる。‖담임이 갈리다 担任が代わる。

갈리다⁴ 自〔갈다³の受身動詞〕耕される。

갈림-길 [-낄] 图 別れ道; 岐路。‖인생의 갈림길 人生の別れ道。갈림길에 서다 岐路に立つ。

갈망〔渴望〕/-/ 하他 渇望; 切望。‖평화를 갈망하다 平和を切望する。

갈매기 /kalmɛgi/ 图〔鳥類〕カモメ〔鷗〕。⑩백구〔白鷗〕。

갈무리 图 始末; 締めくくり。‖질질 끌던 일을 잘 마무리하다 長引いていた仕事をうまく締めくくる。

갈분〔葛粉〕图 葛粉; 片栗粉。

갈비 /kalbi/ 图 ❶ 肋骨; あばら骨。❷ 食用牛のあばら骨; カルビ。

갈비-뼈 图 あばら骨; 肋骨; 늑골〔肋骨〕。‖갈비뼈가 부러지다 肋骨が折れる。

갈비-찜 图〔料理〕牛のあばら骨を味付けして煮込んだ食べ物。

갈비-탕〔-湯〕图〔料理〕カルビタン〔カルビを煮込んだスープ〕。

갈빗-대 [-비때] [-빋때] 图 肋骨の一本一本の骨。

갈색〔褐色〕/kal<super>?</super>sɛk/ 〔-쌕〕图 褐色; 茶色。

갈수-기〔渴水期〕/-/ 图 渴水期。

갈-수록 /-쑤-/ 副 益々; なお一層。▶갈수록 태산이다 諺〕 一難去ってまた一難。

갈아 他〔ㄹ語幹〕 갈다〔替える〕の連用形。

갈아-입다 /karaipt'a/ 〔-따〕他 着替える; 着替えする。‖옷을 갈아입다 服を着替える。외출복으로 갈아입다 外出着に着替える。⑩ 갈아입히다.

갈아-입히다 〔-이피-〕他〔갈아입다の使役動詞〕着替えさせる。‖애 옷을 갈아입히다 子どもの服を着替えさせる。

갈아-치우다 他 すげ替える; 交代する; 更迭する。‖감독을 갈아치우다 監督をすげ替える。

갈아-타다 /karat<super>h</super>ada/ 他 乗り換える; 乗り継ぐ。‖전철을 갈아타다 電車を乗り換える。전철을 갈아타기가 불편한 역 電車の乗り換えが不便な駅。버스에서 전철로 갈아타다 バスから電車に乗り換える。

갈증〔渴症〕/kal<super>?</super>ɕuŋ/ 〔-쯩〕图 渇き。‖갈증이 나다 のどが渇く; 渇きを覚える。

갈지자-걸음 〔-之字-〕 图〔-찌-〕 千鳥足; 酔歩。

갈채〔喝采〕/-/ 하他 喝采。‖갈채를 받다 喝采を浴びる。박수갈채 拍手喝采。

갈취(喝取) 图 (하他) (金品などを)ゆすり取ること; 巻き上げること. ‖돈을 갈취하다 お金をゆすり取る.

갈치 /kalt͡ɕʰi/ 图 (魚介類) タチウオ(太刀魚).

갈치-구이 图 (料理) タチウオの切り身の塩焼き.

갈퀴 图 (竹の)熊手; こまざらい; 松葉かき.

갈탄(褐炭) 图 褐炭.

갈파(喝破) 图 (하他) 喝破(ᄁᆸ).

갈팡-질팡 /kalpʰaŋd͡ʑilpʰaŋ/ 副 (하自) うろうろすること; まごまご. ‖결정을 못 내리고 갈팡질팡하다 決定を下せずにまごまごする. 갈팡질팡하며 나가는 곳을 찾다 うろうろ(と)出口を探す.

갈피 /kalpʰi/ 图 ❶物事の見分け; 分別; 要領. ‖갈피를 못 잡다 要領をつかめない. ❷折った物や積んだ物の間. ‖책갈피 本のページとページの間.

갉다 [각따] 他 ❶かじる. ❷(人を)こせこせとする.

갉아-먹다 [-따] 他 ❶かじる; かじって食べる. ‖나무뿌리를 갉아먹다 木の根をかじる. ❷(財産などを)しぼり上げる; しぼり取る.

감¹ /ka:m/ 图 (植物) カキ(柿). ‖단감 甘柿. 곶감 串柿. 干し柿.

감² /ka:m/ 图 ❶材料; 生地. ‖감이 비싸 보이는 한복 生地が高そうな韓服. 안줏감 つまみの材料. ❷ふさわしい人. ❸훌륭한 며느릿감 嫁としてふさわしい人.

감³ (感) /ka:m/ 图 ❶感; 感じ. ‖시기상조의 감이 있다 時期尚早の感がある. 감이 안 좋다 感じが悪い. ❷感度. ‖전화 감이 멀다 電話の感度が鈍い.

-감 (感) 接尾 …感; …の念. ‖해방감 解放感. 우월감 優越感. 자책감 自責の念.

감가-상각 (減價償却) [-까-] 图 (経) 減価償却.

감각(感覺) /ka:mgak/ 图 (하他) 感覚. ‖감각을 되살리다 感覚を取り戻す. 새로운 감각의 옷 新しい感覚の服. 금전감각이 마비되어 있다 金銭感覚が麻痺している. 색채 감각 色彩感覚. 미적 감각 美的感覚.

감각-기관(感覺器官) [-끼-] 图 感覚器官.

감각-마비(感覺痲痹) 图 感覚麻痺.

감각-묘사(感覺描寫) 图 感覚描写.

감각-세포(感覺細胞) [-쎄-] 图 (解剖) 感覚細胞.

감각-신경(感覺神經) [-씬-] 图 (解剖) 感覚神経.

감각-적(感覺的) [-쩍] 图 感覚の; 感覚的な表現.

감각-점(感覺點) [-쩜] 图 感覚点.

감각-중추(感覺中樞) [-쭝-] 图 (解剖) 感覚中枢.

감감-무소식(-無消息) 图 音信不通.

감감-하다 形 (하変) ❶はるかに遠い. ‖감감하여 잘 보이지 않다 はるかに遠くて よく見えない. ❷消息がない. ‖몇 해째 소식이 감감하다 何年も消息がない.

감개-무량(感慨無量) 图 (하形) 感無量; 感慨無量.

감격(感激) /ka:mgjʌk/ 图 (하自) 感激する. ‖명연주에 감격하다 名演奏に感激する. 감격한 나머지 우는 사람도 있었다 感激のあまり泣く人もいた.

감격-적(感激的) [-쩍] 图 感動的. ‖그 말은 너무나 감격적이었다 その言葉はあまりにも感動的だった. 감격적인 순간 感動の瞬間.

감광(感光) 图 (하自) 感光.

감광-계(感光計) [-/-게] 图 感光計.

감광-도(感光度) 图 感光度.

감광-지(感光紙) 图 感光紙.

감광-필름(感光 film) 图 感光フィルム.

감귤(柑橘) 图 (植物) 柑橘; ミカン類.

감금(監禁) 图 (하他) 監禁. ‖세 사람을 지하실에 감금하다 3人を地下室に監禁する.

감금-되다(-當하다) 图 (하自)

감기(感氣) /ka:mgi/ 图 風邪. ‖감기에 걸리다[감기가 들다] 風邪をひく. 감기 기운이 있다 風邪気味だ. 감기가 안 낫는다 風邪が治らない[抜けない]. 감기약 風邪薬. 유행성 감기 インフルエンザ; 流行性感冒.

감-기다¹ 自 [감다¹의 受身動詞] 巻かれる. ‖목에 감긴 따스한 목도리 首に巻かれた暖かいマフラー.

감-기다² 自 [감다²의 受身動詞] (目が)閉ざされる; 合わさる. ‖눈이 감기다 まぶたが合わさる.

감-기다³ 他 [감다¹의 使役動詞] 巻かせる. ‖아이에게 실을 감기다 子どもに糸を巻かせる.

감-기다⁴ 他 [감다²의 使役動詞] 洗わせる; 洗ってあげる. ‖아이 머리를 감기다 子どもの髪を洗ってあげる.

감-기다⁵ 他 [감다³의 使役動詞] (目を)閉じさせる; つぶらせる. ‖전원 눈을 감기다 全員の目をつぶらせる.

감-나무 图 柿の木. ‖감나무 밑에 누워서 홍시 떨어지기를 기다린다 ⟨諺⟩ (川下の木の下に寝転がって、熟柿が落ちるのを待つ,の意で)何の努力もせずに結果を望むことのたとえ.

감내(堪耐) 图 耐え忍ぶこと; 忍耐すること. ‖감내하기 어려운 고통 耐え難い苦痛.

감는 動 감다(巻く・髪を洗う・目を閉じる)의 現在連体形.

감다¹ /ka:m͈ta/ [-따] 他 ❶巻く. ‖천천히 실을 감다 ゆっくり糸を巻く.

붕대를 감다 腕に包帯を巻く. 목에 목도리를 감다 首にマフラーを巻く. 시계 태엽을 감다 時計のぜんまいを巻き締める. ❷ (手·足などを) 相手に絡みつける. ⑬감기다. ⑭감기다.

감다² /ka:m?ta/ 【-따】 [他] ❶ (自分の髪を) 洗う. ∥샴푸로 머리를 감다 シャンプーで髪を洗う. ⑬감기다. ❷ (먹을 감다의 形で) 水遊びをする. ∥강에서 먹을 감다 川で水遊びをする.

감다³ /ka:m?ta/ 【-따】 [他] ❶ (目を) 閉じる. ∥눈을 감다 目を閉じる. ⑬감기다. ❷ 永眠する.

감당-하다 (堪當-) /kamdaŋhada/ 【하변】 やりこなす; 十分堪え得る; 堪え成し得れる; 抱える; 成し得る. ∥혼자서는 감당하기 힘든 일 १ 人では抱えきれない仕事. 이 정도는 감당할 수 있을 것이니 걱정 말아라 この位なら何とかなる.

감도 (感度) [名] 感度.

감독 (監督) /kamdok/ [名] [하타] 監督. ∥영화 감독 映畵監督. 야구 감독 野球監督.

감독-관 (監督官) 【-꽌】 [名] 監督官.
감독-권 (監督權) 【-꿘】 [名] 監督權.

감-돌다 /ka:mdo:lda/ 【ㄹ語幹】 [자] ❶돌아, 감돌다, 감돈; 漂う; 垂れこめる. ∥암운이 감돌다 暗雲が漂う. 전운이 감돌다 戰雲が垂れこめる. — [他] [감돌아 흐르다の形で] 曲がりくねりながら流れる. ∥산기슭을 감돌아 흘러온 물은 한강으로 흘러간다 山のふもとを曲がりくねりながら流れてきた水は漢江へ流れ込む.

감동 (感動) /kamdoŋ/ [名] 感動. ∥그 소설을 읽고 무척 감동했다 その小説を読んでとても感動した. 깊은 감동을 받다 深い感動を受ける. 감동한 한마디 感動を與えた一言. 감동한 나머지 눈물을 흘리다 感動のあまり涙を流す.

감동-적 (感動的) [名] 感動的. ∥감동적인 장면 感動的な場面.

감등 (減等) [名] [하타] 等級を下げること.
감량 (減量) 【-냥】 [名] [하자타] 減量. ㉠증량 (增量).

감로 (甘露) 【-노】 [名] 甘露.
감로-수 (甘露水) [名] 甘露水.
감로-주 (甘露酒) [名] 甘露酒.

감리 (監理) 【-니】 [名] [하타] 監理; 監督 [管理] すること.

감리-교 (監理教) 【-니-】 [名] [宗教] メソジスト敎. ✚ プロテスタント敎會の敎派の一つ.

감마 (gamma·γ) [名] (ギリシャ文字の第 3 字の) ガンマ.

감마-선 (γ線) [名] [物理] ガンマ線.

감면 (減免) [名] [하타] 減免. ∥형을 감면하다 刑を減免する. **감면-받다** [受動]

감명 (感銘) [名] [하자] 感銘. ∥교장 선생님 말씀에 큰 감명을 받았다 校長先生のお言葉に大きな感銘を受けた. 많은 사람에게 감명을 주다 多くの人に感銘を與える.

감물 (柿物) [名] 柿澁.

감미 (甘味) [名] 甘味.

감미-롭다 (甘味-) 【-따】 [形] 【ㅂ변】 甘ったるい; 甘い. 감미로운 과일 甘美な果物. 감미로운 멜로디 甘い [甘美な] メロディー. **감미로이** [副]

감미-료 (甘味料) [名] 甘味料. ∥인공 감미료 人工甘味料.

감방 (監房) [名] 監房; 刑務所; 監獄; 牢屋.

감별 (鑑別) [名] [하타] 鑑別.
감별-법 (鑑別法) 【-뻡】 [名] 鑑別法.
감별-사 (鑑別師) 【-싸】 [名] 鑑別士.

감복 (感服) [名] [하자] 感服.
감봉 (減俸) [名] [하타] 減俸; 減給. ∥감봉 처분을 받다 減給處分を受ける. **감봉-되다** [受動]

감비아 (Gambia) [名] [国名] ガンビア.

감사¹ (感謝) /ka:msa/ [하자타] 感謝. ∥호의에 감사 드립니다 ご好意に感謝申し上げます. 와 주셔서 정말 감사합니다 お越しいただきまして誠にありがとうございます.

감사-장 (感謝狀) 【-짱】 [名] 感謝狀.
감사-절 (感謝節) [名] [〈추수 감사절 (秋收感謝節) の略語] 感謝祭.
감사-패 (感謝牌) [名] 感謝の意を込めた牌 (で).

감사² (監事) [名] 監事.
감사³ (監査) [名] [하타] 監査.

감산 (減産) [名] [하자타] 減産. ㉠증산 (增産).

감상¹ (感想) /ka:msaŋ/ [名] 感想. ∥일본에 대한 감상은 어떻습니까? 日本の感想はいかがでか. 영화를 본 감상을 말하다 映畵についての感想を語る.

감상-문 (感想文) [名] 感想文.

감상² (鑑賞) [名] [하타] 鑑賞. ∥음악 감상 音樂鑑賞. 영화 감상 映畵鑑賞.

감상³ (感傷) [名] 感傷. ∥감상에 젖다 [빠지다] 感傷にひたる.

감상-적 (感傷的) [名] 感傷的; センチメンタル.

감상-주의 (感傷主義) 【-/-이】 [名] センチメンタリズム.

감성 (感性) [名] 感性. ∥감성이 풍부하다 感性が豊かだ.

감성-적 (感性的) [名] 感性的.

감성 지수 (感性指數) [名] 感性指數 (EQ).

감성-돔 [名] [魚介類] クロダイ (黑鯛); チヌダイ (茅渟鯛).

감세 (減稅) [名] [하타] 減稅. ㉠증세 (增稅).

감소 (減少) /ka:mso/ [名] [하자타] 減少. ㉠증가 (增加). ∥수입이 감소하다 收

입이 減少する. 出生率가 감소하고 있다 出生率が減少しつつある. 인구 감소 人口の減少.

감속 (減速) [名][自他] 減速. ‖가속(加增).

감수¹ (減壽) [名][自] 寿命が縮むこと. ‖십 년 감수했다 寿命が10年も縮むような思いをした.

감수² (甘受) [名][他] 甘受. ‖비판을 감수하다 批判を甘受する.

감수³ (監修) [名][他] 監修. ‖사전을 감수하다 辞典を監修する. 감수자 監修者.

감수⁴ (感受) [名][他] 感受.
  감수-성 (感受性) [名] 感受性. ‖감수성이 풍부하다 感受性が豊かだ.

감시 (監視) [名][他] 監視; 見張り. ‖연안을 감시하다 沿岸を監視する. 경찰의 감시하에 있다 警察の監視下にある. **감시-받다[-당하다]** [受動]
  감시-망 (監視網) [名] 監視網. ‖감시망을 뚫고 탈출에 성공하다 監視網をくぐり抜けて脱出に成功する.
  감시-원 (監視員) [名] 監視員.

감식 (鑑識) [名][他] 鑑識.
  감식-안 (鑑識眼) [名] 鑑識眼.

감싸고-돌다 [連][ㄹ語幹] かばい立てる, 何かとかばう, 庇護(ひご)する. ‖큰아들만 감싸고돌다 長男ばかりかばい立てする.

감-싸다 /kaːm²sada/ [他] ❶ くるむ, 包み隠す; 覆いかぶせる; ‖ 상처를 손수건으로 감싸다 傷口をハンカチでくるむ. 애정으로 감싸 주다 愛情で包んであげる. ❷ かばう. ‖아이를 감싸다 子どもをかばう.

감아 (勘案) [名][他] 勘案; 考慮すること; 考え合わせること. ‖제반 사정을 감안하다 諸事情を勘案する.

감액 (減額) [名][他] 減額. ❷증액(增額).

감언-이설 (甘言利說) [-니-] 口車. ‖감언이설에 속아 넘어가다 口車に乗せられる.

감염 (感染) [名][自] 感染. ‖세균에 감염되다 細菌に感染する.

감옥 (監獄) [名] 〔교도소(矯導所)의 旧称〕 監獄.

감원 (減員) [名][他] 減員; 人員削減. ❷증원(增員).

감은 감다(卷く·髪を洗う·目を閉じる)의 과거연체형.

감을 감다(卷く·髪を洗う·目を閉じる)의 미래연체형.

감자¹ /kamdʑa/ [名]〔植物〕ジャガイモ(ジャガ芋). ‖삶은 감자를 소금에 찍어 먹다 ゆでたジャガイモを塩につけて食べる.

감자-튀김 [名] フライドポテト.

감자² (減資) [名][自他] 減資. ❷증자(增資).

감전 (感電) [名][自他] 感電. ‖감전 사고. 感電事故. 감전사하다 感電死する.

감점 (減點) [名; 접] [名][自他] 減点. ‖반칙으로 감점당하다 反則で減点を食らう.

감정¹ (鑑定) [名][他] 鑑定. ‖보석을 감정하다 宝石を鑑定する.
  감정-서 (鑑定書) [名] 鑑定書.
  감정-인 (鑑定人) [名] 鑑定人.

감정² (感情) /kaːmdʑʌŋ/ [名] 感情. ‖감정에 호소하다 感情に訴える. 감정을 넣어서 부르다 感情を込めて歌う. 얼굴에 감정을 드러내다 感情を顔に出す. 감정을 그대로 드러내다 感情をむき出しにする. 감정을 해치다 感情を害する.
  감정-론 (感情論) [-논-] [名] 感情論.
  감정-이입 (感情移入) [名] 感情移入.
  감정-적 (感情的) [名] 感情的. ‖감정적인 대립 感情的な対立. 감정적으로 대응하다 感情的に対応する.

감주 (甘酒) [名] 甘酒.

감지 (感知) [名][他] 感知. ‖빛을 감지하다 光を感知する.
  감지-기 (感知器) [名] 感知器. センサー.

감지-덕지 (感之德之) [-찌] [副][自他] 非常にありがたく. ‖몇 푼을 감지덕지 받다 いくらかを非常にありがたく受け取る.

감질-나다 (疳疾-) /kamdʑillada/ [-라-] [自] じれったい; もどかしい; はがゆい; ちびちび(と)やる. ‖감질나는 이야기 じれったい話. 술을 감질나게 마시다 ちびちび(と)酒を飲む.

감쪽같다 /kam²ʨok²katʰta/ 【-깓따】 [形] ❶ (模造品·うそなどが) 見分けがつかない; 少しも違わない; そっくりだ. ❷ (消える様子などが) 跡形もない. **감쪽같-이** (消え去るように) 跡形もなく消える. 감쪽같이 속았다 まんまとだまされた.

감찰 (監察) [名][他] 監察.
  감찰-관 (監察官) [名] 監察官.

감천 (感天) [名][自] まごころが天に通ずること. ‖지성이면 감천이라 通ず 至誠天に通ず.

감청 (紺靑) [名] 紺青(こんじょう).

감초 (甘草) [名] ❶〔植物〕カンゾウ(甘草). ❷ [比喩的に] (カンゾウが漢方薬には欠かせない素材であることから) 欠くことのできないもの; どんなことにも首を突っ込む人.

감촉 (感觸) /kaːmtɕʰok/ [名][他] 手触り; 感触. ‖감촉이 좋은 천 手触りのいい布地. 비단의 부드러운 감촉 絹の布の柔らかい感触.

감추다 /kamch^huda/ 他 ❶ 隠시; くらす; 消す. ∥서랍 속에 사진을 감추다 引き出しの中に隠す. 사람 눈에 띄지 않는 곳에 감추다 人目につかない所に隠す. 종적을 감추다 姿を消す; 跡をくらます. ❷ 秘める; 潜める. ∥진상은 오랫동안 감추어져 있었다 真相は長いこと秘められていた.

감축 (減縮) [하他] 削減. ∥예산을 대폭 감축하다 予算を大幅に削減する.
감축-되다 [受動]

감칠-맛 [-맏] 風味のある味; こくのある味; 旨味. ∥감칠맛이 나다 風味がある; こくのある味だ.

감침-질 [하他] まつり縫い; まつりぐけ.

감탄 (感歎) [하自] 感嘆. ∥재능에 감탄하다 才能に感嘆する. 감탄의 소리 感嘆の声.
감탄-사 (感歎詞) [名] [言語] 感嘆詞.
감탄-형 (感歎形) [名] [言語] 感嘆形.

감퇴 (減退) [-퉤] [하自] 減退. ∥기억력이 감퇴하다 記憶力が減退する.

감투[1] ❶ 昔, 役人がかぶった官帽の一種. ❷ [직위(職位)의 俗っぽい言い方で] 役職; 地位. ∥감투를 쓰다 役職につく. 감투 싸움 地位争い.

감투[2] (敢鬪) [하自] 敢闘.
감투-상 (敢鬪賞) [名] 敢闘賞.

감-하다 (減-) 他 [하섯] 減らす; 減免する. ∥세금을 감해 주다 税金を減免する.

감행 (敢行) [하他] 敢行.
감형 (減刑) [하他] 減刑.
감호 (監護) [하他] 監護. ∥감호 처분 監護処分.

감화 (感化) [하自] 感化. ∥기독교의 감화를 받다 キリスト教の感化を受ける.
감화-되다 [받다] [受動]

감회 (感懷) [-훼] [名] 感懐. ∥감회가 새롭다 感懐が新たに.

감흥 (感興) [名] 感興. ∥감흥이 일다 感興がわく[起きる].

감-히 (敢-) /ka:mhi/ 副 恐れ多くも; 敢えて; 大胆にも; 図々しくも. ∥선생님께 감히 그런 말을 하다니 恐れ多くも先生にそんなことを言うなんて. 감히 질문하다 敢えて質問する.

갑[1] (甲) 名 ❶ 甲. ❷ 갑과 을 甲乙. ❷ (十干의) 甲(기노).
갑[2] (-) 名 ❶ …, ❷ …
갑[3] (匣) [依名] …箱. ∥담배 한 갑 タバコ 1箱.
갑각-류 (甲殻類) [-깡뉴] 名 [魚介類] 甲殻類.

갑갑-하다 /kap^pkap^hada/ [-까파-] [하変] ❶ 息苦しい; 気詰まりだ; 窮屈だ; 狭苦しい; 重苦しい. ∥좁고 갑갑한 집 重苦しい家. 속이 갑갑하다 胸が重苦しい. 전철이 초만원이라 갑갑하다 電車が超満員で息苦しい. ❷ もどかしい; じれったい; いらいらする. ∥제대로 표현을 못해 갑갑하다 うまく表現できなくてもどかしい.

갑골-문자 (甲骨文字) [-쫄-짜] 名 [言語] 甲骨文字.
갑남을녀 (甲男乙女) [감-려] 名 平凡な普通の人々. 俗 필부필부 (匹夫匹婦).
갑론을박 (甲論乙駁) [갑 노늘-] 名 [하-].
갑부 (甲富) [-뿌] 名 大金持ち.
갑상-선 (甲状腺) [-쌍-] 名 [解剖] 甲状腺. ∥갑상선이 붓다 甲状腺が腫れる. 갑상선 호르몬 甲状腺ホルモン.
갑-옷 (甲-) [가본] 名 鎧(よろい).
갑을 (甲乙) 名 甲乙.

갑자기 /kap[?]fagi/ [-짜-] 副 いきなり; 突然; 俄然; 急に. ∥갑자기 울기 시작하다 いきなり泣き出す. 갑자기 찾아오다 突然訪ねてくる. 병세가 갑자기 나빠지다 病状が急に悪化する.

갑작-스럽다 /kap[?]fjak^ss^rɔp^hta/ [-짝쓰-따] [ㅂ変] 突然的だ; 急だ. ∥뜻밖에 나도 갑작스러운 일 あまりにも突然の出来事. **갑작스레 副**

갑절 /kap[?]fɔl/ [-쩔] 名 倍; 2倍. ∥밀리면 시간이 갑절은 걸린다 渋滞すると倍の時間はかかる.
갑종 (甲種) [-쫑] 名 甲種.
갑판 (甲板) 名 甲板; デッキ.

값 /kap^s/ 名 ❶ 値; 値段; 価格. ∥값이 오르다 値が上がる. 값이 비싸 살 엄두가 안나다 値が高い. 값을 매길 수가 없다 値がつけられない. ❷ 값. 代金을 치르다 代価を払う. ❷ 代金; 料金. ❸ 방값 部屋代; 렌트비. 기름값 ガソリン代. ❹ 価値. ∥값 있는 죽음 価値のある死. ❺ (数学의) 値. ∥x 의 값을 구하라 xの値を求めよ. * 값을 놓다 (取引で) 適当だと思われる値段を言う.

값-싸다 [갑-] [하] 値段が安い. ❷ 안っぽい; 軽薄な 同情심 安っぽい同情심.
값-어치 /kabʌchⁱ/ [가버-] 名 値打ち; 価値. ∥값어치가 있다 値打ちがある. 골동품으로서의 값어치는 없다 骨董品としての値打ちはない.
값-지다 [갑-] 自 値打ちがある. ❷ 貴い. ∥값진 희생 貴い犠牲.

갓[1] [갇] 名 ❶ 昔, 成年男子がかぶった冠. ❷ (ランプなどの) 傘(かさ).
갓[2] [갇] 名 [植物] カラシナ (芥菜).
갓[3] [갇] 依名 干物などを10個束ねたものを数える語: …束. ∥굴비 한 갓 イシモチ 1束.

갓[4] /kat/ [갇] 副 たったの今; ちょうど今; …したばかりの; …したて. ∥갓 태어난 아기 生まれたばかりの赤ちゃん. 갓 구운 빵 焼きたてのパン. 지금 갓 들어왔습니다 たった今戻ったばかりです.

갓-길[갇낄] 圄 路肩.
갓난-아기[갇-] 圄 赤ん坊をかわいさを込めて言う語.
갓난-아이[갇-] 圄 赤ん坊. ⑪갓난애.
갓난-애[갇-] 圄 갓난아이의 縮約形.
강¹ 〈江〉/kaŋ/ 圄 川. ▫강을 건너다 川を渡る. 강에서 헤엄치다 川で泳ぐ. 유유히 흘러가는 한강 悠々と流れる漢江. 미시시피 강 ミシシッピ(川). 템즈 강 テムズ(川). 강줄기 川の流れ. ▸강 건너 불구경⑽ 対岸の火事.
강² 〈姜〉〔姓〕 姜(ガン).
강³ 〈康〉〔姓〕 康(ガン).
강⁴ 〈綱〉图〈生物〉綱. ▫포유강 哺乳綱.
강-⁵ 〈強〉接頭 強…. ▫강타자 強打者. 강행군 強行軍.
강-⁶ 接頭 ひどい…; 厳しい…. ▫강추위 厳しい寒さ.
강-가〈江-〉【-까】图 川辺; 川べり; 河岸.
강간〈強姦〉图 他 強姦.
강간-죄〈強姦罪〉【-죄/-쮀】图〈法律〉強姦罪.
강강-술래图〈民俗〉全羅道地方の伝統的な踊り.
강개〈慷慨〉图 自 慷慨(쏘). ▫비분강개하다 悲憤慷慨する.
강건〈剛健〉图 他 剛健.
강건-체〈剛健體〉图〈文芸〉力強くて硬い男性的な文体.
강건-하다〈強健-〉形 하ぐ어 強健だ.
강경〈強勁・強硬〉图 自 強硬. ▫강경하게 대처하다 強硬に対処する.
강경-책〈強硬策〉图 強硬策.
강경-파〈強勁派〉图 強硬派; タカ派. ⑪온건파(穩健派).
강고-하다〈強固-〉形 하ぐ어 強固だ. ▫강고한 의지 強固な意志.
강골〈強骨〉图 硬骨. ⑪약골(弱骨).
강공〈強攻〉图 他 強攻.
강공-책〈強攻策〉图 強攻策. ▫강공책을 취하다 強攻策を取る.
강관〈鋼管〉图 鋼管.
강구〈講究〉图 他 講究; (手段・方法などを)講ずること. ▫적절한 대책을 강구하다 適切な対策を講ずる.
강국〈強國〉图 強国. ⑪약국(弱国).
강권¹〈強權〉【-꿘】图 強権. ▫강권 발동 強権発動.
강권²〈強勸〉图 他 無理に押しつけること.
강-기슭〈江-〉【-끼슥】图 河岸. ⑪하안(河岸).
강-나루〈江-〉图 川の渡し(場); 渡り場.
강남〈江南〉图〈地名〉ソウルの漢江の南側の地域.
강낭-콩图〈植物〉インゲンマメ(隠元豆).
강냉이图〈植物〉トウモロコシ(玉蜀黍). ⑪옥수수.
강단¹〈剛斷〉图 果断さ; 決断力. ▫강단이 있다 決断力がある.
강단²〈講壇〉图 講壇. ▫대학 강단에 서다 大学の講壇に立つ.
강당〈講堂〉图 講堂.
강대〈強大〉图 形動 強大. ▫강대한 권력 強大な権力.
강대-국〈強大國〉图 強大国. ⑪약소국(弱小國).
강도¹〈強度〉图 強度.
강도²〈強盜〉图 強盗. ▫집에 강도가 들다 家に強盗に入られる.
강도-범〈強盜犯〉图〈法律〉強盗犯.
강도-질〈強盜-〉图 強盗をはたらくこと. ▫강도질을 하다 強盗をはたらく.
강독〈講讀〉图 他 講読.
강동-강동 副 短い足で跳ねながら歩く様子. ぴょんぴょん.
강동-거리다 自 短い足で跳ねながら歩く.
강등〈降等〉图 自他 降等; 格下げ.
강등-당하다 受動
강력〈強力〉【-녁】图 形動 強力. ▫강력한 대처 방안 強力な対処方案. 개혁을 강력하게 추진하다 改革を強力に推し進める.
강력-범〈強力犯〉【-녁뻠】图〈法律〉強力(﹃ﾞ)犯. ⑪지능범(知能犯).
강력-분〈強力粉〉【-녁뿐】图 強力粉. ⑪박력분(薄力粉).
강렬-하다〈強烈-〉/kaŋnjʎlhada/ 【-녈-】形 하ぐ어 強烈だ. ▫강렬한 인상 強烈な印象. 강렬한 펀치 強烈なパンチ. 소설은 사실보다 전달하는 힘이 강렬하다 小説は事実より伝える力が強烈だ.
강렬-히 副
강령〈綱領〉【-녕】图 綱領.
강림〈降臨〉【-님】图 自 降臨.
강림-절〈降臨節〉图〈キリスト教〉=대림절(待臨節).
강-마르다 形 ㄹ르変 乾きすぎている; ひどくやせている. ▫강마른 남자 ひどくやせた男の人.
강매〈強賣〉图 他 押し売り.
강목〈綱目〉图 綱目.
강-물〈江-〉图 川の水. ▫강물이 범람하다 川が氾濫する.
강-바닥〈江-〉【-빠-】图 川底; 河床. ⑪하상(河床).
강-바람〈江-〉【-빠-】图 川風; 川おろし.
강박〈強迫〉图 自他 強迫.
강박 관념〈強迫觀念〉【-꽌-】图 強迫観念.
강박 신경증〈強迫神經症〉【-찐-쯩】图〈医学〉強迫神経症; 強迫性障害.
강변¹〈江邊〉图 川辺.

강변² (強辯) 图 他 強弁.
강보 (襁褓) 图 襁褓; おくるみ.
강북 (江北) 图 (地名) ソウルの漢江の北側の地域.
강사 (講師) 图 講師. ‖전임 강사 専任講師, 시간 강사 非常勤講師.
강산 (江山) 图 ❶山河. ❷領土.
강샘 (降神) 自変 嫉妬.
강성¹ (剛性) 图 (物理) 剛性.
 강성-률 (剛性率) 【-뉼】图 (物理) 剛性率.
강성² (強性) 图 強い性質.
강성-하다 (強盛−) 形 強盛だ.
강세 (強勢) 图 強勢. ‖강세를 보이는 아이티 관련 주 強勢を見せるＩＴ関連の株.
강-소주 (−燒酒) 图 つまみもなく飲む焼酎.
강-속구 (強速球) 【-꾸】图 (野球で) 豪速球; スピードボール.
강수 (降水) 图 降水.
 강수-량 (降水量) 图 降水量.
강습 (講習) 图 他 講習. ‖강습을 받다 講習を受ける.
강신 (降神) 图 降神; 神降ろし.
강-심장 (強心臟) /kaŋʃimdʑaŋ/ 图 心臟が強いこと; 度胸のある人. ‖강심장을 가진 남자 度胸のある男.
강심-제 (強心劑) 图 (薬) 強心剤.
강아지 /kaŋadʑi/ 图 ❶子犬; 犬ころ; わんちゃん. ❷幼児や孫をかわいがる意で言う語.
 강아지-풀 (−)(植物) エノコログサ(狗尾草); ネコジャラシ(猫じゃらし).
강압 (強壓) 图 強圧.
 강압-적 (強壓的) 【-쩍】 图 強圧的. ‖강압적인 태도를 취하다 強圧の態度を取る.
강약 (強弱) 图 強弱.
 강약-부호 (強弱符號) 【-뿌−】图 (音楽) 強弱記号.
강연 (講演) 图 他 講演. ‖경제 동향에 대해서 강연하다 経済動向について講演する.
 강연-회 (講演会) 【-/-회】图 講演会.
강요 (強要) 图 他 強要; 強要すること. ‖기부를 강요하다 寄付を強要する. 술을 강요하다 酒を強いる. **강요-받다 [-당하다]** 受変
강우 (降雨) 图 他 降雨.
 강우-기 (降雨期) 图 降雨期.
 강우-량 (降雨量) 图 降雨量.
강의 (講義) /ka:ŋi/ 【-/-이】图 他 講義. ‖강의를 듣다 講義を聞く; 講義をとる. 집중 강의 集中講義.
 강의-록 (講義錄) 图 講義録.
 강의-실 (講義室) 图 講義室.
강인-하다 (強靭−) 形変 強靭だ. ‖강인한 정신 強靭な精神.
강자 (強者) 图 強者. ❷약자(弱者)

‖강자의 논리 強者の論理.
강장¹ (強壯) 图 他 強壮.
 강장-제 (強壯剤) 图 (薬) 強壮剤.
강장² (腔腸) 图 (生物) 腔腸.
 강장 동물 (腔腸動物) 图 (生物) 腔腸動物.
강적 (強敵) /kaŋdʑək/ 图 強敵; 大敵. ‖강적을 만나다 強敵にあう.
강점¹ (强占) 图 他 (領土などを) 強制的に占有すること. **강점-당하다** 受変
강점² (強點) 【-쩜】 图 強み. ❷약점(弱點).
강제 (強制) /ka:ndʑe/ 图 他 強制; 無理強い. ‖강제로 끌고 가다 無理矢理連れていく. 노동을 강제하다 労働を強制する. 강제 연행 強制連行. 강제 노동 強制労働. **강제-당하다** 受変
 강제-권 (強制権) 【-꿘】图 (法律) 強制権.
 강제-력 (強制力) 图 強制力.
 강제 송환 (強制送還) 图 強制送還.
 강제 수사 (強制捜査) 图 強制捜査. ⓪임의 수사(任意捜査).
 강제 수용소 (強制収容所) 图 強制収容所.
 강제-적 (強制的) 图 強制的. ‖강제적으로 서류에 서명하게 하다 強制的に書類に署名させる.
 강제 집행 (強制執行) 【-지행】图 強制執行.
 강제 징수 (強制徵收) 图 強制徵収.
 강제 처분 (強制処分) 图 強制処分.
강조 (強調) /ka:ŋdʑo/ 图 他 強調. ‖개혁의 필요성을 강조하다 改革の必要性を強調する. 선생님은 내가 어떻게 생각하는가가 중요하다고 몇 번이나 강조하셨다 先生は私がどう思うかが重要だと、何度も強調した. 한국적인 아름다움을 강조한 디자인 韓国的な美しさを強調したデザイン. **강조-되다** 受変
강좌 (講座) 图 講座. ‖하기 강좌 夏期講座.
강-줄기 (江−) 【-쭐−】图 川の流れ.
강중-강중 副 他 短い足で跳ねながら歩く様子; ぴょんぴょん.
강중-거리다 【-대다】 自 短い足で跳ねながら歩く.
강직-하다 (剛直−) 【-지카−】 形 変 剛直だ. ‖강직한 성격 剛直な性格.
강진 (強震) 图 強震.
강짜 (強−) 图 ❶ 【강샘의 俗語】やきもち; 嫉妬. ❷強情. ‖강짜를 부리다 強情を張る.
강철 (鋼鐵) 图 鋼鉄. ‖강철판 鋼鉄板.
강타 (強打) 图 他 ❶強打. ‖강타를 치다 強打を打つ. ❷(台風などが)襲うこと. ‖태풍이 남부 지방을 강타하다 台風が南部地方を襲う.

강-타자 (强打者) 图 〔野球で〕强打者.

강탈 (强奪) 图 他动 强奪. ‖주권을 강탈하다 主権を奪う. **강탈-당하다** 受動

강토 (疆土) 图 疆土(きょうど); 領土.

강판[1] (薑板) 图 下ろし金. ‖무 를 강판에 갈다 大根を下ろし金でりおろす.

강판[2] (鋼板) 图 鋼板.

강판[3] (降板) 图 自动 〔野球で〕降板. 图 등판(登板). ‖투수가 강판되다 投手が降板する.

강퍅-하다 (剛愎-)[-파카-] 形 [ㅎ変] (性格が)強情で気難しい.

강풍 (强風) 图 强風. ‖강풍이 휘몰아치다 强風が吹きすさぶ.

강하 (降下) 图 自动 降下. ‖급강하 急降下.

강-하다[1] (剛-) 形 [ㅎ変] 〈志などが〉堅い; 剛直だ. 图 유하다(柔-).

강-하다[2] (强-) /kaŋhada/ 形 [ㅎ変] ❶ 强い. ㉮弱い(弱-). ‖책임감이 강하다 責任感が強い. 상대 팀은 생각보다 강했다 相手チームは思ったより強かった. 강한 인상을 받다 強い印象を受ける. 바람이 강하게 불다 風が強く吹く. ❷ 〔…에 강하다の形で〕…に強い. 지진에 강한 건물 地震に強い建物.

강해-지다 (强-) 自 强まる; 強くなる. ‖세력이 강해지다 勢力が強まる. 자의가 강해지다 自意識が強くなる.

강행 (强行) /kaŋhɛŋ/ 图 他动 強行. ‖비가 오는데도 대회를 강행하다 雨が降るにもかかわらず大会を強行する. **강행-되다** 受動

강-행군 (强行軍) 图 強行軍. ‖강행군을 하다 強行軍をする.

강호 (强豪) 图 強豪.

강화[1] (强化) /kaŋhwa/ 图 他动 強化. ㉮약화(弱化). ‖전력을 강화하다 戦力を強化する. 규제를 강화하다 規制を強化する. 강화 훈련 強化訓練. **강화-되다** 受動

강화[2] (講和) 图 自动 講和. ‖강화 조약 講和条約.

갖-가지 /katkadʑi/[갇까-] 〔가지가지の縮約形〕色々; 様々; とりどり. ‖이 반찬에는 갖가지 영양소가 들어 있다 このおかずには色々な栄養素が入っている. 갖가지 색깔 色とりどり.

갖다 /katta/[갇따] 他 〔가지다の縮約形〕所有する. ‖가정을 갖다 家庭を持つ. 자신을 갖다 自信を持つ. 지금은 안 갖고 있다 今は持っていない. 막대한 재산을 갖고 있다 莫大な財産を所有している.

갖-바치[갇빠-] 图 (昔の)革細工屋.

갖은 /kadʑun/ 冠 あらゆる; ありとあらゆる; すべての. ‖갖은 고생을 다 하다 あらゆる苦労をする. 갖은 수단을 다 쓰다 あらゆる手段を尽くす. 갖은 양념 色々な薬味.

갖은-소리 图 あらゆる言葉.

갖추다 /katɕʰuda/[갇-] 他 備える; 取り揃える; 整える. ‖자질을 갖추다 資質を備える. 구색을 갖추다 品物を色々と取り揃える. 필요한 물건은 갖춰져 있습니다 必要な物は取り揃えてあります.

같다 /katt͈a/[갇따] 形 ❶ 同じだ; 同様だ; 等しい. 가격이 같다 値段が同じだ. 둘은 학교도 같고 학년도 같다 2人は学校も同じだし、学年も同じだ. 아버지와 취향이 같다 父親と好みが同じだ. 형하고 하는 짓이 같다 兄と同様にふるまう. 삼 년 전에도 이와 같은 사건이 일어났다 3年前にもこれと同様の事件が起きた. 같은 얘기를 다른 사람한테서도 들었다 同様のことを他の人からも聞いた. 이와 같은 길 무엇과 같은 길이 等しい長さ. ❷ …のようだ; …みたいだ. ‖꿈 같은 날들이 계속되다 夢のような日々が続く. 요코하마나 고베 같은 항구 도시 横浜や神戸みたいな港町. ❸ 〔…으면の形で〕…であったら; …なら. ‖나 같으면 참지 못했을 거야 私だったら我慢できなかったと思う. 너 같으면 어떻게 했겠니? 君だったらどうしたと思う? 같을 같으면 다홍치마 [諺]〔「同じ値段なら真紅のスカート」の意で〕同じ値段なら良きのものを選ぶことのたとえ. 圆동가홍상(同價紅裳).

같은-표 (-標) 图 等号(=). 图 등호(等號).

같이[1] /katɕʰi/[가치] 副 ❶ 同じく; 同じように; 同様に; 等しく. ‖오른쪽 그림과 같이 하시면 됩니다 右の絵と同じようにすればいいです. 같이 취급하다 同様に扱う. ❷ 一緒に; ともに. ‖같이 일을 하다 一緒に仕事をする. 어디든지 같이 다니다 どこへでも連れ立って行く. ❸ 〔…와[과] 같이の形で〕…通りに; …のように. ‖말씀드린 바와 같이 신고 올린 대로 이와 같이 このように.

같이-하다 他 [ㅎ変] 共にする. ‖행동을 같이하다 行動を共にする. 운명을 같이하다 運命を共にする.

같이[2] /katɕʰi/[가치] 助 …のように; …と同じく; …のごとく; …みたいに. ‖보름달같이 둥근 얼굴 満月のようにまんまるい顔. 눈이 희다 雪のように白い.

같잖다[갇짠타] 形 〔같지 아니하다の縮約形〕ばからしい; ばかばかしい; くだらない; つまらない. ‖같잖은 소리를 하다 ばかばかしいことを言う.

갚다 /kapt͈a/[갑따] 他 ❶ (借金などを)返す; 返済する; 償う. ‖빚을 갚다 借金を返す. 죄를 갚다 罪を償う. ❷ 恩返しをする; (恩に)報いる. ‖은혜를 갚다

恩返しをする. 은혜를 원수로 갚다 恩を仇で返す. ❸ (敵(%)을) 치다. ‖원수를 갚다 敵を討つ.

개¹ /kɛ:/ 图 ❶〖動物〗イヌ(犬). 개새끼 子犬. 개 사료 ドッグフード. 개집 犬小屋. 들개 野良犬. 개 두 마리 키우고 있다 犬を2匹飼っている. 개가 지나가는 사람을 향해 짖었다 犬が通行人に向かって吠えた. [개를 묶어두다 犬をつないでおく. ❷ [比喩的に] 回し者. スパイ. ▶개 패듯 하다 容赦なくぶん殴る. ▶개가 똥을 마다하다 [(개가 똥을 싫다고 한다)의 뜻에서] 大好物を遠慮したりする時に皮肉って言う表現. ▶개 눈에는 똥만 보인다 [諺] [(犬の目には糞だけが見える)の意で] 何かに凝っていると, あらゆるものがそれに見える.

개² 图 윷놀이(ユンノリ)で4本の윷のうち2本裏側が出ること.

개³ 〖個·介·箇〗 /kɛ/ 依존 …個; …つ. 귤 열 개 ミカン10個. 사과 세 개 リンゴ3個. 개 한 개씩 포장해 주세요 1つずつ包装してください.

개-⁴ 接頭 無駄の…; 野生の…; 値打ちのない…; でたらめの…. ‖개죽음 無駄死に. 대죽(도). 개살구 野生杏. 개산 향.

-개⁵ 接尾 [一部の動詞に付いて] 器具であることを表わす. ‖깔개 敷物. 지우개 消しゴム.

개가 (改嫁) 图 自 (女性の)再婚; 再嫁; 再婚.

개가 (開架) 图 他 開架. ‖개가식 도서관 開架式図書館.

개가 (凱歌) 图 凱歌. ‖개가를 올리다 凱歌をあげる[奏する].

개각 (改閣) 图 自他 内閣改造; 組閣.

개간 (開墾) 图 他 開墾. ‖황무지를 개간하다 荒れ地を開墾する.

개간-지 (開墾地) 图 開墾地.

개강 (開講) 图 自他 ①開講. ⇔종강(終講)·폐강 (閉講). ‖한국은 삼월부터 개강이다 韓国は3月から開講だ.

개개 (個個·箇箇) 图 個々. ‖개개의 문제 個々の問題.

개개-인 (個個人) 图 個々人.

개개다 しつこくつきまとって損をさせる.

개고 (改稿) 图 自他 改稿.

개-고기 图 犬の肉.

개골-개골 圖 自他 カエルの鳴き声: ケロケロ.

개과-천선 (改過遷善) 图 自他 過ちを改め善人になること.

개관 (開館) 图 自他 開館. ‖폐관 (閉館).

개관 (概觀) 图 自他 概観. ‖한국사 개관 韓国史概観.

개괄 (概括) 图 自他 概括. ‖보고 내용을 개괄하다 報告内容を概括する.

개괄-적 (概括的)【-쩍】 图 概括的.

개괄적인 설명 概括的な説明.

개교 (開校) 图 自他 開校. ⇔폐교 (閉校).

개교-기념일 (開校記念日) 图 開校記念日; 創立記念日.

개구리 /kɛguri/ 图〖動物〗カエル(蛙); カワズ(蛙). ‖청개구리 雨蛙. 식용 개구리 牛蛙. 우물 안 개구리 井の中の蛙. ▶개구리 올챙이 적 생각 못한다 [「カエルはオタマジャクシの頃を思い出せない」の意で] 成功した後は昔の苦労を忘れてしまう.

개구리-밥 图〖植物〗ウキクサ(浮き草・萍). 俗부평초 (浮萍草).

개구리-헤엄 图 蛙泳ぎ; 平泳ぎ. 俗평영 (平泳).

개-구멍 图 犬くぐり.

개구쟁이 图 わんぱくこ; いたずらっ子.

개국¹ (開局) 图 自他 開局. ‖새로운 티브이 채널 개국 新しいTVチャンネルの開局.

개국² (開國) 图 自他 開国.

개국³ (箇國) 依存 …か国. ‖오 개국 순방 5か国歴訪.

개굴-개굴 圖 自他 カエルの鳴き声: ケロケロ.

개그 (gag) 图 ギャグ; お笑い. ‖개그 콘테스트 お笑いコンテスト.

개그-맨 (gagman) /kɛgumɛn/ 图 ギャグマン; お笑い芸人.

개근 (皆勤) 图 自他 皆勤. ‖육 년 연속 개근을 하다 6年連続皆勤する.

개근-상 (皆勤賞) 图 皆勤賞.

개기 (皆旣) 图〖天文〗皆旣.

개기-식 (皆旣食) 图〖天文〗皆旣食.

개기-월식 (皆旣月蝕)【-씩】 图〖天文〗皆旣月食.

개기-일식 (皆旣日蝕)【-씩】 图〖天文〗皆旣日食.

개기다 개개다の誤り.

개-기름 图 顔にべっとり(と)にじみ出る脂.

개-꿈 /kɛ:ʔkum/ 图 くだらない夢; ばかげた夢. ‖개꿈을 꾸다 くだらない夢を見る.

개나리 /kɛnari/ 图〖植物〗レンギョウ(連翹).

개년 (箇年) 依存 …か年. ‖오 개년 계획 5か年計画.

개념 (概念) 图 概念. ‖추상 개념 抽象概念. 상위 개념 上位概念.

개념-론 (概念論)【-논】 图 概念論.

개념-적 (概念的) 图 概念的.

개다¹ /kɛ:da/ 自 (空などが)晴れる; (雨が)上がる. ‖비가 갠 뒤에 무지개가 떴다 雨が上がった後に虹が出た. 하늘이 맑게 개다 空が晴れ渡っている.

개다² /kɛ:da/ 他 〔개키다의縮約形〕 (布団や衣服などを)たたむ. ‖이불을 개다 布団をたたむ. 옷을 개다 服をたたむ.

개다³ 图 (泥·粉などを)こねる; 練る.
‖일가루를 개다 小麦粉をこねる. 점토를 개다 粘土を練る.

개도-국 (開途國) 图 〔개발도상국(開發途上國)의 略語〕開發途上國.

개-돼지 犬畜生; 畜生. ‖개되지만 도 못한 인간 犬畜生にも劣るやつ.

개-떡 ❶ そばのぬかやくず麦などで作った粗末な餅. ❷くだらないもの; 気に入らないもの.

개-똥 ❶犬のくそ; 犬の糞. ❷くだらないもの. ▶개똥도 약에 쓰려면 없다 [諺]〔「犬の糞も薬に使おうとするとない」の意で〕普段はその辺にごろごろしているものでも、いざ求めようとするとなかなか見つからない.

개똥-밭 {-받} 图 犬の糞があちこちに転がっている汚い所. ▶개똥밭에 굴러도 이승이 좋다 [諺] 命あっての物種.

개똥-벌레 〔昆虫〕 ゲンジボタル(源氏蛍).

개똥-지빠귀 图〔鳥類〕ツグミ(鶫).

개-띠 戌(⅜)年生まれ.

개랑-조개 〔魚介類〕バカガイ(馬鹿貝).

개략 (概略) 图 ㊓ 概略. ‖국제 정세를 개략하다 国際情勢を概略する.

개략-적 (概略的) {-쩍} 图 概略的. ‖개략적으로 살펴보다 概略的に調べる.

개량 (改良) /kɛːrjaŋ/ 图 ㊓ 改良. ‖품종을 개량하다 品種を改良する. **개량-되다** 受動

개량-종 (改良種) 图 改良種.

개량-주의 (改良主義) {-/-이} 图 改良主義.

개런티 (guarantee) 图 ギャランティー; ギャラ.

개론 (概論) 图 ㊓ 概論. ‖언어학 개론 言語学概論.

개막 (開幕) /kɛmak/ 图 ㊓ 開幕.
㊓ 開幕. ‖프로 야구 공식전의 개막 プロ野球公式戦の開幕.
개막-식 (開幕式) {-씩} 图 開幕式.
개막-전 (開幕戦) 图 開幕戦.

개-망신 (-亡身) 图 ㊓ 赤恥; 大恥.
‖개망신을 당하다 大恥をかく.

개-머루 (-)〔植物〕ノブドウ(野葡萄).

개명¹ (開明) 图 開明.

개명² (改名) 图 ㊓ 改名.

개-모음 (開母音) 〔言語〕広母音; 低母音. ↔저모음(低母音).

개미 /kɛːmi/ 图 アリ(蟻).
‖일개미 働きアリ. 개미 허리蜂腰. ▶개미 새끼 하나도 얼씬 못하다 アリが這い出る隙もない. ▶개미 새끼 하나 볼 수 없다 人っ子一人いない.

개미-굴 (-窟) 图 アリの巣.

개미-떼 图 アリの群れ.

개미-지옥 (-地獄) 图 アリ地獄.

개미-집 アリの巣.

개미-핥기 {-할기} 图〔動物〕アリクイ(蟻食).

개발 (開發) /kɛbal/ 图 ㊓ 開發.
‖신제품 개발에 주력하다 新製品の開発に力を入れる. 기술 개발 技術開発. 우주 개발 宇宙開発. **개발-되다** 受動

개발도상-국 (開發途上國). ㊛개도국(開途國). ↔선진국(先進國)·중진국(中進國).

개-밥 犬のえさ. ▶개밥에 도토리 [諺]〔「犬のえさにどんぐり」の意で〕村八分.

개방 (開放) /kɛbaŋ/ 图 ㊓ 開放.
‖문호 개방 門戸開放. **개방-되다** 受動

개방 경제 (開放經濟) 图 開放経済.

개방-적 (開放的) {-쩍} 图 開放的. ‖개방적인 성격 開放的な性格.

개버딘 (gabardine) 图〔服地の〕ギャバジン.

개벽 (開闢) 图 自 開闢(⅜...).

개별 (個別) {-뼐} 图 個別. 개별 연습 個別練習. 개별 학습 個別学習. 학생들을 개별적으로 지도하다 学生を個別的に指導する.

개별개념 (個別概念) 图 個別概念.

개별-성 (個別性) {-썽} 图 個別性.

개복 (開腹) 图 ㊓ 開腹. ‖개복 수술 開腹手術.

개봉 (開封) {-뽕} 图 ㊓ ❶〔映画の〕封切り; ロードショー. ‖개봉관 封切館. 개봉 박두 近日上映.

개비 依 小割りなどを数える語: …本. ‖담배 한 개비 タバコ1本. 성냥 한개비 マッチ1本.

개-뼈다귀 (-) 图 ❶犬の骨. ❷〔比喩の意で〕馬の骨. ‖어디서 굴러먹던 개뼈다귀인지 どこの馬の骨とも知れない.

개산 (概算) 图 ㊓ 概算. ‖공사비를 개산하다 工事費を概算する.

개-살구 (-) 图 マンシュウアンズ(満州杏). ‖빛 좋은 개살구 見かけ倒し.

개-새끼 畜生; 野郎.

개선¹ (凱旋) 图 ㊓ 凱旋. ‖개선 장군 凱旋将軍.

개선-문 (凱旋門) 图 凱旋門.

개선² (改善) /kɛːsən/ 图 ㊓ 改善.
㊓ (改悪). ‖개선책 改善策. 처우 개선 待遇改善. 개선의 여지가 있다 改善の余地がある. **개선-되다** 受動

개설¹ (開設) 图 ㊓ 開設; 設けること. ‖서울에 지점을 개설하다 ソウルに支店を開設する. 계좌를 개설하다 口座を設ける[開設する]. **개설-되다** 受動

개설² (概説) 图 ㊓ 概説. ‖국어학 개설 国語学概説.

개성 (個性) /kɛːsəŋ/ 图 個性. ‖개성이 강하다 個性が強い. 개성을 발휘하

다 個性을 發揮하다. 개성을 살리다 個性을 生かす.
개성-적 (個性的) 图 個性的. ‖개성적인 옷차림 個性的な服装.
개소¹ (個所) 图 個所.
개소-식 (開所式) 图 開所式.
개소² (個所·箇所) 依명 …か所. ‖십 개소 10か所.
개-소리 图(하자) [ののしり言い方で]でたらめなこと、でたらめにしゃべりちらす話.
개수¹ (個數) 图 個數. ‖짐 개수를 세다 荷物の個数を数える.
개수² (改修) 图(하타) 改修.
개-수양버들 (-垂楊) 图《植物》イヌシダレヤナギ(大枝垂柳).
개-수작 (-酬酌) 图(자) [ののしる言い方で]でたらめな言動.
개수-통 (-桶) 图 食器を洗う桶.
개시 (開始) /kɛʃi/ 图(하타) 開始. ‖작업 개시 作業の開始. 공격을 개시하다 攻撃を開始する. **개시-되다** 受動
개시² (開市) 图(자) 開市.
개식 (開式) 图(자) 開式.
개식-사 (開式辭) 图(-사) 開會の辭.
개신 (改新) 图(하타) 改新.
개신-교 (改新敎) 图《キリスト敎》新敎;プロテスタント.
개심 (改心) 图(자) 改心.
개-싸리 图《動物》ウミカラマツ(海唐松).
개악 (改惡) 图(하타) 改惡. ‖개선 (改善). 헌법 개악에 반대하다 憲法の改惡に反對する.
개안 (開眼) 图(자)《佛敎》開眼(원).
개암 图 ハシバミの實.
개암-나무 图《植物》ハシバミ(榛).
개업 (開業) 图(하타·자) 開業. ‖폐업 (閉業). 변호사 개업을 하다 弁護士を開業する.
개업-의 (開業醫) 图(-어비) 開業醫;町醫者.
개-여뀌 图《植物》イヌタデ(犬蓼).
개연-성 (蓋然性) 图(-생) 蓋然性. ‖소설은 개연성 있는 허구이다 小說は蓋然性のある虛構である.
개연-적 (蓋然的) 图 蓋然的. ‖필연적 (必然的).
개요 (槪要) 图 槪要.
개운 (開運) 图 開運.
개운-하다 /kɛunhada/ 图(하변) すっきりする;さっぱりする;輕い. ‖머리가 개운하다 頭がすっきりする. 별로 개운치 못한 이야기다 どうもすっきりしない話다. 좀 뛰었더니 몸이 개운한지 少し走った다 체が輕い. 개운한 맛 さっぱりした味. **개운-히** 副
개울 图 小川. ‖개울가 小川のほとり.
개원 (開院) 图(하타·자) 開院.
개월 (個月) 依명 …か月. ‖임신 삼 개

월 妊娠 3 か月.
개-음절 (開音節) 图《言語》開音節. ⇔폐음절 (閉音節). ÷母音または二重母音で終わる音節. 日本語の音節のほとんどは開音節である.
개의 (介意) 图(-/-이) (하타) 介意; 懸念すること. ‖죽음도 개의치 않다 死も意に介しない.
개인 (個人) /kɛːin/ 图 個人. ‖개인 교수 個人敎授. 개인의 권리 個人の權利.
개인-기 (個人技) 图 個人技.
개인-어음 (個人-) (経) 個人小切手.
개인-연금 (個人年金) [-년-] 图 個人年金.
개인-적 (個人的) 图 個人的. ‖개인적인 문제 個人的な問題.
개인-전 (個人展) 图 個展. ‖개인전을 열다 個展を開く.
개인-주의 (個人主義) [-/-이] 图 個人主義.
개인-차 (個人差) 图 個人差.
개인-택시 (個人 taxi) 图 個人タクシー.
개인-플레이 (個人 play) 图 個人プレー.
개입 (介入) 图(하타) 介入. ‖노사 간의 분쟁이 정부의 개입으로 원만히 타결되다 勞使間の紛爭が政府の介入によって圓滿に妥結する.
개입-권 (介入權) [-꿘] 图《法律》介入權.
개-자식 (-子息) 图 畜生;野郞.
개작 (改作) 图(하타) 改作.
개장 (開場) 图(하타·자) 開場. ⇔폐장 (閉場).
개재 (介在) 图(하타·자) 介在.
개전 (改悛) 图(하타) 改悛. ‖개전의 정 改悛の情.
개점 (開店) 图(하타·자) 開店. ⇔폐점 (閉店).
개점-휴업 (開店休業) 图 開店休業.
개정¹ (改正) 图(하타) 改正. ‖법률을 개정하다 法律を改正する. **개정-되다** 受動
개정² (改定) 图(하타) 改定. ‖개정 요금 改定料金. **개정-되다** 受動
개정³ (改訂) 图(하타) 改訂. ‖개정 신판 改訂新版. **개정-되다** 受動
개정⁴ (開廷) 图(하타·자) 開廷. ⇔폐정 (閉廷).
개조¹ (改造) 图(하타) 改造. ‖부엌을 개조하다 台所を改造する. 내각을 개조하다 內閣を改造する. **개조-되다** 受動
개조² (個條) 依명 …か条.
개종 (改宗) 图(하타·자)《宗敎》改宗.
개-죽음 图(자) 犬死に;無駄死に. ‖개죽음을 당하다 犬死にする.

개중(個中·箇中) /kɛːdʑuŋ/ 〔主に대중에の形で〕数ある中で; その中で. ‖개중에 나은 것 数ある中でましなもの.

개진(開陳) 图 (하他) 開陳(敶); 述べること. ‖의견을 개진하다 意見を開陳する.

개-집 图 犬小屋.

개-차반 图 〔ののしる言い方で〕下劣な者.

개찰(改札) 图 (하他) 改札. ‖자동 개찰기 自動改札機.

개찰-구(改札口) /kɛːtɕalgu/ 图 改札口.

개척(開拓) /kɛtɕʰok/ 图 (하他) 開拓; 切り開くこと. ‖새로운 시장을 개척하다 新市場を開拓する. **개척-되다** 受動

개척-자(開拓者) 【-짜】 图 開拓者. ‖개척자 정신 開拓者魂.

개척-지(開拓地) 【-찌】 图 開拓地.

개천(-川) 图 小川; 溝. ▶개천에서 용 난다 《봉鳶(눈)が鷹を生む.

개천-절(開天節) 图 韓国の建国記念日. 10月 3日.

개체(個體) 图 個体.
　개체 개념(個體概念) 图 =개별 개념(個別概念).
　개체-군(個體群) 图 《生物》個体群.
　개체 발생(個體發生) 【-쌩-】 图 《生物》個体発生. ⑪계통 발생(系統發生).
　개체-변이(個體變異) 图 《生物》個体変異.
　개체-주의(個體主義) 图 [/-이] 图 個体主義.

개최(開催) /kɛtɕʰwe/ 图 [/-췌] 图 (하他) 開催. ‖위원회를 개최하다 委員会を開催する. **개최-되다** 受動
　개최-지(開催地) 图 開催地.

개축(改築) 图 改築. ‖개축 공사 改築工事. 낡은 건물을 개축하다 古びた建物を改築する. **개축-되다** 受動

개코-망신(-亡身) 图 (하自) 赤っ恥; 大恥. ‖개코망신을 당하다 赤っ恥をかく.

개키다 他 〔衣服·布団などを〕たたむ. ◯개다. ‖이불을 개켜 놓다 布団をたたんでおく.

개탄(慨歎·慨嘆) 图 (하他) 慨嘆. ‖개탄을 금치 못하다 慨嘆にたえない.

개탄-스럽다(慨歎-·慨嘆-) 〔-따〕 形 【ㅂ変】 嘆かわしい. ‖지금의 정치 상황이 개탄스럽다 今の政治状況が嘆かわしい. **개탄스레** 副

개통(開通) 图 (되自) 開通. ‖전철이 개통되다 電車が開通する.
　개통-식(開通式) 图 開通式.

개판(-) 图 秩序や一貫性のないめちゃくちゃな状態[場面]. ‖모든 것이 개판이다 すべてがめちゃくちゃだ.

개펄 图 渴(뻘).

개편(改編) 图 (하他) 改編. ‖조직을 개편하다 組織を改編する. **개편-되다** 受動

개폐¹(改廢) 图 【/-폐】 图 (하他) 改廢.

개폐²(開閉) /kɛpʰe/ 图 【/-폐】 图 (하他) 開閉.
　개폐-기(開閉器) 图 開閉器.
　개폐-식(開閉式) 图 開閉式.

개표(開票) /kɛpʰjo/ 图 (하他) 開票. **개표-되다** 受動
　개표-소(開票所) 图 開票所.
　개표-율(開票率) 图 開票率.

개피¹ 图 《植物》ミノゴメ(裘米); カズノコグサ(数の子草).

개피² 图 개비의 誤り.

개학(開學) /kɛhak/ 图 (하自) 〔学校の〕始業; 授業が始まること. ‖언제부터 개학이에요? いつから授業が始まりますか.
　개학-날(開學-) 【-항-】 图 =개학일(開學日).
　개학-식(開學式) 【-씩】 图 《学校の》始業式.
　개학-일(開學日) 图 新学期の授業が始まる日.

개항(開港) 图 (하他) 開港.

개해 图 戌年. ⑪개년(戌年).

개헌(改憲) 图 (하他) 改憲.
　개헌-안(改憲案) 图 改憲案.

개-해엄 图 犬かき; 犬泳ぎ. ‖개헤엄을 치다 犬かきをする.

개혁(改革) /kɛːhjok/ 图 改革. ‖구조 개혁 構造改革. 의식 개혁 意識改革. 교육 제도를 개혁하다 教育制度を改革する. 근본적인 개혁을 요구하다 根本的な改革を求める. **개혁-되다** 受動

개혼(開婚) 图 (하自) その家の子どもが初めて結婚すること, またはその婚. ⑪필혼(畢婚).

개화¹(開化) 图 (하自) 開化. ‖문명개화 文明開化.
　개화-사상(開化思想) 图 開化思想.

개화²(開花) 图 (하自) 開花. ‖고산 식물이 일제히 개화하다 高山植物が一斉に開花する.
　개화-기(開花期) 图 開花期.

개회(開會) 图 【/-훼】 图 開會. ⑪폐회(閉會). ‖개회를 선언하다 開会を宣する. 아홉 시에 개회하다 9時に開会する.
　개회-사(開會辭) 图 開会の辞.
　개회-식(開會式) 图 開会式. ⑪폐회식(閉會式).

객¹(客) 图 客. ⑥손님. ‖낯선 객이 찾아오다 見知らぬ客が訪ねてくる.

객²(客) 接頭 つまらない…; くだらない…; 無駄な…. ‖객소리 無駄口.

-객³(客) 接尾 …客. ‖관광객 観光客. 불청객 招かれざる客.

객관 (客觀) /kɛkʔkwan/【-꽌】图 客觀. ⑦主觀(主觀).
객관-성 (客觀性)【-썽】图 客觀性. ∥객관성이 결여되다 客觀性に欠ける.
객관-적 (客觀的) 图 客觀的. ∥문제를 보다 객관적으로 봐야 한다 問題をもっと客觀的に見るべきだ.
객관-화 (客觀化) 图 他サ 客觀化.
객기 (客氣) 图 客氣. ∥객기를 부리다 客氣にかられる; 羽目をはずす.
객사 (客死)【-싸】图 自サ 客死.
객석 (客席)【-썩】图 客席.
객선 (客船) 图 客船.
객-식구 (客食口)【-씩꾸】图 食客; 居候.
객실 (客室)【-씰】图 客室. ❶ (家の)客間. ❷ (客船・ホテルなどの)客が泊まる部屋.
객원 (客員) 图 客員. ∥객원 교수 客員教授.
객지 (客地)【-찌】图 客地. ∥객지 생활 客地での生活.
객-쩍다 (客-)【-따】圈 つまらない; くだらない; ばかばかしい; 決まりが悪い. ∥객쩍은 소리를 하다 くだらないことを言う.
객체 (客體) 图 客體. ⑦主체 (主觀).
객토 (客土) 图 客土.
갤러리 (gallery) 图 ギャラリー.
갤런 (gallon) 依 液体の体積の単位: …ガロン.
갭 (gap) 图 ギャップ. ∥세대 간의 갭이 크다 世代間のギャップが大きい. 갭이 생기다 ギャップが生じる. 갭이 벌어지다 ギャップが広がる. 갭을 메우다 ギャップを埋める.
갯-가재 /개짜/갠까-/【魚介類】 シャコ (蝦蛄).
갯-버들 /개뻐-/갣뻐-/【植物】 ネコヤナギ (猫柳).
갯-벌 /개뻘/갣뻘/ 图 干潟.
갯-장어 (-長魚) /개짱-/갣짱-/【魚介類】 ハモ (鱧).
갯-지렁이 /개찌-/갣찌-/【動物】 ゴカイ (沙蚕).
갱¹ (坑) 图 (鉱山の)坑.
갱² (羹) 图 祭祀(祭祀)に使う汁物.
갱³ (gang) 图 ギャング.
갱구 (坑口) 图 (鉱山の)坑口.
갱년-기 (更年期) 图 更年期.
갱년기-장애 (更年期障碍) 图【医学】更年期障害.
갱생 (更生) 图 自サ 更生.
갱신 (更新) /kɛːŋʃin/ 图 他サ 更新. ∥여권을 갱신하다 旅券を更新する. 기록을 갱신하다 記錄を更新する. **갱신-되다** 图 自サ 更新.
갱신-일 (更新日) 图 更新日.

갸륵-하다 [-르카-] 圈 下變 けなげだ; 奇特だ. (心がけが)感心するほどだ. ∥정성이 갸륵하다 心がけがけなげだ. **갸륵-히** 副
갸름-하다 [-르마-] 圈 下變 (顔などが)細長い; 面長だ. ∥얼굴이 갸름한 여자 아이 面長な女の子.
갸우뚱 图自他 やや斜めに傾ける樣子.
갸우뚱-거리다 /kjau?tuŋɡrida/ 他サ (首を)傾ける. ∥고개를 갸우뚱거리다 首を傾ける.
갹출 (醵出) 图 他サ 醵出(きょしゅつ); (ある目的のために)金品を出し合うこと. ∥会費를 갹출하다 會費を醵出する.
개 〔그 아이의 縮約形〕その子; あの子.
거¹ 倚 そこ; それ. ∥거 나 줄래? それ, 私にくれる?
거² /kʌ/ 依子 〔것의 縮約形〕もの; こと. ∥먹을 거 있으면 좀 주세요 食べるものがあったら少し ください.
거³ 感 それ; ほら. ∥거 보라 ほら, 見ろ.
거간 (居間) 图 거간꾼의 略語.
거간-꾼 (居間-) 图 仲買人. ⑩거간 (居間).
거개 (擧皆) 图 ほとんど; 大部分.
— 图 ほとんど.
거구 (巨軀) 图 巨軀; 巨体; 大きい体.
거국 (擧國) 图 擧國; 國全体. ∥거국적으로 全國的に; 國を擧げて.
거금 (巨金) 图 大金. ∥거금을 손에 쥐다 大金を手にする [つかむ].

거기 /kʌɡi/ 代 ❶ そこ. ∥거기가 유명한 커피숍이야 そこが有名な喫茶店だ. 네가 거기서 나오는 걸 봤어 お前がそこから出るのを見たよ. ❷ あそこ. ∥제 고향이 거기예요 私の故郷はあそこです. 문제가 거기부터 어려워져 問題があそこから難しくなるの.
— 国 ❶ そこに. ∥거기 아무도 없니? そこに誰もいないの. ❷ あそこに. ∥두 시쯤에 거기 있게요 2時頃, あそこにいるから.
거기-다가 副 そこに; その上に; さらに. ∥비가 오는데 거기다가 바람까지 불고 있다 雨が降っているのに, さらに風まで吹いている.
거꾸러-뜨리다 他 倒す; ひっくり返す. ∥적을 단숨에 거꾸러뜨리다 敵を一気に倒す.
거꾸러-지다 自 ❶ 倒れる; つんのめる. ∥발끝에 거꾸러지다 足元でつんのめる. ❷ (죽다)의 俗語 くたばる.
거꾸러-트리다 =거꾸러뜨리다.
거꾸로 /kʌꞌkuro/ 副 ❶ 逆さまに. ∥거꾸로 매달다 逆さまにつる. 포스터를 거꾸로 붙이다 ポスターを逆さまに貼る. ❷ 逆に. ∥순서를 거꾸로 하다 順序を逆にする. 담배를 거꾸로 물다 タバコを逆にくわえる.

거나

거나¹ 助 …でも; …であれ. ‖여자거나 아이거나 상관없이 女であれ子どもであれ関係ない.

-거나² 語尾 …でも; …ようと; …(だ)ろうが; …ても. ‖키가 크거나 작거나 이 일에는 관계없다 背が高かろうが低かろうがこの仕事には関係ない. ‖비가 오거나 말거나 오늘은 끝내야 한다 雨が降ろうが降るまいが, 今日は終えないといけない.

거나-하다 自 …でも; …か. ‖한잔했거나 한 기색이다 一杯機嫌だ; ほろ酔い気持ちだ. ‖술이 거나하다 ほろ酔い機嫌である. **거나-히** 副

거느리다 /kɔnurida/ 他 ❶ 率いる; 引率する. ‖학생들을 거느리고 遠足に行く. ❷ 統率する; 従える, 連れていく. ‖부하들을 거느리고 시찰을 나가다 部下たちを従えて視察に出向く.

거는 他 [ㄹ語尾] 걸다(かける)の現在連体形. ‖자식에게 거는 기대 子供にかける期待.

-거늘 語尾 …のに; …にもかかわらず. ‖지각하지 말라고 그렇게 일렀거늘 또 지각이라니 遅刻するなとあれほど言ったのに, 今日もまた遅刻だ.

거니와¹ 語尾 [母音で終わる体言に付いて; 子音の場合は이거니와] …なのにその上; …だが. ‖수재거니와 집안도 좋다 秀才なのにその上, 家柄もいい.

-거니와² 語尾 …(である)上に; …だが. ‖일도 잘하거니와 성격도 좋다 仕事もできる上に性格もいい.

거닐다 /kɔnilda/ 自 [ㄹ語尾] [거닐어, 거니니, 거닌] ぶらつく; ぶらぶら歩く; 散歩する; 散策する. ‖공원을 거닐다 公園をぶらりと散策する. ‖집 근처를 거닐다 家の近くを散歩する.

거담 (祛痰) 图 [한의] 去痰.
  거담-제 (祛痰劑) 图 [薬] 去痰薬.

거대 (巨大) 图 [하야] 巨大. ‖거대 기업 巨大企業. ‖거대 도시 巨大都市. ‖거대한 조직 巨大な組織.

거덜 /kɔdɔl/ 图 (財産・家業などが) 尽きること.

거덜-나다 /kɔdɔllada/ 【-나】 自 財産がなくなる; 家勢が衰える; (家が) 滅びる. ‖실직으로 집이 거덜나다 失業して家が滅びる.

거덜-내다 【-내】 他 食いつぶす; 食い倒す; (財産などを) 使い果たす. ‖전 재산을 거덜내다 全財産を食いつぶす.

거동 (擧動) 图 /kɔ:doŋ/ 擧動; ふるまい; 体を動かすこと. ‖거동이 수상한 남자 擧動不審な男. ‖나이가 들어 거동이 불편하다 年をとって体を自由に動かせない.

거두 (巨頭) 图 [하야] 巨頭.

거두다 /kɔduda/ 他 ❶ 集める. ‖답지를 거두다 答案用紙を集める. 기부금을 거두다 寄付金を集める. ❷ 納める; 收める; 上げる. 회비를 거두다 会費を納める. 성과를 거두다 成果を収める. 승리를 거두다 勝利を収める. 좋은 성적을 거두다 好成績を上げる. ❸ 引き取る. ‖고아를 거두다 遺児たちを引き取る. 숨을 거두다 息を引き取る. ❹ 取り入れる. ‖벼를 거두다 稲を取り入れる.

거두어-들이다 他 取り入れる; 取り込む. ‖벼를 거두어들이다 稲を取り入れる. 빨래를 거두어들이다 洗濯物を取り込む.

거두-절미 (去頭截尾) 图 [하야] 単刀直入に要点だけを言うこと. ‖거두절미하고 요점만 말하라 単刀直入に要点だけを話す.

거드름 /kɔ:durum/ 图 傲慢な態度; 尊大な態度. ‖거드름을 피우다 威張る; 気取る.

-거든¹ 語尾 …であるなら; …なら.

-거든² /kɔdun/ 語尾 ❶ …たら. ‖어머니가 돌아오시거든 나가자 お母さんが帰ってきたら出かけよう. 이번에 만나거든 얘기하자 今度会ったら話そう. ❷ …だよ; …の. ‖집에 빨리 가야 하거든 家に早く帰らないといけないの. 늦잠을 잤거든 寝坊をしたんだよ.

거들다 /kɔ:dulda/ 他 [ㄹ語尾] [거들어, 거드니, 거든] ❶ 手伝う; 人の仕事を助ける. ‖일을 거들다 仕事を手伝う. 좀 거들어 주세요 ちょっと手伝ってください. ❷ (余計な) 口出しをする; 差し出口をきく. ‖남의 말을 거들다 お前がなんで差し出口をきく.

거들떠-보다 他 ちょっと目をやる; 目を向ける; 関心を示す. ‖거들떠보지도 않다 見向きもしない. 사람들이 거들떠보지도 않는 기사 人々が見向きもしない記事.

거들먹-거리다 [-대다] 【-거[때]-】 自 威張りちらす; のさばる; 気取る.

거듭 /kɔdup/ 副 [하야] 重ねて; 繰り返し; 反復して. ‖거듭 말씀드리지만 重ねて申し上げますが. 거듭 강조하다 重ね重ね強調する. 실패를 거듭하다 失敗を繰り返す. **거듭-거듭** 副

거듭-나다 【-듭―】 自 生まれ変わる. ‖그 사람은 그것을 계기로 거듭난 것 같다 あの人はそのことをきっかけに生まれ変わったみたい.

거듭-되다 【-뙤―/-뛔―】 自 繰り返される; 度重なる; 頻繁に起こる. ‖거듭되는 공무원 부정 사건 繰り返される公務員 汚職事件.

거뜬-하다 [하야] ❶ (ものなどが) 思ったより軽い; 使いやすい. ❷ (気持ちや体が) 軽い; 軽快だ. ‖몸이 거뜬하다 体が軽い. **거뜬-히** 副 軽く, 軽快に. ‖역기를 거뜬히 들어올리다 バーベルを

軽々(と)持ち上げる.

거래 (去來) 图 取引. ‖거래 품목을 체크하다 取引する品目をチェックする. 거래가 이루어지다 取引が行なわれる; 取引が成立する. **거래-되다** 图图

거래-량 (去來量) 图 取引量.

거래-소 (去來所) 图 取引所.

거래-처 (去來處) 图 取引先.

거론 (擧論) /kɔːroŋ/ 图 (問題として) 取り上げること. ‖이 문제는 회의에서 거론할 필요가 있다 この問題は会議で取り上げる必要がある. **거론-되다** 图图

거룩-하다 【-루카-】 圈 [하変] 神聖だ; 神々しい. ‖거룩하신 하느님 聖なる神.
거룩-히 剛

거류 (居留) 图 (하自) 居留.

거류-민 (居留民) 图 居留民.

거류-지 (居留地) 图 居留地.

거르다¹ /kɔruda/ 他 [르変] [걸러, 거는] (順序などを) とばす; 欠かす; 省く. ‖관계없는 장은 거르고 지나가다 関係のない章はとばす. 점심을 거르다 お昼をぬく. 매일 거르지 않고 피아노 연습을 하고 있다 毎日欠かさずピアノの練習をしている.

거르다² /kɔruda/ 他 [르変] [걸러, 거르는] こす; ろ過する. ⑩ 여과하다 (濾過-). ‖필터로 거르다 フィルターで濾過する.

거름 (居肥) 图 肥やし; 肥料. ⑩ 비료 (肥料). ‖거름을 주다 肥料を施す [与える].

거름-통 (-桶) 图 肥やし桶.

거름-종이 图 濾紙. ⑩ 여과지 (濾過紙).

거리¹ /kɔri/ 图 [길거리の略語] 街; 通り; 路上; 街頭. ‖거리를 질주하는 차들 街を疾走する車. 거리는 젊은이들로 붐비고 있었다 街は若者たちでにぎわっていた.

거리² 图 ❶ (料理などの) 材料; 具. ‖국거리 汁物の材料. 내용となる材料; ネタ; …ぐさ. ‖볼거리가 많다 見物(もの)が多い. 이야기거리 話のネタ.

거리³ (距離) /kɔːri/ 图 ❶ 距離. ‖집에서 역까지의 거리 家から駅までの距離. 이상과 현실의 거리 理想と現実の距離. 조금 거리를 두고 사귀다 多少距離をおいて付き合う. 학교는 버스로 삼십 분 거리에 있다 学校はバスで30分の距離にある. ❷ 道のり. ‖한 시간 정도의 거리 1時間ほどの道のり. ❸ (数学) 距離. ❹ […와 -] (人と人が隔たりの形で) …に [と…と] 程遠い; かけはなれている. ‖이상과는 거리가 멀다 理想には程遠い.

거리-감 (距離感) 图 距離(感). ‖거리감이 느껴지다 距離(感)を感じる.

거리⁴ (巨利) 图 巨利.

거리끼다 /kɔriʔkida/ 自 ❶ 邪魔になる; 妨げになる; 足手まといになる. ‖사업을 하려니까 거리끼는 것이 많다 事業を始めようとすると妨げになることが多い. ❷ 気に障る; 気にかかる; ためらう.

거리낌-없다 /kɔriʔkimːɔpːtɑ/ 【-끼 업 따】 圈 気兼ねしない; 躊躇 (ちゅうちょ) しない; ためらわない; うちつけだ. **거리낌없-이** 剛 気兼ねせずに; 遠慮なく言わず.

거만-하다 (倨慢-) 圈 [하変] 傲慢だ. ‖거만한 태도 傲慢な態度. 거만하게 굴다 傲慢にふるまう.

거머리 /kɔmɔri/ 图 (動物) ヒル (蛭).

거머-잡다 【-따】 他 引っつかむ. ‖머리채를 거머잡다 髪の毛をつかむ.

거머-쥐다 /kɔmɔdʑwida/ 他 握り締めってぐっと握る. ‖차 열쇠를 꽉 거머쥐고 내놓으려고 하지 않다 車の鍵をぐっと握り締めて渡そうとしない.

거머-채다 图 無理矢理奪い取る; ひったくる. ‖지나가는 사람의 핸드백을 거머채다 通行人のハンドバッグをひったくった.

거목 (巨木) 图 巨木.

거무뎅뎅-하다 圈 [하変] 黒みを帯びている.

거무스레-하다 圈 [하変] 黒っぽい.

거무스름-하다 圈 [하変] (色が) 薄黒い.

거무잡잡-하다 【-짜파-】 圈 [하変] (顔が) やや黒い.

거무척척-하다 【-치카-】 圈 [하変] どす黒い; 黒くくすんでいる. ‖거무척척한 피부 돈이 도는 돈 い; 血がついている.

거무튀튀-하다 圈 [하変] (色が) 黒っぽく深ずむ.

거문고 /kɔmungo/ 图 (音楽) コムンゴ (琴に似た伝統弦楽器の一つで, 弦が6本ある).

거물 (巨物) 图 大物; 大人物. ‖정계의 거물 政界の大物.

거물-급 (巨物級) [-끕] 图 大物級.

거물-거리다 图 ❶ (明かりなどが) ちらちらする; ちらつく. ❷ (遠くのものが) かすんで見える. ⑩ 가물거리다.

거물거물-하다 图 [하変] ぼんやりする; ちらちらする; かすむ. ⑩ 가물가물하다.

거뭇-거뭇 【-묻꼬-】 剛 [하形] ところどころが黒い様子.

거뭇-하다 【-무타-】 圈 [하変] 浅黒い; 薄黒い.

거미 /kɔmi/ 图 (動物) クモ (蜘蛛).

거미-줄 图 クモの糸. ‖거미줄을 치다 クモが巣をつくる.

거미-집 图 クモの巣.

거베라 (gerbera) 图 (植物) ガーベラ.

거봉 (巨峰) 图 (ブドウの一品種の) 巨峰.

거부¹ (巨富) 图 富豪.

거부² (拒否) /kɔːbu/ 图 㐂 拒否; 拒否する. ‖요구를 거부하다 要求を拒否する. 거부 반응을 보이다 拒否反応を示す. **거부-되다**-【-당하다】

거부-권 (拒否權)【-꿘】 图【法律】拒否権. ‖거부권을 행사하다 拒否権を行使する.

거북 /kɔbuk/ 图【動物】カメ(亀). ‖토끼와 거북 ウサギとカメ. 거북딱지 カメの甲; 甲羅.

거북-선 (-船)【-썬】图【歷史】亀甲船.

거북-이 图 =거북. ‖거북이 걸음 のろい歩み.

거북-점 (-占)【-쩜】 图 亀卜(きぼく).

거북-스럽다【-쓰-따】 圏 [ㅂ변] (何となく)気まずい; 決まりが悪い; (何かが)しにくい. ‖듣기에 거북스러운 내용 聞いていて気まずい内容. **거북스레** 副

거북-하다 /kɔːbukhada/ 【-부카-】[형] [여변] 気まずい; 決まりが悪い; 具合が悪い; ぎこちない; (何かが)しにくい. ‖대하기가 거북하다 接しにくい. 속이 좀 거북하다 腹の具合がちょっとよくない.

거뿐-하다 【하변】 かなり軽い. ⑨가뿐하다.

거사 (擧事) 图 大事を起こすこと.

거선 (巨船) 图 巨船.

거성 (去聲)【-썽】图【言語】去声(きょしょう).

거세 (去勢) 图 去勢; 取り除くこと. **거세-당하다**

거세다 /kɔseda/ 囹 激しい; 強い. ‖비바람이 거세다 風雨が激しい. 거센 항의 激しい抗議. 거센 파도가 밀려오는 荒々しい波が押し寄せる.

거센-소리 图【言語】激音. 粵격음(激音).

거센소리-되기【-/-뒈-】图【言語】激音化. 粵격음화(激音化).

거수 (擧手) 图 挙手. ‖거수로 결정하다 挙手で決める. 거수경례 挙手の礼.

거스러미 图 ささくれ; 逆むけ.

거스르다¹【르변】 囹 逆らう. ‖명령을 거스르다 命令に逆らう. 부모님의 뜻을 거스르다 親に逆らう. 거슬러 올라가다 さかのぼる.

거스르다² /kɔsurɯda/ 他【르변】[잔돈을 거슬러 받다] 釣り銭を戻す. ‖잔돈을 거슬러 받다 お釣りを受け取る. 잔돈을 거슬러 주다 お釣りを戻す.

거스름 图 거스름돈の略語.

거스름-돈 /kɔsurɯmdon/【-똔】图 お釣り; 釣り銭.

거슬-거슬 【하변】 がさがさ; かさかさ; ざらざら. ‖손이 거슬거슬하다 手がかさかさしている.

거슬리다 /kɔsullida/ 圊 気に障る; 耳障りだ; 目障りだ. ‖눈에 거슬리는 행동 目障りな行動. 귀에 거슬리는 말투 耳障りな言い方. 거슬리는 게 한두 가지가 아니다 気に障るのが一つや二つではない.

거슴츠레-하다 【하변】(目が)どんよりしている; (目つきが)とろんとしている. ‖거슴츠레한 눈 どんよりりとした目.

거시 (巨視) 图 㐂 ⓜ미시(微視).

거시경제학 (巨視經濟學) 图 マクロ経済学; 巨視的経済学.

거시-적 (巨視的) 图 巨視的. ‖거시적인 분석 マクロ分析. 거시적인 안목 巨視的な目線.

거시기 囮 話の途中で、人やものの名前がすぐ出てこない時、その代わりに使う語. ‖내 거시기 어디 있지? 私のあれ、どこにあるんだっけ?

거식 (擧式) 图 㐂 挙式.

거식-증 (拒食症)【-쯩】图【医学】拒食症.

거실 (居室) 图 居間; リビング.

거액 (巨額) 图 巨額. ⓜ소액(少額). ‖거액을 투자하다 巨額を投資する.

거역 (拒逆) 图 㐂 逆らうこと. ‖부모님 말씀을 거역하다 親の言葉に逆らう.

거울 /koul/ ❶ 图 鏡. ‖새 원피스를 입고 거울에 비춰 보다 新しいワンピースを着て鏡に映してみる. 거울에 비친 모습 鏡に映った姿. 손거울 手鏡. ❷ 鑑(かがみ); 規範; 手本; 亀鑑. ‖학생의 거울 学生の規範. 다른 사람의 실패를 거울로 삼다 人の失敗を鑑とする.

거울-삼다【-따】 他 鑑みる; 教訓とする.

거웃 [-운] 图 陰毛; 恥毛.

거위 (鳥類) 图 ガチョウ(鵞鳥).

거의 /kɔi/ 【-/-이】 副 ❶ ほぼ; ほとんど; おおよそ(のところ); たいてい; あらかた. ‖거의 다 읽었다 ほぼ読み終わった. 거의 다 되었다 ほとんどでき上がっている. 거의 성공할 것처럼 보였다 ほとんど成功するかに見えた. 두 사람の意견은 거의 일치했다 2人の意見はおおよそ一致した. 얘기하느라 음식을 거의 남겼다 話に夢中で料理をあらかた残した. ❷ めったに. ‖텔레비전은 거의 안 본다 テレビはめったに見ない.

거인 (巨人) 图 巨人.

거작 (巨作) 图 大作.

거장 (巨匠) 图 巨匠.

거저 /kɔdʑɔ/ 副 ❶ ただで; 無料で. ‖거저나 마찬가지 가격이다 ただも同然の値段だ. ❷ 手ぶらで; 何もせず. ‖생일이라는데 어떻게 거저 가니? 誕生日だというのにどうやって手ぶらで行くの? 넌 거저 보고만 있었니? お前は何もせずいていたのか?

거저먹-기 [-끼] 图 たやすいこと; 朝飯前.

거저-먹다 【-따】 囮 ただで手に入れる. ‖노력 없이 거저먹다 努力せずにただで手に入れる.

거적 图 むしろ. ‖거적을 깔다 むしろを敷く.

거절 (拒絶) /kɔːdʑʌl/ 图 他 拒絶; 拒否; 断わること. ‖요구를 거절하다 要求を拒絶する. 친구의 부탁을 거절하다 友だちの頼みを断わる. **거절-당하다**

거점 (據點) 图 拠点. ‖거점을 확보하다 拠点を確保する.

거족 (巨足) 图 ‖거족의 발전 長足の発展.

거족-적 (挙族的) 图 民族全体.

거주 (居住) /kɔdʑu/ 图 他 居住. ‖거주 구역 居住区域. 거주 면적 居住面積.

거주-권 (居住権) 图 -꿘 图 居住権.
거주-자 (居住者) 图 居住者.
거주-지 (居住地) 图 居住地.

거죽 图 表面; 表皮. ‖살 거죽이 아프다 体の表面[表皮]が痛い.

거즈 (gauze) 图 =가제².

거지 /kɔːdʑi/ 图 乞食; 物ごい.

거지-꼴 图 (乞食のような)みすぼらしい格好.

거지반 (居之半) 副 ほとんど. ‖일이 거지반 끝났다 仕事がほとんど終わった.

거짓 /-찓/ 图 うそ; 偽り. 예쇼.

거짓-말 /kɔːdʑinmal/ 【-진-】 图 예 うそ; 空言. ⑳狢言・ 정말(正-). ‖아무렇지도 않게 거짓말을 하다 平気でうそをつく; 平気で空言を言う. 거짓말이 탄로나다 うそがばれる. 새빨간 거짓말 真っ赤なうそ. 거짓말 같은 이야기 うそのような話.

거짓말-쟁이 图 うそつき.
거짓말²-탐지기 (-探知機) 图 うそ発見器.

거-참 感 [그것참の縮約形] それはそれは; はてさて; いやはや. ‖거참 안됐다 それはそれは気の毒だね. 거참 이상하다 いやはや, 不思議だね. 거참 골치 아프네 はてさて うるさい.

거창-하다 (巨創-) /kɔːdʑʰaŋhada/ 胭 下変 (規模・計画・夢などが)非常に大きい; 遠大だ; 巨大だ; おおげさだ. ‖거창한 꿈 大きな夢. 거창한 計画を立てる 遠大な計画を立てる. 거창하게 선전하다 大げさに宣伝する.

거처 (居處) 图 居場所. ‖거처를 옮기다 居所を移す.

거추장-스럽다 /kɔːtɕʰudʑaŋsurʌpʰta/ 【-따】 胭 ㅂ変 [거추장스러워, 거추장스러운] ❶ (重かったりかさばったりして)扱いにくい; 手に余る; 足手まといだ. ‖치마가 길어서 거추장스럽다 スカートが長くて歩きにくい. ❷ (仕事などが)面倒だ; やっかいだ; わずらわしい. **거추장**

스레 副

거출 (醵出) 图 他 拠出. 예각출(醵出).

거취 (去就) 图 去就; 進退. ‖거취가 주목되다 去就が注目される.

거치 (据置) 图 他 据え置き.

거치다 /kɔtɕʰida/ 固 経る; 経由する; 立ち寄る. ‖서류 심사를 거친 다음에 면접을 보다 書類審査を経てから面接を受ける. 거쳐 가다 経由する. 서울을 거쳐 오는 비행기 ソウルを経由してくる飛行機.

거치적-거리다 [-대다] 【-껀【때】-】 固 足手まといになる; 邪魔になる.

거친 [語幹] /kɔtɕʰin/ 거칠다(粗い)の現在連体形. ‖말이 거칠다 言葉が荒い.

거칠다 /kɔːtɕʰilda/ 胭 ㄹ語変 [거칠어: 거친] ❶ (粒・文章などが)粗い. ‖표면이 거칠다 表面が粗い. 결이 거칠다 きめが粗い. 올이 거칠다 目が粗い. 문장이 거칠다 文章が粗い. ❷ 荒い; 乱暴だ. ‖숨소리가 거칠다 息が荒い. 성격이 좀 거칠다 気性が荒い. 말씨가 거칠다 言葉遣いが荒い. 사람을 거칠게 다루다 人使いが荒い. 방문을 거칠게 닫고 나갔다 部屋のドアを乱暴に閉めて出ていった. ❸ 荒れている. ‖손이 거칠다 手が荒れている. 거친 땅을 일구다 荒地を耕す. ❹ (手癖などが)悪い. ‖손버릇이 거칠다 手癖が悪い. ❺ (味が)悪い; 栄養価がない. ‖거친 음식 栄養価のためずい料理.

거칠어 [ㄹ語変] 거칠다(粗い)の連用形.

거칠어-지다 固 荒れる; 荒くなる. ‖피부가 거칠어지다 肌が荒れる. 말투가 많이 거칠어졌다 言い方がだいぶ荒くなった.

거칠-하다 胭 下変 (肌・髪の毛などが)つやがない; かさかさしている. ‖거칠한 피부 かさかさした肌. 손이 거칠해지다 手がかさかさになる.

거침-없다 /kɔtɕʰimʌpˀta/ 【-치 멉 따】 胭 遠慮がない; はばかることが[もの]がない; よどみがない. ‖거침없는 말투 遠慮のない言い方. **거침없-이** 副 ずばずば(と). ‖다른 사람의 잘못을 거침없이 말하다 人の過ちをずばずばと言う.

거포 (巨砲) 图 巨砲.

거푸 副 立て続けに; 何度も. ‖거푸 다섯 잔을 마시다 立て続けに5杯を飲む.

거푸-집 图 鋳型(いがた). 예주형(鋳型).

거품 /kɔpʰum/ 图 泡. ‖비누 거품 石けんの泡. 거품이 일다 泡が立つ. 입에 거품을 물고 대들다 口角泡を飛ばしながら食ってかかる.

거-하다 胭 下変 盛大だ; 豪華だ. ‖거하게 차린 음식 豪華なごちそう.

거행 (擧行) /kɔːhɛŋ/ 图 他 挙行; 行なうこと. ‖입학식을 거행하다 入学式

を挙行する. 거행-되다 受動

걱정 /kəkʧʌŋ/ [-쩡] 名 他動 心配; 懸念; 気がかり. 類 근심. ‖내일 시합에 이길 수 있을지 걱정입니다 明日の試合に勝てるか心配です. 걱정을 끼쳐 드려 죄송합니다 ご心配をおかけして申し訳ございません. 걱정이 많이 됩니다 とても心配です. 걱정이 많다 心配事が多い.

걱정-거리 [-쩡꺼-] 名 心配事; 心配の種. ‖걱정거리가 생겼다 心配事ができた.

걱정-스럽다 [-쩡-따] 形 [ㅂ変] 心配だ; 気がかりだ. 걱정스레 副

건¹ (巾) 名 頭巾など頭にかぶるものの総称.

건² (件) 名 件; こと; 事件; 事柄. ‖저번 건은 해결이 되었습니까? この間のことは解決できましたか.
ー의거 ─件. ‖교통사고가 세 건 발생하다 交通事故が3件発生する.

건³ (腱) 名 [解剖] 腱. ‖아킬레스건 アキレス腱.

건⁴ (鍵) 名 (楽器の)鍵(けん).

건⁵ 副 〔거나의 縮約形〕 …でもあろうと. ‖소주건 맥주건 뭐든지 주세요 焼酎でもビールでも何でもいいからください.

건⁶ /kən/ 〔것은의 縮約形〕 …のは; …とは. ‖많이 먹는 건 좋지 않다 たくさん食べるのはよくない.

건⁷ 冠 [ㄹ語幹] 걸다(かける)の過去連体形. ‖어제 전화를 건 사람 昨日電話をかけた人.

건-⁸ (乾) 接頭 ❶ 干し…. ‖건포도 干しブドウ. 건어물 干物. ❷ 乾…. ‖건전지 乾電池.

건각 (健脚) 名 健脚.

건강 /kʌngaŋ/ (健康) [-깡] 名 形動 康. ‖건강을 회복하다 健康を回復する. 건강을 위하여 健康のために. 건강상의 이유로 健康上の理由で. 건강에 좋은 음식 健康にいい食べ物. 건강에 신경을 쓰다 健康に気を使う. 건강을 해치다 健康を損なう[害する]. 건강한 나날을 보내다 健康な日々を送る. 건강한 생활 健康的な生活. 혈색도 좋고 보기에도 건강해 보인다 血色もよく, 見るからに健康的だ.

건강-미 (健康美) 名 健康美.
건강-보험 (健康保険) 名 健康保険.
건강-식 (健康食) 名 健康食.
건강-식품 (健康食品) 名 健康食品.
건강-진단 (健康診断) 名 健康診断. ‖건강 진단을 받다 健康診断を受ける.

건곤-일척 (乾坤一擲) 乾坤(けんこん)一擲.
건국 (建国) 名 自他動 建国. ‖건국 신화 建国神話.
건너-가다 /kənnəgada/ 自動 渡る; 渡

っていく. ‖강을 건너가다 川を渡っていく. 젊었을 때 미국으로 건너갔다 若い時にアメリカへ渡った. 토지 소유권이 남의 손에 건너가고 말았다 土地の所有権が人手に渡ってしまった.

건너다 /kənnəda/ 自動 ❶ 渡る. ‖횡단보도를 건너다 横断歩道を渡る. 건널목을 건너다 踏切を渡る. 강을 헤엄쳐서 건너다 川を泳いで渡る. 소문이 몇 사람 입을 건너서 본인한테까지 알려졌다 うわさが何人かの人を経て本人にまで伝わった. ❷ 抜かす. ‖배가 아파 두 끼나 건너다 お腹が痛くて二食を抜かす.

건너-뛰다 他動 ❶ 飛び越える; 飛ばす. ‖징검다리를 건너뛰다 飛び石を飛んで渡る. 모르는 것은 건너뛰었다 分からないところは飛ばした. ❷ 抜かす. ‖시간이 없어서 점심은 건너뛰었다 時間がなくてお昼は抜かした.

건너-오다 /kənnəoda/ 渡ってくる. ‖횡단보도를 건너오고 있는 것이 보였다 横断歩道を渡ってくるのが見えた. 일살 때 일본으로 건너왔다 10歳の時に日本に渡ってきた.

건너-편 (-便) /kənnəpʰjən/ 名 向こう側; 向かいの側. ‖길 건너편에 서 있는 사람 道路の向こう側に立っている人.

건너-방 (-房) 名 (韓国式の家で)대청 (板の間)をはさんで안방 (居間)の向かいにある部屋.

건널-목 /kənnəlmok/ 名 踏切. ‖건널목을 건너다 踏切を渡る.

건넌-방 (-房) [-너빵/-넏빵] 名 向かい側の部屋.

건네다 /kənneda/ 他動 渡す; 手渡す; (言葉などを)かける. ‖편지를 건네다 手紙を渡す. 계약금을 건네다 契約金を手渡す. 배턴을 건네다 バトンを渡す. 농담을 건네다 冗談を言う. 말을 건네다 話しかける.

건네-받다 [-따] 他動 渡される. ‖편지를 건네받다 手紙を渡される.

건네-주다 /kənnedʒuda/ 他動 渡す; 渡してやる. ‖우체부가 편지를 건네주다 郵便配達人が手紙を渡す.

건달 (乾達) 名 ❶ (無職の)遊び人. ❷ 一文無し.
건달-꾼 (乾達-) 名 よた者; 遊び人; ぐうたら; やくざ.
건달-패 (乾達牌) 名 건달(꾼)の連中.

건답 (乾畓) 名 乾きやすい田.
-건대 語尾 …すると; …するに; …だけど. ‖추측하건대 그 사람은 안 올 거야 推測だけど, 彼は来ないと思う.
건더기 /kəndʌgi/ 名 ❶ 汁の実と具; 液体の中に溶けずに浮いている塊. ‖건더기가 별로 없는 국 具の少ないスープ. ❷ 中身. ❸ (取り立てるほどの)値打ち.

‖ 말할 건더기가 없다 取り立てて言うことはない.

건드리다 /kəndurida/ 他 ❶ 触る; 触れる. ‖전시품을 건드리다 展示品に触る. 손가락으로 건드리다 指で触れる. 아무도 건드리고 싶어하지 않는 문제 誰も触れたがらない問題. ❷ 障る; 傷付ける. ‖신경을 건드리다 神経に障る. 사람 자존심을 건드리다 人のプライドを傷つける. ❸ (他の分野や女の人に)手を出す. ‖순진한 여자를 건드리다 うぶな女の人に手を出す.

건들-거리다 /kəndulgərida/ 自 ふらふらする; ぶらぶらする.

건들-건들 副 (하変) ふらふら; ぶらぶら.

건립 (建立) [껄-] 图 (하変) 建物や記念碑などを建てること. ‖기념관을 건립하다 記念館を建てる.

건망-증 (健忘症) [-쯩] 图 ❶ (의학) 健忘(症). ❷ 物忘れ. ‖나이 탓인지 건망증이 심하다 年のせいか物忘れが激しい.

건명태 (乾明太) 图 スケトウダラの干物. 郇 북어 (北魚).

건몸 图 一人でやっきになること. ▶건몸(을) 달다 一人でやっきになる; 気をもむ.

건물¹ (建物) /kɔːnmul/ 图 建物. ‖십 층짜리 건물 10階建ての建物. 낡은 건물 古い建物. 새로운 건물을 짓다 新しい建物を建てる. 세계에서 가장 높은 건물 世界で最も高い建物.

건물² (乾物) 图 乾物; 干物.

건물-상 (乾物商) [-쌍] 图 乾物屋.

건반 (鍵盤) 图 鍵盤. ‖피아노 건반 ピアノの鍵盤. 건반을 두드리다 鍵盤を叩く.

건반-악기 (鍵盤樂器) [-끼] 图 (音楽) 鍵盤楽器.

건방 图 生意気(横柄)な態度. ‖건방을 떨다 生意気(横柄)にふるまう.

건방-지다 /kənbaŋdʑida/ 形 ❶ 生意気だ; 横柄だ; おごがましい. ‖건방진 녀석 生意気なやつ. 건방진 말투 横柄なきき方. 건방지게 굴다 横柄にふるまう.

건배 (乾杯) /kənbe/ 图 (하変) 乾杯. ‖논문집 출판을 기념하며 건배합시다 論文集の出版を記念して乾杯しましょう. 결혼을 축하하며 건배하다 結婚を祝して乾杯する.

건-빵 (乾-) 图 乾パン.

건사-하다 他 (여変) ❶ 自分の身の回りのことなどをきちんとこなす. ‖제 몸 하나도 제대로 건사하지 못하다 自分のことすらもきちんとできない. ❷ きちんと保管する; 大事にしまっておく. ‖잘 건사하도록 해라 大事にしまっておけ.

건삼 (乾蔘) 图 側根や枝根を取り除き皮をむいて乾燥させた朝鮮人参. 郇 수삼 (水蔘).

건생 (乾生) 图 (하変) 乾生.

건생-식물 (乾生植物) [-성-] 图 (植物) 乾生植物.

건선 (乾癬) 图 (의학) 乾癬 (센). 郇 마른버짐.

건설 (建設) /kɔːnsəl/ 图 (하変) 建設. ↔ 파괴 (破壊). ‖교량 건설 橋梁建設. 초고층 빌딩을 건설하다 超高層ビルを建設する. 이상 국가의 건설 理想国家の建設. **건설-되다** 受身

건설-업 (建設業) 图 建設業.

건설-적 (建設的) [-쩍] 图 建設的. ‖건설적인 의견 建設的な意見.

건성¹ /kɔːnsəŋ/ 图 うわの空. ‖얘기를 건성으로 듣다 うわの空で話を聞く. 건성으로 대답하다 生返事する. ❷ いい加減하게; (仕事などを)適当にやること; 일을 건성으로 하다 仕事をいい加減にする.

건성² (乾性) 图 乾燥性.

건수 (件數) [-쑤] 图 件数. ‖범죄 건수 犯罪件数. 화재 건수 火事の件数.

건승 (健勝) 图 (하変) 健勝. ‖건승을 빌니다 ご健勝をお祈りします.

건실-하다 (健實-) /kɔːnʃilhada/ 形 (하変) ❶ 堅実だ. ❷ まじめだ. ‖건실한 청년 まじめな青年.

건아 (健兒) 图 健児.

건-어물 (乾魚物) 图 干物.

건장-하다 (健壯-) 形 (여変) 壯健だ; 体が健康で元気だ.

건재 (建材) 图 建材. ‖수입 건재 輸入建材.

건재-상 (建材商) 图 建材商.

건재-하다 (健在-) 形 (여変) 健在だ.

건-전지 (乾電池) /kɔndʑəndʑi/ 图 乾電池. ‖건전지를 갈다 乾電池を取り替える.

건전-하다 (健全-) /kɔːnɑdʑonhada/ 形 (여変) 健全だ. ‖건전한 놀이 健全な遊び. 건전한 생각 健全な考え方.

건져-내다 /kəndʑoneda/ 他 [-저-] ❶ (水中にあるものを)引き上げる; (ある状況から)救い上げる; 助け出す. ‖물에 빠진 아이를 건져내다 おぼれた子を救い上げる.

건조¹ (乾燥) /kəndʑo/ 图 (하変) 乾燥; 乾いていること. ‖공기가 건조하다 空気が乾燥している.

건조-기¹ (乾燥器・乾燥機) 图 乾燥機.

건조-기² (乾燥期) 图 乾季.

건조-제 (乾燥劑) 图 乾燥剤.

건조² (建造) 图 (하変) 建造. ‖유조선을 건조하다 タンカー[油槽船]を建造する. **건조-되다** 受身

건조-물 (建造物) 图 建造物.

건지다 /kəndʑida/ 他 ❶ (液体の中から)拾い上げる; すくう; つまみ出す. ‖국에서 멸치를 건지다 スープから煮干を拾い上げる. ❷ (苦境などから人を)

건초 (乾草) 干し草. ⑩마른풀.

건축 (建築) /ko:ntʰuk/ 图他 建築. ‖건축 허가를 받다 建築許可が下りる. 건축 양식 建築様式. 서양 건축 西洋建築.

건축-가 (建築家) 〔-까〕图 建築家.
건축-물 (建築物) 〔-쭝-〕图 建築物.
건축-비 (建築費) 图 建築費.
건축-사 (建築士) 〔-싸〕图 建築士.
건축-업 (建築業) 图 建築業.
건축-학 (建築學) 〔-추칵〕图 建築學.

건투 (健鬪) /ko:ntʰu/ 图他 健鬪. ‖건투를 빕니다 ご健鬪をお祈りします.

건평 (建坪) /ko:npʰjɔŋ/ 图 建坪.

건폐-율 (建蔽率) 〔-/-폐-〕图 建蔽(ぺい)率.

건포 (乾布) 图 乾布. ‖건포마찰 乾布摩擦.

건-포도 (乾葡萄) 图 干しブドウ.

건-하다 图 하변 豊かである; (暮らし向きに)余裕がある.

걷는 【건-】 图 [ㄷ変] 걷다(歩く)の現在連体形.

걷다¹ /kɔ:t̚ta/ 〔-따〕图泗 [ㄷ変] 〔걸어, 걷는, 걸은〕 ❶ 歩く. ‖길을 걷다 道を歩く. 역까지 걸어 가서 駅まで歩いていって. 아기가 혼자 걸을 수 있게 되다 赤ん坊が1人で歩けるようになる. 포볼로 걸어 나가다 四球で歩く. 하루에 삼십 분 이상 걸으세요 1日30分以上歩いてください. 여기저기를 걸어 다니다 あちこち歩き回る. ❷ 経験하다. ‖아버지가 걸어온 길 父が歩んできた道. 고난의 길을 걷다 苦難の道を歩む. ◆걸리다.

걷다² 〔-따〕图他 ❶ まくる. ‖소매를 걷다 袖をまくる. 팔을 걷어 올리다 腕をまくり上げる. ❷ 折りたたむ; 片付ける; 取り込む. ‖깔아 놓았던 돗자리를 걷다 敷いてあったござを片付ける. 빨래를 걷다 洗濯物を取り込む. ❸ 取り立てる; 徴収する. ‖세금을 걷다 税金を徴収する. 회비를 걷다 会費を集める.

걷어-붙이다 〔-부치-〕图他 まくり上げる; たくし上げる. ‖소매를 걷어붙이다 袖をまくり上げる.

걷어-차다 图他 ❶ 蹴飛ばす; 蹴り上げる; 強く蹴る. ‖돌멩이를 발로 걷어차다 石ころを足で蹴飛ばす. ❷ 見捨てる.

걷어-치우다 图他 ❶ 取り除く; 片付ける. ‖이불을 걷어치우다 布団を片付ける. ❷ 途中でやめる; たたむ; 断念する. ‖장사를 걷어치우다 店をたたむ. 학업을 걷어치우다 学業を断念する.

걷-잡다【-짭따】图他 食い止める; 収拾する. ‖번지는 불길은 걷잡을 수가 없었다 広がる火の手を食い止めることはできなかった. 걷잡을 수 없는 상황 収拾がつかない状況.

걷히다¹ /kɔtçida/ 〔거치-〕图 (雲·霧などが)晴れる. ‖안개가 걷히다 霧が晴れる.

걷-히다² 〔거치-〕图 〔걷다²の受身動詞〕取り立てられる; 集められる; 集まる. ‖회비가 전부 걷히다 会費が全部集まる.

걸¹ 윷에서 놀이에서 4 本의 윷의 하나 중 3 本裏側が出ること.

걸² /kɔl/ 〔것을의 縮約形〕 …ものを; …ことを. ‖마음에 드는 걸 고르세요 気に入ったものを選んでください. 집에 없는 걸 몰랐어 家にいないことを知らなかった.

걸³ 图 [ㄹ語幹] 걷다(かける)の未来連体形.

걸걸-하다 图 하변 (声がかれて)がらがらだ. ‖걸걸한 목소리 がらがら声. 감기 걸려 목소리가 걸걸해졌다 風邪で声ががらがらになった.

걸고-넘어지다 图他 言いがかりをつける; 揚げ足を取る.

걸다¹ 图 [ㄹ語幹] ❶ (液体が)濃い; 水気が少ない. ‖죽이 좀 걸다 お粥が水気が少ない. ❷ 豪勢だ. ‖걸게 한턱내다 豪勢におごる. ❸ 口さがない; 口汚い; 口がわるい. ‖입이 걸다 口さがない. 입이 걸다 口さがない; 口がわるい.

걸다² /kɔ:lda/ 图他 [ㄹ語幹] 〔걸어, 거는, 건〕 ❶ かける. ‖벽에 그림을 걸다 壁に絵をかける. 빗장을 걸다 門(かんぬき)をかける. 오른발을 걸어 상대를 넘어뜨리다 右足をかけて相手を倒す. 회사에 전화를 걸다 会社に電話をかける. 현상금을 걸다 懸賞金をかける. 목숨을 걸고 싸우다 命をかけて戦う. 한 가닥의 희망을 걸다 一縷の希望をかける. 최면을 걸다 催眠術をかける. 모르는 사람에게 말을 걸다 知らない人に話しかける. 차 시동을 걸다 車のエンジンをかける. ❷ 仕かける. ‖싸움을 걸다 けんかを仕かける〔売る〕. 시비를 걸다 口論を仕かける. ❸ 起こす. ‖소송을 걸다 訴訟を起こす.

걸러 ⑩ …おきに. ‖하루 걸러 비가 오다 1日おきに雨が降る.

걸러-뛰다 图他 ❶ 飛ばす. ‖해석이 안 되는 부분은 걸러뛰어 解釈ができない部分は飛ばそう. ❷ 抜かす. ‖점심은 걸러뛰어서 昼食は抜かしました.

걸레 /kollɛ/ 图 雑巾. ‖마른 걸레 乾いた雑巾.

걸레-질 图他 雑巾がけ.

걸려-들다 图 [ㄹ語幹] ❶ ひっかかる; かかる. ‖사기꾼에게 걸려들다 詐欺師にひっかかる. ❷ (罠などに)陥る. ‖술수에 걸려들다 悪巧みに陥る.

걸리다[¹] /kəllida/ 囮 ❶〔걸다²의 受身動詞〕 걸리어 있다. 嫌疑がかけられた. ❷ かかる. ‖벽에 그림이 걸려 있다 壁に絵がかかっている. 큰 간판이 걸린 가게 大きな看板のかかった店. 큰 고기가 그물에 걸리다 大きな魚が網にかかる. 마음에 걸리다 気にかかる. 최면에 걸리다 催眠術にかかる. 전화가 걸려 오다 電話がかかってくる. 달이 중천에 걸려 있다 月が中天にかかっている. 만드는 데 시간이 걸리다 作るのに時間がかかる. 회사의 운명이 걸린 프로젝트 会社の命運がかかったプロジェクト. 시동이 걸리다 エンジンがかかる. 덫에 걸리다 罠(わな)にかかる. 검문에 걸리다 検問にかかる. 이 열쇠가 걸려 서랍이 안 열리다 この鍵が引っかかって引き出しが開かない. 나쁜 남자한테 걸리다 悪い男にひっかかる. ❸ つっかえる. ‖목에 가시가 걸리다 のどに小骨がつっかえる. ❹ かかる. ‖사활이 걸린 문제 死活にかかわる問題. ❺〔風邪を〕ひく; 羅(かか)る;〔病に〕冒(おか)される. ‖감기에 걸리다 風邪をひく. 중병에 걸리다 重い病気に罹る. 불치의 병에 걸리다 不治の病に罹る.

걸리다[²] 囮〔걸다²의 使役動詞〕歩かせる. ‖애를 집에 걸리다 子どもを家まで歩かせる.

걸림-돌[-똘] 图 障害物; 障害となる人; ネック. ⑭ 장애물(障礙物).

걸-맞다/kəlmat̚ta/【-따】 囮 ふさわしい; 似合っている; つり合っている; 相応する; 見合う. ‖직위에 걸맞지 않은 행동을 하다 職責にふさわしくない行動をする. 실력에 걸맞은 학교를 고르다 実力に相応する学校を選ぶ. 수입에 걸맞은 생활 収入に見合う生活.

걸머-지다 囮 背負う; 担(にな)ぐ; しょい込む. ‖등에 짐을 걸머지다 背中に荷物をしょい込む.

걸물 (傑物) 图 傑物.

걸상 (-床)【-쌍】 图 腰掛け; 椅子. ‖책상 机と椅子. 옆 교실에서 걸상을 두 개 가져오다 隣の教室から椅子を2脚持ってくる.

걸-스카우트 (Girl Scouts) 图 ガールスカウト. ㉮ 보이 스카우트.

걸식 (乞食)【-씩】 图 乞食.

걸신 (乞神)【-씬】 图 食い意地.

걸신-들리다 (乞神-) 囮 食い意地を張る; がつがつ食う; がつがつむさぼり食う.

걸어[¹] 【語幹】걸다(かける)の連用形.

걸어[²] 【ㄷ変】걷다(歩く)の連用形.

걸은 囮 【ㄷ変】걷다(歩く)の過去連体形.

걸을 囮 【ㄷ変】걷다(歩く)の未来連体形.

걸음 /kərum/ 图 歩み; 歩行; 足取り. 걸음을 재촉하다 歩みを進める. 걸음을 멈추다 歩みを止める. 걸음을 옮기다 歩みを運ぶ. 빠른 걸음 速足. 가벼운 걸음으로 걷다 軽い足取りで歩く.
— 依 (1) —步. ‖천릿길도 한 걸음부터 千里の道も一歩から. ▶걸음이 날 살릴 때가 있다 三十六計逃げるに如(し)かず. ▶걸음을 떼다 歩き始める.

걸음-걸음 图 一歩一歩; 一歩ごと.

걸음-걸이【-깨】 图 歩き方. ‖가벼운 걸음걸이 軽い足取り.

걸음-마 图 あんよ. ‖아기가 걸음마를 배우다 赤ちゃんがあんよを覚える.

걸이 图〔韓国相撲で〕足を相手の足にかけて倒す技.

걸인[¹] 图 乞食.

걸인[²] (傑人) 图 傑人; 傑物; 優れた人.

걸작 (傑作) 图 ❶ 傑作. ❷ 滑稽な行動をする様子. ‖하는 짓이 걸작이다 やっていることがいかにも滑稽だ.

걸쭉-하다【-쭈카-】【하変】(液体が)どろどろしている.

걸출-하다 (傑出-)【하変】 傑出している.

걸치다 /kəlt͡ɕʰida/ 囮 わたる; 及ぶ. ‖칠 년에 걸친 대공사 7年にわたる大工事. 그 문제에 관해서는 이십 페이지에 걸쳐 상세하게 논하고 있다 その問題に関しては、20ページにわたって詳しく論じている. 열 시간에 걸친 대수술 10時間に及ぶ大手術.
— 囮 ❶ かける; またぐ; ‖강에 다리를 걸치다 川に橋をかける. 이 층에 사다리를 걸치다 2階に梯子をかける. ❷ まとう; 羽織る; ひっかける. ‖카디건을 걸치다 カーディガンを羽織る.

걸터-앉다 【-안따】 囮 腰かける. ‖의자에 걸터앉다 椅子に腰かける.

걸핏-하면 /kəlpʰitʰamjən/【-피타-】 副 ともすると; ともすれば; 何かにつけて. ‖걸핏하면 다른 사람한테 시키려고 하다 何かにつけて人にやらせようとする. 걸핏하면 화를 내다 何かにつけて怒り出す.

검 (劍) 图 剣.

검객 (劍客) 图 剣客.

검거 (檢擧) (하変) 検挙. ‖검거 바람이 불다 検挙の嵐が吹く. **검거-되다** (受動).

검뇨 (檢尿) 图 検尿.

검다[¹] /kəːmt̚a/【-따】 囮 黒い. ㉮ 희다. ‖머리카락이 검다 髪の毛が黒い. 검은색 黒(色). 얼굴이 검게 타다 顔が日焼けする. 뱃속이 검은 사람 腹黒い人. ▶검은 머리가 파뿌리 되도록[될 때까지] 共白髪(しらが)まで.

검다[²]【-따】 囮 (金を)かき集める.

검댕 图 煤(すす).

검도 (劍道) 图 剣道.

검둥-이 图 ❶〔俗っぽい言い方で〕黒い. ❷ 黒い犬の愛称. ❸ 肌色が黒い人.

검문(檢問) 图 하他 檢問. **검문-당하다** 受動
검문-소(檢問所) 图 檢問所.
검-버섯 [-섣] 图 (主に老人の肌にできる)黒い斑点.
검-붉다 [-북따] 形 赤黒い.
검사¹ (檢事) /kʌːmsa/ 图 《法律》檢事.
검사² (劍士) 图 劍士.
검사³ (檢査) /kʌːmsa/ 图 하他 檢査. ‖수질 검사 水質檢査. 신체검사 身體檢査. 기계를 검사하다 機械を検査する. **검사-하다** [-당하다] 受動
검사-장 (檢査場) 图 檢査場.
검사-필 (檢査畢) 图 檢査済み.
검산 (檢算) 图 하他 檢算.
검색 (檢索) /kʌːmsɛk/ 图 하他 檢索. ‖인터넷에서 정보를 검색하다 インターネットで情報を検索する. 색인이 있어서 검색하기에 편리하다 索引があるので検索するのに便利だ.
　검색 엔진 (檢索 engine) 图 《IT》 檢索エンジン.
검소-하다 (儉素-) /kʌːmsohada/ 〖하여〗 質素だ; つつましい. ‖검소한 생활 つつましい生活. 검소하게 살다 質素に暮らす.
검술 (劍術) 图 劍術.
검시 (檢屍) 图 하他 檢屍; 檢死; 檢視.
검약 (儉約) 图 하他 儉約; 節約.
　검약-가 (儉約家) [-까] 图 儉約家.
검역 (檢疫) 图 하他 檢疫.
검열 (檢閱) [-녈] 图 하他 檢閱.
　검열-관 (檢閱官) 图 檢閱官.
검은-깨 图 クロゴマ(黒胡麻).
검은-손 图 魔手; 魔の手.
검은-자위 图 〈眼球の〉黒目; 黒目玉. ⇔흰자위.
검은-콩 图 《植物》クロマメ(黒豆).
검인¹ (檢印) 图 檢印.
검인² (檢認) 图 《法律》檢認.
　검-인정 (檢認定) 图 하他 檢定および認定.
　　검인정 교과서 (檢認定敎科書) 图 檢定敎科書.
　　검인정-필 (檢認定畢) 图 檢定および認定済み.
검정 (檢定) 图 하他 檢定. ‖검정 시험 檢定試驗.
　검정-고시 (檢定考試) 图 檢定試驗.
　검정-필 (檢定畢) 图 檢定済み.
검정-콩 图 《植物》クロマメ(黒豆).
검증 (檢證) 图 하他 檢證. ‖현장 검증 現場檢證. **검증-되다** [-받다] 受動

검찰 (檢察) 图 하他 檢察. ‖검찰에 소환되다 檢察に召喚される.
　검찰-관 (檢察官) 图 檢察官. ‖검찰관에게 취조를 받다 檢察官に取り調べを受ける.
　검찰-청 (檢察廳) 图 《行政》檢察庁.
검출 (檢出) 图 하他 檢出. **검출-되다** 受動
검침 (檢針) 图 하他 檢針.
검토 (檢討) /kʌːmtʰo/ 图 하他 檢討. ‖검토해 볼 만하다 檢討に値する. 검토할 필요가 있다 檢討を要する. 이 문제는 현재 검토 중입니다 この問題は検討中です. 재검토 再檢討. **검토-되다** 受動
검표 (檢票) 图 하他 檢札.
검-푸르다 形 [러変] 深みのある濃い青色をしている; 黒みを帯びた青色をしている.
검품 (檢品) 图 하他 檢品.
겁¹ (劫) 图 《仏教》劫(ごう).
겁² (怯) /kʌp/ 图 氣後れ; 臆病. ‖겁이 많다 臆病だ. 겁도 없이 달려들다 向こう見ずに食ってかかる. 겁(을) 먹다 恐れる; 怯(む)む. 겁(을) 주다 恐がらせる. ▶겁에 질리다 おびえる. 겁에 질린 듯한 눈 おびえているような目つき.
　겁-나다 (怯-) [-난-] 自 恐がる; 恐い.
　겁-내다 (怯-) [-낸-] 他 恐がる; おびえる.
　겁-쟁이 (怯-) [-쨍-] 图 臆病者; 恐がり; 弱虫; 腰抜け.
겁탈 (劫奪) 图 하他 ❶ 劫奪(ごうだつ); 強奪. ❷ レイプ; 婦女暴行. **겁탈-당하다** 受動

것 /kot/ [걷] 依名 ❶ …もの; …物; …やつ. ‖일본적인 것 日本的なもの. 저 영화는 한 번 본 것이다 あの映画は一度見たものだ. 다른 사람 것을 빌리다 人のものを借りる. 어떤 것을 하고 싶니? どんなものが欲しい? 인간의 심리는 복잡한 것이다 人間の心理は複雑なものである. 먹을 것 食べ物. 단것 甘い物. 큰 것으로 주세요 大きいやつをください. ❷ …こと. ‖자세한 것은 나중에 말씀드리겠습니다 詳しいことは後でお話しします. 그 사람은 내가 말하는 것을 잘 모르는 것 같다 彼は私の言うことがよく分かっていないようだ. 그 사람이 유능하다는 것을 인정하지 않는 사람은 없다 彼が有能であることを認めない人はいない. 열 시까지 모일 것 10時までに集まること. ❸ …者; …やつ. ‖젊은 것이 어찌 저렇게 생기가 없니 若いやつが何で生気ない. 너 같은 것하고는 말하고 싶지도 않다 お前みたいなやつとは話したくもない. ❹ …の; …のもの. ‖내 것 私のもの, 내가 믿는 것은 너뿐이다 私が信じるのはお前だけだ. ❺ 〔…을[를] 것이다の形で〕…つもりだ; …だろう; …でしょう; …はずだ. ‖내

일은 비가 올 것이다 明日は雨が降るだろう. 아마 내일은 갈 것이다 多分明日は行くでしょう. 이번에는 꼭 이길 것이다 今度は絶対勝つつもりだ.

겉 /kot/【곁】图 表; 表面; うわべ; 上っ面. ‖겉만 꾸미다 表面だけを取り繕う. 겉만 보고서는 모른다 上面だけでは分からない. ▶겉 다르고 속 다르다 裏表が同じではない: 表裏が一致しない.

겉-감【겉깜】图 (衣服の)表地. 団内감.

겉-껍질【걷-】图 粗皮(ぞうひ); 外皮. ⑦속껍질.

겉-넓이【건-】图 表面積. 団표면적(表面積).

겉-늙다【건늑따】形 実年齢より老けている. ‖겉늙어 보이다 年より老けて見える.

겉-돌다【걷똘-】目[ㄹ語幹] 仲間はずれになる; うまく溶け込めない.

겉-면(-面)【-】图 表; 表面.

겉-모습 /konmosup/【걷-】图 外見; 外観. ‖사람을 겉모습만 보고 판단하지 마라 人を外見だけで判断するな.

겉-모양(-模樣) /kotmojaŋ/【걷-】图 外観; 見かけ. ‖겉모양만 보다.

겉-보기【걷볻-】图 見かけ.

겉-봉투(-封套)【걷뽕-】图 二重になっている封筒の外側の袋.

겉씨식물(-植物)【-씨-】图〔植物〕裸子植物. ⑨속씨 식물(-植物).

겉-옷 /kodot/【-】图 ⑨겉옷.

겉-절이【걷쩌리】图 (白菜などの)浅漬け. ‖배추 겉절이 白菜の浅漬け.

겉-치레【건-】图〔自他〕見せかけ; 虚飾.

겉-치장(-治粧)【건-】图〔自他〕見せかけ; 外装.

게[1] /ke/【-】图〔動物〕カニ(蟹). ‖꽃게 ワタリガニ(渡蟹); ガザミ(蝤蛑).

게[2]【-】图〔거기의 縮約形〕そこ. ‖게 좀 앉거라 そこに座りなさい.

게[3] /ke/【-】〔것이의 縮約形〕● 物が; ものは. ‖집에 먹을 게 없다 家に食べるものがない. 이게 뭐야？ これは何？ ● 事が. ‖너한테 말할 게 있어 お前に話したいことがある.

게[4]〔에게의 縮約形〕…に. ‖제게 말씀 주시요 私に言って下さい.

-게[5]〔語尾〕● …しなさい; …したまえ. ‖이걸 보게 これを見たまえ. 빨리 가게 早く行きなさい. ●…の. ‖그랬다간 나만 혼나게 そうしたら私だけ 怒られるんじゃないの. 이런 걸 사서 뭐해? 그 건 날 속이게? そんなの買って何するの. ● …에; …く. ‖행복하게 하다 幸せにする. 예쁘게 꾸미다 きれいに飾る. 늦게 일어나다 遅く起きる. ● 〔…게 하다의 形で〕…(する)ようにする. ‖사게 하다 買うようにする. 말을 듣게 하다 言うことを聞くようにする. ● 〔…게 되다의 形で〕…(さ)せる. ‖놀라게 하다 驚かせる. 슬프게 하다 悲しませる. 기쁘게 하다 喜ばせる. ● 〔…게 되다의 形で〕…になる. ‖훌륭하게 되다 立派になる. 행복하게 되다 幸せになる.

게-거품 图 ● カニが吹き出す泡. ● (人や動物が)興奮した時または苦しい時に吹き出す泡.

게걸 图 食い意.

게걸-스럽다 【-따】形[ㅂ変] 食い意地がすさむ; がつがつ(と)する. ‖너무 배가 고파 게걸스럽게 먹다 あまりにもお腹がすいてがつがつ(と)食う. **게걸스레** 副 むしゃむしゃ(と).

게-걸음 图 カニの横ばい.

게꼽지만-하다 形[하変] 取るに足らない.

-거나 〔語尾〕…なさい; …しなさい. ‖얼른 들어오거나 さあ, いらっしゃい.

게놈(Genom 독)图〔生物〕ゲノム.

게-눈 图 カニの目.

게다가 /kedaga/ 副 そこに. ‖게다가는 놓으시요 そこに置いてください. ● それで; その上に; さらに; それに加えて. ‖비가 오고 게다가 바람까지 분다 雨が降ってさらに風も吹いている.

게-딱지【-찌】图 ● カニの甲羅. ● 〔比喩的に〕(家などが)小さくておんぼろだ. ‖게딱지만한 집 小さくておんぼろな家.

게라(ゲラ 일)图 (活字組版での)ゲラ; ゲラ刷り; 校正刷り. ‖교정쇄(校正刷).

게르마늄(Germanium 독)图〔化学〕ゲルマニウム.

게르치(魚介類)图 ムツ(鯥).

게릴라(guerrilla 영)图 ゲリラ.

게릴라-전(-戰)图 ゲリラ戦.

게-살 图 カニの肉; カニの風味を加えたかまぼこのようなもの.

게서[1]〔에게서의 縮約形〕…から. ‖내게서 빌려간 책 돌려 주었으면 좋겠어 私から借りていった本, 返してほしい.

게서[2]〔거기에서의 縮約形〕● そこで; あそこで. ‖게서 놀지 말고 집에 돌아가거라 そこで遊ばないで家に帰りなさい. ● そこから; あそこから. ‖게서 빨리 나오너라 そこから早く出てきなさい.

게-성운(-星雲)图〔天文〕蟹星雲.

게스트(guest) /kesutu/ 图 ● ゲスト; 客. ● 特別出演者.

게시(揭示)图〔他〕揭示. ‖합격자 명단을 벽에 게시하다 合格者の名前を壁に揭示する. **게시-되다** 受身

게시-판(揭示板) /kefip[h]an/ 图 揭示板.

게알-젓【-젇】图 カニの卵の塩辛.

게양(揭揚)图〔他他〕揭揚. ‖국기를 게양하다 国旗を揭揚する. **게양-되다** 受身

게양-대 (揭揚臺) 图 揭揚台.
게우다 他 ❶吐く;吐き出す;もどす;嘔吐する. ❷차일피일 해서 전부 게워 내고 말았다 乗り物に酔って全部もどしてしまった.
게으르다 /keuruda/ [르変] [게을러, 게으른] 图 怠け者;怠惰;怠慢だ;不精だ. ‖저 게으른 녀석 あの怠け者です. 게을러서 수염도 안 깎는다 不精してひげも剃らない.
게으름 怠惰;不精;横着. ‖게으름을 부리다 [피우다] 怠ける.
게으름-뱅이 图 怠け者;不精者;ものぐさな人.
게으름-빠지다 图 不精ったらしい; 不精を決め込む; 怠け癖がつく.
게을러-터지다 图 = 게을러빠지다.
게을리 图 怠けて. ‖연습을 게을리 하다 練習を怠ける.
게이 (gay) 图 ゲイ.
게이지 (gauge) 图 ゲージ.
게이트 (gate) 图 ゲート.
게이트-볼 (gate + ball 日) 图 ゲートボール.
게임 (game) 图 ゲーム. ‖트럼프 게임 トランプゲーム.
── 依El 競技の回数を表わす語: … ゲーム. ‖당구 한 게임 하자 ビリヤードを1ゲームやろう.
게임-기 (-機) 图 ゲーム機.
게-자리 图 〔天文〕 蟹座.
게-장 (-醬) 图 カニの塩辛.
게재 (掲載) 【-째】 他サ 掲載. ‖신문에 칼럼을 게재하다 新聞にコラムを掲載する. **게재-되다** 受動

겐 [게는の縮約形] …には. ‖내겐 없는 재능이 여동생에겐 있다 私にはない才能が妹にはある. 야무지겐 생겼다 しっかりかしこには見える.

-겠- /ket/ [겓] 語尾 ❶ 未来時制を表わす. ‖곧 가겠습니다 すぐ行きます. 내일 뵙겠습니다 明日, お目にかかります. ❷ 推量·推測を表わす. ‖맛있겠다 おいしそう. 재미있겠다 面白そう. 그건 나라도 할 수 있겠다 それなら私もできそう. ❸ 話し手の意志を表わす. ‖저도 가겠습니다 私も行きます. 꼭 돌아오겠습니다 必ず戻ってきます.

겨 (糠) 图 糠; 粃糠. ‖쌀겨 米糠.
겨냥 (-向) 他サ ❶ ねらい [照準] を定めること. ‖목표를 겨냥하여 쏘다 ねらいを定めて撃つ. ❷ にらむこと. ‖총선거를 겨냥한 발언 総選挙をにらんだ発言.
겨냥-도 (-圖) 图 見取り図.
겨누다 /kjənuda/ 他 ねらう; (銃器などを) 向ける. ‖과녁을 겨누어 쏘다 的をねらって撃つ. 총구를 겨누다 銃口を向ける.
겨드랑이 /kjədurani/ 图 脇; 脇の下.

‖겨드랑이 밑에 체온계를 넣다 脇の下に体温計をはさむ.
겨레 图 はらから; 同胞; 同じ民族.
겨루다 /kjəruda/ 他 競う; 競争する; 張り合う. ‖역량을 겨루다 力量を競う. 총재 자리를 놓고 겨루다 総裁の座を張り合う.
겨를 /kjərul/ 依El [… 겨를이 없다の形で] … する暇もない. ⊕ 결. ‖너무 바빠서 밥 먹을 겨를도 없다 忙しすぎてご飯を食べる暇もない.
겨우 /kjəu/ 图 やっと; ようやく; 辛うじて. ‖겨우 찾아냈다 やっと見つけた. 겨우 막차를 타다 辛うじて終電に間に合う. 내 실력으로 겨우 합격했다 私の実力で辛うじて合格した. 겨우 도망쳐 나왔다 辛うじて逃げ出してきた.
겨우-내 图 冬の間ずっと. ‖겨우내 집에 들어박혀 책만 읽었다 冬の間はずっと家に閉じこもって本ばかり読んだ.
겨우-살이 他自 越冬.
겨울 /kjəul/ 图 冬. ‖올 겨울은 따뜻하다 今年の冬は暖かだ. 서울에는 겨울에 눈이 많이 옵니까? ソウルには冬に雪がたくさん降りますか. 겨울철 冬季.
▶ 겨울을 나다 冬を越す; 越冬する.
겨울-바람 [-빠-] 图 冬の風. ‖매서운 겨울바람 厳しい冬の風.
겨울-밤 [-빰] 图 冬の夜. ‖긴긴 겨울밤 長い冬の夜.
겨울 방학 (-放学) [-빵-] 图 (学校の) 冬休み. ‖겨울 방학에 놀러가다 冬休みに入る.
겨울-옷 [-옫] 图 冬服; 冬物.
겨울-잠 [-짬] 图 冬眠. ⊕ 동면 (冬眠).
겨자 图 ❶ 〔植物〕 カラシナ (芥子菜). ❷ (香辛料の) 芥子.
격¹ (格) /kjək/ 图 ❶ 格. ‖격이 다르다 格が違う. 격이 올라가다 格が上がる. ❷ 分; 身分; 地位. ‖격에 어울리다 分にふさわしい. ❸ 〔言語〕 格. ‖목적격 目的格.
── 依El …こと; …わけ. ‖누워서 침 뱉는 격이다 天を仰いで唾するとのこと.
격² (隔) 图 (関係上の) 距離. ‖격을 두다 距離を置く.
격감 (激減) 【-깜】 自サ 激減. ⊕ 격감증 (激増).
격납-고 (格納庫) 【-코】 图 格納庫.
격년 (隔年) 【-려-】 图自 隔年; 一年おき.
격노 (激怒) 图自 激怒.
격돌 (激突) 【-돌】 图自 激突.
격동 (激動) 【-동】 图自 激動. ‖격동하는 국제 정세 激動する国際情勢.
격동-기 (激動期) 图 激動期.
격랑 (激浪) 【겨랑】 图 激浪.
격려 (激励) 【경녀】 图 他サ 激励. ‖격려의 말씀 励ましの言葉. ‖격려를 아끼지 않다 激励

の言葉を惜しまない.
격려-문(激勵文)【명】激勵文.
격려-사(激勵辭)【명】激励の言葉.
격렬-하다(激烈─)【격녈─】【경녈─】【형】【하변】激烈だ; 激しい. ∥격렬한 논쟁을 벌이다 激しい論争を繰り広げる. **격렬-히**【부】
격론(激論)【경논】【명】【하변】激論.
격류(激流)【경뉴】【명】激流; 奔流. ∥격류에 휩쓸리다 激流にのみ込まれる.
격리(隔離)【경니】【명】【하변】隔離. ∥전염병 환자를 격리하다 伝染病患者を隔離する. **격리-당하다**【受動】
격막(隔膜)【경─】【명】【解剖】隔膜. ⑩횡격막 横隔膜.
격무(激務)【경─】【명】激務. ∥격무에 시달리다 激務に苦しむ. 격무로 쓰러지다 激務で倒れる.
격물-치지(格物致知)【경─】【명】【하변】格物致知.
격변(激變)【경뺀】【명】激変. ∥격변하는 국제 정세 激変する国際情勢.
격 변화(格變化)【─뺀─】【명】【言語】格変化.
격분[1](激憤)【경뿐】【명】激憤.
격분[2](激奮)【경뿐】【명】激しく興奮すること.
격상(格上)【─쌍】【명】【하변】格上げ. ⇔격하 격하.
격세(隔世)【─쎼】【명】【하자】隔世.
격세-유전(隔世遺傳)【명】【生物】隔世遺伝.
격세지감(隔世之感)【명】隔世の感. ∥격세지감을 감출 수가 없다 隔世の感を禁じ得ない.
격식(格式)【─씩】【명】格式 ∥격식을 갖추다【차리다】格式ばる.
격심-하다(激甚─)【─씸─】【형】【하변】激烈だ; 激しい; 甚大だ. ∥격심한 피해를 입다 激甚な被害をこうむる. 이번 태풍으로 입은 피해는 격심하다 今回の台風による被害は甚大だ.
격앙(激昂)【─강】【명】【되변】激品. ∥격앙된 어조 激昂した口調.
격언(格言)【─건】【명】格言; 金言.
격월(隔月)【─궐】【명】【하자】隔月; ひと月おき. ∥격월로 발간하다 隔月で発刊する.
격월-간(隔月刊)【명】隔月刊.
격음(激音)【─금】【명】激音; 有気音. ⑩거센소리.
격음-화(激音化)【명】【言語】激音化; 有気音化. ⑩거센소리되기.
격일(隔日)【─길】【명】【하자】隔日; 一日おき. ∥격일 근무 隔日勤務.
격자(格子)【─짜】【명】格子.
격자-문(格子門)【명】格子.
격자-창(格子窓)【명】格子窓.
격전(激戰)【─쩐】【명】激戦. ∥치열하게 격전을 벌인 곳 熾烈に激戦を繰り広げた場所.

격전-지(激戰地)【명】激戦地.
격정(激情)【─쩡】【명】激情. ∥격정에 휩싸이다 激情にかられる.
격정-적(激情的)【─쩡─】【명】激情的. ∥쿨해 보이지만 격정적인 일면이 있다 クールに見えるが激情的な一面がある.
격조[1](格調)【─쪼】【명】格調. ∥격조 있는 분위기 格調ある雰囲気. 격조 높은 문장 格調の高い文章.
격조[2](隔阻)【─쪼】【명】【하자】ご無沙汰すること.
격-조사(格助詞)【─쪼─】【명】【言語】格助詞.
격주(隔週)【─쭈】【명】【하자】隔週; 一週間おき. ∥회의는 격주로 열린다 会議は隔週で開かれる.
격증(激增)【─쯩】【명】【하자】激増. ⑩격감(激減). ∥중국에서는 자동차 인구가 격증한다 中国では自動車人口が激増している.
격지(隔地)【─찌】【명】隔地; 遠隔地; 遠方.
격-지다(隔─)【─찌─】【自】(関係が)疎遠になる.
격진(激震)【─찐】【명】激震. ✤震度 7 に当たる, 最も激しい地震. 木造家屋の三分の一以上が壊れ, 山崩れや地割れのほか断層が生じる.
격차(格差)/kjŏkt∫ha/【명】格差. ∥격차를 줄이다 格差を縮める. 격차가 벌어지다 格差が広がる. 빈부 격차 貧富の格差. 임금 격차 賃金格差.
격찬(激贊)【명】【하변】絶賛.
격추(擊墜)【명】【하변】∥적기 3 대를 격추하다 敵機 3 機を撃墜する.
격추-당하다【受動】
격침(擊沈)【─/─쩸】【명】【하변】撃沈. **격침-당하다**【受動】
격퇴(擊退)【─/─퉤】【명】【하변】撃退. ∥적들을 격퇴시킬 방안을 생각하다 敵を撃退させる方法を考える. **격퇴-당하다**【受動】
격투(格闘)/kjŏkthu/【명】【하변】格闘. ∥격투 끝에 格闘の末. 격투를 벌이다 格闘を交える.
격투-기(格闘技)【명】格闘技; 格技.
격파(擊破)【명】【하변】撃破. **격파-당하다**【受動】
격하(格下)【겨카】【명】【하변】格下げ. ⇔격상 格上げ.
격-하다(激─)【겨카─】【형】【하변】(感情などが)激しい. ∥격한 어조 激しい口調.
격화(激化)【겨콰】【명】【되변】激化. ∥양국의 대립이 격화되고 있다 両国の対立が激化している.
격화-소양(隔靴搔痒)【겨콰─】【명】隔靴搔痒(思い通りにいかなくて, もどかしいこと).
겪는【경─】→겪다(苦難などを経験す

겪다 /kjʌk̚t'a/ 【겪따】 他 (苦難 などを)経験する;なめる;味わう;遭う;経る. ‖경제적으로 어려움을 겪고 있다 経済的に厳しい. 말 못할 고통을 겪다 言葉にできない苦痛を味わう. 세상의 온갖 어려움을 다 겪다 世の辛酸をなめる.

겪어 冠 겪다(苦難などを経験する)の連用形.

겪은 冠 겪다(苦難などを経験する)の過去連体形.

겪을 冠 겪다(苦難などを経験する)の未来連体形.

견 (絹) 名 絹.

견갑-골 (肩胛骨) 【-꼴】 名 [解剖] 肩甲骨.

견갑-근 (肩胛筋) 【-끈】 名 [解剖] 肩甲筋.

견강-부회 (牽強附會) 【-/-붸】 名 [하自] 牽強(けんきょう)付会(自分の都合のいいように強引に理屈をこじつけること).

견고-하다 (堅固-) 形 堅固だ. ‖견고한 성 堅固な城. **견고-히** 副

견과 (堅果) 名 堅果. ☞堅く乾燥し,熟しても裂開しない果実. クリ・カシの実の類.

견디다 /kjʌndida/ 自 長持ちする;持ちこたえる. ‖나일론이라 오래 견디겠다 ナイロンだから長持ちしそう. 적의 맹공에 견디다 敵の猛攻を持ちこたえる.
— 他 我慢する;耐える;こらえる. ‖더이상 견딜 수가 없다 もはや我慢がならない. 견디다 못해 我慢しきれず;我慢できず. 추위를 견디다 寒さをこらえる. 시련을 견디다 試練に耐える. 괴로움을 견뎌 내다 辛さに耐え抜く.

견마지로 (犬馬之勞) 名 犬馬の労(主君や他人のために全力を尽くして働くこと).

견문 (見聞) 名 [하他] 見聞. ‖견문을 넓히다 見聞を広める.

견문-록 (見聞錄) 【-녹】 名 見聞録. ‖동방 견문록 『東方見聞録』(マルコポーロの旅行記).

견물생심 (見物生心) /kjʌnmulsɛŋʃim/ 名 物を見ると欲しくなること.

견본 (見本) 名 見本;サンプル.

견본-시장 (見本市場) 名 見本市.

견본-주택 (見本住宅) 名 モデルハウス. 類モデルハウス.

견비-통 (肩臂痛) 名 [漢方] 肩から肘までの神経痛.

견사[1] (絹絲) 名 絹糸.

견사[2] (繭絲) 名 繭糸(けんし).

견습 (見習) 名 [하他] 見習い;研修. ‖현재 견습 중이다 現在見習い中である. 견습 기간은 삼 주이다 研修期間は3週間だ.

견습-공 (見習工) 【-꽁】 名 見習い工.

견습-생 (見習生) 【-쌩】 名 見習い生;実習生.

견식 (見識) 名 見識. ‖견식이 있는 사람 見識のある人.

견실-하다 (堅實-) 形 [하여] 堅実だ. ‖견실한 회사 운영 堅実な会社運営.

견우 (牽牛) 名 견우성(牽牛星)の略語.

견우-성 (牽牛星) 名 [天文] 牽牛星. 類직녀성(織女星).

견원지간 (犬猿之間) 名 犬猿の仲.

견인 (牽引) 名 [하他] 牽引. ‖견인 차량 牽引車両.

견인-차 (牽引車) 名 牽引車. ‖주차 위반한 차를 견인차가 끌고 가다 駐車違反した車を牽引車が引いていく.

견인불발 (堅忍不拔) 名 堅忍不抜(どんな困難や誘惑にも心を動かさず,我慢すること). ‖견인불발의 정신 堅忍不抜の精神.

견장 (肩章) 名 肩章.

견적 (見積) /kjʌnd͡ʒʌk̚/ 名 見積り. ‖공사 견적을 내다 工事の見積りを出す. 견적을 뽑다 見積りをとる.

견적-서 (見積書) 【-써】 名 見積書.

견제 (牽制) 名 [하他] 牽制. ‖서로 견제하다 牽制し合う.

견제-구 (牽制球) 名 (野球で)牽制球. ‖견제구를 던지다 牽制球を投げる.

견주다 /kjʌnd͡ʒuda/ 他 比べる;競う. ‖실력을 견주다 実力を比べる.

견지[1] (見地) 名 [하他] 見地. ‖도덕적 견지 道徳的見地. 넓은 견지 広い見地.

견지[2] (堅持) 名 [하他] 堅持. ‖종래의 방침을 견지하다 従来の方針を堅持する.

견직-물 (絹織物) 【-장-】 名 絹織物.

견책 (譴責) 名 [하他] 譴責(けんせき). ‖견책 대상 譴責の対象.

견치 (犬歯) 名 犬歯. 類송곳니.

견학 (見學) /kjʌn.hak̚/ 名 見学. ‖방송국에 견학을 가다 放送局に見学に行く. 공장 견학 工場見学.

견해 (見解) /kjʌnhɛ/ 名 見解. ‖견해를 달리하다 見解を異にする. 견해를 밝히다 見解を述べる. 새로운 견해를 표명하다 新たな見解を表明する.

견해-차 (見解差) 名 見解の差;見解の相違. ‖견해차가 크다 見解の差が大きい.

걷다[1] 【-따】 自他 [ㄷ変] ❶ (汗などが)染み込む. ‖땀에 걸은 옷 汗が染み込んだ服. ❷ 手慣れる. ‖손에 걸은 솜씨 手慣れた腕前.

걷다[2] 【-따】 自他 [ㄷ変] ❶ 編む. ‖대바구니를 걸다 竹かごを編む. ❷ 組む. ‖어깨를 걸다 肩を組む.

결[1] /kjʌl/ 名 (木・布・肌などの)きめ;木

目. ‖결이 고운 피부 きめの細かい肌. 결이 거칠다 きめが粗い. 나뭇결 木目.

결² (缺) 〔성결(性一)의 略語〕 欠く. ‖결이 고운 아이 욕심낼 만한 아이.

결³ (缺) 图 欠; 欠席.

결⁴ 依名 ❶…うち; …間. ‖어느 결에 나온 사이에. ❷〔겨를의 縮約形〕 暇. ‖머 뭇거릴 결이 없다 ためらう暇はない.

결-가부좌 (結跏趺坐) 图 (佛教) 結跏趺坐(ḅʊ²).

결격 (缺格) [-껵] 图 自他 欠格. ㉠적격(適格). 图결격 사유 欠格事由.

결과 (結果) /kjʌlgwa/ 图 結果. ‖원인(原因). ‖원인과 결과 原因と結果. 시험 결과를 발표하다 試験の結果を発表する. 의외의 결과가 나오다 意外な結果が出る. 조사 결과를 정리하다 調査の結果をまとめる. 비참한 결과를 가져오다 悲惨な結果をもたらす.

결과-론 (結果論) 图 結果論.

결과-적 (結果的) 图 結果的. ‖결과적으로 운이 좋았다 結果的に運がよかった.

결구 (結句) [-꾸] 图 結句.

결국 (結局) /kjʌlguk/ 图 ❶結局. ‖결국 한숨도 못 잤다 結局は一睡もできなかった. ❷〔副詞的に〕結局; ついに; 一度も. ‖얘기 끝에 결국 내가 가게 되었다 話し合いの末, 結局私が行くことになった. 결국 흐지부지하게 끝나다 結局 うやむやに終わる. 결국 돌아오지 않았다 ついに帰ってこなかった.

결근 (缺勤) 图 自他 欠勤. ㉠출근(出勤). ‖무단결근 無斷欠勤.

결단 (決斷) /kjʌlˀtan/ [-딴] 图 他 決斷. ‖결단을 내리다 決斷を下す. 결단이 필요하다 決斷を要する.

결단-성 (決斷性) [-땅성] 图 決斷力.

결단-코 (決斷-) 圖 決して. ‖결단코 용납할 수 없다 決して許せない.

결딴 图 全く駄目になること; 台無しになること.

결딴-나다 [-따-] 图 駄目になる; つぶされる.

결딴-내다 [-때-] 他 駄目にする; つぶす.

결락 (缺落) 图 自他 欠落.

결렬 (決裂) 图 決裂. ‖교섭이 결렬되다 交渉が決裂する.

결례 (缺禮) 图 欠礼; 失禮. ‖결례를 범하다 欠礼する.

결론 (結論) /kjʌllon/ 图 他 結論. ‖결론이 나오다 結論が出る. 결론에 달하다 結論に達する. 섣부른 결론을 내리다 早まった結論を下す. 결론을 먼저 말하자면 結論を先に言うと.

결론-적 (結論的) 图 結論的. ‖결론-적으로 말하자면 結論的に言うと.

결론-짓다 (結論-) [-짇따] 图 [ㅅ変] 結論づける. ‖타살로 결론짓다 他殺と

して結論づける.

결리다 /kjʌllida/ 图 (首・横隔膜など体の一部が) 突っ張る; 凝る. ‖옆구리가 결리다 横隔膜が突っ張る. 어깨가 결리다 肩が凝る.

결막 (結膜) 图 (解剖) 結膜.

결막-염 (結膜炎) [-땅념] 图 (医学) 結膜炎.

결말 (結末) /kjʌlmal/ 图 結末; けり. ‖의외의 결말 意外な結末. 극적인 결말 劇的な結末.

결말-나다 (結末-) [-라-] 图 結末がつく; けりがつく.

결말-내다 (結末-) [-래-] 他 結末をつける; けりをつける.

결말-짓다 (結末-) [-진따] 他 [ㅅ変] = 결말내다(結末-).

결명-자 (決明子) 图 (漢方) エビスグサの種.

결명-차 (決明茶) 图 (植物) エビスグサ(青草).

결박 (結縛) 图 自他 (体や手などを) 縛ること; 縛り上げること. **결박-당하다** 受身

결백 (潔白) 图 形 潔白. ‖결백을 증명하다 潔白を証明する. 청렴결백한 사람 清廉潔白な人.

결번 (缺番) 图 自他 欠番.

결벽 (潔癖) 图 潔癖.

결벽-증 (潔癖症) [-쯩] 图 (医学) 潔癖症.

결별 (決別) 图 自他 決別.

결부 (結付) 图 自他 結び付けること. ‖정치와 결부하면 政治と結びつけば 안 된 문제. 이 문제를 개인적인 감정과 결부시키지 말아 주세요 この問題を個人的な感情と結び付けないでください.

결빙 (結氷) 图 結氷. ㉠해빙(解氷).

결빙-점 (結氷點) [-쩜] 图 (物理) 氷点.

결사¹ (決死) [-싸] 图 自他 決死. ‖결사 반대 決死反対.

결사-대 (決死隊) [-싸-] 图 決死隊.

결사-적 (決死的) [-싸-] 图 必死. ‖결사적으로 저항하다 必死になって抵抗する.

결사² (結社) [-싸] 图 結社. ‖비밀 결사 秘密結社.

결산 (決算) /kjʌlˀsan/ [-싼] 图 他 決算. ㉠예산(豫算). ‖예산과 결산 予算と決算. 결산 보고 決算報告. 총결산 總決算.

결산-기 (決算期) [-싼-] 图 決算期.

결산-서 (決算書) [-싼-] 图 決算書.

결산-표 (決算表) [-싼-] 图 決算表.

결석¹ (缺席) /kjʌlˀsʌk/ [- 쎅] 图 自他 欠席. ㉠출석(出席). ‖감기로 결석하다 風邪で欠席する. 일이 있어서 학교를 결석하다 用事で学校を欠席する.

결석-계 (缺席屆) [-쎅꼐/-쎅께] 图

欠席届け.
결석-재판 (缺席裁判) 【-썩째-】 图 欠席裁判.
결석² (結石) 【-썩】 图 結石. ∥신장 결석 腎結石; 腎臟結石.
결선 (決選) 【-썬】 图 決選; 本選. ∥결선 투표 決選投票.
결성 (結成) 【-썽】 图 하他 結成. ∥신당을 결성하다 新黨を結成する. **결성-되다** 受動
결속 (結束) 【-쏙】 图 하他 結束. ∥결속을 꾀하다 結束を図る.
결속-력 (結束力) 【-쏭녁】 图 結束力.
결손 (缺損) 【-쏜】 图 欠損.
결승 (決勝) /kjəlˢuŋ/ 【-씅】 图 하自 決勝. ∥결승까지 진출하다 決勝にまで進出する. 결승에서 패하다[지다] 決勝で破れる[負ける]. 준결승 準決勝.
결승-전 (決勝戰) 【-쎤】 图 決勝戰.
결승-점 (決勝點) 【-씅쩜】 图 決勝點. ∥결승점을 올리다 決勝点をあげる.
결식 (缺食) 【-씩】 图 欠食.
결식-아동 (缺食兒童) 【-씨가-】 图 欠食兒童.
결실 (結實) /kjəlˢil/ 【-씰】 图 하自 結實. ∥결실의 가을 實りの秋. 그동안의 노력이 결실을 맺다 その間の努力が実を結ぶ.
결심 (決心) 【-씸】 图 하他 決心. ∥대학원에 진학하기로 결심하다 大学院に進学しようと決心する. 의사가 되기로 결심하다 医者になると決心をする. 결심이 흔들리다 決心が揺らぐ. 결심이 안 서다 決心がつかない.
결심² (結審) 【-씸】 图 하他 (法律) 結審.
결여 (缺如) /kjərjə/ 图 되自 欠如; 欠けていること. ∥책임 의식이 결여되어 있다 責任意識が欠如している.
결연-하다 (決然-) 囲 하変 決然としている. ∥결연한 의지 決然たる意志.
결연-히 副
결원 (缺員) 图 欠員.
결의¹ (決意) 【-/거리】 图 決意. ∥결의를 보이다 決意を示す. 굳게 결의하다 固く決意する.
결의² (決議) 【-/거리】 图 決議. ∥파업을 결의하다 ストライキを決議する. 결의 사항 決議事項.
결의-문 (決議文) 图 決議文.
결의-안 (決議案) 图 決議案.
결자해지 (結者解之) 【-짜-】 图 하他 (「結んだ者が自らそれを解く」の意で) 自らやったことは自ら解決すべきだということ.
결장¹ (結腸) 【-짱】 图 (解剖) 結腸.
결장² 图 欠場.
결재 (決裁) 【-째】 图 하他 決裁. ∥결재를 바라다 決裁を仰ぐ. 부장의 결재

를 받다 部長の決裁をもらう. 미결재 未決裁.
결재-권 (決裁權) 【-쩬】 图 決裁權.
결재-필 (決裁畢) 图 決裁済み.
결전 (決戰) 【-쩐】 图 決戰.
결절 (結節) 【-쩔】 图 結節.
결점 (缺點) /kjəlˢəm/ 【-쩜】 图 欠点; 短所. ∥최대의 결점 最大の欠点. 누구에게나 결점은 있다 誰にでも欠点はある. 내 결점은 금방 증증을 내는 것이다 私の短所は飽きやすいことだ.
결정¹ (決定) /kjəlˢəŋ/ 【-쩡】 图 하他 決定. ∥활동 방침을 결정하다 活動方針を決定する. 잘못된 결정을 내리다 誤った決定を下す. 결정에 따르다 決定に従う.
결정-권 (決定權) 【-쩡꿘】 图 決定權.
결정-론 (決定論) 【-쩡논】 图 決定論.
결정-적 (決定的) 图 決定的. ∥결정적인 역할 決定的な役割. 결정적인 순간 決定的な瞬間.
결정-타 (決定打) 图 決定打.
결정-판 (決定版) 图 決定版.
결정² (結晶) 【-쩡】 图 結晶.
결정-체 (結晶體) 图 結晶体.
결제 (決濟) /kjəlˢe/ 【-쩨】 图 하他 決濟. ∥신용 카드로 결제하다 クレジットカードで決済する.
결제-일 (決濟日) 图 決濟日.
결집 (結集) 【-찝】 图 하他 結集.
결착 (決着) 图 되自 決着.
결초-보은 (結草報恩) 图 하自 (故事から) 草を結んで恩に報いること.

결-코 (決-) /kjəlkʰo/ 副 〔下に打ち消しの表現を伴って〕決して. ∥이 사람은 이 정도로는 결코 만족하지 않을 것이다 彼はこの程度では決して満足しないはずだ. 결코 용서하지 않겠다 決して許せない.

결탁 (結託) 图 하自 結託. ∥언론과 정치권과의 결탁 言論と政権との結託.
결투 (決鬪) 图 하自 決鬪. ∥결투를 벌이다 決鬪を行なう.
결판 (決判) 图 決着をつけること.
결판-나다 (決判-) 動 決着がつく; 勝負が決まる.
결판-내다 (決判-) 動 決着をつける; 勝負を決める.
결핍 (缺乏) 图 되自 欠乏. ∥괴혈병은 비타민C가 결핍되었을 때 생기는 병이다 壞血病はビタミンCが欠乏した時に起こる病気である.
결함 (缺陷) /kjəlham/ 图 欠陷.
결합 (結合) /kjəlhap/ 图 하自 結合; 結びつくこと. ∥분자가 결합하다 分子が結合する.
결항 (缺航) 图 하自 欠航.

결핵 (結核) [名] 《医学》 結核.
결행 (決行) [名] [하他] 決行.
결혼 (結婚) /kjɔlhon/ [名] [하自] 結婚. [対]이혼(離婚). ‖결혼 행진곡 結婚行進曲. 결혼사진 結婚写真. 연애 결혼 恋愛結婚. 중매 결혼 見合い結婚. 국제 결혼 国際結婚. 정략 결혼 政略結婚. 어릴 때 친구하고 결혼하다 幼なじみと結婚する. 친구들도 다 결혼했다 友だちも皆結婚している. 결혼 축하합니다 ご結婚おめでとうございます.
결혼-관 (結婚觀) [名] 結婚観.
결혼-반지 (結婚半指) [名] 結婚指輪.
결혼-상담소 (結婚相談所) [名] 結婚相談所.
결혼-식 (結婚式) [名] 結婚式. ‖결혼식을 올리다 結婚式を挙げる.
결혼^연령 (結婚年齢) 【-녈-】 [名] 結婚年齢.
결후 (結喉) [名] 《解剖》 のどぼとけ. [類]울대뼈.
겸 (兼) /kjɔm/ [名] 兼. ‖자택 겸 사무실 自宅兼事務室.
— [依名] …がてら; …かたがた; …を兼ねて; …のついでに. ‖산책 겸 책방에 들렀다가 올게 散歩がてら(に)本屋にも寄ってくる.
겸무 (兼務) [名] [하他] 兼務.
겸비 (兼備) [名] [하他] 兼備; 兼ね備えること. ‖그녀는 미모와 실력을 겸비했다 彼女は美貌と実力を兼ね備えている. 재색 겸비 才色兼備.
겸사-겸사 (兼事兼事) [副] ついでに; 兼ねて. ‖겸사겸사 들러보다 ついでに寄ってみる.
겸사-말 (謙辭-) [名] 《言語》 謙譲語. [類]겸양어(謙讓語).
겸상 (兼床) [名] [하自] 一つの食膳に2人が向かい合って食事をとること. ‖아버지와 겸상을 하다 父と一つの食膳をはさんで食事する.
겸손-하다 (謙遜-·謙巽-) /kjɔmsonhada/ [形] 『하変』 謙遜する. ‖겸손한 말투 謙遜した言い方.
겸양 (謙讓) [名] [하自他] 謙譲. ‖겸양의 미덕 謙譲の美徳.
겸양-법 (謙讓法) 【-뻡】 [名] 《言語》 謙譲法.
겸양-어 (謙讓語) [名] 《言語》 謙譲語.
겸업 (兼業) [名] [하他] 兼業.
겸연-쩍다 (慊然-·歉然-) /kjɔmjɔnˀtʃɔkˀta/ 【-따】 [形] 照れくさい; 気恥ずかしい; 気まずい; なんとなく決まりが悪い. ‖먼저 말 건네기가 겸연쩍다 先に話しかけるのが気恥ずかしい. 겸연쩍게 웃다 照れくさそうに笑う.
겸용 (兼用) [名] [하他] 兼用.
겸임 (兼任) [名] [하他] 兼任.
겸-하다 (兼-) [他] 『하変』 兼ねる. ‖출장을 겸한 휴가 出張を兼ねた休暇.
겸허-하다 (謙虛-) [形] 『하変』 謙虚だ. ‖겸허한 자세로 사람을 대하다 謙虚な姿勢で人に接する.
겹 [名] 〔主に겹으로の形で〕 重ねて; 二重に. ‖겹으로 싸다 二重に包む.
— [依名] …重. ‖한 겹 一重.
겹-겹 【-껍】 [名] 〔主に겹겹으로の形で〕 幾重にも. ‖깨지지 않도록 겹겹으로 싸다 割れないように幾重にも包む. 옷을 겹겹으로 입다 服を何枚も重ね着する.
겹-눈 【겸-】 [名] 《動物》 複眼. [類]복안(複眼). [対]홑눈.
겹다 【-따】 [形] 『ㅂ変』 ❶ 手に余る; 手に負えない. ‖힘에 겨운 일 手に余る仕事. ❷ (込み上げる感情を)抑え切れない; …の余り. ‖슬픔에 겨워 눈물을 흘리다 悲しみの余り涙を流す.
겹-바지 【-빠-】 [名] 綿を入れずに裏をつけて作ったパジ.
겹-받침 【-빧-】 [名] 異なる2つの子音で成り立つ終声文字. ✣값·닭·넋など.
겹-벚꽃 【-뻗꼳】 [名] 《植物》 ヤエザクラ(八重桜).
겹-사돈 (-査頓) 【-싸-】 [名] 二重の姻戚関係.
겹-실 【-씰】 [名] 合わせ糸.
겹-이불 【겸니-】 [名] 綿を入れずに裏をつけて作った布団.
겹-잎 【겸닙】 [名] 《植物》 複葉. [対]홑잎.
겹-저고리 【-쩌-】 [名] 綿を入れずに裏をつけて作ったチョゴリ.
겹-치기 [名] 2つ以上の仕事が重なること; かけ持ちすること.
겹-치다 /kjɔptʃʰida/ [自他] 重なる; 重ねる. ‖약속이 겹치다 約束が重なる. 불행이 겹치다 不幸が重なる. 스웨터를 겹쳐 입다 セーターを重ねて着る.
겻-불 【겨뿔/겯뿔】 [名] 籾殻を燃やす火.
경[1] (黥) [名] ひどく叱ること. ‖경을 치다 ひどく叱る.
경[2] (卿) [名] 卿.
경[3] (經) [名] ❶ 경서(經書)の略語. ❷ 불경(佛經)の略語.
경[4] (經) [名] ❶ 경도(經度)の略語. ❷ 경선(經線)の略語.
경[5] (更) [名] 一夜を五つに分けた, 昔の時刻の単位.
경[6] (庚) [名] (十干の)庚(かのえ).
경[7] (京) [数] 京. ✣兆の一万倍.
경-[8] (輕) [接頭] 軽…. ‖경공업 軽工業. 경금속 軽金属.
-경[9] (頃) [接尾] …頃. ‖두 시경 2時頃. 사월경 四月頃.
경각 (警覺) [名] [하他] 覚醒すること.
경각-심 (警覺心) 【-씸】 [名] 用心する気持ち; 注意を払う心がけ. ‖경각심을 불러일으키다 注意を喚起する.
경감 (輕減) [名] [하他] 軽減.
경거-망동 (輕擧妄動) /kjɔŋgɔmaːŋdoŋ/

경건-하다 (敬虔-) [형] [하여] 敬虔だ. ‖敬虔な心 敬虔な気持ち. **경건-히** [부]

경계¹ (境界) /kjɔŋge/ [-/-게] [명] 境界. ‖경계를 긋다 境界をかくする. **경계 표** 境界標.
경계-선 (境界線) [명] 境界線.
경계² (警戒) /kjɔŋge/ [-/-게] [명] [하타] 警戒. ‖엄중히 경계하다 厳重に警戒する. 경계 수위 警戒水位. 연말 특별 경계 年末特別警戒.
경계-경보 (警戒警報) [명] 警戒警報.
경계-망 (警戒網) [명] 警戒網.
경계-색 (警戒色) [명] 《動物》警戒色.
경계-선 (警戒線) [명] 警戒線.
경계-심 (警戒心) [명] 警戒心. ‖경계심이 강하다 警戒心が強い.

경고¹ (警告) [명] [하타] 警告. ‖경고를 받다 警告を受ける. 경고하다 警告を発する. 팻말로 경고하다 立て札で警告する.
경고-문 (警告文) [명] 警告文.
경골¹ (頸骨) [명] 《解剖》頸骨. ㉮목뼈.
경골² (硬骨) [명] 《解剖》硬骨. ㉮연골(軟骨).
경-공업 (輕工業) [명] 輕工業. ㉮중공업(工業).
경과 (經過) /kjɔŋgwa/ [명] [하자] 經過. ‖성이 의 행기. ‖3 살 이이 경과하다 3 年が経過する. 수술 뒤의 경과는 양호합니다 術後の経過は良好です. 앞으로의 경과를 지켜보다 今後の成り行きを見守る.
경관¹ (警官) [명] 警官.
경관² (景觀) [명] 景觀. ‖도시 경관 都市景觀. 경관을 해치다 景觀を害する.
경구¹ (敬具) [명] 敬具.
경구² (硬球) [명] 硬球. ㉮연구(軟球).
경-구개 (硬口蓋) [명] 《解剖》硬口蓋.
경구개-음 (硬口蓋音) [명] 《言語》硬口蓋音.
경국¹ (經國) [명] 經國.
경국² (傾國) [명] 傾國. 傾城.
경국지색 (傾國之色) [-찍-] [명] 傾國의 美女.
경극 (京劇) [명] 《文藝》京劇.
경-금속 (輕金屬) [명] 《化學》輕金屬. ㉮중금속(重金屬).
경기¹ (景氣) /kjɔŋgi/ [명] 景氣. ‖경기 변동이 극심하다 景氣の変動がはなはだしい. 경기가 호전되다 景氣が上向く. 호경기 好景氣. 불경기 不景氣.
경기² (競技) /kjɔŋgi/ [명] [하자] 競技. ‖단체 경기 団体競技. 개인 경기 個人競技. 육상 경기 대회 陸上競技大会. 경기에 출전하다 競技に出場する.
경기-장 (競技場) [명] 競技場.
경기-도 (京畿道) [명] [地名] 京畿道.
경남 (慶南) [명] [慶尙南道의 慶南
南道의 略稱] 慶南.
경내 (境內) [명] 境內.
경단 (瓊團) [명] 団子.
경대 (鏡臺) [명] 鏡台. ㉮화장대(化粧臺).
경도¹ (硬度) [명] 硬度.
경도² (傾倒) [명] [하자] 傾倒. ‖실존주의에 경도되다 実存主義に傾倒する.
경도³ (經度) [명] 《地》經度. ㉮경(經). ㉯위도(緯度).
경도-선 (經度線) [명] 《地》經線.
경-동맥 (頸動脈) [명] 《解剖》頸動脈.
경력 (經歷) [-녁] [명] 《漢方》經絡.
경락 (競落) [-낙] [명] [하타] 競り落とすこと.
경량 (輕量) [-냥] [명] 輕量. ㉮중량(重量).
경량-급 (輕量級) [-냥급] [명] 輕量級.
경력 (經歷) /kjɔŋnjɔk/ [-녁] [명] 經歷. ‖경력 사원 經歷のある社員. 경력을 날조하다 經歷を偽る. 화려한 경력 輝かしい經歷.
경련 (痙攣) [-년] [명] [하자] 痙攣(ケイレン). ‖다리에 경련을 일으키다 足が痙攣を起こす.
경례 (敬禮) [-네] [명] [하타] 敬礼.
경로¹ (經路) /kjɔŋno/ [-노-] [명] 經路. ‖입수 경로 入手経路. 변천 경로 変遷の経路.
경로² (敬老) [-노] [명] [하자] 敬老.
경로-당 (敬老堂) [명] お年寄りの憩いの家.
경로-석 (敬老席) [명] (地下鉄やバスなどの)お年寄りのための席; シルバーシート.
경륜¹ (經綸) [-뉸] [명] 經綸.
경륜² (競輪) [-뉸] [명] 競輪.
경리 (經理) [-니] [명] 經理. ‖경리사원 經理の社員.
경마 (競馬) [명] [하자] 競馬.
경마-장 (競馬場) [명] 競馬場.
경망-스럽다 (輕妄-) [-따] [형] [ㅂ변] 軽々しい; 軽率だ; そそっかしい. ‖경망스러운 언동을 삼가다 軽々しい言動を慎む. **경망스레** [부]
경매¹ (競買) [명] [하타] 競買.
경매² (競賣) /kjɔŋmɛ/ [명] [하타] 競売. 競り売り. ‖경매에 붙이다 競売にかける.
경매-물 (競賣物) [명] 競売物品.
경매-인 (競賣人) [명] 競売人.
경-매매 (競賣買) [명] [하타] 競売買.
경멸 (輕蔑) [명] [하타] 軽蔑. ‖경멸에 찬 눈빛으로 보다 軽蔑のまなざしで見る. **경멸-당하다** 受動
경문 (經文) [명] 經文. ‖경문을 읽다 経を読む, 読経する.
경미-하다 (輕微-) [형] [하여] 軽微だ; 軽い; わずかだ. ‖경미한 피해 軽微な被害. 경미한 죄 軽い罪.
경박-하다 (輕薄-) [-바카-] [형] [하여]

경박하다. ‖경박한 웃음 輕薄な笑い.
경배 (敬拜) 图 他 敬拜.
경백 (敬白) 图 敬白.
경벌 (輕罰) 图 軽罰. 卽중벌(重罰).
경-범죄 (輕犯罪) 图 ─죄 /─쮀 軽犯罪.
경보¹ (警報) /kjəːŋbo/ 图 警報. ‖화재 경보 火災警報. 홍수 경보 洪水警報. 경보를 발하다 警報を出す.
경보-기 (警報機) 图 警報機.
경보² (競步) 图 《スポーツ》競歩. ‖경보 경기 競歩競技.
경부 (頸部) 图 《解剖》頸部.
경부-선 (京釜線) 图 서울(ソウル)과 부산(釜山)을 잇는 철도.
경북 (慶北) 图 《地名》〔慶尙北道(경상북도)의 略稱〕
경비¹ (警備) /kjəːŋbi/ 图 他 警備. ‖경비를 서다 警備に当たる[立つ]. 공항 주변의 경비를 강화하다 空港周辺の警備を強化する. 무인 경비 시스템 無人警備システム.
경비-대 (警備隊) 图 警備隊.
경비-망 (警備網) 图 警備網. ‖물샐 틈없는 경비망 水も漏らさぬ警備網.
경비-원 (警備員) 图 警備員.
경비² (經費) /kjəːŋbi/ 图 経費. ‖경비가 많이 들다 経費がかかる. 경비 절감 経費節減. 필요 경비 必要経費.
경-비행기 (輕飛行機) 图 軽飛行機; セスナ機.
경사¹ (傾斜) /kjəːŋsa/ 图 傾斜; 勾配. ‖경사가 지다 傾斜する; 傾く. 경사가 급한 길 勾配の急な道.
경사-도 (傾斜度) 图 傾度.
경사² (慶事) 图 慶事; 祝い事; めでたい事. ‖경사가 나다 めでたい事[めでたい事]がある.
경사-스럽다 (慶事─) [─따] 图 [ㅂ変] めでたい; 喜ばしい. ‖경사스러운 일 めでたい事.
경산-부 (經産婦) 图 経産婦.
경상 (經常) 图 経常. ‖경상 이익 経常利益.
경상-비 (經常費) 图 経常費.
경상 수지 (經常收支) 图 経常収支.
경상² (輕傷) 图 軽傷. 卽중상(重傷). ‖경상을 입다 軽傷を負う.
경상남도 (慶尙南道) 图 《地名》慶尙南道.
경상-도 (慶尙道) 图 《地名》〔慶尙南道와 慶尙北道의 倂稱〕慶尙道.
경상북도 (慶尙北道) 图 《地名》〔또〕慶尙北道.
경색 (梗塞) 图 自他 梗塞(こうそく).
경서 (經書) 图 経書; 聖典.
경선¹ (競選) 图 他 公選.
경선² (經線) 图 《地》経線. 卽경(經). 卽위선(緯線).
경성¹ (京城) 图 《地名》1910年의 韓國併合以降, 日本統治時代에 用いられたソウル의 古称.
경성² (硬性) 图 硬性. 卽연성(軟性).
경세-제민 (經世濟民) 图 自他 経世済民.
경솔-하다 (輕率─) /kjəːŋsolhada/ 图 [하変] 軽率だ; 粗忽(そこつ)だ. ‖경솔한 행동 軽率な行動. 경솔하게 처신하다 軽率にふるまう. 경솔하다는 비난을 면치 못하다 軽率のそしりを免れない. 경솔한 사람 粗忽な人.
경수¹ (硬水) 图 硬水. 卽연수(軟水).
경수² (輕水) 图 軽水.
경수-로 (輕水爐) 图 軽水炉.
경-승용차 (輕乘用車) 图 軽自動車.
경시 (輕視) 图 他 軽視. 卽중시(重視).
경식 (硬式) 图 硬式. 卽연식(軟式). ‖경식 야구 硬式野球.
경신 (更新) 图 他 更新. ‖기록을 경신하다 記録を更新する. **경신-되다**
경악 (驚愕) /kjəːŋak/ 图 自 驚愕; 非常に驚くこと. ‖그 말에 경악을 금치 못하다 その言葉に驚きを隠せない.
경애 (敬愛) 图 他 敬愛.
경-양식 (輕洋食) 图 簡単な洋食.
경어 (敬語) /kjəːŋəː/ 图 《言語》敬語.
경연 (競演) 图 他 競演.
경영 (經營) /kjəːŋjəːŋ/ 图 他 経営. ‖회사를 경영하다 会社を経営する. 경영이 어렵다 経営が苦しい. 경영 부진 経営不振.
경영 관리 (經營管理) [─괄─] 图 《経》経営管理.
경영-권 (經營權) [─꿘] 图 《経》経営権.
경영-난 (經營難) 图 経営難. ‖경영난에 허덕이다 経営難にあえぐ.
경영-분석 (經營分析) 图 《経》経営分析.
경영-자 (經營者) 图 経営者.
경영-전략 (經營戰略) [─쩐─] 图 《経》経営戦略.
경영 참가 (經營參加) 图 《経》経営参加.
경영-학 (經營學) 图 経営学.
경영 (競泳) 图 自 競泳.
경외 (敬畏) [─웨] 图 他 畏敬.
경외-심 (敬畏心) 图 畏敬의 念.
경우 (境遇) /kjəːŋu/ 图 ❶ 場合; 状況; 際. ‖만일의 경우 万が一의 場合. 경우에 따라서는 場合によっては. 경우의 수 (数学で)場合의 数. 결석할 경우에는 欠席의 際에는 (경우할 경우(할 경우)에는 欠席의 際에는 〔경우할 경우(할 경우)에는〕). 경우에 맞게 상황에 따라 매사에 조심해야 한다 状況이 状況이기에 매사에 조심해야 한다. ❷ 道理. ‖경우가 밝은 사람 弁えのある人.
경운-기 (耕耘機) 耕耘機.

ㄱ

경원 (敬遠) [名] [하他] 敬遠. ‖ 부하들이 잔소리가 심한 상사를 경원하다 部下たちが小言の多い上司を敬遠する. **경원-당하다** [受身]

경위 (經緯) /kjɔŋwi/ [名] 経緯. ‖ 사건의 경위 事件の経緯.

경유[1] (經由) /kjɔŋju/ [名] [하他] 経由. ‖ 홍콩을 경유해서 싱가포르로 가다 香港経由でシンガポールに行く. 경유지 経由地.

경유[2] (輕油) [名] 軽油.

경음 (硬音) [名] 《言語》 濃音. [類] 된소리. ✣ㄲ・ㄸ・ㅃ・ㅆ・ㅉのこと.

경음-화 (硬音化) [名] 《言語》 濃音化. [類] 된소리되기.

경-음악 (輕音樂) [名] 軽音楽. ✣ポピュラー音楽の総称. ジャズ・シャンソン・タンゴ・流行歌など.

경의 (敬意) 【-/-이】 [名] 敬意. ‖ 경의를 표하다 敬意を払う.

경이 (驚異) [名] [하自] 驚異. ‖ 경이에 찬 눈빛으로 바라보다 驚異の目を見張る.

경이-감 (驚異感) [名] 驚異の感.

경이-롭다 (驚異―) 【-따】 [形] 『ㅂ変』 驚異だ; 驚異的だ. **경이로이** [副]

경이-적 (驚異的) [名] 驚異的. ‖ 경이적인 숫자 驚異的な数字.

경인-선 (京仁線) [名] 서울(ソウル)と인천(仁川)を結ぶ鉄道.

경작 (耕作) [名] [하他] 耕作. ‖ 황무지를 경작하다 荒れ地を耕作する.

경작-권 (耕作權) 【-꿘】 [名] 耕作権.

경작-지 (耕作地) 【-찌】 [名] 耕作地.

경쟁 (競爭) /kjɔːŋdʒɛŋ/ [名] [하自] 競争. ‖ 경쟁이 치열하다 競争が激しい. 경쟁에서 이기다 競争に勝つ. 경쟁 의식 競争意識. 생존 경쟁 生存競争. 과당 경쟁 過当競争.

경쟁^가격 (競爭價格) [名] 《経》 競争価格.

경쟁^계약 (競爭契約) 【-/-게-】 [名] 《経》 競争契約.

경쟁-력 (競爭力) 【-녁】 [名] 競争力.

경쟁-률 (競爭率) 【-뉼】 [名] 競争率.

경쟁^매매 (競爭賣買) [名] 《経》 競争売買.

경쟁-시험 (競爭試驗) [名] 《経》 競争試験.

경쟁-심 (競爭心) [名] 競争心.

경쟁^입찰 (競爭入札) [名] 競争入札.

경쟁-자 (競爭者) [名] 競争相手.

경적 (警笛) [名] 警笛. ‖ 경적을 울리다 警笛を鳴らす.

경전 (經典) [名] 経典.

경정[1] (更正) [名] [하他] 更正.

경정[2] (更訂) [名] [하他] 更訂.

경정[3] (競艇) [名] 《スポーツ》 競艇.

경제 (經濟) /kjɔŋdʒe/ [名] 経済. ‖ 경제관념이 희박하다 経済観念が薄い. 경제 대국 経済大国. 한국 경제 韓国経済. 세계 경제 世界経済.

경제^개발 (經濟開發) [名] 《経》 経済開発.

경제-계 (經濟界) 【-/-게】 [名] 経済界.

경제^공황 (經濟恐慌) [名] 《経》 経済恐慌.

경제-권[1] (經濟權) 【-꿘】 [名] 経済の実権.

경제-권[2] (經濟圈) 【-꿘】 [名] 経済圏.

경제-난 (經濟難) [名] 経済難.

경제-력 (經濟力) [名] 経済力.

경제-면 (經濟面) [名] 経済面.

경제^봉쇄 (經濟封鎖) [名] 《経》 経済封鎖.

경제-성 (經濟性) 【-썽】 [名] 経済性.

경제^성장 (經濟成長) [名] 《経》 経済成長.

경제^성장률 (經濟成長率) 【-뉼】 [名] 《経》 経済成長率.

경제-속도 (經濟速度) 【-또】 [名] 《経》 経済速力.

경제-속력 (經濟速力) 【-송녁】 [名] 《経》 =경제속도(經濟速度).

경제^수역 (經濟水域) [名] 《経》 経済水域.

경제^원조 (經濟援助) [名] 《経》 経済援助.

경제-인 (經濟人) [名] 経済人.

경제-적 (經濟的) [名] 経済的. ‖ 경제적인 이유로 진학을 포기하다 経済的な理由で進学を諦める. 사람 수에 따라서는 버스보다 택시가 경제적이다 人数によってはバスよりタクシーの方が経済的だ.

경제^정책 (經濟政策) [名] 《経》 経済政策.

경제^제재 (經濟制裁) [名] 《経》 経済制裁.

경제-특구 (經濟特區) 【-꾸】 [名] 《経》 経済特別区.

경제-학 (經濟學) [名] 経済学.

경제^행위 (經濟行爲) [名] 《経》 経済行為.

경제^협력 (經濟協力) 【-혐녁】 [名] 《経》 経済協力.

경제^협력^개발^기구 (經濟協力開發機構) 【-혐녁깨-】 [名] 《経》 経済協力開発機構(OECD).

경조 (慶弔) [名] 慶弔. ‖ 경조사 慶事と弔事.

경조부박 (輕佻浮薄) [名] [하形] 軽佻浮薄. ‖ 경조부박한 행동 軽佻浮薄な行動.

경종 (警鐘) [名] 警鐘. ▸경종을 울리다 警鐘を鳴らす.

경주[1] (傾注) [名] [하他] 傾注. ‖ 전력을 경주하다 全力を傾注する.

경주[2] (競走) [名] [하自] 競走. ‖ 달리기 경주에서 일 등을 하다 徒競走で1位

경주³〔慶州〕 [地名] 慶州.
경중〔輕重〕 [名] 輕重.
경증〔輕症〕 [↔중] [名] 輕症. ⑦중증(重症).
경지¹〔耕地〕 [名] 耕地.
경지²〔境地〕 [名] ‖깨달음의 경지에 이르다 悟りの境地に達する. 새로운 경지 新境地.
경직〔硬直〕 [名] [自变] 硬直. ‖생각이 경직되어 있다 考え方が硬直している. 경직된 음성으로 硬直した声で.
경질¹〔更迭·更佚〕 [名] [他变] 更迭. ‖장관을 경질하다 大臣を更迭する. **경질-되다** [自变].
경질²〔硬質〕 [名] 硬質. ⑦연질(軟質).
경찰〔警察〕/kjəːŋtsʰal/ [名] 警察. ‖경찰을 부르다 警察を呼ぶ. 경찰에 불려 가다 警察に呼ばれる. 경찰에 취조를 받고 있다 警察で取り調べを受けている.
경찰-견〔警察犬〕 [名] 警察犬.
경찰-관〔警察官〕 [名] 警察官.
경찰-국가〔警察國家〕 【-까】 [名] 警察國家.
경찰-권〔警察權〕 【-꿘】 [名] [法律] 警察權.
경찰-봉〔警察棒〕 [名] 警棒.
경찰-서〔警察署〕 【-써】 [名] 警察署.
경채〔莖菜〕 [名] [植物] 茎菜(가). ‖줄기채소 (-菜蔬).
경채-류〔莖菜類〕 [名] [植物] 茎菜類.
경척〔鯨尺〕 [名] 鯨尺.
경천-동지〔驚天動地〕 [名] [自变] 驚天動地.
경천-애민〔敬天愛民〕 [名] 敬天愛人.
경첩-하다〔輕捷-〕 [-쳐파] [하变] 軽捷だ.
경청〔敬聽〕 [名] [他变] 敬聽; 清聽. ‖경청해 주셔서 감사합니다 ご清聽, ありがとうございます.
경추〔頸椎〕 [名] [解剖] 頸椎.
경축〔慶祝〕 [名] [他变] 慶祝.
경치〔景致〕/kjəŋtʃʰi/ [名] 景色. ‖경치가 좋은 곳 景色のいい所. 경치가 아름답다 景色が美しい.
경-치다〔黥-〕 [自] ❶こっぴどく叱られる; 大目玉を食らう. ‖이 경칠 놈아 この罰当たりめ. ❷ 〔주로 '경치게'의 形で〕 ひどく; ものすごく; はなはだしく. ‖날씨가 경치게 덥다 ものすごく暑い.
경칩〔驚蟄〕 [名] 〔二十四節気의〕 啓蟄(칩).
경칭〔敬稱〕 [名] [言語] 敬称. ⑦비칭(卑稱).
경쾌-하다〔輕快-〕 [-쾌파] /kjəːŋkʰwehada/ [形] [하变] 軽快だ; 軽やかだ. ‖경쾌한 곡 軽快な曲. 경쾌하게 달려가는 스포츠카 軽やかに疾走するスポーツカー. **경쾌-히**
경탄〔敬歎〕 [名] [自他变] 驚嘆. ‖비범한 재주에 경탄하다 非凡な才能に驚嘆する.
경파〔硬派〕 [名] 硬派. ⑦연파(軟派).
경품〔景品〕 [名] 景品.
경하〔慶賀〕 [名] [他变] 慶賀.
경합〔競合〕 [名] [自变] 競合.
경-합금〔輕合金〕 【-끔】 [名] [化学] 軽合金.
경향¹〔傾向〕 /kjəŋhjaŋ/ [名] ❶傾向. ‖그 사람은 보수적인 경향이 있다 彼は保守的な傾向がある. 아버지는 과음하는 경향이 있다 父は飲み過ぎの傾向がある. 한국 사람들의 일반적인 경향 韓国人の一般的な傾向. ❷向き. ‖무슨 일이든지 비관적으로 보는 경향 何事も悲観的に見る向き. 이상주의로 치닫는 경향이 있다 理想主義に走る向き.
경향²〔京鄕〕 [名] 都と地方. ‖경향 각지 津々浦々.
경험〔經驗〕 /kjəŋhəm/ [名] [他变] 経験. ‖경험을 쌓다 経験を積む. 경험을 살리다 経験を生かす. 경험이 풍부하다 経験が豊富だ. 학생 때 많은 것을 경험하고 싶다 学生のうちに色々なことを経験したい.
경험-담〔經驗談〕 [名] 経験談.
경험-론〔經驗論〕 [-논] [名] 経験論.
경험-자〔經驗者〕 [名] 経験者. ‖경험자 우대 経験者優遇.
경험-주의〔經驗主義〕 [-/-이] [名] 経験主義.
경호〔警護〕 [名] [他变] 警護.
경호-원〔警護員〕 [名] 警護要員.
경화〔硬化〕 [名] [自变] 硬化. ⑦연화(軟化).
경화-증〔硬化症〕 [-쯩] [名] [医学] 硬化症.
경화〔硬貨〕 [名] 硬貨.
경-환자〔輕患者〕 [名] 軽症患者. ⑦중환자(重患者).
경황〔景況〕 [名] 〔精神的·時間的〕余裕. ‖그럴 경황이 없다 そうする余裕がない.
곁 /kjət/ 【곁】 [名] 横; わき; そば; 傍ら. ‖곁에 있어 주세요 そばにいてください. 어머니 곁에 앉다 母のそばに座る. 곁을 떠나지 않다 横から口を挟む.
곁-가지 【곁까-】 [名] わきの枝; 小枝.
곁-길 【곁낄】 [名] わき道; 横道.
곁-눈 【곁-】 [名] 横目; 流し目. ‖곁눈으로 보다 横目で見る; 流し目に見る.
곁눈-질 [名] [自变] 横目を使うこと; よそ見; わき見; 流し目. ‖곁눈질을 하다 横目を使う.
곁-다리 【곁따-】 [名] ❶付けたり; 付属

곁−들다 【곁들-】 自 (1) 語幹 そばで助ける; 助太刀する; 手伝う. ‖힘들어 보여서 나도 곁들었다 大変そうだったので私も手伝った.

곁들-이다 /kjət'turida/ 【곁뜨리】 他 添える; あしらう; 加える. ‖고기에 야채를 곁들이다 肉に野菜を添える. 노래에 춤을 곁들이다 歌に踊りを添える.

곁-뿌리 【곁뿌-】 名 側根; 支根.
곁-상 (-床) 【곁쌍】 名 脇膳.
곁-채 【곁-】 名 別棟.
곁-콩팥 (-팥) 【-판】 名 (解剖) 副腎. 俗 부신(副腎).

계¹ (戒; 誡) 【-/게】 名 戒.
계² (界) 【-/게】 名 (生物) 界.
계³ (係) 【-/게】 名 (数学) 係.
계⁴ (計) 【-/게】 名 計; 合計; 総計. ‖계 삼만 원 計 3万ウォン.
계⁵ (契) 【-/게】 名 ❶契 (朝鮮時代以来の相互扶助組織). ❷頼母子講.
계⁶ (癸) 【-/게】 名 (十干の) 癸(ॅ등).
-계⁷ (界) 【-/게】 接尾 …界. ‖법조계 法曹界. 출판계 出版界.
-계⁸ (系) 【-/게】 接尾 …系. ‖동양계 東洋系.
-계⁹ (屆) 【-/게】 接尾 …届け. ‖결석계 欠席届.
-계¹⁰ (計) 【-/게】 接尾 …計. ‖온도계 温度計.

계간¹ (季刊) 【-/게-】 名 季刊誌.
계간-지 (季刊誌) 名 季刊誌.
계고 (戒告) 【-/게-】 名 (法律) 戒告.
계곡 (溪谷) 【-/게-】 名 渓谷; 小谷; 谷間.
계관 (鷄冠) 【-/게-】 名 ❶鶏冠. ❷(植物) ケイトウ (鶏頭).
계관-초 (鷄冠草) 名 (植物) ケイトウ (鶏頭). 俗 맨드라미.
계관-화 (鷄冠花) 名 (植物) ケイトウの花.
계관 시인 (桂冠詩人) 名 (文芸) 桂冠詩人.

계급 (階級) /kegup/ 【-/게-】 名 階級. ‖중류 계급 中流階級. 무산 계급 無産階級.
계급-의식 (階級意識) 【-/게그비-】 名 階級意識.
계급-장 (階級章) 【-짱/게-짱】 名 階級章.
계급-제도 (階級制度) 【-쩨-/게-쩨-】 名 階級制度.
계급-주의 (階級主義) 【-주-/게-주-이】 名 階級主義.
계급-투쟁 (階級鬪爭) 【-/게-】 名 (政) 階級闘争.
계기¹ (計器) 【-/게-】 名 計器; 計量器.

계기² (契機) /ke:gi/ 【-/게-】 名 契機; 機; きっかけ. ‖사고를 계기로 운전을 못 하게 되었다 事故を契機に運転ができなくなった. 그 일이 계기가 되어 두 사람은 결혼하게 되었다 そのことがきっかけで 2人は結婚することになった.

계단 (階段) /kedan/ 【-/게-】 名 階段. ‖나선 계단 螺旋階段. 출세의 계단 出世の階段.
계단-참 (階段站) 名 (階段の) 踊り場.
계도¹ (系圖) 【-/게-】 名 系図.
계도² (啓導) 【-/게-】 名 (한他) 教え導くこと.

계란 (鷄卵) /keran/ 【-/게-】 名 鷄卵; 卵; 玉子. ‖삶은 계란 ゆで卵. 라면에 계란을 두 개 넣다 ラーメンに卵を2つ入れる.
계란-국 (鷄卵-) 【-꾹/게-꾹】 名 卵スープ.
계란-덮밥 (鷄卵-) 【-덥빱/게-덥빱】 名 (料理) 卵どんぶり.
계란-말이 (鷄卵-) 名 (料理) 卵焼き.
계란-찜 (鷄卵-) 名 (料理) 茶碗蒸し.
계란-프라이 (鷄卵 fry) 名 (料理) 目玉焼き.

계략 (計略) 【-/게-】 名 計略.
계량 (計量) 【-/게-】 名 (한他) 計量.
계량-기 (計量器) 名 計量器.
계량-스푼 (計量 spoon) 名 計量スプーン.
계량-컵 (計量 cup) 名 計量カップ.
계류¹ (溪流) 【-/게-】 名 渓流.
계류² (繫留) 【-/게-】 名 (한他) (法律) 繫留.
계류³ (繫留) 【-/게-】 名 (法律) 繫留.
계륵 (鷄肋) 【-/게-】 名 鷄肋(䬃).
계면 장력 (界面張力) 【-/게-】 名 界面張力. 俗 표면 장력 (表面張力).
계면-쩍다 /kemjənʔʦʰkʼta/ 【-따/게-따】 形 〔겸연쩍다(慊然-)의 転〕照れくさい; 決まりが悪い; 気ずい.
계면 활성제 (界面活性劑) 【-쩨/게-쩨】 名 界面活性剤.
계명¹ (戒名) 【-/게-】 名 (仏教) 戒名; 法名.
계명-성 (啓明星) 【-/게-】 名 (天文) 啓明(明けの明星).
계모 (繼母) 【-/게-】 名 継母.
계몽 (啓蒙) 【-/게-】 名 (한他) 啓蒙.
계몽 운동 (啓蒙運動) 名 啓蒙運動.
계몽-주의 (啓蒙主義) 【-/게-이】 名 啓蒙主義.
계발 (啓發) 【-/게-】 名 (한他) 啓発. ‖자기 계발 自己啓発.
계보¹ (系譜) 【-/게-】 名 系譜.
계보² (季報) 【-/게-】 名 季刊誌. 俗 계간지 (季刊誌).

계보-기 (計步器)【-/게-】 图 計步器; 歩度計; 万歩計.
계부 (繼父)【-/게-】 图 繼父.
계분 (鷄糞)【-/게-】 图 鷄糞; 닭똥.
계사¹ (繫辭)【-/게-】 图 (言語) 繫辭; コピュラ.
계사² (鷄舍)【-/게-】 图 鷄舍; 鷄小屋.

계산 (計算)【/ke:san】【-/게-】 图 (하타) 計算. ‖원가 계산 原価計算. 칼로리 계산 カロリー計算. 계산이 안 맞다 計算が合わない. 상대방의 반응까지 계산에 넣다 相手の反応まで計算に入れる. 비가 오리라는 것까지는 계산을 못 했다 雨の降ることまでは計算していなかった.

계산-기 (計算器·計算機) 图 計算機.
계산-대 (計算臺) 图 レジ; 勘定場.
계산-서 (計算書) 图 計算書; 勘定書き.
계산-적 (計算的) 图 計算高いこと. ‖그렇게 안 보이지만 실은 那 계산적인 사람이다 そうは見えないが実はかなり計算高い人である.

계상 (計上)【-/게-】 图 (하타) 計上. ‖특별비로서 예산에 계상하다 特別費として予算に計上する.

계속¹ (繫屬·係屬)【-/게-】 图 (法律) 係屬. ‖소송 계속 訴訟係屬.

계속² (繼續)【/ke:sok】【-/게-】 图 (하타) 繼續. 継続. ‖심의를 계속하다 審議を継続する. 시합을 계속하다 試合を継続する. 영화를 계속해서 두 편 보다 映画を続けて2本見る. 소강상태가 계속되고 있다 小康状態が続いている. 아까부터 똑같은 말을 계속하고 있다 さっきから同じことを言い続けている.
— 圖 ずっと. ‖서울에서 인천까지 계속 서서 왔다 ソウルから仁川まですっと立ち通しだった. 사흘 일째 계속 비가 내리고 있다 3日間ずっと雨が降っている.

계속-범 (繼續犯)【-뻠/게-뻠】 图 (法律) 繼續犯(犯罪が既に完成してしまった後でも, 行為の違法な状態が継続されると認められる犯罪).
계속-비 (繼續費)【-삐/게-삐】 图 継続費.
계속^심의 (繼續審議)【-쏙/게-씨미】 图 継続審査.
계속-적 (繼續的)【-쪽/게-쪽】 图 継続的.
계수¹ (李嫂)【-/게-】 图 弟の嫁. ✢一般的に제수(弟嫂)の方が用いられる.
계수² (系數)【-/게-】 图 係数. ‖팽창 계수 膨張係数.
계수³ (計數)【-/게-】 图 (하타) 計数.
계수-기 (計數器) 图 計数器.
계수-나무 (桂樹-) 图 ❶ [植物] トンキンニッケイ(東京肉桂); カシア. ❷ [童話で] 月にあるとされる想像上の木.

계승 (繼承)【-/게-】 图 (하타) 繼承. 継承. ‖왕위를 계승하다 王位を継承する.
계승-자 (繼承者) 图 繼承者.
계시 (啓示)【-/게-】 图 (하타) 啓示. ‖계시록 啓示錄.

계시다¹【-/게-】 圃 〔있다の尊敬語〕いらっしゃる. おられる. ‖선생님은 지금 도서관에 계신다 先生는 今図書館にいらっしゃる. 김부장님 지금 계십니까? 金部長は今おられますか.

계시다²【-/게-】 圃輔 〔…고 계시다の形で〕動作が現在進行中であることを表わす: …ていらっしゃる; …ておられる. ‖논문을 쓰고 계십니다 論文を書いていらっしゃる. 농사를 짓고 계십니다 農業を営んでいらっしゃいます.

계시다³【-/게-】 圃輔 〔…아[어] 계시다の形で〕狀態が続いていることを表わす: …ていらっしゃる; …ておられる. ‖누워 계십니다 横になっていらっしゃいます. 지금 입원해 계십니다 現在入院していらっしゃいます.

계약 (契約)【/ke:jak】【-/게-】 图 (하타) 契約. 契約を結ぶ 契約을 맺다. 계약을 주고받다 契約을 交わす. 큰 계약을 따내다 大口の契約を取り付ける. 수의 계약 随意契約.
계약-금 (契約金)【-끔/게-끔】 图 手付金; 頭金.
계약-서 (契約書)【-써/게-써】 图 契約書.
계약^위반 (契約違反) 图 契約違反.
계엄 (戒嚴)【-/게-】 图 戒嚴.
계엄-령 (戒嚴令)【-녕/게-녕】 图 戒嚴令. ‖계엄령을 내리다 戒厳令を敷く.
계열 (系列)【-/게-】 图 系列. ‖계열 기업 系列企業. 낭만주의 계열 ロマン主義の系列.
계열-사 (系列社)【-싸/게-싸】 图 系列会社.
계영 (繼泳)【-/게-】 图 (하타) 繼泳; 水泳のリレー競技.
계원¹ (係員)【-/게-】 图 係員.
계원² (契員)【-/게-】 图 契(계)のメンバー.
계율 (戒律)【-/게-】 图 [仏教] 戒律.
계율-종 (戒律宗) 图 [仏教] 戒律宗.
계인 (契印)【-/게-】 图 割印.
계장 (係長)【-/게-】 图 係長.

계절 (季節)【/ke:dʒʌl】【-/게-】 图 季節. ‖계절이 바뀌다 季節が変わる. 계절에 맞지 않는 옷 季節はずれの服.
계절-감 (季節感) 图 季節感.

계절-노동 (季節勞動)【-로-/게-로-】 图 季節労働.

계절-변동 (季節變動)【-똥】 图 《經》 季節変動.

계절-병 (季節病)【-뼝/게-뼝】 图 季節病.

계절-상품 (季節商品) 图 季節商品.

계절-예보 (季節豫報)【-레-/게-레-】 图 季節予報.

계절-적 (季節的)【-쩍/게-쩍】 图 季節的.

계절-풍 (季節風) 图《天文》季節風.

계절-회유 (季節回遊)【-게-훠-】 图《動物》季節回遊.

계정 (計定)【-쩡】 图《簿記で》勘定. ∥계정 과목 勘定科目.

계제 (階梯)【-/게-】 图 ❶ 階梯; 折り; 機会; チャンス; 場合; ところ. ∥그 일을 할 계제가 아니라 그런 애기는 하지 말아라 그の仕事をする場合ではない.

계좌 (計座)【-/게-】 图 口座. ∥계좌 번호 口座番号. 은행에 계좌를 개설하다 銀行に口座を設ける.

계집【-/게-】 图 ❶〔여자(女子)의 속된 말〕女. ❷〔아내의 속된 말〕妻; 女房.

계집-아이 图 女の子; 少女; 娘. ⑩계집애.

계집-애 图 계집아이의 縮約形.

계집-질【-찔/게-찔】 图他〔妻のいる男が〕女遊びをすること.

계책 (計策)【-/게-】 图他 計略; 計策.

계측 (計測)【-/게-】 图他 計測.

계층 (階層)/ke:tɕʰɯŋ/【-/게-】 图 階層. ∥사회 계층 社会階層.

계통 (系統) 图 系統. ∥신경 계통 神経系統.

계통-발생 (系統發生)【-쌩/게-쌩】 图《生物》系統発生. ⑩個体発生 (個體發生).

계통-수 (系統樹) 图《生物》系統樹.

계통-적 (系統的) 图 系統的. ∥계통적으로 살펴보다 系統的に調べる.

계투 (繼投)【-/게-】 图自《野球で》継投.

계피 (桂皮)【-/게-】 图 桂皮; シナモン.

계획 (計劃)/ke:hwek/【-/게-】 图他 計画. ∥계획을 세우다 計画を立てる. 계획을 짜다 計画を練る. 장기 계획 長期計画. 내년에 집을 살 계획이다 来年, 家を買うことを計画している.

계획-경제 (計劃經濟)【-경-/게획-】 图 計画経済.

계획-량 (計劃量)【-횡냥/게횡냥】 图 計画量.

계획-서 (計劃書)【-써/게획써】 图 計画書.

계획-성 (計劃性)【-썽/게획썽】 图 計画性.

계획-적 (計劃的)【-쩍/게획쩍】 图 計画的. 계획적인 범행 計画的な犯行.

계획-표 (計劃表) 图 計画表.

곗-날 (契~)【곈-/겐-】 图 頼母子講の会合の日.

곗-돈 (契~)【계돈/겐돈】 图 ❶ 頼母子講の掛け金. ❷ 頼母子講が当たって受け取る金.

고[1] (苦) 图 苦.

고[2] (高) 图 (姓) 高 (ゴ).

고[3]【그를 낮추어, またはかわいさを込めて言う語〕それ(の); その. ∥그 녀석 그이, 겨우 그 정도야? たったその程度なの?

고[4] (故) 图 故. ∥고 박정희 대통령의 생가 故朴正熙大統領の生家.

고[5] /ko/ 助〔母音で終わる体言に付いて; 子音の場合はいこ〕 ❶ …で. ∥이건 총각김치고 저게 깍두기야 これがチョンガキムチであれがカクテギだ. ❷ …であれ. ∥이 일은 여자고 남자고 관계없이 이 일이 여성이다 この仕事は女であれ男であれ関係ない.

고-[6] (高) 接頭 高…. ∥고소득 高所得. 고성능 高性能.

-고[7] (古) 接尾 古…. ∥고문서 古文書.

-고[8] (高) 接尾 …高. ∥생산고 生産高. 판매고 売上高.

고[9] (苦) 图 …離. ∥생활고 生活難.

-고[10] 語尾 ❶ 並列を表す: …て. ∥비가 오고 바람이 부는 날 雨が降って風が吹く日. 키가 크고 안경을 낀 남자 背が高く眼鏡をかけた男. ❷ 先行事実を表す: …てから; …て. ∥집에서 점심을 먹고 나가다 家でお昼を食べてから出かける. 보고도 못 본 척하다 見て見ぬふりをする. 저렇게 먹고 나중에 또 저녁을 먹겠지 あんなに食べてから夕ご飯を食べるだろう. ❸ 原因・理由を表す: …て. ∥많이 먹고 배탈이 나다 食べ過ぎてお腹を壊す. 어머니한테 꾸지람을 듣고 지금 제 방에서 울고 있다 お母さんに怒られて今自分の部屋で泣いている. ❹ 相反することを対照的に表す: …て. ∥오고 가는 사람을 往来する人々. 오고 안 오고는 네 마음이다 来るか来ないかはお前の気持ち次第だ. ❺ 疑問を表す. ∥돈은 누가 내고? お金は誰が払うの. ❻〔…고 있다の形で〕…ている. ∥지금 자고 있다 今寝ている. 증권 회사에 다니고 있다 証券会社に勤めている. ❼〔…고 싶다の形で〕…たい. ∥서울에 가고 싶어요 ソウルに行きたいです. 한번 만나 보고 싶어요 一度会ってみたいです. ❽〔…고 가다〔오다・다니다〕の形で〕…ていく(くる・通う). ∥전철을 타고 가다 電車に乗っていく. 버스를 타고 다니다 バスに乗って通う. 선물을 사 가지고 오다 プレゼントを買ってくる.

고가¹ (古家) 图 古い家.

고가² (高架) 图 高架.∥고가 도로 高架道路.

고가³ (高價)【-까】图 高価.∥고가품 高価品.

고간 (股間) 图 股間.

고갈 (枯渴) 图 枯渇.∥수자원이 고갈되다 水資源が枯渇する.

고-갈비 图 鯖の塩焼き.

고개¹ /kogɛ/ 图 峠;坂.∥고개를 넘다 峠を越える. 가파른 고개 急な坂. 사십 고개로 접어들다 四十の坂にさしかかる.

고갯-길【-개낄/-갠낄】图 坂道.

고갯-마루【-갠-】图 峠の最も高い所の平らな場所だ.

고개² /koge/ 图 首;こうべ;頭;うなじ.∥고개를 들다 頭をもたげる. 고개를 숙이다 頭を下れる. 고개를 돌리다 こうべをめぐらす. 고개를 끄덕이다 うなずく.▶고개 하나 까딱하지 않다 微動だにしない.

고객 (顧客) 图 顧客.∥고객 관리 顧客管理.

고갱이 图 ❶〔草木などの〕芯.∥배추 고갱이 白菜の芯. ❷ 核心.

고검 (高檢) 图〔高等検察庁(高等検察庁)の略称〕高検; 高等検察庁.

고-것【-걷】때〔그것을 낮추어서, 또는 하카이시키 말할 때〕それ; それっ; あいつ.∥고것보다 이게 더 싸고 좋아 あれよりこっちの方が安くていいよ. 고것 참 귀엽게 생겼다 それっ, とてもかわいい.

고결-하다 (高潔-)【하여】高潔だ.∥고결한 선비 高潔の士.

고고-하다 (孤高-)【하여】孤高だ.∥고고한 정신 孤高の精神.

고고-학 (考古學) 图 考古学.

고공 (高空) 图 高空.⇔저공(低空).

고과 (考課)【-과】图 考課.∥인사 고과 人事考課.

고관 (高官) 图 高官.

고관-대작 (高官大爵) 图 高位顕職.

고-관절 (股關節)【解剖】股関節.

고교 (高校) /kogjo/ 图〔고등학교(高等学校)の略称〕高校.

고구려 (高句麗) 图【歴史】高句麗(?~668).

고구마 /ko:guma/ 图【植物】サツマイモ(薩摩芋).∥찐 고구마 蒸かし芋. 군고구마 焼き芋. 고구마 튀김 サツマイモの天ぷら.

고국 (故國) 图 故国.⑩모국(母国)·조국(祖国).

고군-분투 (孤軍奮鬪) 图 自 孤軍奮闘.

고궁 (古宮·故宮) 图 故宮.

고귀-하다 (高貴-)【하여】高貴だ.∥고귀한 사람 高貴な人.

고금 (古今) 图 古今.∥동서고금 古今東西.

고-금리 (高金利)【-니】图 高金利.

고급 (高級) /kogɯp/ 图 高級;上級.㉔저급(低級)·하급(下級).∥고급 관료 高級官僚. 고급품 高級品. 고급스러운 물건들 高級そうな品々. 고급 회화 上級会話.

고기¹ /kogi/ 图 ❶肉.∥쇠고기 牛肉. 돼지고기 豚肉. 불고기 プルゴギ. ❷〔물고기의略語〕魚.

고기² (古器) 图 古器.

고기-밥 图 ❶ 釣りのえさ. ❷ 魚類のえさ.

고-기압 (高氣壓) 图【天文】高気圧.⇔저기압(低気圧).∥이동성 고기압 移動性高気圧.

고기-잡이 (한얼) ❶ 漁労;漁. ❷ 漁夫;漁師.

고기잡이-배 图 漁船.

고깃-고깃【-긴고긴】厨 하얼 くしゃくしゃに; くちゃくちゃに; しわくちゃに.

고깃-국【-기꾹/-긴꾹】图 肉のスープ; 肉汁.

고깃-덩어리【-기떵-/-긷떵-】图 肉のかたまり.

고깃-배【-기빼/-긷빼】图 漁船.⑩어선(漁船).

고까-신 图 色とりどりの子どもの履物.⑩꼬까신·때때신.

고까-옷 图 子どもの晴れ着.⑩꼬까옷·때때옷.

고-까짓【-까짇】刨 それしきの; わずかそれくらいの; その程度の.∥고까짓 일로 끙끙대지 마라 それしきのことでくよくよするな.

고깔 图〔僧侶や尼僧などがかぶる〕三角形の頭巾.

고깔-모자 (-帽子) 图〔僧侶や尼僧などがかぶる〕山形の帽子; 三角帽子.

고깝-다【ㅂ変】恨めしい; 残念だ; 悪く思う; 不愉快だ.∥내 말을 고깝게 여기는 것 같다 私が言ったことを恨めしく思っているようだ. 고깝게 생각하지 마세요 不愉快に思わないでください.

고꾸라-뜨리다 個〔前の方に〕倒す;のめさせる; つんのめらせる.

고꾸라-지다 国 ❶〔前の方に〕倒れる; のめる; つんのめる. ❷〔죽다の俗語〕くたばる.

고꾸라-트리다 個 =고꾸라뜨리다.

고난 (苦難) 图 苦難.∥고난을 극복하다 苦難を乗り切る. 고난의 길 苦難の道.

고-난도 (高難度) 图 高い難度.

고뇌 (苦惱) /konwe/【-/-뇌】(한얼) 苦悩.∥고뇌에 찬 표정 苦悩に満ちた表情. 얼굴에 고뇌의 빛이 역력하다 顔に苦悩の色がにじむ.

-고는 厘団〔主に-고는 하다〔했다〕の形で〕動作が繰り返されていることを表わす.∥가끔 우리집에 놀러 오고는 한다. た

고니 (鳥類) 图 ハクチョウ(白鳥). 卿 백조(白鳥).
고다 他 (肉などを形がなくなるまで)十分に煮込む; 煮詰める. ‖닭 한 마리를 고다 鶏1羽を煮込む.
고단 (高段) 图 高段. ✣普通五段以上を言う.
  고단-수 (高段手) 图 (油断できない)なかなかのやり手.
  고단-자 (高段者) 图 高段者.
고단-하다 (허2) 形 からだがだるい.
고달프다 /kodalpʰɯda/ 形 [으変] [고달퍼, 고달픈] しんどい; つらい; 疲れてだるい. ‖심신이 고달프다 心身ともにしんどい.
고답-적 (高踏的) [-쩍] 图 高踏的.
고대 (古代) 图 古代. ‖고대 사회 古代社会.
고대 (苦待) 图 他動 待ち焦がれること; 待ち望むこと; 待ちわびること. ‖학수고대하다 首を長くして待つ.
고대-광실 (高臺廣室) 图 非常に大きく立派な屋敷.
고도 (古都) 图 古都.
고도[2] (孤島) 图 孤島.
고도[3] (高度) /kodo/ 图 形動 高度. ‖고도의 문명 高度の文明. 고도 성장을 이루다 高度成長を遂げる. 고도로 기계화된 공장 高度に機械化された工場.
고도-화 (高度化) 图 自動 高度化.
고독 (孤獨) /kodok/ 图 形動 孤独. ‖고독한 생활 孤独な生活. 고독을 즐기다 孤独を楽しむ.
고독-감 (孤獨感) [-깜] 图 孤独感.
고독-사 (孤獨死) [-싸] 图 孤独死.
고동[1] (汽笛) 图 ‖뱃고동 소리 船の汽笛の音.
고동[2] (古銅) 图 古銅.
  고동-색 (古銅色) 图 赤褐色.
고동[3] (鼓動) 图 自動 鼓動.
  고동-치다 (鼓動-) [-치-] 自動 鼓動する; 脈打つ. ‖심장이 고동치다 心臓がどきどき(と)打つ.
고-되다 /kodweda/ [-/-뒈-] 形 きつい; つらい. ‖일이 고되다 仕事がきつい.
고두-밥 固いご飯; 強飯(봋).
고두-사죄 (叩頭謝罪) [-/-쒜] 图 自動 頭を下げて謝ること.
고드름 /kodɯrɯm/ 图 つらら; 氷柱. ‖고드름이 얼다 つららができる.
고들-고들 固 炊き上がったご飯が水分が足りなくてやや硬い様子. ‖밥이 고들고들하다 ご飯がやや硬い.
고등 (高等) /kodɯŋ/ 图 形動 高等. 쵸하등(下等).
  고등-검찰청 (高等檢察廳) 图 高等検察庁.
  고등-교육 (高等敎育) 图 高等教育.
  고등-동물 (高等動物) 图 (動物) 高等動物.
  고등-법원 (高等法院) 图 高等裁判所.
  고등-수학 (高等數學) 图 (数学) 高等数学.
  고등-식물 (高等植物) 【-싱-】图 (植物) 高等植物.
  고등-학생 (高等學生) 【-쌩-】图 高校生.
고등어 /kodɯŋʌ/ 图 (魚介類) サバ(鯖).
고등-학교 (高等學校) /kodɯŋhakʰkjo/ 【-꾜】图 高等学校.
고딕 (Gothic) 图 ゴシック.
  고딕-체 (-體) 图 ゴシック体.
고-딩 (高-) 〔고등학생(高等學生)の俗語〕高校生.
고라니 图 (動物) キバノロ(牙獐).
고락 (苦樂) 图 苦楽. ‖고락을 함께하다 苦楽をともにする.
고랑 畝間(²⁴). 畝込(溦). 卿 골.
고략 〖고도리의 略語〗手紙.
고래[1] /koræ/ 图 (動物) クジラ(鯨). ‖고래 고기 鯨肉. 돌고래 イルカ. →고래 등 같다 家が非常に大きくて広壮だ. 고래 싸움에 새우 등 터진다. [慣] (「クジラの争いのためにエビの背中が裂ける」の意で) 強者のけんかで弱者がとばっちりを受けることのたとえ.
  고래-잡이 (-) [-짜-] 他動 捕鯨. 卿 포경(捕鯨).
고래[2] 〖방고래(房-)の略語〗オンドルの煙道.
고래 (古來) 图 古来. ‖고래로 昔から; 古来; 古くから.
고래 (故래) 〖고리하여・고리하여の縮約形〗それで; そうして. ‖고래 가지고야 내일까지 제출 못 한다 そうしていては明日までに提出できない.
고래-고래 副 わめき立てる様子. ‖고래고래 소리를 지르다 大声でわめき立てる.
고래-상어 (魚介類) ジンベイザメ(甚平鮫).
고랭지 (高冷地) 图 高冷地.
  고랭지-농업 (高冷地農業) 图 高冷地農業.
고량 (高粱) 图 (植物) コーリャン(高粱).
  고량-주 (高粱酒) 图 コーリャン酒.
고량-진미 (膏粱珍味) 图 膏粱珍味.
고려[1] (考慮) /korjʌ/ 图 他動 考慮. ‖상대방의 입장을 고려하다 相手の立場を考慮する. 고려할 여지는 있다 考慮の余地はある. 그 점까지 고려해서 결론을 내겠습니다 その点も考慮に入れて結論を出します.
고려[2] (高麗) 图 (歷史) 高麗 (918~1392).

고려-인삼 (高麗人參) 图《植物》高麗人參; 朝鮮人參.

고려-청자 (高麗靑瓷) 图 高麗靑磁.

고령 (高齡) 图 高齡.

고령-자 (高齡者) 图 高齡者.

고령-화 (高齡化) 图 高齡化.

고령화 사회 (高齡化社會)【-/-훼】 图 高齡化社會.

고령-토 (高嶺土) 图 高嶺土; カオリン.

고-로 (故-) 接 ゆえに. ‖나는 애국자 고로 존재한다 我思う, ゆえに我あり(デカルトの言葉).

고료 (稿料) 图 稿料; 原稿料.

고루 副 均等に; 等しく; 同樣に; 同じく; むらなく. ‖전원에게 고루 할당하다 全員に均等に割り當てる. **고루-고루** 副.

고루-하다 (固陋-) 【形】【ㅎ變】 固陋(ろう)だ.

고르다[1] 【形】【르變】 ❶ 平均している; 均等だ; そろっている. ‖성적이 고르다 成績が平均している. 고르게 배분하다 均等に割り當てる. ❷ 正常で順調だ. ‖날씨가 고르지 않다 天候が不順だ.

고르다[2] /koruda/ 他【르變】 〔고라,고르는〕 選ぶ; 選擇する; えり分ける; より分ける. ‖넥타이를 골라 고르다 ネクタイを選ぶ. 글을 크게 모아 고르다 ミカンの大きい方を選ぶ. 맛있는 것만 골라서 먹다 おいしいものだけより分けて食べる.

고르다[3] 他【르變】 ならす; 平らにする. ‖땅을 고르다 土をならす.

고름[1] 图〔옷고름의 略語〕 저고리(チョゴリ)などの結び紐.

고름[2] /korum/ 图 うみ; 膿. ⑭農(膿). ‖고름을 짜내다 うみを出す.

고리[1] 图 輪(わ); 輪⟨⟩.

고리[2] (高利) 图 高利. ⑰저리(低利).

고리-대금 (高利貸金) 图 高利貸し.

고리-채 (高利債) 图 高利で借りた金.

고리[3] 副 そのように; そちらへ. ‖고리 들어가세요 そちらへ入ってください.

고리다 ❶ 臭い; 惡臭がする. ❷(行動や考えが)汚い; 怪しい; 卑劣である.

고리타분-하다 【形】【ㅎ變】 古くさい; 陳腐だ. ‖고리타분한 이야기 陳腐な話.

고린-내 图 (足などの)臭いにおい. ‖발에서 고린내가 나다 足が臭い.

고릴라 (gorilla) 图《動物》 ゴリラ.

고립 (孤立) 图 되다 孤立. ‖혼자만 고립된 상태가 되다 1人だけ孤立した狀態になる. 친구들 사이에서 고립시키다 仲間から孤立させる.

고립-무원 (孤立無援)【-렴-】图 孤立無援.

고립-어 (孤立語) 图《言語》 孤立語. ⑭굴절어(屈折語)·교착어(膠着語)·포함어(抱含語).

고립-적 (孤立的)【-쩍】图 孤立的.

고립-화 (孤立化)【-리콰】图 되다 孤立化.

고마움 图 ありがたさ; ありがたみ. ‖고마움을 느끼다 ありがたみを感じる.

고막 (鼓膜) 图《解剖》 鼓膜. ⑭귀청.

고-만 副 ❶その程度で; それくらいで; そのくらいで. ‖텔레비전은 고만 보고 공부 좀 해라 テレビはそれくらいにして, 少し勉強しなさい. ❷そこまで; これで; そろそろ. ‖고만 가자 そろそろ帰ろう.

고만고만-하다 [형]【ㅎ變】 それくらい; そこそこだ; 似たり寄ったりだ. ‖서 있는 사람들의 키가 고만고만하다 立っている人の背が似たり寄ったりだ.

고만-두다 他 やめる; 思いとどまる; 取りやめる. 思い留まる.

-고말고 語尾 質問などに對して肯定の意を强く表わす: …(である)とも; …だとも(する)とも. ‖가지요 가고말고 明日の集まりにいらっしゃるんですよね. 行くとも.

고맙다 /ko:map⁷ta/ 【形】【ㅂ變】〔고마워,고마운〕 ありがたい. 고맙게 와 주어서 고맙다 來てくれてありがとう. 고맙게 생각하다 ありがたく思う. 항상 너한테 고마워하고 있어 君にはいつも感謝している.

고매-하다 (高邁-) 【形】【ㅎ變】 高邁(ぎ)だ. ‖고매한 인품의 소유자 高邁な人格の持ち主.

고명 图《料理》 料理の上に添える飾りを兼ねた藥味. ‖국수에 고명을 얹다 麵に藥味を添える.

고명[2] (高名) 图 图화 高名. ‖고명한 화가 高名な畫家.

고명-딸 图 息子が多い家の一人娘.

고모 (姑母) /komo/ 图 おば(父の姉妹).

고모-부 (姑母夫) 图 고모(姑母)の夫.

고-모음 (高母音) 图《言語》 高母音; 狹母音. ⑭폐모음(閉母音).

고목[1] (古木) 图 古木.

고목[2] (枯木) 图 枯木.

고무[1] (鼓舞) 图 图화 鼓舞.

고무-적 (鼓舞的) 图 鼓舞的.

고무[2] (= gomme 仏) /komu/ 图 ゴム. ‖천연고무 天然ゴム. 생고무 生ゴム.

고무-공 图 ゴムまり; ゴム製のボール.

고무-나무 图《植物》 ゴムの木; ゴム植物.

고무-도장 (-圖章) 图 ゴム印.

고무-뜨기 图 ゴム編み.

고무-보트 (-boat) 图 ゴムボート.

고무-신 图 ゴム製の靴.

고무-장갑 (-掌匣) 图 ゴム手袋.

고무-지우개 图 消しゴム.

고무-풍선 (-風船) 图 ゴム風船.

고무-호스 (gomme + hose 日) 图 ゴムホース.

고무래 [名] (T字型の)柄振(えぶり).
고무래-바탕 [名] 柄振板.
고무래-질 [名] [하他] 柄振でかき集めたり散らしたりすること.
고무-줄 /komudʒul/ [名] ゴム紐.
고무줄-놀이 【-로리】 [名] ゴム飛び; ゴム段.
고문[1] (古文) [名] 古文.
고문[2] (顧問) [名] 顧問.
고문[3] (拷問) [名] [하他] 拷問.
고-문서 (古文書) [名] 古文書.
고물[1] /komul/ [名] 餅や団子などにまぶす粉.
고물[2] [名] 船尾; とも. [類] 선미(船尾). [対] 이물.
고물[3] (古物) /komul/ [名] 古物; ぼろ. ‖고물 자동차 ぼろの自動車.
고물-상 (古物商) 【-쌍】 [名] 古物商; 古物屋; くず屋.
고-물가 (高物價) 【-까】 [名] 物価高.
고물-거리다 [自] もぞもぞする; もそもそする; もたもたする.
고물-고물 [副] [하自] もぞもぞ; もそもそ; もたもた.
고민 (苦悶) /komin/ [名] [하自] 苦悶; 悩むこと; 悩み; 思い苦しむこと. ‖고민을 털어놓다 悩みを打ち明ける. 고민이 많다 悩みが多い. 취직 문제로 고민하다 就職のことで悩む.
고민-거리 (苦悶-) 【-꺼-】 [名] 悩みの種.
고발 (告發) [名] [하他] 告発. ‖탈세를 고발하다 脱税を告発する. 고발-당하다 [受身]
고배 (苦杯) [名] 苦杯. ‖고배를 마시다 苦杯を喫する.
고백 (告白) /ko:bɛk/ [名] [하他] 告白. ‖사랑을 고백하다 愛を告白する.
고백-록 (告白錄) 【-뱅녹】 [名] 告白録.
고백^성사 (告白聖事) 【-썽-】 [名] (カトリック) 告解; ゆるしの秘跡.
고법 (高法) [名] 〔고등 법원(高等法院)の略語〕 高等裁判所.
고별 (告別) [名] [하自] 告別.
고별-사 (告別辭) 【-싸】 [名] 告別の辞.
고별-식 (告別式) [名] 告別式. [類] 영결식(永訣式).
고본 (古本) [名] 古本.
고봉 (高捧) [名] 山盛り; 大盛り.
고봉-밥 (高捧-) 【-빱】 [名] 山盛りによそったご飯.
고봉-준령 (高峯峻嶺) 【-줄-】 [名] 高峰と峻嶺.
고부 (姑婦) [名] 嫁と姑.
고부-간 (姑婦間) [名] 嫁と姑の間柄. ‖고부간의 갈등 姑と嫁の葛藤.
고부랑-하다 [形] 『하変』 やや曲がっている.
고분 (古墳) [名] 古墳.
고분-고분 [副] [하形] 従順に; 素直に; おとなしく. ‖시키는 대로 고분고분 잘 따르다 言う通りに素直に従う.
고-분자 (高分子) [名] (化学) 高分子.
고불-고불 [名] [하形] くねくね; うねうね. ‖고불고불한 길 くねくね(と)曲がった道.
고비[1] /kobi/ [名] 山場; 峠. ‖고비를 넘기다 峠を越す. 올해가 고비다 今年が山場だ.
고비[2] [名] (植物) ゼンマイ(薇).
고비-나물 [名] (料理) ゼンマイのナムル.
고뿔 [名] (漢方) 風邪.
고삐 [名] 手綱. ‖말고삐 手綱. ▸고삐를 늦추다 手綱を緩める.
고사[1] (古史) [名] 古史.
고사[2] (故事) [名] 故事. ‖고사 성어 故事成語.
고사[3] (告詞・告辭) [名] 告辞.
고사[4] (告祀) [名] [하自] 一身や一家の厄運を祓い幸運を祈願する祭祀. ‖고사를 지내다 供え物を供えて祈願の祭祀を行なう.
고사-떡 (告祀-) [名] 祈願の祭祀の際に供える餅.
고사[5] (枯死) [名] [하自] 枯死.
고사[6] (考査) [名] [하他] 考査; 試験; テスト. ‖학기말 고사 学期末の考査. 학력 고사 学力テスト.
고사[7] (固辭) [名] [하他] 固辞. ‖사장 취임을 고사하다 社長就任を固辞する.
고사리 /kosari/ [名] (植物) ワラビ(蕨).
고-사본 (古寫本) [名] 古写本.
고사-포 (高射砲) [名] (軍事) 高射砲.
고사-하다 (姑捨-) /kosahada/ [自] 『하変』 〔主に…은[는] 고사하고の形で〕 …はおろか; …はもとより; …はさておき. ‖재산은 고사하고 목숨마저 잃다 財産はおろか, 命まで失う.
고산 (高山) [名] 高山.
고산-대 (高山帶) [名] 高山帯.
고산-병 (高山病) 【-뼝】 [名] 高山病.
고산^식물 (高山植物) 【-싱-】 [名] 高山植物.
고상-하다 (高尙-) /kosaŋhada/ [形] 『하変』 高尚だ; 上品だ; 品がある. ‖고상한 취미 高尚な趣味.
고색 (古色) [名] 古色.
고색창연-하다 (古色蒼然-) [形] 『하変』 古色蒼然としている.
고생 (苦生) /kosɛŋ/ [名] [하自] 苦労; 骨折り. ‖고생을 모르고 자라다 苦労を知らずに育つ. 고생한 보람이 있다 苦労した甲斐がある. 부모님을 고생시키다 親に苦労をかける. 헛고생만 하다 無駄骨を折る; 無駄骨折りする. ▸고생 끝에 낙이 온다 [諺] 苦は楽の種.
고생-길 (苦生-) 【-낄】 [名] いばらの道; 苦難の多い生活.
고생-문 (苦生門) [名] 苦労する運命;

苦労の始まり.

고생-살이 (苦生-) 图 苦しい生活; 辛い生活.

고생-티 (苦生-) 图 苦労の跡. ‖고생티가 줄롤 나다 苦労の跡がありありと見える.

고생-대 (古生代) 图 [地] 古生代.

고-생물 (古生物) 图 古生物.

고-서적 (古書籍) 图 古書.

고성 (古城) 图 古城.

고-성능 (高性能) 图 高性能. ‖고성능 전투기 高性能戦闘機.

고성-방가 (高聲放歌) 图 高声放歌.

고소¹ (告訴) 图 하他 [法律] 告訴; 訴えること. ‖법원에 고소하다 裁判所に告訴する[訴える].

고소-인 (告訴人) 图 [法律] 告訴人.

고소-장 (告訴狀) 图 [-짱] [法律] 告訴状.

고소² (苦笑) 图 하自 苦笑; 苦笑い. 働쓴웃음. ‖고소를 금할 길 없다 苦笑を禁じ得ない.

고소³ (高所) 图 高所; 高い所.

고소^공포증 (高所恐怖症) [-쯩] 图 [医学] 高所恐怖症.

고-소득 (高所得) 图 高所得.

고소-하다 /kosohada/ 圈 하変 ❶ (炒りゴマ・ピーナッツ味のように)香ばしい. ‖고소한 참기름 냄새 香ばしいゴマ油のにおい. ❷ 小気味よい; 人の失敗などを喜ぶ. ‖잘난 척하던 녀석이 시험에 떨어져서 정말 고소하다 威張っていたやつが試験に落ちていい気味だ.

고속 (高速) /kosok/ 图 高速. ‖고속으로 달리다 高速で走る. 초고속 超高速.

고속^철도 (高速鐵道) [-또] 图 高速鉄道; 新幹線.

고속-도강 (高速度鋼) 图 高速度鋼.

고속도^촬영 (高速度撮影) 图 高速度撮影.

고속-도로 (高速道路) /kosok²toro/ [-또-] 图 高速道路.

고속~버스 (高速 bus) /kosok²pɔsɯ/ [-뻐-] 图 高速バス.

고수¹ (高手) 图 (囲碁・将棋などの)上手; 段位者.

고수² (鼓手) 图 鼓手.

고수³ (叩首) 图 하自 叩首; 叩頭.

고수⁴ (固守) 图 하他 固守. ‖입장을 고수하다 立場を固守する.

고수레 图 하自 農村で食べ物を食べる時や巫女(무)が厄払いをする時, 神仏に先に捧げる意味で, 食べ物を少し分けて投げること.
—— 國 고수레의 際, 食べ物を投げる時に言う言葉.

고수-머리 图 縮れ毛; 鬈毛; 縮れ毛の人. ⑧곱슬머리.

고수^부지 (高水敷地) 图 (水嵩が増すと浸かる)河川敷.

고스란-히 圖 元通りに; そのままに; こっそり. ‖들은 것을 고스란히 일러바치다 聞いたことをそのまま言いつける. 고기만 먹고 야채는 고스란히 남겨놓다 肉だけ食べて野菜はこっそり残しておく.

고-스톱 (-go + stop) /ko:sɯt²hop/ 图 花札遊びの一つ.

고슬-고슬 圖 飯がほどよく炊けた様子; ふっくら. ‖고슬고슬한 밥 ふっくらとほどよく炊けたご飯.

고슴도치 [動物] ハリネズミ(針鼠).

고승 (高僧) 图 [仏教] 高僧.

고시¹ (古詩) 图 古詩.

고시² (考試) 图 国家試験. ‖사법 고시 司法試験.

고시-원 (考試院) 图 ゴシウォン(司法試験・公務員試験・教員採用試験などを準備する受験生のための住居施設).

고시-촌 (考試村) 图 고시원(考試院)が密集している地域.

고시³ (告示) 图 하他 告示.

고시랑-거리다 圓 ぶつぶつ言う. ‖하루 종일 고시랑거리고 있다 一日中ぶつぶつ言っている.

고시랑-고시랑 圖 ぶつぶつ.

고식¹ (古式) 图 古式.

고식² (姑息) 图 姑息; 一時逃れ; その場しのぎ.

고식-적 (姑息的) [-쩍] 图 姑息な. ‖고식적 수단 姑息な手段.

고식-책 (姑息策) 图 姑息な策.

고실 (鼓室) 图 [解剖] (中耳にある)鼓室.

고심 (苦心) /kojim/ 图 하自 苦心; 腐心; 苦慮. ‖고심한 흔적이 보이다 苦心の跡が見られる. 고심해서 내린 결론 苦心して下した結論.

고심-참담 (苦心慘憺) 图 하自 苦心惨憺.

고아 (孤兒) 图 孤児; みなしご.

고아-원 (孤兒院) 图 孤児院; 児童養護施設.

고안 (考案) 图 하他 考案.

고압 (高壓) 图 高圧.

고압-계 (高壓計) 图 [-꼐/-께] 高圧計.

고압-선 (高壓線) [-썬] 图 高圧線.

고압-적 (高壓的) [-쩍] 图 高圧的; 高飛車. ‖고압적인 태도 高飛車な態度.

고액 (高額) 图 高額. ‖고액 지폐 高額紙幣.

고약 (膏藥) 图 膏薬.

고약-하다 /ko:jak²hada/ [-야카-] 圈 하変 ❶ (におい・味などが)臭い. ‖고약한 냄새가 나다 臭いにおいがする. ❷ (性格・立ち振る舞いなどが)よくない; 偏

고양

屈다; 不屈だ. ‖저 고약한 성질 あの偏屈な性格. ❸ (仕事などが)こじれる; うまくいかない; 変な方向に進んでいる. ‖일이 고약하게 되어 가고 있다 仕事が変な方向に進んでいる. ❹ (天候が)不順だ. ‖날씨가 고약하다 天候が不順だ. ❺ …기(가) 고약하다の形で) …にくい. ‖먹기 고약하다 食べにくい.

고양 (高揚) [되자] 高揚;(意識・気分などが)高まること. ‖감정이 고양되다 感情が高揚する.

고양이 /kojaŋi/ [名] [動物] ネコ(猫). ‖도독고양이 泥棒猫. ▶고양이 낯짝만 하다 猫の額. ▶고양이 목에 방울 달기 [俚] 猫の首に鈴を付ける. ▶고양이 보고 반찬 가게 지키라는 격(이다) [俚] 猫に鰹節.

고어 (古語) [名] 古語.
고언 (苦言) [名] 苦言.
고역 (苦役) [名] ❶苦役(えき). ❷苦行. ‖어릴 때 악보 읽기는 정말 고역이었다 幼少の頃, 楽譜読みは本当に苦行であった. ❸ 散々な目にあうこと; 大変な経験をすること. ‖고역을 치르다 散々な目にあう.
고열 (高熱) [名] 高熱.
고엽 (枯葉) [名] 枯葉.
　고엽-제 (枯葉剤) [-쩨] [名] 枯葉剤.
고옥 (古屋) [名] 古家; 古い家.
고온 (高温) [名] 高温. ⓐ저온(低温). ‖고온 다습 高温多湿.
고와 (高雅) [┗변] 곱다(美しい・きれいな)の連用形.

고요-하다 /kojohada/ [形] [하変] 静かだ; 穏やかだ; 静寂だ. ‖고요한 밤 静かな夜. 고요한 바다 穏やかな海. **고요-히** 고요히 잠들다 静かに眠る.
고욕 (苦辱) [名] 耐え難い屈辱. ‖고욕을 치르다 耐え難い屈辱を受ける.
고용¹ (雇用) /kojoŋ/ [名] [하他] 雇用; 雇うこと. ‖종신 고용 終身雇用. 고용 조건 雇用条件. 종업원을 고용하다 従業員を雇う.
　고용-자 (雇用者) [名] 雇用主; 使用者.
　고용-주 (雇用主) [名] 雇用主.
고용² (雇傭) [名] [되자] 雇われること. ‖고용 보험 雇用保険.
　고용-원 (雇傭員) [名] 雇用員.
　고용-인 (雇傭人) [名] 雇用者.
고용-체 (固溶體) [名] [化学] 固溶体.
고운 [ㅂ변] 곱다(美しい・きれいな)の現在連体形. ‖고운 목소리 きれいな声.
고원 (高原) [名] 高原.
고위 (高位) /kowi/ [名] 高位. ⓐ하위(下位).
　고위-직 (高位職) [名] 高官; 高位高官.
　고위-층 (高位層) [名] 上層部.

고유 (固有) /koju/ [名] [하形] 固有. ‖한국 고유의 문화 韓国固有の文化. 고유한 성질 固有な性質.
　고유 명사 (固有名詞) [名] [言語] 固有名詞.
　고유-법 (固有法) [-뻡] [名] [法律] 固有法.
　고유-성 (固有性) [-썽] [名] 固有性.
　고유-어 (固有語) [名] [言語] 固有語.
　고유-종 (固有種) [名] 固有種.
고육지계 (苦肉之計) [名] [-찌-/-지께] 苦肉の計.
고육지책 (苦肉之策) /kojuk²ʨitɕʰɛk/ [-찌-] [名] 苦肉の策.
고율 (高率) [名] 高率. ⓐ저율(低率). ‖고율의 수익 高率の収益.
고을 [名] (古い言い方で) 郡; 村; 町. 골.
고음 (高音) [名] 高音. ⓐ저음(低音).
　고음-부 (高音部) [名] 高音部.
고-음계 (高音階) [-/-게] [名] 高音階.
고의 (故意) [名] [-의/-이] 故意. ‖미필적 고의 未必の故意.
　고의-로 (故意-) [副] 故意に; わざと. ‖고의로 시비를 걸다 故意にけんかを売る.
　고의-범 (故意犯) [名] [法律] 故意犯.
　고의-적 (故意的) [名] 故意. ‖고의적인 반칙 故意な反則.
고이 /ko:i/ [副] ❶ きれいに; 美しく; 素直に; そのままの状態で. ‖고이 자라다 素直に育つ. 고이 돌려드리다 そのままの状態でお返しする. ❷ 大事に; 大切に. ‖고이 간직하다 大事にしまっておく. ❸ 安らかに; 静かに. ‖양지바른 곳에 고이 잠들다 日当たりのいいところに安らかに眠る. 고이 잠든 바다 静かに凪いだ海.
　고이-고이 [副]
고이다¹ [自] =괴다¹.
고이다² [他] =괴다².
고인 (古人) [名] 古人.
고인 (故人) [名] 故人.
고인-돌 (歷史) 支石墓; ドルメン; 지석묘(支石墓).
고입 (高入) [名] [고등학교 입학(高等學校入學)의 略語] 高校入学.
고자 (古字) [名] 古字.
고자 (鼓子) [名] 生殖器の不完全な男.
고-자세 (高姿勢) [名] 高姿勢; 高飛車; 居丈高. ‖고자세로 나오다 高飛車に出る.
고자-질 (告者-) [名] [하他] 告げ口(をすること). ‖선생님께 고자질하다 先生に告げ口する.
　고자질-쟁이 (告者-) [名] 告げ口屋.
고작 /kodʑak/ [副] せいぜい; たかだか; どう見ても; 多くとも; たった. ‖고작 천 원 가지고 뭘 사니? たった千ウォンで何が買える? 모여도 고작 열 명 정도다 集まってもせいぜい10人くらいだ.

고장¹ 图 ❶(特定の)地方; 土地. ∥낯선 고장 不案内な土地. ❷地元;故郷. ❸産地. ∥인삼의 고장 朝鮮人参の産地.

고장² (故障) /kodʒaŋ/ 图 故障. 壊れること. ∥연속되는 고장을 막기 위해 서로 교대하다 連続する故障を防ぐため相次いで交代する. 엔진이 고장 나다 エンジンが故障する. 텔레비전이 고장 나다 テレビが壊れる. 고장 난 차 故障車.

고쟁이 图 韓服の下に履く女性の下着の一種.

고저 (高低) /kodʒə/ 图 高低. ㊌높낮이. ∥소리의 고저 音の高低.

고적 (古跡) 图 古跡.

고적-대 (鼓笛隊) 图【隊】鼓笛隊.

고적-운 (高積雲) 图【天文】高積雲.

고적-하다 (孤寂ー)【ー저카ー】圈【하変】孤独で寂しい.

고전 (古典) /koːdʒən/ 图 古典.

고전-극 (古典劇) 图【文芸】古典劇.

고전-문학 (古典文学) 图【文芸】古典文学.

고전-미 (古典美) 图 古典美.

고전-발레 (古典ballet) 图 古典バレエ.

고전-어 (古典語) 图 古典語.

고전-적 (古典的) 图 古典的. ∥고전적인 분위기 古典的な雰囲気.

고전-주의 (古典主義)【ー/ー이】图【文芸】古典主義.

고전-파 (古典派) 图 古典派.

고전² (苦戦) 图【하自】苦戦. ∥고전을 면치 못하다 苦戦を強いられる.

고정 (固定) /kodʒəŋ/ 图【하他】固定. ∥의자를 바닥에 고정하다 椅子を床に固定する. 시선을 고정하다 視線を固定する. 고정 독자 固定読者. **고정되다** 受身

고정-관념 (固定観念) 图 固定観念.

고정-급 (固定給) 图 固定給.

고정-비 (固定費) 图 固定費用.

고정-비용 (固定費用) 图 ＝고정비 (固定費).

고정-식 (固定式) 图 固定式.

고정-액 (固定液) 图 固定液.

고정-자본 (固定資本) 图【経】固定資本. ㊌유동 자본 (流動資本).

고정-자산 (固定資産) 图【経】固定資産. ㊌유동 자산 (流動資産).

고정-표 (固定票) 图 固定票. ㊌부동표 (浮動票).

고정-화 (固定化) 图 固定化.

고정-환율제 (固定換率制) 图【経】固定為替相場制. ㊌변동 환율제 (変動換率制).

고정-하다 图【하変】〔目上の人に用いる言い方で〕怒りや興奮などを落ち着かせる.

고조¹ (高祖) 图 高祖.

고조² (高調) 图【하自】高調. ∥분위기가 고조되다 雰囲気が高調する.

고조³ (高潮) 图 高潮. ❶最高潮 最高潮. 논의가 고조되다 議論が高潮する.

고-조모 (高祖母) 图 高祖母.

고-조부 (高祖父) 图 高祖父.

고졸 (高卒) 图〔高等学校 졸업 (高等学校卒業)の略語〕高卒.

고종 (姑従) 图 いとこ (父の姉妹の子ども). ㊌내종 (内従).

고종-사촌 (姑従四寸) 图 ＝고종 (姑従).

고주-망태 图 酔いどれ; 酔っ払い; へべれけ. 고주망태가 되다 べろべろに酔いつぶれる.

고주알-미주알 副 根掘り葉掘り; 何から何まで. ㊌미주알고주알.

고주파 (高周波) 图【電】高周波.

고즈넉-하다【ーヒ카ー】圈【하変】静かだ; 静まり返っている. **고즈넉-이** 副

고증 (考証) 图 考証. ∥시대 고증 時代考証.

고증-학 (考証学) 图 考証学.

고지¹ (ㅡ) 图 〔カボチャ・サツマイモなどの〕切り干し. ∥박고지 干瓢 (かんぴょう).

고지² (高地) 图 高地. ㊌저지 (低地).

고지³ (固持) 图 固持.

고지⁴ (告知) 图【하他】告知.

고지-서 (告知書) 图 告知書.

고-지대 (高地帯) 图 高台; 高地帯. ㊌저지대 (低地帯).

고지식-하다 (ー) 【ーㅈ ㅣ 카ー】圈【하変】きまじめだ; くそまじめだ; きまじめすぎ融通がきかない.

고진-감래 (苦盡甘來) /kodʒiŋgamnɛ/【ーㅣ】图【하自】苦しみが終われば楽が訪れること.

고질 (痼疾) 图 ❶痼疾; 持病. ❷なかなか直らない悪い癖.

고질-병 (痼疾病) 【ー뼝】图 持病.

고질-적 (痼疾的)【ー쩍】图 慢性的なこと; 頑固なこと. ∥고질적인 교통 체증 慢性的な渋滞. 고질적인 무좀 頑固な水虫.

고집 (固執) /kodʒip/ 图【하他】固執; 我; 意地; 強情. ∥고집이 세다 我が強い; 頑固だ. 자기주장만 고집하다 自分の主張を曲げない. 고집을 부리다 [피우다] 意地を張る; 強情を張る; 一点張りだ.

고집-불통 (固執不通)【ー뿔ー】图 頑固一徹; 全く融通がきかないこと. ∥고집불통인 아버지 そう説得した.

고집-스럽다 (固執ー)【ーㅆ ーㄸ】圈【ㅂ変】固執的. ∥고집스럽게 생긴 아이 我の強そうな子.

고집-쟁이 (固執ー)【ー쨍ー】图 意地っ張り; 強情っ張り; 頑固者; 一徹者.

고집-통이 (固執ー) 图 意地っ張り [強

情っ張り]な性格.
고차(高次) 图 高次. ‖고차 방정식 高次方程式.
고차-적(高次的) 图 高次; ‖보다 고차적인 기술 より高次元の技術.
고-차원(高次元) 图 高次元.
고착(固着) 图 国他 固着. ‖본드로 고착시키다 ボンドで固着する.
고착-제(固着劑)【-쩨】图 固着剤.
고찰¹(古刹) 图 (仏教) 古刹(~).
고찰²(考察) /koʧʰal/ 图 他 考察. ‖다양한 각도에서 문제를 고찰하다 様々な角度から問題を考察する. 경제 동향에 대해서 고찰하다 経済の動向について考察する.
고참(古參) 图 古參. ↔신참(新參). ‖최고참 最古参.
고참-병(古參兵) 图 (軍事) 古參兵.
고철(古鐵) 图 くず鉄; 鉄くず; スクラップ.
고체(固體) /ko:ʧʰe/ 图 固体. ↔액체(液體)·기체(氣體).
고체-화(固體化) 图 国他 固体化.
고치-다【-처-】圓 直る. ‖나쁜 버릇이 고쳐지다 悪い癖が直る.
고초(苦楚) 图 苦楚(~); 苦しみ; 辛苦; 苦労; 辛酸. ‖고초를 겪다 辛酸をなめる.
고추 /koʧʰu/ 图 ❶〔植物〕トウガラシ(唐辛子). ❷おちんちん.
고추-냉이〔植物〕 ワサビ(山葵). ⓜ 산규이(山葵).
고추-씨 图 唐辛子の種.
고춧-가루【-추까-/-춛까-】图 唐辛子の粉.
고추-잠자리〔昆蟲〕 赤トンボ.
고추-장(-醬) /koʧʰudʑaːŋ/ 图 コチュジャン; 唐辛子味噌.
고충(苦衷) 图 苦衷(~). ‖그 사람의 고충은 짐작하고도 남는다 彼の苦衷は察するに余りある.
고취(鼓吹) 图 国他 鼓吹(~).
고층(高層) /koʧʰuŋ/ 图 高層. ‖고층 빌딩 高層ビル.
고층-운(高層雲) 图 (天文) 高層雲.
고치 繭(~).

고치다 /koʧʰida/ 他 ❶ 直す. ‖고장난 라디오를 고치다 壊れたラジオを直す. 나쁜 버릇을 고치다 悪い癖を直す. 화장을 고치다 化粧を直す. 고쳐 쓰다 書き直す. ❷ 治す. ‖병을 고치다 病気を治す. ❸ 正す. ‖자세를 고치다 姿勢を正す. 틀린 곳을 고치다 誤りを正す. ❹ 改める. ‖규칙을 고치다 規則を改める. 법을 고치다 法を改める. 능동문을 수동문으로 고치다 能動文を受動文に改める. ❺ 修繕する; 改装する. ‖지붕을 고치다 屋根を修繕する. 가게 안을 고치다 店内を改装する.

고태(古態) 图 古態.
고통(苦痛) /kotʰoŋ/ 图 苦痛. ‖정신적 고통 精神的な苦痛. 고통을 참다 苦痛に耐える. 고통을 호소하다 苦痛を訴える.
고통-스럽다(苦痛-)【-따】形〔ㅂ変〕苦痛だ; 苦しい. ‖그 사람의 긴 이야기는 고통스러웠다 彼の長話は苦痛だった. **고통스레** 副
고파(고프다(空腹だ)의 連用形.
고풍(古風) 图 古風.
고풍-스럽다(古風-)【-따】形〔ㅂ変〕古風な感じがする; 古めかしい. ‖고풍스러운 분위기 古風な雰囲気. **고풍스레** 副

고프다 /kopʰuda/ 圈〔으変〕[고파, 고픈] 空腹だ; おなかがすいている. ‖배가 고프다 お腹がすいた. 배가 고파서 아무것도 할 수 없다 お腹がすいて何もできない.
고픈 形〔으変〕고프다(空腹だ)の現在連体形.
고하(高下) 图 高下(~); 高低. ‖직급의 고하를 불문하고 役職の高低を問わず.
고하-간(高下間) 图 〔主に…고하간에の形で〕…の高下[高低]にかかわらず.
고-하다(告-) 图 国他 告げる.
고학(苦學) 图 国他 苦学.
고학-생(苦學生)【-쌩】图 苦学生.
고-학년(高學年)【-향-】图 高学年. ↔저학년(低学年).
고함(高喊) /koham/ 图 大声; 大きな叫び声. ‖부하한테 마구 고함을 치다 部下に怒鳴り散らす. 고함을 지르다 大声で叫ぶ. 고함 소리 大きな怒鳴り声.
고해(苦海) 图 (仏教) 苦海.
고해-성사(告解聖事) 图 (カトリック) = 고백 성사(告白聖事).
고행(苦行) 图 国自 (仏教) 苦行.

고향(故鄕) /kohjaŋ/ 图 故郷. ‖마음의 고향 心の故郷. 제이의 고향 第二の故郷. 타향도 정이 들면 고향이다 住めば都.

고-혈압(高血壓) 图 (医学) 高血圧. ↔저혈압(低血壓).
고형(固形) 图 固形.
고형-물(固形物) 图 固形物.
고혹(蠱惑) 图 国他 蠱惑(~).
고혹-적(蠱惑的)【-쩍】图 蠱惑的. ‖고혹적인 눈빛 蠱惑的な瞳.
고환(睾丸) 图 睾丸.
고희(古稀)【-히】图 古稀; 70歳.
고희-연(古稀宴) 图 古稀の祝宴.
곡¹(曲)〔曲名〕(曲調)の略語. 曲. ‖저 …曲. ‖좋아하는 노래 두 곡 好きな歌 2曲.
곡²(哭) 图 国自 ❶ 哭; 大声で泣くこと. ❷ 葬式の時, 声を上げて泣く儀式.

-곡³ (曲) [接尾] …曲. ∥행진곡 行進曲. 협주곡 協奏曲.
곡가 (穀價) 【-까】 [名] 穀物의 가격.
곡曲 (曲)(曲) 【-】 [名] 〔방곡곡(坊坊曲曲)의 略記〕津々浦々.
곡-괭이 【-꽹-】 [名] つるはし.
곡류¹ (曲流) 【곡뉴】 [名] [自] 曲流. 曲りくねって流れる川.
곡류² (穀類) 【공뉴】 [名] 穀類.
곡마 (曲馬) 【공-】 [名] 曲馬.
곡마-단 (曲馬團) 【공-】 [名] 曲馬団.
곡면 (曲面) 【공-】 [名] 〔数学〕曲面.
곡면-체 (曲面體) 【공-】 [名] 〔数学〕曲面体.
곡명 (曲名) [名] 曲名.
곡목 (曲目) [名] 曲目.
곡물 (穀物) [名] 穀物.
곡물-상 (穀物商) 【공-쌍】 [名] 穀物商.
곡보 (曲譜) 【-뽀】 [名] 曲譜.
곡분 (穀粉) 【-뿐】 [名] 穀粉.
곡사 (曲射) 【-싸】 [名] [他] 曲射.
곡사-포 (曲射砲) 【-싸-】 [名] 曲射砲.
곡선 (曲線) /kok⁸sɔn/ 【-썬】 [名] 曲線. ㉠직선(直線). ㉡이차 곡선 二次曲線. 쌍곡선 双曲線.
곡선-미 (曲線美) [名] 曲線美.
곡성 (哭聲) 【-씽】 [名] 哭声; 泣き叫ぶ声.
곡식 (穀食) 【-씩】 [名] 穀物; 穀類.
곡예 (曲藝) [名] 曲芸.
  곡예-단 (曲藝團) [名] 曲芸団.
  곡예-사 (曲藝師) [名] 曲芸師.
곡우 (穀雨) [名] 〔二十四節気の一つ〕穀雨.
곡절 (曲折) /kok⁸ʣʌl/ 【-쩔】 [名] ❶曲折. ∥우여곡절을 거치다 紆余曲折を経る. ❷理由; わけ; 事情. ∥무슨 곡절이 있을 것 같다 何か事情があるようだ.
곡조 (曲調) 【-쪼】 [名] 曲調; 調べ. ∥애절한 곡조 哀切な曲調.
곡주 (穀酒) 【-쭈】 [名] 穀類で作った酒.
곡창 (穀倉) [名] 穀倉. ∥곡창 지대 穀倉地帯.
곡필 (曲筆) [名] [他] 曲筆.
곡학-아세 (曲學阿世) 【-카카-】 [名] 曲学阿世 (真理に背いて時代の好みにおもねり, 世間の人に気に入られるような説を唱えること).
곡해 (曲解) 【고캐】 [名] [他] 曲解. ∥내 의도를 곡해하고 있는 것 같다 私の意図を曲解しているようだ.

-곤 [語尾] ❶-고는의 縮約形. ∥가끔 만나곤 한다 たまに会っている. ❷〔-고를 強めた言い方で〕…では; …ては. ∥가곤 싶은데 시간이 없다 行きたいが, 時間がない.
곤경 (困境) /koːngjʌŋ/ [名] 苦境. ∥곤경에 처하다 苦境に立つ. 곤경에 빠지다 苦境に陥る.
곤궁 (困窮) [名] [自変] 困窮.

곤돌라 (gondola) [名] ゴンドラ.
곤두박-질 【-찔】 [名] [自変] ❶〔胴体が〕急逆に逆さまになって落ちること. ❷〔数値などが〕急落すること. ∥주가가 곤두박질하다 株価が急落する.
곤두-서다 [自] ❶よだつ; 逆立つ. ∥머리털이 곤두서다 髪の毛が逆立つ. ❷〔神経などが〕尖る. ∥신경이 곤두서다 神経が尖る. ⓒ곤두세우다.
곤두세우다 /konduseuda/ [他] 〔곤두서다의 使役動詞〕尖らせる; 尖らす. ∥전화 소리에 신경을 곤두세우고 있다 電話の音に神経を尖らせている.
곤드레-만드레 [副] 酔いつぶれている様子・ぐでんぐでんに. ∥곤드레만드레가 되어 들어오다 酔いつぶれて帰ってくる.
곤들-매기 (魚介類) イワナ (岩魚).
곤란-하다 (困難-) /koːllanhada/ 【골-】 [形] [하変] 困難だ; 困る; 難しい; 苦しい. ∥곤란한 입장 難しい立場. 생활이 곤란하다 生活が苦しい. 이렇게 미스가 많으면 곤란하다 こんなにミスが多いと困る.
곤봉 (棍棒) [名] 棍棒.
곤약 (菎蒻) [名] 〔植物〕コンニャク (蒟蒻).
곤욕 (困辱) [名] ひどい目にあうこと. ∥곤욕을 치르다 ひどい目にあう.
곤지 (韓国の伝統婚礼で) 花嫁の額につける紅.
곤충 (昆蟲) [名] /kontʃʰun/ 昆蟲; 虫. ∥곤충 채집 虫取り.
곤-하다 (困-) [形] [하変] 疲れている. ∥곤한지 벌써 잠들었다 疲れたのかすぐに眠っている.
곤혹 (困惑) [名] [自変] 困惑.
곤혹-스럽다 (困惑-) 【-쓰-따】 [形] [ㅂ変] 困惑している.

곧 /kot/ [副] ❶すぐ; 直ちに; じきに; 間もなく. ∥곧 출발합니다 すぐ出発します. 문제를 곧 해결하다 問題をすぐ解決する. 곧 시작하자 直ちに始めよう. 곧 질리겠지 じきに飽きるだろう. 곧 오겠지 間もなく来るだろう. ❷つまり; すなわち. ∥선거는 곧 민심의 반영이다 選挙はつまり民心の反映である.
곧다 /kot⁸ta/ [ㄷ변] まっすぐだ. ∥곧은 자세 まっすぐな姿勢. 심성이 곧은 사람 まっすぐな人.
곧-바로 【-빠-】 [副] 直ちに; すぐに; すぐさま. ∥연락을 받고 곧바로 달려가다 連絡をもらってすぐに駆けつける.
곧은-결 [名] 正目 (まさめ).
곧이 /koʤi/ 【고지】 [副] そのまま; ありのまま. ∥곧이 여기다 そのまま受け止める; 真に受ける.
곧이-곧대로 /koʤigot⁸t'ero/ 【고지-때-】 [副] そのまま; ありのままに; 率直に. ∥그 사람 말을 곧이곧대로 믿다 彼の話をそ

곧이-듣다 [고지-따] 【ㄷ変】 真に受ける. 本気にする.

곧-이어 副 引き続き.

곧잘 /kot͈ɕal/ 【-짤】 副 ❶ かなり上手に; なかなか立派に. ‖노래도 곧잘 하다 歌もかなり上手だ. ❷ たびたび; しばしば; よく. ‖산으로도 곧잘 놀러 가곤 했었다 山にもよく遊びに行ったものだ. 예전에는 전화도 곧잘 하더니만 요즘은 전혀 연락이 없다 昔は電話もしばしばかけてきたりしたのに、最近は全く連絡がない.

곧장 /kot͈ɕaŋ/ 【-짱】 副 ❶ まっすぐ(に). ‖학교에서 곧장 집으로 돌아가다 学校からまっすぐに家に帰る. ❷ 直ちに. ‖소식을 듣고 곧장 달려가다 連絡をもらって直ちに駆けつけた.

곧추다 他 (曲がったものを)まっすぐにする.

곧추-뛰기 图 垂直跳び.

곧추-뜨다 他 【으変】 (目を)むく. ‖눈을 곧추뜨고 화를 내다 目をむいて怒る.

곧추-서다 自 まっすぐに立つ. 他 곧추세우다.

곧추세우다 〔곧추서다の使役動詞〕 まっすぐに立てる; まっすぐに立たせる.

골[1] /kol/ 图 〔머릿골의略語〕 脳髄; 頭. ‖골이 아프다 頭が痛い. ▶골(이) 비다 頭が空っぽだ; 脳みそが足りない. 愚かだ.

골[2] 图 怒り; 頭. ▶골을 올리다 怒らせる. ▶골이 오르다 怒る.

골[3] 图 (靴などの)型.

골[4] 图 ❶ 〔고을の縮約形〕村. ❷ 〔골짜기의略語〕谷. ‖기압골 気圧の谷. ❸ 〔고랑[1]の縮約形〕 畝間; 畝凹.

골[5] (goal) /kol/ 图 ゴール. ‖자살골 自殺点. オウンゴール.

골간 (骨幹) 图 骨幹.

골격 (骨格) 图 骨格.

골격-근 (骨格筋) 【-근】 图 【解剖】 骨格筋.

골계 (滑稽) 【-게】 图 滑稽.

골계-소설 (滑稽小説) 图 【文芸】 滑稽小説.

골고루 /kolgoru/ 〔고루고루の縮約形〕 均等に; 等しく; 同様に; 同じく; むらなく. ‖골고루 나눠 주다 等しく分けてやる.

골골 副 長い患いで病状が一進一退する様子.

골골-거리다[-대다] 自 病気がちである.

골다 /kolda/ 他 【ㄹ語幹】 골아, 고는, 곤] (いびきを)かく. ‖코를 골다 いびきをかく.

골다공-증 (骨多孔症) 【-쯩】 图 【医学】 骨粗しょう症.

골-대 (goal-) 图 =골포스트.

골동-품 (骨董品) 【-똥-】 图 骨董品.

골든-아워 (golden + hour 日) 图 ゴールデンアワー.

골몰-하다 形 【ㅎ変】 没頭している. 골몰하다 뭔가를 골돌히 생각하고 있다 何かを一生懸命考えている.

골라-내다 /ko/lanɛda/ 他 選び出す; 抜き取る. ‖불량품을 골라내다 不良品を抜き取る.

골라-잡다 /ko/lantɕap̚ta/ 他 選び取る. ‖마음에 드는 걸로 골라잡으세요 気に入った物を選んでください.

골-마루 图 廊下. 他 복도(複道). ‖학교 골마루 学校の廊下.

골막 (骨膜) 图 【解剖】骨膜.

골막-염 (骨膜炎) 【-망념】 图 【医学】骨膜炎.

골-머리 /kolmɔri/ 图 〔머릿골의俗称〕 頭. ‖애가 말썽을 피워 골머리가 아프다 子どもがトラブルを起こして頭が痛い. ▶골머리를 앓다 頭を悩ます; 悩む; 困り入る.

골목 /ko/mok̚/ 图 路地; わき道; 横丁. ‖뒷골목 裏通り; 裏通.

골목-골목 【-꼭-】 副 路地ごとに; あらゆる路地に.

골목-길 【-낄】 图 路地; わき道.

골목-대장 (-大將) 【-때-】 图 がき大将.

골몰 (汨沒) 图 【하変】没頭; 熱中; 専念. ‖시험 공부에 골몰해 있다 試験勉強に没頭している.

골무 图 指ぬき.

골반 (骨盤) 图 【解剖】骨盤.

골-방 (-房) 图 わき部屋; (家の隅にある)小部屋.

골-백번 (-百番) 【-뺀】 图 何百回.

골뱅이 /ko/lbɛŋi/ 图 ❶ 巻き貝の総称. ❷ 〔IT〕 アットマーク(@).

골-병 (-病) /kolbjɔŋ/ 图 内攻した病気; 重病.

골병-들다 (-病-) 【語幹】 ① 病が(骨に)入る; 重病にかかる. ② 蝕まれる. ‖골병든 몸 蝕まれた体.

골분 (骨粉) 图 骨粉. 他 뼛가루.

골상 (骨相) 【-쌍】 图 骨相.

골상-학 (骨相学) 图 骨相学.

골-속 [-쏙] 图 脳髄の中; 頭の中; 脳みそ. ‖골속이 텅 비어 있다 脳みそが空っぽだ.

골수 (骨髓) 【-쑤】 图 【解剖】骨髓. ‖골수 이식 骨髓移植. ▶골수에 맺히다 骨髓に入る. ▶골수에 사무치다 骨髓に徹する. 원한이 골수에 사무치다 恨みが骨髓に徹する.

골수-염 (骨髓炎) 图 【医学】骨髓炎.

골연화-증 (骨軟化症) 【-련-쯩】 图 【医学】骨軟化症.

골육 (骨肉) 图 骨肉.

골육-상잔 (骨肉相殘) 【-쌍-】 图 【하変】骨肉相食むこと.

골육-상쟁 (骨肉相爭)【-쌍-】[名] [하自] 骨肉相争うこと.
골-육종 (骨肉腫)【-륙쫑】[名]《医学》骨肉腫.
골인 (goal+in 日) [名] ゴールイン.
골자 (骨子)【-짜】[名] 骨子. ‖법안의 골자 法案の骨子.
골재 (骨材)【-째】[名] 骨材.
골절 (骨折)【-쩔】[名][하自] 骨折.
골-조직 (骨組織) [名]《解剖》骨組織.
골짜기 [名] 谷; 谷間. [略]골.
골-초 (-草) [名] 〔からかう言い方で〕ヘビースモーカー.
골치 /koltʃʰi/ [名] 〔머릿골の俗語〕頭. ▸ 골치(가) 아프다 頭が痛い; やっかいだ. 골치가 아픈 문제 やっかいな問題.
골칫-거리【-치꺼-/-칟꺼-】[名] 悩みの種.
골칫-덩어리【-치떵-/-칟떵-】[名] 悩みの種; やっかい者; 困り者.
골칫-덩이【-치떵-/-칟떵-】[名] =골칫덩어리.
골-키퍼 (goal keeper) [名] ゴールキーパー.
골탕 /koltʰaŋ/ [名] ひどい迷惑や損害. ▸ 골탕(을) 먹다 ひどい目にあう. ▸골탕(을) 먹이다 ひどい目にあわせる; 散々困らせる.
골통 [名] ❶〔머리の俗語〕頭. ❷〔俗っぽい言い方で〕やっかい者; 頭の悪い人.
골-파 [名]《植物》ワケギ(分葱).
골-판지 (-板紙) [名] 段ボール.
골-포스트 (goalpost) [名] (ラグビー・サッカーなどで)ゴールポスト.
골프 (golf) /kolpʰɯ/ [名]《スポーツ》ゴルフ. ‖매주 일요일 골프를 치러 간다 毎週日曜日, ゴルフに行く.
골프-장 (golf 場) [名] ゴルフ場.
골프-채 [名] ゴルフクラブ; ゴルフパター.
곪다 /ko:mˀta/【곰따】[自] ❶(傷などが)膿(う)む; 化膿する. ‖상처가 곪다 傷口が化膿する. 종기가 곪아서 아프다 おできが膿んで痛い. ❷〔比喩的に〕腐る. ‖곪을 대로 곪은 사회 腐り切った社会.
곯다¹【골타】[自] (中身が)腐る; 傷む. ‖사과가 곯았다 リンゴが傷んでいる.
곯다²【골타】[他] (お腹を)すかす. ‖먹을 것이 없어서 배를 곯고 있다 食べ物がなくてお腹をすかしている. [使]곯리다.
곯-리다【골-】[他] 〔곯다²の使役動詞〕(お腹を)すかせる; ひもじい思いをさせる. ‖아이들 배를 곯리다 子どもたちにひもじい思いをさせる.
곯아-떨어지다【고라-】[自] 眠りこける; 爆睡する.
곰¹ /ko:m/ [名] ❶《動物》クマ(熊). ❷〔からかう言い方で〕のろま; とんま.
곰² [名] (肉や魚などを)じっくり煮込んだスープ.

곰-국【-꾹】[名] =곰탕(-湯).
곰곰-이 /ko:mgomi/ [副] じっくり(と); つくづく; よくよく; 十分に. ‖곰곰이 생각하다 じっくり(と)考える. 곰곰이 생각해 보니 내가 잘못했다 よくよく考えてみたら, 私が悪かった.
곰방-대 [名] 管の短いキセル.
곰-보 [名] あばた面の人.
곰-살궂다【-굳따】[形] ❶気さくで優しい. ❷几帳面で細かい.
곰상-스럽다【-따】[形]『ㅂ変』こせこせしている.
곰-솔 [名]《植物》クロマツ(黒松).
곰치 [名]《魚介類》ウツボ(鱓).
곰-탕 (-湯) /ko:mtʰaŋ/ [名]《料理》コムタン(牛の骨・肉・内臓などを長時間煮込んだスープ); 牛テールスープ.
곰팡-내 [名] かびのにおい. ‖곰팡내가 나다 かびくさい.
곰팡-이 /ko:mpʰaŋi/ [名] 黴(かび). ‖식빵에 곰팡이가 피었다 食パンにかびが生えた.
곱 [名] 〔곱절の略語〕倍. ‖비용이 곱으로 들다 費用が倍かかる; 倍の費用がかかる.
곱다¹【-따】[形] (寒さなどで手が)かじかむ. ‖손이 곱아서 글을 쓸 수가 없다 手がかじかんで字が書けない.
곱다² /ko:pˀta/【-따】[形]『ㅂ変』[고와, 고운] ❶美しい; きれい; 麗しい. ‖꽃같이 고운 색시 花のように麗しい花嫁. 자태가 곱다 容姿が美しい. 색깔이 곱다 色がきれいだ. ❷やさしい. ‖마음씨가 고운 아가씨 気立てのやさしい娘. ❸細かい. ‖살결이 곱다 肌のきめが細かい. 가루를 곱게 갈다 粉を細かくひく.
곱다³【-따】[形] 曲がっている; ゆがんでいる. ‖등이 곱은 할머니 背中が曲がっているおばあさん.
곱-빼기 /kopˀpɛgi/ [名] ❶食べ物などを器に普通よりも多めに盛ること; 大盛り. ❷二度繰り返すこと.
곱사-등【-싸-】[名] くる病で曲がった背.
곱살-끼다【-쌀-】[自] ひどくむずかる; せがむ; ねだる.
곱-셈 /kopˀse:m/【-쎔】[名][하自]《数学》かけ算; 乗法. [類]곱하기. [関]덧셈・뺄셈・나눗셈.
곱셈^부호 (-符號) [名] かけ算の符号(×).
곱셈-표 (-標) [名] =곱셈 부호(-符號).
곱슬곱슬-하다【-쓸-쓸-】[形]『하変』(髪の毛などが)縮れている.
곱슬-머리【-쓸-】[名] 縮れ毛; 癖毛; 縮れ毛の人. [類]고수머리.
곱-씹다【-따】[他] ❶(食べ物を)十分嚙む. ❷繰り返し言う; 繰り返し考える.
곱-절【-쩔】[名] 倍. [略]곱. ‖곱절로 돌려주다 (2)倍にして返す.

곱-창

곱-창 (-腸) 牛の小腸.
곱창-구이 牛のホルモン焼き.
곱-하기 [고파-] (하也) (数学) かけ算;乗法. ⑪곱셈. ⑪더하기·빼기·나누기.
곱-하다 /kopʰada/ [고파-] 他 [하変] かける; 数を乗じる; かけ算をする. ❶누다. ❷이에 삼을 곱하면 육이 된다 2 에 3 을 かけると 6になる.
곳 /kot/ [곧] 图 場所; ところ. ‖앉을 만한 곳을 찾다 座れる場所を探す. 이 곳 에 사는 사람들 ここに住んでいる人たち. 틀린 곳은 없어요? 間違ったところはないですか. 음식이 맛있는 곳 料理がおいしいところ.
━ 一 (-) ...か所. ‖두 곳 2か所.
곳간 (庫ㅅ間) [고깐/곧깐] 图 蔵.
곳-곳 [곧꼳] 图 あちこち; 至るところ; 色々なところ. ‖성격이 좋아서 곳곳에 친구가 있다 性格がよくてあちこちに友だちがいる.
공¹ /koːŋ/ 图 ボール; 球; まり. ‖공을 차다 ボールを蹴る. 축구 공 サッカーボール. 테니스 공 テニスボール. 야구 공 野球のボール.
공² (公) /koːŋ/ 图 公. ‖공과 사 公私.
공³ (孔) (姓) 孔(コン).
공⁴ (功) 图 功; 手柄. ‖공을 세우다 功を立てる. ❶誠意. ❷공을 들이다 誠意を尽くす.
공⁵ (空) /koŋ/ 图 ❶ (仏教) 空. ‖공즉시색 空即是色. ❷(공군(空軍)의 略称)空. ‖육해공군 陸海空の 3 軍. ❸アラビア数字の 0. ‖서울의 시외 전화 지역 번호는 공이입니다 ソウルの市外局番は02です.
공⁶ (gong) 图 ゴング. ‖공이 울리다 ゴングが鳴る.
-공⁷ (工) 接尾 ...工. ‖용접공 溶接工.
-공⁸ (公) 接尾 ...公. ‖충무공 忠武公. 윈저공 ウィンザー公.
공간¹ (公刊) 图 公刊.
공간² (空間) /koŋgan/ 图 空間. ‖생활 공간 生活空間. 우주 공간 宇宙空間. 시간과 공간 時間と空間. 좁은 공간을 유효하게 활용하다 狭い空間をうまく活用する.
공갈 (恐喝) /koːŋgal/ 图 (하自他) ❶ 恐喝. ❷[거짓말의 俗語] うそ.
공갈-죄 (恐喝罪) [-죄/-줴] 图 (法律) 恐喝罪.
공갈-치다 (恐喝-) 自 ① 恐喝する.
공감 (共感) /koːŋgam/ 图 (하自) 共感. ‖그 사람 말에 공감하다 彼の話に共感する. 공감을 불러일으키다 共感を呼ぶ. 공감을 느끼다 共感を覚える; 共感がわく.
공-감각 (共感覚) 图 共感覚. ‖「따뜻한 색깔」과 같은 표현을 공감각적 비유라고 한다 「暖かい色」のような表現を共感覚的比喩と言う.
공개 (公開) /koŋgɛ/ 图 (하他) 公開. ‖정보를 공개하다 情報を公開する. 일반 공개 一般公開. 비공개로 非公開で. 미공개 未公開. 공개 방송 公開放送. 공개 석상 公開の席. **공개-되다** 受動
공개-수사 (公開搜査) 图 公開捜査.
공개-재판 (公開裁判) 图 公開裁判.
공개-적 (公開的) [-쩍] 图 公. ‖공개적인 자리에서 公の席で. 공개적으로 公に.
공-것 (空-) [-껃] 图 ただ; ただのもの; 無料.
공격 (攻撃) /koːŋgjək/ 图 (하他) 攻撃. ⑰방어(防禦). ‖일방적인 공격 一方的攻撃. 인신공격 人身攻撃. 전면 공격을 가하다 全面攻撃をかける. **공격-받다** 受動
공격-기 (攻撃機) [-끼] 图 攻撃機.
공격-적 (攻撃的) [-쩍] 图 攻撃的. ‖공격적인 태도 攻撃的の態度.
공경 (恭敬) (하他) 恭敬; 敬うこと. **공경-받다** 受動
공-경제 (公経済) 图 (経) 公経済. ⑪사경제(私経済).
공고¹ (工高) 图 [공업 고등학교(工業高等学校)의 略称] 工高.
공고² (公告) 图 (하他) 公告.
공고-문 (公告文) 图 公告文.
공고-하다 (鞏固-) 自 [하変] 強固だ.
공고-히 副 強固に. ‖기초를 공고히 하다 基礎を強固にする.
공공 (公共) 图 公共.
공공-단체 (公共団体) 图 公共団体.
공공-물 (公共物) 图 公共用物; 公用物.
공공-방송 (公共放送) 图 公共放送. ⑰민간 방송(民間放送).
공공-복지 (公共福祉) [-찌] 图 公共の福祉.
공공-사업 (公共事業) 图 公共事業.
공공-성 (公共性) [-썽] 图 公共性.
공공-시설 (公共施設) 图 公共施設.
공공-심 (公共心) 图 公共心.
공공-요금 (公共料金) [-뇨-] 图 公共料金.
공공-장소 (公共場所) 图 公共の場.
공공연-하다 (公公然-) 形 [하変] 公然だ. ‖공공연한 비밀 公然の秘密.
공공연-히 副 公然と.
공공-칠가방 (空空七-) [-까-] 图 (俗っぽい言い方で) アタッシェケース.
공과 (功過) 图 功過; 功罪.
공과-금 (公課金) /koŋgwagum/ 图 公共料金.
공과 대학 (工科大学) [-꽈-] 图 工科大学; 工学部.
공관 (公館) 图 公館.

공관-장 (公館長) [名] 公館長.
공교-롭다 (工巧－) /koŋgjorop²ta/ 【-따】 [形] 『ㅂ変』 [공교로워, 공교로운] 〔主に공교롭게(도)の形で〕 あいにく; あいにくなことに; 折あしく; 偶然(にも). ‖공교롭게도 비가 왔다 あいにくの雨だった. 공교롭게도 그날 집에 없었다 あいにくなことに, あの日, 留守だった. 공교로이 [副]
공-교육 (公教育) [名] 公教育. [対]사교육(私教育).
공구 (工具) [名] 工具.
공국 (公國) [名] 公国. ‖모나코 공국 モナコ公国.
공군 (空軍) [名] 《軍事》 空軍. [略]공(空). [関]육군(陸軍)・해군(海軍).
공군^사관학교 (空軍士官學校) 【-꾜】 [名] 空軍士官学校. [略]공사(空士).
공권 (公權) 【-꿘】 [名] 公權.
공권-력 (公權力) 【-꿘녁】 [名] 公権力. ‖공권력을 발동하다 公権力を発動する.
공그르다 [他] 『르変』 (裾などを)くけ縫いにする; くける.
공금 (公金) [名] 公金.
공금^횡령 (公金橫領) 【-녕/-휑녕】 [名] 公金横領.
공급 (供給) /koːŋgɯp/ [名] [하他] 供給. [対]수요(需要). ‖전력을 공급하다 電力を供給する. 공급-되다 [受身]
공급-원 (供給源) [名] 供給源.
공기¹ [名] ❶石なご; 石などり; 石なごとり. ❷お手玉.
공기² (工期) [名] 工期; 工事期間.
공기³ (公器) [名] 公器. ‖신문은 사회의 공기라고 일컬어진다 新聞は社会の公器と言われる.
공기⁴ (空氣) /koŋgi/ [名] 空気. ‖신선한 공기 新鮮な空気. 겨울의 찬 공기 冬の冷たい空気. 방 안 공기가 탁하다 部屋の中の空気がよどんでいる.
공기^냉각 (空氣冷却) [名] 空気冷却. [略]공랭(空冷).
공기-압 (空氣壓) [名] (タイヤの)空気圧.
공기^전염 (空氣傳染) [名] 空気感染.
공기-주머니 (空氣－) [名] 《鳥類》 気嚢(きのう).
공기^청정기 (空氣清淨器) [名] 空気清浄器.
공기-총 (空氣銃) [名] 空気銃.
공기⁵ (空器) /koŋgi/ [名] 茶碗.
— [依名] 茶碗に盛ったご飯を数える語: …杯. ‖밥 두 공기 ご飯 2 杯.
공-기업 (公企業) [名] 公企業. [対]사기업(私企業).
공납¹ (公納) [名] 国庫に納める税金.
공납-금 (公納金) 【-끔】 [名] ①国家や地方自治体に義務として徴収される金. ②(主に中高の学生が)学校に定期的に納める金; 授業料.
공납² (貢納) [名] [하他] 貢納(こうのう).
공노 (共怒) [名] [하自] 共に怒ること. ‖천인공노할 만행 天と人が共に怒るべき[許し難い]蛮行.
공단¹ (工團) [名] 〔공업 단지(工業團地)の略語〕 工業団地.
공단² (公團) [名] 公団.
공당 (公黨) [名] 公党.
공대¹ (工大) [名] 〔공과 대학(工科大學)の略語〕 工科大学; 工学部.
공대² (恭待) [名] [하他] 相手に敬語を使って接すること. [対]하대(下待).
공대-말 (恭待－) [名] 《言語》 敬語.
공-대공 (空對空) [名] 空対空.
공대공^미사일 (空對空 missile) [名] 《軍事》 空対空ミサイル.
공-대지 (空對地) [名] 空対地.
공대지^미사일 (空對地 missile) [名] 《軍事》 空対地ミサイル.
공덕¹ (公德) [名] 公德.
공덕² (功德) [名] 功徳.
공도 (公道) [名] 公道. [対]사도(私道).
공도-동망 (共倒同亡) [名] [하自] 共倒れ. ‖공도동망하다 共倒れになる.
공-돈 (空－) 【-똔】 [名] 苦労せずに得た金; ただで入った金; あぶく銭.
공-돌이 (工－) [名] 〔俗っぽい言い方で〕 男子工員. [対]공순이(工－).
공동¹ (空洞) [名] 空洞.
공동-화 (空洞化) [名] [되自] 空洞化. ‖공동화 현상 ドーナツ現象.
공동² (共同) /koːŋdoŋ/ [名] [하他] 共同. ‖공동 작업 共同作業. 공동 소유 共同所有. 공동으로 관리하다 共同で管理する.
공동^경비^구역 (共同警備區域) [名] 共同警備区域(JSA).
공동^규제^수역 (共同規制水域) [名] 共同規制水域.
공동^기업 (共同企業) [名] 共同企業体.
공동^담보 (共同擔保) [名] 共同担保.
공동^대표 (共同代表) [名] 共同代表.
공동-묘지 (共同墓地) [名] 共同墓地.
공동^사회 (共同社會) 【-/-훼】 [名] 共同社会. [対]이익 사회(利益社會).
공동^선언 (共同宣言) [名] 共同宣言.
공동^성명 (共同聲明) [名] 共同声明.
공동^소유 (共同所有) [名] 共同所有.
공동^전선 (共同戰線) [名] 共同戦線.
공동-체 (共同體) [名] 共同体. ‖운명 공동체 運命共同体.
공동^출자 (共同出資) 【-짜】 [名] 共同出資.
공동^판매 (共同販賣) [名] 共同販売.
공-들다 (功－) [自] 『ㄹ語幹』 念を入れる; 骨折る. ▸공든 탑이 무너지랴 [諺] 精魂込めて成し遂げた仕事が無駄になることはない.

가 개 갸 걔 거 게 겨 계 고 과 괘 괴 교 구 궈 궤 귀 규 그 긔 기

공들-이다 (功-) 졔 精魂을 込める. ‖공들여서 만든 물건 精魂込めて作った品.

공-떡 (空-) 졔 棚ぼた; 棚からぼた餠.
공란 (空欄) -난 졔 空欄. ㉑빈칸.
공람 (供覽) -남 하타 供覽.
공랭 (空冷) 졔 空冷. ‖공기 냉각(空氣冷却)의 略記型 空冷.
　공랭-식 (空冷式) 졔 空冷式.
공략 (攻略) -냑 졔 하타 攻略. ㉑선발 투수를 공략하다 先発投手を攻略する.
　공략-당하다 愛變
공로¹ (公路) [-노] 졔 公路.
공로² (功勞) [-노] 졔 功勞. ‖공로를 치하하다 功労を称える.
공로³ (空路) [-노] 졔 空路. ㉑육로(陸路)·해로(海路).
공론¹ (公論) [-논] 졔 公論.
공론² (空論) [-논] 졔 空論. ‖탁상공론 机上の空論.
공룡 (恐龍) 졔 恐竜.
공리¹ (公利) [-니] 졔 公利; 公益.
공리² (公理) [-니] 졔 公理.
공리³ (功利) [-니] 졔 功利.
　공리-적 (功利的) 졔 功利的.
　공리-주의 (功利主義) [-니-/-니-이] 졔 功利主義.
공리-공론 (空理空論) [-니-논] 졔 空理空論.
공립 (公立) [-닙] 졔 公立. ㉑사립(私立).
공매¹ (公賣) 졔 하타 公売. ‖공매에 부치다 公売に出す[かける].
공매² (空賣) 졔 經 (株式の信用取引などで)空売り.
공맹 (孔孟) 졔 孔孟.
공명¹ (共鳴) 졔 재타 共鳴.
공명² (功名) 졔 功名.
　공명-심 (功名心) 졔 功名心.
공명³ (公明) 졔 하여 公明.
　공명-정대 (公明正大) 졔 하여 公明正大.
공모¹ (公募) 졔 하타 公募. ‖사원을 공모하다 社員を公募する.
　공모-주 (公募株) 졔 經 公募株.
공모² (共謀) 졔 共謀.
공무 (公務) 졔 公務.
　공무 집행 방해죄 (公務執行妨害罪) [-지꽹-/-지꽹-꿰] 졔 法律 公務執行妨害罪.
공무-원 (公務員) /koŋmuwʌn/ 졔 公務員. ‖국가 공무원 国家公務員. 교육 공무원 教育公務員.
공문 (公文) 졔 公文.
공-문서 (公文書) 졔 公文書. ㉑사문서(私文書).
공문서 위조죄 (公文書偽造罪) [-쬐/-쒜] 졔 法律 公文書偽造罪.
공물 (貢物) 졔 貢ぎ物.
공민 (公民) 졔 公民.

공민-권 (公民權) [-꿘] 졔 法律 公民権.
공박 (攻駁) 졔 하타 (誤りなどを取り上げて)なじること; 攻め立てること.
공-밥 (空-) [-빱] 졔 ただ飯.
공방¹ (工房) 졔 工房; アトリエ.
공방² (攻防) 졔 攻防.
　공방-전 (攻防戰) 졔 攻防戰. ‖공방전을 벌이다 攻防戦を繰り広げる.
공방³ (空房) 졔 空房; 空閨(くうけい).
공-배수 (公倍數) 졔 數学 公倍数.
공백 (空白) 졔 空白. ‖정치적인 공백 政治的な空白. 공백을 메우다 空白を埋める.
공범 (共犯) 졔 法律 共犯. ㉑단독범(單獨犯).
공법¹ (工法) [-뻡] 졔 工法.
공법² (公法) [-뻡] 졔 法律 公法. ㉑사법(私法).
공-법인 (公法人) [-뻐빈] 졔 法律 公法人.
공병 (工兵) 졔 軍事 工兵.
공병 (空甁) 졔 空き瓶.
공보 (公報) 졔 公報.
공복¹ (公僕) 졔 公僕; 公務員.
공복² (空腹) 졔 空腹. ㉑빈속.
공부 (工夫) /koŋbu/ 졔 하타 勉強. ‖도서관에서 늦게까지 공부하다 図書館で遅くまで勉強する. 공부를 잘하는 편이다 勉強はできる方だ. 뭔든지 혼자라고 생각하고 해 보세요 何でも勉強だと思ってやってみてください.
　공부-방 (工夫房) [-빵] 졔 勉強部屋.
　공붓-벌레 (工夫〜) [-부뻘-/-붇뻘-] 졔 勉強の虫.
공부² (公簿) 졔 公簿.
공-분모 (公分母) 졔 數学 公分母.
공비¹ (公費) 졔 公費. ㉑사비(私費).
공비² (共匪) 졔 共匪(きょうひ).
공사¹ (工事) /koŋsa/ 졔 재자 工事. ‖도로 공사 道路工事. 수도 공사 水道工事. 공사 중 工事中.
　공사-비 (工事費) 졔 工事費.
　공사-장 (工事場) 졔 工事場.
　공사-판 (工事-) 졔 工事現場.
공사² (公私) 졔 公私. ‖공사를 혼동하다 公私を混同する. 공사 다망한 가운데 公私ともに多忙な中.
공사³ (公事) 졔 公事; 公務.
공사⁴ (公使) 졔 公使.
공사⁵ (公社) 졔 公社.
공사⁶ (空士) 졔 空軍 士官學校(空軍士官學校)의 略語.
공-사립 (公私立) 졔 公立と私立.
공사채 (公社債) 졔 公社債.
공산¹ (公算) 졔 公算. ‖실패할 공산이 크다 失敗する公算が大きい.
공산² (共産) 졔 共産.
　공산-권 (共産圈) [-꿘] 졔 共産圏.

공산-당 (共産黨) [名] 共産党.
공산-주의 (共産主義) 【-/-이】 [名] 共産主義.
공산-주의자 (共産主義者) 【-/-이-】 [名] 共産主義者.
공산-품 (工産品) [名] 工業製品.
공상¹ (工商) [名] 工商.
공상² (空想) [名] [하他] 空想. ‖ 미래의 생활을 공상하다 未来の生活を空想する. 공상에 빠지다 空想にふける.
공상^과학^소설 (空想科學小說) 【-쏘-】 [名] 空想科学小説(SF).
공생 (共生) [名] [하自] 共生.
공석¹ (空席) [名] 空席. [類] 빈자리.
공석² (公席) [名] 公務を執る席; 公の場. [対] 사석(私席).
공선 (公選) [名] [하他] 公選.
공선-제 (公選制) [名] 公選制.
공설 (公設) [名] [하他] 公設. [対] 사설(私設).
공세 (攻勢) [名] 攻勢. [対] 수세(守勢).
공소¹ (公訴) [名] [하他] 《法律》 公訴.
공소-권 (公訴權) 【-꿘】 [名] 《法律》 公訴権.
공소^시효 (公訴時效) [名] 《法律》 公訴時効.
공소-장 (公訴狀) 【-짱】 [名] 《法律》 公訴状.
공소² (控訴) [名] [하他] 《法律》 〔항소(抗訴)の旧用語〕 控訴.
공손 (恭遜) [名] [하形] 丁寧; 丁重; 謙遜. ‖ 공손하게 인사하다 丁寧に挨拶する.
공손-법 (恭遜法) 【-뻡】 [名] 《言語》 謙譲法.
공수¹ (攻守) [名] 攻守.
공수² (空手) [名] 空手.
공수³ (供水) [名] 供水; 給水.
공수⁴ (空輸) [名] [하他] 空輸. ‖ 원조 물자를 공수하다 援助物資を空輸する.
공수^부대 (空輸部隊) [名] 空輸部隊.
공수래-공수거 (空手來空手去) [名] 《仏教》 手ぶらで生まれ手ぶらで死ぬこと; 裸で生まれ裸で死ぬこと.
공수-병 (恐水病) 【-뼝】 [名] 《医学》 恐水病.
공-수표 (空手票) [名] ❶ 空手形. ❷ 〔比喩的に〕 実行されない約束. ‖ 약속이 공수표로 끝나다 約束が空手形に終わる.
공-순이 (エー) [名] 〔俗っぽい言い方で〕 女子工員. [対] 공돌이(エー).
공순-하다 (恭順-) [形] 『하変』 恭順だ.
공-술¹ (空-) 【-쑬】 [名] ふるまい酒. ‖ 공술을 마시다 ふるまい酒を飲む.
공술² (供述) [名] [하他] 供述.
공술³ (公述) [名] [하他] 公述. ‖ 공청회에서 공술하다 公聴会で公述する.
공술-인 (公述人) [名] 公述人.
공습 (空襲) [名] [하他] 空襲.
공습-경보 (空襲警報) 【-꼉-】 [名] 空襲警報.
공시 (公示) [名] [하他] 公示.
공식 (公式) /koŋʃik/ [名] 公式. ‖ 공식 보고서 公式の報告書. 공식 발표 公式の発表.
공식-어 (公式語) [名] 公式語.
공식-적 (公式的) 【-쩍】 [名] 公式(的). ‖ 공식적인 견해 公式的な見解. 공식적인 자리 公式的な場; 公式の場. 공식적으로 인정하다 公式に認める.
공신 (功臣) [名] 功臣.
공신-력 (公信力) 【-녁】 [名] 《法律》 公信力.
공안¹ (公安) [名] 公安. ‖ 공안 위원회 公安委員会.
공안² (公案) [名] 《仏教》 公案. [類] 화두(話頭).
공약¹ (公約) [名] [하他] 公約. ‖ 선거 공약 選挙の公約.
공약² (空約) [名] [하他] 空約束.
공-약수 (公約數) 【-쑤】 [名] 《数学》 公約数.
공양 (供養) [名] [하他] ❶ (目上の人を)養うこと. ❷ 供養.
공양-미 (供養米) [名] 供米(くまい).
공언¹ (空言) [名] [하自] 空言. ‖ 공언을 하다 空言を吐く.
공언² (公言) [名] [하他] 公言.
공업 (工業) /koŋɔp/ [名] 工業. ‖ 화학 공업 化学工業. 가내 공업 家内工業. 공업 도시 工業都市. 경공업 軽工業. 중공업 重工業.
공업^고등학교 (工業高等學校) 【-꼬-꾜】 [名] 工業高等学校. [略] 공고(工高).
공업^규격 (工業規格) 【-뀨-】 [名] 산업 규격(産業規格)の旧用語.
공업^단지 (工業團地) 【-딴-】 [名] 工業団地. [略] 공단(工團).
공업^약품 (工業藥品) 【-엄냑-】 [名] 工業薬品.
공업-용 (工業用) 【-엄뇽】 [名] 工業用.
공업-용수 (工業用水) 【-엄뇽-】 [名] 工業用水.
공업^지대 (工業地帶) 【-찌-】 [名] 工業地帯.
공업-화 (工業化) 【-어퐈】 [名] [하自他] 工業化.
공업^화학 (工業化學) 【-어퐈-】 [名] 工業化学.
공역¹ (公役) [名] 公役.
공역² (空域) [名] 空域.
공역³ (共譯) [名] [하他] 共訳.
공연¹ (共演) [名] [하自] 共演.
공연² (公演) [名] [하他] 公演. ‖ 첫 공연 初公演.
공연-장 (公演場) [名] 公演会場.
공연-하다¹ (公然-) [形] 『하変』 公然だ; 広く知れわたっている. ‖ 공연하게 알

가 개 갸 걔 거 게 겨 계 고 과 괘 괴 교 구 궈 궤 귀 규 그 긔 기

공연-하다² (空然-) /konjɔnhada/ 匣 [하옇] 不必要이며; 役に立たない 無駄だ; 余計だ. ⑩괜찮다. ‖공연한 간섭 余計な口出し. **공연-히**

공-염불 (空念佛) 【-념-】 图 空念仏.

공영¹ (共榮) 图 他国 共栄.

공영² (公營) 图 他国 公営.
  공영-기업 (公營企業) 图 公営企業.
  공영-방송 (公營放送) 图 公共放送.
  공영-주택 (公營住宅) 图 公営住宅.

공예 (工藝) 图 工芸.
  공예-품 (工藝品) 图 工芸品.

공용¹ (公用) 图 他国 公用. ‖사용 (私用).

  공용-물 (公用物) 图 公用物.
  공용-어 (公用語) 图 [言語] 公用語.
  공용-재산 (公用財産) 图 公用財産.

공용² (共用) 图 他国 共有. ⑦전용 (専用). ‖남녀 공용 男女共用. 공용 부분 共用部分.
  공용-면적 (共用面積) 图 共用部分.

공용³ (供用) 图 供用.

공원¹ (工員) 图 工員.

공원² (公園) /kongwon/ 图 公園. ‖국립 공원 国立公園. 어린이 공원 児童公園.

공유¹ (公有) 图 他国 公有. ‖사유 (私有).
  공유-림 (公有林) 图 公有林.
  공유-재산 (公有財産) 图 公有財産.
  공유-지 (公有地) 图 公有地.

공유² (共有) 图 他国 共有. ⑦전유 (専有).
  공유-물 (共有物) 图 共有物. ⑦전유물(専有物).

공-으로 (空-) 圓 ただで; 無料で.

공이 图 杵(きね).

공익¹ (公益) 图 公益; 公共. ‖사익 (私益). ‖공익 광고 公共広告.
  공익-법인 (公益法人) 【-뻐빈】 图 公益法人.
  공익-사업 (公益事業) 【-싸-】 图 公益事業.

공익² (共益) 图 共益.
  공익-권 (共益權) 【-꿘】 图 [法律] 共益権.
  공익-비 (共益費) 【-삐】 图 共益費.

공인¹ (公人) 图 公人. ‖공인으로서 발언하다 公人として発言する.

공인² (公印) 图 公印.

공인³ (公認) /koŋin/ 图 他国 公認. ‖공인 단체 公認団体. 두 사람은 공인 받은 관계다 2人は公認の関係だ.
  공인^중개사 (公認仲介士) 图 宅地建物取引主任者.
  공인^회계사 (公認會計士) 【-/-헤-】 图 公認会計士.

공-일 (空-) 【-닐】 图 ❶ただ働き. ❷ 無駄; 無駄なこと.

공자 (公子) 图 公子. ‖귀公子 貴公子.

공작¹ (孔雀) 图 [鳥類] クジャク(孔雀).

공작² (公爵) 图 公爵.

공작³ (工作) 图 他国 工作.
  공작-기계 (工作機械) 【-끼-/-끼게】 图 工作機械.
  공작-물 (工作物) 【-장-】 图 工作物.
  공작-선 (工作船) 【-썬】 图 工作船.
  공작-원 (工作員) 图 工作員.

공장 (工場) /koŋdʑaŋ/ 图 工場. ‖석유 화학 공장 石油化学工場. 보세 공장 保税工場. 공장 가동률 工場稼働率. 공장 폐수 工場廃水.
  공장-도 (工場渡) 图 工場渡し. ‖공장도 가격 工場渡し価格.
  공장-법 (工場法) 【-뻡】 图 [法律] 工場法.
  공장-장 (工場長) 图 工場長.
  공장^폐쇄 (工場閉鎖) 【-/-페-】 图 工場閉鎖.
  공장^폐수 (工場廃水) 【-/-페-】 图 工場廃水.

공저¹ (公邸) 图 公邸. ⑦사저 (私邸).

공저² (共著) 图 共著.

공-적¹ (公的) 【-쩍】 图 公的. ‖사적 (私的). ‖공적인 입장 公的な立場. 공적인 성격을 띠다 公的な性格を帯びる.

공적² (功績) 图 功績.

공전¹ (公田) 图 公田. ⑦사전 (私田).

공전² (公轉) 图 他国 [天文] 公転. ⑦자전 (自転).

공전³ (空前) 图 空前. ‖공전의 히트곡 空前のヒット曲.

공전⁴ (空電) 图 空転; 空回り.

공정¹ (工程) 图 工程. ‖생산 공정 生産工程. 공정 관리 工程管理.

공정² (公正) 图 胗 公正. ‖공정한 판결을 내리다 公正な判決を下す. 공정을 기하다 公正を期する.
  공정^거래 (公正去來) 图 公正取引.

공정³ (公定) 图 他国 公定.
  공정-가 (公定價) 【-까】 图 公定価格 (公定価格)の略語.
  공정^가격 (公定價格) 【-까-】 图 公定価格.

공제¹ (共濟) 图 共済.
  공제^조합 (共濟組合) 图 共済組合.

공제² (控除) 图 他国 控除; 天引き. ‖수입에서 필요 경비를 공제하다 収入から必要経費を控除する. 보험료를 공제하다 保険料を天引きする. 부양 공제 扶養控除.

공조 (共助) 图 他国 共助.

공존 (共存) 图 他国 共存. ‖평화 공존 平和共存.
  공존-공영 (共存共榮) 图 共存共栄.

공죄 (功罪) 【-쮀】 图 功罪.

공주 (公主) 图 公主; 皇女; 姫。‖백설 공주 白雪姫。인어 공주 人魚姫。
공준 (公準) 图 [數學] 公準。
공중¹ (公衆) /kondʒuŋ/ 图 公衆。‖공중의 면전에서 창피를 당하다 公衆の面前で恥をかく。
　공중-도덕 (公衆道德) 图 公衆道德。
　공중-위생 (公衆衛生) 图 公衆衛生。
　공중-전화 (公衆電話) 图 公衆電話。
　공중-화장실 (公衆化粧室) 图 公衆トイレ。
공중² (空中) /kondʒuŋ/ 图 空中; 宙。‖몸이 공중에 뜨다 体が宙に浮く。꽃잎이 공중에 흩날리다 花びらが宙に舞い散る。
　공중-분해 (空中分解) 图 空中分解。
　공중-전 (空中戰) 图 空中戰。
　공중-제비 (空中-) 图 宙返り; とんぼ返り。
　공중파-방송 (空中波放送) 图 = 지상파 방송 (地上波放送)。
공즉시색 (空卽是色) [-씩-] 图 [佛敎] 空卽是色。⇔색즉시공 (色卽是空)。
공증 (公證) 图 公証。
　공증-인 (公證人) 图 公証人。
공지¹ (公知) 图 [하타] 公知。‖공지 사항 公知事項。
공지² (空地) 图 空き地。⇒공터 (空-)。
공직 (公職) 图 公職。‖공직자 公職者。
공-집합 (空集合) [-지팝] 图 [數學] 空集合。
공짜 (空-) /koŋ͈tɕa/ 图 ただ; 無料; ろは; 無料 (無料)。‖이 술은 공짜에다 뿐이다 この酒はただです。공짜나 마찬가지다 ただ同然だ。공짜보다 비싼 것은 없다 ただより高いものはない。공짜로 빌려주다 ただで貸してあげる。
공차 (空車) 图 ❶空車。❷ (乗り物に) ただで乗ること。
공채¹ (公採) 图 公開採用。
공채² (公債) 图 公債。
공책 (空冊) /koŋtɕ͈ek/ 图 ノート。⇔노트。‖공책에 적어 놓다 ノートに書いておく。
공처-가 (恐妻家) 图 恐妻家。
공천 (公薦) 图 [하타] (政党の) 公認。‖공천 후보 公認候補。공천-받다 受薦
공청-회 (公聽會) [-/-훼] 图 公聽会。‖공청회를 열다 公聽会を開く。
공출 (供出) 图 [하타] 供出。
　공출-미 (供出米) 图 供出米。
공-치기 图 [하타] 球技。
공-치다 图 [하타] ❶当てがはずれる; 期待はずれ; 徒労に終わる; 駄目だ。‖비가 와서 오늘 장사는 공쳤다 雨が来て今日の商いは駄目だった。
공-치사¹ (空致辭) 图 [하타] うわべだけのお祝いのこと。
공-치사² (功致辭) 图 [하타] (自分の手柄を) 自慢すること。‖공치사처럼 들리는 이야기 自慢気に聞こえる話。
공탁 (供託) 图 供託。
　공탁-금 (供託金) [-끔] 图 供託金。
　공탁-서 (供託書) [-써] 图 供託書。
공-터 (空-) 图 空き地。⇒공지 (空地)。
공-테이프 (空 tape) 图 空テープ。
공통 (共通) /koːnt͈ʰoŋ/ 图 [되다] 共通。‖두 사람의 공통된 성격 2 人の共通した性格。공통의 목적 共通の目的。부모들 공통의 고민 親の共通の悩み。
　공통-성 (共通性) [-썽] 图 共通性。
　공통-어 (共通語) 图 共通語。
　공통-점 (共通點) [-쩜] 图 共通点。
공판 (公判) 图 公判。
　공판-정 (公判廷) 图 公判廷。
공판-장 (共販場) 图 共同販賣場。
공평 (公平) /koŋpʰjoŋ/ 图 [하다] 公平。‖공평하게 나누다 公平に分ける。
　공평-무사 (公平無私) 图 [하形] 公平無私。
공포¹ (公布) 图 [하타] 公布。
공포² (空砲) 图 空砲。▶공포를 놓다 ①空砲を放つ。②威かす; 脅かす。
공포³ (恐怖) /koːnpʰo/ 图 恐怖。‖공포에 떨다 恐怖に震える。공포를 느끼다 恐怖を覚える。
　공포-감 (恐怖感) 图 恐怖感。
　공포-심 (恐怖心) 图 恐怖心。
　공포-정치 (恐怖政治) 图 恐怖政治。
　공포-증 (恐怖症) [-쯩] 图 [醫學] 恐怖症。
공표¹ (公表) 图 [하타] 公表。‖사실을 공표하다 事実を公表する。공표하기를 꺼리다 公表するのをはばかる。
공표² (公票) 图 空くじ。
공학¹ (工學) 图 工学。‖전기 공학 電気工学。전자 공학 電子工学。
공학² (共學) 图 [하自] 共学。‖남녀 공학 男女共学。
공한-지 (空閑地) 图 空閑地。
공항 (空港) /koŋɦaŋ/ 图 空港。‖국제 공항 國際空港。김포 공항 金浦空港。하네다 공항 羽田空港。도쿄 국제 공항 東京國際空港。
　공항-세 (空港稅) [-쎄] 图 空港税; エアポートタックス。
공해¹ (公害) /koŋɦɛ/ 图 公害。‖소음 공해에 시달리고 있다 騒音公害に悩まされている。공해를 방지하기 위한 노력을 게을리 해서는 안 된다 公害を防ぐための努力を怠ってはいけない。
　공해-병 (公害病) [-뼝] 图 [醫學] 公害病。
공해² (公海) 图 公海。
공해³ (空海) 图 空海。
공허 (空虛) 图 [하形] 空虛。‖공허한

이론은 空虛한 理論.

공허-감 (空虛感) 图 空虚感.

공헌 (貢獻) /koːŋhəːn/ 图 (하自) 貢獻. ‖우승에 공헌하다 優勝に貢獻する. 과학의 진보에 크게 공헌하다 科學の進步に大いに貢獻する.

공헌-도 (貢獻度) 图 貢獻度.

공화 (共和) 图 (하自) 共和.

공화-국 (共和國) 图 共和國.

공화-정 (共和政) 图 共和政.

공화 정치 (共和政治) 图 共和政治.

공화-제 (共和制) 图 共和制.

공황 (恐慌) 图 (経) 恐慌. ‖경제 공황 經濟恐慌.

공회-당 (公會堂) 图 [-/-훼-] 图 公会堂.

공후 (箜篌) 图 (音樂) 箜篌(く); 百済琴.

공훈 (功勳) 图 功勳; 勲功.

공휴-일 (公休日) 图 公休日.

공-히 (共-) 剾. ‖명실 공히 名実共に.

-곶 (串) [곧] 接尾 …岬.

곶-감 /kotʰkam/ [곧깜] 图 干し柿; 串柿. ▶곶감 꼬치에서 곶감 빼어 먹듯 (関) (「干し柿を串から抜いて食べるよう」に) 苦労して蓄えた財産などを少しずつ使って食いつぶすことのたとえ.

과¹ (科) 图 ❶ (教育·学問などで)分野を示す区分け. ‖무슨 과 학생이세요? どちらの科の学生ですか. ❷ (生物) (生物分類上の一段階の) 科. ‖까마귀 과는 참새목 까마귀과의 조류이다 カラスはスズメ目カラス科の鳥類である.

과² (課) 图 ❶ (役所·会社などで)組織上の小区分. ‖과별로 課別に. ❷ 教科書などの一区切り. ‖다음 과를 예습해 오세요 次の課を予習してきてください.

과³ /kwa/ 剾 {子音で終わる体言に付いて; 母音の場合は와} ❶ …と. ‖형과 동생 兄と弟. 빵과 우유 パンと牛乳. 여동생과 만나다 妹と会う. 말하는 것과 행동하는 것의 차이 言うことと行動することの差. ❷ …に. ‖나는 형과 닮아 있다 私は兄に似ている. ❸ …と共に; …と一緒に. ‖반 애들과 같이 영화를 보러 가다 クラスメートと一緒に映画を見に行く.

과감-하다 (果敢-) 阅图 [하变] 果敢だ. ‖과감한 태도 果敢な態度. 과감하게 싸우다 果敢に戦う. 과감하게 한번 해 봐 思い切って一度やってみて. **과감-히** 剾.

과거¹ (科擧) 图 (歷史) 科挙.

과거² (過去) /kwaːgo/ 图 過去. ‖과거를 돌아보다 過去を振り返る. 어두운 과거가 있는 사람 暗い過去がある人. 과거의 유물 過去の遺物.

과거 분사 (過去分詞) 图 (言語) 過去分詞.

과거-사 (過去事) 图 過去のこと; 昔のこと.

과거 완료 (過去完了) 【-왈-】 图 (言語) 過去完了.

과거지사 (過去之事) 图 過去のこと.

과거-형 (過去形) 图 (言語) 過去形.

과격 (過激) 图 (하形) 過激; 激しいこと. ‖과격한 운동 過激なスポーツ. 과격한 성격 激しい性格.

과격-분자 (過激分子) 【-뿐-】 图 過激分子.

과격-파 (過激派) 图 過激派.

과-꽃 [-꼳] 图 (植物) エゾギク(蝦夷菊).

과녁 图 的. ‖과녁에 맞다 的に当たる. 과녁이 빗나가다 的をはずれる.

과년 (瓜年) 图 (女性の) 結婚適齢期.

과년-하다 (過年-) 阅图 [하变] 女性の年が結婚適齢期を過ぎている. ‖과년한 딸이 있다 結婚適齢期を過ぎた娘が1人いる.

과-다 (過多) 图 (하形) 過多. 図**과소** (過少). ‖위산 과다 胃酸過多.

과다-증 (過多症) 【-쯩】 图 (医学) 過多症.

과단 (果斷) 图 (하自) 果断.

과단-성 (果斷性) 【-썽】 图 決断力. ‖과단성이 있다 決断力がある.

과당 (果糖) 图 (化学) 果糖; フルクトース.

과당 (過當) 阅图 過当.

과당 경쟁 (過當競爭) 图 過当競争.

과대¹ (過大) 阅图 過大. 図**과소** (過小). ‖과대한 기대를 걸다 過大な期待をかける.

과대-시 (過大視) 图 (하他) 過大視.

과대-평가 (過大評價) 【-까】 图 (하他) 過大評価. 図**과소평가** (過小評價).

과대² (誇大) /kwaːde/ 图 誇大.

과대-광고 (誇大廣告) 图 誇大広告.

과대-망상 (誇大妄想) 图 誇大妄想.

과도¹ (果刀) 图 果物ナイフ.

과도² (過度) 阅图 (하形) 過度. ‖과도한 운동 過度な運動.

과도³ (過渡) /kwaːdo/ 图 過渡.

과도-기 (過渡期) 图 過渡(期). ‖과도기적인 현상 過渡的な現象.

과도-적 (過渡的) 阅图 過渡的.

과두 정치 (寡頭政治) 图 寡頭政治.

과락 (科落) 图 과목낙제 (科目落第) の略語.

과로 (過勞) /kwaːro/ 图 過労. ‖과로로 쓰러지다 過労で倒れる.

과로-사 (過勞死) 图 (하自) 過労死.

과료 (科料) 图 (法律) 科料.

과립 (顆粒) 图 顆粒.

과목 (科目) /kwamok/ 图 ❶ 科目. ‖전공 과목 専攻科目. 필수 과목 必修科目. ❷ 教科. ‖새로운 과목을 배

우다 新しい教科を習う.
과락-제 (科目落第) 【-몽-쩨】 [명] 어떤 과목이 급제점에 달하지 아니함. ⑩ 과락(科落).
과묵-하다 (寡黙-) 【-무카-】 [형] [하변] 寡黙だ. ‖과묵한 사람 寡黙な人. **과묵-히**
과문 (寡聞) [명] [하형] 寡聞. ‖과문한 탓으로 잘 모르겠습니다 寡聞にして存じません.
과민 (過敏) [명] [하형] 過敏. ‖과민한 반응을 보이다 過敏な反応を示す. 신경 과민 神経過敏.
과민-증 (過敏症) 【-쯩】 [명] [医学] 過敏症.
과밀 (過密) [명] [하형] 過密. ↔과소(過疏). ‖과밀한 인구 過密な人口. 과밀 도시 過密都市.
과반-수 (過半數) /kwa:bansu/ [명] 過半數. ‖과반수 이상의 의석을 차지하다 過半数以上の議席を占める.
과-보호 (過保護) [명] 過保護.
과부 (寡婦) [명] 寡婦; 未亡人.
과-부족 (過不足) [명] 過不足.
과-부하 (過負荷) [명] (機械·回路などの) 過負荷. ‖과부하가 실리다 過負荷がかかる.
과분-하다 (過分-) [형] [하변] 過分だ; 不相応だ. ‖과분한 대접을 받다 過分なもてなしを受ける. 과분한 칭찬을 받다 過分なお褒めの言葉をいただく. 과분한 몸에 余るお褒めの言葉をいただく. 과분한 생활 分不相応な生活.
과산-증 (過酸症) 【-쯩】 [명] [医学] 胃酸過多症.
과산화-수소 (過酸化水素) [명] [化学] 過酸化水素.
과세[1] (過歲) [명] [하자] 【古い言い方で】新年を迎えること. ‖과세 안녕히 하십니까? 新年明けましておめでとうございます.
과세[2] (課稅) [명] [하자] 課稅. ‖누진 과세 累進課稅.
과세-율 (課稅率) [명] 課稅率.
과세 표준 (課稅標準) [명] 課稅標準.
과소[1] (過小) [명] [하형] 過小. ↔과대(過大).
과소-평가 (過小評價) 【-까】 [명] [하자] 過小評價. ↔과대평가(過大評價).
과소[2] (過少) [명] [하형] 過少. ↔과다(過多).
과소[3] (過疏) [명] [하형] 過疎. ↔과밀(過密). ‖인구 과소 지역 人口過疎地域.
과속 (過速) [명] 制限速度以上のスピードを出すこと.
과수 (果樹) [명] 果樹.
과수-원 (果樹園) /kwa:suwən/ [명] 果樹園.
과시 (誇示) /kwa:si/ [명] [하자] 誇示; 見せびらかすこと. ‖위력을 과시하다 威力を誇示する. 집안의 재력을 은근히 과시하다 家の財力をそれとなく見せびらかす.
과식 (過食) [명] [하자] 食べ過ぎ; 過食.
과신 (過信) [명] [하자] 過信. ‖실력을 과신한 나머지 実力を過信した余り.
과실[1] (果實) [명] 果實. ‖과실주 果實酒.
과실[2] (過失) [명] 過失. ‖중대한 과실을 범하다 重大な過失を犯す.
과실¯치사 (過失致死) [명] [法律] 過失致死.
과언 (過言) /kwa:ən/ [명] 過言; 言い過ぎ. ‖결국은 정치력의 문제라고 해도 과언은 아니다 結局は政治力の問題と言っても過言ではない.
과연 (果然) /kwa:jən/ [부] ❶ やはり; さすが. ‖과연 소문대로 솜씨가 뛰어나다 はうわさ通りの腕前だ. ❷ 果たして; 本当に. ‖과연 이길 수 있을까? 果たして勝てるだろうか.
과열 (過熱) [명] [하자] 過熱.
과오 (過誤) [명] 過誤; 過ち. ‖과오를 범하다 過誤を犯す.
과외 (課外) /-/-웨/ [명] ❶ 課外. ‖과외 활동 課外活動. ❷ 家庭教師による授業. ‖수학 과외를 받고 있다 家庭教師に数学を教えてもらっている.
과욕 (寡慾) [명] [하형] 寡慾.
과유불급 (過猶不及) [명] 過ぎたるは猶及ばざるが如し.
과육 (果肉) [명] 果肉.
과음 (過飮) /kwa:um/ [명] [하자] 飲み過ぎ; 過飮. ‖과음은 몸에 안 좋다 飲み過ぎは体によくない. 간밤의 과음으로 머리가 아프다 夕べの飲み過ぎで頭が痛い.
과일 /kwa:il/ [명] 果物; フルーツ. ‖과일 주스 フルーツジュース. 과일 가게 果物屋. 과일 깎는 칼 果物ナイフ.
과잉 (過剩) [명] [하자] 過剩生産. 과잉 방위 過剩防衛. 공급 과잉 供給過剩.
과자 (菓子) /kwadʑa/ [명] 菓子. ‖선물용 과자 ギフトのお菓子. 애가 밥을 안 먹고 과자만 먹고 있다 子どもがご飯は食べず, お菓子ばかり食べている.
과작 (寡作) [명] [하자] 寡作. ↔다작(多作).
과장[1] (誇張) /kwa:dʑaŋ/ [명] [하자] 誇張; 大げさ. ‖표정을 과장해서 그리다 表情を誇張して描く. 과장된 몸짓 大げさな身振り[ジェスチャー]. 과장해서 말하다 大げさに言う.
과장-법 (誇張法) 【-뻡】 [명] [文芸] 誇張法.
과장[2] (課長) /kwadʑan/ [명] 課長.
과점 (寡占) [명] [하자] 寡占.
과정[1] (過程) [명] 過程. ‖생산 과정 生産過程. 변화 과정에 있

과정 다 変化の過程にある. 성장 과정을 지켜 보다 成長過程を見守る. 여러 과정을 거치다 様々な過程をたどる.

과정² (課程) 图 課程.‖박사 과정 博士課程.

과제 (課題) /kwadʒe/ 图 課題.‖과제를 주다 課題を与える. 과제로 삼다 課題に掲げる. 과제가 산적하다 課題が山積している. 검토 과제로 하다 検討課題とする. 당면 과제 当面の課題.

과중-하다 (過重) 囮 [하변] 過重だ.‖과중한 부담 過重な負担.

과즙 (果汁) 图 果汁.

과징 (課徵) 图 [하타] 課徴.
　　과징-금 (課徵金) 图 課徴金.

과찬 (過讚) 图 [하타] 過賞; ほめすぎ.‖과찬의 말씀이십니다 身に余るお言葉です.

과태-료 (過怠料) 图 (法律) 過料.

과테말라 (Guatemala) 图 (国名) グアテマラ.

과포화 (過飽和) 图 (物理) 過飽和.

과피 (果皮) 图 (植物) 果皮.

과-하다¹ (過-) 囮 [하변] 度を超えている.‖술이 과한 것 같습니다 飲み過ぎのようです. **과-히** 圖

과-하다² (科-) 囮 [하타] 科する.

과-하다³ (課-) 囮 [하타] 課する.

과학 (科學) /kwahak/ 图 科學.‖사회 과학 社会科学. 자연 과학 自然科学. 근대 과학 近代科学.
　　과학기술부 (科學技術部)【-끼-】图 (行政) 科学技術庁.
　　과학만능주의 (科學萬能主義)【-항-/-엉-】图 科学万能主義.
　　과학 병기 (科學兵器)【-뼝-】图 科学兵器.
　　과학-성 (科學性) 图 科学性.
　　과학 소설 (科學小說)【-쏘-】图 (文芸) 科学小説.
　　과학 수사 (科學捜査)【-쑤-】图 科学捜査.
　　과학 위성 (科學衛星) 图 科学衛星.
　　과학-자 (科學者) 图 科学者.
　　과학-적 (科學的)【-쩍】图 科学的.
　　과학적 사회주의 (科學的社會主義)【-쩍-/-쩍-훼-이】图 科学的社会主義.
　　과학-화 (科學化)【-하콰】图 [하타] 科学化.

과혹-하다 (過酷-)【-호카-】囮 [하변] 過酷だ.

곽¹ (郭) (姓) 郭 (グヮク).

곽² (槨) 图 棺を入れる箱.

곽란 (癨亂·霍亂)【광난】图 (漢方) 霍乱.‖토사곽란 吐瀉霍乱.

관¹ (官) 图 官.‖관의 명령 官の命令. 관민 官民.

관² (棺) 图 棺; おけ.

관³ (管) 图 管.

관⁴ (貫) 依名 重さの単位; …貫.

-관⁵ (官) 接尾 …官.‖감독관 監督官. 시험관 試験官.

-관⁶ (館) 接尾 …館.‖체육관 体育館. 미술관 美術館.

-관⁷ (觀) 接尾 …観.‖세계관 世界観.

관가 (官家) 图 (歷史) 役所.

관개 (灌漑) 图 [하자] 灌漑.‖관개용수 灌漑用水.

관객 (觀客) 图 観客.‖관객을 모으다 観客を集める. 관객층을 넓히다 観客層を広げる.
　　관객-석 (觀客席)【-썩】图 観客席. 働客席 (客席).

관건 (關鍵) 图 要; 鍵.‖성공을 위한 관건 成功の鍵.

관견 图 管見.

관계 (官界)【-/-게】图 官界.‖관계로 진출하다 官界に入る.

관계² (關係) /kwange/【-/-게】图 [하자] 関係; 関わること.‖선후배 관계 先輩後輩の関係. 적대 관계 敵対関係. 국제 관계 国際関係. 인과 관계 因果関係. 관계를 가지다 関係を持つ. 영업 관계의 일을 하고 있습니다 営業関係の仕事をしています. 관계가 악화되다 関係が悪化する. 새 사업에 관계하다 新事業に関係する.
　　관계 대명사 (關係代名詞) 图 (言語) 関係代名詞.
　　관계-되다 (關係-)【-/-게돼-】围 関わる; 関係がある.
　　관계-식 (關係式) (数学) 関係式.
　　관계-있다 (關係-)【-잇따 /-게잇따】囮 関係がある. 関係している.
　　관계-자 (關係者) 图 関係者.
　　관계-통 (關係通) 图 関係筋.

관계-없다 (關係-) /kwangyeʌpt͈a/ 【-업따 /-게업따】 囮 関係ない.‖그 일은 나하고는 전혀 관계없다 それは私は全く関係ない. **관계없-이** 圖 나하고는 관계없이 일이 진행되었다 私とは関係なく事が進んだ.

관공-서 (官公署) 图 官公署.

관관 접대 (官官接待)【-때】图 官官接待.

관광 (觀光) /kwangwaŋ/ 图 [하자] 観光.‖서울 시내를 관광하다 ソウル市内を観光する. 관광 여행을 가다 観光旅行に行く. 관광 시즌 観光シーズン.
　　관광-객 (觀光客) 图 観光客.
　　관광-단 (觀光團) 图 ツアー客.
　　관광-도시 (觀光都市) 图 観光都市.
　　관광-버스 (觀光bus) 图 観光バス.
　　관광 비자 (觀光visa) 图 観光ビザ.
　　관광-자원 (觀光資源) 图 観光資源.
　　관광-지 (觀光地) 图 観光地.
　　관광-호텔 (觀光hotel) 图 観光ホテル.

관구(管區)【명】管区.
관군(官軍)【명】官軍.
관권(官權)【꿘】【명】官権.
관내(管內)【명】管内. ㉠(館外)(館外).
관념(觀念)/kwannjəm/【명】観念. ‖고정관념 固定観念. 시간관념이 없는 사람 時間の観念がない人. 경제관념이 희박하다 経済観念に欠ける.
관념-론(觀念論)【-논】【명】観念論.
관념-적(觀念的)【명】観念的. ‖관념적인 사고 観念的な考え方.
관능(官能)【명】官能.
관능-미(官能美)【명】官能美.
관능-적(官能的)【명】官能的. ‖관능적인 매력 官能的な魅力.
관능-주의(官能主義)【-/-이】【명】官能主義.
관대(冠帶)【명】冠帯.
관대-하다(寬大-)【형】【하여】寛大だ. ‖관대한 조치 寛大なる処置. **관대-히**【부】
관두다/kwa:nduda/【타】〔고만두다의 縮約形〕辞める; 思いとどまる; 取りやめる. ‖회사를 관두다 会社を辞める.
관등(官等)【명】官等.
관람(觀覽)/kwallam/【관-】【하타】観覧. ‖영화를 관람하다 映画を観覧する. 영화를 단체 관람하다 映画を団体で見る.
관람-객(觀覽客)【명】見物客.
관람-권(觀覽券)【관-꿘】【명】観覧券.
관람-료(觀覽料)【관-뇨】【명】観覧料.
관람-석(觀覽席)【명】観覧席.
관련(關聯)/kwalljən/【관-】【되자】関連; 関わること. ‖기본 방침과 관련된 조치 基本方針に関わる措置. 화산 활동과 지진은 관련이 있다 火山活動と地震は関連する. 그 사건과 관련하여 체포되었다 あの事件に関わった人は逮捕された. 관련 산업 関連産業.
관련-성(關聯性)【관-썽】【명】関連性.
관련-짓다(關聯-)【관-짇따】【타】【ㅅ变】関連付ける.
관례(慣例)/kwa:lle/【관-】【명】慣例; 習わし; しきたり. ‖관례에 따르다 慣例に従う. 관례를 깨다 慣例を破る. 옛날부터의 관례 古くからの習わし.
관례-법(慣例法)【관-뻡】【명】【法律】慣例法.
관록(官祿)【명】官禄.
관록²(貫祿)【관-】【명】貫禄. ‖관록이 있다 貫禄がある. 관록이 붙다 貫禄がつく. 관록은 충분하다 貫禄十分だ.
관료(官僚)/kwallijo/【명】官僚. ‖고위직 관료 高級官僚. 관료 출신의 장관 官僚出身の大臣.
관료-적(官僚的)【명】官僚的.

관료^정치(官僚政治)【명】官僚政治. ‖관료 정치의 폐단 官僚政治の弊害.
관료-제(官僚制)【명】官僚制.
관료-주의(官僚主義)【괄-/-이】【명】官僚主義.
관료-화(官僚化)【명】【하자】官僚化.
관리¹(官吏)【괄-】【명】官吏. ‖하급 관리 下級官吏.
관리²(管理)/kwa:lli/【명】【하타】管理. ‖업무를 관리하다 業務を管理する. 건강 관리 健康管理. 안전 관리 安全管理. 위생 관리 衛生管理. 품질 관리 品質管理. 출입국 관리 出入国管理. **관리-되다**【자】
관리-비(管理費)【명】管理費.
관리-인(管理人)【명】管理人.
관리-자(管理者)【명】管理者.
관리-직(管理職)【명】管理職.
관망(觀望)【명】【하타】観望. ‖사태를 관망하다 事態を観望する.
관목(灌木)【植物】【명】㉠교목(喬木).
관목-대(灌木帶)【-때】【명】【地】灌木帯.
관문(關門)【명】関門. ‖관문을 통과하다 関門を通過する. 입시 관문 入試の関門.
관민(官民)【명】官民. ‖관민이 일치해서 관민일체가 되어 官民一体となって.
관보(官報)【명】官報.
관복(官服)【명】官服.
관복²(官福)【명】官職に恵まれる運.
관사(官舍)【명】官舎.
관사²(冠詞)【言語】【명】冠詞.
관상¹(觀狀)【명】観状.
관상²(觀象)【명】【하자】観象.
관상-대(觀象臺)【명】気象台.
관상³(觀相)/kwansaŋ/【명】【하타】観相; 人相見. ‖관상을 보다 人相を見る.
관상-가(觀相家)【명】観相家; 人相見.
관상-쟁이(觀相-)〔관상가(觀相家)を見くびる言い方で〕観相家.
관상⁴(觀賞)【명】【하타】観賞.
관상-어(觀賞魚)【명】観賞魚.
관상-용(觀賞用)【-농】【명】観賞用.
관상^동맥(冠狀動脈)【명】【解剖】冠状動脈.
관서(官署)【명】官署.
관선(官選)【명】官選.
관성(慣性)【명】慣性.
관세(關稅)/kwanse/【명】関税. ‖관세를 부과하다 関税を課す. 관세를 인하하다 関税を引き下げる. 보호 관세 保護関税.
관세^동맹(關稅同盟)【명】【経】関税同盟.
관세-법(關稅法)【-뻡】【명】【法律】関税法.

관세-율 (關稅率) 图 関税率.
관세-장벽 (關稅障壁) 图 (経) 関税障壁.
관세-정책 (關稅政策) 图 関税政策.
관세-청 (關稅廳) 图 (行政) 関税庁.
관세음-보살 (觀世音菩薩) 图 (仏教) 観世音菩薩.
관수¹ (冠水) 图 (하자) 冠水.
관수² (灌水) 图 (하자) 灌水.
관수³ (官需) 图 官需. ㉙민수(民需).
관습 (慣習) /kwa:nsɯp/ 图 慣習. ∥관습에 얽매이다 慣習に縛られる. 관습에 따르다 慣習に従う.
관습-법 (慣習法) [-뻡] 图 (法律) 慣習法.
관습-적 (慣習的) [-쩍] 图 慣習的.
관심 (關心) /kwa:nʃim/ 图 (하自他) 関心. ∥관심을 불러일으키다 関心を呼び起こす. 정치에 관심을 가지다 政治に関心を持つ. 관심을 보이다 関心を示す.
관심-거리 (關心-) [-꺼-] 图 関心事.
관심-사 (關心事) [-싸] 图 関心事. ∥그 사람의 주된 관심사는 주식이다 彼の主な関心事は株である.
관아 (官衙) 图 (歷史) 官衙(ゕ゙).
관악 (管樂) 图 (音樂) 管楽.
관악-기 (管樂器) [-끼] 图 (音樂) 管楽器.
관악-대 (管樂隊) [-때] 图 (音樂) 吹奏楽団.
관여 (關與) /kwa:njə/ 图 (하自) 関与; 関わること. ∥사건에 관여하다 事件に関与する.
관엽-식물 (觀葉植物) [-씽-] 图 (植物) 観葉植物.
관외 (關外) [-/관-] 图 管外. ㉙관내(管內).
관용¹ (官用) 图 官用.
관용² (寬容) 图 (하他) 寛容. ∥관용을 베풀다 寛容な態度をとる.
관용³ (慣用) /kwa:njon/ 图 慣用.
관용-구 (慣用句) [-꾸] 图 (言語) 慣用句.
관용-어 (慣用語) 图 (言語) 慣用語.
관용-음 (慣用音) 图 (言語) 慣用音.
관용-적 (慣用的) 图 慣用的. ∥관용적인 표현 慣用的な表現.
관운 (官運) 图 官運に恵まれる運.
관원 (官員) 图 官員.
관음 (觀音) 图 (仏教) 観音.
관음-보살 (觀音菩薩) 图 (仏教) 観音菩薩.
관인¹ (官印) 图 官印.
관인² (官認) 图 (하他) 官庁で認めること.
관자-놀이 (貫子-) [-] 图 (解剖) めかみ.
관장¹ (館長) 图 館長.
관장² (灌腸) 图 (医学) 浣腸.
관장³ (管掌) 图 (하他) 管掌.
관재 (管財) 图 管財.
관저 (官邸) 图 官邸.
관전 (觀戰) 图 (하他) 観戦.
관전-기 (觀戰記) 图 観戦記.
관전-평 (觀戰評) 图 観戦評.
관절 (關節) /kwandʑəl/ 图 関節. ∥관절을 삐다 関節をはずす.
관절-염 (關節炎) [-렴] 图 (医学) 関節炎.
관점 (觀點) [-쩜] /kwan'dʑəm/ 图 観点. ∥교육적 관점 教育的観点. 장기적인 관점에서 長期的観点で. 관점을 바꿔서 생각해 보다 観点を変えて考えてみる.
관제¹ (官制) 图 官制.
관제² (管制) 图 (하他) 管制.
관제-엽서 (官製葉書) [-써] 图 官製葉書.
관제-탑 (管制塔) 图 管制塔.
관조 (觀照) 图 (하他) 観照.
관존-민비 (官尊民卑) 图 官尊民卑.
관중 (觀衆) 图 観衆. ∥많은 관중들 앞에서 大観衆の前で.
관중-석 (觀衆席) 图 観衆席.
관직 (官職) 图 官職.
관찰 (觀察) /kwantɕʰal/ 图 (하他) 観察. ∥자연 현상을 관찰하다 自然現象を観察する. 주의 깊게 관찰하다 注意深く観察する. 관찰 기록 観察記録.
관찰-되다 图 (受動)
관찰-력 (觀察力) 图 観察力. ∥관찰력이 뛰어나다 観察力が鋭い.
관철 (貫徹) 图 (하他) 貫徹. ∥신념을 관철하다 信念を貫徹する.
관청 (官廳) /kwantɕʰəŋ/ 图 官庁. ∥중앙 관청 中央官庁.
관측 (觀測) 图 (하他) 観測. ∥태양의 흑점을 관측하다 太陽の黒点を観測する. 천체 관측 天体観測. **관측-되다** 图 (受動)
관측-소 (觀測所) [-쏘] 图 観測所.
관측-통 (觀測通) 图 消息通.
관통 (貫通) /kwantʰoŋ/ 图 (하他) 貫通. ∥탄환이 어깨를 관통하다 弾丸が肩を貫通する.
관포지교 (管鮑之交) 图 管鮑(ゕ゙)の交わり.
관하 (管下) 图 管下.
관-하다 (關-) /kwanhada/ 直 (하変) 【主に…에 관하여[관해서·관한]の形で】…に関して(の); …について(の); …に関する. ∥그 사건에 관해서는 전혀 보도되지 않았다 あの事件については一切報道されなかった. 이번 지진에 관한 조사 결과 今回の地震に関する調査の結果.
관하여[관해] (關-) [하変] 관하다(関わる·関する)の連用形.
관한 (關-) [하変] 관하다(対する·関する)の連体形. ∥한국에 관한 문제 韓国に関する問題.

관할 (管轄) 图 他 ∥관할 구역 管轄區域.
관행 (慣行) 图 他 慣行. ∥관행에 따르다 慣行に従う.
관현 (管絃) 图 音楽 管弦.
관현-악 (管絃樂) 图 音楽 管弦楽.
관현악-단 (管絃樂團) [-딴] 图 音楽 管弦楽団.
관형-격 (冠形格) [-껵] 图 言語 連体格.
관형격~조사 (冠形格助詞) [-격쪼-] 图 言語 属格助詞. ↔韓国語では의のみ.
관형-사 (冠形詞) 图 言語 連体詞. ↔모든・새・헌など.
관형사-형 (冠形詞形) 图 言語 連体形.
관형-어 (冠形語) 图 言語 連体修飾語.
관형-절 (冠形節) 图 言語 連体修飾節.
관형-형 (冠形形) 图 言語 連体形.
관혼 (冠婚) 图 冠婚.
관혼상제 (冠婚喪祭) 图 冠婚葬祭.
괄괄-하다 形 하여 ❶《性格が》きびきびしていて荒っぽい. ❷豪気だ.
괄목 (刮目) 图 他 刮目(갖). ∥괄목할 만한 업적 刮目に値する業績.
괄목-상대 (刮目相對·刮目相對하다) [-쌍-] 图 《後進の学識や技量の向上が目覚しい場合》驚嘆して相手を見直すこと.
괄약-근 (括約筋) [-끈] 图 解剖 括約筋.
괄태-충 (括胎蟲) 图 動物 ナメクジ (蛞蝓).
괄호 (括弧/kwalho/) 图 括弧. ∥묶음표(-標). ∥괄호 안을 채우시오 括弧の中を埋めなさい. 대괄호 大括弧([ ]). 중괄호 中括弧({ }).
광[1] 图 物置; 倉; 納屋; 倉庫. ▶광에서 인심 난다[諺] [人の恩情は倉から出る]の意で)生活に余裕があれば人情も厚くなる.
광[2] (光) 图 光; つや; 光沢.
광-나다 (光-) 自 つやが出る; つやつやする; 光沢が出る: ぴかぴか光る.
광-내다 (光-) 他 つやを出す.
광[3] (廣) 图 幅. 의너비.
광[4] (壙) 图 墓穴; 塚穴.
광[5] (狂) 图 気のふれた人.
-광[6] (狂) 接尾 …狂; …マニア; …気違い. ∥…おたく. ∥낚시광 釣り気違い. 우표 수집광 切手マニア.
광견 (狂犬) 图 狂犬.
광견-병 (狂犬病) [-뼝] 图 医学 狂犬病; 恐水病.
광경 (光景) /kwangjɔŋ/ 图 光景. ∥웃은 광경 微笑ましい光景.
광고 (廣告) /kwa:ngo/ 图 他 広告. ∥신문에 광고를 내다 新聞に広告を出

す. 광고 대리업 広告代理業. 신문광고 新聞広告. 광고 매체 広告媒体.
광고-란 (廣告欄) 图 広告欄.
광고-문 (廣告文) 图 広告文.
광고-주 (廣告主) 图 広告主; スポンサー.
광고-지 (廣告紙) 图 広告紙; ちらし.
광고-탑 (廣告塔) 图 広告塔.
광-공업 (鑛工業) 图 鉱工業.
광관 (光冠) 图 光冠; コロナ.
광구[1] (鑛口) 图 坑口.
광구[2] (鑛區) 图 鉱区.
광구[3] (光球) 图 物理 光球.
광기 (狂氣) [-끼] 图 狂気.
광년 (光年) [꿩-] 图 光年.
광대[1] 图 昔, 판소리(パンソリ)・人形劇・仮面劇・軽業などを見せ物としていた旅芸人.
광대-놀음 图 판소리(パンソリ)・仮面劇などで芸人がやる遊戯.
광대[2] (廣大) 图 形 広大. ∥광대한 평원 広大な平原. **광대-히** 圖 広大に.
광대-무변 (廣大無邊) 图 形 広大無辺. ∥광대무변한 벌판 広大無辺な平原.
광대-나물 (植物) タピオカ(田平子).
광대-뼈 图 頰骨. ∥광대뼈가 튀어나오다 頰骨が張っている[高い].
광도 (光度) 图 光度.
광도-계 (光度計) [-/-계] 图 光度計.
광-디스크 (光 disk) 图 光ディスク.
광란 (狂-亂) [-난] 图 狂乱.
광란-적 (狂亂的) 图 狂乱的.
광림 (光臨) [-님] 图 光臨.
광막-하다 (廣漠-) [-마카-] 形 하여 広漠だ. ∥광막한 이국의 하늘 아래에서 広漠たる異郷の空の下で. **광막-히** 圖
광망-하다 (曠茫-) [-망-] 形 하여 曠茫 (광망)としている.
광맥 (鑛脈) 图 鉱脈.
광명 (光明) 图 光明(광명). ∥어둠 속에 한 줄기 광명이 비치다 闇の中に一条の光明が差す.
광명-정대 (光明正大) 图 하여 言行が公正であること.
광목 (廣木) 图 幅の広い粗織りの木綿.
광물 (鑛物) /kwa:ŋmul/ 图 鉱物.
광물-성 (鑛物性) [-썽] 图 鉱物性.
광배 (光背) 图 光背.
광-범위 (廣範圍) /kwa:ŋbɔmwi/ 图 하여 広範囲. ∥광범위한 조사 広範囲の調査.
광범-하다 (廣範-) 形 하여 広範だ.
광복 (光復) 图 他 失われた国権を取り戻すこと.
광복-절 (光復節) [-쩔] 图 光復節. ↔韓国が日本の植民地から解放されたことを祝う祝日. 8 月 15 日. ⑳ 팔일오(八一五).

광부(鑛夫) 图 鉱夫.
광분(狂奔) 图 [하變] 狂奔.
광산(鑛山) 图 鉱山. ∥광산 지대 鉱山地帯.
광상-곡(狂想曲) 图《音楽》狂想曲; 奇想曲; カプリッチオ.
광석(鑛石) 图 鉱石.
광선(光線) 图 光線. ∥가시광선 可視光線. 태양 광선 太陽光線.
광선-총(光線銃) 图 光線銃.
광-섬유(光纎維) 图 光ファイバー.
광속¹(光束) 图《物理》光束.
광속²(光速) 图《物理》光速.
광-속도(光速度) 图〔-또〕图《物理》光速度.
광시-곡(狂詩曲) 图《音楽》狂詩曲; ラプソディー.
광신(狂信) 图 [하變] 狂信. ∥광신적인 태도 狂信的な態度.
광야(曠野) 图 曠野.
광-양자(光量子)〔-냥-〕图《物理》光量子.
광어(廣魚)《魚介類》ヒラメ(平目). ⑧넙치.
광업(鑛業) 图 鉱業.
광역(廣域) 图 広域.
　광역 경제(廣域經濟)〔-쩡-〕图 広域経済; ブロック経済.
　광역-도시(廣域都市)〔-또-〕图 広域中心都市.
　광역-시(廣域市)〔-씨〕图 広域市. ✝從来의直轄市가市域을拡張하여成立한地方自治団体의하나. 現在釜山(釜山)·大邱(大邱)·仁川(仁川)·大田(大田)·광주(光州)·蔚山(蔚山)의6つがある. 서울(ソウル)는特別市.
광열-비(光熱費) 图 光熱費.
광엽-수(廣葉樹)〔-쑤〕图《植物》広葉樹.
광영(光榮) 图 光栄.
광우-병(狂牛病)〔-뼝〕图《医学》狂牛病; 牛海綿状脳症.
광원(光源) 图 光源.
광음(光陰) 图 光陰.
광의(廣義)【-/-이】图 広義. ㋩협의(狹義). ∥광의로 해석하다 広義に解釈する.
광인(狂人) 图 狂人.
광-입자(光粒子)〔-짜〕图《物理》光粒子.
광자(光子) 图《物理》光子.
광장(廣場) /kwaːŋdʑaŋ/ 图 広場. ∥서울 시청앞 광장 ソウル市役所前の広場. 모스크바의 붉은 광장 モスクワの赤の広場.
광-적(狂的)〔-쩍〕图 狂的. ∥광적인 집착 狂的な執着.
광전-관(光電管) 图《物理》光電管.
광-전자(光電子) 图《物理》光電子.
광-전지(光電池) 图《物理》光電池.

광주(光州) 图《地名》光州. ✝전라남도(全羅南道)의道庁所在地.
광주리 图 (竹などで編んだ)籠(ご). ∥광주리에 담아 두다 籠に入れておく.
광증(狂症)【-쯩】图 狂気の症状.
광채(光彩) 图 光彩. ∥광채를 띠다 光彩を放つ.
광천(鑛泉) 图《地》鉱泉.
광태(狂態) 图 狂態. ∥술에 취해 광태를 보이다 泥酔して狂態を演じる.
광택(光澤) /kwaŋtʰɛk/ 图 光沢; つや. ∥광택이 있다 光沢がある. 광택이 나도록 닦다 つやが出るほど磨く.
　광택-기(光澤機)【-끼】图 光沢機.
　광택-지(光澤紙)【-찌】图 光沢紙.
광-통신(光通信) /kwaŋtʰoŋɕin/ 图 光通信.
광-파이버(光fiber) 图 光ファイバー.
광폭(廣幅) 图 広幅; ワイド. ∥광폭 텔레비전 ワイドテレビジョン.
광풍¹(狂風) 图 光風.
광풍²(狂風) 图 狂風.
광학(光學) 图 光学.
광-합성(光合成)〔-씽〕图《植物》光合成. ∥광합성 작용 光合成作用.
광-화학(光化學) 图 光化学.
광활-하다(廣闊-) 图 [하變] 広大だ. ∥광활한 벌판 広大な平原.
광휘(光輝) 图 图 光輝; 光り輝くこと.
　광휘-롭다(光輝-)【-따】图 [ㅂ変] 輝かしい. 광휘로이 图
괘(卦) 图 ❶卦. ∥팔괘 八卦. 좋은 괘가 나오다 よい卦が出る. ❷ 점괘(占卦)의略語.
괘념(掛念) 图 [하變] 懸念; 心配.
괘사(卦辭) 图 ふざけた言動; 滑稽; しゃれ. ∥괘사를 떨다 ふざける; おどける.
괘선(罫線) 图 罫線.
괘씸-죄(-罪)〔-죄/-쒜〕图 目上の人から不届き者にされること. ∥괘씸죄에 걸리다 不届き者にされる.
괘씸-하다 /kwɛʔɕimhada/ 图 [하變] けしからん; 不埒だ; 不届きだ. ∥모른 척하더니 괘씸하기 짝이 없다 知らん顔をするとはけしからん. 생각할수록 괘씸하다는 생각이 들었다 考えれば考えるほど, けしからんと思った. 괘씸한 녀석, 거짓말을 하다니. けしからんやつ, うそをつくなんて.
괘종(掛鐘) 图 掛け時計; 柱時計. ⑧벽시계(壁時計).
　괘종-시계(掛鐘時計)【-/-계】图 = 괘종.
괜-스럽다 图 [ㅂ変] 無駄だ; むなしい. 괜스레 图 괜스레 설레는 마음 訳もなくはやる気持ち.
괜-찮다 /kwɛntɕʰantʰa/ 图 [ㅎ変] ❶ 大丈夫だ; 差し支えない; 構わない; いい; 結構だ; 平気だ. ∥그럴

게 해도 괜찮다 그렇게다 해도 좋다. 혹시 괜찮으시다면 모처럼이라도, 괜찮은 사람이다 좋은 人. 월급은 괜찮은 편이다 給料はいい方だ. 네가 괜찮다면 나는 괜찮아 お前がいいなら, 私は大丈夫だよ. ❷[⋯도 괜찮다の形で]⋯も大丈夫だ; ⋯もいい; ⋯も構わない. ‖내버려 둬도 괜찮다 ほっといても大丈夫だよ. 여기서 버려도 괜찮을까? 그대로 두어도 괜찮을까. 물건은 좋으면 비싸도 괜찮다 物がいいなら, 高くても構わない.

괜-하다[-/케-] [형] [공연하다(空然一)の縮約形] [主に괜한の形で] 要らない⋯; 余計な⋯; 無駄な⋯. ‖괜한 걱정 余計な心配.

괜-히 /kwe:nhi/ [공연히(空然一)の縮約形] いたずらに; やたらに; 無駄に; 何となく. ‖괜히 고집을 피우다 やたらに意地を張る. 괜히 무섭다 何となく怖い.

괭이 鍬(くわ). ‖괭이 자루 鍬の柄.

괭이-갈매기 [鳥類] ウミネコ(海猫).

괴걸(怪傑) [-/케-] [명] 怪傑.

괴괴-하다[1] [-/케-] [형] [하変] 静まり返っている; もの静かだ; ひっそりとしている. ‖괴괴한 숲속 ひっそりとした森の中.

괴괴-하다[2](怪怪一) [-/케-] [형] [하変] 怪怪だ; 不可解だ.

괴기(怪奇) [-/케-] [명] [하変] 怪奇.

괴기'**소설**(怪奇小説) [명] [文芸] 怪奇小説.

괴다[1] /kwe:da/ [자] ❶ (水などが)溜(た)まる; よどむ. ‖웅덩이에 빗물이 괴다 水溜りに雨水が溜まる. 수채에 물이 괴어 있다 溝に水がよどんでいる. 입에 침이 괴다 つばが口に溜まる. ❷ (涙が)にじむ. ‖눈물이 괴다 涙がにじむ.

괴다[2] [-/케-] [자] ❶ (酒が発酵し出して)ぶくぶく泡立つ. ‖술이 부글부글 괴고 있다 酒がぶくぶく沸いている. ❷ (怒りなどが)込み上げる. ‖울분을 받아서 속이 부글부글 괴고 있다 腹が立って怒りが込み上げている.

괴다[3] /kwe:da/ [-/케-] [타] (もの下を)支える; 当てる; (頬づえを)つく; 턱을 괴고 앉아 있다 頬づえをついて座っている. 나무가 쓰러질 것 같아 버팀목을 괴어 놓다 木が倒れそうのでつっかい棒を立てておく. ❸괴이다.

괴담(怪談) [-/케-] [명] 怪談.

괴도(怪盗) [-/케-] [명] 怪盗. ‖괴도 루팡 怪盗ルパン.

괴력(怪力) [-/케-] [명] 怪力.

괴로움 [-/케-] [명] 苦しみ. ‖괴로움을 들어놓다 苦しみを打ち明ける.

괴로워-하다 [-/케-] [타] [하変] 苦しむ; 悩む; 悶々(もんもん)とする. ‖심한 두통으로 괴로워하다 ひどい頭痛に苦しむ. 밤낮없이 괴로워하다 日夜悶々とする.

괴롭다 /kwerop²ta/ [-따/케-따] [ㅂ変] [괴로워, 괴로운] 苦しい; 辛い; 悩ましい. ‖괴로운 처지 苦しい立場. 그 일로 마음이 괴롭다 そのことで心苦しい. 헤어づらいから괴로운 別れが辛い. 고민이 많은 괴로운 나날들 煩悶(はんもん)多き悩ましい日々. ❸괴로이하다. **괴로이** [부]

괴롭-히다 /kwerop²hida/ [-로피-/케-피-] [타] [괴롭다の使役動詞] 苦しめる; 悩ます; いじめる. ‖아이들을 괴롭히다 子どもたちを苦しめる. 짓궂은 질문을 해서 선생님을 괴롭히다 意地悪い質問をして先生を苦しめる. 학교에서 선배한테 괴롭힘을 당하다 学校で先輩にいじめられる.

괴뢰(傀儡) [-/케-] [명] 傀儡(かいらい). **괴뢰**'**정부**(傀儡政府) [명] 傀儡政権.

괴리(乖離) [-/케-] [명] 되自 乖離. ‖괴리가 크다 乖離が大きい.

괴멸(壞滅) [-/케-] [명] 되自 壊滅. ‖대지진으로 동네가 괴멸되었다 大地震で村が壊滅した.

괴물(怪物) [-/케-] [명] 怪物.

괴발-개발 [-/케-] [명] 下手な筆跡や殴り書きしたような様子; ミミズのたくわえたように; 乱雑に. ‖괴발개발 적어 놓아서 못 읽겠다 殴り書きしてあるから読めない.

괴변(怪變) [-/케-] [명] 異変. ‖괴변이 일어나다 異変が起きる.

괴상(怪常) [-/케-] [명] [하変] 奇妙なこと; 奇怪なこと; 奇異なこと; 不思議なこと; とんきょうなこと. ‖괴상한 물체 奇怪な物体. 괴상한 소리를 지르다 とんきょうな声を出す. 괴상하게 여기다 不思議に思う. **괴상-히** [부]

괴상망측-하다(怪常罔測一) [-ㅁ쯔카-/케-ㅁ쯔카-] [형] [하変] 奇怪千万だ.

괴상야릇-하다(怪常一) [-ㄴ나르타-/케-나르타-] [형] [하変] 奇妙きてれつだ. ‖괴상야릇한 이야기 奇妙きてれつな話.

괴수[1](怪獸) [-/케-] [명] 怪獸.
괴수[2](魁首) [-/케-] [명] 魁首(かいしゅ).

괴암(怪岩) [-/케-] [명] 奇岩; 怪石.

괴어-오르다 [-/케어-] [자] [르変] 発酵が始まる.

괴이다 [-/케-] [자] 괴다[3]の受身動詞.

괴이-하다(怪異一) [-/케-] [형] [하変] 怪しい; 不思議だ. ‖괴이한 현상 怪異な現象. **괴이-히** [부]

괴저(壊疽) [-/케-] [명] [医学] 壊疽(え そ).

괴조(怪鳥) [-/케-] [명] 怪鳥.

괴질(怪疾) [-/케-] [명] ❶原因不明の病気. ❷[콜레라의俗語] コレラ.

괴짜(怪一ʔta) [-/케-] [명] 変人; 変わり者; 奇人; 変わった人. ‖괴짜 취급을 하다 変人扱いする.

괴팍-스럽다 (乖愎-)【-쓰-따/궤-쓰-따】〖形〗[ㅂ変] = 괴팍하다(乖愎-).

괴팍-하다 (乖愎-)【-파쿠-/궤파쿠-】〖하여〗(性質이)気難しい;機嫌が取りにくい. 偏屈だ.

괴한 (怪漢)【-/궤-】〖名〗怪漢.

괴-현상 (怪現象)【-/궤-】〖名〗怪現象.

괴혈-병 (壞血病)【-뼁/궤-뼁】〖医学〗壊血病.

굉음 (轟音)【-굉】〖名〗轟音.

굉장-하다 (宏壯-)【-/궹-】〖하여〗 ❶広壮だ;広くて立派だ. ∥굉장한 저택 広壮な邸宅. ❷すばらしい;すばらしい反応 もすごい反応. **굉장-히** 〖副〗굉장히 어려운 문제 ものすごく難しい問題.

교 (校)〖依名〗校正の回数を数える語: …校. ∥재교 再校;2 校. 삼교 3 校.

교가[1] (校歌)〖名〗校歌. ∥교가 제창 校歌斉唱.

교과목 (教科目)〖名〗教科.

교각[1] (橋架)〖名〗橋架;橋げた.

교각[2] (交角)〖数学〗交角.

교각 (橋脚)〖名〗橋脚;脚柱;橋脚.

교각-살우 (矯角殺牛)【-싸루】〖名〗角を矯めて牛を殺すこと.

교감[1] (交感)〖하自〗交感. ∥교감 신경 交感神経.

교감[2] (校監)〖名〗教頭.

교과 (教科)〖名〗教科.

교과목 (教科目)〖名〗教科.

교과-서 (教科書)/kjo:gwasʌ/〖名〗教科書. ∥국정 교과서 国定教科書. 검 인정 교과서 検定教科書.

교관 (教官)〖名〗教官.

교교 (皎皎)〖名〗皓々たり. ∥달빛이 교교하다 皓々たる月.

교교-월색 (皎皎月色)【-쌕】〖名〗皓々たる月.

교구 (教區)〖名〗教区.

교권 (教權)【-꿘】〖名〗❶教育上の権利;教育の権利. ❷宗教上の権利.

교기[1] (巧技)〖名〗巧技さ.

교기[2] (校旗)〖名〗校旗.

교내 (校內)〖名〗校内.

교단[1] (教壇)〖名〗教壇.

교단[2] (教壇)〖名〗教壇. ▶교단에 서다 教壇に立つ. ▶교단을 떠나다 教壇を去る.

교당 (教堂)〖宗教〗教会堂.

교대[1] (交代)/kjodɛ/〖名〗〖하自他〗交代. ∥삼 교대로 일하다 3 交代制で働く. 교대 시간 交代時間.

교대-로 (交代-)〖副〗交代で;代わり番こで. ∥우리 교대로 운전하다 交代で運転する.

교대[2] (教大)〔教育 大学(教育大學)の略語〕教育大学.

교도[1] (教徒)〖名〗教徒;信徒.

교도[2] (教導)〖名〗〖하他〗教導. ∥청소년 을 교도하다 青少年を教導する.

교도[3] (教導)〖名〗❶正しく導くこと. ❷看守.

교도-관 (矯導官)〖名〗刑務官.

교도-소 (矯導所)〖名〗刑務所.

교두-보 (橋頭堡)〖名〗〖軍事〗橋頭堡(きょうとうほ).

교란 (攪亂)〖하他〗攪乱.

교량 (橋梁)〖名〗橋梁.

교련 (教錬)〖名〗〖하自他〗教練.

교료 (校了)〖名〗〖하自他〗校了.

교류 (交流)〖名〗〖하自他〗❶交流. ∥국제 교류 国際交流. 인사 교류 人事交流. 한일 문화 교류 日韓文化交流. ❷(電気の)交流. ∥교류 전류 交流電流.

교리 (教理)〖名〗教理.

교린 (交隣)〖名〗交隣.

교린 정책 (交隣政策)〖名〗交隣政策.

교만 (驕慢)〖名〗〖하여〗驕慢だ. ∥교만한 표정 驕慢な表情.

교모 (校帽)〖名〗学生帽;制帽.

교목 (喬木)〖名〗〖植物〗喬木;高木. ↔관목(灌木).

교목-대 (喬木帶)【-때】〖名〗〖地〗喬木帯.

교묘-하다 (巧妙-)/kjo:mjohada/〖形〗〖하여〗巧妙だ;巧みだ. ∥교묘한 속임수 巧妙な手口. 교묘히 다루다 巧妙に操る. 교묘한 수단을 쓰다 巧妙な手段を用いる. 교묘한 말로 사람을 속이다 言葉巧みに人をだます. **교묘-히** 〖副〗

교무 (教務)〖名〗教務.

교무-실 (教務室)〖名〗職員室.

교문 (校門)〖名〗校門.

교미 (交尾)〖名〗〖하自〗交尾.

교민 (僑民)〖名〗海外に居住している自国民.

교배 (交配)〖名〗〖하他〗〖生物〗交配.

교배-종 (交配種)〖名〗〖生物〗交配種.

교복 (校服)〖名〗制服.

교본 (教本)〖名〗教本.

교부 (交付)〖名〗〖하他〗交付. ∥증명서를 교부하다 証明書を交付する. 무상 교부 無償交付. **교부-되다** [-받다] 〖受動〗

교부-금 (交付金)〖名〗交付金.

교분 (交分)〖名〗交わり. ∥교분이 있다 交わりがある.

교사[1] (校舍)〖名〗校舎.

교사[2] (教師)/kjo:sa/〖名〗教師. ∥고등 학교 교사 高校の教師. 가정교사 家庭 教師. 반면교사 反面教師.

교사[3] (教唆)〖名〗教唆;そそのかすこと. ∥교사 선동 教唆扇動.

교사-범 (教唆犯)〖名〗〖法律〗教唆犯.

교살 (絞殺)〖名〗絞殺.

교생 (教生)〔教育 実習生(教育實習生)の略語〕教生.

교생-실습 (教生實習)【-씁】〖名〗教育

實習. ⑩교육 실습(敎育實習).
교서(敎書) 图 敎書. ‖연두 교서 年頭敎書. 일반 교서 一般敎書.
교섭(交涉) /kjosʌp/ 图 ⑩自 交涉; 話し合い. ‖교섭에 임하다 交涉に臨む. 교섭이 결렬되다 交涉が決裂する. 단체 교섭 團體交涉. 교섭 상대 交涉相手. 개별 교섭을 추진하다 個別交涉を進める.
교섭´단체(交涉團體) 【-딴-】 图 交涉團體.
교성(嬌聲) 图 嬌声.
교세(敎勢) 图 宗敎上の勢力.
교수¹(敎授) /kjo:su/ 图 敎授. ‖명예 교수 名譽敎授. 객원 교수 客員敎授.
 교수´**법**(敎授法) 【-뻡】 图 敎授法.
 교수´**회**(敎授會) 【-/-훼】 图 敎授會.
교수²(絞首) 图 ⑩他 絞首.
 교수´**대**(絞首臺) 图 絞首臺.
 교수´**형**(絞首刑) 图 【法律】 絞首刑.
교습(敎習) 图 ⑩他 ‖운전 교습 自動車敎習.
교시¹(敎示) 图 ⑩他 敎示.
교시²(校時) 低定 …時限; …校時. ‖일 교시부터 수업이 있다 1時限から授業がある.
교신(交信) 图 ⑩自 交信. ‖남극 기지와 교신하다 南極基地と交信する.

교실(敎室) /kjo:ʃil/ 图 敎室. ‖백 명이 들어갈 수 있는 대형 교실 300人が入れる広い敎室. 시청각 교실 視聽覺敎室. 요리 교실 料理敎室. 콩나물 교실 すし詰めの敎室.
교안(敎案) 图 敎案. ‖교안 작성 敎案作成.
교양(敎養) /kjo:jaŋ/ 图 敎養. ‖일반 교양 一般敎養. 교양을 쌓다 敎養を積む. 교양이 없는 사람 敎養のない人.
 교양´**과목**(敎養科目) 图 敎養科目.
 교양´**소설**(敎養小說) 图 【文芸】 敎養小說.
교언영색(巧言令色) 【-녕-】 图 巧言令色.
교역(交易) 图 ⑩自 交易.
교열(校閱) 图 ⑩他 校閱. ‖원고를 교열하다 原稿を校閱する.
교외(郊外) /kjowe/ 【-/-웨】 图 郊外.
교우¹(交友) 图 ⑩自 交友. ‖교우 관계 交友關係.
교우²(校友) 图 校友.
 교우´**회**(校友會) 【-/-훼】 图 校友會.
교우³(敎友) 图 同じ宗教の仲間.
교원(敎員) 图 敎員. ‖교원 자격증 敎員免許狀.
교원´병(膠原病) 【-뼝】 图 【医学】 膠原病.
교원´질(膠原質) 图 膠原質; コラーゲン.
교위(敎委) 〔敎育委員會(敎育委員會)の略語〕敎委.
교유(交遊) 图 ⑩自 交遊.

교육(敎育) /kjo:juk/ 图 ⑩他 敎育. ‖영재 교육 英才敎育. 가정 교육 家庭敎育. 의무 교육 義務敎育. 대학 교육을 받다 大学敎育を受ける. 초등[중등·고등]교육 初等[中等·高等]敎育.
교육´**감**(敎育監) 【-깜】 图 敎育監.
교육´**계**(敎育界) 【-꼐/-께】 图 敎育界.
교육´**공무원**(敎育公務員) 【-꽁-】 图 敎育公務員.
교육´**과정**(敎育課程) 【-꽈-】 图 敎育課程.
교육´**대학**(敎育大學) 【-때-】 图 敎育大學.
교육´**법**(敎育法) 【-뻡】 图 敎育法.
교육´**비**(敎育費) 【-삐】 图 敎育費.
교육´**상**(敎育上) 【-쌍】 图 敎育上.
교육´**실습**(敎育實習) 【-씰-】 图 敎育實習.
교육´**위원회**(敎育委員會) 【-/-훼】 图 敎育委員會. 敎育委(敎委)
교육´**자**(敎育者) 【-짜】 图 敎育者. ‖교육자로서의 자질 敎育者としての資質.
교육´**장**(敎育長) 【-짱】 图 敎育長.
교육´**적**(敎育的) 图 敎育的. ‖교육적인 견지 敎育的の見地.
교육´**청**(敎育廳) 图 〔行政〕 敎育委員會.
교육´**평가**(敎育評價) 【-까】 图 敎育評價.
교육´**학**(敎育學) 【-유각】 图 敎育學.
교의¹(交誼) 【-/-이】 图 交誼.
교의²(校醫) 【-/-이】 图 校醫.
교인(敎人) 图 敎徒; 信徒; 信者.
교자(交子) 图 ❶=교자상(交子床). ❷교자상에 차린 요리.
교자상(交子床) 【-쌍】 图 (韓国風の)台盤.
교장(校長) /kjo:dʑaŋ/ 图 校長. ‖교장 선생님 校長先生.
교재(敎材) /kjo:dʑɛ/ 图 敎材. ‖시청각 교재 視聽覺敎材. 교재 연구 敎材研究.
교전¹(交戰) 图 交戰.
교전²(敎典) 图 敎典.
교점(交點) 【-쩜】图【数学】交点.
교접(交接) 图 ⑩自 交接.
교정¹(校庭) 图 校庭.
교정²(校訂) 图 ⑩他 校訂.
 교정´**료**(校訂料) 【-뇨】 图 校訂料.
 교정´**쇄**(校訂刷) 图 校訂刷. ⑩=교정(校正).
 교정´**본**(校訂本) 图 校訂本.
교정³(校訂) 图 ⑩他 校訂.
교정⁴(矯正) 图 ⑩他 矯正. ‖치열 교

교제

정 南列矯正.
교정-술 (矯正術) 图 矯正術.
교제 (交際) /kjɔdʑe/ 하타 交際; 付き合い. ‖1년 전부터 교제하고 있다 1年前から付き合っている. 교제 범위가 넓다 交際(範囲)が広い. 남녀 교제 男女交際.
교제-비 (交際費) 图 交際費.
교제-상 (交際上) 图 交際上. ‖교제상 필요한 예의 交際上必要な礼儀.
교제-술 (交際術) 图 交際術.
교조¹ (敎祖) 图 教祖.
교조² (敎條) 图 教条.
교주 (敎主) 图 教主.
교지 (校旨) 图 校旨.
교직 (敎職) 图 教職. ‖교직 과목 教職科目. 교직 과정 教職課程.
교직-원 (敎職員) 图 教職員.
교-집합 (交集合) 【-지합】图《數学》交わり; 共通集合; 積集合. ⇨합집합 (合集合).
교차 (交叉) 图 하타 交差. ‖두 개의 직선이 교차하다 2本の直線が交差する.
교차-로 (交叉路) 图 交差路.
교차-점 (交叉點) 【-쩜】图 交差点.
교착¹ (交錯) 图 交錯.
교착² (膠着) 图 膠着. ‖교착 상태에 빠지다 膠着状態に陥る.
교착-어 (膠着語) 图《言語》膠着語.
 ✣韓国語·日本語·トルコ語·フィンランド語など. ⇔고립어(孤立語)·굴절어 (屈折語)·포합어(抱合語).
교장 (校葬) 图 校葬.
교제 (交替·交遞) /kjotʰe/ 图 하타 交替; 交代. ‖투수를 교체하다 投手を 交替する. 세대 교체 世代交代. **교제-되다** [-당하다] 受動.
교칙¹ (校則) 图 校則.
교칙² (敎則) 图 教則.
교탁 (敎卓) 图 教卓.
교태 (嬌態) 图 嬌態; 色気. ‖교태를 부리다 嬌態を見せる.
교통 (交通) /kjotʰoŋ/ 图 交通. ‖해상 교통 海上交通. 교통이 끊어지다 交通が途絶る. 교통 통제를 하다 交通規制が敷かれる.
교통-경찰 (交通警察) 图 交通警察.
교통-기관 (交通機關) 图 交通機関.
교통-난 (交通難) 图 交通難.
교통-량 (交通量) 【-냥】图 交通量. ‖교통량이 많은 도로 交通量の多い道路.
교통-마비 (交通痲痺) 图 交通麻痺.
교통-망 (交通網) 图 交通網. ‖전국적인 교통망 全国的な交通網.
교통-부 (交通部) 图《行政》国土交通省.
교통-비 (交通費) 图 交通費.

교통-사고 (交通事故) 图 交通事故. ‖교통 사고 빈발 지역 交通事故多発地帯. 교통 사고를 당하다 交通事故にあう.
교통-신호 (交通信號) 图 交通信号.
교통-정리 (交通整理) 【-니】图 交通整理.
교통-지옥 (交通地獄) 图 交通地獄.
교통-편 (交通便) 图 交通の便. ‖교통편이 불편하다 交通の便がよくない.
교파 (敎派) 图 教派.
교편 (敎鞭) 图 教鞭(きょうべん). ▶교편을 잡다 教鞭を執る.
교포 (僑胞) /kjopʰo/ 图 海外同胞. ‖재일 교포 在日同胞.
교풍 (校風) 图 校風.
교학 (敎學) 图 教学.
교향-곡 (交響曲) 图《音楽》交響曲.
교향-시 (交響詩) 图《音楽》交響詩.
교향-악 (交響樂) 图《音楽》交響楽.
교호 (交互) 图 交互.
교화 (敎化) 图 하타 教化.
교환¹ (敎歡) 图 歓.
교환² (交換) /kjohwan/ 图 하타 交換; 取り替えること. ‖기념품을 교환하다 記念品を交換する. 의견을 교환하다 意見を交換する. 물물교환 物々交換.
교환-가치 (交換價値) 图《經》交換価値.
교환-경기 (交換競技) 图 親善試合.
교환-교수 (交換敎授) 图 交換教授.
교환-수 (交換手) 图 交換手.
교활-하다 (狡猾-) 형여 狡猾だ; 狡猾(ずる)い. ‖교활한 솜씨 狡猾な手口.
교황 (敎皇) 图《カトリック》教皇; 法王.
교회 (敎會) /kjohwe/ 【-/-회】图 教会. ‖주일에는 교회에 간다 日曜日には教会に行く. 교회에 다니다 教会に通う. 교회[주일] 학교 (教会の)日曜学校.
교훈¹ (校訓) 图 校訓.
교훈² (敎訓) 图 하타 教訓.

구¹ (句) 图 句. ‖명사구 名詞句.
구² (具) (姓) 具(グ).
구³ (區) 图 ❶《行政》区. ‖서울에는 현재 스물다섯 개의 구가 있다 ソウルには現在区が25ある. 서울시 남대문구 ソウル市南大門区. ❷区. ‖자치구 自治区. 선거구 選挙区.
구⁴ (球) 图 球.
구⁵ (九) /ku/ 囲 9; 九. ‖이십칠 나누기 삼은 구다 27 割る3は9である.
—**구**⁶ 9…. ‖구월 9月. 구 개월 9か月.
구⁶ (具) 依名 遺体を数える語: …体. ‖신원 불명의 시체 두 구 身元不明の遺体2体.
—**구**⁷ (舊) 接頭 旧…. ‖구시가지 旧市街地.

-구⁸ (口) 接尾 …口. ‖개찰구 改札口.
-구⁹ (具) 接尾 …具. ‖문방구 文房具.
구가 (謳歌) 名他 謳歌.
구간 (區間) 名 区間. ‖승차 구간 乗車区間.
구간 (舊刊) 名 旧刊. ⇔신간(新刊).
구강 (口腔) 名 〔解剖〕 口腔.
 구강-염 (口腔炎) 名 〔医学〕 口内炎.
구개 (口蓋) 名 口蓋.
 구개-음 (口蓋音) 名 〔言語〕 口蓋音.
  구개음-화 (口蓋音化) 名 〔言語〕 口蓋音化.
구걸 (求乞) 名他 物ごい.
구겨-지다 /kugjəxǰida/ 自 しわくちゃになる; もみくちゃになる; しわになる; しわが寄る; 台無しになる; 丸つぶれになる. ‖바지가 구겨지다 ズボンがしわになる. 종이가 구겨지다 紙にしわが寄る. 체면이 구겨지다 メンツが丸つぶれになる.
구결 (口訣) 名 〔言語〕 漢文の区切りにつける送り仮名.
구경¹ /ku:gjəŋ/ 名他 見物; 観覧. ‖시내 구경 市内見物. 꽃 구경을 가다 花見に行く.
 구경-거리 [-꺼-] 名 見せ物; 見もの. ‖구경거리가 되다 見せ物になる.
  구경-꾼 名 見物人; 見物客. ‖구경꾼이 많이 모이다 見物人が大勢集まる.
구경² (口徑) 名 口径.
구공-탄 (九孔炭) 名 穴が9つある練炭.
구관 (舊官) 名 前官.
구관 (舊館) 名 旧館. ⇔신관(新館).
 구관-조 (九官鳥) 名 〔鳥類〕 キュウカンチョウ(九官鳥).
구교 (舊敎) 名 〔宗教〕 旧教; カトリック. ⇔신교(新敎).
구구 (九九) /kugu/ 名 九九法(九九法)の略語.
 구구-단 (九九段) 名 =구구법(九九法).
 구구-법 (九九法) [-뻡] 名 〔数学〕九九.
 구구-표 (九九表) 名 九九の表.
구구¹ 副 鶏とハトの鳴き声.
—感 (えさをやる時に)鶏とハトを呼ぶ声.
구구-이 (句句-) 副 句ごとに.
구구절절-하다 (句句節節-) [-쩔쩔-] 形 [変] (手紙などの文章の内容が)事細かい; 切実だ. **구구절절-이** 副 一句一句; 事細かく.
구구-하다 (區區-) /kuguhada/ 形 [変] ❶ (意見などが)まちまちだ; 一様ではない; 色々だ. ‖의견이 구구하다 意見がまちまちだ. ❷くだくだしい; くだらない. ‖구구한 변명 くだらない言い訳. 구구히 설명하다 くどくど説明する.
 구구-히 副

구국 (教國) 名他 救国.
구균 (球菌) 名 〔生〕 球状菌(球状菌). ‖포도상 구균 葡萄球状菌.
구극 (究極) 名 =구극(窮極).
구근 (球根) 名 〔植物〕 球根.
 구근-류 (球根類) 【-뉴】 名 〔植物〕 球根類.
구금 (拘禁) 名他 拘禁. **구금-당하다** 受自
구급 (救急) 名他 救急; 応急. ‖구급 조치를 취하다 救急措置を取る. 구급 환자가 실려 오다 救急患者が運ばれる.
 구급-낭 (救急囊) 【-낭】 名 救急袋.
 구급-방 (救急方) 名 ①応急の対策. ②〔漢方〕応急の処方箋.
 구급-법 (救急法) [-뻡] 名 救急法.
 구급-상자 (救急箱子) 【-쌍-】 名 救急箱.
 구급-약 (救急藥) 【-금냑】 名 救急薬.
 구급-차 (救急車) 名 救急車; アンビュランス. ‖구급차를 부르다 救急車を呼ぶ.
 구급-책 (救急策) 名 救急策.
 구급-치료 (救急治療) 名 応急手当. ⇒응급 치료 (應急治療).
구기 (球技) 名 球技.
구기-다 /kugida/ 自 駄目になる; 台無しになる. ‖이번 일은 구긴 것 같다 今度の仕事は駄目みたいだ.
—他 ❶ (紙や布などを)くちゃくちゃにする; しわくちゃにする. ‖종이를 구기다 紙をしわくちゃにする. ❷ (仕事・メンツなどを)駄目にする; 台無しにする. ‖체면이 구겨지다 メンツがつぶれる.
구기-자 (枸杞子) 名 クコの実.
 구기자-나무 (枸杞子-) 名 〔植物〕 クコ(枸杞).
구기적-거리다 [-꺼-] 他 くちゃくちゃにする.
구김 名 구김살の略語. ‖옷에 구김이 가다 服にしわが寄る.
 구김-살 /kugimˀsal/ [-쌀] 名 ❶ しわ. 皺(しわ). ‖치마에 구김살이 지다 しわが寄る. 구김살이 펴지다 しわがとれる. ❷屈託. ‖구김살 없는 표정 屈託のない表情. 구김살 없는 아이 素直でますかすな子ども. 구김살 없이 자란 아이 のびのびと育った子ども.
 구김-구김 [-긴꾸긴] 副 [形] (紙や布などが)しわだらけである様子; くちゃくちゃ. ‖구김구김한 돈 しわくちゃのお金.
구나¹ 終 …だね; …だな. ‖진짜구나 本当だな.
-구나² 語尾 …(だ)な; …(だ)ね. 敬-군. ‖정말 기쁘구나 本当にうれしいね. 잘했구나 よくやったね.
구내¹ (口内) 名 口内.
 구내-염 (口内炎) 名 〔医学〕 口内炎.

구내²(區內) 图 区内.

구내³(構內) 图 構內. ‖역 구내 駅の構內.

구내-매점(構內賣店) 图 (構內の)売店; (大学などの)購買部.

구내-식당(構內食堂) 【-땅】图 構內食堂.

구단(球團) 图 球団.

구단-주(球團主) 图 球団オーナー.

구-대륙(舊大陸) 图 旧大陸. 砌新大陸(新大陸).

구더기(昆蟲) 图 ウジ; ウジムシ(蛆虫).

구덩이 图 (地面にできた)くぼみ; 穴. ‖구덩이를 파다 穴を掘る.

구도¹(構圖) 图 構圖. ‖안정된 구도 安定した構圖. 여야 대결 구도 与野党対決の構圖.

구도²(求道) 图 하자 求道.

구도-자(求道者) 图 求道者.

구독(購讀) 图 하타 購読. ‖정기 구독 定期購読.

구독-료(購讀料) 【-뇨】图 購読料. ‖구독료를 내다 購読料を支払う.

구독-자(購讀者) 【-짜】图 購読者.

구독자-란(購讀者欄) 【-짜-】图 (新聞や雑誌などの)読者コーナー.

구두¹/kudu/ 图 靴. ‖구두를 신다 靴を履く. 구두를 벗다 靴を脱ぐ. 구두를 닦다 靴を磨く. 구두 가게 靴屋.

구두-끈 靴紐(ひも). ‖구두끈을 묶다 靴紐を結ぶ.

구두-닦이 靴磨きの人.

구두-약(-藥) 图 靴墨;靴クリーム.

구두-창 图 靴底.

구둣-발 【-빨/-뻘】图 靴を履いた足.

구둣-방(-房) 【-빵/-뻥】图 靴屋.

구둣-솔 【-쏠/-쏠】图 靴刷毛; 靴ブラシ.

구둣-주걱 【-쭈-/-쭈-】图 靴べら.

구두²(口頭) 图 口頭. ‖구두시험 口頭試験; 口述試験. 구두로 전하다 口頭で伝える.

구두³(句讀) 图 구두법(句讀法)の略語.

구두-법(句讀法) 【-뻡】图 句読法. 砌 句読法.

구두-점(句讀點) 【-쩜】图 句読点. ‖구두점을 찍다 句読点をつける.

구두-쇠 【-/-쐬】图 けちん坊; しわん坊; しみったれ.

구들 图 (韓国の床暖房の)オンドル.

구들-목 图 オンドル部屋で焚口に近いところ.

구들-방(-房) 【-빵】图 オンドル部屋.

구들-장 【-짱】图 オンドル部屋に敷く石.

구락부(俱樂部) 【-뿌】图 俱楽部; クラブ.

구래(舊來) 图 旧来.

구렁 图 (地面にできた)深み. ‖구렁에 빠지다 深みにはまる. 악의 구렁에 빠지다 悪の深みに陥る.

구렁이/kurəŋi/ 图 (動物) アオダイショウ(青大将).

구렁-텅이 图 険しく危険な深み.

구레-나룻 【-룯】图 頰鬚(ひげ).

구력(舊曆) 图 旧暦; 陰暦. 砌 신력(新曆).

구령(口令) 图 哈他 号令. ‖구령을 붙이다 号令をかける. 구령에 맞춰 걷다 号令に合わせて歩く.

구루-병(佝僂病) 【-뼝】图 [医学] くる病.

구류(拘留) 图 [法律] 拘留. ‖구류에 처하다 拘留に処する.

구류-장¹(拘留狀) 【-짱】图 [法律] 拘留状.

구류-장²(拘留場) 图 [法律] 拘留場.

구르다¹/kuruda/ 圁 [르変] [굴러, 구르는] 転がる; 転げる; 転ぶのたうち回る. ‖공이 구르다 ボールが転がる. 굴러 떨어지다 転がり落ちる. 돈이 굴러 들어오다 金が転がり込む. 배가 아파서 뒹굴뒹굴 구르다 腹痛でのたうち回る. 砌 굴리다. ▶구르는 돌에는 이끼가 안 낀다 【속】転がる石は苔が生えぬ. ▶굴러온 돌이 박힌 돌 뺀다 【속】(「転がってきた石がはまり込んでいる石を抜く」の意で)新参が古参を追い出すことのたとえ.

구르다²图 [르変] 踏み鳴らす; 地団駄を踏む. ‖마루를 구르며 달려오다 床を踏み鳴らしながら走ってくる. 발을 구르며 분해하다 地団駄を踏みながら悔しがる.

구름/kurɯm/ 图 雲. ‖구름 한 점 없는 하늘 雲一つない空. 보름달이 구름 사이에 나타나다 満月が雲間から現われる. 구름 잡는 듯한 이야기 雲をつかむような話. 억수름이 잔뜩 낀 하늘 雨雲が一面に垂れ込めた空.

구름-다리 图 雲梯.

구름-바다 图 雲海.

구름-판(-板) 图 (陸上競技の)踏躍板目で踏切り板.

구릉(丘陵) 图 丘陵; 小山; 丘. ‖구릉 지대 丘陵地帯.

구릉-지(丘陵地) 图 丘陵地.

구리/kuri/ 图 銅; あかがね. 砌 銅(銅).

구리-줄 图 銅線. 砌 동선(銅線).

구릿-빛 【-리삗/-릳삗】图 銅(銅)色; 赤銅色. 砌 적동색(赤銅色). ‖구릿빛 얼굴 赤銅色に日焼けした顔.

구리다/kurida/ 圏 ❶ (においが)臭い. ‖구린 냄새 臭いにおい. ❷ (やり方が)

汚い. ❸ うさんくさい; 怪しい. ‖ 뒤가 구리다 後ろ暗い; 怪しい.
구리터분-하다 形 [하変] ❶ 臭いにおいがする. ❷ (やり方・考え方が) 汚い.
구리텀텀-하다 [-터-] 形 [하変] 非常に臭い.

구린-내 /kurinne/ 名 ❶ 悪臭. ❷ 怪しい気配. ▶구린내가 나다 ① 臭い; 悪臭がする. ② 疑わしい; 怪しい; うさんくさい.
구만리-장천 (九萬里長天) [-말-] 名 果てしなく広い空.
구매 (購買) /kumɛ/ 名 他 購買; 購入. ◎판매 (販賣).
 구매-동기 (購買動機) 名 購買動機.
 구매-력 (購買力) 名 購買力.
 구매-자 (購買者) 名 購入者; 買う人. ◎판매자 (販賣者).
 구매-처 (購買處) 名 購買処.

구멍 /kumǝŋ/ 名 ❶ 穴. ‖구멍이 뚫리다 穴が空く. 구멍을 파서 묻다 穴を掘って埋める. 바늘구멍 針の穴. 콧구멍 鼻の穴. 단추구멍 ボタン穴; ボタンホール. 구멍이 나도록 바라보다 穴の空くほど見つめる. 구멍을 막다 穴を塞ぐ. 장부 구멍을 막은 帳簿の穴を埋める め. 부끄러워서 구멍이라도 있으면 들어가고 싶다 恥ずかしくて穴があったら入りたい. 송곳으로 구멍을 내다 錐で穴を空ける. 양말에 구멍이 났다 靴下に穴が空いた. ❷ 逃げ道. ‖빠져나갈 구멍을 찾다 逃げ道を探す.
 구멍-가게 名 小規模の店; 駄菓子屋.
구연 (舊緣) 名 旧知; 昔なじみ. ㉠초연 (初面) ㉡구연간 사이 旧知の間柄.
 구면-경 (球面鏡) [物理] 球面鏡.
구명[1] (舊名) 名 旧名.
구명[2] (究明) 名 他 究明.
구명[3] (救命) 名 他 救命. ‖구명 운동 救命運動.
 구명-구 (救命具) 名 救命具.
 구명-동의 (救命胴衣) 【-/-이】 名 救命胴衣.
 구명-보트 (救命 boat) 名 =구명정 (救命艇).
 구명-부표 (救命浮標) 名 救命浮標; 救命ブイ.
 구명-정 (救命艇) 名 救命艇; 救命ボート.
구문 (構文) 名 構文. ‖수동 구문 受動[受身]構文. 사역 구문 使役構文.
구물-구물하다[-대다] 自 のろのろする; ぐずぐずする. ‖구물대다가 지각하다 ぐずぐずして遅刻する.
구미[1] (口味) /ku:mi/ 名 ❶ 口当たり; 食欲. ‖구미에 맞다 口に合う. ❷ 興味. ‖구미를 돋우다 興味をそそる. ▶구미를 돋우다 興味をそそる.
구미[2] (歐美) [地名] 欧米.
구미-호 (九尾狐) 名 ❶ [動物] 尾が九つあるという古狐. ❷ [比喩的に] 狡猾

(ずる) な人.

구민[1] (敎民) 名 他 救民.
구민[2] (區民) 名 区民.
구박 (驅迫) 名 他 いびること; いじめること. 구박-받다 [-당하다] 受動.
구법 (舊法) [-뻡] 名 旧法. ㉠신법.
구별 (區別) /kubjǝl/ 名 他 区別. ‖공사를 구별하다 公私を区別する. 구별이 안 되다 区別がつかない. 구별을 못 하겠다 区別をつけにくい. **구별-되다** 受動.
구보 (驅步) 名 他自 駆け足.
구부러-뜨리다 曲げる. ‖철사를 구부러뜨리다 針金を曲げる.
구부러-지다 /kuburǝdʑida/ 自 曲がる. ‖못이 구부러지다 釘が曲がる. 허리가 구부러지다 腰が曲がる. 사거리에서 오른쪽으로 구부러지다 四つ角を右に曲がる.
구부러-트리다 =구부러뜨리다.
구부렁-하다 形 [하変] 少し曲がっている; 少しかがんでいる.
구부리다 /kuburida/ 他 曲げる; かがめる; 丸める. ‖허리를 구부리다 腰をかがめる. 무릎을 구부리다 ひざを曲げる. 등을 구부리고 앉아 있다 背中を丸めて座っている.
구부정-하다 /kubudʑǝŋhada/ 形 [하変] やや曲がっている; 少しかがんでいる. ‖허리가 구부정하다 腰がかがんでいる.
구분 (區分) /kubun/ 名 他 区分. ‖토지를 구분하다 土地を区分する. 시대 구분 時代区分.
구불-구불 副 [하形] くねくね(と). ‖구불구불한 산길 くねくねと曲がった山道.
구비[1] (口碑) 名 口碑.
 구비-문학 (口碑文學) 名 [文芸] 口碑文学.
구비[2] (具備) 名 他 具備. ‖필요한 조건을 구비하다 必要な条件を具備する.
구사 (驅使) 名 他 駆使. ‖외국어를 유창하게 구사하다 外国語を流暢に駆使する.
구사-일생 (九死一生) [-쌩] 名 九死に一生を得ること. ‖구사일생으로 살아나다 九死に一生を得る.
구상[1] (球狀) 名 球状.
 구상-균 (球狀菌) 名 球菌. ㉠구균 (球菌).
구상[2] (構想) 名 他 構想. ‖새로운 교통 체계를 구상하다 新しい交通体系を構想する. 참신한 구상 斬新な構想. 구상을 짜다[다듬다] 構想を練る.
구상[3] (具象) 名 具象.
 구상-화[1] (具象化) 名 他 具象化.
 구상-화[2] (具象畫) 名 [美術] 具象画.
구상-권 (求償權) 【-꿘】 名 [法律] 求

債權.

구상-나무 (構像) 图 【植物】 シラビソ(白檜曾).

구색 (具色) 图 (各種の品物を)取り合わせること; 取り揃えること. ‖구색을 갖추다[맞추다] 品物を色々と取り揃える; 色々な物を取り揃える.

구석 /kusʌk/ 图 ❶ 隅; 片隅; 隅っこ. ❷방 구석 部屋の隅. 시골 구석에서 田舎の片隅で. ❷ところ; 点; 部分; 面. ‖믿는 구석이 있으니까 信じるところがあるのだ. 괜찮은 구석도 있는 녀석이다 いい面もあるやつだ. **구석-구석** 图 隅々; くまなく. ‖구석구석 뒤지다 くまなく探す. **구석-방** (-房) 图 家の隅にある部屋.

구석-지다 (-찌-) 🗑 ① 奥まっている. ‖구석진 자리 奥まったところ. ② 辺ぴだ.

구석기-시대 (舊石器時代) 【-끼-】 图 旧石器時代.

구설 (口舌) 图 口舌.

구설-수 (口舌數) 【-쑤】 图 うわさにまきこまれる羽目. ‖구설수에 오르다 世間のうわさになる.

구성 (構成) /kusʌŋ/ 图 他サ 構成. ‖위원회를 구성하다 委員会を構成する. 구성 요소 構成要素. **구성-되다** 受動

구성-원 (構成員) 图 構成員.

구성-지다 🗑 (曲調などが)いきで味わい深い; 渋い. ‖구성진 노랫가락 渋い曲調.

구세 (救世) 图 他サ 救世.
구세-군 (救世軍) 图 救世軍.
구세-주 (救世主) 图 【キリスト教】 救世主. ⇨주(主).
구-세계 (舊世界) 图 /-/-게/ 旧世界. ⇨신세계(新世界).
구-세대 (舊世代) 图 旧世代.

구속 (拘束) /kusok/ 图 他サ 拘束. ‖신병을 구속하다 身柄を拘束する. **구속-되다** [당하다··받다] 受動
구속-력 (拘束力) 【-쏭녁】 图 拘束力.
구속^시간 (拘束時間) 【-씨-】 图 拘束時間.
구속 영장 (拘束令状) 【-쏭녕짱】 图 逮捕状. ‖구속 영장을 발부하다 逮捕状を出す.

구수-하다 /kusuhada/ 🗑 [하変] ❶ (味やにおいが)香ばしい. ‖구수한 숭늉 냄새 香ばしいおこげ湯のにおい. ❷ (話などが)面白い; 味わいがある; 興味をそそる. ‖구수한 옛날이야기 面白い昔話.
구순 (口脣) 图 【解剖】 口脣; 口と脣.
구순-기 (口脣期) 图 口脣期.
구술 (口述) 图 口述.
구술-시험 (口述試験) 图 口述試験.

㉗ 필기시험(筆記試験).
구스베리 (gooseberry) 图 【植物】 グーズベリー.

구슬 /kusul/ 图 ❶ 玉. ❷ ビー玉. ▶구슬이서 말이라도 꿰어야 보배(라)〔諺〕 宝の持ち腐れ.
구슬-땀 图 玉の汗; 玉のような大粒の汗. ‖구슬땀을 흘리며 일하다 玉のような大粒の汗を流しながら働く.
구슬-치기 图 ビー玉遊び.
구슬리다 /kusullida/ 他 巧妙に言いくるめる; 口先で丸め込む; 抱き込む; うまくおだてる. ‖살살 구슬려서 다 털어놓게 하다 うまくおだててすべて打ち明けさせる.
구슬프다 /kusulpʰuda/ 🗑 [으変] 〔구슬퍼, 구슬픈〕 うら悲しい; うら寂しい; もの悲しい; うら寂しい. ‖구슬픈 음악 うら悲しい音楽. **구슬피** 圖 구슬피 울다 もの悲しく泣く.

구습 (舊習) 图 旧習.
구승 (口承) 图 他サ 口承.
구승-문학 (口承文學) 图 【文芸】 口承文学.
구-시가 (舊市街) 图 旧市街.
구-시대 (舊時代) 图 旧時代.
구시렁-거리다 [-대다] 自 ぶつくさ言う; ぶつくさつぶやく; ぶつぶつ言う.

구식 (舊式) /ku:ʃik/ 图 旧式. ‖낡아빠진 구식 자동차 おんぼろの旧式自動車.

구실¹ /kuʃil/ 图 役目; 役割. ‖차남이지만 장남 구실을 하고 있다 次男だが長男の役目を果たしている. 제 구실을 다하다 自分の役目を果たす.

구실² (口實) /ku:ʃil/ 图 口実. ‖구실을 만들다 口実を作る. 구실을 대다 口実を設ける. 그럴듯한 구실 もっともらしい口実.

구심¹ (求心) 图 求心. ㉗원심(遠心).
구심-력 (求心力) 【-녁】 图 求心力. ㉗원심력(遠心力).
구심-적 (求心的) 【-쩍】 图 求心的.
구심-점 (求心點) 【-쩜】 图 中心点.
구심² (球審) 图 【野球】 球審.
구십 (九十) /kuʃip/ 数 90歳; 90; 九十. 和 아흔.
─ 冠 90…; 九十…. ‖구십 개 90個.

구악 (舊惡) 图 旧悪.
구애¹ (求愛) 图 他サ 求愛.
구애² (拘礙) /kue/ 图 〔主に…에[에게] 구애받다の形で〕 とらわれる; 拘束される. ‖조건에 구애받지 않다 条件にとらわれない.

구약 (舊約) 图 ❶ 旧約; 前からの約束. ❷ 【キリスト教】 旧約. ❸ 구약 성서(舊約聖書)の略語.
구약 성서 (舊約聖書) 【-쎙-】 图 旧約聖書. ㉚구약(舊約). ㉗신약 성서(新約聖書).

구약-나물 (蒟蒻-)【-양-】图【植物】コンニャク(蒟蒻).
구어(口語)图【言語】口語. ⓐ문어(文語).
구어-문(口語文)图【言語】口語文. ⓐ문어문(文語文).
구어-체(口語體)图【言語】口語体. ⓐ문어체(文語體).
구역(區域) /kujʌk/ 图 区域. ‖출입 금지 구역 立入禁止区域. 주차 금지 구역 駐車禁止区域. 위험 구역 危険区域.
구역-질(嘔逆-) /kujʌkʔdʑil/【-질】图(自) 嘔吐; 吐き気. ‖구역질이 나다 吐き気を催す; 吐き気がする; へどが出る.
구연-산(枸櫞酸)图【化学】クエン酸.
구완(←救援)图(他) 看護; 看病. ‖할머니 병구완을 하다 祖母を看病する.
구우-일모(九牛一毛)图 九牛の一毛.
구운[ㅂ불] 图 炙く(焼く)の過去連体形. ‖숯불에 구운 생선 炭火であぶった魚.
구워[ㅂ불] 图 炙く(焼く)の連用形.
구워-삶다[-삼따] 图 丸め込む; 抱き込む; 言いくるめる. ‖누나를 구워삶아 오토바이를 샀다 姉を言いくるめてオートバイを買った.
구워-지다 /kuwɔdʑida/ 图 焼ける. ‖고기가 맛있게 구워지다 肉がおいしく焼ける. 덜 구워진 고기 生焼けの肉.
구원¹(久遠)图 久遠.
구원²(救援)图(他) 救援; 救い. ‖구원의 손길을 내밀다 救いの手を差し伸べる. 구원을 청하다 救いを求める. 구원 투수 救援投手; リリーフ. **구원-받다** 图
구월(九月) /kuwɔl/图 9月. ‖한국에서는 구월에 이 학기가 시작된다 韓国では9月に2学期[後期]が始まる.
구위(球威)图 (野球で)球威.
구유(具有)图(他) 飼い葉桶; まぐさ桶.
구유²(具有)图(他) 具有.
구이 /kui/ 图 (魚・肉の)焼き物. ‖생선구이 焼き魚. 통닭구이 鶏の丸焼き. 장어구이 ウナギの蒲焼き.
구인¹(求人)图(自) 求人. ‖구인 광고 求人広告.
구인-난(求人難)图 求人難.
구인-란(求人欄)【-난】图 求人欄.
구인²(拘引)图(他) 拘引.
구입(購入) /kuip/ 图(他) 購入; 仕入れること. ‖도매상에서 구입하다 問屋から仕入れる. 구입 가격 購入価格. 일괄 구입하다 一括購入する. **구입-처**(購入處)图 仕入れ先.
구장(球場)图 球場.
구적(舊跡·舊蹟)图 旧跡.
구전(口傳)图(他) 口伝. ‖口伝え.

구전°문학(口傳文學)图【文芸】口伝文学.
구절(句節)图【言語】語句; 句; 節. ‖어구(語句). ‖마음에 드는 구절 気に入った語句. 시의 한 구절 詩の一節.
구절-양장(九折羊腸)【-량-】图 九折; 羊腸; つづら折り.
구절-초(九節草)图【植物】イワギク(岩菊).
구절-판(九折板)图 9つに区切られた重箱に盛られた9種類の料理.
구점(句點)图 〖-점〗句点.
구정(舊正) /ku:dʑɔŋ/ 图 旧正月. ⓐ신정(新正).
구정-물(-)图 汚水; 下水.
구제(救濟)图(他) 救済. ‖구제 조치 救済措置. 구제의 손길を내밀다 救済の手を差し伸べる. **구제-되다**[-받다]图受
구제-권(救濟權)【-꿘】图【法律】救済権.
구제-책(救濟策)图 救済策. ‖구제책을 강구하다 救済策を講じる.
구제-품(救濟品)图 救済品.
구제²(舊制)图 旧制.
구제³(驅除)图(他) 駆除.
구제-역(口蹄疫)图【医学】口蹄疫.
구조¹(救助) /ku:dʑo/ 图(他) 救助. ‖물에 빠진 아이를 구조하다 おぼれた子どもを救助する. **구조-되다**[-받다]图受
구조-대¹(救助袋)图 救助袋.
구조-대²(救助隊)图 救助隊.
구조-사다리(救助-)图 救助梯子.
구조-선(救助船)图 救助船.
구조²(構造) /kudʑo/ 图 構造. ‖사회 구조 社会構造. 정신 구조 精神構造. 문장 구조 文の構造.
구조°언어학(構造言語學)图【言語】構造言語学.
구조-적(構造的)图 構造的. ‖구조적 실업 構造的失業.
구조-조정(構造調整)图 リストラ.
구조-주의(構造主義)【-/-이】图 構造主義.
구주¹(歐洲)图【地名】欧州.
구주²(救主)图【キリスト教】救世主; 救いō; メシア. ⓐ구세주(救世主).
구중(九重)图 ❶九重. ❷구중궁궐(九重宮闕)の略語.
구중-궁궐(九重宮闕)图 宮中; 禁中. ⓐ구중(九重).
구직(求職)图(自) 求職. ‖구직 광고 求職広告. 구직 활동 求職活動.
구직-난(求職難)【-징-】图 求職難.
구직-자(求職者)【-짜】图 求職者.
구질구질-하다 图(ㅂ변) ❶汚らしい. ‖구질구질한 옷 汚らしい服. ❷(天気が)ぐずついている. ‖구질구질한 날씨가 계속되다 ぐずついた天気が続く.

ㄱ

구차-하다 (苟且—) /kuːtʃʰahada/ [形] 『하変』 ❶ 貧しい; 貧乏だ. ‖구차한 살림 貧しい暮らし. ❷ くだらない; つまらない. ‖구차한 변명을 늘어놓다 くだらない言い訳を並べる.
구천[1] (九天) [名] 九天.
구천[2] (九泉) [名] 九泉; 黄泉; あの世. [類]황천(黃天)·저승.
구청 (區廳) /kutʃʰɔŋ/ [名] 区役所. ‖구청장 区長. 종로 구청 鐘路区役所.
구체 (具體) /kutʃʰe/ [名] 具体. [対]추상(抽象).
구체-성 (具體性) 【-썽】 [名] 具体性.
구체-적 (具體的) [名] 具体的. ‖구체적인 방안을 제시하다 具体的な方案を提示する.
구체-화 (具體化) [名] [하他] 具体化. ‖계획을 구체화하다 計画を具体化する.
구-체제 (舊體制) [名] 旧体制.
구축[1] (構築) [名] [하他] 構築. ‖기지를 구축하다 基地を構築する.
구축[2] (驅逐) [名] [하他] 駆逐.
구축-함 (驅逐艦) 【-추캄】 [名] 《軍事》 駆逐艦.
구출 (救出) [名] [하他] 救出. ‖조난당한 사람들을 구출하다 遭難者を救出する.
구출-되다 [受身]
구충 (驅蟲) [名] [하他] 駆虫.
구충-제 (驅蟲劑) [名] 駆虫剤; 駆虫薬; 虫下し.
구취 (口臭) [名] 口臭.
구치 (拘置) [名] [하他] 拘置.
구치-소 (拘置所) [名] 拘置所.
구타 (毆打) [名] [하他] 殴打.
구태 (舊態) [名] 旧態.
구태-여 /kutʰɛjɔ/ [副] わざわざ; 強いて; あえて. ‖싫다면 구태여 할 필요는 없다 嫌なら, 強いてすることはない. 구태여 말할 필요는 없다 わざわざ言う必要はない. 이렇게 비가 오는데 구태여 가야 하니? こんなに雨が降っているのにわざわざ行かないといけないの.
구태-의연 (舊態依然) /kuːtʰɛijɔn/ 【-/-이-】 [名] [하形] 旧態依然. ‖구태의연한 방법 旧態依然とした方法.
구토 (嘔吐) [名] [하自] 嘔吐.
구파 (舊派) [名] 旧派. [対]신파(新派).
구-하다[1] (救—) /kuhada/ [他] 『하変』 救う; 助ける. ‖생명을 구하다 命を救う. 연못에 빠진 아이를 구하다 池に落ちた子どもを助ける.
구-하다[2] (求—) /kuːhada/ [他] 『하変』 求める; 探す. ‖도움을 구하다 助けを求める. 적임자를 구하고 있다 適任者を求めている. 싼 하숙집을 구하고 있습니다 安い下宿を探しています. 일자리를 구하다 仕事を探す.
구현 (具現·俱現) [名] [하他] 具現. ‖이상을 구현하다 理想を具現する.
구형[1] (求刑) [名] [하他] 《法律》 求刑.
구형[2] (球形) [名] 球形.
구형[3] (舊型) [名] 古い型; 旧式; 旧モデル. [対]신형(新型). ‖구형 세탁기 旧モデルの洗濯機. 구형 차 旧式の車.
구호[1] (口號) [名] ❶ 掛け声; スローガン. ‖구호를 외치다 掛け声をかける; スローガンを叫ぶ. ❷ 暗号.
구호[2] (救護) /kuːho/ [名] [하他] 救護.
구호-금 (救護金) [名] 義捐金.
구혼 (求婚) [名] [하自] 求婚.
구황^작물 (救荒作物) 【-장-】 [名] 救荒作物.
구획 (區劃) /kuhwek/ 【-/-훽】 [名] [하他] 区画. ‖구획 정리 区画整理.
국[1] /kuk/ [名] ❶ 汁; 汁物; つゆ; 吸い物; スープ. ‖된장국 味噌汁. 국 건더기 汁の実. 국을 마시다 おつゆを飲む. 미역국 ワカメスープ. 국을 끓이다 汁物を作る. ❷ 국물の略語.
국[2] (局) [名] 局.
국[3] (國) [名] 国.
국[4] (局) [依名] 囲碁·将棋などの勝負を数える語: …局.
-국[5] (局) [接尾] …局. ‖편집국 編集局.
-국[6] (國) [接尾] …国. ‖선진국 先進国.
국가[1] (國家) /kukˀka/ 【-까】 [名] 国家. ‖근대 국가 近代国家. 법치 국가 法治国家. 국가 권력 国家権力. 국가 공무원 国家公務員. 국가의 위신이 걸린 문제 国家の威信にかかわる問題.
국가[2] (國歌) 【-까】 [名] 国歌.
국-거리 【-꺼-】 [名] 汁物の材料.
국경 (國境) 【-꼉】 [名] 国境. ‖국경을 넘다 国境を越える. 국경 무역 国境貿易. 국경 없는 의사회 国境なき医師団.
국경-일 (國慶日) 【-꼉-】 [名] 国の定めた祝日; 旗日.
국고 (國庫) 【-꼬】 [名] 国庫.
국고-금 (國庫金) [名] 国庫金.
국교[1] (國交) 【-꾜】 [名] 国交. ‖국교를 수립하다 国交を樹立する. 국교 정상화 国交正常化. 국교 단절 国交断絶.
국교[2] (國敎) 【-꾜】 [名] 国教.
국군 (國軍) 【-꾼】 [名] 国軍.
국군의^날 (國軍—) [名] 韓国軍創設記念日. 10月1日.
국권 (國權) 【-꿘】 [名] 国権.
국-그릇 【-끄른】 [名] 汁椀.
국기[1] (國旗) /kukˀki/ 【-끼】 [名] 国旗. ‖국기를 게양하다 国旗を掲揚する.
국기[2] (國技) 【-끼】 [名] 国技. ‖한국의 국기는 태권도이다 韓国の国技はテコンドーである.
국난 (國難) 【궁-】 [名] 国難.
국내[1] (局內) 【궁-】 [名] 局内.
국내[2] (國內) /kuŋnɛ/ 【궁-】 [名] 国内. [対]국외(國外).

국내-법 (國內法)【궁-뻡】图 国内法.
국내-선 (國內線)【궁-】图 国内線.
국-내외 (國內外)【궁-/궁-웨】图 国内外.
국내외-적 (國內外的)【궁-/궁-웨】图 国内外的.
국도 (國道)【-또】图 国道.⑨地方道(地方道).
국력 (國力)/kuŋnjək/【궁녁】图 国力. ∥국력을 신장하다 国力を高める.
국론 (國論)【궁논】图 国論.∥국론이 양분되다 国論が二分する.
국립 (國立)/kuŋnip/【궁닙】图 国立. ⑪사립(私立).
국립-공원 (國立公園)【궁닙꽁-】图 国立公園.
국립-대학 (國立大學)【궁닙때-】图 国立大学.
국립-묘지 (國立墓地)【궁닙-】图 国立墓地.
국면 (局面)【궁-】图 局面.∥새로운 국면으로 접어들다 新しい局面に差しかかる. 중대한 국면을 맞이하다 重大な局面を迎える.
국명 (國名)【궁-】图 国名.
국모 (國母)【궁-】图 国母.
국무 (國務)【궁-】图 国務.
국문 (國文)【궁-】图 国文.
국문-과 (國文科)【궁-꽈】图 国文科.
국-문법 (國文法)【궁-뻡】图 国文法.
국-문학 (國文學)【궁-】图 国文学.
국문학-과 (國文學科)【궁-꽈】图 国文学科.
국-물/kuŋmul/【궁-】图 ❶つゆ; 汁; だし汁; 水けㄲ. ⑨멸치 국물 煮干しのだし, 김치 국물 キムチの汁. 어묵 국물 おでんつゆ. ❷余得; 役得; おこぼれ. ▶국물도 없다 何の利益もない.

국민 (國民)/kuŋmin/【궁-】图 国民.∥국민을 위한 정치 国民のための政治. 국민의 의무 国民の義務. 국민경제 国民経済.
국민-성 (國民性)【궁-썽】图 国民性.
국민ˇ소득 (國民所得)【궁-】图《経》国民所得.
국민ˇ연금 제도 (國民年金制度)【궁-년-】图 国民年金制度.
국민-장 (國民葬)【궁-】图 国葬.∥국민장으로 치르다 国葬で執り行なう.
국민-적 (國民的)【궁-】图 国民的.∥국민적 영웅 国民的英雄.
국민 총생산 (國民總生産)【궁-】图 国民総生産(GNP).
국민-투표 (國民投票)【궁-】图 国民投票.
국민 포장 (國民褒章)【궁-】图 国民勲章.
국민-학교 (國民學校)【궁-꾜】图 [초등학교(初等學校)의旧称] 小学校.
국-밥【-빱】图《料理》クッパ; スープにご飯を入れたもの.

국방 (國防)【-빵】图 国防.
국방-군 (國防軍)【궁빵-】图 国防軍.
국방-부 (國防部)【궁빵-】图《行政》国防省.
국방-비 (國防費)【궁빵-】图 国防費.
국방-색 (國防色)【궁빵-】图 国防色.
국번 (局番)【-뻔】图 局番.
국법 (國法)【-뻡】图 国法.
국보 (國寶)/kuk²po/【-뽀】图 国宝.
국보-적 (國寶的)【-뽀-】图 国宝的.∥국보적인 존재 国宝的な存在.
국부[1] (局部)【-뿌】图 局部.∥국부 마취 局部麻酔.
국부-적 (局部的)【-뿌-】图 局部的.∥국부적인 문제 局部的な問題.
국부[2] (國富)【-뿌】图 国富.∥국부론 国富論.
국부[3] (國父)【-뿌】图 国父.
국비 (國費)【-삐】图 国費.∥국비 지원을 받다 国費の支援を受ける. 국비 유학생 国費留学生.
국빈 (國賓)【-삔】图 国賓.
국사[1] (國史)【-싸】图 国史.
국사[2] (國事)【-싸】图 国事.
국사-범 (國事犯)【-싸】图《法律》国事犯; 政治犯.
국산 (國産)/kuk²san/【-싼】图 国産.
국산-차 (國産車)【-싼-】图 国産車.
국산-품 (國産品)【-싼-】图 国産品.
국상 (國喪)【-쌍】图 大喪.
국새 (國璽)【-쎄】图 国璽(じ).⑨옥새(玉璽).
국서 (國書)【-쎄】图 国書.
국선ˇ변호인 (國選辯護人)【-쎄-】图 国選弁護人.
국세[1] (國勢)【-쎄】图 国勢.
국세ˇ조사 (國勢調査)【-쎄-】图 国勢調査.
국세[2] (國稅)【-쎄】图 国税.⑨地方税(地方税).
국세-청 (國稅廳)【-쎄-】图《行政》国税庁.
국소 (局所)【-쏘】图 局所.
국수[1] /kuk²su/【-쑤】图 そうめんなど麺類の総称. ▶국수를 먹다 結婚式を挙げる.
국수[2] (國粹)【-쑤】图 国粋.
국수-주의 (國粹主義)【-쑤-/-쑤-이】图 国粋主義.
국시 (國是)【-씨】图 国是(ぜ).
국악 (國樂)图 その国固有の音楽; 韓国の古典音楽.
국어 (國語)/kugə/【구거】图 国語.∥국어 수업 国語の授業. 국어 시간 国語の時間. 국어사전 国語辞典.
국어-과 (國語科)【-꽈】图 国語科.
국어ˇ국문학과 (國語國文學科)【구-꽈】图 国語国文学科.
국어-사 (國語史)【-싸】图 韓国語史.
국어-학 (國語學)【-싸】图 韓国語学.
국영 (國營)【-영】图 国営.∥국영 기

업 国営企業. 国영 방송 国営放送.
국왕(國王)【名】国王.
국외¹(局外)【-/구궈】【名】局外.
국외²(國外)【-/구궤】【名】国外. ⑦国内(國内).
국위(國威)【名】国威. ‖국위 선양 国威宣揚.
국유(國有)【名】国有.
국유-림(國有林)【名】国有林.
국유-재산(國有財産)【名】国有財産.
국유-지(國有地)【名】国有地.
국유-철도(國有鐵道)【-또】【名】国有鉄道. ⑤국철(國鐵).
국유-화(國有化)【名】〔他動〕国有化.
국익(國益)【名】国益. ‖국익을 도모하다 国益を図る.
국자¹ /kukʰtʃa/【-짜】【名】杓子(ひしゃく);お玉. お玉で汁を 뜨다 お玉ですくう.
국자²(國字)【名】国字.
국장¹(局長)【-짱】【名】局長.
국장²(國葬)【-짱】【名】〔他動〕国葬.
국적(國籍) /kukʰtʃʌk/【-쩍】【名】国籍. ‖국적을 취득하다 国籍を取得する. 국적 불명의 배 国籍不明の船. 이중 국적 二重国籍.
국전(國展)【-쩐】【名】国が主催する展覧会.
국정¹(國定)【-쩡】【名】〔他動〕国定. 국정¯교과서(國定教科書)【名】国定教科書.
국정¯조사(國定調査)【名】国定調査.
국정²(國政)【-쩡】【名】国政. 국정¯감사(國政監査)【名】国政監査.
국제(國際) /kukʰtʃe/【-쩨】【名】国際. ‖국제 전화를 걸다 国際電話をかける.
국제-간(國際間)【名】国際間.
국제-결혼(國際結婚)【名】〔他動〕国際結婚.
국제-공항(國際空港)【名】国際空港.
국제-관행(國際慣行)【名】国際慣行.
국제-균형(國際均衡)【名】(經)国際均衡.
국제-기구(國際機構)【名】国際機構.
국제-도시(國際都市)【名】国際都市.
국제-범죄(國際犯罪)【-쩨-/-쩨-췌】【名】国際犯罪.
국제-법(國際法)【-쩨뻡】【名】国際法.
국제-분업(國際分業)【名】国際分業.
국제-분쟁(國際紛爭)【名】国際紛争.
국제-선(國際線)【名】国際線.
국제-어(國際語)【名】国際語.
국제-연합(國際聯合)【名】国際連合(UN).
국제¯**연합**¯**교육**¯**과학**¯**문화**¯**기구**(國際聯合教育科學文化機構)【-쩨-/-쩨-/-쩨-과항-】【名】=유네스코.
국제¯**연합**¯**아동**¯**기금**(國際聯合兒童基金)【名】=유니세프.
국제¯**연합**¯**안전**¯**보장**¯**이사회**(國際聯合安全保障理事會)【-쩨-/-쩨-/-쩨-췌】【名】国際連合安全保障理事会. ⑥안보리(安保理).
국제¯**올림픽**¯**위원회**(國際 Olympic 委員會)【-쩨-/-쩨-/-쩨-췌】【名】国際オリンピック委員会(IOC).
국제-우편(國際郵便)【名】国際郵便.
국제¯**음성**¯**기호**(國際音聲記號)【名】(言語)国際音声記号(IPA).
국제-재판(國際裁判)【名】国際裁判.
국제-재판소(國際裁判所)【名】国際裁判所.
국제-적(國際的)【名】国際的. ‖국제적인 관심사 国際的な関心事.
국제-조약(國際條約)【名】国際条約.
국제-주의(國際主義)【-쩨-/-쩨-이】【名】国際主義.
국제 중재 재판소(國際仲裁裁判所)【名】国際仲裁裁判所.
국제 축구 연맹(國際蹴球聯盟)【-쩨-구-】【名】国際サッカー連盟(FIFA).
국제¯**통화**(國際通貨)【名】(經)国際通貨;基軸通貨. ⑥기축 통화(基軸通貨).
국제¯**통화**¯**기금**(國際通貨基金)【名】国際通貨基金(IMF).
국제¯**형사**¯**경찰**¯**기구**(國際刑事警察機構)【名】国際刑事警察機構(ICPO). ⑥인터폴.
국제-화(國際化)【名】国際化.
국제-회의(國際會議)【-쩨-/-쩨-이】【名】国際会議.
국조(國鳥)【-쪼】【名】国鳥.
국졸(國卒)【-쫄】【名】小学校まで出た人;小卒.
국지(局地)【-찌】【名】局地.
국지-적(局地的)【名】局地的.
국지-전(局地戰)【名】局地戰.
국채(國債)【名】国債.
국책(國策)【名】国策. ‖국책 사업 国策事業.
국철(國鐵)〔국유 철도(國有鐵道)의 약칭〕国鉄.
국체(國體)【名】国体.
국치(國恥)【名】国恥.
국토(國土) /kukʰtʰo/【名】国土. ‖국토 계획 国土計画.
국토-통일원(國土統一院)【名】(行政)国土統一院.
국판(菊判)【名】菊判.
국학(國學)【구캑】【名】国学.
국한(局限)【구캔】【名】〔他動〕局限;限定. 국한-되다 受動.
국호(國號)【구코】【名】国号.
국화¹(菊花) /kukʰwa/【구콰】【名】《植物》キク(菊).
국화-꽃(菊花-)【구콰꼳】【名】菊の花.
국화-빵(菊花-)【名】菊模様の鯛焼き.

국화²(國花)【구콰】 图 国花. ÷韓国은 무궁화(無窮花), 日本は桜.

국회(國會) /kukʰwe/【구회/-궤】 图 国会. ‖우리 국회 臨時国会. 정기 국회 通常国会. 국회 도서관 国会図書館.

국회의사당(國會議事堂)【구쾨-/-꿰이-】 图 国会議事堂.

국회의원(國會議員)【구쾨-/구꿰이-】 图 国会議員.

국회의장(國會議長)【구쾨-/구꿰이-】 图 国会議長.

군¹(軍) 图 ❶軍. ‖군의 기밀 軍の機密. ❷〔一部の名詞に付いて〕…軍. ‖연합군 連合軍.

군²(郡) 图 (行政) 地方行政区域の一つ.

군³(君) 医尾 …君. ‖이 군 李君.

군⁴ 接頭 無駄な…; 余計な…. ‖군소리 無駄口. 군식구 居候; 食客.

-군⁵ 語尾 구나の縮約形. ‖잘됐군 よかった. 아이가 참 귀엽군 子どもがとてもかわいいね.

군가(軍歌) 图 軍歌.

군것-질 /ku:ngət'ʧil/【-껃찔】 自也 買い食い. ‖군것질이 심한 아이 買い食いをよくする子ども.

군-고구마 图 焼きいも.

군관(軍官) 图 =장교(將校).

군관민(軍官民) 图 軍隊と政府と国民.

군국(軍國) 图 軍国.

군국-주의(軍國主義)【-쭈-/-의】 图 軍国主義.

군기¹(軍紀) 图 軍紀.

군기²(軍記) 图 軍記.

군기³(軍旗) 图 軍旗.

군-내 图 本来の味ではない嫌なにおい; 古くなって腐りかけたようなにおい. ‖군내가 나다 腐りかけたようなにおいがする.

군단(軍團) 图 (軍事) 軍団.

군담-소설(軍談小說) 图 (文芸) 軍記物; 軍記物語.

군대(軍隊) /kunde/ 图 軍隊. ‖군대에 가다 入隊する.

군대-식(軍隊式) 图 軍隊式.

군-더더기 图 余計なもの; 無駄なもの.

군데 /kunde/ 医尾 …か所. ‖몇 군데何か所? 数か所. 두세 군데 틀린 데가 있다 2,3か所誤りがある.

군데-군데 图 副 ところどころ; あちこち; ここかしこ. ‖군데군데 틀렸다 ところどころ間違っている.

군도¹(軍刀) 图 軍刀.

군도²(群島) 图 群島.

군락(群落)【굴-】 图 群落.

군락-지(群落地)【-찌】 图 群落地.

군량(軍糧)【굴-】 图 軍糧; 兵糧.

군량-미(軍糧米) 图 軍糧米.

군령(軍令)【굴-】 图 軍令.

군림(君臨)【굴-】 图 自也 君臨.

군-만두(-饅頭) 图 焼き餃子.

군-말(-) 图 ❶無駄口; 無駄言; 贅言(贅). ⑩군소리. ‖군말이 많다 無駄口が多い. 군말을 하다 無駄口をたたく; 無駄言をきく. 군말 말고 빨리 먹어라 無駄言なんか言わずにさっさと食べなさい.

군모(軍帽) 图 軍帽.

군무¹(軍務) 图 軍務.

군무²(群舞) 图 群舞.

군-미필자(軍未畢者)【-짜】 图 兵役の義務を果たしていない者.

군민¹(軍民) 图 軍民; 軍隊と民間.

군민²(郡民) 图 行政区域の一つである郡(郡)に住民登録をしてある人々.

군-바리(軍-) 图〔見くびる言い方で〕軍人.

군-밥(軍-) 图 焼き飯.

군-밥 图 ❶居候のために炊いた飯. ❷残飯.

군번(軍番) 图 (軍事) 認識番号.

군벌(軍閥) 图 軍閥.

군법(軍法)【-뻡】 图 (軍事) 軍法.

군법-회의(軍法會議)【-뻐푀-/-뻐퀘이】 图 (軍事) 軍法会議.

군법무관(軍法務官)【-뻠-】 图 (軍事) 軍の法務将校.

군복(軍服) 图 軍服.

군부(軍部) 图 軍部. ‖군부가 정권을 장악하다 軍部が政権を掌握する.

군-불 图 暖房用に焚く火.

군비¹(軍備) 图 軍備.

군비-축소(軍備縮小)【-쏘】 图 軍備縮小.

군비²(軍費) 图 軍費.

군사¹(軍士) 图 軍士; 兵士.

군사²(軍事) /kunsa/ 图 軍事. ‖군사 기밀 軍事機密.

군사-기지(軍事基地) 图 (軍事) 軍事基地.

군사-동맹(軍事同盟) 图 (軍事) 軍事同盟.

군사-력(軍事力) 图 軍事力.

군사-봉쇄(軍事封鎖) 图 (軍事) 軍事封鎖.

군사-비(軍事費) 图 軍事費.

군사-우편(軍事郵便) 图 (軍事) 軍事郵便.

군사-원조(軍事援助) 图 (軍事) 軍事援助.

군사-위성(軍事衛星) 图 (軍事) 軍事衛星.

군사-재판(軍事裁判) 图 軍事裁判. ‖군사 재판에 회부되다 軍事裁判にかけられる.

군사-정권(軍事政權)【-꿘】 图 (軍事) 軍事政権.

군-사령관

군사`혁명(軍事革命)【-명-】图(軍事)軍事革命.
군-사령관(軍司令官)图(軍事)軍司令官.
군-사령부(軍司令部)图(軍事)軍司令部.
군사부(君師父)图 主君と師と父親.
군사부-일체(君師父一體)图 主君と師と父親の恩は等しいこと.
군-살 /kuːnsal/【-】图 ぜい肉.∥군살が 付く,ぜい肉がつく,(그의)肉を抜いて ぜい肉を 取る[落つす].
군상(群像)图 群像.
군색-하다(窘塞-)【-사카-】图【하변】 ❶(生活が)貧しい.∥군색한 생활, 貧しい生活, ❷(状況が)苦しい.∥군색한 변명을 하다 苦しい言い訳をする.
군생(群生)图 群生.
군생-지(群生地)图 群生地.
군소(群小)图 群小.∥군소 정당 群小政党.
군-소리 /kuːnsori/【하변】無駄口;無駄言;贅言(ぜい).∥군말.
군수¹(郡守)图 行政区域の一つである군(郡)の責任者.
군수²(軍需)图(軍事)軍需.
군수`물자(軍需物資)【-짜】图 軍需物資.
군수`산업(軍需産業)图 軍需産業.
군수`품(軍需品)图 軍需品.
군-식구(-食口)【-꾸】图 食客;居候.
군신(君臣)图 君臣.
군신-유의(君臣有義)【-뉴-/-뉴이】图(五倫の一つとして)君臣の義.
군악(軍樂)图 軍樂.
군악-대(軍樂隊)【-때】图 軍楽隊.
군왕(君王)图 君王;君主.⑩(君主).
군용(軍用)图 軍用.
군용-기(軍用機)图(軍事)軍用機.
군용`도로(軍用道路)图(軍事)軍用道路.
군용`열차(軍用列車)【-녈-】图(軍事)軍用列車.
군용-차(軍用車)图(軍事)軍用車.
군웅(群雄)图 群雄.
군웅-할거(群雄割據)图 群雄割拠.
군의(軍醫)【-/-구니】图 군의관(軍醫官)の略称.
군의-관(軍醫官)图 軍醫官.⑩군의(軍醫).
군인(軍人)图 軍人.
군-일【-닐】图하면 無駄な仕事.
군자(君子)图 君子.
군자-금(軍資金)图 軍資金.
군자연-하다(君子然-)图自【하변】君子然とする;君子ぶる;君子を気取る.
군정(軍政)图 軍政.
군제(軍制)图 軍制.

군주(君主)图 君主.⑩군왕(君王).
군주 정치 君主政治.
군주-국(君主國)图 君主国.
군주-제(君主制)图 君主制.
군중(群衆)图 群衆.
군중`심리(群衆心理)【-니】图 群集心理.
군집(群集)图하면 群集.
군청¹(郡廳)图(行政区域の)군(郡)の役場.
군청²(群青)图 群青.
군청-색(群青色)图 群青色.
군침-하다(軍艦-)图 軍艦.
군축`회의(軍縮會議)图 -추괴/-추췌의 軍縮会議.
군-침 /kuːnchim/图 よだれ;生つば. ▸군침을 삼키다[흘리다] よだれを垂らす[流す];生つばを呑み込む. ▸군침이 돌다 よだれが出る.
군함(軍艦)图 軍艦.
군항(軍港)图 軍港.
군화(軍靴)图 軍靴.
군홧-발(軍靴-)图【-화빨/-홧빨】 ① 軍靴を履いた足. ② 軍人や軍事政権による暴力.

굳건-하다 /kutʔkənhada/【-건-】图【하변】(意志·態度などが)堅剛だ;しっかりしている;たくましい.∥굳건한 의지 堅剛な意志.굳건한 정신력 たくましい精神力.굳건-히图

굳다 /kutʔta/【-따】图 固い;堅い;硬い.∥굳은 약속을 새끼指を交わす.굳은 결의 堅い決意.굳은 표情 硬い表情.굳게 믿다 堅く信じる.
— 图 ❶固まる;固くなる.∥시멘트가 굳었다 セメントが固まった. 떡이 굳어 버렸다 餅が固くなってしまった. ❷痹(しび)になる.∥말버릇이 굳어 버리다 口癖になる.⑩굳히다.

굳-세다 /kutʔseda/【-세-】图 たくましい;丈夫だ.∥굳센 정신력 たくましい精神力.굳세게 살아가다 たくましく生きていく.

굳어-지다 图 固まる;固くなる;凝る.∥시멘트가 굳어지다 セメントが固まる. 비 온 뒤에 땅이 굳어진다 雨降って地固まる. 얼굴의 근육이 굳어지면 표情이 딱딱해진다 顔の筋肉が凝ると,表情が硬くなる.

굳은-살 图 (手のひらや足の裏にできる)たこ;まめ.∥손바닥에 굳은살이 박이다 手のひらにたこができる.

굳이 /kudʔi/【-지】图 あえて;無理に;無理してまで;強いて;わざわざ.∥굳이 위험을 무릅쓰다 あえて危険を犯す. 실다면 굳이 할 필요는 없다 嫌なら無理にやる必要はない.

굳-히다【굳치-】图【굳다の使役動詞】固める;固くする.∥우무를 굳히다 寒天を固める.결심을 굳히다 決心を固める.

확실한 자리를 굳히다 地歩を固める.

굴¹/kul/ 图 〔魚介類〕カキ(牡蠣). ‖생굴 生ガキ.

굴² (窟) 图 ❶穴. ‖두더지가 땅속에 굴을 파다 モグラが地中に穴を掘る. 호랑이 굴 虎穴. ❷洞窟; 洞穴. ❸トンネル.

굴건 (屈巾) 图 喪主が頭の上にかぶる布.

굴건-제복 (屈巾祭服) 图 [하다] 굴건(屈巾)と喪服.

굴곡 (屈曲) 图 起伏. 屈伏. ‖굴곡이 심하다 起伏が激しい.

굴광-성 (屈光性) [-썽] 图 〔植物〕屈光性.

굴다 /ku:lda/ 目 〔語幹「굴어, 구는, 군」〕〔さげすむ言い方で〕ふるまう. ‖무 인처럼 굴다 夫人のようにふるまう. 제멋대로 구는 아이 わがままな子ども. 건방지게 굴다 生意気にふるまう.

굴-다리 (-) 图 〔主に交差点付近に作られた〕トンネル.

굴뚝 /ku:l˚tuk/ 图 煙突.

굴뚝-같다 [-깓따] 圈 山々だ. ‖가고 싶은 마음은 굴뚝같지만 行きたいのは 山々だが.

굴러-가다 自 ❶転がっていく. ‖큰 공이 굴러가다 大きなボールが転がっていく. ❷〔仕事などが〕うまく回る. ‖사업은 그런대로 굴러가고 있다 事業はそれなりにうまくいっている.

굴러-다니다 自他 ❶無造作に転がり回る; 散らかっている; 乱雑に置かれている. ‖방안에 책이 이곳저곳 굴러다니고 있다 部屋の中に本があちこち乱雑に置かれている. ❷あちこち転々とする.

굴러-들다 自 〔語幹「굴러들어」〕転がり込む.

굴러-먹다 【-따] 目 転々としながら卑しく暮らす. ‖어디서 굴러먹던 녀석이냐 どこの馬の骨だ.

굴렁-쇠 [-/-쒜] 图 輪回しの鉄輪.

굴레 (-) 图 ❶おもがい. ❷拘束; 拘束. ‖굴레에서 벗어나다 束縛から逃れる. 인간의 굴레 『人間の絆』(モームの小説).

굴리다 /ku:llida/ 他 〔「구르다」の使役動詞〕転がらせる; 転がす; 回転させる. ‖학생들을 매트 위에 세 번 굴리다 学生たちをマットの上で3回転がらせる. 공을 굴리다 ボールを転がす. ❷〔돈을 굴리다の形で〕金貸しをする. ❸乱暴に扱う. ‖귀중한 책을 함부로 굴리고 있다 貴重な本を乱暴に扱っている. ❹〔車を〕持っている. ‖외제차를 굴리고 있다 外車に乗っている. ❺〔頭を〕使う. ‖머리를 굴려 묘안을 생각하다 頭を使い妙案を考える.

굴림-대 [-때] 图 ころ.

굴-밤 (-) 图 ナラ・カシワなどの実; どんぐり.

굴복 (屈服) 图 [하다] 屈服; 屈すること.

완력에 굴복하다 腕力に屈服する. 압력에 굴복해서 사임하다 圧力に屈して辞任する.

굴비 (-) 图 〔イシモチの干物〕.

굴성 (屈性) [-썽] 图 屈性.

굴 소스 (-sauce) 图 オイスターソース.

굴신 (屈伸) 图 [하다] 屈伸.

굴신-운동 (屈伸運動) [-씨눈-] 图 屈伸運動.

굴욕 (屈辱) 图 屈辱. ‖굴욕을 당하다 屈辱を味わう.

굴욕-감 (屈辱感) [-깜] 图 屈辱感.

굴욕-적 (屈辱的) [-쩍] 图 屈辱的.

굴절 (屈折) [-쩔] 图 [하다] 屈折. ‖굴절된 심리 屈折した心理.

굴절-어 (屈折語) [-쩌러] 图 〔言語〕屈折語. 囮 고립어 (孤立語)·교착어 (膠着語)·포합어 (抱合語).

굴-젓 [-쩓] 图 カキの塩辛.

굴종 (屈従) [-쫑] 图 [하다] 屈従.

굴지 (屈指) [-찌] 图 [하다] 屈指. ‖한 국 굴지의 기업 韓国屈指の企業.

굴지-성 (屈地性) [-찌썽] 图 〔植物〕屈地性.

굴착 (掘鑿) 图 [하다] 掘削.

굴착-기 (掘鑿機) [-끼] 图 掘削機.

굴촉-성 (屈觸性) [-썽] 图 〔生物〕屈触性.

굴-튀김 图 〔料理〕カキフライ.

굴-하다 (屈-) 国 [하変] 屈する. ‖권력에 굴하여 권력に屈する. 폭력에 굴하지 않고 暴力に屈せず.

굵다 /kukːtʼa/ 〔국따〕 圈 ❶太い. ‖다리가 굵다 脚が太い. 선이 굵은 남자 線が太い男. ❷〔つぶが〕大きい; 粗い. ‖감자 알이 굵다 ジャガイモのつぶが大きい. 빗방울이 굵어지다 雨が大降りになってきた. 굵은 소금 粗塩.

굵-다랗다 (국따라타) 圈 [ㅎ変] 太くて大きい. ㉿가느다랗다.

굵직굵직-하다 [국찍국찌카-] 圈 [하変] 〔全部が〕大きめだ; 大ぶりだ. ‖고구마가 굵직굵직하다 サツマイモが全部大ぶりだ. 글씨를 굵직굵직하게 쓰다 字を大きく書く.

굵직-하다 [국찌카-] 圈 [하変] かなり大きい; かなり太い. ‖굵직한 목소리 かなり太い声.

굶-기다 (굼-) 他 〔굶다の使役動詞〕飢えさせる; ひもじい思いをさせる; 食事を与えないで干乾しにする. ‖끼니를 굶기다 食事を与えない.

굶다 /kumːtʼa/ 〔굼따〕 自他 飢える; 〔食事を〕抜く. ‖다이어트 한다고 저녁을 굶다 ダイエットのため夕食を抜く. 굶어 죽다 飢え死にする.

굶-주리다 (굼-) 目 飢える; 腹をすかす. ‖부모의 애정에 굶주린 아이 親の

굼-뜨다 [형] [으변] (動作가)のろい; まだるっこい. ∥굼뜬 動作 まだるっこい動作.

굼벵이 [명] ❶ 蟬の幼虫. ❷ (あざけった言い方で) (動作が)のろい人; のろま.

굼실-거리다 [-대다] (虫などが)もぞもぞうごめく.

굼실-굼실 [부] [하自] もぞもぞ; うずうず; うようよ.

굼지럭-거리다 [-꺼-] [自] のろのろする; ぐずぐずする.

굼지럭-굼지럭 [-꿈-] [부] [하自他] のろのろ; ぐずぐず.

굽 [명] ❶ (牛・馬などの)蹄. ∥말발굽 馬蹄. ❷ (靴の)かかと; ヒール. ∥굽이 높은 신 かかとの高い靴.

굽는 [굼-] [관] [ㅂ변] 굽다(焼く)の現在連体形.

굽다¹ /kupʰta/ [-따] [자] [ㅂ변] 曲がっている; かがんでいる; うねっている; たわんでいる. ∥허리가 굽은 할머니 腰の曲がったおばあさん. 눈으로 가지가 굽었다 雪で枝がたわんでいる.
── [자] 曲がる; かがむ; たわむ. ∥허리가 굽다 腰がかがむ. 굽히다.

굽다² /kupʰta/ [-따] [타] [ㅂ변] (구워, 굽는, 구운) 焼く. ∥빵을 굽다 パンを焼く. 생선을 굽는 냄새 魚を焼くにおい. 구운 김 焼きのり.

굽실 [-씰] [부] [하自他] ぺこぺこ; ぺこり.

굽실-굽실 [-씰-] [부] [하自他] ぺこぺこ; へいこら. ∥사장 앞에서 굽실굽실하다 社長の前でぺこぺこする.

굽실-거리다 [-대다] [타] ぺこぺこする; へいこらする.

굽어-보다 [타] 俯瞰する; 見下ろす. ∥한강을 굽어볼 수 있는 곳 漢江を見下ろせる所.

굽어-살피다 [타] 照覧する; 思いやる. ∥신이여, 굽어살피소서 神よ、ご照覧あれ.

굽이 [명] (山の)曲がる所; 曲がり.

굽이-치다 [자] うねる; 波打つ. ∥벼 이삭이 굽이치다 稲の穂が波打つ.

굽이-굽이 [명] (山の)いくつもの曲がり.
── [부] 曲がりごとに. ❷ くねくね; うねうね; 曲がりくねって. ∥물이굽이 흘러가다 くねくねと流れていく.

굽-히다 /kupʰida/ [구피-] [타] 〔굽다の使役動詞〕曲げる; かがめる. ∥머리를 굽히고 들어가다 頭をかがめて入る. 허리를 굽히다 腰をかがめる. 신념을 굽히지 않다 信念を曲げない. 주장을 굽히고 말았다 主張を曲げてしまった.

굿 /kut/ [궃] [명] 巫女による祈りの儀式. ❷ 見もの; 見せ物. ▶굿이나 보고 떡이나 먹지 [속] (「よその巫女の儀式を見て餅でも食え」の意で) 人のおせっかいはやめて自分のことに励んだ方がいい.

궁 (宮) [명] 宮; 宮殿; 王宮.

궁궐 (宮闕) [명] [歴史] 宮闕. ㊣ 대궐 (大闕).

궁극 (窮極) [명] 究極. ∥궁극적인 목적 究極の目的.

궁금-증 (-症) [-쯩] 気になること; 知りたいこと.

궁금-하다 /kuŋgumhada/ [형] [하변] ❶ 気になる; 知りたい. ∥그 사람이 어디에 살고 있는지 궁금하다 彼がどこに住んでいるのか気になる. 궁금한 것이 있으면 언제든지 물어보세요 分からないことがあったらいつでも聞いてください. ❷ 口淋しい. ∥담배를 끊었더니 입이 궁금하다 タバコをやめたら口淋しい.

궁녀 (宮女) [명] [歴史] 女官.

궁도 (弓道) [명] [スポーツ] 弓道.

궁리 (窮理) /kuŋni/ [-니] [명] [하他] 思案; 工夫; 思いめぐらすこと. ∥이럴까 저럴까 궁리를 하다 こうしようかああしようかと思いめぐらす. 궁리 끝에 묘안이 떠오르다 思案の末, 妙案が浮かぶ.

궁상¹ (弓狀) [명] 弓状.

궁상² (窮相) [명] 貧相.

궁상³ (窮狀) /kuŋsaŋ/ [명] 窮状.

궁상-떨다 (窮狀-) [자] [ㄹ語幹] わざと貧乏たらしくふるまう; (経済的に)困ったふりをする.

궁상-맞다 (窮狀-) [-맏따] [형] 貧乏くさい; 貧乏らしい. ∥궁상맞아 보이다 貧乏くさく見える.

궁색 (窮塞) [명] [하変] ❶ 貧窮; 貧困; 貧苦; 貧しく; みすぼらしいこと. ∥궁색한 살림 貧しい暮らし. ❷ 非常に苦しいこと. ∥그의 변명은 궁색했다 彼の言い訳はかなり苦しいものだった.

궁성 (宮城) [명] 宮城; 皇居; 王宮.

궁수 (弓手) [명] [歴史] 射手.

궁수-자리 (弓手-) [명] [天文] 射手座. ㊣ 사수자리 (射手-).

궁술 (弓術) [명] 弓術.

궁여지책 (窮餘之策) [명] 窮余の一策.

궁전 (宮殿) [명] 宮殿.

궁정 (宮廷) [명] 宮廷.

궁중 (宮中) [명] 宮中.

궁중 문학 (宮中文學) [명] [文芸] 宮中文学.

궁중-어 (宮中語) [명] 宮廷語.

궁지 (窮地) [명] 窮地; ピンチ. ∥궁지에 올리다 ピンチに追い込まれる. 궁지에 빠지다 窮地に陥る. 궁지에 빠뜨리다 窮地に陥れる.

궁책 (窮策) [명] 窮策.

궁핍-하다 (窮乏-) [-피하-] [형] [하変] 窮乏している; 非常に貧しい. ∥궁핍한 생활 非常に貧しい生活.

궁-하다 (窮-) /kuŋhada/ [형] [하変] 窮する; 貧しい; (行き詰まって)苦しい; (金銭などに)困っている. ∥생활이 궁하

다 生活에 窮하다. 돈이 좀 궁하다 多少お金に困っている. 주머니가 궁하다 懷が貧しい. 답변이 궁하다 返答に窮する.
► 통하면 通하다 [通]에 窮하면 通하다.

궁합(宮合) /kuŋhap/ 图 (男女의) 相性. ‖ 궁합이 맞다 相性がいい. 궁합을 보다 (生年月日などで2人の) 相性をみてもらう.

궂기다 [궂기-] 国 (邪魔が入ったりして物事がうまくいかない).

궂긴-소식(-消息) [궂긴-] 图 計告; 訃報; 計音.

궂다 /kut^ta/ [궂어] 厖 ❶ (天気が悪い. ‖ 궂은 날씨가 계속되다 悪天候が続く. ❷ 厭わしい; 忌まわしい.

궂은-비 じめじめと降り続く雨.

궂은-살 图 硬く盛り上がってできたぜい肉.

궂은-소리 图 計報; 悲報.

궂은-일 [-닐] 图 厭わしい仕事; 忌まわしい仕事.

궂히다 [궂치-] 他 台無しにする; 駄目にする. ‖ 일을 궂히다 仕事を駄目にする.

권¹(權) 图 ⑱ (姓) (グォン).

권²(卷) /kwon/ 依名 …冊. ‖ 책 두 권 本 2 冊.

-권³(券) 接尾 …券. ‖ 입장권 入場券.

-권⁴(圈) 接尾 …圈. ‖ 수도권 首都圈.

-권⁵(權) 接尾 …権. ‖ 소유권 所有権.

권고(勸告) 하他 勸告.

권고-사직(勸告辭職) 图 辭職勸告.

권내(圈內) 图 圈內. ⑪ 圈外(圈外). ‖ 당신 권내 當選圈內.

권농(勸農) 图 勸農.

권능(權能) 图 権能.

권두(卷頭) 图 卷末(卷末).

권두-사(卷頭辭) 图 卷頭言. ⑰ 머리말.

권두-언(卷頭言) 图 卷頭言. ⑰ 머리말.

권력(權力) /kwolljok/ [궐-] 图 権力. ‖ 국가 권력 国家権力. 권력을 잡다 権力を握る.

권력-가(權力家) [궐-까] 图 権力者.

권력-관계(權力關係) [궐-판-/궐-관게] 图 権力関係.

권력-분립(權力分立) [궐-뿔-] 图 權力分立.

권력-싸움(權力-) [궐-싸-] 图 権力争い.

권력-자(權力者) [궐-짜] 图 権力者.

권력-투쟁(權力鬪爭) 图 権力鬪爭.

권리(權利) /kwolli/ [궐-] 图 権利. ⑦ 의무(義務). ‖ 권리를 행사하다 権利を行使する. 권리를 보장하다 権利を保障する. 의무 교육을 받을 권리 義務教育を受ける権利. 너한테 이런 말을 할 권리는 없다 お前にそれを言う

権利はない.

권리-금(權利金) 图 権利金.

권리-증(權利證) [궐-쫑] 图 権利証. ⑬ 등기필증(登記畢證).

권말(卷末) 图 ⑱ 卷頭(卷頭). ‖ 권말 부록 巻末付録.

권모(權謀) 图 権謀.

권모-술수(權謀術數) [-쑤] 图 権謀術数. ‖ 권모술수를 쓰다 権謀術数をめぐらす.

권문(權門) 图 権門.

권문-세가(權門勢家) 图 権門勢家.

권선(勸善) 하他 勸善.

권선-징악(勸善懲惡) 图 勸善懲悪.

권세(權勢) 图 権勢. ‖ 권세를 부리다 権勢をふるう.

권속(眷屬) 图 眷属(ぞく).

권수(卷數) 图 卷数.

권외(圈外) [-/궈게] 图 圈外. ⑦ 권내(圈內).

권위(權威) /kwɔnwi/ 图 権威. ‖ 권위가 실추되다 権威が失墜する. 권위 있는 학설 権威ある学説.

권위-자(權威者) 图 権威者. ‖ 그 분야의 권위자 界界の権威.

권위-적(權威的) 图 権威的. ‖ 권위적인 성격 権威の性格.

권위-주의(權威主義) [-/-이] 图 権威主義.

권유(勸誘) /kwɔnju/ 하他 勸誘. 勧め(ること). ‖ 국회의원에 입候補する것을 권유하다 国会議員に立候補することを勧める. 친구의 권유에 따르다 友だちの勧めに従う. **권유-받다** 受動.

권익(權益) 图 権益. ‖ 권익을 지키다 権益を守る.

권장(勸獎) 하他 勸獎.

권-적운(卷積雲) 图 〈天文〉卷積雲; いわし雲.

권좌(權座) 图 権力の座. ‖ 권좌에 오르다 権力の座に就く.

권주(勸酒) 하他 獻杯.

권총(拳銃) 图 拳銃.

권-층운(卷層雲) 图 〈天文〉巻層雲.

권태(倦怠) 图 倦怠. ‖ 권태를 느끼다 倦怠感を覚える.

권태-기(倦怠期) 图 倦怠期.

권태-롭다(倦怠-) [-따] 厖 [ㅂ変] 飽きがきたようだ; (心身が)だるい; まだるこい. **권태로이** 副.

권토-중래(捲土重來) 图 하他 捲土重來.

권투(拳鬪) 图 〈スポーツ〉 ボクシング. ‖ 권투 선수 ボクサー.

권-하다(勸-) /kwɔnhada/ 他 [ㅎ变] 勧める. ‖ 술을 권하다 酒を勧める. 읽으라고 권하다 読むように勧める.

권한(權限) 图 権限. ‖ 강력한 권한을 가지는 強力な権限を持つ. 職務 権限 職務権限.

궐(闕) 圏 宮殿; 宮闕.
궐기(蹶起) 圏 自 決起. ∥진상 규명을 위해 시민들이 궐기하다 真相究明のため市民が決起する.
궐석(闕席) 圏【-석】圏 自 =결석(缺席).
궐석재판(闕席裁判) 【-석 째-】圏 =결석재판(缺席裁判).
궤(櫃) 圏 櫃(ひ).
궤도(軌道) 圏 軌道. ∥사업이 궤도에 오르다 事業が軌道に乗る. 궤도에서 벗어나다 軌道をはずれる.
궤멸(潰滅) 圏 自他 壊滅.
궤변(詭辯) 圏 詭弁(ぎん). ∥궤변을 늘어놓다 詭弁を弄(ろう)する.
궤양(潰瘍) 圏〖医学〗潰瘍. ∥위궤양 胃潰瘍.
궤적(軌跡) 圏 軌跡.
궤-짝(櫃-) 圏 箱. ∥사과 궤짝 リンゴ箱.

귀¹ /kwi/ 圏 ❶耳. ∥귀가 좋다 耳が早い; 耳がいい. 귀가 잘 들리다 耳が遠い. 귀에 물이 들어가다 耳に水が入る. 귀에 거슬리는 말 耳障りな話. 남일이라고 한 쪽 귀로 듣고 한 쪽 귀로 흘리다 他人事と聞き流す. ❷(針の)穴. ∥바늘귀 針の穴; 針の耳. ❸(角立ったものの)角; 端. ∥네 귀가 반듯하다 四隅がきちんとしている. ▶귀가 따갑다[아프다] (小言などで)耳が痛い. ▶귀(가) 멀다 耳が遠い; 耳が遠くなる. ▶귀(가) 밝다 耳がいい; 耳が早い. ▶귀(를) 기울이다 耳を傾ける; 耳をそばだてる.

귀-² (貴) 接頭 貴…. ∥귀부인 貴婦人. 귀금속 貴金属.
귀가(歸家) 圏 自 帰宅.
귀감(龜鑑) 圏 亀鑑(かん); 鑑; お手本. ∥귀감이 되다 鑑[お手本]になる.
귀갑(龜甲) 圏 亀甲.
귀-걸이 /kwigǝ́ri/ 圏 イヤリング. ∥귀걸이를 하고 있다 イヤリングをして[つけて]いる.
귀결(歸結) 圏 自 帰結. ∥당연한 결론으로 귀결되다 当然の結論に帰結する.
귀경(歸京) 圏 自他 帰京.
귀-고리 圏 イヤリング.
귀-공자(貴公子) 圏 貴公子.
귀국(歸國) /kwiguk/ 圏 自 帰国. ∥귀국길에 오르다 帰国の途につく.
귀금속(貴金屬) 圏 貴金属.
귀납(歸納) 圏 他 帰納. ⑦연역(演繹).
귀납-법(歸納法) 【-뻡】圏 帰納法. ⑦연역법(演繹法).
귀농(歸農) 圏 自 帰農.
귀담아-듣다 【-따】他 ㄷ変 傾聴する; 熱心に聞く. ∥귀담아들을 가치가 있다 傾聴に値する.

귀-동냥 圏 他 耳学問; 聞きかじり.
귀두(龜頭) 圏〖解剖〗亀頭.
귀-때기 圏〔귀의俗語〕耳.
귀뚜라미 /kwi²turami/ 圏〖昆虫〗コオロギ(蟋蟀).
귀돌-귀돌 圏 コオロギの鳴き声: コロコロ.
귀-뜸 /kwi²tim/ 圏【-뜸】他 耳打ち. ∥살짝 귀뜸을 하다 こっそり耳打ちをする.
귀로(歸路) 圏 帰路. ∥귀로에 오르다 帰路につく.
귀리(-) 圏〖植物〗エンバク(燕麦); カラスムギ.
귀-마개 圏 耳栓.
귀-머거리 圏 聾者.
귀문(鬼門) 圏 鬼門.
귀-밀 圏 耳元. ∥귀밀에서 속삭이다 耳元でささやく.
귀밀-샘【-쌤】圏〖解剖〗耳下腺. 圏 이하선(耳下腺).
귀-부인¹(貴夫人) 圏 貴夫人.
귀-부인²(貴婦人) 圏 貴婦人.
귀빈(貴賓) 圏 貴賓.
귀빈-석(貴賓席) 圏 貴賓席.
귀빈-실(貴賓室) 圏 貴賓室.
귀-빠지다 圏 生まれたの俗語. ∥귀빠진 날 誕生日.
귀사(貴社) 圏 貴社; 御社.
귀성(歸省) 圏 自他 帰省. ∥귀성 인파 帰省客の波.
귀성-객(歸省客) 圏 帰省客.
귀성-열차(歸省列車) 【-녈-】圏 帰省列車.
귀소-본능(歸巢本能) 圏 帰巣本能.
귀소-성(歸巢性) 【-썽】圏 帰巣性; 回帰性.
귀속(歸屬) 圏 自 帰属. ∥귀속 의식 帰属意識.
귀순(歸順) 圏 自 帰順.
귀신(鬼神) /kwi.ʃin/ 圏 ❶鬼神; 鬼; 幽霊; 亡霊. ∥귀신이 나오다 幽霊が出る. 귀신이 들리다 神がかりになる. ❷鬼才; すぐれた才能の持ち主; 達人. ∥길찾는 데는 귀신이다 道を探すことにかけては達人だ. ▶귀신도 모르다 誰も知らない. ▶귀신이 곡할 노릇 [例] 世にも不思議な出来事. ▶귀신이 씻나락 까먹는 소리 [例] わけの分からないこと; とんでもないこと.
귀신-같다(鬼神-) 【-갇따】形 神業さながらだ. **귀신같-이** 副.
귀양(-輕憂) 圏〖歷史〗島流し; 流刑; 流罪; 遠島.
귀양-살이 圏 自 島流しの生活.
귀엣-말【-엔-】圏 他 耳打ち. ∥살짝 귀엣말을 하다 そっと耳打ちする.
귀여운 【ㅂ変】귀엽다(かわいい)の現在連体形. ∥귀여운 아이 かわいい子も.

귀여워 [형][ㅂ변] 귀엽다(かわいい)의 連用形. ∥귀여워서 머리를 쓰다듬다 かわいくて頭をなでる.

귀염 /kwi:jəm/ 圆 かわいがること. ∥많은 사람들로부터 귀염받는 多くの人からかわいがられる.

귀염-둥이 圆 かわいがられる子.

귀염-성 (-性) 圆 かわいらしさ; 愛らしさ; かわいげ.

귀엽다 /kwi:jop'ta/ [ᄂ따] 圐 [ㅂ변] [귀여워, 귀여운] かわいらしい; 愛らしい. ∥웃는 얼굴이 귀엽다 笑顔がかわいい. 귀여운 몸짓 愛らしいしぐさ. 귀엽게 생긴 아이 かわいい顔つきの子ども.

귀의 (歸依) [-이] 圆 한자 (仏教) 帰依.

귀-이개 圆 耳かき.

귀인 (貴人) 圆 貴人.

귀재 (鬼才) 圆 鬼才.

귀족 (貴族) 圆 貴族.

귀족-적 (貴族的) [-쩍] 圆 貴族的. ∥귀족적인 풍모 貴族的な風貌.

귀주 (貴州) 圆 御中.

귀중² (貴重) /kwi:dʑun/ 圆 [형동] 貴重. ∥귀중한 체험 貴重な体験. 귀중-히 ⦁

귀중-품 (貴重品) 圆 貴重品.

귀-지¹ 圆 耳あか; 耳くそ.

귀지² (貴地) 圆 貴紙.

귀지³ (貴誌) 圆 貴誌.

귀차니즘 圆 (俗っぽい言い方で) 若者が何事も面倒くさく思うこと.

귀착 (歸着) 圆 한자 帰着; 行き着くこと. ∥결국 그의 잘못으로 귀착되었다 結局彼の過ちに行き着いた.

귀찮다 /kwitɕʰantʰa/ [-찬타] 圐 面倒이다; 面倒くさい; 厄介だ; わずらわしい. ∥만사가 귀찮다 何もかもが面倒だ. 귀찮은 일 面倒な仕事. 귀찮은 요구 厄介な要求. 사소한 일로 사람을 귀찮게 하다 些細なことで人を煩わす.

귀찮아-하다 /kwitɕʰanahada/ [-チャナ-] 한자 面倒がる; 煩わしがる. ∥달라붙는 아이를 귀찮아하다 くっついて離れない子どもを煩わしがる.

귀천 (貴賤) 圆 貴賤. ∥직업에는 귀천이 없다 職業には貴賤がない.

귀-청 圆 [解剖] 凰鼓 고막 (鼓膜). ∥귀청이 터질 것 같은 소음 鼓膜が破れそうな騒音.

귀추 (歸趨) 圆 帰趨. ∥귀추가 주목되다 帰趨が注目される.

귀태 (貴態) 圆 ❶ 高貴な態度. ❷ 品のある態度.

귀퉁-이 圆 角; 隅. ∥길 한 귀퉁이에 차를 세우다 道の片隅に車を止める.

귀-티 (貴-) 圆 高貴に見える姿勢や態度. ∥귀티가 나다 上品な雰囲気が漂う.

귀하 (貴下) /kwi:ha/ 圆 (手紙の宛名などに) 相手の名前に付ける敬称: 様. ∥이지영 귀하 李知瑛様.
— 代 貴下; 貴殿. ∥귀하의 의견이 들어 보고 싶습니다 貴殿のご意見も伺いたく存じます.

귀-하다 (貴-) /kwi:hada/ [한자] ❶ (身分などが) 高い. ∥귀한 집 자식 高貴の出. ❷ 大切だ. ∥귀한 손님이 오다 大切なお客さんが来る. 귀하게 자라다 大切に育てられる. ❸ 珍しい; 珍貴だ. ∥귀한 물건은 珍貴な品々. 귀-히 ⦁

귀항¹ (歸航) 圆 한자 帰航.

귀항² (歸港) 圆 한자 帰港.

귀향 (歸鄕) 圆 한자 帰郷.

귀화 (歸化) 圆 한자 帰化.

귀환 (歸還) 圆 한자 帰還. ∥전쟁터에서 귀환하다 戦地から帰還する.

귓-가 [귀까/귇까] 圆 耳元.

귓-바퀴 [귀빠-/귇빠] 圆 耳介(ᵍ); 耳殻(ᵍ).

귓-밥 [귀빱/귇빱] 圆 耳たぶの厚さ.

귓-병 (-病) [귀뼝/귇뼝] 圆 耳の病気の総称.

귓-불 [귀뿔/귇뿔] 圆 耳たぶ.

귓속-말 [귀쏭-/귇쏭-] 圆 耳元で交わす言葉; 耳打ち. ∥귓속말을 주고 받다 耳打ちし合う.

귓-전 [귀쩐/귇쩐] 圆 耳元.

규격 (規格) /kjuɡjək/ 圆 規格. ∥규격에 맞추다 規格に合わせる. 규격을 통일하다 規格を統一する.

규격-판 (規格判) 圆 規格判. ⦁書籍・雑誌・便箋などの紙の仕上げ寸法.

규격-품 (規格品) 圆 規格品.

규격-화 (規格化) [-겨콰] 圆 한자 規格化. ∥제품을 규格화하다 製品を規格化する.

규명 (糾明) 圆 한자 糾明; 解明.

규모 (規模) /kjumo/ 圆 規模. ∥세계적인 규모 世界的な規模. 대규모 프로젝트 大規模のプロジェクト. 회사 규모를 키우다 会社の規模を大きくする.

규범 (規範) /kjubəm/ 圆 ∥사회 규범 社会規範. 행동 규범 行動規範. 규범에 따르다 規範に従う.

규사 (硅砂) 圆 硅砂.

규산 (硅酸) 圆 [化学] 硅酸.

규산-염 (硅酸塩) [-념] 圆 [化学] 硅酸塩.

규석 (硅石) 圆 [鉱物] 硅石.

규소 (硅素) 圆 [化学] 珪素.

규수 (閨秀) 圆 閨秀 ⦁ 他人の未婚の娘. ∥양갓집 규수 良家の娘.

규약 (規約) 圆 規約. ∥규약에 어긋나다 規約に違反する. 규약에 저촉되다 規約に触れる. 규약을 정하다 規約を定める.

규율 (規律) 圆 規律. ∥규율을 지키다

규율을 지키다. 규율이 문란해지다 規律が乱れる.

규정(規定)/kjudʒɔŋ/ 图 <하他> 規定. 결정. ‖개념을 규정하다 概念を規定する. 규정에 따르다 規定に従う. 규정대로 決まり通り.

규정-짓다(規定-)[-짇따] <他> [人곱変] 規定する.

규정²(規程) 图 規程. ‖사무 규정 事務規程.

규제(規制)/kjudʒe/ 图 <하他> 規制. ‖교통 규제 交通規制. 법률적인 규제가 많다 法律的な規制が多い. 규제를 받다 規制を受ける. **규제-하다** <하他>

규준(規準) 图 規準.

규칙(規則)/kjutɕʰik/ 图 規則. ‖규칙을 지키다 規則を守る. 규칙을 어기다 規則を破る. 시행 규칙 施行規則. 규칙대로 하다 規則通りにやる. 불규칙 不規則.

규칙-동사(規則動詞)[-똥-] 图 《言語》 規則動詞.

규칙-용언(規則用言)[-칭 농-] 图 《言語》 規則用言.

규칙-적(規則的)[-쩍] 图 規則的. ‖규칙적으로 변화하다 規則的に変化する. 규칙적인 생활 規則正しい生活.

규탄(糾彈) 图 <하他> 糾彈.

규합(糾合) 图 <하他> 糾合. ‖동지를 규합하다 同志を糾合する.

균(菌)/kjun/ 图 菌. ‖효모균 酵母菌. 콜레라균 コレラ菌.

균등(均等) 图 <하形> 均等. ‖기회 균등 機会均等.

균등-화(均等化) 图 <하自他> 均等化.

균류(菌類)[귤-] 图 菌類.

균분(均分) 图 均分.

균분-상속(均分相続) 图 《法律》 均分相続.

균사(菌絲) 图 《植物》 菌絲.

균열(龜裂) 图 <하自> ひび割れ. ‖균열이 생기다 龜裂が生じる; ひび割れする.

균일(均一) 图 <하他> 均一. ‖품질을 균일하게 하다 品質を均一にする.

균제(均齊) 图 <하形> 均齊.

균질(均質) 图 <하形> 均質.

균할(均割) 图 <하他> 均等に分けること; 等しく配分すること. ‖이익을 균할 배분 利益を均等に配分する.

균핵(菌核) 图 《植物》 菌核.

균형(均衡)/kjunhjɔŋ/ 图 均衡; バランス; 均斉. ‖균형을 잡다 バランスを取る. 균형 감각을 유지하다 バランス感覚を保つ. 균형을 잃다 均衡を失う. 균형이 무너지다 均衡が崩れる. 균형 잡힌 몸매 均齊のとれた体つき.

귤(橘)/kjul/ 图 《植物》 ミカン(蜜柑). ‖귤 다섯 개 ミカン5個.

귤-껍질(橘-)[-껍] 图 ミカンの皮. ‖귤껍질을 벗기다 ミカンの皮をむく.

귤-나무(橘-)[-라-] 图 ミカンの木; タチバナ. ⑩밀감(蜜柑).

귤색(橘色)[-쌕] 图 橙色; 蜜柑色.

그¹ /kɯ/ 떼 ❶〔그이의 縮約形〕その人; 彼. ‖그로부터는 오늘도 연락이 없다 彼からは今日も連絡がない. ❷〔그것의 縮約形〕それ. ‖그보다는 크다 それより は大きい.

그² /kɯ/ 冠 ❶その…. ‖그 책 その本. 그 자리에서 その場で. 그 사이 その間. ❷あの…. ‖그 사람하고는 헤어졌어 あの人とは別れたの. 그 일은 어떻게 됐니? あのことはどうなったの? 中前に話したものを指し示す時, 相手との共有 情報となっている場合にも저(あの)を使わず그(あの)を使う.

— 感 言葉に詰まったり言いよどんだりした時につなぎに発する語: その…; ええと…. ‖그, 뭐라고 할까? ええと, 何と言えばいいんだろう.

그-간(-間) 图 その間. ‖그간의 경위 その間のいきさつ.

그-같이[-가치] 剛 ❶そのように; そんなに. ❷あんなに; あんなに.

그-거 /kɯgɔ/ 떼 〔그것의 縮約形〕それ. ‖그거 큰일이네 それは大変だ.

그-건 /kɯgɔn/ 〔그것은의 縮約形〕それは.

그-걸 /kɯgɔl/ 〔그것을의 縮約形〕それを. ‖그걸로 하자 それにしよう.

그-것 /kɯgɔt/[-걷] 떼 ❶それ. ‖그것은 별로 마음에 들지는 않는다 それはあまり気に入らない. 그것이 뭐야? それは何? 그것만이 내가 할 수 있는 일이다 それだけが私のできることなの. ❷あれ. ‖그것 가지고 왔니? あれ, 持って来たの? ❸そいつ; あいつ. ‖그것도 사람이냐? あいつも人間と言える? ❹その子. ‖그것들 정말 귀엽던 その子たち, 本当にかわいい.

그것-참[-걷-] 感 感心したり驚いたりする時に発する語: はてさて; はてはて; さてさて; 実に; 本当に. ‖그것참, 어떻게 되려는지, 弱くなったなあ. 그것참, 대단하네! 本当にすごい.

그-게 〔그것이의 縮約形〕それが; それは. ‖그게 뭐니? それは何? 그게 다야 それが全部なの.

그-길-로 剛 その足で.

그-까짓[-낃] 冠 それくらいの; それくらいの. ‖그까짓 것은 잊어 버려 それくらいのことは忘れて.

그-끄저께 さきおととい. ⑩그끄제.

그-끄제 图 그끄저께の縮約.

그-나마 /kɯnama/ 剛 ❶それさえ(も); それだけでも; それまでも. ‖그나마 안 남았더라 それさえも残っていなかった. ❷せめて; せめてもの. ‖큰 사고가 안 난

것만 해도 그나마 다행이다 大きな事故にならなかったのがせめてもの救いだ.

그-나-저-나 閉 〔그러나저러나의 縮約形〕いずれにしても; どちらにしても.

그-날 图 その日; あの日; 当日. ‖그날 밤 その日の夜. 그날 못 갔어 あの日, 行けなかったの.

그날-그날 图 その日その日. ‖그날그날의 일 その日その日のこと.

— 閉 その日ごとに; 日日に.

그-냥 /kunjaŋ/ 閉 ❶ そのまま; ありのままに. ‖그냥 놓아 두다 そのまま置いておく. ❷ ずっと. ‖그냥 잠만 자고 있다 ずっと寝てばかりいる. ❸ なんとなく; так; 意味もなく; わけもなく. ‖그냥 눈물이 났다 わけもなく涙が出た. 그냥 좋아해 何となく好きだ. ❹ ただで; 無料で; どうぞ. ‖그냥 가져가세요 どうぞ 持っていってください. 그냥 안 둘 거야 ただではおかないぞ.

그네¹ /kw:ne/ 图 ぶらんこ. ‖그네를 타다 ぶらんこに乗る; ぶらんこをこぐ.

그네-뛰기 图 ぶらんこ乗り.

그-네² 图 彼ら; その人たち; あの人たち.

그-녀 (-女) /kunjɔ/ 图 〔主に文語として〕彼女; 女の人. ‖그녀는 친구가 많은 편이다 彼女は友だちが多い方だ. 오늘 그녀로부터 연락이 있었다 今日彼女から連絡があった.

그늘 /kunul/ 图 ❶ 日陰. ‖그늘에서 쉬다 日陰で休む. 나무 그늘 木陰. 짚은 구두를 그늘에서 말리다 ぬれた靴を陰干しにする. 평생을 그늘에서 보내다 一生を日陰で過ごす. ❷ 陰影; 陰り. ‖그늘이 있는 표정 陰[陰り]のある表情. ❸ 物陰.

그-다음 图 その次. ⑳그담.

그-다지 /kudadʑi/ 閉 〔下に打ち消しの表現を伴って〕それほど; あまり. ‖드라마는 그다지 좋아하지 않는다 ドラマはそれほど好きではない. 그다지 가고 싶지 않다 あまり行きたくない.

그-담 图 그다음의 縮約形.

그-달 图 その月.

그-대 图 〔主に文語として〕君; そなた; そち. ‖사랑하는 그대에게 愛する君に.

그-대로 /kwdɛro/ 閉 そのまま; あの[その]通りに. ‖그대로 이야기하다 ありのまま(に)話す. 돌아오자마자 그대로 잠들어 버렸다 帰ってくるなり, そのまま寝入ってしまった. 문자 그대로 文字通りに.

그-동안 /kudoŋan/ 图 その間; その後; 今まで. ‖그동안 별고 없으세요? その後お変わりありませんか. 그동안 어디에 있었니? 今までどこにいたの. 그동안 한 번도 결석한 적이 없다 今まで一度も欠席したことがない. 그동안의 연구 실적 その間の研究実績.

그득 閉 あふれこぼれるほど満ちている様

子: なみなみ; いっぱい. ‖식료품을 그득 사 가지고 오다 食料をいっぱい買ってくる.

그-들 /kudul/ 代 〔主に文語として〕彼ら; 彼女ら. ‖그 부분은 그들에게 맡기기로 했다 そこは彼らに任せることにした.

그-따위 代 そんなもの; そんなやつ. ‖일을 그따위로 하다니 仕事をそんない加減にするとは.

그-때 /kutt͈ɛ/ 图 その時; あの時; その折. ‖바로 그때 ちょうどその時. 그때 이후로 만나지 못했다 それ以降会っていない. 그때 가서 생각하자 その時はその時.

그때-그때 图 その時その時. ‖그때그때의 생각 その時その時の思い.

— 閉 その時々; そのたびごとに; その場その場で. ‖그때그때 만들어 먹다 そのつど作って食べる.

그라비어 (gravure) 图 グラビア.

그라운드 (ground) 图 グラウンド.

그라탱 (gratin ⓕ) 图 グラタン.

그랑프리 (grand prix ⓕ) 图 グランプリ; 大賞.

그래¹ ❶ 〔그리하여의 縮約形〕そして; そうして; それで. ‖그래 괜찮았어? それで大丈夫だったの. ❷ 〔그리하여의 縮約形〕そのようにして; そんなふうにして. ‖그래 가지고는 안 된다 そのようにしては駄目だ.

그래² /kurɛ/ 感 そう; うん; ああ. ‖그래, 그러면 돼 そう, そうすればいいの. 그래, 생각해 볼게 うん, 考えてみる.

그래-그래 感 そうそう; うんうん. ‖그래그래 알았어 うんうん, 分かった.

그래-도 /kurɛdo/ 閉 ❶ それでも. ‖바람은 그쳤다. 그래도 바깥은 춥다 風はやんだ. それでも外は寒い. 그래도 꼴찌는 아니다 それでもビリではない. ❷ そのようにしても; それでも.

그래서 /kurɛsɔ/ 閉 だから; それで; そうして. ‖그래서 못 갔어 다 그래서 울어 버렸어 それで泣いてしまったの. 선배가 그래서 어떠하니? 先輩がそれでどうするの.

그래-저래 閉 あれこれ; あれやこれや; なにやかや. ‖그래저래 돈이 좀 들어 아쉽게나마 でも少しお金がかかる.

그래프 (graph) 图 グラフ. ‖막대그래프 棒グラフ.

그래픽 (graphic) 图 グラフィック.

그래픽-디자인 (graphic design) グラフィックデザイン.

그랜드-슬램 (grand slam) 图 (テニス・ゴルフで)グランドスラム.

그랜드-피아노 (grand piano) 图 《音楽》グランドピアノ.

그램 (gram) 依名 質量の単位: …グラム(g).

그러게 /kurɔge/ 閉 だから. ‖그러게

그러나

먹지 말라고 했잖아 다고 식는라고 말 였대지요.
— 國 その通りだ. ‖この 人 ちょっと 心配だね. そうだね.

그러나 /kɯrəna/ 圖 しかし; だが; けれども; が. ‖시험에 떨어졌다. 그러나 포기할 수는 없다 試験に落ちた. しかし諦めるわけにはいかない. 비가 온다. 그러나 갈 수가 없다 雨が降っている. しかし行かざるを得ない. 고비는 넘겼다. 그러나 안심할 수는 없다 峠は越した. だが, 安心はできない.

그러나-저러나 圖 いずれにしても; どちらにしても. ▶그스러나.

그러-넣다 [-너타] 他 引き入れる.

그러니까 /kɯrəniʔka/ 圖 〔그러하니까의 縮約形〕 ですから; だから, ‖뭐, 깼다고? 그러니까 주의하라고 했잖아 何, 壊した? だから注意したでしょう.

그러다 /kɯrəda/ 自 〔그러하다의 縮約形〕 そうする. ‖그러지 마세요 そうしないでください.

그러-담다 [-따] 他 かき集めて(袋などに)入れる.

그러-당기다 他 引っ張る; 引っ張り込む.

그러-들이다 他 (人を)引き入れる.

그러-면 /kɯrəmjən/ 圖 ❶ それでは; しからば; さらば. ‖그럼. 먼저 가겠습니다 それではお先に失礼します. ❷ そうすれば; それだったら; そうすると. ‖그러면 몇 시에 만날까요? そうすると何時に会いましょうか. ▶그러면 그렇지 やはりそうだ; 思った通りだ; 言った通りだ.

그러면서 圖 そうしながら; そうするくせに. ‖너는 그러면서 나는 왜 안 되니? お前はそうしておいて, なぜ私は駄目なの?

그러-모으다 他 [으変] かき集める; 駆り集める; 寄せ集める. ‖자금을 그러모으다 資金をかき集める.

그러므로 /kɯrəmuro/ 圖 それゆえに; そこで; だから. ‖그러므로 나는 안 갈래 だから私は行かない.

그러-안다 [-따] 他 抱きしめる; 抱える.

그러자 /kɯrədʒa/ 圖 すると; そうすると; そうしたら. ‖그러자 그는 울기 시작했다 そうしたら彼は泣き出した.

그러-잡다 [-따] 他 握りしめる.

그러저러-하다 形 [하変] かくかくだ, かようかようだ; かくかくかくだ. ‖그러저러한 사정 かくかくの事情.

그러-쥐다 他 握りしめる.

그러-하다 形 [하変] そうだ; そのようだ.

그럭-저럭 /kɯrək'tʃərək/ [-쩌-] 圖 ❶ かれこれ; そうこうするうちに. ‖일본에 온 지 그럭저럭 십 년이 된다 日本に来てから 10年になる. ❷ 何とか; どうにか. ‖덕분에 그럭저럭 꾸려 가고 있습니다 お陰様でどうにかやっています.

그런 /kɯrən/ 冠 〔그러한의 縮約形〕 そんな. ‖그런 사람을 좋아하니? そんな人が好きなの? 그런 말 하지 마요 そんなこと, 言わないでください.

그런-대로 /kɯrəndero/ 圖 それなりに. ‖그런대로 잘 하고 있다 それなりにうまくやっている. 그런대로 효과는 있다 それなりに効果はある.

그런데 /kɯrənde/ 圖 ❶ しかし; な のに; だが. ‖나는 옷 가게 했어. 그런데 가 버렸어 私は行くと約束した. だが, 行ってしまった. 두 시쯤에 온다 고 했어. 그런데 지금까지 아무 연락이 없어 2時くらいに来ると言ったのに今まで何の連絡もない. ❷ 〔그런데의 縮約形〕 ところで. 國 ‖그런데 오늘 시간 있나? ところで今日時間ある?

그런즉 圖 それゆえで; そこで; それだから; したがって.

그럴-듯하다 /kɯrəlt'ɯtʰada/ [- 뜨-] [하変] ❶ いかにもそれらしい; もっともらしい. ‖그럴듯한 변명 もっともらしい言い訳. 그럴듯하게 이야기하다 もっともらしく話す. ❷ (格好などが)すてきだ; すばらしい; なかなかのものだ. ‖그럴듯하게 만들었다 なかなかの出来ばえだ.

그럴싸-하다 形 [하変] =그럴 듯하다.

그럼¹ 圖 〔그러면의 縮約形〕 それでは; しからば; さらば. ‖그럼 나중에 뵙겠습니다 それでは後ほどお目にかかります.

그럼² 圖 そうだよ; そうなの; そうとも; もちろん. ‖너도 갈 거니? 그럼! お前も行くの? もちろん!

그렁-그렁¹ [하自] (液体が)溢れそうな様子. ‖눈에 눈물이 그렁그렁하다 目に涙が溢れそうだ. 물을 너무 많이 마셔 뱃속이 그렁그렁하다 水を飲み過ぎて腹がガボガボしている.

그렁-그렁² [하自] のどに痰が絡んでいる様子.

그렇다 /kɯrətʰa/ [-러타] 形 [ㅎ変] 〔그래, 그런〕 〔그러하다의 縮約形〕 そうだ, そのようだ; その通りだ. ‖사정이 그렇다면 다른 방법을 찾아보자 事情がそうであれば, 他の方法を探してみよう. 가령 그렇다 치더라도 たとえそうだとしても. 그렇고 말고 そうだとも. ▶그럼에도 불구하고 それにもかかわらず; にもかかわらず.

그렇-듯 [-러튿] 〔그러하듯의 縮約形〕 そうであるように, そのように.

그렇-듯이 [-러트시] 〔그러하듯이의 縮約形〕 そうであるように, そのように.

그렇잖다 [-러찬타] 〔그렇지 않다의 縮約形〕 そうでない; そうじゃない. ‖그건 그렇잖다 それはそうじゃない.

그렇지 [-러치] 〖감〗 そうだとも; そうとも; その通りだ.

그레나다 (Grenada) 〖名〗〖国名〗 グレナダ.

그로기 (groggy) 〖名〗 グロッキー.

그로스 (gross) 〖依名〗 12ダースを1組みとして数える際の単位. =グロス.

그로테스크-하다 (grotesque-~하) 〖하変〗 グロテスクだ. ∥그로테스크한 모습 グロテスクな姿.

그루 /kuru/ (木などの)株; 根元.
― 〖依名〗 ❶ 木などを数える語: …株. ∥장미를 한 그루 심다 バラを１本植える. ❷作付けの回数を表わす語. ∥두 그루 농사 二毛作; 二期作.

그루-터기 〖名〗 切り株; 根株.

그룹 (group) 〖名〗 グループ. ∥연구 그룹 研究グループ. 그룹별로 グループ別に.

그룹-사운드 (group + sound 日) 〖名〗 グループサウンズ.

그룹 학습 (-學習)〖-씁〗〖名〗 グループ学習.

그르다 /kurɯda/ [르変] [글러, 그른] ❶正しくない; 間違っている; 誤っている. ∥옳고 그른 것 正しいことと正しくないこと. 행실이 그르다 品行が正しくない. 그른 생각 間違った考え. ❷(人・物事に)見込みがない; 可能性がない; 望みがない. ∥합격하기는 글렀다 合格の見込みはない.

그르치다 /kurɯtɕʰida/ 〖他〗 誤って事をしくじる; やり損なう. ∥일을 그르치다 事をしくじる.

그릇[1] /kurɯt/ 〖名〗 ❶器物; 容器. ∥그릇에 담다 器に盛る. 밥그릇 飯茶碗. 사기 그릇 瀬戸物. ❷器量; 人物の大きさ. ∥그릇이 큰 사람 器の大きい人. 사장의 그릇은 아니다 社長の器ではない.
― 〖依名〗 …椀; …杯; …膳; …〖공기(空器)〗 ∥죽 한 그릇 お粥 1 杯. 밥을 두 그릇이나 먹다 ご飯を 2 膳も食べる.

그릇[2] [-른] 〖副〗 間違って; 誤って.

그릇-되다 [-른뙤-/-른뛔-] 〖自〗 間違う; 誤る. ∥그릇된 생각 誤った考え.

그리[1] /kuri/ ❶そのように; そう. ∥그리 하십시오 そうしてください. ❷〖否定形・疑問形と呼応して〗; そんなに. ∥그리 잘하지는 못한다 そんなに上手ではない. 그리도 좋니? そんなに好きなの?

그리[2] 〖副〗 そこに; そちらへ. ∥그리 곧 갈게 私がそちらへ行く.

그리고 /kuriɡo/ 〖接〗 そして; そうして; それから; そして; さらに. ∥주위가 어두워지기 시작했다. 그리고 비도 내리기 시작했다 辺りが暗くなってきた. そして雨も降り始めた. 도시myself 가지고 가. 그리고 우산도 お持当持っていく. 그리고 그리고 우산도 お手当持っていく. 그리고 잘생겼다 背が高い. それにハンサムだ.

그리다[1] /kuːrida/ 〖他〗 描く. ∥수채화를 그리다 水彩画を描く. 시골 풍경을 그린 그림 田舎の風景を描いた絵. 그 소설은 현대인의 심리를 섬세하게 그리고 있다 その小説は現代人の心理を繊細に描いている. 그녀는 마음속으로 행복한 미래를 그리고 있다 彼女は心の中で幸せな未来を描いている.

그리다[2] /kurida/ 〖他〗 懐かしむ; 懐かしく思う; 恋しく思う; しのぶ. ∥고향을 그리다 故郷をしのぶ.

그리스[1] (Greece) 〖名〗〖国名〗 ギリシャ.

그리스[2] (grease) 〖名〗 グリース (粘度の高い潤滑剤).

그리움 〖名〗 恋しさ; 懐かしさ; 思い. ∥사무치는 그리움 募る思い.

그리-하여 〖接〗 そして; そうして; それで. =그래서.

그린-벨트 (greenbelt) 〖名〗 グリーンベルト.

그린피스 (green peas) 〖名〗〖植物〗 グリンピース.

그릴 (grill) 〖名〗 グリル.

그림 /kuːrim/ 〖名〗 絵; 絵画. ∥그림을 그리다 絵をかく. 그림을 잘 그리다 絵がうまい. 그림 같은 풍경 絵のような風景. 밑그림 下絵. ▶그림의 떡〖諺〗絵に描いた餅; 高嶺の花.

그림-그래프 (-graph) 〖名〗 絵グラフ.

그림-**문자** (-文字)【-짜】〖名〗 絵文字.

그림-물감 [-깜] 〖名〗 絵の具.

그림-연극 (-演劇)【-넌-】〖名〗 紙芝居.

그림-엽서 (-葉書)【-녑써】〖名〗 絵葉書.

그림-일기 (-日記)〖名〗 絵日記.

그림-책 〖名〗 絵本.

그림자 /kurimdʑa/ 〖名〗 影. ∥그림자가 지다 影が差す. 호수에 그림자가 비치다 湖に影が映る. 고층 건물이 긴 그림자를 늘어뜨리고 있다 高層ビルが長い影を落としている. 고용 불안이 그림자를 드리우고 있다 雇用の不安が影を落としている. 사람 그림자도 보이지 않는다 人影も見えない. 죽음의 그림자 死の影.

그림자-놀이 〖名〗 影絵 (遊び).

그림자-밟기 [-밥끼] 〖名〗 影踏み.

그립다 /kurip̚t'a/ [-따] [ㅂ変] [그리워, 그리운] 恋しい; 懐かしい. ∥그리운 사람 恋しい人. 그리운 학창 시절 懐かしい学生時代.

그만 /kuman/ 〖副〗 ❶その程度に; それくらいに. ∥이제 그만 해라 もうそのくらいにして. ❷もう; そろそろ. ∥그만 먹고 싶어 더 못 먹겠다. 그만 돌아가자 そろそろ帰ろう. ❸つい; うっかり; 思わず. ∥화가 나서 그만 소리를 지르고 말았

다 腹が立っててつい怒鳴ってしまった. バスの中でてつい寝入ってしまった. 그만 놓쳐 버리다 うっかり見逃してしまう. 그만 비밀을 말하고 말았다 思わず秘密を口走ってしまった.

그만그만-하다 [形][여變] 似たり寄ったりだ; さほど差がない.

그만-두다 /kumanduda/ [他] 辞める; やめる; やめておく; 取りやめる. ‖회사를 그만두다 会社を辞める. 비가 오면 외출은 그만두자 雨なら外出はやめよう. 그 사람은 갑자기 이야기를 그만두었다 彼は突然話をやめた. 낚시 가자. 오늘은 그만둬라 釣りに行こう. 今日はやめておく. 한번 맛을 들이면 그만둘 수가 없다 一度味をしめれば, やみつきになる.

그만저만-하다 [形][여變] それくらいだ; その程度だ. ‖그만저만한 사정이 있어 그랬지 それなりの事情があるんだろう.

그-만큼 /kumankʰum/ [副] それほど; それくらい. ‖그만큼 중요한 문제이다 それほど重要な問題である. 그만큼 믿고 있었다 それくらい信頼していた.

그만-하다 /kumanhada/ [形][여變] ❶ そらくらいだ; その程度だ. ‖그만한 것은 애들도 안다 それくらいのことは子どもにも分かる. 그만한 일로 울지 마 その程度のことで泣かない. 그만하기 다행이다 その程度でよかった. ❷ ままあまあだ; ほどほどだ. ‖성적은 그만하다 成績はままあまあだ.

그맘-때 [名] その時分; その頃; あの頃.

그물 /kumul/ [名] 網. ❶ 魚や鳥などを捕えるためのもの. ‖그물을 치다 網を張る. ❷ 人々を捕らえるために張りめぐらされたもの. ‖수사의 그물을 빠져나가다 捜査の網をくぐる. ㊀망(網).

그물-눈 [= 目] [名] 網目; 網の目.
그물-맥 [= 脈] [名] 〔植物〕 網状脈. ㊀망상맥(網狀脈).
그물-질 [하自] 網で魚を捕らえること.
그물-코 [名] 網目; 網の目.

그믐 /kumum/ [名] 그믐날の略称.
그믐-께 [名] 그믐날に近い数日間.
그믐-날 [陰曆] でその月の最後の日; 晦日. ㊀그믐. ‖설날 그믐 大晦日.
그믐-달 [−딸] [名] 그믐께の月.
그믐-밤 [−빰] [名] 晦日の夜.

그-분 [代] その方; あの方.
그-사이 [名] その間. ㊀그새.
그-새 [名] 그사이の縮約形.

그슬다 [他][ㄹ語幹] (表面を)焦がす; あぶる. ㊀그슬리다.
그슬-리다[1] 〔그슬다の受身動詞〕 あぶられる; 焦げる; 焼ける.
그슬-리다[2] 〔그슬다の使役動詞〕 焦がす; 焼く.

그야 [副] それは; そりゃ. ‖그야 당연하지 それは当然だろう.

그야-말로 /kujamallo/ ❶ 〔それこそ〕 이야말로の縮約形. それこそ. ‖말로 문제다 それこそ問題だ. ❷ 実に; まさに. ‖그야말로 기쁜 일이다 実にうれしいことだ.

그윽-하다 /kuukʰada/ 【-으카-】 [形][여變] 奥ゆかしい; 幽玄(ゆうげん)だ; ほのかだ. ‖그윽한 분위기 奥ゆかしい雰囲気. 그윽하게 들려오는 종소리 幽玄に聞こえてくる鐘の音. 그윽한 향기 ほのかな香り. ㊀ **그윽-이** [副]

그을다 [自][ㄹ語幹] 日焼けする; くすぶる; 煤(す)ける. ㊀그을리다. ㊀그슬리다.
그을-리다[1] 〔그을다の受身動詞〕 日焼けする; くすぶる; 煤ける.
그을-리다[2] 〔그을다の使役動詞〕 日焼けさせる; 黒くする; 焦がす.
그을음 [名] 煤(す).

그-이 [代] ❶ その人; 彼; 彼氏. ❷ うちの人; 夫. ‖그이가 오면 큰일이나 うちの人が知ったら大変です.

그-자 (−者) [代] 〔이・그・저 사람을 낮추어 가르키는 말〕 そいつ; あいつ. ‖그자하고 아는 사이니? そいつとは知り合いなの?

그저 /kudʒə/ [副] ❶ ひた…; ひたすら. ‖그저 달리다 ひた走る. 그저 빌 수밖에 없다 ひたすら謝るしかない. ❷ ただ; 単に. ‖그저 너만 믿는다 ただ君だけが頼りだ. 지금은 그저 무사히가만 바랄 뿐이다 今はただ無事を祈るだけである. 그저 바둑만 두고 있다 碁ばかり打っている. 그저 사실을 말한 것에 불과하다 単に事実を述べただけにすぎない.

그저께 /kudʒəkʰe/ [名] おととい; おとつい; 一昨日. ㊀그제. ㊀전전날(前前-). ‖그저께 아침 おとといの朝.

그-전 (−前) [名] ❶ 以前. ‖그전에 만난 적이 있는 사람 以前会ったことのある人. ❷ 昔. ‖그전에 공장이 있던 자리 昔工場のあった場所. ❸ その前; その間.

그제 /kudʒe/ [名] 〔그저께の縮約形〕 おととい. ‖그 사람하고는 그제 만났다 彼とはおとといに会った.

그-중 (−中) [名] その中. ‖그중의 한 사람이 나다 その中の1人が私である.
── 中でも; とりわけ. ‖이게 그중 낫다 これがとりわけだ. 남동생은 이걸 그중 좋아 했다 弟はこの中でもこれを好んだ.

그지-없다 [−업따] [形] ❶ 限りない; 切りがない; 計り知れない; この上ない. ‖부모의 사랑은 그지없다 親の愛は計り知れない. ❷ 〔…기 그지없다의 形で〕 …極まりない; …な方がない. ‖분하기 그지없다 憤慨(ふんがい)やる方がない. **그지없-이** [副]

그-쪽 代 ❶そっち; そちら側. ❷あっち; あちら側.

그-치 代 〔사람을 낮잡아 이르는 말로〕 그 자; あいつ.

그치다 /kɯtɕʰida/ 自 やむ; とどまる; 終わる. ‖비가 그치다 雨がやむ. 분쟁이 그치다 紛争が終わる. 첫날은 인사하는 정도로 그쳤다 初日は顔合わせにとどまった. 형식적인 조사에 그치다 形式的な調査にとどまる. 문제점을 제기하는 데 그치다 問題点を提起するにとどまる.
— 他 やむ; とどめる. ‖아이가 울음을 그치다 子どもが泣きやむ.

그-토록 /kɯtʰorok/ 副 〔그러하도록의 縮約形〕 ❶それほど; そんなに. ‖그토록 좋아하는 줄은 몰랐다 そんなに好きだとは知らなかった. ❷あれほど; あんなに. ‖그토록 주의를 했음에도 불구하고 あれほど注意したにもかかわらず.

극¹ (劇) 名 劇; 頂点. ‖분노가 극에 달하다 怒りが頂点に達する.

극² (劇) 名 劇; ドラマ. ‖연속극 連続ドラマ. 사극 時代劇.

극광 (極光) 名 極光; オーロラ.

극구 (極口) 【-꾸】 副 口を極めて; 言葉を尽くして; ありったけの言葉で. ‖극구 변명하다 言葉を尽くして言い訳する. 무겁게 극구 말리다 ありったけの言葉で引き止める.

극권 (極圏) 【-꿘】 名 〔地〕 極圏.

극기 (克己) 【-끼】 名 (하다) 克己.

극기-심 (克己心) 名 克己心.

극단¹ (劇団) 【-딴】 名 劇団.

극단² (極端) 【-딴】 名 極端.

극단-적 (極端的) /kɯk̚t͈antɕʰǝk/ 【-쩍】 冠形 極端的. ‖극단적인 의견 極端な意見. 관계가 극단적으로 나빠지다 関係が極端に悪くなる.

극대 (極大) 【-때】 名 (하다) 極大.

극대-치 (極大値) 名 〔数学〕 = 극댓값.

극대-화 (極大化) 名 (自他) 極大化. ‖이윤의 극대화 利潤の極大化.

극댓-값 (極大ㅅ-) 【-때갑·-땓깝】 名 〔数学〕 極大値.

극도 (極度) 【-또】 名 極度. ‖극도로 긴장하다 極度に緊張している.

극독 (劇毒) 【-똑】 名 劇毒.

극동 (極東) 【-똥】 名 〔地名〕 極東.

극락 (極楽) 【-낙】 名 〔仏教〕 極楽.
극락-왕생 (極楽往生) 名 (自) 〔仏教〕 極楽往生.
극락-정토 (極楽浄土) 【극낙쩡-】 名 〔仏教〕 極楽浄土.
극락-조 (極楽鳥) 【극낙쪼】 名 〔鳥類〕 ゴクラクチョウ(極楽鳥).

극력 (極力) 【-녁】 名 (하다) (副) 極力.

극렬 (劇烈) 【-녈】 名 激烈. 過激. ‖극렬 분자 過激分子.

극명-하다 (克明-) 【긍-】 形 〔하変〕 克明だ. ‖문제점이 극명하게 드러나다 問題点が克明に浮き彫りになる.

극복-하다 (克服-) /kɯk̚p͈ok̚/ 他 〔하変〕 克服; 乗り越える. ‖악조건을 극복하다 悪条件を克服する. 어려움을 극복하다 困難を克服する. 극복-되다 (하変).

극본 (劇本) 【-뽄】 名 劇本.

극비 (極秘) 【-삐】 名 極秘. ‖극비 문서 極秘の文書.

극비리 (極秘裏) 【-삐-】 名 極秘裏. ‖극비리에 진행되다 極秘裏に進められる.

극빈 (極貧) 【-뻰】 名 (하다) 極貧; 赤貧.

극빈-자 (極貧者) 名 極めて貧しい人.

극상 (極上) 【-쌍】 名 極上.

극-상품 (極上品) 【-쌍-】 名 極上品.

극선 (極線) 【-썬】 名 〔数学〕 極線.

극성¹ (極性) 【-썽】 名 (하다) 極性.

극성² (極盛) /kɯk̚s͈ǝŋ/ 【-썽】 名 (하다) ❶極めて猛烈なこと. ‖극성을 부리다 (떨다) 猛烈な勢いで行動する; (伝染病などが)猛威をふるう. ❷(性格などが)激しいこと.

극성-맞다 (極盛-) 【-썽맏따】 形 ❶ 気がつよい; 強欲だ; 猛烈だ. ‖극성맞은 여자 気がつよい女. 극성맞게 굴다 猛烈な勢いで行動する.

극성-스럽다 (極盛-) 【-썽-따】 形 〔ㅂ変〕 極盛だ(극성맞다).

극소¹ (極小) 【-쏘】 名 (하다) 極小.

극소-치 (極小値) 名 〔数学〕 = 극솟값.

극솟-값 (極小ㅅ-) 【-쏘갑·-쏟깝】 名 極小値.

극소² (極少) 【-쏘】 名 (하다) 極少.

극-소수 (極少数) 名 ごく少ない数.

극시 (劇詩) 【-씨】 名 〔文芸〕 劇詩.

극심-하다 (極甚·劇甚-) 【-씸-】 形 〔하変〕 はなはだしい; ひどい; 激しい. ‖피해가 극심하다 台風의 被害がひどい.

극악 (極悪) 【-각】 名 極悪.
극악-무도 (極悪無道) 【-그-】 名 (하다) 極悪非道. ‖극악무도한 짓 極悪非道なふるまい.

극약 (劇薬) 【-갹】 名 劇薬.

극언 (極言) 【-건】 名 (自) 極言. ‖극언을 해대다 極言を浴びせる.

극-영화 (劇映画) 【-녕-】 名 劇映画.

극우 (極右) 【-구】 名 極右. 対 극좌(極左). ‖극우 세력 極右勢力.

극-음악 (劇音楽) 【-금-】 名 劇音楽.

극작 (劇作) 【-짝】 名 (하다) 劇作.
극작-가 (劇作家) 【-짝까】 名 劇作家.

극장 /kɯk̚t͈ɕaŋ/ (劇場) 【-짱】 名 映画館; 劇場. ‖극장 앞에서 만납시다 映

映画館の前で会いましょう. ✤극장은 主に映画館を指す.
극-적 (劇的) /kuk⁽ʰ⁾tɕʌk/ 【-쩍】 图 劇的. ‖극적인 순간 劇的な瞬間. 극적으로 만나다 劇的に会う.
극점 (極點) 【-쩜】 图 極点.
극좌 (極左) 【-좌】 图 極左. ↔극우
극지 (極地) 【-찌】 图 極地.
극진-하다 (極盡−) /kuk⁽ʰ⁾tɕinhada/ 【-찐-】 脳 [하変] この上ない; 手厚い; 至極丁重だ. ‖극진한 대접 手厚いもてなし
극찬 (極讚) 【하変】 激賞; 激賞.
극치 (極致) 图 極致. ‖아름다움의 극치 美の極致.
극친-하다 (極親−) 脳 [하変] ごく親しい. ‖극친한 사이 ごく親しい仲.
극평 (劇評) 图 劇評.
극피˘동물 (棘皮動物) 图 [動物] 棘皮動物.
극한¹ (極限) 【그칸】 图 極限. ‖극한 상황 極限状況; 限界状況.
극한² (極寒·劇寒) 【그칸】 图 極寒.
극형 (極刑) 【그켱】 图 極刑. ‖극형에 처하다 極刑に処す.
극화¹ (劇化) 【그콰】 图 他 劇化.
극화² (劇畵) 【그콰】 图 劇画.
극-히 (極−) /kuk⁽ʰ⁾i/ 【그키】 副 ごく; 極めて; 非常に. ‖극히 유감스럽다 極めて残念に思う. 극히 드문 일이다 ごくまれなことだ.
근 (斤) 依名 重量の単位; …斤.
근간¹ (近刊) 图 近刊.
근간² (根幹) 图 根幹. ‖사상의 근간이 되는 부분 思想の根幹をなす部分.
근간-에 (近間−) 副 近々.
근거 (根據) /kɯŋɡʌ/ 图 自 根拠; 基づくこと. ‖근거를 제시하다 根拠を示す. 근거 없는 이야기 根拠のない話. 실화에 근거한 드라마 実話に基づいたドラマ.
근거-지 (根據地) 图 根拠地; 拠点. ‖생활의 근거지 生活の拠点.
근-거리 (近距離) 图 近距離. ↔원거리 (遠距離).
근거리˘통신망 (近距離通信網) (IT) 【-리−】 ラン(LAN). ✤local area network の略語.
근검 (勤儉) 图 形 勤倹(𝒌𝒆𝒏).
근검-절약 (勤儉節約) 图 他 勤倹貯蓄.
근경¹ (近景) 图 近景. ↔원경(遠景).
근경² (根莖) 图 [植物] 根茎. ✤뿌리줄기.
근계 (謹啓) 【-/-게】 图 謹啓.
근골 (筋骨) 图 筋骨.
근교 (近郊) 图 近郊.
근교˘농업 (近郊農業) 图 近郊農業.
근근-이 (僅僅−) 副 辛うじて; どうにか; なんとか; 辛くも; やっと. ‖이 월급으로 다섯 식구가 근근이 살아가고 있다 この給料で家族5人が辛うじて生活している.
근기 (根氣) 图 根気.
근년 (近年) 图 近年.
근대 (近代) /kɯːnde/ 图 近代. ‖근대 도시 近代都市. 근대 산업 近代産業.
근대˘국가 (近代國家) 【-까】 图 近代国家.
근대˘사회 (近代社會) 【-/-해】 图 近代社会.
근대-적 (近代的) 图 近代的. ‖근대적인 사고방식 近代的な考え方.
근대-화 (近代化) 图 他 近代化.
근데 副 〔그런데の縮約形〕 ところで; ところが. ‖근데 어제는 어디 갔었니? ところで昨日はどこへ行ったの?
근동 (近東) 图 [地名] 近東.
근들-거리다 [-대-] 自 ぐらつく. ‖이가 근들거리다 歯がぐらつく.
근들근들 副 [하変] ものが揺れ動いて安定しない様子; ぐらぐら; がたがた; がくがく.
근래 (近來) 【글−】 图 最近; 近頃; 近来. ‖근래에 비가 잦다 近頃雨が頻繁に降る.
근력 (筋力) 【글−】 图 筋力.
근로 (勤勞) /kɯllo/ 【글−】 图 自 勤労.
근로˘계급 (勤勞階級) 【글−/글−게−】 图 勤労階級.
근로˘기준법 (勤勞基準法) 【글−/-뻡】 图 [法律] 労働基準法.
근로˘봉사 (勤勞奉仕) 图 勤労奉仕.
근로˘소득 (勤勞所得) 图 勤労所得. ↔불로 소득 (不勞所得).
근로자의˘날 (勤勞者−) 图 勤労感謝の日. 5月1日.
근면-하다 (勤勉−) 脳 [하変] 勤勉だ.
근무 (勤務) /kɯnmu/ 图 自 勤務. ‖무역 회사에 근무하고 있다 貿易会社に勤務している. 근무 시간 勤務時間. 근무 태도 勤務態度.
근무-지 (勤務地) 图 勤務地.
근무-처 (勤務處) 图 勤務先.
근방 (近方) 图 近所; 近く; 辺り; …辺(へん). ‖이 근방에 시립 도서관이 있다 この近くに市立図書館がある.
근본 (根本) /kunbon/ 图 根本. ‖민주주의의 근본과 관련되는 중대한 문제 民主主義の根本に関わる重大な問題. 자유와 평등은 민주주의의 근본이다 自由と平等は民主主義の根本である.
근본-법 (根本法) 【-뻡】 图 [法律] 基本法.
근본-적 (根本的) 图 根本的. ‖근본적인 문제 根本的な問題.
근사 (近似) 图 形 近似.

근사-치(近似値) 圏《수학》= 근삿값.

근사-값(近似-) [-사갑/-산갑] 圏《수학》 近似値.

근-섬유(筋繊維) 圏《해부》 筋繊維.

근성(根性) 圏 根性.

근세(近世) 圏 近世.

근소-하다(僅少-) [하변] 僅少だ; 僅かだ. ‖근소한 차이 僅かな差.

근속(勤続) 圏 勤続. ‖근속 20년 이십 년 연속 20年.

근수¹(斤數) 圏 目方; 斤目; 斤量.

근수²(根數) 圏《수학》 根数.

근시(近視) /kuːnɲi/ 圏 近視. ⓥ원시(遠視).

근시-안(近視眼) 圏 近視眼.

근시안적(近視眼的) 圏 近視眼的. ‖근시안적인 생각 近視眼的な考え方.

근신(謹慎) 圏[하他] 謹慎. ‖근신 처분 謹慎処分.

근실-하다(勤実-) [하변] 勤勉で着実だ.

근심(kunsim) 圏[하他] 心配. ⓥ걱정. ‖근심이 떠날 날이 없다 心配が絶える日がない.

근심-거리 [-꺼-] 圏 心配事; 心配の種. ‖근심거리가 끊이지 않다 心配の種が尽きない.

근심-사(-事) 圏 = 근심거리.

근심-스럽다 [-따] 圏[ㅂ변] 心配だ; 気がかりだ. ‖근심스런 얼굴을 하고 있다 心配顔をしている. **근심스레** 튀

근엄-하다(謹厳-) 圏[하변] 謹厳だ.

근엽(根葉)《식물》 根葉.

근영(近影) 圏 近影(最近写したその人の写真).

근원(根源) 圏 根源. ‖악의 근원 悪の根源. 근원을 거슬러 올라가다 根源にさかのぼる.

근원-적(根源的) 圏 根源的. ‖근원적인 문제 根源的な問題.

근원-지(根源地) 圏 根源地.

근위(近衛) 圏 近衛.

근위-대(近衛隊) 圏 近衛隊.

근위-병(近衛兵) 圏 近衛兵.

근위축-증(筋萎縮症) [-쯩-] 圏《의학》 筋萎縮症.

근육(筋肉) /kunjuk/ 圏 筋肉. ‖팔에 근육이 불룩 붙었다 腕に筋肉が相当付いている. 근육이 발달하다 筋肉が発達している.

근육-운동(筋肉運動) 圏 筋肉運動.

근육-질(筋肉質) [-찔] 圏 筋肉質.

근육-통(筋肉痛) 圏 筋肉痛.

근인(近因) 圏 近因. ⓥ원인(遠因).

근일(近日) 圏 近日. ‖근일 중으로 발표를 예정입니다 近日中発表する予定です.

근자(近者) 圏 近頃; この頃.

근저(根底·根柢) 圏 根底. ‖통설을 근저에서 뒤엎다 通説を根底から覆す. 작품의 근저에 깔려 있는 허무주의 作品の根底に横たわる虚無主義.

근-저당(根抵当) 圏[하他]《법률》 根(ネ)抵当.

근전-도(筋電圖) 圏《의학》 筋電図.

근절(根絶) 圏[하他] 根絶. ‖소매치기 근절을 위한 대책 スリを根絶するための対策. **근절-되다** 受身

근접(近接) 圏[하自] 近接; 接近. ‖화성이 지구에 근접하다 火星が地球に接近する.

근정(謹呈) 圏[하他] 謹呈.

근제(謹製) 圏[하他] 謹製.

근조(謹弔) 圏 謹んで弔うこと.

근-조직(筋組織) 圏《해부》 筋組織; 筋肉組織.

근종(筋腫) 圏《의학》 筋腫. ‖자궁 근종 子宮筋腫.

근질-거리다 [하他] (体が)むずむずする; うずうずする.

근질-근질 튀[하自] むずむず; うずうずす. 몸이 근질근질하다 体がむずむずする. 한마디 하고 싶어서 입이 근질근질하다 口を出したくてむずむずする[うずうずする]. 동장 걸린 발이 근질근질하다 足のしもやけがむずがゆい.

근채(根菜) 圏 根菜. ⓥ뿌리채소(-菜蔬).

근처(近處) /kuːnʨʰo/ 圏 近所; 近く; 辺り. ‖근처에는 병원이 없다 近所には病院がない. 역 근처 駅の近く. 이 근처는 조용하다 この辺りは静かだ.

근체-시(近體詩) 圏《문예》 近体詩.

근치(根治) 圏[하他] 根治.

근친(近親) 圏 近親.

근친-상간(近親相姦) 圏 近親相姦.

근하-신년(謹賀新年) /kuːnhaɕinnjʌn/ 圏 謹賀新年.

근해(近海) 圏 近海. ⓥ원해(遠海).

근호(根號) 圏《수학》 根号; ルート.

근황(近況) 圏 近況.

글 /kɯl/ 圏 文; 文章. ‖다음 글을 읽고 물음에 답하시오 次の文を読み問いに答えよ. 항의하는 글을 보내다 抗議文を送りかける. 가슴에 와 닿는 글 胸に響く文. 이 사람 글은 어렵다 この人の文章は難しい. 제 글을 좀 고쳐 주시겠습니까? 私の文章を直してもらえませんか.

글-공부(-工夫) [-꽁-] 圏[하自] 勉強; 学問を修めること.

글-눈 [-룬] 圏 文の理解力.

글라디올러스(gladiolus) 圏《식물》 グラジオラス.

글라스(glass) 圏 グラス.

글라이더(glider) 圏 グライダー.

글라이딩(gliding) 圏 グライディング;

滑空.
글래머 (←glamour girl) 图 グラマー.
글러브 (glove) 图 グローブ.
글로벌리즘 (globalism) 图 グローバリズム.
글리세린 (glycerin) 图 グリセリン.
글리코겐 (glycogen) 图 グリコーゲン.
글-말 (言語) 文語; 書き言葉. 凾 입말.
글말-체 (—體) 图 文語体. 凾 입말체.
글-방 (—房)【—빵】图 寺小屋; 私塾.
글썽-거리다【—대다】他 (涙を)浮べる; (涙が)にじむ; 涙ぐむ. ‖그 말을 듣고 눈물을 글썽거렸다 それを聞いて涙を浮かべた.
글썽-이다 自他 =글썽거리다.
글쎄 /kulʔse/ 感 ❶ 相手の質問や要求に対して, 答えを考えたり疑念の意を表わしたりする時の前置きの語: うん; さあ; はて. ‖글쎄 어떻게 하는 게 좋을 지 좀 봐, 어떻게 하는 게 좋을까 ❷ 自分の意見や気持を強調したり確認したりする時に言う語: とにかく. ‖글쎄 그런 안 된다니까 とにかくそれは駄目だってば. 글쎄 내는 못 가 だから私は行けない.
글쓰-기 作文.
글쓴-이 作者; 著者.
글씨 /kulʔɕi/【—씨】图 字; 文字. ‖글씨를 잘 쓰다 字がうまい. 글씨를 배우다 文字を習う.
글씨-체 (—體) 图 書体; 字面; 文字の書きぶり. ‖글씨체가 마음에 안 든다 字面が気に入らない.
글-월 图 文; 文書; 文字.
글-자 (—字) /kulʔtɕa/【—짜】图 字; 文字. ‖글자를 제대로 못 읽는 사람 字をろくに読めない人. 어느 나라 글자인지 잘 모르겠다 ‖ どこの国の文字なのかよく分からない.
글-재주 (—才操)【—째—】图 文才; 文章力.
글-짓기【—짇끼】图 他自 作文. 凾 작문(作文).
글-체 (—體) 图 (言語) 書き言葉. 凾 말체(—體).
글피 图 あさっての翌日; しあさって.
긁다 /kuukʔta/【극따】他 ❶ かく; こそげる. ‖가려운 데를 긁다 かゆいところをかく. 구두의 흙을 구둣주걱으로 긁다 靴の土を靴ベラでこすり取る. ❷ (人の感情を)傷つける; 不愉快にさせる. ‖사람 속을 긁다 人を不愉快にさせる. 비위를 긁다 機嫌を損ねる. ❸ (スクラッチシールなどを)削る. 凾 긁히다. ▶긁어 부스럼 [諺] (「かいて睡れ物」の意で) 藪蛇; 触らぬ神に祟りなし.
긁어-내다 他 かき出す; (金などを)搾り取る; 巻き上げる.
긁어-내리다 他 かき下ろす; (他人を)こき下ろす.
긁어-먹다【—따】他 かじって食べる; そぎとって食べる; (金などを)搾り取る; だまし取る.
긁어-모으다 他【으剉】かき集める; 寄せ集める. ‖돈을 긁어모으다 お金をかき集める.
긁적-거리다【—대다】【극쩍 꺼 [극쩍 때]—】他 ❶ (頭などを)しきりにかく. ❷ なぐり書きする; 書き散らす.
긁적-긁적【극쩍끅쩍】副 他自 ① 爪で頭などを小刻みに引っかく様子[音]: ぼりぼり. ② なぐり書きする様子.
긁-히다【글키—】自 [긁다の受身動詞] 引っかかれる. ‖아이한테 얼굴을 긁히다 子どもに顔を引っかかれる.
금[1] /kum/ 图 ひび; 折れ目; 裂け目. ▶금을 긋다 段階や限界を決める. 금(이) 가다 ひびが入る. 우정에 금이 가다 友情にひびが入る.
금[2] (—) 图 値; 値段; 価格; 相場. ‖금을 치다 値段をつける. 도매금으로 팔다 卸売り価格で売る.
금[3] (金) 图 [鉱物] 金. ▶금이야 옥이야 [諺] 蝶よ花よ.
금[4] (—) /kum/ 图 ❶ [金曜日(金曜日)の略語] 金. ❷ [陰陽五行の一] 金.
금[5] (琴) 图 [音楽] 琴.
금[6] (—) 俚 琴 (ガム).
-금[7] (金) 接尾 …金. ‖계약금 契約金. 입학금 入学金.
금-가락지 (—)【—찌】图 金の指輪.
금-가루 (—)【—까—】图 金粉.
금강 (金剛) 图 金剛.
금강-력 (金剛力)【—녁】图 金剛力.
금강-석 (金剛石) 图 [鉱物] 金剛石.
금강[1] (錦江) 图 [地名] 錦江(朝鮮半島の中西部を流れる川. 소백산맥(小白山脈)に源を発し, 西西流して黄海(黃海)に注ぐ).
금강-산 (金剛山) 图 [地名] 金剛山. ▶금강산도 식후경 [諺] 花より団子.
금고[1] (金庫) 图 金庫. ‖신용 금고 信用金庫. 금고털이 金庫破り.
금고[2] (禁錮) 图 [法律] 禁錮.
금과-옥조 (金科玉條) 【—쪼】图 金科玉条.
금관 (金冠) 图 金冠.
금관-악기 (金管樂器)【—끼】图 [音楽] 金管楽器.
금광 (金鑛) 图 金鉱. ≈금산 (金山).
금-광석 (金鑛石) 图 [鉱物] 金鉱石.
금괴 (金塊)【/—꽤】图 金塊.
금구 (禁句)【—꾸】图 禁句.
금권 (金權)【—꿘】图 金権. ‖금권 정치 金権政治.
금기 (禁忌) 图 他自 禁忌; タブー.
금-난초 (金蘭草) 图 [植物] キンラン (金蘭).
금남 (禁男) 图 他自 男子禁制. ‖금남

의 집 男子禁制の家.
금납 (金納) 图他 金納. ‖물납(物納).
금년 (今年) 图 今年. 올해. ‖금년 봄에 한국에 갔다 왔다 今年の春, 韓国に行ってきた.
금-년도 (今年度) 图 今年度.
금단 (禁斷) 图他 禁斷. ‖금단 증상 禁斷症状.
금당 (金堂) 图 金堂.
금-덩이 (金-) 【-떵-】 图 金塊.
금-도금 (金鍍金) 图他 金めっき.
금란지교 (金蘭之交) 【-난-】 图 金蘭の契り; 金蘭の交わり.
금렵 (禁獵) 图他 禁獵.
금렵-구 (禁獵區) 【-녑꾸】 图 禁獵區.
금렵-기 (禁獵期) 【-녑끼】 图 禁獵期.
금령 (禁令) 【-녕】 图 禁令.
금리 (金利) 【-니】 图 金利. ‖금리 정책 金利政策. 고금리 高金利.
금-메달 (金 medal) /kummedal/ 图 金メダル. ‖금메달을 따다 金メダルを取る.
금목서 (金木犀) 【-써】 图《植物》キンモクセイ(金木犀).
금물 (禁物) 图 禁物.
금박 (金箔) 图 金箔. ‖금박이 벗겨지다 金箔がはげる. ✦日本語のような比喩の意味はない.
금-박이 (金-) 图 金箔を施した物.
금박-지 (金箔紙) 【-찌】 图 金紙.
금-반지 (金半指) 图 金の指輪.
금발 (金髮) 图 金髮.
금방 (今方) /kumbaŋ/ 圖 すぐ; すぐに; 間もなく; たった今. ‖금방 가겠습니다 すぐ行きます. 금방 오겠지 間もなく来るだろう. 금방 퇴근했습니다 たった今退社しました.
금-배지 (金 badge) 图 ❶ 金製のバッジ. ❷ 国会議員であることを表わすバッジ.
금-본위제 (金本位制) 图《経》金本位制.
금분 (金粉) 图 金粉.
금-붕어 (金-) /kumbuŋə/ 图 金魚.
금-붙이 (金-) 【-부치】 图 金製の物.
금-비녀 (金-) 图 金のかんざし.
금-빛 (金-) 【-삗】 图 金色.
금사 (金砂) 图 金砂(㊁); 砂金.
금산 (金山) 图 金山. ❷금광(金鑛).
금상첨화 (錦上添花) 图 錦上に花を添えること.
금색 (金色) 图 金色.
금생 (今生) 图 今生(㍎); この世.
금서 (禁書) 图 禁書.
금석¹ (今昔) 图 今昔.
금석지감 (今昔之感) 【-찌-】 图 今昔の感.

금석² (金石) 图 金石.
금석-문 (金石文) 【-성-】 图 = 금석문자(金石文字).
금석-문자 (金石文字) 【-성-짜】 图 金石文.
금석-병용기 (金石竝用期) 【-뼝-】 图 金石併用時代.
금석지교 (金石之交) 【-찌-】 图 金石の交わり.
금석-학 (金石學) 【-서칵】 图 金石學.
금선 (琴線) 图 琴線.
금성 (金星) 图《天文》金星.
금세 圖 たちまち; すぐに; 直ちに. ‖금세 돌아가다 すぐに帰る. 금세 다 팔리다 たちまち売り切れる.
금-세공 (金細工) 图 金細工.
금-세기 (今世紀) 图 今世紀.
금속 (金屬) /kumsok/ 图 金属. ‖금속 화폐 金属貨幣. 귀금속 貴金属.
금속-공업 (金屬工業) 【-꽁-】 图 金属工業.
금속-광물 (金屬鑛物) 【-꽝-】 图 金属鉱物.
금속-성 (金屬性) 【-쏭】 图 金属性.
금속-제 (金屬製) 【-쩨】 图 金属製.
금속-판 (金屬板) 图 金属板.
금수¹ (禽獸) 图 禽獸(ホ☆☆). ‖금수만도 못한 짓 禽獸にも劣る行為.
금수² (錦繡) 图 錦繡.
금수-강산 (錦繡江山) 图 ① 美しい自然. ② 韓国朝鮮の別称.
금시조 (金翅鳥) 图《仏教》金翅(☆)鳥. ✦インド神話・仏典に見える想像上の鳥.
금시-초문 (今時初聞) 图 初耳. ‖그 얘기는 금시초문이다 その話は初耳だ.
금식 (禁食) 图他 斷食.
금실¹ (金-) 图 金糸.
금실² (琴瑟) 图 琴瑟(☆☆); ❷ 夫婦の仲. ‖금실이 좋은 부부 仲睦まじい夫婦.
금-싸라기 (金-) 图 ❶ 黃金の粒; 金粉. ❷ 極めて貴重な物. ‖금싸라기 같은 땅 非常に地価の高い土地.
금액 (金額) /kumek/ 图 金額. ‖막대한 금액을 기부하다 莫大な金額を寄付する. 비싼 금액으로 사들이다 高い金額で買い入れる.
금어¹ (禁漁) 图 禁漁.
금어-구 (禁漁區) 图 禁漁區.
금어-기 (禁漁期) 图 禁漁期.
금어-초 (禁漁草) 图《植物》キンギョソウ(金魚草).
금언 (金言) 图 金言.
금연 (禁煙) /kuːmjən/ 图他 禁煙.
금연-차 (禁煙車) 图 禁煙車.
금-요일 (金曜日) /kumjoil/ 图 金曜日. ⓐ금(金). ‖금요일은 아침부터 회의가 있다 金曜日

금옥 (禁慾) /kuːmjok/ 图 [하田] 禁欲.

금욕-적 (禁慾的) [-쩍] 图 禁欲的; 스토익. ‖금욕적인 생활 ストイックな生活.

금욕-주의 (禁慾主義) [-쭈-/-쭈이] 图 禁欲主義.

금욕-주의자 (禁慾主義者) [-쭈-/-쭈이-] 图 禁欲主義者.

금융 (金融) /kumnjuŋ/【-늉/그늉】图 金融. ‖무역 금융 貿易金融.

금융-계 (金融界) [-늉/그늉게] 图 金融界.

금융-공황 (金融恐慌) 图 [経] 金融恐慌.

금융-기관 (金融機關) 图 金融機関.

금융-시장 (金融市場) 图 金融市場.

금융-업 (金融業) 图 金融業.

금융-자본 (金融資本) 图 金融資本.

금융-정책 (金融政策) 图 金融政策.

금융 채권 (金融債券) 【-늉-껀/그늉-껀】图 [経] 金融債.

금은 (金銀) 图 金銀.

금은-방 (金銀房) [-빵] 图 金銀を加工して販売する店; 宝石店.

금의 (錦衣) [-/그미] 图 錦衣.

금의-야행 (錦衣夜行) 图 (「錦衣の衣を着て夜道を歩く」の意で) 何の意味もないことをすること.

금의-환향 (錦衣還鄉) 图 故郷に錦を飾ること.

금-일봉 (金一封) 图 金一封.

금자-탑 (金字塔) 图 金字塔. ‖수출 분야에 금자탑을 쌓다 輸出分野に金字塔を打ち立てる.

금-잔디 (金-) 图 きれいにしてある芝生.

금잔-화 (金盞花) 图 [植物] キンセンカ(金盞花).

금장-도 (金粧刀) 图 (昔, 主に女性が所持していた) 金製の小刀.

금전 (金錢) /kumdʑɘn/ 图 金錢. ‖금전 문제 金錢問題, 금전상의 문제 金錢上の問題. 금전 출납부 金錢出納帳, 금전 감각 金錢感覺.

금제[1] (金製) 图 金製.

금제-품 (金製品) 图 金製品.

금제[2] (禁制) 图 [하田] 禁制.

금제-품 (禁制品) 图 禁制品.

금족-령 (禁足令) [-종녕] 图 禁足令.

금-종이 (金-) [-종이] 图 金紙.

금주 (禁酒) 图 [하田] 禁酒.

금-준비 (金準備) 图 =금화 준비 (金貨準備).

금-줄[1] (金-) 【-쭐】图 ❶金糸の紐(2). ❷金の鎖.

금-줄[2] (-) 【-쭐】图 金脈.

금지 (禁止) /kuːmdʑi/ 图 [하田] 禁止; 差し止め. ‖출입 금지 立入禁止; 出入り差し止め. 통행금지 通行禁止. 자유 행동을 금지하다 自由行動を禁止する. 발매 금지 発売禁止. 사용 금지 使用禁止. **금지-되다** [-돠다] 困困.

금지-령 (禁止令) 图 禁止令.

금지-옥엽 (金枝玉葉) 图 金枝玉葉.

금-치산 (禁治産) 图 [法律] 禁治産.

금치산-자 (禁治産者) 图 [法律] 禁治産者.

금침 (衾枕) 图 布団と枕; 寝具.

금탑 (金塔) 图 金製または金めっきを施した塔.

금-테 (金-) 图 金緣. ‖금테 안경 金緣眼鏡.

금-팔찌 (金-) 图 金のブレスレット; 金の腕輪.

금품 (金品) 图 金品. ‖금품을 갈취하다 金品ゆすり取る.

금-하다 (禁-) /kuːmhada/ 他 [하田] 禁じる. ‖무단 출입을 금함 無斷立ち入りを禁ず; 동정을 금할 길이 없다 同情の念を禁じ得ない.

금형 (金型) 图 金型(松).

금혼-식 (金婚式) 图 金婚式. ✢結婚50周年を祝って行なう式.

금화 (金貨) 图 金貨.

금화 준비 (金貨準備) 图 [経] 金貨準備.

금환 (金環) 图 金環.

금환-식 (金環蝕) 图 [天文] 金環食.

급[1] (級) /kup/ 图 級. ‖같은 급 선수 同じ級の選手. 장관급의 거물 大臣級の大物. プロ급의 솜씨 プロ級の腕前.
—依图 …級. ‖일 급 건축사 1級建築士. 주산 삼 급 珠算3級.

급[2] (及) 图 および. ✢土に乙が用いられている.

급-[3] (急) 接頭 急…. ‖급성장 急成長.

급감 (急減) [-깜] 图 [하田] 急減.

급-강하 (急降下) [-강-] 图 [하田] 急降下.

급거 (急遽) [-꺼] 副 急遽.

급격-하다 (急激) /kupˀkjʌkʰada/ [-껵카-] 囫 [여変] 急激だ. ‖급격한 변화 急激な変化. 상태가 급격하게 나빠져서 악화하다 状態が急激に悪化した. **급격-히** 副.

급-경사 (急傾斜) [-졍-] 图 急斜面.

급구 (急求) [-꾸] 图 急募. ‖운전 기사 급구 運轉手急募.

급급-하다[1] (汲汲-) [-끄파-] 囫 [여変] 汲汲(‌‌‌)としている. 一つにあくせくしている. ‖눈앞의 이익에만 급급하다 目先の利益だけに汲汲としている.

급급-하다[2] (急急-) [-끄파-] 囫 [여変] 非常に急だ; 急ぎに急ぐ.

급기야 (及其也) [-끼-] 副 ついに; とうとう; 結局; 最後は; とどのつまり; あげくの果てに. ‖급기야 나한테까지 돈

을 꾸어 갔다 あげくの果てに私のところにまで来てお金を借りていった.

급등(急騰)【-등】图 자動 急騰. ⑦급락(急落).

급등-세(急騰勢)图 (株などの)急騰する様子.‖값값이 급등세를 보이고 있다 金相場が急騰している.

급락¹(及落)【급낙】图 及落.

급락²(急落)【급낙】图 자動 急落. ⑦급등(急騰).

급랭(急冷)【급냉】图 急冷.

급료(給料)【급뇨】图 給料.

급류(急流)【급뉴】图 急流.

급매(急賣)【-】图 急いで売ること.

급모(急募)【-】图 他動 急募.

급무(急務)【-】图 急務.

급박-하다(急迫-)【-빠카-】服 [하変] 切迫している;差し迫っている.‖급박한 상황 切迫した状況.

급-발진(急發進)【-빨찐】图 急発進.

급변(急變)【-뼌】图 自動 急變.‖급변하는 현대 사회 急変する現代社会.

급병(急病)【-뼝】图 急病.

급보(急報)【-뽀】图 他動 急報.

급부(給付)【-뿌】图 他動 給付.‖반대급부 反対給付.

급-부상(急浮上)【-뿌-】图 自動 急浮上.‖새로운 후보자가 급부상하며 새 후보자가 급부상하면서 새 후보자가 급부상하면서 새로운 입장이 급부상한다 新しい候補者が急浮上する.

급-브레이크(急 brake)【-】图 急ブレーキ.‖급브레이크를 밟다 急ブレーキを踏む[かける].

급사¹(急死)【-싸】图 自動 急死.

급사²(給仕)【-싸】图 給仕.

급사-면(急斜面)【-싸-】图 急斜面.

급-상승(急上昇)【-쌍-】图 自動 急上昇.‖주가의 급상승 株価の急上昇.

급서(急逝)【-써】图 自動 急逝;急死.

급-선무(急先務)【-썬-】图 急先務.

급-선봉(急先鋒)【-썬-】图 急先鋒.

급-선회(急旋回)【-썬-/-쎤-】图 自動 急旋回.

급성(急性)【-썽】图 急性.‖급성 전염병 急性伝染病.

급성-간염(急性肝炎)【-썽-】图 [医学] 急性肝炎.

급성-맹장염(急性盲腸炎)【-썽-념】图 [医学] 急性盲腸炎.

급성-폐렴(急性肺炎)【-썽-/-썽폐-】图 [医学] 急性肺炎.

급-성장(急成長)【-썽-】图 自動 急成長.

급소(急所)/kupˀso/【-쏘】图 急所.‖급소를 찌르다 急所を突く, 급소를 찔리다 急所を突かれる.

급-속도(急速度)【-쏙또】图 急速度.‖급속도로 발전하는 한국 경제

急速에 발전하는 韓国経済.

급속-하다(急速-)/kupˀsokada/【-쏘카-】[形] 急速다.‖급속한 경제 성장 急速な経済成長. 사태는 급속히 수습되어 갔다 事態は急速に収拾に向かった. **급속-히**

급송(急送)【-쏭】图 他動 急送.

급수¹(級數)【-쑤】图 〔数学〕級數.‖유한급수 有限級数. 무한급수 無限級数.

급수²(給水)【-쑤】图 他動 給水.

급수-관(給水管)【-쑤-】图 給水管.

급수-전(給水栓)【-쑤-】图 給水栓.

급수-차(給水車)【-쑤-】图 給水車.

급습(急襲)【-씁】图 他動 急襲.

급식(給食)/kupˀjik/【-씩】图 自動 給食.‖학교 급식 学校給食. 급식 시간 給食時間.

급여(給與)/kubjʌ/图 給与.‖급여 소득 給与所得.

급우(級友)【-】图 級友.

급유(給油)【-】图 給油.

급유-기(給油機)【-】图 給油機.

급유-선(給油船)【-】图 給油船.

급작-스럽다(-)【-짝쓰-따】[形] [ㅂ変] 急だ;急に.‖급작스러운 죽음 突然의 死. **급작스레**

급장(級長)【-짱】图 学級委員長.

급전¹(急電)【-쩐】图 至急電報.

급전²(急錢)【-쩐】图 急ぎのお金.‖급전을 돌리다 急ぎのお金を工面する.

급전³(急轉)【-쩐】图 自動 急転.‖사태가 급전하다 事態が急転する.

급전⁴(急傳)【-쩐】图 他動 急いで伝えること.

급-전환(急轉換)【-】图 急転換.

급-정거(急停車)【-쩡-】图 自動 急停車.

급제(及第)【-쩨】图 自動 及第.

급조(急造)【-쪼】图 他動 急造.

급증¹(急症)【-쯩】图 急症.

급증²(急增)【-쯩】图 自動 急增.‖도시 인구가 급증하다 都市人口가 急증하다.

급진(急進)【-찐】图 自動 急進.⑤점진(漸進).

급진-적(急進的)【-찐-】图 急進的.⑦점진적(漸進的).‖급진적인 사고방식 急進的な考え方.

급진-파(急進派)【-찐-】图 急進派.

급탕(給湯)【-】图 他動 給湯.

급-하다(急-)/kupˀada/【-그파-】[形] [하変] ❶急다;緊急다;火急다.‖물살이 급하다 流れが急다. 급한 볼일이 있어서 急な用事で. 경사가 급한 언덕길 急な坂道. ❷せっかちだ;気が短い.‖성미가 급하다 気が短い. ❸慌てている;急いでいる.‖마음이 급해서 앉아서 밥을 먹을 수

가 있나 急いでいるので座ってご飯を食べられない. 急히 뛰어나가다 急いで駆け出す. **급-히** 副 急いで. ‖急히 먹었더니 체한 것 같다 急いで食べたのでもたれたみたいだ.

급행(急行) /kɯpʰeŋ/ [그팽] 名 自サ 急行.

급행-열차(急行列車) [그팽녈] 名 急行列車.

급혈(給血) [그펼] 名 他サ 給血.

급-회전(急回轉) [그쾨-/그퀘-] 名 急回転.

급훈(級訓) [그푼] 名 学級の標語.

굿다[굴따] 自 ㅅ変 (雨がしばらく)やむ.
— 他 雨宿りする.

굿다[굳따] /kut̚ta/ [근따] 他 ㅅ変 [구어, 그으면, 그은] ❶ (線を)引く. ‖밑줄을 긋다 下線を引く. ❷ (十字を)切る. ‖성호를 긋다 十字を切る. ❸ (マッチを)する. ‖성냥을 그어 불을 붙이다 マッチをすって火をつける. ❹ つけで買う. ‖외상을 긋고 술을 사 오너라 つけで酒を買ってきなさい.

긍정(肯定) 名 他サ 肯定; 認めること. ⇔부정(否定).

긍정-적(肯定的) 肯定的. ‖긍정적인 대답을 기대하다 肯定的な返答を期待する.

긍지(矜持) /kɯːŋdʑi/ 名 矜持(きょう -), 誇り. ‖긍지를 가지고 살아가다 矜持[誇り]を持って生きていく.

긍휼-히(矜恤-) 副 かわいそうに; 哀れに; 不憫に.

기¹(氣) /ki/ 名 ❶ 気. ‖기가 빠지다 気がゆるむ. 기가 센 여자 気が勝った女; 気の強い女. ❷ 元気; 生気; 気力. ‖기가 살다 気勢が上がる; 意気込む. ❸ 気勢; 気配; 雰囲気. ▶기가 꺾이다 気がくじける; 気がそがれる. 기가 막히다[차다] あきれる; 唖然とする. 기가 죽다 気がくじける; 意気が滅入る; 気が腐る. ▶기를 꺾다 気をくじく. 기를 쓰고 덤벼들다 躍起になって飛びかかる. ▶기를 죽이다 気をくじく. ▶기를 펴다 羽を伸ばす; 気楽になる.

기²(己) 名 (十干의 己(기)).
기³(忌) 名 忌; 忌み; 喪中.
기⁴(奇) [姓] 奇(ギ).
기⁵(旗) 名 旗.
기⁶ 名 ミサイル・墓石などを数える語: …基. ‖미사일 한 기 ミサイル1基.

-기⁷(機) 接尾 …機. ‖세탁기 洗濯機.
-기⁸(紀) 地 …紀. ‖쥐라기(紀) ジュラ紀.
-기⁹(記) 接尾 …記. ‖여행기 旅行記.
-기¹⁰(期) 接尾 …期. ‖사춘기 思春期.

-기¹¹(器) 接尾 …器. ‖확성기 拡声器.
-기-¹² 接尾 (一部の動詞の語幹に付いて) ❶ 使役動詞を作る: …(さ)せる. ‖많은 사람들을 웃기다 大勢の人を笑わせる. 문제를 못 푼 학생들을 교실에 남기다 問題を解けなかった学生たちを教室に残らせる. ❷ 受身動詞を作る: …(ら)れる. ‖옷이 찢기다 服が破れる.

-기¹³ 語尾 用言・이다などの語幹に付く転成名詞形語尾: …(する)こと; …(する)の; …か; …さ. ‖저렇게 공부해서는 합격하기 어렵다 ああいうふうに勉強していては合格(すること)は難しい. 만나기를 꺼리다 会うのを嫌がる. 받아쓰기 書き取り. 기울기 傾き; 勾配. 굵기가 다르다 太さが違う.

기가(giga) 依存 ❶ 単位に冠して10⁹(10億)を表わす単位: …ギガ(G). ❷ 기가바이트의略語.

기가바이트(gigabyte) 依存 (IT) 情報容量を表わす単位: …ギガバイト(GB). 略기가.

기각(棄却) 名 他サ 棄却. ‖상고를 기각하다 上告を棄却する. **기각-당하다**.

기간¹(基幹) 名 基幹.
기간-산업(基幹産業) 名 基幹産業.
기간²(旣刊) 名 既刊.

기간³(期間) /kigan/ 名 期間. ‖일정한 기간 내에 一定の期間内に. 단기간에 영어를 마스터하다 短期間で英語をマスターする. 유효 기간 有効期間. 시험 기간 試験期間. 냉각 기간 冷却期間. 접수 기간 受付期間. 장기간 長期間.

기갈(飢渴) 飢渴(き-). ‖기갈나다 飢渴する.

기갑-부대(機甲部隊) [-뿌-] 名 (軍事) 機甲部隊.

기강(紀綱) 名 紀綱; 綱紀. ‖기강을 바로잡다 綱紀を正す.

기개(氣槪) 名 気概.
기거(起居) 名 自サ 起居.
기겁 名 自サ びっくり仰天すること; 腰を抜かすこと. ‖바퀴벌레를 보더니 기겁을 했다 ゴキブリを見て腰を抜かした.

기결(既決) /kigjəl/ 名 他サ 既決. ⇔미결(未決). ‖기결 사항 既決事項.

기결-수(既決囚) [-쑤] 名 (法律) 既決囚. ⇔미결수(未決囚).

기계¹(器械) 名 [-/-계] 名 棋具.

기계²(機械) /kige/ [-/-계] 名 機械. ‖공작 기계 工作機械. 정밀 기계 精密機械. 기계로 할 수 있는 작업 機械ではできない作業. 기계가 고장 나다 機械が故障する.

기계-공업(機械工業) 名 機械工業.
기계-공학(機械工學) 名 機械工学.

기계-론 (機械論) 圖 機械論.
기계-문명 (機械文明) 圖 機械文明.
기계-번역 (機械飜譯) 圖 機械飜譯.
기계-적 (機械的) 圖 機械的. ‖ 기계적으로 작업을 반복하다 機械的に作業を繰り返す.
기계-화 (機械化) 圖 自他 機械化.
기계-체조 (器械體操) 圖 器械體操.
기고 (寄稿) 圖 他 寄稿.
기고-만장 (氣高萬丈) 圖 有頂天. ‖ 조금 칭찬 들었다고 기고만장해 있다 少しほめられたからと有頂天になっている.
기골 (氣骨) 圖 気骨.
기공¹ (技工) 圖 熟練工.
기공² (起工) 圖 他 起工. ‖ 기공식 起工式.
기공³ (氣孔) 圖 [植物] 気孔.
기관¹ (技官) 圖 技官.
기관² (汽罐) 圖 ボイラー.
기관³ (氣管) 圖 気管.
기관-지 (氣管支) 圖 [解剖] 気管支.
기관지-염 (氣管支炎) 圖 [医学] 気管支炎.
기관¹ (器官) 圖 [解剖] 器官. ‖ 호흡 기관 呼吸器官.
기관² (機關) /kigwan/ 圖 機關. ‖ 보도 기관 報道機關. 내연[외연] 기관 内燃[外燃]機關. 상급 기관 上級機關. 집행 기관 執行機關.
기관-구 (機關區) 圖 機關区.
기관-사 (機關士) 圖 機關士.
기관-실 (機關室) 圖 機關室.
기관-원 (機關員) 圖 情報機關の関係者.
기관-지 (機關紙) 圖 機關紙.
기관-차 (機關車) 圖 [軍事] 機關車.
기관-총 (機關銃) 圖 [軍事] 機關銃.
기관-포 (機關砲) 圖 [軍事] 機關砲.
기괴 (奇怪) 【—て】 圖 奇怪. ‖ 기괴한 형상의 바위 奇怪な形状の岩.
기괴-망측 (奇怪罔測) 圖 極めて奇怪なこと.
기괴-천만 (奇怪千萬) 圖 圖 奇怪千万.
기교¹ (技巧) 圖 圖 技巧. ‖ 기교를 부리다 技巧をこらす.
기교-가 (技巧家) 圖 技巧家.
기교-파 (技巧派) 圖 技巧派.
기교² (技教) 圖 自 技巧.
기구¹ (氣球) 圖 気球.
기구² (器具) /kigu/ 圖 器具. ‖ 전기 기구 電気器具.
기구³ (機具) 圖 機具.
기구⁴ (機構) 圖 機構. ‖ 국제 기구 国際機構. 경제 협력 개발 기구 経済協力開発機構(OECD).
기구 (祈求) 圖 他 祈祷. 기도.
기구-하다 (崎嶇—) 圖 自 (運命な

どが) 数奇だ. ‖ 기구한 운명 数奇な運命.
기권¹ (氣圈) 【—꿘】 圖 [天文] 気圏.
기권² (棄權) 【—꿘】 圖 棄權. /ki'kwon/ ‖ 시합 도중에 기권하다가 試合の途中で棄權する. 부상으로 시합을 기권하다 けがで試合を棄權する.
기근 (飢饉·饑饉) 圖 飢饉. ‖ 물 기근 水飢饉. 기근이 들다 飢饉に見舞われる.
기금 (基金) 圖 基金. ‖ 출판 기금 出版基金.
기급 (氣急) 圖 自 慌てふためくこと; うろたえること. ‖ 갑작스러운 총성에 기급을 하다 突然の銃声に慌てふためく.
기기 (機器·器機) 圖 機器. ‖ 관측용 기기 観測用機器. 교육 기기 教育機器.
기꺼워-하다 圖 自 [하変] 喜ぶ; 嬉しく思う.
기꺼-이 /ki'koi/ 圖 喜んで; 快く. ‖ 기꺼이 제안을 받아들이다 喜んで提案を受け入れる.
기껍다 【—따】 圖 [ㅂ変] うれしい; 喜ばしい.
가-껏 /ki'kot/ 【—껃】 圖 精一杯; 力の及ぶ限り. ‖ 기껏 했다는 게 저 정도다 精一杯やったのがあの程度だ.
기껏-해야 【—께야—】 圖 どう見ても; せいぜい; たかが; たかだか. ‖ 모여도 기껏해야 열 명 정도다 集まってもせいぜい 10人くらいだ. 기껏해야 천 원밖에 안된다 たかだか千ウォン程度だと思う.
기나-길다 圖 [ㄹ語幹] 非常に長い; 長い. ‖ 기나긴 세월 非常に長い年月.
기내 (機內) 圖 機內.
기내-식 (機內食) 圖 機內食.

기념 (記念·紀念) /kinjəm/ 圖 他 記念. ‖ 졸업을 기념해서 나무를 심다 卒業を記念して植樹する. 기념으로 간직하다 記念として大切にしまっておく. 이 사진은 여행의 좋은 기념이 될 거다 この写真は旅行のいい記念になるだろう. 기념 행사 記念行事.
기념-물 (記念物) 圖 記念物.
기념-비 (記念碑) 圖 記念碑.
기념-사진 (記念寫眞) 圖 記念写真. ‖ 기념사진을 찍다 記念写真を撮る.
기념-식 (記念式) 圖 記念式典.
기념-우표 (記念郵票) 圖 記念切手.
기념-일 (記念日) 圖 記念日.
기념-제 (記念祭) 圖 記念祭.
기념-탑 (記念塔) 圖 記念塔.
기념-품 (記念品) 圖 記念品.

기능¹ (技能) 圖 技能.
기능-공 (技能工) 圖 技能工.
기능-사 (技能士) 圖 技能士.

기능² (機能) /kinɯŋ/ 圖 機能. ‖ 다양한 기능을 가진 전자 제품 多様な機能を持つ電化製品. 언어의 기능

기니

言語의 機能. 기능이 떨어지다 機能が衰える.
기능-성 (機能性) 【-성】 图 機能性.
기능-적 (機能的) 图 機能的. ‖기능적인 설계 機能的な設計.
기니 (Guinea) 图 (国名) ギニア.
기니비사우 (Guinea-Bissau) 图 (国名) ギニアビサウ.
기다 /kida/ 自 ❶ 這う. ‖땅바닥을 기다 地面を這う. ❷ 這いつくばる; 這いつくばる. ‖사장 앞에서는 설설 기다 社長の前では這いつくばる. ‖-기는 놈 위에 나는 놈 있다 (俚) 上には上がある.
기다려 기다리다(待つ)의 연용형.
기다려-지다 기다려지다; 待ち遠しい. ‖시험 결과가 기다려진다 試験結果が待ち遠しい.
기다리는 冠 기다리다(待つ)의 현재 연체형.

기다리다 /kidarida/ ❶ 待つ. ‖결과를 기다리다 結果を待つ. 아이가 태어나기를 애타게 기다리다 子どもが生まれるのを待ちわびる. 합격자 발표를 목이 빠지게 기다리다 合格者発表を首を長くして待つ. 그는 나를 두 시간이나 기다리게 했다 彼は私を2時間も待たせた. 다음 기회를 기다리다 次の機会を待つ. 기다리다 못해 먼저 먹었다 待ち切れずに先に食べた. 아이는 무척 기다렸다는 듯이 엄마의 손을 꼭 쥐었다 子どもは待ちかねたように母親の手を握り締めた. ❷ 待ち受ける. ‖고난이 기다리고 있다 苦難が待ち受けている.

기다린 冠 기다리다(待つ)의 과거 연체형.
기다릴 冠 기다리다(待つ)의 미래 연체형.
기단¹ (氣團) 图 (天文) 気団.
기단² (基壇) 图 (建造物の) 基壇.
기담 (奇談) 图 奇談.

기대 /kidɛ/ 图 (他) 期待・企待. 期待. ‖좋은 결과를 기대하고 있다 いい結果を期待している. 기대에서 벗어나다 期待はずれだ. 기대를 걸다 期待をかける[寄せる]. 기대에 부응하다 期待に応える. 기대 이상의 성과를 거두다 期待以上の成果を収める. 기대를 저버리다 期待を裏切る. 기대한 대로 期待通りに.

기대-감 (期待感) 图 期待感.
기대-치 (期待値) 图 期待値.
기댓-값 (期待─) 图 【대값─ㅅ깝】 图 (数学) 期待値.

기대다 /kideda/ 自 ❶ もたれる; もたれかかる; 寄りかかる. ‖창에 기대어 석양을 바라보다 窓にもたれて夕日を眺める. 벽에 기대다 壁にもたれる. ❷ 頼る. ‖언제까지 부모한테 기댈 참이니? いつまで親に頼るつもりなの? 다른 사람

108

한테 기대지만 말고 알아서 해라 人に頼ってばかりいないで自分でやりなさい.
기대-앉다 【-안따】 自 もたれて座る; 寄りかかって座る. ‖벽에 기대앉다 壁にもたれて座る.
기도¹ (氣道) 图 (解剖) 気道.
기도² (祈禱) /kido/ 图 (한他) 祈禱; 祈り. ‖-기구(祈求) 祈禱를 드리다 祈りを捧げる.
기도-문 (祈禱文) 图 祈禱文. ‖기도문을 외우다 祈禱文を覚える[唱える].
기도³ (企圖) 图 (한他) 企図; 企て. ‖탈출을 기도하다 脱出を企てる.

기독-교 (基督敎) /kidok⁷kjo/ 【-교】 图 (宗教) キリスト教.
기동¹ (機動) 图 (한自) 機動.
기동-력 (機動力) 【-녁】 图 機動力.
기동-부대 (機動部隊) 图 (軍事) 機動部隊.
기동-성 (機動性) 【-성】 图 機動性.
기동-작전 (機動作戰) 【-쩐】 图 機動作戦.
기동² (起動) 图 (한自他) 起動; 立ち上げること. ‖컴퓨터를 기동하다 コンピューターを起動する.

기둥 /kiduŋ/ 图 ❶ 柱. ‖기둥을 세우다 柱を立てる. ❷ 支え; 支柱; 大黒柱. ‖지주(支柱). ‖한 집안의 기둥 一家の大黒柱.
기둥-뿌리 图 ① 柱の下端. ② (比喩的に) 支え; 支柱. ‖기둥뿌리가 뽑히다 全財産がなくなる.
기둥-서방 (─書房) 图 女を働かせ, 金品を貢がせる男; ひも; ジゴロ.
기득-권 (旣得權) 【-꿘】 图 既得権.
기라-성 (綺羅星) 图 綺羅星. ‖기라성 같은 인물을 綺羅星のごとき人々.
기량¹ (技倆・伎倆) 图 技量; 腕前. ‖뛰어난 기량 すぐれた技量.
기량² (器量) 图 器量. ‖장관으로서의 기량 大臣としての器量.
기러기 /kirʌgi/ 图 (鳥類) ガン(雁).
기러기-아빠 图 (俗っぽい言い方で) 子どもの海外留学のため, 妻子を海外に送り, 1人韓国で生活する父親.
기력 (氣力) 图 気力; 気合; 元気. ‖기력이 다하다 気力が尽きる. 기력이 없다 元気がない.
기력 (機力) 图 機械の力.
기로¹ (岐路) 图 岐路. ‖인생의 기로에 서다 人生の岐路に立つ.
기로² [母音で終わる体言に付いて] 子음의 말은 이기로] …(だ)ということに…(だ)としても. ‖아무리 상사가 시키는 일을 너무 시킨다 上司と言えども, やらせる仕事が多い.
기로서니 助 기로를 強めて言う語.
-기로³ 語尾 ① 理由・原因・譲歩を表す: …と言えども. ② 조금 늦었든가 하기에 화낼 것까지는 없지 않니? 少し遅

れたと言えども、そんなに怒るまでもないじゃない。❷[아무리를 伴って]いくら…と言えども。‖아무리 경황이 없었기로 문도 안 잠그고 나가다니 いくら慌てたと言えども戸締りもせずに出かけるなんて。

기록(記錄) /kirok/ 图 他 記録. ‖기록을 세우다 記録を打ち立てる. 기록을 깨다 記録を破る. 기록을 남기다 記録を残す. 기록을 알아보다 記録を調べる. 기록을 하다 記録に取る. 전국적으로 기온이 삼십육 도를 기록하다 全国的に気温が36度を記録する. 아무도 도달하지 못한 기록 前人未到の記録.

기록-계기(記録計器)【-꼐-/-꼐-】 图 記録計.

기록^문학(記録文学)【-뭉-】 图《文芸》記録文学.

기록^영화(記録映画)【-뭉녕-】 图 記録映画.

기록-적(記録的)【-쩍】 图 記録的. ‖기록적인 강우량 記録的な降雨量.

기류(氣流)(天文) 氣流. ‖상승 기류 上昇気流. 제트 기류 ジェット気流.

기르다 /kiruda/ 他[르変] [길러, 기르는] ❶ 育てる. 育成する. ‖병아리를 기르다 ひよこを育てる. 인재를 길러 내다 人材を育てる. ❷ 飼う. ‖개를 기르다 犬を飼う. ❸ 養う. ‖강한 정신력을 기르다 強い精神力を養う. ❹ (髪の毛·つめなどを)伸ばす. ‖이번에는 머리를 기를 생각이다 今度は髪を伸ばすつもりだ. ❺ (ひげなどを)生やす. ‖수염을 기르다 ひげを生やす. ❻ (習慣·癖などを)身につける. ‖일찍 일어나는 습관을 기르다 早く起きる [早起きする]習慣を身につける.

기름 /kirum/ 图 ❶ 油. ‖물에 기름이다 水に油. 참기름 ゴマ油. ❷ ガソリン. ‖기름값이 대폭 오르다 ガソリン代が大幅に上がる. ▶기름을 끼얹다 油を注ぐ. ‣기름을 짜다 ① (ゴマなどの)油を搾る. ② 搾取する. ‣기름을 치다 ① 油を差す. ② 賄賂を使う.

기름-걸레 图 (ものを磨くために)油を染み込ませた雑巾.

기름-기(-氣)【-끼】 图 ① (豚肉などの)脂身. ② 油気; 脂気. ③ (生活の余裕からくる)顔のつや.

기름-때 图 油汚れ; 油垢.

기름-매미 图《昆虫》アブラゼミ(油蝉).

기름-병(-甁)【-뼝】 图 油を入れる瓶.

기름-종이 图 油紙 ☞유지(油紙).

기름-지다 囮 ‖ 脂っこい; 油気が多い. ‖기름진 음식 脂っこい食べ物. ② (土地が)肥沃である. ‖기름진 땅 肥沃な土地.

기리다 他 ほめ称える; 偲ぶ. ‖용감

勇気をほめ称える.

기린(麒麟) 图《動物》 キリン(麒麟).

기린-아(麒麟兒) 图 麒麟児.

기립(起立) 图 自 起立. ‖전원 기립! 全員起立! 기립 박수 スタンディングオベーション.

기마(騎馬) 图 騎馬.

기마-대(騎馬隊) 图 騎馬隊.

기마-전(騎馬戰) 图 騎馬戦.

기-막히다(氣-) /kimakʰida/【-마키-】 自 あきれる; 唖然とする. ‖기막힌 대답에 할 말을 잃다 あきれた答えに言葉をなくす.

기만(欺瞞) /kiman/ 图 他 欺瞞(ぎまん); 欺くこと. ‖교묘하게 사람들을 기만하다 巧みに人を欺く.

기만-적(欺瞞的) 图 欺瞞的.

기말(期末) 图 期末. ‖기말 고사 期末試験.

기맥(氣脈) 图 気脈.

기명(記名) 图 自 記名. ☞무기명(無記名).

기명-식(記名式) 图 記名式.

기명^투표(記名投票) 图 記名投票. ↔무기명 투표(無記名投票).

기묘-하다(奇妙-)【하変】 奇妙だ. ‖기묘한 모양 奇妙な形. 기묘한 풍습 奇妙な風習.

기물(器物) 图 器物. ‖기물 파손 器物破損.

기물^손괴죄(器物損壊罪)【-쬐/-꿰】 图《法律》器物損壊罪.

기미¹ (皮膚の)しみ. ‖얼굴에 기미가 잔뜩 끼었다 顔にしみがたくさんできた.

기미² (氣味) 图 (ものの)においと味. ‣日本語の「気味」とは用法が異なる.

기미³ (幾微·機微) /kimi/ 图 気配; 兆し. ‖기미가 수상하다 怪しい気配がする. 좋아질 기미가 보이다 好転の気配がうかがわれる.

기미-독립운동(己未獨立運動)【-동니부-】 图《歷史》 1919年3月1日を期して始まり, 1年以上にわたって, 日本の植民地化に反対して展開された朝鮮独立運動.

기민-하다(機敏-)【하変】 機敏だ. ‖기민한 동작 機敏な動作. 기민하게 처리하다 機敏に片付ける.

기밀(機密) 图 機密. ‖기밀 문서 機密文書. 기밀이 새다 機密が漏れる.

기반(基盤) 图 基盤. ‖기반을 굳히다 基盤を固める. 기반 정비 基盤整備. 생활 기반 生活基盤. 민주주의의 기반 民主主義の基盤.

기발-하다(奇拔-)【하変】 奇抜だ. ‖기발한 발상 奇抜な発想.

기백(氣魄) 图 気魄. ‖상대방의 기백에 눌리다 相手の気迫に押される.

기법(技法)【-뻡】 图 技法. ‖소설 기

법 小説技法.

기벽 (奇癖) 图 奇癖.

기별 (奇別) /kibjəl/ 图 [하자] 消息; 連絡; 知らせ. ‖그녀에게서 기별이 왔다 彼女から連絡が来た.

기병 (騎兵) 图 騎兵.

기병-대 (騎兵隊) 图 騎兵隊.

기보 (棋譜·碁譜) 图 棋譜(き).

기복¹ (起伏) 图 [하자] 起伏. ‖기복이 심한 성격 起伏の激しい性格. 기복이 많은 인생 起伏の多い人生.

기복² (祈福) 图 幸運を祈願すること.

기본 (基本) /kibon/ 图 基本. ‖정책의 기본 政策の基本. 기본을 배우다 基本を学ぶ. 기본으로 하다 基本とする. 사회생활의 기본이 몸에 배어 있다 社会生活の基本が身についている.

기본-값 (基本-) [-깝] 图 (IT) = 디폴트.

기본-권 (基本權) [-꿘] 图 (法律) 基本権; 基本的人権.

기본-급 (基本給) 图 基本給; 本給; 本俸.

기본-법 (基本法) [-뻡] 图 (法律) = 근본법(根本法).

기본-어휘 (基本語彙) 图 (言語) 基本語彙.

기본-요금 (基本料金) [-뇨-] 图 基本料金. ‖(タクシーなどの) 初乗り運賃.

기본-적 (基本的) 图 基本的な. ‖기본적인 동작 基本的な動作.

기본-형 (基本形) 图 (言語) 基本形; 原形; 辞書形.

기부 (寄付) 图 [하자] 寄付.

기부-금 (寄附金) 图 寄付金.

기분 (氣分) /kibun/ 图 気分; 機嫌; 気持ち. ‖기분이 좋은 아침 気持ちのいい朝. 오늘은 기분이 좋아 보인다 今日は機嫌がよさそうだ. 기분이 좋지 않다 気分がすぐれない. 기분이 상하다 気分をこわされる. 놀러 갈 기분이 아니다 遊びに行く気分ではない.

기분-파 (氣分派) 图 気分屋.

기뻐-하다 /ki͈ppʌhada/ 他 [하變] 喜ぶ; うれしがる; なつかしがる. ‖합격을 기뻐하다 合格を喜ぶ. 손뼉을 치며 기뻐하다 手をたたいて喜ぶ. 어머니의 기뻐하는 얼굴이 눈에 선하다 母の喜ぶ顔が目に浮かぶ.

기쁘다 /ki͈ppɯda/ 形 [으變] [기뻐, 기쁜] うれしい; 喜ばしい. 反 슬프다. ‖너를 만나서 기쁘다 君に会ってうれしい. 우승해서 너무너무 기쁘다 優勝できてとてもうれしい. 너무 기뻐서 눈물이 났다 うれしさのあまり涙が出た. 기쁜 소식이 있으니 알려드리겠습니다.

기쁨 /ki͈ppɯm/ 图 喜び. 反 슬픔. ‖첫 우승의 기쁨 初優勝の喜び. 기쁨이 넘쳐흐르다 喜びに溢れる. 일에 기쁨을

느끼다 仕事に喜びを感じる.

기사¹ (技士) 图 技士.

기사² (技師) 图 技師.

기사³ (記事) /kisa/ 图 記事. ‖신문 기사 新聞記事. 가십 기사 ゴシップ記事. 날조된 기사 捏造された記事.

기사-문 (記事文) 图 記事文.

기사-거리 (記事 -) [- 꺼 -/- 산꺼-] 图 記事の種.

기사⁴ (棋士·碁士) 图 棋士.

기사⁵ (騎士) 图 騎士.

기사-회생 (起死回生) [-/- 쉐-] 图 [하자] 起死回生.

기산 (起算) 图 [하他] 起算.

기상¹ (起牀) /kisaŋ/ 图 [하자] 起床. ‖여섯 시에 기상하다 6時に起床する. 기상 시간 起床時間.

기상² (氣象) /kisaŋ/ 图 気象. ‖기상 관측 気象観測. 기상 조건 気象条件.

기상-경보 (氣象警報) 图 気象警報.

기상-대 (氣象臺) 图 気象台.

기상-도 (氣象圖) 图 気象図.

기상-요소 (氣象要素) [-뇨-] 图 気象要素.

기상-재해 (氣象災害) 图 気象災害.

기상-통보 (氣象通報) 图 気象通報.

기상-학 (氣象學) 图 気象学.

기상천외-하다 (奇想天外-) [-/- 처눼-] 图 [하變] 奇想天外だ. ‖기상천외한 발상 奇想天外な発想.

기색 (氣色) /kisek/ 图 ❶ 気色. ‖상사의 기색을 살피다 上司の気色をうかがう. ❷ 気配; 素振り. ‖싫어하는 기색을 보이다 嫌がる素振りを見せる.

기생¹ (妓生) 图 朝鮮の芸妓; キーセン.

기생-오라비 (妓生-) 图 〔見くびる言い方で〕 やたら着飾った男の人.

기생² (寄生) /kisæŋ/ 图 [하자] 寄生.

기생-근 (寄生根) 图 (植物) 寄生根.

기생-식물 (寄生植物) [-싱-] 图 (植物) 寄生植物.

기생-충 (寄生蟲) 图 ❶ (動物) 寄生虫. ❷ [比喩的に] 寄生者; パラサイト.

기선¹ (汽船) 图 汽船.

기선² (機先) 图 機先. ‖기선을 제압하다 機先を制する.

기선³ (機船) 图 機船.

기성¹ (期成) 图 [하他] 期成.

기성-회 (期成會) [-훼] 图 期成会.

기성² (棋聖·碁聖) 图 棋聖(囲碁·将棋の達人).

기성³ (既成) /kisʌŋ/ 图 [하자] 既成; 既製.

기성-복 (既成服) 图 既製服.

기성-세대 (既成世代) 图 既成世代.

기성-품 (既成品) 图 既成品.

기성-화 (既成靴) 图 既製の靴.

기세 (氣勢) 图 ❶ 気勢. ‖기세가 꺾이다 気勢をそがれる. ❷ 勢い. ‖빨이라도 때릴 기세 ぴんたでも食わす勢いだ. 기

세가 등등하다 勢い猛だ. 기세를 부리다 曵栄を張って必要以上のことをする; 気張る.
기소¹ (起訴) /kiso/ 图他《法律》起訴. ∥절도죄로 기소하다 窃盗罪で起訴する. 약식 기소 略式起訴. **기소-되다**[-따] 自《法律》
기소-유예 (起訴猶豫) 图《法律》起訴猶豫.
기소-장 (起訴狀) 【-짱】图《法律》起訴状.
기수¹ (技手) 图 技手.
기수² (奇數) 图《数学》奇数. 册 홀수(-數). ↔ 우수(偶數).
기수³ (基數) 图《数学》基数.
기수⁴ (旗手) 图 旗手.
기수⁵ (騎手) 图 騎手.
기수-법 (記数法) 【-뻡】图《数学》記数法.
기숙 (寄宿) 图自 寄宿.
기숙-사 (寄宿舍) /kisukʰsa/ 【-싸】图 寄宿舍; 寮. ∥학생 기숙사 学生寮. 기숙사 생활 寮生活.
기술¹ (技術) /kisul/ 图 技術. ∥기술을 몸에 익히다 技術を身につける. 기술 혁신 技術革新. 고도의 의료 기술 高度な医療技術. 기술 이전 技術移転. 기술 수준 技術水準. 생산 기술 生産技術. 선진 기술 先端技術.
기술-원조 (技術援助) 图 技術援助.
기술-자 (技術者) 【-짜】图 技術者.
기술-적 (技術的) 图 技術的.
기술² (記述) 图他 記述. ∥사실을 있는 그대로 기술하다 事実をありのまま記述する.
기술-문법 (記述文法) 【-뻡】图《言語》記述文法.
기슭 /kisuk/ 【-슥】图 ふもと. ∥산기슭 (山の)ふもと.
기습 (奇襲) 图他 奇襲. ∥기습 전법 奇襲戦法. **기습-하다** 他
기승 (氣勝) /kisuŋ/ 图形 勝ち気で利かん気. 負けん気. ∥기승을 떨다 勝気をふるまう. ▶기승을 부리다 猛威をふるう. 늦더위가 기승을 부리다 残暑が猛威をふるう.
기승전결 (起承轉結) 图 起承転結.
기시-감 (既視感) 图 既視感; デジャビュ.
기식¹ (氣息) 图 気息.
기식² (寄食) 图自 寄食.
기실 (其實) 图 その実; 実際のところ; 本当のところ.
기십 (幾十) 图 幾十; 十. ∥기십 만 원 数十万ウォン.
기-쓰다 (氣-) 图 【으変】 躍起になる. ∥이기려고 기쓰다 勝とうと必死になる.
기아¹ (飢餓·饑餓) 图 飢餓; 飢え. ∥기아 상태 飢餓状態. 기아 선상의 사람들 飢餓線上の人々. 기아에 허덕이다 飢えに苦しむ.
기아² (棄兒) 图他 棄児; 捨て子.
기악 (器樂) 图《音楽》器楽. ↔ 성악(聲樂).
기악-곡 (器樂曲) 【-꼭】图《音楽》器楽曲.
기안 (起案) 图他 起案.
기압 (氣壓) 图 気圧. ∥기압 배치 気圧配置. 저기압 低気圧.
기압-골 (氣壓-) 【-꼴】图《天文》気圧の谷.
기약-분수 (既約分數) 【-뿐쑤】图《数学》既約分数.
기어 (gear) 图 ギア. ∥기어를 넣다 ギアを入れる.
기어-들다 [-/-어-] 自【ㄹ語幹】入り込む; もぐり込む; (声が)消え入りそうだ. ∥엄마 품으로 기어들다 母の懐にもぐり込む. 기어들어가는 목소리로 이야기하다 消え入りそうな声で話す.
기어-오르다 [-/-어-] 自他【르変】❶ 기어오르다 険しい山をよじ登る. ❷ 付け上がる; 増長する.
기어-이 (期於-) /kiəi/ 副 きっと; 必ず; とうとう; ついに. ∥기어이 그 일을 해내다 とうとうその仕事をやり遂げる. 화가 나서 기어이 소리를 지르고 말았다 腹が立ってつい怒鳴ってしまった.
기어-코 (期於-) 副 = 기어이 (期於-).
기억 (記憶) /kiək/ 图他 記憶; 覚え. ∥당시의 일은 지금도 기억하고 있다 当時のことは今も覚えています. 옛날 기억이 살아나다 昔の記憶がよみがえる. 기억이 희미해지다 記憶が薄らぐ. 기억에 없다 記憶にない.
기억-력 (記憶力) 【-녁】图 記憶力.
기억-상실 (記憶喪失) 【-쌍-】图《医学》記憶喪失.
기억-장치 (記憶装置) 【-짱-】图《IT》記憶装置.
기엄-기엄 副 這う様子.
기업¹ (企業) /kiəp/ 图 企業. ∥기업 문화 企業文化. 중소기업 中小企業. 영세기업 零細企業. 다국적 기업 多国籍企業. 기업이 도산하다 企業が倒産する.
기업-가 (企業家) 【-까】图 企業家.
기업-주 (企業主) 【-쭈】图 企業主.
기업-체 (企業體) 图 企業.
기업² (起業) 图 起業.
기업-가 (起業家) 【-까】图 起業家.
기에¹ (期於-) 图他 母音で終わる体言に付いて; 子音の場合は이기에) …なので; …であるので; …であるため. ∥책임자기에 그냥 있을 수가 없다 責任者なので黙っていられない. 부모기에 애들 문제가 가장 신

-기에 경쓰인다 親だから子どものことが一番気がかりだ.

-기에² 語尾 …から; …(た)のか. ‖자신이 었있기에 포기했겠지 自信がなかったから諦めたんだろう. 얼마나 울었기에 눈이 퉁퉁 부었다 どれほど泣いたのか目かなわ腫れ上がっている.

기여 (寄與) 하타 寄与. ‖사회 발전에 기여한 인물 社会の発展に寄与した人物. 기여한 바가 크다 寄与したところ大である.

기역 名 ハングルの子音字母「ㄱ」の名称.

기역-자 (-字) [-짜] 名 ハングルの子音字母「ㄱ」.

기역니은순 (-順) /kijəŋniunsu:n/ [-영-] 名 いろは順.

기연 (奇緣) 名 奇縁.

기염 (氣焰) 名 気焰. ‖기염을 토하다 気焰を吐く.

기예 (氣銳) 名하형 気鋭.

기온 (氣溫) /kion/ 名 気温. ‖평균 기온 平均気温. 기온이 높아지고[올라가고] 있다 気温が上がっている. 기온이 영하 오 도까지 떨어지다[내려가다] 気温が零下5度まで下がる.

기와 名 瓦.

기와-집 瓦葺きの家; 瓦屋. ‖고래 등 같은 기와집 広壮な瓦屋.

기왕 (旣往) /kiwaŋ/ 名 ❶ 既往; 過去. ❷ [副詞的に] どうせ; ついで. ‖기왕 왔으니까 만나 보고 가자 どうせ来たんだから会って帰ろう.

기왕-이면 (旣往-) 副 どうせなら. ‖기왕이면 더 좋은 걸로 사자 どうせならもっといいものを買おう.

기왕지사 (旣往之事) 名 過去の出来事.

기요 (紀要) 名 (大学・研究機関などの) 紀要.

기용 (起用) 名하타 起用. ‖젊은 사람을 기용하다 若者を起用する. **기용-되다**

기우 (杞憂) 名 杞憂; 取り越し苦労. ‖그것은 기우에 불과하다 それは杞憂にすぎない.

기우뚱 副하자타 一方にやや傾いている様子. ‖달력이 조금 기우뚱하게 걸려 있다 カレンダーが少し傾いてかかっている.

기우뚱-거리다 자타 (物体が)左右に傾きながら揺れ動く; かしげる. ‖고개를 기우뚱거리며 듣고 있다 首をかしげながら聞いている.

기우-제 (祈雨祭) 名 雨ごい祭り.

기운¹ /kiun/ 名 ❶ 力; 体力. ‖기운이 빠지다 力が抜ける. 기운; 생기; 活気. ‖기운이 넘치다 元気が溢れる. 기운이 나다 元気が出る[なる]. 기운을 내다 元気を出す. 기운을 잃다 生気を失う. ❸ 気; 気配; 気味; 勢い. ‖봄기운 春の気配. 감기 기운이 있다 風邪気味だ. 불기운 火の勢い. 술기운으로 큰소리치다 酒の勢いで大言を吐く.

기운-차다 形 力強い. ‖기운찬 발걸음 力強い足取り.

기운² (氣運) 名 気運. ‖민주화의 기운이 높아지다 民主化の気運が高まる.

기운³ (機運) 名 機運; 時運.

기울 名 (小麦の)ふすま; からこ.

기울-기 勾配; 傾き; 角度.

기울다 /kiulda/ 自 [語幹形「기울어, 기우는, 기운」] ❶ 傾く. ‖배가 왼쪽으로 기울다 船が左に傾く. 해가 서쪽으로 기울다 日が西に傾く. 반대쪽으로 마음이 기울다 있다 反対側に気持ちが傾いている. 재정이 기울다 財政が傾く. ❷ (勢いなどが) 衰える; 滅びる. ‖집안이 기울다 家勢が衰える. 나라가 기울다 国が滅びる.

기울어-지다 /kiurəʤida/ 自 傾く. ‖달력이 약간 기울어져 있다 カレンダーが少し傾いている.

기울-이다 /kiurida/ 他 ❶ [기울다의 使役動詞] 傾ける; 向ける. ‖술잔을 기울이다 杯を傾ける. 귀를 기울이다 耳を傾ける. 몸을 앞으로 기울이다 体を前に傾ける. ❷ (誠意などを)注ぐ. ‖심혈을 기울이다 心血を注ぐ. 연구에 전력을 기울이다 研究に全力を注ぐ.

기웃-거리다[-대다] [-욷게[-욷때]-] 自他 (しきりにあちこちを)覗き込む. ‖여기저기를 기웃거리다 あちこちを覗き込む.

기원¹ (祈願) /kiwɔn/ 名하타 祈願; 願うこと. ‖합격을 기원하다 合格を祈願する. 좋은 일이 많이 있기를 기원합니다 ご多幸をお祈りいたします.

기원² (紀元) 名 紀元. ‖기원전 紀元前.

기원³ (起源) /kiwɔn/ 名하자 起源; 始まること. ‖인류의 기원 人類の起源.

기원⁴ (棋院·碁院) 名 碁会所.

기음 (氣音) 名 [言語] 気音; 有気音.

기이-하다 (奇異-) 形 하자 奇異だ. ‖기이한 현상 奇異な現象.

기인 (奇人) 名 奇人.

기인 (起因) 名하자 起因. ‖현실 인식의 차이에 기인한 문제 現実認識の相違に起因する問題.

기일 (忌日) 名 命日.

기일 (期日) /kiil/ 名 期日. ‖기일이 촉박하다 期日が差し迫っている. 기일을 꼭 지켜 주십시오 期日を必ず守ってください. 마감 기일 締め切り日.

기입-하다 /kiip/ 名하타 記入. ‖필요 사항을 기입하다 必要事項を記入する. 서류에 이름을 기입하다 書類に名前を記入する.

기입-란 (記入欄) [-임난] 名 記入欄.

기자(記者) /kidʒa/ 图 記者. ‖기자회견 記者会見. 신문 기자 新聞記者.

기장¹(植物) 图 キビ(黍·稷).

기장²(─) 图 (服の)丈; (ズボンの)すそ; 長さ; 着丈. ‖바지 기장이 길다 ズボンのすそが長い.

기장³(旗章) 图 旗章.

기장⁴(機長) 图 機長.

기장⁵(記章·紀章) 图 徽章; バッジ.

기장⁶(記帳) 图 [하他] 記帳.

기재¹(奇才) 图 奇才. ‖당대의 기재 当代の奇才.

기재²(記載) /kidʒɛ/ 图 [하他] 記載. ‖장부에 기재하다 帳簿に記載する. 기재 사항 記載事項. **기재-되다** [하自]

기재³(器材) 图 器材.

기저(基底) 图 基底. ‖이 운동의 기저에 깔린 사상 この運動の基底となる思想.

기저귀 /kidʒəgwi/ 图 おむつ; おしめ. ‖기저귀를 갈다 おむつを替える. 기저귀를 떼다 おむつがとれる. 종이 기저귀 紙おむつ.

기적¹(汽笛) 图 汽笛. ‖기적 소리 汽笛の音.

기적²(奇蹟·奇迹) /kidʒək/ 图 奇跡. ‖기적이 일어나다 奇跡が起こる. 기적이라고밖에 말할 수 없는 일 奇跡としか言いようがない出来事.

기적-적(奇蹟的) 【-쩍】 图 奇跡的. ‖기적적으로 살아나다 奇跡的に命をとりとめる.

기전(紀傳) 图 (歴史) 紀伝.

기전-체(紀傳體) 图 (歴史) 紀伝体 (歴史記述の一形式. 各人物ごとの事績を中心に歴史記述を行なうもの).

기절(氣絶) /kidʒəl/ 图 [하自] 気絶.

기절-초풍(氣絶─風) 图 [하自] びっくり仰天すること.

기점¹(起點) 【-쩜】 图 起点. ㉠終点(終點).

기점²(基點) 【-쩜】 图 基点.

기정(既定) 图 既定; 既成. ‖기정 사실 既成の事実.

기제(忌祭) 图 忌祭; 故人の年忌の祭り.

기제(機制) 图 機制. ‖방어 기제 防衛機制.

기제-류(奇蹄類) 图 (動物) 奇蹄類 (ᄀ─).

기-제사(忌祭祀) 图 =기제(忌祭).

기조(基調) 图 基調. ‖빨강을 기조로 한 그림 赤を基調に描いた絵. 사르트르의 작품의 기조를 이루는 것은 실존주의이다 サルトルの作品の基調をなすのは実存主義である.

기조-연설(基調演說) 图 基調演說.

기존(既存) 图 既存. ‖기존의 시설 既存の施設.

기종(機種) /kidʒoŋ/ 图 機種.

기죽-다(氣─) /kidʒukʰta/ 【─따】 [自] 気が滅入る; しょんぼりする; けおされる. ‖학교에서 무슨 일이 있었는지 기죽어서 돌아왔다 学校で何かあったのかしょんぼりして帰ってきた. 상대방의 당당한 태도에 기죽다 相手の堂々たる態度にけおされる.

기죽-이다(氣─) [他] (やる気を)そぐ; くじく.

기준(基準) /kidʒun/ 图 基準. ‖행동 기준 行動基準. 채점 기준 採点の基準. 비교 기준 比較の基準. 기준에 달하다 基準に達する. 엄격한 기준을 정하다 厳しい基準を設ける.

기준-선(基準線) 图 基準線.

기준-점(基準點) 【-쩜】 图 基準点.

기중(忌中) 图 忌中.

기중-기(起重機) 图 起重機; クレーン.

기증(寄贈) 图 [하他] 寄贈.

기지¹(基地) 图 基地. ‖군사 기지 軍事基地. 미군 기지 米軍基地.

기지-국(基地局) 图 基地局.

기지²(機智) 图 機知.

기지³(既知) 图 [하他] 既知. ㉠미지(未知). ‖기지의 사실 既知の事実.

기지개 /ki:dʒigɛ/ 图 [하自] 伸び. ‖기지개를 켜다[펴다] 伸びをする.

기진-맥진(氣盡脈盡) 【-찐】 图 [하自] 疲れ果てること; 精根尽き果てること.

기질(氣質) 图 ❶ 気質(ᄀ─). ‖타고난 기질 持って生まれた気質 (ᄀ─). …肌. ‖장인 기질 職人気質. 학자 기질 学者肌.

기차¹(汽車) /kitɕʰa/ 图 汽車; 列車. ㉠열차(列車). ‖기차로 가다 汽車で行く. 기차로 유럽を 여행하고 싶다 汽車でヨーロッパを旅したい.

기차-표(汽車票) 图 汽車[列車]の乗車券. ‖기차표를 끊다 列車の乗車券を買う.

기찻-길(汽車─) 【─찬낄 /─찯낄】 图 線路. ‖기찻길 옆에 있는 집들 線路沿いの家.

기-차다(氣─) 图 〔俗っぽい言い方で〕 とてもいい; すごい. ‖기차게 맛있다 めっちゃおいしい.

기척 /kitɕʰək/ 图 (人の存在を感じさせる)気配. ‖기척도 없이 방에 들어오다 何の気配もなく部屋の中に入ってくる. 안에 사람이 있는 기척 中に人がいるような気配. 인기척 人気(ᄀ─).

기체¹(氣體) /kitɕʰe/ 图 (物理) 気体. ㉠액체(液體)·액체(液體).

기체²(機體) 图 機体.

기초¹(起草) 图 [하他] 起草. ㉠초(草). ‖초안을 기초하다 草案を起草する.

기초²(基礎) /kitɕʰo/ 图 [하他] ❶ 基礎. ‖탄탄한 기초 실력 しっか

기축

리한 기초실력. 기초 공사 基礎工事. 기초를 다지다 基礎を固める. 영어를 기초부터 새로 공부하다 英語を基礎から勉強し直す. 2 […에 기초하여(기초한 형으로)] …に基づく; …に根ざす. ▮여론에 기초한 정책 世論に基づいた政策.

기초-공제(基礎控除)⃞名⃞ 基礎控除.
기초-대사(基礎代謝)⃞名⃞ 基礎代謝.
기초-식품(基礎食品)⃞名⃞ 基礎食品.
기초-어휘(基礎語彙)⃞名⃞⃞〈言語〉⃞ 基礎語彙.
기초-적(基礎的)⃞名⃞ 基礎的の. ▮기초적인 지식 基礎的な知識.
기초-체온(基礎體溫)⃞名⃞ 基礎体温.

기축¹(基軸)⃞名⃞ 基軸. ▮기축을 다지다 基軸を固める.
기축-통화(基軸通貨)⃞名⃞ 基軸通貨. ⃞園⃞국제 통화(國際通貨).
기축²(機軸)⃞名⃞ 機軸. ▮신기축 新機軸.

기층¹(氣層)⃞名⃞ 大気の層.
기층²(基層)⃞名⃞ 基層.

기치(旗幟)⃞名⃞ 旗幟(き); 旗とのぼり; 旗印. ▮반전의 기치하에 反戦の旗印の下に.

기침¹/kitʰim/⃞名自⃞ 咳. ▮기침을 하다 咳をする; 咳き込む. 기침이 나다[나오다] 咳が出る. 기침이 심하다 咳がひどい. 기침 감기 咳の風邪. 헛기침을 하다 咳払いをする. 기침이 멎다 咳が止まる.

기침²(起寢)⃞名自⃞ 起床. ▮여섯 시에 기침하다 6時に起床する.

기타¹(其他)⃞名⃞ その他. ▮기타 등등의 문제 その他の問題.
기타²(guitar)/kitʰa/⃞名⃞⃞〈音楽〉⃞ ギター. ▮기타를 치다 ギターを弾く.

기탁(寄託)⃞名他⃞ 寄託. ▮기부금을 신문사에 기탁하다 寄付金を新聞社に寄託する.

기탄-없다(忌憚-)/kitʰanəpt͈a/⃞タ나빔⃞ 忌憚がない. ▮기탄없는 의견을 듣고 싶습니다 忌憚のない意見を聞きたいです. **기탄없-이**⃞副⃞ 忌憚なく言う.

기통(氣筒·汽筒)⃞名⃞ 気筒; シリンダー. ⃞園⃞실린더.

기특-하다(奇特-)/kitʰukʰada/⃞タ特トカ⃞⃞形⃞ 殊勝だ; 感心だ. ▮애닯지 않게 기특하다 子どもの奇特さ. 두 살인데도 기특할 정도로 말을 잘하는 2才なのに感心するほどおしゃべりが上手だ. 마음가짐이 기특한 소년 殊勝な心がけの少年. **기특-히**⃞副⃞ 奇特に思う. けなげに思う.

기틀/kitʰɯl/⃞名⃞ 基礎; 基盤; 土台. ▮기틀을 마련하다 土台を築く. ▶기틀이 잡히다 基盤が固まる.

기포(氣泡)⃞名⃞ 気泡; 空気の泡. ▮기포가 발생하다 気泡ができる.

기폭(起爆)⃞名⃞ 起爆. ▮기폭 장치 起爆装置.

기폭-제(起爆劑)【-쩨】⃞名⃞ 起爆剤. ▮경기 회복의 기폭제가 되다 景気回復の起爆剤となる.

기표(記票)⃞名自⃞ 投票用紙に記入すること.

기품(品品)⃞名⃞ 気品. ▮기품 있게 생긴 얼굴 気品のある顔立ち. 기품이 넘치는 중년 부인 気品あふれる中年女性.

기풍¹(氣風)⃞名⃞ 気風. ▮온화한 기풍 温和な気風.

기풍²(棋風·棋風)⃞名⃞ 棋風.

기피(忌避)⃞名他⃞ 忌避. ▮병역을 기피하다 兵役を忌避する.

기필-코(期必-)/kipʰilkʰo/⃞副⃞ 必ず; きっと; 間違いなく. ▮기필코 해내고야 말겠다 必ずやってみせる. 기필코 돌아오리라 きっと帰ってくる.

기하(幾何)⃞名⃞⃞〈数学〉⃞ 幾何.
기하-급수(幾何級數)【-쑤】⃞名⃞⃞〈数〉⃞ 幾何級数. ⃞園⃞등비급수(等比級数).
기하급수-적(幾何級數的)【-쑤-】⃞名⃞ 幾何級数的の. ▮기하급수적으로 인구가 증가하고 있다 幾何級数的に人口が増加している.
기하-학(幾何學)⃞名⃞⃞〈数学〉⃞ 幾何学.
기하학-무늬(幾何學-)【-항-늬】⃞名⃞ 幾何学模様.
기하학-적(幾何學的)【-쩍】⃞名⃞ 幾何学的の.

기-하다(期-)/kihada/⃞他⃞⃞ハ変⃞ 期す. ▮준비에 만전을 기하다 準備に万全を期す. 필승을 기하다 必勝を期する. 오전 한 시를 기해 공격을 개시하다 午前1時を期して攻撃を開始する.

기한(期限)/kihan/⃞名⃞ 期限. ▮기한을 지키다 期限を守る. 기한이 지나다 期限が過ぎる. 유효 기한 有効期限; 賞味期限. 무기한으로 연기하다 無期限延期する.
기한-부(期限附)⃞名⃞ 期限付き.

기함(旗艦)⃞名⃞ 旗艦.

기합(氣合)/kihap/⃞名⃞ ❶気合. ▮기합을 주다 気合をかける. 기합을 넣다 気合を入れる. ❷[俗っぽい言い方で](団体生活で)罰を与えること.

기행¹(奇行)⃞名⃞ 奇行.
기행²(紀行)⃞名⃞ 紀行.
기행-문(紀行文)⃞名⃞ 紀行文.

기형(畸形)⃞名⃞ 奇形.
기형-아(畸形兒)⃞名⃞ 奇形児.

기호¹(記號)/kiho/⃞名⃞ 記号. ▮발음 기호 発音記号. 화학 기호 化学記号. 국제 음성 기호 国際音声記号(IPA).
기호²(嗜好)⃞名⃞ 嗜好.
기호-품(嗜好品)⃞名⃞ 嗜好品.

기혼(既婚)/kihon/⃞名自⃞ 既婚. ⃞凤⃞미혼(未婚).

기혼-자 (旣婚者) 图 旣婚者.

기화 (氣化) 图(物理) 気化.

기화-열 (氣化熱) 图(物理) 気化熱.

기회

(機會)/kihwe/ 图 機会；チャンス；際；隙. ‖모처럼의 기회를 놓치다 せっかくの機会を逃す. 절호의 기회다 絶好のチャンスだ. 이번 기회에 확실히 말해 두고 싶다 この際にはっきり言っておきたい. 기회를 엿보다 隙をうかがう〔ねらう〕.

기회-주의 (機會主義) 图[-/-쒜-이] 图 機会主義；和見主義. オポチュニズム.

기획 (企劃) /kihwek/ 图[-/-획] 图他 企画. ‖ 신제품을 기획하다 新製品を企画する.

기후

(氣候) /kihu/ 图 気候. ‖ 대륙성 기후 大陸性気候. 해양성 기후 海洋性気候. ‖가시발길 뇌밭의 길. 먼 길 긴 기후가 온화하다 静岡は気候が温和である.

기후-대 (氣候帶) 图(地) 気候帯.

기후-도 (氣候圖) 图(地) 気候図.

긴 厖 [語幹] 길다(長い)의 現在連體形. ‖긴 머리 長い髪.

긴가-민가 (閔하)(형) そうかそうでないか〔どうなのか〕はっきりしない様子. ‖ 긴가민가 말을 애매하게 하다 どちらなのかはっきり言わない.

긴급 (緊急) 图[하다] 形動 緊急. ‖ 긴급시에 대비하여 備える. 긴급시에는 이 버튼을 눌러 주세요 緊急の場合はこのボタンを押してください. 긴급한 일로 조퇴하다 緊急な用事で早退する. **긴급-히** 副

긴급-동의 (緊急動議) 图[-동-/-동이] 图 緊急動議.

긴급-사태 (緊急事態) 图[-싸-] 图 緊急事態.

긴급-피난 (緊急避難) 图 緊急避難.

긴-말 图[하다] 長くだらだらと話すこと. ‖긴말이 필요없는 상황 長く話す必要がない状況.

긴밀-하다 (緊密-) /kinmilhada/ 图[하다] 形 緊密だ. ‖緊密한 관계 緊密な関係. 긴밀하게 연락을 취하다 緊密に連絡をとる. **긴밀히** 副

긴박 (緊迫) 图 图[하다] 形動 긴박한 상황 緊迫した状況.

긴박-감 (緊迫感) 图[-깜] 图 緊迫感. ‖긴박감이 감돌다 緊迫感が漂う.

긴-병 (-病) 图 長病(み)；長患い. ‖ 긴병에 효자 없다(「長患いに孝子なし」の意で)何事も長引くと, それに打ち込む誠意も薄れておろそかになる.

긴-소리 图(言語) 長音.

긴장 (緊張) /kinʥaŋ/ 图 图 緊張. ‖ 긴장해서 굳어 있다 緊張でこちこちになっている. 긴장을 풀다 緊張をほぐす. 긴장이 풀리다 緊張がゆるむ. 긴장 완화 緊張緩和.

긴장-되다 (緊張-) 图[-/-뒈-] 图 緊張되 する. ‖긴장된 표정 緊張した表情.

긴장-감 (緊張感) 图 緊張感.

긴축 (緊縮) 图 图 緊縮.

긴축 예산 (緊縮豫算) [-충 네-] 图 緊縮予算.

긴축 재정 (緊縮財政) [-째-] 图 緊縮財政.

긴-하다 (緊-) 图[하変] 緊要だ；非常に大事だ. ‖긴한 이야기 非常に大事な話. 긴한 图 드릴 말씀이 있습니다 折り入って話したいことがあります.

긷다 [-따] 他[ㄷ変] (井戸水などを)汲む. ‖물을 길어 오다 水を汲んでくる.

길¹

/kil/ 图 ❶ 道；道のり. ‖길을 묻다 道を聞く[たずねる]. 길을 잃다 道に迷う. 길을 비켜 주다 道をあけてあげる. 돌아가는 길 帰り道. 승리로의 길 勝利への道. 가시밭길 いばらの道. 먼 길 長い道のり. ❷ 旅程；旅. ‖ 길을 떠나다 旅に出る；旅立つ. 유럽 여행길에서 만나다 ヨーロッパ旅行の途次に出会う. ❸ 手段；方法；すべ. ‖해결할 길이 없다 解決のすべがない. 어떻게든 길을 찾아야 한다 とにかく方法を探さないといけない. ❹ [主に가는 길에の形で] 途中；行きがけに；ついでに. ‖학교 가는 길에 담임 선생님을 만나다 学校へ行く途中で担任の先生に会う. 가는 길에 우체통에 넣어 두십시오 行きがけに郵便ポストに入れてください. ‖길을 돌다 方法を見つける. ‖길을 재촉하다 旅路を急ぐ. ‖길을 두고 뫼로 갈까 諺(「道を差し置いて山を越えるか」の意で)わざと難しいことをするはずがない.

길² 图 ❶ (動物などを)飼いならすこと. ❷ (道具などが)使いやすくなること；使い慣れてくること.

길³ (吉) 图(姓) 吉(ギル).

길⁴ 医义 …尋(ひろ). ‖천 길 낭떠러지 千尋の断崖.

길-가 [-까] 图 道端；道路の脇；路傍.

길-거리 /kilkori/ 图[-꺼-] 图 路上；街頭；街衢；巷. ‖ 길거리에서 헤매다 路頭で迷う.

길길-이 图[-른] 图 かんかんになって怒っている様子. ‖화가 나서 길길이 날뛰다 かんかんになって怒る.

길-눈 [-룬] 图 道筋や目的地を探す能力. ‖길눈이 밝다 方向感覚がある；道筋の覚えがいい. ‖길눈이 어둡다 方向音痴だ.

길다

/kiːlda/ 图 [ㄹ語幹] [길어, 긴] 長い；長っ尋. ‖ 미시시피 강은 세계에서 가장 길다 ミシシッピー川は世界で一番長い. 일본에서 가장 긴 강은 시나노 강이다 日本で最も長い川は信濃川である. 긴 역사 長い歴史. 해가 길어지다 日が長くなる. 긴 안목으로 면 길게 보면 長い目で見れば. ‖길고 짧은 것은 대어 보아야 안다 諺(「長い短いは比べ

길다 てこで分かる」の意で)物事の優劣, 勝負などは実際比べてみないと分からない.

길다² 国 [ㄹ語幹] (髪の毛・つめなどが)伸びる. ‖머리가 많이 길었다 髪の毛がだいぶ伸びた.

길-동무 [-동~] 名 [하動] 道連れ; 同行者.

길-들다 国 [ㄹ語幹] 使い慣れる; 手慣れる. 使いつける. ‖길든 도구 手慣れた道具.

길들-이다 他 ❶ 手なずける. ‖부하를 길들이다 部下を手なずける. ❷ 飼い慣らす. ‖매를 길들이다 鷹を飼い慣らす.

길라-잡이 名 道案内人. ⑩길잡이.

길-머리 名 街角; 曲がり角.

길-목 名 ❶ 町角; 街角. ❷ 要所. ‖길목을 지키다 要所を守る. ❸ (時代・時期などの)変わり目. ‖이십일 세기의 길목 21世紀に変わろうとする時点. 봄이 오는 길목 春の入り口.

길몽(吉夢) 名 吉夢; 縁起のよい夢. ⑰흉몽(凶夢).

길-바닥 [-빠-] 名 路上; 路面; 道端.

길보(吉報) 名 吉報.

길상(吉相) 【-쌍】 名 吉相.

길-섶 [-썹] 名 道端; 路傍.

길쌈 名 [하自] 機織り.

길어 国 [ㄹ語幹] 길다(長い)の連用形. ‖머리가 너무 길어 잘랐다 髪の毛が長すぎて切った.

길열 [-쎌] 名 道路の脇; 道端; 路傍. ‖길옆에 선 가로수 道端に立つ街路樹.

길-이¹ /kiri/ 名 ❶ 長さ. ‖미시시피 강의 길이는 삼천팔백킬로미터이고 시나노 강의 길이는 삼백육십칠 킬로미터이다 ミシシッピ川の長さは3780kmで, 信濃川の長さは367kmである. ❷ (洋服などの)丈. ‖치마 길이가 너무 길다 スカートの丈が長すぎる. 바지 길이를 줄이다 ズボンの丈を詰める.

길-이² 副 いつまでも; 長く. **길이-길이** 副 永遠に; とこしえに.

길일(吉日) 名 吉日.

길잡-이 名 ❶ 道しるべ; 道標. ‖길잡이로 삼다 道しるべにする. ❷ 指針; 手引き. ‖영어 학습의 길잡이 英語学習の手引き. ‖[길라잡이の縮約形] 道案内人.

길조¹(吉兆) 【-쪼】 名 吉兆. ⑰흉조(凶兆).

길조²(吉鳥) 【-쪼】 名 吉兆とされる鳥. ⑰흉조(凶鳥).

길쭉-길쭉 [-찔-] 副 [하自] 全部が長めの様子. ‖무우가 전부 길쭉길쭉하다 大根が全部長めだ.

길쭉-하다 [-쭈가-] 形 [하変] やや長い; 細長い; (顔が)面長だ. ‖얼굴이 길쭉하다 顔が面長だ.

길-치 [-치] (-癡) 名 〔俗っぽい言い方で〕方向音痴.

길-하다 (吉-) 形 [하変] 縁起がいい. ‖길한 점괘 縁起のいい占いの卦.

길항(拮抗) 名 [하自] 拮抗. ‖길항 작용 拮抗作用.

길흉(吉凶) 名 吉凶. ‖길흉화복을 점치다 吉凶禍福を占う.

김¹ /kim/ 名 ❶ 湯気; 水蒸気. ‖냄비에서 김이 나다 鍋から湯気が立つ. 김이 오르다 湯気が立ち上る. ❷ 呼気; 息. ‖입김 息. 입김으로 息づかい. ❸ (特有の)風味; 気. • 김(이) 빠지다 ① (特有の)風味がなくなる. 김 빠진 맥주 気の抜けたビール. ② 間が抜ける; 拍子抜けする. **김-새다** 自 〔俗っぽい言い方で〕興ざめる; 気抜けする; しらける; やる気がなくなる. ‖그럴 김새는 이야기다 何とも気の抜ける話だ.

김² 名 田畑の雑草. **김매-기** 名 [하動] 草取り; 草むしり; 草引き. **김-매다** 他 草取りをする.

김³ /kim/ 名 海苔. ‖구운 김 焼き海苔. 돌김 岩海苔. **김-밥** [-빱] 名 [料理] (韓国風の)海苔巻き.

김(金) 名 [姓] 金(ギム).

김 依名 …ついで; …はずみ. ‖서울에 가는 김에 이것 좀 사다 주지 않을래? ソウルに行くついでにこれを買ってきてくれない? 먹는 김에 다 먹어라 食べるついでに全部食べて.

김장(-沈藏) /kimdʑaŋ/ 名 [하動] 越冬用のキムチの漬け込み. **김장-감** [-깜] 名 キムチ用の白菜・大根などの野菜. **김장-거리** [-꺼-] 名 =김장감. **김장-철** 名 (立冬前後の)越冬用のキムチをつける時期. **김장-때** 名 =김장철.

김치 (-沈菜) /kim tɕʰi/ 名 キムチ. ‖김치를 담그다 キムチを漬ける. 배추김치 白菜キムチ. 물김치 水キムチ. **김치-찌개** [料理] キムチチゲ. **김치-국** 【-찌국~찓국】 名 ① キムチの汁. ② キムチを入れて作ったスープ.

깁다 [-따] [ㅂ変] 他 繕う. ‖기워, 깁는, 기운] 継ぎを当てる; 継ぎ合わせる; 繕う; 縫う. ‖상처를 깁다 傷口を縫う. 바지 타진 곳을 깁다 ズボンのほつれを繕う.

깁스 (Gips ド) 名 ❶ ギプス; ギプス. ❷ 깁스붕대(-繃帶)の略語. **깁스-붕대** (-繃帶) 名 ギプス包帯.

깃¹ [긷] 名 襟. ‖깃을 여미다 襟を正す.

깃² /kit/ [긷] 名 鳥の羽; 羽毛.

깃-대 (旗~-) 【기때/긷때】 名 旗ざお.

깃-들다 【긷뜰-】 国 [ㄹ語幹] 宿る.

깃들이다 [긷뜨리-] 재 ❶ 巣をつくる. ❷ 内に宿る; こもる.

깃-발 (旗~-) /kit²pal/ [기빨/긷빨] 图 ❶ 旗. 승리의 깃발 勝利の旗. 깃발을 흔들다 旗を振る. ❷ 旗脚(旗幟).

깃-털 [긷-] 图 羽根. ‖ 새 깃털 鳥の羽根.

깊다 /kip²ta/ [긷따] 圈 ❶ 深い. ‖ 깊은 바다 深い海. 깊은 산山. 깊은 뜻이 담겨 있다 深い意味が込められている. 깊은 숨을 들이쉬다 深呼吸をする. 깊은 불신감 深い不信感. 인연이 깊다 深い縁だ. 깊은 잠에 빠지다 深い眠りにつく. 깊은 맛을 내다 深い味を出す. 한시에 조예가 깊다 漢詩に造詣が深い. ❷ (夜が)更けている. ‖ 밤이 깊었다 夜が更けた.

깊숙-하다 [김쑤카-] [-하여] 圈 奧深い. ‖ 뜻이 깊숙하다. ‖ 깊숙한 곳에 보관하다 奥まった所に保管する. **깊숙-이** 剧

깊어-지다 재 深まる. 深くなる. ‖ 가을이 깊어진다 秋が深まる.

깊-이¹ /kip²i/ 图 ❶ 深さ. ‖ 강의 깊이 川の深さ. ❷ 深み. ‖ 문장에 깊이가 없다 文章に深みがない. 깊이가 있는 사람 深みのある人.

깊-이² /kip²i/ 剧 深く. ‖ 깊이 파 들어가다 深く掘り下げる. 깊이 반성하다 深く反省する. **깊이-깊이** 剧 奥深く. ‖ 깊이깊이 간직한 비밀 奥深く秘めた秘密.

ㄲ

ㄲ 图 ハングルの子音字母の一つ. 名称は「쌍기역」.

까까-머리 图 坊主頭; 丸坊主.

까까-중 图 ❶ 丸坊主の僧侶. ❷ 丸坊主; くりくり坊主; いがぐり頭.

까끄라기 图 (稲や麦などの)芒(のぎ).

까나리 (魚介類) 图 イカナゴ(玉筋魚). ‖ 까나리 액젓 イカナゴの塩辛エキス.

까-놓다 [-노타] 他 ❶ (隠さずに)ありのまま打ち明ける; ざっくばらんに言う. ‖ 까놓고 말한다 ざっくばらんに言う; あけすけにものを言う. ❷ (果物などの皮を)むいておく. ‖ 껍질을 까놓은 밤 皮をむいた栗.

까는 [ㄹ語幹] 깔다(敷く)の現在連体形.

까다¹ /kada/ 他 ❶ (皮を)むく. ‖ 마늘을 까다 ニンニクの皮をむく. 완두콩 껍질을 까다 エンドウ豆をむく. 밤(栗)을 까다 栗をむく. ‖ 눈을 까고 대들다 目をむいて立ちむかう. ❸ 孵(か)す. ‖ 알을 까다 卵を孵す. ❹ (人を)蹴る. ‖ 후배의 무릎을 까다 後輩の膝を蹴る. ❺ (人を)けなす; こき下ろす; ぼろくそに言う. ‖ 부하를 마구 까다 部下をくそみそにけなす. 다른 사람의 의견을 엄정하게 까다 人の意見をさんざんにこき下ろす.

까다² 他 差し引く; 控除する. ‖ 가불한 돈은 매달 월급에서 조금씩 까고 있어요 仮払金は毎月給料から少しずつ差し引いています.

까다³ 他 (俗っぽい言い方で)粗忽(そこつ)な口のきき方をする.

까다롭다 /ka:darop²ta/ [-따] 圈 [ㅂ변칙] (까다로워, 까다로운) ❶ (性格などが)気難しい; 扱いにくい. ‖ 까다로운 성격 気難しい性格. 식성이 까다롭다 食べ物の好き嫌いが多い. ❷ (手続きなどが)ややこしい; 面倒だ; 複雑だ. ‖ 절차가 까다로워서 잘 모르겠다 手続きがややこしくてよく分からない. **까다로이** 剧 めんどうにうるさい. ‖ 매사에 까다로이 굴다 あらゆることにうるさい.

까닥 剧 (하臣) 首を縦に軽く動かす様子.

까닥-까닥 剧

까닥-이다 他 首を縦に軽く動かす; 軽くうなずく.

까닭 /kadak/ [-닥] 图 ❶ わけ; 理由. ‖ 까닭도 없이 눈물이 나다 わけもなく涙が出る. 도망간 까닭을 물어보자 逃げた理由を聞いてみる. ❷ 胸算用; もくろみ; いきさつ. ‖ 무슨 까닭으로 나한테 전화를 했을까? 何をもくろんで私に電話をしたのだろう.

까-뒤집다 [-따] 他 ❶ 中身が表に出るようにする; むき出す. ‖ 지갑 안을 까뒤집어 보이다 財布の中身をひっくり返してみせる. ❷ (눈을 부릅뜨다의 俗語) 目をむく; 目を大きく見開く. ‖ 눈을 까뒤집고 잘 봐라 目をむいて、よく見ろ.

까딱 剧 (힘을 強めて言う語) 首を縦に軽く動かす様子.

까딱-이다 他 首を縦に軽く動かす; 軽くうなずく.

까딱² /kak²ak/ 剧 (하臣) もう少しで; まかり間違えると. ‖ 까딱 잘못하면 큰일난다 まかり間違えば大変なことになる.

까딱-없다 [-따곱따] 圈 びくともしない; 平気だ. **까딱없-이** 剧

까딱-하면 [-따카-] 圈 ややもすれば; ともすれば; どうかすると; うっかりすると. ‖ 까딱하면 사고 날 수가 있다 うっかりすると事故になりかねない.

까르르 剧 (하自) 女の人や子供の笑いこける声. 끼르르. むきれ거리다. ‖ 까르르 넘어가는 웃음소리 きゃっきゃっと笑いこける声.

까마귀 /kamagwi/ 图 (鳥類) カラス(烏). ▶까마귀 날자 배 떨어진다 (俚) (「烏が飛び立つや梨が落ちる」の意で) 思わぬ嫌いを引かれることのたとえ.

까마득-하다 /ka:madukhada/ [-드

카/-| [하變] 아득하다. **까마득-하** 圖

까막-눈 [-눈] 图 ❶無學の人;文盲者. ❷ある部門について無知な人.
　까막눈-이 [-눈-] 图 =까막눈.

까만 形 [ㅎ變] 까맣다(黑い)の現在連体形.

까맣다 /kamatʰa/ [-마타] 形 [ㅎ變] [까맣다, 까만] 形 ❶ 黒い. ‖얼굴이 까맣다 顔が黒い. 까만 구두 黑靴. ❷[까맣게の形で] すっかり;全く. ‖까맣게 모르다 全く知らない. 일요일에 약속이 있다는 걸 까맣게 잊고 있었다 日曜日に約束があるのをすっかり忘れていた.

까매 形 [ㅎ變] 까맣다(黑い)の連用形.

까-먹다 /kamɔkta/ [-따] 他 [하變] ❶ むいて食べる. ‖밤을 까먹다 栗をむいて食べる. ❷〔貯金などを〕使い果たす. ‖저금한 돈을 전부 다 까먹다 貯金したお金を全部使ってしまう. ❸忘れる. ‖숙제를 까먹다 宿題を忘れる.

까무댕댕-하다 形 [하變] 薄黑い;浅黑い.

까무러-치다 圖 気を失う;気絶する;失神する.

까-발리다 他 ❶〔殻などを〕むく. ❷暴露する;あばく;すっぱぬく;ばらす. ‖비밀을 까발리다 秘密を暴露する.

까불다 /kabulda/ 自他 [ㄹ語幹] [까불어, 까부는, 까부는] ❶上下に振り動かす. ❷軽薄にふるまう;ふざける. ‖학교에서 까불다가 선생님한테 혼났다 学校でふざけて先生に怒られた.

까불-이 图 [さげすむ言い方で] いたずらっ子;お調子者.

까슬-까슬 副 [하變] 〔表面が〕粗くなめらかでない様子;かさかさ;ざらざら. ‖손끝이 까슬까슬하다 手先がかさかさしている.

까옥 副 自他 烏の鳴き声:カアカア. **까옥-까옥** 副

까지 /kadʑi/ 副 …まで. ❶時間的·空間的限度を表わす. ‖다섯 시부터 열 시까지는 아르바이트가 있다 5時から10時まではアルバイトがある. 서울에서 부산까지는 기차로 네 시간 정도 걸린다 ソウルから釜山までは汽車で4時間くらいかかる. ❷能力·作用の限度を表わす. ‖세 개까지는 먹을 수 있다 3個までは食べられる. 힘 닿는 데까지 해 보겠습니다 力のおよぶ限り, やってみます. ❸さらに. ‖눈까지 오고 있다 雪まで降っている. ❹〔下に打ち消しの表現を伴って〕…するまでもない. ‖조사할 것까지도 없는 일이다 調べるまでもないことだ.

까-지다[1] /kadʑida/ [까져] 形 ませている;こましゃくれている;小さい. ‖말투가 까졌다 ませた口をきく.

까-지다[2] 自 すりむける. ‖넘어져서 무릎이 까지다 転んで膝がすりむける.

까짓! [-진] 冠 이까짓·그까짓·저까짓의 略話. ‖까짓 것은 무시하고 그럴 것 없이는 무시하지.
　── 感 까짓것의 略話.

-까짓[2-짇] 接尾 〔代名詞·이·그·저·요·네などに付いて〕…くらい;…しきの. ‖이까짓 것으로는 놀라지 않는다 これしきのことでは驚かない. 저까짓 녀석은 조금도 두렵지 않다 あんなやつはちっとも怖くない.

까짓-것 [-진껃] 图 そんなの;あんなの;その程度のもの;あの程度のもの. ‖까짓것은 신경 쓰지 마 そんなの, 気にしないで.
　── 感 〔大したことではない, という意味合いで〕何かを諦めたり思い切ってやろうとしたりする時に発する語. ®까짓.

까치 /katɕʰi/ 图 〔鳥類〕 カササギ(鵲).
　까치-걸음 图 ❶〔子どもがうれしい時など〕両足をそろえてぴょんぴょん跳びながら歩くこと. ❷かかとを上げてそっと歩くこと.

까치-발[1] かかとを上げた歩き方;かかとを上げて立ち, 더 높은 곳을 先で歩く.

까치-발[2] 图 腕木;腕金.

까치-설날 [-랄] 图 大晦日.

까치-콩 〔植物〕 インゲンマメ(隠元豆).

까칠까칠-하다 形 [하變] かさかさしている;ざらざらしている. ‖열이 났더니 얼굴이 까칠까칠하다 熱が出たので顔がかさかさしている.

까칠-하다 形 [하變] 〔肌などに〕つやがない.

까탈 까탈을 強めて言う語.

까탈-스럽다 形 까다롭다의 誤り.

까투리 图 〔鳥類〕雄キジ. ®장끼.

깍 カラスなどの鳴き声. **깍-깍** 副 カアカア.

깍두기 /kak̚tugi/ [-뚜-] 图 カクテギ.

깍듯-하다 [-뜯-] 形 [하變] 〔挨拶や対応などが〕礼儀正しい;丁寧だ;丁重だ;きちんとしている. **깍듯-이** 깍듯이 인사를 하다 丁寧に挨拶をする.

깍쟁이 [-쨍-] 图 〔見くびる言い方で〕ちゃっかり屋.

깍지[1] [-찌] 图 〔実のない〕さや. ‖콩깍지 豆のさや.

깍지[2] [-찌] 图 両手の指を組み合わせること. ▶**깍지(를) 끼다** 両手の指を組み合わせる.

깎다 /kak̚ta/ [깍따] 他 ❶削る. ‖칼로 연필을 깎다 カッターで鉛筆を削る. ❷〔髪の毛などを〕剃る;そる. ‖머리를 깎다 髪の毛を剃る. 수염을 깎다 ひげをそる. ❸〔メンツなどを〕損なう. ‖품위를 깎다 品位を損なう. ‖품위를 깎는 것과 같은 ふるまい. ❹〔リンゴ·柿などの皮を〕むく. ❺

과를 깎다 リンゴの皮をむく. ❺ 値引き する; まける. ‖반값으로 깎다 半値にまける. ⓗ깎이다.

깎아-지르다 [르変] 〔岩·山·崖などが〕切り立つ. ‖깎아지른 절벽 切り立った絶壁.

깎-이다 /kak'kida/ 〔깎다の受身動詞〕削られる; 損なわれる. ‖예산이 많이 깎이다 予算がかなり削られる. 체면이 깎이다 メンツが損なわれる.

깐 冠 [ㄹ語幹] 깔다(敷く)の過去連体形.

깐깐-하다 /'kan'kanhada/ 形 [하変] 〔性格などが〕気難しい; 頑固だ. ‖깐깐한 성격 気難しい性格. 깐깐하게 생긴 사람 気難しそうに見える人.

깐죽-거리다 [-꺼-] 自 つまらないことをねちねちと言い続ける.

깔 冠 [ㄹ語幹] 깔다(敷く)の未来連体形.

깔-개 名 敷物. ‖깔개를 깔다 敷物を敷く.

깔깔 副 屈託なく高らかに笑う声: けらけら; からから. ⓗ껄껄.

깔깔-거리다 [-대다] 自 からから[けらけら]と笑う.

깔깔-하다 [하変] 〔感触が〕ざらざらしている; かさがさしている. ‖담배를 많이 피워서 입 안이 깔깔하다 タバコを吸い過ぎて口の中がざらざらしている. ⓗ껄껄하다.

깔끔-하다 /kal'k'umhada/ 形 [하変] ❶〔身なりなどが〕こぎれいだ; こざっぱりしている; 身軽整頓されている; きれいだ. ‖깔끔한 옷차림 こざっぱりした身なり. 방안이 깔끔하다 部屋の中がきれいだ. 깔끔하게 차려입고 나가다 こざっぱりした身なりで出かける. ❷〔性格などが〕さっぱりしている. ‖깔끔한 성격 さっぱりした性格. ❸器用だ; 上手だ; 見事だ.

깔다 /kalda/ 他 [ㄹ語幹] 〔깔아, 까 는, 깐〕 ❶敷く. ‖방석을 깔다 座布団を敷く. 카펫을 깔다 カーペットを敷く. ❷〔尻に〕敷く. ‖남편을 깔고 뭉개다 亭主を尻に敷く. ❸〔金などの〕貸しがある. ‖여기저기 깔아 놓은 돈이 좀 있다 あちこちに貸してあげたお金が少しある. ❹〔目を〕伏せる. ‖눈을 내리깔고 앉아 있다 目を伏せて座っている.

깔딱-거리다 [-꺼-] 自 あえぐ; 〔息を〕切らす. ‖깔딱거리며 올라가다 息を切らしながら登る.

깔때기 名 じょうご.

깔-리다 /k'allida/ 自 ❶〔깔다の受身動詞〕敷かれる; 下敷きになる. ‖박스 더미에 깔리다 段ボール箱の下敷きになる. ❷敷き詰めてある; 一面に散らばる. ‖일대에 경찰이 깔려 있다 一帯に警察が配置されている.

깔-보다 /k'alboda/ 他 見下す; 見くびる; 侮蔑する. ‖돈이 없다고 사람을 깔보아선 안 된다 お金がないからといって人を見下すな.

깔아 뻴 [ㄹ語幹] 깔다(敷く)の連用形.

깔아-뭉개다 他 ❶押さえつける; 相手の動きを封じる; 無視する. ❷〔남의 의견을〕깔아뭉개다 人の意見を無視する.

깔-유리 [-瑠璃] [-뉴-] 名 スライドガラス.

깜깜 副 [하変] ❶真っ暗な様子. ‖달도 없는 깜깜한 밤 月もない真っ暗な夜. 눈앞이 깜깜하다 目の前が真っ暗だ. ⓗ껌껌. ❷全く知らない様子. ‖주식에 대해서는 깜깜하다 株については全く知らない.

깜깜-절벽 [-絶壁] ①話が全く通じない相手. ②耳が遠くて話が全く聞き取れない人.

깜냥 名 能力; 要領.

깜다 [-따] 形 真っ黒い. ⓗ껌다.

깜박 /k'ambak/ 副 [하自他] ❶瞬間的に光る様子. ‖별이 깜박하다 星がまたたく. ❷まばたきする様子. ‖눈을 깜박하다 ちょっとまばたきをする. ❸〔意識·記憶などが〕瞬間的に薄れる様子. ‖깜박하다; うっかりする; すっかり. ‖약속을 깜박 잊어 버리고 있었다 約束をすっかり忘れていた. 숙제를 깜박하다 宿題をうっかり忘れる.

깜박-거리다 [-대다] [-꺼-(때)-] 自他 ①〔明かりや星の光が〕ちらつく; 〔明かりなどを〕ちらつかせる. ‖손전등을 깜박거리며 신호를 보내다 懐中電灯をちかちかさせながら信号を送る. ②しきりにまばたきをする; しばたたく. ‖눈부신 듯 눈을 깜박거리다 まぶしそうにまばたきをする.

깜박-깜박 副 [하自他] ①ちらちら(と); きらきら(と). ②しばたちた(と). ③うつらうつら(と); うとうと(と); うつらうつら(と). ‖깜박깜박 졸고 있다 うとうとしている.

깜박-이 名 〔自動車の〕ウインカー.

깜부깃-병 [-病] [-기병/-긷뼝] 名 黒穂(ぐろ).

깜빡 副 [하自他] 깜박を強めて言う語.

깜빡-깜빡 副 [하自他] 깜박깜박を強めて言う語.

깜빡-거리다 [-대다] [-꺼-(때)-] 자 깜박거리다を強めて言う語.

깜빡-이다 = 깜빡거리다.

깜작 副 [하自他] まばたきをする様子.

깜작-거리다 [-꺼-] 自他 しきりにまばたく; しきりに目をしばたたく.

깜짝¹ 副 [하自他] 깜작を強めて言う語.

깜짝² /k'amˀdʒak/ 副 [하自他] びっくりする様子; 驚く様子. ‖의외의 결과를 듣고 깜짝 놀라다 意外な結果を聞いてがく然とする. 사람들로 붐비는 곳에서 이름을 불려 깜짝 놀라다 人込みで名前を呼ば

깜짝-하다 〘動自〙 れてびっくりする. **깜짝-깜짝** 〘副〙〘動自〙

깜짝-거리다 〘-꺼-〙 〘動自〙 しきりにびくくする.

깜찍-하다 〘-찌꾸-〙 〘形容〙 ❶ 顔立ちや作りなどが小さくてかわいい. ∥깜찍하게 생긴 아이 顔がとてもかわいい子. ❷ませている; こましゃくれている; 小ざかしい.

깜죽-거리다 [-대다] 〘-쭉끼 [즉 때]-〙 〘動自〙 いい気になって軽々しくふるまう; 調子に乗る.

깝죽-깝죽 〘-쭉-쭉〙 〘副〙〘動自他〙 調子に乗っている様子.

깡 〘名〙 깡다구의 略語.

깡그리 〘副〙 残らず; すっかり; あらいざらい; 何もかも. ∥깡그리 팔아 치우다 残らず売りさばく.

깡-다구 〘名〙 負けん気; 向こう意気. ∥깡다구가 세다 負けん気が強い.

깡-마르다 〘形〙 〘르変〙 やせこける; ひどくやせる.

깡-소주 [-燒酒] 〘名〙 강소주의 誤り.

깡뚱-하다 〘形〙 〘하変〙 背丈が低いわりに足が長い.

깡충-거리다 [-대다] 〘自〙 ぴょんぴょんと跳びはねる.

깡충-깡충 〘副〙〘動自他〙 短い足で跳びはねる様子: ぴょんぴょん.

깡통 [-筒] /kaŋtʰoŋ/ 〘名〙 ❶ 缶詰の缶. ∥빈 깡통 空き缶. 깡통 따개 缶切り. ❷ (あざける言い方で) 頭が空っぽの人. ∥깡통을 차다 乞食になる.

깡패 [-牌] /kaŋpʰe/ 〘名〙 ごろつき; よた者; ぐれん隊; やくざ; 不良.

깨 /ke/ 〘名〙 ゴマ類の総称. ∥깨를 볶다 ゴマを炒る (''). 깨를 찧다 ゴマをする. 들깨 エゴマ. ▶깨가 쏟아지다 (特に新婚夫婦の) 仲が睦まじい.

깨-강정 炒りゴマを飴で固めた菓子.

깨갱-거리다 〘自〙 (子犬などが) キャンキャン鳴く.

깨갱-깨갱 〘副〙〘動自他〙 (子犬などの) 鳴き声: キャンキャン.

깨-고물 〘名〙 (お餅用の) すりおろした黒ゴマ.

깨금-발 〘名〙 かかとを上げた立ち方. ∥깨금발을 하고 들여다 보다 かかとを上げて覗き込む.

깨깨 〘副〙 ひどくやせている様子: ぎすぎす. ∥깨깨 마른 몸 ぎすぎすとした体.

깨끗-이 /'kɛkkusʰi/ 〘副〙 ❶ きれいに. ∥방을 깨끗이 청소하다 部屋をきれいに片付ける. 빚을 깨끗이 갚다 借金をきれいに返す. ❷ 潔く. ∥책임을 지고 깨끗이 물러나다 責任をとって潔く退く.

깨끗-하다 /'kɛkkusʰada/ [-끄타-] 〘形〙 〘하変〙 ❶ きれいだ; 清潔だ. ∥유리창이 깨끗하다 窓ガラスがきれいだ. 물이 깨끗하지 않다 水がきれいではない. 깨끗한 옷 清潔な服. ❷

清らかだ: 澄んでいる. ∥깨끗한 물 清らかな水. 깨끗한 마음 澄んだ心. ❸ 潔い. ∥깨끗한 최후 潔い最期.

깨끼-바지 薄絹の袷 (kaは)のパジ.

깨끼-옷 [-옫] 〘名〙 二重に縫い代を作ってこしらえる薄絹の袷.

깨끼-저고리 薄絹の袷のチョゴリ.

깨는 깨다²(壊す)の現在連体形.

깨다¹ /'kɛ:da/ 〘動他〙 ❶ (眠り·夢·酔いなどから) 覚める. ∥잠이 깨다 目が覚める. 술이 깨다 酔いが覚める. 졸음이 안 깬다 眠気が覚めない. 자나 깨나 寝ても覚めても. ⓓ깨우다. ❷ (目を) 覚ます. ∥애 우는 소리에 잠을 깨다 子どもの泣き声に目を覚ます. ⓓ깨이다. ❸ 物分りがよい; 開ける. ∥깬 사람 開けた人.

깨다² 〘動他〙 孵化する: 卵が孵 (ʰ)ること; 卵を孵すこと. ∥알에서 깬 병아리 卵から孵ったひな.

깨다³ /'kɛda/ 〘動他〙 ❶ 割る; ぶち壊す; 破る. ∥유리창을 깨다 窓ガラスを割る. 접시를 깨다 皿をぶち壊す. 신기록을 깨다 新記録を破る. ❷ (膝などを) すりむく. ∥넘어져서 무릎을 깨다 転んで膝をすりむく. ❸ 解約する; 駄目にする. ∥적금을 깨다 積立を解約する.

깨닫다 /kɛdatʔta/ [-따-] 〘他〙 〘ㄷ変〙 [깨달아, 깨닫는, 깨달은] ❶ 悟る; 悟りを開く; 過ちを悟る. 지금이 얼마나 중요한 시기인가를 깨닫다 今がどれほど大事な時期かを悟る. ∥깨달음의 경지 悟りの境地. ❷ 目覚める; 自覚する; 分かる; 気づく. ∥현실을 깨닫다 現実に目覚める. 본인이 깨달을 때까지 기다린다 本人の自覚を待つ.

깨-뜨리다 /'kɛttwrida/ 〘他〙 깨다³を強めて言う語.

깨물다 /'kɛmulda/ 〘他〙 〘ㄹ語幹〙 [깨물어, 깨무는, 깨문] ❶ 噛む; かじる. ∥혀를 깨물다 舌を噛む. 사과를 한 입 깨물다 リンゴを一口かじる. ⓓ깨물리다. ❷ 噛みしめる. ∥분해서 입술을 깨물다 悔しくて唇を噛みしめる.

깨물-리다 〘自〙 [깨물다の受身動詞] 噛まれる.

깨-부수다 たたき壊す; 粉々にする.

깨-소금 〘名〙 ゴマ塩. ▶깨소금 맛 (他人の不幸などに対して) 痛快で気味がいいと思うこと.

깨알 〘名〙 ゴマ粒. ∥깨알 같은 글씨 (ゴマ粒のように) 細かい字.

깨어 깨다(壊す)の連用形.

깨어-나다 /'kɛənada/ 〘自〙 ❶ (目が) 覚める; 目覚める; 覚醒する. ∥잠에서 깨어나다 眠りから目が覚める. 꿈에서 깨어나다 夢から覚める. 술에서 깨어나다 酔いから覚める. 마취에서 깨어났다 麻酔から覚めた.

깨-엿 [-엳] 图 炒りゴマをまぶした飴.
깨-우다 /k'euda/ [깨이다의 使役動詞] 起こす; 目を覚まさせる. ∥자는 아이를 깨우다 寝ている子どもを起こす. 내일 아침 여섯 시에 깨워 주세요 明日の朝6時に起こしてください.

깨우치다 他 悟らせる; 諭す. ∥진리를 깨우치다 真理を悟らせる. 잘못을 깨우치다 過ち[誤り]を悟らせる.

깨-이다 自 [깨다²의 受身動詞] 目が覚める. ∥꿈자리가 사나워서 잠이 일찍 깨였다 夢見が悪くて早く目が覚めた.

깨작-거리다[-대다] 自 [-끼[때]-] [物事を]いやいやながらする. ∥밥을 깨작거리며 먹고 있다 ご飯をいやいや食べている.

깨작-깨작 副 (하変) 気の進まない様子: いやいや; しぶしぶ.

깨-죽 (-쭉) 图 ゴマのお粥.

깨-지다 /k'ɛːdʑida/ 自 ❶ 割れる; 壊れる; 砕ける. ∥창문이 깨지다 窓ガラスが割れる. 당이 둘로 깨지다 党が2つに割れる. 맞아서 이마가 깨지다 殴られて額が割れる. 접시가 깨지다 皿が壊れる. 흙담이 깨지다 縁談が壊れる. 유리가 깨지다 ガラスが砕ける. ❷ 破れる[つい える]. ∥꿈이 깨지다 夢が破れる[つい える]. 균형이 깨지다 均衡が破れる. ❸ (雰囲気などが)駄目になる; 白ける; 興がさめる. ❹ [-지다²の俗っぽい言い方で] 敗れる; 負ける. ∥결승전에서 깨졌다 決勝戦で敗れた.

깨치다 他 悟る; 理解する; 分かるようになる. ∥원리를 깨치다 原理を理解する.

깨-트리다 他 = 깨뜨리다.
깬 他 깨다(壊る)의 過去連体形.
깰 他 깨다의 未來連体形.
깻-묵 [깬-] 图 油かす. ∥콩깻묵 豆かす.

깻-잎 [깬닙] 图 [植物] ゴマの葉; エゴマの葉.

깽-판 图 (俗っぽい言い方で) 何かを邪魔したりその場の雰囲気を台無しにすること. ∥친구 결혼식에서 깽판을 치다 友だちの結婚式で邪魔をする.

꺄우뚱-거리다 他 〔首を〕かしげる. ∥그 사람은 내 말에 고개를 꺄우뚱거렸다 彼は私の話に首をかしげた.

꺅 副 驚いたり恐れたりして不意に発する声: きゃあ; きゃっ. **꺅-꺅** (하変)

꺼-내다 /k'ɛːneda/ 他 取り出す; 切り出す; 持ち出す. ∥포켓에서 수첩을 꺼내다 ポケットから手帳を取り出す. 언제 결혼 얘기를 꺼내면 그때 좋을까? いつ結婚話を切り出した方がいいかな. 이야기를 꺼내다 話を切り出す.

꺼-뜨리다 他 (誤って火を)絶やす.

꺼리다 /k'ɔːrida/ 他 嫌がる; はばかる; 嫌う; 避ける; いとう; ためらう; しぶる. ∥남의 이목을 꺼리다 人目をはばか

る. 만나는 것을 꺼리다 会うのをためらう. 사정을 고려해서 공표를 꺼리다 事情を考慮して公表を避ける.

꺼림칙-하다 /k'ɔrimtɕʰikʰada/ [-치카-] 形 [하変] 気が進まない; 気が重い; 忌まわしい; 後ろめたい; 気乗りがしない; 嫌な感じがする. ∥버리자니 꺼림칙하다 捨てるには気が重い. 꺼림칙한 느낌 嫌な感じ.

꺼멓다 [-머타] 形 (ㅎ変) 黒い; 真っ黒い.

꺼무죽죽-하다 [-쭈카-] 形 (하変) 薄黒ような.

꺼무칙칙-하다 [-치카-] 形 (하変) 薄黒いさまを強めて言う語.

꺼무튀튀-하다 形 (하変) 꺼무튀튀하다を強めて言う語.

꺼벙-하다 形 (하変) 体は大きいがしまりがない; ぼうっとしている; ぼさっとしている. ∥꺼벙해 보이지만 일은 잘한다 ぼさっとしているように見えるが, 仕事は確かだ.

꺼슬-꺼슬 副 (하変) 꺼슬꺼슬を強めて言う語. ∥꺼슬꺼슬한 피부 かさかさした肌.

꺼지다¹ /k'ɔːdʑida/ 自 ❶ (火·明かり·泡などが)消える. 불이 꺼지다 火が消える. 시동이 꺼지다 エンジンが止まる. ❷ [比喩的に] 死ぬ. ∥젊은 나이에 생명 消えていく命. ❸ (目の前から)消え失せる. ∥내 앞에서 냉큼 꺼져라 私の前からとっとと消え失せろ.

꺼지다² /k'ɔːdʑida/ 自 ❶ (地面などが)落ち込む; へこむ; くぼむ. ∥지면이 꺼지다 地面が落ち込む. 손가락으로 누르면 꺼진다 指で押すとへこむ. ❷ (目や腹などが)くぼむ; 減る. ∥아랫배가 꺼졌다 病気だったのか腹がだいぶくぼんでいる. 면 종류는 금새 배가 꺼진다 麺類は食べてもすぐ腹が減る.

꺼칠-꺼칠 副 (하変) ❶ 手触りが粗くひっかかる様子: ざらざら. ❷ 乾いて潤いのない様子: かさかさ. ∥꺼칠꺼칠한 피부 かさかさした肌.

꺼칠-하다 形 (하変) (やつれて肌が)かさかさしている. ∥수면 부족인지 피부가 꺼칠하다 睡眠不足なのか肌がかさかさしている.

꺼-트리다 他 = 꺼뜨리다.
꺾-기 名 兩建預金. ∥양건예금 (兩建預金).
꺾-꽂이 [꺽-] 名 他 挿し木.

꺾다 /k'ɔkta/ [꺽따] 他 ❶ 折る; 折り曲げる. ∥나뭇가지를 꺾다 木の枝を折る. ❷ くじく; 鼻っ柱を折る. 出端をくじく. ❸ 負かす; 破る; 優勝候補を破る. 상대 팀을 꺾어야 결승에 진출할 수 있다 相手チームを破れば決勝に進出できる.

→ 꺽이다.

꺾-쇠 [꺾쐬/꺾쒜] 图 かすがい.
꺾쇠괄호(-括弧) 图 亀甲かっこ(( )).
꺾어-지다 圓 ❶折れる.‖바람에 나뭇가지가 꺾어지다 風に木の枝が折れる. ❷(道가)曲がる.‖사거리에서 오른쪽으로 꺾어지다 交差点で右に曲がる.
꺾은-선(-線) 图 折れ線.
꺾-이다 /kkʌkida/ [꺾다의 受身動詞] ❶ そがれる; 折られる; 破られる; 負かされる.‖기세가 꺾이다 勢いがそがれる. ❷折れる; 曲がる.‖나뭇가지가 바람에 꺾이다 木の枝が風に折れる.
꺾임-새 图 折り具合; 折り目.
껄껄 圃 〔하語〕 高らかに笑う声.‖껄껄 웃다 声高らかに笑う. 団깔깔.
껄껄-하다 圈 〔하變〕 (感触이)ざらざらしている; かさがさしている. 団깔깔하다.
껄끄럽다 /kʌlkkurʌpt'a/ 圈 〔ㅂ變〕 〔껄끄러워, 껄끄러운〕 ❶(のぎなどが)ちくちく刺す. ❷(仲가)気まずい.‖요즘 그 사람과의 사이가 껄끄럽다 最近彼との仲が気まずい.
껄렁껄렁-하다 圈 〔하變〕 ぐうたらだ; 不真面目だ; いい加減だ; だらしない.‖걷는 모습이 껄렁껄렁하다 歩く姿がだらしない.
껄렁-이 图 ろくでなし; のらくら者.
껄렁-하다 圈 〔하變〕 ぐうたらだ; 不真面目だ; いい加減だ; だらしない.‖껄렁한 차림 だらしない身なり.
껄쭉-하다 圈 〔카變〕 〔하變〕 걸쭉하다를 強めて言う語.
껌 (←gum) /kʌːm/ 图 ガム; チューインガム.‖껌을 씹다 ガムを噛む.
껌껌-하다 /kʌmkkʌmhada/ 圈 〔하變〕 真っ暗だ.‖바깥은 껌껌하다 外は真っ暗だ.
껌다 [-따] 圈 真っ黒い. 団깜다.
껌둥-이 图 〔俗っぽい言い方で〕黒人.
껌정 图 黒; 黒の染料.
껍데기 /kʌpt'egi/ [-떼-] 图 ❶殻; 껍질.‖계란 껍데기 卵の殻; 조개 껍데기 貝殻. ❷外皮; カバー.‖이불 껍데기 布団カバー.
껍질 /kʌpt͡ɕil/ [-찔] 图 皮; 殻. 國껍데기.‖바나나 껍질 バナナの皮; 계란 껍질 卵の殻; 귤 껍질을 벗기다 ミカンの皮をむく.
껑충 圃 長い足で力強く跳び上がる様子; ひょいと.‖담을 껑충 뛰어넘다 塀をひょいと跳び越える. ❷(物価などが)急に上がる様子.‖주가가 껑충 뛰었다 株価がぐんと上がっている. **껑충-껑충** 圃 ぴょんぴょん.
껑충-거리다 圁 ぴょんぴょん(と)はねる.
껑충-이 图 のっぽ.
껑충-하다 圈 〔하變〕 ひょろ長い.‖電柱처럼 키가 껑충한 남자 電柱のようにひょろ長い男.

깨 /ke/ 图 〔에게의 尊敬語〕…に.‖큰집 할머니께 인사를 드리다 隣のおばあさんに挨拶する; 선생님께 숙제를 제출하다 先生に宿題を提出する.
-깨[2] 尾 〔時を表わす名詞に付いて〕…頃.‖이달 중순깨 今月の中旬頃. ❷〔場所を表わす名詞に付いて〕…付近; …の近く.‖공원 입구께에서 기다리다 公園の入り口辺りで待つ.
깨름쩍-하다 [-치카-] 圈 〔하變〕 非常に気になる; ひっかかる.‖께름쩍한 말 非常に気になる言葉.
께름-하다 圈 〔하變〕 気にかかる; 気が進まない.
께서 /kesʌ/ 圃 〔主格助詞이·가의 尊敬語〕…が.‖옆집 할머니께서 주셨어요 隣のおばあさんがくださいました; 선생님께서 가정방문을 오시다 先生が家庭訪問にいらっしゃる.
껜 〔께는의 縮約形〕…には.‖선생님껜 말씀 드렸어요 先生にはお話ししました.
껴-안다 /kkjʌːnt'a/ [-따] 囮 抱きしめる; 抱き込む; 抱きすくめる; 抱え込む.‖아이를 껴안다 子どもを抱きしめる.
껴-입다 [-따] 囮 着込む.‖추워서 옷을 껴입다 寒くて服を着込む.
꼬기작-거리다 〔-대다〕 【-끼[때]-】 囮 しわくちゃにする.
꼬깃-꼬깃 [-긷-깆] 副形 くしゃくしゃに; くちゃくちゃに; しわくちゃに.‖꼬깃꼬깃한 신문지 くしゃくしゃになった新聞紙.
꼬까-신 图 色とりどりの子供の履物. 國고까신·때때신.
꼬까-옷 [-옫] 图 子供の晴れ着. 國고까옷·때때옷.
꼬꼬 图 鶏の幼児語.
—— 圃 めんどりの鳴き声: コッコ, ククウ.
꼬꼬댁 圃〔하自〕 鶏が驚いた時や卵を産んだ後に出す鳴き声: コッコッ.
꼬꾸라-지다 囮 고꾸라지다를 強めて言う語.
꼬끼오 圃 おんどりの鳴き声: コケコッコウ.
꼬나-물다 〔ㄹ語幹〕 囮 〔俗っぽい言い方で〕タバコを口にくわえる.
꼬나-보다 囮 〔俗っぽい言い方で〕にらみつける.
꼬다 /kkoːda/ 囮 ❶(糸などを)よる; (縄を)なう.‖새끼를 꼬다 縄をなう. ❷(体を)ひねる; よじる; (足を)組む.‖다리를 꼬고 앉다 足を組んで座る. ❸〔비꼬다의 略語〕皮肉る.‖꼬아서 말하다 皮肉って言う.
꼬드기다 囮 そそのかす; おだてる.
꼬들-꼬들 圃形 고들고들를 強めて言う語.
꼬락서니 【-써-】 图 〔꼴의 俗語〕ざま; 格好: 朱たらく.
꼬랑지 图 〔꽁지의 俗語〕鳥の尾.

꼬르륵 (하자) ❶ 空腹のために腹が鳴る音: ぐうぐう; ごろごろ. ‖배가 고파서 꼬르륵 소리가 나다 おなかがぺこぺこでぐうぐう鳴る. ❷ 水などが少しずつ小穴を通る音: ごぼごぼ; ちょろちょろ.

꼬르륵-거리다[-대다] 国 ぐうぐう(と)鳴る.

꼬리 /kori/ 图 尾; しっぽ; 尻. ‖개가 꼬리를 흔들다 犬がしっぽを振る. 연 꼬리 たこの尾. 말꼬리를 잡다 言葉じりをとらえる. ▶꼬리가 길다 ⑴ 悪いことを長く続ける. ⑵ ドアを閉めないで出て行く人をとがめて言う言葉. ▶꼬리를 감추다 跡をくらます. ▶꼬리를 달다 ⑴ (何かを)付け加えて言う. ⑵ 条件を付ける. ▶꼬리를 물다 相次いで起こる. ▶꼬리를 밟히다 事がばれる; しっぽを出す. ▶꼬리를 치다(달다) 尾を振る; しっぽを振る. ▶꼬리가 길면 밟힌다 (속) 悪いことを長く続けるといつかはばれる.

꼬리-곰탕 图 〖料理〗 牛テールスープ.
꼬리-뼈 图 〖解剖〗 尾骨. ㉞미골(尾骨).
꼬리-지느러미 图 尾びれ.
꼬리-표(-票) 图 荷札; つけ札. ‖꼬리표를 달다 荷札をつける.
꼬마 /koma/ 图 ❶ ちび; ちびっ子. ❷ 小型のもの.
꼬막 图〖魚介類〗ハイガイ(灰貝).
꼬맹이 图 〖見くびる言い方で〗ちびっ子.
꼬무락-거리다[-대다] 国 【-끼[때]-】 もぞもぞする; ぐずぐずする; もたもたする.
꼬무락-꼬무락 圕 (하자) もぞもぞ; ぐずぐず; もたもた.
꼬물-꼬물 圕 (하자) もぞもぞ; ぐずぐず; もたもた.
꼬박 圕 꼬박이の略語. ‖뜬눈으로 꼬박 밤을 새우다 まんじりともせず夜を明かす.
꼬박-이 圕 ずっと; ぶっ通しで; まんじりともせず; まる…. ㉞꼬박. ‖이틀을 굶었다 まる2日間何も食べていない.
꼬박² 圕 他 こくり; こっくり; ぺこりと. ‖꼬박 졸다 こっくりする.
꼬박꼬박 /kobak'kobak/ 圕 ちゃんと; きちんと; 欠かさず. ‖밥은 꼬박꼬박 챙겨 먹고 있니? ご飯は毎日ちゃんと食べてるの? 뉴스만큼은 꼬박꼬박 보고 있다 ニュースだけは欠かさず見ている.

꼬부라-들다[-ㄹ語變] 国 (内腕に) 曲がる. ‖허리가 꼬부라들다 腰が曲がる.
꼬부라-지다 国 ⑴ 一方に曲がる; (性格などが)ゆがむ.
꼬부랑-길 【-낄】 图 曲がりくねった道.
꼬부랑-하다 圈 (하자) 曲がっている. ‖허리가 꼬부랑하다 腰が曲がっている.
꼬불-꼬불 /kobulkobul/ 圕 (하자) 曲

가리꾸불한 様子: くねくね; うねうね. ‖꼬불꼬불한 산길 曲がりくねった山道.
꼬시다 他 꾀다 의 잘못.
꼬시래기 图 〖植物〗 オゴノリ(海髮海苔).
꼬이다 /koida/ ❶ (物事がうまくいかず)こじれる; もつれる; 狂う. ‖쓸데없는 말을 해서 얘기가 꼬여 버렸다 余計な口出しで話がこじれてしまった. 계획이 꼬이다 計画が狂う. ❷ (心などが)ひねくれる; ねじける. ‖꼬인 사람 ひねくれた人. ❸ (糸などが)もつれる.
꼬임 图 ≒꾐.
꼬장꼬장-하다 圈 (하자) ❶ 細長くまっすぐだ. (年寄りが)しゃんとしている. ‖할아버지는 아직도 꼬장꼬장하시다 祖父はまだしゃんとしている. ❷ 剛直で融通がきかない; 片意地だ. ❸ 꼬장꼬장한 영감 融通のきかない老人.
꼬질-꼬질 圕 (하자) (身なりなどが)汚くみすぼらしい様子. ‖꼬질꼬질 땟국이 흐르는 옷 垢(あか)まみれのみすぼらしい服.
꼬집다 /kodʒip'ta/ 他 【-따】 ❶ つねる. ‖믿기지 않아 볼을 꼬집다 信じられなくて頬をつねる. ㉞꼬집히다. ❷ 皮肉る. ‖꼬집어 말하다 弱点ばかり皮肉って言う.
꼬집-히다[-지피-] 国 꼬집다의 受身動詞.
꼬챙이 图 串(くし). ‖꼬챙이에 꿰다 串に刺す.
꼬치 图 ❶ 꼬챙이의 縮約形. ❷ 串刺しの食べ物.
—— 依 串刺しを数える語: …本.
꼬치-꼬치 圕 執拗に問いただす様子: 根掘り葉掘り. ‖꼬치꼬치 캐묻다 根掘り葉掘り尋ねる.
꼬투리 图 言葉じり; 揚げ足. ‖말꼬투리를 잡고 늘어지다 揚げ足を取って仕方る.

꼭 /kok/ 圕 ❶ しっかり; ぎゅっと; 固く. ‖손을 꼭 잡다 手をぎゅっと[しっかり]握る. 입을 꼭 다물다 口を固くつぐむ. 문을 꼭 닫다 ドアをしっかり閉める. ❷ ぴったり. ‖발에 꼭 맞는 신 足にぴったりした靴. ❸ あたかも; まるで. ‖따뜻해서 꼭 봄 같다 暖かくてあたかも春のようだ. ❹ じっと. ‖방에 꼭 틀어박있다 部屋にじっと閉じこもっている. ❺ 必ず; ぜひ; きっと; 絶対. ‖약속은 꼭 지키는 사람이다 約束を必ず守る人だ. 꼭 이기고 싶다 ぜひ勝ちたい. 너라면 꼭 합격할 거야 君なら絶対に合格するよ. ❻ 必ずしも. ‖가난하다고 꼭 불행한 건 아니다 貧乏だからといって必ずしも不幸ではない.
꼭-꼭 (을유ㄱ유ㄱ)(と); ぎりぎり. ‖꼭꼭 밀어 넣다 ぎゅうぎゅう押し込む. 꼭꼭 묶다 ぎりぎり縛る. ❷ しっかり(と). ‖못 찾도록 꼭꼭 숨기다 見つからないようにしっかり隠す. ❸ 必ず; きっと.

꼭대기

‖매년 꼭꼭 연하장을 보내다 毎年必ず年賀状を出す。

꼭대기 【-때-】 图 頂上; てっぺん。‖산꼭대기 山の頂上; 山頂。

꼭두-새벽 【-뚜-】 图 早朝; 朝っぱら。

꼭지 【-찌】 图 ❶ 〔蓋などの〕つまみ。‖냄비 꼭지 鍋のつまみ。❷〔果物や野菜などの〕へた; がく。‖감 꼭지 柿のへた。

꼭지-각 (-角) 图 〔数学〕頂角。

꼭지-점 (-點) 〖꼭찌쩜〗 图 〔数学〕頂点。‖삼각형 꼭짓점의 합은 백팔십 도이다 三角形の頂点の合計は180度である。

꼴[1] /kol/ 图 ❶ 形。‖세모꼴 三角形。❷〔物事の状態·形などに否定的評価で〕ざま; ありさま; 格好。‖비참하게 죽어가는 그의 꼴을 봐라 悲惨な死にざまをしろ、あいつを見ろ。이 무슨 꼴이냐? 何というありさまだ。꼴 좋다 ざまを見ろ;いい気味だ。꼴이 말이 아니다 不格好だ。

꼴[2] 图 まぐさ; 飼い葉。‖꼴을 베다 飼い葉を刈る。

-꼴[3] 接尾 …当たり; …換え。‖원가는 하나에 백 원꼴이다 原価は1個当たり100ウォンだ。

꼴-값 【-깝】 图 下動 ❶ 얼굴값の俗語。❷ 不格好だ; 似合わないことをすること; 身のほどを弁(ãø)えていないこと。‖꼴값하고 있다 みっともない; 身のほどを弁えていない。

꼴-같잖다 【-갇짠타】 厖 ぶざまだ; 目障りだ; 不格好だ。

꼴깍 副 〔下自〕液体を音を立てて一息に飲み込む様子。ごくり; ごくっ。‖알약을 꼴깍 삼키다 錠剤をごくっと飲み込む。

꼴깍 〔下自〕❶ 液体が小さい塊を一息に飲み込む音〔様子〕。ごくり; ぐっと。‖약을 꼴깍 삼키다 薬をごくっと飲み込む。❷ 日が完全に沈む様子: とっぷり; すっかり。‖하루가 꼴깍 넘어갔다 一日がとっぷり(と)日が暮れた。❸ 何も食べていない様子。‖꼴깍 이틀을 굶었다 まる2日間何も食べない様子。‖만날이틀이면서 밤새우다 밤을 꼴깍 새우다 まんじりともせず夜を明かす。

꼴뚜기 (動物) イイダコ(飯蛸)。

꼴-리다 ❶〔主に배알이 꼴리다の形で〕非常に腹が立つ; はらわたが煮えくり返る。

꼴-불견 (-不見) /kolbulgjən/ 图 見苦しいこと; みっともないこと; 見ていられないこと。‖공식적인 자리에 저러고 나타나다니 꼴불견이다 公式の場にああいう格好で現れるなんて、みっともない。

꼴-사납다 【-따-】 厖 形動 見苦しい; みっともない; ぶざまだ; 不格好だ。

꼴찌 /kolt'ɕi/ 图 下位; 下位。

꼼꼼-하다 下形動 几帳面だ。‖꼼꼼한 성격 几帳面な性格。**꼼꼼-히** 副

꼼지락-거리다 【-꺼-】 〔手·足の指を〕もぞもぞさせる。‖발가락을 꼼지락거리다 足の指をもぞもぞさせる。

꼼짝 副 下自他 体をちょっと動かす様子: ぴくっと; ぴくっと。‖손가락 하나 꼼짝 안 하다 指一本動かさない。꼼짝 않고 듣고 있다 身じろぎもしないで話に聞き入っている。▶꼼짝 못하다 (権力などに抑えられて)どうすることもできない; 言うがままになる; 言いなりになる。사장 앞에서는 꼼짝 못하다 社長の言いなりになっている。

꼼짝-달싹 【-딱-】 副 下自他 〔主に못하다などを伴って〕体をやっと動かそうとする様子。‖옴짝달싹。‖꼼짝달싹 못하다 身動きができないようにする。

꼼짝-없다 【-짜겁-】 形 なすすべもない; どうしようもない。**꼼짝없-이** 副 꼼짝없이 사기를 당하다 まんまとだまされる。

꼽다 /kopt'a/ 【-따-】 他 ❶ 指を折る; 指折り数える; 屈指する。‖세계적으로 손꼽는 경영자 世界的に指折りの経営者。한국에서 첫손가락 꼽는 연기자 韓国で一番の演技者。❷ 指目する; 見なす; 目する; 注目する。‖차기 사장 후보로 꼽고 있다 次期社長候補として注目している。❸ 꼽히다。

꼽-사리 【-싸-】 图 人の遊びなどに無理矢理加わること; くっついて行くこと。‖선배들이 영화 보러 가는 데 꼽사리를 끼다 先輩たちの映画鑑賞にくっついて行く。

꼽추 图 背が曲がった人。

꼽-히다 /kophida/ 〖꼬피다〗 自〔꼽다の受動動詞〕数えられる; 目される。‖차기 시장으로 꼽히는 사람 次期市長として目される人。명작의 하나로 꼽히다 名作の一つに数えられる。

꼿꼿-하다 /k'otk'othada/ 〖꼳꼬타다〗 厖 下形動 ❶ まっすぐだ。‖등을 꼿꼿하게 세우다 背中をまっすぐに伸ばす。❷ 剛直だ。‖꼿꼿한 성품 剛直な性格。

꽁꽁[1] 下自 うめき声: うんうん。

꽁꽁[2] 副 ❶ 物が非常に堅い様子: かちんかちん; かちかち。‖꽁꽁 얼다 かちかちに凍る。❷ 堅く結んだり包んだりする様子: 堅く; しっかり。❸ うまく隠れる様子: しっかり。

꽁무니 /koŋmuni/ 图 ❶ 尻; けつ; しっぽ。‖꽁무니가 빠지게 달아나다 尻にめを着く。❷ 最後: びり; どんじり。‖가장행렬 꽁무니를 따라가다 仮装行列の最後について行く。▶꽁무니를 빼다 尻込みする; 身を引く。상황이 불리해지자 꽁무니를 빼기 시작했다 状況が不利になると尻込みを始めた。

꽁보리-밥 图 麦ご飯。

꽁-생원 (-生員) 图 しんねりむっつりした人。

꽁지 图 鳥の尾。

꽁초 图 吸い殻。‖담배꽁초 タバコの吸

い殻.
꽁-지/k̚oŋʤi/【魚介類】サンマ(秋刀魚).
꽁-하다 [刑] [하変] しんねり; むっつりしている. 根に持って忘れない. ‖ 꽁한 사람 しんねりむっつりした人. 꽁한 성격 根に持って忘れない性格.

꽂다 /k̚otʼta/【꼳따】⑩ ❶ 挿す; 差し込む, 挟む. ‖ 꽃병에 꽃을 꽂다 花瓶に花を挿す. 비녀를 꽂다 かんざしを挿す. 콘센트에 플러그를 꽂고 있어 コンセントにプラグを差し込む. 편지를 문틈에 꽂아 두다 手紙を戸の隙間にはさんでおく. ❷ 刺す. ‖ 사진을 핀으로 꽂아 두다 写真をピンで刺しておく. 팔에 주사바늘을 꽂다 腕に注射針を刺す.
꽂-히다 [꼬치-] [自] 〔꽂다の受身動詞〕挿される; 差し込まれる. ‖ 플러그가 제대로 안 꽂혔다 プラグがきちんと差し込まれていない. 장미 세 송이가 꽂혀 있는 꽃병 バラ3本が挿してある花瓶.
꽃 /k̚ot/【꼳】图 ❶ 花. ‖ 꽃이 피다 花が咲く. 꽃이 지다 花が散る. 꽃이 시들다 花がしぼむ. 꽃에 물을 주다 花に水をやる.
꽃-소금【꼳쏘-】图 煎り塩; 焼き塩.
꽃-토란【꼳-】图 【植物】カラー.
꽃-가게【꼳까-】图 花屋. ⓒ 꽃집.
꽃-가루【꼳까-】图 花粉. ‖ 꽃가루 알레르기 花粉症.
꽃-게【꼳께】图 【動物】ワタリガニ(渡蟹); ガザミ(蝤蛑).
꽃-구경 /k̚ot̚kuɡjəŋ/【꼳 꾸-】图 自 花見. ‖ 꽃구경을 가다 花見に行く.
꽃-기린〔-麒麟〕【꼳끼-】图 【植物】ハナキリン(花麒麟).
꽃-꽂이 /k̚ot̚kodʒi/【꼳꼬지】图 自 生け花.
꽃-나무【꼰-】图 ❶ 花木; 花の咲く木. ❷ 草花の総称.
꽃-눈【꼰-】图 花の芽.
꽃-다발 /k̚ot̚tabal/【꼳따-】图 花束. ‖ 꽃다발을 선사하다 花束を贈呈する.
꽃-마차〔-馬車〕/k̚onmatɕʰa/【꼰-】图 花で飾りをつけた馬車.
꽃-말【꼳-】图 花言葉.
꽃-망울【꼰-】图 花の小さなつぼみ.
꽃-무늬【꼰-니】图 花模様; 花柄. ‖ 꽃무늬 옷 花柄の服.
꽃-미남〔-美男〕【꼰-】图 〔俗っぽい言い方で〕イケメン.
꽃-바구니【꼳빠-】图 花かご.
꽃-바람【꼳빠-】图 花が咲く頃に吹く春風.
꽃-방석〔-方席〕【꼳빵-】图 花模様の刺繍をあしらった座布団.
꽃-밭【꼳빧】图 ❶ 花畑; 花園. ❷ 〔比喩的に〕多くの女性が集まっているところ.

꽃-병〔-瓶〕/k̚ot̚pjəŋ/【꼳뼝】图 花瓶. ‖ 꽃병에 프리지아를 꽂다 花瓶にフリージアを挿す.
꽃-봉오리【꼳뽕-】图 つぼみ. ‖ 꽃봉오리가 열리다 つぼみが開く.
꽃-부리【꼳뿌-】图 花冠.
꽃-삽【꼳쌉】图 移植ごて; 園芸用の小形シャベル; スコップ.
꽃-샘-바람【꼳쌤-】图 花嵐.
꽃-샘-추위【꼳쌤-】图 花冷え; 春先の寒さ.
꽃-송이【꼳쏭-】图 房.
꽃-술【꼳쑬】图 【植物】雄しべと雌しべ.
꽃-시계〔-時計〕【꼳씨-/꼳씨-게】图 花時計.
꽃-씨【꼳-】图 花の種. ‖ 꽃씨를 뿌리다 花の種をまく.
꽃-잎【꼰닙】图 花びら; 花弁.
꽃-집 /k̚ot̚tɕip/【꼳찝】图 花屋. ⓒ 꽃가게.
꽃-피다【꼳-】自 花が咲く. ⓒ 꽃피우다.
꽃-피우다【꼳-】他 〔꽃피다の使役動詞〕花咲かせる; 開花かせる. ‖ 찬란한 문화를 꽃피우다 輝かしい文化を花開かせる.

콸콸 副自 口の狭い容器から大量の液体が流れ出る音〔様子〕: とくとく.
꽈르르 副自 雷が鳴り響く時の大きな音.
꽈르릉-거리다 自 〔雷が〕鳴り響く.
꽈리 图 【植物】ホオズキ(酸漿).
꽈배기 图 ❶ こねた小麦粉を伸ばしてひねり, 油で揚げた菓子. ❷〔からかう言い方で〕ひねくれ者.

꽉 /k̚wak̚/ 副 ❶ 力を入れて締めたり握ったりする様子: ぎゅっと. ‖ 손을 꽉 잡다 手をぎゅっと握りしめる. ❷ 物事が隙間なく詰まっている様子: ぎっしり; いっぱい. ‖ 일정이 꽉 차 있다 日程がぎっしり詰まっている. 앞뒤가 꽉 막힌 사람 全く融通の利かない人. 꽉꽉 副 ぎゅうぎゅう. ‖ 꽉꽉 쌓여 넣다 ぎゅうぎゅう押し込む.

꽝¹ 图 空くじ. ‖ 꽝을 뽑다 空くじを引く.
꽝² 副 ❶ 大きな堅いものが他のものに当たったり落ちたりする様子: ばたん. ‖ 문을 꽝 하고 닫다 ドアをばたんと閉める. ❷ 銃砲などの大きな音: どかん, どん. 꽝-꽝 副.
꽝꽝-거리다 自 しきりにどかんどかんと鳴る; ばたんばたんと音を出す.
꽝꽝-나무 图 【植物】イヌツゲ(犬黄楊).

꽤 /k̚wɛ/ 副 かなり, なかなか, だいぶ; 随分. ‖ 지금까지 꽤 바빴다 今までかなり忙しかった. 꽤 재미있는 이야기 なかなか面白い話. 꽤 추워졌다 だいぶ寒くなった.

꽥 📖 ⓗⓘ 놀라거나 무서워 발하는 소리. きゃあ; わっ. ‖꽥 하고 비명을 지르다 わっと悲鳴を上げる. ⑩꽥. **꽥-꽥** 📖

꽥꽥-거리다 [-대다] [-끼(때)-] 圓 きゃあきゃあと叫ぶ; わめき立てる.

꽹과리 📖 (音악) 鉦(しょう).

꾀 [/꿰] [-/꿰] 📖 知恵; たくらみ; 知略; 智謀. 智謀. ‖꾀를 부리다[피우다] ずるける; なまける; 策を弄する. 꾀를 쓰다 知恵をはたらかす. 얕은 꾀를 부리다 浅知恵を利かす. 제 꾀에 제가 넘어가다 策士策におぼれる. ▶꾀가 나다 仕事に嫌気がさす.

꾀꼬리 [/꿰-] [-/꿰-] 【kwe'kori】 📖 〔鳥類〕 コウライウグイス(高麗鶯); 黃鳥. ‖꾀꼬리 같은 목소리 コウライウグイスのような美しい声.

꾀꼴 [/꿰-] 📖 鶯の鳴き声; ホオホケキョ. **꾀꼴-꾀꼴** 📖

꾀다¹ [/꿰-] 📖 (虫などが)たかる; 集まる; 群がる. ‖음식물에 파리가 꾀다 食べ物にハエがたかる.

꾀다² [/꿰-] 【kwe:da】 [-/꿰-] 他 そそのかす; 誘惑する; 惑わす; (人を)釣る. ‖아이를 꾀다 子どもをそそのかす. 감언이설로 사람을 꾀다 甘言で人を釣る. ⑩꾀이다.

꾀-병 (-病) [/꿰-] 【kwebjŏn】 [-/꿰-] 📖 仮病. ‖꾀병을 부리다 仮病を使う.

꾀-보 [-/꿰-] 📖 知恵者; 利口者.

꾀어-내다 [/꿰어-] 他 誘い出す; おびき出す.

꾀-이다 [-/꿰-] 📖 〔꾀다²의 수동 動詞〕 誘惑される; 釣られる. ‖감언이설에 꾀이다 甘言に釣られる.

꾀죄죄-하다 [/kwedʑwedʑwehada/] [-/꿰-] 形 [하変] 薄汚い; みすぼらしい. ‖모양새가 꾀죄죄하다 身なりが薄汚い.

꾀-하다 [-/꿰-] 【kwehada】 他 [하変] 試みる; 図る; たくらむ; 企てる. ‖변화를 꾀하다 変化を試みる. 음모를 꾀하다 陰謀をたくらむ. 새로운 분야로의 진출을 꾀하다 新しい分野への進出を企てる.

꾐 [-/꿰] 📖 誘惑; 罠; 口車; そそのかされること. ‖친구 꾐에 넘어가다 友だちにそそのかされる. 친구들의 꾐에 넘어가다 友だちの口車に乗せられる.

꾸깃-꾸깃 [-긴-긴] 📖 [形動] くしゃくしゃに; しわくちゃに. ‖꾸깃꾸깃한 손수건 しわくちゃのハンカチ.

꾸다¹ /kuda/ 他 (꿈을) 見る. ‖이상한 꿈을 꾸다 不思議な[変な]夢を見る.

꾸다² /kuda/ 他 (돈을) 借りる. ⑩빌리다. ‖돈을 꾸다 お金を借りる.

-꾸러기 接尾 〔一部의 名詞에 붙여서〕 そのような性癖や癖のある人であることを表わす. ‖욕심꾸러기 欲張り. 잠꾸러기 寝坊(助). 장난꾸러기 いたずらっ子.

꾸러미 📖 包み; 束. ‖돈 꾸러미 札束. 열쇠 꾸러미 鍵束.

꾸물-거리다 [-대다] /kumulgɔrida/ 📖 他 もぞもぞする; ぐずぐずする; もたもたする. ‖꾸물대다가 지각했다 ぐずぐずしていて遅刻した. 꾸물거리지 말고 빨리 해라 ぐずぐずしないで早く片付けて. **꾸물-꾸물** 📖 もぞもぞ; ぐずぐず; もたもた.

꾸미다 /kumida/ 他 ❶作る; 作り上げる; 仕立てる. ‖뜰을 꾸미다 庭を作る. 한 편의 소설로 꾸미다 1編の小説に仕立てる. 꾸며 낸 이야기 作り話. ❷装う; 取り繕う; 着飾る; 模様替えする. ‖여대생처럼 꾸미다 女子大生を装う. 방을 예쁘게 꾸미다 部屋をきれいに模様替えする. 예쁘게 꾸미고 나가다 きれいに着飾って出かける. ❸たくらむ; 企てる; 画策する. ‖무슨 일을 꾸미고 있는 것 같다 何かを企てているようだ. 음모를 꾸미다 陰謀をたくらむ. 꾸며 대다 それらしく言い訳をする.

꾸밈-없다 [꾸밈따] 形 ❶飾り気がない. ‖꾸밈없는 사람 飾り気のない人. ❷偽りがない; 率直だ. **꾸밈없-이** 📖 率直に; 素直に. ‖꾸밈없이 다 이야기를 하다 率直に全部話す.

꾸벅 /kubɔk/ 📖 ⓗⓘ こくり; こっくり; ぺこり. ‖꾸벅 인사를 하다 ぺこりと挨拶する. **꾸벅-꾸벅** 📖 ⓗⓘ

꾸벅-거리다 [-끼-] 他 こくりこくり(と)居眠りをする.

꾸벅-이다 ぺこりと頭を下げる.

꾸부러-들다 自 [ㄹ語幹] ひん曲がる.

꾸부러-뜨리다 他 ひん曲げる; 強い力で折り曲げる. ‖철사를 꾸부러뜨리다 針金を折り曲げる.

꾸부러-지다 自 曲がる; ねじれる; ゆがむ.

꾸부러-트리다 他 =꾸부러뜨리다.

꾸부리다 /kuburida/ 他 かがめる; 曲げる. ‖허리를 꾸부리다 腰をかがめる. 몸을 꾸부리다 身をかがめる.

꾸부정-하다 形 [하変] 少し曲がっている. ‖허리가 꾸부정하다 腰が少し曲がっている.

꾸불-꾸불 📖 くねくね(と). ‖꾸불꾸불한 산길 くねくね(と)曲がった山道.

꾸뻑 他 꾸벅을 강하게 하는 말. ‖꾸뻑 인사를 하다 ぺこりと挨拶する. **꾸뻑-꾸뻑** 📖 ⓗⓘ

꾸뻑-거리다 [-끼-] 他 꾸벅거리다를 강하게 하는 말.

꾸뻑-이다 꾸벅이다를 강하게 하는 말.

꾸역-꾸역 📖 ⓗⓘ ❶ (大勢の人が)一か所に押し寄せたり集まったりする様子; 続々と. ‖구경꾼들이 꾸역꾸역 모여들다 見物人が続々(と)集まってくる.

いとわしい感情が込み上げてくる様子:むかむか(と);むくむく(と).‖꾸역꾸역 화가 치밀다 怒りがむくむくと(頭をもたげる. 3 大量の食べ物を一度に口に入れて噛む様子:むしゃむしゃ.‖밥을 꾸역꾸역 먹다 ご飯をむしゃむしゃ食べる.

꾸준-하다 /kudʒunhada/ 圈 [하변] 粘り強い;根気がある;着実である;こつこつと努力する.‖꾸준한 성격 着実な性格. 꾸준하지 못하다 根気がない. **꾸준-히** 圖 こつこつと;粘り強く;根気よく;着実に.‖꾸준히 노력하다 こつこつと努力する.

꾸중 /kudʒuŋ/ 图 [하변] お叱り;叱責.‖선생님께 꾸중을 듣다 先生のお叱りを受ける.

꾸지람 /kudʒiram/ 图 [하변] 〔目下の人に対して〕お叱り;叱責.‖꾸지람하다 叱る;叱責する. 꾸지람을 듣다 叱られる;お叱りを受ける.

꾸짖다 /kudʒit̚t̚a/【-짇따】 他 叱る.‖아이를 꾸짖다 子どもを叱る. ✢「叱られる」は꾸지람[꾸중]을 듣다にする.

꾹 ❶ 力を込めて押したり締めつけたりする様子:ぐいと;ぐいっと;固く.‖등을 꾹 눌러 주세요 ちょっと背中をぐいと押してください. 입을 꾹 다물다 固く口をつぐむ. ❷ 我慢する様子:じっと;ぐっと.‖아픔을 꾹 참다 じっと痛みをこらえる.

꾹꾹 圖 ぎゅうぎゅう;ぐいぐい.‖꾹꾹 눌러 담다 ぎゅうぎゅう詰める. 옆구리를 꾹꾹 찌르다 脇腹をぐいぐいと突く.

-꾼 接尾 〔一部の名詞に付いて〕❶ そのことを専門的にするまた習慣的にする人であることを表わす.‖나무꾼 木こり. 술꾼 飲んべえ. ❷ そこに集まった人を表わす.‖구경꾼 見物人.

꿀 /kul/ 图 蜜;はちみつ. ▶꿀 먹은 벙어리(「口になめられた口あきでない人」の意で)何も言えずにいる人のたとえ.

꿀꺽 /kulk̚ʌk̚/ 圖 [하변] ❶ 〔液体などを〕一息で飲み込む音[様子]:ごくりと;ぐっと;ぐいと. ‖약을 꿀꺽 삼키다 薬をごくりと飲み込む. ❷ 〔怒りなどを〕我慢する様子:ぐっと. **꿀꺽-꿀꺽** 圖 ごくりごくり.

꿀꿀 圖 豚が鼻を鳴らす音:ブーブー. **꿀꿀-거리다** 圓 〔豚が〕ブーブー鼻を鳴らす.

꿀꿀-이 图 (あざける言い方で)欲張な人.

꿀-단지 【-딴-】 はちみつの入った壺. **꿀-돼지**【-돼-】=꿀꿀이.

꿀떡[1] 图 甘餅.

꿀떡[2] 圖 [하변] (食べ物などを)一息で飲み込む音[様子]:ごくりと;ぐっと;ぐいと.

꿀리다 圓 ❶ 後うしろめたいところがある. ❷ 引け目を感じる;引けをとる;気後れする. ❸ 外貌から꿀리다 外貌から引け目を感じる.

꿀물 图 はちみつを入れた水.

꿀-벌【昆虫】ミツバチ(蜜蜂).

꿀컥 圖 [하변] がぶり;ごくり;ごっくり. **꿀컥-꿀컥** 圖 [하변] ごくりごくり.

꿇다 /kult̚a/【꿀타】 他 ❶ ひざまずく.‖무릎을 꿇고 앉다 ひざまずいて座る. ❷ 留年する.‖아파서 학교를 일년 꿇었다 病気で 1 年留年した.

꿇-리다【꿀-】 他 〔꿇다の使動詞〕ひざまずかせる.‖무릎을 꿇리다 ひざまずかせる;服従させる.

꿇어-앉다【꾸러안따】 圓 ひざをついて座る. **꿇어앉히다**.

꿇어앉-히다【꾸러안치-】 他 〔꿇어앉다の使動詞〕ひざまずかせる.‖싸운 학생들을 복도에 꿇어앉히다 けんかした生徒を廊下にひざまずかせる.

꿈 /kum/ 图 ❶ 夢.‖이상한 꿈을 꾸어 나다 夢から覚める. ❷ 〈将来の〉夢;希望;願い.‖장래의 꿈이 뭐니? 将来の夢は何? 꿈이 이루어지다 願いがかなう. 꿈을 잃다 希望を失う. ▶꿈도 못 꾸다 考えられない. 꿈도 안 꾸다 全く考えていない. ▶꿈에도 생각지 못하다 夢にも思っていない. ▶꿈보다 해몽이 좋다(「夢より夢解きがいい」の意で)夢は判じだ.

꿈-같다 /kumgat̚t̚a/【-갇따】 圈 夢のようだ;夢みたいだ.‖꿈같은 나날 夢のような日々. 합격한 것이 꿈만 같다 合格したことがまるで夢みたいだ.

꿈-결/kum'kjʌl/【-결】 夢うつつ.

꿈-길【-낄】 图 夢路.

꿈-꾸다 他 ❶ 夢見る.‖멋진 미래를 꿈꾸다 すてきな未来を夢見る. ❷ 未来を描く.

꿈-나라 图 夢の国;眠りの中. ▶꿈나라로 가다 寝入る:眠り込む.

꿈-속 【-쏙】图 夢の中.

꿈-자리/kumdʒari/图 夢見.‖꿈자리가 사납다[안 좋다] 夢見が悪い.

꿈지럭-거리다 /-거-/ 圓 〔굼지럭거리다を強めて言う語〕のろのろする;ぐずぐずする.‖꿈지럭거리다가 지각하다 ぐずぐずしていて遅刻する. **꿈지럭-꿈지럭** 圖 自他 굼지럭굼지럭を強めて言う語.

꿈쩍 圖 [하변] 〔主に꿈쩍도 않다の形で〕びくともしない.‖꿈쩍 않고 앉아 있다 びくともせずにじっと座っている.

꿈틀-거리다 圓 もぞもぞする;うごめく.‖벌레가 꿈틀거리다 虫がもぞもぞする. **꿈틀-꿈틀** 圖 自他 もぞもぞ;にょろにょろ.‖지렁이가 꿈틀꿈틀 기어가다 ミミズがにょろにょろと這[は]う.

꿈꿈-하다【-꾸파-】 圈 [하변] 乾き切っていない;多少じめじめしている.

꿋꿋-하다/kut̚kut̚hada/【꾿꾸타-】 圈 [하변] (意志が)固い;屈しない;気丈だ.‖모진 시련

ㄲ

에도 꿋꿋하다 厳しい試練にも屈しない. 꿋꿋한 태도 気丈なふるまい. **꿋꿋-이** [副]

꿍 [副] ものが強く当たったり重いものが落ちたりする時の音: どしん; どすん; どん.

꿍-꽝 [副] どかんどかん; どたんばたん.

꿍꽝-거리다[-대다] [自他] しきりにどかんどかんと鳴る; どたんばたんと音を出す; どんどん騒ぐ. ‖꿍꽝거리는 위층 아이들 どんどん騒ぐ上の階の子どもたち.

꿍꿍 [副] [하自] うなる声: うんうん. ‖밤새 꿍꿍 앓다 一晩中うんうんとうなる.

꿍꿍이 /ˀkuŋˀkuŋi/ [名] 꿍꿍이셈の略語.

꿍꿍이-셈 [名] 胸算用; 胸づもり; 胸勘定. ‖무슨 꿍꿍이셈이 있는 것 같다 何かしらの胸算用があるようだ. [略]꿍꿍이.

꿍꿍이-속 [名] 魂胆; 策略. ‖네 꿍꿍이속은 알고 있다 お前の魂胆は分かっている.

꿍꿍이-수작 (一酬酌) [名] 企み; 目論み; 企て.

꿩 /ˀkwɔŋ/ [名] (鳥類) キジ(雉). ▸꿩 대신 닭 〔諺〕(「キジの代わりにニワトリ」の意で)本物でなくて残念ではあるが, それに似たものでどうにかまかなうことのたとえ. ▸꿩 먹고 알 먹기 〔諺〕一石二鳥; 一挙両得.

꿰다 /ˀkwe:da/ [他] ❶(糸などを針穴に)通す. ‖바늘에 실을 꿰다 針に糸を通す. ❷(串などで)突き通す; 串刺しにする. ‖생선을 꼬챙이에 꿰어 굽다 魚を串刺しにして焼く. ❸(ある分野のことに)精通している. ‖한국 영화는 꿰고 있다 韓国映画には精通している.

꿰-뚫다 /ˀkwe:ˀtultʰa/ 【-뚤타】 [他] ❶貫く; 貫通する; 突き通す. ‖총알이 벽을 꿰뚫다 弾丸が壁を貫く. ❷見抜く; 見透かす; 見通す. ‖속셈을 꿰뚫다 魂胆を見抜く.

꿰-매다 /ˀkwe:mɛda/ [他] 縫う; 繕う; 縫い合わせる; 縫い込む. ‖바지를 꿰매다 ズボンを縫う. 상처를 다섯 바늘이나 꿰맸다 傷口を5針も縫った.

꿰-차다 [他] ❶紐(ひも)を通して腰に下げる. ❷〔俗っぽい言い方で〕自分のものにする.

꽥 [副] [하自] 驚いたり恐れたりして発する語: きゃあ; わっ. ‖꽥 하고 소리를 지르다 きゃあと声を張り上げる. [작]꽥. **꽥-꽥** [副] [하自] きゃあきゃあ.

꽥꽥-거리다[-대다] 【-꺼[때]-】 [自] きゃあきゃあと叫ぶ; わめき立てる.

뀌다 [他] (おならを)ならす; (おならを)する; (屁を)ひる. ‖방귀를 뀌다 おならをする.

끄나-불 [名] 끄나풀の誤り.

끄나-풀 [名] ❶紐の切れっ端. ❷〔さげすむ言い方で〕手先; 手下. ‖경찰의 끄나풀 警察の手先.

끄는 [他] 『ㄹ語幹』 끌다(引く)の現在連体形.

끄다 /ˀkɯda/ [他] 『으変』 [꺼, 끄는] (電気などを)消す; 切る; 止める. [対]켜다. ‖전등을 끄다 電灯を消す. 텔레비전을 끄다 テレビを消す. 전원을 끄다 電源を切る. 가스불을 끄다 ガスを止める. 차 시동을 끄다 車のエンジンを止める.

끄덕 [副] [하他] 頭を前後に動かしてうなずく様子: こっくり. **끄덕-끄덕** [副] [하他]

끄덕-거리다[-대다] 【-꺼[때]-】 [他] しきりにこっくりする.

끄덕-이다 [自他] うなずく. ‖고개를 끄덕이다 首を縦に振る; うなずく.

끄덩이 [名] 束ねた髪や糸などの端. ‖머리 끄덩이를 잡고 싸우다 髪の毛を引っつかんでけんかする.

끄떡-없다 【-떠겁따】 [形] 何の影響もない; びくともしない; 平気だ; 大丈夫だ. ‖무거운 물건을 올려놓아도 끄떡없다 重いものを載せておいても大丈夫だ. 지진에도 끄떡없는 집 地震にもびくともしない家. **끄떡없-이** [副]

끄르다 [他] 『르変』 ❶解く; ほどく. ‖보따리를 끄르다 風呂敷包みを解く. ❷はずす; 開ける. ‖단추를 끄르다 ボタンをはずす.

끄집어-내다 [他] 取り出す; 引っ張り出す; 切り出す; 持ち出す. ‖주머니에서 동전 몇 푼을 끄집어내다 ポケットからいくらかの小銭を取り出す. 결혼하겠다는 말을 어떻게 끄집어내야 할지 모르겠다 結婚話をどう切り出したらいいのか分からない.

끄집어-내리다 [他] 引っ張り下ろす. ‖선반에서 끄집어내리다 棚から引っ張り下ろす.

끄집어-당기다 [他] 引き寄せる; 引っ張って寄せる. ‖뒤에서 머리를 끄집어당기다 後から髪の毛を引っ張る.

끄집어-올리다 [他] 引き上げる; 引っ張り上げる. ‖물에 빠진 사람을 끄집어올리다 おぼれた人を引き上げる.

끄트머리 [名] ものの端; ものの先っぽ. ‖끄트머리를 잘 잡아라 端をしっかりつかみなさい.

끈[1] /ˀkɯn/ [名] ❶紐(ひも). ‖끈을 풀다 紐を解く. 끈으로 묶다 紐で結ぶ; 紐で縛る. 고무줄 끈 ゴム紐. ❷つて. ‖밀어주는 끈이 없다 有力なつてがない.

끈[2] [他] 『ㄹ語幹』 끌다(引く)の過去連体形.

끈-기 (-氣) [名] 根気. ‖머리는 좋은데 끈기가 없다 頭は良いが根気がない. 끈기가 필요한 일 根気の要る仕事.

끈끈-이 [名] はえとり紙; 鳥もち.

끈끈-하다 [形] 『하変』 ねばねばする; べとべとする.

끈덕-지다 【-찌-】 [形] 粘り強い; 根気強い. ‖끈덕지게 매달리다 粘り強くしがみつく. 끈덕지게 설득하다 粘り強く説得

する.

끈적-거리다 [-대다] [-껴(때)-] 自 粘りつく; べたつく; べとつく. ‖땀으로 온 몸이 끈적거리다 汗で体がべとつく.

끈적-끈적 /kɯnʤəkkɯnʤək/ 自有 ねばねば; べたべた; べとべと. ‖몸으로 온몸이 끈적끈적하다 汗で体がべたべたする.

끈-질기다 /kɯnʤilgida/ [-끈지-] 形 粘り強い; しつこい. ‖끈질긴 호소 粘り強い訴え. 끈질기게 따라다니다 しつこくつきまとう.

끊-기다 /kʰɯnkʰida/ [끈키-] [끊다의受身動詞] 切れる; 絶たれる; 切れる; 絶える. ‖전기가 끊기다 電気を切られる. 정부 보조가 끊기다 政府の補助が絶たれる. 연락이 끊기다 連絡が途絶える.

끊다 /kʰɯntʰa/ [끈타] 他 ❶ 切る; 断ち切る. ‖전화를 끊다 電話を切る. 그 사람은 거기서 말을 끊었다 彼はそこで言葉を切った. 그 사람하고는 인연을 끊고 싶다 彼とは縁を切りたい. 평균 육십 점 이하의 학생은 끊어 버리다 平均60点以下の学生は足切りする. 백 미터 달리기에서 십 초를 끊다 100メートル競走で10秒を切る. 전표를 끊다 伝票を切る. 문장이 너무 기니까 여기서 일단 끊는 게 좋겠다 文が長すぎるから、ここで一旦切った方がいい. 인습의 굴레를 끊다 因習の鎖を断ち切る. 끊을래야 끊을 수 없는 관계 腐れ縁. ❷ 絶つ; 断つ. ‖쇠사슬을 끊다 鎖を断つ. 보급로를 끊다 補給路を断つ. 관계를 일체 끊어 버리다 関係を一切絶つ. 목숨을 끊다 命を絶つ. 연락을 끊다 連絡を絶つ. ❸ やめる; 止める; 中止する. ‖담배를 끊고 싶다 タバコをやめたい. 술을 끊을 수가 없다 酒をやめられない. 신문을 끊다 新聞を止める. ❹ 切符·乗車券などを買う. ‖차표를 끊다 切符を買う. ❺ 〈小切手·手形などを〉振り出す. ‖어음을 끊다 手形を振り出す. ⊙끊기다.

끊어-지다 /kʰɯnəʤida/ 【끄너-】 自 切れる; 〈終電などが〉なくなる; 途絶える; 絶える. ‖전화가 끊어지다 電話が切れる. 몇 시에 막차가 끊어집니까 何時に終電(車)がなくなりますか. 그 일로 인연이 끊어지다 そのことで縁が切れる. 소식이 끊어지다 消息が途絶える. 대손이 끊어지다 家系が絶える. 사람들 발길이 끊어진 시간 人通りが絶えた時間.

끊-이다 [끄니-] 自 〔主に않다を伴って〕〈後を〉絶たない. ‖사건이 끊이지 않다 事件が後を絶たない.

끊임-없다 /kʰɯnimɔpta/ 【끄니멉따】 形 絶え間ない; 途切れない; ひっきりない. ‖끊임없는 노력 絶え間ない努力.

끊임없-이 副 引きも切らずに; 絶え間なく; ひっきりなしに. ‖끊임없이 내리는 비 絶え間なく降り続く雨. 전화가 끊임없이 걸려 오다 電話がひっきりなしにかかってくる.

끌[¹] 鑿(₀) ‖끌로 홈을 내다 鑿で溝を掘る.

끌² 他 [語幹] 끌다(引く)の未来連体形.

끌끌 副 舌打ちする音: ちぇっ. ‖끌끌 혀를 차다 ちょっと舌打ちする; 舌を鳴らす.

끌다 /kʰɯ:lda/ 他 [語幹] [끌어, 끄는, 끈] 引く; 引きずる; 引っ張る. ‖말을 끌고 가다 馬を引いていく. 짐수레를 끌다 荷車を引く. 손님을 끌다 客を引く. 사람 눈길을 끄는 옷 人目を引く服. 관심을 끌다 気を引く. 치맛자락을 질질 끌다 スカートの裾を引きずる. 재판을 삼 년이나 끌다 裁判を3年も引きずる. 고장 난 차를 끌고 가다 故障車を引っ張っていく. ⊙끌리다.

끌러-지다 自 ほどける; はずれる. ‖단추가 끌러져 있다 ボタンがはずれている.

끌려-가다 自 連れて行かれる; 引っ張られる. ‖경찰에 끌려가다 警察に連れて行かれる[連行される].

끌려-오다 自 連れて来られる; 引っ張られる.

끌리다 /kʰɯllida/ 自 〔끌다の受身動詞〕引かれる; 引っ張られる; 引きずられる. ‖어머니 손에 끌려 병원 안으로 들어가다 母の手に引っ張られて病院の中に入る. 마음이 끌리다 心惹(°)かれる.

끌어 他 [語幹] 끌다(引く)の連用形.

끌어-내다 他 引っ張り出す; 引きずり出す. ‖방에서 끌어내다 部屋から引きずり出す.

끌어-내리다 他 引き下げる; 引きずり下ろす. ⊙끌어올리다.

끌어-당기다 /kʰɯ:rɔdaŋgida/ 他 ❶ 引き寄せる. ‖의자를 끌어당기다 椅子を引き寄せる. ❷ 引き付ける.

끌어-대다 他 ❶ 〈金などを〉かき集める; 工面する; やり繰りする. ‖돈을 끌어대다 お金を工面する. ❷ 引用する; 引き合わせる; 引き合いに出す. ‖전례를 끌어대다 先例を引き合いに出す.

끌어-들이다 /kʰɯ:rɔdɯrida/ 他 引っ張り込む. ‖친구 둘을 계획에 끌어들이다 友人2人を計画に引っ張り込む.

끌어-매다 他 縫い合わせる.

끌어-안다 /kʰɯ:rɔa:ntʰa/ [-따] 抱きしめる; 抱き寄せる. ‖아이를 끌어안다 子どもを抱きしめる.

끌어-올리다 /kʰɯ:rɔ:llida/ 他 引き上げる. ⊙끌어내리다. ‖성적을 끌어올리다 成績を引き上げる.

끓는-점 [끌른-] 名 沸騰点. 漢 비등점 (沸騰點).

끓다 /kɯlt͈a/ [끌타] 邓 ❶ 沸く; 煮え立つ. ‖주전자 물이 끓다 やかんの湯が沸く. ❷ 煮え返る. ‖억울해서 속이 부글부글 끓다 悔しくて腹の中が煮え返る. ⓟ煮える. ❸ (痰がつかえて)ぜいぜいする. ‖담이 끓다 痰がからんでぜいぜいする. ❹ (熱が)高い; ひどく熱がある. ‖열이 나서 몸이 펄펄 끓다 熱が出て体がひどく熱い. ❺ (虫が)わく. ‖더위가 끓다 うじがわく. ❻ (血が)騒ぐ. ‖젊은 피가 끓다 若い血が騒ぐ.

끓어-오르다 [끄러-] 邓 [르変] ❶ 煮え立つ. ❷ (怒り·情熱などが)わく; たぎる; 込み上げる. ‖분노가 끓어오르다 怒りが込み上げる.

끓-이다 /kɯrida/ [끄리-] 他 〔끓다의 使役動詞〕❶ (お湯などを)沸かす. ‖물을 끓이다 お湯を沸かす. ❷ (コーヒーを)入れる. ‖커피를 끓이다 コーヒーを入れる. ❸ (ラーメンやチゲなどを)つくる. ‖라면을 끓여 먹다 ラーメンをつくって食べる. ❹ 〔속 끓이다의 形で〕気をもむ.

끔벅-거리다[-대다]【-꺼(때)-】邓他 (目を)ぱちくりする(させる); (目を)ぱちぱちする(させる). 同눈을 끔벅거리다 目をぱちぱちさせる[ぱちくりさせる].

끔벅-이다 他 =끔벅거리다.

끔찍-하다 /k͈ɯmt͡ɕʼik̚hada/ 【-찍카-】 囮 [하変] ❶ ひどい; すごい; すさまじい; むごい; 悲惨だ; 残酷だ; 無慈悲だ. ‖끔찍한 장면 残酷な場面. 끔찍한 사고 현장 すさまじい事故現場. 끔찍한 형상 ものすごい形相. ❷ 手厚い; 懇ろだ. ‖끔찍한 대접을 받다 手厚いもてなしを受ける. ❸ 〔끔찍도 하다〕ひどく大切にする. **끔찍-이** 副 ひどく; 大変; 非常に; ものすごく. ‖끔찍이 아끼다 大変大切にする.

끗-발 [끋-] 图 (博打などで)続けざまにいい点数が出ること. ▶끗발(이) 세다 羽振りを利かせる.

끙 感邓 うめいたり力んだりする時の声: うん. **끙끙** 感邓

끙끙-거리다[-대다] /k͈ɯŋ͈ʔk͈ɯŋ͈ɡərida[dɛda]/ 邓 うめく; 力む. ‖부상자들의 끙끙대는 소리가 들리다 負傷者らのうめき声が聞こえる. 책상을 혼자서 끙끙대고 있다 机を1人で動かそうと力んでいる.

끝 /k͈ɯt̚/ [끋] 图 ❶ (空間·時間·事物の)端; 先; 先端; 末. ‖끝이 안 보이다 先が見えない. 머리끝까지 화가 나다 頭に血が上る. 칼 끝 刀先. 장대 끝 さおの先. ❷ 終わり; 最後; 果て; 切り. ‖처음부터 끝까지 始め[最初]から終わり[最後]まで. 이 세상 끝까지 この世の果てまで. 그 영화 끝은 어떻게 되죠? あの映画, 最後はどうなりますか. 불만 말하자면 끝이 없다 不満を言い出せば切りがない. ❸ 〔…끝에의 形で〕…の末に; …のあげく. ‖고생 끝에 苦労の末に. 얘기한 끝에 해결이 되었다 話し合いの末, 解決できた. 고민한 끝에 결론을 내리다 悩んだあげく結論を下す.

끝끝-내 [끋끈-] 副 〔끝내を強めて言う語〕最後まで; 終わりまで; 結局; とうとう; ついに. ‖서울까지 가서 끝끝내 만나지 못했다 ソウルにまで行ったが結局会えなかった.

끝-나다 /k͈ɯnnada/ 【끝-】 邓 ❶ 終わる; 済む. ‖수업이 끝나다 授業が終わる. 입국 수속이 생각보다 빨리 끝났다 入国の手続きが思ったより早く済んだ. ⓟ끝내다. ❷ (空間的·時間的に)切れる; (梅雨などが)明ける; 尽きる. ‖이 달로 집 계약이 끝난다 今月で家の契約が終わる. 장마가 끝나다 梅雨が明ける. 길이 끝나는 곳 道が行き止まりになるところ.

끝-내 /k͈ɯnnɛ/ 【끋-】 副 ❶ 〔主に下に打ち消しの表現を伴って〕最後まで; 終わりまで; 結局; ついに. ‖끝 기다렸지만 끝내 오지 않았다 ずいぶん待ったが結局来なかった. ❷ とうとう; ついに. ‖끝내 숨을 거두었다 とうとう息を引き取った. 끝내 만들어내다 やっと作り上げる.

끝내기 [끋-] 图 (野球) 結末をつけること; けりをつけること. ‖끝내기 홈런 さよならホームラン.

끝-내다 /k͈ɯnnɛda/ 【끋-】他 〔끝나다의 使役動詞〕終える; 済ませる. ‖오늘은 빨리 일을 끝내고 돌아갔다 今日は早く仕事を終えて帰った.

끝-마치다 [끋-] 他 終える; 済ます. ‖수속을 끝마치다 手続きを終える.

끝말-잇기 [끈말릳끼] 图 しり取り.

끝-맺다 /k͈ɯnmɛt̚t͈a/ [끋맫따] 他 締めくくる; 結末をつける.

끝-머리 [끋-] 图 最後; 一番後ろ; 後尾. ⓟ첫머리. ‖문장의 끝머리 文の最後.

끝-소리 [끋쏘-] 图 〈言語〉 一音節末の子音. ⓟ종성(終聲).

끝-손질 [끋-] 图他 最後の手入れ.

끝-수 (-数) [끋쑤] 图 端数.

끝-없다 /k͈ɯdɔpta/ [끄덥따] 囮 終わりがない; 切りがない; 果てしない. ‖끝없는 질문 切りのない質問. 끝없는 대평원 果てしない大平原. **끝없-이** 副.

끝-장 /k͈ɯt̚t͈ɕaŋ/ [끋짱] 图 終わり; おしまいが; 終末. ‖그 사람 드디어 끝장이다 彼もこれでおしまいだ. ▶끝장을 보다 終わりにする.

끝장-나다 邓 終わりになる; けりがつく.

끝장-내다 他 終わりにする; けりをつける.

끼[1] 图 =끼니.

— 依名 食事の回数を数える語: …食.

‖하루에 두 끼만 먹는다 1日2食しか食べない.

끼²(←氣) 图 ❶ (芸能方面などへの)才能. ❷ (特に女性の)浮気性; 尻が軽いこと. ‖끼가 있는 여자 浮気性の女.

끼고-돌다 他 [=語幹] ひいきする; 溺愛する; かばう. ‖큰아들만 끼고돌다 長男ばかりを溺愛する.

끼깅 副 犬の鳴き声: キャンキャン.

끼깅-거리다[-대다] 自 子犬がキャンキャン鳴く.

끼니 /kini/ 图 (3度の)食事. ‖끼니를 거르다 食事をぬく.

끼다¹ 自 ❶ 끼이다の縮約形. ❷ 挟まれる;(サイズが合わなくて)きちきちだ; 伍する. ‖꼭 끼는 구두 きちきちの靴. 일류선수들 사이에 끼어 달리다 一流選手に伍して走る.

끼다² /ki:da/ 自 ❶ (霧・雲などが)立ち込める;(雲などが)垂れ込める; かかる. ‖안개가 낀 날씨 霧がかかる天気. 구름이 낀 날씨 雲のかかった天気. ❷ (垢・ほこり・目やになどが)つく、たまる. ‖물때가 끼다 水垢がつく. 눈곱이 끼다 目やにがたまる. ❸ (苔・錆などが)生える. ‖이끼가 낀 바위 苔むした岩. ❹ (顔・声などに感情が)こもる; 帯びる;(しみなどが)できる. ‖얼굴에 기미가 끼다 顔にしみができる.

끼다³ /ki:da/ 他 ❶ (脇に)挟む. ‖책을 겨드랑이에 끼다 本を脇に抱える. ❷ 끼이다. ❸ 抱える. ‖아이를 끼고 자다 子どもを抱きながら寝る. ❹ (腕を)組む;(手袋などを)はめる. ‖팔짱을 끼다 腕を組む. 장갑을 끼다 手袋をはめる. 반지를 끼다 指輪をはめる. 헤드폰을 끼고 듣다 ヘッドホンをかけて聞く. ❺ 沿う. ‖철로를 끼고 걷다 線路に沿って歩く.

-끼리 接尾 …同士で; …だけで. ‖어머니들끼리 만나다 母親同士で会う. 아이들끼리 놀러 가다 子どもたちだけで遊びに行く.

끼리-끼리 副 似たもの同士; 仲間同士; 三々五々. ‖끼리끼리 어울리다 仲間同士で遊ぶ. 끼리끼리 몰려가다 三々五々押しかける.

끼어-들다 自 [=語幹] 割り込む; 入り込む. ‖얘기에 끼어들다 列に割り込む. 얘기에 끼어들 여지가 없다 話に入り込む余地がない.

끼-얹다【-언따】他 (水などを)かける;

振りかける; 浴びせる; ぶっかける. ‖찬물을 끼얹다 水を浴びせる.

끼-우다 /kiuda/ 他 はめる; 挟む; はめ込む; 差し込む. ‖단추를 끼우다 ボタンをはめる. 창틀에 유리를 끼우다 窓枠にガラスを入れる.

끼-이다 自 ❶ [끼다³の受け身動詞] 挟まれる; 差し込まれる; 挟まる; はまる. ‖두 사람 사이에 끼여서 입장が困難である 2人の間に挟まれて身動きがとれない. ❷ 加わる; 仲間入りする. ‖나도 끼여서 같이 놀았다 私も加わって一緒に遊んだ.

끼치다¹ /kʰitɕʰida/ 自 ❶ [소름이 끼치다の形で]身の毛がよだつ. ‖무서워서 소름이 끼치다 恐ろしさに身の毛がよだつ. ❷ 吹きつける;(身に)かかる. ‖가까이 가자 술 냄새가 확 끼쳤다 近寄ると酒のにおいがぷんと鼻をついた.

끼치다² /kʰitɕʰida/ 他 ❶ (面倒・心配などを)かける. ‖폐를 끼쳐 면목ない 心苦しさをおかけして申し訳ありません. ❷ (影響などを)及ぼす; 与える. ‖영향을 끼치다 影響を及ぼす. 周りの人に迷惑を及ぼす. 먼 친척들에게까지 누를 끼치다 遠い親戚にまで累を及ぼす.

끽 副 急ブレーキを踏む時に出る金属音.

끽다(喫茶) 图 [-따] 自甲 喫茶.

끽-소리【-쏘-】 [하다] (反論や反抗のための)一言. ‖내 말에 끽소리도 못했다 私が言ったことに一言も反論しなかった.

끽연(喫煙) /kʰiɡjən/ 图 自甲 喫煙.

끽연-실(喫煙室) 图 喫煙室.

끽-하다【끼카-】[하얏] [主に끽해야の形で]たかが; せいぜい. ‖모여도 끽해야 열 명 정도다 集まっても、せいぜい10人くらいだ.

낄낄-거리다[-대다] 自 くすくす笑う. ‖뭐가 우스운지 둘이서 낄낄대고 있다 何がおかしいのか2人でくすくす笑っている.

낌새 /kimsɛ/ 图 気配; 様子; 気色. ‖낌새가 이상하다 様子がおかしい. 낌새를 보고 생각하자 様子を見て考えよう.

낌새-채다 他 感づく.

낑낑-거리다[-대다] 自 うめく; 力む; 苦しむ; もがく. ‖낑낑대는 소리 うめき声.

ㄴ

- **ㄴ**[1] ハングル子母字母の第 2 番目。名称は「니은」。
- **ㄴ**[2] 助 〔는の縮約形〕…は；…では…じゃ。‖난 좋아해 私は好きだよ。이건 아니야 これじゃない。
- **-ㄴ**[3] 語尾 〔母音幹及び母音で終わる動詞の語幹に付いて；子音の場合は-은〕過去連体形を作る。‖어제 만난 사람 昨日会った人。친구가 보내 준 생일 선물 友だちが送ってくれた誕生日プレゼント。❷〔ㄹ語幹及び母音で終わる形容詞の語幹に付いて；子音の場合は-은〕現在連体形を作る。‖비싼 시계 高い時計。❸〔이다の語幹に付いて〕現在連体形を作る。‖회사원인 언니 会社員の〔である〕姉。
- **-ㄴ**[4] 〔-너라の縮約形でオダの語幹に付いて〕命令の意を表わす。‖할머니한테 온 おばあちゃんのところにおいで。❖오너라より親しみを感じる言い方。
- **-ㄴ가** 語尾 〔母音および ㄹ で終わる形容詞の語幹に付いて；子音の場合は-은가〕疑問を表わす。…の(か)。‖집은 먼가? 家は遠いのか。그런 얼마나 비싼가? それはどれくらい高いか。
- **ㄴ걸** 助 〔母音で終わる体言に付いて；子音の場合は인걸〕❶ 感嘆の意を表わす。…だな。…だね。‖힘이 장산걸 力持ちだね。❷…であることを…な(の)な。‖그 사람 아버지가 변호산줄 몰랐어 아버지가 弁護士であることを知らなかった。
- **-ㄴ다** 語尾 〔母音および ㄹ で終わる動詞の語幹に付いて；子音の場合は-는다〕現在時制を表わす。‖나는 매일 공부한다 私は毎日勉強している。전철로 학교에 다닌다 電車で学校へ通う。
- **-ㄴ다고**[1] 語尾 〔母音および ㄹ で終わる動詞の語幹に付いて；子音の場合は-는다고〕理由・根拠などを表わす。…からといって。‖오랜만에 여자 친구를 만난다고 들떠 있다 久しぶりに彼女に会うからといってうきうきしている。
- **-ㄴ다고**[2] 語尾 〔母音および ㄹ で終わる動詞の語幹に付いて；子音の場合は-는다고〕❶ 話し手の意見や考えなどを強調する意を表わす。‖그 정도는 나도 안다고 それくらいは私も知っている。❷ ある問いに対する答えが、期待に及ばなかったことを表わす。‖영어 정도는 할 줄 안다고 英語くらいはできると思ってたのに。
- **-ㄴ다고**[3] 語尾 〔-ㄴ다 하고の縮約形〕…と。‖좋아한다고 고백했다 好きだと告白した。
- **-ㄴ다느니** 語尾 〔母音で終わる動詞の語幹に付いて；子音の場合は-는다느니〕決めかねていることを表わす。‖그 사람이랑 결혼을 한다느니 안 한다느니 그 속을 알 수가 없어 あの人と結婚するとかしないとか、どうする気なのか分からない。
- **-ㄴ다는** 語尾 〔-ㄴ다고 하는の縮約形〕…だという…との。‖오늘 만난다는 사람은 누구야? 今日会うという人は誰なの。
- **-ㄴ다니**[1] 語尾 〔-ㄴ다고 하니の縮約形〕…というから…とのことで…するそうなので。‖곧 온다니 조금만 더 기다리자 すぐ来るというからもう少し待とう。
- **-ㄴ다니까**[2] 語尾 〔母音および ㄹ で終わる動詞の語幹に付いて；子音の場合は-는다니까〕話し手の意志・確信などを表わす。‖…だよ。…だってば。‖틀림없이 온다니까 必ず来るってば。❷ -ㄴ다고 한다니까の縮約形。
- **-ㄴ다마는** 〔母音で終わる用言の語幹に付いて；子音の場合は-는다마는〕前の事柄を認めつつも後の事柄がそれに拘束されないことを表わす。…することはするが、…ても。‖입어 본다마는 그 다지 마음에 드는 색깔은 아니야 着てはみるが、それほど気に入る色ではない。
- **-ㄴ다면** -ㄴ다고 하면の縮約形。
- **-ㄴ다며** -ㄴ다면서の縮約形。
- **-ㄴ다면서** 〔-ㄴ다고 하면서の縮約形〕…と言いながら…と言って。‖친구를 만난다면서 나갔어 友だちに会うと言って出かけるた。❷ 聞き返すか皮肉る意を表わす。…(ん)だって(ね)。‖요즘 그 사람이랑 자주 싸운다면서? 最近あの人としょっちゅうけんかするんだって?
- **-ㄴ단다** 〔-ㄴ다고 한단다の縮約形〕引用例を表わす。…と言う。…だそうだ。…(ん)だって。‖야마다 씨는 한국으로 유학 간단다 山田さんは韓国に留学するそうだ。
- **-ㄴ담** 〔母音で終わる用言の語幹に付いて；子音の場合は-는담〕軽い感嘆の意を込めた疑問を表わす。…するのかね。…するのだ。‖이 일을 어떡한담? これをどうすればいいのかね。
- **-ㄴ답니까** 〔-때-〕語尾 〔-ㄴ다고 합니까の縮約形〕問い返す意を表わす。…と言うんですか。…そうですか。‖몇 시에 도착한답니까? 何時に着くそうですか。
- **-ㄴ답니다** 〔-때-〕語尾 〔-ㄴ다고 합니다の縮約形〕伝え聞いた内容を丁寧に述べる意を表わす。…と言うことです。…だそうです。‖두 시에 도착한답니다 2時に着くそうです。
- **-ㄴ답디까** 〔-때-〕語尾 〔-ㄴ다고 합디까の縮約形〕伝え聞いた内容を丁寧に問い返す意を表わす。…と言いましたか。‖몇 사람이 온답디까? 何人が来ると言いましたか。
- **-ㄴ답디다** 〔-때-〕語尾 〔-ㄴ다고 합디다の縮約形〕伝え聞いた内容を丁寧に述べる意を表わす。…と言っていました。
- **-ㄴ대** 語尾 …そうだ；…って；…ㄴ다って。

∥태풍이 온대 台風が来るそうだ.

-ㄴ데² 囲 〔母音で終わる体言に付いて; 子音の場合は인데〕…だが; …であるが. ∥쉬운 문제인데 못 풀었다 易しい問題だが, 解けなかった.

-ㄴ데² 語尾 〔母音および으で終わる形容詞の語幹に付いて; 子音の場合は-은데〕 ❶前置きを表わす: …から; …ので. ∥좀 먼데 택시 타지 않을래요? ちょっと遠いから, タクシーに乗りませんか. ❷逆接を表わす: …が; …だけど. ∥얼굴은 예쁜데 몸이 약하다 顔はきれいだが, 体が弱い. ❸感嘆を表わす: …ね. ∥날씨가 제법 찬데 ずいぶん寒いね.

ㄴ들 囲 〔母音で終わる体言に付いて; 子音の場合は인들〕…だとしても; …であろうとも; …でも; …だって. ∥이 문제는 부모인들 알 수 있겠어? この問題は親だって分かりようないんじゃない?

ㄴ지 囲 〔母音で終わる体言に付いて; 子音の場合は인지〕…なのか. ∥그 사람이 누군지 알겠니? あの人が誰なのか分かる?

-ㄴ지² 語尾 〔母音および으で終わる形容詞の語幹などに付いて; 子音の場合は-은지〕…かも. ∥바쁜지 모르겠다 忙しいかも知れない.

나¹ 羅 图 〈姓〉 羅 (ナ).

나² 囲 〔나이의略語〕年(としは); 年齢. ∥나 많은 사람 年とった人.

나³ /na/ 冊 私; 僕; 俺. ∥나는 학생이다 私は学生だ. 나는 잘 모른다 私はよく知らない. 그 사람은 나를 미워하고 손을 흔들었다 彼は私を見ては手を振った. 나한테는 어려운 일 私には難しい仕事. ＊助詞가·게が付くと내になる. ▶나는 생각한다 고로 존재한다 我思う, 故に我あり (デカルトの言葉). ∥나 몰라라 하다 我関せず.

나⁴ /na/ 囲 〔母音で終わる体言に付いて; 子音の場合は이나〕選択などの意を表わす. ❶…でも. ∥커피나 마시자 コーヒーでも飲もう. 케이크나 먹을 까 ケーキでも食べようか. ❷…だの. ∥떡이나 먹고 싶다 ケーキやらパンも甘い物やら食べたい. 잡지나 만화를 본다 暇な時には雑誌や漫画を読む. ❸…も. ∥케이크를 한꺼번에 세 개나 먹었다 ケーキを一度に3個も食べた. ❹…くらい; …ほど. ❺재고가 몇 개나 남았습니까? 在庫は何個ぐらい残っていますか. ❻…でも. ∥그럴게 가고 싶으면 너나 가라 そんなに行きたいならお前だけで行けよ. ❼⟨…くらい⟩. ∥애나 좋아할 것 같은 맛이다 子どもなら好きそうな味だ.

나⁵ 囲 나다(出る)の連用形.

나⁶ 語尾 〔母音で終わる用言の語幹に付いて; 子音の場合は-으나〕 ❶逆接を表わす. ∥공부는 열심히 하나 성적은 좋지 나 一所懸命勉強しているが成績はよくない. 일은 잘하나 성질이 급하다 仕事はできる気が短い. ❷⟨反対の意を表わす語を2つ並べて⟩…でも…でも; いつも; 常に. ∥공부를 하나 안 하나 결과는 똑같다 勉強をしてもしなくても結果は全く同じだ. 앉으나 서나 그 생각뿐이다 いつもそのことばかり考えている.

-나⁷ 語尾 〔疑問を表わす-는가·-은가の縮約形〕…の; …のか; …か. ∥앞으로 어떻게 하나? この先どうするのか, どんな仕事がしたい? どういう仕事がしたいの.

나가는곳 〖-곧〗 图 〈駅などの〉出口. 相当出口(出口).

나-가다¹ /nagada/ 囲 ❶出る; 出て行く. ∥베란다에 나가서 담배를 피우다 ベランダに出てタバコを吸う. 회사에 나가다 会社に出る. 시합에 나가다 試合に出る. 동창회에 나가다 同窓会に出る. 사회에 나가다 社会に出る. 정계로 나가다 政界に出る. 여기서 나가 주세요 ここから出て行ってください. 나가서 먹자 外食する. ❷出かける; 行く. ∥몇 시에 나가십니까 何時に出かけますか, 쇼핑하러 나가다 買い物に出かける. 역까지 배웅 나가다 駅まで見送りに行く. ❸売れる. ∥이것은 잘 안 나간다 これはあまり売れない. 집이 나갔다 家が売れた. ❹〈進度などが〉進む. ∥수업 진도가 잘 나간다 授業がなかなか進まない. 저번 주에 몇 과까지 나갔어요? 先週何課まで進んだんですか. ❺〈本体·数値などが〉ある水準に達する. ∥몸무게가 3배 나가다 体重がかなりある. ❻〈気が〉抜ける. ∥정신이 나가다 気が抜ける. ❼〈電気などの供給が〉止まる. ∥전기가 나가다 停電する. ❽辞める. ∥그 일로 회사를 나갔다 そのことで会社を辞めた. ❾切り替わる; 駄目になる. ∥구두창이 나가다 靴底が切れる. ❿⟨…태도로 나가다の形で⟩…態度に出る. ∥강경한 태도로 나가다 強硬な態度に出る.

── 他 出る. ∥집을 나가다 家を出る; 家出する. 매일 아침 여덟 시에 집을 나간다 毎朝8時に家を出る.

나-가다² 補動 …続ける; …ていく. ∥담 담하며 편지를 읽어 나가다 淡々と手紙を読み続ける. 문제를 하나하나 극복해 나가다 問題を一つ一つ克服していく.

나가떨어지다 囲 ❶ぶっ倒れる; (強い力によって)後ろに倒れる; 辛い状態に耐えられなくなる. ∥독약 한 방에 나가떨어지다 パンチ1発でぶっ倒れる. ❷くたばる. ∥며칠 동안 철야하더니 나가떨어졌다 徹夜をしてへばっている.

나가-자빠지다 囲 ❶あお向けに倒れる; のけぞって倒れる. ❷諦める. 相当나자빠지다.

나그네 图 旅人; 旅行者.

나그넷-길 [-네낄/-넫낄] 图 旅; 旅路. ‖인생은 나그넷길 人生は旅.

나긋나긋-하다 [-근-그타-] 圈 [有変] (態度·話し方などが) 柔らかい; 優しい. ‖나긋나긋한 태도 優しい態度.

나날 图 日々; 毎日. ‖정신없이 바쁜 나날 目まぐるしいほど忙しい日々.

나날-이 /nanali/ 圈 日ごとに; 日に日に. ⑩날로. ‖나날이 몸이 좋아지고 있다 日ごとに体調がよくなっている.

나노 (nano) 图 ナノ. →メートル法の単位の前に付いて10億分の1を表わす.

나누-기 /nanugi/ 图 (数学) 割り算; 除法. ⓒ 더하기·빼기·곱하기. ‖육 나누기 삼은 이다 6割る3は2である.

나누다 /nanuda/ 他 ❶分ける; 分かつ. ‖여러 조각으로 나누다 パンを何切れかに分ける. 두 팀으로 나눠서 시합을 하다 2組に分けて試合をする. 상하 두 권으로 나누다 上下2巻に分かつ. ⓒ나뉘다. ❷分配する. ‖재산을 다섯 몫으로 나누다 財産を分配する. ❸割る; 割り算する. ‖육을 삼으로 나누다 6を3で割る. ❹分かち合う; 分担する. ‖슬픔을 나누다 悲しみを分かち合う. ❺交わす; くみ交わす. ‖이야기를 나누다 話を交わす. 술잔을 나누다 酒をくみ交わす.

나누어-떨어지다 国 (割り算で) 割り切れる; 整除する. ‖이십사는 삼으로 나누어떨어진다 24は3で割り切れる.

나눗-셈 /nanu'sem/【-눋셈】 图 (数学) 割り算; 除法. ⓒ 덧셈·뺄셈·곱셈.

나눗셈-부호 (-符号) 图 割り算の符号 (÷).

나눗셈-표 (-標) 图 =나눗셈 부호.

나뉘다 国 [나누다의 受動形] 分けられる; 分割される.

나는¹ 图 나다(出る)의 現在連体形.

나는² 国 [ㄹ語幹] 날다(飛ぶ)의 現在連体形.

나다¹ /nada/ 国 ❶出る. ‖코피가 나다 鼻血が出る. 눈물이 나다 涙が出る. 열이 나다 熱が出る. 힘이 나다 元気が出る. 결론이 나왔어요? 結論が出ましたか. 어제 일어난 살인사건이 신문에 났다 昨日起きた殺人事件が新聞に出た. ⓒ내다. ❷ (ある地域に) 生まれる. ‖서울에서 나서 자랐다 ソウルで生まれ育つ. ❸生える. ‖수염이 나다 ひげが生える. 이가 나다 歯が生える. ❹できる. ‖여드름이 나다 にきびができる. ❺起きる. ‖전쟁이 나다 戦争が起きる. 큰일이 났다 大変なことが起きた. ❻産出である; 産出される. ‖이 지방에서는 철이 많이 납니다 この地方では鉄が多く産出されます. ❼ [年齢を表わす語を伴って] …歳の; …歳になる. ‖일곱 살 난 딸이 하나 있어요 7歳になる娘が1人います. ❽ (時間·空間などが) 空く; ある. ‖시간이 날 때 전화 주세요 時間がある時に電話してください. 저기 자리가 났다 あそこの席が空いた. ❾ [名詞+이 [가] 나다の形で] …がする. ‖현기증이 나다 目まいがする. 이상한 냄새가 나다 変なにおいがする. 발소리가 나다 足音がする. ❿ [名詞+이 [가] 나다の形で] …がする. ‖화가 나다 腹が立つ. 소문이 나다 うわさが立つ. 생각이 나다 思い出す. 이름이 나다 世に知られる.

── (ある時期を) 越す; 過ごす. ‖제비는 따뜻한 남쪽 나라에서 겨울을 난다 ツバメは南の暖かい国で冬を越す.

나다² 国 [아어] 나다の形で] 動詞の動きが終わり動きが続いていることを表わす. ‖꽃들이 피어 나다 花が咲き出す. ❷ [고 나서 …고 나면の形で] 動きが終わったことを表わす. ‖리포트를 제출하고 나니 속이 시원하다 レポートを出したので(気持ちが)すっきりしている.

나-다니다 自国 出歩く; うろうろする; ぶらぶらする. ‖하루같이 나다니고 있다 毎日のように出歩いている.

나돌다 〔ㄹ語幹〕 나돌아다니다의 縮約形. ‖동네에 이상한 소문이 나돌고 있다 村に変なうわさが出回っている.

나돌아다니다 国 うろうろ歩き回る; 出回る; ほっつき歩く. ⓒ나돌다. ‖밤늦게까지 나돌아다니다 夜遅くまでほっつき歩く.

나-뒹굴다 〔ㄹ語幹〕 (ものが)あちこちに転がる; 転げ回る. ‖사고 現場에는 자동차 파편들이 여기저기에 나뒹굴고 있었다 事故現場には車の破片があちこちに散っていた.

나들-이 图有変 外出.

나들이-옷 [-옫] 图 外出着. ⓒ 외출복(外出服).

나라 /nara/ 图 ❶国; 国家. ‖나라를 다스리다 国を治める. 우리나라 わが国. 자기 나라로 돌아가다 自国(祖国)に帰る. 월드컵으로 나라 안이 들썩거리고 있다 ワールドカップで国中がざわついている. 이웃 여러 나라 隣諸国. 나라 이름 国の名前; 国名. ❷…の世界; 夢の世界. ‖꿈나라 夢の世界; 夢の国.

나락 (那落·奈落) 图 (仏教) 奈落; 地獄. ‖나락으로 떨어지다 奈落の底に落ちる. ❷どん底.

나란-하다 [有変] 並んでいる. **나란히** 圈 並んで. ‖앞으로 나란히! 前へならえ! ‖나란히 걷고 있다 並んで歩いている.

나란히-꼴 (数学) 平行四辺形. ⓒ 평행사변형(平行四辺形).

나란히-맥 (-脈) 图 (植物) 平行脈.

나랏-돈 [-라똔/-랃똔] 图 国庫金. ⓒ 국고금(國庫金).

나랏-일【-란닐】 图 国事. ⑳국사(國事).

나래 图 翼. ‖꿈의 나래를 펼치다 夢の翼を広げる.

나루 图 渡し(場);渡り場. ‖강나루 川の渡し場.

나루-터 图 船着き場.

나룻-배【-루빼/-룯빼】 图 渡し船. ‖나룻배를 타다 渡し船に乗る.

나르다 /naruda/ 他【르変】〔날라,나르는〕(ものを)運ぶ. ‖어제는 이삿짐을 날랐다 昨日は引っ越しの荷物を運んだ. 목재를 배로 나르다 木材を船で運ぶ.

나르시시스트 (narcissist) 图 ナルシシスト;ナルシスト.

나르시시즘 (narcissism) 图 ナルシシズム;ナルシズム.

나른-하다 naranhada/ 圏【하変】だるい;だるい. ‖열이 있는지 몸이 나른하다 熱があるのか体がだるい. 나른한 여름 오후 けだるい夏の昼下がり. **나른-히** 副

나름 /narɨm/ 依存 …次第;…なり. ‖자기 하기 나름이다 自分次第だ. 나 나름대로 私なりに. 사람 나름이다 人それぞれだ.

나리 图【植物】ユリ(百合).

나마[2] 依存〔母音で終わる体言に付いて〕子音の場合は이나마〕…でも;…だけでも. ‖잠시나마 쉬는 게 좋겠다 ちょっとだけでも休んだ方がいい.

-나마[1] 語尾〔ㄹ語幹,母音語幹に付く〕…ても;…なくても;そうであろうがなかろうが. ‖보나마나 합격이야 見なくても合格だよ.

나막-신【-신】 图 昔の木靴.

나맥 (裸麥) 图【植物】ハダカムギ(裸麦). ⑳쌀보리.

나머지 /namədʑi/ 图 ❶ 残り;余り. ‖나머지는 네가 먹어라 残りはお前が食べろ. ❷【数学】(割り算の)余り. ‖십을 삼으로 나누면 나머지가 일이다 10を3で割ると, 余りは1である. ❸ 後. 내일 일은 내가 처리한다 後のことは私が片付ける. ❹〔連体形の後ろに付いて〕…のあまり. ‖놀란 나머지 실신했다 驚きのあまり失神した. 화가 난 나머지 몸을 부들부들 떨고 있다 怒りのあまり体をぶるぶると震わせている.

나무 /namu/ 图 ❶ 木;樹木. ‖나무를 심다 木を植える. 나무를 베다 木を切る. ❷ 木材;材木. ❸ 薪. ‖나무를 패다 薪を割る.

나무-가위 剪定ばさみ. ⑳전지가위(剪枝-).

나무-껍질【-낄】 图 木皮;樹皮. ⑳목

피(木皮).

나무-꾼 图 木こり.

나무-늘보 图【動物】ナマケモノ.

나무-막대기【-때-】 图 木の棒.

나무-뿌리 图 木の根. ⑳목근(木根).

나무-상자 (-箱子) 图 木箱.

나무-숲【-숩】 图 林;雑木林.

나무-젓가락【-저까-/-젇까-】 图 木の箸;割りばし;菜箸.

나무-토막 图 (やや大きい)木の切れ端.

나무-통 (-桶) 图 木桶;樽.

나뭇-가지【-무까-/-묻까-】 图 木の枝.

나뭇-결【-무껼/-묻껼】 图 木目(もく). 木理. ‖나뭇결이 거친 나무 木目の荒い木.

나뭇-더미【-무띠-/-묻띠-】 图 積んでおいた薪.

나뭇-등걸【-무뜽-/-묻뜽-】 图 (木の)切り株. ‖나뭇등걸에 걸터앉다 切り株に腰かける.

나뭇-잎【-문닙】 图 木の葉.

나뭇-조각【-무쪼-/-묻쪼-】 图 木切れ;木片.

나무라다 /namurada/ 他 ❶ たしなめる;叱る. ‖잘못을 나무라다 過ちをたしなめる. ❷〔主に나무랄 데 없는の形で〕立派だ;この上ない. ‖나무랄 데 없는 작품 立派な作品. 나무랄 데가 없다 非の打ちどころがない.

나무-아미타불 (南無阿彌陀佛) 图【仏教】南無阿弥陀仏.

나물 /namul/ 图【料理】ナムル(韓国風の野菜の和え物). ❷ 콩나물 豆もやしの和え物. ❷ 野草;山菜. ‖나물을 캐러 가다 山菜を採りに行く.

나미비아 (Namibia) 图 国名 ナミビア.

나박-김치【-낌-】 图【料理】正方形に薄切りした大根を塩漬けし, 唐辛子, ネギ, ニンニクなどを加え, 汁をたっぷり注ぎ, 漬かった頃に刻んだセリを加えたキムチ.

나발 (←喇叭;囉叭) 图 ❶【音楽】らっぱ. ❷ ほら;大げさ. ❸ 〔…이〕 …고 나발이고の形〕…も何も;何もかも. ‖죽이고 나발이고 내가먹는 먹고 살지 않다 お弱(の)も何も食べたくない. ▶나발을 불다 ①ほらを吹く. ②らっぱ飲みする.

나방 (-蟲) 图【昆虫】ガ(蛾).

나병 (癩病) 图【医学】ハンセン病.

나부 (裸婦) 图 裸婦.

나부끼다 自他 はためく;なびく;なびかせる. ‖깃발이 나부끼다 旗がはためく. 긴 머리를 바람에 나부끼며 걸어 오다 長い髪の毛を風になびかせながら歩いてくる.

나부랭이 图 切れ端;くず;取るに足りない人や物. ‖종이 나부랭이 紙の切れ端.

나불-거리다【-대다】 自 ぺらぺらとむやみにしゃべる.

나불-나불 副 ぺらぺら(と);ぺちゃぺちゃ(と). ‖나불나불 잘도 떠든다 ぺちゃぺちゃ

나-붙다 ちよくともしやべる。
나-붙다 [-붙따] 張り出される；揭示される。∥게시판에 경고문이 나붙다 揭示板に警告が張り出される。
나비¹ (幅) 图 橫幅。⑪ 폭(幅).
나비² /nabi/ 图 {昆虫} チョウ(蝶).
 나비-넥타이 (-necktie) 图 蝶ネクタイ、ボータイ。
 나비-매듭 图 蝶結び。
 나비-춤 图 ひらひら舞う踊り。

나빠-지다 /na'pac̨ǐda/ 自 悪くなる；衰える；悪化する；こじれる；崩れる。⑰ 좋아지다 ∥사태는 점점 나빠지고 있다 事態はますます悪くなつている。관계가 나빠지다 関係がこじれる。병세가 나빠지다 病状が悪化する。날씨가 나빠지다 天気が崩れる。

나쁘다 /na'p̨ǔda/ 因 {으変} [나빠, 나쁜] ❶ 悪い。∥머리가 나쁘다 頭が悪い。눈이 많이 나쁘다 目がとても悪いです。세상에는 좋은 사람도 있고 나쁜 사람도 있다 世の中には良い人も悪い人もいる。나쁜 것을 하다 悪いことをする；悪事をはたらく。❷ 不愉快だ。∥그 일 때문에 기분이 나빠서 안 가기로 했다 そのことで不愉快なので、行かないことにした。

나사¹ (螺絲) 图 /nasa/ ねじ。∥나사를 죄다 ねじを締める。나사가 빠지다 ねじがはずれる。수나사 雄ねじ。암나사 雌ねじ。
 나사-돌리개 (螺絲-) 图 ドライバー；ねじ回し。⑪ 드라이버.
 나사-못 (螺絲-) 图 ねじ釘。
 나사-선 (螺絲線) 图 螺旋。
 나사선-운동 (螺絲線運動) 图 螺旋運動。
 나사-조개 (螺絲-) 图 {魚介類} マキガイ(巻貝).
 나사-층층대 (螺絲層層臺) 图 螺旋階段。

나사² (羅紗) 图 (毛織物の)ラシャ。
 나사-지 (羅紗紙) 图 ラシャ紙。
나상 (裸像) 图 裸体像。

나-서다 /nasǒda/ 自 ❶ 出る；出かける。∥몇 시에 나설까요? 何時に出ましょうか。❷ 乗り出す。∥경찰이 조사에 나서다 警察が調査に乗り出す。직접 설득에 나서다 直接説得に乗り出す。❸ 口出しする。∥네가 왜 나서니? 何でお前が口出しするの？
— 他 出る；出発する。∥집을 나서다 家を出る。먼 길을 나서다 遠い道のりに向けて出発する。

나선¹ (螺旋) 图 螺旋。
 나선-계단 (螺旋階段) 图 [-/-게-] 螺旋階段。
 나선-상 (螺旋状) 图 螺旋状。
 나선-운동 (螺旋運動) 图 螺旋運動。
 나선-형 (螺旋形) 图 螺旋形。
나선² (螺線) 图 {数学} スパイラル。

나스닥 (NASDAQ) 图 {経} ナスダック；全米証券業者協会相場報道システム。✚ National Association of Securities Dealers Automated Quotations の略語。
나신 (裸身) 图 裸身。
나아 (裸芽) 图 낫다(治る)の連用形。
나아-가다 /naagada/ 自 ❶ (前に)出る；進む。∥앞으로 나아가다 前に出る；前進する。❷ (病気などが)治っていく；快方に向かう。❸ 進出する。∥정계로 나아가다 政界に進出する。
나아가서 图 ひいては；さらに(は)；その上に。∥다른 사람을 위하는 것이다 나아가서 자신을 위하는 것이어서 다른 사람을 돕는 것은 나아가ては自分のためになることだ。
나아-지다 /naadzida/ 自 (状態などが)よくなる。∥형편이 나아지다 暮らし向きがよくなる。

나안 (裸眼) 图 裸眼。
나-앉다 [-안따] 自 ❶ (場所を変えて)座る。∥뒤로 나앉다 後ろに移動して座る。❷ 一定の場所に移る。∥장사를 하려고 시장쪽에 나앉다 商売をするため市場の方に移る。❸ [길거리에 나앉다の形で] 一文無しになる；乞食同然になる。∥사업이 망해 길거리에 나앉다 事業に失敗して乞食同然になる。

나약-하다 (懦弱-) 【-야카-】 形 {하変} か弱い；弱々しい；意気地ない。∥나약한 보이는 아이 弱々しく見える子。나약한 소리를 하다 意気地のないことを言う。

나열 (羅列) 图 {하他} 羅列。∥검토 사항을 나열하다 検討事項を羅列する。
나열-되다 自変

나엽 (裸葉) 图 {植物} 裸葉。⑰ 포자엽(胞子葉).

나-오다 /naoda/ 自 ❶ 出る。∥굴뚝에서 연기가 나오다 煙突から煙が出る。목욕탕에서 나오다 風呂から出る。밤하늘에 별이 나오다 夜空に星が出る。그 말을 듣자 눈물이 나왔다 その言葉を聞いたら涙が出た。사 월호가 나오다 4月号が出る。유령이 나오는 집 幽霊の出る家。검사 결과가 나오다 検査の結果が出る。평소의 버릇이 나오다 いつもの癖が出る。많은 질문이 나오다 多くの質問が出る。그 일이 신문에 나왔다 そのことが新聞に出た。❷ 出てくる。∥그리스 신화에 나오는 여신 ギリシャ神話に出てくる女神。찾고 있던 서류가 서랍에서 나왔다 探していた書類が引き出しから出てきた。화장실에서 나오다 トイレから出てくる。〔입이 나오다の形で〕口が尖る；口を尖らす。❹ 〔…태도로 나오다の形で〕出る。∥건방진 태도로 나오다 生意気な態度に出る。
— 他 ❶ 出る。∥집을 나오다 家を出る。❷ 辞める。∥그 일로 회사를 나오다

그 일로 회사를 그만두다. ❸ (何らかの目的のために) 来る. ‖마중을 나오다 迎えに来る. 구청에서 조사를 나오다 区役所から調査に来る.

나왕 (lauan) 图〔植物〕ラワン.

나우루 (Nauru) 图〔国名〕ナウル.

나위 依図〔主に…할 나위(도) 없다の形で〕…するまでもない; …する必要がない. ‖더할 나위 없이 좋다 この上なくいい.

나은 圄〖ㅅ変〗낫다(治る)の過去連体形.

나을 圄〖ㅅ変〗낫다(治る)の未来連体形.

나이 /nai/ 图 年; 年齢; 齢(^{れい}). ‖올해에 나이가 몇입니까? 今年(年は)いくつですか. 나보다 나이가 두 살 많다 私より2歳上だ. 나이보다 젊어 보이다 年より若く見える. 나이 탓이다 年のせいだ. 나이에 맞지 않게 옷을 입다 年相応の服を着る. 한창 먹고 있다 食べ盛りだ. 나이를 알 수가 없는 사람 年齢が分からない人. ➕目上の人の年齢を言う場合は연세(年歳)または춘추(春秋)を使う. ▶나이가 들다 年をとる; 老年になる; 老ける. ▶나이가 아깝다 年甲斐もない. ▶나이가 차다 年頃になる; 一定の年になる. ▶나이를 먹다 年をとる; 年を食う.

나이-께 图〔あざける言い方で〕いい年. ‖나이께나 먹은 사람이 그런 짓을 하니 いい年してそんなことをするとは.

나이-대접 (-待接) 图他 年長者を敬って待遇すること. ‖나이대접을 해 주다 年長者の待遇をする[あげる].

나이-별 (-別) 图 年齢別.

나이-순 (-順) 图 年齢順.

나이-티 图 年相応の態度や雰囲気. ‖나이티가 나다 年相応に見える.

나잇-값 【-이깝·-일깝】 图〔あざける言い方で〕年相応のふるまい; 年甲斐. ‖나잇값도 못 한다 年甲斐もない.

나잇-살 【-이쌀·-일쌀】 图 ① 〔あざける言い方で〕年をとっていること. ‖나잇살이나 먹은 사람이 애 같은 짓을 하다니 いい年して, 子どものようなことをするとは. ② 加齢によるぜい肉.

나이지리아 (Nigeria) 图〔国名〕ナイジェリア.

나이키 (Nike) 图 ニケ(ギリシャ神話の勝利の女神).

나이-테 /nait^{h}e/ 图 (樹木の)年輪. 연륜(年輪).

나이트-가운 (nightgown) 图 ナイトガウン.

나이트-게임 (night game) 图 (野球などの)ナイター; ナイトゲーム.

나이트-캡 (nightcap) 图 ナイトキャップ.

나이트-클럽 (nightclub) 图 ナイトクラブ.

나이팅게일 (nightingale) 图〔鳥類〕ナイチンゲール.

나이프 (knife) 图 ナイフ. ‖나이프와 포크 ナイフとフォーク.

나인 (나人內) 图〔歴史〕宮廷の女官.

나일론 (nylon) 图 ナイロン.

나-자빠지다 自 나가자빠지다の縮約形.

나자^식물 (裸子植物) 【-시-】 图〔植物〕裸子植物.

나전 (螺鈿) 图 螺鈿(^{ら})(細工).

나전-칠기 (螺鈿漆器) 图 螺鈿の漆器.

나절 依图 …半日; 昼間の時間. ‖한 나절은 걸리는 일 半日はかかる仕事.

나중-에 /na:dʑuŋe/ 圖 後で; 後から; 後ほど. ‖나중에 보자 後で会おう. 나중에 올래? 後で来る? 그럼 나중에 뵙겠습니다 それでは後ほどお目にかかります.

나지막-하다 【-마카-】 圈〖ㅎ変〗(声の大きさや高さなどが)低い. ‖나지막한 목소리로 말하다 低い声で話す. **나지막-이** 圖

나체 (裸體) 图 裸体; ヌード.

나치스 (Nazis^{ド}) 图 ナチス.

나치즘 (Nazism) 图 ナチズム.

나침-반 (羅針盤) 图 羅針盤.

나타나다 /nat^{h}anada/ 自 現われる; 出現する. ‖이 사람이 삼 년만에 나타났다 彼が3年ぶりに現われた. 그녀는 끝끝내 나타나지 않았다 彼女は結局現われなかった. 달이 구름 사이로 나타나다 月が雲間から現われる. 효과가 나타나다 効果が現われる. 바로 세 시간쯤 달리다가 눈앞에 큰 섬이 하나 나타나 船で3時間ほど走ると目の前に大きな島が1つ現われた. 대형 신인이 나타나다 大型新人が出現する. 働나타내다.

나타-내다 /nat^{h}ana:da/ 他〔나타나다の使役動詞〕現わす; 表わす; 出す; 示す; 表現する. ‖가끔 얼굴을 나타내다 たまに顔を出す. 두각을 나타내다 頭角を現わす. 비상구를 나타내는 표지 非常口を示す標識. 마음을 나타낸 표현 気持ちを表わした表現. 말로 나타낼 수가 없다 言葉に表わすことができない. 지도에서 절을 나타내는 기호 地図で寺を表わす記号.

나태-하다 (懶怠-) 圈〖ㅎ変〗怠惰だ. ‖나태한 사람 怠惰な人; 怠け者.

나토 (NATO) 图 ナトー; 北大西洋条約機構. ➕ North Atlantic Treaty Organization の略.

나트륨 (Natrium^{ド}) 图〔化学〕ナトリウム.

나팔 (喇叭) /nap^{h}al/ 图〔音楽〕らっぱ. ‖나팔을 불다 らっぱを吹く. 기상 나팔 起床のらっぱ.

나팔-관 (喇叭管) 图〔解剖〕① 耳管. ② 輸卵管; 卵管; らっぱ管.

나팔-꽃 (喇叭-)【-꼳】图【植物】アサガオ(朝顔).
나팔-바지 (喇叭-)图 らっぱズボン.
나팔-수 (喇叭手)图 らっぱ手; らっぱ吹き.
나포 (拿捕)【-】图 他 拿捕. **나포-되다**[-당하다]图
나풀-거리다 自他 〈髪などが〉なびく; なびかせる. ‖여자 아이가 머리를 나풀거리며 뛰어갔다 女の子が髪をなびかせながら走っていった.
나풀-나풀 【-】图〈風などに〉なびく様子: ぱたぱた(と); ひらひら(と).
나프탈렌 (naphthalene)图【化学】ナフタリン.
나한 (羅漢)图【仏教】羅漢.
나흘-날【-흔-】图 =나흘.
나흘 图 4日; 4日間. ‖그가 떠난 지 나흘째가 되다 彼が去ってから4日目だ. 나흘을 기다릴 수 있다 4日間は待てる.
낙 (樂)图 楽しみ; 生き甲斐. ‖낙이 없다 楽しみがない. 낙으로 삼다 楽しみにする. 생기 甲斐にしている.
낙과 (落果)【-꽈】图 落果.
낙관[1] (落款)【-꽌】图 落款.
낙관[2] (樂觀)【-꽌】图 自 楽観. ㉠비관(悲觀). ‖사태를 낙관하다 事態を楽観する.
낙관-론 (樂觀論)【-꽌논】图 楽観論. ㉠비관론(悲觀論).
낙관론-자 (樂觀論者)【-꽌논-】图 楽観論者. ㉠비관론자(悲觀論者).
낙관-적 (樂觀的)【-꽌-】图 楽観的. ㉠비관적(悲觀的). ‖낙관적인 견해 楽観的な見解.
낙관주의 (樂觀主義)【-꽌-/-꽌-이】图 楽観主義.
낙낙-하다【낭나카-】形【하変】余裕がある; ゆとりがある; ゆったりしている. ㉠넉넉하다.
낙농 (酪農)【낭-】图 酪農.
낙농-가 (酪農家)图 酪農家.
낙농-업 (酪農業)图 酪農業.
낙농-품 (酪農品)图 酪農製品.
낙담 (落膽)【-땀】图 自 落胆. ‖그 소식을 듣고 그는 매우 낙담했다 その知らせを聞いて彼は非常に落胆した.
낙도 (落島)【-또】图 離島; 離れ島.
낙동-강 (洛東江)【-똥-】图【地名】洛東江〔韓国の東南部を南流する川. 태백산맥(太白山脈)に源を発し, 朝鮮海峡に注ぐ〕.
낙락-장송 (落落長松)【낭낙짱-】图 枝が垂れ下がった大きな松.
낙락-하다 (落落-)【낭나카-】形【하変】❶垂れ下がっている. ❷〈性格が〉おうような.
낙뢰 (落雷)【낭뇌/낭눼】图 自 落雷.
낙루 (落淚)【낭누】图 自 落涙.

낙마 (落馬)【낭-】图 自 落馬.
낙망 (落望)【낭-】图 自 失望; 落胆.
낙명 (落命)【낭-】图 自 落命.
낙반 (落磐·落盤)【-빤】图 落盤. ‖낙반 사고 落盤事故.
낙방 (落榜)【-빵】图 自 ❶科挙(昔の役人の任用試験)に落ちること. ㉠급제(及第). ❷試験に落ちること. ㉠합격(合格).
낙산 (酪酸)【-싼】图【化学】酪酸.
낙산-균 (酪酸菌)图 酪酸菌.
낙서 (落書)/nakˀsɔ/【-써】图 自 落書き. ‖여기저기에 낙서를 하다 あちこちに落書きをする.
낙석 (落石)【-썩】图 自 落石.
낙석'주의 (落石注意)【-썩-/-썩-이】图 落石注意.
낙선 (落選)【-썬】图 自 落選. ㉠당선(當選).
낙성 (落成)【-썽】图 他 落成.
낙성-식 (落成式)图 落成式.
낙수 (落水)【-쑤】图 雨垂れ; 雨水.
낙수-받이 (落水-)【-쑤바지】图 雨樋(あまどい).
낙숫-고랑 (落水ㅅ-)【-쑤꼬-/-쑫꼬-】图 ①雨だれでできた溝. ②雨樋.
낙숫-물 (落水ㅅ-)【-쑨-】图 雨だれ. ‖낙숫물 떨어지는 소리 雨だれが落ちる音.
낙승 (樂勝)【-씅】图 自 楽勝. ㉠신승(辛勝).
낙심 (落心) /nakˀʃim/【-씸】图 自 気落ち; 落胆; がっかりすること. ‖다음이 있으니까 그다지 낙심하지 마세요 次があるから, そんなにがっかりしないでください.
낙심-천만 (落心千萬)图 ひどくがっかりすること. ‖큰아들이 시험에 낙방해서 낙심천만이다 長男が試験に落ちて本当にがっかりしている.
낙엽 (落葉)/nagjɔp/【-녑】图 落葉; 落ち葉. ‖낙엽이 지다 落ち葉が散る. 낙엽을 쓸어 모으다 落ち葉を掃いて集める. 낙엽을 태우다 落ち葉を焼く. 낙엽のにおい.
낙엽-관목 (落葉灌木)【-꽌-】图 落葉灌木.
낙엽-교목 (落葉喬木)【-꾜-】图 落葉喬木.
낙엽-송 (落葉松)图【植物】カラマツショウ(落葉松); カラマツ(唐松).
낙엽-수 (落葉樹)【-쑤】图 落葉樹.
낙오 (落伍)图 自 落伍.
낙오-병 (落伍兵)图 落伍兵.
낙오-자 (落伍者)图 落伍者.
낙원 (樂園)图 楽園; パラダイス.
낙인 (烙印)图 烙印(らくいん).
낙인-찍다 (烙印-)【-따】他 烙印を押す. ㉠낙인찍히다(烙印-).
낙인찍-히다 (烙印-)【-찍키-】

[낙인찍다(烙印-)の受身動詞] 烙印を押される。‖문제아로 낙인찍히다 問題児の烙印を押される。

낙일(落日) 图 落日.
낙장(落張)【-짱】 图 도 落丁.
낙장-본(落張本) 图 落丁本.
낙장불입(落張不入) 图 (花札などで)一度出した札は戻せないという決まり。
낙제(落第)【-쩨】 图 自 落第.‖출석 일수 부족으로 낙제당하다 出席日数が足りなくて落第する.
낙제-생(落第生) 图 落第生.
낙제-점(落第點)【-쩨쩜】 图 落第点.
낙제품(酪製品)【-쩨-】 图 酪農製品.
낙조(落照)【-쪼】 图 夕焼け.
낙지【-찌】 图〔動物〕テナガダコ(手長蛸)/イイダコ(飯蛸)
낙지볶음【-찌보끔】 图 イイダコ炒め(イイダコをコチュジャンなどで辛く炒めた料理).
낙차(落差) 图 落差.‖낙차가 심하다 [크다] 落差が大きい.
낙착(落着) 图 自 落着.
낙찰(落札) 图 落札.‖가격 낙찰가격. **낙찰-되다** 图受
낙천(樂天) 图 楽天.‖염세(厭世).
낙천-적(樂天的) 图 楽天的.‖-인 성격 楽天的な性格.
낙천-주의(樂天主義)【-/-이】 图 楽天主義.⑪낙세주의(厭世主義).
낙타(駱駝) 图〔動物〕ラクダ(駱駝).
낙태(落胎) 图〔動物〕堕胎;中絶.
낙하(落下)【나카】 图 自 落下.‖낙하의 속도 낙하 속도 落下速度.
낙하-산(落下傘) 图 落下傘;パラシュート.‖낙하산을 타고 내려오다 パラシュートで降りる.
낙하산 부대(落下傘部隊) 图〔軍事〕落下傘部隊.
낙하산 인사(落下傘人事) 图 天下り(人事).
낙향(落鄉) 图 自 都会から郷里に戻ること.
낙화(落花)【나콰】 图 自 落花.
낙화생(落花生)【나콰-】 图〔植物〕ラッカセイ(落花生).⑪땅콩.
낙화생-유(落花生油)【나콰-뉴】 图 ピーナッツオイル.
낙후-되다(落後-)【나쿠-/나쿠뛔-】 图 (経済・文化などの面で)後れる;後れを取る.‖경제적으로 낙후된 지역 経済的に後れた地域.
낚다/nak̚t'a/【낙따】 他 ❶ (魚を)釣る.‖강에서 잉어를 낚다 川でコイを釣る.‖고기를 낚으러 가다 魚を釣りに行く. ❷ (気を) 釣る. ⑪꾀다.
낚시/nak̚ɕ'i/【낙씨】 图 釣り.‖주말마다 낚시하러 가다 週末ごとに釣りに行く.
낚시-꾼 图 釣り人.

낚시-질【낙씨-】图 釣り;釣りをすること.
낚시-찌【낙씨-】 图 (釣り用の)浮き.
낚시-터 图 釣り場.
낚싯-대【낙씨때/낙씯때】 图 釣り竿;ロッド.
낚싯-바늘【낙씨빠늘/낙씯빠늘】 图 釣り針.
낚싯-밥【낙씨빱/낙씯빱】 图 釣りえさ.
낚싯-배【낙씨빼/낙씯빼】 图 釣り船.
낚싯-봉【낙씨뽕/낙씯뽕】 图 (釣り用の)おもり.
낚싯-줄【낙씨쭐/낙씯쭐】 图 釣り糸.
낚아-채다 他 ❶ ひったくる.‖지나가는 사람의 핸드백을 낚아채다 通行人のハンドバッグをひったくる.
낚이다 自〔낚다の受身動詞〕釣られる;釣れる.
난[1](亂) 图 乱.
난[2](欄) 图 欄.‖한국 문화를 소개하는 난 韓国文化を紹介する欄.
난[3]〔植物〕ラン(蘭).
난[4]〔나는の縮約形〕私は.‖난 안 갈래 私は行かない.
난[5] 国 나다(出る)の過去連体形.‖불이 난 곳 火が出たところ.
난[6] 語幹 날다(飛ぶ)の過去連体形.
난간(欄干・欄杆) 图 欄干;手すり.
난감-하다(難堪-) 图 하変 非常に困っている;困り果てている;どうすればいいのか分からない.‖이런 경우는 정말 난감하다 こういう場合は本当に困ってしまう.
난공-불락(難攻不落) 图 難攻不落.‖난공불락의 요새 難攻不落の要塞.
난관[1](卵管)〔解剖〕卵管;輸卵管;らっぱ管.⑪수란관(輸卵管).
난관[2](難關) 图 難関;困難.‖-을 극복하다 困難を克服する.‖난관에 봉착하다 困難に直面する.
난교(亂交) 图 乱交.
난국(難局) 图 難局.‖난국을 타개하다 難局を乗り切る.
난기류(亂氣流)【-끼-】 图〔天文〕乱気流.
난대(暖帶) 图〔地〕暖帯.
난대-림(暖帶林) 图〔地〕暖帯林.
난데-없다【-업따】 圈 出し抜けだ;不意だ;思いがけない;突然だ;唐突だ.‖난데없는 말을 하다 思いがけないことを言う. **난데없-이** 副 不意に;突然に.‖난데없이 나타나다 突然現われる.
난도-질(亂刀-) 图 めった切りにすること. **난도질-당하다** 图受
난동[1](暖冬) 图 暖冬.⑪엄동(嚴冬).
난동[2](亂動) 图 無法なふるまい;狼藉.‖난동을 부리다 狼藉をはたらく.
난로(煖爐)/na:llo/【날-】 图 暖炉;ストーブ.‖난로에 불을 붙이다 暖炉に火

난류¹ (暖流) /na:lli/ 【난―】 ② (地) 暖流. ⑳ 한류(寒流).

난류² (亂流) 【난―】 ② 乱流.

난리 (亂離) 【난―】 ② 乱離. ❶ 戦乱. ‖난리가 나다 戦乱が起こる. ❷ 騒ぎ; 騒動. ‖난리 법석을 떨다 大騒ぎをする. 난리를 치다 騒ぎ立てる; 騒ぎを起こす. 물난리가 나다 洪水に見舞われる.

난립 (亂立) 【난―】 ② ⑤自 乱立. ‖무허가 건물이 난립하고 있다 無認可の建物が乱立している. 후보자가 난립하다 候補者が乱立する.

난마 (亂麻) ② 乱麻.

난막 (卵膜) ② 〖生物〗 卵膜.

난만-하다 (爛漫―) ⑱ 【하変】 爛漫だ.
　난만-히 ⑨

난망 (難忘) ② 忘れ難いこと.

난맥 (亂脈) ② 乱脈.
　난맥-상 (亂脈相) 【―쌍】 ② 乱脈の様相. ‖난맥상을 보이고 있다 乱脈の様相を呈している.

난무 (亂舞) ② ⑤自 乱舞; 飛び交うこと. ‖근거 없는 소문이 난무하고 있다 根拠のないうわさが飛び交っている.

난문¹ (難文) ② 難文.

난문² (難問) ② 難問. ‖난문에 부딪히다 難問にぶつかる.

난민 (難民) ② 難民. ‖난민 문제 難民問題. 난민촌 難民キャンプ.

난-반사 (亂反射) ② ⑤自 〖物理〗 乱反射.

난발¹ (亂髮) ② ⑤他 乱発.

난발² (亂髮) ② 乱髪. ‖봉두난발 ぼさぼさ頭.

난방 (暖房·煖房) /na:nbaŋ/ ② 暖房. ⑳ 냉방(冷房). ‖중앙난방 セントラルヒーティング. 난방 장치 暖房装置.

난백 (卵白) ② 卵白. ⑳ 난황(卵黃).

난병 (難病) ② 難病.

난봉 放蕩(⁻).
　난봉-꾼 ② 放蕩者.

난사 (亂射) ② ⑤他 乱射. ‖기관총을 난사하다 機関銃を乱射する.

난-사람 ② 衆に秀でた[抜きん出た]人.

난산 (難産) ② ⑤自 難産. ⑳ 순산(順産).

난삽-하다 (難澁―)【―싸파―】 ⑱ 【하変】 難解だ; 分かりにくい. ‖(文章などが)難解だ; 分かりにくい.

난색¹ (難色) ② 難色. ‖난색을 표하다 難色を示す.

난색² (暖色) ② 〖美術〗 暖色. ⑳ 한색(寒色).

난생 (卵生) ② 〖動物〗 卵生. ⑳ 태생(胎生).

난생-처음 (―生―) ② 生まれて初めてであること. ‖그는 난생처음으로 전복죽을 먹고 감격했다 彼は生まれて初めてアワビのお粥を食べて感激した.

난세 (亂世) ② 乱世.

난-세포 (卵細胞) ② 〖生物〗 卵細胞. ⑳ 알세포(―細胞). ⑳ 정세포(精細胞).

난센스 (nonsense) ② ナンセンス.

난소¹ (卵巢) ② 〖解剖〗 卵巣. ⑳ 정소(精巣).

난소² (難所) ② 難所.

난수-표 (亂數表) ② 乱数表.

난숙 (爛熟) ② 【하変】 爛熟(ららく).

난시¹ (亂時) ② 乱世の時代.

난시² (亂視) ② 乱視.

난-시청 (難視聴) ② 障害物などにより電波が届きにくいこと.

난심 (亂心) ② 乱心.

난역 (難役) ② 難役. ‖난역을 무리 없이 해내다 難役を難なくこなす.

난외 (欄外)【―/나/녜】 ② 欄外.

난의-포식 (暖衣飽食)【―/나/녜―】 ② 【하変】 何不自由なく暮らすこと.

난이 (難易) ② 難易.
　난이-도 (難易度) ② 難易度.

난입 (亂入) ② ⑤自 乱入.

난자 (卵子) ② 〖生物〗 卵子. ⑳ 정자(精子).

난잡-하다 (亂雜―)【―짜파―】 ⑱ 【하変】 乱雑だ; みだらだ; 猥雑(わいざつ)だ. ‖책상 위가 난잡하다 机の上が乱雑だ.

난-장 (―場) ② 定期的に開かれる市場.

난장-판 (亂場―) ② 修羅場になっているところ; 修羅場. ‖난장판을 벌이다 修羅場となる.

난쟁이 ② 小人(こ²). ⑳ 키다리.

난적 (難敵) ② 難敵.

난전 (亂廛) ② 露店. ⑳ 노점(露店).

난전² (亂戰) ② 乱戦.

난점 (難點)【―쩜】 ② 難点. ‖난점을 해결하다 難点を解決する.

난제 (難題) ② 難題.

난조 (亂調) ② ❶ 乱調. ‖난조를 보이다 乱調を来たす. ❷ (経) 乱調子; 高下.

난중 (亂中) ② 戦乱や戦争の真っ最中.

난처-하다 (難處―) /na:ntɕʰəhada/ ⑱ 【하変】 (立場などが)苦しく; 気まずく; 困っている. ‖그 일 때문에 내 입장이 몹시 난처하다 そのことで私の立場がとても苦しい. 사실대로 말하기가 좀 난처하다 事実をそのまま言うのはちょっと気まずい.

난청 (難聽) ② ❶ (耳の)難聴. ‖노인성 난청 老人性難聴. ❷ (ラジオなどが)よく聞こえないこと. ‖난청 지역 難聴地域.

난초 (蘭草) ② 〖植物〗 ラン(蘭).

난층-운 (亂層雲) 图 〔天文〕 亂層雲.
난치-병 (難治病) 【-뼝】 图 難病. ‖ 난치병에 걸리다 難病にかかる.
난타 (亂打) 图 ● 乱打する. ‖ 종을 난타하다 鐘を乱打する. ❷ (野球で)乱打.
난타-전 (亂打戰) 图 乱打戦.
난-태생 (卵胎生) 图 〔動物〕 卵胎生.
난투 (亂鬪) 图(自他) 乱鬪.
난투-극 (亂鬪劇) 图 乱鬪騒ぎ. ‖ 난투극을 벌이다 乱鬪騷ぎを起こす.
난파 (難破) 图(自也) 難破. ‖ 배가 난파되다 船が難破する.
난파-선 (難破船) 图 難破船.
난포 (卵胞) 图 卵胞.
난폭 (亂暴) /na:np'ok/ 图(形動) 乱暴. ‖ 난폭 운전 乱暴な運転. 난폭한 사람 乱暴者. 난폭한 짓을 하다 乱暴をはたらく. 물건들을 난폭하게 다루다 品物を乱暴に扱う. **난폭-히** 副
난-하다 (亂-) 图 〔하얗〕 ● 乱雑だ. ❷ 派手だ. ‖ 오늘 복장은 너무 난하다 今日の服装は派手すぎる.
난항 (難航) 图(自也) 難航. ‖ 난항을 거듭하다 難航を重ねる.
난해-하다 (難解-) 图 〔하얗〕 難解だ. ‖ 분리하기 어렵다 難解だ. 난해한 문장 難解な文章. 그 사람의 글은 난해하다 彼の文章は分かりにくい.
난핵 (卵核) 图 〔動物〕 卵核.
난행 (亂行) 图(自也) 乱行; 乱暴なふるまい.
난형-난제 (難兄難弟) 图 甲乙つけ難いこと; 互角.
난황 (卵黃) 图 卵黃. ⇨난백(卵白).
낟 图 穀物の粒.
낟-가리 【-까-】 图 稲むら.
낟-알 图 (穀物の)粒; 米粒.
날[1] /nal/ 图 刃; やいば. ‖칼날 刀の刃. 연도날 剃刀(쓸)의 刃. 날을 갈다 刃を研ぐ. ▶날을 세우다 (研(비)だりして)刃を鋭くする. ‖날이 서다 (研(비)がれて)刃が鋭くなる; 刃が鋭い.

날[2] /nal/ 图 ❶ 日; 日にち. ‖ 날이 저물다 日が暮れる. 날이 갈수록 병세가 악화되다 日増しに病状が悪化する. 바람이 몹시 부는 날 風の强く吹く日. 어린이날 子どもの日. 어느 날 아침 ある日の朝. ❷ 天気; 日和. ‖ 날이 무덥다 蒸し暑い. 날이 개다 晴れる. 날이 밝는다 夜が明ける. ❸ 日取り; 期日. ‖ 결혼식 날을 잡다 結婚式の日を決める. 기약의 날 締め切り日. ❹ 時; 時代. ‖ 젊은 날의 늠름한 모습 若き日のりりしい姿. ▶날(을) 받다 日を決める. ▶날이면 날마다 毎日. ▶날(이) 새다 ① 夜が明ける. ② 見込み[可能性]がなくなる.

날[3] 图 (織物の)経糸(たて). ⇨씨.

날[4] 〔나를의 縮約形〕 私を. ‖ 나를 믿어 주

私を信じて(くれ).
날[5] 图 나다(出る)の未来連体形.
날[6] 〔国語〕 날다(飛ぶ)の未来連体形.
날-[7] 接頭 生の…. ‖날계란 生卵.
날-강도 (-強盜) 图 ❶ 悪質な強盜. ❷ 〔比喩的に〕 困らない. ‖ 저 날강도 같은 놈 あの図々しいやつ.

날개 /nalge/ 图 ❶ 翼; 羽. ‖ 날개를 퍼다 翼を広げる. 독수리 날개의 翼. ❷ (飛行機の)翼. (扇風機の)羽根. ❸ (サッカーなどで)ウィング. ▶날개가 돋치다 商品がよく売れる.
날개-옷 【-옫】 图 〔天女の〕 羽衣.
날개-죽지 【-개쭉지~갠쭉지】 图 翼の付け根.
날개-짓 【-개찓~갠찓】 图 羽ばたき. ‖날개짓을 하다 羽ばたく.
날-것 【-껃】 图 生もの. 生肉(生-). ‖날것을 그냥 먹다 生ものをそのまま食べる.
날-계란 (-鷄卵) 【/-게-】 图 生卵.
날-고기 图 生肉. 生肉(生肉).
날고-뛰다 (技量·才能などが)抜きん出ている; ずば抜けている.

날다 /nalda/ 〔国語〕 [날아, 나는, 난] 图 ❶ 飛ぶ. ‖ 새가 하늘을 날다 鳥が空を飛ぶ. 총탄이 날아오다 弾丸が飛んでくる. ❷ (色などが)薄くなる; あせる. ‖ 색이 날다 色あせる. ❸ (水分·においなどが)蒸発する. ❹ 遠くへ逃げる. ‖ 범인은 해외로 날았다 犯人は海外へ逃げた. ▶난다 긴다 한다 (技量が)ずば抜けている. ‖ 나는 놈 위에 타는 놈 [飼] 上には上がある. ‖ 나는 새도 떨어뜨린다 [飼] 飛ぶ鳥を落とす勢いだ.
날-달걀 图 =날계란(-鷄卵).
날-도둑 图 悪質な泥棒.
날도둑-질 【-찔】 图(他) 悪質な盗みをはたらくこと.
날-뛰다 图 ❶ 躍り上がる; 跳ね上がる. ‖ 기뻐 날뛰다 うれしくて躍り上がる. ❷ 荒れる; 暴れる. ‖ 말이 날뛰다 馬が暴れる. ❸ のさばる; 橫行する.
날라리 图 〔見くだる言い方で〕不良; チンピラ.
날래다 图 素早い; すばしこい. ⇨잽싸다.
날려-쓰다 图 갈겨쓰다の誤り.
날렵-하다 【-려파-】 图 〔하얗〕 すばしこい; 敏捷(?)だ. ‖ 몸놀림이 날렵하다 身のこなしが軽い.
날-로[1] 图 日ごとに; 日に日に. ‖나날이. ‖ 병세가 날로 나빠지고 있다 病状が日増しに悪くなっている.
날-로[2] 图 生で; 生のまま. ‖날로 먹다 生で食べる.
날름 副(他) ❶ 舌を前に出す様子: ぺろり(と); ぺろっと. ‖ 혀를 날름 내밀다 舌をぺろっと出す. ❷ 何かをつかみ取るよ

날-리다① 翻る；なびく．∥나뭇잎이 바람에 날리다 木の葉が風に翻る．머리가 바람에 날리다 髪が風になびく．
— 他 ❶〔날다の使役動詞〕飛ばす．∥종이비행기를 날리다 紙飛行機を飛ばす．❷〈風を〉揚げる．∥연을 날리다 凧を揚げる．❸〈財産などを〉使い果たす；失う．∥도박으로 전 재산을 날리다 博打で全財産を失う．❹〈仕事などを〉いい加減にする．∥일을 날리며 하다 仕事をいい加減にする；やっつけ仕事をする．

날리다² 图 飛ばせる；はせる；とどろかせる．∥한때 좌완 투수로 이름을 날렸던 사람 一時左腕投手として名をとどろかせた人．문명을 날리다 文名をはせる．

날림 图 ❶ 手抜き仕事；やっつけ仕事；粗雑な作り．∥날림으로 만든 집 手抜き工事で作った家．날림 공사 手抜き工事；安普請(-シン)．❷ 手抜きで作られたもの；いい加減に作られたもの．

날-마다 /nalmada/ 副 毎日．∥날마다 산책을 가다 毎日，散歩に行く．날마다 새로운 것을 배우다 日々新しいことを学ぶ．

날-받다 [-따] 自 日取りを決める．

날-밤 图 何となく寝つけない夜．▶날밤을 새우다〔まんじりともせずに〕夜明かしをする．

날-벼락 图 ❶ 青天の霹靂(ヘキレキ)．❷ 思いがけない災難．例生벼락(生-)．

날-붙이 [-부치] 图 刃物．

날수 〔-數〕 图 日数．∥날수를 세어 보다 日数を数えてみる．

날숨 [-쑴] 图 呼気．吐き出す息．例呼気(呼氣)．

날-실¹ 〔織物の〕経糸(たていと)．例씨실．

날-실² 图 生糸(きいと)．

날쌔다 图 すばしこい；素早い；敏捷(ビンショウ)だ．∥그는 말뿐만 아니라 행동도 날쌘 사람이다 彼は言葉だけでなく行動も素早い人．

날씨 /nalʃi/ 图 天気；空模様；日和．∥흐린 날씨가 계속되고 있다 曇った空模様が続いている．맑게 갠 날씨 晴れ上がった天気．꾸물거리는 날씨 ぐずつく天気．오늘은 날씨가 덥다[춥다] 今日は暑い[寒い]．소나기가 한차례 쏟아질 듯한 날씨 にわか雨が一降りしそうな空模様．

날씬-하다 /nalʃinhada/ 图 /하変/〔体つきが〕ほっそりしている；すらりとしている．∥날씬한 몸매 すらりとした体つき．例날씬하다．

날아 回 〔語幹〕 날다(飛ぶ)の連用形．

날아-가다 /naragada/ 自 ❶ 飛ぶ；飛んでいく；飛び去る；飛び立つ．∥공이 멀리 날아가다 ボールが遠くまで飛ぶ．비행기가 날아가다 飛行機が飛んでいく．❷ 吹っ飛ぶ；なくなる；消える．∥태풍으로 지붕 기와가 날아가다 台風で屋根の瓦が吹っ飛ぶ．지가 상승으로 내 집 마련의 꿈이 날아가다 地価の高騰でマイホームの夢が吹っ飛ぶ．사고로 백만원이 날아갔다 事故で100万ウォンが消えた．❸〔목이 날아가다の形で〕首になる；解雇される．∥회사에서 목이 날아가다 会社を首になる．

날아-다니다 自 飛び回る；飛び交う．

날아-들다 〔ㄹ変則〕 自 飛び込む；舞い込む．∥새 한 마리가 처마 밑으로 날아들었다 1羽の鳥が軒下に舞い込んだ．

날아-오다 自 飛んでくる．∥철새가 날아오다 渡り鳥が飛んでくる．

날아-오르다 〔르変〕 自 飛び上がる；舞い上がる；飛翔(ヒショウ)する．

날염 〔捺染〕 图 /하他/ 捺染(ナッセン)．

날인 〔捺印〕 图 /하他/ 捺印(ナツイン)．∥서명 날인하다 署名捺印する．

날-일 [-릴] 图 日雇い仕事．∥날일을 하러 다니다 日雇い仕事をしている．

날조 〔捏造〕 [-쪼] 图 /하他/ 捏造(ネツゾウ)；でっち上げ．∥사실을 날조하다 事実を捏造する．**날조-되다** /受動/

날-줄 〔-쭐〕〔織物の〕経糸(たていと)．例씨줄．

날-짐승 [-찜-] 图 鳥類．

날-짜 /naltʨa/ 图 ❶ 日数；日にち．例日字(日字)．∥아직 날짜가 남아 있다 まだ日数がある．날짜를 세다 日にちを数える．❷ 日取り．約束の日．결혼 날짜를 잡다 結婚の日取りを決める．❸ 日付．∥오늘 날짜로 사표를 내다 今日の日付で辞表を出す．∥오늘 날짜로 사전에서 찾다 今日の日付で辞書を引く．

날짜 변경선 〔-變更線〕 图 /地/ 日付変更線．

날치 〔魚介類〕 图 トビウオ(飛魚)．

날-치기 图 ❶ ひったくり；かっぱらい．∥가방을 날치기당했다 バッグをひったくられた．❷ やっつけ仕事；いい加減な仕事．∥일을 날치기로 하다 仕事をいい加減にする．

날카롭다 /nalkʰaropta/ [-따] 形 〔ㅂ変〕 鋭い；鋭利だ．例무디다．❶〔刃物などが〕鋭い；鋭利だ．例칼끝이 날카롭다 刃先が鋭い．❷〔意見などが〕鋭い；鋭角をなす．∥날카로운 지적 鋭い指摘．날카로운 눈빛 鋭い目つき．❸〔神経・声などが〕尖っている．∥신경이 날카롭다 神経が尖っている．날카로운 비명 소리 甲高い悲鳴．

날캉-하다 形 〔하変〕 柔らかい；ふにゃふにゃしている．∥이 과자는 노인들이 먹기 좋게 날캉하다 このお菓子はお年寄

りが食べるのにほどよく柔らかい.

날-품 图 日雇い.
날품팔-이 图 日雇い労働者.

낡다 /nakt'a/ [낙따] 彫 ❶古い; 古ぼけ る. ∥낡은 집에서 살고 있다 古い家に 住んている. 낡은 옷 古着. 낡은 건물 古びた建物. ❷時代遅れだ; 古くさい. ∥낡은 사고방식 時代遅れの考え方.

낡아-빠지다 圓 ❶(ものが) 使い古され ている; 古びけている; おんぼろだ. ∥낡아 빠진 옷을 걸치고 있다 着古した服をま とっている. 낡아빠진 차 おんぼろ車. ❷ (考えなどが) 古くさい. ∥낡아빠진 사고 방식 古くさい考え方.

남[1] /nam/ 图 ❶他人; 他の人; (自分 以外の) 人. ∥남의 물건에 손을 대 다 人のものに手をつける. 남이 뭐라 고 하든 남의 일이라 말하듯 남의 집 밥을 먹다 他人の飯をくう. 남의 입 에 오르다 他人のうわさに上る. ❷(家族·親族以外の) 人; 血のつながりのない人. ∥생판 남이다 赤の他人だ. ❸ そのこと と関係ない人; 当事者でない人.

남[2] (男) 图 ❶男. ∥남녀 男女.

남[3] (南) 图 南. ∥남북으로 뻗어 있는 도로 南北にのびている道路.

남[4] (南) 图 (姓) 南 (ナム).

남가일몽 (南柯一夢) 图 南柯の一夢; はかない夢.

남경 (男茎) 图 男根; 陰茎.

남계 (男系) 图 /-/-계/ 图 男系. ㊔여계 (女系).

남궁 (南宮) 图 (姓) 南宮 (ナムグン).

남극 (南極) 图 南極.

남극-권 (南極圏) 【-꿘】 图 南極圏.
남극-해 (南極海) 【-그캐】 图 南極海. ㊔남빙양(南氷洋).

남근 (男根) 图 男根; 陰茎.

남-기다 /namgida/ [-] 動詞 ❶残す; 残らせる; 余 す; 保存する. ∥학생들을 교실에 남겨 서 공부시키다 学生たちを教室に残らせ て勉強させる. 실험 기록을 남기다 実 験の記録を残す. 호랑이는 죽어서 가 죽을 남긴다 虎は死して皮を残す. ❷ 儲ける; 利益を得る. ∥만 원만 남기고 팔아 버리다 1 万ウォンの利益だけで 売ってしまう.

남김-없이 /namgimɔp'i/ [-기업씨] 圖 残らず; 余すところなくすべて. ∥남김없 이 먹어 치우다 残らず食べてしまう.

남-남 图 他人.
남남-끼리 圖 他人同士で.

남남-북녀 (南男北女) 【-봉-】 图 (「南の男, 北の女」の意で) 東男京女.

남녀 (男女) /namnjɔ/ 图 男女.
남녀-공학 (男女共学) 图 男女共学.
남녀-노소 (男女老少) 图 老若男女.
남녀-평등 (男女平等) 图 男女平等.

남-녘 (南-) 【-녁】 图 南方; 南の方. ㊔ 북녘(北-). ∥남녘 하늘 南の空.

남다 /na:mt'a/ [-따] 彫 ❶残る. ∥밥이 남다 ご飯が残る. 늦게까 지 회사에 남아서 일을 하다 遅くまで 会社に残って仕事をする. ❷남아 있는 지방 古い風習が残っている 地方. 감정적인 응어리가 남다 感情的な しこりが残る. 역사에 남을 치적 歴史 に残る治績. ❸儲かる. ∥이 장사도 경 쟁이 치열하여 남는 게 거의 없다 こ の商売も競争が激しくて儲けが少ない. 남기다.

남-다르다 /namdaruda/ [르变] [남 달라, 남다르니] 彫 人並み外れている. ∥아 이가 하는 짓이 남다르다 子どものする ことが人並み外れている. 남다른 노력을 하다 並み外れた努力をする.

남단 (南端) 图 南端. ㊔북단(北端).

남-달리 /namdalli/ 圖 人とは違って; 人並み外れて. ∥남달리 큰 덩치 並み外れ て大きい図体.

남독 (濫讀) 图 㷊他 乱読.

남동 (南東) 图 南東.

남동-풍 (南東風) 图 南東の風.

남동생 (男--) /namdonseŋ/ 图 弟. ㊔여동생(女同生). ∥남동생이 한 명 있다 弟が 1 人いる.

남루-하다 (襤褸-) 【-누-】 彫 [하영] みすぼらしい; 外見が大変粗末だ. ∥옷차 림이 남루하다 身なりがみすぼらしい.

남매 (男妹) 图 ❶兄と妹; 姉と弟. ❷ 兄弟関係. ∥몇 남매세요? 何人兄弟で いらっしゃいますか. 삼 남매예요 3 人兄 弟です.

남-모르다 [르变] 誰にも知られない; 人目につかない. ∥남모르는 고생 人知 れぬ苦労.

남-몰래 /nammollɛ/ 圖 人知れず; 密 かに. ∥남몰래 눈물을 흘리다 人知れず 涙を流す. 남몰래 마을을 빠져나가다 密かに村を抜け出す.

남미 (南米) 图 (地名) 南米; 南アメリ カ.

남-반구 (南半球) 图 南半球.

남발 (濫発) 图 㷊他 乱発. ∥약속 어 음을 남발하다 約束手形を乱発する.

남방 (南方) /namban/ 图 ❶南方. ㊔ 북방 불교 南方仏教. ❷남방셔츠 (南方 shirts) 의 略語.

남방-셔츠 (南方 shirt) 图 開襟シャ ツ. ✢南方の人が着ている服に似ていること から.

남벌 (濫伐) 图 㷊他 乱伐.

남부 (南部) 图 南部.

남부끄럽다 [-따] 彫 [ㅂ变] 人に対 して恥ずかしい; 人目にさらせない. ∥남부 끄러운 성적 恥ずかしい成績.

남-부럽다 [-따] 彫 [ㅂ变] 人がうらや ましい.

남부럽잖다 [-짠타] 形 満ち足りている; 何一つ不自由しない. ‖ 지금은 서울에서 남부럽잖게 살고 있다 今はソウルで何不自由ない暮らしている.

남북 (南北) /nambuʔk/ 名 ❶ 南北. ‖ 남북 문제 南北問題. ❷ 南北に延びている道. ❸ 韓国と北朝鮮. ‖ 남북통일 朝鮮半島の統一.

남빙-양 (南氷洋) [-냥] 名 南氷洋. 類 남극해 (南極海).

남-사당 (男-) 名 (民俗) 昔の男旅芸人.

남산 (南山) 名 (地名) 南山 (ナムサン). ✝ ソウル市内にある山.

남상 (男相) 名 男性的の顔のような女性の顔つき.

남새 名 野菜.
남새-밭 [-받] 名 野菜畑; 菜園.
남색[1] (男色) 名 男色.
남색[2] (藍色) 名 藍(あい)色.
남생이 名 (動物) イシガメ(石亀).
남서 (南西) 名 南西.
남서-풍 (南西風) 名 南西の風.
남성 (男性) /namsɔŋ/ 名 男性. ↔ 여성 (女性).
남성-미 (男性美) 名 男性美.
남성-복 (男性服) 名 紳士服.
남성-적 (男性的) 名 男性的の. ‖ 남성적인 요소 男性的な要素.
남성-호르몬 (男性 hormone) 名 (生理) 男性ホルモン.
남성-합창 (男聲合唱) 名 (音楽) 男声合唱. ↔ 여성 합창 (女性合唱).
남실-거리다 (波が)うねる. 他 남실거리다.

남십자-성 (南十字星) [-짜-] 名 (天文) 南十字星.

남아 (男兒) 名 ❶ 男児; 男の子. ❷ 男; 男子. ▶ 남아 일언 중천금 (男兒一言重千金) 男子の一言は千金のごとし; 武士に二言はない.

남아-넘치다 満ちあふれている; 余る; みなぎる.

남아-돌다 /namado:lda/ (ㄹ語幹) [남아돌아, 남아도는, 남아돈] 有り余る. ‖ 힘이 남아돌아 力が有り余る.

남아프리카-공화국 (南 Africa 共和國) 名 (国名) 南アフリカ共和国.

남용 (濫用) 名 (하他) 乱用. ‖ 직권을 남용하다 職権を乱用する.

남우 (男優) 名 男優. ↔ 여우 (女優).

남우세-스럽다 [-따] 形 [ㅂ変] 笑いものになりそうだ.

남-움직씨 (言語) 名 他動詞. 類 타동사 (他動詞). ↔ 제움직씨.

남위 (南緯) 名 (地) 南緯.

남의-눈 /namenun/ [나메-] 名 人目. ‖ 남의 눈을 피하다 人目を避ける.

남의-일 [나메-] 名 人のこと; 人ごと.

남-일 /namnil/ [-닐] 名 他人事. ‖ 남 일같지 않다 他人事に思えない.

남자 (男子) /namdʒa/ 名 男; 男子; 男性. ㊦ 여자(女子). ‖ 남자 화장실 男子トイレ. 남자 친구 ボーイフレンド. 남자 아이 男の子; 男児. 남자 옷을 입고 있다 男性の服を着ている. 차 안에는 남자 두 명이 타고 있었다 車の中には男性 2人が乗っていた.

남자-답다 (男子-) [-따] 形 [ㅂ変] 男らしい. ‖ 남자다운 태도 男らしい態度.

남자-색 (藍紫色) 名 藍紫色.
남작[1] (男爵) 名 男爵.
남작[2] (濫作) 名 (하他) 濫作.
남장 (男裝) 名 (하他) 男装.
남정 (男丁) 名 昔,15歳以上の男子を指した語.
남정-네 (男丁-) 名〔사내의 俗っぽい言い方で〕男たち.
남-조선 (南朝鮮) 名 (地名) 南朝鮮. ✝ 北朝鮮における韓国の呼び方.
남존-여비 (男尊女卑) [-녀-] 名 男尊女卑.
남지나-해 (南支那海) 名 (地名) 南シナ海.
남진 (南進) 名 (하自) 南進.
남짓 (依) 〔数量を表わす語に付いて〕…余り. ‖ 열 명 남짓 왔다 10人余りが来た.

남짓-하다 [-지타-] 形 [하変] …ほどだ; やや多めだ; …ほどだ; …くらいだ. ‖ 열 살 남짓한 아이 10歳くらいの子. **남짓-이** 依.

남-쪽 (南-) /namʔtɕok/ 名 南; 南の方; 南方; 南側. ‖ 남쪽으로 난 창 南に面している窓.

남천 (南天) 名 (植物) ナンテン(南天).
남청 (南靑) 名 濃い青色.
남측 (南側) 名 南側.
남친 (男親) 名 〔남자 친구(男子親舊)의 略語〕男友だち; ボーイフレンド; 彼氏.
남침 (南侵) 名 (하他) 南侵. ✝ 特に北朝鮮が韓国を侵略すること.
남-탓 [-탇] 名 人のせい. ‖ 남탓으로 돌리다 人のせいにする.

남탕 (男湯) /namtʰaŋ/ (錢湯などで) 男湯. ↔ 여탕 (女湯).

남편 (男便) /namphjɔn/ 名 夫; 亭主. ↔ 아내. ‖ 남편은 평범한 샐러리맨이다 夫は平凡なサラリーマンである. 우리 남편 うちの亭主; うちの人. 남편과 의논해 보겠습니다 夫に相談してみます. 남편 분은 무슨 일을 하세요? ご主人はどういうお仕事をされていますか.

남포[1] (-lamp) 名 =남포등(-燈).
남포-등 (-燈) 名 石油ランプ.
남포-불 [-뿔 /-뿔] 石油ランプの明かり.
남풍 (南風) 名 南風.
남하 (南下) 名 南下.

남-학생 (男學生)【-쌩】 图 男子学生. ⇔여학생(女學生).

남한 (南韓) 图【地名】 ❶ 〈1945 年 8 月 15 日以降の〉北緯 38 度線以南の韓国. ❷ 〈1950 年の朝鮮戦争以降の〉休戦ライン以南の韓国.

남-한대 (南寒帯) 图【地】南半球の寒帯. ⇔북한대(北寒帯).

남해 (南海) 图 ❶南の海. ❷【地名】朝鮮半島南海.

남-해안 (南海岸) 图 ❶南の海岸. ❷【地名】朝鮮半島南部の海岸.

남행 (南行) 图 동他 南に行くこと.

남향 (南向) 图 南向き.

 남향-집 (南向-) 【-찝】 图 南向きの家. 南向家(北向-).

남-회귀선 (南回歸線) 【-/-웨-】 图 【地】南回帰線. ⇔북회귀선(北回帰線).

남획 (濫獲) 【-/-웩】 图 동他 乱獲.

납[-] (化學) 图 鉛.

납[2] (蠟) 图 蠟.

납골-당 (納骨堂) 【-꼴-】 图 納骨堂.

납관 (納棺) 图 동他 納棺.

납금 (納金) 【-끔】 图 동他 納金.

납기 (納期) 【-끼】 图 納期.

 납기-일 (納期日) 图 納期の締め切り日.

납덩이 (-) 【-떵-】 图 鉛の塊. ∥납덩이처럼 무거운 마음 鉛の塊のように重い心.

납득 (納得) /nap'tuk/【-뜩-】 图 동他 納得; 合点. ∥도저히 납득할 수 없는 일 到底納得できないこと. 충분히 설명해서 납득시키다 十分に説明して納得させる. 납득이 가지 않는 듯한 얼굴 合点がいかない, 納得しないような顔.

납-땜 图 동他 半田付け.

납량 (納凉) 【남냥】 图 동自 納涼.

납본 (納本) 【-뽄】 图 동他 納本.

납부 (納付) 【-뿌】 图 동他 納付. ⇨납입 (納入). ∥세금을 납부하다 税金を納付する.

납부-금 (納付金) 图 納付金.

납북 (拉北)【-뿍】图 동他 北朝鮮に拉致〈스〉すること. ∥납북자 北朝鮮に拉致された人.

납-빛 【-삗】 图 鉛色. ∥얼굴이 납빛이 되다 顔が鉛色になる.

납세 (納税)【-쎄】图 동他 納税. ∥납세의 의무 納税の義務.

 납세-신고 (納税申告) 图 納税申告.

 납세-액 (納税額) 图 納税額.

 납세-자 (納税者) 图 納税者.

 납세필-증 (納税畢證)【-쯩】 图 納税済み証書.

납-세공 (蠟細工)【-쎄-】 图 蠟細工.

납입 (納入) 图 동他 納入. ⇨납부(納付).

 납입 고지서 (納入告知書)【-꼬-】 图 納入通知書; 納入告知書.

 납입-금 (納入金) 图 納入金.

납작 /napˈdʑak/【-짝】图 (体の) 地面に伏せる様子. ∥ 땅바닥に 납작 엎드려 탄환을 피하다 地面に伏せて弾をよける.

납작-보리 【-짝뽀-】 图 押し麦.

납작-코 图 鼻ぺちゃ.

납작-하다 【-짜카-】 圈【하変】 平たい; 平べったい. ∥납작한 생긴 코 平べったい鼻. 납작한 돌멩이 平たい小石. 코를 납작하게 만들다 鼻っ柱をへし折る.

 납작-이 團

납-중독 (-中毒) 【-똑】 图 鉛中毒.

납채 (納采) 图 동他 納采.

납치 (拉致) 图 동他 拉致〈스〉. ∥모르는 남자한테 납치당하다 見知らぬ男に拉致される. **납치-되다**

납품 (納品) 图 동他 納品. ∥백화점에 납품하다 デパートに納品する. 납품 업자 納品業者. **납품-되다** 동他

 납품-서 (納品書) 图 納品書.

낫 /nat/【낟】 图 鎌. ∥낫을 베는 낫 草刈り鎌. ▶낫 놓고 기역자도 모른다【俚】(「기역(ㄱ)」に似ている鎌をする気で記号が分からない」の意) 目に一丁字なし.

낫는【난-】 圃【ㅅ変】낫다(治る) の現在連体形.

낫다[1] /naˈtʰa/【낟따】 圈【ㅅ変】【나아, 나은】 いい; よい; 勝っている; 優れている; ましだ. ∥여러 가지 면에서 동생이 형보다 낫다 色々な面で弟の方が私より優れている. 조건이 조금이라도 나은 곳에서 일하고 싶다 条件が少しでもいいところで働きたい. 이런 거라도 없는 것보다는 낫다 こんなものでもないよりましだ.

낫다[2] /naˈtʰa/【낟따】 图【ㅅ変】【나아, 나은】 (病気などが) 治る; 快方に向かう. ∥병이 낫다 病気が治る. 조금씩 나아지고 있다 少しずつ快方に向かっている.

낫-질【낟찔】 图 동自 鎌で刈ること. ∥낫질을 하는 농부 鎌で刈る作業をする.

낫-표 (-標)【낟-】 图 かぎ括弧 (「」).

낭독 (朗讀) 图 동他 朗読. ∥시를 낭독하다 詩を朗読する.

낭-떠러지 图 崖; 断崖; 絶壁. ∥낭떠러지에서 떨어지다 崖から落ちる.

낭랑-하다 (朗朗-) 【-낭-】 圈【하変】 ❶朗々としている. ∥낭랑한 목소리 朗々とした声. 罗의 光などが明るくさえわたっている. ∥낭랑한 달빛 晧々(꼬꼬)たる月の光. **낭랑-히** 團

낭만 (浪漫) 图【-낭-】 ロマン. ∥젊き日の夢과 낭만 若い日の夢とロマン.

낭만-적 (浪漫的) 图 浪漫的; ロマンチック. ∥낭만적인 이야기 ロマンチックな物語.

낭만-주의 (浪漫主義)【-/-이】图 浪漫主義.

낭만-파 (浪漫派)图 浪漫派.

낭보 (朗報)图 朗報. ⑦비보(悲報). ∥낭보를 전하다 朗報を伝える.

낭비 (浪費) /naːŋbi/图⑩他 浪費; (空しく)費やすこと; 無駄遣い. ∥시간의 낭비 時間の浪費, 에너지를 낭비하다 エネルギーを浪費する. 정력을 낭비하다 精力を費やす. 예산을 낭비하다 予算を無駄遣いする.

낭비-벽 (浪費癖)图 浪費癖.

낭설 (浪說)图 デマ; 流言; でっち上げ. ∥낭설을 퍼뜨리다 デマを広める.

낭-세포 (娘細胞)图〖生物〗 娘細胞; 娘(じょう)細胞. ⑦모세포(母細胞).

낭송 (朗誦)图⑩他 朗誦.

낭자 (娘子)图 昔, 良家の娘を指した語.

낭자-하다 (狼藉-)圈〖하변〗 (液体などが)飛び散っている. ∥유혈이 낭자하다 血が飛び散っている.

낭중지추 (囊中之錐)〖 囊中の錐(優れた人物は隠れていても自然と外に現われること).

낭패 (狼狽)图⑩自 狼狽(ろうばい); 慌てふためくこと; 困ったこと. ∥이거 낭패 났구나 これは困ったな. ▶낭패를 보다 不覚を取る.

낮 /nat/【낮】图 ❶ 昼; 昼間; 日中. ⑦밤. ∥낮과 밤 昼と夜. 낮에는 집에 없다 昼間は家にいない. 낮에도 어두운 방 日中でも暗い部屋. ❷ 한낮の略語.

낮다 /natʰta/【낮-따】圈 ❶(高さが)低い. ∥담이 낮다 垣根が低い. 천장이 낮다 天井が低い. ❷(度合が)低い. ∥지능이 낮다 知能が低い. 수준이 낮은 회의 レベルの低い議論. 낮은 점수를 받다 低い点数をとる. 혈압이 낮다 血圧が低い. 낮은 목소리로 말하다 低い声で話す.

낮-말【난-】图 昼の話. ▶낮말은 새가 듣고 밤말은 쥐가 듣는다 ((諺))「昼の話は鳥が聞き, 夜の話は鼠が聞く」の意で)壁に耳あり障子に目あり.

낮-술【낟쑬】图 昼間飲む酒.

낮-일【난닐】图 昼間の仕事.

낮-잠【낟짬】图 昼寝. ⑦오수(午睡).

낮잡아-보다【낟짜바-】⑩ 見下す; 見下げる; 見くびる. ∥돈 없는 사람들을 낮잡아보다 金のない人を見下す.

낮-추다 /natʰtɕʰuda/【낟-】⑩ ᄃ낮다의使役動詞 ❶ 低める; 低くする. ∥자신을 낮추다 自分を低める. ❷ 下げる. ∥라디오 볼륨을 낮추다 ラジオのボリュームを下げる. 문제 수준을 낮추다 問題のレベルを下げる. 실내 온도를 낮추다 室温を下げる. ❸〖말을 낮추다の形で〗 丁寧語を用いない; 普通に話す.

낮춤-말【낟-】图 目下の人に使う言葉. ⑦높임말.

낯 /natʰ/【낟】图 顏. ⑩얼굴. ∥낯을 씻다 顏を洗う. 그 말을 듣고 낯이 없이 합쳐진 顏がない. 그 말을 듣고 낯이 빨개지다 それを聞いて顏が赤くなる. ▶낯을 가리다 人見知りする; 人怖じする. ▶낯을 못 들다 顏を合わせられない; 顏向けができない. ▶낯을 붉히다 顏を赤らめる; 赤面する. ▶낯(이) 깎이다 顏がつぶれる; 面目がつぶれる. ▶낯(이) 두껍다 厚かましい; 図々しい. ▶낯(이) 뜨겁다 顏がほてる; 顏から火が出る.

낯-가리다【낟까-】 人見知りする. ∥처음 보는 사람 앞에서 심하게 낯가리다 初対面の人の前でひどく人見知りする.

낯-가림【낟까-】图⑩他 人見知り.

낯-가죽【낟까-】图 面皮; 面の皮. ∥낯가죽이 두껍다 厚かましい; 図々しい.

낯-간지럽다【낟-따】圈〖ㅂ変〗 面はゆい; しりこそばゆい; 照れくさい. ∥칭찬을 듣고 있자니 낯간지럽다 ほめられると面はゆい.

낯-빛【낟삗】图 顏色. ⑩안색(顏色). ∥그 소식에 낯빛이 달라지다 その知らせに顏色が変わる.

낯-설다 /natʰsɔːlda/【낟 썰-】圈〖ㄹ語幹〗【낯설은, 낯설을, 낯설다】圈 慣れていない; なじみがない. ∥낯선 얼굴 見慣れない顏.

낯-익다【난닉따】圈 見慣れている; 顔なじみだ. ∥낯익은 풍경 見慣れた景色. 낯익은 손님 顏なじみのお客さん.

낯-짝【낟-】图〖낯の俗語〗图 顏. ∥뻔뻔한 낯짝을 하고 있다 図々しい顏をしている.

낱【낟】〖 (数えることのできるものの) 1つ.

낱-개【-個】/naːtʰke/【낟깨】图 (ばらになっているものの)一つ; 1個; ばら. ∥낱개로도 팔다 ばらでも売る.

낱-권【-卷】【낟꿘】图 1 冊; 1 巻.

낱낱-이【난나치】㋑ 一つ一つ; 一々. ∥낱낱이 일러바치다 一々告げ口する.

낱-단【낟-】图 1 束; 1 束 1 束.

낱-말【난-】图 単語. ⑩단어(単語).

낱알【낟알】图 粒; 1 粒 1 粒.

낱-잔【-盞】【낟짠】图 (ボトルではなく)酒の1杯 1杯.

낳다 /naːtʰa/【나타】⑩ 生む; 産む; 出産する; (子どもを)もうける. ∥아이를 낳다 子どもを産む. 시대가 낳은 영웅 時代が生んだ英雄. 애 둘을 낳고 잘 살고 있다 2人の子どもをもうけて幸せに暮らしている. 오해를 낳을 소지가 있다 誤解を生む可能性がある. 예상 밖의 결과를 낳다 予想外の結果を生む.

내[1] /ne/代 ❶〖助詞가・게の前で用いられて〗私; 僕; おれ; われ. ∥내가 하다

제 읽은 책 私が昨日読んだ本. 내가 착각했다 私が勘違いをした. 내가 알고 있는 한 私の知っている限り. 내게 무슨 할 일이 있니? 私に何か話したいことがあるの? ❷〔나의의 縮約形〕私の. ‖내 생각으로는 私の考えでは. 내 차로 가자 私の車で行こう.

내² 〔냄새의 縮約形〕臭(にお)い. ‖땀내가 나다 汗臭い.

내³ 小川.

내⁴ (内) 〔依名〕〔空間・時間의〕内;中. ‖지역내 地域内. 한 시간 내 1時間内.

내-⁵ 接頭 〔動詞に付いて〕外側に向かうという意を表わす: …出す. ‖내쫓다 追い払う. 내보내다 追い出す.

-내⁶ 接尾 〔時間을 表わす名詞에 付いて〕その期間의 처음부터 끝까지라는 意를 表わす: 中(じゅう). ‖여름내 夏中. 하루내 一日中.

내-가다 他 出す; 持ち出す; 外に出す. ‖손님이 와서 다과를 내가다 お客さんが来たので茶菓を出す.

내각¹ (内角) 图 ❶〔数学〕内角. ❷〔野球에서〕内角; インコーナー. ㋐外角(外角).

내각² (内閣) 图 内閣.
내각불신임안 (内閣不信任案) 【-뿔씨니만】图 内閣不信任案.
내각책임제 (内閣責任制) 图 議院内閣制. ㋐의원 내각제(議院内閣制).

내-갈기다 他 ❶ 殴りつける; ぶん殴る; はり飛ばす; 力いっぱい殴る. ‖따귀를 내갈기다 横っ面(つら)を殴りつける. ❷ なぐり書きする. ‖볼펜으로 내갈기다 ボールペンでなぐり書きする. ❸ 排泄する. ❹ 乱射する. ‖총을 마구 내갈기다 銃を乱射する.

내객 (来客) 图 来客.

내-걸다 他 〔ㄹ語幹〕❶ 揭げる; 打ち出す. ‖이름을 내걸다 名前を揭げる. 슬로건을 내걸다 スローガンを揭げる. 새로운 방책을 내걸다 新しい方針を打ち出す. ❷〔命도〕かける. ‖목숨을 내걸고 싸우다 命がけで戦う.

내-게 〔나에게의 縮約形〕私に. ‖내게 생각할 시간을 조금 줄래? 私に考える時間を少しくれる?

내과 (内科) /nɛ:kʰwa/ 【-꽈】图 内科. ‖내과 의사 内科医.

내관¹ (内観) 图 内観.
내관² (来館) 图 自他 来館.
내관³ (来観) 图 自他 来観.

내구 (耐久) 图 自他 耐久.
내구-력 (耐久力) 【-녁】图 耐久力.
내구-성 (耐久性) 【-썽】图 耐久性.
내구-재 (耐久材) 图 耐久材.
내국 (内国) 图 自国.
내국-법 (内国法) 【-뻡】图〔法律〕内国法; 法底法法.
내국-세 (内國稅) 【-쎄】图 自国内의 税金.
내국-인 (内國人) 图 内国人.
내규 (内規) 图 内規.
내근 (内勤) 图 自他 内勤. ㋐外勤(外勤).

내기¹ /nɛ:gi/ 图 自他 賭け. ‖내기를 하다 賭けをする. 내기 바둑을 두다 賭け碁を打つ.

-내기² 接尾 ❶〔場所를 表わす名詞에 付いて〕그 場所의 사람이라는 뜻을 表わす: …出身. …生まれ. ‖시골내기 田舎出身. ❷ 어느 條件의 사람이라는 것을 表わす. ‖동갑내기 同い年の人. 보통 〔여간〕내기가 아니다 ただ者ではない. 풋내기 青二才.

내내 副 ずっと; 最初から終わりまで. ‖일년 내내 눈이 내리다 一年中雪が降る.

내년 (来年) /nɛnjən/ 图 来年. ‖내년에 한국으로 유학 갈 예정이다 来年, 韓国へ留学するつもりだ. 내년 이맘때는 来年の今頃は.
내년-도 (来年度) 图 来年度.

내-놓다 /nɛ:notʰa/ 【-노타】他 ❶ 出す; 出しておく. ‖신제품을 내놓다 新製品を出す. 참신한 아이디어를 내놓다 斬新なアイデアを出す. 받아들일 수 없는 조건을 내놓다 受け入れられない条件を出す. 쓰레기를 집 앞에 내놓다 ごみを家の前に出しておく. ❷〔家・店舗などを〕売りに出す. ‖집을 내놓다 家を売りに出す. ❸〔職・地位などから〕退く; 辞める. ‖자리를 내놓다 職を辞める. ❹ さらけ出す; あけすけにする. ‖내놓고 말하다 あけすけにものを言う. 내놓은 짓을 하다 おおっぴらに悪事をはたらく. ❺ 投げ出す; 投じる. ‖전 재산을 내놓다 全財産を投げ出す〔投げ出す〕.

내다¹ /nɛ:da/ 他 〔나다의 使動形〕出す. ‖용기를 내다 勇気を出す. 신문에 광고를 내다 新聞に広告を出す. 좋은 결과를 내다 いい結果を出す. 성명을 내다 声明を出す. 욕심을 내다 かなり欲を出す; かなり欲張る. ❷ 立てる. ‖소문을 내다 うわさを立てる. 이상한 소리를 내다 変な音を立てる. 갑자기 화를 내다 急に腹を立てる. ❸ 起こす. ‖사고를 내다 事故を起こす. 일을 내다 ことを起こす. ❹ あける. ‖벽에 구멍을 내다 壁に穴をあける. ❺〔金などを払う〕収める; 収める. ‖세금을 내다 税金を納める. 수업료를 내다 授業料を納める. 벌금을 내다 罰金を払う. ❻〔빚을 내다의 形으로〕お金を借りる; 借金する. ❼〔모를 내다의 形で〕田植えをする. ❽〔시간을 내다의 形で〕時間をつくる. ❾〔…티를 내다의 形で〕…ぶる. ‖학자티를 내다 学者ぶる.

내다² 他動 その動作をやり遂げることを表す;…抜く;…切る。‖어려운 일을 해내다 難しい仕事をやり抜く.

내다-보다 /nɛːdaboda/ 他動 ❶ 外を見る;眺める。‖바깥을 내다보다 外を眺める. ❷ 予測する;予想する;推し量る;見越す;見据える。‖십 년 앞을 내다보다 10年先を見通す. ⇨내어보다.

내다-보이다 自動 〔내다보다의 受身動詞〕眺められる;見える;見渡せる。‖바깥이 내다보이는 자리에 앉다 外が眺められる席に座る.

내-닫다 /-따/〔ㄷ変〕飛び出す;走り出す;勢いよく前に進む。‖아이가 길 쪽으로 내닫다 子どもが道路の方に飛び出す.

내 달(來-) 名 来月. ⇨다음 달.

내-달리다 自動 = 내닫다.

내-던지다 /nɛːdəndʑida/ 他動 ❶ 投げつける;放り出す;放り投げる。‖훔친 물건을 내던지고 도망가다 盗んだものを放り出して逃げる. 재떨이를 내던지다 灰皿を投げつける. ❷ (財産・身などを) 差し出す;投げ打つ。‖전 재산을 내던지다 全財産を投げ打つ. ❸ 叩きつける。‖사표를 내던지다 辞表を叩きつける.

내-돌리다 他動 むやみに持ち出して人の手に渡るようにする;放置する.

내-동댕이치다 他動 投げ飛ばす;投げつける;叩きつける;投げ打つ。‖손에 든 것을 땅바닥에 내동댕이치다 手に持っていたものを地面に投げつける.

내-두르다 他動 〔르変〕振り回す. ⇨내둘리다.

내둘리다 自動 〔내두르다의 受身動詞〕振り回される。‖허위 정보에 내둘리다 にせ情報に振り回される.

내-디디다 踏み出す. ⇨ 내딛다。‖첫발을 내디디다 第一歩を踏み出す.

내-딛다 /-따/他動 내디디다의 縮約形.

내락(內諾) 名 下称 内諾.

내란(內亂) 名 内乱。‖내란이 일어나다 内乱が起きる. 내란을 일으키다 内乱を起こす.

내란-죄(內亂罪) /-쬐/-쮀/ 名 〔法律〕内乱罪.

내레이션(narration) 名 ナレーション.

내레이터(narrator) 名 ナレーター.

내려-가다 /nɛːrjəgada/ ❶ 下りる;下りていく。‖계단을 내려가다 階段を下りていく. 언덕길을 내려가다 坂道を下りていく. ❷ 下(ㅅ)る;行く。‖산을 내려가다 山を下りる. 배를 타고 강을 내려가다 船に乗って川を下る. 시골에는 언제 내려가세요? 田舎へはいつ行かれるんですか. ❸ (成績・値段などが) 下がる。‖성적이 자꾸만 내려가서 걱정이다 成績が下がる一方で心配だ. 인기가 영하로 내려가다 気温が氷点下に下がる. 바지가 내려가다 ズボンが下がる. ⇨올라가다.

― 他動 下ろす;下の方に下げる。‖일 층으로 짐을 내려가다 1階に荷物を下ろす.

내려-꽂다 /-꼳따/ 他動 強く打ち込む。‖칼을 내려꽂다 刀を強く打ち込む.

내려-놓다 /nɛːrjənotʰa/ /-노타/ 他動 下ろす;下に置く。⑦놓아둔다. ‖짐을 내려놓다 荷物を下ろす. 냄비를 불에서 내려놓다 鍋を火から下ろす.

내려다-보다 他動 ❶ 見下ろす. ⇨올라다보다. ‖남산에서 서울 시내를 내려다보다 ナムサン(南山)からソウル市内を見下ろす. ❷ 見下す;見くびる.

내려-서다 自動 降り立つ.

내려-앉다 /nɛːrjəanta/ /-안따/ 自動 ❶ 着陸する;とまる。‖비행기가 활주로에 내려앉다 飛行機が滑走路に着陸する. 새가 나무 위에 내려앉다 鳥が木の上にとまる. ❷ (屋根などが) 崩れ落ちる。‖눈 때문에 지붕이 내려앉았다 雪の重みで屋根が崩れ落ちた. ❸ (予想しなかった事態が起きて) ぐっとする。‖그 말을 듣고 가슴이 덜컥 내려앉았다 それを聞いてぎくっとした.

내려-오다 /nɛːrjəoda/ ❶ 下りる;下りてくる。‖산에서 내려오다 山から下りてくる[下りてくる]. 차단기가 내려오다 遮断機が下がる. ❷ (地方へ) 下る;来る。‖서울에서 내려온 사람 ソウルから来た人. ❸ (上部機関から命令・示達などが)下る。‖시달이 내려오다 示達が下る.

― 他動 下ろす;下の方に下げる。‖이 층에서 책상을 내려오다 2階から机を下ろす.

내려-치다 他動 切り落とす;振り下ろす;打ち下ろす;切り下ろす;叩きつける;強く叩く。‖주먹으로 탁자를 내려치다 こぶしでテーブルを叩きつける. 등짝을 내려치다 背中を強く叩く.

내력(來歷) 名 来歴;いきさつ;経歴;由来。‖집안 내력 家系の由来.

내로라-하다 /-하다/ 自分〔我〕こそはと思う.

내륙(內陸) 名 内陸.

내륙성-기후(內陸性氣候) /-썽-/ 名 〔地〕内陸気候.

내륙-하천(內陸河川) /-류카-/ 名 内陸河川.

내리 副 ずっと;続けて。‖내리 세 번이나 대학 입시에 실패하다 3度も続けて大学受験に失敗する.

내리-깔다 他動 〔ㄹ語幹〕(目を) 伏せる。‖그 사람은 눈을 내리깔고 이야기하는 버릇이 있다 彼は目を伏せて話す癖がある.

내리-내리 代々。‖그 집안은 내리내리 학자를 배출하고 있다 その家代々学者を輩出している.

내리다 /nɛːrida/ 自動 ❶ 降りる;下りる。‖차에서 내리다 車から降

리다. 집 앞에서 내리다 家の前で降りる. 막이 내리다 幕が下りる. 허가가 내리다 許可が下りる. 서리가 내리다 霜が降りる. 비행기가 활주로에 내리다 飛行機が滑走路に下りる. ❷ 下がる. ‖물가가 내리다 物価が下がる. 열이 내리다 熱が下がる. ❸ 下(く)る. ‖판결이 내리다 判決が下る. ❹ 〔雪·雨などが〕降る. ‖비가 내리다 雨が降る. 눈이 내리는 날 雪の降る日. ❺ 根(ね)が下りる; 張る. 根(ね)づく. ‖뿌리가 내리다 根づく.
— 他 ❶ 降ろす; 下ろす. ‖짐을 내리다 荷物を降ろす. 저기서 내려 주세요 あそこで降ろしてください. 막을 내리다 幕を下ろす. ❷ 값を下げる; 値下げする. 문제의 수준을 내리다 問題のレベルを下げる. ❸ 下(くだ)す. ‖판결을 내리다 判決を下す. 엄벌을 내리다 厳罰を下す. 결단을 내리다 決断を下す. 명령을 내리다 命令を下す. 정의를 내리다 定義を下す. ❹ 〔水〕を流す. ‖화장실의 물을 내리다 トイレの水を流す. ❺ 根(ね)を下ろす. ‖뿌리를 내리다 根を下ろす.

내리-뜨다 他 [으쯔어] 〔目を〕伏せる; 〔視線を〕下に向ける. ㉠ちだれる. ‖켕기는 것이 있는지 눈을 내리뜨고 이야기하다 後ろめたいことがあるのか, 目を伏せて話す.

내리-막 图 ❶ 下り坂. ㉠下り坂; 落ち目. ‖저 배우도 지금부터 내리막이다 あの俳優ももうこれから先落ち目だ.

내리막-길[-낄] 图 下り坂. ❷ 下り坂. 下り坂. ‖인기가 내리막길로 접어들다 人気が下り坂に向かう.

내리-비추다 他 上から下へ照らす.

내리-비치다 自 〔光が〕差す; 照りわたる. ㉠皎皎(こうこう)と. ‖교교하게 내리비치는 달빛 아래에서 皓皓(こうこう)と照りわたる月光のもとで.

내리-사랑 图 ❶ 〔子に対する親の愛情. ❷ 孫に対する祖父母の愛情〕㉠치사랑. ▶내리사랑은 있어도 치사랑은 없다〔諺〕親が子を思う気持ちに子が親を思う気持ちは及ばない.

내리-쬐다 [-/-쮀-] 自 照りつける; 〔日差しが〕降りそそぐ. ‖한여름의 태양이 내리쬐다 真夏の太陽が照りつける.

내리-치다 他 叩き落とす; 打ち落とす.

내림-세(-勢) 图 〔物価などの〕下落傾向. ㉠오름-세(-勢).

내림차-순(-次順) 图 〔数学〕降順. ㉠오름차순(-次順).

내림-표(-標) 图 〔音楽〕フラット(♭). ㉠올림표(-標).

내막[1](內幕) 图 内幕; 内輪の事情.

내막[2](內膜) 图 〔解剖〕内膜.

내-맡기다 他 [내마끼] 一任する; すべて任せる. ‖이번 일은 그

에게 내맡기고 있다 今回のことは彼にすべて委ねている.

내면(內面) 图 内面. ㉠외면(外面).

내-몰다 /nɛːmoːlda/ 【-語幹】〔내몰아, 내모오, 내몬〕 ❶ 追い出す; 駆り立てる. ‖밖으로 내몰다 外に追い出す. 국민들을 전쟁으로 내몰다 国民を戦争に駆り立てる. ㉠내몰리다. ❷ 〔車を〕飛ばす; 走らせる. ‖급히 차를 내몰다 急いで車を走らせる.

내-몰리다 自 〔내몰다의 受け動詞〕追い込まれる; 駆り立てられる. ‖궁지로 내몰리다 ピンチに追い込まれる.

내무(內務) 图 内務.
 내무-반(內務班) 图 〔軍事〕内務班.
 내무-부(內務部) 图 〔行政〕内務部. ✤日本の旧内務省に当たる.

내-밀다 /nɛːmilda/ 他 【-語幹】〔내밀어, 내미는, 내민〕 ❶ 突き出す; 差し出す; 差し伸べる. ‖손을 내밀다 手を差し出す. 입술을 빼쭉 내밀다 唇を突き出す. ❷ 〔顔を〕出す. ‖오랜만에 친목회에 얼굴을 내밀다 久々に親睦会に顔を出す. ❸ 追い出す; 追いやる; 追い払う. ‖사람들을 문 밖으로 내밀다 人々を門外に押し出した. ㉠내밀리다. ❹ 押し付ける. ‖맡긴 일을 못 하겠다고 나에게 내밀다 頼んだ仕事ができないと私に押し付けた.

내-밀리다 自 〔내밀다의 受け動詞〕追い出される; 追いやられる.

내밀-하다(內密-) 形 〔하変〕内密だ.

내방(來訪) 图 〔自他〕来訪.

내-배엽(內胚葉) 图 〔動物〕内胚葉.

내-뱉다 /nɛːbɛt̚ta/ 他 [-뱉어] ❶ 吐き出す. ‖괴로운 듯이 담을 내뱉다 苦しそうに痰を吐き出す. ❷ 言い捨てる. ‖불쾌하다는 듯이 말을 내뱉었다 不快そうに言い捨てた.

내-버리다 /nɛːbɔrida/ 他 ❶ 捨てる; 見捨てる. ‖쓰레기를 내버리다 ごみを投げ捨てる. ❷ 放って おく; 放置する. ‖우는 아이를 내버려 두다 泣いている子どもを放っておく.

내벽(內壁) 图 内壁. ㉠외벽(外壁).

내-보내다 /nɛːbonɛda/ 他 ❶ 外へ出す. ‖아이들을 밖에 내보내 놀게 하다 子どもたちを外に出して遊ばせる. ❷ 送り出す. ❸ 追い出す; 解雇する. ‖일꾼을 내보내다 使用人を追い出す[解雇する].

내-보이다 他 ❶ 〔取り出して〕見せる. ‖학생증을 내보이다 学生証を取り出して見せる. ❷ 〔考え·感情などを〕表に出す; 見せる. のぞかせる. ‖속셈을 내보이다 下心のぞかせる.

내복[1](內服) 图 下着; 肌着.
내복[2](內腹) 图 〔医学〕の下腹.
 내복-약(內服藥) 【-뇽냑】 图 内服薬. ㉠외용약(外用藥). ‖내복약을 먹

내부

다 內服藥を飮む.
내부¹ (內部) /nɛːbu/ 图 内部. ⊕외부(外部)‖건물의 내부 建物の内部. 내부 사정을 잘 알고 있다 内部の事情に詳しい.
내부² (內分) 图 [화](数学) 内分. ⊕외분(外分).
내분² (內紛) 图 内紛; もめ事. ‖내분이 일어나다 内紛が起こる. 내분이 끊이지 않다 もめ事が絶えない.
내-분비 (內分泌) 图 〔生理〕 内分泌.
  내분비-물 (內分泌物) 图 〔生理〕 内分泌物.
  내분비-샘 (內分泌-) 图 〔生理〕 内分泌腺.
내비게이션 (navigation) 图 ナビゲーション.
내비게이터 (navigator) 图 ナビ;ナビゲーター.
내-비치다 图 ❶ (光などが)漏れる. ‖창밖으로 불빛이 내비치다 窓の外に明かりが漏れる. ❷ ほのめかす. ‖속내를 내비치다 内情をほのめかす. ❸ 透ける. ‖속살이 내비치는 블라우스 肌の透けるブラウス.
내빈 (來賓) 图 来賓.
  내빈-석 (來賓席) 图 来賓席.
내-빼다 图 逃げ出す. ‖잽싸게 내빼다 素早く逃げ出す.
내-뿜다【-따】 图 吹き出す;吐き出す;噴出する. ‖담배 연기를 내뿜다 タバコの煙を吐き出す.
내색 (-色) /nɛːsɛk/ 图 图他 表情;そぶり. ‖싫은 내색을 하다 嫌な表情を見せる. 한번도 싫어하는 내색을 한 적이 없다 一度も嫌がるそぶりを見せたことがない.
내서 (耐暑) 图他 耐暑.
내선 (內線) 图 内線. ⊕외선(外線).
내성¹ (內省) 图 图他 内省.
  내성-적 (內省的) 图 内気. ‖내성적 성격 内気な性格.
내성² (耐性) 图 耐性. ‖내성이 생기다 耐性ができる.
내세 (來世) 图 〔佛敎〕 来世. ⊕전세(前世) | 현세(現世).
내-세우다 /nɛːseuda/ 图 ❶ (前に)立たせる. ‖사장은 담당자를 앞에 내세워서 설명하게 했다 社長は担当者を前に立たせて説明させた. ❷ (ある目的のために)前に立たせる;立てる. ‖증인으로 내세우다 証人として立てる. 후보로 내세우다 候補者に立てる. ❸ 自慢する;見せびらかす. ‖경력을 자랑스럽게 내세우다 経歴を自慢げに見せびらかす. ❹ (主義・方針・權利・名分などを)揭げる;打ち出す;主張する. ‖선거 공약으로 내세우다 選挙の公約として掲げる. 권리를 내세우다 権利を主張する. ❺ (よく見えるように)外に出す. ‖간판을 밖에 내세우다 看板を外に出す.
내셔널리즘 (nationalism) 图 ナショナリズム.
내수¹ (內需) 图 内需. ⊕외수(外需).
내수² (耐水) 图 图自 耐水.
  내수-성 (耐水性) 图 [-썽] 耐水性.
내숭 (←內凶) 图 猫かぶり. ‖내숭을 떨다 猫をかぶる.
내-쉬다 图 (息を)吐く;吐き出す. ‖가쁜 숨을 내쉬다 苦しそうに息をする.
내습 (來襲) 图 图他 来襲.
내시¹ (內侍) 图 〔歷史〕 宦官.
내시² (內示) 图 图他 内示.
내시-경 (內視鏡) 图 〔医学〕 内視鏡. ‖위 내시경 胃内視鏡;胃カメラ.
내신 (內申) 图 内申. ‖내신 성적 内申の成績.
  내신-서 (內申書) 图 内申書.
내실 (內實) 图 内部の事情;内的な充実. ‖내실을 기하다 内的な充実を期する.
내심¹ (內心) 图 ❶ 内心;心の中. ❷ 〔副詞的に〕内心. ‖내심 기뻐하고 있다 内心喜んでいる.
내심² (內心) 图 〔数学〕 内心. ⊕외심(外心).
내-쏟다 图 言い放つ. ‖모진 말을 내쏟다 きつい言葉を言い放つ.
내야 (內野) 图 〔野球で〕内野. ⊕외야(外野).
  내야-수 (內野手) 图 〔野球で〕内野手. ⊕외야수(外野手).
내역 (內譯) 图 内訳;中身. ⊕명세(明細).
내연¹ (內緣) 图 内縁. ‖내연의 처 内縁の妻.
내연² (內燃) 图 内燃.
  내연-기관 (內燃機關) 图 〔物理〕 内燃機関.
내연³ (來演) 图 图自 来演.
내열 (耐熱) 图 耐熱. ‖내열 유리 耐熱ガラス.
내-오다 图 運び出す;持ってくる;出す. ‖손님께 마실 것을 내오다 お客様に飲み物を出す.
내왕 (來往) 图 图自 行き来;往来;交流.
내외 (內外) 【-/-웨】图 ❶ 内外. ㉤外.❷夫婦. ‖오늘은 내외가 같이 왔네 今日は二人一緒だね. ❸ …くらい;前後. ‖천 원 내외로 살 수 있다 チウォン前後で買える.
  내외-높임말 (內外-) 图 〔內外(內外)の尊敬語〕ご夫婦. ‖대통령 내외분 大統領ご夫婦.
  내외-하다 (內外-) 图 〔하변〕 〔儒教の教えで〕女性がよその男性と顔を合わせることを避ける.
내용 (內容) /nɛːjoŋ/ 图 内容;中身. ‖책 내용 本の内容. 내용이 없는 이야

기 內容의 없는 話. 내용이 빈약한 수업 中身の乏しい授業. 자세한 내용 詳細.

내용-물 (內容物) 图 內容物.

내용 증명 (內容證明) 图 =내용 증명 우편(內容證明郵便).

내용 증명 우편 (內容證明郵便) 图 內容證明.

내우외환 (內憂外患) [-/-웨-] 图 內憂外患.

내의 (內衣) [-/-이] 图 肌着; 下着. 속옷.

내이 (內耳) 图 內耳.

내인 (內因) 图 內因. ㈜외인(外因).

내일 (來日) /neil/ 图 ❶ 明日(だ). ‖시험은 내일 실시된다 試験は明日行なわれる ‖내일부터 여름 방학이다 明日から夏休みだ. 내일까지 리포트를 제출해야 한다 明日までにリポートを提出しなければならない. ❷ [比喩的に] 将来; 未来; あす.

내일-모레 (來日-) 图 ❶ = 모레. ❷ 가까운 때.

내장¹ (內粧·內裝) 图 하他 內裝. ‖내장 공사 內裝工事.

내장² (內藏) 图 하他 內藏. **내장-되다** 图 칩이 내장되어 있다 チップが内蔵されている.

내장³ (內臟) 图 《解剖》 內臟.

내재 (內在) 图 자国 內在. ㈜외재(外在).

내재-적 (內在的) [-쩍] 图 內在的. ㈜외재적(外在的). ‖내재적인 요소 内在的な要素.

내-적 (內的) [-쩍] 图 內的. ㈜외적(外的). ‖내적 갈등 内的葛藤. 내적인 요인 内的な要因.

내전 (內戰) 图 內戰. ‖내전이 일어나다 内戦が起こる.

내접 (內接) 图 하자 《數學》 內接. ㈜외접(外接).

내접-원 (內接圓) 图 《數學》 內接円. ㈜외접원(外接圓).

내-젓다 [-젇따] 他 [人変] ❶ (手や手に持ったものを) 大きく振り動かす; 振り回す; 振る. ‖손을 휘휘 내젓다 手をぶんぶん振る. 고개를 내젓다 首を横に振る. ❷ (船を) 漕ぎ出す. ‖강 건너를 향해 배를 내젓다 対岸へ向けて船を漕ぎ出す.

내정¹ (內定) 图 하他 內定. ‖채용이 내정되다 採用が内定される.

내정² (內政) 图 內政.

내정 간섭 (內政干涉) 图 內政干涉.

내조 (內助) 图 하他 內助. ‖내조의 공 内助の功.

내종 (內從) 图 いとこ(父の姉妹の子). ㈜고종(姑從).

내주 (來週) 图 来週. ㈜다음 주(-週). ‖내주에 한국에 간다 来週韓国へ行く. ✢ 一般的には다음 주をよく使う.

내-주다 /ne:dʑuda/ 他 ❶ (持っているものを) 渡す; 明け渡す; 譲る. ‖사장 자리를 내주다 社長の座を譲る. 적군에게 길을 내주다 敵軍に道を明け渡す. ❷ (中にあるものを) 取り出して与える[渡す]. ‖서랍에서 서류를 내주다 引き出しから書類を取り出して渡す.

내지¹ (乃至) 圓 ないし; または. ‖삼 일 내지 사 일 걸리는 일 3日ないし4日かかる仕事.

내지² (內地) 图 內地. ㈜외지(外地).

내-지르다 [르変] 他 ❶ (遠くへ) 蹴飛ばす; 激しく振り回す; 振り上げる. ‖공을 멀리 내지르다 ボールを遠くへ蹴り上げる. 주먹을 내지르다 コブシを振り上げる. ❷ (声を) 張り上げる. ❸ [俗っぽい言い方で] = 낳다(子どもを産む)·누다(排泄する).

내진¹ (內診) 图 《醫學》 內診.

내진² (耐震) 图 耐震. ‖내진 구조 耐震構造.

내쫓-기다 【-쫀끼-】 国 (内쫓다の受身動詞) 追い出される; 追い払われる. ‖집에서 내쫓기다 家から追い出される.

내-쫓다 /neːtɕ͈otˀta/ 他 【-쫀타】 他 追い出す; 追い払う. ‖도둑고양이를 내쫓다 のら猫を追い払う. ㈜=내쫓다.

내-차다 他 蹴り出す; 蹴飛ばす.

내처 圓 ❶ ぶっ通しで. ❷ (気が向いたついでに; 続けて). ‖내처 일을 끝내다 続けて最後まで仕事を終わらせる.

내-출혈 (內出血) 图 《醫學》 內出血.

내측 (內側) 图 内側.

내-치다 他 突っぱねる; 追い出す; 追い払う.

내칙 (內則) 图 內則; 内規.

내친걸음-에 圓 ついでに. ‖내친걸음에 은행에 가서 돈도 찾아 왔다 出かけたついでに銀行に寄ってお金を下ろしてきた.

내친김-에 圓 始めたついでに. ‖내친김에 창문 청소까지 하다 (掃除を) 始めたついでに窓の掃除までする.

내침 (內侵) 图 하자 侵入してくること.

내키다 /neːkʰida/ 国 気乗りする; 乗り気になる; 気が向く; その気になる. ‖마음이 내키는 대로 하세요 気の向くままにしてください. 마음이 내키지 않는 모양이다 気乗りしない様子だ.

내통 (內通) 图 하자 內通. ‖적과 내통하다 敵と内通する.

내-팽개치다 他 投げ捨てる; 放り出す. ‖모든 것을 내팽개치다 すべてのことを放り出す. 숙제를 내팽개치고 놀러 가다 宿題を放り出して遊びに行く.

내포 (內包) 图 하他 內包; はらむこと; 含むこと. ㈜외연(外延). ‖가능성을 내포하고 있다 可能性を含んでいる. 모

내피 (内皮) 图 〖生物〗 内皮. ⑪외피(外皮).

내핍 (耐乏) 图 〖하田〗 耐乏. ‖내핍생활 耐乏生活.

내한¹ (來韓) 图 〖자田〗 來韓; 韓国に来ること. ‖내한 공연 來韓公演.

내한² (耐寒) 图 〖자田〗 耐寒.

내항¹ (內項) 图 〖数学〗 内項. ⑪외항(外項).

내항² (來航) 图 〖자田〗 来航.

내항-동물 (內肛動物) 图 〖動物〗 内肛動物.

내-행성 (內行星) 图 〖天文〗 内惑星. ⑪외행성(外行星).

내향 (內向) 图 〖자田〗 内向.

내향-성 (內向性) 【-썽】 图 内向性. ⑪외향성(外向性).

내화 (耐火) 图 耐火. ‖내화 벽돌 耐火煉瓦.

내화-성 (耐火性) 【-썽】 图 耐火性.

내환 (內患) 图 ❶内患; 内憂. ❷家庭内の心配事.

내-후년 (來後年) 图 再来年; 2年後.

내-휘두르다 他 【ㄹ变】 (手やこぶしなど を)やたらに振り回す.

내-흔들다 他 【ㄹ語幹】 外に出して振る; 振り回す.

냄비 /nembi/ 图 鍋. ‖냄비 뚜껑 鍋ぶた. 손잡이가 달린 냄비 手取り鍋; 手鍋. 자선냄비 社会鍋. 냄비를 불에 올려놓다 鍋を火にかける.

냄새 /nɛmsɛ/ 图 におい; 香り. 俑내. ‖코를 찌르는 냄새 鼻をつくにおい. 고소한 냄새 香ばしいにおい. 냄새가 진하다 においが強い. 냄새가 독하다 においがきつい. 생선 냄새를 맡고 고양이가 다가왔다 魚のにおいをかぎつけて猫が寄ってきた. 향수 냄새를 피우다 香水のにおいを漂わす.

냄새-나다 国 におう; においがする. 곰팡이 냄새나는 방 かびくさい部屋.

냅다 【-따】 圐 【ㅂ变】 煙たくて; 煙い. ‖내워서 눈을 뜰 수가 없다 煙たくて目があけられない.

냅다 【-따】 圀 一気に; いきなり; 勢いよく; 一目散に. ‖가방을 둘러 어깨에 메고 뛰어가다 가방を肩にかかえて一気に走っていく. 냅다 도망치다 一目散に逃げ出す.

냅색 (knapsack) 图 ナップザック.

냅킨 (napkin) 图 (食事の時の)ナプキン.

냇-가 【내까/냇까】 图 川のほとり; 川辺. ⑪천변(川邊).

냇-둑 【내뚝/냇뚝】 图 川岸の土手.

냇-물 【낸-】 图 川の流れ; 川の水.

냉¹ (冷) 图 〖漢方〗 冷え性. ❷帶下(하).

냉⁻² (冷) 接頭 冷…; アイス…. ‖냉커피 アイスコーヒー.

냉-가슴 (冷-) 图 ❶〖漢方〗体や心したために生じる胸焼け. ❷人知れず気をもむこと. ‖벙어리 냉가슴 앓듯 하다 1人でくよくよしている.

냉각 (冷却) 图 〖하田〗 冷却.

냉각-기 (冷却器) 【-끼】 图 冷却器.

냉각-기간 (冷却期間) 【-끼-】 图 冷却期間. ‖냉각기간을 두다 冷却期間を置く.

냉각-수 (冷却水) 【-쑤】 图 冷却水.

냉각-재 (冷却材) 【-째】 图 冷却材.

냉각-제 (冷却劑) 【-쩨】 图 冷却材.

냉-국 (冷-) 【-꾹】 图 冷製スープ.

냉기 (冷氣) 图 冷気; 冷たい空気. ⑪온기(溫氣). ‖냉기가 흐르는 분위기 冷たい空気が漂う雰囲気.

냉-난방 (冷煖房) 图 冷暖房.

냉담-하다 (冷淡-) 图 〖여田〗 冷淡だ; (態度などが)冷たい; 冷ややかだ. ‖냉담한 태도 冷淡な態度.

냉대 (冷待) 图 〖하田〗 冷遇. ⑪푸대접(-待接).

냉대-받다 受動

냉대² (冷帶) 图 〖地〗 冷帶; 亜寒帯.

냉대-기후 (冷帶氣候) 图 〖地〗 冷帶気候.

냉대-림 (冷帶林) 图 〖地〗 冷帶林; 亜寒帯林.

냉돌 (冷埃) 图 温突(オンドル)を焚いていない部屋; 冷たい部屋.

냉동 (冷凍) 图 〖하田〗 冷凍.

냉동-고 (冷凍庫) 图 冷凍庫.

냉동-법 (冷凍法) 【-뻡】 图 冷凍法.

냉동-식품 (冷凍食品) 图 冷凍食品.

냉동-실 (冷凍室) 图 冷凍室.

냉랭-하다 (冷冷-) 【-냉-】 图 〖여田〗 ❶冷え冷えとしている. ❷(態度が)冷淡だ; 冷たい.

냉면 (冷麵) /nɛːŋmjən/ 图 〖料理〗 冷麺.

냉방 (冷房) /nɛːŋbaŋ/ 图 冷房. ❶난방(煖房). ‖냉방이 되고 있는 사무실 冷房がきいている事務室. 냉방중 冷房中.

냉방-병 (冷房病) 【-뼝】 图 冷房病.

냉방-장치 (冷房裝置) 图 冷房装置.

냉소 (冷笑) 图 冷笑. ‖냉소를 머금다 冷笑を浮かべる. 냉소를 금할 수 없었다 冷笑を禁じ得なかった.

냉소-적 (冷笑的) 图 冷ややかな態度. ‖냉소적인 반응을 보이다 冷ややかな反応を示す.

냉수 (冷水) /nɛːŋsu/ 图 冷水; お冷や. ⑭찬물. ⑪온수(溫水). ‖냉수 한 잔 주세요 お冷や1杯ください. ▶냉수 먹고 속 차려라 〖屬〗 お冷やでも飲んでしっかりしなさい. ▶냉수 먹고 이 쑤시기 〖屬〗 (「冷水を飲んで歯をほじくる」の意で) 中身がないのにあるかのように見せることのたとえ.

냉수-마찰 (冷水摩擦) 图 〖하田〗 冷水摩擦.

냉안-시 (冷眼視) 명 하타 冷たい目で見ること; 白い目で見ること.

냉엄-하다 (冷嚴) 형 하여 冷嚴だ. ‖냉엄한 현실에 직면하다 冷嚴な現実に直面する.

냉온 (冷溫) 명 冷溫.

냉온-대 (冷溫帶) 명 地 亜寒帯.

냉이 (植物) 명 ナズナ(薺).

냉이-국 [-꾹] 명 料理 ナズナのスープ.

냉장 (冷藏) /neːŋdʑaŋ/ 명 하타 冷藏. ‖냉장 온도 冷藏温度.

냉장-차 (冷藏車) 명 冷藏車.

냉장-고 (冷藏庫) /neːŋdʑaŋgo/ 명 冷藏庫. ‖냉장고 안이 텅텅 비어 있다 冷藏庫の中が空っぽだ.

냉전 (冷戰) 명 冷戰. ‖두 사람은 여전히 냉전을 벌이고 있다 2人はまだ冷戰を続けている. 냉전 상태 冷戰状態.

냉정-하다¹ (冷靜-) /neːŋdʑəŋhada/ 형 하여 冷静だ. ‖냉정한 태도로 이야기하다 冷静な態度で話す. 냉정을 잃다 冷静を失う. 냉정히 상황을 판단하다 冷静に状況を判断する. **냉정-히** 부

냉정-하다² (冷情-) 형 하여 (性格などが)冷たい; 冷淡だ. ‖일부러 냉정하게 대하다 わざと冷たく当たる. 냉정한 태도 冷たい態度. **냉정-히** 부

냉증 (冷症) 명 漢方 冷え性.

냉지 (冷地) 명 寒冷地.

냉채 (冷菜) 명 料理 肉や魚介類などと野菜を和えて冷やしたもの; 冷菜. ‖오이 냉채 キュウリの冷菜.

냉-커피 (冷 coffee) 명 アイスコーヒー. ‖냉커피를 타서 마시다 アイスコーヒーを飲む. ✚아이스커피とも言う.

냉큼 부 すぐに; 直ちに; とっとと. ‖냉큼 오너라 すぐに来なさい.

냉탕 (冷湯) 명 水風呂. ⑦ 온탕(溫湯).

냉풍 (冷風) 명 冷風.

냉-하다 (冷-) 형 하여 ❶ 冷たい. ❷ (漢方で)(下腹が)冷える.

냉해 (冷害) 명 冷害. ‖냉해를 입다 冷害に見舞われる.

냉혈 (冷血) 명 冷血. ⑦ 온혈(溫血).

냉혈-동물 (冷血動物) 명 動物 冷血動物.

냉혈-한 (冷血漢) 명 冷血漢.

냉혹-하다 (冷酷-) [-호카-] 형 하여 冷酷だ. ‖냉혹한 현실 冷酷な現実.

냐¹ 어미 〔母音で終わる体言に付いて; 子音の場合は이냐〕疑問を表わす: …か; …かね; …なの; …だい. ‖누구냐? 誰なのか.

-냐² 어미 疑問を表わす: …か; …かね; …(な)の; …だい. ‖어디 아프냐? どこか痛いの.

냐고¹ 어미 〔母音で終わる体言に付いて; 子音の場合は이냐고〕疑問文の引用を表わす: …(な)のかと. ‖집이 어디냐고 물어보았다 家はどこなのかと聞いていた.

-냐고² 어미 疑問を表わす: …(の)か; かね; …(な)の; …だい. ‖오늘 바쁘냐고 물어보았더니 아니라 오늘 忙しいのかと聞いてみたら, そうではないって.

냐는 어미 〔-냐고 하는の縮約形〕…という.

-냐는 어미 〔-냐고 하는の縮約形〕…という.

냠냠 부 舌鼓を打つ音.

냥 (兩) 依名 …両. ❶ 重さの単位. ‖금 한 냥 金1兩. ❷ 昔の通貨の単位.

너 /nʌ/ 대 君; お前; あんた; 汝(なんじ). ‖너는 어떻게 생각하느냐? お前はどう思う? 너를 생각하면 마음이 아프다 君のことを思うと胸が痛い. 너 자신을 알라 汝自身を知れ. ✚対等または目下の人に使う. ▶너 나 할 것 없이 みんな; 全員; 誰も彼も; 猫も杓子も. 너 나 할 것 없이 불꽃놀이를 보러 가다 誰も彼も花火見物に繰り出す. ▶너 죽고 나 죽자 命がけで; 必死で. 너 죽고 나 죽자고 상대편에게 달려들다 必死で相手に飛びかかる.

너구리 명 ❶ 動物 タヌキ(狸). ❷ 比喩的に) 狡い人; 悪賢い人. ‖저 너구리 같은 녀석 あのタヌキのようなやつ.

너그럽다 /nʌgɯrʌpʰta/ 【-따】 형 ㅂ변 〔너그러워, 너그러우니〕寛大だ; 心が広い. ‖마음이 너그러운 사람 心が広い人. 너그러이 寛大に; 大目に. ‖너그러이 봐 주다 大目に見る.

너나-없이 [-업씨] 부 誰彼なく; 誰もかれも.

너덜-거리다 [-대다] 자 (ぼろ切れなどが)幾ばくも垂れ下がって揺れる; 破れる; 千切れる. ‖문 창호지가 바람에 너덜거리다 戸の障子紙が破れて風にぴらぴら(と)している.

너덜-너덜 [-덜-] 부 (ぼろ切れなどが)揺れ動く様子. ‖옷이 너덜너덜하다 服がぼろぼろだ.

너덧 [-덛] 명 4つほど; 4つくらい. ‖사과 너덧 개 リンゴ4個ほど. 너덧 명 4人ほど.

너도-나도 부 誰も彼も; 我も我もと. ‖너도나도 몰려가다 我も我もと押しよせる.

너르다 [르변] 형 広い. ‖마음이 너르다 心が広い. 집이 널러서 좋다 家が広いからいい.

너머 /nʌmʌ/ 명 向こう; …越し. ‖저 산 너머에 あの山の向こうに. 창문 너머로 내다보다 窓越しに外を見る. 어깨 너머로 肩越しに.

너무 /nəmu/ 🖭 ❶ とても; あまりに; 大変; たいそう; 非常に. ‖너무 멋있다 とてもすてきだ. 너무 비싸서 못 사다 あまりに高くて買えなかった. ❷ …すぎる. ‖너무 바빠서 쓰러질 것 같다 忙しすぎて倒れそうだ. 너무 마셔서 머리가 아프다 飲みすぎて頭が痛い. **너무-너무** 🖭

너무-나 🖭 あまりにも. ‖너무나 힘든 일 あまりにもきつい仕事.

너무-하다 🗟 [하変] あんまりだ; ひどすぎる. ‖그런 해도 너무한다 それはひどすぎる.

너비 🖭 幅; 横幅. ⑳폭(幅).

너비아니 🖭 〔料理〕薄切りにした牛肉をたれに漬け込んで焼いたもの.

너스레 🖭 〔下心のある〕冗談; おどけ口; ざれごと. ‖너스레를 떨다 わざとふざけた言い方をする; おどける.

너와-집 🖭 薄い木片で屋根を葺(ふ)いた家.

너울 🖭 荒波; 大波.

너울-거리다[-대다] 🗟 波がうねる; 波打つ.

너저분-하다 🗟 [하変] ごちゃごちゃしている; 散らかっている; 散乱している. ‖방안이 너저분하다 部屋の中がごちゃごちゃしている.

너절-하다 /nəʤəlhada/ 🗟 [하変] ❶〔こざっぱりしないで〕むさ苦しい; 汚らしい. ❷くだらない; つまらない. ‖너절한 변명을 늘어놓다 くだらない言い訳を並べ立てる.

너털-거리다 🗟 高笑いする.

너털-웃음 🖭 高笑い. ‖너털웃음을 터뜨리다 高笑いする.

너트 (nut) 🖭 〔締め付け用の〕ナット.

너풀-거리다[-대다] 🗟 〔布・紙など が〕風にはたはたとはためく.

너풀-너풀 🖭 [하変] はたはたと; ひらひら.

너희 /nəhi/【-히】🖭 〔너의複数形〕君たち; お前たち; あんたたち. ‖너희들 가니? 君たちは行かない? ✚対等または目下の人に使う.

녁넉-잡다[넝-잡따] 〔主に넉넉잡아(서)の形で〕多少余裕を持って見積もる; 多く見積もる. ‖이번 여행은 넉넉잡아 백만 원이면 될 것 같다 今回の旅行は多めに見積もって100万ウォンあれば足りそうだ.

녁녁-하다 /nənnəkhada/ 【넝너카-】 🗟 [하変] 余裕がある; ゆとりがある; 裕福だ. ‖살림이 녁녁하다 生活が豊かだ. ⑳넉넉하다. **녁녁-히** 🖭 十分に; たっぷり. ‖용돈을 녁녁히 받다 小遣いをたっぷりもらう.

녁살{넉-}🖭 図々しさ; ふてぶてしさ; 厚かましさ. ‖넉살 좋은 녁석 厚かましいやつ. 녁살을 떨다[부리다] ふてぶてしくふるまう. 녁살이 좋다 図々しい; ふて

てしい; 虫がいい; 臆面がない.

넋 /nək/ 【넉】🖭 ❶ 魂; 霊; 霊魂. ‖넋을 위로하다 霊を鎮める. 죽은 넋 亡霊. ❷ 精神; 気; 意識. ‖넋을 놓고 (바)앉아 있다 ぼんやりしている. 벤치에 넋을 놓고 앉아 있다 ベンチにぼんやり座っている. ▶넋을 잃다 気を失う. ❷見とれる; うっとりして見入る: 我を忘れる. 너무 예뻐서 넋을 잃고 바라보다 あまりにもきれいなのでうっとりして見入る. ▶넋이 나가다 気が抜ける. 魂が抜ける.

넋-두리 {넉뚜-} 🖭 愚痴; 泣き言. ‖넋두리를 하다 愚痴をこぼす.

넌더리 🖭 〔非常に強い〕嫌気. ‖넌더리가 나다 嫌気がさす; うんざりだ.

넌센스 (nonsense) 🖭 난센스の誤り.

넌지시 🖭 ひそかに; それとなく; 遠回しに. ‖넌지시 떠보다 それとなく探りを入れてみる.

널 🖭 ❶ 널뛰기(板跳び)用の板. ❷ 棺; 棺おけ.

널다 /nəlda/ 🗟 [ㄹ語幹] 〔널어, 너는, 널다〕干す; 干し物をする. ‖빨래를 널다 洗濯物を干す. 햇볕에 널다 日に干す. 밖에다 널었더니 금세 말랐어 外に出して干したら, すぐ乾いた. ⑳널리다.

널-따랗다 〔-라타〕🗟 [ㅎ変] 広々としている. ‖널따란 방 広々とした部屋.

널-뛰기 🖭 〔民俗〕板跳び〔長い板の真ん中の下に支えを置き, 板の両端に人が乗り, 交互に跳ね上がる遊び〕.

널름 🖭 [하変] ❶ 舌を出したり引っこめたりする様子: ぺろりと; ぺろっと. ❷ 素早く取り上げる様子: ぱっと; さっと. ‖널름 집어 들다 ぱっとつまみ上げる. ⑳날름.

널름-널름 🖭 [하変]

널름-거리다 🗟 〔舌を〕出したり引っこめたりする. ⑳날름거리다.

널리 /nəlli/ 🖭 ❶ 広く; あまねく. ‖널리 알리다 広く知らせる. ❷ 寛大に; 大目に. ‖널리 이해해 주시기 바랍니다 ご寛恕たまわりますようお願い申し上げます.

널리다 🗟 散らばる. ‖갯벌에 널리다 게가 계다 干潟にあちこち散らばっているのはカニだ.

널-리다 🗟 ❶〔널다の受身動詞〕干される. ‖빨랫줄에 빨래가 널려 있다 洗濯ロープに洗濯物が干されている. ❷ 広げられる.

널브러-지다 🗟 雑然と散らかる; 広く散らかる; 散らばる. ‖방에는 옷들이 널브러져 있었다 部屋には服が散らかっていた.

널-빤지 🖭 板; 板材.

널어-놓다 [-노타] 🗟 広げておく; 干しておく.

널찍-하다 〔-찌카-〕🗟 [하変] 広々としている. ‖방이 널찍하다 部屋が広々

널-판지 (一板-) 〖명〗 널빤지의 誤り.

넓다 /nəlt'a/【널따】〖형〗広い. ㉒좁다. ‖집이 넓다 家が広い. 베란다가 꽤 넓다 ベランダがかなり広い. 어깨가 넓다 肩幅が広い. 마음이 넓은 사람 心の広い人. 발이 넓다 顔が広い. 길이 넓어지다 道が広くなる. 시야가 넓어지다 視野が広がる. 간격을 넓게 하다 間隔を広くする.

넓어 〖형〗 넓다(広い)의 연용형.

넓어-지다 〖자〗 広がる; 広くなる. ‖행동 범위가 넓어지다 行動範囲が広がる. 시야가 넓어지다 視野が広がる.

넓은 〖형〗 넓다(広い)의 연체형.

넓이 /nəlbi/ 〖명〗 ❶広さ. ‖운동장 넓이 運動場の広さ. ❷〖数学〗面積. 면적(面積). ‖이 도형의 넓이를 구하라 この図形の面積を求めよ.

넓이-뛰기 〖명〗〖スポーツ〗幅跳び.

넓적-다리 〖넙쩍-〗〖解剖〗太もも; 大腿(たい). ㉘대퇴(大腿).

넓죽-하다 〖넙쭈카-〗〖형〗〖하얗〗(얼굴 などが)広い.

넓-히다 /nəlphida/【널피-】〖타〗〖넓다 의 使役動詞〗広げる; 広める; 広くする; 拡張する; 拡大する. ‖가게를 넓히다 店を拡張する. 세력을 넓히다 勢力を広げる〔拡大する〕. 견문을 넓히다 見聞を広める.

넘겨다-보다 〖타〗 もの欲しげに視る; 目をつける.

넘겨-받다 〖-따〗〖타〗 ❶譲り受ける. ❷引き継ぐ. ‖전임자에게서 업무를 넘겨받다 前任者から業務を引き継ぐ.

넘겨-쓰다 〖타〗〖으쓰〗(罪や責任などを) 押し付けられる; なすりつけられる. ㉘넘겨씌우다.

넘겨씌우다 〖-씨-〗〖타〗〖넘겨쓰다의 使役動詞〗(罪や責任などを)なすりつける; 押しつける. ‖죄를 다른 사람에게 넘겨씌우다 罪を人になすりつける.

넘겨-주다 /nəmgjəʤuda/ 〖타〗 渡す; 譲り渡す; 譲渡する. ‖소유권을 넘겨주다 所有権を譲る. 건물을 남에게 넘겨주다 建物を他人に譲渡する.

넘겨-짚다 〖-집따〗〖타〗 憶測する; 当てずっぽうで勘ぐる; 当て推量をする. ‖그 사람의 말을 넘겨짚다 彼の言葉を憶測する. 넘겨짚어서 말을 하다 憶測でものを言う. 넘겨짚어서 대답하다 当てずっぽうに答える.

넘기다¹ /nəmgida/ 〖타〗 ❶越す; 越える. ‖해를 넘기다 年を越す. 겨울을 넘기다 冬を越す. 죽을 고비를 넘기다 死線を越える. 육십 고개를 넘기다 六十の坂を越す. ❷渡す. ‖그 서류 봉투 이쪽으로 좀 넘겨 주세요 その書類の封筒, こちらへ渡してください. 도둑을 경찰에 넘기다 泥棒を警察に渡

す. ❸めくる. ‖책장을 넘기다 本のページをめくる. ❹過ぎる. ‖원고 마감일을 넘기고 말았다 原稿の締め切り日を過ぎてしまった.

넘-기다² 〖타〗〖넘다의 使役動詞〗越させる.

넘나-들다 〖타〗〖ㄹ語ич〗 行き来する; さまよう. ‖사선을 넘나들다 生死の境をさまよう.

넘다 /nəmt'a/【-따】〖자타〗 ❶越える; 超える. ‖산을 넘다 山を越える. 고개를 넘다 峠を越える. 연일 삼십 도를 넘는 더위 連日 30 度を越える暑さ. 나이가 서른이 넘었다 年が三十路を越えた. 넘기 어려운 벽 越え難い壁. 수강생이 백 명이 넘는 강의 受講生が 100 人を超える講義. ㉘넘기다. ❷過ぎる. ‖여기 온 지 두 달이 넘었다 こちらへきて 2 か月が過ぎた. 남동생은 열두 시가 넘어서 돌아왔다 弟は 12 時過ぎに帰ってきた.

넘버 (number) 〖명〗 ナンバー. ‖차량 넘버 車両ナンバー.

넘버-원 (number one) 〖명〗 ナンバーワン.

넘버링 (numbering) 〖명〗 넘버링머신의 略語.

넘버링-머신 (numbering machine) 〖명〗 ナンバリング; 넘버링.

넘-보다 〖타〗 (人のもの・ポストなどを)狙う. ‖부장 자리를 넘보고 있다 部長のポストを狙っている.

넘실-거리다 〖자〗 (大波が)うねる. ㉘넘실거리다.

넘어-가다 /nəməgada/ 〖자〗 ❶倒れる; 倒産する. ‖회사가 불경기로 넘어갔다 会社が不景気で倒産した. ❷(人の手に)渡る; 移転する. ‖극비 서류가 다른 회사로 넘어가다 極秘書類が他社の手に渡る. ❸移る. ‖다음 단계로 넘어가다 次の段階に移る. ❹沈む. 해가 넘어가다 日が沈む. ❺だまされる; ひっかかる; 負ける. ‖유혹에 넘어가다 誘惑に負ける. 감언이설에 넘어가다 甘い言葉にだまされる. ❻(事がうまくいく. ‖이번에도 문제없이 잘 넘어갔다 今回も問題なくうまくいった. ❼(息が)切れる. ‖숨이 넘어갈 듯이 울어대다 息が切れるくらい泣きじゃくる. ─〖타〗 ❶乗り越える; 飛び越える. ‖담을 넘어가다 塀を乗り越える〔飛び越える〕. ❷越える; 越えていく. ‖국경을 넘어가다 国境を越える. ❸(목을 넘어가다의 形)のどを通る; 喉元を過ぎる. ‖밥이 목구멍으로 넘어가지 않다 ご飯がのどを通らない.

넘어-뜨리다 〖타〗 倒す; 打倒する. ‖왕정을 넘어뜨리다 王政を倒す. 화분을 넘어뜨리다 植木鉢を倒す. 숙적을 넘어뜨리다 宿敵を打倒する.

넘어-서다 [他] ❶通り越す; 越す. ‖위험한 고비는 넘어섰다 危険な状態は越した. ❷(難関などを)乗り越える.

넘어-오다 /nɔmɔoda/ [自] ❶倒れてくる. ❷(権利などが)移ってくる. ‖소유권이 아버지한테로 넘어오다 所有権が父に移ってくる. ❸(仕事・担当などが)回ってくる. ‖이번 사원 여행의 주최가 관리부에서 우리 총무부로 넘어왔다 今度の社員旅行の主催が管理部からうちの総務部に回ってきた. ❹(食べたものを)戻す. ‖먹은 것이 넘어오려고 한다 食べたものを戻しそうだ.

— [他] 越えてくる. ‖경계선을 넘어오다 境界線を越えてくる.

넘어-지다 /nɔmɔdʒida/ [自] ❶転ぶ; 倒れる; 転倒する. ‖돌부리에 걸려 넘어지다 石につまずいて転ぶ. 넘어져서 허리를 다치다 転んで腰を痛める. 뒷사람한테 밀려 넘어지다 後ろの人に押されて倒れる. 계단을 헛디뎌서 넘어지다 階段を踏みはずして転倒する. ❷倒産する. ‖불경기로 회사가 넘어지다 不景気で会社が倒産する.

넘어-트리다 [他] =넘어뜨리다.

넘쳐-나다 [自] 溢れ返る.

넘쳐-흐르다 [自]〖르変〗 溢れる; 溢れ出る; 満ち溢れる; みなぎる. ‖넘쳐흐르는 젊음 満ち溢れる若さ. 의욕이 넘쳐흐르는 사람 意欲がみなぎる人.

넘치다 /nɔːmtʰida/ [自] ❶(液体などが)溢(あふ)れる. ‖욕조에 물이 넘치다 浴槽[湯船]に湯が溢れる. 매력이 넘치는 사람 魅力溢れる人. ❷(ある感情に)満ちる; みなぎる. ‖기쁨에 넘치다 喜びに満ちている. 의욕이 넘치고 있다 意欲がみなぎっている. ❸余る. ‖분에 넘치는 대우 身に余る待遇.

넙죽-거리다【-쭉꺼-】[他] ❶(口を)ぱくぱく(と)させる. ❷(複数の人が地面に)べったりと伏せる.

넙죽-넙죽【-쭝-쭉】[副] ❶ものを盛んに食べる様子: ぱくぱく. ‖넙죽넙죽 받아먹다 (食べさせてもらって)ぱくぱく食べる. ❷(複数の人が地面に)べったりと伏せる様子.

넙치 [名]〖魚介類〗 ヒラメ(平目).

넝마 [名] ぼろ; ぼろ切れ. ‖넝마를 걸치다 ぼろ(切れ)をまとう.

넣다 /nɔːtʰa/【너타】[他] ❶入れる. ‖휴대폰을 가방에 넣다 携帯電話をかばんに入れる. 커피에 설탕을 넣다 コーヒーに砂糖を入れる. 타이어에 바람을 넣다 タイヤに空気を入れる. 외벽과 내벽 사이에 단열재를 넣다 外壁と内壁の間に断熱材を入れる. 아들을 대학에 넣다 息子を大学に入れる. 후임으로 젊은 사람을 넣다 後任として若い人を入れる. 참가비는 교통비까지 넣어서 만 원이다 参加費は交通費を入れて1万ウォンだ. 갈아타는 시간을 계산에 안 넣었다 乗り換え時間を計算に入れなかった. 스위치를 넣다 スイッチを入れる. 기합을 넣다 気合を入れる. 손에 넣다 手に入れる. 퇴직금을 은행에 넣어 두다 退職金を銀行に入れておく. 이번에는 야당에 표를 넣었다 今回は野党に票を入れた. 추울 때는 찬물에 손을 넣고 싶지 않다 寒い時は冷たい水に手を入れたくない. ❷注ぎ入れる; 差す. ‖눈에 안약을 넣다 目薬を差す. ❸(応募書類などを)出す. ‖세 대학에 입학 원서를 넣었다 3つの大学に入学願書を出した. ❹(圧力などを)加える. ‖압력을 넣다 圧力を加える[かける]. ❺〔…아[어] 넣다の形で〕…入れる; …込む. ‖다리를 밀어 넣다 足を踏み入れる. 적어 넣다 書き込む.

네[1] /ne/ [代] ❶〔助詞가・게の前で用いられて〕君; お前. ‖네가 착각한 것 같다 お前が勘違いをしたようだ. 네게 할 말이 있다 お前に言いたいことがある. ❷〔너의の縮約形〕君の; お前の. ‖네 의견도 들어보고 싶다 君の意見も聞いてみたい. ✣口語では니という言い方で用いられる.

네[2] /neː/ [冠] 〔넷が助数詞の前に来た形で〕4つの; 4…. ‖네 명 4人. 네 시간 4時間. 사과 네 개 リンゴ4つ. 네 가지 주의 사항 4つの注意事項.

네[3] /ne/ [感] ❶肯定・承諾の意を表わす: はい; ええ. ‖네, 알겠습니다 はい, 分かりました. ❷〔上がり調子で〕反問の意を表わす: え; えっ; はいっ. ‖네, 뭐라고요? えっ, 何ですって.

-네[4] [接尾] ❶〔名詞・代名詞の後に付いて〕…たち; …ら. ‖우리네 われら. 너네는 안 가니? お前らは行かないの? ❷〔人名・人を表わす名詞に付いて〕…の家族; …の家. ‖친구네 友だちの家. 철수네는 이번에 하와이로 여행을 간다 チョルスの家族は今回ハワイへ旅行する.

-네[5] [語尾] ❶〔用言の語幹などに付いて〕(主に男性が)目下や同年輩の人に話す時に用いる終結語尾: …よ. ‖자네만 믿고 있네 君だけを頼りにしているよ. ❷軽い詠嘆[感嘆]を表わす: …ね; …だね. ‖그 넥타이 멋있네 そのネクタイ, すてきだね. ❸独り合点の気持ちを表わす: …か; …なあ. ‖아, 여기 있네 あ, ここにあったか.

네-거리 [名] 十字路; 交差点. [類]사거리(四-). ✣광화문(光化門)네거리以外は一般的に사거리を使う.

네거티브 (negative) [名] ネガティブ. [対]포지티브.

네글리제 (négligé フ) [名] ネグリジェ.

네-까짓【-짇】[冠] 〔相手を見くびる言い方で〕お前みたいな. ‖네까짓 녀석에게

네-댓 [녣-] 數 冠 4つか5つほど. ‖운동장에 아이 네댓이 놀고 있다 グラウンドで子どもが4,5人が遊んでいる. 큰 걸로 네댓 개 주세요 大きいのを4,5個ください

네덜란드 (Netherlands) 名 国名 オランダ.

네모 名 四角.

네모-꼴 名 四角形.‖사각형(四角形).

네모-나다 四角い. ‖얼굴이 네모나다 顔が四角い.

네모반듯-하다 [─드타─] 形 [하変] 真四角だ. ‖네모반듯한 형태로 만들다 真四角の形に作る.

네모-지다 四角い.

네발 四つ足. ‖네발 달린 짐승 四つ足の動物.

네발-짐승 四足歩行の動物.

네온 (neon) 名 ネオン.

네온-사인 (neon sign) 名 ネオンサイン.

네이블-오렌지 (navel orange) 名 植物 ネーブルオレンジ.

네일아트 (nail art) 名 ネイルアート.

네임-밸류 (name + value 日) 名 ネームバリュー.

네크-라인 (neckline) 名 ネックライン.

네트 (net) 名 ネット.

네트-볼 (netball) 名 (テニス·バレーボールなどで)ネット(ボール).

네트-워크 (network) 名 ne:tʰuwɔ:kʰu/ne:tʰidʒuɲ 名 ネットワーク. ‖컴퓨터 네트워크 コンピューターネットワーク.

네티즌 (←network+citizen)/ne:tʰidʒun/(IT) ネチズン;ネットワーク市民.

네팔 (Nepal) 名 国名 ネパール.

넥타 (nectar) 名 ネクター.

넥-타이 (necktie) /nektʰai/ 名 ネクタイ. ‖넥타이를 매다 ネクタイを締める.

넥타이-핀 (necktie + pin 日) 名 ネクタイピン.

넷 /ne:t/ 數 冠 4つ;4個. ‖넷으로 나누다 4つに分ける. 형제가 넷이나 된다 兄弟が4人もいる. 하나 둘 셋 넷 1,2,3,4. ✝後ろに助数詞が付く場合は네の形で用いられる. ‖네 명 4人.

넷-째 [녣-] 數 冠 4つ目;4番目;4番目の.

녀석 /njɔsɔk/ ❶ [男の人をさげすむ言い方で] やつ;野郎. ‖저 녀석이 문제야 あいつが問題だよ. 바보 같은 녀석 ばか野郎. ❷ [同輩以下の者を親しみを込めて言う語, また罪のない子にいうかわいがっていう語]やつ.やつで. ‖이 녀석 꽤 많이 먹는구나 こいつ, けっこう食うな. ❸ [男の子をかわいがって言う語] ‖이 녀석 꽤 많이 먹는구나 こいつ, けっこう食うな.

년[1] 依名 [女の人をさげすんだりののしったりする言い方で] あま;あまっこ. ⑳卷 [女]. ‖이 년 このあま.

년[2] (年) /njɔn/ 依名 …年. ‖오 년 동안 5年間. 일본에 온 지 벌써 이십 년이 된다 日本に来てもう20年になる.

-년[3] 接尾 …年. ‖안식년 安息年;サバティカル(イヤー).

녘[년] [ある時間帯を表す:…方;…頃. 해질 녘 日暮れ方. 동틀 녘에 明け方に (に).

-녘[년] [ある方向を表す:…方. ‖동녘 東方.

노[1] (紐) 名 ⑩ノ끈.

노[2] (魯) 名 姓 魯(ノ).

노[3] (盧) 名 姓 盧(ノ).

노[4] (路) 名 姓 路(ノ).

노[5] (櫓) 名 櫓(ㄹ);櫂. ‖노를 젓다 櫓を漕ぐ.

노가다 (土方 日) 名 土木工事に従事する労働者. ‖노가다를 하다 土木工事の仕事をする.

노가리 名 スケトウダラの幼魚.

노고 (勞苦) 名 労苦;苦労;苦労. ‖노고에 감사 드립니다 ご苦労労に感謝申し上げます. 사원들의 노고를 치하하다 社員たちの労をねぎらう.

노고지리 (鳥類) ヒバリ(雲雀).

노곤-하다 (勞困─) 形 [하変] けだるい. ‖온몸이 노곤하다 全身がけだるい.

노골 (露骨) 名 露骨.

노골-적 (露骨的) [-쩍] 露骨;露骨であること. ‖노골적 요구 露骨的要求. 노골적으로 싫어하다 露骨に嫌がる.

노골-화 (露骨化) 名 自他 露骨化.

노구 (老軀) 名 老軀;老体.

노그라-지다 ぐったりする. ‖일에 지쳐 노그라지다 仕事に疲れてぐったりする.

노글노글-하다 [-로-] 形 [하変] (全身が)けだるい.

노기 (怒氣) 名 怒気. ‖노기 띤 얼굴 怒気を帯びた顔.

노기등등-하다 (怒氣騰騰─) 形 [하変] 怒り心頭に発している.

노-끈 (紐─) 名 ⑩노.

노년 (老年) 名 老年. ⑩만년(晚年).

노년-기 (老年期) 名 老年期.

노는 口語幹 놀다(遊ぶ)の現在連体形.

노닐-다 自 ㄹ語幹 のんびりと遊び歩く.

노다지[1] 名 ❶鉱脈. ❷大きな幸運;大当たり. ‖노다지를 만나다 大当たりを当てる.

노다지[2] 副 いつなんの誤り.

노닥-거리다 [-대다] [-꺼 [때] -] 自 しゃべりたてる;しゃべりまくる. ‖일은 하지 않고 노닥거리고 있다 仕事はしないでしゃべりまくっている.

노닥-노닥 [-닥-] 甼 하자 페차크차,베차쿠차ㅁ.

노-대가(老大家) 圀 老大家.

노도(怒濤) 圀 怒濤.

노동(勞動) /nodoŋ/ 圀 하자 勞動. ∥중노동 重勞動. 육체노동 肉体労働. 정신노동 精神労働.
- **노동-권**(勞動權) [-꿘] 圀 勞働権.
- **노동-력**(勞動力) [-녁] 圀 勞働力.
- **노동-법**(勞動法) [-뻡] 圀 (法律) 労働法.
- **노동-부**(勞動部) [-부] 圀 (行政) 労働部; 厚生労働省.
- **노동-운동**(勞動運動) 圀 労働運動.
- **노동-자**(勞動者) 圀 労働者.
- **노동-조합**(勞動組合) 圀 労働組合.
- **노동-판**(勞動-) 圀 肉体労働の現場.

노둣-돌 [-두돌/-둗돌] 圀 乗馬台.

노땅(老-) 圀 [見くびる言い方で] 年寄り. 年上の人.

-노라 語尾 [文語的言い方で] 自分の動作などを重々しく知らせる …するぞ. …よ. ∥나는 이겼노라 おれは勝ったぞ; 勝てり. 끝까지 싸우겠노라 最後まで戦う.

노라-노락 圀 ㅎ자 노락다(黄色い)の現在連体形. ∥노란 셔츠 黄色いシャツ.

노란-빛 [-빋] 圀 黄色; 黄み. ∥노란빛이 돌다 黄みを帯びる.

노란-색(-色) /noransæk/ 圀 黄色.

노랑 圀 黄; 黄色.
- **노랑-나비**(昆虫) モンキチョウ(紋黄蝶).

노랑-이 圀 けち.

노랗다 /noratʰa/ 【-라타】 圀 ㅎ자 黄色い. ❶黄色い. ∥노란 손수건 黄色いハンカチ. 노란 병아리 黄色いひよこ. ❷(葉がしおれたように)見込みがない; 可能性がない. ∥싹수가 노랗다 見込みがない. 쬬누렇다.

노래¹ /nore/ 圀 歌; 歌曲. ∥노래를 잘하다 歌がうまい. 옛날 노래 昔の歌; 演歌風の歌. 유행한 노래 一時はやった歌. 노래를 부르다 歌を歌う; ずっとねだりする.
- **노래-방**(-房) 圀 カラオケボックス; カラオケルーム.
- **노래-자랑** 圀 のど自慢.
- **노래-하다** 自動 ㅎ자 歌う. ∥사랑의 기쁨을 노래한 시 愛の喜びを歌った詩.
- **노랫-말** [-랜-] 圀 歌詞. 쬬가사(歌詞).
- **노랫-소리** [-랟쏘-/-랟소-] 圀 歌声. ∥노랫소리가 들리다 歌声が聞こえる.

노래² 圀 ㅎ자 노락다(黄色い)の連用形.

노래기(動物) ヤスデ(馬陸).

노래-지다 自動 ❶黄色くなる; 黄ばむ. ❷血の気がひく; 真っ青になる. ∥얼굴이 노래지다 (驚いたり体調が悪くて)顔色が悪くなる. 쬬누레지다.

노략-질(擄掠-) [-찔] 圀 하자 略奪行為.

노려-보다 他 にらみつける. ∥상대방을 노려보다 相手をにらみつける.

노력¹(努力) /nɔrjɔk/ 圀 하자 努力. ∥노력이 결실을 맺다 努力が実を結ぶ. 남다른 노력하다 並々ならぬ努力. 목표를 향해 노력하다 目標に向かって努力する. 노력한 흔적이 보이다 努力の跡がうかがえる. 그 사람은 노력형이다 彼は努力家だ.

노력²(勞力) 圀 하자 労力.

노련-하다(老鍊-) 圀 하자 老練だ; 巧みだ; ベテランだ. ∥핀치에도 흔들리지 않는 노련한 투수 ピンチにも動揺しない老練な投手.

노령(老齡) 圀 老齡; 高齡.

노루 (動物) ノロジカ(獐鹿).

노루-께-하다 圀 하자 黄みを帯びる; 黄ばんでいる.

노르마(norma ⁿ) 圀 ノルマ.

노르스름-하다 圀 하자 黄みを帯びている; こんがりしている. 쬬누르스름하다.

노르웨이(Norway) 圀 (国名) ノルウェー.

노른-자 圀 [노른자위の略語] 黄身.

노른-자위 圀 ❶(卵の)黄身; 卵黄. ඌ흰자위. ❷[比喻的に] 物事の核心部分. 쬬노른자.

노름 圀 (主に花札などの)博打(ばくち); 賭博(とばく); 賭け事. ∥노름을 하다 博打を打つ.
- **노름-꾼** 圀 博打打ち; 博徒.
- **노름-빚** [-삔] 圀 博博(とばく)の借金.
- **노름-판** 圀 賭博(とばく)場; 賭場. ∥노름판을 벌이다 賭場を開帳する.

노릇 /nɔrut/ [-슬] 圀 ❶役割; 役目; 本分. ∥심부름꾼 노릇을 하다 使いとしての役目を果たす. 사람 노릇을 하다 人としての本分を果たす. ❷[見くびる言い方で] 仕事. ∥선생 노릇 教師稼業. ❸(主に …수 없는 노릇이다の形で) …するわけには[も] いかない. ∥돈이 없어서 당장 이사를 갈 수도 없는 노릇이다 お金がないから今すぐ引っ越しをするわけにもいかない.

노릇-노릇 [-른-른-] 甼 하자 こんがりと色づいている様子. ∥노릇노릇하게 구워진 빵 こんがりと焼けたパン. 쬬누릇누릇.

노릇-하다 [-르타-] 圀 하자 こんがり(と)きつね色になっている.

노리개 圀 ❶女性用の装飾品. 中民族衣装のチマチョゴリ(치마저고리)の結び目に付けたりする. ❷慰み者; なぶりもの; おもちゃ. ∥노리개 취급을 당하다 慰み者にされる.

노리다¹ 形 ❶獣臭いにおいがする;ヤスデのにおいがする. ❷けちだ;けちくさい.

노리다² /norida/ 他 ❶にらむ;にらみつける. ‖예리한 눈초리로 노려보다 鋭い目つきでにらみつける. ❷(チャンスなどを)ねらう;当て込む. ‖기회를 노리다 機会をねらう. 급소를 노리다 急所をねらう. 틈을 노려 도망가다 隙をねらって逃げる. 심리적인 효과를 노린 판매 전략 心理的な効果をねらった販売戦略. ❸目指す. ‖우승을 노리고 있다 優勝を目指している.

노린-내 名 獣臭いにおい. ‖노린내가 나다 獣臭い.

노망 (老妄) 名 老人ぼけ;もうろく.
노망-나다 〔-들다〕 自 ぼける;老人性認知症の症状が出る.

노면 (路面) 名 路面.
노면~전차 (路面電車) 名 路面電車.

노모 (老母) 名 老母.
노목 (老木) 名 老木.
노무 (勞務) 名 労務.
노무~관리 (勞務管理) 〔-괄-〕 労務管理.
노무-자 (勞務者) 名 労務者.

노문-과 (露文科) 〔-꽈〕 〔노어노문학과(露語露文學科)の略語〕 ロシア語ロシア文学科.

노반 (路盤) 名 路盤.
노발-대발 名 <u>하동</u> かんかんに(なって)怒ること;激怒すること. ‖노발대발하다 かんかんに怒る.

노방 (路傍) 名 道端.
노방~초 (路傍草) 名 道端の雑草.

노벨-상 (Nobel賞) 名 ノーベル賞.
노변 (爐邊) 名 炉端.
노병¹ (老兵) 名 老兵. ‖노병은 죽지 않는다. 다만 사라질 뿐이다 老兵は死なず, ただ消え去るのみ.
노병² (老病) 名 老病.

노-부모 (老父母) 名 老父母;年老いた両親.
노-부부 (老夫婦) 名 老夫婦.
노브 (knob) 名 ノブ.
노-브라 (no+brassiere日) 名 ノーブラ.

노비 (奴婢) 名 〔歴史〕 奴婢(ど).
노사 (勞使) 名 労使. ‖노사 협의 労使協議会.

노상 いつも;常に;しょっちゅう. ‖노상 쓸데없는 짓만 하다 いつもくだらないことばかりする. 노상 웃는 얼굴로 常に笑顔で.

노상 (路上) 名 路上.
노상-강도 (路上强盜) 名 辻強盜.

노새 動物 ラバ(驟馬).

노선 (路線) /no:sən/ 名 路線. ❶(バス·鉄道などの)運行経路. ‖버스 노선 バスの路線. ❷(政党などが掲げる)運動の方向. ‖반핵 평화 노선 反核平和路線.
노선-도 (路線圖) 名 路線図.
노선~버스 (路線 bus) 名 路線バス.

노소 (老少) 名 老少;老若. ‖남녀노소 老若男女.
노송 (老松) 名 老松;古い松.
노송-나무 (老松-) 名 〔植物〕 ヒノキ(檜).
노쇠-하다 (老衰-) 〔-/-쇠-〕 <u>하변</u> 老衰している. ‖노쇠한 부모님 老衰した両親.
노숙 (露宿) 名 <u>하자</u> 野宿.
노숙-자 (露宿-) 〔-짜〕 ホームレス;路上生活者. 略 홈리스.
노숙-하다 (老熟-) 〔-수카-〕 形 <u>하변</u> 老熟している;熟練している.
노스탤지어 (nostalgia) 名 ノスタルジア.
노승 (老僧) 名 〔仏教〕 老僧.
노심-초사 (勞心焦思) 名 <u>하자</u> 心を痛めながらもむこと.
노안 (老眼) 名 老眼.
노약 (老弱) 名 老弱.
노약-자 (老弱者) 〔-짜〕 老弱者.
노어 (露語) 名 〔言語〕 ロシア語. ‖노어 노문학과 ロシア語ロシア文学科.
노여움 怒り;怒気;老齢. ‖선생님의 노여움을 사다 先生のお怒りを買う.
노여워-하다 他 <u>하변</u> 怒る;腹を立てる;激怒する. ‖그 말에 아버지는 몹시 노여워하셨다 その言葉に父は激怒した.

노역¹ (老役) 名 老け役;老人役.
노역² (勞役) 名 <u>하자</u> 労役.
노염 (老-) 名 노여움の縮約形.
노예 (奴隸) 名 奴隸. ‖노예 해방 奴隸解放.

노을 /noul/ 名 朝焼け;夕焼け. 略 놀. ‖노을이 붉게 물들다 夕焼けが赤く染まる.

노이로제 (Neurose독) 名 〔医学〕 ノイローゼ;神経症. ‖노이로제에 걸리다 ノイローゼになる.

노-익장 (老益壯) 〔-짱〕 老いて益々盛んなこと〔人〕.

노인 (老人) /noin/ 名 老人.
노인-병 (老人病) 〔-뼝〕 老人病.
노인성~치매 (老人性痴呆) 〔-썽-〕 老人性認知症.
노인-장 (老人丈) 名 〔老人(노인)の尊敬語〕 ご老人;お老体;お年寄り.
노인-정 (老人亭) 名 老人亭. ✤村の老人の憩いの場.

노일 (露日) 名 日露;日本とロシア.
노작 (勞作) 名 労作. 類 역작(力作).
노장 (老將) 名 老将.
노장-사상 (老莊思想) 名 老荘思想.
노적 (露積) 名 <u>하변</u> 露積み;野積み.
노적-가리 (露積-) 〔-까-〕 稲むら.

노점 (露店) 露店. ㉘난전(亂廛).
노점-상 (露店商) 图 露店商.

노정¹ (路程) 图 道のり.

노정² (露呈) 图 하타 露呈. ∥논리의 허점을 노정하다 論理の弱点を露呈する.

노제 (路祭) 图 出棺の時に行なう儀式.

노조 (勞組) 图 노동조합(勞動組合)の略語.

노즐 (nozzle) 图 ノズル.

노지 (露地) 图 露地.

노-처녀 (老處女) 图 結婚適齢期を過ぎた未婚女性;オールドミス. ㉘올드미스.

노천 (露天) 图 露天;野外. ∥노천 시장 青空市場.
노천-강당 (露天講堂) 图 野外講堂.
노천-극장 (露天劇場) 图 ㉛ 野外劇場.

노총 (勞總) 图 韓国労働組合総連盟(韓國勞動組合總聯盟)の略語.

노-총각 (老總角) 图 結婚適齢期を過ぎた未婚男性.

노추 (老醜) 图 老醜.

노출 (露出) 图 하타 露出. ∥노출이 심한 옷 露出が激しい服.
노출-증 (露出症) [-쯩] 图 (医学) 露出症.

노친 (老親) 图 老いた親.

노-카운트 (no+count 日) 图 ノーカウント.

노-코멘트 (no comment) 图 ノーコメント.

노크 (knock) 图 하자 ノック.

노-타이 (no+tie 日) 图 ノータイ;ノーネクタイ.

노-터치 (no touch) 图 ノータッチ.

노트¹ (note) /no:tʰɯ/ 图 하타 ❶ ノート. ∥노트한 것 좀 보여 주세요 ノートしたもの、ちょっと見せてください. ❷ 노트북の略語.

노트² (knot) 依名 (船舶・海流などの)速さの単位: …ノット(kn・kt).

노트-북 (notebook) /no:tʰɯbuk/ 图 ❶ ノート;ノートブック. ❷ ノートパソコン. ㉘노트.

노-티 (老-) 图 年寄りくさい素振り. ∥노티 나지 않게 신경을 쓰다 年寄りくさくならないように気を遣う.

노파 (老婆) 图 老婆.
노파-심 (老婆心) 图 老婆心.

노폐 (老廢) [-/-폐-] 하형 老廃.
노폐-물 (老廢物) 图 老廃物.

노-하다 (怒-) 目 하자 (目上の人が) 怒る;立腹する.

노-하우 (know-how) /no:hau/ 图 ノウハウ. ∥노하우를 전수하다 ノウハウを伝える. 노하우의 축적 ノウハウの蓄積.

노형 (老兄) 图 〔年上の友人を敬って〕老兄.

노화 (老化) 图 하자 老化.

노환 (老患) 〔노병(老病)の尊敬語〕お年寄りのご病気.

노회-하다 (老獪-) [-눼-] 图 하여 老獪(ろうかい)だ. ∥노회한 정치가 老獪な政治家.

노후¹ (老後) 图 老後. ∥노후 대책을 세우다 老後の対策を立てる.

노후² (老朽) 图 하형 老朽.
노후-화 (老朽化) 图 자동 老朽化. ∥노후화된 건물 老朽化した建物.

녹¹ (祿) 图 〔봉록(俸祿)の同義語〕禄. ▶녹을 먹다 禄を食(は)む.

녹² (綠) /nok/ ❶ 동록(銅綠)の略語. ㉘錆(さび). ▶녹(이) 슬다 錆びる;錆びつく. 녹슨 칼 錆びたナイフ. 머리가 녹이 슬다 頭が錆びつく.

녹각 (鹿角) [-깍] 图 シカの角.

녹-갈색 (綠褐色) [-깔쌕] 图 枯草色、カーキ色.

녹-내장 (綠內障) [농-] 图 (医学) 緑内障.

녹녹-하다 (碌碌-) [농노카-] 形 하여 やや柔らかい. ∥떡이 녹녹하다 餅が柔らかい.

녹는-점 (-點) [-땀] 图 (物理) 融点;融解点. ㉘용점(融點)・용해점(融解點). ㉘어는점(-點).

녹다 /nok˺ta/ [-따] 自 ❶ (熱で)溶ける. ∥얼음이 녹다 氷が溶ける. ❷ (液体に)溶ける. ∥설탕이 녹는다 砂糖が溶ける. ❸ (体が)暖まる. ∥따뜻한 것을 마시니까 몸이 좀 녹는 것 같다 温かいものを飲んだら体が少し暖まってきたようだ. ❹ (心が)とろける. ❺ 惚れ込む. ㉘녹이다.

녹두 (綠豆) [-뚜] 图 (植物) リョクトウ (緑豆).

녹록-하다 (碌碌-) [농노카-] 形 하여 ❶ つまらない. ❷ (性格などが) 単純だ;扱いやすい. ∥그를 녹록한 사람이라고 생각해서는 안 된다 彼を扱いやすい人だと思ってはいけない.

녹말 (綠末) [농-] 图 澱粉(でんぷん).

녹변 (綠便) [-뻰] 图 緑便. ㉘푸른 똥.

녹봉 (祿俸) [-뽕] 图 (歴史) 俸禄.

녹비 (綠肥) [-삐] 图 緑肥.

녹색 (綠色) [-쌕] 图 緑色;緑.
녹색식물 (綠色植物) [-쌕씽-] 图 (植物) 緑色植物.
녹색-신고 (綠色申告) [-쌕씬-] 图 青色申告.
녹색-혁명 (綠色革命) [-쌔켱-] 图 緑の革命.

녹슬다 (綠-) [-쓸-] 自(ㄹ語幹) 錆びる. ∥녹슨 철로 錆びた線路.

녹신-하다 [-씬-] 形 하여 ❶ ぷよぷよと柔らかい. ❷ (全身が)気が抜けてけだるい.

녹십자 (綠十字) [-씹짜] 图 緑十字.

녹-아웃 (knockout) 【명】【되자】 ノックアウト.

녹용 (鹿茸) 【漢方】 鹿茸(ろくじょう). 【명】 용(茸)の.

녹음 (綠陰) 【명】 綠陰. ∥녹음이 짙다 綠陰が濃い.

녹음 (錄音) /nogum/ 【명】【하他】 錄音. ∥강연을 녹음해 두다 講演を錄音しておく. 녹음-되다 【受動】

녹음-기 (錄音器) 錄音機; テープレコーダー.

녹-이다 /nogida/ 【他】 〔녹다の使役動詞〕 ❶〔熱を加えて〕溶かす. ㉠ 凍らす. ∥얼음을 녹이다 氷を溶かす. ❷〔粉などを液体に入れて〕溶かす. ❸〔かじかんだ体を暖める〕 寒さなどを〕和らげる. ∥난로 앞에서 얼어붙은 몸을 녹이다 暖炉の前でかじかんだ体を暖める. ❹〈を〉溶かす. ∥남자의 마음을 녹이는 듯한 달콤한 말 男の心をとろかすような甘い言葉.

녹-조류 (綠藻類) 【-조-】 【명】【植物】 綠藻類.

녹즙 (綠汁) 【-즙】 靑汁.
녹지 (綠地) 【-찌】 綠地.
녹지-대 (綠地帶) 【명】 グリーンベルト; 綠地帶.

녹진-하다 【-찐-】 【形】【하있】 粘り気があって柔らかい; 粘っこい. ∥떡이 녹진하다 お餠が粘り気があって柔らかい. 녹진히.

녹차 (綠茶) 【명】 綠茶.
녹초 【명】 ❶ 疲れきっていること. ∥녹초가 되다 へとへとになる. ❷ 使い物にならないこと.

녹초 (綠草) 【명】 綠草.
녹취 (綠取) 【명】【하他】 錄取.
녹화 (綠化) 【노콰】 【명】【하他】 綠化.
녹화² (錄畫) /nokʰwa/ 【노콰】 【명】【하他】 錄畫. 명화를 녹화하다 名畫を錄畫する. 녹화 방송 錄畫放送. 녹화-되다 【受動】

녹황-색 (綠黃色) 【노쾅-】 【명】 綠黃色.
논¹ /non/ 【명】 田; 水田; 田んぼ. ∥논에 물을 대다 田に水を引く. 계단식 논 棚田; 千枚田.

논² (論) 【명】 論.
논³ 【冠】 〔ㄹ語幹〕 놀다(遊)の過去連体形.

논객 (論客) 【명】 論客.
논거 (論據) 【명】 論據.
논고¹ (論告) 【명】【하他】 論告.
논고² (論考·論攷) 【명】【하他】 論考.
논공 (論功) 【명】
논공-행상 (論功行賞) 【명】 論功行賞.
논급 (論及) 【명】【하他】 論及.
논-길 【-낄】 【명】 畦道(あぜみち); 田んぼ道. ∥논길을 걷다 畦道を步く.
논-농사 (-農事) 【명】 稻作; 米作.
논단 (論壇) 【명】 論壇.
논-두렁 【-뚜-】 【명】 畦(あぜ).

논란 (論難) 【-날】 【명】 論難; 論爭. ∥논란을 빚다 論爭となる.
논리 (論理) /nolli/ 【놀-】 【명】 論理. ∥논리의 비약 論理の飛躍. 적자생존의 논리 適者生存の論理. 논리가 통하지 않는 사람 論理が通じない人.
논리-적 (論理的) 【명】 論理的. ∥논리적인 글 論理的な文章. 논리적으로 생각한다 論理的に考える.
논리-학 (論理學) 【명】 論理學.
논-마지기 【명】 いくらかの水田; 多少の田.
논문 (論文) 【명】 論文. ∥논문집 論文集; 論集. 박사 논문 博士論文.
논-바닥 【-빠-】 【명】 水田の地面.
논박 (論駁) 【명】【하他】 論駁(ばく).
논-밭 【-받】 【명】 田畑.
논법 (論法) 【-뻡】 【명】 論法. ∥삼단 논법 三段論法.
논설 (論說) 【명】 論說.
논설-문 (論說文) 【명】 論說文.
논설-위원 (論說委員) 【명】 論說委員.
논술 (論述) 【명】【하他】 論述.
논-스톱 (nonstop) 【명】 ノンストップ.
논어 (論語) 【명】 論語.
논외 (論外) 【-노/뇌】 【명】 論外; 問題外. ∥그건 논외의 문제다 それは論外の問題だ.
논의 (論議) 【-/노니】 【명】【하他】 論議; 議論. ∥교육 현황에 대해서 논의하다 敎育の現況について論議する.
논-일 【-닐】 【명】 田んぼ仕事.
논자 (論者) 【명】 論者.
논쟁 (論爭) 【명】【하他】 爭爭; 論戰; 渡り合うこと. ∥논쟁을 벌이다 論戰を繰り広げる. 정책을 둘러싸고 여야당이 논쟁을 벌이다 政策をめぐって与野党が言い合う.
논저 (論著) 【명】 論著.
논점 (論點) 【-쩜】 【명】 論点. ∥논점을 분명히 하다 論点を明らかにする.
논제 (論題) 【명】 論題; テーマ.
논조 (論調) 【명】 論調. ∥강경한 논조로 이야기하다 强い論調で話す.
논증 (論證) 【명】【하他】 論證.
논지 (論旨) 【명】 論旨.
논집 (論集) 【명】 論集.
논총 (論叢) 【명】 論叢; 論集.
논파 (論破) 【명】【하他】 論破.
논평 (論評) 【명】【하他】 論評. ∥논평을 덧붙이다 論評を加える.
논-픽션 (nonfiction) 【명】 ノンフィクション.
논-하다 (論-) /nonhada/ 【自他】【하였】 論じる. ∥시사에 대해 논하다 時事について論じる. 잘잘못을 논하다 是非を論じる.
놀¹ 【명】 노을の縮約形.
놀² 【冠】 〔ㄹ語幹〕 놀다(遊)の未来連体形.

놀다 /no:lda/ 〖ㄹ語幹〗[놀아, 노는, 논] ❶遊ぶ. ∥친구들이랑 놀다 友だちと遊ぶ. 바닷가로 놀러 가다 海に遊びに行く. 숨바꼭질을 하면서 놀다 かくれんぼをして遊ぶ. 요즘 일이 없어 놀고 있다 最近仕事がなくて遊んでいる. 집 앞의 넓은 땅이 놀고 있다 家の前の広い土地が遊んでいる. ⓟ놀리다. ❷休む. ∥노는 시간 休み時間. 노는 날 休日. ❸〔나사 따위가〕緩む. ∥나사가 놀고 있다 ねじが緩い. ❹ふるまう. ∥제멋대로 놀다 身勝手にふるまう. ❺〔胎兒が〕お腹の中で〕動く. ∥뱃속의 아기가 놀고 있다 お腹の子が動いている.

놀라다 놀라다(驚く)의 連用形.

놀라는 놀라다(驚く)의 現在連體形.

놀라다 /no:llada/ 〖自〗驚く; びっくりする;たまげる. ∥갑작스러운 비보에 놀라다 突然の悲報に驚く. 짧은 일본어 실력에 놀라다 流暢な日本語に驚く. 놀랄 만한 일이 일어나다 驚くべき出来事が起きる. 놀라지마, 내가 이번 시험에서 일 등 했어 驚かないでね, この間の試験で私が1位になったの. 깜짝 놀라다 あっとたまげる. 놀라움을 감추지 못하다 驚きを隠せない. ✢会話では 놀래다·놀랬다의 形을 用いる 場合이 多い. ⓟ놀래다.

놀란 놀라다(驚く)의 過去連體形.

놀란-가슴 〖名〗ともすればびくびく〔どきぎ〕する胸. ∥놀란가슴을 쓸어내리다 どきどきする胸をなで下ろす.

놀랄 놀라다(驚く)의 未來連體形.

놀랍다 /no:llapˀta/ [ㅂ-] 〖形〗〖ㅂ變〗[놀라워, 놀라운] 驚きだ; 驚くべきだ; 驚くほどだ. ∥그가 그 일을 해내다니 놀랍다 彼がその仕事をやり遂げたとは驚きだ. 최근에 알게 된 놀라운 사실 最近分かった驚くべき事実.

놀래다 〖他〗〔놀라다의 使役動詞〕❶驚かせる; 驚かす. ∥큰 소리를 질러 놀래주다 大きな声を出して驚かせる. ❷怖がらせる.

놀래-대다 〖他〗からかう; はやし立てる. ∥바보라고 놀래대다 ばかとからかう.

놀리다 /nollida/ 〖他〗〖놀다의 使役動詞〗遊ばせる; 遊ばす. ∥애를 밖에서 놀리다 子どもを外で遊ばせる. 놀릴 정도의 돈은 없다 遊ばせておくほどのお金はない. 기계를 놀리다 機械を遊ばす. ❷〔口を〕滑らせる;〔無駄口を〕たたく. ∥입을 함부로 놀리다 やたらに無駄口をたたく. ❸からかう; ひやかす. ∥사람을 놀려서는 안 된다 人をからかってはいけない.

놀림 〖名〗からかうこと; ひやかし. ∥친구들한테서 놀림을 당하다 友だちからからかわれる.

놀림-감【-깜】〖名〗笑い物; さらし者.

∥놀림감이 되다 笑い物になる.

놀아 〖他〗〖놀다(遊ぶ)의 連用形.

놀아-나다 〖自〗❶放蕩する; 遊びほうける. ❷釣られる. ∥사람 말에 잘 놀아나는 사람 人の言葉によく釣られる人.

놀이 /nori/ 〖名〗遊び; …ごっこ. ∥놀이 상대 遊び相手. 카드 놀이가 주제다, 집에서 물놀이를 하다 家で水遊びをする. 병정놀이 兵隊ごっこ. 소꿉놀이 ままごと. 불꽃놀이 花火遊び; 花火大会.

놀이-기구(-器具) 〖名〗① (公園などの) 乗り物; 遊具. ② 観覧車.

놀이-동산 〖名〗遊園地.

놀이-방 (-房) 〖名〗保育所; 保育園.

놀잇-배 [노릳빼/노릳빼] 〖名〗遊船.

놀이-터 /noritʰə/ 〖名〗遊び場; 遊びの公園. ∥놀이터에서 놀다 公園で遊ぶ.

놈 /nom/ 〖名〗敵対関係にいる人やその連中を表わす語; やつ. ∥놈들의 움직임이 수상하다 やつらの動きがあやしい.
── 〖依〗❶男の人をさげすんだりののしったりする時に用いる語. ⓟ녀석. ∥천벌을 받을 놈 罰当たりなやつ. 멍청한 놈 抜けたやつ. ❷男の子をかわいがって言う語. ∥요 놈 참 귀엽게 생겼다 こいつ, かわいい顔をしてるね. ❸〔俗っぽい言い方で〕もの; やつ. ∥큰 놈으로 세 개 주세요 大きいやつ3個ください. ❹〔主に-놈의 形으로〕續く名詞를 卑下する. ∥이 놈의 차가 또 고장이야 このおんぼろ車, また故障か!

놈-팡이 〖名〗❶やつ; 野郎; 宿六. ❷ジゴロ; ひも.

놋-그릇 [녿끄륻] 〖名〗真鍮の器.

농¹ (弄) 〖名〗❶いたずら. ❷〖농담 (弄談)의 略語〗冗談. ∥농이 지나치다 冗談が度を越している.

농² (膿) 〖名〗膿. ∥うみ; のう. ❸고름.

농³ (籠) 〖名〗❶つづら; 行李. ❷〔장롱 (欌籠)의 略語〗たんす.

농가 (農家) 〖名〗農家.

농간 (弄奸) 〖하네〗奸計; たくらみ; 手練. ∥농간을 부리다 奸計をめぐらす; 手練を弄する.

농경 (農耕) 〖名〗農耕. ∥농경 민족 農耕民族.

농경-지 (農耕地) 〖名〗農耕地.

농고 (農高) 〖名〗農業 高等学校(農業高等學校)의 略語〗農高.

농과 (農科) [-꽈] 〖名〗農科. ∥농과 대학 農学部.

농구¹ (農具) 〖名〗農具.

농구² (籠球) /nongu/ 〖名〗〖スポーツ〗バスケットボール.

농-기구 (農機具) 〖名〗農機具.

농노 (農奴) 〖歷史〗〖名〗農奴.

농담¹ (弄談) /no:ndam/ 〖名〗〖농(弄)〗농담이 지나치다 冗談이 度를 越하고 있다. 쓸데없는 농담하

농담²(濃淡) 图 濃淡.
농대(農大) 图 〔농과 대학(農科大學)의 略稱〕農學部.
농도(濃度) 图 濃度. ‖농도를 조절하다 濃度を調節する. 농도가 진하다 濃度が濃い.
농땡이 图 〔俗っぽい言い方で〕のらくらすること; さぼること. ‖농땡이를 치다〔부리다〕(仕事を)怠ける. サボる.
농락(籠絡) 〔-낙〕 ⑧他 籠絡(ろう); 人を言いくるめること; 弄ぶこと. ‖여자를 농락하다 女を弄ぶ.
농로(農路) 〔-노〕 图 農道.
농림(農林) 〔-님〕 图 農林.
농림-부(農林部) 图 〔行政〕農林水産省.
농무(濃霧) 图 濃霧.
농민(農民) 图 農民.
농민-문학(農民文學) 图 農民文學.
농민-운동(農民運動) 图 農民運動.
농밀-하다(濃密-) 圈〔ㅎ変〕濃密だ. ‖농밀한 맛 濃密な味. 농밀한 묘사 濃密な描写.
농번-기(農繁期) 图 農繁期. ⑦농한기(農閑期).
농본(農本) 图 農本.
농본-주의(農本主義) 〔-/-이〕 图 農本主義.
농부¹(農夫) 图 農夫; 農民; 百姓.
농부²(農婦) 图 農婦.
농사(農事) /nongsa/ 图 農事; 農業; 農作業; 野良仕事. ‖농사(를) 짓다 農業を営む. 벼농사 稲作.
농사-꾼(農事-) 图 農夫; 農民; 百姓.
농사-력(農事曆) 图 農事曆.
농사-시험장(農事試驗場) 图 農事試驗場.
농사-일(農事-) 图 農作業.
농사-철(農事-) 图 農期.
농산-물(農産物) 图 農産物.
농성(籠城) 图 自他 籠城(ろう). 立てこもり.
농-수산물(農水産物) 图 農水産物.
농아(聾啞) 图 聾啞(ろう). ‖농아 학교 聾啞学校.
농악(農樂) 图 〔民俗〕農楽. ☆農村で田植え時や刈り入れ時または祝祭日に, 豊作の祈願, 親睦などを目的として, 農旗を先頭に立て, 銅鑼(ど)・鉦(しょう)・장구(チャング)・太鼓・笛などをはやしながら歌い踊る民俗芸能.
농약(農藥) 图 農薬. ‖농약을 치다 農薬を散布する.
농어(魚介類) 图 スズキ(鱸).
농어-촌(農漁村) 图 農漁村.
농업(農業) /noŋŏp/ 图 農業. ‖농업에 종사하다 農業に従事する.
농업을 기계화하다 農業を機械化する. 집약 농업 集約農業.
농업-고등학교(農業高等學校) 〔-꼬-교〕图 農業高等學校. ⑨농고(農高).
농업-시험장(農業試驗場) 〔-씨-〕图 農業試驗場.
농업-용수(農業用水) 图 農業用水.
농업-인구(農業人口) 图 農業専従人口.
농업 협동조합(農業協同組合) 〔-어펍동-〕图 農業共同組合. ⑨농협(農協).
농염-하다(濃艶-) 圈〔ㅎ変〕濃艶だ. ‖농염한 미소 濃艶な微笑み.
농요(農謠) 图 農民の民謡.
농원(農園) 图 農園.
농자¹(農者) 图 農業; 農民; 農夫. ▶농자 천하지대본 農者天下之大本 農業は国の基本.
농자²(聾者) 图 聾者.
농작-물(農作物) 〔-장-〕图 農作物.
농장(農場) 图 農場.
농정(農政) 图 農業行政.
농지(農地) 图 農地. ⑦택지(宅地).
농지-개혁(農地改革) 图 農地改革.
농지-세(農地稅) 〔-쎄〕图 農地稅.
농촌(農村) ‖농촌 지대 農村地帯. 농촌 활동 大学生が農村で農作業を手伝う活動.
농축(濃縮) 图 他 濃縮. ‖농축 우라늄 濃縮ウラン.
농축-액(濃縮液) 图 濃縮液.
농토(農土) 图 農地.
농학(農學) 图 農學.
농한-기(農閑期) 图 農閑期. ⑦농번기(農繁期).
농협(農協) 图 〔농업 협동조합(農業協同組合)の略語〕農協.
농후-하다(濃厚-) 圈〔ㅎ変〕濃厚だ. ‖(色が濃い; 可能性が高い. ‖패색이 농후하다 敗色が濃い.
높-낮이 /nomnadʑi/〔높-〕图 高低. ⑩고저(高低). ‖소리의 높낮이 音の高低.

높다 /nopta/〔높따〕圈 高い. ⑦낮이 높다. ⑦천장이 높다 天井が高い. 악명이 높다 悪名が高い. 눈이 높다 目が高い. 지능이 높다 知能が高い. 혈압이 높다 血圧が高い. 기온이 높다 気温が高い. 생활 수준이 높다 生活水準が高い. 비율이 높다 比率が高い. 관심이 높다 関心が高い. 높은 가을 하늘 高い秋空. 높은 사망률 高い死亡率. ⑭높이.
높-다랗다〔높따라타〕圈〔ㅎ変〕(建物が)ずいぶん高い.
높새〔높쌔〕图 〔船乗りの言葉で〕北東の風.
높새-바람图 =높새.

높아 📖 높다(高い)の連用形.
높아-지다 🅐 高まる; 高くなる. ∥관심이 높아지다 関心が高まる. 지위가 높아지다 地位が高まる.
높은 📖 높다(高い)の現在連体形. ∥높은 빌딩 高いビル.

높이¹ /nop'hi/ 图 高さ. ∥도쿄 타워의 높이 東京タワーの高さ. 넓이 높이 너비 高さと広さ. 높이를 재다 高さをはかる.

높이² /nop'hi/ 副 高く. ∥새가 높이 날아오르다 鳥が高く舞い上がる. 높이 솟아 있는 빌딩들 高くそびえ立っているビル群. 높이 평가하다 高く評価する.

높-이다 /nop'hida/ 他 ❶〔높다の使役動詞〕高める; 高くする; (声を)荒げる. ∥낮추다. ∥담벽을 높이다 垣根を高くする. 제품의 질을 높이다 製品の質を高める. 언성을 높이다 声を荒げる. ❷〔말을 높이다の形で〕敬語を使う. ∥선배에게 말을 높이다 先輩に敬語を使う.

높이-뛰기 图〔スポーツ〕走り高跳び.
높임-말 图〔言語〕敬語; 尊敬語. ↔낮춤말.
높직-하다〔놉찌카-〕圏〔하変〕高めだ.

놓는〔논-〕📖 놓다(置く)の現在連体形.

놓다¹ /not'ha/〔노타〕他 ❶ 置く. ∥안경을 책상 위에 놓다 眼鏡を机の上に置く. 食卓に荷物を置かないでください. 배가 불러서 숟가락을 놓았다 お腹がいっぱいなのでスプーンを置いた[食事をやめた]. 붓을 놓다 筆を置く. 서류를 집에 놓고 왔다 書類を家に置いてきた. 주산을 놓다 そろばんを置く. ◎놓이다. ❷ 離す; 放す. ∥잡고 있던 손을 놓다 つないでいた手を離す. 새를 놓아 주다 鳥を放してやる. 가축을 놓아 기르다 家畜を放し飼いにする. ❸〔火などを〕放つ. ∥불을 놓다 火を放つ. ❹〔注射などを〕打つ. ∥주사를 놓다 注射を打つ. ❺ 架ける. ∥다리를 놓다 橋を架ける. ❻ 設置する. ∥사무실에 전화를 놓다 事務室に電話を設置する. ❼ 断わったり邪魔だてする言い方をしたりする. ∥퇴짜를 놓다 はねつける. 욱박을 놓다 脅かす. ❽〔수를 놓다の形で〕刺繡を施す ❾〔마음을 놓다の形で〕安心する. ∥무사하다는 말을 듣고 마음을 놓았다 無事だと聞いて安心した. ❿〔말을 놓다の形で〕丁寧語を使わないで話す. ⓫〔…을[를] 놓고의 形で〕…について; …をめぐって. ∥교육 문제를 놓고 토론을 벌이다 教育問題をめぐって討論する.

놓다² /not'ha/ 補動 物事の状態がそのまま続いていることを表わす; (て)おく. ∥짐을 내려 놓다 荷物を下ろしておく. 문을 닫아 놓다 ドアを閉めておく. 미리 이야기해 놓았어요 前もって話しておきました.

놓아 📖 놓다(置く)の連用形.
놓아-두다〔노-〕❶ 置く; 置いておく. ∥가방은 여기에 놓아두세요 かばんはここに置いていってください. ❷ 放っておく. ∥가만히 놓아두다 そっとしておく; 放っておく.
놓아-주다〔노-〕他 放してやる; 逃がしてやる. ∥잡은 물고기를 놓아주다 釣った魚を逃がしてやる.
놓은〔노-〕📖 놓다(置く)の過去連体形.
놓을〔노-〕📖 놓다(置く)の未来連体形.

놓-이다 /noida/〔노-〕🅐〔놓다の受身動詞〕置かれる; 置いてある; (橋などが)架かる. ∥어려운 상황에 놓여 있다 困難な状況に置かれている. 책상 위에 안경이 놓여 있다 机の上に眼鏡が置いてある. 큰 다리가 놓이다 大きな橋が架けられる[架かる]. ❷〔마음이 놓이다の形で〕安心する; ほっとする. ∥그 말을 듣자 마음이 놓였다 それを聞いてほっとした.

놓치다 /not'ch'ida/〔녿-〕他 ❶ 逃がす. ∥범인을 놓치다 犯人を逃がす. 逃(のが)す. ❷ 모처럼의 기회를 놓치다 せっかくのチャンスを逃す. 혼기를 놓치다 婚期を逃す. ❸ 乗り損なう. ∥마지막 열차를 놓치다 最終の列車に乗り損なう. ❹ 聞き逃す; 聞き落とす. ∥졸다가 중요한 말을 놓치다 居眠りしていて肝心なことを聞き落とした. ❺ 取り落とす. ∥들고 있던 접시를 놓쳐 깨뜨리다 持っていたお皿を落として割る.

뇌(腦) /nwe/【-/눼-】图〔解剖〕脳. ∥뇌세포 脳細胞.
뇌간(腦幹)【-/눼-】图〔解剖〕脳幹.
뇌관(雷管)【-/눼-】图 雷管.
뇌까리다【-/눼-】🅐 ❶ (人に言われたことを)何度も繰り返し言う. ❷ やたらにしゃべる; 口から出まかせにしゃべる. ∥함부로 뇌까리지 마라 むやみやたらにしゃべるな.
뇌리(腦裡)【-/눼-】图 脳裏. ∥일말의 기대와 불안이 뇌리를 스쳐 가다 一抹の期待と不安が脳裏をかすめる. 뇌리에 떠오르다 脳裏に浮かぶ.
뇌막(腦膜)【-/눼-】图〔解剖〕脳膜.
뇌막-염(腦膜炎)【-/눼-】图〔→망념〔뇌망념〕〕〔医学〕脳膜炎.
뇌물(賂物) /nwemul/【-/눼-】图 賄路(わいろ);贈り物. ∥뇌물을 주다 賄路を渡す.
뇌-빈혈(腦貧血)【-/눼-】图〔医学〕脳貧血.
뇌사(腦死)【-/눼-】图〔医学〕脳死.
뇌쇄(惱殺)→뇌쇄(惱殺)の誤り.

뇌성-소아마비(腦性小兒痲痺)【-/녜-】图 腦性小兒麻痺.

뇌쇄(惱殺)【-/-】图(하) 悩殺.

뇌수(腦髓)【-/녜-】图《解剖》腦髓.

뇌-수종(腦水腫)【-/녜-】图《医学》腦水腫.

뇌-신경(腦神經)【-/녜-】图《解剖》腦神經.

뇌-연증증(腦軟化症)【-쯩/녜-쯩】图《医学》腦軟化症.

뇌염(腦炎)【-/녜-】图《医学》腦炎.

뇌우(雷雨)【-/녜-】图 雷雨. ∥뇌우가 쏟아지다 雷雨が降りしきる.

뇌-일혈(腦溢血)【-/녜-】图《医学》腦溢血.

뇌전-도(腦電圖)【-/녜-】图《医学》腦電圖.

뇌-전색(腦栓塞)【-/녜-】图《医学》腦栓塞(ᅡᆼ).

뇌조(雷鳥)【-/녜-】图《鳥類》ライチョウ(雷鳥).

뇌-졸증(腦卒中)【-쯩/녜-쯩】图《医学》腦卒中.

뇌-종양(腦腫瘍)【-/녜-】图《医学》腦腫瘍.

뇌-진탕(腦震蕩)【-/녜-】图《医学》腦震盪(ᅡᆼ).

뇌-척수(腦脊髓)【-쑤/녜-쑤】图《解剖》腦脊髓(ᅡᆼ).

뇌-출혈(腦出血)【-/녜-】图《医学》腦出血.

뇌파(腦波)【-/녜-】图 腦波.

뇌-하수체(腦下垂體)【-/녜-】图 腦下垂體.

뇌-혈전(腦血栓)【-쩐/녜-쩐】图《医学》腦血栓.

누¹(累)图 累; 巻き添え; 迷惑. ∥누를 끼치다 迷惑をかける;累を及ぼす. 주변 사람들에게 누가 되는 일은 하지 말아라 周りの人に迷惑になることはしないでね.

누²代〖助詞가の前で用いられる누구の縮約形〗誰. ∥누가 내 케이크를 먹었어? 誰が私のケーキを食べたの?

누가/nuga/〔누구가の縮約形〕誰が. ∥누가 그렇게 말했어? 誰がそう言ったの? ✚누가の形でしか用いられない.

누가복음(-Luke 福音)图《キリスト教》ルカ福音書.

누각(樓閣)图 樓閣. ∥사상누각 砂上の樓閣.

누계(累計)【-/-계】图(하) 累計. ∥누계를 내다 累計を出す.

누구/nugu/代 誰. ∥누구세요? どなたですか. 누구십니까? どちら様ですか. 누구라도 할 수 있는 일 誰でもできる仕事. 이 선물은 누구에게 줄 거니? このプレゼントは誰にあげるの? 반에서 누구를 좋아하니? クラスで誰が好きなの? ❷誰の. ∥이거 누구 손수건입니까? これは誰のハンカチですか. ❸誰か. ∥누구 괜찮은 사람 없을까? 誰かいい人いないかな.

누구-누구代 誰々; 誰それ; 誰彼. ∥오늘 모임에 누구누구가 오니? 今日の集まりに誰々が来るの? 누구누구 할 것 없이 誰彼なしに.

누군가代 誰か. ∥저쪽에 누군가가 있다 向こうに誰かがいる.

누그러-뜨리다他 (態度を)和らげる.

누그러-지다国 和らぐ; 穏やかになる; 柔らかくなる. ∥추위가 누그러지다 寒さが和らぐ. 표정이 누그러지다 表情が和らぐ.

누그러-트리다他 =누그러뜨리다.

누나/nu:na/图〖弟から見て〗姉;お姉ちゃん. ∥누나가 두 명 있다 姉が2人いる. ✚血緣関係でない年上の親しい女性を呼ぶ時に用いる場合もある.

누누-이(屢屢-)副 しばしば; 何度も. ∥누누이 당하다 何度も言う.

누님图〖弟から見て〗お姉さん;お姉さま;姉上. ✚血緣関係でない年上の親しい女性を呼ぶ時に用いる場合もある.

누다他 (大小便を)する. ∥똥을 누다 大便をする. ❀누이다.

누대(累代)图 累代.

누더기图 ぼろぼろの服;ぼろ. ∥누더기를 걸치다 ぼろをまとう.

누드(nude)图 ヌード. ∥누드 사진 ヌード写真.

누락(漏落)图〖되⟩ 抜け落ちること; 漏れること.〖하⟩名簿から名前が漏れている.

누란지세(累卵之勢)图 非常に不安な情勢.

누래形〖ㅎ変〗누렇다(黄色い)の連体形.

누런形〖ㅎ変〗누렇다(黄色い)の現在連体形.

누렇다/nurətʰa/【-러타】形〖ㅎ変〗[누레,누런] 黄色い;黄ばんでいる. ∥벼가 누렇게 익어가다 稲が黄色くなっていく. 누런 손수건 黄ばんだハンカチ. ❀노랗다.

누레-지다国 黄色くなる; 黄ばむ. ❀노래지다.

누룩图 麴(ﾁ).

누룩-곰팡이【-꼼-】图《植物》コウジカビ(麴黴).

누룽지图 おこげ.

누르다¹/nu:ruda/他〖르変〗[눌러,누른] ❶(ボタンなどを)押す. ❀초인종을 누르다 呼び鈴を押す. 위에서 눌러서 찌그러뜨리다 上から押してつぶす. 등을 꾹 누르고 있다 背中をぐいと押す. ❷押さえる; 抑える. ∥상처를 가제로 누르다 傷口をガーゼで押さえる. 강적을 누르고 우승하다 強敵を押さえて優勝する. 욕망을 누르다 欲望を抑え

누르다 다. ❸押さえつける。∥반대파를 누르다 反対派を押さえつける。⊕눌리다。

누르다² 形 [러変] (カボチャの花のように)黄色い。

누르스름-하다 形 [하変] 黄色を帯びている。⊕노르스름하다。

누름-단추 名 押しボタン。

누름-돌 〔-똘〕 名 重石；押さえ。

누릇-누릇 〔-른-은〕 副 (하形) ❶ところどころ黄ばんでいる様子。❷こんがり。⊕노릇노릇。

누리 名 世の中。∥온누리 全世界；世の中。

누리다¹ 他 享受する；極める。∥특권을 누리다 特権を享受する。자유를 누리다 自由を享受する。영화를 누리다 栄華を極める。

누리다² 他 獣臭い；焦げ臭い。

누린-내 名 獣臭いにおい。∥누린내가 나다 獣臭い。

누명(陋名) 名 ぬれぎぬ；冤罪(원죄)；汚名。∥억울한 누명 悔しいぬれぎぬ。▶누명을 벗다 冤罪を晴らす。▶누명을 쓰다 ぬれぎぬを着せられる；冤罪をこうむる。▶누명을 씌우다 ぬれぎぬを着せる。

누비 名 刺し縫(봉)い。

누비-이불 名 刺し縫いの掛け布団。

누비다 /nubida/ 他 ❶刺し子に縫(봉)う；刺し縫いをする。∥이불을 누비다 刺し子に布団を縫う。❷(人波を)縫う。∥인파를 누비고 가다 人波を縫うように進む。❸駆け回る。∥전국을 누비다 全国を駆け回る。

누상(樓上) 名 楼上。

누선(涙腺) 名 [解剖] 涙腺(원선)。⊕눈물샘。

누설(漏洩) 名 [타動] 漏洩(누설)。〔秘密などを〕漏らすこと。∥비밀을 누설하다 秘密を漏洩する〔漏らす〕。

누수(漏水) 名 [자動] 漏水；水漏れ。

누에 名 [昆虫] カイコ(蚕)。∥누에를 치다 カイコを飼う。

누에-고치 名 繭(고치)。

누에-콩 名 [植物] ソラマメ(蚕豆)。

누운 〔ㅂ変〕 눕다(横たわる)の過去連体形。

누워 〔ㅂ変〕 눕다(横たわる)の連用形。

누이 名 (男兄弟から見て)姉と妹。▶누이 좋고 매부 좋다(俚) 両方にとって得になる。

누이-동생(-同生) 名 (兄から見て)妹。

누이다¹ /nuida/ 他 〔눕다の使役動詞 눕히다の転〕寝かせる；寝かす；横たえる。⊕뉘다。∥침대에 아이를 누이다 ベッドに子どもを寝かせる。몸을 누이다 体を横たえる。

누이다² 他 〔누다の使役動詞〕(大小便を)させる。⊕뉘다。∥애 오줌을 누이 다 子どもに小便をさせる。

누적(累積) 名 [자動] 累積。∥적자가 누적하다 赤字が累積する。

누전(漏電) 名 [자動] 漏電。∥누전으로 인한 화재 漏電による事故。

누진-세(累進税) 名 [-쎄] 累進税。

누차(屢次) 名 累次；屢次；数次。∥누차에 걸친 충고 度重なる忠告。
── 副 たびたび；しばしば；再三。∥누차 이야기를 했음에도 불구하고 たびたび話をしたにもかかわらず。

누추-하다(陋醜) /nuːtɕʰuhada/ 形 [하変] むさ苦しい；薄汚い；みすぼらしい。∥누추한 곳이지만 들어오세요 むさ苦しいところですが、どうぞお入りください。누추한 차림 みすぼらしい身なり。

누출(漏出) 名 [자動] 漏出；漏れること。∥정보가 누출되다 情報が漏れる。

녹녹-하다 〔농누카ㄱ-〕 形 [하変] 湿っぽい。∥장마로 옷들이 녹녹하다 梅雨で洋服が湿っぽい。

녹다 〔-따〕 形 ❶(練ったものが)柔らかい；湿り気があって柔らかい。❷湿って柔らかい。∥과자가 녹어서 맛이 없다 菓子が湿っておいしくない。❸(性格などが)穏やか。∥성격이 녹은 사람 性格が穏やかな人。❹(天候が)暖かい。

녹신-하다 〔-씬-〕 形 [하変] くにゃくにゃしている。ふにゃふにゃしている。

녹이다 他 ❶(固いものを)柔らかくする。❷(神経・怒りなどを)和らげる。∥날카로워진 신경을 녹이다 とがった神経を和らげる。

녹진-하다 〔-찐-〕 形 [하変] 粘り気があって柔らかい。∥떡이 녹진하다 餅が粘り気があって柔らかい。⊕녹진하다。

눈¹ /nun/ 名 ❶目。∥눈이 크다 目が大きい。눈이 좋다 目がいい。눈이 나빠서 잘 안 보이다 目が悪くてよく見えない。눈이 피곤하다 目が疲れる。눈을 감고 음악을 듣다 目を閉じて音楽を聴く。잠이 오는 듯한 눈 眠そうな目。충혈된 눈으로 充血した目で。눈으로 인사하다 目で挨拶する。사람을 보는 눈이 없다 人を見る目がない。눈을 돌릴 수가 없다 目が放せない。눈을 즐겁게 하다 目を肥やす；目を楽しませる。눈에 들어오다 目に入る；目に留まる。눈을 의심하다 目を疑う。눈을 돌리다 目をそらす；目をそむける。전문가의 눈 専門家の目。태풍의 눈 台風の目。진눈 あの目。눈 아래로 펼쳐지는 대자연의 파노라마 眼下に広がる大自然のパノラマ。▶눈이 멀다。▶눈에 거슬리다 目に余る；目に障る。▶눈에 넣어도 아프지 않다 〔「目の

▶눈에 보이는 듯하다 まぶたに浮かぶようだ。▶눈 깜짝할 사이 あっという間に；瞬く間に。▶눈도 깜짝 안 한다 瞬きもしない；しっている。▶눈 밖에 나다 (信任を得られず)目障りな存在となる。

中に入れても痛くない」の意で)(子どもや 孫が非常にかわいい. ▶눈에 띄다 目立つ;目につく;見当たる. ▶눈에 밟히다 目に浮かぶ. ▶눈에 불을 켜다 目を光らせる. ▶눈에 선하다 目に浮かぶ. ▶눈에 설다 見慣れない. ▶눈에 쌍심지를 켜다 目に角を立てる. ▶눈에 이슬이 맺히다 涙ぐむ. ▶눈에 익다 見慣れている;見覚えがある. ▶눈에 차다 (「目に満ちる」の意で)満足する. ▶눈에 흙이 들어가다 (「目に土が入る」の意で)死ぬ. 내 눈에 흙이 들어가기 전에는 안 된다 私の目の黒いうちは駄目だ. ▶눈을 끌다 目を引く. ▶눈을 붙이다 仮眠を取る. ▶눈을 속이다 目を盗む;目を掠(か)める. ▶눈을 쿠르다. ▶눈이 가다 目がいく;視線が向かう. ▶눈이 꺼지다 (病気や疲労困憊で)目がくぼむ;落ち込む. ▶눈이 높다 目が高い. ▶눈이 뒤집히다 目を剝(む)く. ▶눈이 맞다 ①目が合う;視線が合う. ②恋に落ちる. ▶눈이 멀다 目が眩む. 돈에 눈이 멀다 金に目が眩む. ▶눈이 빠지도록 기다리다 首を長くして待つ. ▶눈이 삐다 見る目がおかしい. ▶눈이 시다 胸ぐそが悪い;目に障る. ▶눈이 트이다 目を覚ます;目が開く. ▶눈 가리고 아옹 [諺] (「目を覆ってにゃあと言う」の意で)すぐばれるようなやり方で人をだまそうとすること. ▶눈 감으면 코 베어 먹을 세상 [諺] (「目を閉じたら鼻を切り取っていく世の中」の意で)油断ができないこと.

눈² /nuːn/ 图 雪. ‖눈이 오다[내리다] 雪が降る. 눈이 쌓이다 雪が積もる. 첫눈 初雪. 함박눈 ぼたん雪.

눈³ 图 (木や草などの)芽. 卿싹. ‖눈이 나다 芽が出る.

눈⁴ 图 (はかりなどの)目;目盛り. 卿금. ‖저울 눈을 속이다 はかりの目盛りをごまかす.

눈⁵ 图 (網などの)目.

눈-가 [-까] 图 目の周り;目の縁. ‖눈가의 잔주름 目の周りの小じわ.

눈-가루 [-까-] 图 雪の粉.

눈-가리개 图 目隠し.

눈-가림 图 見せかけ;うわべ.

눈-감다 [-따] 圁 ❶目を閉じる. ‖너무 눈부셔서 눈감고 있었다 まぶしくて目を閉じていた. ❷見ないふりをする. ❸ [比喩的に]息を引き取る;死ぬ.

눈-곱 [-꼽] 图 ❶目くそ. ‖눈곱이 끼어 있다 目やにがついている. ❷ [比喩的に]とるに足らない·少ない]もの. ‖다른 사람 생각은 눈곱만큼도 하지 않다 人のことは露ほども考えない.

눈곱만-하다 [-꼽-] 圈 [ㅎ変] ほんの少しの;雀の涙ほどの;爪の垢ほどだ.

눈-금 [-끔] 图 目盛り. 卿눈. ‖체온계의 눈금을 읽다 体温計の目盛りを読む.

눈-길¹ /nunˀkil/ [-낄] 图 視線;人目. ‖눈길을 보내다 視線を向ける. 사람들 눈길을 피하다 人目を避ける. ▶눈길을 모으다 目を引く. 그녀의 화려한 의상이 눈길을 끌었다 彼女の派手な衣装が人目を引いた.

눈-길² [-낄] 图 雪道. ‖눈길을 걷다 雪道を歩く.

눈-까풀 图 まぶた.

눈-깔 图 눈(目)の俗語.

눈-꺼풀 图 まぶた.

눈-꼴 图 [さげすむ言い方で]目つき;まなざし.

눈꼴-사납다 [-따] 圈 [ㅂ変] 目に余る;目障りだ. ‖눈꼴사나운 녀석 目障りなやつ.

눈꼴-시다 圈 目に余る;目障りだ.

눈-높이 图 目の高さ;目線.

눈-대중 [-때-] 图 目分量. 卿눈짐작. ‖눈대중을 하다 目分量ではかる.

눈-덩이 [-떵-] 图 ❶雪のかたまり. ❷ [雪だるま式に借金が増えることなどのたとえ] 빚이 눈덩이처럼 불어나다 雪だるま式に借金が増える.

눈-독 [-똑] 图 物欲しげな目つき. ‖눈독을 들이다 目星をつける;ひそかにねらう. 예쁜 그녀에게 남자들이 눈독을 들이다 きれいな彼女を男性たちは皆ひそかにねらっていた.

눈-동냥 图 見よう見まね.

눈-동자 (-瞳子) /nunˀtoŋdʑa/ [-똥-] 图 瞳(ひとみ). ‖까만 눈동자 黒い瞳.

눈-두덩 [-뚜-] 图 うわまぶた. ‖눈두덩이 부었다 うわまぶたが腫れた.

눈-뜨다 [-뜨어] [으変] ❶目を開ける;目を覚ます. ‖눈부신 아침 햇살에 눈뜨다 まぶしい朝日に目を覚ます. ❷目覚める. ‖현실에 눈뜨다 現実に目覚める.

눈뜬-장님 ❶目が見えない人. ❷ (「目を開いた盲目の人」の意で)文盲.

눈-망울 图 目玉;眼球;瞳(どう). ‖초롱초롱한 눈망울 きらきらした瞳.

눈-맞추다 [-맏-] 圁 目を合わせる;目線を合わせる.

눈-매 图 目つき;目もと. ‖눈매가 사납다 目つきが荒々しい. 눈매가 예쁜 소녀 目もとがかわいい少女.

눈-멀다 /nunmʌlda/ 圁 [ㄹ語幹] [눈멀어, 눈멉니다, 눈먼] ❶目が見えなくなる. ❷目が眩む;盲目になる. ‖사랑에 눈멀다 恋に盲目になる. 돈에 눈먼 사람 金に目が眩んだ人. ▶눈먼 돈 ❶持ち主のない金. ❷思いがけない金. ‖눈먼 돈이 굴러 들어오다 思いがけない金が手に入る.

눈-물 /nunmul/ 图 涙. ‖눈물이 나다 涙が出る. 눈물을 흘리다 涙を流す. 눈물을 글썽이다 涙を浮かべる. 피도 눈물도 없다 血も涙もない. 기쁨의 눈물 嬉し涙. ▶눈물을 머금다 涙ぐむ;涙をこらえる. ▶눈물을 짜다 ①めそ

눈-바람 風; 吹雪.
눈-발[-빨] 激しく降る雪. ‖눈발이 날리다 雪が吹きつける.
눈-밭[-받] 雪田; 雪原.
눈-병(-病)[-뼝] (医学) 眼病.
눈-보라 吹雪; 雪嵐. ‖눈보라가 치다 ふぶく.
눈-부시다 /nunbuʃida/[形] ❶ まぶしい; まばゆい. ‖조명이 눈부시다 照明がまぶしい. 눈부실 정도로 아름답다 まばゆいばかりに美しい. ❷눈부시다. ‖눈부신 활동 目覚しい活動. 눈부시게 발전하고 있는 중국 경제 目覚しい発展を遂げている中国経済.
눈-붙이다[-부치-] 国 仮眠を取る; ちょっと眠る. ‖피곤해서 잠시 눈붙이다 疲れてしばらく仮眠を取る.
눈-비 名 雪と雨.
눈-빛¹[-삗] 目つき; 目の輝き; 眼差し. ‖째려보는 듯한 눈빛으로 쏘아붙이는 듯한 目つき.
눈-빛²[-삗] 真っ白い色.
눈-사람 /nuːn²saram/[-싸-] 名 雪だるま. ‖눈사람을 만들다 雪だるまを作る.
눈-사태(-沙汰) 名 雪崩(な̂ダ).
눈-살[-쌀] 眉間のしわ. ‖눈살을 찌푸리다 眉間にしわを寄せる; 眉をひそめる.
눈-속임 名 ごまかし. ‖눈속임이 안 통하다 ごまかしがきかない.
눈-송이[-쏭-] 名 雪片.
눈-시울[-씨-] 名 目の周り; 目頭. ‖눈시울이 뜨거워지다 目頭が熱くなる.
눈-싸움¹ /nuːn²saum/[-싸-] 名 (하自) 雪合戦; 雪投げ.
눈-싸움² 名 にらめっこ.
눈-썰미 名 見たものをちゃんと覚える能力; 見よう見まね. ‖눈썰미가 있다 見よう見ねがうまい.
눈-썹 /nun²sʌp/ [-쎕] 名 ❶ 眉; まゆげ. ‖눈썹을 진하게 그리다 眉を濃く描く. 가는 눈썹 細眉; 細まゆげ. 눈썹 하나 까딱하지 않다 眉一つ動かさない; びくともしない. ❷まつげ. ‖눈썹이 긴 여자 아이 まつげの長い女の子.
눈-알 目玉; 眼球. ‖눈알을 부라리다 (怒って)目を剝(ʔ)く. ▸눈알이 나오다 (驚いて)目玉が飛び出る. ▸눈알이 빠지도록 (「目玉が飛び出るほど」の意で)待ちこがれている様子.

눈-앞 /nunap/[名] 目の前; 眼前; 目先. ‖애 얼굴이 눈앞에 어른거리다 子どもの顔が目の前にちらつく. 눈앞의 이익을 추구하다 目先の利益を追う. 눈앞에 푸른 바다가 펼쳐지다 眼前に青い海が開ける. ▸눈앞에 두다 目前に控える; 目前に迫る. 입시를 눈앞에 두고 있다 入試が目前に迫っている. ▸눈앞이 캄캄하다 目の前が真っ暗だ; 途方に暮れる.
눈-약(-藥)[-냑] 名 目薬. 倒 안약(眼藥).
눈-언저리 名 目の周り; 目もと.
눈엣-가시[누넫까-/누넫까-] 名 敵.
눈여겨-보다[-녀-] 他 注視する; 目を止める.
눈-요기(-療飢)[-뇨-] 名 (하自) 目の保養. ‖눈요기가 되다 目の保養になる.
눈-웃음 目で笑うこと; 目笑. ‖눈웃음을 보내다 目笑を交わす.
눈웃음-치다 国 なまめかしい目つきをする.
눈-인사(-人事) 名 (하自) 目礼. 倒 목례(目禮).
눈-자위[-짜-] 名 目玉の周り; 眼球の緑.
눈-짐작(-斟酌)[-찜-] 名 目分量. 倒 눈대중.
눈-짓[-찓] 名 (하自) 目くばせ; 目顔. ‖잠자코 있으라고 코 눈짓을 보내다 黙っているように目くばせする. 눈짓으로 알리다 目顔で知らせる.
눈-초리 名 目じり; まなじり; 目つき; 視線. ‖매서운 눈초리로 째려보다 鋭い目つきでにらみつける.
눈-총 毒々しい眼差し. ‖눈총을 받다 憎まれる.
눈-치 /nuntʃʰi/ 名 ❶ 直感的に感じ取る心の動き; 勘; 目端; 気色(ʔ). ‖눈치가 빠르다 勘が鋭い. 눈치로 알아차리다 勘で分かる. ❷ 様子; 態度; 気配; 素振り. ‖내가 같이 가는 걸 싫어하는 눈치였다 私が一緒に行くのを嫌がる素振りだった. 그날 그 사람의 눈치가 좀 이상했다 あの日, 彼の様子がちょっとおかしかった. ❸ (人の)顔色や機嫌. ‖눈치가 보이다 人の顔色[機嫌]が気になる. ▸눈치(를) 보다 人の顔色[機嫌]をうかがう. 상사의 눈치를 보다 上司の顔色をうかがう. ▸눈치를 살피다 人の顔色[機嫌]をうかがう. ▸눈치(를) 채다 気づく; 感じ; 感じ取る. 음모를 눈치 채다 陰謀に感づく. 전혀 눈치 채지 못하다 全く気づいていない.
눈치-코치 눈치의 意を強めて言う語.
눈칫-밥[-치빱/-친빱] 名 (居候な̂)

느닷-없다

どが気兼ねしながら食べる飯の意から)肩身の狭い生活. ‖親戚の 집에서 눈칫밥을 먹다 親戚の家で肩身の狭い生活をする.

눈-코 图 目(と)鼻. ▶눈코 뜰 사이(が)없다 (「まばたきや息をする時間もないほど忙しい」の意で)非常に忙しい;きりきり舞いだ. 눈코 뜰 새 없이 바빠다 目が回るほど忙しい.

눈-퉁이 图 눈두덩の俗語.

눋다 【-따】 图 [ㄷ変] (ご飯などが)焦げる. ‖밥이 눌었다 ご飯が焦げた.

눌러-살다 [-ㄹ語幹] (今までのところに)住み続ける.

눌러-쓰다 匣 [으変] (帽子などを)深くかぶる. ‖모자를 눌러쓰고 나가다 帽子を深くかぶって出かける.

눌러-앉다【-안따】 图 居座る;そのまま居続ける. ‖십 년 동안 출판사에 눌러앉아 있다 10年間出版社に居続けて[勤めて]いる.

눌리다 /nu:llida/ 匣 [누르다の受身動詞] 押される;押さえつけられる;抑圧される. ‖상대방의 기세에 눌리다 相手の勢いに押される. 장내의 분위기에 눌려 아무 말도 못하다 場内の雰囲気に押されて何も言えない.

눌변(訥辯) 图 訥弁(²).↔능변(能辯)·달변(達辯).

눌어-붙다【-붇따】 图 ❶焦げつく;焼けつく. ‖밥이 냄비에 눌어붙었다 ご飯が鍋に焦げついた. ❷長居する;長く居座る.

눌언 (訥言) 图 訥言(²).

눌은-밥 图 焦げ飯.

눕는 [눈-] [ㅂ変] 눕다(横たわる)の現在連体形.

눕다 /nu:pʰta/ 【-따】 [ㅂ変] [누워, 누운] ❶横になる;横になる;寝そべる. ‖잠자리에 눕다 寝床に横になる. 하루 종일 누워 있다 一日中寝ずっている. 傲눕히다. ❷病の床につく. ‖몇 년 동안 병상에 누워 있다 何年も病床についている. ▶누울 자리 봐 가며 발을 뻗어라(²)(「病床の様子を見て足を伸ばせ」の意で)時と場所を弁(わきま)えて行動せよ. ▶누워서 떡 먹기(²)(「寝そべって餅を食べる」の意で)朝飯前. ▶누워서 침 뱉기(²)天を仰いで唾(つば)する.

눕-히다 /nupʰida/【누피다】 匣 [눕다の使役動詞] 寝かせる;寝かす;横にする. ‖아이를 조심스레 눕히다 子どもをそっと寝かせる. 몸을 눕히다 身を横たえる.

능치다 匣 ❶(気持ちを)なだめる. ❷とぼける;取り繕う;言い抜ける.

뉘¹ 代 〔누구の縮約形〕 誰. ‖뉘가 이 밤중에 문을 두드리고 있는가? 誰がこんな夜中に戸を叩くか? 〔누구의 縮約形〕 誰の.

뉘² 图 籾(もみ).

뉘다 匣 누이다¹·누이다²の縮約形.

뉘앙스 (nuance) 图 ニュアンス.

뉘엿-뉘엿 【-연-연】 副 だんだんと日が沈む様子. ‖뉘엿뉘엿 해가 지고 있다 だんだんと日が沈んでいく.

뉘우치다 /nwiutʰida/ 匣 後悔する;悔いる;反省する. ‖잘못을 뉘우치다 [前非] を悔いる. 불효를 뉘우치다 親不孝を悔いる.

뉴런 (neuron) 图 〈生物〉 (神経単位の) ニューロン.

뉴스 (news) /nju:su/ 图 ニュース. ‖귀가 솔깃해지는 뉴스 耳よりなニュース. 뉴스를 내보내다 ニュースを流す. 뉴스 시간 ニュースの時間. 임시 뉴스 臨時ニュース. 톱뉴스 トップニュース. 빅뉴스 ビッグニュース.

뉴스-캐스터 (news caster) 图 ニュースキャスター.

뉴질랜드 (New Zealand) 图 〈国名〉 ニュージーランド.

느글-거리다 【-대다】 图 むかむかする;吐き気がする;気分が悪い. ‖속이 느글거리다 胃がむかむかする.

느글-느글 副 〈하다〉 むかむか(と).

느긋-하다 /nɯgɯtʰada/ 【-그타-】 形 [하変] ゆったりしている;(心に)ゆとりがある. ‖느긋한 태도 ゆったりした態度. 마음을 느긋하게 먹다 気持ちをゆったり構える.

느끼다 /nɯkʼida/ 匣 感じる;感じ取る;(感覚を)覚える;思う. ‖외로움을 느끼다 寂しさを感じる. 책임을 느끼고 있다 責任を感じている. 흥미를 느끼다 興味を覚える. 불편하다고 느끼는 점 不便だと思うところ.

느끼-하다 /nɯkʼihada/ 【하変】 形 (食べ物などが)脂っこい;しつこい;口当たりが悪い;(胃が)もたれた気味だ. ‖느끼한 음식 脂っこい食べ物. 느끼한 냄새가 나다 脂っこいにおいがする. 속이 좀 느끼하다 お腹がもたれた気味だ.

느낌 /nɯkʼim/ 图 感じ;感じたこと;感想;感触. ‖이상한 느낌이 들다 変な感じがする. 느낌이 안 좋다 感じが悪い. 꿈을 꾸고 있는 듯한 느낌이다 夢を見ているような感じだ. 시를 읽은 느낌을 말하다 詩を読んだ感想を言う. 그런 느낌이 들었다 そんな気がした. 느낌이 좋은 천 感触のいい布. 그렇게 말해도 느낌이 안 올거야 そう言われてもぴんと来ない.

느낌-표 (-標) 图 感嘆符(!).

느는 [語幹] 늘다(伸びる)の現在連体形.

느닷-없다 /nɯdadəpʼta/ 【-다업따】 形 出し抜けだ;唐突だ;突然だ;不意だ. ‖느닷없는 질문 出し抜けの質問. 그 사람의 등장은 느닷없었다 彼の登場は突然だった. **느닷없-이** 副

느닷없이 찾아오다 突然訪ねてくる.
- **-느라고** 語尾 原因·理由を表わす: …ので; …ために; …ため. ‖어머니하고 얘기하느라고 전화벨 소리를 못 들어 母と話をしていたので, 電話の音に気がつかなかった. 늦잠 자느라고 아침을 못 먹었다 朝寝坊のため, 朝食を食べられなかった.
- **느릅-나무** [-름] 名 [植物] ニレ(楡).
- **느릅-쟁이** 名 [植物] ニレ(楡).
- **느리-광이** 名 のろま.
- **느리다** /nurida/ 形 ❶〈動作·動きなどが〉遅い; のろい. 〖동작이 느리다 動作がのろい. 템포가 느리다 テンポが遅い. ❷ おっとりしている; ゆっくりだ. 〖느리게 달리다 ゆっくり[のろのろ]と走る. ❸ 緩やかだ; 緩やかだ.
- **느림-보** 名 のろま.
- **느릿-느릿** /nurinnurit/ 【-린-릳】 副한 のろのろと; のそのそ. 〖느릿느릿 움직이다 のろのろ動く. 느릿느릿한 걸음걸이 のろのろ(と)した歩み.
- **느릿-하다** [-리타-] 形 한얼 のろい; ゆっくりしている. 〖행동이 느릿하다 行動がのろい.
- **느슨-하다** 形 한얼 緩い; 緩んでいる; たるんでいる. 〖나사가 느슨하다 ねじが緩い. 매듭이 느슨해지다 結び目が緩む.
- **느타리-버섯** [-섣] 名 [植物] ヒラタケ(平茸).
- **느티-나무** 名 [植物] ケヤキ(欅).
- **늑간** (肋間) [-깐] 名 肋間.
- **늑골** (肋骨) [-꼴] 名 [解剖] 肋骨; あばら骨. 한갈비뼈.
- **늑대** (-때) 名 ❶ [動物] チョウセンオオカミ(朝鮮狼); オオカミ(狼). ❷ [比喩的に] 狼.
- **늑막** (肋膜) [-ㅇ] 名 [解剖] 胸膜; 肋膜. 한흉막 (胸膜).
- **늑막-염** (肋膜炎) [능망념] 名 [医学] 胸膜炎; 肋膜炎. 한흉막염 (胸膜炎).
- **늑장** (-짱) 名 もたもたすること; ぐずぐずすること.
- **늑장-부리다** [-짱-] 自 もたもたする; ぐずぐずする. 〖모든 일에 늑장을 부리는 사람 あらゆることにもたもたする人.
- **는**¹ /nun/ 助 〔母音で終わる体言に付いて, 子音の場合은〕 ❶ …は. 한ㄴ, ㄹ. 〖지구는 둥글다 地球は丸い. 언니는 미국에 있다 姉がアメリカにいる. 저것과는 다르다 あれとは違う. 너와 달리 말하고 싶지 않다 君とは話したくない. 서울에는 바다가 있어요? ソウルには海がありますか. 동경에서 서울까지는 얼마나 걸려요? 東京からソウルまではどれくらいかかりますか. 김치를 먹기는 먹는데 좋아하지는 않는다 キムチを食べることは食べるが, 好きではない. 만나기는 만났는데 얘기는 별로 못 했다 会いはしたが話はあまりできなかった. ❷ […ではないだの形で] …ではない. 〖그렇게 머리가 좋은 사람은 아니다 そんなに頭のいい人ではない. 유명な俳優ではない 有名な俳優ではない. ❸ […(으)로는 안 되다の形で] …ではできない; …では通じない. 〖이것 하나로는 안 된다 これ1つではできない. 말로는 안 되는 아이 言葉では通じない子ども. ❹ […는 못 되다の形で] …にはなれない. 〖성격이 저래서 리더는 못 된다 性格があああので リーダーにはなれない. ❺ […는 되고 싶지 않다の形で] …にはなりたくない. 〖정치가는 되고 싶지 않다 政治家にはなりたくない.
- **는**² [ㄹ語尾] 늘다(伸びる)の過去連体形.
- **는**³ /nun/ 語尾 〔動詞の語幹に付いて〕 現在連体形を作る. 〖병원에 가는 날 病院に行く日. 자는 아이를 깨우다 寝ている子どもを起こす. 많이 먹는 사람 たくさん食べる人.
- **-는가** /nun/ 語尾 疑問を表わす: …の(か). 〖어디에 가는가? どこに行くのか. 일은 잘 되고 있는가? 仕事はうまくいっているのか.
- **-는다** 語尾 〔子音で終わる動詞の語幹に付いて; 母音およびㄹで終わる子音の場合は-ㄴ다〕 現在時制を表わす. 〖그 사람은 밥을 많이 먹는다 彼はご飯をたくさん食べる. 사람은 누구나 죽는다 人は誰でも死ぬ. 나는 매일 집일을 돕는다 私は毎日家事を手伝っている.
- **-는다고**¹ 語尾 ⇨ -ㄴ다고¹.
- **-는다고**² 語尾 ⇨ -ㄴ다고².
- **-는다고**³ 語尾 ⇨ -ㄴ다고³.
- **-는다느니** 語尾 ⇨ -ㄴ다느니.
- **-는다는** 語尾 ⇨ -ㄴ다는.
- **-는다니** 語尾 ⇨ -ㄴ다니.
- **-는다니까** 語尾 ❶ ⇨ -ㄴ다니까. 〖나중에 먹는다니까 後で食べるってば. ❷ -는다고 하니까の縮約形.
- **-는다마는** 語尾 ⇨ -ㄴ다마는.
- **-는다만** -는다마는の縮約形.
- **-는다면서** 語尾 ⇨ -ㄴ다면서.
- **-는단다** 語尾 ⇨ -ㄴ단다.
- **-는답니까** [-담-] 語尾 〔-는다고 합니까の縮約形〕 伝え聞いた内容を丁寧に問い返す意を表わす: …と言うのですか; …そうですか. 〖그 빵집은 몇 시에 문을 닫는답니까? そのパン屋は何時に閉まるそうですか.
- **-는답니다** [-담-] 語尾 〔-는다고 합니다の縮約形〕 伝え聞いた内容を丁寧に述べる意を表わす: …と言っています; …そうです. 〖매운 것은 못 는답니다 辛いものは食べられないそうです.
- **-는대** 語尾 〔-는다 해の縮約形〕 …そうだ; …って; …んだって. 〖그 가게는 10시에 문을 닫는대 その店は10時に閉ま

るんだって.

-는데 /nunde/ [語尾] ❶ 前置きを表わす: …だから, …だけど. ‖비도 오는데 어딜 나가니? 雨も降っているのに, どこに出かけるの. 시간도 없는데 택시를 탈까? 時間もないからタクシーに乗ろうか. ❷ 逆接を表わす: …が; …けど. ‖많이 먹는데도 살이 안 찐다 けっこう食べるけど, 太らない. ❸ 感嘆を表わす. ‖남동생 잘생겼는데 弟さん, ハンサムだね.

-는지 /nundʑi/ [語尾] ❶ 漠然とした疑問を表わす: …やら; …するのか; …かどうか. ‖오늘 집에 있는지 전화해 보자 今日家にいるのか電話してみよう. 그 사람한테서 연락이 오기를 얼마나 기다렸는지 모른다 彼らから連絡が来るのをどれくらい待っていたのか分からない. ❷〔얼마나를 伴って〕感嘆を表わす: どんなに…(こと)か. ‖그 말을 듣고 얼마나 기뻤는지 それを聞いてどれほどうれしかったことか.

는커녕 [助] …はおろか; …するどころか. ‖반성하기는커녕 도리어 큰 소리를 낸다 反省するどころかかえって大声を上げる.

늘[1] /nɨl/ [副] いつも; 常に. ‖늘 하던 말 いつも言っていたこと. 늘 같이 다니는 가방 늘 持ち歩いているかばん.

늘[2] [1] [ㄹ語幹] 늘다(伸びる)の未来連体形.

늘막 [1] 晚年; 老年.

늘다 /nɨlda/ [自] [ㄹ語幹] [늘어, 느는, 는] ❶ 伸びる; 長くなる. ‖평균 수명이 늘다 平均寿命が伸びる. 가뭄한 지 시간이 늘었다 疲れていたのか寝る時間が長くなった. ❷ 増える; 増す. ‖수입이 늘다 収入が増える. 체중이 늘다 体重が増える. 수요가 급속하게 늘고 있다 需要が急速に増えている. ❸ 広くなる. ‖간척 사업으로 농지가 늘었다 干拓事業で農地が広くなった. (経済的に) 豊かになる. ‖살림이 늘다 暮らしが豊かになる. ❹(腕が) 上がる; 上達する. ‖영어 실력이 늘다 英語の実力が上がる. 음식 솜씨가 많이 늘었다 料理の腕がだいぶ上がった.

늘름 [副] 〔하(하)〕 ❶ 舌を前に出す様子: ペろり(と); ぺろっと. ‖혀를 늘름 내밀다 舌をぺろっと出す. ❷ 何かをつかみ取ろうとする様子: さっと. ‖선물을 늘름 받다 プレゼントをさっと受け取る. 國 날름.

늘름-늘름 [副] 〔하(하)〕 ぺろぺろと.

늘름-거리다 [他] 〔他〕(舌をぺろりと出した ひっこめたりする. 國 늘름거리다.

늘리다 /nɨllida/ [他] [늘다の使役動詞] ❶ 伸ばす. ‖매상을 늘리다 売り上げを増やす. ❷ 増やす. ‖재산을 늘리다 財産を増やす. ❸ 広げる. ‖사무실을 늘리다 事務室を広げる.

늘-보 [名] のろま.

늘비-하다 [形] 〔하変〕 ずらりと並んでいる. ‖토산품 가게가 늘비하다 お土産の店がずらりと並んでいる.

늘씬-하다 [形] 〔하変〕 ❶ すらりとしている. ‖다리가 늘씬하다 足がすらりとしている. 늘씬한 몸매 すらりとした体つき. ❷〔늘씬하게の形で〕(ぐったりするほど) こっぴどく. ‖늘씬하게 얻어터지다 こっぴどく殴られる. 國 날씬하다.

늘어 [1] [ㄹ語幹] 늘다(伸びる)の連用形.

늘어-나다 /nɨrɔnada/ [自] ❶ 伸びる. ‖바지 고무줄이 늘어났다 ズボンのゴム紐(ひも)がだいぶ伸びた. ❷ 増える. ‖수입이 두 배 이상으로 늘어나다 収入が 2 倍以上に増える. 외식하는 횟수가 늘어나다 外食する回数が増える.

늘어-놓다 /nɨrɔnotʰa/ [他] [-노-타] ❶ 並べる; 羅列する. ‖한 줄로 늘어놓다 一列に並べる. 가나다순으로 늘어놓다 いろは順に並べる. 식탁 위에 음식을 늘어놓다 テーブルの上に料理を並べる. 미사여구를 늘어놓다 美辞麗句を羅列する. ❷ 散らかしている. ‖장난감을 여기저기에 늘어놓다 おもちゃをあちこちに散らかしている. ❸ (小言を) 並べ立てる. ❹ 불평을 늘어놓다 不平を並べ立てる.

늘어-뜨리다 [他] 垂らす: (肩を) 落とす. ‖어깨를 쭉 늘어뜨리고 걷다 がっくりと肩を落として歩く.

늘어-서다 [自] 列になって並ぶ; 立ち並ぶ. ‖길게 늘어서다 長く立ち並ぶ.

늘어-지다 /nɨrɔdʑida/ [自] ❶ 伸びる; 長くなる. ‖잠옷 고무줄이 늘어지다 寝巻きのゴム紐(ひも)が伸びる. ❷ 垂れる; 垂れ下がる. ‖축 늘어진 버들가지 だらりと垂れ下がったヤナギの枝. ❸ ぶら下がる. ‖애들이 팔을 붙잡고 늘어지다 子どもたちが腕にぶら下がる. ❹ (時間が) 延びる; 長引く. ‖회의가 한 시간이나 늘어지다 会議が 1 時間も延びる. ❺ ぐったり(と)する; ぐっすりと休む. ‖피곤해서 하루 종일 늘어져 있다 疲れて一日中ぐったり(と)している. 주말에 늘어지게 늦잠을 자다 週末にぐっすりと朝寝坊をする. ❻ 〔主に팔자가 늘어지다の形で〕暮らしが楽である; 余裕がある.

늘어-트리다 [他] =늘어뜨리다.

늘이다 [他] ❶ 伸ばす; 長くする. ❷ 垂らす; 垂れ下げる. ‖발을 늘이다 すだれを垂らす.

늘임-표 (-標) [名] 〔音楽〕 フェルマータ.

늘-품 (-品) [名] 見込み.

늙다 /nɨkʰta/ [늑따] [自] ❶ 老いる. ‖年をとる. ❷ 老ける. ‖걱정으로 폭삭 늙다 心配ですっかり老ける. 國 늙히다.

늙어-빠지다 [形] 老いぼれている; 老け

込んでいる。‖초라하게 늙어빠진 남자 みすぼらしい老い込んだ男.

늙은-이 年寄り; 老人. ㉠젊은이.

늙-히다[늘키-]他《사동사使動動詞》❶ 老けさせる. ❷ 熟れさせる.

늠름-하다(凜凜-)【-늠-】[形]《하변》 りりしい; 堂々としている; 凛(りん)々(りん)しい. ‖늠름한 뒷모습 りりしい後ろ姿. 늠름히 걷다 堂々と歩く. **늠름-히**[副]

늠실-거리다[自]❶(波が)ゆっくりと打つ. ❷ 横目で見る; 盗み見る.

능(陵)[名] 陵.(릉) ‖임금님 능 王様の陵.

능가(凌駕)[名]《他》凌駕(りょうが)する; 凌(しの)ぐこと.

능-구렁이[名]❶〔動物〕アカダマヘビ. ❷〔比喩的に〕陰険な人; 古狸; 古狐.

능글-능글[-믈-][副]《하타》図々しく; ふてぶてしく.

능글-맞다[-맏따][形] 図々しい; ふてぶてしい.

능금〔植物〕リンゴ(林檎).

능금-산(-酸)[名]〔化学〕リンゴ酸.

능동(能動)[名] 能動. ㉠수동(受動)・피동(被動).

능동-문(能動文)[名]《言語》能動文. ㉠피동문(被動文).

능동-적(能動的)[-쩍][名] 能動的(受動的). ‖능동적으로 행동하다 能動的に行動する.

능동-태(能動態)[名]《言語》能動態. ㉠수동태(受動態).

능란-하다(能爛-)【-난-】[形]《하변》 巧みだ; 手慣れている; 非常に上手だ. ‖능란한 솜씨 手慣れた腕前. 능란한 손놀림 手慣れた手つき.

능력(能力)/nɯŋnjʌk/【-녁】[名] 能力. ‖능력을 발휘하다 能力を発揮する. 능력이 부족하다 能力に欠ける. 능력의 한계 能力の限界. 책임 능력 責任能力. 무능력 無能力.

능력-급(能力給)【-녁끕】[名] 能力給.

능률(能率)/nɯŋnjul/【-뉼】[名] 能率. ‖능률을 올리다 能率を上げる. 능률이 떨어지다 能率が下がる. 능률적인 작업 공정 能率的な作業工程.

능률-적(能率的)【-뉼쩍】[名] 能率的. ‖능률적으로 일하다 能率的に仕事をする.

능멸(凌蔑・凌篾)[名]《他》侮りさげすむこと.

능변(能辯)[名] 能弁. ㉠눌변(訥辯).

능사(能事)[名] 能事.

능선(稜線)[名] 稜線; 山の尾根; 山の端. ㉠산등성이(山).

능소-화(凌霄花)[名]〔植物〕ノウゼンカズラ(凌霄花).

능수능란-하다(能手能爛-)【-난-】[形]《하변》 巧みに熟達している. ‖학생 다루는 것이 능수능란하다 学生指導に熟達している.

능수-버들[名]〔植物〕コウライシダレヤナギ(高麗垂柳).

능숙-하다(能熟-)【-수카-】[形]《하변》 熟練している; 達者である; 上手だ. ‖영어에 능숙하다 英語が達者だ. 분비을 능숙하게 처리하다 もめ事を上手にまとめる.

능욕(凌辱・陵辱)[名]《하변》陵辱(りょうじょく).

능지-처참(陵遲處斬)[名]《歷史》頭・胴体・手・足を切り離してさらし者にする極刑.

능청/nɯŋtɕʰʌŋ/[名] もっともらしくしらを切ること; しらじらしいこと; 空とぼけること. ‖능청을 떨다 しらばくれる.

능청-맞다[-맏따][形] 空知らぬふりをする; 知らぬ顔をする.

능청-스럽다[-따][形][ㅂ変] しらじらしい. ‖능청스러운 변명 しらじらしい言い訳. **능청스레**[副]

능통-하다(能通-)[形]《하변》 精通している. ‖외국어에 능통하다 外国語に精通している.

능필(能筆)[名] 能筆. ㉠악필(惡筆).

능-하다(能-)[形]《하변》 長じている. 長けている; 上手だ. ‖처세에 능하다 世故に長けている. **능-히**[副] 上手に; 十分に; よく. ‖어려운 일도 능히 해내다 難しい仕事も十分にやり遂げる.

늦-가을[늗까-][名] 晩秋.

늦-겨울[늗껴-][名] 晩冬.

늦-깎이[늗까-][名]❶ 年をとってから坊主になった人. ❷ 年をとってからその分野に入ってきた人. ❸ 晩学の人. ❹ 晩生().

늦다/nɯt̚ta/[늗따][形] 遅い. ㉠이르다. ‖오늘은 늦었으니 내일하자 今日は遅いから明日やろう. 수업이 없어서 늦게 일어났다 授業がないので遅く起きた. 대학에 들어가기에는 늦은 나이다 大学に入るには遅い年齢だ. 밤 늦게까지 공부하다 夜遅くまで勉強する. ▶늦게 배운 도둑이 날 새는 줄 모른다[俚]〔「遅く覚えた泥棒は夜が明けるのも分からない」の意で〕年をとってから始めたことほど熱中しやすいものだ.

— [自] 遅れる. ‖식사 모임에 늦다 食事会に遅れる. 늦어서 죄송합니다 遅れて申し訳ありません. ㉠늦추다.

늦-더위[늗띠-][名] 残暑. ‖늦더위가 기승을 부리다 残暑が猛威をふるう.

늦-둥이[늗뚱-][名] 年をとってから産んだ子.

늦-바람[늗빠-][名] 年をとってからの浮気. ‖늦바람이 나다 年をとってから浮気をする.

늦-복(-福)[늗뽁][名] 年をとってからの幸せ; 遅れてめぐってくる幸せ.

늦-봄【늗뽐】图 晩春.

늦-서리【늗써-】图 遅霜(おそじも); 晩霜(ばんそう).

늦어-지다 自 遅くなる(遅い)の連用形.

늦어-지다 自 遅れる; 遅くなる. ‖매일 귀가 시간이 늦어지고 있다 毎日帰宅が遅くなっている.

늦-여름【는녀-】图 晩夏.

늦은 形 늦다(遅い)の現在連体形.

늦-잠 图 寝坊; 朝寝坊. ‖늦잠을 자다 朝寝坊する.

　늦잠-꾸러기 图 朝寝坊する人; 寝坊助.

늦-장가【늗짱-】图 (男性の)普通より遅い結婚. ‖늦장가를 가다 (男性が)遅くに結婚する.

늦-장마【늗짱-】图 時期遅れの梅雨.

늦-추다/nutʧʰuda/【늗-】他 ❶〔늦다の使役動詞〕遅らせる; 延ばす. ‖약속 시간을 늦추다 約束の時間を遅らせる. 결혼식을 한 달 늦추다 結婚式を1か月遅らせる. 마감일을 늦추다 締め切り日を遅らせる. ❷〈速度などを〉落とす. ‖속도를 늦추다 速度を落とす.

늦-추위【늗-】图 余寒; 残寒.

늪 /nwp/【늡】图 沼. ‖늪에 빠지다 沼にはまる.

늴리리【닐-】副 (笛・らっぱなど)管楽器を吹き鳴らす音. ぴいひゃら.

니[1] /ni/ 副 〔母音で終わる体言に付いて; 子音の場合は이니〕 ❶ 理由 · 原因 · 根拠を表わす: …なので; …だから. ‖비가 올 날씨니 빨리 돌아와라 雨が降りそうな天気だから, 早く帰ってきてね. ❷ 前置きを表わす: …(する)と; …(し)たら. ‖만나 보니 괜찮은 사람이었다 会ってみたら, いい人だった. ❸〔主に …니 …니の形で〕…だの …だの. ‖딸에게 오이니 감자니 별의별 것을 다 보내 주다 娘にキュウリだのジャガイモだの, 色々なものを送ってくれる.

니[2] 图 〔母音で終わる体言に付いて; 子音の場合은이니〕疑問を表わす: …なの. ‖아까 그 사람 누구니? さっきの人, 誰なの. 답은 이니? 答えはこなの?

-니[3] /ni/ 語尾 〔母音で終わる用言の語幹に付いて; 子音の場合은 -으니〕 ❶〔次に述べる事柄に対して〕理由 · 原因 · 根拠などを表わす: …ので; …から. ‖더우니 택시를 탑시다 暑いからタクシーに乗りましょう. ❷ 次に述べる事柄の前置きを表

わす: …(する)と; …(し)たら. ‖생각해 보니 내가 오해한 것 같다 考えてみたら 私が誤解していたようだ. 들어 보니 생각보다 무겁다 持ち上げてみたら思ったより重い.

-니[4] 語尾 疑問を表わす: …の(か). ‖서울에는 언제 가니? ソウルにはいつ行くの. 일요일에는 뭐 하니? 日曜日は何をしているの.

니그로 (Negro) 图 ニグロ.

니까[1] 니를 強めて言う語. ‖꽤 괜찮은 영화이니 꼭 보세요 なかなかいい映画なのでぜひ見てください.

-니까[2] 語尾 -니[3]を強めて言う語. ‖오늘은 집에 손님이 오시니 빨리 돌아와야 된다 今日は家にお客さんが来るから早く帰らなければならない.

니어-미스 (near miss) 图 ニアミス.

니은 ハングル子音字母「ㄴ」の名称.

니제르 (Niger) 图 国名 ニジェール.

니카라과 (Nicaragua) 图 国名 ニカラグア.

니켈 (nickel) 图 化学 ニッケル.

니코틴 (nicotine) 图 ニコチン.

　니코틴-중독 (-中毒) 图 ニコチン中毒.

니트 (knit) 图 ニット.

니트-웨어 (knitwear) 图 ニットウェア.

니퍼 (nipper) 图 ニッパー.

니힐리스트 (nihilist) 图 ニヒリスト. 허무주의자(虚無主義者).

니힐리즘 (nihilism) 图 ニヒリズム; 虚無主義. 허무주의(虚無主義).

닉네임 (nickname) 图 ニックネーム. ‖닉네임을 붙이다[달다] ニックネームをつける.

님[1] 图 恋人. ‖나의 고운 님 私のいとしい人. ✢詩などで用いられる.

-님[2] /nim/ 接尾 …さん; …様; …殿. ‖선생님 先生. 손님 お客様. 하느님 神様. 해님과 달님 お日様とお月様.

님비 (NIMBY) 图 ニンビー. ✢not in my back yard의 약칭. 原子力発電所 · ゴミ焼却施設などの必要性は認めるが, 居住地の近くに作られるのは困るという考えを表わす言葉.

님프 (nymph) 图 ニンフ.

닢【닙】图 銅貨など平たいものを数える語: …枚. ‖동전 한 닢 コイン1枚.

ㄷ 圏 ハングル子母字母の第3番目. 名称は「디귿」.

ㄷ変칙活용 (-變則活用)【-뼉처룡】图【言語】= ㄷ 불규칙 활용(不規則活用).

ㄷ불규칙용언 (不規則用言)【-뿔-칙용-】图【言語】ㄷ 変則用言. ✛듣다·걷다 など.

ㄷ불규칙활용 (不規則活用)【-뿔-치콰룡】图【言語】ㄷ 変則活用.

다¹ /ta/, 副 ❶ すべて; 皆; 全部. ∥관계자가 다 찬성하다 関係者すべてが賛成する. 숙제는 다 했니? 宿題は全部やったの? 다 같이 갑시다 皆一緒に行きましょう. ❷ いずれも; どれも; …とも; 二人とも. ∥둘 다 데리고 갈게요 2人とも連れて行きます. ❸ 残らず; もれなく; ことごとく; すっかり. ∥다 먹어 버렸다 すっかり食べてしまった. ❹ そろそろ; もうすぐ. ∥목적지에 다 왔다 目的地にもうすぐ着くよ. ❺ ほとんど. ∥다 되어 가다 ほとんど出来上がっている. ❻ [皮肉な感じを込めて言う]. ∥[별소리를 다 듣겠네 とんでもないことを言う. ❼ […다 갔다나 などの形で] 未来のことを否定する. …(も)う駄目だ; …できない. ∥비가 이렇게 오니 소풍은 다 갔다 雨がこんなに降っていたら遠足は駄目だね. ► 다 된 죽에 코 풀기 ⟦⟧ 「出来上がった粥に鼻をかむ」の意で] 完成したものを台無しにすることのたとえ.
— 四 ❶ 皆; 全員. ∥다들 어디 갔니? 皆どこに行ったの? ❷ すべて; 全部. ∥돈이 다는 아니다 お金がすべてではない. 이것이 내가 가진 것 다다 これが私の持っているもの全部なの.

다² 副 […다 …다 の形で] 事柄をあれこれと並べ立てる. …やら…やら; …とか. ∥스파게티다 케이크다 엄청 먹었다 スパゲッティやらケーキやらたくさん食べた.

다³ 副 [母音で終わる体言に付いて; 子音の場合はイ다] 指定する意を表わす: …だ. ∥두 사람은 자매다 2人は姉妹だ.

다⁴ 副 다가¹ の縮約形. 집에다 두고 왔다 家に置いてきた.

다-⁵ (多) 接頭 多…. ∥다방면 多方面. 다용도 多用途.

-다⁶/ta/ 語尾 [用言の語幹に付いて] 基本形であることを表わす. ∥가다 行く. 먹다 食べる. 크다 大きい. 많다 多い. 있다 [ある]. 없다 いない [ない].

-다⁷ 語尾 ❶ [-다가² の縮約形] …しながら; …しつつ; …する途中で; …の途中で; …してから. ∥먹다 만 빵 食べかけのパン, ❷ [-다고 の縮約形] …と; …だと. ∥[R-다. 여기다가 놓으세요 ここに置いてください.

다가¹/taga/ 副 位置·場所を表わす: …に. ∥[R-다. 여기다가 놓으세요 ここに置いてください.

-다가² /taga/ 語尾 ❶ …しながら; …しかけて; …する途中; …していて; …してから. ∥울다가 잠이 들다 泣きながら寝入る. 늦게까지 텔레비전을 보다가 자다 遅くまでテレビを見てから寝る. ❷ …したために; …の中で; …から. ∥까불다가 호났다 ふざけたために怒られた. ❸ …だが; …ていたが. ∥비가 오다가 그쳤다 雨が降っていたのがやんだ. 縮 -다.

다가-가다 自 近づく; 近寄る.

-다가는 語尾 -다가 を強めて言う語. ∥이렇게 먹다가는 배탈나겠다 こんなに食べていてはお腹を壊しそうだ.

다가-서다 自 近寄る.

다가-앉다 [-안따] 自 近寄って座る.

다가-오다 /tagaoda/ 自 ❶ 近づく; 近づいてくる; 迫ってくる. ∥기말 시험이 다가온다 期末テストが近づく. 모르는 사람이 다가와서 인사를 했다 知らない人が近づいてきて挨拶をした. 대회가 눈앞에 다가왔다 大会が目前に迫ってきた. ❷ やってくる; 向かってくる. ∥저쪽에서 다가오는 사람 向こうからやってくる人.

다각 (多角) 图 多角. ∥다각 경영 多角経営.

다각-적 (多角的) 【-쩍】图 多角的. ∥다각적으로 多角的に.

다각-형 (多角形) 【-가켱】图【数学】多角形.

다각-화 (多角化) 【-가콰】图 (하他) 多角化. ∥경영의 다각화 経営の多角化. 다각화 전략 多角化戦略.

다-각도 (多角度) 【-또】图 多方面; 多角的. ∥다각도로 검토하다 多角的に検討する.

-다간 語尾 -다가는 の縮約形. ∥늦었다간 큰일난다 遅れたら大変なことになる.

다갈-색 (茶褐色) 【-쌕】图 茶褐色.

다감-하다 (多感-) 旣 多感だ. 多感的.

-다거나 語尾 [-다고 하거나 の縮約形] …と言ったり.

-다고 /tago/ 語尾 [間接引用の語尾形] …と; …だ. 縮 -다. ∥그는 내가 잘못했다고 끝까지 주장했다 彼は私が間違っていると主張した. 오늘은 시간이 없다고 했다 今日は時間がないと言った.

다공 (多孔) 图 (하他) 多孔.

다공-질 (多孔質) 图 多孔質.

다과¹ (多寡) 图 多寡.

다과² (茶菓) 图 茶菓(茶). ∥다과를 내오다 茶菓を供する.

다과-회 (茶菓會) 【-/-훼】图 茶菓会; ティーパーティー.

다-국적 (多國籍) 【-쩍】图 多国籍.

다국적-군 (多國籍軍) 【-쩍꾼】 图 多国籍軍.

다국적기업 (多國籍企業) 【-쩍끼-】 图 多国籍企業.

다그치다 他 せき立てる. ∥아이를 심하게 다그치다 子どもをひどくせき立てる.

다극 (多極) 图 多極. ∥다극 외교 多極外交.

다극-관 (多極管)【-꽌】 图 多極管.

다극-화 (多極-) 【-그롸】 图 多極化. ∥다극화 시대 多極化時代.

다급-하다 (多急-) 【-그파】 形 【하変】 緊急だ; 緊迫している; 急を要している; 焦っている. ∥마음이 다급하다 気持ちが焦る. 다급한 표정 緊迫した表情.
다급-히 副

다기 (多岐) 图 形 多岐. ∥복잡 다기 複雑多岐.

다녀-가다 /tanjʌgada/ 自 寄っていく; 立ち寄っていく. ∥결혼한 딸이 오늘 집을 다녀갔다 結婚した娘が今日家に寄っていった.

다녀-오다 /tanjʌoda/ 自 行ってくる. ∥고향에 다녀오다 故郷[実家]に行ってくる.

다년-간 (多年間) 图 長年の間.

다는 【接幹】 달다(つるす・つける)の現在連体形.

-다는² 語尾 …と言う; …と言った. ⇒ -다든[11].

-다는³ 〔-다고 하는の縮約形〕 …だと言う; …と言われる. ∥영화 촬영지로 유명하다는 곳 映画の撮影地として有名だと言う場所.

-다는데 語尾 〔-다고 하는데の縮約形〕 …だと言うが; …だと言うのに; …だと言うから. ∥바쁘다는데 울지 모르겠다 忙しいと言うから来るか分からない.

-다니¹ ❶ 驚きの意を表わす. …とは. ∥그렇게 건강하던 사람이 쓰러지다니 あんなに元気だった人が倒れるとは. ❷ -다고 하니の縮約形.

-다니² 語尾 -다고 하니の縮約形.

-다니까 語尾 ❶ …だと言うから; …と言うので; …だそうだから. ∥맛있다니까 먹어 봅시다 おいしいと言うから食べてみましょう. ❷ …だよ; …だってば. ∥내가 분명히 확인했다니까 私が確かに確認したってば. ❸ -다고 하니까の縮約形.

다니다 /tanida/ 自 ❶ 行き来する; 往来する; 通る. ∥차들이 많이 다니는 길 車のよく通る道; 通行量の多い道. ❷ (学校・会社などに) 通う; 通勤する; 通学する; 勤める. ∥학교에 다니다 学校に通う. 건설 회사에 다니다 建設会社に勤めている. ❸ 行ってくる; 立ち寄る; 里帰りする. ∥한동안 집에 다녀왔다 しばらく実家に行ってきた.
—— 他 〔動作性名詞に付いて〕 回る; …して回る. ∥인사를 다니다 挨拶に回る. 여기저기 구경을 다니다 あちこち見物して回る.

다다르다 /tadaruda/ 自 〔으変〕 (다다라, 다다르는) 至る; 到達する. ∥목적지에 다다르다 目的地に到達する.

다다-익선 (多多益善) 【-썬】 图 多ければ多いほどよいということ.

다닥-다닥 【-따-】 副 小さいものが一か所にびっしりと集まっている様子; 軒を連ねている様子; 鈴なりに; ふさふさと; びっしりと. ∥다닥다닥 붙어 있는 집들 びっしりとくっついて並んでいる家々.

다단조 (-短調) 【-쪼】 图 【音楽】 ハ短調.

다단-하다 (多端-) 【하変】 多岐にわたっている. ∥복잡 다단한 문제 複雑多岐多端な問題.

다달-이 副 月々; 月ごとに. ⇒ 매달(毎-)·매월 (毎月).

다당-류 (多糖類) 【-뉴】 图 【化学】 多糖類.

다도 (茶道) 图 茶道.

다독 (多讀) 图 形他 多読.

다독-거리다 【-꺼-】 他 ❶ (赤ちゃんを寝かせるため) 軽くたたく. ❷ (泣いたりすねたりする人の) 機嫌をとる.

-다든지 語尾 …したり; …であったり; …なり(して). ∥운다든지 떼를 쓴다든지 해서 아이는 원하는 것을 손에 넣었다 泣いたりだだをこねたりして子どもは欲しがっていたものを手に入れた.

다듬다 /taduːmt'a/ 【-따】 他 ❶ 整える; 手入れする. ∥옷매무새를 다듬다 身なりを整える. 목소리를 다듬다 声の調子を整える. ❷ (不要なものを摘み取るなど) きれいにする. ∥콩나물을 다듬다 豆もやしの側根を取ってきれいにする. ❸ (文章なども) 練る. ∥문장을 다듬다 文章を練る.

다듬이-질 他 きぬた打ち. ⇒ 다듬질.

다듬-질 他 다듬이질の縮約形.

다디-달다 形 非常に甘い.

다락 〔다락방(-房)の略語〕 屋根裏部屋.

다락-방 (-房) 【-빵】 图 屋根裏部屋. ⇒ 다락.

다람-쥐 /taramdʑwi/ 图 【動物】 リス(栗鼠).

다랑어 (魚介類) マグロ(鮪). ⇒ 참치.

다래끼 麦粒腫; 物もらい. ⇒ 맥립종 (麥粒腫).

다량 (多量) 图 多量; 大量. ↔ 소량 (少量).

다루다 /taruda/ 他 ❶ 扱う; 取り扱う. ∥최신 기계를 잘 다루다 最新の機械を上手に扱う. 형사 사건을 전문으로 다루다 刑事事件を専門に扱う. ❷ 극악을 다루다 劇楽を取り扱う. 사

람을 함부로 다루다 人を危険に扱う; 人使いが荒い。‖ 取り上げる。¶教育問題を深く다룬 책 教育問題を深く取り上げた本.

다르다 /taruda/ 彫 [르變] [달라, 다른] ❶ 異なる; 違う。‖ 형제라도 성격이 많이 다르다 兄弟でも性格は随分異なる。영어와 일본어는 어순이 다르다 英語と日本語では語順が違う。어제와는 다르게 오늘은 날씨가 좋다 昨日とは違って今日はいい天気だ。❷ [다른…の形で] 他の…; 別の…; 違う…。‖ 다른 방법을 찾아 보자 他の[違う]方法を探してみよう。

다름 他; 違い。‖ 다름이 아니라 他でもなく。

다름-없다 [-름업따] 彫 同様だ; 同然だ; 変わりがない。‖ 예나 지금이나 다름없다 昔も今も変わりがない。**다름없-이** 副 以前と変わりなく。¶ 다름없이 사이좋게 지내다 以前と変わりなく仲良く付き合っている。

다리¹ /tari/ 图 ❶ 橋。‖ 다리를 놓다 橋を架ける。다리를 건너다 橋を渡る。❷ 仲介; 仲立ち。‖ 두 사람 사이에 다리를 놓다 2人の橋渡しをする。경유する過程や段階。

다리² /tari/ 图 ❶ (人・動物の)足; 脚。‖ 다리를 뻗다 足を伸ばす。다리가 저리다 足がしびれる。¶ 굵은 다리 太い足。짧은 다리 短い脚[足]。❷ (物の)足。‖ 책상 다리 机の脚。❸ (眼鏡の)つる。‖ 안경 다리 眼鏡のつる。

다리-뼈 图 足の骨.
다리-통 图 足の太さ。‖ 다리통이 굵다 足が太い。
다릿-심 [-리씸/-릳씸] 图 脚力.

다리다 他 アイロンをかける。‖ 옷을 다리다 服にアイロンをかける。

다리미 /tarimi/ 图 アイロン.
다리미-질 图 [하他] アイロンがけ。‖ 다리미질을 하다 アイロンがけをする;アイロンをかける。
다리미-판 (-板) 图 アイロン台.

-다마는 語尾 …だが; …だけれども; …ではあるが。 ⑳-다만。‖ 맛있다마는 너무 비싸다 おいしいけれど高すぎる。사고 싶다마는 돈이 모자란다 買いたいがお金が足りない。

다만¹ /ta:man/ 副 ❶ ただ(の); 単に。‖ 다만 추측일 따름이다 単なる推測にすぎない。❷ ただし; しかし。¶ 계획도 멤버도 다 좋다. 다만 자금이 조금 부족한 게 문제다 計画もメンバーもよくてよし。ただし、資金が少し足りないのが問題だ。

-다만² 語尾 -다마는の縮約形.

다망-하다 (多忙-) 彫 [하変] 多忙だ。‖ 공사다망하다 公私共に多忙だ。

-다며 語尾 -다면서の縮約形。

다면¹ (多面) 图 [하形] 多面.
다면-각 (多面角) 图 [数学] 多面角.
다면-성 (多面性) [-썽] 图 多面性.
다면-적 (多面的) 图 多面的.
다면-체 (多面體) 图 [数学] 多面体.

-다면² /tamjən/ 語尾 仮定·条件の意を表わす。¶ …と言っても、…と言うなら。‖ 저걸 살 수 있다면 얼마나 좋을까？ あれを買えるならばどんなにいいだろう。❷ [-다고 하면の縮約形] …とすれば; …とすると; …なら。‖ 여행을 간다면 어디로 가고 싶니？ 旅行に行くならどこに行きたいの。❸ 断定を避けつつそうかも知れないという意を表わす; …と言えば。‖ 거기가 가깝다면 가까운 편이지 そこが近いと言えば近い方だ。

-다면서 /tamjənsə/ 語尾 ❶ …だって？; …なんだって？‖ 어제 학교에 안 갔다면서？ 昨日学校へ行かなかったんだって？❷ …と言いながら; …と言いつつ; …と言って。⑳-다며。‖ 그냥 헤어졌다면서 그녀는 울었다 彼と別れたと言いながら彼女は泣いた。맛있다면서 왜 먹니？ まずいと言いながら何で食べるの。

다모-작 (多毛作) 图 多毛作.
다모-증 (多毛症) [-쯩] 图 多毛症.
다-목적 (多目的) [-쩍] 图 多目的.
‖ 다목적 댐 多目的ダム。다목적 홀 多目的のホール.

다물다 [ㄹ語變] (口を)つぐむ。‖ 입을 꼭 다물다 固く口をつぐむ。

다반-사 (茶飯事) 图 茶飯事.

다발 图 束。‖ 꽃 다발 花束。— [依名] (花·野菜などの)…束。‖ 장미 한 다발 バラ1束.

다발² (多發) 图 [하形] 多発。‖ 사고 다발 지역 多発地域.

다방 (茶房) 图 喫茶店。✤主に年配の人が出入りする。若い人が行くのはカフェ(コーヒーショップ)・카페(カフェ)が一般的。

다-방면 (多方面) 图 多方面。‖ 다방면에 걸친 재능 多方面にわたる才能.

다변 (多辯) 图 [하形] 多弁.
다변-형 (多邊形) 图 [数学] 多辺形.
다변-화 (多邊化) 图 [하自他] 多角化。‖ 수출 시장의 다변화 輸出マーケットの多角化。**다변화-되다** 受動.

다복-하다 (多福-) [-보카-] 彫 [하変] 恵まれていて幸せだ。‖ 다복한 사람 幸多き人。

다부지다 彫 ❶ (体が)がっしりしている; 頑丈だ。‖ 다부진 몸매 がっしりした体つき。❷ (性格が)気丈だ; しっかりしている; 抜かりがない。‖ 그녀는 매사에 다부지다 彼女は何事にもしっかりしている。

다-분야 (多分野) 图 多くの分野.

다분-히 (多分-) /tabunhi/ 副 かなり; 相当に; 多分に。‖ 다분히 의도적이다 かなり意図的だ。다분히 의심스러운 점이

다비 (茶毘) [仏教] 茶毘(५); 火葬.
다사다난-하다 (多事多難-) [形] [하変] 多事多難だ. ‖다사다난했던 한 해 多事多難だった1年.
다산 (多産) [名] [하変] 多産.
다산-형 (多産型) [-성] [名] 多産型.

다섯 /tasʌt/ [数] ‖다섯이 타기에는 좁다 5人が乗るには狭い.
── [冠] ‖다섯 개 5個. 다섯 번 5回.
다섯-째 [数] [名] 5つ目; 5番目の.

다-세대 (多世帯) [名] 多くの所帯.
다세대~주택 (多世帯住宅) [名] 4階建て以下の分譲式の共同住宅の一種.
다-세포 (多細胞) [名] [生物] [하] 単細胞.
다세포~동물 (多細胞動物) [名] [動物] 多細胞動物. [하] 단세포 동물 (単細胞動物).
다세포~생물 (多細胞生物) [名] [生物] 多細胞生物.
다세포~식물 (多細胞植物) [-싱-] [名] [植物] 多細胞植物. [하] 단세포 식물 (単細胞植物).

다소 (多少) [名] ❶ 多少. ‖내 태도 다소의 잘못은 있다 私にも多少の過失はある. 금액의 다소를 불문하고 金額の多少を問わず. ❷ [副詞的] 多少; 少し. ‖다소 불편하더라도 참자 多少不便でも我慢しよう.
다소-간 (多少間) [副] 多少なりとも;多かれ少なかれ.

다소곳-하다 [-고ㅌ-] [形] [하変] (行動などが) おとなしい. ‖다소곳이 앉아 있다 おとなしく座っている. 다소곳-이 [副]

-다손 치더라도 [語尾] (たとえ)…としても. ‖아이가 설령 잘못했다손 치더라도 지나치게 야단쳐서는 안 된다 子どもがたとえ間違ったとしても必要以上に叱ってはいけない.

다수 (多数) /tasu/ [名] 多数. [하] 소수 (少数). ‖다수의 의견 多数意見.
다수-결 (多数決) [名] 多数決. ‖다수결의 원칙 多数決の原則. 다수결로 정하다 多数決に決める.
다수~대표제 (多数代表制) [名] 多数代表制.
다수-파 (多数派) [名] 多数派. [하] 소수파 (少数派).

다스 (←dozen) [依名] …ダース. ‖연필 한 다스 鉛筆1ダース.

다스리다 /tasurida/ [他] ❶ 治める; 統治する. ‖한 나라를 다스리다 一国を治める. 마음을 다스리다 心を治める. ❷ 治す; 治療する. ‖병을 다스리다 病を治す.
다슬기 (魚介類) ニナ (蜷).

다습 (多湿) [名] [하形] 多湿. ‖고온 다습한 기후 高温多湿な気候.

다시 /taɕi/ [副] ❶ 再び; もう一度; また; さらに. ‖내일 다시 만나서 이야기합시다 明日もう一度会って話しましょう. 나중에 다시 오겠습니다 後でまた来ます. 다시 말하면 言い換えると. ❷ 〔下に打ち消しの表現を伴って〕 二度と. ‖다시는 내 앞에 나타나지 마세요 二度と私の前に現れないでください.
── [名] 繰り返されたりやり直されたりする時の号令: もう一度; やり直し. ‖소리가 작다, 다시 声が小さい, もう一度.
다시다 [他] (舌鼓を) 打つ. ‖입맛을 다시다 舌鼓を打つ.
다시마 /taɕima/ [名] [植物] コンブ (昆布).
다시-없다 /taɕinːpʰta/ [-업따] [形] これ以上ない; またとない. ‖그런 착한 사람은 다시없을 것이다 そんな人は他にいないだろう.

-다시피 /taɕipʰi/ [語尾] …の通り; …のように. ‖아시다시피 우리 회사는 지금 매우 힘든 상황입니다 ご存知のようにわが社は今非常に厳しい状況です.

다식 (多識) [名] [하形] 多識.
다식² (多食) [名] [하変] 多食.
다식-증 (多食症) [-쯩] [名] 多食症; 過食症.
다신-교 (多神教) [名] [宗教] 多神教. [하] 일신교 (一神教).

다양 (多様) /tajaŋ/ [名] [하形] 多様; 多岐にわたっていること; 様々. ‖다양한 삶의 방식 多様な生き方. 다양한 용도 多様な用途. 다양한 종류 多種多様.
다양-성 (多様性) [-성] [名] 多様性.
다양-화 (多様化) [名] [하変] 多様化. ‖생활양식이 다양화되고 있다 生活様式が多様化している.

다-용도 (多用途) [名] 多用途.
다운 (down) [名] [自変] ❶ ダウン. ‖주먹 한 방에 다운되다 拳一発でダウンする. ❷ 다운로드の略語.
다운로드 (download) [名] [하他] [IT] ダウンロード. (하) 다운. ‖다운로드를 받다 ダウンロードする.
다운~증후군 (Down症候群) [名] [医学] ダウン症候群.
다원 (多元) [名] 多元.
다원-론 (多元論) [-논] [名] 多元論.
다원-화 (多元化) [名] [하変] 多元化.

다음 /taum/ [名] ❶ 次; 次の; 2番目. ‖다음 환자분 들어오세요 次の患者さん, お入りください. 다음 기회에 이야기합시다 次の機会に話しましょう. 부장 다음으로 높은 사람 部長の次に偉い人. ❷ 今度. ‖다음 일요일에 친구 결혼식이 있다 今度の日曜日に友だちの結婚式がある. 오늘은 바쁘니까 다음에 오세요 今日は忙しいか

다음-날 /taumnal/ 图 次の日;翌日. 例다음날. ‖다음날 아침에 떠난 翌朝発った.

다음-달 【-딸】图 来月;翌月.

다음-번 (-番) 【-뻔】图 次回;今度. ‖다음번에 가지고 오겠습니다 今度持ってきます.

다음-주 (-週) /taumˀdʒu/ 【-쭈-】图 来週;翌週. ‖다음 주라면 시간이 있 다 来週なら時間がある. 다음 주 수요일에 来週の水曜日に.

다음-해 /taumhɛ/ 图 翌年. ‖결혼한 다음 해에 집을 샀다 結婚した翌年に家を買った.

다의-어 (多義語) 【-/-이-】图 〔言語〕多義語.

다이내믹-하다 (dynamic-) 圈 【하変】 ダイナミックだ.

다이너마이트 (dynamite) 图 ダイナマイト.

다이너미즘 (dynamism) 图 ダイナミズム.

다이렉트-메일 (direct mail) 图 ダイレクトメール.

다이버 (diver) 图 ダイバー.

다이빙 (diving) 图〔スポーツ〕ダイビング.

다이스 (dice) 图 ダイス.

다이아 (←diamond) 图 = 다이아몬드.

다이아몬드 (diamond) 图 ① ダイヤモンド. ② (トランプのカードの)ダイヤ.

다이어트 (diet) 图 한自 ダイエット.

다이얼 (dial) /taiəl/ 图 ダイヤル. ‖다이얼을 돌리다 ダイヤルを回す.

다이얼로그 (dialogue) 图 ダイアローグ. 例모놀로그.

다이옥신 (dioxine) 图 〔化学〕ダイオキシン.

다이제스트 (digest) 图 ダイジェスト. **다이제스트-판** (-版) 图 ダイジェスト版.

다인 (dyne) 依名 力の大きさの単位;…ダイン(dyn).

다자엽'식물 (多子葉植物) 【-씽-】 图 〔植物〕多子葉植物.

다작 (多作) 图 한他 多作. 反과작(寡作).

다잡다 【-따】 ❶ しっかりつかむ. ❷ 〔마음을 다잡다の形で〕気を引き締める. ‖마음을 다잡아 수험 공부를 하다

気を引き締めて受験勉強をする.

다-장조 (-長調) 【-쪼】图〔音楽〕ハ長調.

다재다능-하다 (多才多能-) 圈 【하変】 多才多能だ;多芸多才だ.

다정다감-하다 (多情多感-) 圈 【하変】 多情多感だ. ‖다정다감한 성격 多情多感な性格.

다정다한-하다 (多情多恨-) 圈 【하変】 多情多恨だ.

다정-하다 (多情-) 【하変】 ❶ 優しい;情が深い. ‖다정한 목소리 優しい声. ❷ 親しい;仲がいい. ‖다정한 부부 仲のいい夫婦. **다정-히** 副

다종다양-하다 (多種多様-) 圈 【하変】 多種多様だ. ‖다종다양한 여행 플랜 多種多様な旅行プラン.

다중 (多重) 图 多重. ‖음성 다중 방송 音声多重放送. 다중 인격 多重人格.

다지다 /tadʒida/ 他 ❶ 固める. ‖지반을 다지다 地盤を固める. 기초를 다지다 基礎を固める. ❷ (決心・決意などを) 固める. ‖결의를 다지다 決意を固める. 결속을 다지다 結束を固める. ❸ みじん切りにする;細かく刻む. ‖양파를 다지다 玉ネギをみじん切りにする.

다짐 /tadʒim/ 图 한自他 ❶ 念押し;念を押すこと. ‖지각하지 말라고 몇 번이나 다짐을 주다 遅刻しないようにと何度も念を押す. ❷ 決意すること;決意. ‖이번에는 꼭 우승하리라고 다짐하다 今回は必ず優勝すると決意する.

다짜-고짜 副 出し抜けに;いきなり;有無を言わせず. ‖다짜고짜 덤비다 いきなり飛びかかる.

다채-롭다 (多彩-) /tatɕʰɔpˀta/ 【-따】 圈【ㅂ変】【다채로워, 다채로운】色とりどりだ;多彩だ. ‖다채로운 메뉴 多彩なメニュー.

다처 (多妻) 图 多妻. ‖일부다처제 一夫多妻制.

다치다 /tatɕʰida/ 他 ❶ けがをする;負傷する. ‖머리를 다치다 頭をけがする. 사고로 머리를 다치다 事故で頭がけがする. 넘어져서 허리를 다쳤다 転んで腰を痛めた. ❷ 被害を与える;被害を受ける. ‖나 때문에 상사가 다치게 되었다 私のせいで上司が被害を受けることになった.

다큐멘터리 (documentary) 图 ドキュメンタリー.

다큐멘터리-영화 (-映畵) 图 = 기록영화(記錄映畵).

다크-호스 (dark horse) 图 ダークホース.

다태-아 (多胎兒) 图 〔医学〕多胎児.

다투다 /tatʰuda/ 自 争う;けんかをする;もめる. ‖여동생과 심하게 다투었다 妹と激しくけんかした. 일각을

다투다 一刻を争う. 앞다투어 복권을 사다 先を争って宝くじを買う. 의견 차이로 친구와 다투었다 意見の相違で友だちともめた. 遺産相続で兄弟間이 다투고 있다 遺産相続で兄弟間がもめている.

다툼 図 争い; けんか; いさかい. ‖말다툼 口げんか; 言い争い.

다트 (dart) 図 (洋裁の)ダーツ; (ゲームの)ダーツ.

다-하다 /ta:hada/ [하変] 尽きる; 果てる. ‖운이 다하다 運が尽きる. 명이 다하다 命が尽きる.
— 他 尽くす; 全うする; 果す. ‖최선을 다하다 最善を尽くす. 천수를 다하다 天寿を全うする. 책임을 다하다 責任を果す.

다한-증 (多汗症) [-쯩] 図 (医学) 多汗症.

다항-식 (多項式) 図 (数学) 多項式. ⑦단항식(單項式).

다행 (多幸) /tahɛŋ/ 図 [하形] 幸運; 幸い. 불행 중 다행입니다 不幸中の幸いです. **다행-히** 副 幸い; 運よく; 折よく. ‖다행히 다친 데는 없었다 幸いけがはなかった.

다혈-질 (多血質) [-찔] 図 多血質.

다홍 (-紅) 図 真紅.
다홍-치마 (-紅-) 図 真紅のスカート.

닥-나무 (-) 図 [植物] コウゾ(楮).

닥지-닥지 [-찌-찌] 副 ❶ べたべた(と). ‖벽에 광고지를 닥지닥지 붙이다 壁にちらしをべたべた(と)貼り付ける. ❷ びっしり(と). ‖집이 닥지닥지 들어서 있다 家がびっしり(と)建て込んでいる. ⑰덕지덕지.

닥치다 自 ❶ 迫る; 近寄る; 近づく. ‖대회가 눈앞에 닥치다 大会が目前に迫る. ❷ [닥치는 대로의 形で] 手当たり次第に. ‖닥치는 대로 집어던지다 手当たり次第投げつける.

닥치다 [他] 閉じる; 閉める. ‖입을 닥치다 口を閉じる.

닦다 /tak²da/ [닦따] 他 ❶ 拭く; ぬぐう. ‖손수건으로 이마의 땀을 닦다 ハンカチで額の汗をふく. 행주로 식탁을 닦다 布巾でテーブルをふく. 애 콧물을 닦아 주다 子どもの鼻水をふいてやる. 눈물을 닦다 涙をぬぐう. ❷ 磨く. ‖구두를 닦다 靴を磨く. 마루를 닦다 床を磨く. 이를 닦다 歯を磨く. ❸ (道などを)平らにする; ならす; 整備する. ‖길을 닦다 道をならす. ❹ 固める; 基盤を固める. ‖생활 터전을 닦다 生活の基盤を固める. 기초를 닦다 基礎を固める. ⑰닦이다.

닦달-하다 [닥딸-] 他 [하変] せきたてる; 責めつのる; なじる. ‖그만 닦달하세요 이 이상 せきたてないでください.

닦아-내다 他 ふき取る.

닦아-세우다 他 ひどく責めつける; ひどく責め立てる.

닦-이다 /ta?kida/ 自 [닦다の受身動詞] 拭かれる; 整備される; 磨かれる. ‖잘 닦인 길よく整備された道.

단¹ (-) (衣服の)折り返し. ‖바지 단 ズボンの折り返し.

단² (短) 図 (花札の)短.

단³ (壇) 図 壇. ‖단 위로 올라가다 壇に登る.

단⁴ (段) /tan/ 図 段. ‖단을 따라 段を取る.
— 依図 …段. ‖유도 이단 柔道2段.

단⁵ (束) 図 束. ‖볏단 稲の束.
— 依図 …束. ‖시금치 한 단 ホウレンソウ1束.

단⁶ (單) 副 ただ; たった. ‖내가 원하는 것은 단 하나다 私が願うのはただ一つだ. 단 하루라도 좋으니까 たった1日でもいいから. 단 둘이서 たった2人で; 2人きりで.

단⁷ (但) /ta:n/ 副 ただし. ‖복장은 자유. 단 화장은 금지 服装は自由. ただし化粧は禁止.

단⁸ (-) [ㄹ語尾] 달다(甘い)の現在連体形. ‖단 과자 甘いケーキ.

단⁹ (-) [ㄹ語尾] 달다(つるす・着ける)の過去連体形. ‖새로 단추를 단 코트 新しくボタンをつけたコート.

-단¹⁰ (團) [接尾] …団. ‖합창단 合唱団.

-단¹¹ 語尾 [-다는の縮約形] …と言う; …と言った. ‖오늘 못 온단 말을 잊고 있었다 今日来られないと言ったことを忘れていた.

단가 (單價) [-까] 図 単価. ‖단가가 세다 単価が高い.

단가-표 (單價標) 図 単価記号 (@).

단감 (-) 図 甘柿.
단감-나무 (-) 図 [植物] 甘柿の木.

단-거리 (短距離) 図 短距離.
단거리-경주 (短距離競走) 図 [スポーツ] =단거리 달리기 (短距離-).
단거리-달리기 (短距離-) 図 [スポーツ] 短距離競走.

단걸음-에 (單-) 副 一気に; 一息に. ⑰단숨에. ‖단걸음에 달려가다 一気に走っていく.

단검 (短劍) 図 短劍.

단-것 [-껏] 図 甘い物. ‖단것을 싫어하다 甘い物が苦手だ. 단것을 좋아하는 사람이 늘고 있다 甘党が増えている.

단견 (短見) 図 短見.

단결 (團結) /tangjɔl/ 図 [하変] 団結. ‖전원이 단결해서 나서다 全員が団結して立ち上がる. 일치단결하다 一致団結する. 대동단결 大同団結.

단결-권 (團結權) [-꿘] 図 [法律] 団結権.

단결-력 (團結力) 図 団結力.

단계 (段階) /tange/ 【-/-/-】 图 段階. ¶오 단계 평가 5段階の評価. 단계를 밟아서 의견을 제출하다 段階を踏んで意見を上申する. 현 단계로서는 現段階では.
　단계-적 (段階的) 图 段階的. ¶단계적으로 실시하다 段階的に実施する.

단골 /tangol/ 图 ごひいき; 常連; 得意先. ¶단골이 많다 得意先が多い. 단골로 가는 가게 行きつけの店.
　단골-손님 图 ごひいきのお客さん; お得意さん; 常連客. ⓝ뜨내기손님.
　단골-집 [-찝] 图 ごひいきの店; 行きつけの店.

단과 대학 (單科大學) 【-꽈-】 图 單科大学.
단구[1] (段丘) 图 [地] 段丘.
단구[2] (短軀) 图 短軀. ⓐ장구(長軀).
단기 (短期) 图 短期. ⓐ장기(長期).
　단기거래 (短期去來) 图 短期取引.
　단기공채 (短期公債) 图 短期公債.
　단기자금 (短期資金) 图 短期資金.
단-기간 (短期間) 图 短期間. ⓐ장기간(長期間).
단-꿈 图 甘い夢. ¶단꿈을 꾸다 甘い夢を見る.
단-내 图 ❶ 焦げ臭いにおい; 焼けるにおい. ¶어디서 단내가 나다 どこかから焦げ臭いにおいがする. ❷ (高熱の際) 口からするにおい.
단념 (斷念) /ta:nnjəm/ 图 ⓗⓔ 斷念. 諦めること; 思い切ること. ¶대学進学を斷念하다 大学進学を斷念する. 단념할 수밖에 없게 되다 斷念のやむなきに至る. 단념할 수가 없다 諦めがつかない; 諦め切れない.

-단다 語尾 ❶ …なんだよ; …なんだ; …なのよ. ¶저 사람 꽤 유명했단다 あの人, けっこう有名だったのよ. ❷ …だそうだよ; …だって. ¶그 사람은 못 간단다 彼は行けないんだって.

단단-하다 /tandanhada/ 囿 ⓗⓐ ❶ (ものが) 堅い; 硬い; 固い. ¶단단한 연필심 硬い鉛筆の芯. 단단한 음식 固い食べ物. 끈을 단단히 묶다 紐を固く結ぶ. ❷ (心·意志など) 堅い. ¶단단한 결심 堅い決意. ❸ しっかり(と)している; 堅実である. ¶재정 기반이 단단하다 財政的基盤がしっかり(と)している. ❹ 丈夫である; 頑丈である. ¶단단한 몸매 丈夫な体つき. 단단한 철문 頑丈な鉄の扉. ❺ きちんとしている. **단단-히** 圖 문단속을 단단히 하다 戸締まりをきちんとする.

단당-류 (單糖類) 【-뉴】 图 [化学] 單糖類.
단도 (短刀) 图 短刀. ⓐ장도(長刀).
　단도-직입 (單刀直入) 图 單刀直入. ¶단도직입적으로 말하다 單刀直入に言う.
단독 (單獨) 图 單独. ¶단독 주택 単独住宅. 단독 회담 単独会談.
　단독-범 (單獨犯) 【-뻠】 图 [法律] 單独犯. ⓝ공범(共犯).
　단독-행위 (單獨行爲) 【-도갱-】 图 [法律] 單独行爲.
단-돈 图 わずかなお金; たった…. ¶단돈 천 원 たったの千ウォン. 단돈 몇 푼 때문에 わずかなお金のために.
단두-대 (斷頭臺) 图 斷頭台. ¶단두대의 이슬로 사라지다 斷頭台の露と消える.
단-둘 图 2人きり; たった2人. ¶어머니랑 단둘이서 살고 있다 母と2人きりで暮らしている.
단락[1] (段落) 【단-】 图 ❶ (物事の) けじめ; 区切り; けり; 切れ目. ¶단락을 짓다 けじめをつける; けりをつける. ❷ (文章の) 段落.
단락[2] (短絡) 【단-】 图 短絡. ¶단락적인 사고 短絡的思考.
단란 (團欒) 【달-】 图 ⓗⓐ 円満; 団欒(らん). ¶단란한 한때를 보내다 団欒の一時を過ごす.
　단란-주점 (團欒酒店) 图 カラオケ設備のあるスナックのような飮み屋.
단련 (鍛鍊) 【달-】 图 ⓗⓐ 鍛鍊. ¶강철을 단련하다 鋼を鍛錬する.
단리 (單利) 【달-】 图 單利. ⓐ복리(複利).
단막-극 (單幕劇) 【-끅】 图 一幕物.
단말-기 (端末機) 图 端末機.
단-말마 (斷末魔) 图 [仏敎] 斷末魔. ¶단말마의 비명 斷末魔の叫び.
단-맛 /tanmat/ 【-맏】 图 甘い味; 甘味; 甘み. ¶단맛이 나다 甘い味がする; 甘い感じがする. ▶단맛 쓴맛 다 본 사람 [諺] 海千山千だ. 단맛 쓴맛 다 본 사람 海千山千の人.
단면 (斷面) 图 斷面. ¶현대 사회의 한 단면 現代社会の一斷面.
　단면-도 (斷面圖) 图 斷面図.
단명 (短命) 图 ⓗⓐ 短命. ¶단명 내각 短命内閣.
단명 어음 (單名-) 图 [経] 單名手形. ⓐ복명 어음(複名-)·자기앞 어음(自己-).
단-모음 (單母音) 图 [言語] 單母音.
단-무지 图 たくあん.
단문[1] (單文) 图 [言語] 單文. ⓐ복문(複文).
단문[2] (短文) 图 短文. ⓐ장문(長文).
단-물 图 ❶ 淡水. ❷ 軟水. ⓝ연수(軟水). ⓐ센물. ❸ 甘い水. ¶(比喩的に) 甘い汁. ¶단물을 빨아 먹다 甘い汁を吸う.
단박-에 圖 直ちに; すぐに; 一気に. ¶귀찮은 일을 단박에 해치우다 面倒な仕事を一気にやっつける.
단발[1] (短髮) 图 短髮. ⓐ장발(長髮).
단발[2] (斷髮) 图 ⓗⓕ 斷髮.

단발-머리 (斷髮-) 図 おかっぱ.
단백-뇨 (蛋白尿) 【-뇨】図 蛋白尿.
단백-질 (蛋白質) 【-찔】図 蛋白質.
단번-에 (單番-) 囲 直ちに; 一度に. ‖밀린 일을 단번에 해치우다 たまった仕事を直ちにやってしまう.
단-벌 (單-) 図 一張羅. ‖단벌 신사 着たきり雀.
단봉-낙타 (單峰駱駝) 図《動物》ヒトコブラクダ(一瘤駱駝). 働쌍봉낙타(雙峰駱駝).
단-비¹ (單-) 恵みの雨; 甘雨; 慈雨. ‖단비가 내리다 恵みの雨が降る.
단비² (單比) 図《数学》単比. 働복비(複比).
단-비례 (單比例) 図《数学》単比例. 働복비례(複比例).
단산 (斷産) 図 하자 子どもを産まないこと; 出産を絶つこと.
단상¹ (壇上) 図 壇上. ‖단상에 오르다 壇上に上がる(登る).
단상² (斷想) 図 断想.
단색 (單色) 図 《丹色》図《色》.
단색-광 (單色光) 【-쌕-】図 単色光. 働복색광(複色光).
단서¹ (端緖) /tans/ 図 端緖; 手がかり; 糸口. ‖단서를 찾다 手がかりを探す. 사건 해결의 단서 事件解決の糸口.
단서² (但書) 図 但し書き. ‖단서를 달다 但し書きをつける.
단선 (單線) 図 単線. 働복선(複線).
단선˚궤도 (單線軌道) 図 単線軌道.
단성 (單性) 図《生物》単性.
단성-화 (單性花) 図《植物》単性花. 働양성화(兩性花).
단-세포 (單細胞) 図《生物》単細胞.
단세포˚동물 (單細胞動物) 図《生物》単細胞動物. 働다세포 동물(多細胞動物).
단세포˚생물 (單細胞生物) 図《生物》単細胞生物.
단세포˚식물 (單細胞植物)【-씽-】図《植物》単細胞植物. 働다세포 식물(多細胞植物).
단소 (短簫) 図《音楽》ダンソ(竹でできた伝統的な縱笛).
단속 (團束) /tansok/ 図 하타 取り締まり; 取り締まること. ‖교통 위반 단속 기간 交通違反取り締まり週間. 음주운전을 단속하다 飲酒運転を取り締まる.
단속² (斷續) 図 되자 断続.
단속-기 (斷續器) 【-끼】 図《物理》断続器.
단속-음 (斷續音) 図 断続音.
단속-적 (斷續的) 【-쩍】 断続的. ‖단속적으로 들려오는 총소리 断続的に聞こえる銃声.
단수¹ (段數) 【-쑤】 図 ❶(囲碁・テコ

ンドーなどの)段数. ❷手練手管. ‖단수가 높다(やり方)が一枚上手だ.
단수² (單數) 図《言》単数. 働복수(複數).
단수³ (斷水) 図 하자 断水.
단순 (單純) /tansun/ 図 하형 単純. ‖단순한 구조 単純な構造. 단순한 미스 単純なミス. 단순한 사람 単純な人. 매사를 단순하게 생각하다 物事を単純に考える.
단순-히 (單純-) 囲 単純に.
단순-노동 (單純勞動) 図 単純労働.
단순˚재생산 (單純再生産) 図《経》単純再生産. 働확대 재생산(擴大再生産)·축소 재생산(縮小再生産).
단순-화 (單純化) 図 하타 単純化. ‖시스템을 단순화하다 システムを単純化する.
단술 図 甘酒. ✥日本の甘酒とは違う.
단숨-에 (單-) /tansume/ 囲 一気に; すぐに; 一息に; 一挙に. ‖단걸음에. ‖한 통의 전화로 그는 단숨에 달려왔다 １本の電話で彼はすぐに駆けつけてきた. 밀렸던 일을 단숨에 해치우다 たまっていた仕事を一気に片付ける.
단-시간 (短時間) 図 短時間. 働장시간(長時間).
단-시일 (短時日) 図 短い期間; 数日; 短時日. ‖단시일 내에 数日のうちに.
단식¹ (單式) 図 単式. 働복식(複式).
단식˚경기 (單式競技) 【-경-】 図 単試合; シングルス. 働복식 경기(複式競技).
단식˚부기 (單式簿記) 【-뿌-】 図 単式簿記. 働복식 부기(複式簿記).
단식² (斷食) 図 하자 断食.
단식-기도 (斷食祈禱) 【-끼-】 図 하자 断食祈禱.
단식˚요법 (斷食療法) 【-싱뇨뻡】 図 断食療法.
단식-원 (斷食院) 図 断食道場.
단식˚투쟁 (斷食鬪爭) 図 하자 ハンガーストライキ; ハンスト.
단신 (單身) 図 単身. ‖단신 부임 単身赴任.
단심 (丹心) 図 丹心; 赤心.
단아-하다 (端雅-) 図《하변》 端整だ; 端麗だ.
단안¹ (單眼) 図《昆虫》単眼; 単眼. 働복안(複眼).
단안² (斷岸) 図 断崖.
단안³ (斷案) 図 하타 断案. ‖단안을 내리다 断案を下す.
단어 (單語) /tano/ 図《言語》単語. 働 낱말. ‖영어 단어를 외우다 英単語を覚える.
단어-장 (單語帳) 【-짱】 図 単語帳; 単語カード.
단언 (斷言) 図 하타 断言. ‖단언할 수 있다 断言できる.
단역 (端役) 図 端役(ﾊｼ). 働주역(主

役).
단연 (斷然) [副] 断然; 断じて; 断固として. ‖현재로서는 한국이 단연 우세하다 現段階では韓国が断然有利だ.
단연-코 (斷然-) [副] ＝단연(斷然).
단열 (斷熱) [名] [하自] 断熱. ‖단열 효과가 크다 断熱効果が大きい.
단열-재 (斷熱材) 【-째】 [名] 断熱材.

ㄷ

단오 (端午) [名] 《民俗》 端午. [類]천중절(天中節).
단오-절 (端午節) [名] 《民俗》 端午の節句.
단옷-날 (端午ㅅ-) 【다논-】 [名] ＝단오(端午).
단원[1] (團員) [名] 団員.
단원[2] (單元) [名] 単元.
단원-론 (單元論) 【-논】 [名] 一元論.
단원-제 (單院制) [名] 一院制. [対]양원제(兩院制).
단위 (單位) /tanwi/ [名] 単位. ‖단위 면적당 수확량 単位面積当たり収量. 그램은 질량의 기본 단위이다 グラムは質量の基本単位である.
단위^생식 (單爲生殖) [名] 《生物》 単為生殖. [対]양성 생식(兩性生殖).
단음[1] (單音) [名] 《言語》 単音.
단음[2] (短音) [名] 短音. ‖단음 주법 スタッカート.
단-음계 (短音階) 【-/-게】 [名] 《音楽》 短音階.
단일 (單一) [名] [하形] 単一; 単独. ‖단일 민족 単一民族. 단일 후보 単独候補.
단일-어 (單一語) [名] 《言語》 単純語.
단일-화 (單一化) [名] [하他] 単一化.
단자[1] (單子) [名] 単子.
단자-론 (單子論) [名] 単子論.
단자[2] (端子) [名] 端子.
단-자방 (單子房) [名] 《植物》 単子房.
단-자엽 (單子葉) [名] ＝외떡잎.
단자엽^식물 (單子葉植物) 【-씽-】 [名] 《植物》 単子葉植物.
단-자음 (單子音) [名] 《言語》 単子音. ✣平音と濃音それぞれを指す.
단-잠 [名] 熟睡; 深い眠り. ‖단잠을 깨우다 熟睡しているのを起こす.
단장[1] (丹粧) /tandʒaŋ/ [名] [하他] ❶装い; 身づくろい. ‖몸단장을 하다 身づくろいする. ❷改装. ‖새로 단장한 커피숍 新たに改装した喫茶店.
단장[2] (團長) [名] 団長.
단장[3] (斷腸) [名] 断腸.
단-적 (端的) 【-쩍】 [名] 端的. ‖단적으로 말하면 端的に言えば.
단전[1] (丹田) [名] 丹田. ‖단전호흡 丹田呼吸.
단전[2] (斷電) [名] [되自] 送電が一時中断すること. ‖사고로 단전되다 事故で一時停電になる.
단절 (斷絶) [名] [되自] 断絶; 切れること. ‖국교가 단절되다 国交が断絶する. 집안이 단절되다 一家が断絶する.
단점 (短點) /ta:nʔtʃɔm/ 【-쩜】 [名] 短所. [対]장점(長點). ‖단점을 고치다 短所を改める. 단점을 서로 보완하다 互いに短所を補い合う. 단점이 없는 사람은 없다 短所のない人はいない.
단정 (斷定) /ta:ndʒɔŋ/ [名] [하他] 断定. ‖단정을 짓다 断定を下す. 그 사람이 범인이라고 단정하다 彼が犯人と断定する.
단정-적 (斷定的) [名] 断定的. ‖단정적인 말투 断定的な言い方.
단정-하다 (端正-) /tandʒɔŋhada/ [形] 『하変』 端正だ; きちんとしている. ‖단정한 얼굴 端正な顔立ち.
단조 (短調) 【-쪼】 [名] 《音楽》 短調. [対]장조(長調).
단조-롭다 (單調-) /tandʒoropʔta/ 【-따】 [形] 『ㅂ変』 [단조로워, 단조로운] 単調だ. ‖단조로운 생활 単調な生活. 단조로운 리듬 単調なリズム. 단조로움을 피하다 単調さを避ける. **단조로이** [副]
단종 (斷種) [名] [되自] 断種; 去勢; 生産中止. ‖이 제품은 단종되었습니다 この製品は生産中止になりました.
단죄 (斷罪) 【-/-줴】 [名] [하他] 断罪.
단지[1] [名] 壺(こ). [類]항아리. ‖꿀단지 はちみつの入った壺.
단지[2] (團地) [名] 団地. ‖주택 단지 住宅団地. 공업 단지 工業団地.
단지[3] (但只) /ta:ndʒi/ [副] 単に; ただ単に. ‖단지 사실을 말한 것에 불과하다 単に事実を述べたにすぎない. 이 책은 단지 쌀 뿐만 아니라 내용도 괜찮다 この本はただ単に安いだけではなく内容もいい.
단-진동 (單振動) [名] 《物理》 単振動.
단-진자 (單振子) [名] 《物理》 単振子.
단-짝 (單-) [名] 非常に仲のいい友だち; 親友.
단청 (丹靑) [名] [하他] 丹青(宮殿やお寺などの伝統木造建造物に鮮やかな色で様々な文様を描くこと).
단체 (團體) /tantʃʰe/ [名] 団体. ‖영화를 단체 관람하다 映画を団体で鑑賞する. 종교 단체 宗教団体. 정치 단체 政治団体.
단체^경기 (團體競技) [名] 団体競技.
단체^교섭 (團體交涉) [名] 団体交渉.
단체-상 (團體賞) [名] 団体賞.
단체^여행 (團體旅行) [名] 団体旅行.
단체-전 (團體戰) [名] 団体戦.
단체^행동 (團體行動) [名] 団体行動.
단출-하다 [形] 단출하다の誤り.
단총 (短銃) [名] 短銃.
단추 /tantʃʰu/ [名] ボタン. ‖단추가 떨어지다 ボタンが取れる. 단추를 달다 ボタンをつける. 단추를 채우다 ボタンをかける.
단춧-구멍 【-추꾸-/-춘꾸-】 [名] ボタン

穴; ボタンホール.
단축(短縮)/tanʧʰuk-/ 图 [하타] 短縮. ⑦연장(延長). ‖조업 단축 操業短縮. 수업 단축 短縮授業. 시간을 단축하다 時間を短縮する. **단축-되다** 受動

단축-키(短縮 key) 图 短縮キー.

단출-하다 形 [하여] ❶〔家族や構成員が少なくて〕 身軽だ. ❷〔服装・持ち物が少なくて〕 身軽だ; 簡便だ. ‖단출한 복장 身軽な服装. **단출-히** 副

단층(斷層) 图〔地〕断層.

단층-집(單層-) 【-찝】 图 平屋建て; 一階建て.

단칸-방(單-房) 【-빵】 图 一つの部屋; 一間.

단칼-에(單-) 副 一太刀で; 一刀のもとに. ‖단칼에 베어 버리다 一刀のもとに切り倒す.

단타[1](單打) 图〔野球で〕単打; シングルヒット.

단타[2](短打) 图〔野球で〕短打. ⑦장타(長打).

단파(短波) 图〔物理〕短波. ‖단파 방송 短波放送.

단-판(單-) 图 一番勝負.

단-판[2](單瓣) 图〔植物〕単弁.

단판-화(單瓣花) 图〔植物〕単弁花.

단-팔목(-팔-) 图 羊羹. ⑦양갱(羊羹).

단-팔죽(-粥) /tanpʰatʤuk/ 【-팓쭉】图 汁粉; ぜんざい.

단편[1](單-) /tanpʰyʌn/ 图 ❶〔文芸〕短編. ❷ 단편 소설(短編小說)의 略語. ⑦중편(中篇)·장편(長篇).
단편-소설(短編小說) 图〔文芸〕短編小說. ⑦중편(中篇).

단편[2](斷片) 图 斷片.

단편-적(斷片的) 图 斷片的の. ‖단편적인 지식 斷片的な知識.

단평(短評) 图 短評; 寸評.

단풍(丹楓) /tanpʰuŋ/ 图〔植物〕モミジ(紅葉); 紅葉. ‖산들이 아름답게 단풍이 들다 山々が美しく紅葉する.
단풍-나무(丹楓-) 图〔植物〕モミジ; カエデ(楓).
단풍-놀이(丹楓-) 图 紅葉狩り.
단풍-잎(丹楓-) 【-닙】图 紅葉した葉; モミジの葉.

단합(團合) 图 [하자] 團結. ‖단합된 힘을 보이다 團結力を見せる. 단합 대회 구성원의 결속을 굳히기 위하여 行なう集会.

단항-식(單項式) 图〔数学〕単項式.
다항식(多項式)

단행[1](單行) 图 [하자] 単行.
단행-범(單行犯) 图〔法律〕単行犯.
단행-본(單行本) 图 単行本.

단행[2](斷行) 图 [하자] 断行; 〔何かを〕断ち切ること. ‖개혁을 단행하다 改革を断行する. 대규모의 인원 삭감에 돌입

행하다 大規模な人員削減に踏み切る.

단행-되다 受動

단향-목(檀香木) 图〔植物〕センダン(栴檀).

단호-하다(斷乎-) 图 [하여] 断固としている. ‖단호한 태도를 취하다 断固たる態度をとる. **단호-히** 副

단혼(單婚) 图 単婚. ⑦복혼(複婚).

단화-과(單化果) 图〔植物〕単化果.

닫는 【단-】 冠 닫다(閉める)の現在連体形.

닫다 /taʧ'ta/ 【-따】 他 [□変] 閉める; 閉じる. ‖창문을 닫다 窓を閉じる. 가게 문은 몇 시에 닫습니까? お店は何時に閉めますか. 문 좀 닫아 주세요 ドアを閉めてください. **닫히다**.

닫아 連 닫다(閉める)の連用形.

닫아-걸다 他 [□語幹] ❶〔大門などを〕閉めて鍵をかける. ‖대문을 닫아걸다 門に門(錠)をかける. ❷〔比喩的に〕〔心を〕閉ざす. ‖마음의 문을 닫아걸다 心を閉ざす.

닫은 冠 닫다(閉める)の過去連体形.

닫을 冠 닫다(閉める)の未来連体形.

닫-히다 /taʧʰida/ 【닫치-】 自 [닫다의 受身動詞] 閉める. 閉じる. 閉じられる. ‖문이 닫히다 門が閉じる. 바람에 문이 꽝 하며 닫혔다 風でドアがばたんと閉まった.

달[1] /tal/ 图 ❶ 月(?). ‖달이 뜨다 月が昇る〔出る〕. 달이 지다 月が沈む〔入る〕. 달밤 月夜. 초승달 新月; 三日月. 보름달 満月; 望月; 十五夜の月. 상현달 上弦の月. 하현달 下弦の月. 달 그림자 月影. ❷〔暦での〕月(?); 月(?). ‖달이 바뀌다 月が変わる. 이 달 말까지 今月の末までに. 다음 달에 일본에 갑니다 来月, 日本へ行きます. 큰 달과 작은 달 大の月と小の月. 회의는 한 달에 한 번 열린다 会議は月に1度開かれる. ❸臨月; 産み月. ‖달이 차다 臨月になる. ▶달 쓴 기운 (?) 月満つれば 虧(ゕ)ち 虧(ガ)く.

달[2] /tal/ 尾〔□語幹〕 달다(つるす・つける)の未来連体形.

달가닥[하자] 堅くて小さいものが触れ合う音; ことりと; かたりと; かたん. **달가닥-달가닥** 副 [하자] かたかた; ことこと.

달가닥-거리다【-따】【-끼】副 [□変] かたかたする; ことことする.

달갑다 /talgap'ta/ 【-따】 形 [□変] 〔달가워, 달가운〕 気に入る; うれしい. ‖달갑지 않은 소식 うれしくない知らせ. ❷〔달갑게 받아들이다の形で〕 喜んで引き受ける; 喜んで受け入れる; 甘んじて受け入れる. ‖어떤 처벌이라도 달갑게 받아들이겠습니다 どんな処罰でも甘んじて受け入れます.

달갑잖다【-짠타】形 望ましくない; 気

에 들어가지 不滿이다. ¶달걀잡은 손님이 찾아와다가 招에네되는 客이 찾아들어 온다. 달걀갖게 여기다 不滿에 思う.

달걀 /talgjal/ 图 〈鷄の〉卵; 鷄卵. 卵. ¶라면에 달걀을 두 개나 넣다 ラーメンに卵を2つも入れる. 달걀이 깨졌다 卵が割れた.
달걀-꼴 图 卵形.
달걀-노른자 [-로-] 图 卵黃.
달걀-흰자 [-힌-] 图 卵白.

달관 (達觀) 图 達観. ¶인생을 달관한 듯한 태도 人生を達観したような態度.

달구다 (金属や石などを) 熱くする. ¶쇠를 달구다 鉄を熱する.

달구지 图 牛車.

달그락 圖 (하자) 堅くて小さいものが触れ合う音: ことりと; かたりと; かたん. ¶달그락-달그락 圖 (하자) かたかた; ことこと.

달그락-거리다 [-끄-] 圓 かたかたする; ことことする. ¶부엌에서 달그락거리는 소리가 났다 台所でかたかたと音がした.

달-나라 [-라-] 图 月; 月世界.

달-님 [-님] 图 〈月を擬人化した言い方で〉 お月様. @ 해님.

달다¹ /talda/ 圈 [ㄹ語幹] [달아, 단]
❶ 甘い. ¶제철 과일은 매우 달다 旬の果物はとても甘い. 단것은 뭐든지 좋아해요 甘いものなら何でも好きです.
❷ うまそうだ; 気持ちよさそうだ. ¶뭐든지 달게 먹는다 何でもうまそうに食べる. 달게 자고 있다 気持ちよさそうに寝ている.
❸ 甘んじる. ¶어떤 처벌이라도 달게 받겠습니다 どんな処罰にも甘んじて受け入れます. ▶달다 쓰다 말이 없다 うんともすんとも言ってこない. ▶달면 삼키고 쓰면 뱉는다 [俚] 〈「甘ければのみ込み, 苦ければ吐き出す」の意で〉自分の利害のみを考える自己中心的な態度のたとえ.

달다² /ta:lda/ 圓 [ㄹ語幹] [달아, 다는, 단] ❶ 〈汁物などが〉煮詰まる. ¶찌개가 달았다 チゲが煮詰まった. ❷ 〈鉄や石などが〉熱くなる; 赤熱する. ¶뜨겁게 단 쇳덩이 赤熱した鉄塊. ❸ ほてる. ¶얼굴이 달아 벌겋다 顔がほてって赤い. ❹ 気をもむ; やきもきする.

달다³ /talda/ 他 [ㄹ語幹] [달아, 다는, 단, 달] ❶ つるす; 垂らす. ¶풍경을 달다 風鈴をつるす. 커튼을 달다 カーテンを垂らす [かける]. 벽에 그림을 달다 壁に絵をかける. 문패를 달다 表札をかける. ❷ つける. ¶선반을 달다 棚をつける. 단추를 달다 ボタンをつける. 이름표를 달다 名札をつける. 각주를 달다 脚注をつける. 단서를 달다 但し書きをつける. 조건을 달다 条件をつける. 술값을 외상으로 달아 놓다 酒 代をつけておく. ❸ 取り付ける. ¶에어컨을 달다 エアコンを取り付ける. 사무실에 전화를 달다 オフィスに電話を取り付ける. ❹〈重さを〉量る. ¶몸무게를 달다 体重を量る. ❺ 揭げる. ¶국기를 달다 国旗を揚げる.

달다⁴ 〈 〉語幹〈主に달라·다오の形で〉〈…〉してくれ. ¶용돈을 달라고 엄마를 조르다 小遣いをくれとお母さんにせがむ. 이때한테도 좀 보여 다오 パパにもちょっと見せてくれ.

달달¹ 圖〈寒さや恐怖で〉体が震える様子: がたがた(と); ぶるぶる(と); わなわな(と). ¶날씨가 추워서 달달 떨고 있다 寒くてがたがた震えている.

달달² 圖〈荷車などが〉硬い地面を転がる音: がらがら(と). ¶짐수레를 달달 끌고 가다 荷車をがらがら(と)引いていく. @ 덜덜.

달달³ 圖 ❶ 〈ゴマ·豆などを〉かき回しながら煎(い)る様子. ¶깨를 달달 볶다 ゴマをずりずり煎る. ❷ 人をぴったりして困らせる様子. ¶사람을 달달 볶다 人をねちねちといびる. @ 들들.

달라-붙다 /tallabut'ta/ [-붙따] 圓 くっつく; へばりつく. ¶옆에 바짝 달라붙어서 앉다 隣にぴったりと(と)くっついて座る. 신발에 껌이 달라붙었다 靴にガムがへばりついた. 도마뱀이 돌에 달라붙어 있다 トカゲが石にへばりついている.

달라-지다 /talladjida/ 圓 変わる. ¶사고 후 그 사람은 많이 달라졌다 事故の後, 彼は随分変わった. 보는 눈이 달라지다 見る目が変わる. 달라진 점 変わった点. 몰라보게 달라진 서울 시내 見違えるほど変わったソウル市内.

달랑 /tallaŋ/ 圖 ❶ 小さいものがつるされている様子: ぶらりと. ¶작은 오이가 하나 달랑 달려 있다 小さいキュウリが1本ぶらりと垂れ下がっている. 가방 하나만 달랑 들고 집을 나가다 かばん1つだけをぶらりと下げて家を出る. ❷ 軽々しく動作を行なう様子: 軽々と; ひょいっと. ¶애를 달랑 들어올리다 子どもを軽々と持ち上げる. 손으로 달랑 집어먹다 手でひょいとつまんで食べる. ❸ 取り残された様子: ぽつりと; ぽつんと. ¶다 돌아가고 혼자 달랑 남았다 皆帰って1人だけぽつんと残された.

달랑-거리다 [-대다] 圓 そそっかしくふるまう; 軽率にふるまう; ちょこまかする. ¶하루 종일 달랑거리며 돌아다니다 一日中ちょこまか(と)動き回る. @ 덜렁거리다.

달랑달랑-하다 圈 [하여] 〈ほとんど余裕が〉尽きかけている; 残り少ない; ほんの少しである. ¶이번 달 생활비가 달랑달랑한다 今月の生活費が残り少ない.

달래 명 《식물》 ヒメニラ(姫韮).

달래다 /tallæda/ 타 ❶慰める; なだめる. ‖노래를 달래 주는 노래 心を慰めてくれる歌. ❷なだめすかす. ‖싫다는 아이를 달래어 병원에 데리고 가다 嫌がる子どもをなだめすかして病院へ連れて行く. ❸あやす. ‖울고 있는 아이를 달래어 재우다 泣いている子をあやして寝させる.

달러 (dollar) /tallʌ/ 명 ドル. ‖달러로 지불하다 ドルで支払う.
— 의 ドル. ‖100 달러 100ドル.
달러-박스 (dollar box) 명 ドル箱.
달러-환 (-換) 명 《經》 ドル為替.

달려-가다 /talljʌgada/ 자 走っていく; 駆けていく; 駆けつける. ‖현장으로 달려가다 現場に駆けつける. 엄마한테로 달려가다 母のもとへ駆けていく.

달려-나가다 자 飛び出していく.

달려-들다 /talljʌdulda/ 자 [ㄹ語幹] [달려들니, 달려드는, 달려드오] 飛びかかる; 飛びつく; 歯向かう. ‖사냥개가 먹이한테 달려들다 猟犬が獲物を追いかける. 선생님한테로 달려드는 건방진 녀석 先生に歯向かう生意気なやつ.

달력 (-曆) /tallj ʌk/ 명 カレンダー; 暦 (こよみ). ⑬캘린더. ‖달력을 달다 カレンダーをかける.

달리 /talli/ 부 他に; 別に; 特に;(…とは)裏腹に;(…とは)違って. ‖달리 할 말이 없었다 特に言うことがなかった. 그 사람의 말과는 달리 그 일의 전망은 그다지 어둡지 않았다 彼の話とは違ってその仕事の展望は暗くなかった.

달리-기 (-期) 명 駆けっこ; 競走. ‖달리기 대회 徒競争.

달리다[1] /tallida/ 자 走る; 駆ける. ‖힘껏 달리다 力いっぱい走る. 그 사람은 백 미터를 십 초에 달린다 彼は100メートルを10秒で走る. 개가 달려 오다 犬が走っている.
— 타 ❶走らせる; 飛ばす. ‖차를 시속 팔십 킬로로 달리다 車を時速80kmで走らせる.

달리다[2] 자 足りない; 及ばない. ‖체력이 달리다 体力が及ばない. 자금이 달리다 資金が足りない.

달-리다[3] /tallida/ 자 [달다[3]의 受身動詞] ❶掲げられる; ぶら下がる; つり下がる; かかる. ‖여기저기 달린 현수막이 도시 미관을 해치고 있다 あちこちに掲げられた横断幕が都市の美観を損なっている. 처마 끝에 풍경이 달려 있다 軒先に風鈴がつり下がっている. 가슴에 훈장이 달려 있다 胸に勲章がぶら下がっている. ❷付いている. ‖큰 거울이 달린 화장대 大きい鏡が付いているドレッサー. 에어컨이 달려 있는 방 エアコン付きの部屋. ❸ [달려 있다의 形で] 左右される; かかっている; …如何による; …次第である. ‖자기 노력하기에 달려 있다 自分の努力次第である. ❹扶養する家族がいる. ‖달린 식구가 다섯이다 扶養家族が5人だ.

달리아 (dahlia) 명 《식물》 ダリア.

달리-하다 타 [하여] 異にする. ‖나는 그 사람과 견해를 달리하고 있다 私は彼と見解を異にしている.

달마 (達磨) /talma/ 명 達磨.

달맞이 (-) 명 《民俗》 月見. ♣陰暦の1月15日に行なわれる.

달맞이-꽃 [-꼳] 명 《식물》 ツキミソウ(月見草).

달무리 명 月暈 (つきがさ). ‖달무리 진 여름 밤 月暈がかかった夏の夜.

달-밤 [-빰] 명 月夜.

달변 (達辯) 명 達弁; 能弁. ㉗눌변 (訥辯). ‖달변가 能弁な人.

달-빛 [-삩] 명 月の光; 月光. ‖창문으로 달빛이 비치다 窓から月の光が差し込む.

달성 (達成) /tal'sʌŋ/ 명-하타 達成; 成し遂げる. ‖목표를 달성하다 目標を達成する. 삼 연패를 달성하다 3連覇を成し遂げる. 파생 **달성-되다** 자.

달 세뇨 (dal segno [이]) 명 《音樂》 ダルセーニョ(D.S.).

달싹-거리다[-대다] 【-끼[때]】 타 落ち着かずに体を動かす, もぞもぞさせる. ‖엉덩이를 달싹거리다 お尻をもぞもぞさせる.

달싹-달싹 [-딸-] 부-하타 落ち着かずに体を動かす様子; もぞもぞ.

달싹-이다 자타 ❶上下に少し揺れる. ❷かたかたする; ぐらぐらする. ‖물이 끓는지 주전자 뚜껑이 달싹이기 시작했다 お湯が沸いているのか, やかんの蓋がかたかたし始めた.

달싹-하다 [-싸카-] 자 《-변》 わずかに動かす; わずかに動く. ‖천둥소리에도 달싹하지 않다 雷鳴にもびくともしない.

달아[1] 형 [ㄹ語幹] 달다[1] (甘い)의 連用形. ‖달아서 못 먹겠다 甘くて食べられない.

달아[2] 통 [ㄹ語幹] 달다 (つるす・つける)의 連用形.

달아-나다 /taranada/ 자 ❶逃げる; 逃げ出す; 逃走する. ‖달아나고 싶은 현실 逃げ出したい現実. ❷《意欲・感情などが》なくなる. ‖그 말을 듣고 나서 의욕이 달아났다 それを聞いたら, やる気がなくなった. ❸《付いていたものが》取れる. ‖문 손잡이가 달아나다 ドアのノブが取れた.

달아-매다 타 つるす; ぶら下げる.

달아-오르다 자 [르變] ❶熱くなる. ‖월드컵의 열기가 서서히 달아오르고 있다 ワールドカップの熱気がだんだん高まっている. ❷《顔が》赤くなる. ‖그 말을

듣자 얼굴이 빨갛게 달아올랐다 それを聞いたとたん顔が真っ赤になった.

달음박-질【-찔】[名] [하自] 駆け足. [縮] 달음질. ‖달음박질로 집을 향해 뛰어갔다 駆け足で家に向かって走っていった.

달음-질 [名] [하自] 달음박질の縮約形.

달이다 [他] ❶煮詰める. ❷煎じる; 煮出す.

ㄷ

달인 (達人) [名] 達人. ‖달인의 경지에 접어들다 達人の境地に入る.

달짝지근-하다【-찌-】[形]『하変』やや甘い. [큰]들쩍지근하다.

달착지근-하다【-찌-】[形]『하変』＝달짝지근하다. [큰]들척지근하다.

달콤새콤-하다 [形]『하変』やや甘酸っぱい.

달콤-하다 /talkʰomhada/ [形]『하変』甘い. ‖달콤한 맛 甘い味. 달콤한 말로 속삭이다 甘い言葉でささやく.

달팽이 [名] (動物) カタツムリ(蝸牛).

달팽이-관 (-管) [名] (解剖) 蝸牛管; 渦巻細管.

달-포 [名] 1か月余り.

달필 (達筆) [名] 達筆. [対]악필(惡筆).

달-하다 (達-) /talhada/ [自]『하変』達する; 到達する. ‖목적지에 달하다 目的地に到達する. 모금이 목표액에 달하다 募金が目標額に達する. 인구가 백만 명에 달하다 人口が100万に達する. 한계에 달하다 限界に達する.

닭 /tak/【닥】[名] (鳥類) ニワトリ(鶏); トリ. ‖닭이 홰를 치다 鶏が時を告げる. 닭이 알을 낳다 鶏が卵を産む. 닭 두 마리를 잡다 鶏2羽をつぶす. ▸닭 잡아먹고 오리발 내밀기〔諺〕(「鶏をつぶして食べた後, アヒルの足を差し出す」の意で)不正をはたらいて浅知恵で押し隠そうとすることのたとえ. ▸닭 쫓던 개 지붕 쳐다보듯〔諺〕(「鶏を追いかけていた犬が屋根の上に飛び上がった鶏を見上げているよう」の意で)仕事をしくじってがっかりしていることのたとえ.

닭-갈비【닥깔-】[名] (料理) ダッカルビ(唐辛子をふんだんに使った辛いたれで鶏肉・野菜などを味付けして炒め煮したもの).

닭-고기【닥꼬-】[名] 鶏肉.

닭-똥【닥-】[名] 鶏糞. [類]계분(鷄糞). ‖닭똥 같은 눈물을 흘리다 大粒の涙を流す.

닭-띠【닥-】[名] 酉(とり)年生まれ.

닭-백숙 (-白熟)【닥빽쑥】[名] (料理) 水炊き.

닭-싸움【닥-】[名] ❶闘鶏. ❷片足で跳びながらぶつかり合って両足をついた方が負けになる遊び.

닭-장 (-欌)【닥짱】[名] 鶏小屋; 鶏舎.

닭장-차 (-欌車) [名]〔俗っぽい言い方で〕護送車.

닭-찜【닥-】[名] (料理) 鶏肉を一口サイズに切り, 薬味を入れて蒸したもの.

닭-해【다캐】[名] 酉年. [類]유년(酉年).

닮다 /tamʔta/【담따】[自他] ❶〔主に…을[를] 닮았다の形で〕…に似る; …に似ている. ‖성격은 아버지를 닮았다 性格は父親に似ている. 어머니를 닮아서 키가 작다 母親に似て背が低い. 두 사람은 자매인데도 거의 안 닮았다 2人は姉妹なのにほとんど似ていない. 저 부부는 서로 닮았다 あの夫婦は似たものどうしだ. ❷類似する. ‖범죄 수법이 닮은 사건 犯罪の手口が類似した事件. ❸まねる; まねてそれに近くなる.

닮은-꼴 [名] ❶(数学) 相似形. ❷瓜二つ.

닳고-닳다【달코달타】[形] ❶すり減る. ❷〔比喩的に〕世間ずれしている. ‖모진 세파에 그녀는 닳고닳아 버렸다 厳しい世の荒波に彼女はすれてしまった.

닳다 /taltʰa/【달타】[自] ❶すり減る; すれる. ‖신발이 닳다 靴がすり減る. ❷煮詰まる. ‖국이 닳았다 スープが煮詰まった. ❸世知に長けている. ‖닳은 남자 世知に長けている男.

닳아-빠지다【다라-】[形] 世間ずれしている.

담¹ /tam/ [名] 塀; 垣; 垣根. ‖높은 담을 쌓다 高い垣根を張りめぐらす. 담을 넘다 塀を越える. 담이 무너지다 塀が崩れる. 돌담 石垣.

담² [名]〔다음の縮約形〕次; 今度. ‖담에 가지고 올게 今度持ってくるよ.

담³ (痰) [名] ❶痰. [類]가래. ‖담이 끓다 痰が絡む. ❷分泌液の循環障害による一種の神経痛. ‖담이 들어 꼼짝도 못하다 神経痛がひどくて身動きができない.

담⁴ (膽) [名] ❶胆嚢. ❷度胸. ‖담이 크다 度胸がある.

담-⁵ (淡) [接頭] 淡い; 薄い. ‖담녹색 薄緑; 淡緑色.

-담⁶ (談) [接尾] …談. ‖성공담 成功談. 경험담 経験談.

담-갈색 (淡褐色)【-쌕】[名] 淡褐色; 薄茶色.

담-결석 (膽結石)【-썩】[名] (医学) 胆石. [類]담석(膽石).

담그다 /tamgɯda/ [他]『으変』[담가, 담그는] ❶漬ける; 浸ける. ‖빨래를 비눗물에 담가 두다 石けん水に洗濯物を浸けておく. 김치를 담그다 キムチを漬ける. ❷浸す. ‖시냇물에 발을 담그다 小川の水に足を浸す. ❸(酒・醤油などを)仕込む; 作る. ‖매실주를 담그다 梅酒を仕込む. [受]담기다.

담기다¹ [自]〔담그다の受身動詞〕漬かる. ‖맛있게 담긴 김치 美味しそうに漬かったキムチ.

담-기다² /tamgida/ [自]〔담다の受身動詞〕盛られる; 込められる; 盛り込まれ

담낭(膽囊)【解剖】胆囊. ⑧쓸개.
담낭-염(膽囊炎)【-념】⑧【의학】胆囊炎.

담다 /ta:m^ta/【-따】⑪ ❶入れる; 盛る; よそう; 詰める. ‖된장을 가득 담은 항아리 味噌をいっぱい入れた壺. 밥을 담다 ご飯をよそう. ❷(感情を)込める. ‖마음을 담은 선물 心を込めた贈り物. 특별한 의미를 담은 표현 特別な意味を込めた表現. ❸盛り込む. ‖쌍방의 주장을 담은 성명문 双方の主張を盛り込んだ声明文. ❹収める. ‖아름다운 야경을 카메라에 담다 美しい夜景をカメラに収める. ❺(ある 형태로)口に出して言う. ‖그런 말은 입에 담고 싶지 않다 そんなことは口にしない. ⑮담기다.

담담-하다(淡淡-) /ta:mdamhada/【形】【하변】淡々としている. ‖담담한 표정 淡々とした表情. 담담하게 이야기하다 淡々と語る. **담담-히**【副】

담당(擔當) /tamdaŋ/ ⑧【하타】担当. ‖영업을 담당하다 営業を担当する. 영어는 그 사람이 담당하고 있습니다 英語はその人が担当しています.

담당-자(擔當者)⑧ 担当者.

담대-하다(膽大-)【形】【하변】大胆だ.

담력(膽力)【-녁】⑧ 胆力; 度胸; 肝っ玉.

담방-거리다[-대다]⑪ おっちょこちょいだ; 落ち着きがない.

담배 /ta:mbɛ/⑧ タバコ(煙草). ‖담배를 피우다 タバコを吸う. 담배에 불을 붙이다 タバコに火をつける. 담배를 피워도 되겠습니까? タバコを吸ってもかまいません. 담배를 끊다 タバコをやめる. 잎담배 葉タバコ. 담배 한 개피 タバコ1本.

담배-꽁초(-草)⑧ タバコの吸い殻.
담배-쌈지⑧ タバコ入れ.
담뱃-가게【-까게 /-뺀까-】⑧ タバコ屋.
담뱃-갑(-匣)【-깹 /-뺀깝】⑧ タバコの箱; タバコ入れ.
담뱃-값【-깝 /-뺀깝】⑧ タバコの値段; タバコ代.
담뱃-대【-때 /-뺀때】⑧ キセル.
담뱃-불【-뿔 /-뺀뿔】⑧ タバコの火. ‖담뱃불을 붙이다 タバコに火をつける.
담뱃-재【-째 /-뺀째】⑧ タバコの灰. ‖담뱃재를 떨다 タバコの灰を落とす.
담뱃-진(-津)【-찐 /-뺀찐】⑧ タバコのやに.

담백-하다(淡白-)【-캐카-】【形】【하변】淡白だ. ‖담백한 맛 淡白な味.

담-벼락【-뼈-】⑧ 壁面.

담보(擔保)⑧【하타】担保. ‖집을 담보로 돈을 빌리다 家を担保にお金を借りる.

담보-권(擔保權)【-꿘】⑧【法律】担保権.
담보-물(擔保物)⑧【法律】担保物.
담보-물권(擔保物權)【-꿘】⑧【法律】担保物権.

담비⑧【動物】テン(貂).

담뿍【副】❶いっぱい. ‖밥을 담뿍 퍼 주다 ご飯をいっぱいよそってあげる. ❷たっぷり. ‖아이들에게는 애정을 담뿍 주어야 한다 子どもたちには愛情をたっぷり与えなければならない. ㉠담뿍.

담색(淡色)⑧ 淡色.

담석(膽石)⑧【의학】胆石. ⑧담결석(膽結石).

담석-증(膽石症)【-쯩】⑧【의학】胆石症.

담소(談笑)⑧【自】談笑. ‖학생들과 담소를 나누다 学生たちと談笑する.

담수(淡水)⑧ 淡水; 真水. ⑧민물.
⑨함수(鹹水).

담수-어(淡水魚)⑧【魚介類】淡水魚. 민물고기.
담수-조(淡水藻)⑧ 淡水藻.
담수-호(淡水湖)⑧【地理】淡水湖.

담-쌓다[-싸타]⑪ ❶塀を築く. ❷関係を絶つ; 没交渉に. ‖형제 간에 담쌓고 지내다 兄弟の仲が絶えている. ❸やめる. ‖공부와 담쌓은 지 오래다 勉強をやめてから随分経っている.

담액(膽液)⑧【生理】胆液; 胆汁. ⑧담즙(膽汁)·쓸개즙(-汁).

담약-하다(膽弱-)【다먀카-】【形】小胆だ; 気が小さい.

담-요(毯-) /ta:mnjo/【-뇨】⑧ 毛布. ⑧모포(毛布). ‖아이에게 담요를 덮어 주다 子どもに毛布をかけてやる. 담요를 뒤집어쓰다 毛布に包まる. 전기 담요 電気毛布.

담자-균류(擔子菌類)【-뉴】⑧【植物】担子菌類.

담-자색(淡紫色)⑧ 薄紫色.

담장(-墻)⑧ 塀. ‖담장을 타고 넘다 塀を乗り越える.

담쟁이-덩굴⑧【植物】ツタ(蔦).

담즙(膽液)⑧【生理】胆汁; 胆液(膽液)·쓸개즙(-汁).

담즙-질(膽汁質)【-찔】⑧ 胆汁質.

담-차다(膽-)⑪ 大胆だ. ‖담차게 일을 처리하다 大胆に物事を処理する.

담채-화(淡彩畵) 图《美術》淡彩画.
담-청색(淡青色) 图 淡青色.
담판(談判) 图 談判; 決着をつけること. ‖담판이 결렬되다 談判が決裂する. 담판을 짓다 決着をつける.
담합(談合) 图(하自) 談合.
담-홍색(淡紅色) 图 淡紅色.
담화(談話) 图(하自) 談話. ‖대통령의 담화 大統領の談話.
담화-문(談話文) 图 会話文.
담화-체(談話體) 图 会話体.
담-황색(淡黃色) 图 淡黃色.
답(答) /tap/ 图(하自) ❶〖対答(對答)〗の略語〗答え; 返事. ‖다음 물음에 답하시오 次の設問に答えなさい. ❷〖해답(解答)〗の略語〗答え; 解答. ‖명쾌한 답 明快な解答[答え]. ❸〖회답(回答)〗の略語〗答え; 返事. ‖답을 기다리다 返事を待つ.

-답니다〖담〗[語尾]〖-다고 합니다の縮約形〗…(だ)そうです; …と言っています; …と言いました. ‖예정보다 일찍 도착했답니다 予定より早く到着したそうです. 오늘은 못 가겠답니다 今日は行けないそうです.
-답다〖따〗[語尾]〖ㅂ變〗…らしい. ‖남자답다 男らしい. 너답다 お前らしい.

답답-하다 /tap̚t'ap̚ada/【-따파-】[形]〖하變〗❶もどかしい; じれったい; まだるっこしい; 歯がゆい. ‖이런 쉬운 문제도 못 풀다니 정말 답답하다 こんな簡単な問題も解けないなんて本当にもどかしい. 또 삼진을 당하다니, 정말 답답한 시합이다 また三振とは、本当にじれったい試合だ. 답답해서 못 보고 있겠다 見ていられない. 歯がゆくて見ていられない. ❷憂鬱だ; 気が重い; 心配だ. ‖가슴이 답답하다 胸苦しい. ❸息苦しい. ‖답답한 방 息苦しい部屋. ❹融通がきかない. ‖정말 답답한 사람이다 本当に融通がきかない人だな.

답례(答禮)【-녜】图(하自) 答礼; お礼. ‖답례품 答礼の品.
답변(答辯)【-뼌】图(하自) 答弁. ‖국회에서 장관이 답변하다 国会で大臣が答弁する. 답변을 요구하다 答弁を求める. 답변을 하다 答弁を行なう.
답보(踏步)【-뽀】图 足踏み. ‖답보 상태 足踏み状態.
답사[1](答辭)【-싸】图 答辞.
답사[2](踏査)【-싸】图(하他) 踏査. ‖실지 답사 実地踏査.
답습(踏襲)【-씁】图(하他) 踏襲. ‖종래의 방침을 답습하다 従来の方針を踏襲する. **답습-되다**(受動)
-답시고【-씨-】[助詞]〖多少気取りを含んだ言い方〗…といって; …からって. ‖일류 대학 다닌답시고 너무 잘난 척하다 一流大学に通っているからといって偉そうにふるまう.

답신[1](答申)【-씬】图(하自) 答申.
답신[2](答信)【-씬】图(하自) 返信; 返書.
답안(答案) /taban/ 图 答案; 解答. ‖답안을 쓰다 答案を書く. 답안을 채점하다 答案を採点する. 답안을 백지로 내다 答案を白紙で出す. 모범 답안 模範解答.
답안-지(答案紙) 图 答案用紙; 解答用紙.
답장(答狀)【-짱】图(하自) 返信;〖手紙などの〗返事. ‖답장을 쓰다 返事を書く.
답지(答紙)【-찌】图 =답안지(答案紙).
답파(踏破) 图(하他) 踏破.
닷새【닫쌔】图 5日.
닷컴(dot com) /tatk'ɔm/ 图〈IT〉ドットコム(.com).

당[1](唐) 图《歷史》〖中國王朝の〗唐(618～907).
당[2](糖) 图《化学》糖.
당[3](黨) 图 党; 政党. ‖당 방침 党の方針. 여당 与党. 야당 野党.
당[4](當)[接尾]…当たり. ‖일 인당 1人当たり. 킬로당 오천 원인 원인 포도 キロ当たり5千ウォンのブドウ.

당구(撞球) 图 ビリヤード; 玉突き. ‖당구를 치다 ビリヤードをする.
당구-대(撞球臺) 图 ビリヤード台.
당구-봉(撞球棒) 图 ビリヤード棒; キュー.
당구-장(撞球場) 图 ビリヤード場.
당국(當局) 图 当局. ‖당국의 발표 当局の発表. 대학 당국 大学当局.
당국-자(當局者)【-짜】图 当局者.
당권(黨權)【-꿘】图 党の主導権.
당규(黨規) 图 党規.
당근(tanɡun) 图 ❶《植物》ニンジン(人参). ❷〖俗っぽい言い方で〗当然; 当然なこと; 当たり前のこと. ★主に若者の間で使われる.
당기(黨紀) 图 党紀.
당기다[1] ❶〖心が〗動く; 動かされる. ‖마음이 당기다 心が動く; 心を動かされる. ❷〖食欲などが〗そそられる. ‖입맛이 당기다 食欲をそそられる.
당기다[2] /tangida/ 他 ❶引く. ‖방아쇠를 당기다 引き金を引く. ❷引っ張る; 引き寄せる. ‖밧줄을 당기다 綱を引っ張る. 의자를 앞으로 당기다 椅子を前に引っ張る. ❸早める; 繰り上げる. ‖출발 날짜를 하루 당기다 出発日を1日早める.
당-나귀(唐-) 图《動物》ロバ(驢馬).
당내(黨內) 图 党内.
당뇨(糖尿) 图《医学》糖尿.
당뇨-병(糖尿病)【-뼝】图《医学》糖尿病.
당-단백질(糖蛋白質)【-찔】图《化学》糖蛋白質.

당당-하다 (堂堂-) /tandaŋhada/ 〔형〕 〔하変〕 ①당당하다. ‖그녀는 매사에 당당하다 彼女は何事にも堂々としている. 당당한 태도 堂々たる態度. 당당하게 권리를 요구합시다 堂々と権利を要求する. **당당-히** 〔부〕

당대 (當代) 〔명〕 当代; 当世.
당도 (當到) 〔명〕 〔하自〕 到着; 到達.
당돌-하다 (唐突-) /taŋdolhada/ 〔형〕 〔하変〕 生意気だ; 大胆だ; 僭越(참월)だ. ‖당돌한 질문 唐突な質問. 당돌한 아이 生意気な子ども. 당돌하게 말을 끄집어내다 唐突に言い出す.
당두 (當頭) 〔명〕 〔하自〕 差し迫る; 切迫す
る.
당락 (當落) 〔명〕 当落.
당략 (黨略) 〔명〕 党略.
당론 (黨論) 〔명〕 政党の意見.
당밀 (糖蜜) 〔명〕 糖蜜.
당리-당략 (黨利黨略) 〔명〕 党利党略.
당면[1] (唐麵) 〔명〕 ジャガイモで作った春雨のような乾麺; 韓国風春雨.
당면[2] (當面) 〔명〕 当面. ‖당면한 과제 当面の課題. 당면한 문제를 해결하다 当面の問題を解決する.
당목 (撞木) 〔명〕 撞木.
당무 (黨務) 〔명〕 党務.
당밀 (糖蜜) 〔명〕 糖蜜.
당번 (當番) /taŋbɔn/ 〔명〕 〔하自〕 当番. ㉺비번(非番). ‖당번을 정하다 当番を決める. 청소 당번 掃除当番.
당벌 (黨閥) 〔명〕 党閥.
당부 (當付) 〔명〕 頼むこと. ‖신신당부하다 くれぐれも頼む.
당분 (糖分) 〔명〕 糖分.
당분-간 (當分間) /taŋbungan/ 〔명〕 しばらくの間; 当分; 当分の間. ‖당분간 쉬겠습니다 当分休みます. 당분간 차를 쓸 수 없다 当分の間, 車が使えない.
당비 (黨費) 〔명〕 党費.
당사[1] (黨舍) 〔명〕 党本部.
당사[2] (當社) 〔명〕 当社.
당사-국 (當事國) 〔명〕 当事国.
당사-자 (當事者) 〔명〕 ‖당사자 외 출입 금지 当事者以外立入禁止.
당산 (堂山) 〔명〕 〔民俗〕 その土地や村の守護神がいるとされる山や丘.
당선 (當選) /taŋsɔn/ 〔명〕 〔하自〕 当選. ㉺낙선(落選). ‖국회의원에 당선되다 国会議員に当選する. 현상 소설에 당선되다 懸賞小説に当選する.
당선-권 (當選圈) 〔관〕 〔명〕 当選圈.
당선-자 (當選者) 〔명〕 当選者.
당선-작 (當選作) 〔명〕 当選作.
당세 (黨勢) 〔명〕 党勢.
당세-풍 (當世風) 〔명〕 当世風.
당수[1] (唐手) 〔명〕 〔スポーツ〕 空手.
당수[2] (黨首) 〔명〕 党首.

당숙 (堂叔) 〔명〕 父のいとこ.
당-숙모 (堂叔母) 〔-숙-〕 〔명〕 당숙(堂叔)の妻.
당시[1] (當時) /taŋʃi/ 〔명〕 当時; 当頃. ‖당시의 총리 当時の総理. 당시의 사람들 当時の人々. 그 당시에는 전철이 없었다 その当時は電車がなかった. 이 곡을 들으면 그 당시가 생각난다 この曲を聞くと当時を思い出す.
당시[2] (唐詩) 〔명〕 〔文보〕 唐詩.
당신 (當身) /taŋʃin/ 〔대〕 ①〔相手を軽んじるような言い方で〕 あんた. ‖당신과는 관계없는 일이요 あんたとは関係のないことよ. ②〔夫婦間で〕 あなた. ‖당신은 뭘 마실래요? あなたは何を飲みますか. ③〔詩や改まった文章において〕 あなた. ‖당신은 언제나 내 마음의 등불이었어요 あなたはいつも私の心の灯火でした. ④〔その場にいない目上の人を指して〕 ご自分; ご自身.
당악 (唐樂) 〔명〕 〔音樂〕 唐楽.
당연 (當然) /taŋjɔn/ 〔명〕 〔하形〕 当然. ‖당연한 결과 当然の結果. 당연한 일 当然なこと. 어려운 사람을 돕는 것은 당연한 일이다 困っている人を助けるのは当たり前だ. 지극히 당연하다 当然至極だ. **당연-히** 〔부〕 그 사람이라면 당연히 그렇게 할 것이다 あの人なら当然そうするだろう.
당연-시 (當然視) 〔명〕 〔하他〕 当然だと思うこと.
당연지사 (當然之事) 〔명〕 当然のこと; 当たり前のこと.
당원 (黨員) 〔명〕 党員.
당위 (當爲) 〔명〕 当為.
당위-성 (當爲性) 〔-썽〕 〔명〕 当為性.
당위-적 (當爲的) 〔명〕 当為的.
당의-정 (糖衣錠) 〔-/-이-〕 〔명〕 糖衣錠.
당일 (當日) 〔명〕 当日; その日; 1日. ‖당일 코스 1日コース. 사고 당일 아침 事故当日の朝.
당일-치기 (當日-) 〔명〕 〔하自〕 その日 1日で終えること. ‖일본을 당일치기로 다녀오다 その日のうちにとんぼ帰りする.
당장 (當場) /taŋdʒaŋ/ 〔명〕 ①その場. ‖당장 해결을 하다 その場で解決する. ②すぐ; 今すぐ. ‖당장 달려오다 すぐ駆けつけてくる. 그런 회사는 지금 당장 그만두어라 そんな会社は今すぐ辞めなさい. ③差し当たり; 差し当たって; 差し当たり; 当面. ‖당장은 어렵지 않다 差し当たり困らない.
당쟁 (黨爭) 〔명〕 党争.
당적 (黨籍) 〔명〕 党籍.
당좌 (當座) 〔명〕 〔經〕 当座.
당좌-수표 (當座手票) 〔명〕 〔經〕 当座小切手.
당좌-예금 (當座預金) 〔명〕 〔經〕 当座

預金.

당직 (當直) [하직] 当直.

당차다 ❶ (考え方などが) しっかりしている. ‖당찬 아이 しっかりしている子. ❷ (体格が) 小さいががっしりしている. ‖당차게 생겼다 がっしりしている.

당첨 (當籤) /taŋtɕʰʌm/ [토침] 当籤(ᡱ᠕). ‖복권에서 일 등으로 당첨되다 宝くじで1 等に当籤する.

당첨-자 (當籤者) 图 当籤者.

당초 (當初) 图 当初. ‖이 일을 당초에 시작하지 말았어야 했다 この仕事を最初から始めるべきではなかった. 당초의 예상으로는 当初の予想では.

당치-않다 (當一) 〔안타〕图 〔당치 아니하다의 縮約形〕とんでもない; もってのほかだ; けしからんことだ; 非常に不満だ. ‖그런 나쁜 평가는 당치않다 そんな悪い評価はもっての外である. 당치않은 소리를 하다 とんでもないことを言う.

당파 (黨派) 图 党派. ‖당파 싸움 党争.

당-하다[1] (當—) /taŋhada/ 困 [当変] やられる. ‖적의 작전에 완전히 당했다 敵の作戦に完全にやられた. 그놈한테 당했어 あいつにやられたよ.

— 他 ❶直面する. ‖어려운 일을 당하다 困難に直面する. ❷あう. ‖사기를 당하다 詐欺にあう. 교통사고를 당하다 交通事故にあう. ❸かなう; 対敵する. ‖저 사람을 당할 자는 없다 あの人にかなう者はいない.

-당하다[2] (當—) [接尾] [하변] 〔一部の動作性名詞に付いて〕被害・迷惑の意味を表わす受身動詞を作る; ‥される. ‖협박당하다 脅迫される. 체포당하다 逮捕される. 무시당하다 無視される.

당혹 (當惑) 图 当惑. ‖당혹한 표정 当惑した表情.

당황-하다 (唐慌一唐惶一) /taŋhwaŋhada/ 困 [하변] 図る; 慌てる; うろたえる. ‖갑작스러운 질문에 당황하다 急な質問に戸惑う. 거짓말이 탄로날 것 같아서 당황하고 있다 うそがばれそうになって慌てている.

닻 /tat/ [닫] 图 錨(ᡱ᠕). ‖닻을 내리다 錨を下ろす.

닻-줄 [닫쭐] 图 錨綱(ᡱ᠕).

닿다 /ta:tʰa/ [다타] 直 ❶触れる. ‖나뭇가지가 전선에 닿다 木の枝が電線に触れる. ❷着く. ‖목적지에 닿다 目的地に着く. 발이 바닥에 안 닿다 足が底に着かない. 키가 커서 머리가 천장에 닿을 것 같다 背が高くて頭が天井に着きそうだ. 겨우 연락이 닿았다 やっと連絡がついた. ❸届く; 達する. ‖위험하니까 어린이의 손이 닿지 않는 곳에 두십시오 危険なので子どもたちの手が届かないところに置いてください. 손이 닿다 手が届く. 힘 닿는 데까지 돕도록 하겠습니다 力の及ぶ限りお手伝いさせていただきます. ❹ (理)にかなう. ‖이치에 닿는 말 理にかなった話.

닿-소리 [다쏘—] 图 (言語) 子音. 鳧자음(子音). 鳧홀소리.

대[1] (大) 图 ❶ (植物の) 茎. ❷細長い棒状のもの. ‖담뱃대. 鳧펜대; 延어깨.

— [依名] ❶タバコを吸う回数. ‖담뱃대 한 대 피우자 一服してからやろう. ❷注射を打つ回数. ‖주사 한 대 注射 1本. ❸頭を小突いた回数. ❹お尻を叩いた回数. ‖엉덩이를 세 대 때려 주었다 お尻を 3 回叩いてやった.

대[2] 志·意志. 心. ‖대가 센 사람 意志の強い人.

대[3] (植物) タケ(竹). ‖대밭 竹やぶ.

대[4] (大) 图 大. ‖대소 大小.

대[5] (代) 图 跡; 後継ぎの系; 家系. ‖대 잇다 後継を継ぐ. 대가 끊이다 家系が途絶える.

대[6] (對) 图 対. ‖삼 대 이로 이기다 3 対 2 で勝つ.

대[7] (臺) [依名] 車両や機械などを数える単位; ‥台. ‖승용차 만 대 乗用車 1 万台.

대-[8] (大) [接頭] 大‥. ‖대가족 大家族. 대학자 大学者.

대-[9] (對) [接頭] ❶対‥. ‖대일 対日. ❷‥向けの. ‖대미 수출 アメリカ向けの輸出.

-대[10] (隊) [接尾] ‥隊. ‖해병대 海兵隊.

-대[11] (帶) [接尾] ‥帯. ‖시간대 時間帯.

-대[12] (臺) [接尾] 数量の大体の範囲を示す語; ‥台. ‖천 원대의 점심 千ウォン台のランチ.

-대[13] (代) [接尾] ❶家系の代を表わす語; ‥代. ‖삼대째 내려오는 의사 집안 3代続いている医者の家系. ❷世代を表わす語; ‥代. ‖사십대 아줌마 40代の奥さん. ❸地質学的区分を表わす語; ‥代. ‖신생대 新生代.

-대[14] [動尾] 〔-다고 해의 縮約形〕そうだ; ‥って; ‥んだって. ‖서울은 벌써 눈이 왔대 ソウルはもう雪が降ったって. 머리가 좋대 머리가 좋대 お嬢さんが頭がいいんだって.

대가[1] (大家) 图 大家. ‖그는 이 분야의 대가이다 彼はこの分野の大家だ. ❷名家.

대가[2] (代價) [—까] 图 代価; 代償. ‖대가를 치르다 代価を払う. 어떤 대가를 치르더라도 どんな代価を払っても.

대가[3] (對價) [—까] 图 (法律) 対価.

대가리 /tegari/ 图 ❶ 〔머리의 俗語〕頭. ‖대가리가 나쁘다 頭が悪い. 대가리를 쓰다 頭を使わせる. 대가리 수 頭数. ❷動物の頭. ▶대가리가 터

지도록 싸우다 ひどく殴り合いながらけんかする. ▶대가리에 피도 안 마르다 くちばしが黄色い.

대-가족 (大家族) 图 大家族.

대각 (對角) 图 《数学》 対角.

대각-선 (對角線) [-썬] 图 《数学》 対角線.

대갈-통 [머리통의 俗談이] 頭.

대감 (大監) 图 《歷史》 朝鮮時代に高級官僚を呼ぶ時に用いた語.

대갓-집 (大家ㅅ-) [-가찝/-간찝] 图 大家; 名家.

대강 (大綱) /tɛ:gaŋ/ 〔大綱領(大綱領)の略称〕 最も重要な綱領.
— 剾 だいたい; おおよそ; 適当に; ほどほどに. ‖대강 다 만들었다 だいたいできた. 대강 먹고 나가자 適当に食べて出よう.

대-강령 (大綱領) [-녕] 图 最も重要な綱領. ➔대강(大綱).

대강 (代講) 图他 代講.

대강당 (大講堂) 图 大講堂, 大ホール.

대개 (大概) /tɛ:gɛ/ 图 大概. ‖대개의 경우 大概の場合.
— 剾 大抵; だいたい; おおよそ. ‖아침은 대개 일곱 시에 먹는다 朝ご飯は大概7時食に食べる. 아이들은 대개 단것을 좋아한다 子どもはたいてい甘い物が好きだ.

대거 (大擧) 剾 大挙して; 大勢. ‖대거 몰려오다 大挙して押し寄せる. 대거 참여하다 大勢参加する.

대걸레 图 モップ.

대검¹ (大劍) 图 大剣.

대검² (大檢) 图 大検察庁(大検察庁)の略称.

대-검찰청 (大檢察廳) 图 《法律》 最高検察庁.

대견-스럽다 [-따] 圈 [ㅂ変] 感心だ; 殊勝だ. 기특だ. **대견스레** 剾

대견-하다 /tɛ:gjɔnhada/ 圈 [하変] 感心だ; 殊勝だ; りっぱだ; あっぱれだ. ‖그런 힘든 일을 하다니 어린 나이에 참 대견하구나 こんなにしんどいことをするとは, 若い年にとても感心だね. 대견한 아이 りっぱな子ども.

대결 (對決) 图他 対決. ‖세기의 대결 世紀の対決. 직접 대결을 피하다 直接対決を避ける.

대계¹ (大系) [-/-계] 图 大系. ‖한국문학사 대계 韓国文学史大系.

대계² (大計) [-/-계] 图 大計. ‖교육은 국가의 백년대계이다 教育は国家百年の大計である.

대공¹ (大功) 图 大功.

대공-국 (大公國) 图 大公国. ➔リヒテンシュタイン・ルクセンブルクなど.

대공² (大功) 图 大功.

대공³ (對共) 图 対共産主義.

대공⁴ (對空) 图 対空.

대공-미사일 (對空missile) 图 対空ミサイル.

대공-사격 (對空射擊) 图 対空射撃.

대-공원 (大公園) 图 規模の大きい公園.

대관 (大觀) 图他 大観.

대관 (戴冠) 图他 戴冠.

대관-식 (戴冠式) 图 戴冠式.

대-관절 (大關節) 剾 〔下に疑問を表わす表現を伴って〕 一体; 一体全体. ‖대관절 이게 무슨 일입니까? 一体これはどういうことですか.

대-괄호 (大括弧) 图 大括弧; ブラケット([ ]).

대구¹ (大口) /tɛguː/ 图 《魚介類》 タラ(鱈). ‖대구알 たらこ.

대구² (大邱) /tɛguː/ 图 大邱(デグ). ➔경상북도(慶尙北道)の都庁所在地. 韓国第3の都市.

대구³ (對句) [-꾸] 图 対句.

대구-법 (對句法) [-꾸뻡] 图 《文芸》 対句法.

대구루루 剾 硬くて小さいものが転がる様子[音]: ころころ(と).

대국¹ (大局) 图 大局.

대국-적 (大局的) [-쩍] 图 大局的. ‖대국적인 견지 大局的な見地.

대국² (大國) 图他 大国. ↔소국(小國).

대국³ (對局) 图他 対局.

대국-자 (對局者) [-짜] 图 (囲碁・将棋などの)対局者.

대군¹ (大軍) 图 大軍.

대군² (大群) 图 大群.

대굴-대굴 ころころ(と). ‖공이 대굴대굴 굴러가다 ボールがころころ(と)転がっていく.

대권 (大權) [-꿘] 图 大権; 国家の統治権.

대궐 (大闕) 图 《歷史》 宮闕. ➉궁궐(宮闕).

대-규모 (大規模) 图 大規模; 大掛かり. ⑫소규모(小規模). ‖대규모의 인원 삭감 大規模な人員削減.

대극 (對極) 图 対極.

대극-적 (對極的) [-쩍] 图 対極的.

대근 (代勤) 图圁 代わりに勤務すること.

대금¹ (大金) 图 大金.

대금² (大芩) 图 《音樂》 デグム(竹でできた横笛).

대금³ (代金) /tɛ:gɯm/ 图 代金; …代. ‖신문 대금 新聞代.

대금⁴ (貸金) 图 貸し金. ‖고리 대금업 高利貸し.

대기¹ (大氣) /tɛ:gi/ 图 《天》 大気. ‖대기 오염 大気汚染.

대기-권 (大氣圈) [-꿘] 图 《地》 大気圏.

대기-차 (大氣差) 图 《天文》 大気差.

대기² (待機) /tɛːgi/ 图 旦直 待機; 待つこと. ‖데모에 대비해 경찰이 대기하고 있다 デモに備えて警官が待機している. 대기중인 부대 待機中の部隊. 대기실 控え室; 待機室.

대기-만성 (大器晩成) 图 大器晩成.

대-기업 (大企業) 图 大企業; 大手企業.

대길 (大吉) 图 大吉.

대-꼬챙이 (-꼬챙이) 图 竹串.

대꾸 (對-) 图 旦直 【말대꾸의略語】 口答え; 言い返すこと. ‖그는 내 말에 아무 대꾸도 하지 않았다 彼は私の話に何も言い返さなかった.

대-나무 (-나무) [植物] タケ(竹). ‖대나무 숲 竹やぶ.

대납 (代納) 图 旦直 代納.

대납-회 (-會) [-나회/-나훼] 图 (取引所)の大納会. ⑭ 대발회(大發會).

대-낮 /tɛːnat/ [-낟] 图 真っ昼間; 白昼. ‖대낮부터 술타령이다 真っ昼間から酒浸りだ. 대낮에 대담하게도 도둑질하러 들어가다가 白昼堂々と盗みに入る.

대내 (對內) 图 対内. ⑭ 대외(對外). ‖대내적인 문제 対内的な問題.

대농 (大農) 图 大農; 豪農.

대-농지 (大農地) 图 大規模な農地.

대놓고 [-노코] 副 面と向かって. ‖대놓고 욕을 퍼붓다 面と向かってののしる.

대뇌 (大腦) [-/-웨] 图 [解剖] 大腦. 대뇌 피질 (大腦皮質) 图 [生理] 大腦皮質.

대님 图 男性用韓服ズボンの裾を締める紐(亞).

대다¹ /tɛːda/ 自他 ❶(時間に)間に合う. ‖버스 시간에 대다 バスに間に合う. ❷(時間に)間に合わせる. ‖자료를 회의 시간에 대다 資料を会議に間に合わせる. ❸【…에〈에게·한테〉】 大空向けの形で】…に向かって. ‖하늘에 대고 주먹을 휘두르다 空に向かってこぶしを振り回す.

대다² /tɛːda/ 他 ❶【손을 대다の形で】手を当てる; 手をつける; 手を触れる. ‖이마에 손을 대고 열이 있는지 보다 手を額に当てて熱があるか見る. 사업에 손을 대다 事業に手を出す, 남의 물건에 손을 대다 人のものに手をつける. 이것에는 손을 대지 마십시오 これには手を触れないください. ❷【귀에 대다の形で】耳に当てる. ‖헤드폰을 귀에 대다 ヘッドホンを耳に当ててみる. ❸【입에 대다の形で】口をつける; 口にする. ‖컵을 입에 대다 コップに口をつける. 술은 한 방울도 입에 안 대다 酒は一滴たりにしない. ❹ 連絡をとる; (電話)つなぐ. ‖고위 관직자에게 줄을 대려는 사람들이 많다 高級官僚にコネをつけようとする人が多い. 전화를 저한테 대어 주십시오 電話を私につないでください. ❺ もたれる; もたせかける. ‖벽에 등을 대고 앉다 壁に背をもたせかけて座る. ❻ 比較する; 比べる. ‖키를 대어 보다 背を比べべる. ❼【이름을 대다の形で】白状する. ‖공범의 이름을 대다 共犯者の名前を白状する. ❽【핑계를 대다の形で】言い訳をする.

대다³ (對-) ❶(車を)とめる. ‖차를 공터에 대다 車を空き地にとめる. ❷(水を)引く; 供給する. ‖논에 물을 대다 田んぼに水を引く. 학비를 대어 주다 学費を出してやる.

대다⁴ 補助 (それほど好ましくない行為を)しきりにする;…(し)たてる;…(し)つづける;…(し)こける;…(し)まくる. ‖하루 종일 먹어 대다 一日中食べまくる. 떠들어 대다 騒ぎ立てる. 웃어 대다 笑いこける.

대-다수 (大多数) 图 大多数.

대-단원 (大團圓) 图 大団円; 大詰め. ‖대단원의 막을 내리다 大団円を迎える.

대단찮다 [-찬타] 形 大したことではない; 取るに足りない; つまらない. ‖대단찮은 일 つまらないこと.

대단-하다 /tɛːdanhada/ 形 旦變 ❶すごい; ものすごい; はなはだしい. ‖대단한 솜씨 すごい腕前. 대단한 인기 ものすごい人気. ❷重要だ. ‖대단한 사람 重要な人物. ❸すばらしい; 立派だ. ‖대단한 생각 すばらしい考え. 대단한 경력의 소유자 立派な経歴の持ち主. **대단-히** 非常に; 大変; とても; すごく. ‖대단히 중요한 서류 非常に重要な書類. 대단히 예쁘다 大変きれいだ.

대담¹ (對談) 图 旦直 対談.

대담² (大膽) 图 形動 大胆. 대담한 발상 大胆な発想. 대담한 필치로 그리다 大胆な筆致で描く. **대담-히** 大胆に.

대답 (對答) /tɛːdap/ 图 旦直 ❶返事; 答え. 粤 질문. ‖선생님의 질문에 대답하다 先生の質問に答える. 큰 소리로 대답하다 大きな声で返事する. 씩씩하게 대답하다 元気に返事する. 솔직하게 대답하다 素直に答える.

대대¹ (大隊) 图 [軍事] 大隊.

대대² (代代) 图 代々.

대대-로 (代代-) 副 代々. ‖대대로 학자를 배출하다 代々学者を輩出する.

대대-손손 (代代孫孫) 图 子々孫々; 先祖代々.

대대-장 (大隊長) 图 [軍事] 大隊長.

대대-적 (大大的) 图 大々的. ‖대대적인 선전 大々的な宣伝. 사건을 대대적으로 보도하다 事件を大々的に報じる.

대도¹ (大盜) 图 大盜; 大盜人; 大泥棒.

대도² (大道) 图 大道.

-대도³ [語尾] 〔-다고 하여도의 縮約形〕…と言っても. ‖설거지는 내가 하겠다고 해도 하게 해 皿洗いは私がやると言ってもやらせてくれない.

대-도시(大都市) [名] 大都市.
대도시-권(大都市圏)【-권】[名] 大都市圏.

대독(代讀) [名] [하타] 代讀.

대동(帶同) [名] [하타] 帶同; 同行. ‖부하를 대동하고 나타나다 部下を同行して現われる.

대동-강(大同江) [地名] 大同江. ◆平壤の中心を流れる川.

대-동맥(大動脈) [名] ❶ [解剖] 大動脈. ❷ [比喩的に] 重要な交通路. ‖경부 고속도로는 한국의 대동맥이다 京釜高速道路は韓国の大動脈である.

대동-소이(大同小異) [名] [하形] 大同小異.

대두¹(大豆) [名] [植物] ダイズ(大豆). ◎콩.

대두²(擡頭) [名] [하自] 台頭. ‖신세력이 대두하다 新勢力が台頭する.

대-들다 /tɛːdɯlda/ [ㄹ語幹] [대들어, 대드는, 대듭니다] [하自] 食ってかかる; 歯向かう; 立ち向かう; たてつく; かみつく. ‖그는 선배한테도 대드는 사람이다 彼は先輩にも遠慮のない人だ. 부모한테 대들다 親にたてつく.

대-들보(大-)【-뽀】[名] ❶ 大梁(ᵞᵉ). ❷ [比喩的に] 大黒柱.

대등(對等) [名] [하形] 対等; 同等. ‖대등한 입장 対等な立場. 대등한 관계를 유지하다 対等な関係を保つ.

대등-절(對等節) [名] [言語] 対立節.

대뜸 [副] 急にいきなり; 突然. ‖대뜸 화를 내다 いきなり怒り出す.

대략(大略)/tɛːrjak/ [名] ❶ 大略; 概略. ❷ [副詞的に] おおよそ; だいたい. ‖대략 삼천만 원 정도가 필요하다 だいたい３千万ウォンぐらい必要だ. 대략 알 것 같다 だいたいできたみたい.

대량(大量)/tɛːrjaŋ/ [名] 大量. ㊨소량(少量). ‖대량 생산 大量生産. 대량으로 소비하다 大量に消費する. 대량으로 사들이다 大量に買い込む.

대령(大領) [名] [軍事] 大佐. ㊨중령(中領)·소령(少領).

대로¹(大路) [名] 大通り; 大きな道路.

대로² /tɛro/ [依存] ❶ …通り; …まま; …のように. ‖하고 싶은 대로 하세요 したいようにしてください. 시키는 대로 하다 言われる通りにする. ❷ …したらすぐ; …次第に. ‖동경에 도착하는 대로 전화하겠습니다 東京に着き次第電話します. 닥치는 대로 집어던지다 手当たり次第投げつける.

대로³ [助] …なりに; …通りに. ‖자기 나름대로 생각이 있겠지 自分なりの考えがあるだろう.

대롱 [名] 細い竹筒.

대롱-거리다 [自] (垂れ下がったものが) ぶらさがる.

대롱-대롱 [副] [하自] ぶらぶら; ぶらりぶらり; ゆらゆら. ‖가지に몇개 대롱대롱 달려 있다 ナスがいくつかぶらりぶらりと下がっている.

대류(對流) [名] [物理] 対流.
대류-권(對流圏)【-꿘】[名] [天文] 対流圏.

대륙(大陸)/dɛːrjuk/ [名] 大陸. ‖유라시아 대륙 ユーラシア大陸. 대륙으로 건너가다 大陸に渡る.
대륙-붕(大陸棚)【-뽕】[名] [地] 大陸棚.
대륙성기후(大陸性氣候)【-썽-】[名] [地] 大陸性気候. ㊨내륙성 기후(內陸性氣候).
대륙-적(大陸的)【-쩍】[名] 大陸的. ‖대륙적인 풍토 大陸的な風土.

대리(代理)/tɛːri/ [名] [하타] 代理. ‖부장 대리 部長代理. 대리 투표 代理投票. 대리로 출석하다 代理で出席する.
대리-모(代理母) [名] 代理母.
대리-인(代理人) [法律] 代理人.
대리-점(代理店) [名] 代理店.

대리-석(大理石) [鑛物] 大理石.

대림-절(待臨節) [名] [キリスト教] 待降節; 降臨節; アドベント.

대립(對立)/tɛːrip/ [名] [하自] 対立. ‖의견이 대립하다 意見が対立する. 대립이 표면화되다 対立が表面化する. 대립 관계 対立関係.

대마¹(大馬) [名] (囲碁で) 大石(ᵒᵒˢʰⁱ).
대마²(大麻) [名] [植物] アサ(麻). ◎삼.
대마-초(大麻草) [名] [植物] タイマ(大麻).

대-만원(大滿員) [名] 超満員.

대망¹(大望) [名] 大望(ᵗᵃⁱᵐᵒ). ‖대망을 품다 大望をいだく.
대망²(待望) [名] [하타] 待望. ‖대망의 이십일 세기 待望の21世紀.

대-매출(大賣出) [名] 大売出し.

대맥(大麥) [名] [植物] オオムギ(大麥). ㊨보리.

대-머리 [名] 禿げ頭.

대면(對面) [名] [하타] 対面. ‖첫 대면 初対面.

대명-사(代名詞) [言語] 代名詞.

대명-천지(大明天地) [名] 〔主に대명천지에の形で〕明明天地. ‖대명천지에 어떻게 이런 일이 世の中にどうしてこんなことが.

대모(代母) [名] [カトリック] 代母.

대목 /tɛmok/ [名] ❶ 重要な場面; 重要

대문

な時期.❷[설날 대목 暮れの書き入れ時. (文や映画などの)ある場面.❸重要な대목 重要な場面.

대목-장 (-場) 【-짱】 图 お正月やお盆などを控えて開かれる市.

대문 (大門) /tɛ:mun/ 图 (住宅などの)正門; 門. ‖대문을 닫아걸다 門に門(かんぬき)をかける.

대문-짝 (大門-) 图 門の扉.

대문짝만-하다 (大門-) 【-짱-】 혱 [하예] 大きすぎることを誇張して言う語. ‖신문에 사진이 대문짝만하게 실리다 新聞に写真がでかでかと載せられる. 광고를 대문짝만하게 내다 でかでかと広告を出す.

대-문자 (大文字) 【-짜】 图 (欧文で)大文字. ↔소문자 (小文字).

대물-렌즈 (對物lens) 图 対物レンズ. ↔접안렌즈 (接眼-).

대-물림 (代-) 图 《他》子孫に譲り渡すこと; 受け継がれること. **대물림-되다** 《受》

대미 (對美) 图 対米; 対アメリカ. ‖일본의 대미 정책 日本の対米政策.

대-바구니 图 竹籠(に).⑳대소쿠리.

대-바늘 图 竹針.

대박 (大-) 图 [比喩的に] 大もうけ; 大当たり. ‖대박이 터지다 大当たりする.

대-발회 (大發會) 【-/-훼】 图 (取引所の)大発会. ↔대납회 (大納會).

대-밭 【-받】 图 竹林; 竹やぶ.

대번-에 用 一気に; すぐに. ‖그를 대번에 알아보다 彼だとすぐに分かる.

대범-하다 (大汎hada) 【-뻠-】 혱 [하예] 大様だ; 泰然としている; あまり物怖じしない. ‖대범한 성격 あまり物怖じしない性格. 대범하게 나오다 大様にふるまる.

대-법관 (大法官) 【-꽌】 图 [法律] 最高裁判所の裁判官.

대-법원 (大法院) 图 [法律] 最高裁判所.
    대법원-장 (大法院長) 图 最高裁判所長官.

대-법정 (大法廷) 【-쩡】 图 大法廷.

대-법회 (大法會) 【-뻐회 /-뻐훼】 图 [仏教] 大法会.

대변¹ (大便) 图 大便. ‖대변이 마렵다 大便を催す.

대변² (代辯) 图 《他》代弁. ‖그 사람의 마음을 대변하다 彼の気持ちを代弁する. **대변-되다** 《受》
    대변-인 (代辯人) 图 代弁者; スポークスマン.
    대변-자 (代辯者) 图 代弁者.
    대변-지 (代辯紙) 图 機関紙.

대변³ (對邊) 图 [数学] 対辺.

대변⁴ (貸邊) 图 (經) 貸し方. ↔차변 (借邊).

대-변혁 (大變革) 图 大きな変革.

대별 (大別) 图 大別.

대-보다 他 (直接)比べてみる; 当ててみる. ‖옷이 어울리는지 대보다 服が似合うかどうかあててみる.

대-보름 (大一) 图 [民俗] 〔대보름날 (大-)の略語〕陰暦の 1 月 15 日.
    대보름-날 (大-) 图 [民俗] 陰暦の 1 月 15 日; 上元. ㉘대보름.

대본 (臺本) 图 台本.

대-본산 (大本山) 图 [仏教] 大本山.

대부¹ (代父) 图 [カトリック] 代父.

대부² (貸付) 图 《他》貸付.
    대부-금 (貸付金) 图 《他》貸付金.

대부-분 (大部分) /tɛ:bubun/ 图 大部分; ほとんど. ‖이 가게 상품의 대부분은 수입품이다 この店の商品の大部分は輸入品である. 대부분의 사람들이 참가했다 ほとんどの人が参加した.

대북 (對北) 图 対北朝鮮. ‖대북 関係 対北朝鮮関係.

대-분수 (帶分數) 【-쑤】 图 [数学] 帯分数.

대불 (大佛) 图 [仏教] 大仏.

대-비¹ 图 竹箒(ᄇ).

대비² (大妃) 图 [歴史] 先王の妻.

대비³ (對比) /tɛ:bi/ 图 《他自》対比; …比. ‖두 나라의 国民性を대비하다 両国の国民性を対比する. 작년 대비 영업실적 昨年比営業実績.

대비⁴ (對備) 图 《他自》(何かに備えて)準備をすること. ‖기말 시험에 대비하다 期末試験に備えて準備をする. 겨울에 대비하여 전기 장판을 사다 冬に備えて電気カーペットを買う.

대사¹ (大事) 图 ❶大事; 重要なこと. ‖국가의 대사 国家の大事. ❷冠婚葬祭のような重要な行事. ❸큰일.

대사² (大使) /tɛ:sa/ 图 大使. ‖주일본 대사 駐韓国日本大使.
    대사-관 (大使館) 图 大使館. ‖주한국 대사관 駐韓国大使館.

대사³ (大師) 图 [仏教] 大師.

대사⁴ (代謝) 图 代謝. ‖신진대사 新陳代謝.

대사⁵ (臺詞) 图 せりふ.

대-사제 (大司祭) 图 [カトリック] 大司祭.

대상¹ (大賞) 图 大賞; グランプリ. ‖음악 콩쿠르에서 대상을 수상하다 音楽コンクールで大賞を受賞する.

대상² (代償) 图 代償.

대상³ (帶狀) 图 帯状.

대상⁴ (隊商) 图 隊商.

대상⁵ (對象) /tɛ:saŋ/ 图 ❶対象. ‖어린이를 대상으로 한 프로그램 子どもを対象とした番組. 연구 대상 研究の対象. 실험 대상 実験の対象. ❷…向け. ‖주부들을 대상으로 하는 방송 主婦向けの放送. ❸的 (てき) の.

경의 대상 憧れの的. 공격 대상 攻撃の的.

대서¹ (大書) 名 他 大きく書くこと.
대서² (大暑) 名 〔二十四節気の〕大暑.
대서³ (代書) 名 代書.
-대서 語尾 〔-다고 하여서의 縮約形〕後続する文の理由・原因を表わす：…と言うから. ‖많이 먹겠대서 많이 차렸는데 조금밖에 안 먹더라 たくさん食べると言うからたくさん準備したけど少ししか食べなかった.
-대서야 語尾 〔-다고 하여서야의 縮約形〕…(だ)と言っては. ‖이 정도 일이 힘들대서야 아무 일도 못 하지 この程度の仕事がきついと言っては他の仕事もできない.
대서-양 (大西洋) 地名 大西洋.
대서-특필 (大書特筆) 名 他 特筆大書.
대석 (對席) 名 他 対席.
대선 (大選) 名 大統領選挙.
대-선거구 (大選擧區) 名 大選挙区.
대설 (大雪) 名 ❶〔二十四節気の〕大雪. ❷ (略) ‖대설 주의보 大雪注意報.
대성 (大成) 名 自 大成.
대-성공 (大成功) 名 大成功. ‖대성공을 거두다 大成功を収める.
대성-통곡 (大聲痛哭) 名 他 激しく慟哭(͜)すること.
대-성황 (大盛況) 名 大盛況. ‖대성황을 이루다 大盛況を博する.
대세 (大勢) 名 ❶大勢. ‖대세에 따르다 大勢に従う. ❷大きな勢力.
대소¹ (大小) 名 大小.
대소² (大笑) 名 自 大笑; 大笑い.
대소³ (代訴) 名 他 本人に代って訴訟すること.
대소⁴ (對訴) 名 他 [法律] 反訴. 類 反訴고소–告訴.
대-소동 (大騷動) 名 大騒動；大騒ぎ. ‖대소동이 일어나다 大騒動が起きる.
대소-변 (大小便) 名 大小便.
대-소사 (大小事) 名 大小事.
대-소쿠리 ⟨竹籠(͜))⟩ 名 (略)대바구니.
대손 (貸損) 名 経 貸し倒れ.
대수¹ 名 [疑問文で反語的に] 大したこと；偉いこと. ‖일류 대학을 나온다고 대수냐? 一流大学を出たからってそんなに偉いのか.
대수² (代數) 名 [数学] 代数.
  대수-식 (代數式) 名 [数学] 代数式.
  대수-학 (代數學) 名 [数学] 代数学.
대수³ (對數) 名 [数学] 対数. 類 로그(log).
  대수-표 (對數表) 名 [数学] 対数表. 類 로그표(-表).
대수⁴ (臺數) 名 [-수] 台数. ‖자동차 대수 自動車台数.
대수-롭다 /tɛːsuropˀta/ 【-따】 形 [ㅂ変] [대수로와, 대수로운] 〔主に下に

打ち消しの表現を伴って〕大したことはない；大変なことではない. ‖대수롭지 않은 일이다 大したことではない. 대수롭지 않게 여기다 大したことと思わない. 대수로이 副
대-수술 (大手術) 名 他 大手術.
대-순 (-筍) 名 竹の子. 類 죽순(竹筍).
대습-상속 (代襲相續) 【-상-】 名 [法律] 代襲相続.
대승¹ (大乘) 名 [仏教] 大乗. 対 소승(小乘). ‖대승 불교 大乗仏教.
대승² (大勝) 名 自 大勝. 対 대패(大敗).
대시 (dash) 名 ❶ [ボクシングで] ダッシュ. ‖대시 전법 ダッシュ戦法. ❷ [符号の] ダッシュ(-).
대시-하다 (dash-) 自 [自変] ダッシュする.
대식¹ (帶蝕) 名 [天文] 帯食.
대식² (大食) 名 他 大食；大食い.
  대식-가 (大食家) 【-까】 名 大食家.
  대식-한 (大食漢) 【-시칸】 名 大食漢.
대신¹ (大臣) 名 大臣.
대신² /tɛːɕin/ 名 他 代わり；代理；身代わり. ‖저 사람 대신에 제가 가겠습니다 あの人の代わりに私が行きます. 내 대신에 일할 사람을 찾고 있다 私の代わりに仕事をする人を探している. 사장을 대신해서 인사를 하다 社長に代わって[社長の代理として]挨拶をする.
대심 (對審) 名 [法律] 対審.
대-싸리 [植物] ホウキギ(箒木).
대안¹ (代案) 名 代案. ‖대안을 제시하다 代案を提示する.
대안-학교 (代案學校) 【-꾜】 名 フリースクールのように, 正規の学校での教育の代わりに個性的な教育理念や信条による教育がおこなわれる学校.
대안² (對岸) 名 対岸；向こう岸.
대안³ (對案) 名 対案.
대안렌즈 (對眼lens) 名 [物理] 接眼レンズ.
대야¹ 名 洗面器；たらい. ‖세숫대야 洗面器.
-대야² 語尾 〔-다고 하여야의 縮約形〕…と言っても. ‖앤들 많이 먹는대야 얼마나 먹겠어 子どもだからだってたくさん食べると言ってもそんなに食べないよ.
대양 (大洋) 名 大洋.
대어¹ (大魚) 名 大魚.
대어² (大漁) 名 大漁.
대업 (大業) 名 大業. ‖대업을 완수하다 大業をなし遂げる.
대여 (貸與) 名 他 貸与；レンタル. ‖비디오를 대여하다 ビデオをレンタルする.
대-여섯 [-섣] 數 名 5, 6；5つか 6つ.

대역 ∥입사 원서를 대여섯 군데 내다 (入社のための)履歴書を5,6か所に出す.
대역² (大役) 图 大役. ∥대역을 맡다 大役を任される.
대역³ (代役) 图 (하타) 代役. ∥주인공의 대역을 맡다 主役の代役を任される.
대역⁴ (對譯) 图 (하타) 対訳.
대열 (隊列) 图 隊列.
대엿-새 [-엳쌔] 图 5,6日.
　대엿샛-날 [-엳쌘-] 图 5,6日目の日.
대오¹ (大悟) 图 (仏教) 大悟.
대오² (隊伍) 图 (軍事) 隊伍.
대왕 (大王) 图 大王.
대왕-대비 (大王大妃) 图 (歴史) (在位中の)王の祖母.
대외 (對外) 图 [-/-에] 图 対外. ㉠대내 (對内). ∥대외 신용도 対外信用度.
대외-비 (對外秘) 图 極秘.
대요 (大要) 图 大要. ∥계획의 대요 計画の大要.
대용 (代用) 图 (하타) 代用.
　대용-품 (代用品) 图 代用品.
대우 (待遇) /tɛːuʔ/ 图 (하타) 待遇. ∥대우가 나쁘다 待遇が悪い. 특별 대우 特別待遇. 대우 개선 待遇改善. 부장 대우 部長待遇. **대우-받다** (受타)
대-우주 (大宇宙) 图 大宇宙.
대운 (大運) 图 大きな運.
대웅-성 (大熊星) 图 (天文) 大熊座の星.
대웅-전 (大雄殿) 图 (仏教) 大雄殿. ✢中国および朝鮮の禪宗系寺院の本堂.
대웅-좌 (大熊座) 图 (天文) 大熊座.
대원¹ (大圓) 图 (数学) 大円.
대원² (隊員) 图 隊員.
대-원수 (大元帥) 图 (軍事) 大元帥.
대월 (貸越) 图 (하타) 貸し越し.
　대월-한 (貸越限) 图 貸越限.
대위¹ (大尉) 图 (軍事) 大尉. ㉠중위 (中尉)·소위 (少尉).
대위² (代位) 图 (하타) (法律) 代位.
대위-법 (對位法) [-뻡] 图 (音楽) 対位法.
대-음순 (大陰脣) 图 (解剖) 大陰脣.
대응 (對應) /tɛːɯŋ/ 图 (하타) 対応. ∥대응하는 두 각 対応する二角. 대응을 잘못하다 対応を誤る. 대응 관계 対応関係. 구체적인 대응 방안 具体的な対応方針.
　대응-각 (對應角) 图 (数学) 対応角.
　대응-변 (對應邊) 图 (数学) 対応辺.
　대응-책 (對應策) 图 対応策. ∥대응책을 강구하다 対応策を講じる.
대의¹ (大意) 图 [-/-이] 图 大意.
대의² (大義) 图 [-/-이] 图 大義.
　대의-명분 (大義名分) 图 大義名分.
대의-원 (代議員) 图 [-/-이-] 图 代議員.
대인¹ (大人) 图 ❶ 大人 (おとな). ❷ 大人 (たいじん).

대인² (對人) 图 対人. ∥원만한 대인 관계 円満な対人関係.
　대인공포증 (對人恐怖症) 【-쯩】 图 (医学) 対人恐怖症.
대일 (對日) 图 対日. ∥対日本. ∥대일 무역 수지 対日貿易収支.
대임 (大任) 图 大任; 大役. ∥대임을 완수하다 大任を果たす.
대입¹ (大入) 图 〔대학 입학 (大學入學)의 略語〕 大学入試.
대입² (代入) 图 (하타) (数学) 代入.
대-자¹ (-字) 图 竹の定規.
대자² (對自) 图 対自. ㉠즉자 (即自).
　대-자보 (大字報) 图 大字報.
대-자연 (大自然) 图 大自然. ∥대자연의 섭리 大自然の摂理.
대작¹ (大作) 图 大作.
대작² (對酌) 图 (하타) 対酌.
대장¹ (大將) /tɛːdʑaŋ/ 图 ❶ (軍事) 大将. ❷ 大将; 頭目. ∥골목대장 餓鬼大将.
대장² (大腸) 图 (解剖) 大腸.
　대장-균 (大腸菌) 图 大腸菌.
　대장-염 (大腸炎) 【-념】 图 (医学) 大腸炎.
대장³ (隊長) 图 隊長.
대장⁴ (臺帳) 图 台帳. ∥토지 대장 土地台帳.
대장-간 (-間) 【-깐】 图 鍛冶屋.
대장경 (大藏經) 图 (仏教) 大蔵経.
대장부 (大丈夫) 图 健康で立派な男子.
　대장부-답다 (大丈夫-) 【-따】 服 [ㅂ変] 男らしい.
대장-장이 图 鍛冶屋.
대쟁 (大箏) 图 (音楽) 唐楽を演奏する時に用いる弦楽器の一つ.
대저 (大抵) 图 大抵の. 大体. ㉒무릇.
대적¹ (大敵) 图 大敵; 強敵.
대적² (對敵) 图 (하타) 対敵.
대전¹ (大田) 图 (地名) 大田 (デジョン). ✢충청남도 (忠淸南道)의 道庁所在地.
대전² (大全) 图 大全; 大法.
대전³ (大典) 图 大典.
대전⁴ (大戰) 图 大戦. ∥세계 대전 世界大戦.
대전⁵ (對戰) 图 (하타) 対戦. ∥대전 성적 対戦成績.
　대전-료 (對戰料) 【-뇨】 图 ファイトマネー.
대-전제 (大前提) 图 大前提.
대절 (貸切) 图 (하타) 貸し切り; 貸し切ること. ㉠전세 (傳貰). ∥관광버스를 대절하다 観光バスを貸し切る.
대접¹ 图 (スープや麵類などを入れる)浅めのどんぶり.
대접² (待接) /tɛːdʑəp/ 图 (하타) ❶ もてなし; ごちそうすること. ∥융숭한 대접 豪華なもてなし. ❷ (人間的な)扱い; (人間

대정-각 (對頂角) 〖數學〗 대정각.
대-정맥 (大靜脈) 〖解剖〗 대정맥.
대제 (大帝) 〖名〗 대제. ∥러시아의 피요트르 대제 ロシアのピョートル大帝.
대-제전 (大祭典) 〖名〗 대행사.
대조 (對照) /tɛːdʑo/ 〖名〗〖하다〗 대조; 照らし合わせること. ∥원문과 대조하다 原文と対照する, 대장과 재고품을 대조하다 台帳と在庫品を照らし合わせる. 대조 연구 対照研究.
대조-적 (對照的) 〖名〗 대조적의. ∥그는 성격이 동생과는 대조적이다 彼は性格が弟と対照的だ.
대졸 (大卒) 〖名〗 「대학 졸업 (大學卒業)」의 略語. 대졸.
대종-교 (大倧敎) 〖名〗〖宗敎〗 한국의 건국신으로 되어있는 단군 (檀君)를 敎祖로 하는 宗敎.
대-종손 (大宗孫) 〖名〗 본가의 跡継ぎ.
대좌¹ (臺座) 〖名〗〖佛敎〗 台座.
대좌² (對坐) 〖名〗〖하다〗 대좌.
대죄¹ (大罪) 〖/-쮀/〗 〖名〗 대죄.
대죄² (待罪) 〖/-쮀/〗 〖名〗〖하다〗 処罰을 待つ일.
대주 (代走) 〖名〗〖하다〗 〖野球〗 代走.
대주-자 (代走者) 〖名〗 代走者; ピンチランナー.
대-주교 (大主敎) 〖名〗〖カトリック〗 大司敎.
대-주다 〖他〗 ❶ 供給하다; (학費などを) 出してやる. ❷ あててやる; 当ててやる; 添えてやる. ∥컵을 입에 대주다 コップを口に当ててやる.
대중¹ (大衆) 〖名〗 ❶ 見当; 見積もり. ∥전혀 대중할 수가 없다 全く見当がつかない. 눈대중 目分量; 目積もり. ❷ 基準; 標準; 目安. 대중을 삼다 [잡다] 目安をつける.
대중-없다 〖-업따〗 見当がつかない; ばらばらだ; まちまちだ. ∥가게 문 닫는 시간은 대중없다 店を閉める時間はまちまちだ. **대중없-이** 〖副〗
대중² (對中) 〖名〗 対中国.
대중³ (大衆) /tɛːdʑuŋ/ 〖名〗 大衆. ∥일반 대중 一般大衆. 대중을 선동하다 大衆を扇動する. 대중을 우롱하는 정책 大衆を愚弄する政策.
대중-가요 (大衆歌謠) 〖名〗 歌謡; 歌謡曲; 流行歌.
대중-매체 (大衆媒體) 〖名〗 マスメディア.
대중-목욕탕 (大衆沐浴湯) 〖名〗 公衆浴場; 銭湯. ⑳대중탕 (大衆湯).
대중-문학 (大衆文學) 〖名〗 大衆文學.
대중-문화 (大衆文化) 〖名〗 大衆文化.
대중-사회 (大衆社會) 〖/-쇄/〗 〖名〗 大衆社会.
대중-성 (大衆性) 〖-썽〗 〖名〗 大衆性.

대중-소설 (大衆小說) 〖名〗 大衆小説.
대중-식당 (大衆食堂) 〖/-땅/〗 〖名〗 大衆食堂.
대중-운동 (大衆運動) 〖名〗 大衆運動.
대중-작가 (大衆作家) 〖/-까/〗 〖名〗 大衆作家.
대중-적 (大衆的) 〖名〗 大衆的. ∥대중적인 인기 大衆的な人気.
대중-탕 (大衆湯) 〖名〗 「대중 목욕탕 (大衆沐浴湯)」의 略語.
대중-판 (大衆版) 〖名〗 大衆向けの出版物.
대중-화 (大衆化) 〖되自〗 大衆化. ∥컴퓨터 사용의 대중화되다 パソコンの使用が大衆化する.
대지¹ (大地) /tɛːdʑi/ 〖名〗 大地. ∥광활한 대지 広々とした大地.
대지² (大志) 〖名〗 大志.
대지³ (垈地) 〖名〗 敷地.
대지⁴ (貸地) 〖名〗 貸地. ㉚차지 (借地).
대지⁵ (臺地) 〖地〗 台地.
대지⁶ (對地) 〖名〗 対地. ∥대지 공격 対地攻撃.
대-지주 (大地主) 〖名〗 大地主.
대질 (對質) 〖名〗〖하다〗 〖法律〗 대질. ∥두 증인을 대질시키다 2人の証人を対質させる.
대질 심문 (對質尋問) 〖法律〗 対質尋問.
대-쪽 割った竹; 竹の細ımı.
대쪽-같다 〖-깓따〗 〖形〗 (性格が) 竹を割ったようだ. ∥대쪽같은 성격 竹を割ったような性格. **대쪽같-이** 〖副〗
대차¹ (貸借) 〖名〗〖하다〗 貸借.
대차-대조표 (貸借對照表) 〖經〗 貸借対照表.
대차² (大差) 〖名〗 大差.
대-차다 〖形〗 (性格が) 生一本で強い.
대책 (對策) /tɛːtɕʰɛk/ 〖名〗 対策. ∥실업 대책 失業対策. 대책을 강구하다 対策を講じる. 대책을 세우다 対策を立てる. 안전 대책 安全対策.
대처 (對處) 〖名〗〖하다〗 対処. ∥난국에 대처하다 難局に対処する.
대처-승 (帶妻僧) 〖名〗〖佛敎〗 妻帯僧; 火宅僧.
대-천문 (大泉門) 〖名〗〖解剖〗 泉門; ひよめき.
대청 (大廳) 〖名〗 (母屋の部屋と部屋の間にある) 板の間.
  대청-마루 (大廳-) 〖名〗 =대청 (大廳).
대-청소 (大淸掃) 〖名〗〖하다自〗 大掃除.
대체-물 (代替物) 〖名〗 〖法律〗 代替物.
대체-에너지 (代替 energy) 〖名〗 代替エネルギー.
대체² (對替) 〖名〗〖하다〗 振替. ∥대체 계정 振替勘定.

대체-로 (大體-) /tɛːtɕʰero/ 〖副〗 大体; おおむね; おおよそ; 総じ

대체-적 (大體的) 【-쩍】 大体; おおよそ. ‖대체적인 반응 大体の反応. 성적은 대체적으로 좋은 편이다 成績は概していい方だ.

대추 /tɛːtʃʰu/ 图 《植物》 ナツメ(棗).
대추-나무 图 ナツメの木.
대추-씨 图 ナツメの種.
대추-차 (-茶) 图 ナツメの実で作ったお茶.

대출¹ (代出) 图 他自 《대리 출석 代理出席의 略稱》代理出席.
대출² (貸出) 图 他自 貸し出し. 罗차입(借入).
대출-금 (貸出金) 图 =대부금(貸付金).
대출-부 (貸出簿) 图 貸出し簿.
대출-자 (貸出者) 【-짜】 图 貸出し人; 借りた人.

대충 /tɛtʃʰuŋ/ 圖 おおよそ; 大体; 大ざっぱに; およそに; 適当に. ‖일을 대충 마무리하고 일찍 들어갑시다 適当にやって早く帰りましょう. 그 사람은 상황을 대충 설명했다 彼は状況をおおまかに説明した. **대충-대충** 圖 適当に; 大ざっぱに; おおまかに; いい加減に. ‖일을 대충대충 하다 仕事をいい加減にする.

대치 (對峙) 图 自 対峙(ʰ̩). ‖두 부대는 강을 끼고 대치하고 있다 両部隊は川を挟んで対峙している.

대칭 (對稱) 图 対称. ‖대칭 이동 対称移動.
대칭-면 (對稱面) 图 《数学》対称面.
대칭-점 (對稱點) 【-쩜】 图 《数学》対称点.
대칭-형 (對稱形) 图 《数学》対称形.

대타 (代打) 图 《野球で》代打; ピンチヒッター. ‖대타로 타석에 들어서다 代打で打席に立つ.

대통 (大通) 图 自 開運. ‖운수 대통 運勢大吉.

대통령 (大統領) /tɛːtʰoŋnjəŋ/ 【-녕】 图 大統領. ‖한국의 대통령에 당선되다 韓国の大統領に当選する. 한국의 대통령 임기는 오 년이다 韓国の大統領の任期は5年である.

대퇴 (大腿) 【-/-퀘】 图 《解剖》大腿. 罗넓적다리.
대퇴-골 (大腿骨) 图 《解剖》大腿骨.
대퇴-근 (大腿筋) 图 《解剖》大腿筋.

대파 (大破) 图 他 大破.
대판¹ (大-) 圖 大きく; 大がかりに. ‖대판 싸우다 大げんかをする.
대판² (大版) 图 《印刷物·写真などの》大判.

대패¹ 鉋(ゕ゙ん). ‖대패로 밀다 鉋をかける.
대패-질 图 他自 鉋がけ.
대팻-날 [-팬-] 图 鉋の刃.
대패² (大敗) 图 他自 大敗. 罗대승(大勝).

대-평원 (大平原) 图 大平原.

대포 (大砲) 图 大砲의 略語. ‖대포 한잔 합시다 軽く一杯やりましょう.
대폿-술 [-폳-/-폿-] 图 大きめの杯で飲む酒. 罗대포.
대폿-잔 (-盞) [-폳짠/-폿짠] 图 大きめの杯.
대폿-집 [-폳찝/-폿찝] 图 居酒屋; 一杯飲み屋.
대포² (大砲) 图 大砲.
대포-알 (大砲-) 图 砲弾.

대폭 (大幅) /tɛːpʰok/ 圖 大幅に. ‖예산을 대폭 줄이다 予算を大幅に削減する. 가격을 대폭 인상하다 大幅に値上げする.
대폭-적 (大幅的) 【-쩍】 图 大幅. ‖대폭적인 지지 大幅な支持.

대폭발-설 (大爆發說) 【-빨-】 图 ビッグバン.

대표 (代表) /tɛːpʰjo/ 图 他自 代表. ‖친족을 대표해서 인사를 하다 親族を代表して挨拶する. 한국 대표 로 회의에 출석하다 韓国代表として会議に出席する. 모네로 대표되는 인상파 미술 モネに代表される印象派の美術. 대표 선수 代表選手.
대표-음 (代表音) 图 《言語》代表音.
대표-이사 (代表理事) 图 代表理事.
대표-자 (代表者) 图 代表者.
대표-작 (代表作) 图 代表作.
대표-적 (代表的) 【-쩍】 图 代表的. ‖일본의 대표적인 작가 日本の代表的な作家.
대표-전화 (代表電話) 图 代表電話.
대표-치 (代表値) 图 《数学》=대表값 (代表-).
대표-값 (代表-) 【-표깝/-표깜】 图 《数学》代表値.

대풍 (大豊) 图 大豊作; 大豊年. ‖대풍이 들다 大豊作になる.

대피 (待避) 图 他自 ❶ 退避. ‖대피 훈련 退避訓練. 노인들과 아이들을 먼저 대피시키다 老人と子どもたちを先に退避させる. ❷ 待避. ‖떨어져서 대피하다 離れて待避する.
대피-소 (待避所) 图 待避所; 避難場所.
대피-호 (待避壕) 图 待避壕; 防空壕.

대필¹ (大筆) 图 大筆.
대필² (代筆) 图 他 代筆. 罗자필(自筆).

대하 (大河) 图 大河.
대하-드라마 (大河 drama) 图 大河ドラマ

대하-소설 (大河小說) 图 大河小說.
대하² (大蝦) 图 [魚介類] タイショウエビ(大正蝦); コウライエビ(高麗蝦).
대-하다 (對-) /tɛ:hada/ 国他 [하変] ❶ 対する. ∥정치에 대한 관심 政治に対する関心. 경제에 대한 질문 経済についての質問. 미래에 대한 희망 未来に対する希望. 저출산 문제에 대한 정부의 입장 少子化問題に対する政府の立場. 한국에 대해 좋은 인상을 가지고 있다 韓国に対していい印象を持っている. ❷ 素材や題材にする. ∥한국 문학에 대한 소개 韓国文学についての紹介. 한국 문화에 대하여 강연을 하다 韓国文化について講演をする. ❸ 対面する; 顔を合わせる. ∥그 사람을 대할 때마다 낯설게 느껴진다 彼と顔を合わせるたびによそよそしく感じる. ❹ 応対する; もてなす; 当たる. ∥정중하게 대하다 丁重にもてなす. 친절하게 대해 주셔서 감사합니다 親切に応対してくださってありがとうございます. 애들에게 심하게 대하다 子供たちにつらく当たる.

대하여 [대하н] (對-) 国 [하変] 対하다(対する・関する)の連用形.
대하-증 (帶下症) 【-쯩】图 [医学] 帯下(たいげ).
대학¹ (大學) /tɛ:hak/ ❶ 大学. ∥대학에 들어가다 大学に入る; 入学する. 일류 대학 一流大学. 대학교수 大学の教授. 시민 대학 市民大学. ❷ 学部. ∥사범 대학 教育学部.
대학-가 (大學街) 【-까】图 学生街.
대학-교 (大學校) 【-교】图 総合大学; 大学.
대학-병원 (大學病院) 【-병-】图 大学病院.
대학-생 (大學生) 【-생】图 大学生.
대학-원 (大學院) 图 大学院.
대학² (大學) 图 《四書の一つの》大学.
대-학자 (大學者) 【-짜】图 大学者.
대한¹ (大寒) 图 《二十四節気の六》大寒.
대한² (對韓) 图 対韓; 対韓国.
대한³ (對한) 国 [하変] 対하다(対する・関する)の連体形. ∥한국에 대한 관심 韓国に関する関心.
대한-민국 (大韓民國) /tɛ:hanminguk/ 图 [国名] 大韓民国.
대한-제국 (大韓帝國) 图 [歴史] 大韓帝国(1897～1910).
대한-해협 (大韓海峽) 图 [地名] 朝鮮海峽.
대함 (大艦) 图 大艦.
대합 (大蛤) 图 [魚介類] ハマグリ(蛤).
대합-조개 (大蛤-) 【-쪼-】图 = 대합(大蛤).
대합-실 (待合室) /tɛ:hapʔsil/ 【-씰】图 待合室; 控え室. ∥역 대합실 駅の待合室.

대항 (對抗) /tɛ:haŋ/ 图自 対抗; 歯向かうこと; 立ち向かうこと. ∥대항 의식 対抗意識. 권력에 대항하다 権力に歯向かう.
대항-전 (對抗戰) 图 対抗戰; 対抗試合.
대행 (代行) 图他 代行. ∥교장의 업무를 대행하다 校長の業務を代行する.
대-헌장 (大憲章) 图 [歷史] 大憲章; マグナカルタ.
대형 (大型) 图 大型. ㉗ 소형(小型). ∥대형 마트 大型スーパー. 대형 스크린 大型スクリーン.
대형-견 (大型犬) 图 大型犬.
대형-자동차 (大型自動車) 图 大型自動車. ⓓ 대형차(大型車).
대형-주 (大型株) 【経】图 大型株.
대형-차 (大型車) 【経】图 大型自動車(大型車)의 약칭.
대형-화 (大型化) 图他 大型化.
대혼-기간 (待婚期間) 图 [法律] 待婚期間; 再婚禁止期間.
대화 (對話) /tɛ:hwa/ 图自 対話; 会話. ∥부자간의 대화 親子の間の対話. 두 사람이 대화하고 있다 2人が会話を交わしている.
대화-문 (對話文) 图 会話文.
대화-체 (對話體) 图 会話体.
대환영 (大歡迎) 图他 大歓迎. ∥대환영을 받다 大歓迎を受ける.
대회 (大會) /tɛ:hwe/ 【-/-ㅙ】图 大会. ∥대회가 열리다 大会が開かれる. 전국대회 全国大会. 웅변 대회 弁論大会.
대흉-근 (大胸筋) 图 [解剖] 大胸筋.
대흉-년 (大凶年) 图 大凶年.
댁¹ (宅) /tɛk/ 【댁】图 〚남의 집의 尊敬語〛お宅; ご自宅. ∥사장님 댁 社長のお宅. 댁까지 모셔다 드리겠습니다 ご自宅までお送りいたします.
— 代 そちら様; あなた. ∥댁은 뉘시오? そちらはどちら様ですか. ✚相手を遠回しに指す言葉. 目上の人には使えない.
-댁² (宅) 接尾 ❶ 〚地名に付けて〛奥さんの出身地を表わす. ∥부산댁 釜山からお嫁いできた奥さん; 釜山出身の奥さん. ✚古い言い方. ❷ 〚関係を表わす名詞に付けて〛その人の妻であることを表わす. ∥처남댁 妻の男兄弟の奥さん.
댁내 (宅內) 【댕-】图 ご家族; ご家族の皆様. ∥댁내 별일 없으십니까? ご家族の皆様はお変わりありませんか.
댄서 (dancer) 图 ダンサー.
댄스 (dance) 图 ダンス. ∥댄스 파티 ダンスパーティー.
댄스-홀 (dance hall) 图 ダンスホール.
댐 (dam) /tɛm/ 图 ダム. ∥다목적 댐 多目的ダム.
댓 【댄】冠 5 つ쯤(의); 5 つくらい(의). ∥사과 댓 개 주세요 リンゴ 5 個くらい

ださい. 댓 글 정도가 앉을 수 있는 가게 5人ほどが座れる店.

댓글 【댇끌】 图 (IT) リプライ. ⑪리플.
댓-닭 【대딱/댇딱】 图 《鳥類》 シャモ(軍鶏).
댓바람-에 【대빠−/댇빠−】 圖 すぐに; 直ちに; 間もなく.
댓-줄기 【대쭐−/댇쭐−】 图 竹の茎.
댕 圖 鐘または非常に大きい金属の器などを軽く叩く音. ‖댕 하고 종소리가 나다 鐘がどんと鳴る.

댕강¹ 圖 小さな金属片などがぶつかり合う時の音: ちん(と).
댕강² 圖 ものが簡単に折れたり, 切られたりする様子: ぱっきり(と); ぱっさり(と). ‖지팡이가 댕강 부러졌다 杖がぱっきりと折れた. 머리채를 댕강 잘리다 垂らした髪をばっさりと切られる.
댕그랑 圖自他 鈴などが鳴る音: ちりん, ちりりん.
댕그랑-댕그랑 圖 ちりんちりん.
댕그랑-거리다 圓 ちりんちりん(と)鳴る.
댕기 图 昔, お下げ髪の先につけたリボン.
댕기다 他 〈火を〉付ける. ‖장작에 불을 댕기다 薪に火を付ける.

더 /tʌ/ 圖 ❶ もっと; さらに. 砲덜. ‖더 주세요 もっとください. 더 빨리 달리다 さらに速く走る. ❷ より. 砲 덜. ‖더 높이, 더 멀리, 더 빠르게 より高くより遠くより速く. ❸ 〈下に打ち消しの表現を伴って〉 もう−ない; もう−できない; これ以上−できない. ‖더 걸을 수가 없다 これ以上歩けない. 더 못 먹겠다 もう食べられない.

더구나¹ /tʌguna/ 圖 その上に; しかも. ‖더구나 비까지 내려 교통이 더욱 혼잡했다 その上雨まで降って道路がさらに混雑していた. 잘생기고 더구나 성격도 좋다 ハンサムでしかも性格もいい.

더구나² 助 〈母音で終わる体言に付いて; 子音の場合은이더구나〉 回想の意を表わす: −だったよ; −だったね. ⑪−더군. ‖그 사람 고향이 대구더구나 彼の故郷は大邱だったよ.

−더구나 蘊尾 回想の意を表わす: −たよ; −たの. 砲 −더군. ‖전화했는데 안 받더구나 電話をしたんだけど, 出なかったの.

더군¹ 助 더구나²の縮約形.
−더군 蘊尾 −더구나¹の縮約形.
더군다나 圖 =더구나¹.
−더냐¹ 助 〈母音で終わる体言に付いて; 子音の場合은이더냐〉 過去の事を問う意を表わす: −だったの?; −だったかね. ‖아까 전화한 사람이 누구더냐? 先ほど電話した人は誰だったの.

−더냐² 蘊尾 過去の事を問う意味を表わす: −たの?; −たかね. ‖그 사람하고는 오늘 만났더냐? 彼とは今日会ったの.

더는 圖 【=語幹】 덜다(減らす・省く)の現在連体形.

−더니¹ 蘊尾 〈母音で終わる体言に付いて; 子音の場合은이더니〉 回想の意を表わす: −だったのに; −だったのに. ‖뛰어난 선수더니 優秀な選手だったのに.

−더니² 蘊尾 回想の意を表わす: −たのに. ‖예전에는 사이가 좋더니 以前は仲がよかったのに.

더−더욱 圖 더욱を強めて言う語.

더덕 图 《植物》 ツルニンジン(蔓人参).

더덕-더덕 圖 【−따−】 圖 やや大きめのものがやたらにくっついたり貼られたりして集まっている様子: べたべた(と). ‖벽에 포스터가 더덕더덕 붙어 있다 壁にポスターがべたべたと貼られている.

더듬-거리다 自他 ❶ 〈手で〉探る; 手探りする. ‖어둠 속에서 더듬거리며 어두운 방안의 스위치를 찾다 手探りで暗い部屋の中のスイッチを探す. ❷ どもる; 言いよどむ; たどたどしい. ‖말을 더듬거리다 言いよどむ.

더듬다 /tʌdumᵈta/ 【−따】 他 ❶ 手探りする. ‖컴퓨터를 더듬으며 전원을 찾다 コンピューターを手探りして電源を探す. ❷ 〈記憶などを〉たどる. ‖옛날 기억을 더듬다 昔の記憶をたどる. ❸ どもる; たどたどしい. ‖더듬으면서 말을 하다 どもりながら話す.

더듬-이¹ 图 〈말더듬이의略語〉 どもり.
더듬-이² 图 《動物》 触角. ⑪촉각(觸角).

더디다 /tʌdida/ 匆 遅い; のろい; 鈍い. ‖일 하는 게 너무 더디다 仕事があまりにも遅い. 동작이 더디다 動作が鈍い.

−더라¹ 蘊尾 〈母音で終わる体言に付いて; 子音の場合은이더라〉 ❶ 過去の出来事を回想しつつ相手に告げる意を表わす: −だったよ. ‖꽤 비싼 차더라 かなりの高級車だったよ. ❷ 不確かな事柄や出来事を思い出そうと自問する意を表わす: −だったっけ? ‖누구더라? 誰だっけ.

−더라² 蘊尾 過去の出来事を回想しつつ相手に告げる意を表わす: (し)たんだ; −だった. ‖어제 그 사람한테서 연락이 왔더라 昨日彼から連絡が来ました.

−더라도 蘊尾 〈母音で終わる体言に付いて; 子音の場合은이더라도〉 仮定・譲歩の意を表わす: (たとえ)−でも; −であっても. ‖부자더라도 고민은 있을 거야 お金持ちであっても悩みがあるはずだ.

−더라도² /tʌrado/ 蘊尾 ‥くても; ‥ても. ‖바빠서더라도 식사는 꼭 하도록 해라 忙しくても食事はきちんととるようにしてね. 자주 못 만나더라도 전화는 가끔 하자꾸나 しょっちゅう会えなくても, たまに電話はしようね.

−더라면 蘊尾 ‥(し)たならば. ‖네 것도 같이 샀더라면 좋았을걸 お前のも一緒に買えばよかったのに.

더러¹ /tɔrʌ/ 副 ❶ 若干; いくらか. ‖우산을 쓴 사람도 더러 있었다 傘を差した人も何人かいた. ❷ たまに; 時々. ‖더러는 매운 게 먹고 싶어진다 時々辛い物が食べたくなる.

더러² /tɔrʌ/ 助 …に; …に対して. ‖나더러 그 일을 하라고 했다 私にその仕事をしろと言ったの.

더러운 [ㅂ変] 더럽다(汚い)の現在連体形.

더러워 [ㅂ変] 더럽다(汚い)の連用形.

더러워-지다 自 汚れる; きたなくなる. ‖생활 오수로 강물이 더러워지다 生活排水で川の水が汚れる.

더럭 副 怖じ気・怒り・不安などが急に激しく起こる様子. ‖더럭 겁이 나다 怖じ気立つ. 더럭 불안을 느끼다 急に不安になる.

더럽다 /tɔːrʌpʰta/ [−따] 形 [더러워, 더러운] ❶ 汚い; 不潔だ; 汚れている. ‖옷이 더럽다 服が汚い[汚れている]. 더러운 손이 너무 더럽다 子供の手があまりにも汚い. ❷더럽히다. ❷ あくどく醜悪だ. ‖더러운 방법으로 돈을 벌다 汚いやり方で金を稼ぐ. ❸ 非常にけちくさい. ‖단돈 천 원에 더럽게 굴다 千ウォンごときにいじましくふるまう. ❹ 度を越している. ‖비가 더럽게 쏟아진다 雨が凄まじく降る.

더럽-히다 /tɔːrʌpʰida/ [−리피−] 他 [더럽다の使役動詞] 汚(けが)す. ❶ アイが 방을 더럽히다 子供が部屋を汚す. ❷ (名誉などを)傷つける; 汚(けが)す. ‖이름을 더럽히다 名を汚す.

더미 名 …の山. ‖쓰레기 더미 ごみの山.

더벅-머리 [−벅−] 名 もじゃもじゃ頭; ざんばら髪. ‖더벅머리 총각 もじゃもじゃ頭の青年.

더부룩-하다 [−루카−] 形 [하変] ❶ (毛髪や草木などが手入れされずぼうぼうとしている. ‖머리가 더부룩하다 髪の毛がぼうぼうとしている. ❷ (お腹が)張っていてもたれる. ‖점심이 안 돼서 속이 더부룩하다 消化不良でお腹が張っている.

더부-살이 [−сарі] 名 [하変] ❶ 居候. ‖더부살이를 하다 居候生活をする. ❷ 住み込み.

더불다 /tɔbulda/ 自 [ㄹ語幹] [더불어] {主に…와[과] 더불어の形で} …とともに. ‖친구들과 더불어 술을 마시다 友だちとともに酒を飲む.

더블 (double) 名 ダブル.
　더블 드리블 (double dribble) 名 (バスケットボール・ハンドボールなどで)ダブルドリブル.
　더블 바순 (double bassoon) 名 《音楽》 ダブルバスーン.
　더블-베드 (double bed) 名 ダブルベッド.
　더블-보기 (double bogey) 名 (ゴルフで)ダブルボギー.
　더블 스코어 (double score) 名 ダブルスコア.
　더블 스틸 (double steal) 名 (野球で)ダブルスチール.
　더블 클릭 (double click) 名 (IT) ダブルクリック.
　더블-펀치 (double+punch 日) 名 ダブルパンチ.
　더블 폴트 (double fault) 名 (テニスで)ダブルフォールト.
　더블 플레이 (double play) 名 (野球などで)ダブルプレー.

더블유 (W·w) 名 (アルファベットの)ダブリュー.

더빙 (dubbing) 名 (하他) ダビング.

더없-이 [−업씨] 副 これ以上なく; この上なく; またとなく. ‖더없이 기쁜 날 この上なくうれしい日.

더욱 /tʌuk/ 副 もっと; さらに; 一層. ‖더욱 먹고 싶다 もっと食べたい. 더욱 분발해라 もっと頑張れ. 오늘따라 더욱 공부가 하기 싫다 今日に限って一層勉強したくない.

더욱-더 [−따] 副 [더욱を強めて言う語] 益々; なお一層. ‖더욱더 많은 시련이 나를 기다리고 있었다 なお一層多くの試練が私を待ち受けていた.

더욱-이 副 さらに; その上. ‖그는 키도 크다 그 위에 彼は背も高い.

더운 [ㅂ変] 덥다(暑い)の現在連体形. ‖더운 여름 暑い夏.

더운-물 名 温水; 湯. ⇒찬물.

더운-밥 名 炊きたてのあつあつご飯. ⇒찬밥.

더워 形 [ㅂ変] 덥다の連用形.

더위 /tʌwi/ 名 ❶ 暑さ; 暑さ; 蒸すような暑さ. 더위에 강한 暑さに強い人. 늦더위 残暑. 불볕 더위 焼けつくような暑さ. ⇒추위. ❷ 《漢》 暑気あたり; 暑さ負け; 夏ばて. ▶더위(를) 먹다 暑気あたりする; 夏ばてする. ▶더위(를) 타다 暑さに弱い; 暑がり(屋)だ. 엄청 더위를 타는 사람 大変な暑がり(屋).

더치다 自 (病気が)ぶり返す; (病状が)再び悪化する.

더펄-머리 名 ふさふさした髪.

더하기 名 他 (数学) 足し算; 加法. ⇔덧셈. ≒뺄기.

더-하다 /tʌhada/ 形 (前より)ひどい; ひどくなっている. ⇒덜하다. ‖더위가 작년보다 더하다 暑さが去年よりひどい.
　── 自 [하変] 募る; 激しくなる; ひどくなる. ‖통증이 아침보다 더하다 痛みが朝よりひどくなっている.

一 働 加える;足す. ‖오에 삼을 더하다 5に3を足す. ▶더할 나위 없다 この上ない;最上である;最高である. 더할 나위 없이 기쁘다 この上なくうれしい.

더-한층 (一層) 副 より一層. ‖더한층 열심히 하겠습니다 より一層頑張ります.

덕 (德) /tɔk/ 图 ❶德. ‖덕을 쌓다 德を積む. ❷친척 덕으로 취직하다 親戚のお陰で就職する. ❸利益;得;儲け. ▶덕(을) 보다 恩恵をこうむる;利益を得る;儲ける. ‖이번 일로 얼마 돈 보셨습니까? 今回の仕事で多少儲かったでしょうか. ▶덕(이) 되다 得になる;ためになる;利益になる. 남에게 덕이 되는 일을 하다 人のためになることをする.

덕담 (德談) 【-땀】 图(自) 正月に幸運や成功を祈って交わす言葉.

덕망 (德望) 【덩-】 图 德望.

덕목 (德目) 图 德目.

덕분 (德分) /tɔk²pun/ 【-뿐】 图 お陰. ‖그 사람 덕분에 이번 일이 잘 되었다 あの人のお陰で今回の仕事がうまくいった.

덕성 (德性) 【-썽】 图 德性.

덕용 (德用) 图 德用.
덕용-품 (德用品) 图 德用品.

덕육 (德育) 图 德育;道徳教育.

덕지-덕지 【-찌-찌】 副 べたべた(と). ‖벽에 광고지를 덕지덕지 붙이다 壁にちらちし広告紙をべたべた(と)貼り付ける. 徽닥지닥지.

덕치-주의 (德治主義) 【-/-이】 图 德治主義.

덕택 (德澤) /tɔkt'ɛk/ 图 お陰(様). ‖덕택에 잘 지내고 있습니다 お陰様で元気に過ごしております.

덕행 (德行) 【더껭】 图 德行.

덖다 (덕따) 動 炒める. ‖야채를 쇠고기하고 같이 덖다 野菜を牛肉と一緒に炒める.

던¹ 【ㄹ語幹】 덜다(減らす·省く)の過去連体形.

-던² /tɔn/ 語尾 ❶過去を表わす;…ていた;…だった. ‖한때 미국으로 수출하던 제품 一時期アメリカに輸出していた製品 학생 때 자주 가던 가게 学生の時よく行っていた店. 그렇게 성실하던 사람이 이렇게 변할줄이야 あんなにまじめだった人がこんなに変わるとは. ❷過去のことを回想して相手に疑問を投げかける;…ていた. ‖어머니가 뭐라고 하시던? お母さんは何とおっしゃった? 그 사람도 갈 수 있다고 하던? 彼も行けると言っていた?

-던¹ 語尾 [母音で終わる体言に付いて;子音の場合は이던디] ❶回想の意を表わす;…ていた(よ);…だったよ. ‖귀여운 아이던디 かわいい子だったよ. ❷回想の内容と関連付けて聞き手の意見を聞く;…だったけど;…であったけど. ‖만나 보니 유능해 보이는 변호사던디 会ってみたらなかなか有能そうに見える弁護士だったけど.

-던디² 語尾 ❶次の話を導くために関連のある事柄を取り上げる;…けど. ‖뜰에 치자꽃이 피었던디 보았니? 큰길에 새 커피숍이 들어섰던디 안 가볼래? 大通りに新しい喫茶店ができたけど, 行ってみない? ❷あることに対して相手の意見を求めながら自分の意見を述べる;…けど;…だったよ. ‖그 가게 음식 맛있었던디 あの店の料理, おいしかったけど. 만나 보니까 사람 괜찮았던디 会ってみたらいい人だったよ.

던저-두다 【-저-】 動 放っておく;放り投げておく. ‖가방을 방에 던저 두고 놀러 나가다 かばんを部屋に放り投げておいて遊びに行く.

던지¹ 語尾 [母音で終わる体言に付いて;子音の場合は이던지] 回想の内容と関連付けて自分の意見を述べる;…だったのか. ‖얼마나 영리한 아이었던지 どれほど賢い子だったのか.

-던지² 回想の内容と関連付けて自分の意見を述べる;…ていたのか;…だったのか;…たのか. ‖그날 무슨 이야기를 했던지 전혀 기억이 안 나 あの日, どういう話をしていたのか, 全く思い出せない. 애가 태어난 날 얼마나 기뻤던지 눈물이 나더라 子供が生まれた日, どんなにうれしかったか[うれしくて]涙が出てきたよ.

던지다 /tɔndʑida/ 動 ❶投げる;投じる. ‖공을 던지다 ボールを投げる. 직구를 던지다 直球を投げる. 강물에 몸을 던지다 川に身を投げる. 화제를 던지다 話題を投げる. 교육계에 파문을 던지다 教育界に波紋を投じる. 찬성표를 던지다 賛成票を投じる. 주사위는 던져졌다 賽は投げられた(カエサルの言葉). ❷投げかける. ‖학계의 통설에 대해 의문을 던지다 学界の通説に対して疑問を投げかける. 차가운 시선을 던지다 冷たい視線を投げかける. ❸叩きつける;送る. ‖사표를 던지다 辞表を叩きつける. 추파를 던지다 秋波を送る.

덜¹ /tɔl/ 副 [形容詞の前で] 程度がより小さいことを表わす. ❶오늘은 어제보다 덜 피곤하다 今日は昨日より疲れている. 어제보다 덜 춥다 昨日より寒くない. 徽더. ❷[動詞の前で] (ま だ)…ていない. ‖잠이 덜 깨다 眠りから目が覚めていない. 옷이 덜 말랐다 服がまだ乾いていない. 옛날보다 화를 덜 내다 昔より怒らない. ❸不十分に;不完全に. ‖잠을 덜 잤더니 머리가 아프다 寝不足なので頭が痛い.

덜² 【ㄹ語幹】 덜다(減らす·省く)の未来連体形.

덜거덕 (하他) がたん; がたり(と); ごとんと. **덜거덕-덜거덕** (하自他) がた; がたがたん; ごとんごとん.

덜거덕-거리다[-대다] 【-끼[때]-】 (自他) しきりにがたがたする. ‖바람에 문이 덜거덕거리다 風で戸ががたがたする.

덜거덩 がたんと; ごとんと. **덜거덩-덜거덩** (하自他) **덜거덩-거리다**[-대다] (自他) しきりにがたがたする. ‖시끄럽게 덜거덩거리다 しきりにごとごとする.

덜걱-거리다[-대다] 【-끼[때]-】 (自他) しきりにがたがたする.

덜그럭 (하他) がたがた; がちゃがちゃ.

덜그럭-거리다 【-끼-】 (自他) しきりにがたがた[がちゃがちゃ]する. ‖덜그럭거리는 책상 がたがたする机.

덜그렁 (하他) がちゃん.

덜그렁-거리다 (自他) がちゃんがちゃんと音を立てる.

덜다 /tɔlda/ (他) 【ㄹ語幹】 [덜어, 더는, 던] ❶ 減らす; 省く. ‖밥이 많으니까 조금 덜어 주세요 ご飯が多いので少し減らしてください. 수고를 덜다 手間を省く. ❷ 分ける. ‖밥을 조금 덜어 주다 ご飯を少し分けてやる. ❸ 精神的な負担を軽くする; 和らげる. ‖심리적인 부담을 덜다 心理的な負担を軽くする. 고통을 덜다 苦痛を和らげる.

덜덜 /tɔldəl/ (副) (하他) (寒さや恐怖で)震える様子: ぶるぶる(と); がたがた(と); がくがく(と). (寒くてぶるぶる(と)震える様. ⑳ 달달.

덜덜-거리다 (自他) しきりにぶるぶる[がたがた]と身震いする.

덜덜² (副) (하他) (荷車などが)硬い地面を転がる音: がらがら(と). ‖짐수레를 덜덜 끌고 가다 荷車をがらがら引いて行く. ⑳ 달달.

덜덜-거리다 (自他) 続けざまにがらがらと音を出す.

덜-되다 【-/-돼-】 (形) ❶ できあがっていない; 完成していない. ‖밥이 아직 덜되었다 ご飯がまだできあがっていない. ❷ 間抜だ; 未熟だ. ‖하는 짓을 보면 덜된 인간이다 やっていることを見ると未熟な人間だ.

덜-떨어지다 (形) (年のわりに)言動が未熟である; 愚かだ; 幼稚だ.

덜렁 (副) ❶ 大きめのものが垂れ下がっている様子. ‖땅바닥에 덜렁 주저앉다 地べたにどかっと腰を下ろす. ❷ そそかしい様子. ❸ (驚き·恐怖などで)胸が激しく打つ様子. ‖놀라서 가슴이 덜렁 내려앉다 驚いて胸がどきっとする.

덜렁-거리다 (自) ❶ そそかしくふるまう; 軽率だ. ❷ 덜렁거리는 사람 そそっかしい人. ❷ (大きい鈴などが)揺れ動く. ⑳ 달랑거리다.

덜렁-쇠 【-/-에】 = 덜렁이.

덜렁-이 (名) 慌て者; 粗忽(キヌ)者; おっちょこちょい.

덜미 /tɔlmi/ (名) 〔목덜미·뒷덜미의 略語〕襟首; うなじ. ▶덜미(를) 잡히다 ❶ 首筋を抑えられる. ❷ 発覚する; ばれる. 탈세를 하다가 덜미를 잡히다 脱税のことがばれる.

덜어 【ㄹ語幹】 덜다(減らす·省く)の連用形.

덜어-내다 (他) (あるものから取り出して量や数を減らす; 取り出す; 取り移す; 分ける. ‖밥을 조금 덜어내다 ご飯を少し取り移す.

덜커덕 (하他) 堅くて重いものがぶつかり合って出す音: がたん. ‖덜커덕 소리를 내며 전철이 멈추었다 がたんと音を立てながら電車が止まった. **덜커덕-덜커덕** (하他) がたんがたん. **덜커덕-거리다** 【-끼-】 (自他) しきりにがたんと音を立てる.

덜커덩 (하他) 金属製のものがぶつかり合って出す響く音: がたん. **덜커덩-거리다** (自他) しきりにがたんと音を立てる.

덜컥¹ (副) (하他) 機械などが何かにひっかかって急に止まる音: がたん, ごとん.

덜컥² (副) (하他) ❶ 予想しなかった事態がおこって驚き恐れる様子: ぎくっと; どきっと. ‖그 말을 듣자 가슴이 덜컥 내려앉았다 その言葉を聞いたとたん胸がどきっとした. 겁이 덜컥 나다 どきっと怖じけつく. ❷ にわかに妨げられたり抑えられたりする様子をぐっとつかまれる. ‖팔목을 덜컥 잡히다 手首をぐっとつかまれる.

덜컹¹ (하他) がたん; がたり; がたっと. **덜컹-덜컹** (하他) **덜컹-거리다**[-대다] (自他) がたつく; がたがたと音を立てる. ‖바람에 문이 덜컹거리다 風で戸がかたつく.

덜컹² (副) ぎくっと, どきっと. ‖그걸 본 순간 가슴이 덜컹 했다 それを見た瞬間胸がどきっとした.

덜-하다 /tɔlhada/ (形) 〔하变〕 ❶ (前より)ひどくない; 和らぐ. ‖어제보다 통증이 덜하다 昨日より痛みが和らぐ. 어릴 때보다 투정이 덜하다 子どもの頃よりあまりだだをこねない. ❷ より少ない; 多少足りない. ‖단맛이 덜하다 甘みが少ない.

덤 (名) ❶ おまけ; 景品. ‖사과를 열 개 샀더니 덤으로 하나를 더 주었다 リンゴを10個買ったら、おまけに1個くれた. ❷ 〔囲碁で〕込み.

덤덤-하다 (形) 〔하变〕 ❶ 押し黙っている. ‖그 사람은 물어 봐도 덤덤하게 있었다 彼は何を聞かれても押し黙ったまま

덤
었다. ❷ 淡々としている; 平然としている. ∥덤덤히 앉아 있다 平然と座っている. ❸ (맛이) 薄い; 味がない. ∥국 맛이 덤덤하다 スープの味が薄い. **덤덤-히** 團

덤벙 團 (自他) 重いものが水中などに落込む音(様子): どぶん; どぼん. ∥물에 덤벙 뛰어들다 水にどぼんと飛び込む. **덤벙-덤벙** 團 (自他)

덤벙-거리다[-大다] 圓 そそっかしい; せかせかしている. ∥덤벙거리지 말고 차분히 행동하라 せかせかしないで落着いて行動しなさい.

덤벼-들다 /tɔmbjəduːlda/ 圓 [ㄹ語變] [덤벼들어, 덤벼드는, 덤벼든] 襲いかかる; 食ってかかる; 飛びかかる. ∥그녀는 그를 보자마자 덤벼들었다 彼女は彼を見るなり襲いかかった.

덤불 图 草むら; やぶ; 茂み.

덤비다 /tɔmbida/ 圓 飛びかかる; つっかかる; 食ってかかる; 歯向かう. ∥덤벼 봐! かかってこい! 상사에게 덤비다 上司に歯向かう.

덤터기 團 (押し付けたり押し付けられたりする)心配事や疑い. ∥덤터기를 쓰다 人の心配事をしいられる; (身に覚えのない)疑いをかけられる. 덤터기를 씌우다 人に心配事を押しつける; 濡れ衣を着せる.

덤프-트럭 (dump truck) 图 ダンプカー.

덤핑 (dumping) 图 (他) ダンピング. 덤핑 관세 (-關稅) 图 ダンピング関税.

덥다 /tɔ:p'ta/ 【-따】 [ㅂ變] [더워, 더운] 圏 ❶ 暑い. ⑩ 춥다. ∥날씨가 덥다 (天気が)暑い. ❷ (お湯や飲み物などが)温かい. ∥더운 물 湯. ∥(체が)熱い; 口を熱くする. ∥몸을 덥게 하는 음식 体を熱くする食べ物.

덥석 [-썩] 團 にわかにかみついたり握ったりする様子: むんずと. ∥그는 내 손을 덥석 잡았다 彼は私を見るなり むんずと手を握った.

덧[1] 团 極めて短い時間を表わす語: 間(だ). ∥어느덧 가을이 왔다 いつの間にか秋が来た.

덧-[2] [接頭] 〔一部の名詞·動詞に付いて〕重ねる·加えるの意を表わす: 上···. ∥덧칠 上塗り.

덧-가지[덛까-] 團 余計な枝.

덧-그림[덛끄-] 團 敷き写しの絵.

덧-나다[1] /tɔnnada/ 【덛-】 圓 ❶ ぶり返す. 悪化する. ∥상처가 덧나다 傷口が悪化する. ❷ (感情が)損なわれる.

덧-나다[2] [덛-] 圓 重なるように生える.

덧-내다 [덛-] 圓 (傷口などを)悪化させる.

덧-니 [덛-] 图 八重歯.

덧-문 (-門) [덛-] 團 二重扉の外側の扉.

덧-버선[덛뻐-] 图 버선(朝鮮たび)の上に重ねて履く物.

덧-보태다[덛뽀-] 圓 上乗せする.

덧-불 [덛뿔-] 團 付け加わる; 付加される; 加算される. ∥대금에 수수료가 덧불었다 代金に手数料が加算された.

덧-불이다 /tɔt'pʰuťida/ [덛뿌치-] 圓 付け加える; 付加する. ∥덧불여서 말하다 付け加えて言う. 덧불여서 말하면 付け加えて言うと; ちなみに.

덧-셈 /dɔt'sem/ [덛쎔] 图 (他) (數學) 足し算; 加法. ⑩ 뺄셈·곱셈·나눗셈. 덧셈 부호 (-符號) 图 足し算の符号 (+). 덧셈-표 (-標) 图 (數學) 足し算の記号 (+); プラス.

덧-신 [덛씬] 图 上靴; オーバーシューズ.

덧-없다 /tɔdɔ:p'ta/ [더덥따] 圏 ❶ 時の流れが虚しいほど早い. ∥덧없는 세월 矢のように速い歳月. ❷ はかない; 無常である. ∥인생이란 덧없는 것이다 人生とははかないものである. 덧없는 꿈 はかない夢. **덧없-이** 團 虚しく; はかなく. ∥덧없이 가는 세월 虚しく過ぎる歳月.

덧-옷 [더돋-] 图 服の上に重ね着する服.

덧-칠 (-漆) [덛-] 图 (他) 上塗り.

덩굴 /tɔŋgul/ 图 (植物) ツル(蔓). ∥장미 덩굴 バラの蔓.
덩굴-손 图 (植物) マキヒゲ (巻き鬚).
덩굴-장미 (-薔薇) 图 (植物) ツルバラ (蔓薔薇).
덩굴-지다 圓 蔓が絡む.
덩굴-치기 图 (他) 無駄な蔓を切ること.

덩달-아 /tɔŋdara/ 團 (…に)つられて; (…に)便乗して; 尻馬に乗って; 一緒に; 同調して. ∥덩달아 기뻐하다 同調して喜ぶ. 덩달아 가격을 올리다 便乗して値上げする.

덩덩 團 金物の器や太鼓などを軽く叩く音; とんとん. ∥북을 덩덩 울리다 とんとんと太鼓を鳴らす.

덩실-거리다[-大다] 圓 興に乗って肩で拍子を取りながら踊る.

덩실-덩실 團 (自他) 興に乗って肩で拍子を取りながら踊る様子.

덩어리 /tɔŋɔri/ 图 塊. ∥고깃덩어리 肉の塊. 덩어리가 지다 塊になる.

덩이 图 小さい塊.
덩이-뿌리 图 (植物) 塊根.
덩이-줄기 图 (植物) 塊茎.

덩치 图 図体(茶). ∥덩치만 클 뿐이지 전혀 도움이 안 되다 図体ばかり大きくて, 何の役にも立たない.

덩크-슛 (dunk + shoot 日) 图 (バスケットボールで) ダンクシュート.

덫 /tɔt/ [덛] 图 罠(虎). ∥덫을 치다 덫をかける. 덫에 걸리다 罠にかかる.

덮개 [덥깨-] 图 ❶ 蓋. ❷ (かけ布団や毛

덮다 /tɒpʰta/【덥따】他 ❶ 覆う; 覆いかぶせる; かぶせる; かける. ‖시트로 차를 덮다 シートで車を覆う. 하늘을 덮은 먹구름 空を覆った黒雲. 이불을 덮어 주다 布団をかけてやる. 불씨를 재로 덮다 火種に灰をかぶせる. ⇨덮이다. ❷ 蓋をする. ‖냄비 뚜껑을 鍋に蓋をする. ❸ (本などを)閉じる. ‖책을 덮고 잠시 생각하다 本を閉じてしばらく考える. ❹ 埋める. 회장을 덮은 군중 会場を埋めた群衆. ❺ (過ちなどを)見逃してやる. ‖잘못을 덮어 주다 過ちを見逃してやる.

덮밥 /tɒpʰpap/【덥빱】名【料理】どんぶり. ‖장어 덮밥 うなぎ丼.

덮어-놓고 /tɒpʰənokʰo/【-노코】副 むやみに; 何でもかまわず; とにかく; やたらに; 手放しで. ‖덮어놓고 우기다 むやみに意地を張る. 덮어놓고 화를 내다 むやみに怒る. 덮어놓고 사다 むやみに買い込む. 덮어놓고 칭찬하다 手放しで褒める.

덮어-놓다 /-노타/他 かぶせておく; 覆っておく. ‖차를 시트로 덮어놓다 車をシートで覆っておく.

덮어-두다 /tɒpʰə-/ 隠しておく; 伏せておく; 秘密にする. ‖잘못을 덮어두다 過ちを伏せておく.

덮어-쓰기 名【하컴】(データの)上書き.

덮어-쓰다 /tɒpʰə ssuda/他【으씨】【덮어서, 덮어쓰니】❶ かぶる. ‖물을 덮어쓰다 水をかぶる. ❷ 濡れた衣を着る; 濡れ衣を着せられる. ‖누명을 덮어쓰다 濡れ衣を着せられる. ⇨덮어씌우다.

덮어-씌우다 /tɒpʰəʃ͈iuda/他【-씌-】【덮어쓰다의 사역동사】❶ かぶせる. ❷ 濡れた衣を着せる. ‖누명을 덮어씌우다 濡れ衣を着せる.

덮-이다 /tɒpʰida/ 自【덮다의 수동사】覆われる; かぶせられる. ‖세상이 눈으로 덮여 있다 世の中が雪に覆われている.

덮치다 /tɒpʰtɕʰida/【덮-】他 ❶ 襲う; 襲いかかる; 押さえる. ‖아지트를 덮치다 アジトを襲う. 늑대가 양떼를 덮치다 オオカミがヒツジの群れに襲いかかる. 현장을 덮치다 現場を押さえる. ❷ ひっつかまえる. ‖소매치기를 덮쳐서 잡다 すりをひっつかまえる. ❸ (車などが)いきなり突っ込む. ‖차가 가게를 덮쳤다 1台の車が店に突っ込んだ. ❹ 色々なことが一度に降りかかる. ‖재난이 덮치다 災難が降りかかる.

데¹ /te/ 依名 ❶ …所; …場. ‖다른 데 갈 거야? 他の所に行くの? ‖갈 데가 없다 行き場がない. 발 디딜 데가 없다 足の踏み場もない. ❷ 時; 場合. ‖배 아플 때 먹는 약 腹痛の時に飲む薬. 그렇게 말하는 데는 이유가 있겠지 そういうふうに言う時はわけがあるんだろう. ❸ 〔…するところに, …するのに〕. ‖조사하는 데 필요한 경비 調査に必要な経費. 문장을 쓰는 데 필요한 요령 文章を書くのに必要なこと.

데-² 接頭 〔一部の動詞に付いて〕完全でないことを表わす. ‖데삶다 半熟にする; 半煮えする.

-데³ 語尾 過去を回想する意を表わす: …だったよ. ‖그 사람 정말 시끄럽데 彼, 本当にうるさかった.

데구루루 副【하컴】堅いものが転がる様子: ごろごろ. ‖공이 데구루루 구르다 ボールがごろごろ転がる.

데굴-데굴 副 堅くて大きいものが転がり続ける様子: ごろごろ. ‖데굴데굴 구르다 ごろごろ転がる.

데님 (denim) 名 デニム.

데다 /te:da/ 自他 ❶ やけどする. ‖불에 데다 やけどする. ❷ 懲(こ)りる; 手を焼く.

데드라인 (deadline) 名 デッドライン.

데드-볼 (dead + ball 日) 名【野球で】デッドボール; 死球.

데려-가다 他 連れて行く; 連行する. ‖아이를 병원에 데려가다 子どもを病院に連れて行く.

데려-오다 他 連れて来る; 連れ戻す.

데리다 他【主に一語尾 데리고の形で】…を連れて. ‖애를 데리고 가다 子どもを連れて行く.

데릴-사위 /-싸위/ 名 婿養子.

데마 (←Demagogie ド) 名 デマ.

데면면-하다 【하변】よそよそしい; 他人行儀だ. ‖데면면한 만남 よそよそしい対面.

데모 (demo) /temo/ 名【하자】デモ; 示威). ‖데모에 참가하다 デモに加わる.

데뷔 (début フ) 名【하자】デビュー.

데생 (dessin フ) 名【美術】デッサン.

데스-마스크 (death mask) 名 デスマスク.

데스크 (desk) 名 デスク.

데스크-워크 (desk work) 名 デスクワーク.

데스크톱 (desktop) 名【IT】デスクトップ.

데스크톱 컴퓨터 (desktop computer) 名【IT】デスクトップ.

데시벨 (decibel) 名 音圧または音の強さを表わす単位: …デシベル(dB).

데우다 /teuda/ 他 温める; 沸かす. ‖식은 국을 데우다 冷めたスープを温める. 우유를 데워서 마시다 牛乳を温めて飲む. 물을 데워서 목욕하다 お湯を沸かす.

데이지 (daisy) 名【植物】デージー; ヒナギク(雛菊).

데이터 (data) 名 データ.

데이터-뱅크 (data bank) 名 データバ

데이터베이스 206

ㅇㅋ.

데이터통신 (—通信) 몡 データ通信.

데이터베이스 (database) 몡 データベース.

데이트 (date) teit*u/ 명자 デート.

데치다 /te:tʰida/ 타 湯がく; ゆでる. ‖시금치를 데치다 ホウレンソウを湯がく.

데칼코마니 (décalcomanie 프) 몡 《美術》 デカルコマニー.

데탕트 (détente 프) 몡 デタント.

덱 (deck) 몡 デッキ.

덴-가슴 몡 「やけどした胸」の意でひどい目にあって, 似たようなことにびくびくする気持ち.

덴마크 (Denmark) 몡 《国名》 デンマーク.

델타 (delta) 몡 《地》 デルタ; 三角洲.

뗀뿌라 (天婦羅 日) 몡 天ぷら. ❀튀김.

뎅겅 튀 やや太くて大きいものが一気に折れたり(切り) 落とされたりする様子: どすん(と); どしん(と). ‖솥뚜껑이 뎅겅 떨어지다 釜の蓋がどすんと落ちる.

뎅그렁 튀 (하는) がらん, ちりん. **뎅그렁-뎅그렁** 튀がらんがらん; ちりんちりん.

뎅그렁-거리다 자 がらんがらんと鳴る. ‖뎅그렁거리는 교회 종소리 がらんがらんと鳴る教会の鐘の音.

뎅-뎅 튀 (하는 자) (鐘などを打つ音: がんがん, ごーんごーん.

뎅뎅-거리다 자 (鐘の音が) 鳴り響く.

도¹ (徒) 몡 《하는 자》 ユンノリ(윷놀이) で, 4本の윷の中, 1本だけ裏側が出ること.

도² (度) /to/ 몡 度; 程度; 限界. ‖도를 넘어선 농담 度を超した冗談. 도가 지나치다 度が過ぎる.

도³ (都) 몡 《姓》 都.

도⁴ (道) /to/ 몡 ❶道; 道理. ‖도를 깨닫다 道理を悟る. ❷宗教の根本となる真理. ❸技芸; 武術などの方法.

도⁵ (道) 몡 《行政》 地方行政区域の一つ: 道. ‖경기도 京畿道. ❖日本の県に当たる.

도⁶ (do 프) 몡 《音楽》 (階名の) ド.

도⁷ /to/ 또 ❶…も. ‖오늘도 아침부터 비가 오고 있다 今日も朝から雨が降っている. 이런 것도 모르는 내 자신이 한심하다 こんなことも知らない自分が情けない. 무엇보다도 중요한 것은 약속을 지키는 것이다 何よりも大事なことは約束を守ることだ. 집에서 학교까지는 십 분도 안 걸린다 家から学校までは10分もかからない. ❷ […も…も の形で] …も…も. ‖아버지도 어머니도 회사원이다 父も母も会社員である. 이것도 저것도 마음에 안 든다 あれもこれも気に入らない. ❸強調の意味を表わ

す. ‖낮 열두 시인데 아직도 자고 있다 昼の12時なのにまだ寝ている. 거짓말도 잘한다! よくもそをつく. ❹ […도 …도 못하는 の形で] …することも…することもできない. ‖오도 가도 못하는 行くこともできない. ❺ [하나도 の形で] 全然; 全く. ‖하나도 안 무섭다 全然怖くない. 하나도 안 변했다 全く変わっていない. ❻ […기도 하다の形で] 感嘆の意を表わす. ‖비싸기도 하다 本当に高い.

도⁸ (度) 의존 …度. ❶角度の単位. ‖삼각형의 각 각의 합은 백팔십 도이다 三角形の3つの内角の合計は180度である. ❷温度の単位. ❸経度・緯度の単位. ❹回数の単位. ‖사 도 인쇄 4度印刷. ❺視力の単位. ‖일점 이 도의 시력 1.2度の視力. ❻アルコール含有度の単位. ‖소주는 이십오 도이다 焼酎は25度である.

-도⁹ (度) 접미 …図. ‖설계도 設計図.

-도¹⁰ (島) 접미 …島. ‖무인도 無人島.

-도¹¹ (度) 접미 年度を表わす語: …度. ‖이천십년도 2010年度.

도가 (道家) 몡 道家.

도가니 몡 ❶るつぼ. ‖흥분의 도가니 興奮のるつぼ.

도가니² 몡 牛の膝の皿とその肉.

도가니-탕 (—湯) 몡 《料理》 도가니²を煮込んだ汁.

도감 (圖鑑) 몡 図鑑. ‖식물 도감 植物図鑑.

도강 (盜講) 몡 하는 자 大学で履修届けを出さないで講義を聞くこと; もぐり.

도경 (道警) 몡 道の警察; 道の警察本部.

도공 (陶工) 몡 陶工; 窯元.

도관 (導管) 몡 導管.

도괴 (倒壞) 몡 [-/-케] 하는 자 倒壊.

도교 (道敎) 몡 《宗敎》 道敎.

도구 (道具) /toɡu/ 몡 道具. ‖살림 도구 家財道具. 컴퓨터와 같은 편리한 도구 コンピューターのような便利な道具.

도굴 (盜掘) 몡 하는 자 盜掘.

도금 (鍍金) 몡 하는 자 鍍金; めっき.

도급 (都給) 몡 請負. 반청부(請負).

도급-제 (都給制) 【-쩨】 몡 請負制度.

도기 (陶器) 몡 陶器.

도깨비 /toʔkɛbi/ 몡 化け物; お化け; 鬼. ‖도깨비가 나왔다 お化けが出た. 도깨비집 お化け屋敷.

도깨비-놀음 몡 何が何だか分からない奇怪なこと.

도깨비-불 몡 ❶鬼火; きつね火; 燐火. ❷不審火; 原因不明の火事.

도끼 /to:ʔki/ 몡 斧(おの). ‖도끼로 장작을 패다 斧で薪を割る. 도끼로 나무를 찍다 斧で木を切る.

도끼-눈 图 (悔しさなどで)にらみつける目. ‖도끼눈을 뜨다 にらみつける.

도낏-자루 [-끼짜-/-낃짜-] 图 斧の柄.

도난 (盗難) 图 盗難. ‖도난을 당하다 盗難にあう; 盗まれる. 도난 방지 盗難 防止.

도내 (道内) 图 (行政区域の)道(道)の中; 道内.

도넛 (doughnut) /tonʌt/ 图 ドーナツ.

도넛-판 (-板) 图 ドーナツ盤.

도넛`현상 (-現象) 图 ドーナツ現象.

도는 [ㄹ語幹] 돌다(回る)の現在連体形.

도다리 (魚介類) メイタガレイ(目板鰈).

도달 (到達) /to:dal/ 하自 到達; 達すること. ‖목적지에 도달하다 目的地に到達する. 같은 결론에 도달하다 同じ結論に達する.

도달-점 (到達點) 【-쩜】 图 到達点.

도당 (徒黨) 图 徒党.

도-대체 (都大體) /todɛ:tʃʰe/ 副 〔疑問文で〕一体; 一体全体. ‖도대체 이 사태를 어떻게 수습할 거니? 一体この事態をどうやって収拾するつもりなの? 〔否定文で〕全く. ‖네가 하는 짓이 도대체 이해가 되지 않는구나 君がやっていることは全く理解できない.

도덕 (道德) /to:dʌk/ 图 道徳. ‖공중도덕 公衆道徳.

도덕-적 (道德的) [-쩍] 图 道徳的. ‖도덕적인 생활 道徳的な生活.

도도-하다¹ (滔滔-) 阿变 傲慢だ. ‖도도한 태도 傲慢な態度. **도도-히** 副

도도-하다² (滔滔-) 阿变 滔滔(とうとう)としている. ‖도도히 흐르는 강물 滔滔と流れる大河.

도돌이-표 (-標) 图 〔音楽〕 反復記号; ダカーポ(D.C.).

도둑 /toduk/ 图 泥棒; 盗人. ‖집에 도둑이 들다 家に泥棒が入る. 도둑을 잡다 泥棒を捕まえる. 도둑을 맞다 盗まれる. 도둑에 おう. ▶도둑이 제 발 저리다 [ilı] 悪いことをすると気がとがめてそれを匂わせる行動をすることのたとえ.

도둑-고양이 [-꼬-] 图 野良猫; 泥棒猫.

도둑-놈 【-놈】〔도둑をののしる言い方で〕泥棒.

도둑-장가 [-짱-] 图 人に知らせずに妻を迎えること.

도둑-질 [-찔] 图自 盗み. ‖도둑질을 하다 盗みをはたらく.

도드라-지다 阿 突き出ている; 吹き出ている. ‖도드라진 이마 突き出た額; おでこ.

— 自 目立つ; 目立つ. ‖그녀의 미모는 단연 도드라졌다 彼女の美貌はひときわ目立った.

도떼기-시장 (-市場) 图 〔俗っぽい言い方で〕正規の市場でなく, 様々な商品の卸売り・小売・密売引きなどで入り乱れている市場. 混雑しているところ. ‖교실이 너무 시끄러워 도떼기 시장 같다 教室があまりにうるさくて市場のようだ.

도라지 (植物) キキョウ(桔梗).

도란-거리다 自 小さい声で仲良く話す.

도란-도란 副自 小さい声で仲良く話す様子. ‖도란도란 이야기를 하다 小さい声で仲良く話す.

도랑 /toraŋ/ 图 小川; 溝; どぶ. ‖도랑을 파다 溝を掘る. 도랑을 치다 どぶをさらう. ▶도랑 치고 가재 잡는다 [ilı] (「どぶをさらってザリガニをつかむ」の意で)一挙両得する.

도래¹ (到來) 图自 来来; やってくる. ‖찬스가 도래하다 チャンスが到来する.

도래² (渡來) 图自 渡来.

도량¹ (←道場) 图 (仏教) 道場.

도량² (度量) 图 度量. ‖도량이 큰 사람 度量の大きい人.

도량-형 (度量衡) 图 度量衡.

도려-내다 阿 えぐる; えぐり出す; 切り取る; 切除する. ‖환부를 도려내다 患部を切除する.

도련-님 图 ❶ 坊ちゃん; 若旦那. ❷ 夫の未婚の弟に用いる呼称.

도로¹ (道路) /to:ro/ 图 道路. ‖도로 공사 道路工事. 간선 도로 幹線道路. 고속도로 高速道路. 유료도로 有料道路.

도로-망 (道路網) 图 道路網.

도로-변 (道路邊) 图 道路の脇; 道路沿い.

도로`표지 (道路標識) 图 道路標識.

도로² (徒勞) 图 徒労. ‖노력이 도로로 끝나다 努力が徒労に終わる.

도로³ 副 ❶ 元の状態に; 元に; そのまま. ‖사려고 들었던 물건을 도로 제자리에 내려놓다 買おうと手に取った品を元の場所に戻す. ❷ 再び. ‖일어났다가 도로 눕다 起き出してから再び横になる. ❸ 引き返して. ‖집을 나섰다가 비가 와서 도로 돌아왔다 家を出たが, 雨が降ったので引き返した. ▶도로 아미타불 [한] 木阿弥(しん).

도록 (圖錄) 图 図録.

-도록 /torok/ 語尾 ❶ …するまで; …するほど. ‖밤늦도록 공부하다 夜遅くまで勉強する. ❷ …するように. ‖내일은 빨리 가도록 하자 明日は早く行くようにしよう. 오늘은 빨리 들어오도록 하여 今日は早く帰るようにしてね.

도롱뇽 (動物) サンショウウオ(山椒魚).

도롱이 图 蓑(みの). ❖昔の雨具の一種.

도료 (塗料) 图 塗料.

다
대
댜
대
더
데
뎌
데
도
돠
돼
되
됴
두
둬
뒈
뒤
듀
드
듸
디

도루 (盜壘) 图 困自 (野球で)盜壘; スチール.

도루-묵 图 (魚介類) ハタハタ(鰰).

도로라 (軌車) 图 滑車.

도르르 副 ❶ 巻物などが巻かれたり解かれたりする様子: くるくる; くるりくるり. ‖나팔꽃 덩굴이 도르르 감기다 朝顔の蔓(っる)がくるりと巻きつく. ❷ 小さくて丸いものが転がる様子[音]: ころころ; ころり(と). ‖구슬이 도르르 굴러가다 ビー玉がころりと転がる.

도리 (道理) 图/tori/ 图 ❶ 道理. ‖인간으로서의 도리 人間としての道理. ❷ 方法. すべ. ‖어떻게 할 도리가 없다 なすすべがない.

도리깨 殼竿(からさお); くるり棒; 麦打ち.

도리다 (丸く)えぐる.

도리-도리 副 幼児の頭を振らせるためのかけ声.

도리어 /tori/ 副 むしろ; かえって. ‖도움이 되기는커녕 도리어 폐가 되다 役に立つどころかかえって迷惑になる. 도리어 미안하게 되었다 かえって申し訳ないことになった.

도립 (道立) 图 道立. ‖도립 병원 道立病院. ※日本の県立に当たる.

도마¹ /toma/ 图 まな板. ▶도마에 오른 고기(잉어) まな板の鯉.

도마-질 图 困自 まな板の上で包丁を使うこと.

도마² (跳馬) 图 (体操競技種目の)跳馬.

도마-뱀 图 (動物) トカゲ(蜥蜴).

도마뱀-붙이 [-부치] 图 (動物) ヤモリ(守宮).

도막 图 一切れ; 切れ端.
— 依存 …切れ. ‖生鮮 한 도막 魚 1 切れ.
도막-도막 [-또-] 图 切れ切れ; 切れごと.
— 副 切れ切れに; 一切れごとに.

도망 (逃亡) 图/tomaŋ/ 图 困自 逃亡. ‖도망(을) 다니다 逃げ回る. 도망꾼 逃亡者.
도망-가다 (逃亡-) 图 逃亡する; 逃げる.
도망-치다 (逃亡-) 图 逃げる; 逃げ出す. ‖도망치는 범인을 쫓아가다 逃げる犯人を追いかける.

도-맡다 [-맏따] 他 一手に引き受ける. ‖어려운 일을 도맡아서 하다 難しい仕事を一手に引き受けてやる.

도매 (都賣) 图/tome/ 图 困他 卸売り. ㉠소매(小賣). ‖도매 시장 卸売り市場.
도매-가격 (都賣價格) [-까-] 图 卸値; 卸売り価格.
도매-점 (都賣店) 图 問屋; 卸売り店; 卸売り商.

도메인 (domain) 图 (IT) ドメイン.

도면 (圖面) 图 図面.
도모 (圖謀) 图 困他 企てること; もくろむこと.
도무지 /tomudʑi/ 副 〔下に打ち消しの表現を伴って〕全く; 全然; さっぱり. ‖도무지 이해가 안 간다 全く理解できない. 답을 도무지 알 수가 없다 答えがさっぱり[全然]分からない.

도미¹ /to:mi/ 图 (魚介類) タイ(鯛). 鯛.

도미² (渡美) 图 困自 渡米.

도미노 (domino) 图 ドミノ.
도미노-이론 (-理論) 图 ドミノ理論.

도미니카 (Dominica) 图 ❶ (国名) ドミニカ. ❷ (国名) ドミニカ共和国.

도민 (道民) 图 道民. ※日本の県民に当たる.

도박 (賭博) 图 賭博(とばく); ギャンブル.
도박-꾼 (賭博-) 图 博徒; 博打打ち.
도박-장 (賭博場) [-짱] 图 賭博場; 賭場.
도박-죄 (賭博罪) [-쬐 /-쮀] 图 (法律) 賭博罪.

도발 (挑發) 图 困他 挑発. ‖도발 행위 挑発行為.
도발-적 (挑發的) [-쩍] 图 挑発的. ‖도발적인 포즈 挑発的なポーズ.

도배 (塗褙) 图 困他 ❶ 上張り. ❷ ネットの掲示板や書き込み欄に同じことを繰り返して書くこと.
도배-장이 (塗褙-) 图 紙張り職人.
도배-지 (塗褙紙) 图 (室内の壁の)壁紙.

도벌 (盜伐) 图 困他 盜伐.

도법 (圖法) [-뻡] 图 図法.

도벽 (盜癖) 图 盜癖.

도보 (徒步) /tobo/ 图 困自 徒步. ‖역에서 집까지는 도보로 오 분 거리이다 駅から家までは徒步 5 分の距離だ.

도복 (道服) 图 ❶ 道服. ❷ テコンドー着・柔道着・剣道着などの総称.

도-복 (渡美) 图 困自 渡仏.

도사 (道士) 图 ❶ 道士. ❷ 達人.

도사리다 他 ❶ あぐらをかく. ❷ こもる; 潜む; 待ち構えている. ‖위험이 도사리고 있는 등굣길 危険が潜んでいる通学路.

도산 (倒産) 图 困自 倒産. ‖경영난으로 도산하다 経営難で倒産する.

도살 (屠殺) 图 畜殺; 屠畜.
도살-장 (屠殺場) [-짱] 图 屠畜場.

도상 (途上) 图 途上. ‖발전도상국 発展途上国.

도색 (桃色) 图 桃色; ピンク; 色事. ‖도색 영화 ピンク映画.

도서¹ (島嶼) 图 他 島嶼(とうしょ).

도서² (圖書) /tosɔ/ 图 図書. ‖도서를 열람하다 図書を閲覧する. 미술 관계의 도서를 출판하다 美術関係の図書を

出版する. 소장 도서 所蔵図書.
도서-관 (圖書館) 图 図書館. ‖국회 도서관 国会図書館.
도서-목록 (圖書目錄) 【-몽녹】 图 図書目録.
도서-실 (圖書室) 图 図書室.
도선-장 (渡船場) 图 渡し場.
도설 (圖說) 图 하타 図說.
도성 (都城) 图 都城.
도솔-천 (兜率天) 图 《仏教》 兜率(ᇂ)天.
도수¹ (導水) 图 하자 導水.
도수-관 (導水管) 图 導水管.
도수² (度數) 【-쑤】 图 度数; 回数. ‖온도계 도수 温度計の度数. 도수가 높은 안경 度の強い眼鏡. 전화 사용 도수 電話の使用回数.
도수-제 (度數制) 图 《電話の》度数制.
도술 (道術) 图 道術.
도스 (DOS) (IT) DOS. ◆disk operating systemの略.
도시¹ (都市) /toʃi/ 图 都市. ‖도시 계획 都市計画. 국제도시 国際都市. 위성 도시 衛星都市. 자매 도시 姉妹都市. 관광 도시 観光都市.
도시-인 (都市人) 图 都会人.
도시-화 (都市化) 图 하자 都市化. ‖급속히 도시화되다 急速に都市化す る.
도시² (圖示) 图 하타 図示.
도시락 /toʃirak/ 图 弁当; 弁当箱. ‖도시락을 싸다 弁当を作る. 편의점에서 도시락을 사다 コンビニで 弁当を買う.
도식¹ (徒食) 图 하자 徒食. ‖무위도식 無為徒食.
도식² (圖式) 图 図式.
도심 (都心) 图 都心. ‖도심의 고층 빌딩 都心の高層ビル.
도안 (圖案) 图 図案.
도야 (陶冶) 图 하타 陶冶(ᇂ). ‖인격을 도야하다 人格を陶冶する.
도약 (跳躍) 图 하자 跳躍.
도약-경기 (跳躍競技) 【-꼉-】 图 《陸上競技で》跳躍競技.
도약-운동 (跳躍運動) 图 跳躍運動. ‖뜀뛰기 운동 (-運動).
도약-판 (跳躍板) 图 《水泳で》飛び込み板; スプリングボード.
도어맨 (doorman) 图 ドアマン.
도어-체인 (door chain) 图 ドアチェーン.
도어-체크 (door check) 图 ドアチェック.
도열 (堵列) 图 하자 堵列(ᇂ); 横に並んで立つこと.
도열-병 (稻熱病) 【-뼝】 图 《植物》 稲(ᇂ)熱病.
도예 (陶藝) 图 陶芸.

도예-가 (陶藝家) 图 陶芸家.
도와 /towa/ 【変】 돕다 (手伝う)の連用形.
도와-주다 /towadʒuda/ 他 手伝う; 手助けする; 援助する. ‖짐 싸는 것을 도와주다 荷造りを手伝う. 이사하는 손자를 도와주러 가다 引っ越しの手伝いに行く. 무거운 짐을 든 사람을 도와주다 重い荷物を持った人を手伝ってあげる.
도외-시 (度外視) 图 【-/-웨-】 하타 度外視. ‖여론을 도외시하다 世論を度外視する.
도요-새 图 《鳥類》 シギ(鴫).
도용 (盜用) 图 하타 盗用. ‖디자인을 도용하다 デザインを盗用する.
도우미 图 案内係; コンパニオン.
도운 他 【ㅂ変】 돕다 (手伝う)の過去連体形.
도울 他 【ㅂ変】 돕다 (手伝う)の未来連体形.
도움 /toum/ 图 助け; 手伝い; 援助; 足し. ‖전혀 도움이 안 되다 全く役に立たない. 생활에 도움이 되다 生活の足しになる. 도움을 받다 援助を受ける. 경제적 도움 経済的援助.
도움-닫기 【-끼】 图 《スポーツ》 《陸上競技などで》助走.
도움-말 图 助言; アドバイス.
도원¹ (桃園) 图 桃園.
도원² (桃源) 图 桃源.
도원-경 (桃源境) 图 桃源郷.
도읍 (都邑) 图 하자 〔古い言い方で〕都; 首都; 都邑(ᇂ).
도의 (道義) 图 【-이】 图 道義.
도의-적 (道義的) 图 道義的. ‖도의적인 문제 道義的な問題.
도일 (渡日) 图 하자 渡日; 来日.
도입 (導入) 图 to:ip/ 图 하타 導入; 取り入れること. ‖신기술을 도입하다 新技術を取り入れる. 일본으로부터 새 기계를 도입하다 日本から新しい機械を導入する.
도입-되다 图 하자 ⇒도입.
도입-부 (導入部) 【-뿌】 图 導入部.
도자-기 (陶瓷器) 图 陶磁器.
도작 (盜作) 图 하타 盗作.
도장¹ (塗裝) 图 塗装.
도장² (道場) 图 道場. ‖태권도 도장 テコンドー道場.
도장³ (圖章) /todʒaŋ/ 图 印; はんこ; 印鑑; 印章. ‖도장을 파다 はんこを作る. 서류에 도장을 찍다 書類にはんを押す.
도장-방 (圖章房) 【-빵】 图 はんこ屋.
도저-히 (到底-) /to:dʒʌhi/ 副 〔下に打ち消しの表現を伴って〕到底, とても; どうしても. ‖이 부분은 도저히 이해할 수가 없다 どうしてもこの部分は理解できない. 도저히 참을 수가 없다 とても我慢できない. 더 이상은 도저히 못 먹겠다 これ以上はどうしても食べられない.

도적 (盜賊) 图 盗賊.

도전 (挑戰) /toʨʌn/ 图 (하자) 挑戦; 挑むこと. ‖새로운 목표에 도전하다 新しい目標に挑戦する. 신기록에 도전하다 新記録に挑戦する. 도전을 받아들이다 挑戦を受けて立つ. 한계에 도전하다 限界に挑戦する.

도전-자 (挑戰者) 图 挑戦者.

도전-장 (挑戰狀) 图-짱 图 挑戦状.

도전-적 (挑戰的) 图 挑戦的な. ‖도전적인 태도 挑戦的な態度.

도정 (道程) 图 道程; 道のり.

도정-표 (道程標) 图 道しるべ.

도제¹ (徒弟) 图 徒弟. ‖도제 제도 徒弟制度.

도제² (陶製) 图 陶製.

도주 (逃走) 图 (하자) 逃走. ‖야간도주 夜逃げ.

도중 (途中) /toʨuŋ/ 图〔主に도중에の形で〕途中(で). ‖집에 가는 도중에 선배를 만나다 家に帰る途中で先輩に会う. 일을 도중에 내팽개치다 仕事を途中で投げ出す. 얘기 도중에 울기 시작했다 話の途中で泣き出した.

도중-하차 (途中下車) 图 (하자) 途中下車; 途中でやめること. ‖그는 그 프로젝트에서 도중 하차했다 彼はそのプロジェクトを途中でやめた.

도지다 国 (病気などが)ぶり返す; 再発する. ‖감기가 도지다 風邪がぶり返す. 병이 도지다 病気が再発する.

도-지사 (道知事) 图 道(道)の知事. ⑩지사(知事).

도착¹ (到着) /toʨʰak/ 图 (하자) 到着; 着くこと. ‖무사히 목적지에 도착하다 無事, 目的地に到着する. 도착순으로 접수하다 到着順で受け付ける. 도착하는 대로 到着次第; 着き次第.

도착² (倒錯) 图 도자 倒錯. ‖성도착 性的倒錯.

도처 (到處) 图〔主に도처에の形で〕至る所で; 各地に. ‖도처에 위험이 도사리고 있다 至る所に危険が潜んでいる.

도청¹ (盜聽) 图 도자 盗聴. ‖전화를 도청하다 電話を盗聴する. **도청-되다** 受身

도청² (道廳) 图 道(道)の庁舎; 道庁.

도체 (導體) 图〔物理〕導体. ⑰부도체(不導體).

도축 (屠畜) 图 도자 畜殺; 屠畜.

도축-장 (屠畜場) 图-짱 图 畜殺場.

도출 (導出) 图 도자 導き出すこと. ‖데이터에서 결론을 도출하다 データから結論を導き出す. **도출-되다** 受身

도취 (陶醉) 图 도자 陶酔. ‖명연주에 도취되다 名演奏に陶酔する.

도치¹ 〔魚介類〕ダンゴウオ(団子魚).

도치-법 (倒置法) 图-뻡 图〔文芸〕倒置法.

도킹 (docking) 图 도자 ドッキング.

도탄 (塗炭) 图 泥にまみれ, 炭火に焼かれるような苦しみ.

도탑다 [-따] 圈 (ㅂ変) (人情・義理などが)厚い. ㉘두텁다.

도태 (淘汰・陶汰) 图 도자 淘汰(とうた). ‖자연 도태 自然淘汰.

도토리 /tot*ʰ*ori/ 图 どんぐり. ▶도토리 키 재기(図) どんぐりの背比べ.

도토리-나무 图〔植物〕カシワ(柏). ⑩떡갈나무.

도토리-묵 〔料理〕どんぐりの粉で作った寒天状の食品.

도톨-도톨 图 (하形) 表面に凹凸があって滑らかでない様子; でこぼこ; ぼこぼこ. ㉘두툴두툴.

도톰-하다 圈 (하자) やや厚めだ; ふっくらしている. ‖도톰한 입술 ふっくらした唇. **도톰-히** 副

도통¹ (都統) 副〔下に打ち消しの表現を伴って〕全く; 全然; さっぱり. ‖무슨 말인지 도통 알수가 없다 何のことだかさっぱり分からない. 도통 연락이 없다 全く連絡がない.

도통² (道通) 图 精通.

도투락 =도투락댕기.

도투락-댕기 [-땡-] 图 昔, 少女のお下げ髪の先につけたリボン.

도판 (圖版) 图 図版.

도-편수 (都-) 图 棟梁(とうりょう); 大工頭.

도포¹ (塗布) 图 (하자) 塗布. ‖도포제 塗布剤.

도포² (道袍) 图 昔, 男性が上着の上に羽織った礼服.

도표¹ (道標) 图 道標; 道しるべ.

도표² (圖表) 图 図表.

도피 (逃避) 图 (하자) 逃避; 逃げること. ‖현실에서 도피하다 現実から逃避する. 해외로 도피하다 海外へ逃げる. 도피 행각 逃避行.

도피-처 (逃避處) 图 逃げ場.

도피-행 (逃避行) 图 逃避行.

도핑 (doping) 图 ドーピング. ‖도핑 테스트 ドーピングテスト.

도-함수 (導函數) 图〔数学〕導関数.

도합 (都合) 副 全部合わせて; 全部で; まとめて. ‖도합 열 번 で 10 回.

도항 (渡航) 图 (하자) 渡航.

도해 (圖解) 图 (하자) 図解.

도형 (圖形) 图 図形. ‖입체 도형 立体図形. 평면 도형 平面図形.

도화¹ (桃花) 图 桃花; 桃の花.

도화² (導火) 图 導火.

도화-선 (導火線) 图 導火線. ‖제이차 세계 대전의 도화선이 된 사건 第二次世界大戦の導火線となった事件.

도화³ (圖畫) 图 図画.

도화-지 (圖畫紙) 图 画用紙.

도회 (都會) [-/-ㅞ] 图 도회지(都會地).

地)의 略語.

도회-병 (都會病) 【-뼝/-훼뼝】 图 都会病.

도회-지 (都會地) 图 都会. 圙도회(都會).

독¹ 图 甕(옹). ‖독이 깨지다 甕が割れる. ▸독 안에 든 쥐 袋の鼠.

독² (毒) /tok/ 图 毒. ‖독이 있는 식물 毒のある植物. 음식에 독을 타다 食べ物に毒を盛る. 독이 든 주스 毒入りジュース. 독을 품은 말 毒を含んだ言葉. ▸독을 올리다 腹を立てさせる; 怒らせる. ▸독이 오르다 殺気立つ.

독³ (獨) 〖獨逸의 略語〗ドイツ. ‖독어 ドイツ語.

독⁴ (dock) 图 ドック.

독⁵ (獨-) 图 独り…. ‖독무대 独り舞台. 독사진 1人で写っている写真.

독-가스 (毒 gas) 图〖化学〗毒ガス.

독-감 (毒感) 【-깜】 图 ひどい風邪; 流感; インフルエンザ. ‖독감에 걸리다 ひどい風邪を引く. 독감이 유행하고 있다 インフルエンザが流行している.

독-개미 (毒-) 【-깨-】 图〖昆虫〗毒アリ.

독거 (獨居) 【-꺼】 图 하타 独居; 独り暮らし. ‖독거 노인 独居老人.

독경 (讀經) 【-꼉】 图 하타〖仏教〗読経.

독고 (獨孤) 【-꼬】 图〖姓〗独孤(ドッコ).

독-과점 (獨寡占) 【-꽈-】 图〖経〗独寡占.

독균 (毒菌) 【-꿘】 图 毒菌.

독극-물 (毒劇物) 【-끙-】 图 毒劇物.

독기 (毒氣) 【-끼】 图 毒気.

독-나방 (毒-) 图〖昆虫〗ドクガ (毒蛾).

독-니 (毒-) 图 毒牙.

독단 (獨斷) 【-딴】 图 하타 独断.

독단-적 (獨斷的) 独断的な. ‖독단적 태도 独断的な態度.

독도 (獨島) 【-또】 图〖地名〗竹島.

독려 (督勵) 图 하타 督励.

독립 (獨立) /tonŋnip/ 【동닙】 图 하타 独立. ‖부모로부터 독립하다 親から独立する. 독립해서 가게를 내다 独立して店を出す. 사법권의 독립 司法権の独立. 독립된 방 独立の部屋.

독립-국 (獨立國) 【동닙꾹】 图 独立国.

독립-군 (獨立軍) 【동닙꾼】 图 独立軍.

독립-권 (獨立權) 【동닙꿘】 图 独立権.

독립**변수** (獨立變數) 【동닙뼌-】 图〖数学〗独立変数. ⭘종속 변수 (從屬變數).

독립-심 (獨立心) 【동닙씸】 图 独立心. ‖독립심을 기르다 独立心を育てる.

독립-적 (獨立的) 【동닙쩍】 图 独立的.

독립**채산제** (獨立採算制) 图 独立採算制.

독-무대 (獨舞臺) 【동-】 图 独り舞台.

독물 (毒物) 【동-】 图 毒物.

독방 (獨房) 【-빵】 图 ❶ 1人部屋. ❷ 独房.

독배·독잔 (毒杯·毒盞) 【-빼】 图 毒杯. ‖독배를 들다 毒杯を仰(お)ぐ.

독백 (獨白) 【-빽】 图 独白; 独り言.

독-버섯 (毒-) 【-뻐섯】 图 毒キノコ.

독법 (讀法) 【-뻡】 图 読み方.

독보 (獨步) 【-뽀】 图 하타 独歩.

독보-적 (獨步的) 【-뽀-】 独歩的な. ‖독보적인 존재 独歩の存在.

독본 (讀本) 【-뽄】 图 読本. ‖문장 독본 文章読本.

독-불장군 (獨不將軍) 【-뿔-】 图 何でも自分一人の考えで進めようとする人.

독사 (毒蛇) 【-싸】 图〖動物〗毒ヘビ.

독-사진 (獨寫眞) 【-싸-】 图 1人で写っている写真.

독살 (毒殺) 【-쌀】 图 하타 毒殺.

독상 (獨床) 【-쌍】 图 一人膳.

독생-자 (獨生子) 【-쌩-】 图〖キリスト教〗イエスキリスト.

독서 (讀書) /tokʰsʼə/ 【-써】 图 하타 読書. ‖어려서부터 독서하는 습관을 들이다 小さい時から読書する習慣をつける. ▸독서 백편 의자현 讀書百遍意自ら見(あらわ)る.

독서-삼매 (讀書三昧) 图 読書三昧. ‖독서삼매에 빠지다 読書三昧に明け暮れる.

독서-실 (讀書室) 图 受験勉強用の有料の自習室. 机と机の間が仕切られている.

독선 (獨善) 【-썬】 图 独善; 独りよがり.

독선-적 (獨善的) 独善的な. ‖독선적인 행동 独善的な行動.

독설 (毒舌) 【-썰】 图 하타 毒舌. ‖독설을 퍼붓다 毒舌をふるう.

독성 (毒性) 【-썽】 图 毒性.

독소 (毒素) 【-쏘】 图 毒素.

독수-공방 (獨守空房) 【-쑤-】 图 하타 結婚した女性の独り寝.

독-수리 (禿-) 【-쑤-】 图〖鳥類〗クロハゲワシ (黒禿鷲).

독수리-자리 (禿-) 【-쑤-】 图〖天文〗わし座.

독순-술 (讀脣術) 【-쑨-】 图 読脣術.

독신 (獨身) 【-씬】 图 独身; 独り身. 圙홀몸.

독신-녀 (獨身女) 图 独身女; 独り女性.

독신-자 (獨身者) 图 独身者.

독실 (獨室) 【-씰】 图 1人部屋.

독실-하다 (篤實-)【-씰-】[형]【하변】 篤実だ。∥독실한 신자 篤実な信者.

독심 (毒心)【-씸】[명] 悪心; 毒心. ∥독심을 품다 悪心をいだく.

독심-술 (讀心術)【-씸-】[명] 読心術.

독야청청 (獨也靑靑) [명] (松の木は冬にも靑々としていることから)孤高の節操を守り切り, 変わらないこと.

독약 (毒藥) [명] 毒薬.

독어 (獨語) [명] 〔독일어(獨逸語)의 略語〕ドイツ語.

독일 (獨逸) [명]〔国名〕ドイツ. ⓗ독(獨).

독일-어 (獨逸語) [명] ドイツ語. ⓗ독어(獨語).

독자¹ (獨子)【-짜】[명] 一人息子.

독자² (獨自)【-짜】[명] 独自. ∥독자 노선 独自の路線.

독자-적 (獨自的) [명] 独自. ∥독자적인 생각 独自の考え. 독자적인 상품 개발 独自の商品開発.

독자³ (讀者)【tokˇtʃ͈a/-짜】[명] 読者. ∥신문 독자 新聞の読者.

독자-란 (讀者欄) [명] 読者欄. ∥독자란에 투고하다 読者欄に投稿する.

독자-층 (讀者層) [명] 読者層.

독작 (獨酌)【-짝】[명]【하타】一人酒.

독재 (獨裁)【-째】[명]【하타】独裁. ∥독재 정권 独裁政権.

독재-자 (獨裁者) [명] 独裁者.

독재-정치 (獨裁政治) [명] 独裁政治.

독점 (獨占)【-쩜】[명]【하타】独占. ∥시장을 독점하다 市場を独占する. 독점욕이 강한 사람 独占欲が強い人.

독점-가격 (獨占價格)【-쩜까-】[명] 独占価格.

독점-자본 (獨占資本)【-쩜-】[명] 独占資本.

독점-적 (獨占的)【-쩜-】[명] 独占的. ∥독점적인 지위 独占的な地位.

독존 (獨存)【-쫀】[명]【하타】独存.

독종 (毒種)【-종】[명] 性質がきつい人; あくどい人.

독주¹ (毒酒)【-쭈】[명] ❶ アルコール度数の高い酒. ❷ 毒の入った酒.

독주² (獨走)【-쭈】[명]【하타】独走.

독주³ (獨奏)【-쭈】[명]【하타】〔音樂〕独奏; ソロ.

독지-가 (篤志家)【-찌-】[명] 篤志家.

독-차지 (獨-)【tokˇtʃ͈adʒi/-】[명]【하타】独占; 独り占め. ∥이익을 독차지하다 利益を独占する. 인기를 독차지하다 人気を独り占めする.

독창¹ (獨唱) [명]【하자타】独唱; ソロ.

독창² (獨創) [명]【하타】独創.

독창-력 (獨創力)【-녁】[명] 独創力. ∥독창력이 돋보이는 작품 独創力が際立っている作品.

독창-성 (獨創性)【-썽】[명] 独創性.

독창-적 (獨創的)【-쩍】[명] 独創的. ∥독

창적인 작품 独創的な作品.

독채 (獨-) [명] 一軒家.

독초 (毒草) [명] ❶きついタバコ. ❷ 毒草.

독촉 (督促) [명]【하타】督促; 催促. ∥빚을 갚으라고 독촉하다 借金の返済を督促する.

독촉-장 (督促狀)【-짱】[명] 督促状.

독충 (毒蟲) [명] ❶ 毒虫. ❷〔動物〕マムシ(蝮).

독침 (毒針) [명] 毒針.

독탕 (獨湯) [명] 1人用の風呂.

독특-하다 (獨特-)【-트카-】[형]【하변】独特だ. ∥독특한 문체 独特な文体.

독파 (讀破) [명]【하타】読破. ∥대작을 독파하다 大作を読破する.

독-풀 (毒-) [명] 毒草.

독-하다 (毒-) /tokʰada/【도카-】[형]【하변】❶ (性格・刺激の度合などが)きつい; 強い; 強烈だ; 濃い. ∥독한 성격 きつい性格. 독한 술 きつい酒. 독한 냄새 強いにおい. ❷ (風邪などが)ひどい; 重い. ❸ (意志が)強い; 堅い. ∥마음을 독하게 먹다 気を引き締める.

독학 (獨學)【도각】[명]【하타】独学. ∥한국어를 독학하다 韓国語を独学する.

독해 (讀解)【도캐】[명]【하타】読解. ∥영어 장문을 독해하다 英語の長文を読解する.

독해-력 (讀解力)【도캐-】[명] 読解力.

독-하다(毒-)【도캐-】[명] ❶ (におい・味などが)きつくなる; 強くなる. ❷ (性格などが)きつくなる.

독후-감 (讀後感)【도쿠-】[명] 読後感.

돈 /toːn/ [명] お金; 銭; 金銭. ∥돈을 벌다 お金を稼ぐ. 돈을 벌러 가다 出稼ぎに行く. 돈을 빌리다 お金を借りる; 借金する. 돈이 들다 お金がかかる. 돈 씀씀이가 헤프다 金遣いが荒い. 잔 돈 細かいお金; 小銭; つり銭. 용돈 小遣い. 돈 문제 金銭問題. ▶돈을 굴리다 お金を運用する. ▶돈을 만지다 やすくお金を稼ぐ. ▶돈을 먹다 買収される. ▶돈을 물 쓰듯 하다 お金を湯水のように使う. ▶돈만 있으면 귀신도 부릴 수 있다 (ⓒ) 地獄の沙汰も金次第.

돈² (錢) (貴金属などの)重量の単位; …匁(もんめ). ∥순금 세 돈 純金3匁.

돈 [回] 〔語幹〕돌다(回る)의 過去連体形.

돈-가스 (とん[豚]カツ日) [명] とんカツ. ⓗ포크커틀릿.

돈-값【-깝】[명] 金額に相当する価値; お金の価値. ∥돈값을 하다 値段相応であるだけのことをする.

돈-거리【-꺼-】[명] 金目のもの. ∥돈거리가 되다 お金になる; 金目になる.

돈-내기 [명]【하타】賭け事; 賭博.

돈-냥 (-兩) [명] =돈푼.

돈-놀이 【명】【자】 金貸し.
돈-독(-毒)【명】 金に執着する性向. ‖돈이 오르다 お金に目がくらむ; 金に夢中になる.
돈독-하다(敦篤-)【도ㅋ하-】【형】【하変】 篤実だ; (愛情・信仰などが) 厚い. ‖신앙심이 돈독하다 信仰が厚い.
돈-맛【-맏】【명】 お金の味; お金をためて使ったりする時の楽しさ. ‖돈맛을 알다 お金の味を知る. 돈맛을 들이다 お金の味を占める.
돈-방석(-方席)【-빵-】【명】 金持ちになること; 大儲けすること. ▶돈방석에 앉다 金持ちになる; 成り金になる.
돈-벌이【to:n²ŋɔ:ri/-뻐리】【명】 金儲け; 金もうけの仕事. ‖돈벌이가 되다 金儲けになる仕事.
돈-벼락【-뼈-】【명】 いきなり大金を手に入れること. ‖복권에 당첨되어 돈벼락을 맞다 宝くじに当たってにわかに大金持ちになる.
돈-복(-福)【-뽁】【명】 金運.
돈사(豚舍)【명】 豚舎; 豚小屋. =돼지우리.
돈-세탁(-洗濯)【명】【자】 マネーロンダリング; 資金洗浄.
돈아(豚兒)【명】〔아들의 謙讓語〕愚息; 豚児.
돈-주머니【-쭈-】【명】 小銭入れ; 財布.
돈-줄【-쭐】【명】 金づる. ‖돈줄이 끊어지다 金づるが切れる.
돈-타령【명】【자】 常にお金の話を口にすること.
돈-푼【명】 はした金; わずかな金. =돈냥(一兩).
돋구다【-꾸-】【타】 (食欲などを) そそる; (意欲などを) 高める. ‖입맛을 돋구는 반찬 食欲をそそるおかず.
돋다【tot³ta/-따】【자】 ❶ (太陽が) 昇る. ‖해가 돋다 日が昇る. ❷ (芽が) 出る; 生える. ‖새싹이 돋다 芽が出る. ❸ (吹き出物などが) 出る; できる. ‖여드름이 돋다 にきびができる.
돋-보기【-뽀-】【명】 老眼鏡; 虫眼鏡; ルーペ; 拡大鏡.
돋-보이다【-뽀-】【자】 際立つ; 目立つ. ‖돋보이는 미모 際立つ美貌.
돋아-나다【자】 ❶ 芽生える; 芽吹く; 芽ぐむ. ‖새싹이 돋아나다 新芽が芽生える. ❷ (吹き出物などが) 出る.
돋-우다/toduda/【타】 ❶ (灯心などを) 上げる; かき上げる; 高くする. ❷ 心地を 돋우다 灯心を上げる. ❷ 奮い立たせる; 励ます. ‖용기를 돋우다 勇気を奮い立たせる. ❸ (声を) 張り上げる; あおる. ‖목청을 돋우다 声を張り上げる. 화를 돋우다 怒りをあおる; 怒らせる. 신경을 돋우다 神経を尖らせる. ❹ そそる; かき立てる. ‖구미를 돋우다 食欲をそそる.
돋을-새김【명】(美術) 浮き彫り; レリーフ. =부각(浮刻)・부조(浮彫).

돌¹/tol/【명】 ❶ 満 1 歳の誕生日. ‖아이의 돌이 되다 子どもが満 1 歳を迎える.
— 依존 …周年. ‖창립 열 돌을 맞이하다 創立 10 周年を迎える.
돌-날【-랄】【명】 満 1 歳の誕生日.
돌-떡【명】 満 1 歳の誕生祝いの餅.
돌-맞이【명】【자】 ❶ 満 1 歳の誕生日を迎えること. ❷ 1 周年を迎えること.
돌-상(-床)【-쌍】【명】 満 1 歳の誕生祝いの膳.
돌-잔치【명】【자】 満 1 歳の誕生祝い. ✛韓国では盛大に祝う習慣がある.

돌²/tol/【명】 石; 石材. ‖돌을 던지다 石を投げる. 돌에 걸려 넘어지다 石につまずいて転ぶ. 돌을 잘라내다 石材を切り出す. 바둑돌 碁石.
돌¹【관】【ㄹ語変】 돌다(回る)의 未来連体形.
돌-감【명】〔植物〕野生の柿.
돌격(突擊)【명】【자】 突撃.
돌격-대(突擊隊)【-때】【명】 突撃隊.
돌-고래(-動物) マイルカ(真海豚).
돌기(突起)【명】【자】 突起. ‖촉상돌기 虫様突起.
돌-기둥【명】 石柱.
돌-기와【명】 石瓦.
돌-길【-낄】【명】 砂利道; 石を敷いた道.
돌-김【명】 石海苔.
돌다/to:lda/【자】【ㄹ語変】【돌아, 도는, 돈】 ❶ 回る. ‖풍차가 돌다 風車が回る. 빙글빙글 돌다 ぐるぐる回る. 회전판이 돌다 回転板が回る. 술기운이 돌다 酔いが回る. 전국을 全国を回る. 유럽 오 개국을 돌다 ヨーロッパ 5 か国を回る. 운동장을 한 바퀴 돌다 運動場を一周する. 거래처를 돌아서 회사에 가다 取引先を回って会社に行く. 지구가 태양의 주위를 돌다 地球が太陽の周りを回る. ❷ 出回る. ‖위조 지폐가 돌고 있다 偽造紙幣が出回っている. ❸ 曲がる. ‖왼쪽으로 돌다 左に曲がる. ❹ (うわさなどが) 広まる; 立つ. ‖동네에 이상한 소문이 돌다 近所に変なうわさが広まる(立つ). ❺ (伝染病などが)はやる. ‖전염병이 돌다 伝染病がはやる. ❻ 気がふれる; 頭が変になる. ‖머리가 돌다 지경이다 頭が変になりそうだ. ❼ (変化が表面に) 表われる; 浮かぶ. ‖얼굴에 생기가 돌다 顔に生気がよみがえる. 검은 빛이 돌다 黒みを帯びる. 눈물이 핑 돌다 目頭が熱くなる. 군침이 돌다 生つばがたまる.
돌-다리【-따-】【명】 石橋. ▶돌다리도 두들겨 보고 건너라【俚】石橋を叩いて渡る.
돌-담【-땀】【명】 石垣.
돌-대가리【명】〔俗っぽい言い方で〕石頭.
돌-덩어리【-떵-】【명】 =돌덩이.

돌-덩이【-떵-】[名] やや大きめの石ころ.
돌-도끼 [名] 石斧.
돌돌 [副] 手早く幾重にも巻きつける様子: くるくる. ‖돌돌 말다 くるくる巻く.
돌려 [他] 돌리다(回す)の連用形.
돌려-나기 [名] 輪生.
돌려-놓다【-노타】[他] 向きを変えておく.

돌려-드리다 [他] 〔돌려주다の謙譲語〕お返しする.
돌려-받다【-따】[他] 返してもらう.
돌려-보내다 [他] ❶訪ねてきた人を, 会わずにそのまま帰らす. ‖심부름꾼을 돌려보내다 使いを帰す. ❷送り返す. ‖선물을 돌려보내다 贈り物を送り返す.
돌려-보다 [他] 回し読みする; 回覧する. ‖잡지를 돌려보다 雑誌を回し読みする.
돌려-쓰다 [他]『으変』❶やり繰り算段する. ‖돈을 돌려쓰다 お金をやり繰りして使う. ❷転用する.
돌려-주다 [他] ❶返す; 返却する. ‖친구한테 빌린 책을 돌려주다 友だちに借りた本を返す. ❷都合してやる.
돌려-짓기【-진끼】[名] 輪作. [類]윤작(輪作).
돌리는 [他] 돌리다(回す)の現在連体形.
돌리다[1] [自] 孤立させられる; 仲間はずれにされる. ‖친구들한테 돌리고 있다 友だちに仲間はずれにされている.
돌리다[2] [他] ほっとする. ‖한숨을 돌리다 ほっと一息つく.

돌리다[3] /tollida/ [他]
❶回す. ‖다이얼을 돌리다 ダイヤルを回す. 채널을 돌리다 チャンネルを回す. 회람판을 돌리다 回覧板を回す. 선풍기를 돌리다 扇風機を回す. 적으로 돌리다 敵に回す. 술잔을 돌리다 杯を回す. 다음으로 돌립시다 次回に回しましょう. ❷回らせる. ‖운동장을 열 바퀴 돌리다 運動場を10周回らせる. ❸(話題・方向などを)変える; (視線を)そらす. ‖화제를 돌리다 話題を変える. 시선을 돌리다 視線をそらす. 눈을 돌리다 目を向ける. 발길을 돌리다 きびすをめぐらす. ❹動かす; 稼動する. ‖기계를 돌리다 機械を動かす. 공장을 돌리다 工場を稼動する. ❺配る; 配達する. ‖신문을 돌리다 新聞を配達する. ❻戻す. ‖계획을 백지로 돌리다 計画を白紙に戻す. 얘기를 교육 문제로 돌리다 話を教育の問題に戻す. ❼なすりつける. ‖책임을 다른 사람에게 돌리다 責任を他の人になすりつける. ❽遠回しに言う. ‖돌려서 말하다 遠回しに言う. ❾(お金などを)やり繰りする. ‖돈을 돌리다 お金をやり繰りする. ❿(心を)入れ替える. ‖마음을 돌리다 心を入れ替える.
돌린 [他] 돌리다(回す)の過去連体形.
돌릴 [他] 돌리다(回す)の未来連体形.
돌림-감기 (-感氣)【-깜-】[名] インフルエンザ.
돌림-노래 [名]《音楽》 輪唱.
돌림-병 (-病)【-뻥】[名] はやり病; 流行性疾患; 伝染病.
돌림-자 (-字)【-짜】[名] 世数関係を表わすために名前に共通に用いる一字. [類]항렬자(行列字).
돌림-쟁이 [名] 仲間はずれ.
돌멩이 /to:lmeŋi/ [名] 小石; 石ころ.
돌멩이-질 [名] [하自] 石投げ. [略]돌질.
돌-무더기 [名] 石の小山.
돌발 (突發) [名] [하自] 突発.
돌발-적 (突發的)【-쩍】[名] 突発的. ‖돌발적인 사고 突発的な事故.
돌-배 [名]《植物》 山梨の実.
돌변 (突變) [名] [하自] 急変; 一変; ころっと変わること. ‖태도가 돌변하다 態度がころっと変わる.
돌-보다 /to:lboda/ [他] 世話する; 面倒をみる. ‖손자들을 돌보다 孫たちの世話をする.
돌-부리【-뿌-】[名] 石の地上に突き出ている部分. ‖돌부리에 걸려 넘어지다 石につまずいて転ぶ.
돌-부처 [名] 石仏. [類]석불(石佛).
돌-비 (-碑) [名] 石碑. [類]석비(石碑).
돌-비늘【-삐-】[名]《鉱物》 雲母. [類]운모(雲母).
돌-산 (-山) [名] 石山; 岩山.
돌-상어 [名]《魚介類》 サメガシラ(鮫頭).
돌-샘 [名] 岩清水.
돌-소금 [名] 岩塩.
돌-솜 [名]《鉱物》 石綿. [類]석면(石綿)・아스베스토스.
돌-솥【-솓】[名] ❶石釜. ❷石焼きビビンパの器.
돌아 [自]『ㄹ語幹』 돌다(回る)の連用形.

돌아-가다 /toragada/ [自]
❶回る; 回転する. ‖선풍기가 돌아가고 있다 扇風機が回っている. 혀가 제대로 안 돌아가다 舌がろくに回らない; 呂律(ろれつ)が回らない. ❷帰る; 戻る; 立ち返る. ‖집으로 돌아가다 家に帰る[戻る]. 원점으로 돌아가다 原点に立ち返る. ❸帰する. ‖수포로 돌아가다 水泡に帰する. ❹遠回りする; 回り道をする. ‖먼 길을 돌아가다 回り道をする. ❺曲がる; ゆがむ. ‖오른팔이 제대로 안 돌아가다 右腕がうまく曲がらない. 중풍으로 입이 돌아가다 中風で口がゆがむ. ❻配分される; 配られる; (全員に)渡る. ‖열 개니까 한 사람당 두 개씩 돌아간다 10個だから1人当たり2個ずつ配られる. ❼動く; 稼動する. ‖공장은 잘 돌아가고 있다 工場はうまく稼動している. ❽(物事が)進む; 変わっていく; 推移する. ‖정국이 돌아가는 것을 지켜보다 政局の推移を見守る. ❾〔돌아가시다

の形で] 亡くなる. ‖할머니는 작년에 돌아가셨습니다 祖母は去年亡くなりました.
돌아-눕다 [-따] 国 [ㅂ変] 寝返りを打つ; 寝る向きを変える.
돌아-다니다 国 うろうろ歩き回る; 巡る.
돌아다보다 他 振り返る. ‖지난날을 돌아다보다 過ごし日を振り返る.
돌아-보다 他 ❶ 振り向く; 振り返る. ‖뒤를 돌아보다 後ろを振り向く. 학창시절을 돌아보다 学生時代を振り返る. ❷ 顧みる; 回顧する; 省みる. ❸ 見回す; 見回して見る; 見渡す. ‖교내를 돌아보다 校内を見回す.
돌아-서다 国 ❶ 背を向ける; 後ろ向きになる. ‖화를 내며 돌아서서 背を向ける. ❷ 仲違いする; 関係を絶つ. ‖결국 두 사람은 돌아서서 말았다 結局2人は仲違いしてしまった.
돌아-앉다 [-안따] 国 ❶ 後ろ向きに座る; 背を向けて座る. ‖돌아앉은 어머니는 한마디도 하지 않으셨다 背を向けて座った母は一言も言わなかった. ❷ [··· (으)로 돌아앉다の形で] ···に向かって座る. ‖책상 앞으로 돌아앉다 机に向かって座る.
돌아-오다 /toraoda/ 国 ❶ 戻る; 戻ってくる; 帰ってくる. ‖집으로 돌아오다 家に帰ってくる. 정신이 돌아오다 意識が戻る; 我に返る. ❷ (順番などが) 回ってくる. ‖내 차례가 돌아오다 私の順番が回ってくる. ❸ [돌아오는 ···の形で] 来る···. ‖돌아오는 일요일이 어머니 생신이다 来る日曜日が母の誕生日だ.
돌연-변이 (突然變異) [-니] 图 〖生物〗 突然変異.
돌연-사 (突然死) 图 突然死.
돌연-히 (突然-) 副 いきなり. ‖그가 돌연히 사라졌다 彼が突然消えた.
돌이켜-보다 他 振り返る; 振り返ってみる. ‖돌이켜보건대 반성할 점이 많다 振り返ってみると反省すべき点が多い.
돌이키다 他 ❶ 振り返る; 顧みる. ❷ 思い直す. ❸ 戻す; 取り戻す; 取り返す. ‖돌이킬 수 없는 순간 取り戻すことができない瞬間. 돌이킬 수 없는 실수 取り返しのつかないミス; 痛恨のミス.
돌입 (突入) 图 自由 突入.
돌-절구 图 石臼.
돌-조개 图 〖魚介類〗 イシガイ (石貝).
돌진 (突進) [-찐] 图 自由 突進. ‖적을 향해 돌진하다 敵陣を目がけて突進する.
돌-질 图 自由 [돌멩이질の略語] 石投げ.
돌-집 [-찝] 图 石造りの家; 石の家.
돌-쩌귀 图 (扉の) 肘壺(ひじつぼ)と金具(かなぐ).

돌-촉 (-鏃) 图 石鏃.
돌출 (突出) 图 自由 突出; 突き出ていること.
돌-층계 (-層階) 图 [-/-게] 石段.
돌-콩 图 〖植物〗 ツルマメ (蔓豆).
돌-탑 (-塔) 图 石塔. 圈 석탑 (石塔).
돌파 (突破) 图 他由 突破. ‖난관을 돌파하다 難関を突破する. 참가자가 오만 명을 돌파하다 参加者が5万人を突破する.
돌파-구 (突破口) 图 突破口. ‖돌파구를 찾아내다 突破口を見出だす.
돌팔매-질 图 自由 石投げ; つぶて打ち.
돌-팔이 图 ❶ 各地を転々としながら占ったり技術・品物などを売ったりする人. ❷ [見くびる言い方で] 専門的知識・技術が備わっていない専門家. ‖돌팔이 의사 免許なしに診療する医師; やぶ医者.
돌풍 (突風) 图 突風. ‖돌풍이 일다 突風が起こる.
돌-하루방 图 돌하르방の誤り.
돌-하르방 (民俗) 图 おじいさんの石像. ✦済州島に伝わる安寧と秩序を守ると信じられている石神.
돔¹ (魚介類) [도미の縮約形] タイ (鯛).
돔² (dome) 图 ドーム.
돕는 [돔는] 他 [ㅂ変] 돕다の現在連体形.
돕다 /to:p'ta/ [-따] 他 [ㅂ変] [도와, 도와도, 도운] ❶ 手伝う; 手助けする; 助ける. ‖집안일을 돕다 家事を手伝う. 가게 일을 돕다 店の仕事を手伝う. 재해を당한 사람들을 돕다 災害にあった人々を助ける. ❷ 救援する. ‖조난자를 돕다 遭難者を救援する. 구호러 가다 救援に向かう. ❸ 後押しする; 助力する; 力になる. ‖나도 돌봐 주실게요 私も力になります. ❹ 促す. ‖성장을 돕는 영양제 成長を促す栄養剤.

돗-바늘 [돋빠-] 图 大針.
돗-자리 [돋짜-] 图 ござ; むしろ. ‖자리를 펴다 ござを広げる.
동¹ 图 ❶ [物事の] つじつま; つながり; 筋; 筋道. ‖동이 닿다 つじつまが合う. 동떨어지다 かけ離れる. ❷ 間(かん); 間(ま). ‖동(が)에 두다 間(ま)に置く. ❸ 저고리 (チョゴリ) の袖の継ぎ合わせ用の切れ. ‖색동저고리 袖を色とりどりの布で縫い合わせたチョゴリ. ❹ (物事の) 終わり; 底. ‖동이 나다 底をつく; 品切れになる.
동² (東) /toŋ/ 图 東. ‖동이 트다 東の空が白む. ✦동에 번쩍 서에 번쩍 (「東にちらっと, 西にちらっと」の意で) 動きが非常に機敏なこと.
동³ (洞) 图 [行政] ❶ 行政区域の一つ. ✦区の下に位置する. ❷ 동사무소 (洞事務所) の略語.
동⁴ (銅) 图 [鉱物] 銅. 圈 구리.

동⁵(棟) [依名] ❶ …棟. ‖신축 맨션 다섯 동 건설 중 新築マンション5棟建設中. ❷ マンション・アパートなど一連の建物の番号. ‖주공 아파트 백오 동 칠백오 호 住宅公社アパート105棟705号室.

동가식서가숙(東家食西家宿)【-써-】[名] 住むところが一定せず, 知り合いの家を転々(と)しながら居候すること.

동가홍상(同價紅裳) 【-까-】 [名] (同じ値段なら真紅のスカートの意で) 同じ値段なら見た目のいいものを選ぶことのたとえ. ⑳같은 값이면 다홍치마.

동감(同感) [名] [하自] 同感. ‖너의 말에 동감이다 君の言葉に同感だ.

동갑(同甲) /toŋgap/ [名] 同い年; 年齢; 同じ年の人. ‖남편과 동갑이다 夫とは同い年だ.

동강 [名] 切れ; 切れ端; かけら. ‖나무 동강 木の端. **동강(이) 나다** 折れる; 切断する. **동강(이) 나다** 折れる; 切断される. **동강동강** [副] 切れ切れにずたずたに.

─ [依名] …切れ. ‖두 동강 2切れ.

동거(同居) [名] [하自] ❶ 同棲. ‖두 사람은 학생 때부터 동거하고 있다 二人は学生の頃から同棲している. ❷ 同居. ‖동거 가족 同居家族.

동격(同格) [名] [-격] 同格.

동결(凍結) [名] [하他] 凍結. ‖예산을 동결하다 予算を凍結する. **동결-되다** [하自]

동경¹(東經) [名] [地] 東経.

동경²(憧憬) [名] [하他] 憧れ; 憧憬. ‖영화 배우를 동경하다 映画スターに憧れる. 동경의 대상 憧れの的.

동계¹(冬季)【-/-게】[名] 冬季. ‖동계 올림픽 冬季オリンピック.

동계²(同系) 【-/-게】 [名] 同系.

동계³(動悸) /-/-게/ [名] [하自] 動悸.

동고-동락(同苦同樂)【-나-】 [名] [하自] 苦楽をともにすること.

동고-서저(東高西低) [名] [天文] 東高西低.

동공(瞳孔) [名] [解剖] 瞳孔.

동과(冬瓜) [名] [植物] トウガン(冬瓜). **동과-자**(冬瓜子) [名] [漢方] トウガンの種.

동구¹(東歐) [名] [地名] 東欧; 東ヨーロッパ. ⑳구주(歐洲).

동구²(洞口) [名] 村の入り口.

동굴(洞窟) [名] 洞窟.

동궁(東宮) [名] [歷史] 東宮.

동규(冬葵) [名] [植物] フユアオイ(冬葵). **동규-자**(冬葵子) [名] [漢方] フユアオイの種.

동그라미 /toŋgurami/ [名] 円; 丸; 円形. ‖동그라미를 그리다 円を描く. 정답에는 동그라미를 치다 正解には丸をつける.

동그랑-땡 [名] [料理] 牛肉または豚肉のひき肉とみじん切りにした野菜を混ぜたものに小麦粉と卵の衣をつけて小さいハンバーグ状に焼いたもの.

동그랑-쇠 [-/-쇄] [名] ❶ 輪回しの鉄輪. ⑳굴렁쇠. ❷ 五徳. ⑳삼발이.

동그랗다【-라타】 [形] [ㅎ変] 丸い; まん丸. ‖동그란 얼굴 丸い顔. ⑳동그렇다.

동그마니 [副] ぽつんと. ‖그녀는 창가에 동그마니 앉아 있었다 彼女は窓際にぽつんと座っていた.

동그스름-하다 [形] [하変] 丸っこい; 丸みがある. ‖동그스름한 얼굴 丸みを帯びた顔. ⑳둥그스름하다.

동글납작-하다【-랍짜카-】 [形] [하変] (ものや顔が)丸くて平べったい. ⑳둥글넓적하다.

동글다 [自語変] 丸い; 円形だ.

동글동글-하다 [形] [하変] くりくりしている; 丸い; まん丸だ. ⑳둥글둥글하다.

동급(同級) [名] 同級. ‖동급생 同級生.

동기¹(冬期) [名] 冬期. ㉘하기(夏期).

동기²(同氣) [名] 同気; 兄弟姉妹. ‖동기 간 兄弟姉妹の間.

동기³(同期) [名] 同期. ‖입사 동기 同期入社.

동기⁴(動機) /toːŋgi/ [名] 動機; きっかけ. ‖범행 동기 犯行の動機. 이 일을 시작하게 된 동기 この仕事を始めるようになったきっかけ.

동남(東南) [名] 東南.

동남-간(東南間) [名] 東と南の間.

동남아(東南亞) [名] [地名] 東南アジア(東南─)の略語.

동남-아시아(東南 Asia) [名] [地名] 東南アジア, ⑳동남아(東南亞).

동남-풍(東南風) [名] 東南の風.

동남-향(東南向) [名] 東南向き.

동냥 [名] [하他] ❶ 物ごい; 物もらい. ⑳탁발.

동냥-아치 [名] 乞食; 物ごい.

동냥-질 [名] [하他] 物もらい.

동네(洞─) /toːŋne/ [名] 村; 町. ‖같은 동네에 살고 있다 同じ町に住んでいる. ⑳옆 동네 隣の村.

동네-방네(洞─坊─) [名] 村中; あちこち. ‖동네방네 떠들고 다니다 村中に騒ぎ立てて回る.

동네-북(洞─) [名] 多くの人から非難されたりいじめられたりする人.

동년(同年) [名] 同年.

동년-배(同年輩) [名] 同輩.

동녘(東─)【-녁】 [名] 東方; 東の方.

동단(東端) [名] 東端; 東の方.

동댕이-치다(─) [他] ❶ (ものを)放り投げる. ‖가방을 바닥에 동댕이치다 かばん

を床に放り投げる. ❷(仕事などを)投げ出す; 放り出す. ‖일을 중도에서 동댕이치다 仕事を途中で投げ出す.

동댕-이 圖 ものを軽く叩く音: とん とん. ❶발을 동댕 구르다 足をとんとん (と)踏み鳴らす.

동댕-거리다 他 (寒さ・悔しさ・焦りなどで)地団太を踏む; じたんだを踏む; 足をとんとん踏み鳴らす. ‖추워서 발을 동댕거리다 寒くて足をとんとん(と)踏み鳴らす話.

동댕-걸음 [名] 小走り; 早足; 刻み足. ‖동댕걸음으로 어둠 속으로 사라졌다 小走りで暗闇の中へ消えた.

동댕² 圖 小さいものが浮いて動く様子: ふわふわ.

동댕-주 (-酒) [名] 濁り酒.

동등-하다 (同等-) /hada/ [形] [하여] 同等だ. ‖동등한 자격 同等な資格. 동등하게 대하다 同等に扱う.

동-떨어지다 (同-) 自 かけ離れる; 隔たる. ‖현실과 동떨어진 이야기 現実とかけ離れた話; 現実離れした話.

동라 (銅鑼) [-나] [名] (音楽) 銅鑼(どら).
동란 (動亂) [-난] [名] 動乱. ‖육이오 동란 朝鮮動乱; 朝鮮戰爭.
동량 (棟梁·棟樑) [-냥] [名] 棟梁 (とうりょう).
동력 (動力) [-녁] [名] 動力.
동력-계 (動力計) [-녁꼐/-녁께] [名] 動力計.
동력-로 (動力爐) [-녕노] [名] (物理) 動力炉.
동력-삽 (動力-) [-녁쌉] [名] パワーショベル.
동력-원 (動力源) [-녀권] [名] 動力源.
동력'**자원** (動力資源) [-녁짜-] [名] 動力資源.
동력-차 (動力車) [-녁차] [名] 動力車.
동렬 (同列) [-녈] [名] 同列.
동록 (銅綠) [-녹] [名] 銅青; 緑青 (ろくしょう).
동료 (同僚) [-뇨] [名] 同僚. ‖직장 동료 職場の同僚.
동류¹ (同流) [-뉴] [名] 同流.
동류² (同類) [-뉴] [名] 同類.
　동류-의식 (同類意識) [-뉴-/-뉘의-] [名] 同類意識.
　동류-항 (同類項) [名] (數學) 同類項.
동률 (同率) [-뉼] [名] 同率.
동리 (洞里) [-니] [名] (行政) 地方行政区域の동(洞)と이(里).
동맥 (動脈) /to:ŋmɛk/ [名] ❶[解剖] 動脈. ⇔정맥 (靜脈). ❷[比喩的に] 主要な交通路.
동맥'**경화** (動脈硬化) [-경-] [名] (医学) 動脈硬化.
동맥-류 (動脈瘤) [-맹뉴] [名] (医学) 動脈瘤(りゅう).
동맹 (同盟) [名] [하여] 同盟.

동맹'**파업** (同盟罷業) [名] ストライキ.
동맹-국 (同盟國) [名] 同盟国.
동-메달 (銅 medal) /toŋmedal/ [名] 銅メダル.
동면 (冬眠) [名] [하여] 冬眠. 俗冬ごもり.
동명 (同名) [名] 同名.
　동명-이인 (同名異人) [名] 同名異人.
동명 (洞-) [名] 동(洞)の名前.
동-명사 (動名詞) [名] (言語) 動名詞.
동무 (同) [名] [하여] ❶友だち; 友人. ‖어릴 때 같이 놀았던 동무 幼い頃一緒に遊んだ友だち. ❷仲間. 도 道連れ. 말동무 話し相手. ✤現在は決まった表現以外には친구 (親舊) が一般的である.
동문¹ (同文) [名] 同文. ‖이하 동문 以下同文.
동문² (同門) [名] 同門.
동문-서답 (同問西答) [名] [하여] ピントはずれの答え; 的はずれの答え. ‖그는 내 질문에 동문서답을 했다 彼は私の質問に的はずれの返答をした.

동물 (動物) /to:ŋmul/ [名] 動物. ‖동물 실험 動物実験. 야생 동물 野生動物.
동물-성 (動物性) [-씽] [名] 動物性. ‖동물성 지방 動物性脂肪.
동물-원 (動物園) [名] 動物園.
동물-적 (動物的) [-쩍] [名] 動物的. ‖동물적인 감 動物的な感.
동물-학 (動物學) [名] 動物学.
동민 (洞民) [名] 동(洞)の住民.
동박-새 [-쌔] [名] (鳥類) メジロ(目白).
동반 (同伴) [名] [하여] 同伴. ‖부부 동반으로 모임에 참석하다 夫婦同伴で集まりに参加する.
동반-자 (同伴者) [名] 同伴者.
동반-자살 (同伴自殺) [名] [하여] 無理心中.
동-반구 (東半球) [名] 東半球. ⇔서반구 (西半球).
동방¹ (東方) [名] 東方.
　동방예의지국 (東方禮儀之國) [-녜-/-네이-] [名] 東方の礼儀の国. ✤昔, 中国で朝鮮を指した言葉.
동방² (東邦) [名] ❶東方の国. ❷朝鮮.
동백 (冬柏) /toŋbɛk/ [名] (植物) ❶ツバキ(椿). ❷ツバキの実.
　동백-기름 (冬柏-) [-끼-] [名] 椿油.
　동백-꽃 (冬柏-) [-꼳] [名] ツバキの花.
　동백-나무 (冬柏-) [-맹] [名] (植物) ツバキ(の木).
동병-상련 (同病相憐) [-년] [名] [하여] 同病相憐むこと.
동복¹ (冬服) [名] 冬服 (夏服). ✤春秋服 (春秋服).
동복² (同腹) [名] 同腹. ⇔이복 (異腹). ‖동복동생 同腹の弟 [妹].
동봉 (同封) [名] [하여] 同封.

동부¹ (동부) 〖植物〗 ササゲ(大角豆).
동부² (東部) 〖名〗 東部.
동-부인 (同夫人) 〖名〗〖自〗 夫人同伴.
동북 (東北) 〖名〗 東北.
동북-간 (東北間) 【-깐】 〖名〗 東と北の間.
동북-동 (東北東) 【-똥】 〖名〗 東北東.
동북-아시아 (東北 Asia) 〖名〗〖地名〗 北東アジア.
동북-풍 (東北風) 〖名〗 北東の風.
동분-서주 (東奔西走) 〖名〗〖自〗 東奔西走.
동사¹ (凍死) 〖名〗〖自〗 凍死; 凍え死に.
동사² (動詞) 〖言語〗 動詞.
동-사무소 (洞事務所) 〖名〗 (行政区域の一つである)洞の役所. 動〔洞〕.
동산¹ 〖名〗 ❶家の近所の小山. ‖뒷동산 裏山. ❷家の庭園に作られた山.
동산² (動産) 〖法律〗 動産. ⇔부동산(不動産).
동산³ (銅山) 〖名〗 銅山.
동상¹ (凍傷) 〖名〗 凍傷; 霜焼け. ‖동상에 걸리다 凍傷にかかる.
동상² (銅像) 〖名〗 銅像.
동상-이몽 (同床異夢) 〖名〗 同床異夢.
동색¹ (同色) 〖名〗 同色; 同じ色.
동색² (銅色) 〖名〗 銅色; あかがね色.
동생 (同生) /tongsɛŋ/ 〖名〗 ❶弟妹; 弟や妹. ‖남동생 弟. 여동생 妹. 친동생 実弟. ✛年下の兄弟を男女の区別なく指す言葉. ❷同列の親戚で年下の人. ‖사촌 동생 従弟; 従妹. ❸年下の親しい人.
동서¹ (同棲) 〖名〗〖自〗 同棲.
동서² (同壻) 〖名〗 相壻; 相娶.
동서³ (東西) 〖名〗 東西.
동서-고금 (東西古今) 〖名〗 古今東西. ‖동서고금을 막론하고 古今東西を問わず.
동서남북 (東西南北) 〖名〗 東西南北.
동-서양 (東西洋) 〖名〗 東洋と西洋.
동석 (同席) 〖名〗〖自〗 同席.
동선¹ (動線) 〖名〗 動線.
동선² (銅線) 〖名〗 銅線. 動구리줄.
동성¹ (同性) 〖名〗 同性; 이성(異性).
동성-애 (同性愛) 〖名〗 同性愛.
동성-연애 (同性戀愛) 【-너내】 〖名〗 = 동성애(同性愛).
동성² (同姓) 〖名〗 同姓.
동성-동명 (同姓同名) 〖名〗 同姓同名.
동성-동본 (同姓同本) 〖名〗 姓と本貫(然)が同じであること.
동성불혼 (同姓不婚) 〖名〗 父系血族間の結婚を避けること.
동소-체 (同素體) 〖化學〗 同素体.
동수 (同數) 〖名〗 同数.
동승 (同乘) 〖名〗〖自〗 同乗.
동시¹ (同時) /toŋʃi/ 〖名〗 同時. ‖동시 녹음 同時録音. 두 편 동시 상영 중 2本同時上映中.

동시-에 (同時-) 〖副〗 同時に. ‖두 사람이 동시에 손을 들다 2人が同時に手を挙げる. 도착과 동시에 출발하다 到着と同時に出発する. 그것은 단점인 동시에 장점이다 それは短所であると同時に長所である.
동시-통역 (同時通譯) 〖名〗 同時通訳.
동시² (童詩) 〖名〗 児童詩.
동-식물 (動植物) 〖名〗〖-씽-〗 〖名〗 動植物.
동심 (童心) 〖名〗 童心. ‖동심으로 돌아가다 童心に返る.
동심-결 (同心結) 〖名〗 同心結び; けまん結び.
동심-원 (同心圓) 〖名〗〖數學〗 同心円.
동아¹ (冬-) 〖植物〗 トウガン(冬瓜).
동아리¹ 〖名〗 長いものの一部分.
동아리² 〖名〗 ❶仲間. ❷(大学などの)サークル; クラブ活動; 部活; 同好会. 動서클.
동-아시아 (東 Asia) 〖名〗〖地名〗 東アジア.
동아-줄 〖名〗 太い縄; 太い綱.
동안¹ /-/ 〖名〗 (時間的な)間(次); 間(次). ‖그 동안 その間(次); その間(次). 오랫동안 長い間. 한동안 しばらく(の間). 삼 일 동안 3日間.
동안² (東岸) 〖名〗 東岸.
동안³ (童顔) 〖名〗 童顔.
동양 (東洋) /toŋjaŋ/ 〖名〗 東洋. ⇔서양(西洋).
동양-사 (東洋史) 〖名〗 東洋史.
동양-인 (東洋人) 〖名〗 東洋人.
동양-학 (東洋學) 〖名〗 東洋学.
동양-화 (東洋畫) 〖名〗 東洋画.
동업 (同業) 〖名〗〖自〗 同業.
동업-자 (同業者) 【-짜】 〖名〗 同業者.
동여-매다 (同-) 〖他〗 強く縛る; 強く結わいつける; 縛り上げる; 締める. ‖머리띠를 질끈 동여매다 鉢巻をぎゅっと結ぶ.
동-역학 (動力學) 【-녀칵】 〖名〗〖物理〗 動力学.
동영상 (動映像) 【-녕-】 〖名〗 動画; 動画像; アニメ; アニメーション.
동요¹ (動搖) /to:njo/ 〖名〗〖自〗 動揺. ‖그 말에 내 마음은 동요했다 その言葉に私の心は動揺した.
동요² (童謠) /to:njo/ 〖名〗 童謡; わらべ歌.
동우-회 (同友會) 【-/-훼】 〖名〗 同好会; クラブ. ‖사진 동우회 写真同好会.
동원 (動員) 〖名〗〖他動〗 動員. ‖학생들을 동원하다 学生たちを動員する.
동원-령 (動員令) 【-녕】 〖名〗〖軍事〗 動員令.
동위 (同位) 〖名〗 同位. ‖동위 원소 同位元素.
동-유럽 (東 Europe) 〖名〗〖地名〗 東ヨーロッパ. 動서유럽(西-).
동음 (同音) 〖名〗 同音.
동음이의-어 (同音異義語) 【-/-이-】

동의(言語) 同音異義語.

동의(同義) 【-/-이】 [명] 同義. ㉠이의(異義).

동의-어(同義語) [명] 〔言語〕同義語.

동의²(同意) 【-/-이】 [명] 同意. ‖동의를 구하다 同意を求める.

동의³(胴衣) 【-이】 [명] 胴衣. ‖구명동의 救命胴衣.

동의⁴(動議) 【-/-이】 [명] [하自他] 動議. ‖긴급동의 緊急動議.

동이 取っ手がついている甕(かめ). ‖물동이 水がめ.

동이다 (紐で)くくる; 束ねる.

동인¹(動因) [명] 動因.

동인²(同人) [명] 同人. ‖동인지 同人誌.

동안-지(同人誌) [명] 同人誌.

동안 (童顔-) [명] [하形] 同一. ‖동일 인물 同一人物. 동일하게 취급하다 同一に扱う.

동일-성(同一性) 【-썽】 [명] 同一性.

동일-시(同一視) 【-씨】 [명] [하他] 同一視.

동일-체(同一體) [명] 同一体.

동자(童子-) [명] [仏教] 小僧.

동자-중(童子-) [명] [仏教] 小僧.

동작(動作) /toːŋdʑak/ [명] [하自] 動作. ‖동작이 굼뜨다 動作がのろい. 재빠른 동작 素早い動作.

동장(洞長) [명] 동사무소(洞事務所)の長.

동-장군(冬將軍) [명] 冬将軍.

동-적(動的) 【-쩍】 [명] 動的. ㉠정적(静的).

동전(銅錢) /toŋdʑʌn/ [명] コイン; 小銭; 硬貨. ‖가진 동전이 없다 小銭の持ち合わせがない. 동전을 모으다 小銭を貯める.

동-전력(動電力) 【-젼-】 [명] [物理] 動電力.

동점(同點) 【-쩜】 [명] 同点. ‖동점 골을 넣다 同点ゴールを入れる.

동정¹ [명] 저고리(チョゴリ)の襟につける芯だった白い布.

동정²(同定) [명] [하自] 同定.

동정³(同情) /toŋdʑʌŋ/ [명] [하他] 同情. ‖동정을 금할 수 없다 同情を禁じ得ない. 동정을 사다 同情を買う.

동정-심(同情心) [명] 同情心.

동정⁴(動靜) [명] 動静. ‖적의 동정을 살피다 敵の動静を探る.

동정⁵(童貞) [명] 童貞.

동정-남(童貞男) [명] 童貞の男.

동정-녀(童貞女) [명] ①処女. ②(カトリック) 聖母マリア. ‖동정녀 마리아 聖母マリア.

동조(同調) [명] [하自] 同調. ‖그 사람 의견에는 동조하지 않는다 彼の意見に同調しない.

동족(同族) [명] 同族.

동족-상잔(同族相殘) 【-쌍-】 [명] 同族が互いに争うこと.

동종(同種) [명] 同種.

동지(冬至) [명] 〔天文〕(二十四節気の)冬至. ㉠하지(夏至).

동지-선(冬至線) [명] 〔天文〕冬至線; 南回帰線.

동지-섣달(冬至-) 【-딸】 [명] ①陰暦の11月と12月. ②真冬.

동지-점(冬至點) 【-쩜】 [명] 〔天文〕冬至点.

동지-죽(冬至粥) [명] 〔民俗〕冬至の日に食べる小豆粥(かゆ).

동지-팥죽(冬至-粥) 【-판쪽】 [명] 〔民俗〕=동지죽(冬至粥).

동지-날(冬至ㅅ-) 【-찌-】 [명] 冬至の日.

동짓-달(冬至ㅅ-) 【-지딸/-짇딸】 [명] 陰暦の11月.

동지²(同志) [명] 同志. ‖동지를 규합하다 同志を募る.

동질(同質) [명] 同質. ㉠이질(異質).

동질-성(同質性) 【-씽】 [명] 同質性.

동질-적(同質的) 【-쩍】 [명] 同質. ‖동질적인 요소 同質の要素.

동-쪽(東-) /toŋ?dʑok/ [명] 東; 東の方; 東方; 東側. ‖동쪽에서 해가 뜨다 東から日が昇る. 동쪽 하늘 東の空. 동쪽으로 창이 나 있다 東向きである.

동차(同次) [명] 〔数学〕同次.

동참(同參) [명] [하自] ともに参加すること. ‖환경 보호 운동에 동참하다 環境保護運動に参加する.

동창¹(同窓) [명] 〔동창생(同窓生)の略語〕同窓.

동창-생(同窓生) [명] 同窓生; 同期生. ㉠동창(同窓). ‖고등학교 동창생 高校の同窓生〔同期生〕.

동창-회(同窓會) 【-/-헤】 [명] 同窓会.

동창²(凍瘡) [명] 〔医学〕霜焼け; 凍瘡.

동체¹(同體) [명] 〔仏〕自웅 동체 雌雄同体.

동체²(胴體) [명] 胴体. ‖일심동체 一心同体.

동체³(動體) [명] 動体.

동체⁴(動態) [명] 〔数学〕同値.

동치미(-料理) [명] 〔料理〕ドンチミ(キムチの一種で, 大根をたっぷりの薄い塩水に漬けたもの).

동치밋-국(-ㅅ국) 【-미꾹/-믿꾹】 [명] 〔料理〕동치미のナル.

동침(同寢) [명] [하自] 一緒に寝ること; 同衾(どうきん).

동태¹(凍太) [명] 冷凍されたスケトウダラ.

동태²(動態) [명] 動態. ㉠정태(静態). ‖인구 동태 人口動態.

동토(凍土) [명] 凍土.

동토-대(凍土帶) [명] 凍土帯; ツンドラ. ㉠툰드라.

동통(疼痛) [명] 疼痛(とうつう).

동-트다 (동-) 자 [으변] 空が白む; 夜が明ける. ‖동트는 시간 空が白む時; 夜明け方.

동파 (凍破) 凍って破裂すること. ‖한파로 수도관이 동파되다 寒波で水道管が破裂する.

동판 (銅版) 銅版.

동판-화 (銅版畵) 《美術》銅版画.

동포 (同胞) 同胞. ‖재일 동포 在日同胞.

동풍 (東風) 東風.

동-하다 (動-) 자[하変] ❶(心が)動く. ‖술이라는 말에 마음이 동하다 酒という言葉に心が動く. ❷(ある欲求や感情などが)生じる.

동학[1] (同學) 자₁自 同学; 同窓; 同門.

동학[2] (東學) 《歷史》東学(朝鮮時代末期, 崔済愚が創始した新興宗教団体).

동학 농민 운동 (東學農民運動) [-학-] 《歷史》東学党の乱; 甲午農民戰爭. ✛1894年東学の信徒が主導した農民戦争.

동-합금 (銅合金) [-끔] 《化学》銅合金.

동해[1] (東海) 《地名》日本海; 朝鮮半島の東側の海.

동해-안 (東海岸) 《(朝鮮半島の)東側の海岸.

동해[2] (凍害) 凍害.

동행 (同行) 자₁他自 同行.

동행-인 (同行人) 同行する人; 行者; 道連れ.

동향[1] (同鄕) 同郷.

동향[2] (東向) 자₁自 東向き. ‖동향집 東向きの家.

동향[3] (動向) /toŋhjaŋ/ 動向; 動き. ‖경제 동향 経済の動向. 동향을 살피다 動向を探る.

동형 (同形) 同形.

동호 (同好) 자₁自自 同好.
동호-인 (同好人) 同好の士. ‖동호인 모임 同好の集まり.
동호-회 (同好會) [-홰] 同好会.

동혼-식 (銅婚式) 銅婚式.

동화[1] (同化) 자₁他 同化. ㉠(異化). ‖이민족에 동화되다 異民族に同化する.

동화[2] (童話) /toŋhwa/ 童話. ‖그림 동화집 グリム童話集. 동화 작가 童話作家. 世界的に有名な童話には白雪姫, 人魚姫, みにくいあひるの子などがある. 世界的に有名な童話としては『白雪姫』, 『人魚姫』, 『みにくいあひるの子』などがある.

동화[3] (動畵) 動画. ㉠アニメーション.

동-활자 (銅活字) [-짜] 銅活字.

돛 [돋] 帆. ‖돛을 달다 帆を張る.

돛단-배 [돋딴-] 帆かけ船; 帆船. ㉠범선(帆船).

돛-대 (-대) [돋때] マスト; 帆柱. ㉠マスト.

돼-먹다 [-따] 자₁自 (主に下に打ち消しの表現を伴って) 人間としてできてない; なってない. ‖돼먹지 않은 인간 ろくでなし.

돼지 /twe:dʑi/ 《動物》ブタ(豚). ‖돼지를 치다 ブタを飼う. 還暦の祝宴のために돼지 한 마리를 잡다 還暦の祝宴のためブタ1匹をつぶす. ‖돼지 멱따는 소리 (「ブタをつぶす時の悲鳴」の意で)ぬか味噌が腐る(声). ▶돼지에 진주 (목걸이) 《諺》豚に真珠.
돼지-고기 豚肉.
돼지-띠 亥(い)年生まれ.
돼지-우리 豚小屋. ㉠돈사(豚舍).
돼지-해 亥年.

되 [됟] 枡(ます).
— 依存 …升. ‖쌀 한 되 米 1升.

되게 /twe:ge/ [-께-] 副 すごく; ものすごく; とても. ‖그 사람은 영어를 되게 잘한다 あの人は英語がとても上手だ. 되게 시끄럽다 ものすごくうるさい. ✛主に会話で用いられる.

되-넘기다 [-께-] 他 転売する.

되-놈 [-께-] (ののしり言い方で) 中国人.

되-되다 [-께께-] 他 繰り返し言う.

되는 [-께-] 되다(なる)の現在連体形.

되는-대로 /twenundɛ´ro/ [-께-] 副 ❶いい加減に; 行き当たりばったりで. ‖그는 되는대로 일하는 スタイルだ 彼は行き当たりばったりで仕事をするタイプだ. ❷なるべく; できるだけ. ‖되는대로 빨리 주세요 あるだけ早く貸してください.

되다 /tweda/ [-께-] 자₁自 ❶できあがる; うまくいく. ‖밥이 다 되었다 ご飯ができあがった. 일이 제대로 안되고 있다 仕事がうまくいっていない. ❷十分だ; (もう)いい. ‖술은 이제 됐습니다 お酒はもう十分です. ❸(될수록の形で)できれば; できるだけ; なるべく. ㉠위험한 데는 될수록 가지 말아라 危ない所はできるだけ行かないで. 될수록 빨리 들어와라 なるべく早く帰ってきて. ❹ (…이[가] 되다の形で) …に[と]なる. ‖봄이 되다 春になる. 상대方の立場에 되어 생각하다 相手の立場になって考える. 두 아이의 어머니가 되다 二人の子どもの母親になる. 헛수고가 되다 無駄になる. ❺(…(으)로 되다の形で) …からできる. ‖플라스틱으로 된 주걱 プラスチックでできたしゃもじ. ❻(…(이)가) 되다다の形で) …に当たる; …に該当する. ‖외삼촌 되는 사람입니다 母のおじに当たる人です. ❼(…게

되다의 형으로〕…になる;…くなる. ‖사이가 나쁘게 되다 仲が悪くなる. 예쁘게 되다 きれいになる. 좋아하게 되다 好きになる. 행복하게 되다 幸せになる. ❽〔…어도 되다〕〔…어도 되다·……어도 되다·……해도 되다〕의 형으로〕許可·放任を表わす. ‖(し)てもいい;(し)ても構わない. ‖오늘은 늦게 들어가도 된다 今日は遅く帰ってもいい. 이거 마셔도 됩니까? これ, 飲んでもいいですか. 나중에 전화해도 되겠습니까? 後で電話しても構いませんか. ❾〔…어야 되다〕〔…어야 되다·……여야 되다·……해야 되다〕の形で〕当為を表わす. ‖(し)なければならない. ‖내일은 일찍 학교에 가야 된다 明日は, 早く学校へ行かなければならない. 내일 시험이라서 오늘은 도서관에서 공부해야 된다 明日は試験だから今日は図書館で勉強しなければならない. ❿〔……(으)면 되다の形で〕…すればいい. ‖서류 심사에 합격했으니까 면접만 보면 된다 書類選考は通ったから面接だけ受ければいい. 초등학생은 하루에 두 시간만 공부하면 된다 小学生は１日２時間だけ勉強すれば十分だ.

되다² /tweda/ 【-/돼-】 [形] ❶ (ご飯などが水分が足りなくて)硬い;固い. ㋐질다. ‖물이 적었는지 밥이 되다 水が少なかったのかご飯が硬い. ❷ (仕事などが)きつい. ‖밭일이 생각보다 되다 畑仕事が思ったよりきつい.

-되다³ 【-/돼-】 [接尾] ❶〔一部の動作性名詞に付いて〕自動詞や受身動詞を作る;…される;…する. ‖시작되다 始まる. 전달되다 伝わる. 걱정되다 心配になる. 복원되다 復元される. 생각되다 思われる. 생략되다 省略される. 보급되다 普及する. 판명되다 判明する. ❷〔一部の名詞や副詞性名詞に付いて〕形容詞を作る. ‖헛되다 虚しい. 거짓되다 真実ではない. 못되다 意地悪だ.

되-도록 /twedorok/ 【-/돼-】 [副] なるべく;できるだけ;できれば. ‖되도록 빨리 오세요 なるべく早くきてください. 되도록이면 천천히 말해 주세요 できるだけゆっくり話してください.

되-돌아가다 【-/돼-】 [自] 戻っていく;引き返す. ‖오던 길을 되돌아가다 来た道を引き返す.
되-돌아보다 【-/돼-】 [自他] 振り返る.
되-돌아서다 【-/돼-】 [自] 引き返す.
되-돌아오다 【-/돼-】 [自] 戻ってくる.
되-뇌다 【-따-/돼따-】 [돼-/돼돼-] 繰り返し言う;問い返す;反問する. ‖누가 그렇게 말했느냐고 되뇌다 誰がそう言ったのか, と聞き返す.
되-바라지다 【-/돼-】 [形] 小ざかしくてあつかましい;こましゃくれている. ‖되바라진 행동 小ざかしいふるまい.

되-받다 [-따-/돼-따-] [他] 口答えする;言い返す. ‖지지 않고 말을 되받자 負けずに言い返す.
되-살리다 【-/돼-】 [他] 生き返らせる;蘇生させる;取り戻す.
되-살아나다 【-/twesaranada/ 【-/돼-】 [自] 生き返る;蘇る;意識が戻る. ‖혼수 상태에서 되살아나다 昏睡状態から意識が戻る.
되-새기다 【-/돼-】 [他] 反芻(ハンスウ)する;繰り返し考える;(心に)刻む.
되새김-질 【-/돼-】 [名] [하自他] 反芻.
되-씹다 /twe²ʃip²ta/ 【-따-/돼-따-】 [他] 反芻(ハンスウ)する;繰り返し言う. ‖들은 말을 되씹다 聞いたことを繰り返し言う.
되어- 【-/돼-】 되다(되다)の連用形.
되-찾다 /twetʃʰat²ta/ 【-찬따-/돼-찬따-】 [他] 取り戻す. ‖건강을 되찾다 健康を取り戻す. 기억을 되찾다 記憶を取り戻す. 잃어 버린 지갑을 되찾다 なくした財布が戻ってくる.
되-풀이 /twepʰuri/ 【-/돼-】 [名] [하他] 繰り返し. ‖같은 실수를 되풀이해서는 안 된다 同じ失敗を繰り返してはいけない.

된- [-/됀-] 되다(되다)の過去連体形.
된-똥 [-/됀-] [名] 固い便.
된-밥 [-/됀-] [名] 水分が少ない硬めのご飯. ㋐진밥.
된-서리 [-/됀-] [名] ❶ 晩秋に降りる大霜. ❷ [比喩的に] ひどい打撃. ➡된서리를 맞다 ひどい打撃を受ける;ひどい目にあう.
된-소리 [-/됀-] [名] [言語] 濃音(硬音).
된소리-되기 [-/됀-됀-] [名] [言語] 濃音化. ㋐경음화(硬音化).
된-장 (-醬) /twe:ndʑaŋ/ [-/됀-] [名] 味噌.
된장-국 (-醬-) [-꾹/됀-꾹] [名] 味噌汁.
된장-찌개 (-醬-) [-/됀-] [名] 《料理》 味噌鍋.
될- 【-/돼-】 되다(되다)の未来連体形.
될-성부르다 [-썽-/됄썽-] [形] [ㄹ変] 見込みがある. ➡될성부른 나무는 떡잎부터 알아본다 (俚) (「見込みのある木は双葉から見分けがつく」の意で)栴檀(ｾﾝﾀﾞﾝ)は双葉より芳(かんば)しい.
됨됨-이 /twemdwemi/ [-/됀돼미] [名] 人となり;(ものの)出来ばえ. ‖무엇보다도 사람 됨됨이를 보고 뽑기로 했다 何よりも人となりを見て採ることにした.

두¹ /tu/ [冠] 〔둘が助数詞の前に来た形で〕２つの;２人の. ‖사과 두 개 リンゴ２個. 두 명 ２名;２人. 커피 두 잔 주세요 コーヒー２つください.
두² [感] (도의口語体)…も. ‖나두 가고 싶어 私も行きたい.
두각 (頭角) [名] 頭角. ‖두각을 나타내다 頭角を現わす.

두개(頭蓋) 图 〔解剖〕 頭蓋.

두개-골(頭蓋骨) 图 〔解剖〕 頭蓋骨. ⑩ 머리뼈.

두건(頭巾) 图 〔喪中にかぶる〕男子の頭巾.

두견(杜鵑) 图 =두견새(杜鵑—).

두견-새(杜鵑—) 图 〔鳥類〕 ホトトギス(杜鵑).

두고-두고 /tugodugo/ 圖 ❶くどくど と;返す返す;何度も何度も. ‖내가 한 말을 두고두고 되씹었다 私の言ったことを何度も何度も繰り返して言った. ❷ いつまでも;ずっと;長らく. ‖그 일을 두고두고 후회하다 そのことをずっと後悔する.

두더지 图 〔動物〕 モグラ(土竜).

두근-거리다[-대다] 固 〔胸·心臟が〕どきどきする;わくわくする. ‖가슴이 두근 거리다 胸がどきどきする.

두근-두근 /tugunduguŋ/ 圖 〔하변〕 〔胸·心臟が〕どきどき;わくわく. ‖두근두근 하는 심장의 고동 소리 どきどきする 胸の鼓動の音.

두꺼비 图 〔動物〕 ヒキガエル(蟾蜍).

두꺼비-집 〔安全 개폐기〕(電流の安全器、ブレーカー.

두꺼운 [ㅂ変] 두껍다(厚い)の現在連体形.

두꺼워 [ㅂ変] 두껍다(厚い)の連用形.

두껍다 /tu²kop̚t'a/ [-따] 圏 〔ㅂ変〕〔두꺼워, 두꺼우니〕 厚い;分厚い. ‖몹시 두꺼운 책 非常に厚い本. 고기를 두껍게 썰다 肉を厚く切る. 낯짝이 두껍다 面の皮が厚い.

두께 /tu²ke/ 图 厚さ;厚み. ‖책 두께 本の厚さ, 두께가 삼 밀리미터의 철판 厚さ3ミリの鉄板.

두뇌(頭腦)[-/-뇌] 图 頭腦;頭. ‖명 석한 두뇌 明晰明晰. 우수한 두뇌가 해외로 유출되다 優秀な頭脳が海外に流出する. 두뇌 회전이 빠르다 頭の回転が速い.

두다¹ /tuda/ 他 ❶置く. ‖지갑을 집에 두고 왔다 財布を家に置いてきた. 가족을 서울에 두고 단신 부임하다 家族をソウルに置いて単身赴任する. 동경에 지사를 두다 東京に支社を置く. 비서를 두다 秘書を置く. 지배하에 두다 支配下に置く. 목표를 어디에 두는가에 따라 방법이 달라진다 目標をどこに置くかによって方法が違ってくる. 대학에 적을 두고 있다 大学に籍を置いている. 거리를 두다 距離を置く. 염두에 두다 念頭に置く. ❷設ける;儲ける. ‖위원회를 두다 委員会を設ける. 삼 남매를 두다 3人の子どもを儲ける. ❸ 〔囲碁を〕打つ;〔将棋を〕指す. ‖바둑을 두다 囲碁を打つ. 장기를 두다 将棋を指す. ❹〔ある感情を〕いだく;寄せる. ‖혐의를 두다 疑いをいだく. 그 사람에 대한 마음을 두고 있다가 彼に心を寄せている. ❺〔…을[를]〕두고의 形で〕…について;…をめぐって. ‖그 문제를 두고 거듭 회의를 열다 その問題をめぐって重ねて会議を開く. ▶두고 보다〔두고 보자의 形で〕覚えておけ.

두다² /tuda/ 補助 〔動詞の連用形に付いて〕物事の状態がそのまま続いていることを表わす. ❶ …(て)おく. ‖문을 열어 두다 ドアを開けておく. 메모해 두다 メモしておく. ❷ …てある. ‖금고 안에 보관해 두다 金庫の中に保管してある.

두동(動物) 图 〔動物〕 モグラ(土竜).

두도막-형식(—形式) 图 〔마깡-〕 〔音樂〕 二部形式.

두둑 图 畝(う); 畦(ぜ).

두둑-하다 /tu²k'a-/ 圏 〔하변〕 豊富だ; 十分だ. ‖용돈을 많이 받아 주머니가 두둑하다 小遣をいっぱいもらって懐が暖かい. 배짱이 두둑하다 度胸がある.

두둑-이 圖 十分に.

두둔-하다 他 〔하변〕 かばう;肩を持つ; 味方をする;ひいきする. ‖어머니는 언제 나 동생만 두둔하신다 母はいつも弟の味方をする.

두둥-둥실 圖 軽く浮き上がる様子: ふわりふわり.

두둥실 圖 軽く緩やかに浮かび漂う様子: ぽっかりと; ふんわりと. ‖두둥실 떠 있는 흰 구름 ぽっかり(と)浮かんでいる 白い雲.

두드러기 〔医学〕 蕁(じん)麻疹. ‖온 몸에 두드러기가 나다 全身に蕁麻疹が出る.

두드러-지다 /tudurʌdʑida/ 固 ❶目立つ; 際立つ; ずば抜ける; 著しい. ‖활약이 두드러지는 선수 活躍が著しい選手. 그 사람은 키가 커서 어디에 가도 두드러진다 彼は背が高いのでどこに行っても目立つ. 두드러지게 성적이 좋다 際立って成績がよい. ❷表立つ; 表面化する. ‖두드러진 움직임은 없다 表立った動きはない.

두드리다 /tudurida/ 他 叩く;打つ. ‖한밤중에 문을 두드리다 真夜中にドアを叩く. 어깨를 두드리다 肩を叩く. 비가 창을 두드리는 소리 雨が窓を打つ音.

두들겨-맞다[-맏따] 自被 殴られる;ぶん殴られる.

두들겨패다 他 ぶん殴る;強く殴る. ‖친구를 괴롭히는 녀석을 두들겨패 버렸다 友だちをいじめるやつをぶん殴ってやった.

두들기다 他 むやみに叩く.

두런-거리다 固 〔大勢の人が〕ひそひそと話す.

두런-두런 圖 〔하변〕 ひそひそ(と). ‖여기저기서 두런두런하는 소리가 들리다

두렁 图 畦(ホ).∥논두렁 田の畦.

두렁이 图〔魚類〕タウギギ(田螺).

두레 图〔民俗〕農繁期に共同作業のために作った組織;(韓国式の)結(゚).

두레-박 图 つるべ.
 두레-줄 {一줄} 图 つるべの綱.

두려운 形〔ㅂ変〕두렵다(怖い)の現在連体形.

두려움 图 恐怖;不安.∥두려움을 무릅쓰고 恐怖を顧みず.두려움을 느끼다 不安を感じる.

두려워 形〔ㅂ変〕두렵다(怖い)の連用形.

두려워-하다 /turjəwchada/ 他〔하変〕❶ 怖がる:恐れる:怯える.∥실패를 두려워하다 失敗を恐れる.❷ 敬い畏れる.∥스승을 두려워하며 師を敬い畏れる.

두렵다 /turjəpʼta/ 形〔ㅂ変〕[두려워,두려운] ❶ 怖い;恐ろしい.∥두려운 존재 怖い存在.가장 두려운 것은 합병증입니다 一番恐ろしいのは合併症です.❷ 不安だ.∥두려운 미래 不安な未来.❸ 畏れ多い.∥두려워서 고개를 못 들다 畏れ多くて頭が上げられない.

두령 〔頭領〕 图 頭;頭領.

두루 /turu/ 副 あまねく;まんべんなく;一つ残さず;広く. **두루-두루** 副.

두루-마기 图 韓服(韓服)の上に着るコートのような服.

두루-마리 /turumari/ 图 巻紙;巻物.∥두루마리 화장지 (ロール状の)トイレットペーパー.

두루뭉술-하다 形〔하変〕❶ 丸みを帯びている.❷ (言動·性格などが)曖昧である.∥두루뭉술하게 얼버무리다 曖昧にぬかす.

두루미 图〔鳥類〕タンチョウヅル(丹頂鶴).

두루-주머니 图 巾着.

두루-치기 图〔料理〕豚肉·貝·イイダコなどを軽くゆでて味付けしたもの.

두르다 /turuda/ 他〔르変〕[둘러,두른] ❶ (首·腕などに紐状のものなどを)巻く.∥붕대를 두르다 腕に包帯を巻く.목도리를 두르다 マフラーを巻く.완장을 두르다 腕章を巻く.❷ (エプロンなどを)かける.∥앞치마를 두르다 エプロンをかける.❸ めぐらす;囲う.∥울타리를 두르다 垣根をめぐらす.❹ (油などを)引く.∥프라이팬에 기름을 두르다 フライパンに油を引く.❺ 回る.遠回りする;回り道をする;遠回しに言う.∥공장 안을 빙 둘러 보다 工場の中をぐるっと回ってみる.차가 밀리고 있다니까 다른 길로 둘러 갑시다 渋滞しているそうだから回り道をして行きましょう.하고 싶은 말을 둘러 말하다 言いたいことを遠回しに言う.❻ (お金などを)工面する;融通する;借りる.∥돈을 두르다 お金を借りる.

두름 タラノキの若芽.
 두름-나무 {一름一} 图〔植物〕タラノキ(楤の木).

두리뭉실-하다 形〔하変〕두루뭉술하다の誤り.

두리번-거리다 自 きょろきょろ(と)見回す.∥여기저기를 두리번거리다 辺りをきょろきょろと見回す.

두만-강〔豆滿江〕图〔地名〕豆滿江.✦朝鮮民主主義人民共和国と中国·ロシア連邦の沿海州との国境をなす川.

두-말 图〔한말〕 二言;とやかく言うこと.∥두말하면 잔소리 当たり前だ.두말하면 잔소리 当たり前だ.▶두말할 나위가 없다 言うまでもない;言を俟(゚)たない.

두말-없이 {一마럽씨} 副 一言のもとに;つべこべ言わず.∥두말없이 도장을 찍어 주다 つべこべ言わずにはんこを押してやる.

두메 图 山奥.
 두메-산골 {一山一} {一꼴} 图 山里.

두목〔頭目〕 图 頭目;頭.

두문불출〔杜門不出〕 图 自〔하変〕家に閉じこもって出かけないこと.

두-문자〔頭文字〕{一짜} 图 頭文字.

두바이 (Dubai) 图 ドバイ.

두발〔頭髮〕 图 頭髮.✦머리털·모발(毛髪).

두부¹〔豆腐〕/tubu/ 图 豆腐.∥두부 한 모 豆腐 1丁.
 두부-김치〔豆腐一〕 图〔料理〕豆腐キムチ(豆腐に豚肉などと炒めたキムチを添えたもの).
 두부-장국〔豆腐醬一〕{一꾹} 图〔料理〕豆腐を入れた澄まし汁.
 두부-찌개〔豆腐一〕 图〔料理〕豆腐鍋;豆腐チゲ(豆腐を野菜などと煮込んで辛く味付けした汁物).
 두부-콩〔豆腐一〕 图 豆腐用の大豆.

두부²〔頭部〕图〔解剖〕頭部.

두상〔頭相〕 图 頭の形;頭.∥두상이 크다 頭が大きい.

두서〔頭書〕 图 前書き;頭書.

두-서너 2から4くらいの;いくつかの;何個かの.∥사과 두서너 개 주세요 リンゴを何個かください.

두서-없다〔頭緒-〕{一업따} 形 つじつまが合わない;(話の)筋が通らない;段取りがよくない.∥두서없는 일의 진행 段取りのつかない仕事の進め方. **두서없-이** {一업씨} 副 当을離れて두서없는 말をしたり話をしてつじつまの合わないことを言う.

두억시니 {一씨一} 图〔民俗〕夜叉(゚).

두운〔頭韻〕图〔文芸〕頭韻.**두각운-이**〔脚韻-〕

두유〔豆乳〕 图 豆乳.

두음〔頭音〕图〔言語〕頭音.✦머리소

리. ㉠말음(末音).

두음^법칙 (頭音法則) 图 〘言語〙 頭音法則. ① 漢字語や外来語の頭音のㄹがㄴかㅇに変わること. ✧리성(理性)→이성, 로동(勞動)→노동. 韓国では発音も表記もこの通りになる. 北朝鮮では適用されない. ②語頭のㄴが母音「ㅑ・ㅕ・ㅛ・ㅠ・ㅣ」とともに現われる場合にㄴが脱落すること.

두절 (杜絶) 图 回動 途絶; 途絶えること. ‖연락이 두절되다 連絡が途絶える.

두정-골 (頭頂骨) 图 頭頂骨.

두족-류 (頭足類) 【→두ᆌ루】 图 〘動物〙 頭足類.

두주 (斗酒) 图 ㉠斗酒. ㉡말술.

두주불사 (斗酒不辭) 【一싸—】 图 〘하動〙 斗酒なお辞せず.

두창 (痘瘡) 图 〘漢方〙 痘瘡(ᅵᆯ); 天然痘.

두중 (杜冲) 图 〘植物〙 トチュウ(杜仲).

두텁다 /tutʰəp'ta/ 【—따】 圈 〘ㅂ変〙 ❶ 人情深い; (情に)厚い. ‖두터운 신앙심 厚い信仰心. 친의가 두텁다 情に厚い. ㉡도탑다. ❷ 厚い; 分厚い. ㉠얇다. ‖두터운 벽 厚い壁. 두터운 입술 分厚い唇. **두터-이** 副

두텁-떡 图 〘料理〙 トゥトプトク.

두톨-박이 图 双子栗.

두통 (頭痛) /tutʰoŋ/ 图 頭痛. ‖두통이 심하다 頭痛がひどい. ひどい頭痛がする.

두통-거리 (頭痛—) 【—꺼—】 图 頭痛の種.

두툴-두툴 副 〘하動〙 でこぼこ; ぼこぼこ. ㉡도톨도톨.

두툼-하다 〘하変〙 分厚い. ‖두툼한 월급 봉투 分厚い給料袋. **두툼-히** 副

두툼-상어 【—쌍—】 图 〘魚介類〙 トラザメ(虎鮫).

두해살이-풀 图 〘植物〙 二年生草本.

두-흉부 (頭胸部) 图 頭胸部.

둑 /tuk/ 图 ❶ 堤; 堤防; 土手. ‖둑을 쌓다 堤を築く. 둑이 무너지다 堤がきれる; 堤防が決壊する. ❷ 盛り土; 畦(ᅭ).

둑-길 【—낄】 图 土手道.

둔각 (鈍角) 图 〘数学〙 鈍角. ㉠예각 (銳角).

둔감-하다 (鈍感—) 〘하変〙 鈍感だ; 鈍い. ‖민감하다 (敏感—). ‖둔감한 반응 鈍い反応. 둔감한 녀석 鈍感なやつ.

둔갑 (遁甲) 图 〘하動〙 化けること; 変身. ‖여우가 미녀로 둔갑하다 キツネが美女に化ける.

둔기 (鈍器) 图 鈍器.

둔부 (臀部) 图 〘解剖〙 臀部(ᄯ).

둔재 (鈍才) 图 鈍才. ㉠수재 (秀才).

둔주-곡 (遁走曲) 图 〘音楽〙 フーガ. ㉠푸가.

둔중-하다 (鈍重—) 〘하変〙 鈍重だ; 둔중한 느낌 鈍重な感じ.

둔치 图 ❶ 水邊. ❷ (水嵩が増すと浸かる)河川敷.

둔탁-하다 (鈍濁—) 【—타카—】 圈 〘하変〙 (音が)鈍い.

둔-하다 (鈍—) /tu:nhada/ 圈 〘하変〙 ❶ 鈍い. ‖머리 회전이 둔한 남자 頭のはたらきの鈍い男. ❷ のろい. ‖동작이 둔하다 動作がのろい. ❸ (判断などが)鈍くない.

둔화 (鈍化) 图 〘하動〙 鈍化. ‖움직임이 둔화되다 動きが鈍化する.

둘 /tu:l/ 图 2つ; 2人; 2. ‖둘로 쪼개다 2つに割る. 우리 둘만 가자 2人だけ[きり]で行こう. 둘이서 2人. 하나 둘 셋 1, 2, 3. ✧後ろに助数詞がつく場合は두の形で用いられる. ‖두 명 2人. ▶둘도 없다 ① 二つとない; またとない; その上ない. 둘도 없는 즐거움 またとない楽しみ. ② かけがえのない; 無二だ. 둘도 없는 친구 無二の親友. ▶둘이 먹다 하나(가) 죽어도 모르겠다 〘諺〙 (「2人が一緒に食べているうちに, 1人が死んでも気がつかない」の意で)頬っぺたが落ちる.

둘둘 副 (紙・布などを)巻く[丸める]様子; ぐるぐる(と); くるくる(と). ‖잘못 쓴 종이를 둘둘 말아서 버리다 書き損じた紙をくるくる丸めて捨てる.

둘러-놓다 【—노타】 他 ぐるっと丸く並べる.

둘러-대다 他 ❶ やり繰りする; 工面する. ‖돈을 둘러대다 お金を工面する. ❷ 言い訳をする. ‖지각한 이유를 둘러대다 遅刻した言い訳をする.

둘러-말하다 他 〘하変〙 遠回しに言う.

둘러-매다 他 紐(ᄋ)をぐるっと巻き付けて結ぶ.

둘러-메다 他 (軽いものを)担ぐ; 肩に乗せる.

둘러-보다 /tulləboda/ 他 見回す; 見回る. ‖가게를 둘러보다 売り場を見回す. 학교 안을 둘러보다 学校の中を見回る.

둘러-서다 自 取り巻く; 取り囲む.

둘러-싸다 /tullə's'ada/ 他 囲む; 取り囲む. ‖연인들을 둘러싼 사람들을 芸能人を囲んだ人々. 성을 둘러싸다 城を取り囲む. ㉡둘러싸이다.

둘러-싸이다 自 (둘러싸다の受身動詞) 取り囲まれる. ‖보도진에 둘러싸이다 報道陣に取り囲まれる.

둘러-쓰다 他 〘으変〙 引っかぶる; かぶる. ‖이불을 둘러쓰고 水を引っかぶる. 이불을 둘러쓰고 자고 있다 布団をかぶって寝ている.

둘러-앉다 【—안따】 自 車座になる; 円くなって座る; 囲む. ‖식탁에 둘러앉다 食卓を囲む.

둘러-업다 【—따】 他 引っ担ぐ.

둘러-치다 他 (塀·幕などを)張りめぐらす。‖철조망을 둘러치다 鉄条網を張りめぐらす。

둘레 /tulle/ 名 回り; 周り; 周辺。‖둘레 胸囲. 목둘레 首回り. 운동장 둘레를 한 바퀴 돌다 運動場の周りを1周する.

둘-째 /tu:ɭ²ʦ͈ɛ/ 冠 名 2つ目; 2番目; 2番目の. ‖우승하기 위해서는 첫째도 둘째도 연습이다 優勝するためには一にも二にも練習だ. 둘째 아이가 오늘 2人 目の子どもだから女だ. ‖그 둘째 이 집의 2番目の姉. ▶둘째(로) 치다〔主に …은[는] 둘째 치고の形で〕さておいて, ともかく, ボーナスは 둘째 치고 月給 이라도 제대로 받았으면 좋겠다 ボーナスはともかく給料だけでもちゃんともらえたらいい.

둘째-가다 自 二番目だ; 二番目に. ‖학교에서 둘째가라면 서러울 정도로 노래를 잘하다 学校で指折り数えるほど歌が上手だ.

둥¹ 依名 …とか; …やら; …もそこそこに. ‖밥을 먹는 둥 마는 둥 하고 나가 다 食事もそこそこに出かける. 짜다 둥 맛이 없다는 둥 말이 많다 しょっぱいとかまずいとかやかましく言う.

둥² 副 太鼓·琴などの音: どん. 둥둥 副 どんどん(と).

둥개-둥개 副 赤ん坊をあやす言葉.

둥그렇다 [-러타] 形 e変 (大きく)丸い. ‖눈을 둥그렇게 뜨다 目を丸く見開く. 同둥그랗다.

둥그스름-하다 形 하얗다 丸みを帯びている. 同둥스름하다.

둥근 形 ㄹ語幹 둥글다(丸い)の現在連体形. ‖둥근 얼굴 丸い顔.

둥글넓적-하다 [-럽쩌카-] 形 하얗다 丸くて平べったい. 同둥글납작하다.

둥글다 /tuŋgulda/ 形 ㄹ語幹 [둥글어, 둥근] ❶ 丸い; 真ん丸い. ‖지구는 둥글다 地球は丸い. 둥근 달 真ん丸い月. 종이를 둥글게 오려 내다 紙を丸く切り抜く. ❷ (性格が)円満だ. ‖성격이 둥글다 性格が円満だ.

둥글둥글-하다 形 하얗다 ❶ 多くのものが一様に丸い. ‖무를 둥글둥글 하게 썰다 大根を輪切りにする. 副 둥글둥글하다. ❷ (性格などが)円満だ; 無理がない.

둥글어 形 ㄹ語幹 둥글다(丸い)の連用形.

둥둥¹ 副 大きいものが軽く浮いている様子: ふわふわと. ‖풍선이 하늘 높이 둥둥 떠 가다 気球が空高くふわふわと上がっていく.

둥둥² 副 赤ん坊を抱っこしたりおんぶしたりしてあやす時の言葉.

둥실 副 空中に雲などが浮かんでいる様子: ふわりと; ぷかりと. 둥실-둥실 副 ふわふわと; ぷかりぷかりと.

둥우리 名 帯(쌓)木や藁(ぬ)などで編んだ容器.

둥지 名 巢. ‖새 둥지 鳥の巢. 둥지를 치다 巢をつくる.

뒈지다 〔ののしり言い方で〕死ぬ; くたばる.

뒤 /twi/ 名 ❶ (空間的に)後ろ; 後(뒷); 背後; 裏. ‖뒤를 돌아보다 後ろを振り返る. 엄마 뒤로 숨다 お母さんの後ろに隠れる. 범인의 뒤를 쫓다 犯人の後を追う. 누가 뒤에서 밀어주고 있다 誰かが後ろで後押ししている. 뒤는 전부 너한테 맡기마 後は全部お前に任せる. 뒤에서 손을 쓰다 裏から手を回す. 뒤에서 조종하다 後ろで操る; 後ろで糸を引く. ❷ (時間的に)後; のち. ‖그 뒤에 다시 연락이 왔다 その後また連絡が来た. 저녁 식사 후 食後. 십 년 뒤 10年後. 한국 10年後の韓国. ❸ 跡継ぎ. ‖뒤를 잇다 跡を継ぐ. ❹〔婉曲表現〕大便. ‖뒤가 마렵다 便を催す. ▶뒤가 구리다 後ろ暗い. ▶뒤가 꿀리다 気が引ける; 気後れする. ▶뒤가 켕기다 後ろめたい. ▶뒤를 밟다 後をつける; 尾行する. ▶뒤로[뒤에서] 호박씨 깐다 〔逆〕〔裏〕로 ホバクの皮をむく」の意で〕そうではないようにふるまいながら, 実際人のいないところでは想像もつかないことをする.

뒤-꽁무니 名 尻; 後ろ. ‖뒤꽁무니를 빼다 逃げる.

뒤-꿈치 名 〔발뒤꿈치の略記で〕踵(かと).

뒤-끝 /twi:ʔkut/ [-끋] 名 ❶ (物事の)終わり; 結び; 最後. ‖매사 뒤끝이 좋아야 하다 何事も終わりが肝心だ. ❷ (ある事の)後. ‖비가 온 뒤끝이라 춥다 雨が降った後なので寒い. ❸ (ある事が終わっても)残る感情. ‖뒤끝이 없다 性格 後腐れのない性格. 뒤끝이 영 찜찜하다 後味がすっきりしない. ▶뒤끝을 보다 成り行きを見守る; 推移を見守る.

뒤-늦다 /twi:nuʔta/ [-는:따] 形 遅すぎる. ‖뒤늦게 도착한 그는 미안해 했다 遅れて到着した彼はすまなかった, その사람이 결혼했다는 소식을 뒤늦 게서야 들었다 彼が結婚したという知らせを後になって聞いた.

뒤-덮다 /twi:dopⁿta/【-덮따】他 覆いかぶさる; かぶる; 覆う. ‖쇼크를 받아 이불을 뒤덮고 드러누워 있다 ショックを受けて布団をかぶって寝込んでいる. 사람들의 열기가 회장을 뒤덮었다 人々の熱気が会場を包んだ.

뒤덮-이다 自〔뒤덮다の受身動詞〕覆われる. ‖하늘이 먹구름으로 뒤덮이다 空が黒雲に覆われる.

뒤-돌아보다 他 顧みる; 振り返る.

뒤-따라가다 自 後を追う; ついて行く.

뒤-따라오다 自 後ろからついて来る.

뒤-따르다 自[으変] ❶伴う; 随行する; 付随する. ∥事業に困難が伴う 事業に困難がともなう. ❷従う; 追従する.

뒤-떨어지다 /twi:?tɔrɔdʑida/ 自 (他が進むのに対して)後れる; 後れを取る; 劣る. ∥조금 뒤떨어져서 걷다 少し後れを取って歩く 何歩か下がって歩く, 流行에 뒤떨어지다 流行に後れる. 성능면에서 다른 제품에 뒤떨어지지 않다 性能面で他の製品に劣らない.

뒹굴-거리다 よろける; ふらふらする; ぐらつく.

뒤뚱-뒤뚱 副 (重心がとれなかったり重かったりして)不安定に歩く様子: よろよろ; ふらふら.

뒤-뜰 名 裏庭.

뒤로-돌아 感 (号令の)回れ右.

뒤룩-거리다 [-끼-] 他 ❶ぎょろぎょろする; ぎょろつかせる. ❷太った体を重そうに動かす.

뒤룩-뒤룩 [-뒤-] 副 (하台) ぶくぶく. ∥뒤룩뒤룩 살이 찌다 ぶくぶく太る. 뒤룩뒤룩한 몸집 ぶくぶく太った体つき.

뒤-미처 副 すぐさま; すぐ後に. ∥뒤미처 달려갔지만 놓치고 말았다 すぐさま駆けつけたが逃してしまった.

뒤-바꾸다 他 ひっくり返す; 取り替える. ⑬뒤바뀌다.

뒤바뀌다 /tʰwiba?k͈wida/ 自 ❶[뒤바꾸다의 受身動詞] 換えられる; 取り替えられる; 取り違えられる. ∥아이가 뒤바뀌다 子どもが取り違えられる あべこべになる. ❷順序が뒤바뀌다 順番があべこべになる.

뒤-범벅 名 ごちゃまぜ. ∥뒤범벅이 되다 ごちゃまぜになる.

뒤-섞다 [-석따] 他 混ぜ合わせる; 混合する. ⑬뒤섞이다.

뒤섞-이다 自 [뒤섞다의 受身動詞] ごちゃ混ぜになる; 混合される.

뒤숭숭-하다 形 [하台] 落ち着かない; 混乱している. ∥마음이 뒤숭숭하다 気持ちが落ち着かない.

뒤안-길 [-낄] 名 (主に比喩として)裏道; 裏街道. ∥인생의 뒤안길 人生の裏街道.

뒤-얽히다 [-얼키-] 自 絡み合う.

뒤엉키다 图 (糸などが)もつれる.

뒤-엎다 [-업따] 他 ひっくり返す; 覆す. ∥지고 있던 시합을 구 회 말에 뒤엎었다 負け試合を9回裏にひっくり返した. ⑬뒤엎이다.

뒤엎-이다 自 [뒤엎다의 受身動詞] ひっくり返される; 覆される. ∥高等 法院의 판결이 대법원에서 뒤엎였다 高裁の判決が大法院でひっくり返された. 뒤엎인 정설 覆された定説.

뒤웅-박 图 穴をあけて中身をくり抜いたヒョウタン.

뒤적-거리다 [-꺼-] 他 (新聞·雑誌などを)めくりながら読む. ∥신문을 뒤적거리다 新聞をめくりながら読む.

뒤적-뒤적 [-쩍-] 副 (하台) 何かを探す様子: さがさ(と).

뒤적-이다 /twidʑɔɡida/ 他 かき回す; あちこちいじり回す. ∥가방 안을 뒤적이며 수첩을 꺼내다 かばんの中をかき回して手帳を取り出す.

뒤-좇다 [좆따] 他 追いかける.

뒤주 图 米びつ. ✤最近は쌀통が一般的である.

뒤죽-박죽 /twidʑuk̚pʰak̚tɕuk/ [-박쭉] 图 ごちゃごちゃしていること; ごちゃまぜ[まぜこぜ]になっていること. ∥머릿속이 뒤죽박죽이 되다 頭の中がごちゃごちゃになる.

뒤-지다[1] /twidʑida/ 自 ❶遅れる; 後れる. ∥시대에 뒤진 발상 時代遅れの発想. ❷及ばない; 負ける; 引けを取る; 劣る. ∥공부에서는 뒤지고 있다 勉強では負けている. 누구에게도 뒤지지 않는 솜씨 誰にも引けを取らない腕前.

뒤-지다[2] /twidʑida/ 他 くまなく探す[調べる]; あさる. ∥가방 안을 뒤지다 かばんの中をくまなく探す. 책상 안을 뒤져 보다 机の中を調べてみる.

뒤-집다 /twidʑip̚t͈a/ 他 ❶裏返す. ∥카드를 뒤집어 보다 カードを裏返して見る. 옷을 뒤집어 입다 服を裏返しに着る. ❷めくる. ∥돌재가 있는지 돌을 뒤집어 보다 カニがいるか石をめくってみる. ❸ひっくり返す. ∥순서를 뒤집다 順番をひっくり返す. 당초의 계획을 뒤집다 当初の計画をひっくり返す. 구 회 말에 시합을 뒤집어 9回裏에 試合를 ひっくり返す. ❹覆す. ∥현 정권을 뒤집다 現在の政権を覆す. 지금까지의 정설을 뒤집다 今までの定説を覆す. 판세를 뒤집다 情勢を覆す. ❺(を)覆す. ∥눈을 뒤집고 달려들다 目をむいて飛びかかる. ❻驚愕とさせる. ∥학교를 발칵 뒤집은 사건 学校を騒愕とさせた事件. ⑬뒤집히다.

뒤집어-쓰다 /twidʑib͈ɔ?s͈ida/ 他 [으変] [뒤집어써서, 뒤집어쓰는] ❶かぶる; 引っかぶる; 浴びる; 包まる. ∥옷을 뒤집어쓰다 服をかぶる. 물을 뒤집어쓰다 水をかぶる. 이불을 푹 뒤집어쓰다 布団を引っかぶる. 먼지를 뒤집어쓰다 ほこりを浴びる. 트럭이 튀긴 흙탕물을 뒤집어쓰다 トラックがはねた泥水を浴びる. ⑬뒤집히다.

뒤집어씌우다 [-씌-] 他 ❶[뒤집어쓰다의 使役動詞] かぶせる. ❷[比喩的に]なすりつける. ∥죄를 다른 사람에게 뒤집어씌우다 罪を人になすりつける.

뒤집어-엎다 [-업따] 他 覆す; ひっく

り返す;打倒する. ‖밥상을 뒤집어엎다 お膳をひっくり返す.

뒤집어-지다 邓 ひっくり返る;覆る;横転する. ‖열차가 뒤집어지다는 사고가 발생하다 列車が横転する事故が発生する.

뒤집-히다 [-지피-] 邓 〔뒤집다의 수동動詞〕覆される;ひっくり返る. ‖상황이 뒤집히다 状況がひっくり返る.

뒤-쪽 图 後ろの方;後ろ側;後方. ⑳앞쪽.

뒤-쫓다 [-쫃따] 他 追いかける;後を追う.

뒤-차 (-車) ❶次に来る車;(電車・バスなどの)次の便. ‖뒤차로 가자 次の便で行こう. ❷後ろの車. ⑳앞차(-車).

뒤-처리 (-處理) 图 (하他) 後始末;事後処理.

뒤-처지다 /twitɕʰədʑida/ 邓 後れる;後れを取る. ‖유행에 뒤처지다 流行に後れる. 성적이 다른 사람보다 많이 뒤처지고 있다 成績が他の人よりずいぶん後れを取っている.

뒤척-거리다[-대다]【-꺼[떼]-】 邓 しきりに寝返りを打つ.

뒤척-뒤척 [-뚸-] 副 寝返りを打つ様子.

뒤척-이다 他 =뒤척거리다.

뒤-축 踵(ⓑ).

뒤-치다꺼리 图 (하自他) ❶ 世話すること. ❷ 後始末.

뒤치락-거리다[-대다]【-꺼[떼]-】 邓 しきりに寝返りを打つ.

뒤-탈 (-頃) 图 後腐れ. ‖뒤탈이 없도록 일 처리를 잘 해야 한다 後腐れがないように事後処理をしっかりしなければならない.

뒤-통수 图 後頭部. ▶뒤통수를 맞다 不意打ちを食う. ▶뒤통수를 치다 不意をつかれる. ▶뒤통수를 치다 不意をつく.

뒤-틀다 他 [ㄹ語幹] ねじる;ひねる. ‖온몸을 뒤틀다 全身をねじる.

뒤틀-리다 〔뒤틀다의 수동動詞〕ねじくれる;ひねくれる;こじれる;もつれる.

뒤-편 (-便) 图 ❶ 後ろ側. ❷ 後の便.

뒤-풀이 图 (하他) (行事などの終了後の)打ち上げ;打ち上げパーティー.

뒤흔들다 /twihundulda/ 他 [ㄹ語幹] 〔뒤흔들어, 뒤흔드는, 뒤흔들면〕激しく揺さぶる;揺らがす;揺り動かす. ‖한국을 뒤흔든 사건 韓国を揺るがした事件. ⑳ 뒤흔들다.

뒤흔들-리다 〔뒤흔들다의 수동動詞〕揺さぶられる;激しく揺れる.

뒷-갈이 [뒤까리/뒫까리] 图 (하自) 裏作.

뒷-감당 (-堪當) 【뒤 깝-/뒫 깝-】 图 (하自) 後始末.

뒷-거래 (-去來) 【뒤꺼-/뒫꺼-】 图 (하他) 闇取引.

뒷-걸음 /twi:kʼərum/【뒤꺼름/뒫꺼름】 图 後ずさり.

뒷걸음-질 图 後ずさりすること;退歩. ‖뒷걸음질(을) 하다 後ずさりする.

뒷걸음-치다 邓 後ずさりする;退歩する.

뒷-골 [뒤꼴/뒫꼴] 图 後頭部.

뒷-골목 [뒤꼴-/뒫꼴-] 图 裏通り;路地裏.

뒷-구멍 [뒤꾸-/뒫꾸-] 图 ❶ 裏口. ❷ 後ろの穴.

뒷-길 [뒤낄/뒫낄] 图 裏道;裏通り.

뒷-날 [뒨-] 图 ❶ 後日. ‖뒷날을 기약하다 後日を期する. ❷ 将来.

뒷-날개 [뒨-] 图 ❶ (昆虫の)後翅(ⓒ). ❷ (飛行機の)尾翼.

뒷-다리 [뒤따-/뒫따-] 图 後ろ足;後脚. ⑳앞다리.

뒷-덜미 [뒤떨-/뒫떨-] 图 襟首;首筋;うなじ;襟元. ▶뒷덜미(를) 잡히다 襟首を抑えられる.

뒷-돈 [뒤똔/뒫똔] 图 ❶ (商売・博打などに)元手以外の資金. ❷ 裏金.

뒷-동산 [뒤똥-/뒫똥-] 图 (村の)裏山.

뒷-마당 [뒨-] 图 裏庭.

뒷-마무리 [뒨-] 图 (하他) 最後の仕上げ.

뒷-말 [뒨-] 图 (하他) ❶ (事が終わってからの)取り沙汰. ‖그 일을 둘러싸고 이러니저러니 뒷말이 많다 そのことをめぐってあれこれ取り沙汰する. ❷ 話の続き;次の話. ‖흥분한 나머지 뒷말을 잇지 못하다 興奮のあまり言葉が続かない.

뒷-맛 [뒨맏] 图 後味;後口. ‖뒷맛이 안 좋다 後味がよくない. ▶뒷맛이 쓰다 後味が悪い.

뒷-맵시 [뒨-씨] 图 後ろ姿.

뒷-머리 [뒨-] 图 ❶ 後頭部. ❷ 後ろ髪.

뒷-면 (-面) [뒨-] 图 (紙などの)裏面;裏. ⑳앞면(-面).

뒷-모습 [뒨-] 图 後ろ姿.

뒷-모양 (-模様) [뒨-] 图 ❶ 後ろ姿. ⑳앞모양(-模様). ❷ 終わった後の様子.

뒷-문 (-門) 【twi:nmun】 [뒨-] 图 ❶ 裏門. ⑳앞문(-門). ❷ (入学などの)裏口.

뒷-물 [뒨-] 图 腰湯.

뒷-바라지 [뒤빠-/뒫빠-] 图 (하他) 面倒をみること.

뒷-바퀴 [뒤빠-/뒫빠-] 图 後輪. ⑳앞바퀴.

뒷-받침 /twi:pʼatɕʰim/【뒤빤-/뒫빤-】 图 (하他) ❶ 支え;援助;後ろ盾. ❷ 裏づけ.

뒷-발【뒤빨/뒫빨】图 (動物の)後足. ⑩앞발.

뒷-발길【뒤빨낄/뒫빨낄】图 後ろ蹴りをする足.

뒷발-질【뒤빨-/뒫빨-】图 하自 後足で蹴ること.

뒷-부분 (-部分)【뒤뿌-/뒫뿌-】图 後部. ⑪앞부분(-部分).

뒷북-치다【뒤뿍-/뒫뿍-】图 一段落した後に騒ぎ立てる.

뒷-소문 (-所聞)【뒤쏘-/뒫쏘-】图 後日の評判やうわさ; 後聞.

뒷-손¹【뒤쏜/뒫쏜】图 (遠慮するふりをしながら)密かに手を差し出して要求すること. ‖뒷손을 벌리다【내밀다】ひそかに要求する. ▶뒷손(을) 쓰다 裏から手を回す; 陰で手を打つ.

뒷-손²【뒤쏜/뒫쏜】图 仕上げ; 締めくくり. ‖뒷손이 가다 仕上げに手数がかかる.

뒷손가락-질【뒤쏜까-질/뒫쏜까-질】图 하自他 後ろ指. ‖뒷손가락질을 하다 後ろ指を指す.

뒷손-질【뒤쏜-/뒫쏜-】图 하自他 最後の仕上げ.

뒷-수습 (-收拾)【뒤쑤-/뒫쑤-】图 하他 後始末.

뒷-심【뒤씸/뒫씸】图 ❶ 最後まで耐えられる力; 底力. ‖막판에 뒷심을 발휘하다 土壇場で底力を発揮する. ❷ 後楯.

뒷-이야기【뒨니-】图 後日談. ⑩후일담 (後日談).

뒷-일【뒨닐/twi:nni:l】【뒫닐】图 後(の事). ‖뒷일을 부탁하다 後を頼む. 뒷일은 걱정하지 마세요 後の事は心配しないでください.

뒷-자락【뒤짜-/뒫짜-】图 服の後ろの裾.

뒷-자리【뒤짜-/뒫짜-】图 後ろの席.

뒷-전【뒤쩐/뒫쩐】图 ❶ 後ろ; 後部. ‖뒷전으로 물러나다 後ろ(の方)に引き下げる. ❷ 後回し; なおざり. ‖숙제는 뒷전이고 게임만 하고 있다 宿題は後回しにしてゲームばかりやっている. 복지 문제를 뒷전으로 돌리다 福祉問題をなおざりにする. ❸ (人の目の届かないところの)陰; 背後. ‖뒷전에서 수군거리다 かげそひそ陰口を言う.

뒷-정리 (-整理)【뒤쩡리/twi:²tʃɔ:ŋri】【뒫쩡-】图 하他 後片付け.

뒷-조사 (-調査)【뒤쪼-/뒫쪼-】图 하自他 内偵.

뒷-줄【뒤쭐/뒫쭐】图 後列. ⑰앞줄.

뒷-지느러미【뒤찌-/뒫찌-】图 (魚類の)尻びれ.

뒷-짐【뒤찜/뒫찜】图 後ろ手. ▶뒷짐(을) 지다 手をこまぬく; 袖手傍観する.

뒷-집【뒤찝/뒫찝】图 後ろの家. ⑰앞집.

뒹굴다 /twingulda/ 图 [ㄹ語幹] [뒹굴어, 뒹구는, 뒹군] ❶ 寝転ぶ; ごろごろする. ‖집에서 하루 종일 뒹굴다 家で一日中ごろごろする. ❷ (空き缶などが)転がる. ‖빈 깡통이 여기저기 뒹굴고 있다 空き缶があちこちに転がっている.

듀스 /(deuce) 图 (テニスなどで)ジュース.

듀엣 (duet) 图《音楽》デュエット.

드나-들다 /tuunadulda/ 图 [ㄹ語幹] [드나들어, 드나드는, 드나든] ❶ 出入りする; (頻繁に)通う. ‖오락실을 드나들다 ゲームセンターに出入りする. ❷ 入れ替わる.

드-넓다【-널따】图 広々としている. ‖드넓은 벌판 広々とした野原.

드-높다【-놉따】图 非常に高い. ‖드높은 가을 하늘 天高し秋の空. ⑩드높이.

드-높이다〔드높다の使役動詞〕❶ 一層高める. ‖사기를 드높이다 士気を一層高める. ❷ (名声などを)高める.

드는 他 [ㄹ語幹] 들다(持つ)の現在連体形.

드디어 /tudiɔ/ 圖 とうとう; ついに; ようやく; いよいよ. ‖드디어 허락을 받아 냈다 とうとう承諾を得た. 드디어 약속한 날이 왔다 ついに約束の日が来た. 드디어 시험이 끝났다 ようやく試験が終わった. 드디어 결승전이다 いよいよ決勝戦だ.

드라마 (drama) /turama/ 图 ドラマ. ‖멜로드라마 メロドラマ. 대하드라마 大河ドラマ.

드라마틱-하다 (dramatic-) 图 하変 ドラマチックだ. ‖드라마틱한 만남 ドラマチックな出会い.

드라이 (dry) 图 하他 ❶ 드라이클리닝の略語. ❷ ドライ.

드라이-기 (-機) 图 ドライヤー; ヘアドライヤー.

드라이버 (driver) 图 ❶ ドライバー; ねじ回し. ⑩나사돌리개(螺絲-). ❷ (ゴルフで)ドライバー.

드라이브 (drive) 图 하自他 ドライブ.

드라이-아이스 (dry ice) 图 ドライアイス.

드라이어 (drier) 图 ドライヤー; ヘアドライヤー.

드라이-클리닝 (dry cleaning) 图 ドライクリーニング. ⑩드라이.

드라이-플라워 (←dried flower) 图 ドライフラワー.

드래그 (drag) 图 (IT) (コンピューターで)ドラッグ.

드래프트 (draft) 图 ❶ (プロ野球で)ドラフト. ❷ (服飾で)ドラフト; (型紙の)下図.

드러-나다 /turɔnada/ 图 ❶ 現われる; 見える. ‖진가가

드러나다 真価が現われる. 단적으로 드러나다 端的に現われる. 실망한 기색이 얼굴에 역력히 드러나다 がっかりした気配が顔にありありと見える. ❷ばれる; 発覚する; 露見する; 知られる. ‖비리가 드러나다 不正が発覚する. 탈세한 것이 드러나다 脱税がばれる. 음모가 드러나다 陰謀が露見する. ❸明らかになる. ‖사건의 전모가 드러나기 시작하다 事件の全貌が明らかになり始める. [使]드러내다.

드러-내다 /tɯrɔnɛːda/ [他] 〔드러나다の使役動詞〕現わす; 出す; さらけ出す; むき出す; 見せる. ‖모습을 드러내다 姿を現わす. 정체를 드러내다 正体を現わす. 무지를 드러내다 無知をさらけ出す. 잇몸을 드러내고 웃고 있다 歯茎を出して笑っている.

드러-눕다 /tɯrɔnup'ta/ 【-따】 [自] 『ㅂ変』 〔드러누워, 드러눕는, 드러누운〕 ❶横たわる; 横になる; 寝そべる. ‖거실 바닥에 드러누워서 텔레비전을 보다 リビングの床に寝そべってテレビを見る. 벌렁 드러눕다 ごろっと[ごろりと]横になる. ❷床(とこ)につく; 寝込む. ‖감기로 일주일이나 드러누웠다 風邪で1週間も寝込んだ.

드럼 (drum) [名] 《音楽》 ドラム. ‖드럼을 치다 ドラムを叩く.

드럼-통 (-桶) ドラム缶.

드렁-거리다[-대다] [自他] ぐうぐうといびきをかく. ‖드렁거리면서 자고 있다 ぐうぐうといびきをかきながら寝ている.

드렁-드렁 [副] [하他] いびきをかく音: ぐうぐう.

드레스 (dress) /tɯresɯ/ [名] ドレス. ‖웨딩드레스 ウエディングドレス.

드레시-하다 (dressy-) [形] 『하変』 ドレッシーだ. ‖드레시한 옷 ドレッシーな服.

드레싱 (dressing) /tɯreʃiŋ/ [名] ドレッシング. ‖샐러드 드레싱 サラダドレッシング. 드레싱을 치다[뿌리다] ドレッシングをかける.

드르렁 [副] いびきをかく音: ぐうぐう. **드르렁-드르렁** [副] [하自他]

드르렁-거리다[-대다] [自他] ぐうぐうといびきをかく; (ドアなどが)がらがらと音を立てる.

드르르 [副] [하自] ❶大きいものが転がる様子[音]: がらがら. ❷大きいものが震える様子[音]: がたがた. ❸ミシンを踏む音.

드르륵 [副] [하自他] ❶引き戸を開ける音: がらり(と). ‖문을 드르륵 열다 戸をがらりと開ける. ❷機関銃を打ちまくる音: だだだっ. **드르륵-드르륵** [副] [하自他]

드르륵-거리다[-대다] 【-꺼[때]-】 [自他] がらりと音がする; がらりと音を立てる. ‖드르륵거리며 문이 열렸다 がらりと音を立てながら戸が開いた.

드리다[1] /tɯrida/ [他] ❶〔주다の謙譲語〕差し上げる; お渡しする. ‖할머니께 선물을 드리다 祖母にプレゼントを差し上げる. ❷〔말씀 드리다の形で〕申し上げる. ‖일전에 말씀 드린 대로 先日申し上げたように. ❸(祈り・お供え物などを)捧げる. ‖불공을 드리다 仏様を供養する.

드리다[2] /tɯrida/ [補動] 〔動詞の連用形に付いて〕…て差し上げる; …いたす. ‖어머니를 도와 드리다 母を手伝う. 역까지 손님 짐을 들어 드리다 駅までお客様の荷物を持って差し上げる. 바로 보내 드리겠습니다 すぐお送りいたします.

드리블 (dribble) [名] [하他] (スポーツで)ドリブル.

드리우다 [自他] ❶垂れる; 垂らす. ‖발을 드리우다 すだれを垂らす. ❷(闇・影などが)差す. ‖그늘을 드리우다 陰が差す. 어둠이 드리워지다 闇が立ち込める.

드릴 (drill) [名] ❶(工具の)ドリル. ❷(学習上の)ドリル. ‖영어 드릴 英語のドリル.

드림 [名] ❶謹呈; 贈呈. ‖저자 드림 著者謹呈. ❷(手紙文などで)拝. ‖제자 이지수 드림 教え子の李知秀拝.

드링크 (drink) [名] ドリンク; 強壮剤.

드-맑다 【-막따】 [形] 澄みきっている; 澄み渡っている. ‖드맑은 가을 하늘 澄みきった秋空.

드문-드문 [副] [하形] まばらに; ちらほら; 点々と. ‖드문드문 인가가 보이다 ちらほらと人家が見える.

드물다 /tɯmulda/ [形] 『ㄹ語幹』 〔드물어, 드문〕 ❶珍しい; めったにない; まれだ; 少ない. ‖극히 드물게 잡히는 생선 ごくまれに釣れる魚. ❷まばらだ. ‖인가가 드물게 있다 人家がまばらだ.

드-세다 [形] 強情だ; 気が強い; きつい. ‖성질이 드세다 性格がきつい.

드시다 /tɯʃida/ [他] 〔들다の尊敬語〕召し上がる. ‖커피 드시겠습니까? コーヒー, 召し上がりますか.

득[1] (得) [名] 得; 利得. ‖아무런 득이 안 되다 何の得にもならない. 얼굴이 예쁘면 득을 볼 때가 있다 顔がきれいだと得をする時がある.

득[2] [副] ❶堅いものを力を込めて引っ張る様子[音]: ぐっと; ぐいっと; ぎいっと. ‖득 소리를 내며 책상을 끌어당기다 ぎいっと音を立てながら机を引き寄せる. ❷堅いものを強くひっかく様子[音]: がりがり; がりっと. **득-득** [副]

득남 (得男) 【등-】 [名] [하自] 男の子が生まれること.

득녀 (得女) 【등-】 [名] [하自] 女の子が生まれること.

득세 (得勢) 【-쎄】 [名] [하自] 権力を得る

다 대 댜 댸 더 데 뎌 뎨 도 돠 돼 되 됴 두 둬 뒈 뒤 듀 드 듸 디

득실 (得失)【-씰】图 得失.
득실-거리다[-대다]【-씰-】圓 ❶ご った返す. ❷うようよする；うじゃうじゃ する.
득실-득실【-씰-씰】圓 (하다) ❶ごった 返している様子. ❷うようよ；うじゃうじゃ.
득의 (得意)【-늬/-디】(하다) 得意.
득의-만면 (得意滿面)【-늬-/-디-】(하다)(형) 得意 滿面.
득의-양양 (得意揚揚)【-늬-/-디-】图 意気 揚々.
득점 (得點)【-쩜】图 (하다)(자) 得点. ⑳実 点(失點).
득점-타 (得點打)【-쩜-】图 〖野球で〗タイム リーヒット；タイムリー.
득표 (得票)图 (하다)(자) 得票.
득표-수 (得票數)图 得票数.
득표-율 (得票率)图 得票率.
든[1] 団〔든지의 縮約形〕…であれ，…であ ろうと. ‖남자든 여자든 상관없다 男でな かれ女であれ関係ない.
든[2] 図〔ㄹ語幹〕들다(持つ)の過去連体 形.
-든[3] 語尾〔든지의 縮約形〕…ようと，…ようと. ‖(ㄴ)ようが. ‖대학을 가든 말든 알 아서 해라 大学行くか行くまいか好きにしろ.
든든-하다 /tɯndɯnhada/ 휑 [하変] ❶丈夫だ；がっしりしている；強い. ❷몸 이 든든하다 体が丈夫だ. ❷堅い；堅 固だ. ❸頼もしい；心強い. ‖네가 있는 것만으로도 마음이 든든하다 君がいる だけで心強い. 든든한 후원자 頼もしい 後援者. ❹満腹だ；ひもじくない. ‖도중 에 늦 시간이 없으니까 지금 든든하게 먹어 두자 途中で食べる時間がないから 今十分に食べておこう.
든지[1] 團〔母音で終わる名詞に付いて； 子音の場合は이든지〕…であれ，…であ ろうと. ‖…でも. ‖콜라든지 주스 든지 찬 걸로 주세요 コーラでもジュース でも(いいから)，冷たい物をください.
-든지[2] /tɯndʑi/ 語尾 …(し)ようと，… (し)ようが. (敬)-든.‖먹든지 말든지 마 음대로 해라 食べようが食べまいが勝手 にしなさい.
듣기[-끼] 图 聞き取り；リスニング；ヒア リング. (廠)聞きとり・読み・書き.
듣는【ㄷ変】图 듣다(聞く)の現在連体 形.
듣다[1][-따]【ㄷ変】围 効く. ‖이 약은 기침에 잘 듣는다 この薬は咳によく効 く.

듣다[2] /tɯtˀta/ [-따]【ㄷ変】〔들어， 듣는，들은〕 ❶聞く；聴く. ‖음 악을 듣다 音楽を聴く. 강의를 듣다 講義を受ける. 그 사람이 결 혼했다는 얘기는 풍문으로 들었다 彼 が結婚したという話は風の便りに聞いた. 들으려고 한 것은 아닌데 듣게 되었다 聞くともなく聞いてしまった. ❷ (小言・ 称賛などを) 言われる. ‖칭찬을 듣다 ほ められる. 꾸지람을 듣다 叱られる. 잔 소리를 듣다 小言を言われる. ❸ (人の 言葉に) 従う. ‖부모 말을 안 듣는 아이 親の言うことをちっとも聞かない. ▶듣도 보도 못하다 未曾有のことだ. 듣기 좋 은 노래도 한두 번이지 (諺)仏の顔も三 度.
듣다-못해 [-따모태] 聞くに堪えず. ‖잔소리를 듣다못해 소리를 지르다 小言を聞くに堪えず声を荒げる.
들[1] (野)野原；野. ❷田畑.
들[2] (依)…など；…ら. ‖소·돼지·닭 들 을 가축이라고 한다 牛·豚·鶏などを 家畜と言う.
들[3] 囲【ㄹ語幹】들다(持つ)の未来連体 形.
들-[4] 接頭 野…；野良…. ‖들국화 野 菊.
-들[5] /tɯl/ 接尾 …たち；…ら. ‖학생들 学生たち, 우리들 私たち；我々.
들개【-깨】图 野良犬.
들-것[-껏] 图 担架. ‖들것에 실려 나 가다 担架で運ばれる.
들고-뛰다[-뛰다] 圓 〖냅다 달아나 다〗逃げ出す.
들고-일어나다 圓 立ち上がる；決起す る. ‖온 국민이 들고일어나다 全国民が 立ち上がる.
들-국화 (-菊花)【-꾸콰】图〖植物〗ノ ギク(野菊).
들-기름 图 エゴマ油.
들-길【-낄】图 野道.
들-깨图〖植物〗エゴマ(荏胡麻).
들깻-잎【-깬닙】图 エゴマの葉.
들-꽃【-꼳】图 野花.
들-끓다【-끌타】圓 ❶沸き返る；熱狂 する. ‖대접전으로 장내가 들끓고 있 다 大接戦で場内が沸き返っている. ❷ (多くの人が)ごった返す；込み合う. ❸ (虫などが)うようよする. ‖벌레가 들끓다 虫がうようよする.
들-녘【-녁】图 広い野原.
들다[1] 围【ㄹ語幹】(年を)とる. ‖나이가 들다 年をとる.
들다[2] 围【ㄹ語幹】(刃物などが)切れる. ‖칼이 잘 들다 包丁がよく切れる.
들다[3] /tɯlda/ 圓【ㄹ語幹】〔들어, 드 는, 든〕 ❶入る. ‖집에 도둑이 들다 家に泥棒が入る. 그건 예정에 들 어 있다 それは予定に入っている. 보험 에 들다 保険に入る. 지갑에 들어 있던 돈이 없어졌다 財布に入っていたお金が なくなった. 비타민 C가 많이 들어 있 는 과일 ビタミンCがたっぷり入っている 果物. 알코올이 들어 있는 음료수 ア ルコールの入った飲み物. 잠자리에 들

다 寝床に入る[就く]. ❷ (日が)差す; (日が)当たる. ‖볕이 잘 들다 日当たりがいい. ❸ 染まる. ‖노을이 빨갛게 물이 들다 夕日が赤く染まる. ❹ 病気になる. ‖병이 들 것 같다 病気になりそうだ. 감기가 들다 風邪をひく. ❺ (癖などが)つく. ‖이상한 버릇이 들었다 変な癖がついた. 철이 들다 物心がつく. ❻ [마음에 들다の形で] 気に入る. ‖마음에 드는 가방 気に入っているかばん. ❼ [풍년(흉년)이 들다の形で] 作柄を表わす. ‖풍년이 들다 豊作になる. ❽ 要る; (費用などが)かかる; 必要だ. ‖힘이 들다 力が要る. 밑천이 많이 드는 장사 元手がかかる商売. ❾ (意識などが)戻る. ‖정신이 들다 意識が戻る; 正気づく. ❿ (味が)つく(味わいが)出る. ‖김치가 맛이 들다 キムチがよく漬かる. ⓫ (ある気持ち・感情に)なる. ‖그런 느낌(생각)이 들다 そんな気がする. 정이 들다 情が移る; 親しくなる.
── 他 ❶ 道に入る. ‖길을 잘못 들다 道を間違える; 間違った道に踏み入る. ❷ (男性が)結婚する. ‖장가를 들다 (男性が)結婚する. ▶드는 정은 몰라도 나는 정은 안다 〈諺〉情が移ることには気づきにくいが, 冷めることはすぐ分かるものだ.

들다⁴ /tulda/ 他 〔ㄹ語尾〕〔들어, 드는, 든〕 ❶ (具体的に何かを)持つ; 持ち上げる; もたげる. ‖짐을 들다 荷物を持つ. 우산을 들고 나가다 傘を持って出かける. 크레인으로 들어올리다 クレーンで持ち上げる. 머리를 들다 頭をもたげる. 편을 들다 肩を持つ. 〈慣〉들다. ⓔ 挙げる; [눈을 들어 상대方을 쳐다보다] 目を挙げて相手を見つめる. 예를 들다 例を挙げる. ❸ 食べる; いただく. ‖많이 들어 주세요 たくさん召し上がってくださいね. ❹ 仰ぐ. ‖독배를 들다 毒杯を仰ぐ.

들들 副 ❶ (豆やゴマなどを) 煎ったり臼でひいたりする様子. ❷ しつこくいじめる様子. ‖빨리 만들라고 사람을 볶다 早く作れと人をしつこくせがむ. 〈慣〉달달.

들-뜨다 自 〔으型〕 ❶ (しっかり固定せず)浮く; 浮き上がる. ‖습기로 벽지가 들뜨다 湿気で壁紙が浮き上がる. ❷ 浮つく; 浮き足立つ. ‖들뜬 기분으로 나가다 浮ついた気分で出かける. ❸ (肌が)分かち悪くなる.

들락-거리다[-대다] [-꺼때] -[돼]- 自他 頻繁に出入りする; 足しげく通う. ‖친구들이 자주 들락거리는 집 友だちが頻繁に出入りする家.

들락-날락[-랑-] 副 〈하自他〉 頻繁に出入りする様子. ‖속이 안 좋은지 화장실을 들락날락하고 있다 お腹の調子が悪いのか, 何度もトイレに出入りしている.

들러리 (花嫁・花婿の) 付き添い. ‖대학 친구 결혼식에서 들러리를 섰다 大学時代の友人の結婚式で付き添い人になった.

들러-붙다[-붙따] 自 ❶ くっつく; 粘りつく; 付着する. ‖껌이 신발에 들러붙다 ガムが靴にくっつく. ❷ [比喩的に] しがみつく; 食らいつく.

들려 들리다(聞こえる)の連用形.

들려-오다 自 聞こえる; 聞こえてくる.

들려-주다 他 聞かせてやる; 聞かせてくれる. ‖아이에게 모차르트의 음악을 들려주다 子どもにモーツァルトの音楽を聴かせてやる.

들르다 /tullŭda/ 自 〔으型〕〔들러, 드르는〕 立ち寄る; 寄る. ‖책방에 들르다 本屋に寄る. 지나가는 길에 들러 보다 通りがかりに寄ってみる.

들리는 들리다(聞こえる)の現在連体形.

들리다¹ /tullida/ 自 聞こえる; 耳にする; 伝わる. ‖아기 울음소리가 들리다 赤ん坊の泣き声が聞こえる. 비꼬는 듯이 들리다 皮肉に聞こえる. 귀가 안 들리다 耳が聞こえない. 나쁜 소문이 부모한테까지 들렸다 悪いうわさが親にまで伝わった. 그 사람에 대한 이상한 소문이 들렸다 彼に関する変なうわさを耳にした.

들리다² 自 病気にかかる; (何かに)とりつかれる. ‖병이 들린 사람 같다 病気にかかった人みたい.

들-리다³ 自 〔들다⁴の受身動詞〕持ち上げられる. ‖그 큰 몸이 번쩍 들리다 その大きい体が軽々と持ち上げられる. ❷ 手にする; 持たれる. ‖학생들 손에 들린 꽃들 学生たちが手に持っている花束.

들-리다⁴ 他 〔들다⁴の使役動詞〕持たせる. ‖애한테 가방을 들리다 子どもにかばんを持たせる.

들린 들리다(聞こえる)の過去連体形.

들릴 들리다(聞こえる)の未来連体形.

들먹-거리다[-대다] [-꺼때] -[돼]- 自他 ❶ ぐらぐらする; ぐらぐらする. (体の一部が)上下に動く. ❷ (物価などが絶えず)揺れ動く; 不安定だ. ‖이번 홍수로 채소 값이 들먹거리고 있다 今回の洪水で野菜の価格が不安定になっている.

들먹-이다¹ 自他 =들먹거리다.

들먹-이다² 他 取り沙汰する; あげつらう. ‖남의 사생활을 들먹이다 人の私生活を取り沙汰する. 과거의 잘못을 들먹이다 過去の失敗をあげつらう.

들-볶다[-복따] 他 しつこくいじめる.
들-소 [-쏘] 名 野牛; ヤギュウ(野牛).
들-손 [-쏜] 名 取っ手.
들-숨 [-씀] 名 吸気; 흡기(吸氣).

[対]날숨.

들썩-거리다[-대다]【-꺼[때]-】[自他] ❶上下に動かす. ❷そわそわする. ❸(肩や尻を)震わせる. ‖ 어깨를 들썩거리며 울다 肩を震わせながら泣く.

들썩-들썩 [副] [하他] ❶(軽いものが)上下に動く様子. ❷そわそわする様子. ❸(肩や尻を)揺り動かす様子.

들썩-이다 [自他] =들썩거리다.

들썩-하다【-써카-】[形]『하変』騒々しい.

── [他] ❶にぎわす. ‖ 온 나라가 들썩한 사건 国中をにぎわした事件. ❷(肩や尻を)揺り動かす. ‖ 엉덩이를 들썩하다 お尻を揺り動かす.

들-쑤시다 [他] ❶そそのかす. ❷つつく. ❸ほじくる. ‖ 지나간 일을 들쑤시다 過ぎたことをほじくる.

들쑥-날쑥【-쑹-】[副] [하形] ❶でこぼこしている様子. ❷(収入や出入りなどが)一定しない様子. ‖ 수입이 들쑥날쑥하다 収入が一定しない.

들어[1] [他]『ㄷ変』듣다(聞く)の連用形.

들어[2] [他]『ㄹ語幹』들다(持つ)の連用形.

들어-가다 /tɯrɔgada/ [自] ❶入る. ‖ 방으로 들어가다 部屋に入る. 대학에 들어가다 大学に入る. 야구부에 들어가다 野球部に入る. 겨울 방학에 들어가다 冬休みに入る. 지금부터 본론으로 들어가겠습니다 これから本題に入ります. ❷(費用などが)かかる. ‖ 이번 조사에 비용이 많이 들어갔다 今回の調査に費用がかなりかかった. 고치는 데 얼마나 들어갈까? 直すのにいくらかかるだろう. ❸へこむ; 落ちくぼむ. ‖ 손으로 누르면 들어간다 手で押すとへこむ. 눈이 쏙 들어갔다 目が落ちくぼんでいる.

들어-내다 [他] 持ち出す; 運び出す. ‖ 책상을 밖으로 들어내다 机を外に運び出す.

들어-맞다【-맏따】[自] ❶ぴったり合う. ‖ 신발이 발에 꼭 들어맞다 靴が足にぴったり合う. ❷(予想などが)当たる; 命中する. ‖ 예상이 들어맞다 予想が当たる.

들어-먹다【-따】[他] ❶使い果たす; 食いつぶす. ❷理解する; 聞き入れる. ‖ 사람 말을 들어먹어야 말이지 人の話を全く聞き入れないよ.

들어-박히다【-바키-】[自] ❶(家などが)ぎっしり(と)立ち並ぶ; 建て込む. ‖ 집들이 빽빽이 들어박힌 언덕배기 家がぎっしり建て込んでいる丘. ❷閉じこもる. ‖ 하루 종일 집에 들어박혀 있다 一日中家に閉じこもっている.

들어-붓다【-붇따】[自]『ㅅ変』バケツをひっくり返したように降る.

── [他] 底なしに飲む; 注ぎ込む. ‖ 술을 들이붓듯이 마시다 酒を底なしに飲む.

들어-서다 /tɯrɔsɔda/ [自] ❶(中へ)入る; 踏み入れる. ‖ 집 안으로 들어서다 家の中に入る. ❷(ある時期に)入る. ‖ 이십일 세기에 들어서다 21 世紀に入る. ❸(政権・施設などが)入る; できる. ‖ 새 정권이 들어서다 新しい政権ができる. 대형 슈퍼가 들어서다 大型スーパーが入る.

들어-앉다【-안따】[自] ❶(詰めて)座る. ‖ 안쪽으로 들어앉다 内側に座る. ❷(ある地位に)就く; 座る. ❸(職を辞めて)家に入る. [使]들여앉히다.

들어-오다 /tɯrɔoda/ [自] ❶入る; 入ってくる. ‖ 열차가 홈으로 들어오다 列車がホームに入る. 도시 가스가 들어오다 都市ガスが入る. 매달 집세가 들어오다 毎月家賃が入る. 목돈이 들어오다 まとまったお金が入る. 신입 사원이 들어오다 新入社員が入ってくる. 시야에 들어오다 視野に入る. 친구가 얘기하는 소리가 전혀 귀에 들어오지 않았다 友だちが話す内容が全く耳に入らなかった. 오늘은 수업 내용이 머리에 잘 들어온다 今日は授業の内容が頭によく入る. ❷帰る; 帰ってくる. ‖ 아버지는 오늘 몇 시에 들어오세요? お父さんは今日何時に帰ってきますか.

들어-주다 [他] (話などを)聞き入れる; 聞き届ける; 聞いてあげる. ‖ 부탁을 들어주다 頼みを聞いてあげる; 願いを聞き届ける.

들여 [他] 들이다(入れる・入らせる)の連用形.

들여-가다 [他] ❶外にあるものを中へ運び入れる. ❷買い入れる.

들여-놓다 /tɯrjɔnotʰa/【-노타】[他] ❶運び入れる; 運び込む; 入れておく. ‖ 화분을 거실로 들여놓다 植木鉢をリビングに運び入れる. ❷買い入れる. ‖ 새 가구를 들여놓다 新しい家具を買い入れる. ❸〔발을 들여놓다の形で〕足を踏み入れる; 進出する. ‖ 내 집에는 두 번 다시 발을 들여놓지 말아라 うちには二度と足を踏み入れないでちょうだい. 정계에 발을 들여놓다 政界に進出する.

들여다-보다 /tɯrjɔdaboda/ [他] ❶覗く; 覗き込む; 覗き見する. ‖ 열쇠 구멍으로 안을 들여다보다 鍵穴から中を覗く. 현미경을 들여다보다 顕微鏡を覗く. 다른 사람의 일기를 들여다보다 人の日記を覗く. ❷じっと見る; 見つめる. ‖ 앞 사람 얼굴을 빤히 들여다보다 前の人の顔をじっと見つめる. ❸察知する; 見抜く.

들여다-보이다 [自] 透けて見える; 見え透く. ‖ 속살이 들여다보이는 블라우스 肌の透けて見えるブラウス. 속이 들여다보이는 빈말 見え透いたお世辞.

들여-보내다 [他] (人を中に)入れる; 入らせる; 通す. ‖ 거래처 사람을 사장실

로 들여보내다 取引先の人を社長室に通す. 아무도 방에 들여보내지 마세요 誰も部屋に入れないでください.

들여앉-히다【-안치-】[他]〔들여앉다の使役動詞〕❶(中へ)座らせる; 席に着かせる. ❷(ある地位や職に)就かせる; 据える. ❸(女の人を仕事などを辞めさせて)家庭に落ち着かせる. ‖며느리를 집에 들여앉히다 嫁を家庭に落ち着かせる.

들여-오다 [他] ❶持ち込む; 運び入れる; 運び込む. ❷導入する. ‖외자를 들여오다 外資を導入する.

들은 [他]『ㄷ変』 듣다(聞く)の過去連体形.

들은-풍월 (-風月) [名] 聞きかじり; 耳学問.

들을 [他]『ㄷ変』 듣다(聞く)の未来連体形.

들이는 [他] 들이다(入れる·入らせる)の現在連体形.

들이다 /tɯrida/ [他] ❶入れる; 入らせる; 通す. ‖집에 사람을 들이지 않다 家に人を入れない. 새 책상을 들이다 新しい机を入れる. 후임으로 젊은 사람을 들이다 後任として若い人を入れる. ❷投資する; 投じる; (費用を)費やす; (お金を)かける. ‖돈을 들여 가게 안을 고치다 お金をかけて店内を改装する. 거액을 들여 기념관을 짓다 巨額を投じて記念館を建てる. ❸染める. ‖머리를 노랗게 물을 들이다 髪の毛を黄色く染める. ❹(癖を)つける. ‖이상한 버릇을 들이다 変な癖をつける. ❺(眠りに)つかせる. ‖애를 잠을 들이다 子どもを寝かしつける. ❻慣らす. ‖추위에 길을 들이다 寒さに慣らす. ❼味を覚える. ‖주식 투자에 맛을 들이다 株式投資の味を覚える.

들이-닥치다 [自] 押し寄せる; 押しかける; 襲う. ‖빚쟁이들이 들이닥치다 借金取りが押しかける.

들이-대다 [他] ❶突きつける; 突き出す. ‖목에 칼을 들이대다 首にナイフを突きつける. 증거 서류를 눈앞에 들이대다 証拠の書類を突き出す. ❷(品物などを)続けて供給する.

들이-마시다 [他] 吸い込む; がぶ飲みする. ‖맥주를 마구 들이마시다 ビールをがぶ飲みする.

들이-몰다 [他]『ㄹ語幹』 追い立てる; 追い込む; 駆り立てる.

들이-밀다 [他]『ㄹ語幹』 ❶押し込む; 突っ込む. ‖머리를 들이밀다 頭を突っ込む. ❷(金品などを)いきなり差し出す. ‖선물을 들이밀다 プレゼントをいきなり差し出す.

들이-받다【-따】[他] ぶつける; 衝突する. ‖주차장에서 옆 차를 들이받다 駐車場で隣の車にぶつける.

들이-붓다【-붇따】[他]『ㅅ変』 注ぎ込む; 降り注ぐ. ‖비가 들이붓다 雨が降り注ぐ.

들이-쉬다 [他] (息を)吸い込む. ‖신선한 공기를 한껏 들이쉬다 新鮮な空気を胸いっぱい吸い込む. 거친 숨을 들이쉬다 息づかいが荒い.

들이-치다 [自] (雨·風などが)降り込む; 吹き込む. ‖비바람이 들이치다 風雨が吹き込む.

들이-켜다 [他] あおる; 飲み干す; がぶ飲みする. ‖시원한 물 한 잔을 들이켜다 冷たい水を1杯あおる. 목이 말라서 보리차를 벌컥벌컥 들이켜다 のどが渇いて麦茶をぐいぐいとあおる.

들이키다 [他] 들이켜다の誤り.

들인 [他] 들이다(入れる·入らせる)の過去連体形.

들-일【-릴】[名] 野良仕事; 畑仕事.

들일 [他] 들이다(入れる·入らせる)の未来連体形.

들-장미 (-薔薇)【-짱-】[名]《植物》 野バラ.

들-쥐【-쮜】[名]《動物》 野ネズミ.

들-짐승【-찜-】[名] 野獣.

들쩍지근-하다【-찌-】[形]『하変』 甘ったるい. [작]달짝지근하다.

들창-코 (-窓-) [名] 鼻先が上を向いている鼻; しし鼻.

들척-거리다[-대다]【-꺼[때]-】[他] ❶(何かを探すために)手先で探る; かき回す. ❷(書類などを)しきりにめくる; (新聞などを)読み返す. ‖하루 종일 신문만 들척거리고 있다 一日中新聞ばかり読み返している.

들척-이다 [他] =들척거리다.

들척지근-하다【-찌-】[形]『하変』 =들쩍지근하다. [작]달착지근하다.

들추다 /tɯltʃʰuda/ [他] ❶探す; 捜す; かき回す. ‖옷장 안을 들추다 押し入れの中を捜す. ❷(書類などを)調べる; めくる. ❸(秘密などを)暴く; あげつらう. ‖남의 잘못을 들추어 가며 비난하다 人の非をあげつらって責め立てる.

들추어-내다 [他] ❶探し出す. ❷暴く; 暴き出す; さらけ出す. ‖옛날의 잘못을 들추어내다 昔の過ちを暴く.

들키다 /tɯlkʰi:da/ [自] 見つかる; ばれる. ‖다락에 숨어 있다가 들키고 말았다 屋根裏部屋に隠れていたが見つかってしまった. 가게에서 물건을 훔치다가 들켰다 万引きがばれた.

들-통 (-桶) [名] 手桶.

들통-나다 [自] ばれる; 見つかる. ‖거짓말이 들통나다 うそがばれる.

들-판 [名] 野原.

듬뿍 /tɯm'puk/ [副] たっぷり; 十分に; どっさり; なみなみと; 山盛りに. ‖고춧가루를 듬뿍 넣어 국을 끓이다 唐辛子粉をたっぷり入れてスープを作る. 사랑을 듬

뿍 받고 자란 사람 愛情を十分に受けて育った人. 이 우유에는 뼈에 좋은 칼슘이 듬뿍 들어있읍니다 この牛乳にはよいカルシウムが十分に入っています. 용돈을 듬뿍 받다 小遣いをどっさりもらう. 술을 듬뿍 따르다 酒をなみなみと注ぐ. ⑬듬북.

듬성듬성 副 〔하形〕 まばらに; ちらほら; ぽつぽつと. ‖흰머리가 듬성듬성 보이다 白髮がちらほら見える.

듬직-하다 [-지카-] 形 〔하変〕 頼もしい; たくましい. ‖듬직한 젊은이 頼もしい若者.

듯 /tɯt/ 依名 ❶ 듯이¹の縮約形. ‖먹고 싶은 듯 바라보다 食べたそうに見つめる. ❷ […듯 …듯 하다の形で〕…ようでもあり…ようでもある. ‖잔 듯 만 듯 하다 寝たような寝ていないような感じだ.

듯-싶다〔듬씹따〕補形 …らしい; …(の)ようだ; …そうだ. ‖우는 듯싶다 泣いているようだ. 못 갈 듯싶다 行けなさそうだ.

듯이¹ /tɯɕi/ 依存 …のように; そうに. ⑬듯. ‖행복한 듯이 웃고 있다 幸せそうに笑っている. 잘난 듯이 뽐내다 偉そうに威張る.

-듯이² /tɯɕi/ 語尾 …ように; …かのように. ‖사람마다 생김새가 다르듯이 생각도 다르다 人それぞれ顔かたちが違うように考えも違う.

듯-하다 /tɯtʰada/ 〔드타-〕 補形 〔하変〕 …らしい; …(の)ようだ; …そうだ. ‖당장 비가 올 듯하다 今にも雨が降りそうだ. 저 애가 김 선생님 딸인 듯하다 あの子が金先生の娘さんのようだ.

등¹ /tɯŋ/ 名 ❶背中に; 背. ‖등을 펴다 背を伸ばす. 말 등에 타다 馬の背に乗る. 등이 가렵다 背中がかゆい. ❷後ろ; 背面. ▶등에 업다 =등을 대다 (人の勢力などを) 当てにする. ‖등을 돌리다 背を向ける; 背中がかゆい.

등² (等) 名 等級. —〔依名〕 …等; …位. ‖전교 삼 등 全校で3位.

등³ (燈) 名 明かり; 灯火; ランプ.

등⁴ (等) 依名 …など. ‖영국・프랑스・독일 등의 나라 イギリス・フランス・ドイツなどの国.

등-가 (等價) 名 等価.
등-가구 (籐家具) 名 籐家具.
등-가죽 [-까-] 名 背中の皮.
등각 (等角) 〔数学〕名 等角.
등-거리 (等距離) 名 等距離.
등겨 稲のもみ殻と糠(ぬか).
등고선 (等高線) 〔地〕名 等高線.
등-골¹ /tɯŋkol/ [-꼴] 〔解剖〕 脊椎(ついつい); 脊椎骨. ▶등골을 빼먹다 すねをかじる. 자식들이 부모의 등골을 빼먹다 子どもたちが親のすねをかじる. ▶등골(이) 빠지다 身を粉(こ)にする. 애들을 위해 등골 빠지게 일하다 子どもたちのために身を粉にして働く.

등-골² [-꼴] 名 背筋. ▶등골이 오싹하다 背筋が寒くなる; (恐ろしさや気味悪さで) ぞっとする.

등교 (登校) 名 〔하自〕 登校. ⑪하교(下校).
등굣-길 [-꼳낄/-꼳낄] 登校の際; 登校時.
등근 (等根) 〔数学〕名 等根.
등급 (等級) 名 等級. ‖등급을 매기다 等級をつける.

등기 (登記) /tɯŋɡi/ 名 ❶〔法律〕登記. ‖부동산 등기 不動産登記. ❷〔등기 우편 (登記郵便)の略語〕 書留. ‖등기로 보내다 書留で送る.

등기-료 (登記料) 名 登記料.
등기-부 (登記簿) 名 登記簿.
등기-소 (登記所) 名 登記所.
등기-우편 (登記郵便) 名 書留(郵便). ⑬등기(登記).
등기필-증 (登記畢證) 【-쯩】名 〔法律〕登記済証. ⑬권리증(權利證).

등-꽃 (藤-) 【-꼳】 名 〔植物〕フジの花.
등-나무 (藤-) 名 〔植物〕フジ.
등단 (登壇) 名 〔하自〕登壇.
등대 (燈臺) 名 灯台.
등대-지기 (燈臺-) 名 灯台守.
등댓-불 (燈臺-) 名 〔-때뿔/-댇뿔〕 灯台の灯.

등등 (等等) 依名 等々; …などなど; …など.

등등-하다 (騰騰-) 〔하変〕 ものすごい勢いだ; ものすごくけんまくだ; (意気込みが)激しい; みなぎっている; 鼻息が荒い. ‖살기가 등등하다 殺気がみなぎっている.

등-딱지 [-짜] 名 (カニ・カメなどの)甲羅.

등락 (騰落) [-낙] 名 〔하自〕 騰落.
등록 (登錄) [-녹] 名 〔하他〕 登録. ‖주민 등록 住民登錄. 특허 등록을 하다 特許登錄をする. **등록-되다** 자変.

등록-금 (登錄金) [-녹끔] 名 (大学やなどの)授業料.
등록 상표 (登錄商標) 【-녹 쌍-】 名 登錄商標.
등록-세 (登錄稅) [-녹쎄] 名 〔法律〕登錄稅.
등록-증 (登錄證) [-녹쯩] 名 登錄証. ‖사업자 등록증 事業者登錄証.
등롱 (燈籠) [-농] 名 灯籠.
등반 (登攀) 名 〔하他〕 登攀(とうはん). ‖지리산 등반 異山登攀.
등반-대 (登攀隊) 名 登攀隊.
등-받이 [-바지] 名 (椅子などの)背もたれ.

등본 (謄本) 圏 謄本. ‖호적 등본 戸籍謄本.

등분 (等分) 圏 ㉰他 等分.
— 依ㄹ …等分. ‖빵을 4 等分하다 パンを4等分する.

등-불 (燈-) 圏 [불] 明かり; 灯火.

등비 (等比) 【数学】圏 等比.
  등비-급수 (等比級数) 【-수】圏 【数学】等比級数.
  등비-수열 (等比数列) 圏 【数学】等比数列.

등-뼈 【解剖】圏 脊椎(ふ)骨.

등산 (登山) /tuŋsan/ 圏 ㉰自他 登山. ㉠하산 (下山). ‖등산을 가다 登山に行く. 등산을 시작하다 登山を始める.

  등산-객 (登山客) 圏 登山客.
  등산-로 (登山路) 【-노】圏 登山道.
  등산-복 (登山服) 圏 登山服.
  등산-철 (登山-) 圏 登山シーズン.
  등산-화 (登山靴) 圏 登山靴.

등-살 [-쌀] 圏 背肉.

등-세공 (藤細工) 圏 籐細工.

등속 (等速) 圏 ‖등속 운동 等速運動.

등수 (等数) [-쑤] 圏 (成績などの)順番; 順位.

등식 (等式) 圏 【数学】等式.

등신[1] (等身) 圏 等身.

등신[2] (等神) 圏 愚か者; ばか.

등신-불 (等身仏) 圏 【仏教】等身大; 等身大の仏像.

등심 (-心) 圏 牛肉のヒレ; ロース; サーロイン.

  등심-머리 (-心-) 圏 牛のロース.
  등심-살 (-心-) 【-쌀】圏 牛の背骨周りの肉.

등심-선 (等深線) 圏 【地】等深線.

등쌀 圏 うるさがらせること; 絶えず小言を言うこと. ‖아내의 등쌀에 못 이겨 담배를 끊었다 妻の小言に耐えられずタバコをやめた.

등압-선 (等圧線) 【-썬】圏 【地】等圧線.

등어-선 (等語線) 圏 【言語】等語線.

등에 圏 【昆虫】アブ(虻).

등온-선 (等温線) 圏 【地】等温線.

등외 (等外) [-웨] 圏 等外.

등용 (登用・登庸) 圏 ㉰他 登用. ‖인재를 등용하다 人材を登用する. **등용-되다** 受動

등-용문 (登龍門) 圏 登竜門.

등위 (等位) 圏 等級; 位に; 同位.
  등위-각 (等位角) 圏 【数学】同位角.

등유 (燈油) 圏 灯油.

등자-나무 (橙子-) 圏 【植物】ダイダイ(橙)の木.

등잔 (燈盞) 圏 油皿; 油つき. ‖등잔 밑이 어둡다 [諺]灯台下暗し.

등잔-불 (燈盞-) 【-뿔】圏 灯火.

등장 (登場) /tuŋdʑaŋ/ 圏 ㉰他 登場.
  ‖주인공이 처음으로 등장하는 장면 主人公が始めて登場する場面. 신제품이 등장하다 新製品が登場する.

  등장-인물 (登場人物) 圏 登場人物.

등재 (登載) 圏 ㉰他 登載.

등정 (登頂) 圏 ㉰自 登頂.

등-줄기 [-쭐-] 圏 背筋.

등지 (等地) 依ㄹ …などの地. ‖대전·부산·대구 등지를 돌다 大田·釜山·大邱などを回る.

등-지느러미 (魚介類) 背びれ.

등-지다 /tuŋdʑida/ 圏自他 ❶ 仲違いする; 不仲になる. ‖친구와 등지 상태다 友だちと仲違いしている. ❷ もたれる; 背をもたせかける. ‖벽을 등지고 앉다 壁にもたれて座る. ❸ 背を向かける; 背中を向ける. ‖세상을 등지다 世の中に背を向ける.

등질 (等質) 圏 等質; 均質(均質).

등-짐 [-찜] 圏 背負った荷物. ‖등짐을 지다 荷物を背負う.

등-짝 [등] 의 俗語 背中.

등차 (等差) 圏 【数学】等差.
  등차-급수 (等差級数) 【-수】圏 【数学】等差級数.
  등차-수열 (等差数列) 圏 【数学】等差数列.

등치 (等値) 圏 同値; 等価; 等値.
  등치-개념 (等値概念) 圏 等値概念. ㉮등가 개념 (等價概念).
  등치-법 (等値法) 【-뻡】圏 【数学】等値法.

등치다 ㉰他 たかる; ゆする. ▶등치고 간 내먹다 [諺]「背中をたたいて肝を取り出して食らう」の意で) 見かけはいたわるようなふりをして実際は害を与える.

등판 (登板) 圏 ㉰自 (野球で)登板. ㉠강판(降板).

등하불명 (燈下不明) 圏 灯台下暗し.

등한-시 (等閑視) 圏 ㉰他 等閑視; おろそかにすること. ‖공부를 등한시하다 勉強をおろそかにする.

등호 (等號) [등호] 圏 等号(=). ㉮같은표(-標). ㉠부등호(不等號).

등화 (燈火) 圏 灯火.
  등화-가친 (燈火可親) 圏 灯火親しむべし.

등황-색 (橙黄色) 圏 橙黄(色)色; だいだい色.

디 (D·d) 圏 (アルファベットの)ディー.

디귿 圏 ハングルの子音字母「ㄷ」の名称.

디기탈리스 (digitalis) 圏 【植物】ジギタリス.

디디다 /tidida/ ㉰他 踏む. ㉮딛다. ‖대지를 디디고 서다 大地を踏みしめて立つ. 발을 디딜 데가 없다 足の踏み場がない.

디딜-방아 [-빵-] 圏 踏み臼; 唐臼.

디딤-대(-臺) 图 踏み台.

디딤-돌[-똘] 图 踏み石.

디렉터리 (directory) 图 (コンピューターで)ディレクトリー.

디브이디 (DVD) 图 = 디지털 비디오 디스크.

디스카운트 (discount) 图 他サ ディスカウント.

디스크 (disk) 图 ❶ ディスク;レコード;音盤. ❷〔俗っぽい言い方で〕椎間板ヘルニア.

디스크-자키 (disk jockey) 图 DJ;ディスクジョッキー.

디스토마 (distoma) 图 (動物) ジストマ.

디스플레이 (display) 图 ディスプレー.

디자이너 (designer) 图 デザイナー.

디자인 (design) 图他サ デザイン.

디저트 (dessert) 图 デザート. 卿 후식(後食).

디제이 (DJ) 图 = 디스크자키.

디지털 (digital) 图 デジタル. 卿 아날로그.

디지털`비디오`디스크 (digital video disk) 图 デジタル多目的ディスク; DVD.

디지털-시계(-時計)【-/-계】 图 デジタル時計.

디지털`카메라 (digital camera) 图 デジタルカメラ.

디지털`컴퓨터 (digital computer) 图 デジタルコンピューター.

디카 (+digital camera) 图 〔디지털카메라의 略語〕デジタルカメラ;デジカメ. ‖최신형 디카 最新型デジカメ.

디폴트 (default) 图 (IT) デフォルト.

디프레션 (depression) 图 (経) デプレッション.

디플레 (+deflation) 图 (経) 〔디플레이션의 略語〕デフレ. 卿 인플레.

디플레이션 (deflation) 图 (経) デフレーション. 卿 디플레. 卿 인플레이션.

딛다【-따】他 〔디디다의 縮約形〕踏む.

딜러 (dealer) 图 ディーラー. ‖외제차 딜러 外車のディーラー.

딜레마 (dilemma) 图 ジレンマ. ‖딜레마에 빠지다 ジレンマに陥る.

딩굴다 自 〔口語的〕❶ ごろごろ転がる. ‖쓰레기 봉지가 여기저기 딩굴고 있다 ごみ袋があちこちに転がっている. ❷ ごろごろする. ‖노는 날은 하루 종일 집에서 딩굴고 있다 休みの日は一日中家でごろごろしている.

ㄸ

ㄸ 图 ハングル子音字母の一つ.名称は「쌍디귿」.

따가운 形 ㅂ変 따갑다(日差しが強い)の現在連体形.

따가워 形 ㅂ変 따갑다(日差しが強い)の連用形.

따갑다 /t͈agap͈t͈a/【-따】形 ㅂ変 〔따가워,따가운〕❶〔日差しが強い〕熱い. ‖햇살이 따갑다 日差しが強い. ❷ ひりひりする;ひりつく. ‖등이 따갑다 背中がひりひりする. ❸ 〔忠告や批判などが〕非常に;厳しい. ‖사람들의 눈총이 따갑다 人々の目が厳しい.

따-개 图 缶切り;栓抜き. ‖병-따개 栓抜き.

따귀 图 〔뺨따귀の略語〕ほっぺた;横っ面;びんた. ‖따귀를 때리다 ほっぺたを殴る;横っ面を張る.

따끈-따끈 /t͈a͈k͈un͈t͈a͈k͈un/ 副 (하形) ほかほかか;あつあつ;ほっかほか. ‖따끈따끈한 커피 한 잔이 추위를 녹여 준다 あつあつのコーヒー1杯が寒さを和らげてくれる. 卿 뜨끈뜨끈.

따끈-하다 【하変】温かい;熱い. ②热っぽい. **따끈-히** 副

따끔-거리다 自 ちくちくする;ひりひりする. ‖벌에 쏘인 데가 따끔거리다 ハチに刺されたところがちくちくする.

따끔-따끔 副 (하形) ひりひり(と);ちくちく(と).

따-님 图 〔딸の尊敬語〕お嬢さん;お嬢様.

따다 /t͈ada/ 他 ❶ 摘む;もぎ取る. ‖꽃잎을 따다 花びらを摘む.토마토를 따서 그 자리에서 먹다 トマトをもぎ取ってその場で食べる. ❷〔単位・点数などを〕取る. ‖운전 면허를 따다 運転免許を取る.학점을 따다 単位を取る.1회에 2점을 따다 初回に2点を取る.계약을 따오다 契約を取ってくる.적장의 목을 따다 敵将の首を取る. ❸〔博打・賭け・競争などで賞や賞金を〕受ける;勝ち取る. ‖금메달을 따다 金メダルを取る. ❹ 開ける. ‖깡통을 따다 缶詰を開ける. ❺〔おできなどを〕切開して取る.곪은 부위를 따 버리다 化膿した部位を切開する. ❻ 引用する. ‖성서에서 따온 말 聖書から引用した言葉.

따-돌리다 他 ❶ のけ者〔仲間はずれ〕にする;はじき出す;締め出す. ‖친구를 따돌리다 友だちを仲間はずれにする. ❷〔尾行・追跡などを〕巻く. ‖미행자를 감쪽같이 따돌리다 尾行をまんまと巻く.

따-돌림 图 のけ者〔仲間はずれ〕にすること.

따뜻-하다 /t͈at͈ɯt͈ʰada/ 【-뜯타-】 【하変】❶〔気温・温度が〕暖かい;温かい. ‖오늘은 봄날씨 같이 따뜻하다 今日は春の天気のように暖かい. 방바닥이 따뜻하다 部屋の床が温かい. ❷〔性格・気持ちなどが〕温かい;優しい. ‖그 사람은 마음이 따뜻한 사

람이다 저 사람은 살이 따스한 [오른] 사람이다. 따뜻하게 맞아들이다 温かく迎え入れる.

따라³ ⓘ 〔時間을 나타내는 名詞에 붙어서〕…에 限하여. ‖그날따라 차도 엄청 밀렸다 その日に限って車もむやみに渋滞していた. 그날따라 몸도 안 좋았다 その日に限って調子もよくなかった.

따라² 〖自他〗〖으変〗 따르다(従う)의 連用形.

따라-가다 /taragada/ 〖他〗 ❶ 따라서 가다;追って 가다;ついて行く. ‖친구를 따라가다 友だちについて行く. ❷ 似ている;하는 짓이 형을 따라가다 やることが兄に似ている.

따라-다니다 〖他〗 ❶ 追い回す;追いかける. ‖형 뒤를 따라다니다 お兄さんの後ろを追い回す. ❷ 付きまとう;尾行する. ‖경찰이 따라다니고 있다 警察が尾行している.

따라-붙다 〖-붙따〗〖他〗 追いつく.

따라서 /tarasɔ/ 〖副〗 従って;それゆえに;ゆえに. ‖우리 쪽에 과실은 없으므로 배상할 필요도 없다 当方に過失はない. 従って賠償する必要もない.

따라-오다 /taraoda/ 〖自他〗 ついて来る.

따라-잡다 〖-따〗〖他〗 追いつく. ‖선진국을 따라잡다 先進国に追いつく.

따로 /taro/ 〖副〗 ❶ 別々に;離して. ‖지금은 혼자 따로 살고 있다 今は1人離れて暮らしている. 두 사람은 따로 가서 2人は別々に行った. 따로 놀다 別々に遊ぶ. ❷ 別途に;他に. ‖그 돈은 따로 받았다 その金は別途に受け取った. **따로-따로** 別々に. ‖우리는 따로따로 앉았다 私たちは別々に座った.

따로-국밥 〖-빱〗〖名〗 〔料理〕 スープとご飯を別々に出す料理.

따르는 〖自他〗〖으変〗 따르다(従う)의 現在連体形.

따르다¹ /taruda/ 〖自他〗〖으変〗 〔따라, 따르니〕 ❶ 従う;服従する. 指示에 따르다 指示に従う. 아버지 말씀에 따르다 父の言いつけに従う. 화살표를 따라 왼쪽으로 가 矢印に従って左に行く. 時代의 흐름에 따르다 時代の流れに従う. ❷ つく;追う. ‖어머니를 따라 입학식에 가다 母について入学式に行く. 형을 따라 서울에 가다 兄を追ってソウルに行く. ❸ (道·方向 등에) 沿う. ‖길을 따라 걸어가다 道に沿って歩く. 정부의 방침에 따라 실시되다 政府の方針に沿って実施される. (記事 등을) 根拠로 하다(に)よる. ‖신문 기사에 따르면 新聞記事によると. 학자에 따라서 견해가 다르다 学者によって見解が異なる. ❹ 前例를 따르다 前例に倣う. ❺ 慕う. ‖친형처럼 따르다 実の兄のように慕う.

따르다² 〖他〗〖으変〗 注(つ)ぐ;注(さ)す;差す;入れる. ‖후배에게 술을 따라 주다 後輩に酒を注いであげる. 찻잔을 따르다 紅茶を注ぐ.

따르릉 〖副〗 (電話や自転車などの)ベルの音;ちりりん.

따르릉-시계 (-時計) /-/-/-게/ 〖名〗 目覚まし時計.

따른 〖自他〗〖으変〗 따르다(従う)의 過去連体形.

따를 〖自他〗〖으変〗 따르다(従う)의 未来連体形.

따름 〖依存〗 …のみ;…ばかり;…だけ. ‖웃고만 있을 따름이다 笑っているだけだ. 시간 가는 것이 안타까울 따름이다 時間が経つのがもどかしいだけだ.

따-먹다 〖-따〗 ❶ もいで食べる;取って食べる. ‖포도를 따먹다 ブドウをもいで食べる. ❷ (碁·将棋などで)相手の石[駒]をとる.

따발-총 (-銃) 〖名〗 軽機関銃.

따분-하다 /tabunhada/ 〖形〗〖하変〗 退屈だ;単調だ;つまらない;味気ない. ‖하루 종일 집에 있자니 따분하다 一日中家にいると退屈だ. 수업 내용이 너무 따분하다 授業の内容があまりにもつまらない.

따스-하다 〖形〗〖하変〗 暖かい. ‖따스한 목도리 暖かいマフラー.

따오기 〔鳥類〕 トキ(鴇).

따옥-따옥 トキの鳴き声.

따옴-표 (-標) 〖名〗 引用符(「」や" ").⇒인용부(引用符).

따위 /tawi/ 〖依存〗 ❶ …など;…の類. ❷ …な程度の. ‖그따위 것으로 そんな程度のもので. ❸ (見くびる言い方で) …みたいなやつ;…なんか. ‖너 따위가 나한테 도전하다니 お前なんかが私に挑むなんて.

따지다 /tadjida/ 〖他〗 ❶ 問う;問いただす;問い詰める. ‖잘잘못을 따지다 是非を問う. 책임을 따지다 責任を問う. 이유를 따지다 理由を問い詰める. ❷ 勘定する;計算する. ‖손익을 따지다 損得の勘定をする. 비용을 따져 보다 費用を計算してみる.

딱¹ 〖副〗 ❶ 固いものがぶつかる音;がん(と);ぱっと;ぱちん(と). ‖손뼉을 딱 치다 手をぱちんとたたく. ❷ 堅くて細長いものが折れる音;ぱきん. ‖연필심이 딱 부러지다 鉛筆の芯がぱきんと折れる. **딱-딱**

딱² /tak/ 〖副〗 ❶ ぴったり;きっかり;かっきり;…きり. ‖발에 딱 맞는 구두 足にぴったり合う靴. 예상이 딱 맞아떨어지다 予想がぴったり当たる. 두 사람의 눈이 딱 마주치다 2人の目がぴったり合う. 두 사람의 숨이 딱 맞다 2人の息がぴったり合う. 딱 천 원입니다 千ウォンかっきりです. 딱 이번 한 번만

딱따구리 봐 주십시오 今回きり1度だけ見逃してください。❷ぴたっと; ぶっつりと。‖말 꼭질로 딱 끊어지다 しゃっくりがぴたっととまる。その以後この사람한테서 連絡がぷつっと途絶えた。❸きっぱり。‖말 잘라 거절하다 きっぱりと断わる。❹ぽかり(と); あんぐり(と)。‖입을 딱 벌리다 口をあんぐりと開ける。❺교통 순경이 딱 버티고 서 있다 交通巡査がしっかりと立ち塞がる。

딱따구리 图〖鳥類〗キツツキ(啄木鳥).

딱딱-거리다 [-꺼-] 自 〈堅い語調で〉がみがみ(と)言う.

딱딱-하다 /'tak²tak²ada/【-따카-】 形〖하변〗 ❶堅い; 固い; 硬い; 硬い。‖열심이 막 딱딱하다 鉛筆の芯が硬い。빵이 딱딱해졌다 パンが固くなった。접토가 말라서 딱딱하다 粘土が乾いてこちこちだ。❷(表情・言い方などが)堅い; 固い; 硬い; 堅苦しい。‖딱딱한 인사말 堅苦しい挨拶。그녀의 문장은 조금 딱딱하다 彼女の文章は少し硬い。그 사람의 표정은 딱딱하다 あの人の表情は硬かった。

딱정-벌레 [-쩡-] 图〖昆虫〗カブトムシ(甲虫).

딱지¹ [-찌] 图 ❶かさぶた。‖상처에 딱지가 앉았다 傷にかさぶたができた。딱지가 떨어지다 かさぶたが取れる。❷(カニ・カメなどの)甲羅。▶딱지가 덜 떨어지다 子どもっぽさが抜けていない。

딱지² /'tak²tɕ'i/ 图 ❶切手・証紙・札・レッテルなどの総称。‖빨간 딱지가 붙어 있다 赤い札が貼られている。❷めんこ。❸(人や物に対する)評価・レッテルたぐいの印。전과자라는 딱지 前科者というレッテル。❹交通違反の車に対して科料を科する。교통 순경이 딱지를 떼다 交通巡査が科料を科する。❺〖퇴짜의 俗語〗肘鉄砲。‖딱지를 맞다 肘鉄砲を食う。딱지를 놓다 肘鉄砲を食わせる。

딱지-치기 图〖하변〗めんこ遊び.

딱-총 (-銃) 图 かんしゃく玉.

딱-하다 /'tak²ada/ [따카-] 形〖하변〗 ❶かわいそうだ; 気の毒だ; 哀れだ; 不憫だ。‖사정이 딱하다 事情が気の毒だ。❷苦しい; 困る。‖지금 몹시 딱한 처지이다 今相当苦しい状況にある。

딱-히 [따키] 副 はっきりと; 正確に; 特に。‖딱히 결코 말할 수는 없다 はっきりとは言い切れない。딱히 할 말이 있는 것 아니다 特に言いたいことがあるわけではない.

딴¹ 依名 …なり。‖내 딴에는 한다고 했다 私なりには頑張ったつもりだ.

딴² [依名] 图 他の。‖딴 데를 찾아 보자 別のところを探してみよう.

딴-것 [-껃] 图 別のもの; 他のもの。‖이것 알고 딴것은 없어요? これ以外に他のものはありませんか.

딴딴-하다 形〖하변〗 단단하다を強めて言う語.

딴-마음 图 ❶他の考え; 他意。❷二心。‖딴마음을 먹다 二心をいだく.

딴-말 图 別の話; 関係のない話; とんでもない話。‖지금 와서 딴말을 하다 今になってとんでもない話をする[違う話をする].

딴-맛 [-맏] 图 別の味; 違う味。‖딴맛이 나다 別の味がする; 違う味がする.

딴-사람 图 他人; 別人。‖딴사람이 되어 돌아왔다 別人になって帰ってきた.

딴-살림 图〖하변〗別世帯; 別の所帯。‖딴살림을 차리다 所帯を別にする.

딴-생각 图 ❶他のことを考える。‖회의 중에 딴생각을 하고 있었다 会議中に他のことを考えていた。❷下心がない考え; 異心。‖딴생각을 품다 異心をいだく.

딴-소리 图 = 딴말.

딴은 副 そういうなら; それも; 確かに。‖딴은 틀린 말은 아니다 確かに、間違った話ではない.

딴-전 (-廛) 图 とぼけること; しらばくれること。‖딴전(을) 피우다[부리다] とぼける; しらばくれる.

딴죽 图 足かけ技; 足払い。▶딴죽을 걸다 すでに約束したことをとぼけて守らない.

딴-판 图 ❶全く違う状況。‖가 보니 들었던 얘기와는 딴판이었다 行ってみたら聞いていたこととは全く違う状況だった。❷全く違う外見や態度。‖그녀는 어머니와는 전혀 딴판이다 彼女は母親とは全く似ていない.

딸 /'tal/ 图〖(親子関係における)娘〗 ⇔아들。‖큰딸 長女。막내딸 末の娘。대학교에 다니는 딸이 하나 있다 大学に通う娘が1人いる。딸을 시집보내다 娘を嫁がせる.

딸가닥 [副自在] 〖딸가닥을 強めて言う語〗 かたん; ことん.

딸기 /'tal̩gi/ 图〖植物〗イチゴ(苺)。‖딸기로 잼을 만들다 イチゴでジャムを作る.

딸기-밭 [-받] 图 イチゴ畑.

딸기-쨈 (-jam) 图 イチゴジャム.

딸기-주 (-酒) 图 イチゴで作ったお酒。▶主に野イチゴを用いる.

딸기-코 图 ざくろ鼻.

딸깍-발이 [-빠리] 图 貧しい儒生.

딸꾹-질 [-낄] 图〖하변〗しゃっくり。‖딸꾹질이 나오다 しゃっくりが出る.

딸-년 [-련] 图 〖딸의 謙譲語〗(うちの)娘。‖우리 딸년이 사 주었어요 うちの娘が買ってくれました.

딸랑 副 달랑을 強めて言う語.

딸랑-거리다 自 ❶(鈴などが)ちりんちりんと鳴る。❷ごまをする。❸落ち着きが

なく軽率にふるまう.

딸랑-딸랑 [副] [하自他] ちりんちりん. ‖딸랑딸랑 방울 소리가 나다 ちりんちりんと鈴の音が鳴る.

딸랑-이 [名] (おもちゃの)がらがら.

딸리다[1] /ʔtalli:da/ [自] 付いている; 抱えている. ‖부록이 딸린 잡지 付録付きの雑誌. 비서가 딸려 있는 자리 秘書が付いているポスト. 애가 셋이나 딸려 있다 子どもを3人も抱えている.

딸리다[2] [自] 달리다[2]の誤り.

딸-아이 [名] (うちの)娘. [縮]딸애.

딸-애 [名] 딸아이の縮約形.

딸-자식 (-子息) [名] =딸아이.

땀[1] /ʔtam/ [名] 汗. ‖땀(이) 나다 汗をかく; 汗が出る. 땀을 흘리다 汗を流す. 손에 땀을 쥐고 결과를 지켜보다 手に汗を握って結果を見守る. 땀에 젖어 일하다 汗まみれになって働く. 식은땀 冷や汗. ▸땀을 빼다 大変な思いをする; 大変苦労する.

땀[2] [名] (縫い目の)一目; 一針.

땀-구멍 【-꾸-】 [名] 汗腺.

땀-내 [名] 汗のにおい; 汗臭いにおい. ‖땀내가 나다 汗臭い.

땀-띠 [名] あせも. ‖땀띠가 나다 あせもができる.

땀띠-약 (-藥) [名] あせもの薬.

땀-방울 【-빵-】 [名] 汗の滴; 玉の汗.

땀-샘 [名] 汗腺.

땅[1] /ʔtaŋ/ [名] ❶地(ち). ‖하늘과 땅 天と地. 안주의 땅 安住の地. ❷土; 土地. ‖조국 땅 祖国の土. 땅을 일구다 土を耕す. 기름진 땅 肥沃な土地. 땅을 팔아 애들을 공부시키다 土地を売って子どもたちに教育を受けさせる. ❸地方; (ある)ところ. ‖강원도 땅 江原道地方. 서울 땅 그 어딘가에 ソウルのどこかに. ❹領土. ‖홍콩은 지금은 중국 땅이다 香港は今は中国の領土である. 남의 나라 땅 他国の領土. ▸땅에 떨어지다 地に落ちる; (名誉・信用などが)失墜する. 교사의 권위가 땅에 떨어진 시대 教師の権威が地に落ちた時代. ▸땅 짚고 헤엄치기 [諺] 朝飯前.

땅[2] [副] ❶金属類を打ち鳴らす音: がん; ごん. ❷銃砲を発射する音: どん; ずどん.

땅-값 【-깝】 [名] 地価. [類]지가(地價). ‖땅값이 천정부지로 치솟다 地価が天井知らずに跳ね上がる.

땅-강아지 【-깡-】 [名] 《昆虫》 ケラ(螻蛄).

땅거미[1] [名] 夕闇; 夕暮れ. ‖땅거미가 내리다 夕闇が迫る.

땅-거미[2] 【-꺼-】 [名] 《動物》 ジグモ(地蜘蛛).

땅-굴 (-窟) 【-꿀】 [名] 土窟; 地下トンネル; 地下通路.

땅기다 [自] (筋肉が)つる; (筋肉・皮膚が)突っ張る; 引きつる; 張る. ‖장딴지가 땅기다 ふくらはぎがつる. 옆구리가 땅기다 横腹が突っ張る.

땅-덩어리 【-떵-】 [名] =땅덩이.

땅-덩이 【-떵-】 [名] (「土の大きい塊」の意で)大陸; 国土.

땅딸막-하다 【-마카-】 [形] 『하変』 (体格が)ずんぐりしている.

땅-땅[1] [副] ❶金属類を打ち鳴らす音: がんがん; ごんごん. ❷銃砲を打つ音: どんどん; ずどんずどん.

땅땅-거리다 [他] 金属類を打ち鳴らす.

땅-땅[2] [副] 大口をたたく様子; 大言壮語する様子; 息巻く様子. ‖이번에는 이길 수 있다고 큰소리를 땅땅 치다 今度は勝てると息巻く.

땅땅-거리다 [自] 大口をたたく; 大言壮語する; 息巻く.

땅-마지기 [名] いくらかの田畑.

땅-문서 (-文書) [名] 土地の権利書.

땅-바닥 【-빠-】 [名] 地べた; 地面. ‖땅바닥에 주저앉다 地べたに座り込む.

땅-볼 (-ball) [名] (野球で)ゴロ.

땅-뺏기 【-뻳끼】 [名] 交互に駒を弾いて定められた地面を取り合う子どもの遊び.

땅-속 【-쏙】 [名] 地中; 地下.

땅속-줄기 【-쏙쭐-】 [名] 《植物》 地下茎.

땅-임자 【-님-】 [名] 地主.

땅-줄기 【-쭐-】 [名] 《植物》 地下茎.

땅-콩 [名] 《植物》 落花生; ピーナッツ. [類]낙화생(落花生).

땅콩-버터 (-butter) [名] ピーナッツバター.

땋다 【따타】 [他] (髪を)結う.

때[1] /ʔtɛ/ [名] ❶時; 時間. ‖때를 알리는 종소리 時を告げる鐘の音. 때를 기다리다 時を待つ. 때로는 술을 마시다 時には酒を飲む. 일전에 그 사람을 만났을 때 この間彼に会った時. 때와 장소에 따라 時と場所によって. ❷機会; 好機; タイミング; 頃合い. ‖때를 만나다 好機にめぐり合う; 時にあう. 때를 놓치다 好機を逃す. ❸三度のご飯時. ‖저녁 때 夕食の時. ❹時代; 年代; 時分; その当時; 頃. ‖어렸을 때 幼少の頃.

때[2] /ʔtɛ/ [名] ❶垢(あか); 汚れ. ‖때를 벗기다 垢を落とす. 때가 끼다 垢がつく. 때를 씻어 내다 垢を流す. 물때 水垢. ❷汚名; 不名誉なこと. ❸田舎くさいこと. ▸때가 타다 汚れがつく.

때굴-때굴 [副] 대굴대굴を強めて言う語. ‖배가 아파서 방안을 때굴때굴 구르다 お腹が痛くて部屋の中をごろごろ転がる.

-때기 [接尾] 〔身体部位を表わす一部の名詞に付いて〕その名詞を俗っぽく言う語. ‖볼때기 頬っぺた. 배때기 腹.

때-까치 [名] 《鳥類》 モズ(百舌).

때깔 [名] (果物や布地などの)色彩; 見栄え; 色合い.

때다 他 焚く;くべる。∥불을 때다 火を焚く。장작을 때다 薪をくべる。

때때-로 /ttɛ²tɛro/ 副 時々;たまに;時折;時たま。∥저 사람은 때때로 역에서 본다 あの人は時折駅で見かける。때때로 엉뚱한 짓을 하다 時々間抜けなことをする。때때로 만나기도 하다 時たま会うこともある。

때때-옷 (-옫) 名 子どもの晴れ着。
때때-중 名 小坊主;小僧。
때려-누이다 他 =때려눕히다。
때려-눕히다 (-누피-) 他 殴り倒す。
때려-부수다 他 ぶち壊す;叩き壊す。
때려-잡다 (-따) 他 打ちのめす;打ち殺す。

때려-죽이다 他 殴り殺す;打ち殺す。
때려-치우다 他 〔俗っぽい言い方で〕辞める;(店などを)たたむ。∥직장을 때려치우다 職場を辞める。장사를 때려치우다 商売をやめる。

때-로 副 場合によって;時に;時として。∥사람이니까 때로 그럴 수도 있다 人間だから時にそうすることもある。때로는 어머니가 보고 싶다 時には母に会いたい。

때리다 /ttɛrida/ 他 殴る;たたく;打つ;張る。∥주먹으로 머리를 때리다 げんこつで頭を殴る。회초리로 엉덩이를 때리다 鞭(むち)でお尻をたたく。손으로 뺨을 때리다 手で頰を打つ。비가 창문을 때리는 소리 雨が窓を打つ音。미꾸를 때리다 横っ面を張る。❷ (マスコミなどで)攻撃する;非難する。∥공무원의 비리에 대해서 매스컴에서 마구 때리다 公務員の不正についてマスコミが激しく非難する〔たたく〕。

때-마침 副 ちょうど(その時);都合よく;折よく;折しも。∥때마침 걸려온 전화로 우리의 대화가 중단되었다 ちょうどその時かかってきた電話で私たちの会話が中断された。때마침 택시가 지나갔다 折よくタクシーが通りかかった。

때문 /ttɛmun/ 名 〔主に叙に때문の形で〕…のせいで;…のために;…であるから。∥헛소문 때문에 그녀는 괴로워 하고 있다 でたらめなうわさのせいで彼女は悩んでいる。남동생 때문에 어머니한테 혼났다 弟のせいで母に叱られた。당신이 행복하기 때문에 나도 행복합니다 あなたが幸せだから私も幸せです。

때-묻다 (-따) 自 汚れがつく;汚れる;垢(あか)がつく。∥때묻은 옷 汚れた服。
때-수건 (-手巾) 名 垢すり。
때-아닌 冠 時ならぬ;季節はずれの。∥때아닌 한파 季節はずれの寒波。
때우다 /ttɛuda/ 他 ❶ 半田付けする;鋳(い)かけをする。❷ 済ます;代用する。∥라면으로 한 끼를 때우다 ラーメンで一食を済ませる。❸ 償う;埋め合わせる。 ❹ (時間を)つぶす。∥뭘 하면서 세 시간을 때울까? 何をしながら三時間つぶそうか。

땔-감 (-) 名 薪(たきぎ);燃料。
땔-나무 (-라-) 名 薪(たきぎ);薪(まき);柴。
땜 (땜질의略語) 名 半田付け。
땜-장이 名 鋳(い)かけ屋。
땜-질 名 他 ❶ 半田付け。❷ 땜。❸ 修繕;直し;繕い。❸ 一時的に取り繕うこと。

땜² (名) 厄払い。
땟-국 (때꾹 / 땓꾹) 名 ひどい垢の汚れ。
땟-물 (땐-) 名 垢を洗い落とした汚い水。∥땟물이 빠지다 垢抜けする。

땅 副 〔땅を強めて言う語〕ちん;かん。
땅-감 名 浜柿;生柿。
땅강 副 〔땅を強めて言う語〕ちん(と)。
땅그랑 名 他 〔땅그랑を強めて言う語〕ちりん。

땅글-땅글 副 形 引きしまって丸々とした様子。

땅땡 副 小さな鐘など金属製の硬いものが続けてぶつかる音;りんりん;ちんちん。

땡땡-이 名 〔俗っぽい言い方で〕サボること。∥땡땡이치다 学校をサボる。
땡땡-하다 [땡땡-] 形 張っている;引きしまっている。∥근육이 땡땡하다 筋肉が引きしまっている。

땡-볕 (-뼏) 名 照りつける熱い日差し。
땡-잡다 (-따) 名 思いがけない幸運にあう;棚からぼた餅である。∥복권에 당첨되다니 땡잡았다 宝くじに当たるなんて棚からぼた餅だよ。

땡전 名 〔主に땡전 한 푼の形で〕一銭の金;びた一文;一文半銭。∥땡전 한 푼 없이 집을 나가다 一銭も持たずに家を出る。

땡추 名 땡추중의略語。
땡추-중 名 えせ坊主;生臭坊主。땡추。

떠 (-⊏変) 뜨다(浮く)の現在連体形。
떠나-가다 自 ❶ 立ち去る;出て行く。∥아쉬움을 남겨두고 그는 떠나갔다 名残惜しさを残して彼は去って行った。❷ 離れる。∥사람들의 마음이 떠나다 人心が離れる。

떠나다 /ttənada/ 自 ❶ 発つ;出発する。離れる。∥먼 길을 떠나다 遠い道のりを出発する。그 일이 언제나 머리에서 떠나지 않다 あのことがいつも頭から離れない。속세를 떠나다 俗世を離れる。❷ 向かう;行く。∥중학교를 마치고 서울로 떠나다 中学校を卒業してソウルへ行く。❸ 去る;(世を)去る;死ぬ。∥이십 년 근무한 회사를 떠나다 20年勤めた会社を去る。세상을 떠나다 世を去る。

떠-내다 他 ❶ すくう;汲み取る。∥국에서 기름기를 떠내다 スープに浮かんだ油をすくう。❷ 薄く切る。

떠-내려가다 自 流される;浮かんだまま

떠-벌리다 他 ❶ 大げさに言う; 言いまくる; まくし立てる; 大言を吐く; 騒ぎ立てる; ひけらかす. ‖ 아들이 이번 시험에서 일 등 했다고 떠벌리고 다니다 息子が今回の試験で1位になったとひけらかす. ❷ ほらを吹く; 大風呂敷を広げる.

떠-보다 他 探りを入れる; 腹の中を探る; (意向を)ただす. ‖ 속을 떠보다 心中を探る. 의향을 떠보다 意向をただす.

떠-안다 他 抱え込む; 抱え込む. ‖ 어려운 문제를 떠안고 있다 難問を抱え込んでいる.

떠오르는 [르変] 떠오르다(浮かぶ)の現在連体形.

떠-오르다 /*t̕ooruda*/ 自 [르変] [떠올라, 떠오르니] ❶ 浮かぶ; 浮かび上がる; 浮き上がる. ‖ 죽은 생선이 물 위로 떠오르다 死んだ魚が水面に浮き上がる. 명안이 떠오르다 名案が浮かぶ. 수사선상에 떠오른 용의자 捜査線上に浮かんだ容疑者. ❷ 思い浮かぶ; 思いつく. ‖ 아이 얼굴이 떠오르다 子どもの顔が思い浮かぶ. ❸ (太陽などが)昇る. ‖ 해가 떠오르다 太陽が昇る. ▶떠오르는 별 期待の星.

떠오른 [르変] 떠오르다(浮かぶ)の過去連体形.

떠오를 [르変] 떠오르다(浮かぶ)の未来連体形.

떠올라 [르変] 떠오르다(浮かぶ)の連用形.

떡¹ /*t̕ok*/ 名 (主にうるち米の)餅. ‖ 쑥떡 よもぎ餅. ▶떡 먹듯 平気で, 거짓말을 떡 먹듯 하다 平気でうそをつく. ▶떡을 치다 (量などが)十分だ. ▶떡 주무르듯 하다 思いのままにする. ▶떡 본 김에 제사 지낸다 김칫국부터 마신다 [諺] (「餅をやる人は夢にも思わないのに早くもキムチの汁を飲む」の意で) 相手の気も知らずに勝手に当て込むことのたとえ; 取らぬ狸の皮算用.

떡² 副 ❶ あんぐりと; ぽかっと. ‖ 입을 떡 벌리고 자다 口をあんぐり開けて寝ている. 韒딱. ❷ がっしり; がっちり. ‖ 가슴이 떡 벌어진 남자 胸ががっしり張った男. ❸ がんとして; 堂々と.

떡-가래 [-까-] 名 細長い棒状の白い餅の切れ目.

떡-가루 [-까-] 名 떡¹を作る原料になる穀物の粉.

떡갈-나무 [-깔라-] 名 [植物] カシワ(柏). 圉도토리나무.

떡-고물 [-꼬-] 名 ❶ 떡¹の表面につけ味付けした粉. ❷ [俗っぽい言い方で] 不正を見逃してあげたことへの見返り.

떡-국 [-꾹] 名 [料理] 朝鮮半島の伝統的なお雑煮.

떡-보〈-甫〉[-뽀]〔名〕〔からかう言い方で〕人一倍餅が好きな人.

떡-볶이/ttək²pokki/[-뽀끼]〔名〕〔料理〕トッポッキ(指くらいの大きさの餅を野菜や練り物などと一緒にコチュジャンで甘辛く炒めたもの).

떡-소[-쏘]〔名〕餅の餡(あん).

떡-시루[-씨-]〔名〕餅を蒸す時に使う道具.

떡-쌀〔名〕餅用の米.

떡-잎[떵닙]〔名〕〔植物〕子葉; 双葉.

떡-집[-찝]〔名〕餅屋.

떡-판〈-板〉〔名〕餅つき用の板.

떨거덕〔副〕⦗⓼自他⦘〔덜거덕を強めて言う語〕がたん; ごとん. **떨거덕-떨거덕**⦗⓼自他⦘

떨거지〔名〕〔さげすむ言い方で〕親類縁者; 連中.

떨구다〔他〕떨어뜨리다の誤り.

떨기〔依名〕〈花など〉の…房; …株. ‖한 떨기 장미 1株のバラ.

떨다¹ /tˀəlda/ [ㄹ語變] [떨어, 떠는, 떤]〔自〕❶震える; 揺れる. ‖비를 맞아 덜덜 떨고 있다 雨にぬれて震えている. ❷おびえる. ‖무서워서 벌벌 떨고 있다 怖くてぶるぶるおびえている. 不安で떨다 不安におびえる. ❸⟨お金などを⟩出し渋る; 使い惜しむ; けちけちする. ‖단돈 백 원에 벌벌 떠는 사람 たった 100 ウォンのお金でけちけちする人.
—⦗他⦘❶震わせる. ‖화가 나 나머지 몸을 덜덜 떨고 있다 怒りのあまり体を震わせている. 손을 떨다 手を震わせる. ⓶떨다. ❷怖がる; 恐れる. ⟨気性・態度などを⟩表に表わす. ‖애교를 떨다 愛嬌をふりまく. 허풍을 떨다 ほらを吹く. 방정을 떨다 そっかちくふるまう. 주책을 떨다 粗忽(そこつ)にふるまう.

떨다² [ㄹ語變]〔他〕❶⟨ほこりなどを⟩落とす; 払う; はたく; 払い落とす. ‖먼지를 떨다 ほこりをはたく. ❷⟨一部を⟩差し引く. ‖몇 푼 떨고 싸게 팔다 何文か値引きして安く売りおろす.

떨−다-하다⦗⓼他⦘〔하어〕渋い. ‖떨떠름한 감 渋い柿. 떨떠름한 표정을 하고 있다 渋い顔をしている.

떨-리다¹ /tˀəllida/ ⦗⓼自⦘〔떨다¹の受身動詞〕震える; ⟨体が⟩ふるえがする. ‖감기로 전신이 떨리다 風邪で全身が震える. 긴장해서 손이 떨리다 緊張して手が震える. 손이 떨려서 글씨를 제대로 쓸 수가 없다 手がぶるぶるふるえて字が思うように書けない.

떨-리다²⦗⓼自⦘〔떨다²の受身動詞〕落とされる; 払い落される.

떨어-뜨리다 /tˀərə²turida/ ⦗⓼他⦘❶落とす. ‖책을 마루 바닥에 떨어뜨리다 本を床に落とす. 폭탄을 떨어뜨리다 爆弾を落とす. 컵을 떨어뜨려 깨어 버렸다 コップを落として割ってしまった. 손수건을 떨어뜨리다 ハンカチを落とす. 속도를 떨어뜨리다 速度を落とす. 품질을 떨어뜨리다 品質を落とす. 학점을 떨어뜨리다 単位を落とす. ❷⟨値段を⟩下げる. ‖가격[값]을 떨어뜨리다 値段を下げる. ❸⟨間を⟩離す. ‖사이를 떨어뜨려 놓다 間を離しておく. ❹残す. ❺⟨관광객이 한국에 떨어뜨리고 가는 돈 観光客が韓国で使うお金⟩. ❻少し減らす. ‖운동화를 한 달에 한 컬레씩 떨어뜨리다 運動靴を1か月で[に]1足ずつ減らす.

떨어-지다 /tˀərə²dʑida/ ⦗⓼自⦘❶落ちる. ‖낙엽이 떨어지다 枯れ葉が落ちる. 계단에서 떨어지다 階段から落ちる. 물방울이 떨어지다 しずくが落ちる[垂れる]. 지갑이 떨어져 있다 財布が落ちている. 벼락이 떨어지다 雷が落ちる. 속도가 떨어지다 速度が落ちる. 인기가 떨어지다 人気が落ちる. 품질이 떨어지다 品質が落ちる. 성적이 떨어져 있다 成績がだいぶ落ちた. 시험에 떨어지다 試験に落ちる. 선거에서 떨어지다 選挙で落ちる. 지옥에 떨어지다 地獄に落ちる. ❷離れる; 隔てる. ‖부모와 떨어져서 살고 있다 親と離れて暮らしている. 한참 떨어져서 따라오다 だいぶ離れてついて来る. ❸⟨価格・気温などが⟩下がる. ‖주가가 연일 떨어지다 株価が連日下がる. 물가가 떨어지다 物価が下がる. 기온이 떨어지다 気温が下がる. 실적이 떨어지다 実績が落ち込む. ❹⟨命令などが⟩下る. ‖명령이 떨어지다 命令が下る. 판결이 떨어지다 判決が下る. ❺取れる. ‖단추가 떨어지다 ボタンが取れる. ❻尽きる; 切れる. ‖생활비가 떨어지다 生活費が尽きる. 정나미가 떨어지다 愛想が尽きる. ⟨体力・視力などが⟩衰える. ‖나이가 들면 체력이 떨어진다 年をとると体力が衰える. ❽治る. ‖감기가 안 떨어지다 風邪が治らない. ❾すり切れる. ‖구두・양말이 떨어지다 靴がすり切れる. ❿散る. ‖나뭇잎이 떨어지다 木の葉が散る. ⓫⟨割り算が⟩割り切れる. ‖이십사를 팔로 나누면 떨어진다 24を8で割ると割り切れる. ⓬⟨やや小數の雨・霰・雪などが⟩ばらつく. ‖빗방울이 떨어지기 시작하다 雨がぱらつき始める. ⓭流離する. ‖애가 떨어지다 流産する.

떨어-트리다⦗⓼他⦘= 떨어뜨리다.

떨이〔名〕⦗⓼他⦘売れ残り; 投げ物; 在庫処分.

떨치다¹⦗⓼他⦘❶⟨名声などを⟩鳴らす; 轟(とどろ)かす; ⟨名を⟩はせる. ‖명성을 떨치다 名声を轟かす. ❷⟨猛威などを⟩ふるう. ‖추위가 맹위를 떨치다 寒さが猛威をふるう.

떨치다²⦗⓼他⦘振るい落とす; 振り放つ; 振り切る; 払う. ‖잡념을 떨치다 雑念を

払우다. 유혹을 떨쳐 버리다 誘惑を振り切る.

떫다 [떨따] 形 渋い. ‖감이 아직은 떫다 柿がまだ渋い. 떫은 표정을 하다 苦い顔をする.

떫은-감 名 渋柿.

떫은-맛 [-맏] 名 渋み; 渋い味.

떳떳-하다 /t͈ətt͈ɔt͈ʰada/ [떨떠타-] 形 [하変] 後ろめたいことがない; 後ろ暗いことがない; やましいことがない; 堂々としている. ‖떳떳하지 못한 행위 後ろめたい行為. 이 점에 대해서 나는 떳떳할 수 있다 この点について私は堂々と言える. **떳떳-이** 副

떵떵-거리다 自 ❶ 大口をたたく; 大言する. ❷ 豪勢だ. ‖떵떵거리며 살다 豪勢に暮らす.

떼¹ 名 群れ; 集団. ‖떼를 지어 날아가다 群れをなして飛んで行く.

떼² 名 芝. ‖무덤에 떼를 입히다 墓に芝を植えつける.

떼³ /t͈e/ 名 わがまま; 無理; だだ. ‖떼를 쓰다[부리다] だだをこねる; おねだりする.

떼-거리 名 떼¹ の俗語.

떼-거리² 名 ❶乞食の群れ. ❷〈災害などによる〉避難民; 被災者.

떼다 /t͈eda/ 他 ❶ 取る; 取り除く; はがす. ‖옷에 붙은 머리카락을 떼다 服についた髪の毛をむしる. 포스터를 떼다 ポスターをはがす. ❷ 離す; 引き離す. ‖이름 사이는 한 칸 떼어서 쓰세요 姓と名の間は1ますあけて書いてください. 눈을 뗄 수가 없다 目が離せない. ❸〈関係などを〉切る; 断つ; 引き離す; 切り離す. ‖젖을 떼다 乳離れする. 정을 떼다 情を断つ. 부모 자식 간을 떼어 놓다 親子の間を引き離す. ❹ 差し引く; 引く; 割く. ‖월급에서 세금을 떼다 給料から税金を差し引く. 생활비에서 만 원을 떼어 저금하다 生活費から1万ウォンを割いて貯金する. ❺〈口を〉切る. ‖먼저 입을 떼다 先に口を切る. ❻〈手を〉引く. ‖이번 프로젝트에서 손을 떼다 今度のプロジェクトから手を引く. ❼〈子どもを〉堕(おろ)す. ‖아이를 떼다 子どもを堕す. ❽〈証明書などを〉発行してもらう. ‖인감 증명을 떼다 印鑑証明書を発行してもらう. ❾ 歩き出す. ‖발걸음을 떼다 歩き出す; 踏み出す. ❿〈시치미를 떼다の形で〉しらばくれる. ‖모르는 일이라고 시치미를 떼다 知らないことだとしらばくれる. ⓫ 勉強し終える. ‖영문법책을 한 권 떼다 英語の文法の本を1冊勉強し終える. ▶떼어 놓은 당상 絶対に間違いないこと.

떼-도둑 名 群盗.

떼-돈 名 にわかに儲けた大金. ‖떼돈을 벌다 にわかに大金を儲ける.

떼-먹다 [-따] 他 떼어먹다の縮約形.

떼-쓰다 自 [으変] ねだる; だだをこねる; 言い張る. ‖장난감만 보면 사달라고 떼쓰는 아이 おもちゃを見れば買ってくれとだだをこねる子.

떼어-먹다 /t͈eɔmɔkt͈a/ [-따] 他 ❶ ちぎって食べる. ‖바게트를 조금씩 떼어 먹다 バゲットを少しずつちぎって食べる. ❷〈借金·代金などを〉踏み倒す. ‖빌린 돈을 떼어먹다 借金を踏み倒す. ❸ 横領する; 着服する. ⇨떼먹다.

떼-이다 自[貸し金などを]踏み倒される. ‖술값을 떼이다 貸し倒しになる. 술값을 떼이다 飲み倒される.

떼-쟁이 名 駄々っ子.

떼-죽음 名 皆死ぬこと; 集団死. ‖떼죽음을 당하다 皆殺しにされる.

뗏-목 (-木) [뗀-] 名 筏(いかだ).

또 /t͈o/ 副 ❶ また; 再び. ‖그 사람에게서 또 전화가 걸려 왔다 彼からまた電話がかかってきた. 아버지는 술도 안 마시고 또 담배도 안 피운다 父は酒も飲まないし、またタバコも吸わない. 이번에 떨어졌지만 또 도전할 생각입니다 今回は落ちましたが、再び挑戦するつもりです. ❷ さらに; 加えて; その上. ‖밥도 얻어먹고 또 선물까지 받아 왔다 ご馳走さまになり、その上お土産までもらってきた.

또-다시 副 再び; また; またもや; もう一度; 重ねて. ‖또다시 돌아온 절호의 찬스 再びめぐってきた絶好のチャンス. 작년에 이어 또다시 결승전에서 패하다 昨年についでまたもや決勝戦で負ける.

또닥-거리다 [-대다] [-께[배]-] 自他〈小さくて堅いもので〉続けざまにとんとんと打って音を出す. ‖볼펜으로 책상을 또닥거리다 ボールペンで机をとんとんと打つ.

또닥-또닥 副 (하変)〈小さくて堅いもので〉続けざまに打つ音.

또랑또랑-하다 [-랸타-] 形 [하変]〈声が〉はきはきしている; 朗々としている. ‖또랑또랑한 목소리로 대답하다 朗々とした声で答える.

또래 /t͈orɛ/ 名 同じ年齢; 同年代. ‖회사에 내 또래의 사람은 없다 会社には私と同年代の人はいない. 같은 나이 또래의 아이들 同じ年頃の子どもたち.

또렷-하다 [-려타-] 形 [하変] はっきりしている; くっきりしている. ‖또렷한 목소리로 대답하다 はっきりした声で答える. 또렷하게 보이다 くっきり(と)見える. ⇨뚜렷하다. **또렷-이** 副

또르르 副 ❶ 小さいものが転がる様子[音]: ころころ. ‖구슬이 또르르 굴러가다 ビー玉がころころ転がる. ❷ 紙などが丸まる様子: くるっと; くるり. ‖종이가 또르르 말리다 紙がくるくると巻かれる.

또박-또박 (하変) 副 きちんと; はきはきと; 正確に. ‖또박또박 대답을 하다 は

또아리 명 똬리의 잘못.

또한 /tohan/ 图 ❶ 같이; 同様に. ‖나 또한 그런 생각을 한 적이 있다 私もそういうことを考えたことがある. ❷ その上; さらに. ‖공부도 잘하고 또 성격도 좋다 勉強もでき, その上性格もいい.

똑¹ 부 そっくり; ぴったり; まるで. ‖걸음걸이가 제 아버지를 똑 닮았다 歩き方が父親にそっくりだ.

똑² 부 ❶ 小さいものが落ちた時の音. ❷ 細くて堅いものが折れる音: ぽきっ; ぽっきり. ‖연필심이 똑 부러지다 鉛筆の芯がぽきっと折れる. ❸ もぎ取ったり摘んだりする様子: ぽきっ. ‖오이를 똑 따다 キュウリをぽきっともぎ取る. 한 뚝.

똑³ 부 ❶ 続いていたものがにわかに止まる様子: ぴたっと. ‖울음을 똑 그치다 ぴたっと泣きやむ. ❷ 言い方などが厳しい様子: ぴしっ; ぴしゃり. ‖똑 잘라 말하다 ぴしっと言い切る. ❸ すっかり; 全く. ‖생활비가 똑 떨어지다 生活費がすっかりなくなる. 한 뚝.

똑-같다 /ttok'kat'ta/ [-깓따] 형 そっくりだ; (全く)同じだ. ‖그는 얼굴이 그 형과 똑같다 彼の顔は彼の兄とそっくりだ. 아버지하고 목소리가 똑같다 父と声が同じだ. **똑같-이** 부 同じように; そっくり. **똑같이 행동하다** 兄と同じようにふるまう.

똑딱 부 ❶ 硬いものを軽く叩く音: かちん; とん. ❷ 時計の振り子の音: こちこち; かちかち; ちくたく. ❸ ぽんぽん船などが出す音: ぽんぽん. **똑딱-똑딱** 부 自動

똑딱-거리다 /-꺼-/ 自他 しきりにかちかちと音を出す; ちくたくと鳴る. ‖시계가 똑딱거리다 時計がちくたくと言う.

똑딱-단추 /-딴-/ 명 (服の)スナップ.

똑딱-선 /-썬-/ 명 (船の)ぽんぽん船, 通通船.

똑똑 부 自動 ❶ 水などがしきりに落ちる様子: ぽたぽた; ぼたぼた; ぽたりぽたり. ‖처마끝에서 빗물이 똑똑 떨어지다 軒下から雨のしずくがぼたぼた(と)落ちる. ❷ 硬くて小さいものが折れたり切れたりする様子: ぽきぽき; ぶつぶつ. ‖나뭇가지를 똑똑 부러뜨리다 小枝をぽきぽき(と)折る. ❸ 硬いものを軽く叩く音: とんとん. 한 뚝뚝.

똑똑-하다 /ttok'tok'hada/ [-또카-] 형 하여 ❶ 賢い; 聡明だ. ‖그는 아주 똑똑한 아이다 とても賢い子どもだ. 똑똑해 보이다 賢く見える. ❷ はっきりしている; 明確だ. ‖안경을 쓰니까 똑똑하게 보이다 眼鏡をかけたらはっきり見える.

똑-바로 /-빠-/ 부 ❶ まっすぐ(に); 一直線に. 正しく; 正直に. ‖똑바로 서라 まっすぐ立ちなさい. 똑바로 나아가다 まっすぐに進む. ❷ 正直に; 正しく. ‖똑바로 말하면 용서해 줄게 正直に言うなら許してあげる.

돌돌 부 ❶ (ものを幾重にも)巻く様子: ぐるぐる; くるくる. ‖끈으로 돌돌 감다 紐(ひも)でくるくる巻く. ❷ 一つの塊になっている様子. ‖돌돌 뭉쳐서 일을 해 나가다 一丸となって事に当たる.

돌돌-이 명 利発な子; 賢い子.

돌돌-하다 [하여] 형 (子どもが)賢い; 利口だ. ‖돌돌한 아이 賢い子ども. 돌돌하게 생긴 아이 賢そうに見える子ども.

돌마니 〔さげすむ言い方で〕子分; 部下; 下っ端.

똥 /ttoŋ/ 명 大便; うんち; 糞(ふん). ‖똥을 누다 大便をする; うんちをする. 똥이 마렵다 大便をしたい; 便意を催す. 개똥 犬の糞. ▶똥을 싸다〔俗っぽい言い方で〕てこずる. ▶똥이 되다〔俗っぽい言い方で〕台無しになる. ▶똥 누러 갈 적 마음 다르고 올 적 마음 다르다 [俚] 喉元過ぎれば熱さを忘れる. ▶똥 묻은 개가 겨 묻은 개 나무란다 [俚] 目くそ鼻くそを笑う.

똥-값 [-깝] 명 捨て値; 二束三文. ‖멜론 때문에 수박값이 똥값이 되다 メロンのせいでスイカの値段が二束三文になる.

똥-개 /-깨/ 명 駄犬; 雑犬; 雑種の犬.

똥-거름 명 人糞の肥料.

똥-구멍 /-꾸-/ 명 肛門. 匝 항문(肛門). ▶똥구멍이 찢어지게 가난하다〔俗っぽい言い方で〕赤貧洗うが如し.

똥글똥글-하다 형 하여 〔동글동글을 強めて言う語〕くりくりしている.

똥-독 (-毒) /-똑/ 명 大便の毒.

똥똥-하다 형 하여 ずんぐりしている. 한 뚱뚱하다.

똥-물 명 ❶ 大便の混ざった水. ❷ 糞水.

똥-배 /-빼/ 명 〔俗っぽい言い方で〕太っ腹; ぼてはら; 太鼓腹. ‖똥배가 나오다 太鼓腹になる.

똥-싸개 명 くそ垂れ.

똥-오줌 명 大小便. ▶똥오줌을 못 가리다〔俗っぽい言い方で〕分別がつかない; 弁(わきま)えがない.

똥-줄 [-쭐] 명 急に出てくる大便またはその勢い. ▶똥줄이 빠지게 非常に驚いて慌てて. 똥줄이 빠지게 도망가다 非常に驚いて慌てて逃げる. ▶똥줄(이) 타다 気をもむ; やきもきする.

똥-집 [-찝] 명 ❶ 〔대장(大腸)の俗称〕大腸. ❷ 〔위(胃)の俗称〕胃袋.

똥-차 (-車) 명 ❶ 汲み取り車; 糞尿車. ❷ 〔고물 차(古物車)の俗称〕ぽんこつ車; おんぼろ自動車. ▶똥차가 밀리다 (「ぽんこつ車がつかえる」の意で)未婚の兄や姉がいて結婚ができない状態である.

똥-칠 (-漆) 【名】【自】 ❶ 糞をつけること。2 泥を塗ること; 恥をかかせること. ‖부모 얼굴에 똥칠하다 親の顔に泥を塗る.

똥-파리 【昆虫】 キンバエ(金蠅).

똬리 【名】 ❶ものを頭上に載せて運ぶ時にものの下に敷くもの. ❷とぐろ. ‖똬리를 틀다 とぐろを巻く.

뙈기 【名】 (田畑の)一定の区画.
— 【依】 一定の区画で区切られている田畑を数える単位.

뙈기² 【依】 〔物繊物を表わす名詞に付いて〕(세떼で)…の類. ‖작은 요 뙈기라도 있으면 좋겠다 (세떼で) 小さい布団団でもあったらいいのに.

뙤약-볕 【뺄/웨-뺕】【名】 じりじりと照りつける日差し.

뚜 【副】 汽笛·信号音などを鳴らす音: ぷう; ぽおっ. 略 **뚜-뚜**.

뚜껑 /ttukʼəŋ/ 【名】 蓋(蓋): キャップ. ‖냄새가 나서 뚜껑을 덮다 臭くて蓋をする. 만년필 뚜껑을 닫다 万年筆のキャップを閉める. ►뚜껑을 열다 公開する, 当らくは 뚜껑을 열어 보기 전에는 모른다 当落は蓋を開けて見るまで分からない.

뚜렷-하다 /tturjət̚hada/ 【-려타-】 【形】 【하変】 はっきりしている; 明確だ; 著しい; 顕著だ. ‖의식을 뚜렷하다 意識ははっきりしている. 뚜렷한 특색 顕著な特色. 뚜렷이 알다 はっきり知る. **뚜렷-이** 【副】 날짜를 뚜렷이 기억하고 있지 않다 日付を明確に覚えていない.

뚜벅-뚜벅 【副】 堂々と歩く靴音のしのし. ‖뚜벅뚜벅 걸어오다 のしのし(と)歩いてくる.

뚜-쟁이 【名】 〔俗っぽい言い方で〕ぽん引き.

뚝¹ 【副】 【自K】 ❶やや大きいものが落ちる音: どすん; どしん. ❷太くて硬いものが折れる音: ぽきり. ❸硬いものを叩く音: ごんと. ⑩뚝뚝.

뚝² 【副】 ❶続いていたものがにわかに止まる様子: ぴたっと. ‖울음을 뚝 그치다 ぴたっと泣きやむ. ❷太くて丈夫なものが切れる様子: ぷっつり. ‖로프가 뚝 끊어지다 ロープがぷっつり切れる. ❸厳しい様子: ぴしゃり; ぴしゃりと; ぱっさりと. ⑩뚝.

뚝딱¹ 【副】 【自K】 硬いものを軽く叩く音: かちん; とん. ⑩뚝딱-뚝딱 【副】 【自K】
뚝딱-거리다 【-거-】 【自】 しきりに何かの音を出す.

뚝딱² 【副】 手際よく物事をやり遂げる様子: てきぱきと; さっと.

뚝-뚝 【副】 ❶水などがしたたり落ちる様子【音】: ぽたぽた(と); ぼろぼろ(と). ‖천장에서 빗물이 뚝뚝 새다 天井からぽたぽた(と)雨漏りがする. 눈물을 뚝뚝 흘리다 ぽろぽろ(と)涙を流す. ❷

(小枝などが)もろく折れる様子【音】: ぽきり; ぽっきり; ぽきぽき. ‖나뭇가지를 뚝뚝 분지르다 小枝をぽきぽきとへし折る. ⑩뚝뚝.

뚝배기 【-빼-】 【名】 (小さめの)土鍋. ►뚝배기 깨지는 소리 【俗】ぬか味噌が腐る(声); どら声. 뚝배기보다 장맛이 좋다 【俗】見かけより中身がよい.

뚝-심 【-씸】 【名】 ねばる力; くそ力; ばか力.

돌돌 【副】 〔둘들을 強めて言う語〕くるくる(と). ‖코 푼 종이를 돌돌 말아 버리다 鼻をかんだ紙をくるくる丸めて捨てる.

뚫다 /tultʰa/ 【뚫탄】 【他】 ❶ (穴を)空ける; 穿(うが)つ. ‖판자에 구멍을 뚫다 板に穴を空ける. ⑩뚫리다. ❷貫く; 通す; 貫通させる. ‖터널을 뚫다 トンネルを貫通させる. ❸切り抜ける; 突破する. ‖난관을 뚫고 나가다 難関を切り抜けていく.

뚫-리다 /tullida/ 【뚫-】 【自】 ❶뚫다の受身動詞 (穴が)空けられる; 空く. ‖구멍이 뚫리다 穴が空く; 穴が空く. ❷貫通する. ‖터널이 뚫리다 トンネルが貫通する. ❸ (道などが)できる. ‖새 길이 뚫리다 新しい道ができる.

뚫어-지다 /turəd̚ʑida/ 【뚫어-】 【自】 ❶ (穴が)空く; (隙間が)できる. ‖구멍이 뚫어지다 穴が空く. ❷ (トンネルなどが)通じる; 貫通する. ‖터널이 뚫어지다 トンネルが貫通する. ❸뚫어지게 【뚫어지도록】 (바라) 보다の形で〕(穴が)空くほど見つめる.

뚱-딴지 【名】 ❶愚鈍で頑固な人, とんでもないこと; 突拍子もないこと. ‖뚱딴지 같은 소리를 하다 突拍子もないことを言う.

뚱뚱-이 【名】 でぶ. 太っちょ.

뚱뚱-하다 /tuŋtuŋhada/ 【形】 【하変】 太っている; でぶだ. ‖좀 뚱뚱한 여자 小太りの女. ⑩뚱뚱하다.

뚱-보 【名】 〔뚱뚱한 사람をさげすむ言い方で〕でぶ.

뛰-놀다 /twino:lda/ 【自】 【ㄹ語幹】 〔뛰놀아, 뛰노는, 뛰노오〕 走り回って遊ぶ; 跳ね回る. ‖운동장에서 뛰노는 아이들 運動場で走り回る子どもたち.

뛰는 【副】 뛰다(走)の現在連体形.

뛰다 /twida/ 【自】 ❶走る; 駆ける. ‖전속력으로 뛰다 全速力で走る. 복도에서는 뛰면 안 된다 廊下では走ってはいけない. ❷跳ぶ; 跳ねる; 跳び上がる. ‖뺘따굽방 뛰다 バッタがぴょんと跳ぶ. 높이 뛰다 高く跳ぶ. 애들이 좋아서 깡충깡충 뛰다 子どもたちが喜んでぴょんぴょん跳ねる. 연못의 잉어가 뛰다 池の鯉が跳ねる. 물가가 뛰다 物価が跳ね上がる. ❸跳び上がる. ‖폴짝 폴짝 뛰면서 좋아하다 跳び上がって喜ぶ. ❹飛び回る; 跳び回る. ‖현장에서

뛰는 신문 기자들 現場を飛びまわる新聞記者たち. ❺ 弾む. ‖가슴이 뛰다 胸が弾む. 마음이 뛰다 心が弾む. ❻〔飛び上がるほど〕怒る. ‖그 사람은 그 이야기를 듣고 펄쩍 뛰었다 彼はその話を聞いて激怒した.
── 抜かす; 飛ばす; 飛び越す. ‖세 페이지를 뛰다 3 ページを飛ばす. 이 계급 뛰어서 승진하다 2階級飛び越しで昇進する.

뛰뛰-빵빵 副 車が続けざまにクラクションを鳴らす音.

뛰룩-뛰룩 副 (하다)〔뒤룩뒤룩を強めて言う語〕ぶくぶくと; ぶくぶくに. ‖뛰룩뛰룩 살이 찌다 ぶくぶくと太る.

뛰어-가다 /-/-여-/ 自 走っていく. ‖학교를 향해 뛰어가다 学校に向かって走っていく.

뛰어-나가다 /-/-여-/ 自 飛び出す; 駆け出す. ‖급하게 뛰어나가다 急いで飛び出す.

뛰어-나다 /t͈wiənada/ /-/-여-/ 形 優秀だ; 優れている; 秀でている; 卓越している; 抜きん出ている; ずば抜けている. ‖기획력이 뛰어나다 企画力が優れている. 뛰어난 암기력 ずば抜けた暗記力. 실력이 뛰어나다 実力がずば抜けている.

뛰어-나오다 /t͈wiənaoda/ /-/-여-/ 自 飛び出る; 飛び出す. ‖이상한 소리에 놀라 집에서 뛰어나오다 物音に驚いて家から飛び出る.

뛰어-내리다 /t͈winɛrida/ /-/-여-/ 自 飛び降りる. ‖높은 곳에서 뛰어내리다 高いところから飛び降りる.

뛰어-넘다 /t͈wiənʌːmt͈a/ /- 따 /-/-여-/ 他 ❶ 飛び越える; 乗り越える. ‖한계를 뛰어넘다 限界を乗り越える. ❷ 抜かす; 飛ばす. ‖쉬운 문제는 뛰어넘기 쉽다 易しい問題は飛ばす.

뛰어-놀다 /t͈wiəno:lda/ /-/-여-/ /ㄹ語幹/ 自 飛びまわって遊ぶ; 跳びまわって遊ぶ. ‖아이들과 뛰어놀다 子どもたちと跳びまわって遊ぶ.

뛰어-다니다 /t͈widanida/ /-/-여-/ 自 走りまわる; 飛び回る; 跳ね回る; 駆け回る. ‖해변가를 뛰어다니다 海辺を駆け回る子どもたち.

뛰어-들다 /t͈widulda/ /-/-여-/ /ㄹ語幹/ 〔뛰어들어, 뛰어드는, 뛰어든〕 ❶ 飛び込む; 乗り込む; 躍り込む. ‖강에 뛰어들다 川に飛び込む. 환경 보호 운동에 뛰어들다 環境保護運動に飛び込む. 혼자서 적진에 뛰어들다 1人で敵陣に乗り込む. 파출소로 뛰어들다 あたふたと交番に駆け込む. ❷ 加勢する; 首を突っ込む. ‖싸움에 뛰어들다 けんかに加勢する. ❸〔ある世界に〕身を投じる; 飛び込

く; 乗り出す. ‖정치판에 뛰어들다 政治の世界に身を投じる; 政界に乗り出す.

뛰어-오다 /-/-여-/ 自 走って来る; 駆けて来る. ‖아이가 엄마한테로 뛰어오다 子どもが母親に向かって駆けて来る.

뛰어-오르다 /-/-여-/ 自 〔르変〕飛び上がる; 跳ね上がる; 駆け上がる. ‖물고기가 뛰어오르다 魚が跳ね上がる. 주가가 뛰어오르다 株価が跳ね上がる. 언덕길을 뛰어오르다 坂道を駆け上がる.

뛰쳐-나가다 /-쳐-/ 自 飛び出す; 飛び出る.

뛰쳐-나오다 /-쳐-/ 自 飛び出す; 飛び出る.

뛴 冠 뛰다(走る)の過去連体形.

뛸 冠 뛰다(走る)の未来連体形.

뜀 名 ❶〔両足をそろえて〕跳びながら前に進むこと. ❷ 跳び上がること; (体を)跳び上がらせること.

뜀뛰기 運動 〔-運動〕名 跳躍運動. ⑳ 도약 운동(跳躍運動).

뜀-뛰다 〔両足をそろえて〕跳び上がる; 跳ねる.

뜀박-질 〔-질〕名 (하다) かけっこ; 駆け足. ‖뜀박질을 하다 かけっこをする.

뜀-틀 名 跳び箱.

뜨개-질 名 (하다) 編み物.

뜨거운 形 〔ㅂ変〕뜨겁다(熱い)の現在連体形.

뜨거워 形 〔ㅂ変〕뜨겁다(熱い)の連用形.

뜨겁다 /t͈ɯgʌpt͈a/ /- 따/ 形 〔ㅂ変〕〔뜨거워, 뜨거운〕 ❶ 熱い. ‖뜨거운 모래 위를 맨발로 뛰어다니다 熱い砂の上を裸足で駆けまわる. 열이 나서 몸이 뜨겁다 熱が出て体が熱い. 뜨거운 피가 흐르다 熱い血が流れる. 뜨거운 시선 熱い視線. ❷ (恥などで顔が)ほてる. ‖부끄러워서 얼굴이 뜨겁다 恥ずかしくて顔がほてる. ❸ 激しい. ‖뜨거운 논쟁 激しい論争.

뜨근-뜨근 副 (하다) ほかほかに; あつあつに; ぽかぽか. ‖뜨근뜨근한 국물 あつあつのスープ. 뜨근뜨근한 밥 ほかほかのご飯. ⑳ 따근따근.

뜨근-하다 〔하変〕 熱い. ⑳ 따근하다.

뜨끔-거리다 自 ちくちくする; ひりひりする. ⑳ 따끔거리다.

뜨끔-하다 /t͈ɯˀkumhada/ 形 〔하変〕 ❶ ちくりとする; ちくりと痛む. ❷ ぎくりとする. ‖그의 말에 가슴이 뜨끔했다 彼の言葉にぎくりとした.

뜨내기 名 ❶ 流れ者; 渡り者. ❷ 時たまのこと. ‖뜨내기 장사 時たまする商売.

뜨내기-손님 名 一見さん; 流れ客. ⑳ 단골손님.

뜨는 冠 〔으変〕 뜨다(浮く)の現在連体形.

뜨다¹ [形] [으変] (動作が) 鈍い; のろい. ∥동작이 뜨다 動作が鈍い.

뜨다² /t͈uda/ [自] [으変] [떠, 뜨는] ❶ 浮く; 浮かぶ. ∥몸이 물에 뜨다 体が水に浮く. ∥기름은 물에 뜬다 油は水に浮く. ∥흰 구름이 떠 있다 白雲が浮かんでいる. ❷ (太陽・月などが) 昇る. ∥해가 뜨다 日が昇る. ∥달이 뜨다 月が昇る. ∥무지개가 뜨다 虹がかかる. ❸ (飛行機などが) 飛ぶ; 離陸する. ∥비행기가 뜨다 飛行機が飛ぶ[離陸する]. ❹ (空間的・時間的に) 空いている; 隔たりがある; (関係が) 疎遠になる. ∥사이가 너무 뜨다 間が空きすぎている. ㉠뜨guda.

뜨다³ [自] [으変] ❶ (酵母が) 発酵する. ㉠띄우다. ❷ (顔に) 病状が現れる. ∥아픈지 얼굴이 누렇게 뜨다 病気なのか顔が黄色くなる.

뜨다⁴ /t͈uda/ [他] [으変] [떠, 뜨는] ❶ (席を) はずす. ∥잠시 자리를 뜨다 しばらく席をはずす. ❷ (場所から) 離れる. ∥빚 때문에 고향을 뜨다 借金のために追われた故郷を離れる. 세상을 뜨다 世を去る.

뜨다⁵ [他] [으変] 型をとる; 模する. ∥본을 뜨다 型をとる.

뜨다⁶ [他] [으変] (灸を) 据える. ∥침을 뜨다 鍼を据える.

뜨다⁷ [他] [으変] ❶ (一部を切り出す; 切り取る. ❷ 汲む; すくう; すくい取る. ∥국자로 국을 뜨다 お玉でスープをすくう. ∥숟가락으로 떠 먹다 スプーンですくって食べる. ❸ (肉などを) 薄切りにする.

뜨다⁸ [他] [으変] ❶ (目を) 開ける; 開く; 見開く. ∥눈을 뜨다 瞼を開ける. ❷ 目をさ覚ます. ∥이상한 소리에 눈을 뜨다 物音で目を覚ます.

뜨다⁹ [他] [으変] ❶ スェーターを編む.

뜨뜻-하다 [-뜨타-] [形] [하変] (ほどよく) 暖かい (温かい). ∥방바닥이 뜨뜻하다 部屋の床が温かい.

뜨물 [名] とぎ汁.

뜨악-하다 [-아카-] [形] [하変] ❶ 気が進まない; 気乗りしない. ∥뜨악한 표정을 짓다 気乗りしない表情を浮かべる; 浮かない顔をする. ❷ ぎこちない; 気まずい.

뜨-이다 [自] ❶ [뜨다⁸의 受身動詞] (目が) 覚める; 目覚める. ❷ 目につく; 見える. ∥고층 빌딩이 많이 눈에 뜨이다 高層ビルが多く目につく. ㉠띄다.

뜬 [自] [으変] 뜨다 (浮く) 의 過去連体形.

뜬-구름 [名] 浮雲; はかない世の中; 浮世.

뜬금-없다 [-그멉따] [形] 突拍子もない; とんでもない. ∥뜬금없는 이야기 突拍子もない話. **뜬금없-이** [副]

뜬-눈 [名] 〔主に뜬눈으로의 形で〕一睡もできないまま. ∥뜬눈으로 밤을 새우다 一睡もしないまま夜を明かす.

뜬-소문 [-所聞] /t͈unso:mun/ [名] 流言; 根拠もないうわさ. ∥뜬소문이 돌다 根拠もないうわさが流れる.

뜯-기다¹ /t͈utk͈ida/ [自] [-끼-] [뜯다의 受身動詞] 取られる; 奪い取られる; 巻き上げられる. ∥선배에게 돈을 뜯기다 先輩にお金を巻き上げられる. ❷ (ボタンなどが) 取れる. ∥단추가 뜯기다 ボタンが取れる. ❸ (蚊などに) 刺される. ∥모기한테 뜯기다 蚊に刺される. ❹ (博打などで) 負ける.

뜯-기다² [-끼-] [뜯다의 使役動詞] (牛などに草を) 食ませる. ∥소한테 풀을 뜯기다 牛に草を食べさせる.

뜯다 /t͈utt͈a/ [他] [으変] ❶ 取る; 取りはずす. ∥책 표지를 뜯어 버리다 本のカバーを取ってしまう. ❷ ちぎる; むしる. ∥바게트빵을 조금씩 뜯어서 먹다 フランスパンを少しずつちぎって食べる. ∥닭털을 뜯다 鶏の毛をむしる. ❸ 奪い取る; ゆする; 巻き上げる. ∥협박해서 돈을 뜯다 脅してお金をゆする. ❹ (楽器などを) つま弾く; 弾く; 奏でる. ∥하프를 뜯다 ハープを奏でる. ❺ 噛み切る; 噛みちぎる; かじる. ∥갈비를 뜯다 カルビをかじる. 소가 풀을 뜯다 牛が草をはむ. ❻ 解体する; 分解する. ∥라디오를 뜯어서 내부 구조를 살펴보다 ラジオを解体して内部の構造を調べる. ㉠뜯기다.

뜯어-고치다 [他] 改める; 作り直す; 直す. ∥나쁜 버릇을 뜯어고치다 悪い癖を直す.

뜯어-내다 [他] ❶ はぎ取る; はがす. ∥오래된 벽지를 뜯어내다 古い壁紙をはがす. ❷ (機械などを) 取り外す. ❸ せびり取る; ゆする. ∥거짓말을 해서 친구한테서 돈을 뜯어내다 うそをついて友だちから金をせびり取る.

뜯어말리다 [他] (けんかなどを) やめさせる; 引き離す. ∥싸움을 뜯어말리다 けんかをやめさせる.

뜯어-먹다 [-따] [他] ❶ かじって食べる; ちぎって食べる. ❷ (草を) はむ. ∥소가 풀을 뜯어먹다 牛が草をはむ. ❸ ゆすり取る; せびり取る.

뜰 [名] 庭. ∥뒤뜰 裏庭. 안뜰 中庭.

뜰 [自] [으変] 뜨다 (浮く) の未来連体形.

뜸¹ [名] (ご飯を) 蒸らすこと. ▶뜸(을) 들이다 もったいぶる. ∥뜸을이지 말고 빨리 말해 주세요 もったいぶらないで早く話してください.

뜸² (漢方) 灸. ∥뜸을 뜨다 灸を据える.

뜸부기 [名] (鳥類) クイナ科の鳥.

뜸북-뜸북 [副] クイナの鳴き声.

뜸-하다 [형][하변] 途絶えている; まばらだ。∥사람들의 뜸길이 뜸하다 人通りがまばらだ。요즘은 연락이 뜸하다 最近は連絡が途絶える。

뜻 /tɯt/【뜯】[图] ❶ 志; 意; 意志。∥감사의 뜻을 표하다 感謝の意を表わす。부모의 뜻에 따르다 親の意に従う。뜻을 세우다 志を立てる。뜻을 굽히다 志を曲げる。학문에 뜻을 두다 学問を志す。뜻을 같이 하는 친구 志を同じくする友。❷ 意味。訳。∥이 단어의 뜻 この単語の意味。뜻도 모르고 스펠을 무조건 외우다 意味も分からずスペルをとにかく覚える。▶뜻이 맞다 気が合う。意気投合する。

뜻-대로 [뜯때—] [图] 意のままに; 思い通りに。∥뜻대로 안되다 思い通りにいかない。

뜻-밖 /tɯtpak/【뜯빡】[图] 意外; 予想外。∥뜻밖의 결과 意外な結果。역에서 뜻밖의 사람을 만났다 駅で意外な人に会った。

뜻밖-에 [뜯빠께] [图] 意外にも; 予想外に; 思いがけず; 思いも寄らず; 図らず。∥뜻밖에 길에서 그를 만났다 思いがけず道で彼に会った。뜻밖에 큰돈이 들어왔다 思いも寄らない大金が手に入った。

뜻-하다 /tɯtʰada/【뜯타—】[国][하변] ❶ 志す (心にいだく)。思う。❷〔뜻하지 않은…の形で〕思いも寄らぬ…; 予期せぬ…。∥뜻하지 않은 결과 予期せぬ結果。❸ 意味する。∥그 말이 뜻하는 바는 무엇일까？ その言葉が意味するのは何だろう。

띄다 [띠—] [国] 뜨이다の縮約形。

띄어-쓰기 [띠—/띠어—] [图][하他] 分かち書き。

띄어-쓰다 [띠—/띠어—] [으변] 分かち書きをする。

띄엄-띄엄 [띠—띠—] [副] ❶ 散在している様子; 点々と; ぽつりぽつりと; まばらに; ちらほら。∥집들이 띄엄띄엄 들어서 있다 家がぽつりぽつり(と)立っている。❷ たどたどしい様子; とぎれとぎれ。∥말을 띄엄띄엄 하다 とぎれとぎれに話す。

띄우다 /tiuda/ [띠—] 〔뜨다の使役動動詞〕❶ 浮かべる; 浮かす; 浮かせる。∥조각배를 띄우다 小舟を浮かべる。물에 꽃을 띄우다 水に花を浮かべる。얼굴에 웃음을 띄우다 顔に笑みを浮かべる。❷ 発酵させる; 寝かす。∥메주를 띄우다 みそ麴を寝かす。❸ (空間的・時間的に) 間を置く; 空ける。∥한 줄 띄워서 쓰다 1行空けて書く。❹ (手紙などを) 出す; 送る。∥엽서를 띄우다 葉書を出す。

띠¹ /ti/ [图] 帯; ベルト。∥띠를 두르다 帯を巻く。머리띠 鉢巻; ヘアバンド。허리띠 腰紐; ベルト。

띠² /ti/ [图] 干支。∥무슨 띠예요？ 干支は何ですか。❷ …年。∥범띠예요 寅年です。돼지띠 亥(い)年生まれ。용띠 辰年生まれ。

띠-그래프 (−graph) [图]〔数学〕帯グラフ。

띠다 /tida/ [他] ❶ 帯びる。∥중대한 임무를 띠고 파견되다 重大な任務を帯びて派遣される。사명을 띠다 使命を帯びる。얼굴에 홍조를 띠다 顔に赤みを帯びる。열기를 띠다 熱気を帯びる。❷ 呈する。∥시장이 활기를 띠다 市場が活気を呈する。흑갈색을 띠다 黒褐色を呈する。

띠-화이트 (−white) [图] 修正液。

띨띨-이 [图] のろま; ばか; とんまなやつ。

띨-하다 [形][하변] 愚鈍だ; 間抜けだ。∥하는 짓이 띨하다 やることが間が抜けている。

띵 [副][하他] ❶ 頭痛がする様子; がんがん。❷ (頭が) ぼうっとしている様子。

띵까-띵까 [副] 興に乗って楽器を奏でている様子。

띵띵 [副][하他] 張り裂けそうなほどふくらんでいる様子; ぱんぱん。∥얼굴이 띵띵 부었다 顔がぱんぱんに腫れた。

ㄹ

ㄹ[1] 名 ハングル子母字母の第 4 番目. 名称は「리을」.

ㄹ[2] 名 [들の縮約形] …を; …に; …へ. ‖누굴 기다리고 있니? 誰を待ってるの. ‖오랜만에 학교 갔다 久しぶりに学校に行った.

-ㄹ[3] /l/ 語尾 [母音およびㄹで終わる用言の語幹に付いて; 子音の場合は-을] ❶ 推量·予定·意志·可能性·現状などの意を表す: …する; …であろう. ‖오늘 부산에 갈 일이다 今日釜山に行く用事がある. 같이 일할 사람을 찾다 一緒に仕事をする人を探す. 쓰레기를 버릴 데가 없다 ごみを捨てるところがない. ❷ 時間を表わす名詞の前に用いられる. ‖읽어 볼 시간이 없다 読んでみる時間がない. 아직은 만날 때가 아니다 今はまだ会う時ではない. ❸ 수·리·뿐などの依存名詞の前に用いられる. ‖지금은 갈 수가 없다 今は行けない. 만나 볼 리가 있을까? 会ってくれるはずがないでしょう.

-ㄹ걸[1] [-껄] 語尾 [母音で終わる体言に付いて; 子音の場合は일걸] 推量の意を表わす: …だろう; …のはずだ; …であるはずだ. ‖아버지가 한겨레신문 기잘걸 お父さんがハンギョレ新聞の記者のはずだ.

-ㄹ걸[2] /lʻkol/ [-껄] 語尾 [母音及びㄹで終わる用言の語幹に付いて; 子音の場合は-을걸] ❶ 過去のことに対して後悔の意を表わす: …すればよかった(のに). ‖진작 말걸 会わなければよかった. ❷ 推量の意を表わす: …(する)だろう. ‖내일은 아마 비가 올걸 明日は多分雨だろう.

-ㄹ게 /lʻke/ [-께] 語尾 [母音及びㄹで終わる動詞の語幹に付いて; 子音の場合は-을게] 相手にある約束をしたりあることに対して自分の意志をあらわしたりする: …するからね; …するよ. ‖내가 사 줄게 私が買ってあげるよ.

-ㄹ까 /lʻka/ [-까] 語尾 [母音及びㄹで終わる用言の語幹に付いて; 子音の場合は-을까] ❶ 疑問の意を表わす: …するだろうか. ‖그 사람도 올까? 彼も来るだろうか. ❷ 推量の意を表わす: …するだろう. ‖얼마나 마음이 아플까? どれほどつらいんだろう. ❸ 相手の意思を尋ねる: …할까? ‖뭘 볼까? 何を見ようか.

-ㄹ는지 [-른-] 語尾 実現可能性に対して疑問の意を表わす: …(する)だろうか. ‖내일은 학교에 올는지 明日は学校に来るだろうか.

-ㄹ라 語尾 注意を喚起するする意を表わす: …かも知れない; …するぞ. ‖빨리 먹어라, 지각할라 早く食べて, 遅刻するかも.

-ㄹ라고[1] 助 疑問の意を表わす: …かな.

‖설마 저 사람이 남편이라고? もしかしてあの人が旦那さんかな.

-ㄹ라고[2] 語尾 疑問の意を表わす: …かな. ‖설마 나를 좋아할라고 まさか私のことが好きなのかな.

-ㄹ라치면 語尾 仮定の意を表わす: …ともなれば; …しようとすると. ‖내가 아르바이트라도 할라치면 어머니가 싫어해요 私がアルバイトなどしようとすると, 母が嫌がります.

-ㄹ락 語尾 [-ㄹ락 말락の形で] …しそうに; …するばかりに. ‖비가 올락 말락 하다 雨が降るか降らないかだ.

-ㄹ랑 助 ❶ [母音で終わる体言に付いて; 子音の場合は일랑] …なんかは; …は: …だけは. ‖낡은 가구랑 이사할 때 버립시다 古い家具なんかは引っ越す時に捨てましょう. ❷ [助詞에·에서などに付いて] …는. ‖서울엘랑 뭐 하러 가니? ソウルには何しに行くの? 길에설랑 놀지 말아라 道端では遊ばないでね.

-ㄹ래 語尾 ❶ 話し手の意志を表わす: …する(よ). ‖나 먼저 갈래 私, 先に帰る. ❷ 相手の意思を問う: …する(か). ‖너도 갈래? お前も行く?

-ㄹ망정 語尾 [母音で終わる体言に付いて; 子音の場合は일망정] …であろうとも; …と言えども. ‖부잘망정 돈을 너무 헤프게 쓴다 お金持ちと言えども無駄遣いが多い.

-ㄹ망정[2] /lmaŋdʒəŋ/ 語尾 [母音及びㄹで終わる用言の語幹に付いて; 子音の場合は-을망정] …と言えども; …としても. ‖불어는 못할망정 영어는 유창하게 말하고 싶다 フランス語はできないとしても英語は流暢に話したい.

ㄹ뿐더러 /lʻpundərə/ 助 [母音で終わる名詞に付いて; 子音の場合は일뿐더러] …ばかりでなく; …だけでなく; …のみならず. ‖신문 기잘뿐더러 대학교 강사이기도 하다 新聞記者だけでなく大学の講師でもある.

-ㄹ뿐더러[2] /lʻpundərə/ 助 [母音および로で終わる用言の語幹に付いて; 子音は-을뿐더러] …(する)ばかりでなく; …(する)だけでなく; …(する)のみならず. ‖공부도 잘할뿐더러 성격도 좋다 勉強ができるだけでなく性格もいい.

-ㄹ세 [-쎄] 語尾 [이다·아니다の語幹に付いて] 断定を表わす: …だよ. ‖그건 아닐세 それは違うんだよ.

-ㄹ세라 [-쎄-] 語尾 …ではないか(と); …して(と). ‖어머니한테 혼날세라 재빨리 게임기를 숨기다 お母さんに怒られるのではないかと, 素早くゲーム機を隠す.

-ㄹ수록 [-쑤-] /lʻsurok/ 語尾 …(する)ほど; …(である)ほど. ‖보면 볼수록 미인이다 見れば見るほど美人だ. 운전은 하면 할수록 는다 運転はやればやるほどうまくなる.

-ㄹ쏘냐 語尾 …のはずがあるものか; …もんか. ‖가 너한테 질쏘냐? 私がお前に負けるもんか.

-ㄹ지 [-찌] 語尾 …か; …か (どうか). ‖그 사람이 뭐라고 말할지 彼が何と言うか. 다들 무사할지 皆無事かどうか.

-ㄹ지라도 語尾 …(する)か; …(であ)ても; …しようとも; …であっても. ‖아무리 바쁠지라도 전화 한 통 할 여유는 있지 않니? どんなに忙しくても、電話1本かける余裕はあるでしょう.

-ㄹ지언정 [-찌-] 語尾 (たとえ)…しても; …であっても. ‖어머니한테 혼날지언정 거짓말은 하고 싶지 않다 お母さんに怒られても、うそはつきたくない.

-ㄹ진대 [-찐-] 語尾 …(こと)なのに; …だから. ‖회사를 살리기 위한 일일진대 누가 반대를 하겠는가? 会社を救うためのことなのに、誰が反対すると言うんですか.

라¹ (la 伊) 名 〔音楽〕 (階名の)ラ.

라² 라고²の略語. ‖지금 뭐라 했니? 今何と言った？

라³ 〔母音で終わる体言に付いて; 子音の場合은이라〕 ❶…なり. ‖인생은 고해라 人生は苦海なり. ❷理由·原因を表わす: …なので; …だから. ‖집이 저주도라 자주 갈 수가 없다 実家が済州島なのでしょっちゅうは帰れない.

-라 語尾 …ではなく. ‖시험은 내일이 아니라 모레다 試験は明日ではなく明後日だ.

-라² 語尾 ❶ 라고²の略語. ‖빨리 가라 해라 早く行って、と言って. ❷〔文的言い方で〕命令を表わす: …せよ; しろ. ‖저 새를 보라 あの鳥を見ろ.

라고¹ /rago/ 助 引用の意を表わす: …と; …と. ‖직업이 신문 기자라고 했다 職業が新聞記者だと言った. 내년에는 한국에 갈 거라고 했다 来年は韓国へ行くと言った.

-라고² /rago/ 語尾 ❶命令·指示などの意を表わす: …(せよ)と; …(しろ)と. ‖빨리 오라고 해라 早く来いと言って. ❷引用の意を表わす: …と. ‖자기 잘못이 아니라고 우기다 自分の間違いではないと言い張る.

-라길래¹ 〔母音で終わる体言に付いて; 子音の場合은이라길래〕 …だと言うから; …だと言うので. ‖저 분이 담당자 라길래 사정을 얘기했어요 あの方が担当者だと言うので、事情を話しました.

-라길래² 語尾 …と言うから; …と言うので. ‖오늘 오라길래 왔어요 今日来てくれと言うから来ました.

라네 助 〔母音で終わる体言に付いて; 子音の場合은이라네〕 …だそうな; …なんだよ. ‖차 부장은 고향이 대구라네 車部長は故郷が大邱だそうな. 저기가 삼성 본사시라네 あそこが三星の本社なんだよ.

-라네 語尾 …しろと言っているよ. ‖사 장실로 빨리 오라네 社長室に早く来いと言っている.

라느니 助 …だと; …だとか. ‖너 학교 선배라느니 신문 기자라느니 하면서 자기 소개를 하더라 お前の学校の先輩だとか新聞記者だとか、色々と自己紹介をしていたよ.

라는 /ranun/ 助 〔라고 하는의縮約形. 母音で終わる体言に付いて; 子音の場合은이라는〕 …という. ‖한국이라는 나라 韓国という国. 다나카라는 사람 田中という人.

라니¹ 〔라고 하니의縮約形. 母音で終わる体言に付いて; 子音の場合은이라니〕 疑問点を確かめたり反問したりすることを表わす. ‖그거라니 뭘 말하는 거니? それって、何のことを言ってるの.

-라니¹ 語尾 〔-라고 하니의縮約形〕 …というから. ‖빨리 오라니 빨리 갑시다 早く来いというから早く行きましょう.

라니까 /rani'ka/ 助 〔母音で終わる体言に付いて; 子音の場合은이라니까〕 …だと言うから; …だと言うので. ‖저 사람이 책임자라니까 얘기를 해 봅시다 あの人が責任者だと言うから話をしてみましょう.

-라니까¹ 語尾 〔-(이)라고 하니까의縮約形〕 …(だ)と言うから. ‖꽁짜라니까 아주더라 다ただだと言ったら喜んでいた.

-라니까² 語尾 …しろったら; …しろと言っているの. ‖빨리 오라니까 早く行けったら. 조용히 하라니까 静かにしろというの.

-라도¹ /rado/ 助 〔母音で終わる体言に付いて; 子音の場合은이라도〕 …でも; …であっても. ‖아무리 상사라도 그런 말을 해서는 안 된다 いくら上司でもそんなことを言ってはいけない.

-라도² /rado/ 語尾 …(でなく)ても. ‖꼭 내가 아니라도 된다 必ずしも私でなくてもいい.

라돈 (radon) 名 〔化学〕 ラドン.

라듐 (radium) 名 〔化学〕 ラジウム.

라드 (lard) 名 ラード.

-라든가 助 〔母音で終わる体言に付いて; 子音の場合은이라든가〕 …とか. ‖고베라든지 삿포로라든지 들어 본 적은 있어요 神戸とか札幌とか聞いたことはあります.

-라든지 語尾 〔-(으)라고 하든지의縮約形〕 …とか. ‖오라든지 말라든지 분명히 말해 주세요 来いとか来るなとか、はっきり言ってください.

라디에이터 (radiator) 名 ラジエーター.

라디오 (radio) /radio/ 名 ラジオ. ‖라디오 방송 ラジオ放送. 라디오를 듣다 ラジオを聴く.

라르고 (largo 伊) 名 〔音楽〕 ラルゴ.

라마¹ (lama) 名 〔仏教〕 ラマ.

라마교 (lama教) 名 〔仏教〕 ラマ教、チベット仏教.

라마-승 (lama 僧) 图《仏教》ラマ僧.
라마[1] (llama) 图《動物》ラマ(羊駝).
라마즈-법 (Lamaze 法) 图《医学》ラマーズ法.
라멘 (Rahmen ド) 图〔建築で〕ラーメン; ラーメン構造.
라며[1] 囲〔母音で終わる体言に付いて; 子音の場合は이라며〕…だと言いながら; …だと言って. ‖중요한 서류라며 금고에 넣었다 重要な書類だと言いながら金庫に入れた.
-라며[2] 〔-(으)라고 하면の縮約形〕…と言いながら. ‖어서 오라며 문을 열어 주었다 いらっしゃいと言いながらドアを開けてくれた.

라면[1] (ラーメン 日) /ramjən/ 图 ラーメン. ‖컵라면 カップラーメン. 인스턴트 라면 インスタントラーメン. ✚韓国では普通ラーメンと言えばインスタントラーメンのことである.

라면[2] /ramjən/ 〔라고 하면の縮約形. 母音で終わる体言に付いて; 子音の場合は이라면〕…であれば; …だったら. ‖내가 부모라면 그냥 두지 않았을 거야 私が親ならただではなかったと思う.

-라면[3] /ramjən/ 〔-라고 하면の縮約形. 母音で終わる動詞やあニダの語幹に付いて; 子音の場合は-으라면〕…と言うなら. ‖가라면 가야지 行けと言うなら行くしかない.

라면서[1] /ramjənsə/ 囲〔母音で終わる体言に付いて; 子音の場合は이라면서〕…だと言いながら; …だと言って. ‖그 사람 친구라면서 함께 걸어왔다 彼の友だちだと言って話しかけてきた.

-라면서[2] 囲〔-(으)라고 하면서の縮約形〕…と言って. ‖다시는 전화하지 말라면서 전화를 끊어 버렸다 二度と電話するなと言って電話を切ってしまった.

라베카 (rabeca ポ) 图《音楽》〔楽器の〕ラベカ.
라벤더 (lavender) 图《植物》ラベンダー.
라벨 (label) 图 ラベル. 倒레테르. ‖옷 라벨 服のラベル. 도서에 라벨을 붙이다 図書にラベルを貼る.
라비 (rabbi) 图 ラビ(ユダヤ教指導者).
라비올리 (ravioli) 图 ラビオリ.
라서 /rasə/ 囲〔母音で終わる体言に付いて; 子音の場合は이라서〕…なので; …だから. ‖변호사라서 말은 잘할 거야 弁護士だから話はうまいはず.
-라서 /rasə/ 囲 理由・根拠を表わす. ‖룸메이트가 시끄러운 사람이 아니라서 다행이다 ルームメイトがうるさい人でなくて幸いだ.
라스트 (last) 图 ラスト; 最後.
　　라스트-스퍼트 (- spurt) 图 ラストスパート.
　　라스트-신 (- scene) 图 ラストシーン.

라식 (LASIK) 图《医学》レーシック; 近視レーザー手術. ✚Laser Associated Stromal Insitu Keratomileusis の略法.
라야[1] 囲〔母音で終わる体言に付いて; 子音の場合は이라야〕…でなければ; …だけが. ‖꼭 이거라야 되니? 必ずこれでなければならないの?
-라야[2] 囲 …でなければ; …だけが. ‖말이 많은 사람이 아니라야 한다 口数の多い人は駄目さの.
라야만! 囲 라야[1]を強めて言う語. ‖너라야만 되는 일이야 君だけができる仕事なの.
-라야만 囲 -라야[2]を強めて言う語.
라요[1] 囲〔母音で終わる体言に付いて; 子音の場合は이라요〕…です; …ですよ. ‖여기가 우리 회사라요 ここがうちの会社ですよ.
-라요[2] 囲 …です; …ですよ. ‖그 사람도 나쁜 사람은 아니라요 彼も悪い人ではないですよ.
라오스 (Laos) 图《国名》ラオス.
라운드 (round) 图〔ボクシング・ゴルフで〕ラウンド.
라운지 (lounge) 图 ラウンジ. ‖호텔 라운지 ホテルのラウンジ.
라유 (辣油中) 图 ラー油.
라이거 (loger=lion + tiger) 图《動物》ライガー. ✚雄のライオンと雌のトラの種間雑種.
라이너 (liner) 图〔野球で〕ライナー.
라이벌 (rival) 图 ライバル.
라이베리아 (Liberia) 图《国名》リベリア.
라이-보리 (rye—) 图《植物》ライ麦. 倒호밀(胡—).
라이브 (live) 图 ライブ. ‖라이브 콘서트 ライブコンサート.
라이선스 (license) 图 ライセンス. ‖라이선스를 취득하다 ライセンスを取る.
라이온 (lion) 图《動物》ライオン.
　　라이온스-클럽 (Lions Club) 图 ライオンズクラブ.
라이카-판 (Leica 判) 图〔写真の〕ライカ判.
라이터[1] (lighter) /raitʰə/ 图〔火をつける〕ライター. ‖가스 라이터 ガスライター.
　　라이터-돌 (lighter—) 图 ライターの火付け石; フリント.
　　라이터-불 (lighter—) 图 ライターの火.
라이터[2] (writer) 图 ライター; 作家; 著述家. ‖르포라이터 ルポライター. 시나리오 라이터 シナリオライター.
라이트[1] (light) 图 ライト; 灯り; 照明.
　　라이트-펜 (light pen) 图 ライトペン.
라이트[2] (right) 图 ❶ライト; 右. ❷〔野球で〕右翼; 右翼手.
　　라이트-급 (light 級) 图〔ボクシングで〕ライト級.
라이프 (life) 图 ライフ; 生活. ‖라이프 사이클 ライフサイクル. 라이프 스타

라이플-총

일 라이프스타일.

라이프-워크 (life-work) 명 라이프워크.

라이플-총 (rifle銃) 명 라이프울; 라이플총.

라인 (line) 명 라인; 線.

라인-댄스 (line+dance日) 명 라인댄스.

라인-아웃 (line-out) 명 (럭비에서) 라인아웃.

라인-업 (line-up) 명 라인업.

라-장조 (-長調) 명 《음악》 니長調.

라일락 (lilac) 명 라일락.

라지[^1] 에 [母音으로 끝나는 體言에 붙어서; 子音의 境優이라지] 이라지; …(이)라지; …이 라지; …(이)라지; ‖저 사람이 문제라지? 저 사람이 문제라지? 저 사람이 문제라지? 저 사람이 문제라지?

-라지[^2] 에 […(으)라고 하지의 縮約形] …(으)라지; …(셰)라고 하지. ‖야 속이 있으면 먼저 가라지 와라지 ‖나와는 관계가 없으니까 좋아하시라지라는 뜻을 표시. ‖그만 두고 싶으면 그만두라지 그만두라지.

라커-룸 (locker room) 명 라커룸.

라켓 (racket) 명 [테니스 라켓 테니스라켓. 탁구 라켓 탁구라켓.]

라켓-볼 (racketball) 명 《스포츠》 라켓볼.

라크로스 (lacrosse) 명 《스포츠》 라크로스.

라텍스 (latex) 명 라텍스.

라트비아 (Latvia) 명 《國名》 라트비아.

라틴 (Latin) 명 라텍. 라틴-문화 라틴文化. 라틴 민족 라틴民族. 라틴음악 라틴音樂.

라틴아메리카 (Latin America) 명 《地名》 라틴아메리카; 中南美.

라틴-어 (-語) 명 라틴語.

-락 에 [……(으)락…(으)락의 形으로] 뜻이 상반되는 두 動作이 交互로 생하는 뜻을 表示. ‖……락 …락하다. ‖비가 오락 가락 한다 비가 내렸다가 그쳤다가 한다.

락타아제 (lactase) 명 《化學》 락타아제; 베타갈락토시다제.

란[^1] (卵) 명 卵. 수정란 受精卵.

란[^2] (蘭) 명 《植物》 蘭(蘭). 군자란 君子蘭.

란[^3] (欄) 명 欄. 광고란 廣告欄.

-란[^4] /ran/ 에 [라고 하는의 縮約形] …란. ‖정수란 영보다 큰 수를 말한다 正數란 0보다 큰 수를 말한다. ❷ 앞에 오는 名詞의 뜻을 强調하기. …이라는. ‖아이란 보배 같은 존재다 子어린이란 보배 같은 存在다.

-란[^5] /ran/ 에 […(으)라고 하는…(으)라고의 縮約形] 命令하거나 確認하는 뜻을 表示. ‖지금 가란 말이야? 지금 갈 말이냐? 가도 된다는 말이냐?

란다[^1] 에 ❶ [라고 한다의 縮約形] …다

그렇다. …대서; …다니; ‖직업이 변호사란 직업이 변호사라고 한다. ❷ [란 말이다의 縮約形] …는다는 것이. ‖사람이 죽는 것은 자연의 섭리라다 사람이 죽는 것은 자연의 섭리라는 것이다.

-란다[^2] 에 ❶ […라고 한다의 縮約形] 사람의 命令을 第三者에게 전달하는 뜻을 나타냄. …라고 한다; …라고 한다. ‖빨리 오란다 빨리 오라고 한다. ❷ [아니다의 語幹에 붙어] 어떤 事實을 親密하게 긍정 (肯定)하는 뜻을 表示. …이다. …다니; ‖사실은 그런 게 아니란다 事實은 그렇지 않다는 것이다.

란제리 (+lingerie프) 명 란제리.

랄[^1] 에 […(으)라고 할의 縮約形] …이(이)랄 수는(도) 없다의 形으로] …라고는[도] 말할 수 없다. ‖실력이 뛰어난 의사랄 수는 없다 腕이 좋은 醫者라고는 말할 수 없다.

-랄[^2] 에 […(으)라고 할의 縮約形] …이라고 하는. ‖빨리 오랄 수가 없어 빨리 오라고는 할 수 없다.

람[^1] 에 [母音으로 끝나는 體言에 붙어서; 子音의 境優이람] …이라. ‖내일이람 비 오니까. ‖하필 바람 내가 오려고, 그러면. ‖면접이 오후람 줄겠다 面接이 午後라면 좋겠다.

-람[^2] 에 ❶ […(으)라고 하면의 縮約形] …라고 말하면. ‖하람 해야지 야하고 말한다면 말고. ❷ […(으)라고 하는의 縮約形] 말라고 하던. ‖누가 가람? 가하고 한 게 누구냐?

람바다 (lambada프) 명 《음악》 람바다.

랍니까[^1] 에 [(이)라고 합니까의 縮約形] …이다고 합니까. ‖지금 어디 랍니까? 지금은 어디라고 합니까?

-랍니까[^2] 에 […(으)라고 합니까의 縮約形] …라고 합니까. ‖오늘 가랍니까? 오늘 가라고 합니까?

랍니다[^1] 에 ❶ [(이)라고 합니다의 縮約形] …다고 합니다; …다고 합니다. ‖지금 학교랍니다 지금 학교라고 합니다. ❷ …-입니다. ‖여기가 저희 학교랍니다 여기가 저의 학교랍니다.

-랍니다[^2] /rannida/ 에 […(으)라고 하는의 縮約形] …라고 합니다. ‖내일은 빨리 오랍니다 내일은 빨리 가라고 합니다.

랍디까[^1]-[띠-] 에 [(이)라고 하던가의 縮約形] 傳해 들은 內容을 確認하는 뜻을 表示. …라고 하던가. ‖직업이 뭐랍디까? 職業은 무엇이라고 하던가요?

-랍디까[^2]-[띠-] 에 […(으)라고 하던가의 縮約形] …라고 하던가요. ‖어디에서 기다리랍디까? 어디서 기다리라고 하던가요?

랍디다[^1]-[띠-] 에 [(이)라고 하던다의 縮約形] 傳해 들은 內容을 傳하는. …라고

言いました; …だと言っていました; …だそうです. ∥아버지가 유명한 변호사랍니다 お父さんが有名な弁護士だそうです.

-랍디다²【-따-】[語尾] …(으)라고 한다다の縮約形 …しろと言いました; …しろと言っていました. ∥호텔 라운지로 오랍디다 ホテルのラウンジに来てと言いました.

랍비 (rabbi) [名] [宗教] ラビ.

랍시고【-씨-】[助] 〔母音で終わる体言に付いて; 子音の場合は이랍시고〕皮肉の意を表わす: …だと言って; …だからと言って. ∥선배랍시고 말을 함부로 하다 先輩だと言ってぞんざいな口のきき方をする.

랑 /raŋ/ [助] 〔母音で終わる体言に付いて; 子音の場合は이랑〕…と(か); …やら. ∥포도랑 배랑 ブドウやら梨やら.

랑그 (langue フ) [名] [言語] ラング.

랑데부 (rendez-vous フ) [名] [直訳] ランデブー.

래¹ [助] 〔(이)라고 해の縮約形〕…(なん)だって; …だそうだ. ∥저 사람이 오빠래 あの人がお兄さんだって.

-래² [語尾] 〔-라고 해の縮約形〕…(せよ)と言っている; …(せよ)と言っている. ∥내일 아침에 빨리 오래 明日の朝, 早く来てと言っている.

래서¹ [助] 〔(이)라고 하여서の縮約形〕…だと言うので; …だと言うから. ∥박사래서 줄만 알았어 博士だと言うからてっきりそうだと思っていたの.

-래서² [語尾] 〔-라고 하여서の縮約形〕…と言うので; …と言うから. ∥빨리 오래서 아침도 안 먹고 왔어 早く来いと言うから朝ご飯も食べずに来たわ.

래야¹ [助] 〔라고 하여야の縮約形〕…と言って; …と言ったって. ∥식구래야 어머니하고 둘뿐이다 家族と言っても母と2人きりだ.

-래야² [語尾] 〔-라고 하여야の縮約形〕…と言ってくれないと. ∥가래야 가지 行ってと言ってくれないと行けない; 行ってと言わないから行かない.

래요¹ [助] …だそうです; …とのことです. ∥둘이 친구래요 2人は友だちだそうです.

-래요² [語尾] 〔-라고 하여요の縮約形〕…(せよ)と言っています; …(せよ)と言っていました. ∥전화해 달래요 電話するよう言ってくれました.

래즈베리 (raspberry) [名] [植物] ラズベリー.

래커 (lacquer) [名] [塗料の] ラッカー.

래크 (rack) [名] ラック.

래프팅 (rafting) [名] [スポーツ] ラフティング.

래핑 (wrapping) [名] [他] ラッピング.

랜 (LAN) [名] [IT] LAN. ✦ local area network の略語.

랜턴 (lantern) [名] ランタン.

랠리 (rally) [名] ラリー.

램 (RAM) [名] [IT] RAM. ✦ random access memory の略語.

램프 (lamp) [名] ランプ.

랩¹ (rap) [名] [音楽] ラップ.

랩² (wrap) [名] ラップ; ラップフィルム. ∥랩으로 싸다 ラップで包む.

랩³ (lap) [名] [スポーツ] ラップ.

랩소디 (rhapsody) [名] [音楽] ラプソディー; 狂詩曲.

랭크 (rank) [名] [他] ランク; 順位. ∥1위를 랭크하다 第1位にランクされる. 랭크가 떨어지다 ランクを落とす.

랭킹 (ranking) [名] ランキング; 順位付け. ∥세계 랭킹 제 일위 世界ランキング 第1位.

-랴 [語尾] ❶ 反語的な疑問を表わす: …(し)ようか; …(し)うものか. ∥더 이상 무엇을 바라랴 これ以上何を望もうか 自分の行為に対して相手の意向を尋ねる: …(して)あげようか. ∥빌려 주랴 貸してあげようか. 같이 가 주랴 一緒に行ってあげようか.

량¹ (量) [名] 量. ∥공급량 供給量. 생산량 生産量.

량² (輛) [依名] …両. ∥객차 세량 客車3両.

-러 /rə/ [語尾] 〔母音で終わる動詞の語幹に付いて; 子音の場合は-으러〕動作の目的を表わす: …(し)に; …(する)ために. ∥영화를 보러 가다 映画を見に行く. 친구를 만나러 가다 友だちに会いに行く.

러그 (rug) [名] (敷物やひざ掛けの) ラグ.

러닝 (running) [名] ❶ ランニング. ❷ 러닝셔츠の略語.

러닝머신 (running machine) [名] ランニングマシン.

러닝 메이트 (running mate) [名] ランニングメート.

러닝-셔츠 (running + shirts 日) [名] ランニングシャツ. 略러닝.

러변칙`활용 (-變則活用)【-치콰룡】 [名] [言語] = 러 불규칙 활용 (-不規則 活用).

러`불규칙`용언 (-不規則用言) [名] [言語] 러變則用言. ✦ 形容詞のニ르다・푸르다と動詞の이르다のみ.

러`불규칙`활용 (-不規則活用)【-치콰룡】 [名] [言語] 러變則活用. ✦ 이르러→이르러・푸르러→푸르러など.

러브 (love) [名] ラブ.

러브 게임 (love game) [名] (テニスなどの)ラブゲーム.

러브-레터 (love letter) [名] ラブレター.

러브-신 (love scene) [名] ラブシーン.

러브-콜 (love call) [名] ラブコール.

러브-호텔 (love + hotel 日) [名] ラブホテル.

러시 (rush) [名] ラッシュ. ∥귀성 러시 帰省ラッシュ.

러시아워 (rush hour) [名] ラッシュアワー.

러시아 (Russia) /rʌʃiə/ [名] [国名] ロシア.

러키 (lucky) 〖形〗 ラッキー.

러키-세븐 (←lucky seventh) 〖名〗 ラッキーセブン.

러키-존 (lucky zone) 〖名〗 ラッキーゾーン.

럭비 (rugby) 〖名〗《スポーツ》 ラグビー.

럭스 (lux) 〖단位〗 照度の単位: …ルクス (lx).

런치 (lunch) 〖名〗 ランチ; 昼食.

런치-타임 (lunch time) 〖名〗 ランチタイム; 昼食の時間.

럼-주 (rum 酒) 〖名〗 ラム酒.

레 (re¹) 〖名〗《音楽》 (階名の)レ.

레게 (reggae) 〖名〗《音楽》 レゲエ.

레드-카드 (red card) 〖名〗 (サッカーで)レッドカード.

레모네이드 (lemonade) 〖名〗 レモネード.

레몬 (lemon) 〖名〗《植物》 レモン.

레미콘 (remicon←ready-mixed concrete) 〖名〗 生コンクリート; 生コン.

레바논 (Lebanon) 〖国名〗 レバノン.

레버 (lever) 〖名〗 レバー; てこ.

레벨 (level) /rebel/ 〖名〗 レベル. ‖ 수험生의 레벨이 向上する. レベルが低い. 레벨이 올라가다 レベルアップする.

레스토랑 (restaurant) /resutʰoraŋ/ 〖名〗 レストラン.

레슨 (lesson) 〖名〗 レッスン. ‖ 피아노 레슨을 받다 ピアノのレッスンを受ける.

레슬링 (wrestling) 〖名〗《スポーツ》 レスリング.

레시틴 (lecithin) 〖名〗《化学》 レシチン.

레이더 (radar) 〖名〗 レーダー.

레이더-망 (radar 網) 〖名〗 レーダー網.

레이디 (lady) 〖名〗 レディー.

레이서 (racer) 〖名〗 レーサー.

레이스¹ (race) 〖名〗 レース; 競走. ‖ 페넌트 레이스 ペナントレース, 보트 레이스 ボートレース.

레이스² (lace) 〖名〗 (糸で作る)レース. ‖ 레이스 커튼 レースのカーテン.

레이아웃 (layout) 〖名〗 レイアウト.

레이온 (rayon) 〖名〗 レーヨン; 人絹.

레이저 (laser) 〖名〗 レーザー.

레이저-광선 (laser 光線) 〖名〗 レーザー光線.

레이저-디스크 (laser disk) 〖名〗 レーザーディスク.

레이저-프린터 (laser printer) 〖名〗 レーザープリンター.

레인 (lane) 〖名〗 ❶ (ボーリングで)レーン. ❷ (陸上競技·水泳などで)レーン.

레인지 (range) /reindʒi/ 〖名〗 レンジ. ‖ 가스레인지 ガスレンジ, 전자레인지 電子レンジ.

레인코트 (raincoat) 〖名〗 レインコート.

레일 (rail) 〖名〗 レール.

레저 (leisure) 〖名〗 レジャー. ‖ 레저 산업 レジャー産業.

레즈비언 (lesbian) 〖名〗 レズビアン; レズ.

레지 (←register) 〖名〗 ウエートレス.

레지스탕스 (résistance⁷) 〖名〗 レジスタンス.

레커-차 (wrecker 車) 〖名〗 レッカー車.

레코드 (record) /rekʰo:du/ 〖名〗 レコード.

레코드-판 (record 板) 〖名〗 レコード; レコード盤. 〖音盤〗(音盤).

레코드-플레이어 (record player) 〖名〗 レコードプレーヤー.

레코딩 (recording) 〖名〗 リコーディングの誤り.

레퀴엠 (Requiem⁷) 〖名〗《音楽》 レクイエム; 鎮魂曲.

레크리에이션 (recreation) 〖名〗 レクリエーション.

레터 (letter⁺) 〖名〗 レッテル. 略 ラ벨.

레토르트 (retort) 〖名〗 レトルト.

레토르트-식품 (retort 식품) 〖名〗 レトルト食品.

레퍼리 (referee) 〖名〗 レフェリー.

레퍼토리 (repertory) 〖名〗 レパートリー. ‖레퍼토리가 다양하다 レパートリーが広い.

레프트 (left) 〖名〗 ❶レフト;左. ❷(野球で)左翼;左翼手.

렌즈 (lens) /rendʒu/ 〖名〗《物理》 レンズ. ‖ 볼록[오목] 렌즈 凸[凹]レンズ.

렌치 (wrench) 〖名〗 レンチ; スパナ.

렌터-카 (rent-a-car) /rentʰokʰa/ 〖名〗 レンタカー.

-려 〖語尾〗 〔-려고의 縮約形〕 …(し)ようと. ‖ 지금 나가려 한다 今出ようとしている.

-려거든 〖語尾〗 〔-려고 하거든의 縮約形〕 …(し)ようとするなら; …(する)んだったら. ‖ 가려거든 빨리 가거라 行くんだったら早く行きなさい.

-려고 /rjəgo/ 〖語尾〗 ❶ 〔…려고 한다의 形で〕 近い未来にしようとする意図を表わす: …(し)ようと思う. ‖ 会社をやめようと思う, 매일 일기를 쓰려고 한다 毎日日記を書こうと思う. ❷ 〔…려고 한다의 形で〕 現在の様相を表わす: …(し)ようとしている; …(し)そうだ. ‖ 비가 오려고 한다 雨が降りそうだ. ❸ 〔…려고 들다의 形で〕 …(し)ようとする. ‖ 마구 먹으려고 들다 しきりに食べようとする.

-려기에 〖語尾〗 〔-려고 하기에의 縮約形〕 …(し)ようとするので; …(し)ようとしているので. ‖ 회사를 그만두려기에 내가 말렸다 会社をやめようとしているので私が引き止めた.

-려나 〖語尾〗 〔-려고 하나의 縮約形〕 … (する)つもりか; …(し)ようとするのか. ‖ 결혼은 언제 하려나? 結婚はいつするつもりなのか.

-려네 〖語尾〗 〔-려고 하네의 縮約形〕 … (する)つもりだよ; …(し)ようと思う. ‖ 내일 가려네 明日行こうと思う.

-려느냐 〖語尾〗 〔-려고 하느냐의 縮約形〕 …(する)つもりなのか; …(し)ようとするのか. ‖ 언제 가려느냐? いつ行くつもで

-리는 /rjnɯn/ 語尾 〔(으)려고 하는의 縮約形〕…(し)ようとする. ‖한국으로 유학 가려는 대학생이 늘고 있다 韓国に留学しようとする大学生が増えている. 내가 사려는 책이 안 보인다 私が買おうとする本が見当たらない.

-리는가 語尾 〔-려고 하는가의 縮約形〕…(する)のか; …(し)ようとするのか; …(する)つもりなのか. ‖그럼 언제 다 끝내려는가? それをいつ全部終えるつもりなの.

-리는데 語尾 〔-려고 하는데의 縮約形〕…(し)ようとするところで; …(し)ようと思っているのに. ‖내가 나가려는데 전화가 걸려왔다 出かけようとするところへ電話がかかってきた.

-리는지 語尾 〔-려고 하는지의 縮約形〕…(し)ようとするのか; …(し)ようとしているのか; …(し)ようと思っているのか. ‖외출하려는지 옷을 갈아입고 있다 外出しようとするのか, 着替えている.

-리니와 …(する)だろうが; …(だ)が. ‖공부도 잘하려니와 노래도 잘한다 勉強もできるが, 歌も上手だ.

-리다가 /rjdaga/ 語尾 〔-려고 하다가의 縮約形〕…(し)ようとして; …(し)ようとしたが; …(し)ようと思ったが. ‖전화하려다가 그만두었다 電話しようとしたが, やめた.

-리도 語尾 〔-려고 하여도의 縮約形〕…(し)ようとしても; …(し)ていても; …(し)ようと思っても. ‖아무리 기다리려도 그 사람은 안 올 것이다 いくら待っても彼は来ないだろう.

-리면 /rjəmjən/ 語尾 〔-려고 하면의 縮約形〕…(し)ようとすれば; …(し)ようと思うなら; …(する)なら. ‖한국으로 유학 가려면 얼마나 들까? 韓国に留学するならいくらかかるかな.

-리면야 語尾 〔-려고 하면야의 縮約形〕…(し)ようとすれば; …(し)ようとするなら; …(し)ようと思うなら. ‖미국으로 유학 가려면야 토플 육백 점은 넘어야 한다 アメリカへ留学しようとするならTOEFL600点以上でなければならない.

-리무나 語尾 ❶ 目下の者に対して自由にしてもいいことを表わす: …してもいいよ. ‖사고 싶으면 사려무나 買いたいなら買ってもいいよ. ❷ 要求の意を表わす: …してよ; …してね; …しなさいよ. ‖좀 빨리 오려무나 早く来てね.

-리오 語尾 〔男性の古風な言い方で, -려고 하오의 縮約形〕❶ …(し)ようと思います; …(し)たいです; …(する)つもりです. ‖오늘은 집에 있으려오 今日は家にいるつもりです. ❷ …(する)つもりですか; …しませんか. ‖같이 안 나가려오? 一緒に出かけませんか.

-력 (力) 接尾 …力. ‖집중력 集中力. 이해력 理解力.

-리다 語尾 〔-려고 한다의 縮約形〕…(し)ようとする; …(する)つもりだ. ‖집에서 쉬련다 明日は家で休むつもりだ.

련마는 語尾 …であろうに; …だろうに. ‖철이 들 나이련마는 아직도 애 같다 もう分別がつく年頃だろうに, まだ子どもみたいだ.

련만 助 련마는의 縮約形.

-렴 語尾 〔-려무나의 縮約形〕…(し)なさい; (し)ていい. ‖내일 가렴 明日, 行きなさい. 가지고 가렴 持って行って(いい)よ.

-립니까 語尾 〔-려고 합니까의 縮約形〕…(し)ようとしますか; …なさいますか. ‖저하고 같이 가시렵니까? 私と一緒に行かれますか.

-립니다 語尾 〔-려고 합니다의 縮約形〕…(し)ようと思います; …(する)つもりです. ‖내일 가렵니다 明日行こうと思います.

-령¹ (令) 接尾 …施行令.

령² (領) 名 …領. ‖영국령 イギリス領.

-례 (例) 名 …例. …使用例.

로¹ /ro/ 助 〔母音および으로 終わる体言に付いて; 子音の場合は으로〕❶ 目的地や方向を表わす: …に; …へ. ‖서울로 가다 ソウルへ行く. 경찰서로 가다 警察署へ行く. 바다로 뛰어들다 海へ飛び込む. ❷ 目的地への経路を表わす: …を. ‖저 길로 죽 가다 보면 오른쪽에 병원이 보일 거예요 あの道をまっすぐに行くと右の方に病院が見えます. 산길로 가다 山道を行く. 큰길로 가고 있다 大通りを歩いていた. ❸ 通過する位置を表わす: …から. ‖구름 사이로 달이 보이다 雲の間から月が見える. ❹ 変化の結果を表わす: …に. ‖빵집이 카페로 바뀌었다 パン屋がカフェに変わった. 예쁜 아가씨로 자라다 きれいな娘に育つ. 일본어로 옮기다 日本語に訳す. 발표가 일주일 뒤로 연기되었다 発表が1週間後に延期された. 내일부터 조금 빨리 일어나기로 하자 明日からもう少し早く起きることにしよう. 국가 대표선수로 뽑히다 国家代表選手に選ばれる. ❺ 原因·理由·変化対象などを表わす: …で. ‖이것은 한국어로 뭐라고 해요? これは韓国語で何と言いますか. 감기로 일하다 風邪で3日も休む. ❻ 材料·方法などを表わす: …から; …で. ‖딸기로 잼을 만들다 イチゴでジャムを作る. 치즈는 우유로 만든다 チーズは牛乳から作る. ❼ 資格などを表わす: …として. ‖대구는 사과 산지로 유명하다 大邱がリンゴの産地として有名だ. 한국 대표로 참가하다 韓国代表として参加する. ❽ 一定の時·時間を表わす. ‖그 날 이후로 그 사람을 만난 적이 없다 その日以降彼に会ったことがない. 이 일도 오늘로 끝이다 この仕事も今日で

-로 終わりだ.
로 하여금 [主に「…로 하여금 …하게 하다の形で] …をして…せしめる[させる]; …に. ∥나로 하여금 많은 것을 생각하게 하게 한 일 私に多くのことを考えさせた出来事.

-로² (路) 接尾 …路. ∥우회로 迂回路. 활주로 滑走路.

-로³ 接尾 〔一部の名詞に付いて〕副詞を作る: …(に). ∥최초로 最初に, 절대로 絶対(に). 별도로 別途に.

로고 (logo) 图 ロゴ; ロゴタイプ.

로고스 (logos ᵏ) 图 ロゴス.

-로구나¹ 語尾 〔母音で終わる体言に付いて: 子音の場合は이로구나〕 …だなあ. だねえ. ∥경사로구나 めでたいことだねえ.

-로구나² 語尾 〔아니다の語幹に付いて〕 …ではないのだな. ∥이거 예삿일이 아니로구나 これはただ事ではないのだな.

로그 (log) 图 《数学》ログ. 対数(對數).

로그-표 (log 表) 图 《数学》ログ表. 対数表(對數表).

로그아웃 (logout) 图 《IT》ログアウト.

로그인 (login) 图 《IT》ログイン.

로는 助 …では; …には. 敬 토는. ∥이걸로는 부족하다 これでは足りない. 자전거로는 못 가다 自転車では行けない.

로데오 (rodeo) 图 ロデオ.

로도 助 …でも; …にも. ∥이걸로도 모자라다 これでも足りない.

로되¹ [-/-돼] 助 …だが; …ではあるが. ∥형제는 형제로되 전혀 안 닮았다 兄弟ではあるが, 全く似ていない.

-로되² [-/-돼] 語尾 〔아니다の語幹に付いて〕 …ではないが. ∥친형제는 아니로되 친형제 이상으로 호흡이 맞다 実の兄弟ではないが, 実の兄弟以上に息が合う.

로드 (road) 图 ロード. ∥실크 로드 シルクロード.

로드-게임 (road game) 图 ロードゲーム; 遠征試合.

로드-레이스 (road race) 图 ロードレース.

로드-쇼 (road show) 图 ロードショー.

로딩 (loading) 图 《IT》ローディング.

로마네스크 (Romanesque ᶠ) 图 ロマネスク.

로마-법 (Roma 法) 图 ローマ法.

로마^숫자 (Roma 數ᆺ字) 【수짜/-숟짜】 ローマ数字.

로마-자 (Roma 字) 图 ローマ字.

로망 (roman ᶠ) 图 ロマン.

로맨스 (romance) 图 ロマンス.

로맨스-그레이 (romance + grey ᵋ) 图 ロマンスグレー.

로맨스-어 (romance 語) 图 《言語》ロマンス諸語.

로맨티시스트 (romanticist) 图 ロマンチスト.

로맨티시즘 (romanticism) 图 ロマンチシズム; ロマン主義.

로맨틱-하다 (romantic-) 形 《하変》ロマンチックだ. ∥로맨틱한 이야기 ロマンチックな物語.

로밖에 助 〔下に打ち消しの表現を伴って〕 …とか; …にしか; …でしか. ∥아이로밖에 안 보이다 子どもにしか見えない.

로봇 (robot) 图 ロボット. ∥산업용 로봇 産業用ロボット.

로부터 /robutʰʌ/ 助 〔母音およびㄹで終わる体言に付いて; 子音の場合은으로부터〕 …から; …より. ∥친구로부터 받은 선물 友だちからもらったプレゼント. 선배로부터 들은 이야기 先輩から聞いた話.

로브스터 (lobster) 图 《魚介類》ロブスター.

로비 (lobby) 图 ❶ ロビー. ❷ 《하自》ロビー活動.

로비스트 (lobbyist) 图 ロビイスト.

로서 /rosʌ/ 助 〔母音およびㄹで終わる体言に付いて; 子音の場合은으로서〕 …として. ∥대표로서 출석하다 代表として出席する. 인생의 선배로서 존경하고 있다 人生の先輩として尊敬している.

로션 (lotion) 图 ローション. ∥스킨 로션 スキンローション. 보디 로션 ボディーローション.

로스-타임 (←loss of time) 图 ロスタイム.

로스트^비프 (roast beef) 图 ローストビーフ.

로써 /rosʌ/ 助 〔母音およびㄹで終わる体言に付いて; 子音の場合은으로써〕 …で; …をもって. ∥쌀로써 만든 술 米で作った酒. 이걸로 끝을 내자 これをもって終わりにしよう.

로열-박스 (royal box) 图 ロイヤルボックス.

로열-젤리 (royal jelly) 图 ロイヤルゼリー; ローヤルゼリー.

로열티 (royalty) 图 ロイヤリティー.

로즈메리 (rosemary) 图 《植物》ローズマリー.

로컬-컬러 (local color) 图 ローカルカラー.

로케 (←location) 图 ロケーションの略語.

로케이션 (location) 图 ロケーション. 敬 로케.

로켓 (rocket) 图 ロケット.

로켓-탄 (rocket 彈) 图 ロケット弾.

로켓-포 (rocket 砲) 图 ロケット砲.

로큰롤 (rock'n roll) 图 《音樂》ロックンロール.

로터리 (rotary) 图 ロータリー.

로테이션 (rotation) 图 ローテーション.

로펌 (law firm) 图 ローファーム; 法律事務所.

로프 (rope) 몡 로프.
로프웨이 (ropeway) 몡 로프웨이.
론¹ (loan) 몡 론; 대부.
론² 〔로는의 축약형〕…에는. ‖이길 론 이건 안 된다 이래서는 이길 수 없다.
-론³ 〔論〕 접미 …론. ‖경험론 經驗論.
론도 (rondo프) 몡 론도.
롤러-스케이트 (roller skate) 몡 (스포츠) 롤러스케이트.
롤러-코스터 (roller coaster) 몡 遊園地などのジェットコースター.
롤-빵 (roll-빵) 몡 ロールパン.
롬 (ROM) 몡 (IT) 롬. ✚ read only memory의 약칭.
롱런 (long-run) 몡 롱그런.
뢴트겐 (Röntgen독) (物理) 뢴트겐.
뢴트겐-사진 (-寫眞) 몡 뢴트겐 사진.
-료 (料) 접미 …료. ‖수업료 授業料. 조미료 調味料.
루머 (rumor) 몡 소문; 풍문.
루블 (rubl러) 몡 ロシアの貨幣の単位。ルーブル(Rub).
루비 (ruby) (鑛物) 루비.
루어 (lure) 몡 루어.
루어-낚시 (lure-) 〔-낚시〕 몡 ルアーフィッシング.
루주 (rouge) 몡 루주; 口紅.
루트¹ (root) 몡 (數學) 루트(√).
루트² (route) 몡 루트. ‖판매 루트 販賣-트. 입수 루트 入手-트.
룩셈부르크 (Luxemburg) 몡 (國名) 룩셈부르크.
룰 (rule) 몡 룰. ‖룰을 어기다 ルールを守らない. 룰을 무시하다 ルールを無視する.
룰렛 (roulette프) 몡 룰렛.
룸메이트 (roommate) 몡 룸메이트.
룸바 (rumba스) (音樂) 룸바.
룸-살롱 (room+salon프) 몡 キャバクラ.
룸-서비스 (room service) 몡 (ホテルで) ルームサービス.
-류 (流) 접미 …류. ‖자기류 自己流.
-류 (류) 접미 …류. ‖포유류 哺乳類. 갑각류 甲殼類.
류머티즘 (rheumatism) (醫學) 류머티즘.
륙색 (rucksack) 몡 リュックサック.
-률¹ (律) 접미 …률. ‖불문률 不文律. 황금률 黃金律.
-률² (率) 접미 …률. ‖경쟁률 競爭率. 합격률 合格率.

르°**변칙 활용** (-變則活用)【-치콰룡】(言語) 르변칙 활용(不規則活用).
르°**규칙 용언** (-不規則用言)【-칙뇽-】(言語) 르변칙 용언. ✚다르다·오르다·흐르다 등.
르°**불규칙 활용** (-不規則活用)【-치콰룡】(言語) 르변칙 활용. ✚오르→올라·흐르→흘러 등.

르완다 (Rwanda) 몡 (國名) 르완다.
르포 (←reportage프) 몡 루포; ルポルタージュ.
르포-라이터 (←reportage프+writer) 몡 ルポライター.
르포르타주 (reportage프) 몡 ルポルタージュ.

를 /rul/ 조/囸〔母音で終わる体言に付いて; 子音の場合は을; 縮約ㄹ〕 ❶…을. ‖커피를 마시다 コーヒーを飲む. 바다를 건너가다 海を渡って行く. 횡단보도를 건너다 横断歩道を渡る. ❷…が. ‖나는 포도를 좋아한다 私はブドウが好きだ. 여동생이 왜 우는지 이유를 모르겠다. 妹がなぜ泣くのか理由が分からない. 나는 피아노를 칠 수 있다 私はピアノが弾ける. ❸…に. ‖택시를 타다 タクシーに乗る. 친구를 만나다 友だちに会う. 나는 어머니를 닮았다 私は母に似ている. 형을 따라가다 兄について行く. ❹〔動作性名詞に付いて〕…(し)に. ‖조사를 가다 調査に行く. 산보를 가다 散歩に行く. 아르바이트를 가다 アルバイトに行く. ❺…을 위하여 …를 위해서の形で)…のために. ‖아이를 위하여 피아노를 사다 子どものためにピアノを買う.

리¹ (里) 依名 距離=이/리…里. ✚韓国の 10 里は日本の 1 里に当る.
리² 依名 〔主に…리가 없다の形で〕…わけがない; …はずがない. ‖거짓말을 할 리가 없다 うそをつくわけがない. 그 사람이 모임에 올 리가 없다 彼が集まりに来るはずがない.
-리³ (裏·裡) 접미 …裏. ‖비밀리에 秘密裏に. 성공리에 끝나다 成功裏に終わる.
리그 (league) 몡 리그. ‖아이비 리그 アイビーリーグ.
리놀륨 (linoleum) 몡 リノリウム.
-리다 어미〔男性の古風な言い方で〕積極的な意志を表わす. ‖(-)しましょう; (-する)つもりです. ‖내가 가리다 私が行きましょう.
리더 (leader) 몡 리더.
리더-십 (leadership) 몡 리더십; リーダーシップ. ‖리더십을 발휘하다 リーダーシップを発揮する.
리드¹ (lead) (하타) 리드.
리드² (reed) 몡 (樂器의) 리드.
리드미컬-하다 (rhythmical-) 혱【하변】リズミカルだ.
리듬 (rhythm) /ridum/ 몡 리듬. ‖리듬에 맞춰 춤을 추다 リズムに合わせて踊る.
리듬 체조 (rhythm 體操) 몡 (スポーツ) 新体操. ⑨신체조 (新體操).
리라 (lira) 依名 イタリアの旧貨幣単位; …リラ.

-리만치 冠尾 =-리만큼.
-리만큼 冠尾 …ほど(に); …くらい(に). ‖모범이 되리만큼 착실하다 模範になるほどまじめだ.
리메이크 (remake) 名 他 リメーク.
리모델링 (remodeling) 名 他 リフォーム.
리모컨 (←remote control) 名 リモコン.
리무진 (limousine ʸ) 名 リムジン.
리바운드 (rebound) 名 リバウンド.
리바이벌 (revival) 名 他 リバイバル.
리버럴-하다 (liberal-) 形 하여 リベラルだ. ‖리버럴한 사고방식 リベラルな考え方.
리베이트 (rebate) 名 リベート.
리본 (ribbon) 名 リボン.
리볼버 (revolver) 名 リボルバー.
리뷰 (review) 名 レビュー.
리비아 (Libya) 名(国名) リビア.
리사이틀 (recital) 名 リサイタル.
리셉션 (reception) 名 レセプション.
리셋 (reset) 名 他 リセット.
리스¹ (lease) 名 リース.
 리스산업 (lease 産業) 名 リース業.
리스² (wreath) 名 リース. ‖크리스마스 리스 クリスマスリース.
리스크 (risk) /risukʰu/ 名 リスク. ‖리스크가 크다 リスクが大きい. 리스크가 따르다 リスクがつきまとう. 영업상의 리스크 営業上のリスク.
리스트 (list) 名 リスト. ‖블랙리스트 ブラックリスト.
리시버 (receiver) 名 レシーバー.
리시브 (receive) 名 他 (テニスなどで)レシーブ. 他 サーブ.
리아스식^해안 (rias 式海岸)【-시캐-】 名(地) リアス式海岸.
리어-카 (rear+car 日) 名 リヤカー.
리얼리즘 (realism) 名 リアリズム; 現実主義; 写実主義.
리얼리티 (reality) 名 リアリティ.
리얼-하다 (real-) /riːlhada/ 形 하여 リアルだ. ‖리얼한 묘사 リアルな描写. 리얼하게 그리다 リアルに描く.
리에종 (liaison ʸ) 名(言語) リエゾン. 他 연음 (連音).
리을 名 ハングル子音字母「ㄹ」の名称.
리치 (reach) 名 リーチ.
리코더 (recorder) 名(音楽) リコーダー.
리코딩 (recording) 名 レコーディング.
리콜-제 (recall 制) 名 リコール.
리큐어 (liqueur) 名 リキュール.
리터 (liter) 依名 体積の単位; …リットル(lit).
리투아니아 (Lithuania) 名(国名) リトアニア.
리트 (Lied ᴳ) 名(文芸) リート.
리트머스^시험지 (litmus 試験紙) 名 リトマス試験紙.
리트미크 (rythmique ᶠ) 名(音楽) リトミック.
리포터 (reporter) 名 リポーター.
리포트 (report) /ripʰoːtʰu/ 名 하여 レポート; 報告書. ‖리포트를 쓰다 レポートを書く. 내일까지 리포트를 제출해 주십시오 明日までにレポートを提出してください.
리프트 (lift) 名 リフト.
리플 (←reply) 名 (IT) リプライ. 他 댓글.
리플레 (←reflation) 名 リフレイションの略語.
리플레이션 (reflation) 名 (経) リフレーション. 他 리플레.
리플릿 (leaflet) 名(音楽) リーフレット.
리피트 (repeat) 名(音楽) =도돌이표 (-標).
리허빌리테이션 (rehabilitation) 名 リハビリテーション.
리허설 (rehearsal) 名 リハーサル.
리히텐슈타인 (Lichtenstein) 名(国名) リヒテンシュタイン公国.
린스 (rinse) 名 リンス.
린치 (lynch) 名 リンチ. ‖린치를 가하다 リンチを加える.
릴 (reel) 名 リール.
릴-낚시 [-낚씨] 名 リール釣り; リールフィッシング.
릴레이 (relay) 名 ❶リレー. ❷릴레이 경주(-競走)の略語.
 릴레이^경주 (relay 競走) 名 リレー; リレー競走. 他 릴레이.
릴리퍼 (reliefer) 名 (野球で)リリーフ.
릴리프 (relief) 名(美術) レリーフ.
림프 (lymph) 名(生理) リンパ.
 림프-관 (-管) 名(解剖) リンパ管.
 림프-구 (-球) 名(生理) リンパ球.
 림프-절 (-節) 名(解剖) リンパ節.
 림프-선 (-腺) 名 =림프샘.
립-서비스 (lip service) 名 하여 リップサービス.
립스틱 (lipstick) 名 リップスティック; 口紅.
립-크림 (lip cream) 名 リップクリーム.
링 (ring) 名 リング. ❶(ボクシングやプロレスなどで)試合場. ‖링에 오르다 リングに上る. ❷輪; 輪状のもの.
링거 (Ringer) 名(薬) 링거액(-液)の略語.
 링거-액 (Ringer 液) 名(薬) リンゲル液; 点滴.
 링거^주사 (Ringer 注射) 名(薬) リンゲル注射.
링게르 (Ringer) 名 링거の誤り.
링크¹ (link) 名 하여 リンク.
링크² (rink) 名 スケートリンク.

ㅁ

ㅁ 圀 ハングル子音字母の第5番目. 名称は「미음」.

-ㅁ 語尾 母音や「ㄹ」で終わる用言の語幹に付く名詞形語尾. ‖만남 出会い. 헤어짐 別れ. 기다림 待つこと.

-ㅁ에도 語尾 〔主に… -ㅁ에도 불구하고の形で〕…にもかかわらず. ‖비가 옴에도 불구하고 외출하다 雨が降っているにもかかわらず出かける.

-ㅁ직스럽다 [-쓰-따] 接尾 [ㅂ変] 〔母音および ㄹ で終わる用言に付いて; 子音の場合は -음직스럽다〕そういう価値があることを表わす; …にふさわしい. …(し)そうだ. ‖먹음직스럽다.

-ㅁ직하다 [-지카-] 接尾 [하変] 〔母音および ㄹ で終わる用言に付いて; 子音の場合は -음직하다〕そういう価値や特性があることを表わす; …にふさわしい. …(し)そうだ. ‖바람직하다 望ましい.

마¹ 圀 [植物] ナガイモ(長芋).
마² (馬) 圀 [姓] 馬(マ).
마³ (馬) 圀 将棋の駒の一つ馬.
마⁴ (麻) 圀 [植物] アサ(麻).
마⁵ (魔) 圀 魔. ▶ 마가 끼다 魔が差す; けちがつく.
마⁶ (碼) 依名 織物の長さの単位; ヤード. ✤ 1마는 91.44cm.
-마 語尾 目上の者に行為による約束の意を表わす; …する(よ). ‖내가 가마 私が行く.

마가린 (margarine) 圀 マーガリン.
마가목 圀 [植物] ナナカマド(七竈).
마각 (馬脚) 圀 馬脚. ▶ 마각을 드러내다 馬脚を現わす.
마감 /magam/ 圀 他 締め切り; 締め切ること. ‖리포트는 오늘까지가 마감이다 レポートは今日までが締め切りだ. 접수를 마감하다 受付を締め切る.
마감-날 圀 締め切り日. ‖마감날이 촉박하다 締め切り日が迫る.
마개 /mage/ 圀 栓; 蓋. ‖병마개 瓶の栓. 귀마개 耳栓. 마개를 열다 栓を開ける. 술병 마개를 따다 酒瓶の栓を抜く.
마고자 マゴジャ. ✤ 韓服チョゴリの上に重ねて着る服.
마구¹ (魔口) 圀 魔球.
마구² /magu/ 副 ❶ やたらに; むやみに; やみくもに. 烫 막. ‖마구 화를 내다 むやみに怒る. 마구 사들이는 やたらに買い込む. ❷ ひっきりなしに; しきりに. ‖마구 전화가 걸려 오다 しきりに電話がかかってくる. ❸ さんざん; じゃんじゃん; まくる. ‖마구 놀다가 지금 와서 후회하고 있다 さんざん遊んで,今になって後悔している. 마구 팔리다 じゃんじゃん売れる. 사진을 마구 찍어 대다 写真をまくる撮りまくる.

마구-간 (馬廐間) [-깐] 圀 馬屋; 馬小屋.
마구잡이-로 副 手当たり次第に; 手当たり放題に; むやみに. ‖손잡이를 마구잡이로 당기면 안 됩니다 取っ手をむやみに引っ張ってはいけません.
마굴 (魔窟) 圀 魔窟; 巣窟.
마권 (馬券) [-꿘] 圀 (競馬の) 馬券.
마귀 (魔鬼) 圀 悪魔; 魔王.
마귀-할멈 (魔鬼-) 圀 〔昔話に出てくる〕年老いた意地悪な魔女. ‖화를 내는 모습이 마귀할멈 같다 怒った姿が魔女のようだ.
마그네슘 (magnesium) 圀 [化学] マグネシウム.
마그넷 (magnet) 圀 マグネット.
마그마 (magma) 圀 [地] マグマ.
마나-님 〔古い言い方で〕年老いた貴婦人を敬っていう語.
마냥 /manjan/ 副 ❶ ひたすら; ただ; いつまでも. ‖마냥 놀기만 하다 ひたすら遊んでばかりいる. 걷고 싶은 길 마냥 걷고 싶은 길 心ゆくまで歩きたい道.
마네킹 (mannequin) 圀 マネキン.
마녀 (魔女) 圀 魔女.
마노 (瑪瑙) 圀 [鉱物] 瑪瑙(めのう).
마누라 /ma:nura/ 圀 家内; 女房; 奥さん. ‖여우 같은 마누라 狐のような女房. 친구 마누라 友だちの奥さん. ✤ 自分の妻や親しい人の奥さんを気兼ねせずに言う語.
마는 [ㄹ語尾] 말다(やめる)の現在連体形.
-마는 /manun/ 語尾 逆接関係を表わす; …が; けれども. 烫 -만. ‖비싸지마는 맛은 있다 値段は高いけれども味はいい. 서류는 내 보지마는 합격은 어려울 거야 書類は出してみるが, 合格は難しいと思う.
마늘 /manul/ 圀 [植物] ニンニク(大蒜).
마늘-장아찌 圀 [料理] ニンニクの漬け物.
마늘-종 [-쫑] 圀 ニンニクの芽.
마니아 (mania) 圀 マニア.
마님 圀 〔昔の良い家の〕奥様; 奥方. ✤ 現在は사모님が一般的である.

마다 /mada/ 助 …ごとに; …度に; 都度; それぞれに. ‖집에 올 때마다 선물을 가지고 오다 家に来る度に手土産を持ってくる. 애들마다 개성이 있다 子どもそれぞれに個性がある.
마다가스카르 (Madagascar) 圀 [国名] マダガスカル.
마다-하다 [하変] 断る; 嫌がる; 拒絶する. ‖그의 호의를 마다하다 彼の好意を断る.
마담 (madame ⁷) 圀 (酒場や喫茶店を

どの)女主人;ママ. ∥얼굴 마담 雇われママ.

마당 /madaŋ/ 图 ❶庭. ∥마당에서 놀า듯 庭で遊ぶ. 앞마당 前庭. ❷〔主に···마당에 の形で〕あることが起きた場合または状況をあらわす;···ところに;···の場合に;···場に;···場合. ∥회사가 망한 이 마당에 어떻게 퇴직금 이야기를 하겠어요? 会社がつぶれたこの期に及んでどうして退職金の話ができますか. ━依存 (韓国・朝鮮の伝統芸能の一つである)パンソリを数える語:···場面;···場,···幕. ∥판소리 다섯 마당 パンソリ5場.

마당-극 (一劇) 图《文芸》伝統演劇(탈춤・판소리・사물놀이など)を現代的に解釈した劇.

마당-놀이 图《文芸》歳時別にまだんで行われる民俗遊戯の総称.

마당-발 ① 幅の広い足. ②〔比喩的に〕顔が広い人;交際範囲が広いこと. ∥그 사람은 마당발이다 彼は顔が広い.

마대 (麻袋) 图 麻袋.

마도로스 (matroos ^オ) 图 マドロス;船員.

마돈나 (madonna ^イ) 图 マドンナ.

마디 /madi/ 图 ❶ (竹・葉などの) 節. ❷ 関節. ∥손 마디가 굵다 指の関節が 굵다. 무릎마디가 시리다 ひざの関節が冷える. ❸ 一言. ∥한마디만 하겠습니다 一言だけ言います. 너도 한마디 해라 お前も一言言って. ❹《音楽》小節. ∥소절 (小節). ∥첫째 마디부터 틀렸다 第1小節から間違っている.

마디-마디 图 節々. ∥뼈 마디마디가 쑤시다 骨の節々がずきずき(と)痛む.

마디-풀 图《植物》ミチヤナギ(道柳).

마따나 助〔말마따나の形で〕話した〔言った〕通り;話した〔言った〕ように. ∥네 말마따나 그렇게까지 할 필요는 없다고 생각해 お前の言った通り,そこまでやる必要はないと思う.

마땅-찮다 【-찬타】 圀 ふさわしくない;不適当だ.

마땅-하다 /ma^ttaŋhada/ 圀【하변】 ❶ ふさわしい;適当だ. ∥결혼식에 입고 갈 마땅한 옷이 없다 結婚式に着ていく適当な服がない. ❷ 当然だ;当たり前だ. ∥천벌을 받아도 마땅하다 天罰を受けても当然だ. **마땅-히** 剛 当然に;すべからく.

마라 助〔ㄹ語幹〕◎〔말다の命令形〕···な. ∥가지 마라 行くな. 먹지 마라 食べるな.

마라카스 (maracas ^ス) 图《音楽》マラカス.

마라톤 (marathon ^英) 图《スポーツ》マラソン.

마라톤-경주 (- 競走) 图 マラソン競走.

마력¹ (魔力) 图 魔力.

마력² (馬力) 依名《物理》工業上用いられる仕事率の単位:···馬力.

마련 /marjʌn/ 图【하변】 ❶ 準備;用意;支度; (金の) 工面. ∥수업료를 겨우 마련하다 辛うじて授業料を用意する. 돈이 마련되는 대로 연락 드리겠습니다 お金が工面 次第ご連絡いたします. 선물을 마련하다 プレゼントを用意する. 제가 한번 술자리를 마련하겠습니다 私の方で一席設けます. ❷〔…마련이다の形で〕…することになっている;…なるものだ;…するのが落ちである;…なって当たり前だ. ∥공부 안 하면 성적이 나쁘기 마련이다 勉強しないと成績が悪くなるのは当たり前だ. 무슨 일이든 처음은 힘들기 마련이다 何事も最初は大変なものだ.

마렵다 【-따】 圀【ㅂ変】 便意を催す. ∥오줌 마렵다 小便がしたい.

마로니에 (marronnier ^フ) 图《植物》マロニエ.

마루¹ /maru/ 图 板の間;フローリング.

마루-방 (-房) 图 板の間.

마루-운동 (-運動) 图《スポーツ》床運動.

마루-바닥 【-루빠-/-룬빠-】 图 ① 板床;フローリング. ② 板床の表面.

마룻-바닥 → 마루바닥

마루² 图 屋根や山の稜線. ∥고갯마루.

마루-청 (-廳) 图 床板.

마룻-장 【-루짱/-룻짱】 图 床板.

마르다¹ /maruda/ 圀【르変】 ❶ 乾く;乾燥する. ∥빨래가 마르다 洗濯物が乾く. 圀 말리다. ② (のどや口が) 渇く. ∥목이 마르다 のどが渇く. ③ 枯れる. ∥마른 나뭇가지 枯れた枝. ④ やせる;やせ衰える. ∥일이 힘들지 많이 말랐다 仕事が大変なのかだいぶやせている. 비쩍 마르다 がりがりにやせる. 비쩍 마른 사람 やせっぽち. ⑤ 干上がる. ∥계속되는 가뭄으로 논이 말라 있다 日照り続きで田が干上がっている. ⑥ 尽きる;使い尽くす;なくなる.

마르다² 圀【르変】 (布・紙などを) 裁つ.

마른-걸레 图 乾いた雑巾. ∥마른걸레로 닦다 乾いた雑巾で拭く;乾拭きする.

마른-국수 【-쑤】 图 ① 乾麺. ② 料理していない生の麺.

마른-기침 漢自 空咳.

마른-나무 图 枯れ木.

마른-논 图 乾田. ▶마른 논에 물 대기 [諺] 焼け石に水.

마른-미역 图 乾燥ワカメ.

마른-반찬 图 乾物などで作った水気の少ないおかず.

마른-버짐 图《医学》乾癬(かんせん). 圀 건선(乾癬).

마른-안주 (-按酒) 图 乾き物. ↔生酒

마른-오징어 图 するめ.
마른-자리 图 湿気のない乾いたところ. ㉠진자리.
마른-장마 图 空梅雨.
마른-침 图 固唾(がたず); 生唾. ▶마른침을 삼키다 固唾を呑(の)む.
마른-풀 图 干し草. ㉑건초(乾草).
마른-하늘 图 晴天; 青天. ▶마른하늘에 날벼락 ⟨俚⟩青天の霹靂(へきれき).
마른-행주 图 乾いた布巾.
마름 图 마름모꼴의略語.
마름모-꼴 ⟨数学⟩菱形. ⑫마름모.
마름-질 他 (布・材木等を)裁断[切開]すること.

마리 /mari/ ⟨依名⟩動物・魚などを数える語: …匹, …頭, …羽, …尾; …杯. ▮개 한 마리하고 고양이 두 마리를 키우고 있다 犬1匹と猫2匹を飼っている. 모기 한 마리 蚊1匹. 코끼리 두 마리 象2頭. 참새 세 마리가 날아가다 スズメ3羽飛んでいく. 오징어 다섯 마리를 사다 イカ5杯を買う.

마리화나 (marihuana) 图 マリファナ.
마마[¹] ⟨媽媽⟩ 图 ⟨漢方⟩天然痘.
마마-꽃 ⟨媽媽-⟩ 图 ∸-¦ 天然痘による発疹.
마마[²] ⟨媽媽⟩ 图 ⟨歴史⟩王や王族の称呼に付けて尊敬の意を表わした語.
마마-보이 (←mama's boy) 图 マザーコンプレックス; マザコン.
마멀레이드 (marmalade) 图 マーマレード.
마멸 ⟨磨滅⟩ 图 自他 摩滅.
마모 ⟨磨耗⟩ 图 摩耗. ▮베어링이 마모되다 軸受けが摩耗する.
마무르다 他 ⟨르変⟩物の端をきれいに整える. ㉑仕上げる.
마무리 /mamuri/ 图 他 仕上げ; 締めくくり; 始末. ▮사건을 마무리 짓다 事件の始末をつける. 끝마무리가 중요하다 後始末が肝心だ. 잘 마무리하여 우뚝시킨다 うまく締めくくる.
마물 ⟨魔物⟩ 图 魔物.
마법 ⟨魔法⟩ 图 魔法.
마법-사 ⟨魔法師⟩ ∸-¦ 魔法使い.
마부 ⟨馬夫⟩ 图 馬子.
마분-지 ⟨馬糞紙⟩ 图 ボール紙; 馬糞紙.
마블 (marble) 图 マーブル.
마비 ⟨痲痺・麻痺⟩ 图 /mabi/ 图 麻痺. ▮소아마비 小児麻痺. 심장마비로 쓰러지다 心臓麻痺で倒れる. 손발이 마비되다 手足が麻痺する. 교통이 마비되다 交通が麻痺状態になる.
마빡 图 (이마빡의略語) 額.
마사 ⟨麻絲⟩ 图 麻糸.
마사지 (massage) 图 他 マッサージ.

마산 ⟨馬山⟩ 图 ⟨地名⟩馬山(マサン).
마소 图 牛と馬; 牛馬.
마손 ⟨磨損⟩ 图 自他 すり減ること.
마수 图 ❶(最初に売れる物から予想する)その日の商いの運. ▮오늘은 마수가 좋다 今日は商売さい先がいい. ❷마수걸이の略語. ▮아직 마수도 못 하다 まだ口開けをしていない.
마수-걸이 图 他 (商売の)口開け. ㉑馬首をあげる; 口開けをする; その日の売り出しをする.
마술[¹] ⟨馬術⟩ 图 馬術.
마술[²] ⟨魔術⟩ 图 魔術. ▮마술을 걸다 魔術を使う.
마술-사 ⟨魔術師⟩ ∸-¦ 魔術師.
마스카라 (mascara) 图 (化粧品の)マスカラ.
마스코트 (mascot) 图 マスコット.
마스크 (mask) 图 マスク. ▮산소 마스크 酸素マスク. 방독 마스크 防毒マスク.
마스터 (master) 图 他 マスター. ▮영어를 마스터하다 英語をマスターする.
마스터베이션 (masturbation) 图 マスターベーション.
마스터플랜 (master plan) 图 マスタープラン.
마스트 (mast) 图 マスト; 帆柱. ㉑돛대.
마시는 冠 마시다(飲む)의現在連体形.

마시다 /maɕida/ 他 ❶飲む; 酒を飲む; 喫する. ▮물을 마시다 水を飲む. 오늘 술 마시러 가자 今日飲みに行こう. 찬 것을 너무 마셔서 배가 아프다 冷たい物を飲み過ぎてお腹が痛い. 마실 것 없나요 ✚「薬を飲む」の場合は「약을 먹다」になる. ❷吸う. ▮신선한 공기를 마시다 新鮮な空気を吸う.
마시어[마셔] 图 마시다(飲む)의連用形. ▮술을 너무 많이 마셔 酒を飲みすぎて.
마신 他 마시다(飲む)의過去連体形.
마실 他 마시다(飲む)의未来連体形.
마애-불 ⟨磨崖佛⟩ 图 ⟨佛⟩仏.
마약 ⟨痲藥⟩ 图 ⟨薬⟩麻薬. ▮마약 중독 麻薬中毒.
마왕 ⟨魔王⟩ 图 ⟨仏教⟩魔王.
마요네즈 (mayonnaise) 图 マヨネーズ.
마우스 (mouse) 图 ⟨IT⟩マウス.
마우스피스 (mouthpiece) 图 マウスピース.
마운드 (mound) 图 マウンド. ▮마운드에 서다 マウンドに立つ.
마을 /maul/ 图 村; 村落. ▮이웃 마을 隣の村.

마음 /maɯm/ 图 ❶心.‖마음이 넓다 心が広い人. 마음이 통하다 心が通じる; 心が通う. 마음이 들 뜬하다 心が弾い. 마음을 쓰다 心を配る. 그 말에 마음이 끌렸다 その言葉に心(ᵕ)かれた. 마음에도 없는 말 心にもないお世辞. 부모 마음을 자식은 모른다 親心子知らず. 몸과 마음 体と心. 心身. ❷気. ‖마음이 급하다 気がやる. 그 사람한테 마음이 있다 あの人に気がある. 마음을 편하게 먹다[가지다] 気を楽にする. 마음이 맞다 気が合う. 마음이 산란해지다 気が散る. 마음이 켕기다 気がとがめる. ❸気持ち.‖마음이 변하다 気持ちが変わる. 그 사람 마음을 이해할 수가 없다 彼の気持ちが理解できない. ▶마음에 걸리다 気にかかる; 気になる. ▶마음에 두다 心に留める; 心を寄せる. ▶마음에 들다 気に入る. ▶마음에 안 들다 気に入らない; 気に食わない. ▶마음을 놓다 ① 安心する; 気を緩める. ② 油断する; 気を許す. ▶마음(을) 먹다 心に決める; 決心する; 思い立つ. 마음을 비우다 欲を捨てる. ▶마음을 사로잡다 心を捉える; 惹(ᵔ)きつける. ▶마음을 열다 心を開く. ▶마음을 잡다 心を入れ替える; 一念発起する. ▶마음을 졸이다 気をもむ. ▶마음이 내키다 気が進む; 気が向いてする; 乗り気だ. 마음이 내키지 않는 것 같다 乗り気ではない様子だ. ▶마음이 놓이다 安心する; ほっとする. 그 사람을 보고 나니 겨우 마음이 놓였다 彼を見てやっと安心した. ▶마음이 무겁다 気が重い.

마음-가짐 图 心がけ; 心構え; 決意; 覚悟. ‖평소의 마음가짐 普段の心構え. 마음가짐을 새롭게 하다 決意を新たにする.

마음-결 [-껼] 图 気立て; 心持ち.

마음-고생 (-苦生) [-꼬-] 图 気苦労. ‖자식 때문에 마음고생이 심하다 子どものことで気苦労が多い.

마음-껏 /maɯmkʼɔt/ [-껃] 圖 思う存分(に); 心ゆくまで. ‖마음껏 먹다 思う存分(に)食べる. 마음껏 놀다 心ゆくまで遊ぶ.

마음-대로 /maɯmdɛro/ 圖 勝手に; 気の向くままに. ‖마음대로 남의 물건을 쓰다 勝手に人の物を使う. 마음대로 해 好きにしろ.

마음-먹다 [-따] 图 決心する; 心に決める.

마음-속 [-쏙] 图 心の中; 内心; 心中; 胸中. ‖마음속에 어떤 생각이 있는지 알 수가 없다 心の中はどうなのか分からない.

마음-씨 (-氏) 图 心根; 気立て; 心持ち. ‖마음씨가 곱다 心根がやさしい.

마의 (麻衣) [-/-이] 图 麻織りの服. 삼베옷.

마이너 (minor) 图 マイナー. ㉘メイ저.

마이너스 (minus) /mainɯsɯ/ 图他 マイナス. ㉘プラス. ‖오를 마이너스하다 5をマイナスする. 인생에 있어서 마이너스가 되다 人生にとってマイナスになる.

마이동풍 (馬耳東風) 图 馬耳東風.

마이신 (mycin) 图 (薬) ストレプトマイシン; 抗生物質.

마이크 (mike) 图 マイク; マイクロホン. ‖마이크를 잡다 マイクを握る.

마이크로-버스 (microbus) 图 マイクロバス; 小型バス.

마이크로-폰 (microphone) 图 マイクロホン; マイク.

마이크로-필름 (microfilm) 图 マイクロフィルム.

마인드 (mind) 图 マインド. ‖경영마인드 経営マインド.

마인드-맵 (mind map) 图 マインドマップ.

마인드-컨트롤 (mind control) 图 マインドコントロール.

마일 (mile) 依名 長さの単位: …マイル.

마일리지 (mileage) 图 マイレージ.

마일리지-서비스 (mileage service) 图 マイレージサービス.

마임 (mime) 图 マイム; パントマイム.

마작 (麻雀) 图 麻雀.

마장 (馬場) 图 馬場.

마저¹ /madʑɔ/ 圖 残らず全部; 全て; 最後まで. ‖일을 마저 마치다 仕事を全て終える. 식어 버린 커피를 마저 마시고 외출 준비를 하다 冷めたコーヒーを全部飲んでから外出の準備をする.

마저² 圖 …さえ; …すら; …まで. ‖너마저 나를 속이다니 君までも私をだますなんて. 생활비마저 떨어지다 生活費さえ底をつく.

마적 (魔笛) 图 魔笛.

마제¹ (馬蹄) 图 馬蹄; 馬のひづめ.
마제-석 (馬蹄石) 图 馬蹄石.
마제-형 (馬蹄形) 图 馬蹄形; 馬のひづめの形.

마제² (磨製) 图他 磨製.
마제-석기 (磨製石器) [-끼] 图 磨製石器.

마조히스트 (masochist) 图 マゾヒスト.
마조히즘 (masochism) 图 マゾヒズム.

마주 /madʑu/ 圖 向かい合って; 向かい合って; 互いに. ‖마주 바라보다 互いの視線[目]が合う; 見つめ合う. 마주 보고 앉다 向かい合って座る.

마주-앉다 [-안따] 圁 向かい合って座る.

마주-잡다 [-따] 他 ❶ (手を)取り合う. ‖손을 마주잡고 기뻐하다 手を取り合って喜ぶ. ❷ (物を)向き合って持つ. 圁 맞잡다.

마주-치다 自 遭(そ)う;遭遇する;出くわす;かち合う;(目と目が)合う. ‖길에서 우연히 마주치다 道端で偶然出くわす. 두 사람의 눈길이 마주치다 2人の目と目が合う

마주-하다 他 [하변] 向かい合う;向き合う

마중 /madʒuŋ/ 名他 出迎え;迎え. ‖손님 마중을 나가다 お客さんのお迎えに行く. 역까지 마중 나와 주세요 駅まで迎えに来てください. 늦게 귀가하는 아이를 마중 가다 遅く帰宅する子どもを迎えに行く

마중-물 名 呼び水. 迎え水.

마지기 依名 田畑の面積単位:…マジギ. ✤1 마지기の種のまける程度の広さ. 田は約 200 坪, 畑は約 300 坪.

마지노-선 /madʒinosən/ 名 (Maginot 線) マジノ線.

마지막 /madʒimak/ 名 最後, 最期; 終わり. ‖이번이 마지막이라고 생각하고 최선을 다할 셈이다 これが最後だと思って最善を尽くすつもりだ. 마지막으로 하고 싶은 말 最後に言いたいこと. 마지막 찬스. 영화의 마지막 부분 映画の終わりの部分. 마지막 숨을 거두다 (最期の)息を引き取る. 가족들이 지켜보는 가운데 그는 마지막 숨을 거두었다 家族が見守る中, 彼は息を引き取った.

마지막-판 名 ① (囲碁·ゲーム等の)最後の一局. ② 土壇場;最後の場面.

마지-못하다 /ma:dʒimotʰada/ 形 [- 모타] 하변 [主に마지못해の形で]しぶしぶ, やむを得ず;仕方がなく;不承不承, しぶしぶ, しぶしぶ, いやいやながら. ‖마지못해 대답을 하다 いやいやながら自分のものとなることを承知する. 마지못해 승낙하다 しぶしぶ承知する.

마지-않다【-안타】 補動 [動詞の連結語尾に付いて]…してやまない;…に堪えない. ‖여러분들의 건강과 행복을 바라마지 않습니다 皆様のご健康とご多幸を願ってやみません. 존경해 마지않는 교장 선생님을 비롯하여 尊敬してやまない校長先生を始め.

마진[1] (痲疹) 名 (医学) 麻疹(ましん).

마진[2] (margin) 名 マージン. ‖2 할의 마진을 남기다 2割のマージンを取る.

마차 (馬車) 名 馬車. ‖쌍두마차 2頭立ての馬車.

마찬가지 /matʃʰaŋɡadʒi/ 名 同様に, 同じ. ‖몇 번 말해도 결과는 마찬가지다 何回言っても結果は同じだ. 부산도 요코하마와 마찬가지로 항구 도시다 釜山も横浜と同様に港町だ.

마찰 (摩擦) /matʃʰal/ 名 摩擦. ‖마찰이 생기다 摩擦が生じる. 양국 간의 무역 마찰이 격화되고 있다 両国間の貿易摩擦が激化している.

마찰-계수 (摩擦係数) 名 [-/-계-] 名 摩擦係数.

마찰-열 (摩擦熱) 【-렬】 名 摩擦熱.
마찰-음 (摩擦音) 名 (言語) 摩擦音.
마천-루 (摩天樓) 【-철-】 名 摩天楼.
마취 (麻醉) 名 하변 麻醉. ‖수술 전에 마취를 하다 手術の前に麻醉をかける.
마취-약 (麻醉藥) 名 麻醉藥.
마취-제 (麻醉劑) 名 麻醉剤.

마치 /matʃʰi/ 副 まるで;あたかも. ‖그는 마치 자기가 사장인 것처럼 말한다 彼はまるで自分が社長であるかのような言い方をした. 마치 자기것인 것처럼 말하다 あたかも自分のものだったかのように言う.

마치다 /matʃʰida/ 他 終える. ‖수업을 마치다 授業を終える. 일 마치고 한잔 할까요? 仕事を終えてから, 一杯やりましょうか.

마침 /matʃʰim/ 副 都合よく;折よく;ちょうど;都合悪く;折悪しく;あいにく. ‖마침 잘 왔다 ちょうどよいところへ来てくれた. 마침 그 자리에 있었다 ちょうど居合わせた. 그때 마침 집에 있었다 またまその時留守だった.

마침-내 (-來) /matʃʰimnɛ/ 副 遂に;とうとう;結局. ‖마침내 어릴 때부터의 꿈이 실현되었다 ついに子どものころからの夢が実現した. 마침내 이십일 세기가 열렸다 とうとう21世紀が始まった.

마침-표 (-標) 名 終止符;ピリオド. 俗 종지부(終止符).

마카로니 (macaroni 伊) 名 マカロニ.
마카롱 (macaron 프) 名 マカロン;マコロン.
마케팅 (marketing) 名 マーケティング. ‖글로벌 마케팅 전략 新しいマーケティング戦略.

마케팅-리서치 (- research) 名 マーケティングリサーチ.

마크 (mark) 名 マーク. ‖심벌 마크 シンボルマーク. 트레이드 마크 トレードマーク.

마크-하다 他 マークする. ‖대회 신기록을 마크하다 大会新記録をマークする. 줄곧 상대편 선수에게 마크당하다 ずっと相手にマークされる.

마키아벨리즘 (Machiavellism) 名 マキャベリズム.

마타리 (植物) 名 オミナエシ(女郎花).
마태-복음 (-Matthew 福音) 名 (キリスト教) マタイ福音書.
마티니 (martini) 名 (カクテルの)マティーニ.

마-파람 (-風) 名 ① 남풍 (南風). ▶마파람에 게 눈 감추듯 【訳】(「南風にカニが目を引っ込めるように」の意で)瞬く間に食べ物を平らげることのたとえ.

마패 (馬牌) 名 (歷史) 官吏が地方出張時使えた駅馬の標識. ✤銅製の標識に描かれている頭数の馬が借りられた.

마포 (麻布) 名 麻布地. 俗 삼베.

마피아 (Mafia) 图 마피아.
마하 (Mach) 依名 飛行機やミサイルなどの速度を表わす単位; ···マッハ数(M).
마호가니 (mahogany) 图 《植物》マホガニー.
마호메트-교 (Mahomet 教) 图 《宗教》マホメット教; イスラム教; 回教. 卽이슬람교.

마흔 /mahun/ 数 40歳. 囘사십(四十). ¶마흔에 회사를 그만두다 40歳に会社を辞める.
── 依名 40···. ¶마흔 살 40歳;四十路. 마흔 번 40回.

막¹ (幕) 图 幕. ¶막을 치다 幕を張りめぐらす. 무대의 막이 오르다 舞台の幕が上がる. ▶막을 내리다 幕を閉じる; 막을 引く;幕を下ろす. 파란만장한 인생의 막을 내리다 波乱万丈の人生の幕を閉じる. ▶막이 오르다 幕を開ける; 幕開けだ. 새 시대의 막이 오르다 新しい時代の幕開けだ.
── 依名 ···幕. ¶삼 막 3幕.

막² (膜) 图 膜. ¶물 위에 막이 생기다 水面に膜が張る.

막³ /mak/ 副 ❶ ちょうどその時. ¶막 나가려고 하여 전화가 걸려 와서 나가려고 했ところに電話がかかってきた. ❷ 今し方. ¶막 나갔다 今し方出て行った.

막⁴ /mak/ 副 [마구の縮約形] やたらに; むやみに. ¶막 사들이다 やたらに買い込む. 막 화를 내다 むやみに怒る.

막-가다 [-까-] 自 無作法にふるまう; 粗暴にふるまう.

막간 (幕間) [-깐] 图 幕あい; 合間. ¶막간을 이용하여 친구한테 전화를 하다 合間を縫って友だちに電話をする.

막강-하다 (莫強-) [-깡-] 彫 [하変] 極めて強い; 強力だ. ¶막강한 팀 強力なチーム. 막강한 파워 強力なパワー.

막-걸리 /makk'ǒlli/ 图 マッコリ; どぶろく; 濁り酒. 囘탁주(濁酒).

막국수 [-꾹쑤] 图 《料理》マックス. ✣강원도(江原道)の名物でキュウリ・キムチ等の具にキムチ汁をかけたそば.

막내 (幕)- [맏-] 图 末っ子; 末子.
막내-둥이 图 막내をかわいがって言う語.
막내-딸 图 末の娘.
막내-아들 图 末の息子.
막냇-동생 (-同生) [망내똥-/망낻똥-] 图 末の弟や妹.
막냇-자식 (-子息) [망내짜-/망낻짜-] 图 末の子ども.
막-노동 (-勞動) [망-] 图 [하自] 力仕事; 肉体労働.

막다 /mak'ta/ [-따] 他 ❶ 塞ぐ. ¶시멘트로 구멍을 막다 セメントで穴を塞ぐ. 큰 트럭이 길을 막고 있다 大型トラックが道を塞いでいる. 너무 시끄러워서 귀를 막다 あまりにもうるさくて耳を塞ぐ. 손으로 입을 막다 手で口を塞ぐ. 卽막히다. ❷ 防ぐ. ¶찬바람을 막다 冷たい風を防ぐ. 병충해의 발생을 막다 病虫害の発生を防ぐ. 사고를 미연에 막다 事故を未然に防ぐ. 공격을 막다 攻撃を防ぐ. 사건이 더 이상 확대되는 것을 막다 事件がこれ以上拡大するのを防ぐ. 카드를 못 막았다 カードの決済ができなかった. ❸ 食い止める; 遮断する; 遮る. ¶적의 침입을 막다 敵の侵入を食い止める. 상대방의 말을 막다 相手の言葉を遮る. ❹ 塞き止める. ¶강을 막아 댐을 만들다 川を塞き止めてダムを作る. ❺ 止める. ¶숨구멍을 막다 息の根を止める. 통행을 막다 通行止めをする.

막-다르다 [-따-] 圈 [르変] 突き当たる; 行き詰る. ▶막다른 골목 ① 袋小路; 行き止まり. ▶막다른 골목에 다다르다 袋小路に迷い込む. ② どん詰まり; 窮地; 行き詰り.

막-대 [-때] 图 棒; 棒切れ.
막대-그래프 (-graph) 图 《数学》棒グラフ.
막대-자석 (-磁石) 图 棒磁石.
막대기 [-때-] 图 棒; 棒切れ.
막대-하다 (莫大-) [-때-] 圈 [하変] 莫大だ. ¶막대한 재산 莫大な財産.
막-도장 (-圖章) [-또-] 图 三文判.
막돼-먹다 [-돼-] 圈 막되다の俗っぽい言い方.
막-되다 [-뙤-/-뛔-] 圈 無作法だ; 粗暴だ; 礼儀作法を知らない. ¶막되게 굴다 無作法にふるまう.
막-둥이 [-뚱-] 图 末っ子; 末子.

막론 (莫論) /mannon/ [망논] 图 [하他] [主に···을 [를] 막론하고の形で] ···にかかわず; ···を問わず; ···と関係なく. ¶남녀노소를 막론하고 다 그 노래를 좋아한다 老若男女にかかわらず皆その歌が好きだ. 이유 여하를 막론하고 결과에 대한 책임을 문겠습니다 理由の如何を問わず, 結果に対する責任を問います.

막막-하다 (漠漠-) /maŋmak'ada/ [망마카-] 圈 [하変] ❶ 果てしない. ❷ 漠然としていて不安だ. ¶앞날이 막막하다 将来が不安だ.

막-말 图 [하自] 放言; 無責任な発言; 出任せ. ¶화가 나더라도 막말을 해서는 안 된다 腹が立っても無責任なことを言ってはいけない.

막-무가내 (莫無可奈) /maŋmuga:næ/ [망-] 图 頑(かたく)なな態度をとること; どうしようもないこと. ¶아무리 말려도 막무가내다 いくら止めても頑として応じない. 막무가내로 고집을 피우다 頑に意地を張る.

막-바지 /mak͈padʑi/ 【-빠-】 图 ❶ どん詰まり、 終わりの際；終盤；土壇場。‖막바지로 접어들다 終盤戦に入る；大詰めに入る。

막-벌이 /-뻐리/ 【하인】 荒仕事；力仕事。
막벌이-꾼 막벌이をする人。
막사 (幕舍) 【-싸】 图 幕舎。
막상 /mak͈saŋ/ 【-쌍】 圖 いざ；実際に。‖막상 먹어보니 별로였다 実際食べてみたら、さほどおいしくなかった。
막상막하 (莫上莫下) 【-쌍마카】 图 互角；五分五分。‖두 사람의 실력은 막상막하다 2人の実力は五分五分だ。
막-술 /-쑬/ 图 (ご飯の)最後の1さじ。 ⇔ 첫술。
막심-하다 (莫甚-) /mak͈ɕimhada/ 【-씸-】 圏 はなはだしい；甚だだ。‖막심한 피해를 입다 甚大な被害をこうむる。후회가 막심하다 後悔極まる。
막아-내다 佃 食い止める；防ぎ止める。‖공격을 막아내다 攻撃を食い止める。
막아-서다 佃 (前に)立ちはだかる；塞ぐ。‖길을 막아서다 道を塞ぐ。
막역지우 (莫逆之友) 【-찌-】 图 莫逆(ぶきゃく)の友。
막역-하다 (莫逆-) 【-먀겨카-】 圏 莫逆だ。‖막역한 사이 莫逆の交わり；親しい間柄。
막연-하다 (漠然-) /magjʌnhada/ 【하인】 圏 漠然としている；ぼんやりする。‖미래에 대한 막연한 불안 未来に対する漠然とした不安。 **막연-히** 圖 막연히 그런 생각이 들었다 漠然とそんな気がした。
막-일 【망닐】 图 力仕事；手当たり次第の単純労働。
막일-꾼 【망닐-】 图 土方。
막장[^1] 【-짱】 图 坑道の突き当たり。
막장[^2] (-醬) 【-짱】 图 味噌の一種。
막중-하다 (莫重-) 【-쭝-】 圏 極めて重大だ。‖임무가 막중하다 任務重大だ。막중한 역할 重大な役割。
막-지르다 【-르-】 佃 【르不】 横切る；遮る。‖길을 막질러 가다 道を横切っていく。남의 말을 막지르다 人の話を遮る。
막-차 (-車) /mak͈tɕʰa/ 图 終車；終電。㋑ 첫차(-車)。‖막차를 타다 終電に乗る。막차를 놓치다 終電に乗り損れる。
막판 /mak͈pʰan/ 图 土壇場；終局；大詰め。‖막판이다 終局だ。막판으로 접어들었다 選挙戦も終局にさしかかった。심의가 대단원에 접어들었다 審議が大詰めを迎える。
막판-뒤집기 【-끼】 图 土壇場での逆転劇。
막후 (幕後) 【마쿠】 图 裏；背後；舞台裏。‖막후 교섭 裏交渉。막후에서 조종하다 裏で操る。
막-히다 /makʰida/ 【마키-】 自 (막다の受身動詞) 塞がれる；詰まる；つかえる。‖배수관이 막히다 配水管が塞がれる。코가 막히다 鼻が詰まる。기가 막히다 あきれる；開いた口が塞がらない。
막힘-없다 【마킴업따】 圏 物事が順調に進んでいる；進捗している；よどみない。‖공사가 막힘없이 진행되다 工事が順調に進んでいる。막힘없는 언변 よどみない弁舌。어려운 문장을 막힘없이 읽어내려가다 難しい文をよどみなく読み進む。**막힘없이** 圖。

만[^1] (滿) 图 滿。‖만으로 세 살이에요 満で3歳です。만 이틀을 굶다 まる2日ひもじがる。
만[^2] (灣) 图 湾；入り江。
만[^3] (-) 图 (姓) 萬 (マン)。
만[^4] (萬) /man/ 㴽 万；1万。‖만 불 1万ドル。만 개 1万個。백만 원 100万ウォン。‖만에 하나 万が一；万一。만에 하나 실패하면 어떻게 하지？ 万が一失敗したらどうしよう。
만[^5] /man/ 㴽 [時間を表す語に付いて]…ぶり；…目；…足らずで。‖오랜만에 久しぶりに。삼 년 만에 왔다 韓国には3年ぶりに来た。삼일 만에 깨어나다 3日目に意識が戻る。여러 문제를 십 분 만에 풀다 難しい問題を10分足らずで解く。
만[^6] /man/ 㴽 …くらい；…ほど；…程度。‖화를 낼 만도 하다 怒るのも無理はない。가 볼 만하다 行ってみるくらいの価値はある。
만[^7] /man/ 㴽 …だけ；…ばかり；…のみ；…さえ。‖너한테만 얘기하는 거야 お前だけに話すんだよ。잠만 자고 있다 寝てばかりいる。결과만을 중시하다 結果のみを重視する。너만 좋다면 그걸로 됐어 君さえよければ、それでよい。
만[^8] 卪 [語幹] 말다(やめる)の過去連体形。
-만[^9] 語尾 [-마는の縮約形] …だが；…が；…ば。‖같이 놀고 싶지만 시간이 없다 一緒に遊びたいが時間がない。
만가 (輓歌·挽歌) 图 挽歌。㊒ 상여소리(喪輿-)。
만감 (萬感) 图 万感。‖만감이 교차하다 万感胸に迫る；万感交(こもごも)到る。
만개 (滿開) 【하인】 満開。
만경-창파 (萬頃滄波) 图 大海原。
만고 (萬古) 图 万古。‖만고불변의 진리 万古不易の真理。
만고-강산 (萬古江山) 图 万古江山の山河。

만곡 (灣曲) 〖形〗 湾曲.
만국 (萬國) 〖名〗 万国.
　만국-기 (萬國旗) 【-끼】〖名〗 万国旗.
　만국박람회 (萬國博覽會) 【-빵남-/-빵남쾨】〖名〗 万国博覧会. ㊥エキスポ.
만금 (萬金) 〖名〗 万金.
만기 (滿期) 〖名〗 滿期. ∥정기 예금의 만기가 되다 定期預金が満期になる. 만기일 満期日.
만끽 (滿喫) 〖他形〗 滿喫. ∥산해진미를 만끽하다 山海の珍味を満喫する.
만나 만나다(会う)의 운용형.
만나는 〖冠〗 만나다(会う)의 연체형.

만나다 /mannada/ 〖自〗 ❶ 会う; 落ち合う. ∥친구를 만나다 友だちに会う. 선배와 책방에서 만나기로 했다 先輩と本屋で会うことにした. 내년에는 서울에서 만납시다 来年はソウルで会いましょう. 역에서 만나기로 약속하다 駅で落ち合う約束をする. ❷ 出会う; めぐり合う. ∥두 사람이 처음 만난 곳 2人がはじめて出会ったところ. 대학에서 평생 친구를 만나다 大学で一生の親友にめぐり合う. ❸ 出くわす; 行き合う; 遭(*)う; 遭遇する. ∥학교 앞에서 불량소년을 만나다 学校の前で不良少年に出くわす. 길에서 우연히 친구를 만나다 道で偶然友人と行き合う. •만나자 이별(「会ってすぐ別れる」の意で) 会うのもつかの間.
　만나-뵙다 〖-따〗 〖他〗【ㅂ変】［만나다의 謙譲語］お目にかかる. ∥만나뵙게 되어서 반갑습니다 お目にかかれてうれしいです.
만난 [1] (萬難) 〖名〗 万難.
만난 [2] 만나다(会う)의 과거연체형.
만날 (萬-) 〖副〗 いつも; 常に.
만남 만나다(会う)의 是 연체형.
만남 出会い. ∥만남의 광장 出会いの広場. 우리의 만남은 우연이 아니다 私たちの出会いは偶然ではない.
만년 [1] (晩年) 〖名〗 晩年. ㊥노년(老年).
만년 [2] (萬年) 〖名〗 万年. ∥만년 과장 万年課長. 만년 소녀 万年少女.
　만년-설 (萬年雪) 〖名〗 万年雪.
　만년지계 (萬年之計) 〖-/-게〗〖名〗 万年の計; 百年の計.
　만년-필 (萬年筆) 〖名〗 万年筆.
만능 (萬能) 〖名〗 万能. ∥과학 만능의 시대 科学万能の時代. 황금만능주의 의 시대 黄金万能の世の中. 만능 선수 万能選手.
만다라 (曼陀羅·曼荼羅←mandala 梵) 〖名〗〖仏教〗 曼荼羅(綸).
만담 (漫談) 〖名〗 漫才; 落語. ㊥개그.
　만담-가 (漫談家) 〖名〗 漫才師; 落語家. ㊥개그맨.
만대 (萬代) 〖名〗 万代; 万世.

만돌린 (mandolin) 〖名〗〖音楽〗 マンドリン.
만두 (饅頭) /mandu/ 〖料理〗 餃子. ∥만두를 빚다 餃子をつくる. 군만두 焼き餃子. 물만두 水餃子.
　만두-소 (饅頭-) 〖名〗 餃子の中身.
　만두-피 (饅頭皮) 〖名〗 餃子の皮.
　만둣-국 (饅頭-ㅅ-) ［-두꾹/-둗꾹］〖名〗〖料理〗 餃子を具にしてつくったスープ.
만드는 〖冠〗【ㄹ語幹】만들다(作る)의 현재연체형.
만득-자 (晚得子) 〖-짜〗〖名〗 晩年の得た子.
만든 〖冠〗【ㄹ語幹】만들다(作る)의 과거연체형.
만들 〖冠〗【ㄹ語幹】만들다(作る)의 미래연체형.

만들다 /mandulda/ 〖他〗【ㄹ語幹】 ［만들어, 만드는, 만든］ ❶ つくる. ∥요리를 만들다 料理をつくる. 한글을 만든 사람 ハングルをつくった人. 사전을 만들다 辞書をつくる. 고구마로 소주를 만들다 サツマイモで焼酎をつくる. 친구를 많이 만들다 多くの友だちをつくる. 혼자서 만들어 내다 1人でつくりあげる. ❷ 設ける. ∥구실을 만들다 口実を設ける. 준비 위원회를 만들다 準備委員会を設ける. ❸ 工面する; こしらえる. ∥자본을 만들다 元手を工面する. 집을 팔아서 자금을 만들다 家を売って資金をこしらえる. ❹ 引き起こす. ∥학교에서 문제를 만들지 마라 学校で問題を引き起こすな. ❺ ［으로/를］…に…にする. 만들다의 형으로） …ようにする; …ようにさせる; …ように仕向ける. ∥방을 청소하게 만들다 部屋を掃除するようにさせる. 끝내 울게 만들다 ついに泣かせる. 공부하게 만들다 勉強するように仕向ける.

만들다 [2] 〖補動〗 ［…도록 만들다; …게 만들다의 형으로］ …ようにする; …ようにさせる; …ように仕向ける. ∥방을 청소하게 만들다 部屋を掃除するようにさせる. 끝내 울게 만들다 ついに泣かせる. 공부하게 만들다 勉強するように仕向ける.
만들어 〖ㄹ語幹〗 만들다(作る)의 연용형.
만듦-새 ［-듬-］〖名〗 出来ぐあい; 出来ばえ; つくり. ∥만듦새가 날림이다 つくりが粗雑だ.
만료 (滿了) 【말-】〖名〗〖自他〗 満了. ∥임기가 만료되다 任期が満了する.
만루 (滿壘) 【말-】〖名〗〖野球〗 満塁. ∥만루 홈런을 치다 満塁ホームランを放つ.
만류 (挽留) 【말-】〖名〗〖他〗 引き止め; 慰留. ∥가족의 만류에도 불구하고 그는 학교를 그만두었다 家族の引き止めにもかかわらず彼は学校をやめた.
만리-장성 (萬里長城) 【말-】〖名〗 （中国の）万里の長城.

만-만세(萬萬歲) 圀 만々歲.

만만찮다 /manmanj͈antʰa/【-찬 타】
圀 手ごわい; 侮れない; なかなかのものだ.
‖만만찮은 상대 手ごわい相手. 그의 고집도 만만찮다 彼の頑固さもなかなかのものだ.

만만-하다 /manmanhada/ 圀 【하여】
くみしやすい; 扱いやすい. ‖만만한 상대 くみしやすい相手. 만만하게 보다 相手を甘く見る.

만면(滿面) 圀 【하연】滿面. ‖만면에 웃음을 띄우며 집으로 돌아오다 満面の笑みを浮かべながら帰宅する.

만무-하다(萬無-)圀【하연】【…리 만무하다の形で】…はずがない. ‖그럴 리가 만무하다 そんな(ことが)あるはずがない.

만물(萬物) 圀 万物. ‖만물의 영장 万物の霊長.

만물-박사(萬物博士)【-싸】圀 知りもの.

만물-상(萬物商) 圀 よろず屋; 何でも屋.

만민(萬民) 圀 万民.

만반(萬般) 圀 万端. ‖만반의 준비를 하다 万端準備を整える.

만발(滿發) 圀 【하연】滿開. ‖벚꽃이 만발한 사 월 桜満開の 4 月.

만방[1](萬方) 圀 万方; あらゆる方.

만방[2](萬邦) 圀 万国; あらゆる国. ‖세계 만방에 알리다 世界各国に知らせる.

만병(萬病) 圀 万病. ‖만병통치약 万病に効く薬; 万能薬.

만복(萬福) 圀 万福. ‖소문만복래 笑う門には福来る.

만분지일(萬分之一) 圀 万分の一; 非常にわずかなこと.

만사(萬事) 圀 万事; あらゆること; すべて. ‖세상 만사 世の中のあらゆること.

만사-태평(萬事太平) 圀 何事にものん気なこと.

만사-형통(萬事亨通) 圀 万事が思い通りになること.

만사-휴의(萬事休矣) 圀 万事休す.

만삭(滿朔) 圀 臨月; 産み月. ‖만삭의 몸으로 빨래를 하고 있다 臨月の身で洗濯をしている.

만상(萬象) 圀 万象. ‖삼라만상 森羅万象.

만생-종(晩生種) 圀 晩生種. ⊕조생종(早生種).

만석(萬石) 圀 1 万石の米.

만석-꾼(萬石-) 圀 1 万石の米を収穫する程の富農.

만선(滿船) 圀 【하연】滿船.

만성(慢性) /mansŋŋ/ 圀 慢性. ⊕급성(急性). ‖만성 맹장염 慢性の盲腸炎.

만성-병(慢性病)【-뼝】圀 慢性疾患. ‖만성병으로 고생하다 慢性疾患で苦労する.

만성-적(慢性的) 圀 慢性的. ‖만성적인 적자에 허덕이다 慢性的な赤字に苦しむ.

만성-화(慢性化) 圀 되연 慢性化.

만세[1](萬世) 圀 万世.

만세[2](萬歲) /ma:nse/ 圀 萬歲. ‖축구 경기에서 이겨 만세를 부르다 サッカーに勝って万歳を叫ぶ. 만세 삼창을 하다 万歳を三唱する.

만수[1](萬壽) 圀 万壽; 永壽; 長壽.

만수-무강(萬壽無疆) 圀 寿命が限りなく長いこと. ‖만수무강을 기원하다 ご長寿を祈る.

만수[2](滿水) 圀 滿水.

만시지탄(晩時之歎) 圀 時機を逸した嘆き.

만신(滿身) 圀 滿身; 全身. ‖만신이 다 아프다 全身が痛い.

만신-창이(滿身瘡痍) 圀 満身創痍(が)다. ‖만신창이가 되다 満身創痍になる.

만실(滿室) 圀 滿室.

만심(慢心) 圀 慢心.

만안(灣岸) 圀 灣岸.

만약(萬若) /ma:njak/ 圓 万一; 万が一; もし(も); ひょっとして. ⊕만일(萬一). ‖만약 내가 다시 태어난다면 もし 私も生れ変わったら. 만약 내가 책임을 질 때 万一失敗したら, 私が責任をとる.

만연(蔓延·蔓衍) 圀 【하연】蔓延(짜ん). ‖안 좋은 풍조가 만연하고 있다 よくない風潮が蔓延している.

만연-체(蔓衍體) 圀 【文藝】多くの語句を用い繊細な感情を細やかに表現する文体.

만용(蠻勇) 圀 蠻勇. ‖만용을 부리다 蛮勇をふるう.

만우-절(萬愚節) 圀 エープリルフール.

만원(滿員) /ma:nwɔn/ 圀 満員. ‖버스가 만원이어서 겨우 내렸다 バスが満員だったのでやっとのことで降りた. 만원 사례 滿員御礼.

만월(滿月) 圀 満月; 十五夜の月.

만유-인력(萬有引力)【-닉-】圀【物】万有引力.

-만이나마 團 …だけでも.

-만이라도 團 …だけでも. ‖너만이라도 와 주면 좋겠다 君だけでも来てほしい.

만인(萬人) 圀 万人.

만일(萬一) /ma:nil/ 圓 万一; 万が一; 仮に. ⊕만약(萬若). ‖만일 하나라도 틀리면 큰일이다 もしも一つでも間違ったら大変だ. 만일 내가 내일 약속을 못 지키더라도 仮に私が明日の約束を守れなくても, 万一の場合を考えておく.

만-자(卍字)【-짜】圀 卍.

만장 (滿場) 图 満場.
만장-일치 (滿場一致) 图 満場一致; 全会一致. ‖만장일치로 새 의장이 결정되다 満場一致で新しい議長が決まる.
만재 (滿載) 图[하困] 満載.
만전 (萬全) 图 万全. ‖행사 준비에 만전을 기하다 イベントの準備に万全を期する.
만전지책 (萬全之策) 图 万全の策. ‖만전지책을 강구하다 万全の策を講ずる.
만점 (滿點) [-쩜] 图 満点. ‖만점을 받다 満点をとる. 서비스 만점이다 サービス満点だ.
만조 (滿潮) 图 満潮. ↔간조(干潮).
만조선 (滿潮線) 图 満潮線. ↔간조선(干潮線).

만족 (滿足) /ma:ndʑok/ 图[하自] 満足. ‖나는 현재의 조건에 만족하고 있다 私は現在の条件に満足している. 만족을 느끼다 満足を感じる. 만족할 결과는 아니다 満足のいく結果ではない. 자기만족 自己満足. 만족을 얻다 満足を得る.
만족-감 (滿足感) [-깜] 图 満足感.
만족-스럽다 (滿足-) [-쓰-따] 图 [ㅂ変] 満足そうだ; 満足げだ. ‖만족스러운 표정 満足そうな表情. 만족스럽지 못한 결과 不満足な結果. **만족스레** 图

만종 (晩鐘) 图 晩鐘.
만지는 图 만지다(触)の現在連体形.
만지다 /mandʑida/ 他 ❶(手で)触る. ‖볼을 만지다 頬を触る. 손으로 만지다 手で触る. ❷いじる; 扱う. ‖컴퓨터는 조금 만질 수 있다 コンピューターは少し扱える.
만지어 [만저] 他 만지다(触)の連用形.
만지작-거리다 [-대다] [-꺼[때]-] 他 いじくり回す; まさぐる; なぶる.
만진 他 만지다(触)の過去連体形.
만질 他 만지다(触)の未来連体形.
만찬 (晩餐) 图 晩餐. ‖만찬에 초대받다 晩餐に招かれる.
만찬-회 (晩餐會) [-/-훼] 图 晩餐会.
만천하 (滿天下) 图 満天下; 世界中.
만추 (晩秋) 图 晩秋.
만취 (滿醉·漫醉) 图[하自] 泥酔; 乱酔. ‖만취 상태 泥酔状態.
만치 助 =만큼².
만큼¹ /mankʰum/ 依名 [……ㄹ·을·-ㄴ·은] 형식에서] ❶ほど; くらい; …だけ. ‖허리가 아플 만큼 잤다 腰が痛くなるほど寝た. 먹을 만큼만 돈을 내

면 된다 食べた分だけお金を払えばいい.
만큼² /mankʰum/ 助 …ほど; …くらい; …ばかり. ‖이만큼은 먹을 수 있다 これくらいは食べられる. 화재만큼 무서운 것은 없다 火事ほど怖いものはない.
만파 (萬波) 图 万波.
만판 (滿判) 存分に; 十分に; 思う存分に. ‖만판의 뜻대로. ‖만판 마셔 대다 思う存分(に)飲む.
만평 (漫評) 图[하困] 漫評. ‖시사 만평 時事漫評.

만-하다¹ /manhada/ 補助[하変] ある状態に達していることを表わす語. ‖말을 알아들을 만한 나이 分別がつく年齢. 그의 행동은 욕먹을 만하다 彼の行動は非難されても当然だ. 존경할 만한 인물 尊敬できる人物. 믿을 만한 사람 信頼できる人. 가볼 만한 곳 行ってみる価値のあるところ.
-만하다² 接尾[하変] …くらいだ; …ようだ. ‖꼭 요만하다 ちょうどこれくらいだ. 집채만한 파도 山のような大波.
만학 (晩學) 图 晩学.
만행 (蠻行) 图 蛮行. ‖만행을 저지르다 野蛮な行為をする.
만혼 (晩婚) 图[하自] 晩婚. ↔조혼(早婚).
만화 (漫畫) /ma:nhwa/ 图 漫画. ‖만화를 보다 漫画を読む. 만화 영화 アニメ(映画).
만화-가 (漫畫家) 图 漫画家.
만화-책 (漫畫冊) 图 漫画本. ‖만화책을 빌리다 漫画本を借りる.
만화경 (萬華鏡) 图 万華鏡.
만회 (挽回) [-/-훼] 图[하困] 挽回. ‖실수를 만회하다 失敗を挽回する.

많다 /ma:ntʰa/ [만타] 厖 多い; たくさんだ; 大半だ; いっぱいだ; 大勢だ. ↔적다. ‖돈이 많다 お金が多い. 할 일이 많다 やることがいっぱいだ. 많은 사람들로 붐비다 たくさんの人でごった返す. 많은 사람들이 그렇게 생각하고 있다 多くの人がそう思っている. 경험을 통해 많은 것을 배우다 経験を通じて多くのことを学ぶ. 많은 노력을 하다 大変な努力をする. 말이 많은 남자 口数の多い(おしゃべりな)男. 호기심이 많은 아이 好奇心が旺盛な子ども. 정도 많고 눈물도 많다 情け深くて涙もろい.
많아-지다 [마:나-] 自 多くなる; 増える.

많-이 /ma:ni/ [마니] 副 ❶多く(たくさん); 大勢; 十分に; だいぶ; 随分に; たんまり(と); 大半. ‖많이 먹고 많이 자라 たくさん食べてたくさん寝る. 사람들이 많이 있는 자리에서 大勢の人がいるところで. 일은 많이 정리가 되었다 仕事は大半片付いた. 많이 어리다 十分幼い. 키가 많이 컸구나 随分大きく

なったね。❷とても; かなり; 非常に。∥많이 후회하고 있다 とても後悔している。그 말을 듣고 많이 울었다 それを聞いてかなり泣いた。머리가 많이 아프다 頭がかなり痛い; 頭痛がひどい。

맏-동서[-同壻]〖-똥-〗图 一番上の相婿または相嫂。

맏-딸图 長女。郇맏딸・장녀(長女)。

맏-며느리〖맏-〗图 長男の嫁。郇큰며느리。

맏-물〖맏-〗图 初物; 初成り; はしり。⑰끝물。∥맏물이어서 비싸다 はしりだから高価だ。맏물 수박 初成りのスイカ。

맏-사위〖-싸-〗图 長女の婿。

맏-아들图 長男。郇큰아들・장남(長男)。

맏-이[마지]图 長男; 長女。郇첫째。

맏-형(-兄)〖마텽〗图 長兄。郇큰형(-兄)。

맏-형수(-兄嫂)〖마텽-〗图(弟から見て)長兄の妻。

말¹ /mal/ 图 ❶《動物》ウマ(馬)。∥말을 타다 馬に乗る。말에서 떨어지다 落馬する。❷将棋・双六の駒。❸(十二支の)午(ɺ)。

말² 图 藻; 海草。

말³ [1斗の枡]。 ━依 …斗。∥쌀 한 말 米1斗。

말⁴/mal/图 ❶ことば; 言語; 話。∥의미를 알 수 없는 말 意味の分からない言葉。추상적인 말 抽象的な言葉。그 사람 말에는 그 사람만이 가지고 있는 힘이 있다 彼の言葉にはなにか力がある。알아듣기 쉬운 말 聞き取りやすい言葉。말에 힘을 주다 言葉に力を込める。그 말을 빌리면 彼の言葉を借りれば。말이 지나치다 言葉が過ぎる。그 나라 말을 배우다 その国の言語を習う。한국말 韓国語。❷話。∥말을 하다 話をする。바둑 말만 하면 좋아하는 囲碁の話が出ると喜ぶ。말이 끊어지다 話がとぎれる。말을 잘하다 話が上手だ。❸声。∥말을 걸다 声をかける。❹口数; 言葉数。∥말수가 적다 口数が少ない。말이 많다 口数が多い。❺うわさ。∥말이 퍼지다 うわさが広まる。들리는 말에 의하면 うわさによると; 聞くところによると。❻ […말인데의 形で] …のことだが。∥그 사람 말인데 彼のことだが。▸**말을 건네다**[걸다] 話しかける; 声をかける。▸**말을 내다** 口外する; 他言する。말(을) 듣다 ① 言うことを聞く; 言うことを聞く。요즘 부모 말 잘 듣는 아이는 별로 없다 近頃親の言うことをよく聞く子はそんないない。② 小言を言われる。청소 시간에 선생님한테 말들었다 掃除の時間に先生に小言を言われた。③(機械などが)思い通りに作動する。마우스가 말을 안 듣다 マウスがきかない。▸**말을 못하다** 言い表わせない; 言うもない。▸**말을 비치다** 話をほのめかす。말을 옮기다 口外する; 他言する。❷(秘密などが)漏れる。▸**말이 떨어지다**(命令などが)下る。말이 아니다 非常に惨めだ; ひどい状況だ。말이 안되다 話にならない。▸**말이 통하다** 言葉が通じる; 話が通じる。말 한마디에 천냥 빚도 갚는다〖俚〗〖「言葉一つで千両の借金を返す」の意〗言い方次第で困難も切り抜ける。

말⁵〖末〗/mal/依图 ❶…末; 暮れ。∥학기 말 学期末。이달 말까지 제출하겠습니다 今月の末までに提出します。❷(野球の)裏。∥구회 말 9回裏。㊀초(初)。

말⁶冠〖ㄹ語幹〗말다(やめる)の未来連体形。

말-〖末-〗图 馬のたぐい。

말갛다〖-가타〗〖ㅎ変〗❶澄んでいる; 透き通って見える。∥말간 국 澄んだ汁。❷(意識などが)はっきりしている。∥정신은 말갛다 意識ははっきりしている。

말-개미图《昆虫》クロオオアリ(黒大蟻)。郇왕개미(王-)。

말-거머리图《動物》ウマビル(馬蛭)。郇왕거머리(王-)。

말-거미图《昆虫》オニグモ(鬼蜘蛛)。郇왕거미(王-)。

말-결[-껼]图(主に말결에の形で)話のついでに; 話のはずみに。∥지나가는 말결에 한마디 하였다 話のついでに言ったことだ。

말경〖末境〗图 ❶老境; 年老いた境遇。郇말년; 土壇場。

말-고기图 馬肉; 桜肉。

말-고삐图 手綱(ɺ)。∥말고삐를 죄다 手綱を締める。말고삐를 당기다 手綱を引く。

말괄량이图 おてんば; おきゃん。

말-구유图 飼い葉桶(ɺ)。

말-굽图 馬のひづめ; 馬蹄。∥말굽 소리 馬の駆ける音。

말굽-자석【-磁石】〖-짜-〗图 蹄形磁石。

말굽-버섯[-뻐섣]图《植物》サルノコシカケ(猿茸)。

말권〖末卷〗图(書物の)末巻; 最終巻。

말-귀/ma/ːl/kwi/图 ❶ことば(話)を理解すること; 話の呑み込み。∥내 말귀를 못 알아듣는 것 같다 私の言うことが理解できないようだ。말귀가 밝다 話の呑み込みが早い。▸**말귀가 어둡다** 話の呑み込みが悪い[悪い]。

말기¹图 韓服のチマやパジの腰の部分を折り返して、帯状にしてある布。

말기²〖末期〗图 ❶初期(初期)。∥이조 말기 李朝末期。

말기-적〖末期的〗图 末期的。∥말기적인 증세를 보이다 末期的症状を呈する。

말-꼬리 [名] 言葉尻. ㉘말끝. ▶말꼬리를 잡다 言葉尻を捕らえる; 揚げ足を取る.

말-꼬투리 [名] 言いがかり. ‖말꼬투리를 잡다 言いがかりをつける.

말끔-하다 [形] [하變] こざっぱりしている; きれいに片付いている. ‖방 안을 말끔하게 치워 놓다 部屋の中をきれいに片付けておく. ㉗멀끔하다. **말끔-히** [副] きれいに; きれいにすっぱり. ‖말끔히 먹어 치우다 きれいに[すっかり]食べてしまう.

말-끝 [-끋] [名] 言葉尻. ㉘말꼬리. ㉗말머리. ‖말끝을 흐리다 言葉尻を濁す.

말-나다 [-나-] [自] ❶ 話題になる. ❷ うわさが立つ.

말-내다 [-래-] [他] ❶ 口に出す. ❷ うわさをする.

말년 (末年) [名] 末年; 晩年. ‖이조 말년 李朝の末年. 다들 평화로운 말년을 꿈꾼다 皆が平和な晩年を夢見る.

말-놀음 [-로름] [名] 馬乗り遊び; 竹馬.

말-놓다 [-로타] [他] (敬語を用いず)ぞんざいな口をきく; ためぐちをきく.

말다¹ /ma:lda/ [他] [ㄹ語幹] [말아, 마는, 만] 巻く. ‖김밥을 말다 のり巻きを巻く. 졸업장을 말아서 통에 넣다 卒業証書を巻いて筒に入れる. **말리다** 受動.

말다² [他] [ㄹ語幹] (ご飯や麵などを)汁物に入れて混ぜる. ‖밥을 국에 말아서 먹다 ご飯をスープに入れて混ぜて食べる.

말다³ /ma:lda/ [他] [ㄹ語幹] [말아, 마는, 만] ❶ やめる; 中止する; 中断する. ‖말을 하다 말다 話を中断する. ❷ [...나 마나の形] …してもしなくても; …であってもなくても. ‖읽어 보나 마나 뻔한 이야기 読んでも読まなくてもありきたりの話. ❸ [...다 말다の形] …の途中でやめる; …かけだ; …さしだ. ‖먹다가 만 빵 食べかけのパン. 읽다가 만 책 読みさしの本. ❹ [...든 말든の形] …してもしなくても; …であってもなくても; …かどうかは…まいが. ‖가든 말든 나는 상관없다 行こうが行くまいが私は関係ない. ❺ [...고 말고の形] そうではなく. ‖그것 말고 이걸로 하자 それではなくこれにしよう. ❻ [...고 말고の形で] …他にも; …以外にも. ‖이것 말고 도 필요한 것이 많다 これ以外にも必要なものが多い. ❼ [...(으)려다(가) 말다の形で] …(し)ようとしてやめる. ‖나가려다가 말다 出かけようとしてやめる. 마시려다가 말았다 飲もうとしたがやめた. ❽ [...(이)거나 말거나の形で] …(し)ようがしまいが; …であろうがなかろうが. ‖비가 오거나 말거나 雨が降ろうが降るまいが. 돈이 있거나 말거나 お金があろうがなかろうが. ❾ [...ㄹ지 말지の形で] …するかしないか. ‖갈지 말지 아직 못 정했다 行くか行かないかまだ決めていない. ❿ [一部の名詞に付いて] …마라の形で …しないで(くれ). ‖걱정 마라 心配しないでね.

말다 [補動] ❶ [...지 마의形で] その動作の禁止を表わす; …な. ‖먹지 마 食べるな. 움직이지 마 動くな. ❷ [...지 말아라の形で] …(し)ないで(ね). ‖덥다고 찬 것을 너무 마시지 말아라 暑いからといって冷たい物を飲みすぎないでね. ❸ [...지 말고の形で] …ないで; …ずに. ‖오늘은 나가지 말고 집에 있어라 今日は出かけずに家にいてね. ❹ [...고 말다の形で] …てしまう. ‖울고 말았다 泣いてしまった. 넘어지고 말았다 転んでしまった. ❺ [...고 말고の形で] もちろん…も. ‖가고 말고 もちろん行くとも. ❻ [...자 마자の形で] …や否や ‖여동생은 나를 보자마자 울기 시작했다 妹は私を見るや否や泣き出した.

말-다툼 [名] [하自] 口論; ①げんか. ‖사소한 일로 친구와 말다툼을 하다 些細なことで友だちと口論になる.

말단 (末端) [名] [-딴] ❶ 末端; 下っ端. ‖신경의 말단 神経の末端. 말단 사원 下っ端の社員.

말-대꾸 [名] [하自] 口答え; 言い返すこと. ㉘말대꾸. ‖선배한테 말대꾸하다 先輩に口答えする.

말-대답 (-對答) [名] [하自] (目上の人に対しての)口答え.

말더듬-이 [名] 吃音(說); 吃音者. ㉘더듬이.

말-동무 [-똥-] [名] 話し相手. ㉘말벗. ‖말동무가 되다 話し相手になる.

말-듣다 [-따] [自] [ㄷ変] ❶ 言うことを聞く. ❷ 道具などがうまく作動する. ❸ 小言を言われる.

말-똥 [名] 馬糞; 馬の糞.

말똥-말똥 [副] [하自] ❶ まじまじ; じろじろ. ‖사람을 말똥말똥 쳐다보다 人をまじまじと見る. ❷ [말똥말똥, 하다] 目がすっきりしている様子; 意識がはっきりしている様子. ‖정신은 말똥말똥하다 気は確かだ.

말뚝 [名] 杭; 棒杭. ‖말뚝을 박다 杭を打つ.

말-뜻 [-뜯] [名] 言葉の意味.

말-띠 [名] 午(응)年生まれ.

말라-깽이 [名] 〔あざける言い方で〕やせている人.

말라리아 (malaria) [名] 〔医学〕マラリア.

말라-붙다 [-부따] [自] ❶ 干上がる; すっかり乾く. ‖가뭄으로 말라붙은 시내 日照りで干上がった小川. ❷ 水気がなくなってこびりつく. ‖밥그릇에 밥풀이 말라붙어 있다 お茶碗にご飯粒がこびりついている.

말라-비틀어지다 ❶ 干からびてしわしわになる. ‖오이가 오래되어 말라비틀어졌다 キュウリが古くなって干からびてしなびた 姿になっている. ❷ やせ細る. ‖말라비틀어진 모습 やせ細った姿.

말라-빠지다 やせこける; やせ細る.

말라위 (Malawi) 图 マラウイ.

말랑말랑-하다 形 [하여] やわらかくふかふかしている. ‖말랑말랑한 홍시 やわらかい熟柿.

말랑-하다 形 [하여] ❶やわらかい. ‖말랑한 찰떡 やわらかいお餠. ❷(人が)扱いやすい; (人を)甘く見ている. ‖나를 말랑하게 보는 것 같다 人を甘く見ているようだ.

말레이시아 (Malaysia) 图 [国名] マレーシア.

말려-들다 [ㄹ語幹] 巻き込まれる; 巻き添えを食う. ‖관계없는 일에 말려들다 関係ないことに巻き込まれる.

말로 (末路) 图 末路. ‖비참한 말로 悲惨な末路.

말리 (Mali) 图 [国名] マリ.

말리다[1] /mallida/ 他 やめさせる; 中止させる; 引き止める; 制止する. ‖싸움을 말리다 けんかをやめさせる. 회사를 그만두겠다는 것을 겨우 말렸다 会社を辞めるというのを何とか引き止めた.

말리다[2] /mallida/ [「마르다[1]」の使役動詞] 乾かす; 干す. ‖드라이어로 머리를 말리다 ドライヤーで髪の毛を乾かす.

말-리다[3] /mallida/ 自 [「말다[1]」の受身動詞] 巻かれる; 巻き上がる; めくれる; まくれる. ‖치마가 자꾸 말려 올라가다 スカートがしきりにめくれ上がる.

말-많다 [-만타] 形 [하여] 言葉が多い; 口うるさい. ‖말많은 사람 口数の多い人.

말-매미 [昆虫] クマゼミ(熊蟬).

말-머리[1] 图 馬首; 馬の向き方向.

말-머리[2] 图 ❶話の出端で話の端緒. ↔말끝. ❷話題; 話の方向. ‖말머리를 돌리다 話題を変える.

말-먹이 图 馬のえさ; 馬の飼料; 飼い葉.

말-못하다 [-모타-] 自 [하여] 言えない; 口に出せない. ‖남에게 말못할 사연이 있다 人に言えない事情がある.

말-문[1] (-門) 图 (何かを言うための)口; 言葉. ▸말문을 막다 話の腰(ᄀᄋᄉ)をくじく; 口を封じる. ▸말문을 열다 口を開く; 口を切る.

말문[2] (末文) 图 末文. ‖결문(結文).

말-뭉치 [言語] コーパス.

말미[1] 图 (定められた期限以外の)時間的余裕; 猶予. ‖삼 일간의 말미를 주다 3日間の猶予を[時間的余裕を]与える.

말미[2] (末尾) 图 末尾. ‖편지 말미 手紙の末尾.

말미암다 /malmiam²ta/ [-따] 自 〔主に…(으)로 말미암아の形で〕…による. ‖지나친 음주로 말미암아 그는 일찍 죽었다 飲み過ぎで彼は早死にした. 누전으로 말미암아 대형 화재가 발생하다 漏電により大火災が発生する.

말미잘 [動物] イソギンチャク(磯巾着).

말바꿈-표 (-標) 图 〔言い換えを表わす〕ダッシュ(-). 通말바꿈표(-標).

말-발 [-빨] 图 話の内容が相手に伝わる具合; 発する言葉が持つ影響力. ‖말발이 세다 話に影響力がある. ▸말발이 서다 押しがきく; 話がうまく通じる.

말-발-굽 [-꿉] 图 馬のひづめ.

말-버릇 /ma:lp̣orut/ [-빠륻] 图 口癖; 話し方. ‖말버릇이 나쁜 아이 口の悪い子. 그게 그 사람의 말버릇이다 それが彼の口癖だ.

말-벌 [昆虫] スズメバチ(雀蜂). ‖말벌에 쏘이다 スズメバチに刺される.

말-벗 [-뻗] 图 話し相手. ⑪말동무. ‖노인들에게는 말벗이 필요하다 お年寄りには話し相手が必要だ.

말복 (末伏) 图 末伏. ⑪초복(初伏)・중복(中伏).

말-붙이다 [-부치-] 自 話しかける.

말살 (抹殺・抹摋) [-쌀] 图 [하여] 抹殺. ‖말살-당하다 [하여] 組織から抹殺されるに抹殺される.

말-상 (-相) 图 馬面.

말-상대 (-相對) 图 = 말벗.

말석 (末席) [-썩] 图 末席; 下座; 末座. ⑪상석(上席).

말세 (末世) [-쎄] 图 末世; 末代.

말소 (抹消) [-쏘] 图 [하여] 抹消. **말소-되다** 受身 호적에 말소되다 戶籍が抹消される.

말-소리 [-쏘-] 图 話し声; 人の声. ‖안쪽에 말소리가 들리다 奥の方で話し声がする.

말-솜씨 [-솜-] 图 話術; 話の仕方. ⑪화술(話術). ‖말솜씨가 뛰어나다 話術に長けている.

말-수 (-數) [-쑤] 图 口数; 言葉数. ‖말수가 적은 사람 口数の少ない人.

말-술 图 斗酒; 多量の酒. ⑪두주(斗酒).

말-시비 (-是非) 图 言いがかり; 言い合い. ‖말시비를 걸다 言いがかりをつける.

말-실수 (-失手) [-씰-] 图 失言. ‖말실수(失言). ‖말실수를 하다 失言する; 口が滑る.

말-싸움 图 [하여] 口げんか; 言い争い. ⑪口論.

말썽 /maṣ²sŏŋ/ [-씨] 图 いざこざ; ごたごた; もめ事; トラブル; 悶着. ‖말썽을 일으키다[피우다] いざこざ[トラブル]を起こす. 말썽이 끊이지 않て もめ事が絶えない.

말썽-거리 [-꺼-] 图 もめ事の原因; 頭

痛의 種; 問題. ‖집안의 말썽거리 家のもめ事. 말썽거리가 생기다 問題が起きる.

말썽-꾸러기 图 やんちゃ坊主; トラブルメーカー.

말쑥-하다 【-쑤카-】 [하변] こざっぱりしている; こぎれいだ. ‖말쑥한 차림새 こざっぱりした身なり. ⑳멀쑥하다. **말쑥-이** 閉

말씀 /ma:l^ɔsum/ 图 ❶ [말의 尊敬語] お話; お言葉; おっしゃること. ‖다음은 교장 선생님 말씀이 있겠습니다 次は校長先生のお話があります. 하시는 말씀이 무슨 뜻인지 잘 알겠습니다 おっしゃることがどういう意味なのかよく分かります. ❷ [말의 謙遜語] 話; 言葉; 一言. ‖선생님께 드릴 말씀이 있습니다 先生に申し上げたいことがあります. 저도 한 말씀 드리고 싶습니다 私も一言申し上げたいです.

말-씨 图 ❶ [語調] …弁; なまり; アクセント. ‖경상도 말씨 慶尚道の弁. ❷ 言葉遣い; 고운 말씨 きれいな言葉遣い.

말-씨름 图 하변 =말다툼.

말아 엔 [ㄹ語幹] 말다(やめる)의 連用形.

말아-먹다 【-따】 덴 (事業などに失敗して)財産을 使い尽くす.

말없음-표 〔-標〕 【마럽슴-】 图 省略記号(…). 回줄임표〔-標〕.

말없-이 /ma:rɔpʃi/ 【마럽씨】 閉 黙って; 無言で; 無口で. ‖말없이 일만 하고 있다 黙々と仕事を続けている. 말없이 가 버리다 何も言わずに去っていく.

말엽 〔末葉〕 图 末葉. 回초엽〔初葉〕·중엽〔中葉〕. ‖십구 세기 말엽 19世紀末葉.

말음 〔末音〕〔言語〕 图 末音. 回끝소리·종성〔終聲〕·받침. 回두음〔頭音〕.

말음법칙 〔末音法則〕 图 〔言語〕末音法則. ➡한글에서 終声字만이 本来의 음价를 가지게 되는 現象. (例) 부엌〔부억〕·값만〔감만〕. 回받침 규칙〔-規則〕.

말-일 〔末日〕 图 末日.

말-재간 〔-才幹〕【-쩨-】 图 弁舌의 才能. ‖말재간이 있다 口が達者だ.

말-재주【-쩨-】 图 話術; 弁舌의 才能.

말-조심〔-操心〕 图 言葉를 慎むこと. ‖말조심을 하다 言葉を慎む; 言葉遣いに気をつける.

말-주변〔-主-〕 图 口弁. ‖말주변이 없다 口下手だ.

말짱-하다 [하변] ❶ 特に問題없이; まだ大丈夫だ. ‖말짱한 신발 まだ履ける 靴. ❷ (意識などが)はっきりしている. ‖정신은 말짱한 것 같다 意識ははっきりしているようだ. ⑳멀쩡하다. ❸ まぎ れのない; 完全だ. ‖말짱하게 낫다 完全に治る. **말짱-히** 閉

말-참견〔-參見〕 图 하변 口出し; おせっかい.

말-체〔-體〕 图 〔言語〕 話し言葉. 回글체〔-體〕.

말초 〔末梢〕 图 末梢.

말초-신경 〔末梢神經〕 图 〔解剖〕 末梢神経. ‖말초 신경을 자극하다 末梢神経を刺激する.

말초-적 〔末梢的〕 图 末梢的の. ‖말초적인 문제 末梢的な問題.

말-총 图 馬のたてがみと尾の毛.

말총-머리 图 ポニーテール.

말-치레 图 하변 お世辞; リップサービス.

말캉-하다 [하변] (柿などが熟して)やわらかい.

말-투 〔-套〕 /ma:lt^hu/ 图 言葉遣い; 言い方; 口ぶり; 口調; 口のきき方. ‖거친 말투 荒々しい言葉遣い. 뭔가 알고 있는 듯한 말투 何か知っているかのような口ぶり. 설교조의 말투 説教じみた言い方.

말-파리 图 〔昆虫〕 ウマバエ〔馬蠅〕.

말-편자 图 蹄鉄〔-鉄〕.

말하-기 图 話すこと. 回듣기·읽기·쓰기. ‖외국어 학습에서는 말하기가 중요하다 外国語の学習では話すことが重要だ.

말-하다 /ma:lhada/ 自변 하변 ❶ 言う; 話す; しゃべる; 述べる. ‖일본어를 유창하게 말하다 日本語を流暢に話す. 내가 말한 대로였다 私が言った通りだった. 말할 것도 없이 言うまでもない. 아무한테도 말하지 마 誰にもしゃべるなよ. 어떻게 받아들였는지 각자 의견을 말해 봅시다 どう受け止めたのか, それぞれ意見を述べてみましょう. ❷ 〔말에 보다의 形で〕 勧む. ‖三굽 꾸어 달라고 말해 볼게 少し貸してくれと, 頼んでみるよ. ❸ 〔말해 주다의 形で〕 物語る. ‖이번 사건은 돈이 전부가 아니라는 것을 말해 주고 있다 今回の事件はお金がすべてではないことを物語っている. ▶말할 수 없이 この上なく; 言葉にできないほど.

말-하자면 /ma:lhadʑamjɔn/ 閉 いわば; 言ってみれば; 言うならば; 例えば. ‖경주는 말하자면 일본의 교토라고 할 수 있다 慶州はいわば日本の京都のような所だ.

말-해 〔-牛〕〔갑〕年. 回오년〔午年〕.

말-허리 图 話の腰. ‖말허리를 자르다 話の腰を折る.

맑다 /mak^ɔta/ 【막따】 [형] ❶ 清い; 澄んでいる; 清らかだ. ‖물이 맑다 水が澄んでいる. 소녀의 맑고 아름다운 눈동자 少女の清くてきれいな瞳. ❷ 晴れている; 晴れ渡っている. ‖맑은 가을

하늘 晴れ渡った秋空. ❸ (頭が) 冴えている. ▶대체로 아침에는 정신이 맑다 大概朝は頭が冴えている.

맑디-맑다 [막띠막따] 囮 非常に清い; 澄み切っている. ▶맑디맑은 가을 하늘 澄み切った秋空.

맑아-지다 囘 清らかになる; きれいになる; 冴えてくる. ▶머리가 맑아지다 頭が冴えてくる.

맑은 囮 맑다 (清い) の連用形

맑은-소리 图 〔言語〕無声音. ⇔무성음 (無聲音)·안울림소리.

맑은-장국 (一醬一) [-꾹] 图 澄まし汁.

맘-껏 [마음껏의 縮約形] 囲 心ゆくまで; 思う存分に. ▶맘껏 네 꿈을 펼치거라 思う存分, 君の夢を広げなさい.

맘-대로 圄 [마음대로의 縮約形] 勝手に; 気の向くままに; (自分の) 意のままに; 自由自在に. ▶언제나 자기 맘대로 하려고 하다 いつも自分の意のままにしようとする.

맘마 〔幼児または幼児が用いて〕まんま; 食べ物. ▶자, 맘마 먹자 さあ, まんま食べよう.

맘모스 (mammoth) 图 マンモスの誤り.

맘-보 [-뽀] 图 [마음보의 縮約形] 性根; 根性. ▶그런 맘보는 고쳐 먹어야 한다 そういう性根はたたき直さなければならない.

맘보² (mambo ⁿ) 图 〔音樂〕 マンボ.

맘-짱 图 〔俗っぽい言い方で〕性格がやさしい人.

맙소사 [-쏘-] 囸 あきれた時やとんでもないことが起きた時に発する語; なんてこった; しまった. ▶맙소사 벌써 일곱 시야. 오늘도 지각하겠다 しまった, もう7時だよ. 今日も遅刻しそう.

맛 /mat/ [맏] 图 ❶ 〔食べ物などの〕 味; 味覚. ▶맛이 싱겁다 味が薄い. 단맛이 나다 甘い味がする. 감기가 들어 맛을 모르겠다 風邪を引いて味が分からない. 술 맛을 알다 酒の味が分かる. ❷ 〔物事の〕持ち味; 楽しさ; 醍醐味. ▶연극の 참다운 맛을 즐기다 芝居の醍醐味を楽しむ. ❸ 経験によって覚えた感じ; 感覚. ▶맛(을) 들이다 興味を覚える. 노는 것에 맛을 들이다 遊びに興味を覚える. ▶맛(을) 붙이다 興味を覚える. ▶맛(이) 들다 持ち味が出る; おいしくなる.

맛-김 [맏낌] 图 味付け海苔.

맛-기 [맏-] 图 〔食べ物の〕持ち味; 味加減.

맛깔-스럽다 [맏깔-] 囮 [ㅂ変] 味加減がよい; (見た目が) おいしそうだ. 맛깔스레 囲

맛-나다 [맏-] 囘 おいしい; 味がよい; うまい味が出ている.

맛-내다 [맏-] 囮 味付けする; うまみを出す. ▶조미료로 맛내다 調味料で味付けする.

맛-대가리 [맏때-] 图 〔맛의 俗語〕非常にまずい味. ▶맛대가리가 하나도 없는 우동 本当にまずいうどん.

맛-보기 [맏-] 图 味見.

맛-보다 /mat²poda/ [맏뽀-] 囮 ❶ 味見をする. ▶국을 맛보다 スープの味見をする. ❷ 味わう; 経験する. ▶뜨거운 맛을 보다 ひどい目にあう. 실연の 아픔을 맛보다 失恋の苦しみを味わう.

맛-살 [맏-] 图 ❶ カニ風味のかまぼこ. ❷ マテガイの身.

맛-소금 [맏쏘-] 图 化学調味料などを加味した塩.

맛-없다 /madəp²ta/ [마덥따] 囮 おいしくない; まずい. ▶맛없는 음식 おいしくない料理. 맛없어서 못 먹겠다 まずくて食べられない.

맛-있다 /majit²ta/ [마딛따 / 마싣따] 囮 おいしい; うまい. ▶음식이 맛있다 料理がおいしい. 맛있는 요리 うまい料理. 뭐든지 맛있게 먹다 何でもおいしく食べる. 맛있게 드세요 おいしく召し上がってください.

맛-탕 [맏-] 图 大学芋.

망¹ (望) 图 見張り. ▶망을 보다 見張りに立つ. 망꾼 (-軍) [-꾼] 图 見張り(人).

-망² (網) 接尾 …網. ▶정보망 情報網. 연락망 連絡網.

망가-뜨리다 囮 壞す; 駄目にする.

망가-지다 囘 壞れる; 駄目になる. ▶애써 만든 모형이 망가졌다 苦労して作った模型が壞れた.

망가-트리다 囮 =망가뜨리다.

망각 (忘却) 图 忘却. 忘却.

망간 (Mangan ᴰ) 图 〔化學〕マンガン.

망건 (網巾) 图 昔, まげをした人の髪が乱れるのを防ぐために額に巻きつけた網狀の頭巾.

망고 (mango) 图 〔植物〕マンゴー.

망국 (亡國) 图 亡國.

망국지탄 (亡國之歎) [-찌-] 图 亡國の嘆き.

망극 (罔極) 囮 親や王からの恩や悲しみが極まること.

망나니 图 ❶ (昔の) 太刀取り; 首切り. ❷ ならず者; 与太者; ごろつき.

망년-회 (忘年會) [-/-회] 图 忘年会.

망념 (妄念) 图 =망상 (妄想).

망대 (望臺) 图 望楼; 見張り台.

망동 (妄動) 图 囮 軽率妄動する.

망두-석 (望頭石) 图 =망주석 (望柱石).

망둥이 图 〔魚介類〕ハゼ (鯊). ▶망둥이가 뛰니까 꼴뚜기도 뛴다 [諺] 「ハゼが飛び上がったらイイダコも飛び上がる」の意で) 身のほどを弁(꺆)えないで人のまね

…をすることのたとえ.
망라(網羅) 【-나】 图 他 網羅. ‖필요한 자료를 망라하다 必要な資料を網羅する.
망령¹(亡靈) 【-녕】 图 亡霊.
망령²(妄靈) 【-녕】 图 形動 もうろく;ぼけ. ‖망령이 들다 もうろくする;ぼける.
망령-스럽다(妄靈-) 【-녕따】 形 ㅂ変 もうろくしたようだ;ぼけかかっている.
망령스레 副
망루(望樓) 【-누】 图 望楼.
망막(網膜) 【-막】 图〖解剖〗網膜.
망막-염(網膜炎) 【-망넘】 图〖医学〗網膜炎.
망막-하다(茫漠-) / maŋmakʰada / 【-마카-】 形 하変 ❶ 茫漠(ぼう)としている. ‖망막한 벌판 茫漠たる原野. ❷ 不確かで不安だ. ‖앞날이 망막하다 将来が不安だ.
망망-대해(茫茫大海) 图 茫々(ぼうぼう)たる大海.
망망-하다(茫茫-) 形 하変 茫々としている.
망명(亡命) 图 自他 亡命. ‖미국으로 망명하다 アメリカへ亡命する.
망명-자(亡命者) 图 亡命者.
망명-지(亡命地) 图 亡命地.
망발(妄發) 图 自他 妄言.
망-보다(望-) 他 見張る.
망부¹(亡父) 图 亡父;先考.
망부²(亡夫) 图 亡夫.
망부-석(望夫石) 图 遠方に行った夫を待ちわびていた妻がそのまま石に化したとの石.
망사(網紗) 图 網目の粗い生地.
망상¹(妄想) 图 他 妄想. ⓝ망념(妄念), 망상에 사로잡히다 妄想にとらわれる. 과대망상 誇大妄想. 피해망상 被害妄想.
망상²(網狀) 图 網状.
망상-맥(網狀脈) 图〖植物〗網状脈.
망설(妄說) 图 妄説. ⓝ망언(妄言).
망설-이다 / maŋsərida / 他 躊躇する;ためらう;迷う. ‖살까 말까 망설이다 買おうか買うまいかためらっている. 무엇을 해야 할지 망설이고 있다 何をすればいいのか,戸惑っている.
망쇄-하다(忙殺-) 形 하変 忙殺される;非常に忙しい.
망신(亡身) 图 恥さらし;恥をかくこと. ‖많은 사람 앞에서 망신을 당하다 大勢の前で恥をかく. 집안 망신을 시키다 家族に恥をかかせる.
망신-거리(亡身-) 【-꺼-】 图 恥さらし. ‖집안의 망신거리 一家の恥さらし. 망신거리가 되다 恥さらしになることをする.
망신-살(亡身煞) 【-쌀】 图 恥をさらすようになる悪運. ‖망신살이 뻗치다 大恥をかく.

망아(忘我) 图 自他 忘我. ‖망아의 경지 忘我の境.
망아지 图 子馬.
망언(妄言) 图 自他 妄言. ⓝ망설(妄說).
망연-자실(茫然自失) 图 自他 茫然自失. ‖그 광경을 보고 어머니는 망연자실했다 その光景を見て母は茫然自失した.
망연-하다(茫然-) 形 하変 茫然としている;呆然としている. **망연-히** 副 茫然と;呆然と.
망외(望外) 【-뙤/-웨】 图 望外. ‖망외의 성과를 거두다 望外の成果を得る.
망울 图 ❶ 球状または大豆状の塊;こり. ‖망울이 지다 しこりができる;つぼみがふくらむ. ❷ 눈망울·꽃망울の略称.
망울-망울 副 粒ごと(に);つぼみごと(に).
망원-경(望遠鏡) / maːŋwɔŋjɔŋ / 图 望遠鏡.
망원-렌즈(望遠lens) 图 望遠レンズ.
망자(亡者) 图 亡者;死者;故人.
망정 图 〔…기에〕 【-니】 〔〜する形で〕 …して幸いだが;…から〔だけ〕よかったものの. ‖늦어도 왔기에 망정이지 안 왔으면 큰일날 뻔했다 遅れてでも来たからよかったものの,来なかったら大変なことになりそうだった. 그 뇌물을 안 받았으니 망정이지 받았으면 큰 문제가 될 뻔했다 その賄賂を受け取らなかっただけよかったものの,受け取っていたら大問題になるところだった.
망조(亡兆) 【-쪼】 图 滅びる兆し. ‖망조가 보이다 滅びる兆しが見える.
망종(芒種) 图 〖二十四節気の〗芒種(ぼうしゅ).
망주-석(望柱石) 图 墓の前に立てる1対の石柱. ⓝ망두석(望頭石).
망중(忙中) 图 忙中.
망중-한(忙中閑·忙中閒) 图 忙中閑有り.
망집(妄執) 图 妄執(もうしゅう). ‖망집에 사로잡히다 妄執にとらわれる.
망측-하다(罔測-) 【-츠카-】 形 하変 非常識だ;見苦しい;見かねる;みっともない. ‖망측한 짓거리 みっともないまね. 망측한 차림 見苦しい身なり. **망측-히** 副
망치 / maŋtɕʰi / 图 槌(つち);ハンマー.
망치-질 图 槌で打つこと.
망-치다(亡-) / maŋtɕʰida / 他 ❶ 滅ぼす;つぶす. ‖나라를 망치다 国を滅ぼす. 술로 신세를 망치다 酒で身を滅ぼす. ❷ 台無しにする;駄目にする. ‖일을 망치다 物事を台無しにする.
망태(網-) 图 網袋.
망태기(網-) 图 =망태(網-).
망토(manteau フ) 图 マント. ‖망토를 걸치다 マントをまとう.

망-하다 (亡―) /maŋhada/ 【自】【変】
❶ 망하다; 멸망하다; 도괴하다. ‖나라가 망하다 国が滅びる. 회사가 망하다 会社が倒産する. ❷ 〔망할…의 形で〕気に入らない者を表わす. ‖저 망할 놈 あの人でなし.

망향 (望郷) 【名】【하다】 望郷.
망향-가 (望郷歌) 【名】 望郷の歌.

맞-걸다 【맏껄―】 【타】【ㄹ語եp】 (糸などを) 両側から互いにかける; 絡める. **맞걸-리다** 【受動】

맞걸-리다 【맏껄―】 【自】 〔맞걸다の受動動詞〕 (両側から) 互いにかかる; 絡み合う; 絡まる. ‖소송이 맞걸려 있다 互いに告訴を起こしている.

맞-고소 (―告訴) 【맏꼬―】 【名】【自他】 (法律) 反訴.

맞-교대 (―交代) 【맏꾜―】 【名】【하다】 2 班で交互に作業をすること.

맞다¹ /mat²ta/ 【맏따】 【自】 当たる; 的中する. ‖화살이 과녁에 맞다 矢が的に当たる. 비가 안 맞도록 시트로 덮다 雨が当たらないようにシートで覆う. 내 예상이 맞았다 私の予想が的中した. ⇒맞히다.

맞다² /mat²ta/ 【맏따】 【自】 ❶ 合う; 合わさる. ‖발에 맞는 구두 足に合う靴. 계산이 맞다 計算が合う. 의견이 안 맞다 意見が合わない. 답이 안 맞다 答えが合わない. 환경 도수가 안 맞다 眼鏡の度が合わない. 핀트가 안 맞다 ピントが合わない. 취향에 맞는 음악 好みに合う音楽. 시계가 안 맞다 時計が合っていない. 체질에 안 맞다 体質に合わない. 채산이 안 맞다 採算が合わない. 뚜껑이 안 맞다 ふたが合わさらない. ❷ 相応する. ‖실력에 맞는 학교를 고르다 実力に相応する学校を選ぶ. 분수에 맞지 않는 생활 身分不相応な生活. ⇒맞히다.

맞다³ /mat²ta/ 【맏따】 【타】 ❶ (雨に)降られる. 打〔撃〕たれる; 殴られる; 食らう. ‖주사를 맞다 注射を打たれる 〔打ってもらう〕. 지난 여름에 머리를 맞아 쓰러졌다 去る夏 頭を殴られ倒れた. 날아온 돌에 머리를 맞아 쓰러졌다 飛んできた石が頭に当たる. 총을 맞아 쓰러졌다 銃に撃たれて倒れた. 따귀를 맞다 びんたを食らう. 주먹으로 머리를 맞다 げんこつで頭を殴られる. ❷ (評価を)受ける; (点数を)とる. ‖퇴짜를 맞다 拒否される; 返される. 만점을 맞다 満点をとる. ❸ 〔바람을 맞히다の形で〕 (約束などを)待ちぼうけを食う. ❹ 〔야단을 맞히다の形で〕叱られる; 大目玉を食う. ⇒맞히다.

맞다⁴ /mat²ta/ 【맏따】 【타】 迎える. ‖손님을 집으로 맞다 客を家に迎える. 웃는 얼굴로 맞다 笑顔で迎える. 며느리를 맞을 준비를 하다 嫁を迎える準備をする. 새로운 마음으로 새해를 맞다 新しい気持ちで新年を迎える. 새봄을 맞다 新春を迎える.

-맞다⁵ 【맏따】 【接尾】 〔一部の体言や語幹に付いて〕形容詞を作る. ‖방정맞다 そそっかしい. 쌀쌀맞다 (態度などが)冷たい.

맞-닥뜨리다 【맏딱―】 【타】 出くわす; かち合う; ぶつかる. ‖어려운 문제에 맞닥뜨리다 難しい問題にぶつかる.

맞-닥치다 【맏딱―】 【자】 ぶつかり合う; 直面する; 出会う.

맞-닥트리다 【맏딱―】 【타】 =맞닥뜨리다

맞-담배 【맏땀―】 【名】 相手の年齢を問わず, その前で一緒に吸うタバコ. ❖韓国では, 普通目上の人の前ではタバコを吸わない.

맞-당기다 【맏땅―】 【他】 引っ張り合う.
맞-닿다 【맏따타】 【自】 触れ合う; 接する.
맞-대다 【맏때―】 【他】 ❶ (同類の何かを)突き合わせる. ‖무릎을 맞대고 이야기하다 ひざを突き合わせて話す. ❷ 〔맞대놓고の形で〕面と向かって. ‖맞대 놓고 이야기하다 面と向かって話す.

맞-대들다 【맏때―】 【自】【ㄹ語幹】 とっくみ合う; 組み合って争う.

맞-대면 (―対面) 【맏때―】 【名】【하다】 当事者同士の対面; 互いに向かい合うこと.

맞-대하다 (―対―) 【맏때―】 【自】【하変】 向かい合う.

맞-돈 【맏똔】 【名】 即金; 現金.

맞-두다 【맏뚜―】 (将棋や囲碁などを) 互角に打つ; 平手で打つ. ‖바둑을 맞두다 囲碁を平手で打つ.

맞-들다 【맏뜰―】 【他】【ㄹ語幹】 持ち合う; 力を合わせて持つ; 協力する.

맞-먹다 【맏머―】 【自】 匹敵する; 相当する; ほぼ同じだ. ‖프로와 맞먹는 실력 プロに匹敵する実力.

맞-물다 【맏물―】 【他】【ㄹ語幹】 かみ合う. ⇒맞물리다.

맞물-리다 【맏물―】 【자】 〔맞물다の受身動詞〕 かみ合わせる; かみ合っている. ‖몇 가지 조건이 맞물려 있는 상황 いくつかの条件がかみ合っている状況.

맞-바꾸다 【맏빠―】 【他】 等価交換する.
맞-바둑 【맏빠―】 【名】 相碁.
맞-바람 【맏빠―】 【名】 向かい風; 逆風.
맞-받다 【맏빧따】 【他】 ❶ (まともに受けて)受ける; やり返す. ‖공을 맞받아 치다 ボールを打ち返す. 말을 맞받다 言い返す. ❷ 正面からぶつかる; 衝突する.

맞-벌이 /mat²pɔ:ri/【맏뻐리】 【名】【自】 共働き; 共稼ぎ.

맞벌이-부부 (―夫婦) 【名】 共働きの夫婦.

맞-부딪다 【맏뿌딛따】 【自他】 ぶつかり合う; 衝突する. ⇒맞부딪히다.

맞-부딪치다 【맏뿌딛―】 【自】 맞부딪다

를 強めて言う語.

맞부딪-히다【맏뿌디치-】他 맞부딪다의 受身動詞.

맞-불【맏뿔】图 ❶向かい火.❷맞불을 놓다 向かい火を放つ.

맞-붙다【맏뿓따】目 とっくみ合い;対戦する.

맞-붙들다【맏뿓뜰-】他【ㄹ語幹】取っ組合う.

맞붙잡다【맏뿓짭따】他 つかみ合う.

맞-상대 (-相對)【맏쌍-】图 [他] ❶互角の相手.❷相手になること.

맞-서다 /mat²sʌda/【맏써-】目 ❶(마주 서다의 縮約形) 向き合う.❷対立する;張り合う.❸立ち向かう.‖고난에 맞서다 逆境に立ち向かう.

맞-선【맏썬】图 見合い.‖맞선을 보다 見合いする.

맞-소송 (-訴訟)【맏쏘-】图【法律】反訴 反訴(反訴).

맞-수 (-手)【맏쑤】图〔맞적수(-敵手)의略語〕好敵手.

맞아-들어가다 目 予想通りだ;当たる;的中する.

맞아-들이다 他 迎え入れる;受け入れる.

맞아-떨어지다 目 ❶(予想などが)当たる.❷(計算などが)一致する.‖계산이 딱 맞아떨어지다 計算がぴったり一致する.

맞은-쪽 图 向かい側;反対側.

맞은-편 (-便) 图 ❶相手方.❷向かい側;反対側.‖편의점 맞은편에 파출소가 있다 コンビニの向かい側に交番がある.

맞이-하다 他【하変】迎える;迎え入れる.‖손님을 반갑게 맞이하듯이 客を迎え入れる. 새해를 맞이하다 新年を迎える. 개업 십 주년을 맞이하다 開業 10 周年を迎える.

맞-잡다【맏짭따】他〔마주잡다의縮約形〕❶(手を)取り合う.❷(ものを)向き合って持つ.

맞-장구(←長鼓)【맏짱-】图 相づち, **맞장구-치다**(←長鼓-)【맏짱-】他 相づちを打つ;同調する.‖그는 내 말에 맞장구쳤다 彼は私の言葉に相づちを打った.

맞-적수(-敵手)【맏쩍쑤】图 好敵手.

맞-절【맏쩔】图【하변】互いにお辞儀をすること.‖신랑신부가 맞절을 하다 新郎新婦が互いにお辞儀をする.

맞추다 /mat²ʰuda/【맏-】他 ❶合わせる;そろえる.‖카메라 핀트를 사람에게 맞추다 カメラのピントを人物に合わせる. 보조를 맞추다 歩調を合わせる. 시계를 정확한 시각에 맞추다 時計を正しい時刻に合わせる. 장부를 맞추다 帳簿を合わせる. 눈을 맞추다 目を合わせる. 말을 맞추다 口裏を合わせる. 각도를 맞추다 角度をそろえる.❷当てる.‖답을 맞추다 答えを当てる.❸あつらえる;注文する;オーダーする;仕立てる.‖양복을 맞추다 背広をあつらえる.❹(程度に)調節する.‖비위를 맞추다 機嫌をとる. 간을 맞추다 塩加減を見る.

맞춤【맏-】图 あつらえ;仕立て.

맞춤-법 (-法)【맏-뻡】图【言語】正書法.◇철자법(綴字法).‖한글 맞춤법 ハングル正書法.

맞-히다¹ /mat²ʰida/【마치-】 他【맞다¹의使役動詞】当たらせる;当てる.‖과녁을 맞히다 的を当てる.

맞-히다² /mat²ʰida/【마치-】 他 ❶【맞다²의使役動詞】当てる;合わせる.‖답을 맞히다 答えを当てる.❷〔맞다³의使役動詞〕(ある状況に)あわせる.‖비를 맞히다 雨にさらす, 바람을 맞히다 待ちぼうけを食わせる.

맡기는 맡기다(任せる·預ける)の現在連体形.

맡-기다 /mat²kida/【맏끼-】 他【맡다¹의使役動詞】任せる;委ねる;一任する;担当させる.‖이번 프로젝트는 이 부장에게 맡깁시다 今回のプロジェクトはり部長に任せましょう. 본인의 판단에 맡기다 本人の判断に任せる. 상상에 맡기다 想像に任せる. 운을 하늘에 맡기다 運を天に任せる. 예금을 은행에 맡기다 お金を銀行に預ける. 아이를 어린이집에 맡기다 子どもを保育園に預ける.

맡긴 맡기다(任せる·預ける)の過去連体形.

맡길 맡기다(任せる·預ける)の未来連体形.

맡는 맡다(引き受ける·嗅ぐ)の現在連体形.

맡다¹ /mat²ta/【맏따】他 ❶引き受ける.‖그 일을 맡다 仕事を引き受ける.❷受け持つ;担当する.‖올해는 삼 학년을 맡다 今年は3年生を受け持つ. 회계를 맡다 会計を担当する.❸預かる.‖귀중품을 맡아 두다 貴重品を預かっておく.❹(許可等を)得る[取る].‖허락을 맡다 許可を得る[取る].❺(役割などを)務める;担う;演じる.‖주역을 맡다 主役を演じる.⑥맡기다.

맡다² /mat²ta/【맏따】他 ❶嗅ぐ.❷〔比喩的に〕気づく;感づく.‖이번 일에 대해 냄새를 맡은 것 같다 今回のことに気づいたようだ.

맡아¹ 맡기다(任せる·預ける)の連用形.

맡아² 맡다(引き受ける·嗅ぐ)の連用形.

맡은㉠ 맡다(引き受ける·嗅ぐ)の過去連体形.
맡을㉠ 맡다(引き受ける·嗅ぐ)の未来連体形.
매¹/mɛ/ 图 (主に子どもを叱ったり戒めたりする時に用いる)細長い棒,またはそれで打つこと; 鞭;打ち. ∥매를 맞다 鞭で打たれる. ▶매도 먼저 맞는 놈이 낫다(俗)「鞭を先に打たれるのが得だ」の意で)どうせ免れないことならば早く済ましたほうがましだ. **매에는 장사 없다**(俗)「鞭に勝つ力士はいない」の意で)鞭打ちには耐えられない.
매²/mɛ/ 图 〔鳥類〕 ❶ タカ(鷹). ∥매사냥 鷹狩り. ❷ ハヤブサ(隼).
매³ 图 ヒツジ·ヤギの鳴き声: メエ. **매-매** 圓
매⁴ 图 念入りに; 丹念に. ∥마루를 매 닦다 床を丹念に磨く. **매-매** 圓
매⁵〔枚〕依名 …枚. ∥원고지 다섯 매 原稿用紙 5 枚.
매⁻⁶〔每〕/mɛ/ 接頭 毎…. ∥매년 매월 毎年 毎月.
매가리 图 맥(脈)の俗語. ∥매가리가 없다 元気がない.
매각(賣却) /mɛːgak/ 图 他 売却. ∥회사 지분을 매각하다 会社の持分を売却する. 부동산을 매각하다 不動産を売却する. **매각-되다** 圁
매개(媒介) /mɛːgɛ/ 图 他 媒介.
매개 모음(媒介母音) 图〔言語〕媒介母音.
매개-물(媒介物) 图 媒介物.
매개변수(媒介變數) 图〔数学〕媒介変数.
매개-자(媒介者) 图 媒介者.
매개 자음(媒介子音) 图〔言語〕媒介子音.
매개-체(媒介體) 图 媒体. (類 매개체(媒體).
매거진(magazine) 图 マガジン.
매관-매직(賣官賣職) 图 他 売官; 金品で官職を売ること.
매국(賣國) 图 他 売国. ∥매국 행위 売国行為.
매국-노(賣國奴)〔-끙-〕图 売国奴.
매그니튜드(magnitude) 图 マグニチュード.
매기¹(每期) 图 圓 毎期.
매기²(買氣) 图 買い気.
매기다 /mɛgida/ 他 (値段·等級·成績などを)つける. ∥값을 비싸게 매기다 値を高くつける. 점수를 매기다 点数をつける. 출하하는 과일에 등급을 매기다 出荷する果物に等級をつける.
매김-씨〔言語〕= 관형사(冠形詞).
매끄럽다 /mɛːkkurɔpʼta/〔ㅂ-따〕 圈 〔비〕매끄러워, 매끄러운〕❶ 滑らかだ; すべすべだ. ∥매끄러운 피부 すべすべな肌. ❷ 物事がはかどる; スムーズだ. ∥일 진행이 매끄럽다 仕事がはかどる.
매끈매끈-하다 形〔하変〕すべすべだ; つるつるだ.
매끈-하다 形〔하変〕❶ ものの表面が滑らかだ; すべすべだ. ❷ すんなりしている. ∥매끈하게 생긴 다리 すんなりとした足.
매-끼(每-) 图 圓 毎食; 食事ごと(に).
매너(manner) 图 マナー. ∥운전 매너 運転のマナー.
매너리즘(mannerism) 图 マンネリズム; マンネリ. ∥매너리즘에 빠지다 マンネリに陥る.
매년(每年) /mɛːnjɔn/ 图 圓 毎年; 年々. 毎해하다. ∥매년 이맘 때 毎年今頃. 그 회의는 매년 개최된다 その会議は毎年開催される.
매뉴얼(manual) 图 マニュアル. ∥매뉴얼대로 하다 マニュアル通りにやる.
매는 매다(結ぶ)の現在連体形.
매니아(mania) 图 마니아の誤り.
매니저(manager) 图 マネージャー; 支配人.
매다¹ /mɛːda/ 他 ❶ 〔紐(꾼)を〕結ぶ. ∥넥타이를 매다 ネクタイを結ぶ. 구두끈을 매다 靴ひもを結ぶ. ❷ 縛る; 束縛する. ∥시간에 매이다 時間に縛られる. ❸ (柱などに)つなぐ; 강아지를 기둥에 매다 子犬を柱につなぐ. 기둥에 빨랫줄을 매다 柱に物干し綱をつなぐ. ❹ 〔…에 목을 매고 있다の形で〕…に必死になっている. ∥매이다.
매다² 他 草取りをする. ∥김을 매다 草取りをする. 밭을 매다 畑の草取りをする.
매(每-) 图 圓 毎月; 月々. (類매월(每月). **-다달이**. ∥매달 나가는 돈 月々の出費.
매-달다 /mɛːdalda/〔ㄹ語幹〕매달아, 매달은, 매답니다〕つる; ぶら下げる. ∥기둥에 풍경을 매달아 놓다 柱に風鈴をぶら下げておく. 종을 매달다 鐘をぶら下げる. ⇒매달리다.
매-달리다 /mɛːdallida/ 圁 ❶〔매달다の受身動詞〕つるされる; ぶら下がる. ∥나무에 매달려 있다 木につるされている. 철봉에 매달리다 鉄棒にぶら下がる. ❷ しがみつく; すがりつく. ∥무서워서 아버지한테 매달리다 怖くて父にしがみつく. ❸ 依存する; 頼る. ∥믿고 매달릴 사람은 너밖에 없다 頼れる人はお前しかいない. ❹ つく; つきっきりだ. ∥아버지 병간호에 세 사람이 매달려 있다 父の看病に 3 人がつきっきりだ.
매도¹(罵倒) 图 他 罵倒. **매도-당하다** 圁
매도²(賣渡) 图 他 売り渡し; 売却.

매독 (梅毒) 图 〔医学〕 梅毒.
매듭 /medɯp/ 图 ❶ (실이나 끈 따위의) 結び; 結び目. ‖ 매듭을 풀다 結び目をほどく. ❷ (物事の) 区切り; けじめ.
매듭-짓다 [-찟따] 回 〔ㅅ変〕 ❶ 結び目をつくる. ❷ 決着をつける; けりをつける; 終わらせる; 区切りをつける. ‖ 오랫동안 끌어오던 일을 오늘 매듭짓다 長引いていた仕事に今日けりをつけた.
매력 (魅力) /mɛrjək/ 图 魅力. ‖ 매력을 느끼다 魅力を感じる. 그 사람의 매력에 끌리다 彼女の魅力に惹(ひ)かれる. 재즈의 매력 ジャズの魅力.
　매력-적 (魅力的) [-쩍] 图 魅力的. ‖ 매력적인 목소리 魅力的な声.
매료 (魅了) 图 ᄒᆞᄐᆞ 魅了(に)(心)を引きつけること. ‖ 청중을 매료하는 연주 聴衆を魅了する演奏. **매료-되다** 受動.
매립 (埋立) 图 ᄒᆞᄐᆞ 埋め立て. ‖ 매립 공사 埋め立て工事.
　매립-지 (埋立地) [-찌] 图 埋め立て地.
매-만지다 回 ❶ 手入れをする. ‖ 머리를 매만지다 髪の手入れをする. ❷ なでる; いじる; さする.
맛-맞 [-맏] 图 鞭で打たれた痛み.
맛-맞다 [-맏따] 回 鞭で打たれる; 叩かれる. ‖ 거짓말을 해서 어머니께 매맞았다 うそをついて母に叩かれた.
매매[1] (賣買) /mɛme/ 图 ᄒᆞᄐᆞ 売買; 売り買い. ‖ 부동산을 매매하다 不動産を売買する. 얼마에 매매되고 있어요? いくらで売り買いされていますか. 매매 가격 売買価格. 매매 계약서 売買契約書. **매매-되다** 受動.
매매[2] (賣買) 图 念入りに; しっかり. ‖ 손을 매매 씻다 手を念入りに洗う.
매머드 (mammoth) 图 ❶ マンモス. ‖ 매머드는 현재 여섯 종류가 알려져 있다 マンモスは現在 6 種類が知られている. ❷ 〔比喩的に〕 形や規模が巨大なもの. ‖ 매머드 단지 マンモス団地.
매명 (賣名) 图 ᄒᆞᄐᆞ 売名.
매몰 (埋沒) /memol/ 图 ᄌᆞᄃᆞ 埋没; 埋まること. ‖ 토사에 의해 매몰되다 土砂に埋没する. 사고로 두 명의 광부가 매몰되다 事故で 3 名の鉱夫が埋められる. 일상생활에 매몰되어 있다 日々の生活に埋没している.
매몰-차다 图 (性格·言動などが)非常に冷たい. ‖ 매몰차게 대하다 冷たく接する.
매무새 图 身なり. ‖ 옷 매무새를 가다듬다 身なりを整える.
매물 (賣物) 图 売り物; 物件.
매미 /mɛmi/ 图 〔昆虫〕 セミ(蟬).
　매미-채 图 蟬を取るための網.
매-번 (每番) /mɛbən/ 图 毎回; その都度. ‖ 매번 같은 실수를 하다 毎回同じ間違いをする.

매복 (埋伏) 图 ᄒᆞᄐᆞ 埋伏; 待ち伏せ.
매부 (妹夫) 图 (弟から見て)姉の夫; 義兄.
매부리-코 图 鷲(わし)鼻; 鳶(とび)鼻.
매-사 (每事) 图 事ごと; 何事. ‖ 매사에 신중을 기하다 何事にも慎重を期す.
매-사냥 图 ᄌᆞᄃᆞ 鷹狩り.
매상[1] (買上) 图 買い上げ.
매상[2] (賣上) /mɛːsaŋ/ 图 ❶ 売り上げ. ‖ 매상을 올리다 売り上げを上げる. ❷ 売れ行き.
　매상-고 (賣上高) 图 売上高.
　매상-금 (賣上金) 图 売上金.
매설 (埋設) 图 ᄒᆞᄐᆞ 埋設.
매섭다 /mɛsəpʰta/ [-따] 图 〔ㅂ変〕 매서워, 매서운 ❶ (顔つきなどが)冷たくて怖い; 険しい; きつい; (目つきが)鋭い. ‖ 매섭게 생긴 얼굴 きつい顔つき. 눈매가 매섭다 目つきが鋭い. ❷ (天候が) 厳しい; 激しい. ‖ 매서운 바람 激しい風.
매수[1] (枚數) 图 〔수〕 枚数.
매수[2] (買收) /mɛːsu/ 图 ᄒᆞᄐᆞ 買収. ‖ 용지를 매수하다 用地を買収する. 유권자를 매수하다 有権者を買収する. **매수-되다** 受動.
매수[3] (買受) 图 ᄒᆞᄐᆞ 買い受け; 買い受けること. ‖ 골동품을 고가로 매수하다 骨董品を高値で買い受ける.
매스-게임 (mass game) 图 マスゲーム.
매스껍다 /mɛsɯkʰəpʰta/ [-따] 图 〔ㅂ変〕 [매스꺼워, 매스꺼운] 吐き気がする; むかむかする. ‖ 속이 매스껍다 胸がむかむかする. ⓔ메스껍다.
매스-미디어 (mass media) 图 マスメディア.
매스-컴 (←mass communication) 图 マスコミ; マスコミュニケーション.
매슥-거리다 [-꺼-] 回 吐き気がする; むかむかする.
매시 (每時) 图 毎時.
매-시간 (每時間) 图 毎時; 時間ごとに. ‖ 매시간의 변동 상황 毎時の変動状況. 온도가 매시간 변하고 있다 温度が時間ごとに変化している.
매식 (買食) 图 ᄒᆞᄐᆞ 食べ物を買って食べること.
매실 (梅實) 图 梅の実.
　매실-주 (梅實酒) 【-쭈】 图 梅酒.
매-양 (每樣) 图 常に; いつも.
매어 回 매다(結ぶ)の連用形.
매연 (煤煙) 图 煤煙. ‖ 대도시는 매연이 심하다 大都市は煤煙がひどい.

매우 /mɛu/ 图 とても; 非常に; 随分; 大変. ‖ 오늘 매우 중요한 회의가 있습니다 今日とても重要な会議があります. 오늘은 매우 덥다 今日はとても暑い. 매우 추운 곳이다 随分寒い所だ. 저출산은 매우 심각한 문제이다 少子化

는 비상히 심각한 문제다. 매우 드문 일 대단히 진귀한 일.

매운 [ㅂ변] 맵다(辛이)의 현재 연체형. ‖매운 음식 辛い食べ物

매운-맛 [-맏] 图 ❶ 辛い味; 辛味. ❷ 辛酸. ‖매운맛을 보다 辛酸をなめる.

매운-탕 (-湯) (料理) メウンタン, 辛魚·野菜などを入れ, 唐辛子·コチュジャンで辛味をきかせた鍋物.

매울 [ㅂ변] 맵다(辛이)의 연용형.

매-월 (每月) 图 圖 毎月; 月々. ⑳ 매달(毎-)·다달이.

매음 (賣淫) 图 (하自) 売淫; 売春.

매-이다 /mεida/ 图 [매다¹의 受動動詞] 縛られる; 束縛される; つながれる. ‖집안일에 매여 있어서 나갈 수가 없다 家事に縛られていて出かけられない. ▶매인 목숨 (人·組織などに) 縛られている身の上.

매일 (每日) /mεil/ 图 圖 毎日. ‖나는 매일 아침 운동을 하다 毎朝運動する. 나는 매일 신문을 보고 있다 私は毎日新聞を読んでいる. 매일 담배를 한 갑 피우다 毎日タバコを1箱吸う. 매일 밤 毎晩.

매일-같이 (每日-) [-가치] 圖 毎日のように. ‖매일같이 택시를 타다 毎日のようにタクシーに乗る.

매-일반 (一一般) 图 同じ; 等しいこと.

매입 (買入) 图 (하他) 買い入れ. ⑳ 매출 (賣出).

매장¹ (賣場) /mεdʒaŋ/ 图 売り場. ‖아동복 매장 子供服売り場. 할인 매장 ディスカウントショップ.

매장² (埋葬) /mεdʒaŋ/ 图 (하他) ❶ 埋葬. ‖선산에 매장하다 先山(셌)에 埋葬する. ❷ [比喩的に] 社会から排除すること; 葬り去ること. ‖사회적으로 매장당하다 社会的に葬り去られる.

매장³ (埋藏) 图 埋蔵. **매장-되다** 图受.

매장-량 (埋藏量) [-냥] 图 埋蔵量. ‖원유 매장량 原油の埋蔵量.

매장-물 (埋藏物) 图 埋蔵物.

매점¹ (買占) 图 (하他) 買い占め.
매점 매석 (買占賣惜) 買い占め売り惜しみ.

매점² (賣店) 图 売店. ‖학교 매점 学校の売店.

매정-하다 厖 (하変) 薄情だ; 無情だ; つれない.

매제 (妹弟) 图 (兄から見て) 妹の夫; 義弟.

매주 (每週) /mεdʒu/ 图 圖 毎週. ‖매주 일요일 毎週日曜日.

매직 (magic) 图 [매직펜의 略語] マーカーペン.

매직 넘버 (magic number) 图 マジックナンバー.

매직-미러 (magic + mirror 日) 图 マジックミラー.

매직-펜 (magic + pen) 图 マーカーペン. ⑳매직.

매진¹ (邁進) 图 (하自) 邁進(はい).

매진² (賣盡) 图 売り切れ. ‖매진 사례 売り切れ御礼. **매진-되다** 图 売り切れる. ‖반응이 좋아 표가 금방 매진되었다 大好評でチケットがすぐ売り切れた.

매질 图 (하自) 鞭で打つこと. ‖심한 매질을 하다 ひどく鞭打ちする.

매체 (媒體) 图 媒体. ⑳ 매개체 (媒介體). ‖광고 매체 広告媒体.

매춘 (賣春) 图 (하自) 売春.
매춘-부 (賣春婦) 图 売春婦.

매출 (賣出) /mεtɕʰul/ 图 売り出し; 売り上げ. ⑳ 매입 (買入). ‖매출이 늘어나다 売り上げが伸びる.
매출-액 (賣出額) 图 売上高; 売れ高.

매치 (match) 图 マッチ. ‖타이틀 매치 タイトルマッチ. **매치-되다** 图 マッチする; つながる; ぴったり合っている.
매치 포인트 (match point) 图 マッチポイント.

매캐-하다 厖 (하変) 煙い. ‖매캐한 냄새 煙いにおい. ⑳ 메케하다.

매콤-하다 厖 (하変) やや辛い; ややぴりっとする. ‖매콤한 치킨 ぴりっと辛いチキン.

매큼-하다 厖 (하変) かなり辛い.

매트 (mat) 图 マット; 敷物.
매트리스 (mattress) 图 マットレス.

매-파¹ (-派) 图 タカ派; 強硬派. ⑳ 비둘기파 (-派).

매파² (媒婆) 图 結婚の仲立ちを務める老婆.

매판 자본 (買辦資本) 图 (經) 買弁資本, 매판 資本 (民族資本).

매표¹ (買票) 图 (하他) 切符やチケットを買うこと.

매표² (賣票) 图 (하他) 切符やチケットを売ること.
매표-구 (賣票口) 图 切符売り場.
매표-소 (賣票所) 图 切符売り場.
매표-원 (賣票員) 图 (切符売り場で) 切符やチケットを売る人.

매-한가지 图 同じこと.

매형 (妹兄) 图 (弟から見て) 姉の夫; 義兄.

매호 (毎戶) 图 毎戶.

매혹 (魅惑) 图 魅惑. ‖사람을 매혹하는 아름다움 人を魅惑する美しさ. **매혹-되다** 图受.
매혹-적 (-的) [-쩍] 魅惑的. ‖매혹적인 포즈를 취하다 魅惑的なポーズを取る.

매화 (梅花) 图 (植物) ウメ (梅).
매화-꽃 (梅花-) [-꼳] 图 梅の花.
매화-나무 (梅花-) 图 (植物) ウメ (梅).

매회 (每回) [-/-훼] 图 圖 毎回.

회 참가하다 毎回参加する.

맥(脈)【mek】[名] ❶脈;脈拍. ‖맥을 재다 脈をはかる. 脈を取って診る. 脈を取ってみる. ❷ (「脈略」「文脈」の略)脈絡;文脈. ‖글의 맥이 통하지 않다 文脈がつながらない. ❸元気. ‖맥이 없다 元気がない. ❹系統;伝統. ‖맥을 이어가다 系統を継いでいく. ▶맥(을) 놓다 ぼうっとする;呆然とする;あっけにとられる;放心状態だ. ‖그 말을 듣고는 맥을 놓고 앉아 있다 それを聞いてぼうっと座っている. ▶맥을 못 추다 (ある人・ある事・ある物に対して)弱くなる;(人が)小さくなる. たじたじとなる. ‖그 사람 앞에서는 맥을 못 추다 彼の前ではたじたじとなる. ▶맥(이) 빠지다[풀리다] がっかりする;気落ちする;拍子抜けする;張り合いが抜ける;気力が抜ける. ‖그 말을 들으니까 맥이 빠진다 それを聞いたら気力がなくなる. 맥이 빠져서 할 마음이 없어졌다 拍子抜けしてやる気がなくなった.

맥고-모자(麥藁帽子)【-꼬-】[名] 麦わら帽子.

맥관(脈管)【-꽌】[名] 【解剖】脈管.

맥락(脈絡)/meŋnak/【맹낙】[名] 脈絡. ‖전후 맥락이 맞지 않는 이야기 前後の脈絡が合わない話.

맥락-막(脈絡膜)【맹낭-】[名] 【解剖】脈絡膜.

맥류¹(脈流)【맹뉴】[名] 脈流.

맥류²(麥類)【맹뉴】[名] 大麦·小麦·鳩麦などの総称.

맥립-종(麥粒腫)【맹닙쫑】[名] 麦粒腫;物もらい. ❖ 다래끼.

맥맥-이(脈脈-)【맹-】[副] 脈々と. ‖맥맥이 이어지는 역사와 전통 맥맥と引き継がれる歴史と伝統.

맥-모르다(脈-)[動]【르変】わけ·事情·いきさつなどを知らない;何も知らない. ‖맥모르고 덤벼들다 何も知らずに飛びかかる.

맥박(脈搏)【-빡】[名] 脈拍. ‖맥박을 재다 脈拍を取る;脈をはかる.

맥박-치다(脈搏-)[動] 脈を打つ.

맥반-석(麥飯石)【-빤-】[名] 麥飯(ばんぱん)石. ✣浄水効果があると言われる.

맥-빠지다(脈-)/mekʰpadʑida/[動] 脈が抜ける;拍子抜けする;がっかりする. ‖시합에 져서 맥빠진 모습으로 돌아오다 試合に負けて맥빠진 様子で帰ってくる.

맥시멈(maximum)[名] マキシマム;マクシマム. ⇔미니멈.

맥아(麥芽)[名] 麦芽. ⇔엿기름.

맥아-당(麥芽糖)[名] 【化学】麦芽糖. ⇔엿당(-糖).

맥압(脈壓)[名] 脈圧.

맥-없다(脈-)/meɡʌpˀtˀa/【매겁따】[形] 元気がない;しょんぼりしている. 맥없

이 [副] すごく(と);しょんぼり. ‖맥없이 돌아가다 しょんぼりと帰る.

맥주(麥酒)/mekˀtɕu/【-쭈】[名] ビール. ‖시원한 맥주 한 잔 冷たいビール一杯. 생맥주 生ビール.

맥주-병(麥酒瓶)【-쭈뼝】[名] ①ビール瓶. ②(からかい言い方で)泳げない人;金づち.

맥주-잔(麥酒盞)【-쭈짠】[名] ビールグラス;ビールジョッキ.

맥주-집(麥酒-)【-쭈찝】[名] ビヤホール. ◆호프(집).

맥주-홀(麥酒 hall)[名] ビヤホール.

맥-줄(脈-)【-쭐】[名] 脈所(みゃくどころ).

맥진(脈盡)【-찐】[名] ❶脈が尽きること;くたびれること. ❷기진맥진하다 疲労困憊(はい)する.

맥-풀리다(脈-)[動] 気が抜ける;緊張がほぐれる;拍子抜けする. ‖맥풀리는 결과 拍子抜けする結果.

맨¹/mɛn/[冠] 一番. ‖맨 처음에 만났을 때 (一番)最初に会った時に. 맨 앞줄에 앉다 一番前の列(最前列)に座る. 맨 먼저 알리다 真っ先に知らせる. 맨꽁무니 一番最後;びりっけつ. ❷…ばかり;すべて. ‖회장에는 맨 여자들뿐이었다 会場は女性ばかりだった.

맨² [冠] 매다(結ぶ)の過去連体形.

맨³-[接頭] 「それだけ」「ありのまま」の意を表わす語:素…. ‖맨손 素手. 맨 얼굴 素顔;素のままの顔. 맨 먼저 一番. 맨 처음 一番さき.

맨-눈[名] 肉眼;육안(肉眼).

맨둥맨둥-하다[形] 【하変】 ❶(頭や山が)はげている. ❷민둥민둥하다.

맨드라미[名] 【植物】ケイトウ(鶏頭).

맨-땅[名] 地べた;地面. ‖맨땅에 주저앉아 있다 地べたに座り込んでいる.

맨-몸[名] ❶裸;すっ裸. ❷手に何も持っていないこと.

맨-발[名] 素足. ‖맨발로 달려 나가다 裸足で駆け出す.

맨-밥[名] おかずのないご飯.

맨션(mansion)[名] マンション. ‖고층 맨션 高層マンション.

맨-손/mensʰon/[名] 素手;徒手;手ぶら. ‖맨손으로 대항하다 素手で立ち向かう. 맨손 체조 徒手体操.

맨송맨송-하다[形] 【하変】 ❶酒を飲んでも酔いが回らない. ‖아무리 마셔도 맨송맨송하다 いくら飲んでも酔いが回らない. ❷所在ない;手持ち無沙汰だ. ‖맨송맨송한 신문을 통독이다 所在ないままに新聞を読み返す.

맨-입[-닙][名] ❶何も食べてない口. ❷見返りがないこと;ただ. ‖맨입으로 안 된다 ただではできない.

맨-주먹[名] ❶素手;徒手;手ぶら. ❷赤手;無一文. ‖맨주먹으로 상경하다 無一文で上京する.

맨투맨 (man-to-man) 閉 マンツーマン; 1対1.

맨홀 (manhole) 閉 マンホール. ‖맨홀에 떨어지다 マンホールに落ちる.

맬 매다(結ぶ)の未来連体形.

맴[1] 閉 人や物がぐるぐる回ること. ‖맴을 돌다 ぐるぐる回る.

맴[2] 閉 蟬の鳴き声: ジーン; ミーン. **맴-맴**

맴-돌다 [[[ㄹ語幹]] ❶ ぐるぐる回る. ‖주변을 맴돌다 周辺をぐるぐる回る. ❷ (一定の範囲で)行動を繰り返す. ❸ (円を描きながら)ぐるぐる回る.

맵다 /mep*ta/【-따】形 [ㅂ変] [매워, 매운] ❶ 辛い. ‖풋고추가 너무 맵다 青唐辛子が辛すぎる. 매워서 못 먹겠다 辛くて食べられない. ❷ 煙たい. ‖매운 담배 연기 煙たいタバコの煙. ❸ (性格が)きつい; とげとげしい. ❹ (손끝の形で)叩かれると痛い.

맵시[-씨] 閉 着こなし. ‖옷 맵시가 좋다 着こなしが上手だ.

맵싸-하다 形 ぴりっと辛い. ‖맵싸한 풋고추 ぴりっと辛い青唐辛子.

맵쌀 閉 蒸して乾かしてから殻をむいたそば.

맷-돌 [매똘/맫똘] 閉 石臼.

맷집 [매찝/맫찝] 閉 いくら打たれても大丈夫そうな体つき.

맹[1] 閉 (姓) 孟(メン).

맹-[2] 猛接頭 猛⋯. ‖맹연습 猛練習.

맹공 (猛攻) 閉 猛攻.

맹-공격 (猛攻撃) 閉 猛攻撃.

맹금 (猛禽) 閉 猛禽(キン).

맹꽁-맹꽁 副 ジムグリガエルの鳴き声.

맹꽁이 (動物) ❶ ジムグリガエル(地潜蛙). ❷ (からの言い方で)分からず屋; とんま.

맹도-견 (盲導犬) 閉 盲導犬.

맹독 (猛毒) 閉 猛毒.

맹랑-하다 (孟浪-) [-낭-] 形 [하変] 生意気だ; 無作法だ; こざかしい. ‖어른한테 꼬박꼬박 말대꾸를 하다니 참 맹랑한 녀석이다 大人に一々口答えをするとは、本当に生意気なやつだ.

맹렬-하다 (猛烈-) [-녈-] 形 [하変] 猛烈だ. ‖맹렬한 추격 猛烈な追撃.

맹모삼천지교 (孟母三遷の敎) 孟母三遷の敎え.

맹목 (盲目) 閉 盲目.

맹목-적 (盲目的) [-쩍] 閉 盲目的. ‖맹목적인 사랑 盲目的な愛. 맹목적으로 믿다 やみくもに信じる.

맹-물 /mɛŋmul/ 閉 ❶ 真水; 生水. ❷ (比喩的に)世事に疎い人.

맹방 (盟邦) 閉 盟邦; 同盟国.

맹성 (猛省) 閉 猛省; 深く反省すること. ‖맹성을 촉구하다 猛省を促す.

맹세 (←盟誓) /mɛŋse/ 閉 하他 誓い; 誓約. ‖굳은 맹세 固い誓い. 맹세하다 誓う. 맹세를 깨다 誓いを破る. 두 번 다시 하지 않겠다고 마음속으로 맹세하다 二度とやるまいと心に誓う.

맹세-코 (-盟誓) 副 決して; 断じて; 断固として; 必ず. ‖맹세코 약속은 지키겠습니다 必ず約束は守ります.

맹수 (猛獸) 閉 猛獸.

맹신 (盲信) 閉 하他 盲信. ‖약에 대한 맹신 薬に対する盲信. 다른 사람 말을 맹신하다 人の言を盲信する.

맹아[1] (盲児) 閉 目の見えない子ども.

맹아[2] (盲啞) 閉 盲啞. ‖맹아 학교 盲啞學校.

맹아[3] (萌芽) 閉 萌芽(ガ); 芽生え. ‖문명의 맹아 文明の萌芽.

맹아-기 (萌芽期) 閉 萌芽期.

맹-연습 (猛練習) [-녀-] 閉 하他 猛練習.

맹우 (盟友) 閉 盟友.

맹위 (猛威) 閉 猛威. ‖더위가 맹위를 떨치다 暑さが猛威をふるう.

맹인 (盲人) 閉 盲人. 俗 소경.

맹자[1] (盲者) 閉 盲者; 盲人.

맹자[2] (孟子) 閉 (四書の一つの)孟子.

맹장[1] (猛將) 閉 猛将.

맹장[2] (盲腸) 閉 (解剖) 盲腸.

맹장-염 (盲腸-) [-념] 閉 (医学) 盲腸炎. 俗 충수염(蟲垂炎).

맹점 (盲点) [-쩜] 閉 盲点. ‖맹점을 찌르다 盲点をつく.

맹종 (盲從) 閉 하自 盲従.

맹주 (盟主) 閉 盟主.

맹추 閉 閒抜け; ぼんくら.

맹타 (猛打) 閉 猛打. ‖맹타를 맞다 猛打を浴びる.

맹-탕 (-湯) 閉 ❶ 味が付いていない汁; 水っぽい汁. ❷ (比喩的に)気味のない人.

맹-폭격 (猛爆擊) [-격] 閉 하他 猛爆擊.

맹-하다 閉 하変 ぼうっとしている; 間抜けみたいだ. ‖맹해 보이는 아이 ぼうっとしている子.

맹호 (猛虎) 閉 猛虎(コ).

맹-활약 (猛活躍) 閉 하自 大活躍.

맹-훈련 (猛訓練) [-훌-] 閉 하自 猛訓練.

맺다 /met*ta/【맫따】他 ❶ 結ぶ. ‖열매를 맺다 実を結ぶ. 계약을 맺다 契約を結ぶ. 국교를 맺다 国交を結ぶ. 동맹을 맺다 同盟を結ぶ. 인연을 맺다 緣(契)を結ぶ. ❷ 締めくくる. ‖끝을 맺다 締めくくる. ❸ 맺히다.

맺음-말 結論; 結び(の言葉). 俗 머리말.

맺-히다[1] [매치-] 自 (しこりなどが)残っている. ‖한이 맺히다 恨みが残る.

맺-히다[2] [매치-] 自 (맺다の受身動

詞]結ばれる;結ぶ.‖열매가 맺히다 実がなる. 눈물이 맺히다 涙ぐむ.

머[代]〔무엇의 縮約形〕何.‖머 먹을래? 何, 食べる? ↔会話でしか用いない.

머²[助]〔文の終わりに付いて〕主に女性や子どもの甘える気持ちを表わす; …だもん; …だってば.‖남들도 다 사는데, 머 他の人も皆買うんだもん.

머그-잔(mug 盞)[名] マグカップ.

머금다 /mɔgumʰta/ [-따] [他] ❶〔口の中に含む〕‖입에 물을 머금다 口に水を含む. ❷〔笑みなどを浮かべる〕‖미소를 머금고 웃음을 浮かべる. ❸ 宿す. ‖이슬을 머금은 나뭇잎 露を宿した葉.

머루 /[植物] ヤマブドウ(山葡萄).

머리 /mɔri/ [名] ❶ 頭.‖머리가 아프다 頭が痛い. 머리를 쓰다듬다 頭をなでる. 머리를 굵다 頭をかく. 머리가 나쁘다 頭が悪い. 머리를 깎다 頭を刈る. ❷ 髮の毛.‖머리를 감다 髪の毛を洗う. 머리가 나다 髪の毛が生える. 머리가 많이 길었다 髪の毛がだいぶ伸びた. 머리가 많이 빠진다 髪の毛が相当抜ける. ▶머리가 굳다 頭が固い. ▶머리를 깎다 ① 頭を丸める. ② 僧侶になる. ▶머리를 숙이다 ① 頭を下げる. 머리 숙여 절하다 頭を下げてお辞儀する. ② 感服する. ③ 謝る. 미안하다고 몇 번이나 머리를 숙였다 すまないと何回も謝った. ▶머리를 식히다 頭を冷やす. ▶머리를 싸매다 頭を抱える. ▶머리를 쓰다 頭を使う. ▶머리를 쥐어짜다 知恵をしぼる. ▶머리를 처들다 頭をもたげる. ▶머리를 풀다 髮を下ろす. ▶머리를 흔들다 首を(横に)振る. ▶머리에 피도 안 마르다 まだ青二才だ.

머릿-골 [-리꼴/-릳꼴] [名] 脳髓; 頭. [해](解).

머리-속 [-리쏙/-릳쏙] [名] 頭の中; 念頭.‖머릿속이 복잡하다 頭の中が混乱している.

머리-글자(-字)[-짜][名] 頭文字.

머리-기사(-記事)[名]〔新聞·雑誌などの〕トップ記事.

머리-꼭지[-찌][名] 頭のてっぺん.

머리-끄덩이[名] 束ねた髮の毛の根元.‖머리끄덩이를 잡다 束ねた髪をつかむ.

머리-끝[-끋][名] 髪の毛の先端.‖화가 머리끝까지 치밀다 怒髮天を衝く; 髪の毛を逆立てる. ▶머리끝에서 발끝까지 頭のてっぺんから足のつま先まで.

머리-띠[名] 鉢卷き; ヘアバンド.‖머리띠를 매다 鉢巻きをする.

머리-말 [名] 序文;序論;前書き;卷頭言. [해]권두언(卷頭言). [해]맺음말.

머리-맡[-맏][名] 枕元.

머리-뼈[解剖] 頭蓋骨. [해]두개골(頭蓋骨).

머리-소리(-)[言語] 頭音. [해]두음(頭音).

머리-숱[-숟][名] 髪の量.

머리-채[名] 垂らしている長い髪.

머리-카락[名] 髪の毛. [해]머리칼. ‖머리카락을 자르다 髪の毛を切る.

머리-칼[名]〔머리카락의 縮約形〕髪の毛.

머리-털[名] 髪の毛; 頭髪; 毛髪. [해]두발(頭髮)·모발(毛髮).

머리-통[名] ❶ 頭の周り. ❷〔머리의 俗語〕頭.‖머리통이 크다 頭がでかい.

머리-핀(-pin)[名] ヘアピン; ヘアーピン.

머릿-결[-리껼/-릳껼][名] 髮の毛の質や状態.

머릿-기름[-리끼-/-릳끼-][名] ヘアオイル.

머릿-돌[-리똘/-릳똘][名] 礎石; いしずえ.

머릿-밑[-린믿][名] 髪の毛の生え際.

머릿-수(-數)[-리쑤/-릳쑤][名] 頭数; 人数.‖머릿수를 세다 頭数を数える.

머릿-수건(-手巾)[-리쑤-/-릳쑤-][名] 頭にかぶる手ぬぐい.

머무르다 /mɔmuruda/ [르変][머물르다, 머무르니] ❶ 留まる(停まる).‖시선이 머무르다 視線が留まる. ❷ とどまる.‖결과는 준우승에 머무르고 말았다 結果は準優勝にとどまってしまった. ❸ 泊る; 滞在する.‖지금 친척 집에 머무르고 있습니다 今親戚の家に泊っています. 한 달 동안 파리에 머무르다 一か月パリに滞在する.

머무적-거리다[-대다][-껴-][때-][自他] ためらう; もじもじする. [해]머뭇하다.

머무적-머무적[-정-][副][自他] もじもじ(と). [해]머뭇머뭇.

머물다 /mɔmulda/ [ㄹ語幹][머물러, 머무는, 머문] 머무르다의 縮約形.‖외국에 장기간 머물다 外国に長期間滞在する.

머물러[[ㄹ変] 머무르다(留まる)의 連用形.

머뭇-거리다[-대다][-문 꺼-][때-][自他]〔머무적거리다의 縮約形〕ためらう; もじもじする.‖머뭇거리지 말고 솔직하게 말을 해라 もじもじしないではっきり言いなさい.

머뭇-머뭇[-문-문][副][自他]〔머무적머무적의 縮約形〕もじもじ(と). ‖그는 머뭇하며 얘기를 시작했다 彼はもじもじと話を始めた.

머스터드(mustard)[名] マスタード.

머슴[名] 作男(奋).
 머슴-살이[名][自他] 作男暮らし.‖머슴살이를 하다 作男暮らしをする.

머신(machine)[名] マシン.‖머신 건 マシンガン.

머쓱-하다 [-쓰카-] 形 [하変] ❶ 背はかりになれない。❷ しょげている。気後れする。∥사람들이 많이 있는 곳은 정말 머쓱하다 人が大勢いる所は本当に気後れする。**머쓱-히** 副

머위 名 〔植物〕 フキ(蕗).

머저리 名 間抜け; あほう; ばか.

머지-않다 [-안타] 形 〔主にまじ않아の形で〕間もなく; そのうちに; 近いうちに; 遠からず.∥머지않아 봄이 올 거다 間もなく春が来る.

머플러 (muffler) 名 マフラー. ❶ 巻巻; 首巻.∥목에 머플러를 두르다 首にマフラーを巻く. ❷〔車の〕消音器

먹 名 墨.∥먹을 갈다 墨をする.

먹고-살다 [-꼬-] 自 [ㄹ語幹] 生活を立てる; 食っていく.∥날품팔이를 해서 먹고산다 日雇いで生計を立てている.

먹-구름 [-꾸-] 名 ❶ 黒雲; 雨雲. 먹장구름.∥먹구름이 잔뜩 낀 걸 보니 비가 오겠다 雨雲が垂れ込めているのを見ると雨が降りそうだ. ❷〔比喩的に〕暗雲(暗雲).

먹-그림 [-끄-] 名 〔美術〕 墨絵.

먹-나비 [멍-] 名 〔昆虫〕 コノマチョウ(木の間蝶).

먹-놓다 [멍노타] 他 墨糸で木材などに線を引いく.

먹는 冠 먹다(食べる)の現在連体形.

먹다[1] [-따] 自 ❶ 〔耳が〕遠くなる; 〔耳が〕聞こえなくなる.∥귀가 먹다 耳が遠くなる; 耳が聞こえなくなる.

먹다[2] /mʌkʔta/ [-따] 自他 ❶〔虫が〕食う.∥벌레 먹은 사과 虫が食ったリンゴ. ❷〔道具などが〕よく機能する. ❸ 染まる;〔化粧などの〕のりがいい.∥오늘은 분이 잘 먹는다 今日は白粉(ホチン)ののりがいい. ❹〔費用がかかる〕かかる; 食う. ❺〔油を多く食う車 ガソリンをかなり食う車.

먹다[3] /mʌkʔta/ [-따] 他 ❶ 食べる; 食う; 食らう.∥밥을 먹다 ご飯を食べる.∥아무것도 안 먹고 싶다 何も食べたくない.∥점심 먹으러 가다 お昼を食べに行く. ❷ 飲む; 吸う.∥약을 먹다 薬を飲む.∥아기가 젖을 먹다 赤ちゃんが乳を吸う. ❸ とる.∥나이를 먹다 年をとる. ❹〔考えなどを〕いだく; 持つ; 感じる.∥마음을 먹다 決心する.∥겁을 먹다 恐がる; 怖がる. ❺ 取られる; 取られる.∥두 골이나 먹다 2 ゴールも取られる.∥욕을 먹다 悪口を言われる. 他먹이다.

먹다[4] /mʌkʔta/ [-따] 補動 …てしまう.∥숙제를 또 잊어 먹다 宿題をまた忘れてしまう.∥냄비를 태워 먹다 鍋を焦がしてしまった.

먹-도미 [-또-] 名 〔魚介類〕 クロダイ(黒鯛). 他먹돔.

먹-돔 [-똠] 名 〔魚介類〕 먹도미の縮約形.

먹먹-하다 [멍머카-] 形 [하変] 〔耳が〕詰まった感じで一時的に聞こえない.

먹-물 [-믈] 名 ❶ 墨汁. 〔タコ・イカなどの〕墨.∥문어에서 먹물을 내뽑다 タコが墨を吐く.

먹-보 [-뽀] 名 〔からかう言い方で〕食いしん坊.

먹-빛 [-삣] 名 墨色.

먹-성 (-性) [-썽] 名 食べっぷり; 食いっぷり.∥먹성이 좋다 よく食べる.

먹-실 [-씰] 名 墨糸; 墨縄.

먹다 먹다(食べる)の連用形.

먹어-하다 自 食べ慣れる.

먹여-살리다 他 養う; 食わす.∥가족을 먹여살리다 家族を養う.

먹은 冠 먹다(食べる)の過去連体形.

먹을 冠 먹다(食べる)の未来連体形.

먹음-새 名 食べっぷり; 食いっぷり.

먹음직-스럽다 [-쓰-] 形 [ㅂ変] おいしそうだ; うまそうだ.∥먹음직스러운 빵 おいしそうなパン. **먹음직스레** 副

먹이 名 餌; 飼料.∥먹이를 주다 餌を与える[やる].

먹이-통 (-桶) 名 飼い葉桶.

먹이는 冠 먹이다(食べさせる)の現在連体形.

먹-이다 /mʌgida/ 他 ❶〔먹다[3]の使役動詞〕食べさせる; 食わす; 飲ませる.∥애들에게 밥을 먹이다 子どもたちにご飯を食べさせる.∥애한테 감기약을 먹이다 子どもに風邪薬を飲ませる. ❷〔家畜を〕飼う.∥소를 먹이다 牛を飼う. ❸〔糊を〕きかせる.∥시트에 풀을 먹이다 シーツに糊をきかせる; シーツを糊付けする. ❹〔돈을 먹이다〕賄賂を贈る.∥관계자에게 돈을 먹이다 関係者に賄賂を贈る. ❺ 食わせる.∥주먹을 한 방 먹이다 げんこつを一発食わせる. ❻〔恥を〕かかせる.∥부모 욕을 먹이다 親に恥をかかせる. ❼ おびえさせる.∥아이에게 겁을 먹이다 子どもをおびえさせる.

먹이-사슬 =먹이 연쇄(-連鎖).

먹이어 [먹여] 他 먹이다(食べさせる)の連用形.

먹이-연쇄 (-連鎖) 名 〔生物〕 食物連鎖.

먹인 冠 먹이다(食べさせる)の過去連体形.

먹일 冠 먹이다(食べさせる)の未来連体形.

먹-자 [-짜] 名 曲尺(ホチネ).

먹자-판 [-짜-] 名 飲みや歌いの大騒ぎ.

먹장-구름 [-짱-] 名 ❶ 黒雲; 雨雲. ⑩먹구름.

먹-장어 (-長魚) [-짱-] 名 〔魚介類〕ヌタウナギ(沼田鰻).

먹-줄 [-쭐] 名 墨糸; 墨縄.

먹-지 (-紙) [-찌] 名 カーボン紙.

먹칠 (-漆) 图 ㊅自 ❶墨を塗ること. ❷名誉や名声に泥を塗ること;恥をかかせること. ‖선배 얼굴에 먹칠을 하다 先輩の顔に泥を塗る.

먹통 (-桶) 图 ❶墨壺. ❷〔比喩的に〕ぼんくら;間抜け.

먹황새 [머쾅-] 图 〔鳥類〕ナベコウ(鍋鸛).

먹히는 囹 먹히다(食べられる)の現在連体形.

먹히다 [mʌkhida/먹키-] ㊅自 ❶먹다(の受身動詞) 食べられる;食われる;飲まれる;食い込まれる;吸収される. ‖대기업에 먹히다 大手企業に食われる. ❷かかる. ‖설치 비용이 많이 먹히다 設置コストがかなりかかる. ❸(話の内容などが)通じる. ‖저 사람한테는 도무지 말이 안 먹힌다 あの人には話が全く通じない.

먹히어[먹혀] 囹 먹히다(食べられる)の連用形.

먹힌 囹 먹히다(食べられる)の過去連体形.

먹힐 囹 먹히다(食べられる)の未来連体形.

먼 厖 [ㄹ語幹] 멀다(遠い)の現在連体形. ‖먼 곳 遠いところ.

먼-곳 [-꼳] 图 遠い所;遠方.

먼-길 图 遠い道のり;遠路. ‖먼길을 찾아오다 遠路はるばる訪れる.

먼-눈 图 ❶遠目;遠くを見る目. ❷よそ見. ‖먼눈을 팔다 よそ見する.

먼-동 图 曉;夜明け. ‖먼동이 트다 夜が明ける.

먼-먼 厖 遠い遠い. ‖먼먼 옛날에 遠い遠い昔.

먼-발치 图 少し離れているが視線が届く所.

먼저 /mʌndʑʌ/ 圃 先に;まず;最初に. ‖먼저 가 일이 있어서 나가 버리고 또에 나가 버렸으니 私の方から申し上げます. 다른 회사보다 먼저 신제품을 출시하다 他社に先がけて新製品を売り出す.

먼젓-번 (-番)[-저뻔/-전뻔] 图 先日;前回;この間. ‖먼젓번에 만났을 때 이야기를 별로 못 했다 この間会った時はあまり話ができなかった.

먼지 /mʌndʑi/ 图 ほこり;ちり. ‖먼지 하나 없이 깨끗이 하다 ほこり一つなくきれいにする. 책장의 먼지를 털다 本棚のちりを払う.

먼지-떨이 图 はたき;下さげ;下ばたき. ‖먼지떨이로 탈탈 털다 ぱたぱたと(と)はたきをかける.

멀거니 圃 気抜けしたようにぼんやりとしている様子;きょとんと;呆然と. ‖멀거니 보고만 있다 呆然と見ているだけだ.

멀겋다 [-거타] 厖 [ㅎ変] (汁の具が)少ない;水っぽい. ‖국이 멀겋다 汁に具が少ない.

멀게-지다 囹自 (液体の濃度が)薄くなる.

멀끔-하다 厖 [하変] さっぱりしている;こぎれいだ. **멀끔-히** 圃

멀다¹ /mʌːlda/ 厖 [ㄹ語幹] [멀어, 언] 遠い;ほど遠い. ㊉가깝다. ‖목적지까지는 아직 멀다 目的地まではまだ遠い. 집은 역에서 그렇게 멀지 않다 家は駅からそれほど遠くない. 먼 친척 아저씨 遠い親戚のおじさん. 이 실력으로는 합격과는 거리가 멀다 この実力では合格にはほど遠い. 문제를 해결하기까지는 아직 멀었다 問題の解決までにはまだまだ遠い. ▶먼 사촌보다 가까운 이웃이 낫다 遠い親戚一家より近い隣. ㊥가까운 남이 먼 일가보다 낫다.

멀다² /mʌːlda/ 囹自[ㄹ語幹] [멀어, 머는, 먼] ❶(目が)見えなくなる;(視力を)失う. ‖눈이 멀다 目が見えなくなる. ❷〔比喩的に〕目がくらむ;正しい判断ができなくなる. ‖돈에 눈이 멀다 金に目がくらむ.

멀뚱-멀뚱 囹 きょとんと;まじまじと;ぽかんと. ‖사람 얼굴을 멀뚱멀뚱 쳐다보다 人の顔をまじまじと見る. ㊉멀뚱말뚱.

멀리 /mʌlli/ 圃 遠く. ‖멀리 나가다 遠くへ出かける. 멀리서 오다 遠くから来る. 그 탑은 멀리서도 보인다 その塔は遠くからも見える. **멀리-멀리** 圃

멀리-뛰기 图 (スポーツ)幅跳び.

멀리-하다 囹他 避ける;遠ざける. ‖나쁜 친구를 멀리하다 悪友を遠ざける.

멀미 /mʌlmi/ 图 ㊅自 (車・船など乗り物の)酔い. ‖차멀미가 심하다 車酔いがひどい. 뱃멀미를 하다 船酔いをする.

멀미-약 (-藥) 酔い止め(薬).

멀쑥-하다 [-쑤카-] 厖 [하変] さっぱりしている;すらりとしている. ‖수염을 깎은 멀쑥한 얼굴 ひげを剃ったさっぱりとした顔. 멀쑥하게 생긴 젊은이 すらりとした青年. ㊉말쑥하다. **멀쑥-히** 圃

멀어 囹 [ㄹ語幹] 멀다(遠い)の連用形.

멀어-지다 囹自 ❶遠くなる;遠ざかる. ❷久しくなる;疎遠になる. ‖발소리가 멀어지다 足音が遠のく. 그 후 그 사람과는 멀어졌다 その後彼とは疎遠になった.

멀쩡-하다 /mʌlʦʌŋhada/ 厖 [하変] 異常なし;欠けた所がない;無傷だ;丈夫だ. ‖높은 데서 떨어졌는데도 아이는 멀쩡했다 高い所から落ちたのに子どもは無傷だった. ㊉말쩡하다. **멀쩡-히** 圃

멀찍감치 圃 遠くに;かけ離れて. ‖멀찍감치 떨어져 서 있다 遠くに離れて立っている.

멀찌막-하다 [-마카-] 厖 [하変] かけ離れている. **멀찌막-이** 圃

멀찍-멀찍【-찡-】副 やや遠くに; かけ離れて.
멀찍-하다【-찌카-】形【하変】かけ離れている. **멀찍-이** 副
멀티-미디어(multimedia) 名 マルチメディア.
멀티-스크린(multiscreen) 名 マルチスクリーン.
멈추다 /məmtɕʰuda/ 自 とまる. ‖시계가 멈추다 時計がとまる. 심장이 멈추다 心臓がとまる. 가게 앞에 멈추어 서다 店先で立ちどまる.
── 他 とめる; …やむ. ‖발길을 멈추다 足をとめる. 차를 멈추다 車をとめる. 울음을 멈추다 泣きやむ. 담배를 한 대 피우다 멈추다 仕事の手を休めて一服する.
멈칫【-칟】副 驚いて動揺する様子: はっと; びっくり; ぎょっと. **멈칫-멈칫** 副 もじもじ(と).
멈칫-거리다【-칟꺼-】自他 もじもじする; ためらう.
멋 /mət/【먿】名 ❶ 粋(い); しゃれ. ‖멋을 아는 사람 粋な人, 멋을 부리다[내다] おしゃれをする; めかしこむ. ❷ 風流; 風情; 趣(意). ❸ 物事の味; 妙味.
멋-대가리【먿때-】名 멋の俗っぽい言い方.
멋-대로 /məttɛro/【먿때-】副 勝手に; 意のままに; 思うままに. ‖멋대로 행동하다 勝手にふるまう. 멋대로 해라 勝手にしろ.
멋들어-지다【먿뜨러-】 すてきだ; すばらしい; 見事だ.
멋-모르다【먿-】【르変】 何も分かっていない; 無謀だ. ‖그는 멋모르고 선배한테 덤볐다 彼は無謀にも先輩に食ってかかった.
멋-부리다【먿뿌-】自 おしゃれをする; めかしをする; めかし込む. ‖그는 오늘 한껏 멋부리고 나타났다 彼は今日思いっきりおしゃれをして現われた.
멋-없다【머덥따】形 格好悪い; ださい; 無粋だ. ‖멋없는 남자 無粋な男.
멋-있다 /mədit͈a/【머딛따/머딛따】形 格好よい; すてきだ. ‖옷차림이 멋있다 身なりがすてきだ. 멋있는 인생 すてきな人生.
멋-쟁이【먿쨍-】名 おしゃれな人.
멋-지다【먿찌-】形 すてきだ; すばらしい; 見事だ. ‖멋진 연기 見事な演技.
멋-쩍다【먿-따】形 照れくさい; 気恥ずかしい.
멍 /məŋ/ ❶ あざ. ‖무릎에 멍이 들다 ひざにあざができる. 푸른 멍 青あざ. ❷ 心の傷. ‖그 일로 가슴에 멍이 들다 そのことで心に傷がついた.
멍게(動物) ホヤ(海鞘) ☞우령쉥이.

멍군 名感 (将棋で)将軍(王手)をかけられた時に言い返す言葉.
멍-들다【ㄹ語変】 あざができる; (心が)深く傷つく. ‖그 일로 마음이 멍들었다 そのことで心が傷ついた.
멍멍 犬の吠え声: ワンワン.
멍멍-거리다 ワンワンと吠える.
멍멍-이 名 개(犬)の別称.
멍멍-하다 形【하変】 ❶ ぼかんとしている; ぼんやりしている. ❷ しばらく周りの音がよく聞こえない. ‖열차가 지나가는 바람에 귀가 멍멍하다 列車が通る音でしばらく耳が聞こえない.
멍석 わらむしろ. ‖멍석을 깔다 わらむしろを敷く.
멍석-자리【-짜-】名 むしろを敷いた席.
멍에 名 ❶ (牛馬にかける)くびき. ❷ [比喩的に] 首かせ.
멍울 名 ❶ 凝り; しこり. ‖그 일로 가슴에 멍울이 지다 そのことで心にしこりが残る. ❷ ぐりぐり. ▶멍울이 서다[생기다] しこりができる. ぐりぐりができる.
멍청-이【-챙이】名 間抜けや; あほう; ばか. ‖멍청이처럼 굴다 間抜けのようにふるまう.
멍청-하다 形【하変】 間抜けだ; あほうだ; ばかだ. ‖멍청한 짓을 하다 ばかなことをする. どじを踏む.
멍청-히 副 ぼうっと; ぼけっと.
멍텅구리【-뎅-】名 =멍청이.
멍-하다 /məːŋhada/ 形【하変】 あっけにとられてぼうっとしている; ぼんやりしている; 呆然としている; きょとんとしている. ‖멍하니 보고만 있다 呆然と見ているだけだ. 멍한 얼굴 きょとんとした顔.
멍해-지다 自 気が抜ける; ぼうっとなる. ‖그 소식을 듣자 갑자기 정신이 멍해졌다 その知らせで急に気が抜けてしまった.
멎다 /mət͈a/【먿따】自 ❶ (雨が)やむ. ‖밤새 내리던 비가 새벽녘에 멎었다 一晩中降っていた雨が夜明け頃やんだ. ❷ (動きが)とまる. ‖심장이 멎다 心臓がとまる. 시계가 멎어 버렸다 時計がとまってしまった. 출혈이 겨우 멎었다 出血がようやくとまった.
메¹ /mɛː/ 산(山)の古風な言い方.
메² 名 大槌(殺).
메³ 名 제사(祭祀)の時に供えるご飯.
메가(mega) 依名 メガバイトの略語.
메가-바이트(megabyte) 依名 …メガバイト.
메가-비트(megabit) 依名 …メガビット.
메가톤(megaton) 依名 …メガトン.
메가폰(megaphone) 名 メガホン. ▶메가폰을 잡다 メガホンを握る.
메가-헤르츠(megahertz) 依名 (物理) 周波数の単位: …メガヘルツ(MHz).
메기 名 (魚介類) ナマズ(鯰).
메기-입 〔あざけった言い方で〕ナマズの

ような大きい口.
메기-주둥이 [名] 메기입の俗っぽい言い方.
메-기장 [名]《植物》 ウルキビ(粳黍).
메김-소리 [名] 輪唱のような民謡を歌う時, 最初に歌い出す側の歌.
메-까치 [名]《鳥類》 サンジャク(山鵲).
메-꽃【-꼳】[名]《植物》 ヒルガオ(昼顔).
메뉴 (menu) /menju/ [名] メニュー; 献立; 品書き.
메다[1] /me:da/ [自] ❶(のどなどが)ふさがる; 詰まる. ‖목이 메다 のどが詰まる. ❷むせる.
메다[2] /me:da/ [他] 担ぐ; 背負う. ‖배낭을 메다 リュックを担ぐ. 어깨에 메다 肩に担ぐ. [受]메이다.
메달 (medal) [名] メダル. ‖메달을 따다 メダルを取る. 금메달 金メダル.
메달리스트 (medalist) [名] メダリスト.
메들리 (medley) [名] メドレー.
메뚜기 [名]《昆虫》 バッタ(飛蝗).
메롱 [感] あかんべい.
메리노 (merino) [名] (ヒツジの一品種の)メリノ.
메리야스 (←medias [ス]) [名] メリヤス.
메리트 (merit) [名] メリット; 利点.
메-마르다 [形]〖르変〗 ❶干からびている. ‖메말라 딱딱한 빵 干からびて固いパン. 메마른 감정 干からびた感情. ❷乾燥している; かさかさしている. ‖메마른 입술 乾いた唇.
메모 (memo) /memo/ [名] [하他] メモ. ‖간단히 메모를 하다 簡単にメモをとる.
메모-지 (-紙) [名] メモ用紙.
메모-판 (-板) [名] 伝言板.
메모리 (memory) [名]《IT》 メモリー.
메모리^스틱 (-Stick) [名]《IT》 メモリースティック. ✣商標名から.
메모리^카드 (-card) [名]《IT》 メモリーカード.
메밀 /memil/ [名]《植物》 ソバ(蕎麦).
메밀-가루【-까-】[名] そば粉.
메밀-국수【-쑤】[名]《料理》 そば.
메밀-꽃【-꼳】[名] そばの花.
메밀-떡 [名] そば粉で作った餅.
메밀-묵 [名]《料理》 そば粉をゼリー状に煮固めた食べ物.
메-벼 [名]《植物》 ウルチマイ(粳米).
메스 (mes [オ]) [名] メス. ▸메스를 가하다 メスを入れる.
메스껍다 /mesɯʔkɔpʔta/【-따】[形]〖ㅂ変〗[메스꺼워, 메스꺼운] 吐き気がする; むかむかする; むかつく. ‖그걸 보니까 속이 메스껍다 それを見たら, 胸がむかむかする. [작]매스껍다.
메스-실린더 (←measuring cylinder) [名] メスシリンダー.
메슥-거리다【-꺼-】[自] 吐き気がする; むかむかする.
메슥-메슥【-승-】[副] [하自] むかむか. ‖속이 메슥메슥한 것이 토할 것 같다 胃がむかむかして吐きそうだ.
메시아 (Messiah) [名] メシア. ✣ヘブライ語で「油を注がれて聖別された者」の意.
메시지 (message) [名] メッセージ.
메신저 (messenger) [名] メッセンジャー.
메아리 [名] こだま; 山びこ.
메아리-치다 [自] こだまする.
메어-치다 [他] (肩に担いで)地面にたたきつける. [縮]메치다.
메우다 /meuda/ [他] ❶(穴・空白などを)埋(う)める; 埋(う)める. ‖구멍을 메우다 穴を埋める. 빈칸을 메우다 空欄を埋める. ❷補う; 補填する. ‖갭을 메우다 ギャップを埋める.
메-이다 [自] 〔메다[2]の受身動詞〕 担がれる.
메이-데이 (May Day) [名] メーデー. ✣5月1日.
메이저 (major) [名] メジャー. [対]마이너.
메이커 (maker) /meikʰɔ/ [名] メーカー; メーカー品; ブランド; ブランド品. ‖세계 최대의 철강 메이커 世界最大の鉄鋼メーカー. 트러블 메이커 トラブルメーカー.
메이크업 (makeup) [名] [하自] メークアップ; メーキャップ.
메인-스탠드 (main+stand [日]) [名] メーンスタンド.
메인-이벤트 (main event) [名] メーンイベント.
메인-타이틀 (main title) [名] メーンタイトル.
메일 (mail) /meil/ [名]《IT》 メール. ‖메일 어드레스 メールアドレス. 메일을 주고받다 メールのやりとりをする.
메-조[1] [名]《植物》 ウルアワ(粳粟).
메조[2] (mezzo [イ]) [名]《音楽》 メッツォ; メゾ.
메조-소프라노 (mezzo-soprano [イ]) [名]《音楽》 メゾソプラノ.
메조^포르테 (mezzo forte [イ]) [名]《音楽》 メゾフォルテ.
메조^피아노 (mezzo piano [イ]) [名]《音楽》 メゾピアノ.
메주 [名] ❶煮た大豆をつぶして一定の形にして乾燥させたもので, 醤油や味噌の原料. ❷〔比喩的に〕 ぶす.
메주-콩 [名] 메주を作る大豆.
메추라기 [名]《鳥類》 ウズラ(鶉). [縮]메추리.
메추리 [名] 메추라기の縮約形.
메-치다 [他] 메어치다の縮約形.
메카 (Mecca) [名] メッカ. ‖영화 산업의 메카 映画産業のメッカ.
메커니즘 (mechanism) [名] メカニズム.
메케-하다 [形]〖하変〗 煙い. [작]매캐하다.

메타-세쿼이아 (Metasequoia^ラ) 图 《植物》 メタセコイア.

메타포 (metaphor) 图 《文芸》 メタファー; 隠喩.

메탄 (methane) 图 《化学》 メタン.

메탄-가스 (methane gas) 图 《化学》 メタンガス.

메트로폴리스 (metropolis) 图 メトロポリス.

메트로폴리탄 (metropolitan) 图 メトロポリタン.

메트로놈 (metronome) 图 《音楽》 メトロノーム.

메틸-알코올 (methyl alcohol) 图 《化学》 メチルアルコール.

멕시코 (Mexico) 图 《国名》 メキシコ.

멘스 (←menstruation) 图 月経; 生理.

멘톨 (Menthol^ド) 图 メンソール.

멜-대 [-때] 图 天秤棒.

멜라닌 (melanin) 图 メラニン.

멜라민-수지 (melamine 樹脂) 图 メラミン樹脂.

멜로-드라마 (melodrama) 图 メロドラマ.

멜로디 (melody) 图 《音楽》 メロディー. ∥귀에 익은 멜로디 聞き慣れたメロディー.

멜로디언 (melodion) 图 《楽器》 ピアニカ. ◆商標名.

멜론 (melon) 图 《植物》 メロン.

멜빵 图 サスペンダー. ∥멜빵 치마 サスペンダースカート.

멤버 (member) 图 メンバー. ∥멤버 교체 メンバーチェンジ.

멤버십 (membership) 图 メンバーシップ.

멧-새 [-쌔] 图 =멧새.

멥쌀 图 粳(^{うる})米. ⑦糯米.

멧-돼지 [메뙈-/멛뙈-] 图 《動物》 イノシシ(猪).

멧-부리 [메뿌-/멛뿌-] 图 山頂; 頂上.

멧-새 [메쌔/멛쌔] 图 《鳥類》 ホオジロ.

며¹ /mj/ 圃 《母音で終わる体言に付いて; 子音の場合は이며》…や; …やら; で; …も. ∥바다며 유원지며 사람들로 만원이다 海も遊園地も人でいっぱいだ. 과자며 과일이며 엄청 사왔다 お菓子やら果物やらいっぱい買ってきた. 그 사람은 정치가며 예술가이다 彼は政治家で芸術家である.

-며² /mj/ 語尾 《母音で終わる用言の語幹に付いて; 子音の場合は으며》 ❶2つ以上の動作や状態を並べる時に用いる連結語尾: …(して)…(し)たり; …であって. ∥얌전하여 공부도 잘한다 おとなしくて勉強もできる. ❷ …しながら. ∥음악을 들으며 커피를 마시다 音楽を聴きながらコーヒーを飲む. 사정을 말하며 울다 事情を話しながら泣く.

며느님 图 〔며느리の尊敬語〕 お嫁さん.

며느리 /mjɔnuri/ 图 嫁. ⑳자부(子婦). ∥며느리를 보다 嫁を迎える[もらう].

며느릿-감 [-리깜/-릳깜] 图 嫁候補. 嫁にしたい人.

며칠-날 [-친-] 图 (その月の)何日. ⑩며칠.

며칠 /mjɔtʃʰil/ 图 ❶ [며칠날の縮約形] 何日. ∥오늘이 오월 며칠이야? 今日は5月何日なの? 며칠 있다가 옵니까? 何日後に来ますか? ❷数日. ∥며칠 지나서 다시 갔다 数日経ってから また行った.

멱¹ 图 멱의 縮約形.

멱² 图 のど首.

멱-따다 图 のど首を締める; のど首を刺す.

멱-살 [-쌀] 图 胸ぐら. ∥멱살을 잡다 胸ぐらをつかむ.

면¹ (面) /mjɔn/ 图 ❶表面; 前面; 表. ∥동전의 앞면 コインの表側. ❷領域; ある方面. ∥모든 면에서 뛰어나다 あらゆる面で優れている. 자금 면에서는 문제가 없다 資金的には問題がない. ❸ 《数学》面. ∥선과 면 線と面. ❹ (新聞の)紙面. ❺政治면 政治の面. ❺ところ. ∥사회의 어두운 면 社会の暗いところ.

면² (面) 图 《行政》 地方行政区域の一つ. ✢군(郡)の下, 이(里)の上.

면³ (綿) 图 木綿.

면⁴ (麵) 图 麺. 麺類の総称.

면⁵ 圃 《母音で終わる体言に付いて; 子音の場合は이면》 …なら; …であれば; 子音の場合は이면》 …なら; …であれば. ∥저런 사람이 오빠면 좋겠다 ああいう人がお兄さんならいいのに.

-면⁶ /mjɔn/ 語尾 仮定の意味を表わす連結語尾: …と; …ば; …たら; …なら. ∥비가 오면 그만두자 雨が降ったらやめよう. 돈이 있으면 차를 사고 싶다 お金があれば, 車を買いたい. 바다를 보면 마음이 차분해진다 海を見ると, 気持ちが落ち着く.

연구-스럽다 (面灸-) [-따] 圈 [ㅂ変] 決まりが悪い; 気恥ずかしい. ∥그 일이 있어서 선생님을 뵙기가 연구스럽다 あんなことがあって先生にお目にかかるのが気恥ずかしい.

면담 (面談) 图 面談. ∥담임 선생님과 면담하다 担任の先生と面談する. 면담을 요청하다 面談を求める.

면-대칭 (面對稱) 图 《数学》 面対称.

면도 (面刀) /mjɔn.do/ 图 ひげ剃り. ∥면도를 하다 ひげを剃る.

면도-기 (面刀器) 图 ひげ剃り; シェーバー.

면도-날 (面刀-) 图 剃刀(^{かみそり})の刃.

면도-칼 (面刀-) 图 剃刀.

면류 (麵類) [멸-] 图 麺類.

면류-관(冕旒冠)【멸-】图 正装した時の王の冠.

면면(面面) 图 ❶(人·物の)あらゆる側面. ‖그 사람의 면면을 살펴보다 彼のあらゆる面を調べる. ❷面と面と. ‖그 날 참석한 면면들 その日出席した面面.

면면-하다(綿綿-) 肜【하변】綿々としている. **면면-히** 副 면면히 이어온 전통 綿々たる伝統.

면모¹(面貌) 图 面貌; 面目. ‖면모를 일신하다 面目を一新する.

면모²(綿毛) 图 綿毛. ⑩舎털.

면목(面目) /mjəːnmok/ 图 面目; 面貌; 様子. ‖면목이 안 서다 面目が立たない. 면목을 잃다 面目を失う〔つぶす〕. ▶면목(이) 없다 面目がない. 이렇게 저버리고 면목이 없다 こんな負け方をして面目ない.

면밀-하다(綿密-) 肜【하변】綿密だ. ‖면밀한 검토 綿密な検討. **면밀-히** 副

면-바지(綿-) 图 コットンパンツ.

면박(面駁) 图他 面と向かって非難すること. ‖면박을 주다 面と向かって非難する. 면박을 당하다 面と向かって非難される.

면-발(麵-)【-빨】 图 麵類の腰.

면-방적(綿紡績) 图 綿紡績.

면-방직(綿紡織) 图 綿紡織.

면벽(面壁) 图【하변】(仏教) 面壁.

면봉(綿棒) 图 綿棒.

면사(綿絲) 图 綿糸; 木綿絲.

면사무소(面事務所) 图 (地方行政区域の一つである)面²(面)の役場.

면사-포(面紗布) 图 花嫁のベール. ‖면사포를 쓰다 花嫁がベールをかぶる; 結婚式を挙げる.

면상¹(面上) 图 面上; 顔面.

면상²(面相·面像) 图 面相; 顔立ち.

면서¹ 語尾〔母音で終わる体言に付いて; 子音の場合は이면서〕…であり; …ながら. ‖한 남자의 아내면서 두 딸의 어머니 1 人の男の妻であり 2 人の娘の母親.

-면서² /mjənsə/ 語尾〔母音で終わる用言の語幹に付いて; 子音の場合は-으면서〕❶…し〔しながら, …と同時に〕. ‖신문을 보면서 식사를 하다 新聞を読みながら食事をする. ❷…のに; …のくせに. ‖잘 알면서 아는 척하다 よく知らないのに知っているかのようにする.

면-서기(面書記) 图 면사무소(面事務所)に勤める公務員.

면세(免稅) 图他【法律】免稅.
　면세-점(免稅店) 图 免稅店.
　면세-점(免稅點)【-쩜】 图 免稅点.
　면세-품(免稅品) 图 免稅品.

면소(免訴) 图他 免訴.

면수(面數) 【-쑤】 图 ページ数.

면식(面識) 图 面識. ‖면식이 있는 사람 面識のある人.

면식-범(面識犯) 【-뻠】 图【法律】被害者と顔見知りの犯人. ‖이번 절도 사건은 면식범의 소행으로 추정된다 今回の窃盗事件は顔見知りの犯行と推定される.

면실-유(綿實油) 【-류】 图 綿実油.

면-싸대기(面-) 图 낯의 俗語.

면양(緬羊·綿羊) 图【動物】ヒツジ(羊). ⑩양(羊).

면역(免疫) /mjəːnjək/ 图 自他【医学】免疫. ‖면역이 생기다 免疫ができる. 면역 반응 免疫反応. 그의 이런 행동에는 어느 정도 면역이 되어 있다 彼のこのような行動にはある程度免疫ができている.
　면역-성(免疫性)【-썽】 图 免疫性; 免疫力.
　면역-원(免疫原) 图【生理】抗原. ⑩항원(抗原).
　면역-체(免疫體) 图 免疫体. ⑩항체(抗體).
　면역-학(免疫學)【며녀칵】 图 免疫学.
　면역 혈청(免疫血清)【며녀쿨-】 图【生理】免疫血清.

면장¹(免狀)【-짱】 图 ❶〔면허장(免許狀)の略〕免状. ❷〔수출 면장 輸出 免状〕. ❸〔사면장(赦免狀)の略〕赦状.

면장²(面長) 图 면²(面)の長.

면-장갑(綿掌匣) 图 軍手. ⑩목장갑(木掌匣).

면적(面積) 图 面積. ⑩넓이. ‖삼각형의 면적 三角形の面積. 경작 면적이 넓다 耕作面積が広い.

면적-그래프(面積 graph) 图【数学】面積グラフ.

면적 속도(面積速度) 图【物理】面積速度.

면전(面前) 图 面前.

면접(面接) /mjəːndʒəp/ 图他 ❶面接. ‖사장이 직접 면접하다 社長が直接面接する. ❷〔면접시험(面接試驗)の略〕. ‖면접을 보다 面接試験を受ける. 오늘 회사 면접이 있다 今日会社の面接試験がある.

면접-시험(面接試驗) 图 面接試験. ⑩면접(面接). ‖면접시험을 보러 가다 面接試験を受けに行く.

면제(免除) 图他 免除. ‖병역 면제 兵役の免除. 수업료를 면제하다 授業料を免除する. **면제-되다**【-받다】 受動

면-제품(綿製品) 图 綿製品.

면조(綿租) 图他【法律】免租.
　면조-지(免租地) 图 免租地.

면종복배(面從腹背)【-뻐】 图【하변】面従腹背.

면죄 (免罪) 【-/-퀘】 名自 免罪.
면죄-부 (免罪符) 【-/-퀘-】 名 免罪符.
면직¹ (免職) 名他 免職. ◉ 해지 (解職).
면직² (綿織) 名 〔면직물(綿織物)의 略語〕綿織物.
면직-물 (綿織物) 【-징-】 名 綿織物. ⑱면직(綿織).
면책 (免責) 名他 免責.
면책 특권 (免責特權) 【-퀀】 名 免責特權. ‖국회의원에게는 면책 특권이 있다 国会議員には免責特権がある.
면책² (面責) 名他 面と向かって責めること.
면포 (綿布) 名 綿布. ⑱무명.
면피 (面皮) 名 面皮. ⑱낯가죽.
면-하다¹ (面-) /mjəːnhada/ 他 〔하변〕 面する; 臨む. ‖바닷가에 면해 있는 별장 海辺に面している別荘.
면-하다² (免-) /mjəːnhada/ 他 〔하변〕 免れる; 逃れる. ‖책임을 면하다 責任を免れる. 위험을 면하다 危険から逃れる. 비난을 면할 수 없다 非難を免れない.
면학 (勉學) 名 勉學. ‖면학에 힘쓰다 勉学にいそしむ[励む].
면허 (免許) 名 免許. ‖운전 면허 運転免許. 운전 면허를 따다 運転免許を取る. 운전 면허 학원에 다니다 自動車教習所に通う.
면허-장 (免許狀) 【-짱】 名 免許状. ⑱면장(免狀).
면허-증 (免許證) 【-쯩】 名 免許證.
면허-세 (免許稅) 【-쎄】 名 〔法律〕免許稅.
면화 (綿花) 名 〔植物〕ワタ(綿).
면화-씨 (綿花-) 名 綿の種.
면회 (面會) /mjəːnhwe/ 【-/-퀘】 名他 面会. ‖면회하러 가다 面会に行く. 면회를 요청하다 面会を求める.
면회-사절 (面會謝絕) 名 面会謝絶.
면회-실 (面會室) 名 面会室.
면회-인 (面會人) 名 面会人.
면회-일 (面會日) 名 面会日.
멸공 (滅共) 名他 共産主義を滅ぼすこと.
멸구 (昆虫) 名 ヨコバイ(横這い).
멸균 (滅菌) 名 滅菌; 殺菌. ‖멸균 소독 滅菌消毒.
멸망 (滅亡) 名自 滅亡. ‖잉카 제국의 멸망 インカ帝国の滅亡.
멸사-봉공 (滅私奉公) 【-싸-】 名自 滅私奉公.
멸시 (蔑視) 【-씨】 名他 蔑視. ‖가난하다고 해서 사람을 멸시해서는 안 된다 貧しいからといって人を蔑視してはいけない. **멸시-받다**[-닫따] 受身
멸종 (滅種) 【-쫑】 名自他 種の絶滅. ‖멸종 위기에 처하다 絶滅の危機に瀕する.

289
명령

멸치 /mjəltɕhi/ 名 〔魚介類〕 カタクチイワシ(片口鰯). ‖멸치는 칼슘의 보고이다 カタクチイワシはカルシウムの宝庫だ.
멸치-젓 【-절】 名 片口鰯の塩辛.
멸치-조림 (-料理) 名 片口鰯の稚魚を醬油またはコチュジャンで煮つけたもの.
멸-하다 (滅-) 他自 〔하변〕 滅ぼす; 滅びる.
멍¹ (明) 名 〔姓〕 明(ミョン).
멍² (明) 名 〔歴史〕 (中国王朝の)明(次) (1368〜1644).
명³ (命) /mjəŋ/ 名 ❶名; 寿命. ‖명이 길다 寿命が長い. ❷명령(命令)의 略語. ‖명을 내리다 命令を下す.
명⁴ (名) 依名 人数の単位: …名; …人. ‖모인 사람은 전부 다섯 명이었다 集まった人は全部で5名だった.
명-⁵ (名) 接頭 名…. ‖명연설 名演說. 명연수 名選手.
-명⁶ (名) 接尾 …名. ‖잡지명 雑誌名.
명가 (名家) 名 名家.
명검 (名劍) 名 名劍; 名刀.
명견 (名犬) 名 名犬.
명경-지수 (明鏡止水) 名 明鏡止水.
명곡 (名曲) 名 名曲.
명과 (銘菓) 名 銘菓.
명관 (名官) 名 優れた官吏.
명구 (名句) 【-꾸】 名 名句.
명군 (名君) 名 優れた君主.
명궁 (名弓) 名 명궁수(名弓手)의 略語.
명-궁수 (名弓手) 名 名射手; 弓の名人. ⑱명궁(名弓).
명기¹ (名妓) 名 名高い芸者.
명기² (名器) 名 名器.
명기³ (明記) 名他 明記.
명단 (名單) 名 名簿; リスト. ‖회원 명단 会員名簿. 합격자 명단 合格者リスト.
명답 (名答) 名 名答.
명당 (明堂) 名 ❶〔風水で〕地勢や水勢がいいと言われる墓地や敷地. ❷〔比喩的に〕もってこいの場所.
명당-자리 (明堂-) 【-짜-】 名 もってこいの場所.
명도¹ (明度) 名 〔美術〕 明度. ⑱채도(彩度)·색상(色相).
명도² (冥途) 名 〔仏教〕 冥土; 黄泉.
명동 (明洞) 名 地名. 明洞(ミョンドン). ✚ソウルの繁華街.
명란 (明卵) 【-난】 名 명란젓(明卵-)의 略語.
명란-젓 (明卵-) 【-난절】 名 〔料理〕 タラコの塩辛. ⑱명란(明卵).
명랑-하다 (明朗-) /mjəŋnaŋhada/ 【-낭-】 形 〔하변〕 明るい; 陽気だ; 明朗だ. ‖명랑한 성격 明るい性格. 명랑한 사람 陽気な人.
명령 (命令) /mjəːŋnjəŋ/ 【-녕】 名他 命令. ⑱명(命). ‖공격을 명령하다 攻撃を命令する. 명령을

거역하다 命令に背く, 命令に従わず 命令を下す. 命令通りやれ! 行政 명령 行政命令.

명령-문 (命令文) 图[言語] 命令文.

명령-조 (命令調) [-녕쪼] 图 命令口調. ‖ 언제나 명령조로 말한다 いつも 命令口調で言う. 말투가 명령조다 言い方が命令調だ.

명령-형 (命令形) 图[言語] 命令形.

명료-하다 (明瞭-) 【-뇨-】 图[하변] 明瞭だ. ‖ 간단명료하다 簡単明瞭だ.

명리 (名利) [-니] 图 名利. ‖ 명리를 추구하다 名利を追う.

명마 (名馬) 图 名馬.

명망 (名望) 图 名望. ‖ 명망 있는 사람 名望ある人.

명망-가 (名望家) 图 名望家.

명맥 (命脈) 图 命脈. ‖ 명맥을 유지하다 命脈を保つ. 명맥을 이어가다 命脈をつないでいく.

명멸 (明滅) 图[하변] 明滅.

명명 (命名) 图[하변] 命名.

명명-식 (命名式) 图 命名式.

명명백백-하다 (明明白白-) 【-빼카-】 图[하변] 明々白々だ. ‖ 명명백백한 사실 明々白々な事実. 누구의 잘못인지 명명백백해지다 誰の過ちか明々白々になる.

명목 (名目) /mjəŋmok/ 图 名目. ‖ 명목뿐인 사장 名目だけの社長. 연구비 명목으로 지급하다 研究費の名目で支給する.

명목-론 (名目論) [-몽논] 图 名目論.

명목-임금 (名目賃金) 图 名目賃金. ⑪실질 임금 實質賃金.

명문[1] (名文) 图 名文.

명문[2] (名門) 图 名門; 名家.

명문-가 (名門家) 图 名門の家柄.

명문-거족 (名門巨族) 图 名高い家柄と繁栄している一族.

명문-교 (名門校) 图 名門校.

명문-화 (明文化) 图[하변] 明文化.

명물 (名物) 图 名物.

명민-하다 (明敏-) 图[하변] 明敏だ.

명반-석 (明礬石) 图[鉱物] 明礬石.

명-배우 (名俳優) 图 名優.

명백-하다 (明白-) /mjəŋbekʰada/ 【-배카-】 图[하변] 明白だ; 明らかだ. ‖ 명백한 사실 明白な事実. **명백-히** 圖

명복 (冥福) 图 冥福. ‖ 명복을 빕니다 ご冥福をお祈りします.

명부[1] (名簿) 图 名簿.

명부[2] (冥府) 图[仏教] 冥府; 冥土.

명부-전 (冥府殿) 图[仏教] 冥府殿.

명분 (名分) /mjəŋbun/ 图 名分. ‖ 명분이 서다 名分が立たない. 전쟁에는 명분이 필요하다 戦争には名分が必要. 대의명분 大義名分.

명사[1] (名士) 图 名士.

명사[2] (名詞) 图[言語] 名詞.

명사-구 (名詞句) 图[言語] 名詞句.

명사-절 (名詞節) 图[言語] 名詞節.

명사-형 (名詞形) 图[言語] 名詞形.

명산[1] (名山) 图 名山.

명산[2] (名産) 图 ❶ 名産. ❷ 名産物 (名産物) の略語.

명-산물 (名産物) 图 名産物. ⑪명산

명산-지 (名産地) 图 名産地.

명상 (瞑想·冥想) 图[하변] 瞑想. ‖ 명상에 잠기다 瞑想にふける.

명상-곡 (瞑想曲) 图[音楽] 瞑想曲.

명상-록 (瞑想錄) 【-녹】 图 瞑想録; パンセ.

명상-적 (瞑想的) 图 瞑想的.

명색 (名色) 图 ❶ (ある部類としての) 名; 名目; 肩書き 肩書き上. ‖ 명색이 영어 선생인데 그 정도 영어는 알아듣는다 一応 (肩書き上が) 英語の教師なのでその程度の英語は聞き取れる.

명석-하다 (明晳-) 【-서카-】 图[하변] 明晳だ. ‖ 명석한 두뇌 明晳な頭脳.

명성 (名聲) 图 名声. ‖ 명성이 자자하다 名高い.

명성 (明星) 图[天文] 明星; 金星.

명세 (明細) 图 ❶ 内訳 (内訳). ‖ 급여 명세 給与の明細.

명세-서 (明細書) 图 明細書. ‖ 지출 명세서 支出明細書.

명소 (名所) 图 名所. ‖ 관광 명소 観光名所.

명수[1] (名手) 图 名手; 名人. ‖ 활의 명수 弓の名手.

명수[2] (名數) 【-쑤】 图 人数.

명승[1] (名僧) 图 名僧.

명승[2] (名勝) 图 名勝.

명승-지 (名勝地) 图 名勝地; 景勝地.

명시 (明示) 图[하변] 明示する. ⑪암시 (暗示). ‖ 이유를 명시하다 理由を明示する.

명시 (名詩) 图 名詩.

명실 (名實) 图 名実. ▶ 명실 공히 名実共に. 명실 공히 한국을 대표하는 작가 名実共に韓国を代表する作家.

명실상부-하다 (名實相符-) 图[하변] 名実相伴う.

명심-하다 (銘心-) 颐[하변] 肝に銘じる.

명안 (名案) 图 名案.

명암 (明暗) /mjəŋam/ 图 明暗. ‖ 명암이 엇갈리다 明暗が分かれる.

명암-법 (明暗法) 图[美術] 明暗法; 陰影画法; キアロスクーロ.

명약 (名藥) 图 名薬.

명약관화-하다 (明若觀火-) 【-콴-】 图[하변] 火を見るよりも明らかだ. ‖

악관악한 사실 火を見るよりも明らかな 事実.
명언 (名言) 图 名言.
명예 (名譽) /mjʌ́ŋje/ 图 名誉. ‖집안의 명예 家門の名譽. 명예로 생각하다 名誉に思う. 명예를 지키다 名誉を保つ. 명예가 걸려 있는 문제 名誉にかかわる問題.
명예=교수 (名譽敎授) 图 名誉教授.
명예-롭다 (名譽-) 【-워】 图 [ㅂ변] 名誉だ. ‖명예로운 상 名誉ある賞. **명예로이** 圓
명예=박사 (名譽博士) 【-싸】 图 名誉博士.
명예-심 (名譽心) 图 名誉心.
명예-욕 (名譽慾) 图 名誉欲.
명예-직 (名譽職) 图 名誉職.
명예-퇴직 (名譽退職) 【-/-퉤-】 图 早期退職; 希望退職.
명예=훼손 (名譽毀損) 图 名誉毀損.
명예=훼손죄 (名譽毀損罪) 【-죄/-쮀】 图 [法律] 名譽毀損罪.
명왕-성 (冥王星) 图 [天文] 冥王星.
명월 (明月) 图 明月.
명의¹ (名義) 【-/-이】 图 名義. ‖개인 명의의 재산 個人名義の財産. 명의 변경 名義変更. 명의를 빌리다 名義を借りる.
명의² (名醫) 【-/-이】 图 名医.
명인 (名人) 图 名人; 達人.
명일 (命日) 图 命日. ⑫기일(忌日).
명작 (名作) 图 名作.
명장 (名將) 图 名将.
명저 (名著) 图 名著.
명절 (名節) /mjʌ́ŋdʑʌl/ 图 民俗的祝祭日(長い慣習によって定められた祝日). ┼1月の설날·2月の한식(寒食)·5月の단오(端午)·8月の추석(秋夕)等, 季節ごとに意味のある日. 現在は, 旧暦の1月の설날と8月の추석がメーンになっている.
명정 (酩酊) 图 酩酊.
명제 (命題) 图 命題.
명조-체 (明朝體) 图 明朝体.
명주¹ (明紬) 图 絹織物.
명주-실 (明紬-) 图 絹糸.
명주-옷 (明紬-) 【-온】 图 絹で作った衣服.
명주² (銘酒) 图 銘酒.
명주-잠자리 (明紬-) 图 [昆虫] ウスバカゲロウ(薄羽蜻蛉).
명-줄 (命-) 【-쭐】 图 〔수명(壽命)の俗語〕寿命. ‖명줄이 길다 寿命が長い.
명중 (命中) 图 [自ए] 命中. ‖과녁에 명중하다 的に命中する.
명찰¹ (名札) 图 名札. ⑫이름표(一標). ‖명찰을 달다 名札をつける.
명창 (名唱) 图 歌の名人.

명치 图 [解剖] みぞおち.
명칭 (名稱) 图 名称. ‖정식 명칭 正式の名称.
명-콤비 (←名combination) 图 名コンビ.
명쾌-하다 (明快-) 图 [하変] 明快だ. ‖明確한 논리 明快な論理. 단순 명쾌하다 単純明快だ. **명쾌-히** 圓
명태 (明太) /mjʌ́ŋtʰɛ/ 图 [魚介類] スケトウダラ(介党鱈).
명탯-국 (明太ㅅ-) 【-태꾹/-탣꾹】 图 [料理] スケトウダラのスープ.
명퇴 (名退) 图 〔명예퇴직(名譽退職)の略語〕早期退職; 希望退職.
명패 (名牌) 图 名前や職名が記されている三角錐の札.
명품 (名品) 图 名品; ブランド品; ブランド商品.
명필 (名筆) 图 名筆.
명-하다 (命-) 图 [하変] 命じる; 命令する.
명함 (名銜·名啣) /mjʌ́ŋham/ 图 名刺. ‖명함을 교환하다 名刺を交換する. 명함을 내놓다 名刺を差し出す. ‖명함도 못 들이다 比べものにならないほど, 程度の差がはなはだしい. ▶명함을 내밀다 存在をアピールする.
명함-판 (名銜判) 图 名刺判; 名刺サイズ. ‖명함판 사진 名刺判の写真.
명화 (名畫) 图 ❶名画; 名高い絵. ❷有名な映画.
명확-하다 (明確-) /mjʌŋhwákʰada/ 【-카-】 图 [하変] 明確だ; 明らかだ. ‖명확한 날짜가 생각이 나지 않다 明確な日付が思い出せない. **명확-히** 圓 ‖내용을 명확하다 内容を明確にする.

몇 /mjʌt/ 【범】 図 いくつ; 何人. ‖올해 나이가 몇이에요? 今年おいくつですか. 운동장에는 아이들 몇이 놀고 있다 校庭では何人かの子どもが遊んでいる.
— 図 何⋯. ‖아이는 몇 살이에요? お子さんは何歳ですか. 몇 개 필요하세요? 何個必要ですか. 한국에는 몇 번이나 가셨어요? 韓国は何回行かれましたか.
몇-몇 [변] 図 若干; 何人. ‖몇몇이 모여 대책을 세우다 何人かが集まって対策をする.
— 図 いくらかの; 若干の; 何人か. ‖몇 몇 사람은 안 자고 있었다 何人かは起きていた.

모¹ 图 苗; 苗木. ‖모를 심다 田植えをする.
모² 图 ユンノリで4本のユンが全部表向きになること.
모³ /mo/ 图 ❶角. ‖모가 나다 角が立つ. 성격이 모가 나다 性格がとげとげしい. 모가 나는 말투 角のある言い方. ❷角度. ‖여러 모로 생각하다 色々な角度から考える.

모⁴ (牟) 图 (姓) 牟(モ).
모⁵ (毛) 图 (姓) 毛(モ).
모⁶ [某] 冠 某(쬼). ‖김 모 씨 金某. ── 图 某…. ‖모 대학 某大学.
모⁷ 依조 …丁. ‖두부 한 모 豆腐一丁.
모가지 〔목의俗語〕首. ‖모가지가 날아가다 首になる; 解雇される. ▶모가지를 자르다 首にする; 解雇する.
모감주 (漢方) モクゲンジの実.
모감주-나무 图 (植物) モクゲンジ(木樨子).
모계 (母系) 〔-/-게〕图 母系. ⑦부계(父系). ‖모계사회 母系社会.
모골 (毛骨) 图 毛骨. ▶모골이 송연하다 身の毛がよだつ.
모공 (毛孔) 图 毛穴. ⑨털구멍.
모과 /mo:gwa/ 图 カリンの実.
모과-나무 图 (植物) カリン(花梨).
모과-차 (-茶) 图 薄切りにし砂糖や蜂蜜につけたカリンの実の茶.
모관 (毛管) 图 毛管.
모교 (母校) 图 母校; 出身校.
모국 (母国) 图 母国.
모국-어 (母国語) 图 母国語.
모굴 (mogul) 图 (スポーツ) モーグルスキー.
모권 (母権) 【-꿘】图 母権. ⑦부권(父権).
모권-제 (母権制) 〔-꿘-〕图 母権制.
모근 (毛根) 图 (解剖) 毛根.
모금¹ (募金) 图 他サ 募金. ‖모금 운동 募金活動; カンパ.
모금² 依조 ❶ …口. ‖물 한 모금 水一口. ❷ …服. ‖담배 한 모금 タバコ一服.

모기 /mo:gi/ 图 (昆虫) 力(蚊). ‖모기에게 물리다 蚊に刺される.
모기-장 (-帳) 图 蚊帳.
모기-향 (-香) 图 蚊取り線香. ‖모기향을 피우다 蚊取り線香をたく.
모깃-불 [-기뿔/-긷뿔] 图 蚊遣り火.
모깃-소리 [-기쏘-/-긷쏘-] 图 ①蚊が出す音. ②非常に小さい声. ‖모깃소리만한 목소리 蚊の鳴くような小さい声.
모기지 (mortgage) 图 (経) モーゲージ; 担保; 抵当.
모-나다 图 ①角立つ, 角張る. ‖모난 얼굴 角張った顔. ▶모난 돌이 정 맞는다 (諺) 出る杭は打たれる.
모나코 (Monaco) 图 (国名) モナコ.
모낭 (毛嚢) 图 毛嚢(あ).
모-내기 图 他サ 田植え.
모-내다 图 田植えをする.
모녀 (母女) 图 母と娘. ‖모녀 간에 母と娘の間に.
모년 (某年) 图 ある年; 某年. ‖모년 모월 某年某月.
모노그램 (monogram) 图 モノグラム.
모노-드라마 (monodrama) 图 モノドラマ.

모노-레일 (monorail) 图 モノレール.
모놀로그 (monologue) 图 モノローグ.
⑦다이알로그.
모눈-종이 (-) 图 方眼紙.
모니터 (monitor) 图 モニター.
모니터링 (monitoring) 图 モニタリング.
모닐리아-증 (Monilia症) 【-쯩】图 (医学) モニリア症.
모닝-커피 (+morning+coffee) 图 モーニングコーヒー.
모닝-코트 (morning coat) 图 モーニングコート.
모닝-콜 (morning call) 图 モーニングコール.
모닥-불 [-뿔] 图 たき火. ‖모닥불을 피우다 たき火をする.
모더니스트 (modernist) 图 モダニスト.
모더니즘 (modernism) 图 モダニズム.
모던 (modern) 图 モダン.
모던 발레 (modern ballet) 图 モダンバレエ.
모던 재즈 (modern jazz) 图 (音楽) モダンジャズ.
모데라토 (moderato⁴) 图 (音楽) モデラート.
모델 (model) /model/ 图 モデル.
모델-케이스 (model case) 图 モデルケース.
모델-하우스 (model house) 图 モデルハウス(見本住宅).
모뎀 (modem) 图 (IT) モデム.
모독 (冒瀆) 图 他サ 冒瀆(ワ). ‖신을 모독하다 神を冒瀆する.

모두¹ /modu/ 图 皆; 全員. ‖가족 모두가 좋아하는 음식 家族皆が好きな料理.
── 圖 全部(で); 皆(で). ‖모두 가버렸다 皆行ってしまった. 모두 얼마예요? 全部でいくらですか. 모두 다 힘을 합쳐 이 난관을 극복합시다 皆で力を合わせてこの難関を乗り切りましょう.
모두² (冒頭) 图 冒頭.
모두-진술 (冒頭陳述) 图 (法律) 冒頭陳述.
모둠-발 图 両足を揃えること.
모듈 (module) 图 モジュール.
모드 (mode) /mo:du/ 图 モード. ‖모드 잡지 モード雑誌. 한글 입력 모드 ハングル入力モード.

모든 /mo:dun/ 冠 すべての…; あらゆる…. ‖내가 가진 모든 것 私が持っているすべて. 모든 사람들 あらゆる人々; すべての人々.
모라토리엄 (moratorium) 图 モラトリアム. ⑨지급 유예(支給猶豫).
모락-모락 [-락-] 圖 (湯気・煙などが

모구모구 치밀어 오르는 모양. ‖김이 모락모락 나다 湯気がもくもくと立ち込める.
모란 (牡丹)【植物】ボタン(牡丹).
모란-꽃 (牡丹-)【-꼳】【名】ボタンの花.
모래 /more/【名】砂. ‖놀이터에서 모래 장난을 하다 公園で砂遊びをする.
모래-땅【名】砂地.
모래-밭【-받】【名】=모래톱.
모래-사장 (-沙場)【名】砂浜;砂場. ‖모래사장을 거닐며 모래톱을 산책하다 砂浜を散策する.
모래-성 (-城)【名】砂でつくった城;砂上の楼閣. ‖모래성을 쌓다 砂の城をつくる.
모래-시계 (-時計)【-/-게】【名】砂時計.
모래-주머니【名】砂袋.
모래-찜질【名】砂風呂.
모래-톱【名】砂浜.
모래-흙【-흑】【名】砂土.
모래-바닥 [-래빠/-ㄹ빠]【名】砂だらけの地面.
모래-무지【魚介類】スナモグリ(砂潜).
모략 (謀略)【하他】謀略. ‖중상 모략 中傷謀略.
모럴 (moral)【名】モラル.

모레 /more/【名】あさって;明日日. ‖모레는 비가 오겠습니다 それはあさってでしょう. 모레 아침에 출발합니다 あさっての朝, 出発します.
모로【副】斜めに;横向きに. ‖모로 눕다 横向きに寝る. ▶모로 가도 서울만 가면 된다【諺】(どう行こうが辿り着けばよい」の意で)どういう手を打とうが目的さえ達すればよい.
모로코 (Morocco)【名】モロッコ.
모롱이【名】山の曲がり角.
모르는【冠】【르変】모르다(知らない・分からない)の現在連体形.

모르다 /moruda/【動】【르変】몰라, 모르는】 ❶ 知らない;分からない. ‖알다. ‖문제의 답을 모르다 問題の答を知らない. 부끄러운 줄을 모르다 恥を知らない. 길을 모른다 道を知らない. 그 말을 듣고 얼마나 놀랐는지 모른다 それを聞いてどれほど驚いたか分からない. 모르는 사람 知らない人. 모르는 체하다 知らんぶりをする;白を切る. ❷ 覚えない;関知しない. ‖그 때 무슨 말을 했는지 모르겠다 その時何と言ったのか全く覚えていない. 나는 이 일이 私の関与するところではない. ❸ 気づかない;悟らない. ‖틀린 것을 모르고 있다 ミスに気づいていない. ❹ 『…ㄹ지(도) 모르다の形で』…かも知れない. ‖내일 못 올지 모르겠다 明日来れないかも知れない. 그럴지도 모르겠다 そうかも知れない. ▶모르면 몰라도 はっきりとは言えないが;恐らく;多分. ▶

모르면 약이요 아는 게 병 【諺】知らぬが仏.
모르모트 (←marmotte^フ)【動物】モルモット.
모르몬-교 (Mormon 教)【宗教】モルモン教.
모르타르 (mortar)【化学】モルタル.
모르핀 (morphine)【名】【薬】モルヒネ.
모른【冠】모르다(知らない・分からない)の過去連体形.
모를【冠】【르変】모르다(知らない・分からない)の未来連体形.
모름지기【副】当然;すべからく. ‖학생은 모름지기 공부를 해야 한다 学生はすべからく勉強すべし.
모리-배 (謀利輩)【名】自分の利益だけを企む輩.
모리셔스 (Mauritius)【名】【国名】モーリシャス.
모리타니 (Mauritanie)【名】【国名】モーリタニア.
모면 (謀免)【하他】(困難な状況・責任・罪などから)免れること. ‖위기를 모면하다 危機を免れる.
모멸 (侮蔑)【하他】侮蔑;さげすむこと.
모모 (某某)【代】某々. ‖모모가 주선한 모임 某々が執り行った集まり.
―**모** 某. ‖모 대학 某大学.
모밀【名】메밀の誤り.
모바일 (mobile)【名】モバイル.
모반¹ (母斑)【名】母斑.
모반² (謀反)【名】謀反. ‖모반을 일으키다 謀反を起こす.
모발 (毛髪)【名】毛髪. ‖두발 (頭髪)·머리털.
모방 (模倣·摸倣)【하他】模倣. ⇔창조 (創造). ‖다른 사람의 작품을 모방하다 人の作品を模倣する. 서양 예술의 단순한 모양에 불과한 西洋芸術の単なる模倣にすぎない.
모범 (模範) /mobŏm/【名】模範;手本. ‖모범을 보이다 模範を示す. 모범 답안 模範解答. 후배들의 모범이 되다 後輩たちの手本となる.
모범-생 (模範生)【名】模範生.
모범-수 (模範囚)【名】模範囚.
모범-적 (模範的)【名】模範的な. ‖모범적인 학생 模範的な学生.
모범-택시 (模範 taxi)【名】模範タクシー. ←一般タクシーよりよい車種でよいサービスを提供するタクシー. 料金も一般タクシーより高く, 車体が黒であるのが特徴.
모병 (募兵)【하自】募兵.
모빌 (mobile)【名】モビール.
모사¹ (謀事)【하他】謀り事.
모사² (模寫)【하他】模写.
모사-본 (模寫本)【名】模写本.

마 매 먀 매 머 메 며 몌 모 와 왜 외 요 무 워 웨 위 유 으 의 미

모색 (摸索·模索) /mosɛk/ 图(他他) 模索. ‖문제의 해결 방안을 모색하다 問題の解決案を模索する. 암중모색 暗中模索.

모서리 图 角; ふち; 端; コーナー. ‖책상 모서리 机の角.

모선¹ (母船) 图 母船.

모선² (母線) 图《数学》母線.

모성 (母性) 图 母性. ㉮부성(父性). ‖모성 본능을 자극하다 母性本能をそそぐる.

모성-애 (母性愛) 图 母性愛.

모세-관 (毛細管) 图 [모세 혈관(毛細血管)의 略語] 毛細管.

모세관-현상 (毛細管現象) 图《物理》毛細管現象; 毛管現象.

모세-포 (母細胞) 图《生物》母細胞; 幹細胞. ㉮낭세포(娘細胞).

모세 혈관 (毛細血管) 图《解剖》毛細血管. ㉮실핏줄. 毛細管(毛細管).

모션 (motion) 图 モーション. ‖슬로 모션 スローモーション.

모수 图《数学》母数.

모순 (矛盾) /mosun/ 图 矛盾. ‖모순되는 말을 하고 있다 矛盾する話をしている. 앞뒤가 모순되는 言行 모순투성이 矛盾だらけ. 自己矛盾 自己矛盾.

모스-부호 (Morse 符號) 图 モールス符号.

모스크 (mosque) 图 モスク; イスラム教の礼拝所.

모스키토-급 (mosquito級) 图 (アマチュアボクシングで)モスキート級.

모슬렘 (Moslem)图《宗教》モスレム, ムスリム.

모습 /mosup/ 图 ❶姿; 面影. ‖양복을 입은 모습 スーツ姿. 모습을 감추다 姿をくらます. 어릴 때의 모습 幼時の面影. 당시의 모습 当時の面影. ❷ 様子; 格好. ‖서울의 발전된 모습 ソウルの発展した様子. 초라한 모습으로 돌아왔다 みすぼらしい格好で帰ってきた. 어떤 모습으로 나타날까? という格好で現われるだろう.

모시 图 苧麻(ちょ)の皮で織った布.

모시-나비 图《昆虫》アゲハチョウ(揚羽蝶).

모시다 /moʃida/ 圖 ❶ 仕える; かしずく. ‖부모님을 모시다 親に仕える. ❷ 案内する; お供する. ‖제가 모시고 가겠습니다 私がお供します. ❸ 推戴(たい)する. ‖총재로 모시다 総裁に推戴する. ❹ (祭祀などを)執り行なう; 祭る. ‖제사를 모시다 祭祀を執り行なう. ❺ 極めて大切に扱う.

모시-조개 (魚介類) アサリ(浅蜊).

모시-풀 (植物) カラムシ(苧麻).

모식 (模式) 图 模式.

모식-도 (模式圖) 【-또】 图 模式図.

모-심기 (-기) 图(他他) 田植え. ‖농촌은 모심기가 한창이다 農村は田植えの真っ只中だ.

모-심다 (-따) 图(他) 田植えをする.

모씨 (某氏) 图 某氏; なにがし.

모아-들이다 圖 かき集める; 寄せ集める.

모양 (模様·貌樣) /mojaŋ/ 图 ❶ 形; 外形; 見かけ. ‖여러 가지 모양 色々な形. 토끼를 닮은 모양 似たような形. 머리 모양 髪型; ヘアスタイル. ❷ 格好; 様子; 形好. ‖이상한 모양의 모자 変な格好の帽子. ❸ 状況; 状態. ‖사는 모양이 말이 아니다 暮らし向きが見るに忍びない. ❹ 方法; やり方. ‖이 모양으로 해서는 안 된다 こういう方で行ったら駄目だ. ❺ […모양(이다)の形で] …のようだ; …みたいだ. ‖…ような様子だ. ‖비가 오는 모양이다 雨が降っているようだ. 회사를 그만둔 모양이다 会社を辞めたみたいだ.

모양-내다 (模様-) 国(自) めかす; しゃれる.

모양-새 (模様-) 图 外見; 格好; 体裁. ‖모양새를 갖추다 体裁を整える.

모어 (母語) 图 母語; 祖語.

모어 화자 (母語話者) 图 母語話者; ネーティブスピーカー. ㉮원어민(原語民).

모여-들다 图 [ㄹ語幹] 集まってくる. ‖이상한 소리에 사람들이 모여들었다 おかしな物音に人々が集まってきた.

모욕 (侮辱) 图(他他) 侮辱. ‖많은 사람을 앞에서 모욕을 당하다 大勢の前で侮辱を受ける. 모욕을 주다 侮辱を与える.

모욕-적 (侮辱的) 【-쩍】 图 侮辱的. ‖모욕적인 언사 侮辱的な言葉.

모월 (某月) 图 ある月; 某月.

모유 (母乳) 图 母乳.

모으다 /moɯda/ 圖 [으変] [모아, 모으니] ❶ 集める; 集合させる. ‖ 전원을 회의실로 모으다 全員を会議室に集める. 낙엽을 한군데로 모으다 落ち葉を一箇所に集める. 중지를 모으다 衆知を集める. 눈길을 모으다 視線を集める. ❷ 募る; 募集する. ‖희망자를 모으다 希望者を募る. 응모하는 것; 蓄える. ‖돈을 좀 모았다 お金を少し貯めた. ❹ 合わせる. ‖두 손을 모으다 両手を合わせる. ㉮모이다.

모음 (母音) /moɯm/ 图《言語》母音.

모음-동화 (母音同化) 图《言語》母音同化.

모음-곡 (-曲) 图《音楽》組曲. ㉮조곡(組曲).

모음 삼각형 (母音三角形)【-가켱】图《言語》母音三角形.

모음-조화 (母音調和) 图《言語》母音

調和.
모의 (模擬)【-/-이】名 ㊥他 模擬.
모의-고사 (模擬考査) 名 ＝모의시험(模擬試驗).
모의-국회 (模擬國會)【-구쾨 /-이구퀘】名 模擬国会.
모의-시험 (模擬試驗) 名 模擬試験; 模試.
모의-재판 (模擬裁判) 名 模擬裁判.
모의-전 (模擬戰) 名《軍事》模擬戦.
모이 名 (鳥の)餌. ‖닭 모이를 주다 鶏に餌を与える.
모이다 /moida/ 自 〔모으다の受身動詞〕 ❶ 集まる; 集合する. ‖강당으로 모이다 講堂に集まる. 기부금이 꽤 모였다 寄付金がかなり集まった. ❷ 貯まる. ‖돈이 좀체 안 모이다 お金がなかなか貯まらない.
모이-주머니 名《鳥類》嗉嚢(そのう).
모일 (某日) 名 ある日; 某日.
모임 /moim/ 名 集まり; 会合; 寄り合い. ‖모임에 나가다 集まりに出る. 성대한 모임 盛大な集まり.
모자[1] (母子) 名 母子; 母と息子.
모자-간 (母子間) 名 母と息子の間.
모자[2] (帽子) /modʒa/ 名 帽子. ‖모자를 쓰다[벗다] 帽子をかぶる[取る]. 모자를 쓴 채로 앉아 있다 帽子をかぶったまま座っている. 밀짚모자 麦わら帽子.
모자-챙 (帽子-) 名 帽子の庇(ひさし).
모자라다 /modʒarada/ 自 ❶ 足りない; 不足している. ‖돈이 좀 모자라다 お金が少し足りない. 실력이 모자라다 実力が足りない. ❷ (知能が)低い. ‖좀 모자라는 사람 知能が多少低い人.
모자이크 (mosaic) 名 モザイク. ‖모자이크 무늬 モザイク柄.
모잠비크 (Mozambique) 名《国名》モザンビーク.
모정[1] (母情) 名 (子に対する)母の愛情.
모정[2] (慕情) 名 慕情.
모조 (模造) 名 ㊥他 模造. ‖모조 진주 模造真珠.
모조-석 (模造石) 名 人造石.
모조-지 (模造紙) 名 模造紙.
모조-품 (模造品) 名 模造品; イミテーション. ‖진품을 능가하는 모조품들이 판치고 있다 本物をしのぐ模造品がのさばっている.
모조리 /modʒori/ 副 全部; すべて; 残らず; かたっぱしから; あらいざらい. ‖그 일과 관련된 자료는 모조리 버리다 そのことと関係のある資料は残らず捨てる. 모조리 집어던지다 かたっぱしから投げつける.
모종[1] 名 苗; 苗木. ‖모종을 심다 苗木を植える.
모종[2] (某種) 名 ある種.
모-지다 形 ❶ 角張っている; 角が立っている. ❷ (性格が)円満でなくとげとげしい; 冷たい. ‖모진 말투 角のある言い方.
모직 (毛織) 名 毛織.
모직-물 (毛織物)【-징-】名 毛織物.
모질다 /mo:dʒilda/ 形 〚ㄹ語幹〛[모질어, 모진] ❶ 残忍だ; 酷だ; 惨い; きつい. ‖모진 말을 하다 きついことを言う. 모진 성격 残忍な性格. ❷ 心を強く持つ. ‖마음을 모질게 먹다 心を鬼にする. ❸ 激しい; 厳しい. ‖모진 추위 厳しい寒さ. 모진 바람 激しい風. ▸모진 놈 옆에 있다가 벼락 맞는다〔諺〕(「悪人のそばにいて落雷にあう」の意で)悪人のそばにいてそばづえを食う.
모집 (募集) /modʒip/ 名 ㊥他 募集. ‖회원을 모집하다 会員を募集する. 모집 광고 募集広告. 모집 인원 募集人員. 입학생 모집 요강 入学生の募集要項.
모-집단 (母集團)【-딴】名 母集団.
모쪼록 副 どうか; くれぐれも. ‖모쪼록 건강에 유의하시기를 바랍니다 くれぐれもお体にはお気をつけください.
모책 (謀策) 名 ㊥他 謀策.
모처 (某處) 名 某所.
모-처럼 副 ❶ せっかく; わざわざ. ‖모처럼 찾아갔는데 집에 없었다 せっかく訪ねていったが, 不在だった. ❷〔名詞的に〕久しぶり. ‖모처럼의 음악회 久しぶりの音楽会.
모천 (母川) 名 母川.
모체 (母體) 名 母体.
모충 (毛蟲) 名 毛虫.
모친 (母親) 名 母親; お母様. ㊟부친(父親).
모친-상 (母親喪) 名 母親の喪. ‖모친상을 당하다 母親に死なれる; 母親の喪に服する.
모태 (母胎) 名 母胎.
모터 (motor) 名 モーター.
모터-보트 (motor-boat) 名 モーターボート.
모터-쇼 (-show) 名 モーターショー.
모터-바이시클 (motor bicycle) 名 オートバイ.
모터사이클 (motorcycle) 名 ＝모터바이시클.
모텔 (motel) 名 モーテル.
모토 (motto) 名 モットー.
모퉁이 /motʰuŋi/ 名 角; 曲がり角; 隅. ‖길 모퉁이 街角; 曲がり角. 모퉁이를 돌다 角を曲がる. 길 한모퉁이에서 ある街角で.
모티프 (motif フ) 名 モチーフ.
모-판 (-板) 名 苗床.
모포 (毛布) 名 毛布. ㊐담요(毯-).
모표 (帽標) 名 帽章.

모피(毛皮) 图 毛皮. 卿털가죽. ∥モ皮 コート 毛皮のコート.

모필(毛筆) 图 毛筆.
모필-화(毛筆畫) 图〖美術〗毛筆画.

모함¹(母艦) 图〖軍事〗母艦. ∥항공 모함 航空母艦.
모함²(謀陷) 图 他サ はかりごとを巡らし陥れること; 謀陥.

모험(冒險) /mo:həm/ 图 他サ 冒険. ∥모험을 즐기다 冒険を楽しむ. 그런 모험은 하고 싶지 않다 そんな冒険はしたくない.
모험-가(冒險家) 图 冒険家.
모험-담(冒險談) 图 冒険談.
모험-심(冒險心) 图 冒険心.
모험-적(冒險的) 图 冒険的.

모헤어(mohair) 图 モヘア; アンゴラヤギの毛.

모형¹(母型) 图 母型.
모형²(模型·模形) 图 模型. ∥모형 비행기 模型飛行機.
모형-도(模型圖) 图 模型図.

모호-하다(模糊-) 形 模糊(も)としている. ∥애매모호하다 曖昧模糊としている.

모-회사(母會社) /-/-훼-/ 图 親会社. ⇔자회사(子會社).

목¹ /mok/ 图 ❶ 首. ∥목이 길다 首が長い. 창문으로 목을 내밀지 마세요 窓から首を出さないでください. 나는 목을 뻗고 그것을 보았다 私は首を伸ばしてそれを見た. ❷ [목구멍의 略語] のど. ∥목이 마르다 のどが渇く. ❸ 物の細くくびれた部分. ∥손목 手首. ❹ 重要な地点. ∥장사는 목이 좋아야 한다 商売は立地が大事だ. ❺ [목소리의 略語] 声. ▶목이 달아나다 首が飛ぶ; 解雇される.
목²(睦) 图〖姓〗睦(モク).
목³(木) 图 ❶ 木. ❷ [목요일(木曜日)의 略語] 木曜日.
목⁴(目) 图〖生物〗 (生物分類上の一段階)目.

목가(牧歌) 图 牧歌.
목가-적(牧歌的) 图 牧歌的. ∥목가적인 풍경 牧歌的な風景.

목각(木刻) 图 木彫り. ∥목각 인형 木彫りの人形.

목-건초(牧乾草) 图 干し草.

목-걸이 /mok'kəri/ 图 ネックレス; 首飾り. ∥진주 목걸이를 한 소녀 真珠のネックレスをした少女.

목검(木劍) 图 =목도(木刀).

목격(目撃) 图 他サ 目撃. ∥범행을 목격하다 犯行を目撃する.
목격-담(目撃談) 图 目撃談.
목격-자(目撃者) 图 目撃者. ∥그 사건의 목격자를 찾고 있다 その事件の目撃者を探している.

목공(木工) 图 木工.
목공-소(木工所) 图 木工所.
목공품(木工品) 图 木で作られた工芸品.

목-공단(木貢緞) 图 綿糸で織ったサテン.

목과(木瓜) /-콰/ 图〖漢方〗カリンの実.

목관(木棺) 图 木製の棺.

목관-악기(木管樂器) /-콰ᄂ-끼/ 图〖音楽〗木管楽器.

목-구멍 /-꾸-/ 图 のど; 咽喉. ⑨ 목. ∥목구멍에 염증이 생기다 のどに炎症が起こる. ▶목구멍이 포도청 목구멍이 포도청이라(諺) (「のどが捕盗庁(ほどうちょう)」の意で)食べていくためには不正なことさえせざるを得ないことのたとえ.

목근(木根) /-끈/ 图 木の根. ⑨ 나무뿌리.

목금(木琴) /-끔/ 图〖音楽〗木琴; シロホン.

목기(木器) /-끼/ 图 木製の器.

목-기러기(木-) /-끼-/ 图 木製の雁(がん). ❖ 愛を象徴するものとして, 伝統婚礼に使っていた生きた雁が木製に変わったもの.

목놓다 /몽노타/ 自 〔主に목놓아 울다の形で〕号泣する.

목덜미 /-밀/ 图 襟首; 首筋; うなじ. ⑨ 목덜미. ∥목덜미를 잡히다 襟首を掴まれる.

목도¹(木刀) /-또/ 图 木刀. ⑨ 목검(木劍).

목도²(目睹) /-또/ 图 他サ 目睹.

목-도리 /mok'tori/ /-또-/ 图 首巻; 襟巻; マフラー. ⑨ 머플러. ∥목도리를 두르다 マフラーを巻く.

목-도장(木圖章) /-또-/ 图 木印; 木の印鑑.

목-돈 /mok'to:n/ /-똔/ 图 まとまった金; 大金. ∥목돈을 쥐다 大金をつかむ.

목동(牧童) /-똥/ 图 牧童.

목-뒤 /-뛰/ 图 うなじ; 首の後ろ(側). ∥목뒤가 뻐근하다 首の後ろが凝っている.

목련(木蓮) /mongnjən/ 图〖植物〗モクレン(木蓮).
목련-꽃(木蓮-) /몽년꼳/ 图 モクレンの花. ∥목련꽃 그늘 아래에서 モクレンの花の木陰で.

목례(目禮) /몽녜/ 图 自サ 目礼; 会釈. ∥목례를 하다 会釈する.

목로-주점(木壚酒店) /몽노-/ 图 一杯飲み屋; 居酒屋.

목록(目録) /몽녹/ 图 目録; カタログ; リスト. ∥도서 목록 図書目録. 장서 목록 蔵書目録.

목마(木馬) /몽-/ 图 木馬. ∥회전목마 回転木馬; メリーゴーラウンド.

목-마르다 [--目-] [르變] ❶ 목이 컬하다; 갈증이 생기다: 渴望하다; 切望하다. ‖목마를 을 마셨다 목이 컬하여 물을 마셨다. 통일의 그늘을 목마르게 기다리고 있다 統一の日を切実に待っている. ▶ 목마른 놈이 우물 판다 [誤] (「渴した者が井戸を掘る」の意で) 必要とする人が急いで先に始める.

목-말 [-目] [名] 肩車. ‖애를 목말 태우다 子どもを肩車する.

목-매다 [-目] ❶ 首をつる. ❷ 合っ 丈にする. ‖그 사람은 그녀에게 목매고 있다 彼は彼女に首ったけだ.

목-매달다 [-目] [自他] [語幹] 首をつる.

목-메다 [-目] [自] のどが詰まる; むせぶ. ‖목메어 나온 울다.

목면 (木綿) [-目] [名] 木綿; 綿.
  목면-사 (木綿絲) [名] 木綿糸.
  목면-직 (木綿織) [名] 木綿織り.
  목면-포 (木綿布) [名] 綿布.

목-물 [-目] [名] [하다] 上半身を冷たい水で洗い流すこと.

목밀-샘 [목밀 샘] [名] [解剖] 甲狀腺. ⑳갑상선(甲狀腺).

목-발 (木-) [-目] [名] 松葉杖. ‖목발을 짚고 다니다 松葉杖をついて歩く.

목본 (木本) [-본] [名] 木本. ㉑초본(草本).

목불식정 (目不識丁) [-쁠-쩡] [名] 無学な文盲.

목불인견 (目不忍見) [-뿌닌-] [名] 哀れで見るに忍びないこと.

목-뼈 [-目] [名] 首の骨. 經骨(頸骨). ‖목뼈가 부러지다 首の骨が折れる.

목사 (牧師) [-씨] [名] 《キリスト教》牧師.

목서 (木犀) [-씨] [名] [植物] モクセイ(木犀).

목석 (木石) [-썩] [名] ❶ 木石. ❷ [比喩的に] 心の動きが鈍く, 無愛想な人.
  목석-한 (木石漢) [-썩칸] [名] 木石漢.

목선¹ (木船) [-썬] [名] 木の船.
목선² (目-線) [-썬] [名] うなじ.

목성 (木星) [-썽] [名] [天文] 木星.

목-소리 /mok²sori/ [-쏘-] [名] 声. 粤소리-목. ‖목소리가 크다 声が大きい. 목소리가 굵다 声が太い. 낮은 목소리로 말하다 低い声で話す. 새된 목소리 甲高い声. ❷ 言葉にして表わした考えや気持ち. ‖비난의 목소리 非難の声. 3 [言語] 喉音(誉).

목수 (木手) [-쑤] [名] 大工.

목숨 /mok²sum/ [-쑴] [名] 命; 生命; 寿命. ‖목숨을 건지다 命を救う; 命拾いする. 목숨이 길다 生命が長い. 목숨 아까운 줄 모르는 사람 命知らずの人. 목숨을 빼앗다 命を奪う. ▶ 목숨(을) 걸다 命をかける. ▶ 목숨 (을) 끊다 命を絶つ. ▶ 목숨(을) 바치다 命を捧げる. ▶ 목숨(을) 버리다 命を捨てる. ▶ 목숨(을) 잃다 命を落とす; 命を失う.

목-양말 (-洋襪) [몽냥-] [名] 木綿の靴下.

목어¹ (木魚) [名] 《仏教》木魚. ✻経を読む時に叩く木製の仏具.

목어² (木魚) [名] 《魚介類》ハタハタ(鰰).

목-요일 (木曜日) /moɡjoil/ [名] 木曜日. 毎週木曜日の午後. 목요일 밤에 약속이 있다 木曜日の夜, 約束がある.

목욕 (沐浴) /moɡjok/ [名] [自] 沐浴; 入浴. 목욕하고 있다 お風呂に入っている; 入浴中だ.
  목욕-재계 (沐浴齋戒) [-째-/째게] [名] [하다] 斎戒沐浴.
  목욕-탕 (沐浴湯) [名] ❶ 銭湯. ❷ 風呂.
  목욕-통 (沐浴桶) [名] 風呂桶; 湯船; 浴槽; バスタブ.

목-운동 (-運動) [名] [하다] 首の運動.

목이-버섯 (木耳-) [-섣] [名] [植物] キクラゲ(木耳).

목자 (牧者) [-짜] [名] ❶ 羊飼い. ❷ 《キリスト教》牧師; 司教; 聖職者.

목장 (牧場) [-짱] [名] 牧場.

목장-갑 (木掌匣) [-짱-] [名] 軍手. 粤면장갑(綿掌匣). ‖목장갑을 끼고 삽질을 하다 軍手をはめてシャベルですくう.

목재 (木材) [-째] [名] 木材. 木材パルプ; ウッドパルプ.

목적 (目的) /mok²dʑʌk/ [-쩍] [名] 目的. ‖공부하는 목적 勉強の目的. 목적을 이루다 目的を果たす. 목적을 위해서는 수단을 가리지 않다 目的のためには手段を選ばない.
  목적-격 (目的格) [-쩍껵] [名] [言語] 目的格. ▶목적격 조사 目的格助詞.
  목적-론 (目的論) [-쩡논] [名] 目的論.
  목적-물 (目的物) [-쩡물] [名] 目的の物.
  목적-세 (目的稅) [-쩍쎄] [名] [法律] 目的税. ㉑보통세(普通稅).
  목적-어 (目的語) [-쩌거] [名] [言語] 目的語.
  목적-의식 (目的意識) [-쩌긔식/-쩌기식] [名] 目的意識. 뚜렷한 목적 의식 明確な目的意識.
  목적-지 (目的地) [-쩍찌] [名] 目的地.

목전 (目前) [-쩐] [名] 目前; 目の前. ‖목표 달성을 목전에 두고 쓰러지다 目標達成を目前に(して)倒れる.

목-젖 [-젇] [名] [解剖] 口蓋垂. ✻のどびこんで俗称.

목제 (木製) [-쩨] [名] 木製.

목-제기 (木祭器) [-쩨-] 图 木製の祭器.
목조¹ (木造) [-조-] 图 木造. ‖목조 가옥 木造家屋.
목조² (木彫) [-조-] 图 《美術》木彫り.
목질 (木質) [-찔] 图 木質.
목차 (目次) /mokʧʰa/ 图 目次. ㉠차례 (次例).
목책 (木柵) 图 木柵.
목-청 (木-) ❶ 咽帯. ❷ 声.
　목청-껏 [-껃] 副 声の限り. ‖목청껏 소리를 지르다 声の限り叫ぶ.
목초¹ (木草) 图 草木.
목초² (木醋) 图 〔목초산(木醋酸)の略語〕木醋(산).
목초³ (牧草) 图 牧草.
　목초-지 (牧草地) 图 牧草地.
목초-산 (木醋酸) 图 木醋. ㉠ 목초(醋).
목축 (牧畜) 图 他 牧畜.
　목축-업 (牧畜業) 图 牧畜業.
목침 (木枕) 图 木枕.
목-캔디 (-candy) 图 のど飴.
목-타다 のどが渇く; 渇望する; 切望する.
목-타르 (木 tar) 图 《化学》木タール.
목탁 (木鐸) 图 ❶ 木鐸. ❷ 《仏教》木魚. ❸ 〔比喩的に〕世人に警告を発し教え導く人.
목탄 (木炭) 图 木炭.
　목탄-지 (木炭紙) 图 《美術》木炭紙.
　목탄-화 (木炭畵) 图 《美術》木炭画.
목판 (木板·木板) 图 木版.
　목판-본 (木版本) 图 木版本; 木版刷りの本.
　목판-화 (木版畵) 图 《美術》木版画.
목표 (目標) /mokpʰjo/ 图 他 目標. ‖인생의 목표 人生の目標. 목표를 내걸다 目標を掲げる. 연내 완성을 목표로 하다 年内完成を目標にする[目指す].
　목표-ැ (目標額) 图 目標額.
목피 (木皮) 图 木皮. ㉠ 나무껍질.
목하 (目下) [모카] 图 副 目下; 現在; 只今.
목향 (木香) [모캉] 图 《植物》モッコウ (木香).
목혼-식 (木婚式) [모콘-] 图 木婚式.
목화 (木花) [모콰] 图 《植物》ワタ (木花).
　목화-송이 (木花-) 图 ワタの実が熟してはじけたもの.
　목화-씨 (木花-) 图 ワタの種.
목회 (牧會) [모쾨/모퀘] 图 自 《キリスト教》牧会; 教会で牧師が信徒を導くこと.

목 /mok/ [목] 图 ❶ 分け前; 割り当てで取り前; 取り分. ‖몫을 할당하다 取り分を割り当てる. ❷ 任務; 課せられた役割. ‖자기 몫을 다하다 自分の任務を果たす. ❸ 《数学》割り算での商.

몬순 (monsoon) 图 《地》モンスーン.
몰 (歿) 图 没; 死ぬこと.
몰¹ (mole) 图 《化学》物質量を表わす単位. ㉠モル (mol).
몰-³ (沒) 援頭 没…; 非…; 無…. ‖몰상식 沒[非]常識. 몰이해 無理解.
몰-가치-성 (沒價値性) [-썽] 图 沒価値性.
몰각 (沒却) 图 他 沒却.
몰-개성 (沒個性) 图 沒個性.
몰골 (沒骨) 图 みすぼらしい格好; 不格好. ‖초라한 몰골 みすぼらしい格好. 몰골이 아니다 無様だ.
몰년 (沒年) [-련] 图 没年.
몰-농도 (mole 濃度) 图 《化学》モル濃度.
몰닉 (沒溺) [-릭] 图 自 沒溺.
몰다 /mo:lda/ 他 〔ㄹ語幹〕[몰아, 모는, 몬] ❶ 追う; 追いやる; 追い詰める. ‖핀치로 몰다 ピンチに追い込む. 한쪽 구석으로 몰다 片隅に追いやる. ❷ 〔乗り物を〕運転する; 走らせる. ‖전속력으로 차를 몰다 全速力で車を走らせる. ❸ 〔ボールを〕ドリブルする. ❹ 〔一ヶ所に〕集める. ㉠ 몰리다.
몰도바 (Moldova) 图 《国名》モルドバ.
몰두 (沒頭) /mol˾tu/ [-뚜] 图 自 沒頭; 夢中になること; 打ち込むこと. ‖실험에 몰두하다 実験に没頭する. 창작에 몰두하다 創作に打ち込む. 침식을 잊고 연구에 몰두하다 寝食を忘れて研究に打ち込む.
몰디브 (Maldives) 图 《国名》モルジブ.
몰라 他 〔ㄹ変〕모르다 (知らない·分からない) の連用形.
몰라-보다 /mo:llaboda/ 他 見間違える; 見違える; 見忘れる. ‖너무 많이 달라진 그 사람을 한순간 몰라봤다 あまりにも変わった彼を一瞬見間違えた. 학교 앞의 몇 년 사이에 몰라보게 변했다 学校の前は数年の間に見違えるほど変わった. 친구를 오랜만에 만나서 몰라보다 友達に久しぶりに会ったので見間違える.
몰라-주다 〔事情や心情などを〕分かってくれない; 理解してくれない. ‖내 마음을 몰라주다 私の気持ちを理解してくれない.
몰락 (沒落) 图 自 没落. ‖귀족 계급이 몰락하다 貴族階級が没落する.
몰랑-몰랑 副 하形 ❶ 〔果物や餅などが〕柔らかい様子. ❷ 〔性格などが〕軟弱な様子. ㉠ 물렁물렁.
몰랑-하다 形 〔하여짧〕 ❶ 〔果物や餅などが〕柔らかい. ❷ 〔性格などが〕軟弱だ. ‖성질은 사람이 몰랑해서 걱정이다 部下は人が柔弱だから心配だ. ㉠ 물렁하다.
몰래 /mo:llɛ/ 副 こっそり; そっと; ひそか

に. ‖몰래 들여다보다 こっそり覗く. 몰래 가지고 가다 こっそり持っていく. 몰래 눈물을 닦다 そっと涙を拭く. 몰래 도망치다 人目に忍び寄る.

몰래-카메라 (-camera) 图 隠しカメラ; テレビ番組のドッキリカメラ. ⑱몰카.

몰려-가다 图 群れを成して行く·くり出す.

몰려-나오다 图 群れを成して出てくる; どっと出てくる. ‖영화가 끝나자 사람들이 우르르 몰려나왔다 映画が終わると, 人々がどっと出てきた.

몰려-다니다 图 群れを成して歩き回る.

몰려-들다 [ㄹ語幹] 押し寄せる; 詰めかける; 殺到する. ‖광장으로 사람들이 몰려들다 広場に人々が押し寄せる.

몰려-오다 图 群れを成して押しかけてくる.

몰-리다 /mollida/ 图 ❶[몰다의 受身動詞] 追われる; 追い込まれる. ‖궁지에 몰리다 ピンチに追い込まれる. ❷一か所に集まる. ‖사람들이 한 곳에 몰려 있다 人々が一か所に集まっている.

몰-매 图 袋叩き. ‖몰매를 맞다 袋叩きにあう.

몰-비판 (沒批判) 图 無批判.

몰사 (沒死)【-싸】图 自 その場にいた全員が死ぬこと.

몰살 (沒殺)【-쌀】图 他 皆殺し. ‖전원 몰살하다 全員皆殺しにされる.

몰-상식 (沒常識)【-쌍-】图 形 没常識; 非常識. ‖몰상식한 행동 非常識な行動. 너무나도 몰상식한 非常識きわまりない.

몰수 (沒收)【-쑤】图 他 没収. 몰수하다 受身 財産을 몰수당하다 財産を没収される.

몰수-경기 (沒收競技)【-쑤-】图 [野球で]没収試合.

몰아 (沒我) 图 没我. ‖몰아의 경지에 빠지다 没我の境に入る.

몰아-내다 他 追い出す; 追い払う. ‖나쁜 무리를 몰아내다 悪い連中を追い払う.

몰아-넣다【-너타】他 押し入れる; 追い込む; 追い詰める. ‖소들을 울타리 안으로 몰아넣다 牛を囲いの中に追い込む.

몰아-닥치다 (風雨·寒氣などが)押し寄せる.

몰아-대다 他 駆り立てる; せき立てる; (車を)走らせる. ‖차를 전속력으로 몰아대다 車を全速力で走らせる.

몰아-붙이다【-부치-】他 ものを一か所に寄せる; 駆り立てる.

몰아-세우다 他 責め立てる. ‖부하를 심하게 몰아세우다 部下を激しく責め立てる.

몰아-쉬다 他 (息などを)一気に吸い込む. ‖가쁜 숨을 몰아쉬며 교실에 들어서다 息を切らしながら教室に入る.

몰아-주다 他 分けずにまとめて一か所に与える. ‖선거에서 한 사람에게 표를 몰아주다 選挙で1人に票を集中して入れる.

몰아-치다 他 吹きつける. ‖비바람이 몰아치는 밤 風雨が吹きつける夜.

몰-염치 (沒廉恥) 图 形 恥知らず; 破廉恥. ‖몰염치한 짓을 하다 恥知らずなことをする.

몰이-꾼 图 勢子(せこ).

몰-이해 (沒理解)【-리-】图 形 無理解.

몰-인격 (沒人格)【-껵】图 形 人格が備わっていないこと.

몰-인정 (沒人情) 图 形 不人情; 薄情; 非情; 無情. ‖몰인정한 처사 非情な仕打ち.

몰입 (沒入)【-립】图 自 没入. ‖연구에 몰입하다 研究に没入している.

몰-지각 (沒知覺) 图 形 無分別. ‖몰지각한 행동 無分別な行動.

몰-취미 (沒趣味) 图 形 没趣味.

몰-카 [몰래 카메라의 略記] 隠しカメラ.

몰캉-몰캉 副 形 (果物や餅などが)柔らかい様子; ぐにゃぐにゃ(と). ⑱물컹물컹.

몰캉-하다 形 [하変] (果物や餅などが)柔らかい. ⑱물컹하다.

몰타 (Malta) 图 国名 マルタ.

몰패 (沒敗) 图 自 完敗.

몰-표 (-票) 图 [1人の候補者に集中的に入れられた票.

몰후 (歿後) 图 没後; 死後.

몸 /mom/ 图 身; 体. ‖몸이 약하다 体が弱い. 몸이 튼튼한 사람 体の丈夫な人. 이 옷은 몸에 안 맞다 この服は体に合わない. 몸을 비틀며 웃다 身をよじって笑う. 몸을 아끼지 않다 骨身を惜しまない. 몸 둘 바를 모르다 身の置き場がない. ▶몸에 배다[익다] 身につく. ▶몸을 바치다 身を捧げる; 身を投げ出す. ▶몸을 버리다 体をこわす; 貞操をやぶる. ▶몸을 팔다 体を売る; 売春をする. ▶몸(을) 풀다 ① ウオーミングアップをする; 軽く準備運動をする; 体をほぐす. 시합 전에 몸을 풀다 試合の前に軽く体をほぐす. ② 出産する. 한여름 딸을 낳았다 真夏に子どもを産んだ. ▶몸이 달다 다급해지다; 躍起になる.

몸-가짐 图 態度; ふるまい; 身のこなし; 身だしなみ. ‖몸가짐을 바로 하다 身だしなみを整える.

몸-값【-깝】图 身の代金.

몸-놀림 图 身のこなし; 動作. ‖몸놀림이 날렵한 動作がすばしっこい.

몸-단속 (-團束) 图 自 身の用心.

몸-단장 (-丹粧) 图 自 身支度.

몸-단장을 하다 身支度をする.
몸-담다【-따】 ある組織や分野に所属する. ‖현재 몸담고 있는 대학 現在在職している大学.
몸-뚱어리 图 몸뚱이의 俗語.
몸-뚱이 图 体; 体軀(くう).
몸-매 /mommɛ/ 图 体つき; 身なり; 体形; スタイル. ‖몸매가 늘씬하다 スタイルがいい.
몸-맵씨【-씨】图 体つき; 着こなし.
몸-무게 /mommuge/ 图 体重. 卿 체중(體重). ‖몸무게가 늘다 体重が増える. 몸무게를 재다 体重をはかる.
몸-부림 图 もだえ; もがき; あがき; 寝返り. ‖너무 몸부림을 쳐서 같이 잘 수가 없다 寝返りがひどくて一緒に寝られない.
몸부림-치다 囸 身もだえする; もがく; あがく. ‖몸부림치며 괴로워하다 身もだえして苦しむ.
몸살 /momsal/ 图 疲労によって体調を崩すこと. ▶몸살이 나다 ①(疲労によって)病気になる. ②あることがしたくてたまらない.
몸살-감기 图 (極度の疲労による)風邪.
몸살-끼 图 (極度の疲労による)風邪気味.
몸-서리 图 身震い. ‖몸서리를 치다 身震いする; うんざりする.
몸-소 图 ❶自ら; じきじきに; 直接. ‖몸소 실천하다 自ら実践する. ❷(目上の人が)自ら; じきじき; ご自分で. ‖선생님께서 몸소 만드시다 先生が直接お作りになる.
몸-수색 (-搜索) (하他) ボディーチェック.
몸-싸움 图 自由 体をぶつけて押し合うこと.
몸저-눕다【-저-따】囸【ㅂ變】(過労などで)寝込む; 寝付く; 倒れる.
몸-조리 (-調理) 图 養生; 摂生. ‖산후 몸조리 産後の養生.
몸-조심 (-操心) 图 ❶体や健康に気をつけること. ❷言動を慎むこと.
몸-집【-찝】图 体格. 卿 체구(體軀). ‖몸집이 작다 小柄だ.
몸-짓【-찓】图 自他 身振り.
몸-짱 图 〔俗っぽい言い方で〕スタイルのいい人.
몸-체 (-體) 图 本体.
몸-치장 (-治粧) 图 自他 身支度を整えること; 身なり; おめかし.
몸-통 图 胴体.
몹시 /mopʰʃi/【-씨】副 とても; 非常に; 大変; やたに; 随分. ‖몹시 바쁜 하루 とても忙しい1日. 선생님께서 몹시 화가 나신 것 같다 先生が大変怒っていらっしゃるようだ. 숙제가 많아서 몹시 힘들어요 宿題が多くて大変だ.

오늘은 몹시 피곤하다 今日はやけに疲れた.
몹쓸 悪い; よくない; (病気などが)悪性の. ‖몹쓸 병 悪性の病気. 몹쓸 사람 悪人.
못¹ /mot/【못】图 釘. ▶못을 치다【치다】釘を打つ. ⑴못을 박다 ① 釘を打つ. ② 人の心を傷つける. ③ 念を押す. ‖내일 오지 말라고 말 없이 약속을 못 받다 明日遅刻しないように念を押しておく.
못² 图 (皮膚の表面にできる)たこ. ‖손바닥에 못이 박히다 手のひらにたこができる. 귀에 못이 박히도록 耳にたこができるほど.
못³ 图 池. ‖못가 池の端.
못⁴ /mot/ 副 ❶不可能の意を表わす:…できない; …られない. ‖매운 것은 못 먹는다 辛いものは食べられない. 내일은 학교에 못 간다 明日は学校へ行けない. 운전을 못하다 運転ができない. 다리를 다쳐 자전거를 못 타게 되다 足をけがして自転車に乗れなくなる. ❷禁止の意を表わす: …てはならない; …てはいけない. ‖여기서부터는 못 들어간다 ここからは入ってはいけない. ▶못 먹는 감 찔러나 본다【諺】(「食えない柿、つついてみる」の意)意地悪をすることのたとえ. ▶못 오를 나무는 쳐다보지도 마라【諺】(「登れない木は仰ぎ見るな」の意) 可能性がない場合は最初から断念しろ.
못-나다【못-】圈 ❶愚かだ. ❷醜い; 不細工だ.
못난-이【못-】图 出来そこない; 不細工な人; ダサ.
못내【못-】 副 ❶忘れられなくていつまでも; ずっと. ‖못내 아쉬운 듯이 그는 그 자리를 떠나지 못했다 いつまでも名残を惜しむかのように彼はその場を離れられなかった. ❷この上なく; 非常に.
못다【몯따】 圖 まだ終わっていない様子. ‖못다 한 이야기 語り尽くせない話.
못-되다 /mo:tʰtweda/【못 뙈-/못 쀅-】圈 ❶性が悪い; 意地悪い; 不届きだ; あくどい. ‖못된 애 たちの悪い子. 못된 놈이다 不届きなやつだ. 못된 소리를 하다 意地悪なことを言う. 못되고 굴다 意地悪くふるまう. 못된 수법으로 악랄 하게 행동이다. ❷(物事が)うまくいかない. ‖일이 제대로 못되더라도 다른 사람을 원망하지 마세요 仕事がうまくいかなくても人を恨まないでください. ▶못되면 조상 탓(잘되면 제 탓)【諺】(「うまくいかないと他人のせい、うまく行くと自分のお陰」の意)うまくいかない時の責任転嫁のたとえ. ▶못된 송아지 엉덩이에 뿔 난다【諺】(「できそこないの子牛のお尻に角が生える」の意)一人前になっていない者がかえって威張るたとえ.
못마땅-하다 /mo:nma²tʰaŋhada/【못-】圈【하變】 気に食わない; 不満だ. ‖그

의 행동이 못마땅하다 彼の行動が気に食わない. 못마땅하다는 표정을 짓다 憮然とした面持ちになる.

못마땅해-하다 [몯-] 他 [하変] 不満に思う.

못-뽑이 [몯-] 名 釘抜き.

못-살다 /mo:t͈salda/ [몯 쌀-] 自 [ㄹ語幹] [못살아, 못사는, 못산] ❶ 暮らしが貧しい. 가난해서 못살다. ‖못사는 집 아이 貧しい家の子ども. ❷ 堪えられない; しようがない. ‖화가 나서 못살겠다 腹が立ってしようがない. 못살게 굴다 いじめる; 苦しめる.

못-생기다 [몯 쌩-] 形 醜い; 不細工だ. ㉠잘생기다. ‖못생긴 사람 不細工な人.

못-쓰다 [몯-] 自 [으変] いけない; 駄目だ. ‖그러면 못쓴다 そうしてはいけない.

못-자리 [모짜-/몯짜-] 名 苗代; 苗床.

못-질 [몯 찔] 名 自他 釘を打つこと. ‖못질을 하다 釘を打つ.

못-하다¹ /mo:tʰada/ [모타-] 形 [하変] (主に…보다·보다만の形で) …より劣る; …よりよくない; …に及ばない. ‖이것보다 못하다 これよりよくない. 안 만난 건만 못하다 会わない方がよかった.

못-하다² /mo:tʰada/ [모타-] 他 [하変] ❶ 잘하다. ‖공부를 못하다 勉強ができない. 요리를 못하는 여자 料理ができない女. 이번에 일 등을 못했다 今回も1位にはなれなかった.

못-하다³ /mo:tʰada/ [모타-] 補助 [하変] ❶ (…지 못하다の形で) …できない; …しない. 허리가 아파서 제대로 앉지 못하다 腰が痛くてちゃんと座れない. 비가 와서 나가지 못했다 雨が降って出られなかった. 내 말을 제대로 이해하지 못한 것 같다 私が言ったことを十分理解していないようだ. ❷ (…지 못해[못하여]の形で) …しきれずに; …かねる. ‖보다 못해 도와주다 見かねて手伝ってあげる.

못-하다⁴ [모타-] 補形 ❶ 形容詞の語幹に付いて …지 못하다の形で) …ではない; …ではない. ‖성실하지 못하다 誠実ではない. 화질이 선명하지 못하다 画質が鮮明ではない. ❷ (…다 못해[못하여]の形で) …のあまり; …すぎて; …兼ねて. ‖보다 못해 도와주다 見かねて手伝ってあげる.

몽고 (蒙古) 名 モンゴル; 蒙古.
몽고-반 (蒙古斑) [医学] 蒙古斑.
몽고-반점 (-斑點) 名 몽고반(蒙古斑).
몽고-풍 (蒙古風) 名 モンゴル風.
몽골 (Mongol) 名 モンゴル.
몽골-어 (-語) [言語] モンゴル語.
몽골-족 (-族) 名 モンゴル族.
몽달-귀신 (-鬼神) [民俗] 独身で死んだ男性鬼神.

몽당-붓 [-붇] 名 禿筆(ちびふで); ちびた筆.
몽당-연필 (-鉛筆) [-년-] 名 短くなった鉛筆.
몽둥이 /moŋduŋi/ 名 (主に人を叩く時に用いる)棒. ‖큰 몽둥이로 때리다 太い棒で叩く.
몽둥이-맛 [-맏] 名 棒でたたかれた経験.
몽둥이-찜 名他 棒で容赦なく叩くこと.
몽둥이-찜질 名他 = 몽둥이찜.
몽땅 /moŋt͈aŋ/ 副 ❶ 全部; 根こそぎ; ごっそり. ‖몽땅 도둑맞다 根こそぎ持っていかれる. ❷ ばっさり; ずばっと; 思い切って一度に. ‖몽땅 잘라 버리다 ばっさり切ってしまう.
몽땅-하다 形 [하変] ずんぐり(と)している. ‖키가 몽땅한 남자 ずんぐりとした男. ㉠몽똥하다.
몽롱-하다 (朦朧-) [-농-] 形 [하変] 朦朧(もうろう)としている. ‖의식이 몽롱해지다 意識が朦朧となる.
몽매-하다 (蒙昧-) 形 [하変] 蒙昧だ.
몽상 (夢想) 名他 夢想. ‖몽상하다.
몽상-가 (夢想家) 名 夢想家. 몽상에 잠기다 夢想にふける.
몽실-몽실 副 ふっくらと肉づきがよくて柔らかい感じがする様子; まるまる(と). ‖몽실몽실한 몸매 まるまるとした体つき.
몽유-병 (夢遊病) [-뼝] 名 [医学] 夢遊病.
몽정 (夢精) 名自他 夢精.
몽중 (夢中) 名 夢の中.
몽총-하다 形 [하変] ❶ (長さが)短めだ; (大きさが)小さめだ. ‖몽총한 바지 短めのズボン.
몽치다 自 固まる; 固まりになる; 一つになる; 一丸となる. ‖학생들이 뭉쳐 몽치다 学生たちが一丸となる. ㉠뭉치다.
— 他 固める; 固まりにする. ㉠뭉치다.
몽타주 (montage) 名 モンタージュ.
몽타주 사진 (-寫眞) 名 モンタージュ写真.
몽톡-하다 [-토카-] 形 [하変] 細くて先端が丸い. ㉠뭉툭하다.
몽환-곡 (夢幻曲) 名 [音楽] ノクターン; 夜想曲.
뫼 [-/뭬] 名 墓. ‖묘(墓)·무덤.
뫼비우스의 띠 (Möbius) [-/-에-] 名 メビウスの帯.
묏-자리 [뫼짜-/뭳짜-] 名 墓の予定地; 墓の候補地.
묘¹ (墓) 名 墓. ‖뫼·무덤.
묘² (卯) 名 (十二支の中で) 卯.
묘계 (妙計) [-게/-계] 名 妙計; 妙策.
묘기 (妙技) 名 妙技.
묘년 (卯年) 名 卯(う)の年. ‖토끼해.
묘령 (妙齢) 名 妙齢. ‖묘령의 아가씨 妙齢の娘.

묘목 (苗木) 图 苗木.
묘미 (妙味) 图 妙味; 醍醐味. ‖이 게임의 묘미는 스피드다 このゲームの醍醐味はスピードだ.
묘비 (墓碑) 图 墓碑.
묘비-명 (墓碑銘) 图 墓碑銘.
묘사 (描寫) /mjo:sa/ 图 他サ 描写. ‖심리 묘사 心理描写. 성격 묘사 性格描写. 생생하게 묘사하다 生々しく描写する.
묘성 (昴星) 图 [天文] 昴(すばる).
묘소 (墓所) 图 墓所.
묘수 (妙手) 图 妙手.
묘시 (卯時) 图 [民俗] 卯の刻(午前5時から午前7時まで).
묘안 (妙案) 图 妙案. ‖묘안이 떠오르다 妙案が浮かぶ.
묘안-석 (貓眼石) 图 [鉱物] 猫眼石; キャッツアイ.
묘약 (妙藥) 图 妙薬. ‖젊어지는 묘약 若返りの妙薬.
묘연-하다 (杳然-) 图 [ハ変] (行方が) 分からない. ‖행방이 묘연하다 行方が分からない.
묘지 (墓地) 图 墓地. ‖공동묘지 共同墓地.
묘책 (妙策) 图 妙策.
묘포 (苗圃) 图 苗木.
묘-하다 (妙-) /mjo:hada/ 图 [ハ変] 妙だ; 不思議だ; 変だ; おかしい. ‖묘한 이야기 妙な話. 상황이 묘하게 돌아가다 状況が変になっている.
묘혈 (墓穴) 图 墓穴. ▶묘혈을 파다 墓穴を掘る.

무¹ /mu:/ 图 [植物] ダイコン (大根). ‖무를 채썰다 大根を千切りにする. 바람이 든 무 すの入った大根.
무² (武) 图 武. ⇔문(文).
무³ (無) 图 無. ‖유무 有無. 무로 돌아가다 無に帰する.
무-⁴ (無) 接頭 無…. ‖무신경 無神経. 무관심 無関心.
무가당 (無加糖) 图 無糖.
무가-지 (無價紙) 图 [-까-] フリーペーパー.
무가치-하다 (無價値-) 图 [ハ変] 無価値だ; 価値がない.
무감각-하다 (無感覺-) 图 [-까가-] [ハ変] 無感覚だ; 感覚がない.
무개-차 (無蓋車) 图 オープンカー; 屋根のない車.
무거운 图 [ㅂ変] 무겁다(重い)의 현재 연체형.
무거워 图 [ㅂ変] 무겁다(重い)의 연용형.
무겁다 /mugǝpʰta/ [-따] 图 [ㅂ変] [무거워, 무거운] ❶ (重量が) 重い. ‖가방이 무겁다 かばんが重い. ❷重苦しく感じる. ‖마음이 무겁다 気が重い. 무거운 발걸음 重い足取り. ❸(病·罪などが) はなはだしい. ‖무거운 죄를 짓다 重い罪を犯す. ❹慎重だ. ‖입이 무거운 사람 口が重い人. ⇔가볍다.

무게 /muge/ ❶重さ; 重量; 目方. ⑩중량(重量). ‖무게를 달다 目方を計る. 엄청난 무게에 도저히 들 수 없는 중량 とてつもない重さだ. 무게가 많이 나가는 짐 かなりの目方のある荷物. ❷価値; 重要性. ❸人の威厳; 重み. ‖무게 있는 말 重みのある言葉. ▶무게가 천 근이나 된다 (「重さが千斤もある」の意で) 人に重みがある. ▶무게를 잡다 (取り澄ました態度で) 改まった雰囲気をつくる.
무결 (無缺) 图 [ハ変] 無欠. ‖완전무결 完全無欠.
무계획 (無計劃) 图 [-게-/-계획] 無計画.
무계획-적 (無計劃的) 图 [-쩍/-게획쩍] 图 無計画. 무계획적인 개발 無計画な開発.
무고¹ (無辜) 图 [ハ変] 無辜(む); 罪のないこと. ‖경찰이 무고한 사람을 연행해 가다 警察が罪のない人を連行している.
무고² (誣告) 图 他サ 誣告(ぶこ); 故意に偽りを訴えること.
무고-죄 (誣告罪) 图 [-죄/-쮀] 图 [法律] 誣告罪.
무고-하다 (無故-) 图 [ハ変] 無事に; 平穏だ.
무곡 (舞曲) 图 [音楽] 舞曲.
무골-호인 (無骨好人) 图 底抜けのお人好し.
무공 (武功) 图 武功. ⑩무훈(武勲).
무과 (武科) 图 [歴史] 朝鮮時代の武官を登用するための試験. ⇔문과(文科).
무관¹ (武官) 图 武官. ⇔문관(文官).
무관² (無官) 图 [ハ変] 無官.
무관³ (無冠) 图 無冠; 無位. ‖무관의 제왕 無冠の帝王.
무관심 (無關心) /mugwanʃim/ 图 [ハ変] 無関心. ‖그는 만사에 무관심하다 彼は何事にも無関心だ. 정치에 무관심한 젊은이들 政治に無関心な若者. 무관심한 척하다 無関心を装う.
무관-하다 (無關-) 图 [ハ変] 無関係だ; 関係がない. ‖그 일과 나는 무관하다 そのことと私は無関係だ.
무구 (武具) 图 武具.
무-국적 (無國籍) 图 [-쩍] 無国籍.
무궁 (無窮) 图 [ハ変] 無窮; 無限.
무궁-무진 (無窮無盡) 图 [ハ変] 無尽.
무궁-화 (無窮花) /mugunhwa/ 图 [植物] ムクゲ (木槿). ‖무궁화는 한국의 국화이다 ムクゲは韓国の国花である.
무궁화-동산 (無窮花-) 图 (「ムクゲの園」の意で) 大韓民国の美称.
무-궤도¹ (無軌道) 图 無軌道.
무-궤도² 전철 (無軌道電鐵) 图 無軌

조電車;トロリーバス.
무균(無菌)囝 無菌.‖무균실 無菌室.
무근(無根)囝(有形) 無根.‖사실 무근 事実無根.
무급(無給)囝 無給.㋐유급(有給).‖무급으로 일하다 無給で働く.
무기[1](武器)/muːgi/ 囝 武器.‖무기고 武器庫. 핵무기 核兵器. 눈물이 여자의 무기 涙は女の武器. 무기를 들다 武器をとる. 무기여 잘 있거라『武器よさらば』(ヘミングウェーの小説).
무기[2](無期)囝 無期. ㋐유기(有期).
무기수(無期囚)囝 無期刑の囚人.
무기정학(無期停學)囝 無期停学.
무기징역(無期懲役)囝《法律》無期懲役.
무기형(無期刑)囝《法律》無期刑.
무기[3](無機)囝 無機. ㋐유기(有機).
무기-물(無機物)囝 無機物. ㋐유기물(有機物).
무기-질(無機質)囝 無機質. ㋐유기질(有機質).
무기-산(無機酸)囝《化學》無機酸. ㋐유기산(有機酸).
무기-화학(無機化學)囝《化學》無機化学. ㋐유기화학(有機化學).
무기 화합물(無機化合物)[-할-]囝《化學》無機化合物. ㋐유기 화합물(有機化合物).
무기력-하다(無氣力-)[-려카-]囲[하變]無気力だ.
무기명(無記名)囝 無記名.‖무기명 투표(無記名投票)無記名投票.㋐기명 투표(記名投票).
무기음(無氣音)囝《言語》無気音. ㋐유기음(有氣音).
무기한(無期限)囝 無期限.
무기 호흡(無氣呼吸)囝 無気呼吸. ㋐유기 호흡(有氣呼吸).
무-김치囝《料理》大根キムチ.
무-꺼품囝 一重まぶた.
무난-하다(無難-)囲[하變]無難だ;当たり障りがない.‖무난한 선택 無難な選択. 무난한 연기 無難な演技. **무난-히**副 無難なく;無難に.‖무난히 새 생활에 적응하다 難なく新生活に慣れる.
무남-독녀(無男獨女)[-동-]囝 息子のない家の一人娘.
무너-뜨리다囮 崩す;やっつける.‖산을 무너뜨리다 山を崩す. 상대방을 무너뜨리다 相手を倒す.
무너-지다/munɔdʑida/ 囼 崩れる;倒れる;壊れる;倒壊する;決壊する;つぶれる.‖태풍으로 담이 무너지다 台風で塀が崩れる. 독재 정권이 무너지다 独裁政権が倒れる. 지진으로 빌딩이 무너지다 地震でビルが崩れる. 둑이 무너져 堤防が決壊する. 불황으로 무너진 회사가 많다 不

況でつぶれた会社が多い.
무너-트리다㉮ =무너뜨리다.
무녀(巫女)囝 巫女(⑴).
무념-무상(無念無想)囝《仏教》無念無想.‖무념무상의 경지 無念無想の境地.
무-논囝 水田;田. ㉮수답(水畓).
무는[관]〔語幹〕물다(くわえる·噛む)の現在連体形.
무능력(無能力)[-넝]囝 無能力.
무능력-자(無能力者)[-넉짜]囝 無能力者.
무능-하다(無能-)囲[하變]無能だ.㋐유능(有能-).‖무능한 상사 無能な上司.

무늬/muni/ [-니]囝 模様;柄.㉮문양(文樣).‖물무늬 水玉模様. 줄무늬 縞模様;縞柄. 꽃무늬 花柄.
무늬-뜨기㉾ 模様編み.
무단[1](無斷)囝 無斷.‖무단으로 남의 물건을 가지고 가다 無断で人の物を持ち出す.
무단-결근(無斷缺勤)囝 自他 無断欠勤.
무단-결석(無斷缺席)[-석]囝 自他 無断欠席.
무단-출입(無斷出入)囝 自他 無断立入り.‖무단출입을 금하다 無断立入りを禁ず.
무단[2](武斷)囝 武斷.‖무단 정치(武斷政治)武断政治.
무담보(無擔保)囝 無担保;無抵当.‖무담보로 돈을 빌리다 無担保でお金を借りる.
무당囝 巫女(⑵);かんなぎ.
무당-벌레囝《昆虫》テントウムシ(天道虫).
무대(舞臺)/mudɛ/ 囝 舞台.‖무대에 오르다 舞台に上がる. 무대에 서다 舞台に立つ. 세계를 무대로 활약하다 世界を舞台に活躍する. 독무대 独り舞台. 무대 장치 舞台装置. 무대 효과 舞台効果.
무더기/mudɔgi/ (うずたかく積み上げたものの)山;堆積(ੰ).‖제품을 창고에 무더기로 쌓아 놓다 製品を倉庫にんさと積み上げておく. 돌 무더기 石の山.
— 依존 …山;…盛り.‖사과 한 무더기 リンゴ1山.
무-더위囝 蒸し暑さ.
무던-하다囲[하變](性格が)寛容である;無理がない;無難だ.‖무던한 성격 無理のない性格.
무덤/mudɔm/ 囝 墓. ㉾묘(墓).
무덤덤-하다囲 平然としていて何も感じていない様子だ.‖표정이 무덤덤하다 平然とした顔をしている. 무덤

한 어조 平然とした口調.

무덥다 /mudɔpˀta/ [-따] 形 [ㅂ変] [무더워, 무더운] 蒸し暑い. ‖무더워서 잘 수가 없다 蒸し暑くて寝られない. 무더운 날이 계속되고 있다 蒸し暑い日が続いている.

무도¹ (武道) 图 武道.
무도² (無道) 图 (하形) 無道; 非道.
무도³ (舞蹈) 图 舞踊.
　무도-곡 (舞蹈曲) 图 舞踊曲.
　무도-회 (舞蹈會) [/-붜] 图 舞踏会.

무독 (無毒) 图 (하形) 無毒. ⇔유독 (有毒).

무-둘질 图 (하他) なめし; なめすこと. ‖가죽을 무두질하다 皮をなめす.

무드 (mood) 图 ムード.
　무드-음악 (-音樂) 图 ムードミュージック.

무-득점 (無得點) [-쩜] 图 無得点.

무디다 /mudida/ 形 ❶ 鈍い;なまくらだ. ‖무딘 칼끝 鈍い刃先. 감각이 무디다 感覚が鈍い. ❷ 反応が鈍い. ‖반응이 무디다 反応が鈍い.

무뚝뚝-하다 /muˀttukˀtukˀhada/ [-뚜카-] 形 (하変) 無愛想だ;ぶっきらぼうだ. ‖무뚝뚝한 점원 無愛想な店員. 무뚝뚝한 말투 ぶっきらぼうな口のきき方.

무럭-무럭 /murʌŋmurʌk/ [-렁-] 副 ❶ すくすく; のびのび. ‖아이가 무럭무럭 자라다 子どもがすくすく(と)育つ. ❷ もくもく; むくむく. ‖연기가 무럭무럭 피어오르다 煙がもくもく(と)立ち上る.

무려 (無慮) 图 (主に数を表わす語の前で) 予想よりも多い時に発する語: なんと, ‖한꺼번에 만두를 무려 스무 개나 먹었다 一度に餃子をなんと20個も食べた.

무력¹ (武力) /muːrjɔk/ 图 武力. ‖무력으로 점령하다 武力で占領する. 무력 충돌이 일어나다 武力衝突が起こる. 무력 행사 武力行使.

무력² (無力) 图 (하形) 無力. ‖무력한 수뇌부 無力な首脳部.
　무력-감 (無力感) [-깜] 图 無力感.
　무력-화 (無力化) [-려콰] 图 (하他) 無力化.

무렵 依名 …頃; …方. 图 동틀 무렵 夜明け頃. 해가 질 무렵 日暮れ方. 서울에 살고 있을 무렵 ソウルに住んでいた頃.

무례-하다 (無禮-) 形 (하変) 無礼だ; 無作法だ. ‖무례한 놈이다 無礼なやつだ. 무례한 짓을 하다 無礼なことをはたらく. 예의를 모르는 무례한 행동 礼儀を弁えぬ無作法なふるまい.

무론 (毋論·無論) 副 =물론 (勿論).
무뢰-한 (無賴漢) [-/-붸-] 图 無頼漢.
무료 (無料) /murjo/ 图 無料. ⇔유료 (有料). ‖입장 무료 入場無料. 무료 서비스 無料サービス.

무료-하다 (無聊-) [ɟɨː-] 形 (하変) 無聊 (ぶりょう) だ; 退屈だ. ‖무료함을 달래다 退屈をまぎらす; 無聊を慰める. 무료한 나날 退屈な日々. 무료함을 달래려と잡지를 뒤지 退屈しのぎに雑誌を読む.

무르다¹ 形 [르変] ❶ (地盤などが) 緩い; 崩れやすい. ❷ (性格などが) 弱い; もろい. ‖정에 무르다 情にもろい.

무르다² /muruda/ 自 [르変] [물러, 무르는] (硬いものが熟したり煮えたりして) 柔らかくなる. ‖감이 무르다 柿が柔らかくなる.

무르다³ /muruda/ 他 [르変] [물러, 무르는] ❶ 返品する; 返金してもらう. ‖사이즈가 안 맞아 옷을 무르다 サイズが合わなくて服を返品する. ❷ 取り戻す. ❸ (碁などで) 打ち直す.

무르-익다 [-따] 自 ❶ 熟れる; 爛熟する; 頃合だ. ❷ (時期的に) 潮時だ.

무르팍 [무릎의俗語] 图 膝.

무르쓰다 他 [으変] (困難や苦しなどを) 無視する; 押し切る. ‖위험을 무릅쓰고 도전하다 危険を顧みず挑戦する.

무릇¹ [-른] 图 (植物) ツルボ (蔓穂).
무릇² [-른] 副 およそ; おおよそ; 大抵; 大体. 概 (おおむ) ね. 大抵.

무릉-도원 (武陵桃源) 图 武陵 (ぶりょう) 桃源; 桃源郷.

무릎 /murupʰ/ [-름] 图 膝 (ひざ). ‖눈이 무릎까지 쌓이다 雪が膝まで積もる. 넘어져서 무릎이 까지다 転んで膝をすりむく. 무릎을 세우고 앉다 膝を立てて座る. 무릎을 맞대고 이야기하다 膝を交えて話し合う. ▶무릎(을) 꿇다 屈服する; 降参する. ▶무릎(을) 치다 (思い当たって) 膝を打つ.
　무릎-걸음 [-름꺼-] 图 膝行 (しっこう).
　무릎-깍지 [-름찌] 图 (両手で) 膝を抱えること. ‖무릎깍지를 끼다 膝を抱く.
　무릎-꿇다 [-름꿀타] 自 跪 (ひざまず) く. ‖무릎꿇고 빌다 跪いて祈る. (自) 무릎꿇리.
　무릎-꿇-리다 [-름꿀-] 他 〔무릎꿇다の使役動詞〕 跪かせる.
　무릎-마디 [-름마-] 图 膝の関節. (自) 슬관절 (膝關節).
　무릎-배꼉 [-름빼-] 图 (하自) 膝枕.
　무릎-장단 (-長短) [-름짱-] 图 膝拍子.

무리¹ /muri/ 图 群れ; 連中; やから; 仲間. ‖무리를 짓다 群れをなす.

무리² (無理) /muri/ 图 (하自) 無理. ‖무리해서는 안 된다 無理してはいけない. 무리하게 밀어붙이다 無理を通す. 무리 없는 진행 無理のない進行. 문제를 무리 없이 처리하다 難なく処理する.

무리-수 (無理數) 圏《수학》無理数.
  ⑪유리수(有理數).
무리-식 (無理式) 圏《수학》無理式.
무리-수 (無理手) 圏 無理な手; 無理なやり方. ‖무리수를 두다 無理をする; 無理な手を打つ.
무리-하다 (無理-) 圏[하여] 無理だ. ‖무리한 주문을 하다 無理な注文を出す. 애한테는 무리한 일 子どもには無理な仕事.
무마 (撫摩) 圏[하여] ❶なだめること. 험악한 분위기를 무마시키려고 하다 険悪な雰囲気をなだめようとする. ❷もみ消すこと. 뇌물 사건을 간신히 무마하다 収賄事件を辛くもみ消す.
무-말랭이 圏 切り干し大根.
무-맛 (無-)[-맏] 圏 何の味もないこと.
무-면허 (無免許) 圏 無免許. ‖무면허 운전 無免許運転.
무명[1] 圏 綿布. ⑩면포(綿布).
  무명-베 圏 =무명.
  무명-실 圏 綿糸.
  무명-옷[-옫] 圏 木綿の服.
무명[2] (無名) 圏 無名. ‖무명 용사의 묘 無名戦士の墓.
  무명-씨 (無名氏) 圏 無名氏; 失名氏.
  무명-작가 (無名作家)[-까] 圏 無名の作家.
  무명-지 (無名指) 圏 薬指.
  무명-초 (無名草) 圏 名もない草.
무명[3] (武名) 圏 武名.
무명[4] (無明) 圏《仏教》無明(ちょう).
무모-증 (無毛症)[-쯩] 圏《의학》無毛症.
무모-하다 (無謀-) 圏[하여] 無謀だ, 無鉄砲だ. ‖무모한 계획 無謀な計画. 무모한 짓을 하다 無謀なことをする.
무미 (無味) 圏 無味.
  무미건조-하다 (無味乾燥-) 圏[하여] 無味乾燥だ. ‖무미건조한 이야기 無味乾燥な話.
무반 (武班) 圏《歷史》武官の身分. 만문반(文班).
무-방비 (無防備) 圏 無防備. ‖무방비 상태 無防備状態.
무방-하다 (無妨-) 圏[하여] 差し支えない; 差し障りがない, 構わない.
무-배당 (無配當) 圏(經) 無配当.
무법 (無法) 圏[하여] 無法.
  무법-자 (無法者)[-짜] 圏 無法者.
  무법-지대 (無法地帶) 圏 無法地帯.
  무법-천지 (無法天地) 圏 無法天地.
무병-장수 (無病長壽) 圏[하자] 無病長寿.
무-보수 (無報酬) 圏 無報酬. ‖무보수로 일하다 無報酬で働く.
무분별-하다 (無分別-) 圏[하여] 無分別だ. ‖무분별한 행동 無分別な行動.
무-비판 (無批判) 圏[하여] 無批判.
  무비판-적 (無批判的) 圏 無批判的. ‖무비판적으로 받아들이다 無批判的に受け入れる.
무사[1] (武士) 圏 武士. ⑪문사(文士).
무사[2] (無死) 圏《野球で》ノーアウト; 無死.
무사[3] (無私) 圏 無私. ‖공평무사 公平無私.
무사[4] (無事) /musa/ 圏[하여] 無事. ‖다행히 그 사고에서 그는 무사했다 幸いその事故で彼は無事だった. 무사하기를 빌다 無事を祈る. **무사-히** 圓 無事(に). ‖무사히 끝나다 無事終了する. 짐이 무사히 도착하다 荷物が無事に着く.
무사-태평 (無事太平) 圏[하여] 平穏無事.
무사-사고 (無事故) 圏 無事故. ‖무사고 운전 無事故運転.
무사분열 (無絲分裂) 圏《生物》無糸分裂.
무사-안일 (無事安逸) 圏[하여] 当然すべきことをせず, 安逸をむさぼること.
  무사안일-주의 (無事安逸主義) 圏 事なかれ主義.
무산[1] (無產) 圏 ⑪유산(有產).
  무산-계급 (無產階級)【-/-게-】 圏 無產階級. ⑪유산 계급(有產階級).
  무산-자 (無產者) 圏 無產者; プロレタリア.
무산[2] (霧散) 圏[되자] 霧散. ‖계획이 무산되다 計画が霧散する.
무상[1] (無常) 圏[하여] 無常. ‖인생무상 人生無常.
무상[2] (無償) 圏 無償. ⑪유상(有償). ‖무상 원조 無償援助.
  무상-계약 (無償契約)【-/-께-】 圏 無償契約.
  무상-증자 (無償增資) 圏 無償增資.
  무상-행위 (無償行為) 圏 無償行為.
무상-관 (無常觀) 圏 無常観.
무색[1] (無色) 圏 ⑪유색(有色). ‖무색 투명 無色透明.
  무색-하다 (無色-)[-새카-] 圏[하여] 気恥ずかしい; 気まずい; 顔負けだ; 顔色無しだ. ‖프로가 무색할 정도의 실력 プロ顔負けの実力.
무생-대 (無生代) 圏《地》先カンブリア期.
무-생물 (無生物) 圏 無生物. ⑪생물(生物).
무-생채 (-生菜) 圏《料理》大根を千切りにして味付けをしたもの.
무-서리 圏 その年の秋に初めて降りる薄い霜.
무서움 /musəum/ 圏 怖さ; 恐れ; 怖気(さ). ‖무서움을 느끼다 恐れをいだく.

무서움을 타다 怖がる.

무선(無線) 图 無線. ⊕유선(有線).
　무선-전화(無線電話) 图 無線電話.
　무선-조종(無線操縦) 图 ラジコン.
　무선-통신(無線通信) 图 無線通信.

무섭다 /musǝp²ta/【-따】形【ㅂ変】 ❶ 怖い; 恐ろしい. ‖도깨비가 무섭다 お化けが怖い. 무서운 얼굴 怖い顔. 무서울 것이 없다 怖いものが無くて. 무서워서 소리도 안 나오다 恐ろしくて声も出ない. ❷ 心配である; 気がかりである. ‖지진이 날까 봐 무섭다 地震が起こるのではないかと心配だ. ❸ 『…기가 무섭게의 形で』…や否や. ‖만나기가 무섭게 화를 내기 시작하다 会うや否や怒り出す.

무성¹(無性) 图〖生物〗無性. ⊕유성(有性).
　무성 생식(無性生殖) 图 無性生殖. ⊕유성 생식(有性生殖).

무성²(無聲) 图 無声.
　무성 영화(無聲映畵) 【-녕-】 图 無声映画.
　무성-음(無聲音) 图〖言語〗無声音. ⑳안울림소리. ⊕유성음(有聲音).
　무성음-화(無聲音化) 图〖하変〗〖言語〗無声化.

무성-하다(無誠-) /-/-이-/形〖하変〗誠意がない.

무성-하다(茂盛-) 形〖하変〗 ❶ 茂っている: 生い茂っている. ‖잡초가 무성한 뜰 雜草の生い茂った庭. ❷〖比喩的に〗(うわさなどが)広まっている. ‖소문만이 무성하다 うわさだけが広まっている.

무세(無税) 图〖하変〗無税.

무소(動物) サイ(犀). ⑳코뿔소.

무-소득(無所得) 图 無所得.

무-소속(無所屬) 图 無所属. ‖무소속 의원 無所屬議員. 무소속으로 입후보하다 無所属で立候補する.

무-소식(無消息) /musojik/ 图 便りや連絡がないこと. ‖떠난 후로 감감 무소식이다 去ってから全く連絡がない. ▶무소식이 희소식이다 [諺] 便りのないのがいい便り.

무속(巫俗) 图 巫女の風習や慣習. ‖무속 신앙 シャーマニズム.

무쇠 /-/-쉐】 图〖鑛物〗鑄鐵; 銑鐵.

무수-하다(無數-) 形〖하変〗無数だ. ‖밤하늘에 반짝이는 무수한 별들 夜空に輝く無数の星. **무수-히**

무술¹(巫術) 图 巫術; シャーマニズム.
무술²(武術) 图 武術.

무스(mousse⁷) 图 ムース. ‖무스를 바르다 ムースをつける.

무슨 /musun/ 冠 ❶ どんな; 何の; どういう. ‖무슨 색을 좋아하세요? どんな色がお好きですか. 무슨 이유로 도대체 어째서; 何の理由で. ‖무슨 이유로 뜰에 무슨 나무를 심을까? 庭に何の木を植えようか. 오늘이

무슨 요일이에요? 今日は何曜日ですか. ❷ 何か. ‖무슨 좋은 방법이 없을까? 何かいい方法がないかな. 무슨 안 좋은 일이 있는 것 같다 何かよくないことがあったみたい. ❸ 何という; どうして. ‖무슨 비가 이렇게 오지? どうして雨がこんなに降るんだろう. ▶무슨 바람이 불어서 どういう風の吹き回しで.

무-승부(無勝負) 图 無勝負; 引き分け. ‖무승부로 끝나다 引き分けに終わる.

무시(無視) 图〖하変〗無視. ‖반대 의견을 무시하다 反対意見を無視する. 무시할 수 없는 문제 無視できない問題. 無視から無視する. **무시-당하다** 受身

무시-로(無時-) 副 随時; 常に; いつでも. ‖무시로 찾아오다 随時訪ねてくる.

무시무시-하다〖하変〗非常に恐ろしい; 鳥肌が立つほど怖い; ぞっとする. ‖무시무시한 이야기 ぞっとするような話.

무-시험(無試驗) 图 無試驗. ‖무시험 전형 無試驗選考.

무식-꾼(無識-) 图 無知な人; 無学な人.

무식-하다(無識-) /muʃik²hada/【-카-】形〖하変〗無学だ; 無知だ. ⊕유식하다(有識-). ‖무식한 사람 無知な人; 学のない人. 무식한 소리를 하다 無知なことを言う. 무식을 드러내다 無知をさらけ出す.

무신(武臣) 图 武臣; 臣下としての武人. ⊕문신(文臣).

무-신경(無神經) 图〖하形〗無神経. ‖무신경한 발언 無神経な発言.

무신론(無神論) 【-논】 图 無神論. ⊕유신론(有神論).
　무신론-자(無神論者) 图 無神論者.

무실-역행(務實力行) 【-려캥】〖하自〗實質が得られるように努めて行なうこと.

무심(無心) 图〖仏教〗無心. ‖무심의 경지 無心の境地.

무심결-에(無心-) 【-껼-】 副 思わず; 意識せずに; うっかり. ‖무심결에 한숨을 쉬다 思わずためいきをつく.

무심-코(無心-) /muʃimk²o/ 副 思わず; 意識せずに; うっかり; 何気なく. ‖무심코 지껄이다 思わず口を滑らす. 무심코 던진 그의 한마디에 나는 울고 말았다 何気ない彼の一言に私は泣いてしまった.

무심-하다(無心-) /muʃimhada/ 形〖하変〗 ❶ 無心だ. ❷ 思いやりがない; 薄情だ. ‖무심한 사람 薄情な人. **무심-히**

무쌍-하다(無雙-) 形〖하変〗比べものがない; 比類を見ない.

무-씨 图 大根の種.

무아(無我) 图 無我.

무아-경 (無我境) 图 無我の境.
무아지경 (無我之境) 图 =무아경 (無我境).
무안 (無顔) 图 (하평) 恥ずかしいこと; 面目がないこと. ‖무안을 당하다 恥をかく. 무안을 주다 恥をかかせる.
무안-스럽다 (無顔-) [-] 形 [ㅂ変] 恥ずかしい; 決まりが悪い. **무안스레** 副.
무애 (無涯) 图 無涯(뫼).
무어 /muə/ 代 〔무엇의 縮約形〕何. ‖무어 먹고 싶니? 何か食べたい? ━━ 感 ❶話を聞き返したり驚いたりした時に発する語: 何(ㄲ); 何だって. ‖무어, 그게 정말야? 何, それって本当? ❷言う必要がないことを表わす時に用いる語: まあ; なあに. ‖다 그렇지 뭐 아, 皆そうさ; 皆そうに決まってるさ.
무언 (無言) 图 無言. ‖무언의 반항 無言の反抗.
무언-극 (無言劇) 图 パントマイム; ミーム.
무언중-에 (無言中-) 副 無言のうちに.
무엄-하다 (無嚴-) 形 [하평] 無作法だ; 無礼だ.

무엇 /muət/ 〔-얼〕代 何; 何の. ‖이름이 무엇입니까? 名前は何ですか. 인생이란 무엇인가? 人生とは何か. 그게 무엇인지 나는 알고 있다 それが何なのか私は知っている. 무엇 하나 마음에 드는 게 없다 何一つ, 気に入るものがない. ✚下に打ち消しの語を伴う場合は아무것도なし. ‖아무것도 없다 何もない.
무엇-하다 [-어다-] 形 [하평] 何だ. ‖무엇하면 이번에는 포기할까요? 何なら今回は諦めましょうか.
무역 (貿易) /mu:jək/ 图 (하평自他) 貿易. ‖무역 자유화 貿易自由化. 무역 마찰 貿易摩擦. 무역 역조 貿易不均衡. 대외 무역이 저조하다 対外貿易が落ち込む.
무역-상 (貿易商) [-쌍] 图 貿易商.
무역-수지 (貿易收支) [-쑤-] 图 (経) 貿易収支.
무역외-수지 (貿易外收支) [-/-외괘-] 图 (経) 貿易外収支.
무역-항 (貿易港) [-여항] 图 貿易港.
무역-풍 (貿易風) 图 (天文) 貿易風.
무연[1] (無煙) 图 無煙.
무연-탄 (無煙炭) 图 無煙炭.
무연[2] (無緣) 图 無縁.
무염 (無塩) 图 無塩. ‖무염 버터 無塩バター. 무염 식사 無塩食事.
무예 (武藝) 图 武芸.
무욕 (無慾) 图 (하평) 無欲.
무용[1] (武勇) 图 武勇.
무용-담 (武勇談) 图 武勇伝.
무용[2] (舞踊) 图 舞踊.

무용-수 (舞踊手) 图 舞踊家; 踊り手.
무용[3] (無用) 图 無用. ‖무용의 유용 (有用).
무용지물 (無用之物) 图 無用の長物.
무원 (無援) 图 無援. ‖고립무원 孤立無援.
무-월경 (無月經) 图 (医学) 無月経.
무위 (無爲) 图 (하평) 無為.
무위-도식 (無爲徒食) 图 (하평自) 無為徒食.
무-의미 (無意味) /mui:mi/ [-/-이-] 图 (하평) 無意味. 더 이상 이야기해도 무의미한 의논이다 これ以上話し合っても無意味だ.
무-의식 (無意識) /mui:jik/ [-/-이-] 图 無意識. ‖무의식 상태 無意識状態.
무의식-적 (無意識的) 【-쩍 -이-쩍】 图 無意識的(の). ① 意識的(意識的)の. ‖무의식적으로 머리를 긁다 無意識的に頭をかく. 무의식적으로 손을 움직이다 無意識的に手を動かす.
무의-촌 (無醫村) [-/-이-] 图 無医村.
무-이자 (無利子) 图 無利子.
무익-하다 (無益-) [-이커-] 形 [하평] 無益. ①유익하다 (有益-). ‖무익한 싸움 無益な争い. 백해무익하다 百害あって一利なし.
무인[1] (武人) 图 武人.
무인[2] (無人) 图 無人. ①유인 (有人).
무인-도 (無人島) 图 無人島.
무-일푼 (無一-) 图 無一文; 一文無し. ‖무일푼으로 상경하다 無一文で上京する.
무임 (無賃) 图 無賃. ‖무임승차 無賃乗車.
무-자격 (無資格) 图 無資格.
무자비-하다 (無慈悲-) 形 [하평] 無慈悲だ; 惨い. ‖무자비한 짓 惨い仕打ち.
무-자식 (無子息) 图 子どもがないこと. ▶무자식 상팔자 (俚) (「子どもがないのが大変幸福」の意で) 子どもがないと心配せねばならない.
무자치 (動物) ジムグリ (地蔟).
무-작위 (無作爲) 图 無作為; ランダム. ‖무작위로 하다 無作為に選ぶ.
무-작정 (無酌定) /mudʑak̚t͈ɕɐŋ/【-쩡】 副 何も考えず; 無計画に; むやみに; なりゆき任せずに; とにかく. ‖무작정 집을 나가다 何も考えず家出する. 모르는 문제는 무작정 외우면 分からない問題はとにかく覚える.
무장 (武裝) 图 (하평自) 武装.
무장-봉기 (武裝蜂起) 图 (自) 武装蜂起.
무장-해제 (武裝解除) 图 (他) 武装解除.
무-저항 (無抵抗) 图 (하평) 無抵抗.

무저항-주의(無抵抗主義)【-/-이】 图 無抵抗主義.
무적¹(無敵) 图 無敵. ∥천하무적 天下無敵. 무적함대 無敵艦隊.
무적²(無籍) 图 無籍.
무전(無電) 图 ❶[무선 전신(無線電信)의 略語] 無線電信. ❷[무선 전화(無線電話)의 略語] 無線電話.
무전-기(無電機) 图 無線機.
무전(無錢) 图 無錢.
무전-여행(無錢旅行)【-녀-】 图 無錢旅行.
무전-취식(無錢取食) 图(自) 無錢飮食.
무절제-하다(無節制-)【-쩨-】 图[하변] 節度がない. ∥무절제한 행동 節度のない行動.
무정(無情) 图(하변) 無情. ⑦유정(有情). ∥무정한 처사 無情な仕打ち. **무정-히** 副
무정-물(無情物) 图 無情物; 非情物.
무정-세월(無情歲月) 图 はかない歲月.
무정-견(無定見) 图(하변) 無定見.
무정-란(無精卵)【-난】 图 〈生物〉無精卵. ⇔수정란(受精卵).
무정부(無政府) 图 無政府. ∥무정부 상태 無政府狀態.
무정부-주의(無政府主義)【-/-이】 图 無政府主義; アナーキズム.
무정부주의-자(無政府主義者)【-/-이-】 图 無政府主義者; アナーキスト.
무정자-증(無精子症) 图〈醫學〉精子不足.
무정형(無定形) 图 無定形.
무제(無題) 图 無題.
무-제한(無制限) 图 無制限. ∥아우토반은 속도가 무제한인 도로이다 アウトバーンは速度が無制限の道路である. 무제한으로 지원하다 無制限に支援する.
무-조건(無條件) /muʤoʰkon/【-껀】图 ❶無條件. ∥무조건 항복 無條件降伏. ❷[副詞的に] 頭から; とにかく; 手放しで. ∥무조건 시키는 대로 하다 とにかく言う通りにする. 영어 단어를 무조건 외우다 英單語をとにかく覺える. 무조건 기뻐할 수만은 없다 手放しで喜ぶわけにはいかない.
무조건-반사(無條件反射) 图 無條件反射.
무조건-적(無條件的) 图 無條件. ∥무조건적인 부모의 사랑 無條件な親の愛.
무조건-항복(無條件降伏) 图 無條件降伏.
무좀 /muʤom/ 图〈醫學〉水虫. ∥무좀이 생기다 水虫ができる.
무죄(無罪)【-/-쮀】 图(하변) 無罪. ⇔유죄(有罪).
무-중력(無重力)【-녁】 图 無重力. ∥무중력 상태 無重力狀態.
무-즙(-汁) 图 大根おろし.
무지¹(拇指) 图 親指.
무지²(無地) 图 無地.
무지³(無知) 图(하변) 無知.
무지개 /muʤiɡɛ/ 图 虹. ∥무지개가 뜨다 虹がかかる. 무지갯빛 虹色. 쌍무지개 二重虹.
무지막지-하다(無知莫知-)【-찌-】 图[하변] 無知で言動がはなはだしく粗暴だ.
무지-몽매(無知蒙昧) 图(하변) 無知蒙昧(もうまい).
무지무지-하다 图[하변] とてつもない. ∥무지무지하게 크다 とてつもなく大きい.
무직(無職) 图 無職.
무진(無盡) 图(하변) ❶無盡; 尽きないこと. ❷[副詞的に] 非常に; 大變; 隨分. ∥무진 노력하다 非常に努力する.
무진-장(無盡藏) 图(하변) 無盡藏. ∥아이디어가 무진장하다 アイデアが無盡藏にある. 무진장한 자원 無盡藏の資源.
무-질서(無秩序) 图 無秩序. ∥무질서한 사회 無秩序な社会. 책이 무질서하게 놓여 있다 本が無秩序に置いてある.
무찌르다【르變】 打ち破る. ∥적군을 무찌르다 敵軍を打ち破る.
무-차별(無差別) 图(하변) 無差別. ∥무차별 공격 無差別攻擊.
무참-하다(無慘-) 图[하변] 無慘だ. ∥꿈은 무참하게도 깨졌다 夢は無慘にもついえた. **무참-히** 副
무채 图 大根の千切り.
무채-색(無彩色) 图 無彩色. ⇔유채색(有彩色).
무-책임(無責任) 图 無責任. ∥무책임한 발언 無責任な發言.
무책임-행위(無責任行爲) 图 無責任行爲.

무척 /muʧʰɔk/ 副 大變; たいそう; とても; やけに; 非常に. ∥무척 재미있는 이야기 非常に面白い話. 무척 놀라다 大變驚く. 사람들이 무척 꺼리는 일 人々がとても嫌がる仕事. 무척 덥다 やけに暑い. 무척 무거워 보이는 짐을 든 할머니 とても重そうな荷物を持ったおばあさん.
무척추-동물(無脊椎動物) 图〈動物〉無脊椎動物.
무청(-靑) 图 大根の莖と葉.
무취(無臭) 图(하변) 無臭.
무-취미(無趣味) 图(하변) 無趣味.
무치다 他 和える. ∥나물을 무치다 ナムルを和える.

무치-하다 (無恥-) [형] [하변] 無恥だ.

무침 (無) 名 和え物. ‖콩나물 무침 豆もやしの和え物.

무크 (mook) 名 ムック. ✢ magazine と book の合成語.

무턱-대고 /muthɔk'tɛːgo/ [때-고] 副 向こう見ずに; やみくもに; やみくもに; むやみに. ‖무턱대고 믿다 やみくもに信じ込む. 무턱대고 달리다 向こう見ずに突っ走る.

무테-안경 (無-眼鏡) 名 縁なし眼鏡.

무통 (無痛) 名 無痛.

무통 분만 (無痛分娩) 名 無痛分娩.

무투표 (無投票) 名 無投票. ‖무투표 당선 無投票当選.

무패 (無敗) 名 無敗.

무표정 (無表情) 名 (하형) 無表情. ‖무표정한 얼굴 無表情な顔.

무풍-지대 (無風地帶) 名 無風地帯.

무학 (無學) 名 無学.

무한 (無限) /muhan/ 名 (하형) 無限; 限りないこと. ⇔유한(有限). ‖아이들의 가능성은 무한하다 子供たちの可能性は無限だ. 무한한 기쁨 限りない喜び.

무한-궤도 (無限軌道) 名 無限軌道.

무한-급수 (無限級數) 名 (수학) 無限級数.

무한-대 (無限大) 名 無限大.

무한-소수 (無限小數) 名 (수학) 無限小数.

무한 책임 (無限責任) 名 (법률) 無限責任.

무한 화서 (無限花序) 名 (식물) 無限花序.

무한정 (無限定) 名 (하형) 無限; 無期限; 限りないこと; きりがないこと. ‖무한정 연기하다 無期限延期する.

무해 (無害) 名 (하형) 無害. ⇔유해(有害).

무허가 (無許可) 名 無認可. ‖무허가 영업 無認可営業. 무허가 건물 無認可の建物.

무혈 (無血) 名 無血. ‖무혈 혁명 無血革命.

무-혐의 (無嫌疑) [-/-히미] 名 嫌疑がないこと; 嫌疑が不十分なこと. ‖무혐의로 풀려나다 嫌疑不十分で釈放される.

무협 (武俠) 名 武術にすぐれた俠客.

무형 (無形) 名 無形; 無形である. ‖무형 문화재 無形文化財.

무형식 (無形式) 名 無形式.

무화-과 (無花果) 名 (식물) イチジクの実.

무화과-나무 (無花果-) 名 (식물) イチジク(無花果).

무효 (無效) 名 (하형) 無効. ⇔유효(有效). ‖티켓이 무효가 되다 チケットが無効になる. 무효 투표 無効投票.

무효-화 (無效化) 名 (하타) 無効にする.

무훈 (武勳) 名 武勲. ⓒ무공(武功).

무휴 (無休) 名 無休. ‖연중무휴 年中無休.

무희 (舞姬) [-히] 名 舞姬; 踊り子.

묵[1] /muk'ta/ [-따] 名 ❶泊まる; 宿泊する. ‖아는 사람 집에 묵다 知人の家に泊まる. ❷(畑などが)放置される. ❸(米などが)古くなる. ‖묵은쌀 古米. 묵히다.

묵[2] (默) [姓] 墨(ムク).

묵계 (默契) [-꼐/-계] 名 (하변) 黙契.

묵고 (默考) [-꼬] 名 (하변) 黙考.

묵과 (默過) [-꽈] 名 (하변) 黙過(もっか). ‖부정은 결코 묵과할 수 없다 不正は断じて黙過しがたい.

묵념 (默念) [-념] 名 (자변) 黙念; 黙祷.

묵다 /mukʔta/ [-따] 自 ❶泊まる; 宿泊する. ‖아는 사람 집에 묵다 知人の家に泊まる. ❷(畑などが)放置される. ❸(米などが)古くなる. ‖묵은쌀 古米. 묵히다.

묵도 (默禱) [-또] 名 (자변) 黙祷(もくとう).

묵독 (默讀) [-똑] 名 (하변) 黙読. ⇔음독(音讀).

묵례 (默禮) [뭉녜] 名 (하변) 黙礼.

묵묵-부답 (默默不答) [-뭉-뿌-] 名 (자변) 黙り込んで答えないこと.

묵묵-히 (默默-) /muŋmukhi/ 副 黙々と; 黙々に行ない事なかするだけをやる. 黙々とやることだけをやる.

묵비 (默秘) 名 黙秘.

묵비-권 (默秘權) [-삐꿘] 名 (법률) 黙秘権. ‖묵비권을 행사하다 黙秘権を行使する.

묵-사발 (-沙鉢) [-싸-] 名 ❶묵を盛る鉢. ❷打撃を受けてつぶされた状態. ‖묵사발을 만들다 こてんこてんに殴る. 맞아서 얼굴이 묵사발이 되었다 ぼこぼこに顔を殴られた.

묵살 (默殺) [-쌀] 名 (하타) 黙殺. ‖요구를 묵살하다 要求を黙殺する. 묵살-당하다 (수동).

묵상 (默想) [-쌍] 名 (하변) 黙想.

묵시[1] (默示) [-씨] 名 (하변) 黙示.

묵시[2] (默示) [-씨] 名 黙示.

묵시-록 (默示錄) 名 (키스도교) 黙示録.

묵약 (默約) 名 (자변) 黙約.

묵은-쌀 名 古米. ⇔햅쌀.

묵은-해 (-) 名 旧年; 昨年. ⇔새해.

묵음 (默音) 名 (언어) 発音しない音; サイレント; 無音.

묵인 (默認) 名 (하타) 黙認. ‖지각을 묵인하다 遅刻を黙認する. 묵인하에 黙認の下に.

묵정-밭 [-쩡밭] 名 長い間放置され荒れ地となった畑.

묵종 (默從) [-쫑] 名 (자변) 黙従.

묵주 (默珠) [-쭈] 名 (가토릭교) ロザリ

오.

묵직-하다 /mukʔdikʰada/ [-찌카-] 형 [하変] ❶ 꽤나 무겁다; 중하다; 중량감이 있다. ¶지갑이 묵직하다 財布がずっしりと重い. ❷ (內などが)묵직하다; 중々しくどっしりしている.

묵향(墨香)【무향】 图 墨の香り.
묵허(黙許)【무커】 图 ⓗ 包 黙許.
묵화(墨畫)【무콰】 图 墨画; 水墨画; 墨絵. ¶묵화를 치다 水墨画を描く.
묵-히다【무키-】 囲 〔묵다의 使役動詞〕 活用しないでそのままにしておく. ¶땅을 묵히다 土を休める.

묶다 /mukʔta/【묵따】 囲 ❶ 束ねる; くくる; 結ぶ. ¶끈으로 묶다 紐(ひも)で束ねる. 머리를 묶다 髪をくくる[結ぶ]. 인용한 부분을 인용부로 묶다 引用の部分を引用符でくくる. ❷ 縛る. ¶소포를 끈으로 묶다 小包を紐で縛る. ❸ (1つに)まとめる. ¶짐을 묶다 荷物をまとめる. ⓟ묶이다.

묶-음 图 束ねたもの; 束.
— 圈 束ねたものを数える語; …束. ¶시금치 한 묶음 ホウレンソウ1束.

묶음-표(-標) 图 括弧. ⓟ괄호(括弧).

묶-이다 囲 ❶ 〔묶다의 受身動詞〕 縛られる; がんじがらめになる. ¶시간에 묶이다 時間に縛られる. 규칙에 묶여 있다 規則にがんじがらめになっている. ❷〔발이 묶이다の形で〕足止めを食う; 足止めされる. ¶비가 많이 와서 발이 묶여 있다 大雨で足止めされている.

문¹(文) 图 文.
문²(文) 图 武. ⓟ무(武).
문²(文) 图 姓 文(ムン).
문³(門) /mun/ 图 ❶ 門; 戸; 扉; ドア. ¶문을 열다 戸を開ける. 문을 닫다 門を閉める. 문이 열리다 扉が開く. 자동문 自動ドア. ❷ 〔比喩的に〕物事が出入りまたは継がれる口. ¶입시의 좁은 문을 뚫고 들어가다 入試の狭き門を突破する. 등용문 登竜門. ❸ (生物) 生物分類上の一段階. ▶문을 닫다 廃業する; 閉店する. ▶문을 열다 開業する; 開店する.
문⁴(門) 依名 大砲などを数える語: …門.
문⁵(文) 依名 靴など履き物の大きさの単位: …文.
문⁶ 囮 〔ㄹ語幹〕 물다(くわえる・噛む)の過去連体形.

문간(門間)【-깐】 图 家の入り口の所.
문간-방(門間房)【-깐빵】 图 家の入り口にきわの部屋.
문갑(文匣) 图 文箱(ぶばこ).
문경지교(刎頸之交) 图 刎頸(ふんけい)の交わり.
문고(文庫) 图 文庫.
문고-본(文庫本) 图 文庫本.
문고-판(文庫版) 图 文庫版.

문-고리(門-)【-꼬-】 图 (門や戸などに取り付けた)取っ手.
문과¹(文科) 图 (歷史) 朝鮮時代の文官を登用するための試験. ⓟ무과(武科).
문과²(文科)【-꽈】 图 文系. ⓟ이과(理科).
문관(文官) 图 文官. ⓟ무관(武官).
문교(文教) 图 文教.
문구¹(文句)【-꾸】 图 文句; 語句. ¶성서 속의 문구를 인용하다 聖書の中の文句を引用する.
문구²(文具) 图 文具; 文房具.
문단¹(文段) 图 文章の段落. ¶문단을 나누다 文の段落を分ける.
문단²(文壇) 图 文壇.
문-단속(門團束) 图 ⓗ包 戸締り. ¶문단속을 하고 나가다 戸締りして出かける.
문답(問答) 图 ⓗ包 問答.
　문답-법(問答法)【-뻡】 图 問答法.
　문답-식(問答式)【-씩】 图 問答式.
문덕(文德) 图 文徳; 学徳.
문둥-병(-病)【-뼝】 图 (医学) ハンセン病. ⓟ한센병(-病).
문둥-이 图 ハンセン病患者.
문드러-지다 囲 (主に野菜類が腐って) 原形をとどめない. ¶호박이 썩어 문드러지다 カボチャが腐って形が崩れている.
문득 /mun²tɯk/ 囲 ふと. ¶문득 어머니가 그리워졌다 ふと母が恋しくなった. 문득 생각이 나다 ふと思い出す. 문득 오른쪽을 보니까 그 사람이 있었다 ふと右を見るとかれがいた.
문란(紊亂)【물-】 图 하形 紊乱(びん); 乱れること. ¶문란한 생활 乱れた生活.
　문란-히 副
문례(文例)【물-】 图 文例.
문리(文理)【물-】 图 文理.
문맥(文脈) /munmɛk/ 图 文脈. ¶전후의 문맥으로 의미를 판단하다 前後の文脈から意味を判断する. ▶문맥이 닿다 文脈が通じる.
문맹(文盲) 图 文盲.
　문맹-자(文盲者) 图 読み書きができない人.
문면(文面) 图 文面.
문명¹(文名) 图 文名. ¶작가로서의 문명을 떨치다 作家としての文名をはせる.

문명²(文明) /munmjʌŋ/ 图 文明. ⓟ미개(未開)・야만(野蛮). ¶문명의 이기 文明の利器. 물질문명 物質文明. 현대 문명 現代文明. 문명 비판 文明批判.
　문명-개화(文明開化) 图 文明開化.
　문명-국(文明國) 图 文明国.
　문명-병(文明病)【-뼝】 图 文明病.
　문명-사회(文明社會)【-/-홰】 图 文明社会.

문묘 (文廟) [名] 文廟(ぶんびょう); 孔子廟.
문무 (文武) [名] 文武.
문물 (文物) [名] 文物. ‖서구 문물을 받아들이다 西欧の文物を受け入れる.
문민 (文民) [名] 文民.
문민-정부 (文民政府) [名] (軍人ではない)文民が樹立した政府.
문민-정치 (文民政治) [名] (軍人ではない)文民が行なう政治.
문-밖 (門-) 【-박】 [名] 戸外.
문반 (文班) [名] 《歴史》 文官の身分. [対] 무반(武班).
문방-구 (文房具) /munbaŋgu/ [名] 文房具. ‖학교 매점에서 문방구를 사다 学校の売店で文房具を買う. 문방구점 文房具屋.
문방-사우 (文房四友) [名] 文房四宝(学識のある人の書斎にあるべき4つの文具の筆・紙・墨・硯).
문-배 [名] ヤマナシの実.
문배-나무 [名] 《植物》 ヤマナシ(山梨).
문벌 (門閥) [名] 門閥.
문법 (文法) /munʔpɔp/ 【-뻡】 [名] 文法. ‖문법적인 의미 文法的な意味. 문법상의 역할 文法上の役割. 국문법 国文法. 영문법 英文法. 학교 문법 学校文法.
문법-책 (文法冊) [名] 文法書.
문병 (問病) /muːnbjɔŋ/ [名] [하他] 病気見舞い. ‖입원하고 있는 친구의 문병을 가다 入院中の友だちの見舞いに行く.
문-빗장 (門-) 【-빋짱】 [名] 門(かんぬき). ‖문빗장을 걸다 門をかける.
문사 (文士) [名] 文士. [対] 무사(武士).
문상 (問喪) [名] [하自] 弔問. [類] 조상(弔喪). ‖문상을 가다 弔問に行く. 문상객 弔問客.
문서 (文書) [名] 文書. ‖외교 문서 外交文書. 괴문서 怪文書. 공문서 公文書.
문서^파쇄기 (文書破碎機) [名] シュレッダー.
문서-화 (文書化) [名] [하他] 文書化.
문-설주 (門-柱) 【-쭈】 [名] 門柱.
문-소리 (門-) 【-쏘-】 [名] 門や戸を開けたり閉めたりする際の音.
문-손잡이 (門-) [名] (門や戸などに取り付けた)取っ手.
문수-보살 (文殊菩薩) [名] 《仏教》 文殊菩薩.
문신[1] (文臣) [名] 文臣.
문신[2] (文身) [名] [하他] 入れ墨.
문안[1] (文案) [名] 文案. ‖문안을 짜다 文案を練る.
문안[2] (問安) /muːnan/ [名] ❶目上の人の安否や近況を尋ねること; ご機嫌伺い. ‖문안 편지 見舞い状. 문안 인사를 드리다 ご機嫌を伺う. ❷お見舞い. ‖병문안을 가다 病気のお見舞いに行く.
문약-하다 (文弱-) 【무냐카-】 [形] 『하変』 文弱だ.
문양 (文様) [名] 模様. [類] 무늬.
문어[1] (文魚) [名] 《動物》 ミズダコ(水蛸).
문어[2] (文語) [名] 《言語》 文語. [対] 구어(口語).
문어-문 (文語文) [名] 《言語》 文語文.
문어-체 (文語體) [名] 《言語》 文語体; 文章体.
문예 (文藝) [名] 文芸. ‖문예 부흥 文芸復興; ルネサンス. 문예 비평 文芸批評. 문예 평론 文芸評論.
문예-란 (文藝欄) [名] 文芸欄.
문예-지 (文藝誌) [名] 文芸雑誌.
문외-한 (門外漢) 【-/무눼-】 [名] 門外漢.
문의[1] (文義·文意) 【-/무니】 [名] 文意.
문의[2] (問議) /muːni/ 【-/무니】 [名] [하他] 問い合わせ; 問い合わせること. ‖발표 날짜를 전화로 문의하다 発表の日時を電話で問い合わせる.
문의-처 (問議處) [名] 問い合わせ先.
문인 (文人) [名] 文人.
문인-화 (文人畫) [名] 《美術》 文人画.
문자[1] (文字) /munʔtʃa/ 【-짜】 [名] 文字. ‖문자 그대로 文字通り. 문자 다중 방송 文字(多重)放送. 문자 메시지를 보내다[문자를 날리다] 携帯電話でメールを送る.
문자-반 (文字盤) [名] 文字盤.
문자^언어 (文字言語) [名] 《言語》 文字言語. [対] 음성 언어(音聲言語).
문자[2] (文字) 【-짜】 [名] 古くから伝わる難しい漢文の熟語や成句. ‖문자를 쓰다 難しい表現を用いる. ✣皮肉って言う場合が多い.
문장[1] (文章) /mundʒaŋ/ [名] 文章. ‖간결한 문장 簡潔な文章. 알기 쉬운 문장 分かりやすい文章. 난해한 문장 難解な文章.
문장-가 (文章家) [名] 文章家.
문장-론 (文章論) 【-논】 [名] 《言語》 文章論.
문장-법 (文章法) 【-뻡】 [名] 《言語》 文章法.
문장^부사 (文章副詞) [名] 《言語》 陳述副詞.
문장^부호 (文章符號) [名] 句読点.
문장-체 (文章體) [名] 《言語》 文章体; 文語体.
문장[2] (紋章) [名] 紋章.
문재 (文才) [名] 文才.
문전 (門前) [名] 門前. ‖문전 박대 門前払い.
문전-걸식 (門前乞食) 【-씩】 [名] [하自] もらい食いをすること.
문전-성시 (門前成市) [名] 門前市を成すこと.
문전-옥답 (門前沃畓) 【-땁】 [名] 家近

마 매 먀 매 머 메 며 몌 모 뫄 뫠 뫼 묘 무 뭐 뭬 뮈 뮤 므 믜 미문-정맥(門靜脈) 图《解剖》門脈.

문제(問題) /muːndʑe/ 图 問題. ‖시험 문제를 내다 試驗問題を出す. 시험에 모르는 문제가 나왔다 試験に分からない問題が出された. 문제를 해결하다 問題を解決する. 장관의 실언을 문제로 삼다 大臣の失言を問題にする. 취직 문제로 고민하고 있다 就職の問題で悩んでいる. 그와 이것은 별개의 문제다 それとこれとは別問題だ. 문제가 생기다 問題が起きる. 문제를 일으키다 問題を起こす. 문제 의식 問題意識. 연습문제 練習問題.
문제-극(問題劇) 图 問題劇.
문제-시(問題視) 图 하타 問題視.
문제-아(問題兒) 图 問題兒.
문제 아동(問題兒童) 图 =문제아(問題兒).
문제-없다(問題-) 【-업따】 形 問題ない; 大丈夫だ. ‖이 정도 일이라면 문제없다 この程度の仕事[こと]なら問題ない. 문제없-이 副
문제-의식(問題意識) 【-/-이-】 图 問題意識.
문제-작(問題作) 图 問題作.
문제-점(問題點) 【-쩜】 图 問題点.
문제-화(問題化) 图 하타 問題化.
문젯-거리(問題-) 【-제꺼-/-젣꺼-】 图 問題の種.
문주-란(文珠蘭) 图《植物》ハマユウ(浜木綿).
문중(門中) 图 門中.
문-지기(門-) 图 門番; 門衛.
문지르다 /mundʑiruda/ 他【르変】 문질러, 문지르는] こする; する. ‖스펀지로 문지르다 スポンジでこする. 옷을 문질러서 빨다 服をこすり洗いする.
문-지방(門地枋) 【-찌-】 图 敷居. ‖문지방을 넘다 敷居をまたぐ.
문진¹(文鎭) 图 文鎭(찬).
문진²(問診) 图 하타 問診.
문집(文集) 图 文集. ‖학급 문집 學級文集.
문-짝(門-) 图 扉.
문책(問責) 图 하타 問責; 問い責めること.
문체(文體) 图 文体.
문체-론(文體論) 图《文芸》文体論.
문초(問招) 图 하타 (昔の)尋問や取り調べ.
문-턱(門-) 图 敷居. ▶문턱이 높다 敷居が高い. ▶문턱이 닳도록 드나들다 足しげく出入りする.
문-틈(門-) 图 閉じられた戸の隙間. ‖문틈으로 엿보다 戸の隙間から覗き込む.
문패(門牌) 图 表札; 門札. ‖문패를 달다 表札をかける.
문-풍지(門風紙) 图 (扉などの)目張り.
문필(文筆) 图 文筆.
문필-가(文筆家) 图 文筆家.
문하(門下) 图 門下.
문하-생(門下生) 图 門下生.

문학(文學) /munhak/ 图 文学. 문학 작품 文學作品. 문학 개론 文學概論. 문학 박사 文學博士. 영문학 英文學. 현대 문학 現代文學. 아동문학 兒童文學.
문학-가(文學家) 【-까】 图 文学者.
문학-계(文學界) 【-꼐/-께】 图 文学界.
문학-도(文學徒) 【-또】 图 文学を志す; 文学を専門的に研究している若者.
문학-론(文學論) 【-항논】 图 文学論.
문학-부(文學部) 【-뿌】 图 文学部.
문학-사(文學史) 【-싸】 图 文学史.
문학-소녀(文學少女) 【-쏘-】 图 文学が好きな感傷的な少女.
문학-자(文學者) 【-짜】 图 =문학가(文學家).
문학-적(文學的) 【-쩍】 图 文学的. ‖문학적인 표현 文學的な表現.
문학-청년(文學靑年) 图 文学青年.
문합-술(吻合術) 【-쑬】 图《医学》吻合術.
문헌(文獻) 图 文献. ‖참고 문헌 參考文献. 문헌 검색 文獻檢索.
문형(文型) 图 文型. ‖기본 문형 基本文型.
문호¹(文豪) 图 文豪. ‖러시아의 문호 톨스토이 ロシアの文豪トルストイ.
문호²(門戶) 图 門戶. ‖문호 개방 門戶開放.

문화(文化) /munhwa/ 图 文化. ‖전통 문화 傳統文化. 문화 활동 文化活動. 문화 시설 文化施設. 지역 문화 地域文化. 문화 교류 文化交流. 문화 인류학 文化人類學.
문화-권(文化圈) 【-꿘】 图 文化圏. ‖한자 문화권 漢字文化圏.
문화-론(文化論) 图 文化論.
문화-사(文化史) 图 文化史.
문화-생활(文化生活) 图 文化価値を実現, 享受する生活.
문화 유산(文化遺産) 图 文化遺産.
문화-인(文化人) 图 文化人.
문화-재(文化財) 图 文化財.
문화 관광부(文化觀光部) 图《行政》文化観光庁.

묻는¹ 冠 묻다(埋める)の現在連体形.
묻는²【ㄷ変】묻다(問く)の現在連体形.

묻다¹ /muːtˀa/ 自【-따】 图(垢·水·油などが)つく; くっつく; 付着する. ‖옷에 잉크가 묻다 服にインクがつく. 바지에 흙탕이 묻어 있다 ズボンに泥がついている.

손때가 묻은 책 手垢のついた本.

묻다² /muťta/ 【-따】 ❶ (を)埋める; うずめる; 埋葬する. ‖타임캡슐을 마당에 묻다 タイムカプセルを庭に埋める. 베개에 얼굴을 묻고 울다 枕に顔をうずめて泣く. 할머니를 양지바른 곳에 묻어 드렸다 祖母を日当たりのいいところに埋葬した. ❷ 隠す; 秘める; しまう. ‖마음에 묻어 두다 心にしまっておく.

묻다³ /muťta/ 【-따】 〖ㄷ変〗 〖묻〗 ❶ 聞く; 質問する; 尋ねる; 訪ねる. ‖이름을 묻다 名前を聞く. 길을 묻다 道を尋ねる. 모르는 것이 있으면 언제든지 물어 보세요 分からないことがあったらいつでも聞いてください. 말씀 좀 묻겠습니다 ちょっとおうかがいします. ❷ (責任などを) 問う. ‖책임을 묻다 責任を問う.

묻어圈 묻다(埋める)の連用形.
묻었圈 묻다(埋める)の過去連体形.
묻을圈 묻다(埋める)の未来連体形.

묻-히다¹ /muťhida/ 【무치-】 〔묻다²の受身動詞〕埋められる; 埋葬される; 埋まる; うずまる; 埋葬する. ‖선산에 묻히다 先祖代々の墓地に埋葬される. 눈에 묻히다 雪に埋まる[うずまる].

묻-히다² /muťhida/ 【무치-】 〔묻다¹の使役動詞〕(粉・水などを)つける; 塗る; 濡らす. ‖얼굴에 먹물을 묻히다 顔に墨をつける. 빵가루를 묻혀서 튀기다 パン粉をまぶして揚げる.

물¹ /mul/ 图 ❶ 水. ‖물을 마시다 水を飲む. 물을 뿌리다 水をまく. 찬 물 冷たい水; 冷水. 나무에 물을 주다 植木に水をやる. ❷ 湯. ‖물을 끓이다 湯を沸かす. 물이 끓고 있다 湯が沸いている. 더운 물 湯. ❸ 水分. ‖물이 많은 배 水分の多い梨. 물을 많이 드세요 水分を多くとってください. ❹ 川·湖·海などの総称. ‖산 넘고 물 건너 山を越え, 川を渡って. 물을 건너온 물건 海を渡ってきた物. ❺ 潮. ‖물이 들어오다 潮が満ちる. 물이 빠지다 潮が引く. ❻ 洪水. ‖동네에 물이 져서 洪水に見舞われる. ❼ 〔一部の名詞に付いて물을 먹다の形で〕影響を受ける; 経験する. ‖외국 물을 먹다 外国の影響を受ける. 대학 물을 먹다 大学教育を受ける. ▶물 뿌린 듯이 水を打ったように. ▶물에 빠진 생쥐 ぬれねずみ. ▶물 위의 기름 (「水の上の油」の意で)調和しない状況にうまく溶け込めないことのたとえ. ▶물에 빠지면 지푸라기라도 움켜잡는다 〖ᴀ〗 溺れる者は藁(ゎら)をもつかむ.

물² 图 ❶ (染まったり染みついたりする時の)色; 染み. ‖물이 빠지다 色があせる. ❷ よくないほうの影響.

물³ 图 魚の鮮度; 生き. ‖물이 좋은 생선 生きのいい魚.

물⁴ 图 ❶ 洗濯の回数を表わす語. …度. ❷ (野菜·果物などの)出盛りの時期を表わす語. ‖첫물이라서 비싸다 初物だから高い.

물⁵ 〖ㄹ語幹〗 물다(くわえる·噛む)の未来連体形.

물-가¹ 【-까】 图 水辺; 水際.

물가² (物價) /mulʔka/ 【-까】 图 物価. ‖물가가 비싸다 物価が高い. 물가가 오르다 物価が上がる. 물가를 안정시키다 物価を安定させる. 소비자 물가 지수 消費者物価指数. 물가 수준 物価水準.

물가-고 (物價高) 图 物価高. ‖물가고에 시달리다 物価高にあえぐ.

물-갈이 〖하다〗 ❶ 田に水を入れ栽培すること. プールや水族館などの水槽の水を入れ替えること. ❷ メンバーを入れ替えること. ‖대폭적인 물갈이 大幅なメンバーの入れ替え.

물-갈퀴 图 (水鳥や蛙などの)水かき.

물-감 【-깜】 图 絵の具; 染料.

물-개 【-깨】 图 〖動物〗 オットセイ. 卿해구(海狗).

물-거품 图 水の泡; 水泡. ▶물거품으로 돌아가다 水泡に帰する. ‖지금까지의 노력이 물거품으로 돌아가다 今までの努力が水の泡になる.

물건 (物件) /mulɡən/ 图 物; 品物; 物品. ‖값은 싸지만 물건은 괜찮다 値段は安いが, 物は確かだ. 비싼 물건 高価な品物.

물-걸레 图 ぬれ雑巾.

물-결 /mulʔkjəl/ 【-껼】 图 波. ‖잔잔한 물결 穏やかな波. 자유화의 물결 自由化の波.

물결-치다 圓 波打つ. ‖물결치는 바닷가 波打つ海辺.

물-고기 /mulʔkogi/ 【-꼬-】 图 魚類の総称.

물고기-자리 图 〖天文〗 魚座.

물구나무서-기 图 逆立ち.

물구나무-서다 圓 逆立ちする.

물-구덩이 【-꾸-】 图 水たまり.

물권 (物權) 【-꿘】 图 〖法律〗 物権.
물권²증권 (物權證券) 【-꿘-】 图 (經) 物権証券.
물권²행위 (物權行爲) 【-꿘-】 图 (經) 物権行為.

물-귀신 (-鬼神) 【-뀌-】 图 ❶ 水鬼. ❷ 窮地に追い込まれた時, 他人まで引き込もうとする人. ▶물귀신이 되다 溺れ死にする; 水死する.

물-금 (-金) 图 〖鉱物〗 アマルガム. 卿아말감.

물-기 (-氣) 【-끼】 图 水気; 水けを抜く. ‖물기를 빼다 水気を切る.

물-기둥 【-끼-】 图 水柱. ‖물기둥이 치솟다 水柱が立ち上がる.

물-길 [-낄] 图 水路; 航路.
물-김치 图 [料理] 水キムチ(大根·白菜などを一口大に切って, 汁を多めにして漬けたキムチ).
물-꼬 图 ❶ 水田の余分な水が流れるように作ったところ. ❷ [比喩的に] 事の始まり; きっかけ. ‖물꼬를 트다 きっかけをつくる.
물꼬러미 副 まじまじと; ぼんやり. ‖상대방 얼굴을 물꼬러미 쳐다보다 相手の顔をまじまじと見る.
물-난리 [-랄리] 图 [-랄-] ❶ 洪水による災難. ‖물난리가 나다 洪水騒ぎになる; 洪水に見舞われる. ❷ 水不足.
물납 (物納) [-납] 图 (하他) 物納. 图금납(金納).
물납-세 (物納稅) [-랍쎄] 图 物納稅.
물납-제 (物納制) [-랍쩨] 图 物納の制度.
물-놀이 [-로리] 图 (하自) 水遊び.
물다[1] 固 [ㄹ語幹] [暑さ·湿気などによって] 傷む; 蒸れる; 腐る. 图물크다.
물다[2] /mu:lda/ 他 [ㄹ語幹] [물어, 문, 문] 払う; 支払う; 納める; 弁償する. ‖벌금을 물다 罰金を払う. ‖깨진 유리 값을 물다 割れたガラス代を弁償する. 图물리다.
물다[3] /mulda/ 他 [ㄹ語幹] [물어, 문] ❶ くわえる; 含む. ‖담배를 입에 물고 타바코를 (口に)くわえる. ‖고양이가 생선을 물고 달아나다 猫が魚をくわえて逃げ出す. ❷ 噛む; 噛みつく; 食いつく. ‖강아지가 내 손을 물었다 子犬が私の手を噛んだ. ‖의문이 꼬리에 꼬리를 물다 疑問が相次いで生じる. ❸ (虫などが) 刺す. ‖모기가 물다 蚊が刺す. ❹ [利用しようと思って] つかむ; つかまえる. ‖부자를 물어 돈까지 벌다 金持ちを1人つかまえる. 图물리다, 물리다. ▶ 물고 늘어지다 食い下がる; 食いついて放さない.
물동-량 (物動量) [-똥냥] 图 物資の流動量.
물-들다 /muldulda/ 固 [ㄹ語幹] [물어, 물드는, 물든] ❶ 染まる; 色づく. ‖단풍이 가든 가을 산 もみじの色づいた秋の山. ❷ かぶれる; 影響を受けてその傾向を持つ. ‖급진사상에 물들다 急進的な思想に染まる[かぶれる]. ‖서양 문화에 물들다 西洋文化にかぶれる.
물-들이다 他 染める; 彩る; 彩色する. ‖머리를 물들이다 髪の毛を染める. 단풍이 들어 산을 빨갛게 물들이다 紅葉が野山を赤く染める.
물-딱총 (-銃) 图 水鉄砲. 图물총(-銃).
물-때[1] 图 水垢; 湯垢. ‖물때가 끼다 水垢がつく.
물-때[2] 图 潮時.
물-때새 图 [鳥類] チドリ(千鳥).
물-똥 图 下痢便.
물량 (物量) 图 物量. ‖물량 작전 物量作戦.
물러-가다 /mulləgada/ 固 ❶ 後退する; 去る. ‖적군이 물러가다 敵軍が後退する. 한파가 물러가다 寒波が去る. ❷ 引き下がる; お暇する. ‖거절당하き힘없이 물러가다 断られて, すごすご(と)引き下がる. 저는 그만 물러가겠습니다 私はこれでお暇いたします.
물러-나다 /mullənada/ 固 ❶ 下がる. ‖뒤로 조금씩 물러나세요 後ろに少しずつ下がってください. ❷ 退く; 引退する; 辞める; 去る. ‖현역에서 물러나다 現役を退く. 사장 자리에서 물러나다 社長の職を去る. 책임を 지고 회장에서 물러나다 責任を取って会長を辞める.
물러-서다 /mulləsəda/ 固 ❶ 後ろに下がる; 退く. ‖두 발 물러서다 2, 3歩下がる. 한 발 물러서서 생각하다 1歩退いて考える. ❷ ある事から手をひく; 引っ込む. ❸ 譲歩する.
물러-앉다 [-안따] 固 ❶ 後ろに下がって座る. ❷ 引退する.
물렁물렁 副 (하形) ぶよぶよ; ふにゃふにゃ. 图물렁물렁.
물렁-뼈 图 [解剖] 軟骨. 图연골(軟骨).
물렁-살 图 ❶ 人の太ってしまりのない肉. ❷ 魚のひれをなしている柔らかい筋.
물렁-하다 固 (하変) ❶ 柔らかい; 柔らかだ. ❷ 優柔不断だ. 图물랑하다.
물레 图 ❶ 糸車; 糸繰り車. ❷ 轆轤(ろくろ).
물레-방아 图 水車. ‖물레방앗간 水車小屋.
물레-질 图 (하自) 糸車で糸を紡ぐこと.
물려-받다 /mulljəbat͈a/ [-따] 他 受け継ぐ; 引き継ぐ; 譲り受ける. ‖부모から 물려받은 기질 親から受け継いだ気質. 지반을 물려받아 입후보하다 地盤を受け継いで立候補する.
물려-주다 他 譲る; 譲り渡す; 伝授する. ‖엄청난 재산을 자식에게 물려주다 莫大な財産を子どもに譲り渡す.
물론 (勿論) /mullon/ 图 ❶ もちろん (のこと); 無論; 言うまでもないこと. ‖영어는 물론이고 불어도 할 수 있다 英語はもちろんのことフランス語もできる. 그 사람이 기뻐한 것은 물론이다 彼が喜んだのは言うまでもない. ❷ [副詞的に] もちろん. ‖물론 가고 말고 もちろん, 行くとも.
물류 (物流) 图 [物的流通(物的流通)の略語] 物流.
물리 (物理) 图 物理.
물리-요법 (物理療法) [-뻡] 图 物理療法.
물리-적 (物理的) 图 物理的. ‖이 차

에 일곱 명이 타는 것은 물리적으로 불가능하다 이 차에 7人 лежащий 것은 물리적이다.

물리적 변화(物理的變化)【-뼌-】 物理的变化; 物理变化. ∥전기 분해는 물리적인 변화가 아니라 화학적인 변화이다 物理变化は物理的な変化ではなくて化学的な変化である.

물리 치료(物理治療)【-뇨】 =물리 요법(物理療法).

물리학(物理學)【-니-】 物理学.

물리 화학(物理化學)【-니-】 物理化学.

물리다[1]/mullida/ 飽きる; 飽き飽きする; いやになる. ∥매일 같은 반찬에 물리다 매일 同じおかずに飽き飽きする. 물기를 물릴 정도로 먹고 싶다 イチゴを飽きるほど食べたい. 물리도록 들은 이야기 飽き飽きするほど聞いた話.

물-리다[2]/mullida/ 自 〔물다[3]の受身動詞〕 噛まれる; 噛みつかれる; 刺される. ∥모기에게 물리다 蚊に刺される. 개한테 물리다 犬に噛みつかれる.

물리다[3]/mullida/ 他 ❶ (場所を)移す; 移動させる. ∥책상을 벽 쪽으로 물리다 机を壁ぎわに移す. ❷ 返金してもらう. ∥새로 산 옷이 사이즈가 안 맞아서 물렸다 新しく買った服がサイズが合わなかったので返金してもらった. ❸ (期限や約束の日などを)遅らせる. ❹ (碁などで)打ち直す.

물-리다[4]/mullida/ 他 〔물다[3]の使役動詞〕噛ませる; (歯や口に)くわえさせる. ∥아기에게 젖꼭지를 물리다 赤ちゃんに乳首をくわえさせる.

물-리다[5]/mullida/ 〔물다[2]の使役動詞〕払わせる; 弁償させる. ∥가해자에게 치료비를 물리다 加害者に治療費を払わせる.

물리 변화(物理變化)【-뼌-】 物理变化. ㉗화학 변화(化學變化).

물리-치다[1] ❶ はね返す; 拒絶する; 振り切る. ❷ 退ける; 撃退する. ∥적을 물리치다 敵を撃退する. ❸ 打ち勝つ. ∥유혹을 물리치다 誘惑に打ち勝つ.

물-만두(-饅頭)【-】 水餃子.

물-맛【-맏】 水の味.

물망(物望)【-】 人望. ∥물망에 오르다 有力候補に上る. 총리 물망에 오르다 総理の有力な候補に上る.

물망-초(勿忘草)【-】 〔植物〕ワスレナグサ(勿忘草).

물-먹다[-따] 自 ❶ 水を飲む. ❷ (紙や布などに)水がにじむ. ❸ しくじる; (試験などに)落ちる. ∥이번 시험에도 물먹었다 今回の試験に落ちた.

물물^교환(物物交換)【-】 他 物々交換.

물밀듯-이[-뜨시] 副 波が押し寄せるような勢いで; どっと. ∥신제품에 대한 주문이 물밀듯이 쏟아지다 新製品の注文がどっと入ってくる.

물-밑【-믿】 水面下; 水底.

물-바다 一面が水浸しになること. ∥홍수로 일대가 물바다가 되었다 洪水で辺りが水浸しになった.

물-방개【昆虫】 ゲンゴロウ(源五郎).

물-방아 水車.

물방앗-간(-間)【-아칸 /-안깐】 水車小屋.

물-방울[-빵-] 水玉; 水滴; しずく. ∥물방울 무늬 모양 水玉模様.

물-배 水腹.

물-뱀【動物】 水中に生息するヘビの総称. ウミヘビ(海蛇).

물-벼락 (「水の雷」の意で)いきなり水をぶっかけられること; 水びたしにすること. ∥물벼락을 맞다 いきなり水をぶっかけられる.

물-벼룩【動物】 ミジンコ(微塵子).

물-병(-瓶)【-뼝】 水差し.

물병-자리(-瓶-)【-】【天文】 水瓶座.

물-보라 水しぶき; 水煙. ∥물보라가 일다[치다] 水しぶきが立つ. 물보라를 일으키다 水しぶきをあげる.

물-불 水火; 苦しい. ∥물불을 가리지[헤아리지] 않다 水火も辞せず.

물-비누 水石けん; 液体石けん.

물-비린내 ややなま臭い水のにおい.

물-빛[-삗] 水の色; 水色.

물-빨래 他 手洗い; 水洗い.

물-뿌리개 じょうろ.

물산(物産)【-산】 物産.

물-살[-쌀] 水勢; 水の流れの勢い. ∥물살이 세다 水勢が強い.

물상[1](物象)【-쌍】 物象.

물상[2](物像)【-쌍】 物の変.

물-새[-쌔] 水鳥; 水禽.

물-색[1](-色)【-쌕】 水の色.

물색[2](物色)/mul[2]sck/【-쌕】 他 物色. ∥후보자를 물색하다 候補者を物色する. 가게 안을 물색하다 店内を物色する.

물샐틈-없다【-틈업따】 形 水も漏らさない. ∥물샐틈없는 경비 水も漏らさないほどの厳重な警備. **물샐틈없-이** 副.

물성(物性)【-썽】 物性.

물-세[1]【-쎄】 (灌漑用水や水道料金など)水関係の公共料金.

물세[2](物稅)【-쎄】【法律】 物税.

물-세탁(-洗濯)【-】 他 水洗い.

물-소[-쏘]【動物】 水牛.

물-소리[-쏘-] 水音; 小川などのせせらぎ. ∥부엌에서 물소리가 나다 台所から水音がする.

물-수건(-手巾)【-쑤-】 おしぼり; 水に濡らした手ぬぐい.

물수제비-뜨다 自【으變】 (水面に平らな石を投げて)水切りをする; 石投げで水面バウンドをする.

물-시계(-時計)【-씨-/-씨게】 水時計.

물신^숭배(物神崇拜)【-씬-】 物

물심-양면 (物心兩面) 【-씸냥-】 图 物心兩面. ‖물심양면으로 도움을 받다 物心兩面にわたって援助してもらう.

물씬 副 (하다) においや煙などが鼻をつく様子: ぷんと; むっと. ‖향수 냄새를 물씬 풍기다 香水のにおいをぷんぷん漂わせる. **물씬-물씬** 副 ぷんぷん.

물아 (物我) 图 物我.
물-안개 图 雨霧.
물-안경 (眼鏡) 图 水中眼鏡.
물-약 (-藥) 图 水藥; 藥液.
물어¹ 回【ㄷ變】 묻다(開く)の連用形. ‖물어보다 開いてみる.
물어² 回【= 語幹】 물다(くわえる・嚙む)の連用形.
물어-내다 他 弁償する.
물어-뜯다 他 [따] 嚙みちぎる.
물어-주다 他 弁償する: 弁償してあげる.
물-억새 [-쌔] 图 〔植物〕 オギ(荻).
물-엿 【-럳】 图 水飴.
물-오르다 国【ㄹ變】 ❶ (春先, 草木が水を吸い上げ)みずみずしくなる. ‖물오른 나뭇가지 みずみずしくなった枝. ❷ (技術・能力などが)最も盛んな時期にある.
물-오리 (-鳥類) 图 ❶ 野生カモ(鴨)の総称. ❷ マガモ(眞鴨).
물-오징어 图 生イカ.
물욕 (物慾) 图 物欲. ‖물욕에 빠지다 物欲にとらわれる.
물-웅덩이 图 水たまり; 淀.
물위 图 水面.
물은 他【ㄷ變】 묻다(開く)の過去連体形.
물을 他【ㄷ變】 묻다(開く)の未来連体形.
물음 图 問い; 質問. ‖다음 물음에 답하시오 次の問いに答えなさい.
물음-표 (-標) 图 疑問符; クエスチョンマーク(?).
물의 (物議) 【-무리】 图 物議. ‖물의를 빚다 物議を醸す.
물-이끼 [-리-] 图 〔植物〕 ミズゴケ(水蘚). ‖물이끼가 끼다 ミズゴケが生える.
물자 (物資) [-짜] 图 物資. ‖물자를 보급하다 物資を補給する. 원조 물자 救援物資.
물-장구 图 ❶ ばた足. ‖물장구 치다 ばた足をする. ❷ 水がめの水面に伏せたひさごを叩くこと.
물-장군 (-將軍) 图 〔昆蟲〕 タガメ(田龜).
물-장난 图 (하다) 水遊び.
물-장사 图 (하다) 〔俗っぽい言い方で〕水商売.
물-재배 (-栽培) 图 水栽培; 水耕.
물-적 (物的) 【-쩍】 图 物的; 物質的. ⑳ 심적(心的) · 인적(人的).
물적 담보 (物的擔保) 【-쩍 땀-】 图 (經) 物的担保.
물적 증거 (物的證據) 【-쩍쯩-】 图 物的の證據. ⑳ 물증(物證).
물적 유통 (物的流通) 【-쩍 뉴-】 图 物流. ⑳ 물류(物流).
물정 (物情) 【-쩡】 图 世情; 世事; 世故. ‖세상 물정에 어둡다 世情に疎い. 세상 물정에 밝다 世故に長ける.
물주 (物主) [-쭈] 图 資金出資者.
물주 구문 (物主構文) 图 〔言語〕 非情物主語構文.
물-줄기 [-쭐-] 图 水の流れ.
물증 (物證) [-쯩] 图 〔法律〕〔물적 증거(物的證據)の略語〕 物證. ‖심증은 있으나 물증이 없다 心證はあるが物證がない.

물질 (物質) /muᶫt͡ɕiʎ/ [-찔] 图 物質. ⑳ 정신(精神). ‖항생 물질 抗生物質. 발암 물질 発癌物質.
물질 명사 (物質名詞) 图 〔言語〕 物質名詞.
물질-문명 (物質文明) 图 物質文明.
물질-문화 (物質文化) 图 物質文化.
물질-적 (物質的) 图 物質的. ‖물질적인 도움 物質的な援助.
물질-주의 (物質主義) [-찔/-찌리] 图 物質主義.
물-집 [-찝] 图 水膨れ. ‖물집이 생기다 水膨れができる.
물체 (物體) /muᶫt͡ɕʰe/ 图 物体. ‖어둠 속에서 이상한 물체가 움직이다 暗闇の中で変な物体が動く. 미확인 비행 물체 未確認飛行物体; UFO.
물-총 (-銃) 图 水鉄砲.
물총-새 (-銃-) 图 〔鳥類〕 カワセミ(川蟬).
물-침대 (-寢臺) 图 ウォーターベッド.
물컹-물컹 副 (하다) ぐにゃぐにゃ(と). ⑳ 말캉말캉.
물컹-하다 厖 [하변] (熟れすぎたり腐ったりして)すぐにでもつぶれそうだ. ⑳ 말캉하다.
물-켜다 国 しきりに水が飮みたくなる. ‖짜게 먹어서 자꾸 물켜다 しょっぱいものを食べたのでしきりに水が飮みたくなる.
물쿠다 国 蒸し暑くなる. ⑳ 묵다.
물크러-지다 国 (熟れすぎたり腐ったりして)形が崩れる.
물-통 (-桶) 图 ❶ 水を入れる容器の総称. ❷ 水汲み用の桶. ❸ 水筒.
물-파스 (←Pasta) 图 液体の湿布薬.
물풀 (-草) 图 荷札; 預かり札.
물푸레-나무 图 〔植物〕 トネリコ(梣); モクセイ(木犀).
물-풀 图 水草. ⑳ 수초(水草).
물품 (物品) 图 物品; 品物. ‖물품 보관소 荷物預り所.
묽다 /muᵏt͡ɕ͈a/【묵따】 圈 水気が多い; 水っぽい; ゆるい; (濃度·色·味などが)薄

い. ⑬되다. ∥묽은 죽 ゆるい粥. 국을 묽게 하다 スープを薄味にする.

뭇-매 [문-] 图 袋だたき. ∥뭇매를 맞다 袋だたきにあう.

뭇매-질 图他 袋だたき.

뭇-사람 [묻싸-] 图 大勢の人.

뭇-시선 (-視線) [묻씨-] 图 大勢の視線; 衆目.

뭇-입 [문닙] 图 衆口.

뭉개다 他 つぶす; 押しつぶす; すりかけす.

뭉게-구름 图 むくむく雲; 積雲.

뭉게-뭉게 圖 むくむく(と). ∥구름이 뭉게뭉게 피어오르다 雲がむくむく(と)わき上がる.

뭉그러뜨리다 他 崩す; つぶす.

뭉근-하다 形 [하变] 火力が弱い; とろとろと燃えている. ∥뭉근한 불로 졸이다 とろ火で煮詰める. **뭉근-히** 圖

뭉기적-거리다 [-대다] [ㅡ거 [때] ㅡ] 自 もじもじする; ぐずぐずする.

뭉떡 圖 一度に大きめに切る様子: ざっくと; ばっさり切る.

뭉뚝-하다 形 [하变] ずばっと切られたように太くて短い; ずんぐり(と)している. ⑬몽땅하다.

뭉뚱-그리다 他 大ざっぱにまとめる; ざっとまとめる. ∥그가 말한 것을 뭉뚱그려 보면 彼が言ったことをざっとまとめると.

뭉실-뭉실 圖 むくむくと.

뭉치 图 塊; 束; 束ね. ∥돈 뭉치 札束. 원고 뭉치 原稿札.

뭉치다 /muɲtɕʰida/ 自 一つにまとまる; 一丸となる; 団結する; 固まる. ∥전원이 뭉치면 해낼 수 있다 全員が一丸となればやり遂げられる. 굳게 뭉치다 固く団結する. 근육이 뭉치다 筋肉が固まる. ⑭몽치다.

── 他 一つに固める. ∥눈을 뭉쳐 눈사람을 만들다 雪を固めて雪だるまを作る. ⑭몽치다.

뭉치-돈 [-치돈 /-쬔똔] 图 多額の金; まとまった金. ∥자선 사업에 뭉치돈을 내놓다 慈善事業に多額のお金を出す.

뭉크러-뜨리다 他 壊す; 崩す.

뭉크러-지다 自 (熟れすぎたりして原形が)崩れる; つぶれる.

뭉클-뭉클-하다 形 [하变] ぐにゃぐにゃしている.

뭉클-하다 形 [하变] (胸が)つまる; じいんとする. ∥가슴이 뭉클해지는 이야기 胸がじいんとなる話.

뭉텅 圖 ざっくり; ばっさりと.

뭉텅-이 图 塊; 束; 包み.

뭉툭-하다 [-투카-] 形 [하变] (物などの先端が)鈍くなっている. ⑬몽톡하다.

뭍 图 陸; 陸地. ∥뭍사람 (島人に対して)陸地の人. 뭍에 오르다 陸に上がる.

뭍-짐승 [뭍찜-] 图 陸上動物.

뭐 /mwɔː/ 代 [무어·무엇의 縮約形] 何; 何か. ∥뭐가 가지고 싶어? 何がほしい? ▶뭐니 뭐니 해도 何だかんだ言っても; ああだこうだ言っても. 뭐니 뭐니 해도 자기 집이 최고야 何だかんだ言っても自分の家が一番さ.

── 感 ❶話を聞き返したり驚いたりした時に発する語(何(っ)); 何だって. ∥뭐, 오늘 못 온다고? 何っ, 今日来られない? ❷ 言う必要がないことを表わす時に用いる語: まあ; なあに. ∥다 그렇지 뭐 皆そうだってば; 皆そうに決まってるさ.

뭐-하다 [ㅁ变] [무엇하다의 縮約形] 何だ. ∥말하기가 좀 뭐하다 ちょっと言いにくい.

뭔가 [무엇인가의 縮約形] 何か.

뭘 /mwɔːl/ [무엇을의 縮約形] 何を. ∥뭘 먹을까? 何を食べる? 뭘 샀어? 何を買ったの?

뭣-하다 [뭐타-] [ㅁ变] [무엇하다의 縮約形].

뮤즈 (Muse) 图 ミューズ.

뮤지컬 (musical) 图 [音樂] ミュージカル.

뮤지컬-쇼 (musical show) 图 ミュージカルショー.

뮤지컬-코미디 (musical comedy) 图 ミュージカルコメディー.

-으므로 /muro/ 語尾 [母音で終わる用言の語幹に付いて: 子音の場合は -으므로] 理由·原因·根拠を表わす: …ので; …ため. ∥집중 호우가 예상되므로 지역 주민들께서는 각별히 유의해 주시기 바랍니다 集中豪雨が予想されるので, 地域住民の皆様は一段とご注意ください.

미¹ (美) 图 ❶美. ∥진선미 真善美. ❷5段階의 成績評價(秀·優·美·良·可)의 中で3番目의 成績: 美.

미² (美) 图 [미국(美國)의 略稱] 米. ∥대미 정책 対米政策. 미일 日米.

미³ (mi) 图 [音楽] (階名의) ミ.

미⁴ (未) 图 (十二支의) 未(ひつじ).

미⁵ (美) 图 5段階의 成績評價(秀·優·美·良·可)의 中で3番目의 成績: 美.

미⁻⁶ (未) 接頭 未…. ∥미완성 未完成.

미각 (味覺) 图 味覺.

미각-기관 (味覺器官) [-각-] 图 味覺器.

미각-신경 (味覺神經) [-씬-] 图 [解剖] 味覺神經.

미간¹ (味刊) 图 未刊.

미간² (眉間) 图 [양미간(兩眉間)의 略稱] 眉間. ∥미간을 찌푸리다 眉間にしわを寄せる.

미개 (未開) 图 形 ❶未開. ❷不文明(文明).

미개-인 (未開人) 图 未開人.

미개-지 (未開地) 图 未開地.

미개간-지(未開墾地) 圀 未開墾地.
미-개발(未開發) 圀(하타) 未開発.
미-개척(未開拓) 圀 未開拓.
　미개척-지(未開拓地) 【-찌】 圀 未開拓地; 未開拓の地.
미-결(未決) 圀(하타) 未決. ㉠기결(旣決). ‖**미결-수**(未決-囚) 【-쑤】(法律) 圀 未決囚. ㉠기결수(旣決囚).
　미결-안(未決案) 圀 未決案.
미-경험(未經驗) 圀(하타) 未経験.
　미경험-자(未經驗者) 圀 未経験者.
미-곡(米穀) 圀 米穀; 穀類
　미곡-상(米穀商) 圀 米穀屋; 米屋.
미-골(尾骨) (解剖) 圀 尾骨. ㉠꼬리뼈.
미관¹(美觀) 圀 美観. ‖미관을 해치다 美観を害する. 미관상의 문제 美観上の問題.
미관²(微官) 圀 微官.
미-구에(未久-) 圃 遠からず; もうすぐ.
미-국(美國) (國名) アメリカ合衆国; 米国.
미-군(美軍) 圀 米軍; アメリカ軍. ‖미군 기지 米軍基地.
미-궁(迷宮) 圀 迷宮. ‖미궁에 빠지다 迷宮入りする.
미꾸라지(魚介類) ドジョウ(泥鰌). ㉠추어(鰍魚). ㉠미꾸라지 한 마리가 온 웅덩이를 흐려 놓는다 (ドジョウ1匹が水たまりを全部濁してしまう)1人の悪者が集団や社会に大害を与えることのたとえ.
미끄러-지다 /miˈkkurʌdʑida/ 固 滑る. ‖눈길에서 미끄러지다 雪道で滑る. 입학 시험에서 미끄러지다 入学試験に滑る.
미끄럼 滑ること; 滑りながら遊ぶこと. ‖미끄럼(틀)을 타고 놀다 滑り台を滑る.
　미끄럼-대(-臺) 圀 滑り台.
　미끄럼-틀 圀 =미끄럼대(-臺).
미끄럽다 /miˈkkurʌpta/ 【-따】 圉 [ㅂ変] 【미끄러워, 미끄러운】滑りやすい; つるつるしている; 滑らかだ. ‖길이 미끄럽다 道が滑りやすい.
미끈-거리다 固 ぬるぬるする; つるつるする.
미끈-미끈 圖(하타) ぬるぬる; つるつる.
미끈-하다 (히오) すらりとしている; すらっとしている. ‖미끈한 다리 すらりとした脚.
미끌-미끌 (하타) なめらかな様子. すべすべ; つるつる. ‖길이 얼어서 미끌미끌 하다 道が凍ってつるつるする.

미기/miˈki/ 圀 ❶〔낚시의〕 えさ. ‖물고기가 미끼를 물다 魚がえさに食いついた. 돈을 미끼로 편의를 제공받다 金をえさに便宜をはかってもらう. ❷〔비유적으로〕人を誘惑するために用いる手段.

미-나리/minari/ 圀(植物) セリ(芹).
　미나리-꽝 圀 セリ畑.
미나마타-병(みなまた病) 圀(医学) 水俣病.
미-남(美男) 圀 美男. ㉠추남(醜男).
미-남자(美男子) 圀 美男子.
미-납(未納) 圀(하타) 未納; 納めないこと; 未払い. ‖수업료를 미납하다 授業料を納めない.
미네랄(mineral) /mineral/ 圀 ミネラル.
　미네랄-워터(mineral water) 圀 ミネラルウォーター.
미-녀(美女) 圀 美女. ㉠추녀(醜女).
미-년(未年) 圀 未年. ㉠양해(未-).
미뉴에트(minuet) 圀(音楽) ミニュエット; メヌエット.
미는 固【ㄹ語幹】 밀다(押す)の現在連体形.
미니(mini) 圀 ミニ.
　미니스커트(mini-skirt) 圀 ミニスカート.
미니-홈피(←mini + homepage) 圀 ミニホームページ. ㉠ネット上で簡単に作られる個人ホームページのこと. ブログのような個人メディアの特性を持つ.
미니멈(minimum) 圀 ミニマム. ㉠맥시멈.
미니어처(miniature) 圀 ミニチュア; ミニアチュア.
미닫-이 【-다지】 圀 引き戸; 障子.
미-달(未達) /midal/ 圀(하타) (一定の目標・基準に)達していないこと. ‖정원 미달 定員割れ. 체중 미달 体重が足りないこと.
미-담(美談) 圀 美談. ‖미담의 주인공 美談の主人公.
미-답(未踏) 圀(하타) 未踏. ‖전인미답의 땅 前人未踏の地.
미더덕(動物) エボヤ(柄海鞘).
미-덕(美德) 圀 美徳. ‖양보의 미덕 譲歩の美徳.
미덥다 【-따】 圉 [ㅂ変] 頼もしい. ‖그 사람이 하는 일이라면 미덥다 彼のやることならば頼もしい. 미더운 사람 頼もしい人.
미-동(微動) 圀(자타) 微動. ‖미동도 하지 않고 있다 微動だにしない.
미들-급(middle 級) 圀 (ボクシングの) ミドル級.
미-등(尾燈) 圀 (車の)尾灯.
미-등기(未登記) 圀(하타) 未登記.
미디어(media) 圀 メディア.
미라(mira³¹) 圀 ミイラ.
미래(未來) /miːre/ 圀 未来. ‖한국의 미래를 짊어질 청년 韓国の未来を担う青年. 미래를 개척하다 未来を切り開く. 미래를 앞서 가다 未来を先取りする.
　미래-사(未來事) 圀 未来のこと.

미래-상 (未來像) 图 未來像. ∥미래상을 제시하다 未来像を提示する.

미량 (微量) 图 微量.

미러 (mirror) 图 ミラー. ∥백미러 バックミラー.

미력 (微力) 图 微力. ∥미력이나마 도움이 되고 싶다 微力ながら役に立ちたい.

미련 (未練) /mirjən/ 图 未練. ∥아무런 미련도 없다 何の未練もない. 미련이 남다 未練が残る. 미련을 버리지 못하다 未練がましい; 未練たらしい.

미련-하다 /mirjənhada/ 圈 [하变] 愚かだ; 愚かしい; 魯鈍だ. ∥미련한 짓 愚かしい所業. 저 미련한 녀석 あの愚かな者.

미로 (迷路) 图 迷路. ∥미로에 빠지다 迷路に入り込む.

미뢰 (味蕾) /-/-/ 图 〖解剖〗味蕾(みらい).

미루-나무 (←美柳-) 图 〖植物〗ポプラ.

미루다 /miruda/ 他 ❶(期日·期限などを)延ばす; 延期する. (仕事·宿題などを)延ばす; 持ち越す; 先延ばしにする. ∥마감일을 미루다 締め切り日を延ばす. 결론을 다음으로 미루다 結論を次回に持ち越す. ❷(人に責任を)転嫁する; (人に仕事を)押しつける. ∥당번을 친구에게 미루다 当番を友だちに押しつける. ❸推し量る; 推測する; 推察する. ∥상황을 미루어 짐작하다 状況から推察する.

미륵 (彌勒) 图 〖仏教〗미륵보살(彌勒菩薩)의 略語.

미륵-보살 (彌勒菩薩) 【-쌀】图 〖仏教〗弥勒(みろく)菩薩. (略)미륵(彌勒).

미륵-불 (彌勒佛) 【-뿔】图 〖仏教〗弥勒仏.

미리 /miri/ 剛 前もって; 予め; かねて. ∥할 일을 미리 해치우다 やるべきことを前もって片付ける. 미리 말해 두지 않는 안 갈 거야 予め言っておくと, 私は行かない. 미리 준비해 두다 予め準備しておく. **미리-미리** 剛

미림 (味醂·味淋) 图 味醂.

미-립자 (微粒子) 【-짜】图 〖物理〗微粒子.

미만 (未滿) 图 未満. ∥스무 살 미만 20歳未満.

미망-인 (未亡人) 图 未亡人.

미명[1] (未明) 图 未明; 夜明け; 明け方. (類)새벽. ∥내일 미명에 출발하자 明日の未明に出発しよう.

미명[2] (美名) 图 美名. ∥기부라는 미명하에 寄付という美名の下に.

미모 (美貌) 图 美貌. ∥미모를 자랑하다 美貌を誇る.

미모사 (mimosa) 图 〖植物〗ミモザ.

미몽 (迷夢) 图 迷夢. ∥미몽에서 깨어나다 迷夢から覚める.

미묘-하다 (微妙-) 圈 [하变] 微妙だ. ∥관계가 미묘하다 関係が微妙だ. 미묘한 차이 微妙な差. **미묘-히** 剛

미물 (微物) 图 ❶ 微々たるもの. ❷ 虫; 虫けら.

미미-하다 (微微-) 圈 [하变] 微々たるものだ; 取るに足りない. ∥미미한 존재 取るに足りない存在.

미백 (美白) 图 美白.

미-백색 (微白色) 【-쌕】图 淡い白色.

미봉-책 (彌縫策) 图 彌縫(びほう)策; 一時の間に合わせの策.

미분 (微分) 图 〖数学〗微分.

미분 방정식 (微分方程式) 图 〖数学〗微分方程式.

미-분화 (未分化) 图 〖自〗未分化.

미불 (未拂) 图 〖하变〗未払い.

미비 (未備) 图 不備; 不完全. ∥서류에 미비한 점이 많다 書類に不備な点が多い.

미비-점 (未備點) 【-쩜】图 不備な点.

미쁘다 圈 [으变] =미덥다.

미사 (missa[?]) 图 〖カトリック〗

미사-여구 (美辭麗句) 图 美辭麗句.

미사일 (missile) 图 〖軍事〗ミサイル.

미상 (未詳) 图 未詳. ∥작자 미상의 작품 作者未詳の作品.

미상불 (未嘗不) 剛 やはり; さすがに.

미-상환 (未償還) 图 〖하变〗未償還.

미색[1] (米色) 图 米の色; 薄い黄色.

미색[2] (美色) 图 美色.

미-생물 (微生物) 图 微生物.

미성 (美聲) 图 美声.

미-성년 (未成年) 图 未成年.

미성년-자 (未成年者) 图 未成年者. ∥미성년자 입장 불가 未成年者入場禁止.

미-성숙 (未成熟) 图 [하形] 未成熟; まだ熟していないこと.

미세스 (Mrs.) 图 ミセス.

미세-하다 (微細-) 圈 [하变] 微細だ; ごく細かい. ∥미세한 부분 微細な部分. 미세한 입자 ごく細かい粒子.

미션 (mission) 图 ミッション.

미션스쿨 (mission school) 图 ミッションスクール.

미소 (微笑) /miso/ 图 微笑; 微笑み. ∥미소를 짓다 微笑を浮かべる[たたえる]. 미소(를) 짓다 微笑する.

미-소년 (美少年) 图 美少年.

미소-하다[1] (微小-) 圈 [하变] 微小だ.

미소-하다[2] (微少-) 圈 [하变] 微少だ. ∥미소한 입자 ごく微少な差.

미수[1] (米壽) 图 米寿; 88歳.

미수[2] (未遂) 图 〖하变〗未遂. ∥자살 미수 自殺未遂.

미수-죄 (未遂罪) 【-죄 /-쮀】图 〖法律〗未遂罪.

미수-금 (未收金) 图 未徴収金.

미숙 (未熟) [명] [하형] 未熟. ㉠성숙(成熟). ‖몸가짐 솜씨 未熟な腕前.
미숙-아 (未熟兒) [명] 未熟兒.
미-숙련 (未熟練) [-숭년] [명] 未熟練.
미술 (美術) /miːsul/ [명] 美術. ‖조형미술 造形美術. 상업 미술 商業美術. 미술 시간 美術の時間.
미술-관 (美術館) [명] 美術館.
미술-품 (美術品) [명] 美術品.
미숫-가루 [-수까-/-숟까-] [명] 麦焦がし; はったい粉.
미스¹ (miss) [명] ミス; 間違い; やり損ない.
미스² (Miss) [명] ミス. ‖ミス コリア ミスコリア.
미스터 (mister·Mr.) [명] ミスター.
미스터리 (mystery) [명] ミステリー.
미시 (未時) [명] (民俗) 未(ひつじ)の刻 (午後1時から午後3時まで).
미시=경제학 (微視經濟學) [명] (經) ミクロ経済学.
미시-적 (微視的) [명] 微視的; ミクロ. ㉠거시적(巨視的).
미시즈 (Mrs.) [명] ミセス.
미식-가 (美食家) [-까] [명] 美食家; グルメ.
미식-축구 (美式蹴球) [-꾸] [명] 《スポーツ》アメリカンフットボール.
미신 (迷信) [명] 迷信.
미-신경 (味神經) [명] [解剖] 味覚神経.
미심-쩍다 (未審-) [-따] [형] 疑わしい; 不審だ. ‖그의 행동이 미심쩍다 彼の行動が疑わしい.
미싱 (←sewing machine) [명] ミシン.
미아 (迷兒) [명] 迷子.
미안 (未安) [명] すまない, すまん.
미안-하다 (未安-) /miːanhada/ [형] [하형] すまない; 申し訳ない; 恐れ入る. ‖늦어서 미안합니다 遅れてすみません. 고생시켜서 미안해 苦労をかけてすまない. 미안한지만 물 한 잔만 주세요 すみませんが、お水一杯ください. 미안하게 생각하고 있습니다 申し訳なく思っております.
미약-하다 (微弱-) [-야카-] [형] [하형] 微弱だ; 弱い.
미안마 (Myanmar) [명] (國名) ミャンマー.
미어-지다 [-/-여-] [자] ぎっしり詰まって裂けそうだ. ‖볼이 미어질 정도로 밥을 퍼 넣다 口いっぱいにご飯をほおばる. 가슴이 미어지다 心が張り裂ける; 胸がつかえる.
미어-터지다 [-/-여-] [자] 張り裂けそうだ. 溢れんばかりだ.
미역¹ [명] (川などで) 水遊びをすること. ‖강에서 미역을 감다 川で水遊びをする. ㉠멱.
미역² /miːjək/ [명] [植物] ワカメ(若布).

미역-국 [-꾹] [명] (料理) ワカメスープ. ✥主としてカタクチイワシ·牛肉·カキ·貝·貼貝などを使った多様な種類のワカメスープがある. 韓国では誕生日や産後に飲む. ‖미역국을 먹다 (から揚げ言い方で) 試験に落ちる.
미연 (未然) [명] 〔主に미연에의形で〕未然に. ‖사고를 미연에 방지하다 事故を未然に防ぐ.
미열 (微熱) [명] 微熱.
미온-적 (微溫的) [명] 微溫的; 煮え切らない. ‖미온적인 태도 微溫的な態度.
미완 (未完) [명] 未完.
미-완성 (未完成) [명] [하형] 未完成.
미용 (美容) /miːjoŋ/ [명] 美容. ‖미용 체조 美容体操.
미용-사 (美容師) [명] 美容師.
미용-술 (美容術) [명] 美容術.
미용-식 (美容食) [명] 美容食.
미용-실 (美容室) [명] 美容室.
미욱-스럽다 [-쓰-따] [형] [ㅂ変] 愚か [愚鈍] なところがある. **미욱스레** [副]
미욱-하다 [-우카-] [형] [하형] 愚かだ; 愚鈍だ.
미운-털 目の敵. ‖미운털이 박히다 目の敵にされる.
미움 /miːum/ [명] 憎しみ; 憎さ. ✥주위로부터 미움을 사고 있다 周りから憎まれている. 미움받을 소리를 듣다 憎まれ口をたたく. 미움받을 짓을 사서 하다 憎まれ役を買って出る.
미워-하다 /miwəhada/ [動] [하形] 憎む; 嫌う. ‖그 사람을 미워하다 彼を憎む〔嫌う〕. 서로 미워하다 憎み合う. 미워할 수 없는 녀석 憎めない奴. 죄는 미워해도 사람은 미워해서는 안 된다 罪を憎んで, 人を憎まず.
미음¹ (ㅁ) ハングル子音字母「ㅁ」の名称.
미음² (米飮) [명] 重湯(おもゆ).
미-의식 (美意識) [-/-이-] [명] 美意識.
미이다 [자] 미어지다の誤り.
미이라 (mirra⁽ㆍ⁾) [명] ミイラの誤り.
미인 (美人) [명] 美人.
미인-계 (美人計) [-/-게] [명] 色仕掛け. ‖미인계를 써서 정보를 빼내다 色仕掛けで情報を盗む.
미인-도 (美人圖) [명] 美人画.
미인-박명 (美人薄命) [-빡-] [명] 美人薄命.
미인-화 (美人畫) [명] 美人画.
미일 (美日) [명] 日米; アメリカと日本.
미작 (米作) [명] 稻作. ‖벼농사 (-農事).
미장-공 (-工) [명] 左官.
미장-원 (美粧院) /miːdʒaŋwən/ [명] 美容院; 美容室.
미장-이 (-工) [명] =미장공(-工).
미-적 (美的) [-쩍] [명] 美的. ‖미적 감

각 미적 감각[센스].

미적-거리다[대다] [-꺼[때]-] 困 머 뭇거리며; 주저거리(고) 덜대다. ‖일을 미적거리다 仕事をずるずる(と)延ばす.

미적-미적 [-적-] 뛰 하(하) 모조모조.

미-적분(微積分)【-뿐】图《數學》微積分.

미적지근-하다 [-찌-] 囲하(하) ❶ 뜨뜻하지않다; 미지근하다. ‖수프가 미적지근하다 スープがぬるい. ❷消極的で徹底しない; 煮え切らない. ‖미적지근한 태도 煮え切らない態度.

미전(美展) 图 〔미술 전람회(美術展覽會)의 약략〕美術展.

미정(未定) 图 未定. ⑪기정(既定). ‖일정은 미정이다 日程は未定だ.

미정-고(未定稿) 图 未定稿.

미제[1](美帝) 图 アメリカ帝国主義.

미제[2](美製) 图 アメリカ製.

미제[3](未濟) 图 未済.

미주[1](美洲)【地名】アメリカ.

미주[2](美酒) 图 美酒; うまざけ.

미주알-고주알 뛰 根掘り葉掘り; 何から何まで. ⑩고주알미주알. ‖미주알고주알 다 일러바치다 何から何まで言いつける.

미즈 (Ms.) 图 ミズ.

미-증유(未曾有) 图 未曾有(ぞう). ‖미증유의 사건 未曾有の事件. ✝梵語 adbhuta의 訳.「いまだかつてあらず」의 意.

미지(未知) 图 未知. ‖미지의 세계 未知の世界.

미지근-하다 /miʥigunhada/ 囲하(하) ❶生ぬるい; ぬるい; 生あたたかい. ‖미지근한 물 生ぬるい水. ❷(態度や反応などが)はっきりしない; どっちつかずだ.

미지-수(未知数) 图 未知数. ‖그가 어떻게 나올지는 미지수다 彼がどう出るかは未知数だ.

미진(微塵) 图 微塵(ʑん).

미진-하다(未盡-) 囲하(하) まだ終わっていない; 尽きない; 不十分だ. ‖성과가 미진하다 成果が不十分だ.

미착(未着) 图 하(하) 未着.

미처 /miʨʰə/ 뛰 〔다음에 못하다·모르다 등의 打消しの表現을 수반하여〕かつて; まだ. ‖미처 생각지 못한 일 考えもしなかったこと. 이렇게 끝날 줄은 미처 몰랐다 こういうふうに終わるとは思いも寄らなかった. 미처 끝내지 못하다 まだ仕上がっていない.

미천-하다(微賤-) 囲하(하) 卑しい; 卑賤だ; (身分や地位が)低い. ‖미천한 집안 卑しい柄.

미추(美醜) 图 美醜.

미-취학(未就學) 图 未就学. ‖미취학 아동 未就学児童.

미-치광이 图 狂人; 物狂い.

미치다[1] /miʨʰida/ 囲 ❶(気이) 狂う. ‖너무 놀란 나머지 미쳐 버리다 恐怖のあまり気が狂う. 머리가 너무 아파 미치겠다 頭が痛くて, 気が狂いそう. 도박에 미치다 賭博に狂う. 여자한테 미치다 女に狂う.

미치다[2] /miʨʰida/ 囲 ❶達する; 至る; 届く. ‖손이 천장에까지 미치다 手が天井にまで届く. ❷(影響が)及ぶ; 押し寄せる. ‖생각이 거기까지는 못 미쳤다 思いがそこまでは及ばなかった. 회사 도산의 여파가 계열사에도 미쳤다 会社の倒産の余波が系列会社にも押し寄せた. 악물이 인체에 미치는 영향 薬物が人体に及ぼす影響.
— 囲 (影響을) 及ぼす. ‖한국 경제에 큰 영향을 미친 사건 韓国経済に大きな影響を及ぼした事件.

미친-개 ❶ 狂犬. ❷〔比喩的に〕分別を失った人.

미크로네시아(Micronesia)【国名】ミクロネシア.

미크론(micron) 依名 長さの単位: …ミクロン.

미터[1](meter) /miːtʰə/ 图 メーター. ‖택시 미터 タクシーのメーター. 미터제 メーター制.

미터[2](meter) 依名 長さの基本単位: …メートル(m). ‖백 미터 달리기 100メートル走.

미터-법(-法) 图 メートル法.

미터-자 图 メートル尺.

미토콘드리아(mitochondria) 图《生物》ミトコンドリア.

미트(mitt) 图《野球で》ミット.

미트볼(meatball) 图 ミートボール; 肉団子.

미팅(meeting) 图 하(自) ❶(主に学生の)合コン. ❷ミーティング.

미풍(微風) 图 微風; そよ風.

미풍-양속(美風良俗)【-냥-】图 美風良俗.

미필(未畢) 图 未了; まだ終わっていないこと.

미필적 고의(未必的故意)【-쩍 꼬-/-쩍꼬이】图《法律》未必の故意.

미학(美学) 图 美学.

미-합중국(美合衆國)【-종-】【国名】アメリカ合衆国.

미-해결(未解決) 图 하(하) 未解決. ‖미해결 사건 未解決の事件.

미행(尾行) 图 하(하) 尾行. ‖몰래 미행하다 ひそかに尾行する. **미행-당하다** 하(피)

미혼(未婚) 图 未婚. ‖미혼 여성 未婚の女性.

미혼-모(未婚母) 图 未婚の母; シングルマザー.

미화[1](美化) 图 하(하) 美化. ‖현실을

미화해서 말하다 現実を美化して話す.
미화-되다 受動

미화²(美貨) 图 アメリカの貨幣.

미-확인(未確認) 图 未確認.

미확인^비행^물체(未確認飛行物體) 图 未確認飛行物体; UFO.

미흡-하다(未洽)—[-흐파] [하変] 不十分だ; 至らない. ‖성과가 미흡하다 成果が不十分だ. 여러 면에서 아직 미흡하지만 열심히 하겠습니다 色々な面でまだ至らない者ですが, 頑張ります.

믹서(mixer) 图 ミキサー.

민¹(民) 图 〔민간(民間)의 略語〕民. ⑭ 관민 官民.

민²(閔) 图 (姓) 閔(ミン).

민³ 冠 [ㄹ語幹] 밀다(押す)의 過去連体形.

-민¹(民) 接尾 …の民. ‖유목민 遊牧民. 유랑민 流浪の民.

민가(民家) 图 民家.

민간(民間) /mingan/ 图 民間. ‖민간 기업 民間企業.

민간^방송(民間放送) 图 民間放送. ⑭ 민방(民放).

민간^신앙(民間信仰) 图 民間信仰.

민간^외교(民間外交) 图 民間外交.

민간^요법(民間療法) [-뇨뻡] 图 民間療法.

민간-인(民間人) 图 民間人.

민감-하다(敏感)—/mingamhada/ 囷 [하変] 敏感だ. ⑰둔감하다(鈍感-). ‖유행에 민감하다 流行に敏感だ. 기온 변화에 민감한 피부 気温の変化に敏感な肌.

민권(民權) [-꿘] 图 民權.

민권-주의(民權主義) [-꿘-/-이] 图 民權主義.

민-꽃게 [-꼳께] 图 (動物) イシガニ(石蟹).

민담(民譚) 图 民譚.

민도(民度) 图 民度.

민둥민둥-하다 囷 [하変] (頭や山が) はげている. ⑭ 맨둥맨둥하다.

민둥-산(-山) 图 はげ山. ‖벌거숭이산 (-山).

민들레 图 (植物) タンポポ(蒲公英).

민망-하다(憫惘) —/minmanghada/ 囷 [하変] 気まずい; 心苦しい; 決まり悪い; 気恥ずかしい; ばつが悪い. ‖회의에 혼자 지각을 해서 상당히 민망했다 会議に 1人だけ遅れて何とももばつが悪い思いをした. 많은 사람들 앞에서 넘어져서 정말 민망했다 大勢の前で転んで, 本当に気恥ずかしかった. 민망할 정도로 칭찬을 해서 얼굴이 붉어지는데도 없었다.

민-물 图 淡水. ⑭담수(淡水).

민물-게 图 (動物) サワガニ(沢蟹).

민물-고기 [-꼬-] 图 淡水魚; 川魚. ⑭담수어(淡水魚).

민물-낚시 [-락씨] 图 (川·湖など)淡水での釣り.

민박(民泊) [하変] 图 民泊; 民宿.

민방(民放) 图 〔민간 방송(民間放送)의 略語〕民放.

민-방위(民防衛) 图 軍事の侵略や天災地変による被害を防ぐため, 民間で行なう防衛行為.

민방위-대(民防衛隊) 图 民間防衛隊.

민법(民法) [-뻡] 图 (法律) 民法.

민법-학(民法學) [-뻐팍] 图 (法律) 民法学.

민병(民兵) 图 民兵.

민병-제(民兵制) 图 民兵制.

민본-주의(民本主義) [-/-이] 图 民本主義.

민사(民事) 图 (法律) 民事. ⑦형사(刑事).

민사-법(民事法) [-뻡] 图 (法律) 民事法.

민사^사건(民事事件) [-껀] 图 (法律) 民事事件.

민사^소송(民事訴訟) 图 (法律) 民事訴訟.

민사^재판(民事裁判) 图 (法律) 民事裁判.

민생(民生) 图 民生; 国民の生活. ‖민생을 안정시키다 国民生活を安定させる.

민생-고(民生苦) 图 一般国民の生活苦.

민선(民選) 图 民選. ⑰관선(官選) · 국선(國選). ‖민선 의원 民選議員.

민-소매 图 袖無し.

민속

민속(民俗) /minsok/ 图 民俗.

민속-극(民俗劇) [-끅] 图 民俗劇.

민속-놀이(民俗-) [-쏘-] 图 (民俗) 各地方の風習や生活様式などが反映された民俗遊戯; 民俗芸能. ❖ 차전놀이 · 윷놀이 · 널뛰기など.

민속^무용(民俗舞踊) 图 民俗舞踊.

민속-촌(民俗村) 图 昔の生活様式を保存, 伝統美を継承している村.

민속-학(民俗學) [-소칵] 图 民俗学.

민수(民需) 图 民需. ⑰관수(官需).

민심(民心) 图 民心. ‖민심을 묻다 民心を問う. 민심은 천심 天に口無し人を似て言もなし.

민어(民魚) 图 (魚介類) ニベ(鯰).

민영(民營) 图 民營. ⑭국영(國營).

민영-화(民營化) [하変] 图 民営化. ‖국영 사업의 민영화 国営事業の民営化.

민예(民藝) 图 民芸. ‖민예품 民芸品.

민완(敏腕) 图 敏腕. ‖민완 형사 敏腕刑事.

민요 (民謠) /minjo/ 图 (音樂) 民謠.
  민요-곡 (民謠曲) (音樂) 民謠風に作曲または編曲した曲.
  민요-조 (民謠調) [-쪼-] 图 民謠調.
민원 (民願) 图 住民の要望や請願. ‖민원 창구 (役所などの)受付窓口.
민의 (民意) /-/미니/ 图 民意.
민정 (民政) 图 民政. ↔군정(軍政).
민족 (民族) /mindʒok/ 图 民族. ‖단일 민족 単一民族. 소수 民族 少数民族.
  민족-국가 (民族國家) [-꾹까] 图 民族国家.
  민족-사 (民族史) [-싸] 图 民族史.
  민족-성 (民族性) [-썽] 图 民族性.
  민족-의식 (民族意識) [-/-의/-/-으/-이] 图 民族意識.
  민족-적 (民族的) [-쩍] 图 民族的.
  민족-주의 (民族主義) [-쭈-/-이] 图 民族主義.
  민족-혼 (民族魂) [-조콘] 图 民族の魂.
  민족˜자결 (民族自決) [-짜-] 图 民族自決.
  민족˜자본 (民族資本) [-짜-] (經) 民族資本. ↔매판 자본(買辦資本).
민주 (民主) /mindʒu/ 图 民主.
  민주-적 (民主的) 图 民主的. ‖민주적인 방법 民主的なる方法.
  민주-주의 (民主主義) [-/-이] 图 民主主義.
  민주-화 (民主化) 图 (自他) 民主化. ‖민주화 운동 民主化運動.
민중 (民衆) 图 民衆. ‖민중의 지지를 얻다 民衆の支持を得る. 민중 예술 民衆芸術.
민첩-하다 (敏捷-) /-/mintʃʰəpʰada/ [-처파-] [形] (하呂) 敏捷だ; 素早い; すばしこい. ‖움직임이 민첩하다 動きが素早い. 몸집이 작고 민첩한 남자 小柄ですばしこい男.
민초 (民草) 图 民草; 草の根.
민-촌충 (-寸蟲) 图 (動物) ムコウジョウチュウ(無鉤条虫).
민통-선 (民統線) 〔민간인 출입 통제선(民間人出入統制線)의 준말〕 民人入統制線. ↔朝鮮半島非武装地帯(DMZ)の周辺に設けられた民間人立入禁止区域.
민트 (mint) 图 ミント. ↔박하(薄荷).
민폐 (民弊) /-/-/ 图 人に及ぼす 弊害; 迷惑. ‖민폐를 끼치다 迷惑をかける.
민화[1] (民話) 图 民話.
민화[2] (民畵) 图 民衆の生活ぶりが描かれた絵.
믿는 믿다(信じる)の現在連体形.
믿다 /mit̚ta/ [-따-] (他) ❶信じる; 頼りにする; 信用する. ‖나는 그가 말한 것을 믿고 있다 私は彼が言ったことを信じている. 더 이상 그 사람을 믿을 수가 없다 もう彼が信じられない. 믿어 의심치 않다 信じて疑わない. 믿을 수 없는 이야기 信じられない話. 너만 믿고 살고 있다 お前を頼りにして生きている. ❷信仰する. ‖신을 믿다 神を信仰する. ❸믿을 싶음; 믿음. 정말이라고 믿고 있다 本当だと思い込んでいる.
  믿어 连 믿다(信じる)の連用形.
  믿은 连 믿다(信じる)の過去連体形.
  믿을 连 믿다(信じる)の未来連体形.
  믿음 信じること; 頼れること; 信用すること. ‖믿음이 가는 행동 信頼できる行動. 믿음을 주는 사람 信頼できる人.
  믿음직-하다 [-지카-] [形] (하呂) 頼もしい; 信用できそうだ. ‖믿음직한 사람 頼もしい人.
  믿음직-스럽다 [-쓰-어] [形] (ㅂ変) 頼もしい; 頼もしいところがある.
밀[1] (植物) コムギ(小麦). ↔소맥(小麦).
밀[2] ㄹ語幹 밀다(押す)の未来連体形.
밀-가루 /mi{rkaru/ [-까-] 图 小麦粉. ↔소맥분(小麦粉). ‖밀가루 반죽이 너무 물러서 이대로는 못 쓰겠다 練粉があまりにもやわらかくて, このままでは使えない.
밀감 (蜜柑) 图 (植物) ミカン(蜜柑).
밀고 (密告) 图 (하呂) 密告.
밀고-자 (密告者) 图 密告者.
밀과 (蜜果) 图 (料理) 유밀과(油蜜菓)의 略称. ↔小麦粉や米の粉を練って形を作り, 油で揚げて水飴をつけたお菓子.
밀교 (密敎) 图 (佛敎) 密敎.
밀다 /milda/ [-ㄹ語幹-] [밀어, 미는, 민] (他) ❶押す. ‖휠체어를 밀다 車椅子を押す. 등을 확 밀다 背中をぐいと押す. 강하게 밀다 強く(強気で)押す. ⓝ밀리다. ❷推す. ‖위원장으로 밀다 委員長に推す. 수상 후보작으로 밀다 受賞候補作として推す. ❸(表面を)なめらかにする. ‖수염을 밀다 ひげを剃る. 대패로 밀다 鉋(かんな)をかける. 머리를 밀다 丸坊主にする. ❹(平らに)伸ばす. ‖일반족을 밀다 小麦の練り粉を伸ばす. ❺(垢を)落とす. ‖때를 밀다 垢を落とす.
밀담 (密談) [-땀-] 图 (하呂) 密談. ‖밀담을 나누다 密談を交わす.
밀도 (密度) /mildo/ 图 ❶密度. ‖밀도가 높다 密度が高い[大きい]. 인구 밀도 人口密度. ❷内容の充実度. ‖밀도 높은 수업 内容が充実した授業.
밀-도살 (密屠殺) [-또-] 图 (他) (家畜の)密殺.
밀랍 (蜜蠟) 图 蜜蠟. ‖밀랍 인형 蠟人形.
밀레니엄 (millennium) 图 ミレニアム.

밀려-가다 国 （波などに）打ち返す；（大勢の人が）押し流される；（大勢の人が）押しかける.

밀려-나다 国 押し出される；追い出される. ‖요직에서 밀려나다 要職から追い出される.

밀려-나오다 国 押し出される；（大勢の人が）どっと出てくる. ‖건물에서 사람이 밀려나오다 建物から人々がどっと出てくる.

밀려-들다 国 [ㄹ語幹] 打ち寄せる；なだれ込む.

밀려-오다 国 押し寄せる. ‖높은 파도가 밀려오다 高波が押し寄せる. ‖피곤이 밀려오다 疲労が押し寄せる.

밀렵 (密獵) 图 密猟.
밀렵-꾼 (密獵―) 图 密猟者.
밀리 (←millimeter) 依名 〔ミリメートルの略語〕ミリ.
밀리-그램 (milligramme) 依名 質量の単位；…ミリグラム (mg).
밀-리다 /millida/ 国 ❶〔밀다の受身動詞〕押される；圧倒される. ‖인파에 밀리다 人波に押される. 경쟁자에게 밀리고 있다 競争相手に圧倒されている. ❷ 渋滞する. ‖차가 밀리다 渋滞する. ❸ （仕事が）たまる. ‖일이 태산같이 밀려 있다 仕事が山ほどたまっている.
밀리-리터 (milliliter) 依名 体積の単位；…ミリリットル (ml).
밀리-미크론 (millimicron) 依名 長さの単位；…ミリミクロン (mμ).
밀리-미터 (millimeter) 依名 …ミリメートル，…ミリ.
밀리-바 (millibar) 依名 圧力の単位；…ミリバール (mb; mbar).
밀리-볼트 (millivolt) 依名 電圧差の単位；…ミリボルト (mV).
밀리-암페어 (milliampere) 依名 電流の単位；…ミリアンペア (mA).
밀림 (密林) 图 密林.
밀매 (密賣) 图 他 密売.
밀-매매 (密賣買) 图 他 密売買.
밀-무역 (密貿易) 图 他 密貿易.
밀-물 图 満ち潮，上げ潮. ↔썰물.
밀-반죽 图 小麦の練り粉.
밀-방망이 图 練った小麦粉などを伸ばすときに用いる棒.
밀봉[1] (密封) 图 他 密封.
밀봉[2] (蜜蜂) 图 《昆虫》ミツバチ (蜜蜂).
밀사 (密使) 图 密使.
밀살 (密殺) 图 他 ❶密殺. ❷밀도살 (密屠殺) の略語.
밀서 (密書) 图 密書.
밀수 (密輸) 图 他 密輸. ‖마약 밀수 麻薬の密輸.
밀수-품 (密輸品) 图 密輸品.
밀-수입 (密輸入) 图 他 密輸入.

밀-수출 (密輸出) 图 他 密輸出.
밀실 (密室) 图 密室.
밀약 (密約) 图 他 密約.
밀어[1] (密語) 图 密語.
밀어[2] (蜜語) 图 蜜語；甘い言葉. ‖밀어를 주고받다 蜜語をかわす.
밀어[3] (密―) 图 [ㄹ語幹] 밀다 (押す) の連用形.
밀어-내다 /mirʌneːda/ 他 押し出す；追い出す；押し退ける. ‖방에서 밀어내다 部屋から追い出す. 동료를 밀어내고 출세가도를 달리다 同僚を押し退けて出世街道を進む.
밀어-넣다 [―너타] 他 押し込む.
밀어-닥치다 他 押し寄せる；詰めかける.
밀어-붙이다 [―부치―] 他 （隅に）押しやる；押し切る；推し進める. ‖복지에 重点を置いた政策を밀어붙이다 福祉に重点をおいた政策を推し進める.
밀어-젖히다 [―저치―] 他 （窓などを）押し開く.
밀어-제끼다 他 밀어젖히다の誤り.
밀어-제치다 他 押しのける. ‖사람들을 밀어제치고 맨 앞으로 나아가다 人を押しのけて一番前へ出る.
밀어-주다 他 ❶ 積極的に援助する. ❷ 支持する；後押しする；後援する.
밀월 (蜜月) 图 蜜月.
밀월-여행 (蜜月旅行) [―려―] 图 蜜月旅行；新婚旅行.
밀-입국 (密入國) [―꾹] 图 他 密入国.
밀장 (密葬) [―짱] 图 他 密葬.
밀-전병 (―煎餅) 图 小麦粉で作った煎餅.
밀접-하다 (密接―) /miɭt͈ɕʌpʰada/ [―쩌파―] 何如 密接だ. ‖밀접한 관계 密接な関係. 밀접하게 결부되다 密接に結びつく. **밀접-히** 副.
밀정 (密偵) [―쩡] 图 密偵；スパイ.
밀조 (密造) [―쪼] 图 他 密造.
밀주 (密酒) [―쭈] 图 密造酒.
밀지 (密旨) [―찌] 图 密旨.
밀집 (密集) [―찝] 图 他 密集. ‖인가가 밀집해 있다 人家が密集している. 상가 밀집 지역 商店密集地域.
밀짚-모자 (―帽子) [―찜―] 图 麦わら帽子；麦わらで作った帽子. ‖밀짚모자를 쓰다 麦わら帽子をかぶる.
밀착 (密着) 图 自他 密着. ‖일상생활과 밀착된 문제 日常生活に密着した問題. 밀착 취재 密着取材.
밀치다 /miɭtɕʰida/ 他 押し退ける；強く押す. ‖사람들을 밀치고 맨 앞으로 나아가다 人を押し退けて一番前へ出る. 문을 밀치다 ドアを強く押しながら入っていく.
밀치락-달치락 [―딸―] 副 他 押し

밀크-세이크【milk shake】图 ミルクセーキ.

밀탐(密探)【-핟】图他 ひそかに探る.

밀통(密通)【-\】图他 密通; 内通.

밀파(密派)【-\】图他 (スパイなどを)ひそかに派遣すること.

밀폐(密閉)【-/-페】图他 密閉. ‖밀폐 용기 密閉容器. **밀폐-되다** 受動

밀항(密航)【-\】图自 密航.

밀회(密會)【-/-훼】图 密会.

밉다【밉따】[ㅂ変][미워, 미운] ❶憎い; 憎たらしい; かわいくない. ‖하는 짓이 너무 밉다 やることがあまりに憎たらしい. 미운 소리를 하다 憎まれ口をたたく. ❷(顔などが)醜い. 미운 오리 새끼 醜いアヒルの子(童話のタイトル). ▸미운 정 고운 정 受憎半ばする. ▸미운 아이 떡 하나 더 준다 [諺] (「憎い子に餅をもう1つやる」の意で)憎い子はどうやってもかわいがるべきだ.

밉살-맞다【-쌀맏따】[形] 밉살스럽다의 俗っぽい言い方.

밉살-스럽다【-쌀-】[形][ㅂ変] 憎らしい; 憎たらしい. ‖밉살스럽게 말하다 憎たらしい口のきき方をする. **밉살스레** 副

밉-상(-相)【-쌍】图 憎たらしい顔つきやふるまい. ‖하는 짓이 정말 밉상이다 やっていることが本当に憎たらしい.

밋밋-하다【민미타-】[形][하変] ほっそりしている; のっぺりしている; のっぺらぼうする.

밍밍-하다[形][하変] ❶(味が)薄い; 水っぽい. ❷(酒・たばこなどの味が)軽すぎる; 物足りない. ‖밍밍한 술 水くさい酒.

밍크【mink】图[動物] ミンク. ‖밍크코트 ミンクのコート.

밎【mit】【밑】图 (物事の)下. ‖회사의 운영 및 관리 会社の運営や管理. 한국 및 일본 韓国および日本. 신분증명서 및 인감을 지참할 것 身分証明書並びに印鑑を持参のこと.

밑【mit】【밑】图 ❶下; 下の方. ‖위에서 올려다보다 下から見上げる. 서울의 하늘 밑 ソウルの空の下. 선배 밑에서 일하다 先輩の下で働く. 본문 밑에 각주를 달다 本文の下に脚注をつける. 나보다 세 살 밑이다 私より3歳下だ. ❷[바다] 바다. 바닷속. ‖바다 밑으로 가라앉다 海の底に沈む. ❸もと; ふもと. ‖발밑을 조심하세요 足もとに気をつけてください. 귀밑 耳もと. 산 밑에 모여 있는 집들 山のふもとに集まっている家々. ❹밑동・밑구멍의 略語. ▸밑도 끝도 없다 わけの分からないことを出し抜けに言い出す.

밑-간【믿깐】图他 下味. ‖밑간을 하다 下味をつける.

밑-거름【믿꺼-】图 ❶原肥; 基肥(きひ). ‖밑거름을 주다 基肥を施す. ❷元. ‖경험을 밑거름으로 経験を元に.

밑-구멍【믿꾸-】图 ❶底穴; 底に開いた穴. ❷肛門(肛門)・女子(女子)の陰部(陰部)の下品な言い方. 卑하▸밑구멍으로 호박씨 까다 [諺] (「肛門でカボチャの種の皮をむく」の意で)そうではないようにふるまいながら、実際に人のいないところでは想像もつかないことをする.

밑-그림【믿끄-】图 下絵; 下図.

밑-넓이【민널삐】图[数学] 底面積.

밑-돌다【믿똘-】[自][ㄹ語幹] 下回る. ㉑웃돌다. ‖예상을 밑도는 수입 予想を下回る収入. 성적이 평균을 밑도는 성績が平均を下回る.

밑-동【믿똥】图 ❶根元. ‖소나무 밑동이 부러지다 松の根元が折れる.

밑-둥치【믿뚱-】图 木の根元.

밑-면(-面)【민-】图 底面.

밑-면적(-面積)【민-】图 =밑넓이.

밑-바닥【mit²padak】【믿빠-】图 ❶底. ‖냄비 밑바닥 鍋の底. ❷社会の底辺; どん底. ‖인생 どん底の人生.

밑-바탕【믿빠-】图 ❶(物事の)本質. ❷(人間の)天性.

밑-반찬(-飯饌)【믿빤-】图 常備菜.

밑-받침【믿빧-】图他 物理的な支え; 支柱.

밑-변(-邊)【믿뼌】图[数学] 底辺. ‖밑변의 길이를 구하다 底辺の長さを求める.

밑-줄【믿쭐】图 アンダーライン; 下線. ‖밑줄을 긋다 アンダーラインを引く. 밑줄 그은 부분 下線部.

밑-지다【mit²ǰida】【믿찌-】[自他] 損をする. ‖백만 원을 밑지다 100万ウォンを損する. ▸밑져야 본전 [諺] 駄目で元々.

밑-창【믿-】图 靴の底. ‖신발 밑창을 갈다 靴の底を取り替える.

밑-천【mit²chɔn】【믿-】图 ❶資金; 元本; 元手; 元. ‖장사 밑천 商売の元手. 밑천이 들다 元手がかかる. 몸통이가 밑천이다 体が元手だ. ❷物事の根幹になる要素. ‖공부도 건강이 밑천이다 勉強も健康あってこそのものだ. ▸밑천도 못 찾다[건지다] 元も取れない; 元が割れる. 밑천이 드러나다 ① 正体が現れる. ② 元手が足りなくなる. ▸밑천이 짧다 元(手)が足りない.

밑-층(-層)【믿-】图 下の階. ㉑아래층(-層). ㉑위층(-層).

ㅂ

ㅂ 图 ハングル子音字母の第6番目. 名称は「비읍」.

-ㅂ니까 /mniˀka/【ㅁ-】语尾〚母音語幹に付いて;子音の場合は-습니까〛疑問を表わす: …ですか; …ます か. ∥학생입니까? 学生ですか. 학교에 갑니까? 学校に行きますか.

-ㅂ니다 /mnida/【ㅁ-】语尾〚母音語幹に付いて;子音の場合は-습니다〛平叙を表わす: …です; …ます. ∥한국 사람입니다. 韓国人です. 학교에 갑니다. 学校に行きます.

ㅂ디까¹【-띠-】回〚母音で終わる体言に付いて;子音の場合は입디까〛過去の出来事を振り返って丁重に疑問の意を表わす: …でしたか. ∥누굽디까? 誰でしたか.

-ㅂ디까²【-띠-】语尾〚母音および ㄹ で終わる用言の語幹に付いて;子音の場合は-습디까〛過去の出来事を振り返って丁重に疑問の意を表わす: …でしたか; …(し)ましたか. ∥일은 편합디까? 仕事は楽でしたか. 좋아합디까? 喜んでいましたか.

ㅂ디다¹【-띠-】回〚母音で終わる体言に付いて;子音の場合は입디다〛過去の出来事を振り返って丁重に述べる: …でした. ∥그 두 사람은 형젭디다 あの2人は兄弟でした.

-ㅂ디다²【-띠-】语尾〚母音および ㄹ で終わる用言の語幹に付いて;子音の場合は-습디다〛過去の出来事を振り返って丁重に述べる: …(し)ました; …(し)ていました. ∥그 말을 하니까 싫어합디다 それを言ったら嫌がっていました.

ㅂ변칙˝활용〘-變則活用〙【비읍뼌ᆾ과룡-】图〘言語〙=ㅂ불규칙 활용(不規則活用).

ㅂ불규칙˝용언〘-不規則用言〙【비읍뿔-칭농-】图〘言語〙ㅂ変則用言. ╬동사 따위.

ㅂ불규칙˝활용〘-不規則活用〙【비읍뿔-치콰룡-】图〘言語〙ㅂ変則活用.

-ㅂ시다【-씨-】语尾〚母音語幹に付いて;子音の場合は-읍시다〛勸誘を表わす: …(し)ましょう. ∥빨리 갑시다 早く行きましょう.

바¹〘bar〙图 バー. ❶横棒. ❷カウンターのある洋風の酒場.

바²〘bar〙依名 圧力の単位: バール.

바³ /pa/ 依名 …方法; …すべ; …こと. ∥모르는 바 아니다 知らないでない. 어찌할 바를 모르다 なすべがない; どうすればいいか分からない.

바가지 /pagadʒi/ 图 ❶ ひさご. ∥바가지탈 ひさごで作った仮面. ❷〚妻が夫にこぼす〛愚痴や不満. ▶바가지를 긁다 妻が夫に愚痴をこぼす. ▶바가지를 쓰다 〚ぼられる; ぶったくられる. ▶바가지를 씌우다 〚ぼる; ぶったくる. 관광객에게 바가지를 씌우다 観光客からぼったくる.

바가지˝요금〘-料金〙法外な料金.

바게트〘baguette?〙图 バゲット.

바겐세일〘bargain-sale〙图 バーゲンセール.

바구니 /paguni/ 图 かご. ∥과일 바구니 果物かご.

바글-거리다[-대다] 回〚生き物が一か所で〛うようよする; うじゃうじゃする; ごった返す. ②버글거리다.

바글-바글 副〚生き物が一か所でごった返す様子〛うようよ; うじゃうじゃ. ∥가게 안은 관광객으로 바글바글한다 店の中は観光客でごった返している. ②버글버글.

바깥 /paˀkat/【-깐】图〚家の〛外; 外側; 表; 戸外; 屋外. ∥집 바깥에서 놀다 家の外で遊ぶ. 바깥이 더 시원하다 外の方がもっと涼しい. 바깥에서 놀자 表で遊ぶ.

바깥-바람【-깐빠-】图 外気. ∥바깥바람이 시원하다 外気が涼しい.

바깥-사돈〘-査頓〙【-깐싸-】图 結婚した男女の互いの親類がそれぞれの父親を呼ぶ語. ╬안사돈(-査頓).

바깥-소문〘-所聞〙【-깓쏘-】图 世間のうわさ.

바깥-소식〘-消息〙【-깓쏘-】图 世間のニュース.

바깥-양반〘-兩班〙【-깐냥-】图 ご主人; 主人; 夫.

바깥-일【-깐닐】图 屋外の仕事; 〚家事以外の〛外での用事.

바깥-쪽【-깐-】图 外側. ╬안쪽.

바깥-출입〘-出入〙图 外出. ∥바깥출입이 잦다 外出が多い.

바깥-치수〘-數〙【-깐-】图 外寸(尺). ╬안치수(-數).

바꾸다 /paˀkuda/ 他 ❶ 替える; 換える; 代える; 両替する; 取り替える. ∥엔을 달러로 바꾸다 円をドルに両替する. 투수를 바꾸다 投手を替える. 건강은 그 무엇과도 바꿀 수 없다 健康は何ものにも換え難い. 바꿔 말하면 언어 바꾸면; 換言すれば. 담당자분 좀 바꿔 주세요 〘電話で〙担当者に替わってください. 부품을 바꾸다 部品を取り替える. ❷ 変える. ∥헤어스타일을 바꾸다 髪型を変える. 안색을 바꾸다 顔色を変える. 갑자기 태도를 바꾸다 急に態度を変える. 주소를 바꾸다 住所を変える. 화제를 바꾸다 話題を変える. 분위기를 바꾸다 雰囲気を変える. ❸ 乗り換える. ∥전철을 바꿔 타다 電車を乗り換える. ②바뀌다.

바뀌다 /pa"kwida/ 자 ❶ [바꾸다의 수동형] 변えられる; 取り替えられる; 入れ替えられる. ‖놓아 둔 책 순서가 바뀌어 있었다 置いてあった本の順序が変えてあった. 병원에서 아이가 바뀌었다 病院で子どもが取り違えられた. ❷ 変わる; 変わって移り変わる. ‖전화번호가 바뀌다 電話番号が変わる. 해가 바뀌다 年が変わる. 순서가 바뀌다 順序が入れ替わる. 계절이 바뀌다 季節が移り変わる.

바나나 (banana) 명 〖植物〗 バナナ.
바누아투 (Vanuatu) 명 〖国名〗 バヌアツ.
바늘-질 /panuɾdʑil/ 명 하동 針仕事; 裁縫.
바느질-고리 [-꼬-] 명 針箱; ソーイングキット. ⑱반짇고리.
바느질-삯 [-싹] 명 針仕事の報酬.
바늘 /panuɾ/ 명 針. ‖시계 바늘 時計の針. 낚싯바늘 釣り針. 주사 바늘 注射針. 바늘과 실 針と糸. 바늘로 꿰매다 針で縫う. ▶바늘 가는 데 실 간다 《諺》影の形に添う如し; 形影相伴う. ▶바늘 도둑이 소도둑 된다 《諺》うそつきは泥棒の始まり.
바늘-구멍 [-꾸-] 명 針が辛うじて入るほどの小さな穴.
바늘-귀 [-뀌] 명 針の穴; 針の耳.
바늘-땀 [-땀] 명 針目; 縫い目.
바늘-방석 (-方席) 명 針刺し; 針山; 針のむしろ. ▶바늘방석에 앉은 것 같다 針のむしろに座ったような思いだ.
바늘-두더지 명 〖動物〗 ハリモグラ(針土豚).
바닐라 (vanilla) 명 〖植物〗 バニラ.
바닐린 (vanillin) 명 〖化学〗 バニリン.
바다 /pada/ 명 ❶ 海. ‖푸른 바다 青い海. 넓은 바다 広い海. 바다 물결 青い海, 白い波. 바다에 놀러 가다 海に遊びに行く. ❷ 広い様子. ‖불과 같이 넓은 마음 海のように広い心. 일대가 불바다가 되다 一帯が火の海になる.
바다-거북 [-씨] 명 〖動物〗 アオウミガメ(青海亀).
바다-낚시 [-낙씨] 명 海釣り.
바다-코끼리 명 〖動物〗 セイウチ.
바다-표범 (-豹-) 명 〖動物〗 アザラシ(海豹).
바닥 /padak/ 명 ❶ (物体の)表面; 平面; (下の)地面. ‖방바닥 (部屋の)床. 책이 바닥에 떨어지다 本が床に落ちる. ❷ (川·鍋·靴などの)底; (金銭·景気などの)底. ‖냄비 바닥 鍋底. 강바닥 川底. 경기가 바닥을 치다 景気が低迷している. ❸ [一部の場所を表わす名詞に付いて] 場所. ‖시장 바닥 市場. ▶바닥을 보다 使い果たす. ▶바닥을 치다 底を打つ; 底をつく; (取引で)底になる. ▶바닥이 드러나다 正体が現われる.

바닥-나다 [-당-] 자 尽きる; 底をつく. ‖생활비가 바닥나다 生活費が底をつく.
바닥-내다 [-당-] 타동 使い果たす.
바닥-세 (-勢) [-쎄] 명 相場や人気などが一番低い状態. ‖주가가 바닥세를 보이고 있다 株価が底値の状態にある.
바-단조 (-短調) [조] 〖音楽〗 ヘ短調.
바닷-가 [padatˀka] [-다까-단까] 명 海辺; 海岸; 浜; 海辺(海邊). ⑨넓고 넓은 바닷가 広々とした海辺.
바닷-가재 [-다까-단까-] 명 〖魚介類〗 ロブスター.
바닷-말 [-단-] 명 藻類; 海草. ⑱해초(海草).
바닷-물 [-단-] 명 海水; 潮. ⑱해수(海水).
바닷-물고기 [-단-꼬-] 명 海水魚; 海魚. 鹹(しおみず)水魚.
바닷-바람 [-다빠-단빠-] 명 潮風; 海風.
바닷-속 [-다쏙/-닫쏙] 명 海中; 海の中.
바동-거리다 [-대다] 자 もがく; ばたつく; じたばたする. ‖살려고 바동거리다 生きようともがく. ⑨버둥거리다.
바둑 /paduk/ 명 碁; 囲碁. ‖바둑을 두다 碁を打つ.
바둑-돌 [-똘] 명 碁石.
바둑-무늬 [-등-니] 명 まだら模様; ぶち模様.
바둑-알 명 碁石.
바둑-이 (-) 명 ぶち犬.
바둑-점 (-點) [-쩜] 명 碁石のような丸い点.
바둑-판 (-板) 명 碁盤.
바둥-거리다 자동 바동거리다の誤り.
바드득 하동 歯など堅いものを強くこすり合わせる時の音; ぎりぎり. ‖이를 바드득 갈다 ぎりぎり(と)歯ぎしりする.
바드득-바드득 하동 위와 같음.
바득-바득 [-빠] 명 強情を張る様子. ‖자기가 옳다고 바득바득 우기다 自分が正しいとしつこく我を張る.
바들-거리다 [-대다] 자동 (寒さなどで)しきりに震える; ぶるぶる震わせる.
바들-바들 하동 (寒さ·恐怖などで)体が震える様子. ぶるぶる(と); わなわな(と). ‖무서워서 바들바들 떨다 怖くてぶるぶると震える. ⑨부들부들.
바라-건대 무 願わくは; どうか.
바라다 /parada/ 타 願う; 望む; 欲する; 欲しがる; 求める; 請う; 乞う; 仰ぐ. ‖다시 법기를 바랍니다 またお目にかかることを願っております. 바라 마지않다 願ってやまない. 친구가 행복하기를 바라다 友の幸せを願う. 이 이상 뭘 바랍니까? これ以上, 何がお望みですか. 부나 명예를 바라지 않는 사람은 그다지 없다 富や名誉を欲しない人はそんなにいない. 평화를 바라다 平和を

바 배 뱌 뱨 버 베 벼 볘 보 봐 봬 뵈 뵤 부 붜 붸 뷔 뷰 브 븨 비

바라다-보다 ㉮ =바라보다.
바라문(婆羅門)㈀《仏教》 ❶婆羅門. ❷婆羅門教.
바라문-교(婆羅門教)㈀《仏教》 婆羅門教.
바라밀다(←波羅蜜多)㈀《仏教》 바라밀다의 약어.
바라밀다(←波羅蜜多)㈀《仏教》 波羅蜜多(迷いの世界から悟りの世界に至ること). ⑩바라밀.

바라-보다 /paraboda/ ㉮ ❶眺める; 見る; 見晴らす; 見渡す. ‖상대방 얼굴을 가만히 바라보다 相手の顔をじっと眺める. 먼 곳을 바라보다 遠くを見渡す. ⑨바라보이다. ❷傍観する. ‖애가 넘어졌는데도 바라보고만 있다 子どもが転んだのに, ただ傍観しているだけだ. ❸(ひそかに)期待する; 望む. ‖아들의 성공만 바라보고 살아가다 息子の成功だけを望みながら生きていく. ❹(ある年齢に)近づく. ‖환갑을 바라보는 나이 還暦に近い年齢.
바라보-이다 ㉤ 〔바라보다의 受身動詞〕眺められる; 目に入る. ‖바다가 바라보이는 자리 海の眺められる場所.
바라-지다 ㉴ ❶ずんぐりしている; がっしりしている. ‖어깨가 딱 바라지다 肩ががっしりしている. ❷悪ずれしている; こましゃくれている. ‖바라진 아이 こましゃくれた子ども.
바라크 (baraque 7)㈀ バラック; 仮小屋; 営舎.
바락-바락 【-빠-】㉨ 急に大きな声で怒り出す様子; かっと. ‖바락바락 대들다 かっとなって食ってかかる.

바람¹ /param/ ㈀ ❶風; 空気. ‖바람이 불다 風が吹く. 찬 바람 冷たい風. 바람 소리 風の音. 공기 바람이 빠져 있다 サッカーボールの空気が抜けている. ❷浮ついた行動; 浮気. ‖바람동이 浮気者. ❸社会的ブーム; 社会的傾向. ‖민주화 바람 民主化の波が押し寄せる. ▷바람을 넣다 そそのかす. ▷바람을 쐬다 風に当たる; (気晴らしに)出かける; 散歩する. ▷바람을 피우다 浮気をする. ▷바람이 나다 浮くつく; 浮気をする. ▷바람이 들다 ❶(大根などに)すが立つ; すが入る. 바람이 든 무 すの入った大根. ❷浮つく. ▷바람 앞의 등불 〔諺〕風前の灯.

바람² ㈀ 望み; 願い; 希望. ‖바람이 이루어지다 願いがかなう. 새해의 내 바람은 키가 오 센티 크는 것이다 新年の私の望みは背が5cm伸びることである.

바람³ /param/ ㈑ 〔主に…바람의 形で〕…勢いで; …弾みに; …拍子に. ‖술 바람에 난동을 부리다 酔った勢いで狼藉(ㄴ)をはたらく. 넘어지는 바람에 다리를 삐다 倒れた弾みに足をくじく.

❷身なりをつくろわないまま; …がけ. ‖불이야라는 소리에 잠옷 바람으로 뛰어나가다 火事だという声に寝巻きがけで飛び出す.
바람-개비 ㈀ ❶風向計. ❷(おもちゃの)風車.
바람-결 【-껼】㈀ 風の便り.
바람-기 (-氣)【-끼】㈀ 浮気心.
바람-둥이 ㈀ 浮気者.
바람-막이 ㈀ 風よけ.
바람-맞다 【-맏-】 ❶中風にかかる. ❷待ちぼうけを食う. ⑨바람맞히다. ‖약속을 바람맞다 待ちぼうけを食う.
바람맞-히다 【-마치-】 〔바람맞다의 使動詞〕待ちぼうけを食わせる; 無駄骨を折らせる.
바람직-스럽다 【-쓰-따】〔ㅂ変〕 바람직스레 하다.
바람직-하다 /paramdʒikʰada/ 【-카-】㉴〔하変〕 望ましい; 好ましい. ‖바람직한 사회 望ましい社会. 바람직한 태도 望ましい態度. 학생으로서 바람직하지 못한 행동 学生として好ましくない行動.
바래다¹ ㉤ (色などが)あせる; 退色する. ‖빛이 바랜 사진 色あせた写真.
바래다² ㉮ 送る; 見送る.
바래다-드리다 〔바래다주다의 謙譲語〕送って差し上げる. ‖역까지 바래다드리겠습니다 駅まで送って差し上げます.
바래다-주다 /parɛdaʤuda/ ㉮ 送ってあげる[くれる·もらう]; 見送ってあげる[くれる·もらう]. ‖여자 친구를 집의 앞까지 바래다주다 彼女を家の前まで送ってあげる. 선배가 역까지 바래다주었다 先輩が駅まで送ってくれた.
바레인 (Bahrain)㈀《国名》 バーレーン.

바로¹ /paro/ ㉨ ❶まっすぐに. ‖선을 바로 긋다 線をまっすぐに引く. 학교에서 바로 집으로 돌아가다 学校からまっすぐに家に帰る. ❷きちんと; ちゃんと. ‖바로 앉다 きちんと座る. ❸正しく. ‖마음을 바로 가지다 心を正しく持つ. ❹まさに. ‖저번에 내가 말한 바로 그 사람이야 この前私が話した(まさに)その人の. ❺すぐ(そこ). ‖바로 거기에 있잖아 すぐそこにあるじゃない. 바로 저기입니다 すぐそこです.
바로² ㈀ 直れの号令.
一㈅ (号令の)直れ.
바로미터 (barometer)㈀ バロメーター. ‖체중은 건강의 바로미터이다 体重は健康のバロメーターである.
바로-잡다 /parodʒapʰta/ 【-따】㉮ ❶直す; 整える. ‖나쁜 버릇을 바로잡다 悪い癖を直す. ❷(誤りを)正す. 신문의 오보를 바로잡다 新聞の誤報を正す. ⑨바로잡히다.
바로잡-히다 【-자피-】㉤ 〔바로잡다

の受身動詞]直される;矯正される;訂正される。‖나쁜 습관이 바로잡히다 悪い習慣が直される.

바로크 /paroku/ (baroque⁷) [名] バロック. ‖바로크 음악 バロック音楽.

바륨 (barium) [名] 《化学》バリウム.

바르는 [르変] 바르다(張る)の現在連体形.

바르다¹ /paruda/ [形] [르変] [발라, 동거니] 正しく行ない〔ふるまい〕. 예의 바른 사람 礼儀正しい人. ❷ まっすぐだ. ‖선을 바르게 긋다 線をまっすぐに引く. ❸ 正直だ. ‖천성이 바른 사람 根が正直な人. ❹ (日当たりが)いい. ‖양지 바른 곳 日当たりのいいところ.

바르다² /paruda/ [他] [르変] [발라, 바르는] ❶ 張る. ‖벽지를 바르다 壁紙を張る. ❷ 塗る;塗りつける;つける. ‖상처에 약을 바르다 傷口に薬を塗る. 립스틱을 바르다 口紅をつける. ❸ 塗る;塗る.

바르다³ [르変] (皮·殼などを)むく; はぐ;こそげ取る. ‖생선 살을 바르다 魚の身をこそげ取る.

바르르 [副] ❶ 小さなものが寒さなどに震える様子;ぶるぶる(と). ❷ (怒りなどで)震える様子;ぶるぶる(と). ‖바르르 떨면서 그녀는 얘기를 이어나갔다 ぶるぶる(と)震えながら彼女は話を続けた.

바른¹ [冠] 右の…;右側の….

바른² [他] [르変] 바르다(張る)の過去連体形.

바른-길 [名] まっすぐな道;正道.

바른-대로 [副] 正直に;隠さずに;ありのままに. ‖바른대로 말하다 ありのままに話す.

바른-말 /parunmal/ [名] ❶ 理にかなった話. ❷ 正直な話. ‖바른말하면 용서해 주마 正直に言えば許してやろう. ❸ 正しい言葉遣い.

바른-손 [名] 右手. 🔁 오른손.

바른-쪽 [名] 右側. 🔁 오른쪽.

바를 [他] [르変] 바르다(張る)の未来連体形.

바리 [名] ❶ 女性用の真鍮(しんちゅう)製の食器. ❷ 《仏教》木製の僧侶の食器.

바리공주 (-公主) [名] 《民俗》死霊を極楽に導く巫女(こ)踊りの時, 巫女の唱える女神の名.

바리케이드 (barricade) [名] バリケード.

바리톤 (bariton ⁿ) [名] 《音楽》バリトン.

바바루아 (bavarois ⁷) [名] ババロア.

바바리 (←Burberry) [名] バーバリーコート. 🔁 商標名から.

바베이도스 (Barbados) [名] 《国名》バルバドス.

바벨 (barbell) [名] バーベル. ‖바벨을 들어올리다 バーベルを持ち上げる.

바보 /pa:bo/ [名] ばか;あほう;こけ. ‖바보 같은 짓을 하다 ばかなことをする. ❷ ばかにされる. ‖바보 같이 당하다 하다 ばかなことを言う. 사람을 바보로 만들다 人をこけにする.

바보-상자 (-箱子) [名] テレビを否定的に言う語.

바보-짓 [-진] [名] [하自] ばかなまね.

바비큐 (barbecue) [名] バーベキュー.

바쁘 [形] [으変] 바쁘다(忙しい)の連用形. ‖바빠서 곧 갈 것 같다 忙しくて行けそうにない.

바쁘다 /pa'p'uda/ [形] [으変] [바빠, 바쁜] ❶ 忙しい;せわしい. ‖눈코 뜰 새 없이 바빠다 目が回るほど忙しい. 바쁘신 데도 불구하고 참석해 주셔서 감사합니다 お忙しいのに, 出席いただきましてありがとうございます. 바쁘기 짝이 없이 多忙をきわめる. ❷ 急いでいる; 急だ;差し迫っている. ‖좀 바쁜 일이 있어서 먼저 가겠습니다 急用がありますので, お先に失礼します. 집에 들어오기가 바쁘게 냉장고 문을 열었다 家に帰ってくるやるや冷蔵庫のドアを開けた.

바쁜 [으変] 바쁘다(忙しい)の現在連体形.

바삐 [副] ❶ 忙しく;せわしく. ‖바삐 가고 있던 그 사람을 불러 세우다 急いで歩いていた彼を呼び止める. ❷ 早く;素早く.

바삭 [副] [하自他] 枯れ葉や乾いたものが触れ合って発する音: かさかさ;ばさばさ.

바삭-바삭 [副] [하自他]

바삭-거리다 [-꺼-] [自他] ① (枯れ葉などが触れ合って)かさかさする;ばさばさする. ‖낙엽을 밟으니까 바삭거렸다 枯れ葉を踏むたびにかさかさ(と)音がした. ② (固いものをかじったり噛んだりして)ぱりぱりと音がする.

바셀린 (vaseline) [名] ワセリン. 🔁 商標名から.

바순 (bassoon) [名] 《音楽》バスーン; ファゴット.

바스락-거리다[-대다] [-꺼/-때] [自他] かさかさする;かさこそする;かさかさ(と)音を立てる. ‖쥐가 부엌에서 바스락거리다 ネズミが台所でかさかさ(と)音を立てる.

바스켓 (basket) [名] バスケット.

바싹¹ [副] [하自他] ばさりを強めて言う語.

바싹² /pa's'ak/ [副] ❶ 乾いて潤いのない, または干上がった様子: かさかさ;がさがさ;からから. ‖논바닥이 바싹 마르다 田んぼが干上がる. 긴장하지 입이 바싹 말랐다 緊張したら口がからからに渇いた. ❷ 今までの状態とかなり変わる様子: ぐっと. ‖시월날이 바싹 다가왔다 試合日がぐっと近づいた. 바싹 다가와 앉다 ぐっと近づいて座る. ❸ 急にやせる様子: げっそり;がかり. ‖바싹 마르다 がりがりにやせる. **바싹-바싹** [副] からから;かりかり. ‖바싹바싹 하게 구운 빵 かりかりに焼けたパン. 입이 바싹 마르다 口がから

바야흐로 副 今や; 今こそ; まさに. ∥바야흐로 꽃이 피는 계절이다 今や花咲く季節だ.

바위 /pawi/ 名 ❶岩; 岩石. ∥바위산 岩山. 바위를 둘러 岩をうがつ. 커다란 바위 巨大な岩. ∥가위바위보 グーチョキパー; じゃんけんぽん. 바위를 내다 グーを出す.

바위-틈 岩の裂け目; 岩間.

바윗-돌【-위돌/-윋똘】名 岩; 岩石.

바이러스 (virus) 名 ウィルス. ∥감기는 바이러스에 의한 질병이다 風邪はウイルスによる疾病である.

바이-메탈 (bimetal) 名 バイメタル.

바이브레이션 (vibration) 名 バイブレーション.

바이블 (Bible) 名《キリスト教》バイブル; 聖書.

바이애슬론 (biathlon) 名《スポーツ》バイアスロン.

바이어 (buyer) 名 バイヤー.

바이어스 (bias) 名 バイアス.
바이어스-테이프 (bias tape) 名 バイアステープ.

바이오닉스 (bionics) 名 バイオニクス; 生物工学.

바이오리듬 (biorhythm) 名 バイオリズム.

바이오세라믹스 (bioceramics) 名 バイオセラミックス.

바이오테크놀로지 (biotechnology) 名 バイオテクノロジー.

바이올렛 (violet) 名《植物》バイオレット; スミレ(菫).

바이올리니스트 (violinist) 名 バイオリニスト.

바이올린 (violin) 名《音楽》バイオリン.

바이트 (byte) 依名 情報量を示す単位; …バイト.

바인더 (binder) 名 バインダー.

바자 (bazaar) 名 バザー.

바작-바작【-짝-】副(하他) ❶よく乾いたものが燃える音: ぱちぱち(と). ❷気をもむ様子: じりじり(と). ∥속이 바작바작 타다 じりじりと胸を焦がす.

바장조〔-長調〕名《음악》へ長調.

바주카-포 (bazooka 砲)名《軍事》バズーカ砲.

바지 /paʤi/ 名 ズボンの総称. ∥바지를 입다 ズボンをはく. 청바지 ジーパン. 바지 길이를 줄이다 ズボンの丈をつめる.

바지-저고리 名 パジとチョゴリ.

바지라기 名 =바지락조개.

바지락 名 바지락조개の略称.

바지락-조개【-조-】名《魚介類》アサリ(浅蜊).

바지런-하다 形《하変》まめだ; 勤勉だ; かいがいしい. **바지런-히** 副

바지직 副(하自) ❶熱くなった鍋などで食べ物が煮詰まる音: じゅっ(と). ❷生地などを引き裂く音: びりびり(と).

바지직-거리다【-끄-】自 じゅうじゅうする.

바지-춤 名 ズボンの胴回りの部分.

바짓-돌 名 =바지가랑이.

바짓-가랑이【-지카-/-짇까-】名 ズボンの股下.

바질 (basil) 名《植物》バジル.

바짝 /paʦ͈ak/ 副 ❶乾いて潤いのない様子: かさかさ; がさがさ; からっと. ∥빨래가 바짝 마르다 洗濯物がからっと乾く. ❷今までの状態とかなり変わる様子: ぐっと. ∥정신을 바짝 차리다 気をぐっと引き締める. ❸すっかり. ∥찌개가 바짝 졸았다 チゲがすっかり煮詰まった. **바짝-바짝** 副

바치다 /patɕʰida/ 他 ❶《神仏を尊ぶ人に》捧げる; 供える; 差し上げる. ∥이 돌아가신 어머니께 바칩니다 この本を亡き母に捧げます. ❷なげうつ; 捧げる. ∥전 재산을 바치다 全財産をなげうつ. ❸《税金などを》納める. ∥세금을 바치다 税金を納める.

바캉스 (vacance フ) 名 バカンス. ∥바캉스를 가다 バカンスに出かける.

바-코드 (bar code) 名 バーコード.

바퀴¹ /pak͈wi/ 名 ❶輪; 車輪. ∥차 바퀴 車輪. ∥수레바퀴 車輪.
─依名 …周. ∥운동장을 한 바퀴 돌다 グラウンドを1周する.

바퀴² 名 바퀴벌레の略称.

바퀴-벌레【-레】《昆虫》ゴキブリ. ⓢ바퀴.

바퀴-살 名 スポーク.

바탕 /patʰaŋ/ 名 ❶質; 根; 性質; 素質. ∥바탕은 좋은 사람이다 根はいい人だ. ❷ものの材料; 生地; 布地. ∥흰 바탕에 빨간 줄무늬 白地に赤いストライプ. ❸基本; 基調. ∥작품의 바탕을 이루는 부분 作品の基調をなす部分.

바탕-색〔-色〕名 地色.

바터 名 物々交換.
바터-무역〔-貿易〕名《経》=バーター制(-制).
바터-제〔-制〕名《経》バーター貿易.

바텐더 (bartender) 名 バーテン(ダー).

바통 (bâton フ) 名 バトン. ∥바통을 이어받다 バトンを受け継ぐ.

바티칸-시국 (Vatican 市国) 名《国名》バチカン市国.

바하마 (Bahama) 名《国名》バハマ.

박¹ 名 夕顔; ひょうたん; ふくべ; ひさご.

박²〔朴〕名《姓》朴(パク).

박³〔拍〕名《音楽》拍子.

박⁴〔泊〕依名 宿泊の日数を表わす語: …泊. ∥3박 4일 3泊4日.

박격-포〔迫撃砲〕名《軍事》迫撃砲.

박-고지【-꼬-】名 干瓢(かんぴょう).

박-꽃【-꼳】名《植物》ユウガオ(夕顔の花).

박다 /pak?ta/【-따】他 ❶打つ;打ち込む;(釘を)刺す. ‖못을 박다 釘を打つ;釘を刺す. ❷はめ込む;ちりばめる. ‖온통 보석을 박은 장식품 宝石をちりばめた装飾品. ❸印刷する;刷る. ‖명함을 박다 名刺を刷る. ❹〈ミシンで〉縫う. ‖미싱으로 박다 ミシンで縫う.

박달-나무【-딸라-】名〔植物〕オノオレ(斧折).

박대(薄待)【-때】名 하타 冷遇. **박대-받다**【-당하다】受動

박덕-하다(薄德)【-떠카-】形 하変 薄徳だ.

박동(搏動)【-똥】名 拍動;鼓動. ‖심장의 박동 소리 心臓の鼓動.

박두(迫頭)【-뚜】名 自 差し迫ること;(期日・刻限などが)近づくこと.

박람(博覽)【낭-】名 博覽.

박람-강기(博覽強記)【낭녁깡-】名 博覧強記.

박람-회(博覽會)【낭-/냠-회】名 博覧会. 略 엑스포. ‖만국 박람회 万国博覧会.

박력(迫力)【낭-】名 迫力. ‖박력이 있다 迫力がある.

박력-분(薄力粉)【낭녁뿐】名 薄力粉. 略 강력분(強力粉).

박리(剝離)【낭니】名 自 剝離. ‖망막이 박리되다 網膜が剝離される.

박리-다매(薄利多賣)【 박 니 -】名 他 薄利多売.

박막(薄膜)【낭-】名 薄膜.

박멸(撲滅)【낭-】名 他 撲滅. ‖해충을 박멸하다 害虫を撲滅する. **박멸-되다** 受動

박명(薄命)【낭-】名 하타 薄命;不幸. ‖미인박명 美人薄命.

박물-관(博物館)/panmulgwan/【낭-】名 博物館. ‖국립 박물관 国立博物館. 대영 박물관 大英博物館.

박물-학(博物學)【낭-】名 博物学.

박박【-빡】副 ❶つめで皮膚などを力強 みにじっかく様子 [音]:ばりばり(と);ばりばり(と). ❷머리를 박박 긁다 頭をぼりぼりと掻く. ❷髪を短く刈った様子. ❸強く我を張る様子. ‖박박 우기다 強く我を張る. 類 벅벅.

박박²【-빡】副 顔がひどく痘痕(ᅙᆢ)になっている様子.

박복-하다(薄福-)【-뽀카-】形 하変 幸薄い;不幸せだ. ‖박복한 인생 幸薄い人生;不幸せな人生.

박봉(薄俸)【-뽕】名 薄給. ‖박봉에 시달리다 安月給にあえぐ.

박빙(薄氷)【-삥】名 ❶薄氷. ❷실낱의 2. 〔主に박빙의の形で〕わずかの;僅少の. ‖박빙의 차로 이기다 僅少の差で勝つ.

박사(博士)/pak?sa/【-싸】名 ❶博士. ‖문학 박사 文学博士. ❷物知り.

‖만물박사 万事物知り博士.

박사¹-과정(博士課程)名 博士課程.

박사¹-학위(博士學位)名 博士号. ‖박사 학위를 따다 博士号を取る.

박살¹(撲殺)【-쌀】名 撲殺;打ち殺すこと.

박살²【-쌀】名 粉みじんに砕けること. ‖박살을 내다 粉々にする;めちゃくちゃにする. 박살이 나다 粉々になる;めちゃくちゃになる.

박색(薄色)【-쌕】名 醜女;醜い顔.

박수¹【-쑤】名(民俗) 男の巫堂(ムダン).

박수²(拍手)/pak?su/【-쑤】名 拍手. ‖박수를 치다 拍手する. 박수를 보내다 拍手を送る. 박수로 맞이하다 拍手して迎える.

박수-갈채(拍手喝采)【-】名 하타 拍手喝采. ‖박수갈채를 보내다 拍手喝采する.

박스(box)名 ダンボール;ケース;箱. ❶짐이 들어 있는 박스 荷物が入っているダンボール. ❷〈依로〉...ケース;...箱. ‖맥주 한 박스 ビール1ケース. 밀감 한 박스 ミカン1箱.

박식-하다(博識)【-씨카-】形 하変 博識だ;多識だ;物知りだ.

박애(博愛)【-】名 하타 博愛. ‖박애 정신 博愛の精神.

박약-하다(薄弱-)【-바카-】形 하変 薄弱だ;弱い. ‖의지가 박약하다 意志が弱い.

박음-질【-】名 他 返し縫い;返し針.

박이다 自 ❶はまり込む;こびりつく;しみ込む. ‖고루한 생각이 머리에 박여 있다 古い考えが頭にこびりついている. 손에 못이 박이다 手にたこができる. ❷(とげが)刺さる. ‖손가락에 가시가 박이다 指にとげが刺さる.

박자(拍子)/pak?ja/【-짜】名〔音樂〕拍子. ‖박자를 맞추다 拍子を合わせる;拍子を取る. 왈츠는 삼박자의 춤곡이다 ワルツは3拍子の舞曲である.

박장-대소(拍掌大笑)【-짱-】名 하타 手を叩きながら大笑いすること.

박절-하다(迫切-)【-쩔-】形 하変 薄情だ;不人情だ. ‖박절한 처사 薄情な仕打ち. **박절-히** 副

박정-하다(薄情-)【-쩡-】形 하変 薄情だ. ‖박정한 사람 薄情な人. **박정-히** 副

박제(剝製)【-쩨】名 他 剝製.

박쥐(이)【-쮜】名〔動物〕コウモリ(蝙蝠).

박진-감(迫眞感)【-찐-】名 迫真感. ‖박진감 있는 연기 迫真の演技. ▶박진감이 넘치다 迫真感に満ちている. 박진감 넘치는 연기 迫真の演技.

박차(拍車)名 拍車. ‖박차를 가해 목표율을 달성하다 拍車をかけ、目標を達成する.

박-차다 卧 蹴飛ばす;蹴飛ばして.‖문을 박차고 뛰어나가다 ドアを蹴飛ばして飛び出す.

박탈(剝奪) 图 他也 剝奪(はく).‖지위를 박탈하다 地位を剝奪する. **박탈-당하다** 受也 資格を剝奪される 資格を剝奪される.

박테리아(bacteria) 图 生物 バクテリア.

박토(薄土) 图 やせ地, 沃土(よくど).

박편(剝片) 图 剝片;かけら.

박편(薄片) 图 薄片.

박피¹(剝皮) 图 皮をむくこと.

박피²(薄皮) 图 薄皮.

박하 (薄荷)【バカ】 图 植物 ハッカ(薄荷).

박하-뇌(薄荷腦)【바카-/바카네】 图 薄荷腦, メントール.

박하-사탕(薄荷沙糖)【-】 图 薄荷飴.

박-하다(薄-) /pakʰada/ 【바카-】 下変 ❶ 薄情だ;出し惜しみする;(点数などで)辛い. ⦅㋐⦆ 厚かだ(厚-). ‖인심이 박하다 世知辛い.情けを博すて주다 点数を辛くつける. ❷ 〔利益・儲けなどが〕 少ない. ‖이 장사는 이문이 박하다 この商売は儲けが少ない.

박학(博學)【바카-】 图 下形 博學.‖박학한 사람 博學な人. **박학-다재**(博學多才)【바카따-】 下形 博學多才.

박해 (迫害) 图 他也 迫害する. **박해-받다**[-당하다] 受也

박-히다 /pakʰida/【바키-】 〔박다の受身動詞〕 ❶ 〔박다の受身動詞〕打ち込まれる;さし込まれる;剌さる.‖엮구리에 총알이 박히다 脇腹に彈丸が打ち込まれる. ❷ 閉じこもる.‖방에만 박혀 있다 部屋に閉じこもってばかりいる. ❸ 〔틀에 박히다の形で〕型にはまる.‖틀에 박힌 문장 型にはまったような文章.

밖 /pak/【박】 图 ❶ 外;外側;外部.⦅㋐⦆外.‖밖으로 나가다 外に出る.밖을 내다보다 外を眺める;外を見る. 이선 밖으로 나가면 지는 거다 この線から外側に出たら負けだ. ❷ 表;表面.‖감정을 밖으로 表出す 感情を表に出す. ❸ 以(바)外.‖그 밖에 방법이 없다 その外に方法がない.예상 밖의 일이 일어나다 予想外のことが起きる.

밖에 /pakʰe/【바께】 圑 〔主に‐(수)밖에 없다の形で〕‐しかない;‐ざるをえない.‖너밖에 믿을 사람이 없다 君しか頼れる人がいない.‖ 이것이 이것밖에 없다 これがこれしかない.받아들일 수밖에 없다 受け入れざるをえない.할 수밖에 없다 やらざるをえない.

반¹(半) /pa:n/ 图 ❶ 〔空間의〕半分;〔時間의〕半, 半ば. ‖이 방은 반을 차지한다 たんすが部屋の半分を占める.두 시 반이다 2時半だ.한 달의 반은 지방 출장이다 月の半分は地方出張だ.반을 포기하고 있다 半ば諦めている. ❷ 〔量などの〕半.‖반으로 자르다 半分に切る.반만 주세요 半分だけください.

반²(班) 图 ❶ 班;組;クラス.‖삼 학년 삼 반 3年3組.한 학년을 세 반으로 나누다 1学年を3つのクラスに分ける.반 대표 クラス代表. ❷ 〔部活などの〕部. ‖사진반 写真部. ❸ 〔韓國의 末端行政單位의〕班.‖반별로 (村の)班ごとに.

반-(反) 接頭 反….‖반정부 운동 反政府運動.

반-가부좌(半跏趺坐) 图 佛敎 半跏趺坐.

반가운 【ㅂ변】 반갑다(懷かしい・うれしい)의 現在連體形.

반가움 图 うれしさ;喜び.‖반가움에 목이 메다 うれしさのあまりのどが詰まる.

반가워【ㅂ변】 반갑다(懷かしい・うれしい)의 連用形.

반가워-하다 他也 【ㅂ변】 懷かしむ;うれしがる;喜ぶ.‖반가워하면서 손을 잡다 懷かしがって手をとる.

반각(半角) 图 半角.

반감¹(反感) 图 反感.‖반감을 가지다 反感をいだく.반감을 사다 反感を買う.

반감²(半減) 图 自也 半減.‖생산량이 반감되다 生産量が半減する.

반갑다 /pangap̚ta/ 【-따】 形 【ㅂ변】 〔반가워, 반가운〕 懷かしい;うれしい. ‖오랜만에 보니까 반갑다 久しぶりに會えてうれしい. 만나서 반갑습니다 お會いできてうれしいです. 반가운 소식 うれしい知らせ. **반가이** 副

반-값(半-) 【-깝】 图 半値. ⇔반(半)값.

반개(半開) 图 下也 半開き.

반격(反擊) 图 下也 反擊;反攻;巻き返しを圖る. **반격-당하다** 受也

반경(半徑) 图 半徑.‖행동반경 行動半徑.

반골(反骨) 图 反骨;硬骨漢.‖반골 정신 反骨精神.

반공(反共) 图 反共.

반공-법(反共法)【-뻡】 图 法律 反共法.

반구¹(半句) 图 半句.‖일언반구 一言半句.

반구²(半球) 图 半球.‖북반구 北半球.

반군(反軍) 图 他自 反軍.

반군(叛軍) 图 叛軍;反亂軍.

반기¹(反旗) 图 反旗.‖반기를 들다 反旗を翻す.

반기²(半期) 图 半期.‖상반기 上半期.

반기³(半旗) 图 半旗;弔旗.‖반기를 게양하다 半旗を揭げる.

반기다 他也 喜ぶしがる;懷かしがる.‖찾아온 친구를 반겨 맞아들이다 訪ね

てきた友だちを喜んで迎え入れる.

반-기생 (半寄生) 图 半寄生.

반-나절 (半-) 图 半日の半分; 午前と午後の半.

반-날 (半-) 图 半日.

반납 (返納) 图 (하他) 返納; 返却. ‖도서관에 빌린 책을 반납하다 図書館から借りた本を返却する.

반년 (半年) 图 半年.

반-농 (半農) 图 半農.

반-달 (半-) 图 ❶ 半月(はんげつ); 弓張り月. ❷ 半月(はんつき).

반대 (反對) 图 (하自他) 反対. ㉠賛成(贊成). ‖반대 방향으로 가다 反対の方向に行く. 위아래가 반대로 되어 있다 上下が反対になっている. 반대하는 이유 反対する理由. 반대 세력 反対勢力. 반대 의견 反対意見. 반대 개념 反対概念. **반대-당** (-黨) 图.

반대-하다 (하他).

반대-급부 (反對給付) 【-뿌】图 反対給付.

반대-어 (反對語) 图 =반의어(反意語).

반대-색 (反對色) 图 反対色.

반대-쪽 (反對-) 图 反対側; 向こう側.

반도 (半島) 图 半島. ‖한반도 朝鮮半島. 플로리다 반도 フロリダ半島.

반도-체 (半導體) 图 〖物理〗 半導体.

반-독립 (半獨立) 图 [-똥닙] 半独立.

반동 (反動) 图 (하自) 反動. ‖급정차로 인한 반동으로 휘청거리다 急停車の反動でよろめく. 반동 세력 反動勢力.

반동-적 (反動的) 图 反動的. ‖반동적인 사상 反動的な思想.

반드시 /pandɯɕi/ 副 必ず; かならず も; きっと; 決まって; 例外なく; 決して; あながち. ‖이번에야말로 반드시 합격하겠습니다 今度こそ必ず合格します. 너라면 반드시 성공할 거야 君ならきっと成功するよ. 최근 일요일에는 반드시 비가 온다 最近日曜日は決まって雨が降る. 반드시 그렇다고만은 할 수 없다 必ずしもそうとは言えない. 반드시 찬성하는 것이 아니다 必ずしも賛成するではない. 반드시 네 잘못만은 아니다 あながち君ばかりが悪いわけではない. 가난하다고 해서 반드시 불행한 것은 아니다 貧乏だからといって必ずしも不幸ではない.

반들-거리다 自 つるつる; ぴかぴかする; つやつやする. 쨉번들거리다.

반들-반들 副 (形動) つやつや(と); つるつる(と); ぴかぴか(と). ‖반들반들 나도록 마루를 닦다 ぴかぴかになるまで床をみがく.

반듯-반듯 【-듣뻗-】 副 (形動) まっすぐできちんとした様子. ‖반듯반듯 정돈된 책장 きちんと整頓された本棚.

반듯-하다 /pandɯtʰada/ 【-드타-】 形

[하変] ❶ まっすぐだ. ❷ きちんとしている; 整備されている; 整っている. ‖반듯하게 차려 입은 청년 きちんとした身なりの青年. **반듯-이** 副.

반-듯이 副 背中をまっすぐに伸ばして座る.

반디 图 〖昆虫〗ホタル(蛍).

반딧-불 【-딷뿔/-딛뿔】 图 蛍の光.

반딧불-나방 【-딷뿔-/-딛뿔-】 图 〖昆虫〗ホタルガ(蛍蛾).

반라 (半裸) 图 半裸.

반란 (叛亂·反亂) 【-딴】 图 (하他) 反乱. ‖반란을 일으키다 反乱を起こす.

반란-군 (叛亂軍) 【-딴】 图 反乱軍.

반란-죄 (叛亂罪) 【-딴-죄/-딴-줴】 图 〖法律〗反乱罪.

반려¹ (伴侶) 【-려】 图 (하自) 伴侶.

반려-자 (伴侶者) 图 伴侶; 伴侶となる人.

반려² (返戾) 图 (하他) 返戻(へんれい); 返し; 差し戻すこと. ‖신청 서류를 반려하다 申請書類を差し戻す. **반려-되다** 自.

반론 (反論) 【-논】 图 (하自) 反論. ‖정책 비판에 대해 반론하다 政策批判に反論する. 반론을 제기하다 反論を申し立てる. 반론의 여지가 없다 反論の余地がない.

반룡 (蟠龍·盤龍) 【-뇽】 图 昇天していない竜.

반만년 (半萬年) 图 五千年.

반-말 (半-) /pa:nmal/ 图 (하自) パンマル. 対等または目下に対する言葉遣い; ぞんざいな口のきき方. ‖그는 처음 보는 내게 반말을 했다 彼は初対面の私にいきなりタメ口をきいた.

반면¹ (反面) /pa:nmjɔn/ 〔主に…반면의 形で〕反面. ‖월급이 많은 반면에 일이 힘들다 給料が多い反面, 仕事がきつい.

반면-교사 (反面敎師) 图 反面教師.

반면² (半面) 图 半面.

반면³ (盤面) 图 盤面.

반-모음 (半母音) 图 〖言語〗 半母音.

반목 (反目) 图 (하自) 反目. ‖유산을 둘러싸고 형제 간에 반목하다 遺産をめぐり兄弟が反目する.

반문 (反問) 图 (하他) 反問; 聞き返すこと.

반미 (反美) 图 反米.

반-민족 (反民族) 图 反民族.

반-민주 (反民主) 图 反民主.

반-바지 (半-) 图 半ズボン.

반박¹ (反駁) 图 (하他) 反駁(はんばく). ‖강한 비난에 대해 반박하다 強い非難に反駁する. **반박-당하다** 受動.

반박² (半拍) 图 〖音樂〗 半拍.

반반 (半半) 图 半々. ‖수입을 반반으로 나누다 収入を半々に分ける.

반반-하다 形 [하変] ❶ 平らだ; なだらかだ; 平坦だ. ‖반반하게 닦은 길 なだらかに整備された道. ❷ (顔立ちが) 整っている. ‖얼굴이 반반하다 顔だちが整ってい

반발

る. ❸ (家柄などが) 立派だ. ‖반반한 집안의 아가씨 立派な家柄のお嬢さん.

반발(反撥) 【하자】 反発; 反抗. ‖상사의 의견에 반발하다 上司の意見に反発する. 반발이 심하다 反発が強い.

반발-심(反撥心)【-씸】 图 反発心.

반백(半白) 图 半白; 白髪まじりの頭髪. ‖반백의 신사 白髪まじりの紳士.

반-벙어리(半-) 图 舌足らず.

반-병신(半病身) 图 体が不自由な人; 体に障害がある人.

반복(反復) /paːnbok/ 【하타】 反復; 繰り返すこと. ‖테이프를 반복해서 듣다 テープを反復して聴く. 같은 말을 반복하다 同じ言葉を繰り返す. 반복 연습 反復練習.

반복-되다(反復-) 자동

반복-법(反復法)【-뻡】图《文芸》反復法.

반-봉건(半封建) 图 半封建.

반-비례(反比例) 【하자】 反比例. ㉙ 정비례(正比例).

반사(反射) 【하자】【하타】 反射. ‖거울에 빛이 반사되다 鏡に光が反射する. 조건 반사 条件反射.

반사-경(反射鏡) 图 《物理》反射鏡.

반사-적(反射的) 图 反射的. ‖반사적으로 몸을 피하다 反射的に身を交わす.

반-사회적(反社會的) 【-홰-】 图 反社会的. ‖반사회적인 행동 反社会的の行動.

반상(盤上) 图 盤上.

반-상회(班常會)【-쌍-】 图 韓国の末端行政単位である반(班)で毎月開かれる定例会.

반색 【하자】 非常に喜ぶこと. ‖반색을 하며 맞아들이다 非常に喜びながら迎え入れる.

반생(半生) 图 半生. ‖반생을 돌아보다 半生を振り返ってみる.

반석(盤石) 图 磐石.

반성¹(反省) /paːnsəŋ/ 【하타】 反省. ‖자신의 행위를 반성하다 自らの行為を反省する. 반성하는 기색이 보이다 反省の色が見えない. 반성을 촉구하다 反省を促す.

반성²(伴星) 图《天文》伴星. ㉙ 주성(主星).

반-세기(半世紀) 图 半世紀; 50年.

반소(反訴) 【하자】《法律》反訴. 맞소송(-訴訟).

반-소매(半-) 图 半袖. ㉙ 반팔(半-).

반송¹(返送) 【하타】 返送; 送り返すこと. ‖짐을 반송하다 荷物を返送する. **반송-되다** 자동

반송²(搬送) 【하타】 搬送; 運搬.

반송³(盤松) 图《植物》枝が横に伸びた丈の低い松.

반-송장(半-) 图 瀕死の状態にある人.

반수(反數) 图 半数. 주민의 반수이상이 찬성하다 住民の半数以上が賛成する.

반숙(半熟) 【하자】 半熟.

반숙-란(半熟卵) 【-난】 图 半熟卵.

반-승낙(半承諾) 图 半ば承諾すること. ‖끈질긴 구혼으로 그는 반승낙을 얻어 냈다 粘り強い求婚の末, 彼は半ば承諾を得た.

반시-뱀(飯匙-) 图《動物》ハブ(波布).

반시옷(半-) 【-옫】 图 ハングルの古字「△」の名称.

반-식민지(半植民地)【-씽-】 图 半植民地.

반신(半身) 图 半身. ‖상반신 上半身. 하반신 下半身.

반신불수(半身不隨)【-쑤】图 半身不隨. ‖교통사고로 반신불수가 되다 交通事故で半身不随になる.

반신-욕(半身浴)【-뇩】 图 半身浴.

반신-반의(半信半疑)【-/-바니】【하타】 半信半疑. ‖반신반의로 그 사람의 얘기를 듣다 半信半疑で彼の話を聞く.

반액(半額) 图 半額. ㉙반값(半-).

반야(般若) 图《仏教》般若.

반야-심경(般若心經) 图《仏教》般若心経.

반어(反語) 图 反語.

반어-법(反語法) 【-뻡】 图《文芸》反語法.

반역·叛逆(反逆) 【하자】【하타】 反逆. ‖반역을 꾀하다 反逆を企てる.

반역-자(反逆者) 【-짜】 图 反逆者.

반역-죄(反逆罪)【-쬐/-쮀】 图《法律》反逆罪.

반영(反映) /paːnjəŋ/ 【하타】 反映; 映し出すこと. ‖민의를 반영하다 民意を反映する. 실력が低下したことを如実に映し出す結果が出る. 実力の低下を如実に映し出す結果が出る. **반영-되다** 자동 ‖이번 인사에는 그동안의 성과가 반영되었다 今回の人事では今までの成果が反映された.

반-영구(半永久) 【-녕-】 图 半永久. ‖반영구적으로 사용할 수 있는 제품 半永久的に使える製品.

반-올림(半-) 图《数学》四捨五入. ㉙사사오입(四捨五入).

반원(半圓) 图《数学》半円.

반원-형(半圓形) 图《数学》半円形.

반월(半月) 图 半月. ‖반월형 半月形.

반음(半音) 图《音楽》半音.

반-음계(半音階) 【-/-계】 图《音楽》半音階.

반응(反應) /paːnɯŋ/ 图 反応; 反響. ‖반응이 없다 反応がない. 반응이 좋다 反響がある. 반응을 보이다 反応を示す. 반응을 보이다. 상대방의 반응을 보다 相手の反応を見る. 약들

약물반응.

반의-반 (半-半) 【-빤네-】 图 반의 반. 4분의 1.

반의-어 (反義語) 【-니-】 图 《언어》 반의어; 대의어. ⑫반대어 (反對語).

반일 (反日) 图 하자 反日.

반입 (搬入) 图 타하 ㉮반출 (搬出). ‖전람 회장에 그림을 반입하다 展覧会場に絵画を搬入する. **반입-되** 다 受動

반작 (半作) 图 하타 半作.

반-작용 (反作用) 图 하자 《물리》 反作用.

반장 (班長) 图 ❶ 학급위원; 級長. ❷ (한국의 최末端行政単位である) 반(班)의 長. ❸ 班を統率する人; 班長.

반전[1] (反戦) 图 하자 反戦. ‖반전 운동 反戦運動. 반전 분위기가 확산되고 있다 反戦ムードが広がっている.

반전[2] (反転) 图 되하 反転. ‖상황이 반전되다 状況が反転する.

반전-도형 (反転図形) 图 《수학》 反転図形.

반절[1] (反切) 图 《언어》 反切(半). ❶ 漢字의 読み方を他の2字의 漢字를 用いて表わす方法. ❷ 한글의 字母의 別称. ❸ 반절본문(反切本文)의 略称.

반절-본문 (反切本文) 图 한글의 子音字와 母音字를 組み合わせた一覧表. ⑫反切(反切).

반-절[2] (半-) 图 軽いお辞儀. ‖반절을 하며 물러나오다 軽くお辞儀をして引き下がる.

반절[3] (半切·半截) 图 半切; 半切り. ‖반절로 자른 종이 半切りにした紙.

반점[1] (半點) 图 1点의 半分; 0.5点.

반점[2] (斑點) 图 斑点; まだら. ‖목에 빨간 반점이 생기다 首に赤い斑点ができる.

반점[3] (飯店) 图 (主に中華の)料理屋.

반-정부 (反政府) 图 反政府. ‖반정부 운동 反政府運動.

반제-품 (半製品) 图 半製品.

반주[1] (伴走) 图 하자 伴走.

반주[2] (伴奏) 图 하타 《음악》 伴奏. ‖피아노로 반주하다 ピアノで伴奏する.

반주[3] (飯酒) 图 食事の時酒を飲むこと, またはその酒.

반죽 /pan**j**uk/ 图 하타 練り粉; 生地; 練ること. ‖밀가루를 반죽하다 小麦粉を練る. 빵 반죽이 무르다 パン生地が柔らかすぎる.

반-죽음 (半-) 图 하자 半死.

반증 (反證) 图 하타 反証. ‖반증을 들며 논박하다 反証を挙げて反論する.

반지 (斑指·斑指) /pan**j**i/ 图 リング; 結婚 반지 結婚指輪. 반지를 끼다 指輪をはめる. 반지를 안 끼고 있다 指輪をしていない.

반지르르 副 形動 ❶ つるつる(と); つや(と). ❷ うわべだけ取りつくろう様子. ‖그 사람은 반지르르하게 말만 한다 彼はいつもうわべばかりいうことを言う.

반-지름 (半-) 图 《수학》 半径.

반질-고리 [-꼬-] 图 바느질고리의 縮約形.

반질-거리다 国 つやがあってつるつるする; てかてかする; ぴかぴかする. ‖금방 닦아 있는지 구두가 반질거린다 磨いたばかりなのか靴がぴかぴかしている.

반질-반질 副 形動 つるつる(と); つやつや(と); ぴかぴか(と). ‖반질반질 윤이 나는 마룻바닥 ぴかぴかに磨き上げた床.

반짝 /pan**jj**ak/ 副 輝く [きらめく] 様子; きらり; ぴかっと. ⑫번쩍. ‖반짝 빛나다 きらっと輝く. **반짝-반짝** 副

반짝-거리다 [-꺼-] 国 きらきらする; きらめく; またたく; きらめきする. ‖밤하늘에 별이 반짝거리다 夜空に星がきらきらする.

반-쪽 (半-) 自他 ❶ 半分; 片方. ‖사과 반쪽 リンゴ半分. ❷ [比喩的に] 얼굴이 非常にやせていること. ‖고생이 힘든지 얼굴이 반쪽이다 仕事が大変なのか, 顔の肉がげっそりと落ちている.

반찬 (飯饌) /pan**c**h**a**n/ 图 おかず; 惣菜. ‖반찬 수가 많다 おかずの数が多い. 오늘 저녁 반찬은 뭘로 하지? 今日の夕ご飯の反찬は何にしようかな. 밑반찬 常備菜.

반찬-가게 (飯饌-) 【-까-】 图 惣菜屋.

반찬-거리 (飯饌-) [-꺼-] 图 おかずの材料.

반창-고 (絆瘡膏) /pan**c**h**a**ŋgo/ 图 絆創膏. ‖반창고를 붙이다 絆創膏を貼る.

반-체제 (反体制) 图 反体制.

반추 (反芻) 图 하타 反芻(芻). ‖옛일을 반추하다 昔のことを反芻する.

반출 (搬出) 图 하타 搬出. ㉮반입(搬入). ‖전람 회장에서 작품을 반출하다 展覧会場から作品を搬出する. **반출-되** 다 受動

반취 (半醉) 图 하자 半酔; 生酔い. ‖반취 상태로 집에 돌아오다 半酔状態で帰宅する.

반-치음 (半齒音) 图 한글의 古字「ㅿ」의 名称.

반칙 (反則) 图 하자 反則. ‖반칙을 범하다 反則を犯す.

반-코트 (半coat) 图 半コート. ⑫하프코트.

반-타작 (半打作) 图 予想の半分くらいしか結果が得られないこと.

반-투명 (半透明) 图 하자 半透明.

반-팔 (半-) 图 半袖. ⑫반소매(半-).

반-평생 (半平生) 图 人生の半分; 半生.

반포 (反哺) 图 하자 親の恩に報いること.

반포-조(反哺鳥) 图 까마귀(カラス)の別称.

반포²(頒布) 图 [하他] 頒布. ‖ 헌법을 반포 調‖는正音の頒布.

반품(返品) 图 [하他] 返品. ‖ 불량품을 반품하다 不良品を返品する. **반품-되다**[-도이다] [受動]

반-풍수(半風水) 图 下手な地相見. ►반풍수 집안 망친다 [俚]生兵法は大怪我のもと.

반-하다¹ /paːnhada/ 囯 [하変] 惚れる; 惹(ひ)かれる. ‖ 잘생긴 외모에 반하다 ハンサムな外見に惚れる. 첫눈에 반하다 一目惚れる.

반-하다² /paːnhada/ 囯 [하変] 〔主に…에 반하여・…에 반해서・…에 반하는の形で〕…に反して; …に反する. ‖ 수입이 준 데 반해 지출은 늘어나 수입이 줄어든 것に 反(し)て支出が増えた. 기대에 반하는 결과 期待に反する結果.

반항(反抗) /paːnhaŋ/ 图 [하他] 反抗. ‖ 부모님께 반항하다 親に反抗する. 권력에 반항하다 権力に反抗する.

반항-기(反抗期) 图 反抗期.
반항-심(反抗心) 图 反抗心.
반항-아(反抗兒) 图 反抗児.
반항-적(反抗的) 图 反抗的. ‖ 반항적인 태도를 취하다 反抗的な態度を取る.

반향(反響) 图 反響. ‖ 사회적인 반향 社会的な反響. 반향을 불러일으키다 反響を呼び起こす.

반-허락(半許諾) 图 [하他] 半ば承諾すること.

반-혁명(反革命) 图 [-형-] 反革命. ‖ 반혁명 세력 反革命勢力.

반환(返還) 图 [하他] 返却; 返却; 返すこと; 折り返すこと. ‖ 우승기를 반환하다 優勝旗を返還する. 빌린 책을 반환하다 借りた本を返還する. **반환-되다**[受動]

반-회장(半回裝) 图 [-/-휀-] 图 女性のチョゴリの袖先·깃·襟·겨드랑이を藍色の切れで当てた飾り付け.

반회장-저고리(半回裝) 图 반회장で飾り付けしたチョゴリ.

받는 【받-】 関 받다(もらう·受け取る)の現在連体形.

받다¹ /paːt̚ʰta/ 【받-】 囯 ❶ (受け·のりなどのなじみ具合がいい). ‖ 화장이 잘 받다 化粧ののりがいい. 술이 잘 받는 날 酒が進む日. ❷ 似合う. ‖ 까만색 옷이 잘 받다 黒い服が似合う.

받다² /paːt̚ʰta/ 【받-】 囯 [하他] ❶ (受け)取る. ‖ 공을 손으로 받다 ボールを手で受ける. 질문을 받다 質問を受ける. 건강 진단을 받다 健康診断を受ける. 영향을 받다 影響を受ける. 제약을 받다 制約を受ける. 주문을 받다 注文を受ける. 벌을 받다 罰を受ける. 여권을 받으러 영사관에 가다 パスポートを(受け)取りに領事館へ行く. 한 손으로 받다 片手で受け取る. 받는 사람 宛先. 별거 아니지만 받아 주세요 つまらないのですが, 受け取ってください. 강렬한 인상을 받다 強烈な印象を受ける. ❷ もらう. ‖ 편지를 받다 手紙をもらう. 선물을 받다 プレゼントをもらう. 상을 받다 賞をもらう. 장학금을 받다 奨学金をもらう. 주는 것은 뭐든지 받다 くれるものは何でももらう. 허가를 받다 許可をもらう. ❸ 取る. ‖ 박사 학위를 받다 博士号を取る. 월급을 많이 받다 高給を取る. 휴가를 받다 休暇を取る. 신문을 받아 보다 新聞を取る. ❹ 受け入れる. ‖ 유학생을 받아 留学生を受け入れる. ❺ (傘を)差す; (日が)差す. ‖ 우산을 받으며 걸어가다 傘を差して歩く. 아침 햇살을 받다 朝日が差す. ❻ (電話に)出る. ‖ 전화를 받다 電話に出る. ❼ (出産の介助をして赤ん坊を)取り上げる. ‖ 애를 받다 赤ん坊を取り上げる.

받다³ 【받-】 囯 (頭·角などで)突く; ぶつける; はねる. ‖ 머리로 받다 頭で突く. 受動形.

-받다⁴ /paːt̚ʰta/ 【받-】 接尾 〔一部の動作性名詞に付いて〕受身動詞を作る. ‖ 존경받다 尊敬される. 신뢰받다 信頼される. 인정받다 認められる. 미움받다 憎まれる.

받-들다 /paːt̚tɯlda/ 【받-】 【ㄹ語幹】 [받들어, 받드는, 받든] ❶ 敬う; 崇める; 仰ぐ. ‖ 어른을 받들다 目上の人を敬う. 스승으로 받들다 師と崇める. ❷ (命令·意向などに)仰ぐ; 従う. ‖ 명령을 받들다 命令に従う.

받들어-총(-銃) 【-뜨러-】 图 捧げ銃(つつ)の号令.
— 國 (号令の)捧げ銃.

받아 囯 받다(受ける·もらう)の連用形.

받아-넘기다 囮 받다 受け流す; (質問·攻撃などに)うまく受け答えする. ‖ 농담을 가볍게 받아넘기다 冗談を軽く受け流す.

받아-들이다 /padadurida/ 囮 ❶ 受け入れる; 取り入れる; 開き入れる; 受け入れる; 交わす. ‖ 유학생을 받아들이기로 하다 留学生を受け入れることにする. 충고를 받아들였다 忠告を聞き入れた. 새 기술을 받아들이다 新技術を取り入れる. ❷ (条件などを)呑(の)む. ‖ 불리한 조건을 받아들이다 不利な条件を呑む. 임금 인상 요구를 받아들이다 賃上げ要求を呑む.

받아-쓰기 图 书き取り.
받아-쓰다 囮 [으変] 書き取る. ‖ 불러 주는 대로 받아쓰다 読み上げる通りに書き取る.

받은 囫 받다(受ける·もらう)の過去連体形.
받을 囫 받다(受ける·もらう)の未来連体形.

받-어음 (受) [名] 〔經〕 受取手形. ↔지급어음(支給-).

받치다 /patʧʰida/ [他] ❶ (傘を)差す. ‖우산을 받쳐 들다 傘を差す. ❷ 支えてあげる; 助ける. ‖넘어지지 않게 받쳐 주다 倒れないように支える. ❸ (布·絹物に)裏打ちする; 重ね着する. ❹ [받쳐 입다の形で] (上に合わせて)下に着る. ‖흰 블라우스에 까만 치마를 받쳐 입다 白いブラウスに黒いスカートを合わせて着る.
— [自] ❶ 胃がもたれる. ❷ (感情が)込み上げる. ❸ 열이 받치다 腹が立つ; 頭に来る.

받침 [名] ❶ 支え; 下敷き. ❷ 꽃병 받침 花瓶の下敷き. 등받침 등 背もたれ. ❸ ハングルの終声字; パッチム. ↔꽃·물において, ㅈ,ㄹのこと.

받침-규칙 (-規則) [名] 〔言語〕 ハングルで終声字が本来の音価ではなく別の音価を持つという現象. ↔값만[감만]·늦다[늗따]. 偶말음 법칙(末音法則).

받침-대 (-臺) [名] 支柱.
받침-돌 (-) [名] 礎石, 礎.
받침-점 (-點) [名] 〔物理〕 支点.
받-히다 [바치-] [[받다の受身動詞]] 突かれる; はねられる. ‖차에 받히다 車にはねられる.

발¹ /pal/ [名] ❶ 足. ‖발로 차다 足で蹴る. 발을 삐다 足をくじく. 발에 딱 맞는 구두 足にぴったりの靴. 발바닥 足の裏. ❷ 足並み. ‖발을 맞추다 足並みを揃える. ▶발 벗고 나서다 一肌脱ぐ. ▶발을 구르다 地団太を踏む. ▶발을 끊다 絶交する. ▶발을 붙이다 取り付く; 寄りかかる. ▶발을 빼다[씻다] 手を引く; 足を洗う. ▶발이 넓다 顔が広い. ▶발이 묶이다 足止めを食う; 足止めされる. ▶발이 손이 되도록 빌다 必死に謝る. ▶발 없는 말이 천리 간다 [諺] 噂(うわさ)き千里.

발² すだれ. ‖발을 치다 すだれを垂らす.
발³ (發) [名] 生地の織り目. ‖そば·うどんなどの太さ. ‖면발이 굵다 麺がおおい.
발⁴ [依존] …尋(じん). ‖노끈 두 발 組(くみ)の2.
발⁵ (發) [依존] …発. ‖한 발의 총성 1発の銃声.

-발⁶ (發) [接尾] …発. ❶ 汽車などの出発を表わす. ‖두 시 십 분발 부산행 열차 2時10分発釜山行き列車. ❷ 発信. ‖워싱턴발 ワシントン発.

발-가락 /palgarak/ [-까-] [名] 足の指. ‖엄지발가락 足の親指.
발가벗-기다 [-번끼-] [他] [[발가벗다の使役動詞]] 裸にする; 真っ裸にする.
발가벗-다 [-번따] [自] 裸になる. ‖친구들과 발가벗고 헤엄치던 시절 友だちと裸になって泳いでいた頃. 偶벌거벗다. 偶발버슷기다.

발가숭이 [名] 裸; 丸裸; 素っ裸. 偶벌거숭이.

발각 (發覺) [自] 発覚. ばれること; 見つかること. ‖조그마한 부주의로 비리가 발각되다 些細な不注意が発覚する. 여기もうと발각되기 쉽다 ここにいるとすぐ見つかる.

발간 (發刊) [他] 発刊. ‖전집을 발간하다 全集を発刊する. **발간-되다** [受動]

발갛다 [-가타] [形] 〔ㅎ変〕 鮮やかに赤い; 多少赤みを帯びている. ‖불이 발갛다 頬に赤みがさす. ‖볼が発갛다.

발-걸음 /palkorum/ [-꺼름] [名] 足取り. ‖발걸음도 가볍게 집을 나서다 足取りも軽やかに出かける. ▶발걸음을 재촉하다 足を速める; 急ぐ.

발견 (發見) /palgjon/ [他] 発見. 見つけ出すこと; 見いだすこと. ‖법칙을 발견하다 法則を発見する. 분실물을 발견하다 落し物を見つける. 재능을 발견하다 才能を見出した. **발견-되다** [受動]

발광¹ (發光) [自] 発光.
발광-기 (發光器) [名] 発光器.
발광-도료 (發光塗料) [名] 発光塗料.
발광-동물 (發光動物) [名] 〔動物〕 発光動物.
발광-식물 (發光植物) 【-씽-】 [名] 〔植物〕 発光植物.
발광-체 (發光體) [名] 発光体.
발광-충 (發光蟲) [名] 発光虫.

발광² (發狂) [自] 発狂. 乱心; 荒れ狂うこと.

발군 (拔群) [名形] 抜群. ‖발군의 실력 抜群の実力.

발굴 (發掘) [他] 発掘. ‖인재를 발굴하다 人材を発掘する. 발굴 조사 発掘調査. **발굴-되다** [受動]

발-굽 [-꿉] [名] ひづめ.

발권 (發券) [他] 発券. ‖비행기 표를 발권하다 航空券を発券する. 발권 은행 発券銀行.

발그레-하다 [形] ほんのりと赤い. ‖부끄러운 얼굴이 발그레하다 恥ずかしいの顔がほんのりと赤い.

발그스레-하다 [形] 〔ㅎ変〕 = 발그레하다.

발그스름-하다 [形] 〔ㅎ変〕 赤みがかっている; 赤みを帯びている; うっすらと赤い. ‖얼굴이 발그스름하다 顔がうっすらと赤い. 偶벌그스름하다. **발그스름-히** [副]

발그족족-하다 [-쪽쪽-] [形] 〔ㅎ変〕 やや くすんだ感じで赤い. 偶벌그죽죽하다.

발급 (發給) [他] 発給. ‖비자를 발급하다 ビザを発給する. **발급-되다** [-받다]

발긋발긋-하다 [-귿뿌귿타-] [形] 〔ㅎ変〕 点々と赤い; まだらに赤い. 偶벌긋벌긋하다.

발기¹ (勃起) 【하自】 勃起.
발기² (發起) 【하自】 發起. ∥발기인 發起人.
발기다 切り裂く.
발기-발기 圓 (紙などを)細かく破る様子: びりびりに; ずたずたに. ∥서류를 발기 찢어 버리다 書類をびりびりに破る.
발-길 【-낄】 图 (人の)足の動き; 足取り. ∥발길을 멈추다 足を止める. 발길이 뜸하다 足取りが途絶える. 발길을 돌리다 きびすを返す.
발길-질 【-낄-】 图 【하自】 足蹴. ∥발길질하다 足蹴にする.
발-꿈치 踵(かかと).
발끈 (發-) 图 【하自】 激発する様子: かっと. ∥발끈 화를 내다 かっとなる.
발-끝 【-끋】 图 つま先; 足先. ∥발끝으로 서다 つま先で立つ. 머리 발끝에서 발끝까지 頭のてっぺんから足のつま先まで.
발단 (發端) 【-딴】 图 発端: 始まり; 起こり; 糸口. ∥사건의 발단 事件の発端. 일의 발단은 이렇습니다 事の始まりはこうなんです.
발달 (發達) 【-】 /pal't'al/ 【-땅】 图 【하自】 発達. ∥문명의 발달 文明の発達. 고도로 발달한 과학 기술 高度に発達した科学技術. 저기압이 발달하다 低気圧が発達する.
발-돋움 【하自】 ❶背伸び. ∥발돋움해서 보다 背伸びして見る. ❷目標に向かっての努力.
발동 (發動) 【-똥】 图 【하自】 発動. 騒ぐこと. ∥사법권의 발동 司法権の発動. 장난기가 발동하다 いたずら心が騒ぐ.
발동-기 (發動機) 【-똥-】 图 発動機. エンジン.
발-뒤꿈치 【-뒤-】 图 踵(かかと); きびす. ∥새 신을 신었더니 발뒤꿈치가 아프다 新しい靴を履いたら踵が痛い. 발뒤꿈치를 들고 걷다 踵を上げて歩く.
발-뒤축 【-뒤-】 图 踵(かかと).
발-등 /pal't'ŭŋ/ 图 足の甲. ▶발등에 불이 떨어지다 尻に火がつく. ▶발등의 불을 끄다 緊急事態を乗り越える. ▶발등을 찍히다 裏切られる; 背かれる.
발딱 圓 急に起き上がったり倒れ伏したりする様子: ぱっと; ぱっと. ∥발딱 일어나다 がばっと起き上がる. **발딱-발딱** 圓 【하自】 どきんどきん(と); どきどき.
발딱-거리다 【-꺼-】 自 (心臓などが)どきんどきんと脈打つ; どきどきする. ∥그녀를 본 순간 심장이 발딱거렸다 彼女を見た瞬間, 心臓がどきん(と)打った.
발라 【ㄹ変】 바르다(張る)の運用形.
발라-내다 【-내-】 ⽥ より出す; 選び出す; ほぐす. ∥생선 살을 발라내다 魚をほぐす.
발라드 (ballade 仏) 【音楽】 バラード.
발라-먹다 【-따】 ⽥ だます; だまし取る. ∥노인을 발라먹을 심

산이다 お年寄りをだます腹積もりだ.
발랄-하다 (潑剌-) 【하変】 潑剌(はつらつ)としている. ∥생기 발랄한 여대생 潑剌とした女子大生.
발랑 圓 仰向けに倒れる様子: ぱったり(と). ∥발랑 넘어지다 ぱったり(と)倒れる.
발레 (ballet 仏) 图 バレエ.
발레리나 (ballerina 伊) 图 バレリーナ.
발렌타인-데이 (Valentine Day) 图 バレンタインデーの誤り.
발령 (發令) 【하他】 発令; 辞令などを出すこと. ∥태풍 경보 발령 台風警報の発令. 언제 발령이 날지 모르겠다 いつ辞令が出るか分からない. **발령-받다**
발로 (發露) 图 発露; 表われ. ∥선의의 발로 善意の発露.
발름-거리다 【-대다】 自 弾力のあるものが開いたり閉まったりする. ∥코를 발름거리다 鼻をひくひくさせる.
발름-발름 圓 【하他】 弾力のあるものが開いたり閉まったりする様子: ひくひく.
발리다 (바르다の受身動詞) 【-】 图 貼り付けられる. ∥벽지가 제대로 안 발렸다 壁紙がきちんと貼られていない.
발림-소리 图 お世辞; 外交辞令. ∥발림소리를 하다 お世辞を言う.
발림-수작 (-酬酌) 图 おべっか; おべんちゃら.
발-맞추다 【-맏-】 自 歩調を合わせる; 足並みを揃える. ∥시대の流れに発맞추다 時代の流れに(歩調を)合わせる.
발매 (發賣) 图 【하他】 発売. ∥일제히 발매하다 一斉に発売する. 발매처 発売元. **발매-되다** 受身
발명 (發明) /palmjəŋ/ 图 【하他】 発明. ∥백열전구를 발명한 사람은 에디슨이다 白熱電球を発明した人はエジソンである. 획기적인 발명 画期的な発明. **발명-되다**
발명-가 (發明家) 图 発明家.
발명-품 (發明品) 图 発明品.
발모 (發毛) 图 育毛.
발모-제 (發毛劑) 图 育毛剤.
발-모가지 图 [발의俗語] 足首.
발-목 /palmok/ 图 足首. ∥발목을 삐다 足首をくじく. ▶발목을 잡히다 弱みを握られる.
발목-뼈 图 足首の骨.
발문 (跋文) 图 跋文(ばつぶん). ㉮서문(序文).
발-밑 【-믿】 图 足元. ∥어두우니까 발밑을 조심해라 暗いから足元に気をつけて.
발-바닥 【-빠-】 图 足の裏.
발바리 图 ❶(動物) チン(狆). ❷[比喩的に] 軽薄で落ち着きのない若い男.
발발¹ (勃發) 图 【하自】 勃発. ∥전쟁이 발발하다 戦争が勃発する.
발발² 圓 ❶恐怖・寒さなどに震える様

子: おどおど(と); ぶるぶる(と). ‖ 어서워 떨다 떨리다 怖くてぶるぶる(と)震える. ❷ 金을 惜しむ 様子: けちけち. ‖ 단돈 천원에도 벌벌 떠는 사람 たかが千ウォンにもけちけちする人. ⑤벌벌.

발-버둥 발버둥이의 略語.

발버둥-이 [-둥이] 图 地団太. ⑧발버둥. ‖ 발버둥이를 치다 地団太を踏む. ②じたばたすること; あがくこと.

발-병 (-病) [-뼝] 图 [主に旅行중에 나다의 形으로] 足가 痛くなる; 足가 痛み出す.

발병² (發病) 图(自) 発病.

발본 (拔本) 图(他) 抜本.
발본-색원 (拔本塞源) 图(他) 抜本塞源.

발부 (發付) 图(他) 発給. ‖ 영장을 발부하다 令状を発給する. 발부-되다 受動

발-부리 [-뿌-] 图 つま先; 足先.

발-붙이다 [-부치-] 围 取り付く; 足がかりとする.

발-뺌 图(自) 言い逃れ; 逃げ口上; 弁解. ‖ 그는 자기 잘못이 아니라며 발뺌했다 彼は自分の間違いではないと言い逃れをした.

발사 (發射) 图(他) 発射; 打ち上げ. ‖ 미사일을 발사하다 ミサイルを発射する. 로켓 발사 ロケットの打ち上げ. 발사-되다 受動

발사믹-식초 (balsamico食醋) 图 バルサミコ酢.

발산 (發散) [-싼] 图(他) 発散. ‖ 열을 발산하다 熱を発散する. 스트레스를 먹는 것으로 발산시키다 ストレスを食べることで発散させる. 발산-되다 受動

발상¹ (發喪) [-쌍] 图(自) 発喪.

발상² (發想) [-쌍] 图(他) 発想. ‖ 애 다운 발상 子どもらしい発想. 기발한 발상 奇抜な発想. 발상이 비슷한 소설 発想が似た小説.

발상-지 (發祥地) [-쌍-] 图 発祥地; 発祥の地. ‖ 세계 4대 문명의 발상지 世界4大文明発祥の地.

발생 (發生) /paɭ²sɛŋ/ [-쌩] 图(自) 発生. ‖ 살인 사건이 발생하다 殺人事件が発生する. 콜레라의 발생을 막다 コレラの発生を防ぐ.

발설 (發說) [-썰] 图(他) 口に出すこと; 口外すること; 公表すること. ‖ 이 일을 절대 발설하지 마시오 このことは絶対に口外しないでください.

발성 (發聲) [-썽] 图(自) 発声. ‖ 발성 연습 発声練習.
발성-기 (發聲器) 图 発声器官.
발성-법 (發聲法) [-썽뻡] 图 発声法.

발-소리 /paɭ²sori/ [-쏘-] 图 足音. ‖ 발소리를 죽이다 足音を忍ばせる. 다급한 발소리 慌ただしい足音.

발송 (發送) [-쏭] 图(他) 発送. ‖ 적표를 발송하다 成績表を発送する. 발송-되다 受動

발신 (發信) [-씬] 图(他) 発信. ⑰수신(受信). ‖ 전파를 발신하다 電波を発信する. 발신 장치 発信装置.
발신-인 (發信人) 【-씬닌】 图 発信人; 差出人.
발신-일 (發信日) [-씬닐] 图 発信した日付け.
발신-지 (發信地) 图 発信地.

발-씨름 图 足相撲.

발아 (發芽) 图(自) 発芽; 芽生え. ‖ 씨가 발아하다 種が発芽する.
발아-기 (發芽期) 图 発芽する時期.

발악 (發惡) 图(自) 悪い状態から抜け出そうとしてもがくこと; 発悪する.

발안 (發案) 图(他) 発案.

발암 (發癌) 图(他) 発癌. ‖ 발암 물질 発癌性物質. 발암 성분 発癌成分.

발언 (發言) 图(他) 発言. ‖ 자유롭게 발언하게 するように 発言する.
발언-권 (發言權) [-꿘] 图 発言権.

발염 (拔染) 图(他) 抜き染め; 抜染.
발염-제 (拔染劑) 图 抜染剤.

발원¹ (發源) 图(自) 起源; みなもと.
발원-지 (發源地) 图 発源地.

발원² (發願) 图(他) 願いを立てること; 願かけ.

발육 (發育) 图(他) 発育. ‖ 발육 상태가 좋지 않다 発育状態がよくない. 발육 부전 発育不全.

발음 (發音) /parum/ 图(他) 発音. ‖ 정확하게 발음하다 正しく発音する. 발음이 좋다 発音がいい. 그 사람 발음은 알아듣기 어렵다 彼の発音は聞き取りにくい.
발음-기관 (發音器官) 图 発音器官.
발음-기호 (發音記號) 图 発音記号.

발의¹ (發意) 【-/바리】 图 意見や計画などを考え出すこと.

발의² (發議) 【-/바리】 图(他) 発議. ‖ 수정안을 발의하다 修正案を発議する.

발인 (發靷) 图(他) 出棺.
발인-제 (發靷祭) 图 出棺時の儀式.

발-자국 /paɭ²dʒaguk/ 【-짜-】 图 足跡. ‖ 사람의 발자국 人の足跡. 발자국 소리 足音.
— 依존 …歩. ‖ 두 발자국 2歩.

발-자취 [-짜-] 图 足跡(あと). ‖ 인류 역사에 발자취를 남긴 사람들 人類の歴史に足跡を残した人々.

발작 (發作) [-짝] 图(自) 発作. ‖ 발작을 일으키다 発作を起こす. 심장 발작 心臓発作.

발-장구 图 足をばたばたさせること. ‖ 발장구를 치다 足をばたつかせる.

발-장단 (-長短) [-짱-] 图 足拍子. ‖ 발장단을 맞추다 足拍子をとる.

발전¹ (發展) /paɭ²dʑʌn/ [-쩐] 图(自) 発展. ‖ 일이 생각하지도 않은

방향으로 발전했다 事態が思わぬ方向へ発展した. 경제적 발전 經濟的発展. 급속한 발전 急速な発展.
발전-도상국 (發展途上國) 图 発展途上国.
발전-상 (發展相) 图 発展の様子.
발전-적 (發展的) 图 発展的.
발전² (發電) 【-쩐】图 自他 発電. ∥자가 발전 自家発電.
발전-기 (發電機) 图 発電機.
발전-량 (發電量) 【-쩐냥】图 発電量.
발전-소 (發電所) 图 発電所.
발정 (發情) 【-쩡】图 自他 発情.
발정-기 (發情期) 图 発情期.
발족 (發足) 【-쪽】图 自他 発足. ∥새로운 위원회를 발족하다 新しい委員会を発足させる. **발족-되다** 受動
발주 (發注) 【-쭈】图 自他 発注. ⑦ 수주 (受注).
발진¹ (發疹) 【-찐】图 発疹.
발진² (發進) 【-찐】图 自他 発進.
발-짝 仮名 … 歩. ∥한 발짝 1歩.
발차 (發車) 图 自他 発車. ∥두 시 정각에 발차하다 2時定刻に発車する. 발차 시간 発車時間.
발착 (發着) 图 自他 発着.
발췌 (拔萃) 图 自他 抜粋. ∥논문에서 발췌하다 論文から抜粋する.
발-치 图 ❶ 足の向かう方. ❷ 寝る時の足下の方.
발칙-하다 [-치카-] 圈 ハ変 無作法だ; けしからぬ. ∥발칙한 짓 けしからぬ振舞い. 발칙한 녀석 けしからぬやつ.
발칵 /palkʰak/ 副 状態などが急に〔いきなり〕変わる様子. ∥이상한 소문 때문에 학교 안이 발칵 뒤집히다 変なうわさで学校の中が大騷ぎになる. 방문을 발칵 열다 部屋のドアをいきなり開ける. 화를 발칵 내다 急に怒り出す. ⑦ 벌컥. **발칵-발칵** 副
발코니 (balcony) 图 バルコニー.
발탁 (拔擢) 图 他 抜擢. ∥신인을 발탁하다 新人を抜擢する. **발탁-되다** 受動
발톱 图 足の爪. ∥발톱이 길다 足の爪がのびる. 발톱을 깎다 足の爪を切る.
발파 (發破) 图 自他 発破. ∥발파 작업 発破作業.
발-판 (-板) /palpʰan/ 图 ❶ 足場. ❷ 踏み台. ∥발판으로 삼다 踏み台にする; 足がかりとする.
발포¹ (發泡) 图 自他 発泡. ∥발포 스티렌 수지 発泡スチロール.
발포² (發砲) 图 自他 発砲. ∥발포 명령 発砲命令.
발포³ (發布) 图 他 発布. ∥비상 계엄령 발포 非常戒嚴令の発布. **발포-되다** 受動
발포~스티렌~수지 (發泡 styrene 樹脂) 图 発泡スチロール.
발표 (發表) /palpʰjo/ 图 他 発表. ∥잡지에 논문을 발표하다 雜誌に論文を発表する. 합격자 발표 合格者発表. 결과를 발표하다 結果を発表する. **발표-되다** 受動
발표-자 (發表者) 图 発表者.
발표-회 (發表會) 【-/-훼】图 発表会.
발-하다 (發-) 働 하変 (光などを)発する; 放つ. ∥빛을 발하다 光を放つ. 광채를 발하다 光彩を放つ.
발한 (發汗) 图 自他 発汗.
발해 (渤海) 图 《歷史》 渤海(じ)(698~926).
발행 (發行) /palhεŋ/ 图 他 発行. ∥잡지를 발행하다 雜誌を発行する. 발행 부수 発行部数. 재발행 再発行.
발행-되다 受動
발행-인 (發行人) 图 発行者. ⑩ 펴낸이.
발행-처 (發行處) 图 発行所.
발-헤엄 图 立ち泳ぎ. ∥발헤엄을 치다 立ち泳ぎする.
발현 (發現·發顯) 图 自他 発現.
발화 (發火) 图 自他 発火; 点火. ∥발화 원인을 조사하다 発火の原因を調べる. 자연 발화 自然発火.
발화-점 (發火點) 【-쩜】图 発火点.
발효¹ (發效) 图 自 発効. ∥오키나와 반환 협정 1972 년에 발효된 오키나와 반환 협정 1972年に発効した沖繩返還協定.
발효² (發酵) 图 自他 発酵. ∥발효 식품 発酵食品.
발휘 (發揮) /palhwi/ 图 他 発揮. ∥실력을 유감없이 발휘하다 実力を遺憾なく発揮する. 위력을 발휘하다 威力を発揮する. 진가를 발휘하다 真価を発揮する. **발휘-되다** 受動
밝-기 [발끼] 图 明るさ; 明るさの程度; 照度.
밝다¹ /pakʰta/ [박따] 圈 ❶ 明るい. ⑦ 어둡다. ∥밝은 조명 明るい照明. 밝을 때 돌아가다 明るいうちに帰る. 밝은 색 明るい色. 밝은 분위기 明るい雰囲気. 전망이 밝은 사업 見通しの明るい事業. 법률에 밝은 사람 法律に明るい人. ❷ (目や耳などが)いい. ∥눈이 밝다 目がいい. ∥시력이 밝다 [視力]がいい.
밝다² [박따] 圓 (夜·年が)明ける. ∥날이 밝다 夜が明ける.
밝아지다 [발가-] 圓 明るくなる. ∥표정이 밝아지다 表情が明るくなる.
밝혀-내다 [발켜-] 働 明らかにする; (不明な点)を突き止める. ∥사고 원인을 밝혀내다 事故の原因を突き止める.
밝혀-지다 [발켜-] 圓 (真相などが)明らかになる; (実態などが)明るみに出る. ∥사실이 밝혀지다 事実が明らかになる. 사건의 진상이 밝혀지다 事件の真相が明るみに出る.

밝-히다 /palkʰida/【밝키-】他 ❶ 明るくする; 灯す; 照らす. ‖어둠을 밝히는 등대 闇を照らす灯台. ❷ 明らかにする; はっきりさせる; 述べる; 表明する; 語る. ‖입장을 밝히다 立場をはっきりする. ❸ 〈身分などを〉明かす. ‖신분을 밝히다 身分を明かす. ❹ 究明する. ‖기괴한 사건의 내막을 밝히다 怪奇な事件の種明かしをする. ❺ 〈金などに〉執着する; こだわりを見せる. ‖돈을 밝히다 金に執着する傾向がある.

밝는 [밝는-] 他 밟다(踏む)の現在連体形.

밟다 /paːpʰta/【밥 따】他【밟다】他 ❶ 踏む. ‖조국 땅을 밟다 祖国の土を踏む. 자전거 페달을 열심히 밟다 自転車のペダルを一生懸命踏む. 옆사람의 발을 밟다 隣の人の足を踏む. 스텝을 밟다 ステップを踏む. 수속을 밟다 手続きを踏む. ⑨ 밟히다. ❷〈跡などを〉つける; 尾行する. ‖범인의 뒤를 밟다 犯人の跡をつける. ❸〈一定の課程を〉履修する; 修了する. ‖석사 과정을 밟다 修士課程を履修する.

밟아 他 밟다(踏む)의 活用形.
밟은 他 밟다(踏む)의 過去連体形.
밟을 他 밟다(踏む)의 未来連体形.

밟-히다 [발피-] 自 ❶【밟다の受け身動詞】踏まれる. ‖전철 안에서 발을 밟히다 電車の中で足を踏まれる. ❷〔主に눈에 밟히다の形で〕目に浮かぶ. ‖내 얼굴이 눈에 밟히다 子どもの顔が目に浮かぶ.

밤[1] /pam/ 名 夜; 晩; 夜中. ⑨ 낮. ‖요즘은 밤 늦게까지 바쁘다 この頃は夜遅くまで忙しい. 밤을 새우다 夜を明かす. 밤늦게 죄송합니다만 夜分に申し訳ありませんが. ▶밤말은 쥐가 듣고 낮말은 새가 듣는다(俚)壁に耳あり障子に目あり.

밤[2] /paːm/ 名 栗. ‖밤을 따다 栗をとる. 밤 주우러 가다 栗拾いに行く. 군밤 焼き栗.

밤-거리 [-꺼-] 名 夜の街. ‖밤거리를 헤매다 夜の街をさまよう.
밤-길 [-낄] 名 夜道.
밤-꽃 [-꼳] 名 栗の花.
밤-나무 名【植物】クリ(栗)の木.
밤-나방 名【昆虫】ヨトウガ(夜盗蛾).
밤-낚시 [-낙씨] 名 夜釣り.

밤낮 /pamnat/ [-낟] 名 昼夜; 日夜. ‖밤낮을 가리지 않고 연습하다 日夜を分かたず練習する.
── いつも; 常に. ‖밤낮 실험에 몰두하고 있다 いつも実験に打ち込んでいる.
밤낮-없이 [-나딥씨] 副 夜昼なく; いつも; 常に.
밤-눈 名 夜目. ▶밤눈이 어둡다 夜目がきかない.
밤-늦다 [-는따] 形 夜が遅い.
밤-도둑 [-또-] 名 夜盗.

밤-무대 (-舞臺) 名 キャバレーなどでの夜の舞台. ‖밤무대에서 노래하고 있다 夜のキャバレーで歌っている.
밤-바람 [-빠-] 名 夜風. ‖밤바람이 차다 夜風が冷たい.
밤-밥 [-빱] 名 栗ご飯.
밤-밥 [-빱] 名 夜食.
밤-배 [-빼] 名 夜船.
밤-버섯 [-섣] 名【植物】クリタケ(栗茸).
밤-비 [-삐] 名 夜雨; 夜の雨. ‖밤비가 처량하게 내리다 夜雨がわびしく降る.
밤-사이 [-싸-] 名 夜のうち; 夜中. (縮)밤새. ⑨ 밤새.
밤-새 [-쎄] 名 밤사이の縮約形. ‖밤새 고민하다 一晩中悩む.
밤새-껏 [-껃] 副 夜通しに; 一晩中.
밤새-도록 副 夜が明けるまで; 一晩中夜もすがら. ‖밤새도록 얘기하다 夜もすがら語る.
밤-새우다 自 夜明かしする; 徹夜する.
밤-색 (-色) 名 栗色; 焦げ茶色.
밤-샘 自他 夜明けすること; 徹夜すること. ‖밤샘을 해서 리포트를 다 쓰다 夜明かしでレポートを書き上げる.
밤-손님 [-쏜-] 名 ❶ 夜のお客. ❷〔比喩的に〕泥棒.
밤-송이 名 栗のいが. ‖밤송이가 벌어지다 栗のいががはじける.
밤-안개 名 夜霧. ‖밤안개가 자욱하다 夜霧が立ち込める.
밤-알 名 栗の実. ‖밤알이 여물다 栗がよく実る.
밤-업소 (-業所) [-쏘] 名 キャバレーやバーなど深夜営業をする店.
밤-이슬 [-니-] 名 夜露. ‖밤이슬에 젖다 夜露にぬれる.
밤-일 [-닐] 自他 ❶ 夜なべ; 夜勤. ❷ 房事.
밤-잠 [-짬] 名 夜の眠り. ‖밤잠을 설치다 寝そびれる.
밤중-에 (-中-)【-쭝-】 副 夜中に; 深夜に.
밤-차 (-車) 名 夜汽車; 夜行バス.
밤-참 (-站) 名 夜食.
밤-톨 名 栗の実.
밤-하늘 名 夜空. ‖밤하늘을 올려다 보다 夜空を見上げる.

밥 /pap/ 名 ❶ ご飯; 飯. ‖밥을 먹다 ご飯を食べる. 밥을 짓다 ご飯を炊く. ⑨ 食事. ‖밥 먹으러 가자 食事に行こう. ❸【動物の】えさ. ‖개밥 犬のえさ. ❹ 分け前; 取り前; 取り分. ‖내 밥은 내가 찾아 먹는다 自分の取り分は自分で取りなさい. ❺ いけにえ; 餌食; かも; 言いなり. ‖저 애는 내 밥이야 あの子は私の言いなりなの. ▶밥 먹듯 하다 日常茶飯事だ.

밥-값 [-깝] 名 食費; 食事代; 食い扶持. ‖밥값도 못하다 稼ぎが悪い.

밥-걱정 [-걷쩡] 图 飯の心配; 暮らしの心配. ‖밥걱정 없이 살다 暮らしに心配はない.
밥-공기 (-空器) 图 -ご 飯茶碗.
밥-그릇 [-끄륻] 图 飯茶碗; 食器. 식기(食器). ‖밥그릇에 밥을 담다 飯茶碗にご飯を盛る. ▶밥그릇 싸움 利害をめぐる争い.
밥-도둑 [-또-] 图 ❶穀(こく)つぶし. ❷〔比喩的に〕食が進まないこと.
밥-맛 /pammat/ [밥맏] 图 ❶ご飯自体の味. ❷食欲. ‖밥맛이 없다 食欲がない.
밥-물 [밤-] 图 ご飯を炊くときの水; おねば. 吹きこぼれの水.
밥-벌레 [-뻘-] 图 穀(こく)つぶし.
밥-벌이 [-뻐리] 图 生活のための稼ぎ.
밥-보 [-뽀] 图 〔あざける言い方で〕大食らい.
밥-보자기 (-褓子-) [-뽀-] 图 お膳かけ.
밥-상 (-床) /pap'saŋ/ [-쌍] 图 食膳. ‖밥상을 차리다 食膳の支度をする.
밥상-머리 (-床-) [-쌍-] 图 〔主に밥상머리에서의形で〕食事の際に; 食事の時に. ‖밥상머리에서 무슨 소리를 하고 있니? 食事の時になんてことを言うの.
밥-솥 [-쏟] 图 飯釜; 飯炊き釜.
밥-숟가락 [-쑫-] 图 ご飯を食べるスプーン. ㉺밥숟갈. ‖밥숟가락을 들다 食事を始める.
밥-숟갈 [-쑫깔] 图 밥숟가락의 縮約形.
밥-술 [-쑬] 图 ❶少量のご飯. ❷食べていくこと.
밥-알 图 ご飯粒.
밥-장사 (-䬠) [-짱-] 图 ㉺ 食堂などの商売をすること. ‖밥장사를 하다 食堂を営む.
밥-주걱 [-쭈-] 图 しゃもじ. ‖밥주걱으로 밥을 푸다 しゃもじでご飯をよそう.
밥-줄 [-쭐] 图 生計のための職; 生計. ‖밥줄이 달린 문제 生計がかかっている問題. 밥줄이 끊기다 職を失う.
밥-집 [-찝] 图 食堂; 飯屋.
밥-통 (-桶) 图 ❶飯びつ; おひつ. ❷胃袋. ❸〔比喩的に〕穀(こく)つぶし.
밥-투정 图 ㉺ 食事のことでだだをこねること.
밥-풀 图 ❶ 糊の代わりに使うご飯粒. ❷ ご飯粒.
밥풀-강정 图 おこし.
밧-줄 [바쭐/받쭐] 图 綱; ロープ; 縄. ‖밧줄로 묶다 縄で縛る.
방¹ (方) [姓] 方(バン).
방² (房) 图 房(バン).
방³ (房) /paŋ/ 图 部屋. ‖빈방 空き 部屋. 같은 방을 쓰다 同じ部屋を使う; 相部屋にする. 방이 네 개 있는 집 部屋が4つある家. 방 청소를 하다 部屋の掃除をする.
방⁴ (傍·旁) 图 漢字の旁(つくり). ㉺변(邊).
방⁵ (放) [医会] 图 大砲一発 大砲1発.
방갈로 (bungalow) 图 バンガロー.
방계 (傍系) 【-계/-게】 图 傍系. ‖방계혈족 傍系血族. 방계 회사 傍系会社.
방-고래 (房-) 【-꼬-】 图 オンドル(온돌)の通道.
방공 (防空) ㉺ 防空.
방공-호 (防空壕) 图 防空壕.
방과 (放課) ㉺ 放課. ‖방과 후에 만나다 放課後に会う.
방관 (傍觀) ㉺ 傍観. ‖사태를 방관하다 事態を傍観する. 수수방관 袖手(しゅうしゅ)傍観.
방관-자 (傍觀者) 图 傍観者.
방관-적 (傍觀的) 图 傍観的. ‖방관적인 태도 傍観的な態度.
방광 (膀胱) [解剖] 膀胱.
방광-염 (膀胱炎) 【-념】 图 [医学] 膀胱炎.
방구들 (房-) 【-꾸-】 图 オンドル.
방-구석 (房-) 【-꾸-】 图 ❶部屋の隅. ❷部屋の中. ‖하루 종일 방구석에 틀어박혀 있다 一日中部屋に閉じこもっている.
방귀 /paːŋgwi/ 图 屁; おなら. ‖방귀를 뀌다 おならをする; 屁をひる.
방귀-벌레 [昆虫] ヘビムシ(放屁虫).
방글-거리다 圓 にこにこ笑う.
방글라데시 (Bangladesh) 图 《国名》バングラデシュ.
방글-방글 副 ㉺ にこにこ(と).
방금 (方今) /paŋgum/ 图 たった今; 今し方. ‖방금 나갔다 今し方出て行った.
방긋 [-귿] 副 ㉺ にっこり(と). ‖방긋 웃다 にっこり笑う; にっこりする. **방긋-방긋** 副 ㉺ にこにこ(と).
방긋-거리다 [-귿꺼-] 圓 にこにこ笑う.
방긋-하다 [-귿-] 图 ㉺ いくらか[少し]開いている. ‖꽃망울이 방긋이 열려 있다 花びらが少し開いている. **방긋-이** 副
방기 (放棄) ㉺ 放棄. ‖책임을 방기하다 責任を放棄する.
방년 (芳年) 图 芳紀; 芳年. ‖방년 18 세 芳紀(ほうき)まさに18歳.
방뇨 (放尿) ㉺ 放尿.
방대-하다 (尨大-) 图 ㉺ 膨大だ. ‖방대한 자료 膨大な資料. **방대-히** 副
방도 (方途·方道) 图 方途; 方法; 仕方. ‖방도를 찾아내다 方途を見つけた.
방독 (防毒) ㉺ 防毒.
방독-마스크 (防毒 mask) 图 =방독면(防毒面).

방독-면 (防毒面)【-동-】[명] 防毒面.

방랑 (放浪)【-낭】[명][하자] 放浪; 流浪. さすらい.

방랑-기 (放浪記) [명] 放浪記.

방략 (方略)【-냑】[명] 方略.

방류 (放流)【-뉴】[명][하타] 放流. ∥댐수 방류 廃水放流.

방만-하다 (放漫-) [형][하여] 放漫이다. ∥방만한 운영 放漫な運営. **방만-히** [부]

방망이 ❶ 砧(きぬた)を打つ棒. ❷ 棍棒(こんぼう).

방망이-질 [명][하타] 砧を打つこと; 胸騒ぎがすること. ∥가슴이 방망이질하는 것 같다 胸が早鐘を打つ(つく)ようだ.

방매 (放賣) [명][하타] 売り出し; 安値で売りさばくこと.

방면[1] (方面) /paŋmjən/ [명] 方面. ∥서울 방면 ソウル方面. 각 방면의 의견을 들어 보다 各方面の意見を聞いてみる. 장래에 어떤 방면으로 나가고 싶니? 将来どの方面に進みたいの.

방면[2] (放免) [명][하타] 放免. ∥죄수를 방면하다 囚人を放免する. **방면-되다** [자]

방명 (芳名) [명] 芳名.

방명-록 (芳名錄)【-녹】[명] 芳名録.

방모 (紡毛) [명] 紡毛.

방모-사 (紡毛絲) [명] 紡毛糸.

방목 (放牧) [명] 放牧.

방목-지 (放牧地)【-찌】[명]

방문[1] (房門) [명] 部屋のドア.

방문[2] (訪問) /pa:nmun/ [명][하타] 訪問; 訪ねること; 訪れること. ∥이는 자주 집을 방문하다 知人の家を訪ねる. 낯선 사람의 방문을 받다 見知らぬ人の訪問を受ける.

방문-객 (訪問客) [명] 訪問客.

방문 판매 (訪問販賣) [명] 訪問販売.

방물 女性の化粧品・日用品などの小間物.

방물-장사 [명][하자] 小間物売り.

방미 (訪美) [명][하자] 訪米.

방-바닥 (房-)【-빠-】[명] 部屋の床.

방방곡곡 (坊坊曲曲)【-꼭】[명] 津々浦々. ⑯곡곡 (曲曲).

방백 (傍白) (演劇で) 傍白(ぼう). ∔観客だけに聞こえhe相手役には聞こえない想定になっているせりふ.

방범 (防犯) [명][하타] 防犯.

방법 (方法) /paŋbəp/ [명] 方法; 仕方. ∥좋은 방법이 없을까요? いい方法はないでしょうか. 그 사람은 문제를 잘못 방법으로 해결하려고 하고 있다 彼は問題を間違った方法で解決しようとしている. 최선의 방법 最善の方法. 대응 방법 対応の仕方. 조작 방법 操作の仕方.

방법-론 (方法論)【-뽄】[명] 方法論.

방벽 (防壁) [명] 防壁.

방부 (防腐) [명][하타] 防腐.

방부-제 (防腐劑) [명] 防腐剤.

방불[1] (彷彿・髣髴) [형] 彷彿たる. ∥전쟁터를 방불게 하다 戰場を彷彿させる.

방비 (防備) [명][하타] 防備.

방사[1] (放射) [명][하타] 放射.

방사-능 (放射能) [명] 放射能.

방사-상 (放射狀) [명] 放射状.

방사-선 (放射線) [명] 放射線. ∥방사선 치료 放射線治療.

방사선-과 (放射線科)【-꽈】[명] 放射線科.

방사-성 (放射性)【-썽】[명] 放射性. ∥방사성 원소 放射性元素.

방사[2] (紡紗) [명][하타] 紡糸.

방사[3] (房事) [명][하타] 房事.

방사-림 (防砂林) [명] 防砂林.

방사-하다 (倣似-) [형][하여] 酷似している. ∥내용이 다른 책하고 방사하다 内容が他の本に酷似している.

방생 (放生) [명][하타] 放生(ほうじょう).

방생-회 (放生會)【-/-훼】[명] 放生会(え).

방석 (方席) [명] 座布団.

방선 (傍線) [명] 傍線; サイドライン.

방설 (防雪) [명] 防雪.

방설-림 (防雪林) [명] 防雪林.

방성-대곡 (放聲大哭) [명][하자] =방성통곡.

방성-통곡 (放聲痛哭) [명][하자] 慟哭(どうこく); 大声で泣き悲しむこと.

방-세 (房貰)【-쎄】[명] 部屋代; 家賃. ∥방세가 밀리다 家賃の支払いが滞っている. 방세를 내다 家賃を払う.

방송 (放送) /pa:nsoŋ/ [명][하타] 放送. ∥녹화된 것을 방송하다 録画したものを放送する. 생방송 生放送. 텔레비전 방송 テレビ放送. 유선 방송 有線放送.

방송-국 (放送局) [명] 放送局.

방송-망 (放送網) [명] 放送網; ネットワーク.

방수[1] (防水) [명][하타] 防水. ∥방수 처리 防水加工.

방수-복 (防水服) [명] 防水着; 防水服.

방수-제 (防水劑) [명] 防水剤.

방수[2] (防守) [명][하타] 防ぎ守ること; 防御.

방수[3] (放水) [명][하타] 放水.

방수-로 (放水路) [명] 放水路.

방수[4] (傍受) [명][하타] 傍受.

방술 (方術) [명] 方術.

방습 (防濕) [명][하타] 防湿.

방습-제 (防濕劑) [명] 防湿剤.

방식 (方式) /paŋʃik/ [명] 方式; 様式; やり方. ∥정해진 방식에 따르다 決められた方式に従う. 사고방식 考え方. 생활 방식 生活の様式. 그는 그의 방식대로 일을 추진했다 彼は彼のやり方で仕事を進めた.

방실-거리다 자 にこにこ(と)笑う.
방실-방실 부 にこにこ(と).
방심[1] (放心) /paŋʃim/ 명 하자 油断, 呆然とすること. ‖방심은 금물 油断は禁物. 방심하는 사이에 차를 놓치다 呆然としている間に車に乗り遅れる.
방심[2] (傍心) 명 《数学》 傍心(ぼう).
방아 臼や杵(きね)など穀物を搗(つ)く用具. ‖방아를 찧다 臼を搗く. 물레방아 水車.
방아-깨비 (昆虫) ショウリョウバッタ (精霊飛蝗).
방아-살 牛のヒレ肉.
방아-쇠 [-/-쒜] 명 (銃の)引き金. ‖방아쇠를 당기다 引き金を引く.
방안 (方案) 명 方案; 方針. ‖대처 방안 対処方針.
방앗-간 (-間) [-아깐/-앋깐] 명 精米所.
방앗-공이 [-아꽁-/-앋꽁-] 명 杵(きね).
방약무인 (傍若無人) [-양-] 명 하자 傍若無人.
방어[1] (防禦) 명 하타 防御. ‖공격(攻撃).
방어-망 (防禦網) 명 防禦網.
방어-율 (防禦率) 명 (野球で)防禦率.
방어-전 (防禦戰) 명 (プロボクシングで)防禦戰.
방어[2] (魴魚) (魚介類) ブリ(鰤).
방언 (方言) 명 方言.
방언-학 (方言學) (言語) 方言学.
방역 (防疫) 명 하타 防疫.
방열 (放熱) 명 放熱.
방열-기 (放熱器) 명 放熱器; ラジエーター.
방영 (放映) 명 하타 放映. **방영-되다** 자동.
방울 /paŋul/ 명 ❶ 鈴. ‖방울 소리 鈴の音. 고양이는 목에 방울을 달고 있다 猫は首に鈴をつけている. ❷ 玉. ‖땀방울 玉の汗. ❸ しずく. ‖눈물 방울 涙のしずく.
— 의존 …滴. ‖물 한 방울 水1滴.
방울-눈 [-룬] 명 どんぐり眼.
방울-뱀 (動物) ガラガラヘビ.
방울-벌레 (昆虫) スズムシ(鈴虫).
방울-새 [-쌔] 《鳥類》 カワラヒワ (河原鶸).
방위[1] (方位) 명 方位; 方角.
방위[2] (防衛) 명 하타 防衛. ‖정당방위 正当防衛. 방위력을 증강하다 防衛力を増強する. 방위 산업 군수산업.
방위-비 (防衛費) 명 防衛費.
방음 (防音) 명 하타 防音. ‖방음이 잘 되어 있는 방 防音の優れている部屋.
방음-벽 (防音壁) 명 防音壁.
방음-장치 (防音装置) 명 防音装置.
방음-재 (防音材) 명 防音材.
방일 (訪日) 명 訪日.

방임 (放任) 명 하타 放任. ‖자유방임 自由放任.
방임-주의 (放任主義) [-/-이] 명 放任主義.
방자-하다 (放恣-) 형 하여 放恣(ほうし)だ; 勝手気ままだ; 横柄だ. ‖방자한 태도 わがままな態度.
방적 (紡績) 명 하타 紡績.
방적-사 (紡績絲) [-싸] 명 紡績糸.
방전-관 (放電管) 명 放電管.
방전-등 (放電燈) 명 放電灯.
방점 (傍點) 명 〔쎔〕 傍点. ‖방점을 찍다 傍点をつける.
방정 /paŋdʒəŋ/ 명 軽はずみな言動. ‖방정을 떨면서 얘기하다 軽々しいふるまいで話す.
방정-꾼 명 軽率な人; お調子者.
방정-맞다 [-맏따] 형 浮かれて騒ぎ回る. ‖하는 짓이 방정맞다 そそっかしい. 방정맞은 소리를 하다 縁起でもないことを言う.
방정-식 (方程式) /paŋdʒəŋʃik/ 명 《数学》 方程式. ‖방정식을 풀다 方程式を解く. 이차 방정식 二次方程式.
방정-하다 (方正-) 형 하여 方正だ. ‖품행이 방정한 학생 品行方正な学生.
방조 (幇助·幫助) 명 《法律》 幇助(ほうじょ).
방조-범 (幇助犯) 《法律》 幇助犯.
방조-죄 (幇助罪) [-죄/-줴] 명 《法律》 幇助罪.
방종 (放縱) 명 하형 放縱. ‖방종한 생활 放縱な生活.
방주[1] (方舟) 명 箱舟. ‖노아의 방주 ノアの方舟.
방주[2] (旁註·傍註) 명 하타 傍注. ‖방주를 달다 傍注をつける.
방죽 명 堤防; 土手.
방중 (房中) 명 訪中.
방중-술 (房中術) 명 房事の方法や技巧.
방증 (傍證) 명 하타 傍証(ほうしょう).
방지 (防止) /paŋdʒi/ 명 하타 防止; 防ぐこと. ‖사고를 미연에 방지하다 事故を未然に防ぐ. 위험 방지 危険防止. **방지-되다** 자동.
방지-책 (防止策) 명 防止策.
방직 (紡織) 명 하타 紡織. ‖방직공업 紡織工業.
방진 (防塵) 명 防塵.
방책[1] (方策) 명 方策. ‖방책을 강구하다 方策を講じる.
방책[2] (防柵) 명 敵の侵入を防ぐための柵.
방첩 (防諜) 명 자동 防諜. ‖방공방첩 防共防諜.
방청 (傍聽) /paŋtʃʰəŋ/ 명 하타 傍聽. ‖국회 본회의를 방청하다 国会の本会議を傍聽する.

방청-객(傍聽客) 圏 傍聽人.
방청-권(傍聽券) 圏 [-꿘] 傍聽券.
방청-석(傍聽席) 圏 傍聽席.
방청-인(傍聽人) 圏 傍聽人.
방초(芳草) 圏 芳草.
방추(方錐) 圏 方錐.
방출(放出) 圏 他 放出. ‖에너지를 방출하다 エネルギーを放出する. **방출-되다** 受動
방충(防蟲) 圏 他 防蟲.
방충-망(防蟲網) 圏 防蟲網; 網戶.
방충-제(防蟲劑) 圏 防蟲劑. ‖방충제를 뿌리다 防虫剤をかける.
방치(放置) /pa:ŋtɕʰi/ 圏 他 放置; 置きざりにすること. ‖역 앞에 자전거를 방치하다 駅前に自転車を放置する. **방치-되다** 受動
방침(方針) 圏 ❶ 方針. ‖방침을 세우다 方針を立てる. ❷ 磁石の針.
방탄(防彈) 圏 他 防彈.
방탄-유리(防彈琉璃) 圏 [-뉴-] 防彈ガラス.
방탄-조끼(防彈-) 圏 防彈チョッキ.
방탄-차(防彈車) 圏 防彈車.
방탕(放蕩) 圏 形 放蕩(はう). ‖방탕한 생활 放蕩な生活.
방탕-아(放蕩兒) 圏 蕩兒.
방파-제(防波堤) 圏 防波堤.
방패(防牌) 圏 盾. ‖창과 방패 槍と盾.
방패-막이(防牌-) 圏 他 口実を設け, 自分の立場を守ること; ごまかすこと; 予防線を張ること.
방패-연(防牌鳶) 圏 とんび凧.
방편(方便) 圏 方便.
방풍(防風) 圏 他 防風.
방풍-림(防風林) 圏 [-님] 防風林.

방학

방학(放學) /pa:ŋhak/ 圏 自 (夏休み·冬休みなど)学校の長期休暇. ‖즐거운 여름 방학 楽しい夏休み. ‖긴 겨울 방학 長い冬休み.

방한¹(防寒) 圏 他 防寒.
방한-구(防寒具) 圏 防寒具.
방한-복(防寒服) 圏 防寒服.
방한²(訪韓) 圏 他 訪韓. ‖미국 대통령의 방한 アメリカ大統領の韓国訪問.
방해(妨害) /paŋɦɛ/ 圏 他 妨害; 邪魔. ‖통행을 방해하다 通行を妨害する. 영업 방해 営業妨害. 방해 전파 妨害電波.
방해-꾼(妨害-) 圏 邪魔者.
방해-물(妨害物) 圏 妨害物; 邪魔物.
방해-죄(妨害罪) 圏 [-죄 /-꿰] 《法律》妨害罪. ‖공무 집행 방해죄 公務執行妨害罪.

방향

방향¹(方向) /paŋɦjaŋ/ 圏 ❶ 方向. ‖방향 감각 方向感覚. 進行方向. 나아가야 할 방향 進むべき方向. 연구 방향이 정해지다 研究の方向が決まる. 화해하는 방향으로 이야기가 모아지다 和解の方向で話がまとまる. 소리가 나는 방향 音のする方向. ❷ 향. ‖바람의 방향이 바뀌다 風の向きが変わる. 화살이 날아가는 방향 矢が飛んでいく向き. 회전 방향 回転の向き.
방향²(芳香) 圏 芳香.
방향-제(芳香劑) 圏 芳香劑.
방화¹(邦畫) 圏 ㉠外화(外畫).
방화²(防火) 圏 自他 防火.
방화-사(防火沙) 圏 防火用の砂.
방화-수(防火水) 圏 防火用水.
방화³(放火) 圏 自他 放火.
방화-범(放火犯) 圏 《法律》放火犯.
방화-죄(放火罪) 圏 [-죄 /-꿰] 《法律》放火罪.
방황(彷徨) 圏 自 彷徨(はう); さまようこと. ‖서울 시내를 방황하고 다니다 ソウル市内をさまよい歩く.
방휼지쟁(蚌鷸之爭) 圏 鷸蚌(いっぱう)の争い; 漁夫の利.

밭

밭¹ /pat/ 圏 ❶ 畑. ‖밭을 갈다 畑を耕す. 보리밭 麦畑. 꽃밭 花畑. ❷ あるものが全面に広がっている所. ‖풀밭 草原. 자갈밭 砂利の多い所.
밭-갈이(-) 圏 他 畑を耕すこと.
밭-고랑(-) 圏 畝(うね)と畝の間(あひだ); 畝間(うねま). ‖밭고랑을 일구다 畝を掘り起こす.
밭-농사(-農事) 圏 畑作.
밭-둑 [받뚝] 圏 畦(あぜ).
밭-뙈기 [-떼-] 圏 わずかばかりの畑.
밭-매기 [반-] 圏 他 畑の草取り.
밭-문서(-文書) 圏 畑の所有權を証明する文書.
밭-보리 [받뽀-] 圏 畑に植える麦.
밭은-기침 圏 軽い空咳.
밭-이랑 [반니-] 圏 畑の畝(うね).
밭-일 [반닐] 圏 自 畑仕事.
밭-치다 [받-] 圏 濾(こ)す; (ふるいに)かける. ‖체에 밭치다 ふるいにかける.

배

배¹ /pɛ/ 圏 ❶ (人·動物の)腹; お腹; 腹部. ‖배가 나오다 お腹が出る. 배가 고프다 お腹がすく; お腹が減る. 아랫배 下っ腹. 배다른 형제 腹違いの兄弟. ❷ (長いものの)中央の膨らんだ部分. ‖배가 불룩한 항아리 中央部が膨らんだ甕(かめ). ▶배가 아프다 (人の成功などが)妬ましい. ▶배를 곯다 飢える; お腹をすかす. ▶배를 퉁기다 傲慢なふるまう. ▶배가 남산만 하다 《慣》「お腹が南山のようだ」の意で) 妊娠してお腹が大きくなり出ている. ▶배보다 배꼽이 더 크다 《慣》(「腹より臍(へそ)の方が大きい」の意で) 本末転倒だ.
배² /pɛ/ 圏 船; 舟. ‖배를 타고 가다 船に乗っていく.
배³ /pɛ/ 圏 梨の実.
배⁴(倍) /pɛ:/ 圏 倍. ‖이익이 배가 되다 利益が倍になる. 배로 늘리다 倍増する.

—倍 …倍. ‖두 배 2倍.
배⁵〔胚〕图〈生物〉胚.
배⁶〔裵〕图 裵(ペ).
-배⁷〔杯·盃〕接尾 …杯. …カップ. ‖우승배 優勝杯.
-배⁸〔輩〕接尾〔一部の名詞に付いて〕やから·連中を表わす語:…輩.‖동년배 同年輩.
배가〔倍加〕图自他 倍加.倍になること.‖우리 부서에서는 업무가 배가되었다 新しい部署では業務が倍加された.어려움이 배가되다 困難が倍加する.
배갈 图 コーリャン(高梁)酒.
배겨-나다 图 耐える; 辛抱する; こらえる.
배겨-내다 图 堪え抜く; 耐え忍ぶ. ‖가혹한 훈련에도 배겨내다 辛い訓練も堪え抜く.
배격〔排擊〕图他 排擊. **배격-당하다** 受身
배견〔拜見〕图他 拜見.
배경〔背景〕/pe:gjəŋ/图 ❶背景. ‖배경으로 산을 그리다 背景に山を描く. 사건의 배경 事件の背景. ❷経済力を背景とした政治的圧力 経済力を背景とした政治的圧力.
배경 음악〔背景音樂〕背景音楽; BGM.
배게〔拜啓〕/-/-게/图 拜啓; 謹啓.
배-고프다/begopuda/图〔으変〕〔배고파, 배고픈〕お腹がへる.お腹がすいている;空腹である;ひもじい. ‖배고파서 아무것도 할 수 없다 お腹がすいて何もできない. 지금 너무 배고픈데 뭐든지 주세요 今おなかがへったので,何でもください. 배고팠던 기억 ひもじい思い.
배고픔 图 飢え.
배관〔配管〕图他 配管.‖배관 공사 配管工事.
배광-성〔背光性〕-성]图〈植物〉背光性.
배교〔背敎〕图自 背敎; 宗教の教えに背くこと.
배구〔排球〕图〈スポーツ〉バレーボール.‖배구공 バレーボールのボール.
배근〔背筋〕图 背筋.图副令室.
배금〔拜金〕图他 拜金.
   배금-주의〔拜金主義〕/-/-이]图 拜金主義.
배급〔配給〕图他 配給.‖식량 배급 食料配給. **배급-되다** 受身
   배급-제〔配給制〕/-제]图 配給制.
배기〔排氣〕图 排気.
   배기-가스〔排氣 gas〕图 排気ガス; 排ガス.
   배기-관〔排氣管〕图 排気管.
   배기-량〔排氣量〕图 排気量.
배기다¹ 图〔ものの固さが体にこたえている;(体に)当たる; 痛い. ‖포켓에 벗겨서 청바지를 입고는 잘 수 없다 ポケットが当たるからジーパンを履いては寝られない.

배기다²/pegida/图 ❶ねばる;끝까지 버티다 最後までねばる. ❷〔못 배기다의 形で〕耐えられない; 我慢できない; いられない; いたたまれない. ‖배가 고파서 안 먹고는 못 배기겠다 お腹がすいて食べずにはいられない.
배-꼽/pe²kop/图 ❶臍/-/. ❷スイカ·カボチャなどのがくの跡. ▶배꼽을 빼다 おかしくて大笑いする. ▶배꼽을 잡다〔쥐다〕おかしくて大笑いする.
   배꼽-시계〔-時計〕/-씨-/-씨-게/图 腹時計.
   배꼽-참외〔/-/-차뫼/图〈植物〉へたがついていたところが突き出たマクワウリ.
   배꼽-춤 图 ベリーダンス.
배-나무 图〈植物〉ナシ(梨)の木.
배낭〔背囊〕图 背囊/ハ/; リュックサック.
   배낭-여행〔背囊旅行〕/-녀-/图 バックパッキング旅行.
배낭〔胚囊〕图〈植物〉胚囊/ハ/.
배내-똥 图 ❶胎便. ❷死ぬ時に出す大便.
배내-옷[-옫] 图 産着.
배냇-니[-낸-] 图 乳歯.
배냇-머리[-낸-] 图 産毛.
배냇-저고리[-내쩌 /-낸쩌-] 图 産着.
배냇-짓[-내찓 /-낸찓] 图自 赤ん坊お母ちゃん時のようなしぐさ.
배다¹/pe:da/图 ❶しみ込む; しみつく. ‖땀 냄새가 옷에 배다 汗のにおいが服にしみつく. ❷身がつく; 慣れる; なじむ. ‖일이 손에 배었다 仕事が手になじんできた.
배다²/pe:da/他 身ごもる; 妊娠する; (子を)はらむ. ‖아이를 배다 子どもを身ごもる.
배-다르다 图〔르変〕腹違いの. ‖배다른 형제 腹違いの兄弟; 異母兄弟.
배달〔配達〕图他 配達;出前. ‖신문 배달 新聞配達. 배달시켜 먹다 出前を取る.
배달²〔倍達〕배달나라〔倍達-〕の略語.
   배달-겨레〔倍達-〕图 韓民族.
   배달-나라〔倍達-〕[-라-]图 古代朝鮮の名称. 略배달〔倍達〕.
   배달-민족〔倍達民族〕图〔古風な言い方で〕韓民族.
배당〔配當〕图他 配当; 割り当て. ‖이익을 배당하다 利益を配当する. 일을 배당하다 仕事を割り当てる. **배당-되다**[-받다] 受身
   배당-금〔配當金〕图 配当金.
   배당-률〔配當率〕-뉼]图 配当率.
배드민턴〔badminton〕图〈スポーツ〉バドミントン.
배-때기 图〔배の俗語〕腹.
배란〔排卵〕图自 排卵.
   배란-기〔排卵期〕图 排卵期.

배럴 (barrel) 依存 体積の単位; …バーレル. ∥石油 1 배럴은 약 백오십구 리터이다 石油 1 バーレルは約 159 リットルである.

배려 (配慮) /pɛrjʌ/ 名 他動 配慮; 心遣い. ∥상대방 입장을 배려하다 相手の立場を配慮する. 세심한 배려 細やかな心遣い.

배롱-나무 名 植物 サルスベリ (猿滑).

배-문자 (背文字) 【-짜】 名 背文字.

배-밀이 名 他動 赤ん坊が這(は)うこと; はいはいすること.

배반 (背反・背叛) /pɛban/ 名 他動 背反; 裏切り; 裏切ること; 背くこと. ∥조직을 배반하다 組織を裏切る. 배반 행위 裏切り行為. 이를테면 二重背反. **배반-당하다** 受動

배반-자 (背反者) 名 裏切り者.

배배 副 (紐切)などが幾重にもよじれた[ねじれた]様子. ∥배배 꼬다 幾重にも縒(よ)る. 배배 꼬이다 幾重にもよじれた[ねじれた].

배변 (排便) 名 他動 排便.

배복 (拜復・拜伏) 名 他動 拜復.

배본 (配本) 名 他動 配本.

배부 (配付) 名 他動 配付. ∥자료를 배부하다 資料を配付する. **배부-되다** 受動

배-부르다 /pɛburuda/ [르変] [배불러, 배부른] ❶ お腹がいっぱいだ. ∥배불러서 더 이상 못 먹겠다 お腹がいっぱいでこれ以上は食べられない. ❷ (妊娠して)お腹が出ている. ❸ 満ち足りて困っていない.

배분 (配分) 名 他動 配分. ∥이익을 배분하다 利益を配分する. **배분-되다** 受動

배불 (排佛) 名 他動 排仏; 仏教を排斥すること; 仏教を嫌うこと. ∥이씨 조선의 배불 정책 李朝の排仏政策.

배-불뚝이 名 太鼓腹.

배불리 副 腹いっぱい(に); 満腹に. ∥저녁을 배불리 먹다 夕食をお腹いっぱい食べる.

배불^숭유^정책 (排佛崇儒政策) 名 排仏崇儒政策. ✦朝鮮時代の仏教を排し, 儒教を崇めた政策.

배상¹ (拜上) 名 他動 〔手紙の最後に用いて〕拜具; 敬具.

배상² (賠償) 名 他動 賠償. ∥손해 배상 損害賠償. **배상-받다** 受動

배상-금 (賠償金) 名 賠償金.

배색 (配色) 名 他動 配色.

배서 (背書) 名 他動 裏書き.

배서-인 (背書人) 名 裏書人.

배석 (陪席) 名 他動 陪席.

배선 (配線) 名 他動 配線. ∥배선 공사 配線工事.

배선-도 (配線圖) 名 配線図.

배선-반 (配線盤) 名 配線盤.

배설 (排泄) 名 他動 排泄.

배설-기 (排泄器) 名 排泄器.

배설-물 (排泄物) 名 排泄物.

배속 (配屬) 名 自動 配属. ∥총무부에 배속되다 総務部に配属される.

배송 (配送) 名 他動 配送.

배수¹ (倍数) 名 《数学》倍数. ㉑약수 (約数).

배수² (排水) 名 他動 排水.

배수-구¹ (排水口) 名 排水孔.

배수-구² (排水溝) 名 = 배수로 (排水路).

배수-관 (排水管) 名 排水管.

배수-량 (排水量) 名 排水量.

배수-로 (排水路) 名 排水溝.

배수-펌프 (排水 pump) 名 排水ポンプ.

배수³ (配水) 名 他動 配水.

배수-관 (配水管) 名 配水管.

배수-진 (背水-陣) 名 背水の陣. ▶배수진을 치다 背水の陣を敷く.

배-숙 (-熟) 名 皮をむいて丸ごと煮た梨に胡椒の実をところどころはめ込んでから, 煮立てた蜂蜜に漬けたもの.

배시시 副 にこりと; にこっと. ∥배시시 웃다 にこりと笑う.

배식 (配食) 名 他動 配食.

배신 (背信) 名 他動 裏切り; 背信. ∥친구를 배신하다 友だちを裏切る. 배신 행위 背信行為. **배신-당하다** 受動

배신-자 (背信者) 名 裏切り者; 背信の徒.

배심 (陪審) 名 他動 陪審.

배심-원 (陪審員) 名 《法律》陪審員.

배심^제도 (陪審制度) 名 《法律》陪審制度.

배아 (胚芽) 名 植物 胚芽.

배알¹ (창자의 俗語) ❶ はらわた. ❷ 心; 気持ち. ❸ 楠瘤(だこぶ); 立腹. ▶배알이 꼴리다[뒤틀리다] 腹の虫がおさらない.

배알² (拜謁) 名 他動 拜謁(えつ).

배-앓이 [-아리] 名 自動 腹痛. ∥배앓이를 하다 腹痛を起こす.

배양 (培養) /pɛjaŋ/ 名 他動 培養. ∥세균을 배양하다 細菌を培養する. 국력을 배양하다 国力を培養する.

배양-기 (培養基) 名 培養基.

배양-액 (培養液) 名 培養液.

배양-토 (培養土) 名 培養土.

배어-나다 自 にじみ出る. ∥이마에 땀이 배어나다 額に汗がにじみ出る.

배어-들다 自 [을語幹] しみ込む. ∥맛이 배어들다 味がしみ込む.

배역 (配役) 名 他動 配役; キャスト.

배열 (排列・排列) /pɛjʌl/ 名 他動 配列. ∥연대순으로 배열하다 年代順に配列する. 원자 배열 原子配列. **배열-**

배엽(胚葉) 图《動物》胚葉.
배영(背泳) 图 背泳, 背泳ぎ.
배우(俳優) /pɛːu/ 图 俳優; 役者. ‖映畫俳優 映畵俳優. 性格俳優 性格俳優.

배우다 /pɛuda/ 他 習う; 教わる; 教えてもらう; 学ぶ. ‖大学校에서 韓国語를 배우고 있다 大学で韓国語を学んでいる. 어머니한테서 김치 담그는 법을 배웠다 母からキムチの漬け方を教わった. 英語 기초는 오빠한테서 배워 英語の基礎は兄に教えてもらう. 오늘 그로부터 많은 것을 배웠다 今日彼から多くのことを学んだ.

배우-자(配偶者) /pɛudʒa/ 图 配偶者.
배우-체(配偶體) 图《植物》配偶体.
배움-터 图 学び舎.
배웅 /pɛuŋ/ 图《하타》 見送り. ‖친구를 배웅하러 友だちを見送る. 역까지 배웅하러 나가다 駅まで見送りに行く.
배율(倍率) 图 倍率.
배은-망덕(背恩忘徳)《하形》 恩知らず; 忘恩. ‖저 배은망덕한 인간! あの忘恩野郎め.
배일(排日) 图《하타》排日. ‖배일 감정 排日感情.
배일-성(背日性)【-썽】图《植物》背光性.
배임(背任) 图《하타》背任.
배임-죄(背任罪)【-쬐 /-쮀】图《法律》背任罪.
배전(配電) 图《하타》配電.
배전-반(配電盤) 图 配電盤.
배전-선(配電線) 图 配電線.
배점(配點)【-쩜】图 配点.
배정(配定) 图《하타》割り当てを決めること. ‖추첨으로 학교를 배정하다 抽選で学校を決める. **배정-되다**【-받다】《하자》
배제(排除) 图《하타》‖반대 세력을 배제하다 反対勢力を排除する. **배제-되다**【-당하다】《하자》
배증(倍增) 图《하타》倍増. ‖소득이 배증하다 所得が倍増する.
배지(badge) 图 バッジ. 徽章(徽章). ‖배지를 달다 バッジをつける.
배-지기 图《시름の技で》腰投げ.
배-지느러미 图《魚介類》腹びれ.
배지-성(背地性)【-썽】图《植物》背地性.
배-짱 /pɛ*tsaŋ/ 图 ❶腹の中; 心積もり. ❷度胸; 肝っ玉. ‖배짱이 두둑하다 度胸がある; 肝が据わっている. ▶배짱을 내밀다 ごまかくふるまう. ▶배짱을 통기다 ごり押しする.
배차(配車) 图《하타》配車.
배척(排斥) 图《하타》排斥. ‖외제품을 배척하다 外国製品を排斥する. **배척-**

-당하다 《하자》
배추 /pɛ*tsʰu/ 图《植物》ハクサイ(白菜). ‖배추를 소금에 절이다 白菜を塩漬けする. 배추 세 포기 白菜 3株.
배추-김치《料理》白菜キムチ.
배추-흰나비【-힌-】图《昆虫》モンシロチョウ(紋白蝶).
배추-속【추쭉 / 추쏙】图 白菜の芯.
배추-벌레 图《昆虫》アオムシ(青虫).
배출[1](排出) 图《하타》排出.
배출-구(排出口) 图 排出口; はけ口.
배출[2](輩出) 图 輩出. ‖이 고등학교는 지금까지 많은 인재를 배출했다 この高校は今まで多くの人材を輩出した. **배출-되다**《하자》
배치[1](背馳) 《하자》背馳(はい); 反対になること. ‖인륜에 배치되다 人倫に背馳する.
배치[2](配置) /pɛːtsʰi/ 图《하타》配置. ‖현장에 경비원을 배치하다 現場に警備員を配置する. 책상 배치를 바꾸다 机の配置を変える. **배치-되다**《하자》
배치-도(配置圖) 图 配置図.
배타(排他) 图《하타》排他.
배타-적(排他的) 图 排他的. ‖배타적인 경향 排他的な傾向.
배타적 경제수역(排他的經濟水域) 图 排他的経済水域.
배타-주의(排他主義)【-/-이】图 排他主義.
배-탈(-頃) /pɛtʰaːl/ 图 腹痛; 食あたり. ‖찬 것을 많이 마셔 배탈이 났다 冷たいものを飲み過ぎてお腹をこわした.
배태(胚胎) 图《하타》胚胎.
배터리(battery) 图 ❶乾電池; バッテリー. 回건전지(乾電池)·축전지(蓄電池). ‖배터리를 교환하다 バッテリーを交換する. ❷《野球で》バッテリー.
배턴(baton) 图 バトン. ‖다음 선수에게 배턴을 넘겨주다 次の選手にバトンを渡す.
배턴-터치(baton + touch 日) 图《하타》バトンタッチ.
배트(bat) 图《野球·ソフトボールで》バット.
배팅(batting) 图《野球で》バッティング. ‖배팅 연습을 하다 バッティングの練習をする. 배팅 오더 バッティングオーダー; 打順.
배-편(-便) 图 船便. 回선편(船便). ‖배편으로 보내다 船便で送る.
배포[1](配布) 图《하타》配布. ‖서류를 배포하다 書類を配布する. **배포-되다**《하자》
배포[2](排布·排鋪) 图《하타》肝っ玉; 度胸. ‖배포가 큰 사람 太っ腹な人.
배필(配匹) 图 配偶者; 連れ合い.
배합(配合) 图《하타》配合. ‖향료를 배합하다 香料を配合する. 색 배합이 안 좋다 色の配合がよくない.

배화-교(拜火敎) 图《宗教》拝火教; ゾロアスター教.

배회(徘徊) 图《-/-》 做自他》 徘徊. ‖ 밤거리를 배회하다 夜の巷(ちまた)を 徘徊する.

배후(背後) 图 背後. ‖ 사건의 배후 관계 事件の背後関係. 배후에서 조종하다 背後から操る.

백¹(白) 图《略》❶〔백색(白色)의 略〕白. ‖ 흑과 백 黒と白. ❷ 碁の白石. ❸ 白組. ❹ 白紙.

백²(白) 图《姓》白.

백³(白) 图《pck/ 数》100歳; 100; 百. ‖ 백까지 세다 100まで数える.
　── 國 100…. ‖ 백 점 百点. 백 퍼센트 100パーセント.

백⁴(back) 图 バック. ‖ 강력한 백이 있다 強力なバックがある.

백⁵(bag) 图 バッグ; かばん. ‖ 핸드백 ハンドバッグ. 쇼핑백 ショッピングバッグ.

-백(拜) 接尾 …敬白. ‖ 주인백 主人敬白.

백가(百家) 图 百家(ぶっか).

백가-쟁명(百家爭鳴) 图 百家争鳴.

백계(百計) 图《-계/-께》あらゆる謀(はかりごと)の方法.

백곡(百穀) 图《-꼭》百穀; 様々な穀物.

백골(白骨) 图《-꼴》白骨.

백골-난망(白骨難忘) 图《-꼴 란-》图 死んでも忘れられないこと.

백-곰(白-) 图《動物》シロクマ(白熊); ホッキョクグマ(北極熊).

백과(百果) 图 様々な果実. ‖ 오곡백과가 풍성한 가을 実り豊かな秋.

백과-주(百果酒) 图 色々な果物で作った実酒.

백과-사전(百科事典) 图《-좌-》图 百科事典.

백관(百官) 图《-꽌》百官. ‖ 문무 백관 文式百官.

백광(白光) 图《-꽝》白光.

백구¹(白球) 图《-꾸》〔野球·ゴルフなどの〕白球.

백구²(白鷗) 图《-꾸》《鳥類》カモメ(鷗). 國 갈매기.

백군(白軍) 图《-꾼》(競技で)白組. ⇔청군(靑軍).

백그라운드(background) 图 バックグラウンド.

백금(白金) 图《-끔》《化学》白金; プラチナ.

백기(白旗) 图《-끼》▶백기를 들다 白旗を揚げる; 降伏する.

백-날(百-) 图《-쌀》❶ 子供が生まれてから百日目の日.
　── 圖 いつも. ‖ 백날 같은 소리만 하고 있다 いつも同じことばかり言っている. 백날 그래 봐야 소용없는 일이야 いくらねだっても無駄なことだ.

백-내장(白内障) 图《-쌀》《医学》白内障.

백-넘버(back number) 图 ❶ 〔新聞·雑誌の〕バックナンバー. ❷ 背番号.

백년(百年) 图《-쌀》百年; 100年.

백년-가약(百年佳約) 图 夫婦としての一生のちぎり. ‖ 백년가약을 맺다 夫婦のちぎりを結ぶ.

백년-대계(百年大計) 图《-쌀/-게》百年の計.

백년-하청(百年河清) 图《百年河清》を俟(ま)つこと.

백년-해로(百年偕老) 图 做自他》偕老.

백도¹(白桃) 图《-또》《植物》白桃.

백도²(白道) 图《-또》《天文》白道(月の軌道).

백동(白銅) 图《-똥》《鉱物》白銅.

백두-산(白頭山) 图《-뚜-》《地名》白頭山. ★北朝鮮と中国との国境にある朝鮮半島最高峰の山. 海抜 2744m.

백랍-충(白蠟蟲) 图《뱅남-》《昆虫》イボタロウムシ(水蠟樹蠟虫).

백로¹(白露) 图《뱅노》〔二十四節気の〕白露.

백로²(白鷺) 图《뱅노》《鳥類》シラサギ(白鷺). 國 해오라기.

백마(白馬) 图 白馬.

백만-금(百萬金) 图《뱅-》非常に多いお金や物体.

백만-언(百萬言) 图《뱅-》百万言; たくさんの言葉.

백만-장자(百萬長者) 图《뱅-》百万長者.

백모(伯母) 图《뱅-》父の長兄の妻; 伯母.

백-목련(白木蓮) 图《뱅몽년》《植物》ハクモクレン(白木蓮).

백묵(白墨) 图《뱅-》白墨; チョーク. 國 분필(粉筆).

백문(百聞) 图《뱅-》 做自他》百聞. ▶백문이 불여일견 (諺) 百聞は一見に如かず.

백미¹(白米) 图《뱅-》白米. 國 흰쌀.

백미²(白眉) 图《뱅-》白眉(はくび)《同類中で特に優れているもの》.

백-미러(back + mirror 日) 图 バックミラー.

백반¹(白斑) 图《-빤》白斑.

백반²(白飯) 图《-pck²pan/-빤》❶ 白米のご飯. ❷ 韓国の定食. ‖ 불고기 백반 プルコギ定食.

백발(白髮) 图《-빨》白髪. ‖ 백발이 성성한 노신사 白髪交じりの老紳士.

백발-백중(百發百中) 图《-빨-중》百発百中.

백방(百方) 图《-빵》〔主に백방으로の形で〕あらゆる方法で; あらゆる方面に. ‖ 백방으로 수소문하다 あらゆる方法で探す.

백배¹(百拜) 图《-빼》 做自他》百拜. ‖

배 사죄하다 過ちを幾度も謝罪する.

백배² (百倍) 【-빼】 튀 比べものにならないほど; はるかに. ‖형이 동생보다 백배 낫다 兄の方が弟よりはるかによい.

백-병전 (白兵戰) 【-뼝-】 图 自 白兵戰.

백부 (伯父) 【-뿌】 图 父の長兄; 伯父.

백분 (百分) 【-뿐】 튀 十分; 充分.

백분-비 (百分比) 【-뿐-】 图 =백분율(百分率).

백분-율 (百分率) 【-뿐늘】 图 百分率; パーセンテージ.

백비-탕 (白沸湯) 【-삐-】 图 白湯.

백사¹ (白沙) 【-싸】 图 白砂; 白い砂.
백사-장 (白沙場) 图 白い砂原.

백사² (白蛇) 【-싸】 图 《動物》 シロヘビ (白蛇).

백사-기 (白沙器) 图 白い瀬戸物.

백산호 (白珊瑚) 【-싼-】 图 《動物》 シロサンゴ (白珊瑚).

백색 (白色) 【-쌕】 图 白色. ⑪백(白).
백색-광 (白色光) 【-쌕꽝】 图 白色光.

백색°인종 (白色人種) 【-쌔긴-】 图 白色人種; 白人種.

백색-테러 (白色terror) 【-쌕-】 图 白色テロ(反体制運動を体制側が弾圧する行為). ⑫적색 테러 (赤色-).

백서 (白書) 【-써】 图 白書. ‖경제 백서 經濟白書. 외교 백서 外交白書.

백-석영 (白石英) 【-써경】 图 《鑛物》 白石英.

백설 (白雪) 【-썰】 图 白雪. ‖백설공주 白雪公主.

백-설기 (白-) 【-썰-】 图 米の粉を蒸して作った餅.

백-설탕 (白雪糖) 【-썰-】 图 白砂糖; 白糖.

백성 (百姓) 【-썽】 图 国民; 人民; 民衆; 庶民; 民.

백세 (百世) 【-쎄】 图 百世; 長い世代.

백세 (百歲) 【-쎄】 图 百歳; 百年; 長い年月.

백송 (白松) 【-쏭】 图 《植物》 シロマツ (白松).

백-송골 (白松鶻) 【-쏭-】 图 《鳥類》 シロハヤブサ (白隼).

백수¹ (白壽) 【-쑤】 图 白壽; 99歳.
백수² (百獸) 【-쑤】 图 百獸. ‖백수의 왕 사자 百獸の王ライオン.

백수³ (白手) 【-쑤】 图 無職の若者.
백수-건달 (白手乾達) 图 一文無しのごろつき.

백숙 (白熟) 【-쑥】 图 (主に肉類を)水炊きしたもの. ‖닭백숙 (鷄肉の)水炊き.

백-스크린 (back+screen閁) 图 《野球》バックスクリーン.

백신 (vaccine) 《医学》 ワクチン.

백악-계 (白堊系) 【-꼐 /-꼐】 图 《地》 白亜系.

백악-관 (白堊館) 【-꽌】 图 ホワイトハウス.

백악-기 (白堊紀) 【-끼】 图 《地》 白亜紀.

백안-시 (白眼視) 图 他 白眼視.

백야 (白夜) 图 白夜. ❖北極や南極に近い地方で夏に真夜中でも薄明があるか、または日が沈まない現象.

백약 (百藥) 图 百薬.
백약지장 (百藥之長) 【-찡-】 图 百薬の長. 酒の異名.

백양¹ (白羊) 图 《動物》 白い羊.
백양² (白楊) 图 《植物》 ドロヤナギ (泥柳).

백업 (back-up) /péɡʌp/ 图 他 (IT) バックアップ.

백-여우 (白-) 【뺑녀-】 图 ❶《動物》 シロギツネ (白狐). ❷ [比喩的に] 妖婦.

백열 (白熱) 图 白熱.
백열-등 (白熱燈) 【-등】 图 白熱灯.
백열-전구 (白熱電球) 图 白熱電球.

백엽-상 (百葉箱) 【-썅】 图 《天文》 百葉箱.

백옥 (白玉) 图 白玉; 白色の宝玉. ‖백옥같은 피부 もち肌.

백운 (白雲) 图 白雲.

백의 (白衣) /-의/배기/ 图 ❶ 白衣. ❷=포의(布衣). ▶백의의 천사 白衣の天使.

백의-민족 (白衣民族) 图 白衣民族. ❖韓民族の異名. 古くから白い服を愛用したことから.

백의-종군 (白衣從軍) 图 自 官位のない身分で従軍すること.

백인 (百人) 图 百人; それぞれ異なる多くの人.
백인-백색 (百人百色) 【-쌕】 图 十人十色.

백인² (白人) 图 白人.
백인-종 (白人種) 图 白人種; 白色人種.

백일¹ (白日) 图 白日.
백일-몽 (白日夢) 图 白日夢; 白昼夢.

백일² (百日) 图 ❶百日. ‖백일 사진 生後百日目に撮る記念写真. ❷生後百日目.
백일-기도 (百日祈禱) 图 自 百日参り; 百日詣で.
백일-재 (百日齋) 【-째】 图 《仏教》 死後百日目に行なう供養; 百箇日.

백일-장 (白日場) 【-짱】 图 (主に学生を対象に屋外で行なわれる)詩文の公開コンテスト.

백일-초 (百日草) 图 《植物》 ヒャクニチソウ (百日草).

백일-해 (百日咳) 图 《医学》 百日咳.
백일-홍 (百日紅) 图 《植物》 サルスベリ (百日紅).

백자 (白磁・白磁)【-짜】图 白磁.
백작 (伯爵)【-짝】图 伯爵.
백장 (←白丁)【-짱】图 昔,畜殺を生業としていた人々.
백전-노장 (百戰老將)【-쩐-】图 百戰練磨の勇士; 古えつもの.
백전-백승 (百戰百勝)【-쩐-쏭】图 (하自) 百戰百勝.
백절불굴 (百折不屈)【-쩔-】图 (하自) 百折不撓をこと; 不撓不屈. ¶백절불굴의 의지 不撓不屈の精神.
백제 (百濟)【-쩨】图 (歷史) 百濟(2C~660).
백조¹ /pek̚tɕ͈o/【-】图 (鳥類) ハクチョウ(白鳥). ⑩고니.
백조-자리 (白鳥-)【-쪼-】图 (天文) 白鳥座.
백주 (白晝)【-쭈】图 白昼. ⑩대낮.
백주-에 (白晝-)副 白昼; 真昼に; 公然と.
백중¹ (百中・百衆)【-쭝】图 =백중날(百中-).
백중-날 (百中-・百衆-)【-쭝-】图 (佛教) 盂蘭盆; お盆. ✦陰暦7月15日.
백중-맞이 (百中-・百衆-)【-쭝-】图 (佛教) 盂蘭盆会.
백중² (伯仲)【-쭝】图 ❶ 長兄と次兄. ❷ 優劣のつけにくいこと.
백중지세 (伯仲之勢)【-쭝-】图 優劣のつけにくい形勢.
백지 (白紙)/pek̚tɕ͈i/【-찌】图 白紙.
백지-상태 (白紙狀態)【-찌-】图 白紙の状態.
백지-장 (白紙張)【-찌짱】图 一枚の白い紙. ▸백지장도 맞들면 낫다 [諺] (「一枚の紙も一緒に持ち上げると軽い」の意で) 何事も協力すればやりやすくなることのたとえ.
백지-화 (白紙化)【-찌-】图 (하他) 白紙化.
백차 (白車)图 パトロールカー.
백척-간두 (百尺竿頭)【-간-】图 百尺竿頭.
백치 (白痴)图 白痴.
백치-미 (白痴美)图 白痴美(感情の動きや知能のはたらきなどの認められない美貌).
백탕 (白湯)图 白湯.
백태¹ (白苔)图 ❶舌苔. ❷眼球にできる白い膜.
백태² (白態)图 百態.
백-파이프 (bag pipe)图 (音樂) バグパイプ.
백팔-번뇌 (百八煩惱)【-/-뇌】图 (佛教) 百八煩惱.
백팔-염주 (百八念珠)【-렴-】图 (佛教) 百八の数珠.
백-포도주 (白葡萄酒)图 白ワイン.
백표 (白票)图 白票.
백-하다 (back-)他 [하変] ∥車を백시

---

351   뱃-가죽

키다 車をバックさせる.
백학 (白鶴)【배칵】图 (鳥類) タンチョウヅル(丹頂鶴).
백합 /pek̚hap̚/【배캅】图 (植物) ユリ(百合). ✦골짜기의 백합 谷間の百合.
백해 (百害)【배캐】图 百害; 多くの弊害.
백해-무익 (百害無益)【배캐-】图 百害あって一利なし.
백핸드 (backhand)图 (テニス・卓球などで) バックハンド. ⑩포핸드.
백-혈구 (白血球)【배켤-】图 (生理) 白血球.
백혈-병 (白血病)【배켤뼝】图 (医学) 白血病.
백호 (白虎)【배코】图 (民俗) 白虎. ✦四方をつかさどる天の四神の一つ. 虎で表され, 西に配する. ⑩청룡(青龍)(東)・주작(朱雀)(南)・현무(玄武)(北).
백호-주의 (白豪主義) [배코-/-이] 图 白豪主義. かつてオーストラリアがとった白人第一主義.
백화¹ (白花)【배콰】图 白い花.
백화² (白話)【배콰】图 白話. ✦現代中国の書き言葉.
백화³ (百花)【배콰】图 百花.
백화-요란 (百花燎亂)图 (하自) 百花繚乱.
백화-점 (百貨店) /pek̚hwadʑ͈ɔm/【배콰-】图 デパート; 百貨店.
밴 (van)图 (トラックの)バン.
밴드¹ (band)图 バンド; ベルト.
밴드² (band)图 バンド; 楽団; 楽隊; 合奏団.
밴조 (banjo)图 (音樂) バンジョー.
밴텀-급 (bantam 級)图 (ボクシングの) バンタム級.
밸 [배알의 縮約形] 图 心; 感情.
밸런스 (balance)图 バランス. ⑩언밸런스. ▸밸런스를 맞추다 バランスをとる.
밸런타인-데이 (Valentine Day)图 バレンタインデー.
밸브 (valve)图 バルブ. ▸밸브를 잠그다 バルブを締める.
뱀 /pe:m/ 图 (動物) ヘビ(蛇).
뱀-딸기图 (植物) ヘビイチゴ(蛇莓).
뱀-띠图 巳年生まれ.
뱀-장어 (-長魚) /pe:mdʑ͈aŋɔ/图 (魚介類) ウナギ(鰻). ⑩장어(長魚).
뱀-해图 巳年. 巳年生まれ.
뱁-새 [-쎄]图 (鳥類) ダルマエナガ(達磨柄長). ▸뱁새가 황새를 따라가면 다리가 찢어진다 [諺] 鷦のまねをする鳥. 鷦眼.
뱁새-눈图 切れ長の小さい目.
뱁티스트 (Baptist)图 (宗教) バプテスト.
뱃-가죽【배까-/뱃까-】图 뱃살의 俗

뱃-가죽 語. ‖뱃가죽이 땅기다 腹の皮が引きつる.

뱃-고동【배꼬-/뱃꼬-】 图 船の汽笛. ‖뱃고동을 울리다 汽笛を鳴らす.

뱃-길【배낄/뱃낄】 图 航路; 海路; 船路. 働해로(海路).

뱃-노래【밴-】 图 舟歌; 舟唄; 船歌.

뱃-놀이【밴-】 图 (하다) 舟遊び; 舟遊び.

뱃-머리【밴-】 图 船首; へさき.

뱃-멀미【밴-】 图 (自) 船酔い.

병-병【-病】【밴뼝/뱃뼝】 图 腹痛.

뱃-사공【-沙工】【배싸-/뱃싸-】 图 船頭(뚱). 働사공(沙工).

뱃-사람【배싸-/뱃싸-】 图 船乗り; 船員.

뱃-살/pɛt'sal/【배쌀/뱃쌀】 图 腹の肉. ‖뱃살이 찌다 腹の肉がつく.

뱃-속【배쏙/뱃쏙】 图 腹の中; 心中. ‖뱃속이 좀 안 좋다 お腹の具合がよくない. 뱃속이 시커멓다 腹黒い.

뱃-심【배씸/뱃씸】 图 度胸; 胆力; ずぶとさ. ‖뱃심이 좋다 度胸がある;腹が据わっている.

뱃-전【배쩐/뱃쩐】 图 船べり; 船端; 舷側. ‖뱃전에 서다 船べりに立つ.

뱅그르르 圖 (하다) 軽く一回転する様子. ‖-구르다; くるっと.

뱅글-뱅글 圖 くるくる(と); ぐるぐる (と). ‖뱅글뱅글 돌아가다 くるくる回る.

뱅-뱅 圖 くるくる; ぐるぐる. 働빙빙.

뱅어【-魚】 图〔魚介類〕シラウオ(白魚).

뱅어-포【-魚脯】 图 シラウオの干物.

-뱅이 接尾〔一部の名詞に付いて〕その言葉をさげすんで言う語. ‖가난뱅이 貧乏人. 게으름뱅이 怠け者.

뱉다/pɛ:t'ta/【뱉따】【뱉어】 ❶吐く. ‖침을 뱉다 つばを吐く. ❷むやみに言う. ‖말을 함부로 뱉다 むやみなことを言う.

버럭-거리다[-대다]【-꺼[때]-】 匝 きしむ.

버겁다/pʌgʌp'ta/【-따】 图〔ㅂ変〕〔버거워, 버거운〕 手に余る; 手に負えない. ‖일이 버겁다 仕事が手に余る. 버거운 상대 手に負えない相手.

버글-거리다[-대다]【-꺼[때]-】 匝 (生き物などが一か所でうようよする; うじゃうじゃとする様子). 働버글버글.

버글-버글 圖 (하다) (生き物などが一か所で)ごった返す様子; うようよ; うじゃうじゃ. 働바글바글.

버금-가다/pʌgɯmgada/ 匝 (主に〜에 버금가는の形で) ~に次ぐ. ‖그 사람에 버금가는 실력의 소유자 彼に次ぐ実力の持主. 오사카는 동경에 버금가는 대도시이다 大阪は東京に次ぐ大都市である.

버너(burner) 图 バーナー.

버는 冠〔ㄹ語幹〕 벌다(儲ける・稼ぐ)の現在連体形.

버둥-거리다[-대다] 匝 手足をばたつかせる; あがく; もがく. 働바둥거리다.

버드-나무 图〔植物〕ヤナギ(柳).

버드렁-니 图 出っ歯.

버들 图〔植物〕=버드나무.

버들-가지 图 柳の枝.

버들-강아지 图 =버들개지.

버들-개지 图 柳の花.

버들-고리 图 柳行李.

버들-눈【-눈】 图 柳の芽.

버들-피리 图 柳の枝で作った笛.

버디(birdie) 图〔ゴルフで〕バーディー.

버라이어티-쇼(variety show) 图 バラエティーショー.

버럭 圖 いきなり大声を出したり怒鳴りつけたりする様子; かっと. ‖나는 화가 나 버럭 소리를 질렀다 いきなり怒り出した. **버럭-버럭** 圖 (하다) 버럭버럭 소리를 지르다 大声で叫ぶ.

버려-두다 他 放っておく; 置き去りにする. ‖우는 아이를 버려두다 泣いている子どもを放っておく.

버르장-머리 图〔버릇의 俗語〕行儀; しつけ; 癖. ‖버르장머리가 없다 行儀が悪い.

버릇/pʌrɯt'/【-를】 图 ❶癖. ‖이상한 버릇이 생기다 変な癖がつく. 나쁜 버릇을 고치다 悪い癖を直す. 버릇이 되다 癖になる. ❷習慣; 慣習. ‖일찍 일어나는 버릇을 들이다 早起きの習慣をつける. ❸行儀; しつけ; 作法. ‖잠버릇이 안 좋다 寝相がよくない.

버릇-없다【-럳따】 圈 行儀が悪い; 無作法だ. **버릇없-이** 圖.

버릇-하다【-르타】【補助】〔動詞の連用形に付いて〕…(することに)慣れている; …(すること)が癖になっている. ‖늦게 자 버릇해서 아직 잘 시간이 아니라 늦게 자는 것이 癖になっていてまだ寝る時間ではない.

버리다[1] /pʌrida/ 他 ❶捨てる. ‖쓰레기 버리는 곳 ごみ捨て場. 무기를 버리다 武器を捨てる. 욕심을 버리면 마음이 편해진다 欲を捨てると気が楽になる. ❷見捨てる. ‖가족을 버리고 집을 나가다 家族を見捨てて家を出る. ❸〔버리게 되다の形で〕駄目になる. ‖어리광을 받아 주면 애를 버리게 된다 甘やかすと子どもが駄目になる. ❹離れる. ‖직장을 버리다 職を離れる. ❺壊す. ‖과로로 몸을 버렸다 過労で体を壊した.

버리다[2] /pʌrida/ 補動〔動詞の連用形に付いて〕…てしまう. ‖남동생이 내 몫까지 다 먹어 버렸다 弟が私の分まで食べてしまった. 약속이 있다는 걸 깜빡 잊어 버렸다 約束があることをうっかり忘れてしまった.

버림 图(数学) 切り捨て. ⑦올림.

버림-받다 [一따] 国 捨てられる. ‖부모에게 버림받다 親に捨てられる.

버마재비 图(昆虫) カマキリ(蟷螂). ⑩사마귀.

버무리다 恕 和える; 混ぜ合わせる. ‖나물을 버무리다 ナムルを和える.

버번-위스키 (bourbon whiskey) 图 バーボン.

버블 현상 (bubble 現象) 图 バブル現象.

버석-거리다[一대다]【一꺼[때]】自 かさかさする; がさがさする; ぱさぱさする.

버선 图 ポソン(韓国固有の足袋).
버선-발 图 버선을 신은 발. ‖버선발로 달려 나오다 靴も履かず出迎える.
버선-코 图 버선のつま先の部分.

버섯 [一섣] 图(植物) キノコ(茸).

버스 图/bʌsu/ バス. ‖버스를 타다 バスに乗る. 버스 정류장 バス停. 노선 버스 路線バス. 관광버스 観光バス. 고속 버스 高速バス.

버스러-지다 恕 ぼろぼろになる; 崩れて粉々になる. ‖눌러서 비스킷이 버스러지다 押しつぶされてビスケットが粉々になる.

버스럭 圖他自 枯れ葉や紙などを踏んだ時の音: がさっと. **버스럭-버스럭** 圖 他自

버스럭-거리다 恕 がさがさと音がする; がさがさと音を立てる.

버저 (buzzer) 图 ブザー.

버전 (version) 图(IT) バージョン.

버젓-하다 [一젇다] 形[하変] 堂々としている; 立派だ. ‖행동이 버젓하다 堂々としている. **버젓-이** 圖 堂々と.

버짐 图 疥(一). ‖얼굴에 버짐이 나다 顔に疥ができる.

버쩍 圖 ❶煮物などが焦げつくほど煮詰まった様子. ❷強く我を張る様子. ‖그런 게 아니라고 버쩍 우기다 そうではないと我を張る. ❸ものが急に増えたり減ったりする様子. ‖폭우가 와서 강물이 버쩍 늘었다 豪雨で川の水温が急に増した. ❹気を引き締めたり緊張したりする様子. **버쩍-버쩍** 圖

버찌 图(植物) サクランボ(桜桃).

버클 (buckle) 图 バックル.

버터 (butter) 图 バター. ‖빵에 버터를 바르다 パンにバターを塗る.

버튼 (button) /pʌtʰuŋ/ 图 ボタン. ‖버튼을 누르다 ボタンを押す.

버티다 /pʌtʰida/ 自恕 ❶持ちこたえる; 辛抱する; 耐える; 粘る. ‖이걸로 며칠 버티다 보면 어떻게든 되지 않을까? 그때까지 어떻게 버티다 最後まで粘る. ❷対抗する.

버팀-목 (一木) 图 支柱; つっかい棒.

버퍼 (buffer) 图(IT) バッファー記憶装置.

벅벅 [一뻑] 圖 ❶つめでしきりにかく様子: ぼりぼり(と). ‖머리를 벅벅 긁다 頭をぼりぼり(と)かく. ❷髪を短く刈った様子. ❸強く我を張る様子. ‖벅벅 우기다 強く我を張る.

벅적-거리다[一대다] 【一쩍거[쩍때]】自 (一か所で人が)がやがやする; ざわざわする; ひしめく; ごった返す. ‖식당 안은 사람들로 벅적거렸다 食堂の中は人でごった返した.

벅적-벅적 圖 [쩍쩍] 他自 がやがや(と); ざわざわ(と).

벅차다 /pʌkt͈ʰada/ 恕 ❶手に余る; 手に負えない. ‖나한테는 벅찬 일이다 私には手に余る仕事だ. ❷いっぱいだ. ‖가슴이 벅차다 胸がいっぱいだ.

번¹ (番) /pʌn/ 图(姓) 潘(ハン).

번² (番) /pʌn/ 依名 順序・回数を表わす語: 一番; 一回; 一度. ‖전화번호가 몇 번이에요? 電話番号は何番ですか. 한국에는 두 번 갔다 韓国には2回行った. 한 번 해 보세요 一度やってみてください.

번³ [ㄹ語幹] 벌다(儲ける・稼ぐ)の過去連体形. ‖주식으로 번 돈 株で儲けたお金.

번-갈아 (番一) /pʌngara/ 圖 交互に; 代わり番こに. ❶둘이서 번갈아 보초를 서다 2人で交互に見張りに立つ. 번갈아 가면서 各国代表が번갈아 가면서 연설하다 各国代表が代わる代わる(に)演説する.

번개 /pʌnge/ 图 ❶稲妻; 稲光. ‖번개가 치다 稲妻が光る[走る]. ❷〔比喩的に〕動作などが素早い人. ‖번개처럼 사라지다 素早く逃げ出す. 행동이 번개같다 行動が非常に機敏だ.

번개-불 [一개뿔·一갣뿔] 图 一閃光; 電光. ▶번갯불에 콩 볶아 먹겠다 (「稲光に豆を炒って食べる」の意で)行動が極めて迅速である.

번거-롭다 /pʌngʌropt͈a/ 【一따】 形 [ㅂ変] [번거로워, 번거로운] 煩わしい; 面倒だ; 複雑だ. ‖절차가 번거롭다 手続きが煩わしい. 번거로운 인간관계 複雑な人間関係. **번거로이** 圖

번뇌 (煩惱) 【一/一네】图他自(仏教) 煩悩.

번데기 图 ❶(昆虫) サナギ(蛹). ❷煮付けた蛹.

번드레-하다 形[하変] つややかだ.

번드르르 圖 つるつる(している).

번득 圖他自 ひらめく様子: ぴかっと, ぴかりと. **번득-번득** 圖 他自

번득-거리다[一꺼一] 恕 ぴかぴかする[させる]; ぱちぱちさせる; 光らせる. ‖눈을 번득거리다 目を光らせる.

번득-이다 自恕 ❶光る; 光らせる. ❷(眼光が)光る; (眼光を)光らせる. ‖눈을

번들-거리다 目 目を光らせる。 ③ (アイデアなどが)ひらめく。

번들-거리다 自 つるつるする；つやつやする；てかてかする。 ‖번들거리는 이마 つるつるした額。 函반들거리다.

번들-번들 團 [하形] つるつる；ぴかぴか。 ‖번들번들 윤이 나다 ぴかぴかとつやが出ている。 函반들번들.

번듯-번듯 [-든뜯-] 團 [하形] きちんときちんと；(道などが)まっすぐにのびている様子。 ‖번듯번듯하게 닦인 길 まっすぐに整備された道。

번듯-하다 [-드타-] 形 [하変] きちんとしている；まっすぐだ。 ‖번듯한 옷차림 きちんとした服装。

번득 團 [하自動] 번득을 강조한 말.

번득-거리다 [-꺼-] 自他 번득거리다를 강조한 말.

번득-이다 自他 번득이다를 강조한 말.

번민 (煩悶) [하自] 煩悶；もだえ苦しむこと。 ‖번민에 가득 찬 모습 煩悶に満ちた姿。

번번-이 (番番-) /pɔnbəni/ 團 そのたびに；そのつど。 ‖번번이 실수를 하다 やるたびにミスをする。 말하고 번번이 후회하다 言ってからそのつど後悔する。

번복 (翻覆) 名他 翻すこと。 ‖발언을 번복하다 発言を翻す。

번성-하다 (繁盛-) 形 [하変] 繁盛.

번식 (繁殖・蕃殖) 名 [하自] 繁殖.

번식-기 (繁殖期) [-끼-] 名 繁殖期.

번식-력 (繁殖力) [-씽녁] 名 繁殖力.

번안 (翻案) 名他 翻案.

번역 (翻譯・飜譯) 名他 翻訳。 ‖톨스토이의 소설을 번역하다 トルストイの小説を翻訳する。 **번역-되다** 自.

번역-가 (翻譯家) [-까] 名 翻訳家.

번역-시 (翻譯詩) [-씨] 名 [文芸] 翻訳詩.

번역-자 (翻譯者) [-짜] 名 翻訳者.

번영 (繁榮) /pənjəŋ/ 名 [하自] 繁榮；栄えること。 ‖크게 번영하다 大いに栄える。번영을 가져오다 繁榮をもたらす。국가의 번영 国家の繁榮.

번잡-하다 (煩雜-) [-자파-] 形 [하変] 煩雜だ。 ‖번잡한 절차 煩雜な手続き.

번지 (番地) 名 番地.

번지다 /pəndʑida/ 自 ❶ (液体などが)にじむ；染みる。 ‖옷에 잉크가 번지다 服にインクが染みる。 ❷ 広まる；広がる。 ‖불이 옆집으로 번지다 火が隣家に広がる。 ❸ (事が)拡大する；大きくなる。 ‖일이 크게 번지기 전에 해결책을 찾다 事が大きくなる前に解決策を模索する。

번지레-하다 形 見た目が華やかである。

번지르르 [하形] 脂ぎった様子：てかてか；つるつる。 ‖기름기가 번지르르한 얼굴 脂ぎった顔.

번지-수 (番地數) [-쑤] 名 番地。 ‖번지수를 잘못 알다 番地を間違える。▶ 번지수가 틀리다[다르다] 見当違いをする。▶ 번지수를 잘못 찾다[짚다] 見当違いな方向に向かう.

번지-점프 (bungee jump) 名 バンジージャンプ.

번질-거리다 自 てかてかする；つるつるする；ねばねばする.

번질-번질 [하形] てかてか；つるつる.

번-째 (番-) /pɔn'tɕ'ɛ/ 依名 順番を表わす語：…番目；…回目；…人目。 ‖첫 번째 문제 一番目の問題。 세 번째 도전에서 성공하다 三度目の挑戦で成功する.

번쩍¹ /pɔn'tɕ'ək/ 副 軽々と；さっと；ぱっと。 ‖무거운 짐을 번쩍 들다 重い荷物を軽々と持ち上げる。갑자기 얼굴을 번쩍 들다 いきなり顔をさっと上げる。눈이 번쩍 뜨이다 目がぱっと覚める。귀가 번쩍 뜨이는 이야기 耳を疑う話.

번쩍² [하形] ひらめく様子：ぴかっと；ぴかりと。 ‖번갯불이 번쩍하다 稲妻がぴかっと光る。 函번쩍.

번쩍-거리다 [-꺼-] 自 ぴかぴかする；(きらりと)光る；きらめく。 ‖번갯불이 번쩍거리다 稲光がぴかぴかと光る。 函반짝거리다.

번쩍-이다 自 ぴかぴかする；光る；閃く。 ‖멀리서 무언가가 번쩍였다 遠くで何かが光った.

번쩍-번쩍 [-뻔-] 團 ぴかぴか；きらきら。 ‖훈장이 번쩍번쩍 빛나다 勲章がきらきらと光る.

번창-하다 (繁昌-) 形 [하変] 繁昌している.

번트 (bunt) 名 (野球で)バント。 ‖번트를 대다 バントする.

번호 (番號) /pənho/ 名 番号。 ‖여권 번호 旅券番号。수험 번호 受験番号。우편 번호 郵便番号。비밀 번호 暗証番号.

번호-기 (番號器) 名 ナンバリング.

번호-판 (番號板) 名 (車の)ナンバープレート.

번호-표 (番號票) 名 番号票；整理券。 ‖번호표를 뽑다 整理番号を引く.

번화-가 (繁華街) 名 繁華街.

번화-하다 (繁華-) 形 [하変] にぎやかだ。 ‖번화한 도심 にぎやかな都心.

벋-니 (-齒) 名 反っ歯；出っ歯.

벋다¹ [-따] 自 (先が)出っ張っている.

벋다² [-따] 自 ❶ (枝や蔓(つ)などが)伸びる；根が張る。 ❷ (影響が)及ぶ.

벋-대다 [-때-] 自 意地を張る；突っ張る.

벋정-다리 [-쩡-] 名 屈伸がしにくい足.

벌쳐-오르다 【-쳐-】 [자] [르변] ❶ (水などが) 吹き上がる; 勢いよく上がる. ‖물이 벌쳐오른다 水が勢いよく吹き上がる. ❷ (火が) 燃え上がる. ‖화가 벌쳐오르다 怒りが込み上げる. ❸ 上がる. ‖불길이 벌쳐오르다 火の手が上がる.

벌¹ [名] 野原. ‖끝없이 넓은 벌 果てしない野原.

벌² /pɔːl/ [名] [昆虫] ハチ(蜂). ‖벌에 쏘이다 ハチに刺される. 벌떼 ハチの群れ. 벌통 ミツバチの巣箱.

벌³ [罰] /pɔl/ [名] 罰. ‖벌을 받다 罰を受ける. 게으름을 피운 벌이다 怠けた罰だ. 지각한 벌로 화장실 청소를 했다 遅刻した罰にトイレの掃除をさせられた.

벌-서다 [罰-] [자] 罰で立たされる; 罰を受ける.

벌-주다 [罰-] [他] 罰する; 罰を与える.

벌⁴ [名] 衣服・食器などの〕 組; そろい; 揃; 着; ...セット. ‖양복 한 벌 洋服 1 着. 식기 한 벌 食器 1 セット.

벌⁵ [語幹] 벌다(儲ける・稼ぐ)の未来連体形.

벌거-벗기다 [-벋끼-] [他] 〔벌거벗다の使役動詞〕裸にする; はぎ取る.

벌거-벗다 [-벋따] [自] 裸になる. ‖벌거벗고 헤엄치는 아이들 真っ裸になって泳ぐ子どもたち. ⑬발가벗다.

벌거-숭이 [名] 裸. ⑬발가숭이.
벌거숭이-산 [-山] [名] はげ山. ⑬민둥산(-山).

벌건 [冠形] 벌겋다(赤い)の現在連体形.

벌겋다 [-거타] [形] [ㅎ変] 赤い. ‖울었는지 눈이 벌겋다 泣いたのか, 目が벌겋다. ⑬발갛다.

벌게 [ㅎ変] 벌겋다(赤い)の連用形.

벌게-지다 [自] 赤くなる. ‖화가 나서 얼굴이 벌게지다 怒って顔が赤くなる.

벌그스레-하다 [形] [ㅎ変] =벌그스름하다.

벌그스름-하다 [形] [ㅎ変] ほんのり赤い; 少し赤い. ‖한 잔 했는지 얼굴이 벌그스름하다 1 杯飲んだのか, 顔が少し赤い. ⑬발그스름하다. **벌그스름-히** [副].

벌그죽죽-하다 [-쭈카-] [形] [ㅎ変] 赤黒く不足하다.

벌금 [罰金] /pɔlgum/ [名] 罰金. ‖벌금을 물다 罰金を払う.

벌금-형 [罰金刑] [名] [法律] 罰金刑.

벌긋벌긋-하다 [-귿뻗그타-] [形] [ㅎ変] 点々と赤い; まだらに赤い. ⑬발긋발긋하다.

벌떡 [副] ❶ 状態などがすっかり変わる様子. ‖회사 안이 벌떡 뒤집혀 社内が大騷ぎになる. ❷ 動作や状態の変化が突然または瞬間的である様子: ぱっと. ‖방문을 벌떡 열다 部屋のドアをぱっと開ける. ❸ 急に興奮したり腹が立ったりする様子: かっと. ‖벌떡 화를 내다 ぱっと怒り出す.

벌다¹ [自] [語変化] 隙間ができる.

벌다² /pɔːlda/ [他] [ㄹ変] [벌어, 버는, 번] ❶ 稼ぐ. ‖돈을 벌다 お金を稼ぐ. 아르바이트로 학비를 벌다 アルバイトで学費を稼ぐ. ❷ 時間を稼ぐ; 時間を稼ぐ. ‖시간을 벌다 時間を稼ぐ. ❸ 儲かる; 儲ける. ‖주식으로 꽤 벌다 株でだいぶ儲ける. ⑬벌리다.

벌떡 ❶ 急に立ち上がる様子: がばっと; ぱっと; むっくり. ‖벌떡 일어나다 ぱっと起き上がる. ❷ 急に倒れる様子: ばたりと. ‖벌떡 드러눕다 ばたりと横になる. **벌떡-벌떡** [-떽-] [副] [自能] どきどき.

벌떡-거리다 [-꺼-] [自他] ① (胸や心臓が) どきどきする. ‖심장이 벌떡거리다 心臓がどきどきする. ② (手足を) ばたつかせる.

벌렁 [副] 急に倒れたり仰向けになる様子: ごろっと; ごろり; ごろん. ‖벌렁 드러눕다 ごろんと横になる. ⑬발랑.

벌렁-거리다 [自他] せかせかと動く. ‖벌렁거리며 돌아다니다 せかせかと動き回る. 심장이 벌렁거리다 心臓がどきどきする.

벌렁-벌렁 [副] [하自能] せかせか; ひくひく. ‖코를 벌렁벌렁하다 鼻をひくひく(と)する.

벌레 /pɔlle/ [名] ❶ 虫; 虫けら; 昆虫. ‖벌레 먹은 사과 虫食いのリンゴ. ❷ (何かに) 熱中する人. ‖공부벌레 勉強の虫. 책벌레 本の虫.

벌름-거리다 [-대다] [自他] (鼻を) ひくひくさせる. ‖코를 벌름거리며 냄새를 맡다 鼻をひくひくさせながらにおいをかぐ.

벌름-벌름 [副] [하自能] ひくひく; ぱたぱた.

벌리다¹ /pɔːllida/ [他] ❶ (口などを) 開ける. ‖입을 해 하고 벌리다 口をぽかんと開ける. ❷ (間隔などを) 広げる. ‖책상 간격을 벌리다 机の間隔を広くする. ❸ (手足などを) 広げる. ‖두 팔을 벌리다 両手を広げる. ❹ 仕事を手広くする. ‖일을 여기저기 벌리다 仕事をあちこちに広げる.

벌-리다² [自] 〔벌다の受身動詞〕儲かる. ‖돈이 잘 벌리다 お金が儲かる.

벌목 [伐木] [他能] 伐木.

벌벌 /pɔlbɔl/ [副] ❶ 恐怖・寒さなどに震える様子: おどおど(と); ぶるぶる(と). ‖추위에 벌벌 떨다 寒くてぶるぶる震える. 사장 앞에서는 언제나 벌벌 긴다 社長の前ではいつもびびる. ❷ 金を惜しむ様子: けちけち. ‖단돈 천 원에 벌벌 떨다 たかが千ウォンにけちけちする. ⑬발발.

벌써 /pɔlsˀɔ/ [副] ❶ もう; 早; もはや; すでに. ‖그 사람은 벌써 돌아가서

없었다 彼はすでに帰ってしまっていた. 올해도 벌써 유월이다 今年ももう6月だ. 요코하마로 이사한 지 벌써 오 년이 되었다 横浜に引っ越してから早5年だ. 애가 벌써부터 음식을 가려서 큰일이다 子どもがもう好き嫌いが始まって大変だ. ❷ とっくに; いつの間に. ‖벌써 티켓이 다 팔리고 없었다 とっくにチケットが売り切れになっていた.

벌어 똥 [ㄹ語幹] 벌다(儲ける·稼ぐ)의 運用形.

벌어-들이다 他 稼ぐ; 稼いでくる. ‖관광산업으로 외화를 벌어들이다 観光産業で外貨を稼ぐ.

벌어-먹다 图 生計を立てる.

벌어-지다 国 ❶ 隙間ができる. ‖창문 틈새가 벌어지다 窓に隙間ができる. ❷ (関係などに) ひびが入る; (仲が) 疎くなる; (差が) 広がる. ‖사이가 벌어지다 関係にひびが入る; 仲違いする. 격차가 벌어지다 格差が広がる. ❸ (口などが) 開く. ‖벌어진 일을 다물지 못하러 開いた口がふさがらない. ❹ (植物の実が熟して) 弾ける. ‖콩깍지가 벌어지다 豆のさやが弾ける. ❺ (肩幅などが) 広い. ‖어깨가 떡 벌어지다 肩ががっしりしている. ❻ 起こる; 繰り広げられる; 展開される. ‖한일 친선 경기가 벌어지고 있다 日韓親善競技が行われている. 생각하지 못한 일이 벌어졌다 思いもよらないことが起こった.

벌-이 똥 稼ぎ; 儲け. ‖요즘은 벌이가 시원찮다 最近は稼ぎが乏しい.

벌이다 /pɔːrida/ 他 ❶ (商品などを) 並べる. ‖잡화를 벌여 놓다 雑貨を並べておく. ❷ (店などを) 開く. ‖꽃집을 벌이다 花屋を開く. ❸ (仕事などを) 始める; 着手する. ‖새로운 일을 벌이다 新しい仕事を始める. ❹ (宴会などを) 設ける. ‖환갑 잔치를 벌이다 還暦祝いの席を設ける. ❺ (戦いなどを) 交える; 広げる. ‖논쟁을 벌이다 論争を繰り広げる.

벌이-줄 똥 (凧の) 糸目.

벌점 (罰點) 똥 罰点; 減点. ‖벌점을 매기다 罰点をつける.

벌주 (罰酒) 똥 罰として飲む酒.

벌-집 똥 蜂の巣. ‖벌집을 건드리다 [쑤시다] 蜂の巣をつつく.

벌쭘-하다 하変 決まりが悪い; 照れくさい.

벌채 (伐採) 하他 伐採.

벌초 (伐草) 하他 墓の周りの雑草を刈ること.

벌충 하他 埋め合わせ.

벌칙 (罰則) 똥 罰則.

벌컥 /pɔlkʰɔk/ 副 ❶ 状態などがすっかり変わる様子. ‖집안이 벌컥 뒤집히다 家の中が大騒ぎになる. ❷ 動作や状態の変化が突然または瞬間的である様子: かっと. ‖문을 벌컥 열다 ドアをぱっと開ける. ❸ 急に興奮したり憤慨したりする様子: かっと. ‖화를 벌컥 내다 かっとなる. ◆발칵.

벌컥-벌컥 [-]] 副 飲み物を勢いよく飲む様子 [音]: ごくごく; がぶがぶ; ぐいぐい. ‖벌컥벌컥 들이마시다 水をごくごく [がぶがぶ] 飲む. 맥주를 벌컥벌컥 들이켜다 ぐいぐい(と)ビールをあおる.

벌-판 똥 広い原野; 平野.

범¹ (動物) トラ(虎). ⚌범띠および범 이외는 호랑이를 用いるが、諺も호랑이に変わりつつある. ▶범도 제 말 하면 온다 うわさをすれば影がさす. ▶범 없는 골에 토끼가 스승이라 鳥無き里のこうもり. ▶범에게 날개 鬼に翼; 鬼に金棒. ▶범에게 물려 가도 정신만 차리면 산다 虎に噛みつかれても気をしっかり持てば助かる.

범² 犯 接尾 広く行き交う意を表わす: 汎… ‖범국민적 汎国民的.

-범 (犯) 接尾 ~犯. ‖살인범 殺人犯.

범 (動物) シャチ(鯱).

범-나비 똥 (昆虫) アゲハチョウ(揚羽蝶). ◇호랑나비.

범-띠 똥 寅年生まれ.

범람 (氾濫·汎濫) [-남] 하自 氾濫. ‖홍수로 강물이 범람하다 洪水で川が氾濫する. 외래어의 범람 外来語の氾濫.

범례¹ (凡例) [-네] 똥 凡例. ⦿일러두기.

범례² (範例) [-네] 똥 範例.

범벅 똥 ❶ 穀物の粉にカボチャなどを入れて作ったごった煮. ‖호박 범벅 カボチャのごたまぜ. ❷ ごたまぜ; ごちゃ混ぜ. ‖범벅이 되다 ごちゃ混ぜになる; ごちゃごちゃになる.

범법 (犯法) [-뻡] 똥 하自 法を犯すこと; 違法. ‖범법 행위 違法行為.

범법-자 (犯法者) [-뻡짜] 똥 法を犯した者.

범사 (凡事) 똥 ❶ あらゆること. ❷ 平凡なこと.

범상-하다 (凡常-) 하変 平凡だ; 凡庸だ.

범선 (帆船) 똥 帆船; ◇돛단배.

범신-교 (汎神教) 똥 (宗教) 汎神教.

범신-론 (汎神論) [-논] 똥 汎神論. ⚌神と神以外は同一であるという説.

범실 (凡失) 똥 (野球などで) 凡失; 凡ミス.

범어 (梵語) 똥 (言語) 梵語; サンスクリット.

범용 (汎用) 똥 汎用. ‖범용 컴퓨터 汎用コンピューター.

범위 (範圍) /pɔːmwi/ 똥 範囲. ‖세력 범위 勢力範囲. 시험 범위 試験範囲. 아는 범위 내에서 대답하다

알고 있는 범위로 답하다. 범위를 넓히다 [좁히다] 範圍を広げる[狭める].

범인¹ (凡人) 凡人; 普通の人.

범인² (犯人) /pɔːmin/ 名 犯人. ‖범인을 밝혀내다 犯人を突き止める. 연속 살인 사건의 범인이 잡혔다 連続殺人事件の犯人が捕まった.

범재 (凡才) 名 凡才.
범절 (凡節) 名 作法. ‖예의범절 礼儀作法.
범접 (犯接) 하자 必要以上に近づくこと. ‖범접하기 어려운 인물 近寄りがたい人物.
범종 (梵鐘) 名 (佛教) 梵鐘; 釣り鐘.
범죄 (犯罪) 【-/-쮀】 名 犯罪. ‖범죄를 저지르다 犯罪を犯す. 범죄를 거듭하다 犯罪を重ねる. 완전 범죄 完全犯罪.
범죄ː심리학 (犯罪心理學) 【-ㄴ/-쮀-ㄴ/-쮀-】 名 犯罪心理学.
범죄-인 (犯罪人) 名 (法律) 犯罪人.
범죄-자 (犯罪者) 名 犯罪者.
범죄-학 (犯罪學) 名 犯罪学.
범주 (範疇) 名 範疇(はんちゅう). ‖동일 범주에 속하는 요소 同一の範疇に属する要素. 미적 범주 美的範疇.
범타 (凡打) 하자 (野球) 凡打.
범-태평양 (汎太平洋) 【-냥】 名 環太平洋.
범퇴 (凡退) 【-/-퉤】 名 自 凡退.
범퍼 (bumper) 名 (自動車の)バンパー; 緩衝装置.
범-하다 (犯-) /pɔːmhada/ 他 【하옛】 犯す; 襲う; 強姦する. ‖우를 범하다 過ちを犯す. 오류를 범하다 誤謬(ごびゅう)を犯す. 유부녀를 범하다 婦女を暴行する.
범행 (犯行) 하자 犯行. ‖범행 동기 犯行の動機. 범행을 저지르다 犯行を犯す; 犯行に及ぶ.

법 (法) /pɔp/ 名 ❶ 法; 法律. ‖법을 어기다 法を犯す. 법에 호소하다 法に訴える. 법에 저촉되다 法律に抵触する. ❷やり方; 仕方; 方法. ‖김치 담그는 법 キムチの漬け方. 논문 쓰는 법 論文の書き方. 만드는 법 作り方. ❸ …는 법이다の形で] …ものだ. ‖먹고 자면 눈이 붓기 마련이다 食べてから寝ると目が腫れるものだ. ❹ […는 법이 없다の形で] …することはない. ‖약속을 어기는 법이 없다 約束を守らないことはない. 그는 내가 아무리 약속 시간에 늦어도 화내는 법이 없다 彼は私がいくら約束の時間に遅れても怒るようなことはない. ❺ […법이 어디 있어?の形で] …ということもの?; …あっていいことなの? ‖내 옷까지 가지고 도망가다니, 이런 법이 어디 있어? 私の服まで持ち逃げするなんて、ありえる(ことなの)?

법과 (法科) 【-꽈】 名 法科.

법과ː대학 (法科大學) 名 法学部. 略법대(法大).
법과ː대학원 (法科大學院) 名 法科大学院; ロースクール.
법관 (法官) 【-꽌】 名 裁判官.
법규 (法規) 【-뀨】 名 法規. ‖교통 법규 交通法規.
법-규범 (法規範) 【-뀨-】 名 法規範.
법당 (法堂) 【-땅】 名 (佛教) 法堂(ほっとう); 講堂.
법대 (法大) 【-때】 [법과 대학(法科大學)の略] 法学部.
법도 (法度) 【-또】 名 ❶ 法度(はっと). ❷ 礼儀作法.
법랑 (琺瑯) 【범냥】 名 琺瑯(ほうろう).
법령 (法令) 【범녕】 名 (法律) 法令.
법률 (法律) /pɔmnjul/ 【범뉼】 名 法律. ‖법률 위반 法律違反. 법률로 정하다 法律で定める. 법률 사무소 法律事務所. 법률 상담 法律相談.
법률-가 (法律家) 名 (法律) 法律家.
법률-관계 (法律關係) 【범-/범-게】 名 (法律) 法律関係.
법률-심 (法律審) 名 (法律) 法律審. ↔사실심(事實審).
법률-안 (法律案) 【범뉴란】 名 法律案.
법률ː요건 (法律要件) 【범뉼료껀】 名 (法律) 法律要件.
법률-문제 (法律問題) 名 法律問題.
법률-적 (法律的) 【범뉼쩍】 名 法律的.
법률-학 (法律學) 名 法律学.
법률-행위 (法律行爲) 名 (法律) 法律行為.
법률-혼 (法律婚) 名 (法律) 法律婚. ↔사실혼(事實婚).
법률ː효과 (法律效果) 名 (法律) 法律効果.
법망 (法網) 【-망】 名 法網; 法の網. ‖법망을 뚫다 法の網をくぐる.
법명 (法名) 【-명】 名 (佛教) 法名(ほうみょう).
법무 (法務) 【-무】 名 法務.
법무-관 (法務官) 名 法務官.
법무-부 (法務部) 名 (行政) 法務省.
법무-사 (法務士) 名 軍法会議において裁判官を務める法務官.
법문 (法文) 名 ❶ 法文(ほうぶん). ❷ (佛教) 法文(ほうもん).
법문-화 (法文化) 【범-】 名他 法文化.
법복 (法服) 名 法服.
법-사상 (法思想) 【-싸-】 名 法思想.
법-사학 (法史學) 【-싸-】 名 法史学.
법-사회학 (法社會學) 【-싸-/-싸훼-】 名 法社会学.
법서 (法書) 【-써】 名 法書.
법석 (法席) /pɔpsʼɔk/ 【-썩】 名 大騒ぎ; 騒ぎ立てること. ‖법석을 떨다 騒ぎ立て

법석

る; 大騷ぎする.

법석-거리다[-대다]【-썩 꺼[썩 때]-】 自 わいわい騷ぎ立てる; がやがや騷ぐ. ‖법석거리는 교실 がやがやする教室.

법석²(法席)【-썩】图《佛教》法席.
법안(法案)图 法案.
법열(法悅)图 法悅.
법원(法院) /pɔbwən/ 图 裁判所. ‖가정법원 家庭裁判所. 고등법원 高等裁判所. 대법원 最高裁判所.
법의(法衣)【-/-비】图《佛教》法衣(ぎ)；僧の衣服.
법-의학(法醫學)【-/-비】图《医学》法医学.
법인(法人) /pɔbin/ 图《法律》法人. ‖학교법인 学校法人. 재단법인 財団法人.
법인-세(法人稅)【-쎄】图 法人税.
법-인격(法人格)【-쩍】图 法人格.
법적(法的)【-쩍】名·形動 法的な. ‖법적 근거 法的根拠. 법적으로 규제하다 法的に規制する.
법전(法典)【-쩐】图 法典.
법정¹(法廷) /pɔpʔʤəŋ/【-쩡】图 法廷. ‖법정에 서다 法廷に立つ. 법정에서 싸우다 法廷で争う.
법정-경찰(法廷警察)图《法律》法廷警察.
법정-투쟁(法廷鬪爭)图《法律》法廷闘争.
법정²(法定)【-쩡】图 法定. ‖법정 최고형 法定最高刑.
법정-기간(法定期間)图《法律》法定期間.
법정-대리인(法定代理人)图《法律》法定代理人.
법정-범(法定犯)图《法律》法定犯.
법정-이자(法定利子)图 法定利息.
법정-전염병(法定傳染病)【-쩡-뼝】图《法律》法定伝染病.
법정-준비금(法定準備金)图 法定準備金.
법정-형(法定刑)图《法律》法定刑.
법정-화폐(法定貨幣)【-쩡-/-쩡-폐】图 法定貨幣; 法貨.
법제(法制)【-쩨】图 法制.
법제-사(法制史)图 法制史.
법제-처(法制處)图《行政》法制局.
법조¹(法條)【-쪼】图 法条.
법-조문(法條文)图=→法條(法條).
법조²(法曹)【-쪼】图 法曹.
법조-계(法曹界)【-쪼-/-쪼-계】图 法曹界.
법조-인(法曹人)图 法曹.
법주(法酒)【-쭈】图 決まった法式に従って醸した酒.
법-주권(法主權)【-쭈꿘】图 法主権.
법-질서(法秩序)【-찔써】图 法秩序.
법-철학(法哲學)【-철학】图 法哲学.
법치(法治)嘲他 法治.

법치-국가(法治國家)【-까】图 法治国家.
법치-주의(法治主義)【-/-이】图 法治主義.
법칙(法則)图 法則. ‖법칙에 따르다 法則に従う. 자연법칙 自然法則. 질량 불변의 법칙 質量不変の法則. 멘델의 법칙 メンデルの法則.
법통(法統)图《佛教》法統.
법-하다【버-】〔補形〕【하영】〔ーㄹ 을〕 법하다の形で 推量を表わす: …らしい; …のようだ. ‖이 말을 들으면 화낼 법하다 この話を聞いたら怒り出しそうだ. 자초지종을 들어 보니 그럴 법하다 一部始終を聞いてみたらもっともらしい.
법학(法學)【버팍】图 法学.
법학-자(法學者)【버팍짜】图 法学者.
법화-경(法華經)【버퐈-】图《仏教》法華経.
법회(法會)【버푀/버풰】图《佛教》法会(^{會}).

벗[벋] 图 友; 友人; 友だち. ‖좋은 벗을 만나다 よき友に出会う. 책은 마음의 벗 本は心の友. 자연을 벗 삼다 自然を友とする.

벗겨-지다 /pətʔkjʌʤida/【벗 껴-】自 ❶脱げる; はがれる; はげる. ‖신이 자꾸 벗겨진다 靴が大きいのかしょっちゅう脱げる. 페인트 칠한 곳이 벗겨졌다 ペンキを塗ったところがかなりはげている. 표면의 코팅이 벗겨진다 表面のコーティングがはがれる. ❷(頭が)はげる. ‖머리가 벗겨져서 걱정이다 頭がはげてきて心配だ. ❸(冤罪などが)そそがれる. ‖누명이 벗겨지다 冤罪がそそがれる; 冤罪を晴らす.

벗-기다 /pətʔkida/【벗 끼-】他 ❶벗다の使役動詞〕 (服などを)脱がせる. ‖양말을 벗기다 靴下を脱がせる. ❷ (皮などを)むく. ‖귤 껍질을 벗기다 ミカンの皮をむく. ❸ (覆っているものを)めくる. ‖이불 호청을 벗기다 布団カバーをはがく. ❹ (表面をこすり落す. ‖몸의 때를 벗기다 (体の)垢を落す.

벗-나가다【번-】自 (一定の範囲から)はみ出る; はずれる.

벗는【번-】冠 벗다(脱ぐ)の現在連体形.

벗다 /pət'ta/【벋따】他 ❶(服·眼鏡など身につけたものを)脱ぐ; 取る; 外す. ‖옷을 벗다 服を脱ぐ. 양말을 벗다 靴下を脱ぐ. 모자를 벗고 인사를 하다 帽子を取って挨拶する. 안경을 벗다 眼鏡を外す. 단추를 벗기다 ボタンを外す. 가면을 벗다 仮面をとる. 倒벗기다. ❷(背負っていたものを)下ろす. ‖무거운 짐을 벗다 重荷を下ろす. ❸脱皮する. ❹(汚名などを)すすぐ; (冤$^{(罪)}$

벗어 벗다(脫ぐ)의 連用形.

벗어-나다 /pəsʌnada/ 国 ❶ (어느 狀態에서)脫する; 逃れる. ∥봄비는 도심을 벗어났다 混雜した都心から脫する. 가난에서 벗어나다 貧しさから逃れる. ❷ (範圍・標的などから)それる; はずれる. ∥열차가 궤도를 벗어나다 列車が軌道をはずれる. ❸ (道理・禮儀などから)それる; 反する. ∥기대에 벗어나는 행동을 하다 期待にはずれることをする. 학생 신분에서 벗어나는 짓을 하다 学生の身分に反することをする. ❹ (人から)見放される; 疎まれる. ∥선생님 눈에서 벗어나다 先生に疎まれる.

벗어-던지다 他 脫ぎ捨てる.
벗은 冠 벗다(脫ぐ)의 過去連体形.
벗을 冠 벗다(脫ぐ)의 未來連体形.
벙글-벙글 副 にこにこ.
벙긋 【-글】副 (하変) にっこり(と); にこっ.
벙긋-벙긋 副 (하変)
벙긋-거리다 【-글꺼-】 自 にこにこする; にこっと笑う.
벙긋-하다 【-그타-】 [하変] いくらか[少し]開いている. **벙긋-이** 副
벙벙-하다 [하変] 呆然としている; あきれ返る. ∥ 어안이 벙벙하다 あきれてものが言えない. **벙벙-히** 副
벙싯-거리다【대들】【-싣끼~때-】自 (うれしいときなどに)にやにやする.
벙어리 口のきけない人. ∥벙어리 냉가슴 앓듯 諺 人に訴えることもできず, 一人でくよくよする.
벙어리-장갑 (-掌匣) ミトン.

벚-꽃【벋~】/pɔtʔkot/【본꼳】图 桜; 桜の花.
벚-나무 【벋~】图 【植物】サクラ(桜)の木.

베 ❶ 布地. ❷ (삼베의 略語)麻布地.
베개 /pege/ 图 枕. ∥베개를 베다 枕をする. 팔베개 腕枕. 돌베개 石枕.
베갯-머리【-갣-】图 枕元.
베갯머리-송사(-訟事) 【-갣-】图 = 베갯밑공사(-公事).
베갯밑-공사(-公事)【-갣믿꽁-】图 枕元で妻が夫に囁(ささや)いて願いを叶えさせようとすること.
베갯-속【-개쏙 / -갣쏙】图 枕の詰め物.
베갯-잇【-갣닏】图 枕カバー.

베고니아 (begonia) 图 【植物】ベゴニア.

베끼다 /pekʔida/ 他 ❶ 書き写す; 書き取る. ∥친구가 한 숙제를 그대로 베끼다 友だちの宿題をそのまま書き写す. ❷ ぱくる. ∥다른 사람의 논문을 베끼다 他人の論文をぱくる.

베냉 (Benin) 图 【國名】ベナン.
베네수엘라 (Venezuela) 图 【國名】ベネズエラ.
베니어 (veneer) 图 ベニヤ.
베니어-합판 (veneer 合板) 图 ベニヤ板.

베다[1] 他 枕をする. ∥팔베개를 베고 누워 텔레비전을 보다 腕枕して寝そべってテレビを見る.

베다[2] /pe:da/ (刃物で)切る; 刈る. ∥손가락을 베다 指を切る. 풀을 베다 草を刈る. 벼를 베다 稲を刈り取る. 풀베기 草刈り. 사과를 한 입 베어 먹다 リンゴを一口かじる. 國ベイだ.

베드-신 (bed+scene 日) 图 ベッドシーン.
베드-타운 (bed+town 日) 图 ベッドタウン.
베란다 (veranda) 图 ベランダ.
베레 (béret 프) 图 ベレー. ∥베레모 ベレー帽.
베스트[1] (vest) 图 ベスト; チョッキ.
베스트[2] (best) 图 ベスト.
베스트-셀러 (best-seller) 图 ベストセラー.
베어링 (bearing) 图 ベアリング.
베-이다 /peida/ 自 (베다[2]의 受身動詞) 切られる; 切れる. ∥목을 베이다 首を切られる. 칼에 베이다 刀で切られる.
베이스[1] (bass) 图 【音樂】バス; ベース.
베이스[2] (base) 图 【野球】ベース.
베이스-캠프 (base camp) 图 ベースキャンプ.
베이지 (beige) 图 ベージュ.
베이컨 (bacon) 图 ベーコン.
베이킹-파우더 (baking powder) 图 ベーキングパウダー.

베일 (veil) 图 ベール. ∥신비의 베일을 벗다 神秘のベールをはぐ. 베일에 싸인 여자 ベールに包まれた女性.

베짱이 【昆蟲】ウマオイムシ(馬追虫); キリギリス. ∥개미와 베짱이 アリとキリギリス.

베타 (beta・β 그) (ギリシャ文字の第2字の)ベータ.
베타-선 (-線) 图 【物理】ベータ線.
베타-성 (-星) 图 【天文】ベータ星.
베테랑 (vétéran 프) 图 ベテラン.
베트남 (Vietnam) 图 【國名】ベトナム.
베-틀 機(はた).

베풀다 /peːpʰulda/ 他 【ㄹ語幹】【베풀어, 베푸니, 베푼】 ❶ (宴會などを)催す. ∥잔치를 베풀다 宴會を催す. ❷ (人に恵みなどを)施す. ∥자비를 베풀다 慈悲を施す. 남에게 은혜를 베풀다 人に恩惠を施す. 온정을 베풀다 情けを施す.

벡터 (vector) 图 【物理】ベクトル.
벤자민 (Benjamin) 图 【植物】ベンジャミン.
벤젠 (benzene) 图 【化學】ベンゼン.
벤졸 (benzol) 图 【化學】=벤젠.

벤처-기업 (venture 企業) 图 ベンチャー企業.

벤처-캐피털 (venture capital) 图 ベンチャーキャピタル.

벤치 (bench) 图 ベンチ.

벤치마킹 (bench marking) 图 他 ベンチマーキング.

벨 (bell) 图 ベル. ∥벨을 누르다 ベルを押す. 전화벨이 울리다 電話のベルが鳴る.

벨기에 (Belgïe) 图 国名 ベルギー.

벨로루시 (Belarus) 图 国名 ベラルーシ.

벨리즈 (Belize) 图 国名 ベリーズ.

벨벳 (velvet) 图 ベルベット. 他 비로 드.

벨-보이 (bellboy) 图 ドアボーイ.

벨트 (belt) 图 ❶ ベルト. ∥밴드. ∥챔피언 벨트 チャンピオンベルト. ❷(機械の)ベルト. ∥벨트 컨베이어 ベルトコンベヤー. ❸地帯. ∥그린벨트 グリーンベルト.

벼 /pjɔ/ 图〔植物〕イネ(稲). ∥벼가 익어가다 稲が実る. 낫으로 벼를 베다 鎌で稲を刈る. 图 稲刈り.

벼-농사 (一農事) 图 稲作. 他 미작(米作).

벼락 /pjɔrak/ 图 ❶雷. ❷(目上の人からの)お叱り; 大目玉. ∥벼락이 떨어지다[내리다] 大目玉を食う[食らう; 頂戴する].

벼락-감투 (一감투) 图 にわかに得た官職.

벼락-공부 (一工夫) 图 一夜漬けの勉強.

벼락-부자 (一富者) 【一뿌-】图 成金; 成り上がり.

벼락-출세 (一出世) 【一쎄-】图 自 にわか出世; 成り上がり.

벼락-치기 图 泥縄. ∥벼락치기 수험 공부 泥縄式の受験勉強.

벼랑 图 ❶崖; 崖っぷち; 断崖. ∥崖の上の心境 崖っぷちに立たされた心境. ❷瀬戸際. ∥벼랑 끝 외교 瀬戸際外交.

벼루 图 硯(すずり).

벼룩 图 〔昆虫〕ノミ(蚤). ∥벼룩에 물리다 ノミに食われる. ▶벼룩도 낯짝이 있다 [諺]「ノミにも面子がある」の意でひどく図々しい. ▶벼룩의 간을 내먹는다 [諺]「ノミの肝を取り出して食う」の意で浅ましく貪欲である.

벼룩-시장 (一市場) 图 ノミの市; フリーマーケット.

벼르다 /pjɔruda/ 自他【르変】[벼르는, 벼르니] 機会をうかがう; 心に決める; ねらう. ∥흔내 주려고 벼르고 있다 こらしめる機会をうかがっている.

벼리다 他 (切れ味が鈍くなった刃物などを)鍛える; (鋭く)研ぐ. ∥낫을 벼리다

鎌を鍛える.

벼-메뚜기 图〔昆虫〕ハネナガイナゴ(翅長稲子).

벼슬 图 官職. ∥벼슬을 하다 官職に就く.

벼슬-아치 图 〔古い言い方で〕役人.

벼-쭉정이 [-쩡-] 图 しいな.

벽[^1] (壁) /pjɔk/ 图 ❶ 壁. ∥벽에 그림을 걸다 壁に絵をかける. 벽에 금이 가다 壁にひびが入る. ❷ 大きな困難; 障害. ∥수사가 벽에 부딪치다 捜査が壁に突き当たる. 두 사람 사이에 벽이 생기다 2人の間に壁ができる. ▶벽을 쌓다 不仲になる; 交わりを絶つ.

벽[^2] (癖) 图 癖. ∥음주벽 酒癖. 낭비벽 浪費癖. 방랑벽 放浪の癖.

벽-걸이 (壁-) [-꺼리] 图 壁掛け.

벽계-수 (碧溪水) [-께-/-게-] 图 青く澄んだ渓流の水.

벽-난로 (一暖炉) [병날-] 图 壁につけた暖炉; ペチカ(ロシア風の暖炉).

벽-돌 (甓-) /pjɔk²to:l/ [-똘] 图 煉瓦. ∥벽돌을 쌓다 煉瓦を積む. 붉은 벽돌 赤煉瓦.

벽돌-공 (甓-工) 图 煉瓦工.

벽돌-담 (甓-) 图 煉瓦塀.

벽돌-집 (甓-) 图 煉瓦造りの家.

벽두 (劈頭) 【-뚜】 图 劈頭(へきとう); 冒頭. ∥회의 벽두부터 의견이 갈리다다 会議の冒頭から意見が分かれる.

벽력 (霹靂) 【병녁】 图 霹靂(へきれき). ∥청천벽력 青天の霹靂. 벽력같은 고함 소리 雷のような大声.

벽로 (碧鷺) 【병노】 图〔鳥類〕ゴイサギ(五位鷺).

벽면 (壁面) 【병-】 图 壁面.

벽보 (壁報) [-뽀] 图 張り紙; 貼り紙; 壁新聞. ∥벽보가 나붙다 張り紙が張られる.

벽보-판 (壁報板) 图 掲示板.

벽-시계 (壁時計) 【-씨-/-씨게】 图 掛け時計; 柱時計.

벽-신문 (壁新聞) 【-씬-】 图 壁新聞.

벽안 (碧眼) 图 碧眼(へきがん).

벽-오동 (碧梧桐) 图〔植物〕アオギリ(青桐).

벽장 (壁欌) [-짱] 图 作りつけの戸棚.

벽지[^1] (僻地) [-찌] 图 僻地. ∥신간벽지 山間の僻地.

벽지[^2] (壁紙) [-찌] 图 壁紙. ∥벽지를 새로 바르다 壁紙を張り替える.

벽창-호 (-昌牛) 图 頑固者; 分からず屋; 強情張り.

벽촌 (僻村) 图 僻村.

벽화 (壁畵) [벼콰] 图 壁画.

변[^1] (邊) 他 邊(ピョン); 辺(ビョン).

변[^2] (卞) 他 卞(ピョン).

변[^3] (便) 图 大小便; 大便. ∥변을 보다 用便を足す.

변[^4] (邊) 图 〔数学〕辺. ❶多角形を作り

上げている 部分. ∥삼각형의 세 변 三角形의 三辺. ❷ (等式·不等式で) 등호 또는 부등호의 両側에 있는 수나 식.

변⁵ (変) 图 変; 災難; 不幸な出来事; 異常な事件. ∥변을 당하다 災難にあう.

변⁶ (邊) 图 漢字의 偏(へん). ↔ 방(傍). ∥말숨 언 변 言偏. 두인 변 行人偏.

변격 (變格) 【-껵】 图 (言語) 変格; 変則.

변경¹ (邊境) 图 辺境; 奥地.

변경² (變更) /pjʌ:ŋgjʌŋ/ 图 他 変更. ∥출발 시각을 변경하다 出発時刻を変更する. 변경 사항 変更事項. 날짜 변경선 日付変更線.

변경-되다 (變更-) 国 ⇒

변고 (變故) 图 災難; 異変; 不慮の事故. ∥변고를 당하다 不慮の事故にあう.

변괴 (變怪) 【-궤】 图 異変; 変わった出来事.

변기 (便器) 图 便器.

변덕 (變德) /pjʌ:ndʌk/ 图 気まぐれ; 移り気; むら気. ∥그녀는 변덕을 잘 부린다 彼女は気まぐれな人だ. 한때의 변덕 一時の気まぐれ. 변덕이 심한 성격 移り気な性格.

변덕-스럽다 (變德-) 【-쓰-따】 图 [ㅂ変] 気まぐれだ; むら気だ. ∥날씨가 변덕스럽다 気まぐれな天気だ. **변덕스레** 副

변덕-쟁이 (變德-) 【-쨍-】 图 気まぐれ者; お天気屋; 気分屋.

변동 (變動) 图 自他 変動. ∥변동하는 국제 정세 変動する国際情勢. 주가 변동 株価の変動. 지각 변동 地殻変動. 변동폭 変動幅.

변-두리 (邊-) /pjʌnduri/ 图 町外れ; 場末. ∥서울 변두리에 살고 있다 ソウルの町外れに住んでいる.

변란 (變亂) 【별-】 图 変乱; 事変.

변론 (辯論) 【별-】 图 他 弁論.

변리 (辨理) 【별-】 图 弁理.

변리-사 (辨理士) 图 弁理士.

변리² (邊利) 【별-】 图 利子; 利息; 金利.

변명 (辨明) /pjʌ:nmjʌŋ/ 图 他 弁明; 弁解; 言い訳; 申し開き. ∥궁색한 변명 苦しい言い訳. 변명의 여지가 없다 弁解の余地がない. 지금 와서 변명해도 소용없다 今更弁明しても始まらない.

변모 (變貌) 图 自 変貌; すっかり変わった様子; 様変わりすること. ∥현저히 변모된 모습 著しく変貌した姿.

변방 (邊方) 图 辺境.

변변찮다 /pjʌnbjʌnʧʰanta/ 【-찬타】 图 ❶ [변변하지 아니하다의 縮約形] 物足りない; 冴えない. ∥사는 게 변변찮다 暮らし向きに余裕がない. 변변찮은 성적 冴えない成績. ❷ 粗末だ; つまらない.

∥변변찮은 대접 粗末なもてなし.

변변-하다 (-) 图 [하영] ❶ まあまあだ; 引 け를 取らない. ∥얼굴은 변변하게 생긴 편이다 顔立ちは人並みである. ❷ 立派だ; 十分だ. ∥변변한 대접 十分なもてなし. **변변-히** 副 連絡도 변변히 못 드려서 죄송합니다 連絡ろくにできず申し訳ございません.

변별 (辨別) 图 他 弁別; 識別; 判断.

변별-력 (辨別力) 图 判断力.

변비 (便秘) 图 便秘. ∥변비에 걸리다 便秘になる.

변사¹ (辯士) 图 弁士.

변사² (變死) 图 変死.

변사-체 (變死體) 图 変死体.

변상 (辨償) 图 他 弁償. ∥잃어 버린 책을 변상하다 無くした本を弁償する.

변색 (變色) 图 自他 変色. ∥암갈색으로 변색된 사진 セピア色に変色した写真.

변설 (辯舌) 图 弁舌.

변성¹ (變聲) 图 自 変声; 声変わり.

변성-기 (變聲期) 图 変声期.

변성² (變成) 图 自他 変成.

변성-암 (變成岩) 图 (鉱物) 変成岩.

변소 (便所) 图 便所; トイレ. ✛現在는 화장실(化粧室)이 普通. ∥수세식 변소 水洗便所. 공중변소 公衆便所; 公衆トイレ.

변속 (變速) 图 他 変速. ∥변속 장치 変速装置.

변수 (變數) 图 ❶ (数学) 変数. ❷ 어떤 상황에 있어서의 可変要素.

변-시체 (變屍體) 图 変死体.

변신 (變身) 图 自 変身. ∥그의 변신은 놀랄을 정도였다 彼の変身振りは驚くほどだった.

변심 (變心) 图 自 変心; 心変わり.

변압 (變壓) 图 変圧.

변압-기 (變壓器) 【-끼】 图 変圧器; トランス.

변온 동물 (變溫動物) 图 (動物) 変温動物. ⇔정온 동물 (定溫動物).

변용 (變容) 图 変容.

변위 (變位) 图 変位.

변위 전류 (變位電流) 【-쯘-】 图 (物理) 変位電流.

변음 (變音) 图 (音楽) 変音.

변이¹ (變移) 图 自 変移.

변이² (變異) 图 (生物) 変異. ∥돌연변이 突然変異.

변장 (變裝) 图 自 変装.

변장-술 (變裝術) 图 変装術.

변전 (變轉) 图 自 変転.

변전-소 (變電所) 图 変電所.

변절 (變節) 图 自 変節.

변절-자 (變節者) 图 変節者; 変節

漢.

변제(辨濟) 图 (하他) 弁済; 返済.

변조¹(變造) 图 (하他) 変造; 偽造. ∥수표를 변조하다 手形を変造する.

변조²(變調) 图 (하他) 変調.
　변조-기(變調器) 图 変調器.

변종(變種) 图 ❶ (하自) 種類が変わること. ❷動植物の形質が原種と違う種. 変種 ❸ 性質や言動が変わっている人; 変わり者; 変人.

변주-곡(變奏曲) 图 《音楽》 変奏曲.

변죽(邊-) 图 器物の縁(ふち); へり. ∥변죽을 울리다 遠回しに言う.

변증-법(辨證法) 【-뻡】图 弁証法.
　변증법-적(辨證法的) 【-뻡쩍】图 弁証法的.
　변증법적유물론(辨證法的唯物論) 【-뻡쩍-】图 弁証法的唯物論.

변질(變質) 图 (하自) 変質.
　변질-자(變質者) 图 〔-짜〕 変質者.

변천(變遷) 图 (하自) 変遷. ∥언어는 시대와 함께 변천한다 言葉は時代とともに変遷する.

변칙(變則) 图 (하自) 変則. ↔정칙(正則).
　변칙-적(變則的) 【-쩍】图 変則的. ∥변칙적인 방법 変則的なやり方.

변태(變態) 图 (하自) ❶ 変態. ② (動物) 変態.

변통(變通) 图 (하他) ❶ 変通; 融通. ❷ 〔돈을〕 やりくり. ∥돈을 변통하다 お金を工面する.

변-하다(變-) 〔변-〕/pjʌ̀nhada/ 图 (하自) ❶ 変わる; 変化する. ∥세상은 하루하루 변하고 있다 世の中は日々変化している. 맛이 변하다 味が変わる. 마음이 변하다 気が変わる. 사람이 변하다 人柄が変わる. ❷ 腐る. ∥날씨가 더워서 음식이 변하기 쉽다 暑いから食べ物が腐りやすい.

변함-없다(變-) 〔-업-〕/pjʌ̀nham ʌ̀pt͈ɑ/ 图 〔하 -自〕 変わりない; 相変わらずだ. ∥변함없는 성원 変わらぬ声援. **변함없-이** 변함없이 잘 지내고 있다 相変わらず元気でやっている.

변혁(變革) 图 (하他) 変革. ∥교육 제도를 변혁하다 教育制度を変革する. 사회 변혁 社会変革.

변형(變形) 图 (하自) 変形. ∥온도에 따라 변형되다 温度によって変形する.

변호(辯護) 图 (하他) 弁護. ∥피고인을 법정에서 변호하다 被告人を法廷で弁護する. 변호를 맡다 弁護を引き受ける.
　변호-사(辯護士) 图 弁護士.
　변호-인(辯護人) 图 弁護人. ∥국선 변호인 国選弁護人.

변화(變化)/pjʌ̀nhwa/ 图 (하自) 変化; 移り変わり. ∥변화하는 국제정세 変化する国際情勢. 변화무쌍하다 変化に富む. 표정의 변화를 읽어 내다 表情の変化を読み取る. 변화가 없는 생활 変化のない生活. 계절의 변화 季節の移り変わり.
　변화-구(變化球) 图 〔野球で〕変化球.
　변화무궁-하다(變化無窮-) 图 〔하変〕 変化が限りない.

변환(變換) 图 (하他) 変換. ∥한글을 로마자로 변환하다 ハングルをローマ字に変換する. **변환-되다** 受動

별¹/pjoːl/ 图 ❶ 星. ∥밤하늘에 별이 빛나다 夜空に星が輝く. 별이 떠 있다 星が出ている. 별빛 星明かり. ❷ 星形. ∥별사탕 こんぺいとう. ❸ 将官の階級章; 将星. ∥별을 달다 将官になる. ❹〔俗語で〕前科.

별² 〔별〕 変わっている; 様々な; 色々な. ∥별 문제가 다 생기다 様々な問題が生じる. 별 사람이 다 있다 色々な人がいる.

-별(別) 〔接尾〕 …別; …ごとの. ∥직업별 職業別. 종목별로 나누다 種別ごとに分ける. 종목별 득점 種目ごとの得点.

별개(別個) 图 別個. ∥그건 이것과는 별개의 문제다 それとこれとは別の問題だ.

별거(別居) 图 (하自) 別居.

별-걱정(別-) 〔-쩡〕 图 余計な心配; 取り越し苦労.

별-것(別-) 〔-껃〕 图 大したもの〔こと〕. ∥별것도 아니다 大したことでもない.

별격(別格) 〔-껵〕 图 別格.

별고(別故) 图 別条; 変わったこと. ∥별고 없으십니까？ お変わりありませんか.

별관(別館) 图 別館.

별-궁리(別窮理) 〔-니〕 图 色々な思案. ∥별궁리를 다 하다 色々と思案をめぐらす.

별기(別記) 图 (하他) 別記.

별-꼴(別-) 图 ぶざまな様子; みっともないこと.

별-꽃〔-꼳〕图 〔植物〕 ハコベ(繁縷).

별-나다(別-) /pjʌ́llada/ 〔-라-〕 图 変わっている; 変だ. ∥하는 짓이 별난 사람 やることが変わった人.

별-놈(別-) 〔-롬〕 图 変わったやつ. ∥세상에 별놈이 다 있다 世の中には変わったやつもいるもんだ.

별-다르다(別-) 〔별-〕 图 〔르変〕 変わっている; 特に異なる; 特別だ. ∥별다른 문제는 없다 特に目立った問題はない.

별-달리(別-) 圖 他に; 別に. ∥별달리 할 말은 없습니다 特に言いたいことはありません.

별당(別堂) 〔-땅〕 图 母屋の近くに別に建てた家; 離れ(家).

별도(別途) 〔-또〕 图 別途. ∥별도 회계 別途会計. 교통비는 별도로 지급한다 交通費は別途支給する. 그 점은 별

별-도리 (別道理) 【명】 〔主に打ち消しの表現を伴って〕得策. ‖별도리가 없다 別の方法がない. 별도리가 있든 것이었다 得策があるわけではない.

별동-대 (別動隊) 【-똥-】 【명】 《軍사》別働隊.

별동-별 流星; 流れ星. ⇒유성(流星).

별똥-별 流星; 流れ星. ⇒유성(流星).

별-로 (別-) 【부】 /pjəllo/ 〔下に打ち消しの表現を伴って〕別に; 特に; さほど; それほど. ‖별로 할 말이 있는 건 아니다 特に言いたいことがあるわけではない. 그 사람 말에 별로 신경 쓸 것 없다 彼の言葉に特に気を使う必要はない. 건강이 별로 좋아 보이지 않다 健康の方があまり良好には見えない.

별-말 (別-) 【명】 ❶意外な言葉. ❷取り立てた話. ❸色々な話.

별-말씀 (別-) 【명】別の尊敬語. ‖별말씀을 다하십니다 とんでもございません.

별-맛 (別-) 【-맏】 【명】特別な味; 優れた味.

별명 (別名) /pjəlmjəŋ/ 【명】別名; あだ名; ニックネーム. ‖별명을 붙이다 あだ名をつける.

별-문제 (別問題) 【명】 ❶別問題. ❷変わったこと. ‖지금까지 별문제는 없습니다 今のところ特に変わったことはありません.

별미 (別味) 【명】優れた味; 独特の味; 珍味.

별반 (別般) 【부】 〔多く下に打ち消しの表現を伴って〕特別に; 特に; 別段; さして; それほど. ‖별반 차이가 없는 가격 大差のない価格. 별반 다를바 없다 特に違いはない.

별별 (別別) 【관】色々な; 様々な; ありとあらゆる. ‖별별 수단을 다 써 보다 ありとあらゆる手段を講じてみる.

별-사람 (別-) 【명】 ❶変わった人; 風変わりな人. ❷色々な人.

별-사탕 (-砂糖) 【명】こんぺいとう.

별세 (別世) 【-세】 【명】〔죽음의 尊敬語〕逝去.

별-세계 (別世界) 【-/-계】 【명】別世界.

별-소리 (別-) 【명】とんでもない話〔こと〕; 心外な話. ‖별소리를 다하시다 とんでもないことをおっしゃる.

별-수¹ (別-) 【-쑤】 【명】特別な方法; 得策. ‖별수 없이 요구를 받아들이다 仕方のない要求を受け入れる.

별-수² (別數) 【-쑤】 【명】特別にいい運勢.

별-수단 (別手段) 【명】特別な手段; 色々な手段.

별-스럽다 (別-) 【-따】 【형】 【ㅂ変】 おかしい; 風変わりだ. ‖행동거지가 별스러운 사람 挙動がおかしい人. 별스러운 복장 風変わりな服装. **별스레** 【부】

별식 (別食) 【-씩】 【명】特別おいしい食べ物.

별신 (別信) 【명】別로.

별안-간 (瞥眼間) /pjəŕangan/ 【명】突然; いきなり; 急に; にわかに; ふと. ‖별안간 들이닥친 손님 突然訪れた客. 별안간 떠오른 생각 急に思いついたこと.

별의-별 (別-別-) 【-/-벼레-】 【관】ありとあらゆる; 様々な; 様々な. ‖서가에는 별의별 책이 다 꽂혀 있다 書棚には様々な本が並んでいる.

별-일 (別-) 【-릴】 【명】 ❶普通と変わったこと. ‖별 일 없으십니까? お変わりありませんか. ❷珍しいこと; 色々なこと; 様々なこと. ❸〔下に打ち消しの表現を伴って〕大したことではない. ‖별일 아니다 大したことではない.

별-자리 (別-) 【天文】 星座. ⇒성좌(星座).

별장 (別莊) 【-짱】 【명】別莊.

별정-직 (別定職) 【-쩡-】 【명】特別職. ✦国家公務員法適用外公務員.

별종 (別種) 【-쫑】 【명】 ❶別種. ❷変人. ‖저 별종! あの変人!

별지 (別紙) 【-찌】 【명】別紙.

별-지장 (別支障) 【명】支障; 差し支え; 差し障り; さまたげ. ‖별지장이 없으면 대답해 주세요 差し支えがなければ答えてください.

별-채 (別-) 【명】離れ(家).

별책 (別冊) 【명】別冊. ‖별책 부록 別冊付録.

별-천지 (別天地) 【명】別天地; 別世界.

별칭 (別稱) 【명】別称.

별-표¹ (-標) 【명】星印; アスタリスク(*).

별표² (別表) 【명】別表.

별항 (別項) 【명】別項.

볍-씨 【명】種籾(もみ).

볏¹ [볃] 【명】とさか.

볏² [볃] 【명】すきの刃.

볏-가리 [벼까/볃까] 【명】稲むら.

볏-단 [벼딴/볃딴] 【명】稲の束. ‖볏단을 쌓아올리다 稲束を積み上げる.

볏-섬 [벼썸/볃썸] 【명】米俵.

볏-짚 [벼찝/볃찝] 【명】稲わら; わら. ⇒짚.

병¹ (丙) 【명】(十干の)丙(ひのえ).

병² (兵) 【명】将棋の駒の一つ.

병³ (病) /pjəŋ/ 【명】 ❶病気; 病(やまい). ‖병이 나다〔들다〕病気になる. 병에 걸리다 病気にかかる; 病気する. 중병 重病; 大病. 불치의 병 不治の病. 전염병 伝染病. 심장병 心臓病. ❷悪い癖; 欠点; 弱点; 問題. ‖술을 너무 좋아하는 게 병이다 酒好きなのが問題だ.

병-문안(病問安) 图 [하他] 病気見舞い.

병⁴ (瓶) /pjəŋ/ 图 瓶. ‖병이 깨지다 瓶が割れる. 병 맥주 瓶ビール.
— 依名 ···本. ‖ 맥주 세 병 ビール3本.

병가(病暇) 图 病欠; 療養休暇.
병-간호(病看護) 图 [하他] 看病.
병결(病缺) 图 [하自] 病欠.
병고(病苦) 图 病苦. ‖병고에 시달리다 病苦に苦しむ. 병고를 이겨내다 病苦に打ち克つ.
병골(病骨) 图 病弱な人.
병-구완(病-) 图 [하他] 看病; 介護.
병균(病菌) 图 病菌; ばい菌.
병기¹ (兵器) 图 (軍事) 兵器.
병기-고(兵器庫) 图 (軍事) 兵器庫.
병기-창(兵器廠) 图 (軍事) 兵器廠(しょう).
병기²(併記) 图 [하他] 併記.
병-나다(病-) 图 圄 ❶病気になる. ❷不具合だ.
병-나발(-喇叭) 图 らっぱ飲み. ▶병나발을 불다 らっぱ飲みする.
병동(病棟) 图 病棟.
병-들다(病-) /pjəŋdulda/ 图 圄 [ㄹ語幹] [병들어, 병드는, 병든] 病気にかかる; 患う. ‖마음이 병들다 心を病む.
병-따개(瓶-) 图 栓抜き.
병력¹ (兵力) [-녁] 图 兵力.
병력² (病歷) [-녁] 图 兵歷.
병렬(竝列) [-녈] 图 [하他] 並列. 團直列. ‖병렬 회로 並列回路.
병리(病理) [-니] 图 病理.
병리-적(病理的) [-니-] 图 病理的な. ‖병리적인 요인 病理的な要因.
병리-학(病理學) [-니-] 图 病理學.
병립(竝立) [-닙] 图 [하自] 並立.
병마¹ (兵馬) 图 兵馬.
병마² (病魔) 图 病魔. ‖병마에 시달리다 病魔に苦しめられる.
병-마개(瓶-) 图 瓶の栓. ‖병마개를 따다 瓶の栓を抜く.
병명(病名) 图 病名.
병목(瓶-) 图 瓶の首.
병목˚현상(瓶-現象) 【-모켠-】 图 ボトルネック(現象).
병무(兵務) 图 兵務; 軍務.
병무-청(兵務廳) 图 (行政) (防衛省に当たる)国防部の傘下機関の一つ.
병발(竝發·倂發) 图 [하他] 倂発.
병법(兵法) [-뻡] 图 兵法.
병법-서(兵法書) 【-뻡써】 图 兵法書.
병사¹ (兵士) 图 (軍事) 兵士.
병사²(兵舍) 图 (軍事) 兵舎; 兵営.
병사³(病死) 图 [하自] 病死.
병살(併殺) 图 (野球で)併殺; ダブルプレー; ゲッツー.

병살-타(倂殺打) 图 (野球で)併殺打.
병상(病床) 图 病床. ‖병상에 누워 있다 病床に伏している. 병상 일지 病状日誌.
병색(病色) 图 病人のような顔色.
병서(兵書) 图 兵書.
병석(病席) 图 病床.
병설(倂設) 图 [하他] 倂設. ‖초등학교 병설 유치원 小学校併設幼稚園.
병세(病勢) 图 病勢; 病状. ‖병세가 조금씩 호전되다 病状が少しずつ好転する. 병세가 점점 악화되다 病状がだんだん悪化する.
병소(病巢) 图 病巢.
병-술(瓶-) [-쑬] 图 瓶入りの酒.
병-시중(病-) 图 [하他] 看病; 病人の世話. ‖병시중을 들다 看病する.
병신(病身) 图 ❶〔さげすむ言い方で〕身体障害者. ‖다리 병신 足が不自由な人. ❷ばか.
병실(病室) 图 病室.
병아리 /pjəŋari/ 图 ひよこ; ひな.
병약-하다(病弱-) 【-야카-】 圄 [하変] 病弱だ. ‖병약한 아이 病弱な子ども.
병어 图 (魚介類) マナガツオ(真魚鰹).
병역(兵役) 图 兵役. ‖병역 制度 兵役制度. 병역의 의무 兵役の義務. 병역을 마치다 兵役を終える.
병영(兵營) 图 (軍事) 兵営; 兵舎.
병용(竝用·倂用) 图 [하他] 倂用.

병원¹ (病院) /pjəŋwən/ 图 病院. ‖병원에 가다 病院に行く. 병원에 입원하다 病院に入院している. 대학 병원 大学附属病院. 종합 병원 總合病院. 정신 병원 精神病院.
병원²(病原) 图 病原.
병원-균(病原菌) 图 病原菌.
병원-체(病原體) 图 病原体.
병자(病者) 图 病人; 患者. ‖병자를 돌보다 病人の世話をする.
병자-호란(丙子胡亂) 【-자-】 图 (歷史) 丙子(병자)の乱. ✜1636年, 丙子の年に起きた中国の清から朝鮮侵入.
병적¹ (兵籍) 图 兵籍.
병-적²(病的) [-쩍] 图 病的.
병정(兵丁) 图 兵丁.
병정-놀이(兵丁-) 图 兵隊ごっこ.
병-조림(瓶-) 图 瓶詰め.
병존(倂存) 图 [하自] 倂存.
병졸(兵卒) 图 (軍事) 兵卒.
병종(丙種) 图 (甲·乙·丙·丁に分類した時の)丙種.
병충-해(病蟲害) 图 病虫害.
병치-돔 (魚介類) ヒシダイ(菱鯛).
병-치레(病-) 图 [하自] 病を患うこと. ‖병치레가 잦다 病気がちだ.
병폐(病弊) 【-폐/-페】 图 病弊; 弊害.
병풍(屛風) 图 屛風(둔푼).

병합 (倂合) 图 하他 倂合.

병행 (竝行) 图 하他 並行. ‖공부와 운동을 병행하며 하다 勉強と運動を並行してする. 두 종류의 조사를 병행해서 실시하다 二種の調査を並行して行なう.

병환 (病患) 图 [병(病)의 尊敬語]ご病気. ‖할아버지께서는 병환으로 입원해 계십니다 祖父は病気で入院しております.

별 /pjət/ [별] 图 [햇볕의 略稱] 日差し. ‖봄볕 春の日差し. 볕이 들다 日が差す; 日が当たる.

보¹ (洑) 图 灌漑用の堰「.
보² (褓) 图 하다 ❶ふろしき. ❷(じゃんけんの)パー.
보³ (步) 图 歩数を数える語: …歩.
-보⁴ (補) 接尾 [官職名の後に付いて]補佐であることを表わす: …補佐. ‖차관보 次官補佐.

보강¹ (補強) 图 하他 補強. ‖전력을 보강하다 戦力を補強する. **보강-되다** 受動

보강² (補講) 图 하他 補講.

보건 (保健) 图 保健. ‖보건 위생 保健衛生. 세계 보건 기구 世界保健機構 (WHO).
보건 복지부 (保健福祉部) [-찌-] 图 (行政) 厚生労働省.
보건-소 (保健所) 图 保健所.

보결 (補缺) 图 하他 補欠. ‖보결로 합격하다 補欠で合格する.
보결-생 (補缺生) [-쌩] 图 補欠で決まった学生.
보결-선거 (補缺選擧) 图 =보궐 선거 (補闕選擧).

보고¹ (寶庫) 图 宝庫. ‖수산 자원의 보고 水産資源の宝庫.
보고² (報告) /po:go/ 图 하他 報告. ‖일본 경제의 현황에 대해서 보고하다 日本経済の現況について報告する. 상사에게 결과를 보고하다 上司に結果を報告する. **보고-되다**[-받다] 受動 부하로부터 결과를 보고받다 部下から結果の報告を受ける.
보고-서 (報告書) 图 報告書.
보고³ 圖 [人称代名詞·人名に付いて] …に; …に向かって. ‖너보고 한 소리가 아니야 お前に(向かって)言ったんではないよ. 나보고 어떻게 하라는 거니? 私にどうしろと言うのか.

보관 (保管) 图 하他 保管. ‖금고에 보관하다 金庫に保管する. **보관-되다** 受動
보관-료 (保管料) [-됴] 图 保管料.
보관-증 (保管證) [-쯩] 图 保管証.
보관-함 (保管函) 图 保管箱.

보국-훈장 (保國勳章) [-구훈-] 图 国家の安保に寄与した人に与える勲章.

▶통일장 (統一章)·국선장 (國仙章)·천수장 (天授章)·삼일장 (三一章)·광복장 (光復章)의 5種類がある.

보결 (補缺) 图 하他 補缺.
보궐-선거 (補闕選擧) 图 補欠選挙.
📺보선 (補選).

보균 (保菌) 图 하他 保菌.
보균-자 (保菌者) 图 保菌者; キャリア.

보글-거리다 自 (液体などが)ぐらぐら沸く; ぶくぶく(と)泡が立つ; ぐつぐつ(と)煮える. ‖찌개가 보글거리며 끓고 있다 チゲがぐつぐつと煮立っている. 團부글거리다.

보글-보글 圖 하다 ぐらぐら(と); ぶくぶく(と); ぐつぐつ(と). 團부글부글.

보금-자리 /pogumdʑari/ 图 巣; ねぐら; スイートホーム. ‖사랑의 보금자리 愛の巣. 보금자리로 돌아가다 ねぐらに帰る.

보급¹ (普及) /po:gup/ 图 하他 普及. ‖당시 컴퓨터는 지금만큼 보급되지 않았다 当時コンピューターは今ほど普及していなかった. **보급-되다** 受動 **보급-판** (普及版) 图 普及版.

보급² (補給) /po:gup/ 图 하他 補給. ‖비행기에 연료를 보급하다 飛行機に燃料を補給する. 보급 기지 補給基地. 영양 보급 栄養の補給. **보급-되다** 受動
보급-로 (補給路) 【-급노】 图 補給路. ‖보급로를 차단당하다 補給路が絶たれる.
보급-망 (補給網) [-금-] 图 補給網.
보급-선 (補給線) [-썬] 图 =보급로 (補給路).
보급-품 (補給品) 图 補給品.

보기¹ 〔본보기의 略稱〕 例; 見本. ‖보기를 들어 주세요 例を挙げてください.
보기² (bogey) 图 (ゴルフで)ボギー.

보깨다 自 ❶ 胃がもたれる. ❷うまくいかなくて憂鬱だ.

보내 보내다(送る)의 連用形.

보내기번트 (-bunt) 图 (野球で)送りバント.

보내는 보내다(送る)의 現在連体形.

보내다 /poneda/ 他 ❶(人や物を)送る; (信号·視線などを)送る; (歲月)を送る. ‖아들에게 생활비를 보내다 息子に生活費を送る. 신호를 보내다 信号を送る. 메일을 보내다 メールを送る. 번트로 이루로 보내다 バントで二塁へ送る. 성원을 보내다 声援を送る. 추파를 보내다 秋波を送る. 심심한 나날을 보내다 退屈な日々を送る. ❷贈る. ‖생일 선물을 보내다 誕生日プレゼントを贈る. 찬사를 보내다 贊辭を呈する. ❸(手紙などを)出

보낸

す. ∥편지를 보내다 手紙を出す. ❹ 送る. ∥친구를 배웅하러 역까지 가다 友だちを見送りに駅まで行く. ❺ (時を)過ごす. ∥활기를 보내고 있는 나날을 보내다 活気溢れる日々を過ごす. ❻ (人を行かせる; 人をどこかに)行かせる; 結婚させる. ∥신부름을 보내다 お使いに行かせる. 아들을 장가보내다 息子を結婚させる. 딸을 시집보내다 娘を結婚させる. ❼ 供給する. ∥전기를 보내다 電気を供給する.

보낸 冠 보내다(送る)の過去連体形.
보낼 冠 보내다(送る)の未来連体形.
보너스 (bonus) /pɔːnəsu/ 图 ボーナス, 賞与. ∥보너스를 타다[받다] ボーナスをもらう.

보는 冠 보다(見る)の現在連体形.
보닛 (bonnet) 图 ❶ 婦人・子どもの帽子. ❷ (自動車の前部の)エンジン部分のカバー.

보다¹ /poda/ 他 ❶ 見る; 目にする. ∥건물을 정면에서 보다 建物を正面から見る. 본 적이 없는 꽃 見たことのない花. 보기에도 강해 보이는 남자 見るからに強そうな男. 불꽃놀이를 보러 가다 花火を見に行く. 텔레비전에서 야구를 보다 テレビで野球を見る. 맛을 보다 味を見る. 손금을 보다 手相を見る. 운이 보일수록 귀여운 아이 될 것 같은 아이. 말을 끄집어낼 기회를 보다 言い出す機会を見る. 사람을 보는 눈이 있다 人を見る目がある. 우리 애 공부를 좀 봐 주시면 좋겠어요 うちの子の勉強を見てもらいたいです. 의견의 일치를 보다 意見の一致を見る. 해결을 보다 解決を見る. 전례를 볼 수 없던 전면회의 있다. 회사 경리를 보다 会社の経理を見る. 사태를 심각하게 보다 事態を重く見る. 우습게 보다 甘く見る. 보지 못해 도와 주다 見かねて手伝ってあげる. 가끔은 광경 다에 담기다 光景. 피카소의 게르니카를 처음 본 것은 고등학교 때였다 ピカソのゲルニカを初めて目にしたのは高校の時だった. ⓐ보이다. ⓑ보이다.

❷ 会う. ∥가끔은 어머니가 보고 싶다 たまに母に会いたい. 내일 도서관에서 보자 明日図書館で会おう. ∥역에서 자주 보는 사람 駅でよく見かける人. 지금까지 몇 번인가 본 적이 있는 여자였다 今まで何度か見かけたことのある女性だった. ❹ 受ける. ∥시험을 보다 試験を受ける. 면접을 보다 面接を受ける. ❺ (結果を)得る; 迎える. ∥득을 보다 得をする. 손해를 보다 損をする. 피해를 보다 被害をこうむる. 손자를 보다 孫を得る. 며느리를 보다 嫁を迎える. ❻ 大小便をする. ∥대변[소변]을 보다 大便[小便]をする. ❼ 売る; 買う. ∥장을 보러 가다 買い物に行く. ❽ お見合いをする. ∥선을 보다 お見合い

をする. ▶보란 듯이 これ見よがしに. ▶볼 낯이 없다 合わせる顔がない. ▶볼 장을 다 보다 万事休す; おしまいだ. ▶보기 좋은 떡이 먹기도 좋다 〔諺〕(見かけのよいものは内容もよいの意で)見かけのよいものは内容もよいのだ.

보다² /poda/ 補動 ❶ 試しにするという意味を表す; ···てみる. ∥먹어 보다 食べてみる. 만나 보다 会ってみる. 한국에 가 본 적이 없다 韓国に行ったことがない. 한 번도 먹어 본 적이 없다 一度も食べたことがない. ❷ [···다(가) 보니] [···다(가) 보니까] ···(して)いたら; ···(している)うちに. ∥놀다 보니 열 시었다 遊んでいたら, 10時だった.

보다³ 補形 推測や漠然とした気持ちを表わす; ···ようだ; ···らしい; ···ようかな. ∥여전히 바쁜가 보다 相変わらず忙しいようだ. 비가 오나 보다 雨が降っているようだ. 회사를 그만둘까 보다 会社をやめようかな. 저 두 사람은 사이가 안 좋은가 보다 あの2人は仲がよくないようだ.

보다⁴ 冠 ❶ 보다 바람직한 미래 より望ましい未来. 보다 건설적인 의견 より建設的な意見.

보다⁵ /poda/ 助詞 ···より. ∥여동생보다 키가 작다 妹より背が低い. 옛날보다 좋아졌다 昔よりよくなった. 영화가 생각했던 것보다 재미있었다 映画が思ったより面白かった.

보답 (報答) /poːdap/ 图 恩返し; 報い. ∥은혜에 보답하다 恩返しをする; 恩に報いる. 어떤 보답도 바라지 않습니다 何の報いも求めません.

보도¹ (步道) 图 歩道. ∥횡단보도 横断歩道. 보도 쪽으로 걷다 歩道の方を歩く.

보도² (報道) /poːdo/ 图 한자 他 報道. ∥사건을 보도하다 事件を報道する. 신문 보도 新聞報道. **보도-되다** 受動
보도-관제 (報道管制) 图 報道管制.
보도-기관 (報道機關) 图 報道機関.
보도-진 (報道陣) 图 報道陣.

보도³ (輔導) 图 한자 他 補導.

보도⁴ (寶刀) 图 宝刀. ∥전가의 보도 伝家の宝刀.

보드득 副 한자 他 歯や堅いものを強くこすり合わせる時の音; ぎしぎし(と); きりきり(と). ∥이를 보드득 갈다 ぎしぎしと歯ぎしりする. =부드득. **보드득-보드득** 副 한자 他

보드득-거리다[-대다] 【-끼 [때]-】 自他 きりきりと音がする[音を立てる].

보드랍다 【ㅂ変】 形 ❶ やわらかくて手触りがよい. ∥아기의 보드라운 살결 赤ちゃんのやわらかい肌. ❷ (粉などの)目が細かい. ∥보드라운 흙 目の細かい土. 고부드럽다.

보들보들-하다 【하変】 なめらかだ; やわらかだ; しなやかだ. ∥피부가 보들보

들하다 肌がなめらかだ. ⓔ부들부들하다.

보디 (body) 图 ボディー. ❶身体. ❷(自動車などの)車体. ❸(ボクシングで)腹部.

보디가드 (bodyguard) 图 ボディーガード.

보디-랭귀지 (body language) 图 ボディーランゲージ.

보디-로션 (body lotion) 图 ボディーローション.

보디-블로 (body blow) 图 (ボクシングで)ボディーブロー.

보디빌딩 (body-building) 图 ボディビル.

보디-페인팅 (body painting) 图 ボディーペインティング.

보-따리 (褓−) 图 ふろしき包み. ‖보따리 服の包み. ▶보따리를 싸다 (「荷づくりをする」の意で)今までの関係を断つ; 職場を辞める.
— 图 …包み.

보따리-장수 (褓−) 图 行商人; 小商.

보라 紫.

보라-색 (−色) 图 紫色.

보랏-빛 [−라삗·−랃삗] 图 紫; 紫色.

보라-매 孵化して1年足らずの狩猟用の鷹.

보람 /poram/ 图 甲斐; 効果; ききめ. ‖삶의 보람을 느끼다 生甲斐を感じる. 충고한 보람이 없다 忠告しても効き目がない.

보람-되다 [−−뒈−] 圏 やり甲斐がある. ‖보람된 일을 하고 싶다 やり甲斐のある仕事をしたい.

보람-차다 圏 張り合いがある. ‖보람찬 하루를 시작하다 張り合いのある一日をスタートさせる.

보로통-하다 圏 [하연] ❶腫れている; 膨らんでいる. ❷不機嫌そうだ; 膨れっ面をしている; むっとしている. ‖보로통한 얼굴 むっとした顔. 보로통해서 본 척도 없이 膨れっ面をしてそっぽを向く.
— 부루통하다.

보료 貴人の部屋に敷いてある分厚い敷物.

보룡 (寶鼻) 图 玉璽.

보류 (保留) /po:rju/ 图 _{하他} 保留; 留保. ‖발표를 보류하다 発表を保留する. 채용을 보류하다 採用を留保する. **보류-되다** _{受動}

보름 图 ❶15日. ❷보름날の略語.
보름-날 图 陰暦の15日. ⑩보름.
보름-달 [−딸] 图 満月; 十五夜の月. ‖보름달이 뜨다 満月が昇る.
보름-치 图 給料の半月分.

보리 /pori/ 图 [植物] ムギ(麦); オオムギ(大麦). ⑩대맥(大麥).

보리-누룩 图 麦麴(ぎ).

보리-등겨 图 麦ぬか.
보리-밟기 [−빱−] 图 [하自] 麦踏み.
보리-밥 图 麦飯.
보리-밭 [−받] 图 麦畑.
보리-쌀 图 精白した麦.
보리-차 (−茶) 图 麦茶.
보리-타작 (−打作) 图 [하他] 麦落とし; 麦打ち.
보리-피리 图 麦笛.

보릿-고개 [−리꼬−·−릳꼬−] 食糧事情が厳しい春の端境(はざかい)期.
보릿-자루 [−리짜−·−릳짜−] 图 麦袋.
보릿-짚 [−리찝·−릳찝] 图 麦わら. ‖보릿짚모자 麦わら帽子.

보리-새우 《魚介類》 クルマエビ(車海老).

보리수¹ (菩提樹) 图 秋葉葉(ふ)の実.
보리수² (菩提樹) 图 [植物] ボダイジュ(菩提樹).

보모 (保姆) 图 保姆.

보무 (步武) 图 足どり; 歩み. ‖보무도 당당하게 足どりも堂々と.

보물 (寶物) /po:mul/ 图 宝物; 宝; 財宝.
보물-섬 (寶物−) [−썸] 图 宝島.
보물-찾기 (寶物−) [−찯끼] 图 [하自] 宝探し.

보배 (←寶貝) 图 宝; 財宝. ‖어린이는 나라의 보배 子どもは国の宝.

보병 (步兵) 图 歩兵.
보병-대 (步兵隊) 图 [軍事] 歩兵隊.

보복 (報復) /po:bok/ 图 [하自他] 報復.
‖보복 관세 報復関税. 보복 조치 報復措置. 보복 행위 報復行為. **보복-당하다** _{受動}

보부-상 (褓負商) 图 [歷史] 行商人.

보빈 (bobbin) 图 ボビン.

보살 (菩薩) 图 [仏教] 菩薩.

보-살피다 /posalp'ida/ 他 面倒を見る; 世話をする. ‖병든 노모를 보살피다 病気の老母の世話をする.

보상¹ (報償) 图 [하他] 報償; 償い. **보상-받다** _{受動}
보상-금 (報償金) 图 報償金.
보상² (補償) 图 [하他] 補償. ‖보상을 요구받다 補償を要求する. 형사 보상 刑事補償. **보상-받다** _{受動}

보색 (補色) 图 補色; 余色; 反対色.

보석¹ (保釋) 图 [法律] 保釈.
보석금 (保釋金) [−끔] 图 保釈金. ‖보석금을 내고 석방되다 保釈金を払って出所する.
보석-원 (保釋願) 图 保釈願い.
보석² (寶石) /po:sok/ 图 宝石; 宝玉. ‖많은 보석을 박은 왕관 多くの宝石をちりばめた王冠.
보석-상 (寶石商) [−쌍] 图 宝石商.
보석-함 (寶石函) [−서캄] 图 宝石箱.

보선¹ (保線) 图 [하他] 保線(鉄道線路

보선²(普選)〖名〗 〔보통 선거(普通選擧)의 略語〕普選.

보선³(補選)〖名〗 〔보궐 선거(補闕選擧)의 略語〕補欠選擧.

보세(保稅)〖名〗 保稅(関税の賦課が保留されること).
　보세-공장(保稅工場)〖名〗 保稅工場.
　보세-구역(保稅區域)〖名〗 保稅地域.
　보세-창고(保稅倉庫)〖名〗 保稅倉庫.
　보세-품(保稅品)〖名〗 保稅状態にある物品.

보송-보송〖副〗〖하自〗 ❶ (洗濯物などが)よく乾いた様子. ‖빨래가 보송보송하게 마르다 洗濯物がからからに乾く. ❷ 肌がやわらかくてなめらかな様子: すべすべ. ‖아기 피부가 보송보송하다 赤ちゃんの肌がすべすべだ.

보수¹(保守)/po:su/〖名〗〖하他〗 保守. ‖보수 세력 保守勢力.
　보수-당(保守黨)〖名〗 保守党.
　보수-적(保守的)〖名〗 保守的. ‖보수적인 사고방식 保守的な考え方.
　보수-파(保守派)〖名〗 保守派.

보수²(補修)〖名〗〖하他〗 補修. ‖보수 공사를 하다 補修工事をする.

보수³(報酬)/po:su/〖名〗〖하他〗 報酬; 御礼. ‖아르바이트의 보수 アルバイトの報酬. 보수를 지불하다 報酬を支払う.

보스(boss)〖名〗 ボス.

보스니아-헤르체고비나(Bosnia-Herzegovina)〖國名〗 ボスニア‐ヘルツェゴビナ.

보스락〖副〗 枯れ葉など乾いたものが触れ合って発する音: かさかさ. ⓔ부스럭. **보스락-보스락**〖副〗〖하他〗

보스락-거리다[-대다]〖【-끼[때]-】〗〖自他〗 がさつく, かさかさする; がさつかせる. ‖낙엽이 보스락거리다 枯れ葉がかさかさ(と)音を立てる. ⓔ부스럭거리다.

보슬-거리다 (雨が)しとしと(と)降る.

보슬-보슬¹〖副〗 雨·雪が静かに降る様子: しとしと, しとしと. ‖보슬보슬 내리는 봄비 しとしと(と)降る春雨. ⓔ부슬부슬.

보슬-보슬²〖副〗 水分や粘り気がなく, もろく砕ける様子: ぼろぼろの, ぼらぼら.

보슬-비/poswlbi/〖名〗 小雨; 霧雨; 細雨. ‖보슬비가 내리다 小雨が降る. ⓔ부슬비.

보습(補濕)〖名〗 保湿. ‖보습 효과가 뛰어난 화장품 保湿効果の高い化粧品.

보시(←布施)〖名〗〖하他〗 布施. ‖보싯돈 布施の金.

보시기〖名〗 陶器の小鉢.

보신¹(保身)〖名〗〖하他〗 保身.
　보신-술(保身術)〖名〗 保身の術.

보신-용(保身用)〖名〗 保身用; 護身用.
보신-책(保身策)〖名〗 保身のための策.
보신²(補身)〖名〗〖하他〗 強壮剤や栄養食品などで身体の健康を保つこと.
보신-탕(補身湯)〖名〗〖料理〗 ポシンタン(犬肉のスープ).
보-쌈〖名〗〖料理〗 牛肉や豚肉を煮込んで布で包み圧縮したもの.
보쌈-김치(-沈菜)〖名〗〖料理〗 ポサムキムチ(塩漬けした白菜に様々な薬味を入れ, 白菜の葉で包んで漬けたキムチ).
보아 보다(見る)の連用形.
보아-주다〖他〗 見逃す; 大目に見る. ‖이번 한 번만 보아주세요 今回だけ大目に見てください. ⓔ봐주다.
보아-하니〖副〗 見たところ, 察するに; 察するに. ‖보아하니 돈이 없는 것 같다 見たところ, お金がなさそうだ. 보아하니 누가 시킨 것 같다 察するに, 誰かの差し金のようだ.
보아-한들 どう見ても; どう考えても. ‖보아한들 이번 시험은 어려울 것 같다 どう見ても今回の試験は無理そうだ.

보안(保安)〖名〗〖하他〗 保安. ‖보안을 유지하다 保安を保つ.
　보안-관(保安官)〖名〗 保安官.
　보안-등(保安燈)〖名〗 保安灯.
　보안-법(保安法)〖-뻡〗〖名〗〖法律〗 〔국가 보안법(國家保安法)의 略語〕国家保安法.
보약(補藥)〖名〗 補薬.
보양(補養)〖名〗〖하他〗 補養. ‖보양을 하다 補養をする.
보얗다[-야타]〖形〗〖ㅎ変〗 かすんでいる; 白っぽい. ‖안개가 보얗게 끼어 있다 やがて白く立ち込めている. ⓔ부옇다.
보애-지다 曇る; かすむ; ぼける. ⓔ부예지다.
보어(補語)〖名〗〖言語〗 補語.
보여¹ 보이다(見せる)の連用形.
보여² 보이다(見せる)の連用形.
보온(保溫)〖名〗〖하他〗 保温. ‖보온 장치 保温装置.
　보온-밥통(保溫-桶)〖名〗 (ご飯を入れる)ジャー.
　보온-병(保溫瓶)〖名〗 魔法瓶.
보완(補完)〖名〗 補う; 補うこと. ‖결점을 보완하다 欠点を補完する[補う].
　보완-책(補完策)〖名〗 補完策.
보우(保佑)〖名〗〖하他〗 加護.
보위(寶位)〖名〗 宝位; 皇位; 宝座.
보유(保有)〖名〗〖하他〗 保有. ‖외화 보유고 外貨保有高. 핵 보유국 核保有国.
보육(保育)〖名〗〖하他〗 保育.
　보육-기(保育器)〖名〗〖-끼〗 保育器. ⓔ인큐베이터.
　보육-원(保育院)〖名〗 孤児院.

보은 (報恩) 图 (하타) 報恩; 恩返し.

보이 (boy) 图 ウエーター. 卿ボーイ.

보이는¹ 囼 보이다 (見える)の現在連体形.

보이는² 他 보이다 (見せる)の現在連体形.

보-이다¹ /poida/ 囼 〔보다の受身動詞〕 ❶ 見える. ‖저기 보이는 것이 일본에서 가장 높은 건물이다 あそこに見えるのが日本で一番高い建物だ. 눈물이 많은 사람처럼 보이다 涙もろい人のように見える. 칠판의 글씨가 잘 안 보이다 黒板の字がよく見えない. 조금도 반성하는 기색이 안 보이다 少しも反省の色が見えない. ❷ 見つかる. ‖안경이 안 보인다 眼鏡が見つからない. ❸ 映る. ‖텔레비전이 잘 안 보인다 テレビがよく映らない. 그 사람의 태도가 어른들에게는 건방지게 보였다 彼の態度が大人たちには生意気に映った.

보-이다² /poida/ 他 〔보다の使役動詞〕 見せる. ‖눈물을 보이다 涙を見せる. 애를 의사한테 한번 보이는 게 좋겠다 子どもを一度医者に見せた方がいいと思う. 저 빨간 구두 좀 보여 주세요 あの赤い靴をちょっと見せてください. ❷ 示す; 呈する. ‖아이가 산수에 흥미를 보이기 시작했다 子どもが算数に興味を示し始めた. 후배들에게 모범을 보이다 後輩たちに模範を示す. 말기 증세를 보이다 末期症状を呈する.

보이다³ 囼 〔主に形容詞語幹+아[어·여]の後で〕 …く見える; …ように見える. ‖낡아 보이다 古く見える. 매우 보이다 辛そうに見える. 행복해 보이는 두 사람 幸せに見える二人.

보이^스카우트 (Boy Scouts) 图 ボーイスカウト.

보이콧 (boycott) 图 (하타) ボイコット.

보인¹ 囼 보이다 (見える)の過去連体形.

보인² 他 보이다 (見せる)の過去連体形.

보일¹ 囼 보이다 (見える)の未来連体形.

보일² 他 보이다 (見せる)の未来連体形.

보일락말락-하다 [-랑-라카-] 囼 (하変) 見え隠れする. ‖해가 구름 사이로 보일락말락했다 太陽が雲間に見え隠れした.

보일러 (boiler) 图 ボイラー.

보임 (補任) 图 (하타) 補任.

보자기 (褓-) 图 ふろしき.

보잘것-없다 /podʒalk'ʌdɔpt'a/ 【-껏업-】 ❶ 見る価値がない; 取るに足りない; 物足りない; つまらない. ‖보잘것없는 선물 つまらないプレゼント. ❷ みすぼらしい; しがない. **보잘것없-이** 副

보장 (保障) /po:dʒaŋ/ 图 (하타) 保障. ‖노후를 보장하다 老後を保障する. 안전 보장 安全保障. 사회 보장 社会保障. **보장-되다** [-받다] 受身

보전¹ (保全) 图 (하타) 保全. ‖영토를 보전하다 領土を保全する.

보전² (補塡) 图 (하타) 補塡.

보정 (補正) 图 (하타) 補正. ‖보정 예산 補正予算.

보정 (補整) 图 (하타) 補整.

보조¹ (步調) 图 步調; 足並み. ‖보조를 맞추다 步調を合わせる; 足並みをそろえる.

보조² (補助) /po:dʒo/ 图 (하타) 補助. ‖학짐을 보조하다 学資補助.

보조-금 (補助金) 图 補助金. ‖정부 보조금 政府の補助金.

보조-동사 (補助動詞) 图 (言語) 補助動詞; 助動詞.

보조-비 (補助費) 图 補助費.

보조-원 (補助員) 图 補佐.

보조-적 (補助的) 图 補助的. ‖보조적인 역할 補助的な役割. 보조적 수단 補助的手段.

보조-형용사 (補助形容詞) 图 (言語) 補助形容詞(動詞·形容詞の活用語尾に付いて補助的な役割を担う形容詞). ◆먹고 싶다·예쁘지 않다•싶다·않다など.

보조-화폐 (補助貨幣) 图 [-/-폐] 補助貨幣.

보조개 图 えくぼ. ‖보조개가 팬 얼굴 えくぼができる顔.

보조-사 (補助詞) 图 (言語) 副助詞.

보존 (保存) /po:dʒon/ 图 (하타) 保存. ‖사적을 보존하다 史跡を保存する. 소금에 절여서 보존하다 塩に漬けて保存する. 보존 식품 保存食. 종족 보존 種族保存. **보존-되다** 受身

보좌 (補佐·輔佐) 图 (하타) 補佐. ‖대통령을 보좌하다 大統領を補佐する.

보좌-관 (補佐官) 图 補佐官.

보증 (保證) /po:dʒɯŋ/ 图 (하타) 保証; 保証人. ‖빚 보증을 서다 借金の保証人になる.

보증-금 (保證金) 图 保證金. ‖보증금을 걸다 保証金をかける.

보증-서 (保證書) 图 保證書.

보증수표 (保證手票) 图 (経) 保証小切手.

보증-인 (保證人) 图 保証人. ‖보증인을 세우다 保証人を立てる.

보증-주 (保證株) 图 (経) 保証株.

보증준비 (保證準備) 图 (経) 保証準備.

보증채무 (保證債務) 图 (経) 保証債務.

보지¹ 图 女陰; 女性の陰部.

보지² (保持) 图 [하변] 保持. ∥선수권 보지자 選手権保持者.

보직 (補職) 图 補職.

보-집합 (-集合) 【-지팝】 图 《수학》 補集合. ⑰여집합(餘集合).

보채다 /potʰɛda/ 匣 ❶ むずかる. ∥아기가 보채다 赤ん坊がむずかる. ❷ ねだる; せがむ. ∥용돈을 달라고 보채다 小遣いをせがむ.

보청-기 (補聽器) 图 補聽器.

보초 (步哨) 图 步哨. ∥보초를 서다 歩哨に立つ.

보초-병 (步哨兵) 图 步哨兵.

보초-선 (步哨線) 图 步哨線.

보충 (補充) 图 [하변] 補充; 補足; 補うこと. ∥결원을 보충하다 欠員を補充する. 설명을 보충하다 説明を補足する. 보충 수업 補習.

보충-병 (補充兵) 图 《軍事》 補充兵.

보츠와나 (Botswana) 图 《国名》 ボツワナ.

보칙 (補則) 图 《法律》 補則; 付則.

보컬 (vocal) 图 ボーカル.

보크 (balk) 图 《野球》 ボーク.

보-타이 (bow tie) 图 ボータイ; 蝶ネクタイ.

보태다 /potʰɛda/ 匣 ❶ 加える; 足して増やす. ∥오 만 원에 보태면 오만 원입니다 このお金を足すと5万ウォンになります. 학비에 보태라고 아르바이트를 하고 있다 学費の足しにするため、アルバイトをしている. ❷ 補う; 付け加える. ∥문장을 두 줄 더 보태다 文章を2行付け足す.

보통 (普通) /poːtʰoŋ/ 图 普通; 並. ∥보통 명사 普通名詞. 보통 사람이 이 일이 並たいていのことではない. 보통 사람으로는 생각할 수 없는 일 並の人間には考えられないこと.
— 副 普通に; たいてい; 一般に. ∥우편물은 보통 삼 일 걸린다 郵便は普通3日かかる. 보통 사전에 통지를 한다 普通、事前に通知する.

보통-교육 (普通敎育) 图 普通教育.

보통-명사 (普通名詞) 图 《言語》 普通名詞.

보통-선거 (普通選擧) 图 普通選擧.

보통-세 (普通稅) 【-쎄】 图 《法律》 普通税. ⑰목적세(目的稅).

보통-예금 (普通預金) 【-녜-】 图 普通預金.

보통-우편 (普通郵便) 图 普通郵便.

보통-주 (普通株) 图 =통상주(通常株).

보통-인 (普通-) 【-톤-】 图 ただ人; 普通の人; 尋常な者. ∥눈을 보니 보통 내기가 아니다 目を見る限りただ者ではない.

보-퉁이 (褓-) 图 包み; ふろしき包み. ∥선물 보퉁이를 풀다 おみやげの包みを開ける.

보트 (boat) 图 ボート. ∥구명보트 救命ボート.

보편 (普遍) 图 普遍.

보편-개념 (普遍槪念) 图 =일반 개념(一般槪念).

보편-론 (普遍論) 【-논】 图 普遍論.

보편-성 (普遍性) 【-썽】 图 普遍性.

보편-주의 (普遍主義) 【-/-의】 图 普遍主義. ⑰개체주의(個體主義).

보편-적 (普遍的) 图 普遍的. ∥보편적인 진리 普遍的な真理.

보편타당-성 (普遍妥當性) 【-썽】 图 普遍妥当性.

보편-화 (普遍化) 图 [하변] 普遍化.

보폭 (步幅) 图 步幅.

보푸라기 (毛羽の一つ一つ). ∥보푸라기가 일다 毛羽が立つ.

보풀 图 毛羽; 毛玉.

보필 (輔弼) 图 [하변] 輔弼(ほっ).

보-하다 (補-) 匣 [하변] 《栄養·気などを補う》.

보합¹ (保合) 图 《経》 持ち合い; 横ばい.

보합-세 (保合勢) 【-쎄】 图 《経》 持ち合い相場.

보합² (步合) 图 步合.

보합-산 (步合算) 【-싼】 图 步合算.

보행 (步行) 图 [하자] 步行.

보행-기 (步行器) 图 步行器. ∥보행기에 태우다 步行器に乗せる.

보행-자 (步行者) 图 步行者.

보험 (保險) /poːhəm/ 图 保険. ∥보험을 들다 保険に入る; 保険をかける. 의료 보험 医療保険. 화재 보험 火災保険. 생명 보험 生命保険.

보험-계약 (保險契約) 【-/-개-】 图 保険契約.

보험-금 (保險金) 图 保険金. ∥보험금을 타다 保険金が下りる.

보험-료 (保險料) 【-뇨】 图 保険料.

보험-약관 (保險約款) 【-냑꽌】 图 保険約款.

보험-자 (保險者) 图 保険者. ⑰피보험자(被保險者).

보험 증권 (保險證券) 【-쩐】 图 保険証券.

보험 증서 (保險證書) 图 =보험 증권(保險證券).

보헤미안 (Bohemian) 图 ボヘミアン.

보호 (保護) /poːho/ 图 [하변] 保護. ∥자국민을 보호하다 自国民を保護する. 자연 보호 自然保護. 문화재 보호 文化財の保護. 보호 무역주의 保護貿易主義. 보호-받다 受動.

보호-관세 (保護關稅) 图 保護関税.

보호-관찰 (保護觀察) 图 《法律》 保護観察.

보호-색 (保護色) 图 《生物》 保護色.

보호-자 (保護者) 图 保護者.

보호-조 (保護鳥) 图 保護鳥.

보호-주의 (保護主義) 【-/-의】 图 保

보호주의.

보화(寶貨)【-】图 財宝. ‖금은 보화 金銀財宝.

복¹ /pok/ 图 福; 행복; 복; 행운; 행운. ‖웃으면 복이 와요 笑う門に福来たる. 복이 많다 幸運に恵まれている. 자식 복이 있다 子宝に恵まれる. 옷복이 있다 衣装持ちだ. 먹을 복을 타고나다 一生食べ物には困らない.

복²(伏)【-】图 伏日(伏-)の略.

복³(卜)【-】图 (姓) ト(ボク).

-복(服)【-】…服. ‖학생복 学生服. 작업복 作業服.

복간(復刊)【-깐】图他 復刊.

복강(腹腔)【-깡】图《解剖》腹腔.

복개(覆蓋)【-깨】图他 かぶせること.

복고(復古)【-꼬】图自 復古. ‖복고 사상 復古思想.

복고-적(復古的)【-쩍】图 復古的.

복고-풍(復古風)【-】图 復古調.

복구(復舊)【-꾸】图他 復舊. ‖복구 작업 復旧作業. 끊어진 다리를 복구하다 壊れた[流された]橋を復旧する.

복구-되다《자本》

복권¹(復權)【-꿘】图自他《法律》復権.

복권²(福券) /pok͈kwʌn/【-꿘】图 宝くじ. ‖복권에[이] 당첨되다 宝くじが当たる.

복귀(復歸)【-뀌】图自 復帰. ‖정계로 복귀하다 政界に復帰する.

복근(腹筋)【-끈】图《解剖》腹筋. ‖복근 운동 腹筋運動.

복-날(伏-)【봉-】图 三伏(夏)の土用. 類복(伏).

복닥-거리다[-대다]【-딱꺼[때]-】自 ごった返す. 混雑する. ‖좁은 집에 사람이 복닥거리다 狭い家が人でごった返す.

복닥복닥【-딱뽁딱】圖 ごたごた(と).

복당(福黨)【-땅】图 福党.

복대(腹帶)【-때】图 腹帯.

복덕-방(福德房) /pokt͈ʌkp͈aŋ/【-떡빵】图 不動産屋. ‖서류상에서 집을 알아보다 不動産屋で家を探す. ✢부동산 중개소(不動産仲介所)に変わりつつある.

복도(複道)【-또】图 廊下; 渡り廊下.

복리¹(福利)【봉니】图 福利. ‖복리 후생 福利厚生.

복리²(複利)【봉니】图 複利. 類단리(單利). ‖복리법 複利法.

복마-전(伏魔殿)【봉-】图 伏魔殿.

복막(腹膜)【봉-】图《解剖》腹膜.

복막-염(腹膜炎)【봉망념】图《医学》腹膜炎.

복면(覆面)【봉-】图 覆面. ‖복면을 쓰다 覆面をかぶる.

복명(復名)【봉-】图《経》複名手形. 類단명 어음(單名-).

복-모음(複母音)【봉-】图《言語》二重母音.

복무(服務)【봉-】图自 服務. ‖복무 규정 服務規定.

복문(複文)【봉-】图《言語》複文. 類단문(單文).

복-받치다【-빧-】自 (悲しみなどが)込み上げる. ‖설움이 복받치다 悲しみが込み上げる.

복병(伏兵)【-뼝】图 伏兵. ‖여기 치못한 복병한테 발목을 잡히다 思わぬ伏兵に足もとをすくわれる.

복부(腹部)【-뿌】图 腹部.

복-부인(福夫人)【-뿌-】图《俗っぽい言い方で》不動産の投機に携わっている主婦.

복비례(複比例)【-삐-】图《数学》複比例.

복사¹(複寫) /pok͈sa/【-싸】图他 コピー; 複写. ‖서류를 복사하다 書類をコピーする. 양면 복사 両面コピー.

복사-기(複寫器)【-】图 コピー機; 複写機.

복사-지(複寫紙)【-】图 複写紙.

복사-판(複寫版)【-】图 複写版.

복사²(輻射)【-싸】图他《物理》輻射; 放射.

복사-열(輻射熱)【-】图 輻射熱; 放射熱.

복사-꽃【-싸꼳】图〔복숭아꽃의 縮約形〕桃の花.

복사-뼈【-싸-】图《解剖》踝(くるぶし).

복상¹(福相)【-쌍】图 福相. 類빈상(貧相).

복상²(服喪)【-쌍】图自 服喪.

복상-사(腹上死)【-쌍-】图自 腹上死.

복색(複色)【-쌕】图 複色.

복색-광(複色光)【-쌕꽝】图 複色光; 다색광(單色光).

복선¹(伏線)【-썬】图 伏線. ‖복선을 깔다 伏線を敷く.

복선²(複線)【-썬】图 複線. 類단선(單線).

복선 궤도(複線軌道)图 複線軌道.

복-소수(複素數)【-쏘쑤】图《数学》複素数.

복속(服屬)【-쏙】图自他 服属.

복수¹(復讐)【-쑤】图 復讐; 仇討ち; 仕返し.

복수-심(復讐心)图 復讐心; 復讐の念.

복수-전(復讐戰)图 復讐戦.

복수²(腹水)【-쑤】图《医学》腹水.

복수³(複數)【-쑤】图 複数. 類단수(單數).

복수-초(福壽草)【-쑤-】图《植物》フ

복숭아

クジュソウ(福寿草).
복숭아 /pokˀsuŋa/ 【-쑹-】 图 桃; 桃の実. ∥복숭아 통조림 桃の缶詰.
복숭아-꽃 【-쑹-꼳】 图 桃の花. ㊝복사꽃.
복숭아-나무 【-쑹-】 图《植物》モモ(桃)の木.
복숭앗-빛 【-쑹아뼏/-쑹앋뼏】 图 桃色; ピンク色.
복-스럽다(福-)【-쓰-따】 圏 [ㅂ変] 福々しい; ふくよかだ. ∥복스럽게 생긴 얼굴 ふくよかな顔つき. **복스레** 剾.
복슬복슬-하다 圈 [여変] 〈主に犬が〉太っていて毛深い. ∥털이 복슬복슬한 개 太っていて毛深い犬.
복습(復習)【-씁】 图 ㉺他 復習. ㊝예습(豫習).
복식¹(服飾)【-씩】 图 服飾. ∥복식 디자이너 服飾デザイナー.
복식²(複式)【-씩】 图 複式. ㉠단식(單式). ∥복식 경기 複式試合; ダブルス.
복식=호흡(腹式呼吸)【-씨코-】 图 腹式呼吸.
복싱(boxing) /pokˀsiŋ/ 图《スポーツ》ボクシング. ㊝권투(拳鬪). ∥프로 복싱 プロボクシング.
복안¹(腹案)【-안】 图 腹案. ∥복안을 갖고 있다 腹案がある.
복안²(複眼)【-안】 图《昆虫》複眼. ㊝겹눈. ㉠단안(單眼).
복어(-魚)(魚介類) 图 フグ(鰒).
복역(服役)【-력】 图 ㉺自 服役.
복역-수(服役囚)【-쑤】 图 服役囚.
복용(服用)【-뇽】 图 ㉺他 服用. ∥약물 복용 薬物服用.
복원(復元/復原)【-붠】 图 ㉺他 復元. **복원-되다** ㉺自.
복원-력(復元力)【-눽】 图 復元力.
복위(復位)【-뷔】 图 ㉺自 復位.
복음(福音)《キリスト教》 图 福音. ∥복음을 전파하다 福音を伝播する. 마태복음 マタイ福音書[伝]. 요한복음 ヨハネ福音書[伝].
복자엽=식물(複子葉植物)【-짜-씽-】 图《植物》双子葉植物. ㊝쌍떡잎식물(雙-植物).
복-자음(複子音)【-짜-】 图 〈ハングル〉ㄲ·ㄸ·ㅃ·ㅆ·ㅉのように 2 つ以上の単子音で成り立つ子音. ㉠단자음(單子音).
복작-거리다[-대다]【-짝꺼/짝때-】 ㉺自 〈一か所で人が〉がやがやする; ざわざわする; ひしめく; ごった返す. ㊝북적거리다.
복작-복작 剾 人でごった返す様子; がやがや(と); ざわざわ(と). ㊝북적북적.
복잡다단-하다(複雜多端-)【-짭따-】 圈 [여変] 色々なことが複雑に入り乱れている.

복잡-하다(複雜-) /pokˀdʑapʰada/ 【-짜파-】 圈 [여変] ❶ 複雜だ. ∥복잡한 도시 생활 複雜な都市生活. 복잡한 표정을 짓다 複雜な表情をする. 마음이 복잡하다 気持ちが複雜だ. 인과 관계가 복잡하다 因果関係が複雜になる. 문제를 복잡하게 할 뿐이다 問題を複雜にするだけだ. ❷ 分かりにくい. ∥길이 복잡하다 道が分かりにくい. ❸ 混雜している. ∥복잡한 시장 통 混雜している市場. ❹ 混乱している. ∥머릿속이 너무너무 복잡하다 頭の中がひどく混乱している. ❺ 乱れている. ∥사생활이 복잡한 사람 私生活が乱れている人.
복장¹(腹臟)【-짱】 图 ❶ 胸の底. ∥복장이 타다 胸が焦がれる. 복장이 터지다 胸がはち切れそうだ. ❷ 腹の中. ∥복장이 검다 腹黑い.
복장²(服裝)【-짱】 图 服裝. ∥야한 복장 派手な服裝.
복제(複製)【-쩨】 图 ㉺他 複製. ∥똑같이 복제하다 そっくり複製する. 불허 복제 複製不許[不許複製]. **복제-되다** ㉺自.
복제품(複製品)【-쩨-】 图 複製(品); コピー商品.
복족-류(腹足類)【-쫑뉴】 图《動物》腹足類.
복종(服從)【-쫑】 图 ㉺自 服從. ∥명령에 복종하다 命令に服從する.
복지¹(服地)【-찌】 图 服地.
복지²(福祉) /pokˀdʑi/ 【-찌】 图 福祉. ∥복지 정책 福祉政策. 복지 시설 福祉施設. 복지 국가 福祉国家. 사회 복지 社会福祉.
복지부동(伏地不動)【-찌-】 ㉺他 ❶ 身動きをしないこと. ❷ 力を出し惜しむこと.
복직(復職)【-찍】 图 ㉺自 復職.
복창(復唱)【-창】 图 ㉺他 復唱. ∥명령을 복창하다 命令を復唱する.
복채(卜債) 图 見料.
복층(複層)【-층】 图 メゾネット.
복통(腹痛)【-통】 图 ㉺自 [여変] ❶ 腹痛. ∥복통을 일으키다 腹痛を起こす. ❷〈主に복통할 노릇이다の形で〉腹立たしい. ∥보고 있자니 복통할 노릇이다 見ていると, 実に腹立つ.
복학(復學)【pokʰak】 图 ㉺自 復學.
복합(複合) /pokʰap/【보콰p】 图 複合.
복합=동사(複合動詞)【보콰p똥-】 图《言語》複合動詞.
복합=명사(複合名詞)【보콰p-】 图《言語》複合名詞.
복합-어(複合語)【보콰버】 图《言語》複合語; 合成語.
복합-적(複合的)【보콰p쩍】 圈 複合的. 복합적으로 문제 複合的の問題.
복화술(腹話術)【보콰-】 图 腹話術.

볶다 /pokʰta/ [복다] 他 ❶炒(いる)る. ‖깨를 볶다 ゴマを炒る. ❷炒める. ‖밥을 참기름으로 볶다 ご飯をごま油で炒める. ❸せかす; ねだる; せきたてる. ‖실적이 안 좋다고 부장은 부하들을 들볶고 있다 業績がよくないと、部長は部下たちをせきたてている. 월급이 적다고 남편을 볶아 대다 給料が少ないと、夫をしつこく責め立てる. 卿볶이다.

볶음 /poʰkum/ 《料理》味付けして炒めたもの. ‖감자 볶음 ジャガイモの炒め物. 멸치 고추 볶음 カタクチイワシと青唐辛子の炒め物.

볶음-밥 《料理》炒めご飯; チャーハン.

볶-이다 /poʰkida/ 自 〔볶다의 受動動詞〕❶〈ゴマ・豆などが〉炒られる. ‖깨가 제대로 볶이지 않았다 ゴマがしっかり炒られていない. ❷いじめられる; 責められる; せかされる. ‖일이 느리다고 작업 반장한테 볶이고 있다 仕事が遅いと、作業班長に責められている.

본¹ (本) 名 ❶手本; 規範; 先例. ‖형의 본을 받아 동생도 예의가 바르다 兄に見習って弟も礼儀正しい. ❷型. ‖옷 본을 뜨다 服の型を取る.

본² (本) 보다(見る)의 過去連体形.

본가 (本家) 名 本家; 実家; 里.

본거-지 (本據地) 名 本拠地.

본격-적 (本格的) /ponʰkjəkʰtɕək/ [−적쩍] 名 本格的な. ‖본격적인 조사 本格的な調査. 본격적으로 시작하다 本格的に始める.

본격-화 (本格化) [−겨콰] 名他 本格化. ‖조사를 본격화하다 調査を本格化する. **본격화-되다** 受動.

본견 (本絹) 名 本絹; 純絹. 卿인견(人絹).

본-고장 (本−) 名 本場.

본과 (本科) [−꽈] 名 本科.

본관¹ (本貫) 名 本貫(ほん); 始祖が生まれた地. 卿관향(貫郷).

본관² (本館) 名 本館.

본교 (本校) 名 本校. ‖그 사람은 본교 졸업생입니다 その人は本校の卒業生です.

본국 (本國) 名 本国.

본-궤도 (本軌道) 名 本軌道. ‖사업이 본궤도에 오르다 事業が軌道に乗る.

본능 (本能) /ponnɯŋ/ 名 本能. ‖모성 본능 母性本能. 귀소 본능 帰巣本能. 종족 보존 본능 種族保存の本能.

본능-적 (本能的) 名 本能的な. ‖죽음에 대한 본능적인 공포 死に対する本能的な恐怖. 본능적으로 방어 태세를 취하다 本能的に防御の体勢を取る.

본대 (本隊) 名 《軍事》本隊.

본데-없다 [−업따] 形 ぶしつけだ; 不行法だ. ‖본데없는 아이 しつけの悪い子.

본데없-이 副

본-동사 (本動詞) 《言語》本動詞.

본드 (Bond) 名 ボンド. ✝商標名から.

본-등기 (本登記) 名 本登記. ㉗가등기(假登記).

본디 (本−) 名 ❶根; 根本; 根源. ‖본디는 착한 사람이다 根はいい人だ. ❷〔副詞的に〕もともと; 本来; 元来. ‖본디 내 것이었다 もともと私のものだった.

본때 (本−) 手本になるようなこと; 見せしめ; 見栄え. ▶본때가 있다 見習うべきところがある; 手本になるところがある. 본때가 있는 사람 見習うところがある人. ▶본때를 보이다 〈見るに見かねて〉範を垂れる; 見せしめに懲(こ)らしめる. 본때를 보여 주기 위해 사람들 앞에서 꾸짖다 見せしめのために人前で叱る.

본-뜨다 (本−) [으序] ❶型を取る; 形を取る. ‖옷을 만들려고 본뜨다 服を作るために型を取る.

본-뜻 (本−) [−뜯] 名 ❶真意. ‖내 본뜻은 그게 아니었다 私の本意はそれではなかった. ❷原義.

본래 (本來) /pollɛ/ [불−] 名 ❶本来. ‖저게 저 사람의 본래의 모습이야 あれがあの人の本来の姿だ. 본래대로 하면 本来ならば. ❷〔副詞的に〕本来; もともと. ‖저 땅은 본래 우리 땅이었다 あそこはもともとうちの土地だった.

본령 (本領) 名 本領.

본론 (本論) [−논] 名 本論. ‖본론으로 들어가다 本論に入る.

본류 (本流) [−뉴] 名 本流. 지류(支流).

본-마누라 (本−) 名 本妻.

본-마음 (本−) 名 本心. 卿본맘. ‖그 사람의 본마음은 안 그럴 거야 彼の本心はそうではないと思う.

본-말 (本−) 名 本末. ‖본말이 전도되다 本末転倒だ.

본-맘 (本−) 〔본마음의 縮約形〕本心.

본명 (本名) 名 本名.

본문 (本文) 名 本文.

본-바탕 (本−) 名 物事の本質; 生まれつきの性質.

본-받다 (本−) [−따] 他 手本にする. ‖형을 본받다 兄を見習う.

본-보기 (本−) 名 手本; 見本; 模範. 卿보기. ▶본보기를 보이다 手本を見せる. 본보기로 삼다 手本にする. 본보기가 되다 模範となる.

본-삼다 (本−) 他 手本とする. ‖아이들은 어른을 본보면서 자란다 子どもは大人を手本にしながら大きくなる.

본봉 (本俸) 名 本俸; 本給.

본부 (本部) 名 本部. ‖선거 운동 본부 選挙運動の本部. 수사 본부 捜査本部.

본부-석 (本部席) 名 本部席.

본부-장(本部長) 圀 本部長.
본분(本分) 圀 本分. ‖학생으로서의 본분 学生としての本分. 본분에 어긋나는 짓을 하다 本分にはずれることをする.
본사(本社) /ponsa/ 圀 本社. ㉠지사(支社).
본산(本山) 圀 本山. ‖화엄종의 본산 華厳宗の本山.
본색(本色) 圀 本性. ‖본색을 드러내다 本性を現わす.
본서(本署) 圀 本署.
본선(本線) 圀 本線. ㉠지선(支線).
본선²(本選) 圀 本選. ‖본선에 진출하다 本選に進出する[進む].
본성(本性) 圀 本性. ‖본성을 드러내다 本性を現わす.
본숭만숭-하다 戨[하変] うわの空だ; 知らん顔する. ‖내가 인사를 하는데 본숭만숭하다 私が挨拶をしてもうわの空だ.
본-시험(本試験) 圀 本試験.
본심(本心) /ponʃim/ 圀 本心; 本音. ‖본심을 털어놓다 本心を打ち明ける. 본심을 드러내다 本音を漏らす.
본업(本業) 圀 本業.
본연(本然) 圀 本然. ‖본연의 자세로 돌아가다 本然の姿に立ち返る.
본-예산(本豫算) [-네-] 圀 本予算.
본원¹(本源) 圀 本源; 根源.
　본원-적(本源的) 圀 本源的; 根源的.
본원²(本院) 圀 本院.
본위(本位) 圀 本位. ‖품질 본위 品質本位. 자기 본위로 생각하다 自分本位に考える. 금본위제 金本位制.
본의¹(本意) /-ɰi/ 圀 本意; 本心. ‖그것은 내 본의가 아니다 それは私の本意ではない. 본의 아니나 실수를 저지르다 不本意ながら過ちを犯す.
본의²(本義) /-ɰi/ 圀 本義.
본인(本人) 圀 本人; 当人; 当事者. ‖먼저 본인의 이야기를 들어 봅시다 まず, 本人の話を聞いてみましょう.
본적(本籍) 圀[法律] 本籍.
　본적-지(本籍地) [-찌] 圀 本籍地.
본전(本錢) /pondʑʌn/ 圀 ❶元金; 本金. ❷本手; 元. 密밑천. ‖본전은 찾고 싶다 元手は取り戻したい. ❸元値; 原価. ‖본전에 팔다 元値で売る. ▶본전도 못 찾다 元も取れない; 元も子もなくなる.
본점(本店) 圀 本店. ㉠분점(分店) · 지점(支店). ‖한국은행 본점 韓国銀行本店.
본질(本質) /pondʑil/ 圀 本質. ‖문제의 본질을 잘못 보다 問題の本質を見誤る. 일본 문화의 본질 日本文化の本質.
　본질-적(本質的) [-쩍] 圀 本質的. ‖본질적인 문제 本質的な問題. 본질

적으로 착한 사람 本質的に善良な人.
본-채(本-) 圀 母屋.
본처(本妻) 圀 本妻.
본청(本廳) 圀 本庁.
본체(本體) 圀 本体.
　본체만체-하다 戨[하変] 見て見ぬふりをする; 知らん顔をする.
본초-학(本草學) 圀[漢学] 本草学.
본토(本土) 圀 ❶本土. ‖중국 본토 中国本土. ❷その地方; その土地; 当地. ‖본토 사람들 その地方の人々.
　본토-박이(本土-) 圀 土地っ子; 生え抜き; 生粋.
본-회의(本會議) [-/-웨이] 圀 本会議.
볼¹/pol/ 圀 頬; 頬っぺた. ‖볼이 통통하다 頬がふっくらしている. 볼이 발그래해지다 ほんのりと볼을 染める.
볼² (足の前の部分の)幅. ‖볼이 넓은 구두 前の部分の幅が広い靴.
볼³ 보다(見る)の未来連体形.
볼-거리¹ 圀[医学] おたふく風邪.
볼-거리²/pol'kori/ [-꺼-] 圀 見物(の).
볼그레-하다 戨[하変] (顔色が)ほどよく赤い.
볼그스름-하다 戨[하変] (顔色が)ほんのり(と)赤い. ‖긴장했는지 얼굴이 볼그스름하게 紧張したのか顔がほんのり赤い. ㉮불그스름하다.
볼그족족-하다 [-쪼카-] 戨[하変] (顔色が)赤らんでいる. ‖술을 마신 사람처럼 얼굴이 볼그족족하다 お酒を飲んだように顔が赤らんでいる. ㉮불그죽죽하다.
볼기 圀 尻. ‖볼기를 때리다 尻を叩く.
볼기-짝 圀 尻(の卑語). ‖볼기짝을 맞다 尻(った)を叩かれる.
볼-때기 〔볼의 俗語〕頬. ‖볼때기를 쥐어 주다 頬っぺたを叩く.
볼레로(bolero ㋔) 圀[音楽] ボレロ.
볼록 圀 表面が多少膨らんでいる様子. ‖ふっくらと; ぷっくり. ‖배가 볼록 나오다 お腹がぽっこり出ている. ㉮불룩.
　볼록-거리다 [-꺼-] 陧 (弾力があるものが)ゆるやかに動く. ⓒ볼록거리다.
　볼록-거울 [-꺼-] 圀 凸面鏡. ㉮오목거울.
　볼록-렌즈 (-lens) 圀 凸レンズ. ㉮오목 렌즈.
　볼록-판(-版) 圀 凸版. ㉮오목판(-版).
볼륨(volume) 圀 ボリューム. ‖볼륨을 낮추다 ボリュームを下げる[小さくする].
볼리비아(Bolivia) 圀[国名] ボリビア.
볼링(bowling) /po:lliŋ/ 圀[スポーツ] ボウリング. ‖볼링 치러 가자 ボウリングに行こう.

볼만-하다 /polmanhada/ 形 [하変] 見ごたえがある; (花などが)見頃だ. ‖볼만한 책 見ごたえのある本. 학교 앞 계나리가 볼만하다 学校の前のレンギョウが今が見頃だ.

볼멘-소리 名 [하変] 不満げな口ぶり; つっけんどんな言い方. ‖볼멘소리를 하다 つっけんどんな言い方をする.

볼모 名 (交渉などのための)人質. ‖볼모로 잡히다 人質に取られる.

볼-살 名 頬の肉.

볼썽-사납다 [-따] 形 [ㅂ変] 見苦しい; みっともない; ぶざまだ; 不格好だ. ‖볼썽사나운 장면 見苦しい場面.

볼-우물 名 = 보조개.

볼-일 /po:lli:l/ [-릴] 名 所用; 用事; 用件; 用. ‖볼일이 있어 외출하다 所用で外出する. 볼일을 마치다 用を済ませる.

볼^카운트 (ball+count日) 名 ボールカウント.

볼타-전지 (Volta電池) 名 ボルタ電池.

볼트[1] (bolt) 名 ボルト. ‖볼트로 죄다 ボルトで締める.

볼트[2] (volt) 依 電圧の単位; …ボルト (V).

볼-펜 (ball pen) 名 ボールペン.

볼품-없다 [-꼼빱따] 形 みすぼらしい; ぶざまだ. ‖볼품없는 몰골로 나타나다 ぶざまな恰好で現れる. **볼품없이** 副

봄 /pom/ 名 春. ‖겨울이 지나고 봄이 오다 冬が過ぎて春が来る. 내 인생의 봄 わが世の春. 화창한 봄 うららかな春. 봄 소식 春のことづれ. ▶봄(을)타다 ① 春に食欲がなく体がやせる. ② 春めいてきて心がうきうきする.

봄-기운 (-氣運) [-끼-] 名 春の気配; 春の兆し. ‖봄기운이 완연하다 春の気配がはっきりしている.

봄-날 名 春の日.

봄-눈 名 春雪; 春の雪. ▶봄눈 녹듯 春の雪が解けるように, あることがらが長続きしないですぐ消え失せることのたとえ.

봄-맞이 名 春を迎えること.

봄-바람 [-빠-] 名 春風; 春の風.

봄-밤 [-빰] 名 春宵.

봄베 (Bombe³) 名 ボンベ.

봄-볕 [-뼏] 名 春の日差し; 春陽.

봄-비 [-삐] 名 春雨.

봄-잠 [-짬] 名 春眠; 春の夜や明け方の心地よい眠り.

봄-철 名 春季.

봅슬레이 (bobsleigh) 名《スポーツ》ボブスレー.

봇-물 (洑ㅅ-) [본-] 名 井堰(ぃさ); 堰. ‖봇물이 터진 듯이 堰を切ったように.

봇-짐 (褓ㅅ-) [보찜/볻찜] 名 ふろしき包み.

봇짐-장수 (褓ㅅ-) 名 行商; 行商人.

봉[1] 名 ① 鳳; 鳳凰の雄. ❷ だまされやすい人; かも. ‖봉으로 삼다 かもにする.

봉[2] (峯) 名 峰.

봉건 (封建) 名 《歷史》 封建.
봉건-사상 (封建思想) 名 封建思想.
봉건-사회 (封建社會) 名 封建社会.
봉건-시대 (封建時代) 名 封建時代.
봉건-적 (封建的) 名 封建的. ‖봉건적인 사고방식 封建的な考え方.
봉건 제도 (封建制度) 名 封建制.
봉건-주의 (封建主義) [-/-이] 名 封建主義.

봉고 (Bongo) 名 ワゴン(車). ✚商品名から.

봉급 (俸給) /po:nguup/ [-끕] 名 給料. 働 월급(月給). ‖봉급을 받다 給料をもらう. 봉급날 給料日.

봉급생활-자 (俸給生活者) [-쌩-짜] 名 サラリーマン. 働 샐러리맨.

봉급-쟁이 (俸給-) [-쨍-] 名 〔さげすむ言い方で〕給料取り.

봉긋-하다 [-그타-] 形 [하変] 小高い; 膨らんでいる; 膨らみがある. ‖가슴이 봉긋하다 胸がほんのりと膨らみがある. **봉긋-이** 副

봉기 (蜂起) 名 [하自] 蜂起. ‖농민 봉기 農民蜂起.

봉납 (奉納) 名 [하他] 奉納.

봉두-난발 (蓬頭亂髮) 名 [하自] ぼうぼう頭.

봉변 (逢變) /poŋbjʌn/ 名 不意打ちを食らう; ひどい目にあうこと. ‖봉변을 당하다 ひどい目にあう.

봉봉 (bonbon仏) 名 ボンボン(キャンディーの一種で中に果汁やブランデー, ウイスキーなどを包み込んだもの).

봉분 (封墳) 名 土を盛り上げて作った墓.

봉사[1] (奉仕) /po:nsa/ 名 [하自] 奉仕; サービス; ボランティア. ‖봉사 활동을 하다 奉仕(ボランティア)活動をする. 봉사 정신 奉仕の精神; サービス精神. 무료 봉사 無料奉仕.

봉사-료 (奉仕料) 名 サービス料.

봉사[2] 名 盲人; 盲目.

봉선-화 (鳳仙花) 名 《植物》 ホウセンカ(鳳仙花).

봉쇄 (封鎖) 名 [하他] 封鎖. ‖출입을 봉쇄하다 出入りを封鎖する. 경제 봉쇄 経済封鎖. **봉쇄-당하다** 受動

봉양 (奉養) 名 [하他] 親や目上の人を養うこと. ‖부모님을 봉양하다 両親を養う.

봉오리 名 〔꽃봉오리의 略語〕 つぼみ. ‖자그마한 장미꽃 봉오리 小さなバラのつぼみ.

봉우리 名 〔산봉우리(山-)의 略語〕峰. ‖높은 봉우리 高い峰.

봉인 (封印) 名 [하他] 封印. ‖유언장을

봉인하다 遺言状に封印をする.
봉제(縫製) 图 縫製.
봉제-선(縫製線) 图 縫い目.
봉제 인형(縫製人形) 图 縫いぐるみ.
봉지(封紙) 图 袋. ‖비닐 봉지 ビニール袋.
— 依名 …袋. ‖새우깡 한 봉지 かっぱえびせん 1 袋.
봉직(奉職) 图 直他 奉職.
봉착(逢着) 图 直他 逢着; 直面すること. ‖난관에 봉착하다 難関に直面する.
봉축(奉祝) 图 直他 奉祝.
봉투(封套) 图 封筒. ‖편지 봉투를 뜯다 手紙の封筒を開ける[切る]. ‖급행 봉투 給料袋. 봉투 한 장 封筒 1 枚.
봉-하다(封-) /ponɦada/ 他 [하变] 封じる. 封をする. ‖편지를 넣고 봉투를 봉하다 手紙を入れて封筒の口を封じる. 입을 봉하다 口を封じる.
봉함(封緘) 图 直他 封緘(ﾊﾝ).
봉합(縫合) 图 直他 縫い合わせること; 縫合. ‖상처를 봉합하다 傷口を縫い合わせる.
봉화(烽火) 图 烽火(ﾎﾎ). ‖봉화를 올리다 烽火を上げる.
봉홧-불(烽火-~) 图 [-화뿔 /-환뿔] 烽火.
봉황(鳳凰) 图 [鳥類] 鳳凰(ﾎﾎ).
봐-주다 他 보아주다의 縮約形.
뵈다[-/-꾀-] 他 お目にかかる. ‖선생님을 뵈다 先生にお目にかかる.
뵙다 /pwe:p̚t̚a/ [-따 / 뵙따] 他 [보다의 謙讓語] お目にかかる; うかがう. ‖나중에 뵙겠습니다 後ほどお目にかかります. 한 번 뵙고 싶습니다 一度お目にかかりたいです. 처음 뵙겠습니다 はじめまして.
부¹(否) 图 否. ‖가부를 가리다 可否を探る.
부²(部) 图 部. ‖각 부에서 한 명씩 품석하던 会議から 1 名ずつ出席する.
— 依名 書物·出版物などの数を表す語: …部. ‖초판 만 부 初版 1 万部.
부³(部) 图 汽笛などの音: ぼぉっと.
부-⁴(不) 接頭 [ㄷ·ㅈで始まる漢語に付いて] 不…. ‖부도덕 不道徳. 부자연 不自然.
부-⁵(副) 接頭 [漢語名詞に付いて] 副…. ‖부사장 副社長. 부수입 副収入. 부작용 副作用.
-부⁶(部) /pu/ 接尾 …部. ‖중심부 中心部. 집행부 執行部.
-부⁷(付) 接尾 …付け. ‖삼월 삼십일 일부로 퇴직하다 3 月 31 日付けで退職する.
부가(附加) 图 直他 付加.
부가 가치(附加價値) 图 付加価値.
부가 가치세(附加價値税) [-쎄] 图 付加価値税.

부가 원가(附加原價) [-까] 图 付加原価.
부가-형(附加刑) 图 [法律] 付加刑. ㉗主刑(ﾁﾖ).
부각(浮刻) 图 直他 ❶[美術] レリーフ. ㉗돋을새김. ❷浮き彫り. ‖정점을 부각시킬 필요가 있다 争点を浮き彫りにする必要がある. 문제의 심각성이 부각되다 問題の深刻さが浮き彫りになる.
부감(俯瞰) 图 直他 俯瞰(ﾌﾊﾝ); 鳥瞰.
부감-도(俯瞰図) 图 俯瞰図; 鳥瞰図.
부강-하다(富強-) 圏 [여变] 富強だ. ‖부강한 나라 富強国.
부걱-부걱【-뻑-】图 直他 泡立つ様子: ぶくぶく.
부검(剖検) 图 直他 剖検; 解剖. ‖시체 부검 死体の解剖.
부결(否決) 图 直他 否決. ㉗가결(可決). ‖안건이 부결되다 案件が否決される. **부결-되다** 受動
부계(父系) [-/-께] 图 父系. ㉗모계(母系). ‖부계 사회 父系社会.
부고(訃告) 图 直他 訃報; 訃告.
부과(賦課) 图 直他 賦課; 課すること. ‖엄청난 세금을 부과하다 多額の税金を課す.
부과-금(賦課金) 图 賦課金.
부관(副官) 图 副官.
부교(浮橋) 图 浮き橋; 船橋.
부교감-신경(副交感神経) 图 [解剖] 副交感神経.
부-교수(副教授) 图 (大学で)教授と准教授の間の地位.
부국¹(部局) 图 部局.
부국²(富國) 图 富国.
부국-강병(富国強兵) [-깡-] 图 富国強兵.
부군(夫君) 图 [남편(男便)の尊敬語] 夫君; ご主人.
부권(父權) [-꿘] 图 父権. ㉗모권(母權).
부귀(富貴) 图 直形 富貴. ㉗빈천(貧賤).
부귀-영화(富貴榮華) 图 富貴栄華. ‖부귀영화를 누리다 富貴栄華を極める.
부근(附近) /pu:gun/ 图 付近; 辺り. ‖학교 부근 学校付近. 역 부근을 어슬렁거리다 駅の付近をうろつく. 부근의 도서관 付近の図書館.
부글-거리다 直 ❶ぐらぐら; ぐつぐつ. ❷(感情などが)込み上げる. ‖속이 부글거리다 腹が込み上げる. ❸ぼこぼこする.
부글-부글 图 ❶(液体などが)ぐらぐら沸く様子; ぶくぶく(と)泡が立つ様子; ぐつぐつ(と)煮える様子. ‖냄비가 부글부글 끓다 鍋がぐらぐら煮え立つ. ❷(腹わたが)煮えくり返る様子. ‖속이

부글부글 끓다 腹わたが煮えくり返る. ⑩보글보글.

부금 (賦金) 图 掛け金. ‖주택 부금 住宅ローン.

부기¹ (附記) 图 [하変] 付記.

부기² (浮氣) 图 腫れ. ‖부기가 가라앉다[빠지다] 腫れが引く.

부기³ (簿記) 图 簿記.

부기우기 (boogie-woogie) 图 [音楽] ブギウギ.

부꾸미 图 [料理] もち米・小麦・きびなどの粉をこねてフライパンで焼いたもの. ⑩ 전병(煎餠).

부끄러운 圈 [ㅂ変] 부끄럽다(恥ずかしい)の현재 연체형.

부끄러움 图 恥ずかしさ; はにかみ. ⑱부끄럼. ‖부끄러움이 많다 恥ずかしがり屋다. 부끄러움을 타다 恥ずかしがる.

부끄러워 圈 [ㅂ変] 부끄럽다(恥ずかしい)의 연용형.

부끄러워-하다 倒 [하変] 恥じ入る; 恥じらう; 恥ずかしがる. ‖자신의 어른답지 못한 행동을 부끄러워하다 自分の大人げないふるまいに恥じ入る. 얼굴을 붉히며 부끄러워하다 頬を染めて恥じらう.

부끄럼 图 부끄러움의 縮約形.

부끄럽다 /puʰkurǝpʰta/ [-따] 圈 [ㅂ変] 恥ずかしい; 恥じ入る; 決まりが悪い; 面映ゆい; 照れくさい. ‖부끄러운 일이다 恥ずかしいことだ. 부끄럽게 생각하다 恥ずかしく思う. 부끄럽게 짝이 없다 恥ずかしい限りだ. 부끄러워서 친구를 만날 수가 없다 恥ずかしくて友だちに会えない. 많은 사람이 있는 데서의 칭찬은 부끄럽다 大勢の前でほめられるのは照れくさい. **부끄러이** 團

부낭 (浮囊) 图 ❶浮き袋. ❷[魚介類] 浮き袋; 鰾(うきぶくろ).

부녀¹ (父女) 图 父と娘.

부녀² (婦女) 图 婦女.
 부녀-자 (婦女子) 图 婦女子.

부농 (富農) 图 富農. ⑩빈농(貧農).

부닥-뜨리다 倒 鉢合わせする.

부닥-치다 /pudaktʰida/ 倒 突き当たる; ぶち当たる; ぶつかる; 逢着する; 直面する. ‖어려운 문제에 부닥치다 難しい問題にぶち当たる.

부단 (不斷) 图 [하形] 不断. ‖부단한 노력 不斷の努力. **부단-히** 團

부담 (負擔) /pu:dam/ 图 [하他] 負担; 重責. ‖비용은 전부 회사에서 부담한다 費用は全部会社が負担する. 부담을 덜어 주다 負担を軽くする. 일이 상당한 부담이 되고 있다 仕事がかなりの負担となっている. 부담을 안다 重荷を背負う. 들어올릴 때 허리에 부담을 주다 持ち上げる時に腰に負担がかかる.

부담-금 (負擔金) 图 負担金.

부담-스럽다 (負擔-) 圈 [ㅂ変] いかにも負担; 重荷だ; 負担に思われる. ‖그의 친절이 부담스럽다 彼の親切が負担に思われる. **부담스레** 團

부당 (不當) 图 [하形] 不当. ‖부당한 요구 不当な要求. 부당하게 해고당하다 不当に解雇される. 부당 요금 不当な料金. **부당-히** 團
 부당-이득 (不當利得) 图 不当利益.

부대¹ (附帶) 图 付帯. ‖부대 상황 付帯状況. 부대 조건 付帯条件.

부대² (負袋) 图 袋. ⑩포대(包袋).

부대³ (部隊) 图 ❶[軍事] 部隊. ‖낙하산 부대 落下傘部隊. 특수 부대 特殊部隊. ❷(共通する目的を持つ人々の)部隊. ‖응원 부대 応援部隊.

부대끼다 /pude:kʰida/ 倒 ❶もまれる; 悩まされる. ‖많은 사람들 사이에서 부대끼면서 사회 생활을 배우다 多くの人にもまれながら, 社会生活を学ぶ. ❷(胃が)もたれる. ‖속이 부대끼다 胃がもたれる.

부대-찌개 (部隊-) 图 [料理] プデチゲ (ハム・ソーセージなどを主材料にして作ったチゲ). +米軍部隊から出た食材を使ったことに由来.

부덕¹ (不德) 图 不德. ‖다 제 부덕의 소치입니다 すべて私の不德の致すところです.

부덕² (婦德) 图 婦德.

부도¹ (不渡) /pudo/ 图 不渡り.
 부도-나다 (不渡-) 倒 不渡りになる. ‖회사가 부도나다 会社が不渡りになる.
 부도-내다 (不渡-) 倒 不渡りを出す.
 부도-수표 (不渡手票) 图 不渡り小切手.
 부도-어음 (不渡-) 图 不渡り手形.

부도² (附圖) 图 付図. ‖지리 부도 地理付図; 地理図表.

부-도덕 (不道德) 图 不道德. ‖부도덕한 행위 不道德な行為.
 부-도심 (副都心) 图 副都心.
 부도-체 (不導體) 图 [物理] 不導体. ⑩부도체(導體).

부-독본 (副讀本) 图 [-뽄] 副読本.

부동¹ (不同) 图 [하形] 不同. ‖표리부동 表裏不同.

부동² (不動) 图 [하自] 不動. ‖부동의 지위 不動の地位. 부동 자세를 취하다 不動の姿勢を取る.
 부동-주 (浮動株) 图 [経] 浮動株. ⑪고정주(固定株).
 부동-표 (浮動票) 图 浮動票. ⑪고정표(固定票).
 부동산 (不動産) /pudo:ŋsan/ 图 不動産. ‖부동산 등기 不動産登記. 부동산 취득세 不動産取得稅. 부동산

중개인 不動産屋.
부동-액 (不凍液) 圏 不凍液.
부동-항 (不凍港) 圏 不凍港.
부두 (埠頭) 圏 埠頭(ふとう); 波止場.
　부두-가 (埠頭ㅅ-) [-두 까 /-둗 까]
　圏 埠頭の周辺.
부둥켜-안다 [-따] 抱きしめる; 抱える.　‖부둥켜안고 울다 抱きしめて泣く.
부드득 圖 (하다他) 歯などの堅いものを強くこすり合わせる時の音; ぎしぎし. ‖이를 보드득 갈다 ぎしぎしと歯ぎしりする. ⑨ 보드득.
　부드득-부드득 圖 (하다他)
　부드득-거리다 [-대다] [-껴/-때-]
　自他 きりきりと音を立てる.
부드러운 形 (ㅂ変) 부드럽다(やわらかい)の現在連体形.
부드러워 形 (ㅂ変) 부드럽다(やわらかい)の現在形.
부드럽다 /pudurəpʰta/ [-따] 形 (ㅂ変) [부드러워, 부드러운] ❶ やわらかい; (感触が)なめらかだ. ‖실크의 부드러운 감촉 シルクのやわらかい感触. 피부가 너무너무 부드럽다 肌がとてもやわらかい. ⑨ 보드랍다. ❷ (態度などが)やわらかい; やさしい; 穏やかだ; しなやかだ. ‖부드러운 눈길 穏やかな目線. 부드러운 목소리 やさしい声.
부득-부득 [-뿌-] 圖 ❶ 意地を張る様子; しつこく; 頑として. ‖부득부득 우기다 我を張る. ❷ しきりにせがむ様子; やいやい. ‖용돈을 더 달라고 부득부득 조르다 小遣いをもっとくれとやいやいせがむ.
부득불 (不得不) [-뿔] 圖 やむを得ず; やむなく. ‖부득불 승낙을 하다 やむなく承諾する.
부득-이 (不得已) [-찌] 圖 (하形) 仕方なく; 余儀なく; やむなく. ‖부득이한 선택 やむを得ない選択.
부들-부들 圖 (하다他) (寒さ・恐怖などで)体が震える様子; ぶるぶる(と); わなわな(と); がくがく(と). ‖다리가 부들부들 떨리다 足がぶるぶる震える. ⑨ 바들바들.
　부들부들-하다 形 (하変) 肌触りが非常にやわらかい. ‖털이 부들부들한 개 毛が非常にやわらかい犬. ⑨ 보들보들.
부등 (不等) 圏 (하形) 不等.
　부등-식 (不等式) [数学] 不等式.
　부등-호 (不等號) [数学] 不等号.
부디 /pu:di/ 圖 どうか; ぜひとも. ‖부디 건강하시기를! どうかご健康であります ように. 부디 합격하기를 바란다 ぜひとも合格してほしい.
부딪다 [-딛따] 自他 ❶ ぶつかる; 突き当たる. ❷ ぶつける. ⑨ 부딪히다.
부딪-치다 /puditt͈ɕʰida/ [-딛-] 自他 [부딪다を強めて言う語] ぶつかる; 突き当たる. ‖트럭과 승용차가 부딪치다 トラックと乗用車がぶつかる. 난관에 부딪치다 難関にぶつかる. 모퉁이에서 다른 사람과 부딪치다 曲がり角で人に突き当たる. ❷ぶつける. ‖문에 머리를 부딪치다 ドアに頭をぶつける.
부딪-히다 [-디치-] 自 [부딪다の受身動詞] ぶつけられる; ぶつかる. ‖자전거에 부딪히다 自転車にぶつかる.
부뚜막 圏 かまど.
부라리다 他 (目を)怒らす; ぎょろぎょろさせる; ぎろつかせる. ‖눈을 부라리다 상대방을 째려보다 目を怒らせて相手をにらみつける.
부락 (部落) 圏 部落.
부랑 (浮浪) 圏 (하다自) 浮浪.
　부랑-배 (浮浪輩) 圏 浮浪者の群れ.
　부랑-아 (浮浪兒) 圏 浮浪児.
　부랑-자 (浮浪者) 圏 浮浪者.
부랴-부랴 圖 急いで; あたふた; 慌てて. ‖전화를 받고 부랴부랴 달려가다 電話をもらって急いで駆けつける.
부러 圖 わざわざ; わざと.
부러-뜨리다 他 折る. ‖나뭇가지를 부러뜨리다 木の枝を折る.
부러워-하다 /purəwəhada/ 他 (하変) うらやむ; うらやましがる. ‖일류 대학에 합격한 친구를 부러워하다 一流大学に合格した友だちをうらやむ. 우아한 생활을 부러워하다 優雅な生活をうらやましがる.
부러-지다 /purəʥida/ 他 折れる. ‖연필심이 부러지다 鉛筆の芯が折れる. ‖다리뼈가 부러지다 足の骨が折れる.
부러-트리다 = 부러뜨리다.
부럼 (民俗) (できもの予防のおまじないとして)陰暦正月 15日に食べる栗・クルミ・南京豆などの総称.
부럽다 /purəpʰta/ [-따] 形 (ㅂ変) [부러워, 부러운] うらやましい. ‖그 사람의 여유가 부럽다 彼の余裕がうらやましい. 부럽기 짝이 없다 うらやましい限りである.
부레 圏 (魚介類) 浮き袋; 鰾(ひょう).
부력 (浮力) 圏 (物理) 浮力.
부록 (附録) /pu:rok/ 圏 付録. ‖권말 부록 巻末付録.
부루퉁-하다 形 (하変) 膨れっ面をしている; 不機嫌そうだ. ‖부루퉁한 얼굴로 대답하는 膨れっ面で返事する. 하루 종일 부루퉁해 있다 一日中不機嫌そうにしている. ⑨ 보로통하다.
부룬디 (Burundi) 圏 (国名) ブルンジ.
부류 (部類) 圏 部類.
부르는 形 (르変) 부르다(呼ぶ)の現在連体形.
부르다¹ /puruda/ 形 (르変) [불러, 부른] ❶ (お腹が)いっぱいだ. ‖많이 먹어서 배가 꽤 부르다 たくさん食べて, お腹がいっぱいだ. ❷ (身ごもってお腹が)大きい. ‖애를 가졌는지 배가 많이 불러 있

다 몸이겄던가, 아랫배가 대단히 크다.

부르다² /puruda/ 【르変】[불러,부르는] ❶ 呼ぶ; 称する. ‖이름을 부르다 名前を呼ぶ. 의사를 부르다 医者を呼ぶ. 부모를 불러 같이 살다 両親を呼んで一緒に暮らす. ❷ 招く. ‖돌 파티에 친구들을 부르다 誕生パーティーへ友だちを招く. ❸ 歌う. ‖노래를 부르다 歌を歌う. 동요를 부르다 童謡を歌う. ❹ (値段を) 言う. ‖가격을 부르다 値段を言う. ❺ 叫ぶ. ‖만세를 부르다 万歳を叫ぶ.

부르르 副 (하변) 体の(一部)が震える様子: ぶるぶる(と); わなわな(と). ‖무서워서 몸이 부르르 떨리다 怖くて体がぶるぶる震える.

부르릉 副 車などのエンジンがかかる音: ぶるん; ぶるるん. **부르릉-부르릉** 副 (하변)

부르릉-거리다 自他 (車が)ぶるんぶるんと音を立てる.

부르주아 (bourgeois 프) 名 ブルジョア. ㉘ 프롤레타리아.

부르주아지 (bourgeoisie 프) 名 ブルジョアジー. ㉘ 프롤레타리아트.

부르-짖다 /puruditʃita/ [-짇따] 自他 ❶ 叫ぶ. ‖주민들은 미군 철수를 부르짖었다 住民たちは米軍の撤退を叫んだ. ❷ 主張する. ‖권리를 부르짖다 権利を主張する.

부르키나파소 (Burkina Faso) (国名) ブルキナファソ.

부르트다 自 【으変】 腫れ上がる; ひびができる. ‖입술이 부르트다 唇が腫れ上がる.

부른 冠 【르変】 부르다 (呼ぶ)の過去連体形.

부름 名 呼ぶこと; 招き. ‖세 사람의 부름을 받다 3人の招きを受ける.

부름-뜨다 【으変】(目を)むく. ‖눈을 부름뜨며 화를 내다 目をむいて怒る.

부리 ❶ (鳥などの)くちばし. ❷ ものの とがった先端. ‖돌부리 石の地上に突き出ている部分. 총부리 銃口. ❸ (瓶などの)口の先. ‖소맷부리 そで口.

부리나케 /purinakʰe/ 副 大急ぎで; 一目散に; すたこらと. ‖전화를 받고 부리나케 달려가다 電話を受けて大急ぎで出て行く. 경찰을 보더니 부리나케 도망갔다 警察を見て一目散に逃げ出した.

부리다¹ /purida/ 他 (人・家畜などを)働かせる; 使う. ‖세 사람을 부리다 3人を使う. 종업원들을 마구 부려 먹다 従業員たちをこき使う. 소를 부리다 牛を使う. 사람 부리는 법을 모르다 人の使い方を知らない. ❷ ふるまう. ‖욕심을 부리다 欲張る. 허세를 부리다 見栄を張る. 행패를 부리다 乱暴をはたらく. ❸ 弄する. ‖응석을 부리다 甘える. 꾀병을 부리다 仮病を使う. 잔 꾀를 부리다 策を弄する.

부리다² 他 (荷を)下ろす. ‖짐을 부리다 荷を下ろす; 荷下ろしをする.

부리부리-하다 形 【하変】 (目が)大きく強い輝きを放っている.

부메랑 (boomerang) 名 ブーメラン.

부메랑-효과 (-效果) ブーメラン効果. ㊟先進国による発展途上国への投資や投資が, やがて先進国への輸出増加となってはね返ること.

부모 (父母) /pumo/ 父母; 両親; 親. ‖부모 없는 아이 親のいない子. 부모 자식 간에 親子の間に.

부모-님 (父母-) 【부모の尊敬語】 ご両親. ‖저희 부모님께서는 미국에 계십니다 両親はアメリカにいます. 부모님께 효도하다 親孝行する. 부모님 은혜는 하늘보다 높고 바다보다 깊다 父母の恩は空より高く海よりも深い.

부모-덕 (父母德) 親の七光り; 親の恩徳. ‖부모덕을 보다 親の七光りに恵まれる.

부모-상 (父母喪) 父母の喪. ‖부모상을 당하다 父母の喪に服する.

부목 (副木) 名 添え木. ‖다리에 부목을 대다 足に添え木を当てる.

부문 (部門) 名 部門. ‖생산 부문 生産部門. 부문별로 部門別に.

부부 (夫婦) /pubu/ 名 夫婦. ‖신혼부 부 新婚夫婦. 잉꼬부부 おしどり夫婦.

부부-싸움 (夫婦-) 名 夫婦げんか. ㊟부부싸움은 칼로 물 베기 [諺] 夫婦げんかは犬も食わない.

부부-유별 (夫婦有別) 名 〘儒教の五倫の一つ〙夫婦の間でも守るべき道理があるという教え.

부분 (部分) /pubun/ 名 部分. ㊟전체 (全體). ‖영화의 마지막 부분 映画の最後の部分. 밑줄 친 부분을 영어로 옮기시오 下線の部分を英訳しなさい.

부분-식 (部分蝕) 名 (天文) 部分食.

부분-적 (部分的) 名 部分的な. ‖부분적인 훼손 部分的な毀損.

부분-집합 (部分集合) 【-지팝】 名 (数学) 部分集合.

부분-품 (部分品) 名 部品.

부-비강 (副鼻腔) 名 (解剖) 副鼻腔.

부사 (副詞) 名 (言語) 副詞.

부산¹ (釜山) 地名 釜山(プサン).

부산² 名 せわしく騒ぐこと. ‖부산을 떨며 일을 하다 せわしく仕事をする. 부산하면 慌しい日々.

부-산물 (副産物) 名 副産物.

부산-스럽다 【-따】形 【ㅂ変】 慌しい; せわしい. ‖부산스러운 시장통 慌しい市場. **부산스레** 副

부상¹ (負傷) /pu:saŋ/ 名 (하変) 負傷; けがをすること. ‖부상한 병사 負傷兵. 부상 자 負傷者. 부상을 입다 負傷する. 다리에 부상을 입다 足にけがをする.

부상² (浮上) 名 (하変) 浮上. ‖일약 부상하여 3위에 부상하다 競争相手가부상하다 競爭相手が浮上する.

부상³ (副賞) 图 副賞.

부서 (部署) 图 部署.

부서-지다 /pusŏdʑida/ 囼 壊れる; 割れる; 砕ける. ‖애들 장난감으로 장난감이 부서지고 말았다 子どもたちのいたずらでおもちゃが壊れてしまった. 떨어뜨린 시계가 부서져 버렸다 落とした時計が壊れてしまった. 파도가 부서지다 波頭が砕ける.

부석 (浮石) 图 軽石; 浮き石.

부석-거리다 [-끼-] 囼 (顔が)むくむ.

부석부석-하다 [-뿌서카-] 圏 [하変] 顔に潤いがなくむくんでいる.

부석-하다 [-서카-] 圏 [하変] (顔が)多少むくんでいる.

부설 (附設) 图 [하他] 付設. ‖부설 연구소 付設研究所.

부설 (敷設) 图 [하他] 敷設.

부-성분 (副成分) 图 副成分. ㉗주성분(主成分).

부속 (附屬) 图 [하自] 付属. ‖부속 병원 付属病院.

부속-물 (附屬物) [-쏭-] 图 付属物.

부속-품 (附屬品) 图 付属品.

부수¹ (附隨) 图 [하自] 随伴; 付くこと. ‖부수적인 업무 付随する業務. 일에는 책임이 부수된다 仕事には責任がつく.

부수² (部首) 图 (漢字の)部首.

부수³ (部數) [-쑤] 图 部数. ‖신문 판매 부수 新聞の販売部数. 발행 부수 発行部数.

부수다 /pusuda/ 囮 壊す; 砕く. ‖무너져 가던 담장을 부수다 崩れかかっていた塀を壊す. 문을 부수고 안으로 들어가다 ドアを壊して中に入る.

부-수입 (副收入) 图 副収入.

부스 (booth) 图 ブース.

부스러기 图 切れ端; 残りかす; くず. ‖과자 부스러기 お菓子の残りかす. 부스러기 パンくず.

부스럭 囲 かさかさ; がさがさ. ⑰보스락. **부스럭-부스럭** 囲 [하変]

부스럭-거리다 [-대다] [-꺼|때-] 囼 がさつく; がさがさする; がさつかせる. ‖부엌에서 부스럭거리는 소리가 나다 台所でがさがさと音がする. ⑰보스락거리다.

부스럼 图 できもの; おでき; 吹き出物. ‖머리에 부스럼이 생기다 頭におできができる.

부스스 囲 [하形] ❶ (おもむろに)起き上がる様子. ‖부스스 일어나다 おもむろに起き上がる. ❷ (髪の毛などが)乱れた様子: ぼさぼさ. ‖부스스한 머리 ぼさぼさした髪.

부슬-거리다 囼 (雨が)ぱらつく.

부슬-부슬 囲 雨がまばらに降る様子: しとしと(と). ‖아침부터 비가 부슬부슬 내리고 있다 朝から雨がしとしとと降っている. ㉗보슬보슬.

부슬-비 图 小雨; 細雨; 小糠雨. ‖부슬비가 내리는 밤 小雨が降る夜. ㉗보슬비.

부시다¹ 圏 まぶしい; まばゆい. ‖조명이 부시다 照明がまぶしい.

부시다² 囮 (食器などを)ゆすぐ. ‖그릇을 부시다 食器をゆすぐ.

부식 (副食) 图 おかず; 副食. ㉗주식(主食).

부식-비 (副食費) [-삐] 图 副食費.

부식¹ (腐植) 图 腐植.

부식-질 (腐植質) [-찔] 图 腐植質.

부식-토 (腐植土) 图 腐植土.

부식² (腐蝕) 图 [하他] 腐食. ‖산은 금속을 부식시킨다 酸は金属を腐食する. 수도관이 많이 부식되었다 水道管がかなり腐食した.

부식 동판화 (腐蝕銅版畫) [-똥-] 图 腐食銅版画: エッチング.

부신 (副腎) 图 [解剖] 副腎. ㉗곁콩팥.

부신-피질 (副腎皮質) 图 [解剖] 副腎皮質.

부-신경 (副神經) 图 [解剖] 副神経.

부실 (不實) /puʃil/ 圏 中身がしっかりしていないこと. ‖영양 섭취가 부실하다 栄養の摂取が足りない. 부실 공사 手抜き工事.

부실-기업 (不實企業) 图 不良企業.

부심 (腐心) 图 [하自] 腐心; 苦心. ‖자금 조달 문제로 부심하고 있다 資金調達の問題で腐心している.

부싯-돌 [-시돌/-싣돌] 图 火打ち石.

부아 ❶ 肺臓. ❷ 怒り; 立腹; 癇癪(かんしゃく). ‖부아가 치밀다 怒りが込み上げる.

부아-통 图 癇癪; 立腹. ‖부아통이 터지다 癇癪を起こす; 腹が立つ.

부양¹ (扶養) /pujaŋ/ 图 [하他] 扶養; 養うこと. ‖부모를 부양하다 両親を扶養する.

부양-가족 (扶養家族) 图 扶養家族.

부양-비 (扶養費) 图 扶養費.

부양 수당 (扶養手當) 图 扶養手当.

부양² (浮揚) 图 [하自他] 浮揚. ‖경기를 부양하다 景気を浮揚させる.

부어-오르다 [르変] 囼 腫れ上がる. ‖상처가 부어오르다 傷口が腫れ上がる.

부언 (附言) 图 [하自他] 付言: 付け加えて言うこと. ‖부언하자면 다음과 같습니다 付言すれば次の通りです.

부업 (副業) 图 副業; 内職; サイドビジネス.

부엉-새 图 =부엉이.

부엉-이 (鳥類) 图 コノハズク(木の葉木菟).

부엌 /puŏk/ [-억] 图 台所; キッチン. ‖부엌 용품 台所用品.

부엌-일 [-넝닐] 명 台所仕事; 水仕事.

부엌-칼 명 包丁. ¶식칼(食-).

부여¹ (附與) 명 (하타) 付与. ¶권한을 부여하던 權限を付与する. **부여-받다** 受動

부여² (賦與) 명 (하타) 賦与(ょ). ¶하늘이 부여한 재능 天の賦与した才能.

부여³ (扶餘) 명 (地名) 扶余(プヨ).

부여-안다 타 抱きしめる.

부여-잡다 타 (相手の身体のどこかを)握りしめる. ¶떠나는 사람 손을 부여잡다 去る人の手を握りしめる.

부역 (賦役) 명 (하자) 賦役(えき). ÷人身に課役すること.

부연 (敷衍·敷演) 명 (하타) 敷衍(えん).

부엽-토 (腐葉土) 명 腐葉土.

부-영사 (副領事) 명 副領事.

부옇다 [-여타] 형 ㅎ变 ぼやけている; 不透明だ. ¶안개로 눈앞이 부옇다 霧のせいで目の前がぼやけている.
㉬보얗다.

부예-지다 자 曇る; ぼやける.
㉬보얘지다.

부용 (芙蓉) 명 (植物) フヨウ(芙蓉).

부원 (部員) 명 部員.

부위 (部位) 명 部位. ¶신체 각 부위의 명칭 身体各部位の名称. 수술 부위 手術部位.

부유¹ (富裕) 명 하형 富裕; 裕福. ¶부유한 가정 裕福な家庭. **부유-층** (富裕層) 명 富裕層.

부유² (浮遊·浮游) 명 (하자) 浮遊. ¶물속에서 부유하다 水中で浮遊する. **부유-생물** (浮遊生物) 명 浮遊生物. ㉬플랑크톤.

부음 (訃音) 명 訃音; 訃報. ¶부음을 듣다 訃報に接する.

부응 (副應) 명 (하자) (期待などに)応えること. ¶기대에 부응하다 期待に応える. 시대의 요구에 부응하기 위해 時代のニーズに応えるべく.

부의¹ (附議) 명 -/-이 付議.

부의² (賻儀) 명 -/-이 香典.

부의-금 (賻儀金) 명 香典.

부익부 (富益富) 【-뿌】 명 金持ちは益々金持ちになること. ㉠빈익빈(貧益貧).

부인¹ (夫人) /puin/ 명 夫人; 奥様; 奥さん. ¶부장님 부인 部長の奥様. 친구 부인 友人の奥さん. 귀부인 貴夫人.

부인² (婦人) /puin/ 명 婦人. **부인-과** (婦人科) 【-꽈】 명 婦人科. **부인-병** (婦人病) 【-뼝】 명 婦人病. **부인-복** (婦人服) 명 婦人服. **부인-회** (婦人會) 명 -/-최 婦人会.

부인³ (否認) 명 (하타) 否認. ㉠시인(是認). ¶과오를 부인하던 過ちを否認する. **부인-당하다** 受動

부인⁴ (副因) 명 副因. ㉠주인(主因).

부임 (赴任) 명 (하자) 赴任.

부-자¹ (父子) 명 父子; 父と息子. ¶부자간에 父と息子の間に.

부자² (富者) /pu:dʑa/ 명 金持ち. ㉠빈자(貧者). ¶벼락부자 にわか成り金.

부잣-집 (富者ㅅ-) 【-자찝/-잗찝】 명 金持ちの家. ¶부잣집 도련님처럼 보이다 お金持ちの家の坊ちゃんに見える.

부-자연 (不自然) 명 하형 不自然.
부자연-스럽다 (不自然-) 【-따】 형 ㅂ变 不自然だ. ¶부자연스러운 자세 不自然な姿勢. 부자연스럽게 느끼다 不自然に感じる. **부자연스레** 부

부-자유 (不自由) 명 하형 不自由. **부자유-스럽다** (不自由-) 【-따】 형 ㅂ变 不自由だ.

부자-유친 (父子有親) 명 (儒教の五倫の一つとして) 父子の間の道理は親愛にあるという教え.

부-작용 (副作用) /pu:dʑaɡjoŋ/ 명 副作用. ¶약의 부작용 薬の副作用. 부작용을 일으키다 副作用を起こす.

부장¹ (部長) /pudʑaŋ/ 명 部長.

부장² (副葬) 명 (하타) 副葬. **부장-품** (副葬品) 명 副葬品.

부재 (不在) 명 (하자) 不在. ¶아버지는 지금 부재 중이십니다 父は今不在です.

부재-자 (不在者) 명 不在者.

부재자-투표 (不在者投票) 명 不在者投票. ¶한국에서 군인들은 선거 때 부재자 투표를 한다 韓国で軍人は選挙の時不在者投票をする.

부재-증명 (不在證明) 명 不在証明. ㉬알리바이.

부재-지주 (不在地主) 명 不在地主.

부저 (buzzer) 명 ブザーの誤り.

부적 (符籍) 명 (民俗) お守り; 呪符.

부적당-하다 (不適當-) 【-땅-】 형 ㅎ变】 不適当だ. ¶부적당한 예 不適当な例.

부적절-하다 (不適切-) 【-쩔-】 형 ㅎ变】 不適切だ. ¶부적절한 방법 不適切な方法.

부전 (不全) 명 不全. ¶발육 부전 発育不全. 심부전 心不全.

부전-승 (不戰勝) 명 不戦勝. ㉠부전패(不戰敗).

부전-자전 (父傳子傳) 명 (하자) 父子相似.

부전-패 (不戰敗) 명 不戦敗. ㉠부전승(不戰勝). ¶부전패를 당하다 不戦敗をする.

부절제-하다 (不節制-) 【-쩨-】 형 ㅎ变】 不節制だ.

부정¹ (不正) /pudʑʌŋ/ 명 하형 不正; 汚職. ¶부정한 짓을 하다 不正をはたらく.

부정 선거 (不正選擧) 명 不正選挙.

부정 행위 (不正行爲) 명 不正行為.

부정[2] (不定) [名] [하形] 不定. ‖주거 부정 住居不定.
부정^관사 (不定冠詞) [名] 《言語》 不定冠詞. [対]정관사(定冠詞).
부정-형 (不定形) [名] 《言語》 不定形.
부정[3] (不貞) [名] [하形] 不貞.
부정[4] (不浄) [名] [하形] 不浄. ▸부정(을) 타다 不浄に触れてたたられる.
부정-부패 (不浄腐敗) [名] [하自] 不浄腐敗.
부정[5] (否定) /pudʒɔŋ/ [名] [하他] 否定. [対]긍정(肯定). ‖헌금 사실을 부정하다 献金の事実を否定する. 부정할 수 없는 사실 否定できない事実. 이중 부정 二重否定.
부정-문 (否定文) [名] 《言語》 否定文.
부정-적 (否定的) [名] 否定的. ‖부정적인 견해 否定的な見解.
부정[6] (父情) [名] 父情.
부-정기 (不定期) [名] 不定期. [対]정기(定期).
부정기-물 (不定期物) [名] 不定期物.
부정기-적 (不定期的) [名] 非定期的.
부정-맥 (不整脈) [名] 《解剖》 不整脈.
부-정합 (不整合) [名] 不整合.
부정확-하다 (不正確−) 【−화카−】 [形] 『하変』 不正確だ; 不確かだ. ‖부정확한 기억 不正確な記憶.
부제 (副題) [名] 副題.
부조[1] (扶助) [名] [하自] ❶扶助. ‖상호 부조 相互扶助. ❷(慶弔時の)祝儀; 香料; 香典. ‖친척 결혼에 부조하다 親戚の結婚にご祝儀を出す.
부조-금 (扶助金) [名] ご祝儀; ご香料; お香典.
부조[2] (浮彫) [名] [하他] レリーフ; 浮き彫り. [類]돋을새김.
부-조리 (不條理) [名] 不条理. ‖사회의 부조리 社会の不条理.
부-조화 (不調和) [名] [하形] 不調和.
부족[1] (不足) /pudʒok/ [名] [하形] 不足; 足りないこと; 至らないこと. ‖끈기가 부족하다 ねばりが足りない. 천 원이 부족하다 千ウォン不足する. 수면 부족 睡眠不足. 부족한 점은 널리 양해해 주십시오 至らない点はお許しください.
부족-분 (不足分) 【−뿐】 [名] 不足分.
부족[2] (部族) [名] 部族. ‖부족 국가 部族国家.
부종 (浮腫) [名] ＝부증(浮症).
부-주의 (不注意) /pudʒu:i/ 【−/−이】 [名] [하形] 不注意. ‖부주의한 한 마디 不注意な一言.
부증 (浮症) [名] 浮腫; むくみ.
부지[1] (不知) [名] [하他] 不知.
부지[2] (扶持·扶支) [名] [하他] 辛うじて持ちこたえること. ‖근근이 목숨을 부지하다 辛うじて命をつなぐ.
부지[3] (敷地) [名] 敷地. ‖하천 부지 河川敷.
부지기수 (不知其數) [名] 数え切れないほど多いこと; いくらでもあること.
부지깽이 [名] 火搔き棒.
부지런-하다 /pudʒirɔnhada/ [形] 『하変』 勤勉だ; 手まめだ; 働き者だ; 熱心だ. ‖부지런한 사람 働き者. **부지런-히** [副] 부지런히 청소를 하다 まめに掃除をする. 부지런히 돈을 모으다 せっせとお金をためる.
부지불식-간 (不知不識間) 【−씩깐】 [名] 知らないうち; 知らず知らずの間; 無意識の間. ‖부지불식간에 사투리가 튀어나오다 知らない間に訛が出てしまう.
부-지사 (副知事) [名] 副知事.
부지직 [副] [하自] ❶水気のあるものが熱したものに接した時に出る音. ❷紙や布が乱暴に破られる時の音. ‖바지가 부지직 찢어지다 ズボンがびりびりと破れる. ❸ややややわらかい便を出す時の音. **부지직-부지직** [副] [하自]
부지직-거리다 【−꺼−】 [自] ぱりぱりと音がする.
부-직포 (不織布) [名] 不織布.
부진 (不振) [名] [하形] 不振. ‖성적이 부진하다 成績が不振だ. 식욕 부진 食欲不振.
부질-없다 /pudʒirɔːp^ʔta/ 【−지럽따】 [形] 無意味だ; 取るに足りない; つまらない; 下らない. ‖부질없는 노력 無意味な努力. 부질없는 생각을 하고 있다 つまらないことを考えている. **부질없-이** [副]
부-집게 【−께】 [名] 火箸.
부쩍 /puʔtʃɔk/ [副] (体重·身長·水かさなどが)にわかに増えたり減ったりする様子: ぐんと; しょっちゅう. ‖키가 한 달 사이에 부쩍 컸다 身長が1か月の間にぐんと伸びた. 짜증이 부쩍 늘다 しょっちゅう癇癪(かんしゃく)を起こす.
부차-적 (副次的) [名] 副次的; 二次的. ‖부차적인 문제 二次的な問題.
부착 (附着) [名] [되自] 付着.
부착-력 (附着力) 【−창녁】 [名] 付着力. ‖부착력이 강한 본드 付着力の強いボンド.
부착-물 (附着物) 【−창−】 [名] 付着物.
부창-부수 (夫唱婦随) [名] [하自] 夫唱婦随.
부채[1] /putʃʰɛ/ [名] 扇; うちわ; 扇子. ‖부채로 부치다 扇であおぐ.
부채-꼴 [名] 扇形; 扇状.
부채-질 [名] [하他] ①扇で風を起こすこと. ‖부채질하다 扇であおぐ. ②煽動すること; あおること; そそのかすこと; けしかけること.
부챗-살 【−채쌀/−챋쌀】 [名] 扇骨; 扇の骨. ‖부챗살처럼 퍼지는 아침 햇살 扇骨のように広がる朝の日差し.
부채[2] (負債) [名] 負債; 借金. ‖엄청난 부채를 안고 있다 莫大な負債を抱えている.

부처¹ 图《仏教》仏; 釈迦.
부처² (夫妻) 图 夫婦. ‖대통령 부처 大統領夫妻.
부처³ (部處) 图 政府機関の各部と処.
부촌 (富村) 图 ❶金持ちが大勢住んでいる町. ㉗빈촌(貧村). ❷압구정동은 서울에서 金持ちで知られている所として 狎鷗亭洞はソウルの中でも金持ちが多く住んでいる町として知られている所だ.
부총리 (副総理) [—니] 图 副総理.
부총장 (副総長) 图 副総長.
부총재 (副総裁) 图 副総裁.
부추 (植物) 图 ニラ(韮).
부추기다 他 そそのかす; あおる; けしかける.
부축-하다 [一추카—] 他 [하変] (患者やお年寄りの)わきを抱えて, 移動などを手助けする.
부츠 (boots) 图 ブーツ.
부치다¹ 自 (힘에 부치다の形で) 手に負えない; 手に余る. ‖힘에 부치는 상대 手に負えない相手.
부치다² あおぐ; 扇風機で扇ぐ. ‖부채로 부치다 扇であおぐ.
부치다³ /put̚ʰida/ 他 (手紙·小包など を)送る; 出す; 届けさせる. ‖편지를 부치다 手紙を出す. 집에서 밀감을 부쳐 주었다 実家からミカンが送られてきた. 남동생에게 매달 심만 원을 부치다 弟に毎月 10万ウォンを送る.
부치다⁴ 他 付する; 付す. ‖심의에 부치다 審議に付する. 불문에 부치다 不問に付す. 비밀에 부치다 秘密にする.
부치다⁵ 他 (フライパンで平べったく)焼く. ‖파전을 부치다 ネギチヂミを焼く.
부치다⁶ 他 耕す; 耕作する. ‖밭 삼천 평을 부치고 있다 畑 3千坪を耕作している.
부칙 (附則) 图 付則.
부친 (父親) 图 父親; お父様. ㉗모친(母親).
부친-상 (父親喪) 图 父親の喪. ‖부친상을 당하다 父親に死なれる; 父親の喪に服する.
부침 (浮沈) 图 [하動] 浮き沈み. ‖부침이 심하다 浮き沈みが激しい.
부침-개 (料理) 图 チヂミ. ㉗지짐이.
부케 (bouquet フ) 图 ブーケ.
부킹 (booking) 图 ブッキング; 予約.
부탁 (付託) /put̚ʰak̚/ 图 [하自他] 頼み; 依頼; 願い. ‖아는 사람의 부탁으로 아들 취직을 부탁하다 知り合いに息子の就職を頼む. 친구에 결혼식의 축사를 부탁하다 友だちに結婚式の祝辞を依頼する. 부탁이 있습니다 お願いがあります. 잘 부탁 드리겠습니다 宜しくお願い申し上げます. 부탁을 들어주다 願いを聞いてあげる. **부탁-받다** 受動
부탄¹ (butane) 图《化学》ブタン. ‖부탄가스 ブタンガス.

부탄² (Bhutan) 图《国名》ブータン.
부터 /put̚ʰƏ/ 剛 ❶…から. ‖아침부터 비가 오고 있다 朝から雨が降っている. 처음부터 마음에 들었다 最初から気に入った. 나부터 잘해야지 私から頑張らないと. 중학교 들어가면서부터 공부를 열심히 하기 시작했다 中学校に入ってから勉強に精を出し始めた. ❷…より. ‖많은 사람들로부터 지지를 받고 있다 多くの人より支持を集めている.
부-통령 (副統領) [—녕] 图 副大統領.
부-티 (富—) 图 裕福そうな感じ. ㉗빈티(貧—). ‖부티가 나는 사람 裕福そうに見える人.
부패 (腐敗) /pu:pʰɛ/ 图 [하動] 腐敗; 腐ること. ‖부정부패 不浄腐敗. 정치적 부패를 한탄하다 政治の腐敗を嘆く. 음식이 부패하다 食べ物が腐る.
부패-물 (腐敗物) 图 腐敗物.
부평-초 (浮萍草) 图《植物》ウキクサ (浮草). ㉗개구리밥.
부표¹ (浮標) 图 浮標; 浮き.
부표² (否票) 图 (票決で)反対票. ㉗가표(可票).
부표³ (附表) 图 付表(附表).
부풀다 /pu:pʰulda/ 自 [ㄹ語幹] [부풀어, 부푸는, 부푼] ❶膨らむ; 膨れる; 膨れ上がる; 大きくなる. ‖빵 반죽이 부풀다 パン生地が膨らむ. 고무풍선이 부풀다 ゴム風船が膨らむ. 꿈에 부풀다 夢がふくらむ. 기대로 가슴이 부풀다 期待に胸が膨らむ. ❷誇張される. ‖소문이란 부풀게 마련이라는 우와さは誇張されるものだ. ㉑부풀리다.
부풀-리다 他 [부풀다の使役動詞] 膨らませる; 膨らます. ‖풍선을 부풀리다 風船を膨らます. 얘기를 부풀리다 話を膨らます.
부풀어-오르다 自 [르変] 腫れ上がる; 膨れ上がる; 膨らむ. ‖벌레한테 물린 자리가 많이 부풀어올랐다 虫に刺されたところがかなり腫れ上がった.
부품 (部品) 图 部品. ‖자동차 부품 自動車部品. 라디오 부품 ラジオの部品.
부피 /pupʰi/ 图 ❶かさ; 物の大きさや分量. ‖부피가 크다 かさばる. ‖부피가 크다 かさばる. ❷《数学》体積. ‖부피를 구하는 문제 体積を求める問題.
부하¹ (負荷) 图 [하他] 負荷.
부하² (部下) /puha/ 图 部下; 手下. ‖부하를 거느리다 部下を従える. 부하를 신뢰하다 部下を信頼する.
부합 (符合) 图 [하自] 符合. ‖기대에 부합되는 결과 期待に符合する結果.
부항 (附缸) 图 体の膿(농)や悪血(脈)を吸い取るために小さい炎の壺を当てること. ‖부항을 붙이다 (体に)炎の壺を当

부형 (父兄) 图 父兄.
부호¹ (符號) 图 符号.
부호² (富豪) 图 富豪; 大金持ち.
부화 (孵化) 图 自他 孵化. ‖알이 부화하다 卵が孵化する. 인공 부화 人工孵化.
부화-기 (孵化期) 图 孵化期.
부화-뇌동 (附和雷同) 【-/-뇌-】 图 自他 付和雷同.
부활 (復活) 图 自他 復活. ‖예수의 부활 イエスの復活. 패자 부활전 敗者復活戦. 정기 대항전을 부활시키다 定期対抗試合を復活させる.
부활-절 (復活節) 【-쩔】 图 =부활제 (復活祭).
부활-제 (復活祭) 【-쩨】 图 《キリスト教》復活祭.
부회 (部會) 【-/-훼】 图 部会.
부-회장 (副會長) 【-/-훼-】 图 副会長.
부흥 (復興) 图 自他 復興. ‖문예 부흥 文芸復興.
부흥-기 (復興期) 图 復興期.
북¹ /puk/ 图 《音楽》太鼓. ‖북 치는 소리 太鼓を打つ音. 큰북과 작은북 大太鼓と小太鼓.
북² (ミシンの)ボビン.
북³ 木や草の根元の土.
북⁴ (北) /puk/ 图 ❶ 北. ‖남녘 南北. 북미 北アメリカ. ❷ 北朝鮮.
북⁵ ❶ やわらかいものの表面をこすったりひっかいたりする音: がりっと. ❷ 紙などが勢いよく裂ける音: びりっと. ‖잡지 표지를 북 찢다 雑誌の表紙をびりっと破る. **북-북** 副 ごしごし; びりびり. ‖북북 문지르다 ごしごしこする. 답지를 북북 찢다 答案をびりびり(と)破る.
북구 (北歐) 【-꾸】 图 《地名》北欧; 北ヨーロッパ. ⑪북유럽 (北一).
북극 (北極) 【-끅】 图 北極.
북극-곰 (北極-) 【-끅꼼】 图 《動物》 ホッキョクグマ(北極熊).
북극-권 (北極圏) 【-끅꿘】 图 北極圏.
북극-성 (北極星) 【-끅썽】 图 北極星; ポラリス.
북극-해 (北極海) 【-끄캐】 图 《地名》北極海.
북-녘 (北-) 【붕녁】 图 北方; 北の方. ⑪남녘 (南-). ‖북녘 하늘 北の空.
북단 (北端) 【-딴】 图 北端. ⑪남단 (南端).
북대서양 조약 기구 (北大西洋條約機構) 【-때-꺼-】 图 北大西洋条約機構 (NATO).
북-돋우다 (-돋두-) 他 励ます; 鼓舞する; 奮い立たす; そそる. ‖입맛을 북돋우다 食欲をそそる. 사기를 북돋우다 士気を鼓舞する.

북동 (北東) 【-똥】 图 北東.
북동-풍 (北東風) 【-똥-】 图 北東の風.
북두-성 (北斗星) 【-뚜-】 图 《天文》北斗星.
북두-칠성 (北斗七星) 【-뚜-썽】 图 《天文》北斗七星. ⑪칠성 (七星).
북망-산 (北邙山) 【붕-】 图 北邙(붕)山; 墓地. ◆中国の洛陽東北にある北邙山が王侯の墓地として有名だったことから.
북망-산천 (北邙山川) 【붕-】 图 =북망산 (北邙山).
북미 (北美) 【붕-】 图 《地名》北米; 北アメリカ.
북-반구 (北半球) 【-빤-】 图 《地》北半球.
북-받치다 (-빧-) 自 (ある感情が)込み上げる. ‖설움이 북받치다 悲しみが込み上げる.
북방 (北方) 【-빵】 图 北方. ‖북방 민족 北方民族. 북방 불교 北方仏教.
북부 (北部) 【-뿌】 图 北部.
북부-동 (北部東) 【-뿌똥】 图 北北東.
북북-서 (北北西) 【-뿍써】 图 北北西.
북빙-양 (北氷洋) 【-뼝냥】 图 《地名》=북극해 (北極海).
북상 (北上) 【-쌍】 图 自他 北上. ‖태풍이 북상 중이다 台風が北上している.
북새-통 (北塞-) 【-쌔-】 图 人ごみの最中. ‖북새통을 이루다 混雑する; ごった返す.
북서 (北西) 【-써】 图 北西.
북서-풍 (北西風) 【-써-】 图 北西の風.
북양 (北洋) 【-양】 图 北洋.
북어 (北魚) /pugó/ 图 スケトウダラの干物.
북어-찜 (北魚-) 【-料理】 图 頭と尾を取り除いた北魚の腹を裂いて蒸したもの.
북엇-국 (北魚ㅅ-) 【부거꾹/부걷꾹】 图《料理》북어スープ.
북위 (北緯) 【-뒤】 图 《地》北緯.
북-유럽 (北 Europe) 图 《地名》北欧; 北ヨーロッパ. ⑪북구 (北歐).
북적-거리다[-대다] /pukʧʌkkʰɔrida [ˀtɕʌk]/ [-쩍꺼〔쩍때〕-] 自 人ごみでごった返す. ‖가게 안은 관광객들로 북적거리고 있었다 店の中は観光客でごった返していた. ⑪북적거리다.
북적-북적 副 自 がやがや; ざわざわ. ⑪북적북적.
북-조선 (北朝鮮) 【-쪼-】 图 《地名》北朝鮮.
북진 (北進) 【-찐】 图 自他 北進.
북-쪽 (北-) /puk ʦok̚/ 图 北; 北の方; 北側.
북채 ⑪ 太鼓のばち.
북측 (北側) 图 ❶ 北側. ❷ 北朝鮮側.
북풍 (北風) 图 北風.
북한 (北韓) 【부칸】 图 《地名》北朝鮮の韓国での呼び名.

북향 (北向) [부ː향] 图 北向き.
　북향-집 (北向-) [부향찝] 图 北向きの家. ⑳남향집 (南向-).
북-회귀선 (北回歸線) [부괴-/부꿰-] [地] 北回帰線. ⑳남회귀선 (南回歸線).
분¹ (分) 〔[分數]/[分數]의 略稱〕分. ‖분에 맞는 생활 分相応の生活. 분에 넘치는 칭찬 分に過ぎるおほめ.
분² (忿) 图 憤り; 怒り. ‖분을 풀어 鬱憤を晴らす. 분을 못 이겨서 큰 소리를 치다 腹立ちまぎれに大声を出す. 분을 삭이다 怒りを鎮める.
분³ (粉) 图 おしろい. ‖분을 바르다 おしろいをつける. 분가루 おしろいの粉.
분⁴ (分) 〔[人의 尊敬語] 方; …様; …人. ‖이 분이 오 선생님이십니다 こちらの方が呉先生でいらっしゃいます. 여자 분 女の方. 여러분 皆様. 형제분은 몇 분 계세요? ご兄弟は何人いらっしゃいますか.
분⁵ (分) /pun/ 依名 …分. ‖두 시 오 분 2時5分.
-분⁶ (分) 接尾 …分. ‖삼분의 일 3分の1. 비빔밥 삼 인분 ビビンバ3人分. 지방분 脂肪分.
분가 (分家) 图 自 分家.
분간 (分揀) 图 他 見分け. ‖형인지 동생인지 분간이 안 된다 兄か弟か見分けがつかない.
분개 (憤慨) 图 自他 憤慨.
분계-선 (分界線) [-/-게-] 图 境界線.
분골-쇄신 (粉骨碎身) 图 他 粉骨砕身.
분과 (分科) 【-과】图 他 分科.
분광 (分光) 图 他 分光.
분광-계 (分光計) [-/-게-] 图 分光計.
분광-기 (分光器) 图 分光器.
분교 (分校) 图 分校.
분권 (分權) [-꿘] 图 自 分権. ‖집권 분립 地方分権.
분규 (紛糾) 图 紛糾; もめ事. ‖노사 분규 労使紛糾.
분기¹ (分岐) 图 自他 分岐.
　분기-점 (分岐點) [-쩜] 图 分岐点; 分かれ目.
분기² (分期) 图 四半期. ‖일사분기 第一四半期.
분기³ (憤氣) 图 怒り. ‖분기탱천하다 怒り心頭に発する.
분-꽃 (粉-) [-꼳] 图 [植物] オシロイバナ(白粉花).
분납 (分納) 图 他 分納.
분-내 (粉-) 图 おしろいの匂い.
분노 (憤怒) 图 自 憤怒.
분뇨 (糞尿) 图 糞尿.
분단¹ (分段) 图 他 ❶分段. ❷(文章의) 段落.

분단² (分團) 图 分団.
분단³ (分斷) 图 他 分断. ‖분단-되다 受動 남북으로 분단된 국가 南北に分断された国家.
분담 (分擔) 图 他 分担. ‖역할을 분담하다 役割を分担する.
분대 (分隊) 图 [軍事] 分隊.
분도-기 (分度器) 图 分度器.
분란 (紛亂) [불-] 图 紛乱; もめ事; ごたごた. ‖회사에 분란이 일다 会社の中がごたごたする.
분량 (分量) /pu:lljaŋ/ [불-] 图 分量. ‖상당한 분량의 일 相当な分量の仕事. 약 분량을 조절하다 薬の分量を調節する.
분류 (分類) /pullju/ [불-] 图 他 分類. ‖장르별로 분류하다 ジャンル別に分類する. 도서 분류 作業 図書分類作業. 모양에 따른 분류 形による分類. 분류-되다 受動
분리 (分離) /pulli/ [불-] 图 他 分離. ‖소유와 경영을 분리하다 所有と経営を分離する. 중앙 분리대 中央分離帯. 분리-되다 受動
분리-기 (分離器) [불-] 图 分離機. ‖원심 분리기 遠心分離機.
분립 (分立) [불-] 图 自 分立. ‖삼권 분립 三権分立.
분만 (分娩) 图 他 分娩. ‖분만실 分娩室.
분말 (粉末) 图 粉末. ‖분말 주스 粉末ジュース.

분명-하다 (分明-) /punmjəŋhada/ [하여] 图 明らかだ; 定かだ; 確かだ. ‖승산이 없다는 것은 분명하다 勝つ見のないことは明らかだ. 그 사람이 거짓말을 했다는 것이 분명해졌다 彼がうそをついていたことが明らかになった. 그 일 이후의 그 사람의 행방은 분명하지 않다 その後の彼の行方はさだかではない. 기억이 분명하지 않다 記憶が定かでない. 분명한 사실 確かな事実. **분명-히** はっきり; 明らかに; 確かに. ‖그때 일은 분명히 기억하고 있다 あの時のことははっきり覚えている. 문제점을 분명히 하다 問題点を明らかにする.
분모 (分母) [數學] 分母. ⑳분자 (分子).
분묘 (墳墓) 图 墳墓; 墓.
분무-기 (噴霧器) 图 噴霧器; 霧吹き.
분반 (分班) 图 他 いくつかの班に分けること.
분발 (奮發) 图 自 奮発. ‖頑張らむと.
분방-하다 (奔放-) [하여] 圈 奔放だ. ‖자유분방한 행동 自由奔放な行動.
분배 (分配) /punbe/ 图 他 分配. ‖이익을 공평하게 분배하다 利益を等しく分配する. **분배-되다** 受動
분별 (分別) 图 他 分別 (べ⁽⁴⁾ける)こと. ‖분별 수집 分別収集. 선악을 분

분부 善惡를 分別하다.
별分-없다 (分別−) [−벼럽따] 匣 分別이 없다; 弁(ゎきま)えることができない。∥분별없는 짓 分別のないふるまい。**분별없-이** 副

분부 (分付・吩咐) 图 [하他] 命令;(目上の人や上司の)言い付け。
분분-하다 (紛紛−) 图 [하変] ❶(意見などが)まちまちだ。❷(花びらなどが)乱れ散る。∥분분한 낙화 乱れ散る花びら。**분분-히** 副
분비 (分泌) 图 分泌。
분비-물 (分泌物) 图 分泌物。
분비-샘 (分泌−) 图 [解剖] 分泌腺。
분사 (分詞) 图 [言語] 分詞。∥과거 분사 過去分詞。분사 구문 分詞構文。
분산 (分散) 图 [하他] 分散。∥데모대를 분산시키다 デモ隊を分散させる。힘이 분산되다가 分散する。
분서-갱유 (焚書坑儒) 图 [歴史] 焚書坑儒。
분석 (分析) 图 [하他] 分析。↔종합(綜合)。∥성분을 분석하다 成分を分析する。실패의 원인을 분석하다 失敗の原因を分析する。상황 분석 状況分析。성격 분석 性格分析。정신 분석 精神分析。
분석-적 (分析的) [−쩍] 形 分析的。∥분석적인 방법 分析的な方法。
분속 (分速) 图 分速。
분쇄 (粉碎) 图 [하他] 粉碎。
분쇄-기 (粉碎機) 图 粉碎機。クラッシャー。
분수¹ (分數) /pu:nsu/ 图 ❶身のほど; 分。鳩 分(ぶん)。∥분수를 알다 分をわきまえる。분수에 넘치는 생활 分に過ぎた生活。❷弁(わきま)え; 分別; 見境。∥분수도 모르고 이것저것 일을 벌이다 見境もなくあれこれ手を出す。
분수² (分數) /pun²su/ 【−수】 图 [数学] 分数。
분수-식 (分數式) [−쑥] 图 [数学] 分数式。
분수³ (噴水) /pu:nsu/ 图 噴水。
분수-기 (噴水器) 图 噴水器。
분수-대 (噴水台) 图 噴水台。
분수-탑 (噴水塔) 图 噴水塔。
분수-령 (分水嶺) 图 ❶分水嶺。❷分かれ目。∥이번 선거가 정국 전환의 분수령이 될 것이다 今回の選挙が政局転換の分かれ目になるだろう。
분승 (分乗) 图 [하他] 分乗。
분식¹ (粉食) /punjik/ 图 [하他] 粉食。
분식-집 (粉食−) [−찝] 图 ラーメン・餃子などの軽い料理を出す店。
분식² (粉飾) 图 [하他] 粉飾。∥분식 회계 粉飾決算。
분신¹ (分身) 图 [하他] 分身。
분신² (焼身) 图 [하他] 焼身。∥분신자살 焼身自殺。
분실¹ (分室) 图 分室。

분실² (紛失) /punjil/ 图 [하他] 紛失; なくすこと。↔습득 (拾得)。∥신분증명서를 분실하다 身分証明書を紛失する。지갑을 분실하다 財布をなくす。
분실-물 (紛失物) 图 紛失物。
분실물-센터 (紛失物 center) 图 お忘れ物取扱所。
분액-깔때기 (分液−) 图 分液漏斗。
분야 (分野) /punja/ 图 分野。∥새로운 분야의 개척 新しい分野の開拓。전문 분야 専門の分野。음성학은 언어학의 한 분야이다 音声学は言語学の一分野である。
분양 (分譲) 图 [하他] 分譲。∥분양 아파트 分譲マンション。
분양-지 (分譲地) 图 分譲地。
분업 (分業) 图 [하他]; [하自] 協業(協業)。∥의학 분업 医薬分業。
분업-화 (分業化) 【부너콰】 图 [하他] 分業化。
분여 (分與) 图 [하他] 分与。∥재산을 분여하다 財産を分与する。
분열 (分裂) /punjəl/ 图 [하自] 分裂。∥세포 분열 細胞分裂。핵분열 核分裂。그 문제로 당이 분열되다 その問題で党が分裂する。
분원 (分院) 图 分院。

분위-기 (雰圍氣) /punwigi/ 图 雰圍氣。∥분위기가 심상치 않다 雰囲気が尋常ではない。독특한 분위기 独特な雰囲気。가정적인 분위기 家庭的な雰囲気。저런 분위기에는 익숙하지 않다 ああいう雰囲気にはなじめない。이상한 분위기에 휩싸이다 異様な雰囲気に包まれる。
분유 (粉乳) 图 粉ミルク。
분자 (分子) 图 ❶[物理] 分子。∥분자 운동 分子運動。❷[数学] 分子。⑱分母。❸集団の中で異を立てる一部の者。∥불평분자 不平分子。
분자-량 (分子量) 图 [化学] 分子量。
분자-력 (分子力) 图 [物理] 分子間力。
분장 (扮装) 图 [하他] 扮装。
분장-실 (扮装室) 图 楽屋。
분재 (盆栽) 图 [하他] 盆栽。
분쟁 (紛争) /pundʒɛŋ/ 图 紛争。∥양국 간 분쟁이 일어나다 両国の間に紛争が起きる。분쟁을 일으키다 紛争を巻き起こす。분쟁이 끊이지 않다 紛争が絶えない。분쟁에 휘말리다 紛争に巻き込まれる。
분절 (分節) 图 分節。
분점¹ (分店) 图 分店。↔본점 (本店)。∥분점을 내다 分店を出す。
분점² (分點) [−쩜] 图 分点。
분주-하다 (奔走−) 图 [하変] 奔走している; 慌ただしい。∥분주한 오후 慌ただしい午後。**분주-히** 副
분지 (盆地) 图 盆地。

분지르다 [타][르변] （力を加えて両手で）へし折る. ¶소나무 가지를 분지르다 松の枝をへし折る.

분진 (粉塵) [명] 粉塵.

분철-하다 (分綴—) [타][하변] 分けて綴じる.

분출 (噴出) [명] [하자] 噴出. ¶용암이 분출하다 溶岩が噴出する.

분칠 (粉漆) [명] [하타] おしろいをつけること. ¶얼굴에 분칠을 하다 顔におしろいをぬる.

분침 (分針) [명] （時計の）分針.

분통 (憤痛) /pu:nthoŋ/ [명] 怒り. ¶분통이 치밀다 怒りが込み上げる. 분통을 터뜨리다 怒りを爆発させる. 분통이 터져 벽을 치다 悔し紛れに壁を叩く. 분통이 터지다 怒り心頭に発する.

분투 (奮鬪) [명] [하자] 奮鬪. ¶고군분투하다 孤軍奮鬪する.

분포 (分布) [명] [하자] 分布. ¶인구 분포 人口の分布. 각지에 분포하고 있는 식물 アジア各地に分布している植物.

분포-도 (分布圖) [명] 分布図.

분-풀이 (憤—) [명] [하자] 腹いせ; 当たり散らすこと. ¶엉뚱한 사람에게 분풀이하다 関係のない人に当たり散らす.

분필 (粉筆) [명] 白墨; チョーク. ⑩백묵(白墨).

분-하다[1] (憤··忿—) /pu:nhada/ [형] [여변] 悔しい. ¶일 점 차이로 져서 너무 분하다 1点の差で負けて非常に悔しい. 분해서 눈물이 쏟아지다 悔し涙を流す. 분해서 잠이 안 오다 悔しくて眠れない.

분-하다[2] (扮—) [자] 扮する; 扮装する.

분할 (分割) [명] [하타] 分割. ¶분할 상환 分割償還. 황금 분할 黄金分割.

분해 (分轄) [명] [하타] 分轄.

분해 (分解) /punhe/ [명] [하타] 分解. ¶라디오를 분해하다 ラジオを分解する. 전기 분해 電氣分解. **분해-되다** (分解—).

분향 (焚香) [명] [하자] 焼香. ¶고인의 영전에 분향하다 故人の霊前に焼香する.

분홍 (粉紅) /pu:nhoŋ/ [명] 〔분홍색(粉紅色)の略語〕ピンク.

분홍-색 (粉紅色) [명] ピンク色; 薄紅色. ⑩분홍(粉紅).

분화 (分化) [명] [하자] 分化. ¶학문의 세계는 점점 더 분화되고 있다 学問の世界は益々分化している.

분화[2] (噴火) [명] [하자] 噴火. ¶분화 활동 噴火活動.

분화-구 (噴火口) [명] 噴火口.

붇다 [—따] [자] [ㄷ변] ふやける; （水嵩などが）増す; （財産などが）増える. ¶강물이 붇다 川の水嵩が増す. 재산이 붇었다 財産が増えた. ⑪불리다.

불[1] /pul/ [명] ❶火. ¶담배에 불을 붙이다 タバコに火をつける. 불을 지르다 火を放つ. 불을 지피다 火をおこす. 냄비를 불에 올리다 鍋を火にかける. 담뱃불 タバコの火. 불을 끓이다 강하게 煮る. 불을 때다 火をたく. 불을 쬐다 火に当たる. ❷電灯; 電気; 光. ¶방에 불을 켜다 部屋に灯りをつける. 불을 끄고 나가다 灯りを消して出て行く. 반딧불 蛍の光. ❸灯り. ❹火事. ¶불이 나다 火事になる. 불이야! 火事だ! ¶불을 놓다 導火線に火をつける. ▶불 안 땐 굴뚝에 연기 날까 ［속］火のない所に煙は立たない.

불[2] (弗) [명] 〜ドル. ¶미화 천 불 米ドル.

불-[3] (不) [접두] 不…. ¶불친절 不親切. 불합격 不合格.

불가 (不可) [명] [하형] 不可.

불가 (佛家) [명] 仏家; 仏門. ¶불가에 입문하다 仏門に入門する.

불가결-하다 (不可缺—) [형] [여변] 不可欠だ. ¶성공에 불가결한 조건 成功に不可欠な条件.

불-가능 (不可能) /pulga:nɯŋ/ [명] [하형] 不可能. ¶불가능한 계획 不可能な計画. 이 계획의 실현은 현 단계에서는 불가능하다 この計画の実現は現段階では不可能だ. 불가능에 도전하다 不可能に挑戦する.

불가리아 (Bulgaria) [국명] ブルガリア.

불-가분 (不可分) [명] 不可分. ¶불가분의 관계 不可分な関係.

불가사리[1] (—) [명] ❶（伝説上の動物の）プルガサリ. ❷[비유적으로] 得体の知れない恐ろしい存在.

불가사리[2] (—) [동물] ヒトデ (海星).

불가사의 (不可思議) [—/-이] [명] [하형] 不可思議; 不思議. ¶불가사의한 현상 不可思議な現象.

불가지-론 (不可知論) [명] 不可知論.

불가침 (不可侵) [명] 不可侵.

불가침-조약 (不可侵條約) [명] 不可侵条約; 不侵略条約.

불가피-하다 (不可避—) [형] [여변] 不可避だ; 避けられない; のっぴきならない.

불가항력 (不可抗力) [—녁] [명] 不可抗力.

불가해-하다 (不可解—) [형] [여변] 不可解だ; 理解できない. ¶불가해한 현상 不可解な現象. 불가해한 행동 理解できない行動.

불-간섭 (不干涉) [명] [하자] 不干涉.

불감-증 (不感症) [—쯩] [명] 不感症.

불-개미 (—) [곤충] アカヤマアリ (赤山蟻).

불거-지다 [자] ❶突き破って出る; 腫れ上がる. ❷（問題などが）表沙汰になる; 表面化する. ¶여러 가지 문제가 한꺼

번에 불거지다 色々な問題が一気に表面化する.
불건성-유 (不乾性油)【-뉴】[名] 不乾性油.
불건전-하다 (不健全-) [形]〖하変〗 不健全だ.
불결-하다 (不潔-) [形]〖하変〗 不潔だ. [対]청결하다(清潔-). ‖불결한 컵 不潔なコップ.
불경 (佛經) [名] お経. [略]경(經).
불-경기 (不景氣) [名] 不景気.
불경-하다 (不敬-) [形]〖하変〗 不敬だ; 無礼だ.
불계-승 (不計勝)【-/-게-】[名] (囲碁で)中押しで勝つこと.
불고 (不告) [名] [하他] 不告.
불고-불리 (不告不理) [名] (法律) 不告不理の原則.
불-고기 /pulgogi/ [名] (料理) プルコギ.
불-곰 [名] (動物) ヒグマ(羆).
불공 (佛供) [名] [하自] 供養. ‖불공을 드리다 仏様を供養する.
불공대천 (不共戴天) [名] [하自] 不倶戴天.
불-공정 (不公正) [名] [하形] 不公正. ‖불공정 거래 不公正取引.
불공평-하다 (不公平-) [形]〖하変〗 不公平だ. ‖불공평한 조치 不公平な処置.
불과 (不過) [副] わずか; ほんの. ‖불과 세 사람밖에 안 모였다 わずか3人しか集まっていない. 걸어서 불과 사 분밖에 안 걸리는 곳 歩いてほんの4分しかかからない所.
불과-하다 (不過-) /pulgwahada/ [形]〖하変〗〔…에 불과하다の形で〕…に過ぎない. ‖그건 괜한 소문에 불과하다 それは単なるうわさに過ぎない. 그건 변명에 불과하다 それは言い訳に過ぎない.
불교 (佛教) /pulgjo/ [名] (宗教) 仏教.
불구 (不具) [名] 不具; 身体の一部に障害があること. ‖불구자 障害者.
불구대천 (不俱戴天) [名] 不倶戴天.
불-구속 (不拘束) [名] [하他] (法律) 不拘束.
불구-하다 (不拘-) /pulguhada/ [自]〖하変〗〔主に…에[데]도 불구하고の形で〕…にもかかわらず. ‖나의 설득에도 불구하고 그는 회사를 그만두었다 私の説得にもかかわらず彼は会社を辞めた. 꽤 많이 먹는데도 불구하고 살이 안 찐다 かなり食べるにもかかわらず太らない. 영문과 학생임에도 불구하고 영어를 잘 못한다 英文科の学生であるにもかかわらず, 英語が得意ではない.
불굴 (不屈) [名] [하自] 不屈. ‖불굴의 의지 不屈の意志.
불귀 (不歸) [名] [하自] 不帰. ‖불귀의 객이 되다 不帰の客となる.
불-귀신 (-鬼神)【-뀌-】[名] (民俗) 火の神.
불-규칙 (不規則) [名] [하形] 不規則. ‖불규칙한 생활 不規則な生活. 불규칙하게 늘어놓다 不規則に並べる.
불규칙^동사 (不規則動詞)【-똥-】[名] (言語) 不規則動詞. ✣낫다→나아・자르다→잘라など.
불규칙^형용사 (不規則形容詞)【-치켱-】[名] (言語) 不規則形容詞. ✣맵다→매워・춥다→추워など.
불규칙^활용 (不規則活用)【-치콰룡】[名] (言語) 変則活用.
불-균형 (不均衡) [名] [하形] 不均衡; アンバランス. ‖수입과 지출의 불균형 収支のアンバランス.
불그스름-하다 [形]〖하変〗 やや赤みがかっている. [작]볼그스름하다.
불그죽죽-하다【-쭈카-】[形]〖하変〗 ややくすんだ赤みを帯びている. [작]볼그죽죽하다.
불긋-불긋【-귿뿔귿】[副] [하形] あちこちがやや赤い様子.
불긋-하다【-그타-】[形]〖하変〗 やや赤い.
불-기 (-氣)【-끼】[名] 火の気; 火気.
불-기둥【-끼-】[名] 火柱.
불-기소 (不起訴) [名] (法律) 不起訴.
불-기운【-끼-】[名] 火の気; 火の勢い.
불-길 /pulˀkil/【-낄】[名] 火; 炎. ‖불길이 치솟다 炎が燃え立つ. 불길이 번지다 火が広がる.
불길-하다 (不吉-) /pulgilhada/ [形]〖하変〗 不吉だ; 縁起が悪い. ‖불길한 예감이 들다 不吉な予感がする. 불길한 소리는 하지 마세요 縁起の悪いことは言わないでください.
불-꽃【-꼳】[名] ❶炎; 火花. ‖불꽃이 타오르다 炎が燃え上がる. ❷花火. ▸불꽃이 튀다 火花を散らす.
불꽃-놀이 /pulˀkonnori/【-꼰-】[名] 花火; 花火遊び; 打ち上げ花火. ‖불꽃놀이를 보러 가다 (打ち上げ)花火を見に行く.
불끈 [副] ❶強く力を入れて, 握ったりしめたりする様子: ぎゅっと. ‖두 주먹을 불끈 쥐다 両こぶしをぎゅっと握りしめる. ❷急に怒る様子: かっと. ‖불끈 화를 내다 急に怒り出す.
불끈-거리다 [自] 癇癪(かんしゃく)を起こす.
불-나다 /pullada/【-라-】[自] 火が出る; 出火する; 火事が起きる; 火事になる. ▸불난 데 부채질[풀무질]한다 [諺] 火に油を注ぐ.
불-놀이【-로리】[名] [하自] 田畑のほとりを焼いたり炸薬を炸裂させたりする遊び.
불능 (不能)【-릉】[名] [하形] 不能; 不可能. ‖재기 불능 再起不能.
불다 /pu:lda/ [自]〖ㄹ語幹〗 (風が)吹く. ‖시원한 바람이 불다 涼しい風が吹く.
— [他] ❶吹く; ふうふう吹く. ‖촛불을

불어서 끄다 ろうそくの火を吹いて消す. 뜨거운 수프를 불어서 식히다 熱いスープをふうふう吹いて冷ます. 피리를 불다 笛を吹む, 휘파람을 불다 口笛を吹く. 트럼펫으로 행진곡을 불다 トランペットでマーチを吹く. ❷白状하다; 吐く; ばらす. 동료의 아지트를 불다 仲間のアジトを吐く.

불단 (佛壇)【-딴】 图 《仏教》 仏壇.

불당 (佛堂)【-땅】 图 《仏教》 仏堂; 仏殿.

불-더위 图 炎天; 酷暑.

불-덩어리【-떵-】图 (炭や石炭などの)火の塊.

불-덩이【-떵-】图 火の玉.

불도그 (bulldog) 图 (犬の)ブルドッグ.

불도저 (bulldozer) 图 ブルドーザー.

불-똥 /pul'ton/ 图 火の粉; 火花; 飛び火; とばっちり. ▶불똥(이) 튀다 火花が散る; とばっちりを食う. 그 일이 나한테까지 불똥이 튀었다 そのことが私にまで飛び火した.

불뚝 副 自 かっと. ∥불뚝 화를 내다 かっとなる.

불뚝-성 (-性)【-썽】 图 すぐかっとなる性格.

불량 (不良) /pulljaŋ/ 图 ヒㅇ形 不良. ∥불량 소년 不良少年. 불량 채권 不良債權. 성적 불량 成績不良.

불량-배 (不良輩) 图 与太者; ごろつき; やくざ.

불량-아 (不良兒) 图 不良.

불량-자 (不良者) 图 不良者.

불량-품 (不良品) 图 不良品.

불러 【로來】 부르다 (呼ぶ)の連用形.

불러-내다 他 呼び出す. ∥친구를 불러내다 友達を呼び出す.

불러-들이다 他 呼び入れる; 呼び込む; 呼び寄せる. ∥집으로 불러들이다 家に呼び入れる.

불러-오다 他 呼んでくる.

불러-일으키다 他 呼び起こす; 喚起する; 誘発する. ∥반향을 불러일으키다 反響を呼び起こす. 오래된 기억을 불러일으키다 古い記憶を呼び起こす. 호기심을 불러일으키다 好奇心をかき立てる.

불로불사 (不老不死)【-싸】 图 自 不老不死.

불로^소득 (不勞所得) 图 不勞所得.

불로장생 (不老長生) 图 自 不老長生; 不老長寿.

불로-초 (不老草) 图 不老のための薬草.

불룩 副 ヒㅇ自 表面が多少膨らんでいる様子: ふっくらと; ぷっくり. ∥배가 불룩하다 お腹がふっくらとしている. ㉟불룩-거리다【-끼-】副 ヒㅇ自 (お腹など弾力があるものが)しきりに動く. ㉟불룩거리다.

불륜 (不倫) 图 ヒㅇ形 不倫.

불리다[1] 他 [붇다의 使役動詞] ふやかす; 増やす. ∥쌀을 물에 불리다 米を水に浸してふやかす. 착실하게 재산을 불려 나가고 있다 着実に財産を増やしつつある.

불리다[2] /pullida/ 自 〔부르다의 受身動詞〕呼ばれる. ∥이름이 불리다 名前が呼ばれる. 서울은 조선 시대에는 한양이라고 불렀다 ソウルは朝鮮時代には漢陽と呼ばれていた. 이 산맥은 기타일프스라고 불린다 飛驛山脈は北アルプスと呼ばれている.

불리-하다 (不利-) /pullihada/ 形 ㅎ變 不利だ. ㉟ 유리하다 (有利-). ∥불리한 입장 不利な立場. 불리함을 극복하다 不利を克服する. 그걸 말하면 그 사람이 불리해진다 それを言うと彼が不利になる.

불립^문자 (不立文字)【-럼-짜】 图 《仏敎》 不立(ㅊ仏)文字.

불만 (不滿) /pulman/ 图 ヒㅇ形 不滿; 憤懣 (ㄴ). ∥불만을 말하다 不滿を言う. 아무런 불만도 없다 何の不滿もない. 불만이 폭발하다 不滿が爆發する. 불만이 쌓이다 不滿がたまる. 평소의 불만을 쏟아 놓다 日頃の憤懣をぶちまける. 욕구 불만 欲求不滿. **불만-히** 副.

불만-스럽다 (不滿-)【-따】 形 ㅂ變 不滿そうだ; 不滿げだ. ∥불만스러운 표정 不滿げな表情. **불만스레** 副.

불-만족 (不滿足) 图 ヒㅇ形 不滿足.

불만족-스럽다 (不滿足-)【-쓰-따】 形 ㅂ變 不滿足だ; 滿足でない.

불매 (不買) 图 ヒㅇ形 不買. ∥불매 운동 不買運動.

불면 (不眠) 图 自 不眠; 眠れないこと. ∥불면에 시달리다 不眠に悩まされる. 불면의 밤 眠れない夜.

불면-증 (不眠症)【-쯩】 图 《医学》 不眠症.

불멸 (不滅) 图 自 不滅. ∥불멸의 영웅 不滅の英雄.

불명 (不明) 图 ヒㅇ形 不明. ∥행방불명 行方不明. 신원 불명 身元不明. 원인 불명의 병에 걸리다 原因不明の病にかかる.

불명료-하다 (不明瞭-)【-뇨-】 形 ㅎ變 不明瞭だ.

불-명예 (不名譽) 图 ヒㅇ形 不名譽.

불명예-스럽다 (不名譽-)【-따】 形 ㅂ變 不名譽である.

불명확-하다 (不明確-)【-화카-】 形 ㅎ變 不明瞭だ; 不確かだ. ∥불명확한 발음 不明瞭な発音.

불모 (不毛) 图 不毛.

불모-지 (不毛地) 图 不毛の地.

불문¹ (不問) 图 (하타) 不問. ‖그것은 동서양을 불문하고 진리라고 할 수 있는 것이다 それは東西を問わず, 真理と言える仏門にである. 불문에 부치다 不問に付す.

불문² (佛門) 图 (仏教) 仏門. ‖불문에 귀의하다 仏門に帰依する.

불문-법 (不文法) 【-뻡】 图 不文法. ㉑성문법(成文法).

불문-율 (不文律) 【-뉼】 图 不文律. ㉑성문법(成文法).

불-문학 (佛文學) 图 仏文学; フランス文学. ‖불문학자 フランス文学者.

불미-스럽다 (不美-) 【-따】 圈 [ㅂ変] 芳しくない. ‖불미스러운 일이 발생하다 芳しくないことが起こる. **불미스레** 튀

불민-하다 (不憫・不愍・) (不敏-) 图 [하타] 不憫だ; 気の毒だ.

불-바다 (不-) 图 火の海. ‖일대는 불바다가 되었다 あたり一帯が火の海と化した.

불발 (不發) 图 (하自) 不発. ‖계획은 불발로 그쳤다 計画は不発に終わった.
불발-탄 (不發彈) 图 不発弾.

불법 (不法) /pulpɔp/ 图 (하形) 不法; 違法. ㉑합법(合法). ‖불법 주차 違法駐車.
불법-적 (不法的) 【-쩍】 图 不法.
불법-행위 (不法行爲) 【-뺑-】 图 不法行為.

불법² (佛法) 图 (仏教) 仏法.

불-벼락 图 激しい怒り; 大目玉; お目玉. ‖그 때문에 부장한테서 불벼락이 떨어졌다 そのことで部長から大目玉を食らった.

불변 (不變) 图 (하自) 不変. ㉑가변(可變). ‖불변 자본 不変資本. 불변의 진리 不変の真理. 영구불변 永久不変.

불볕 【-볕】 图 かんかんに照りつける夏の日.
불볕-더위 【-볕떠-】 图 猛暑; 酷暑.

불복 (不服) 图 (하타) 不服; 服従しないこと; 従わないこと. ‖상관의 명령에 불복하다 上官の命令に従わない.
불복 신청 (不服申請) 【-씬-】 图 (法律) 不服申立て.

불분명-하다 (不分明-) 图 [하타] 不分明だ; 不明瞭だ. ‖불분명한 태도 不明瞭な態度. 발음이 불분명하다 発音が不明瞭だ.

불-붙다 【-붙따】 囲 火がつく. ‖경쟁에 불붙다 競争に火がつく.

불-빛 【-뼏】 图 ❶炎. ❷ (灯などの)明かり; 光; 灯火.

불사¹ (佛寺) 【-싸】 图 仏寺; 寺院.
불사² (不死) 【-싸】 图 (하타) 不死.
불사-신 (不死身) 图 不死身.
불사-조 (不死鳥) 图 不死鳥; フェニックス.

불사³ (不辭) 【-싸】 图 (하타) 辞さないこと. ‖죽음을 불사하다 死を辞さない.

불-사르다 (他) [르変] ❶燃やす; 火にくべる. ‖종이를 불사르다 紙を燃やす. ❷ (過去などを)消す.

불사이군 (不事二君) 【-싸-】 图 二君に仕えないこと.

불상 (佛像) 【-쌍】 图 仏像. ‖불상에 절하다 仏像を拝む.

불상-사 (不祥事) 【-쌍-】 图 不祥事. ‖불상사가 발생하다 不祥事が起こる.

불생불멸 (不生不滅) 【-쌩-】 图 (仏教) 不生不滅.

불성실-하다 (不誠實-) /pulsʰɔŋʃilhada/ 【-쌩-】 图 [하타] 不誠実だ; 不真面目だ. ㉑성실하다 (誠實-). ‖불성실한 태도 不真面目な態度.

불-세출 (不世出) 【-쎄-】 图 (하形) 不世出. ‖불세출의 영웅 不世出の英雄.

불소 (弗素) 【-쏘】 图 (化学) フッ素.

불-소급 (不遡及) 【-쏘-】 图 (하타) 不遡及.

불손-하다 (不遜-) 【-쏜-】 图 [하타] 不遜だ. ‖불손한 태도 不遜な態度.

불수 (不隨) 【-쑤】 图 不隨. ‖반신불수 半身不隨.
불수-근 (不隨筋) 图 불수의근(不隨意筋)의 縮約形.
불수-강 (不銹鋼) 【-쑤-】 图 ステンレス鋼.
불수의 (不隨意) 【-쑤-/-쑤이】 图 不隨意.
불수의-근 (不隨意筋) 图 (解剖) 不隨意筋. ㉑수의근(隨意筋). ㉙불수근(不隨筋).

불순-물 (不純物) 【-쑨-】 图 不純物.
불순-하다 (不純-) 【-쑨-】 图 [하타] 不純だ. ‖불순한 동기 不純な動機.

불시 (不時) 【-씨】 图 不時; 急なこと; 思いがけないこと. ‖불시에 찾아오다 急に訪ねてくる. 불시의 습격당하다 不意に襲われる.
불시-착 (不時着) 【-씨-】 图 (하自) 不時着.

불식 (佛拭) 【-씩】 图 (하타) 払拭. ‖불신감을 불식하다 不信感を払拭する.

불신 (不信) /pulʃin/ 【-씬-】 图 (하타) 不信; 信じないこと. ‖불신 행위 不信行為. 정치불신 政治不信. 서로 불신하다 互いに信じない. 불신의 눈으로 바라보다 不信の目で見る.
불신-감 (不信感) 图 不信感; 不信の念. ‖불신감을 갖다 不信感を持つ.
불-신임 (不信任) 【-씨님】 图 (하타) 不信任. ‖불신임 不信任案. 불신임 투표 不信任投票.

불심 (佛心) 【-씸】 图 (仏教) 仏心.
불심-검문 (不審検問) 【-씸-】 图 職務質問.

불쌍-하다 /pulsanhada/ 图 [하타] かわいそうだ; 気の毒だ; 哀れだ; 不憫だ.

∥**불쌍한 신세** かわいそうな身の上. 불쌍하게 생각하다 気の毒に思う. 불쌍무쌍하다 不憫でならない.

불쑥 /pulʾsuk/ 🅟 ❶突然目の前に現れる様子: ぬっと; にゅっと; 出し抜けに; いきなり; 不意に. ∥불쑥 나타나다 にゅっと姿を現わす. 불쑥 결혼 이야기를 끄집어내다 いきなり結婚話を切り出す. **불쑥-불쑥** 🅟 🅗

불-씨 /pulʾs͈i/ 图 火種; 種火. ∥불화의 불씨를 안고 있다 不和の火種を抱えている. 분쟁의 불씨 紛争の火種.

불안정-하다 (不安定-) 🅗 🅗 不安定だ. ∥불안정한 생활 不安定な生活.

불안-하다 (不安-) /puranhada/ 🅗 🅗 不安だ. ∥불안한 경기 전망 不安な景気の見通し. 불안한 지위 不安な地位. 불안하여 잠을 잘 수가 없다 不安で眠れない. 불안하지다 不安になる; 不安にかられる.

불-알 睾丸.

불야-성 (不夜城) 图 不夜城. ∥불야성을 이루다 不夜城をなす.

불어 (佛語) 图 フランス語.

불어-나다 /purʌnada/ 🅘 増える; 増す. ∥재산이 불어나다 財産が増える. 강물이 불어나다 川の水かさが増す.

불어-넣다 [-너타] 吹き込む; 与える. ∥영감을 불어넣다 霊感を吹き込む. 활력을 불어넣다 活力を与える.

불어-오다 [-어] 吹いてくる. ∥산들바람이 불어 오다 そよ風が吹いてくる.

불-여우 [-러-] 图 ❶〘動物〙アカキツネ(赤狐). ❷〔比喩的に〕ずる賢く意地悪い女.

불연-성 (不燃性) [-썽] 图 不燃性.

불-연속 (不連續) 图 不連続.

불온-하다 (不穩-) 🅗 🅗 不穏だ. ∥불온한 사상 不穏な思想.

불-완전 (不完全) 🅗 🅗 不完全. ⑳완전(完全).

불완전 연소 (不完全燃燒) [-년-] 图 不完全燃燒. ⑳완전 연소 (完全燃燒).

불요불굴 (不撓不屈) 🅗 🅗 不撓不屈.

불용-성 (不溶性) [-썽] 图 〘化學〙不溶性.

불우-하다 (不遇-) 🅗 🅗 不遇だ.

불운 (不運) 图 不運. ∥불운의 연속 不運の連続.

불원-간 (不遠間) 近いうち.

불응 (不應) 🅗 🅗 応じないこと. ∥심문검문에 불응하다 職務質問に応じない.

불의[1] (不意) [-/부리] 图 不意. ∥불의에 습격을 당하다 不意に襲われる; 不意打ちを食う.

불의[2] (不義) [-/부리] 图 不義.

불-이익 (不利益) [-리-] 图 不利益; 不利. ∥불이익을 당하다 不利益をこうむる.

불-이행 (不履行) [-리-] 图 不履行. ∥약속의 불이행 約束の不履行.

불-일치 (不一致) 🅗 🅗 不一致. ∥의견의 불일치 意見の不一致.

불임 (不妊) 图 不妊. ∥불임 치료 不妊治療.

불임-증 (不妊症) [-쯩] 图 〘医学〙不妊症.

불입 (拂入) 🅗 🅗 払い込み; 納入. ∥회비를 불입하다 会費を払い込む.

불입-금 (拂入金) [-끔] 图 払込金.

불-장난 (-) 图 火遊び. ∥불장난을 치다 火遊びをする.

불전[1] (佛典) [-쩐] 图 仏典.

불전[2] (佛前) [-쩐] 图 仏前. ∥불전에 엎드리다 仏前にぬかずく.

불전[3] (佛殿) [-쩐] 图 仏殿.

불-조심 (-操心) 图 火の用心.

불착 (不着) 🅗 🅗 不着. ∥불착 우편물 不着郵便物.

불찰 (不察) 图 不覚; 不注意. ∥이번 사고는 저의 불찰입니다 今回の事故は私の不注意です.

불참 (不參) 🅗 🅗 参加しないこと; 出席しないこと. ∥행사에 불참하다 行事に出席しない.

불철저-하다 (不徹底-) [-쩌-] 🅗 🅗 不徹底だ. ∥불철저한 지도 不徹底な指導.

불철-주야 (不撤晝夜) 🅗 🅗 昼夜を分けないこと. ∥불철주야의 연구에 몰두하다 昼夜を分かたずに研究に打ち込む.

불청-객 (不請客) /pulʾtɕʰʌŋɡɛk/ 图 招かざる客.

불초 (不肖) 🅗 🅗 不肖. ∥불초한 자식 不肖の子.

불-출마 (不出馬) 图 不出馬.

불충분-하다 (不充分-) 🅗 🅗 不十分だ. ∥불충분한 증거 不十分な証拠.

불치 (不治) 🅗 🅗 不治.

불치-병 (不治病) [-뼝] 图 不治の病.

불친절-하다 (不親切-) 🅗 🅗 不親切だ.

불-침 (-鍼) 图 ❶焼けた鉄の串. ❷マッチの軸木のおきで眠っている人の腕などに据えるいたずら. ∥불침을 놓다 マッチの軸木のおきで眠っている人の腕などにいたずらする.

불침-번 (不寢番) 图 不寝番. ∥불침번에 서다 不寝番に立つ.

불쾌 (不快) /pulʾkʰwe/ 🅗 🅗 不快. ⑪불쾌. ⑳유쾌(愉快). ∥불쾌한 듯한 얼굴을 하다 不快そうな顔をする. 불쾌한 냄새 不快なにおい.

불쾌-감 (不快感) 图 不快感. ∥불쾌감을 주다 不快感を与える.

불타-지수 (不快指数) 不快指数.
불타 (佛陀) 【名】佛陀: 仏.
불-타다 【自】 ❶ 燃える. ❷ 〔比喩的に〕(気持ちなどが)高揚する. ‖의욕에 불타다 意欲に燃える.
불-태우다 【他】 ❶ 燃やす. ❷ 〔比喩的に〕(気持ちなどを)高揚させる. ‖집념을 불태우다 執念を燃やす.
불통 (不通) /pulthon/ 【名】【自】 不通. ❶ (交通・通信などが)通じないこと. ‖전화가 불통되다 電話が不通になる. ❷ (話しが)通じないこと. ‖고집불통이다 頑固一徹だ.
불-퇴전 (不退轉) [-/-뒈-] 【名】【自】 不退転. ‖불퇴전의 각오로 경기에 임하다 不退転の覚悟で競技に臨む.
불-투명 (不透明) 【名】【形】 不透明. ‖불투명한 액체 不透明な液体 ‖일정이 불투명하다 次の日程が不透明だ.
불투명-체 (不透明體) 【名】 不透明体.
불퉁-거리다 【自】 ぶっきらぼうな口のきき方をする.
불퉁-불퉁 【副】【하變】 言い方や態度がぶっきらぼうな様子.
불퉁불퉁-하다 【形】【하變】 (ものの表面が)平らでない; でこぼこしている. ‖길이 불퉁불퉁하다 道がでこぼこしている.
불퉁-하다 【形】 (態度が)ぶっきらぼうだ; 機嫌悪そうだ. ▶**불퉁-히** 【副】
불-특정 (不特定) [-쩡] 【名】 不特定. ‖불특정 다수 不特定多数.
불티-나다 /pulthinada/ 【自】 (主に불티나게の形で) 飛ぶような勢いで. ‖불티나게 팔리다 飛ぶように売れる.
불-판 【名】 焼き網.
불패 (不敗) 【名】 不敗.
불펜 (bull pen) 【名】 (野球場の)ブルペン.
불편 (不便) /pulphjon/ 【名】【하形】 ❶ 不便. ⇔ 편리(便利). ‖교통이 불편한 곳 交通の不便な地. 불편을 감수하다 不便を甘んじて受け入れる. ❷ 窮屈. ‖집이 좁아서 불편하다 家の中が狭くて窮屈だ. ❸ 体調不良. ‖몸이 불편해서 오늘은 쉬겠습니다 体調不良で今日は休みます. ❹ 気が楽ではないこと. ‖그 사람이랑 있으면 마음이 불편하다 あの人と一緒にいると、落ち着かない.
불편부당 (不偏不黨) 【名】【하形】 不偏不党.
불평 (不平) /pulphjon/ 【名】【他】 不平. ‖불평을 늘어놓다 不平を並べる. 용돈이 모자란다고 어머니한테 불평을 하다 小遣いが足りないと母親に不平を言う. **불평분자** 不平分子.
불평-불만 (不平不滿) 【名】 不平不満.
불-평등 (不平等) 【名】【하形】 不平等; 制限. ‖불평등 조약 不平等条約. 불평등 선거 不平等選挙.
불-포화 (不飽和) 【名】【하變】 不飽和. ‖불포화 지방산 不飽和脂肪酸.
불필요-하다 (不必要-) 【하形】 不要だ; 必要がない. ‖불필요한 물건을 처분하다 不要な品を処分する.
불하 (佛下) 【名】【他】 払い下げ. ‖국유지를 불하하다 国有地を払い下げる.
불하-받다 受動
불-한당 (不汗黨) 【名】 群盗.
불-합격 (不合格) [-껵] 【名】【하變】 不合格.
불합리-하다 (不合理-) [-합니-] 【形】【하變】 不合理だ. ‖불합리한 방식 不合理なやり方.
불행 (不幸) /purhen/ 【名】【하形】 不幸; 不幸せ; 不運. ‖불행한 일 不幸なこと. 불행이 겹치다 不幸が重なる. ‖불행 중 다행 不幸中の幸い. 일이 이 정도로 끝난 것은 불행 중 다행이다 この程度で済んだのは不幸中の幸いだ.
불허 (不許) 【名】【他】 不許; 許さないこと. ‖불허복제 不許複製. 타의 추종을 불허하다 他の追従を許さない.
불현-듯 [-듣] 【副】 ふと; 出し抜けに; にわかに. ‖길을 가다가 불현듯 그때 일을 떠올렸다 道を歩いていて、ふとあの時のことを思い出した.
불협화-음 (不協和音) [-혀롸-] 【名】【音樂】 不協和音.
불-호령 (-號令) 【名】 ❶ 突然下される厳しい号令. ❷ 厳しい叱責; 雷が落ちること. ‖아버지의 불호령이 떨어지다 おやじの雷が落ちる.
불혹 (不惑) 【名】 不惑.
불화[1] (不和) 【名】【하變】 不和. ‖가정 불화 家庭不和.
불화[2] (佛畫) 【名】 仏画.
불확실-하다 (不確實-) [-썰-] 【形】【하變】 不確実だ; 不確かだ. ‖불확실한 정보 不確かな情報. 그가 올지 안 올지 불확실하다 彼が来るか来ないかは不確実だ.
불환지폐 (不換紙幣) [-/-페] 【名】 【経】 不換紙幣. ⇔ 태환 지폐(兌換紙幣).
불활성기체 (不活性氣體) [-썽-] 【名】 不活性気体.
불황 (不況) 【名】 不況. ⇔ 호황(好況). ‖불황이 오래가다 不況が長引く.
불효 (不孝) 【名】【하變】 親不孝.
불효-자 (不孝子) 【名】 不孝者.
불후 (不朽) 【名】【하形】 不朽. ‖불후의 명작을 남기다 不朽の名作を残す.

붉다 /pukt'a/ 【북따】 【形】 赤い. ‖노을이 붉다 夕焼け[夕日]が赤い. 붉은 피 赤い血. ⓟ赤い.
붉디-붉다 [북띠북따] 【形】 真っ赤だ. ‖붉디붉은 동백꽃 真っ赤な椿の花.
붉으락-푸르락 【副】【하變】 (怒って)顔色が赤くなったり青くなったりする様子.

붉은-빛 [-빋] 图 赤み。‖붉은빛을 띠다 赤みを帯びる。

붉-히다 [불키-] 他 [붉다의 사역동사] 赤める; 赤らめる。‖얼굴을 붉히다 顔を赤らめる。

붐 (boom) /pu:m/ 图 ブーム。‖붐을 타다 ブームに乗る。

붐비다 /pumbida/ 自 込む; 込み合う; 混雑する; ごった返す; 立て込む; にぎわう。‖사유금으로 회장이 붐비다 人で会場が混雑する。러시아워라서 전철이 꽤 붐빈다 ラッシュアワーで電車がかなり込んでいる。

붓 [붇] 图 ❶ 筆。‖붓을 들다 筆をとる。❷ 筆記具の総称。‖붓을 꺾다 筆を断つ; 文筆活動をやめる。▶붓을 놓다 筆を置く; 書くことを終える。

붓-꽃 [붇꼳] 图 [植物] アヤメ(菖蒲)。

붓다[1] /pu:t̚ta/ [분는] 自 [ㅅ変][부어, 부은, 부은] ❶ 腫れる; むくむ。‖울어서 눈이 붓다 泣いて目が腫れる。❷ 膨れる; むくれる。‖아침부터 잔뜩 부어 있다 朝から相当膨れている。

붓다[2] /pu:t̚ta/ [분는] 他 [ㅅ変][부어, 부은, 부은] ❶ 注(そそ)ぐ; 注(つ)ぐ; 差す; かける。‖기름을 붓다 油を注ぐ。물을 붓다 水をかける。❷ (掛け金などを毎月)払い込む。‖적금을 붓다 積立金を払い込む。

붓-두껍 [붇뚜-] 图 筆のさや。

붓-질 [붇찔] 名/하다 筆さばき。

붕 图 ❶ 虻などの音。❷ (蜂などの)飛ぶ音; ぶうん。❸ (飛行機・車などの機械のたてる音); ぶうんと。

붕괴 (崩壊) [-/-괴] 名/自回 崩壊; 決壊。‖붕괴 일보 직전이다 崩壊寸前だ。홍수로 제방이 붕괴되다 洪水で堤防が決壊する。

붕대 (繃帯) 图 包帯。‖붕대를 감다 包帯を巻く。

붕산 (硼酸) 图 [化学] 硼酸(ほう-)。
붕산-수 (硼酸水) 图 [化学] 硼酸水。

붕어[1] (魚介類) 图 フナ(鮒)。

붕어[2] (崩御) 名/自回 崩御。

붕어-빵 [-pˀaŋ] 图 たい焼き。

붕우-유신 (朋友有信) 图 (儒教の五倫の一つとして) 朋友信あり。

붕-장어 (-長魚) [-魚介類] アナゴ(穴子)。

붙다 /put̚ta/ [붇따] 自 ❶ 〔부러진 것 대로가 다시〕折れた骨がもとつく; 붙이다 ❷ 불이 붙다 火がつく。얼굴에 살이 붙다 顔に肉がつく。선배 쪽에 붙다 先輩の方につく。실력이 안 붙어서 걱정이다 実力がつかなくて心配だ。수당은 안 붙어 있지 투어이다. 이자가 붙어 이익이 크다. 조건이 붙어 있다 条件がついている。⇒붙이다。❷ くっつく。‖껌이 신발에 붙다 ガムが靴にくっつく。아이가 엄마한테 붙어서 떨어지지 않다 子どもがお母さんにくっついて離れない。❸ (試験などに)受かる; 合格する。‖시험에 붙다 試験に受かる。❹ (ある場所に)居着く; 長続きする。‖집에 잠시도 붙어 있지 않다 少しも家に居着かない。한 직장에 붙어 있지를 못하다 一つの職場で長続きできない。❺ 対戦する。‖이번에는 강한 팀과 붙게 되었다 今度は強いチームと対戦することになった。

붙-들다 /put̚tɯlda/ [붇뜰-] 他 [ㄹ語幹][붙들어, 붙드는, 붙든] ❶ つかむ。‖토끼를 붙들는 것은 쉽지 않다 ウサギをつかむのは容易ではない。❷ 捕まえる; 捉える; 逮捕する。‖역 앞에서 범인을 붙들었다 駅前で犯人を捕まえた。길가에서 친구를 붙들고 이야기를 하다 道端で友だちを捕まえて立ち話する。⇒붙잡다。

붙-들리다 [붇뜰-] 自 [붙들다의 수동동사] 捕まえられる; 捕まる。‖수배자가 경찰에 붙들리다 手配者が捕まる。

붙박-이장 (-欌) [붇빠기-] 图 作り付けのたんす; クロゼット。

붙-이다 /putʰida/ [부치-] 他 [붙다의 사역동사] ❶ 付着させる。❷ 떨어지지 않게 붙이다 離れないように付着させる。❷ つけさせる; つける。‖담배에 불을 붙이다 タバコに火をつける。조건을 붙이다 条件をつける。별명을 붙이다 あだ名をつける。❸ 貼る。‖우표를 붙이다 切手を貼る。벽에 그림을 붙이다 壁に絵を貼る。❹ (ある것에) 気持ち寄せる。‖공부에 재미를 붙이다 勉強に興味を覚える。

붙임-성 (-性) [부침썽] 图 社交性; 付き合い上手の性質。‖붙임성 있는 성격 社交的な性格。

붙임-표 (-標) [부침-] 图 ハイフン(-)。⇒하이픈。

붙-잡다 /put̚t͈ʃap̚ta/ [붇짭따] 他 ❶ つかむ。‖떠나는 사람의 말을 붙잡다 去る人の腕をつかむ。❷ 捕らえる; 押しさえる。‖범인을 붙잡다 犯人を捕らえる。날뛰는 말을 꼭 붙잡다 暴れる馬をしっかり取り押さえる。⇒붙잡히다。

붙잡-히다 [붇짜피-] 自 [붙잡다의 수동동사] 捕まる; 捕まえられる。‖범인이 경찰에 붙잡히다 犯人が警察に捕まえられる。

뷔페 (buffet) 图 ビュッフェ; バイキング料理。

브라보 (bravo *) 感 ブラボー。

브라우저 (browser) 图 [IT] ブラウザ。

브라운-관 (Braun管) 图 ブラウン管。

브라질 (Brazil) 图 [国名] ブラジル。

브래지어 (brassiere) 图 ブラジャー。

브랜드 (brand) 图 ブランド; 銘柄; 商標。‖유명 브랜드 有名ブランド。

브랜디 (brandy) 图 ブランデー。

브러시 (brush) 图 ブラシ。

브레이크 (brake) 图 ブレーキ。‖브레

이크를 밟다 ブレーキを踏む.

브로치 (brooch) 图 ブローチ. ‖브로치를 달다 ブローチをつける.

브로커 (broker) 图 ブローカー. ‖전문 브로커 専門ブローカー.

브론즈 (bronze) 图 ブロンズ.

브루나이 (Brunei) 图 《国名》 ブルネイ.

브리지 (bridge) 图 ブリッジ; 加工歯.

브리핑 (briefing) 图《他》ブリーフィング.

브이 (V·v) 图 《アルファベット》ブイ.

브이-넥 (V neck) 图 Vネック.

브이아이피 (VIP) 图 ビップ. ✢very important person の略語.

블라우스 (blouse) 图 ブラウス. ‖봄에 어울리는 블라우스 春に似合うブラウス. 흰 블라우스 白いブラウス.

블라인드 (blind) 图 ブラインド. ‖블라인드를 치다 ブラインドをおろす.

블랙-리스트 (blacklist) 图 ブラックリスト.

블랙-커피 (black coffee) 图 ブラック; ブラックコーヒー.

블랙-홀 (black hole) 图 ブラックホール.

블랭크 (blank) 图 ブランク. ‖삼 년 동안의 블랭크 3年間のブランク.

블로그 (blog) 图 《IT》 ブログ.

블로킹 (blocking) 图 《他》 ブロッキング.

블록¹ (bloc) 图 ブロック. ‖블록 경제 ブロック経済.

블록² (block) 图 ブロック. ‖블록 담 ブロック塀. 두 블록을 걸어 가다 2ブロックを歩く.

비¹ /pi/ 图 雨. ‖비가 내리다〔오다〕 雨が降る. 비를 맞으며 걷다 雨に打たれながら歩く. 비가 억수같이 쏟아지다 どしゃぶり. 비가 새다 雨漏りがする. 비가 그치다 雨がやむ. 비에 젖은 벤치 雨にぬれたベンチ. 비가 갠 오후 雨上がりの午後. 비가 차례 올 것 같다 一雨来そうだ. 단비 恵みの雨. ▶비 온 뒤에 땅이 굳어진다 《諺》 雨降って地固まる.

비² 图 ほうき. ‖비로 쓸다 ほうきで掃く.

비³ 《碑》 图 碑.

비⁴ 《比》 图 《数学》 比.

비⁵ 《妃》 图 妃.

비⁶ 《非》 图 非; 道理に合わないこと. ⇔시(是).

비⁷ (B·b) 图 《アルファベット》ビー.

비-⁸ 《非》 接頭 非…. ‖비생산적 非生産的. 비폭력 非暴力.

-비 《費》 接尾 …費. ‖생활비 生活費. 관리비 管理費.

비가 (悲歌) 图 《音楽》 悲歌; エレジー.

비감 (悲感) 图 《形》 悲感.

비강 (鼻腔) 图 《解剖》 鼻腔.

비-거리 (飛距離) 图 《野球・ゴルフなどで》飛距離.

비겁-하다 (卑怯-) /pi:gʌphada/ 【-거파】 形 《하变》 卑怯だ. ‖비겁한 변명 卑怯な言い訳. 비겁한 짓을 하다 卑怯なまねをする.

비견 (比肩) 图 《되自》 肩比; 匹敵すること. ‖비견할 사람이 없다 肩比する人はいない.

비결 (祕訣) 图 秘訣; こつ. ‖장수의 비결 長寿の秘訣. 성공의 비결 成功の秘訣.

비경 (祕境) 图 秘境.

비-경제적 (非經濟的) 图 不経済.

비계¹ /-계/图 《豚などの》脂身.

비고 (備考) 图 備考. ‖비고란 備考欄.

비공 (鼻孔) 图 《解剖》 鼻孔. ⓟ콧구멍.

비-공개 (非公開) 图 《하他》 非公開. ‖비공개 자료 非公開資料.

비-공식 (非公式) 图 非公式. ‖비공식적인 회합 非公式の会合.

비과세-소득 (非課稅所得) 图 非課税所得.

비관 (悲觀) 图 《하他》 悲観. ⑦낙관(樂觀). ‖장래를 비관하다 将来を悲観する.

비관-론 (悲觀論) 【-논】 图 悲観論.

비관-적 (悲觀的) 图 悲観的な. ‖비관적인 예상 悲観的な予想. 매사를 비관적으로 보다 物事を悲観的に見る.

비관세-장벽 (非關稅障壁) 图 非関税障壁.

비교 (比較) /pi:gjo/ 图 《하他》 比較; 類比; 比べ物; 見比べること. ‖두 나라의 경제력을 비교하다 両国の経済力を比較する. 성적은 비교가 안 된다 成績は比べ物にならない. 십 년 전과는 비교가 안 될 정도로 격차가 벌어졌다 10年前とは比較にならないほど格差が開いた. 평균 수명을 국제적으로 비교해 보다 平均寿命を国際的に比べてみる.

비교-급 (比較級) 【-끕】 图 《言語》 比較級. ⓟ최상급(最上級).

비교-문법 (比較文法) 【-뻡】 图 《言語》 比較文法.

비교-문학 (比較文學) 图 《文芸》 比較文学.

비교-언어학 (比較言語學) 图 《言語》 比較言語学.

비교-연구 (比較研究) 图 比較研究.

비교-적 (比較的) 图 割合(と); わりに. ‖여기는 비교적 조용하다 ここは比較的静かだ. 비교적 건강하다 割合と元気だ.

비구 (比丘) 图 《仏教》 比丘(く).

비구-니 (比丘尼) 图 《仏教》 比丘尼; 尼.

비구-승 (比丘僧) 图 =비구(比丘).

비-구름 (-)雨と雲; 雨雲. ‖비구름이 몰려오다 雨雲が押し寄せてくる.

비굴-하다 (卑屈-) [形] [하얗] 卑屈だ. ‖비굴한 태도 卑屈な態度.

비극 (悲劇) [名] /pigŭk/ 悲劇. ⑳희극(喜劇).

비극-적 (悲劇的) [-쩍] [名] 悲劇的. ‖비극적인 결말 悲劇的な結末.

비근-하다 (卑近-) [形] [하얗] 卑近だ. ‖비근한 보기를 들다 卑近な例を挙げる.

비-금속[1] (卑金屬) [名] 卑金属.
비-금속[2] (非金屬) [名] /pigŭmsok/ [化] 非金属.

비기다[1] /pigida/ [自] 引き分ける; 分けになる. ‖시합에서 비기다 試合で引き分けになる.

비기다[2] [他] ❶ 比肩する; 肩を並べる; 匹敵する. ‖비길 사람이 없다 匹敵する人はない. ❷ 例える.

비-꼬다 /pik͈oda/ [他] ❶ 縒(よ)る; ねじる; ひねる; よじる. ‖몸을 비꼬다 体をよじる. ❷ 皮肉を言う. ‖비꼬는 듯한 말투 皮肉のような言い方. ⑳비꼬이다.

비꼬-이다 [自] [비꼬다의 受身動詞] ❶ ねじられる; 縒(よ)れる; よじれる; ねじれる. ❷ ひねくれる. ‖비꼬인 생각 ひねくれた考え方.

비난 (非難) /pinan/ [名] [他] 非難; そしり; とがめ; 責め立てること. ‖비난을 퍼붓다 非難を浴びせる. 비난을 당하다 非難を受ける. 세상 사람들의 비난을 받다 世間の人のそしりを受ける. **비난-받다** [-닫따] [受動]. **비난-하다** [變].

비난-조 (非難調) [-쪼] [名] 非難するような口調.

비너스 (Venus) [名] ビーナス.

비녀 [名] かんざし. ‖비녀를 꽂다 かんざしを差す.

비녀-장 (-杖) [名] 戸締りをする仕掛けの、猿.

비-논리적 (非論理的) [-녹-] [名] 非論理的.

비뇨-기 (泌尿器) [名] [解剖] 泌尿器.
비뇨기-과 (泌尿器科) [-꽈] [名] 泌尿器科.

비누 /pinu/ [名] 石けん. ‖빨랫비누 洗濯石けん. 세숫비누 洗顔石けん. 아이 얼굴을 비누로 씻기다 子どもの顔を石けんで洗う. 양말을 비누로 빨다 靴下を石けんで洗う.

비눗-기 [-뭏끼/-눌끼] [名] 石けん気. ‖비눗기가 남아 있어서 다시 헹구다 石けん気が残っているから再びゆすぐ.

비눗-물 [-문-] [名] 石けん水.

비눗-방울 [-묻빵-/-눌빵-] [名] シャボン玉. ‖비눗방울 만들기를 하다 シャボン玉遊びをする.

비늘 [名] 鱗(うろこ). ‖생선의 비늘을 벗기다 魚の鱗を取る.

비늘-구름 [名] [天文] うろこ雲; 巻積雲.

비능률-적 (非能率的) [-늘쩍] [名] 非能率的.

비닐 (vinyl) /pinil/ [名] [化學] ビニール. ‖비닐 우산 ビニール傘.

비닐-봉지 (-封紙) [名] ビニール袋.

비닐-하우스 (vinyl+house 日) [名] ビニールハウス. ⑳하우스.

비다 /pi:da/ [自] ❶ 空く. ‖집이 비어 있다 家が空いている. 두 시까지는 비어 있어요 2時までは空いています. ⑳비우다. ❷ (金額·数量などが) 不足している; 足りない; 欠ける. ‖총액에서 천 원이 빈다 総額で千ウォンが足りない.
— [形] ❶ 空っぽだ; 空だ; 空いている. ‖머릿속이 텅 비다 頭の中が空っぽだ. 빈손으로 가다 手ぶらで行く. 빈자리를 찾다 空席を探す. ❷ 空虚だ.

비단[1] (非但) [副] ただ. ‖비단 우리만의 문제는 아니라 단지 私たちだけの問題ではない.

비단[2] (緋緞) [名] 絹; シルク.

비단-결 (緋緞-) [-꼍] [名] (絹のように) 滑らかなこと. ‖비단결 같은 머리카락 絹のような滑らかな髪の毛. 마음씨가 비단결 같이 곱다 心が美しい.

비단-구렁이 (緋緞-) [名] [動物] ニシキヘビ (錦蛇).

비단-뱀 (緋緞-) [名] [動物] ニシキヘビ (錦).

비단-벌레 (緋緞-) [名] [昆虫] タマムシ (玉虫).

비단-옷 (緋緞-) [-다놑] [名] 絹物.

비단-잉어 (緋緞-) [名] [魚名類] ニシキゴイ (錦鯉).

비대 (肥大) [名] [形動] 肥大. ‖비대해진 기업 肥大化した企業.

비데 (bidet 仏) [名] ビデ.

비도덕-적 (非道德的) [-쩍] [名] 非道徳的. ‖비도덕적인 행위 非道徳的な行為.

비둘기 /pidulgi/ [名] [鳥類] ハト (鳩). ‖비둘기는 평화의 상징이다 鳩は平和の象徴だ.

비둘기-파 (-派) [名] ハト派; 穏健派. ⑳매파(-派).

비듬 [名] ふけ.

비등 (沸騰) [名] [自] 沸騰. ‖여론이 비등하다 世論が沸騰する.

비등-점 (沸騰點) [-쩜] [名] 沸騰点.

비등비등-하다 (比等比等-) [形] [하얗] (実力などが) 同じくらいだ; ほぼ等しい.

비등-하다 (比等-) [形] [하얗] (実力などが) 同じくらいだ; ほぼ等しい. ‖실력이 비등하다 実力は同じくらいだ.

비디오 (video) /pidio/ [名] ビデオ. ‖비디오 카메라 ビデオカメラ. 비디오로 찍다 ビデオで撮る.

비디오-테이프 (video tape) [名] ビデオテープ.

비딱-하다 [-따카다] 〖形〗〖하変〗 ❶기울어져 있다; 비스듬해져 있다. ❷(態度など가)ひねくれている; 素直ではない. ∥말투가 비딱하다 ひねくれた口ぶりをする. 비딱하고 나오다 へそを曲げている.

비뚜름-하다 〖形〗〖하変〗 少し曲がっている; まっすぐではない. ∥글씨가 비뚜름하다 字をまっすぐに書いていない. **비뚜름-히**

비뚤-거리다 〖自he〗ふらつく; よろよろする.

비뚤다 /pittulda/ 〖形〗[ㄹ語幹] やや傾いている; (列などが)そろっていない; (性格などが)歪んでいる. ∥책상 줄이 비뚤다 机の列がそろっていない. 성격이 비뚤다 性格が歪んでいる.

비뚤-비뚤 〖副〗〖하変〗 くねくね; よろよろ. ∥술에 취해서 비뚤비뚤 걷다 酔っ払ってよろよろ(と)歩く.

비뚤어-지다 〖自〗 ❶曲がっている; 歪んでいる. ❷性格が歪まれる 性格が曲がっている.

비럭-질 [질] 〖名〗〖하他〗 物ごい. ⑩구걸(求乞).

비련 (悲恋) 〖名〗 悲恋.

비례 (比例) /pi:rje/ 〖名〗〖하自〗 比例. ∥월급은 성과에 비례합니다 給料は成果に比例します.

비례 대표제 (比例代表制) 〖名〗 比例代表制.

비례-식 (比例式) 〖名〗[数学] 比例式.

비로드 (＜veludo＊) 〖名〗ビロード. ⑩벨벳.

비로소 /piroso/ 〖副〗ようやく; やっと. ∥비로소 시험이 끝나서 ようやく試験が終わった. 비로소 그 문제를 풀 수 있게 되었다 やっとその問題を解けるようになった. 비로소 자신의 처지를 깨닫다 やっと自分の立場が分かる.

비록 /pirok/ 〖副〗 たとえ; 仮に. ∥비록 그렇다 하더라도 포기하기에는 이르다 たとえそうだとしても, 諦めるには早い. 비록 네 주장이 옳다 하더라도 그렇게 행동해서는 안 된다 仮にお前の主張が正しいとしても, そういうふうにふるまってはいけない.

비롯-되다 [-롣뙤/-롣뛔] 〖自〗 始まる; 由来する. ∥문제는 그 사람의 무신경한 발언에서 비롯되었다 問題は彼の心ない発言から始まった.

비롯-하다 /pirothada/ [-로타-] 〖他〗〖하変〗 ❶[…을/를] 비롯한 형태로 ...を始めとする. ∥한국을 비롯한 동아시아의 여러 나라 韓国を始めとする東アジア諸国. ❷[…을/를] 비롯하여の 형태로 …を始めとして. ∥선생님을 비롯하여 반 전원이 先生を始めとしてクラスの全員が.

비료 (肥料) 〖名〗肥料. ⑩거름. ∥화학 비료 化学肥料. 비료를 주다 肥料を施す [与える].

비리 (非理) 〖名〗不正; 汚職. ∥공무원 비리 사건 公務員の汚職事件. 비리를 저지르다 不正をはたらく.

비리다 (魚などが)生臭い.

비린-내 〖名〗生臭いにおい. ∥부엌에서 비린내가 나다 台所から生臭いにおいがする.

비만 (肥満) 〖名〗〖하変〗 肥満.
비만-아 (肥満児) 〖名〗肥満児.
비만-증 (肥満症) [-쯩] 〖名〗肥満症.
비만-형 (肥満型) 〖名〗肥満型.

비말 (飛沫) 〖名〗飛沫.
비말 감염 (飛沫感染) 〖名〗飛沫感染.

비망-록 (備忘録) 【×】〖名〗備忘録.

비매-품 (非売品) 〖名〗非売品.

비명¹ (非命) 〖名〗非命; 横死. ∥비명에 가다 横死をとげる.

비명² (悲鳴) /pimjɔŋ/ 〖名〗悲鳴. ∥비명을 지르다 悲鳴をあげる. 즐거운 비명 うれしい悲鳴.

비몽사몽 (非夢似夢) 〖名〗夢うつつ. ∥비몽사몽 간에 전화를 받다 夢うつつの間に電話に出る.

비-무장 (非武装) 〖名〗非武装. ∥부무장 지대 非武装地帯.

비밀 (秘密) /pi:mil/ 〖名〗秘密; 内緒. ∥비밀에 붙이다 秘密にする. 가족들한테는 비밀로 해 주세요 家族には内緒にしてください. 비밀이 되어 있다 秘密が漏れる. 비밀을 폭로하다 秘密をあばく. 기업 비밀 企業秘密. 통장의 비밀 번호 通帳の暗証番号.

비밀-결사 (秘密結社) [-싸] 〖名〗秘密結社.

비밀-경찰 (秘密警察) 〖名〗秘密警察.
비밀-번호 (秘密番号) 〖名〗暗証番号.
비밀-선거 (秘密選挙) 〖名〗秘密選挙. ⑪공개 선거(公開選挙).
비밀-스럽다 (秘密-) [-따] 〖形〗[ㅂ変則] 秘密めいている. **비밀스레** 〖副〗かすかに.
비밀 외교 (秘密外交) 【-/-미꾀/-】 〖名〗秘密外交.
비밀-투표 (秘密投票) 〖名〗秘密投票. ⑪공개 투표(公開投票).

비밀-리 (秘密裡) 〖名〗秘密裏に; 内緒に. ∥비밀리에 일을 추진하다 秘密裏に事を進める.

비-바람 (pibaram) 〖名〗風雨; 嵐. ∥비바람이 치다 嵐が吹き荒れる.

비바리 (娘)の海女.

비방 (誹謗) 〖名〗誹謗(͜); けなすこと. ∥남을 비방하다 人をけなす.

비버 (beaver) 〖名〗[動物] ビーバー. ⑩해리(海狸).

비번 (非番) 〖名〗非番. ⑪당번(当番).

비범-하다 (非凡-) 〖形〗〖하変〗 非凡だ. ⑪평범하다(平凡-). ∥비범한 재주 非凡な才能.

비법 (祕法) 【-뻡】 [名] 秘法; 裏技.
비보 (悲報) [名] 悲報. ⑦낭보(朗報). ∥비보를 전하다 悲報を伝える. 비보가 날아들다 悲報に接する.
비분-강개 (悲憤慷慨) [名][自] 悲憤慷慨.
비브라토 (vibrato) [名] [音楽] ビブラート.
비비 [副] ❶身もだえする様子;(体を)よじる様子. ∥온몸을 비비 꼬다 全身をよじる. 온몸을 비비 틀다 全身をねじる. ❷[말을 비비 꼬다の形で] [言葉遣いなどが] 素直ではない.
비비다 /pibida/ [他] ❶こする;もむ. ∥추워서 손바닥을 비비다 寒くて手をすり合わせる. 빨래를 비벼 빨다 靴下をもみ洗いする. 담뱃불을 비벼 끄다 タバコの火をもみ消す. ❷[食べ物をコチュジャン·ゴマ油などに]混ぜ合わせる. ∥나물이랑 고추장을 넣어서 밥을 비비다 ナムルとコチュジャンを入れてご飯を混ぜる.
비빔-국수 [-쑤] [料理] コチュジャンをベースにした薬味で混ぜた麵.
비빔-냉면 [料理] 混ぜ冷麵.
비빔-면 [料理] コチュジャンをベースにした薬味で混ぜた麵類. ↔비빔라면·풀면당있다.
비빔-밥 /pibim²pap/ 【-빱】 [名] [料理] ビビンパ(韓国風)混ぜご飯.
비사 (祕史) [名] 秘史.
비상¹ (非常) /pisaŋ/ [名] 非常.
 비상-계단 (非常階段) 【-/-게-】 [名] 非常階段.
 비상-구 (非常口) [名] 非常口.
 비상-금 (非常金) [名] 非常用のお金.
 비상-사태 (非常事態) [名] 非常事態.
 비상-상고 (非常上告) [名] [法律] 非常上告.
 비상-선 (非常線) [名] 非常線.
 비상-소집 (非常召集) [名] 非常召集.
 비상-수단 (非常手段) [名] 非常手段. ∥비상수단을 취하다 非常手段を取る.
 비상-시 (非常時) [名] 非常時.
 비상-식 (非常食) [名] 非常食.
비상² (飛翔) [名][自] 飛翔.
비-상근 (非常勤) [名] 非常勤.
비상식-적 (非常識的) 【-쩍】 [名] 非常識的.
비상임 이사국 (非常任理事國) [名] (国連の)非常任理事国.
비상-하다 (非常-) [形][하変] (知能·才能などが)普通ではない; ずば抜けている. ∥머리가 비상하다 頭がずば抜けている.
비색 (翡色) [名] (高麗青磁のような)青色.
비-생산적 (非生産的) [名] 非生産的. ∥비생산적인 논의 非生産的な議論.
비서 (祕書) /pi:sʌ/ [名] 秘書. ∥사장 비서 社長秘書. 정책 비서 政策秘書. 비서실 秘書室.

비석 (碑石) [名] 碑石.
비소 (砒素) [名] [化学] 砒素.
비속 (卑屬) [名] [法律] 卑属. ⑦존속(尊屬). ∥직계 비속 直系卑属.
비수 (匕首) [名] 匕首(たん).
비수기 (非需期) [名] 製品·商品に対する需要が少ない時期; オフシーズン. ⑦성수기(盛需期).
비스듬-하다 [-쓰-] [形] [하変] やや傾いている. **비스듬-히** [副].
비스듬-히 ∥비스듬한 언덕길 やや傾いている坂道. **비스듬-히** [副].
비스킷 (biscuit) [名] ビスケット.
비슷비슷-하다 [-슫삐슽타-] [形] [하変] 似たり寄ったりだ. ∥이거나 저거나 비슷비슷하다 どれもこれも似たり寄ったりだ.
비슷-하다¹ /pisurⁿada/ 【-슽타-】 [形] [하変] ❶似ている; 似通っている. ∥내 생각과 그 사람 생각은 비슷하다 私の考えと彼の考えは似ている. 두 사람은 서로 비슷한 점이 있다 2人には似通った点がある. 비슷한 모양 似ている形. ❷[…비슷한の形で] …のような; …みたいな. ∥막대기 비슷한 것 棒みたいなもの.
비슷-하다² [-슽타-] [形] [하変] 少し傾いている. ∥그림이 조금 비슷하게 걸려 있다 絵が少し傾いてかけられている.
비슷한말 [-슽탄-] [名] [言語] 類義語. ⑦유의어(類義語).
비시 (BC) [名] 紀元前; 西暦紀元前. ∥이다. ▸Before Christの略.
비시지 (BCG) [名] 結核予防ワクチン. ▸Bacillus Calmette Guérinの略.
비실-거리다 [自] よろつく; ひょろつく; ふらつく.
비실-비실 [副] [하変] よろよろ(と); ふらふら(と).
비-실용적 (非實用的) [名] 非実用的.
비싸다 [形] /pi²sada/ (値段が)高い; 高価だ. ∥값이 비싸다 値段が高い. 비싼 차를 타다 高い車(高級車)に乗っている. 비싼 시계 高価な時計. 비싸게 팔다 高値で売る.
비싼 [連体] 비싸다(値段が高い)の現在連体形.
비아냥-거리다 [-대다] [自] 皮肉を言う.
비애 (悲哀) [名] 悲哀. ∥삶의 비애를 느끼다 人生の悲哀を感じる.
비약 (飛躍) [名] [하変] 飛躍. ∥논리의 비약 論理の飛躍. 얘기가 너무 비약되다 話が飛躍し過ぎる.
비약-적 (飛躍的) [名] 飛躍的. ∥비약적인 발전 飛躍的発展. 생산이 비약적으로 늘다 生産が飛躍的に伸び

비-양심적(非良心的) 명 非良心的.
비어¹(卑語·鄙語) 명 〔言語〕 卑語.
비어²(祕語) 명 祕語.
비어-지다 【/-어-】 자 〔주로 '비어져 나오다'의 形으로〕 비어져 나오다, 비져 나오다. ‖솜이 비어져 나온 방석 솜のはみ出た座布団.
비열-하다(卑劣-·鄙劣-) 형 〔하変〕 卑劣だ. ‖비열한 행위 卑劣な行為. 비열한 방법 卑劣な方法.
비염(鼻炎) 명 〔医学〕 鼻炎, 鼻カタル.
비영리 ¹단체(非營利團體) 【-니-】 명 非營利團体.
비오-판(B 五版) 명 B5 判.
비옥-하다(肥沃-) 형 〔하変〕 肥沃だ. ‖비옥한 농지 肥沃な農地.
비올라(viola イ) 명 〔音楽〕 ビオラ.
비-옷 【-옫】 명 レインコート. ‖우의(雨衣).
비용(費用) /pi:joŋ/ 명 費用. ‖생산 비용 生産費用. 입원 비용 入院費用. 유럽 여행은 비용이 꽤 든다 ヨーロッパ旅行は随分費用がかかる. 막대한 비용을 들이다 莫大な費用をかける.
비-우다 /piuda/ 타 〔비다의 使役動詞〕 ❶ 〈中身を〉空にする, 空ける; 飲み干す. ‖쓰레기통을 비우다 ごみ箱を空にする. 이번 토요일 오후는 비워 두세요 今度の土曜日の午後は空けておいてください. 술잔을 비우다 杯を飲み干す. 마음을 비우다 心を無にする. ❷ 留守にする. ‖(席)를 비우다 席をはずす. 자리를 비우다 席をはずす. ❸ 明け渡す. ‖집을 비워 주다 家を明け渡す.
비운(悲運) 명 悲運. ‖비운의 주인공 悲運の主人公.
비웃다 /piutʰta/ 【-욷따】 타 あざ笑う. 鼻先で笑う; 鼻で笑う. ‖남의 잘못을 비웃다 人の失敗をあざ笑う.
비웃-음 명 嘲笑. ‖비웃음을 사다 嘲笑を買う.
비원(悲願) 명 悲願. ‖비원을 달성하다 悲願を達成する.
비위(脾胃) /pi:wi/ 명 ❶〔解剖〕脾臟(ぞう)と胃. ‖비위가 약하다 胃腸が弱い. ❷ 食べ物·物事に対する好みや反応. ‖비위에 맞지 않는 음식 口に合わない食べ物. ❸ 図太さ; 度胸. ▶비위가 상하다 癪に障る. ▶비위가 좋다 ① 食べ物に好き嫌いがない. ② 図々しい. ▶비위가 틀리다 気に食わない. ▶비위를 건드리다 機嫌を損ねる. ▶비위를 맞추다 機嫌をとる.
비-위생적(非衛生的) 명 非衛生的.
비유(比喩·譬喩) /pi:ju/ 명 〔하他〕 比喩; 例えること. ‖비유적인 표현 比喩的な表現. 비유해서 말하면 例えて言う. **비유-되다** 受動
비유-법(比喩法) 【-뻡】 명 〔文芸〕 比喩法.

비율(比率) 명 比率; 割合. ‖교환 비율 交換比率. 일 대 이의 비율로 섞다 1対2の割合で混ぜる.
비음(鼻音) 명 〔言語〕 鼻音.
비음(-音) 명 ハングル子音字母「ㅁ」の名称.
비-이성적(非理性的) 명 非理性的.
비-인도적(非人道的) 명 非人道的. ‖비인도적인 처사 非人道的なやり方.
비일비재-하다(非一非再-) 형 〔하変〕 一度や二度ではない.
비자(visa) /pi:dza/ 명 ビザ; 査証. 사증(査證). ‖관광 비자 観光ビザ. 비자가 나오다 ビザが下りる.
비장¹(脾臟) 명 〔解剖〕 脾臟(ぞう).
비장²(脾臟) 명 〔解剖〕 脾臟(ぞう). 지라.
비장³(悲壯) 형 悲壯. ‖비장한 각오 悲壯な覚悟.
비장-감(悲壯感) 명 悲壯感.
비장-미(悲壯美) 명 悲壯美.
비장(祕藏) 명 〔하他〕 祕藏. ‖비장의 무기 祕藏の武器.
비전¹(祕傳) 명 〔하国〕 祕伝.
비전²(vision) 명 ビジョン. ‖복지 국가의 비전을 제시하다 福祉国家のビジョンを示す.
비-전해질(非電解質) 명 〔化学〕 非電解質.
비-정상(非正常) 명 正常ではないこと; 異常.
비정-하다(非情-) 형 〔하変〕 非情だ. ‖비정한 부모 非情な親. 비정한 처사 非情な仕打ち.
비조(鼻祖) 명 鼻祖.
비-조직적(非組織的) 【-쩍】 명 非組織的.
비-좁다 /pi:dzopʰta/ 【-따】 형 狭苦しい; 手狭だ; 窮屈だ. ‖애들이 크니까 집이 비좁다 子どもたちが大きくなって家が手狭だ.
비-주류(非主流) 명 非主流. ⇔주류(主流).
비죽-거리다[-대다] 【-끼[때]-】 자 〈口〉를 尖らせる. ‖내 얘기가 못마땅한 지 그 사람은 입을 비죽거렸다 私の話が気に食わないのか, 彼は口を尖らせた.
비준(批准) 명 〔하他〕 批准(じゅん). ‖강화조약을 비준하다 講和条約を批准する.
비준-서(批准書) 명 批准書.
비중(比重) 명 比重. ‖높은 비중을 차지하다 高い比重を占める. 외국어 교육에 비중을 두다 外国語教育に比重を置く.
비즈(beads) 명 ビーズ.
비즈니스(business) 명 ビジネス.
비즈니스맨(businessman) 명 ビジネスマン.
비지(-) 명 おから.
비지-떡 명 ① おからで作ったお焼き.

② [比喩的に] 安物. ‖싼 것이 비지떡 안물建이의 銭失이다.

비지-땀 (—) 图 (大変な力仕事の時に出る) 脂汗. ‖비지땀을 흘리다 脂汗を流す.

비-질 하[자] ほうきで掃くこと.

비집다 [—따] 他 ❶ (狭い所·人込みの中などを)かき分けて入る. ‖2人の余地がない会場内を비집고 들어가다 立錐の余地のない会場内をかき分けて入る.

비쩍 体が非常にやせ細っている様子: がりがり. ‖비쩍 마르다 がりがりにやせる.

비쭈기-나무 图 [植物] サカキ(榊).

비참-하다 (悲惨—) /pit͡ɕʰamhada/ 形[하여] 悲惨だ; 惨めだ. ‖비참한 광경 悲惨な光景. 비참한 생각이 들다 惨めな思いをする. 비참하기 짝이 없다 悲惨の極みだ.

비창 (悲愴) 图形 悲愴.

비책 (秘策) 图 秘策.

비천-하다 (卑賤—) 形[하여] 卑賤だ. ‖비천한 신분 卑賤な身分.

비철¹금속 (非鐵金屬) 图 [鑛物] 非鉄金属.

비추다 /pit͡ɕʰuda/ 他 ❶ 照らす; 光を当てる; 照らし合わせる. ‖プラッシュで足もとを照らす 懐中電灯で足もとを照らす. 내 경험에 비추어 볼 때 私の経験に照らしてみれば. ❷ 映す. ‖鏡に비추어 보다 鏡に映してみる.

비축 (備蓄) 图 他 備蓄.
비축-미 (備蓄米) 【—□】图 備蓄米.

비취 (翡翠) 图 [鑛物] 翡翠(ひ).

비치 (備置) 图 他 備えておくこと. ‖잡지도 몇 종류 비치하다 雑誌も何種類か備えておく. **비치-되다** 受動

비치다 /pit͡ɕʰida/ 自 ❶ (光·光などが)差す; 差し込む. ‖햇빛이 비치다 日が差す. 창문으로 달빛이 비치다 窓から月の光が差し込む. ❷映る; 映ずる. ‖ユ림자가 비치다 影が映る. 건물이 수面에 비치다 建物が水面に映る. 외国人의 눈에 비친 韓国 外国人の目に映った韓国. ユ 사람의 態度가 다른 사람에게는 건방지게 비쳤을지도 모른다 彼の態度が他の人には生意気に映ったかも知れない. ❸透ける. ‖살색이 비치다 素肌が透ける.

— 他 ❶ほのめかす. ‖ユ만두겠다는 말을 비치다 辞めることをほのめかす. ❷ (「코빼기도」の形で) 顔を出す; 顔を見せない; 姿を見せない. ‖최근에는 코빼기도 안 비친다 最近は全く顔を出さない.

비치-파라솔 图 ビーチパラソル.

비칠-거리다[—대다] 自 よぼよぼする. ‖비칠거리며 걷다 よぼよぼ(と)歩く.

비칠-비칠 副 よぼよぼ(と).

비칭 (卑稱) 图 [言語] 卑称. ⑦敬称 (敬称).

비커 (beaker) 图 (ガラス容器の)ビーカー.

비커-나다 自 避ける. ‖차를 비커나다 車を避ける.

비커-서다 よける; 退(の)く. ‖차가 지나가도록 옆으로 비커섰다 車が通れるようにわきによけた.

비키니 (bikini) 图 ビキニ.

비키다 /pikʰida/ 自他 ❶ のく; 退(の)く. ‖옆으로 비키다 わきへのく. 비커 주세요 退いてください. ❷位置を変える; 移動する; はずす. ‖두 사람이 할 말이 있는 것 같아서 자리를 비켜 주었다 2人が話があるようなので, 席をはずした.

비타민 (vitamin) 图 [化学] ビタミン.

비탄 (悲歎·悲嘆) 图 他 悲嘆. ‖비탄에 빠지다[잠기다] 悲嘆にくれる.

비탈 斜面; 傾斜.
비탈-길 [—낄] 图 坂; 坂道. ‖비탈길을 오르다 坂道を上る.
비탈-지다 傾斜する; 勾配がある; 斜面になっている. ‖비탈진 언덕 勾配のある丘.

비토 (veto) 图 拒否.

비통-하다 (悲痛—) 形[하여] 悲痛だ. ‖비통한 심정 悲痛な心境.

비트¹ (beat) 图 ビート.
비트² 图 [IT] 情報量を示す単位: ···ビット.

비틀-거리다 /pitʰɯlgərida/ 他 ふらつく; ひょろつく. ‖술집에서 비틀거리면서 나오다 飲み屋からふらつきながら出てくる.
비틀-걸음 图 ひょろひょろした足どり.

비틀다 /pitʰɯlda/ 他 [ㄹ語幹] [비틀어, 비트는, 비튼] ねじる; 体(の一部分)をねじり回す; ひねる. ‖친구 팔을 비틀다 友だちの腕をひねる. 몸을 비틀다 体をひねる. ⑭팔다리.
비틀-리다 他 [비틀다の受身動詞] ねじられる; ねじれる; ひねくれる. ‖비틀린 관계 ねじれた関係. 비틀린 성격 ひねくれた性格.
비틀-비틀 副 他 よろよろ(と); ふらふら(と).

비파¹ (枇杷) 图 [植物] ビワ(枇杷).
비파² (琵琶) 图 [楽器] 琵琶.

비판 (批判) /pipʰan/ 图 他 批判. ‖정부의 외교 방침을 비판하다 政府の外交方針を批判する. 이 점은 비판의 余地가 없다 この点は批判の余地がない. 비판의 대상 批判の的. **비판-받다** [—닫따] 受動
비판-적 (批判的) 图 批判的. ‖아버지는 이번 정권에 대해서 극히 비판적이다 父は今度の政権に極めて批判的だ. 비판적인 태도를 취하다 批判的な態度を取る.

비평 (批評) 图 他 批評. ‖문예 비

평 文芸批評.
비평-가 (批評家) 图 批評家.
비품 (備品) 图 備品. ㉠소모품(消耗品)이 아닌 학교 등 학용의 비품.
비프-스테이크 (beef-steak) 图 ビーフステーキ.
비하 (卑下) 图 他 卑下. ‖필요 이상으로 자신을 비하하다 必要以上に自分を卑下する.
비-하다 (比-) /pi:hada/ 自 [하変] 图 …에 비하면 …에 비해서 …に比べると; …に比べ, …のわりに. ‖형에 비하여 공부를 잘하는 편이다 お兄さんに比べると, 勉強ができる方だ. 월급에 비해 일이 힘들다 給料のわりには仕事がきつい. 삼 개월밖에 안 배운 것에 비하면 일본어를 잘하는 편이다 3か月しか習っていないわりには日本語が上手な方だ.
비-합리 (非合理) 图 [-합니] 图 [하変] 非合理.
비-합법 (非合法) 图 [-뻡] 图 非合法. ‖비합법적인 활동 非合法な活動.
비핵-지대 (非核地帯) 图 [-찌-] 图 非核地帯.
비행¹ (非行) 图 非行. ‖비행 청소년 非行少年. 비행을 저지르다 非行にはしる.
비행² (飛行) 图 自 飛行. ‖비행 거리 飛行距離. 비행 시간 飛行時間. 저공 비행 低空飛行.
비행-사 (飛行士) 图 飛行士.
비행-선 (飛行船) 图 飛行船.
비행-장 (飛行場) 图 空港.
비행-접시 (飛行-) 图 [-씨] 图 空飛ぶ円盤.
비행-기 (飛行機) /pihε̄ngi/ 图 飛行機. ‖비행기를 타다 飛行機に乗る. 비행기 표 航空券, 航空チケット. ▶비행기를 태우다 おだてる. 낯간지럽게 비행기 태우지 마 恥ずかしいからおだてないで.
비-현실적 (非現実的) 图 [-쩍] 图 非現実的. ‖비현실적인 요구 非現実的な要求.
비-형 (B型) 图 B型.
비형²간염 (B型肝炎) 图 B型肝炎.
비호¹ (庇護) 图 他 庇護; かばって守ること.
비호² (飛虎) 图 飛ぶように速い虎.
비호-같다 (飛虎-) [-간따] 图 非常に勇ましくて速い. **비호같이** 副 비호같이 달려가다 飛ぶように速く走っていく.
비-호감 (非好感) 图 好感が持てないこと (↔好感).
비화¹ (飛火) 图 自 飛び火. ‖그 사건은 정치 문제로 비화되었다 その事件は政治問題に飛び火した.
비화² (秘話) 图 秘話.

비황^식물 (備荒植物) 【-성-】 图 救荒植物.
비효율-적 (非効率的) 【-쩍】 图 非効率的. ‖비효율적인 방법 非効率的な方法.
빅-뉴스 (big news) 图 ビッグニュース.
빅뱅-설 (big bang 說) 图 ビッグバン.
빈곤-하다 (貧困-) /pingonhada/ 图 [하変] 貧困だ; 貧しい; 乏しい. ‖빈곤한 생활 貧困な生活. 빈곤한 가정 살이 家庭. 빈곤한 상상력 貧しい想像力.
빈농 (貧農) 图 貧農. ↔부농 (富農).
빈뇨-증 (頻尿症) 图 (医学) 頻尿症.
빈대 (昆虫) ナンキンムシ (南京虫). ‖빈대 붙다 ただで分け前にあずかる; たかる. 돈이 없어 친구에게 빈대 붙다 お金がなくて友だちにたかる.
빈대-떡 /pinde͈'tɔk/ 图 (料理) ビンデトック (緑豆の粉をベースに作ったチヂミ).
빈도 (頻度) 图 頻度. ‖빈도가 높은 문제 出題頻度が高い問題.
빈둥-거리다 [-대다] /pindungɔrida/ 自 ぶらぶらする; ごろつく. ‖하루 종일 빈둥거리고 있다 一日中ぶらぶらしている.
빈둥-빈둥 副 [하変] ぶらぶら (と); ごろごろ (と); のらくら (と). ‖빈둥빈둥 놀고 먹다 のらくらと遊び暮らす.
빈들-빈들 副 [하変] ぶらぶら (と); のらくら (と).
빈-말 图 自 空世辞; お世辞. ‖빈말을 하다 空世辞を言う.
빈민 (貧民) 图 貧民.
빈민-가 (貧民街) 图 貧民街.
빈민-굴 (貧民窟) 图 貧民窟.
빈발 (頻発) 图 自 交通事故가 빈발하고 있다 交通事故が頻発している.
빈-방 (-房) 图 空き部屋; 空室.
빈번-하다 (頻繁-) /pinbɔnhada/ 图 [하変] 頻繁だ. ‖빈번한 사고 頻繁な事故. 빈번하게 들락거리다 頻繁に出入りする. **빈번-히** 副
빈부 (貧富) 图 貧富. ‖빈부 격차 貧富の差.
빈사¹ (瀕死) 图 瀕死. ‖빈사 상태 瀕死の状態.
빈사² (賓辭) 图 (言語) 賓辭 (の) 主辞 (主辭).
빈상 (貧相) 图 貧相. ↔복상 (福相).
빈소 (殯所) 图 殯 (ひん); あらき.
빈-속 图 空腹. ↔공복 (空腹).
빈-손 图 手ぶら; 素手. ‖선생님 댁에 빈손으로 갈 수는 없다 先生のお宅に手ぶらで行くわけにはいかない.
빈약-하다 (貧弱-) /pinjak̚hada/ [비냐카-] 图 [하変] 貧弱だ. ‖빈약한 몸매 貧弱な体つき. 내용이 빈약한 책 貧弱な内容の本. 빈약한 지식 貧弱な知識.

빈익빈 (貧益貧) 【-삔】 图 가난한 사람은 더욱 가난해지는 것. 판부익부(富益富).

빈자 (貧者) 图 가난한 사람. 판부자(富者).

빈-자리 图 공석; 빈. 판공석(空席).

빈정-거리다[-대다] /pindʑŋɡərida [deda]/ 图 빈정대다; 비꼬다; 빗대다. ‖그 사람은 내 행동을 빈정거렸다 彼は私の行動を皮肉った.

빈-주먹 图 맨손; 맨손. ‖빈주먹으로 시작하다 素手で始める.

빈-집 图 빈집.

빈-차 (-車) 图 빈차.

빈천 (貧賤) 图 하형 빈천. 판부귀(富貴).

빈촌 (貧村) 图 가난한 사람이 많이 사는 마을. 판부촌(富村).

빈축 (顰蹙) 图 눈살을 찌푸림. ‖빈축을 사다 빈축을 사다.

빈-칸 图 빈칸. 판공란(空欄).

빈-터 图 빈터.

빈-털터리 /pinnt⁼ʰɔltʰɔri/ 图 무일푼; 알거지. ‖주가 폭락으로 빈털터리가 되다 주가 폭락으로 무일푼이 되다.

빈-틈 /pi:ntʰum/ 图 틈; 틈새; 빈틈. ‖빈틈을 보이지 않다 틈을 보이지 않다.

빈틈-없다 [-뜸따] 图 빈틈 없다; 틈이 없다; 빈틈이 없다; 빈틈이 없다; 빈틈이 없다. ‖빈틈없는 계획을 세우다 빈틈없는 계획을 세우다 ‖빈틈없는 일솜씨 빈틈 없는 일솜씨, 빈틈없-이 图

빈-티 (貧-) 图 가난해 보이는 기색. 판부티(富-). ‖빈티가 나다 가난해 보이다. 빈티를 내다 가난하게 꾸며대다.

빈혈 (貧血) 图 빈혈. ‖빈혈이 일다 빈혈이 일어나다.

빌걸-질 [-낄-] 图 구걸. ‖발길질을 하다 구걸을 하다.

빌다 /pi:lda/ 图 [ㄹ語幹] [빌어, 비는, 빈] ❶빌다. ‖합격을 빌다 합격을 빌다. ❷사과하다; 빌다. ‖잘못을 빌다 과오를 빌다. 또 빌다 [손이 빌이 되어 빌다] 平謝りに謝る.

빌딩 (building) 图 빌딩; 빌.

빌라 (villa) 图 테라스하우스.

빌리는 빌리다(借りる)의 현재 연체형.

빌리다 /pillida/ 图 빌리다. ‖도서관에서 책을 빌리다 도서관에서 책을 빌리다. 친구한테서 자전거를 빌리다 친구에게 자전거를 빌리다. 빌린 돈 빌린 돈 [借金].

빌리어[빌려] 图 빌리다(借りる)의 연용형.

빌린 图 빌리다(借りる)의 과거 연체형.

빌릴 图 빌리다(借りる)의 미래 연체형.

빌미 图 불행의 원인; 말미암이.

빌미-잡다 [-따] 图 말미잡다; 말미를 잡다.

빌-붙다 [-붙따] 图 아첨하다; 빌붙다. ‖친구에게 빌붙다 친구에게 빌붙다.

빌빌-거리다[-대다] 图 비틀거리다; 기웃거리다.

빌어-먹다 [-따] 图 구걸하다.

빌어-먹을 图 이 자식; 제기랄.

빗 /pit/ 图 빗. ‖빗으로 빗다 빗으로 빗다.

빗-기다 [빗끼-] 图 [빗다의 사역동사] (相手の髪を)빗기다. ‖아이 머리를 빗기다 아이 머리를 빗기다.

빗-나가다 /pinnagada/ 图 [빈-] 图 빗나가다; 벗어나다. ‖예상이 빗나가다 예상이 빗나가다. 빗나간 화살 빗나간 화살.

빗다 [빋따] 图 (자기의 머리를)빗다. ‖머리를 빗다 머리를 빗다. 판빗기다.

빗-대다 [빋때-] 图 에둘러 말하다; 빗대다.

빗-물 [빈-] 图 빗물.

빗-발 [비빨/빋빨] 图 빗발(雨足). 판빗줄기.

빗발-치다 [빋빨-] 图 ❶비가 세차게 내리다. ❷ (非難・抗議などが) 빗발치다. ‖빗발치는 비난이 빗발치다. 빗발치는 항의 전화 빗발치는 항의 전화.

빗-방울 [비빵-/빋빵-] 图 빗방울; 비의 물방울.

빗-변 (一邊) [빋뼌] 图 [数学] 빗변.

빗-살 [빋쌀] 图 빗살.

빗살-무늬 [빋쌀-/빋쌀-무니] 图 빗살무늬. ‖빗살무늬 토기 빗살무늬 토기.

빗-소리 [빋쏘-] 图 빗소리.

빗-속 [비쏙/빋쏙] 图 빗속. ‖빗속을 우산도 없이 걷다 빗속을 우산도 없이 걷다.

빗-자루 [비짜-/빋짜-] 图 빗자루.

빗장 [빋짱] 图 빗장. ‖빗장을 걸어 잠그다 빗장을 걸어 잠그다.

빗-줄기 [비쭐-/빋쭐-] 图 빗발. 판빗발. ‖빗줄기가 거세지다 빗발이 강해지다.

빙 /piːŋ/ 튀 ❶한 바퀴 도는 모양; 빙. ‖회장을 한 바퀴 빙 둘러보다 회장을 빙(하고) 둘러본다. ❷주위를 둘러싸는 모양; 빙. ‖빙 둘러앉다 빙 둘러앉는다. ❸눈에 눈물이 글썽이는 모양. ❹갑자기 눈이 어지러운 모양.

빙과 (氷菓) 图 빙과자; 빙과.

빙그레 /piŋɡure/ 图 하자 빙그레; 빙긋 (이). ‖빙그레 웃는다 빙그레 웃는다.

빙그르르 图 하자 가볍게 한 번 도는 모양; 빙그르르.

빙글-빙글¹ 图 하자 싱긋벙긋. ‖빙글빙글 웃는다 싱긋벙긋 웃는다.

빙글-빙글² 图 빙글빙글. ‖회전문이 빙글빙글 돈다 회전문이 빙글빙글 돈다.

빙긋 【-끝】 图 하자 방긋이; 빙긋이.

(と). **빙굿-빙굿** 副 (自)

빙모(聘母) 图 妻の母; 義母. 図장모(丈母).

빙벽(氷壁) 图 氷壁.

빙-빙 副 ❶しきりに回る様子; ぐるぐる. ‖회전목마가 빙빙 돌다 回転木馬がぐるぐると回る. ❷ 뱅뱅. ❸ 頭がくらくらする様子. ‖한 잔 했더니 머리가 빙빙 돈다 一杯飲んだら頭がくらくらする.

빙산(氷山) 图 氷山. ▶빙산의 일각 氷山の一角. 이번에 적발된 공무원 비리는 빙산의 일각에 불과하다 今回摘発された公務員の不正は氷山の一角にすぎない.

빙상(氷上) 图 氷上.

빙수(氷水) 图 氷水; 氷. ‖팥빙수 氷あずき.

빙어(氷魚類) 图 ワカサギ(公魚).

빙자-하다(憑藉-) 他 [하変] 口実にする; かこつける. ‖그 사람은 병을 빙자하고 만나 주지 않았다 彼は病気にかこつけて会ってくれなかった.

빙장(聘丈) 图 妻の父; 義父. 図장인(丈人).

빙점(氷點)【-쩜】图 [物理] 氷点. ‖어는점(-點).

빙-초산(氷醋酸) 图 [化学] 氷酢酸.

빙판(氷板) 图 凍りついた路面. ‖빙판에서 넘어지다 凍りついた路面で転ぶ.

빙하(氷河) 图 氷河. ‖빙하기 氷河期.

빛 /pit/【빋】图 借金; 借り. ‖친구한테 빚이 조금 있다 友だちに借金が少しある. 빚을 갚다 借金を返済する. 빚을 내다 借金する; 金を借りる.

빚다【빋따】他 ❶ 醸(か)す; 醸造する. ‖술을 빚다 酒を醸す. 물의를 빚다 物議を醸す. ❷ (粉・土などを)こねて作る. ‖만두를 빚다 餃子を作る.

빚어-내다 他 醸し出す; もたらす. ‖가난이 빚어낸 비극 貧困がもたらした悲劇.

빚-쟁이【빋쨍-】图 〔さげすむ言い方で〕借金取り. ‖빚쟁이한테 쫓기다 借金取りに追われる.

빚-지다【빋찌-】自 ❶ 借金をする. ❷ 世話になる.

빛 /pit/【빋】图 ❶ 光. ‖빛을 발하다 光を放つ. 날카로운 눈빛 鋭い眼光. 달빛 月の光. 별빛 星の光. ❷ 色; 顔色. ‖장밋빛 인생 ばら色の人生. 얼굴에 불안해하는 빛이 역력하다 顔に不安の色が漂っている. ▶빛을 보다 人に知られる; 日の目を見る. 노력하면 빛 볼 날이 있겠지 努力すれば、日の目を見る日もあるだろう. ▶빛 좋은 개살구 [諺] 見かけ倒し.

빛-깔【빋-】图 色; 色合い; 色彩. ‖빛깔이 고운 천 色合いのきれいな布.

빛-나다(pinnada)【빈-】自 輝く; 光る. ‖빛나는 아침 햇살 輝く朝の日差し. 별이 빛나는 밤 星が光る夜.

빛-내다【빈-】他 輝かせる; 名誉を高める. ‖모교를 빛낸 인물 母校の名誉を高めた人物.

빛-바래다【빋빠-】自 色あせる. ‖빛바랜 사진 色あせた写真.

ㅃ

ㅃ 图 ハングル子音字母の一つ. 名称は 「쌍비읍」.

빠개다 他 割る; 裂く; 壊す. ‖저금통을 빠개다 貯金箱を割る.

빠개-지다 自 割れる; 裂ける. ‖머리가 빠개질 것 같이 아프다 頭が割れそうに痛い.

빠끔-거리다 他 ❶ 盛んにタバコを吸う. ❷ (口を)何度も開けたり閉めたりする. ‖빠끔거리다.

빠끔-빠끔 副 (相形) 盛んにタバコを吸う様子; すぱすぱ; ぷかぷか. ‖담배를 빠끔빠끔 피우다 タバコをすぱすぱ(と)吸う.

빠끔-하다 他 [하変] ❶ (大きな割れ目や穴が)開いている. ❷ (病気などで)目がくぼんでいる. ‖아파서 눈이 빠끔하다 病気で目がくぼんでいる. **빠끔-히** 副 口を開けて벌리다 (口をぽかんと開ける).

빠드득 副 自也 〔바드득を強めて言う語〕ぎりぎり. ‖이를 빠드득 갈다 ぎしぎし(と)歯を食いしばる. **빠드득-빠드득** 副 ぎりぎり; ぎしぎし. 옙빠득빠득.

빠득-빠득[1] 〔바득바득を強めて言う語〕ねちねち. ‖자기가 옳다고 빠득빠득 우기다 自分が正しいとねちねちと言い張る.

빠득-빠득[2] 副 빠드득빠드득の縮約形.

빠듯-하다 /paduttʰada/【-드타-】[하変] ぎりぎりだ. ‖빠듯한 살림살이 ぎりぎりの生活. **빠듯-이** 副

빠-뜨리다 /ˈpa*tʰuridaˈ/ 他 ❶ (物を)落とす; どこかに置いてくる. ‖지갑을 빠뜨린 것 같다 財布を落としたみたい. ❷ 見落とす; 抜かす; 看過する. ‖중요한 내용을 빠뜨리다 重要な内容を見落とす. ❸ 陥れる. ‖친구를 함정에 빠뜨리다 友だちを罠に陥れる.

빠롤(parole⁷) 图 [言語] パロール.

빠르다 /paruda/【르変】빨라, 빠른] ❶ 速い. ‖두뇌 회전이 빠르다 頭の回転が速い. 물살이 빠르다 流れが速い. ❷ 早い. ‖아직 얘기하기에는 빠르다 まだ話すのには早い. 직접 만나서 얘기하는 게 빠를 것 같다 直接会って話した方が早いと思う. ❸ (勘が)鋭い. ‖눈치가 빠르다 勘が鋭い. ❹ (時の時刻が)進んでいる. ‖내 시계

는 오 분 빠르다 私の時計は５分進んでいる.

빠른 [르変] 빠르다(速い·早い)の現在連体形.

빠져-나가다 [-지-] 自他 抜け出す;切り抜ける. ‖교묘히 빠져나가다 巧妙に抜け出る.

빠져-나오다 [-지-] 自他 抜け出る. ‖터널을 빠져나오다 トンネルを抜け出る. 근무 중에 빠져나오다 勤務中に抜け出る.

빠져-들다 [-지-] 自[ㄹ語幹] のめり込む;陥る. ‖재미있는 얘기에 빠져들다 面白い話にのめり込む.

빠지다¹ /[ṗa:dʑida/ 自 ❶陥る;はまる. ‖함정에 빠지다 罠(わな)に陥る. 딜레마에 빠지다 ジレンマに陥る. 도랑에 빠지다 溝に落っこちる. ❷おぼれる. ‖강에서 빠져 죽다 川でおぼれ死にする. ❸抜ける;欠ける. ‖밑이 빠지다 底が抜ける. 이가 빠지다 歯が抜ける. 접시의 이가 빠지다 皿の縁(ふち)が欠ける. 머리가 빠지다 髪の毛が抜ける. 타이어의 공기가 빠지다 タイヤの空気が抜ける. 명부에 이름이 빠져 있다 名簿から名前が抜けている. 전신의 힘이 빠지다 全身の力が抜ける. 김이 빠진 맥주 気の抜けたビール. 페인트 냄새가 안 빠지다 ペンキのにおいが抜けない. ❹落ちる;色落ちする;とれる. ‖잘못해서 연못에 빠지다 誤って池に落ちる. 사랑에 빠지다 恋に落ちる. 때가 빠지다 汚れが落ちる[とれる]. 빨았더니 물이 빠졌다 洗濯したら色落ちした. 색이 잘 안 빠지다 なかなか水がはけない. ❺下がる. ‖뒤로 빠지다 後ろに下がる. ❻それる. ‖얘기가 옆길로 빠지다 話が横道にそれる. ❼劣る;引けをとる. ‖인물도 빠지지 않다 容貌も劣らない. ❽減る. ‖살이 빠지다 体重が減る. ❾[…에 빠져 있다の形で] …に夢中になっている;…にはまっている. ‖게임에 빠져 있다 ゲームにはまっている.

빠지다² [補動] [連用形に付いて] 好ましくない状態に十分…するなどの意を表わす;…しきる. ‖썩어 빠지다 腐りきる. 낡아 빠진 가방을 들고 있다 古ぼけたかばんを持っている.

빠짐-없다 [-지멉따] 手抜かりない;漏れていない. ‖빠짐없이 빠짐없く記録する.

빠-트리다 他 ＝빠뜨리다.

빡빡¹ 副 ❶ぼりぼり;びりびり. ‖머리를 빡빡 긁다 頭をぼりぼり搔く. ❷すぱすぱ. ‖담배를 빡빡 피워 대다 やたらタバコをすぱすぱ吸う.

빡빡² 副 頭髪を剃るなどして, 頭が丸くなめらかになった様子:くりくり. ‖머리를 빡빡 깎다 頭をくりくり剃る.

빡빡-하다 /[ṗakˀpakˀada/ 形 [-빠카-] [하変] ❶(水気が少なくて)ぼそぼそしている. ❷隙間がなくていっぱい詰まっている;ぎっしりした. ‖일정이 빡빡하다 日程がぎっしり詰まっている. ❸ぎちぎちだ. ❹(経済的に)余裕がなくかつかつだ. ‖빡빡한 생활 かつかつの生活.

빤들-거리다 自 [반들거리다を強めて言う語] つるつるする;ぴかぴかする;つやつやする.

빤들-빤들 副 [形動] [반들반들を強めて言う語] つやつやと(と);つるつる(と);ぴかぴか(と).

빤빤-스럽다 [-따] 形 [ㅂ変] 図々しい;厚ましい. ⇒뻔뻔스럽다.

빤빤-하다 [하変] 図々しい;厚かましい. ⇒뻔뻔하다.

빤지르르 副 [形動] [반지르르を強めて言う語] つるつると(と);つやつや(と).

빤짝 副 [함動] [반짝を強めて言う語] きらっと;ぴかっと. **빤짝-빤짝** 副 [함動]

빤짝-이다 自他 きらめく;輝く. ‖눈이 빤짝이다 目が輝く.

빤-하다 /[ṗa:nhada/ 形 [하変] 見え透いている;分かりきっている;明らかだ. ‖빤한 결론 分かりきった結論. 이번 시험에 떨어질 것은 빤하다 今度の試験に落ちるのは明らかだ. ⇒뻔하다. **빤-히** 副

빤-히 /[ṗa:nhi/ 副 じろじろ(と);じっと. ‖사람 얼굴을 빤히 쳐다보다 人の顔をじろじろと見る.

빨가-벗다 [-벋따] 自 素っ裸になる;真っ裸になる. ‖아이들이 냇가에서 빨가벗고 수영을 하고 있다 子どもたちが小川で真っ裸で泳いでいる.

빨간 形 [ㅎ変] 빨갛다(赤い)の現在連体形. ‖빨간 신호등 赤信号.

빨강 名 赤;赤色.

빨갛다 /[ṗalgatʰa/ 形 [-가타] [ㅎ変] [빨개, 빨가니] 赤い;真っ赤だ. ‖술을 마셨는지 얼굴이 빨갛다 お酒を飲んだのか顔が赤い. 빨간 장미 赤いバラ. 빨갛게 물든 저녁놀 真っ赤に染まった夕焼け.

빨개 [ㅎ変] 빨갛다(赤い)の連用形.

빨개-지다 自 赤くなる.

빨갱이 名 [俗っぽい言い方で] 共産主義者;赤.

빨다¹ /[ṗalda/ 他 [ㄹ語幹] [빨아, 빠는, 빤] (衣類)を洗う;洗濯する. ‖양말을 빨다 靴下を洗う. 소매 끝을 비벼 빨다 袖口をもみ洗いする. 손수건을 깨끗이 빨아서 다림질을 하다 ハンカチをきれいに洗ってアイロンをかけをする. ⇒빨리다.

빨다² /[ṗalda/ 他 [ㄹ語幹] [빨아, 빠는, 빤] ❶吸う;吸収する. ‖아기가 젖을 빨다 赤ちゃんが乳を吸う. 모기가 피를 빨다 蚊が血を吸う. ❷なめる;しゃぶる. ‖사탕을 빨고 있다 飴をなめている.

빨-대 [-때] 図 ストロー. ㉿스트로.
빨딱 囝 急に起き上がったり倒れ伏したりする様子; がばと; ぱったと. ‖빨딱 일어나다 がばと起き上がる.
빨딱-거리다 [-끼-] 自 (心臟や脈が)どきんどきんと脈打つ; どきどきする.
빨라 囲 [ㄹ変] 빠르다(速い·早い)の連体形.
빨라-지다 自 早まる; 早くなる; 速まる. ‖개시 시간이 빨라지다 開始時刻が早まる. 스피드가 빨라지다 スピードが速くなる.
빨래 /ppalle/ 図 [한自] ❶ 洗濯. 洗濯(洗濯). ‖지금 빨래하고 있다 今洗濯をしている. 애벌빨래 下洗い. ❷ 洗濯物; 洗い物. ‖빨래를 널다 洗濯物を干す. 빨래를 개다 洗濯物をたたむ. 빨래가 밀려 있다 洗濯物がたまっている.
빨래-집게 [-께] 図 洗濯ばさみ.
빨래-판 (-板) 図 洗濯板.
빨랫-감 [-깜/-랟깜] 図 洗濯物.
빨랫-방망이 [-래빵-/-랟빵-] 図 洗濯棒.
빨랫-비누 [-래삐-/-랟삐-] 図 洗濯石けん.
빨랫-줄 [-래쭐/-랟쭐] 図 洗濯物の干し縄(なわ); 洗濯ロープ.
빨려-들다 自 [ㄹ語幹変] 吸い込まれる.

빨리 /ppalli/ 囝 早く; 速く. ‖빨리 가자 早く行こう. 내일은 빨리 일어나야 한다 明日は早く起きなければならない. 밀릴 때는 택시보다 전철이 빨리 간다 込んでいる時はタクシーより電車が速く着く.

빨-리다[1] 自 [빨다의 受身動詞] 吸われる. ‖거머리에게 피를 빨리다 ヒルに血を吸われる.
빨-리다[2] 囲 [빨다의 使役動詞] 吸わせる. ‖아이에게 양말을 빨리다 子どもに靴下を洗わせる.
빨-리다[3] 囲 [빨다의 使役動詞] (乳を)吸わせる[飲ませる]. ‖젖먹이에게 젖을 빨리다 乳飲み子に乳を吸わせる[飲ませる].
빨아-내다 囲 吸い出す. ‖고름을 빨아내다 膿(うみ)を吸い出す.
빨아-들이다 囲 吸い込む. ‖빨아들이는 힘이 강한 청소기 吸い込む力の強い掃除機.
빨아-먹다 [-따] 囲 (人のものを)自分のものにする.
빨아-올리다 囲 吸い上げる; くみ上げる. ‖펌프로 물을 빨아올리다 ポンプで水を吸い上げる.
빨-판 (吸-) 図 [動物] 吸盤(吸盤).
빳빳-하다 [빧빧-] 囲 [하変] ❶ 硬直している; こちこちだ; ぱりっとしている.

새 돈이어서 전부 빳빳하다 新札なので全部ぱりっとしている. ❷ 糊(のり)が強(こわ)い. ‖빳빳하게 풀을 먹인 와이셔츠 ぴんと強く糊付けしたワイシャツ.
빵[1] (←pão ポ) /ppaŋ/ 図 パン. ‖빵에 쨈을 바르다 パンにジャムを塗る. 빵을 굽다 パンを焼く. 식빵 한 장 食パン 1枚. 알빵 하나 あんパン1個.
빵[2] 囝 ❶ ものが破裂する音: ばん. ❷ ものを勢いよくうつ音: ぱん. ❸ 割れ目や穴が空いている様子: ぽっかり. **빵-빵** 囝 [한変]
빵빵-거리다 自 続けて音を鳴らす[立てる].
빵긋 [-귿] 囝 [한自] にっこり; にこっと.
빵긋 [-귿] 囝 [한自] にっこり; にこっと.
빵-점 (-點) [-쩜] 図 [영점(零点)의 俗이] 빵점을 받다 零点を取る.
빵-집 [-찝] 図 パン屋.
빻-다 [빠타] 囲 挽(ひ)く; 粉を挽く.
빼곡-하다 [-고카-] 囲 [하変] ぎっしり(と)詰まっている. **빼곡히** 囝 日程がぎっしり詰まっている.
빼-기 図 [한他] [数学] 減法; 引き算. 빼기; 곱하기; 나누기.

빼-내다 /penæda/ 囲 ❶ 抜き取る; 抜き出す; 抜く. ‖기밀을 빼내다 機密を抜き取る. 조건에 맞는 사람만 뽑아내다 条件に合う者だけ抜き出す. ❷ (人を)引き抜く. ‖우수한 기술자를 빼내다 優秀な技術者を引き抜く. ❸ 身請けする; 請け出す. ❹ [引き抜いて]盗む. ‖금고에서 돈을 빼내다 金庫から金を盗む.
빼-놓다 [-노타] 囲 ❶ 漏らす; 抜かす; 落とす; 省く. ‖빼놓지 말고 다 보고하세요 漏れ無いよう報告してください. ❷ 置き忘れる. ‖필요한 서류를 집에 빼놓고 왔습니다 必要な書類を家に置き忘れてきました. ❸ 抜いておく; 取っておく; 抜き取る. ‖마음에 드는 사진만 빼놓는 기색이다 気に入った写真だけ抜き取る.
빼-는 빼다(抜く)의 현재 연체형.

빼다 /pe:da/ 囲 ❶ 抜く. ‖타이어 공기를 빼다 タイヤの空気を抜く. 칼을 빼다 刀を抜く. 목욕탕 물을 빼다 風呂の水を抜く. 어깨의 힘을 빼다 肩の力を抜く. 얼룩을 빼다 染みを抜く. ❷ 引く; 除外する; 除く; 省く; 外す. ‖십에서 삼을 빼다 10から3を引く. 저 두 사람은 빼자 あの2人は除外しよう. 시간이 없어서 연습 문제는 빼고 싶다 時間がないから練習問題は省きたい. 반지를 빼다 指輪を外す. ❸ 落とす; 洗う. ‖때를 빼다 垢を落とす. 군살을 빼다 ぜい肉を落とす. 발을 빼다 足を洗う. ❹ (お金を)下ろす. ‖은행에서 카드로 돈을 빼다 銀行でカードでお金を下ろす. ❺ 長くする; 引っ張る. ‖목을 길게 빼고 기다리다 首を長くして待つ. ❻ (気取っ

た態度を取る。‖정점을 빼다 取り澄ました態度を取る; 気取った態度を取る。 ❼ [部屋を]明ける; 방을 빼다 部屋を明ける。 ❽ 逃げる; 미국으로 빼다 アメリカに逃げたかれ。 ▶빼도 박도 못하다 にっちもさっちも行かない; 抜き差しならない。

빼-놓다 [-놔따] 他 そっくりだ。‖어머니를 빼닯은 딸 母親にそっくりな娘。

빼-돌리다 他 横流しする。‖공금을 빼돌리다 公金を横流しする。

빼-먹다 /pe:mk'ta/ 【-따】 ❶ 抜かす; 한 줄 빼먹고 글이 1 행밖에 남독 했다。 ❷ [授業などを]サボる; 수업을 빼먹다 授業をサボる。

빼-물다 [르語幹] 他 ❶ [舌を]突き出して歯の間に挟んでぎゅっと力を入れる。 ❷ [口を]尖らす。

빼빼 形 体が非常にやせ細っている様子; がりがり。‖빼빼 마른 사람 がりがりにやせた人。

빼앗-기다 /p'eat'kida/ [-앗끼-] 自 [빼앗다の受身動詞] 奪われる; 取られる。‖자유를 빼앗기다 自由を奪われる。 가진 돈을 전부 빼앗기고 말았다 持ち合わせのお金を全部取られてしまった。 그는 그녀의 미모에 마음을 빼앗겼다 彼は彼女の美貌に心を奪われた。

빼-앗다 /p'eat'ta/ [-앋따] 他 奪う; 取り上げる。‖남의 재산을 빼앗다 人の財産を奪う。 생명을 빼앗다 命を奪う。 학생이 보고 있던 만화책을 빼앗다 学生が読んでいた漫画を取り上げる。 마음을 빼앗다 心を奪う。 ⑤빼앗기다。

빼어 빼다(抜く)の連用形。

빼어-나다 自 秀でる; ぬきん出る; ずば抜けている; 優れている。‖빼어난 미모 秀でた美貌。

뺙¹ いきなり出す甲高い声。 **빽-빽**²
뺙² 隙間なくいっぱいに詰まっている様子; ぎっしり。

빽빽-거리다[-대다] 【-꺼[때]-】 自 ❶ いきなり甲高い声をあげて ぎゃあぎゃあ(と)泣く; ぎゃあぎゃあ(と)言う。

빽빽-하다 /p'ek'p'ek'ada/ 【-카-】 形 [하變] 稠密である; ぎっしり。‖빽빽하게 쓴 편지 びっしり書いた手紙。 책장에 책을 빽빽하게 꽂다 本棚に本をぎっしりと詰める。 **빽빽-이** 副 びっしり; ぎっしり; こんもり。

뺀 빼다(抜く)の過去連体形。

뺀둥 のらりくらりする。

뺀둥-뺀둥 のらりくらり; のらくら。‖일도 안 하고 뺀둥뺀둥 놀고 있다 仕事もせずにのらりくらりと遊んでいる。

뺀질-거리다[-대다] 自 不真面目で要領よく立ち回る。

뺀질-뺀질 副 下変 不真面目で要領よく立ち回る様子。

뺄 빼다(抜く)の未来連体形。

뺄-셈 【名】 下変 [数学] 引き算; 減法。 ⑤덧셈·곱셈·나눗셈。

뺄셈 부호 [-符號] 名 引き算の符号(-)。

뺄셈-표 [-標] 名 =뺄셈 부호(-符號)。

뺏-기다 [뻳끼-] 自 [뺏다の受身動詞] 奪われる; 取られる; 取り上げられる。‖권리를 뺏기다 権利を奪われる。 선생님께 만화를 뺏기다 先生に漫画を取り上げられる。

뺏다 /p'et'ta/ [뻳따] 他 奪う; 取り上げる。‖지갑을 뺏다 財布を奪う。 아이한테서 위험해 보이는 장난감을 뺏다 子どもから危険そうに見えるおもちゃを取り上げる。 ⑤뺏기다。

뺑그르르 副 [하變] 뺑그르르를 강めて言う語。

뺑글-뺑글 副 [뻥글뻥글을 강하게 하는 말]くるくる(と)。

뺑-뺑 副 [뻥뻥을 강하게 하는 말]くるくる(と)。‖뺑뺑 돌리다 くるくると回す。

뺑소니 /pensoni/ 名 早く逃げ去ること; ずらかること; [車の]ひき逃げ; 当て逃げ。‖뺑소니를 치다 逃げ去る。

뺑소니-차 [-車] 名 ひき逃げした車。

뺨 /p'jam/ 名 頬; 頬っぺた。‖뺨을 갈기다 頬っぺたを引っぱたく。 뺨을 때리다 頬を平手打ちする。 뺨을 맞다 びんたを食わす。 뺨을 맞다 びんたを食う; 頬を打たれる。

뺨-따귀 名 頬の俗称。 ⑫따귀。

뺨-치다 他 ❶ びんたを食わす。 ❷ 劣らない; しのぐ; 勝る; …顔負けだ。‖프로 빵칠 정도의 스케이트 실력 プロ顔負けのスケートの実力。

뻐근-하다 形 [하變] [体が]重い; 張っている; 凝っている; きつい。‖등이 뻐근하다 背中が凝っている。

뻐기다 自 威張る。‖괜히 뻐기며 얘기하다 やたらに威張って話す。

뻐꾸기 名 [鳥類] カッコウ(郭公)。

뻐꾸기-시계 [-時計] 名 [-/-게] 鳩時計。

뻐꾹 カッコウの鳴き声: カッコー。

뻐꾹-새 [-쎄] 名 ⇒뻐꾸기。

뻐끔-거리다 自 ❶ 盛んにタバコをふかす。 ❷ [口を]何度も開けたり閉めたりする。 ⑤뻐끔대다。‖금붕어가 뻐끔거리다 金魚が口をぱくぱくさせる。

뻐끔-뻐끔¹ [大きな割れ目や穴が]空いている様子。 ぽかん。

뻐끔-뻐끔² 副 [하變] ❶ 盛んにタバコを吸う様子: すぱすぱ; ぷかぷか。 ❷ 口を何度も開けたり閉めたりする様子(と)。

뻐드렁-니 名 出っ歯; 反っ歯。

뻑뻑 [뻑뻑을 강하게 하는 말]ぼりぼり(と)。

뻑뻑-하다 [-카-] 形 [하變] ❶ [水気が足りなくて]かさかさしている。‖반죽

이 뻑뻑하다 生地がかさかさしている。❷ (具が多くて)液状のものがどろどろしている。

뻑적지근-하다【-적 찌-】[形] [하変] (全身が)けだるい;(筋肉が)凝っているような感じだ。∥어깨가 뻑적지근하다 肩が凝っている。

뻔뻔-스럽다/p͈ɔnˀpɔnsɯrɔpˀtʰa/[-따] [形] [ㅂ変] 뻔뻔스러워, 뻔뻔스러운 図々しい;厚かましい。∥뻔뻔스러운 대답을 하다 厚かましい返事をする。❹ 뻔뻔스레

뻔뻔-하다/p͈ɔnˀpɔnhada/[形] [하変] 図々しい;厚かましい。∥뻔뻔한 남자 厚かましい男。❹ 뻔뻔-히

뻔지르르[副] [하変] 번지르르를 강하게 이르는 말。∥말만 뻔지르르하게 하다 口先だけだ。

뻔질나-게[-라-] [副] 頻繁に;足しげく。∥뻔질나게 들락거리다 足しげく通う。뻔질나게 전화를 걸다 頻繁に電話をかける。

뻔-하다[1]/p͈ɔːnhada/[形] [하変] 分かりきっている;とっくに知っている;明らかだ;明白だ;白々しい。∥뻔한 결론 明白な結論。뻔한 소리를 하다 分かりきったことを言う。❹ 뻔하다。**뻔-히** 뻔히 알고 있는데 거짓말을 하다 とっくに知っているのにうそをつく。

뻔-하다[2]/p͈ɔnhada/[補形] 〔主に過去形で用いられて〕(ひょっとしたら·すんでのことで)…ところだった;…しそうだった。∥하마터면 계단에서 굴러 떨어져 뻔했다 すんでのところで階段から転げ落ちるところだった。까딱하면 지각할 뻔하다 危うく遅刻しそうだった。

뻗다/p͈ɔtʰˀta/[-따] [自] ❶ 伸びる;(根っこなどが)張る。∥남북으로 길게 뻗어 있는 길 南北に長く伸びている道。뿌리가 뻗어 있다 根がけっこう張っている。❷ 〔죽다의 俗語〕ひどく疲れる;死ぬ。∥어제는 너무 피곤해서 완전히 뻗어 버렸다 昨日はあまりにも疲れて、くたばってしまった。❸ 〔勢力などが〕及ぶ。∥그들의 영향력은 어느덧 이웃 나라에까지 뻗어 있었다 彼らの勢力はもはや隣国にまで伸びていた。
— [他] ❶ 伸ばす。∥두 다리를 뻗다 両足を伸ばす。❷ 差し出す;差し伸べる。∥구원의 손길을 뻗다 救いの手を差し伸べる。❸ 活動の範囲を広げる。∥부동산업에까지 손을 뻗다 不動産業にまで手を伸ばす。

뻗-대다[-때-] [自] 意地を張る;強く言い張る;突っ張る。∥자기는 추가 비용은 못 낸다고 뻗대고 있다 自分は追加費用は払えないと、突っ張っている。

뻗쳐-오르다[-처-] [自] [르変] 噴出する;みなぎる。∥기운이 뻗쳐오르다 元気がみなぎる。

뻗-치다[自他] 伸びる;伸ばす。∥힘이 뻗치다 力がみなぎる。세력을 뻗치다 勢力を伸ばす。

-뻘[接尾] 親族などの間柄や続き柄を表すすご;…分〔て〕。∥형뻘 되는 사람 兄貴分に当たる人。

뻘걸다[-거타] [形] [ㅎ変] 〔벌겋다를 강하게 이르는 말〕赤い;真っ赤だ。

뻘게-지다[自他] 벌게지다를 강하게 이르는 말。

뻘떡[副] 벌떡을 강하게 이르는 말。∥뻘떡 일어나다 がばっと起き上がる〔立ち上がる〕。**뻘떡-뻘떡**[副自他] どきどき;ばたばた。

뻘떡-거리다[-꺼-] [自他] (心臓が)激しく打つ。

뻘뻘[副] 忙しく歩き回る様子;せかせか。**뻘뻘-거리다**[-때-] [自] 忙しく歩き回る。∥뻘뻘거리며 돌아다니다 せかせかと歩き回る。

뻘뻘[2] 汗が流れ出る様子;たらたら。∥땀을 뻘뻘 흘리다 汗をたらたらと流す。

뻘쭘-하다[形] [여変] 〔벌쭘하다를 강하게 이르는 말〕決まりが悪い。

뻣뻣-하다[뻗빠타] [形] [하変] ❶ こちこちだ;ごわごわしている。∥풀을 먹여 옷이 뻣뻣하다 糊付けして服がごわごわしている。❷ (表情·態度などが)こわばっている。∥긴장했는지 태도가 뻣뻣하다 緊張したのか態度にこわばっている。

뻥[1] 〔俗っぽい言い方〕ほら;うそ。∥뻥이 센 사람 ほら吹き。

뻥[2] [副] ❶ ものが破裂する音:ぱん;ぱあん。❷ ものを勢いよく打たり蹴ったりする時の音:ぱん;ぱあん。∥공을 뻥 차다 ボールをぱんと蹴る。❸ 大きな穴が空く様子:ぽっかり;ぽかんと。∥구멍이 뻥 뚫리다 大きな穴がぽっかり空く。**뻥-뻥**[副]

뻥긋-하다[-그타-] [하変] 벙긋하다를 강하게 이르는 말。

뻥-까다[自] 〔俗っぽい言い方〕うそをつく。

뻥-쟁이[名] 〔俗っぽい言い方〕うそつき。

뻥-치다[自] =뻥까다。

뻥-튀기[名] [하変] 爆弾あられ。

뻬빠(ペーパーE)[名] =사포(沙布)。

뻰찌(ペンチE)[名] ペンチ。

뻰끼(ペンキE)[名] =ペイント。

뼈[名] ❶ 骨。∥뼈가 굵다 骨が太い;骨太だ。뼈가 부러지다 骨が折れる。뼈가 있는 남자 骨のある男。목뼈 首の骨。❷ 底意。▶**뼈(가) 빠지게** 骨身を削るように;骨身を惜しまず。▶**뼈도 못 추리다**(「拾える 뼈도 없다」の意で)跡形もなくなる。身の破滅をまねく。▶**뼈를 깎다**[갈다] 骨身を削る。▶**뼈에 사무치다** 骨身にしみる;骨身にこたえる。

뼈-다귀[名] (個々の)骨。

뼈-대[名] ❶ (体の)骨格;骨組み。❷ 構

뼈-마디 图 関節; 骨っ節.
뼈-아프다 園 [으変] 骨身にしみる; 手痛い; 痛恨だ. ‖뼈아픈 실수 手痛い失敗; 痛恨のミス.
뼈-오징어 图 [魚介類] モンゴウイカ(紋甲烏賊).
뼈-저리다 園 痛切だ. ‖뼈저리게 실감하다 痛切に実感する.
뼘 图 指尺(広げた 2本の指の間隔を基にしてものの長さをはかること).
뼷-가루 图 [뼛까-/뼏까-] 骨粉. 骨粉(骨粉).
뼷-골 图 [뼛꼴/뼏꼴] 骨髓; 骨身. ▶뼛골에 사무치다 骨身にしみる; 骨身にこたえる; 骨憎に痛む. ▶뼛골(이) 빠지다 身を粉にする; 骨身 惜しまず働く; 身を粉にして働く; 骨身を惜しまず働く.
뽀도독-거리다 圊 しきりに煮え立つ; 煮えてぐつぐつ沸き上がる.
뽀글-뽀글 圖 面國 ものがよく煮え立つ音; ぐつぐつ(と). ‖찌개가 뽀글뽀글 끓다 チゲがぐつぐつ(と)煮える.
뽀드득 圖 面國 ① 窓ガラスなどをこすった時の音. ② 積もった雪を踏んだ時の音.
뽀드득-뽀드득 圖 面國 눈길을 뽀드득뽀드득 밟으면서 걸어가다 雪道をきゅっきゅっと踏みならしながら歩いていく.
뽀로통-하다 園 [하変] 不機嫌そうだ; 膨れ面をしている. むっとしている.
뽀뽀 [뽀–] 图 面國 [幼児語で] ちゅっ; キス.
뽀얗다 ‒야타] 園 [ㅎ変] 白っぽい. ‖뽀얀 얼굴 白っぽい顔.
뽐-내다 /p͈omne:da/ 自国 威張る; ほこる; 自慢する; ひけらかす; 見せびらかす. ‖재능을 뽐내다 才能をほこる. 일 등 했다고 뽐내고 있다 1位になったと威張っている.
뽑는 [뽐–] 園 뽑다(抜く·抜き取る)の現在連体形.

뽑다 /p͈op͈tta/ 【-따】 他 ❶ 抜く; 引っ張って抜く; 雑草を抜く; 刀を抜く 刀を抜く; 이를 뽑다 歯を抜く; 歯牙する. 피를 뽑다 採血する. ❷ 抜き取る; 抜き出す. ‖실을 뽑다 糸を抜き取る; 抜糸する. ❸ 選び出す; 選び取る. ‖대표를 뽑다 代表を選び出す. 엄選する. ❹ 引く; 取る. ‖제비를 뽑다 くじを引く. 본전을 뽑다 元を取る. ❺ (声など を)引き出す. ‖노래를 한 곡 뽑다 歌を 1 曲歌う. ❻ 現像する; 焼き増しする. ‖사진을 뽑다 写真を現像する. ❼ (自動販売機で)コーヒーを買う. ‖자판기에서 커피를 뽑다 自動販売機でコーヒーを買う.

뽑아 他 뽑다(抜く·抜き取る)の連用形.
뽑아-내다 他 引き抜く; 選び抜く. ‖무를 뽑아내다 大根を引き抜く.
뽑은 園 뽑다(抜く·抜き取る)の過去連体形.
뽑을 園 뽑다(抜く·抜き取る)の未来連体形.
뽑-히다 /p͈op͈çida/ [뽑피–] 國 [뽑다の受身動詞] ❶ 選ばれる. ‖의장으로 뽑히다 議長に選ばれる. ❷ 抜ける. ‖배추가 너무 커서 잘 안 뽑힌다 白菜が大きすぎてなかなか抜けない.
뽕¹ 图 =뽕잎. ‖뽕을 따러 가다 桑を摘みに行く.
뽕-나무 图 [植物] クワ(桑).
뽕-밭 图 [–받] 桑畑.
뽕-잎 [–닙] 图 桑の葉.
뽕² 图 おならの音; ぷう.
뽕짝 图 トロットの俗語.
뾰로통-하다 圓 [하変] 膨れっ面をしている; つんとしている; つんつんしている. ‖내 말에 그녀는 뾰로통해졌다 私の言葉に彼女は膨れっ面になった.
뾰루지 图 吹き出もの; できもの; おでき.
뾰족-하다 /p͈joːdʑok͈h̚ada/ [–쪼카–] 園 [하変] 先が尖っている. ‖뾰족한 연필 先の尖った鉛筆. 나무 막대기 끝을 뾰족하게 다듬다 木の棒の端を尖るように整える. ❷ [動詞の 수の形で] いい方法; いい案. ‖뾰족한 수가 없다. いい方法がない. 뾰족-이 圖.
뿌듯-하다 /p͈uduth̚ada/ [–드타–] 園 [하変] 胸がいっぱいだ; 気分が満ち足りている. ‖논문 평가가 좋아 마음이 뿌듯하다 論文の評価がよくて胸がいっぱいだ.

뿌리 /p͈uri/ 图 ❶ (植物の)根; 根っこ. ‖뿌리를 내리다 根を下ろす. 뿌리를 잘라 버리다 根を絶つ. 뿌리를 뽑아 버리다 根っこまで引き抜く. ❷ 根元. ‖기둥뿌리가 썩다 柱の根元が腐る. ❸ 根; 根本. ▶뿌리가 깊다 根深い. ▶뿌리를 박다 根付く; 定着する. ▶뿌리를 뽑다 取り除く; 根絶する; 根絶やしにする.

뿌리다 /p͈urida/ 他 (やや小粒の雨·雪などが)ばらつく. ‖아침부터 비가 뿌리고 있다 朝から雨がぱらついている.
── 他 ❶ 撒く; 蒔く. ‖씨를 뿌리다 種を蒔く. 자기가 뿌린 씨 自分で蒔いた種. 마당에 물을 뿌리다 庭に水を撒く. ❷ 振りかける. ‖고기에 소금을 뿌리다 肉に塩を振りかける. ❸ (金などを)ばらまく; やたらに使う. ‖돈을 뿌리고 다니다 金をやたらに使っている. ❹ (涙を)散らす[流す]. ‖눈물을 뿌리다 涙を流す.
뿌리-줄기 图 [植物] 根茎. 图 근경(根茎).

뿌리-채소 (-菜蔬) 图《植物》根菜. ⑩근채(根菜).

뿌리-치다 /'puritʰida/ 他 振り切る; 振り払う; (頼みなどを) 断わる. ‖내민 손을 뿌리치다 差し出した手を振り払う. 내 부탁을 뿌리쳤다 私の頼みを断わった.

뿌옇다 【-여타】 形 [ㅎ変] (蒸気などで) 曇っている; 白っぽく濁っている.

뿌예-지다 薄川くなる.

뿐 /'pun/ 依② ❶ …だけ; …のみ; …ばかり; …ほか. ‖바라보기만 할 뿐 말이 없다 見つめるだけで何も言わない. 그 사람이 돌아오기만을 기다릴 뿐이다 その人が戻ってくるのを待つのみである. ❷ (…뿐만 아니라の形で) …だけでなく, …ばかりでなく; …のみならず. ‖노래뿐만 아니라 그림에도 재주가 있다 歌だけでなく絵画にも才能がある. 최근에는 배우로서뿐만 아니라 연출가로서도 주목을 받고 있다 最近は俳優としてだけでなく演出家としても注目されている. 키가 크려는지 잘 먹을 뿐만 아니라 잠도 많이 잔다 背が伸びようとしているのか, たくさん食べるだけでなくよく寝る.
— 副 …だけ; …のみ; …ばかり; …きり. ‖내가 바라는 것은 이것뿐이다 私が望むのはこれだけだ. 이름뿐이지 뭐 별한 것은 없었다 名ばかりで見だのあるものはなかった. 식구래야 어머니하고 둘뿐이다 家族と言っても母と2人きりだ.

뿔 图 (牛·ヤギ·シカなどの) 角.

뿔뿔-이 副 散り散りに; 離れ離れに; ばらばらに. ‖가족이 뿔뿔이 흩어지다 家族がばらばらになる.

뿜다 /'pumt͈a/ 【-따】 他 ❶ 吹く; 噴く; 吹き出す. ‖불을 뿜다 火を吹く. ❷ 吹き出す. ‖물을 뿜다 水を吹き出す.

뿜어-내다 吹き出す. ‖연기를 뿜어내다 煙を吹き出す.

쁭 副 [ㅎ自] ❶ 붕を強めて言う語. ❷ 急に穴が空く様子: ぽかん. ‖갑자기 구멍이 쁭 나다 いきなり穴がぽかんと空く.

삐 副 呼び子などを鳴らす音.

삐거덕 副 [ㅎ自] 固いものがこすれ合ってきしむ様子 [音].

삐거덕-거리다 【-꺼-】 自他 きいきいときしむ.

삐걱-거리다 /'piɡ͈ʌk̚k͈ɔrida/ 【-꺼-】 自他 きいきいときしむ. ‖문이 바람에 삐걱거리다 ドアが風できしむ.

삐걱-이다 【-거기-】 自 = 삐걱거리다.

삐끗-하다 【-끄타】 自他 [ㅎ変] ぎくっとする; ぎくっとなる. ‖물건을 들다가 허리를 삐끗했다 ものを持ち上げようとしたら腰がぎくっとなった.

삐다 /'pida/ 他 くじく; 捻挫する. ‖넘어져서 발목을 삐다 転んで足首をくじく.

삐-대다 自 一か所に長居をして迷惑をかける.

삐딱-하다 【-따카-】 形 [ㅎ変] ❶ 傾いている. ❷ (態度などが) ひねくれている. ‖삐딱한 태도 ひねくれた態度.

삐뚤다 形 [ㄹ語幹] 傾いている; まっすぐではない; 偏っている. ‖학생들이 선 줄이 삐뚤다 学生たちの列が曲がっている.

삐뚤-삐뚤 自他 くねくね; よろよろ.

삐뚤어-지다 形 ❶ 曲がっている; 偏っている. ‖벽의 그림이 삐뚤어져 있다 壁の絵が曲がっている. ❷ ひねくれている. ‖삐뚤어진 성격 ひねくれた性格.

삐삐 图 ポケベル.

삐삐 副 体が非常にやせ細っている様子: がりがりに. ‖삐삐 마르다 がりがりにやせている.

삐죽-거리다【-따】【-꺼 [때]-】 他 ❶ 口を尖らせた様子: つんと. ❷ ものの先が細く鋭くなっている様子.

삐쩍 副 비쩍を強めて言う語.

삐쭉-하다 【-쭈카-】 形 [ㅎ変] ものの先が細く鋭くなっている.

삐치다¹ /'pitɕʰida/ 自 すねる. ‖그녀는 내 말에 삐쳤다 彼女は私の言葉にすねた. 삐쳐서 울다 すねて泣く.

삐치다² 他 (字を) はねて書く.

삑 副 呼び子などの甲高い音.

삥 副 뼁を強めて言う語.

삥그르르 自他 빙그르르を強めて言う語. ‖삥그르르 돌다 くるりと回る.

삥긋 副 빙긋を強めて言う語. ‖삥긋 웃다 にっこりと笑う.

삥땅 俗 〔-근〕 名 ねこばば; ピンはね. ‖수수료 일부를 삥땅을 치다 手数料の一部をピンはねする.

삥-삥 副 ぐるぐる. ‖친구집을 못 찾아 일대를 삥삥 돌았다 友だちの家を探せずその辺をぐるぐる回った.

ㅅ

ㅅ 【시옫】 圕 ハングル子音字母の第7番目。名稱は「시옷」.

ㅅ-변칙 활용 (-變則活用) 【시옫뼌치콸룡】 图 《言語》 = ㅅ 불규칙 활용 (-不規則活用).

ㅅ-불규칙 용언 (-不規則用言) 【시옫뿔-칭눙】 图 《言語》 ㅅ 變則用言. ✚굳다·붇다·잇다など.

ㅅ-불규칙 활용 (-不規則活用) 【시옫뿔-치콸룡】 图 ㅅ 變則活用.

사¹ (土) 图 土.
사² (死) 图 死. ‖생과 사 生と死.
사³ (私) 图 私. ‖공과 사를 혼동하다 公私を混同する.
사⁴ (社) 图 社.
사⁵ (師) 图 師匠; 先生.
사⁶ (巳) 图 〔十二支の〕巳(ㅅ).
사⁷ (四) /sa:/ 數 图 4; 四. ‖일, 이, 삼, 사 1,2,3,4. 오에 사를 곱하면 5이 4에かける. ── 冠 4…. ‖사 년 동안 4年間. 사 년 4年.
사⁸ 【語根幹】 사다(買う)の運用形.
-사⁹ (士) 接尾 …士. ‖변호사 弁護士.
-사¹⁰ (史) 接尾 …史. ‖한국사 韓國史.
-사¹¹ (寺) 接尾 …寺. ‖법흥사 法隆寺.
-사¹² (事) 接尾 …事. ‖중대사 重大事.
-사¹³ (舍) 接尾 …舍. ‖기숙사 寄宿舍.
-사¹⁴ (社) 接尾 …社. ‖신문사 新聞社.
-사¹⁵ (師) 接尾 …師. ‖선교사 宣敎師.
-사¹⁶ (詞) 接尾 《言語》 …詞. ‖형용사 形容詞.
-사¹⁷ (辭) 接尾 …辭. ‖취임사 就任辭; 就任の挨拶.
사가 (史家) 图 역사가 (歷史家)의 略語.
사각¹ (四角) 图 〔사각형 (四角形)의 略語〕四角.
사각² (死角) 图 死角. ‖교통사고의 사각지대 交通事故の死角地帶.
사각-거리다[-때다]〔-끼때-〕自他 さらさらする; さくさくする; ざくざくする.
사각-모 (四角帽) 〔-강-〕 图 사각모자 (四角帽子)의 略語.
사각-모자 (四角帽子) 图 四角帽子.
사각-사각 【-싸-】 副 さらさら; さくさく. ‖사과를 사각사각 깎아 먹다 リンゴをさくさくとかじる.
사각-형 (四角形) /sa:gakʰjəŋ/ 〔-가켱〕 图《數學》 四角形. 匣 사각 (四角). 사변형 (四邊形). 囹 정사각형 正方形. 직사각형 長方形.
사감¹ (私感) 图 私感.
사감² (私憾) 图 個人的な恨み.
사감³ (舍監) 图 舍監.

사거 (死去) /-kʰə/ 图 死去.
사-거리 (四-) /sa:gɔri/ 图 十字路; 四つ角; 交差点. 匣 네거리.

사건 (事件) /sa:k'ən/ 〔-껀〕 图 事件; 出來事; 事故. ‖사건이 발생하다 事件が發生する. 사건에 말려들다 事件に卷き込まれる. 사건의 전모를 밝히다 事件の全貌を明らかにする. 살인 사건 殺人事件.

사격 (射擊) /-kʲək/ 图 射擊. ‖원거리 사격 遠距離射擊. 일제히 사격하다 一斉に射擊する.
사격-수 (射擊手) 〔-쑤〕 图 射手.
사견 (私見) 图 私見; 個人としての意見. ‖사견을 표명하다 私見を表明する.
사경¹ (四經) 图 詩經·書經·易經·春秋の4つの書物.
사경² (死境) 图 生死の境. ‖사경을 헤매다 生死の境をさまよう.
사-경제 (私經濟) 图 《經》 私經濟. 對 공경제 (公經濟).
사계 (四季) 〔-/-게〕 图 四季.
사-계절 (四季節) 〔-/-게-〕 图 四季.

사고¹ (事故) /sa:go/ 图 事故. ‖사고가 나다 事故が起きる. 사고를 내다 事故を起こす. 사고를 치다 も事件を起こす. 사고를 당하다 事故にあう. 사고를 미연에 막다 事故を未然に防ぐ. 교통사고 交通事故. 충돌 사고 衝突事故. 무사고 無事故. 사고 현장 事故現場.
사고-결 (事故缺) 图 事故による欠席や欠勤.
사고² (思考) 图 他 思考. ‖심오한 사고 奧深い思考. 잘못된 사고 誤った思考.
사고-력 (思考力) 图 思考力.
사고-방식 (思考方式) 图 考え方.
사고-무친 (四顧無親) 图 賴る人や所が全くないこと.
사골 (四骨) 图 牛の四本脚の骨.
사공¹ (司空) 〔姓〕 图 司空 (サゴン).
사공² (沙工) 图 〔뱃사공 (-沙工)의 略語〕船頭. ▶사공이 많으면 배가 산으로 간다 〔諺〕船頭多くして舟山に上る.

사과¹ (沙果) /sagwa/ 图 リンゴ. ‖사과를 깎다 リンゴの皮をむく. 사과를 베어 먹다 リンゴをかじる. 사과즙 リンゴの汁.
사과-산 (沙果酸) 图《化學》リンゴ酸.
사과-주 (沙果酒) 图 リンゴ酒.
사과² (謝過) /sa:gwa/ 图 他 謝罪; 詫びること. ‖진심으로 사과 드립니다 心よりお詫び申し上げます. 사과하고 싶은 마음은 없다 謝罪する氣はない.
사과-문 (謝過文) 图 謝罪文; 詫び狀.
사관¹ (士官) 图 士官; 將校. ‖사관학교 士官學校.
사관² (史觀) 图 〔역사관 (歷史觀)의 略語〕史觀. ‖유물 사관 唯物史觀.

사교[1] (邪敎) 【宗敎】 邪敎. ㉠정교(正敎).
사교[2] (社交) 【하自】 社交. ‖社交에 능한 사람 社交化되었다.
사교-계 (社交界) [-/-께] 图 社交界.
사교-댄스 (社交 dance) 图 社交댄스.
사교-성 (社交性) 【-썽】 图 社交性.
사교-적 (社交的) 图 社交的. ‖사교적인 성격 社交的な性格.
사교-춤 (社交-) 图 =사교댄스(社交-).
사-교육 (私敎育) 图 私敎育. ㉠공교육(公敎育).
사구[1] (四球) 图 【野球】四球, 포어볼.
사구[2] (死球) 图 【野球】死球; 데드볼.
사구[3] (砂丘) 图【地】砂丘. ‖돗토리사구 鳥取砂丘.
사-군자 (四君子) 图 【美術】 四君子 (梅·菊·蘭·竹).
사귀다 /sagwida/ 彽 付き合う; 交際する. ‖사귀는 사람이 있다 付き合っている人がいる. 오래 사귄 사이 長年付き合った仲.
사귐-성 (-性) 【-썽】 图 社交性; 人付き合い. ‖사귐성이 좋다 人付き合いがよい.
사규 (社規) 图 社規.
사극 (史劇) 图 [역사극(歷史劇)의 略語] 史劇; 歴史劇; 時代劇.
사근사근-하다 图【하変】気さくだ; 愛想がいい; 人当たりがいい. ‖사근사근한 사람 気さくな人. **사근사근-히** 풰
사글사글-하다 图【하変】(顔つきや性格が) 穏やかでやさしい.
사글-세 (-朔月貰) 【-쎄】 图 ❶ 部屋や 家를 月ぎめで借りること; 間借りすること. ㉠ 사글셋방의 略語.
사글셋-방 (-朔月貰-房) 【-쎄빵/-쎈빵】 图 月ぎめで借りた部屋; 間借り.
사금 (砂金) 图 砂金.
사기[1] (士氣) 图 士気; 意気; やる気. ‖사기가 오르다 士気が上がる. 사기를 고무하다 士気を鼓舞する.
사기[2] (史記) 图 史記.
사기[3] (沙器) 图 사기그릇의 略語.
 사기-그릇 (沙器-) 【-른】 图 陶磁器; 焼き物; 瀬戸物. ㉠사기(沙器). ‖사기그릇은 깨지기 쉽다 瀬戸物は壊れやすい.
사기[4] (詐欺) 图【하他】 詐欺. ‖금융사기 金融詐欺. 사기를 당하다 詐欺にひっかかる.
 사기-꾼 (詐欺-) 图 詐欺師, ペテン師.
 사기-죄 (詐欺-) 【-죄/-쮀】 图【法律】 詐欺罪.
사-기업 (私企業) 图 私企業. ㉠공기업(公企業).
사나이 图 男. ㉠사내. ‖경상도 사나이 慶尙道의 男.
사-나흘 图 3, 4日.
사납다 /sa:nap't̚a/ 【-따】 图【ㅂ変】 【사나워, 사나운】 ❶ (性質·行動などが) 荒い; 乱暴だ. ‖성질이 사납다 気性が荒い. ❷ (雨·風·波などが) 激しい; 荒い. ‖파도가 사납다 波が荒い. ❸ (顔つきなどが) 険しい. ‖눈매가 사납다 目つきが険しい. ❹ (言動などが) せちがらい; 薄情だ. ‖인심이 사납다 薄情だ. ❺ (運·縁起などが) 悪い; 不運だ. ‖운수가 사납다 運が悪い. ㉠좋다. 없다. ‖눈꼴사납다 目障りだ. 볼썽사납다 みっともない.
사내[1] 图 [사나이의 縮約形] 男.
 사내-답다 【-따】 图 【ㅂ変】男らしい.
 사내-대장부 (-大丈夫) 图 大丈夫(大丈夫)를 強めて言う語.
 사내-자식 (-子息) 图 ① [사나이의 俗語] 男. ② [아들의 俗語] 息子.
사내[2] (社內) 图 社内. ‖사내 결혼 社内結婚.
사냥 图【하他】 狩り; 狩獵. ‖사냥을 가다 狩りに行く.
 사냥-감 [-깜] 图 獲物.
 사냥-개 [-깨] 图 獵犬.
 사냥-꾼 图 獵師; 狩人.
 사냥-철 图 狩獵期.
 사냥-총 (-銃) 图 獵銃. ㉠엽총(獵銃).
 사냥-터 图 狩り場; 獵場.
사년 (巳年) 图 巳年. ㉠뱀해.
사념 (思念) 图【하他】思念.
사농공상 (士農工商) 图 士農工商.
사는[1] [冠詞幹] 살다(生きる·住む)의 現在連體形.
사는[2] [冠詞幹] 사다(買う)의 現在連體形.
사다 /sada/ 他 ❶ 買う. ‖책을 사다 本을 買う. 권리를 사다 権利를 買う. 재능을 높이 사다 才能を高く買う. ❷ (人을) 雇う. ‖사람을 사서 집을 수리하다 人を雇って家を修理する. ❸ 맡으로 引き受기다; 買기로 나서다. ‖고생을 사서 하다 苦労を買って出る. ❹ 他人에게 感情を抱기다. ‖반감을 사다 反感を買う. 원한을 사다 恨みを買う. 빈축을 사다 顰蹙(ひんしゅく)을 買う. 환심을 사다 歓心을 買う. 선생님의 분노를 사다 先生の怒りを買う. 미움을 사다 憎まれる. 의심을 사다 疑われる.
사다리 图 사닥다리의 縮約形.
 사다리-꼴 (-꼴) 【数学】 梯形(ㄴ); 台形.
 사다리-차 (-車) 图 梯子車.
사닥-다리 【-따-】 图 梯子. ㉠사다리.
사단[1] (事端) 图 事件의 端緒; 事柄의 糸口.
사단[2] (社團) 图 사단법인(社團法人) 의 略語.
 사단-법인 (社團法人) 图【法律】 社

사단(社團) 団法人. ㉝사단(社團).

사단³(師団) 〖名〗〖軍事〗(軍隊の)師団. ‖제발 사단 第8師団.

사담(私談) 〖名〗 私談. ‖사담 금지 私語禁止.

사당¹(寺黨·社黨) 〖名〗〖民俗〗 朝鮮時代に, 各地を流浪しながら歌や舞で生計を立てた女芸人, またその連中.

사당²(私黨) 〖名〗 私党.

사당³(祠堂) 〖名〗 位牌堂.

사대(事大) 〖名〗〖하也〗 事大.

사대-사상(事大思想) 〖名〗 事大思想.

사대-주의(事大主義) 〖-/-이〗 〖名〗 事大主義.

사대(師大) 〖名〗 〖사범 대학(師範大學)의略語〗 教育大学.

사-대문(四大門) 〖名〗〖歴史〗 朝鮮時代, ソウルにあった4つの城門: 흥인문(興仁門: 現在の東大門)·돈의문(敦義門)·숭례문(崇禮門: 現在の南大門)·숙정문(肅靖門).

사도(使徒) 〖名〗 使徒. ‖정의의 사도 正義の使徒.

사도²(邪道) 〖名〗 邪道. ㉗정도(正道).

사도³(私道) 〖名〗 ㉗공도(公道).

사돈(査頓) 〖名〗 結婚によって結ばれた両家の姻戚関係. ▶사돈 남(의) 말 하다 〖慣〗自分のことは棚上げして人のことに口を出す. ▶사돈의 팔촌 (「遠い親戚」の意で)他人.

사돈-댁(査頓宅) 【-떽】〖名〗 사돈집(査頓-)の尊敬語.

사돈-집(査頓-) 〖名〗 相(あ)やけの家.

사-동사(使動詞) 〖名〗〖言語〗 使役動詞.

사-들이다 〖他〗 買い入れる; 買い込む. ‖협동조합에서 일괄해서 사들이다 生協で一括して買い入れる.

사-등분(四等分) 〖名〗〖하也〗 4等分.

사디스트(sadist) 〖名〗 サディスト.

사디즘(sadism) 〖名〗 サディズム. ㉗마조히즘.

사령(史令) 〖名〗〖歴史〗 昔, 地方官に対して部下や一般の人が呼称として用いた尊敬語.

사라지다

/saradʑida/ 〖自〗 〖形·姿·感情·考えなど〗が消える; なくなる; 去る. ‖눈앞에서 사라지다 目の前から消える. 미워하는 마음이 사라지다 憎しみが消える. 형장의 이슬로 사라지다 刑場の露と消える.

사람

/sa:ram/ ❶〖人〗; 人間. ‖사람은 만물의 영장이다 人は万物の霊長である. 유복한 사람 裕福な人. 서울 사람 ソウルの人. 사람을 마구 다루다 人使いが荒い. 사람을 찾고 있다 人を探している. 다른 사람의 물건에 손을 대다 人の物に手をつける. 집사람 家内. ❷ 話す時, 相手の話し相手としての自分または相手以外の人間. ‖사람을 귀찮게 하지 마 私を煩わすな. ❸ 人柄; 性質. ‖사람이야 그만이지 人柄は申し分ない. ▶사람(을) 버리다 人が悪くなる; 人を駄目にする. ▶사람(을) 잡다 人を窮地に追い込む. ▶사람(이) 되다 人格的に立派な人間になる. ▶사람 죽이다 ① 人をひどく困らせる. ② 笑い話やまなどで人を笑い転げさせる. ③ 人をうっとりさせるほどいい. ▶사람은 죽으면 이름을 남기고 범은 죽으면 가죽을 남긴다 〖諺〗人は死して名を留め虎は死して皮を留む.

— 〖依〗 …人; …名. ‖한 사람 1人.

사람 살려 救助を求めて発する語: 助けて!

사랑

/saraŋ/ 〖名〗〖他〗 愛; 恋. ‖어머니의 자식에 대한 사랑 母の子どもへの愛. 사랑에 빠지다 恋に落ちる. 난민에의 사랑의 손길을 뻗치다 難民に愛の手をさしのべる. 사랑의 보금자리 愛の巣. 사랑의 매 愛のむち. 첫사랑 初恋.

사랑-니 親知らず; 知歯. ‖사랑니가 나다 親知らずが生える.

사랑-스럽다 【-따】〖形〗〖ㅂ変〗 愛らしい; 愛しい. **사랑스레** 〖副〗

사랑-싸움 〖名〗 痴話げんか; 愛のいさかい.

사랑²(舎廊·斜廊) 〖사랑방(舎廊房)の略語〗 〖名〗.

사랑-방(舎廊房) 〖名〗 客間(昔, 主人が寝起きする部屋を接客用としても使った部屋). ㉝사랑(舎廊).

사레-들리다 〖自〗 むせる; むせぶ. ‖사레들려 기침을 심하게 하다 むせて激しく咳き込む.

사려(思慮) 〖名〗〖하也〗 思慮. ‖사려 깊은 행동 思慮深い行動.

사령¹(辞令) 〖名〗 ❶ 辞令. ‖사령을 받다 辞令を受ける. ❷ 사령장(辞令状)の略語.

사령-장(辞令状) 〖-짱〗〖名〗 辞令. ㉝사령(辞令).

사령²(司令) 〖名〗〖하也〗 司令.
사령-관(司令官) 〖名〗 司令官.
사령-탑(司令塔) 〖名〗 司令塔.
사령-부(司令部) 〖名〗 ‖군사령부 軍司令部.

사례¹(事例) 〖名〗 事例. ‖상담 사례 相談事例. 비슷한 사례 似たような事例.

사례²(謝礼) 〖名〗〖他〗 謝礼; お礼.
사례-금(謝礼金) 〖名〗 謝礼; 謝金.

사로-잡다 /sarodʑap̚t͈a/ 【-따】〖他〗 ❶ 生け捕る. ‖곰을 사로잡다 熊を生け捕る. ❷ (心などを)引き付ける; 捕らえる. ‖마음을 사로잡다 心を捕らえる. ㉝사로잡히다.

사로-잡히다 /sarodʑap̚ʰida/ 【-자피-】〖自〗 〖사로잡다の受身動詞〗 ❶ 生け捕られる. ‖사로잡힌 포로 生け捕られた捕虜. ❷ (心などが)とらわれる; 駆られる.

사론 (あることに)夢中になる. ∥그녀에게 한눈에 반해 사로잡히다 彼女に一目ぼれしてしまう.

사론¹ (史論) 图 史論.
사론² (私論) 图 私論. ㉠공론(公論).
사료¹ (史料) 图 史料.
사료² (思料) 图 图타 思慮.
사료³ (飼料) 图 飼料; えさ. ∥돼지 사료 豚のえさ.
사륜 (四輪) 图 四輪. ∥사륜 구동 四輪駆動.

사르다 /saruda/ 삐 [三숓] [살라, 사르는] ❶ (あるものを)燃やす; 焼却する. ∥종이를 사르다 紙を燃やす. ❷ (かまど·焚口などに)火をつける. ∥화덕에 불을 사르다 焚口に火を起こす.

사르르 凰 ❶ (ものが)静かに動いたり結び目がうまくほどけたりする様子: するり. ∥매듭이 사르르 풀리다 結び目がするりと解ける. ❷ (雪·氷などが)徐々に溶ける様子: とろり. ∥아이스크림이 입안에서 사르르 녹다 アイスクリームが口の中でとろりと溶ける. ❸ 眠気がさして自然と目を閉じる様子: すうっと. ∥잠이 사르르 오다 眠気がすうっとさす. ❹ (感情などが)ひとりでにほぐれる様子: 노여움이 사르르 풀리다 怒りがすっとほぐれる. ❺ (体やその一部が)少しずつ痛くなる様子. ∥배가 사르르 아파 오다 お腹が少しずつ痛くなる.

사리¹ 图 麺やうどんなどを丸めたかたまり; 玉. ∥우동 사리 うどんの玉.
사리² (私利) 图 私利.
사리-사욕 (私利私慾) 图 私利私欲.
사리³ (事理) 图 事理; 物事の道理.
사리⁴ (舍利) 图 (仏教) 仏舎利; 高僧の遺骨.
사리-탑 (舍利塔) 图 (仏教) 舍利塔.

사리다 /sarida/ 삐 ❶ (動物が怖がって)しっぽを股の間に巻いて入れる. ❷ あることに積極的に取りかからず骨惜しみする. ∥몸을 사리다 骨惜しみする.

사립 (私立) 图 私立. ㉠국립(國立)·공립(公立).
사립-대학 (私立大學) 【-때-】 图 私立大学.
사립-문 (-門) 【-립-】 图 柴の戸; 柴の門; 柴の扉.

사마귀¹ 图 疣(いぼ).
사마귀² (昆虫) 图 カマキリ(蟷螂); 拝み虫.

사막 (沙漠·砂漠) 图 砂漠. ∥사하라 사막 サハラ砂漠. 고비 사막 ゴビ砂漠.

사망 (死亡) /sa:maŋ/ 图 图자 死亡. ∥교통사고로 사망하다 交通事故で死亡する.
사망-률 (死亡率) 【-뉼】 图 死亡率.
사망-신고 (死亡申告) 图 死亡届.
사망-자 (死亡者) 图 死亡者.
사망-진단서 (死亡診斷書) 图 死亡診断書.

사면¹ (四面) 图 四面; 四方.
사면² (斜面) 图 斜面.
사면³ (赦免) 图 图타 赦免(しゃめん).
사면-장 (赦免狀) 【-짱】 图 赦免状.
사면-체 (四面體) 图 四面体.
사면-초가 (四面楚歌) 图 四面楚歌.
사멸 (死滅) 图 图자 死滅. ∥몇만 년 전에 사멸한 동물 何万年も前に死滅した動物.

사명¹ (使命) 图 使命. ∥사명을 따다 使命を帯びる.
사명-감 (使命感) 图 使命感.
사명² (社名) 图 社名.
사명³ (社命) 图 社命.

사모 (思慕) 图 图타 思慕; 恋慕; 恋い慕うこと. ∥사모하는 마음 思慕の念; 恋慕の情.
사모-관대 (紗帽冠帶) 图 旧式の婚礼の時花婿がかぶる帽子と礼装.
사모-님 (師母-) 图 ❶ (師匠の夫人に対する尊敬語)奥様. ❷ (目上の人や他人の夫人に対する尊敬語)奥様.

사무 (事務) /sa:mu/ 图 事務. ∥사무를 보다 事務を執る. 사무 용품 事務用品. 사무 능력 事務能力.
사무-관 (事務官) 图 事務官.
사무-소 (事務所) 图 事務所.
사무-실 (事務室) 图 事務室; オフィス.
사무-원 (事務員) 图 事務員.
사무-적 (事務的) 图 事務的.
사무-직 (事務職) 图 事務職.

사무치다 图 身にしみる; (思いが)募る. ∥사무치는 그리움 募る思い.

사문서 (私文書) 图 私文書. ㉠공문서(公文書).
사문서^위조죄 (私文書僞造罪) 【-쬐 | -쮀】 (法律) 私文書偽造罪.

사물 (事物) /sa:mul/ 图 事物; 物事. ∥사물을 관찰하다 事物を観察する.
사물-놀이 (四物-) 【-로리】 图 (民俗) 4つの伝統打楽器〈꽹과리[鉦]·징[드라·북[太鼓]·장구(つづみ)]〉による演奏.
사물-함 (私物函) 图 学校や職場などに設けられた個人専用の箱; ロッカー.

사뭇 【-묻】 凰 ❶ しみじみ感じられる様子: いかにも; 本当に; かなり. ∥사뭇 놀라다 かなり驚く. ❷ 続けて; ずっと; ひたすら. ∥두 시간 동안 사뭇 술을 마셨다 2時間ずっと酒を飲んだ. ❸ 非常に異なる様子: すっかり; 全然. ∥평소와는 사뭇 다른 분위기 普段とは全く違う雰囲気.

사미-승 (沙彌僧) 图 (仏教) 沙弥(しゃみ).
사바 (娑婆) 图 (仏教) 娑婆.
사바-사바 (さばさば日) 图 图자 闇取引や不正行為などをこっそり行なう様子. ∥사바사바해서 일을 매듭짓다 買収して事の結末をつける.

사-박자 (四拍子) 【-짜】 图 (音樂) 四

박자(拍子).

사발(沙鉢) 명 酒・汁物を入れたり飯を盛ったりする陶器製の碗; どんぶり.

사발-통문(沙鉢通文) 명 傘(☆)連判.

사방(四方) /sa:baŋ/ 명 ❶四方で; 四つの方角; 東西南北の方角. ‖사방으つ 뻗어 나간 교통망 四方に張り巡らされた交通網. ❷周囲.

사방-팔방(四方八方) 四方八方; あらゆる方面. ‖사방팔방으로 수소문 하다 四方八方探し回る.

사방-치기(四方-) 石蹴り.

사범¹(事犯) 명 〖法律〗事犯. ‖폭력사범 暴力事犯.

사범²(師範) 명 師範. ‖태권도 사범 テコンドーの師範.

사범³대학(師範大學) 敎育學部. ㉺사대(師大).

사법¹(司法) /sabop/ 명 司法. ㉺입법(立法)・행정(行政).

사법-권(司法權) [-꿘] 명 〖法律〗司法權.

사법-기관(司法機關) [-끼-] 명 司法機關.

사법-부(司法府) [-뿌] 명 司法府.

사법-서사(司法書士) [-써-] 명 司法書士.

사법-시험(司法試驗) [-씨-] 명 司法試驗. ㉺사시(司試).

사법-연수생(司法硏修生) [-변년-] 명 司法修習生.

사법-재판(司法裁判) [-째-] 명 司法裁判.

사법²(私法) [-뻡] 명 〖法律〗私法. ㉺공법(公法).

사벨(sabel⁴) 명 サーベル(西洋風の長い劍).

사변¹(四邊) 명 四辺;〖數學〗四辺.

사변-형(四邊形) 명 四辺形. ㉺사각형(四角形). 평행 사변형 平行四邊形.

사변²(事變) 명 事変. ‖만주 사변 滿州事變.

사변³(思辨) 명 思弁.

사변-적(思辨的) 명 思弁的.

사별(死別) 명 하자 死別; 死に別れること. ‖남편과 사별하다 夫と死別する.

사병(士兵) 명 兵士; 兵卒.

사병(士兵) 명 兵士.

사보(社報) 명 社内報.

사보타주(sabotage⁷) 명 하타 サボタージュ; 怠業.

사복(私服) 명 私服. ‖사복 경찰 私服警官.

사복(寫本) 명 写本.

사부(師父) 명 師父.

사-부인(査夫人) 相(☆)やけの夫人の尊敬語.

사부작-사부작 [-싸-] 명 하자 こそこそ; ひそひそ.

사부 합창(四部合唱) 〖音樂〗四部合唱.

사북 명 《扇》の要.

사분(四分) 명 하타 四分.

사분-기(四分期) 명 四半期.

사분-쉼표(四分-標) 〖音樂〗四分休符.

사분-오열(四分五裂) 명 하자 四分五裂.

사분-음표(四分音標) 〖音樂〗四分音符.

사분사분-하다 톝 하여 氣立てでやさけが優しい. **사분사분-히** 틤

사뿐 톝 하여 足音を立てずに輕く踏み出す樣子; そっと. ‖사뿐사뿐 걷다 そっと歩く.

사뿐-하다 톝 하여 ❶足音が立たないほど足どりが輕い; (足取りが)輕やかだ. ‖사뿐한 걸음걸이 輕やかな足取り. ❷心身がともに輕くすがすがしい. ‖일을 끝내고 사뿐한 마음으로 퇴근하다 仕事を終えてすがすがしい氣持ちで退社する. **사뿐-히** 틤

사사(師事) 명 하타 師事.

사사-건건(事事件件) [-껀껀] 명 すべてのこと; あらゆること.
— 틤 事ごとに. ‖사사건건 시비를 걸다 事ごとに[ことあるごとに]言いがかりをつける.

사사-롭다(私私-) [-따] 톝 (ㅂ變) 私的だ; 重要ではない. ‖사사로운 일 個人的な事. **사사로이** 틤

사-사분기(四四分期) 명 第四四半期.

사사-오입(四捨五入) 명 하타 四捨五入. ㉺반올림(半-).

사산(死産) 명 하타 死産.

사살(射殺) 명 하타 射殺. **사살-당하다** 된도

사상¹(史上) 명 史上. ‖사상 최고의 기록 史上最高の記錄.

사상²(事象) 명 事象.

사상³(思想) /sasaŋ/ 명 思想. ‖불온한 사상 不穩な思想. 사상의 자유 思想の自由. 동양 사상 東洋思想.

사상-계(思想界) [-/-계] 명 思想界.

사상-범(思想犯) 〖法律〗思想犯.

사상-적(思想的) 명 思想的.

사상⁴(死傷) 명 하자 死傷.

사상-자(死傷者) 명 死傷者.

사상-누각(砂上樓閣) 砂上の樓閣.

사색¹(死色) 명 ❶死色; (顔色が)真っ青になる. ‖놀라 얼굴이 사색이 되다 驚いて顔色が真っ青になる.

사색²(思索) 명 하타 思索. ‖가을은 사색의 계절이다 秋は思索の季節だ.

사생¹(死生) 명 死生; 生死.

사생-결단(死生決斷) [-딴] 명 하자 今日死んでもいい覺悟での決斷, またはそ

れほどの勢い. ‖오늘 사생결단을 내고 말겠야 今日死ぬ覚悟で決着をつけるつもりだ.

사생²(寫生) 图 [하他] 写生. ‖사생 대회 写生大会.

사생-아(私生兒) 图 私生児.

사생-자(私生子) 图 =사생아(私生兒).

사생-화(寫生畫) 图 [美術] 写生画.

사-생활(私生活) 图 私生活; プライバシー. ‖사생활은 보장되어야 한다 私生活は保障されなければならない.

사서¹(司書) 图 (図書館の)司書.

사서²(史書) 图 史書; 歷史書.

사서-삼경(四書三經) 图 儒教の基本経典とされる四書(大学・中庸・論語・孟子)と三経(詩経・書経・易経).

사서-오경(四書五經) 图 儒教の基本経典とされる四書(大学・中庸・論語・孟子)と五経(易経・書経・詩経・春秋・礼記).

사서-함(私書函) 图 私書箱.

사석(私席) 图 私的な席; 個人的な話し場. ⟷공석(公席).

사선¹(死線) 图 死線. ‖사선을 넘다 死線を越える.

사선²(斜線) 图 斜線.

사설¹(私設) 图 [하他] 私設. ⟷공설(公設). ‖사설 버스 私設bus.

사설²(社說) /sa:sʌl/ 图 社說. ‖신문 사설 新聞の社說.

사설³(辭說) 图 [하自] くどくどしい文句; 愚痴. ‖사설을 늘어놓다 くどくどと愚痴をこぼす.

사설-시조(辭說時調) 图 [文芸] 原型の平時調(平時調)より長くなった時調. ⟷평시조(平時調); 엇시조(엇時調).

사성(四聲) 图 [言語] 四声(漢字の韻による平声(평성)・上声(상성)・去声(거성)・入声(입성)).

사-소설(私小說) 图 [文芸] 私小說.

사소-하다(些少-) 图 [하容] 少ない; わずかで; 細かい; つまらない. ‖사소한 일 些細なこと. **사소-히** 剾

사수¹(死守) 图 [하他] 死守. ‖진지를 사수하다 陣地を死守する.

사수²(射手) 图 射手.

사수-자리(射手-) 图 [天文] 射手座. ⟷궁수자리(弓手-).

사숙(私塾) 图 私塾.

사슴 图 [動物] シカ(鹿).

사슴-벌레 图 [昆虫] クワガタムシ(鍬形虫).

사시¹(司試) 图 사법 시험(司法試驗)の略語.

사시²(斜視) 图 斜視; やぶにらみ; 寄り目.

사시³(社是) 图 社是.

사시⁴(巳時) 图 [民俗] 巳(사)の刻(午前9時から午前11時まで).

사시-나무 图 [植物] ヤマナラシ(山鳴). ▶사시나무 떨듯 非常に恐れおののいて.

사시미(刺身 日) 图 刺身. ⟷생선회(生鮮膾).

사식(私食) 图 (囚人への)差し入れの食べ物.

사신(使臣) 图 使臣; 使節. ‖사신을 보내다 使臣を遣わす.

사실¹(史實) 图 史実.

사실² /sa:ʃil/ 图 事実. ‖사실을 폭로하다 事実を暴露する. 사실이 드러나다 事実が明るみに出る.
— 副 実際; 実は. ‖사실 나는 그녀를 안 좋아한다 実は私は彼女が好きではない.

사실-무근(事實無根) 图 事実無根.

사실-상(事實上) 【-쌍】图 事実上.

사실-심(事實審) 【-씸】图 [法律] 事実審.

사실-혼(事實婚) 图 [法律] 事実婚. ⟷법률혼(法律婚).

사실³(寫實) 图 [하他] 写実.

사실-적(寫實的) 【-쩍】图 写実的. ‖사실적인 묘사 写実的な描写.

사실-주의(寫實主義) 【-/-이】图 写実主義.

사심(私心) 图 私心. ‖사심을 버리다 私心を捨てる[去る].

사심(邪心) 图 邪心.

사십(四十) /sa:ʃip/ 圈 [數] 40歳; 40; 四十. 珊마흔. ‖내년이면 나이가 사십이다 来年で40歳だ. 사십을 불혹이라고도 하여 40歳を不惑とも言う.
— 图 40…. ‖사십 년 40年. 사십 개 40個.

사십구일-재(四十九日齋) 【-꾸-】图 49日; 死後49日目の法事.

사악-하다(邪惡-) 【-아카-】图 [하容] 邪悪だ. ‖사악한 음모 邪悪な陰謀.

사안(事案) 图 事案. ‖중요한 사안 重要な事案.

사암(沙岩・砂岩) 图 砂岩.

사약¹(死藥) 图 飲むと死ぬ毒薬.

사약²(賜藥) 图 昔, 罪を犯した臣下などに王が毒薬を与えたこと, またはその毒薬.

사양¹(斜陽) 图 斜陽.

사양-길(斜陽-) 【-낄】图 時代の移り変わりによって繁栄したものが滅びていく過程のたとえ. ‖사양길에 접어들다[들어서다] 斜陽化の道をたどる.

사양-산업(斜陽産業) 图 斜陽産業.

사양²(仕樣) 图 仕様.

사양³(辭讓) 图 [하他] 辞譲; 遠慮; 辞退. 丁重に断ること. ‖호의를 사양하다 好意を辞退する.

사어(死語) 图 [言語] 死語.

사업(事業) /sa:ɔp/ 图 [하他] 事業.

새로운 사업을 구상하다 新しい事業を構想する. **사업에 성공[실패]하다** 事業に成功[失敗]する. **복지 사업** 福祉事業.
사업-가(事業家)【-까】图 事業家.
사업-장(事業場)【-짱】图 事業所.
사업-주(事業主)【-쭈】图 事業主.
사업-채(事業債)【-째】图 事業債.
사업-체(事業體)图 事業体.
사역(使役)图 使役.
사역-동사(使役動詞)【-똥-】图《言語》使役動詞.
사역-형(使役形)【-여컹】图《言語》使役形.
사열(查閱)图《軍事》查閱.
사열-식(查閱式)图《軍事》查閱式.
사옥(社屋)图 社屋.
사욕¹(私慾)图 私慾. **사리사욕** 私利私欲. **사욕을 버리다** 私欲を捨てる.
사욕²(邪慾)图 邪欲.
사용¹(私用)图 私用. ↔공용(公用).
사용²(使用)/sa:joŋ/图 使用. **사용 금지** 使用禁止. **사용 중입니다** 使用中です.
사용-가치(使用價値)图《經》使用価値.
사용-권(使用權)【-꿘】图《法律》使用権.
사용-료(使用料)【-료】图 使用料.
사용-법(使用法)【-뻡】图 使用法.
사용-인(使用人)图 使用人.
사용-자(使用者)图 使用者.
사우(社友)图 社友.
사우나(sauna フィンランド)图 サウナ.
사우나-탕(-湯)图 =사우나.
사우디아라비아(Saudi Arabia)图《国名》サウジアラビア.
사운(社運)图 社運. **사운이 걸린 프로젝트** 社運のかかったプロジェクト.
사운드(sound)图 サウンド; 音.
사운드트랙(sound track)图《音楽》サウンドトラック.
사원¹(寺院)图 寺院.
사원²(社員)图 社員. **신입 사원** 新入社員. **평사원** 平社員.
사월(四月)/sa:wol/图 4月. **꽃피는 사월** 花咲く 4月. **사월 말에** 4月の末に.
사위 图 婿.
사윗-감【-위깜/-윋깜】图 婿候補; 婿にしたい人. **사윗감을 고르다** 婿候補を選ぶ. ▶**사위는 백 년 손이라**(諺)(「婿は百年の客」の意で)婿はいつまでも気を使い, もてなさなければならない存在である. **사위 사랑은 장모**(諺) 婿をかわいがるのは母と姑.

사유¹(私有)图《哲》私有. ↔공유(公有).
사유-권(私有權)【-꿘】图《法律》私有権.
사유-물(私有物)图 私有物.
사유-재산(私有財産)图 私有財産.
사유-재산제(私有財産制)图 私有財産制.
사유-지(私有地)【-또】图 私有地.
사유-철도(私有鐵道)【-또】图 私有鉄道; 私鉄.
사유²(事由)图 事由; 理由.
사유³(思惟)图 思惟; 思考.
사육(飼育)图《畜》飼育. **동물 사육** 動物の飼育.
사육-제(謝肉祭)【-쩨】图《カトリック》謝肉祭.
사은¹(師恩)图 師恩.
사은²(謝恩)图《畜》謝恩.
사은-회(謝恩會)【-/-회】图 謝恩会.
사의¹(謝意)【-/-이】图 謝意. **사의를 표하다** 謝意を表わす.
사의²(辭意)【-/-이】图 辞意. **사의를 표명하다** 辞意を表明する.

사이 /sai/

❶(空間的·時間的) 間. **구름 사이로 달이 보이다** 雲の間から月が見える. **내가 없는 사이에** 私がいない間に. **여섯 시에 일곱 시사이에 저녁을 먹는다** 6時から7時の間に夕飯を食べる. ❷(抽象的な) 範囲. **친구들 사이에는 인기가 있다** 友だちの間では人気がある. **학생들 사이에 유행하고 있는 놀이** 学生の間で流行している遊び. ❸(人間関係の) 仲; 間柄; 関係. **친구 사이** 親友の間柄. ▶**사이가 뜨다**(親しい間柄が)疎遠になる.

사이다(cider)图 サイダー.
사이드(side)图 サイド.
사이드라인(sideline)图 サイドライン.
사이드브레이크(side+brake 日)图 サイドブレーキ.
사이드-카(sidecar)图 サイドカー.
사이렌(siren)图 サイレン. **사이렌을 울리다** サイレンを鳴らす.
사이버네틱스(cybernetics)图 サイバネティックス.
사이버-스페이스(cyberspace)图 サイバースペース.
사이보그(cyborg=cybernetic+organism)图 サイボーグ.
사이비(似而非)图 似非(⑥). **사이비 의사 エセ医者**; **にせ医者**. **사이비 학자** エセ学者.
사이-사이 ❶(空間的な)間々. **잎사이에 까무고 있다** 葉々に挟む. ❷(副詞的に)暇あるごとに; 合間合間に; **일하는 사이사이에 수다를 떨다** 仕事の合間合間におしゃべりをする.
사이-시옷【-온】图《言語》複合名詞

를 形成하는 際, 先行의 名詞가 母音으로 終하면 添加되는 「ㅅ」의 것. 깃발·나뭇잎·머릿속等.

사이-좋다[-조타] 形 仲がいい; 親しい; 睦まじい. ‖사이좋아 보이다 仲がよさそうに見える.

사이즈 (size) 名 サイズ. ‖사이즈에 맞는 옷을 고르다 サイズに合う服を選ぶ.

사이클 (cycle) 名 サイクル.

사이클링 (cycling) 名 サイクリング.

사이클히트 (cycle hit) 名 (野球で)サイクルヒット.

사이트 (site) 名 (IT) サイト.

사이펀 (siphon) 名 サイホン.

사익 (私益) 名 私益; 個人の利益. ↔ 공익 (公益).

사인 (死因) 名 死因.

사인-방 (四人幇) 名 (ある分野において) 4人の核心人物; 四天王; 四人組.

사인-펜 (sign+pen 日) 名 サインペン.

사임 (辭任) 名 (하他) 辭任; 辭職. ‖공직을 사임하다 公職を辭任する.

사잇소리-현상 (-現象)【-이쏘-/-이쏘-】(言語) 複合名詞를 形成하는 際, 先行의 名詞가 有聲音으로 終하고, 後續의 名詞가 平音으로 始하면, 그 平音이 濃音으로 變하는 現象. 特히 先行의 名詞가 母音일 境遇에 「ㅅ」이 添加되는 現象. 냇가·햇사공·산골·종소리等.

사자 (獅子) /sa:dʑa/ 名 (動物) シシ(獅子); ライオン.

사자-놀이 (獅子-) 名 (民俗) 陰曆의 正月 15日에 獅子模樣의 假面을 쓰고 추는 놀이.

사자-자리 (獅子-) 名 (天文) しし座.

사자-춤 (獅子-) 名 = 사자놀이 (獅子-).

사자-후 (獅子吼) 名 獅子吼(く).

사장¹ (死藏) 名 死藏.

사장² (社長) /sa:dʑaŋ/ 名 社長. ‖사장에 취임하다 社長에 就任한다. 건설회사 사장 建設會社社長.

사-장조 (-長調)【-쪼】 名 (音樂) ト長調.

사재 (私財) 名 私財. ‖사재를 사회에 환원하다 私財을 社會에 還元한다.

사재-기 (事財-) 名 (하他) 買占め; 買い溜め.

사저 (私邸) 名 私邸; 私宅. ↔ 공저 (公邸).

사적¹ (史的)【-쩍】 形 史的. ▶ 사적 유물론 (史的唯物論)【-쩡뉴-】 名 史的唯物論.

사적² (史跡) 名 史跡. ‖사적을 돌아보다 史跡을 巡る.

사적-지 (史跡地)【-찌】 名 史跡地.

사적³ (私的)【-쩍】 形 私的. ▶ 사적인 관심 私的な關心.

사전¹ (事前) 名 事典. ‖사전에 점검을 하다 事前に点検をする. 음모가 사전에 발각되다 陰謀が事前に發覺する.

사전² (辭典) /sa:dʑon/ 名 辭典; 辭書. ‖사전을 찾다 辭書をひく. 한국어 사전 韓國語の辭典. 일본어 사전 日本語の辭典. 국어 사전 國語辭典. 한일 사전 韓日辭典.

사전³ (私田) 名 私田. ↔ 공전 (公田).

사절¹ (使節) 名 使節. ‖외교 사절 外交使節.

사절² (謝絶) 名 (하他) 謝絶. ‖면회 사절 面会謝絶.

사절-지 (四折紙)【-찌】 名 全紙를 4つに折った大きさの紙.

사정¹ (事情) /sa:dʑoŋ/ 名 (하他) **❶** 事情. ‖식량 사정 食料事情. 사정을 들어 보다 事情을 聞いてみる. **❷** 理由; わけ. ‖사정을 밝히다 理由を明かす. 【사정하다의 形で】(物事の理由や都合を述べて)配慮を求める; 頼み込む. ‖도와달라고 사정하다 助けてくれと頼み込む. ▶ 사정(을)두다 相手の都合や事情を配慮する.

사정-사정 (事情事情) 名 (하自) 何度も頼んだり依賴したりすること. ‖사정사정하여 겨우 들어갈 수 있었다 何度も頼んでやっと入ることができた.

사정-없다 (事情-)【-업따】 形 容赦ない; 無慈悲だ; 冷酷だ. **사정없이** 副 사정없이 두들겨 패다 容赦なく殴る.

사정² (査定) 名 (하他) 査定.

사정³ (射精) 名 射精.

사정⁴ (私情) 名 私情.

사정-거리 (射程距離) 名 射程距離. ‖사정거리 안에 들다 射程距離内에 들다.

사제¹ (司祭) 名 (カトリック) 司祭.

사제² (師弟) 名 師弟.

사제지간 (師弟之間) 名 師匠과 弟子의 間柄 [關係].

사조 (思潮) 名 思潮. ‖문예 사조 文藝思潮.

사족¹ (四足) 名 四足; 獸의 4つの足. ▶ 사족을 못 쓰다 ① 身動きが取れない. ② 夢中になる; 目がない. 단것이라면 사족을 못 쓰다 甘い物には目がない.

사족² (蛇足) 名 蛇足. ‖사족을 달다 蛇足をつける.

사죄 (謝罪)【-/-꿰】 名 (하他) 謝罪; 詫びること. ‖깊이 사죄 드립니다 深くお詫び申し上げます.

사주¹ (四柱) 名 **❶** 人の運命において4つの柱になるような, 生まれた年月日時の4つの干支. **❷** 生まれた年月日時によって占った運勢や運命. ▶ 사주가 세다 運勢が悪い. ‖사주를 보다 運勢を占う.

사주-팔자 (四柱八字)【-짜】 名 = 사주 (四柱).

사주² (社主) 名 社主.

사중-주 (四重奏) 名 (音樂) 四重奏.

사중-창 (四重唱) 图 《音楽》 四重唱.
사증 (査證) 【-쯩】 图 査証; ビザ. 비자.
사지¹ (四肢) 图 四肢; 両手と両足. ‖사지를 결박하다 両手と両足を縛り上げる.
사지² (死地) 图 死地.
사직¹ (社稷) 图 社稷(しゃしょく).
사직² (辭職) 图 自動 辞職; 辞任; 辞職. ‖회사의 이사를 사직하다 会社を辞職する.
사직-서 (辭職書) 【-써】图 =사직원(辭職願).
사직-원 (辭職願) 图 辞職願.

사진 (寫眞) /sadʑin/ 图 写真. ‖사진을 찍다 写真を撮る. 잘 찍은 사진 よく撮れた写真. 사진이 잘 받는 얼굴 写真映りのいい顔. 컬러 사진 カラー写真. 기념사진 記念写真.

사진-관 (寫眞館) 图 写真館.
사진-기 (寫眞機) 图 写真機; カメラ.
사진-사 (寫眞師) 图 写真師; カメラマン.
사진-첩 (寫眞帖) 图 写真帖; アルバム.
사진-틀 (寫眞-) 图 額縁.
사진 판정 (寫眞判定) 图 写真判定.
사질-토 (沙質·砂質土) 图 砂壌; 砂礫.
사-차원 (四次元) 图 四次元.
사찰¹ (寺刹) 图 《仏教》 寺; 寺院.
사찰² (査察) 图 他動 査察.
사창 (私娼) 图 私娼.
사채¹ (私債) 图 他動 私債; 借金.
사채² (社債) 图 《法律》 社債. ‖사채를 발행하다 社債を発行する.
사천-왕 (四天王) 图 ① 《仏教》 四天王. ② [比喩的に] ある分野で最もすぐれた4人.
사-철¹ (四-) /sa:tɕʰʌl/ 图 四季.
— 圖 一年中; いつも; 常に. ‖사철 푸른 나무 一年中青々とした木.
사철² (私鐵) 图 (사유 철도(私有鐵道)の略語) 私鉄.
사철-나무 [-라-] 图 《植物》 マサキ(柾).
사체 (死體) 图 死体; 遺体.
사체 검안 (死體検案) 图 死体検案.
사체 유기죄 (死體遺棄罪) 图 [-죄/-줴] 《法律》 死体遺棄罪.
사촌 (四寸) /sa:tɕʰon/ 图 いとこ、またはその関係. ‖사촌 동생 年下のいとこ. 외사촌 母方のいとこ. 사촌이 땅을 사면 배가 아프다 《諺》(「いとこが土地を買うとお腹が痛い」の意で) 人が自分より境遇がよくなるとやきもちを焼くことのたとえ.
사촌 형제 (四寸兄弟) 图 いとこ.
사춘-기 (思春期) 图 思春期.
사취 (詐取) 图 他動 詐取.
사치 (奢侈) 图 自動 形動 奢侈(しゃし); 贅沢; 豪華. ‖사치에 빠지다 奢侈にふける.
사치-품 (奢侈品) 图 奢侈品; 贅沢品.

사치-스럽다 (奢侈-) /satɕʰisɯɾʌpˀta/ 【-따】 圈 ㅂ変 〔사치스러워, 사치스러운〕 贅沢だ; 豪華だ. ‖사치스러운 생活 贅沢な生活. **사치스레** 副.
사칙 (四則) 图 四則. ╋足し算・引き算・掛け算・割り算の4つの算法.
사칭 (詐稱) 图 他動 ‖변호사를 사칭하다 弁護士であると詐称する.
사카린 (saccharin) 图 《化学》 サッカリン.
사타구니 图 股の俗語; またぐら; 両もも間.
사탄 (Satan) 图 サタン; 悪魔.
사탕 (沙糖·砂糖) /satʰaŋ/ 图 飴玉; キャンディー.
사탕-발림 (沙糖-) 图 他動 甘言だて; お世辞. ‖사탕발림에 넘어가서는 안 된다 おだてに乗ってはいけない.
사탕-수수 (沙糖-) 图 《植物》 サトウキビ(砂糖黍).
사태¹ 图 牛の後ろのひかがみについている肉.
사태² (沙汰·砂汰) 图 雪崩(なだれ); 山崩れ. ‖눈사태를 만나다 雪崩に見舞われる. 산사태다 山崩れが起きる.
사태³ (事態) /sa:tʰɛ/ 图 事態. ‖사태가 호전되다 事態が好転する. 최악の사태를 피하다 最悪の事態を避ける. 사태를 받아들이다 事態を深刻に受け止める. 비상사태 非常事態. 긴급 사태 緊急事態.
사택 (社宅) 图 社宅.
사통-팔달 (四通八達) 【-딸】 图 四通八達(交通網・通信網が広く四方八方に通じていること).
사퇴 (辭退) 图 [-퉤] 自動 辞退; 辞任; 辞職. ‖수상을 사퇴하다 受賞を辞退する. 사퇴 압력 辞退へのプレッシャー.
사투 (死鬪) 图 死闘.
사투리 图 方言.
사파리 (safari) 图 サファリ; 狩猟旅行.
사파이어 (sapphire) 图 《鉱物》 サファイア.
사팔-뜨기 图 〔さげすむ言い方で〕 斜視の人.
사포 (砂布) 图 紙やすり; サンドペーパー.
사표¹ (辭表) /sapʰjo/ 图 辞表. ‖사표를 쓰다 辞表を書く. 사표를 내다 辞表を出す. 사표를 내던지다 辞表をつきつける. 사표를 수리하다 辞表を受理する.
사프란 (saffraan 蘭) 图 《植物》 サフラン.
사필귀정 (事必歸正) 图 全てのことは必ず正しい道理に帰するということ.
사-하다 (赦-) 【하여/하여서】 他動 〔過ち・罪などを〕 許す. ‖죄를 사하다 免罪する.
사학¹ (史學) 图 〔역사학(歷史學)の略語〕 史学; 歴史学.
사학² (私學) 图 私学.
사항 (事項) /sa:haŋ/ 图 事項. ‖주의 사항 注意事項. 협의 사항 協議事項. 보고 사항 報告事項.

사해(四海) 명 四海.
　사해-동포(四海同胞) 명 四海同胞.
　사해-형제(四海兄弟) 명 四海兄弟.
사행(蛇行) 명하 蛇行.
사행-심(射倖心) 명 射幸心. ∥사행심을 조장하다 射幸心をあおる.
사향(麝香) 명 麝香(じゃこうじかの分泌物を乾燥させたもの).
　사향-노루(麝香-) 명 [動物] ジャコウジカ(麝香鹿).
사형(死刑) 명하 死刑. ∥사형에 처하다 死刑に処する. 사형을 언도하다 死刑を言い渡す.
　사형-수(死刑囚) 명 [法律] 死刑囚.
사-화산(死火山) 명 [地] 死火山. ↔활화산(活火山).
사활(死活) 명 死活. ∥사활이 걸린 문제 死活にかかわる問題.
사회¹(司會) 명 /sahwe/ 【-/-헤】 명 〔사회자(司會者)의略節〕 司會. ∥사회를 보다 司會をする. 사회를 つとめる.
　사회-자(司會者) 명 司會者. ↔사회(司會).
사회²(社會) 명 /sa:hwe/ 【-/-헤】 명 社會. ∥봉건 사회 封建社會. 상류 사회 上流社會. 지역 사회 地域社會. 사회에 진출하다 社會に進出する. 사회를 형성하다 社會に変化を起こす.
　사회-계약설(社會契約說) 【-설/-헤게-설】 명 社會契約說.
　사회-계층(社會階層) 【-/-헤게-】 명 社會階層.
　사회-규범(社會規範) 명 社會規範.
　사회-과학(社會科學) 명 社會科學.
　사회-문제(社會問題) 명 社會問題.
　사회-면(社會面) 명 [新聞]の社会面.
　사회-법(社會法) 【-뻡/-뻡】 명 [法律] 社会法.
　사회-보장(社會保障) 명 社会保障.
　사회-보험(社會保險) 명 社会保険.
　사회-복지(社會福祉) 【-찌/-헤-찌】 명 社会福祉.
　사회-봉사(社會奉仕) 명 社会奉仕.
　사회-부(社會部) 명 [新聞社]の社会部.
　사회-사업(社會事業) 명 社会事業.
　사회-상(社會相) 명 世相; 世態. ∥사회상을 반영하다 世相を反映する.
　사회-생활(社會生活) 명 社会生活.
　사회-성(社會性) 【-쎙/-헤쎙】 명 社会性.
　사회-악(社會惡) 명 社会悪.
　사회-운동(社會運動) 명 社会運動.
　사회-의식(社會意識) 【-/-헤이-】 명 社会意識.
　사회-인(社會人) 명 社会人.
　사회-적(社會的) 명 社会的. ∥사회적인 영향 社会的な影響.
　사회-정책(社會政策) 명 社会政策.
　사회-제도(社會制度) 명 社会制度.
　사회-조직(社會組織) 명 社会組織.
　사회-주의(社會主義) 【-/-헤-이】 명 社会主義.
　사회-진화론(社會進化論) 명 社会進化論.
　사회-질서(社會秩序) 【-써/-헤-써】 명 社会秩序.
　사회-집단(社會集團) 【-딴/-헤-딴】 명 社会集團.
　사회-체제(社會體制) 명 社会体制.
　사회-통념(社會通念) 명 社会通念.
　사회-현상(社會現象) 명 社会現象.
사후¹(死後) 명 死後; 没後. ↔생전(生前). ∥사후 세계 死後の世界. 사후 약방문(死後藥方文) [諺] 後の祭り.
사후²(事後) 명 事後. ↔사전(事前). ∥사후 승낙 事後承諾.
사훈(社訓) 명 社訓.
사흘(/sahul/) 명 〔3日; 3日間〕. ∥사흘이나 굶다 3日も食べていない. 사흘치 3日分の薬. ▸사흘이 멀다 하고 3日と置かずに; 毎日のように.

삭¹ 부 ❶紙・布・木などをはさみや刀で一気に切る音[様子]: ばさっと. ∥신문지를 칼로 삭 자르다 新聞紙をカッターでさっと切る. ❷動作が素早く行われる様子; 物事が急に変化する様子. ∥얼굴을 삭 돌리다 顔をさっとそむける. ❸一気に押すか掃く様子. ∥먼지를 삭 쓸어 모으다 ほこりをさっとかき集める. ❹余すところなく; きれいに. ∥남은 술을 삭 마셔 버리다 残りの酒をきれいに飲んでしまう.
삭-삭 [-싹] 부 ❶'삭'を強めて言う語. ❷祈ったり謝ったりする時, 両手を合わせてする音[様子]: 삭삭 빌다 手をすり合わせて謝る. ❸うまく通り抜けたり抜け出したりする様子. ∥범인은 포위망을 삭삭 빠져나갔다 犯人は包囲網からうまく逃れた.
삭²(朔) 명 朔(ついたち).
삭감(削減) 명 [-깜] 명하 削減. ∥예산을 삭감하다 予算を削減する. **삭감-되다** [-당하다] 受被.
삭다 /sak̚t̕a/ 【-따】 자 ❶古びて腐る; ぼろぼろになる. ∥못이 삭다 釘が腐る. ❷(食べ物が)消化される. ∥먹은 것이 잘 삭지 않는다 食べ物の消化が悪い. ❸(興奮・緊張・怒りなどが)静まる. ∥분이 삭다 怒りが静まる. ❹(顔や体の生気がなくなり)ふけて見える. ∥오래간만에 만났더니 친구는 많이 삭아 있었다 久しぶりに会ったら友人は相当ふけていた. ⑳삭이다·삭히다.
삭둑 [-뚝] 부 小さくて柔らかいものを一気に断ち切る音[様子]: すばっと[切る](と). ∥머리를 삭둑 자르다 髪の毛をばさりと切る. **삭둑-삭둑** すばすばっと; ちょきんちょきん.
삭둑-거리다 【-뚝꺼-】 타 小さくて柔

삭막-하다 (索莫-·索寞-·索漠-) 〖索 마구~〗 [형] [하变] 索漠としている。 ‖索 막한 도시 索漠とした都市.

삭발-하다 (削髮-) [빨] [하自] 剃髪。 ‖삭 발한 스님 剃髪したお坊さん.

삭신 [-씬] [명] 体の筋肉と関節; 全身。 ‖삭신이 쑤시다 体の節々がずきずきと痛む.

삭-이다 [사기-] ❶〔삭다의 使役動詞〕(食べ物を)消化させる。❷(怒り・興奮などを)静める。‖화를 삭이다 怒りを静める.

삭제 (削除) /sak²tɕe/ [-쩨] [명] [하他] 削除。 **삭제-되다** [-당하다] 受動

삭-히다 [사키-] 〔삭다의 使役動詞〕(キムチ・塩辛・漬物などを)発酵させる.

삯 [삭] [명] ❶勞賃; 賃金。❷料金; 代金.

삯-바느질 [삭빠-] [명] [하自] 賃をもらってやる針仕事.

삯-일 [상닐] [명] [하自] 賃仕事; 賃銭を取ってやる手間職.

산¹ (山) /san/ [명] 山。‖산에 오르다 山に登る。산에서 내려오다 山から下りる。민둥산 はげ山。▶산 넘어 산이 難去って又一難だ。‖虎穴に入らずんば虎子を得ず。(諺) 虎穴に入らずんば虎子を得ず。 ▶산이 높아야 골이 깊다 (諺) 山が高くて こそ谷が深い.

산² (酸) [명] [化学] 酸.

산³ [ㄹ語幹] 살다(生きる・住む)의 過去連体形.

산⁴ [ㄹ語幹] 사다(買う)의 過去連体形。 ‖언제 산 옷이에요? いつ買った服ですか.

-산⁵ (産) [接尾] …産。 ‖한국산 고추 韓国産唐辛子.

산간 (山間) [명] 山間.
   산간-벽지 (山間僻地) [-찌] [명] 山間の僻地.

산고 (産苦) [명] 産みの苦しみ.

산-골 (山-) [-꼴] [명] 山奥; 山里; 山村。‖산골 마을 山間の村.

산-골짜기 (山-) [-꼴-] [명] 谷; 谷間; 谷あい。‖깊은 산골짜기 深い谷間.

산과 (山果) [-꽈] [명] 果物.

산규 (山葵) [명] [植物] ワサビ(山葵)。 (倒고추냉이.

산기 (産氣) [-끼] [명] 産気。‖산기를 느끼다 産気づく.

산-기슭 (山-) [-끼슥] [명] 山麓; 山のふもと; 山すそ。(卽산자락(山-).

산-길 (山-) [-낄] [명] 山道.

산-꼭대기 (山-) [-때-] [명] 山頂; 山の頂上.

산-나물 (山-) [명] 山菜。‖산나물을 캐다 山菜を採る.

산-너머 (山-) [명] 山の向こう.

산-달 (産-) [-딸] [명] 産み月; 臨月; 出産の予定の月.

산-더미 (山-) [-떠-] [명] 〔山のように積み重なっていることから〕たくさんのこと。‖산더미 같은 일 山積みの仕事.

산도¹ (産道) [명] 産道.

산도² (酸度) [명] [化学] 酸度.

산들-거리다 [자] (風가) そよそよと吹く; そよぐ.

산들-바람 [명] そよ風; 軟風。‖산들바람이 불다 そよ風が吹く.

산들-산들 (風가) そよそよ。‖봄바람이 산들산들 불어오다 春風がそよそよと吹く.

산-등 (山-) [-뜽] [명] = 산등성이 (山-).

산-등성이 (山-) [-뜽-] [명] 尾根; 稜線; 山の端。(卽능선(稜線)。‖산등성이를 타고 걷다 尾根伝いに歩く.

산딸기 (山-) [명] [植物] クマイチゴ(熊苺).

산뜻-하다 /san²tutʰada/ [-뜨타-] [형] [하变] ❶さわやかだ; 斬新だ。‖산뜻한 디자인 斬新なデザイン。❷さっぱり(と)している; こざっぱり(と)している; あっさりしている。‖옷차림이 산뜻하다 身なりがこざっぱりとしている。산뜻한 기분으로 새 학기를 시작하다 さっぱりとした気持ちで新学期を始める。**산뜻-이** [부]

산란¹ (産卵) [살-] [명] [하自] 産卵。
   산란-기 (産卵期) [명] 産卵期.

산란² (散亂) [살-] [명] [하形] 散乱.

산록 (山麓) [살-] [명] 山麓; 山のふもと。‖한라산 산록 漢拏山のふもと.

산림 (山林) [살-] [명] 山林。‖우거진 산림 生い茂る山林.

산-마루 (山-) [명] 山の稜線において最も高いところ; 尾根。‖산마루에 오르다 山の尾根に登る.

산만-하다 (散漫-) [형] [하变] 散漫だ; 気が散る。‖주의력이 산만한 아이 注意力散漫な子.

산맥 (山脈) [명] 山脈。‖알프스 산맥 アルプス山脈.

산모 (産母) [명] 産婦.

산-모롱이 (山-) [명] 山すその曲がり角.

산-모퉁이 (山-) [명] 山すその突き出た角.

산-목숨 [-쑴] [명] 生きている命; 生命.

산문¹ (散文) [명] [文芸] 散文。⑦운문(韻文).
   산문-시 (散文詩) [명] 散文詩.
   산문-詩 (散文詩) [명] 散文詩.
   산문-체 (散文體) [명] 散文体.

산문² (山門) [명] [仏教] 山門.

산물 (産物) [명] 産物.

산미 (酸味) [명] 酸味.

산-바람 (山-) [명] 山風.

산발 (散髮) [명] [하自] 乱れ髪.

산발-적 (散發的) [-쩍] [명] 散発的。‖산발적으로 폭음이 들리다 散発的に爆音が聞こえる.

산보 (散步) [-뽀] 몡 자동 散歩. 例 산책(散策). ‖산보 나가다. 散歩に出かける.
산복 (山腹) 몡 山腹.
산-봉우리 (山-) [-뽕-] 몡 峰; 山嶺.
산부인-과 (産婦人科) [-꽈] 몡 産婦人科.
산-불 (山-) [-뿔] 몡 山火事. ‖산불이 나다 山火事が発生する.
산-비둘기 (山-) [-삐-] 몡 《鳥類》 ヤマバト(山鳩).
산-비탈 (山-) [-삐-] 몡 山すその急斜面.
산사-나무 (山査-) 몡 《植物》 サンザシ(山査子).
산-사태 (山沙汰) 몡 《地》 山崩れ. ‖산사태가 나다 山崩れが起きる.
산산-이 (散散-) 囲 粉々に; ばらばらに; 散り散りに. ‖산산이 부서지다 粉々に壊れる.
산산-조각 (散散-) 몡 こっぱみじん; 散り散りばらばら; 細かく粉々に砕け散ること. ‖산산조각을 내다 粉々にする. 산산조각이 나다 粉々になる.
산삼 (山蔘) 몡 山に野生する朝鮮人参.
산성[1] (山城) 몡 山城.
산성[2] (酸性) 몡 酸性. ‖알칼리성(-性).
산성-도 (酸性度) 몡 酸性度.
산성-비 (酸性-) 몡 酸性雨.
산성-비료 (酸性肥料) 몡 酸性肥料.
산성-식물 (酸性植物) [-싱-] 몡 《植物》 酸性植物.
산성-식품 (酸性食品) 몡 酸性食品.
산성-토양 (酸性土壤) 몡 酸性土壤.
산성-화 (酸性化) 몡 자동 酸性化.
산소[1] (山所) 몡 [무덤의 尊敬語] お墓. ‖할아버지 산소 祖父のお墓.
산소[2] (酸素) /sansɔ/ 몡 《化学》 酸素.
산소-마스크 (酸素 mask) 몡 酸素マスク.
산소˚**호흡** (酸素呼吸) 몡 酸素呼吸. 例유기 호흡 (有氣呼吸).
산-송장 몡 生ける屍(しかばね).
산수[1] (山水) 몡 山水.
산수-도 (山水圖) 몡 《美術》 山水画.
산수-화 (山水畫) 몡 《美術》 山水画.
산수[2] (算數) /sansu/ 몡 算数.
산수[3] (傘壽) 몡 傘寿; 80歳.
산수유-나무 (山茱萸-) 몡 《植物》 サンシュユ(山茱萸).
산술 (算術) 몡 算術.
산술-급수 (算術級數) [-쑤] 몡 《数学》 算術級数.
산술-적 (算術的) [-쩍] 몡 算術的.
산술 평균 (算術平均) 몡 《数学》 算術平均.
산스크리트-어 (Sanskrit 語) 몡 《言語》 サンスクリット; 梵語.
산-신령 (山神靈) [-실-] 몡 山の神; 山霊.
산실 (産室) 몡 産室.
산아 (産兒) 몡 産児. ‖산아 제한 産児制限.
산악 (山岳·山嶽) 몡 山岳.
산악-국 (山岳國) [-꾹] 몡 山岳国.
산야 (山野) 몡 山野.
산양 (山羊) 몡 《動物》 ヤギ(山羊).
산양-자리 (山羊-) 몡 《天文》 山羊座.
산-언덕 (山-) 몡 丘; 丘陵.
산업 (産業) /sa:nɔp/ 몡 産業. ‖주요 산업 主要産業. 자동차 산업 自動車産業.
산업-구조 (産業構造) [-꾸-] 몡 産業構造.
산업 사회 (産業社會) [-싸-/-싸훼] 몡 産業社会.
산업 스파이 (産業 spy) 몡 産業スパイ.
산업-예비군 (産業豫備軍) [사넘녜-] 몡 産業予備軍.
산업 자본 (産業資本) [-짜-] 몡 産業資本.
산업-체 (産業體) 몡 産業体.
산업 폐기물 (産業廢棄物) [-/-페-] 몡 産業廃棄物.
산업 혁명 (産業革命) [사녀평-] 몡 産業革命.
산업 합리화 (産業合理化) [사녀 팜니-] 몡 産業合理化.
산업-화 (産業化) [사녀퐈] 몡 자동他 産業化.
산욕 (産褥) 몡 産褥.
산욕-기 (産褥期) [-끼] 몡 産褥期.
산욕-열 (産褥熱) [사뇽녈] 몡 《医学》 産褥熱.
산용-숫자 (算用數字) [-수짜/-숟짜] 몡 《数学》 算用数字.
산-울림 (山-) 몡 山びこ; こだま; 山鳴. 例메아리.
산유-국 (産油國) 몡 産油国.
산-자락 (山-) 몡 すそ; 山のふもと. 例산기슭(山-).
산장 (山莊) 몡 ❶山荘. ❷山中にある旅館などの名に添えて用いる語.
산재 (散在) 몡 자동 散在. ‖산재하는 문제 散在する問題.
산적[1] (山賊) 몡 山賊.
산적[2] (山積) 몡 자동 山積. ‖과제가 산적하고 있다 課題が山積している.
산적[3] (散炙) 몡 《料理》 牛肉などを刻んで味付けした串焼き.
산전 (産前) 몡 産前. 例산후 (産後).
산전-수전 (山戰水戰) 몡 海千山千. ‖산전수전을 다 겪다 海千山千を経験する.
산정[1] (山頂) 몡 山頂.
산정[2] (算定) 몡 자동他 算定. ‖산정 기준 算定基準.

산-줄기 (山-)【-쭐-】图 山並み; 山脈.
산중-호걸 (山中豪傑) 图 (「山中の豪傑」の意で)虎.
산지 (産地) 图 産地. ‖쌀 산지 米産地. 대구는 대표적인 사과 산지이다 大邱が代表的なリンゴの産地である.
산-지식 (-知識) 图 生きた知識; 現実生活に活用できる知識.
산-짐승 (山-) 【-찜-】 图 山中に棲む獣.
<u>산책</u> (散策) /saːnt͡ɕʰɛk̚/ 图 [하自他] 散歩; 散策(サンサク散歩). ‖산책을 나가다 散歩に出かける.
산천 (山川) 图 山川; 山河. ‖고향 산천 故郷の山河.
산천초목 (山川草木) 图 山川草木.
산초 (山椒) 图 [植物] サンショウ(山椒).
산촌 (山村) 图 山村.
산출¹ (産出) 图 [하他] 産出. ‖양질의 석탄을 산출하다 良質の石炭を産出する. **산출-되다** 受動
산출-물 (産出物) 图 産出物.
산출-액 (産出額) 图 産出額.
산출² (算出) 图 [하他] 算出. ‖단가를 산출하다 単価を算出する. **산출-되다** 受動
산타 (Santa) 图 산타클로스의 略称.
산타클로스 (Santa Claus) 图 サンタクロース. ⇨산타.
산-토끼 (山-) 图 [動物] 野ウサギ.
산통¹ (産痛) 图 産痛; 陣痛.
산통² (算筒) 图 ❶盲人が占う時に使う筒. ❷何かの試みや期待できるもの. ▶산통(을) 깨다 おじゃんにする.
산파 (産婆) 图 産婆; 助産婦.
산파-역 (産婆役) 图 産婆役.
산포 (散布) 图 [하他] 散布.
산하¹ (山河) 图 山河.
산하² (傘下) 图 傘下.
산학 (産學) 图 産学.
  산학-협동 (産學協同) 【-하겹똥】图 産学連携.
산해 (山海) 图 山海.
  산해진미 (山海珍味) 图 山海の珍味.
산행 (山行) 图 [하自] 山行; 山歩き.
산-허리 (山-) 图 山腹.
산호 (珊瑚) 图 [動物] サンゴ(珊瑚).
  산호-섬 (珊瑚-) 图 サンゴ島.
  산호-초 (珊瑚礁) 图 サンゴ礁.
  산호-빛 (珊瑚~) 【-호삗 · 혼삗】图 サンゴ色.
산화¹ (散火 · 散華) 图 [하自] 散華(サンゲ); 花と散ること.
산화² (酸化) 图 [하自] [化学] 酸化.
  산화-마그네슘 (酸化 magnesium) 图 [化学] 酸化マグネシウム.
  산화-물 (酸化物) 图 [化学] 酸化物.
  산화-제 (酸化剤) 图 [化学] 酸化剤.
산후 (産後) 图 産後. ⓗ産전(産前).

산후-조리원 (産後調理院) 图 産後の養生のための専門的な施設が整っている私設の療養所.

살¹ /sal/ 图 ❶(人間や動物などの体の)肉. ‖살이 찌다 肉がつく; 太る. 살이 빠지다 肉が落ちる; やせる. 살을 빼고 싶다 やせたい. ❷(カニ・貝・果実などの)中身. ‖조갯살 貝のむき身. ❸(살갗의 略語로)肌. ‖살이 트다 肌が荒れる. ▶살로 가다 (食べたものが)身につく; 栄養分になる. ▶살을 깎다 骨身を削る; 身を削る. ▶살을 붙이다 (言葉や文章などに)肉付けする. ▶살(을) 섞다 (男女が)関係を結ぶ. ▶살을 에다 身を切る. 살을 에는 듯한 추위 身を切るような寒さ.
살² /sal/ 图 ❶(窓・障子などの)桟; 格子. ‖창살 窓格子. ❷(うちわ・たこ・傘などの)骨. ‖부챗살 うちわの骨. ❸(櫛(くし)の)歯. ❹(光・火・水などの)勢い. ‖볕살 火の勢い. 햇살 日差し. ❺(服・顔などの)しわ. ‖얼굴の주름살 顔のしわ.
살³ (煞) 图 (占いの用語として)人や物を害する悪気; たたり. ▶살을 맞다 たたりを受ける. ▶살이 끼다 ある不吉な力がはたらく; 星回りが悪い.
<u>살</u>⁴ /sal/ 图 [固有数詞に付いて]…歳. ‖세 살 3歳. 스무 살 20歳. 서른 두 살 32歳. ✚漢数詞を用いる時は세(歳)が付く.
살⁵ [ㄹ語幹] 사다 (買う)の未来連体形.
살⁶ [ㄹ語幹] 살다 (生きる・住む)の未来連体形.
살-갑다 【-따】 厖 [ㅂ変] 気立てが優しい.
살-갗 【-갇】 图 肌; 皮膚. ⇨살.
살-결 【-껼】 图 肌のきめ. ‖살결이 곱다 肌がきめが細かい.
살구 图 [植物] アンズの実.
  살구-꽃 【-꼳】 图 [植物] アンズの花.
  살구-나무 图 [植物] アンズ(杏子).
살균 (殺菌) 图 [하他] 殺菌. ‖살균 소독 殺菌消毒.
  살균-력 (殺菌力) 【-녁】 图 殺菌力.
  살균-제 (殺菌剤) 图 殺菌剤.
살그머니 副 ひそかに; こっそり; そっと. ‖살그머니 다가가다 そっと近寄る.
살금살금 副 こそこそ; ひそかに; そっと. ‖살금살금 걷다 そっと歩く.
살기 (殺氣) 图 殺気. ‖살기를 띠다 殺気立つ; 殺気を帯びる.
  살기등등-하다 (殺氣騰騰-) 厖 [하変] 殺気がみなぎっている.
살-길 【-낄】 图 生きるための手段や方法. ‖살길을 찾다 生活の手段を探す.
살-날 【-랄】 图 余命; 残りの命. ‖살날이 얼마 남지 않다 余命いくばくもない.
<u>살다</u>¹ /saːlda/ 自 [ㄹ語幹] [살아, 사는,산] ❶生きる. ‖팔십여 살까지 살다 88歳まで生きる. 사느냐

죽느냐의 갈림길에 서 있다 生きるか死ぬかの瀬戸際に立っている。∥先生のお言葉は今も私の胸に生きています。❷住む；棲む。∥どこ かに住んでいますか？ 今どこに住んでいますか？ 森に住む動物。森に棲む動物。❸ 暮らす。∥여동생은 서울에서 살고 있습니다 妹はソウルで暮らしています。검소하게 살다 質素に暮らす。⑳살리다.

살다[動][ㄹ語幹] ❶ (職責や身分を持って)務める；従事する。❷ (刑務所などで)服役する。∥징역을 살다 服役する。

살-대[-때] ❶ 支柱；支え柱。❷ 矢柄。

살뜰-하다[形][하変] ❶つましい；質素だ。❷ 愛情深く細やかだ。

살랑-거리다[-대다] [自] ❶ (風が軽くしきりに)そよそよと吹く。∥살랑거리는 봄바람 そよそよと吹く春風。❷ 手を軽く振る。

살랑-살랑[副] ❶ 風がそよそよと吹く様子。❷ 手を軽く振りながら歩く様子。❸ しっぽなどを軽く振る様子。∥살랑살랑 꼬리를 치는 개 軽くしっぽを振る犬。

살롱[salon 7)[名] サロン。

살-리다/sallida/[他] 〔살다の使役動詞〕 生かす；生きさせる。❶전공을 살리다 専攻を生かす。경험을 충분히 살리다 経験を十分に生かす。죽어가는 사람을 살려 내다 死にかけの人を救い出す。목숨은 살려 두다 生かしておく。

살림/sallim/[名] ❶ 暮らし；所帯。∥신혼 살림 新婚生活。살림(을) 나다 (分家して)新たに所帯を構える。

살림-꾼[名] 家計の切り回しが上手な人。

살림-살이[名] ①生計；暮らし向き；家計の状態。②所帯道具。

살림-집[-찝][名] 住居や住用用の家。

살-맛[-맏] [名] 暮らしの楽しみ；生き甲斐。∥살맛이 나다 生き甲斐がある；生き甲斐を感じる。

살며시/salmjəʃi/[副] それとなく；さりげなく；婉曲に；そっと；ひそかに。∥살며시 다가가다 そっと近寄る。

살모넬라-균(salmonella菌)[名] サルモネラ菌。

살무사[-殺母蛇][名][動物] マムシ(蝮)。

살벌-하다(殺伐-)[形][하変] 殺伐としている。∥살벌한 분위기 殺伐とした雰囲気。

살-붙이[-부치][名] 肉親。

살사(salsa)[名][音楽] サルサ。

살살¹/salsal/[副] ❶ 人知れずこっそり行動する様子：ひそかに；こそこそと；そっと。∥살살 뒤를 밟다 そっと跡をつける。❷ (砂糖・飴・アイスクリームなどが)知らないうちに溶ける様子：とろり(と)。∥아이 스크림이 입 안에서 살살 녹다 アイスクリームが口の中でとろりと溶ける。❸ 眠気がして自然と目を閉じる様子：すうっと。∥살이 살살 오다 眠気がすうっとさす。❹ 甘い言葉などで人をだましたり怒らせたりする様子。∥사람을 살살 꼬드기다 人を丸めこむ。

살살²[副] ❶ 風が軽く吹く様子：そよそよ(と)。∥바람이 살살 불다 風がそよそよと吹く。❷ 器の水が徐々に沸く様子：オンドルが少しずつ温まってくる様子。❸ おじけて後ずさりする様子：おどおど。∥살살 기다 おどおどする。

살살³[副] (お腹などが)絶えず痛い様子：しくしく。∥배가 살살 아프다 腹がしくしく痛い。

살-색(-色)[-쌕][名] 肌色。

살생(殺生)[-쌩][名][自他] 殺生。∥살생을 금하다 殺生を禁ずる。

살생-죄(殺生罪)[-쌩쬐/-쌩쮀][名][仏教] 殺生罪。

살신성인(殺身成仁)[-씬-][名][自他] 自分の身を殺して仁義を成すこと；自身を犠牲にして正道を行うこと。

살아[自][ㄹ語幹] 살다(生きる・住む)の連用形。

살아-가다/saragada/[自] 生きていく；生き抜く；暮らしていく。∥소설가로 살아가다 小説家として生きていく。

살아-나다/saranada/[自] ❶ 生き返る；よみがえる；命をとりとめる。∥다 죽어 가던 사람이 살아나다 死にかけの人が生き返る。奇跡的に生き返る 奇跡的に命をとりとめる。어릴 적 기억이 살아나다 子どもの頃の思い出がよみがえった。❷ (衰えた勢力などが)再び戻る：(消えかけた火などが)再び燃え上がる。∥불길이 살아나다 炎が再び燃え上がる。❸ (困難・苦境などから)切り抜ける；助かる。∥간신히 살아나다 辛うじて助かる。

살아-남다[-따] 生き残る。∥기업 간 경쟁에서 살아남다 企業間競争に生き残る。

살아-생전(-生前) 生前；生きているうちに；命あるうちに；死ぬ前に。∥살아 생전에 이루고 싶은 꿈 命あるうちに成し遂げたい夢。

살아-오다[自] ❶ 生きてくる；過ごしてくる。∥지금까지 살아오면서 느낀 점 今まで生きてきて感じたこと。삼십 년을 중학교 교사로 살아왔다 30年を中学の教師として過ごしてきた。❷ 死なずに生きて帰る；生還する。

살-얼음[名] 薄氷。▶살얼음 밟듯이 薄氷を踏むようだ。

살얼음-판(-板)[名] 薄氷の張ったところ。∥살얼음판을 걷는 듯하다 薄氷を踏むようだ。

살육(殺戮)[名] 殺戮(サッリク)。

살의(殺意)[-/사리][名] 殺意。살의

를 느끼다 殺意[殺氣]を感じる.
살인 (殺人) 图 하타 殺人. ‖살인 사건 殺人事件.
살인-극 (殺人劇) 图 殺人劇.
살인-마 (殺人魔) 图 殺人鬼.
살인-미수 (殺人未遂) 图 《法律》 殺人未遂.
살인-범 (殺人犯) 图 《法律》 殺人犯.
살인-자 (殺人者) 图 人殺し.
살인-적 (殺人的) 图 殺人的. ‖살인적인 더위 殺人的な暑さ.
살인-죄 (殺人罪) [-죄/-쮀] 图 《法律》 殺人罪.
살점 (-點) [-쩜] 图 肉片; 肉の切れ端.
살-지다 图 ❶ 肉付きがいい; 太っている. ❷ 肥沃だ.
살-집 [-찝] 图 肉付き. ‖살집이 좋은 사람 肉付きのある人.
살짝 /salʔt͡ɕak/ 图 ❶ 素早く; そっと; こっそり. ‖살짝 들여다보다 そっと覗いてみる. ❷ 巧みに; 軽く; さっと; たやすく. ‖살짝 들어올리다 軽く持ち上げる. ❸ うっすらと; かすかに; ちょっと. ‖얼굴을 살짝 붉히다 かすかに顔を赤らめる.
살-찌다 /salʔt͡ɕida/ 图 太る; 肥える; 肉がつく. ‖단것을 많이 먹으면 살찐다 甘いものをたくさん食べると太る. ☞살찌우다.
살찌-우다 阻 〔살찌다의 使役動詞〕太らせる; 肥やす. ‖돼지를 살찌우다 豚を太らせる.
살충-제 (殺蟲劑) 图 殺虫剤.
살코기 图 精肉.
살쾡이 图 《動物》 ヤマネコ(山猫).
살판-나다 图 ❶ (よいことがあって金などが入ったりして)暮らし向きがよくなる. ❷ 兼ねる必要がない. ‖간섭할 사람이 없으니 살판났다 干渉する人がいないので気兼ねしなくていい.
살펴-보다 /salpʰjəboda/ 阻 (注意深く)見る; 調べる; 探ってみる; 見回す. ‖차 안을 살펴보다 車の中を調べる. 주위를 살펴보다 周囲を見回す. 일본어의 기원을 살펴보다 日本語の起源を探ってみる.
살포 (撒布) 图 하타 撒布; 撒き散らすこと. ‖유인물 살포 ちらしの撒布.
살포-제 (撒布劑) 图 撒布剤.
살포시 图 そっと; 静かに.
살풍경-하다 (殺風景-) 图 [하영] 殺風景だ. ‖살풍경한 분위기 殺風景な雰囲気.
살피다 /salpʰida/ 阻 調べる; 探る; うかがう; 観察する; 見渡す. ‖주변을 살피다 周囲を見渡る. 어른들 눈치를 살피다 大人の顔色をうかがう. 적의 동태를 살피다 敵情を探る.
살해 (殺害) 图 하타 殺害. ‖동료를 살해하여 同僚を殺害して. **살해-되다** [-되다/-뒈-] 〖受動〗

살해-범 (殺害犯) 图 《法律》 殺害犯; 殺人犯.
삶 /saːm/ [삼] 图 生きること; 人生; 命; 暮らし. ‖인간다운 삶 人間らしい暮らし. 보람찬 삶 生き甲斐のある暮らし.
삶-기다 [삼-] 图 〔삶다의 受身動詞〕ゆでられる; ゆだる. ‖감자가 제대로 삶기지 않았다 ジャガイモがしっかりとゆであがっていない.
삶다 /saːmt͈a/ [삼따] 阻 ❶ ゆでる; 煮る; 蒸す. ‖계란을 삶다 卵をゆでる. ❷ 言いくるめる; 口車に乗せる.
삼[1] (參) 图〖人蔘(人參)의 略語〗朝鮮人参.
삼[2] (三·參) /sam/ 閲 3; 三. ‖일, 이, 삼 1,2,3. 삼 더하기 사는 칠이다 3 足す4は7である. 칠백삼 호실 703号室. — 图 3···. ‖삼년 3年. 삼학년 3年生.
삼[3] 图 《植物》 アサ(麻).
삼가 图 謹んで. ‖삼가 아뢰다 謹んで申し上げる. 삼가 드림 謹呈.
삼가다 阻 慎む; 控える; 遠慮する; 差し控える. ‖말을 삼가다 言葉を慎む. 술을 삼가다 酒を控える.
삼가-하다 삼가다의 誤り.
삼각[1] (三角) /samgak/ 图 三角.
 삼각-관계 (三角關係) [-관-/-꽌-꼐] 图 三角関係.
 삼각-근 (三角筋) [-끈] 图 《解剖》 三角筋.
 삼각-법 (三角法) [-뻡] 图 《数学》 三角法.
 삼각-자 (三角-) [-짜] 图 三角定規.
 삼각-주 (三角洲) [-쭈] 图 《地》 三角州; デルタ.
 삼각 함수 (三角函數) [-가캄쑤] 《数学》 三角関数.
 삼각-형 (三角形) [-가켱] 图 《数学》 三角形. ‖세모꼴. ‖정삼각형 正三角形.
삼각[2] (三脚) 图 三脚.
삼강 (三綱) 图 《儒教》 三綱.
 삼강-오륜 (三綱五倫) 图 《儒教》 三綱五倫.
삼-거리 (三-) 图 三叉路; 丁字路.
삼겹-살 (三-) /samgjʌpʔt͡ɕal/ [-쌀] 图 (豚の)三枚肉; バラ肉.
삼경[1] (三更) 图 三更(夜 11 時から翌日午前 1 時まで); 真夜中; 深夜.
삼경[2] (三經) 图 (詩経·書経·易経の)三経.
삼계-탕 (參鷄湯) /samget͈ʰaŋ/ [-/-께-] 图 《料理》 サムゲタン(若鶏の内臓を取り出した後, 朝鮮人参·もち米·ナツメなどを詰めて煮込んだ伝統料理).
삼고-초려 (三顧草廬) 图 하타 三顧の礼.
삼관-왕 (三冠王) 图 三冠王.

삼권^분립(三權分立)【-권불-】 三権分立.
삼귀-의(三歸依)【-/-이】 图《仏教》三帰依(教)(仏·法·僧の三宝に帰依すること).
삼-나무(杉)图《植物》スギ(杉).
삼년-상(三年喪)图 3年の喪. ∥삼년상을 치르다 3年の喪に服する.
삼다¹【-따】图 多.
삼다²/sa:m'ta/【-따】他 ❶(人をある関係者として)迎える. ∥제자로 삼다 弟子に迎える. ❷(…で)…として;…と見なす. ∥문제로 삼다 問題にする. 새 출발의 계기로 삼다 新しい出発のきっかけにする.
삼다³【-따】他 (わらじ·ぞうりを)編む;つくる. ∥짚신 삼다 わらじを編む.
삼단^논법(三段論法)【-뻡】 三段論法.
삼단-뛰기(三段-)图 三段跳び. =세단뛰기(一段-).
삼대(三代)图 三代. ∥삼대를 이어온 기업 三代続いた企業.
삼대-독자(三代獨子)【-짜】图 三代続いている1人息子.
삼도-내(三途-)图 三途の川.
삼도-천(三途川)图 =삼도내(三途-).
삼라-만상(森羅萬象)【-나-】图 森羅万象.
삼루(三壘)图《野球》3塁.
삼루-수(三壘手)图《野球》3塁手;サード.
삼루-타(三壘打)图《野球》3塁打.
삼류(三流)【-뉴】图 三流. ∥삼류 소설 三流小説.
삼륜-차(三輪車)【-뉸-】图 三輪自動車.
삼림(森林)【-님】图 森林.
삼림-욕(森林浴)【-님뇩】图 森林浴.
삼매-경(三昧境)图 三昧. ∥독서 삼매경 読書三昧.
삼면(三面)图 三面. ∥삼면이 바다로 둘러싸이다 三面が海に囲まれる.
삼면-경(三面鏡)图 三面鏡.
삼바(samba)图《音楽》サンバ.
삼-박자(三拍子)【-짜】图《音楽》三拍子.
삼발-이(三-)图 三脚;三脚架.
삼백예순-날(三百-)【-뺑네-】图 一年中;年がら年中.
삼베(三-)图 麻布;麻.㊉마포(麻布).
삼베-옷(三-)【-옫】图 麻織りの服. ㊉마의(麻衣).
삼복(三伏)图 ❶ 초복(初伏)·중복(中伏)·말복(末伏)の三伏. ❷夏の最も暑い期間.
삼복-더위(三伏-)【-떠-】图 三伏(三伏)期間の酷暑.

삼분(三分)图㊉ 三分.
삼분-법(三分法)【-뻡】图 三分法.
삼-사분기(三四分期)图 第三四半期.
삼사-월(三四月)图 3月と4月.
삼삼-오오(三三五五)图 三々五々. ∥삼삼오오 모여들다 三々五々集まってくる.
삼삼-하다(三三-)㊉《하변》❶(食べ物の味が濃くなく)おいしい. ∥음식 간이 삼삼하다 食べ物の味が薄味でおいしい. ❷(目の前に見えるように)ちらつく;浮かぶ. ∥그 모습이 눈앞에 삼삼하다 その姿が目の前に浮かぶ. ❸(顔つきや性格などが)気をそそるほど立派だ.
삼색(三色)图 三色.
삼색-기(三色旗)【-끼】图 三色旗;フランスの国旗.
삼선(三選)图㊉ 三選. ∥삼선의원 三選議員.
삼-세번(三-番)图 ちょうど三回;かっきり3回.
삼수(三修)图㊉ 二浪.
삼식(三食)图 三食.
삼신(三神)图 産神.
삼신-할머니(三神-)图 =삼신(三神).
삼심^제도(三審制度)图《法律》三審制度.
삼십(三十)/samʃip/ ㊉ 30歳;30;三十. ∥내년이면 삼십이다 来年で30歳だ. 삼십에서 오를 빼다 30から5を引く. ── 图 三十…. ∥삼십 년 30年. 삼십개월 30か月.
삼십육-계(三十六計)【-심뉵께 /-심뉵꼐】图 三十六計. ❷形勢が不利な時逃げること. ▶삼십육계(를) 놓다 急いで逃げる.
삼엄-하다(森嚴-)㊉《하변》物々しい;いかめしい. 森厳だ. ∥삼엄한 경비 物々しい警備.
삼엽-충(三葉蟲)图《動物》サンヨウチュウ(三葉虫).
삼-원색(三原色)图《美術》三原色.
삼월(三月)/samwol/ 图 3月. ∥국에서는 신학기가 삼월에 시작된다 韓国では新学期が3月に始まる. 입학식은 삼월 오일이다 入学式は3月5日です.
삼위-일체(三位一體)图 ❶《キリスト教》三位一体. ❷三つのものが一つになること.
삼-인칭(三人稱)图《言語》三人称.
삼일^운동(三一運動)图《歴史》=기미독립운동(己未獨立運動).
삼일-장(三日葬)图 死後3日目に行なう葬式.
삼일-천하(三日天下)图 三日天下.
삼자-대면(三者對面)图 三者対面.

삼자^범퇴 (三者凡退) 图 〔野球で〕三者凡退.

삼재 (三災) 图 〔仏教〕 (火災·水災·風災の)三災.

삼종지의 (三從之義) 【-/-이】 图 朝鮮時代の女性が従うべきだった三つのこと. ÷未婚時は父母に従い, 結婚後は夫に従い, 夫の死後は息子に従うこと.

삼중-주 (三重奏) 图 〔音楽〕 三重奏.
삼중-창 (三重唱) 图 〔音楽〕 三重唱.
삼지-례 (三枝禮) 图 三枝の礼.
삼지창 (三枝槍) 图 先が三つに分かれた槍.
삼진 (三振) 图 〔野球で〕三振.
삼질-날 (三-) 【-진-】 图 陰暦の3月3日.
삼척-동자 (三尺童子) 【-똥-】图 (「三尺の童子」の意で)世の中のことに詳しくない子ども. ‖삼척동자도 아는 이야기 子どもでも知っている話.
삼천-리 (三千里) 【-철-】 图 ❶ (日本の単位でいうと) 300里. ❷朝鮮半島全土.
삼천리-강산 (三千里江山) 图 朝鮮半島全土.
삼촌 (三寸) 图 おじ; 父の男兄弟.
삼추 (三秋) 图 ❶三回の秋; 3年の年月. ❷長い年月.
삼치 (魚介類) 图 サワラ(鰆).
삼칠-일 (三七日) 图 三七日; 生後 21日.
삼키다 /samkʰida/ 他 ❶飲み込む; 呑み込む; 飲み下す. ‖침을 삼키다 唾を呑み込む; 粉薬をオブラートに包んで飲み込む ‖가루약을 오블라토에 싸서 삼키다 粉薬をオブラートに包んで飲み込む. ❷横取りする; 横領する. ‖공금을 삼키다 公金を横領する. ❸(涙·怒り·笑いなどを)こらえる. ‖눈물을 삼키다 涙をこらえる.

삼태기 图 土やごみなどを運ぶため竹·木·葦などを編んで作ったかごやざるの類.
삼투 (滲透) 图 (하自) 浸透.
삼투-압 (滲透壓) 图 〔物理〕 浸透圧. ‖삼투압 현상 浸透圧現象.
삼파-전 (三巴戰) 图 三つ巴の乱戦.
삼판-양승 (三一兩勝) 【-냥-】 图 三番勝負で二回勝つこと.
삼팔-선 (三八線) 【-썬】 图 〔地名〕 北緯38度線. ÷朝鮮戦争の休戦の時, 朝鮮半島が南北に分かれることになった境界線.
삼한-사온 (三寒四溫) 图 三寒四温.
삽 图 シャベル; スコップ.
삽-괭이 【-괭-】 图 幅が狭く柄の長いくわ.
삽사리 【-싸-】 图 朝鮮半島固有の犬の品種.

삽살-개 【-쌀-】 图 =삽사리.
삽시-간 (霎時間) 【-씨-】 图 〔삽시간에の形で〕一瞬の間に; あっという間に; 束の間に; 瞬く間に; たちまち. ‖삽시간에 소문이 퍼지다 瞬く間にうわさが広まる.
삽입 (挿入) 图 (하他) 挿入.
  삽입-구 (挿入句) 图 〔言語〕 挿入句.
  삽입-부 (挿入部) 【-뿌】 图 挿入部.
삽-질 (-질) 图 (하自) シャベルで掘ったり, すくったりする仕事.
삽화¹ (挿話) 【사봐】 图 挿話.
삽화² (挿畵) 【사봐】 图 画画; 挿絵.
삿갓 【삳깓】 图 かぶりがさ.
삿대 (篙-) 图 →상앗대.
  삿대-질 【삳때-】 图 (하自) ❶ さおで船を漕ぐこと. ❷いきなり, 指やこぶしを相手の顔に突きつけるしぐさ.
상¹ (上) 图 上. ‖상중하 上·中·下.
상² (床) 图 ❶ 食膳·縁台などの総称. ‖상을 치우다 食膳にお膳を片付ける. ‖상을 보다[차리다] お膳立てをする.
상³ (相) 图 相; 顔つき; 表情. ▶상을 보다 人相を見る.
상⁴ (喪) 图 喪. ‖상을 치르다 喪に服する.
상⁵ (想) 图 作品を制作する作家の構想. ‖상이 떠오르다 (作品の)構想やイメージが思い浮かぶ.
상⁶ (像) 图 像. ❶物の形; 人の姿. ❷神仏·人·鳥獣などの形をまねて描いたりつくったりしたもの.
상⁷ (賞) 图 賞; 襃美.
-상⁸ (上) 接尾 …上. ‖역사상 歴史上.
-상⁹ (狀) 接尾 …状. ‖방사상 放射状.
-상¹⁰ (商) 接尾 その関係の商売の意を表わす語: …商; …屋. ‖미국상 米国.
상가¹ (商街) 图 商店街. ‖즐비한 상가 立ち並ぶ商店街.
상가² (喪家) 图 喪家; 喪中の家.
  상갓-집 (喪家ㅅ-) 【-가찝/-갇찝】 图 =상가(喪家).
상각 (償却) 图 (하他) 償却. ‖감가상각 減価償却.
상감¹ (上監) 图 王(王)の尊敬語.
  상감-마마 (上監媽媽) 图 상감(上監)の尊敬体.
상감² (象嵌) 图 象嵌(ぞうがん). ÷金属·陶磁·木材などの表面に模様を彫り, そのくぼみに金·銀·貝など他の材料をはめ込む工芸技法.
상강 (霜降) 图 (二十四節気の)霜降.
상-거래 (商去來) 图 商取引.
상-견례 (相見禮) 【-녜】 图 相見の礼. ÷양가の상견례 両家の相見の礼.
상경 (上京) 图 (하自) 上京.
상고¹ (上告) 图 (하他) 〔法律〕 上告.
  상고-심 〔法律〕 上告審.
상고² (商高) 图 〔商業 고등학교(商業高等學校)の略語〕商高.

상고-머리 图 角刈り.
상고-시대 (上古時代) 图 上古時代.
상공¹ (上空) 图 上空. ‖서울 상공 ソウルの上空.
상공² (商工) 图 〔상공업(商工業)の略語〕商工.
상공-업 (商工業) 图 商工業. ⑳상공 (商工).
상공-회의소 (商工會議所) 【ㅡ/ㅡ헤이-】 图 商工会議所.
상과 대학 (商科大學) 【-꽈-】 图 商学部. ⑳상대 (商大).
상관¹ (上官) 图 上官.
상관² (相關) 图 相関.
상관-관계 (相關關係) 【-/-게】 图 相関関係.
상관-없다 (相關-) /saŋgwanːɔːpːtʰa/ 【-파늡따】 圈 ❶ 関係 (が) ない. ‖서로 상관없다 互いに関係ない. ❷ […아도〔어도·해도〕 상관없다の形で〕…でも構わない; …ても差しつかえない. **상관-없이** 圖
상권¹ (上卷) 图 〔書物の〕上卷. ⑳중권 (中卷)·하권 (下卷).
상권² (商圈) 【ㅡ꿘】 图 商圈; 商業圈. ‖상권을 형성하다 商圏を形成する. 상권을 넓히다 商圏を広げる.
상궤 (常軌) 图 常軌. ‖상궤를 벗어나다 常軌を逸する; 無軌道を走る.
상극 (相剋) 图 圊 相克 (<ご<); 相容れないこと. 囫상생 (相生). ‖상극 관계 相容れない関係.
상금 (賞金) 图 賞金. ‖상금을 타다 賞金をもらう.
상급 (上級) 图 上級. ㉒하급 (下級).
상급-반 (上級班) 【ㅡ빤】 图 上の学年のクラス; 上級クラス. ㉒하급반 (下級班).
상급-생 (上級生) 【ㅡ쌩】 图 上級生. ㉒하급생 (下級生).
상급-심 (上級審) 【ㅡ씸】 图 〔法律〕上級審.
상기 (上記) 图 圊 上記.
상기 (上氣) 图 됨 上気. ‖얼굴이 상기되다 顔が上気する.
상기 (想起) 图 圊 想起.
상납 (上納) 图 圊 上納.
상냥-하다 /saŋnjaŋhada/ 圈【하变】愛想がよく優しい; 柔和だ; にこやかだ. ‖상냥하게 말하다 にこやかに話す. **상냥-히** 圖
상념 (想念) 图 想念.
상-놈 (常-) 图 ❶ 〔さげすむ言い方で〕〔昔の〕下衆 (げす). ❷ 〔さげすむ言い方で〕ならず者; 野郎.
상-다리 (床-) 【ㅡ따-】 图 食膳の脚. ▶상다리가 부러지다 [휘어지다〕 食膳の脚が折れる [曲がる〕ほど食膳の上に食べ物が多い; 素晴らしいお膳立てを調える.

상단 (上段) 图 上段.
상달 (上達) 图 圊他 上達. ⑦하달 (下達).
상담¹ (相談) /saŋdam/ 图 됨他 相談. ‖인생 상담 人生相談. 선생님께 진로를 상담하다 先生に進路を相談する.
상담-소 (相談所) 图 相談所.
상담-실 (相談室) 图 相談室.
상담-역 (相談役) 【-녁】 图 相談役.
상담² (商談) 图 圊他 商談.
상담-수 (相當數) 图 相当の数; かなりの数. ‖상당수의 사람々 かなりの人.
상당-액 (相當額) 图 相当の金額.
상당-하다 (相當-) /saŋdaŋhada/ 圊 圈【하変】 ❶ 〔一定の金額・数値・量・資格などに〕相応する; 値する; 該当する. ‖실속에 상당하는 대우 実績に相当する待遇. ❷ 相当なことだ; なかなかだ. ‖상당한 재산 かなりの財産. **상당-히** 圊 상당히 마시다 相当飲む.
상대¹ (上代) 图 ❶ 〔時代の〕上代. ❷ 祖先.
상대² (相對) /saŋde/ 图 됨他 ❶ 相対すること; 向かい合うこと; 競い合うこと. ‖너무 약해서 상대가 안 되다 弱すぎて相手にならない. ❷ 相手. ‖회사를 상대로 소송을 걸다 会社を相手取り訴訟を起こす.
상대-방 (相對方) 图 相手; 先方. ‖상대방의 입장도 고려하다 相手の立場も考慮する.
상대성 원리 (相對性原理) 【-썽월-】 图 〔物理〕相対性原理.
상대-역 (相對役) 图 相手役.
상대-적 (相對的) 相対的. ㉒절대적 (絶對的). ‖상대적 문제 相対的な問題.
상대-편 (相對便) 图 相手方; 相手側.
상대³ (商大) 图 〔상과 대학 (商科大學) の略語〕商学部; 経営学部.
상-도덕 (商道德) 图 商道德.
상동 (上同) 图 同上.
상두-꾼 (喪-) 图 = 상여꾼 (喪輿-).
상등 (上等) 图 上等.
상등-병 (上等兵) 图 〔軍事〕 上等兵. ⑳상병 (上兵).
상등-품 (上等品) 图 上等品.
상량¹ (上樑) 【-냥】 图 됨自 棟上げ; 上棟; 建て前.
상량-식 (上樑式) 图 棟上げ式; 上棟式.
상량² (商量) 【-냥】 图 됨他 商量.
상록-수 (常綠樹) 【-녹쑤】 图 〔植物〕常綠樹.
상류 (上流) /saːŋnju/ 【-뉴】 图 上流. ㉒하류 (下流). ‖한강 상류 漢江の上流.
상류-계급 (上流階級) 【-뉴-/-게-】 图 上流階級.
상류-사회 (上流社會) 【-뉴-/-훼-】

상류-층 (上流層) 图 上流階級.
상륙 (上陸)【-뉵】图 自他 上陸. ‖상륙 작전 上陸作戦. 태풍이 상륙하다 台風が上陸する.
상말 (常-) 图 下品な言葉; 俗な表現; 悪口.
상면 (相面) 图 自他 対面.
상모 (象毛) 图 (民俗) 農楽舞でかぶる帽子のてっぺんにつける長い髮や鳥の毛.
상모-돌리기 (象毛-) 图 農楽舞で상모(象毛)をぐるぐる回しながら踊ること.
상무[1] (尚武) 图 自他 尚武.
상무[2] (常務) 图 〔상무 이사(常務理事)の略語〕常務.
상무^이사 (常務理事) 图 常務理事. ⑱상무(常務).
상무[3] (商務) 图 商務.
상무-관 (商務官) 图 商務官.
상미 (賞味) 图 他 賞味.
상박 (上膊)【-박】图【解剖】上膊; 上腕.
상박-골 (上膊骨)【-꼴】图【解剖】上膊骨; 上腕骨.
상박-부 (上膊部)【-뿌】图 二の腕.
상반 (上半) 图 上半. ⑳하반(下半).
상-반기 (上半期) 图 上半期. ⑳하반기(下半期). ‖상반기 결산 上半期決算.
상반-되다 (相反-)【-/-꿰-】图 相反する. ‖상반되는 견해 相反する見解.
상-반부 (上半部) 图 上半部. ⑳하반부(下半部).
상-반신 (上半身) 图 上半身. ⑳하반신(下半身).
상방 (上方) 图 上方. ⑳하방(下方).
상벌 (賞罰) 图 賞罰.
상법 (商法)【-뻡】图 商法.
상병 (上兵) 图 상등병(上等兵)の略語.
상보[1] (床褓)【-뽀】图 卓布; お膳かけ.
상보[2] (相補) 图 相補. ‖상보 관계 相補関係.
상보-성 (相補性)【-썽】图 相補性.
상복 (喪服) 图 喪服.
상봉 (相逢) 图 自他 めぐり合い; 出会い; 再会. ‖극적인 상봉 劇的な出会い.
상부[1] (上部) 图 ❶上部. ❷上層部.
상부[2] (相扶) 图 相扶(%).
상부-상조 (相扶相助) 图 自他 相扶相助. ‖상부상조하는 사회 相互扶助の社会.
상비 (常備) 图 自他 常備.
상비-군 (常備軍) 图【軍事】常備軍.
상비-약 (常備薬) 图【医学】常備薬.
상사[1] (上司) 图 上司; 上役. ‖직속 상사 直属の上司.
상사[2] (商社) 图 商社.
상사[3] (上士) 图【軍事】上士. ⑫중사(中士)·하사(下士).
상사[4] (商事) 图 商事.
상사[5] (相似) 图 相似.

상사[6] (相思) 图 自他 相思.
상사-병 (相思病)【-뼝】图 恋煩い.
상사디야 國〔音楽〕民謡のはやし言葉の一つ.
상상 (想像) /sa:ŋsaŋ/ 图 他 想像. ‖미래를 상상하다 未来を想像する. 상상했던 것보다 훨씬 낫다 想像していたよりずっと立派だ. 상상이 가다 想像がつく. 상상 속에서 想像の中で.
상상-도 (想像圖) 图 想像図.
상상-력 (想像力)【-녁】图 想像力. ‖상상력이 풍부하다 想像力が豊かだ. 상상력을 발휘하다 想像力をはたらかせる.
상상-외 (想像外)【-/-웨】图 予想外. ‖상상외로 予想外に.
상상^임신 (想像妊娠)【医学】想像妊娠.
상상-화 (想像畵)【美術】想像画.
상생 (相生) 图 自他 相生(#35). ⑫상극(相剋).
상서-롭다 (祥瑞-)【-따】图 [ㅂ変] 祥瑞(%35)だ; 吉兆だ; めでたい兆しだ. ‖상서로운 징조 めでたい兆し.
상석 (上席) 图 上席; 上座. ⑫말석(末席).
상선 (商船) 图 商船.
상설 (常設) 图 自他 常設. ‖상설 위원회 常設委員会. 상설 영화관 常設映画館.
상설-관 (常設館) 图 常設館.
상성 (上聲) 图 上声(생송).
상세-하다 (詳細-) /sa:ŋsehada/ 图 [ㅎ変] 詳細だ; 詳しい. ‖상세한 기록 詳細な記録. 상세한 설명 詳しい説明.
상세-히 圖
상소[1] (上疏) 图 自他【歴史】上疏(생송)을 하다.
상소[2] (上訴) 图 自他【法律】上訴. ‖상소하다 上訴する.
상소-권 (上訴權)【-꿘】图【法律】上訴権.
상소-심 (上訴審) 图【法律】上訴審.
상-소리 (常-) 图 下品な言葉; 低俗な言葉; 卑俗な言葉.
상속 (相續) /saŋsok/ 图 自他 相続. ‖막대한 재산을 상속받다 莫大な財産を相続する. 유산 상속 遺産相続.
상속-법 (相續法)【-뻡】图【法律】相続法.
상속-세 (相續稅)【-쎄】图 相続税.
상속-인 (相續人) 图 相続人.
상속-자 (相續者)【-짜】图 相続人.
상쇄 (相殺) 图 自他 相殺(#35). **상쇄-되다** 图 自
상수-도 (上水道) 图 上水道. ⑫하수도(下水道). ‖상수도 시설 上水道施設.
상수리 クヌギの実; どんぐり.
상수리-나무 图【植物】クヌギ(櫟).
상순 (上旬) 图 上旬. ⑫중순(中旬)·하순(下旬).

상술¹(上述) [하타] 上述.
상술²(詳述) [하타] 詳述. ∥취지를 상술하다 趣旨を詳述する.
상-스럽다(常-) [쓰-따] [形] [ㅂ변] 下品だ; 卑しい; はしたない. ∥상스러운 말 はしたない言葉. **상스레** [副]
상습(常習) [名] 常習.
　상습-범(常習犯) [-뻠] [名] 《法律》常習犯.
　상습-자(常習者) [-짜] [名] 常習者.
　상습-적(常習的) [-쩍] [名] 常習的. ∥상습적인 음주 常習的な飲酒.
상승¹(上昇) [하자] 上昇.
　상승-기류(上昇氣流) [名] 《天文》上昇気流.
　상승-세(上昇勢) [名] 上り調子; 右肩上がり. ↔하락세(下落勢).
상승²(相乘) [하자] 相乗.
　상승-작용(相乘作用) [名] 相乗作用.
　상승-효과(相乘效果) [名] 相乗効果.
상시(常時) [名] 常時; いつも; 普段; 常に.
상식(常識) /sanʃik/ [名] 常識. ∥상식이 부족하다 常識に欠ける. 상식선에서 常識の線で. 일반 상식 一般常識.
　상식-적(常識的) [-쩍] [名] 常識(的). ∥상식적인 판단 常識的な判断. 상식적인 범위 내에서 常識の範囲内で.
상신(上申) [하타] 上申.
상실(喪失) [하타] 喪失; 失うこと. ∥기억을 상실하다 記憶を喪失する. 의원 자격을 상실하다 議員の資格を失う. 의욕 상실 意欲喪失.
상실-감(喪失感) [名] 喪失感.
상심(傷心) [하자] 傷心; 心を落とすこと. ∥검사 결과를 보고 상심에 빠지다 検査の結果を見て気を落とす.
상아(象牙) [名] 象牙.
　상아-질(象牙質) [名] 象牙質.
　상아-탑(象牙塔) [名] 象牙の塔. ∥대학을 상아탑이라고도 한다 大学を象牙の塔とも言う.
상악(上顎) [名] [解剖] 上顎. ㉠위턱.
　상악-골(上顎骨) [-꼴] [名] [解剖] 上顎骨. ㉠위턱뼈.
상어(魚類) [名] サメ(鮫).
상업(商業) /sanɔp/ [名] 商業. ∥상업에 종사하다 商業に従事する. 상업의 중심지 商業の中心地. 상업 도시 商業都市.
　상업-고등학교(商業高等學校) [-꼬-교] [名] 商業高等学校. ㉠상고(商高).
　상업-디자인(商業design) [名] 商業デザイン.
　상업-미술(商業美術) [-엄-] [名] 商業美術.
　상업-방송(商業放送) [-빵-] [名] 商業放送.
　상업-부기(商業簿記) [-뿌-] [名] 商業簿記.
　상업-은행(商業銀行) [名] 商業銀行.
　상업-자본(商業資本) [-짜-] [名] 商業資本.
상여(喪輿) [名] 棺を墓地まで運ぶ輿.
　상여-꾼(喪輿-) [名] 상여(喪輿)を担ぐ人.
　상여-소리(喪輿-) [-여쏘-/-열쏘-] [名] 挽歌. ㉠만가(輓歌).
상여(賞與) [하타] 賞与; ボーナス.
　상여-금(賞與金) [名] 賞与金; ボーナス.
상연(上演) [하타] 上演. **상연-되다** [受身]
상영(上映) [하타] 上映. **상영-되다** [受身]
상온(常溫) [名] 常温.
상완(上腕) [名] [解剖] 上腕; 上膊.
　상완-골(上腕骨) [-꼴] [名] [解剖] 上腕骨.
　상완-삼두근(上腕三頭筋) [名] [解剖] 上腕三頭筋.
　상완-이두근(上腕二頭筋) [名] [解剖] 上腕二頭筋.
상용¹(常用) [하타] 常用. ∥수면제를 상용하다 睡眠薬を常用する.
　상용-어(常用語) [名] 常用語.
　상용-한자(常用漢字) [-짜] [名] 常用漢字.
상용²(商用) [名] 商用.
　상용-문(商用文) [名] 商用文.
상원(上院) [名] 上院. ↔하원(下院).
상위(上位) [名] 上位. ↔하위(下位).
∥상위 개념 上位概念.
상응(相應) [名] 相応; 呼応; (何かに)応じること. ∥실력에 상응하는 학교 実力に相応する学校. 기대에 상응하는 結果 期待に相応する結果.
상의¹(上衣) [-/-이] [名] 上着. ㉠하의(下衣).
상의²(相議) [-/-이] [하타] 相談. ∥부모님께 진로 문제를 상의하다 両親に進路について相談する.
　상의-하달(上意下達) [-/-이-] [名] 上意下達(たつ).
상이¹(相異) [名] [形] 相違; 異なること; 違うこと. ∥사실과 상이하다 事実と異なる.
　상이-점(相異點) [-쩜] [名] 相違点.
상이²(傷痍) [名] 傷痍(しょうい).
　상이-군인(傷痍軍人) [名] 傷痍軍人.
　상이-용사(傷痍勇士) [名] 軍の服務の時負傷を負って除隊した兵士.
상인(商人) [名] 商人.
상임(常任) [하타] 常任.
　상임-위원(常任委員) [名] 常任委員.
　상임-위원회(常任委員會) [-/-쾨] [名] 常任委員会.
　상임-이사국(常任理事國) [名] 常任理事国.
상자(箱子) /sandʒa/ [名] 箱. ∥나무 상자 木の箱. 종이 상자 紙箱.
―[依名] …箱. ∥사과 한 상자 リンゴ1箱.

상장¹(上場) 図 하他 上場. ‖**상장-기업**(上場企業) 図 (經) 上場企業.
상장-주(上場株) 図 (經) 上場株.
상장²(賞狀) 図 〈짱〉 賞狀.
상재(上梓) 図 하他 上梓(書物を出版すること).
상전-벽해(桑田碧海) 【-벼캐】 図 桑田(전)변して滄海となること;世の中の移り変わりが激しいこと.
상점(商店) 図 商店;店.
상정¹(上程) 図 하他 上程. ‖예산안을 상정하다 予算案を上程する.
상정²(想定) 図 하他 想定. ‖지진이 일어났다고 상정하고 방재 훈련을 하다 地震発生を想定して防災訓練を行なう.
상제(喪制) 図 父母や祖父母の喪中にある人.
상조¹(相助) 図 하自 互助. ‖상부상조 相互扶助.
상조²(尙早) 図 尙早. ‖시기상조 時期尙早.
상종(相從) 図 하自 交わること;かかわること;親しく付き合うこと. ‖그 사람하고는 두 번 다시 상종하고 싶지 않다 彼とは二度とかかわりたくない.
상-종가(上終價) 【-까】 図 하증가(下終價).
상좌(上座) 図 上座;上席.
상주¹(常駐) 図 하自 常駐. ‖경비원이 상주하고 있다 警備員が常駐している.
상주²(常住) 図 常住. ‖**상주-인구**(常住人口) 図 常住人口.
상주³(喪主) 図 喪主.
상중(喪中) 図 喪中;忌中.
상중하(上中下) 図 上中下.
상질(上質) 図 上質.
상징(象徵) /saŋʤiŋ/ 図 하他 象徵. ‖비둘기는 평화의 상징이다 ハトは平和の象徵である. 자유の女神상은 뉴욕の 상징이다 自由の女神像はニューヨークの象徵である. ‖**상징-시**(象徵詩) 図 (文芸) 象徵詩. **상징-적**(象徵的) 図 象徵的. ‖상징적인 존재 象徵的な存在. **상징-주의**(象徵主義) 【-/-이】 図 象徵主義. **상징-화**(象徵化) 図 하他 象徵化.
상책(上策) 図 上策.
상처¹(喪妻) 図 妻に死なれること.
상처²(傷處) /saŋʦʰɔ/ 図 傷口;傷口. ‖이마에 상처가 나다 おでこに傷ができる. 마음의 상처 心の傷. 상처가 욱신거리다 傷がうずく. 傷が아물다 傷口がふさがる. 다리에 상처를 입다 足をけがする.

상체(上體) 図 上体;上半身. 하체(下體).

상추 /saŋtɕʰu/ 図 (植物) サンチュ;サニーレタス.
상춘-객(賞春客) 図 花見客;春を愛でる行楽の人.
상충-되다(相衝─) 【-/-뒈-】 自 相容れない. ‖상충되는 견해 相容れない見解.
상층(上層) 図 上層. 反 하층(下層). ‖**상층-부**(上層部) 図 上層部.
상쾌-하다(爽快─) /saːŋkʰwehada/ 圈 하変 爽快だ;さわやかだ;すがすがしい. ‖아침 공기가 상쾌하다 朝の空気がすがすがしい. 상쾌함을 느끼다 爽快感を感じる. **상쾌-히** 副.
상큼-하다 圈 하変 新鮮だ;さわやかだ. ‖상큼한 인상 さわやかな印象.

상태 (狀態) 図 狀態. ‖건강 상태 健康狀態. 정신 상태 精神狀態. 혼란 상태 混乱狀態. 정지된 상태 静止した状態. 상태가 좋아지다 狀態がよくなる.

상통(相通) 図 하自 相通ずる. ‖일맥상통하는 데가 있다 一脈相通ずるところがある.
상투 図 (昔の韓國風の)まげ. ▶상투를 틀다 (結婚してまげを結い上げることで)一人前の大人になる.
상투-적(常套的) 図 常套的な. ‖상투적인 표현 [決まり切った]表現.
상-팔자(上八字) 【-짜】 図 非常にいい運勢のこと;恵まれていること;楽な環境や生活ぶり.
상패(賞牌) 図 賞牌.
상편(上篇) 図 上篇.
상표(商標) /saŋpʰjo/ 図 商標. ‖등록 상표 登錄商標. ‖**상표-권**(商標權) 【-꿘】 図 (法律) 商標權. **상표-법**(商標法) 【-뻡】 図 (法律) 商標法.
상품¹(商品) /saŋpʰum/ 図 商品. ‖상품 가치 商品價値. 다양한 종류의 상품 色々な種類の商品. 잘 팔리는 상품 よく売れる商品;売れ行きのいい商品. ‖**상품-권**(商品券) 【-꿘】 図 商品券. **상품-명**(商品名) 図 商品名. **상품-화**(商品化) 図 하他 商品化.
상품²(賞品) 図 賞品.
상품³(上品) 図 上品になる物.
상하(上下) 図 上下. ‖상하 좌우로 흔들다 上下左右に振る.
상하-권(上下卷) 図 (書物の)上巻と下巻.
상-하다(傷─) /saŋhada/ 自 하変 ❶ 傷ついて;けがする. ❷ (心配・悲しみなどで心・気持ちが)痛む. ‖마음이 상하다 心が痛む. ❸ (食べ物・食材などが)傷む;腐る. ‖음식이 상하다 食べ物が腐る. ❹ (体や顔が)やせ細る;やつれる. ‖일이

힘든지 얼굴이 많이 상했다 仕事が大変なのか顔がたいぶやつれた.
── 他 〔気持ちを傷つける〕. ∥친구 말에 마음을 상하다 友だちの言葉に傷つく.

상-하수도 (上下水道) 名 上下水道.
상한 (上限) 名 上限.
　상한-가 (上限價) 【-까】 名 (經) 高値; 最高値.
　상한-선 (上限線) 名 上の方の限度.
상해 (傷害) 名 (하他) 傷害. ∥상해를 입다 傷害を負う. 상해를 입히다 傷害を負わせる.
　상해-죄 (傷害罪) 【-쬐 /-쮀】 名 (法律) 傷害罪.
　상해치사 (傷害致死) 名 傷害致死.
　상해치사죄 (傷害致死罪) 【-죄 /-쮀】 名 (法律) 傷害致死罪.
상행 (上行) 名 (하自) 上に行くこと; 地方から都へ行くこと. ⟷ 하행 (下行). ∥상행 열차 上り列車.
　상행-선 (上行線) 名 上り線. ⟷ 하행선 (下行線).
상-행위 (商行爲) 名 商行爲.
상향 (上向) 名 上向き. ⟷ 하향 (下向). ∥매출액을 상향 조정하다 売上高を上向きに調整する.
상현 (上弦) 名 (天文) 上弦. ⟷ 하현 (下弦).
　상현-달 (上弦-) 【-딸】 名 (天文) 上弦の月. ⟷ 하현달 (下弦-).
상형-문자 (象形文字) 【-짜】 名 (言語) 象形文字.
상호¹ (相互) 名 相互. ∥상호 작용 相互作用. 상호 의존 관계 相互依存関係. ❷ (副詞的に) 互いに. ∥상호 책임이 있다 互いに責任がある.
　상호-관계 (相互關係) 【-게】 名 相互関係.
　상호-부조 (相互扶助) 名 相互扶助.
상호² (商號) 名 商号.
상혼 (商魂) 名 商魂.
상환¹ (償還) 名 (하他) 償還; 返済. ∥주택 부금을 상환하다 住宅ローンを返済する.
상환² (相換) 名 (하他) 引き換えること; 交換すること. ∥현금과 상환하다 現金と引き換える.
상황 (狀況) /saŋhwaŋ/ 名 状況; 様況. ∥심각한 상황 深刻な状況. 상황에 맞게 状況に応じて. 절망적인 상황에 놓이다 絶望的な状況に立たされる. 상황은 나빠지고 있다 状況は悪化してきている. 낙관할 수 없는 상황 楽観を許さぬ状況.
　상황판단 (狀況判斷) 名 状況判断. ∥상황 판단을 잘못하다 状況判断を誤る.
상회¹ (上廻) 【-/-훼】 名 (하他) 上回ること. ⟷ 하회 (下廻). ∥예상을 상회하다 予想を上回る.
상회² (商會) 【-/-훼】 名 商会.
상흔 (傷痕) 名 傷痕; 傷あと.
샅 ┃ 名 ❶ またぐら; 両ももの間.
샅-바 [삳빠] 名 씨름 (韓国式の相撲) 競技の時、つかみ所とする回し. ∥샅바를 매다 씨름の回しを結ぶ.
샅샅-이 /sat²sat²hi/ [삳싸치] 副 隅々までくまなく; まんなく; あまなく; あらいざらい. ∥책상 안을 샅샅이 뒤지다 机の中をくまなく探す. 선생님께 샅샅이 일러바치다 先生にあらいざらい告げ口をする.

새¹ /se:/ 名 鳥; 小鳥. ∥무리를 지어 날아오르는 새 群がって舞い上がる鳥. 새가 지저귀는 소리 鳥のさえずり. 새가 나뭇가지에 앉아 있다 鳥が木の枝にとまっている. 철새 渡り鳥. ▶새 발의 피 (關) ごく少ない量.
새² /se/ 名 〔사이의 縮約形〕 間. ∥쉴 새 없이 休む間もなく.
새³ /se/ 冠 新しい; 新たな; 新. ⟷ 헌. ∥새해 新年. 새옷 新しい服. 새 차 新しい車. ▶새 출발 新たな出発.
새-⁴ 接頭 〔一部の色彩形容詞の前に付いて〕 その色が非常に鮮やかで濃いことを表わす: 真っ…. ∥새빨갛다 真っ赤だ. 새파랗다 真っ青だ.
-새⁵ 接尾 〔一部の名詞や転成名詞に付いて〕 様子・状態・程度などの意を表わす. ∥생김새 顔つき. 쓰임새 用途.
새-가슴 名 ❶ 鳩胸. ❷ 臆病な人; 小心者.
새-것 [-껃] 名 新しい物; 新品. ⟷ 헌것. ∥타이어를 새것으로 갈다 タイヤを新品に取り替える.
새겨-듣다 [-따] 他 [ㄷ 変] かみしめる; 聞き分ける; 心に刻みつける. ∥선생님 말씀을 새겨듣다 先生の言葉を心に刻みつける.
새근-거리다 自他 ❶ しきりに息をはずませる; あえぐ. ❷ すやすやと寝息を立てる. ∥아기가 새근거리면서 자고 있다 赤ちゃんがすやすやと眠っている.
새근-새근 副 自他 ❶ 苦しそうに呼吸する様子; はあはあ. ❷ 幼児が静かに眠る様子 [音]; すやすや.
새기다¹ /sɛgida/ 他 ❶ 彫る; 彫りつける; 刻む. ∥문신을 새기다 入れ墨を刻む. 기둥에 새기다 柱に刻む. ❷ (心に) 刻みつける. ∥교훈을 마음에 새기다 教訓を心に刻む.
새기다² 他 〔言葉や文の意味を〕分かりやすく解く. ∥뜻을 새기다 意味を分かりやすく解く.
새기다³ 他 反芻する. ∥소가 여물을 새기다 牛が飼い葉を反芻する. 교훈을 새기다 教訓を反芻する.
새김-위 (-胃) 名 反芻胃.

새김-질 [名] (하自他) (牛などが)反芻すること.

새-까맣다 /sɛʔkamatʰa/ [-마타] [形] [ㅎ変] [새까매, 새까마니] ❶ 真っ黒だ. 손톱 밑이 새까맣다 手の爪が真っ黒だ. ❷ 全く知らない;全然覚えていない. ‖일요일에 약속이 있다는 걸 새까맣게 잊고 있었다 日曜日に約束があることをすっかり忘れていた. ❸ 数え切れないほど多い.

새끼[1] [名] 縄. ‖새끼를 꼬다 縄をなう[絢].

새끼-줄 [名] 縄;縄紐. ‖새끼줄로 묶다 縄紐でくくる.

새끼[2] /sɛ'ki/ [名] ❶ (動物の)子. ‖새끼 고양이 子猫. ❷ [자식(子息)の俗語] 子ども. ‖내 새끼가 私の子だ. ❸ 野郎;やつ. ‖저 새끼가 누구야;あいつ. ❹ (元金に対する)利子. ▶새끼(를) 치다 何かを元にしてその数量を増やす.

새끼-발가락 [-까-] [名] 足の小指.

새끼-발톱 [-까-] [名] 足の小指の爪.

새끼-손가락 [-까-] [名] 手の小指.

새다[1] /sɛda/ [自] ❶ (隙間や穴から水·光·ガスなどが)漏れる. ‖가스가 새다 ガスが漏れる. 빗물이 새는 천장 雨漏りの天井. 정보가 새다 情報が漏れる. ❷ (会合などで)そっと抜け出る. 本来行くべき所に行かずに他の所に行く. ‖얘가 학원에 안 가고 어디로 샜는지 모르겠다 子どもが塾に行かずどこに行ったのか分からない. ❹ (話·討論などが)話題からそれる. ‖얘기가 옆길로 새다 話がそれる.

새다[2] /sɛ:da/ [自] (夜が)明ける. ‖날이 새다 夜が明ける.

새-달 [名] 来月;翌月.

새-대가리 [名] ❶ 鳥の頭. ❷ [俗っぽい言い方で]ばか;あほう.

새-댁 [-宅] [名] 新妻.

새-되다 [-/-뒈-] [形] (声の調子が)高く鋭い;甲高い. ‖새된 목소리 甲高い声.

새-로 /sɛro/ [副] 新たに;新しく. ‖새로 산 차 新しく買った車. 새로 난 길 新たにできた道. 새 사람이 새로 들어오다 何人かが新たに[新しく]入る.

새로운 [ㅂ変] 새롭다(新しい)の現在連体形.

새로워 [ㅂ変] 새롭다(新しい)の連用形.

새록-새록 [-쎄-] [副] ❶ 新しいものやことがしきりに起こる様子. ❷ 繰り返して新しさを感じる様子. ‖새록새록 생각이 나다 しみじみ思い出す.

새-롭다 /sɛrop'ta/ [-따] [形] [ㅂ変] [새로워, 새로운] 新しい;初めてだ;以前になかったことだ. ‖새로운 기술이 개발되다 新しい技術が開発される. 새로운 맛 初めての味. ❷ 今更のようだ;事新しい. ❸〔一部の時間や数量を表わす表現を伴って〕切実に要る. ‖단돈 만원이 새롭다 たったの1万ウォンでもほしい. **새로이** [副]新しい事を新しくする.

새마을-운동 (-運動) [名] セマウル運動. ‡(「新しい村の意」で)1970年代の韓国の政府主導の農村改革運動.

새마을-정신 (-精神) [名] (勤勉·自助·協同)の새마을운동の精神.

새벽 /sɛbjʌk/ [名] ❶ 明け方;夜明け.미명(未明). ‖새벽에 집을 나가다 明け方に家を出る. ❷ 夜12時から明け方の間. ‖새벽 세 시 午前3時.

새벽-녘 [-병녘] [名] 明け方;夜明け頃. ‖새벽녘에 눈을 뜨다 夜明け頃目を覚ます.

새벽-바람 [-빠-] [名] 明け方の冷たい風.

새-봄 [名] 新春;初春.

새-빨갛다 [-가타] [形] [ㅎ変] 真っ赤だ. ‖새빨간 장미 真っ赤なバラ. 새빨간 거짓말 真っ赤な嘘.

새빨개-지다 [自] (顔が)真っ赤になる. ‖부끄러워서 얼굴이 새빨개지다 恥ずかしくて顔が真っ赤になる.

새-사람 [名] ❶ 新人;新参. ❷ 花嫁;新妻. ❸ 以前の悪い生活を捨てて新しいスタートを切った人.

새-살 [名] 肉芽.

새-살림 [名] 新所帯. ‖봄에 결혼해서 새살림을 차리다 春に結婚して新所帯を持つ.

새삼 /sɛsam/ [副] 今更;今になって改めて. ‖실력 부족을 새삼 절감하다 実力不足を今更のように痛感する.

새삼-스럽다 [-따] [形] [ㅂ変] 今更のようだ;事新しい. ‖그런 것은 새삼스럽게 말할 필요도 없다 そんなことは今更言うまでもない. **새삼스레** [副]

새-색시 [-씩-] [名] 花嫁;新婦. —색시.

새-순 (-筍) [名] 新芽;若芽. ‖새순이 돋아나다 新芽が出る.

새시 (sash) [名] サッシ. ‖알루미늄 새시 アルミサッシ.

새-신랑 (-新郎) [-실-] [名] 花婿;新郎.

새-싹 [名] =새순(-筍).

새-아기 [名] 舅が嫁が花嫁を親しみを込めて呼んだり称したりする語.

새-알 [名] 鳥の卵.

새앙-쥐 [動物] ハツカネズミ(二十日鼠).

새-어머니 [名] 継母.

새-언니 [名] 妹が兄嫁を呼ぶ語.

새-엄마 [名] 새어머니を親しみを込めて称する語.

새옹지마 (塞翁之馬) [名] 塞翁が馬.

새우 /sɛu/ [名] (魚介類) エビ(海老). ‖새우 튀김 エビフライ. ▶새우로 잉어를 낚는다 [諺] 海老で鯛を釣る.

새우-등 (-) 名 猫背.

새우-잠 名 (海老のように)背中を丸めて寝ること. ‖새우잠을 자다 背中を丸めて寝る.

새우-젓 (-젓) 名 小海老の塩辛.

새우다 /scuda/ 他 (夜を)明かす; 徹夜する. ‖밤을 새우다 徹夜する.

새-잎 (-닢) 名 若葉.

새-장 (-欌) 名 鳥かご.

새-장가 名 男性が再婚すること. ‖새장가를 들다 男性が再婚する.

새-집 名 鳥の巣.

새-집 名 ❶新築の家. ❷新居.

새-참 (-站) 名 仕事の合間に食べる間食.

새-총 (-銃) 名 ❶鳥打ち用の空気銃. ❷ぱちんこ.

새치 名 若白髪.

새-치기 (한國) 割り込み; 横入り; 無理に押し割って入ること.

새침-데기 (-때-) 名 澄まし屋. 気取り屋.

새침-하다 形 [하變] つんと澄ましている; 取り澄まして無愛想だ. ‖새침한 표정을 하고 있다 つんと澄ました表情をしている.

새-카맣다 (-맣다) 形 [하變] ❶真っ黒だ. ‖얼굴이 새카맣게 타다 顔が真っ黒に日焼けする.

새콤달콤-하다 形 [하變] 甘酸っぱい. ‖새콤달콤한 맛 甘酸っぱい味.

새콤-하다 形 [하變] やや酸っぱい.

새큼-하다 形 [하變] ‖새큼한 맛이 나다 酸っぱい味がする.

새-털 名 鳥の羽毛.

새털-구름 名 [天文] 巻雲.

새-파랗다 (-랗다) 形 [하變] ❶真っ青だ. ‖놀라서 얼굴이 새파랗게 질리다 驚いて顔が真っ青になる. ❷非常に若い. ‖새파랗게 젊은 녀석 若輩; 青二才.

새-파래지다 自 真っ青になる; 青白になる; 青ざめる. ‖너무 추워서 입술이 새파래지다 あまりの寒さに唇が真っ青になる.

새-하얗다 (-얗다) 形 [하變] 真っ白だ. ‖새하얗게 눈 真っ白な雪.

새-해 /schɛ/ 名 新年. ‖새해를 맞이하다 新年を迎える. 새해 복 많이 받으세요 新年明けましておめでとうございます.

새해 차례 (-茶禮) 名 [民俗] 元旦の祭祀.

색¹ (色) /sk/ 名 ❶色. ‖밝은 색 明るい色. 다양한 색 色とりどり. ❷女色; 女道楽.

색² (sack) 名 サック.

-색³ (色) 接尾 …色(ᄉ). ‖빨간색 赤(色). 노란색 黄色.

색각 (色覺) -각 名 色覚.

색감 (色感) -깜 名 色感.

색골 (色骨) [-꼴] 名 すけべえ; 好色漢.

색광 (色狂) [-꽝] 名 色情狂; 色きちがい.

색깔 (色-) 名 色; 色合い; 色彩. ‖색깔이 촌스럽다 색이 가득하다. 정치적 색깔 政治的な色.

색-다르다 (色-) /sk'taruda/ [-따-] 形 [르變] [색달라, 색다른] 普通とは異なる; 特色がある. 変わっている; 目新しい. ‖색다른 방법 目新しい方法.

색-동 (色-) [-똥] 名 五色の布を継ぎ合わせた子ども用の韓服(韓服)の袖の布地.

색동-옷 (色-) [-똥옫] 名 五色袖の子ども用の韓服(韓服).

색동-저고리 (色-) [-똥-] 名 五色袖のチョゴリ.

색마 (色魔) [-마] 名 色魔.

색맹 (色盲) [-맹] 名 色盲.

색상 (色相) [-쌍] 名 色相; 色合い; 色調. ‖다양한 색상 多様な色調.

색색 (色色) [-쌕] 名 ❶色; 様々な色とりどり. ‖지금까지 못 보던 색색의 물건 今まで見たことのない色々な物. 색색으로 칠하다 色とりどりに塗る. **색색-이** 副 色々に; 色とりどりに.

색색 (色色) [-쌕] 副 (한國) ❶息を切らす様子 [音]: はあはあ. ❷静かに深く眠っている様子 [音]: すやすや; すうすう.

색색-거리다 (色-) [-쌕꺼-] 自 ❶息を切らす: はあはあする. ‖숨을 색색거리다 はあはあと息を切らす. ❷すうすう(と)寝息を立てる.

색소 (色素) [-쏘] 名 色素. ‖천연 색소 天然色素.

색소-체 (色素體) 名 [植物] 色素体.

색소폰 (saxophone) 名 [音楽] サクソフォーン; サキソホーン; サックス.

색스혼 (saxhorn) 名 [音楽] サクスホルン.

색시 [-씨] 名 ❶年頃の若い女性; 少女; 娘. ❷ (若い)ホステス. ❸ [색시의 略語] 花嫁; 新婦; 新妻. ‖갓 시집온 색시 嫁いできたばかりの新妻.

색싯-감 [-씨깜/-씯깜] 名 新婦候補; 新妻にしたい人.

색싯-집 [-씨찝/-씯찝] 名 遊郭; 売春宿.

색-안경 (色眼鏡) 名 色眼鏡. ‖사람을 색안경을 쓰고 보다 人を色眼鏡で見る.

색약 (色弱) 名 色弱.

색-연필 (色鉛筆) [생년-] 名 色鉛筆.

색-유리 (色琉璃) [생뉴-] 名 色ガラス.

색인 (索引) 名 索引.

색정 (色情) [-쩡] 名 色情.

색조 (色調) [-쪼] 名 色調. ‖부드러운 색조의 조명 柔らかい色調の照明.

색-종이 (色-) [-쫑-] 名 色紙. 색

지(色紙).

색즉시공 (色即是空) [-쯔씨-] 图《仏教》色即是空.

색지 (色紙) 【-찌】 图 色紙. 색종이다.

색채 (色彩) 图 色彩. ‖색채 감각 色彩感覚. 정치적인 색채를 띤 발언 政治的色彩を帯びた発言.

색출 (索出) 图 <u>하며</u> 探し出すこと; 捜索すること. ‖범인을 색출하다 犯人を探し出す.

색칠 (色漆) 图 <u>하며</u> 色を塗ること; 色塗り. ‖물감으로 색칠하다 絵の具で色を塗る.

샌님 图 人づきあいの融通のきかない人.

샌드-백 (sandbag) 图 サンドバッグ.

샌드위치 (sandwich) /sendɯwitɕʰi/ 图 ❶ サンドイッチ. ❷ サンドイッチのように,間に挟まれた状態; 板挟み.

샌드위치-맨 (sandwich man) 图 サンドイッチマン.

샌드페이퍼 (sandpaper) 图 サンドペーパー; 紙やすり.

샌들 (sandal) 图 サンダル.

샐러드 (salad) /sellədɯ/ 图 サラダ. ‖샐러드 드레싱 サラダドレッシング. 감자 샐러드 ポテトサラダ.

샐러드-유 (-油) 图 サラダ油; サラダオイル.

샐러리-맨 (←salaried man) 图 サラリーマン.

샐룩 剛<u>하며</u> 瞬間的に筋肉の一部が小さく動く様子: ぴくっと. **샐룩-샐룩** 剛<u>하며</u>

샐룩-거리다 [-대다] [-끼[때]-] <u>邮</u> ぴくぴく[ひくひく]する[させる].

샐비어 (salvia) 图《植物》サルビア.

샐쭉 剛<u>하며</u> (不愉快そうに)口や目を軽くゆがめる様子.

샐쭉-거리다 [-대다] [-끼[때]-] <u>邮</u> (不愉快そうに)口や目を軽くゆがめたりする. ‖입을 샐쭉거리다 口をとがらす.

샐쭉-하다 [-쭈카-] 剛<u>하께</u> (不愉快そうに)口や目を軽くゆがめている. ‖샐쭉한 표정을 짓다 すねた[ふくれた]表情をする.

샘¹ 图 ❶ 泉. ‖샘이 솟다 泉がわく. ❷ (解剖)腺. ‖눈물샘 涙腺. 땀샘 汗腺.

샘-솟다 [-솓따] <u>邮</u> 泉がわく(力·感情·涙などがわき出る, わき上がる. ‖의욕이 샘솟다 意欲がわき上がる.

샘² /sɛm/ 图 嫉妬; 妬み. ‖샘이 많은 성격 嫉妬深い性格.

샘-내다 <u>邮</u> 妬む; 妬妬する; うらやむ; やきもちを焼く. ‖다른 아이의 장난감을 샘내다 他の子の玩具をうらやましがる.

샘-물 图 泉の水; わき水.

샘-터 图 ❶ 泉のわき出る所. ❷ 昔, 村のとりや井戸端の洗濯場.

샘플 (sample) 图 サンプル.

샛-길 [새낄/샏낄] 图 横道; わき道; 抜け道; 枝道. ‖샛길로 빠지다[새다] 横道[わき道]にそれる.

샛-노랗다 [샌-라타] 刪<u>ㅎ変</u> 真っ黄色だ.

샛노래-지다 [샌-] <u>邮</u> 真っ黄色になる.

샛-눈 [샌-] 图 薄目; 細目. ‖샛눈을 뜨다 薄目を開ける.

샛-돔 [샏똠] 图《魚介類》イボダイ(疣鯛).

샛-문 (-門) [샌-] 图 脇戸; 脇門.

샛-별 [새뼐/샏뼐] 图 ❶《天文》明けの明星. 枝道. ❷(ある分野においての)期待の星.

생¹(生) 图 生; 人生; 生きること. ‖생과 사 生と死.

생-² (生) [緩調] ❶ 生.... ‖생맥주 生ビール. 생방송 生放送. 생쌀 生米. ❷ 生き(ながら)の···. ‖생지옥 生き地獄. 생매장 生き埋め. ❸ (何の理由もなく)無理矢理な, または不必要の意を表わす. ‖생트집 無理な言いがかり. ❹ 実際生んだことを表わす. ‖생모 生みの母. 生母.

생³(生) [緩尾] ···生. ‖연구생 研究生. 일 기생 1期生.

-생⁴(生) [緩尾] ···生まれ. ‖사월생 4月生. 천구백팔십년생 1980年生まれ.

생가 (生家) 图 生家.

생-가슴 (生-) 图 余計な心配; 取り越し苦労. ‖생가슴을 뜯다[앓다] 必要もないことに気をもむ; 取り越し苦労をする.

생-가지 (生-) 图 ❶ (生きている)木の枝. ❷ 乾燥していない木の枝.

생각¹(生角) 图 自然に抜ける前に切り取った鹿の角.

생각² /sɛŋgak/ 图<u>하며</u> ❶ 考え; 思い; 思惑. ‖좋은 생각이 있다 いい考えがある. 안이한 생각 甘い考え. 생각대로 되다 思惑通りになる. 그 사람한테 뭔가 생각이 있는 것 같다 彼に何か思惑があるようだ. 생각 밖의 결과 予想外の結果. 생각지도 못한 일 思いもよらないこと. 생각에 잠기다 思いにふける. 이것저것 골똘히 생각하다 あれこれと思いつめる. 무슨 말을 했는지 전혀 생각이 안 나다 何を言ったのか全く思い浮かばない. 불길한 생각이 들다 嫌な気がして思う. 새로운 방법을 생각해 내다 新しい方法を考え出す. ❷ つもり; 心ぐみ; 意図; 意向. 오늘 안으로 끝낼 생각이다 今日中に終えるつもりだ. 속일 생각은 없다 だますつもりはないんだ. ❸ 意欲; 欲しいこと. ‖먹고 싶은 생각이 없다 食べたくない. ▶생각다 못하여[못해] 思いあまって, 思案したうえで. ▶생각이 꿀떡 같다 思い[欲望·願い]が抑えられないほど強い.

생강 (生薑) 图《植物》ショウガ(生姜).

생-것 (生-) 【-걷】 图 生もの. ➡날것.

생겨-나다 〔自〕 生じる; 発生する. ∥의문이 생겨나다 疑問が生じる.

생경-하다 (生硬-) 〔形〕〔하変〕 生硬(なま)だ. ∥생경한 표현 生硬な表現.

생계 (生計) 〔/-게〕 〔名〕 生計. ∥어렵게 생계를 유지하다 辛うじて生計を維持する. 생계를 꾸리다 生計を立てる.

생계-비 (生計費) 〔名〕 生計費; 生活費.

생계비-지수 (生計費指数) 〔名〕 生計指数.

생-고기 (生-) 〔名〕 生肉. ⇨날고기.

생-고무 (生 gomme) 〔名〕 生ゴム.

생-고생 (生苦生) 〔名〕〔하自〕 余計な苦労; 無駄な苦労.

생-고집 (生固執) 〔名〕 片意地; えじこ; 横車. ∥생고집을 피우다 片意地を張る; 横車を押す.

생-과부 (生寡婦) 〔名〕 ①夫と別居中の女性. ②婚約中か結婚して間もなく相手に死なれた女性.

생-굴 (生-) 〔名〕〔魚介類〕 生牡蠣.

생글거리다 〔自〕 にこにこする.

생글-생글 〔副〕 にこにこ. ∥생글생글 웃다 にこにこ(と)笑う.

생긋 〔-굳〕 〔副〕〔하自〕 声を出さずに軽くえ様子. ∥にっこり; にこっり. **생긋-생긋** 〔副〕〔하自〕 にこにこ.

생기¹ (生氣) 〔名〕 生気; 活気. ∥생기가 넘치는 얼굴 生気にあふれいる顔. 생기를 띠다 生気を帯びる.

생기² (生起) 〔名〕〔하自〕 生起.

생기다 /seŋgida/ 〔自〕 ❶ できる; 生じる; 起きる. ∥급한 볼일이 생겨서 회의에 불참하다 急用ができて会議に欠席する. 명콩을 많이 먹으면 여드름이 생긴다 落花生をたくさん食べるとにきびができる. 아이가 생겼다 子どもができた. 고민이 생기다 悩み事ができる. 문제가 생겼다 問題が起きた. ❷ (お金・時間などが)確保できる. ∥돈이 조금 생겼다 お金が少し手に入った. ❸ (癖などが)つく; (習慣が)つく. ∥이상한 버릇이 생기다 変な癖がつく. ❹ 〔顔つき・容貌・形などを表わす副詞(形)の後に付いて〕…のように見える. ∥예쁘게 생긴 아이 きれいな顔の子. ❺ 〔…게 생겼다の形で〕…するはめになる; …ぜざるを得なくなる. ∥이번 일은 내가 책임을 지게 생겼다 今度のことは私が責任をとらざるを得なくなった.

생기발랄-하다 (生氣潑剌-) 〔形〕〔하変〕 元気はつらつだ. ∥생기발랄한 여대생 元気はつらつたる女子大生.

생김-새 顔つき; 顔立ち; 顔かたち; 格好; 見かけ. ∥눈에 띄는 생김새 目立つ生김새.

생-김치 (生-) 〔名〕 漬けたてのキムチ.

생-나무 (生-) 〔名〕 生木.

생-난리 (生亂離) 〔-날-〕 〔名〕 空騒ぎ; 大騒ぎ. ∥생난리를 치다 大騒ぎする.

생년월일 (生年月日) 〔名〕 生年月日.

생-돈 (生-) 〔名〕 ①無駄金; 無駄銭. ∥생돈이 나가다 無駄金がかかる. 생돈을 쓰다 無駄金を使う.

생동 (生動) 〔名〕〔하自〕 生動; いきいきと動くこと. ∥생동하는 봄 生動する春.

생동-감 (生動感) 〔名〕 生動感; 生きたという感じ.

생득 (生得) 〔名〕 生得.

생득 관념 (生得觀念) 〔-꽌-〕 〔名〕 生得観念. ⇔습득 관념(習得觀念).

생때-같다 (生-) 〔-깓따〕 〔形〕 〈体〉が丈夫で病気もしない. ∥생때같은 자식 丈夫な子ども.

생-때 (生-) 〔名〕 片意地; ごり押し; 横車. ∥생때를 쓰다[부리다] 片意地を張る; 横車を押す.

생략 (省略) /seŋnjak/ 〔名〕〔하他〕 省略; 省くこと. ∥인사는 생략하다 挨拶は省略する. 자세한 설명은 생략하겠습니다 詳しい説明は省きます. **생략-되다** 〔受動〕

생략-법 (省略法) 〔-냑뻡〕 〔名〕 省略法.

생략-표 (省略標) 〔-냑-〕 〔名〕 省略記号(…). ⇨省略부호(-符號).

생력-화 (省力化) 〔-녀콰〕 〔名〕〔하自他〕 省力化.

생로병사 (生老病死) 〔-노-〕 〔名〕〔仏教〕 〈生・老・病・死の四苦.

생리 (生理) 〔-니〕 〔名〕 生理.

생리-대 (生理帶) 〔名〕 ナプキン; 生理用品.

생리-일 (生理日) 〔名〕 生理日.

생리-적 (生理的) 〔名〕 生理的. ∥생리적인 현상 生理的な現象.

생리-통 (生理痛) 〔名〕 生理痛; 月経痛.

생리-학 (生理學) 〔名〕 生理学.

생리-휴가 (生理休暇) 〔名〕 生理休暇.

생-매장 (生埋葬) 〔名〕〔하他〕 ❶生き埋め. ❷社会的に葬ること. **생매장-되다** 〔受動〕

생-맥주 (生麥酒) 〔-쭈〕 〔名〕 生ビール.

생-머리 (生-) 〔名〕 ❶パーマなどをかけていない自然のままの髪. ❷特別な理由もなくいきなり襲ってくる頭痛.

생면부지 (生面不知) 〔名〕 それまで会ったことのない人; 생면부지의 사람 全く見知らぬ人.

생명 (生命) /seŋmjəŋ/ 〔名〕 生命; 命. ∥고귀한 생명 尊い命. 생명을 잃다 命を失う. 정치 생명 政治生命. 선수 생명 選手生命.

생명-력 (生命力) 〔-녁〕 〔名〕 生命力.

생명 보험 (生命保險) 〔名〕 生命保険.

생명-선 (生命線) 〔名〕 ①生命線; ライフライン. ②〈手相の〉生命線.

생명-수 (生命水) 〔名〕〔キリスト教〕 (「霊的な生命を維持するのに必要な水」の意

表わす. ‖혼자서 1人で. 둘이서 2人で. 일곱이서 7人で. ❷〔…고[…아·…어]などの語尾に付いて〕完了·様態·理由などの意をより明確に表わす. ‖빨리 일어나서 나쁠 것은 없다 早起きして損することはない.

서[7] [自] 서다(立つ·建つ)の連用形.

-서[8] (署) [接尾] …署. ‖경찰서 警察署. 세무서 税務署.

서가 (書架) [名] 書架; 書棚; 本棚.

서간 (書簡) [名] 書簡; 手紙.

서간-문 (書簡文) [名] 書簡文.

서간-체 (書簡體) [名] 書簡体.

서거 (逝去) [名] [하自] 〔사거(死去)の尊敬語〕逝去.

서걱-거리다 【-꺼-】 [自他] さくさくと音を立てる; しゃきしゃきと音を立てる.

서걱-서걱 【-써-】 [副] [하自他] ❶リンゴや梨などを嚙む音. ❷雪や砂利を踏む音: さくさく; ざくざく.

서경 (書經) [名] (五経の)書経.

서경-시 (敍景詩) [名]《文芸》叙景詩.

서고 (書庫) [名] 書庫.

서곡 (序曲) [名]《音楽》序曲.

서광[1] (瑞光) [名] 瑞光(ずいこう); 吉兆.

서광[2] (曙光) [名] 曙光. ‖서광이 비치다 曙光が差す.

서구 (西歐) [名]《地名》西欧; 西ヨーロッパ. [対]동구(東歐).

서글서글-하다 [形] 『하変』 顔つきや性格が穏やかで優しい.

서글퍼 [形] 『으変』 서글프다(もの悲しい)の連用形.

서글프다 /sɔgɯlpʰɯda/ [形] 『으変』 [서글퍼, 서글픈] もの悲しい; 切ない; やるせない. ‖서글픈 계절 もの悲しい季節. **서글피** [副]

서글픈 [形] 『으変』 서글프다(もの悲しい)の現在連体形.

서기[1] (西紀) [名] 西紀; 西暦.

서기[2] (書記) [名] 書記.

서기-관 (書記官) [名] 書記官.

서기-장 (書記長) [名] 書記長.

서까래 [名] 垂木(たるき)(屋根を支えるため棟から軒先に渡す長い木材).

서남 (西南) [名] 西南.

서낭 (←城隍) [名] 村の守護神, またはその守護神として祭る木. [類]성황(城隍).

서낭-단 (←城隍壇) [名] 村の守護神を祭る壇. [類]성황단(城隍壇).

서낭-당 (←城隍堂) [名] 村の守護神を祭る建物. [類]성황당(城隍堂).

서너 /sɔnɔ/ [冠] 3つか4つの…. ‖서너 개 3,4個.

서넛 【-넏】 [名] 3人か4人. ‖서넛은 올 거야 3,4人は来ると思う.

서-녘 (西-) 【-녁】 [名] 西方; 西の方.

서는 [自] 서다(立つ·建つ)の現在連体形.

서늘-하다 /sɔnɯlhada/ [形] 『하変』 ❶涼しい; やや冷たい. ‖저녁 공기가 서늘하다 夕方の空気が涼しい. ❷ひやりとする; ぞっとする. ❸(雰囲気などが)冷える; 冷たい.

서다 /sɔda/ [自] ❶立つ; 直立する; 立ち上がる; 突っ立つ. ‖전철에 앉을 자리가 없어서 줄곧 서서 갔다 電車で座れなくて立ったまま行った. 상대방의 입장에 서서 생각해 보다 相手の立場に立って考えてみる. 오 일마다 장이 서다 5日ごとに市が立つ. 대책이 서다 対策が立つ. 핏대가 서다 青筋が立つ. 우위에 서다 優位に立つ. 교단에 서다 教壇に立つ. 입구에 서 있지 말고 안으로 들어와 入り口で突っ立っていないで中へ入って. ❷建つ. ‖빌딩이 서다 ビルが建つ. 기념비가 서다 記念碑が建つ. ❸聳(そび)える; 聳え立つ. ‖우리 눈앞에 한라산이 우뚝 서 있었다 私たちの目の前に漢拏山が高く聳えていた. ❹樹立する. ‖임시 정부가 서다 臨時政府が樹立する. ❺(決心·体面·計画·威厳などが)つく; 保たれる; 守られる. ‖결심이 서다 決心がつく. 체면이 서다 体面が保たれる. 위신[위엄]이 서다 威信[威厳]が保たれる. ❻(動いていたものが)とまる. ‖도중에 전철이 섰다 途中で電車がとまった. 시계가 섰다 時計がとまった. ❼(刃物の刃などが)尖っている. ‖칼날이 서다 刃物の刃が尖っている. 무지개가 서다 虹がかかる. ❽妊娠する; 身ごもる. ‖아이가 서다 身ごもる.
— [他] ❶ある役割や任務を果たす. ‖보초를 서다 歩哨に立つ. 보증을 서다 保証人になる. 중매를 서다 結婚の仲立ちをする. ❷(列を)つくる. ‖줄을 서다 列をつくる; 並ぶ. [使]세우다.

서단 (西端) [名] 西端.

서당 (書堂) [名] 寺小屋; 私塾. ▸서당 개 삼 년에 풍월을 한다[읊는다] [諺] 門前の小僧習わぬ経を読む.

서도 (書道) [名] 書道.

서두[1] (序頭) [名] 冒頭; 前書き.

서두[2] (書頭) [名] 文章の始め.

서두르다 /sɔdurɯda/ [自他] 『르変』 [서둘러, 서두르는] 急ぐ; 慌てる; 焦る. ‖착공을 서두르다 着工を急ぐ. 서둘러 주세요 急いでください.

서랍 /sɔrap/ [名] 引き出し. ‖책상 서랍 机の引き出し.

서러운 [形] 『ㅂ変』 서럽다(悲しい)の現在連体形.

서러워 [形] 『ㅂ変』 서럽다(悲しい)の連用形.

서럽다 /sɔ:rɔpˀta/ 【-따】 [形] 『ㅂ変』 [서러워, 서러운] 悲しい; 恨めしい. [類]섧다. ‖객지에서 아프면 서럽다 旅先で病気になると悲しい.

서로 /sɔro/ [名] 相互; 両方; 双方. ‖서로가 자기 의견만 주장하다

双方が自分の意見ばかり主張する. 서로 의 이익을 꾀하다 相互の利益をはかる.
— 圖 互いに; 共に. ‖서로 의지하다 頼り合う. 서로 협력해야 될 문제 互いに協力すべき問題.

서론 (序論·緒論) 图 序論; 序説; 前置き.

서류 (書類) /sɔrju/ 图 書類. ‖중요 서류 重要書類. 비밀 서류 秘密書類. 서류 심사 書類審査.

서류-철 (書類綴) 图 書類綴じ.

서른 /sɔrun/ 匎 30 歳. ‖서른에 결혼하다 30 歳で結婚する. ‖서른 명 30 人.
 图 30…. ‖서른 명 30 人.

서리¹ 图 ❶ 霜. ‖서리가 내리다 霜が降る. ❷ ひどい打撃や被害. ❸ [比喩的に] 白髪.

서리² 图 (他動) 群れをなしてスイカや鶏などの人のものを盗み取って食べるいたずら. ‖서리를 맞다[당하다] スイカや鶏のようなものを盗み取られる.

서리³ (署理) 图 代理. ‖국무총리 서리 国務総理代理.

서리다 圁 ❶ (水蒸気などで)曇る; 立ちこめる. ‖안경에 김이 서리다 眼鏡に水蒸気で曇る. ❷ (考えや感情などが)秘められる; 潜む. こもる. ‖슬픔이 가득 서린 눈빛 悲しみがこもった眼差し.

서릿-발 [-리빨/-릳빨] 图 ❶ 霜柱. ❷ 霜の降る勢い. ❸ 霜のように厳しい命令. ▶서릿발이 서다 非常に厳格である.

서막 (序幕) 图 序幕. ‖서막이 오르다 序幕が上がる.

서머-스쿨 (summer school) 图 サマースクール.

서먹서먹-하다 [-써머ㄱ카-] 形 [하変] 陽気でがましく冷淡である; 親しみがない; 他人行儀である; よそよそしい; 気まずい. ‖분위기가 서먹서먹하다 雰囲気がよそよそしい.

서먹-하다 [-머카-] 形 [하変] よそよそしい; 照れくさい; 気恥ずかしい.

서면 (書面) 图 書面. ‖서면으로 통지하다 書面をもって通知する.

서명¹ (書名) 图 書名.

서명² (署名) 图 (自他動) 署名; サイン. ‖서명 운동 署名運動. 서명 날인하다 署名捺印する.

서무 (庶務) 图 庶務.

서문 (序文) 图 序文; 序言; 前書き; はしがき.

서민 (庶民) /sɔːmin/ 图 庶民. ‖서민들의 일상 庶民の日常.

서민-적 (庶民的) 图 庶民的. ‖서민적인 감각 庶民的な感覚.

서민-층 (庶民層) 图 庶民階級.

서-반구 (西半球) 图 西半球. ⇔동반구 (東半球).

서방¹ (西方) 图 西方. ❶ 西の方向. ❷ [서방 국가(西方國家)の略語] 西欧諸国.

서방ˇ국가 (西方國家) [-까] 图 西欧諸国. 西方側 (西方).

서방ˇ세계 (西方世界) [-/-게] 图 = 서방 국가 (西方國家).

서방² (書房) 图 ❶ [남편(男便)の俗っぽい言い方] 夫. ❷ [姓に付けて] 婿や男性から見て妹の夫を示す呼称.

서방-님 (書房-) 图 〔昔の言い方で〕旦那様. ❷ 既婚の夫の弟を呼ぶ尊称.

서방ˇ극락 (西方極樂) [-긍낙] 图 《仏教》極楽浄土.

서방ˇ정토 (西方淨土) 图 《仏教》極楽浄土.

서버 (server) 图 ❶ (テニスなどの)サーバー. ❷ (IT) サーバー.

서부 (西部) 图 西部.

서부-극 (西部劇) 图 西部劇; ウエスタン.

서부ˇ활극 (西部活劇) 图 = 서부극 (西部劇).

서북 (西北) 图 西北.

서-북서 (西北西) [-써] 图 西北西.

서브 (serve) 图 (自動) サーブ. ⑦リシーブ.

서비스 (service) /sɔːbisu/ 图 ⑦ サービス. ‖서비스 정신 サービス精神. 셀프서비스 セルフサービス.

서비스-업 (-業) 图 サービス業.

서사¹ (序詞) 图 序詞; 序文.

서사² (敍事) 图 (自他動) 叙事.

서사-시 (敍事詩) 图 (文芸) 叙事詩.

서산-낙일 (西山落日) 图 ❶ 西の山に沈む日. ❷ [比喩的に] 権力などが衰えて没落すること.

서상 (瑞相) 图 瑞相.

서생 (書生) 图 書生.

서-생원 (鼠生員) 图 鼠 (鼠)を擬人化して言う.

서서-히 (徐徐-) /sɔːsɔhi/ 副 徐々に; 徐 (しず)に; ゆっくり; じわじわと; そろそろ. ‖경기가 서서히 회복되다 景気が徐々に回復する. 서서히 출발합시다 そろそろ出発しましょう.

서설¹ (序説) 图 序説; 序論.

서설² (瑞雪) 图 瑞雪 (めでたいしるしとされる雪).

서성-거리다 [-대다] 圁 うろつく; うろうろする. ‖문 앞에서 서성거리다 門の前でうろうろする.

서수 (序數) 图 《数学》 序数 (物の順序を表わす数).

서-수사 (序數詞) 图 《言語》 序数詞 (順序を表わす数詞). ⊦1 番·第 4 など.

서술 (敍述) 图 (自他動) 叙述 (物事につい

神の福音.

생모 (生母) 图 母親; 実母; 生みの母.

생-목숨 (生-) 【-쑴】图 ❶ 生きている命. ❷ 罪のない無実の人の命.

생물 (生没) 图 生没. ‖생물 연대 生没年.

생물 (生物) /seŋmul/ 图 生物; 生き物. ㉠무생물(無生物). ‖지구상의 생물 地球上の生き物. 진귀한 생물 珍しい生物.

생-밤 (生-) 图 生栗.

생방송 (生放送) 图 生放送.

생-백신 (生 vaccine) 图《医学》生ワクチン.

생-벼락 (生-) 图 ❶ 青天の霹靂(へきれき). ❷ 思いがけない災難; 思いも寄らない災い. ㉮날벼락.

생사¹ (生死) 图 生死. ‖생사 불명 生死不明. 생사를 건 싸움 生死をかけた戦い. 생사를 같이하다 生死を共にする.

생사² (生絲) 图 生糸.

생-사람 (生-) 图 何の罪も関係ない人. ▶생사람을 잡다 濡れ衣を着せる; 無実の罪に陥れる.

생산 (生産) /seŋsan/ 他 生産. ‖칼라 텔레비전을 생산하다 カラーテレビを生産する. 대량 생산 大量生産. 생산 코스트 生産コスト. 생산을 늘리다 生産を増やす. **생산-되다** 受動.

생산-가 (生産價) 【-까】图〈生産가격(生産價格)の略語〉の略.

생산-가격 (生産價格) 【-까-】图 生産価格. ㉮생산가(生産價).

생산-고 (生産高) 图 生産高.

생산-관리 (生産管理) 【-괄-】图 生産管理.

생산-량 (生産量) 【-냥】图 生産量.

생산-력 (生産力) 【-녁】图 生産力. ‖생산력의 증대 生産力の増大.

생산-물 (生産物) 图 生産物.

생산-비 (生産費) 图 生産費.

생산-성 (生産性) 【-썽】图 生産性. ‖생산성을 높이다 生産性を高める.

생산 수단 (生産手段) 图 生産手段.

생산-액 (生産額) 图 =생산고(生産高).

생산 양식 (生産様式) 图 生産様式.

생산 연령 (生産年齢) 图 生産年齢.

생산 요소 (生産要素) 图 生産要素.

생산-자 (生産者) 图 生産者. ㉠소비자(消費者).

생산-재 (生産財) 图《経》生産財. ㉠소비재(消費財).

생산-적 (生産的) 图 生産的. ‖생산적인 의견 生産的な意見.

생산 조합 (生産組合) 图 生産組合.

생-살¹ (生-) 图 ❶ 肉芽; 新生. ❷ 生身; 健康な皮膚.

생살² (生殺) 他 生殺.

생살-권 (生殺權) 【-꿘】图 生殺権.

생살-여탈 (生殺與奪) 【-려-】图 生殺与奪. ‖생살여탈권을 쥐다 生殺与奪の権を握る.

생색 (生色) 【-쌩-】他 恩に着せる[かける].

생생-하다 (生生-) /seŋseŋhada/ 圈【하여】❶ 生き生きしている; 新鮮だ. ❷ (目に見えるように)生々しい; まざまざ(と)している; はっきりしている; 明白だ. ‖생생하게 기억하고 있다 まざまざと覚えている. **생생-히** 副.

생-석회 (生石灰) 【-서쾨 /-서퀘】图 生石灰.

생선 (生鮮) /seŋsʌn/ 图 生魚(なまざかな); 鮮魚; 魚. ‖싱싱한 생선 活きのいい魚. 생선구이 焼き魚. 생선 초밥 すし.

생선-국 (生鮮-) 【-꾹】图 魚汁.

생선 찌개 (生鮮-) 图 魚鍋.

생선-회 (生鮮膾) 【-/-훼】图 刺身. ㉠사시미.

생성 (生成) 他 生成. ‖새로운 물질이 생성되다 新しい物質が生成する.

생소-하다 (生疎-) 圈【하여】❶ 見慣れない. ‖생소한 외국 문화 見慣れぬ外国文化. ❷ 詳しくない; 不慣れだ.

생수 (生水) 图 ミネラルウォーター.

생시 (生時) 图 ❶ 生まれた時. ❷ 寝ている間; うつつ. ‖꿈인지 생시인지 모르겠다 夢かうつつか分からない. ❸ 生きている間.

생식¹ (生食) 他 生食.

생식² (生殖) 他 生殖. ‖유성[무성] 생식 有性[無性]生殖.

생식-기 (生殖器) 【-끼】图《解剖》生殖器.

생식 세포 (生殖細胞) 图《生物》生殖細胞. ㉮성세포(性細胞).

생신 (生辰) 图〈생일(生日)の尊敬語〉お誕生日.

생-쌀 (生-) 图 生米.

생애 (生涯) 图 生涯.

생-야단 (生-) 【-냐-】自 ❶ 理由のない余計な騒ぎ. ‖생야단을 부리다 やたらに騒ぎ立てる. ❷ 理由もなくやたらに叱られること; やたらに叱られる; やたらに叱る. 생야단을 맞다 理由もなくやたらに叱られる. 생야단을 치다 理由もなくやたらに叱りつける.

생약 (生薬) 图 生薬.

생-억지 (生-) 【-찌】图 片意地; 横車. ‖생억지를 부리다[쓰다] 片意地を張る; 横車を押す.

생업 (生業) 图 生業; なりわい.

생-으로 (生-) 圖 ❶ 生で; 生のままで. ❷ 強引に物事を押し進める様子; 無理押しして.

생-음악 (生音楽) 图 生演奏.

생-이별 (生離別) 【-니-】他 (父母兄弟との)生き別れ.

생인-손 (生-)《医学》ひょう疽(そ).

생일 (生日) /seŋil/ 图 誕生日. ‖생일

선물 誕生日プレゼント. 생일 축하해 誕生日、おめでとう. 스물다섯 번째 생일을 맞이하다 25歳の誕生日を迎える.
생일-날 (生日-)【-랄】图 =생일(生日).
생일-잔치 (生日-) 图 誕生日パーティー.
생자 (生者) 图 生者.
생자-필멸 (生者必滅) 图 生者必滅.
생장 (生長) 图 图自 生長.
생장-점 (生長點)【-쩜】图〔植物〕生長点; 成長点.
생전 (生前) 图 生前. ↔사후(死後).
—图 今までずっと; 全く. ‖생전 안 오더니 오늘은 무슨 일이야? 全く来なかったのに今日はどうしたの.
생존 (生存) 图 图自 生存. ‖생존이 확인되다 生存が確認される. 생존을 위협하다 生存を脅かす.
생존-경쟁 (生存競爭) 图 生存競爭.
생존-권 (生存權)【-꿘】图〔法律〕生存権.
생-죽음 (生-) 图 图自 非命の死; 横死.
생-중계 (生中繼)【-/-게】图 图他 生中繼.
생-쥐 图〔動物〕ハツカネズミ(二十日鼠).
생-지옥 (生地獄) 图 生き地獄.
생질 (甥姪) 图 甥.
생질-녀 (甥姪女)【-려】图 姪.
생-짜 (生-) 图 ❶生もの. ❷手をつけていないもの.
생채 (生菜) 图 ゆでたりしないで生のままで調理した和え物.
생-채기 图 かき傷;すり傷. ‖생채기를 내다 爪などですり傷を残す.
생체 (生體) 图 生体. ‖생체 실험 生体実験.
생-크림 (生 cream) 图 生クリーム.
생태 (生態) 图 生態. ‖야생 동물의 생태 野生動物の生態.
생태-계 (生態系)【-/-게】图 生態系.
생태-학 (生態學) 图 生態学.
생-트집 (生-) 图 難癖をつけること;言いがかり;無理難癖. ‖생트집을 잡다 言いがかりをつける; いちゃもんをつける.
생판 (生-) 图 全く知らないこと. ‖그런 일에 대해서는 완전히 생판이야 そういうことについては全く素人だ.
—图 全然;全く. ‖생판 모르는 사람 全く知らない人. 생판 남 赤の他人.
생포 (生捕) 图 图他 生け捕り. **생포-되다** 图自
생-피 (生-) 图 生血(친);生き血.
생필-품 (生必品) 图 생활필수품(生活必需品)の略語.
생혈 (生血) 图 生血(친);生き血. ⑤생피(生-).
생화 (生花) 图 生花. ⑥조화(造花).

생-화학 (生化學) 图〈化学〉生化学.
생환 (生還) 图 图自 生還.

생활 (生活) /sɛŋhwal/ 图 图自 生活; 暮らし. ‖생활을 영위하다 生活を営む. 비참한 생활을 하다 悲惨な生活をする. 월 백만 원으로 생활하다 月100万ウォンで生活する. 사회생활 社会生活. 일상생활 日常生活. 학교 생활 学校生活. 결혼 생활 結婚生活. 검소한 생활 質素な暮らし.
생활-고 (生活苦) 图 生活苦.
생활-권 (生活圈)【-꿘】图 生活圈.
생활-기록부 (生活記錄簿)【-뿌】图 指導要錄.
생활-난 (生活難)【-란】图 生活難.
생활-력 (生活力) 图 生活力. ‖생활력이 강하다 生活力が強い.
생활-비 (生活費) 图 生活費.
생활-상 (生活相)【-쌍】图 生活ぶり; 暮らしぶり. ‖농촌 사람들의 생활상 農村の人々の暮らしぶり.
생활-설계사 (生活設計士)【-/-게-】图 保険外交員.
생활-수준 (生活水準) 图 生活水準; 生活レベル. ‖생활수준이 향상되다 生活水準が向上する.
생활-용수 (生活用水)【-용-】图 生活用水.
생활-필수품 (生活必需品)【-쑤-】图 生活必需品. ⑧생필품(生必品).
생활-화 (生活化) 图 图他 生活化.
생후 (生後) 图 生後. ‖생후 4개월 生後4か月.
샤머니즘 (shamanism) 图 シャーマニズム.
샤먼 (shaman) 图 シャーマン.
샤워 (shower) /ʃjawɔ/ 图 シャワー. ‖샤워를 하다 シャワーする;シャワーを浴びる.
샤프 (sharp) 图 ❶〔샤프펜슬の略語〕シャープ. ❷〔音楽〕シャープ(#). ⑪플랫(b).
샤프-펜슬 (sharp + pencil 日) 图 シャープペンシル. ⑱샤프.
살레 (Schale ᵈ) 图 シャーレ.
샴페인 (champagne) 图 シャンパン.
샴푸 (shampoo) 图 シャンプー.
상들리에 (chandelier ᶠ) 图 シャンデリア.
샹송 (chanson ᶠ) 图〔音楽〕シャンソン.
서¹ (西) /sɔ/ 图 西. ‖동서남북 東西南北.
서² (序) 图 序.
서³ (署) 图 署.
서⁴ (書) 3···;3つの···. ‖서 알 3斗.
서⁵ 匹〔約約形〕で···. ❶···て. ‖여기 서 기다려라 ここで待ってて. ❷···から. ‖어디서 왔니? どこから来たの.
서⁶ 匹 ❶〔人数を示す名詞뒤に付く〕その語が主語であることを

순서다 【-다】[自動] 順序を追って述べること).

서술-어 (敍述語) [名] [言語] 叙述語; 述語. ㉠主り (主語).

서술-형 (敍述形) [名] [言語] 叙述形.

서스펜스 (suspense) [名] サスペンス.

서슬 [名] ❶刃物の失った部分. ❷(言葉や行動などの)勢い鋭い. ∥서슬이 퍼렇다(言行などの)勢いが鋭く厳しい; ものすごい剣幕だ.

서슴다 【-다】[他動] [主に下に打ち消しの表現を伴って] ためらわない; 躊躇(ちゅうちょ)しない. ∥조금도 서슴지 않고 안으로 들어오다 何のためらいもなく中へ入ってくる.

서슴-없다 【-스럽따】[形] ためらわない; 躊躇(ちゅうちょ)しない. **서슴-없이** [副] ためらわずに; 躊躇せずに; 正面切って.

서시 (序詩) [名] 序詩(序として添えられた詩).

서식 (書式) [名] 書式.

서식 (棲息) [名] [自] 生息; 棲息. **서식-지** (棲息地) [-찌] [名] 生息地; 棲息地.

서신 (書信) [名] 書信; 手紙; 便り.

서안 (書案) [名] 書案.

서약 (誓約) [名] [自] 誓約. ∥서약을 주고받다 誓約を交わす.

서약-서 (誓約書) [-써] [名] 誓約書.

서양 (西洋) /sʌjaŋ/ [名] [地] 西洋(東洋). ∥서양의 여러 나라 西洋諸国.

서양-과자 (西洋菓子) [名] 洋菓子.

서양-사 (西洋史) [名] 西洋史.

서양-식 (西洋式) [名] 西洋式.

서양-인 (西洋人) [名] 西洋人.

서양-풍 (西洋風) [名] 西洋風.

서양-화¹ (西洋化) [名][自] 西洋化.

서양-화² (西洋畫) [名] [美術] 西洋画. ㉠양화(洋畫).

서언¹ (序言) [名] 序言; 前書き; 序文.

서언² (誓言) [名] 誓言.

서역 (西域) [名] 西域.

서열 (序列) [名] 序列. ∥서열을 정하다 序列をつける; 연공서열 年功序列.

서예 (書藝) [名] 書芸; 書道.

서운-하다 /sʌunhada/ [形] [하変] ❶心細い; さびしい; 物足りない. ∥친구한테서 연락이 없어 서운하다 友だちから連絡がなくてさびしい. ❷残念だ; 惜しむらくだ. ∥시합에서 남동생이 져서 서운했다 試合で弟が負けて残念だった.

서울 /sul/ [名] [地名] ❶ソウル(韓国の首都). ∥서울내기 ソウル生まれ; 서울토박이 生っ粋のソウルっ子. ❷首都; 都. ▶서울 가서 김 서방 찾기 [俚] [ソウルへ行って金さんを探す]の意でいたずらに無駄なことを試みる愚かさのたとえ.

서-유럽 (西Europe) [名] [地名] 西ヨーロッパ; 西欧. ㉠동유럽(東-).

서자 (庶子) [名] 庶子.

서장 (署長) [名] 署長.

서재 (書齋) [名] 書斎.

서적 (書籍) [名] 書籍.

서전 (緒戰) [名] 緒戦. ∥서전을 승리로 장식하다 緒戦を勝利で飾る.

서점 (書店) [名] 書店; 本屋. ∥대형 서점 大型書店.

서정 (抒情) [名] 叙情(自分の感情を表わすこと).

서정-시 (抒情詩) [名] [文芸] 叙情詩.

서정-적 (抒情的) [名] 叙情的. ∥서정적인 음악 叙情的な音楽.

서지¹ (書誌) [名] 書誌; 書籍. **서지-학** (書誌學) [名] 書誌学.

서지² (serge) [名] [梳毛糸の綾織り服地の]サージ.

서-쪽 (西-) /sʌ͈tɕok/ [名] 西; 西の方; 西面. ∥해가 서쪽에서 지다 日が西に沈む. ▶서쪽에서 해가 뜨다 [俚] [西の方から日が昇る]の意で)絶対ありえないことや珍しいことのたとえ.

서찰 (書札) [名] [편지(便紙)の古い言い方で]書札.

서체 (書體) [名] 書体.

서출 (庶出) [名] 庶出; 非嫡出.

서치라이트 (search-light) [名] サーチライト; 探照灯.

서커스 (circus) [名] サーカス.

서클 (circle) [名] サークル; 部活. ㉠동아리. ∥서클에 가입하다 サークルに加入する; 연극 서클 演劇サークル.

서킷 (circuit) [名] サーキット.

서투르다 /sʌtʰuruda/ [形] [르変] ❶下手だ; 不慣れだ; 未熟だ; 不器用だ; 手際がよくない. ㉠능란하다. ∥서투른 솜씨 일 처리 不慣れな仕事ぶり. ❷(面識がなくて)よそよそしい; ぎこちない.

서투른 [르変] 서투르다(下手だ)の現在連体形.

서툴다 [語幹] 서투르다の縮約形. ∥솜씨가 서툴다 手際がよくない.

서툴러 [自] [르変] 서투르다(下手だ)の連用形.

서평 (書評) [名] 書評.

서포터 (supporter) [名] サポーター.

서표 (書標) [名] (本にはさむ)栞(しおり).

서-푼 三文; 値打ちの無いこと.

서핑 (surfing) [名] ❶サーフィン; 波乗り. ❷インターネット上で情報を検索すること.

서한 (書翰) [名] 書翰; 手紙.

서해 (西海) [名] [地名] 朝鮮半島の西側の海.

서-해안 (西海岸) [名] (朝鮮半島の)西側の海岸.

서행 (徐行) [名] [自] 徐行. ∥서행 구간 徐行区間.

서향 (西向) [名] 西向き. ∥서향 집 西向きの家.

서화 (書畫) [名] [美術] 書画.

서화-가 (書畵家) 图 書畵家.
서화-전 (書畵展) 图 書畵の展覧会.
서훈 (敍勳) 图 敍勳.

석¹ (石) 【姓】图 (ソク).
석² 图 3…; 3つの…. ‖석 달 3か月.
석³ 图 ❶ずばっと; ざっくりと; ざくりと. ‖수박을 석 자르다 スイカをずばっと切る. ❷さっと; すっと. ‖석 지나가다 さっと横切る.
석⁴ (昔) 〔依存〕 …석. ‖천 석 千石.
-석 (席) 〔接尾〕 …席. ‖지정석 指定席. 관람석 觀覽席.
석가 (釋迦) 【-까】图 (仏教) 釈迦.
석가-모니 (釋迦牟尼) 图 (仏教) 釈迦牟尼.
석가-여래 (釋迦如來) 图 (仏教) 釈迦如來.
석간 (夕刊) 【-깐】图 [석간신문(夕刊新聞)의略語] 夕刊. ㋐조간(朝刊).
석간-신문 (夕刊新聞) 图 夕刊新聞. ㉝석간(夕刊). ㋐조간신문(朝刊新聞).
석간-지 (夕刊紙) 图 夕刊紙.
석고 (石膏) 【-꼬】图 (鉱物) 石膏.
석고-붕대 (石膏繃帶) 图 ギブス.
석고-상 (石膏像) 图 石膏像.
석고-대죄 (席藁待罪) 【-꼬-/-쬐】图 ⓗ圓 わらむしろの上に伏して処罰を待つこと.
석굴 (石窟) 【-꿀】图 石窟; 岩窟.
석권 (席卷) 〔-꿘〕图 ⓗ他 席巻. ‖전종목을 석권하다 全種目を席巻する.
석기 (石器) 【-끼】图 石器.
석기-시대 (石器時代) 图 石器時代.
석둑 【-뚝】圖 刃物などで勢いよく切る様子 [音]: ずばっと. ㉝싹둑. ‖무를 석둑 자르다 大根をずばっと切る.
석류 (石榴) 【성뉴】图 《植物》ザクロの実.
석류-나무 (石榴-) 图 《植物》ザクロ (石榴).
석류-석 (石榴石) 图 (鉱物) 石榴石.
석면 (石綿) 【-면】图 石綿; アスベスト.
석벽 (石壁) 【-뼉】图 石壁.
석별 (惜別) 【-뼐】图 ⓗ圓 惜別. ‖석별의 정 惜別の情.
석불 (石佛) 【-뿔】图 石仏.
석사 (碩士) 【-싸】图 (大学院の)修士. ‖석사 과정 修士課程. 문학 석사 文学修士. 석사 논문 修士論文.
석산 (石蒜) 【-싼】图 《植物》ヒガンバナ (彼岸花).
석상¹ (石像) 【-쌍】图 石像.
석상² (席上) 【-쌍】图 席上; 席. ‖회의 석상에서 会議の席で.
석쇠 【-쐬/-쎄】图 焼き網. ‖석쇠에 고기를 굽다 焼き網で肉を焼く.
석수¹ (石手) 【-쑤】图 石工; 石屋.
석수-장이 (石手-) 图 석수(石手)をさげすむ言い方.
석수² (汐水) 【-쑤】图 夕潮.
석순 (石筍) 【-쑨】图 石筍.
석실 (石室) 【-씰】图 石室.
석실-분 (石室墳) 图 石室墳.
석양 (夕陽) 图 ❶夕陽; 夕日; 入り日; 斜陽. ‖아름다운 석양 美しい夕日. ❷夕暮れ; 夕方. ❸〔比喩的に〕老年; 黃昏 (黄昏).
석양-빛 (夕陽-) 【-삗】图 夕暮れの日の光; 夕焼けの色.
석연-하다 (釋然-) 形 (하変) [主に下に打ち消しの表現を伴って] 釈然としない; すっきりしない. ‖진술에 석연치 않은 점이 있다 陳述に釈然としない点がある.
석영 (石英) 图 (鉱物) 石英.
석유 (石油) /sogju/ 图 石油. ‖석유난로 石油ストーブ. 석유 파동 オイルショック. 석유 수출국 기구 石油輸出国機構 (OPEC).
석이-버섯 (石栮-) 【-섣】图 《植物》キクラゲ (木耳).
석재 (石材) 【-째】图 石材.
석조¹ (石彫) 【-쪼】图 石彫り.
석조² (石造) 【-쪼】图 石造.
석주 (石柱) 【-쭈】图 石柱.
석질 (石質) 【-찔】图 石質.
석차 (席次) 图 席次; 席順.
석탄 (石炭) 图 (鉱物) 石炭.
석탑 (石塔) 图 石塔.
석판-화 (石版畵) 图 (美術) 石版画.
석학 (碩學) 〔석칵〕图 碩学.
석회 (石灰) 【서쾨/서퀘】图 (化学) 石灰.
석회-석 (石灰石) 图 石灰石.
석회-수 (石灰水) 图 石灰水.
석회-암 (石灰岩) 图 石灰岩.
석회-토 (石灰土) 图 石灰土.

섞다 /sǝk'ta/ 【석따】他 ❶混ぜる; 混合する. ‖쌀에 잡곡을 조금 섞다 米に雑穀を少し混ぜる. ㉝섞이다. ❷つけ加える; 加え入れる; 交える. ‖농담을 섞어 가면서 이야기를 하다 冗談を交えながら話をする.
섞어-바뀌다 【석꺼-】图 交互に順序が替わる.
섞어-찌개 (-) 图 (料理) 肉と様々な野菜を混ぜて作ったチゲ.
섞이다 /sǝk'ida/ 圓 [섞다의受身動詞] 混じる; 混ざる; 混合される. ‖물과 기름은 섞이지 않는다 水と油は混じらない. 몇 종류의 약품이 섞이다 数種類の薬品が混ざる.

선¹ 图 ❶顔見せ; 見合い. ‖선을 보다 見合いをする. ❷ものの出来ぐあいを判断すること. ‖선을 보이다 (ものの出来ぐあいのよしあしを判断してもらうために)見せる; 公開する.
선² (先) 图 ❶(囲碁・将棋などで)先手. ❷(花札やトランプなどで)親.

선³ (宣) 图 (姓) 宣(ソン).
선⁴ (善) 图 善. ⑦악(悪). ‖진선미 真善美.
선⁵ (線) /sən/ 图 ❶線. ‖점과 선 点と線. 재래선 在来線. 교사로서 넘어서는 안 되는 선 教師として超えてはいけない線. 선이 가는 사람 線の細い人. 선이 굵은 정치가 線の太い政治家. 협력하는 선에서 이야기를 추진하다 協力する線で話を進める. ❷コネ. ‖선이 닿다 コネがつく. 선을 대다 コネをつける.
▶선을 긋다 線引きする.

선⁶ (禪) 图 (仏教) 禅.
선⁷ (宣) 图 서다(立다·建다)의 과거 연체형.
선-⁸ 接頭 不慣れな…; 不似合いな…; 未熟な…; 生…. ‖선하품 生あくび. 선잠 うたた寝.
선-⁹ (先) 接頭 ❶前の…; 先の…. ‖선불 前金払い. ❷亡き…. ‖선왕 亡き王.
선¹⁰ (船) 接尾 …船. ‖연락선 連絡船.
-선¹¹ (線) 接尾 …線. ‖국내선 国内線.
-선¹² (選) 接尾 …단편선 短編選.

선각 (先覚) 图 (하자) 先覚.
선각-자 (先覚者) 【-짜】 图 先覚者.
선객 (船客) 图 船客.
선거 (選挙) /sə:ngə/ 图 (하자) 選挙. ‖대통령 선거 大統領選挙. 선거 공약 マニフェスト.
선거 관리 위원회 (選挙管理委員会) 【-꽐-/-꽐-퀘】 图 選挙管理委員会. ⑳선관위.
선거-구 (選挙区) 图 選挙区.
선거-권 (選挙権) 【-꿘】 图 選挙権.
선거-법 (選挙法) 【-뻡】 图 (法律) 選挙法.
선거-인 (選挙人) 图 選挙人.
선거-전 (選挙戦) 图 選挙戦. ‖치열한 선거전 熾烈な選挙戦.
선견 (先遣) 图 (하자) 先遣.
선견지명 (先見之明) 图 先見の明.
선결 (先決) 图 (하자) 先決. ‖선결 문제 先決問題.
선경 (仙境) 图 仙境.
선고 (宣告) 图 (하자) 宣告. ‖파산 선고 破産宣告. 암 선고를 받다 癌の宣告を受ける.
선고-유예 (宣告猶予) 图 (法律) 宣告猶予.
선고-형 (宣告刑) 图 (法律) 宣告刑.
선고 (先考) 图 亡父.
선곡 (選曲) 图 (하자) 選曲.
선공 (先攻) 图 (하자) 先攻.
선공-후사 (先公後私) 图 公的なことを先にし私的なことは後に回すこと.
선관위 (選管委) 图 「선거 관리 위원회(選挙管理委員会)」の略語.
선교 (宣教) 图 (하자) 宣教. ‖선교에 힘쓰다 宣教に努める.
선교-사 (宣教師) 图 宣教師.

선교-회 (宣教会) 【-/-훼】 图 宣教会.
선구¹ (船具) 图 船具.
선구² (選球) 图 (하자) 選球.
선구-안 (選球眼) 图 選球眼.
선구³ (先駆) 图 (하자) 先駆.
선구-자 (先駆者) 图 先駆者.
선글라스 (←sunglasses) 图 サングラス.
선금 (先金) 图 先金; 前金; 手付け金. ‖선금을 걸다[치르다] 手付け金を払う.
선남-선녀 (善男善女) 图 善男善女.
선납 (先納) 图 (하자) 先納; 前納.
선납-금 (先納金) 【-끔】 图 前もって納めたお金.
선녀 (仙女) 图 仙女.
선다-형 (選多型) 图 多肢選択法;マルチ式.
선대 (先代) 图 先代.
선대-금 (先貸金) 图 先貸しの金.
선대칭 (線対称) 图 (数学) 線対称.
선도¹ (善導) 图 (하자) 善導.
선도² (鮮度) 图 鮮度.
선동 (煽動) 图 (하자) 煽動.
선동-적 (煽動的) 图 煽動的. ‖선동적인 표현 煽動的な表現.
선두 (先頭) 图 先頭. ‖선두에 서다 先頭に立つ. 선두 주자 トップランナー.
선뜻 【-뜯】 副 気軽に; あっさりと; 躊躇(ちゅうちょ)なく. ‖선뜻 대답하다 さっさと答える. 선뜻 빌려주다 快く貸してやる.
선량 (選良) 【-냥】 图 選良.
선량-하다 (善良-) 【-냥-】 图 (하변) 善良だ. ‖선량한 시민 善良な市民.
선로 (線路) 【-노】 图 線路. ‖기차 선로 鉄道線路.
선린 (善隣) 【-닌】 图 善隣.
선린 정책 (善隣政策) 图 善隣政策.
선망 (羨望) 图 羨望; 憧れ. ‖선망의 대상 羨望の的.
선매 (先買) 图 (하자) 先買.
선매-권 (先買権) 【-꿘】 图 先買権.
선매 (先売) 图 先売り.
선-머슴 いたずら小僧; いたずら坊主; 腕白坊主. ‖선머슴처럼 굴다 腕白坊主のようにふるまう.
선명-하다 (鮮明-) 图 (하변) 鮮明だ; 鮮やかだ. ‖색깔이 선명하다 色彩が鮮やかだ. 기억에 선명하다 記憶に鮮明に覚えている. **선명-히** 副
선-무당 未熟な巫女; 不慣れな巫女. ▶선무당이 사람 잡는다[죽인다] 圈 (「未熟な巫女の言うことに従ってかかえば人が死ぬ」の意で)生兵法は大怪我の基.
선-문답 (禅問答) 图 (하자) 禅問答(話のみかみ合わない珍妙な問答).
선물¹ (先物) 图 先物.

선물거래 (先物去來) 图 (経) 先物取引.

선물² (膳物) /sɔːnmul/ 图 (하다) 贈り物；プレゼント；お祝い. ‖선물을 준비하다 プレゼントを用意する. 생일 선물 誕生日プレゼント. 입학 선물 入学のお祝い.

선미 (船尾) 图 船尾. ⑩고물. ↔선수 (船首).

선-바이저 (sun visor) 图 サンバイザー.

선박 (船舶) 图 船舶.
 선반-공 (旋盤工) 图 旋盤工.

선반 (旋盤) 图 旋盤.

선발¹ (先發) 图 (하다) 先発. ↔후발 (後発). ‖선발 투수 先発投手.
 선발-대 (先發隊) [-때] 图 先発隊.

선발² (選抜) 图 (하다) 選抜. ‖대표를 선발하다 代表者を選抜する. 선발 시험 選抜試験.
 선발-되다 受動

선배 (先輩) /sɔnbæ/ 图 先輩. ↔후배 (後輩). ‖대학의 선배. 직장 선배 職場[会社]の先輩.

선별 (選別) 图 (하다) 選別.

선-보다 国 見合いをする. ⑩선보이 다.

선보-이다 他 ● [선보다의 使役動詞] 見合いをさせる. ❷ (初めて)見せる；公開する. ‖새 상품을 선보이다 新しい商品を初公開する.

선봉 (先鋒) 图 先鋒；先頭. ‖반대 운동의 선봉에 서다 反対運動の先鋒に立つ.
 선봉-대 (先鋒隊) 图 先鋒に立つ部隊.
 선봉-장 (先鋒將) 图 先頭に立つ大将.

선불 (先拂) 图 (하다) 先払い；前金払い.

선비 图 ❶昔, 学識はあるが官職につかなかった人；在野の学者. ❷学識が高い人, または人格が優しく温厚な人.

선사¹ (先史) 图 先史.
 선사-시대 (先史時代) 图 先史時代.

선사² (膳賜) 图 (하다) 贈り物をすること；進物を贈ること. ‖생일에 만년필을 선사하다 誕生日に万年筆を贈る.

선사³ (禪師) 图 (仏教) 禅宗の法理に通達している僧侶.

선산 (先山) 图 先塋. ⑩선영(先塋).
 선산-밭치 (先山-) 图 先塋のふもと.

선상¹ (船上) 图 船上.

선상² (線上) 图 線上. ‖수사 선상에 떠오른 인물 捜査線上に浮かぶ人物. 기아 선상에 있는 사람들 飢餓線上の人々.

선상³ (線狀) 图 線状.
 선상-지 (扇狀地) [-地] 图 扇状地.

선생 (先生) /sɔnsæŋ/ 图 先生. ‖젊은 국어 선생 若い国語の先生. ✢目上の人に使う場合は必ず선생님にしなければならない.

선생-님 (先生-) /sɔnsæŋnim/ 图 先生 (先生)の尊敬語) 先生；様；さん. ‖교장 선생님 校長先生. 피아노 선생님 ピアノの先生. 오 선생님 呉先生. 의사 선생님 お医者さん.

선서 (宣誓) 图 (하다) 宣誓.
 선서-문 (宣誓文) 图 宣誓文.
 선서-식 (宣誓式) 图 宣誓式.

선선-하다¹ /sɔnsɔnhada/ 厖 (하変) (空気などが)ほどよく涼しい. ‖저녁에는 바람이 선선하다 夕方では風は涼しい.

선선-하다² 厖 (하変) (性格が)さっぱりして快活である；あっさりする. **선선-히** 副 躊躇(ちゅう)なく；気持ちよく, 快く. ‖선선히 응하다 快く応じる.

선수¹ (先手) 图 先手. ㉠후수(後手). ►선수를 치다[쓰다] 先手を取る[打つ].

선수² (船首) 图 船首；へさき. ⑩이물. ↔선미(船尾).

선수³ /sɔnsu/ 图 選手. ‖프로 야구 선수 プロ野球の選手. 대표 선수 代表選手. 선수 교체 選手交替. 선수 생명 選手生命. 운동회의 릴레이 선수 運動会のリレーの選手.
 선수-권 (選手權) [-꿘] 图 選手権.
 선수-촌 (選手村) 图 選手村.

선술-집 (-집) 图 居酒屋；飲み屋.

선실 (船室) 图 船室.

선심 (善心) 图 善心；善良な心；他人を助けようとする心. ►선심(을) 쓰다 気前よく与える.

선심 (線審) 图 線審判(線審判)の略語.
 선-심판 (線審判) 图 線審. ⑩선심 (線審).

선악 (善惡) 图 善悪.
 선악-과 (善惡果) [-꽈] 图 (キリスト教) 禁断の木の実.

선약¹ (仙藥) 图 仙薬.

선약² (先約) 图 (하다) 先約.

선양 (宣揚) 图 (하다) 宣揚. ‖국위를 선양하다 国威を宣揚する.

선언 (宣言) 图 (하다) 宣言. ‖독립 선언 独立宣言. 개회를 선언하다 開会を宣言する.
 선언-문 (宣言文) 图 =선언서(宣言書).
 선언-서 (宣言書) 图 宣言文. ‖선언서를 낭독하다 宣言文を朗読する.

선열 (先烈) 图 義のために命を捧げた烈士.

선영 (先塋) 图 先塋(塋). ⑩선산(先山).

선왕 (先王) 图 先王.

선우 (鮮于) [姓] 鮮于(ソヌウ).

선-웃음 图 作り笑い；そら笑い；お世辞笑い. ‖선웃음을 짓다 作り笑いする.

선원 (船員) 图 船員；船乗り.

선율 (旋律) 图 旋律. ‖아름다운 선율

美しい旋律.

선의 (善意) [-/서니] 명 善意. ㉠악의(惡意). ‖선의로 한 행위 善意でした行為.

선인¹ (善人) 명 善人. ㉠악인(惡人).

선인² (仙人) 명 仙人.

선인-장 (仙人掌) /sɔnindʒaŋ/ 명 《植物》 サボテン.

선임¹ (選任) 명 他 選任. **선임-되다** 受身

선임² (先任) 명 他 先任. ‖선임 연구원 先任研究員.

선입-감 (先入感) [-깜] 명 = 선입관 (先入觀).

선입-견 (先入見) [-껸] 명 = 선입관 (先入觀).

선입-관 (先入觀) [-꽌] 명 先入觀. ‖선입관에 사로잡히다 先入觀にとらわれる.

선-잠 명 仮寝; うたた寝.

선장 (船長) 명 船長.

선적¹ (船積) 명 他 船積み. **선적-되다** 受身

선적-물 (船積物) [-쩡-] 명 船荷.

선적-항 (船積港) [-쩌캉] 명 船積みをする港.

선적² (船籍) 명 船籍.

선적-항 (船籍港) [-쩌캉] 명 船籍港.

선전¹ (宣傳) /sɔndʒon/ 명 他 宣傳. ‖텔레비전을 통해 선전하다 テレビを通じて宣伝する. 요란하게 선전하다 鳴り物入りで宣伝する. 거창한 선전 大げさな宣伝.

선전² (宜戰) 명 宜戰.

선전 포고 (宜戰布告) 명 宜戰布告.

선전³ (善戰) 명 自 善戰. ‖선전하였지만 지고 말았다 善戰むなしく敗れた.

선점 (先占) 명 先占.

선정¹ (善政) 명 善政. ㉠악정(惡政). ‖선정을 베풀다 善政を施す.

선정² (選定) 명 他 選定. ‖후보자를 선정하다 候補者を選定する. **선정-되다** 受身

선정-적 (煽情的) 명 扇情的. ‖선정적인 포스터 扇情的なポスター.

선제 (先制) 명 他 先制. ‖선제 공격 先制攻擊. **선제-당하다** 受身

선조 (先祖) 명 先祖; 祖先.

선종 (禪宗) 명 《仏教》禪宗.

선주 (船主) 명 船主.

선주 (船舟) 명 船舟.

선-주민 (先住民) 명 先住民.

선지 (⇔獣) 명 牛の生き血.

　선지-국 [-지꾹→-진꾹] 명 《料理》 선지를 牛の骨や白菜などと一緒に煮込んだ汁物.

선지-자 (先知者) 명 預言者.

선진-국 (先進國) 명 先進国. ㉠후진국 (後進國).

선집 (選集) 명 選集.

선착 (先着) 명 自 先着.

선착-순 (先着順) 명 先着順.

선착-장 (船着場) [-짱] 명 船着き場.

선창¹ (先唱) 명 ❶ 先に主導として唱えたりすること. ❷ 音頭を取ること. ‖선창을 하다 (歌や掛け声の) 音頭を取る.

선창² (船艙) 명 埠 (ふ) 頭; 桟橋; 船着き場; 波止場.

선처 (善處) 명 他 善処. ‖선처를 바라다 善処を求める.

선천-설 (先天說) 명 先天說.

선천-성 (先天性) [-썽] 명 先天性.

선천-적 (先天的) 명 先天的. ㉠후천적 (後天的). ‖선천적인 재능 先天的な才能.

선철 (先哲) 명 先哲.

선철 (銑鐵) 명 銑鉄.

선출 (選出) 명 他 選出. ‖의장으로 선출하다 議長に選出する. **선출-되다** 受身

선취 (先取) 명 他 先取 (せん取り); 先取り.

선취-권 (先取權) [-꿘] 명 《法律》先取権.

선취-점 (先取點) [-쩜] 명 先取点.

선태 (蘚苔) 명 蘚苔.

선태 식물 (蘚苔植物) [-씽-] 명 《植物》蘚苔植物.

선택 (選擇) /sɔːntʰæk/ 명 他 選択. ‖외국어 과목으로 한국어를 선택하다 外国語科目に韓国語を選択する. 선택을 잘못하다 選択を誤る. 취사선택하다 取捨選択する. 선택의 여지가 없다 選択の余地がない. 직업 선택의 자유 職業選択の自由. 선택 과목 選擇科目. **선택-되다** 受身

선택-권 (選擇權) [-꿘] 명 選択権.

선택-지 (選擇肢) [-찌] 명 選択肢.

선택-형 (選擇型) [-태켱] 명 選択型.

선탠 (suntan) 명 日焼け.

　선탠 크림 (← suntan + cream) 명 日焼け止め.

선편 (船便) 명 船便. ㉠배편(-便).

선포 (宣布) 명 他 宣布. **선포-되다** 受身

선풍 (旋風) 명 旋風. ‖선풍을 불러일으키다 旋風を巻き起こす.

선풍-기 (扇風機) 명 扇風機.

선-하다¹ (善-) 형 [하옆] 善良だ; 優しい. ㉠악하다(惡-). ‖눈매가 선한 사람 目元が優しそうな人.

선-하다² 형 [하옆] ありありと目に浮かぶようである; 目に見えるようである. ‖그날 일이 눈에 선하다 あの日のことが目に浮かぶ.

선-하품 명 自他 生あくび.

선학 (先學) 명 先学. ㉠후학(後學).

선행 (善行) 명 善行. ㉠악행(惡行). ‖선행을 베풀다 善行を施す. 선행을

선험-론(先驗論)【-논】图 先験論.
선험-적(先驗的)图 先験的.
선현(先賢)图 先賢.
선혈(鮮血)图 鮮血. ∥선혈이 낭자하다 鮮血がほとばしる.
선형(船型·船形)图 船形.
선형(線形)图 線形.
선형-동물(線形動物)图(動物) 線形動物.
선호(選好)[하](他] 選好; 好むこと.
　선호-되다 受動
　선호-도(選好度)图 選好度.
선-홍색(鮮紅色)图 鮮紅色.
선회(旋回)[-/-하][자] 旋回. ∥비행기가 공중을 선회하다 飛行機が空中を旋回する.
선후(先後)图 先後.
선후-책(善後策)图 善後策. ∥선후책을 강구하다 善後策を講じる.
섣달[딸]图 陰暦の12月; 師走.
섣달-그믐[-딸-]图 陰暦の大晦日; とき のくれ.
섣-부르다[-뿌-]【르変】中途半端だ; いい加減だ; 生半可だ; 軽率だ. ∥섣부른 행동은 금물 生半可な行動は禁物.
섣-불리[sɔːt²pulli]【-뿔-】圖 軽率に; 下手に. ∥섣불리 사람을 판단해서는 안 된다 軽率に人を判断してはいけない.
설¹[sɔːl] 图 正月; 元旦. ∥설을 쇠다 元旦[正月]を過ごす[祝う].
설²(説)图 説. ∥새로운 설 新しい説.
설³(薛)图 (姓) 薛 (ソル).
설⁴ 서다(立つ·建つ)の未来連体形.
설-⁵[接頭] 生半可な…; 生煮えの…. ∥설마는 감자 生煮えのジャガイモ.
-설(説)[接尾] …説. ∥성선설 性善説.
설거지[sɔlgədʑi]图[하他] 皿洗い; 食後の後片付け.
　설거지-통(-桶)图 皿洗い用の桶.
설경(雪景)图 雪景; 雪景色.
설계(設計)[sɔlge]【-/-하】[하他] 設計. ∥생활 설계 生活設計. 설계 사무소 設計事務所.　**설계-되다** 受動
　설계-도(設計図)图 設計図.
　설계-사(設計士)图 設計士.
　설계-자(設計者)图 設計者.
설교(説教)[하自他] 説教.
설구이(素-) 素焼き. 圓 초벌구이 (初-).
설국(雪国)图 雪国.
설근(舌根)图[解剖] 舌根.
설-날[sɔːllal]【-딸-】图 元旦; 元日. ∥설날 아침 元旦の朝.
설다¹【ㄹ語幹】图(仕事や環境などに)慣れていない; 慣れない. ∥낯이 선 얼굴 見慣れない顔.
설다²[ㄹ語幹]图 ❶(食べ物などが)生煮えだ. ∥밥이 설다 ご飯が生煮えだ. ❷(果実などが)十分熟していない. ❸寝不足だ; 眠りが浅い.
설단(舌端)【-딴】图 舌端. ⑳ 혀끝.
설득(説得)/sɔlt'uk/【-뜩】图[하他] 説得. ∥친구를 설득하다 友だちを説得する. 설득에 나서다 説得に当たる.　**설득-하다**[-당하다] 受動
　설득-력(説得力)【-뜽녁】图 説得力. ∥설득력이 있는 이야기 説得力のある話. 설득력이 부족하다 説得力に欠ける.
설령圖 風が軽く吹く様子; そよぐ.
설령-거리다 [自]風が軽く吹く.
설렁-탕(-湯)图[料理] 牛の骨·ひざ肉·内臓などを入れて煮込んだ汁物.
설렁-하다图[하変] ❶ひんやりする; や寒い. ❷からとしていてやさびしい. ❸興が冷めて気まずい雰囲気になる; しける.
설레다 [自](喜びや期待などで)胸がどきどきする; ときめく. ∥마음이 설레다 心がときめく.
설레-설레[하他] 首を軽く横に振る様子.
설령(設令)圖 たとえ; 仮に. ∥설령 간다 하더라도 만나지 못할 것이다 たとえ行ったとしても, 会えないだろう.
설립(設立)图[하他] 学校法 법인을 설립하다 学校法人を設立する. 설립 등기 設立登記.　**설립-되다** 受動
　설립-자(設立者)【-짜】图 設立者.
설마/sǝlma/圖 まさか; よもや. ∥설마 거짓말은 아니겠지 まさかうそではないだろう. 설마 그 사람한테 지리라고는 생각 못했다 よもや彼に負けるとは思わなかった. ∥설마가 사람 잡는다[죽인다]圓 (「まさかが人を殺す」の意で)まさかそんなことは起こらないだろうという油断から大きな失敗をする.
설맹(雪盲)图[医学] 雪目.
설명(説明)/sǝlmjǝŋ/图 説明. ∥사용법을 설명하다 使用法を説明する. 설명을 덧붙이다 説明を加える. 구체적인 설명 具体的な説明.
　설명-되다 受動
　설명-문(説明文)图 説明文.
　설명-서(説明書)图 説明書.
설문(設問)图[하他] 設問. ∥설문 조사 設問調査.
　설문-지(設問紙)图 設問の調査票.
설법(説法)【-뻡】图[하他][仏教] 説法.
설비(設備)图[하他] 設備. ∥최신 설비를 갖추다 最新の設備を整える.
설빔图 お正月の晴れ着や履物.
설사¹(泄瀉)/sǝl²sa/【-싸】图[하自] 下痢.
　설사-약(泄瀉薬)图 下痢止め; 下痢薬.
설사²(設使)【-싸】圖 =설령(設令).

설산 (雪山)【-싼】图 ❶雪山。❷ヒマラヤ山地の別称。

설상-가상 (雪上加霜)【-쌍-】图 泣き面に蜂; 弱り目に祟り目。

설설[1] 副 ❶湯などが煮え立つ様子: ぐらぐら(と)。❷水が設설 끓기 시작하다 湯がぐらぐらと煮え立ち始める。❸オンドル部屋の床がまんべんなく気持ちよく温かい様子。

설설[2] 副 ❶首を横に振る様子。❷虫などがゆっくりはう様子。▶설설 기다 相手の勢いに圧倒されてひるむ; しりごみする; たじろぐ。

설악산 (雪嶽山)【-싼】(地名) 雪岳山。

설영 (設營)图 他 設営。

설왕설래 (說往說來)图 自 ❶何かの是非を論じるための言葉のやり取り。❷言い争い。

설욕 (雪辱)图 他 雪辱。‖패배를 설욕하다 敗北の雪辱を果たす。

설욕-전 (雪辱戰)【-쩐】图 雪辱戦。

설원 (雪冤)图 他 雪冤。

설음 (舌音)图 (言語) 舌音; 혓소리。ㄷ·ㄴ·ㄷ·ㄹ·ㄸ などまで。

설-익다【-릭따】自 ❶生煮えだ; 半煮えだ; (果物などが)熟していない。‖설익은 감자 生煮えのジャガイモ。설익은 감은 떫고 익으면 아주 달다 熟していない柿は渋い。

설-자리【-짜-】图 矢を射る時に立つ場所。

설전 (舌戰)【-쩐】图 舌戦; 口論; 言戦。‖설전이 벌어지다 舌戦が繰り広げられる。

설정 (設定)【-쩡】图 他 設定。‖일어날 수 있는 상황을 설정하다 起こりうる状況を設定する。**설정-되다** 受身

설-죽다【-따】自 完全に死なない; 勢いが完全になくなっていない。‖배추 숨이 설죽다 (塩漬けの)白菜がまだしんなりしていない。

설중-매 (雪中梅)【-쭝-】图 雪の中に咲く梅。

설첨 (舌尖)图 (言語) 舌尖。

설축-음 (舌縮音)图 (言語) 舌の先を上あごの中央部の高い所に当てて、息が舌の両側から出るように発音する音。ㅈ·ㄷ·ㄹ·ㅁ·ㅂ などの「ㄹ」の音。

설치 (設置)图 他 設置。‖비상구를 설치하다 非常口を設置する。위원회를 설치하다 委員会を設置する。가로등을 설치하다 街灯を設置する。**설치-되다** 受身

설치다[1] 自 横行する; のさばる。‖폭력단이 설치다 暴力団がのさばる。

설치다[2] 他 ❶やり損ねる; し損じる; しぞびれる。‖잠을 설치다 寝ぞびれる。

설탕 (雪糖·屑糖)/sͻltʰaŋ/图 砂糖。‖커피에 설탕을 넣다 コーヒーに砂糖を入れる。설탕물 砂糖水。흑설탕

黒砂糖。떡설탕 白砂糖: 白糖。각설탕 角砂糖。

설태 (舌苔)图 舌苔。

설파 (說破)图 他 說破。

설핏【-핃】副 (形態) ❶一瞬気われたり浮かんだりする様子: ちらっと。❷うたた寝のようにしばらく眠りに入る様子。**설핏-설핏**副 (形態)

설형-문자 (楔形文字)【-짜】图 (言語) 楔形文字。

설혹 (設或)副 =설령 (設令)。

설화 (說話)图 說話。

설화-집 (說話集)图 說話集。

섧다【설따】形 辛く悲しい; 恨めしい。❸서럽다。

섬[1] /sͻ:m/图 島。‖섬사람 島民。

섬[2] /依存/图 …石。‖쌀 한 섬 米1石。

섬광 (閃光)图 閃光。‖섬광이 번쩍하며 閃光が走る。

섬기다 他 仕える。‖어른을 섬기다 目上の人に仕える。

섬-나라 (-나라)图 島国。

섬-돌【-똘】图 踏み石。

섬뜩-하다 /sͻmtukada/【-뜨카-】形 下変 (恐怖や驚きで)ぞっとする; ひやりとする; ぎょっとする。‖공포 영화라는 말만 들어도 섬뜩하다 ホラー映画という言葉を聞いただけでもぞっとする。

섬멸 (殲滅)图 他 殲滅(する)。‖적 부대를 섬멸하다 敵の部隊を殲滅する。**섬멸-되다 [-당하다]** 受身

섬모 (纖毛)图 (生物) 繊毛。

섬모-운동 (纖毛運動)图 (生物) 繊毛運動。

섬모-충 (纖毛蟲)图 (動物) 繊毛虫類。

섬벅 副 力を込めて一気に切ったり割ったりする様子: ざっくり。すぱっと。**섬벅-섬벅** 副 自

섬뻑 副 섬벅を強めて言う語。

섬섬-옥수 (纖纖玉手)【-쑤】图 玉手 (ぎょくしゅ)。

섬세-하다 (纖細-) /sͻmsehada/形 下変 纖細だ。‖섬세한 손놀림 纖細な手さばき。

섬유 (纖維)/sͻmju/图 纖維。‖섬유 공업 纖維工業。합성섬유 合成纖維。

섬유-소 (纖維素)图 纖維素。

섬유-질 (纖維質)图 (化学) 纖維質。

섭렵 (涉獵)【섬녑】图 他 涉獵 (하다)。‖문학 전반을 섭렵하다 文学全般を涉獵する。

섭리 (攝理)【섬니】图 摂理。‖자연의 섭리 自然の摂理。

섭-산적 (-散炙)【-싼-】图 (料理) 牛肉をよくたたき味付けした串焼き。

섭생 (攝生)【-쌩】图 自 摂生; 養生。

섭섭-하다 /sͻpsͻpada/【-써파-】形 下変 ❶名残惜し

섭섭하여[섭섭해] い; 残念だ. ‖헤어지기 섭섭하다 名残惜しい. ❷ (人の態度や行動が) 物足りなくて少々気に入らない; 心さびしい; 残念だ. ‖나한테 그런 말을 하다니 정말 섭섭하다 私にそんなことを言うなんて本当に残念だ. **섭섭-히** 副

섭섭하여[섭섭해] 【-써과-|-써해】 [形][하여] 섭섭하다(惜しい)の連用形.

섭섭한[-썹판] [形][하변] 섭섭하다(惜しい)の連体形.

섭씨(攝氏) [名] 摂氏. ‖섭씨 온도 摂氏温度.

섭외(渉外) [/-/써] [名][他] 渉外.

섭정(摂政) [-쩡] [名][自他] 摂政.

섭취(攝取) [名] 摂取. ‖영양이 있는 것을 섭취하다 栄養のあるものを摂取する. 섭취량 摂取量. **섭취-되다** [受動]

성¹ /sɔːŋ/ [名] 怒り; 怒ること; 腹立ち. ‖성을 내다 腹を立てる; 怒る. 그 말을 들으니 정말 성(이) 났다 それを聞いたら本当に腹が立った. ‖성이 머리 끝까지 나다 怒り心頭に発する.

성²(成) [名][姓] 成(ソン).

성³(姓) [名] 姓; 名字. ‖성을 갈겠다 (性を変えるという意で) 間違いないと断言できる. 사실이 아니라면 성을 갈겠다 間違いなく事実である; 絶対事実である.

성⁴(性) [名] 性(がい). ‖성에 차다 満足できる.

성⁵(城) [名] 城.

성⁶(聖) [名] 聖. ‖성 요한 聖ヨハネ.

-성⁷(性) [接尾] …性. ‖민족성 民族性. 알칼리성 アルカリ性.

성가(聖歌) [名] (キリスト教) 聖歌.

성가-대(聖歌隊) [名] (キリスト教) 聖歌隊.

성가시다 [形] 煩わしい; やっかいだ; 面倒できれば避けたい; 込み入っていて複雑である. ‖성가신 절차 煩わしい手続き.

성감-대(性感帯) [名] 性感帯.

성게(魚介類) [名] ウニ(海胆).

성격(性格) /sɔːŋʰkjʌk/ 【-격】 [名] 性格. ‖밝은 성격 明るい性格. 비뚤어진 성격 曲がった性格. 그 사람하고 나는 성격이 안 맞아 彼とは性格が合わない. 성격이 변하다 性格が変わる.

성경(聖經) [名] (キリスト教) 聖書.

성공(成功) /sɔŋgoŋ/ [名][自] 成功. (⇔실패(失敗)). ‖실험이 성공하다 実験が成功する. 성공을 거두다 成功を収める. 성공을 가져오다 成功をもたらす.

성공-적(成功的) [名] 成功. ‖성공적인 삶 成功した人生.

성-공회(聖公會) [/-/해] [名] (キリスト教) 聖公会.

성과(成果) /sɔŋkwa/ 【-꽈】 [名] 成果. ‖성과가 오르다 成果が上がる. 성과를 올리다 成果を上げる. 성과를 거두다 成果を収める.

성과-급(成果給) [名] 出来高払い; 能率給.

성과-주의(成果主義) 【-꽈-/-꽈-이】 [名] 成果主義.

성곽(城郭) [名] 城郭.

성교(性交) [名][自他] 性交.

성-교육(性教育) [名] 性教育.

성구(成句) 【-꾸】 [名] 成句; 慣用句.

성군(聖君) [名] 聖君.

성균-관(成均館) [名][歴史] 朝鮮時代に儒教の教育を担当していた最高の国立教育機関.

성금(誠金) [名] 献金; 寄付金. ‖성금을 내다 献金をする.

성급-하다(性急-) 【-그파-】 [形][하변] 性急だ; せっかちだ. ‖성급한 판단 性急な判断. 성급하게 일을 추진하다 性急に事を進める. **성급-히** 副

성기(性器) [名] 性器.

성기다 [形] ❶ まばらだ. ❷ きめが粗い. ‖올이 성기다 きめが粗い; 目が粗い.

성-깔(性-) [名] 持って生まれた気質; 質(で). ‖성깔이 있다 一癖ある.
　성깔-머리(性-) [名] 성깔(性-)の俗語.

성-나다 [自] 腹が立つ; 怒る. ‖선생님의 성난 목소리 先生の怒った声.

성-내다 [自] 腹を立てる; 怒る.

성냥 [名] マッチ.
　성냥-갑 (-匣) 【-깝】 [名] マッチ箱.
　성냥개비[-께-] [名] マッチ棒.
　성냥-불 [-뿔] [名] マッチの火.

성년(成年) [名] 成年.

성능(性能) [名] 性能. ‖성능이 좋은 기계 性能のいい機械. 고성능 高性能.

성당(聖堂) [名] (カトリック) 聖堂.

성대(声帯) [名][解剖] 声帯.

성대-하다(盛大-) [形][하변] 盛大だ. ‖성대한 환영회 盛大な歓迎会. 결혼식을 성대하게 올리다 結婚式を盛大に挙げる. **성대-히** 副

성-도덕(性道徳) [名] 性道徳.

성-도착(性倒錯) [名] 性倒錯.

성량(聲量) [-냥] [名] 声量. ‖풍부한 성량 豊かな声量.

성령(聖靈) [名] (キリスト教) 聖霊.

성리-학(性理學) 【-니-】 [名] 性理学.

성립(成立) [名][自] 成立. ‖계약이 성립되다 契約が成立する.

성-마르다 [形][르変] 短気だ; 気ぜわしい.

성명¹(姓名) [名] 姓名; 氏名. ‖서류에 성명을 기입하다 書類に氏名を記入する.

성명²(聲明) [名][他] 声明. ‖성명을 발표하다 声明を発表する. 성명을 내다 声明を出す. 공동 성명 共同声明.
　성명-문(聲明文) [名] 声明文.
　성명-서(聲明書) [名] 声明書.

성명 철학(姓名哲學) [名] 姓名哲学.

성모 (聖母) 圏《カトリック》聖母. ∥성모 마리아 聖母マリア.

성묘 (省墓) 圏 (하御) 墓参り. ∥성묘 가다 墓参りに行く.

성문¹ (成文) 圏 (하他) 成文.
  성문-법 (成文法) 【-뻡】 圏《法律》成文法. (不文法).
  성문-율 (成文律) 【-뉼】 圏《法律》成文律.
  성문-화 (成文化) 圏 (하他) 成文化.

성문² (城門) 圏 城門.
성문³ (聲門) 圏《解剖》声門.
성문⁴ (聲音) 圏《言語》声門音. ㅎㆆ など.

성문⁵ (聲紋) 圏 声紋(音声を周波数分析によって縞模様の図表に表わしたもの).

성미 (性味) 圏 持って生まれた気質;質. ∥성미를 부리다 癇癪(癎癪)を起こす. ▸성미가 가시다 怒りや腹立ちが収まる.

성-범죄 (性犯罪) 【-/-쩨】 圏《法律》性犯罪.

성벽¹ (性癖) 圏 性癖.
성벽² (城壁) 圏 城壁.
성별 (性別) 圏 性別.
성병 (性病) 【-뼝】 圏《医学》性病.
성부 (聖父) 圏《キリスト教》父なる神.
성분 (成分) 圏 成分. ∥유효 성분 有効成分.
  성분-비 (成分比) 圏《化学》成分比.
성불 (成佛) 圏 (하自)《仏教》成仏.
성비 (性比) 圏 性比.
성사 (成事) 圏 成事;成立. ∥성사가 되다 成り立つこと. ∥계약이 성사되다 契約が成り立つ.

성상¹ (星霜) 圏 星霜;年月;歳月.
성상² (聖上) 圏 聖上.
성상³ (性狀) 圏 性状.
성서 (聖書) 圏《キリスト教》聖書.
성선-설 (性善說) 圏 性善説. ㉘악성설(性惡說).
성성-하다 (星星-) 圏 (하여) 白髪交じりである;ごま塩頭である. ∥백발이 성성한 노인 白髪交じりの老人.
성-세포 (性細胞) 圏《生物》性細胞. ㉘생식 세포(生殖細胞).
성쇠 (盛衰) 【-/-쒜】 圏 盛衰. ∥영고성쇠 榮枯盛衰.
성수 (聖水) 圏《キリスト教》聖水.
성수기 (盛需期) 圏《經》需要が最も多い時期. ㉘비수기(非需期).
성숙 (成熟) 圏 (하自) /sʌŋsuk/ 成熟. ∥성숙한 사회 成熟した社会.
  성숙-기 (成熟期) 【-끼】 圏 成熟期.
  성숙-란 (成熟卵) 【-숭난】 圏《生物》成熟卵.
  성숙-아 (成熟兒) 圏 成熟兒.
성-스럽다 (聖-) 【-따】 圏【ㅂ変】神聖で尊い;神々しい. ∥성스러운 제전 神聖なる祭典. 성스러운 땅 聖なる地.

성시 (成市) 圏 市場が立つほど人々がたくさん集まってにぎわっている様子. ∥문전 성시를 이루다 門前市を成す.

성신 (聖神) 圏《キリスト教》聖霊.

성실-하다 (誠實-) /sʌŋʃilhada/ 圏 (하여) 誠実だ. ㉚불성실하다(不誠實-). ∥성실한 태도 誠実な態度. 성실하게 대응하다 誠実に対応する. **성실-히** 圖

성심¹ (聖心) 圏《キリスト教》聖なる心;聖心.

성심² (誠心) 圏 誠心;真心.
  성심-껏 (誠心-) 【-껃】 圖 誠心誠意;真心を込めて;誠心を尽くして. ∥성심껏 간병하다 誠心誠意看病する.

성-싶다【-십따】 補形 推測・予想などの意を表わす: …라(で);…(し)そうだ;…しような気がする. ∥비가 올 성싶다 雨が降りそうだ.

성씨 (姓氏) 圏〔姓(姓)の尊敬語〕姓氏;名字.

성악 (聲樂) 圏《音楽》声楽. ㉙기악(器樂).
  성악-가 (聲樂家) 【-까】 圏 声楽家.

성악-설 (性惡說) 【-썰】 圏 性悪説. ㉘성선설(性善說).

성애 (性愛) 圏 性愛.

성어 (成語) 圏 成語;成句;熟語. ∥고사 성어 故事成語. 사자 성어 四字熟語.

성업 (盛業) 圏 盛業;繁盛. ∥성업 중인 가게 大繁盛の店.

성에 (成氷) 圏 冬の窓ガラスや冷蔵庫などにつく霜. ∥냉장고에 성에가 끼다 冷蔵庫に霜がつく.
  성엣-장 【-에짱/-엔짱】 圏 流氷.

성역 (聖域) 圏 聖域.

성-염색체 (性染色體) 【-념-】 圏《生物》性染色体.

성욕 (性欲) 圏 性欲.
성우 (聲優) 圏《演》声優.
성운 (星雲) 圏《天文》星雲.
성원¹ (成員) 圏 成員;メンバー.
성원² (聲援) 圏 声援. ∥성원에 힘입어 声援のおかげで. 성원을 보내다 声援を送る.

성은 (聖恩) 圏 ❶聖恩. ❷《キリスト教》神様の恩恵.

성의 (誠意) /sʌŋɯi/ 圏 誠意. ∥성의 있는 태도 誠意ある態度. 성의를 다하다 誠意を尽くす. 성의를 보이다 誠意を示す.
  성의-껏 (誠意-) 【-껃/-이껀】 圖 誠意を尽くして;誠意の限り.

성인¹ (成人) 圏 成人;大人. ∥성인이 되다 大人になる.
  성인-교육 (成人教育) 圏 成人教育.
  성인-병 (成人病) 【-뼝】 圏 成人病;生活習慣病.

성인¹ 영화 (成人映畵) 图 成人映畵.
성인² (聖人) 图 聖人. ∥성인군자 聖人君子.
성자¹ (聖子) 图 《キリスト教》 イエスキリスト.
성자² (聖者) 图 聖人; 聖者.
성장¹ (成長) /səŋdʒaŋ/ 图 自 成長. ∥벼의 성장을 관찰하다 稲の成長を観察する. 일본 경제는 천구백육십년대에 급속히 성장했다 日本経済は1960年代に急速に成長した. 고도 성장을 이루다 高度成長を遂げる. 경제 성장 経済成長.
성장-기 (成長期) 图 成長期.
성장-률 (成長率) 图 成長率.
성장-세 (成長勢) 图 成長の勢い.
성장-주 (成長株) 图《経》成長株.
성장-점 (成長點) 图《植物》生長点.
성장`호르몬 (成長 hormone) 图《生物》成長ホルモン.
성장² (盛裝) 图 他自 盛裝.
성적¹ (成績) /sɔŋdʒək/ 图 成績. ∥성적이 오르다[올라가다] 成績が上がる. 성적이 떨어지다[내려가다] 成績が下がる. 좋은 성적을 거두다 いい成績を収める. 예상 밖의 성적 予想外の成績. 성적 불량 成績不良.
성적-표 (成績表) 图 成績表.
성-적² (性的) 形 图 性的. ∥성적인 매력 性的な魅力.
성전¹ (聖殿) 图 聖殿.
성전² (聖戰) 图 聖戰.
성전³ (聖典) 图 聖典.
성-전환 (性轉換) 图 性転換.
성점 (聲點) 图 《言語》声点.
성정 (性情) 图 性情.
성조¹ (星條旗) 图 星条旗.
성조² (聲調) 图 《言語》声調.
성조-기 (星條旗) 图 星条旗.
성좌 (星座) 图 《天文》星座. ∥별자리.
성주¹ (民神) 图 家の守護神.
성주-굿 《군》 图 家を新築したり引っ越したりした後, 新たに家の守り神を迎え入れる巫女(?)の儀式.
성주² (城主) 图 城主.
성주³ (聖主) 图 聖主.
성-주간 (聖週間) 图 《カトリック》聖週間.
성주기 (性週期) 图 性周期.
성지 (聖地) 图 聖地. ∥성지 순례 聖地巡礼.
성직 (聖職) 图 聖職.
성직-자 (聖職者) /-짜/ 图 聖職者.
성질 (性質) /sɔːŋdʒil/ 图 性質; 気質; 気性. ∥온화한 성질 温和な性質. 타고난 성질 生まれつきの性質. 성질을 부리다 癇癪を起こす. 성질이 급하다 せっかちだ. 성질이 다른 문제 性質の違う問題.

성질-나다 (性質-) 【-라-】 自 腹が立つ.
성질-내다 (性質-) 【-래-】 自 腹を立てる.
성징 (性徵) 图 性徵. ∥제이 차 성징 第2次性徵.
성찬¹ (盛饌) 图 素晴らしいごちそう.
성찬² (聖餐) 图《キリスト教》聖餐.
성찬-식 (聖餐式) 图《キリスト教》聖餐式; 聖体拝領.
성찰 (省察) 图 他自 省察.
성채 (城砦) 图 城砦; とりで.
성책 (城柵) 图 城柵.
성철 (聖哲) 图 聖哲.
성체 (聖體) 图《キリスト教》聖体.
성충 (成蟲) 图 成虫.
성취 (成就) 图 他 成就. ∥소원을 성취하다 悲願を成就する. **성취-되다** 自
성층 (成層) 图 成層.
성층-권 (成層圈) 【-꿘】 图《天文》成層圏.
성큼 副 大きくて重いものがゆっくりと大またに歩く様子: のっしのっし; つかつか.
성큼-성큼 副 のっしのっし. ∥성큼성큼 걸어오다 のっしのっし〔大またに〕歩いてくる.
성탄 (聖誕) 图 ❶ 聖誕 (天子や聖人の誕生日). ❷ 성탄절 (聖誕節) の略語.
성탄-일 (聖誕日) 图 ❶ 聖誕. ❷ = 성탄절 (聖誕節).
성탄-절 (聖誕節) 图 聖誕祭; クリスマス. ⑨ 성탄 (聖誕).
성-터 (城-) 图 城址; 城の跡.
성토 (聲討) 图 他 大勢の人が集まってある過ちを糾弾すること.
성패 (成敗) 图 成敗; 成否. ∥성패를 좌우하다 成否を左右する.
성품¹ (性品) 图 気性; 気立て; 人となり; 性分. ∥온화한 성품 温和な性分.
성품² (性稟) 图 生まれつきの気性.
성-하다¹ 形 《하変》 ❶ ものが傷んでいるところがなくもとのままである. ❷ 体に傷などがなく健康である; 丈夫である. ∥성한 사람 丈夫な人. 성한 데가 한 군데도 없이 傷だらけだ. **성-히** 副
성-하다² (盛-) 形 《하変》 ❶ (勢いや勢力などが) 盛んだ; 繁栄している. ❷ (木や草などが) 生い茂っている.
성함 (姓銜) 图 〔姓名 (姓名)・이름の尊敬語〕ご芳名; お名前.
성행 (盛行) 图 他自 盛行.
성행² (性行爲) 图 性行為.
성향 (性向) 图 性向. ∥소비 성향 消費性向. 명품을 좋아하는 젊은이들의 성향 ブランドを好む若者の性向.
성현 (聖賢) 图 聖賢. ∥성현의 가르침 聖賢の教え.
성형¹ (成形) 图 他自 成形.
성형² (聖型) 图 聖型.
성형수술 (成形手術) 图 整形手術.

성형-외과(成形外科)【-과 /-꽤 꽈】 图 形成外科.
성호(城壕) 图 ❶陵・園・墓などの境界. ❷(城外に巡らした)堀.
성호(聖號) 图《カトリック》胸元で手で十字を切るしるし. ‖성호를 긋다 十字を切る.
성-호르몬(性 hormone) 图《生理》性ホルモン.
성혼(成婚) 图 하자 成婚.
성홍-열(猩紅熱)【-녈】 图《医学》猩紅(등ੁੁ)熱.
성화¹(成火) 图 하자 (思うようにならず)いらいらすること; むしゃくしゃすること; 気をもむこと. ‖성화를 부리다 いらいらする; むしゃくしゃする.
성화²(星火) 图 ❶流星. ❷〔比喩的に〕急なこと; 急な知らせ. ‖불꽃같이 빠르게.
성화-같다(星火-)【-갇따】 圈 非常に急だ; 非常に取り急ぐ. **성화같-이** 團.
성화³(聖火) 图 聖火. ‖올림픽 성화 릴레이 オリンピック聖火リレー.
성화-대(聖火臺) 图 聖火台.
성화⁴(聖畫) 图 聖画; 聖画像.
성황¹(城隍) 图 村の守護神, またはその守護神をまつる祠. 圓서낭.
성황-단(城隍壇) 图 村の守護神を祭る壇. 圓서낭단(-壇).
성황-당(城隍堂) 图 村の守護神を祭る建物. 圓서낭당(-堂).
성황²(盛況) 图 盛況. ‖성황을 이루다 盛況を呈する;[梗塞な].
성황-리(盛況裏)【-니】 图 盛況裏; 盛況のうち.
성회(成會)【-/-훼】 图 하자 会議が定足数に達して成り立つこと.
성-희롱(性戲弄)【-히-】 图 セクシュアルハラスメント; セクハラ.
섶¹[섭] 图 添え木; 支え木.
섶²[섭] 图 (チョゴリなどの)おくみ.
세¹(貰) /se:/ 图 ❶(家や部屋の)借り賃. 貸し賃. ‖세를 내다[놓다] 貸しする. ❷(家と部屋の)賃貸し; 賃借り. ‖세를 주다[놓다] 賃貸しをする. 세로 살다 (家や部屋の)賃借りで暮らす.
세²(勢) 图 ❶勢い. ❷勢力. ❸形勢.
세³ /se/ 冠 3⋯. ‖세 개 3個; 3つ. 세 명 3名. 세 달 3か月. ▶셋을年季しに(이) 여든까지 간다 迷誌 三つ子の魂百まで.
세⁴(歲) 依名 〔漢数詞に付いて〕…歲. ‖칠십 세 70歲. ✛固有数詞には살が付く.
세⁵(世) 依名 …世. ‖엘리자베스 이세 エリザベス2世. 재일 교포 이세 在日(韓国人)2世.
-세 同尾 〔同年輩同士や目下の人に対して〕勧誘の意を表わす: …(し)よう(ぜ). ‖우리 가서 같이 먹세 ✛壮年の男性がよく用いる.

세간¹(-間) 图 所帶道具.
세간-살이 图 세간¹の誤り.
세간²(世間) 图 世間; 世の中; 巷(髀).
세계(世界) /se:gye/ 图 世界. ‖세계 일주 世界一周. 세계 평화 世界平和. 세계 신기록 世界新記録. 세계에서 가장 높은 산 世界で一番高い山. 동물의 세계 動物の世界. 혹독한 승부의 세계 厳しい勝負の世界.
세계-공황(世界恐慌) 图《経》世界恐慌.
세계-관(世界觀) 图 世界観.
세계-대전(世界大戰) 图 世界大戦.
세계-사(世界史) 图 世界史.
세계-상(世界像) 图 世界像.
세계-적(世界的) 图 世界的, ‖세계적인 피아니스트 世界的なピアニスト.
세계-주의(世界主義)【-/-게-이】 图 世界主義; コスモポリタニズム.
세계-지도(世界地圖) 图 世界地図.
세계-화(世界化) 图 하자 世界化.
세공(細工) 图 하자 細工. ‖대나무 세공 竹細工. 세공품 細工物.
세관(稅關) 图 税関. ‖세관을 통과하다 税関を通る. 세관 검사 稅関検査.
세균(細菌) 图 細菌.
세균-전(細菌戰) 图 細菌戦.
세균-학(細菌學) 图 細菌学.
세금(稅金) /se:gɯm/ 图 税金. ‖세금을 내다 税金を納める. 국민들이 낸 세금으로 충당하다 国民たちが出した税金でまかなう.
세기(世紀) /se:gi/ 图 世紀. ‖이십일 세기 21世紀. 몇 세기에 걸쳐서 数世紀にわたって. 세기의 대발견 世紀の大発見.
세기-말(世紀末) 图 世紀末. ‖세기말적인 현상 世紀末的な現象.
세-내다(貰-) 囲 賃借りする. ‖가게를 세내다 店舗を賃借りする.
세네갈(Senegal) 国名 セネガル.
세-놓다(貰-)【-노타】 囲 賃貸しする.
세뇌(洗腦)【-/-눼】 图 하자 洗脳.
세뇌-당하다 受動

세다¹ /se:da/ 圈 ❶強い. ‖힘이 세다 力が強い. 완력이 세다 腕力が強い. 고집이 세다 我が強い. 기가 세다 気が強い. 콧대가 세다 鼻っ柱が強い. 술이 세다 酒が強い. 장기가 세다 将棋が強い. ❷はなはだしい; 激しい. ‖바람이 세다 風が激しい. 불길이 세다 炎が激しい. ❸高い. ‖경쟁률이 세다 競争率が高い. ❹(髪の毛・布などが)ごわい; (仕事が)きつい. ‖풀기가 세다 糊気がごわい. 일이 세다 仕事がきつい. ❺(肌などが)かさかさしている; 荒い. ‖살결이 세다 肌が荒い. ❻(運命が)不運である; (星回りが)悪い. ‖집터가 세다 家相が悪い. 팔자가 세다 星回りが悪い; 不運だ.

세다[2] [自] (髪の毛が)白くなる; 白髪になる. ‖ 머리가 세다 髪が白くなる.
세다[3] /se:da/ [他] 数える; 計算する. ‖ 짐 개수를 세다 荷物の個数を数える. 돈을 세다 お金を数える. 셀 수 없을 정도로 많다 数え切れないほど多い. 일에서 백까지 세다 1から100まで数える.
세단-뛰기 (-段-) [名] 三段跳び. [類]삼단뛰기(三段-).
세대[1] (世代) [名] 世代. ‖ 삼 세대 3世代. 젊은 세대 若い世代. 세대 차 世代の差.
세대-교체 (世代交替) [名] 世代交代.
세대[2] (世帶) [名] 世帯. [類]가구(家口). ‖ 이 주택에는 여러 세대가 산다 この住宅には数世帯が住んでいる.
세대-주 (世帶主) [名] 世帯主.
세도 (勢道) [名] 権勢; 権力. ‖ 세도를 부리다 権力を振り回す; 権勢をふるう.
세도-가 (勢道家) [名] 権力を握っている人.
세라믹 (←ceramics) [名] セラミックス.
세라피스트 (therapist) [名] セラピスト.
세레나데 (serenade) [名] 《音楽》 セレナーデ; 小夜曲.
세력 (勢力) /se:rjɔk/ [名] 勢力. ‖ 세력을 넓히다 勢力を伸ばす. 세력이 강해지다 勢力が強まる. 세력하에 두다 勢力下に置く. 반대 세력 反対勢力. 막강한 세력 強大な勢力.
세력-가 (勢力家) 【-까】 [名] 勢力家.
세력-권 (勢力圈) 【-꿘】 [名] 勢力圏; 勢力範囲; 縄張り.
세련 (洗練) [名] [되形] 洗練. ‖ 세련된 몸가짐 洗練された物腰.
세련-미 (洗練味) [名] 洗練された魅力. ‖ 세련미가 넘치다 洗練された魅力があふれる.
세례 (洗禮) [名] 《キリスト教》 洗礼. ‖ 세례를 받다 洗礼を受ける.
세례-명 (洗禮名) [名] 《キリスト教》 洗礼名.
세로 /se:ro/ [名] 縦. [対]가로. ‖ 세로로 선을 긋다 縦に線を引く. 세로로 줄을 서다 縦に並ぶ.
세로-금 [名] 縦線.
세로쓰-기 [名] [하他] 縦書き. [類]종서(縦書). [対]가로쓰기.
세로-줄 [名] 縦の線. [対]가로줄.
세로-축 (-軸) [名] 《数学》 縦軸; y軸. [対]가로축(-軸).
세론 (世論) [名] 世論. [類]여론(輿論).
세류 (細流) [名] 細流.
세리 (稅吏) [名] 税吏.
세립 (細粒) [名] 細粒.
세마치-장단 (-長短) [名] 《音楽》 民俗音楽で8分の9拍子.
세말 (歲末) [名] 歳末.
세면 (洗面) [名] [하自] 洗面.
세면-기 (洗面器) [名] 洗面器.
세면-대 (洗面臺) [名] 洗面台.
세면-도구 (洗面道具) [名] 洗面道具.
세면-장 (洗面場) [名] 洗面所.
세-모[1] [名] 三角.
세모-꼴 [名] 三角形. [類]삼각형(三角形).
세모-지다 [形] 三角形の形をしている.
세모[2] (歲暮) [名] 歳暮. [類]세밑(歲-).
세목[1] (細目) [名] 細目.
세목[2] (稅目) [名] 税目.
세무 (稅務) [名] 税務.
세무-사 (稅務士) [名] 税理士.
세무-서 (稅務署) [名] 税務署.
세무^조사 (稅務調査) [名] 税務調査.
세미나 (seminar) [名] セミナー.
세미콜론 (semicolon) [名] セミコロン(;).
세밀 (細密) [名] [하形] 細密. ‖ 세밀한 묘사 細密な描写.
세밀-화 (細密畫) [名] 《美術》 細密画.
세-밑 (歲-) 【-믿】 [名] 年末; 歳末; 歳暮; 年の瀬. [類]세모(歲暮).
세발-자전거 (-自轉車) [名] (子どもが乗る)三輪車.
세배 (歲拜) [名] [하自] 年始回り; 新年の挨拶. ‖ 세배를 드리다 新年の挨拶をする.
세배-꾼 (歲拜-) [名] 新年の挨拶に来た人.
세배-상 (歲拜床) 【-쌍】 [名] 新年の挨拶に来た人をもてなすお膳.
세뱃-돈 (歲拜ㅅ-) 【-배똔/-뱃똔】 [名] お年玉.
세법 (稅法) 【-뻡】 [名] 税法.
세부 (細部) [名] 細部.
세분 (細分) [名] [하他] 細分. ‖ 토지를 세분하다 土地を細分する. **세분-되다** [受身]
세분-화 (細分化) [名] [하他] 細分化. ‖ 조직을 세분화하다 組織を細分化する.
세비 (歲費) [名] 歳費.
세살-부채 (細-) [名] 骨の細い扇.
세상[1] (世上) /se:saŋ/ [名] ❶ 世の中; 世間; 世. ‖ 세상에 널리 알리다 世の中に広く知らせる. 세상 물정을 모르다 世間知らずだ. 세상 물정에 어둡다 世故に疎い. 뒤숭숭한 세상 物騒な世の中. 저 세상으로 가다 あの世に逝く. ❷ 一生; 生涯. ‖ 한 세상을 즐겁게 살다 一生を楽しく暮らす. ❸ 時代; 時世. ‖ 지금은 인터넷 세상이다 今はインターネットの時代だ. ❹ 独り舞台; 天下. ‖ 선생님이 없는 교실은 학생들 세상이다 先生のいない教室は学生たちの天下だ. ❺ (刑務所・修道院・寺から見た)外の社会; しゃば. ‖ 세상에 나가다 しゃばに出る. ▸세상을 떠나다[뜨다] 世を去る; 死ぬ; 死亡する. ▸세상을 만나다 よい時機にめぐりあって栄える; 時めく; 我が世の春を謳歌する. ▸세상을 버리다 世を捨

て る. ▶세상이 바뀌다 時代が変わる; 世の中が変わる.

세상-만사 (世上萬事) 图 世の中のすべてのこと.

세상-모르다 (世上—) 图 [르変] ① 世故に疎い. ② ぐっすり寝込んでいる. ‖세상모르고 자고 있다 泥のように眠っている.

세상-사 (世上事) 图 世事; 世の中の事柄.

세상-살이 (世上—) 图 世渡り. ‖고달픈 세상살이 辛い世渡り.

세상-없어도 (世上—)【—업써—】副 何事があっても; 必ず.

세상-없이 (世上—)【—업씨】副 世にまたとないほど; 比類なく.

세상-일 (世上—)【—닐】图 =세상사(世上事).

세상-천지 (世上天地) 图 ① 世상(世上)を強めて言う語. ② [세상천지에의 形で] なんと. ‖세상천지에 어째 이런 일이 なんとまあ, 世にこんなことが.

세상² (世相) 图 世相.

세설 (細雪) 图 粉雪.

세세-하다 (細細—) 圏 [하変] ① きわめて詳しい. ‖세세한 설명이 쓰여져 있다 細かな説明が書かれている. ② [細かくて] 取り上げる価値がない. **세세-히** 副

세속 (世俗) 图 世俗; 俗世間. ‖세속에 물들다 世俗に染まる. 세속을 떠나다 俗世間を離れる.

세속-적 (世俗的)【—쩍】图 世俗的.

세속-화 (世俗化)【—소콰】图 [되自] 世俗化.

세손 (世孫) 图 왕세손(王世孫)の略語.

세수¹ (洗手) /se:su/ 图 [하自] 洗顔; 洗面.

세숫-대야 (洗手—)【—수 때—/—ㄷ때—】图 洗面器.

세숫-물 (洗手—)【—순—】图 洗面用の水.

세숫-비누 (洗手—)【—수 삐—/—ㄷ삐—】图 洗顔用の石けん; 化粧石けん.

세수² (稅收) 图 세수입(稅收入)の略語.

세-수입 (稅收入) 图 稅收. ⓢ 세수(稅收).

세슘 (cesium) 图 [化学] セシウム.

세습¹ (世習) 图 世の風習; 世の習い.

세습² (世襲) 图 [하他自] 世襲. **세습-되다** [受動]

세시 (歲時) 图 歲時.
세시-기 (歲時記) 图 歲時記.

세심-하다 (細心—) 圏 [하変] 細心だ. ‖세심한 주의를 기울이다 細心の注意を払う. **세심-히** 副

세-쌍둥이 (—雙—) 图 三つ子.

세안¹ (洗眼) 图 [하自] 洗眼.
세안² (洗顔) 图 洗顔.
세액 (稅額) 图 稅額.
세어 세다 (強い)の運用形.

-세요 /sejo/ 語尾 〔시+어요의 縮約形〕平叙·疑問·命令などの意を表わす: …なさいます(か); …ていらっしゃいます(か); お(ご)…(して)ください. ‖지금 안 계세요 今いらっしゃいません. 어디에 가세요? どこへいらっしゃいますか. 여기서 기다리세요 ここで待っていてください. ✜ —세요と同じ意味ではあるが, -세요の方が一般的に使われる.

세우는 세우다 (立てる·建てる)の現在連体形.

세우다 /seuda/ 他 〔서다の使役動詞〕 ❶ 学生들을 일렬로 세우다 学生たちを一列に立たせる. ❷ 立てる. ‖기둥을 세우다 柱を立てる. 청운의 뜻을 세우다 青雲の志を立てる. 대책을 세우다 対策を立てる. 내년 예산을 세우다 来年の予算を立てる. 칼날을 세우다 刀の刃を立てる. 핏줄을 세우다 青筋を立てる. 보증인을 세우다 保証人を立てる. 그를 왕으로 세우다 彼を王に立てる. 체면을 세우다 体面を立てる. 두 귀를 쫑긋 세우고 듣다 聞き耳を立てる. ❸ 建てる; 建設する. ‖마을에 교회를 세우다 町に教会を建てる. 나라를 세우다 国を建てる. ❹ [記録などを] 樹立する. ‖신기록을 세우다 新記録を樹立する. ❺ [乗り物などを] 止める. ‖버스를 세우다 バスを止める. 기계를 세우다 機械を止める. ❻ 我を張る. ‖고집을 세우다 我を張る.

세운 他 세우다 (立てる·建てる)の過去連体形.

세울 他 세우다 (立てる·建てる)の未来連体形.

세워 他 세우다 (立てる·建てる)の運用形.

세원 (稅源) 图 稅源.

세월 (歲月) /sewol/ 图 ❶ 歲月; 年月. ‖세월이 가다 歲月[年月]が経つ. 세월이 흐르다 歲月が流れる. 세월을 허비하다 歲月を費やす. 세월이 유수 같다 光陰矢の如し. ❷ 時世; 世の中. ‖세월이 좋아졌다 世の中がよくなった. ▶세월이 좀먹다 (「歲月がシミに食われる」の意で) 年月が経たない. ▶세월이 약 (語) (「歲月が薬」の意で) 辛いことや悲しい思いも時間が経てば自然に忘れるようになる.

세율 (稅率) 图 稅率.
세-이레 图 三七日; 生後 21 日目.
세이브 (save) 图 [하他] セーブ.
세이셸 (Seychelles) 图 [国名] セーシェル.

세이프 (safe) 몡 (野球·テニス·卓球 などで)セーフ.

세이프티＝번트 (safety + bunt 日) 몡 ㉰ セーフティーバント.

세인¹ (世人) 몡 世人;世の中の人.

세인² (稅印) 몡 稅印.

세인트루시아 (Saint Lucia) 〈国名〉 セントルシア.

세인트빈센트＝그레나딘 (←Saint Vincent and the Grenadines) 〈国名〉 セントビンセントグレナディーン諸島.

세인트크리스토퍼＝네비스 (←Saint Christopher and Nevis) 〈国名〉 セントクリストファーネービス.

세일 (sale) /seil/ 몡 セール;売り出し. ∥바겐세일 バーゲンセール.

세일러－복 (sailor服) 몡 セーラー服.

세일즈－맨 (salesman) 몡 セールスマン.

세입¹ (稅入) 몡 稅収.

세입² (歲入) 〈經〉 歲入. ㉒세출(歲出).

세입－자 (貰入者) [-짜] 몡 借家人.

세자 (世子) 〖王世子(王世子)の略語〗 皇太子;東宮.

세정¹ (世情) 몡 世情. ∥세정에 어둡다 世情に疎い.

세정² (洗淨) 몡 ㉰ 洗浄.

　세정－제 (洗淨劑) 몡 洗浄劑.

세정³ (稅政) 몡 稅政.

세제¹ (洗劑) /se:dʒe/ 몡 洗劑. ∥합성세제 合成洗劑. 중성세제 中性洗劑.

세제² (稅制) 〈法律〉 稅制.

세－제곱 (數學) 三乗.

세－지다 묗 强まる;强くなる. ∥비바람이 세지다 風雨が强まる.

세차 (洗車) 몡 ㉰ 洗車.

　세차－장 (洗車場) 몡 洗車場.

세－차다 묗 (氣勢などが)力强い;激しい;強烈だ. ∥세찬 물줄기 激しい水流. 바람이 세차다 風が强い.

세척 (洗滌) 몡 ㉰ 洗滌.

　세척－기 (洗滌機) [-끼] 몡 洗滌器.

　세척－제 (洗滌劑) [-쩨] 몡 洗滌劑.

세출 (歲出) 〈經〉 歲出. ㉒세입(歲入).

세－출입 (歲出入) 〈經〉 歲入と歲出.

세칙 (細則) 몡 細則.

세컨드 (second) ❶ セカンド. ❷ 첩(妾)の俗っぽい言い方.

세쿼이아 (sequoia) 몡 〈植物〉 セコイア.

세탁 (洗濯) /se:tʰak/ 몡 ㉰ 洗濯. ㉒洗濯.

　세탁－기 (洗濯機) [-끼] 몡 洗濯機. ∥세탁기를 돌리다 洗濯機を回す.

　세탁－물 (洗濯物) [-뭉] 몡 洗濯物.

　세탁－소 (洗濯所) [-쏘] 몡 クリーニング店.

세태 (世態) 몡 世態;世相. ∥세태를 반영하다 世相を反映する.

세트 (set) 몡 セット. ∥커피 세트 コーヒーセット. 풀 세트 フルセット.

세트－하다 (set−) 묗 ㉰ セットする. ∥머리를 세트하다 髮をセットする.

세팅 (setting) 몡 ㉰ セッティング.

세파 (世波) 몡 世の荒波. ∥세파에 시달리다 世の荒波にもまれる. 세파에 찌든 듯한 얼굴 世の荒波にもまれたような顔.

세평 (世評) 몡 世評.

세포 (細胞) /se:pʰo/ 〈生物〉 細胞. ∥체세포 体細胞, 단세포 単細胞.

　세포－막 (細胞膜) 〈生物〉 細胞膜.

　세포＝분열 (細胞分裂) 몡 〈生物〉 細胞分裂.

세피아 (sepia) 몡 セピア;黒茶色.

세필 (細筆) 몡 細筆.

섹스 (sex) 몡 セックス.

　섹스－어필 (sex-appeal) 몡 ㉰ セックスアピール.

섹시－하다 (sexy−) 묗 ㉰ セクシーだ. ∥섹시한 포즈 セクシーなポーズ.

섹터 (sector) 몡 セクター.

센 세다(强い)の現在連体形.

센－말 몡 〈言語〉 意味は同じだが語感を强めて言う語.

센－물 몡 硬水. ㉒경수(硬水). ㉒단물.

센서 (sensor) 몡 センサー. ㉒感知器(感知器).

센서스 (census) 몡 センサス. ∥인구 센서스 人口センサス.

센스 (sense) 몡 センス. ∥센스 있는 답변 センスのある答弁. 유머의 센스 ユーモアのセンス.

센터 (center) 몡 センター. ∥서비스 센터 サービスセンター.

　센터＝라인 (center line) 몡 センターライン.

　센터링 (centering) 몡 センタリング.

　센터＝서클 (center circle) 몡 センターサークル.

　센터＝포워드 (center forward) 몡 (サッカーで)センターフォワード.

　센터＝플라이 (center fly) 몡 (野球で)センターフライ.

　센터＝필드 (center field) 몡 (野球で)センター;中堅手.

센트 (cent) 몡 アメリカ·カナダ·オーストラリアなどの補助貨幣単位;…セント.

센티 (centi) 依名 〖センチメートルの略語〗 センチ.

센티미터 (centimeter) 依名 長さの単位;…センチメートル(cm).

센티멘털리즘 (sentimentalism) 몡 センチメンタリズム.

센티멘털－하다 (sentimental−) 묗 ㉰ センチメンタルだ. ㉒センチだ.

센티－하다 묗 ㉰ センチメンタルだの略語.

셀 (cell) 图 셀.

셀러리 (celery) 图 [식물] セロリ.

셀로판 (cellophane) 图 [化学] セロハン.

셀로판-지 (-紙) 图 =셀로판.

셀로판-테이프 (cellophane tape) 图 [化学] セロハンテープ.

셀룰로이드 (celluloid) 图 [化学] セルロイド.

셀-카 图 셀프카메라의 약칭.

셀프-서비스 (self-service) 图 セルフサービス.

셀프-카메라 (←self+camera) 图 自分で自分を撮った写真や映像. 略 셀카.

셀프-타이머 (self-timer) 图 セルフタイマー.

셈 /se:m/ 【셈】 图 他動 ❶ 計算. ‖셈이 맞다 計算が合う[合わない]. 덧셈 足し算. 뺄셈 引き算. 곱셈 かけ算. 나눗셈 割り算. ❷ 勘定; 支払い. ‖셈을 치르다 勘定する; 支払う. ❸ 理由; 訳. ‖어찌된 셈이냐? どうということなの. ❹ つもり; 意図. ‖이제 어쩔 셈인지 모르겠다 これからどうするつもりなのか分からない. ❺ […셈이다의 形で] …の方だ. ‖그 정도면 아주 잘한 셈이다 それくらいだったらよくできた方だ. ❻ […셈치다의 形で] …と仮定する; …と見なす; …つもりである; …ことにする. ‖셈치다 ないことにする. 버린 셈 치고 있다 捨てたつもりでいる.

셈-【-쓱】 图 心づもり; 意図 魂胆; 下心; 胸算用.

셈ᅟᅥ족 (Sem 語族) 图 [言語] セム諸語.

셋 /se:t/【셋】 쉐 3つ; 3人; 3. ‖셋으로 나누다 3つに割る. 셋밖에 안 왔다 3人しか来ていない. 하나 둘 1, 2, 3. ✛ 後ろに助数詞が付く場合は세の形で用いられる. ‖세명 3人.

셋-방 (貰ᅵ房)【세빵/섿빵】图 貸し間; 間借り.

셋방-살이 (貰ᅵ房-)【세빵-/섿빵-】图 貸し間暮らし; 間借り暮らし.

셋-잇단음표 (-音標)【섿닏따름-】图 [音楽] 三連音符.

셋-집 (貰ᅵ-)【세찝/섿찝】图 貸し家; 借家.

셋-째【섿-】 쉐冠 3つ目; 3番目; 3番目の. ‖셋째 아들 3番目の息子.

셔벗 (sherbet) 图 シャーベット.

-셔요 /ʃjojo/ 語尾 [시+어요의 縮約形] 平叙・疑問・命令などを表わす: …なさいます(か); …でいらっしゃいます. お[ご]…(して)ください. ‖많이 드셔요 たくさん召し上がってください. 저희 어머니는 감기로 이번에 못 가셔요 うちの母は風邪で今回行けません. ✛ -셔요는 -세요와 같은 의미를 가지지만, -세요의 쪽이 일반적이다.

셔츠 (shirts) /ʃjɔːtsɯ/ 图 シャツ. ‖와이셔츠 ワイシャツ. 티셔츠 Tシャツ.

셔터 (shutter) 图 シャッター. ❶ よろい戸. ‖가게 셔터를 내리다 店のシャッターを降ろす. ❷ (カメラの)シャッター. ‖셔터를 누르다 シャッターを切る.

셔틀-버스 (shuttle bus) 图 シャトルバス.

셔틀콕 (shuttlecock) 图 (バドミントンの)シャトル(コック); 羽.

셰이크핸드-그립 (shake-hand grip) 图 (卓球で)シェークハンドグリップ.

셰퍼드 (shepherd) 图 (犬の)シェパード.

셰프 (chef フ) 图 シェフ.

소¹ /so/ 图 [動物] ウシ(牛). ‖수소 雄牛. 암소 雌牛. 소를 키우다[먹이다] 牛を飼う. 소 닭 보듯 닭 소 보듯 [諺] (「牛が鶏を見るように、鶏が牛を見るように」の意で)互いに全く関心がない様子のたとえ. ▶소도 언덕이 있어야 비빈다 [諺] (「牛も丘がなければこすりつけることができない」の意で)頼れるところがあってこそ何かができる. ▶소 뒷걸음질 치다 쥐 잡기 [諺] 怪我の功名. ▶소 잃고 외양간 고친다 [諺] 泥棒を捕らえて縄をなう; 証文の後れ.

소² (소) 图 餡; あんこ.

소³ (小) 图 小. ‖대중소 大中小.

소⁴ (沼) 图 潭; 沼.

소⁵ (素) 图 食べ物を作る際, 肉や魚を使わないこと.

소⁶ (疏) 图 [歴史] 王に申し上げる文書.

소⁷ (笑) 图 [姓] 蘇(ソ).

소⁸ (蘇) 图 소련 (蘇聯)の略語.

소-⁹ (小) 接頭 小…. ‖소규모 小規模.

-소¹⁰ (所) /so/ 接尾 …所. ‖연구소 研究所.

-소¹¹ 語尾 ❶ [子音で終わる語幹や -었[었] - -겠- 등의 語幹に付いて; 母音また는 ㄹ 로 끝나는 語幹의 경우는 -오] 目下の人이나 同等한 関係의 相手에 対해 平叙・疑問 등의 意味를 表わす: …です; …ます; …ですか; …ますか. ‖음식이 참 맛있습니다 料理が非常においしいです. 이 책을 읽겠소? この本読みますか. 어제 선배를 만났소? 昨日先輩に会いましたか. ❷ [母音으로 끝나는 動詞의 語幹에 付いて] 目下의 사람이나 同等한 関係의 相手에 対해 命令의 意味를 表わす: …なさい; …てください. ‖이리 와 보소 こちらに来てみてください.

소가지 图 [마음속의 俗談] 気立て; 心立て; 心柄; 心性. ‖소가지가 없는 사람 심술이 사나운 사람.

소각¹ (消却·銷却) 图 他動 消却. ❶ 消してなくすこと. ❷ 借金などを返すこと.

소각-되다 受動

소각² (燒却) 图 他動 焼却. ‖쓰레기

소갈 를 소각하다 ごみを焼却する. **소각-되다** 受動

소각-로(燒却爐)【-カヮロ】图 燒却炉.

소각-장(燒却場)【-짱】图 燒却場.

소갈(消渴) 소갈증(消渴症)의 略語.

소갈-증(消渴症)【-쯩】图 《漢方》消渴(ᅶᇵ). 働 소갈(消渴).

소갈-머리 图 =소가지.

소감(所感) 图 所感; 感想. ∥소감을 밝히다 所感を述べる.

소강(小康) 图 小康. ∥소강상태 小康状態.

소개[1](紹介) /sogɛ/ 他 紹介. ∥자기소개 自己紹介. 한국 문화의 소개 韓国文化の紹介. 가정교사를 소개하다 家庭教師を紹介する. 저한테도 소개해 주세요 私にも紹介してください. **소개-되다**[-받다] 受動 제 친구 가게가 잡지에 소개되었다 友だちの店が雑誌に紹介された.

소개-비(紹介費) 图 紹介費.

소개-업(紹介業) 图 仲介業.

소개-장(紹介狀)【-짱】图 紹介状.

소개[2](疏開) 他 疎開. **소개-되다** 受動

소거(消去) 他 消去. **소거-되다** 受動

소거법(消去法)【-뻡】图《数学》消去法.

소견(所見) 图 所見. ∥의사의 소견 医師の所見.

소견-머리(所見-) 图 所見(所見)을 낮잡아 이르는 말.

소경 图 盲人. 働 맹인(盲人).

소계(小計) 图【-/-개】图 小計.

소고[1](小考) 图 小考.

소고[2](小鼓) 图 小鼓.

소-고기 图 =쇠고기.

소곤-거리다[-대다] 自他 ひそひそと話す; ささやく. ∥소곤거리며 말하다 ひそひそと話す.

소곤-소곤 副 他動 ひそひそ; こそこそ.

소관[1](所管) 图 所管. ∥구청 소관 区役所の所管.

소관[2](所關) 图 関係すること[ところ]. ∥이 말지 소관이다 すべて運命の致すところだ.

소-괄호(小括弧) 图 小括弧(( )).

소-구분(小區分) 图 小区分.

소국(小國) 图 小国. 働 대국(大國).

소굴(巢窟) 图 巣窟.

소귀-나무 图《植物》ヤマモモ(山桃).

소-규모(小規模) 图 小規模. ∥소규모 자본 小規模資本.

소극(笑劇) 图 笑劇.

소극-성(消極性)【-썽】图 消極性.

소극-적(消極的) /sogukˀʧʌk/【-쩍】图 消極的. 働 적극적(積極的). ∥소극적인 성격 消極的な性格. 소극적인 태도 消極的な態度.

소극-책(消極策) 图 消極策.

소금/sogum/ 图 塩; 食塩. ∥소금에 절이다 塩漬けにする. 소금을 뿌리다 塩を振る. 감자를 소금에 찍어 먹다 ジャガイモを塩につけて食べる. 천연 소금 天然塩. 굵은소금 粗塩.

소금-구이 图 塩焼き.

소금-기(-氣)【-끼】图 塩気; 塩分.

소금-물 图 塩水. 働 염수(塩水).

소금-밭[-받] 图 塩田. 働 염전(塩田).

소금-쟁이(昆虫) 图 アメンボ(水黽).

소급(遡及) 他動 遡及.

소급-효(遡及效)【-그표】图《法律》遡及効.

소기(所期) 图 所期. ∥소기의 목적을 달성하다 所期の目的を達成する.

소-기업(小企業) 图 小企業.

소꿉 图 ままごとのおもちゃ.

소꿉-놀이[-꿈-] 图 ままごと; ままごと遊び.

소꿉-동무[-똥-] 图 =소꿉친구(-親舊).

소꿉-친구(-親舊) 图 幼なだち; 幼なじみ; 竹馬の友.

소나기/sonagi/ 图 夕立; にわか雨. ∥한바탕 소나기가 지나가다 ひとしきり夕立が降り過ぎる.

소나기-구름 图《天文》入道雲; 積乱雲.

소-나무/sonamu/ 图《植物》マツ(松).

소나타(sonata ᶠ)《音楽》ソナタ.

소녀(少女) /so:njʌ/ 图 少女. 働 소년(少年). ∥영리한 소녀 利発な少女. 알프스의 소녀 하이디 アルプスの少女ハイジ. 성냥팔이 소녀 マッチ売りの少女. 소녀 취미 少女趣味.

소년(少年) /so:njʌn/ 图 少年. 働 소녀(少女). ∥소년 범죄 少年犯罪.

소년-기(少年期) 图 少年期.

소년-단(少年團) 图 少年団; ボーイスカウト.

소년-법(少年法)【-뻡】图《法律》少年法.

소년-원(少年院)《法律》少年院.

소농(小農) 图 小農.

소뇌(小腦)【-/-뉘】图《解剖》小脳.

소다(soda) 图《化学》ソーダ; 重曹.

소다-수(-水) 图 ソーダ水.

소-달구지 图 牛車.

소담-스럽다[-따] 形【ㅂ변】ふっくらとしている. **소담스레** 副

소대(小隊)《軍事》小隊.

소대-장(小隊長)《軍事》小隊長.

소-도구(小道具) 图 小道具.

소-도둑 ❶牛泥棒. ❷〔ののしる言い方で〕陰険で欲深い人.

소독 (消毒) 图 (하他) 消毒. ‖ 상처를 알코올로 소독하다 傷口をアルコールで消毒する. 일광 소독 日光消毒.

소독-수 (消毒水) 【一수】图 消毒水.

소독-약 (消毒藥) 【一냑】图 消毒薬.

소독-저 (消毒箸) 【一쩌】图 割り箸.

소동 (騷動) 图 (하自) 騷動. ‖ 소동을 부리다 騒ぎ立てる. 소동을 일으키다 騒動を起こす.

소-동맥 (小動脈) 图 (解剖) 細動脈.

소득 (所得) 图 所得. ‖ 소득을 올리다 所得を上げる. 소득이 늘다 所得が増える. 가처분 소득 可処分所得. 불로 소득 不労所得.

소득 공제 (所得控除) 【一공一】图 所得控除.

소득-세 (所得稅) 【一쎄】图 所得税.

소등 (消燈) 图 (하自) 消灯. ‖ 이 기숙사는 열 시면 소등한다 この寄宿舎は10時に消灯する.

소-띠 图 丑年生まれ.

소만 (小滿) 图 〈二十四節気の〉小満.

소라 (螺) 图 〈貝介類〉サザエ.

소라-게 (魚介類) 图 ヤドカリ(宿借り).

소란 (騷亂) 图 (하形) 騷乱; 騒ぎ. ‖ 소란을 피우다 騒ぎ立てる.

소란-스럽다 【一따】囤 [ㅂ変] 騒がしい; 騒々しい; 物騒だ. ‖ 바깥이 소란스럽다 外が騒がしい. **소란스레** 图.

소량 (少量) 图 少量. ‖ 소량의 독극물 少量の毒劇物.

소련 (蘇聯) 图 (国名) ソ連. ⓟ(蘇).

소령 (少領) 图 (軍事) 少佐. ⓟ. 대령 (大領) · 중령 (中領).

소록-소록 【一쏘一】副 (하自) 静かによく眠っている様子; すやすや.

소론[1] (小論) 图 小論.

소론[2] (所論) 图 所論.

소르르 副 ❶もつれたものがうまく解ける様子. ‖ 화가 소르르 풀리다 怒りがすっと消える. ❷水や粉などが静かに漏れたり崩れたりする様子. ❸瞬間的に気持ちよく寝入る様子. ‖ 소르르 잠이 들다 すうっと寝入る.

소름 鳥肌が立つこと; 粟立つこと; 身の毛がよだつこと. ‖ 소름이 끼치다[돋다] 鳥肌が立つ; 粟立つ; 身の毛がよだつ.

소리 /sori/ 图 ❶〈ものの〉音. ‖ 바람 소리 風の音. 천둥소리 雷の音. 소리를 죽이다 声を殺す; 音を落とす. 라디오 소리가 시끄럽다 ラジオの音がうるさい. ❷〈人や動物の〉声. ‖ 고함 소리, 벌레 소리, 虫の声. 소리를 내어 책을 읽다 声を出して本を読む. 소리를 지르다 声を張り上げる. 소리를 빽빽 지르다 大声を発する. ❸話; 言葉. ‖ 말도 안 되는 소리 とんでもない話. 그

책이 발간된다는 소리를 들었다 その本が発刊されるという話を聞いた. ❹うわさ; 評判. ‖ 떠도는 소리에 의하면 うわさによると. ❺판소리(パンソリ). ▶소리 소문도 없이 何の知らせもなく; こっそり; ひそかに. 소리 소문도 없이 사라지다 こっそり消える.

소리-글 (一글) 图 소리글자(一字) の略.

소리-글자 (一字) 【一짜】图 〔言語〕表音文字. ⓐ 소리글.

소리-꾼 판소리(パンソリ) などの歌が上手な人.

소리-소리 副 大声で; 声を張り上げて.

소리-쟁이 = 소리꾼.

소-립자 (素粒子) 【一짜】图 (物理) 素粒子.

소릿-값 【一리깝 /一릳깝】图 (言語) 音価. ⓐ 소리의 가치.

소말리아 (Somalia) 图 (国名) ソマリア.

소망 (所望) 图 (하他) 所望; 願い; 望み; 抱負. ‖ 새해의 소망 新年の抱負.

소매[1] (一) 图 ❶袖. ‖ 소매가 너무 길어 袖が長すぎる. 소매를 접다 袖を折り返す. 반소매 半袖. ▶소매를 걷다 本腰で取りかかる.

소매-끝 【一끋】图 袖口. ‖ 소매끝이 해(어)지다 袖口がすり減る.

소매-통 (一) 图 袖幅. ‖ 소매통을 줄이다 袖幅をつめる.

소맷-부리 【一매뿌一/一맫뿌一】图 袖口.

소맷-자락 【一매짜一/一맫짜一】图 袖; 袂 (たもと).

소매[2] (小賣) 图 (하他) 小売り. ⓟ. 도매 (都賣).

소매-가 (小賣價) 【一까】图 = 소매가격 (小賣價格).

소매-가격 (小賣價格) 【一까一】图 小売価格.

소매-상 (小賣商) 图 小売商.

소매-업 (小賣業) 图 小売業.

소매-점 (小賣店) 图 小売店.

소매-치기 图 (하他) すり. ‖ 소매치기를 당하다 すりにあう. 전철 안에서 지갑을 소매치기 당하다 電車の中で財布をすられる.

소맥 (小麥) 图 (植物) コムギ(小麦). ⓟ 밀.

소맥-분 (小麥粉) 【一뿐】图 小麦粉. ⓟ 밀가루.

소멸 (消滅) 图 (하自) 消滅. ‖ 권리가 소멸되다 権利が消滅する.

소명 (召命) 图 召命.

소모 (消耗) 图 消耗. ‖ 체력 소모 体力の消耗. 체력을 많이 소모하는 일 体力の消耗が激しい仕事. **소모-되다** 受動.

소모-전 (消耗戰) 图 消耗戦.

소모-품 (消耗品) 图 ⓐ 비품 (備品).

소-몰이 〖自〗 牛追い.
소묘 (素描) 〖名〗〖他〗(美術) 素描.
소문 (所聞) /so:mun/ うわさ; 風説; 世評; 評判. ∥소문에 의하면 うわさによれば. 소문이 돌다 うわさが立つ. 소문을 퍼뜨리다 うわさを広める. 소문이 사납다 評判が非常に悪い. 소문이 파다하다 うわさがあまねく広まっている.
소문-나다 (所聞—) 〖自〗 うわさが立つ; うわさが広まる[広がる]. ▶소문난 잔치에 먹을 것 없다 (俚) 名物に旨い物なし; 名所に見所なし.
소문-내다 (所聞—) 〖他〗 うわさを広める.
소문-만복래 (笑門萬福來) ―[봉내] 笑う門には福来る.
소문자 (小文字) ―[짜] 〖名〗 小文字. ㉠대문자 (大文字).
소밀 (疎密) 〖名〗〖形〗 疎密.
소박 (疏薄) 〖名〗〖他〗 妻を冷遇したり追い出したりすること. ∥소박을 맞다 夫に追い出される.
소-박이 (料理) 〖오이 소박이 김치의 略語〗キュウリキムチ.
소박-하다 (素朴—) ―[바카] 〖形〗〖하탖〗 素朴だ. ∥소박한 옷차림 素朴な身なり. 소박한 생각 素朴な考え.
소반 (小盤) 〖名〗 小さいお膳.
소방 (消防) 〖名〗 消防.
소방-관 (消防官) 〖名〗 消防官.
소방-대 (消防隊) 〖名〗 消防隊.
소방대-원 (消防隊員) 〖名〗 =소방원 (消防員).
소방-서 (消防署) 〖名〗 消防署.
소방-수 (消防手) 〖名〗 =소방원 (消防員).
소방-원 (消防員) 〖名〗 消防員.
소방-차 (消防車) 〖名〗 消防車.
소백-산맥 (小白山脈) ―[싼―] 〖地名〗 小白山脈.
소변 (小便) /so:bjʌn/ 〖名〗 小便; 小用; おしっこ. ㉠오줌.
소변-기 (小便器) 〖名〗 小便器.
소변-보다 (小便—) 〖自〗 小便をする.
소복 (素服) 〖名〗 喪服. ∥소복을 한 여자 喪服姿の女性.
소복-소복 (―福―) 〖副〗〖形〗 うずたかく; こんもり(と). ∥눈이 소복소복 쌓인 아침 雪がこんもり降り積った朝.
소복-하다 ―[보카―] 〖形〗〖하탖〗 うずたかい; 山盛りだ. ∥밥이 소복하게 담긴 그릇 ご飯が山盛りに盛られた器. **소복-이** 〖副〗

소비 (消費) /sobi/ 〖名〗〖他〗 消費. ∥쓸데없이 시간을 소비하다 いたずらに時間を消費する. 대량으로 소비하다 大量に消費する. 소비가 늘어나다 消費が伸びる. 개인 소비를 자극하다 個人消費を刺激する. 소비 수준 消費水準. **소비-되다** 〖自하〗
소비-량 (消費量) 〖名〗 消費量.
소비-성향 (消費性向) 〖名〗 消費性向. ㉠저축 성향 (貯蓄性向).
소비-세 (消費稅) ―[쎄] 〖名〗 消費稅.
소비-자 (消費者) 〖名〗 消費者. ∥생산자 (生産者). ∥소비자 가격 消費者価格.
소비-재 (消費財) 〖名〗 消費財. ㉠생산재 (生産財).
소비-조합 (消費組合) 〖名〗 消費組合.
소비에트 (Soviet) 〖名〗 ソビエト.
소사[1] (小史) 〖名〗 小史.
소사[2] (小事) 〖名〗 小事.
소산 (所産) 〖名〗 所産. ∥근대 과학 기술의 소산 近代科学技術の所産.
소산-물 (所産物) 〖名〗 産物. ∥노력의 소산물 努力の産物.
소상-하다 (昭詳—) 〖形〗〖하탖〗 明らかで詳しい. ∥소상한 정보 詳しい情報. **소상-히** 〖副〗
소생[1] (所生) 〖名〗 産みの子; 実子.
소생[2] (蘇生・甦生) 〖名〗〖自他〗 蘇生; よみがえること.
소생[3] (小生) 〖代〗 小生.
소서[1] (小暑) 〖名〗 (二十四節気の)小暑.
-소서 〖語尾〗 〔文語の言い方で〕…なさい; …ませ; …たまえ. ∥저희들을 구해 주소서 我らを助けたまえ.
소-선거구 (小選擧區) 〖名〗 小選挙区.
소설[1] (小雪) 〖名〗 (二十四節気の)小雪 ([쏘―]).
소설[2] (小説) /so:sʌl/ 〖名〗 小説. ∥역사 소설 歷史小説. 추리 소설 推理小説. 대하소설 大河小説. 장편 소설 長編小説.
소설-가 (小說家) 〖名〗 小説家.
소설-책 (小說冊) 〖名〗 小説; 小説本.
소설-화 (小說化) 〖名〗〖他〗 小説化.
소성 (素性) 〖名〗 素性.
소소리-바람 〖名〗 早春の冷え冷えとした風.
소소-하다[1] (小小—) 〖形〗〖하탖〗 細かく雑多である; 細々しい. **소소-히** 〖副〗
소소-하다[2] (昭昭—) 〖形〗〖하탖〗 明らかだ; 明白だ.
소소-하다[3] (蕭蕭—) 〖形〗〖하탖〗 もの寂しく感じられる;雨や風の音などがもの寂しい.
소속 (所屬) 〖名〗〖自他〗 所属. ∥축구부에 소속되다 サッカー部に所属する. 대학에 소속된 건물 大学所属の建物.
소송 (訴訟) 〖名〗〖他〗 (法律) 訴訟. ∥소송을 걸다 訴訟を起こす. 민사 소송 民事訴訟.
소송-당사자 (訴訟當事者) 〖名〗 (法律) 訴訟当事者.
소송-대리인 (訴訟代理人) 〖名〗 (法律) 訴訟代理人.
소송-법 (訴訟法) ―[뻡] 〖名〗 (法律) 訴訟法.
소송-사건 (訴訟事件) ―[껀] 〖名〗 (法

소송-요건 (訴訟要件) 【-뇨껀】 图《法律》訴訟要件.
소송-절차 (訴訟節次) 图《法律》訴訟手続.
소송=행위 (訴訟行爲) 图《法律》訴訟行為.
소수¹ (小數) 图《数学》小数.
소수-점 (小數點) 【-쩜】 图《数学》小数点. ∥소수점을 찍다 小数点を打つ.
소수² (素數) 图《数学》素数.
소수³ (少數) 图 少数. ∥소수 의견 少数意見.
소수-당 (少數黨) 图 少数党.
소수=민족 (少數民族) 图 少数民族.
소수-파 (少數派) 图 少数派. ⑰다수파(派).
소스¹ (sauce) 图 ソース. ∥소스를 치다 ソースをかける.
소스² (source) 图 ソース; 出所.
소스라-치다 囧 驚いて瞬間的に身を震わせる; びくっとする. ∥소스라치게 놀라다 びっくりする.
소슬-바람 (蕭瑟-) 图 秋に吹く肌寒くてもの寂しい感じの風.
소슬-하다 (蕭瑟-) 囮【하변】肌寒くてもの寂しい.
소승 (小乘) 图《仏教》小乗. ⑱대승(大乘). ∥소승 불교 小乗仏教.
소-시민 (小市民) 图 小市民; プチブル.
소시민-적 (小市民的) 图 小市民的.
소시-적 (少時-) 【-쩍】 图 幼い時分; 幼少の時.
소시지 (sausage) 图 ソーセージ; ウインナ; 腸詰め.
소식¹ (小食) 图【하변】小食.
소식² (消息) /sofik/ 图 消息; 知らせ; 便り; 連絡. ∥소식이 끊기다 消息が途絶える. 그 사람에게서 아무런 소식이 없다 彼から何の連絡もない. 소식을 전하다 消息を伝える. 소식을 끊다 消息を絶つ. 봄 소식 春の便り.
소식-란 (消息欄) 【-씽난】 图 新聞や雑誌などに個人や団体の最近の動静などの記事を載せる欄.
소식=불통 (消息不通) 【-뿔-】 图 音信不通; 消息不明.
소식-통 (消息通) 图 消息通; 消息筋.
소신 (所信) 图 所信. ∥소신을 피력하다 所信を披瀝(ひれき)する. 소신을 표명하다 所信を表明する. 소신을 굽히다 所信を曲げる.
소실¹ (消失) 囧 消失. ∥권리가 소실되다 権利が消失する.
소실² (燒失) 囧 焼失. ∥문화재가 소실되다 文化財が焼失する.
소심⁻공포증 (小心恐怖症) 【-쯩】 图 臆病風. ∥소심 공포증에 걸리다 臆病風に吹かれる.

소심-하다 (小心-) 囮【하변】小心だ; 臆病だ; 気が小さい.
소아 (小兒) 图 小児.
소아-과 (小兒科) 【-꽈】 图 小児科.
소아-마비 (小兒麻痺) 图《医学》小児麻痺.
소아-병 (小兒病) 【-뺑】 图 小児病.
소액 (小額) 【-쌕】【까】거액(巨額).
소야-곡 (小夜曲) 图《音楽》小夜曲; セレナーデ.
소양 (素養) 图 素養; たしなみ. ∥음악에 소양이 있다 音楽の素養がある.
소연-하다 (騷然-) 囮【하변】騒然としている; 騒がしい.
소염-제 (消炎劑) 图 消炎剤.
소엽 (蘇葉)《漢方》紫蘇の葉.
소외 (疏外) 【-/-웨】 图【하변】疎外.
소외-되다 囧피동
소외-감 (疏外感) 图 疎外感.
소요¹ (所要) 图 자동 所要; 必要とすること; 要すること; かかること. ∥학교까지는 왕복 두 시간이 소요된다 学校までは往復2時間がかかる.
소요-량 (所要量) 图 所要量.
소요² (逍遙) 图 자동 逍遙.
소요³ (騷擾) 图 자동 騒擾(そうじょう).
소요-죄 (騷擾罪) 【-쬐/-쒜】 图《法律》騒擾罪.
소용 (所用) /so:joŋ/ 图 所用; 必要; 役に立つこと; 使い道. ∥이건 어디에 소용이 있을까? これの使い道はどこにあるの.
소용-없다 (所用-) 【-업따】 囮 必要ない. **소용없-이** 囲
소용돌이 图 渦巻き.
소용돌이-치다 囧 渦巻く. ∥물살이 소용돌이치다 流れが渦巻く.
소용돌이-무늬 【-니】 图 (水の渦巻くような模様の)巴.
소원¹ (所願) 图 자동 願い; 念願. ∥소원이 이루어지다 願いがかなう. 소원을 들어주다 願いを聞き入れる.
소원² (訴願) 图 자동 訴願.
소원-하다 (疏遠-) 囮【하변】疎遠だ. ∥소원한 사이 疎遠な間柄.
소위¹ (少尉) 图《軍事》少尉.
소위² (所爲) 图 所為; しわざ.
소위³ (所謂) 图 いわゆる. ∥소위 학자라는 사람은 いわゆる学者という人たち.
소유 (所有) /soju/ 图 자동 所有. ∥광대한 토지를 소유하고 있다 広大な土地を所有している. 그 집은 그 사람 것이 되었다 その家は彼の所有となった.
소유-격 (所有格) 【-껵】 图《言語》所有格.
소유-권 (所有權) 【-꿘】 图《法律》所有権.
소유-물 (所有物) 图 所有物.

소유-욕 (所有慾) 图 所有欲.
소유-자 (所有者) 图 所有者; 持ち主.
소유-주 (所有主) 图 所有主.
소유-지 (所有地) 图 所有地.
소음¹ (騷音) 图 騷音.
소음-계 (騷音計) [-/-게] 图 騷音計.
소음² (消音) 하타 消音. ‖소음 장치 消音裝置.
소음-순 (小陰脣) 图 [解剖] 小陰脣.
소이 (所以) 图 所以; 理由; わけ.
소이-탄 (燒夷彈) 图 燒夷彈.
소인¹ (小人) 图 ❶ 小人(ᆸㅈ⁵). ❷ 小人(ᆸㅈ⁵).
소인-배 (小人輩) 图 小人物.
소인² (消印) 图 하타 消印.
소-인수 (素因數) 图 [數學] 素因數.
소일 (消日) 图 자타 消日; 消光; 日々を過ごすこと. ‖바둑으로 소일하고 있다 囲碁で日々を過ごしている.
소일-거리 (消日-) 【-꺼-】 图 暇つぶしの種.
소임 (所任) 图 任務; 役目. ‖막중한 소임을 맡다 重大な任務を任される. 소임을 다하다 任務を全うする.
소자 (小子) 图 〔古い言い方で, 息子が父母に対する自称〕小子.
소-자본 (小資本) 图 小資本.
소작 (小作) 图 하타 小作. ‖자작(自作).
소작-권 (小作權) 【-꿘】 图 [法律] 小作權.
소작-농 (小作農) 【-장-】 图 小作農. ⑦小作農民.
소작-료 (小作料) 【-장뇨】 图 小作料.
소작-인 (小作人) 图 小作人.
소장¹ (小腸) 图 [解剖] 小腸.
소장² (少壯) 图 형 少壯. ‖소장 학자 少壯學者.
소장³ (少將) 图 [軍事] 少將.
소장⁴ (所長) 图 所長.
소장⁵ (所藏) 图 하타 所藏.
소장-품 (所藏品) 图 所藏品.
소장⁶ (訴狀) 【-짱】 图 [法律] 訴狀.
소재¹ (所在) 图 所在. ‖소재를 알아내다 所在をつきとめる. 책임의 소재 責任の所在.
소재-지 (所在地) 图 所在地. ‖도청 소재지 道庁所在地.
소재² (素材) 图 素材. ‖소설의 소재 小說の素材.
소-전제 (小前提) 图 小前提.
소절 (小節) 图 小節.
소정 (所定) 图 所定. ‖소정의 절차 所定の手続き. 소정의 양식 所定の樣式.
소-제목 (小題目) 图 小題目.
소주 (燒酒) 图 /soʤu/ 燒酎.
소중-하다 (所重-) 图 /so:ʤuŋhada/

[하며] 貴重だ; 大事だ; 大切だ. ‖소중한 경험 貴重な経験. 목숨 다음으로 소중한 것 命の次に大事な物. **소중-히** 副 大切に思う; 大切にする.
소지¹ (所持) 图 /soʤi/ 하타 所持. ‖총기를 불법으로 소지하다 銃器を不法に所持する.
소지-인 (所持人) 图 所持人.
소지-자 (所持者) 图 所持者.
소지-품 (所持品) 图 所持品; 持ち物.
소지² (素地) 图 素地.
소진 (消盡) 图 하타 消尽. ‖체력을 소진하다 体力を消尽する.
소질 (素質) 图 素質. ‖예술가적인 소질 芸術家的な素質. 음악에 소질이 있다 音楽に素質がある.
소집 (召集) 图 하타 召集. ‖국회를 소집하다 国会を召集する. **소집-되다** 受動.
소-집단 (小集團) 【-딴】 图 小集団.
소쩍-새 [-쌔] 图 [鳥類] コノハズク(木の葉木菟).
소-책자 (小冊子) 【-짝-】 图 小冊子.
소철 (蘇鐵) 图 [植物] ソテツ(蘇鉄).
소청 (訴請) 图 하타 頼み; 願い. ‖소청을 들어주다 頼みを聞き入れる.
소총 (小銃) 图 [軍事] 小銃.
소추 (訴追) 图 하타 訴追. ‖탄핵 소추 弾劾訴追. **소추-당하다** 受動.
소출 (所出) 图 收穫量. ‖소출이 많은 논 收穫の多い田んぼ.
소치 (所致) 图 致すところ; …の至りで; せい. ‖부덕의 소치 不徳の致すところ.
소켓 (socket) 图 ソケット.
소쿠리 图 ざる; かご.
소탈-하다 (疎脫-) 图 [하며] 気取らず気さくである; 見栄を張らない. ‖소탈한 성격 さっぱりした性格.
소탐대실 (小貪大失) 图 小を貪って大を失うこと.
소탕 (掃蕩) 图 하타 掃蕩(ᆺ); 掃討; 残らず払い除くこと. **소탕-하다** 受動.
소태 图 [植物] 소태나무の略語.
소태-나무 图 [植物] ニガキ(苦木). 소태.
소통 (疏通) 图 자타 疎通. ‖원활한 의사소통 円滑な意思の疎通.
소파 (sofa) 图 ソファー. ‖가죽 소파 革製のソファー.
소포 (小包) 图 /so:pʰo/ 小包. ‖소포를 부치다 小包を出す. 소포로 부치다 小包にする.
소품 (小品) 图 小道具.
소풍 (逍風·消風) 图 遠足; ピクニック; ハイキング. ‖소풍을 가다 遠足に行く. 봄 소풍 春の遠足.
소프라노 (soprano) 图 [音楽] ソプラノ.
소프트-드링크 (soft drink) 图 ソフト

드링크.

소프트볼 (softball) 图 《스포츠》 소프트볼.

소프트웨어 (software) 图 《IT》 소프트웨어. ↔하드웨어.

소프트-크림 (soft+cream 日) 图 소프트크림.

소-하물 (小荷物) 图 小荷物.

소한 (小寒) 图 《天文》 小寒.

소해 (小海) 图 昨年. ⑩ 작년(昨年).

소행 (所行) /so:hεŋ/ 图 仕業; 所業. ‖누구의 소행인지 모르겠다 誰の仕業か分からない. 그녀석 소행임이 틀림없어 あいつの仕業に違いない.

소-행성 (小行星) 图 《天文》 小惑星.

소형¹ (小形) 图 小形. ‖小形 가방 小形バッグ.

소형² (小型) 图 小型. ‖小型 카메라 小型カメラ.

소호 (SOHO) 图 《IT》 ソーホー; SOHO. ✥ small office home office의 略語.

소홀-하다 (疎忽-) 彫 [하오] 疎かだ; なおざりだ. いい加減だ. ‖대접이 소홀하다 もてなしが疎かだ. **소홀-히** 剾 공부를 소홀히 하지 말고 勉強を疎かにして.

소화¹ (消火) 图 [하세] 消火. **소화-되다** 图图

소화-기 (消火器) 图 消火器.
소화-전 (消火栓) 图 消火栓.

소화² (消化) /sohwa/ 图 [하세] 消化. ‖消化가 잘 되는 음식 消化の悪い食物. 하루에 다 소화해 낼 수 없는 작업량 1日では消化し切れない作業量.
소화-되다 图图
소화-기 (消化器) 图 《解剖》 消化器.
소화-불량 (消化不良) 图 消化不良.
소화-샘 (消化-) 图 《解剖》 消化腺.
소화-액 (消化液) 图 《生理》 消化液.
소화-제 (消化劑) 图 消化劑; 消化藥.
소화-효소 (消化酵素) 图 消化酵素.

소환 (召喚) 图 [하세] 《法律》 召喚. ‖증인을 소환하다 証人を召喚する.
소환-되다 [당하다] 图图
소환-장 (召喚狀) 图 [-짱] 《法律》 召喚状.

소환² (召還) 图 [하세] 召還. ‖대사를 본국으로 소환하다 大使を本国に召還する. **소환-되다** [당하다] 图图

속¹ /sok/ 图 ❶ 內部; 中; 奥. ‖주머니 속에 넣다 ポケットの内に入れる. 산속에서 길을 잃다 山の中で道に迷う. 물속에 알을 낳다 水の中で卵を産む. 마음속으로는 心の中では. 가난 속에서도 웃음을 잃지 않다 貧しさの中でも笑顔を忘れない. 차가 빠른 속도로 빗속을 달려간다 車が速いスピードで雨の中を走っていく. ❷ 中身; 內容. ‖속이 없는 이야기 內容のない話. ❸ 芯. ‖배

춧속 白菜の芯. ❹ 腹の具合. ‖속이 좋지 않다 腹の具合がよくない. 속이 거북하다 胸焼けがする. 속이 메스껍다 胸がむかむかする; 吐き気を催す. ❺ 内心; 心の内; 心中; 機嫌. ‖남의 속도 모르고 자기 자랑만 하다 人の心中も察せず自慢話ばかりする. 속을 털어놓다 腹を割る; 打ち明ける. 남의 속을 긁다 人の機嫌を損ねる; 人の気分を害する. ❻ 分別; 物心. ‖아직도 속을 못 차리다 未だに分別がつかない. ▶속(을) 끓이다 [태우다] あれこれに心をもつ; 分別がつく. ▶속(을) 뽑다 業を煮やす. ▶속(을) 떠보다 それとなく言葉巧みに聞いかける; 鎌をかける. ▶속(을) 썩이다 気をもませる; 心配をかけて苦しめる. ▶속(을) 차리다 分別のある行動をとるようになる. ▶속이 검다[시커멓다] 腹黒い. ▶속이 넓다[굴다] 度量が広い. ▶속이 달다 心配でいらいらする; やきもきする. ▶속(이) 뒤집히다 ① 辛い物や脂っこい物などを食べてむかむかしたり吐き気を催したりする. ② 目障りだ; 鼻につく. ▶속이 들다 맛이야꾸다; 分別できるようになる. ▶속(이) 보이다 [들여다보이다] 内心が見え透く; 魂胆が見え見え. ▶속(이) 시원하다 [후련하다] 気分がすっきりして晴れる; すがすがしい; せいせいする. ▶속이 타다 落ち着かない; 気をもむ. ▶속이 풀리다 (怒りや心配などからの)胸のつかえが下りる.

속² (屬) 图 《生物》 (生物分類上の一段階の)屬.

속³ (束) 依尾 …束.

속⁴ (續) 图 續 …. ‖속편 續編.

속-가죽 【-까-】 图 內皮.

속간 (續刊) 图 [하세] 續刊.

속개 (續開) 【-깨】 图 [하세] 續開; 再開. ‖회의를 속개하다 会議を再開する. **속개-되다** 图图

속-겨 【-껴】 图 小糠(^{ごぬか}).

속곳 【-꼳】 图 (女性の)肌衣.

속공 (速攻) 【-꽁】 图 [하세] 速攻.

속구 (速球) 【-꾸】 图 速球.

속국 (屬國) 【-꾹】 图 屬国.

속귀 (-귀) 图 《解剖》 内耳.

속기 (速記) 【-끼】 图 速記.
속기-사 (速記士) 图 速記師.

속-꺼풀 【-께-】 图 內皮.

속-껍데기 【-떼-】 图 內殼.

속-껍질 【-찔】 图 內皮; 澁皮.

속-내 【송-】 图 內心; 內情; 胸の中. ‖속내를 비치다 胸の内をほのめかす.

속-내복 (-內服) 【송-】 图 = 속내의(-內衣).

속-내의 (-內衣) 【송-/송-이】 图 肌着.

속-눈 【송-】 图 薄目.

속-눈썹 【송-】 图 睫(^{まつげ}).

속다 /sokt͈a/ 【-따】 图 だまされる; 欺か

れる; 担がれる; 一杯食わされる; (話に)乗せられる. ‖ 사기꾼한테 속다 詐欺師にだまされる. 감쪽같이 속다 まんまとだまされる. 감언에 속다 口車に乗せられる. 속아 넘어가다 うまく担がれる. [使]속이다.

속닥-거리다 【-딱꺼-】 [自他] ひそひそと話をする.

속닥-속닥 【-딱쏙딱】 [副] [하自他] 他人に聞こえないように小声で話す様子: ひそひそ; ぼそぼそ; こそこそ.

속닥-이다 【-따기-】 [自他] =속닥거리다.

속단 (速斷) 【-딴】 [名] [하他] 速断.

속달 (速達) 【-딸】 [名] 速達. ‖ 편지를 속달로 부치다 手紙を速達で出す.

속담 (俗談) 【-땀】 [名] 諺.

속도 (速度) /sok²to/ 【-또】 [名] 速度. ‖ 속도를 내다 速度を上げる[早める]. 속도를 늦추다 速度を落とす. 속도가 느리다 速度が遅い. 최고 속도 最高速度. 순간 속도 瞬間速度.

속도-계 (速度計) 【-또-/-또게】 [名] 速度計.

속-되다 (俗-) 【-뙤-/-뛔-】 [形] 俗っぽい; 通俗だ; 品位に欠ける.

속-뜻 【-뜯】 [名] 底意; 内心; 本心.

속력 (速力) /soŋnjɔk/ 【송녁】 [名] 速力; スピード. ‖ 속력을 내다 速力を出す. 속력을 올리다 速力を上げる. 속력을 줄이다 速力を落とす.

속-마음 【송-】 [名] 内心; 本心. [縮]속맘.

속-말 【송-】 [名] 本音.

속-맘 【송-】 [名] 속마음の縮約形.

속명[1] (俗名) 【송-】 [名] 俗名.

속명[2] (屬名) 【송-】 [名] (生物) 属名.

속물 (俗物) 【송-】 [名] 俗物. ‖ 속물 근성 俗物根性.

속-바지 【-빠-】 [名] 肌袴.

속박 (束縛) 【-빡】 [名] [하他] 束縛. ‖ 속박에서 벗어나다 束縛から逃れる. **속박-당하다** [受身]

속발 (續發) 【-빨】 [名] [하自] 続発.

속-버선 【-뻐-】 [名] 버선(韓国式の足袋)の中に重ねて履く足袋.

속-병 (-病) 【-뼝】 [名] ❶ 体の中の病気の総称. ❷ 胃腸病.

속보[1] (速報) 【-뽀】 [名] 速報.

속보[2] (續報) 【-뽀】 [名] 続報.

속사 (俗事) 【-싸】 [名] 俗事.

속사-포 (速射砲) 【-싸-】 [名] (軍事) 速射砲.

속삭-이다 【-싸기-】 [自他] ささやく; ひそひそと話す.

속삭임 【-싸김】 [名] ささやき.

속-살 【-쌀】 [名] ❶ (服に)隠されている肌. ‖ 속살이 보이다 肌が透けて見える. ❷ (肉や魚などの)詰まった身. ▸ 속살(이) 찌다 見かけとは違って中身が充実している.

속살-거리다[-대다] 【-쌀-】 [自他] しきりにひそひそと話す.

속-상하다 (-傷-) 【-쌍-】 [形] 『하変』 ❶ 心が痛む; 気が病む; 気をもむ. ‖ 아이가 말을 듣지 않아 속상하다 子どもが言うことを聞かないので気をもんでいる. ❷ 気に障る; 苛立つ; 腹立つ. ‖ 속상한 일 腹の立つこと.

속-생각 【-쌩-】 [名] 意中; 思案.

속설 (俗說) 【-썰】 [名] 俗説.

속성[1] (速成) 【-썽】 [名] [하自] 速成; 促成. ‖ 속성 코스 速成コース. 속성 재배 促成栽培.

속성[2] (屬性) 【-썽】 [名] 属性.

속세 (俗世) 【-쎄】 [名] 俗世. ‖ 속세를 떠나다 俗世を離れる.

속-셈 /so:k²sem/ 【-쎔】 [名] ❶ 胸算用; 下心; 心算; 胸勘定; 胸積もり; 懐勘定; 手の内. ‖ 속셈을 알 수가 없다 手の内が分からない. ❷ 暗算.

속속 (續續) 【-쏙】 [副] 続々(と); 次々に.

속속-들이 【-쏙뜨리】 [副] 隅々まで; 余すところなく; 隅から隅まで; くまなく; 徹底的に. ‖ 속속들이 알아보다 徹底的に調べる.

속수-무책 (束手無策) 【-쑤-】 [名] なす術がないこと; お手上げ.

속-시원하다 【-씨-】 [形] 『하変』 (気分が)すっきりしている; せいせいする; すがすがしい. ‖ 문제가 해결되어 속시원하다 問題が解決してすっきりしている.

속씨-식물 (-植物) 【-싱-】 [名] (植物) 被子植物. [対]겉씨식물(-植物).

속어 (俗語) [名] (言語) 俗語.

속-없다 【소겁따】 [形] 分別(力)がない; 定見がない; 悪意がない. ‖ 속없는 소리를 하다 分別のないことを言う. **속없-이** [副]

속-옷 【소곧】 [名] 下着; 肌着. [対]겉옷.

속-이다

/sogida/ [他] 〔속다の使役動詞〕だます; 欺く; たぶらかす; ごまかす. ‖ 남의 눈을 속이다 人の目を欺く. 사람을 속이다 人をだます. 나이를 속이다 年をごまかす.

속인-주의 (屬人主義) 【-/-이】 [名] (法律) 属人主義. [対]속지주의(屬地主義).

속임-수 (-數) 【-쑤】 [名] 詭計; ごまかし; ペテン; トリック; いんちき. ‖ 속임수를 쓰다 トリックを使う; 詭計にかける. 속임수에 걸리다 トリックにかかる; 詭計にかかる.

속-잎 【송닙】 [名] ❶ (白菜などの)内側の葉. ❷ (草や木の)若葉.

속전 (速戰) 【-쩐】 [名] [하自] 速戦.

속전-속결 (速戰速決) 【-쩐-껼】 [名] [하自] 速戦速決.

속절-없다 【-쩌럽따】 [形] 諦めるほかな

속-죄(贖罪)【-죄/-꿰】영他 贖罪;罪減ぼし.

속절없-이 団 속없는 인생 はかない人生.

속지-주의(屬地主義)【-찌-/-찌-이】영 【法律】屬地主義. ↔속인주의(屬人主義).

속-창(-敞)영 靴の敷き革; 中敷.

속-출(續出)영他 續出. ‖피해자가 속출하다 被害者が續出する.

속-치마 영 スカートの下に履く薄い布地でできたスカート.

속칭(俗稱)영他 俗稱.

속-탈(-頉)영 胃のもたれ. ‖속탈이 나다 胃がもたれる.

속편(續編)영 續編.

속-표지(-表紙)영 (本の)とびら.

속-풀이 영 분풀이(憤-)의 誤り.

속-하다(屬-)【소카-】【하致】 屬する. ‖야구부에 속해 있다 野球部に屬している. 고래는 포유류에 속하는 동물이다 クジラは哺乳類に屬する動物である. 벚꽃은 장미과에 속하는 サクラはバラ科に屬する.

속행(續行)【소갱】영他 續行.

속효(速效)【소쿄】영 速效. ‖속효성 비료 速效性肥料.

속-히(速-)【소키】団 早く;速く;急いで. ‖속히 돌아오다 急いで歸ってくる.

솎다【속따】他 (うろ)ぬく. ‖푸성귀를 솎다 野菜を間引く.

솎음-질 영他 間引き.

손¹ /son/영 ❶(人の)手. ‖손을 들다 手を上げる. 손을 흔들다 手を振る. 손을 잡다 手を握る. 일이 손에 잡히지 않다 仕事が手につかない. 손에 넣다 手に入れる;入手する. 손에 들어오다 手に入る. 손을 빌다 手を打つ;力を貸す;手を借りる. ❷人手. ‖손이 모자라다 人手が足りない. ❸指. ‖손꼽아 기다리다 指折り數えて待つ. 한국에서 손꼽히는 대기업 韓國で指折り[屈指]の大手企業. ❹手間;手数. ‖손이 많이 가는 일 非常に手間のかかる仕事. 손에 걸리다 手にかかる. ▶손에 달리다 (人の手·力などに)左右される. ▶손에 땀을 쥐다 手に汗を握る. ▶손에 익다 手慣れる;使い慣れる;熟練する. ▶손(을) 끊다 關係を絶つ;緣を切る. ▶손(을) 내밀다[벌리다] 手を差し出す;要求する. ▶손을 놓다[떼다] 手を引く;手を切る;目を離す;打ち切る;手を休める. ▶손을 뻗치다 手を伸ばす. ▶손을 쓰다 手を回す;手を打つ. 어떻게 손을 쓸 수가 없다 手の施しようが無い. ▶손을 씻다 足を洗う. ▶손(을) 타다 ①人의 손에 의하여 良い 惡い 影響을 받는다. ②(知らないうちに)品物の一部がなくなる;減る. ▶손이 가다 手間がかかる. ▶손이 거칠다 手癖が惡い. ▶손이 공다 手が空く. ▶손이 닿다[미치다] 手が届く;手が及ぶ. ▶손이 맵다 ①叩かれると痛い. ②仕事ぶりがしっかりしていて拔け目がない. ▶손이 비다 手が空く. ▶손이 작다[걸다] 氣前がよい. ▶손 안 대고 코 풀기《俗》((手を當てずに鼻をかむ))の意で)物事を簡單にやってのけている樣子のたとえ.

손²(孫)영(姓) 孫(ソン).

손³(孫)영 ❶孫. ❷자손(子孫)의 略語. ❸후손(後孫)의 略語.

손⁴(損)영 損;損害.

손⁵(客)영 客;お客.

손⁶依 魚 2尾を表わす語. ‖고등어 한 손 サバ2尾.

손-가락 /son'karak/【-까-】영 指. ‖손가락으로 가리키다 指を指す. 손가락을 빨다 指をしゃぶる. 열 손가락 안에 들 수 있는 十本の指に入る. 손가락을 걸다 指切りする;約束する. ▶손가락으로 헤아릴 정도 指で數えられるほど數が少ない. ▶손가락 하나 까딱 않고 어리석게 図々しく遊んでばかりいる.

손가락-질【-까-】영他 指差すこと;後ろ指. 손가락질-하다(他)

손-가마 영 手車.

손-가방 영 手提げかばん.

손-거스러미【-끼-】영 さかむけ;ささくれ.

손-거울【-꺼-】영 手鏡.

손-결【-껼】영 手の肌触り.

손괴(損壞)【-꿰】영他 損壞.

손괴-죄(損壞罪)【-죄/-꿰꿰】영 【法律】損壞罪.

손-글씨 영 手書き.

손-금【-끔】영 手筋;手相. ㉠수상(手相). ▶손금을 보다 手相を見る. ▶손금(을) 보듯 하다[환하다] (手相を見ているように)ことごとくよく知っている.

손금-쟁이【-끔-】영 手相見.

손-길【-낄】영 (差し伸べる)手. ‖부드러운 손길 やさしい手の動き. 구원의 손길 救いの手. ▶손길을 뻗치다 手を差し伸べる;触手を伸ばす.

손-꼽다【-따】自他 ❶指折り數える. ‖손꼽아 기다리다 指折り數えて待つ. ❷待ち遠しい. ❸指折りだ;屈指だ. 손꼽히다. ‖한국에서 손꼽는 대기업 韓國の大企業.

손꼽-히다【-꼬피-】自 손꼽다의 受身動詞. ‖세계적으로 손꼽히는 지휘자 世界的の指折りの指揮者.

손-끝【-끋】영 手先;指先. ▶손끝이 맵다 叩かれると痛い;仕事ぶりがしっかりして拔け目がない.

손녀(孫女)영 孫娘.

손녀-딸(孫女-)영 孫娘をかわいがって言う語.

손-놀림 영 手のしぐさ;手つき;手振り.

‖위태로운 손놀림 危なっかしい手つき.

손-님 /sonnim/ 图 お客さん; お客様. ‖손님이 오셨습니다 お客様が見えました.

손-대다 ❶ 触る. ‖전시물에 손대지 마시오 展示物に触れないでください. ❷ 手を付ける; 手を出す; 着手する. ‖주식에 손대다 株に手を出す. 공금에 손대다 公金に手をつける. ㉠修正する; 手を入れる; 手を加える. ‖초고에 손대다 草稿に手を加える. ❹ 殴る. ‖남의 아이에게 손대다 人の子どもを殴る.

손-대중 [-때-] 图他 手加減; 手心.

손-도끼 [-또-] 图 手斧.

손-도장 (-圖章) [-또-] 图 拇印. ㉠指章(指章).

손-독 (-毒) [-똑] 腫れものやできもの などのかゆい所をいじったり触ったりして手についた毒気.

손-돈 (損-) 图 損害.

손-들다 [ㄹ語幹] ❶ 手を上げる. ❷ お手上げだ; 降参する; 参る.

손-등 [-뜽] 图 手の甲. ㉠손바닥.

손-때 图 手垢. ‖손때가 묻은 책 手垢のついた本.

손-맛 [-맏] ❶ 心を込めて直接料理 をすることによってにじみ出る味. ❷ 釣りで魚がえさに食いつく瞬間に釣り人が受ける感触; 当たり; 魚信.

손-모가지 图 [손목의 俗語] 手首.

손-목 图 [-뽁] 手首. ‖손목이 가늘다 手首が細い. 손목을 쥐다 手首をにぎる.

손목-시계 (-時計) [-씨-/-씨게] 图 腕時計.

손-바느질 [-빠-] 图他 手縫い.

손-바닥 /son²padak/ [-빠-] 图 手のひら. ㉠손등. ‖손바닥을 들여다보듯 한다 手のひらを見ているように隅々までよく知っている. 손바닥만하다 手のひらの広さほど狭い; 猫の額だ. ▶손바닥(을) 뒤집듯 手のひらを返すように.

손-발 图 手足. ㉠手足. ‖손발이 차다 手足が冷たい. 손발을 자유롭게 움직일 수가 없다 手足を自由に動かせない. 사장의 손발이 되어 일하다 社長の手足となって働く. ▶손발이 맞다 息が合う; 気が合う.

손-발톱 图 手足の爪.

손-버릇 [-뻐른] 图 手癖. ‖손버릇이 나쁘다 手癖が悪い.

손-보다 他 ❶ 手入れする; 整備・修理 などをする. ‖고장 난 물건을 손보다 壊れた物を修理する. ❷ [俗っぽい言い方で] 人をひどい目にあわせる.

손부 (孫婦) 图 孫の嫁. ㉠손자며느리 (孫子-).

손-빨래 图他 (衣料などの)手洗い.

손뼉 /son²pjək/ 图 拍手. ‖손뼉을 치다 手を叩く; 拍手する. 손뼉을 치며 기뻐하다 手を叩いて喜ぶ.

손-사래 [-底-] 图 (否認・否定・拒絶 などの時に)手のひらを何回も振ること. ‖내 말에 여동생은 손사래를 쳤다 私の言ったことを妹は手を振って否定した.

손상 (損傷) 图他 損傷. ‖손상을 입다 損傷を負う. **손상-되다** [当하다] 图変.

손색 (遜色) 图 遜色. ‖명품과 비교해도 조금도 손색이 없다 ブランド品と比べても少しも遜色がない.

손수 副 手ずから; 自ら; 直接. ‖손수 장만한 음식 自ら準備した料理.

손-수건 (-手巾) /son²sugɔn/ [-쑤-] 图 ハンカチ; 手ぬぐい. ‖손수건으로 손을 닦다 ハンカチで手をぬぐう. 손수건으로 이마의 땀을 닦다 ハンカチで額の汗を拭く.

손-수레 图 手車; 手押し車; 台車.

손-쉽다 [-따] 圈[ㅂ変] たやすい; 簡単だ; 容易だ. ‖손쉬운 일 たやすい仕事. 손쉬운 요리법 簡単な料理法.

손-시늉 [-씨-] 图 手まね.

손실 (損失) 图他 損失. ㉠이익(利 益). ‖손실을 입다 損失をこうむる. 손실이 크다 損失が大きい. 두뇌 유출은 국가적 손실이다 頭脳流出は国家的損失である.

손-아귀 图 手中; 掌中; 手の内. ㉠手 中(手中). ‖손아귀에 들어오다 手中に落ちる; 手中に帰する. 손아귀에서 벗어나다 手中から抜け出す. ▶손아귀에 넣다 掌中に収める.

손-아래 图 目下. ㉠손위.

손아래-뻘 图 目下の関係.

손아랫-사람 [-래싸-/-랟싸-] 图 目下の人. ㉠손윗사람.

손-안 图 手中. ▶손안에 넣다 手に入れる.

손-어림 图他 手加減; 手心.

손-위 图 目上. ㉠손아래.

손윗-사람 [소뉘싸-/소닏싸-] 图 目上の人. ㉠손아랫사람.

손익 (損益) 图 損益.

손익-계산서 (損益計算書) [-께-/-께-] 图 損益計算書.

손익-계정 (損益計定) [-께-/-께-] 图 損益勘定.

손익-분기점 (損益分岐點) [-뿐-쩜] 图 損益分岐点.

손자 (孫子) 图 孫.

손자-며느리 (孫子-) 图 孫の嫁. ㉠손부(孫婦).

손-자국 [-짜-] 图 手の跡.

손-잡다 [-따] 自 手を取り合う; 力を合わせる.

손-잡이 取っ手; 握り; つまみ; 柄; つり革; 吊り. ‖문의 손잡이가 ドアの取っ手. 냄비 뚜껑의 손잡이 鍋のふたのつまみ. 버스의 손잡이를 꼭 잡다 バス

손-장난 [-짱-] 명 하자 手遊び.
손-장단(-長短) [-짱-] 명 手拍子.
‖손장단을 치다 手拍子を取る.
손재(損財) 명 하자 財物を失うこと; 失った財物.
손재-수(損財數) [-쑤] 명 財物を失う運.
손-재간(-才幹) [-째-] 명 =손재주.
손-재주(-才-) [-째-] 명 手先の器用さ. ‖손재주가 뛰어나다 手先が器用だ.
손-저울 [-쩌-] 명 手秤(ᡑᡤ).
손-전등(-電燈) [-쩐-] 명 懐中電灯.
손질 명 하자 ❶手入れ. ‖정원을 손질하다 庭園を手入れする. ❷手で殴ること.
손-짐작(←樹酌) [-찜-] 명 하자 手加減;手心.
손-짓 [-찓] 명 자 手振り;手招き. ‖손짓을 하며 이야기하다 手振りを交えて話す. 손짓하여 부르다 手招きして呼ぶ.
손-찌검 명 하타 手で人を殴ること.
손-톱 [sont'op] 명 ❶手の爪. ‖손톱을 깎다 手の爪を切る. 손톱이 자라다 爪が伸びる. 손톱으로 할퀴다 爪でひっかく. ❷[손톱만큼도의 形で] 少しも; ちっとも. ‖손톱만큼도 안 아깝다 ちっとも惜しくない. ▶**손톱도 안 들어가다**([「爪も入らない」の意で] 非常に頑固または けちなことのたとえ. **손톱을 세우다** [「爪でひっかく」の意で] 働かずに遊んで過ごす.
손톱-깎이 명 爪切り.
손톱-독(-毒) [-똑] 명 爪の毒気.
손톱-자국 [-짜-] 명 爪痕;爪の痕. ‖손톱자국이 남다 爪の痕が残る. 손톱자국을 내다 爪の痕をつける.
손해(損害) /so:nhɛ/ 명 자 損害. ㉠이익(利益). ‖손해 가다 損する. 막대한 손해를 입다[보다] 莫大な損害をこうむる; 莫大な損を被る. 손해를 입히다[끼치다] 損害を与える.
손해 배상(損害賠償) 명 損害賠償. ‖손해 배상을 청구하다 損害賠償を請求する.
손해 보험(損害保險) 명 損害保険. ‖손해 보험에 들다 損害保険に入る.
솔¹ [植物] マツ(松).
솔² 명 ブラシ;刷毛. ‖솔로 털다 ブラシをかける. 칫솔 歯ブラシ.
솔³ (sol´) [音樂] ソ.
솔-가지 [-까-] 명 (乾燥した薪用の)松の枝.

솔개 명 [鳥類] トビ(鳶).
솔기 명 (衣服の縫い目; 合わせ目. ‖솔기가 터지다 縫い目がほころびる.

솔깃-하다 [-기다] [주로 귀에 솔깃해지다의 形으로] 耳ったところに気が向く; 興味がわく. ‖귀가 솔깃해지는 이야기 耳よりな話.
솔다 자 [ㄹ語幹] ❶(幅が)狭い. ❷바지통이 솔다 ズボンの幅が狭い.
솔로(solo´) 명 ❶[音樂] ソロ. ❷恋人がいない人; 独身の人. ‖솔로 생활을 청산하다 独身生活を終える.
솔로몬(←Solomon Islands) 명 [国名] ソロモン諸島.
솔리스트(soliste´) 명 [音樂] ソリスト.
솔-방울 [-빵-] 명 松かさ; 松ぼっくり.
솔-밭 [-받] 명 松林; 松原.
솔-부엉이 명 [鳥類] メンフクロウ(仮面梟).
솔-뿌리 명 [植物] 松の根.
솔선(率先) [-썬] 명 하자 率先. ‖솔선하여 청소를 하다 率先して掃除をする.
솔선-수범(率先垂範) 명 하자 率先垂範.
솔솔 문 ❶風が静かに心地よく吹く様子; 吹く. ‖봄바람이 솔솔 불다 春風がそよそよ吹く. ❷においや煙が少しずつ漂う様子. ‖고소한 냄새가 솔솔 나다 香ばしいにおいがあたりに漂う. ❸話がよどみなく進む様子: すらすら; ぺらぺら. ❹もつれた糸などが解ける様子. ❺生活などの楽しさがなかなかである様子. ❻水や粉などが少しずつ流れ出たり漏れたりする様子.
솔솔-바람 명 そよ風.
솔-숲 [-숩] 명 松林.
솔-잎 [-닢] 명 松葉.
솔직-하다(率直-) /sol'ʧik`ada/ [-찌카-] 형 하여 率直だ; 素直だ. ‖솔직한 고백 率直な告白. **솔직-히** 문 率直に言う.
솔질 명 하타 ブラシをかけること.
솜 명 綿. ‖솜을 타다 綿打ちをする.
솜-바지 (防寒用의)綿入れのズボン.
솜-방망이 명 綿を金串の先に丸めてつけたもの.
솜-버선 명 綿入れのバソン(韓国式の足袋).
솜-사탕 명 綿飴; 綿菓子.
솜씨 명 手際; 腕前; 手並み; 技量. ‖솜씨를 발휘하다 腕前を発揮する; 腕をふるう. 솜씨가 없다 不手際だ; 手際が悪い. 멋진 솜씨 鮮やかな腕前; 見事な手並み.
솜-옷 [소몯] 명 綿入れの服.
솜-이불 [-니-] 명 綿入れの布団.
솜-털 명 綿毛; 産毛(うぶげ).
솜-틀 명 綿打ち機; 綿打ち弓.
솟-구다 [솓꾸-] 타 솟다의 使役動詞.
솟구-치다 [솓꾸-] 자 ❶솟다を強めて言う語. ❷솟구다を強めて言う語.
솟다 [sot`ta] [솓따] 자 ❶(液体などが)出る; わき出る; 噴き出る. ‖샘물이 솟다 泉が솟다. 많이 솟다 汗が솟다. ❷(日や

솟아-나다

月이 出る; 昇る. ‖해가 솟아 日が昇る. ❸ 〈建物や山などが〉聳(そび)える; そそり立つ. ‖우뚝 솟아 있는 산 高く聳えている山. ❹ 〈力などが〉出る; 込み上げる. ‖힘이 솟다 力が出る. ⇨솟구다.

솟아-나다 📘 ❶ 〈液体などが〉わき出る; 噴き出る. ‖샘물이 솟아나다 泉がわき出る. ❷ 〈感情や力などが〉わき出る; 込み上げる; みなぎる. ‖용기가 솟아나다 勇気がわき出る. 투지가 솟아나다 闘志がみなぎる.

솟아-오르다 📘 [르变] ❶ 〈下から上へ〉のぼる; 噴き上がる; 昇る. ‖해가 산 위로 솟아오르다 日が山の上に昇る. ❷ 〈感情などが〉出る; 込み上げる. ‖기쁨이 솟아오르다 喜びが込み上げる.

송¹ 〈宋〉 〖姓〗宋(ソン).
송² 〈宋〉 📘 〖歷史〗〈中国王朝の〉宋 (960～1279).
송골-매 〈松鶻−〉 📘 〖鳥類〗ハヤブサ (隼).
송골-송골 〈鶻骨−〉 📖 [하変] 汗が細かく吹き出たり鳥肌などが表面に粒状に多くできたりする様子. ‖이마에 땀이 송골송골 맺히다(じっとり)と汗をかく.
송곳〈−곶〉 📘 錐(きり). ‖송곳으로 구멍을 내다 錐で穴を空ける.
　송곳-눈〈−곶−〉 📘 鋭い目; 鋭い目つき.
　송곳-니〈−곶−〉 📘 糸切り歯; 犬歯. ⓗ견치(犬齒).
송구 〈送球〉 📘 自他 ❶ 送球する. ‖일루로 송구하다 1塁に送球する. ❷〖スポーツ〗ハンドボール.
송구-스럽다〈悚懼−〉 [−따] 💠 [ㅂ変] 恐れ多い; 恐縮だ. ⓗ송구스레 하다.
송구-영신〈送舊迎新〉旧年を送り新年を迎えること. ⇧年賀状などで新年の挨拶の言葉として使われる.
송구-하다〈悚懼−〉 💠 [하変] 恐れ多い; 恐縮だ. **송구-히** 📖.
송금 〈送金〉 📘 自他 送金; 仕送りすること.
송년 〈送年〉 📘 自他 年を送ること.
　송년-사 〈送年辭〉 📘 年越しに当たっての挨拶.
　송년-호 〈送年號〉 📘 年末号.
송덕 〈頌德〉 📘 自他 頌德.
　송덕-비 〈頌德碑〉 📘 頌德碑.
송두리-째 📖 根こそぎ; ことごとく; 丸ごと; 全部. ‖송두리째 털리다 根こそぎ持っていかれる.
송료 〈送料〉 [−뇨] 📘 送料.
송림 〈松林〉 [−님] 📘 松林.
송별 〈送別〉 📘 自他 送別.
　송별-사 〈送別辭〉 [−싸] 📘 送別の辞. ⓗ송사(送辭).
　송별-연 〈送別宴〉 送別の宴; 別れの宴; 別宴.

송별-회 〈送別會〉 [−/−훼] 📘 送別会.
송부 〈送付〉 📘 自他 送付.
송사¹ 〈送辭〉 〔송별사(送別辭)の略語〕送辭.
송사² 〈訟事〉 📘 自他 訴訟を起こすこと; 裁判沙汰.
송사³ 〈頌辭〉 📘 頌辭(しょう).
송사리 📘 ❶ 〖魚介類〗メダカ(目高). ❷〔比喩的に〕ちんぴら; 雑魚.
송상 〈送像〉 📘 自他 送像. ⇧수상(受像).
　송상-기 〈送像機〉 📘 送像機. ⇧수상기(受像機).
송송 📖 ❶ 野菜などやや細かく速めに刻む時の軽快な音〔様子〕: さくさく; ざくざく. ‖파를 송송 썰다 ネギをざくざく刻む. ❷ 汗が細かく吹き出たり滴などが表面に粒状に多くできたりする様子: ぶつぶつ; ぷつぷつ.
송수 〈送水〉 📘 自他 送水.
　송수-관 〈送水管〉 📘 送水管.
송수신 〈送受信〉 📘 送受信.
송신 〈送信〉 📘 送信. ⇧수신(受信).
송아지 📘 子牛.
송알-송알 📖 ❶ 酒·味噌などが発酵して泡立つ様子: ぶくぶく(と). ❷ 水滴や汗がにじみ出て玉になる様子: ぽつぽつ(と).
송어 〈松魚〉 📘 〖魚介類〗マス(鱒).
송연-하다 〈悚然−竦然〉 📘 [하変] 悚然(しょう)としている;〈身の毛が〉よだつ. ▸ 모골이 송연하다 身の毛がよだつ.
송엽 〈松葉〉 📘 松葉.
　송엽-주 〈松葉酒〉 [−쭈] 📘 松葉を入れて醸した酒.
송영 〈送迎〉 📘 自他 送迎.
송유관 〈送油管〉 📘 送油管.
송이¹ 📘〈花·雪·ブドウ·クリなどの〉房; いが. ‖포도 송이 ブドウの房.
　──(依) ……房; ……本. ‖장미 다섯 송이 バラ5本. 포도 한 송이 ブドウ 1房.
　송이-밤 📘 いがぐり.
　송이-송이 房ごとに; 房ふさ(と).
송이² 〈松栮〉 📘 〖植物〗マツタケ(松茸).
　송이-밥 〈松栮−〉 📘 松茸ご飯.
　송이-버섯 〈松栮−〉 [−섣] = 송이²(松栮).
송장 📘 しかばね; 死体; 死骸. ▸ 송장(을) 치다〈俗っぽい言い方で〉葬儀を行なうこと.
송장² 〈送狀〉 [−짱] 📘 〖經〗送り状; 仕切り状; インボイス. ⓗ인보이스.
송전 〈送電〉 📘 自他 送電.
　송전-선 〈送電線〉 📘 送電線.
　송전-소 〈送電所〉 📘 送電所.
송죽 〈松竹〉 📘 松竹.

송죽매(松竹梅)【-중-】图 松竹梅.
송진(松津)图 松やに.
송청(送廳)(하타) 送検. **송청-되다**(受身)
송축(頌祝)(하타) 慶事を祝うこと.
송출(送出)图(하타) 送出. **송출-되다**(受身)
송충-이(松蟲-)图〔昆蟲〕マツケムシ(松毛虫). ▶송충이가 갈잎을 먹으면 떨어진다[죽는다]〔속〕(マツケムシが落葉を食べると落ちる[死んでしまう]の意で)自分の身のほどを知らずに行動すると憂き目にあうことのたとえ.
송치(送致)图(하타) 送致. **송치-되다**(受身)
송편(松-)图〔秋夕(秋夕)にお供えとして〕うるち米の粉を練り、ゴマ・小豆・栗などのあんを入れて半月形または貝殻で作る餅.
송품(送品)图(하타) 送品.
송풍(送風)图 送風.
송화(松花)图 松の花粉.
송환(送還)图(하타) 送還. ‖포로 송환 捕虜の送還. **송환-되다**(受身)
솥[솓]图 ❶釜. ‖전기밥솥 電気釜; 電気炊飯器. 한솥밥을 먹다 同じ釜の飯を食う.
솥-뚜껑图 釜のふた.
솨圖 ❶風がよく吹き通る音: ひゅう; びゅう. ❷雨が激しく降ったり水が勢いよく流れ落ちたりする時の音: ざあ. ‖비가 솨 하고 지나갔다 雨がざあざあと降る.
솨-솨圖
쇄(刷)图 刷りを表わす語: …刷り.
쇄골(鎖骨)图〔解剖〕鎖骨.
쇄국(鎖國)图(하자) 鎖国. ‖쇄국 정책 鎖国政策.
쇄도(殺到)图(하자) 殺到. ‖주문이 쇄도하다 注文が殺到する.
쇄신(刷新)图(하타) 刷新. ‖선거 제도를 쇄신하다 選挙制度を刷新する. **쇄신-되다**(受身)
쇠¹【-/쇄-】图〔鑛物〕鉄; 金属.
쇠-²【-/쇄-】(接頭)〔牛と関わる一部の名詞に付いて〕牛の…; 牛の. 牛肉.
쇠-가죽【-/쇄-】图 牛皮.
쇠-간(-肝)【-/쇄-】图 牛の肝.
쇠-갈고리【-/쇄-】图 牛の手かぎ.
쇠-갈퀴【-/쇄-】图 鉄の熊手.
쇠-고기【swe:gogi】【-/쇄-】图 牛肉. ‖수입 쇠고기 輸入牛肉.
쇠-고랑【-/쇄-】图〔(手匣)의 俗語〕手錠. 働고랑. ‖쇠고랑을 차다 手錠をかけられる.
쇠-고리【-/쇄-】图 金輪.
쇠-고집(-固執)【-/쇄-】图 頑固さ.
쇠-귀【-/쇄-】图 牛の耳. ‖쇠귀에 경 읽기〔속〕牛に経文; 馬の耳に念仏.
쇠-꼬리【-/쇄-】图 牛の尾; 牛尾; テール.

쇠-꼬챙이【-/쇄-】图 金串.
쇠다¹【-/쇄-】(圓)〔野菜などの〕とうが立つ. ‖쑥이 쇠다 ヨモギがとうが立つ.
쇠다²【-/쇄-】(他)〔祝日などを迎えて〕祝って過ごす. ‖설을 쇠다 お正月を祝う[過ごす].
쇠-다리【-/쇄-】图 牛の足.
쇠-등【-/쇄-】图 牛の背中.
쇠-등에【-/쇄-】图〔昆蟲〕ウシアブ(牛虻).
쇠-똥【-/쇄-】图 牛の糞; 牛糞. ▶쇠똥도 약에 쓰려면 없다〔속〕普段周囲にあった物が必要になって探すとないことのたとえ.
쇠똥-구리【-/쇄-】图〔昆蟲〕タマオシコガネ(玉押金亀子).
쇠락(衰落)【-/쇄-】图(하자) 衰えて枯れ落ちること.
쇠-막대기【-때-/쇄-때-】图 金棒; 鉄の棒.
쇠-망치【-/쇄-】图 金槌; ハンマー.
쇠-머리【-/쇄-】图 牛の頭.
쇠-문(-門)【-/쇄-】图 =철문(鐵門).
쇠-뭉치【-/쇄-】图 鉄の塊.
쇠-불알【-/쇄-】图 牛の睾丸.
쇠-붙이【-부치/쇄부치】图 金物; 金属.
쇠-뿔【-/쇄-】图 牛の角. ‖쇠뿔도 단김에 빼랬다[빼랻따]〔속〕(「牛の角も一息に抜け」の意で)善は急げ.
쇠-사슬【-/쇄-】图 金鎖.
쇠살-문(-門)【-/쇄-】图 鉄格子の門.
쇠살-창(-窓)【-/쇄-】图 鉄格子の窓.
쇠-숟가락【-까-/쇄-까-】图 金属製のさじ; スプーン.
쇠약(衰弱)【-/쇄-】图(하형) 衰弱. ‖힘든 일로 몸이 쇠약해지다 きつい仕事で体が衰弱する. 신경 쇠약 神経衰弱.
쇠-죽(-粥)【-/쇄-】图 刻んだ藁や大豆などを混ぜて煮込んだ牛の飼料.
쇠-줄【-/쇄-】图 金線; 針金.
쇠진(衰盡)【-/쇄-】图(하자)〔力などが〕衰えてなくなること. ‖기력이 쇠진하다 気力が衰える.
쇠-창살(-窓-)【-/쇄-쌀】图 鉄格子.
쇠-코뚜레【-/쇄-】图 鼻木; 鼻輪.
쇠퇴(衰退・衰頹)【-/쇄-퇴】图(하자) 衰退.
쇠-파리【-/쇄-】图〔昆蟲〕ウシバエ(牛蠅).
쇠-하다(衰-)【-/쇄-】(自)〔하자〕衰える; 廃れる. ‖기력이 쇠하다 気力が衰える.

쇳-가루[쇠까-/쇧까-]图 鉄粉.
쇳-내[쇤-/쇧-]图 金臭いにおい.
쇳-덩이[쇠떵-/쇧떵-]图 鉄の塊.
쇳-독(-毒)[쇠똑/쇧똑]图 鉄の毒気.

쇳-물 [쇤-/쉔-] 图 金渋が混じった金臭い水.

쇳-소리 [쇠쏘-/쉐쏘-] 图 ❶ 金属声. ❷ 金切り声; 甲高い声. ‖ 쇳소리를 내다 金切り声を上げる.

쇳-조각 [쇠쪼-/쉐쪼-] 图 鉄片.

쇼 (show) 图 ショー. ‖ 원맨쇼 ワンマンショー. 패션쇼 ファッションショー. ❷〔比喻的に〕茶番.

쇼맨십 (showmanship) 图 ショーマンシップ.

쇼비니즘 (Chauvinism) 图 ショービニズム; 狂信的な愛国主義.

쇼-윈도 (show window) 图 ショーウインドー.

쇼크 (shock) 图 ショック. ‖ 쇼크를 받다 ショックを受ける. 쇼크로 쓰러지다 ショックで倒れる. ▶쇼크를 먹다〔俗っぽい言い方で〕ショックを受ける.

쇼크-사 (-死) 图 하자 ショック死.

쇼킹-하다 (shocking-) 图 하변 ショッキングだ. ‖ 쇼킹한 일 ショッキングな出来事.

쇼트-커트 (short cut) 图 ショートカット.

쇼트^트랙 (short track) 图〔スケートで〕ショートトラック.

쇼핑 (shopping) /ʃɔphiŋ/ 图 하자 ショッピング; 買い物. ‖ 쇼핑(하러) 가다 買い物に行く.

쇼핑-몰 (- mall) 图 ショッピングモール.

쇼핑-백 (- bag) 图 ショッピングバッグ; 買い物袋.

쇼핑-센터 (- center) 图 ショッピングセンター.

숄 (shawl) 图 ショール;（女性用の）肩掛け.

숄더-백 (shoulder bag) 图 ショルダーバッグ.

숍 (shop) 图 ショップ.

수¹ 图 雄; 牡. ㉠雄.

수² /su/ 图 ❶（なすべき）方法; 手段; 仕方; すべ. ‖ 달리 수가 없다 他に方法がない. 뾰족한 수가 없다 いい方法がない.
— 依名 ❶ […ㄹ 수가 있다の形で] …できる; …することができる; …する場合がある. ‖ 열심히 공부하면 시험에 합격할 수 있다 一生懸命勉強すれば試験に合格できる. 피아노를 칠 수 있다 ピアノを弾くことができる; ピアノが弾ける. 잘못하면 죽는 수가 있다 下手をすると死ぬ場合がある. ❷ [… 수가 없다の形で] …方法がない; …仕方がない; …すべがない; …することができない. ‖ 나는 너의 말을 믿을 수가 없다 私は君の言葉が信じられない. 막을 수가 없다 防ぐすべがない. ❸ [될 수 있는 대로の形で] できるだけ; なるべく. ‖ 될 수 있는 대로 빨리 올게 なるべく早く来る. ❹ […지 않을 수 없다の形で] …せざるを得ない. ‖ 가지 않을 수 없다 行かざるを得ない. 웃지 않을 수 없다 笑わずにはいられない.

수³ (手) /su/ 图（囲碁・将棋などでの）手; 技. ‖ 한 수 늦다 一手遅れる. 수를 겨루다 技を競う. 수를 읽다 相手の技や計略などを見抜く. 한 수 위다 一枚上手(うわて)だ. 한 두다 囲碁を打つ; 将棋をさす. ▶수(가) 세다 人を扱ったり支配したりする力が強い.
— 依名 …手. ‖ 마지막 수 最後の1手.

수⁴ (水) 图 水曜日(水曜日)の略語.

수⁵ (秀) 图 5段階の成績評価(秀・優・美・良・可)の中で1番目の成績; 秀.

수⁶ (繡) 图 縫い取り; 刺繍. ‖ 손수건에 수를 놓다 ハンカチに刺繍する.

수⁷ (隋) 图〔歷史〕（中国王朝の一）(581～619).

수⁸ (數) 图〔運수(運數)の略語〕運; 運수; 好運; つき. ‖ 수가 나다 運が向いてくる; つきが回ってくる. 수를 만나다 好運にめぐり合う. 수가 사납다 運が悪い; ついていない.

수⁹ (數) 图 数. ‖ 올 신입생 수 今年の新入生の数. 참가자 수 参加者数.
— 图 いくつかの…; 数…. ‖ 수 차례에 걸쳐 数次にわたって.

수¹⁰ (首) 依名 詩歌を数える語; 首.

-수¹¹ (手) 接尾 …手. ‖ 운전수 運転手.

-수¹² (囚) 接尾 …囚. ‖ 미결수 未決囚.

수-간호사 (首看護士) 图 看護師長.

수감 (收監) 图 하타 収監; 投獄. 수감-되다 他

수갑 (手匣) 图 手錠. ‖ 수갑을 차다 手錠をかけられる. 수갑을 채우다 手錠をかける.

수강 (受講) 图 하타 受講; 履修. ‖ 수강 신청 履修登録.

수강-생 (受講生) 图 受講生; 履修生.

수-개월 (數個月) 图 数か月; 何か月.

수거 (收去) 图 하타 収去; 回収; 収集. ‖ 쓰레기 수거 ごみ収集.

수건 (手巾) /suːgən/ 图 手ぬぐい; タオル. ‖ 수건으로 몸을 닦다 タオルで汗を拭く.

수경 (水耕) 图 하타 水耕. ‖ 수경 재배 水耕栽培.

수경-법 (水耕法) 【-뻡】 图 水耕法.

수고 /suːgo/ 图 하자 苦労; 手間; 手数; 面倒; 尽力. ‖ 수고하셨습니다 お疲れ様でした. 수고를 덜다 手間を省く. 수고를 마다하지 않다 労を厭わない. 수고를 아끼지 않다 手間を惜しまない. 수고를 끼치다.

수고-스럽다 【-따】 图 [ㅂ変] 手間が

かかる; 煩わしい; 面倒だ; おっくうだ; 大儀だ. **수고스레** 囝

수공-업 (手工業) 囝 手工業.
수공-품 (手工品) 囝 手工芸品.
수교 (修交) 囝(하다) 修交; 修好.
　수교 포장 (修交褒章) 囝 国の威信・外交・親善などに貢献した人に与える褒章.
　수교 훈장 (修交勲章) 囝 国の威信・外交・親善などに貢献した人に与える勲章.
수구¹ (水球) 囝(スポーツ) 水球.
수구² (守舊) 囝 守旧.‖**수구파** 守旧派.
수구-초심 (首丘初心) 囝 故郷を懐しむむ. ✚キツネは死ぬ時に首を自分の住んでいた洞窟に向けることから.
수국 (水菊) 囝(植物) アジサイ(紫陽花).
수군 (水軍) 囝(歴史) 水軍.
수군-거리다 囿 ひそひそと話す; あれこれ陰でうわさする.‖**수군거리는 소리** ひそひそ声.
수군덕-거리다[-대다]【-꺼|때|-】囿他 ひそひそと話す; あれこれ陰でうわさする.
수군덕-수군덕【-꾸-】囝 囿他 ひそひそ(と); こそこそ(と).
수군-수군 囝 囿他 ひそひそ(と); こそこそ(と).
수그러-들다 囿 下の方へ下がる; 垂れ下がる; (勢いが)弱まる; 和らぐ; 静まる.‖**더위가 수그러들다** 暑さが和らぐ.
수그리다 他 ❶ 下げる; 垂れる.‖**고개를 수그리다** 頭を垂れる. ❷ (勢いを)抑える; 弱める.
수금 (收金) 囝(하다) 集金.‖**월말이라 수금을 하러 가다** 月末なので集金に行く.
수급¹ (受給) 囝(하다) 受給.
수급² (需給) 囝 需給.‖**수급 계획** 需給の計画. **수급 균형** 需給のバランス.
수긍 (首肯) 囝(하다) 首肯; うなずくこと; 納得.‖**수긍이 가다** 納得がいく.
수기 (手記) 囝 手記.
수-꽃[-꼳] 囝(植物) 雄花. 囡암꽃.
수-꿩 (-鳥) 囝 雄キジ. 囡암꿩.
수-나사 (-螺絲) 囝 雄ねじ. 囡암나사.
수난¹ (水難) 囝 水難.
수난² (受難) 囝 受難.‖**민족의 수난** 民族の受難.
수납¹ (收納) 囝(하다) 収納.‖**수납 창구** 会計窓口. **수납 공간** 収納スペース.
　수납-부 (收納簿) 囝[-뿌] 囝 収納簿.
수납² (受納) 囝(하다) 受納.
수녀 (修女) 囝(カトリック) 修道女; シスター.
　수녀-원 (修女院) 囝(カトリック) 修道院.

수년 (數年) 囝 数年.
수-놈 囝(動物の)雄. 囡암놈.
수-놓다 (繡-)【-노타】他 縫い取る; 刺繡する.
수뇌¹ (首腦)【-/-네】囝 首脳.‖**수뇌 회담** 首脳会談.
　수뇌-부 (首腦部) 囝 首脳部.
수뇌² (髓腦)【-/-네】囝(解剖) 髄脳.
수다 囝 おしゃべり; 無駄口.‖**수다를 떨다** ぺちゃくちゃしゃべる; おしゃべりをする.
　수다-스럽다【-따】[ㅂ変] おしゃべりだ; 口数が多い. **수다스레** 囝
　수다-쟁이 囝 おしゃべり(屋).
수다² (數多)【-따】形 数多; 数の多いこと.
수단¹ (手段) /sudan/ 囝 手段; 方策.‖**수단과 방법을 가리지 않다** 手段と方法を選ばない. **수단을 강구하다** 手段を講じる. **최후의 수단** 最後の手段. **생산 수단** 生産手段.
수단² (Sudan) 囝(国名) スーダン.
수달 (水獺) 囝(動物) カワウソ(川獺).
　수달-피 (水獺皮) 囝 カワウソの皮.
수답 (水畓) 囝 水田; 田. 囡무논.
수당 (手當) 囝 手当.‖**잔업 수당** 残業手当. **가족 수당** 家族手当.
수더분-하다 形(하다) 飾り気なく素直だ; 素朴でおおらかだ.‖**수더분한 시골 총각** 素朴な田舎の独身男性.
수도¹ (水道) /sudo/ 囝 水道.‖**수도를 끌다** 水道を引く.
　수도-관 (水道管) 囝 水道管.
　수도-꼭지 (水道-)【-꼭찌】囝 (水道の)蛇口.‖**수도꼭지를 틀다** 蛇口をひねる.
　수도-료 (水道料) 囝 水道料金.
　수도-세 (水道稅)【-쎄】囝 =수도료(水道料).
　수돗-물 (水道ㅅ-)【-돈-】囝 水道の水; 水道水.
수도² (首都) 囝 首都; 都.‖**서울은 한국의 수도이다** ソウルは韓国の首都である.
　수도-권 (首都圏)【-꿘】囝 首都圏.
수도³ (修道) 囝 修道.
　수도-사 (修道士) 囝(カトリック) 修道士.
　수도-승 (修道僧) 囝(仏教) 修道僧.
　수도-원 (修道院) 囝(カトリック) 修道院.
수동¹ (手動) 囝 手動; 手回し. 囡자동(自動).‖**수동식 펌프** 手動式ポンプ.
수동² (受動) 囝(能動) 受動.
　수동-적 (受動的) 囝(-的) 受動的.‖**수동적인 태도** 受動的な態度.
　수동-태 (受動態) 囝(言語) 受動態; 受身. 囡능동태(能動態).
수두 (水痘) 囝(医学) 水痘; 水ぼうそう.

수두룩-하다【-루카-】囹【하変】 ざらにある; ありふれている; おびただしい: 多い. ‖일거리가 수두룩하다 仕事が多い. **수두룩-이**副

수득¹(收得)图(하他) 収得.
수득²(修得)图(하他) 修得.
수라(水剌)图(歴史)【? 王の食事.
수라-간(水剌間)【-깐】图 王の食事を作る所; 御厨.
수라-상(水剌床)【-쌍】图 王の食膳.
수라²(修羅)图(仏教) 修羅.
수라-장(修羅場)图 修羅場.
수락(受諾)图(하他) 受諾. ‖요구를 수락하다 要求を受諾する.
수란-관(輸卵管)图(解剖) 輸卵管. 卵管(卵管).
수량¹(水量)图 水量.
수량-계(水量計)【-/-게】图 水量計.
수량²(数量)图 数量. ‖엄청난 수량 おびただしい数量.
수런-거리다图 ざわめく; 騒ぎ立つ.
수런-수런副(하自) がやがや, ざわざわ.
수렁(泥沼)图 深い水溜 泥沼. ‖수령에 빠지다 泥沼にはまる.
수레(人力車や牛車などの)車. ‖짐수레 荷車.
수레-바퀴(人力車や牛車の)車輪. ‖수레바퀴 밑에서『車輪の下』(ヘッセの小説).
수려-하다(秀麗-)图【하変】 秀麗だ. ‖이목구비가 수려한 젊은이 眉目秀麗な青年.
수력(水力)图 水力.
수력 발전(水力發電)【-짼】图 水力発電.
수련(修錬·修鍊)图(하他) 修錬.
수련-의(修鍊醫·修錬醫)【-/-늬】图 研修医.
수련(睡蓮)图(植物) スイレン(睡蓮).
수렴¹(收斂)图(하他) ❶(数学) 収斂(しゅうれん). ❷取りまとめること. ‖의견을 수렴하다 意見を取りまとめる. **수렴-되다**受動
수렴²(垂簾)图 ❶垂簾(すいれん). ❷수렴청정(垂簾聴政)の略語.
수렴-청정(垂簾聴政)图(歴史) 垂簾の政(まつりごと). ⑩수렴(垂簾).
수렵(狩獵)图(하他) 狩猟. ⑩사냥. ‖수렵 생활 狩猟生活.
수렵-기(狩獵期)【-끼】图 狩猟期.
수령¹(受領)图(하他) 受領. ‖우편물을 수령하다 郵便物を受領する. **수령-받다**受動
수령-인(受領人)图 受領人.
수령-증(受領證)【-쯩】图 受領証.
수령²(首領)图 首領; 頭; 頭目; 親分.
수령³(樹齢)图 樹齢. ‖나무의 수령은 나이테로 알 수 있다 木の樹齢は年輪で分かる.
수로¹(水路)图 水路.
수록¹(收録)图(하他) 収録. **수록-되다**受動
-수록²回尾 ⇨-ㄹ수록.
수뢰¹(水雷)【-/-뢔】图(軍事) 水雷.
수뢰-정(水雷艇)【-/-뢔】图(軍事) 水雷艇.
수뢰²(受賂)【-/-뢔】图(하他) 収賄.
수뢰-죄(受賂罪)【-죄/-뤠죄】图(法律) 収賄罪.
수료(修了)图(하他) 修了. ‖석사 과정을 수료하다 修士課程を修了する.
수료-증(修了證)图 修了証書.
수류(水流)图 水流.
수류-탄(手榴彈)图(軍事) 手榴弾.
수륙(水陸)图 水陸.
수륙-만리(水陸萬里)【-릉 말-】图 海上陸地を隔てて遠く離れていること.
수륙 양용(水陸両用)【-룡 냥-】图 水陸両用.
수리¹(鳥類) ワシタカ科の猛禽の総称.
수리-부엉이图(鳥類) ワシミミズク(鷲木菟).
수리²(数理)图 数理. ‖수리에 닭다 数理にかなう. 수리 물리학 数理物理学, 수리 언어학 数理言語学.
수리³(水利)图 水利.
수리-권(水利權)【-꿘】图 水利権.
수리⁴(受理)图(하他) 受理. ‖사표를 수리하다 辞表を受理する. **수리-되다**受動
수리⁵(修理)/suri/图(하他) 修理; 修繕. ‖고장 난 냉장고를 수리하다 壊れた冷蔵庫を修理する. 수리하면 아직 쓸 수 있다 修理すればまだ使える. 자동차 수리 공장 自動車の修理工場. **수리-되다**受動
수립(樹立)图(하他) 樹立. ‖신기록을 수립하다 新記録を樹立する. 새 정권을 수립하다 新政権を樹立する. **수립-되다**受動
수마¹(水魔)图 水魔. ‖수마가 할퀴고 간 자국 水魔が襲った爪跡.
수마²(睡魔)图 睡魔. ‖수마가 밀려오다 睡魔に襲われる.
수막-염(髄膜炎)【-망념】图(医学) 髄膜炎.
수만(數萬)冠 数万. ‖수만의 군중 数万の群衆.
수-많다(數-)/su:manᵗʰa/【-만타】图 数多い; おびただしい. ‖수많은 관객이 몰려들다 おびただしい観客が詰めかける.
수많-이副
수말图 雄馬. 幽암말.
수매(收買)图(하他) (主に政府が農民の穀物を)買い取ること; 買い入れること.
수맥(水脈)图 水脈.
수면¹(水面)图 水面.
수면²(睡眠)/sumjən/图(하自) 睡眠.

‖수면을 방해하다 睡眠を妨げる. 매일 여덟 시간의 수면은 필요하다 毎日8時間の睡眠は必要だ. 수면 부족 睡眠不足. 수면 시간 睡眠時間.

수면-제 (睡眠劑) 图 〖藥〗 睡眠薬; 眠り薬.

수명 (壽命) 图 寿命. ‖길어진 수명 延びた寿命. 수명이 줄어들다 寿命が縮まる. 수명이 다하다 寿命が尽きる.

수모 (受侮) 图 (하自) 侮辱を受けること; 侮られること. ‖참을 수 없는 수모를 겪다 堪えられない侮辱を受ける.

수목 (樹木) 图 樹木.

수몰 (水沒) 图 (하自) 水没.

수몰-지 (水沒地) 图 水没地.

수묵 (水墨) 图 水墨.

수묵-화 (水墨畫)【-무콰】图 〖美術〗水墨画.

수문[1] (水門) 图 水門.

수문[2] (守門) 图 門を守ること.

수문-장 (守門將) 图 〖歷史〗宮闕や城門を守っていた武官.

수미 (首尾) 图 首尾.

수미-상응 (首尾相應) 图 (하自) 始めと終りが相応ずること; 互いに助け合うこと.

수밀-도 (水蜜桃)【-또】图 〖植物〗スイミツトウ(水蜜桃).

수박 /su:bak/ 图 〖植物〗スイカ(西瓜). ▶수박 겉 핥기 [諺] (「スイカの皮をなめる」の意で) 生かじり; 胡椒の丸かみ.

수반[1] (首班) 图 首班. ‖대통령은 국가의 수반이다 大統領は国家の首班である.

수반[2] (隨件) 图 (하他) 随伴.

수반-구 (水半球) 图 〖地〗水半球. ⇔육반구(陸半球).

수발 付き添って世話をすること. ‖병든 노모의 수발을 들다 病の老母の世話をする.

수배[1] (手配) 图 (하他) 手配. ‖지명 수배 指名手配. **수배-되다** [-되다] 国自

수배[2] (受盃) 图 (하他) 受配.

수백 (數百) 图 数百.

수-백만 (數百萬)【-뺑-】图 数百万.

수법 (手法)【-뻽】图〖工藝〗やり方; 技法. ‖간교한 수법 ずるい手口.

수병 (水兵) 图 〖歷史〗水兵.

수복[1] (收復) 图 (하他) 失った土地を回復すること. **수복-되다** 国自 ‖수복 공사 修復工事. 우호 관계를 수복하다 友好関係を修復する. **수복-되다** 国自

수복[2] (壽福) 图 寿福.

수복-강녕 (壽福康寧)【-강-】图 图形 長寿·幸福·健康·安寧であること.

수부 (水夫) 图 水夫.

수북-하다【-부카-】厖〖하變〗積み重なって高く盛り上がっている; うずたかい; 山盛りだ. ‖밥을 수북히 퍼주다 ご飯を山盛りによそう. **수북-이** 图 うずたかく; 山盛りに; 山積みに. ‖수북이 쌓인 서류 山積みになっている書類.

수분[1] (水分) 图 水分. ‖수분을 취하다 水分を取る. 수분이 많다 水分が多い.

수분[2] (受粉) 图 (하自) 〖植物〗受粉.

수비 (守備) 图 (하他) 守備. ‖철통같은 수비 鉄壁のような守備. 수비 위치 守備位置.

수비-대 (守備隊) 图 〖軍事〗守備隊.

수비-병 (守備兵) 图 〖軍事〗守備兵.

수사[1] (修士) 图 〖カトリック〗修道士.

수사[2] (修辭) 图 (하自) 修辞.

수사-법 (修辭法)【-뻽】图 修辞法.

수사-학 (修辭學) 图 修辞学; レトリック.

수사[3] (搜査) /susa/ 图 (하他) 捜査. ‖강도 사건을 수사하다 強盗事件を捜査する. 수사 선상에 떠오르다 捜査線上に浮かぶ. 공개 수사 公開捜査.

수사-관 (搜査官) 图 捜査官.

수사-망 (搜査網) 图 捜査網.

수사-진 (搜査陣) 图 捜査陣.

수사[4] (數詞) 图 〖言語〗数詞.

수-사돈 (-査頓) 图 男の相(むこ)やけ. ⇔암사돈(-査頓).

수산 (水産) 图 水産. ‖수산 자원 水産資源. 수산 가공업 水産加工業.

수산-물 (水産物) 图 水産物.

수산-업 (水産業) 图 水産業.

수산-학 (水産學) 图 水産学.

수산화-나트륨 (水酸化 Natrium) 图 〖化學〗水酸化ナトリウム.

수산화-칼륨 (水酸化 Kalium) 图 〖化學〗水酸化カリウム.

수산화-칼슘 (水酸化 calcium) 图 〖化學〗水酸化カルシウム.

수삼 (水蔘) 图 乾燥させていない朝鮮人参. ⇔건삼(乾蔘).

수-삼차 (數三次) 图 再三; 二度三度.

수상[1] (手相) 图 手相. ⑩손금. ‖수상을 보다 手相を見る.

수상[2] (水上) 图 水上. ‖수상 가옥 水上家屋.

수상-생활 (水上生活) 图 水上生活.

수상-스키 (水上 ski) 图 水上スキー.

수상[3] (受像) 图 (하他) 受像. ㉗송상(送像).

수상-기 (受像機) 图 受像機. ㉗송상기(送像機).

수상[4] (受賞) 图 (하他) 受賞. ‖대상을 수상하다 グランプリを受賞する. **수상-받다** 国自

수상[5] (首相) 图 首相.

수상[6] (授賞) 图 授賞.

수상[7] (隨想) 图 随想.

수상-록 (隨想錄)【―녹】 图 随想録.
수상-쩍다 (殊常―)【―따】 围 怪しい;疑わしい;いかがわしい;うさんくさい. ‖수상쩍은 행동 怪しい行動.
수상-하다 (殊常―) /susaŋhada/ 围【하변】怪しい;疑わしい;いかがわしい;うさんくさい. ‖거동이 수상한 남자 挙動不審な男. 수상하게 여기다 怪しく思う;不審に思う. **수상-히** 囲
수색 (搜索) 图【하他】搜索.‖실종자를 수색하다 失踪者を搜索する. 가택 수색 家宅搜索. **수색-당하다** 图
수색-대 (搜索隊)【―때】图 搜索隊.
수색영장 (搜索令狀)【―녕짱】图 搜索令状.
수색-원 (搜索願) 图 搜索願.
수석¹ (水石) 图 水石.
수석² (首席) 图 首席;首位;一番.
수석³ (壽石) 图 壽石.
수선¹ 图 騷がしいこと;騷ぎ立てること;いがわしいこと. ‖수선을 떨다 [부리다] 騷ぎ立てる.
수선-스럽다【―따】围【ㅂ変】騷がしい;いがわしい;騷々しい. **수선스레** 囲
수선² (水仙) 图 水の仙人.
수선³ (修繕) 图【하他】修繕;修理. ‖구두를 수선하다 靴を修繕する.
수선-비 (修繕費) 图 修繕費.
수선-화 (水仙花) 图【植物】スイセン (水仙).
수성¹ (水性) 图 ⑦油性 (油性). ‖수성 페인트 水性ペイント.
수성² (水星) 图【天文】水星.
수세 (守勢) 图 守勢;守備. ‖수세에 몰리다 守勢に転じる.
수세미 图 たわし.
수세미-외 (―/―웨) 图【植物】ヘチマ (糸瓜).
수세-식 (水洗式) 图 水洗(式). ‖수세식 화장실 水洗トイレ.
수소¹ 图 雄牛;牡牛. ⑦암소.
수소² (水素) /suso/ 图【化学】水素. ‖수소는 가장 가벼운 원소이다 水素は最も軽い元素である. 수소는 산소와 화합해서 물이 된다 水素は酸素と化合して水となる.
수소-폭탄 (水素爆彈) 图 水素爆弾. ⑩수폭.
수-소문 (搜所聞) 图【하他】風説やうわさを頼りに尋ねたり探したりすること;探し回ること. ‖그 사람의 연락처를 수소문하다 彼の連絡先をうわさをたどって探す.
수속 (手續) /susok/ 图【하他】手続. ‖입학 수속 入学手続き. 출국 수속을 밟다 出国手続きを踏む. 비자 신청 수속을 끝내다 ビザ申請の手続きを済ませる.
수송 (輸送) 图【하他】輸送.‖물자를 수송하다 物資を輸送する. **수송-되다** 图

수송-기 (輸送機) 图 輸送機.
수송-량 (輸送量)【―냥】图 輸送量.
수송-선 (輸送船) 图 輸送船.
수수 图【植物】モロコシ (蜀黍);トウキビ (唐黍).
수수-경단 (―瓊團) 图 キビ団子.
수수-깡 (修繕) 图 キビの茎.
수수-쌀 图 殻をむいたキビの実.
수수-엿 【―엳】图 キビ飴.
수수¹ (收受) 图【하他】收受.
수수² (授受) 图【하他】授受. ‖금품 수수 金品の授受.
수수께끼 图 ❶なぞなぞ. ‖수수께끼를 내다 なぞなぞを出す. 수수께끼를 풀다 なぞなぞを解く. ❷謎. ‖영원한 수수께끼 永遠の謎.
수수-료 (手數料) 图 手数料.
수수-방관 (袖手傍觀) 图【하他】袖手 (しゅうしゅ)傍観;拱手 (きょうしゅ)傍観.
수수-하다【하역】围 ❶(形や模様などに華やかさがなく)目立たない;地味だ;渋い. ‖수수한 옷처럼 地味な身なり. ❷(品質などが)特によくも悪くもない;まあまあだ.
수술¹ 图【植物】雄しべ. ⑦암술.
수술-대 图 雄しべの茎.
수술² (手術) /susul/ 图【하他】手術. ‖수술을 받다 手術を受ける. 성형 수술 整形手術.
수습¹ (收拾) 图【하他】取拾. ‖사태를 수습하다 事態を収拾する. 수습이 안 되다 収拾がつかない.
수습-책 (收拾策) 图 収拾策.
수습² (修習) 图【하他】修習;見習い.
수습-공 (修習工)【―꽁】图 見習い工.
수습-기자 (修習記者)【―끼―】图 修習記者.
수습-사원 (修習社員)【―싸―】图 研修社員.
수습-생 (修習生)【―쌩】图 研修生;実習生.
수시 (隨時) 图 隨時;その時々. ‖수시로 이용할 수 있는 시설 随時利用できる施設.
수식¹ (修飾) 图【하他】修飾.
수식-어 (修飾語) 图【言語】修飾語. ⑦피수식어 (被修飾語).
수식² (數式) 图【数学】数式. ⑩식(式).
수신¹ (水神) 图 水神.
수신² (受信) 图【하他】受信. ⑦송신 (送信)·발신 (發信). ‖전파를 수신하다 電波を受信する.
수신-기 (受信機) 图 受信機.
수신-료 (受信料)【―뇨】图 受信料.
수신-인 (受信人) 图 受信人.
수신³ (受信) 图 受信 (金融機関が顧客から信用を受けること). ⑦여신 (與信).
수신⁴ (修身) 图【하自】修身.

수신-제가 (修身齊家) 图 (하자) 修身

수신제가`치국`-**평천하** (修身齊家治國平天下) 图 修身齊家治國平天下. ✧儒敎의 基本的 政治觀.

수신-사 (修信使) 图 《歷史》 修信使(朝鮮時代末期, 日本에 派遣된 使節).

수-신호 (手信號) 图 手信号.

수심¹ (水深) 图 水深.

수심² (愁心) 图 心配; 憂愁; うれい悲しむ心. ‖수심이 가득한 얼굴 憂愁に満ちた顔.

수심³ (獸心) 图 獸心. ‖인면수심 人面獸心.

수십 (數十) 數 数十.

수십만 (數十萬) 【-심-】 數 数十万.

수압 (水壓) 图 水圧.

수액¹ (水厄) 图 水厄, 水難.

수액² (樹液) 图 樹液.

수양¹ (收養) 图 捨て子や他人の子を引き取って自分の養子にすること.

수양-딸 (收養-) 图 養女.

수양-아들 (收養-) 图 養子.

수양² (修養) 图 (하자) 修養. ‖수양을 쌓다 修養を積む. 정신 수양 精神修養.

수양-버들 (垂楊-) 图 《植物》 シダレヤナギ(枝垂).

수어지교 (水魚之交) 图 水魚の交わり(離れ難い非常に親密な交際).

수억 (數億) 數 数億.

수업¹ (修業) 图 (하자) 修業.

수업² (授業) /sɯǒp/ 图 (하자) 授業. ‖한국어 수업을 듣다 韓国語の授業を取る. 수업을 받다 授業を受ける. 수업을 못 따라가다 授業についていけない. 정규 수업 正規授業.

수업-료 (授業料) 【-엄뇨】 图 授業料.

수-없다 (數-) 【-업따】 形 数えきれないほど多い; おびただしい. **수-없이** 副

수여 (授與) 图 (하자) 授与. ‖상장을 수여하다 賞状を授与する. **수여-되다** [-받다]

수역 (水域) 图 水域.

수열 (數列) 图 《数学》 数列.

수염 (鬚髯) /sujǒm/ 图 ひげ. ‖수염을 기르다 ひげを生やす. 수염이 나다 ひげが生える. 수염을 깎다 ひげを剃る. 턱수염 あごひげ.

수염-뿌리 (鬚髯-) 图 《稻·麦などの》ひげ根.

수염 (樹葉) 图 樹葉.

수영 (水泳) 图 (하자) 水泳. ‖수영 대회 水泳大会.

수영-모 (水泳帽) 图 水泳帽.

수영-복 (水泳服) 图 水着.

수영-장 (水泳場) 图 水泳場; プール.

수예 (手藝) 图 手芸. ‖수예품 手芸品.

수온 (水溫) 图 水温.

수완 (手腕) 图 手腕. ‖수완을 발휘하다 手腕をふるう.

수완-가 (手腕家) 图 手腕家; やり手.

수요 (需要) /sujo/ 图 需要. ⑰供給(供給). ‖수요가 늘다 需要が増える [高まる]. 수요가 줄다 需要が減る. 수요 공급의 법칙 需要供給の法則.

수요-일 (水曜日) /sujoil/ 图 水曜日, 略수요(水曜). ‖매주 수요일 每週水曜日. 다음 주 수요일에 약속이 있다 来週の水曜日に約束がある.

수용¹ (收容) 图 收容. ‖천 명을 수용할 수 있는 홀 千人を収容できるホール. **수용-되다** [受身]

수용-소 (收容所) 图 収容所. ‖난민 수용소 難民収容所.

수용² (受容) 图 (하자) 受容.

수용-성 (水溶性) 【-썽】 图 《化学》 水溶性.

수용-액 (水溶液) 图 水溶液.

수운 (水運) 图 水運.

수원¹ (水原) 图 地名 水原(スウォン). 京畿道(京畿道)の道庁所在地.

수원² (水源) 图 水源. ‖수원 보호 水源保護.

수원-지 (水源地) 图 水源地.

수원-수구 (誰怨誰咎) 图 (하자) 「誰を恨み誰をとがめるか」の意)誰も恨んだりとがめたりしないこと.

수월찮다 [-찬타] 形 〔수월하지 아니하다の縮約形〕 容易ではならない; 難しい. ‖생각보다 수월찮다 思ったより難しい. **수월찮-이** 副

수월-하다 /suwǒrhada/ 形 (하자) 容易だ; 簡単だ; たやすい; 楽だ. 易しい. ‖수월한 일 たやすい仕事. 수월하게 끝나다 簡単に終わる. 예상했던 것보다 문제가 수월하다 予想より問題が易しい. **수월-히** 副

수위¹ (水位) 图 水位.

수위² (首位) 图 首位. ‖수위 타자 首位打者.

수위³ (守衛) 图 (하자) 守衛.

수유¹ (茱萸) 图 山茱萸の実.

수유-나무 (茱萸-) 图 《植物》 サンシュユ(山茱萸).

수유² (授乳) 图 (하자) 授乳.

수유-기 (授乳期) 图 授乳期.

수육 (-肉) 图 煮た牛肉.

수은 (水銀) 图 《化学》 水銀.

수은-등 (水銀燈) 图 水銀灯.

수은-주 (水銀柱) 图 水銀柱.

수음 (手淫) 图 (하자) 手淫.

수응 (酬應) 图 (하자) 他人の要求に応じること.

수의¹ (囚衣) 【-/-이】 图 囚人服; 獄衣.

수의² (壽衣) 【-/-이】 图 寿衣(死者に着せる着物); 経帷子(きょうかたびら).

수의³ (隨意) 【-/-이】 图 随意. ‖수의 계약 随意契约.

수의-근 (隨意筋) 【-】 图 〔解剖〕 随意筋. ⑰不随意筋 (不隨意筋).

수의⁴ (獸醫) 【-/-이】 图 獸医.

수의사 (獸醫師) 图 獸医.

수익 (收益) 图他 収益. ‖수익을 올리다 収益を上げる.

수익-성 (收益性) 【-썽】 图 収益性.

수익-세 (收益稅) 【-쎄】 图 収益税.

수익-자 (受益者) 【-짜】 图 受益者. ‖수익자 부담 受益者負担.

수인 (囚人) 图 囚人.

수일 (數日) 图 数日; 何日か.

수입¹ (收入) /suip/ 图他 収入. ㉑支出 (支出). ‖수입이 늘다 収入が増える. 연간 수입 年間収入. 임시 수입 臨時収入. 수입원 収入源.

수입-인지 (收入印紙) 图 収入印紙.

수입² (輸入) /suip/ 图他 輸入. ㉑수출을 늘리다 輸出を増やす. ‖농산물을 수입하다 農産物を輸入する. 수입이 급격히 늘다 輸入が急激に伸びる. 수입 관세 輸入関税.

수입-세 (輸入稅) 【-쎄】 图 輸入税.

수입 의존도 (輸入依存度) 【-/-이비-】 图 輸入依存度.

수입 초과 (輸入超過) 图 輸入超過.

수입-품 (輸入品) 图 輸入品.

수-자원 (水資源) 图 水資源.

수작¹ (秀作) 图 秀作.

수작² (酬酌) 图 (「杯を交わす」の意で) ❶ 言葉を言い交わすこと, またはその言葉. ‖수작을 걸다 言葉を交わす. ❷ばかげた言動やまね. ‖허튼 수작 하지 마라 はずかしいまねはしなさい.

수-작업 (手作業) 图 手作業.

수장¹ (水葬) 图他 水葬.

수장² (收藏) 图他 収蔵.

수장³ (首長) 图 首長.

수재¹ (水災) 图 水災; 水害. ‖수재민 水害の被災者.

수재² (秀才) 图 秀才.

수저 图 ❶さじと箸. ❷「숟가락」の尊称語.

수저-통 (-筒) 图 箸入れ; 箸箱.

수-적 (數的) 【-쩍】 图 数的の. ‖수적으로 우세하다 数的に優位に立つ.

수전-노 (守錢奴) 图 守銭奴; けち.

수절 (守節) 图他 守節.

수정¹ (水晶) 图 〔鉱物〕水晶; クリスタル.

수정-체 (水晶體) 图 〔解剖〕水晶体.

수정² (受精) 图他 受精. ‖인공 수정 人工授精.

수정-낭 (受精囊) 图 受精囊.

수정-란 (受精卵) 【-난】 图 〔生物〕受精卵; 有精卵.

수정³ (修正) /sudʒʌŋ/ 图他 修正. ‖궤도를 수정하다 軌道を修正する. 원고를 불려 수정하다 原稿に何度も修正を加える. **수정-되다** 自

수정-안 (修正案) 图 修正案.

수정⁴ (修訂) 图他 修訂.

수정-판 (修訂版) 图 修訂版.

수-정과 (水正果) 图 〔料理〕煎じた生姜汁に砂糖やはちみつを入れ, 干し柿や桂皮を加えて松の実を浮かべた飲み物.

수정-관 (輸精管) 图 〔解剖〕輸精管.

수제 (手製) 图他 手製; 手作り.

수제-품 (手製品) 图 手製品.

수제-화 (手製靴) 图 手製の靴.

수제비 图 〔料理〕韓国風のすいとん. ‖수제비를 뜨다 すいとんを作る.

수-제자 (首弟子) 图 一番弟子; 愛弟子.

수조 (水槽) 图 水槽.

수족 (手足) 图 ❶手足. ❷ (比喩的に) 手足のように働く者. ‖수족 같은 부하 手足のような部下.

수족-관 (水族館) 【-꽌】 图 水族館.

수종 (水腫) 图 〔医学〕水腫.

수주 (受注) 图他 受注. ㉑발주 (發注).

수준 (水準) /sudʒun/ 图 水準. ‖최고 수준에 달하다 最高の水準に達する. 수준을 올리다 水準を上げる. 생활 수준 生活水準. 지적 수준 知的水準. 수준 이상 水準以上.

수준-급 (水準級) 【-끕】 图 水準がかなり高いレベル.

수줍다 【-따】 囮 気むずかしい; 恥ずかしい; 照れくさい. ‖수줍어서 말도 제대로 못하다 恥ずかしくて話もろくにできない.

수줍어-하다 围 〔하갯〕 はにかむ; 恥ずかしがる; 照れる.

수줍음 はにかみ; 恥じらい; 内気. ‖수줍음을 타다 はにかむ; 恥ずかしがる.

수중¹ (手中) 图 手中; 掌中. ⑰손아귀. ‖수중에 넣다 手に入れる. 수중에 들어가다 手中に入る. 수중에 들어오다 手に入る.

수중² (水中) 图 水中.

수중 식물 (水中植物) 【-씽-】 图 〔植物〕水中植物.

수중-안경 (水中眼鏡) 图 水中眼鏡.

수중익-선 (水中翼船) 【-썬】 图 水中翼船.

수중 카메라 (水中 camera) 图 水中カメラ.

수-증기 (水蒸氣) 图 水蒸気.

수지¹ (收支) 图 収支.

수지-맞다 (收支-) 【-맏따】 图 収支がつりあう; 儲けがある; 割がいい. ‖수지 맞는 장사 割のいい商売.

수지² (樹脂) 图 樹脂. ‖천연수지 天然樹脂. 합성수지 合成樹脂.

수지-침 (手指鍼) 【-】 图 〔漢方〕 鍼術.

수직 (垂直) 图 垂直. ‖수직으로 선을

굿다 垂直に線を引く. 기둥을 수직으로 세우다 柱を垂直に立てる.
수직-선(垂直線)【-썬】图 垂直線.
수질[1](水質) 图 水質. ‖수질 검사 水質検査. 수질 오염 水質汚染.
수질[2](髓質) 图 〔生理〕 髓質.
수집(收集)/sudʒip/图(하他) 収集. ‖폐품 수집 廃品の収集. **수집-되다** 受動
수집(蒐集) 图(하他) 収集. ‖우표 수집 切手の収集. 자료를 수집하다 資料を収集する. **수집-되다** 受動
수집-광(蒐集狂)【-꽝】图 収集マニア.
수집-벽(蒐集癖) 图 収集癖.
수차[1](水車) 图 水車.
수차[2](數次) 图 数回; 数度. ‖매년 수차 외국에 가다 毎年数回外国へ行く. 수차에 걸친 설득 数度にわたる説得.
수채 图 どぶ; 溝; 下水道.
수채-통(-筒) 图 下水管.
수챗-구멍[-채꾸-·-챋꾸-] 图 下水口; 溝口.
수채-화(水彩畵) 图 〔美術〕 水彩画.
수척-하다(瘦瘠-)【-처카-】[形] [ㅂ変] やせ細る; やせこける; やせ衰える; やつれる. ‖수척한 얼굴 やつれた顔.
수천(數千) 数 数千.
수천만(數千萬) 数 数千万.
수첩(手帖)/sutʃʰɔp/图 手帳. ‖수첩에 적다 手帳に書き込む. 학생 수첩 生徒手帳. 경찰 수첩 警察手帳.
수청(水廳) 图 〔歷史〕 御庖(ㄴ).
수초(水草) 图 水草.
수축(收縮) 图(自) 収縮. ㉠膨れ(膨脹). ‖근육이 수축되다 筋肉が収縮する.
수출(輸出)/sutʃʰul/图(하他) 輸出. ㉠輸入. ‖자동차를 수출하다 自動車を輸出する.
수출-세(輸出稅)【-쎄】图 輸出税.
수출 초과(輸出超過) 图 輸出超過.
수-출품(輸出品) 图 輸出品.
수출입(輸出入)【-추립】图 輸出入.
수출입-은행(輸出入銀行) 图 輸出入銀行.
수취(受取) 图 受け取り.
수취-인(受取人) 图 受取人. ‖수취인 불명의 편지 受取人不明の手紙.
수치[1](羞恥) 图 羞恥; 恥; 恥じらい. ‖수치를 당하다 恥をかく.
수치-스럽다(羞恥-)【-따】[形] [ㅂ変] 恥ずかしい. ‖수치스러운 과거 恥ずかしい過去.
수치-심(羞恥心) 图 羞恥心.
수치[2](數値) 图 数値.
수칙(守則) 图 守るべき規則; 心得.
수-캉아지 图 雄の子犬.
수-캐 图 雄の犬. ㉠雌犬.
수-컷[-컫] 图 (動物の)雄. ㉠암컷.
수탁(受託) 图(하他) 受託.
수탈(收奪) 图(하他) 収奪. ‖농민을 수탈하다 農民を収奪する. **수탈-당하다** 受動
수-탉[-탁] 图 雄鶏. ㉠암탉.
수태(受胎) 图(하自) 受胎.
수-틀(繡-) 图 刺繡枠; 刺繡台.
수판(數板) 图 そろばん. ㉑주판(珠板). ‖수틀을 놓다 損得の計算をする. **수판-셈**(數板-) 图 そろばんでの計算; 珠算; 玉算.
수평(水平) 图 水平.
수평-각(水平角) 图 水平角.
수평 거리(水平距離) 图 水平距離.
수평-면(水平面) 图 水平面.
수평-선(水平線) 图 水平線.
수포[1](水泡) 图 水泡; 水の泡. ‖수포로 돌아가다 水泡に帰する; 水の泡となる.
수포[2](水疱) 图 〔医学〕 水疱.
수폭(水爆) 图 水素爆弾(水素爆弾)の略語.
수표(手票)/supʰjo/图 〔経〕 小切手. ‖수표를 끊다[발행하다] 小切手を切る(発行する). 위조 수표 偽造小切手. 부도 수표 不渡り小切手.
수풀 图 ❶森; 林. ❷茂み; 藪; 草むら.
수프(soup)/supʰɯ/图 スープ. ‖야채 수프 野菜スープ.
수필(隨筆) 图 随筆; エッセー.
수필-가(隨筆家) 图 随筆家.
수필-집(隨筆集) 图 随筆集.
수하(手下) 图 ❶目下(の人). ❷手下; 部下.
수-하물(手荷物) 图 手荷物.
수학[1](修學) 图 修学.
수학-여행(修學旅行)【-한녀-】图 修学旅行. ‖교토로 수학여행을 가다 京都へ修学旅行に行く.
수학[2](數學)/su:hak/图 数学. ‖수학 문제를 풀다 数学の問題を解く. 수학을 잘하다 数学に強い; 数学が得意だ. 수학적 엄밀성 数学的厳密さ. 고등 수학 高等数学.
수해[1](水害) 图 水害. ‖수해를 입다 水害に見舞われる.
수해[2](樹海) 图 樹海.
수행[1](修行) 图 修行. ‖수행을 쌓다 修行を積む.
수행[2](遂行) 图(하他) 遂行. ‖임무를 수행하다 任務を遂行する.
수행[3](隨行) 图(하他) 随行. ‖수행 기자 随行記者.
수행-원(隨行員) 图 随行員.
수험(受驗) 图 受験. ‖수험 준비로 바쁘다 受験の準備で忙しい.
수험-료(受驗料)【-뇨】图 受験料.
수험-생(受驗生) 图 受験生.
수험-표(受驗票) 图 受験票.

수혈(輸血) 명 하타 輸血.
수혜(受惠) 명 /-에/ 恵みを受けること.
수호(守護) 명 하타 守護.
　수호-신(守護神) 명 守護神.
수호²(修好) 명 하자 修好.
　수호 조약(修好條約) 명 修好条約.
수화(手話) 명 手話.
　수화-법(手話法) [-뻡] 명 手話法.
수화-기(受話器) 명 受話器.
수확(收穫) /suhwak/ 명 하타 収穫. ‖농작물을 수확하다 農作物を収穫する. 최대의 수확을 올리다 最大の収穫を上げる.
　수확-고(收穫高) [-꼬] 명 収穫高.
　수확-기(收穫期) [-끼] 명 収穫期.
　수확-량(收穫量) [-냥] 명 収穫量.
　수확-물(收穫物) [-황-] 명 収穫物.
수회(收賄) 명 /-/회/ 하타 収賄.
　수회-죄(收賄罪) [-죄/-웨쮀] 명 (法律) 収賄罪.
수회²(數回) 명 /-/회/ (物事の個々の) 数·数次. ‖수회에 걸친 시험 数回にわたる試験.
수호(數交) 명 (物事の個々の) 数. ‖수효를 세다 数を数える.
수훈(殊勳) 명 殊勳. ‖수훈을 세우다 殊勳を立てる.

숙고(熟考) [-꼬] 명 하타 熟考. ‖숙고를 거듭하다 熟考を重ねる. 숙고한 뒤에 결정하다 熟考の上で決める.
숙근-초(宿根草) [-끈-] 명 [植物] シュクコンソウ(宿根草).
숙녀(淑女) [숭-] 명 淑女.
숙다(따) 자 (前に)垂れる; 傾く.
숙달(熟達) [-딸] 명 하자 熟達; 上達. ‖숙달된 기술 熟達した技術.
숙덕-거리다 [-떡꺼-] 자 ひそひそと話す; あれこれ陰でうわさする. ‖귓속말로 뭐라고 숙덕이다 耳打ちして何かを話す.
숙덕-숙덕 [-떡쑥떡] 튀 하자 ひそひそ(と); こそこそ(と).
숙덕-이다 [-떠기-] 자 = 숙덕거리다.
숙독(熟讀) [-똑] 명 하타 熟読.
숙련(熟練) [-련] 명 하자 熟練. ‖숙련된 기능공 熟練した技能工.
　숙련-공(熟練工) [숭년-] 명 熟練工.
숙면(熟眠) [숭-] 명 하자 熟眠; 熟睡. ‖숙면을 취하다 ぐっすり眠る; 熟睡する.
숙명(宿命) [숭-] 명 宿命.
　숙명-론(宿命論) [숭-논] 명 宿命論.
　숙명-적(宿命的) 명 宿命的. ‖숙명적인 만남 宿命的な出会い.
숙모(叔母) [숭-] 명 叔母; おば.

숙박(宿泊) [-빡] 명 하자 宿泊.
　숙박-계(宿泊屆) [-빡꼐/-빡께] 명 宿泊届.
　숙박-료(宿泊料) [-빡뇨] 명 宿泊料.
　숙박-업(宿泊業) 명 宿泊業.
숙변(宿便) [-뻰] 명 宿便.
숙부(叔父) [-뿌] 명 叔父; おじ.
숙사(宿舍) [-싸] 명 宿舎.
숙성(熟成) [-썽] 명 하타 熟成. ‖고기를 숙성시키다 肉を熟成させる.
숙소(宿所) [-쏘] 명 宿所; 宿. ‖숙소를 정하다 宿を決める.
숙식(宿食) [-씩] 명 하자 寝食.
숙어(熟語) [수거] 명 (言語) 熟語.
숙연-하다(肅然-) [수견-] 형 [되變] 粛然としている. ‖분위기가 숙연하다 雰囲気が粛然としている. **숙연-히** 튀
숙영(宿營) [수경] 명 (軍事) 宿営.
　숙영-지(宿營地) [수경-] 명 (軍事) 宿営地.
숙원¹(宿怨) [수권] 명 宿怨; 宿根. ‖숙원을 풀다 宿怨を晴らす.
숙원²(宿願) [수권] 명 宿願; 宿望. ‖숙원을 이루다 宿願を果たす.
숙의(熟議) [-/수기] 명 하타 熟議.
숙이다 타 (前に垂らす; (頭を)下げる; 伏せる; うつむく. ‖고개를 숙이며 인사를 하다 頭を下げて挨拶する. 고개를 숙인 채 울고 있었다 うつむいたまま, 泣いていた.
숙적(宿敵) [-쩍] 명 宿敵. ‖숙적을 만나다 宿敵にあう.
숙정(肅正) [-쩡] 명 하타 粛正.
숙제(宿題) /sukt͈ɕe/ [-쩨] 명 宿題. ‖숙제를 내다 宿題を出す. 숙제를 끝내다 宿題を済ませる. 여름 방학 숙제 夏休みの宿題. 영어 숙제 英語の宿題.
숙주¹ [-쭈] 명 숙주나물の略語.
　숙주-나물 명 ①もやし. ㉥숙주. ②もやしのあえもの; もやしのおひたし.
숙주²(宿主) [-쭈] 명 (生物) 宿主.
숙지(熟知) [-찌] 명 하타 熟知.
숙직(宿直) [-찍] 명 하자 宿直.
　숙직-실(宿直室) [-찍씰] 명 宿直室.
숙청(肅清) 명 하타 粛清. ‖반대파를 숙청하다 反対派を粛清する. **숙청-되다** [-당하다] 수동
숙취(宿醉) 명 宿酔; 二日酔い. ‖숙취 해소에 좋은 음식 二日酔いにいい食べ物.
숙환(宿患) [수콴] 명 宿病; 持病.
순¹(筍) 명 (植物の) 芽.
순²(旬) 명 1か月を3つに分けた10日間.
　순-초(純-) 명 初旬. 하순 下旬.
순³(純) 관 純…. ‖순소득 純所得.
순⁴ 튀 全く; 非常に. ‖순 거짓말이다 全くのうそだ. 순 엉터리다 全くでたらめだ.
-순⁵(順) 接尾 順番の意を表わす; …順.

‖선착순 先着順. 연령순 年令順. 가나다순 =順.

-순⁶ 〔句〕 接尾 〔漢數詞に付いて〕該当の数に 10 をかけた年を表わす. ‖육순 60歳. 칠순 70歳.

순간 (瞬間) 图 瞬間. ‖결정적인 순간 決定的な瞬間.

순간-적 (瞬間的) 冠 瞬間的な. ‖순간적으로 판단하다 瞬間的に判断する.

순결 (純潔) 图 純潔.

순결-무구 (純潔無垢) 图 純潔無垢.

순경 (巡警) 图 巡査. ‖순경 아저씨 お巡りさん.

순교 (殉敎) 图 自他 殉敎.

순교-자 (殉敎者) 图 殉敎者.

순국 (殉國) 图 殉國.

순국-선열 (殉國先烈) 【-써녈】 图 殉国した先烈の烈士.

순금 (純金) 图 純金. ‖순금 반지 純金の指輪.

순당-하다 (順當-) 厖 하変 順当だ.

순대 (料理) 豚の腸詰め.

순댓-국 [-대꾹/-댇꾹] (料理) 豚肉を煮込んだ汁に豚肉や순대などを入れたスープ.

순도 (純度) 图 純度. ‖순도 백 퍼센트 純度 100パーセント.

순-두부 (-豆腐) 图 おぼろ豆腐.

순두부 찌개 (-豆腐-) (料理) 순두부を主材料にして卵・豚肉・ネギなどを加えて煮込んだ鍋料理.

순례 (巡禮) 图 自 巡礼.

순례-자 (巡禮者) 图 巡礼者.

순록 (馴鹿) 图 〔動物〕 トナカイ.

순리 (順理) 图 理致; 道理.

순망치한 (脣亡齒寒) 图 唇亡びて歯寒し; 互いに助け合う関係にあるものの一方が滅びると他の一方も危うくなることのたとえ.

순면 (純綿) 图 純綿.

순모 (純毛) 图 純毛.

순박-하다 (淳朴·醇朴) 厖 하変 純朴. ‖순박한 사람 純朴な人.

순발-력 (瞬發力) 图 瞬発力. ‖순발력이 있다 瞬発力がある.

순방 (巡訪) 图 他 歴訪. ‖대통령의 동남아 순방 大統領の東南アジア歴訪.

순배 (巡杯·巡盃) 图 自 順杯.

순백 (純白) 图 ❶純白. ❷순백색 (純白色) の略語.

순-백색 (純白色) 【-빽-】 图 純白. 純白色. ‖순백색의 드레스 純白のドレス.

순번 (順番) 图 順番. ‖순번이 돌아오다 順番が回ってくる.

순보 (旬報) 图 旬報.

순사 (殉死) 图 自 殉死.

순산 (順産) 图 自他 安産. 反 난산 (難産).

순상-화산 (楯狀火山) 图 〔地〕 楯狀火山.

순서 (順序) /su:nsə/ 图 順序. ‖순서를 정하여 서다 順序を並び立てる. 순서를 밟다 順序を踏む. 순서대로 順番通りに; 順繰りに.

순-소득 (純所得) 图 〔經〕 純所得.

순수 (純粹) 冠 하変 純粹. ‖순수한 마음 純粹な気持ち.

순수-성 (純粹性) 【-씽】 图 純粹性.

순순-하다 (順順-) 厖 하変 ❶ (性質や態度など) 穏やかでおとなしい; 素直だ. ❷ (食べ物の味が) 淡白であっさりしている. **순순-히** 副

순시 (巡視) 图 他 巡視.

순시-선 (巡視船) 图 巡視船.

순식-간 (瞬息間) 【-깐】 图 瞬く間; あっという間; たちまちのうち; 見る見るうち. ‖순식간에 일어난 일 あっという間の出来事. 순식간에 다 팔리다 たちまち売り切れる.

순애 (純愛) 图 純愛.

순양 (巡洋) 图 自 巡洋.

순양-함 (巡洋艦) 图 〔軍事〕 巡洋艦.

순연 (順延) 图 他 順延.

순연-하다 (純然-) 厖 하変 純然だ. **순연-히** 副

순열¹ (殉烈) 图 하変 忠烈のために命を捧げること, またはそういう人.

순열² (順列) 图 〔數学〕 順列.

순위 (順位) 图 順位. ‖순위를 매기다 順位をつける. 성적 순위 成績の順位.

순음 (脣音) 图 〔言語〕 脣音. ㅍ·ㅂ·ㅃ·ㅁ.

순응 (順應) 图 自 順応. ‖환경에 순응하다 環境に順応する.

순-이익 (純利益) 【-니-】 图 純利益.

순익 (純益) 图 純益.

순익-금 (純益金) 【-끔】 图 純益金.

순장 (殉葬) 图 他 〔歷史〕 古代国家において, 王や貴族が死んだ時に臣下や奴婢を一緒に生き埋めにしたこと.

순전-하다 (純全-) 厖 하変 純全だ. **순전-히** 副

순접 (順接) 图 〔言語〕 順接. 反 역접 (逆接).

순정¹ (純正) 冠 하変 純正.

순정² (純情) 图 純情. ‖순정 만화 純情漫画.

순정-적 (純情的) 图 純情.

순조 (順調) 图 順調.

순조-롭다 (順調-) 【-따】 厖 ㅂ変 順調だ; 好調だ. ‖순조롭게 경과되다 順調に経過する. 순조로운 출발 順調な滑り出し. 순조롭게 진행되다 順調に進む. **순조로이** 副

순종¹ (純種) 图 純血.

순종-하다² (順從-) 图 自 하変 順従する; 素直に従う.

순직 (殉職) 图 自 殉職.

순진-하다 (純眞-) [형][하변] 純真で素直だ; 無邪気だ. ∥순진한 아이 純真な子ども.

순차 (順次) [명] 順次.

순차-적 (順次的) [명] 〔순차적으로의 形で〕順次に; 順を追って.

순찰 (巡察) [명][하변] 巡察.

순찰-대 (巡察隊) [-때] [명] 巡察隊.

순찰-차 (巡察車) [명] パトカー.

순찰-함 (巡察函) [명] 要所に設置して巡察した結果を書いて入れる函.

순치-음 (脣齒音) [명] 〔言語〕 脣歯音. ↔英語の f·v など.

순탄-하다 (順坦-) [형][하변] ❶〔道が〕平坦だ. ∥길이 순탄하다 道が平坦である. ❷〔物事が〕順調だ; 無理がない. ∥삶이 순탄하다 人生が順調である.

순풍 (順風) [명] 順風; 追い風. ㉝역풍 (逆風). ∥순풍을 타다 順風に乗る.

순-하다 /sun-/; /su:nhada/ [형][하변] ❶〔性質や態度が〕おとなしい; 穏やかだ; 素直だ. ∥순한 아기 おとなしい赤ちゃん. 마음이 순하고 착한 아이 素直で心優しい子. ❷〔酒やタバコなどの味が〕軽い; 薄い; まろやかだ; マイルドだ. ∥순한 맛 マイルドな味.

순항 (巡航) [명][하변] 巡航.

순항 미사일 (巡航 missile) [명] 〔軍事〕 巡航ミサイル; クルーズミサイル. ㉝크루즈 미사일.

순항-선 (巡航船) [명] 巡航船.

순행 (順行) [명][하변] 順行. ㉝역행 (逆行).

순행-동화 (順行同化) [명] 〔言語〕 後続する音素が先行する音素の影響を受けて同じ音素か近い音素に変わる現象. 칼날 [칼랄]·종로[종노]のような現象.

순혈 (純血) [명] 純血.

순화 (純化·醇化) [명][하변] 純化. 순화-되다 [자변]

순환 (循環) [명][하변] 循環. ∥시내를 순환하는 버스 市内を循環するバス. 혈액 순환 血液の循環. 악순환 悪循環.

순환-계 (循環系) [-/-게] [명] 循環系.

순환 계통 (循環系統) [-/-게-] [명] 循環系統.

순환-기[1] (循環期) [명] 循環期.

순환-기[2] (循環器) [명] 〔解剖〕 循環器.

순환-도로 (循環道路) [명] 循環道路.

순환-선 (循環線) [명] 循環線.

순회 (巡廻·巡回) [-/-회] [명][하변] 巡回. ∥관내를 순회하는 경비 管内を巡回する.

순회-도서관 (巡廻圖書館) [명] 移動図書館. ㉝이동도서관 (移動圖書館).

숟-가락 /sut'karak/ [-까-] [명] さじ; スプーン. ㉝숟갈. ∥숟가락으로 떠먹다 さじですくって食べる. 숟가락과 젓가락 スプーンと箸.
— [의] …さじ; …スプーン. ∥설탕 두 숟가락 砂糖2さじ.

숟가락-질 [-까-찔] [명][하자] スプーンを使うこと.

숟-갈 [-깔] [명] 숟가락の縮約形.

술[1] /sul/ [명] 酒. ∥술을 마시다 酒を飲む. 술을 따르다 酒を注ぐ. 술을 끊다 酒を断つ[やめる]. 술에 취하다 酒に酔う. 술에 약하다 酒に弱い. 술이 깨다 酔いから覚める. 독한 술 強い酒. ▶술에 술 탄 듯 물에 물 탄 듯 (副)〔酒を酒で薄めたように, 水を水で割ったように〕の意で〕態度や行動などが優柔不断でしっかりしていない様子.

술[2] (戌) [명] 〔十二支の〕戌(ぬ).

술[3] [명] 〈糸を束ねた〉総; 房.

술[4] [의] 1さじの分量を表わす; …さじ. ∥밥 한 술 ご飯1さじ.

-술[5] (術) [접미] …術. ∥최면술 催眠術. 변장술 変装術.

술-값 [-깝] [명] 飲み代; 酒代. ∥술값을 내다[치르다] 飲み代を払う.

술-계 (術計) [-/-게] [명] 術計.

술-고래 [명] 〔あざける言い方で〕大酒飲み; 大酒家; 底抜け上戸; のんべえ.

술-국 [-꾹] [명] 飲み屋で肴として出す汁物.

술-기 (-氣) [-끼] [명] = 술기운.

술-기운 [-끼-] [명] 〔酒の〕酔い; 酒気; 酒の勢い. ∥술기운을 빌리다 酒の勢いを借りる. 술기운이 돌다 酔いが回る.

술-김 [-낌] [명] 酔った勢い; 酒の上; 酔いまぎれ.

술-꾼 [명] 酒飲み; 酒好き; 上戸; 飲み助.

술-내 [-래] [명] 酒のにおい; 酒気. ∥술내가 나다 酒のにおいがする. 술내를 풍기다 酒気を帯びる.

술년 (戌年) [-련] [명] 戌年. ㉝개해.

술-대접 (-待接) [명][하타] 酒のもてなし; 酒をふるまうこと.

술-도가 (-都家) [명] 酒の醸造元.

술-독[1] [-똑] [명] ❶酒甕(こうみき). ❷〔からかう言い方で〕酒豪; 大酒飲み.

술-독[2] (-毒) [-똑] [명] 酒焼け. ∥술독이 오른 얼굴 酒焼けした顔.

술래 [명] 〈鬼ごっこやかくれんぼうで〉鬼.

술래-잡기 [-끼] [명] 鬼ごっこ; かくれんぼう.

술렁-거리다 [-대다] [자] ざわめく; ざわつく; どよめく; 色めき立つ. ∥유괴 사건으로 온 동네가 술렁거린다 誘拐事件で町中がざわついている. 술렁대는 교실 분위기 ざわめく教室の雰囲気.

술렁-술렁 [부][하자] 大勢集まった人々の話し声などが醸し出す騒がしい音[様子]; ざわざわ(と); そわそわ(と).

술렁-이다 [자] = 술렁거리다.

술-망나니 [명] 〔あざける言い方で〕酒癖が悪い人; 酔いどれ; 酔っ払い; のんだくれ.

술-버릇 【-뻐른】 图 酒癖.
술법 (術法) 【-뻡】 图 術数.
술-병¹ (-病) 【-뼝】 图 酒の飲み過ぎで生じた病気.
술-병² (-甁) 【-뼝】 图 德利; ちょうし.
술부 (述部) 图 [言語] 述部. ⑦주부 (主部).
술-상 (-床) 【-쌍】 图 酒肴膳.
술수 (術數) 【-쑤】 图 術数; 手口. ‖권모술수 権謀術数. 교활한 술수 狡猾な手口.
술술 圖 ❶話がよどみなく進む様子: すらすら; ぺらぺら. ‖범행을 술술 자백하다 犯行をぺらぺらと白状する. ❷もつれた糸などがほどける様子; 複雑に絡み合った問題などが容易に解ける様子. ❸水や粉などが少しずつ流れ出たりもれたりする様子: ちょろちょろ.
술시 (戌時) 【-씨】 图 [民俗] 戌(いぬ)の刻 (午後7時から午後9時まで).
술-안주 (-按酒) 图 肴; 酒のつまみ.
술어 (述語) 图 [言語] 述語.
술어 (術語) 图 術語.
술-자리 (-) 【-짜-】 图 酒席. ⑦주석(酒席). ‖술자리를 마련하다 酒席を設ける.
술-잔 (-盞) 【-짠】 图 杯; 酒盃. ‖술잔을 기울이다 杯を傾ける. 술잔을 비우다 杯を空ける.
술-잔치 (-) 图 酒宴; 酒盛り.
술-장사 하囲 酒を売る商売.
술-좌석 (-座席) 【-쫘-】 图 酒席; 宴席. ⑦연회, 酒盛りの席.
술-주정 (-酒酊) 【-쭈-】 图하囲 酒醉; 酒乱.
술-집 【-찝】 图 酒屋; 居酒屋; 飲み屋.
술-찌끼 图 酒粕; 酒かす.
술책 (術策) 图 術策.
술-친구 (-親舊) 图 飲み友だち; 飲み仲間.
술-타령 (-打令) 图하囲 酒ばかり飲みだり求めたりすること; 酒浸り.
술-통 (-桶) 图 酒樽.
술-판 图 酒盛り; 宴会; 酒席. ‖술판을 벌이다 酒宴を催す; 酒宴を張る.
술회 (述懷) 【-/-훼】 图하他 述懷. ‖현재의 심경을 술회하다 現在の心境を述懷する.

숨 /su:m/ 图 ❶息; 呼吸. ‖숨을 몰아 떡거리다 息を弾ませる. 숨이 가쁘다 息苦しい. 숨이 거칠다 息が荒い. 숨이 차다 息が切れる. ❷ (野菜などの) 新鮮な様子. ‖숨이 죽다 しおれる; しんなりなる. ▸숨 쉴 사이 없이 息 (つ)く暇もない. ▸숨(을) 거두다 息を引き取る; 死ぬ. ▸숨(을) 끊다 命を絶つ; 死ぬ. ▸숨(을) 돌리다 息を入れる; 息を抜く; 途中で一休みする. ▸숨(을) 쉬다 息をする;

呼吸する. ▸숨(을) 죽이다 息を殺す; 息を凝らす; 静かにする. ▸숨(이) 끊어지다 [끊기다] 息が絶える. ▸숨(이) 넘어가는 소리 (「息が途絶える時の激しい息づかい」の意で) 何かが差し迫っている時や興奮した時に出す声. ▸숨(이) 막히다 息が詰まる; 息苦しい; むせ返る. 가게 안은 열기로 숨이 막힐 정도였다 店の中は熱気で息苦しいほどだった. ▸숨(이) 붙어 있다 生きている. ▸숨(이) 죽다 (野菜などが) しおれる; 萎びる. 배추가 숨 죽다 白菜がしおれる. ▸숨이 턱에 닿다 (「息があごにつかえる」の意で) 息が切れる; 呼吸が激しくなって苦しい.

숨-결 【-껼】 图 息づかい.
숨-골 【-꼴】 图 [解剖] 延髄 ⑦연수.
숨-구멍 【-꾸-】 图 気孔.

숨-기다 /sumgida/ 他 〔숨다の使役動詞〕隠す; 包み隠す; 隠しかくす. ‖몸을 숨기다 身を隱す 〔潜める〕. 범인을 숨겨 주다 犯人をかくす. 숨겨진 의미를 찾다 隠された意味を探る.

숨-길 【-낄】 图 気道.
숨김-없다 【-기멉따】 函 隠し事がない; 隠し立てがない; 秘密がない; ありのままだ. **숨김없-이** 숨김없이 털어놓다 隠し立てせず打ち明ける.

숨-넘어가다 囲 숨이 끊어지다; 死ぬ.
숨는 囲 숨다 (隠れる) の現在連体形.

숨다 /su:m'ta/ 国 ❶隱れる; 潜む. ‖나무 뒤에 숨다 木の後ろに隱れる. 숨은 재능 隱れた才能. 그 사람은 나한테 중대한 사실을 숨기고 있다 彼は私に重大な事実を隠している. 숨어 있는 인재를 찾아내다 隠れた人材を探し出す. 범인은 시내에 숨어 있을 것이다 犯人は市内に潛んでいるはずだ. ⑨숨기다.

숨바꼭-질 【-찔】 图 ❶かくれんぼう. ❷見え隠れすること.
숨-소리 【-쏘-】 图 息をする音; 息づかい; 息. ‖숨소리가 거칠다 息づかいが荒い. 숨소리를 죽이고 지켜보다 息を殺して見守る. 새근새근 숨소리를 내며 자고 있다 すやすやと寝息を立てている.

숨은 囲 숨다 (隱れる) の連用形.
숨은 囲 숨다 (隱れる) の過去連体形.
숨을 囲 숨다 (隱れる) の未来連体形.
숨-죽이다 囲 息を殺す; 息を凝らす; 呼吸を抑えて静かにしている. ‖숨죽이고 지켜보던 息を殺して見守る.
숨-지다 国 息を引き取る; 息が絶える.
숨-차다 国 息切れする; 息苦しい. ‖달렸더니 숨차다 走ったら息切れする.
숨-통 (-筒) 图 息の根. ‖숨통을 끊다 息の根を止める.

숨-표 (一標) 【名】 【音楽】 ブレス.
숫 【接頭】 (一部の名詞に付いて) 純粋でまじりけがない; 生…. ‖ 숫처녀 生娘.
숫-기 (一氣) 【숟끼】 【名】 快活ではにかまないこと. ‖ 숫기가 없다 内気だ; 恥かしがり屋だ.
숫-돌 【숟똘】 【名】 砥石.
숫-되다 【숟뙤-/숟뛔-】 【形】 うぶだ; 世慣れていない.
숫자 (數字) /su:?t͡ɕa/ 【수짜/숟짜】 【名】 数字. ‖ 숫자에 밝다 [강하다] 数字に明るい [強い]. 천문학적인 숫자 天文学的な数字. 아라비아 숫자 アラビア数字. 로마 숫자 ローマ数字.
숫제 【숟쩨】 【副】 ❶ かえって; むしろ. ‖ 할 것이면 숫제 처음부터 안 하는 것이 낫다 途中でやめるなら始めからしない方がいい. ❷ (うそではなく) 本当に; 全く. ‖ 그 사람은 노래방이라면 숫제 싫어한다 彼はカラオケというと本当に嫌がる.
숫-처녀 (一處女) 【숟-】 【名】 生娘; おぼこ娘; 処女.
숫-총각 (一總角) 【숟-】 【名】 童貞の男.
숫-티 【숟-】 【名】 うぶで純朴な姿や態度.
숫-하다 【수타-】 【形】 うぶだ; 純朴だ.
숭고 (崇高) 【하形】 崇高. ‖ 숭고한 희생 崇高な犠牲.
숭늉 【名】 おこげに湯を加えてお茶のようにしたもの.
숭덩-숭덩 【副】 【하自】 ❶ 切り方や切り口が粗い様子; ざくざく. ‖ 파를 숭덩숭덩 썰다 ネギをざくざくと切る. ❷ 縫い目を粗く縫う様子.
숭모 (崇慕) 【하他】 あがめ慕うこと.
숭배 (崇拜) 【하他】 崇拝.
숭배-자 (崇拜者) 【名】 崇拝者.
숭불 (崇佛) 【하自】 崇仏.
숭상 (崇尙) 【하他】 あがめ尊ぶこと.
숭숭 【副】 ❶ 切り方や切り口が粗い様子; ざくざく. ❷ くぼみや穴がたくさんある様子; ぼこぼこ. ‖ 구멍이 숭숭 난 못 오 구멍이 숭숭 난 옷 ぼこぼこ空いた服. ❸ 大粒の汗が吹き出る様子.
숭앙 (崇仰) 【하他】 あがめて敬うこと.
숭어 (魚尒類) 【名】 ボラ (鯔). ‖ 숭어가 뛰니까 망둥이도 뛴다 【諺】 (「ボラが跳ねるとハゼも跳ねる」の意で) 自分の分際や立場も考えずにむやみに立派な人をまねることのたとえ.
숭엄-하다 (崇嚴-) 【하変】 崇高で尊厳だ.
숭유 (崇儒) 【하自】 儒教を崇拝すること.
숯 /sut/ 【숟】 【名】 炭. ‖ 숯을 굽다 炭を焼く.
숯-가마 【숟까-】 【名】 炭窯; 炭焼き釜.
숯-검정 【숟껌-】 【名】 (炭の) 煤 (すす).

숯-불 【숟뿔】 【名】 炭火. ‖ 숯불구이 炭火焼き. 숯불을 피우다 炭火をおこす.
숯-장수 【숟짱-】 【名】 炭売り; 炭屋.
숯-쟁이 【숟쨍-】 【名】 炭を焼く人.
숱 【숟】 【名】 髪の毛などの分量. ‖ 머리 숱이 많다 髪の毛が多い.
숱-하다 【수타-】 【하形】 数多い; たくさんだ; ありふれている. ‖ 숱한 사건들 数多い事件. 그 이야기는 숱하게 들었다 その話はたくさん聞いた.
숲 /sup/ 【名】 林; 森. ‖ 숲이 우거져 있다 林が茂っている.
숲-길 (合習) 【名】 森の中の道; 林道; 森路.
쉬¹ 【名】 ハエの卵.
쉬² 【하自】 〔오줌の幼児語〕 おしっこ.
— 【感】 子どもに小便をさせる時に発する語: シーシー.
쉬³ 【感】 人を静かにさせようとする時に発する語: しい; しっ.
쉬다¹ 【自】 食べ物が腐って酸っぱくなる; すえる. ‖ 밥이 쉬었다 ご飯がすえた.
쉬다² 【自】 (声が) かれる; しゃがれる; しわがれる. ‖ 목이 쉬다 声がかれる.
쉬다³ /ʃwi:da/ 【自他】 ❶ 休む; 休憩する. ‖ 쉬고 있다. 주말에 푹 쉬다 週末にゆっくり休む. 감기 걸려서 회사를 3일 쉬었다 風邪をひいて会社を3日も休んだ. 쉬는 시간 休み時間. ❷ 眠る; 床につく. ‖ 늦었으니 이제 쉬세요 遅くなったのでもうお休みください.
쉬다⁴ 【他】 呼吸をする; 息をする; 息をつく. ‖ 숨을 쉬다 息をする. 한숨을 쉬다 ため息をつく.
쉬쉬-하다 【하変】 (人に知られないように) 隠す; 内緒にする; もみ消す; 口止めする. ‖ 비밀이 새지 않도록 쉬쉬하다 秘密が漏れないように口止めする.
쉬어 (令として) 休め.
쉬엄-쉬엄 【副】 【하自】 時々休みながら続ける様子; 休み休み. ‖ 쉬엄쉬엄 일을 하다 休み休み仕事をする.
쉬이 ❶ 容易に; 簡単に; たやすく. ❷ そのうち; 間もなく.
쉬-파리 (昆虫) 【名】 アオバエ (青蝿).
쉰 /ʃwin/ 【名】 50歳. ‖ 올해로 쉰이 되다 今年で50歳になる.
— 【名】 50…. ‖ 구슬이 쉰 개 있다 玉が50個ある. 쉰 명 50人.
쉰-내 【名】 すえたにおい.
쉰-밥 【名】 すえたご飯.
쉼-표 (一標) 【名】 【音楽】 休止符.
쉽다 /ʃwi:pʰt͡ɕa/ 【-따】 【形】 【ㅂ変】 〔쉬워, 쉬운〕 ❶ 易しい; 容易だ; たやすすい; 簡単だ. ‖ 계산 문제는 쉽다 計算問題は易しい. 쉬운 일 たやすい仕事. 문제를 쉽게 해결하다 問題を簡単に解決する. ❷ […기 쉽다の形で] …しやすい. ‖ 틀리기 쉬운 문제 間違えやすい

감기 걸리기 쉽다 風邪を引きやすい.

쉽-사리[-싸-] 団 たやすく; 離なく; 簡単に; 楽々と. ‖쉽사리 포기하다 簡単に諦める.

슈미즈 (chemise 프) 图 シュミーズ; スリップ.

슈-크림 (←chou 프+cream) 图 シュークリーム.

슈퍼 (←supermarket) /juːpʰʌ/ 图 슈퍼마켓の略語. ‖슈퍼에서 물건을 사다 スーパーで買い物をする.

슈퍼마켓 (supermarket) /juːpʰəmaːkʰet/ 图 スーパーマーケット. 倒슈퍼.

슈퍼맨 (superman) 图 スーパーマン.

슈퍼스타 (superstar) 图 スーパースター.

슈퍼에고 (superego) 图 (精神分析学で)スーパーエゴ. 倒초자아(超自我). 倒자아(自我)·이드.

슛 (shoot) 图 シュート. ‖슛을 날리다 シュートを放つ.

스낵-바 (snack bar) 图 スナックバー.

스냅 (snap) 图 スナップ.

스냅-숏 (snapshot) 图 スナップショット.

스노보드 (snowboard) 图 スノーボード.

스노-체인 (snow chain) 图 スノーチェーン.

스노-타이어 (snow tire) 图 スノータイヤ.

스니커즈 (sneakers) 图 スニーカー.

스님 图 〔중¹의 尊待語〕 お坊さん; 和尚さん.

스라소니 图 (動物) オオヤマネコ (大山猫).

스러지다 団 消える; 消え失せる; 消えてなくなる.

-스럽다[-따] 接尾 [ㅂ変] …らしい; …げだ. ‖사랑스럽다 愛らしい, 밉살스럽다 憎たらしい, 복스럽다 福々しい, 만족스럽다 満足げだ.

-스레 接尾 …らしく; …げに; …そうに. ‖자랑스레 誇らしげに.

스루-패스 (through pass) 图 (サッカーで)スルーパス.

스르르 団 ❶結んだり絡んだりしていたものがひとりでに解ける様子: するりと; するする(と). ‖매듭이 스르르 풀리다 結び目がするすると解ける. ❷氷や雪が自然に溶ける様子: すうっと. ‖얼음이 스르르 녹아내리다 氷がすうっと溶け込む. ❸眠気がさして自然に目が閉ざされる様子. ‖스르르 잠이 들다 すうっと寝入る. ❹静かに動く様子. ❺わだかまりやつかえがなくなって気持ちが平静になっていく様子: すうっと. ‖화가 스르르 풀리다 怒りがすうっと消える.

스리랑카 (Sri Lanka) 图 〔国名〕 スリランカ.

스리피스 (three-piece) 图 スリーピース.

스릴 (thrill) 图 スリル. ‖스릴 넘치는 스포츠 スリルあふれるスポーツ, 스릴을 맛보다 スリルを味わう, 스릴 만점 スリル満点.

스릴러 (thriller) 图 スリラー.

스마일 (smile) 图 スマイル.

스마트-하다 (smart-) 形 [하変] スマートだ. ‖스마트한 복장 スマートな服装.

스매시 (smash) 图·他 スマッシュ.

스매싱 (smashing) 图 = 스매시.

스멀-거리다 団 もぞもぞする; むずむずする. ‖팔뚝 위에 벌레가 스멀거리는 느낌 腕の甲に虫がもぞもぞする感じ.

스멀-스멀 団 (用言) 虫などがうごめく様子: もぞもぞ; むずむず.

스며-나오다 団 にじみ出る. ‖붕대 위로 피가 스며나왔다 包帯の上に血がにじみ出た.

스며-들다 団 [ㄹ語幹] 染み入る; 染み込む; 染みる. ‖이 화장수는 피부에 부드럽게 스며든다 この化粧水は肌に潤らかに染み込む, 추위가 살 속까지 스며들다 寒さが骨に染みる.

스모그 (smog) 图 スモッグ.

스무 /suːmu/ 冠 20…. ‖스무 개 20個, 스무 명 20人.

스무-고개 图 20回の質問をしてその問題の答えが何かを言い当てるゲーム; 二十の扉.

스무드 (smooth) 图·形 スムーズ.

스물 /suːmul/ 图 20歳. ‖올해 스물이다 今年 20歳だ, ◈후로는 助数詞的に用いる場合は 스무 の形で用いられる. ‖스무 명 20名.

스미다 団 ❶染みる; 次第に深く広がる; にじむ. ‖잉크가 옷에 스미다 インクが服に染みる, ❷心にしみこみ感じる. ‖고독이 뼛속까지 스미다 孤独が骨身に染みる.

스산-하다 形 [하変] ❶荒れて何となく寂しい; もの寂しい; うら寂しい; 心寂しい; やるせない; 切ない; 落ち着かない. ‖마음이 스산하다 心が落ち着かない. ❷(天気や風が)冷たくて荒々しい.

스스럼-없다[-럼업따] 圈図 遠慮が要らない; 気安い; 心安い; 気兼ねしない. **스스럼-이** 副 スこさろなく 行動する 気兼ねなくふるまう.

스스로 /susuro/ 副 ❶おのずから; ひとりでに; 自然に. ❷進んで; 自ら; 自分で. ‖스스로 판단하다 自分で判断する.

스승 图 師; 師匠; 先生. ‖스승의 은혜 師の恩.

스시 (すし 日) 图 寿司. 倒초밥(醋-).

스와질란드 (Swaziland) 图 〔国名〕 スワジランド.

스웨덴 (Sweden) 图 〔国名〕 スウェーデン.

스웨이드 (suede) 图 スエード.

스웨터 (sweater) 图 セーター. ‖짠 스

스위스 워터를 선물하다 手編みのセーターをプレゼントする.

스위스 (Swiss) 图 《国名》 スイス.

스위치 (switch) /suwitʃʰi/ 图 スイッチ. ‖스위치를 넣다 スイッチを入れる. 스위치를 끄다 スイッチを切る. 스위치를 누르다 スイッチを押す.

스위트-룸 (suite room) 图 スイートルーム.

스위트-피 (sweet pea) 图 《植物》 スイートピー.

스윙 (swing) 图 《하위》 スイング.

스치다 /sutʃʰida/ 国 ❶ かする; すれる; かすめる; 触れ合う. ‖옷깃이 스치다 襟が触れ合う. 나뭇잎이 스치는 소리 木の葉がすれる音. ❷ よぎる; かすめる; すれ違う. ‖열차가 스쳐 지나가다 列車がすれ違う. 스쳐 지나간 인연 行きずりの縁 [図]. 뇌리에 일말의 불안이 스쳐 지나갔다 脳裏に一抹の不安がよぎった.

스카우트 (scout) 图 スカウト.

스카이다이버 (skydiver) 图 スカイダイバー.

스카이다이빙 (skydiving) 图 《スポーツ》 スカイダイビング.

스카이-라운지 (sky + lounge 日) 图 スカイラウンジ.

스카이라인 (skyline) 图 スカイライン.

스카치 (Scotch) 图 スカチ위스키의 略語.

스카치-위스키 (Scotch whisky) 图 スコッチウイスキー. ➡스카치.

스카치-테이프 (Scotch tape) 图 セロハンテープ. ✛商品名의.

스카프 (scarf) 图 スカーフ. ‖스카프를 목에 감다 スカーフを首に巻く.

스캐너 (scanner) 图 スキャナー.

스캔들 (scandal) 图 スキャンダル.

스커트 (skirt) 图 スカート. ‖스커트를 입다 スカートを履く. 타이트스커트 タイトスカート.

스컹크 (skunk) 图 《動物》 スカンク.

스케이트 (skate) 图 スケート. ‖스케이트를 타다 スケートをする. 피겨 스케이팅 フィギュアスケート.

스케이트-장 (skate 場) 图 スケート場; スケートリンク; アイスリンク.

스케이트-보드 (skateboard) 图 スケートボード.

스케이팅 (skating) 图 《하위》 《スポーツ》 スケーティング.

스케일 (scale) 图 スケール. ‖스케일이 큰 영화 スケールの大きい映画. 스케일이 큰 사람 スケールの大きい人.

스케일링 (scaling) 图 《하위》 スケーリング; 歯石ならびを除去すること.

스케줄 (schedule) /sukʰedʒuːl/ 图 スケジュール. ‖스케줄을 짜다 スケジュールを組む. 스케줄을 세우다 スケジュールを立てる. 스케줄에 쫓기다 スケジュール

에 追われる. 여행 스케줄 旅行のスケジュール.

스케치 (sketch) 图 《하他》 スケッチ. ‖눈 내린 풍경을 스케치하다 雪の降った景色をスケッチする.

스케치북 (sketchbook) 图 スケッチブック.

스코어 (score) 图 スコア.

스코어보드 (scoreboard) 图 スコアボード.

스코틀랜드 (Scotland) 图 《国名》 スコットランド.

스콜 (squall) 图 《地》 スコール.

스콜라 철학 (schola 哲学) 图 スコラ哲学.

스콥 (schop ᅌ) 图 スコップ.

스쿠버 다이빙 (scuba diving) 图 《スポーツ》 スキューバダイビング.

스쿠터 (scooter) 图 スクーター.

스쿠프 (scoop) 图 スクープ; 特種. ‖공무원 비리 사건을 스쿠프하다 公務員の汚職事件をスクープする.

스쿨-버스 (school bus) 图 スクールバス.

스쿼시 (squash) 图 ❶ 《スポーツ》 スカッシュ. ❷ 《飲み物の》スカッシュ. ‖레몬 스쿼시 レモンスカッシュ.

스크랩 (scrap) 图 《하他》 スクラップ.

스크랩북 (scrapbook) 图 スクラップブック.

스크럼 (scrum) 图 スクラム. ‖데모대가 스크럼을 짜다 デモ隊がスクラムを組む.

스크롤-바 (scroll bar) 图 《IT》 《コンピューターの》スクロールバー.

스크루 (screw) 图 スクリュー.

스크린 (screen) 图 スクリーン.

스크린 쿼터 (screen quota) 图 映画上映時間割当の制度. ✛政府が邦画を保護・育成するため, 上映館に一定期間は邦画を上映するようにさせる制度.

스크립터 (scripter) 图 スクリプター.

스키 (ski) /sukʰi/ 图 《スポーツ》 スキー. ‖수상 스키 水上スキー.

스키-장 (-場) 图 スキー場.

스킨 (skin) 图 スキン; 肌.

스킨-다이빙 (skin diving) 图 スキンダイビング.

스킨-로션 (skin lotion) 图 スキンローション.

스킨십 (skin + ship 日) 图 スキンシップ.

스킨-케어 (skin care) 图 スキンケア.

스타 (star) 图 スター. ‖세계적인 축구 스타 世界的なサッカースター.

스타덤 (stardom) 图 スターダム. ‖스타덤에 오르다 スターダムにのし上がる.

스타디움 (stadium ᅌ) 图 スタジアム.

스타일 (style) /sutʰail/ 图 スタイル. ‖스타일이 좋은 사람 スタイルのいい人.

낡은 스타일의 양복 古いスタイルの洋服. 참신한 스타일 斬新なスタイル. 개성적인 스타일 個性的なスタイル.

스타일리스트 (stylist) 图 スタイリスト.

스타카토 (staccato) 图 《音楽》 スタッカート.

스타킹 (stocking) 图 ストッキング.

스타트-라인 (start + line 日) 图 スタートライン. ‖스타트라인에 서다 スタートラインに立つ.

스타팅^멤버 (starting member) 图 スターティングメンバー.

스태그플레이션 (stagflation) 图 《経》 スタグフレーション.

스태미나 (stamina) 图 スタミナ. ‖스태미나가 떨어지다 スタミナが切れる. 스태미나를 기르다 スタミナをつける.

스태프 (staff) 图 スタッフ.

스탠더드 (standard) 图 スタンダード.

스탠드 (stand) 图 ❶スタンド. ‖외야 스탠드 外野スタンド. 잉크 스탠드 インクスタンド. ❷ 전기스탠드(電氣─)의 略語.

스탠드-바 (stand + bar 日) 图 スタンドバー.

스탠딩^스타트 (standing start) 图 《陸上競技で》スタンディングスタート.

스탠바이 (standby) 图 スタンバイ.

스탬프 (stamp) 图 スタンプ. ‖기념 스탬프 記念スタンプ.

스탬프-잉크 (stamp + ink 日) 图 スタンプインク.

스턴트-맨 (stunt man) 图 スタントマン.

스테레오 (stereo) 图 ステレオ.

스테레오^타입 (stereo type) 图 ステレオタイプ; 紋切り型.

스테로이드 (steroid) 图 《薬》 ステロイド.

스테이션 (station) 图 ステーション.

스테이션-왜건 (station wagon) 图 ステーションワゴン.

스테이지 (stage) 图 ステージ.

스테이크 (steak) 图 ステーキ.

스테인드-글라스 (stained glass) 图 ステンドグラス.

스테인리스 (stainless) 图 ステンレス.
스테인리스-강 (stainless 鋼) 图 ステンレス鋼.

스텝¹ (step) 图 ステップ. ‖스텝을 밟다 ステップを踏む.

스텝² (steppe) 图 《地》 ステップ(半乾燥気候下の樹木のない草原地帯).

스텝^기후 (steppe 氣候) 图 《地》 ステップ気候.

스토리 (story) 图 ストーリー. ‖러브 스토리 ラブストーリー.

스토브 (stove) 图 ストーブ. ‖전기스토브 電氣ストーブ.

스토아^철학 (Stoa 哲學) 图 ストア哲学.

스토어 (store) 图 ストア.

스토커 (stalker) 图 ストーカー.

스톡^옵션 (stock option) 图 《経》 ストックオプション(あらかじめ決めた価格で自社株式を購入する権利).

스톱 (stop) / sutʰop/ 图 《하게타》 ストップ. ‖눈으로 전철이 스톱하다 雪で電車がストップする.

스톱워치 (stopwatch) 图 ストップウォッチ.

스툴 (stool) 图 スツール.

스튜디오 (studio) 图 スタジオ.

스튜어드 (steward) 图 スチュワード.

스튜어디스 (stewardess) 图 スチュワーデス.

스트라이커 (striker) 图 《サッカーで》ストライカー.

스트라이크 (strike) 图 ❶《野球やボウリングで》ストライク. ❷ストライキ; 同盟罷業.

스트레스 (stress) / sutʰuresu/ 图 ストレス. ‖스트레스가 쌓이다 ストレスがたまる. 스트레스를 풀다[해소하다] ストレスを解消する.

스트레이트 (straight) 图 ストレート. ‖스트레이트로 이기다 ストレートで勝つ. 위스키를 스트레이트로 마시다 ウイスキーをストレートで飲む. 스트레이트 코스 ストレートコース.

스트레치 (stretch) 图 ストレッチ.

스트로 (straw) 图 ストロー. 俗 빨대.

스트로크 (stroke) 图 《ボートで》ストローク.

스트립-쇼 (strip show) 图 ストリップショー.

스티렌^수지 (styrene 樹脂) 图 スチロール樹脂; スチレン樹脂.

스티로폴 (Styropor ドイツ) 图 スチロポールの誤り.

스티로폼 (styrofoam) 图 スチロール. ⊕商品名から.

스티롤^수지 (styrol 樹脂) 图 =스티렌 수지(─樹脂).

스티치 (stitch) 图 ステッチ.

스티커 (sticker) 图 ❶ステッカー. ❷交通違反のチケット.

스티카^사진 (─寫眞) 图 プリクラ.

스틱 (stick) 图 ステッキ.

스틸 (steel) 图 ❶鋼鉄. ❷《野球で》盗塁.

스팀 (steam) 图 スチーム. ‖스팀 해머 スチームハンマー.

스파게티 (spaghetti) /supʰagetʰi/ 图 スパゲッティ.

스파르타^교육 (Sparta 教育) 图 スパルタ教育.

스파링 (sparring) 图 《ボクシングで》スパーリング.

스파이 (spy) 图 スパイ.
스파이스 (spice) 图 スパイス.
스파이크-슈즈 (spike shoes) 图 スパイクシューズ.
스파크 (spark) 图 スパーク. ‖스파이크가 일다 スパークする.
스패너 (spanner) 图 スパナ.
스팸-메일 (spam mail) 图 (IT) スパムメール. ╋迷惑な電子メールの総称.
스펀지 (sponge) 图 スポンジ.
스펀지-케이크 (sponge cake) 图 スポンジケーキ.
스페어 (spare) 图 スペア.
스페이스 (space) 图 スペース.
스페이스-셔틀 (space shuttle) 图 スペースシャトル.
스페인 (Spain) 图(国名) スペイン.
스펙터클 (spectacle) 图 スペクタクル.
스펙트럼 (spectrum) 图 (物理) スペクトラム.
스펠링 (spelling) 图 スペリング; つづり.
스포이트 (spuit*) 图 スポイト.
스포츠 (sports) /suphochu/ 图 スポーツ. ‖겨울 스포츠 ウインタースポーツ. 스포츠 용품 スポーツ用品.
스포츠-맨 (sportsman) 图 スポーツマン.
스포츠맨-십 (sportsmanship) 图 スポーツマンシップ.
스포츠-센터 (sports center) 图 スポーツセンター.
스포츠-카 (sports car) 图 スポーツカー.
스포트라이트 (spotlight) 图 スポットライト.
스폰서 (sponsor) 图 スポンサー.
스푼 (spoon) /suphu:n/ 图 スプーン. ‖계량 스푼 計量スプーン.
스프레이 (spray) 图 スプレー.
스프린터 (sprinter) 图 スプリンター.
스프린트 (sprint) 图 スプリント.
스프링 (spring) 图 スプリング; ばね.
스프링-보드 (spring board) 图 スプリングボード.
스프링-코트 (spring+coat日) 图 スプリングコート.
스프링클러 (sprinkler) 图 スプリンクラー.
스피드 (speed) /suphi:du/ 图 スピード. ‖스피드를 내다 スピードを出す.
스피드건 (speed gun) 图 スピードガン.
스피드-스케이팅 (speed skating) 图 (スポーツ) スピードスケート.
스피츠 (spitz) 图 (犬の)スピッツ.
스피치 (speech) 图 スピーチ. ‖스피치 콘테스트 スピーチコンテスト.
스피커 (speaker) 图 スピーカー.
스핀 (spin) 图 スピン. ‖스핀을 넣은 공 スピンをかけたボール.

슬-개골 (膝蓋骨) 图(解剖) 膝蓋骨.
슬-관절 (膝關節) 图 (解剖) 膝関節. ⇒무릎마디.
슬그머니 副 そっと; ひそかに; こっそりと; それとなく. ‖슬그머니 사라지다 そっと消える. 슬그머니 빠져나가다 こっそり抜け出す.
슬금-슬금 副 ひそひそ; こそこそ.
슬기 图 知恵; 才知. ‖슬기를 모으다 知恵を集める.
슬기-롭다【-따】 㨌〔ㅂ変〕 賢い; 賢明だ; 知恵がある. ‖슬기로운 대응 賢明な対応. 슬기로운 사람 賢い人. 슬기로이 副
슬다¹ 图 〔ㄹ語幹〕 ❶ (かびが) 生える. ‖곰팡이가 슬다 かびが生える. ❷ (さびが)つく; さびる. ‖녹이 슬다 さびがつく; さびる.
슬다² 图 〔ㄹ語幹〕 (虫や魚などが)卵を産みつける.
슬라이더 (slider) 图 (野球で)スライダー.
슬라이드 (slide) 图 スライド.
슬라이드-글라스 (slide+glass日) 图 =깔유리(-琉璃).
슬라이딩 (sliding) 图(하自) スライディング. ‖헤드 슬라이딩 ヘッドスライディング.
슬랙스 (slacks) 图 スラックス.
슬랭 (slang) 图 (言語) スラング.
슬러거 (slugger) 图 (野球で)スラッガー.
슬럼 (slum) 图 スラム.
슬럼프 (slump) 图 スランプ. ‖슬럼프에 빠지다 スランプに陥る.
슬렁-슬렁 副 (하自) ❶ ゆっくりと歩く様子. ❷ 動作が鈍くてきびきびしない様子: のそのそ(と).
슬레이트 (slate) 图 スレート.
슬로건 (slogan) 图 スローガン. ‖슬로건을 내걸다 スローガンを掲げる.
슬로-모션 (slow motion) 图 スローモーション.
슬로바키아 (Slovakia) 图(国名) スロバキア.
슬로프 (slope) 图 スロープ.
슬롯-머신 (slot machine) 图 スロットマシン.
슬리퍼 (slipper) 图 スリッパ. ‖슬리퍼를 끌며 걷다 スリッパをずるずると引きずって歩く.
슬리핑-백 (sleeping bag) 图 スリーピングバッグ; 寝袋.
슬립 (slip) 图 (女性の下着の)スリップ.
슬릿 (slit) 图 スリット.
슬며시 副 こっそり; ひそかに; そっと; それとなく. ‖슬며시 다가가다 そっと近寄る. 슬며시 물어보다 それとなく聞いてみる.
슬슬 /su:lsul/ 副 ❶ なにげなく; それと

없이; 그러시; 그리고. ‖슬슬 눈치를 보다 그러면서 얼굴색을 엿보다. ❷가볍게. ‖슬슬 긁다 背中を軽く掻く. ❸그러니그러니; 뽀뽀뽀; 뽀뽀뽀. ‖슬슬 걸어가다 뽀뽀뽀 步く. ❹솜씨있게; 능숙하게; 교묘히. ‖달콤한 말로 슬슬 꾀다 甘い言葉で巧みに誘う. ❺雪·氷·砂糖などが溶ける様子: すっと. ‖アイスクリームが口の中で슬슬 녹다 アイスクリームが口の中でやっと溶ける様子. そよそよ. ‖슬슬 부는 봄바람 そよそよと吹く春風.

슬쩍 /sulʔtɕʌk/ 副 ❶그러시; 히슬러시; そっと; それとなく. ‖슬쩍 건드리다 そっと触る. ❷살짝; 가볍게. ‖날아오는 공을 슬쩍 치다 飛んでくるボールを軽く交わす. **슬쩍슬쩍** 副

슬쩍-하다 他 [하변] 그러시 훔치다; 슬쩍 도둑질하다. ‖남의 지갑을 슬쩍하다 人の財布をこっそり盗む.

슬프다 /sulpʰuda/ 形 [으변] [슬퍼, 슬픈] 슬프다; 서럽다. ‖슬픈 영화 悲しい映画. 할머니가 돌아가셔서 너무 슬프다 祖母が亡くなられてとても悲しい. **슬피** 副

슬픈 形 [으변] 슬프다(悲しい)의 현재 연체형. ‖슬픈 이야기 悲しい話.

슬픔 名 슬프다; 애처로움; 哀れ. ㉠기쁨. ‖망국의 슬픔 亡国の悲しみ.

슬하(膝下) 名 膝元. ‖부모 슬하에서 자란 膝元で...

슴벅-거리다[-대다] [-꺼/때-] 自他 시끄럽게 바꾸다 [반복]; (눈을) 깜박거리다. ‖눈을 슴벅거리다 目をぱちぱちさせる.

습격(襲擊) 【-격】 名 他변 襲擊. ‖적진을 습격하다 敵陣を襲擊する. **습격-당하다** 受身

습곡(褶曲) 【-꼭】 名 (地) 褶曲(レテㅜ). (지각에 작용하는 힘에 의해 지층이 파상으로 밀어 구부러지는 것).

습관(習慣) /supʔkwan/ 名 習慣. ‖일찍 일어나는 습관 早起きする習慣, 습관을 들이다 くせをつける. 나쁜 습관 悪い習慣. 생활 습관 生活習慣.

습관-성(習慣性) 【-관성】 名 習慣性.

습관-적(習慣的) 名 習慣的. ‖습관적인 흡연 習慣的な喫煙.

습관-화(習慣化) 名 自他변 習慣化.

습기(濕氣) 【-끼】 名 湿気; 濕り気.

습기-차다(濕氣一) 【-끼-】 自 湿気が多い. ‖습기찬 방 湿気の多い部屋.

-습니까 /sumniʔka/ 【습ー】 語尾 〔子音語幹에 붙어서〕 母音語幹의 경우에는 -ㅂ니까. 疑問을 表わす: …ですか; …ますか. ‖学校는 驛에서 가깝습니까? 学校は駅から近いですか. 저녁은 몇 시에 먹습니까? 夕食は何時に食べますか.

-습니다 /sumnida/ 【습ー】 語尾 〔子音語幹에 붙어서〕 母音語幹의 경우에는 -ㅂ니다. 平叙를 表わす: …です; …ます. ‖여름에는 덥습니다 夏は暑いです. 아침에는 빵을 먹습니다 朝はパンを食べます.

습도(濕度) 【-또】 名 湿度. ‖높은 습도 高い湿度.

습도-계(濕度計) 【-또-/-또 게】 名 湿度計.

습득[1](拾得) 【-뜩】 名 他변 拾得. ㉠분실(紛失). ‖지갑을 습득하다 財布を拾得する.

습득-물(拾得物) 【-뜩-】 名 拾得物.

습득[2](習得) 【-뜩】 名 他변 習得. ‖언어를 습득하다 言語を習得する.

습득 관념(習得觀念) 【-뜩-관-】 ⇆ 習得觀念. ㉠생득 관념(生得觀念).

-습디까 【-띠-】 語尾 ⇨ -ㅂ디까[2].

-습디다 【-띠-】 語尾 ⇨ -ㅂ디다[2].

습생(濕生) 【-쌩】 名 他변 濕生.

습생 식물(濕生植物) 【-쌩ー】 名 〔植物〕 湿生植物.

습성[1](習性) 【-썽】 名 習性. ‖동물의 습성 動物の習性.

습성[2](濕性) 【-썽】 名 湿性.

습자(習字) 【-짜】 名 他변 習字.

습자-지(習字紙) 【-짜-】 名 習字紙.

습작(習作) 【-짝】 名 他변 習作.

습지(濕地) 【-찌】 名 湿地.

습지 식물(濕地植物) 【-찌 씽-】 名 〔植物〕 湿地植物; 湿生植物.

습진(濕疹) 【-찐】 名 湿疹. ‖습진에 걸리다 湿疹が出る.

습토(濕土) 名 湿土.

습-하다(濕-) 【-스파-】 形 [하변] 濕っている; 비습하다; 濕り気がある. ‖일본의 여름은 덥고 습하다 日本の夏は暑くて湿っぽい.

승[1](乘) 名 ❶かけ算. ❷同じ数をかけ合わせる回数; 乗. ‖삼의 이 승 3の2乗.

승[2](僧) 名 〔仏教〕 僧.

승[3](勝) 名 依 경기 등에서 勝한 回数를 表わす 말: ...勝. ‖오 승 이 패 5勝2敗.

승강(乘降) 名 自他변 乘降.

승강-장(乘降場) 名 乘降場; 乘り場. ‖버스 승강장 バス乘り場.

승강[2](昇降) 名 自변 昇降.

승강-구(昇降口) 名 昇降口.

승강-기(昇降機) 名 昇降機; エレベーター. ‖고속 승강기 高速エレベーター.

승강-이(昇降-) 名 自변 いざこざ; 말다툼; 시비하기; 押し問答. ‖승강이를 벌이다 押し問答をする.

승객(乘客) 名 乘客. ‖버스 승객 バス

승객의 乘客.
승격(昇格)【-껵】图 되自 昇格. ‖군에서 시로 승격되다 郡から市に昇格する.
승경(勝景)图 景勝.
　승경-지(勝景地)图 景勝地.
승계(承繼)【-/-게】图 하他 承繼;継承. ‖왕위를 승계하다 王位を継承する.
승급¹(昇級·陞級)图 하自 昇級. ‖승급 심사 昇級審査.
승급²(昇給)图 하自 昇給.
승낙(承諾)图 하他 承諾. ‖부모님의 승낙을 받다 両親の承諾を得る.
　승낙-서(承諾書)【-써】图 承諾書.
승냥이图〖動物〗ヤマイヌ(山大).
승률(勝率)图 勝率. ‖승률이 높다 勝率が高い.

승리(勝利) /sɯːɲɲi/【-니】图 勝利. 패배(敗北). ‖승리를 거두다 勝利を収める. 상대 팀의 승리로 끝나다 相手チームの勝利に終わる.
　승리-자(勝利者)图 勝利者.

승마(乘馬)图 하自 乘馬.
승무-원(乘務員)图 乘務員.
승방(僧房)图〖仏教〗尼僧だけが住む寺;比丘尼寺;尼寺.
승법(乘法)【-뻡】图〖数学〗乘法;かけ算.
승복¹(承服)图 하他 承服.
승복²(僧服)图〖仏教〗僧服;法衣.
승부(勝負)图 勝負. ‖승부가 나다 勝負がつく. 승부를 가리다 勝負をつける. 승부를 다투다 勝負を争う.
　승부-차기(勝負-)图 (サッカーで)PK戦.
승산(勝算)图 勝算;勝ち目;分(ぶ). ‖승산이 있다 勝算がある;分がある.
승선(乘船)图 하自 乘船. ‖하선(下船).
승세(勝勢)图 勝勢. ‖승세를 타다 勝勢に乘じる.
승소(勝訴)图 하自 勝訴. ‖패소(敗訴).
승수(乘數)图〖数学〗乘數.
승승-장구(乘勝長驅)图 하自 勝った勢いで続けて攻めること.
승용(乘用)图 乘用.
　승용-차(乘用車)图 乘用車.
승인(承認)图 하他 承認. ‖이사회의 승인을 받아 내다 理事会の承認を取り付ける. **승인-받다** 受他
　승인-서(承認書)图 承認書.
승자(勝者)图 勝者. 패자(敗者).
승전(勝戰)图 하自 勝ち戰;戰勝. 패전(敗戰).
　승전-고(勝戰鼓)图 勝鼓(かちつづみ). ‖승전고를 울리다 勝鼓を鳴らす.
승진(昇進·陞進)图 하自 昇進. ‖부장으로 승진하다 部長に昇進する.
승차(乘車)图 하自 乘車. ‖무임승차 無賃乘車.
　승차-권(乘車券)【-꿘】图 乘車券.
승천(昇天)图 하自 昇天.
승패(勝敗)图 勝敗.
승화(昇華)图 하自 ❶〖物理〗昇華. ❷[比喩的に]情念などがより高度な状態に高められること. ‖고전적인 미로 승화되다 古典的な美に昇華される.
　승화-열(昇華熱)图〖物理〗昇華熱.

시¹(市)【시ː】图 ❶都市;市街. ❷地方行政区域の1つ. ‖군에서 시로 승격되다 郡から市に昇格する. ❸[市政(市廳)の略語]市役所. ‖시에 가서 확인하다 市役所に行って確認する.
시²(是)图 是;正しいこと. ㉠비(非). ‖시비를 가리다 是非を裁く.
시³(時)/ʃi/图 時間;時;時刻. ‖매일 같은 시에 일어나다 毎日同じ時に起きる.
　— 依図 時間を表わす: …時. ‖지금 몇 시입니까？ 今何時ですか. 매일 열두시에 잔다 毎日12時に寝る.
시⁴(詩)/ʃi/图 詩. ‖시를 짓다 詩をつくる. 서정시 叙情詩.
시⁵(si⁴)图〖音楽〗(階名の)シ.
시⁶(C·c)图 ❶(アルファベットの)シー. ❷摂氏の温度であることを表わす記号.
시⁷图 不満や無視の意を表わす際に発する語.
시-⁸(媤)随頭 [一部の色彩語の前に付いて]その色が濃いことを表わす: 真っ…. ‖시퍼렇다 真っ青だ. 시뻘겋다 真っ赤だ.
시-⁹(媤)随頭 (結婚した女性側から見て)婚家を表わす: 시어머니 姑.
시-¹⁰(視)随尾 …視. ‖문제시 問題視. 적대시 敵対視.
-시-¹¹随尾 ❶[母音で終わる動詞の語幹に付いて;子音語幹は-으시-] 尊敬の意を表わす: …られる; お[ご]…になる. ‖선생님은 어떤 책을 읽으십니까？ 先生はどんな本をお読みになりますか. ❷[이다·다の前に付いて]尊敬の意を表わす: …でいらっしゃる. ‖담임 선생님이십니다 担任の先生でいらっしゃる. ✚母音体言の後では語幹이が省略されることがある.

시가¹(市街)图 市街.
　시가-전(市街戰)图 市街戰.
　시가-지(市街地)图 市街地.
시가²(市價)【-까】图 市価.
시가³(時價)【-까】图 時価.
시가⁴(媤家)图 (結婚した女性側から見て)婚家;嫁ぎ先.
시가⁵(詩歌)图〖文芸〗詩歌.
시가⁶(cigar)图 シガー;葉巻.
시각¹(時刻)图 時刻. ‖열차의 出発 시각 列車の出発時刻.
시각²(視覺)图 視覺. ‖시각 예술 視覺芸術. 시각 장애 視覚障害.

시각-적 (視覺的) [-쩍] 冠 視覺的. ‖시각적 효과 視覺的 効果.

시간¹ (時間) /jigan/ 图 ❶時間. ‖오늘은 시간이 없다 今日は時間が無い. 한정된 시간 限られた時間. 삼 교시는 수학 시간이다 3時間目は数学の時間だ. 시간을 내다 時間を割く. 그의 성공은 시간문제다 彼の成功は時間の問題だ. 집합 시간 集合時間. 시간 많우기 時間つぶし. 시간 외 근무 超過勤務. ❷時. ‖시간이 지나면 알게 될 거야 時が経つと分かるんだ. 시간은 금이다 時は金なり. ▶시간 가는 줄 모르게 時間が経つのを忘れる. ▶시간을 벌다 時間を稼ぐ.
―간 (間) …時間. ‖한 시간만 기다려 주세요 1時間だけ待ってください.

시간 강사 (時間講師) 图 非常勤講師.
시간-급 (時間給) 图 時間給.
시간-대 (時間帶) 图 時間帶.
시간-적 (時間的) 冠 時間的.
시간차 공격 (時間差攻擊) 图 時間差攻擊.
시간-표 (時間表) 图 時間割;時刻表.

시간² (屍姦) 图 自 屍姦.
시-건방지다 圈 生意気だ;こしゃくだ;小がしい. ‖시건방진 말투 生意気な言い方.
시경¹ (市警) 图 [시 지방 경찰청 (市地方警察廳)의 略] 市警.
시경² (詩經) 图 (五經의) 詩經.

시계 (時計) /jige/ 图 [/-/시] 時計. ‖시계를 차다 時計をはめる. 시계가 삼 분 빠르다[느리다] 時計が3分速い[遅れている]. 시계 밥을 주다 時計のねじを巻く. 시계 방향 時計回り. 벽시계 柱時計.
시계-추 (時計錘) 图 時計の振り子.
시계-탑 (時計塔) 图 時計台;時計塔.

시계 (視界) [-/-계] 图 視界. ‖시계가 흐려지다 視界がきかない.
시-고모 (媤姑母) 图 夫の父の姉妹.
시-고모부 (媤姑母夫) 图 夫の父の姉妹の夫.

시골 /jigol/ 图 ❶田舎. ‖시골에서 자라다 田舎で育つ. 시골 사람 田舎者. ❷生まれ故郷;郷里. ‖설에 시골에 다녀왔다 正月に故郷に行ってきた.
시골-구석 [-꾸-] 图 辺鄙(へんぴ)な田舎;片田舎;辺地.
시골-내기 [-래-] 图 田舎者;田舎育ちの人.
시골-뜨기 〔시골 사람을 낮추어 부르는 말〕田舎っぺえ;かっぺ.
시골-집 [-찝] 图 ①田舎の家;村家. ②田舎にある実家.

시골-티 图 田舎くさい身なり;田舎風. ‖시골티가 나다 田舎くさい.

시공¹ (時空) 图 時空. ‖시공을 초월한 진리 時空を超えた真理.
시공² (施工) 图 他 施工.
  시공-도 (施工圖) 图 施工図.
  시공-법 (施工法) 图 [-뻡] 施工法.
  시공-자 (施工者) 图 施工者.

시구 (詩句) [-꾸] 图 詩句.
시구-식 (始球式) 图 (野球などで) 始球式.

시국 (時局) 图 時局. ‖중대한 시국 重大な時局. 시국 문제 時局問題.

시굴 (試掘) 图 他 試掘. ‖온천을 시굴하다 温泉を試掘する.
  시굴-권 (試掘權) [-꿘] 图 (法律) 試掘権.

시금-하다 圈 [하変] かなり酸い.
시-큼하다 圈 [하変] やや酸っぱい. ‖시큼한 김치 酸っぱくなったキムチ.

시궁 图 汚水のたまり;どぶ.
  시궁-쥐 (動物) ドブネズミ (溝鼠).
  시궁-창 图 下水のたまり;どぶ.

시그널 (signal) 图 シグナル. ‖시그널을 보내다 シグナルを送る. 시그널 뮤직 シグナルミュージック.

시그마 (sigma) 图 (數學) シグマ (Σ).
시국 (詩文) 图 文詩.

시근-거리다¹ 自 息を弾ませる;あえぐ.
시근-거리다² 自 傷口などが脈打つように痛む;ずきずき痛む;うずく.
시근-시근¹ 圖 苦しそうに激しく息をする様子:はあはあ;ふうふう.
시근-시근² 圖 傷口や関節などが脈打つように絶えず痛む様子:ずきずき;ずきんずきん.
시근-하다 圈 (関節や傷口などが) うずく.

시금떨떨-하다 圈 [하変] (味が) 酸っぱくて渋い.
시금-석 (試金石) 图 試金石.
시금치 /jigumtɕʰi/ 图 (植物) ホウレンソウ. ‖시금치를 데치다 ホウレンソウをゆがく.
시금털털-하다 圈 [하変] 酸っぱくて渋い.
시금-하다 圈 [하変] やや酸っぱい.

시급 (時給) 图 時給.
시급-하다 (時急-) /jiɡɯpʰada/ [-그파-] 圈 [하変] 非常に急だ;至急だ;緊急だ;急を要する. ‖시급한 현안 緊急な懸案. **시급-히** 시급히 対策を立てる.

시기¹ (時期) 图 時期. ‖매년 이 시기에 제비가 날아온다 毎年この時期にツバメがやってくる. 아직 말할 시기가 아니다 まだ言い出す時期ではない.
시기² (時機) 图 時機. ‖적절한 시기 適切な時機. 시기를 놓치다 時機を失

시기 う[逸する].

시기-상조(時機尙早)[名] 時期尙早.

시기³(猜忌)[名][하変] 猜忌($\tilde{}$); 妬み嫌うこと.

시기-심(猜忌心)[名] 嫉妬心. ∥시기심이 많다 嫉妬深い.

시-꺼멓다[-떠타][形] 真っ黒い. ∥얼굴이 시꺼멓게 타다 顔が真っ黒に日焼けする. 속이 시꺼먼 사람 腹黒い人.

시끄랍다[形][ㅂ変] 시끄럽다(うるさい)の現在連体形.

시끄러워[形][ㅂ変] 시끄럽다(うるさい)の運用形.

시끄럽다 /ſikkurɔp'ta/【-따】[形][ㅂ変][시끄러워, 시끄러운] ❶ うるさい; やかましい; 騒がしい. ∥차 소리가 시끄럽다 車の音がうるさい. ❷ 口うるさい; 口やかましい. ∥일 마다 시끄럽게 참견하다 ことごとに口うるさくおせっかいをやく. ❸ 込み入って煩わしい; ややこしい; 面倒だ. ∥문제가 시끄러워졌다 問題がややこしくなった.

시글시글-하다[形][하変] 騒々しい; 騒がしい; がやがやしている; ごたごたしている. ∥언제나 시끌시끌한 시장 いつも騒々しい市場. 비리 문제로 회사가 시끌시끌하다 不正問題で会社がごたごたしている.

시나리오 (scenario)[名] シナリオ.

시나브로[副] 知らぬ間に少しずつ. ∥시나브로 어둠이 내리고 있었다 知らぬ間に少しずつ夜の帳が下りていた.

시내¹[名] 小川.

시냇-가【-내까/-낻까】[名] 小川のほとり.

시냇-물【-낸-】[名] 小川の水.

시내²(市内) /ſiːnɛ/[名] 市内. ∥시외(市外). 시내 구경 市内見物.

시내-버스(市内 bus)[名] 市内バス.

시냅스 (synapse)[名][解剖] シナプス.

시너 (thinner)[名] シンナー.

시너지 (synergy)[名] シナジー. ∥시너지 효과 シナジー効果.

시네마 (cinema)[名] シネマ.

시네마-스코프 (Cinema Scope) [名] シネマスコープ. ✚商標名から.

시-누이(媤-)[名] 夫の女兄弟; 小姑.

시늉 /ſinjuŋ/[名] まね; まねること; 形だけ似た動作すること; 振り; 見せかけの態度や動作. ∥우는 시늉을 하다 泣くまねをする. 일을 했더니 시늉만 하다 仕事をしろと言ったらするまねばかりをする. 웃는 시늉을 하다 笑う振りをする.

시니컬-하다 (cynical-)[形][하変] シニカルだ. ∥시니컬한 웃음 シニカルな笑い. 시니컬하게 웃다 シニカルな笑いを浮かべる.

시다 /ſida/[形] ❶ (味が)酸っぱい; 酸っぱくなる. ∥신 김치 酸っぱいキムチ. ❷ (関節などが)うずく; ずきずきする; 無릎이 시다 膝がずきずきする. ❸ [눈꼴이 시다の形で] 気に障る; 目に余る; 気に食わない. ∥눈꼴이 시어서 도저히 볼 수가 없다 目に余って到底見ていられない.

시달(示達)[名][하変] 示達($\tilde{}$). **시달-되다** 〜

시달리다 /ſidallida/[自] 苦しむ; 苦しめられる; 悩まされる; いじめられる; うなされる. ∥가난에 시달리다 貧困に苦しむ. 죄책감에 시달리다 罪悪感に苦しむ. 학교에서 친구들에게 시달리다 学校で級友たちにいじめられる. 악몽에 시달리다 悪夢にうなされる.

시답잖다[-짠타][形] 気に入らない; くだらない; 取るに足りない. ∥시답잖은 농담 くだらない冗談.

시대(時代)[名] 時代. ∥시대가 바뀌었다 時代が変わった. 시대를 거슬러 올라가다 時代をさかのぼる. 시대에 역행하다 時代に逆行する. 시대에 뒤떨어지다 時代に後れる. 시대를 앞서는 생각 時代の先を行く考え. 조선 시대 朝鮮時代. 에도 시대 江戸時代.

시대-극(時代劇)[名] 時代劇.

시대-상(時代相)[名] 時代相. ∥시대상을 반영한 소설 時代相を映し出した小説.

시대-적(時代的)[名] 時代的.

시대-착오(時代錯誤)[名] 時代錯誤. ∥시대적오적인 발상 時代錯誤な発想.

시댁(媤宅)[名] 시집(媤-)の尊敬語.

시도(試圖)[名][하他] 試図; 試み. ∥우주 탐사를 시도하다 宇宙探査をする. 새로운 시도 新しい試み. **시도-되다** 〜

시동(始動)[名][하他] 始動; エンジン. ∥차 시동을 걸다 車のエンジンをかける.

시-동생(媤同生)[名] 夫の弟; 義弟.

시드 (seed)[名] シード.

시들다 /ſidulda/[自][ㄹ語幹][시들어, 시든, 시듭니다] ❶ (草花などが)しぼむ; しおれる; 枯れる. ∥꽃이 시들다 花が枯れる. 꽃병의 장미가 시들다 花びんのバラがしおれる. ❷ (体力が)弱る; (元気が)なくなる. ∥기력이 시들어 元気がなくなる. ❸ (気勢や熱意などが)衰える. ∥연구에 대한 열의가 시들다 研究に対する熱意が衰える.

시들-하다[形] ❶ しぼんで生気がない様子. ∥꽃이 시들하게 피어 花がしおれている. ❷ 元気がない様子. ❸ (気勢や熱意が)衰えている様子.

시들-하다[形][하変] ❶ しぼんで生気がない; 衰えている; 下火になっている. ∥와인 붐이 시들하다 ワイン症ブームが下火になっている. ❷ 気が進まない; 気乗りがしない; 興味がない. ∥시들한 얼굴을 하고 있다 気乗りしない顔をしている.

시디 (CD) /ſiːdi/[名] CD; コンパクトディ

시디. ‖시디를 틀다 CD를 켜다.
시디-롬 (CD-ROM) 图 《IT》 CD-ROM.
시디-플레이어 (CD Player) 图 CD 플레이어.

시래기 图 大根の茎や葉を干したもの; 干葉(ば).

시래깃-국【-기꾹/-긷꾹】图《料理》시래기를 넣어 만든 된장국.

시럽 (syrup) 图 シロップ.

시력 (視力) /ʃiːrjɔk/ 图 視力. ‖시력이 떨어지다 視力が衰える. 시력이 회복되다 視力が回復する. 시력 검사 視力検査. 시력 검사표 視力検査表.

시련 (試鍊·試練) /ʃiːrjən/ 图 試鍊. ‖온갖 시련을 극복하다 様々な試練を乗り越える. 혹독한 시련을 겪다 厳しい試練を受ける. 시련을 견뎌 내다 試練に耐え抜く.

시련-기 (試鍊期·試練期) 图 試鍊期.

시론[1] (時論) 图 時論.

시론[2] (詩論) 图 《文芸》詩論.

시루 图 こしき; せいろう; 甑.

시루-떡 图 蒸し器で蒸して作った餅.

시류 (時流) 图 時流. ‖시류를 타다 時流に乗る. 시류에 영합하다 時流に迎合する.

시름 图 憂い; 心配; 悩み. ‖시름이 많다 心配が多い.

시름-겹다【-따】形【ㅂ変】悩み〔憂い〕が多そうだ. ‖시름겨운 얼굴 憂いを帯びた顔.

시름-시름 副 病気が治り切らないで長く続く様子. ‖시름시름 앓다 長く患う.

시리다 /ʃirida/ 形 ❶しびれるほど冷たく感じる. ‖추워서 손이 시리다 寒くて手がしびれる. ❷まぶしい; まばゆい. ‖하늘이 너무 푸르러 눈이 시리다 空があまりにも青くてまぶしい.

시리아 (Syria) 图《国名》シリア.

시리즈 (series) 图 シリーズ. ‖영화 시리즈 名画シリーズ. 세계 명작 시리즈 世界名作シリーズ.

시립 (市立) 图 市立. ‖시립 도서관 市立図書館.

시말 (始末) 图 始末.

시말-서 (始末書) 图 始末書.

시멘트 (cement) 图 セメント.

시무 (始務) 自他 御用始め. ㉑무(務).

시무-식 (始務式) 图 御用始めの儀式. ㉑종무식(終務式).

시무룩-하다【-루카-】形【ㅎ変】ふくれっ面をしている; 不機嫌そうだ; 不満そうに無口でいる; ぶすっとしている. ‖시무룩한 표정 不機嫌な表情.

시문 (詩文) 图 詩文.

시뮬레이션 (simulation) 图 シミュレーション.

시민 (市民) /ʃiːmin/ 图 市民. ‖서울 시민 ソウル市民. 시민 회관 市民会館.

시민-계급 (市民階級)【-/-게-】图 市民階級.

시민-권 (市民權)【-꿘】图《法律》市民権. ‖미국에서 시민권을 따다 アメリカで市民権を得る.

시민-혁명 (市民革命)【-형-】图 市民革命.

시민-사회 (市民社會)【-/-훼】图 市民社会.

시발 (始發) 自 始発. ‖시발 버스 始発バス.

시발-역 (始發驛)【-력】图 始発駅. ㉑종착역(終着駅).

시방 (時方) 副 今; 現在.

시범 (示範) 他 示範; 模範を示すこと. ‖시범을 보이다 模範を示す.

시보 (時報) 图 時報.

시부렁-거리다 自 ひっきりなしにくだらないことをしゃべる; ぺちゃくちゃしゃべる.

시부렁-시부렁 副 他自 ぺちゃくちゃ.

시-부모 (媤父母) 图 舅姑(きゅうこ); 舅と姑.

시부적-시부적【-쩍-】副 自他 さりげなく行動する様子. ‖시부적시부적 일어나다 さりげなく立ち上がる.

시비[1] (是非) /ʃiːbi/ 图 ❶是非; 是と非; 正しいことと正しくないこと. ‖시비를 가리다〔따지다〕 是非を強く〔正す〕. 시비를 논하다 是非を論じる. ❷物事のよしあしを議論し判断すること; 言い争うこと; 口論. ‖시비가 붙다 言い争いになる; 口論になる. 시비를 걸다 因縁をつける; 言いがかりをつける.

시비-조 (是非調)【-쪼】图 けんか腰. ‖시비조로 말을 하다 けんか腰で話す.

시비[2] (詩碑) 图 詩碑.

시삐-하다 他【하変】不満に思う.

시-뻘겋다【-거타-】形【ㅎ変】真っ赤だ. ‖시뻘건 피 真っ赤な血.

시뻘게-지다【-】真っ赤になる. ‖화가 나서 얼굴이 시뻘게지다 怒って顔が真っ赤になる.

시-뿌옇다【-여타-】形【ㅎ変】白く濁っている; かすんでいる. ‖하늘이 시뿌옇다 空がかすんでいる.

시쁘다【ㅡ変】気に食わない; 不満だ.

시사[1] (示唆) 他 示唆. ‖시사하는 바가 많다 示唆に富む.

시사[2] (時事) 图 時事. ‖시사 문제 時事問題. 시사 평론 時事評論.

시사-물 (時事物) 图 時事物.

시사-성 (時事性)【-씽】图 時事性.

시사[3] (試射) 他 試射.

시사-회 (試射會) 图 試写会.

시산 (試算) 他 試算. ‖공사비를 시산하다 工事費を試算する.

시산-표 (試算表) 圀 試算表.
시상 (施賞) 圀 他 授賞.
  시상-식 (施賞式) 圀 授賞式.
시상² (詩想) 圀 詩想.
시상 하부 (視床下部) 圀【解剖】視床下部.
시새우다 他 ねたむ; そねむ; やく; やきもちを焼く.
시샘 圀 他 ねたみ; ねたむこと; そねみ; 嫉妬. ‖시샘하다 ねたむ. 시샘이 많다 嫉妬深い.
시생-대 (始生代) 圀【地】始生代.
시서 (詩書) 圀 詩書.
시선¹ (視線) /fi:sən/ 圀 視線. ‖시선이 마주치다 視線が合う. 시선이 집중되다 視線が集中する. 시선을 돌리다 視線をそらす. 시선을 끌다 視線を集める. 시선을 피하다 視線を避ける. 차가운 시선을 느끼다 冷たい視線を感じる.
시선² (詩選) 圀 詩選.
시설 (施設) 圀 他 施設. ‖공공 시설 公共施設. 복지 시설 福祉施設.
시세 (時勢) 圀【解剖】❶時勢. ❷相場; 市価.
시-세포 (視細胞) 圀【解剖】視細胞.
시소 (seesaw) /ʃiːsɔː/ 圀 シーソー.
  시소-게임 (seesaw game) 圀 シーソーゲーム. ‖시소게임을 벌이다 シーソーゲームを展開する.
시소러스 (thesaurus) 圀 シソーラス《語句を意味によって分類・配列した語彙集》.
시속 (時速) 圀 時速.
시숙 (媤叔) 圀 夫の兄.
시술 (施術) 圀 他 施術.
시스템 (system) /ʃisutʰem/ 圀 システム. ‖사회 시스템 社会のシステム. 인사관리 시스템 人事管理システム. 온라인 시스템 オンラインシステム. 시스템을 개발하다 システムを開発する.
시승 (試乗) 圀 他 試乗.
시시 (cc) 依 体積の単位: …cc. ‖배기량 이천 cc 이상의 차량 排気量2000cc 以上の車両. ✦ cubic centimeter(s)の略.
시시각각 (時時刻刻)【-각】圀 時々刻々; 刻一刻. 刻々. ‖시시각각으로 변하다 時々刻々と変わる.
시시껄렁-하다 刢【하변】取るに足りない; くだらない. ‖시시껄렁한 이야기 くだらない話.
시시덕-거리다 [-꺼-] 自 むやみに笑いながらしゃべりたてる.
시시비비 (是是非非) 圀 是々非々; 是非. ‖시시비비를 가리다 是非を争う.
시시-콜콜 副 細かい点まで調べ上げたり干渉したりする様子; 根掘り葉掘り; 何から何まで. ‖시시콜콜 일러바치다 何から何まで言いつける.
시시콜콜-하다 刢【하변】ありふれてくだらない; 取るに足りない. ‖시시콜콜한 이야기 くだらない話. **시시콜콜-히** 副

시시-하다 /ʃiʃihada/ 刢【하변】取るに足りない; くだらない; つまらない. ‖그 영화는 시시했다 あの映画はつまらなかった.
시식 (試食) 圀 他 試食. ‖시식 코너 試食コーナー.
시신 (屍身) 圀 死体; 死骸; 屍 [ˈshīː].
시-신경 (視神経) 圀【解剖】視神経.
시-아버지 (媤—) 圀 夫の父; 舅.
시-아주버니 (媤—) 圀 夫の兄.
시안 (試案) 圀 試案.
시야 (視野) 圀 視野. ‖넓은 시야 広い視野. 시야가 좁다 視野が狭い. 눈물로 시야가 흐려지다 涙で視野がぼやける.
시약 (試薬) 圀【化学】試薬.
시어 (詩語) 圀 詩語.
시-어머니 (媤—) 圀 夫の母; 姑.
시업 (始業) 圀 他 始業. ㋐始業(終業).
  시업-식 (始業式)【-씩】圀 始業式. ㋐終業式(終業式).
시엠 (CM) /ʃiem/ 圀 CM; コマーシャル. ✦ commercial messageの略.
시여 (母音で終わる体言に付いて; 子音の場合は이시여) 尊敬の呼格助詞: …よ.
시연 (試演) 圀 他 試演.
시영 (市営) 圀 市営.
-시오 語尾 …(し)なさい; …てください. ‖다음 물음에 답하시오 次の問いに答えなさい. 미시오 押してください.
시옷 [-읏] 圀 ハングル字音字母「ㅅ」の名称.
시외 (市外)【-/-웨】圀 市外. ㋐市内(市内). ‖시외 버스 市外バス.
시용 (試用) 圀 他 試用.
시운 (時運) 圀 時運; 時の運.
시-운전 (試運轉) 圀 他 試運転.
시원섭섭-하다 [-써까-] 刢【하변】せいせいしている一方でさびしくもある; ほっとしながらも名残惜しい. ‖시원섭섭한 이별 名残惜しい別れ.
시원-스럽다 [-따] 刢【ㅂ変】さっぱりしている; さばさばしている. **시원스러운** 성격 さっぱりした性格. **시원스레** 副
시원시원-하다 刢【하변】시원하다を強めて言う語.
시원찮다 [-찬타] 刢【시원하지 아니하다の縮約形】はっきりしない; 芳 [ㅎㅎㅎ] しくない; 思わしくない; さえない. ‖시원찮은 결과 芳しくない結果.

시원-하다 /ʃiwɔnhada/ 刢【하변】❶涼しい; さわやかだ. ‖시원한 나무 그늘 涼しい木陰. 아침저녁으로 많이 시원해졌다 朝晩はだいぶ涼しくなった. ❷《苦痛や煩わしさがなくなって》気持ちが晴れる; せい

시월 (-十月) /ʃiwol/ 图 10月. ‖10월 삼일은 국경일이라서 학교에 안 간다 10月3日は祝日なので学校へ行かない. 10월 십일 10月10日に.

시위¹ 图 「활시위의 略칭」弓の弦(2).
시위² (示威) 图 (하自) 示威; デモ; デモンストレーション. ‖시위에 가담하다 デモに加わる. 시위 행진 示威行進.
시위-대 (示威隊) 图 デモ隊.
시음 (試飮) 图 (하他) 試飮.
시의 (時宜) /-[-이]/ 图 時宜. ‖시의 적절한 조치 時宜にかなった處置.
시-의원 (市議員) /-/-이-/ 图 市議員.
시-의회 (市議會) /-/-이훼/ 图 市議会.
시인¹ (是認) 图 是認. ㉠부인(否認). ‖잘못을 시인하다 過ちを認める.
시인² (詩人) 图 詩人. ‖윤동주는 일본에서도 알려진 시인이다 尹東柱は日本でも知られている詩人である.
시일 (時日) 图 ❶期日; 期限; 日時. ❷時日. ‖시일이 걸리는 문제 日にちのかかる問題.
시작 (始作) /ʃiʤak/ 图 始め; 始まり; 開始. ‖새로운 하루의 시작 新たな1日の始まり. ‖시작이 반이다 《俗》「始まりが半分だ」の意で「物事は始めさえすれば半分成就したも同様」.
시작-되다 (始作-) 【-뙤-/-뛔-】自 始まる. ‖공연이 시작되다 公演が始まる. 여름 방학이 시작되다 夏休みが始まる.
시작-하다 (始作-)【-자카-】他 始める. ‖수업을 시작하다 授業を始める. 건강을 위해 운동을 시작하다 健康のために運動を始める.
시작³ (詩作) 图 (하自) 詩作.
시장¹ /ʃiʤaŋ/ 图 (形動) ひもじいこと; お腹がすいていること; 空腹. ‖몹시 시장하다 あまりにもお腹がすっている. ▶시장이 반찬이다 《俗》「空腹がおかずだ」の意で「ひもじいときの食事はなにもかもおいしい物なし.
시장-기 (-氣) 〔-끼〕图 空腹感; ひもじさ. ‖시장기를 느끼다 空腹感を感じる.
시장² (市長) 图 市長. ‖서울 시장 ソウル市長.

시장³ (市場) /ʃiʤaŋ/ 图 市場(ば). ‖시장(ば.)에 가다; マーケット. ㉮(場). ‖재래 시장 在來市場. 어시장 魚市場. 청과물 시장 青果市場. 벼룩시장 フリーマーケット. 새로운 시장을 개척하다 新しいマーケットを開拓する.
시장-조사 (市場調査) 图 市場調査.
시절 (時節) 图 ❶季節; 時候. ‖진달래가 피는 시절 ツツジが咲く季節. ❷時; 時機; 機会. ❸時期; 時代. ‖학창 시절의 즐거운 추억 学生時代の楽しい思い出.
시점¹ (時點) 〔-쩜〕图 時点. ‖현 시점에서 생각할 수 있는 최선의 방책 現時点で考えられる最善の方策. 그 시점에서는 아무것도 밝혀지지 않았다 その時点では何も明らかにされていなかった.
시점² (視點) 〔-쩜〕图 視点. ‖시점을 달리한 문제 해석 視点を異にする問題解釈. 시점을 바꾸다 視点を変える.
시접 图 縫い代; 縫い込み.
시정¹ (市政) 图 市政.
시정² (是正) 图 是正. ‖격차를 시정하다 格差を是正する. **시정-되다** 受動
시정³ (施政) 图 (하自) 施政. ‖시정 방침 施政方針.
시정-배 (市井輩) 图 =시정아치(市井-).
시정-아치 (市井-) 图 市井の商人.
시제¹ (時制) 图 (言語) 時制.
시제² (時祭) 图 (民俗) 季節ごとに行なう宗廟(の)の祭祀.
시조¹ (始祖) 图 始祖; 元祖.
시조² (時調) 图 (文芸) シジョ(高麗末から発達した韓国・朝鮮固有の定型詩. 初章・中章・終章の3章からなる).
시종¹ (始終) 图 始終; 始めと終わり. ━ 副 始終. ‖시종 고개를 숙이고 있었다 始終うつむいていた. 始終笑いつづいていましたあった.
시종-일관 (始終一貫) 图 (하自) 終始一貫; 始終一貫. ‖시종일관 반대하다 終始一貫(して)反対する.
시종² (侍從) 图 侍從. ‖시종장 侍從長.
시주 (施主) 图 (하他) 《佛教》 施主; 檀那; 布施. ‖절에 시주하다 寺にお布施をする.
시중 图 そばにいて色々かしずくこと; 付き添うこと; 世話をすること. ‖할머니 시중을 들다 祖母に付き添う; 祖母の世話をする.
시중²**금리** (市中金利) 【-니】(経) 市中金利.
시중²**은행** (市中銀行) 图 市中銀行.
시즌 (season) 图 シーズン. ‖졸업 시즌 卒業シーズン.
시-집¹ (媤-) 图 夫の実家; 嫁入り先; 嫁ぎ先.
시집-가다 (媤-)【-까-】自 嫁ぐ; 嫁

에 行く;『장가가다.

시집-살이(媤~)【-싸리】图 (하自) ① 嫁入り暮らし; 婚家暮らし. ② 〔比喩的に〕他人の元で厳しい監督や干渉を受ける生活.

시집(詩集) 图 詩集.
시차(時差) 图 時差.
시차-병(時差病)【-뼝】图 時差ぼけ.
시찰(視察) 图 (하他) 視察. ‖수해 지역을 시찰하다 水害地域を視察する.
시찰-단(視察團)【-딴】图 視察団.
시책(施策) 图 (하他) 施策. ‖정부 시책 政府の施策.

시척지근-하다【-찌-】图 食べ物がすえて酸っぱい. ‖시척지근한 냄새가 나다 すえて酸っぱいにおいがする.

시청¹(市廳) 图 市庁; 市役所. ‖서울 시청 ソウル市役所.
시청²(視聽) 图 (하他) 視聴.
시청-각(視聽覺) 图 視聴覚. ‖시청각 교육 視聴覚教育.
시청-료(視聽料)【-뇨】图 放送受信料.
시청-률(視聽率)【-뉼】图 視聴率.
시청-자(視聽者) 图 視聴者.
시체(屍體) 图 死体; 死骸.
시쳇-말(時體〜)【-첸-】图 その時代に流行する言葉.
시초(始初) 图 始め; 始まり; 最初. ‖시초부터 잘못된 일 始めから間違ったこと.

시치다 他 仮縫いする; 下縫いする.
시치미 /sitʃimi/ 图 ① 鷹の尾に持ち主を書いて結んである名札. ② 知らんふりしたりしらを切ったりする態度. ▶시치미(를) 떼다 しらを切る; しらばくれる; (空)とぼける.

시침(時針) 图 (時計の)時針.
시침-질【-찔】图 仮縫い; 下縫い.
시-커멓다【-머타】图 (ㅎ変) 真っ黒い; 真っ黒だ. ‖얼굴이 시커멓게 타다 顔が真っ黒に日焼けする.

시크무레-하다 图【하変】 少し酸っぱい. ‖터진 홍시에서 시크무레한 냄새가 나다 つぶれた熟柿から酸っぱいにおいがする.

시큰-거리다 自 (関節や傷跡などが)ずきずきする. ‖무릎이 시큰거리다 ひざがずきずきする.

시큰둥-하다 图【하変】 気に食わず言動がおざなりだ; 誠意がない. ‖반응이 시큰둥하다 気のない反応だ.

시큰-하다 图【하変】 (関節や傷跡などが)ずきずきと痛い.

시클라멘 (cyclamen) 图【植物】シクラメン.

시름-하다 图【하変】 非常に酸っぱい. ‖김치가 시큼하다 キムチが酸っぱい.

시키다 /ʃikida/ 他 ① させる; やらせる; さす. ‖일을 시키다 仕事をさせる; 働かせる. 노래를 시키다 歌を歌わせる. ② 命じる; 言う. ‖내가 시키는 대로 하면 된다 私の言う通りにすればよい. ③ (食べ物・飲み物などを)注文する; 頼む. ‖맥주를 시키다 ビールを注文する. ④ [시켜(서) 먹다の形で] 出前を注文する; 出前を取る. ‖피자를 시켜 먹다 ピザの出前を取る.

— 接尾 [動作性名詞に付いて] …させる; …さす. ‖안심시키다 安心させる. 설득시키다 説得させる.

시트¹ (seat) 图 〔座席の〕シート.
시트² (sheet) 图 シーツ. ‖침대 시트 ベッドシーツ.
시트콤 (sitcom) 图 シットコム.
시판(市販) 图 (하他) 市販. **시판-되다** 시판되고 있는 제품 市販されている製品.

시퍼렇다 图【ㅎ変】 시퍼렇다(真っ青)の現在連体形.

시-퍼렇다 /ʃipʰɔrɔtʰa/【-러타】 图【ㅎ変】[시퍼래, 시퍼런] ① 真っ青だ. ‖멍이 들어 눈 주위가 시퍼렇다 あざができて目の周りが真っ青だ. ② (非常に驚いたり衆かったりして)血の気がなくなる. ‖깜짝 놀라 얼굴이 시퍼렇다 びっくりして顔が真っ青だ. ③ (威勢や権威などが)ものすごい. ‖서슬이 시퍼렇다 ものすごい剣幕だ. ④ まだ元気よく活動している; ぴんぴんしている. ‖시퍼렇게 살아 있다 ぴんぴんしている.

시퍼레 图【ㅎ変】 시퍼렇다(真っ青)の連用形.
시퍼렇-지다 自 真っ青になる.
시평¹(時評) 图 時評.
시평²(詩評) 图 詩評.
시풍(詩風) 图 詩風.
시학(詩學) 图 詩学.
시한(時限) 图 時限; 期限.
시한-부(時限附) 图 期限付き. ‖시한부 인생 期限付きの人生.
시한-폭탄(時限爆彈) 图 時限爆弾.
시합(試合) /ʃihap/ 图 (하他) 試合. ‖강한 팀과 시합하다 強いチームと試合する. 일 대 영으로 시합에서 이기다 1対0で試合に勝つ. 축구 시합에 출전하다 サッカーの試合に出る.

시해(弑害) 图 (하他) 弑逆(シ̆ィギャク).
시행¹(施行) 图 (하他) 施行. ‖시행 규칙 施行規則. **시행-되다** 受身.
시행-령(施行令)【-녕】图【法律】施行令.
시행²(試行) 图 (하他) 試行.
시행-착오(試行錯誤) 图 試行錯誤.
시험(試驗) /ʃihɔm/ 图 (하他) 試験. ‖성능을 시험하다 性能を試験する. 시험을 치다[보다] 試験を受ける. 시험에 붙다 試験に受かる[通る]. 입학 시험 入学試験. 사법 시험 司法試験. 자격 시험 資格試験. 시험 문제 試験問題.

시험 삼아 한 번 해 보다 試しに1度やってみる.

시험-관¹ (試驗官) 图 試験官.

시험-관² (試驗管) 图 試験管.

시험관-아기 (試驗管-) 【医学】 試験管ベビー.

시험-대 (試驗臺) 图 試験台. ‖시험대가 되다 試験台にされる.

시험-장 (試驗場) 图 試験場.

시험-지 (試驗紙) 图 ①(試験の)問題用紙. ②〖化学〗試験紙.

시험-지옥 (試驗地獄) 图 受験地獄.

시호 (諡號) 图 諡号(ﾀ); 贈り名.

시화 (詩畵) 图 詩と絵.

시화-전 (詩畵展) 图 詩と絵の展覧会.

시황 (市況) 图 市況.

시효 (時效) 图 〖法律〗時効.
　시효-기간 (時效期間) 图 〖法律〗時効期間.

식¹ (式) /ik/ 图 ❶方式; やり方. ‖그런 식으로 해서는 안 된다 そういうやり方では駄目だ. ❷意識(儀式)の略語. ‖식을 올리다 式を挙げる. 식이 거행되다 式が執り行なわれる. ❸ 数式(數式)の略語. ‖식을 세우다 式を立てる. 근 값을 식에 대입해 보다 求めた値を式に代入してみる.

-식² (式) 接尾 …式. ‖한국식 韓国式. 결혼식 結婚式.

식간 (食間) 【-깐】图 食間.

식객 (食客) 【-깩】图 居候; やっかい者.

식견 (識見) 【-껸】图 識見. ‖넓은 식견 広い識見.

식곤-증 (食困症) 【-꼰쯩】图 食後にけだるくなって眠くなる症状.

식구 (食口) /ikʼku/【-꾸】图 家族. ‖식구가 늘다 家族が増える. 식구가 많다 家族が多い.

식권 (食券) 【-꿘】图 食券.

식기 (食器) 【-끼】图 食器. 卿 밥그릇.
　식기-장 (食器欌) 【-끼짱】图 食器棚.

식다 /ikʼta/【-따】自 ❶冷める; 冷える. ‖커피가 식다 コーヒーが冷める. 정열이 식다 情熱が冷める. 식은 밥 冷や飯. 卿 식히다. ❷薄れる; 衰える. ‖애정이 식다 愛情が薄れる. ▶식은 죽 먹기 〖俗〗朝飯前.

식단 (食單) 【-딴】图 献立; メニュー.
　식단-표 (食單表) 图 献立表.

식당 (食堂) /ikʼtaŋ/【-땅】图 食堂. ‖학생 식당 学生食堂. 사원 식당 社員食堂.
　식당-차 (食堂車) 图 食堂車.

식도 (食道) 【-또】图 〖解剖〗食道.
　식도-암 (食道癌) 图 〖医学〗食道癌.

식-도락 (食道樂) 【-또-】图 食道楽.

식량 (食糧) 【-냥】图 食糧; 糧食.
　식량-난 (食糧難) 图 食糧難.

식료 (食料) 【-뇨】图 食料.
　식료-품 (食料品) 图 食料品.

식림 (植林) 【-님】图 他 植林.

식모 (食母) 【-쏘】图 お手伝いさん; 家政婦.

식목 (植木) 【-쏙】图 植樹; 植木.
　식목-일 (植木日) 图 (4月5日の)植樹の日; 緑の日.

식물 (植物) /jinmul/【-쏠】图 植物. ‖식물 도감 植物図鑑. 관엽 식물 観葉植物. 고산 식물 高山植物. 식물 채집 植物採集.
　식물-계 (植物界) 【-쏠/-쏠-계】图 植物界.
　식물-대 (植物帶) 【-쏠때】图 植物帯.
　식물-성 (植物性) 【-쏠썽】图 植物性. ‖식물성 지방 植物性脂肪. 식물성 섬유 植物性繊維.
　식물-원 (植物園) 【-쏠원】图 植物園.
　식물-인간 (植物人間) 【-쏠-】图 植物人間.
　식물-표본 (植物標本) 【-쏠-】图 植物標本.
　식물-학 (植物學) 【-쏠-】图 植物学.

식물² (食物) 【-쏠】图 食物.
　식물-연쇄 (食物連鎖) 【-쏠-련-】图 食物連鎖. 卿 먹이 연쇄 (-連鎖).

식민 (植民·殖民) 【-쏀】图 他 植民.
　식민-정책 (植民政策) 图 植民政策.
　식민-지 (植民地) 图 植民地.

식별 (識別) 【-뺠】图 他 識別. ‖사진으로는 누구인지 식별하기 어렵다 写真では誰なのか識別が難しい.

식복 (食福) 【-뽁】图 食べ物に困らない運; 食物に恵まれる運. ‖식복을 타고나다 生まれつき食べ物に恵まれている.

식비 (食費) 【-삐】图 食費.

식-빵 (食-) 图 食パン. ‖식빵으로 아침을 때우다 食パンで朝食を済ます.

식사¹ (食事) /ikʼsa/【-싸】图 自 食事. ‖아침에 빨리 식사하다 朝早く食事する. 식사를 거르다 食事を抜きにする. 불규칙한 식사 不規則な食事. 오십 인분의 식사 50人分の食事.

식사² (式辭) 【-싸】图 式辞.

식상 (食傷) 【-쌍】图 自 食傷. ‖매일 같은 곡을 듣는 식상했다 毎日同じ曲を聴いてると食傷気味だ.

식생 (植生) 【-쌩】 〖植物〗植生.
　식생-대 (植生帶) 【-쌩-】图 植生帯.
　식-생활 (食生活) 【-쌩-】图 食生活. ‖식생활 개선 食生活の改善.

식성 (食性) 【-썽】图 ❶(食べ物に対する)好み; 嗜好(シ). ‖식성이 좋다 好き嫌いがない. ❷〖動物〗食性.

식솔 (食率) 【-쏠】〔やや古い言い方で〕家族.

식수¹ (食水) [-쑤] 图 飲み水; 飲用水.

식수-난 (食水難) 图 飲用水不足.

식수² (植樹) [-쑤] 图 他 植樹. ‖기념 식수 記念植樹.

식순 (式順) 图 式順. ‖식순에 따라 진행하다 式順に従って進行する.

식식-거리다 [-대다] 图 [씩씩[대]-] 国 息ずかいが荒い; 苦しげに呼吸する(あえぐ; ぜいぜいする). ‖화가 나서 식식거리다 怒って荒い息を立てる.

식언 (食言) 图 他 食言.

식염 (食鹽) 图 食塩.
  식염-수 (食鹽水) 图 食塩水.

식욕 (食慾) /ʃigjok/ 图 食欲. ‖날씨가 너무 더워서 식욕이 없다 あまりにも暑くて食欲がない. 식욕을 돋우다 食欲をそそる. 식욕이 왕성하다 食欲旺盛だ.
  식욕-부진 (食慾不振) [-뿌-] 图 食欲不振.

식용 (食用) 图 他 食用. ‖식용 버섯 食用茸. 식용 개구리 食用蛙.
  식용-유 (食用油) [-뉴] 图 食用油.

식은-땀 图 ❶寝汗. ❷冷や汗. ‖식은땀을 흘리다 冷や汗をかく.

식음 (食飮) 图 他 飮み食いすること; 飮食. ‖식음을 전폐하다 飮食が一切できなくなる.

식이 (食餌) 图 食餌.
  식이-요법 (食餌療法) [-뻡] 图 食餌療法.

식인 (食人) 图 人食い.
  식인-종 (食人種) 图 人食人種.

식자¹ (識字) [-짜] 图 識字.
  식자-우환 (識字憂患) 图 知識があることがかえって憂いをもたらすということ.

식자² (識者) [-짜] 图 識者.

식자³ (植字) [-짜] 图 他 植字.

식장 (式場) [-짱] 图 式場.

식전¹ (式典) [-쩐] 图 式典.

식전² (食前) [-쩐] 图 食前. ⇔식후 (食後).

식-중독 (食中毒) [-쭝-] 图 〔医学〕食中毒; 食あたり.

식지 (食指) [-찌] 图 食指; 人差し指. ⑩집게손가락.

식초 (食醋) /ʃikt͡sʰo/ 图 食酢; 酢. ‖식초를 치다 お酢をかける. 식초에 절이다 酢に漬ける.

식충-이 (食蟲-) 图 〔ののしる言い方で〕ごくつぶし.

식칼 (食-) 图 包丁. ⑩부엌칼.

식탁 (食卓) /ʃiktʰak/ 图 食卓. ‖식탁에 둘러앉다 食卓を囲む.
  식탁-보 (食卓褓) [-뽀] 图 テーブルかけ; テーブルクロス.

식탐 (食貪) 图 食い意地. ‖식탐이 많다 食い意地を張る.

식품 (食品) 图 食品. ‖냉동 식품 冷凍食品. 불량 식품 不良食品. 가공 식품 加工食品. 식품 첨가물 食品添加物.

식혜 (食醢) [시케/시케] 图 韓国風の甘酒.

식후 (食後) [시쿠] 图 食後. ⇔식전 (食前).
  식후-경 (食後景) 图 いくらよい景色でもお腹いっぱいにならなければ目に入らないということ. ‖금강산도 식후경 花より団子.

식-히다 /ʃikʰida/ [시키-] 他 〔식다의 使役動詞〕冷ます; 冷やす. ‖열을 식히다 熱を冷ます. 머리를 식히다 頭を冷やす.

신¹ /ʃin/ 图 履き物の総称; 靴. ⑩ 신발. ‖신을 신다 靴を履く. 신을 벗다 靴を脱ぐ. 발에 맞는 신 足にあう靴. 두 켤레의 신 靴 2 足.

신² 图 調子に乗ること; 得意になること; 浮かれること. ‖신이 나서 떠들다 調子に乗ってしゃべりまくる. 동물원에 가서 신이 나게 놀았다 動物園に行って楽しく遊んだ.

신³ (神) /ʃin/ 图 神; 神様; 神霊. ‖신에게 빌다 神様に祈る. 신의 계시 神の啓示. ▶신(이) 내리다 神霊が巫女に乗り移る.

신⁴ (辛) (姓) 辛(シン).

신⁵ (臣) (姓) 臣(シン).

신⁶ (申) 图 〔十二支の〕申(さる).

신-⁷ (新) /ʃin/ 接頭 新…. ‖신기록 新記録. 신제품 新製品.

신간 (新刊) 图 新刊. ⇔구간 (舊刊).
  ‖신간 서적 新刊書籍.

신격-화 (神格化) [-껴콰] 图 他 神格化. **신격화-되다** 受国.

신경 (神經) /ʃingjəŋ/ 图 神経. ‖ 신경이 발달하고 있다 運動神経が発達している. 신경을 건드리다 神経に障る. 신경이 예민한 사람 繊細な神経の持ち主. ▶신경을 쓰다 神経を使う; 気を使う; 気にする. ▶신경이 날카롭다 神経をとがらす; 神経を失わす.

신경-계 (神經系) [-/-계] 图 神経系.

신경-과민 (神經過敏) 图 〔医学〕神経過敏.

신경-마비 (神經痲痺) 图 〔医学〕神経麻痺.

신경-섬유 (神經纖維) 图 〔解剖〕神経繊維.

신경-성 (神經性) [-썽] 图 神経性.

신경-세포 (神經細胞) 图 〔解剖〕神経細胞; ニューロン.

신경-쇠약 (神經衰弱) [-/-쉬-] 图 〔医学〕神経衰弱.

신경-전 (神經戰) 图 神経戦.

신경-중추 (神經中樞) 图 〔解剖〕神経中枢.

신경-증 (神經症) 【-쯩】 图 《의학》 神経症.

신경-질 (神経質) 图 ① 神経質. ② 癇癪. ‖신경질을 내다 癇癪を起こす.

신경질-적 (神経質的) 【-쩍】 图 神経質. ‖신경질적인 반응을 보이는 神経質な反応を見せる.

신경-통 (神經痛) 图 《의학》 神経痛.

신고[1] (申告) /ʃingo/ 图 申告; 届け出ること; 通報. ‖소득을 신고하다 所得を申告する. 출생 신고 出生届け. 혼인 신고 婚姻届け. 사망 신고 死亡届け. 전입 신고 転入届. **신고-되다** 受動

신고-서 (申告書) 图 申告書.

신고-자 (申告者) 图 申告者.

신고[2] (辛苦) 图 辛苦.

신곡 (新曲) 图 新曲.

신관 (新館) 图 新館. ↔구관(旧館).

신관[1] (信敎) 图 信敎.

신교[2] (新敎) 图 《종교》 新敎; プロテスタント. ↔구교(旧敎). ‖신교도 新敎徒.

신-구 (新舊) 图 新旧. ‖신구 교체 新旧交替

신-국면 (新局面) 【-꿍-】 图 新しい局面.

신규 (新規) 图 新規. ‖신규 등록 新規登録. 신규 채용 新規採用.

신기다[飞] 〔신다의 使役動詞〕 履かせる. ‖아이에게 양말을 신기다 子どもに靴下を履かせる.

신-기록 (新記錄) 图 新記錄. ‖신기록을 세우다 新記録を立てる.

신기루 (蜃気樓) 图 蜃気楼.

신-기원 (新紀元) 图 新紀元. ‖신기원을 이루다 新紀元を画する.

신-기축 (新機軸) 图 新機軸.

신기-하다[1] (神奇-) 〖形〗 【하변】 不思議だ. ‖신기한 현상 不思議な現象.

신기-하다[2] (新奇-) 〖形〗 【하변】 新奇だ; 目新しい. ‖아이들 눈에는 모든 것이 신기한 법이다 子どもの目には何もかもが目新しいはずだ.

신나 (thinner) 图 シナーの誤り.

신년 (新年) 图 新年.

신년-사 (新年辞) 图 新年の祝辞.

신년[2] (申年) 图 申年. ↔원숭이해.

신념 (信念) /ʃinnjɔm/ 图 信念. ‖신념에 가득 차다 信念に満ち溢れる. 신념을 굽히지 않다 信念を曲げない. ‖신념이 있는 사람 信念のある人.

신다 /ʃin²ta/ 【-따】 飞 履く. ‖신을 신다 靴を履く. 양말을 신다 靴下を履く. ‖신기다.

신당 (新黨) 图 新党. ‖신당을 결성하여 새로운 정당을 만들다 新党を結成する.

신-대륙 (新大陸) 图 新大陸. ↔구대륙(旧大陸).

신도[1] (信徒) 图 信徒.

신도[2] (神道) 图 《종교》 神道.

신동 (神童) 图 神童.

신드롬 (syndrome) 图 シンドローム; 症候群.

신-들리다 (神-) [재] 神がかりになる; (何かに)取りつかれる. ‖신들린 듯이 먹어대다 何かに取りつかれたように貪り食う.

신디케이트 (syndicate) 图 《경》 シンジケート.

신라 (新羅) 【실-】 图 《역사》 新羅 (356~935).

신랄-하다 (辛辣-) 【실-】 〖形〗 【하변】 辛辣だ. ‖신랄한 비판 辛辣な批判.

신랄-히 副

신랑 (新郎) 【실-】 图 新郎. 新婦(新婦).

신랑-감 (新郎-) 【실-깜】 图 花婿候補.

신력 (新暦) 【실-】 图 新暦. ↔구력(旧暦).

신령 (神靈) 【실-】 图 神霊.

신록 (新緑) 【실-】 图 新緑. ‖신록의 오월 新緑の5月.

신뢰 (信賴) /ʃi:llwe/ 【실-/실-뒈】 图 【하변】 信賴. ‖부하를 신뢰하다 部下を信頼する. 신뢰를 저버리다 信頼を裏切る. 신뢰할 만한 사람 信頼の置ける人. **신뢰-받다** 受動

신뢰-성 (信賴性) 【실-성/실뒈성】 图 信頼性.

신-맛 【-맏】 图 酸味.

신망 (信望) 图 信望. ‖신망이 두텁다 信望が厚い.

신명[1] 图 わきおこる興. ‖신명이 나다 興がわきおこる; 興に乗じる.

신명[2] (身命) 图 身命. ‖신명을 다하다 身命を尽くす.

신명[3] (神明) 图 神明. ‖천지신명에게 맹세하다 天地神明に誓う.

신문[1] (訊問) 〖하변〗 尋問. ‖신문 조서 尋問調書. **신문-받다[-당하다]** 受動

신문[2] (新聞) /ʃinmun/ 图 新聞. ‖신문에 나다 新聞に出る. 신문에 실리다 新聞に載る. 어디 신문을 구독하고 있습니까? どこの新聞を購読していますか. 신문을 안 받아 보다 新聞を取っていない. 신문을 돌리는 아르바이트를 하고 있다 新聞配達のアルバイトをしている. 신문 기사 新聞記事. 신문 기자 新聞記者. 신문 광고 新聞広告. 일간 신문 日刊新聞.

신문-사 (新聞社) 图 新聞社.

신문-지 (新聞紙) 图 新聞紙.

신문-철 (新聞綴) 图 新聞綴じ.

신문-학 (新聞學) 图 新聞学.

신-문학 (新文學) 图 新文学.

신-물 图 むずかり; 胃液. ▶신물(이) 나다

신민 (민民) 【名】 臣民.
신-바람 【-빠-】 【名】 得意になること;調子に乗ること;興がわき起こること. ‖신바람 나게 일을 하다 得意になって仕事をする.
신발 /sinbal/ 【名】 履物の総称. ‖신발을 새로 사다 靴を新しく買う.
신발-장 (-欌) 【-짱】 【名】 げた箱;シューズボックス.
신방 (新房) 【名】 新婚夫婦の部屋.
신법 (新法) 【-뻡】 【名】 【法律】 新法. ↔구법 (舊法).
신변 (身邊) 【名】 身辺. ‖신변 정리 身辺整理.
신변-잡기 (身邊雜記) 【-끼】 【名】 身辺雑記.
신병¹ (身柄) 【名】 身柄. ‖신병을 확보하다 身柄を確保する.
신병² (新兵) 【名】 新兵.
신보 (新報) 【名】 新報.
신봉 (信奉) 【名】【-하다】【他】 信奉.
신부¹ (信夫) 【名】 新郎 (新郎)과 신부 (新婦). 花嫁婿と花嫁.
신부² (神父) 【名】 【カトリック】 神父.
신-부전 (腎不全) 【名】 【医学】 腎不全.
신분 (身分) /sinbun/ 【名】 身分. ‖신분을 보장받다 身分が保障される. 신분을 증명할 수 있는 물건 身分を証明できる物.
신분-권 (身分權) 【-꿘】 【名】 【法律】 身分権.
신분-법 (身分法) 【-뻡】 【名】 【法律】 身分法.
신분-증 (身分證) 【-쯩】 【名】 〔신분증명서 (身分證明書)의 略語〕 身分証. ‖신분증을 제시하다 身分証を提示する.
신분-증명서 (身分證明書) 【名】 身分証明書. ⇒신분증 (身分證).
신불 (神佛) 【名】 神仏.
신비 (神秘) /sinbi/ 【名】【-하다】【形】 神秘. ‖자연의 신비 自然の神秘. 생명의 신비 生命の神秘. 신비한 모습 神秘な姿.
신비-롭다 (神秘-) 【-따】 【形】 【ㅂ変】 神秘的だ. ‖생명의 탄생은 신비롭다 生命の誕生は神秘的だ. 신비로이 副
신비-스럽다 (神秘-) 【-따】 【形】 【ㅂ変】 神秘的だ. 신비스레 副
신빙-성 (信憑性) 【-씽】 【名】 信憑性. ‖신빙성이 있는 주장 信憑性のある主張.
신사 (紳士) 【名】 紳士. ‖신사용 양말 紳士用の靴下.
신사-도 (紳士道) 【名】 紳士道.
신사-복 (紳士服) 【名】 紳士服.
신사-적 (紳士的) 【名】 紳士的. ‖신사적인 태도 紳士的な態度.
신사-협정 (紳士協定) 【-쩡】 【名】 紳士協定.

신산 (辛酸) 【名】【形】 辛酸. ‖온갖 신산을 다 겪다 あらゆる辛酸をなめる.
신상 (身上) 【名】 身上;身の上. ‖신상 상담 身の上相談.
신상-명세서 (身上明細書) 【名】 身上明細書.
신상-필벌 (信賞必罰) 【名】 信賞必罰.
신생 (新生) 【名】【-하다】【自】 新生.
신생-대 (新生代) 【名】 【地】 新生代.
신생-아 (新生兒) 【名】 新生児.
신서 (新書) 【名】 新書.
신석기-시대 (新石器時代) 【-끼-】 【名】 新石器時代.
신선¹ (神仙) 【名】 神仙.
신선-도 (神仙圖) 【名】 【美術】 神仙図.
신선² (新鮮) /sinsən/ 【名】【-하다】【形】 新鮮. ‖신선한 우유 新鮮な牛乳. 신선한 감각 新鮮な感覚.
신선-도 (新鮮度) 【名】 鮮度. ‖신선도가 떨어지는 생선 鮮度が落ちる魚.
신선-미 (新鮮味) 【名】 新鮮味.
신선-로 (神仙爐) 【-설-】 【名】 ❶中央に炭火を入れるように筒がある鍋. ❷宮廷鍋料理.
신설 (新設) 【名】【-하다】【他】 新設. ‖중학교를 신설하다 中学校を新設する. 신설 학교 新設校. 신설-되다 受動
신성¹ (神聖) /sinsəŋ/ 【名】【-하다】【形】 神聖. ‖신성한 교제 神聖な教際.
신성-불가침 (神聖不可侵) 【名】 神聖不可侵.
신성-시 (神聖視) 【名】【-하다】 神聖視.
신성² (新星) 【名】 新星.
신세 (身世) /sinse/ 【名】 ❶身の上;その人の境遇. ‖처량한 신세 哀れな身の上. 신세를 망치다 身を滅ばす. ❷面倒;世話. ‖신세를 끼치다 面倒をかける. 신세를 많이 지다 大変お世話になる.
신세-타령 (身世-) 【名】【-하다】 身の上話;嘆き話.
신-세계 (新世界) 【-/-게】 【名】 新世界. ↔구세계 (舊世界).
신-세기 (新世紀) 【名】 新世紀.
신-세대 (新世代) 【名】 新世代.
신-소재 (新素材) 【名】 新素材.
신속-하다 (迅速-) 【-소카-】 【形】 【하変】 迅速だ. ‖신속한 대응 迅速な対応. 신속하게 행동하다 迅速に行動する. 신속히 副
신수¹ (身手) 【名】 (生活のよさをうかがわせる)容貌や風采. ‖신수가 훤하다 風采がよい.
신수² (身數) 【名】 運勢;運;星回り. ‖신수가 사납다 星回りが悪い.
신수³ (神授) 【名】【-하다】【他】 神授.
신승 (辛勝) 【名】【-하다】【自】 辛勝. ↔낙승 (樂勝).
신시 (申時) 【名】 【民俗】 申(⑨의 刻(午後3時から午後5時まで).

신-시가지(新市街地) 图 新市街地.
신시사이저(synthesizer) 图 シンセサイザー.
신식(新式) 图 新式. ⑫구식(舊式).
신신-당부(申申當付) 图 하타 =신신부탁(申申付託).
신신-부탁(申申付託) 图 하타 何度も繰り返し頼むこと.∥こまごまと作っしくれと念を押して頼むこと.∥きちんと作って欲しいと何度も頼むしだ 신신부탁하다 きちんと作って欲しいと念を押して頼む.
신실-하다(信實-) 형 하변 信実だ.
신심(信心) 图 信心.
신안(新案) 图 新案.∥신안 특허 新案特許.
신앙(信仰) 图 信仰.∥신앙 생활 信仰生活. 고유 신앙 固有の信仰. 민속 신앙 民俗信仰.
신앙-심(信仰心) 图 信仰心.∥두터운 신앙심 厚い信仰心.
신약(新約) 图 ❶(キリスト教) 新約. ❷新約聖書の略称.
신약~**성서**(新約聖書)【-썽】 图 新約聖書.⑬신약(新約). ⑪구약 성서(舊約聖書).
신어(新語) 图(言語) 新語.
신열(身熱) 图(病気などによる)体の熱.∥신열이 있다 体温が高い.
신예(新銳) 图 新鋭.∥신예 선수 新鋭選手.
신용(信用) /ʃiːnjoŋ/ 图 하타 信用.∥그 사람 말을 신용하다 彼の言葉を信用する. 신용이 중요한 상거래 信用が重要な商取引. 신용을 떨어뜨리다 信用を落とす. 신용을 잃다 信用が損なわれる. **신용-받다** 受身
신용-거래(信用去來) 图(經) 信用取引.
신용-경제(信用經濟) 图(經) 信用経済.
신용-기관(信用機關) 图(經) 信用機関.
신용-보험(信用保險) 图(經) 信用保険.
신용-어음(信用-) 图(經) 信用手形.
신용-장(信用狀)【-짱】 图(經) 信用状.
신용-조사(信用調査) 图(經) 信用調査.
신용-카드(信用 card) 图(經) クレジットカード.
신용-판매(信用販賣) 图(經) 信用販売.
신용-협동조합(信用協同組合)【-똥-】 图(經) 信用協同組合.
신용-화폐(信用貨幣)【-/-폐】 图(經) 信用貨幣.
신우(腎盂) 图(解剖) 腎盂(じんう).
신우-염(腎盂炎) 图(医学) 腎盂炎.
신원(身元) 图 身元.∥신원이 확실한 사람 身元の確かな人.

신원~**보증**(身元保證) 图 身元保証.
신음(呻吟) 图 하타 呻吟(しんぎん);うめくこと.∥신음 소리 うめき声.
신의(信義)【-/싀/-l】 图 信義.∥신의를 저버리다 信義にもとる.
신인(新人) 图 新人.∥신인 가수 新人歌手.
신임¹(信任) 图 하타 信任.∥신임이 두텁다 信任が厚い. **신임-받다** 受身
신임-장(信任狀)【-짱】 图 信任状.
신임-투표(信任投票) 图 信任投票.
신임²(新任) 图 하自 新任.∥신임 교사 新任教師.
신입(新入) 图 하自 新入.∥신입 사원 新入社員. 신입 회원 新入会員.
신입-생(新入生)【-쌩】 图 新入生.
신자(信者) 图 信者.
신작(新作) 图 新作.
신작-로(新作路)【-짱노】 图 新道;路路.
신-장¹(-欌)【-짱】 图 げた箱. シューズボックス.
신장²(身長) 图 身長;背丈.
신장³(伸長) 图 自動 伸長.
신장⁴(伸張) 图 自動 伸張.∥상권이 크게 신장되다 商業圏が大きく伸張する.
신장⁵(新裝) 图 하타 新装.
신장-개업(新裝開業) 图 하自他 新装開店.
신장⁶(腎臟) 图(解剖) 腎臓.
신장-결석(腎臟結石)【-썩】 图(医学) 腎臓結石.
신장-염(腎臟炎)【-념】 图(医学) 腎臓炎.
신전¹(神前) 图 神前.
신전²(神殿) 图 神殿.
신접(新接) 图 하自 結婚などによって新たに所帯を持つこと.
신접-살림(新接-)【-쌀-】 图 =신접살이(新接-).∥신접살림을 차리다 所帯を構える.
신접-살이(新接-)【-싸리】 图 結婚などによって新たに構えた所帯.
신정¹(新正) 图 元旦;正月. ⑭구정(舊正).
신정²(新政) 图 新政.
신정³(新訂) 图 하타 新訂.
신-제품(新製品) 图 新製品.
신조¹(信條) 图 信条.∥생활의 신조 生活上の信条.
신조²(新調) 图 하타 新調.
신조-어(新造語)【-쪼-】 图(言語) 新造語.
신종(新種) 图 新種.∥신종 질병 新種疾病.
신주(神主) 图 神主;位牌;霊牌. ▶신주 모시듯 位牌を扱うようにとても大事に扱う様子.
신중-하다(愼重-) /ʃinːdʑuŋhada/ 형 하변 愼重だ.∥신중한 태도 慎重な

태도, 신중을 기하다 慎重を期する. 신중하게 행동하다 慎重に行動する. **신중히** 副

신진¹ (新陳) 新陳; 新しいことと古いこと.

신진-대사 (新陳代謝) 新陳代謝. ⑩物質成分(物質代謝). ∥신진대사가 잘 안 되다 新陳代謝がうまくいかない.

신진² (新進) 名 新進. ∥신진 작가 新進作家.

신-짝 名 ❶ 履き物の片方. ❷ 신¹の俗語.

신착 (新着) 名 自他 新着.

신참 (新參) 名 新参;新米. ㉠고참(古參).

신-천지 (新天地) 新天地.

신청 (申請) /sint͡ɕʰʌŋ/ 他動 申請;申し込み. 장학금을 신청하다 奨学金を申請する. 참가 신청을 하다 参加を申し込む. 参照 신청 서류 申請書類.

신청-서 (申請書) 名 申請書.

신청-인 (申請人) 名 申請人.

신체 (身體) /sintɕʰe/ 名 身体. ∥신체를 단련하다 身体を鍛える. 건전한 정신은 건전한 신체에 깃든다 健全なる精神は健全なる身体に宿る.

신체-검사 (身體檢査) 名 自他 身体検査.

신체-권 (身體權) 名 [法律] 身体権.

신체발부 (身體髮膚) 身体髮膚;体の全体.

신체-형 (身體刑) 名 [法律] 身体刑.

신-체제 (新體制) 名 新体制.

신-체조 (新體操) 名 ⑩리듬체조(-體操).

신축¹ (伸縮) 名 自他 伸縮.

신축성 (伸縮性) -씽 名 伸縮性. ∥신축성이 뛰어나다 伸縮性に優れている.

신축² (新築) 名 他 新築. ∥신축 가옥 新築家屋.

신춘 (新春) 名 新春.

신출 (新出) 名 自 新出.

신출-귀몰 (神出鬼沒) 名 自他 神出鬼没.

신출-내기 (新出-) -래- 名 他 ❶新米. ∥신출내기 기자 駆け出しの記者.

신탁¹ (信託) 名 他 信託.

신탁 은행 (信託銀行) 信託銀行.

신탁 통치 (信託統治) 信託統治.

신탁² (神託) 名 神託.

신토불이 (身土不二) 〔「体と土は二つではなく一つである」の意で〕自分が暮らしている土地から産出した農作物が体に最も合うこと.

신통-하다 (神通-) 形 하여 ❶ 不思議にも占いが当たったり薬が効いたりする. ∥점이 신통히 맞다 占いが不思議にも当たる. ❷ 才能などが並外れている. ❸ (相手の言動などが) 感心だ;満足いくほど立派だ. ∥배운 적도 없는 어려운 문제를 풀다니 참 신통하다 習ったこともない難しい問題を解くなんて, 本当に不思議だ.

신-트림 名 自 酸っぱいげっぷ.

신파 (新派) 名 新派. ㉠구파(舊派).

신파-극 (新派劇) 名 [文藝] 新派劇.

신판 (新版) 名 新版.

신표 (信標) 名 後日の証として互いに交わすもの.

신품 (新品) 名 新品.

신하 (臣下) 名 臣下.

신학 (神學) 名 神学.

신학-자 (神學者) -짜 名 神学者.

신-학기 (新學期) -끼 名 新学期.

신형 (新型) 名 新型. ㉠구형(舊型). ∥신형 자동차 新型自動車.

신호 (信號) /ʃi:nho/ 名 自 信号. ∥신호를 보내다 信号を送る. 교통 신호 交通信号. 정지 신호 停止信号. 적 신호 赤信号.

신호-기¹ (信號旗) 名 信号旗.

신호-기² (信號機) 名 信号機.

신호-등 (信號燈) 名 信号;交通信号機.

신호-탄 (信號彈) 名 信号弾;曳光弾.

신혼 (新婚) 名 自 新婚.

신혼-부부 (新婚夫婦) 名 新婚夫婦.

신혼-여행 (新婚旅行) 【-녀-】 名 新婚旅行.

신화 (神話) 名 神話. ∥건국 신화 建国神話. 로마 신화 ローマ神話.

신흥 (新興) 名 自 新興. ∥신흥 세력 新興勢力.

신흥-계급 (新興階級) 【-/-게-】 名 新興階級.

신흥 재벌 (新興財閥) 新興財閥.

신흥-종교 (新興宗敎) 名 新興宗教.

싣는 [신-] 冠 [ㄷ変] 싣다(乗せる·載せる)の現在連体形.

싣다¹ /ʃi:t͈a/ -따 他 [ㄷ変] [실어, 실는, 실은] 積む. 차에 짐을 싣다 車に荷物を乗せる. 자갈을 실은 트럭 砂利を積んだトラック. ⑳실리다.

싣다² -따 他 [ㄷ変] 載せる;掲載する. ∥광고를 싣다 広告を載せる. 잡지에 사진을 실었다 雑誌に写真を載せた. ⑳실리다.

실¹ /ʃi:l/ 名 糸. ∥바늘에 실을 꿰다 針に糸を通す. 실을 풀다 糸をほぐす. 실을 잣다 糸をつむぐ. 무명실 木綿糸. 털실 毛糸.

실² (失) 名 失;失うこと;損失. ∥득보다 실이 크다 得より損失が大きい.

실³ (實) 名 実;実質;内容.

실⁴ (室) 依名 ⋯室. ∥삼백 실 규모의 호텔 300 室規模のホテル.

-실⁵ (室) 接尾 …室. ‖자료실 資料室. 연구실 研究室. 회의실 会議室.
실가 (實價) 【-까】 图 実価.
실각 (失脚) 图 回自 失脚. ‖비리가 탄로 나 실각되다 汚職が明るみに出て失脚する.
실감 (實感) 图 回他 実感. ‖현실의 어려움을 실감하다 現実(の厳しさ)を実感する. 실감이 나다 実感がわく.
실-개천 图 小川; 細流.
실격 (失格) 图 -격 图 失格. ‖선을 밟아서 실격되다 線を踏んで失格になる.
실격-자 (失格者) 图 -격짜 图 失格者.
실-고추 图 糸のように細く切った唐辛子.
실-구름 图 糸のように細長い雲.
실권¹ (失權) 图 -꿘 图 失権.
실권² (實權) 图 -꿘 图 実権. ‖실권을 쥐다[잡다] 実権を握る.
실권-자 (實權者) 图 執権者.
실근 (實根) 图 (数学) 実根. ㉠허근 (虚根).
실-금¹ 图 ❶ 器などの細かいひび. ‖실금이 가다 細かいひびが入る. ❷ 細い線.
실금² (失禁) 图 回他 失禁. ‖요실금 尿失禁.
실기¹ (實技) 图 実技.
실기² (實記) 图 実記.
실-날 【-랄】 图 糸筋.
 실날-같다 【-깓따】 圈 糸のように細くて劣がない; 危ない. ‖실날같은 희망 糸のように細い希望. 실날같-이 圖
실내 (室內) 【-래】 图 室内. ㉠실외 (室外). ‖실내 수영장 室内プール. 실내 장식 室内装飾.
실내-복 (室內服) 图 室内着; 部屋着.
실내-악 (室內樂) 图 (音楽) 室内楽.
실내-화 (室內靴) 图 上履き.
실-눈 【-눈】 图 細目; 薄目. ‖실눈을 뜨고 보다 細目を開けて見る.
실-뜨기 图 回他 あや取り; 糸取り.
실랑이 图 いざこざ; もめ事; 言い争い; 言たで. ‖사소한 일로 길에서 실랑이를 벌이다 些細(ささ)なことで道端で言い争う.
실력 (實力) 图 /jilljk/ 图 実力. ‖실력을 발휘하다 実力を発揮する. 실력을 쌓다 実力をつける. 실력에 차이가 있다 実力に開きがある.
실력-자 (實力者) 图 -짜 图 実力者.
실력 행사 (實力行使) 图 -려캥- 图 実力行使. ‖실력 행사를 하다 実力行使に出る.
실례¹ (失禮) /fille/ 图 回自 失礼. ‖실례를 범하다 失礼を犯す. 실례합니다 失礼します. 일전에는 실례가 많았습니다 先日は失礼いたしました. 실례지만 나이가 어떻게 되세요? 失礼ですが、おいくつですか.
실례² (實例) 图 実例. ‖실례를 들어 보이다 実例を引いて示す.
실-로 (實-) 圖 実に. ‖취직은 누구나 실로 중요한 문제다 就職は誰にとっても実に重要な問題だ.
실로폰 (xylophone) 图 (音楽) シロホン.
실록 (實錄) 图 実録.
실루엣 (silhouette) 图 シルエット.
실룩 图 回自他 身体の一部が引きつるように少し動く様子: ぴくぴく. 실룩-실룩 图 回自他
 실룩-거리다 【-꺼-】 回自他 ぴくぴくする. ‖볼이 실룩거리다 頬がぴくぴく(と)引きつる.
실리¹ (實利) 图 実利. ‖실리를 추구하다 実利を求める.
실리-적 (實利的) 图 実利的.
실리-주의 (實利主義) 图 -/-이] 图 実利主義.
실리다¹ 〔싣다¹の受身動詞〕積まれる. ‖짐이 트럭에 실리다 荷物がトラックに積まれる.
실리다² 〔싣다²の受身動詞〕載せられる; 掲載される. ‖신문에 살인 사건 기사가 실리다 新聞に殺人事件の記事が掲載される[載る].
실리카-겔 (silica gel) 图 シリカゲル.
실리콘 (silicone) 图 シリコン.
실린더 (cylinder) 图 シリンダー. ㉠기통(氣筒).
실-마리 图 糸口; 手がかり; きっかけ. ‖문제 해결의 실마리 問題解決の糸口.
실망 (失望) 图 /filman/ 图 回自 失望; がっかりすること. ‖시험에 떨어져서 실망하다 試験に落ちてがっかりする. 성과가 오르지 않아 실망하다 成果が上がらずがっかりする. 그 사람 태도에 실망했다 彼の態度に失望した. 실망한 나머지 失望のあまり.
실명¹ (失名) 图 回自 失名.
 실명-씨 (失名氏) 图 失名氏; なにがし; 某氏.
실명² (失明) 图 回自他 失明.
 실명-자 (失明者) 图 失明者.
실명³ (實名) 图 実名; 本名. ㉠가명(假名).
실명⁴ (失命) 图 回自 失命.
실무 (實務) 图 実務. ‖실무를 담당하다 実務に携わる.
실무-자 (實務者) 图 実務者.
실무-적 (實務的) 图 実務的.
실물 (實物) 图 ❶ 実物. ‖견본만 보았지 실물은 본 적이 없다 見本だけで実物は見たことがない. ❷ 現物.

실물-거래 (實物去來) 【명】 (經) 실물 취引.

실물-대 (實物大) 【-때】 【명】 실물 大.

실물-임금 (實物賃金) 【명】 (經) 실물 賃金.

실-밥 [-빱] 【명】 ❶ 〈衣服의〉 縫い目. ❷ 糸くず.

실-버들 【植物】 イトヤナギ(糸柳); シダレヤナギ(枝垂れ柳).

실버-산업 (silver 産業) 【명】 シルバー産業.

실버-타운 (silver town) 【명】 シルバータウン.

실비 (實費) 【명】 実費.

실사-구시 (實事求是) 【-싸-】 【명】 事実に基づいて真理を探究すること.

실-사회 (實社會) 【-싸-/-싸훼】 【명】 実社会.

실상¹ (實狀) 【-쌍】 【명】 実状. ‖실상을 보고하다 実状を報告する.
— 【부】 実際(に). ‖그들에게는 실상 쉬운 문제가 아니었다 彼らには実際簡単な問題ではなかった.

실상² (實相) 【-쌍】 【명】 実相. ‖社会의 실상 社会の実相.

실상³ (實像) 【-쌍】 【명】 実像. (반)허상(虛像).

실-생활 (實生活) 【-쌩-】 【명】 実生活.

실선 (實線) 【-썬】 【명】 実線.

실성 (失性) 【-썽】 【자】 正気を失うこと; 気がおかしくなる.

실세¹ (實勢) 【-쎄】 【명】 実勢.

실세² (失勢) 【-쎄】 【자】 失勢.

실소 (失笑) 【-쏘】 【명】 失笑. ‖실소를 금할 수 없다 失笑を禁じ得ない.

실-속¹ (實-) 【-쏙】 【명】 中身; 物事の内容; 実利. ‖실속을 차리다 実利を取る.

실속² (失速) 【-쏙】 【명】 失速.

실수 (失手) /jilˈsu/ 【-쑤】 【자타】 ❶ 失敗; 誤り; 間違い; しくじり; ヘま; 失策; エラー; ミス. ‖어이없는 실수를 하다 とんでもない間違いをしでかす. 그 사람한테 맡긴 것은 실수였다 彼に任せたのは失敗だった. ❷ 失礼. ‖선생님께 큰 실수를 했다 先生に大変失礼したことをした.

실수² (實收) 【-쑤】 【명】 (經) 실수요(實需要)의 略語.

실수³ (實數) 【-쑤】 【명】 (數學) 実数.

실-수요 (實需要) 【-쑤-】 【명】 (經) 実需. ㉘실수(實需). ㉛가수요(假需要).

실습 (實習) 【-씁】 【명·하타】 実習. ‖공장에서 실습하다 工場で実習する. 실습을 나가다 実習に行く.

실습-생 (實習生) 【-씁쌩】 【명】 実習生.

실습-실 (實習室) 【-씁씰】 【명】 実習室.

실시 (實施) /jilˈʃi/ 【-씨】 【명·하타】 実施. ‖계획을 실시하다 計画を実施する. 내년부터 실시하게 되다 来年から実施の運びとなる. **실시-되다** 【자】

실-시간 (實時間) 【명】 リアルタイム; 実時間.

실신 (失神) 【-씬】 【자】 失神. ‖너무 놀라 실신하다 あまりにも驚いて失神する.

실실 【부】 だらしなく曖昧に笑ったり無駄話をしたりする様子: へらへら(と). ‖실실 웃다 へらへら(と) 笑う.

실액 (實額) 【명】 実額.

실어 【他】 〖ㄷ変〗 싣다(乗せる·載せる)의 連用形.

실어-증 (失語症) 【-쯩】 【명】 (医学) 失語症.

실언 (失言) 【명·자】 失言.

실업¹ (失業) /jirʌp/ 【명·자】 失業. ‖실업 대책 失業対策.

실업-률 (失業率) 【시럼뉼】 【명】 失業率.

실업-보험 (失業保險) 【-뽀-】 【명】 失業保険.

실업-수당 (失業手當) 【-쑤-】 【명】 失業手当.

실업-인구 (失業人口) 【명】 失業人口.

실업-자 (失業者) 【-짜】 【명】 失業者.

실업² (實業) 【명】 実業.

실업-가 (實業家) 【-까】 【명】 実業家.

실-없다 (實-) 【시럽따】 【형】 不実だ; 中身がない; 不真面目だ. ‖사람이 실없다 不実な人だ. 실없는 소리를 하다 ふざけたことを言う. **실없-이** 【부】

실연 (失戀) 【명·자】 失恋. ‖실연의 아픔 失恋の痛手.

실-오라기 (實-) = 실오리.

실-오리 (實-) 【명】 一糸. ‖실오리 하나 걸치지 않다 一糸もまとわない.

실온 (室溫) 【명】 室温.

실외 (室外) 【-쐬】 【명】 室外. ㉛실내 (室内).

실용 (實用) 【명·하타】 実用.

실용-성 (實用性) 【-썽】 【명】 実用性.

실용-신안 (實用新案) 【명】 実用新案.

실용-적 (實用的) 【명】 実用的. ‖실용적인 디자인 実用的なデザイン.

실용-주의 (實用主義) 【-/-이】 【명】 実用主義; プラグマティズム.

실용-품 (實用品) 【명】 実用品.

실용-화 (實用化) 【명·하타】 実用化. ‖실용화를 꾀하다 実用化を図る.

실-은 (實-) /jiruˌn/ 【부】 実は. ‖그 빵은 실은 내가 먹었다 そのパンは実は私が食べた. 실은 드릴 말씀이 있습니다 実はお話したいことがあります.

실은 【他】 〖ㄷ変〗 싣다(乗せる·載せる)의 過去連体形.

실을 【他】 〖ㄷ変〗 싣다(乗せる·載せる)의 未来連体形.

실의 (失意) 【-/시리】 【명】 失意. ‖실의의

에 빠지다 失意のどん底に落ちる.

실익(實益) 图 実益.
실재(實在)【-째】(하自) 実在. ‖実在する人物 実在の人物.
　실재-론(實在論) 图 実在論.
　실재-적(實在的) 图 実在的.
실적(實績)【-쩍】图 実績. ‖実績を積む 実績を積む. 実績を上げる 実績を上げる.
실전(實戰)【-쩐】图 実戦. ‖実戦に臨む 実戦に臨む.
실점(失點)【-쩜】图(하自) 失点. ㉠得点(得點).
실정(實情)【-쩡】图 実情. ‖実情に合う計画 実情に合う計画.
실정-법(實定法)【-쩡 뻡】图《法律》実定法.
실제(實際) /ʃilʤe/【-쩨】图 実際. ‖その話は実際と違う その話は実際と違う. 理論と実際 理論と実際.
실존(實存)【-쫀】图(하自) 実存. ‖実存する人物 実存する人物.
　실존-주의(實存主義)【-쭈-/-쭈이】图 実存主義.
실종(失踪)【-쫑】图(되自) 失踪. ‖女優が失踪する 女優が失踪する.
　실종-선고(失踪宣告)【-쫑-】图《法律》失踪宣告.
　실종-자(失踪者) 图 失踪者.
실증(實證)【-쯩】图(하他) 実証. ‖実証を重視する研究態度 実証を重んじる研究態度.
　실증-론(實證論)【-쯩논】图 実証論.
　실증-적(實證的) 图 実証的.
　실증-주의(實證主義)【-쯩-/-쯩이】图 実証主義.
실지¹(失地)【-찌】图 失地. ‖失地回復 失地回復.
실지²(實地)【-찌】图 実地.
　─ 圖 実際;実地に.
실직(失職)【-찍】图(하自) 失職.
　실직-자(失職者)【-찍짜】图 失職者.
실질(實質) 图 実質.
　실질-범(實質犯)【-찔-】图《法律》実質犯.
　실질-법(實質法)【-찔 뻡】图《法律》実質法.
　실질-임금(實質賃金) 图 実質賃金. ㉠名目賃金(名目賃金).
　실질-적(實質的)【-쩍】图 実質. ㉠形式的(形式的). ‖実質的な所有及び経営 実質的な所有及び経営.
실쭉-거리다[-대다]【-끄[때]-】自他 (怒ったりすねたりして)目もとを動かしたり口をゆがめたりする. ‖気に入らなくて口をゆがめる 気に入らなくて口をゆがめる.
실책(失策) 图 失策. ‖痛い失策 手痛い失策. 相手の失策で点を

내り 相手の失策で点を拾う.
실천(實踐) /ʃilʧʰən/ 图(하他) 実践. ‖計画を即刻実践する 計画を直ちに実践する. 実践を通して実践を通す. 理論を実践に移す 理論を実践に移す. **실천-되다** 受動
　실천-가(實踐家) 图 実践家.
　실천-력(實踐力)【-녁】图 実践力.
　실천-적(實踐的) 图 実践的.
실체(實體) 图 実体. ‖実体を把握する 実体を把握する.
실추(失墜) 图(하自) 失墜. ‖権威を失墜する 権威を失墜する. **실추-되다** 受動
실컷【-컫】圖 思う存分(に);嫌というほど;飽きるほど;さんざん;たっぷり;思い切り. ‖思い切り泣く 思い切り泣く. 思う存分に食う 思う存分(に)食う.
실크(silk) 图 シルク.
실크-로드(Silk Road) 图 シルクロード.
실탄(實彈) 图 実弾. ‖実弾を装塡する 実弾を装塡する.
실태¹(失態) 图 失態. ‖失態を演じる 失態を演じる.
실태²(實態) 图 実態. ‖実態調査 実態調査. 実態把握に乗り出す 実態把握に乗り出す.
실토(實吐) 图(하自他) 事実をありのままに話すこと;白状すること. ‖過ちを実吐する 過ちを白状する.
실-톱 图 糸鋸(のこ).
실-파 图《植物》万能ネギ;ワケギ(分葱).
실패¹ 图 糸巻(き).
실패²(失敗) /ʃilpʰɛ/ 图(하自) 失敗. ㉠成功(成功). ‖試験に失敗する 試験に失敗する. 失敗の原因 失敗の原因. 失敗は成功の母 失敗は成功の母.
　실패-담(失敗談) 图 失敗談.
　실패-작(失敗作) 图 失敗作.
실-핏줄[-피쭐~-핃쭐]图《解剖》毛細血管. ㉠毛細血管(毛細血管).
실-하다(實-)(하) 形 ❶がっちりして丈夫だ. ‖体が実하다 体が丈夫だ. ❷(中身が)しっかりしている. ❸まじめで頼もしい.
실학(實學) ❶実学. ‖実学思想 実学思想. ❷朝鮮時代の中期から観念的な儒学に対して実生活に役立つことを求めた学問.
실행(實行) /ʃilhɛŋ/ 图(하他) 実行. ‖選挙公約を実行する 選挙公約を実行する. 計画を実行に移す 計画を実行に移す. 実行不可能な計画 実行不可能な計画. **실행-되다** 受動
실향(失鄕) 图(하自) 故郷を失うこと.
　실향-민(失鄕民) 图 故郷を失って他郷で暮らす人々.

실험(實驗) /filhəm/ 图 他 実験. ‖수업에서 화학 실험을 하다 授業で化学の実験をする. 실험 단계 実験段階. 실험 소설 実験小説.
실험-식(實驗式) 图〔化学〕実験式.
실험-실(實驗室) 图 実験室.
실험-적(實驗的) 图 実験的. ‖새로운 기술을 실험적으로 도입하다 新技術を実験的に導入する.
실험-학교(實驗學校)【-꼬】图 実験学校.
실현(實現) /filhjən/ 图 他 実現. ‖오랜 꿈을 실현하다 長年の夢を実現する. 희망이 실현되다 希望が実現する.
실형(實刑) 图 実刑. ‖실형을 언도하다 実刑を言い渡す.
실화¹(失火) 图 自他 失火.
실화-죄(失火罪)【-쬐/-쮀】图〔法律〕失火罪.
실화²(實話) 图 実話. ‖피해지의 실화를 보도하다 被災地の実話を報道する. 실화 중계 실황 実況中継.
실효(實效) 图 実効. ‖실효를 거두다 実効を生ずる.
실효-성(實效性)【-썽】图 実効性.
실-히(實-) 副 十分に.

싫다 /filtʰa/ 【실타】刷 ❶ 嫌だ; 嫌いだ; ほしくない. ⑦好きではない. ‖얼굴을 보는 것도 싫다 顔を見るのも嫌だ. 싫으면 안 가도 된다 嫌なら行かなくてもよい. 나는 그 사람이 싫다 私は彼が嫌いだ. ❷〔…기 싫다の形で〕…たくない. ‖학교에 가기 싫다 学校に行きたくない. 오늘은 연습하기 싫다 今日は練習したくない. 보기도 싫다 見たくもない.
싫어【시러】 싫다(嫌だ)の連用形.
싫어-지다【시러-】 嫌いになる; 嫌うようになる. ⑦嫌がる.
싫어하는【시러-】 刷 [하変] 싫어하다(嫌いだ·嫌う)の現在連体形.
싫어-하다 /firəhada/【시러-】 他 [하変] ❶ 嫌がる; 嫌う; いとう; 嫌だ. ⑦好きではない. ‖고등어를 싫어하다 サバを嫌う. 약 먹는 것을 싫어하다 薬を飲むのを嫌がる. 나는 우유를 싫어한다 私は牛乳が嫌いだ. 내가 싫어하는 타입 私の嫌いなタイプ. ❷ 〔…기 싫어하다の形で〕…したがらない; …したくない. ‖그는 많은 사람을 앞에서는 노래 부르기를 싫어한다 彼は大勢の前では歌いたがらない.
싫어하여[싫어해]【시러-】 [하変] 싫어하다(嫌いだ·嫌う)の連用形.
싫어한【시러-】 他 [하変] 싫어하다(嫌いだ·嫌う)の過去連体形.
싫어할【시러-】 他 [하変] 싫어하다(嫌いだ·嫌う)の未来連体形.
싫은【시른】 刷 싫다(嫌だ)の現在連体形.

싫증(-症)【실쯩】图 嫌気; 飽き. ‖싫증이 나다 嫌気がさす; 嫌になる. 실증을 내다 嫌気を起こす.
심(心) 图 牛の筋.
심²(心) 图 ❶ 心; 精神. ❷ ろうそくや鉛筆の芯. ❸ 洋服などの芯.
심³(沈) 图(姓) 沈(シム).
-심(心) [被尾] …心. ‖애국심 愛国心.
심각-하다(深刻-) /fimgakʰada/【-가카-】 刷 [하変] 深刻だ. ‖대기오염이 심각하다 大気汚染が深刻である. 심각한 문제 深刻な問題. 심각한 표정 深刻な表情. 사태를 심각하게 받아들이다 事態を深刻に受け止める. **심각-히** 副.
심경(心境) 图 心境. ‖심경의 변화 心境の変化.
심곡(深谷) 图 深谷.
심근(心筋) 图 心筋.
심근 경색증(心筋梗塞症)【-쯩】图〔医学〕心筋梗塞症.
심금(心琴) 图 心の琴線. ▶심금을 울리다 心の琴線に触れる; 心を打つ.
심급(審級) 图〔法律〕審級.
심기¹(心氣) 图 心気; 気持ち; 気分. ‖심기가 불편하다 心が穏やかでない; 気機嫌斜めだ.
심기²(心機) 图 心機.
심기-일전(心機一轉)【-쩐】图 自 心機一転.
심-기다 〔심다の受身動詞〕植えられる.

심다 /fi:m²ta/【-따】他 ❶ 植える; 植え込む; 根付かせる. ‖나무를 심다 木を植える. 뜰에 장미를 두 그루 심다 庭にバラを2本植える. 어린 마음에 불신감을 심다 幼い心に不信感を植える. ⑦심기다. ❷〔ある意図を持って味方を相手側に〕潜入させる. ‖정보를 얻기 위해 경쟁사에 우리 편을 심었다 情報を得るためにライバル社に味方を潜入させた.
심덕(心德) 图 心性と徳性; 気立て.
심드렁-하다 刷 [하変] 気乗りがしない; 気が進まない; 興味がわからない; (反応が)今一つだ. ‖재미있는 이야기를 해도 반응이 심드렁하다 面白い話をしても反応が今一つだ.
심란-하다(心亂-)【-난-】 刷 [하変] 落ち着かない; 気が散る; そわそわする. ‖마음이 심란하다 気持ちが落ち着かない.
심려(心慮)【-녀】图 他 心労; 気がかり. ‖심려를 끼쳐 드려 죄송합니다 ご心配をおかけして申し訳ありません.
심령(心靈)【-녕】图 心霊.
심령-술(心靈術) 图 心霊術.
심리¹(心理) /fimni/【-니】图 心理. ‖여성 심리 女性心理. 이상 심리 異常心理. 사춘기 특유의 심리 思春期特

有의 心理.
심리-묘사 (心理描寫) 图 心理描寫.
심리-적 (心理的) 图 心理的. ∥심리적인 문제. 心理的な問題.
심리-전 (心理戰) 图 心理戰.
심리-학 (心理學) 图 心理學.
심리² (審理) 【-니】 하他 【法律】審理.
심마니 图 深山에 自生하는 朝鮮人參의 採取를 業으로 하는 사람.
심문 (審問) 하他 審問. ∥심문 조서 審問調書.
심미-안 (審美眼) 图 審美眼.
심-박동 (心搏動) 图 图 心拍; 心臟의 鼓動.
심방 (心房) 图 【解剖】心房.
심벌 (symbol) 图 シンボル.
심벌리즘 (symbolism) 图 シンボリズム; 象徴主義.
심벌즈 (cymbals) 图 【音楽】シンバル.
심-보 (心-) 【-뽀】 图 心だて; 心根; 気立て; 底意地. ∥심보가 고약하다 底意地が悪い.
심복 (心腹) 图 心腹; 腹心.
심부름 /ʃiːmburum/ 图 自 お使い. ∥심부름을 가다 お使いに行く. 심부름을 보내다 お使いに出す.
심부름-꾼 图 使い; 使いの者.
심부름-센터 (-center) 图 便利屋.
심-부전 (心不全) 图 【医学】心不全.
심사¹ (心思) 图 心; 心ばえ; 心立て; 意地ある根性. ∥심사를 부리다 意地悪をする. 심사가 틀리다 意地になる.
심사² (審査) 하他 審査. ∥자격 심사 資格審査. 심사 위원 審査委員.
심사-숙고 (深思熟考) 【-꼬】 하他 熟慮. ∥심사숙고해서 결정하다 熟慮して決定する.
심산¹ (心算) 图 心算; 心積もり; つもり. ∥어떻게 할 심산인지 알 수가 없다 どうするつもりかの分からない.
심산² (深山) 图 深山.
심산-유곡 (深山幽谷) 【-뉴-】 图 深山幽谷.
심상¹ (心狀) 图 心状.
심상² (心象·心像) 图 心象.
심상-하다 (尋常-) 阽 하變 尋常だ. ∥지각 변동이 심상하지 않다 地殻変動が尋常ではない. **심상-히** 副
심성 (心性) 图 心性; 気立て; 心ばえ. ∥심성이 고운 아이 気立ての優しい子.
심술 (心術) 图 意地悪; わざと人を困らせたりつらく当たったりすること.
심술-궂다 (心術-) 【-굳따】 阽 意地悪い. ∥심술궂은 소리를 하다 意地悪なことを言う.
심술-꾸러기 (心術-) 图 意地悪.
심술-쟁이 (心術-) 图 =심술꾸러기.
심신¹ (心身) 图 心身. ∥심신을 단련하다 心身を鍛える.

심신² (心身障礙者) 图 心身障害者.
심신³ (心神) 图 心神.
심신-박약자 (心神薄弱者) 【-짜】 图 心神薄弱者.
심실 (心室) 图 【解剖】心室.
심심 (心心) 图 【解剖】=심심풀이.
심심-파적 (-破寂) 图 =심심풀이.
심심-풀이 图 退屈しのぎ; 暇つぶし. ∥심심풀이로 바둑을 배우기 시작하다 暇つぶしに囲碁を習い始める.
심심-하다¹ [心-] 阽 하變 (味が)薄い. ∥국이 심심하다 スープの味が薄い.
심심-하다² /ʃimʃimhada/ 阽 하變 退屈だ; つまらない; 所在ない; 手持ちぶさただ. ∥할 일이 없어 심심하다 やることがなくて退屈だ. 말 상대가 없어 심심하다 話し相手がいなくてつまらない.
심심-하다³ (甚深-) 阽 하變 深甚だ. ∥심심한 사의를 표하다 深甚なる謝意を述べる.
심야 (深夜) 图 深夜. ∥심야 방송 深夜放送.
심약-하다 (心弱-) 【시먀카-】 阽 하變 心弱い; 気が弱い. ∥심약한 사람 気の弱い人.
심연 (深淵) 图 深淵.
심오-하다 (深奧-) 阽 하變 奥深い. ∥심오한 진리 奥深い真理.
심원 (心願) 图 하他 心願.
심원-하다 (深遠-) 阽 하變 深遠だ. ∥심원한 사상 深遠な思想.
심음 (心音) 图 心音.
심의 (審議) 【-시미】 图 하他 審議. ∥법안을 심의하다 法案を審議する.
심의-회 (審議會) 【-시미훼】 图 審議会.
심장 (心臟) /ʃimdʒaŋ/ 图 ❶ 【解剖】心臟. ❷ 疼痛. ∥인공 심장 人工心臟. 심장마비 心臓麻痺. ❷ [比喩的に]物事の中心部. ∥기획실은 우리 회사의 심장이라고 할 수 있다 企画室は社の心臓と言える. ❸ 度胸. ∥심장이 강하다 度胸がある.
심장-병 (心臟病) 【-뼝】 图 【医学】心臟病.
심장-부 (心臟部) 图 心臟部. ∥도시의 심장부를 관통하는 전철망 都市の心臟部を貫通する鉄道網.
심-적 (心的) 图 心的. ❶物的(物的). ∥심적인 부담 心的な負担.
심전-계 (心電計) 图 【-/-계】 图 心電計.
심전-도 (心電圖) 图 心電圖. ∥심전도 검사 心電圖検査.
심정 (心情) 图 心情. ∥억눌린 심정을 헤아리다 無念な心情を察する.
심정-적 (心情的) 图 心情的. ∥심정적으로는 이해가 가다 心情的には理解できる.
심-줄 【-쭐】 图 【解剖】〔힘줄이 変化한

사새샤새서서세소쇠쇄쇠쇼수쉬쉐쉬슈스1식시

심증 (心證) 图《法律》 心証.
심지¹ (心-) 图 ❶ (ろうそくやランプなどの)灯心. ❷ (爆発物などの)導火線. ❸ (傷口などに詰めるための)綿棒; 止血栓.
심지² (心地) 图 心根; 気立て; 気質; 性質. ‖심지가 곱다 気立てがよい.
심지³ (心志) 图 心志; 意志. ‖심지가 굳은 사람 意志の固い人.
심지어 (甚至於) /ʃimdʑiə/ 圓 さらに; その上に加えて; それだけでなく. ‖훔치고 심지어 불까지 지르다 盗み, その上に火まで放つ. 심지어 비까지 내리기 시작했다 さらに雨まで降り始めた.
심취 (心醉) 图 (하자) 心酔.
심취² (深醉) 图 (하자) (酒などに)ひどく酔うこと.
심층 (深層) 图 深層. ‖심층 보도 深層報道. 심층 심리 深層心理.
심-통 (心-) 图 意地悪; 意固地になること. ‖심통을 부리다 意固地になる; 冠を曲げる.
심판 (審判) /ʃimpʰan/ 图 (하자) 審判. ‖심판을 내리다 審判を下す. 여론의 심판 世論の審判. 역사의 심판 歴史の審判. 최후의 심판 最後の審判. 심판-받다 [-당하다] 图
심판-관 (審判官) 图 審判官.
심판-석 (審判席) 图 審判席.
심판-원 (審判員) 图 審判員; アンパイア.
심폐 (心肺) 图 /-/-폐/ 心肺. ‖심폐 기능 心肺機能.
심포니 (symphony) 图《音楽》シンフォニー; 交響楽.
심포지엄 (symposium) 图 シンポジウム.
심-하다 (甚-) /ʃiːmhada/ 圈 (하변) はなはだしい; 激しい; 厳しい; きつい. ‖잠꼬대가 심하다 寝言がひどい. 말을 너무 심하게 하다 言い方がきつい.
심-히 圓 はなはだ; ひどく. ‖심히 걱정이다 はなはだ心配だ.
심해 (深海) 图 深海. ⓗ천해(淺海).
심해-어 (深海魚) 图 深海魚.
심혈 (心血) 图 心血. ‖심혈을 기울이다 心血を注ぐ.
심-호흡 (深呼吸) 图 (하자) 深呼吸.
심혼 (心魂) 图 心魂; 魂; 精神.
심화 (深化) 图 (되자) 深化. ‖분쟁이 나날이 심화되다 紛争が日増しに深化する.
심황 (-黃) 图《植物》ウコン(鬱金).
심회 (心懷) 图 /-/-훼/ 心懐; 意中; 心に思うこと.
십 (十) /ʃip/ 圉 10; 十(とお). ‖십에서 삼을 빼다 10から3を引く. 팔, 구, 십 8,9,10; 八, 九, 十.
─ 圉 10…. ‖십 주년 10周年. 십 번 손님 10番のお客さん.
십계 (十戒) /-계/-게/ 图《仏教》十戒.
십-계명 (十誡命) /-계-/-게-/ 图《キリスト教》 十誡.
십년-감수 (十年減壽) [심-] 图 (하자) ひどく怖かったり, 驚いたり危険にさらされたりすること.
십년-공부 (十年工夫) [심-] 图 10年の勉強; 長年の努力や苦労. ▶십년공부 도로 아미타불 (ことわざ) 長年の努力や苦労が水泡に帰す.
십년-지기 (十年知己) [심-] 图 長い付き合いの知人.
십대 (十代) [-때] 图 10代.
십만 (十萬) [심-] 圉 10万. ‖십만에 이르는 관객 10万に達する観客. 장서 십만 권 蔵書十万冊.
십분 (十分) [-뿐] 圓 十分; 充分. ‖능력을 십분 발휘하다 能力を十分発揮する.
십상¹ (←十成) [-쌍] 图 好都合; もってこい; ぴったり. ‖놀기에 십상인 곳 遊びにもってこいの場所.
십상² (十常) [-쌍] 图《…기 십상이다の形で》…になりやすい; …になりがちだ. ‖그렇게 하면 오해받기 십상이다 そういうふうにすると, 誤解されやすい.
-십시다 語尾 …しましょう. ‖같이 가십시다 一緒に行きましょう. 들어가십시다 入りましょう. 드십시다 食べましょう.
-십시오 [-씨-] 語尾 お(ご)…ください. …(して)ください. ‖들어오십시오 お入りください. 여기서 잠깐만 기다려 주십시오 ここで少々お待ちください. 놀라지 마십시오 驚かないでください.
십시일반 (十匙一飯) [- 씨 -] 图 「10人が1さじずつ出し合えば1人分の飯になる」の意で多くの人が力を合わせれば1人くらい助けるのは容易であること.
십오-야 (十五夜) 图 十五夜; 陰暦の15日の夜.
십이-월 (十二月) /ʃibiwəl/ 图 12月. ‖올해는 십이월 이십사일부터 겨울 방학이다 今年は12月24日から冬休みである.
십이지-장 (十二指腸) 图《解剖》十二指腸.
십인-십색 (十人十色) [-쌕] 图 十人十色.
십일 (十日) 图 10日.
십일-월 (十一月) /ʃibirwəl/ 图 11月. ‖십일월이 되면 해가 짧아진다 11月になると日が短くなってくる.
십자 (十字) [-짜] 图 十字.
십자-가 (十字架) 图《キリスト教》十字架. ‖십자가에 매달다 十字架にかける. 십자가를 지다 十字架を背負う.

십자-군 (十字軍) 图 (歷史) 十字軍.
십자-로 (十字路) 图 十字路.
십자-성 (十字星) 图 (天文) 南十字星.
십자-수 (十字繡) 图 クロスステッチ.
십-장생 (十長生) 图 ─짱─ 長寿を象徴する太陽・山・水・石・雲・松・不老草・亀・鶴・鹿の10種のもの.
십중-팔구 (十中八九) 图 ─쫑─ 十中八九.
십진-법 (十進法) 图 ─찐 뻡 图 (数学) 十進法.
십진분류-법 (十進分類法) 图 ─찐불─뻡.
十進分類法.
십팔 (十八) 图 18 全.
십팔-번 (十八番) 图 十八番; おはこ.
싱가포르 (Singapore) 图 (国名) シンガポール.
싱거운 圈 [ㅂ変] 싱겁다(味が薄い)の現在連体形.
싱거워 圈 [ㅂ変] 싱겁다(味が薄い)の連用形.
싱겁다 /ʃingəpʰta/ [─따] 圈 [ㅂ変] [싱거워, 싱거운] ❶ 水っぽい; (味が)薄い. ‖국이 싱겁다 スープの味が薄い. ❷ (話などが)つまらない; 面白くない; さえない. ‖여자들 앞에서 싱거운 소리만 하다 女の人の前でつまらないことばかり言う.
싱그럽다 ─따 圈 [ㅂ変] すがすがしい; さわやかだ; フレッシュだ. ‖싱그러운 레몬 향기 さわやかなレモンの香り.
싱글-거리다 圓 にこにこと笑う; にこにこしている. ‖아기 사진을 보면서 싱글거리다 赤ん坊の写真を見ながらにこにこする.
싱글-맘 (←single mama) 图 シングルマザー; シングルママ.
싱글-벙글 圖 [하다] にこにこと.
싱글-베드 (single bed) 图 シングルベッド.
싱글-싱글 圖 [하다] にこにこと.
싱굿 ─굳 圖 [하다] にこっと; にっこりと.
싱긋-이 圖
싱긋-벙긋 ─굳뻥굳 圖 [하다] にこにこと.
싱숭생숭-하다 圈 [하다] (心配などで)心が浮かされたり落ち着かない様子: そわそわ. ‖마음이 싱숭생숭하다 心がそわそわする.
싱싱-하다 /ʃiɲʃiŋhada/ 圈 [하다] (魚や野菜などが)活きがいい; 生き生きしている; みずみずしい; 新鮮だ. ‖오이가 싱싱하다 キュウリがみずみずしい. 싱싱한 생선 쓰기가이い魚.
싱커 (sinker) 图 (野球)シンカー.
싱크-대 (sink 臺) 图 (台所の)流し; シンク.
싱크로나이즈드ᵈ-스위밍 (synchronized swimming) 图 (スポーツ) シンクロナイズドスイミング.
싱크-탱크 (think tank) 图 シンクタンク.

싶다 /ʃipʰta/ [싶따] 圃形 ❶ […고 싶다の形で] …したい. ‖한국에 놀러 가고 싶다 韓国に遊びに行きたい. ❷ […ㄴ[은·는]ㄱ가 …ㄹ[을·를]가 싶다の形で] 推測・意志・様態を表わす: …と思う; …ような気がする; …ようだ. ‖나도 내일은 외출할까 싶다 私も明日は外出しようと思う. 안에는 사람이 많이 있는가 싶다 中には多くの人がいるようだ. ❸ […으면 싶다の形で] そのようになることを願望する意を表わす: …してほしい; …してもらいたい; …したらと思う. ‖내일은 맑았으면 싶다 明日は晴れたらいいなと思う.

싶어-지다 圃 …したくなる. ‖친구가 보고 싶어지다 友だちに会いたくなる. 울고 싶어지다 泣きたくなる.

싶어-하다 圈 [하다] …たがる. ‖놀러 가고 싶어하다 遊びに行きたがる. 유학 가고 싶어하다 留学したがる.

ㅆ

ㅆ 图 ハングルの子音字母の一つ. 名称は「쌍시옷」.

싸고-돌다 圓 [ㄹ語幹] ❶ (何かを囲んで)その周りを動き回る. ❷ かばう; 庇護(ひご)する. 하다する. ‖자기 아이만 싸고 도는 젊은 엄마 自分の子供ばかりかばう若い母親. 颿帰 등る.

싸구려 安売り品; 投売り品; 安物; 三文. ‖싸구려 옷 安物の服.

싸느랗다 ─라타 圈 [ㅎ変] =싸늘하다.

싸늘-하다 圈 [하다] ❶ (天候または物体の温度などが)少し冷たい; ひやっとしている; ひんやり(と)している. ‖바람이 싸늘하다 風が冷たい. ❷ (態度などが)冷淡だ; よそよそしい; 冷ややかだ. ‖싸늘한 태도 冷たい態度. 싸늘한 시선 冷ややかな視線. ❸ (驚きや怖さで)ぞっとする; どきっとする. ‖심령 사진을 보고 등골이 싸늘해지다 心霊写真を見てぞっとする.

싸다¹ 圈 ❶ (口が)軽い. ‖입이 싸다 口が軽い. ❷ (行動などが)素早い; 速い. ‖싸게 달리다 速く走れ.

싸다² /s͈ada/ 圈 ❶ (値段が)安い. ❷ 当然; 当たり前. ‖싼 값이 비지떡 安物買いの銭失い. 物価が安い. 싼 값 安価. ❷ […으[아]야 싸다の形で] (罪や過ほの罰として) …て当たり前だ; …て当然だ. ‖너는 맞아도 싸다 お前は殴られて当然だ. ‖싼 것이 비지떡 腐諺 安物買いの銭失い.

싸다³ /s͈ada/ 圃 ❶ 包む; 包装する. ❶ 상자를 보자기로 싸다 箱を風呂敷

싸다 에 包む. 약을 오블라토에 싸서 넘기다 薬をオブラートに包んでのみ込む. ❷取り囲む; 周りを囲む; 包囲する. ㉠싸이다. ❸(弁当などを)支度する; こしらえる. ‖도시락을 싸다 弁当をこしらえる.

싸다⁴ 他 (大小便などを)もらす; 垂らす; 排泄する. ‖오줌을 싸다 小便をたらす[漏らす].

싸-다니다 自他 出歩く; ほっつき回る; ほっつき歩く. ‖하루 종일 싸다니다 一日中あちらこちらほっつき歩く.

싸-돌다 他 [ㄹ語尾] 싸고돌다의 縮約形.

싸라기 名 砕け米; 砕米.

싸라기-눈 名 [天文] 霰(あら⁴).

싸락-눈 [-랑-] 名 =싸라기눈.

싸리 名 =싸리나무.

싸리-나무 名 [植物] ハギ(萩).

싸리-문 (-門) 名 萩で編んだ扉.

싸-매다 他 巻きつける; しっかり結ぶ.

싸우다 自 けんかする; 戦う; 争う; 競う. ‖친구와 싸우다 友だちとけんかする. 가난과 싸우다 貧困と戦う. 법정에서 싸우다 法廷で争う.

싸움 /ssaum/ 名 けんか; いさかい; 戦い; 争い. ‖부부싸움 夫婦げんか. 싸움 권력 싸움. 싸움을 걸다 けんかを売る. 연구는 자기와의 싸움이다 研究は自分との戦いだ.

싸움-닭 [-딹] 名 闘鶏; 鶏合わせ.

싸움-터 名 戦場; 戦陣.

싸-이다 自 (싸다³의 受動助動詞) 包まれる; 囲まれる; 取り巻かれる. ‖신비의 싸인 神秘のベールに包まれた人.

싸-잡다 [-따] 他 ひっくるめる; 一つにくくる; 含める. ‖싸잡아 바보 취급하다 ーくくりにばか扱いする.

싸-하다 自 [하変] (舌・のど・鼻などが)刺激を受けて)ひりひりする; ぴりッとする.

싹¹ /sak/ 名 ❶ 芽. ‖봄이 되자 싹이 돋아났다 春になって芽が出た. ❷[比喩的に)ある現象の根源や始まり. ‖분쟁의 싹을 없애다 紛争の芽を摘み取る. ‖싹이 노랗다 (「芽が黄色い」の意で)将来性[見込み]がない.

싹² /sak/ 副 삭을 강하게 말하는 말. **싹-싹** 副

싹둑 [-뚝] 副 삭둑을 강하게 말하는 말. **싹둑-싹둑** 副

싹-수 [-쑤] 名 兆し; 将来性; 見込み. ▶싹수가 노랗다 将来性[見込み]がない.

싹-쓸이 他 すっかり掃き出すこと; 何かを独り占めすること; 総なめにすること.

싹-트다 自 [으変] 芽生える; 芽が出る. ‖씨앗이 싹트다 種から芽が出る. 애정이 싹트다 愛情が芽生える.

싼-값 [-깝] 名 安値; 安価; 廉価.

쌀 /sal/ 名 米. ‖쌀을 씻다 米をとぐ. 쌀을 찧다[빻다] 米をつく; 精米する. 한국 사람의 주식은 쌀이다 韓国人の主食は米である.

쌀-가루 [-까-] 名 米粉; 米の粉.

쌀-겨 [-껴] 名 米ぬか; ぬか.

쌀-뜨물 名 米のとぎ汁.

쌀랑-하다 形 [하変] ❶(天候や空気などが)冷たい; ひんやり(と)している. ❷(態度などが)冷たい; 冷淡だ.

쌀-밥 名 米のご飯; 米飯.

쌀-벌레 名 [昆虫] コクゾウムシ(穀象虫); 米食い虫.

쌀-보리 名 [植物] ハダカムギ(裸麦).

쌀-맞다 [-맏따] 形 (態度が)冷たい; よそよそしい. ‖제안을 쌀쌀맞게 거절하다 提案を冷たく[けんもほろろに]断わる.

쌀쌀-하다 形 [하変] ❶(天候などが)少し冷たい; 肌寒い. ‖아침에는 쌀쌀하다 朝はかなり肌寒い. ❷(態度が)冷たい; よそよそしい. ‖쌀쌀한 태도 冷たい態度. **쌀쌀-히** 副

쌀-알 名 米粒.

쌀-집 [-찝] 名 米屋.

쌀-통 (-桶) 名 米びつ.

쌈 名 [料理] 海苔・白菜・サンチュなどでご飯や牛肉などを包んで食べること, またはその食べ物.

쌈박-하다 [-바카-] 形 [하変] (物事の進み具合や出来上がりが)すっきりしている. ‖쌈박한 논리 すっきり整理された論理.

쌈지 名 刻みタバコを入れる携帯用の袋; タバコ入れ.

쌈짓-돈 [-짇똔⁴-짇똔] 名 (「タバコ入れの金」の意で)小銭; 非常時の金; ポケットマネー. ▶쌈짓돈이 주머니 돈[주머니 돈이 쌈짓돈](「タバコ入れのお金が巾着のお金」の意で)夫婦や家族においてお金は誰がもとうが, 結局同じものであることのたとえ.

쌉쌀-하다 形 [하変] ほろ苦い.

쌍 (雙) 名 対; ペア; カップル. ‖그들은 어디를 가도 다녔다 彼らはどこに行くにもペアで行っていた.

─依- 名 一対になっているものを数える語. ‖한 쌍의 신혼부부 1組の新婚夫婦.

쌍-가마 (雙-) 名 つむじが2つあること.

쌍-곡선 (雙曲線) -썬 名 [数学] 双曲線.

쌍-권총 (雙拳銃) 名 二丁拳銃. ▶쌍권총을 차다 ①二丁拳銃をぶら下げる. ②(俗っぽい言い方で)大学生が単位としてF(不可)を2つもらうこと.

쌍-기역 (雙-) 名 ハングルの子音字母「ㄲ」の名称.

쌍-꺼풀 (雙-) 名 二重まぶた. ㉠외꺼풀. ‖쌍꺼풀이 지다 二重まぶたになる.

쌍두-마차 (雙頭馬車) 名 二頭立ての馬車.

쌍둥이(雙−) 图 双子; 双生児.
　쌍둥이-자리(雙−) 图 【天文】 双子座.
쌍-디귿(雙−) 图 ハングルの子音字母「ㄸ」の名称.
쌍-떡잎(雙−떡닢) 图 【植物】 双子葉.
　쌍떡잎-식물(雙−植物)【−떡닢성−】 图 【植物】 双子葉植物.
쌍무(雙務) 图 双務.
　쌍무-계약(雙務契約)【−/−게−】 图 【法律】 双務契約.
쌍-무지개(雙−) 图 二重虹.
쌍-받침(雙−) 图 同じ子音が重なってできた終声. ㄲ・ㅆなど.
쌍방(雙方) 图 双方. ‖쌍방의 의견을 들어보다 双方の意見を聞いてみる.
　쌍방 '대리(雙方代理) 图 【法律】 双方代理.
쌍벽(雙璧) 图 双璧. ‖쌍벽을 이루다 双璧をなす.
쌍봉-낙타(雙峯駱駝) 图 【動物】 フタコブラクダ(二瘤駱駝). ⑳ 단봉낙타(單峯駱駝).
쌍-비읍(雙−) 图 ハングルの子音字母「ㅃ」の名称.
쌍생-아(雙生兒) 图 双生児. ‖일란성 쌍생아 一卵性双生児.
쌍수(雙手) 图 双手; 両手; 諸手. ‖쌍수를 들고 환영하다 諸手を挙げて歓迎する.
쌍-시옷(雙−)【−욷】 图 ハングルの子音字母「ㅆ」の名称.
쌍-심지(雙−) 图 2 本の灯心. ▶쌍심지를 켜다[돋우다] 激怒して両目を血走らせること. 눈에 쌍심지를 켜고 덤비다 両目を血走らせて飛びかかる.
쌍쌍(雙雙) 图 2つ[2人ずつ]の対.
　쌍쌍-이(雙雙−) 图 2 人ずつ; (男女)ペアで. ‖공원 벤치에 쌍쌍이 앉아 있다 公園のベンチに(男女が) 2 人ずつ座っている.
쌍-안경(雙眼鏡) 图 双眼鏡.
쌍자엽 '식물(雙子葉植物)【−성−】 图 【植物】 双子葉植物.
쌍점(雙點) 图 ❶ 2つの点. ❷ コロン(:).
쌍-지읒(雙−)【−음】 图 ハングルの子音字母「ㅉ」の名称.
쌍-칼(雙−) 图 両刃; 二刀流.
쌍화-탕(雙和湯) 图 【漢方】 疲労回復や風邪などを治すために飲む煎じ薬.
쌓다/sat'a/【쌔타】 他 ❶ (ものや経験などを)積む; 積み上げる; 積み重ねる. ‖물건을 쌓다 品物を積む. 경험을 쌓다 経験を積む. 벽돌을 쌓아 올리다 ブロックを積み上げる. ❷ (建物などを)築く. ‖성을 쌓다 城を築く. 탑을 쌓아 올리다 塔を築き上げる.
쌓-이다(싸−) 圓 ❶「쌓다의 受身動詞] 積まれる; 築かれる. ❷ (仕事やストレスなどが)たまる; (心配やある感情などが)募る. ‖눈이 쌓이다 雪が積もる. 피로가 쌓이다 疲れがたまる.

쌔다 圓 ありふれている; 有り余る; どこにでもある. ‖그런 내용의 추리 소설은 쌨다 そのような内容の推理小説はありふれている.
쌕쌕 圖 他変 ❶ 静かによく眠っている様子[音]: すやすや. ‖쌕쌕 자고 있다 すやすや(と)眠っている. ❷ 苦しそうに呼吸する様子や息を切らす様子: ぜいぜい.
　쌕쌕-거리다【−따】自変 ❶ すやすやと眠る. ❷ はあはあと息を切らす.
쌜룩 圖 「샐룩」を強めて言う語.
　쌜룩-거리다【−따】 圓 샐룩거리다を強めて言う語.
쌤-통 图 人の失敗・不運に対して内心愉快だと思いながら発する言葉. ‖그거 정말 쌤통이다 それ見たことか; ざまあみろ; いい気味だ.
쌩 圖 ❶ 風うなる吹く音: ひゅう. ❷ ものが風を切る音[様子]: ひゅう. 쌩쌩 ひゅうひゅう; びゅんびゅん. ❸ 차가 쌩쌩 달리다 車がびゅんびゅん走る.
쌩긋【−귿】 圖 他変 目で軽く一度微笑む様子.
쌩쌩-하다 圓 하変 ぴんぴんしている; 生き生きとしている; 元気旺盛だ.
써¹【으変】 쓰다(苦い)の連用形.
써²【으変】 쓰다(書く・使う・かぶる)の連用形.
써-내다 他 書いて出す. ‖이력서를 써내다 履歴書を書いて出す.
써-넣다【−너타】 他 書き込む; 書き入れる; 記入する. ‖성명란에 이름을 써넣다 氏名欄に名前を書き込む.
써레 馬鍬(まぐわ).
써-먹다【−따】 他 [쓰다³의 俗語] 使う; 利用する; 活用する. ‖배운 표현을 써먹다 習った表現を活用する.
썩 圖 ❶力を込めて一気に切り割ったりする様子: ざっくり. ‖무를 썩 자르다 大根をざっくり切る. ❷ 素早く滞らずに動作をする様子: さっと; すっと; さっと; ぱっと. ❸ とても; 非常に; それほど. ‖썩 반갑지 않은 손님 好まれざる客.
썩다/sək'ta/【−따】 圓 ❶ 腐る. ‖음식이 썩다 食べ物が腐る. ❷ なまる; 鈍る. ‖기술이 썩고 있다 技術が鈍る. ❸ (権力などが)堕落する. ‖그런 썩은 정신으로는 아무것도 할 수 없다 そんな腐った精神では何もできない. ❹ [俗] 속 터지는 말투[言い方]で) 自分の意思とは関係なく, ある場所や分野に縛りつけられている; (年月を)無駄にする. ‖교도소에서 십 년을 썩다 刑務所で 10 年服役する. ❺ [속に 썩다の形で] 心を痛める; 気が腐る. ‖아이 때문에 속이 썩다 子どものことで気が腐る. 慣 썩이다・썩히다.

썩-이다 〔썩다의 使役動詞〕痛める;痛めさせる. ‖부모님 속을 많이 썩이다 両親の心を痛めさせる.

썩-히다 〔썩다의 使役動詞〕腐らせる;鈍らせる. ‖시금치를 썩히다 ホウレンソウを腐らせる.

썰다 他〔㉠語幹〕切る;刻む. ‖무를 썰다 大根を切る. 파를 잘게 썰다 ネギを細かく刻む. ㉡썰리다. ㉢썰리다.

썰렁-하다 形〔하変〕ひんやり(と)している. ‖썰렁한 방안 ひんやり(と)している部屋.

썰-리다[1] 自〔썰다의 受身動詞〕切られる;切れる. ‖잘 썰리는 칼 よく切れる包丁.

썰-리다[2] 他〔썰다의 使役動詞〕切らせる.

썰매 名 そり.

썰-물 名 引き潮;下げ潮. ㉒밀물.

쏘다 /soda/ 他 ❶射る;撃つ;放つ. ‖활을 쏘다 弓を射る. 총을 쏘아 쏘다 銃を撃つ. 화살을 쏘다 矢を放つ[射る]. ❷(虫などが)刺す. ‖벌이 쏘다 ハチが刺す. ❸쏘이다. ❸(辛い味が)舌を刺すか;(においが)鼻をつく. ‖겨자가 혀를 쏘다 辛子が舌を刺す. ❹(俗っぽい言い方で)おごる;ごちそうする. ‖오늘 저녁은 내가 쏠게 今日の夕食は私がおごる.

쏘-다니다 自 歩き回る;うろつき回る. ‖거리를 쏘다니다 街をうろつき回る.

쏘삭-거리다[-대다]【-꺼[때]-】 ❶しきりに突っつき回す. ❷しきりにそそのかす.

쏘삭-쏘삭 副〔하変〕❶しきりに突っつき回す様子. ❷しきりにそそのかす様子.

쏘아-보다 他 にらむ. ‖경쟁자를 쏘아보다 競争相手をにらみつける.

쏘아-붙이다[-부치-] 自他 鋭く言い放つ. ‖홧김에 한마디 쏘아붙이다 腹立ちまぎれに一言鋭く言い放つ.

쏘-이다 自〔쏘다의 受身動詞〕刺される. ㉒쐬다. ‖벌에 쏘이다 ハチに刺される.

쏙 副 ❶突き出たりへこんだりしている様子:ぱっこり. ❷突然現われる様子:ぬっと. ‖창문으로 목을 쏙 내밀다 窓からぬっと首を出す. ❸ものがやすやすはずれたり抜けたり、またははまったりする様子:すっぽり. ‖상자 일이 쏙 빠지다 箱の底がすっぽり(と)抜ける. 인형 목이 쏙 빠지다 人形の首がすっぽり(と)取れる. ❹人の話に唐突に入り込む様子. 쏙-쏙

쏙닥-거리다[-대다]【-딱 꺼[때]-】他 ひそひそ話す;こそこそ話す.

쏙닥-쏙닥【-딱-딱】副〔하自他〕他人に聞こえないように小声で話す様子:ひそひそ;こそこそ.

쏜-살 名(「射た矢」の意から)非常に速いこと;非常に速く過ぎ去ること. ‖쏜살같이 달려가다 矢のごとく走っていく.

쏟다 /sot'ta/ 他 ❶(液体・粉末などを)こぼす. ❷엎지르다. ‖우유를 쏟다 牛乳をこぼす. 서류에 커피를 쏟아 버렸다 書類にコーヒーをこぼしてしまった. 눈물을 평평 쏟다 大粒の涙をこぼす. ❷(血などを)流す. ‖코피를 쏟다 鼻血を流す. ❸(心を)込める. ‖정성을 쏟다 心を込める. ❹ぶちまける;(気持ちなどを)口に出す. ‖평소의 불만을 쏟다 平素の憤懣(㊂)をぶちまける.

쏟아-지다 /sodaɟida/ 自 ❶こぼれる;(血などが)流れる. ‖잉크가 쏟아지다 インクがこぼれる. 슬픈 영화를 보다가 눈물이 쏟아졌다 悲しい映画を観たら涙がこぼれた. ❷(雨や雪などが)降りしきる;降り注ぐ. ‖함박눈이 쏟아지다 牡丹雪が降りしきる. 쏟아지는 갈채 あふれる[降り注ぐ]喝采.

쏠리다 自 ❶(ものが)斜めになる;傾く;かしぐ. ‖지진으로 낡은 집이 옆으로 쏠렸다 地震で古い家が横に傾く. ❷(考えや気持ちが)次第にその方へ偏る;集まる;(視線などが)注がれる. ‖관심이 쏠리다 関心が集まる. 시선이 쏠리다 視線が注がれる.

쏠쏠-하다 形〔하変〕❶(品質などが)かなりいい. ❷(商売や取引で)利益がかなり上がる. ‖주식 투자로 쏠쏠한 재미를 보다 株式投資でかなりの利益を得る.

쐐 쐬를 強めて言う語.

쐐기 名 くさび. ▶쐐기를 박다 くさびを刺す;念を押す.

쐐기-풀 名〔植物〕イラクサ(刺草).

쐬다[/-쎄/] 他(風や日差しなどに)当たる;さらす. ‖바람을 쐬다 風に当たる. 햇볕을 쐬다 日に当たる;日に当てる.

쐬다[2][/-쎄/] 他〔쏘이다의 縮約形〕刺される.

쑤군-거리다 自他 수군거리다を強めて言う語.

쑤군덕-거리다[-대다]【-꺼[때]-】他 수군덕거리다を強めて言う語.

쑤군덕-쑤군덕 副〔하自他〕수군덕수군덕を強めて言う語 ひそひそ(と);こそこそ(と).

쑤군-쑤군 副〔하自他〕수군수군を強めて言う語.

쑤다 他(粥(㊂))を炊く;(糊(㊂))を作る.

쑤시다[1] 他(傷口・筋肉・頭などが)痛打つように痛む;ずきずきと痛む;うずく. ‖다리가 쑤시다 足がうずく.

쑤시다[2] /sufida/ 他 ❶何度も軽く突く;こつこつと小刻みに突く;(歯を)せせる. ‖손가락으로 쑤셔 보다 指先で突いてみる. 이를 쑤시다 歯をせせる. 회장이 벌집을 쑤셔 놓은 것처럼 어수선하다 会場が蜂の巣をつついたように大騒ぎになる. ❷そそのかす;おだてる. ‖아무것

모르는 사람을 쑤시지 마라 何も知らない人をそそのかすな。 ❸調べる。∥記者들은 特種을 얻기 위해 여기저기를 쑤시고 다녔다 記者は特種をつかむためあちらこちらを調べ回る。

쑥¹【植物】ヨモギ。∥쑥을 캐다 ヨモギを摘む。

쑥² ❶突き出たりへこんだりしている様子: ぽっこり。 ❷突然現われる様子: ぬっと。 ❸ものがたやすく抜けたり、または抜けたりする様子: すっぽり。 ❹人の話に唐突に入り込む様子。 **쑥~쑥** 副

쑥-갓【-간】图【植物】シュンギク(春菊)。

쑥-대【-때】图 ヨモギの茎。

쑥대-머리【-때-】图 蓬頭(ヨモギのようにひどく乱れた頭髪)。

쑥대-밭【-때받】图 ヨモギの生い茂った荒れ地;廃墟。

쑥덕-거리다【-떡꺼-】自他 ひそひそ話をする;ひそひそと話し合う。∥그 일을 두고 사람들이 쑥덕거리고 있다 そのことについて人々はひそひそと話している。

쑥덕-공론(-公論)【-떡꽁논】图 ひそひそ話。

쑥덕-쑥덕【-떡-떡】副 쑥덕쑥덕と強めて言う語。

쑥덕-이다【-떠기-】自他 쑥덕이다を強めて言う語。

쑥-떡 图 ヨモギ餅;草餅。

쑥-부쟁이【-뿌-】图【植物】ヨメナ(嫁菜)。

쑥-색(-色)【-쌕】图 ヨモギ色。

쑥-스럽다【-쑤rɯp-】[ㅂ変]【쑥스러워,쑥스러운】圈 照れくさい;気恥かしい;決まり悪い。∥칭찬을 듣으니 쑥스럽다 ほめられると照れくさい。쑥스러워서 고개를 들 수가 없다 照れくさくて顔が上げられない。 **쑥스레** 副

쑥-쑥 副 ❶勢いよく成長する様子。∥아이가 쑥쑥 자라다 子どもがすくすく育つ。 ❷樹木などがまっすぐにのびている様子。 ❸勢いよく突っ込んだり抜いたりする様子。

쑤-개 图 かぶり物。

쓰는 冠 [으変] 쓰다(書く・使う・かぶる)の現在連体形。

쓰다¹ /suda/ 圈 [으変]【써,쓴】 ❶(味)が苦い。쓴맛이 나다 苦い味がする。 ❷食欲がない。∥입이 써서 아무것도 못 먹겠다 食欲がなくて何も食べられない。

쓰다² /suda/ 他 [으変]【써,쓰는】 ❶書く。 ❷적다。∥일기를 쓰다 日記を書く。小説を書く。친구에게 편지를 썼다 友だちに手紙を書いた。 ⓟ쓰이다。 ⓟ쓰다。

쓰다³ /suda/ 他 [으変]【써,쓰는】 ❶使う。∥도구를 쓰다 道具を使う。머리를 쓰는 일 頭を使う仕事。대인 관계에 신경을 쓰다 対人関係に気を使う。종이를 쓸데없이 쓰다 紙をむやみに使う。사람을 쓰다 人を使う。 ⓟ쓰이다。 ❷おごる;ごちそうする。∥한턱 쓰다 ~杯おごる。 ❸(我を)張る;(ただを)こねる。∥생떼를 쓰다 我を張る。 ❹(力を)入れる。∥힘을 쓰다 力を入れる。

쓰다⁴ /suda/ 他 [으変]【써,쓰는】 ❶(帽子・仮面などを)かぶる。∥모자를 쓰다 帽子をかぶる。복면을 쓰다 覆面をかぶる。 ⓟ쓰이다。 ❷(眼鏡を)かける。∥안경을 쓰다 眼鏡をかける。 ❸(傘などを)差す。∥우산을 쓰다 傘を差す。 ❹(ほこりなどを)浴びる。∥먼지를 쓰다 ほこりを浴びる[かぶる]。 ❺(濡れ衣を)着せられる。∥강도 누명을 쓰다 強盗の濡れ衣を着せられる。

쓰다⁵ 他 [으変] 〔뫼를 쓰다の形で〕埋葬する。

쓰다듬다【-따-】他 ❶なでる;さする。∥아이의 머리를 쓰다듬다 子どもの頭をなでる。 ❷なだめる。

쓰디-쓰다 圈 [으変] ❶(味)がひどく苦い。∥쓰디쓴 아주 ひどく苦い味。 ❷非常に苦しい;辛い。∥쓰디쓴 경험 非常に辛い経験。

쓰라리다 圈 ❶(傷口が)ひりひりする;皮膚や粘膜に軽くしびれるような痛みを感じる。∥긁힌 상처가 쓰라리다 ひっかかれた傷がひりひりする。 ❷辛い;苦しい;(心が)痛む。∥시험에 떨어진 쓰라린 경험 試験に落ちた辛い経験。

쓰러-뜨리다 他 倒す;覆す。∥나무를 베어 쓰러뜨리다 木を切って倒す。현체제를 쓰러뜨리다 現体制を覆す。

쓰러-지다 /sɯrədʑida/ 自 ❶倒れる。∥폭풍으로 나무가 쓰러지다 暴風で木が倒れる。어지러워 쓰러지다 目眩いがして倒れる。과로로 쓰러지다 過労で倒れる。독재 정권이 쓰러지다 独裁政権が倒れる。흉탄에 쓰러지다 凶弾に倒れる。 ❷倒産する。∥회사가 부도나서 쓰러지다 会社が不渡りを出して倒産する。

쓰러-트리다 他 = 쓰러뜨리다。

쓰레기 /sɯregi/ 图 ごみ;くず。∥아무데나 쓰레기를 버리다 所かまわずごみを捨てる。쓰레기 버리는 곳 ごみ捨て場;ごみ置き場。쓰레기투성이 ごみだらけ。쓰레기 봉투 ごみ袋。

쓰레기-차(-車) 图 ごみ収集車。

쓰레기-통(-桶) 图 ごみ箱;ちり箱;くずかご。

쓰레-받기【-끼】图 ごみ取り;ちり取り。

쓰르라미 图 【昆虫】 ヒグラシ(蜩);カナカナ。

쓰리다 自 ❶(傷口が)ひりひりする。∥불에 덴 데가 쓰리다 やけどの痕がひり

쓰-이다 ひりする。❷〈心が〉痛む。∥마음이 쓰리다 心が痛む。❸〔속이 쓰리다의 形で〕胃がちくちく痛む; 胸焼けする。∥배가 고프다 못해 속이 쓰리다 空腹のあまり、胃がちくちく痛む。お腹がぺこぺこだ。

쓰-이다¹ 囸 〔쓰다²의 受身動詞〕書かれる。囲쓰다。∥수첩에는 올해의 포부가 쓰여 있다 手帳には今年の抱負が書かれている。

쓰-이다² 囸 〔쓰다³의 受身動詞〕使われる。∥이 도구는 여러 방면에 유효하게 쓰이고 있다 この道具は色々な面で有効に使われている。

쓰-이다³ 囮 〔쓰다²의 使役動詞〕書かせる。

쓱 囲 ❶なにげなく行動する様子: こっそり; そっと。❷素早く動作を行なう様子; 瞬時に物事が起こる様子: さっと; ぱっと。❸軽くこする様子。쓱-쓱 囲

쓱싹 囲(自他) 鋸(톱)やすりなどでものを強くこする音[様子]: ごしごし。쓱싹-쓱싹 囲(自他)

쓱싹-거리다 [-끼-] 囸 ごしごしする。

쓱싹-하다 [-싸카-] 囮 하変 悪いことを隠して知られぬ無きにする; 拾得物をこっそり自分のものにする; ねこばばする。∥남의 것을 쓱싹하다 人のものをねこばばする。

쓱-쓱 囲 軽く2,3回こする様子。∥입가를 손등으로 쓱쓱 문지르다 口元を手の甲で軽くこする。

쓴¹ 囮 〔으変〕 쓰다(苦い)의 現在連体形。

쓴² 囮 〔으変〕 쓰다(書く・使う・かぶる)의 過去連体形。

쓴-맛 [-맏] 图 ❶苦い味; 苦い味。∥쓴 맛이 나다 苦い味がする。❷苦い経験。∥인생의 쓴맛을 보다 人生の苦い味をする。▶쓴맛 단맛 다 보았다 ⒅ 海山千尋。

쓴-웃음 图 苦笑い; 苦笑。囮고소(苦笑)。∥쓴웃음을 짓다 苦笑いする。

쓸 囮 〔으変〕 쓰다(書く・使う・かぶる)의 未来連体形。

쓸개 图 (解剖) 胆嚢。囮담낭(膽囊)。▶쓸개가 빠지다 主観がない。

쓸개-즙 (-汁) 图 (生理) 胆汁; 胆液。

쓸다 /sulda/ 囮 [ㄹ語幹] [쓸어, 쓰는, 쓴] ❶ (ほうきで) 掃く。∥뜰을 쓸다 庭を掃く。❷ (手で軽く) なでる。∥아이의 아픈 배를 쓸어 주다 子供の痛いお腹をなでてやる。❸ 一定の範囲内のものに影響を及ぼす; 広がる; 覆いつくす; 吹き荒れる。∥태풍이 마을을 쓸고 지나갔다 台風が村を吹き荒らした。❹ (金やものなどを) 独り占めする; 席巻する; 総なめにする。∥모든 상을 혼자 쓸어 가다 すべての賞を1人で総なめにする。

쓸데-없다 /sulteop'ta/ [-떼업따] ❶使い道がない; 無用だ; 無駄だ。∥쓸데없는 짓을 하다 無駄なことをする。❷役に立たない; たわいない; つまらない; くだらない。∥쓸데없는 소리를 하다 くだらないことを言う。∥무駄口をたたく。쓸데없는 얘기로 시간을 때우다 たわいない話で時間をつぶす。**쓸데없-이** 囲 ∥돈을 쓸데없이 쓰다 むやみにお金を使う。

쓸리다¹ 囸 すりむく; ものにこすって皮がむける。∥넘어져서 무릎이 쓸렸다 倒れて膝をすりむいた。

쓸리다² 囸 傾く; なびく。∥벼가 바람에 쓸리다 稲が風になびく。

쓸-모 图 使い道; 用途; 使い所。∥쓸모가 있을지 모르니까 버리지 마라 使い道があるかも知れないから捨てるな。

쓸모-없다 [-업따] 囮 役に立たない; 無用だ; 無駄だ。∥쓸모없는 노력 無駄な努力。**쓸모없-이** 囲

쓸쓸-하다 囮 하変 もの寂しい; わびしい。∥쓸쓸한 노년을 보내다 寂しい晩年を過ごす。

쓸어-내리다 囮 ❶なで下ろす。∥머리를 쓸어내리다 髪をなで下ろす。❷〔가슴을 쓸어내리다의 形で〕胸をなで下ろす; ほっとする。∥무사한 모습을 보고 가슴을 쓸어내리다 無事な姿を見て胸をなで下ろす。

쓸어-버리다 囮 ❶掃き捨てる。❷席巻する; 独り占めする; 総なめにする。

씀씀-이 图 金遣い; 金銭の使い方。∥씀씀이가 헤프다 金遣いが荒い。

씁쓰레-하다 囮 하変 苦い; 悲しい。

씁쓸-하다 囮 하変 ほろ苦い。∥씁쓸한 맛 ほろ苦い味。**씁쓸-히** 囲

씌다¹ [씨-] 囸 (心霊や魔物が) 乗り移る; とりつかれる。∥귀신에 씌다 心霊にとりつかれる。

씌다² [씨-] 쓰이다¹의 縮約形。

씌다³ [씨-] 쓰이다²의 縮約形。∥모자를 씌다 帽子をかぶせる。

씌우-개 图 覆い物; カバー。

씌우다 [씨-] 囮 〔쓰다의 使役動詞〕❶かぶせる; かける。∥모자를 씌우다 帽子をかぶせる。❷〈人に罪や責任などを〉負わせる; 着せる。∥그에게 누명을 씌우다 彼に濡れ衣を着せる。囮씌다。

씨¹ /ʃi/ 图 ❶種; 種子。囮종자(種子)。∥씨를 뿌리다 種を蒔く。❷血統; 血筋。∥씨가 다른 형제 種違いの兄弟。씨가 좋은 말 血統のいい馬。❸物事の起こる原因となるもの。∥분쟁의 씨가 되다 紛争の原因となる。▶씨가 마르다 1つも残らずなくなる。▶씨를 말리다 1つも残さずなくす。

씨² (綜) 图 (織物の) 緯糸(씨). 囸날。

씨³ (氏) 图 姓; 氏。
── 囮 その方。
── 囮圄 …氏; …さん。◆姓だけに씨をつけると相当失礼な言い方となる。フル

ネームにつけることが普通である.

-씨⁴(氏)[接尾][(姓の後に付いて)]氏族を表わす. ‖이씨 가문 李家.

씨-닭[-딱][名]種付け用の雄鶏.

씨-돼지[名]種豚.

씨르래기[名][昆虫]キリギリス(螽斯).

씨름[名][する他] ❶シルム(韓国相撲). ❷あることに真剣に取り組むこと;努力すること. ‖책과 씨름하다 一生懸命勉強する.

씨름-꾼[名]씨름をする人;力士.

씨름-판[名]韓国式の相撲場.

씨명(氏名)[名]氏名.

씨받-이[-바지][名][する他] ❶採種. ❷昔,子供を産めない本妻の代わりに子どもを産めた女性.

씨-방(-房)[名][植物]子房. ⓒ자방(子房).

씨-실[名][織物の]緯糸(ぬきいと). ⓒ날실.

씨-알[名] ❶卵卵. ❷穀物の種としての粒. ‖(씨알이 먹히다)の形で]言い合って通じ合う;手を打った効き目がある. ‖씨알도 안 먹히는 소리 全く通じない話.

씨-암탉[-탁][名]種卵を産ませるために飼う雌鳥.

씨앗[-앋][名]種. ‖씨앗을 뿌리다 種を蒔く.

씨족(氏族)[名]氏族.

씨족-사회(氏族社會)[-싸-/-씨싸][名]氏族社会.

씨-주머니(-)[名][植物]子嚢(ふくろ). ⓒ자낭(子嚢).

씨-줄[名][織物の]横糸. ⓒ날실.

씩¹[副]にこりと;にやりと. ‖그녀는 나를 보고 씩 웃었다 彼女は私をにこりと笑った.

-씩²/ʃik/[接尾] ❶…ずつ. ‖이 약은 식후에 두 알씩 복용하세요 この薬は食後に2錠ずつ服用してください. 봉지에 두 개씩 넣다 袋に2個ずつ入れる. ❷[…씩이나の形で]数量が多いことを表わす. ‖이름을 몇 번씩이나 불렀다 名前を何度も呼んだ.

씩씩[副][する自]息づかいが荒い様子;はあはあ;ふうふう.

씩씩-거리다[-대다] [-끼[때]-][自他]はあはあ言う;(怒って)息巻く. ‖화가 나서 씩씩거리다 怒って息巻く.

씩씩-하다/ʃik²ʃikʰada/【-씨ㄲ-】[形][하変] 雄々しい;男らしい;勇ましい;たくましい;りりしい. ‖씩씩한 모습 男らしい姿. 씩씩하게 돌진하다 勇ましく突進する.

씰룩[副][する他]실룩を強めて言う語.

씰룩-거리다[-끼-][自他]실룩거리다を強めて言う語. ‖입을 씰룩거리다 口をひくひくさせる.

씹[名] ❶女性の陰部. ❷性交(性交)の俗語.

씹는【-씹-】[他]씹다(噛む)の現在連体形.

씹다/ʃip²ta/【-따】[他] ❶噛(か)む. ‖꼭꼭 씹어 먹다 よく噛んで食べる. 껌을 씹다 ガムを噛む. ❷陰口をきく;悪口を言う. ‖친구를 씹다 友だちの悪口を言う.

씹어[他]씹다(噛む)の連用形.

씹은[他]씹다(噛む)の過去連体形.

씹을[他]씹다(噛む)の未来連体形.

씹-히다[씨피-][自] [씹다の受身動詞] ❶噛まれる. ❷言われる.

씻-기다¹[씯끼-][自] [씻다の受身動詞]洗われる.

씻-기다²[씯끼-][他] [씻다の使役動詞. ‖아기의 얼굴을 씻기다 赤ちゃんの顔を洗う[洗ってあげる].

씻는[씬-][他]씻다(洗う)の現在連体形.

씻다/ʃit²ta/【씯따】[他] ❶洗う;(米などを)研ぐ. ‖손발을 씻다 手足を洗う. 비누로 씻다 石けんで洗う. 얼룩을 씻어 내다 よごれを洗い流す. ❷(汗などを)拭く. ‖땀을 씻다 汗を拭く. ❸(汚名や恥辱を)そそぐ;晴らす. ‖누명을 씻다 濡れ衣を晴らす. ⓒ씻기다. ▶씻은 듯이 何事もなかったように ころりと;きれいに;さっぱりと. 병이 씻은 듯이 낫다 病気がすっかり治る.

씻어[他]씻다(洗う)の連用形.

씻은[他]씻다(洗う)の過去連体形.

씻을[他]씻다(洗う)の未来連体形.

씽[副][する自] ❶風が強く吹く音;ひゅう. ❷ものが猛スピードで切る音[様子];ひゅう. ‖차가 씽 하고 달려가다 車がひゅうと疾走する. **씽-씽**[する自]

씽긋[-귿][副][する自] [씽긋を強めて言う語]にこっと;にっこりと. **씽긋-이**[副]

ㅇ

ㅇ 圀 ハングル子音字母の第8番目. 名称は「이응」.

아¹ /a/ 圀 ハングル母音字母「ㅏ」の名称.

아² /a/ 國 ❶驚いたり慌てたりした時に発する語: あ; あっ; そうか. ‖아, 어떡하지? 잊고 있었다 あ, どうしよう. 忘れていた. ❷感動や喜怒哀楽の感情を表わすときに発する語: あっ; あっ; すてき. ‖아, 맛있다 あ, おいしい. ‖아, 찌증 나, 통쾌 立つ. ❸話の際に相手の注意を引くために軽く発する語: あっ; ちょっと. ‖아, 여러분 あ, 皆さん. ❹知らなかったことに気付いた時に発する語: ああ; そうか. ‖아, 그래서 그때 그런 말을 했구나 そうか, だからあの時そんなことを言ったんだ.

아³ 國 〔子音字母の後に付いて; 母音の場合は이〕親しい人を呼ぶ時や動物・物を擬人化して呼ぶ時に用いる語: …や. ‖희영아! ヒヨン[熙瑛]!

-아⁴ (兒) 接尾 …児. ‖문제아 問題児. 풍운아 風雲児.

-아⁵ /a/ 語尾 〔陽母音の語幹に付いて; 陰母音の場合は-어〕❶叙述の意を表わす: …て. ‖한 바퀴 돌아보다 一回りしてみる. 이번만은 눈감아 주다 今回だけは目をつぶってやる. 빨리 일어나 숙제를 하다 早く起きて宿題をやる. ❷理由・原因などの意を表わす: …で; …して; …くて; …ので. ‖입구에 사람이 많아 못 들어가다 入り口に人が多くて入れない. ❸疑問・命令・感嘆などの意を表わす. ‖빨리 받아 싸서 가져 가거라. 그 사람이 그렇게 좋아? 彼がそんなに好きなの.

아가 圀 ❶赤ちゃん. ❷舅や姑が嫁を呼ぶ語.

아가리 圀 〔입의 俗語〕口. ▶아가리를 놀리다 口をはさむ: 無駄口をたたく. ▶아가리를 닥치다 黙る. ▶아가리를 벌리다 しゃべる; 泣く.

아가미 圀 [魚類] えら.

아가씨 /aga²si/ 圀 ❶お嬢さん; 娘さん. ❷(お店などの)お姉さん. ❸夫の結婚していない妹を呼ぶ語.

아가페 (agape ⁿ) 圀 アガペー.

아교 (阿膠) 圀 膠(にかわ).

아교-질 (阿膠質) 圀 膠質(にかわしつ); コロイド.

아구-창 (鵝口瘡) 圀 〔医学〕鵝口(がこう)瘡.

아군 (我軍) 圀 我が軍; 友軍; 味方.

아궁이 圀 竈(かまど); 焚き口.

아귀¹ 圀 ❶ものの分かれ目. ❷(話の)つじつま. ▶아귀가 맞다 つじつまが合う. ▶아귀를 맞추다 つじつまを合わせる.

아귀² 圀 [魚類] アンコウ[鮟鱇].

아귀-찜 圀 [料理] 鮟鱇料理[アンコウをモヤシ・セリなどの野菜と一緒に調理したピリ辛のもの).

아귀³ (餓鬼) 圀 餓鬼.

아귀-다툼 (餓鬼—) 圀 自動 自分の利益のために激しく誹謗(ひぼう)したりけんかしたりすること; 口論すること.

아그레망 (agrément ⁿ) 圀 アグレマン.

아기 /agi/ 圀 ❶赤ん坊; 赤子. ‖귀여운 아기 かわいい赤ちゃん. ❷嫁の愛称. ❸(動物や植物の前に付けて)小さいことをかわいさを込めて言う語. ‖아기 곰子熊.

아기자기-하다 圏 [하変] こまやかな愛情にあふれている; かわいらしい感じだ. ‖아기자기한 물건들 かわいらしい品々.

아기-집 (解剖) 子宮; 子袋; 子つぼ. 逋 자궁 (子宮).

아까 /a²ka/ 圀・圖 さっき; 先ほど; ちょっと前に. ‖아까 했던 얘기를 또 하다 さっきしたことをまた話す. 아까부터 기다리고 있다니 先ほどから待っています.

아까워-하다 圏 [하変] 惜しむ; 惜しがる; もったぶる. ‖십 분도 아까워하며 공부하다 10 分[十秒]も惜しんで勉強する.

아깝다 /a²kap²ta/ [-따] 圏 [ㅂ変] 〔아까워, 아까운〕 惜しい; もったいない; 残念だ. ‖시간이 아깝다 時間が惜しい. 목숨이 아깝지 않다면 命が惜しいなら. 아깝게도 져 버렸다 惜しくも敗れてしまった. 아직 쓸 만한데 버리는 것은 아깝다 まだ使えそうなのに捨てるのはもったいない.

아끼다 /a²kida/ 個 ❶(もの・金・時間などを)むやみに使わない; 無駄にしない; 節約する. ‖시간을 아끼다 時間を無駄にしない. ❷(人・ものを)大事にする; 大切にする. ‖가장 아끼는 물건 最も大切にしているもの.

아낌-없다 [-끼업따] 圏 惜しまない; 惜しまない. ‖아낌없는 사랑 惜しみない愛. 아낌없는 박수를 보내다 惜しみない拍手を送る. **아낌없-이** 圖 惜しみなく; 惜しまず. ‖아낌없이 쓰다 惜しまず使う.

아나운서 (announcer) 圀 アナウンサー.

아낙-네 [-낭-] 圀 他人の奥さん.

아날로그 (analogue) 圀 アナログ. ↔ 디지털.

아내 /ane/ 圀 妻; 家内; 女房. ↔ 남편 (男便). ‖제 아내가 私の妻が; 家内が.

아냐 國 아니야の縮約形.

아네모네 (anemone) 圀 [植物] アネモネ.

아녀-자 (兒女子) 圀 〔여자(女子)を見くびる言い方で〕女.

아노미 (anomie ⁿ) 圀 アノミー.

아뇨 /anjo/ 國 〔아니요の縮約形〕いいえ. ‖학생입니까? 아뇨, 학생이 아닙니다 学生ですか. いいえ, 学生ではありません.

아늑-하다 [-느카-] 圏 [하変] (空間

아는 冠 [=語幹] 알다(知る)の現在連体形.

아니¹ /ani/ 副 ❶〔動詞などの前に付いて〕否定の意味を表わす: …ない. 圈 안. ‖선생님께서 말씀을 아니 하시니 나도 잘 모르겠다 先生がおっしゃらないので私もよく分からない. ❷〔名詞と名詞の間に使われたり文と文の間に使われたりして〕ある事実をより強調する. ‖백만 원, 아니 천만 원을 준다고 해도 하고 싶지 않습니다 百万ウォン、いや1千万ウォンをくれると言ってもやりたくありません. ▶아니 땐 굴뚝에 연기 날까 [諺] 火の無い所に煙は立たぬ.

아니² /ani/ 感 ❶目下の人や同僚に対しての否定の答え: いいえ; 違う; うろん. ‖이번 모임에 갈 거니? 아니, 안 가야 今度の集まりに行く?いいえ、行かないつもりなの. ❷驚いたり不審に思ったりする時に用いる語: ええ; うそ. ‖아니, 왜 그랬어요? ええ、何でそんなことをしたんですか.

아니꼽다 [-따] 形 [ㅂ변칙] 癪に障る; 気に食わない; 目障りだ; むかつく; 鼻につく. ‖잘난 척하는 꼴이 정말 아니꼽다 えらそうにふるまうのが本当にむかつく.

아니다 /anida/ 形 〔事実を否定して〕…でない; …ではない. ‖암은 불치의 병이 아니다 癌は不治の病ではない. 그 사람이 한 말은 사실이 아니다 彼が言ったことは事実ではない. ❷違う. ‖학생입니까? 아닙니다 学生ですか. 違います. ▶아니나 다를까 案の定. 아니나 다를까 그 녀석의 소행이었어 案の定あの小僧の仕業だった. 그 말에 그녀는 아니나 다를까 울기 시작했다 その言葉に彼女は案の定足踏を出した. ▶아닌 밤중에 突然; 突如に; 急に. ▶아닌 밤중에 홍두깨 [諺] 寝耳に水; 藪(から)棒.

아니-야 感 目下の人や同僚に対しての否定の答え: いや; 違う; そうではない. 圈 아녀. ‖아니야, 그런 뜻이 아니야 いや、そういう意味ではない.

아니어 形 아니다(ではない)の連用形.

아니-하다¹ 補動 아니다の後で…지 아니하다の形で〕…(し)ない. 圈 않다. ‖먹지 아니하다 食べない. 만나 주지 아니하다 会ってくれない.

아니-하다² 補形 [하변] 〔形容詞の後で…지 아니하다の形で〕…(く)ない; …ではない. 圈 않다. ‖아름답지 아니하다 美しくない.

아닌 冠 아니다(ではない)の現在連体形.

아닐 冠 아니다(ではない)の未来連体形.

아다지오 (adagio¹) 名 《音樂》 アダージョ.

아담-하다 (雅淡-雅澹-) /a:damhada/ 形 [하변] ❶〔建物が〕こぢんまりとしている. ‖아담한 양옥집 こぢんまりとした洋風の家. ❷〔女性の外見が〕品があってバランスがとれている. ‖아담한 체구 品があってバランスのとれた体つき.

-아도 /ado/ 語尾 〔陽母音の語幹に付いて; 陰母音の場合は-어도〕讓步の意を表わす: …ても; …(だ)が. ‖택시를 타도 지각하겠다 タクシーに乗っても遅刻しそうだ. 몸집은 작아도 힘은 세다 体は小さくても力は強い. 머리는 좋아도 불성실하다 頭はいいが、不真面目だ.

아동 (兒童) /adoŋ/ 名 児童; 子ども. ‖아동 문학 児童文学. 취학 아동 就学児童.

아동-복 (兒童服) 名 子供服. ‖아동복 매장 子供服売場.

아둔-하다 形 [하변] 愚鈍だ; 頭のはたらきが悪い.

아드-님 〔아들の尊敬語〕 ご子息; 息子.

아드레날린 (adrenaline) 名 《生物》 アドレナリン.

아득-바득 [-빠-] 副 [하변] 執拗に我を張ったり必要以上に頑張ったりする様子. ‖아득바득 우기다 しつこく言い張る.

아득-하다 /aduk'ada/ [-ㅌ카-] 形 [하변] 遙か遠い. ‖대학 시절이 아득하게 느껴진다 大学生だった頃が遙か遠いことのように感じられる. 아득해지다 気が遠くなる. **아득-히** 副 아득히 먼 옛날 遙か昔.

아들 /adul/ 名 息子; せがれ. ↔ 딸. ‖외아들[외동아들] 1人息子. 아들이 둘이다 息子が2人いる.

아들-딸 名 息子と娘.

-아라 /ara/ 語尾 ❶〔陽母音で終わる動詞の語幹に付いて; 陰母音の場合は-어라〕命令の意を表わす: …して; …しろ; …しなさい. ‖문을 닫아라 ドアを閉めて. 빨리 가라 早く行きなさい. ❷〔陽母音で終わる形容詞の語幹に付いて; 陰母音の場合は-어라〕感嘆の意を表わす: 좋아라 うれしい. 비좁아라 狭いな.

아라베스크 (arabesque¹) 名 アラベスク.

아라비아 (Arabia) 名 [地名] アラビア.
아라비아-숫자 [-수짜] 名 〔-數ㅅ字〕 〔수짜/-순짜〕 アラビア数字; 算用数字.

아랍 (Arab) 名 [地名] アラブ.

아랍-에미리트 〔=United Arab Emirates〕 [国名] アラブ首長国連邦.

아랑곳-없다 [-업따] 形 知ったことではない. **아랑곳없-이** 副

아랑곳-하다 [-고 타-] 自他 [하변] 〔主に아랑곳하지 않다の形で〕気にしない. ‖주위 시선을 아랑곳하지 않는 태도 周りの視線を気にしない態度.

아래 /are/ 명 ❶ 어떤 기준보다 낮은 위치; 下. ∥산 아래 마을 山の下の村. 아래쪽 下の方. ❷ 신분·연령·지위 등이 낮이다; 年下; 以下; 下. ∥남동생은 나보다 세 살 아래다 弟は私より3歳下だ. ❸ 조건이나 영향이 및 범위: 下. ∥아래와 같이 신입 사원을 모집합니다 下記のように新入社員を募集します. ❹ 뒤에 오는 내용인 것; 以下; 下; 次. ∥이것에 대해서는 아래에서 다시 언급하겠습니다 これについては以下で再び言及します.

아래-옷 [-옫] 명 ズボン·スカートなどの履くもの.

아래-위 명 ❶ 上と下; 上下. ∥아래위 모두 붉은 유니폼을 입은 선수 上下ともに赤いユニフォームを着た選手. ❷ 윗사람과 아랫사람.

아래-쪽 명 下の方; 下側.

아래-채 명 棟が2つ以上ある場合, 下の方にある棟. ⇔ 위채.

아래-층 (-層) 명 下の階. ⇔ 밑층(-層), 위층(-層).

아래-턱 [解剖] 下あご. ⇔ 위턱.

아랫-길 [-래낄/-랟낄] 명 下の方の道. ⇔ 윗길.

아랫-니 [-랜-] 명 下歯. ⇔ 윗니.

아랫-도리 [-래또-/-랟또-] 명 ❶ 下半身. ⇔ 윗도리. ❷ 아랫도리옷의 약칭.

아랫도리-옷 [-래또-온/-랟또-온] 명 = 아래옷. ⇔ 아랫도리.

아랫-돌 [-래똘/-랟똘] 명 下の方に積まれた石. ⇔ 윗돌.

아랫-면 (-面) [-랜-] 명 下の面. ⇔ 윗면(-面).

아랫-목 [-랜-] 명 オンドル部屋の焚き口に近い一番暖かいところ; (オンドル部屋で) 上座. ⇔ 윗목.

아랫-물 [-랜-] 명 ❶ 川の下流の水. ❷ [比喩的に] 組織の中で下の方. ⇔ 윗물.

아랫-배 [-래빼/-랟빼] 명 下腹. ⇔ 윗배.

아랫-부분 (-部分) [-래 뿌-/-랟 뿌-] 명 下の部分. ⇔ 윗부분(-部分).

아랫-사람 [-래싸-/-랟싸-] 명 ❶ 下. ❷ 部下. ∥아랫사람의 잘못은 윗사람의 책임이다 部下の過失は上司の責任だ. ⇔ 윗사람.

아랫-입술 [-랜닙쑬] 명 下唇. ⇔ 윗입술.

아랫-자리 [-래짜-/-랟짜-] 명 下座. ⇔ 윗자리.

아량 (雅量) 명 雅量; 度量が大きいこと. ∥아량을 베풀다 雅量を示す.

아련-하다 [하영] (記憶などが) はっきりしない; かすか이; 어렴풋하다. ∥아련한 기억 かすかな記憶. **아련-히** 부

아령 (啞鈴) 명 亜鈴; ダンベル.

아로-새기다 동 (心に) 刻む; 刻みつける; (心に) 銘じる. ∥교훈을 마음에 아로새기다 教訓を心に刻む.

아롱-거리다 자 見え隠れする; 目に浮かぶ; ちらつく.

아롱-사태 명 牛のもも肉.

아롱-아롱 부 (하자) 見え隠れする様子: ちらちら.

아롱-지다 자 まだら模様だ.

아뢰다 [-/-왜-] 타 [말하가의 尊敬語] 申し上げる.

아류 (亞流) 명 亜流.

아르¹ (R·r) 명 (アルファベットの) ル.

아르² (are^フ) [依名] 面積の単位: …アール (a).

아르곤 (argon) 명 [化学] アルゴン.

아르`누보 (art nouveau^フ) 명 アールヌーボー.

아르메니아 (Armenia) 명 [国名] アルメニア.

아르바이트 (Arbeit^ド) /arubaitʰɯ/ 명 (하자) アルバイト; バイト. 빵집에서 아르바이트를 하고 있다 パン屋でアルバイトをしている. 아르바이트(를) 가는 날 アルバイトに行く日. 아르바이트로 학비를 벌다 アルバイトで学費を稼ぐ. 아르바이트 하는 곳 バイト先.

아르오티시 (ROTC) 명 大学生に一定期間軍事教育や軍事訓練をさせ, 卒業と同時に少尉に任官する学生軍事教育団. ÷ Reserve Officer's Training Corps の略称.

아르헨티나 (Argentina) 명 [国名] アルゼンチン.

아른-거리다[-대다] 자 ちらつく; (水面や鏡に映った影が) 揺れ動く; 目に浮かぶ. ∥내 얼굴이 눈앞에 아른거리다 子どもの顔が目に浮かぶ.

아른-아른 부 (하자) 見え隠れする様子: ちらちら; ゆらゆら. 관 어른어른.

아름 依名 両腕で抱えるくらいの大きさや太さ: …抱え. ∥장작 한 아름 一抱えの薪.

아름다운 [ㅂ変] 아름답다 (美しい) の現在連体形.

아름다워 [ㅂ変] 아름답다 (美しい) の連用形.

아름-답다 /arumdapʰta/ [-따] [ㅂ変] [아름다워, 아름다운] 美しい; きれいだ. ∥아름다운 여자 美しい女の人. 아름다운 이야기 美しい話. 야경이 아름답기로 유명한 곳 夜景がきれいなことで有名なところ.

아름-드리 명 一抱えに余るくらいの太さ; 手手で抱え切れないほどの太さ. ∥아름드리 나무 両手で抱え切れない木.

아리다 /arida/ 형 ❶ ひりひりする. ∥눈이 아리다 目がひりひりする. ❷ (傷口などが) ちくちくと痛い. ∥넘어져서 긁힌 데가

자꾸 아리다 転んでけがしたところがしきりにちくちく(と)痛む。 ❸ (심기) 非常に痛い。∥그 일을 떠올릴 때마다 마음이 아리다 そのことを思い出すたびに心が痛む。

아리랑 〖民俗〗 韓国の代表的な民謡。地方によってその地方色を表わすリズムや歌詞のものがいくつもある。

아리송-하다 〖形〗 〖하変〗 はっきりしない; 曖昧だ; 不明瞭だ。∥아리송한 대답은 그만두시오 あやふやな返事はよしなさい。

아리아 (aria) 〖名〗 〖音楽〗 アリア。

아리아리-하다¹ 〖形〗 〖하変〗 すべてが混ざり合っつてはっきりしない。

아리아리-하다² 〖形〗 〖하変〗 ひりひりする。

아마¹ (亞麻) 〖名〗 亜麻。

아마² /ama/ 〖副〗 多分; 恐らく; きっと。∥아마 못 올 거야 恐らく来られないだろう。아마 갈 수 있을 거라 생각한다 多分行けると思う。내일은 아마 갤 거야 明日はきっと晴れる。너라면 아마 합격할 거야 君ならきっと合格するよ。

아마-도 〖副〗 아마を強めて言う語。

아마³ (+amateur) 〖名〗 (아마추어の略語) アマ。⑳プロ。

아마겟돈 (+Harmagedon) 〖名〗 〖キリスト教〗 ハルマゲドン。

아마추어 (amateur) 〖名〗 アマチュア。아마。⑳プロフェッショナル。

아마-포 (亞麻布) 〖名〗 リネン; リンネル。

아말감 (amalgam) 〖名〗 アマルガム。물금 (-金)。

아메리카합중국 (America 合衆國) 〖-쥼-〗 〖国名〗 アメリカ合衆国; 米国。

아메바 (amoeba) 〖名〗 〖動物〗 アメーバ。

아멘 (amenヘ) 〖感〗 〖キリスト教〗 アーメン。

아명 (兒名) 〖名〗 幼名。

아몬드 (almond) 〖名〗 〖植物〗 アーモンド。

아무¹ /a:mu/ 〖代〗 ❶ 誰。∥아무라도 좋으니까 소개해 주세요 誰でもいいから紹介してください。❷ 〖아무도の形で下に打ち消しの表現を伴って〗 誰も。∥아무도 기뻐하지 않다 誰も喜ばない。방안에 아무도 없다 部屋の中に誰もいない。아무도 모르는 일 誰も知らないこと。

아무² 〖代〗 ❶どの…; 何の…; 何…; どんな…。∥아무 일이라도 주세요 どんな仕事でもください。❷〖아무 데の形で〗 ∥아무 데라도 좋으니까 데려가 주세요 どこにでもいいから連れて行ってください。아무 데도 가지 않는다 どこにも(いかない。❸〖下に打ち消しの表現を伴って〗 何の; 少しも。∥아무 문제도 없다 何の問題もない。아무 일도 아니다 何でもない。아무 말도 하지 않다 何も言わない。

아무-개 〖代〗 誰それ; なにがし; 某 (某)。∥김 아무개라는 사람 金なにがし。

아무-것 /a:mugət/ 〖-걷〗 〖代〗 〖아무것도の形で〗 何でも; 何も。∥이 정도의 상처는 아무것도 아니다 この程度のけがは何でもない。아무것도 없다 何もない。그 사람은 아무것도 모르고 있다 彼は何も知らない。

아무래-도 /a:murədo/ 〖副〗 〖아무리 하여도の縮約形〗 ❶どうも; どうやら。∥아무래도 그 사람이 의심스럽다 どうやら彼が怪しい。❷どうしても; どうやっても。∥아무래도 안될 것 같다 どうしても駄目みたい。

아무런 /a:murən/ 〖冠〗 何の…; 何らの…。∥아무런 미련도 없다 何の未練もない。아무런 문제도 없다 何らの問題もない。

아무렇다 〖-러타〗 〖形〗 〖ㅎ変〗 〖主に아무렇지(도) 않다の形で〗 どうでもない; 何でもない; 平気だ。**아무렇-게** 〖副〗 どのように; 適当に。∥아무렇게 놓아두다 適当に置いておく。

아무려면 〖感〗 〖主に疑問文に使われて〗 あり得ない状況や仮定の意を表わす語: いくら何でも。∥아무려면 이보다 더 심하겠어? まさかこれよりひどくはないでしょう?

아무렴 〖感〗 相手の話に強い肯定の意を表わす: もちろん; 当然。∥아무렴 그렇고 말고 もちろんそうとも。

아무리 /a:muri/ 〖副〗 〖下で主に-아도[-어도]を伴って〗 いくら; どんなに; どれほど。∥아무리 애써도 이번 주 안으로 완성하는 것은 무리다 どんなに頑張っても今週中に仕上げるのは無理だ。아무리 먹어도 살이 안 찐다 いくら食べても太らない。▶아무리 바빠도 바늘허리 매어 쓰지 못한다 〖諺〗 〖(いくら忙しくても糸を針の腰に結んでは使えない)の意で〗何事も定められた形式や順序を踏まなければならない。

아무-짝 〖名〗 〖아무짝에도の形で下に打ち消しの表現を伴って〗 何の役にも; どうにもこうにも。∥아무짝에도 쓸모없는 물건 何の役にも立たないもの。

아무-쪼록 〖副〗 何卒; ぜひとも; どうか; くれぐれも。∥아무쪼록 잘 부탁 드립니다 くれぐれも宜しくお願い申し上げます。

아무튼 〖副〗 とにかく; ともかく; いずれにせよ。∥아무튼 나는 안 간다 とにかく私は行かない。

아물다 /amulda/ 〖自〗 〖ㄹ語幹〗 〖아물어, 아무는, 아문〗 (傷などが) 癒(い)える; 治る; 塞がる。❶ 상처가 아물다 傷が癒える。수술한 자리가 아물다 手術の傷が塞がる。

아물-아물 〖副〗 ❶ 小さいものやはっきりしないものが見え隠れしながらしきりに動く様子。❷ 記憶などが遠くなっていく様子。∥기억이 아물아물하다 記憶がおぼろげだ。

아미노-산 (amino 酸) 〖名〗 〖化学〗 アミノ酸。

아미타 (阿彌陀) 〖名〗 〖仏教〗 阿弥陀。

아미타-경 (阿彌陀經) 图 《仏教》阿弥陀経.

아미타-불 (阿彌陀佛) 图 《仏教》阿弥陀仏.

아방가르드 (avant-garde 프) 图 アバンギャルド; 前衛.

아버님 图 ① [아버지의 존경어] 父上; お父様. ② 嫁が男を呼ぶ語.

아버지 /abəd̥ʑi/ 图 ① お父さん; 父; 父親. ② 結婚する前の成人した女性の実家の父, 친구 아버지 友だちのお父さん. ② [比喩的に] 草分け的な存在. ‖ 자연 과학의 아버지 自然科学の父. ③ 《キリスト教》神を親しく呼ぶ語. ‖ 하늘에 계시는 아버지 天に坐す我らの父.

아베^마리아 (Ave Maria 프) 图 《カトリック》アベマリア.

아베크-족 (avec 族) 图 アベック.

아부 (阿附) 图 自변 媚(こ)びへつらうこと; おべっか; ごますり. ‖ 아부를 하다 おべっかを使う; ごまをする.

아비 图 아버지をさげすむ言い方.

아비-규환 (阿鼻叫喚) 图 阿鼻叫喚(あびきょうかん).

아빠 /a͈p͈a/ 图 [아버지의 유아어] パパ; 父ちゃん; お父さん.

아뿔싸 囮 物事がうまくいかなかったり思いに至らなかったことに気付いたりした時に発する語: しまった. ‖ 아뿔싸, 막차를 놓쳤다 しまった, 終電乗り逃してしまった.

아사 (餓死) 图 自변 餓死.

아사지경 (餓死之境) 图 餓死状態.

아삭-거리다 〖-거려-〗 自變 〘野菜や果物が〙しゃきしゃきする.

아삭-아삭 囮 自변變 野菜や果物を噛んだ時の音: さくさく. ‖ 오이를 아삭아삭 씹어 먹다 キュウリをさくさくとかじる.

-아서 /asʌ/ 語尾 〖陽母音の語幹に付いて; 陰母音の場合は—어서〗 ① 理由·原因の意を表わす: …で; …くて; …から; …ので. ‖ 값이 너무 비싸서 안 샀다 値段が高すぎて買わなかった. 너무 달아서 먹고 싶지 않다 甘すぎて食べたくない. ② 時間の前後関係を表わす: …て. ‖ 직접 만나서 얘기를 하다 直接会って話をする.

아성¹ (牙城) 图 牙城. ‖ 적의 아성 敵の牙城.

아성² (亞聖) 图 亜聖.

아세톤 (acetone) 图 《化学》アセトン.

아세틸렌 (acetylene) 图 《化学》アセチレン.

아수라 (阿修羅←asura ㉕) 图 《仏教》阿修羅.

아수라-장 (阿修羅場) 图 修羅場.

아쉬운 圏 〖ㅂ變〗 아쉽다(欲しい)の現在連体形.

아쉬울 圏 〖ㅂ變〗 아쉽다(欲しい)の連用形.

아쉬워-하다 他 〖하變〗 惜しむ.

아쉽다 /aswipʰta/ 〖-다-〗 形 〖ㅂ變〗[아쉬워, 아쉬워] ① 〖足りなくて〗欲しい; 足りない; 不便だ. ‖ 돈이 조금 아쉽다 お金が少し欲しい. ② 名残惜しい; 残念だ; 惜しい. ‖ 아쉽지만 여기서 헤어집시다 名残惜しいですが, ここでお別れしましょう. 아쉽게도 저 버렸다 惜しくも負けてしまった. ▶아쉬운 대로 足りないが, 十分ではないが. ▶아쉬운 소리 를 하다 親にものをねだるなどして頼み事をすること. 부모님께 아쉬운 소리를 하다 親にねだる.

아스라-하다 形 〖하變〗 ① 非常に高い; 遥か遠い. ② 〖記憶などが〗かすかだ. ‖ 아스라한 추억 かすかな思い出. ▶아스라-이 副 아스라が遠ざかって遥かに遠くなる.

아스베스토스 (asbestos) 图 《鉱物》アスベスト.

아스파라거스 (asparagus) 图 《植物》アスパラガス.

아스팔트 (asphalt) 图 アスファルト. ‖ 아스팔트 도로 アスファルトの道路.

아스피린 (aspirin) 图 《薬》アスピリン.

아슬-아슬 /asɯrasɯl/ 副 自形 いかにも危なげな感じがする様子: はらはら; ひやひや; ぎりぎり; 辛うじて. ‖ 아슬아슬하게 합격하다 辛うじて合格する. 아슬아슬하게 막차를 탔다 ぎりぎりで最終電車に間に合った.

아시아 (Asia) /aʑia/ 图 《地名》アジア. ‖ 동남 아시아 東南アジア.

아시아^경기^대회 (Asia 競技大会) 〖/-/- 競技〗 图 アジア競技大会.

아시안^게임 (Asian game) 图 = 아시아 경기 대회 (-競技大会).

아씨 图 昔, 召使いなどが上流階級の若奥さんを呼んだ語.

아아 感 感動したり驚いたりした時に発する語: おお; ああ. ‖ 아아, 가버렸다 ああ, 行ってしまった.

아악 (雅樂) 图 《音楽》雅楽.

아야¹ 感 痛い時に発する語: 痛っ; 痛い.

-아야² /aja/ 語尾 〖陽母音の語幹に付いて; 陰母音の場合は—어야〗 ① 後続する文の前提条件であることを表わす: …ければ; …と; …なければ. ‖ 품질이 좋아야사지 품질이 좋아야만 買う. 알아야 대답하지 分からなければ答えられない. ② 文の内容が後続する文に影響を及ぼさないことを表わす: …ても. ‖ 비싸야 만 원 정도다 高くても1万ウォンくらいだ.

-아야만 語尾 -아야²を強めて言う語. ‖ 가야만 받을 수 있다 行くともらえる; 行かなければもらえない.

-아야지 語尾 〔-아야 하지의 縮約形〕 …(し)なければならない; …(し)ないと. ‖ 친구 결혼식인데 가야지 友だちの結婚식だから行かないと. 빌린 거 갚아

야지 借りたお金は返さないと.

아양 (愛樣) 图 媚(こ)び. ‖아양을 떨다 愛嬌をふりまく; 媚びる.

아역 (兒役) 图 子役. ‖아역 배우 子役俳優.

아연¹ (啞然) 图 (하自) 啞然(ぜん). ‖아연해하다 表情 啞然とした表情.

아연-실색 (啞然失色) [-쌕] 图 (하自) 非常に驚いて顔色が変わること; 予想外のことにあきれ返ること. ‖뜻밖의 사태에 아연실색하다 予期せぬ事態に非常に驚く.

아연² (亞鉛) 图 [鑛物] 亞鉛.

아열대 (亞熱帶) 【-때】 图 [地] 亞熱帶.

아예 /aje/ 剾 ❶ 初めから; 最初から. ‖아예 단념하다 最初から諦める. アの에 도움が 안 된다 てんで役に立たない. ❷ 絶対(に); 決して. ‖여기에는 아예 얼씬도 말아라 ここには絶対近づくな.

아옹-거리다 自 (ささいなことで)いがみ合う; 言い争う.

아옹-다옹 (하自) いがみ合う様子.

-아요 /ajo/ 語尾 [陽母音の語幹に付いて; 陰母音の場合は-어요] 叙述・勸誘・指示などの意を表わす: …ます; …です; …ましょう; …なさい; …でよ. ‖좋아요 いいですよ. 내일 만나요 明日、会いましょう. ❷ 疑問の意を表わす: …ますか; …ですか. ‖뭐가 좋아요? 何がいいですか.

아우 图 弟; 妹.

아우르다 [르変] 一つにまとめる; 一緒にする; 合わせる.

아우성 (-聲) 图 大勢のわめき.

아우성-치다 (-聲-) 自 (大勢が)わめき立てる.

아우트라인 (outline) 图 アウトライン.

아욱 图 [植物] フユアオイ(冬葵).

아울러 /aullʌ/ 剾 一緒に; 付け加えて; ともに; 合わせて. ‖아울러 당부하다 付け加えてお願いする. 여러 가지 長所を아울러 가지고 있다 色々な長所を持ち合わせている. 散策は基本 건康에도 도움이 될 뿐만 아니라 아울러 건강에도 좋다 散策は気分転換に役立つと同時に健康にも良い.

아웃 (out) 图 (スポーツで)アウト.

아웃렛 (outlet) 图 アウトレット.

아웃사이더 (outsider) 图 アウトサイダー.

아웃사이드 (outside) 图 アウトサイド. ⑪인사이드.

아웃소싱 (outsourcing) 图 (하他) アウトソーシング.

아웃-코너 (out+corner ㅂ) 图 《野球で》アウトコーナー. ⑪인코너.

아웃-코스 (out+course ㅂ) 图 アウトコース. ⑪인코스.

아웃풋 (output) 图 (하他) アウトプット. ⑪인풋.

아워 (hour) 图 アワー. ‖러시아워 ラッシュアワー. 골든아워 ゴールデンアワー.

아유 感 ❶ 意外なことへの驚きを表わす語: ああ; まあ. ‖아유, 뭐 이런 걸 다 주세요 まあ、こんなものまでくださって. ❷ 疲れたりあきれたりする時に発する語: やれやれ; ふう; もう. ‖아유, 힘들어 ああ、疲れた.

아이¹ /ai/ 图 子ども; 子. 例 애. ‖아이를 낳다 子どもを産む. 아이를 가지다 妊娠する. 아이가 둘 있습니다 子どもが2人います. 우리 집 아이 うちの子. ▶아이가 서다 妊娠する. ▶아이를 배다 妊娠する.

아이² (I·i) 图 (アルファベットの)アイ.

아이³ 感 ❶ 何かで不満を感じたり答えたくない時に発する語: えい; やい; よう. ‖아이, 또 왜 그러세요 えい、まだどうしたんですか. ❷ 女性が恥ずかしい時に発する語: あら; いやだ. ‖아이, 부끄러워 いやだ、恥ずかしい. ❸ 相手にせがむ時に発する語: ねえ. ④ 아이고の略語.

아이고 /aigo/ 感 ❶ 驚いた時やうれしい時に発する語: ああ; あら; まあ; ひゃあ. 略 아이. ‖아이고 이걸 어쩌나 ああ、どうしよう! ❷ 非常に苦しかったり疲れたり痛かったりする時に発する語: ああ; まあ; はあ. ‖아이고 나 죽는다 ああ、死にそうだよ. ❸ あきれた時や不憫に思った時に発する語: やれやれ; まあ. ‖아이고 그 녀석아 やれやれ、こいつったら. ❹ 喪に哭する声.

아이디 (ID) 图 アイディー; ID.

아이디-카드 (ID card) 图 IDカード.

아이디어 (idea) 图 アイディア. ‖기발한 아이디어 奇抜なアイディア.

아이-라인 (eye line) 图 アイライン.

아이러니 (irony) 图 アイロニー.

아이로니컬-하다 (ironical-) 形 [하変]アイロニカルだ; 皮肉だ; 反語的だ.

아이보리 (ivory) 图 アイボリー.

아이섀도 (eye shadow) 图 アイシャドー.

아이-쇼핑 (eye+shopping) 图 ウインドーショッピング.

아이스-댄싱 (ice dancing) 图 アイスダンス.

아이스박스 (icebox) 图 アイスボックス.

아이스-커피 (←iced coffee) 图 アイスコーヒー.

아이스-크림 (ice-cream) 图 アイスクリーム.

아이스-하키 (ice hockey) 图 《スポーツ》アイスホッケー.

아이슬란드 (Iceland) 图 [国名] アイスランド.

아이오시 (IOC) 图 国際オリンピッ

아이-참 〔감〕 깜짝했을 때나 기대에 반(反)한 반응에서 나타내 발하는 말: 이런; 저런; 아이고; 아이참; 마원. ‖아이참, 또 왜 그러세요? ええっ, まだどうしたんですか.

아이콘 (icon) 〔명〕 (IT) アイコン.
아이큐 (IQ) 〔명〕 アイキュー; 知能指数. ✦ intelligence quotient の略語.
아이템 (item) 〔명〕 アイテム.
아이피 (IP) 〔명〕 (IT) IP. ✦ information provider の略語.
아일랜드 (Ireland) 〔명〕 〔国名〕 アイルランド.
아작-아작 〔부〕 (하타타) 固いものを噛みくだく時の音: ばりばり. ‖아작아작 씹어 먹다 ばりばりと噛んで食べる.
아장-아장 〔부〕 (하타타) よちよち. ‖한 살짜리 아기가 아장아장 걷다 1才の子どもがよちよちと歩く.
아쟁 (牙箏) 〔명〕 《音楽》 韓国の伝統楽器で, 7本の弦を弓で弾く琴に似た弦楽器.
아저씨 /adʑʌ͈ɕ͈i/ 〔명〕 ❶ 친척 아저씨 親戚のおじさん. ❷ 혈연관계의 없는 연상의 남성. ‖옆집 아저씨 隣のおじさん.
아전인수 (我田引水) 〔명〕 我田引水.
아제르바이잔 (Azerbaidzhan) 〔명〕 〔国名〕 アゼルバイジャン.

아주[1] /adʑu/ 〔부〕 ❶ とても; 非常に; 大変. ‖아주 슬픈 영화 とても悲しい映画. 아주 심각한 상황 非常に深刻な状況. ❷ 全く; 全然. ‖아주 안 돌아올 모양이다 全く帰ってこないつもりのようだ. ❸ 永遠に; 完全に. ‖아주 가 버렸다 完全に行ってしまった.

아주[2] 〔감〕 驚いたり感嘆したりした時に発する言葉: これはこれは; おやおや; ふん; 大したもんだ. ‖아주, 제법인데 ふん, なかなかだね.

아주까리 〔명〕 〔植物〕 ヒマ (蓖麻).
아주머니 /adʑumʌni/ 〔명〕 おばさん.
아주머님 〔명〕 아주머니의 존경어.
아주버니 〔명〕 夫の兄.
아주버님 〔명〕 아주버니의 존경어.
아줌마 /adʑumma/ 〔명〕 〔아주머니를 친숙히 말하는 말〕 おばさん.
아지랑이 〔명〕 かげろう. ‖아지랑이가 피어오르다 かげろうが立ち上る.
아지트 (agitpunkt[ロ]) 〔명〕 アジト.

아직 /adʑik/ 〔부〕 まだ; いまだ. ‖아직 일이 끝나지 않았다 まだ仕事が終わっていない. 아직 시간이 조금 있으니까 천천히 드세요 まだ時間が少しあるからゆっくり召し上がってください. 원인은 아직 밝혀지지 않고 있다 原因はまだ明らかになっていない.

아직-까지 〔부〕 いまだに; まだ; 今になっても. ‖아직까지 답이 없다 いまだに返事がない.

아작-도 〔-또〕 〔부〕 いまだに; まだ; まだまだ. ‖아직도 잊을 수가 없다 いまだに忘れられない.
아집 (我執) 〔명〕 我執; 我. ‖아집이 강하다 我が強い.
아찔-아찔 〔부〕 (하타형) くらくら; ふらふら.
아찔-하다 〔형〕 (하타형) くらくらする; くらっとする; ふらふらする. ‖아찔한 순간 くらっとする瞬間.

아차 〔감〕 ふと失敗などに気づいて発する語: あっ; しまった. ‖아차 우산을 두고 왔다 しまった, 傘を置いてきた.

아첨 (阿諂) 〔명〕 (하타自) お世辞; 媚 (こ) びること; ごまをすること.
아첨-꾼 (阿諂-) 〔명〕 媚びる人; ごますり.
아치 (arch) 〔명〕 アーチ.

아침 /atɕʰim/ 〔명〕 ❶ 朝. ‖아침 일찍부터 朝早くから; 아침부터 밤까지 朝から晩まで. 아침에 아무것도 안 먹었다 朝, 何も食べていない. ❷ 朝ご飯; 朝食. ‖아침을 먹다 朝ご飯を取る; 朝ご飯を食べる.

아침-나절 〔명〕 午前中.
아침-밥 〔-빱〕 〔명〕 朝ご飯; 朝食.
아침-잠 〔-짬〕 〔명〕 朝寝.
아침-저녁 〔명〕 〔아침저녁으로の形で〕 朝夕; 朝に夕に. ‖아침저녁으로 많이 선선해졌다 朝に夕にだいぶ涼しくなった.

아카데미 (academy) 〔명〕 アカデミー.
아카데미-상 (academy 賞) 〔명〕 アカデミー賞.
아카데미즘 (academism) 〔명〕 アカデミズム.
아카데믹-하다 (academic-) 〔형〕 〔하타형〕 アカデミックだ. ‖아카데믹한 분위기 アカデミックな雰囲気.
아카시아 (acacia) 〔명〕 〔植物〕 アカシア.
아카펠라 (a cappella[이]) 〔명〕 《音楽》 アカペラ.
아케이드 (arcade) 〔명〕 アーケード.
아코디언 (accordion) 〔명〕 《音楽》 アコーデオン.
아크릴 (acrylic) 〔명〕 アクリル.
아킬레스-건 (Achilles 腱) 〔명〕 ❶ アキレス腱. ❷ 一番의 弱点; 一番 약한 곳. ‖아킬레스건을 건드리다 一番弱いところをつく.
아킬레스 힘줄 (Achilles-) 〔醫解〕 アキレス腱.
아토피성 피부염 (atopy 性皮膚炎) 〔명〕 アトピー性皮膚炎.
아톰 (atom) 〔명〕 アトム.
아틀리에 (atelier[프]) 〔명〕 アトリエ.
아티스트 (artist) 〔명〕 アーティスト.
아파 〔감〕 〔으악〕 아프다 (痛い) の連用形. ‖머리가 아파서 못 갈 것 같다 頭が痛くて行けそうにない.
아파트 (←apartment) /apʰa:tʰɯ/ 〔명〕 マンション.

아편(阿片·鴉片) 图 アヘン;阿片. ‖아편 중독 阿片中毒.

아포스트로피 (apostrophe) 图 アポストロフィ(').

아프가니스탄 (Afghanistan) 图 (国名)アフガニスタン.

아프다 /ap^huda/【으变】[아파, 아픈] ❶ 痛い. ‖목이 아프다 のどが痛い. 아픈 데를 건드리다 痛いところをつく. ❷ (心)が痛む. ‖마음이 아프다 心が痛む. 당시의 일을 생각하면 지금도 가슴이 아프다 当時のことを思い出すと, 今でも胸が痛む.

아프리카 (Africa) 图 (地名)アフリカ.

아픈【으变】아프다(痛い)の現在連体形.

아플리케 (appliqué ^フ) 图 アプリケ; アップリケ.

아픔 图 痛み; 悲しみ; 辛さ. ‖아픔이 가시지 않다 痛みが引かない.

아하 感 やっと気づいた時に発する語: あぁ; そうか.

아하하 大きい声で愉快に笑う声: あはは.

아한대 (亞寒帯) 图 (地)亜寒帯;冷帯.

아호 (雅號) 图 雅号.

아홉 /ahop/ 数 9人;9つ;9. ‖손자가 아홉이나 되다 孫が9人もいる.
— 冠 9…. ‖아홉 명 9名. 아홉 개 9個.

아홉-째 数冠 9つ目;9番目;9番目の.

아황산 (亞黃酸) 图 (化学)亜硫酸.

아흐레 图 9日;9日間.

아흐렛-날【-렌-】图 9日目の日.

아흔 /ahun/ 数 冠 90歳;90. 咸구십(九十). ‖아흔 살 90歳.

악¹ ありったけの力;必死のあがき. ‖악을 쓰다 ありったけの力でわめき散らす;必死にあがく. ▶악에 받치다 やけくそになる.

악² (惡) /ak/【-】 图 悪. ⇔선(善). ‖악이 물들다 悪に染まる. 사회의 필요 악 社会的 必要悪.

악³ (惡) 感 ❶ 人を驚かせようと思っていきなり出す大きい声. ❷ 無意識的にいきなり出す声:あっ;やっ.

악감 (惡感)【-깜】图 악감정(惡感情)の略語. 咸호감(好感).

　악-감정 (惡感情) 图 悪感情. 咸악감.

악곡 (樂曲)【-꼭】图 (音楽)楽曲.

악귀 (惡鬼) 图 悪鬼.

악극 (樂劇)【-끅】图 (音楽)楽劇.

악기¹ (惡氣)【-끼】图 人に害悪を与える邪気;悪気.

악기² (樂器) /ak²ki/【-끼】图 楽器. ‖악기를 연주하다 楽器を奏でる. 타악기 打楽器.

악녀 (惡女)【-녀】图 悪女.

악다구니【-다-】图 激しく大声でののしること. ‖악다구니를 쓰다 悪態をつく;悪態の限りを尽くす.

악단 (樂團)【-딴】图 (音楽)楽団. ‖교향악단 交響楽団.

악담 (惡談)【-땀】图 (하체)悪口;悪たれ. ‖악담을 퍼붓다 悪口を浴びせる.

악당 (惡黨)【-땅】图 悪党.

악대 (樂隊)【-때】图 (音楽)楽隊.

악덕 (惡德)【-떡】图 (하형)悪德. ‖악덕 상법 悪徳商法.

악독-하다 (惡毒-)【--또카-】形 (하여)あくどい.

악동 (惡童)【-똥】图 悪童;悪餓鬼.

악랄-하다 (惡辣-)【앙날-】形 (하여)悪辣だ;あくどい. ‖악랄한 수법 悪辣な手口.

악력 (握力)【앙녁】图 握力.

악마 (惡魔) /aŋma/【앙-】图 悪魔.

악명 (惡名)【앙-】图 悪名. ‖악명을 떨치다 悪名をはせる. 악명이 높다 悪名が高い.

악몽 (惡夢)【앙-】图 悪夢. ‖악몽을 꾸다 悪夢を見る. 악몽에 시달리다 悪夢にうなされる.

악-물다 (- -)【-물-】他 (ㄹ語幹) (歯を)食いしばる. ‖이를 악물고 참다 歯を食いしばって我慢する.

악-바리【-빠-】图 我が強くて負けず嫌いで粘り強い人.

악법 (惡法)【-뻡】图 悪法.

악보 (樂譜)【-뽀】图 (音楽)楽譜.

악사 (樂士)【-싸】图 楽士.

악사-천리 (惡事千里)【- - 싸 철 -】 悪事千里(悪事はたちまち知れ渡るということ).

악상 (樂想)【-쌍】图 楽想.

악-선전 (惡宣傳)【-썬-】图 하체 悪宣伝.

악성¹ (惡性)【-썽】图 ⓓ양성(良性). ‖악성 종양 悪性腫瘍.

악성² (樂聖)【-썽】图 楽聖. ‖악성 베토벤 楽聖ベートーベン.

악센트 (accent) 图 ❶ (言語)アクセント. ‖고저 악센트 高低アクセント. ❷ 強調する点;重点. ‖빨간색으로 악센트를 주다 赤でアクセントをつける.

악수¹ (握手)【-쑤】图 (하체) 握手. ‖악수를 주고받다 握手を交わす.

악수² (惡手)【-쑤】图 (囲碁や将棋で)悪手. ‖악수를 두다 悪手を指す.

악-순환 (惡循環)【-쑨-】图 悪循環. ‖악순환을 거듭하다 悪循環を繰り返す.

악습 (惡習)【-씁】图 悪習.

악어 (鰐魚) /ago/【-】图 (動物)ワニ(鰐). ‖악어 가죽 鰐皮.

악역 (惡役) 图 悪役.

악역무도 (惡逆無道)【아경-】形 悪逆無道.

악연 (惡緣) 图 悪縁; 腐れ縁.
악-영향 (惡影響) 图 悪影響. ‖영향을 미치다 悪影響を及ぼす.
악용 (惡用) 图 悪用. ‖지위를 악용하다 地位を悪用する. **악용-되다** 受動
악운 (惡運) 图 悪運.
악의 (惡意) 【-/으이】 图 悪意. ⑦선의 (善意). ‖악의를 품다 悪意をいだく.
악인 (惡人) 图 悪人. ⑦선인 (善人).
악장 (樂章) 图 图 (音楽) 楽章.
악재 (惡材) 图 (経) 悪材料. ⑦호재 (好材).
악전-고투 (惡戰苦鬪) 【-쩐-】 图 自 悪戦苦鬪.
악정 (惡政) 【-쩡】 图 悪政. ⑦선정 (善政).
악-조건 (惡條件) 【-쪼껀】 图 悪条件. ⑦호조건 (好条件).
악질 (惡質) 【-찔】 图 悪質.
악질-적 (惡質的) 【-찔쩍】 图 悪質. ‖악질적인 범죄 悪質な犯罪. 악질적인 상법 悪質な商法.
악착-같다 (齷齪-) 【-깓따】 形 しつこい; 粘り強い; がむしゃらだ. ‖악착같은 데가 있다 粘り強いところがある. **악착같-이** 악착같이 돈을 벌다 がむしゃらに稼ぐ.
악착-스럽다 (齷齪-) 【-쓰-】 形 [ㅂ変] しつこい; 粘り強い; がむしゃらだ.
악착스레 副
악처 (惡妻) 图 悪妻. ⑦양처 (良妻).
악-천후 (惡天候) 图 悪天候.
악취 (惡臭) 图 悪臭. ‖악취를 풍기다 悪臭を放つ.
악-취미 (惡趣味) 图 悪趣味.
악평 (惡評) 图 (自他) 悪評. ⑦호평 (好評). ‖악평을 듣다 悪評を買う.
악플-러 (惡-) (インターネット上の書き込みに対して) 誹謗・中傷など悪意のある書き込み. ‖악플을 달다 悪意のあるレスをつける.
악플-러 (惡-) (インターネット上の書き込みに対して) 誹謗・中傷など悪意のある書き込みをする人.
악필 (惡筆) 图 悪筆. ⑦능필 (能筆) · 달필 (達筆).
악-하다 (惡-) /akʰada/ 【아카-】 形 [ㅂ変] 悪い; 邪悪だ. ⑦선하다 (善-). ‖악한 짓을 하다 悪いことをする. 악한 생각 邪悪な考え.
악한 (惡漢) 【아칸】 图 悪漢; 悪者.
악행 (惡行) 图 悪行. ⑦선행 (善行).
악화[1] (惡化) /akʰwa/ 【아콰】 图 自サ 悪化. ‖병세가 악화되다 病状が悪化する. 환경의 악화 環境の悪化.
악화[2] (惡貨) 【아콰】 图 悪貨. ‖악화가 양화를 구축한다 悪貨は良貨を駆逐する (グレシャムの法則).

안[1] /an/ 图 ❶ (空間の) 中; 奥. ⑦밖. ‖집안이 덥다 家の中が暑い. ❷ (時間の) 内; 内部; 以内. ‖한 시간 안에 도착합니다 1時間以内に到着します. ❸ (服などの生地の) 裏; 裏地.
안[2] (安) 图 (姓) 安 (アン).
안[3] (案) 图 案; 考え. ‖좋은 안이 있다 いい考えがある.
안[4] 【아니[1]의 縮約形】 用言の前に来る否定形: …しない; …ぬ. ‖아르바이트를 안 가는 날 アルバイトに行かない日. 안 먹고 싶다 食べたくない. 안 맵다 辛くない. 오늘은 연습을 안 한다 今日は練習をしない.
안-[5] 圖 〔語幹〕 알다 (知る) の過去連体形.
안-간힘 【-깐-】 图 必死のもがき. ‖안간힘을 쓰다 必死でもがく.
안-감 (-㊀) 图 (衣服の) 裏地. 囟겉감.
안개 /a:nge/ 图 霧; 靄. ‖안개가 끼어 있다 霧がかかっている.
안개-꽃 【-꼳】 图 〔植物〕 カスミソウ (霞草).
안개-비 图 霧雨.
안건 (案件) 【-껀】 图 案件. ‖중요 안건 重要案件.
안경 (眼鏡) /a:ŋgjoŋ/ 图 眼鏡. ‖안경을 끼다 眼鏡をかける. 도수가 낮은 안경 度の弱い眼鏡.
안경-다리 (眼鏡-) 【-따-】 图 眼鏡のつる.
안경-알 (眼鏡-) 图 眼鏡のレンズ.
안경-집 (眼鏡-) 【-찝】 图 眼鏡ケース.
안경-테 (眼鏡-) 图 眼鏡の縁. フレーム.
안과 (眼科) /a:nˀkwa/ 【-꽈】 图 眼科.
안광 (眼光) 图 眼光.
안구 (眼球) 图 眼球.
안-기다[1] 〔안다의 受身動詞〕 抱かれる. ‖아기가 엄마 품에 안겨 있다 赤ちゃんがお母さんに抱かれている.
안-기다[2] /aŋgida/ 他 〔안다의 使役動詞〕 ❶ 抱かせる. ‖아이를 할머니 품에 안기다 子どもをおばあさんに抱かせる. ❷ いだかせる. ‖상대방에게 불신감을 안겨 주다 相手に不信感をいだかせる. ❸ 負わせる. ‖담당자에게 책임을 안기다 担当者に責任を負わせる.
안내 (案內) /a:nne/ 图 他サ 案内. ‖학교 안을 안내하다 校内を案内する. 길 안내를 부탁하다 道案内を頼む. 관광 안내 観光案内. 안내 방송 案内放送. **안내-되다** 受動
안내-서 (案內書) 图 案内書.
안내-소 (案內所) 图 案内所.
안내-원 (案內員) 图 案内員.
안내-인 (案內人) 图 案内人.
안내-장 (案內狀) 【-짱】 图 案内状.
안녕 (安寧) /annjoŋ/ 图 安寧; 安泰.

‖국가의 안녕과 질서 国家の安寧と秩序.
— [感] 主に子ども同士または子どもと親しい大人との間の挨拶: こんにちは; さようなら.
안녕-하다 (安寧—) /annjɔŋhada/ [形] 『하変』 元気だ. ‖부모님께서는 안녕하세요? ご両親はお元気ですか. **안녕-히** [副] 안녕히 가세요 さようなら. 안녕히 주무세요 お休みなさい.
안다 /a:nˀta/ 【-따】 [他] ❶抱く. ‖아이를 안다 子どもを抱く. ❷いだく. ‖희망을 안고 살아가다 希望をいだいて生きていく. ❸抱える. ‖어려운 문제를 안고 있다 難問を抱えている. ❹(責任などを)受け持つ; 負う. ‖그 사람의 문제까지 안을 필요는 없다 彼の問題まで責任を負う必要はない. 마음에 상처를 안다 心に痛手を負う. [受]안기다. [使]안기다.
안단테 (andante イ) [名] 《音楽》 アンダンテ.
안달 [名] [하他] いらいらすること; やきもきすること. ‖결과를 몰라 안달하다 結果が分からなくてやきもきする.
안달-복달 【-딸】 [名] [하自] ひどくいらいらすること; ひどくやきもきすること.
안대 (眼帯) [名] 眼帯.
안도 (安堵) [名] [하自] 安堵(あんど). ‖안도의 한숨을 쉬다 安堵の胸をなでおろす.
안도-감 (安堵感) [名] 安堵感; 安心感.
안-되다 /andweda/ 【-/-퉤-】 [形] ❶気の毒だ; 残念だ; 哀れだ; かわいそうだ. ‖시험에 떨어지다니 안됐다 試験に落ちるとは, 気の毒だ. ❷うまくいかない. ‖장사가 잘 안된다 商売がうまくいかない. ❸〔안되어도の形で〕少なくとも. ‖비용은 안되어도 일억 원은 든다 費用は少なくとも1億ウォンはかかる. ▸안되는 사람은 자빠져도[뒤로 넘어져도] 코가 깨진다 〔諺〕運の悪い人は何をやってもうまくいかない. ▸안되면 조상탓 〔諺〕(「うまくいかなかったら祖先のせい」の意で)自分の失敗を人のせいにすることのたとえ.
안-뜨기 [名] [하他] 裏編み.
안-뜰 [名] 中庭.
안락 (安楽) 【알-】 [名] [하形] 安楽. ‖안락한 생활 安楽な暮らし. 안락하게 지내다 安楽に過ごす.
안락-사 (安樂死) 【알-싸】 [名] 安楽死.
안락-의자 (安樂椅子) 【알-/알라기-】 [名] 安楽椅子.
안료 (顔料) 【알-】 [名] 顔料.
안마[1] (鞍馬) [名] 鞍馬.
안마[2] (按摩) [名] [하他] 按摩; マッサージ.
안마-사 (按摩師) [名] 按摩する人; マッサージ師.
안마-술 (按摩術) [名] 按摩術.
안면[1] (安眠) [名] [하自] 安眠. ‖안면방해 安眠妨害.
안면[2] (顔面) [名] ❶顔面; 顔. ❷顔見知り. ‖안면이 있다 顔見知りだ.
안면-부지 (顔面不知) [名] 見知らぬこと, またその人. ‖안면부지의 사람 見知らぬ人.
안면˘신경 (顔面神經) [名] 《解剖》 顔面神経.
안면-치레 (顔面—) [名] 顔見知りの人に対する形式上の世間体.
안목 (眼目) [名] 眼識; 目利き. ‖안목이 있다 見る目がある.
안무 (按舞) [名] [하自] 振り付け.
안무-가 (按舞家) [名] 振付師.
안-방 (—房) /anˀpaŋ/ 【-빵】 [名] 奥の間(主に主婦の部屋).
안방-극장 (—房劇場) 【-빵-짱】 [名] 主婦向けのテレビドラマ.
안배 (按排) [名] [하他] 按配.
안보 (安保) [名] 〔안전 보장(安全保障)の略語〕安保. ‖국가 안보 国家安保.
안보-리 (安保理) [名] 〔국제 연합 안전 보장 이사회(國際聯合安全保障理事會)の略語〕安保理.
안부 (安否) /anbu/ [名] [하自] 安否. ‖안부를 묻다 安否を尋ねる. 안부 전해 주세요 よろしくお伝えください.
안-사돈 (—查頓) 【-싸-】 [名] 結婚した男女の互いの親類が各々の母親を呼ぶ語. [対]바깥사돈(—查頓).
안-사람 【-싸-】 [名] 女房; 家内; 妻.
안색 (顔色) [名] 顔色. ‖안색을 살피다 顔色を伺う. 안색이 안 좋다 顔色が悪い.
안성-맞춤 (安城—) 【-맏-】 [名] あつらえ物のようにぴったり合うこと: あつらえ向き; 打ってつけ; ぴったり. ‖수익성을 원하는 사람에게 안성맞춤인 상품 収益性を求める人にぴったりの商品.
안수 (按手) [名] [하自] 《キリスト教》 按手.
안습 (眼濕) [名] 〔俗っぽい言い方で〕涙が出ること; 涙ぐむこと.
안식 (安息) [名] [하自] 安息.
안식-년 (安息年) 【-싱-】 [名] サバティカルイヤー; サバティカル.
안식-일 (安息日) [名] 《宗教》 安息日.
안식-처 (安息處) [名] 安息の場; 安らぎの場. ‖마음의 안식처 心が安らぐところ.
안심[1] [名] 牛のばら肉; ロース肉. ‖안심구이 ロース焼き肉.
안심-살 [名] =안심[1].
안심[2] (安心) /anʃim/ [名] [하自] 安心. ‖어린이가 안심하고 놀 수 있는 환경 子どもが安心して遊べる環境. 어머니를 안심시키다 母を安心させる. 안심하고 잠들다 安心して眠る.
안쓰럽다 【-따】 [形] 『ㅂ変』 気の毒だ; かわいそうだ; 痛ましい. ‖심하게 기침을 하는 애가 안쓰럽다 ひどく咳き込む子ど

안압 520

もがかわいそうだ.

안압 (眼壓) 图 (医学) 眼圧.
안약 (眼藥) 图 目薬. ‖眼に眼薬を
さす 目薬を差す.
안온-하다 (安穩-) 匣 [하變] 安穩
(穩)だ; 穩やかだ.
안울림-소리 (言題) 無聲音. ㉔무
성음(無聲音). ㉔울림소리.
안이-하다 (安易-) 匣 [하變] 安易だ;
いい加減だ. ‖안이하게 행동하다 安
易なことばかり言う. 안이하게 생각하다
安易に考える.
안일-하다 (安逸-) 匣 [하變] 安逸だ;
安楽だ. ‖안일하게 지내다 安逸をむさぼる.
안장 (鞍裝) 图 鞍; サドル.
안전 (安全) /anʥɔn/ 图 (하形) 安全.
‖안전한 장소 安全な場所. 국가의 안
전을 위협하다 国家の安全を脅かす. 안
전 운전 安全運転.
안전-띠 (安全-) 图 シートベルト.
안전-벨트 (安全 belt) 图 シートベル
ト. ‖안전벨트를 매다 シートベルトを締
める.
안전 보장 (安全保障) 图 安全保障.
㉔안보(安保).
안전-성 (安全性) 图 [-썽] 安全性.
안전-장치 (安全裝置) 图 安全裝置.
안전-지대 (安全地帶) 图 安全地帯.
안전-판 (安全瓣) 图 安全弁.
안전-핀 (安全 pin) 图 安全ピン.
안절부절-못하다 (-모다-) 匣 [하變]
そわそわする; 落ち着きがない; いても立っ
てもいられない.
안정[1] (安定) /anʥɔŋ/ 图 (하自) 安定.
‖생활이 안정되다 生活が安定する. 안
정을 유지하다 安定を保つ. 안정을 되
찾다 安定を取り戻す.
안정-감 (安定感) 图 安定感.
안정-기 (安定期) 图 安定期. ‖안정
기로 접어들다 安定期に入る.
안정-성 (安定性) 图 [-썽] 安定性.
안정-세 (安定勢) 图 安定状態; 安定
した時勢.
안정-제 (安定劑) 图 (藥) 安定剤.
안정-책 (安定策) 图 安定策. ‖안정
책을 강구하다 安定策を講じる.
안정[2] (安靜) 图 (하變) 安靜. ‖절대 안
정 絶対安静.
안주[1] (安住) 图 (하自) 安住. ‖안주의
땅 安住の地.
안주[2] (按酒) 图 肴; おつまみ.
안줏-감 (按酒-) 图 [-주감/-준깜]
肴の材料.
안-주머니 [-쭈-] 图 内ポケット.
안-주인 (-主人) 图 [-쭈-] 奧さん.
안중 (眼中) 图 眼中; 念頭. ‖국민은
안중에도 없는 정치 国民は眼中にも
ない政治. 다른 사람 일은 안중에 없다
他人のことなど念頭にない.
안질 (眼疾) 图 (医学) 眼疾; 眼病.

안-집 [-찝] 图 ❶母屋. ❷同じ敷地に
ある大家の家.
안짱-걸음 图 内股(歩き).
안짱-다리 图 内股.
안-쪽 图 內; 内側; 奥. ㉔바깥쪽.
안-창 (-靴) 图 (靴の)中敷き.
안치 (安置) 图 (하他) 安置.
안치-되다 自變
안치-소 (安置所) 图 安置所.
안치다 他 (煮たり炊いたりするものを)
釜や蒸し器などに入れる. ‖밥을 안치다
ご飯を仕掛ける.
안-치수 (-數) 图 内法(のり). ㉔바깥
치수(-數).
안타 (安打) 图 (野球で)安打; ヒット.
‖안타를 치다 安打を打つ.
안타까운 [ㅂ變] 안타깝다(気の毒
だ)の連体形.
안타까워 [ㅂ變] 안타깝다(気の毒
だ)の連用形.
안타깝다 /antʰakap͈ta/ [-따] 匣 [ㅂ
變] [안타까워, 안타까운] ❶(境遇な
どが)気の毒だ; かわいそうだ. ‖처지가 정
말 안타깝다 本当に気の毒な身の上だ.
❷(思い通りにいかなくて)もどかしい; 歯
がゆい; 残念だ. ‖내 마음을 몰라 주니
안타깝다 私の気持ちを分かってもらえな
くて残念だ. 안타깝게도 이번 시험에서
도 떨어졌다 残念ながら今回の試験にも
落ちた. 시간 가는 것이 안타까울 정도
이다 時間が経つのがもどかしいだけだ.
안테나 (antenna) 图 アンテナ.
안티 (anti) 图 アンチ.
안티테제 (Antithese ド) 图 アンチテー
ゼ.
안팎[-팍] 图 ❶中と外; 裏表; 内外.
‖나라 안팎 国の内外. ❷前後. ‖두
시간 안팎 2時間前後. ❸夫と妻; 夫
婦. ㉔내외(内外).
안하무인 (眼下無人) 图 眼中人無し.

앉다 /antɕ͈a/ [안따] 自 ❶座る; 腰掛
ける; 据わる; 着く. ‖의자에 앉다
椅子に座る. 자리에 앉다 席に着
く. ❷(鳥などが一定のところに)とまる.
‖전깃줄에 앉은 참새 電線にとまったス
ズメ. ❸(建物などが)···向きに建ってい
る. ‖남향으로 앉은 집 南向きに建って
いる家. ❹(ほこりなど空気中に漂う軽い
ものが他のものの上にたまる). のる. ‖먼
지가 앉은 책꽂이 ほこりがたまった本棚.
❺(地位や職に)就く. ‖사장 자리에 앉
다 社長の職に就く. ㉔앉히다. ▶앉으
나 서나 いつも; 常に. ▶앉아 주고 서서
받는다 (俚) 借りる時の地蔵顏, 済(す)
す時の閻魔(えんま)顏.
앉은-걸음 图 膝行(ひざ); 膝這い.
앉은-뱅이 图 足の不自由な人(もの).
앉은뱅이-걸음 图 いざるような歩き方.
앉은뱅이-책상 (-冊床) 图 [-쌍] 座
机.

앉은-키 图 座高.
앉을-자리 图 [-짜-] 图 (もの)を置く場所.
앉-히다 /anthida/ 【안치-】 他 〔앉다의 使役動詞〕❶ 座らせる; 着かせる. ‖자리에 앉히다 席に着かせる[座らせる].
❷ (職)に就かせる. ‖사장 자리에 앉히다 社長の職に就かせる.

않다¹ /antha/ 【안타】他 〔아니하다의 縮約形〕しない; したりしない. ‖공부를 전혀 않다 勉強を全然しない.

않다² /antha/ 【안타】 補動 〔動詞の語幹+지 않다の形で〕…しない. ‖한잠도 자지 않다 一睡もしない.

않다³ /antha/ 【안타】 補形 〔形容詞の語幹+지 않다の形で〕…くない; …でない. ‖바쁘지 않다 忙しくない. 성실하지 않다 誠実でない.

알¹ /al/ 图 ❶ 卵. ‖알을 까다 卵を孵す. 알을 낳다 卵を産む. ❷ 小さな実. ‖쌀알 米粒. ❸ 玉; 弾; レンズ. ‖안경알 眼鏡のレンズ. 주판알 そろばんの玉.

알² 依名 丸くて小さいものを数える語: 粒; …個; …錠. ‖알약 두 알 錠剤2粒.

알³ 他 [ㄹ語幹] 알다(知る)の未来連体形.

알-⁴ 接頭 ❶〔一部の名詞に付いて〕かぶさっているものがない状態を表わす: 裸の. ‖알몸 裸. ❷〔一部の名詞に付いて〕小さくて丸いものを表わす: 粒状の. ‖알약 錠剤. 알사탕 有平糖.

알갱이 图 粒子; 粒. ‖자잘한 모래 알갱이 細かい砂の粒子.

알-거지 图 一文無し.

알다 /alda/ 【안-】 他 [ㄹ語幹] 〔알아, 아는〕 ❶ 知る; 分かる; 理解する. 㸇知る. ‖창피한 줄 알다 恥を知る. 술맛을 알다 酒の味を知る. 답을 알다 答えが分かる. 우연히 그 사실을 알게 되다 偶然その事実を知ることになる. 아시다시피 ご存知のように; ご存知の通り. ‖내 말뜻을 알아들었는지 모르겠다 私の言ったことを理解したかどうか分からない. 모르면서 아는 체하다 知ったかぶりをする. 내가 알고 있는 바로는 私の知っている限りでは. 㷎 알리다. ❷ 知識がある. ‖중국어라면 조금 알고 있습니다 中国語なら少し知っています. 한국 경제에 대해 잘 알고 있는 사람 韓国経済について詳しい人. 아는 게 많은 사람 物知り. ❸ 分別する; 自分で判断する. ‖알아서 하다 自分でする[自分の判断でやる]. ❹ 知り合う. ‖아는 사람 知り合い. ❺ 関わりがある. ‖나는 아는 바가 없다 私は知らない. ❻ 承知する. ‖알겠습니다 分かりました. 承知しました. ▶알게 모르게 알게 모르게 알지 못하게도 말지 않 알 까 하고 분 알 지 몰라서 분 걱 알 것이 병 반 익힌 ("知っていることが病気"の意で) 生半可な知識などはかえって災いのもとになることのたとえ. ▶아는 길도 물어 가랬다 㸇 念には念を入れる.

알딸딸-하다 形 【하変】 ほろ酔い気分で頭が少しぼうっとする. ‖술을 한 잔 마셨더니 酒を1杯飲んだら알딸딸한 기분だ.

알뜰 图 生活費を節約して上手に切り盛りすること. ‖알뜰 정보 節約上手のための情報.

알뜰-살뜰 【하変】 家事の切り盛りが上手な様子. ‖알뜰살뜰 아껴서 내 집 마련을 하다 こつこつと節約して自分の家を構える.

알뜰-하다 /alttulhada/ 形 【하変】 ❶ 節約上手で; 切り盛りが上手だ. ‖알뜰하게 살림을 잘 살다 上手に家計を切り盛りしている. ❷ 相手を非常に大切にする.

알라 (Allah) 图 〔宗教〕アラー.

알랑-거리다[-대다] 自 媚(こ)びへつらう.

알랑-방귀 图 〔俗っぽい言い方で〕 媚びへつらい; おべっか. ▶알랑방귀(를) 뀌다 おべっかを使う.

알랑-하다 形 【하変】 取るに足らない; 大したもの[こと]でもない; つまらない. ‖알랑한 자존심 取るに足らない[ちっぽけな]プライド.

알레르기 (Allergie ド) 图 アレルギー. ‖꽃가루 알레르기 花粉症. 알레르기 체질 アレルギー体質.

알려-지다 /allj∂dʑida/ 自 知られる; 判明する. ‖대구는 사과 산지로 알려져 있다 大邱がリンゴの産地として知られている. 지금까지 알려진 바에 의하면 今までに知られていることによると.

알력 (軋轢) 图 軋轢(あつれき). ‖노사 간의 알력 労使間の軋轢. 알력이 생기다 軋轢が生じる.

알로에 (aloe) 图 〔植物〕アロエ.

알로하-셔츠 (aloha shirts) 图 アロハシャツ.

알록-달록 【-딸-】 副 形動 色や模様がまばらに鮮やかな様子. ‖알록달록한 무늬 色とりどりの模様.

알루미늄 (aluminium) 图 〔化学〕アルミニウム.

알루미늄-박 (aluminium 箔) 图 アルミ箔: アルミホイル.

알-리다 /allida/ 他 〔알다의 使役動詞〕知らせる; 通知する; 教える. ‖이사 간 곳을 알리다 転居先を知らせる. 시계가 열두 시를 알리다 時計が12時を知らせる. 사전에 알리다 前もって通知する.

알리바이 (alibi) 图 〔法律〕アリバイ; 現場不在証明. ‖알리바이가 성립되다 アリバイが成立する.

알림-판 (-板) 图 揭示板; BBS; お知らせを書いた板.

알-맞다 /almat'ta/【-맞따】形 ちょうどいい; 適する; ふさわしい; 合う. ‖생선 요리에는 백포도주가 알맞다 魚料理には白ワインが合う. 알맞은 가격 ちょうどいい値段.

알맹이 名 ❶中身. ‖껍질과 알맹이 殻と中身. 알맹이 없는 정책 中身のない政策. ❷中心; 要点.

알-몸 名 ❶裸; 真っ裸; 裸身. ❷無一文; 一文無し.

알바 名 アルバイトの縮約形.

알바니아 (Albania) 名【国名】アルバニア.

알-밤 名 ❶栗の実. ❷拳骨. ‖알밤을 먹이다 拳骨を食わせる.

알-부자 (-富者) 名 うわべではない本当のお金持ち.

알-사탕 (-沙糖) 名 飴玉.

알선 (斡旋) 【-썬】名《하自他》斡旋. ‖일자리를 알선하다 仕事を斡旋する. **알선-받다** 受身

알싸-하다 形《하変》辛い味や煙などで舌や鼻が刺激される; ひりひりする.

알쏭달쏭-하다 形《하変》(記憶や意味などが)はっきりしていない; 曖昧だ.

알아 語幹 알다(知る)の連用形.

알아-내다 他 ❶探し出す; 見つけ出す; つきとめる. ‖방법을 알아내다 方法を見つけ出す. ❷解き明かす. ❸(ある根拠を基にして)割り出す. ‖범인을 알아내다 犯人を割り出す.

알아-듣다 /aradu't'a/【-따】他《ㄷ変》[알아들어, 알아들으니, 알아들은] ❶聞き取る; 聞き分ける. ❷理解する; 納得する. ‖말귀를 알아듣다 話の内容を理解する.

알아-맞히다 /aramat^hida/【-마치-】他 当てる; 言い当てる. ‖답을 알아맞히다 答えを言い当てる.

알아-보다 /araboda/ 他 ❶調べる; 探る; 探す. ‖전화번호부에서 회사 대표 번호를 알아보다 電話帳で会社の代表番号を調べる. 일자리를 알아보다 職を探す. ❷見分ける; 気がつく. ‖십 년만에 만났지만 나는 금세 그 사람을 알아보았다 10年ぶりに会ったが, 私はすぐ彼に気がついた. ❸(能力や実力などを)認める. ‖(능력이나 실력을)사람을 알아보는 눈이 있다 人を見る目がある.

알아-주다 他 ❶(能力・腕などが)知られている. ‖이 분야에서 알아주는 사람 この分野で知られている人. ❷(人の状況を)理解する; 察してやる.

알아-차리다 他 気づく; 見抜く; 見破る. ‖사태를 알아차리다 事態を見破る.

알아-채다 他 気づく; 感じ取る; 見抜く. ‖상대방의 꿍꿍이속을 알아채다 相手の魂胆に気づく. 그 사람의 진의를 재빨리 알아채다 彼の真意を素早く見抜く.

알-약 (-藥)【-략】名 錠剤.

알은-체 《하自他》 ❶人のことに関わりがあるような態度を取ること. ❷(相手に)気づいたようなしぐさをすること. ‖그 사람은 길러서 나를 보더니 손을 흔들며 알은체를 했다 彼は遠くから私を見て手を振った.

알음알음-으로 副 よしみで; 知り合いを通じて.

알-젓 【-젇】名 魚の卵の塩辛.

알제리 (Algeria) 名【国名】アルジェリア.

알짜 名 ❶いくつかのものの中で最も重要なの, または優れているもの; 粒選り; 選り抜き. ❷実利や中身のあるもの. **알짜-배기** 名 알짜の俗語.

알-차다 /alt^sada/ 形 実りが多い; 中身や内容が充実している. ‖알찬 결실 実り豊かな結果.

알츠하이머-병 (Alzheimer病) 名【医学】アルツハイマー病; 認知症.

알칼리 (-alkali) 名 アルカリ.

알칼리-성 (alkali 性) 名 アルカリ性. **-산성**(酸性).

알칼리성 비료 (alkali 性肥料) 名【化学】アルカリ性肥料.

알칼리성 식품 (alkali 性食品) 名 アルカリ性食品.

알코올 (alcohol) 名 アルコール.

알코올-램프 (alcohol lamp) 名 アルコールランプ.

알코올 의존증 (alcohol 依存症)【-쯩】名【医学】アルコール依存症.

알코올-중독 (alcohol 中毒) 名 アルコール中毒.

알타리-무 총각무(總角-)の誤り.

알타이-어족 (Altai 語族) 名【言語】アルタイ語族.

알-탕 (-湯) 名【料理】アルタン(タラコや明太子など魚の卵にネギ・玉ネギなどの野菜を入れて作ったピリ辛のチゲ鍋).

알토 (alto ⁴) 名【音楽】アルト.

알-토란 (-土卵) 名 皮をむいてきれいに処理されたサトイモ.

알토란-같다 (-土卵-)【-갇따】形 中身がいっぱい詰まっている. ‖알토란같은 자식 しっかり育った子ども. **알토란같-이** 副

알-통 名 力こぶ. ‖알통이 생기다 力こぶができる.

알파 (alpha・αʳ) 名 (ギリシャ文字の第1字の)アルファ.

알파-선 (-α 線) 名【物理】アルファ線.

알파벳 (alphabet) 名【言語】アルファベット.

알파벳-순 (alphabet 順) 名 アルファベット順; ABC 順.

알피니스트 (alpinist) 图 アルピニスト; 登山家.

알현 (謁見) 图 (하他) 謁見(えつ).

앓다 /altʰa/ 【앓터】 目 ❶思う; 病む. ‖病을 앓다 病を思う. 폐를 앓다 肺を病む. ▸앓는 소리 大げさに心配すること. ▸앓느니 죽지 [俚](「病むより死んだ方がまし」の意で)人に頼むより大変でも自分でやった方がまし. ▸앓던 이가 빠진 것 같다 [俚] 痛んでいた歯が抜けたようにすっきりしている; 胸のつかえが下りたよう.

앓아-눕다 【아라-따】【目 [ㅂ変] (病気で)長く床に就く; 寝込む. ‖한동안 감기로 앓아눕다 しばらく風邪で寝込む.

-앓이 [아리] 接尾 …病; -痛. ‖배앓이 腹痛.

암¹ (암) 图 雌. ㉗수 ‖암수 雌雄.

암² (癌) 图 ❶癌. ‖암 선고를 받다 癌の宣告を受ける. ❷ [比喩的に] 大きい障害; 直し難い悪い弊害.

암-¹ 接頭 雌の. ‖암사자 雌ライオン.

-암¹ (岩) 接尾 …岩. 현무암 玄武岩. 화강암 花崗岩.

암-갈색 (暗褐色) 【-쌕】图 暗褐色.

암-거래 (暗去來) 图 (하他) 闇取引. ‖암거래가 이루어지다 闇取引が行なわれる.

암기 (暗記) 图 (하他) 暗記. ‖수학 공식을 암기하다 数学公式を暗記する.

암기력 (暗記力) 图 暗記力. ‖암기력이 뛰어나다 暗記力がずば抜けている.

암꽃 [-꼳] 图 [植物] 雌花. ㉗수꽃.

암꿩 (-) 图 [鳥類] 雌キジ. ㉗수꿩.

암나사 (-) 图 雌ねじ. ㉗수나사.

암-내¹ 图 発情期の雌の体臭.

암-내² 图 腋臭(わきが). ‖암내가 나다 腋臭がする.

암-녹색 (暗綠色)【-쌕】图 暗綠色.

암-놈 图 (動物の)雌. ㉗수놈.

암-달러 (暗 dollar) 图 闇市で取引するドル.

암담-하다 (暗澹-) 【-하如】 [형如] 暗澹(たん)としている. ‖암담한 현실 暗澹たる現実.

암만 副 いくら. ‖암만 졸라도 그런 물건 사 준다 いくらおねだりしてもそれは買ってあげられない.

암만-해도 副 どうしても; どうやっても. ‖암만해도 저 녀석이 수상하다 どう考えてもあいつが怪しい.

암-말¹ 图 雌馬. ㉗수말.

암-말² 图 아무 말の縮約形.

암-매장 (暗埋葬) 图 (하他) 密葬.

암모나이트 (ammonite) 图 [動物] アンモナイト.

암모니아 (ammonia) 图 [化学] アンモニア.

암모니아-수 (ammonia 水) 图 [化学] アンモニア水.

암묵 (暗默) 图 (하自) 暗默.

암묵-적 (暗默的)【-쩍】图 暗默. ‖암묵적으로 인정하다 暗默のうちに認める.

암반 (岩盤) 图 岩盤.

암벽 (岩壁) 图 岩壁.

암-사돈 (-査頓) 图 女の相(あい)やけ. ㉗수사돈(-査頓).

암산 (暗算) 图 (하他) 暗算.

암살 (暗殺) 图 (하他) 暗殺. **암살-당하다** 受動

암석 (岩石) 图 岩石.

암석-층 (岩石層) 图 岩石層.

암-세포 (癌細胞) 图 癌細胞.

암-소 图 雌牛; 牝牛. ㉗수소.

암송 (暗誦) 图 (하他) 暗唱. ‖시를 암송하다 詩を暗唱する.

암수 图 雌と雄. 雌雄.

암수-딴몸 图 [動物] 雌雄異体.

암수-한몸 图 [動物] 雌雄同体.

암술 图 [植物] 雌しべ. ㉗수술.

암시 (暗示) 图 ‖죽음을 암시하는 장면 死を暗示する場面. 자기암시 自己暗示. **암시-되다** 受動

암-시세 (暗時勢) 图 闇相場.

암-시장 (暗市場) 图 闇市(場).

암실 (暗室) 图 暗室.

암암리 (暗暗裏)【-니】[主に암암리에の形で] 暗々裏に; 内々に. ‖암암리에 유통되고 있는 불법 소프트 暗々裏に流通している不法ソフト.

암약 (暗躍) 图 (하自) 暗躍.

암염 (岩鹽) 图 岩鹽.

암운 (暗雲) 图 暗雲. ‖암운이 감돌다 暗雲が垂れ込める.

암울-하다 (暗鬱-) 【-하如】 [형如] 暗鬱(うつ)だ; 憂鬱だ. ‖암울한 표情 暗鬱な表情.

암자 (庵子) 图 [仏教] ❶大きい寺に付属している小さい寺. ❷庵(いおり).

암-적색 (暗赤色)【-쌕】图 暗赤色.

암중-모색 (暗中摸索) 图 (하他) 暗中模索.

암초 (暗礁) 图 暗礁. ‖교섭이 암초에 부딪치다 交渉が暗礁に乗り上げる.

암-캐 图 雌の犬. ㉗수캐.

암-컷 [-컫] 图 (動物の)雌. ㉗수컷.

암-탉 【-탁】 图 雌鳥. ㉗수탉. ▸암탉이 울면 집안이 망한다 [俚] 雌鳥歌えば家滅ぶ.

암투 (暗鬪) 图 暗鬪.

암팡-지다 [目] (小柄で)負けん気が強い.

암페어 (ampere) 依名 [物理] …アンペア.

암표 (暗票) 图 (闇で取引される)チケット.

암표-상 (暗票商) 图 だふ屋.

암행 (暗行) 图 密行; 微行.

암행-어사 (暗行御史) 图 [歴史] 朝鮮時代に, 王の勅命で地方官吏や民情を探るため微行をしていた勅使. ㉗어사

암호(暗號) 图 暗号. ‖암호를 풀다 暗号を解く. 암호 해독 暗号解読.
암-회색(暗灰色) 【-/-훼-】 图 暗い灰色.
암흑(暗黑) 图 暗黒. ‖암흑 지대 暗黒地帯.
암흑-가(暗黑街) 【-까】 图 暗黒街.
암흑-기(暗黑期) 【-끼】 图 暗黒期.
암흑-상(暗黑相) 【-쌍】 图 暗黒の状態.
암흑-세계(暗黑世界) 【-쎄-/-쎄계】 图 暗黒の世界.
압권(壓卷) 【-꿘】 图 圧巻. ‖마지막 장면이 압권이었다 ラストシーンが圧巻だった.
압도(壓倒) 【-또】 困他 圧倒. ‖좌중을 압도하다 座中を圧倒する. **압도-되다/-당하다** 受身
압도-적(壓倒的) 【-쩍】 图 圧倒的. ‖압도적인 승리 圧倒的な勝利.
압력(壓力) /amnjək/【암녁】 图 圧力. ‖압력을 가하다 圧力を加える. 정부는 여론의 압력에 굴했다 政府は世論の圧力に屈した. 무언의 압력 無言の圧力.
압력-계(壓力計) 【암녁께/암녁계】 图 圧力計.
압력 단체(壓力團體) 【암녁딴-】 图 圧力団体.
압력-솥(壓力-) 【암녁쏟】 图 圧力鍋.
압류(押留) 【암뉴】 图 困他 (法律) 差し押さえ; 差し押さえること. ‖재산을 압류하다 財産を差し押さえる. **압류-되다/-당하다** 受身
압박(壓迫) 【-빡】 图 困他 圧迫. ‖아들의 학비가 가계를 압박하다 息子の学費が家計を圧迫する. 압력을 가하다 圧力をかける. **압박-당하다** 受身
압박-감(壓迫感) 【-빡깜】 图 圧迫感.
압사(壓死) 【-싸】 图 圧死.
압송(押送) 【-쏭】 图 困他 (法律) 押送. **압송-되다** 受身
압수(押收) 【-쑤】 图 困他 (法律) 押収. ‖증거물을 압수하다 証拠物件を押収する. **압수-되다/-당하다** 受身
압수-물(押收物) 【-쑤-】 图 押収物.
압수-품(押收品) 【-쑤-】 图 押収品.
압승(壓勝) 【-씅】 图 困他 圧勝; 大勝. ‖압승을 거두다 圧勝する.
압연(壓延) 困他 圧延.
압연-기(壓延機) 图 圧延機.
압정¹(押釘) 【-쩡】 图 画鋲.
압정²(壓政) 【-쩡】 图 〔압제 정치(壓制政治)의 略語〕 圧政.
압제(壓制) 【-쩨】 图 困他 圧制.
압제-자(壓制者) 【-쩨-】 图 圧制者.
압제 정치(壓制政治) 【-쩨-】 图 圧制政治. 略압정(壓政).

압지(押紙·壓紙) 【-찌】 图 吸い取り紙.
압축(壓縮) 图 困他 圧縮. ‖데이터를 압축해서 보내던 データを圧縮して送る. **압축-되다** 受身
압축-기(壓縮機) 【-끼】 图 圧縮機.
압침(押針) 图 画鋲.
압-핀(押 pin) 图 画鋲; 押しピン.
앗(앋) 感 危ない時やびっくりした時に発する語. ‖앗! 뜨거워! 熱いっ!
앗-기다(앋끼-) 他 〔앗다の受身動詞〕 取られる; 奪われる.
앗다(앋따) 他 奪う; 取る; 奪い取る. ‖우격다짐으로 앗아 버리다 力ずくで奪い取る. 어린 생명을 앗아간 사고 幼い命を奪った事故. 阌앗기다.

-았/a^t/【앋】 語尾 〔陽母音の語幹に付いて; 陰母音の場合は -었-〕 ❶過去を表わす: …した; …かった. ‖친구한테서 편지를 받았다 友だちから手紙をもらった. 아까 먹은 케이크는 조금 달았다 先ほど食べたケーキは少し甘かった. ❷〔下に打ち消しの表現を伴って〕未完了を表わす: …(し)ていない. ‖아직 안 돌아왔습니다 まだ帰って来ていません. 사전을 아직 안 사니? 辞書をまだ買っていないの?
-었었 語尾 〔陽母音で終わる用言の語幹に付いて; 陰母音の場合は -었었-〕過去の出来事を表わす: …だった; …した; …していた; …かった. ‖저번 주는 그 사람을 안 만났었다 先週は彼に会わなかった. 어제 연주회는 꽤 괜찮았었다 昨日のコンサートはなかなかよかったんだよ.
앙 副 图 子どもの泣き声: あん; わあ. ‖아이가 앙 하고 울음을 터뜨리다 子どもがわあと泣き出す.
앙-가슴(-) 图 胸と胸の間の部分.
앙-갚음(-) 图 困他 復讐; 報復; 仕返し. ‖앙갚음을 하다 仕返しをする.
앙고라-모(angora毛) 图 アンゴラ毛.
앙고라-염소(angora-) 图 〔動物〕 アンゴラ山羊.
앙고라-토끼(angora-) 图 〔動物〕 アンゴラ兎.
앙골라(Angola) 图 〔国名〕 アンゴラ.
앙금 图 ❶でんぷんなどの沈殿物. ‖앙금이 가라앉다 沈殿物が沈む. ❷ 〈転じて〉 감정적인 앙금이 남다 感情的なしこりが残る.
앙-다물다(-) 【ㄹ語幹】 他 (口を固くつぐむ). ‖입을 앙다물고 한마디도 하지 않다 口を固くつぐんだまま一言も言わない.
앙등(昂騰) 图 困自 高騰.
앙살 图 大げさに反抗すること. ‖앙살을 부리다[피우다] 大げさに反抗する.
앙살-스럽다(-) 【-따】 形 〔ㅂ變〕 癇癪を起こしやすい; すぐいらいらする. **앙살스레** 副
앙상블 (ensemble ^フ) 图 アンサンブル.
앙상-하다(-) 【하變】 形 ❶木の葉が枯れ

落ちち枝だけが残っている。‖앙상한 나뭇가지 葉が落ちた木の枝。❷やつれている; げっそりしている。‖말라서 뼈만 앙상하다 やせほそばえている。**앙상-히** 副

앙숙 (怏宿) 名 仇同士.

앙심 (怏心) 名 恨み; 復讐心。‖앙심을 품다 恨みをいだく。

앙알-거리다[-대다] 自 不満そうにぶつぶつ言う。

앙알-앙알 副 〈하다〉 (目上の人に対して)不平や不満の気持ちを口の中でつぶやくさま。

앙양 (昻揚) 自己 高揚。‖사기가 앙양되다 士気が高揚する。

앙증-맞다[-맏따] 形 小さいが顔つきがしっかりしていてかわいらしい。‖앙증맞게 생긴 아이 (小憎らしいくらい)かわいい子。

앙천 (仰天) 名 〈하다〉 仰天。

앙칼-지다[-](声などが)とげとげしい; 荒々しい。‖앙칼진 목소리 とげとげしい声。

앙케트 (enquête フ) 名 アンケート。

앙코르 (encore フ) 名 アンコール。

앙큼-하다 形 〈하다〉 悪賢い; 狡猾(こうかつ)だ。‖앙큼한 여자 悪賢い女。

앙탈 名 ❶おとなしく応じないで激しく断ること。駄々を言い付きを聞かず駄々をこねること。‖앙탈을 부리다 わがままを言う; 駄々をこねる。

앞 /ap/ 名 ❶前; 前面; 前方。⦿뒤。前を見て歩く 前を見て歩く。열차의 앞부분 列車の前の部分。앞사람부터 들어오세요 前の人から入ってください。❷先。‖앞이 안 보인다 先が見えない。앞을 다투다 先を争う。신문사들이 앞다투어 소개하다 新聞社が先を争って紹介する。❸以前;前。‖앞서 말한 대로 先ほど話したように。❹(主に印の形で)取り分; 分け前。‖한 사람 앞에 하나씩 1人1個ずつ。❺(手紙で) …宛。‖오빠 앞으로 온 편지 兄宛の手紙。▶앞이 깜깜하다[캄캄하다] お先真っ暗だ。

앞-가르마[압까-] 名 髪の真ん中の分け目。

앞-가림[압까-] 名 〈하다〉 自分のことは自分でやっていくこと。‖아직 제 앞가림도 제대로 못하고 있다 まだ自分のこともろくにできない。

앞-가슴[압까-] 名 ❶胸。❷女性の胸。❸(上着の)前身頃。

앞-길¹[압낄] 名 家や村の表の道; 通り道。

앞-길² ❶行く道; 進む道。‖누가 우리의 앞길을 막아냈단 誰かが私たちの前に立ちはだかった。❷前途; 将来。‖앞길이 훤하다 前途が明るい; 前途洋洋だ。▶앞길이 구만 리 같다〈俚〉先はいくらまだまだ前途がある。

앞-날 /amnal/ 名 ❶将来; 未来; 余生; 先のこと。‖앞날이 걱정이다 将来が心配だ。앞날이 얼마 안 남았다 余生がいくばくもない。앞날이 창창하다 まだまだ先がある。

앞-날개[암-] 名 〈昆虫〉 前翅。

앞-니[암-] 名 前歯。

앞-다리[압따-] 名 (動物の)前脚。⦿뒷다리。

앞-당기다[압땅-] 他 (予定を)早める; 繰り上げる。‖계획을 앞당기다 計画を早める。일정이 삼 일 앞당겨지다 日程が3日早まる。예정을 일주일 앞당겨서 귀국하다 予定を1週間繰り上げて帰国する。

앞-두다[압뚜-] 他 目の前にする; 目前にする; 目前に控える。‖시험을 앞두고 놀러 나가다 試験を目前にして遊びに出かける。

앞-뒤[압뛰/ap°twi] 名 前と後; 前後。❶行動の前後 行列の前後。앞뒤를 생각할 여유가 없다 前後を考える余裕がない。‖앞뒤가 막히다 融通がきかなくてうっとうしい。▶앞뒤가 맞다 つじつまが合う。▶앞뒤를 가리지 않다 前後を弁(わきま)えない。▶앞뒤를 재다 利害関係を考える。

앞-뜰[압-] 名 前庭。

앞-마당[압-] 名 前庭。

앞-머리[압-] 名 ❶前髪。❷前頭。❸ものや行列の前の方。❹物事や文の前の部分。

앞-면 (-面)[압-] 名 前面; 表。⦿뒷면 (-面)。

앞-모습 (-模樣)[압-] 名 前から見た模様[樣子]。⦿뒷모양 (-模樣)。

앞-문 (-門)[압-] 名 表の門; 表口。⦿뒷문。

앞-바다[압빠-] 名 沖。

앞-바퀴[압빠-] 名 前輪。⦿뒷바퀴。

앞-발[압빨] 名 前足。⦿뒷발。

앞-부분 (-部分)[압뿌-] 名 前部。⦿뒷부분 (-部分)。

앞-서다 /ap°s⁵da/[압써-] 自 ❶人より前に立つ; 先立つ。‖시합에 앞서 개회식이 열린다 試合に先立って開会式が行われる。⦿앞세우다。❷進んでいる; 先進的だ。‖경제적으로 앞선 나라 経済的に進んだ国。❸追い越す。‖실력으로는 선배를 앞서고 있다 実力の面では先輩を追い越している。

앞-세우다[압쎄-] 他 〔앞서다の使役動詞〕 ❶前に立たせる; 先に出す; 前に出す。‖앞세우고 걷다 子どもたちを前に立たせて歩く。❷(感情などを)露に出す。‖감정을 앞세우다 感情を露に出す。

앞-으로 /apuro/ 副 これから; 今後; 将来。⦿장차 (將次)。‖앞으로가 문제이다 これからが問題だ。앞으로는 주의하세요 今後気をつけてください。앞으로 잘

앞-일 [암닐] 图 今後のこと; これからのこと; 未来のこと. ‖앞일이 걱정되다 これからのことが心配だ.

앞-잡이 [압짜비] 图 走狗; (人の)手先.

앞장-서다 [압짱-] 邵 先頭に立つ. ◉ 앞장세우다

앞장세우다 [압짱-] 邵 〔앞장서다の使役動詞〕先頭に立たせる.

앞-줄 [압쭐] 图 前列. ⑦뒷줄. ‖앞줄에 앉다 前列に座る.

앞-집 [압찝] 图 前の家. ⑦뒷집.

앞-쪽 [압-] 图 前の方; 前側; 前方. ⑦뒤쪽.

앞-차 (-車) [압-] 图 ❶ 先に出発した車; (電車・バスなどの)前の便. ❷ 前を走っている車. ⑦뒤차.

앞-치마 [압-] 图 エプロン; 前かけ. ‖앞치마를 두르다 エプロンをかける.

애¹ 图 ハングル母音字母「ㅐ」の名称.

애² /ɛ/ 图 ❶ やきもきする; 焦燥. ❷ 気苦労; 心配. ‖애가 끓다[달다] やきもきする・애가 타다 気をもむ; 気がせく. ‖애가 타다 気をもむ・애를 먹다 大変苦労する; 手を焼く; 手こずる. ‖컴퓨터가 자주 고장 나서 애를 먹고 있다 パソコンがしょっちゅう故障して大変苦労している・애를 먹이다 苦労させる; 手を焼かせる; 困らせる. ‖아이가 자꾸 애를 먹인다 子供がしょっちゅう手を焼かせる・애를 쓰다 非常に努力する; 非常に気を使う. ‖대기업에 들어가기 위해 애를 쓰다 大手企業に入るために大変努力する・애를 태우다 気をもむ; (人の)気をもませる.

애³ /e/ 图 아이の縮約形. ‖애를 돌보다 子どもの面倒を見る.

-애⁴ (愛) 接尾 …愛. ‖민족애 民族愛. 인류애 人類愛.

애가 (哀歌) 图 哀歌; エレジー.

애-간장 (-肝臟) 图 애を強めて言う語. ▶애간장을 태우다 気をもませる; やきもきさせる. ▶애간장이 타다 気をもむ; やきもきする.

애개 感 大したことではない時に発する語: あれ; なんだ. ‖아개, 이것뿐이야? なんだ, これだけか？

애개개 感 애개を強めて言う語.

애걸 (哀乞) 图自他 哀願. ‖목숨만 살려 달라고 애걸하다 助命を哀願する.

애걸-복걸 (哀乞伏乞) [- 걸] 图自他 ひたすら哀い願うこと.

애견 (愛犬) 图 愛犬.

애교¹ (愛嬌) 图 愛嬌; 愛想. ‖애교를 떨다[부리다] 愛嬌を振りまく. ‖애교가 있는 딸 愛嬌のある娘.

애교² (愛校) 图 愛校.
　애교-심 (愛校心) 图 愛校心.

애국 (愛國) 图自 愛國.
　애국-가 (愛國歌) [- 까] 图 〔韓国の国歌〕愛國歌. ‖애국가가 제창 국가제창.
　애국-심 (愛國心) 图 〔셈〕 愛國心.
　애국-자 (愛國者) 图 〔짜〕 愛國者.

애기 图 아기の誤り.

애꾸 图 ❶ 애꾸눈の略語. ❷ 애꾸눈이の略語.
　애꾸-눈 图 獨眼; 片目. 略애꾸.
　애꾸눈-이 图 獨眼; 片目. 略애꾸.

애-꽃다 [-꾿따] 圐 巻き添えを食う. ‖애꽃게 사고를 당하다 事故の巻き添えを食う.

애-끓다 [-끌타] 邵 気がかりでやきもきする.

애-늙은이 图 年寄りじみた子ども.

애니메이션 (animation) 图 アニメーション; アニメ; 動画.

애니미즘 (animism) 图 〔宗教〕 アニミズム.

애달프다 形 [으變] 切ない; 辛い. ‖애달픈 마음 切ない気持ち. 애달피 副

애닮다 [-달타] 形 애달프다の誤り.

애-당초 (-當初) 图 〔당초(當初)を強めて言う語〕当初; 最初. ‖애당초부터 잘못됐다 最初から間違っていた.

애도 (哀悼) 图自他 哀悼. ‖애도의 뜻을 표하다 哀悼の意を表する.

애독 (愛讀) 图自他 愛読. ‖추리 소설을 애독하다 推理小説を愛読する.
　애독-자 (愛讀者) 图 〔짜〕 愛読者.

애드리브 (ad lib) 图 アドリブ.

애드벌룬 (ad + balloon日) 图 アドバルーン.

애로 (隘路) 图 隘路; 障害; 難関; ネック.

애매 (曖昧) [/ɛːmɛ/] 图形 曖昧. ‖정치기에는 애매한 구석이 있다 断定するには曖昧な点がある. 태도가 애매하다 態度が曖昧だ. ‖애매한 말을 하다 曖昧なことを言う.
　애매-모호 (曖昧模糊) 图形 曖昧模糊. ‖애매모호한 표현 曖昧模糊とした表現.

애매-하다 [하變] 形 いわれがない; 無実だ; 罪がない. ‖애매한 사람을 괴롭히다 罪のない人を苦しめる.

애모 (愛慕) 图他 愛慕.

애무 (愛撫) 图他 愛撫.

애-물 (-物) 图 非常に手を焼かせる人.
　애물-단지 (-物-) [-딴-] 图 愛物を見くびる言い方.

애-벌레 (昆蟲) 图 幼虫. ⑨ 유충(幼蟲).

애별-빨래 图他 下洗い.

애사 (愛社) 图 愛社. ‖애사 정신 愛社精神.
　애사-심 (愛社心) 图 愛社心.

애석-하다 (哀惜) [-서카-] 形 [하變] 哀惜する; 実に残念だ. ‖애석한 마음을

금할 수 없다 哀惜の念を禁じ得ない. 애석하게 여기다 実に残念に思う. **애석-히** 閉

애-솔 图 [植物] ヒメマツ(姫松).
애송[1] (-松) 图 =애솔.
애송[2] (愛誦) 图 他 愛誦.
애송-이 图 青二才.
애수 (哀愁) 图 哀愁. ‖애수를 띤 멜로디 哀愁を帯びたメロディー.
애-쓰다 /ɛ'ssuda/ 国 [으変] [ㅅ変] 非常に努力する; 努める; 骨折る; 尽力する. ‖애써 만든 보람이 있다 骨折って作ったかいがある. 제자를 취직시키려고 애쓰다 教え子の就職に骨折る.
애연 (愛煙) 图 他 愛煙.
애연-가 (愛煙家) 图 愛煙家.
애완 (愛玩) 图 他 愛玩.
애완-견 (愛玩犬) 图 愛犬.
애완-동물 (愛玩動物) 图 ペット.
애완-용 (愛玩用) 图 愛玩用; ペット用.
애욕 (愛欲) 图 愛欲.
애용 (愛用) 图 他 愛用.
애원 (哀願) 图 他 哀願. ‖도와달라고 애원하다 助けて欲しいと哀願する.
애인 (愛人) /ɛin/ 图 ❶恋人. 好きな人. ‖오빠는 애인이 있니? お兄さんは恋人[好きな人]がいるの? ❖日本語の「愛人」のような意味はない. ❷人間を大切なものと考えること. ‖경천애인 敬天愛人.
애잔-하다 圈 [하変] もの悲しい; か弱い. ‖애잔한 곡 もの悲しい曲. 애잔한 목소리 か弱い声.
애절-하다 (哀切-) 圈 [하変] 哀切だ; 悲しい; もの悲しい. ‖애절한 사연 哀切な事情. **애절-히** 閉
애정 (愛情) /ɛːdʑɔŋ/ 图 愛情. ‖애정을 쏟다 愛情を注ぐ. 자식에 대한 깊은 애정 子どもに対する深い愛情. 애정 어린 눈길 愛情に満ちた眼差し.
애-제자 (愛弟子) 图 愛弟子.
애조 (哀調) 图 哀調. ‖애조를 띠다 哀調を帯びる.
애족 (愛族) 图 民族を愛すること.
애주 (愛酒) 图 愛酒.
 애주-가 (愛酒家) 图 愛飲者.
애증 (愛憎) 图 愛憎. ‖애증이 교차한다 愛憎相半ばする.
애지중지 (愛之重之) 图 他 非常に愛して大切にすること. ‖외동딸을 애지중지 키우다 一人娘を非常に大切に育てる.
애차 (愛車) 图 愛車.
애착 (愛着) 图 他 愛着. ‖강한 애착을 가지다 強い愛着をいだく. 애착이 가는 물건 愛着のある品.
 애착-심 (愛着心) [-씸] 图 愛着心.
애창 (愛唱) 图 他 愛唱. ‖슈베르트의 가곡을 애창하다 シューベルトの歌曲

を愛唱する. **애창-되다** 国⟨受⟩
애창-곡 (愛唱曲) 图 愛唱曲.
애처 (愛妻) 图 愛妻. ‖애처가 愛妻家.
애처-롭다 /ɛtɕʰɔrop̚ta/ [-따] 圈 [ㅂ変] [애처로워, 애처로운] 不憫だ. 気の毒だ; 痛々しい. ‖주인을 잃은 강아지가 애처로워 보인다 主人を失った子犬が不憫に思われる. 애처롭기 짝이 없다 不憫でならない. **애처로이** 閉
애청 (愛聽) 图 他 愛聽; 好んで聽くこと.
애청-자 (愛聽者) 图 愛聽者.
애초 (-初) 图 初め; 最初. ‖애초의 계획을 변경하다 当初の計画を変更する.
애칭 (愛稱) 图 愛稱.
애-타다 国 気をもむ.
애타-심 (愛他心) 图 他人を愛する心.
애-태우다 /ɛtʰɛuda/ 国 気をもむ; (人の)気をもませる. ‖시험 결과를 몰라 애태우다 試験の結果が分からなくて気をもむ.
애통-하다 (哀痛-) 圈 [하変] 哀痛だ; 心から悲しい. **애통-히** 閉
애-타다 [-트타-] 圈 [하変] 切ない. ‖애틋한 이야기 切ない話. **애틋-이** 閉
애-티 图 子どもっぽさ; 子どもらしさ. ‖애티가 나는 얼굴 子どもっぽさのある顔; 童顔.
애프터 (after) 图 ❶アフター. ❷合コンや人の紹介で会って次回また会う約束をすること. ‖애프터를 신청하다 (合コンなどで)次のデートを申し込む.
애프터-서비스 (after + service 日) 图 アフターサービス. ‖애프터서비스를 받다 アフターサービスを受ける.
애프터케어 (aftercare) 图 アフターケア.
애플-파이 (apple pie) 图 アップルパイ.
애피타이저 (appetizer) 图 アピタイザー.
애햄 國 (主に男性が)威厳を表わしたり存在を知らせるために出す声: えへん; おほん. ‖애햄, 거기 아무도 없느냐? えへん, 誰もいないかね.
애향 (愛鄕) 图 愛鄕.
 애향-심 (愛鄕心) 图 愛鄕心.
애호 (愛好) 图 他 愛好. ‖클래식을 애호하다 クラシックを愛好する.
 애호-가 (愛好家) 图 愛好家. ‖스포츠카 애호가 スポーツカー愛好家.
애호박 图 [植物] ズッキーニ.
애환 (哀歡) 图 哀歡.
액[1] (厄) 图 厄; 不運; 災難.
액[2] (液) 图 液; 汁.
-액[3] (液) 囮 ...液. ‖현상액 現像液.
-액[4] (額) 囮 ...額. ‖수출액 輸出額.
액년 (厄年) [앵-] 图 厄年.
액-땜 (厄-) 图 他 厄払い; 厄除け

厄落とし. 액땜을 하다 厄払いをする.

액-막이 (厄−)【앵−】(하자) 厄払い.

액면 (額面)【앵−】 ❶額面. ❷〔比喩的に〕表面に出てきるその外の内容. ∥그 사람 말을 액면 그대로 받아 들이다 彼の言うことをそのまま信じる.

액면-가(額面價)【앵−까】 =액면 가격(額面價格).

액면가격(額面價格)【앵−까−】額面價格.

액상 (液狀)【−쌍】 液狀.

액세서리 (accessory) 图 アクセサリー.

액세스 (access) 图 (하자) (IT) アクセス.

액셀 (←accelerator) 图 액셀러레이터의 略称. 액셀을 밟다 アクセルを踏む.

액셀러레이터 (accelerator) 图 アクセル. 略액셀.

액션 (action) 图 アクション.

액수 (額數)【−쑤】图 金額.

액운 (厄運) 图 厄運.

액자 (額子)【−짜】图 額縁.

액정 (液晶)【−쩡】图 液晶. ∥액정 텔레비전 液晶テレビ. 액정 화면 液晶画面.

액체 (液體)【ekt/he'】图 液體. ❶기체 (氣體)・고체 (固體).

액체 산소 (液體酸素) 图 液体酸素.

액체 암모니아 (液體 ammonia) 图 液体アンモニア.

액체˜연료 (液體燃料)【−열−】图 液体燃料.

액체온도계 (液體温度計)【−/−계】图 液体温度計.

액체-화 (液體化) 图 (하자) =액화.

액화 (液化)【애콰】图 (하자) 液化.

앨범 (album) /elbəm/ 图 アルバム. ∥졸업 앨범 卒業アルバム.

앰뷸런스 (ambulance) 图 救急車. 和구급차(救急車).

앰풀 (ampoule) 图 アンプル.

앰프 (←amplifier) 图 アンプ; 増幅器.

앳−되다【앧뙤−/앧뛔−】(形) あどけない. ∥앳된 얼굴 あどけない顔.

앵[1] (副) ❶蚊や蜂などが飛ぶ時の音. ❷サイレンの音.

앵[2] (副) 腹立ちや不満の気持ちを表わす音.

앵글 (angle) 图 アングル.

앵두 (櫻桃) 图 ユスラウメの実; 桜ん坊.

앵두−나무 (櫻桃−) 图〔植物〕ユスラウメ(山桜桃); 桜ん坊の木.

앵무−새 (鸚鵡−) 图〔鳥類〕オウム(鸚鵡).

앵−벌이 图 (하자) 子どもが不良ややくざなどに物ごいや盗みなどをさせられて金稼ぎをすること, またはその子ども.

앵앵-거리다 (自) ぶんぶんと音をたてる.

앵초 (櫻草) 图〔植物〕サクラソウ(桜草).

앵커 (anchor) 图 ❶〔スポーツなどの〕アンカー. ❷キャスター; ニュース番組の総合司会者; アンカーパーソン.

앵커−맨 (anchorman) 图 アンカーマン; アンカーパーソン.

앵커-우먼 (anchorwoman) 图 アンカーウーマン.

야[1] ハングル母音字母「ㅑ」の名称.

야[2] (野) 图〔야당(野黨)の略語〕野党. 和여(與).

야[3] (感) ❶驚いたりうれしかったりする時に出す語: やあ; わあ; わ. ∥야, 정말 재미있다 わ, 本当に面白い. ❷友だちや同士や年下の人を呼ぶ時に用いる語: おい. ∥야, 선배님께 인사 드려 おい, 先輩に挨拶して. ❸見くびるような態度で相手を呼ぶ語. ∥야, 이리 와 봐! おい, お前こっちに来い.

야[4] (母音で終わる名詞に付いて; 子音の場合は이야) 親しい人を呼ぶ時や動物・ものを擬人化して呼ぶ時に用いる語. ∥세리야 セリ(世莉)! 누나야 姉ちゃん! 나비야 蝶々!

야[5] (母音で終わる名詞・代名詞などに付いて; 子音の場合は이야) その語の意味を強調する: …は; …こそ. ∥나야 이해를 하지만 私は理解できるが. 이번에야 합격하겠지 今度こそ合格するだろう. 비가 온다야 雨が降っているよ. 생각했던 것보다 괜찮다야 思ったよりいい.

야[6] (助) (母音で終わる体言に付いて; 子音の場合は이야) ❶断定の意を表わす. ∥저 사람이 우리 오빠야 あの人がうちの兄なの. ❷対象を指定して疑問を表わす. ∥저 애가 전학 온 애야? あの子が転校してきた子なの? ❸ […야 …야の形で] あれこれと並べあげる. ∥사과야 배야 과일을 많이 샀다 リンゴやら梨やら果物をたくさん買った.

야간 (夜間) 图 夜間. ∥야간 진료 夜間診療.

야간-도주 (夜間逃走) 图 (하자) 夜逃げ; 夜間逃走.

야간-부 (夜間部) 图 夜間部.

야간-열차 (夜間列車)【−녈−】图 夜行列車.

야경[1] (夜景) 图 夜景.

야경[2] (夜警) 图 (하자) 夜警.

야경-국가 (夜警國家)【−까】图 夜警国家.

야광 (夜光) 图 夜光.

야광˜도료 (夜光塗料) 图 発光塗料; 夜光塗料.

야광˜시계 (夜光時計)【−/−계】图 夜光時計.

야광-충 (夜光蟲) 图〔昆虫〕ヤコウチュウ.

야구 (野球) /ja:gu/ 图〔スポーツ〕野球. ∥프로 야구 プロ野球. 텔레비전에서 야구 시합을 보다 テレビで野球の試合を見る. 야구 선수를 꿈꾸는

소년 野球選手を夢見る少年.
야구^방망이 (野球–) [名] 野球のバット.
야구-부 (野球部) [名] 野球部.
야구-장 (野球場) [名] 野球場.
야권 (野圈) 【-꿘】 [名] 야당권(野黨圈)の略語. [対]여권(與圈).
야근 (夜勤) [名] [하自] 夜勤.
야금[1] (冶金) [名] [하他] 冶金.
야금-술 (冶金術) [名] 冶金術.
야금[2] (夜禽) [名] 夜禽.
야금-야금 [副] [하他] ❶ 食べ物を口の中に入れて少しずつ食べる様子: ちびちび; もぐもぐ. ‖ 야금야금 먹어 치우다 ちびちびと食べてしまう. ❷ 少しずつ使う様子.
야기 (惹起) [名] [하他] 惹起(じゃっき); (問題などを)引き起こすこと. ‖ 문제를 야기하다 問題を引き起こす.
야뇨-증 (夜尿症) 【-쯩】 [名] 《医学》 夜尿症.
야단 (惹端) /ja:dan/ [名] [하自] ❶ やかましく騒ぐこと; 騒がしいこと; 騒ぎ立てること. ‖ 배고파 죽겠다고 야단이다 お腹がすいて死にそうだと騒いでいる. ❷ 大声で叱ること.
야단-나다 (惹端–) [自] 大変なことが起こる.
야단-맞다 (惹端–) 【-맏따】 [自] 叱られる. ‖ 선생님한테 야단맞다 先生に叱られる.
야단-법석 (惹端–) 【-썩】 [名] 大騒ぎ; 大騒動. ‖ 야단법석을 떨다 てんやわんやの大騒ぎだ.
야단-치다 (惹端–) [他] 叱りつける. ‖ 아이를 야단치다 子どもを叱りつける.
야담 (野談) [名] 野史を元に面白く作り上げた話.
야당 (野黨) [名] 野党. [略]야(野). [対]여당(與黨).
야당-권 (野黨圈) 【-꿘】 [名] 野党および野党を味方する人や団体. [略]야권(野圈).
야드 (yard) [依名] …ヤード.
야들야들-하다 [形] 『하変』 (触感が)柔らかい. ‖ 야들야들한 피부 감촉 柔らかい肌ざわり.
야릇-하다 /ja:rutʰada/ 【-르타-】 [形] 『하変』 不思議で妙な感じだ; 変だ; 風変わりだ; 乙だ. ‖ 모나리자의 야릇한 미소 モナリザの不思議な微笑み. 야릇한 복장 風変わりな服装. 야릇한 기분 乙な気分. **야릇-이** [副]
야만 (野蠻) [名] 野蛮. [対]문명(文明). ‖ 야만적인 행동 野蛮な行動.
야만-인 (野蠻人) [名] 野蛮人.
야만-적 (野蠻的) [名] 野蛮. ‖ 야만적인 풍습 野蛮な風習.
야만-족 (野蠻族) [名] 蛮族.
야말로 /jamallo/ [助] 〔母音で終わる体言に付いて; 子音の場合は이야말로〕…こそ. ‖ 그거야말로 내가 하고 싶은 말이다 それこそ私が言いたいことだ; それこそ私のせりふだよ. 너야말로 가야 한다 君こそ行かなければならない.
야망 (野望) [名] 野望; 野心. ‖ 야망을 가지다 野望をいだく.
야맹-증 (夜盲症) 【-쯩】 [名] 《医学》 夜盲症.
야멸-차다 [形] 態度が冷たい; 冷淡だ.
야무-지다 /jamudʒida/ [形] (性格や態度などが)しっかりしている. ‖ 야무진 성격 しっかりした性格. 야무지게 생기다 しっかり者に見える.
야물다[1] [形] 『ㄹ語幹』 (性格や態度などが)しっかりしている.
야물다[2] [自] 『ㄹ語幹』 (果物・穀物などの実が)しっかり実っている.
야박-하다 (野薄–) 【-바카-】 [形] 『하変』 薄情だ; 不人情だ. ‖ 야박한 사람 薄情な人.
야반-도주 (夜半逃走) [名] [하自] =야간도주(夜間逃走).
야-밤 (夜–) [名] 夜中; 深夜.
야비-하다 (野卑–・野鄙–) /ja:bihada/ [形] 『하変』 下品で狡猾(こうかつ)だ; えげつない. ‖ 야비한 수법 えげつない手口.
야사 (野史) [名] 野史; 外史.
야산 (野山) [名] 野原の近くの低い山.
야상-곡 (夜想曲) [名] 《音楽》 夜想曲; ノクターン.
야생 (野生) [名] [하自] 野生.
야생^동물 (野生動物) [名] 野生動物.
야생^식물 (野生植物) 【-싱-】 [名] 野生植物.
야생-적 (野生的) [名] 野生的.
야생-종 (野生種) [名] 野生種.
야생-화 (野生花) [名] 野生花.
야성 (野性) [名] 野性.
야성-미 (野性美) [名] 野性美.
야성-적 (野性的) [名] 野性的. ‖ 야성적인 매력 野性的な魅力.
야속-하다 (野俗–) /ja:sokʰada/ 【-소카-】 [形] 『하変』 薄情だ; (態度が)冷たい; 恨めしい. ‖ 야속한 사람 薄情な人. 약속을 저버린 그 사람이 야속하다 約束を破ったあの人が恨めしい. **야속-히** [副]
야수[1] (野手) [名] (野球で)野手; フィールダー.
야수[2] (野獸) [名] 野獣.
야습 (夜襲) [名] [하他] 夜襲; 夜討ち.
야-시장 (夜市場) [名] 夜市; 夜店.
야식 (夜食) [名] [하自] 夜食.
야심 (野心) [名] 野心. ‖ 야심을 품다 野心をいだく.
야심-가 (野心家) [名] 野心家.
야심만만-하다 (野心滿滿–) [形] 『하変』 野心満々だ. ‖ 야심만만한 젊은이 野心満々な若者.
야심-작 (野心作) [名] 野心作.

야심-적 (野心的) 冠 野心的.‖야심적인 작품 野心的な作品.

야심-하다 (夜深-) 形 [하変] 夜が深まっている. 夜потеет.

야영 (野營) 图 (하自) 野營.
　야영-장 (野營場) 图 野營場.
　야영-지 (野營地) 图 野營地.

야옹 副 猫の鳴き声: ニャー. **야옹-야옹** (하自)

야외 (野外) /ja:we/ 【-/-웨】图 野外. ‖야외 수업 野外授業. 야외 촬영 野外撮影. 야외 콘서트 野外コンサート.

야위다 /jawida/ 自 やせ衰える; やつれる. ‖야위 몸 やせ衰えた体. 아팠는지 몹시 야위었다 病気だったのかとてもやつれている. ⇨여위다.

야유 (揶揄) 图 (하他) 揶揄(や); 야次.

야유-회 (野遊會) 【-/-웨】图 ピクニック; 仲間内などで行なう野外での集い.

야음 (夜陰) 图 夜陰. ‖야음을 틈타 침입하다 夜陰に乗じて侵入する.

야자 (椰子) 图 【植物】 ヤシ(椰子).
　야자-수 (椰子樹) 图 ヤシの木.

야전¹ (夜戰) 图 【軍事】 夜戰.
야전² (野戰) 图 【軍事】 野戰.
　야전-군 (野戰軍) 图 【軍事】 野戰軍.
　야전 병원 (野戰病院) 图 野戰病院.
　야전 침대 (野戰寢臺) 图 折り畳んで野外に持ち運びやすい簡易ベッド.

야조 (夜鳥) 图 =야금(夜禽).

야조 (夜叉) 图 【仏教】 夜叉(や).

야채 (野菜) /ja:chɛ/ 图 野菜. ‖야채 스프 野菜スープ. 야채 주스 野菜ジュース. 야채 샐러드 野菜サラダ. 야채 가게 八百屋; 青物屋.

야코-죽다 [-따] 〔俗っぽい言い方で〕 圧倒される; 気がくじる.
야코-죽이다 他 〔俗っぽい言い方で〕 圧倒する. へこます.

야트막-하다 [-마카-] 形 [하変] 少し低いような感じだ; 低めだ. ‖야트막한 산 低めの山.

야-하다 (冶-) /ja:hada/ 形 [하変] ❶ 《服裝や化粧などが》けばけばしい 派手だ; 露出度がある. ‖야한 옷차림 派手な身なり. ❷ 煽情的だ. ‖야한 장면 煽情的なシーン.

야학 (夜學) 图 夜學.

야합 (野合) 图 (하自) ❶ 野合. ❷ よからぬ目的のため悪同士でつるむこと.

야행 (夜行) 图 (하自) 夜行. ⑦주행(晝行).
　야행-성 (夜行性) 【-썽】图 夜行性. ‖야행성 동물 夜行性動物.

야호 (野-) 感 ❶ 山に登った人が叫ぶ声: ヤッホー. ❷ 浮かれて叫ぶ声.

야화 (夜話) 图 夜話.

야화 (野火) 图 野火.

약¹ /jak/ 图 ❶ 植物などが持っている独特な刺激成分. ❷ 腹が立つ時に起こる不愉快な感情. ▶약을 올리다 怒らせる. ▶약이 오르다 (1) 《生長したタバコや唐辛子などが》刺激成分を放つようになる. ❷ 腹が立つ.

약² (略) 图 略; 省略.

약³ (藥) /jak/ 图 ❶ 藥. ‖약을 바르다 薬をつける; 薬を塗る. 약을 먹다 薬を飲む. 잘 듣는 약 よく効く薬. 가루 약 粉薬. ❷ 農藥; 殺虫劑. ❸ 艶出しクリーム. ‖구두에 약을 칠하다 靴に艶出しクリームを塗る. ❹ 麻薬. ❺ バッテリー; 電池. ‖시계 약이 다 됐나 봐 時計の電池が切れたみたいだ. ❻ [比喩的に] 役に立つ物や事. ‖들어 두면 약이 되는 이야기 聞いておくと役に立つ話. ▶약을 팔다 のろを売る.

약⁴ (約) /jak/ 冠 約…; およそ…; おおよそ…; ほぼ…. ‖약 한 달 동안 約1か月. 역에서 약 오백 미터 떨어진 곳 駅からおよそ500メートル離れたところ.

약간 (若干) /ja'kan/ 【-깐】图 若干. ‖약간의 여유 若干の余裕. 약간의 수정 若干の修正.
— 副 若干; 少し; やや; いくらか; いささか. ‖이 문제는 약간 어렵다 この問題は若干難しい. 이것보다 약간 작다 これよりやや小さい. 돈이 약간 모자라다 お金がいくらか足りない.

약-값 (藥-) 【-깝】图 薬価.

약골 (弱骨) 【-꼴】图 ❶ 病弱な人. ❷ 弱い体. ⑦강골(强骨).

약과 (藥菓·藥果) 【-꽈】图 ❶ [料理] 蜂蜜と小麦粉を練って菊などの色々な模様の木の枠に入れて形を作って揚げた伝統菓子. ❷ 《他のものに比べて》その程度のこと; それほどもないこと; 大したことはないこと. ‖이 정도는 약과예요 そのくらいは大したことではありません.

약관 (約款) 【-꽌】图 [法律] 約款(やっかん).

약관 (弱冠) 【-꽌】图 弱冠. ⚪男子20歳のこと.

약국 (藥局) /ja'kuk/ 【-꾹】图 薬局. ‖약국에서 약을 짓다 薬局で薬を調合してもらう.

약국 (弱國) 【-꾹】图 弱國. ⑦강국(强國).

약기 (略記) 【-끼】图 (하他) 略記.

약다 /jak'ta/ 【-따】形 小さかしい; ずる賢い; ずるい. ‖약은 사람 ずるい人. 약게 굴다 小ざかしく立ち回る.

약-단지 (藥-) 【-딴-】图 漢方薬を煎じる壺; 薬を入れておく壺.

약대 (藥大) 【-때】图 [薬学大学(藥學大學)の略語] 薬学部.

약도 (略圖) 【-또】图 略圖.

약동 (躍動) 【-똥】图 躍動.
　약동-감 (躍動感) 【-똥깜】图 躍動感. ‖약동감 넘치는 연기 躍動感あふれる演技.

약력(略歷)【냥녁】 图 略歷.

약령-시(藥令市)【냥녕-】 图 漢方藥の材料の売買が行われた都市. ✚공주(公州)・대구(大邱)・대전(大田)・전주(全州)・청주(淸州) など.

약리(藥理)【냥니】 图 藥理. ‖약리 작용 藥理作用.

약리-학(藥理學)【냥니-】 图 藥理學.

약물(藥物)【냥-】 图 藥物.
 약물¹요법(藥物療法)【냥-뇨뻡】图 藥物療法.
 약물²중독(藥物中毒)【냥-】图 藥物中毒.
 약물-학(藥物學)【냥-】 = 약리학(藥理學).

약-발(藥-)【-빨】 图 藥の効果; 薬効; 효き目.

약밥(藥-)【-빱】 图 = 약식(藥食).

약방(藥房)/jak⁸p'aŋ/【-빵】 图 ❶ 漢方藥を調合したり売ったりする所. 藥局.‖약방에 감초 [訓]「藥屋に必ずある甘草」の意で)① 欠かせない存在.② どんなことにも首を突っ込む人.

약-방문(藥方文)【-】图(漢方) 処方箋.

약병(藥瓶)【-뼝】 图 藥瓶.

약-봉지(藥封紙)【-뽕-】图 藥を入れる袋; 薬包.

약사¹(略史)【-싸】 图 略史.

약사²(藥師)【-싸】 图 薬剤師.

약-사발(藥沙鉢·藥砂鉢)【-싸-】 图 ❶ 煎じた藥を入れる器. ❷ 昔, 罪を犯した王族や臣下に与えるために毒藥を入れた器.

약사-여래(藥師如來)【-】图(仏教) 薬師如來.

약삭-빠르다【-싹-】 圀〔르変〕 すばしこい. ‖약삭빠르게 행동하다 すばしこく行動する.

약세(弱勢)【-쎄】 图 ❶ 勢力が弱いこと. ❷ 物価や株価が下落する相場. 圀 강세(强勢).

약소(弱小)/jak⁸so/【-쏘】刑圀 弱小. ‖약소 세력 弱小勢力.

약소-국(弱小國)【-】图 弱小国. 圀강대국(强大國).

약소-국가(弱小國家)【-쏘-까】图 弱小国家.

약소-민족(弱小民族)图 弱小民族.

약소-하다(略少-)【-】刑〔하여〕 少なくて粗末だ; つまらない; ささやかだ. ‖약소한 것이지만 받아 주십시오 つまらないものですが, 受け取ってください. 약소한 선물 ささやかな贈り物.

약속(約束)/jak⁸sok/【-쏙】图 他 約束. ‖약속을 지키다 約束を守る. 약속을 어기다 約束を破る. 간다고 약속을 한 이상은 무슨 일이 있어서도 가야 한다 行くと約束した以上は何が何でも行かなければならない. 그 점은 양보하기로 약속했다 その点は譲ることを約束한 날짜 約束した日にち. 약속 장소 約束した場所.

약속-어음(約束-)【-쏘끄-】图(経) 約束手形.

약-손(藥-)【-쏜】图 痛いところをさすりなでてやると症状が治ったように感じられる手.

약-손가락(藥-)【-쏜까-】图 藥指; 無名指. ⑰약지(藥指).

약-솜(藥-)【-쏨】图 脱脂綿.

약수¹(約数)【-쑤】图(数学) 約数. 圀 배수(倍数).

약수²(藥水)/jak⁸su/【-쑤】图 藥効があるとされる泉のわき水; 天然水.

약수-터(藥水-)【-】图 藥効があるとされる水の出るところ.

약술¹(略述)【-쑬】图 他 略述. ‖경과를 약술하다 経過を略述する.

약술²(藥-)【-쑬】 图 藥酒.

약시(弱視)【-씨】 图 弱視.

약식(略式)【-씩】 图 略式. ⑰정식(正式). ‖약식 재판 略式裁判. 약식 소송 略式訴訟.

약식¹기소(略式起訴)【-씩 끼-】(法律) 略式起訴.

약식¹명령(略式命令)【-씩-녕】(法律) 略式命令.

약식²(藥食)【-씩】图(料理) もち米に黒糖・ゴマ油・醬油・ナツメ・栗・松の実などを入れて蒸した伝統料理.

약아-빠지다【-】 圀 賢い; 悪賢い; 小ざかしい; ずるくて小才が利く. ‖약아빠진 장사꾼 ずる賢い商売人.

약어(略語)【-】图〔言語〕 略語.

약-오르다/jagoruda/【-】 圓〔ㄹ変〕〔藥올라, 약오르는〕 怒る; 腹が立つ.

약-올리다【他】怒らせる; からかう. ‖약올리지 마세요 からかわないでください.

약용(藥用)【-】图 他 藥用. ‖약용 알코올 藥用アルコール.

약육-강식(弱肉強食)【-강-】图 圓弱肉強食.

약자(弱者)【-짜】 图 弱者. ⑰강자(强者).

약-장수(藥-)【-짱-】 图 ❶ 藥売り. ❷ 〔からかう言い方で〕 おしゃべりが興に乗ってきた人.

약전(略傳)【-쩐】 图 略伝.

약점(弱點)/jak⁸tɕ̕ŏm/【-쩜】 图 弱点; 泣き所. ⑰강점(强點). ‖약점을 찔리다 弱点をつかれる. 약점을 찌르다 弱점[泣き所]をつく. 약점을 보이다 弱点を見せる. 약点을 드러내다 弱点をさらけ出す. 약점을 잡다 弱点を握る. 약점을 잡히다 弱点を握られる.

약정(約定)【-쩡】图 他 約定.

약정-가(約定價)【-쩡까】图 約定価.

약정-서(約定書)【-쩡-】图 約定書.

약제-사(藥劑師)【-쩨-】图 薬剤師.

약주(藥酒) /jakʰdʑu/【-쭈】 图 ❶ 술. ❷ 술의 尊敬語. ❸ 濁り酒を寝かせて上の部分の澄んだ酒で作った伝統酒.

약지(藥指)【-찌】 图 薬指; 無名指. 働 약손가락(藥-).

약진(弱震)【-찐】 图 弱震.

약진(躍進)【-찐】 图 自 躍進. ‖눈부신 약진8 めざましい躍進을 하다.

약체(弱體) 图 弱体.
　약체-화(弱體化) 图 自他 弱体化.

약체(略體) 图 略体; 略字.

약초(藥草) 图 薬草.

약칭(略稱) 图 他 略称.

약탈(掠奪) 图 他 略奪. ‖재물을 약탈하다 財宝を略奪하다. **약탈-당하다** 受動

약탕-기(藥湯器)【-끼】 图 漢方薬を煎じるための専用器具.

약품(藥品) 图 薬品. ‖화학 약품 化学薬品.

약-하다(弱-) /jakʰada/【야카-】 形【하変】 ❶ 弱い; 弱하다(強-). ❶ 몸이 약하다 体が弱い. 의지가 약하다 意志が弱い. 시력이 약하다 数学が弱い. ‖우리 팀은 수비가 약하다 数学が弱い. ‖우리 팀은 수비가 약하다 守備が弱いチーム. ❷(…に)弱い. ‖술에 약하다 酒に弱い. 열에 약하다 熱に弱い. ❸(アルコール度数が)弱い. ‖약한 술 アルコール度数の弱い酒.

약학(藥學)【야칵】 图 薬学.

약해[略解]【야캐】 图 他 略解.

약해(藥解)【야캐】 图 薬害.

약해-지다[야캐-] 自 弱る; 弱まる; 弱くなる. 衰える. ‖기력이 약해지다 気力が弱る. 체력이 약해지다 体力が衰える.

약혼(約婚) /jakʰon/【야콘】 图 自 婚約.
　약혼-녀(約婚女) 图 フィアンセの女性.
　약혼-식(約婚式) 图 婚約式.
　약혼-자(約婚者) 图 婚約者.

약화(弱化)【야콰】 图 自 弱化; 弱まること. 弱하다(強化). ‖세력이 약화되다 勢力が弱化する.

약효(藥效)【야쿄】 图 薬効; 薬の効き目.

얄-궂다 /jalgut͡ɕ'ta/【-굳따】 形 ❶ 性格などが変わっている; 意地悪だ. ‖얄궂은 소리를 하다 意地悪なことを言う. ❷ 奇妙だ; 数奇だ. ‖얄궂은 운명 数奇な運命.

얄-밉다 /jaːlmipʰt͡ɕa/【-따】 形【ㅂ変】 [얄미워, 얄미운] 憎らしい; 憎たらしい; 小憎らしい. ‖하는 짓이 얄밉다 やることが小憎らしい. 얄미운 소리만 하다 憎らしいことばかりしている.

얄팍-하다[-파카-] 形【하変】 ❶ 厚さが薄い; かなり薄っぺらだ. ❷ 浅はかで思っていることが見え見えだ. ‖얄팍한 상술 見え見えの商魂.

얇다 /jaːlta/【얄따】 形 ❶(厚さや内容が)薄い. 壺두껍다. ‖옷이 얇다 服が薄い. 얇은 판자 薄い板. 얇은 입술 薄い唇.

얌전-떨다[-빼-] 自【ㄹ語幹】 猫をかぶる.

얌전-하다 /jamdʑənhada/ 形【하変】 おとなしい; 淑やかだ; 慎ましやかだ. ‖얌전한 처녀 淑やかな娘さん. 얌전하게 먹고 있다 おとなしく食べている. **얌전-히** 副 ‖얌전한 고양이 부뚜막에 먼저 올라간다 [諺]「(おとなしい猫がかまどに先に上る)の意で」一見おとなしく控え目のように見える人が実はちゃっかり実利をとることのたとえ.

얌체 /jamtʰe/ 图 〔さげすむ言い方で〕ずる賢い人; 自己中心的で実利をとる人.

얏 [얃] 感 気合を入れる時に出す声; や! やあ…; 얏! 하고 기합을 넣다 やあっと気合を入れる.

양[¹](羊) /jaŋ/ 图 ❶(動物) ヒツジ(羊). ‖양을 치다 ヒツジを飼う. ❷ (キリスト教)信者.

양[²](良) 图 5段階の成績評価(秀·優·美·良·可)の中で4番目の成績: 良.

양[³](梁) [姓] 梁(ヤン).

양[⁴](楊) [姓] 楊(ヤン).

양[⁵](陽) 图 ❶(物理) 陽極. ❷ (易学で陰に対して積極的で能動的な面. ❸ (漢方) 成分や体質などを陰陽論で捉えた時に積極的で熱いこと. 壺⇒(陰).

양[⁶](量) 图 量; 分量; 数量. ‖양이 많다 量が多い. 소금 양을 줄이다 塩の量を減らす. 양보다 질을 우선하다 量より質を優先する.

양[⁷](兩) [冠] 両方的の; 両. ‖양손 両手.

양[⁸] /jaŋ/ 依名 ❶ …のように; …ふりをする. ‖마치 자기 것인 양 쓰다 まるで自分のものように使う. ❷ …つもりで. ‖많이 알고 있는 양 떠벌리다 たくさん知っているつもりで大げさに言う. 친구 집에 갈 양으로 버스를 탔다 友達の家に行くつもりでバスに乗った.

양[⁹](孃) [依名] 年下の未婚の女性に対して姓や名前の後に付ける語. ↔様に比べて付けた場合は見下すような感じを与える.

-양[¹⁰](養) [接頭] [関係を表わす一部の名詞の前に付けて] 養…. ‖양부모 養父母.

-양[¹¹](洋) [接頭] 洋…; 西洋の…; 外国製の…. ‖양담배 外国製のタバコ. 양상추 レタス.

-양[¹²] [孃] …嬢.

양가[¹](良家) 图 良家.
　양갓-집(良家へ-)【-가찝 /-갇찝】 图 良家.

양가[²](兩家) 图 両家.

양각(陽刻) 图 他〔美術〕陽刻. 壺⇒음각(陰刻).

양감(量感) 图〔美術〕量感.

양갱(羊羹)[명] 羊羹.

양건-예금(兩建預金)[명][経] 両建預金.

양-걸이[-/-게][명][自] 掛け.

양계(養鷄)[명][自] 養鷄. ¶**양계-장**(養鷄場)[명] 養鷄場.

양-고기(羊-)[명] 羊肉.

양-공주(洋公主)[명] 〔皮肉な言い方で〕西洋人に売春する女性.

양-과자(洋菓子)[명] 洋菓子.

양궁(洋弓)[명][スポーツ] 洋弓; アーチェリー.

양귀비(楊貴妃)[명][植物] ケシ(芥子). ¶**양귀비-꽃**(楊貴妃-)[명][植物] ケシの花.

양극¹(兩極)[명][地] 両極.
양극²(陽極)[명][物理] 陽極. ↔음극(陰極).

양기(陽氣)[명] ❶陽気. ❷[漢方]体内の陽の気; 男性の精気. ↔음기(陰氣).

양-껏(量-)[-껃][부] 目いっぱい; いっぱい; 量の限界まで. ¶양껏 먹다 お腹いっぱい食べる.

양-끝(兩-)[-끋][명] 両端.

양녀(養女)[명] 養女.

양념(jaŋnjɔm/-ɭ)[명] ❶ヤンニョム(醬油・ニンニク・ネギ・唐辛子・砂糖・ゴマなどを入れたタレ);薬味. ¶양념을 하다 味付けをする. ❷[比喩的に] 興を添えるために加えるもの. ¶**양념-장**(-醬)[명] ニンニク・ネギ・唐辛子などを入れた醬油ベースのタレ.

양-다리(兩-)[명] 二股. ▶양다리를 걸치다 二股をかける.

양단¹(兩端)[명] ❶両端. ❷相反.
양단²(洋緞)[명] 厚く織って金糸や銀糸などで刺繍を入れた高級緞.

양단³(兩斷)[명][他] 両断.

양-달(陽-)[명] 日の当たる所;日向. ↔음달(陰-)・응달.

양-담배(洋-)[명] 外国製のタバコ.

양당(兩黨)[명] 二大政党. ¶양당 제도 二大政党制.

양대(兩大)[관] 二つの大きい;二大の. ¶양대 세력 二大勢力.

양도(讓渡)[명][他] 譲渡. ¶건물을 양도하다 建物を譲渡する. 양도 계약 讓渡契約. **양도-되다**[-됀다][自].

양도ˆ**소득**(讓渡所得)[명] 讓渡所得.
양도-인(讓渡人)[명] 讓渡人.

양도체(良導體)[명] 良導体. ↔부도체(不導體).

양돈(養豚)[명][自] 養豚.

양동이(洋-)[명] バケツ.

양동ˆ**작전**(陽動作戰)[-쩐][명][軍事] 陽動作戦.

양두-구육(羊頭狗肉)[명] 羊頭狗肉.

양떼-구름(羊-)[명][天文] 高積雲.

양-띠(羊-)[명] 未年生まれ.

양력(陽曆)[-녁][명] 陽曆; 西曆. ↔음력(陰曆).

양로(養老)[-노][명][自他] 養老. ¶**양로**ˆ**보험**(養老保險)[명] 養老保険. **양로**ˆ**연금**(養老年金)[명] 養老年金. **양로-원**(養老院)[명] 老人ホーム; 養老院.

양론(兩論)[-논][명] 両論. ¶찬반 양론 賛否両論.

양립(兩立)[-닙][명][自他] 両立. ¶일과 육아를 양립시키다 仕事と育児を両立させる.

양막(羊膜)[명][解剖] 羊膜.

양말(洋襪)[jaŋmal][명] 靴下. ¶양말을 신다 靴下を履く. 양말을 세 켤레 사다 靴下を3足買う. 짝짝이 양말 左右そろわない靴下.

양면(兩面)[명] 両面. ¶양면 테이프 両面テープ. 양면 복사 両面コピー. 물심양면 物心両面.

양명-학(陽明學)[명] 陽明学.

양모(羊毛)[명] 羊毛.

양미-간(兩眉間)[명] 眉間. ㉑ 미간(眉間). ¶양미간을 찌푸리다 眉間にしわを寄せる.

양민(良民)[명] 良民.

양반(兩班)[jaːŋban][명] ❶[歷史] ヤンバン(李朝時代の支配階級). ❷教養があって礼儀正しい人. ❸中年の女性が自分の夫を指して言う語. ¶우리 집 양반은 지금 출장 가고 없어요 うちの主人は今出張に行っています. ❹成人男性を親しくまたは見くびって言う語. ¶이 양반이 지금 무슨 소리를 하는 거야? このおじさん, 何を言っているの.

양방(兩方)[명] 両方.

양-배추(洋-)/jaŋbɛːtʃʰu/[명][植物] キャベツ.

양-변기(洋便器)[명] 洋式の便器.

양보(讓步)[명][他] 譲歩; 譲ること. ¶자리를 양보하다 席を譲る. **양보-받다**[受動].

양복(洋服)/jaŋbok/[명] スーツ;洋服; 背広. ¶양복 한 벌을 사다 背広を1着買う. ✢主に紳士服を指す. 婦人服は양장(洋装).

양복-바지(洋服-)[-빠-][명] スーツのズボン.
양복-점(洋服店)[-쩜][명] 洋服店; 仕立屋; テーラー.

양부(養父)[명] 養父.
양-부모(養父母)[명] 養父母.

양분¹(兩分)[명][他] 両分. ¶이익을 양분하다 利益を両分する. **양분-되다**[受動].

양분²(養分)[명] 養分; 栄養分.

양산¹(陽傘)[명] 日傘; パラソル. ¶양산을 쓰다 日傘を差す.

양산²(量産)[명][他] 量産. ¶양산 체제를 갖추다 量産体制を整える.

양상(樣相)[명] 様相. ¶복잡한 양상을

보이는 複雜한 樣相을 呈하다.
양상-군자 (梁上君子) 图 梁上의 君子. ❶泥棒. ❷ネズミ.
양-상추 (洋-) 图 レタス.
양서¹ (良書) 图 良書.
양서² (洋書) 图 洋書.
양서-류 (兩棲類) 图《動物》両棲類.
양성¹ 생식 (兩性生殖) 图《生物》両性生殖. ㉠단성 생식(單性生殖).
양성-화 (兩性花) 图《植物》両性花. ㉠단성화(單性花).
양성² (陽性) 图 陽性. ㉠음성(陰性).
양성 모음 (陽性母音) 图《言語》韓國語의 母音의 中で「ㅏㅑㅗㅛㅘ·ㅚ·ㅛ」などの母音. ㉠음성 모음(陰性母音).
양성 반응 (陽性反應) 图《医学》陽性反応.
양성-자 (陽性子) 图《物理》陽子; プロトン.
양성-화 (陽性化) 하他 陽性化.
양성³ (養成) 图 하他 養成; 育成. ‖人材를 양성하다 人材を養成する. **양성-되다** 受動
양성-소 (養成所) 图 養成所.
양-손 (兩-) 图 兩手.
양-송이 (洋松栮) 图《植物》マッシュルーム.
양수¹ (羊水) 图《生理》羊水.
양수² (陽數) 图《数学》正数. ㉠음수(陰數).
양수-계 (量水計)〖-/-게〗 = 양수기(量水器).
양수-기¹ (揚水機) 图 揚水機.
양수-기² (量水器) 图 量水器.
양수사 (量數詞) 图《言語》基数詞.
양순-음 (兩脣音) 图《言語》両脣音.
양순-하다 (良順-) 形〖하変〗善良でおとなしい.
양식¹ (良識) 图 良識. ‖양식이 있는 사람 良識のある人.
양식² (洋式) 图 洋式.
양식³ (洋食) 图 洋食.
양식⁴ (樣式)/jaŋʃik/ 图 様式; スタイル. ‖생활 양식 生活様式, 건축 양식 建築様式, 로코코 양식 ロココ様式[スタイル], 서류의 양식이 바뀌다 書類の様式が変わる.
양식⁵ (養殖)/jaːŋʃik/ 图 하他 養殖. ‖굴을 양식하다 カキを養殖する.
양식-업 (養殖業) 图 養殖業.
양식-장 (養殖場) 图 養殖場.
양식⁶ (糧食)/jaŋʃik/ 图 ❶食糧; 食料. ❷糧(かて). ‖독서는 마음의 양식 読書は心の糧.
양실 (洋室) 图 洋室; 洋間.
양심 (良心)/jaŋʃim/ 图 良心. ‖양심의 자유 良心の自由, 양심의 가책을 느끼다 良心の呵責を感じる.

심에 필리다 良心がとがめる.
양심-범 (良心犯) 图 良心の囚人.
양심-적 (良心的) 图 良心的. ‖양심적인 가게 良心的な店.
양-아들 (養-) 图 養子. ㉠양자(養子).
양-아치 (養-) ❶ [「거지·넝마주이의 俗語」乞食, くず拾い. ❷やくざ; ギャング; チンピラ.
양악 (洋樂) 图《音楽》洋楽.
양안 (兩岸) 图 両岸.
양약¹ (良藥) 图 良薬.
양약-고구 (良藥苦口)〖-꾸-〗 图 良薬口に苦し.
양약² (洋藥) 图 西洋の薬.
양양 (洋洋) 图 하形 洋々. ‖전도양양 前途洋々.
양양³ (揚揚) 图 하形 揚々. ‖의기양양 意気揚々.
양어 (養魚) 图 하自 養魚.
양어-장 (養魚場) 图 養魚場.
양-옆 (兩-)〖-녑〗 图 左右両側の横.
양옥 (洋屋) 图 洋館; 洋風住宅.
양옥-집 (洋屋-)〖-찝〗 图 =양옥(洋屋).
양용 (兩用) 图 하他 両用. ‖수륙 양용 水陸両用.
양원 (兩院) 图 両院.
양원-제 (兩院制) 图 両院制. ㉠단원제(單院制).
양육 (養育) 图 하他 養育.
양육-비 (養育費)〖-삐〗 图 養育費; 養育料.
양육-원 (養育院) 图 児童養護施設.
양-이온 (陽ion) 图《物理》陽イオン; プラスイオン. ㉠음이온(陰-).
양익 (兩翼) 图 両翼.
양일 (兩日) 图 両日.
양자¹ (兩者) 图 両者; 両方.
양자² (養子) 图《法律》養子.
양자³ (量子) 图《物理》量子.
양자-론 (量子論) 图 量子論.
양자⁴ (養子) 图 養子; 貰い子. ‖양자로 가다 養子に行く.
양-자리 (羊-) 图《天文》羊座.
양자-택일 (兩者擇一) 图 하自 二者択一.
양잠 (養蠶) 图 養蚕.
양장¹ (洋裝) 图 洋装.
양장-점 (洋裝店) 图 婦人服の仕立屋.
양재 (洋裁) 图 하自 洋裁.
양-잿물 (洋-)〖-잰-〗 图 洗濯用の苛性ソーダ; 水酸化ナトリウム.
양-적 (量的)〖-쩍〗 图 量的. ㉠질적(質的). ‖양적 증가 量的な増加.
양전 (陽轉) 图 陽転.
양-전극 (陽電極) 图 陽極. ㉠음전극(陰電極).
양-전기 (陽電氣) 图 陽電気. ㉠음전

기(陰電氣).

양-전자(陽電子)명 [물리] 陽電子. ↔음전자(陰電子).

양조(釀造)명[하예 釀造.
양조-장(釀造場)명 釀造所.
양조-주(釀造酒)명 釀造酒.

양주¹(良酒)명 良酒.
양주²(洋酒)/ja:ndʒu/명 洋酒.

양지(陽地)/jaŋdʒi/명 日向. ↔음지(陰地).

양지-바르다(陽地-)[르변] 日当たりがいい. ∥양지바른 곳에 심다 日当たりのいい所に植える.

양지식물(陽地植物)【-싱-】명[植] 陽地 陽生植物.

양지-머리명 牛肉の胸の部分の骨と肉.

양질(良質)명 良質. ∥양질의 석탄 良質の石炭.

양-쪽(兩-)명 両方; 双方.
양책(良策)명 良策.
양처(良妻)명 良妻. ∥현모양처 賢母良妻.
양철(洋鐵)명 ブリキ.
양-초(洋-)명 蠟燭(ろうそく).
양측(兩側)명 両側; 両方.
양-치기(羊-)명 羊飼い.
양치식물(羊歯植物)【-싱-】명[植] 羊歯植物.
양치-질(•楊枝-)/jaːŋtɕʰidʑil/명[하예] 歯磨き. ∥양치질을 하다 歯磨きをする.
양천(兩薦)명 両薦.
양키(Yankee)명 ヤンキー.
양-탄자(洋-)명 絨緞(じゅうたん).
양태(樣態)명 樣態; 様子.
양-털(羊-)명 羊毛; ウール.
양-파(洋-)/janpʰa/명[植] タマネギ(玉葱). ∥양파 껍질을 벗기다 玉ねぎの皮をむく.
양판-점(量販店)명 量販店.
양품(良品)명 良品.
양품-점(洋品店)명 洋品店.
양풍(良風)명 良風.
양피-지(羊皮紙)명 羊皮紙.
양하(囊荷)명[植] ミョウガ(茗荷).
양항(良港)명 良港.

양해¹(諒解)명[하타] 了解; 了承. ∥양해를 구하다 了解を求める. 양해해 바랍니다 宜しくご了承下さい. **양해-받다**
양해²(羊-)명 未年. ↔미년(未年).

양호¹(養護)명[하타] 養護.
양호-실(養護室)명 (学校や会社などの)保健室.

양호-하다(良好-)[형][하얓] 良好だ. ∥건강 상태가 양호하다 健康状態が良好だ.

양화(洋畫)명 ①西洋画(西洋畫). ②西洋映画.

얕다 /jat̚ta/【얕따】[형] ❶浅い. ∥얕은 개울 浅い小川. 얕은 잠이 들다 浅い眠りにつく. ❷浅はかだ. ∥생각이 얕다 浅はかな考え.

얕-보다 /jat̚poda/【얕뽀】[타] 見くびる; 侮る; 見下す; 軽んじる. ∥상대를 얕보다 相手を見下す. 상대 팀을 얕보다가 참패하다 相手チームを見くびって惨敗する.

얕은-꾀 [/-께/] 명 浅知恵. ∥얕은 꾀를 부리다 浅知恵をはたらかす.

얕-잡다[얀짭따][타] さげすむ; なめる; 見くびる; 甘く見る. ∥얕잡아 보고 함부로 말하다 見くびってぞんざいな言い方をする.

얘¹명 ハングル母音字母의「ㅒ」の名称.
얘² 감 ❶子ども同士または大人が子どもを呼ぶ語: おい; やあ. ❷〔文の最後に付けて〕同年輩の親しい間で驚いたりあきれたりした時に出す音.
얘³〔이 아이의 縮約形〕この子.
얘기 /jɛ:gi/ 명[하예] 〔이야기의 縮約形〕話. ∥재미있는 얘기 面白い話.
얘깃-거리 [-가꺼/-걷꺼]명 話題; 話の種. 〔이야깃거리의 縮約形〕

어¹명 ハングル母音字母의「ㅓ」の名称.
어² 감 ❶軽い驚きなどを慌てて表わす語: あっ; あれ. ❷感動や喜怒哀楽の感情を表わす語: ああ; おお.

-어²/ə/ 어미 〔陽母音の語幹に付いては陽母音の場合は-아〕❶叙述の意を表わす: …て. ∥먹어 보다 食べてみる. 먹어 버렸다 食べてしまった. ❷理由·原因などの意を表わす: …して; …くて; …ので. ∥너무 매워 못 먹겠다 辛すぎて食べられない. 많이 울어 눈이 부었다 泣きすぎて目が腫れた. ❸疑問·命令·感嘆などの意を表わす. ∥빨리 먹어! 早く食べて! 그렇게 싫어? そんなに嫌なの?

어간¹(語幹)명[言語] 語幹.
어간²(魚肝)명 魚の肝.
어간-유(魚肝油)【-뉴】명 肝油.
어감(語感)명 語感; ニュアンス. ∥어감의 미묘한 차이 語感の微妙な違い.
어구(語句)[-꾸]명[言語] 語句.
어군(魚群)명 魚群.
어귀명 村や川などの入り口. ∥마을 어귀 村の入り口.
어근(語根)명[言語] 語根.
어금니명 奧齒(おく)歯.
어긋-나다 /əgunnada/【-근-】[자] ❶ずれる. ∥논점이 어긋나다 論点がずれる. ❷期待や予想の基準に反する: 食い違う. ∥이음매가 어긋나다 継ぎ目が食い違っている. ❸(道や方向が)行き違う. ∥도중에 길이 어긋나다 途中で行き違う. ❹はずれる; 背く; もとる. ∥도리에 어긋나는 행동 道理にはずれる行動. 기대에 어긋나다 期待に背く.

어기(漁期)명 漁期.

어기다 /ɔgida/ 〔他〕 (約束・規則などを)破る; 守らない. ‖약속을 어기다 約束を破る. 제한 속도를 어기다 制限速度を守らない. 부모님 말씀을 어기다 親の言い付けを守らない.

어기적-거리다[-대다]【-끼[때]-】 〔自〕 手足を不自然に大きく動かす.

어기적-어기적 〔副〕 〔하動〕 ❶ 手足を不自然に大きく動かす様子. ❷ 食べ物を口いっぱいに入れてゆっくり嚼む様子; もぐもぐ. ‖어기적어기적 씹어 먹다 もぐもぐ(と)嚼む.

어김-없다【-기업따】 〔形〕 間違いがない; 確かだ. ‖계절의 변화는 어김없다 季節の変化は確かだ. **어김없-이** 〔副〕

어깨 /ɔk͈e/ 〔名〕 ❶ 肩. ‖어깨가 걸리다 肩が凝る. 오른쪽 어깨가 아프다 右肩が痛い. 어깨를 톡 치다 肩をぽんとたたく. 어깨를 주무르다 肩をもむ. 어깨에 짊어지다 肩に担ぐ. ❷ 〔깡패の俗語〕 やくざ; 不良. ▶어깨가 가볍다 重荷を下ろす. ▶어깨가 무겁다 重荷を背負う. ▶어깨가 움츠러들다 肩をすくめる[すぼめる]. ▶어깨가 처지다 肩を落とす; 落胆する. ▶어깨를 겨루다 肩を並べる. ▶어깨를 나란히 하다 肩を並べる. ▶어깨를 으쓱거리다 肩を張る. ▶어깨에 힘을 주다 肩を張る.

어깨-동무 〔名〕 〔하動〕 互いに肩を組んで並ぶこと. ‖친구와 어깨동무를 하고 찍은 사진 友だちと肩を組んで撮った写真.

어깨-띠 (-襻)〔名〕.

어깨-번호 (-番號)〔名〕 表題語あるいは本文の右上に付ける小さい番号.

어깨-뼈 〔解剖〕 肩甲; 肩甲骨.

어깨-춤 うれしかったり興に乗ったりして肩を動かすこと; 肩を動かす踊り.

어깨-통 〔名〕 肩幅.

어쨋-죽지〔-깨쪽지/-깬쪽지〕〔名〕 肩先; 肩.

어눌-하다 (語訥-)〔形〕 〔하變〕 訥弁(とつべん)だ.

어느 /ɔnɯ/ 〔冠〕 ❶〔疑問文で特定の対象について聞く時の〕どの…. ‖어느 길로 갈까? どの道に行こうか. 어느 쪽 どちら. 어느 누가 一体誰が. ❷ (不特定の)ある…; とある…. ‖비가 오는 어느 날 雨が降るある日. 어느 마을에서 있었던 일 ある村であったこと. ▶어느 겨를에 いつの間に. ▶어느 세월에 いつになったら. ▶어느 장단에 춤추랴 (諺)〔どちらのリズムに合わせて踊ればいいのやら〕(意で) 方々からの指図で迷うことのたとえ.

어느-것 /ɔnɯgɔt/〔-건〕〔代〕 どれ; どちらのもの. ‖어느것으로 할까요? どれにしましょうか. 어느것이 마음에 드니? どれが気に入った?

어느-덧〔-덛〕〔副〕 いつの間にか; すでに. ‖어느덧 봄이 왔다 いつの間にか春が来た.

어느-새〔副〕 いつの間にか; はや; すでに. ‖일본에 온 지 어느새 십 년이 되다 日本に来てからはや 10 年になる. 어느새 여름이다 いつの間にか夏だ.

어는 /ɔ/〔ㄹ語幹〕 얼다(凍る)の現在連体形.

어는-점 (-點)〔物理〕 氷点. ❖빙점(氷點).

어댑터 (adapter)〔名〕 アダプター.

-어도 /ɔdo/〔語尾〕〔陰母音の語幹に付いて; 陽母音の場合は-아도〕讓歩の意を表わす: …ても; …(だ)が. ‖많이 먹어도 살이 안 찌는 사람 たくさん食べても太らない人. 이 문장은 몇 번 읽어도 이해가 안 간다 この文章は何度読んでも理解できない. 아무리 더워도 어컨은 쓰고 싶지 않다 いくら暑くてもクーラーはつけたくない.

어두(語頭)〔名〕〔言語〕 語頭.

어두운〔ㅂ變〕 어둡다(暗い)の現在連体形. ‖어두운 밤길 暗い夜道.

어두워〔ㅂ變〕 어둡다(暗い)の連用形. ‖어두워 잘 안 보이다 暗くてよく見えない.

어두육미 (魚頭肉尾)【-유-】〔名〕 魚は頭が, 肉類はしっぽの方がおいしいということ.

어두컴컴-하다〔形〕〔하變〕 薄暗い. ‖어두컴컴한 방안 薄暗い部屋の中.

어둑어둑-하다【-두카-】〔形〕〔하變〕 (日が暮れて) かなり暗い. ‖어둑어둑해진 바깥 かなり暗くなった外.

어둑-하다【-두카-】〔形〕〔하變〕 だいぶ暗い.

어둠〔名〕 闇; 暗闇; 暗がり. ‖어둠이 깔리다 暗くなる. 어둠 속으로 사라지다 暗闇にまぎれる.

어둡다 /ɔdupt͈a/〔-따〕【ㅂ變】 ❶ 暗い; 明るくない; 暗やみだ. ‖밖은 어둡다 外は暗い. 해가 져서 어두워지다 日が暮れて暗くなる. 어두운 성격 暗い性格. 어두운 과거 暗い過去. ❷ 事情をよく知らない; 疎い. ‖세상 물정에 어둡다 世事に疎い. ❸ (視力・聴力などが) 弱い; 遠い. ‖귀가 어둡다 耳が遠い.

어드레스 (address)〔名〕 アドレス. ‖이메일 어드레스 E-メールアドレス.

어드밴티지 (advantage)〔名〕 アドバンテージ.

어디 /ɔdi/〔代〕 ❶ どこ; どちら; どこらヘ. ‖어디로 가십니까 どちらへお出かけですか. 집이 어디예요? お住まいはどちらですか. 어디에 근무하세요? どちらにお勤めですか. 어디까지 갔었어요? どこまで行ったんですか. 어디가 좋을까? どこら辺がいいかな. ❷〔어딘가・어딘지の形で〕どこか. ‖그 사람은 어딘가에 외출하고 없었다 彼はどこ

かに出かけて, いなかった. その人には どこか暗いところがある. 彼にはどこか暗いところがある. ┼下に打つ消しの表現を伴った場合はあゆ でになる. ▶어디 개가 짖느냐 한다《俗》「どこの犬が吠えるやらと言う」の意でてんで人の話を聞こうとしない.

어디² 感 ❶ 決意·決断などがついた時に発する語: よし. ‖어디 한번 해 보자 よし、一度やってみよう. 어디 두고 보자 今に見ろ. 覚えてるよ. ❷ やさしく声をかけたりなだめたりする時の語: さあ. ‖왜 이러니? 어디 보자 熱がある? さあ、見せてごらん. ❸ 反問などを強調して言う語: そもそも; 一体. ‖그게 어디 가능한 일이니? それが一体可能なことなの.

어때 〔어떠해の縮約形〕❶〔疑問文の文頭で〕どう; どうだい. ‖어때, 좋지? どう、いいでしょう? ❷〔疑問文の文末で〕どう. ‖이거 어때? これどう?

어때-하다 形〔하変〕どうである; どういうふうだ; どんなだ. 어떻다. ‖어떠한 수단과 방법을 써서라도 どんな[いかなる]手段と方法を使ってでも.

어떡-하다 代+카〔하変〕どうする; どういうふうにする. ‖이럴 때는 어떡하면 좋을까? こんな時はどうすればいいか.

어떤 /ə'tɔn/ 冠 ❶ どんな···; どのような···. ‖어떤 영화를 좋아하세요? どんな映画がお好きですか. 어떤···; とある···. ‖어떤 사람이 이 편지를 주었어요 ある人がこの手紙をくれました.

어떻-게 -떠케 副 どんなに; どういうふうに; いかに; どう. ‖어떻게 하면 좋을까? どうすればいいかな.

어떻다 -떠타 形〔ㅎ変〕어떠하다の縮約形. ‖기분이 어떻습니까? ご気分はいかがですか.

-어라 語尾 ⇨ -아라.

어란(魚卵)名 魚卵.

어려 形 어리다(幼い)の連用形.

어려운 形〔ㅂ変〕어렵다(難しい)の現在連体形.

어려움 /ərjəum/ 名 難しさ; 困難; 苦労; 不自由. ‖사회 생활의 어려움 社会人としての苦労. 어려움을 이겨 내다 困難を克服する. 아무런 어려움 없이 자라다 何の不自由[苦労]もせずに育つ.

어려워 形〔ㅂ変〕어렵다(難しい)の連用形.

어련-하다 形〔하変〕間違いない; 違うはずがない. ‖그 사람이 하는 일인데 어련하겠어요? 彼がやっていることだから間違いないでしょう. 副 어련-히.

어렴풋-하다 -푸타 形〔하変〕❶〔記憶などが〕はっきりしない; かすかだ; ぼんやりしている. ‖어렴풋한 기억 かすかな記憶. ❷ うつらうつらしている. ‖풋하게 잠이 들다 うつらうつらと眠りにつく. 어렴풋-이 副 かすかに; ぼんやりと(と).

어렵다 /ərjəp̚t͈a/ 形〔ㅂ変〕[어려워, 어려운] ❶ 難しい; 難解だ. ‖어려운 문제 難しい問題. 内容이 어렵다 内容が難しい. ❷ 困難だ. ‖지금 와서 계획을 변경하는 것은 어렵다 今さら計画の変更は困難だ. ❸〔生活が〕貧しい; 事欠いている. ‖생활이 어렵다 生活が苦しい. 어렵게 생활하고 있다 生活に事欠いている. 어렵게 합격하다 辛うじて合格する. ❹〔相手に〕気兼ねする. ‖왠지 그 사람이 어렵다 何だかあの人に気兼ねする. ❺〔主に…기 어렵다の形で〕…しがたい; …するのが難しい. ‖이해하기 어렵다 理解しがたい; 理解に苦しむ. ▶어려운 걸음 하다 忙しかったり遠かったりしてなかなか行けない所に足を運ぶ. 바쁘신 와중에 어려운 걸음을 해 주신 선생님께 감사 드립니다 お忙しいところわざわざ足を運んでくださった先生に感謝申し上げます.

어로(漁撈)名 漁労. ‖불법 어로 不法漁労.

어로-권(漁撈權)名〔法律〕漁労権.

어로 수역(漁撈水域)名 漁労水域.

어록(語錄)名 語録.

어뢰(魚雷)名〔軍事〕魚雷.

어뢰-정(魚雷艇)名〔軍事〕魚雷艇.

어루러기 名〔医学〕癜(なまず).

어루-만지다 動 ❶ 撫でる; さする; なでる. ‖볼을 어루만지다 頰を撫でる. 수염을 어루만지다 ひげを撫でる. ❷ 労る; 慰める.

어류(魚類)名 魚類.

어르다 他〔르変〕(子どもなどを)あやす; 宥める. ‖아이를 어르다 子どもをあやす.

어르신 어르신네の略語.

어르신-네 〔年上の父兄やいとこ他の多い人の尊敬語〕相手の父, 父の友人や年寄り. ⑥ 어르신.

어른 /ə'run/ 名 ❶ 大人; 成人. ‖어른도 즐길 수 있는 영화 大人も子どもも楽しめる映画. 어른이 되다 大人になる. 어른답다 大人らしい. ❷〔両親·祖父母などの〕目上の人. ‖지금 집에 어른들이 계시니? 今家にご両親がいらっしゃる? ❸ 地位や権勢などが上で尊敬を受ける人.

어른-스럽다 形〔ㅂ変〕大人っぽい; 大人びている. ‖나이에 비해 어른스러운 데가 있다 年のわりに大人びたところがある. 어른스럽지 못하다 大人っぽくない. 어른스레 副.

어른-거리다 動 ❶ ちらちらする. ‖사람 그림자가 어른거리다 人影がちらちらする. ❷ ゆらゆらする. 어른거리

아 애 야 얘 어 에 여 예 오 와 왜 외 요 우 워 웨 위 유 으 의 이

다.
어른-어른 〖부〗〖하자〗 ❶見え隠れする様子;ちらちら. ‖아이 얼굴이 자꾸만 눈에 어른어른하다 子どもの顔がちらちら(と)浮かんでは消える. ❷水面などに影が映って揺らぐ様子;ゆらゆら. 〚되〛아른아른.

어리광 /ǝrigwaŋ/ 〖명〗 甘えること. ‖어리광을 부리다 甘える.
어리광-쟁이 〖명〗 甘えん坊.
어리-굴젓【-젇】〖명〗 粉唐辛子にニンニク·ショウガなどを入れて漬けた生ガキの塩辛.

어리다[1] /ǝrida/ 〖형〗 ❶幼い. ‖어린 아이 幼い子ども. 나이에 비해 생각하는 게 어리다 年のわりに考え方が幼い. ❷若い;年下だ. ‖나이보다 어려 보이다 年より若く見える. 나보다 세 살 어리다 私より3歳[三つ]年下だ.
어리다[2] /ǝrida/ 〖자〗 ❶涙ぐむ;涙がにじむ;目がうるむ. ‖눈물 어린 눈 涙ぐんだ目. ❷(感情が思いなどが)こもる;漂う. ‖애정 어린 눈길 愛情に満ちた眼差し. ❸(目に)映る;浮かぶ. ‖아이의 웃는 얼굴이 눈에 어리다 子どもの笑顔が目に浮かぶ.
어리둥절-하다 〖형〗〖하여〗 戸惑う;まごつく;わけが分からない. ‖갑자기 질문을 받아 어리둥절하다 急な質問に戸惑う.
어리벙벙-하다 〖형〗〖하여〗 呆然とする;事物が分からない.
어리석다 /ǝrisǝkt̚a/【-따】 愚かだ;頭が悪い;ばかだ. ‖어리석은 판단 愚かな判断. 어리석은 소리 하지 마라 ばかなことを言うな.
어리숙-하다 어수룩하다의 잘못.
어린 어리다(幼い)의 현재 연체형.
어린-것【-걷】〖명〗 어린아이를 귀엽게 말할 때의 말.
어린-아이 〖명〗 子ども;幼児. ⓜ어린애.
어린-애 /ǝrine/〖명〗 어린 아이의 축약형.

어린-이 /ǝrini/〖명〗 子ども;児童.
어린이 헌장 児童憲章.
어린이-날 子どもの日.5月5日.
어림 〖명〗 見当;概算;目分量.
어림-수(-數)【-쑤】〖명〗 概数.
어림-짐작(←斟酌)〖명〗〖하자〗 おおよその見当. ‖어림짐작을 하다 おおよその見当をつける.
어림-없다 /ǝrimǝpt̚a/【-업-】〖리엽-따】 ❶到底可能性がない;到底無理だ. ‖어림없는 일 到底無理なこと. ❷見当がつかない. ❸とんでもない;話にならない. ‖어림없는 소리를 하다 とんでもないことを言う. **어림없-이**〖부〗.
어림-잡다【-따】〖타〗 概算してみる;見積もる;見当をつける.
어릿-광대【-릳꽝-】〖명〗 ❶ピエロ. ❷人の笑いを誘う人.
어마어마-하다 〖형〗〖하여〗 ものすごい;ものものしい;とてつもない. ‖어마어마한 재산 ものすごい財産. 어마어마하게 큰 수박 とてつもなく大きいスイカ.
어말(語末)〖명〗〖言語〗 語末.
어말 어미(語末語尾)〖명〗〖言語〗 語末語尾.
어망(漁網·魚網)〖명〗 魚網.
어머 /ǝmǝ/〖감〗 女性が驚いた時に発する語:あら;まあ;あらまあ. ‖어머, 웬일이야? あら, どうしたの.
어머나 어머를 강하게 말한 말. ‖어머나, 고마워라 あらまあ, ありがとね.

어머니 /ǝmǝni/ 〖명〗 ❶お母さん;母親. ‖친정 어머니 (結婚した女性の)実家の母. 친구 어머니 友だちのお母さん. 어머니들의 모임 母親たちの集まり. 두 아이의 어머니로서 2人の子どもの母として. ❷物事を生み出すもととなるもの. ‖필요는 발명の어머니 必要は発明の母.
어머-님 〖명〗 ❶[어머니의 존칭어] 母上;お母様. ❷嫁が姑を呼ぶ語.
어명(御命)〖명〗 王の命令.
어-묵(魚-)〖명〗 さつま揚げ·かまぼこ·おでんなど, 魚の身を揚げたものの総称.
어문(語文)〖명〗 言文.
어물(魚物)〖명〗 魚や乾物.
어물-거리다[-대다] 〖자〗 ぐずぐずする;まごつく;もたもたする.
어물-어물 〖부〗〖하자〗 のろのろしている様子;ぐずぐず, もたもた.
어물-전(魚物廛)〖명〗 魚屋;乾物屋. 어물전 망신은 꼴뚜기가 시킨다 (한) (「魚屋の恥さらしはイイダコがする」の意で)愚かな者が仲間に迷惑をかけることのたとえ.
어물쩍 〖부〗〖하자〗 言動が曖昧な様子;適当な様子. ‖어물쩍 넘어가다 適当にごまかす. **어물쩍-어물쩍** 〖부〗〖하자〗.
어물쩍-거리다【-꺼-】〖자〗 曖昧にする;ぼかす;ぼかす.

어미[1]〖명〗 ❶어머니をさげすむ言い方. ❷子や卵を産んだ動物の雌. ‖어미 母鳥.
어미[2](語尾)〖명〗〖言語〗 語尾.
어민(漁民)〖명〗 漁民.
어버이 〖명〗 両親;親.
어버이-날 〖명〗 父母の日.5月8日. ✚父と母にカーネーションをつけてあげて感謝する日. 母の日と父の日はない.
어법(語法)【-뻡】〖명〗 語法.
어부(漁夫·漁父)〖명〗 漁夫;漁師.
어부지리(漁夫之利)〖명〗 漁夫の利.
어부바[1] 〖감〗 おんぶ.
어부바[2] 〖감〗 おんぶする時に赤ん坊にかける言葉.
어불성설(語不成說)〖명〗 話が全く理屈に合わないこと.
어사(御史)〖명〗〖歷史〗 암행어사(暗行御史)의 略語.

어살(魚-) 圀 網代.

어색-하다(語塞-) /ɔːsɛkʰada/ 【-새카-】 囮 [하변] ❶ 言葉が詰まる; 言葉に窮する; 説明に無理がある. ‖ 어색한 변명 苦しい言い訳. ❷ 不自然だ; ぎこちない. ‖ 어색한 웃음 不自然な笑顔. 어색한 분위기 ぎこちない雰囲気.

어서¹ /ɔsɔ/ 園 早く; さあ; どうぞ. ‖ 어서 갑시다 早く行きましょう. **어서-어서** 園 ▶어서 오십시오 どうぞ! いらっしゃいませ.

-어서² /ɔsɔ/ 園尾 〔陽母音の語幹に付いて; 陽母音の場合は-아서〕 ❶ 理由・原因の意を表わす: …て; …くて; …から; …ので. ‖ 추워서 나가기 싫지 않다 寒くて出かけたくない. 많이 먹어서 일어설 수가 없다 食べ過ぎたので立ち上がれない. ❷ 時間の前後関係を表わす: …て. ‖ 일찍 일어나서 나가다 早く起きて出かける. 누워서 책을 읽다 横になって本を読む.

어선(漁船) 圀 漁船. ⇨고깃배.

어설프다 /ɔsʌlpʰuda/ 囮 【으변】 [어설퍼, 어설픈] 不手際だ; 中途半端だ; 生半可だ; 不十分だ. ‖ 어설픈 태도 中途半端な態度. **어설피** 園 中途半端に; 生半可に; 不十分に.

어수룩-하다 /-ㄹ우-/ 囮 [하변] ❶ (言動などが)うぶだ. ‖ 어수룩한 외모와 말투 うぶな外見と口調. ❷ (制度や規則などが)ぼろい.

어수선-하다 /ɔsusʌnhada/ 囮 [하변] ❶ 散らかっている; ごちゃごちゃしている. ‖ 방안이 어수선하다 部屋の中が散らかっている. ❷ 騒がしい; 落ち着かない; 気が散る. ‖ 세상이 어수선하다 世の中が騒がしい.

어순(語順) 圀 (言語) 語順.

어스름 圀 (明け方や夕方の)薄暗い状態.

어스름-하다 囮 [하변] 薄暗い. ‖ 어스름한 저녁 무렵 薄暗い夕方.

어슬렁-거리다 国 うろうろする; うろつく; ぶらぶらする.

어슬렁-어슬렁 園 [하변] 動作が鈍ゆっくりした様子: のっそり; そろりそろり. ‖ 어슬렁어슬렁 걷다 のそりのそりと歩く.

어슴푸레 園 [하변] ❶ 薄暗く; ほの暗く; ほのぼの(と). ‖ 어슴푸레한 달빛 薄明りの月光. ❷ おぼろに; かすかに; ぼんやりと. ‖ 어슴푸레 기억이 떠오르다 かすかに思い出す.

어슷비슷-하다 [-슷삐스타-] 囮 [하변] 似たり寄ったりだ; 似通っている.

어슷-썰기 [-슬-] 圀 [하변] (野菜などの)斜め切り.

어시스트(assist) 圀 アシスト.

어-시장(魚市場) 圀 魚市場.

어안¹ 圀 ː呆然とする状況. ▶ 어안이 벙 벙하다 呆然とする; あっけにとられる. ‖ 어안이 벙벙한 순간 あっけにとられた瞬間.

어안²(魚眼) 圀 魚眼.
어안 렌즈(魚眼 lens) 圀 魚眼レンズ.

-어야 /ɔja/ 園尾 〔陰母音の語幹に付いて; 陽母音の場合は-아야〕 ❶ 後続する文の前提条件であることを表わす: …ければ; …と; …なければ. ‖ 돈이 있어야 사지 お金があれば買う. ❷ 文の内容が後続する文に影響を及ぼさないことを表わす: …ても; …でも. ‖ 돈이 들어야 만 원 정도다 お金がかかっても 1 万ウォンくらいだ.

-어야만 園尾 ⇨ -아야만.

-어야지 園尾 ⇨ -아야지.

어언(於焉) 園 はや; いつの間にか; かれこれ. ‖ 일본에 와서 어언 십 년이 지났다 日本に来てはや 10 年が過ぎた.

어업(漁業) 圀 漁業.
어업-권(漁業權) 圀 [법률] 漁業権.

어여쁘다 囮 【으변】 예쁘다の古風な言い方. **어여삐** 園.

어엿-하다 [-어타-] 囮 [하변] 堂々としている; 立派で威厳がある. **어엿-이** 園.

-어요 /ojo/ 園尾 〔陰母音の語幹に付いて; 陽母音の場合は-아요〕 ❶ 叙述・勧誘・指示などの意を表わす: …ます; …です; …ましょう; …なさい; …てよ. ‖ 여기 있어요 ここにいます. 같이 만들어요 一緒に作りましょう. 빨리 먹어요 早く食べてよ. ❷ 疑問の意を表わす: …ますか; …ですか. ‖ 지금 어디에 있어요? 今どこにいますか.

어용(御用) 圀 御用. ‖ 어용 신문 御用新聞.

어울러-지다 国 (大勢の人が)一丸となる; 一団となる. ‖ 남녀노소가 한데 어우러져 놀다 老若男女が一緒に遊ぶ.

어우르다 ⬛ 【르변】 (一つに)まとめる; 一つにする.

어울리다 /oullida/ 国 ❶ 似合う; ふさわしい. ‖ 어울리는 한 쌍 お似合いのカップル. ❷ 交わる; 親しく付き合う. ‖ 친구들하고 잘 어울리지 못하다 友だちと親しくなれない.

어울림 圀 調和.

어원(語源・語原) 圀 [언어] 語源.

어유 翏 ❶ 意外なことへの驚きを表わす語: ああ; まあ. ‖ 어유, 깜짝이야 ああ, びっくり. ❷ 疲れたりあきれたりする時に発する語: やれやれ; ふう; もう.

어육(魚肉) 圀 魚肉.

어음(經) 手形. ‖ 약속 어음 約束手形.

어의(語義) 圀 [-/-이] 語義.

어이 翏 友だちや目下の人に呼びかける時に用いる語: おい. ‖ 어이, 거기 학생! おい, そこの学生!

어이구 감 놀라운 때나 嘆할 때에 발하는 말: おう; ああ; あら.

어이구-머니 감 '어이구'를 強하게 하는 말.

어이-없다 /ɔiːpʰtaʔ/ [-업따] 형 어이가 없다; 기가 막혀 말이 안 나오다; あっけない. ‖어이없는 표정 あきれたような表情. **어이없-이** 튀 어이없이 일 回戰에서 탈락하다 1回戦で脱落する.

어이쿠 감 '어이구'를 強하게 하는 말.

어장(漁場) 명 漁場.

어쨰 튀 =어제.

어전(漁箭) 명 =어살(魚─).

어절(語節) 명 (言語) (日本語における)文節.

어정-거리다[-대다] 자 のそのそする.

어정-어정 튀 (하자타) 図体が大きい人や動物がゆっくり歩く樣子: のそのそ(と).

어정쩡-하다 형 (하変) どっちつかずだ; はっきりしない; 中途半端だ; 曖昧だ. ‖어정쩡한 態度 中途半端な態度. **어정쩡-이** 튀

어제 /ɔdʒe/ 명 昨日. ‖어제가 내 生日이었다. 昨日が私の誕生日だった. 어제 만난 사람 昨日会った人. 어제 新聞 昨日の新聞.

어제-오늘 명 昨日今日; 昨日今日; 最近; 今日. ‖環境 問題는 어제오늘 指摘된 것이 아니다 環境問題は最近指摘されたことではない.

어제-저녁 명 昨日の夕方; 夕べ. 명튀 저녁.

어젯-밤 [-제빰/-젣빰] 명 昨夜; 昨晚; 夕べ. ‖어젯밤에 출장에서 돌아왔다 昨夜出張から帰ってきた.

어조(語調) 명 口調; 語調.

어조-사(語助辭) 명 (言語) (於・矣・焉・也などの)漢文の助詞.

어족(語族) 명 語族.

어중(語中) 명 (言語) 語中.

어중간-하다(於中間─) 형 (하変) 中途半端だ; 宙ぶらりんだ. ‖知的 中途半端な成績. 어중간한 상태 宙ぶらりんな狀態.

어중이-떠중이 명 烏合の衆. ‖어중이떠중이가 다 모이다 烏合の衆が揃いも揃う.

어지간-하다 /ɔdʒiganhada/ 형 (하変) 普通だ; 並大抵だ; 適当だ; そこそこだ; ままあれだ. ‖어지간한 일로는 놀라지 않는 사람이다 並大抵のことでは驚かない人. **어지간-히** 튀 어지간히 공부해서는 못 들어가는 大學 適当に勉強していては入れない大学. 어지간해서는 택시를 안 탄다 よほどのことがない限りタクシーには乗らない.

어지러운 형 (ㅂ変) 어지럽다(目眩がする)의 現在連體形.

어지러워 형 (ㅂ変) 어지럽다(目眩がする)의 運用形.

어지럽다 /ɔdʒirɔpʰtaʔ/ [-따] 형 (ㅂ変) [어지러워, 어지러운] ❶ 目眩がする; (頭が)くらくらする; 目まぐるしい. ‖머리가 어지럽다 頭がくらくらする. ❷ 複雜に混じっている; 乱れている; 散らかっている. ‖房の中이 어지럽다 部屋の中が散らかっている. ❸ (社会や政局などが)混乱している. 명 어지럽다.

어지럽-히다 [-러피-] 타 [하使役動詞] ❶ 散らかす; 汚くする. ‖방을 어지럽히다 部屋を散らかす. ❷ 混乱させる; 乱す.

어지르다 [르変] 散らかす; ごちゃごちゃにする.

어질다 [ㄹ変] 형어간 善良だ; (性格がいい; 寬大だ. ‖어진 사람 善良な人.

어질-어질 튀 (하자) くらくら; ぐらぐら; ふらふら. ‖하루 종일 굶었더니 어질어질하다 1日中何も食べていないのでふらふらする.

어째 튀 ❶ どうして; 何で. ‖어째 말을 안 듣니? どうしてこんなに言うことを聞かないの. ❷ 何だか. ‖어째 좀 수상합니다 何だかちょっと怪しいです.

어째서 /ɔtʃesɔ/ 튀 どうして; なぜ. ‖어째서 답이 그렇게 되니까? どうして答えがそうなるのかしら.

어쨌든 /ɔtʃʔɛt͈tɯn/ [-쨋든] 튀 (어찌하였든・어쨌 되었든의 縮約形) とにかく; ともかく; いずれにしても; どうやろう; どうやろうとも. ‖어쨌든 結果를 기다려 보자 とにかく結果を持とう. 어쨌든 그 사람을 한 번 만나지 않으면 안 된다 どっちみち彼に一度会わなければならない.

어쨌든지 튀 어쨌든을 强하게 하는 말.

어쩌고-저쩌고 튀 (하자) なんだかんだ; ああだこうだ; ああやこうや; つべこべ. ‖이유가 어쩌고저쩌고 하면서 결국은 안 하고 말았다 なんだかんだと言いながら結局はしなかった.

어쩌다 /ɔtʃʔɔda/ 튀 [어찌하다의 縮約形] どうする; どうなんだ. ‖어쩌다 이렇게 되었나? どうしてこうなったのかな.

어쩌다2 튀 ❶ 偶然; 思いがけなく. ‖어쩌다 만난 사람 偶然会った人. ❷ 時折; たまに. ‖어쩌다 들리는 가게 たまに寄る店.

어쩌다가 튀 =어쩌다2.

어쩌면 튀 [어찌하면의 縮約形] ❶ どうすれば; どのようにすれば. 준어쩜. ‖어쩌면 좋아? どうすればいいの. ❷ もしかすると; ひょっとしたら; あるいは. ‖어쩌면 사실일지도 모른다 もしかしたら事実かもしれない.

—— 감 あらまあ; ああら. 준어쩜. ‖어쩌면, 그 사람이 그럴 줄은 정말 몰랐어 あらまあ, 彼がそうするとは夢にも思わなかったわ.

어쩐지 /ɔtɕʌndʑi/ 副 何となく; どうして; 何だか; どことなく; どうしたのか. ‖ 어쩐지 이번에는 붙을 것 같았다 何となく今回は合格するような気がしていた.

어쩜 副 「어쩌면」の縮約形.

어쭙잖다 [-짠타] 形 身のほどを弁(わきま)えない; ばかばかしい; くだらない; 大したことない; 差し出がましい. ‖ 어쭙잖은 말투 差し出がましい言い方.

어찌 /ɔtɕi/ 副 ❶ どうして; なぜ. ‖ 어찌 그걸 모릅니까? なぜそれが分からないのですか. ❷ どうやって; どういう方法で. ‖ 그걸 어찌 다 처리할 겁니까? それをどうやって全部片付けるつもりですか. ❸ 〔어찌 …-ㄴ[는]지の形で〕どんなに; あまりにも. ‖ 어찌 기쁜지 눈물이 나더라 あまりにもうれしくて涙が出てきたよ.

어찌나 副 「어찌」を強めて言う語.

어찌-하다 自他 하変 どうする. ⑳ 어쩌다.

어차피 (於此彼) /ɔtɕʰapʰi/ 副 どうせ; いずれ; 結局は; いずれにしても. ‖ 어차피 만든다면 좋은 걸 만듭시다 どうせ作るならいいものを作ろう. 어차피 오게 되어 있다 どうせ来るなら決まっている.

어쩌구니-없다 /ɔtɕʰʌguniɔpta/ 形 〔-답다〕とんでもない; あきれる. ‖ 어처구니없는 대답 とんでもない返事. 어처구니없어서 말이 안 나오다 あきれてものが言えない. **어처구니없이** 副

어초 (漁樵) 名 漁樵.

어촌 (漁村) 名 漁村.

-어치 接尾 〔金額を表わす語に付いて〕その値段に値する分. ‖ 사과 오천 원어치 リンゴ5千ウォン分.

어탁 (魚拓) 名 하他 魚拓. ‖ 어탁을 뜨다 魚拓をとる.

어투 (語套) 名 語気; 言い方. ‖ 어투가 사납다 語気が荒い.

어트랙션 (attraction) 名 アトラクション.

어파 (語派) 名 〔言語〕語派.

어패-류 (魚貝類) 名 魚介類.

어퍼컷 (uppercut) 名 〔ボクシング〕アッパーカット.

어폐 (語弊) 名 〔-폐〕 語弊.

어포 (魚脯) 名 魚を薄く切って味付けして干したもの.

어푸-어푸 副 하自 水におぼれかけて、もがいている様子; あっぷあっぷ.

어프로치 (approach) 名 하自 アプローチ. ‖ 역사적인 관점에서 어프로치하다 歴史的な観点からアプローチする.

어필 (appeal) 名 하自他 アピール. ‖ 이 책에는 독자에게 강하게 어필하는 것이 있다 この本には読者に強くアピールするものがある.

어학 (語學) 名 語学. ‖ 어학에 약하다 語学に弱い. 어학적 재능 語学的才能.

어학-연수 (語學研修) 【-항년-】 名 語学研修.

어항¹ (魚缸) /ɔhaŋ/ 名 金魚鉢. ‖ 어항에 금붕어가 다섯 마리 헤엄치고 있다 金魚鉢に金魚が5匹泳いでいる.

어항² (漁港) 名 漁港.

어허 間 ❶ 考えもしなかったことにふと気がついた時に発する語; ほう; なるほど. ❷ 多少気に入らなかったり不安になったりする時に発する語. ‖ 어허, 그만 하라니까 おい、やめろってば.

어험 間 威嚴を示そうとする咳払い: えへん; おほん.

어혈 (瘀血) 〔漢字〕 瘀血(ちゅ).

어황 (漁況) 名 漁況.

어획 (漁獲) 名 하他 漁獲. **어획-량** (漁獲量) 【-횡냥~횡량】 名 漁獲量.

어휘 (語彙) /ɔhwi/ 名 語彙; ボキャブラリー. ‖ 어휘가 풍부한 사람 ボキャブラリーが豊富な人. 어휘를 늘리다 語彙を増やす. 기본 어휘 基本語彙. **어휘-력** (語彙力) 名 語彙力. ‖ 어휘력이 풍부하다 語彙力が豊富だ.

억¹ (億) 〔漢字〕 名 億. ‖ 십 억 10億. 육십 육 억이 넘는 세계 인구 66億人を越える世界人口.

억² 間 不意に襲われたり倒れたりする時に発する語.

억-누르다 /ɔŋnuruda/ 【영-】 他 〔르変〕 [억눌러, 억누른] 抑える; 抑制する; 制圧する. ‖ 감정을 억누르다 感情を抑える. ⑳ 억눌리다.

억눌리다 【영-】 自 〔억누르다の受身動詞〕 抑えられる; 抑制される; 制圧される. ‖ 억눌린 상태 抑制された状態.

억대 (億臺) 【-때】 名 億単位の金額. ‖ 억대 부자 億万長者.

억류 (抑留) 【엉뉴】 名 하他 抑留. **억류-되다** 【-뙤다】 自

억만-금 (億萬金) 【영-】 名 莫大な財産.

억만-장자 (億萬長者) 【영-】 名 億万長者.

억새 〔-쌔〕 (植物) ススキ(薄).

억설 (臆説) 〔-썰〕 名 하自他 臆説.

억-세다 /ɔk̚seda/ 【-쎄-】 形 ❶ (体が) 頑丈だ. ‖ 억센 신 頑丈な靴. ❷ (気性が) 荒い; 押しが強い. ❸ (茎などが) 固い. ‖ 껍질이 억세다 皮が固い.

억수 〔-쑤〕 名 ❶ 〔主に억수같이の形で〕 バケツで水をかけるように激しく降る雨. ‖ 비가 억수같이 쏟아지다 雨がバケツをひっくり返したように降る. ❷ 〔主に억수로の形で〕 非常に多く. ‖ 오늘은 손님이 억수로 많다 今日は店の客が非常に多い. 돈을 억수로 많이 벌었다 お金をたくさん稼いだ.

억압 (抑壓) 名 하他 抑圧. ‖ 표현의 자유를 억압하다 表現の自由を抑圧する. **억압-하다** 受動

억양 (抑揚) 抑揚; イントネーション.
억울-하다 (抑鬱) /ɔgurhada/ 形 [하変] (不公平な仕打ちなどを受けて) 無念だ; 悔しい; やるせない; とんでもない. ‖억울한 누명을 쓰다 とんでもない濡れ衣を着せられる. 억울함을 호소하다 無念を訴える.

억장 (億丈) [-짱] 名 高さがかなりあるもの. ▶억장이 무너지다 (怒り·悲しみなどで) 胸がつぶれる. 억장이 무너지는 이야기 胸がつぶれるような話.

억제 (抑制) [-쩨] 名 抑制; 抑えること. ‖감정을 억제하다 感情を抑制する. **억제-되다**[-당하다] 受動

억지 /ɔk²ʥi/ [-찌] 名 ごり押し; 無理矢理. 横車. ‖억지를 부리다 [쓰다] 我を張る; 意地を張る; 強情を張る; 横車を押す.

억지-로 副 無理に; 無理して; 無理矢理; 強制的に. ‖하기 싫어하는 일을 억지로 시키다 やりたがらないことを無理やらせる.

억지-웃음 作り笑い. ‖억지웃음을 짓다 作り笑いをする.

억척 非常に粘り強くどんな困難な状況にも屈しないこと, またはそういう人.

억척-같다 [-깓따] 形 がむしゃらだ. **억척-같이** 副

억척-스럽다 /ɔk²tɕʰɔk²surɔp²ta/ [-쓰-따] 形 [ㅂ変] [억척스러워, 억척스러운] がむしゃらだ; 根気強い; 粘り強い. ‖억척스럽게 일을 하다 がむしゃらに働く. **억척스레** 副

억측 (臆測) 名 他 臆測. ‖억측에 지나지 않다 臆測にすぎない. 그 문제에 대해서 억측이 난무하다 そのことについて様々に臆測されている.

억하-심정 (抑何心情) [어카-] 名 (「一体どんな心境か」の意で) 相手が何でそうするのかが分からないこと.

언 冠 [ㄹ語幹] 얼다 (凍る) の過去連体形.

언감생심 (焉敢生心) そのようなことを考える自体がとんでもないこと.

언급 (言及) 名 他 言及. ‖거쳐 문제에 대해서 언급하다 進退問題に言及する. 언급을 회피하다 言及を避ける.

언니 /ɔnni/ 名 ❶(妹から) お姉さん; 姉. ❷血緣関係のない年下の女性が年上の女性を親しく呼ぶ語.

언더그라운드 (underground) アンダーグラウンド; アングラ.

언더라인 (underline) アンダーライン.

언더웨어 (underwear) アンダーウェア; 肌着; 下着.

언덕 /ɔndɔk/ 名 丘; 坂.
언덕-길 [-낄] 坂道.
언덕-배기 [-빼-] 丘の頂上; 勾配の激しい坂.

언도 (言渡) 名 他 (法律) 言い渡し; 言い渡すこと.

언동 (言動) 名 ‖조성성이 없는 언동 不用意な言動. 언동을 삼가다 言動を慎む.

언뜻 /ɔn²tɯt/ [-뜯] 副 ❶ (瞬間的に) ちらっと; ちらり. ‖언뜻 묘한 표정을 짓다 ちらっと妙な表情を見せる. ❷ (考えや記憶などが) ふと; ふっと. ‖언뜻 스쳐간 생각 ふと頭をかすめた考え. **언뜻-언뜻** ちらちら; ちらりちらり.

언론 (言論) /ɔllon/ [얼-] 名 言論; マスコミ; マスメディア. ‖언론의 자유 言論の自由. 언론을 통제하다 言論を統制する.

언론-계 (言論界) [얼-/얼-게] 名 言論界.

언론-사 (言論社) マスコミ各社.

언론-인 (言論人) 名 言論人; マスコミ関係者.

언명 (言明) 名 他 言明.

언문-일치 (言文一致) 名 言文一致.

언밸런스 (unbalance) 名 他 アンバランス. ⇒밸런스.

언변 (言辯) 名 話術; 口弁. ‖언변이 뛰어나다 話術に長ける.

언사 (言辭) 名 言葉; 話; 言辭.

언성 (言聲) 名 話し声. ‖언성을 높이다 声を荒げる.

언약 (言約) 名 他 口約束.

언어 /ɔnɔ/ 名 言語. ‖음성 언어 音声言語. 문자 언어 文字言語. 오개 국 언어 5 か国の言語[言葉].

언어-도단 (言語道斷) 名 言語道斷.

언어-생활 (言語生活) 名 言語生活.

언어-장애 (言語障碍) 名 (言語) 言語障害.

언어-정책 (言語政策) 名 (言語) 言語政策.

언어-학 (言語學) 名 言語学. ‖사회언어학 社会言語学.

언쟁 (言爭) 名 他 言い争い. ‖언쟁을 벌이다 姉と言い合う.

언저리 辺り; 周囲; 周り. ‖입 언저리 口元. 눈 언저리 目元.

언정 〔母音で終わる体言に付いて; 子音の場合은이언정〕…であっても; …たりとも.

언제 /ɔnʥe/ 冠 ❶いつ. ‖언제 한국에 가세요? いつ韓国に行かれるんですか. 생일이 언제입니까? 誕生日はいつですか. 언제쯤이 좋을까? いつがいいかな. 필요할 때는 언제라도 전화 주세요. 必要な時はいつでも電話してください. ❷〔主に언제는の形で〕(過去のいうときは: 前は. ‖언제는 맛있다고 하더니 前はおいしいと言っていたのに. ❸いつか. ‖언제 시간이 날 때라도 같이 합시다 いつか時間がある時に一緒に食事でもしましょう. ❹〔언제가의

形で〕(未来의)언제나;(過去의)언제던가. ‖언제까지는 해야 할 일이다 언제나시 나 하지 않으면 안될 일이다. 언제 들은 적이 있는 이야기다 いつだか聞いたことのある話だ.

언제-나 [/ənˈdʑena/] 圖 いつも; 常に. ‖그는 언제나 웃는 얼굴을 하고 있다 彼はいつも笑顔だ. ❷いつになったら. ‖언제나 경기가 좋아지않까? いつになったら景気がよくなるんだろう.

언중-유골 (言中有骨) 【-쥬-】 图 (「言葉의 中에 뼈가 있다」의 意로)何気ない言葉에 真意있다것.

언질 (言質) 图 言質. ▶언질을 주다 言質をやる.

언짢다 [/ənˈdʑantʰa/] 【-짠타】 圈 気に入らない; 不愉快이다. 表情 不愉快한 表情. 그 사람 일로 언짢아지다 彼のことで不愉快になる.

언청이 图 口唇裂の人.

언해 (諺解) 图 (言語) 諺解(漢文을 ハングルで分りやすく解釈すること).

언행 (言行) 图 言行.

언행-일치 (言行一致) 图 (自) 言行一致.

얹다 [/əntta/] 【얹따】 他 ❶ 載せる; 置く; 当てる. ‖가슴에 손을 얹다 胸に手を当てる. ❷ 上乗せする. 喻俗加える.

얹혀-살다 [언처-] 【=語幹】 圄 居候する. ‖오빠 집에 얹혀살다 兄のところに居候する.

얹-히다 [언치-] 圄 ❶〔얹다의受身動詞〕載せられる; 置かれる. ❷ 居候する. ❸ (食べ物で)胃もたれがする.

얻다 [/ətta/] 【-따】 他 ❶ もらう. ‖언니한테서 얻은 가방 姉からもらったバッグ. 휴가를 얻다 休暇をもらう. ❷ (許諾·信用などを) 得る. ‖동의를 얻다 同意を得る. ❸ (職や情報などを) 得る. ‖일자리를 얻다 職を得る. ❹ (部屋·家などを) 借りる. ‖방을 얻다 部屋を借りる. ❺ (嫁·子どもなどを) 迎える; 授かる. ‖아들을 얻다 息子を授かる. ❻ (病気に) なる. ‖병을 얻다 病気になる. 학교에서 감기를 얻어 오다 学校で風邪をもらってくる.

얻어-맞다 [/əˈtɕəmatta/] 【-만따】 他 殴られる; 叩かれる. ‖형한테 뺨을 얻어맞다 兄に頬を叩かれる.

얻어-먹다 [/əˈtɕəmɔkta/] 【-따】 他 ❶ おごってもらう. ‖선배한테 점심을 얻어먹다 先輩にお昼をおごってもらう. ❷ もらって食べる. ❸ (悪口などを) 言われる.

얻어-터지다 自他 얻어맞다의 俗語.

얼¹ 图 魂; 精神; 気. ‖얼이 빠지다 気が抜ける.

얼² 〔=語幹〕 얼다(凍る)의 未来連体形.

얼-³ 接頭 ❶ 〔一部의 名詞에 붙여서〕 知恵와 熟成이 足りない意を表わす. ‖얼치

기 中途半端한 人. ❷ 〔一部の動詞に付いて〕 明瞭ではないまま適当の意を表わす. ‖얼버무리다 はぐらかす.

얼간-이 [얼가니] 图 とんま.

얼개 图 仕組み; 構造.

얼굴 [/əlgul/] 图 (얼) ❶ 图 顔面. ‖얼굴을 씻다 顔を洗う. 예쁜 얼굴 きれいな顔. 낯선 얼굴 見なれない顔. 얼굴을 돌리다 顔を背ける. ❷ 面目; 対面. ‖저번 일로 선생님께 얼굴을 들 수가 없다 この間のことで先生に合わせる顔がない. ❸ 表情. ‖기뻐하는 얼굴이 보고 싶다 喜ぶ顔が見たい. 슬픈 얼굴을 하다 悲しい顔をする. ❹ (ある分野で活動する) 人物. ‖어느 정도 얼굴이 알려진 정치가 ある程度顔が知られている政治家. ❺ 代表的な象徴. ‖世界의 얼굴 業界의 顔. ▶얼굴에 똥칠[먹칠]을 하다 顔に泥を塗る; 面目をつぶす. ▶얼굴에 철판을 깔다 〔「顔に鉄板を敷く」の意で〕恥知らずだ; 図々しい; 厚かましい. ▶얼굴을 내밀다 〔비치다〕顔を出す. ▶얼굴을 들다 顔を向ける. 부끄러워서 얼굴을 들 수가 없다 恥ずかしくて顔が向けられない. ▶얼굴이 두껍다 〔「面の皮が厚い」の意で〕図々しい; 厚かましい. ▶얼굴이 뜨겁다 恥ずかしい; 顔から火が出る. ▶얼굴이 반쪽이 되다 〔「顔が半分になる」の意で〕悩みや病気などで顔がひどくやつれる. ▶얼굴이 팔리다 顔が売れる. ▶얼굴이 피다 (やつれた顔に)肉がつき, 顔色がよくなる.

얼굴-값 【-갑】 图 (自) 顔立ちにふさわしい行ない. ‖얼굴값을 하다 顔立ちにふさわしいことをする. 얼굴값도 못하다 ぶざまなことをする. ✢皮肉る意味合いがある.

얼굴-마담 (-madame) 图 (店や集りなどでの) 看板娘.

얼굴-빛 【-삗】 图 顔色; 血色; 血相. ‖얼굴빛이 달라지다 顔色[血相]が変わる.

얼굴-색 (-色) 【-쌕】 图 = 얼굴빛. ‖얼굴색이 안좋다 顔色がわるい.

얼기-설기 圄 (하다) ❶ まとまりがなく混じり合っている様子: ごちゃごちゃ. ❷ 粗く編み上げた様子.

얼다 [/əlda/] 自〔=語幹〕 [얼어, 어는, 언] ❶ 凍る; 凍りつく. ‖강물이 얼다 川の水が凍る. 얼음이 얼다 凍る. 倒 얼리다. ❷ 凍える; かじかむ. ‖손이 얼어서 글씨를 제대로 쓸 수가 없다 手がかじかんで字がちゃんと書けない. ❸ 緊張して固くなる. ‖많은 사람들 앞에서 얼어서 아무 말도 못했다 大勢の前で固くなって何も言えなかった. ♦ 언 발에 오줌 누기 (俗) 〔「凍った足に小便をかける」の意で〕焼け石に水.

얼떨-결 [-껼] 图 〔主に얼떨결에の形で〕 つううかり. ‖얼떨결에 거짓말을

얼떨떨-하다 [形] [하오] 面食らう。‖얼떨떨한 기분 面食らった気分。

얼렁-뚱땅 /əlləŋ°tuŋ°taŋ/ [副] でたらめに; 適当に; いい加減に。‖얼렁뚱땅 넘어가지 마십시오 ごまかすな。

얼레지 [植物] カタクリ(片栗).

얼룩 /əlluk/ [名] 染み; 斑点。‖얼룩이 지다 染みになる。커피 얼룩 コーヒーの染み。

얼룩-덜룩 [-떡] [副] [하形] まだらに.

얼룩-말 [-룽-] [名] [動物] シマウマ(縞馬).

얼룩-무늬 [-룽-니] [名] まだら; まだら模様.

얼룩-소 [-쏘] [名] [動物] マダラ牛.

얼룩-얼룩 [副] [하形] まだらに.

얼룩-지다 [-찌-] [自] ❶染みがつく; 跡が残る。❷(苦痛や辛い経験などの)汚点が残る。

얼른 /əllɯn/ [副] 早く; 急いで; 素早く。‖얼른 일어나 急いで起きろ。얼른 일어나세요 早く起きてください.

얼-리다 [얼다의 使役動詞] 凍らせる; 冷凍する。‖고기를 얼리다 肉を冷凍する。

얼마 /əlma/ [名] ❶[疑問文で]いくら; どのくらい。‖이것은 얼마입니까? これはいくらですか。돈은 얼마가 들어도 좋아 お金はいくらかかってもいい。❷[副詞的に]いくらほどに; あまり。‖역까지 얼마 안 멀어요 駅までそんなに遠くないです。

얼마-간 (-間) [副] ①いくらか; 多少。②しばらくの間。‖얼마간의 휴가 しばらくの休暇。

얼마-든지 [副] いくらでも。‖시간은 얼마든지 있다 時間はいくらでもある.

얼마-큼 [副] どのくらい; どれくらい.

얼마-쯤 [副] いくらくらい; どのくらい。‖대학교 학비는 얼마쯤 하나요? 大学の学費はいくらくらいですか.

얼마-나 /əlmana/ [副] ❶どのくらい; いくらくらい。‖돈은 얼마나 들어요? お金はいくらくらいかかりますか。❷どんなに; どれくらい。‖얼마나 기다렸어요? どれくらい待ちましたか.

얼-버무리다 [他] はぐらかす; ごまかす; ちゃかす; お茶を濁す; ぼやかす。‖적당히 둘러대며 얼버무리다 適当な言葉ででまかす。질문에 말을 얼버무리다 問いに言葉を濁す.

얼-빠지다 [自] 気が抜ける; 間が抜ける。‖얼빠진 인간 間抜けな人.

얼씬 [副] [을] 乗って拍手する.

얼씬-안다 [-따] [他] 抱きしめる; 抱き合う.

얼씨구 [感] ❶興に乗って軽く拍子を合わせながら出す声; よいや。❷目に余る言動を皮肉って言う語.

얼씨구-절씨구 [感] 興に乗って拍子の変化に合わせながら出す囃子(ばやし)言葉.

얼씬 [副] 目の前にちらっと現れては消える様子。‖그날 이후로 얼씬도 없다 その日以来、姿を見せない.

얼씬-거리다 [自] 目の前に現れたり消えたりする; 出没する。‖내 앞에 얼씬거리지 마라 私の目の前から消え失せろ.

얼어 [動] [음運用]の連用形.

얼어-붙다 [-붇-] [自] 凍りつく; (水が)張り詰める; いてつく。‖강물이 얼어붙다 川の水が凍りつく。얼어붙은 길 いてついた道.

얼얼-하다 [하形] [하變] ❶ひりひりする。‖입안이 얼얼할 정도に 매운 고추 口の中がひりひりするほど辛い唐辛子。❷ぶたれたり殴られたりして痛い。‖맞은 자리가 얼얼하다 殴られたところが痛い.

얼음 /ərɯm/ [名] 氷。‖연못에 얼음이 얼다 池に氷が張る.

얼음-과자 (-菓子) [名] 氷菓子; アイス.

얼음-덩이 [-떵-] [名] 氷の塊.

얼음-물 [名] 氷水.

얼음-장 [-짱] [名] ①板のように平たい氷のかけら。②〔比喩的に〕手足や部屋などが非常に冷たいこと.

얼음-주머니 [名] 氷嚢; 氷袋.

얼음-찜 [自] =얼음찜질.

얼음-찜질 [自] 氷で湿布すること.

얼음-판 [名] 氷が張った所.

얼쩡-거리다 [-대-] [自] うろうろする; ぶらぶらする; ぶらつく.

얼쩡-얼쩡 [하自] 特別な目的がなく歩き回る様子; ぶらぶら.

얼추 [副] ほとんど; 大方; 大体; おおよそ; あらかた.

얼추-잡다 [-따] [他] 大体に見積もる。‖얼추잡아 육십 명은 왔다 大まかに見積もって60人くらい来た.

얼-치기 [名] どちらともつかぬもの; 中途半端なもの[人]。‖얼치기 의사 でも医者.

얼큰-하다 [하形] ❶スープなどに唐辛子が効いている様子; ぴりっと辛い。‖국물이 얼큰하다 スープがぴりっと辛い。❷酒の酔いがかなり回ってきている。‖술이 얼큰하게 오르다 かなり酔ってきた。**얼큰-히** [副]

얼토당토-않다 [-안타] [形] めっそうもない; とんでもない。‖얼토당토않은 말 とんでもない話.

얼핏 [副] =언뜻.

읽다[¹] [억따] [他] ❶あばたになる。‖얼굴이 얽었다 あばた面をしている。❷表面が傷だらけででこぼこだ.

읽다[²] [억따] [他] ❶(紐・縄などで)縛る; 結ぶ; くくる; 編む。❷でっち上げる。⑤읽히다.

얽매다 [-영-] [他] ❶縛る; くくる; ほだす。❷束縛する。읽매이다.

얽매-이다 /ɔŋmɛida/ 【엉-】 [자] 〔얽매다의 受身動詞〕 ❶ 縛られる. ∥시간에 얽매이다 時間に縛られる. ❷ 束縛される;とらわれる. ∥과거에 얽매이다 발전이 없다 過去にとらわれて発展がない.

얽어-매다 他 縛りつける; がんじがらめにする. ∥규칙으로 얽어매다 規則で縛りつける.

얽-히다 /얼키-/ [자] ❶ 〔얽다²의 受身動詞〕絡まる; 絡む. ∥낚싯줄이 얽히다 釣り糸が絡む. ❷ 問題が絡む; 金銭問題が絡む. ❸ 関わる; まつわる. ∥이 연못에 얽힌 전설 この沼にまつわる伝説.

엄격-하다 (厳格-) /ɔmʲkjɔkʰada/ 【-カタ】 [形] 【하変】 厳しい. ∥엄격한 규율 厳しい規律. 엄격한 선생님 厳しい先生. 엄격히 심사하다 厳格に審査する. **엄격-히** 副

엄금 (厳禁) 名 他 厳禁.

엄단 (厳断) 名 他 厳重に処罰すること.

엄동 (厳冬) 名 厳冬. ⇨난동(暖冬).

엄동-설한 (厳冬雪寒) 雪の降る厳しい寒さ.

엄두 〔下に打ち消しの表現を伴って〕押し切って何かをしようとする意欲. ∥엄두가 안 나다 意欲がわかない; その気にならない.

엄마 /ɔmma/ 名 ❶ 〔어머니의 幼児語〕ママ. ❷ 〔어머니를 親しく言う語〕母ちゃん; お母さん; ママ.

엄명 (厳命) 名 他 厳命.

엄밀-하다 (厳密-) 形 【하変】 厳密だ. ∥엄밀한 심사 厳密な審査. 엄밀하게 말하면 厳密に言うと. **엄밀-히** 副

엄벌 (厳罰) 名 他 厳罰. ∥엄벌에 처하다 厳罰に処する.

엄병-덤병 副 自 無計画で不注意に行動する様子.

엄부 (厳父) 名 厳父.

엄살 /ɔmsal/ 名 痛みや苦しみなどを大げさに言う態度. ∥아프다고 엄살을 부리다 痛いと大げさに騒ぐ. 엄살이 심하다 大げさだ.

엄살-꾸러기 名 物事を大げさで大変そうに言う人.

엄살-스럽다 (-따) 形 痛みや苦しみを大げさに言う. **엄살스레** 副

엄선 (厳選) 名 他 厳選. ∥응모자 중에서 엄선하다 応募者から厳選する.

엄수 (厳守) 名 他 厳守. ∥시간을 엄수하다 時間を厳守する. **엄수-되다** 受身

엄숙-하다 (厳粛-) 【-수카-】 形 【하変】 厳粛だ; 厳かだ. ∥엄숙한 분위기 厳粛な雰囲気. 식을 엄숙하게 거행하다 式を厳かに執り行なう. **엄숙-히** 副

엄습 (掩襲) 名 他 闇討ち; (不意に)襲うこと; 急にやってくること. ∥추위가 엄습하다 急に寒くなる.

엄연-하다 (儼然-) 形 【하変】 厳然としている. **엄연-히** 副

엄정-하다 (厳正-) 形 【하変】 厳正だ. ∥엄정한 재판 厳正な裁判. **엄정-히** 副

엄중-하다 (厳重-) 形 【하変】 厳重だ; 厳しい. ∥엄중한 처벌 厳重な処罰. **엄중-히** 副 厳重に; 厳しく.

엄지 (-指) 名 足·手の親指.

엄지-발가락 【-가-】 名 足の親指.

엄지-손가락 【-까-】 名 手の親指.

엄처-시하 (厳妻侍下) 名 かかあ天下.

엄청 /ɔmʲtʃʰɔŋ/ 副 (量·程度などが)非常に; とてつもなく; とんでもなく大きい. ∥엄청 크다 とてつもなく大きい. 엄청 화가 나다 非常に腹が立つ.

엄청-나다 /ɔmʲtʃʰɔŋnada/ 形 度外れだ; とてつもない; 莫大だ; おびただしい; どえらい. ∥엄청난 피해 おびただしい被害. 엄청난 재산 莫大な財産.

엄폐 (掩蔽) 名 /-/-폐/ 名 他 掩蔽(さい).

엄폐-물 (掩蔽物) 名 【軍事】 掩蔽物.

엄포 名 自 (見え透いた)脅し; 虚仮威し. ▶엄포를 놓다 いたずらに脅す.

엄-하다 (厳-) /ɔmhada/ 形 【하変】 ❶ 厳しい; 厳重だ. ∥가풍이 엄하다 家風が厳しい. 엄한 선생님 厳しい先生. ❷ 厳格だ. ∥엄하게 키우다 厳格に育てる. **엄-히** 副

엄호 (掩護) 名 他 掩護(さい). ∥엄호 사격 掩護射撃.

업¹ (-) 〔民俗〕 一家に福をもたらすとされる動物や人.

업² (業) 名 ❶ 직업(職業)의 略語. ❷ 〔仏教〕業.

-업³ (業) 接尾 …業. ∥제조업 製造業.

업계 (業界) 【-계/-게】 名 業界. ∥출판 업계 出版業界.

업다 /ɔpʲta/ 他 ❶ おんぶする; おぶう. ∥아이를 업다 子どもをおぶる. ❷ 〔動에 업다의 形で〕担ぐ. ∥장관을 등에 업고 행세하다 大臣を担いで権力をふるう. ㉠업히다. 업하다. ▶업어 가도 모른다 深く眠り込んでいて背負って連れて行かれても分からない.

업-둥이 【-둥-】 名 拾い子.

업무 (業務) 名 業務.

업무 방해죄 (業務妨害罪) 【업-죄/업-쩨】 〔法律〕 業務妨害罪.

업무상 과실 (業務上過失) 〔法律〕 業務上過失.

업보 (業報) 【-뽀】 名 〔仏教〕 業報.

업소 (業所) 【-쏘】 名 営業する店.

업신-여기다 /ɔːpʲʃinnjɔɡida/ 【-씬녀-】

업자 [業者]【―짜】图 業者.
업적 [業績]【―쩍】图 業績; 実績. ∥業績を残す.
업종 [業種]【―쫑】图 業種.
업주 [業主]【―쭈】图 業主.
업체 [業體] 图 企業; 業者; メーカー. ∥부품 업체 部品メーカー.
업-히다¹ [어피―] 国 〔업다의 受身動詞〕おんぶされる; おぶれる; おぶさる. ∥업마 등에 업혀서 자고 있는 아기 母 (背中)におぶわれて寝ている赤ん坊.
업-히다² [어피―] 国 〔업다의 使役動詞〕おんぶさせる; おぶらせる. ∥아이를 아빠 등에 업히다 子どもを父(背中)におぶわせる.
없는 [엄는] 圏 없다(ない・いない)の現在連体形.

없다 /ɔːpʰta/ [엄따] 冠 ❶ない; いない. ∥필통 안에 연필이 한 자루도 없다 筆箱の中に鉛筆が1本もない. 칭찬받고 기뻐하지 않는 사람은 없다 ほめられて喜ばない人はない. 집에 아무도 없다 家に誰もいない. 오늘은 수업이 없다 今日は授業がない. 오늘은 시간이 없습니다 今日は時間がありません. 경험이 없다 経験がない. 기억에 없다 記憶にない. 없는 게 없다 ないものがない. 있는 돈을 털어서 산 자전거 なけなしの金をはたいて買った自転車. 서두를 필요는 없다 急ぐ必要はない. 있는 것과 마찬가지다 ないに等しい. ❷ 〔…리가 없다의 形で〕…(する)はずがない; …(という)わけがない. ∥그 사람이 올 리가 없다 彼が来るはずがない. ❸ 〔―수(가) 없다의 形で〕不可能を表わす; …(することが)できない. ∥갈 수 없다 行けない. 먹을 수 없다 食べられない. 지금은 만날 수가 없다 今は会うことができない〔会えない〕. ❹ 〔…적이 없다의 形で〕…(した)ことがない. ∥미국에 가 본 적이 없다 アメリカへ行ったことがない. ▶없는 꼬리를 흔들까 [國] (ない袖は振れない) ▶없는 놈이 찬밥 더운밥 가리랴 [國] (「何もない者が冷たい飯だ温かい飯だと選べるものか」の意で)選り好みできない状況にいる.

없-애다 /ɔːpʰseda/ [업쌔―] 国 ❶なくす; 処分する. ∥흔적을 없애다 痕跡をなくす. 책장을 없애고 소파를 들여놓다 本棚を処分してソファを入れる. ❷取り除く; 殺す. ∥해충을 없애다 害虫を殺す. ❸ 〔俗に或い言い方で〕消す; 殺す. ∥저 녀석을 없애 버려 あいつを消してしまえ.

없이 [업씨] 囸 없다(ない・いない)의 連用形.

없어-지다 /ɔːpʰsɔdʑida/ [업써―] 国 な

くなる; いなくなる. ∥지금이 없어지다 財布がなくなる. 자신이 없어지다 自信がなくなる.

없음 [업씀] 囸 없다(ない・いない)의 未来連体形.

엇-갈리다 /ɔtˢkallida/ [얻깔―] 国 ❶ 行き違う; 行き交う; すれ違う. ∥도중에 엇갈리다 途中で行き違う. ❷食い違う. ∥쌍방의 주장이 엇갈리다 双方の言い分が食い違う.

엇-나가다 [언―] 国 ❶横にそれる. ❷常軌を逸する; 逸脱する.

엇-물다 [언―] 国 [ㄹ語幹] 互い違いにかみ合わせる.

엇물-리다 [언―] 国 うまくかみ合わない.

엇비슷-하다 [얻삐―] 囵 [하変] やや similar다; 似通っている.
엇비슷-히 副

엇비슷-하다 [얻삐스타] 囵 [하変] ❶ほぼ同じだ. ❷何となく似ている. ∥그 모습이 엇비슷하다 横顔が何となく似ている. 엇비슷-이 副

-었- /ɔt/, /ɔt/ 醛語尾 〔陰母音의 語幹에 붙어; 陽母音의 경우는 -았-〕❶ 過去를 表わす: …(し)た, …かった. ∥점심을 두 시에 먹었다 お昼を2時に食べた. 어제 친구하고 술을 마셨다 昨日友だちと酒を飲んだ. 오늘은 학교를 쉬었다 今日は学校を休んだ. ❷ 〔下に打ち消し의 表現을 伴って〕未完了를 表わす: …(し)ていない. ∥점심을 안 먹었다 お昼を食べていない. 아직 안 치웠습니다 まだ片付けていません.

-었었- /ɔdːɔt/ ☞ -았었-.

엉거주춤 [하自] ❶完全に腰もかけず立てずの様子: 中腰で. ∥엉거주춤하게 서 있다 中腰で立っている. ❷ どっちつかずに迷う様子.

엉겁결-에 [―껄레] 副 とっさに. ∥엉겁결에 그 자리에 주저이있다 とっさにへなへなとその場にうずくまった.

엉경퀴 图 [植物] ノアザミ (野薊).

엉금-엉금 副 のろのろ(と); のその(と). ∥거북이가 엉금엉금 기어가다 カメがのそのそと這(ざ)っていく.

엉기다 国 ❶(液体や粉などが)固まる; 凝固する. ❷(細い物が)絡む. ∥털실이 엉겨 버렸다 毛糸が絡んでしまった. ❸群がって絡みつく.

엉덩-방아 图 尻餅. ∥엉덩방아를 찧다 尻餅をつく.

엉덩이 /ɔŋdɔŋi/ 图 尻. ∥엉덩이를 들다 尻を振る. 마루에 오래 앉아 있었더니 엉덩이가 아프다 床に長く座っていたら尻が痛い. ▶엉덩이가 무겁다 一か所で長居する.

엉뚱-하다 /ɔŋʔtuŋhada/ 囵 [하変] とんでもない; 突拍子もない; すっとんきょうだ; 多少おかしい. ∥엉뚱한 구석이 있다 多少おかしなところがある. 대답 돈친난토むかんな返事. 엉뚱한 짓을 하다

엉망 /əŋmaŋ/ 【명】 めちゃくちゃ; ぐちゃぐちゃ; 台無し. ‖방안이 엉망이다 部屋の中がぐちゃぐちゃだ. 계획이 엉망이 되다 計画が台無しになる.

엉망-진창 【명】 엉망을 強めて言う語. ‖엉망진창으로 부숴지다 めちゃめちゃに壊れる.

엉성-하다 /əŋsəŋhada/ 【形】【하요】 ❶粗い; 粗末だ; まばらだ; 締りがない. ‖입은 옷이 엉성하다 着ている服が粗末だ. ❷(内容などが)不十分だ; 雑だ. ‖준비가 엉성하게 準備が不十分だ. 엉성하게 만들어졌다 雑にできている.

엉엉 【副】【하요】 大声で泣く声: わんわん(と). ‖엉엉 소리 내어 울다 わんわん(と)声を上げて泣く.

엉치-등뼈 【解剖】 仙骨 (薦骨).

엉클다 【他】【ㄹ변則】 ❶ (糸や紐などを)ほどけないように絡ませる. ❷散らかす; 乱す. ‖옷장 안을 엉클어 놓다 たんすの中を散らかしてしまう.

엉클어-뜨리다 【他】 もつれさせる; 絡ませる; 混乱させる; 乱す. ‖머리카락을 엉클어뜨리다 髪の毛を乱す.

엉클어-지다 【自】 もつれる; 乱れる. ‖머리카락이 엉클어지다 髪の毛が乱れる.

엉클어-트리다 【他】=엉클어뜨리다.

엉큼-하다 【形】【하요】 腹黒い; 心がねじけている. ‖엉큼한 생각 腹黒い考え.

엉키다 【自】 ❶もつれる; 絡み合う. ‖낚시줄이 엉키다 釣り糸がもつれる. ❷(血などが)固まる; 凝固する. ‖피가 엉키다 血が固まる.

엉터리 /əŋtʰəri/ 【名】 でたらめ; とんでもないこと; いい加減; 手抜き. ‖일을 엉터리로 하다 仕事をでたらめにする. 엉터리 같은 녀석 でたらめなやつ. 엉터리 의사 やぶ医者.

엊-그저께 【언끄-】 【名】 数日前; 2,3 日前. ⓤ엊그제.

엊-그제 【언끄-】 【名】 엊그저께의 略語.

엊-저녁 【언저-】 【名】 어제저녁의 縮約形.

엎다 /əpʰta/ 【엎따】 【他】 ❶ひっくり返す; 伏せる. ‖테이블을 엎다 テーブルをひっくり返す. 접시를 엎어 놓다 皿を伏せておく. ❷転覆する; 滅ぼす; 倒す. ‖독재 정권을 엎다 独裁政権を倒す.

엎드려-뻗쳐 【업뜨-처】 【感】 腕立て伏せの体勢でお尻を持ち上げた格好にさせる号令.

엎드리다 /əpʰtɯrida/ 【엎뜨-】 【自】 四つんばいになる; 腹ばいになる; うずくまる; ひれ伏す; ぬかずく. ❶땅에 엎드리다 地面にうつぶせる. 바닥에 엎드려서 총을 피하다 地面に伏せて弾をよける.

엎어-지다 【自】 ❶転ぶ; 倒れる; (前に)のめる. ‖빙판에서 엎어지다 凍てついた路面でのめる. ❷ひっくり返る. ▶엎어지면 코닿을 데 【꽌】 目と鼻の先 【間】.

엎지르다 /əpʰtɕirɯda/ 【엎지-】 【他】 【르変】 【엎질러, 엎지르는】 (容器内の液体や粉末などを)こぼす. ❶쏟다. ‖물을 엎지르다 水をこぼす. 바지에 커피를 엎질렀다 ズボンにコーヒーをこぼした. ▶엎지른 물 覆水盆に返らず.

엎치락-뒤치락 【업-칙-】 【副】 【하요】 ❶寝つず何度も寝返りを打つ様子. ❷追いつ追われつ, 伯仲の間である様子. ‖시합이 엎치락뒤치락 하고 있다 試合がシーソーゲームを展開している.

에¹ 【名】 ハングル母音字母「ㅔ」の名称.

에² /e/ 【助】 ❶…に. (i)場所を表わす. ‖오빠는 지금 미국에 있다 兄は今アメリカにいる. 병원은 공원 옆에 있다 病院は公園の横にある. (ii)方向を表わす. ‖학교에 가다 学校に行く. 친구가 우리 집에 오다 友だちがうちに来る. 거울에 얼굴을 비쳐 보다 鏡に顔を映してみる. (iii)時を表わす. ‖열 시에 거기서 보자 10時にあそこで会おう. 밤에 많이 먹는 것은 좋지 않다 夜たくさん食べるのはよくない. 아침에 일찍 일어나서 운동을 하다 朝早く起きて運動をする. 추운 날씨에 수고 많으십니다 寒さの中ご苦労様です. ✤아침·낮·저녁·밤など時間帯を表わす名詞にのみ에がつく. (iv)原因を表わす. ‖열에 떨다 恐怖におびえる. 동생이 사법 시험에 합격했다는 소식에 가족들이 기뻐했다 弟が司法試験に合格したという知らせに家族が喜んだ. (v)受身文で動作主を表わす. ‖사람들에 둘러싸이다 人々に囲まれる. (vi)行為などの対象を表わす. ‖독서에 열중하다 読書に熱中する. 学業に専念する. 그 사람의 의견에 동의하다 彼の意見に同意する. 오에 칠을 더하면 십이이다 5に7を足すと12である. 친구 결혼식에 참석하다 友人の結婚式に出席する. (vii)比較·割合の基準を表わす. ‖작년 겨울에 비해 올해는 따뜻하다 去年の冬に比べ今年は暖かい. 일 년에 한 번 가족 여행을 가다 1年に1回家族旅行をする. (viii)追加を表わす. ‖저녁은 스파게티에 피자를 배불리 먹었다 夕食はスパゲティにピザをお腹いっぱい食べた. ❷…へ. ‖산 정상에 도달하다 山頂へたどり着く. ❸…で. (i)期限·限度を表わす. ‖한 시간에 십 킬로미터 달릴 수 있으냐 1時間で10キロ走れますか. (ii)原因·道具を表わす. ‖태풍에 지붕이 날아가다 台風で屋根が吹き飛ぶ. 요리를 하다가 칼에 손을 베이다 料理をしていて包丁で手を切った. (iii)価値を表す. ‖이 물건은 세 개 을수 천원에 3 개입했다. 品物を3千ウォンで3個買った. ❹…やら. ‖친구 집에서 피자에 떡에 잔뜩 먹었다 友だちの家でピザやら餅やらいっぱい食べた.

에게 /ege/ 助 〔人・動物に付いて〕 ❶ …に. (i) 行為やものを受ける人・対象を表わす. ‖후배에게 아르바이트를 소개하다 後輩にアルバイトを紹介する. 남자 친구에게 전화를 하다 彼氏に電話をする. 친구에게 편지를 보내다 友だちに手紙を送る. 그 얘기는 하지 말아 줘 私にそんなこと言わないで. ✚会話では나에게・저에게・너에게の縮約形내게・제게・네게も用いられる. (ii) 受身文での動作主を表わす. ‖사람들에게 떠밀려 밖으로 나오다 人に押されて外に出る. 깡패에게 가방을 빼앗기다 ちんぴらにかばんを奪われる. (iii) 物・事の適用対象を表わす. ‖그 일은 나에게 책임이 있다 その事は私に責任がある. ❷ 居所を表わす. ‖…のところに. ‖그 책은 철수에게 있다 その本はチョルスのところにある. 선생님에게 가다 先生のところに行く. ❸ …から. ‖선생님에게 칭찬을 받았다 先生からほめられた. ❹ …にとって. ‖그에게 그 일은 매우 심각한 문제였다 彼にとってそのことは非常に深刻な問題であった. 한국 사람에게 통일은 지상 과제이다 韓国人にとって統一は至上課題である. ❺ (手紙やメールの宛名で) 同等あるいは目下の人を表わす ‖…へ. ‖사랑하는 친구 세나에게 愛する友セナへ.

에게-로 助 …に;…へ. ‖그 사람에게로 관심이 집중되다 彼に関心が集中する.

에게-만 助 …だけに. ‖남동생에게만 주다 弟だけにやる.

에게-서 /egesʌ/ 助 〔人・動物に付いて〕 …から. ‖문선생님에게서 한국어를 배우고 있다 文先生から韓国語を習っている. 친구에게서 편지를 받다 友だちから手紙をもらう. ✚会話ではむ한테서が多く用いられる.

에고 (ego) 名 エゴ.
에고이스트 (egoist) 名 エゴイスト.
에고이즘 (egoism) 名 エゴイズム.
에구머니 感 驚いたりふっと思い出したりした時に発する語. ‖에구머니, 이 일을 어찌나 あら, どうしたらいいの?.
에구 感 哀れに思った時や憎い時に発する語:なんと. ‖에구, 한심한 녀석 なんと, 情けない奴.
에끼 感 気に入らなかった嫌気がしたりする時に発する語:えいっ.
에나멜 (enamel) 名 エナメル. ‖에나멜 가죽 エナメル革.
에너지 (energy) 名 エネルギー. ‖에너지를 소모하다 エネルギーを消耗する. 에너지 절약 エネルギーの節約. 운동 에너지 運動エネルギー.
에누리 /enuri/ 名 /enʌdʑi/ 名 掛け値;割引;

値引き. ‖에누리는 안 됩니다 値引きはできません. 에누리 없는 가격 掛け値なしの値段. 그 사람 얘기는 에누리해서 들어야 한다 彼の話は割引いて聞かないといけない.
에는 助 …には.
에다¹ 他 ❶ 心身に激しい苦痛や動揺を与える. ‖살을 에는 듯한 추위 身を切るような寒さ. 가슴을 에는 듯한 슬픔 胸が張り裂けるような悲しみ.
에-다² 助 ❶에다가の略語. ❷ 빵에다 잼을 듬뿍 바르다 パンにイチゴジャムをたっぷりつける. ❷ 羅列を表わす:…に;…を. ‖치킨에다 피자에다 엄청 먹었다 チキンやらピザやらたくさん食べた.
에다가 助 ❶ 何かが加わることを表わす:…に;…にさらに. ‖월급은 본봉에다가 가족 수당, 주택 수당이 붙는다 給料本俸に家族手当, 住宅手当がつく. ❷ 場所・位置を表わす:…に. ‖아까 그 편지 어디에다 두었니? さっきのあの手紙, どこに置いたの. ⑳에다.
에델바이스 (Edelweiss ド) 名 〖植物〗 エーデルワイス.
에-돌다 自 〖ㄹ変〗 遠回りする;くねくねする. ‖에돌아 흘러가다 くねくねと流れる.
에-두르다 他 〖르変〗 ❶ 取り囲む. ❷ 遠回しに言う. ‖에둘러서 말하다 遠回しに言う.
에라 感 がっかりして諦める時などに発する語. ‖에라, 모르겠다 えい, 知るもんか.
에러 (error) 名 エラー.
에로 (ero) 名 エロ;エロチック.
에로스 (eros) 名 エロス.
에로티시즘 (eroticism) 名 エロチシズム.
에로틱-하다 (erotic-) 形 〖하変〗 エロチックだ.
에메랄드 (emerald) 名 〖鉱物〗 エメラルド.
에비 名 子どもに恐ろしいものの意味で用いる言葉:鬼;お化け.
— 感 子どもが危ないものや汚いものを触ったり口に入れようとしたりする時に, それをとめるために用いる言葉:駄目. ‖에비, 만지면 안 돼 駄目, 触っちゃ駄目だよ.
에서 /esʌ/ 助 ❶ 動作・作用が行われる場所を表わす:…で. ⑳에서. ‖도서관에서 늦게까지 공부 하다 図書館で遅くまで勉強する. 백화점에서 선물을 사다 デパートでプレゼントを買う. 집에서의 생활 태도 家での生活態度. ❷ 動作・状態の主体を表わす:…で;…が. ‖야당 측에서는 반대 의사를 표했다 野党側では反対の意思を示した. 노조에서 제시한 조건 組合が提示した条件. ❸ 出発する位置を表わす:…から;…を

∥밤 열 시에 나리타에서 뜨는 비행기를 탔다 夜10時に成田から発つ飛行機に乗った. 두 시에 집에서 나왔다 2時に家を出た. ❹ 동작의 출발점을 표현하다: …에서. ∥그런 관점에서 보면 そういう観点から見ると. 내 입장에서 말할 수밖에 없다 私の立場からしか言いようがない. ❺ […에서…까지의 形으로] 공간·시간의 범위를 나타낸다: …에서…까지. ∥근무 시간은 아침 9시에서 오후 다섯 시까지입니다 勤務時間は朝9時から午後5時までです. 집에서 회사까지 한 시간 걸린다 家から会社まで1時間かかる. 서울에서 부산까지 ソウルから釜山まで.

에서-부터 죄 …から. ∥학교에서부터 걸어왔다 学校から歩いてきた.

에세이 (essay) 명 エッセイ.

에센스 (essence) 명 エッセンス.

에스 (S·s) 명 〔アルファベットの〕エス.

에스-사이즈 (S-size) 명 〔服などの〕Sサイズ. ❖엠사이즈·엘사이즈.

에스-에프 (SF) 명 エスエフ; サイエンスフィクション. ✢ science fiction の略語.

에스카르고 (escargot⁷) 명 エスカルゴ.

에스컬레이터 (escalator) 명 エスカレーター.

에스코트 (escort) 명 他 エスコート.

에스키모 (Eskimo) 명 エスキモー; イヌイット.

에스페란토 (Esperanto) 명《言語》エスペラント.

에스프리 (esprit⁷) 명 エスプリ.

에어로빅 (aerobic) 명 =에어로빅댄스.

에어로빅-댄스 (aerobic dance) 명 エアロビックダンス.

에어로빅스 (aerobics) 명 エアロビクス.

에어-백 (air bag) 명 エアバッグ.

에어컨 (←air conditioner) 명 〔에어컨디셔너의略語〕エアコン.

에어컨디셔너 (air conditioner) 명 エアコンディショナー; エアコン.

에에 잡 ❶긍정·승낙을 할 때에 발하는 語: ええ. ❷話の初めや途中で言葉に詰まった時に発する語: えー.

에요 /ejo/ 미 〔이다·아니다의語幹에 붙어〕…です; …ですか. ∥얘가 제 남동생이에요 この子が私の弟です. 저 사람은 한국 사람이 아니에요 あの人は韓国人ではありません. 학생이 아니에요? 学生ではありませんか.

에우다 통 〔主に에워싸다の形で〕囲む; 取り囲む; 包囲する. ∥성을 에워싸다 城を取り囲む.

에-의 图 …への. ∥승리에의 길 勝利への道.

에이¹ (A·a) 명 〔アルファベットの〕エー.

에이² 잡 怒りや不満を表わす時に発する語: えい. ∥에이, 싸 증나 えい, いらいらする.

에이그 잡 哀れに思った時やひどく憎い時に発する語: まあ, なんと. ∥에이그, 불쌍한 것 まあ, かわいそうに.

에이끼 잡 〔主に中年男性が目下の人に〕非難の気持ちを込めて発する語: やい. ∥에이끼, 이 사람아 왜 그런 짓을 했는가? やい, お前さん, なんでそんなことをしたんだい.

에이레 (Eire) 명《国名》〔アイルランドの旧称〕エール.

에이비-형 (AB型) 명 〔血液型の〕AB型.

에이스 (ace) 명 エース.

에이엠¹ (AM·am) 명 A.M.; a.m. ピエム. ✢ ante meridiem の略語.

에이엠² (AM) 명 〔振幅変調〕AM. ✢ amplitude modulation の略語.

에이엠-방송 (-放送) 명 AM放送.

에이전시 (agency) 명 エージェンシー.

에이전트 (agent) 명 エージェント.

에이즈 (AIDS) 명《医学》エイズ. ✢ Acquired Immune Deficiency Syndrome の略語.

에이치 (H·h) 명 ❶〔アルファベットの〕エイチ. ❷鉛筆の芯の硬さを表わす記号.

에이치비 (HB) 명 〔鉛筆の芯の〕HB. ✢ hard and black の略語.

에이커 (acre) 依명 面積の単位: …エーカー.

에이프런 (apron) 명 エプロン.

에이-형 (A型) 명 〔血液型の〕A型.

에잇 [-읻] 잡 思うようにならないでいらだる時や人をのろう時などに発する語: えい; くそ. ∥에잇, 재수 없어 くそ, ついてない.

에취 잡 くしゃみの声: はくしょん.

에칭 (etching) 명《美術》エッチング.

에콰도르 (Ecuador) 명《国名》エクアドル.

에탄 (ethane) 명《化学》エタン.

에탄올 (ethanol) 명《化学》エタノール.

에테르 (ether) 명《化学》エーテル.

에토스 (ethos⁸) 명 エトス. ❀파토스.

에티켓 (étiquette⁷) 명 エチケット.

에틸렌 (ethylene) 명《化学》エチレン.

에틸-알코올 (ethyl alcohol) 명《化学》エチルアルコール.

에프 (F·f) 명 〔アルファベットの〕エフ.

에프엠 (FM) 명 FM; 周波数変調. ✢ frequency modulation の略語.

에프엠-방송 (-放送) 명 FM放送.

에피소드 (episode) 명 エピソード.

에필로그 (epilogue) 명 エピローグ; プロローグ.

에헤 잡 あきれたり気に入らなかったりした

에헴 감 (主に中年男性が)自分の出現を知らせるためにわざとする咳払い: えへん, おほん.

엑스 (X·x) 감 (アルファベットの)エックス.

엑스-레이 (X-ray) 감 [物理] エックス線; レントゲン.

엑스-선 (X線) 감 X線.

엑스^세대 (X 世代) 감 自己主張の強い世代. ✤アメリカの作家ダグラス・クープランドの小説『ジェネレーション X』に由来.

엑스^염색체 (X 染色體) 감 [動物] X 染色体. 凾와이 염색체(-染色體).

엑스-축 (x 軸) 감 [數學] x 軸. 凾이 이축(-軸).

엑스트라 (extra) 감 エキストラ.

엑스포 (Expo) 감 万国博覧会. ✤만국 박람회(萬國博覽會).

엔 (N·n) 감 (アルファベットの)エヌ.

엔 (えん·円) 감 日本の貨幣の単位: 円.

엔 감 [에는の縮約形]…には.

엔간-하다 형여 (程度が)普通だ; 並大抵だ: ほどほどだ. ‖엔간한 성격이 아니다 普通の性格ではない. **엔간-히** 부 엔간하여 해라 ほどほどにしなさい.

엔지니어 (engineer) 감 エンジニア.

엔지오 (NGO) 감 NGO; 非政府組織. ✤ nongovernmental organization の略語.

엔진 (engine) /엔d ʒin/ 감 エンジン. ‖엔진을 걸다 エンジンをかける. 엔진이 꺼지다 エンジンが止まる.

엔진^오일 (engineoil) 감 エンジンオイル.

엔트리 (entry) 감 エントリー.

엔-화 (円貨) 감 円貨.

엘 (L·l) 감 (アルファベットの)エル.

엘-사이즈 (L-size) 감 (服などの)Lサイズ. 凾에스사이즈·엠사이즈.

엘니뇨 (el Niño ス) 감 [地] エルニーニョ.

엘레지 (élégie 프) 감 [音樂] エレジー; 哀歌.

엘리베이터 (elevator) 감 エレベーター.

엘리트 (élite 프) 감 エリート. ‖엘리트 의식 エリート意識.

엘살바도르 (El Salvador) 감 [國名] エルサルバドル.

엠 (M·m) 감 (アルファベットの)エム.

엠-사이즈 (M-size) 감 (服などの)Mサイズ. 凾에스사이즈·엘사이즈.

엠티 (MT) 감 (主に大学生の)合宿. ✤ membership + training の略語.

엥 갑 怒ったりいらいらしたりする時に発する語: えい; ちぇ.

엥겔^계수 (Engel 係數) 【-/-게-】 감 (經) エンゲル係数.

엥겔의^법칙 (Engel 法則) 감 (經) エンゲルの法則.

여[1] 감 ハングル母音字母「ㅕ」の名称.

여[2] (呂) 감 [姓] 呂 (ヨ).

여[3] (余) 감 [姓] 余 (ヨ).

여[4] (與) 감 〔여당(與黨)の略語〕与党.

여[5] (余·予) 대 余 (予).

여-[6] (女-) 접두 女…; 女の…; 女性…. ‖여동생 妹. 여배우 女優. 여선생(님) 女の先生. 여직원 女性職員.

여[7] 조 言葉で終わる体言に付いて; 子音の場合はいわ 対象を詠嘆調で呼ぶ 呼格助詞: …よ. ‖친구여 友よ.

-여[1] (餘) 접미 …余; …余り. ‖한 달여 동안 1 か月余りの間.

-여[2] (與) 접미 動詞および接尾辞 -하다 が付く用言の語幹に用いられる連結語尾. ‖설명하여 주다 説明してあげる. 성공하여 돌아오다 成功して戻ってくる. ✤普通하と結合した해の形で用いられることが多い. 綰 -아·-어.

여가 (餘暇) 감 暇; 余裕.

여각 (餘角) 감 [數學] 余角.

여간 (如干) 부 /jogan/ 〔主に下に打ち消しの表現を伴って〕並大抵の; 普通では; 非常に; かなり. ‖여간 힘든 게 아니다 並大抵の苦労ではない. 돈이 여간 드는 게 아니다 かなり金がかかる.

여간-내기 (如干-) 감 ただ者; 普通の人. ‖말하는 걸 보니 여간내기가 아니다 話しているのを見るとただ者ではない.

여간-하다 (如干-) 형여 [하変] 〔主に下に打ち消しの表現を伴って〕ちょっとやそっとのことだ. ‖여간해서는 화를 안 내는 사람이다 ちょっとやそっとのことでは怒らない人だ.

여객 (旅客) 감 旅客.

여객-기 (旅客機) 【-끼】 감 旅客機.

여객-선 (旅客船) 【-썬】 감 旅客船.

여건 (與件) 【-껀】 감 与えられた条件; 所与. ‖여건이 좋지 않다 与えられた条件がよくない.

여걸 (女傑) 감 女傑; 女丈夫.

여격 (與格) 감 [-격] [言語] 与格.

여격^조사 (與格助詞) 【-격 쪼-】 감 [言語] 与格助詞: …에게·…께·…한테など.

여경 (女警) 감 〔여자 경찰관(女子警察官)の略語〕婦人警官.

여계 (女系) 【-/-게】 감 女系. 凾남계(男系).

여고 (女高) 감 〔여자 고등학교(女子高等學校)の略語〕女子高.

여고-생 (女高生) 감 〔여자 고등학교 학생(女子高等學校學生)の略語〕女子高生.

여공 (女工) 감 女子工員.

여과 (濾過) 감 하타 濾過.

여과-기 (濾過器) 【名】濾過器.
여과-지 (濾過紙) 【名】濾過紙. ⑩ 거름 종이.
여관 (旅館) 【名】旅館.
여광 (餘光) 【名】余光.
여권¹ (女權) 【名】女權. ‖여권 신장 女權の拡張.
여권² (旅券) /jɔˀkwɔn/ 【名】パスポート; 旅券. ⑩ 패스포트. ‖여권 발급 パスポートの発給. 여권이 나오다 パスポートが下りる.
여권³ (與圈) 【名】여당권(與黨圈)の略語. ⇔ 야권(野圈).
여기 /jɔgi/ 【代】❶ ここ; こちら. ‖여기에 앉아 보세요 ここに座ろう. 여기로 오세요 こちらへどうぞ. ❷ これ; この点; この所. ‖여기에 대해서는 반대 의견이 없었다 この点については反対の意見がなかった.
여기다 /jɔgida/ 【他】(そうだと) 思う; 見なす. ‖친딸처럼 여기다 実の娘のように思う. 지금도 고맙게 여기고 있습니다 今もありがたく思っている.
여-기자 (女記者) 【名】女性記者.
여기-저기 /jɔgidʑɔgi/ 【名】あちらこちら; あちこち. ‖여기저기를 기웃거리다 あちらこちらを覗き込む. 여기저기 돌아다니다 あちこち歩き回る.
여남은 10余り; 10くらい. ‖여남은 개가 남았다 10個余り残った.
여념 (餘念) 【名】余念. ‖마지막 정리에 여념이 없다 最後の整理に余念がない.
여느 普通の…; 普段の…; 並みの…. ‖여느 때 같으면 벌써 왔을 텐데 普段だったらもう来ているはずなのに.
여는 【冠】【語幹】 열다(開ける)の現在 連体形.
여단 (旅團) 【名】(軍事) 旅團.
여-닫다 【-따】【他】開閉する; 開け閉めする. ‖문을 여닫다 ドアを開け閉めする.
여닫-이 【-다지】【名】引き戸.
여담 (餘談) 【名】余談; こぼれ話.
여당 (與黨) 【名】与党. ⑩여(與). ⇔야당(野黨).
여당-권 (與黨圈) 【名】与党および与党を味方する人や団体. ⑩여권(與圈).
여대 (女大) 〔女子大學(女子大學)の略語〕女子大.
여대-생 (女大生) 〔여자 대학생 (女子大學生)の略語〕女子大生.
여덟 /jɔdɔl/【-덜】【数】8人; 8つ; 8. ‖넷에 넷을 더하면 여덟이 4に4を足すと8だ.
── 【冠】8…. ‖여덟 명 8人. 여덟 살 8歳.
여덟-째 【数】8つ目; 8番目; 8番目の.
여독 (旅毒) 【名】旅の疲れ. ‖아직도 여독이 안 풀린 것 같다 まだ旅の疲れが取れていないようだ.
여-동생 (女同生) /jɔdoŋsɛŋ/ 【名】妹. ⑰남동생(男同生). ‖여동생이 둘이 있다 妹が2人いる. 막내 여동생 末の妹.
여드레 8日; 8月8日.
여드렛-날 【-낸-】【名】8日目の日.
여드름 【名】にきび. ‖여드름을 짜다가 피부를 상하다 にきびをつぶす.
여든 /jɔdɯn/【数】80歳; 80. ‖팔십(八十). ‖여든이 되도록 철이 안 나 간다 三つ子の魂百まで. 올해 여든 살이 되시는 할머니 今年80歳になられるおばあさん.
-여라 【語尾】〔하다用言の語幹に付いて〕❶命令の意を表わす; …て; …てね. ‖열심히 하여라 一所懸命やってね. 頑張ってね. ❷感嘆の意を表わす; …だな; …だね. ‖예뻐라 하여라 きれいだね.
여래 (如來) 【名】〔仏敎〕如來.
여러 /jɔrɔ/【冠】色々な…; 様々な…; 数々の…. ‖여러 종류 色々な種類. 여러 나라에서 온 유학생 様々な国から来た留学生. 여러 가지 이유로 様々な理由で.
여러모-로 色々な面で; 色々と; 多方面で; 多角的に; 多方面で感謝します 色々とありがとうございます.
여러-분 【代】〔その場にいる複数の聞き手を敬って〕皆さん; 皆様. ‖학생 여러분 学生の皆さん.
여러해살-이 〔植物〕多年生.
여러해살이-풀 〔植物〕多年草; 多年生植物.
여럿 【-럳】【名】多数; 大勢. ‖여럿이 모여서 하면 일이 빨리 끝난다 大勢集まってやれば仕事が早く終わる.
여력 (餘力) 【名】余力.
여로 (旅路) 【名】旅路.
여론 (輿論) /jɔˀron/ 【名】世論(世論); 輿論. ‖여론에 호소하다 世論に訴える. 여론을 환기시키다 世論を喚起する. 여론이 갈라지다 世論が割れる.
여론-조사 (輿論調査) 【名】世論調査.
여론-화 (輿論化) 【名】【他】世論化.
여류 (女流) 【名】女流. ‖여류 작가 女流作家.
여름 /jɔrum/【名】夏. ‖올 여름 今年の夏; この夏. 초여름 初夏. 더운 여름을 타다 夏負けする. 여름 옷 夏服. 夏物.
여름-내 【副】夏中; 夏ずっと. ‖여름내 놀러 다니다 夏中遊び回る.
여름-방학 (-放學) 【-빵-】【名】(学校の)夏休み.
여름-옷 【-르몯】【名】夏服. 夏物.
여름-철 【名】夏. 夏季.
여름-휴가 (-休暇) 【名】(学校以外のところでの)夏休み. ⇔하기휴가(夏期休暇).
여리다 /jɔrida/ 【形】(気が)弱い; ナイーブ

だ; もろい. ‖여린 성격 ナイーブな性格. 마음이 여리다 気が弱い.

여명¹ (餘命) 图 余命. ‖여명이 얼마 남지 않다 余命いくばくもない.

여명² (黎明) 图 黎明(然).
　여명-기 (黎明期) 图 黎明期.

여물 秣(ボ)い 飼い葉. ‖소 여물 牛の秣.

여물다¹ /jəmulda/ 囮 [ㄹ語幹]어, 여무는, 여문〕 ❶ 〔仕事や言動などが〕しっかりしている. ‖일을 여물게 하다 仕事を手ぬかりなくやる. ❷ 〔人となりや生活態度がしっかりしている〕無駄がない. ‖여물게 살다 無駄のない生活をしている.

여물다² 〔ㄹ語幹〕实る; 熟する. ‖곡식이 여물다 穀物が実る.

여미다 囮〔服装などを〕正す; 整える. ‖옷깃을 여미다 襟を正す.

여-배우 (女俳優) 图 女優. ◉ 여우(女優).

여백 (餘白) 图 余白; 空白. ‖이아 여백이 너무 없다.

여-벌 (餘-) 图 予備の服. ‖여벌의 옷을 준비하다 予備の服を準備する.

여보 閻 あなた. ╋夫婦間の呼称.

여-보세요 /jəbosejo/ 閻 〔主に電話での〕もしもし.

여봐란-듯이 圓 これ見よがしに.

여부 (與否) 图 ❶ 可否; …するか否か; …かどうか. ‖여부를 확인하다 …か否かを確かめる. ❷ 〔主にない・없다を伴って〕間違いない; もちろんである. ‖물론입니다. 여부가 있겠습니까? もちろんです. 間違いありません.

여북 圓 〔主に疑問形を伴って〕どれほど; よほど; どんなに; さぞかし. ‖여북 바빴으면 수염도 못 깎았을까? ひげも剃れないとは、よほど忙しかったのだろう.
　여북-이나 圓 여북を強めて言う語.

여분 (餘分) 图 余分; 余り; スペア.

여-불규칙 용언 (-不規則用言) 〔-칭용: -용〕 图 (言語) 하변則用言.

여-불규칙 활용 (-不規則活用) 〔-치롸용〕 图 (言語) 하变則.

여비 (旅費) 图 旅費.

여사 (女史) 图 女史.

여삼추 (如三秋) 图 (「3年のように長く感じる」の意で) 非常に待ち遠しい心を表わす語. ‖일각이 여삼추 一日千秋.

여상 (女商) 图 〔女子 상업 고등학교 (女子商業高等學校)の略称〕女子商業高等学校.

여색 (女色) 图 女色. ‖여색을 밝히다 女色を好む.

여생 (餘生) 图 余生. ‖여생을 즐기다 余生を楽しむ.

-여서 /jəsə/ 踵尾 〔하다用言の語幹に付いて〕原因・理由の意味を表わす. …して; …したので. ‖남동생이 취

직하여서 기쁘다 弟が就職してうれしい. 운동을 많이 하여서 피곤하다 運動をしすぎて疲れた. ╋普通하-と結合した해の形で用いられることが多い.

여-선생 (女先生) 图 女の先生; 女性教師.

여섯 /jəsət/ 〔一선〕 数 6人; 6つ; 6. ‖이 차에 여섯은 못 탄다 この車に 6人は乗れない.
　— 6…. ‖여섯 명 6名. 여섯 시 6時.
　여섯-째 数 6つ目; 6番目; 6番目の.

여성 (女性) /jəsəŋ/ 图 女性. ⑦남성 (男性). ‖여성복 婦人服. 여성 잡지 女性雜誌. 여성의 지위가 향상되다 女性の地位が向上する.
　여성-계 (女性界) 〔-/-게〕 图 女性の社会や分野.
　여성-미 (女性美) 图 女性美.
　여성-적 (女性的) 图 女性的.
　여성-학 (女性學) 图 女性学.
　여성 호르몬 (女性 hormone) 图 女性ホルモン.

여세 (餘勢) 图 余勢. ‖예선전에서의 우승의 여세를 몰아 결승전까지 진출하다 予選で優勝した余勢を駆って決勝戦まで勝ち進む.

여송-연 (呂松煙) 图 (フィリピンのルソン島産の) 葉巻き (タバコ).

여수 (旅愁) 图 旅愁.

여승 (女僧) 图 (仏教) 尼僧; 比丘尼.

여식 (女息) 图 [딸の謙譲語] 娘.

여신¹ (女神) 图 女神. ‖자유의 여신 自由の女神.

여신² (與信) 图 (經) 与信 (金融機関が取引先に融資を行なうこと). ⑦수신 (受信).

여실-하다 (如實-) 囮 〔하엳〕 图 如実だ.
　여실-히 (如實-) 圓 問題点が여실하다 問題点が如実に現れる.

여심 (女心) 图 女心.

여아 (女兒) 图 女の子; 女児.

여야 (與野) 图 与党と野党.

-여야² /jəja/ 踵尾 〔하다用言の語幹に付いて〕当為・義務の意を表わす. …しないと; …しなければ; …してこそ; …でこそ. ‖학생은 공부를 열심히 하여야 한다 学生は一所懸命勉強しなければならない. 숙제를 하여야 한다 宿題をしないといけない. ╋普通하여야が해야の形で用いられることが多い.

여열 (餘熱) 图 余熱.

여염-집 (閭閻-) 〔-찜〕 图 一般庶民の家.

여왕 (女王) /jəwaŋ/ 图 女王. ‖신라의 선덕 여왕 新羅の善德女王. 엘리자베스 여왕 エリザベス女王.
　여왕-벌 (女王-) 图 (昆蟲) ジョオウバチ (女王蜂).

여요 回 =여요.
여우¹ /jou/ 图 ❶〖動物〗キツネ(狐). ❷〔比喩的に〕ずる賢い人; ちゃっかり者.
　여우-비 日照り雨; 狐の嫁入り.
여우² (女優) 图 女배우(女俳優)の略語. ㉗남우(男優). ‖여우 주연상 主演女優賞.
여운 (餘韻) 图 余韻. ‖여운을 남기다 余韻を残す.
여울 图 早瀬; 浅瀬.
　여울-목 早瀬の狭くなった所.
여위다 /jəwida/ 囘 やせる; やせ細る; やつれる. ‖아파서 좀 여위다 病気で少しやせる. ㉗야위다.
여유 (餘裕) /jəju/ 图 余裕. ‖여유 있는 태도 余裕のある態度. 경제적으로 여유가 없다 経済的に余裕がない.
여유-롭다 (餘裕-) 【-따】 圈 [ㅂ変] 余裕がある; ゆとりがある. ‖여유로운 생활 ゆとりのある生活.
여유-만만 (餘裕滿滿) 图 形動 =유석유석(悠々綽々).
여유-작작 (餘裕綽綽)【-짝】 图 形動 余裕綽綽(しゃくしゃく).
여의¹ (如意)【-/-이】 图 하変 思うようになること.
　여의-봉 (如意棒) 如意棒.
　여의-주 (如意珠) 如意宝珠.
여의찮다 (如意-)【-찬타/-치안타】 圈 〔여의하지 아니하다の縮約形〕思い通りにならない; ままならない. ‖형편이 여의찮다 生活がままならない.
여의² (女醫)【-/-이】 图 女医.
여의다 /jəida/【-/-이-】 囘 ❶ 死に別れる. ‖어려서 부모님을 여의다 幼くして両親と死に別れる. ❷〈娘を〉嫁がせる.
여-의사 (女醫師)【-/-이-】 图 女医.
여의-하다 (如意-)【-/-이-】 圈 하変 思い通りになる.
여인 (女人) 图 女の人; 女; 女性.
여인-숙 (旅人宿) 旅館など規模が小さく安い宿屋.
여일 (如一)【-/-이】 图 余日.
여자 (女子) /jədʒa/ 图 女子; 女性; 女の人; 女. ㉗남자(男子). ‖여자 친구 女友だち; ガールフレンド; 彼女. 여자 화장실 女子トイレ. 여자 아이 女の子. 여자 혼자서 女 1 人で. ▶여자가 셋이면 나무 접시가 든다 [諺] 女三人寄れば姦(かしま)しい.
여장¹ (女裝) 图 女装.
여장² (旅裝) 图 旅装. ‖여장을 풀다 旅装を解く.
여-장부 (女丈夫) 图 女丈夫.
여전-하다 (如前-)【-/-】 /jədʒənhada/ 形動 하変 相変わらずだ; 変わりがない; 変わっていない. ‖술너釁은 여전하다 酒癖は変わっていない. **여전-히** 副 以前通り.

들어도 여전히 예쁘다 年をとっても相変わらずきれいだ.
여정¹ (旅情) 图 旅情.
여정² (旅程) 图 旅程.
여죄 (餘罪)【-/-줴】 图 余罪. ‖여죄를 추궁하다 余罪を追及する.
여주 〖植物〗 ニガウリ(苦瓜).
여-주인공 (女主人公) 图 女主人公.
여중 (女中) 图 여자 중학교(女子中学校)の略語.
여지 (餘地) /jədʒi/ 低区 …余地; …余裕. ‖의심할 여지가 없다 疑いをさしはさむ余地もない. 입추의 여지가 없다 立錐の余地もない. 변명의 여지가 없다 弁解の余地もない.
여지-없이 (餘地-)【-엽따】 圈〔-업따〕 圈 どうしようもない; なすすべもない.
　여지없이 あっさり. ‖여지없이 깨지다 あっさり負ける.
여직 여태의 誤り.
여진 (餘震) 图 余震.
여-집합 (餘集合)【-지팝】 图 〖数学〗余集合; 補集合.
여쭈다 〔묻다의 謙譲語〕申し上げる; お伺いする. ‖말씀을 여쭈다 お伺いする.
여쭙다【-따】 他 [ㅂ変] 〔여쭈다의 謙譲語〕申し上げる; お伺いする.
여차여차-하다 (如此如此-) 形 하変 かくかくしかじかだ. ‖여차여차하다는 사정으로 かくかくの事情で.
여차-하다 (如此-) 图 하変〔主に여차하면の形で〕いざとなったら. ‖여차하면 도망가자 いざとなったら逃げよう.
여체 (女體) 图 女体.
여치 图〖昆虫〗キリギリス(蟋蟀).
여친 (女親) 图〔여자 친구(女子親舊)の略語〕女友だち; ガールフレンド; 彼女.
여타 (餘他) 图 その他のもの[こと]. ‖여타의 문제 その他の問題.
여탈 (與奪) 图 하変 与奪. ‖생살여탈권 生殺与奪の権.
여탕 (女湯) 图 女湯. ㉗남탕(男湯).
여태 /jəte/ 圈 今まで; ずっと; いまだに. ‖여태 기다리고 있었니? 今までずっと待っていたの? 여태 결혼을 못 했다 いまだに結婚していない.
　여태-껏【-껟】 圈 여태を強めて言う語.
여파 (餘波) 图 余波; あおり. ‖원유가 인상의 여파로 물가가 급등하다 原油価引き上げの余波で物価が急騰する.
여편-네 (女便-) 图〔俗っぽい言い方で〕女房; おかみさん.
여하 (如何) 圈 如何. ‖모든 것은 그 사람 태도 여하에 달려 있다 全ては彼の態度如何にかかっている.
여하-간 (如何間) 圈 とにかく; ともかく. ‖여하간 만나서 얘기하자 とにかく会って話そう.

여하튼 (如何-) 團 =여하간(如何間).

여-학생 (女學生) /jɔhakˀsɛŋ/ 【-쌩】 图 女子学生. ⑦남학생(男學生).

여한 (餘恨) 图 遺恨; 思い残すこと. ‖이제는 죽어도 여한이 없다 もう死んでも思い残すことはない.

여행 (旅行) /jɔhɛŋ/ 图 (自他) 旅行. 旅. ‖여행을 떠나다 旅に出る. 교토로 여행을 가다 京都へ旅行する. 유럽을 여행하면서 느낀 것 ヨーロッパを旅行しながら感じたこと. 관광 여행 観光旅行. 수학여행 修学旅行.

여행-사 (旅行社) 图 旅行代理店.

여행자 수표 (旅行者手票) 图 旅行小切手; トラベラーズチェック.

여흥 (餘興) 图 余興.

역¹ (役) 图 役. ‖이번 연극에서 맡은 역 今回の劇で任された役.

역² (逆) 图 逆; 裏返し; 反対. ‖역으로 해석하다 逆に解釈する. 역으로 말하면 裏返しで言えば.

역³ =

역⁴ (驛) /jɔk/ 图 駅. ‖집에서 역까지 십 분 걸립니다 家から駅まで10分かかります. 다음 역에서 갈아타 주세요 次の駅で乗り換えてください. 종착역 終着駅.

역-⁵ (逆) 接頭 逆…. ‖역효과 逆効果. 역선전 逆宣伝.

역-겹다 (逆-) /jɔkˀkjɔpˀta/ 【-껍따】[ㅂ변칙] 照 [ㅂ変] 胸が悪くなる, 逆らわしい, 逆らわしい, 逆らわしい. むかつく; むかむかする; 非常に気に障る. ‖역겨운 냄새 むかむかするようなにおい. 말투가 역겹다 言い方が気に障る.

역경¹ (易經) 【-꼉】图 (五経の一つの) 易経.

역경² (逆境) 【-꼉】图 逆境. ‖역경에 처하다 逆境に置かれる.

역공 (逆攻) 【-꽁】图 他 反撃; 反攻. ‖역공에 나서다 反撃に出る.

역광 (逆光) 【-꽝】图 逆光.

역-광선 (逆光線) 【-꽝-】图 =역광 (逆光).

역귀 (疫鬼) 【-뀌】图 疫病神.

역-기능 (逆機能) 【-끼-】图 本来の目的とは違う好ましくない機能.

역내¹ (驛內) 【-내】图 駅内.

역내² (域內) 【-내】图 域內.

역대 (歷代) 【-때】图 歷代. ‖역대 한국 대통령 歴代韓国の大統領.

역도 (力道) 【-또】图 (スポーツ) 重量挙げ.

역동 (力動) 【-똥】图 自他 力動.

역동-적 (力動的) 【-똥-】图 力動的.

역량 (力量) 【-냥】图 力量. ‖역량을 발휘하다 力量を発揮する. 역량이 부족하다 力量に欠ける.

역력-하다 (歷歷-) /jɔŋnjɔkʰada/ 【-녀카-】 照 [하変] 歷々としている; ありあ리다. ‖싫어하는 기색이 역력하다 嫌がる様子がありあ리다. **역력-히** 副 歷々と; ありあ리. ‖실망한 기색이 얼굴에 역력히 드러나다 がっかりした表情にありあ리 と見える.

역류 (逆流) /jɔŋnju/ 图 自他 逆流. ‖바닷물이 강으로 역류하다 海水が川に逆流する.

역마-살 (驛馬煞) 【영-쌀】图 流浪の星回り.

역-마차 (驛馬車) 【영-】图 駅馬車.

역모 (逆謀) 【영-】图 自他 逆謀.

역무-원 (驛務員) 【영-】图 駅員.

역병 (疫病) 【-뼝】图 疫病.

역-부족 (力不足) 【-뿌-】图 形 力不足.

역사¹ (歷史) /jɔkˀsa/ 【-싸】图 歷史; 史. ‖역사가 오래되다 歷史が古い. 역사가 짧다 歷史が浅い. 역사를 되돌아 보다 歷史を振り返る. 역사에 남을 대사건 歷史に残る大事件. 복식의 역사 服飾の歷史.

역사-가 (歷史家) 图 歷史家. 卿사가 (史家).

역사-관 (歷史觀) 图 歷史觀. 卿사관 (史觀).

역사-극 (歷史劇) 图 歷史劇. 卿사극 (史劇).

역사-상 (歷史上) 图 歷史上. ‖역사상의 인물 歷史上の人物.

역사-소설 (歷史小說) 图 (文芸) 歷史小說.

역사-시대 (歷史時代) 图 歷史時代.

역사-적 (歷史的) 图 歷史的. ‖역사적인 순간 歷史的な瞬間. 역사적으로 검토하다 歷史的に検討する.

역사-학 (歷史學) 图 歷史學. 卿사학 (史學).

역사² (驛舍) 【-싸】图 駅舎.

역사³ (力士) 【-싸】图 力士.

역산 (逆算) 【-싼】图 他 逆算.

역서 (曆書) 【-써】图 曆書.

역-선전 (逆宣傳) 【-썬-】图 他 逆宣伝.

역설¹ (力說) 【-썰】图 他 力說. ‖복지 제도의 중요성을 역설하다 福祉制度の重要性を力說する.

역설² (逆說) 【-썰】图 逆說; パラドックス.

역설-적 (逆說的) 【-썰쩍】图 逆說的.

역성 (易姓) 【-썽】图 易姓. ‖역성혁명 易姓革命.

역성-들다 【-썽-】[ㄹ語幹] えこひいきする.

역세-권 (驛勢圈) 【-쎄꿘】图 日常的に駅を利用する人が分布する範囲.

역-수입 (逆輸入) 【-쑤-】图 他 逆輸入. **역수입-되다** 受動

역-수출 (逆輸出) 【-쑤-】图 他 逆

輸出. **역수출-되다** 受動

역순(逆順)【-쑨】图 逆順.‖역순 사전 逆引き辞典.
역습(逆襲)【-씁】图他 逆襲.‖역습을 하다 逆襲に転じる. **역습-당하다** 受動
역시¹(譯詩)图 訳詩.
역시²(亦是)/jɔkʰíi/【-씨】圖 やはり; やっぱり; 相変わらず.‖역시 그 사람이었다 やはり彼だった. 역시 프로 선수는 달랐다 やはりプロの選手は違っていた. 그는 지금도 역시 회사원이다 彼は今も相変わらず会社員である.
역연-하다(歷然-)【歷然-】 形【하연】歷然としている.‖차이가 역연하다 差は歷然としている. 두 사람이 싸운 흔적이 역연했다 2 人がけんかした跡が歷然としている. **역연-히**
역원(驛員)图 駅員.
역-이용(逆利用)图他 逆利用. **역이용-하다[-당하다]** 受動
역임(歷任)【려김】图他 歷任.‖요직을 역임하다 要職を歷任する.
역자(譯者)【-짜】图 訳者.
역작(力作)【-짝】图 力作.
역장(驛長)【-짱】图 駅長.
역적(逆賊)【-쩍】图 逆賊.
역전¹(力戰)【-쩐】图自 力戰.‖강적을 상대로 역전하다 強敵を相手に力戰する.
역전²(逆轉)【-쩐】图自他 逆転.‖형세가 역전되다 形勢が逆転する. **역전-되다** 受動‖이 대 삼으로 역전당하다 2 対 3 で逆転される.
역전-승(逆轉勝)图自 逆転勝ち.‖역전승을 거두다 逆転勝ちを収める.
역전-패(逆轉敗)图自 逆転負け.‖역전패를 당하다 逆転負けを喫する.
역전³(驛前)【-쩐】图 駅前.
역점(力點)【-쩜】图 力点.‖역점을 두다 力点を置く.
역접(逆接)【-쩝】图(言語) 逆接. ⑳순접(順接).
역정(逆情)【-쩡】[성'의 尊敬語] お怒り; ご立腹.
역조¹(逆潮)【-쪼】图 逆潮.
역조²(逆調)【-쪼】图 逆調.
역주¹(力走)【-쭈】图自 力走.
역주²(譯註)【-쭈】图他 訳注.
역지사지(易地思之)【-찌-】图 相手の立場になって考えること.
역-탐지(逆探知)图他 逆探知.
역투(力投)【-투】图自 力投.
역풍(逆風)图 逆風. ⑳순풍(順風).
역-하다(逆-)【여카-】形【하연】胸がむかむかする; むかむかする.‖속이 역하다 胃がむかむかする.
역학¹(力學)【여카】图 力学.
역학²(易學)【여카】图 易学.

역할(役割)/jɔkʰál/【여칼】图 役割.‖역할을 분담하다 役割を分担する. 중요한 역할을 맡다 重要な役割を担う【負う】. 장남으로서의 역할을 다하다 長男としての役割を果たす.
역-함수(逆函數)【여감쑤】图〔数学〕逆関数.
역행(逆行)【여캥】图自 逆行.‖순행(順行).‖시대에 역행하다 時代に逆行する.
역행-**동화**(逆行同化)【여캥-】图〔言語〕어떤 음소가 계속되는 음소에 동화하는 음운현상.
역-효과(逆效果)【여쿄-】图 逆効果.‖역효과를 가져오다 逆効果をもたらす.

엮다 /jɔkt͈a/【역따】他 ❶〔紐・繩・竹 などで〕編む.‖대나무로 바구니를 엮다 竹でかごを編む. ❷ 編纂する; 編集する.‖논집을 엮어 내다 論集を編集する. ⑳編む.
엮은-이 图 編者. ⑳편자(編者).
엮이다【-끼-】自[엮다'의 受身動詞] 編まれる; 編集される. ❷〔事件などに〕巻き込まれる; 連累する.‖이번 사건에 엮여 들어가다 今回の事件に巻き込まれる.

연¹(年)图 年; 1 年.‖연이율 年利率.
연²(鳶)图 凧.‖연을 날리다 凧を揚げる.
연³(蓮)图〔植物〕ハス〔蓮〕.
연⁴(緣)图 縁.‖부모 자식 간의 연 親子の縁.
연⁵(聯)图〔文芸〕聯.
연⁶(延)图 延べ….‖연 구십 일간 延べ 90 日間.
연⁷(連)【ㄹ語幹】열다(開ける)의 過去連体形.
연-⁸(延)接頭 延べ….‖연인원 延べ人数.
연-⁹(軟)接頭〔色彩語の前に付いて〕薄…; 淡い….‖연보라색 薄紫色.
연-¹⁰(連)接頭〔日数・月数などを表わす語に付いて〕続けて…; 連続して….‖연삼일비가내리다 3 日も続けて雨が降る.
연가(戀歌)图 恋歌.
연간¹(年刊)图 年刊.
연간²(年間)图 年間.‖연간 소득 年間所得. 연간 강우량 年間降雨量.
연-갈색(軟褐色)【-쌕】图 薄い茶色.
연감(年鑑)图 年鑑.‖통계 연감 統計年鑑.
연-거푸(連-)/jɔngjbl/【-꺼푸】副 続けざまに.‖물을 연거푸 마시다 水を続けざまに飲む.
연-건평(延建坪)图 延べ坪.
연결(連結)/jɔngjál/图他 連結; つなぐこと; 結び付けること.‖차량을 연결시키다 車両を連結させる. 두 개를 연결시키다 2 つを結び付ける. 노력이 결과로 연결되다 努力が結果に結び付く.

연결-어미(連結語尾) 图 [言語] 連結語尾.

연계(連繫·聯繫) /-/-게/ 图自 連係. ∥つながること. ∥外部 組織と連繫になっている 外部の組織とつながっている.

연고¹(軟膏) 图 軟膏.

연고²(緣故) 图 ❶ わけ; 事由. ❷ 縁故.

연고-자(緣故者) 图 縁故者.

연고-지(緣故地) 图 縁故地.

연골(軟骨) 图 [解剖] 軟骨. ∥물렁뼈. ⑳경골(硬骨).

연공(年功) 图 年功.

연공-서열(年功序列) 图 年功序列.

연관(聯關) 图自 関連; 関係. ∥화산 활동과 지진은 연관이 있다 火山活動と地震は関連がある.

연교-차(年較差) 图 年較差.

연구¹(研究) /jəːngu/ 图他 研究. ∥일본 문학을 연구하다 日本文学を研究する. 연구에 몰두하다 研究に打ち込む. 연구 성과 研究成果. 연구상의 가설 研究上の仮説. **연구-되다** 受動

연구-비(研究費) 图 研究費.

연구-생(研究生) 图 研究生.

연구-소(研究所) 图 研究所.

연구-실(研究室) 图 研究室.

연구-원(研究員) 图 研究員.

연구²(軟球) 图 軟球. ⑳경구(硬球).

연-구개(軟口蓋) 图 [解剖] 軟口蓋.

연-구개-음(軟口蓋音) 图 [言語] 軟口蓋音. ◈ㄱ·ㅋ·ㄲ·ㅇなど.

연극(演劇) /jəːngɯk/ 图自 ❶ 演劇; 芝居. ∥연극을 보러 가다 芝居を見に行く. ❷ 芝居. ∥인정받으려고 연극하고 있어 認めてもらうために一芝居打っているよ.

연극-계(演劇界) [-꼐/-께] 图 演劇界.

연극-인(演劇人) 图 演劇人.

연근(蓮根) 图 [植物] 蓮根.

연금¹(年金) 图 年金.

연금²(鍊金) 图他 錬金.

연금-술(鍊金術) 图 錬金術.

연금³(軟禁) 图他 軟禁. ∥호텔에 연금하다 ホテルに軟禁する. **연금-되다** [-되/-뒈] 受動

연기¹(煙氣) /jəngi/ 图 煙. ∥담배 연기 タバコの煙. 연기가 자욱하다 煙が立ち込める.

연기²(延期) /jəngi/ 图他 延期. ∥출발을 연기하다 出発を延期する. 일정을 연기하고 싶다 日程を延期したい. 무기 연기 無期延期. **연기-되다** 受動

연기³(演技) 图他 演技; 芝居; 演じること. ∥훌륭한 연기 すばらしい演技. 연기를 잘 못하다 芝居が下手だ. 임금 님 역을 연기하다 王様の役を演じる.

연기-력(演技力) 图 演技力.

연기-자(演技者) 图 演技者.

연기⁴(連記) 图他 連記.

연-꽃(蓮-) [-꼳] 图 蓮の花.

연-날리기(鳶-) 图自 凧揚げ.

연내(年內) 图 年内.

연년(年年) 图副 年々; 毎年.

연년-생(年年生) 图 年子.

연년-이(年年-) 副 年々; 毎年.

연단(演壇) 图 演壇.

연-달다(連-) 国 〔主に연달아の形で〕相次いで; 次々と; 立て続けに. ∥신제품이 연달아 나오다 新製品が次々と現われる. 연달아 다섯 잔이나 마시다 立て続けに5杯も飲む.

연대¹(年代) /jəndɛ/ 图 年代. ∥화석으로 연대를 알 수 있다 化石で年代が分かる. 천구백팔십 년대의 패션 1980年代のファッション.

연대-기(年代記) 图 年代記.

연대-순(年代順) 图 年代順.

연대-표(年代表) 图 年代表.

연대²(連隊) 图 [軍事] 連隊[聯隊].

연대-장(聯隊長) 图 [軍事] 連隊長.

연대³(連帶) 图他 連帯. ∥연대의 식 連帯意識.

연대-감(連帶感) 图 連帯感.

연대보증(連帶保證) 图 [法律] 連帯保証. ∥연대 보증을 서다 連帯保証人になる.

연대 채무(連帶債務) 图 [法律] 連帯債務.

연대 책임(連帶責任) 图 [法律] 連帯責任. ∥연대 책임을 지다 連帯責任をとる.

연대⁴(蓮臺) 图 [仏教] 蓮台.

연도¹(年度) /jəndo/ 图 年度. ∥연도가 바뀌다 年度が変わる. 회계 연도 会計年度. 연도 말 年度末.

연도²(沿道) 图 沿道. ∥연도를 메운 시민 沿道を埋めた市民.

연동(連動) 图他 連動. ∥연동 장치 連動装置.

연두¹(年頭) 图 年頭; 年始. ∥연두 기자회견 年頭記者会見.

연두²(軟豆) 图 黄みを帯びた薄緑.

연두-색(軟豆色) 图 黄みを帯びた薄緑色.

연둣-빛(軟豆ㅅ-) 【-두삗/-둗삗】 图 =연두(軟豆).

연등(燃燈) 图 [仏教] 燃灯.

연등-절(燃燈節) 图 [仏教] =연등(燃燈). 陰暦4月8日のこと.

연등-회(燃燈會) [-/-훼] 图 [仏教] 燃灯会.

연락(連絡) /jəllak/ 【열-】 图自他 連絡. ∥경찰에 연락하다 警察に連絡する. 연락을 취하다 連絡を取る. 연락이 끊어지다 連絡が途絶える. 연락 사항 連絡事項.

연락-망(連絡網) 【열랑-】 图 連絡網.

연락-선 (連絡船)【열-선】 图 連絡船.

연락-처 (連絡處) 图 連絡先. ‖연락처를 남기디 連絡先を残す.

연래 (年來)【열-】 图 年来.

연령 (年齡) /jʌlljɔŋ/【열-】 图 年齡; 年. ‖정신 연령 精神年齡. 연령 제한 年齡制限.

연령-별 (年齡別)【열-】 图 年齡別.

연령-층 (年齡層)【열-】 图 年齡層.

연례 (年例) 图 恒例. ‖연례행사 恒例行事.

연로-하다 (年老-)【열-】 形【하엱】 年老いている. ‖연로하신 부모님 年老いた両親.

연료 (燃料) /jʌlljo/【열-】 图 燃料. ‖연료가 끊어지다 燃料が切れる. 연료를 보급하다 燃料を補給する. 액체 연료 液体燃料. 연료 탱크 燃料タンク.

연료-비 (燃料費)【열-】 图 燃料費.

연루 (連累·緣累) 图 甸 自 連累; 巻き込まれること. ‖사건에 연루되다 事件に巻き込まれる.

연륜 (年輪)【열-】 图 ❶ [樹木の]年輪. 倒 ナイテ. ❷ [人の成長の]年輪. ‖연륜과 경험에 의한 연기 年齡と経験からの演技. 연륜을 쌓다 年輪を重ねる.

연리 (年利)【열-】 图 年利.

연립 (聯立)【열-】 图 甸 自 連立.

연립¯내각 (聯立內閣)【열립-】 图 連立內閣.

연립¯방정식 (聯立方程式)【열-빵-】图【数学】 連立方程式.

연립¯주택 (聯立住宅)【열-쭈-】 图 テラスハウス.

연마 (硏磨·練磨·鍊磨) 图 甸 他 研磨; 磨くこと. ‖기술을 연마하다 技術を磨く.

연막 (煙幕) 图 煙幕. ▶연막을 치다 煙幕を張る.

연말 (年末) /jʌnmal/ 图 年末; 年の暮れ. 砲年初(年初).

연말-연시 (年末年始)【-련-】 图 年末年始.

연맹 (聯盟) 图 甸 自 聯盟. ‖국제 연맹 国際連盟.

연-면적 (延面積) 图 延べ面積.

연명 (延命) 图 甸 自 延命. ‖연명 치료 延命治療.

연명² (連名·聯名) 图 甸 自 連名. ‖연명으로 탄원서를 제출하다 連名で嘆願書を出す.

연모 (戀慕) 图 甸 他 恋慕. ‖연모의 정 恋慕の情.

연목구어 (緣木求魚)【-꾸-】 图 木に緣(り)하て魚を求むこと.

연-못 (蓮-) /jʌnmot/【-몯】 图 小さい池; 小池.

연미-복 (燕尾服) 图 燕尾服.

연민 (憐憫·憐愍) 图 甸 他 憐憫; 憐れみ. ‖연민의 정 憐憫の情. 연민을 느끼다 憐れみを感じる.

연발 (連發) 图 甸 他 連發. ‖맛있다는 말을 연발하다 おいしいを連発する.

연발-총 (連發銃) 图 連發銃.

연-밥 (蓮-)【-빱】 图 蓮の実.

연방¹ (連方) 副 ひっきりなしに; しきりに. ‖연방 전화가 걸려 오다 ひっきりなしに電話がかかってくる.

연방² (聯邦) 图 連邦.

연방-제 (聯邦制) 图 連邦制.

연배 (年輩) 图 年輩. ‖동년배 同年輩.

연번 (連番) [일련 번호(一連番號)의 略語] 連番.

연변 (沿邊) 图 沿い. ‖철로 연변에 살다 線路沿いに住む.

연병 (練兵) 图 練兵.

연병-장 (練兵場) 图 練兵場.

연보 (年報) 图 年報.

연보² (年譜) 图 年譜. ‖작가 연보 作家年譜.

연-보라 (軟-) 图 薄紫.

연봉¹ (年俸) 图 年俸.

연봉² (連峯) 图 連峰.

연분 (緣分) 图 ❶ 緣. ❷ 夫婦となる緣. ‖천생연분 天が定めた緣.

연-분홍 (軟粉紅) 图 薄いピンク色; 薄桃色.

연불 (燃佛) 图 燃仏.

연-붉다 (軟-)【-북따】 形 薄赤い.

연비 (燃費) 图 燃費. ‖연비가 좋은 차 燃費のいい車. 연비 高燃費.

연-뿌리 (蓮-) 图 蓮根.

연사 (演士) 图 弁士.

연산 (年產) 图 年產.

연산² (演算) 图 甸 他 演算. ‖연산 장치 演算装置.

연상¹ (年上) 图 年上. 砲연하(年下). ‖연상의 부인 年上の奥さん.

연상² (聯想·連想) /jʌnsaŋ/ 图 甸 他 連想. ‖연상 게임 連想ゲーム. 철학자라고 하면 칸트를 연상한다 哲学者というと, カントを連想する. 사과는 숫자는 죽음을 연상시킨다 四という数字は死を連想させる. **연상-되다** 受動

연서 (連書)【-써】 图【法律】 連署.

연석 (連席) 图 甸 自 数人が一か所に席を連ねること.

연선 (沿線) 图 沿線.

연설 (演說) /jʌnsʌl/ 图 甸 自 演說. ‖가두에서 연설하다 街頭で演説する. 장황한 연설 長々とした演説. 연설조 演說口調.

연설-문 (演說文) 图 演說文.

연성 (軟性) 图 軟性. 砲경성(硬性).

연세 (年歲) /jʌnse/ 图 [나이의 尊敬語] お年. ‖할머니는 연세가 어떻게 되세요? おばあさまは(お年が)いくつです

연소 558

か.
연소¹ (年少) 〖형〗 年少.
　연소-자 (年少者) 〖명〗 年少者.
연소² (燃燒) 〖명·하자〗 燃燒. ‖완전 연소 完全燃燒.
연속 (連續) /jɔnsok/ 〖명·하자〗 連續. ‖삼 년 연속해서 우승하여 3년連続して優勝する. 연속되는 질문 連続する質問.
　연속-극 (連續劇) 【-끅】〖명〗 連続ドラマ.
　연속-성 (連續性) 【-썽】〖명〗 連続性.
　연속-적 (連續的) 【-쩍】〖명〗 連続的.
연쇄 (連鎖) 〖명·하자〗 連鎖. ‖살인 사건 連鎖殺人事件.
　연쇄-구균 (連鎖球菌) 〖명〗 連鎖球菌.
　연쇄 반응 (連鎖反應) 〖명〗 連鎖反応. ‖연쇄 반응을 일으키다 連鎖反応を起こす.
　연쇄-점 (連鎖店) 〖명〗 チェーンストア.
연수¹ (年收) 〖명〗 年収.
연수² (年數) 〖수〗 〖명〗 年数. ‖근속 연수 勤続年数.
연수³ (軟水) 〖명〗 軟水. ⇔단물. ⇔경수(硬水).
연수⁴ (軟體) 〖해부〗 延髄. ⇔숨골.
연수⁵ (硏修) 〖명·하자〗 硏修. ‖어학연수 語學硏修, 신입 사원 연수 新入社員硏修, 연수 기간 硏修期間.
연습 (演習) 〖명·하자〗 演習. ‖예행 연습 予行演習, 합동 연습 合同演習.
연습 (練習·鍊習) /jɔnsup/ 〖명·하자〗 練習; 稽古. ‖피아노를 연습하다 ピアノを練習する. 연습을 거듭하다 練習を重ねる. 연습을 게을리 하다 練習をさぼる.
　연습-장 (練習帳) 【-짱】〖명〗 練習帳.
연승 (連勝) 〖명·하자〗 連勝. ⇔연패 (連敗).
연승 (連乘) 〖명·하타〗 〖수학〗 連乘.
연시¹ (年始) 〖명〗 年始. ‖연말연시 年末年始.
연시² (軟柹) 〖명〗 熟柹.
연식¹ (軟式) 〖명〗 軟式. ‖연식 야구 軟式野球.
연식² (年式) 〖명〗 年式. ‖자동차 연식 自動車の年式.
연-실 (鳶-) 〖명〗 凧糸.
연안 (沿岸) 〖명〗 沿岸.
　연안-무역 (沿岸貿易) 〖명〗 沿岸貿易.
　연안-어업 (沿岸漁業) 〖명〗 沿岸漁業.
　연안-해 (沿岸海) 〖명〗 沿岸の海.
연애 (戀愛) 〖명·하자〗 恋愛. ‖연애 감정 恋愛感情.
　연애-결혼 (戀愛結婚) 〖명·하자〗 恋愛結婚.
　연애-소설 (戀愛小說) 〖명〗 〖文芸〗 恋愛小説.
　연애-편지 (戀愛便紙) 〖명〗 恋文; ラブレター.

연약-하다 (軟弱-) 〖여나카〗 〖형〗 軟弱; か弱い. ‖연약한 몸 軟弱な体.
연어¹ (連語) 〖명〗 〖言語〗 連語; コロケーション.
연어² (鰱魚) 〖명〗 〖魚介類〗 サケ (鮭); サーモン.
연역 (演繹) 〖명·하타〗 演繹. ⇔귀납 (歸納).
　연역-법 (演繹法) 【-뻡】〖명〗 演繹法. ⇔귀납법 (歸納法).
　연역-적 (演繹的) 【-쩍】〖명〗 演繹的. ⇔귀납적 (歸納的).
연연-하다 (戀戀-) 〖형〗 〖하여〗 未練がましい; 執着する. ‖과거에 연연하다 過去に執着する.
연예 (演藝) /jɔnje/ 〖명〗 演芸; 芸能.
　연예-계 (演藝界) 〖-/-게〗〖명〗 芸能界.
　연예-인 (演藝人) 〖명〗 芸能人.
연옥 (煉獄) 〖명〗 〖カトリック〗 煉獄.
연월일 (年月日) 〖명〗 年月日.
연유 (煉乳) 〖명〗 煉乳.
연유 (緣由) 〖명〗 縁由(ゆかり); 理由; わけ; 所以; 由来.
연음 (連音) 〖명·하자〗 〖言語〗 連音.
　연음 법칙 (連音法則) 〖명〗 〖言語〗 リエゾン.
연-이율 (年利率) 〖-니-〗〖명〗 年利.
연인 (戀人) 〖명〗 恋人.
연-인원 (延人員) 〖명〗 延べ人員.
연일 (連日) 〖명·부〗 連日. ‖연일되는 더위 連日の暑さ.
—〖부〗 連日. ‖주가가 연일 최고치를 갱신하고 있다 株価が連日最高値を更新している.
연임 (連任) 〖명·하자〗 再任; 重任.
연-잇다 (連-) 〖-닏따, 人変〗 相次ぐ. ‖사건이 연이어 발생하다 事件が相次いで起きる.
연작¹ (連作) 〖명·하타〗 連作; 続けて作ること. ⇔윤작 (輪作).
연작² (聯作) 〖명·하타〗 連作.
　연작 소설 (聯作小說) 〖명〗 〖文芸〗 連作小説.
연장¹ 〖명〗 道具.
연장² (年長) 〖명·형〗 年長; 年上.
　연장-자 (年長者) 〖명〗 年長者.
연장³ (延長) /jɔndʑaŋ/ 〖명·하타〗 延長. ⇔단축 (短縮). ‖모집 기간을 연장하다 募集期間を延長する. 수업의 연장이다 卒業旅行も授業の延長である. **연장-되다** 〖受動〗.
　연장-선 (延長線) 〖명〗 延長線.
　연장-전 (延長戰) 〖명〗 延長戦.
연재 (連載) 〖명·하타〗 連載. ‖신문에 소설을 연재하다 新聞に小説を連載する. **연재-되다** 〖受動〗.
　연재-물 (連載物) 〖명〗 連載するもの; 連載済みのもの.
　연재 소설 (連載小說) 〖명〗 〖文芸〗 連

載小說.

연적¹ (硯滴) 圏 硯의 水差し.

연적² (戀敵) 圏 恋敵.

연전 (連戰) 圏 [하자] 連戰.

연전-연승 (連戰連勝) 【-년-】 圏 自 連戰連勝.

연전-연패 (連戰連敗) 【-년-】 圏 自 連戰連敗.

연접 (連接) 圏 自 連接.

연정 (戀情) 圏 恋情.

연좌¹ (連坐) 圏 自 連座. ∥사건에 연좌되다 事件に連座する.

연좌-제 (連坐制) 圏 連座制.

연좌² (緣坐) 圏 自 連座.

연주 (演奏) /jə:ndʒu/ 圏 [하타] 演奏. 〔(楽器を)奏でる.「調べる」こと. ∥피아노를 연주하다 ピアノを演奏する. 기타를 연주하다 ギターを演奏する.

연주-권 (演奏權) 【-꿘】 圏 [法律] 演奏権.

연주-법 (演奏法) 【-뻽】 圏 演奏法. ⑩주법(奏法).

연주-회 (演奏會) 【-/-훼】 圏 演奏会.

연-줄 (鳶-) 【-쭐】 圏 凧糸.

연줄 (緣-) 圏 縁; 縁故; コネ; つて; 手蔓(₅ᵣ).

연중 (年中) 圏 年中.

연중-무휴 (年中無休) 圏 年中無休.

연중-행사 (年中行事) 圏 年中行事.

연질 (軟質) 圏 軟質. ⑪경질(硬質).

연차¹ (年次) 圏 ❶年次; 年間. ❷年の順番.

연차-휴가 (年次休暇) 圏 年次有給休暇.

연착 (延着) 圏 自 延着. ∥기차가 두 시간이나 연착되었다 汽車が2時間も延着した.

연-착륙 (軟着陸) 【-창뉵】 圏 [하자] 軟着陸.

연체 (延滯) 圏 自 延滞; 滞納. ∥전기세가 연체되어 전기가 끊겼다 電気料金を滞納して電気をとめられた.

연체-금 (延滯金) 圏 延滞金.

연체-료 (延滯料) 圏 =연체금(延滞金).

연체-이자 (延滯利子) 圏 延滞利息.

연체-동물 (軟體動物) 圏 [動物] 軟体動物.

연초¹ (年初) 圏 年初; 年頭. ⑪연말(年末).

연초² (煙草) 圏 タバコ.

연-초록 (軟草綠) 圏 薄緑.

연출 (演出) 圏 [하타] 演出. ∥창작극을 연출하다 創作劇を演出する. 상황에 맞게 자신을 연출하다 状況に合わせて自分を演出する.

연출-가 (演出家) 圏 演出家.

연타 (連打) 圏 [하타] 連打. ∥연타를 날리다 連打を打つ. 연타를 맞다 連打를 浴びる.

연탄 (煉炭) 圏 練炭. ∥연탄을 갈다 練炭を替える.

연탄-가스 (煉炭 gas) 圏 練炭ガス; 練炭による一酸化炭素. ∥연탄가스 중독 練炭ガス中毒.

연탄-불 (煉炭-) 【-뿔】 圏 練炭の火; 練炭の炎.

연파¹ (連破) 圏 [하타] 連破.

연파² (軟派) 圏 軟派. ⑪경파(硬派).

연판 (連判) 圏 連判.

연판-장 (連判狀) 【-짱】 圏 連判状. ∥연판장을 돌리다 連判状を回す.

연패¹ (連敗) 圏 自 3연승 (連勝) 〔삼 연패 3連敗. 연패를 당하다 連敗を喫する.

연패² (連覇) 圏 [하타] 連覇. ∥전국 대회에서 연패를 달성하다 全国大会で連覇を達成する.

연-평균 (年平均) 圏 年平均. ∥연평균 강수량 年平均降水量.

연-평수 (延坪數) 【-쑤】 圏 延べ坪.

연표 (年表) 圏 年表. ∥과학사 연표 科学史年表.

연필 (鉛筆) 圏 鉛筆. ∥연필을 깎다 鉛筆を削る. 연필을 쥐다 鉛筆을 握る. 색연필 色鉛筆.

연필-깎이 (鉛筆-) 圏 鉛筆削り.

연필-꽂이 (鉛筆-) 圏 ペン立て.

연필-심 (鉛筆心) 圏 鉛筆の芯.

연하¹ (年下) 圏 年下. ⑩연상(年上).

연하² (年賀) 圏 年賀.

연하-우편 (年賀郵便) 圏 年賀郵便.

연하-장 (年賀狀) 【-짱】 圏 年賀状.

연-하다¹ (軟-) /jə:nhada/ 慟 [하변] ❶(肉などが)軟らかい. ⑪질기다. ∥고기가 연하다 肉が軟らかい. 고기가 연해지다 肉が軟らかくなる. ❷(濃度などが)薄い; (色など)淡い. ⑪진하다(津-). ∥커피를 좀 연하게 타 주세요 コーヒーを少し薄めに入れてください. 연한 색깔 淡い色.

-연하다² (然-) [접미] [하변] …然としている; …を気取る; …気取りだ; …ぶる. ∥학자연하는 학자연としている. 선배연하다 先輩ぶる.

연한 (年限) 圏 年限. ∥수업 연한 修業年限.

연합 (聯合) 圏 [하자] 連合.

연합-국 (聯合國) 圏 連合国.

연합-군 (聯合軍) 【-꾼】 圏 連合軍.

연해 (沿海) 圏 沿海.

연해-안 (沿海岸) 圏 沿岸.

연해-어업 (沿海漁業) 圏 沿岸漁業.

연행 (連行) 圏 [하타] 連行. ∥용의자를 경찰에 연행하다 容疑者를 警察へ連行する. 강제 연행 強制連行. **연행-되다** 自.

연혁 (沿革) 圏 沿革. ∥학교 연혁 学校の沿革.

연호¹ (年號) 圏 年号.

연호² (連呼) 圏 [하타] 連呼.

연화 (軟化) 되자 軟化. ㉠경화(硬化).

연화-대 (蓮花臺) 명 《佛敎》 蓮台.

연회 (宴會) 【-/-해】명 宴会.
　연회-석 (宴會席) 명 宴会席.
　연회-장 (宴會場) 명 宴会場.

연회비 (年會費) 【-/-해-】명 年会費.

연후 (然後) [主に…연후에の形で] …後で; …後に. ‖결혼은 취직을 한 연후에 생각하고 싶다 結婚は就職後に考えたい.

연휴 (連休) 명 連休. ‖연휴를 맞이하다 連休を迎える.

열¹ /jǝl/ 수 10; 10人; 10. ‖오늘 참가한 사람은 나까지 포함해서 열이었다 今日参加した人は、私を入れて10人だった.
　── 관 10…. ‖열 개 10個. 열시 10時. ▸열에 아홉 十に八九; 十中八九. ▸열 길 물속은 알아도 한 길 사람의 속은 모른다 (俚)測り難きは人の心. ▸열 번 찍어 안 넘어가는 나무 없다 (俚)(十回も切りつけられて倒れぬ木はない)の意で)たゆまず努力すればついには成功する.
　열-째 관수 10番目; 10番目の.

열² (列) 명 列. ‖열을 지어 날아가다 列をなして飛んでいく.
　── 依существ …列. ‖이 열로 세우фа 2列에 並べる.

열³ (熱) /jǝl/ 명 ❶熱. ‖열이 나다 熱이 出る. 태양열 太陽熱. ❷怒ったり興奮したりする状態. ‖열을 올리며 이야기하다 熱っぽく語る. ▸열(을) 받다 頭に来る; むかつく; 腹が立つ.
　열-기관 (熱機關) 명 熱機關.

열⁴ [ㄹ語幹] 열다 (開ける)の未来連体形.

열강 (列强) 명 列強. ‖세계의 열강 世界の列強.

열거 (列擧) 【-해】타 列挙. ‖죄상을 열거하다 罪状を列挙する. **열거-되다** 자

열거-법 (列擧法) 명 【文芸】 列挙法.

열광 (熱狂) 【-하】자 熱狂. ‖열광하는 관중 熱狂する観衆.
　열광-적 (熱狂的) 명 熱狂的. ‖열광적인 팬 熱狂的なファン.

열국 (列國) 명 列国.

열기 (熱氣) 명 熱気. ‖회장은 열기로 가득 차 있었다 会場は熱気に包まれていた. 열기(를) 띤 토론 熱気を帯びた討論.

열-나다 (熱-) /jǝllada/ 자 ❶熱が出る; 熱がある. ❷腹が立つ; 怒る. ‖친구가 쓸데없는 소리를 해서 열나 있다 友だちが無駄口をたたいたため怒っている. ❸ [열나게の形で] 激しく; 勢い

よく; 非常に; とても. ‖열나게 바쁜 하루 とても忙しい1日. 열나게 토론하다 激しく討論する.

열녀 (烈女) [-려] 명 烈女; 烈婦.
　열녀-문 (烈女門) 명 烈女のことを称える門.
　열녀-비 (烈女碑) 명 烈女のことを称える碑.
　열녀-전 (烈女傳) 명 烈女伝.

열다¹ [ㄹ語幹] 実る; (実)がなる. ‖포도 열매가 열다 ブドウの実がなる.

열다² /jǝlda/ 탄 [ㄹ語幹] [열어, 여는, 연], 연] ❶開ける. 開店する. ㉠닫다. ‖문을 열다 ドアを開ける. 서랍을 열다 引き出しを開ける. 입을 열다 口を開ける. 가게는 열 시에 문을 엽니다 店は10時に開店します. ❷開く. ‖창문을 열다 窓を開く. 회의를 열다 会議を開く. ❸オープンする. ‖새 가게를 하나 열다 新しい店を1つオープンする. ❹ (道などを)空ける. ‖길을 열어 주다 道を空けてあげる. ❺열리다.

열대 (熱帶) [-때] 명 【地】 熱帯.
　열대-성 (熱帶性) [-때썽] 명 熱帶性.
　열대-야 (熱帶夜) 명 熱帶夜.
　열대-어 (熱帶魚) 명 熱帶魚.

열도 (列島) [-또] 명 列島. ‖일본 열도 日本列島.

열등 (劣等) [-뜽] 명 形動 劣等; 劣っていること. ㉠우등 (優等).
　열등-감 (劣等感) 명 劣等感. ㉠우월감 (優越感). ‖열등감을 가지다 劣等感を持つ.
　열등-생 (劣等生) 명 劣等生. ㉠우등생 (優等生).

열-띠다 (熱-) 자 熱っぽくなる; 激しい. ‖열띤 어조로 연설하다 熱っぽい口調で演説する. 열띤 논쟁을 벌이다 激しい論争を繰り広げる.

열락 (悅樂) 명 悅樂.

열람 (閱覽) 【-해】 閱覽.
　열람-실 (閱覽室) 명 閱覽室.

열량 (熱量) 명 熱量; カロリー. ‖열량이 높은 음식 カロリーの高い食べ物.
　열량-계 (熱量計) 【-/-게】 명 熱量計; カロリーメーター.

열렬-하다 (熱烈-→烈烈-) 【하欲】 熱烈だ. ‖열렬한 성원 熱烈な声援.
　열렬-히 부

열리는 열리다 (開かれる)の現在連体形.

열-리다¹ 実る; (実)がなる. ‖감이 열리다 柿が実る.

열-리다² /jǝllida/ 자 [열다の受身動詞] ❶開(ア)く. ㉠닫히다. ‖바람에 문이 열리다 風で戸が開く. 창문이 열리면서 애가 얼굴을 내밀었다 窓が開いて子どもが顔を出した. 뚜껑이 좀처럼 안 열리다 蓋がなかなか開かずに実る.

ない. ❷開(ひら)く;開かれる. ‖今日の会議は今日の市から開かれます 会議が開かれます. 門が開く ドアが開く.

열리어[열려] 열리다(開かれる)の連用形.

열린 열리다(開かれる)の過去連体形.

열릴 열리다(開かれる)の未来連体形.

열망(熱望)【하он】 熱望.

열매/jəlmɛ/ 果実;実. ‖열매를 맺다 実をつける[結ぶ]. 열매가 열리다 実がなる.

열-무 图 大根の若菜.

열무-김치 图 大根の若菜のキムチ.

열반(涅槃)【佛教】涅槃(ねはん). ‖열반에 들다 涅槃に入る.

열변(熱辯) 图 熱弁. ‖열변을 토하다 熱弁をふるう.

열병[1] (熱病) 图 熱病.

열병[2] (閱兵)【하타】閱兵.
  열병-식(閱兵式) 图 閱兵式.

열사[1] (烈士) 图 烈士.

열사[2] (熱沙) 图 熱砂. ‖열사의 사막 熱砂の砂漠.

열사-병(熱射病)【-싸뼝】图【医学】熱射病;熱中症.

열석(列席)【하自】图 列席.

열-섬(熱-) 图 ヒートアイランド. ‖열섬 현상 ヒートアイランド現象.

열성[1] (劣性)【-썽】图 劣性. ‖우성(優性). ‖열성 유전 劣性遺傳.
  열성-인자(劣性因子)【图【生物】劣性因子.

열성[2] (熱誠)【-썽】图 熱誠;真心.

열세(劣勢)【-쎄】【하形】 劣勢. ‖우세(優勢).

열-소독(熱消毒)【-쏘-】【하他】图 熱消毒.

열쇠/jə:lswe/【-쇠/-쉐】图 ❶鍵;キー. ‖열쇠를 잃어 버리다 鍵をなくす. 열쇠고리 キーホルダー. 열쇠 구멍 鍵穴. ❷[比喻的に] 手がかり. ‖사건을 해결하는 열쇠 事件を解決する鍵.

열심(熱心)/jəlɕʰim/【-씸】图 熱心. ‖피아노 연습에 열심이다 ピアノの練習に熱心だ.
  열심-히(熱心-) 副 熱心に; 一所懸命(に). ‖열심히 공부하다 一生懸命勉強する.

열악-하다(劣惡-)【여라카-】【하形】劣悪だ. ‖열악한 작업 환경 劣悪な作業環境.

열애(熱愛)【하自】图 熱愛.

열어 [어語幹] 열다(開ける)の連用形.

열어-젖히다[-저치-] 他【窓やドアなどを】開けっ放しにする.

열-없다[여럽따] 形 決まりが悪い;気恥ずかしい. **열없-이** 副

열-에너지(熱 energy)【物理】熱エネルギー.

열-역학(熱力學)【-려각】图【物理】熱力学.

열연(熱演)【하他】图 熱演.

열외(列外)【-/-웨】图 ❶列の外. 例外;除外.

열의(熱意)【-/-어이】图 熱意. ‖열의를 가지고 임하다 熱意を持って臨む. 열의를 보이다 熱意を示す.

열전[1] (列傳)【-쩐】图 列伝.

열전[2] (熱戰)【-쩐】图 熱戦. ‖열전을 벌이다 熱戦を繰り広げる.

열-전도(熱傳導)【-쩐-】图【物理】熱伝導.

열정(熱情)【-쩡】图 熱情;情熱. ‖열정에 넘치는 연기 熱情あふれる演技.
  열정-적(熱情的)【-쩍】热情的;情熱的.

열중-쉬어(列中-)【-쭝-/-쭝-여】感【号令の】休め.

열중-하다(熱中-)【-쭝-】/jəlʨuŋhada/【하自】熱中する;夢中になる. ‖공부에 열중하다 勉強に熱中する. 게임에 열중하다 ゲームに夢中になる.

열차(列車) 图 列車. ‖야간열차 夜行列車.

열창(熱唱)【하他】图 熱唱.

열-처리(熱處理)【하他】图 熱処理.

열탕(熱湯) 图 熱湯.

열파(熱波) 图 熱波.

열-팽창(熱膨脹)【图【物理】熱膨脹.

열풍(烈風) 图 烈風;ブーム.

열풍[2] (熱風) 图 熱風.

열혈(熱血) 图 熱血. ‖열혈 청년 熱血漢.

열화[1] (熱火) 图 烈火. ‖열화 같이 화를 내다 烈火のごとく怒る.

열화[2] (熱火) 图 熱烈. ‖열화와 같은 성원 熱烈な声援.

열-화학(熱化學)图【化学】熱化学.

열-효율(熱效率) 图【物理】熱効率. ‖열효율이 높은 자재 熱効率が高い資材.

열흘/jəlhul/ 图 10日;10日間;旬日. ‖여름 방학이 열흘밖에 안 남았다 夏休みが10日しか残っていない. 이걸 만드는 데는 열흘이면 충분하다 これを作るのは10日なら十分だ.

엷다/jə:lpt͈a/【열따】形 ❶[色や濃度が]薄い. ‖엷은 화장 薄化粧. 엷은 미소를 머금다 薄笑いを浮かべる. ❷淡い. ‖엷은 구름 淡い雲. 엷은 안개 淡い霧.

염[1] (炎) 图 [염증(炎症)の略語] 炎;炎症.

염[2] (殮)【하他】图 殮습(殮襲)の略語.

-염[3] (鹽)[接尾]…塩. ‖초산염 硝酸塩.

-염[4] (炎)[接尾]…炎. ‖위염 胃炎.

염가(廉價)【-까】图 廉価;安値;安い値段.

価. ‖염가에 판매하다 廉価で販売する.

염기(塩基) 图《化学》塩基.
　염기-성(塩基性) -성 图《化学》塩基性 酸化塩基化物.

염두(念頭) 图 念頭. ‖염두에 두다 念頭に置く.

염라-대왕(閻羅大王) -나- 图《仏教》閻魔(えん)大王.

염려(念慮) -너:mnjə 图 하타 心配; 懸念; 気がかり. ‖앞날을 염려하다 先のことを心配する. 염려하지 마세요 心配しないでください. **염려-되다** 자동

염려-스럽다(念慮-) -너-러- 형 ㅂ변 気がかりだ; 心配になる. ‖염려스러운 기색이었다. **염려스레** 뷔 心配そうに.

염료(染料) -뇨 图 染料.

염문(艶聞) 图 艶聞(えん). 浮き名. ‖염문을 뿌리다 浮き名を流す.

염병-할(染病-) 감 (人や状況に対して)不満を吐き出す時に発する語. ‖저 염병할 위인! あん畜生!
一 관 畜生! ‖염병할, 시험에 또 떨어졌어 畜生, 試験にまた落ちちゃった.

염분(塩分) -/jəmbun/ 图 塩分; 塩気. ‖염분 함량이 높다 塩分の含有量が高い. 염분을 약간 줄이다 塩分を控え目にする.

염불(念仏) 图 자동 念仏. ‖염불을 외다 念仏を唱える.

염산(塩酸) 图《化学》塩酸.

염색(染色) -/jəːmsɛk/ 图 하타 染色; (髪の)カラーリング. ‖머리를 염색하다 カラーリングをする; 髪を染める.
　염색-액(染色液) 图 染色液.
　염색-체(染色體) 图《生物》染色体.

염색-반응(염色反應) [-빠능] 图《化学》炎色反応.

염세(厭世) 图 자동 厭世.
　염세-관(厭世観) 图 厭世観.
　염세-적(厭世的) 图 厭世的; ‖염세적인 세계관 厭世的な世界観.
　염세-주의(厭世主義) [-/-이] 图 厭世主義.

염소[1] /jəmso/ 图《動物》ヤギ(山羊). ‖염소 젖 ヤギの乳. 숫염소 雄ヤギ.
　염소-자리(天文) 山羊座.

염소[2](塩素) 图《化学》塩素.
　염소-산(塩素酸) 图《化学》塩素酸.
　염소-수(塩素水) 图《化学》塩素水.

염수(塩水) 图 塩水. ㉺소금물.

염습(殮襲) 图 하타 遺体を清めて経帷子(きょう)を着せること. ㉺殮(염).

염원(念願) 图 하타 念願. ‖한반도의 통일을 염원하다 朝鮮半島の統一を念願する. 염원이 이루어지다 念願がかなう.

염장[1](塩蔵) 图 하타 塩漬け.

염장-법(塩蔵法) [-뻡] 图 塩漬けにする方法.

염장[2](殮葬) 图 하타 遺体を殮襲(えんしゅう)して葬ること.

염전(塩田) 图 塩田. ㉺소금밭.

염주(念珠) 图《仏教》念珠; 数珠.

염증[1](炎症) [-쯩] 图 炎症. ㉺(炎). ‖염증을 일으키다 炎症を起こす.

염증[2](厭症) /jəmʔtʃɯŋ/ [-쯩] 图 嫌気. ‖염증을 느끼다 嫌気がさす.

염천(炎天) 图 炎天; 炎天下.

염출(捻出) 图 하타 捻出. ‖비용을 염출하다 費用を捻出する.

염치(廉恥) 图 廉恥. ‖염치를 모르는 인간 破廉恥な人間.

염치-없다(廉恥-) /jəmtʃʰiːəpta/ [-업따] 형 恥知らずだ; 破廉恥だ; 図々しい; 厚かましい. ‖염치없는 짓을 하다 恥知らずなことをする. 염치없는 부탁입니다만 厚かましいお願いですが. **염치 없-이** 甲

염탐(廉探) 图 하타 密かに探ること.
　염탐-꾼(廉探-) 图 回し者; スパイ.

염통(臟) 图 心臓(しんぞう).

염화(塩化) 图《化学》塩化.
　염화-나트륨(塩化 natrium) 图《化学》塩化ナトリウム.
　염화-비닐(塩化 vinyl) 图《化学》塩化ビニール.

염화미소(拈華微笑) 图《仏教》拈華微笑(ねんげ).

엽-궐련(-葉巻煙) [-꿜-] 图 葉巻; シガー.

엽기(猟奇) -끼 图 하타 猟奇.
　엽기-소설(猟奇小説) 图《文芸》猟奇小説.
　엽기-적(猟奇的) 图 猟奇的; ‖엽기적인 행동 猟奇的な行動.

엽몽(獵夢) 图 獵夢.

엽록-소(葉緑素) [엽녹쏘] 图《植物》葉緑素.

엽록-체(葉緑體) [엽녹-] 图《植物》葉緑体.

엽맥(葉脈) [엽-] 图《植物》葉脈. ㉺잎맥.

엽산(葉酸) [-싼] 图 葉酸.

엽상(葉状) [-쌍] 图 葉状.
　엽상-식물(葉状植物) [-쌍싱-] 图《植物》葉状植物.
　엽상-체(葉状體) 图《植物》葉状体.

엽서(葉書) [-써] 图 葉書. ‖관제엽서 官製葉書. 우편엽서 郵便葉書.

엽액(葉腋) 图《植物》葉腋. ㉺잎겨드랑이.

엽전(葉銭) [-쩐] 图 真鍮でつくった昔の貨幣.

엽차(葉茶) 图 葉茶; お茶.

엽총(獵銃) 图 猟銃. ㉺사냥총(-銃).

엿 /jət/ 【엿】 图 飴. ▌물엿 水飴. ▶먹어라〔俗っぽい言い方で〕食らえ. ▶엿 먹이다〔俗っぽい言い方で〕だましてひどい目にあわせる.

엿-가래 〔엿까-〕图 棒状の飴.

엿-기름 〔엳끼-〕图 麦芽. ㉑맥아(麥芽).

엿-당 (-糖) 【엳땅】图《化學》麦芽糖. ㉑맥아당(麥芽糖).

엿-듣다 〔엳뜯따〕他〔ㄷ變〕盜み聞きする. ▌남의 말을 엿듣다 人の話を盜み聞きする.

엿-보다 /jət:poda/ 〔엳뽀-〕他 ❶ 盜み見る; 覗き見る; 覗く. ▌남의 집을 엿보다 人の家を覗き見る. 열쇠 구멍으로 안을 엿보다 鍵穴から中を覗く. ❷ 窺う; 狙う. ▌기회를 엿보다 機会を窺う.

엿새 /jət:sɛ/ 〔엳쌔〕图 6日; 6日間.

엿-장수 〔엳짱-〕图 飴売り. ▶엿장수 마음대로 (飴売りが飴を自分勝手に引き伸ばすように)物事を自分の思い通りにする. ▌엿장수 마음대로는 안 된다 自分の思い通りにはならない.

-였- /jət/ 【엳】語尾 ❶〔하다用言の語幹に付いて〕過去を表わす. ▌도서관에서 공부하였다 図書館で勉強した. 노력하였지만 결과는 좋지 않았다 努力したが, 結果はよくなかった. ✜普通하였の形で用いられることが多い. ❷ 接尾辭-이と過去を表わす語尾-었-の縮約形. ▌오늘은 아기한테 이유식을 조금만 먹였다 今日は赤ちゃんに離乳食を少しだけ食べさせた.

영¹ (零) /jəŋ/ 图 零; 0. ▌이 대영으로 이기다 2対0で勝つ. 시력은 일점영이다 視力は1.0だ. 영시 0時.

영² (英) 图 英国(英國)・英語(英語)の略.

영³ (嶺) 图 嶺.

영⁴ (靈) 图 魂; 霊.

영⁵ (靈)〔下に打ち消しの表現を伴って〕全く; 全然. ▌영 밥 생각이 없다 全く食欲がない.

영⁶ (永) 圖〔영영(永永)の略語〕永遠に; 永久に.

영가 (靈歌)图《音楽》ソウルミュージック

영감¹ (令監)图 ❶ 年をとった夫または老人を呼ぶ語. ❷ 昔, 高級官僚を呼んだ語.

영감² (靈感)图 霊感; インスピレーション. ㉑인스피레이션. ▌영감이 떠오르다 インスピレーションがわく.

영검 (靈劍)图 霊剣.

영겁 (永劫)图《佛教》永劫.

영결 (永訣)图 하他 永訣; 告別.

영결-사 (永訣辭)图 告別式で故人に送る追悼の辞.

영결-식 (永訣式)图 告別式. ▌고별식(告別式).

영계¹ (-鷄)【-/-게】图 ❶ 若鷄. ❷〔俗っぽい言い方で〕年の若い異性.

영계-백숙 (-鷄白熟)【-쑥-/-게-쑥】图《料理》若鷄の水炊き.

영계² (靈界)【-/-게】图 靈界.

영고 (榮枯)图 栄枯.

영고-성쇠 (榮枯盛衰)【-/-쉐】图 栄枯盛衰.

영공 (領空)图 領空. ▌영공 침범 領空侵犯.

영공-권 (領空權)【-꿘】图《法律》領空権.

영관 (領官)图 소령(少領)・중령(中領)・대령(大領)の通称.

영광 (榮光) jŏngwang图 栄光; 光栄. ▌분에 넘치는 영광 身に余る光栄. 우승의 영광을 차지하다 優勝の栄光に輝く.

영광-스럽다 (榮光-)【-따】形〔ㅂ變〕光栄だ; 栄光だ. ▌영광스러운 상 光栄な賞. **영광스레**圖

영구¹ (永久)图 形 永久; 永遠. **영구-히**圖 永久に変わらない愛 永久に変わらぬ愛.

영구-기관 (永久機關)图 永久機関.

영구-불변 (永久不變)图 自他 永久不変. ▌영구불변의 진리 永久不変の真理.

영구-적 (永久的)图 永久的. ▌영구적인 평화 永久的な平和.

영구-치 (永久齒)图 永久歯.

영구² (靈柩)图 霊柩.

영구-차 (靈柩車)图 霊柩車.

영국 (英國)〔国名〕英国; イギリス. ㉑영국(英國).

영남 (嶺南)〔地名〕慶尚道.

영내¹ (領內)图 領内.

영내² (營內)图 営内; 兵営内.

영농 (營農)图 하自 営農. ▌영농 자금 営農資金.

영단 (英斷)图 하他 英断. ▌영단을 내리다 英断を下す.

영달 (榮達)图 하自 栄達. ▌영달하다 栄達を求める.

영도¹ (零度)图 零度.

영도² (領導)图 하他 領導.

영도-자 (領導者)图 領導者; リーダー.

영동 (嶺東)〔地名〕강원도(江原道)의 태백산맥(太白山脈)의 東の地域.

영락¹ (榮落)【-낙】图 栄枯.

영락² (零落)【-낙】图 하自 零落.

영락-없다 (零落-)【-나겁따】形 間違いない; 確かだ. ▌목소리만 들으면 영락없는 남자다 声だけ聞くと間違いなく男だ. **영락없-이**圖

영령 (英靈)图 英霊.

영롱-하다 (玲瓏-)【-농-】形〔하要〕玲瓏(하-)だ; 美しく輝いている. ▌영롱한

아침 이슬 美しく輝く朝露.

영리 (營利) 【-니】 [名] [하自] 営利. ‖ 영리를 목적으로 하다 営利を目的とする.

영리^법인 (營利法人) [名] 営利法人.

영리-사업 (營利事業) [名] 営利事業.

영리-주의 (營利主義) 【-니-/-니-이】 [名] 営利主義.

영리-하다 (怜悧-·伶俐-) /jɔːŋnihada/ 【-니-】 [形] 『하変』 賢い; 利口だ. ‖ 영리한 동물 利口な動物. 영리하게 생긴 아이 賢そうな子.

영매 (靈媒) [名] 霊媒.

영면 (永眠) [名] [하自] 永眠.

영묘-하다 (靈妙-) [形] 『하変』 霊妙だ.

영문¹ [名] わけ; 理由. ‖ 영문도 모르고 따라가다 わけも分からずついて行く.

영문² (英文) [名] ❶英文. ❷ローマ字.

영-문법 (英文法) 【-뻡】 [名] 英文法.

영-문학 (英文學) [名] 英文学.

영물 (靈物) [名] ❶霊物. ❷ずる賢い動物のこと.

영미 (英美) [名] 英米; イギリスとアメリカ.

영민-하다 (英敏-) [形] 『하変』 明敏だ.

영-부인 (令夫人) [名] 令夫人. ‖ 대통령 영부인 ファーストレディー.

영빈 (迎賓) [名] [하自] 迎賓.

영빈-관 (迎賓館) [名] 迎賓館.

영사¹ (映寫) [名] [하他] 映写.

영사-기 (映寫機) [名] 映写機.

영사-실 (映寫室) [名] 映写室.

영사² (領事) [名] 領事.

영사-관 (領事館) [名] 領事館.

영산-홍 (映山紅) [名] 《植物》 サツキツツジ(五月躑躅).

영상¹ (映像) [名] 映像. ‖ 영상이 선명하다 映像が鮮明だ. 영상 문화 映像文化. 동영상 動画.

영상² (零上) [名] 零度以上の気温. [対] 영하(零下).

영생 (永生) [名] [하自] 永生.

영서 (嶺西) [名] 《地名》 강원도(江原道)の태백산맥(太白山脈)の西の地域.

영선 (營繕) [名] [하他] 営繕.

영선-비 (營繕費) [名] 営繕費.

영-성체 (領聖體) [名] 《カトリック》 聖体拝領.

영세¹ (永世) [名] [하形] 永世.

영세^중립국 (永世中立國) 【-닙꾹】 [名] 永世中立国.

영세² (零細) [名] [하形] 零細.

영세^기업 (零細企業) [名] 零細企業.

영세-농 (零細農) [名] 零細農.

영세-민 (零細民) [名] 零細民.

영세³ (領洗) [名] [하自] 《カトリック》 洗礼.

영속 (永續) [名] [되自] 永続.

영속-성 (永續性) 【-썽】 [名] 永続性.

영속-적 (永續的) 【-쩍】 [名] 永続的.

영수¹ (英數) [名] 英語と数学.

영수² (領袖) [名] 領袖(りょうしゅう). ‖ 파벌의 영수 派閥の領袖.

영수³ (領收·領受) /jɔːŋsu/ [名] [하他] 領収; 受領.

영수-서 (領收書) [名] 領収書.

영수⁴ (領水) [名] ＝영해(領海).

영수-증 (領收證) /jɔŋsudʒɯŋ/ [名] 領収証; レシート.

영-순위 (零順位) [名] 当籤などで最優先権を持つ順位.

영시¹ (英詩) [名] 《文芸》 英詩.

영시² (零時) [名] 零時; 夜 12 時; 0 時.

영식 (令息) [名] 令息.

영아 (嬰兒) [名] 嬰児.

영악-스럽다 (靈惡-) 【-쓰-따】 [形] 『ㅂ変』 ずる賢いところがある; がめついところがある. **영악스레** [副]

영악-하다 (靈惡-) 【-아카-】 [形] 『하変』 ずる賢い; がめつい. ‖ 영악한 아이 がめつい子ども.

영안-실 (靈安室) [名] 霊安室.

영애 (令愛) [名] 令嬢.

영약 (靈藥) [名] 霊薬.

영양¹ (羚羊) [名] 《動物》 レイヨウ(羚羊).

영양² (營養) /jɔŋjaŋ/ [名] 栄養. ‖ 영양을 취하다 栄養を取る. 충분한 휴식과 영양 十分な休みと栄養. 영양 상태가 좋다 栄養状態がいい.

영양-가 (營養價) 【-까】 [名] 栄養価. ‖ 영양가가 높은 음식 栄養価の高い食べ物.

영양-분 (營養分) [名] 栄養分.

영양-사 (營養士) [名] 栄養士.

영양-소 (營養素) [名] 栄養素.

영양-식 (營養食) [名] 栄養食.

영양-실조 (營養失調) 【-쪼】 [名] 栄養失調.

영양-제 (營養劑) [名] 栄養剤.

영양-학 (營養學) [名] 栄養学.

영양³ (令孃) [名] 令嬢.

영어 (英語) /jɔŋɔ/ [名] 英語. [略] 영(英). ‖ 영어 회화 英会話. 영어로 말하다 英語で話す. 영어 실력이 뛰어나다 英語の実力がずば抜けている.

영업 (營業) /jɔŋɔp/ [名] [하自] 営業. ‖ 영업 시간 営業時間. 아홉 시부터 영업하다 9 時から営業する. 영업 안내 営業案内. 영업 중 営業中.

영업-소 (營業所) 【-쏘】 [名] 営業所.

영업-용 (營業用) 【-엄뇽】 [名] 営業用.

영업-자 (營業者) 【-짜】 [名] 営業者.

영업^정지 (營業停止) 【-쩡-】 [名] 営業停止.

영역¹ (英譯) [名] [하他] 英訳.

영역² (領域) /jɔŋjɔk/ [名] 領域; 領分. ‖ 다른 사람의 영역을 침범하다 他人の領分[領域]を侵す. 넓은 영역을 차지하다 広い領域を占める. 연구 영역 研

영영(永永) 卽 永遠히; 永久히. ⑳(永). ‖영영 돌아오지 않다 永遠に帰ってこない.

영예(榮譽) 영 榮誉. ‖영예로운 역할 栄誉ある役目.

영예-롭다(榮譽-)【-따】 형 [ㅂ変] 栄誉である; 栄誉に輝く. **영예로이** 卽

영욕(榮辱) 영 栄辱.

영웅(英雄) /jɔŋuŋ/ 영 英雄; ヒーロー. ‖불세출의 영웅 不世出の英雄. 국민적인 영웅 国民的英雄. 민족의 영웅으로서 추앙받다 民族の英雄として仰がれる.

영웅-담(英雄譚) 영 英雄譚.
영웅-시(英雄詩) 영〈文芸〉英雄詩.
영웅-신화(英雄神話) 영 英雄神話.
영웅-심(英雄心) 영 英雄心.
영웅-적(英雄的) -젹 영 英雄的.
영웅-전(英雄傳) 영 英雄伝.
영웅-주의(英雄主義) [-/-이] 영 英雄主義; ヒロイズム.
영웅-호걸(英雄豪傑) 영 英雄豪傑.

영원[1](永遠) /jɔŋwən/ 영 하형 永遠. ‖영원한 진리 永遠の真理. 영원한 이별 永遠の別れ. **영원-히** 卽 영원히 변치 않을 우정 永遠に変わらぬ友情.

영원-무궁(永遠無窮) 영 하형 永遠無窮.

영원-불멸(永遠不滅) 영 자 永遠不滅.

영원[2](蠑螈・蠑蚖) 영〈動物〉イモリ(井守).

영위(營為) 영 하타 営む; 営み. ‖나달의 생활을 영위하기 위해 月々의 영위 月々の営みのため.

영유(領有) 영 하타 領有.

영인(影印) 영 하타 影印.
영인본(影印本) 영 影印本.

영입(迎入) 영 하타 (人を)迎え入れること.

영자(英字) [-짜] 영 英字. ‖영자 신문 英字新聞.

영작(英作) 영 英作文(英作文)の略語. ⑳영작(英作).

영-작문(英作文) [-장-] 영 英作文.

영장[1](令狀) [-짱] 영 令状. ‖영장을 발부받다 令状を取る. 소집 영장 召集令状.

영장[2](靈長) 영 霊長. ‖인간은 만물의 영장이다 人間は万物の霊長である.

영장-류(靈長類) [-뉴] 영〈動物〉霊長類.

영재(英才) 영 英才. ‖영재 교육 英才教育.

영-적(靈的) [-쩍] 영 霊的.

영전[1](榮転) 영 자 栄転. ‖지점장으로 영전되다 支店長に栄転する.

영전[2](靈前) 영 霊前.

영접(迎接) 영 하타 迎え入れて応接すること.

영정(影幀) 영 遺影.

영주[1](永住) 영 하자 永住.
영주-권(永住権) [-꿘]〈法律〉永住権.

영주[2](領主) 영 領主.
영지[1](領地) 영 領地.

영지[2](靈芝) 영〈植物〉レイシ(霊芝); マンネンタケ(万年茸).

영지-버섯(靈芝-) [-섣] 영 =영지(靈芝).

영지[3](靈地) 영 霊地.

영차 감 重いものを動かしたり引っ張ったりする時のかけ声; よいしょ; どっこい; えんやら.

영창(営倉) 영〈軍事〉営倉.
영춘(迎春) 영 하타 迎春.
영치(領置) 영 하타 領置.
영치-금(領置金) 영 領置金.

영탄(詠嘆) 영 하타 詠嘆.
영탄-법(詠嘆法) [-뻡] 영〈文芸〉詠嘆法.

영토(領土) /jɔŋtʰo/ 영 領土.

영특-하다(英特-) /jɔŋtʰukʰada/ [-트카-] 하형 賢い; 奇特だ. ‖영특한 아이 賢い子ども.

영패(零敗) 영 하자 零敗; ゼロ敗.

영하(零下) 영 零下; 氷点下. ⑳영상(零上).

영합(迎合) 영 하자 迎合. ‖시류에 영합하다 時流に迎合する.

영해(領海) 영 領海.

영향(影響) /jɔːnhjaŋ/ 영 影響. ‖영향을 미치다 影響を及ぼす. 좋은 영향을 주다시 좋은 影響を与える. 친구의 영향을 받다 友達の影響を受ける.

영향-력(影響力) [-녁] 영 影響力.

영험-하다(靈驗-) 형 하변 霊験(灵驗)だ. ‖영험한 신통력 霊験あらたかな神通力.

영혼(靈魂) 영 霊魂; 魂.

영화(映画) /jɔŋhwa/ 영 映画. ‖영화를 보러 가다 映画を見に行く. 유월에 개봉되는 한국 영화 6月에 封切りされる韓国映画. 셰익스피어의 로미오와 줄리엣을 영화로 보다 シェークスピアの『ロミオとジュリエット』を映画で見る.

영화-관(映画館) 영 映画館.
영화-배우(映画俳優) 영 映画俳優.
영화-음악(映画音楽) 영 映画音楽.
영화-제(映画祭) 영 映画祭.
영화-화(映画化) 영 하타 映画化.

영화[2](榮華) 영 栄華. ‖영화를 누리다 栄華を極める.

영화-롭다(榮華-) [-따] 형 [ㅂ変] 栄華を極める. **영화로이** 卽

옅다 /jət̚t͈a/ 형 ❶ 浅い. ‖옅은 잠 浅い眠り. ❷ (色や濃度などが) 薄い. 옅게 질다. 옅은 화장 薄化粧. 커피를

옅게 타다 コーヒーを薄目に入れる.

옆 /jɔp/ 【엽】 图 そば; 横; 隣; わき. ‖집 옆에 공원이 있다 家のそばに公園がある. 옆으로 늘어서다 横に並ぶ. 옆에서 참견하다 横から出しゃばる. 옆 사람 隣の人, 先生님 옆에서 先生のそばに座る. 얘기가 옆으로 새다 話がわきにそれる.

옆-구리 /jɔpku/ 【옆꾸-】 图 わき; 横腹; わき腹. ‖옆구리가 걸리다 横腹が突っ張る.

옆-길 【엽낄】 图 わき道; 横筋. ‖옆길로 새다 わき道にそれる.

옆-얼굴 【옆얼-】 图 横顔.

옆-줄 【엽쭐】 图 ❶ 横の列; 横線. ❷ (魚などの)側線.

옆-집 【엽찝】 图 隣の家; 隣家.

옆-차기 【옆-】 图 (テコンドーの)横蹴り.

예¹ 图 ハングル母音字母「ㅖ」の名称.

예² 图 昔; 以前. ‖예나 지금이나 昔も今も.

예³ (苪) (姓) 苪(イェ).

예⁴ (例) /je:/ 图 ❶例; 例え. ‖예를 들다 例を挙げる. ❷ためし; 前例. ‖지금까지 그런 예는 없어요 今までそういう前例はありません. ❸ 〔예의…の形で〕 いつもの…; 例の….

예⁵ (禮) 图 礼; マナー; エチケット; 礼節.

예⁶ [「여기의 縮約形」ここ; ここに. ‖예서 나가거라 ここから出て行ってちょうだい.

예⁷ /je:/ 國 ❶ はい; ええ. ‖예, 알겠습니다 はい, 分かりました. ❷ 予想外のことを聞いて驚いた時に発する語: えっ. ‖예? そう리가 없어요 えっ, そんなはずはありません. ❸ 頼み事がある時や文末で使って確認や催促の意を表わす. ‖같이 가요, 예? 一緒に行きましょうよ, ね.

예각 (銳角) 【-깍】 图 (数学) 鋭角. ⑦ 둔각 (鈍角).

예감 (豫感) /je:gam/ 图 予感. ‖예감이 맞아떨어지다 予感が的中する. 불길한 예감 不吉な予感. 질 것 같은 예감이 들다 負けるような予感がする.

예견 (豫見) 图 (하타) 予見; 予測; 見通し. ‖결과를 예견하다 結果を予見する.

예견-되다 受動

예고¹ (豫告) 图 (하타) 予告; 前触れ. ‖공휴 날짜를 예고하다 公休の期日を予告する.

예고-편 (豫告篇) 图 予告編.

예고² (藝高) 图 예술 고등학교(藝術高等學校)의 略칭.

예과 (豫科) 【-꽈】 图 予科.

예금 (預金) 图 預金. ‖은행에 예금하다 銀行に預金する. 예금을 찾다 預金を下ろす.

예금 계좌 (預金計座) 【-/-게-】 图 預金口座.

예금-액 (預金額) 图 預金額.

예금 증서 (預金證書) 图 預金証書.

예금 통장 (預金通帳) 图 預金通帳.

예기¹ (豫期) 图 (하타) 予期; 予想. ‖예기치 못한 일 予期せぬ出来事.

예기² (禮記) 图 《五経》の礼記.

예끼 國 年配の人がひどく叱る時に発する語: こらっ. ‖예끼, 이 녀석아 こら, おい.

예년 (例年) 图 例年.

예능 (藝能) 图 芸能; 芸術; 芸. ‖예능적인 소질 芸術的な才能.

예-닐곱 圈 图 6歳か7歳; 6か7. ‖예닐곱은 되어 보이는 남자 아이 6歳か7歳くらいの男の子. 예닐곱 개 6つか7つ.

예단¹ (禮緞) 图 結婚の際, 新婦が新郎の家族に贈る進物.

예단² (豫斷) 图 (하타) 予断. ‖예단할 수 없는 상황 予断を許さない状況.

예리-하다 (銳利-) /je:rihada/ 圈 [하변] 鋭い; 鋭利だ. ‖예리한 지적 鋭い指摘. 예리한 눈빛 鋭い目つき. 예리한 칼 鋭利な刃物.

예매¹ (豫買) 图 (하타) 前もって買うこと. ‖입장권을 예매하다 入場券を前もって買う.

예매² (豫賣) 图 (하타) 前売り. ‖공연 티켓을 예매하다 コンサートのチケットを前売りする.

예매-권 (豫賣券) 【-꿘】 图 前売り券.

예매-처 (豫賣處) 图 前売りする所.

예명 (藝名) 图 芸名.

예문 (例文) 图 例文.

예문² (例問) 图 例として挙げた問題.

예물 (禮物) 图 結婚の時, 新郎新婦が交換するもの.

예민-하다 (銳敏-) /je:minhada/ 圈 [하변] 鋭敏だ; 敏感だ; (神経などが)尖っている. ‖예민한 반응 敏感な反応. 신경이 예민하다 神経が尖っている.

예방¹ (豫防) /je:baŋ/ 图 予防. ‖화재를 예방하다 火災を予防する. 감기 예방 風邪の予防. **예방-되다** 受動 予防.

예방 접종 (豫防接種) 【-쫑】 图 予防接種.

예방 주사 (豫防注射) 图 予防注射. ‖예방 주사를 맞다 予防注射を打ってもらう.

예방-책 (豫防策) 图 予防策. ‖예방책을 강구하다 予防策を講じる.

예방² (禮訪) 图 (하타) 表敬訪問.

예배 (禮拜) 图 (하자동) 《キリスト教》 礼拝.

예배-당 (禮拜堂) 图 《キリスト教》 礼拝堂.

예법 (禮法) 【-뻡】 图 礼法.

예보 (豫報) 图 (하타) 予報. ‖일기 예보 天気予報.

예복 (禮服) 图 礼服.

예불(禮佛) 图 勤行(ごう); 仏сі事で読経すること; お勤め. ∥새벽 예불 早朝の勤行.

예비(豫備) /ye:bi/ 图 他 予備. ∥예비 지식 予備知識. 예비로 가지고 있다 予備として持っている.

예비-군(豫備軍) 图《軍事》予備軍.

예비-금(豫備金) 图 予備金.

예비-역(豫備役) 图《軍事》予備役. ⇔현역(現役).

예뻐 《으変》 예쁘다(きれいだ)의 連用形.

예뻐-하다 他《하変》 かわいがる. ∥특히 막내딸을 예뻐하다 特に末の娘をかわいがる.

예쁘다 /ye:p'ɨda/ 形《으変》[예뻐, 예쁜] きれいだ; かわいい. ∥얼굴이 예쁘다 顔がきれいだ. 예쁜 구두 かわいい靴. 예쁘게 포장해 주세요 かわいいラッピングしてください.

예쁘장-하다 形《하変》 かわいらしい. ∥예쁘장한 얼굴 かわいらしい顔.

예쁜 形《으変》 예쁘다(きれいだ)의 現在連体形.

예사(例事) 图 日常茶飯事; 平気なこと; ありふれたこと. ∥밤샘은 예사다 徹夜は日常茶飯事だ.

예사-내기(例事-) 图 =여간내기(如干-).

예사-로(例事-) 副 平気で; 気軽に. ∥예사로 드나들다 気軽に出入りする.

예사-롭다(例事-) /je:saropt'a/ [-따] 形《ㅂ変》 예사로워, 예사로운] 当たり前だ; ありふれたことだ; 普通と変わっていない; 尋常だ. ∥눈빛이 예사롭지 않다 目つきが普通ではない. 그 정도는 예사롭게 생각하다 それくらいは何とも思わない.

예사로이 副

예사-말(例事-) 图 ① 普通の言葉; ありきたりの話. ② 《言語》(尊敬語でも謙讓語でもない)常体.

예삿-일(例事-) 【-산닐】图 ただ事; 並みの事.

예산(豫算) /je:san/ 图 他 予算. ∥예산을 책정하다 予算を策定する. 예산을 세우다 予算を立てる. 국가 예산 国家予算.

예산-안(豫算案) 图 予算案.

예상(豫想) /je:san/ 图 他 予想; 見込むこと. ∥결과를 예상하다 結果を予想する. 예상이 적중하다 予想が的中する. 상 활의 이익을 예상하여 3 割의 이익을 노렸다. 예상-되다受動

예상-외(豫想外)【-/-웨】图 予想外; 想定外. 뜻밖의 것. ∥예상 외로 인정하다 予想外として認める. 예상 외의 선전 予想外の善戦. 예상외로 회의가 길어져 다 思いの外 会議が長引いた.

예선(豫選) /je:sən/ 图 他 予選. ∥예선을 통과하다 予選を通過する. 예선에서 밀려나다 予選落ちする.

예속(隷屬) 图 自 隷属. ∥예속 관계 隷属関係.

예속-적(隷屬的) 图[-적] 隷属的.

예수-금(豫受金) 图 予め受け取る金.

예순 /jesun/ 数 图 60 歳; 60. ∥육십(六十). ∥예순에 정년퇴직을 하다 60 歳に定年退職する. 예순된 살을 환갑이라고 한다 数え年で 61 歳を還暦と言う.

예술(藝術) /je:sul/ 图 芸術. ∥예술 활동 芸術活動. 조형 예술 造形芸術. 전위 예술 前衛芸術. ▶예술은 길고 인생은 짧다 芸術は長く人生は短し.

예술-가(藝術家) 图 芸術家.

예술-계(藝術界)【-/-계】图 芸術界.

예술-성(藝術性)【-쌍】图 芸術性. ∥예술성이 뛰어난 작품 芸術性が際立つ作品.

예술-적(藝術的)【-쩍】图 芸術的. ∥예술적인 재능 芸術的な才能.

예술-제(藝術祭)【-쩨】图 芸術祭.

예술-품(藝術品) 图 芸術品.

예스맨(yes-man) 图 イエスマン.

예습(豫習) /je:sup/ 图 他 予習. ⇔복습(復習). ∥내일까지 예습해 오세요 ここまで予習して来てください.

예시(例示) 图 他 例示. ∥해답을 예시하여 해설하다 例示する. 예시-되다受動

예식¹(例式) 图 例式; しきたり.

예식²(禮式) 图 礼式.

예식-장(禮式場)【-짱】图 結婚式場.

예심(豫審) 图 ① 事前審査. ② 《法律》予審.

예약(豫約) /je:jak/ 图 他 予約. ∥자리를 예약하다 席を予約する. 한 달 전부터 예약을 받고 있다 1 か月前から予約を受け付けている.

예약-금(豫約金)【-끔】图 予約金; 手付金.

예약-석(豫約席)【-썩】图 予約席.

예약-제(豫約制)【-쩨】图 予約制.

예약-처(豫約處) 图 予約を受け付ける所.

예약 판매(豫約販賣) 图 予約販売.

예언(豫言) /je:ən/ 图 他 予言. ∥미래를 예언하다 未来を予言する. 예언이 맞아떨어지다 予言が的中する.

예언-자(豫言者) 图 ① 予言者. ② 預言者.

예외(例外) /je:we/【-/-웨】图 例外. ∥예외 없는 법칙은 없다 例外のない規則はない. 예외로서 인정하다 例外として認める. 예외 없이 例外なく.

예외-적(例外的) 图 例外的. ∥예외적인 일 例外的なこと.

예요/jejo/ 回《母音で終わる体言に付いて;子音の場合はこ예요》…です; …で

스카. ‖저 사람은 누구예요? 아の 사람은 誰ですか. 여동생 친구예요 妹の友だちです.

예우³(禮遇) 图 [하他] 礼遇. **예우-받다** 受動

예의¹(銳意) 【-/-이】图 鋭意. ‖사태를 예의 주시하다 事態を鋭意注視する.

예의²(禮義) 【-/-이】图 礼義; 礼儀と義理.

예의³(禮儀) 【-/-이】/jei/ 图 礼儀; 礼節. ‖예의에 어긋나다 そういうふうにするのは礼儀に反する.

예의-바르다(禮儀-) 图 [르変] 礼儀正しい. ‖예의바른 학생 礼儀正しい学生. 예의바르게 행동하다 礼儀正しく行動する.

예의-범절(禮儀凡節) 图 礼儀作法; エチケット. ‖예의범절을 익히다 礼儀作法を身につける.

예이 感 ある事実を否定したり気に入らなかったりした時に発する語.

예임-금(預入金)【-끔】图 預金.

예전(-前) 图 ❶ 以前; 一昔. ‖경기가 예전 같지 않다 景気が以前とは違う. ❷〔예전에の形で〕かつて. ‖예전에 읽은 책 かつて読んだ本.

예절(禮節) 图 礼節; 礼儀. ‖예절이 바르다 礼儀正しい.

예정(豫定)/jeːdʑɔŋ/【-/-이】图 [하自] 予定. ‖내년 봄에 결혼할 예정이다 来年春,結婚する予定だ. 비행기는 오후 두 시에 인천공항에 도착할 예정이다 飛行機は午後2時に仁川空港に到着の予定である. 예정대로 추진하다 予定通り進める. 예정을 앞당기다 予定を繰り上げる.

예정-일(豫定日) 图 予定日.
예정-표(豫定表) 图 予定表.
예제(例題) 图 例題.
예증(例證) 图 [하他] 例証.
예지¹(叡智) 图 英知.
예지²(豫知) 图 [하他] 予知. ‖예지력 予知能力.
예찬(禮讚) 图 [하他] 礼賛.
예측(豫測) 图 [하他] 予測. ‖한 치 앞을 예측할 수 없다 一寸先は闇だ. **예측-되다** 受動

예치(預置) 图 [하他] 預けておくこと. ‖일정한 돈을 예치하다 一定のお金を預けておく. **예치-되다** 受動

예치-금(預置金) 图 預け金; 預かり金.

예컨-대(例-) 副 例えば. ‖채소류 예컨대 배추, 시금치 등 野菜類, 例えば白菜, ホウレン草など.

예탁(豫託) 图 [하他] 預託.
예탁-금(豫託金)【-끔】图 預託金.
예포(禮砲) 图 礼砲.
예해(例解) 图 [하他] 例解.

예행(豫行) 图 [하他] 予行.
예행-연습(豫行演習) 【-년-】图 [하他] 予行演習.
예후(豫後) 图 病後の経過; 病み上がり.

옐로-카드(yellow card) 图 (サッカーで) イエローカード.

옛【옏】冠 昔の…. ‖옛 추억 昔の思い出.

옛-것【옏껃】图 昔のもの.
옛-날/jeːnnal/【옏-】图 昔. ‖옛날을 그리워하다 昔を懐かしむ. 옛날에 자주 가던 곳 昔よく行っていたところ. 옛 모습을 간직하다 昔の面影を保っている.

옛날-이야기【옏-리-】图 昔話. ‖옛날이야기를 들려주다 昔話を聞かせる.
▶옛날-옛적 今々; 大昔. 옛날옛적에 昔々.

옛-말【옏-】图 昔の話; 昔の言葉; 古語.

옛-모습【옏-】图 昔の姿; 昔の面影.

옛-사람【옏싸-】图 ❶昔の人. ❷故人.

옛-사랑【옏싸-】图 昔の恋; 昔の恋人.

옛-이야기【옏니-】图 昔話.
옛-일【옏닐】图 昔の事; 過去の事.
옛-정(-情)【옏쩡】图 旧情; 旧交.
옛-집【옏-】图 ❶古い家; 古家; 古屋. ❷昔の住み処; 旧家; 古巣.

옛-친구(-親舊)【옏-】图 旧友.

옜다【옏-】感〔여기 있다の縮約形〕目上の人が目下の人にものをあげる時に発する語; ほら.

오¹ 图 ハングル母音字母「ㅗ」の名称.
오² (吳) (姓) 呉 (オ).
오³-(午) (十二支の) 午 (-).
오⁴ (O·o) 图 (アルファベットの) オー.
오⁵ (五) /oː/【數】 5; 五. ‖오 빼기 이는 삼이다 5引く2は3である.
—**오** 接尾 5…. ‖오 분 5分. 오 년 5年.

오⁶ 感 感動したり驚いたりする時に発する語: おお; ああ; そうか.

-오 語尾 〔母音及び己で終わる用言の語幹などに付いて; 子音の場合は-소〕❶ 平叙・疑問などの意を表わす: …です; …ます; …ですか; …ますか. ‖따님이 참 예쁘오 お嬢さんがとてもきれいですね. ❷ 命令の意を表わす: …なさい; …てください. ‖어서 가시오 早く行ってください.
✣主に壮年の男性が用いる表現である.

오-가다 /ogada/ 自他 行き来する; 往来する; 行き交う. ‖거리에는 오가는 사람들이 하나도 없었다 街には往来する人ひとりもいなかった. 예전에는 가끔 오가기도 했다 以前はたまに往来すること)もあった.

오각-형(五角形)【-가청】图 (数学の) 五角形.
오갈피(←五加皮)(漢方) 五加皮.
오갈피-나무(←五加皮-) 图 (植物の)

우거지 (五加木).

오갈피-술 [-五加皮-] 图 五加皮酒.

오감 (五感) 图 五感.

오경¹ (五經) 图 五經(易經·書經·詩經·春秋·禮記).

오경² (五更) 图 五更(午前 3時から 5時まで).

오곡 (五穀) 图 五穀(米·麥·粟(,)·黍·豆).

오곡-밥 (五穀-) [-빱] 图 五穀ご飯.

오골-계 (烏骨鷄) 【-/-게】图《鳥類》ウコッケイ(烏骨鷄).

오그라-들다[-지다] 囯 [ㄹ語幹] 縮む; 縮こまる; へこむ; 収縮する. ‖너무 추워서 몸이 오그라들다 あまりにも寒くて体が縮まる. 모직은 물에 빨면 오그라든다 ウールは水で洗うと縮む.

오그리다 /ogurida/ 他 (內側に) 曲げる; 丸める; すくめる; 縮める; しゃがむ. ‖몸을 오그리다 体を丸める.

오금 ひかがみ; 膝の後ろのところ. ▶오금을 못 쓰다 (「ひかがみを動かせない」の意で) 非常に気になって何もできない.

오기¹ (傲氣) 图 負けず嫌い; 負けじ魂; 意地. ‖오기를 부리다 意地を張る.

오기² (誤記) 图 他 誤記.

오나-가나 副 いつも; どこへ行っても; どこでも.

오냐 感 ❶ [目下の人の依頼などに対して] 承諾や同意を表わす語: よし; いいよ. ❷ 独り言で決意を表わす語: よし. ‖오냐, 두고 보자 よし, 覚えておけ; 今に見ろ.

오냐오냐-하다 囯他 [하變] 甘やかす.

오년 (午年) 图 午年. (俗)말해.

오누-이 (兄妹) 图 兄妹; 弟と妹.

오뉴-월 [-五六月] 图 (陰曆の)5, 6月. ▶오뉴월 염천 真夏の炎天.

오는 冠 오다(來る)の現在連体形.

오늘 /onul/ 图 今日; 本日. ‖오늘의 일기 예보 今日の天気予報. 오늘은 휴관일입니다 本日は休館日です.

— 副 今日. ‖오늘 만나는 사람 今日会う人.

오늘-날 [-랄] 图 今日(㎞); 現今. ‖오늘날까지 널리 읽히는 명작 今日まで広く読まれている名作.

오늘내일-하다 (-來日-) [-래-] 囯 [하變] 間近に迫る; 目前に迫る; 先が長くない; 今日明日の命だ. ‖입원해 있는데 오늘내일한다 入院しているが今日明日の命.

오늘-따라 副 今日に限って; よりによって. ‖오늘따라 비가 오고 있다 よりによって今日雨が降っている.

오늬 [-늬] 图 矢筈(,).

오다¹ /oda/ 囯 ❶ 来る. ‖집에 손님이 오다 家にお客さんが来る. 아직 안 왔습니다 まだ来ていません. 십년 전에 한 번 온 적이 있다 10年前に一度来たことがある. 일로 와라 ここに来なさい. 이쪽으로 오세요 こちらへいらしてください. 내일 또 오게 明日また来るよ. 겨울이 가고 봄이 왔다 冬が去り, 春が来た. 태풍이 온 것 같았어요 台風が来たようだ. 무릎까지 오는 양말 膝までくる靴下. 오랜만에 그 사람한테서 전화가 왔다 久しぶりに彼から電話が来た. 담당자로부터 연락이 안 온다 担当者から連絡が来ない. ❷ (手紙·荷物などが) 届く. ‖집에서 소포가 왔다 実家から小包が届いた. ❸ (雨·雪などが) 降る. ‖아침부터 비가 오고 있다 朝から雨が降っている. 눈이 와서 조금 늦었다 雪が降って少し遅れた. ❹ (眠くなるや生理的現象が) 起こる. ‖잠이 오다 眠くなる. 졸음이 오다 眠気がさす. ❺ (時期·季節などになる. ‖봄이 오다 春になる. 지금 안 가면 언제 가겠어? 今になって行けないと言ってもどうするの. ❻ [...(으)로 오다の形で] ...として赴任する. ‖이번에 교감으로 오신 선생님이십니다 今回新校長として赴任された先生です. ❼ [오는...の形で] 来たる.... ‖오는 시월 십일에 선거가 있습니다 来たる10月10日に選挙があります.

— 他 ❶ 来る. ‖밤길을 혼자 오다 夜道を一人で来る. ❷ [一部の名詞+을[를] 오다の形で] ...に来る. ‖한국으로 수학여행을 온 학생들 韓国に修学旅行に来た学生たち. ❸ [動作性名詞+을[를] 오다の形で] 動作の目的を表わす: ...に[へ] 来る. ‖서울로 출장을 오다 ソウルへ出張に来る. 언제 중국으로 조사를 오니? いつ中国へ調査に来るの. ❹ [...(으)러 오다の形で] 動作の目的を表わす: ...しに来る. ‖서류를 제출하러 왔습니다 書類を提出しに来ました. 친구를 만나러 오는 길에 友だちに会いに来る途中. ▶오도 가도 못하다 (「来ることも行くこともできない」の意で) 立ち往生する. ▶오는 말이 고와야 가는 말이 곱다 [諺] (「来る言葉がきれいでこそ行く言葉がきれいだ」の意で) 売り言葉に買い言葉. ▶오는 정이 있어야 가는 정이 있다 [諺] (「来る情があってこそ行く情がある」の意で) 恋心に恋心.

오다² 補動 [動詞語幹+아[어·해] 오다の形で] ~てくる. ‖선물을 사 오다 プレゼントを買ってくる. 물고기를 잡아 오다 魚を釣ってくる. 돈을 벌어 오다 お金を稼いでくる. 지금까지 기대해 오다 지만 今まで期待してきたが.

오다-가다 副 ❶ 行き来しているうちに; 通りすがりに. ❷ たまたま; 偶然に. ‖오다가다 만난 사람 偶然出会った人.

오달-지다 圈 抜け目がない; 手落ちがない; 手抜かりがない. ⇨오지다.

오답 (誤答) 图 [하變] 誤答. ↔정답(正

오-대양 (五大洋) 圏 五大洋(太平洋・大西洋・インド洋・南氷洋・北氷洋)

오더 (order) 圏 オーダー.

오도 (誤導) 圏他動 誤った方向に導くこと.

오도독 副他動 少しかたいものを噛み砕く音:こりこり;かりかり;ぼりぼり;ぼり.
오도독-오도독 副他動

오도독-거리다 〖-거-〗 自他動 こりこり[かりかり・ぼりぼり]と音を立てる.

오도카니 副 ぼんやりと;ぽつんと;寒然と;ぽさっと;つくねんと. ‖오도카니 앉아 있다 ぽつねんと座っている.

오돌-오돌 副(形) 歯ごたえがある様子:こりこり.

오돌-토돌 副(他形) 所々でこぼこしている様子.

오동-나무 (梧桐-) 圏 〖植物〗キリ(桐).

오동통 副他形 ふくよかでかわいらしい様子:ぽっちゃり. ‖오동통한 얼굴 ぽっちゃりした顔.

오동-포동 副他形 ふくよかでぽっちゃりした様子. ‖오동포동하게 살이 찌다 ふくよかでぽっちゃりする.

오두막-집 (-幕-)〖-찝〗圏 小屋.

오두-방정 圏 軽くてそそかしい言動. ‖오두방정을 떨다 そそかしい.

오들-오들 副他動 寒さや怖さなどで体が震える様子:ぶるぶる(と);わなわな(と). ‖추워서 오들오들 떨다 寒さでぶるぶる(と)震える.

오디 〖植物〗桑の実.

오디션 (audition) 圏 オーディション. ‖오디션을 받다 オーディションを受ける.

오디오 (audio) 圏 オーディオ.

오뚝 副他形 ❶ 高くそびえ立っている様子;突き出ている様子. ‖코가 오뚝하다 鼻が高い. ❷ 倒れてもすぐ起き上がる様子. ‖오뚝 일어서다 すっと起き上がる.

오뚝-이 圏 起き上がり小法師. ‖인생은 오뚝이 起き上がり小法師のような人生.

오라 (歴史) 圏 罪人を縛った太くて赤い縄🅿️.

오라버니 圏 〖古い言い方で,오빠の尊敬語〗お兄様.

오라버님 圏 〖오라버니の尊敬語〗お兄様.

오라-질 感 人をののしる時に発する語:畜生;くそったれ.

오락 (娛樂) 圏 娛楽;ゲーム.
오락-물 (娛樂物) 〖娛楽〗圏 娯楽用のもの:娯楽物:バラエティー.

오락-성 (娛樂性) 〖-씽〗圏 娯楽性:バラエティー性.

오락-가락 /orakʔkarak/ 〖-까-〗 副他動 ❶ 行ったり来たり. ❷ 降ったりやんだり. ❸ 記憶や意識がぼんやりしている様子. ‖정신이 오락가락하다 意識がぼんやりしている.

오락-실 (娛樂室) /oraki'sil/ 〖-씰〗圏 ゲームセンター.

오랑우탄 (orangutan) 圏 〖動物〗オランウータン.

오랑캐 圏 夷;野蛮人.

오랑캐-꽃 〖-꼳〗圏 〖植物〗スミレ(菫). 📖제비꽃.

오래 /orɛ/ 副 長く;長らく;長い間. ‖외국에서 오래 살다 外国で長く暮らす. 오래 살다 長生きする. 시간이 오래 걸리다 時間がかかる.

오래-가다 /orɛgada/ 自動 長持ちする;持ちがいい;継続する;長引く. ‖관계가 오래가다 関係が長続きする. 뭘 해도 오래 못 간다 何をやっても長続きしない. 오래가는 건전지 長持ちする乾電池. 이번 감기는 꽤 오래간다 今回の風邪はかなり長引く.

오래간-만 圏 久しぶり;久々. ‖오래간만입니다 お久しぶりです. 오래간만에 만나다 久しぶりに会う. 오래간만의 외출 久々の外出.

오래-도록 副 長らく;長く;長い間;久しく. ‖오래도록 연락이 없다 長らく連絡がない.

오래-되다 /orɛdweda/ 〖-/-뒈-〗 形 古い;長い時間が経つ. ‖오래된 고가家. 역사가 오래된 학교 歴史の古い学校. 연락이 없는 지 오래되었다 連絡が途絶えてから長い時間が経っている.

오래-오래 副 末永く;いつまでも. ‖오래오래 행복하세요 末永くお幸せに.

오래-전 (-前) 圏 ずっと前. ‖오래전의 일 ずっと前のこと.

오랜-만 圏 =오래간만.

오랫-동안 /orɛtʔtoŋan/ 〖-팯똥-/-랟똥-〗 圏 長い間;久しい間;長年. ‖오랫동안 못 보았다 久しい間会っていない. 오랫동안 외국에 있었다 長い間,外国にいた.

오렌지 (orange) /orendʒi/ 圏 〖植物〗オレンジ. ‖오렌지 주스 オレンジジュース.

오렌지-색 (orange 色) 圏 オレンジ色.

오렌지에이드 (orangeade) 圏 オレンジエード.

오로라 (aurora) 圏 オーロラ.

오로지 /orodʒi/ 副 ひたすら;もっぱら;一途に;たった. ‖오로지 먹기만 하다 ひたすら食べてばかりいる. 자식이라고 오로지 하나 없는 게 늘 썩이고 있다 たった1人しかいない子どもが心配ばかりかけている. 오로지 研究만 하는 사람 研究一途の人.

오룡-차 (烏龍茶) 圏 ウーロン茶.

오류 (誤謬) 圏 間違い;過ち. ‖오류를 범하다 過ちを犯す.

오륜¹ (五倫) 圏 〖儒教の〗五倫.➡군신

유의(君臣有義)·부자유친(父子有親)·부부유별(夫婦有別)·장유유서(長幼有序)·붕우유신(朋友有信).

오륜²(五輪) 图 五輪.

오륜-기(五輪旗) 图 올림픽의 旗; 五輪旗.

오르가슴(orgasme 프) 图 オーガスム.

오르간(organ) 图《音樂》オルガン.

오르골(←orgel) 图《音樂》オルゴール.

오르-내리다 /orunerida/ 自他 ❶ 昇り下りする; 上がったり下がったりする. ‖계단을 오르내리다 階段を昇り下りする. ❷ うわさの種になる; 口の端に上る. ‖사람들 입에 오르내리다 人々のうわさの種になる.

오르다 /oruda/ 自他[르変][올라, 오르는] ❶ 上がる. ‖계단을 오르다 階段を上がる. 물가가 오르다 物価が上がる. 막이 오르다 幕が上がる. 불길이 오르다 火の手が上がる. 기온이 오르다 気温が上がる. 성적이 오르다 成績が上がる. 월급이 오르다 給料が上がる. ⓐ 올리다. ❷ (~에; ~에) 登る(昇る·上る). ‖밤하늘에 불꽃이 오르다 夜空に花火が上がる. 산에 오르다 山に登る. 물에 오르다 陸(岡)に上る. 하마평에 오르다 下馬評に上る. 명단에 이름이 오르다 名簿に名前が上る. 하늘에라도 오른 듯한 기분이다 天にも昇ったような心地だ. ❸ 乗る. ‖차에 오르다 車に乗る. 사업이 궤도에 오르다 事業が軌道に乗る. ❹ (地位などに)就く·つく. ‖사장 자리에 오르다 社長の職に就く. 귀로에 오르다 帰途につく. ❺ 肉がつく. ‖얼굴에 살이 오르다 顔に肉がつく. ❻ 酒が回る. ‖술이 오르다 酒が回る. 화제에 오르다 話題になる. ❼ 話題に上る. ‖사람들 입에 오르다 人の口の端に上る. ❽ (湯気が)立つ. ‖김이 오르다 湯気が立つ.

오르되브르(hors d'oeuvre 프) 图 オードブル; 前菜.

오르락-내리락 [-랑-] 副 自他 上がったり下がったりする様子. ‖주가가 연일 오르락내리락하다 株価が連日上がったり下がったりする.

오르-막 图 上り坂.

오르막-길 [-낄] 图 上り坂の道. ⓐ내리막길.

오른 冠 右の…; 右側の…. ⓐ왼.

오른-발 图 右足. ⓐ왼발.

오른-뺨 图 右の頬. ⓐ왼뺨.

오른-손 图 右手. ⓐ왼손.

오른손-잡이 图 右利き. ⓐ왼손잡이.

오른-쪽 /orunʔǰok/ 图 右; 右側. ⓐ바른쪽. ⓐ왼쪽. ‖오른쪽으로 돌다 右側に曲がる. 오른쪽 다리 右足.

오른-팔 图 右腕. ⓐ왼팔.

오른-편(-便) 图 右側. ⓐ왼편(-便).

오름-세(-勢) 图 (物価などの)上がり調子; 上昇傾向; 騰勢. ⓐ내림세(-勢). ‖물가가 전반적으로 오름세를 보이다 物価が全般的に上がり調子である.

오름-차(-次) 图《数学》昇冪(ᄀᆯ). ⓐ내림차(-次).

오름차-순(-次順) 图《数学》昇順. ⓐ내림차순(-次順).

오리 /o:ri/ 图《鳥類》カモ(鴨); アヒル(家鴨).

오리-걸음 图 アヒルのような歩き方; アヒル歩き.

오리-나무 图《植物》ハンノキ(榛の木).

오리-너구리 图《動物》カモノハシ(鴨嘴).

오리다 /orida/ 他 切り取る; 切り抜く. ‖색종이를 오리다 色紙を切り取る. 신문 기사를 오리다 新聞記事を切り抜く.

오리무중(五里霧中) 图 五里霧中.

오리-발 图 ❶ 水かき. ❷ (比喩的に)とぼけること. ‖오리발을 내밀다 とぼける; しらを切る.

오리엔탈리즘(orientalism) 图 オリエンタリズム.

오리엔테이션(orientation) 图 オリエンテーション.

오리온-자리(Orion-) 图《天文》オリオン座.

오리지널(original) 图 オリジナル.

오막-살이 [-싸리] 图 ❶ 小屋. ❷ あばら屋暮らし.

오만(傲慢) 图 (하形) 傲慢. ⓐ《ㅅ》. ‖오만한 태도 傲慢な態度.

오만-불손(傲慢不遜) [-쏜] 图 (하形) 傲慢不遜な態度.

오만-상(五萬相) 图 しかめっ面. ‖오만상을 짓다 思いっきりしかめっ面をする.

오매-불망(寤寐不忘) 图 (하他) 寝ても覚めても忘れられないこと. ‖오매불망 그리워하다 寝ても覚めても恋しく思う.

오메가(omega 英) 图 オメガ.

오명(汚名) 图 汚名. ‖오명을 쓰다 汚名を着せられる.

오목(五目) 图 五目並べ. ‖오목을 두다 五目並べをする.

오목-거울 [-꺼-] 图 凹面鏡. ⓐ볼록거울.

오목 렌즈(-lens) 图 凹レンズ. ⓐ볼록 렌즈.

오목조목-하다 [-조모카-] 形 (하変) 小さいものがかわいらしく集まっている.

오목-판(-版) 图 凹版. ⓐ볼록판(-版).

오목-하다 [-모카-] 形 (하変) 真ん中の方が丸くへこんでいる.

오묘-하다 (奧妙-) [형] [하여] 奧妙하다; 玄妙하다. ‖오묘한 진리 玄妙な真理.

오물 (汚物) [명] 汚物.

오물-거리다 [자타] ❶もぐもぐする. ❷ぼそぼそ言う.

오물-오물 [위] [하여] ❶口を十分に開かないでものを嚼む様子: もぐもぐ. ❷오물오물 씹다 もぐもぐ(と)嚼む. ❷低く小さな声で話す様子: ぼそぼそ.

오므라-들다 [자][ㄹ語幹] 縮む; つぼむ; 収縮する. ‖울은 물에 빨면 오므라든 ウールは水で洗うと縮む.

오므라이스 (omelet+rice 日) [명] [料理] オムライス.

오므리다 [타] つぼめる; すぼめる; すくめる. ‖입을 오므리다 口をつぼめる[すぼめる].

오믈렛 (omelet) [명] [料理] オムレツ.

오미-자 (五味子) [명] [漢方] チョウセンゴミシ(朝鮮五味子).

오미자-차 (五味子茶) [명] 朝鮮五味子と朝鮮人参のひげを煎じた茶.

오밀조밀-하다 (奧密稠密-) [하여] 繊細でかわいらしく飾っている.

오바이트 (←over+eat) [명] [자] 吐くこと; もどすこと.

오발 (誤發) [명] [하타] 誤って発射すること.

오발-탄 (誤發彈) [명] 誤って発射した弾.

오-밤중 (午-中) [명] 真夜中; 深夜.

오버 (over) [명] オーバー.

오버랩 (overlap) [명] オーバーラップ.

오버액션 (overaction) [명] オーバーアクション.

오버코트 (overcoat) [명] オーバーコート.

오버타임 (overtime) [명] オーバータイム.

오벨리스크 (obelisk) [명] オベリスク.

오보 (誤報) [명] [하타] 誤報. ‖오보를 정정하다 誤報を訂正する.

오보에 (oboe 프) [명] [音楽] オーボエ.

오불관언 (吾不關焉) [명] [하타] 我関せず.

오붓-하다 [부터-] [하여] ❶水入らずで暖かい. ‖오붓한 저녁 식사 暖かい雰囲気の夕食. **오붓-이** [위]

오브제 (objet 프) [명] [美術] オブジェ.

오븐 (oven) [명] オーブン.

오블라토 (oblato 포) [명] オブラート.

오블리가토 (obbligato 이) [명] [音楽] オブリガート.

오비 (OB) [명] OB; 卒業生; 先輩. • old boyの略語.

오비이락 (烏飛梨落) [명] (「烏が飛んで梨が落ちる」の意で) 偶然の出来事で疑われること; 李下に冠を整えず.

오빠 /o'p'a/ [명] ❶(妹から)お兄さん; 兄. ❷血縁関係のない年下の男性が年上の男性を親しく呼ぶ語.

오산 (誤算) [명] [하타] 誤算; 計算違い.

오색 (五色) [명] 五色(赤·青·黃·白·黒).

오색-나비 (五色-) [명] [-生-] [昆虫] コムラサキ(小紫).

오색-실 (五色-) [명] 五色の糸.

오선 (五線) [명] 五線.

오선-지 (五線紙) [명] [音楽] 五線紙.

오성 (悟性) [명] 悟性.

오세아니아 (Oceania) [명] [地名] オセアニア.

오소리 [명] [動物] アナグマ(穴熊).

오솔-길 [-낄] [명] 小道.

오수¹ (午睡) [명] 午睡; 昼寝. ⟨하⟩낮寝. ‖오수를 즐기다 午睡をむさぼる.

오수² (汚水) [명] 汚水.

오순-도순 [부] 仲睦まじく. ‖오순도순 살아가다 仲むつまじく暮らしている.

오스트레일리아 (Australia) [명] [国名] オーストラリア.

오스트리아 (Austria) [명] [国名] オーストリア.

오시 (午時) [명] [民俗] 午(うま)の刻(午前11時から午後1時まで).

오심 (誤審) [명] [하자타] 誤審.

오십 (五十) /o:ʃip/ [수] 50歳; 50; 五十. ‖오십에 회사를 그만두고 사업을 시작하다 50歳で会社を辞めて事業を起こす.
— [관] 50···. ‖오십 명 50名. 오십 번 50回.

오십-견 (五十肩) [-전] [명] 五十肩.

오십보-백보 (五十步百步) [-뽀-뽀] 五十歩百歩.

오싹 /o's'ak/ [부] [하자타] 冷たさや恐怖を感じる様子: ひやっ; ひやりと; ぞっと. ‖등골이 오싹하다 背筋がぞっとする.

오아시스 (oasis) [명] オアシス.

오언-시 (五言詩) [명] [文芸] 五言詩.

오언 율시 (五言律詩) [-뉼씨] [명] [文芸] 五言律詩.

오언 절구 (五言絶句) [명] [文芸] 五言絶句.

오엑스-문제 (OX問題) [명] ○×式のテスト.

오역 (誤譯) [명] [하타] 誤訳.

오열 (嗚咽) [명] [하자] 嗚咽(おえつ); むせび泣き.

오염 (汚染) [명] [하자] 汚染. ‖강이 방사능에 오염되다 川が放射能に汚染される.

오용 (誤用) [명] [하타] 誤用. **오용-되다** [자] オーストラリア.

오월 (五月) /o:wəl/ [명] 5月. ‖어린이날은 오월 오일이다 子どもの日は5月5日である. 오월 말에 5月の末に.

오월-동주 (吳越同舟) 吳越同舟.

오이 /oi/ 图 [植物] キュウリ(胡瓜).

오이-김치 图 [料理] オイキムチ; キュウリのキムチ.

오이-냉국 (-冷-) [-꾹] 图 [料理] キュウリとワカメを入れた酢のきいた冷製スープ.

오이-지 图 [料理] キュウリの塩漬け.

오인 (誤認) 图 [하타] 誤認. ‖ 事実を誤認かりたと事実を誤認する.

오일-장 (五日場) [-짱] 图 5日ごとに開く市場.

오입 (誤入) 图 [하타] 妻以外の女性と関係を持つこと.

오자 (誤字) [-짜] 图 誤字. ‖ 오자를 바로잡다 誤字を直す.

오자미 图 お手玉.

오작 (烏鵲) 图 カラスとカササギ.
오작-교 (烏鵲橋) [-꾜] 图 [民俗] 烏鵲橋(七夕の夜, 牽牛と織女を会わせるためにカラスとカササギが体を並べて作った橋).

오장 (五臟) 图 [漢方] 五臟.
오장-육부 (五臟六腑) [-뉵뿌] 图 [漢方] 五臟六腑.

오전 (午前) /oːdʑən/ 图 午前. ⚞⚟ 後(午後). ‖ 작업을 오전 중으로 끝내다 作業を午前中に終える. 일요일 오전에는 교회에 간다 日曜日の午前は教会に行く.

오점 (汚點) [-쩜] 图 汚点. ‖ 오점을 남기다 汚点を残す.

오존 (ozone) 图 [化学] オゾン.
오존-층 (ozone 層) 图 オゾン層.

오죽 副 《主に未来形や疑問形を伴って》いかに; さぞかし; どんなに. ‖ 오죽 더웠을까? さぞかし暑かっただろう. 오죽 괴로웠으면 저렇게 술을 마셨을까? あんなに酒を飲むなんて, さぞかし辛かったからだろう.

오죽-하다 /odʑukʰada/ [-쭈카-] 冠 [하변] 《主に疑問形を伴って》程度が普通ではない; 並大抵ではない. ‖ 오죽했으면 회사를 쉬었을까? 会社を休むとは, どれほど辛かったことか.

오줌 /odʑum/ 图 おしっこ; 尿; 小便. 소변 (小便). ‖ 오줌이 마렵다 おしっこがしたい.
오줌-싸개 图 〔からかう言い方で〕寝小便たれ.

오중-주 (五重奏) 图 [音楽] 五重奏.

오지 (奧地) 图 奥地.

오지다 冠 オダジだの縮約形.

오지랖 [-랍] 图 上着の前すそ. ▶오지랖이 넓다 差し出がましい; 余計なお世話をする.

오직² /oːdʑik/ 副 ただ; もっぱら; ひとえに; ひとえに. ‖ 목표는 오직 하나 우승이다 目標はただ一つ優勝のみだ. 오직 너만 믿는다 ただ君だけが頼りだ.

오직² (汚職) 图 [하타] 汚職.

오진 (誤診) 图 [하타] 誤診.

오징어 /odʑiŋəː/ 图 [魚介類] イカ(烏賊); スルメ(鯣).
오징어-포 (-脯) 图 スルメを細く裂いたもの; アタリメ; 裂きイカ.

오차 (誤差) 图 誤差. ‖ 한치의 오차도 없다 一寸の誤差もない.

오찬 (午餐) 图 午餐; 昼食.
오찬-회 (午餐會) [-/-회] 图 午餐会; 昼食会.

오첩-반상 (五-飯床) [-빤-] 图 ご飯・スープ・キムチ・醬油・鍋を基本に5つのおかずを揃えた膳.

오체 (五體) 图 五体; 全身.

오카리나 (ocarina) 图 [音楽] オカリナ.

오케스트라 (orchestra) 图 [音楽] オーケストラ.

오케이 (OK) 感 [하타] オーケー; 了解; よし; いいよ.

오타 (誤打) 图 パソコンなどで打った誤字; 打ち間違い. ‖ 오타를 내다 打ち間違いをする.

오토리버스 (auto-reverse) 图 オートリバース.

오토매틱 (automatic) 图 オートマチック.

오토메이션 (automation) 图 オートメーション.

오토바이 (auto + bicycle 日) 图 オートバイ; 原付き.

오톨-도톨 副 [하타] 所々でこぼこしている様子.

오트밀 (oatmeal) 图 オートミール.

오판 (誤判) 图 [하타] 誤判.

오팔 (opal) 图 [鉱物] オパール.

오퍼레이터 (operator) 图 オペレーター.

오퍼레이팅시스템 (operating system) 图 [IT] オペレーティングシステム.

오퍼-상 (offer 商) 图 [経] 貿易などの仲介業者.

오페라 (opera) 图 [音楽] オペラ. ⚞⚟ 가극 (歌劇).

오프 (off) 图 オフ.

오프너 (opener) 图 栓抜き; オープナー.

오프 더 레코드 (off the record) 图 オフレコ.

오프라인 (off-line) 图 オフライン.

오프사이드 (offside) 图 (サッカーなどで) オフサイド. サイドス.

오픈 게임 (open game) 图 オープン戦; オープンゲーム.

오픈-카 (open car) 图 オープンカー.

오피스 (office) 图 オフィス.

오피스텔 (+office + hotel) 图 簡単な住居設備を備えたオフィス.

오한 (惡寒) 图 悪寒; 寒気. ‖ 오한이

오합지졸 들다 악웃음을 하다.
오합지졸 (烏合之卒)【-찌-】图 烏合の衆.
오해 (誤解) /o:hɛ/ 图 他自 誤解. ‖진실을 오해하다 真意を誤解する. 오해를 풀다 誤解を解く. 오해를 사다 誤解を招く. 그건 오해야 それは誤解だよ.
　오해-받다 受身
오행 (五行)【-행】图 五行. ‖음양오행설 陰陽五行說.
오호 (嗚呼) 感 強く感動したり驚いたりした時に発する語.
오호호 女性の笑い声; おほほ.
오후 (午後) /o:hu/ 图 午後. ⑦오전 (午前). ‖오후 늦게 출근하다 午後遅くに出勤する. 금요일 오후에 약속이 있다 金曜日の午後(に)約束がある.
오히려 /ohirjʌ/ 圖 むしろ; かえって; 逆に. ‖학자라기보다 오히려 정치가다 学者というよりむしろ政治家だ. 오히려 화를 내다 かえって怒る.
옥¹ (玉)【鑛物】玉(ぎょく); 玉(たま). ▶옥에 티【冠】玉に瑕(きず).
옥² (獄) 图 獄; 牢屋. ‖옥에 가두다 牢屋に閉じ込める.
옥-가락지 (玉-)【-까-찌】图 玉の指輪.
옥고 (獄苦)【-꼬】图 獄中暮らしの苦しみ.
옥내 (屋內)【옹-】图 屋内. ⑦옥외 (屋外).
옥-니 {옹-} 图 内側に生えた歯.
　옥니-박이 图 歯が内側に生えた人.
옥답 (沃畓)【-땁】图 沃田.
옥-돔 (玉-)【-똠】图【魚介類】アカアマダイ (赤甘鯛).
옥-동자 (玉童子)【-똥-】图 玉のような男の子.
옥-바라지 (獄-)【-빠-】图 他自 囚人に差し入れをするなどの世話をすること.
옥사¹ (獄死)【-싸】图 自変 獄死.
옥사² (獄舍)【-싸】图 獄舍.
옥상 (屋上) /ok͈sʰaŋ/【-쌍】图 屋上. ‖옥상에서 밤하늘을 올려다보다 屋上で夜空を見上げる.
　옥상-가옥 (屋上架屋)【-쌍-】图 屋上屋を架すること.
옥새 (玉璽)【-쌔】图【歷史】玉璽(ぎょくじ); 御璽(ぎょじ). ⑦국새 (國璽).
옥색 (玉色)【-쌕】图 玉(ぎょく)のように薄いグリーンがかかった色.
옥석 (玉石)【-썩】图 玉石.
　옥석-구분 (玉石俱焚)【-썩꾸-】图 玉石俱焚くこと.
　옥석-혼효 (玉石混淆)【-써콘-】图 玉石混淆.
옥션 (auction) 图 オークション. ‖인터넷 옥션 インターネットオークション.
옥수수 /ok͈sʰusʰu/【-쑤-】图【植物】ト

ウモロコシ (玉蜀黍). ⑩강냉이. ‖구운 옥수수 焼きトウモロコシ. 옥수수차 トウモロコシ茶.
옥시돌 (oxydol) 图【化學】オキシドール.
옥신-각신【-씬-씬】副 他自 ごたごた (と).
　옥신-거리다【-씬-】自 ごたごたする.
옥-양목 (玉洋木) 图 白木綿.
옥외 (屋外)【-괴/-궤】图 屋外. ⑦옥내 (屋內).
　옥외-등 (屋外燈) 图 外灯.
옥잠 (玉簪)【-짬】图 玉のかんざし.
　옥잠-화 (玉簪花)【-짬-】图【植物】ギボウシ (擬宝珠).
옥-쟁반 (玉錚盤)【-쨍-】图 玉で作ったお盆.
옥좌 (玉座)【-좌】图 玉座; 御座.
옥-죄다【-쬐-/-쮀-】他 締め付ける. ‖목을 옥죄다 首を締め付ける. ⑦옥죄이다.
옥죄-이다【-쬐-/-쮀-】自 〔옥죄다の受身動詞〕締め付けられる.
옥중 (獄中)【-쭝】图 獄中; 刑務所の中.
옥체 (玉體) 图 ❶玉体. ❷[몸の尊敬語] お体.
옥타브 (octave) 图【音樂】オクターブ.
옥탄-가 (octane 價) 图 オクタン価.
옥탑 (屋塔) 图 屋上に建てた小さな建築物. ‖옥탑방 屋上の部屋.
옥토 (沃土) 图 沃土. ⑦박토 (薄土).
옥편 (玉篇) 图 漢字の字引; 字典; 字典篇.
옥황-상제 (玉皇上帝)【오황-】图 (道家での)神様.
온¹ /o:n/ 冠 全…; …中. ‖온 세상 世の中. ‖온 힘을 기울이다 全力を傾ける.
온² 오다(来る)の過去連体形.
온갖 /o:ngat̚/【-갇】冠 ありとあらゆる…; 全ての…; 様々な…. ‖온갖 노력을 기울이다 ありとあらゆる努力をする.
온건 (穩健) 图 他形 穩健. ‖온건한 사상 穩健な思想.
　온건-파 (穩健派) 图 穩健派. ⑦강경파 (強硬派).
온고-지신 (溫故知新) 图 溫故知新.
온기 (溫氣) 图 温もり; 温かみ; 暖気.
온난 (溫暖) 图 他形 温暖. ‖온난한 기후 温暖な気候.
　온난-전선 (溫暖前線) 图【地】温暖前線. ⑦한랭 전선 (寒冷前線).
온당-하다 (穩當-) 图【하変】温当だ. ‖온당한 처사 穩当な処置.
온대 (溫帶) 图【地】温帯. ‖온대 지방 温帯地方.
　온대-기후 (溫帶氣候) 图【地】温帯気候.
　온대-림 (溫帶林) 图 温帯林.
온데간데-없다【-엄따】形 影も形もな

온데간데없다 跡形もない; 行方が分からない. **온데간데없다**

온도(溫度) /ondo/ 图 温度. ‖온도를 재다 温度を測る. 높은 온도가 높다 温度が高い. 실내 온도 室内温度. 절대 온도 絶対温度. 체감 온도 体感温度.

온도-계(溫度計) 【-/-게】 图 温度計.

온돌(溫堗) /ondol/ 图 オンドル(韓国の伝統的な床暖房).

온돌-방(溫堗房) 【-빵】 图 オンドル部屋.

온두라스(Honduras) 图 国名 ホンジュラス.

온라인(on-line) 图 IT オンライン. ‖온라인으로 송금하다 オンラインで送金する.

온면(溫麵) 图 温かいスープの素麵.

온몸 /o:nmom/ 图 全身; 満身; 体中; 総身. ‖온몸에 멍이 들다 体中にあざができる. 온몸이 아프다 体中が痛い.

온사이드(onside) 图 (サッカーなどで) オンサイド. ⇔오프사이드.

온상(溫床) 图 温床. ‖범죄의 온상 犯罪の温床.

온수(溫水) 图 温水; お湯. ⇔냉수(冷水).

온순-하다(溫順-) 形【하変】 温順だ; おとなしい. ‖온순한 성격 温順な性格.

온스(ounce) 依名 重さ・体積の単位; …オンス(oz.).

온실(溫室) 图 温室. ‖온실 효과 温室効果. ▶온실 속의 화초 温室育ち.

온˜**에어**(˜on the air) 图 オンエア; 放送中.

온-음(-音) 图 音楽 全音.

온-음계(-音階) 【-/-게】 图 音楽 全音階.

온-음정(-音程) 图 音楽 全音程.

온-음표(-音標) 图 音楽 全音符.

온전-하다(穩全-) 形【하変】 完全だ; 完全無欠だ; 無事だ; 傷がない. ‖온전한 상태 完全な状態. **온전-히** 副.

온정(溫情) 图 温情. ‖온정을 베풀다 温情をかける.

온정-주의(溫情主義) 【-/-이】 图 温情主義.

온천(溫泉) /ontʰon/ 图 温泉. ‖온천에 들어가다 温泉に入る. 온천으로 유명한 곳 温泉で有名な所.

온천-물(溫泉-) 图 温泉水.

온천-수(溫泉水) 图 温泉水.

온탕(溫湯) 图 (風呂の)温湯. ⇔냉탕(冷湯).

온˜**통** /o:ntʰoŋ/ 副 全部; 一面; すべて. ‖온통 눈으로 뒤덮인 겨울 산 一面雪で覆われた冬の山. 추운데 창문을 온통 열어 놓다 寒いのに窓を全部開けっ放しにする.

온˜**퍼레이드**(on parade) 图 オンパ

レード.

온풍(溫風) 图 温風. ‖온풍 난방 温風暖房.

온혈(溫血) 图 温血. ⇔냉혈(冷血).

온혈-동물(溫血動物) 图 動物 温血動物; 恒温動物.

온화-하다[1](溫和-) /onhwahada/ 形【하変】 温和だ; 温厚だ; 穏やかだ. ‖온화한 날씨 穏やかな天気. 온화한 성격 穏やかな性格.

온화-하다[2](穩和-) 形【하変】 和やかだ. ‖온화한 분위기 和やかな雰囲気.

올[1] 图 物; 糸筋. ‖올이 촘촘한 옷감 布目が細かい生地.

올[2] 图 今年の…. ‖올 여름 今年の夏.

올[3] 图 오다(来る)의 未来連体形.

올-[4] 接頭 부생의…. ‖올벼 早稲.

올가미 图 ❶わな; 計略. ‖올가미(를) 쓰다 罠にかかる; 罠に落ちる. ▶올가미 (를) 씌우다 罠にかける.

올-가을 【-까-】 图 今年の秋; この秋; 今秋.

올-겨울 【-껴-】 图 今年の冬; この冬; 今冬.

올드-미스(old + miss 日) 图 オールドミス; 中年女性(老嬢女).

올라-가다 /ollagada/ 自 ❶上がる; 登る. ⇔내려가다. ‖매주 일요일 산에 올라가다 毎週日曜日山に登る. 계단으로 올라가다 階段で上がる. 연단에 올라가서 이야기를 하다 演壇に上がって話をする. 삼학년으로 올라가다 3年生に上がる. 화가 나서 온이 올라가다 腹が立って手が上がる. 인기가 올라가다 人気が上がる. 낮에는 기온이 삼십 도까지 올라가다 昼間は気温が30度まで上がる. 택시 미터가 올라가다 タクシーのメーターが上がる. ❷乗る. ‖책상 위에 올라가서는 안 된다 机の上に乗ってはいけません. ❸上京する. ‖서울에 올라가다 上京する. ❹進出する. ‖결승전까지 올라가다 決勝戦まで進出する. ❺昇進する. ‖부장으로 올라가다 部長に昇進する.

올라-서다 自 ❶(高い所に)上がって立つ; 登る. ‖언덕에 올라서다 丘に登る. ❷達する. ‖연봉이 일 억 원대로 올라서다 年棒が1億ウォン台に達する.

올라-앉다 【-안따】 自 ❶上がって座る. ❷高い地位に就く.

올라-오다 自 上がってくる; 登ってくる; 上京してくる. ‖졸업식에 전 가족이 (서울에) 올라오다 卒業式に家族全員が上京してくる.

올라운드 플레이어(all-round player) 图 オールラウンドプレーヤー.

올라-타다 自 ❶乗る; 乗り込む. ‖차에 올라타다 車に乗り込む. ❷乗りかかる; 馬乗りになる.

올려-놓다 【-노타】 他 上に上げておく;

올려다 /ollyeoda/ 他 〔오르다의 使役動詞〕 見上げる. ¶밤하늘을 올려다보다 夜空を見上げる.

올려-붙이다【-부치-】他 (頰を)引っぱたく; ぴんたを食わす.

올록-볼록【-뽈-】副 形動 でこぼこのある様子.

올리고-당(←Oligosaccharide 糖) 名 オリゴ糖.

올리다 /ollida/ 他 〔오르다의 使役動詞〕 ❶ 上げる. ¶손을 머리 위로 올리다 手を頭の上に上げる. 막을 올리다 幕を上げる. 무대에 올리다 舞台に上げる. 가격을 올리다 価格を上げる. 성적[실적]을 올리다 成績[実績]を上げる. 피치를 올리다 ピッチを上げる. 방안 온도를 올리다 部屋の温度を上げる. 월급을 올리다 給料を上げる. 환성을 올리다 歓声を上げる. ❷ 乗せる. ¶에싯고를 십억 원대로 올리다 売り上げを10億ウォン台に乗せる. ❸ 載せる. ¶책상 위에 스탠드를 올리다 机の上にスタンドを載せる. 명단에 이름을 올리다 名簿に名前を載せる. ❹ (籍に)入れる. ¶호적에 올리다 戸籍に入れる. ❺ (式を)挙げる. ¶결혼식을 올리다 結婚式を挙げる. ❻ 差し上げる; 申し上げる. ¶한 말씀만 올리겠습니다 一言だけ申し上げます. ❼ 殴りつける. ¶뺨을 한 대 올리다 ぴんたを一発食わす. ❽ 話題にする. ¶듣고 싶지 않은 이야기를 입에 올리다 聞きたくない話を口にする.

올리브(olive) 名 植物 オリーブ.
올리브-색(-色) 名 鶯色; オリーブ色.
올리브-유(-油) 名 オリーブオイル.

올림¹ (手紙などで)…拝.
올림²(数学) 名 切り上げ. ⇒버림.
올림말 名 見出し語; 標題語.
올림-표(-標)【音樂】名 シャープ(♯). ⇔내림표(-標).

올림픽(Olympics) 名 オリンピック.
올망-졸망 副 形動 小さくてかわいらしいものが多数ある様子.

올-바르다 /o:lbaruda/ 形 〔르変〕 [올발라, 올바른] 正しい; 正直だ. ¶올바른 행동 正しい行い. **올바로** 副

올-백(all+back 日) 名 オールバック.
올-벼 名 早稲.
올-봄【-뽐】名 今年の春; この春; 今春.

올빼미 名 鳥類 フクロウ(梟).
올-여름【-려-】名 今年の夏; この夏; 今夏.
올챙이 名 おたまじゃくし.
올챙이-배 名 (からかい言い方で)お腹が出ていること、またはそういう人; ビール腹.

올케 (女性から見て)兄嫁; 弟嫁. ⇔시누이; 시누언니 兄嫁.

올-해 /olhe/ 名 今年; 本年. 漢 금년(今年). ¶올해의 십대 뉴스 今年の10大ニュース. 올해도 풍년이다 今年も豊作である.

읇다【읇타】他 ❶ くくる; からげる. ❷ 罠(に)に陥れる.

읇-매다【-매-】他 ❶ 結び目を固くする; 小間結びにする. ❷ 濡れ衣を着せる. ⇒읇매이다.

읇매-이다【-매-】自 〔읇매다의 受身動詞〕 ❶ 結び目が固く結ばれる. ❷ 濡れ衣を着せられる.

읇아-매다【-매-】他 ❶ 罠にかけて縛りつける. ❷ 濡れ衣を着せる.

옮겨-심기【옴껴-】名 (植物の)移植. ¶묘목을 옮겨심기하다 苗木を移植する.

옮기는【옴-】 옮기다(移す)の現在連体形.

옮-기다 /omgida/【옴-】他 ❶〔옮다의 使役動詞〕移す; 運ぶ; 変える. ¶책상을 서재로 옮기다 机を書斎に移す. 영업부로 옮기다 営業部に移す. 짐을 옮기다 荷物を運ぶ. 자리를 옮겨서 다시 마시던 席を変えてまた飲む. 회사를 옮기다 会社を変える. 주소를 옮기다 住所を変える. ❷ 事を次の段階に推し進める. ¶실행에 옮기다 実行に移す. 행동으로 옮기다 行動に移す. 발걸음을 옮기다 歩を進める. ❸ 他言する. ¶다른 사람에게 말을 옮기다 他の人に話す. ❹ 病気を移す. ¶말라리아를 옮기는 모기 マラリアを移す蚊. 감기를 옮기다 風邪を移す. ❺ 書き写す; 訳す. ¶영어를 한국어로 옮기다 英語を韓国語に訳す. 깨끗하게 옮겨 쓰다 きれいに書き写す. ¶(植物などを)植え替える. ¶모종을 옮겨 심다 苗を植え替える. ❼ 燃え移る. ¶불길이 나뭇더미로 옮겨 붙다 火の手が積んでおいた薪に燃え移る.

옮기어【옴겨】【옴-】 옮기다(移す)の連用形.

옮긴【옴-】 옮기다(移す)の過去連体形.

옮길【옴-】 옮기다(移す)の未来連体形.

옮다 /o:m⁽ᵗ⁾a/【옴따】自 ❶ 移る; 伝染する. ¶감기가 옮았다 風邪が移った. 漢 옮기다. ❷ (言い方などが)似てくる. ¶같이 다니더니 말투가 옮았다 よく一緒にいたら話し方が移った.

옮아-가다【옴-】自 ❶ 移っていく. ❷ 他の所に移る; 広がる. ¶불길이 옆집으로 옮아가다 火の手が隣家に広がる.

옳다¹ /olt⁽ʰ⁾a/【옳타】形 正しい, 誤りがない; 間違っていない. ¶스스로 옳다고 생각하는 일을 해라 自らが正しい

と思うことをしない。네 말이 옳다 君の言うことが正しい。옳은 말을 하다 正しいことを言う。

옳다² [올타] 感 ❶ その通りだ; もっともだ; そうだ; 全くだ。∥옳다 옳다 そうだそうだ。

옳소 [올쏘] 感 (集会などで発言者の意見に対して)その通りだ; もっともだ。

옴¹ [漢字] 疥癬(개선)。

옴² (ohm) [依じ](物理) …オーム(Ω)。

옴니버스 (omnibus) 名 オムニバス。∥옴니버스 형식 オムニバス形式。옴니버스 영화 オムニバス映画。

옴부즈맨 制度 (ombudsman 制度) 名 オンブズマン制度。

옴짝-달싹 [-짝-] 副 (하自他) (主に下に打ち消しの表現を伴って)身動きがとれない様子。⇒꼼짝달싹。∥옴짝달싹 못 하다 全く身動きがとれない。

옴팍 (하形) ❶ 表面の一部がへこむ(くぼむ)様子。❷ (主に뒤집어쓰다·씌우다を伴って)全部;すべて。∥밥값을 옴팍 뒤집어쓰다 食事代を全て持たされる。

옴폭 (하形) 真ん中がへこんでいる様子: ぺこん。⇒움푹。 옴폭-옴폭 副 (하形)

옵서버 (observer) 名 オブザーバー。

옵션 (option) 名 オプション。

옷 /ot/ [옫] 名 服;洋服;着る物;衣装。∥옷을 입다 服を着る。옷을 많이 가지고 있다 服をたくさん持っている。옷 시중을 들다 衣装持ちである。까만 옷을 입고 있다 黒い服を着ている。추워서 옷을 몇 개나 껴입다 寒くて服を何枚も重ね着する。여름옷 夏物。겨울옷 冬物。▶下위 갈아[諺] 馬子にも衣装。

옷-가지 [옫까-] 名 衣類;衣類。∥옷가지를 정리하다 衣類を整理する。

옷-감 [옫깜] 名 生地;服地。∥옷감을 고르다 生地を選ぶ。

옷-값 [옫깝] 名 服の値段;衣料費。

옷-걸이 [옫꺼리] 名 ❶ ハンガー。∥옷걸이에 걸다 ハンガーにかける。❷ [比喩的に]体つき。

옷-고름 [옫꼬-] 名 伝統衣装の저고리(チョゴリ)などの結び紐。⇒고름。

옷-깃 [옫긷] 名 襟(えり)。∥옷깃을 여미다 襟を正す。

옷-맵시 [온-씨] 名 身なり;着こなし。∥옷맵시가 좋다 着こなしがよい。

옷-자락 [옫짜-] 名 服の裾。

옷-장 (-欌) [옫짱] 名 衣装だんす。

옷-차림 [옫-] 名 服装;装い;身なり。∥옷차림에 신경을 쓰다 身なりに気を使う;装いをこらす。

옷-핀 (-pin) [옫-] 名 安全ピン。

옹¹ (翁) [依名] …翁。

-옹² (翁) 依形 …翁。

옹-고집 (壅固執) 名 片意地に;非常に頑固、またはそういう人。

옹고집-쟁이 (壅固執-) [-쨍이] 名 意地っ張りの人;頑固地な人。

옹골-차다 (하形) (内容が)充実している; ぎっしり詰まっている。

옹기 (甕器) 名 素焼きの器や赤粘土製の陶器の総称。

옹기-그릇 (甕器-) [-른] 名 素焼きの器;陶製の器。

옹기-옹기 (하形) 大きさが不揃いの小さいものが集まっている様子。

옹달-샘 名 小さな泉。

옹립 (擁立) [-닙] 名 (하他) 擁立。∥시장 후보로 옹립하다 市長候補に擁立する。옹립-되다 [-됃다]

옹색-하다 (壅塞-) [-새카-] 形 (하変) ❶ (生活や経済状況が)苦しい; 困窮している; 貧しい。∥옹색한 살림 貧しい暮らし。❷ (話などが)窮屈でゆとりがない; 苦しい。∥옹색한 변명 苦しい言い訳。

옹알-거리다 [-대다] 自他 ❶ 赤ちゃんが意味の分からない声をしきりに出す。

옹알-옹알 副 (하自他) ❶ まだしゃべれない赤ちゃんが出す声。❷ 小さい声でつぶやく声。

옹알-이 名 哺語(포어)。

옹이 名 木の節目;節目。

옹졸-하다 (壅拙-) 形 (하変) 度量が狭い;器量が狭い;度量が狭い男。

옹주 (翁主) 名 (歴史) 庶出[妾腹]の王女。

옹호 (擁護) 名 (하他) 擁護。∥인권을 옹호하다 人権を擁護する。옹호-되다 [-됃다] (受)

옻 [옫] 名 漆。∥옻이 오르다 漆にかぶれる。

옻-나무 [온-] 名 (植物) ウルシ(漆)。

옻-칠 (-漆) [옫-] 名 漆塗り。

와¹ ハングル母音字母「ᅪ」の名称。

와² 副 ❶ 大勢の人が一斉に動く様子: どっと。∥사람들이 와 하고 몰려들다 人がどっと押し寄せる。❷ 大勢の人が同時に笑ったり騒いだりする様子[声]: わあ。

와³ /wa/ 助 (母音で終わる体言に付いて子音の場合は과) ❶ …と。∥어머니와 딸 母と娘。친구와 만나다 友だちと会う。친구와 한국어를 공부하다 友だちと韓国語を勉強する。❷ …に。∥나는 언니와 닮았다 私は姉に似ている。❸ …と共に; …と一緒に。∥친구와 같이 놀러 갔다 友だちと一緒に遊びに行った。中이 意味かを持つ하고・랑は主に会話で用いられる。

와⁴ 오다(来る)の連用形。

와르르 副 ものが崩れ落ちる様子: がらがら(と)。∥돌담이 와르르 무너지다 石垣ががらがらと崩れる。

와그작-거리다 [-대다] [-끼-] 自 ❶ 大勢の人が蠢(준?)めく。❷ 堅いも

의 나는 소리가 스치거나 부딪히거나 하여 시끄럽게 소리를 내다.

와그작-와그작 副 (하自) ❶ 좁은 곳에서 시끄럽게 떠드는 모양[소리]. ❷ 단단한 것을 깨물어 부수거나 긁어 깎거나 할 때의 소리: がりがり.

와글-거리다[-대다] 自 혼잡하여 떠들썩하다.

와글-와글 副 (하自) 많은 사람이 시끄럽게 소리를 내는 모양: わやわや; ざわざわ; わいわい. ∥와글와글 시끄럽다 わいわいうるさい.

와당탕 副 (하自) 마루 등에 물건이 떨어지거나 부딪치거나 했을 때의 소리[모양]: がたん(と). ∥와당탕 소리가 나다 がたんと音がする.

와당탕-거리다[-대다] 自 마루 등에 떨어지거나 부딪치거나 하여 소리를 내다.

와드득 副 (하自) 단단하거나 마른 것을 깨물어 부술 때에 나는 소리: かりかり; がりがり.

와드득-와드득 副 (하自)

와들-와들 副 (하自) 무서움이나 추위로 심하게 몸이 떨리는 모양: ぶるぶる(と); わなわな(と). ∥와들와들 떨다 がたがた(と)震える.

와락 副 ❶ 갑자기 덤벼들거나 끌어안거나 하는 모양: ぐいと. ∥애를 와락 끌어 안다 子どもをぐいと抱き寄せる. ❷ 갑자기 감정이 복받쳐 오르는 모양 ∥와락 울음을 터뜨리다 いきなり泣き出す. ④呼ぶ

와르르 副 (하自) ❶ 쌓여 있던 것이 갑자기 무너져 떨어지는 모양[소리]: どさっと. ∥쌓아 놓은 짐들이 와르르 무너지다 積んでおいた荷物がどさっと崩れ落ちる. ❷ 많은 사람이 한꺼번에 몰려드는 모양.

와삭-거리다[-대다] 【-꺼[때]-】 自 ざわつく.

와삭-와삭 副 ざわざわ.

와신-상담 (臥薪嘗膽) 名 (하自) 臥薪嘗胆.

와이 (Y·y) 名 (알파벳의)ワイ.

와이드˜스크린 (wide screen) 名 ワイドスクリーン.

와이드˜텔레비전 (wide television) 名 ワイドテレビ.

와이-셔츠 (←white+shirts) 名 ワイシャツ.

와이어 (wire) 名 ワイヤ.
 와이어-로프 (-rope) 名 ワイヤロープ.

와이˜염색체 (Y染色體) 名 《動物》 Y染色体 (-さいしょくたい).

와이-축 (y軸) 名 《数学》 y軸. ①エックス軸.

와이퍼 (wiper) 名 (自動車의) ワイパー.

와이프 (wife) 名 ワイフ.

와인 (wine) 名 ワイン.
 와인글라스 (wineglass) 名 ワイングラス.

와일드-카드 (wild card) 名 《IT》 ワイルドカード.

와일드-하다 (wild-) 形 [하옆] ワイルドだ.

와작-와작 副 (하自他) 약간 단단한 것을 깨물어 부수는 가벼운 모양[소리]: がりがり(と); ぼりぼり(と). ∥와작와작 씹어 먹다 ぽりぽりと噛んで食べる.

와장창 副 단단한 것이 부딪쳤을 때 나는 소리: がちゃん. ∥창문이 와장창하고 깨지다 窓ガラスががちゃんと割れる.

와전-되다 (訛傳−) 【−/−ㅞ−】 自 訛伝する, 誤伝する; 誤って伝わる. ∥소문이 와전되다 うわさが誤って伝わる.

와중 (渦中) 名 ❶ 渦中. ❷ 〔주로 와중에의 형으로〕 (仕事 등이) 忙しい中. ∥바쁜 와중에 시간을 내어 운동하다 忙しい中で時間を作って運動する.

와지끈 副 (하自他) 단단한 것이 깨어지거나 부서지는 소리: どかん.

와지끈-와지끈 副 (하自他)

와트 (watt) 依名 仕事率・電力의 단위: …ワット (W).

와하하 豪快하게 웃는 소리.

와해 (瓦解) 名 (하自) 瓦解. ∥내분으로 조직이 와해되다 内紛で組織が瓦解する.

왁스 (wax) 名 ワックス.

왁자지껄-하다 【−짜−】 形 [하옆] 많은 사람이 떠들썩하게 소리를 내고 있다.

완강-하다 (頑強−) 形 [하옆] 頑強だ, 頑だ. ∥완강한 태도 頑な態度. **완강-히** 副.

완결 (完結) 名 (하他) 完結. ∥연재 소설을 완결하다 連載小説を完結する. 완결편 完結編. **완결-되다** 受身

완고-하다 (頑固−) 形 [하옆] 頑固だ. ∥완고한 할아버지 頑固なおじいさん. **완고-히** 副

완곡-하다 (婉曲−) 【−꼭−】 形 [하옆] 婉曲だ. ∥완곡한 표현 婉曲な言い回し. 완곡하게 거절하다 婉曲に断る. **완곡-히** 副

완공 (完工) 名 (하他) 完工; 竣工. ⑭착공 (着工). ∥작년에 완공한 건물 昨年完工した建物. **완공-되다** 受身
완공-식 (完工式) 名 完工式.

완구 (玩具) 名 玩具; おもちゃ. ∥완구점 おもちゃ屋.

완급 (緩急) 名 緩急.

완납 (完納) 名 (하他) 完納.

완두 (豌豆) 名 《植物》エンドウ(豌豆). ∥완두콩 グリーンピース; エンドウ豆.

완력 (腕力) 【완−】 名 腕力. ∥완력을 휘두르다 腕力を振るう.

완료 (完了) /wallio/ 【완−】 名 (하他) 完了. ∥작업을 완료하다 作業を完了する. 준비 완료 準備完了. **완료-되다** 受身

완만-하다 (緩慢-) 〖形〗〖하変〗 緩慢だ. 緩い; 緩やかだ; なだらかだ. ‖완만한 속도 緩い速度. 완만한 경사 緩やかな勾配. **완만-히**

완벽-하다 (完璧-) /wanbjŏkʰada/【-벼카-】〖形〗〖하変〗 完璧だ. ‖완벽한 수비 完璧な守備. 완벽을 기하다 完璧を期する. 완벽하게 만들어 내다 完璧に作り上げる. **완벽-히**

완봉 (完封) 〖名〗〖하他〗 (野球で)完封.
완봉-승 (完封勝) 〖名〗 完封勝ち. ‖완봉승을 거두다 完封勝ちを収める.

완비 (完備) 〖名〗〖하他〗 完備. ‖조건을 완비하다 条件を完備する. **완비-되다** 〖受動〗

완성 (完成) /wansŏŋ/ 〖名〗〖하他〗 完成. ‖그림을 완성하다 絵を完成する. 완성된 작품 完成した作品. **완성-되다** 〖受動〗

완성-도 (完成度) 〖名〗 完成度. ‖완성도가 높은 작품 完成度の高い作品.
완성-품 (完成品) 〖名〗 完成品.
완수 (完遂) 〖名〗〖하他〗 完遂. ‖임무를 완수하다 任務を完遂する. **완수-되다** 〖受動〗

완숙 (完熟) 〖名〗〖하他〗 完熟; 熟練. ‖완숙한 舎씨 熟練の技. 달걀 완숙 固ゆでの卵.

완승 (完勝) 〖名〗〖하他〗 完勝. ‖완승을 거두다 完勝を収める.

완역 (完訳) 〖名〗〖하他〗 完訳. ‖그림 동화를 완역하다 グリム童話を完訳する.

완연-하다 (宛然-) 〖形〗〖하変〗 (目に見えるように)はっきりしている. ‖봄빛이 완연하다 春の気配がはっきりしている. **완연-히**

완자 (完子) 〖料理〗 挽き肉に卵や豆腐などを混ぜて丸め小麦粉と溶き卵をつけて揚げたもの.

완장 (腕章) 〖名〗 腕章. ‖완장을 두르다 腕章を巻く.

완전 (完全) /wandʑŏn/ 〖名〗〖하形〗 完全. ‖완전한 형태로 보존하다 完全な形で保存する. **완전-히** 〖副〗 완전히 실패했다 完全に失敗した.

완전-무결 (完全無缺) 〖名〗〖하形〗 完全無欠. ‖완전무결한 증명 完全無欠な証明.

완전⁀범죄 (完全犯罪) 【-/-께】〖名〗 完全犯罪.
완전⁀시합 (完全試合) 〖名〗 (野球で) 完全試合. ⓔパーフェクトゲーム.
완전⁀연소 (完全燃燒) 【-년-】〖名〗 完全燃燒. ↔불완전 연소 (不完全燃燒).

완제¹ (完済) 〖名〗〖하他〗 完済. **완제-되다** 〖受動〗

완제² (完製) 〖名〗 完製品.

완주 (完走) 〖名〗〖하他〗 完走.

완충 (緩衝) 〖名〗〖하他〗 緩衝.
완충⁀장치 (緩衝裝置) 〖名〗 緩衝装置.
완충⁀지대 (緩衝地帶) 〖名〗 緩衝地帶.
완치 (完治) 〖名〗〖하他〗 完治. ‖병을 완치하다 病気を完治する. **완치-되다** 〖受動〗

완쾌 (完快) 〖名〗〖하自〗 全快; 完治.
완패 (完敗) 〖名〗〖하他〗 完敗.
완행 (緩行) 〖名〗〖하自〗 鈍行; 緩行. ↔급행 (急行).
완행-열차 (緩行列車) 〖名〗 普通列車; 鈍行列車.

완화 (緩和) 〖名〗〖하他〗 緩和. ‖긴장을 완화하다 緊張を緩和する. **완화-되다** 〖受動〗

왈 (曰) 〖副〗 曰く. ‖공자 왈 孔子曰く.

왈가닥 〖名〗 おてんば.

왈가왈부 (曰可曰否) 〖名〗〖하自〗 つべこべ. ‖결과를 놓고 왈가왈부하다 結果についてつべこべ言う.

왈츠 (waltz) 〖音楽〗 ワルツ.

왈칵 /walkʰak/ 〖副〗〖하動〗 ❶急に吐き出す様子で. げえ. ❷急に押したり引っ張り出したりする様子で. ぐっと. ‖왈칵 끌어안다 ぐっと抱きしめる. ❸急に激しい感情が込み上げる様子で. どっと. ‖눈물이 왈칵 쏟아지다 涙がどっと溢れ出す.

왈패 (-牌) 〖名〗 言動に慎みがなく騒がしい人.

왕¹ (王) /waŋ/ 〖名〗 ❶王; 王様. ❷[比喩的に] ある分野や範囲の中で頭的な存在. ‖백수의 왕 사자 百獣の王ライオン.

왕-² (王) 〖接頭〗 巨大な…; ジャンボ; 鬼. ‖왕거미 鬼グモ.

-왕³ (王) 〖接尾〗 同類の中で最も優れたもの; …王. ‖홈런왕 ホームラン王.

왕가 (王家) 〖名〗 王家; 王室.

왕감 (王-) 〖名〗 巨大な柿.

왕⁀개미 (王-) 〖名〗 〖動物〗 オオアリ (大蟻).

왕-고집 (王固執) 〖名〗 非常に意地っ張りな人.

왕관 (王冠) 〖名〗 ❶王冠. ❷スポーツや美人コンテストなどでグランプリに与えられる名誉もの.

왕국 (王國) 〖名〗 王國.

왕궁 (王宮) 〖名〗 王宮.

왕권 (王權) 【-꿘】〖名〗 王権. ‖왕권신수설 王権神授説.

왕년 (往年) 〖名〗 往年; 昔. ‖왕년의 유명 선수 往年の有名選手.

왕도 (王道) 〖名〗 王道.

왕-따 (王-) [俗っぽい言い方で] のけ者; 仲間はずれ. ‖왕따를 당하다 仲間はずれにされる; のけ者にされる.

왕래 (往來) 【-내】〖名〗〖하自〗 往来; 行き来. ‖잦은 왕래 頻繁な行き来.

왕릉 (王陵) 【-능】〖名〗 王陵.

왕림 (枉臨) 【-님】〖名〗〖하自他〗 枉駕

왕명 (王命) 图 王命.

왕-방울 (王-) 图 큰 방울; 큰 玉. ‖왕방울만한 눈 ドングリまなこ.

왕복 (往復) /wa:ŋbok/ 图 他 往復. ‖학교까지 왕복 한 시간 걸리다 学校まで往復1時間かかる. 차표를 왕복으로 끊다 切符を往復で買う.

왕비 (王妃) 图 王妃.

왕-새우 (王-) 图 〖動物〗 ハコエビ(箱海老); 大きいエビ.

왕성-하다 (旺盛-) 形 하変 旺盛だ; 盛んだ. ‖식욕이 왕성한 아이 食欲旺盛な子ども.

왕-세손 (王世孫) 图 〖歷史〗 王世子의 長子. ㉘세손(世孫).

왕-세자 (王世子) 图 〖歷史〗 皇太子; 東宮. ㉘세자(世子).

왕손 (王孫) 图 王孫.

왕실 (王室) 图 王室.

왕왕 [1] (往往) 副 往々; しばしば. ‖그런 사례가 왕왕 있다 そのような事例が往々にしてある.

왕왕[2] (哄哄) 副 他 何人かが大声で騒ぎ立てる声.

왕왕-거리다 自 騒ぎ立てる.

왕위 (王位) 图 王位. ‖왕위를 계승하다 王位を継承する.

왕자[1] (王子) 图 王子.

왕자[2] (王者) 图 王者.

왕정 (王政) 图 王政.

왕조 (王朝) 图 王朝.

왕족 (王族) 图 王族.

왕진 (王診) 图 他 往診. ‖왕진을 가다 往診に行く.

왕창 副 〖엄청나게俗談〗 全部; 完全に; すっかり. ‖돈을 왕창 벌다 大もうけする.

왕초 (王-) 图 〖俗っぽい言い方で〗 乞食などの頭; 親分.

왕후[1] (王后) 图 后.

왕후[2] (王侯) 图 王侯.
　왕후-장상 (王侯將相) 图 王侯將相.

왜[1] ハングル母音字母「ㅙ」の名称.

왜[2] (倭) 图 〖歷史〗 倭.

왜[3] (倭) /wɛ/ 副 なぜ; どうして; 何で. ‖왜 약속 시간에 안 왔니? どうして約束の時間に来なかったの. 왜 안 올까? 何で来ないのかな. 왜 집을 나갔을까? 何で家出をしたんだろう. 왜요? なぜですか; どうしてですか.

왜가리 图 〖鳥類〗 アオサギ(青鷺).

왜-간장 (倭-醬) 图 日本式の醬油.

왜건 (wagon) 图 ワゴン.

왜곡 (歪曲) 图 他 歪曲. ‖사실을 왜곡하다 事実を歪曲する. **왜곡-되다** 受動

왜구 (倭寇) 图 〖歷史〗 倭寇.

왜군 (倭軍) 图 〖歷史〗 日本軍.

왜냐-하면 副 なぜなら; なぜならば; なぜかというと. ‖왜냐하면 좋으니까 なぜなら好きだから.

왜소-하다 (矮小-) 形 하変 矮小だ. ‖왜소한 체구 矮小な体.

왜장 (倭將) 图 〖歷史〗 日本軍の大将.

왜적 (倭敵) 图 昔, 日本を敵として表わした語.

왜적 (倭賊) 图 倭賊.

왜정 (倭政) 图 〖歷史〗 日本統治下の政治.

왝 副 吐く時の様子 [声] げえ; おぇ. **왝-왝** 副 自

왝왝-거리다 自 吐き気がしてしきりにその声を出す.

왠지 副 〖왜 그런지의 縮約形〗 何となく; なぜか. ‖왠지 안 가고 싶어 何となく行きたくない.

왱 图 ハエのような小さい虫が飛び交う音: ぶん; ぴゅん. **왱-왱** (往往) 副 ぶんぶん; ぴゅんぴゅん.

왱왱-거리다 自 小さい虫などが音を立てながらしきりに飛び交う. ‖벌이 왱왱거리다 蜂がぶんぶんと飛ぶ.

외[1] [-/왜] 图 ハングル母音字母「ㅚ」の名称.

외[2] (外) /we:/ [-/왜] 依名 …外; …の他; 以外. ‖그 외 여러 가지 その他여々. 관계자 외 출입 금지 関係者以外立入禁止. 생각 외로 회의가 길어져 思いの外, 会議が長引いた. 당분에는 설탕 외에 과당이나 포도당도 있다 糖分には砂糖の他に果糖やブドウ糖もある.

외-[3] (外) [-/왜] 接頭 母方の親戚を表わす語. ‖외할아버지 外祖父.

외-[4] [-/왜] 接頭 〖名詞에 붙어서〗 片方の. 一つの. たった1つ[人]の. ‖외아들 一人息子.

외가 (外家) /we:ga/ [-/왜-] 图 母の実家.

외갓-집 (外家-) [-가찝/왜갇찝]
　=외가(外家).

외각 (外角) [-/왜-] 图 ❶ 〖数学〗 外角. ❷ 〖野球で〗 外角; アウトコーナー. ㉘내각(内角).

외간 (外間) [-/왜-] 图 親族以外の人. ‖외간 남자 〖女性にとって〗親族以外の男性.

외-갈래 [-/왜-] 图 一筋. ‖외갈래 길 一筋道; 一本道.

외강내유 (外剛內柔) [-/왜-] 图 内柔外剛.

외견 (外見) [-/왜-] 图 外見; 見かけ.

외계 (外界) [-/왜계] 图 外界.
　외계-인 (外界人) 图 宇宙人; エイリアン.

외-고집 (-固執) [-/왜-] 图 片意地; 意地っ張り; 頑固.

외-골수 (-骨髓) [-쑤/왜-] 图 直

외곬 【-골/웨골】 ❶ 一筋; 一途; 一本気. ‖외곬스러운 남자 一本気な男. ❷ 一直向き. ‖외곬으로 생각하다 直向きに考える.

외과 (外科) 【-꽈/웨꽈】 图 外科.

외곽 (外廓) 【-/웨-】 图 外郭; 郊外. ‖도시 외곽 都市の郊外.

　외곽^단체 (外廓團體) 【-딴-/웨-딴-】 图 外郭団体.

외관 (外觀) 【-/웨-】 图 外観; 外見; 見かけ. ‖건물 외관 建物の外観.

외교 (外交) 【we:gjo/-】 图 外交. ‖외교 정책 外交政策. 외교 관계 外交関係.

외교-관 (外交官) 【-/웨-】 图 外交官.

외교-권 (外交權) 【-꿘/웨-꿘】 图 〔法律〕外交権.

외교^사절 (外交使節) 【-/웨-】 图 外交使節.

외교-술 (外交術) 【-/웨-】 图 外交術.

외교-적 (外交的) 【-/웨-】 图 外交的.

외교^통상부 (外交通商部) 【-/웨-】 图 〔行政〕外務省.

외교^특권 (外交特權) 【-꿘/웨-꿘】 图 外交特権.

외국 (外國) 【we:guk/-/-】 图 外国. ‖외국 상품 外国の商品. 외국에 간 적이 없다 外国へ行ったことがない.

　외국-산 (外國産) 【-싼/웨-싼】 图 外国産.

　외국-인 (外國人) 【-/웨-】 图 外国人.

　외국-환 (外國換) 【-/구환/웨구환】 图 外国為替. 倒外貨 (外換).

외국-어 (外國語) 【we:gugɔ/-/-】 图 外国語. ‖외국어 교육 外国語教育.

외근 (外勤) 【-/웨-】 图 自国 外勤. 倒内勤 (內勤).

외-길 【-/웨-】 图 一道; 一筋. ‖기술 개발의 외길을 걸어온 전문가 技術開発一筋を歩んできた専門家.

외-꺼풀 【-/웨-】 图 一重まぶた. 倒쌍꺼풀.

외나무-다리 【-/웨-】 图 一本橋; 丸木橋.

외-눈 【-/웨-】 图 片目; 独眼.

　외눈-박이 【-/웨-】 图 独眼の人.

외다 【we:da/-/-】 〔「외우다」의 縮約形〕覚える; 暗記する; 唱える; 暗誦する. ‖구구단을 외다 九九を覚える. 수학 공식을 외다 数学の公式を暗記する.

외대 (外大) 【-/웨-】 图 〔「外國語大學」의 略語〕外語大; 外大.

외-도 (外道) 【-/웨-】 图 自国 ❶ 正道ではない道. ❷ 浮気.

외동-딸 【-/웨-】 图 一人娘.

외동-아들 【-/웨-】 图 一人息子.

외-딴 【-/웨-】 冠 人里離れた….

외딴-길 【-/웨-】 图 人里離れた道.

외딴-섬 【-/웨-】 图 離れ島.

외딴-집 【-/웨-】 图 人里離れた家.

외-떡잎 【-멍닙/웨멍닙】 图 〔植物〕単子葉. 倒단자엽 (單子葉).

　외떡잎^식물 (-植物) 【-멍닙썽/웨멍닙썽】 图 〔植物〕単子葉植物. 倒단자엽 식물 (單子葉植物).

외람-되다 (猥濫-) 【-/웨-】 国 憎越だ; おこがましい; 差し出がましい. ‖외람된 말씀입니다만 憎越ですが.

외래 (外來) 【-/웨-】 图 外来. ‖외래 문화 外来の文化. 외래 환자 外来患者.

　외래-어 (外來語) 【-/웨-】 图 外来語.

　외래-종 (外來種) 【-/웨-】 图 外来種. 倒재래종 (在來種).

외로운 【-/웨-】 圈 [ㅂ変] 「외롭다」의 現在連体形.

외로움 【-/웨-】 图 寂しさ; 孤独. ‖외로움을 느끼다 寂しさを感じる.

외로워 【-/웨-】 圈 [ㅂ変] 「외롭다」의 連用形.

외롭다 【weropta/-/-】 [ㅂ変] 【외로워, 외로운】 圈 寂しい; 孤独だ; 心細い. ‖외로운 노후 寂しい老後. 혼자 하는 여행은 외롭다 一人旅は心細い. 객지에서 혼자 외롭게 죽다 他郷で独り寂しく死ぬ. **외로이** 副

외-마디 【-/웨-】 图 一言; 片言. ‖악하고 외마디 비명을 지르다 わっと悲鳴を上げる.

외면 (外面) 【-/웨-】 图 外面; 外見; 見た目. 表. 倒내면 (內面). ‖사람을 외면만 보고 판단하다 人を外見だけで判断する.

외-면적 (外面積) 【-/웨-】 图 外面積.

외면-하다 (外面-) 【-/웨-】 他 [하変] 目をそらす; そっぽを向く; 無視する. ‖외면한 채 말을 하다 顔をそらしたまま話す. **외면-당하다** 受動

외모 (外貌) 【-/웨-】 图 外貌; 外見; 顔かたち.

외무 (外務) 【-/웨-】 图 外務. ‖외무 공무원 外務公務員.

외박 (外泊) 【-/웨-】 图 하国 外泊.

외-배엽 (外胚葉) 【-/웨-】 图 〔動物〕外胚葉.

외벽 (外壁) 【-/웨-】 图 外壁. 倒내벽 (內壁).

외변 (外邊) 【-/웨-】 图 外辺; 外側; 外周.

외부 (外部) 【we:bu/-/-】 图 外部; 外; 外側. 倒내부 (內部). ‖외부에 알려지다 外部に知られる. 외부 사람 外部の者 [人].

외분 (外分) 【-/웨-】 图 他国 〔数学〕外分. 倒내분 (內分).

　외분-비 (外分泌) 【-/웨-】 图 〔数学〕外分比. 倒내분비 (內分比).

외분비 (外分泌) 【-/웨-】 图 〔生理〕外分泌.

　외분비-샘 (外分泌-) 图 〔生理〕外分

외빈 (外賓)【-/웨-】图 外賓. ‖외빈을 모시다 外賓をもてなす.
泌腺.
외-사촌 (外四寸)【-/웨-】图 母方のいとこ.
외-삼촌 (外三寸)【-/웨-】图 母方のおじ; おじさん.
외상¹ /we:san/【-/웨-】图 つけ; 掛け; 掛け買い; 掛け売り. ‖물건을 외상으로 사다 品物をつけで買う.
외상-값 [-깝/웨-깝] 图 つけの代金.
외상² (外相)【-/웨-】图 外相; 外務大臣.
외상³ (外傷)【-/웨-】图 外傷. ‖외상을 입다 外傷を負う.
외선 (外線)【-/웨-】图 外線. 	⃝내선 (內線). ‖외선 전화 外線電話.
외설 (猥褻)【-/웨-】图(하다) 猥褻(늅).
외설-물 (猥褻物) 图 猥褻物.
외설-적 (猥褻的)【-적/웨-적】图 猥褻的.
외설-죄 (猥褻罪)【-죄/웨-쮀】图(法律) 猥褻罪.
외세 (外勢)【-/웨-】图 ❶外部や外国の勢力. ‖외세에 시달리다 外国の勢力に苦しめられる. ❷外の情勢.
외-손녀 (外孫女)【-/웨-】图 娘の娘; 女の外孫.
외-손자 (外孫子)【-/웨-】图 娘の息子; 男の外孫.
외수 (外需)【-/웨-】图 外需. 	⃝내수 (內需).
외-숙모 (外叔母)【-숭-/웨숭-】图 母方のおじの妻.
외식 (外食)【-/웨-】图(하다) 外食.
외식-산업 (外食産業)【-싼넙/웨-싼넙】图 外食産業.
외식-업 (外食業)【-/웨-】图 =외식 산업 (外食産業).
외신 (外信)【-/웨-】图 外信. ‖외신에 따르면 外信によると.
외심 (外心)【-/웨-】图(數学) 外心. 	⃝내심 (內心).
외-아들 [-/웨-] 图 一人息子.
외압 (外壓)【-/웨-】图 外壓. ‖외압에 시달리다 外圧に苦しむ.
외야 (外野)【-/웨-】图 外野 	⃝내야 (內野).
외야-수 (外野手) 图 (野球で) 外野手. 	⃝내야수 (內野手).
외양 (外樣)【-/웨-】图 見かけ; 外見.
외양-간 (-間)【-간/웨-간】图 牛馬の小屋; 牛舎.
외연 (外延)【-/웨-】图 外延. 	⃝내포 (內包).
외연-기관 (外燃機關)【-/웨-】图(物理) 外燃機關. 	⃝내연 기관 (內燃機關).
외용 (外用)【-/웨-】图(하다) 外用.
외용-약 (外用藥) 图 外用藥. 	⃝내복

약 (內服藥).

외우다 /weuda/【-/웨-】他 ❶覚える; 暗記する. ⑩외다. ‖영어 단어를 외우다 英単語を覚える. ❷唱える; 暗誦する. ‖주문을 외우다 呪文を唱える.
외유 (外遊)【-/웨-】图(하다) 外遊.
외유내강 (外柔內剛)【-/웨-】图 外柔内剛.
외-음부 (外陰部)【-/웨-】图(解剖) 外陰部; 性器部.
외인¹ (外因)【-/웨-】图 外因. 	⃝내인 (內因).
외인² (外人)【-/웨-】图 ❶他人; 外部の人; 部外者. ‖생면부지의 외인 赤の他人. ❷外人; 外国人. ‖외인 주택 外国人住宅.
외자¹ (-字)【-/웨-】图 一字. ‖외자 이름 一字の名前.
외자² (外資)【-/웨-】图 外資. ‖외자 도입 外資の導入.
외자³ (外字)【-/웨-】图 外字; 欧米の文字.
외재 (外在)【-/웨-】图(하다) 外在.
외-적 (外的)【-적/웨-적】图 外的の. 	⃝내적 (內的).
외접 (外接)【-/웨-】图(하다)(數学) 外接. 	⃝내접 (內接).
외접-원 (外接圓) 图 (數学) 外接円. 	⃝내접원 (內接圓).
외제 (外製)【-/웨-】图 外国製. ‖외제 차 外車.
외-조모 (外祖母)【-/웨-】图 外祖母.
외-조부 (外祖父)【-/웨-】图 外祖父.
외주 (外注)【-/웨-】图 外注. ‖외주를 주다 外注に出す.
외-줄기【-/웨-】图 ❶一筋; 一本筋. ❷枝のない幹.
외지¹ (外地)【-/웨-】图 外地; よその地. 	⃝내지 (內地).
외지² (外紙)【-/웨-】图 外紙.
외-지다 /we:-/【-/웨-】肜 人里離れて奥まっている; 辺ぴだ. ‖외진 곳 辺ぴな所.
외채 (外債)【-/웨-】图 外債; 外国債.
외척 (外戚)【-/웨-】图 母方の親戚.
외출 /we:tɕʰul/【-/웨-】图(하다) 外出; 出かけること. ‖세 시부터 외출하다 3時から外出する. 김 과장님은 지금 외출 중이십니다 金課長はただ今出かけております.
외출-복 (外出服) 图 外出着. ‖나들이옷.
외출-증 (外出證)【-쯩/웨-쯩】图 外出許可証. ‖외출증.
외-출혈 (外出血)【-/웨-】图(医学) 外出血.
외치다 /we:tɕʰida/【-/웨-】自他 叫ぶ; わめく; 言い立てる. ‖구호를 외치다 スローガンを叫ぶ. 큰소리로 외치다 大きな声で叫ぶ.

외탁 (外-)【-/웨-】图 容貌や性質などが母方に似ること.

외톨-박이 [-/웨-] 图 ❶ 実が一つだけ実っている果物やニンニク. ❷ 独りぼっち. ‖외톨박이 신세 独りぼっちの身.

외톨-이 [-/웨-] 图 独りぼっち. ‖주위 사람들과 어울리지 못해 외톨이가 되 周りになじめなくて独りぼっちになる.

외투(外套)【-/웨-】图 外套; コート. ‖외투를 걸치다 コートを羽織る.

외판(外販)【-/웨-】图 外販.
 외판-원(外販員)【-/웨-】图 外販員.

외풍(外風)【-/웨-】图 ❶ 隙間風. ‖외풍이 심하다 隙間風がひどい. ❷ 外部からの圧力.

외피(外皮)【-/웨-】图〔生物〕外皮. ⟺내피(內皮).

외-할머니 (外-)【-/웨-】 /weːhalmʌni/ 图 外祖母.

외-할아버지 (外-)【-/웨-】 /weːharabʌdʒi/ 图 外祖父.

외항¹(外航)【-/웨-】图 (自) 外航. ‖외항 선원 外航船員.
 외항-선(外航船)【-/웨-】图 外航船.

외항²(外項)【-/웨-】图〔数学〕外項. ⟺내항(內項).

외향(外向)【-/웨-】图 外向.
 외향-성(外向性)【-/웨-ㅆ-】图 外向性; 外向型(內向性).
 외향-적(外向的)【-/웨-】图 外向的な. ‖외향적인 성격 外向的な性格.

외형(外形)【-/웨-】图 外形; 見かけ.
 외형-률(外形律)【-/웨-ㄹ-】图〔文芸〕定型詩で音の高低・音数などの規則的繰り返しによって生じる韻律.

외호(外濠)【-/웨-】图 外濠.

외화¹(外貨)【-/웨-】图 外貨. ‖외화 획득 外貨獲得.

외화²(外畫)【-/웨-】图 洋画.⟺방화(邦畫).

외환(外換)【-/웨-】图〔外國換(外國換)의略〕外国為替.
 외환 은행(外換銀行)图 外国為替銀行.

왼 [-/웬] 冠 左の…; 左側の…. ⟺오른.

왼-발 [-/웬-] 图 左足. ⟺오른발.
왼-뺨 [-/웬-] 图 左の頰. ⟺오른뺨.
왼-손 [-/웬-] 图 左手. ⟺오른손.
왼손-잡이 [-/웬-] 图 左利き. ⟺오른손잡이.

왼-쪽 /weːnˀtɕok/ [-/웬-] 图 左; 左側. ⟺오른쪽. ‖왼쪽으로 돌다 左に曲がる. 왼쪽 다리 左足.

왼-팔 [-/웬-] 图 左腕. ⟺오른팔.
왼-편(-便)【-/웬-】图 左側. ⟺오른편.

욍 [-/웽] 擬 ハエのような小さい虫が飛び交う音: ぶん; びゅん. **욍-욍** 擬

욍욍-거리다 自 小さい虫などが音を立てながらしきりに飛び交う. ‖벌이 욍욍거리다 蜂がぶんぶんと)飛ぶ.

요¹ ハングル母音字母「ㅛ」の名称.

요²(←褥)图 敷布団. ‖요를 깔다 敷き布団を敷く.

요³(要)图 要: 要点. ‖결국 요는 시간이다 結局要は時間だ.

요⁴ 이¹をかわいがって込めて, または見くびって言う語: この…; ここの…; これしき…. ‖요 녀석 この野郎.

요⁵ /jo/ 助 ❶ 断定を表わす: …です. ‖언니는 지금 어디에 있니? 미국요 お姉さんは今どこにいるの, アメリカです. ❷ 疑問を表わす: …ですか. ‖누구요? 誰ですか. ❸ 断定したり念を押したりしたりする意を表わす: …よ. ‖서두르지 않으면 늦어요 急がないと遅れますよ.

요가 (yoga 梵) 图 ヨガ.

요강(尿綱) 图 尿瓶; 小便器.

요강(要綱)【-/웨-】图 要綱; 要項. ‖모집 요강 募集要項.

요건(要件)【-건】图 要件. ‖자격 요건 資格要件.

요-것 [-건] 代 이것をかわいまたは見くびって言う語. ‖요것뿐이니? これだけなの?

요격(邀撃) 图(他) 迎え撃つこと; 邀撃(ようげき)すること.

요괴(妖怪)【-/-궤】图〔形動〕妖怪; 奇怪なこと.

요구(要求) /joguː/ 图(他) 要求. ‖임금 인상을 요구하다 賃上げを要求する. 요구에 응하다 要求に応じる. 요구를 일축하다 要求を一蹴する. 상대방의 요구를 받아들이다 相手の要求を呑(の)む. 시대의 요구 時代の要求. **요구-되다**[-된다·-된다] 受動

 요구-서(要求書) 图 要求書.

요구르트 (yogurt) 图 ヨーグルト.

요금(料金) /joːgɯm/ 图 料金. ‖버스 요금 バスの料金. 수도 요금 水道料金. 공공요금 公共料金.

요기(妖氣) 图 妖気.

요기(療飢) 图(自) 腹の足し; 腹ごしらえ.

요긴-하다(要緊-) 形〔하성〕緊要だ; 大事だ. ‖요긴한 물건 緊要な品. 요긴하게 쓰이다 重宝される. **요긴-히** 副

요-까짓 [-진] 冠 たったこれくらいの…; これしきの…. ‖요까짓 일은 문제가 아니다 これしきのことは問題はない.

요-나마 副 これだけでも; これさえも.

요-다음 图 今度; この次. ‖요다음에 만나서 今度会おうと.

요도(尿道)〔解剖〕尿道.
 요도-염(尿道炎)图〔医学〕尿道炎.

요독-증(尿毒症)【-증】图〔医学〕尿

요동 (搖動) 명 자동 搖動; 揺るがすこと.

요동-치다 (搖動-) 자 揺れ動く; ひどく揺れる. ‖파도 때문에 배가 심하게 요동치다 波で船が激しく揺れ動く.

요들 (yodel) 명 음악 ヨーデル.

요들-송 (+yodel + song) 명 음악 ヨーデル.

요란-스럽다 (擾亂-搖亂-) 【-따】 형 ㅂ변 ❶ やかましい; 騒々しい; にぎやかだ. ‖교실이 요란스럽다 教室がにぎやかだ. ❷ けばけばしい. **요란스레** 부

요란-하다 (搖亂-擾亂-) /joranhada/ 형 여변 ❶ 騒がしい; にぎやかだ; うるさい. ‖요란한 총소리 騒がしい銃声. ❷ けばけばしい. ‖옷차림이 요란하다 身なりがけばけばしい.

요람[1] (要覽) 명 要覧.

요람[2] (搖籃) 명 揺りかご; 揺り籠. ▶요람에서 무덤까지 揺り籠から墓場まで.

요람-기 (搖籃期) 명 揺籃期.

요람-지 (搖籃地) 명 揺籃の地. ‖황하 문명의 요람지 黄河文明の揺籃の地.

요래도 {요리하여도・요리하여도의 縮約形} これでも; こうしても.

요래라-조래라 {요리하여라 조리하여라의 縮約形} ああしろこうしろ.

요량 (料量) 명 つもり; 見当; 考え. ‖따질 요량으로 전화하다 問い詰めるつもりで電話する.

요러조러-하다 형 여변 かくかくしかじかである. ‖요러조러한 이유 かくかくしかじかの理由.

요러쿵-조러쿵 부 なんだかんだと; ああだこうだと. ‖요러쿵조러쿵 이유도 많다 ああだこうだと理由も多い.

요러-하다 형 여변 こうだ; このようだ; 以下の通りだ. 준 요렇다.

요런 관 こんな…; このような…. ‖요런 귀여운 것도 없네 こんなかわいいのもあるのね.

요렇다 [-러타] 형 ㅎ변 요러하다의 縮約形.

요령 (要領) /jorjəŋ/ 명 要領; 要点; こつ. ‖요령이 좋다 要領がいい. 일을 요령을 터득하다 仕事のこつを呑(の)み込む.

요령-부득 (要領不得) 명 不得要領.

요로 (要路) 명 要路.

요르단 (Jordan) 명 국명 ヨルダン.

요리[1] (料理) /jori/ 명 타동 ❶ 料理. ‖한국 요리 韓国料理. 중국요리 中華料理. 요리책 料理の本; 料理本. ❷ 物事をうまく処理すること. ‖부하들을 마음대로 요리하다 部下たちを思い通りに動かす.

요리법 (料理法) 【-뻡】 명 調理法; 料理法.

요리-사 (料理師) 명 料理人; 調理師.

요리-집 (料理-) 【-찝/-릿찝】 명 料理屋; 料理店.

요리 부 ここに; こちらへ; このように.

요리-조리 부 あちらこちら; あれこれ. ‖요리조리 피하다 あちらこちらに逃げ回る. 요리조리 따져 보다 あれこれと損得を計算する.

요만큼 부 このくらい; これくらい; これっぽっち; ほんの少し. ‖요만큼의 기대도 하지 않는다 これっぽっちの期待もしていない.

― 관 このくらい; これくらい; これっぽっち; ほんの少し. ‖요만큼 주세요 これくらいください.

요만-하다 형 여변 このくらいだ; これくらいだ; この程度だ.

요맘-때 명 今頃. ‖작년 요맘때 去年の今頃.

요망[1] (妖妄) 명 형동 邪悪でばかげていること.

요망[2] (要望) 명 타동 要望. ‖공항 건설을 요망하다 空港の建設を要望する. 요망에 부응하다 要望に応える. **요망-되다** 자동

요면 (凹面) 명 凹面. ↔철면 (凸面).

요모-조모 명 色々な面; あれこれ. ‖요모조모 따져 보다 あれこれ計算してみる.

요물 (妖物) 명 妖怪; 魔物.

요물-단지 (妖物-) 【-딴-】 명 手を焼く人; 狡猾(こうかつ)で妖しい存在; 魔物.

요-번 (番) 명 今度; 今回.

요법 (療法) 【-뻡】 명 療法; 治療法. ‖식이 요법 食餌療法.

요부 (妖婦) 명 妖婦.

요-사이 명 近頃; 最近; この頃. 준 요새. ‖요사이 살이 좀 쪘다 この頃よく太った.

요사-하다 (妖邪-) 형 여변 邪(よこしま)で狡猾である.

요새[1] 명 요사이의 縮約形.

요새[2] (要塞) 명 군사 要塞. ‖요새를 구축하다 要塞を築く.

요샛-말 [-샌-] 명 最近の言葉; 最近のはやりの言葉.

요석 (尿石) 명 의학 尿石.

요설 (饒舌) 명 자동 饒舌(じょう).

요소[1] (尿素) 명 화학 尿素.

요소[2] (要所) 명 要所. ‖요소를 확보하다 要所を押さえる.

요소[3] (要素) /joso/ 명 要素. ‖重要な要素が含まれている 重要な要素が含まれている. 구성 요소 構成要素. 유동적인 요소 流動的な要素.

요술 (妖術) 명 魔法; 手品. ‖요술을 부리다 魔法を使う.

요술-쟁이 (妖術-) 명 魔法使い.

요식[1] (要式) 명 要式.

요식[2] 행위 (要式行爲) 【-시갱-】 명

요식-행위 《料食業》 图 飲食業.
요식-업 《料食業》 图 飲食業.
요-실금 《尿失禁》 图 《의학》 尿失禁.
요약 《要約》 图 《하타》 要約; 간추림. ‖강연 취지를 요약하다 講演の趣旨を要約する. 한마디로 요약해서 말하자면 一言で要約して言えば. **요약-되다** 《되타》
요양 《療養》 图 療養.
요양-소 《療養所》 图 =요양원(療養院).
요양-원 《療養院》 图 療養所.
요염-하다 《妖艶-》 图 《하여》 妖艶だ; 艶(なま)やかだ; セクシーだ.
요오드 《Jodドイツ》 图 《화학》 ヨード素.
요오드-팅크 《←Jodtinkturドイツ》 图 ヨードチンキ.
요요 《yoyo》 图 《おもちゃの》ヨーヨー.
요원 《要員》 图 要員.
요원-하다 《遙遠-・遼遠-》 图 《하여》 遼遠だ; 遙か遠い. ‖앞날이 요원하다 前途が遼遠だ.
요의 《尿意》 【-의/-이】 图 尿意. ‖요의를 느끼다 尿意を催す.
요인[1] 《要人》 图 要人. ‖정부 요인 政府の要人.
요인[2] 《要因》 图 要因. ‖성공 요인 成功の要因.
요일 《曜日》 /joil/ 图 曜日. ‖병원에 가는 날은 무슨 요일입니까? 病院に行く日は何曜日ですか. 요일에 따라 학생 식당 메뉴가 달라지다 曜日によって学食のメニューが変わる. 월요일 月曜日. 요일별로 曜日別に.
요-전 《-前》 图 以前; この問. ‖요전에 말했던 것 この間話したこと.
요절[1] 《夭折》 图 《하여》 夭折.
요절[2] 《腰絶・腰折》 图 おかしくて腰が折れそうなこと; 笑いこけること. ‖요절 복통할 노릇이다 あまりにもおかしくて腰が折れ腹が破れんばかりである.
요절-나다 《撓折-》 【-라-】 图 《物事が》台無しになる; おじゃんになる.
요절-내다 《撓折-》 【-내-】 图 台無しにする; 駄目にする.
요점 《要點》 /joʨʌm/ 【-쩜】 图 要点. ‖이야기의 요점을 정리하다 話の要点を整理する. 요점을 간추리다 要点をまとめる.
요정[1] 《妖精》 图 妖精.
요정[2] 《料亭》 图 料亭.
요조-숙녀 《窈窕淑女》 【-숭-】 图 言動に気品があって淑やかな女性.
요-주의 《要注意》 【-/-이】 图 要注意. ‖요주의 인물 要注意人物.
요-즈음 /joʥɯum/ 图 最近; 近頃; 이즈음; 今時. 《이즈음》. ‖요즈음 바빠서 영화를 보러 갈 시간이 없다 最近忙しくて映画を見に行く時間がない. 요즈음

인기 있는 노래 最近, 人気のある歌. 요즈음의 젊은이들 近頃の若い者.
요즘 /joʥɯːm/ 图 요즈음의 縮約形.
요지[1] 《要地》 图 要地. ‖교통의 요지 交通の要地.
요지[2] 《要旨》 图 要旨. ‖발표 요지 発表の要旨.
요지-경 《瑤池鏡》 图 ❶ 覗き眼鏡. ❷ 〔比喩的に〕分からないようなおかしな世事. ‖세상은 요지경이다 世の中は分からないものだ.
요지부동 《搖之不動》 图 《하여》 揺るぎないこと.
요직 《要職》 图 要職. ‖요직에서 물러나다 要職を退く.
요철 《凹凸》 图 《하여》 凹凸(おうとつ); でこぼこ.
요청 《要請》 图 《하타》 要請. ‖원조를 요청하다 援助を要請する. **요청-받다** 《받타》
요체 《要諦》 图 要諦.
요충 《要衝》 图 =요충지(要衝地).
요충-지 《要衝地》 图 要衝地; 重要な場所. ‖교통의 요충지 交通の要衝地.
요-컨대 《要-》 图 要するに; 要は; つまり. ‖요컨대 본인의 노력에 달려 있다 要は本人の努力次第だ. 이렇게 팔리는 것도 요컨대 품질이 좋기 때문이다 こんなに売れるのも, つまり品質がいいからである.
요통 《腰痛》 图 腰痛.
요트 《yacht》 图 ヨット.
요판 《凹版》 图 凹版. ⇔철판(凸版). ‖요판 인쇄 凹版印刷.
요-하다 《要-》 /johada/ 图 《하타》 要する; 必要とする. ‖주의를 요하는 작업 注意を要する作業.
요항 《要項》 图 要項.
요행 《僥倖・徼幸》 图 《하여》 僥倖(ぎょうこう). ‖요행을 바라다 僥倖を当てにする.
요행-수 《僥倖數》 【-쑤】 图 紛(まぎ)れ; 幸い; 紛れ当たり.
욕[1] 《辱》 /jok/ 图 ❶ 욕설(辱說)의 略語. 悪口; ののしり. ‖뒤에서 욕을 하다 陰で悪口を言う. ❷ 恥辱. 辱. ‖욕이 되다 不面目だ; 恥ざらしで名誉だ.
욕-먹다 《辱-》 【욕-다】 图 悪口を言われる; 非難される; 悪評を聞く.
욕-보다 《辱-》 【-뽀-】 图 ① 苦労する. ② 恥をかく. ③ 《女性が》 犯される. 国 욕보다.
욕보-이다 《辱-》 【-뽀-】 他 〔욕보다의 使役動詞〕 ① 苦労させる. ② 恥をかかせる. ③ 《女性を》 犯す.
-욕[2] 《欲・慾》 接尾 …欲. ‖명예욕 名譽欲.
욕계 《欲界・慾界》 【-계/-게】 图 《仏教》 欲界.
욕구 《欲求・慾求》 【-꾸】 图 《하타》 欲求. ‖지적 욕구 知的欲求. 욕구를 충

욕망 586

족시키다 欲求を満たす.

욕구-불만 (欲求不滿) 图 欲求不満; フラストレーション.

욕망 (欲望・慾望) 图【-망】 हिमि 欲望. ‖욕망을 채우다 欲望を満たす.

욕설 (辱-)【-썰】 图 のしり; 罵詈雜言. 國⊕(辱) ‖욕설을 퍼붓다 罵詈雜言を浴びせる.

욕실 (浴室)【-씰】 图 浴室.

욕심 (欲心・慾心) /jok²ſim/【-씸】 图 欲. ‖욕심이 많다 欲深い. 욕심을 부리다 欲張る. ▶욕심에 눈이 어두워지다 欲に目が眩む.

욕심-꾸러기 (欲心-) 图 欲張りの子ども.

욕심-나다 (欲心-) 间 欲が出る.

욕심-내다 (欲心-) 他 欲を出す.

욕심-쟁이 (欲心-) 图 欲張り.

욕-쟁이 (辱-)【-쨍-】 图〔よくけがらしい言葉ばかり発する人.

욕정 (欲情・慾情)【-쩡】 图 欲情; 情欲.

욕조 (浴槽)【-쪼】 图 浴槽.

욕-지거리 (辱-)【-찌-】 图〔욕설の俗語〕; 悪口; 罵詈雜言.

욕지기【-찌-】 图 吐き気. ‖욕지기가 나다 吐き気がする.

욕창 (褥瘡) 图〔医学〕褥瘡(じょくそう); 床ずれ.

욕탕 (浴湯) 图 風呂; 風呂場.

욕-하다 (辱-) 【요카-】 हिमि【하오】悪口を言う; のしる; 貶(けな)す. ‖남을 욕하다 人の悪口を言う.

용[1] (龍) 图 竜; 辰.

용[2] (茸) 图〔녹용(鹿茸)の略語〕シカの角; 鹿茸(ろくじょう).

용[3] (-) 图〔姓〕龍(ヨン).

-용[4] (用) 接尾 …用. ‖선물용 プレゼント用. 전시용 展示用.

용감무쌍-하다 (勇敢無雙-) 形【하변】きわめて勇敢だ.

용감-하다 (勇敢-) /joːŋgamhada/【하오】勇敢だ; 勇ましい. ‖용감한 행동 勇敢な行動. 용감하게 돌진하다 勇ましく突進する. **용감-히** 副 勇敢に싸우다 勇敢に戦う.

용건 (用件) /joːŋ²kʌn/【-껀】 图 用件; 用; 用向き. ‖용건을 말하다 用件を話す. 용건을 마치다 用を済ます.

용궁 (龍宮) 图 容貌.

용광-로 (鎔鑛爐)【-노】 图 溶鉱炉.

용구 (用具) 图 用具. ‖청소 용구 掃除道具.

용궁 (龍宮) 图 竜宮.

용기[1] (勇氣) /joːŋgi/ 图 勇気. ‖용기를 내다 勇気を出す. 용기를 잃다 勇気を失う. 용기 있는 사람 勇気のある人.

용기[2] (容器) /joːŋgi/ 图 容器; 入れ物. ‖물에 담긴 용기에 넣는다. 전자레인지에도 쓸 수 있는 용기 電子レンジにも使える容器.

용기-화 (用器畵) 图〔美術〕用器画. ⊕자재화 (自在畵).

용-꿈 (龍-) 图 竜の夢; 縁起のいい夢.

용납 (容納) 图 हिमि 寛大な心で人の言動を受け入れること; 許すこと; 容認すること. ‖용납할 수 없다 許せない; 許しがたい.

용단 (勇斷) 图 हिमि 勇断. ‖용단を下す 勇断をふるう.

용달-차 (用達車) 图 小型の貨物トラック.

용담 (龍膽) 图〔植物〕リンドウ(竜胆).

용도 (用途) /joːŋdo/ 图 用途. ‖용도 변경 用途変更. 모금 용도를 명확히 하다 募金の用途を明確にする.

용돈 (-) /joːŋ²ton/【-똔】 图 小遣い. ‖용돈을 받다 小遣いをもらう.

용두-사미 (龍頭蛇尾) 图 竜頭蛇尾.

용-띠 (-) 图 辰年生まれ.

용량[1] (用量)【-냥】 图 用量; 使用量.

용량[2] (容量)【-냥】 图 容量; キャパシティー. ‖용량を超え容量オーバー.

용례 (用例)【-네】 图 用例. ‖용례를 들다 用例を挙げる.

용매 (溶媒) 图〔化学〕溶媒.

용맹 (勇猛) 图 हिमि 勇猛.

용맹-스럽다 (勇猛-)【-따】【ㅂ변】いかにも勇猛だ. **용맹스레** 副

용-머리 (龍-) 图〔植物〕ムシャリンドウ(武佐竜胆).

용모 (容貌) 图 容貌.

용무 (用務) 图 用務; 用事; 用件.

용법 (用法) 图 用法. ‖부사적 용법 副詞的用法.

용변 (用便) 图 用便. ‖용변을 보다 用便を足す.

용병[1] (用兵) 图 हिमि 用兵.

용병-법 (用兵法) 图【-뻡】 图 用兵法.

용병-술 (用兵術) 图 用兵術.

용병[2] (傭兵) 图 हिमि〔軍事〕傭兵.

용불용-설 (用不用說) 图〔生物〕用不用説.

용사 (勇士) 图 勇士; 勇者.

용상 (龍床) 图 玉座.

용서 (容恕) /joːnsʌ/ 图 हिमि 容赦; 許し; 許すこと. ‖용서를 빌다 許しを請う. 용서해 주십시오 許してください. 그런 짓을 하면 용서하지 않겠다 そんなことをしたら承知しないぞ. **용서-받다** (受身)

용설-란 (龍舌蘭) 图〔植物〕リュウゼツラン(竜舌蘭).

용솟음-치다 (湧-) 间 わき上がる; たばしる; たぎる. ‖투지가 용솟음치다 闘志がわき上がる.

용수[1] (用水) 图 用水. ‖농업 용수 農業用水.

용수-로 (用水路) 图 用水路.

용수-철 (龍鬚鐵) 图 ばね; スプリング.

용-쓰다 自[으변] ふんばる;必死である;必死になる.

용안¹ (龍眼) 名 〔植物〕リュウガン(竜眼).

용안² (龍顏) 名 〔임금의 얼굴의 尊敬語〕王の顔.

용암 (鎔岩) 名 〔地〕溶岩.

용암-층 (鎔岩層) 名 〔地〕溶岩層.

용액 (溶液) 名 〔化学〕溶液.

용어 (用語) 名 用語.

용언 (用言) 名 〔言語〕用言.

용역 (用役) 名 用役.

용역수출 (用役輸出) 【-수-】 名 〔経〕保険・銀行・運送などのサービスを外国に提供したりして人力を送ったりして外貨を得ること.

용왕 (龍王) 名 竜神;竜王.

용융 (鎔融) 名 自他 〔化学〕溶融;融解.

용의¹ (用意) [-/-이] 名 意思;意図;気持ち. ‖양보할 용의도 있다 譲る気持ちもある.

용의² (容疑) [-/-이] 名 容疑;疑い. ‖용의가 풀리다 容疑が晴れる.

용의-자 (容疑者) 名 〔法律〕容疑者.

용의주도-하다 (用意周到-) [-/-이] 形 〔하変〕用意周到だ. ‖용의주도한 범죄 用意周到な犯罪.

용이-하다 (容易-) [-/-이] 形 〔하変〕容易だ;簡単だ;たやすい. ‖차량 진입이 용이하다 車両進入がしやすい.

용인 (容認) 名 하他 容認. **용인-되다** 自

용장 (勇将) 名 勇将.

용적 (容積) 名 容積.

용적-량 (容積量) 【-정냥】 名 容積量.

용적-률 (容積率) 【-정뉼】 名 容積率.

용접 (鎔接) 名 하他 溶接.

용지¹ (用地) 名 用地. ‖빌딩 건설 용지 ビル建設用地.

용지² (用紙) 名 用紙.

용질 (溶質) 名 〔化学〕溶質.

용출 (湧出) 名 自 湧出.

용퇴 (勇退) 【-/-퇴】 名 하自 勇退.

용-트림 (龍-) 名 하自 もったいぶって大げさにするげっぷ.

용-틀임 (龍-) 名 自 ❶全身をひねったりねじったりすること. ❷勢いなどが満ち溢れていること. ‖용틀임하는 중국 경제 天に昇る勢いの中国経済.

용품 (用品) 名 用品. ‖사무 용품 事務用品.

용-하다 (jonghada) 形 〔하変〕 ❶〔腕・技量などが〕卓越している;優れている. ‖용하다는 점쟁이 よく当たるという占い師. ❷感心するくらい偉い;偉い. ‖용하게 참다 感心するほど辛抱強い. ‖위기를 용하게 넘기다 危機をうまく乗り越える.

용해¹ (溶解) 名 自他 溶解.

용해² (鎔解) 名 自他 熔解.

용-해³ (龍-) 名 辰年. ➡ 진년(辰年).

용호-상박 (龍虎相搏) 名 〔하自〕竜虎相搏つこと.

우¹ ハングル母音字母「ㅜ」の名称.

우² (禹) 名 〔姓〕禹か.

우³ (右) 名 右;右側. ㉠좌(左). ‖우회전 右折. 좌우 左右.

우⁴ (愚) 名 愚;おろかなこと. ‖우를 범하다 愚を犯す.

우⁵ (優) 名 5段階の成績評価(秀・優・美・良・可)の中で2番目の成績;優.

우⁶ (又) 大勢の人が一か所に押し寄せる様子:どっと. ‖사람들이 우 몰려나다 人がどっと押し寄せる.

-우⁷ 接尾 〔一部の動詞の語幹に付いて〕使役動詞を作る. ‖짐을 지우다 荷物を担わせる.

우간다 (Uganda) 国名 ウガンダ.

우거기 白菜などの野菜のしおれている外側の葉.

우거짓-국 【-지꾹/-진꾹】 名 〔料理〕うがじを入れて作ったスープ.

우거지다 自 生い茂る;茂る. ‖숲이 우거지다 森が生い茂る.

우거지-상 (-相) 〔俗っぽい言い方で〕しかめっ面.渋面.

우격-다짐 名 하他 無理矢理;無理強い;力ずく. ‖우격다짐으로 力ずくで.

우경 (右傾) 名 하自 右傾;右翼. ㉠좌경(左傾).

우경-화 (右傾化) 名 自他 右傾化. ㉠좌경화(左傾化).

우국 (憂国) 名 憂国. ‖우국지사 憂国の士.

우군 (友軍) 名 友軍;味方.

우그르르 副 하自 生き物が群がっている様子:うようよ(と);うじゃうじゃ(と).

우그-리다 自 うようよする;うじゃうじゃ.

우글-우글 副 하自 うようよ;うじゃうじゃ.

우글-쭈글 形 くちゃくちゃ;しわくちゃ.

우기 (雨期) 名 雨期. ㉠건기(乾期).

우기다 /ugida/ 自 言い張る;我を張る;意地を張る. ‖자기 생각이 맞다고 우기다 自分の考えが正しいと言い張る.

우뇌 (右脳) (우뇌=右腦) 名 〔解剖〕右脳. ㉠좌뇌(左脳).

우는 自 [ㄹ語幹] 울다(泣く)の現在連体形.

우는-소리 名 泣き言. ‖우는 소리를 하다 泣き言を言う.

우단 (羽緞) 名 ベルベット;ビロード.

우당탕 副 하自 堅くて重いものがぶつか

り合って出す音: がたん.
우당탕-거리다 [自] しきりにがたんがたんという音がする.
우대(優待) [名] [他サ] 優待. ‖경험자 우대 経験者を優待. **우대-받다** [受자]
우대-권(優待券) [一권] [名] 優待券.
우동 (うどん・饂飩日) [名] うどん.
우두(牛痘) [名] [医学] 牛痘.
우두둑 [副] ❶固いものを嚙み砕く音: がりがり(と); ぼりぼり(と). ‖얼음을 우두둑 썰어 먹다 氷をがりがり(と)かじる. ❷大粒の雨や霰(あられ)が激しく降る音: ざあざあ. **우두둑-우두둑** [副] [하変]
우두둑-거리다 [-끼-] [自他] ❶しきりにがりがり(と)かじる. ❷ざあざあ(と)降る.
우두머리 [名] 集団の頭; 親分.
우두커니 /uduk^həni/ [副] ぼんやりと; 呆然と; ぼさっと; つくねんと. ‖우두커니 앉아 있다 ぼんやりすわっている.
우둔-하다(愚鈍-) [形] [하変] 愚鈍だ.
우둘-투둘 [副] [形] 所々でこぼこしている様子.
우등(優等) [名] [하変] 優等. ‖열등(劣等).
우등-상(優等賞) [名] 優等賞.
우등-생(優等生) [名] 優等生. ㉑열등생(劣等生).
우뚝 /u[?]tuk/ [副] [形] それだけが抜きん出て高い様子: にょっきり. ‖고층 빌딩이 우뚝 서 있다 高層ビルがにょっきり建っている.
우라늄(uranium) [名] 《化学》ウラニウム; ウラン.
우라-지다 [自] 人をのろしたり自分の失敗を悔やんだりする時に発する語.
우락-부락 [-뿌-] [副] [하変] 人相が険しく言動が荒々しい様子.
우랄알타이-어족(Ural-Altai 語族) [名] [言語] ウラルアルタイ語族.
우랄-어족(Ural 語族) [名] [言語] ウラル語族.
우람-하다 [形] [하変] たくましい; 堂々としている. ‖우람한 체격 たくましい体格.
우량¹(雨量) [名] 雨量.
우량-계(雨量計) [-/-계] [名] 雨量計.
우량²(優良) [名] [하変] 優良.
우량-주(優良株) [名] 優良株.
우량-품(優良品) [名] 優良品.
우러-나다 /urənada/ [自] しみ出る; にじみ出る. ‖맛이 제대로 우러나다 味がしっかりしみ出る.
우러-나오다 (感情などが心から)にじみ出る; 表われる. ‖감사하는 마음이 절로 우러나다 感謝の気持ちが自然ににじみ出る.
우러러-보다 見上げる; 仰ぐ. ‖하늘을 우러러보다 空を見上げる. 스승으로 우러러보다 師として仰ぐ.

우러르다 [으変] 頭を重々しくもたげる; 仰ぐ.
우렁쉥이 [名] [動物] マボヤ(真海鞘).
멍게.
우렁이 [名] [動物] タニシ(田螺).
우렁-차다 [形] 強く響く; 力強い. ‖우렁찬 목소리 力強い声.
우레 [名] 雷; 万雷. ‖우레와 같은 박수 雷の拍手.
우레탄(urethane) [名] ウレタン.
우려(憂慮) /urjə/ [名] [하変] 憂慮; 恐れ. ‖우려할 만한 사태 憂慮すべき事態. 이 병은 재발할 우려가 있습니다 この病気は再発する恐れがあります.
우려-내다 [他] ❶液体に浸して成分・味・色などを出す. ❷巻き上げる; しぼり上げる; せびり取る. ‖금품을 우려내다 金品を巻き上げる.
우려-먹다 [-따] [他] ❶液体に浸した煮込んだりして旨味を出して食べる[飲む]. ‖사골을 우려먹다 牛の脚の骨を煮込んでそのスープを飲む. ❷巻き上げる; しぼり上げる; せびり取る. ❸同じ内容などを焼直す. ‖같な内容を何回か 우려먹다 同じ内容を何度も焼直す.
우롱-하다(愚弄-) [形] [하変] ばかにしてからかう.
우루과이(Uruguay) [国名] ウルグアイ.
우르르 [하変] ❶大勢の人や動物などが一気に動いたり押し寄せたりする様子: どっと; わあっと. ❷積まってあったものが急に崩れ落ちる様子[音]: がらがら; どさどさ. ‖책장에서 책들이 우르르 쏟아지다 本棚から本がどさどさと崩れ落ちる.
우르릉 [하変] 雷鳴や重いものが動いて立てる音: ごろごろ.
우르릉-거리다 [自] しきりに雷が鳴る.

우리 /uri/ [代] ❶私たち; 我々. ‖우리가 할 수 있는 것은 최선을 다하는 것이다 私たちにできることは最善を尽くすことだ. ❷我が; うちの. ‖우리 강아지가 새끼를 낳았다 うちの犬が子どもを産んだ. 우리 학교 我が校; うちの学校.
우리-나라 [名] わが国.
우리² /uri/ [名] 檻(お). ‖우리에 갇히다 檻に閉じ込められる.
우리다 [他] 液体に浸して成分・旨味・色などを出す; 煎じる.
우리-말 /urimaːl/ [名] 「私たちの言葉」の意で)韓国語; 朝鮮語.
우리-집 [名] 私達の家.
우매-하다(愚昧-) [形] [하変] 愚昧だ. ‖우매한 백성 愚昧な民.
우모(羽毛) [名] 羽毛. ‖우모 이불 羽毛布団.
우무 [名] ところてん.
우묵-하다 [-무카-] [形] [하変] 真ん中の方が丸くへこんでいる.

우문(愚問) 图 愚問.
우물/umul/ 图 井戸; 井. ‖우물을 파다 井戸を掘る. ▶우물 안 개구리 (俚)(井の中の蛙; 井の中の蛙大海を知らず. ‖우물을 파도 한 우물을 파라 (俚)(「井戸を掘るなら一つの井戸を掘れ」の意で)転石苔を生ぜず.
우물-가〖~까〗图 井戸端.
우물-거리다〖自他〗❶もぐもぐする. ‖입을 우물거리다 口をもぐもぐする. ❷ごもる; ぐずぐずする. ‖우물거리며 말을 제대로 하지 않다 口でもってはっきり言わない.
우물-우물〖副自他〗もぐもぐ; ぐずぐず. ‖뭔가를 우물우물 씹고 있다 何かをもぐもぐ(と)噛んでいる.
우물-쭈물〖副〗ぐずぐず; もじもじ; もたもた. ‖우물쭈물하다가는 지각한다 ぐずぐずしていては遅刻するよ.
우뭇-가사리【~묻까~】图〖植物〗テングサ(天草).
우민(愚民) 图 愚民.
우민 정책(愚民政策) 图 愚民政策.
우박(雨雹) 图 雹(ひょう); 霰(あられ). ‖우박이 쏟아지다 電が降り注ぐ.
우발(偶發)〖하自〗偶発.
　우발-범(偶發犯) 图〖法律〗偶発犯.
　우발-적(偶發的)【~쩍】图 偶発的. ‖우발적인 사고 偶発的な事故.
우방[1](右方) 图 右方.↔좌방(左方).
우방[2](友邦) 图 友邦.
우범(虞犯) 图 罪を犯す恐れがあること.
　우범-자(虞犯者) 图 犯罪を犯す恐れがある人.
　우범 지대(虞犯地帯)【~때】图〖法律〗犯罪がよく起こるまたは起こる恐れのある地域.
우변(右邊) 图 右辺.↔좌변(左邊).
우'**변칙**'**활용**(~變則活用)【~치꽈롱】图〖言語〗=우 불규칙 활용(不規則~).
우'**불규칙**'**용언**(~不規則用言)【~칭뇽~】图〖言語〗우변칙용언.➜푸다의 み.
우비(雨備) 图 雨具; レインコート.
우산(雨傘) ‖우산을 쓰다 傘をさす. 핵우산 核の傘. 접는 우산 折り畳み傘. 우산꽃이 傘立て.
우상(偶像) 图 偶像.
　우상-숭배(偶像崇拜) 图 偶像崇拜.
　우상-화(偶像化)〖하自他〗偶像化.
우상-맥(羽狀脈) 图〖植物〗羽状脈.
우상-학(優生學) 图〖生物〗優生学.
우선[1](優先)/usǒn/ 图 優先. ‖동점일 경우에는 국어 성적을 우선하기로 하다 同点の場合, 国語の成績を優先することにする. 최우선 最優先.
　우선-권(優先權)【~꿘】图 優先権.
　우선-순위(優先順位) 图 優先順位.
　우선-적(優先的)【~쩍】图 優先的.
우선[2](于先) 圖 まず; 最初に; 先に; とりあえず; 差し当たり. ‖우선 스위치를 누르다 まずスイッチを押す. 우선 밥부터 먹고 이야기하자 とりあえず飯を食べてから話そう. ▶우선 먹기는 곶감이 달다 (俚)(「差し当たって食べるには干し柿が甘い」の意で)後はどうなろうと当座はよい方を選ぶことのたとえ.
우설(牛舌) 图 牛タン.
우성(優性) 图〖生物〗優性.↔열성(劣性).
　우성 인자(優性因子) 图〖生物〗優性因子.
우세[1](~勢)〖하自〗恥さらし. ‖사람들 앞에서 우세를 당하다 人の前で恥をさらす.
　우세-스럽다【~따】彫〖ㅂ変〗恥ずかしい.
우세[2](優勢)〖하形〗優勢.↔열세(劣勢). ‖시합을 우세하게 끌고 가다 試合を優勢に進める.
우송(郵送)〖하他〗郵送. ‖신청서를 우송하다 申込書を郵送する. **우송-되다**【~뙤다】
　우송-료(郵送料)【~뇨】图 郵送料.
우수[1](憂愁) 图 憂愁. ‖우수에 잠기다 憂愁に閉ざされる.
우수[2](優秀)/usu/ 图〖하形〗優秀; 優れていること. ‖우수한 성적으로 졸업하다 優秀な成績で卒業する. 내구성이 우수한 제품 耐久性が優れた製品.
　우수-성(優秀性) 图 優秀さ.
우수[3](雨水) 图 〖二十四節気の〗雨水.
우수[4](偶數) 图 偶数. 짝수(~數).↔기수(奇數).
우수리 图 端数.
우수마발(牛溲馬勃) 图 牛溲(ぎゅうしゅう)馬勃(ばつ).〖値打ちのないもの〗.
우수수 圖 ばらばら; はらはら. ‖남자 서너 명이 우수수 뛰어나왔다 数人の男がばらばらと飛び出してきた. 낙엽이 우수수 떨어지다 枯れ葉がばらばら(と)落ちる.
우스개 图 笑わせるためにする行為または話. ‖우스개로 해 본 소리 うけをねらって言ってみたこと.
　우스갯-소리【~개쏘~/~갣쏘~】图 笑い話; 冗談.
　우스갯-짓【~개찓/~갣찓】图 おどけたしぐさ.
우스꽝-스럽다【~따】彫〖ㅂ変〗滑稽だ; おかしい. ‖우스꽝스러운 짓으로 사람들을 웃기다 おどけたしぐさで人を笑わせる. **우스꽝스레** 圖
우스운〖ㅂ変〗우습다(面白い)の連体形.

우스워 [形] [ㅂ変] 우습다(面白い)の連用形.

우스터-소스 (Worcester sauce) [名] ウスターソース.

우습게-보다 [-께-] [他] 見くびる; 見くだす; あなどる. ‖상대 팀을 우습게보다가 참패하다 相手チームを見くびっていたら惨敗する.

우습다 /usupʰta/ [-따] [形] [ㅂ変] 面白い; おかしい; 滑稽だ. ‖우스운 이야기 面白い話. 우스워 죽겠다 おかしくてたまらない. 내 얘기가 그렇게 우스워? 私の話がそんなにおかしいの.

우승 (優勝) /usuŋ/ [名] [自] 優勝. ‖시합에서 우승하다 試合で優勝する.

우승-기 (優勝旗) [名] 優勝旗.

우승-배 (優勝盃) [名] 優勝杯.

우승-자 (優勝者) [名] 優勝者.

우승-열패 (優勝劣敗) [-녈-] [名] [自] 優勝劣敗.

우심방 (右心房) [名] [解剖] 右心房.

우심실 (右心室) [名] [解剖] 右心室.

우아 思いがけない嬉しいことがあるときに出す声: わあ. ‖우아, 맛있겠다! わあ, おいしそう!

우아-하다 (優雅-) [形] [하変] 優雅だ. ‖우아한 몸짓 優雅な身のこなし. 우아한 생활 優雅な生活.

우악-하다 (愚悪-) [-아카-] [形] [하変] 粗暴で乱暴だ.

우애 (友愛) [名] 友愛. ‖우애가 두텁다 友愛が[に]厚い.

우엉 [植物] ゴボウ(牛蒡).

우여-곡절 (迂餘曲折) [-쩔] [名] 紆余曲折. ‖우여곡절을 겪다 紆余曲折を経る.

우연 (偶然) /uʤən/ [名] [形動] 偶然. (反)필연(必然). ‖우연의 일치 偶然の一致. 우연한 일 偶然の出来事. **우연-히** (偶然-) [副] 偶然に; 偶然に; たまたま. ‖길에서 우연히 만나다 道で偶然会う.

우열 (優劣) [名] 優劣. ‖우열을 가리다 優劣をつける.

우완 (右腕) [名] 右腕. (反)좌완(左腕). ‖우완 투수 右腕投手.

우왕좌왕 (右往左往) /u:waŋʤwa:waŋ/ [名] [自] 右往左往. ‖우왕좌왕 갈피를 못 잡다 右往左往してどうすればいいのか分からない.

우-우 [副] ① 揶揄(やゆ)する時に大勢が出す声. ② 動物などを追い出したりする時に出す声.

우울 (憂鬱) /uul/ [名] [形動] 憂鬱; 落ち込むこと; 心が晴れ晴れしないこと. ‖우울한 하루 憂鬱な一日. 우울한 얼굴을 하다 憂鬱そうな顔をする. 기분이 우울하다 気分が晴れない.

우울-증 (憂鬱症) [-쯩] [名] [医学] 憂鬱症; 鬱病.

우월 (優越) [名] [形動] 優越; 優れていること. ‖여러 가지 면에서 우월하다 色々な面で優れている.

우월-감 (優越感) [名] 優越感. (反)열등감(劣等感). ‖우월감을 느끼다 優越感を感じる.

우월-성 (優越性) [-썽] [名] 優越性.

우위 (優位) [名] 優位. ‖우위에 서다 優位に立つ.

우유 (牛乳) /uju/ [名] 牛乳; ミルク. ‖아침에 우유를 한 잔 마시다 朝, 牛乳を1杯飲む. 매일 아침 우유를 배달하다 毎朝, 牛乳を配達する. 우유병 牛乳瓶. 딸기 우유 イチゴミルク.

우유부단 (優柔不斷) [名] [形動] 優柔不断.

우유-체 (優柔體) [名] [文芸] 文章を優雅に美しく表現する文体.

우윳-빛 (牛乳~) [-윧/-윧삗] 乳白色.

우의[1] (友誼) [-/-이] [名] 友誼; 友情. ‖우의가 돈독하다 友情が厚い.

우의[2] (雨衣) [-/-이] [名] 雨具; レインコート. (類)비옷.

우이독경 (牛耳讀經) [-꼉] [名] 馬の耳に念仏.

우익 (右翼) [-익] ① [名] 右翼(左翼). ② 右翼団体 ② 우익수(右翼手)の略語.

우익수 (右翼手) [-쑤] [野球]で右翼手; ライト. (反)우익(右翼).

우정[1] (友情) /u:ʤəŋ/ [名] 友情. ‖우정을 나누다 友情を分かち合う. 우정이 넘치다 友情のこもった忠告.

우정[2] (郵政) [名] 郵政.

우주 (宇宙) /u:ʤu/ [名] 宇宙. ‖우주 탐험 宇宙探検. 우주여행 宇宙旅行.

우주 공학 (宇宙工學) [名] 宇宙工学.

우주-선 (宇宙船) [名] 宇宙船; スペースシャトル.

우주-인 (宇宙人) [名] 宇宙人.

우중충-하다 [形] [하変] ① 〈天気や雰囲気などが〉暗くてじめじめしている. ② 〈色などが〉色あせている.

우즈베키스탄 (Uzbekistan) [名] [国名] ウズベキスタン.

우지끈 [副] [自他] 大きくて硬いものが壊れたり折れたりする音: めりめり. ‖문이 강풍에 우지끈 하고 부서지다 ドアが強風でめりめりと壊れる.

우지끈-거리다 [自他] めりめりと折れる.

우지직 [副] [自他] ① 大きくて堅いものが壊れる時の音: めりめり. ② 乾いたものや木の枝などが〈火で〉燃える時の音〈様子〉: ぱちぱち. ③ 新鮮な棒状の野菜を噛み砕くときの音.

우지직-거리다 [-꺼-] [自他] 続けざまにぱちぱち[めりめり]という音がする.

우직-하다 (愚直-) [-지카-] [形] [하変] 愚直だ; 馬鹿正直だ.

우-짖다[-짇따] 困 ❶(鳥)がさえずる. ❷泣き叫ぶ.
우쭐-거리다[-대다] 困困 うぬぼれて偉そうにふるまう. 우쭐 좀 올랐다고 우쭐거리다 成績が少し上がったからといってうぬぼれる.
우천(雨天) 图 雨天.
우천-순연(雨天順延) 图 雨天順延.
우체-국(郵遞局) 图 郵便局. 우체국에서 엽서와 우표를 사다 郵便局で葉書と切手を買う.
우체-부(郵遞夫) 图 郵便配達人.
우체-통(郵遞筒) 图 郵便ポスト.
우측(右側)/ut͡ɕʰuk/ 图 右側; 右. 亞좌측(左側).
우쿨렐레 (ukulele) 图 (音樂) ウクレレ.
우크라이나 (Ukraina) 图 (國名) ウクライナ.
우파(右派) 图 右派. 亞좌파(左派).
우편(郵便)/upʰjən/ 图 郵便. ‖우편으로 보내다 郵便で送る. 우편 요금 郵便料金.
우편-낭(郵便囊) 图 郵袋(ﾀ).
우편-물(郵便物) 图 郵便(物). ‖오늘은 우편물이 많이 와 있다 今日は郵便がたくさん来ている.
우편-번호(郵便番號) 图 郵便番号.
우편ˆ사서함(郵便私書函) 图 郵便私書函.
우편-엽서(郵便葉書) [-녑써] 图 郵便葉書.
우편-함(郵便函) 图 郵便箱; 郵便ポスト.
우편-환(郵便換) 图 郵便為替.
우표 (郵票)/upʰjo/ 图 切手. ‖우표를 붙이다 切手を貼る. 우표를 모으다 切手を集める. 오백 원짜리 우표 두 장 주세요 5百ウォン切手を2枚ください. 기념우표 記念切手.
우피(牛皮) 图 牛皮.
우향우(右向右) 图 (号令で)右向け右. 亞좌향좌(左向左).
우호(友好) 图 友好. ‖우호 관계 友好関係.
우호-적(友好的) 图 友好的. ‖우호적인 반응 友好的な反応.
우호ˆ조약(友好條約) 图 友好条約.
우화(寓話) 图 寓話. ‖이솝 우화 イソップ物語.
우화-집(寓話集) 图 寓話集.
우환(憂患) 图 憂患.
우황(牛黄)(漢方) 牛黄(ﾝ)(牛の胆嚢の中にできる結石).✤熱病などに効くとして珍重されている.
우회(迂廻) 图 图困 迂回; 遠回り.
우회-적(迂廻的) 图 迂回; 遠回し. ‖우회적으로 말하다 遠回しに言う.
우-회전(右廻轉)/u:hwed͡ʑən/ 【-/-

훼-] 图困他 右折. 亞죄회전(左廻轉).
우후죽순 (雨後竹筍) [-쑨] 图 雨後の筍.
욱신-거리다[-씬-] 困 (体)がずきずきする. ‖온몸이 욱신거리다 全身がずきずきする.
육일-승천 (旭日昇天) 图困 旭日昇天.
욱-하다[우카-] 困変 かっとなる. ‖욱하는 성질 かっとなる性格.
운¹(運) /u:n/ 图 運; つき. ‖운이 좋다 運がいい. 운이 다하다 運が尽きる. 운을 하늘에 맡기다 運を天に任せる. 운이 좋으면 합격할 수 있다 あわよくば合格できる.
운²(韻) 图 韻. ►운을 달다 ①韻を踏む. ②(話の最後に)付け加えて言う. ►운을 떼다 話し始める; 話を切り出す.
운³(運) 图 [ㄹ語幹] 울다(泣く)の過去連体形.
운동(運動) /u:ndoŋ/ 图 困他 運動; スポーツ. ‖운동 부족 運動不足. 운동선수 運動選手. 학생 운동 学生運動. 선거 운동 選挙運動.
운동-가(運動家) 图 運動家.
운동ˆ감각(運動感覚) 图 運動感覚.
운동-권(運動圈) [-꿘] 图 社会的·政治的改革や改善のために積極的に活動する人やその団体.
운동-량(運動量) [-냥] 图 運動量.
운동-복(運動服) 图 運動着.
운동ˆ신경(運動神経) 图 運動神経. ‖운동 신경이 둔하다 運動神経が鈍い.
운동ˆ에너지(運動 energy) 图 [物理] 運動エネルギー.
운동-원(運動員) 图 運動員.
운동-장(運動場) 图 運動場.
운동-화(運動靴) 图 運動靴; スニーカー.
운동-회(運動會) [-/-훼] 图 運動会.
운명¹(運命) /u:nmjəŋ/ 图 運命; 運. ‖운명을 점치다 運命を占う. 운명이라고 생각하고 포기하다 運命だと諦める. 운명의 장난 運命のいたずら.
운명-론(運命論) [-논] 图 運命論.
운명-적(運命的) 图 運命的. ‖운명적인 만남 運命的な出会い.
운명²(殞命) 图图困 死ぬこと.
운무(雲霧) 图 雲と霧.
운문(韻文) 图 (文芸) 韻文. 亞산문(散文).
운반(運搬) /u:nban/ 图 图他 運搬; 運ぶこと. ‖자재를 운반하다 資材を運搬する. 운반-되다 受動.
운반-비(運搬費) 图 運搬費.
운석(隕石) 图 (天文) 隕石.
운세(運勢) /u:nse/ 图 運勢. ‖운세를 점치다 運勢を占う.

운송 (運送) 图 他 運送. ∥화물을 운송하다 貨物を運送する. **운송-되다** 受動

운송-료 (運送料)【-쇼】 图 運送料.

운송-비 (運送費) 图 運送代; 運送料.

운송-선 (運送船) 图 運送船.

운송-업 (運送業) 图 運送業.

운송-장 (運送狀)【-짱】 图 運送狀.

운수¹ (運數) 图 運; 運勢. 卑 슈 (數). ∥올해 운수를 알아보다 今年の運勢を占ってもらう.

운수² (運輸) 图 他 運輸.

운수-업 (運輸業) 图 運輸業.

운신 (運身) 图 自動 身動き. ∥운신이 어렵다 身動きがきかれない.

운영 (運營) /u:njəŋ/ 图 他 運營. ∥대회를 운영하다 大会を運営する. 운영을 잘못하다 運営を誤る. 운영 방침 運営方針. **운영-되다** 受動

운용 (運用) 图 他 運用. ∥재산을 운용하다 財産を運用する. **운용-되다** 受動

운운 (云云) 图 他 云々. ∥결과에 대해서는 더 이상 운운하지 맙시다 結果を云々するのはよしましょう.

운율 (韻律) 图 (文芸) 韻律.

운임 (運賃) 图 運賃.

운임-표 (運賃表) 图 運賃表.

운전 (運轉) /u:ndʒən/ 图 他 運転. ∥운전할 수 있다 運転ができる. 안전 운전 安全運転. **운전-되다** 受動

운전-대 (運轉-)【-때】 图 (車の)ハンドル. ∥운전대를 잡다 ハンドルを握る.

운전-면허 (運轉免許) 图 運転免許. ∥운전면허를 따다 運転免許を取る.

운전-사 (運轉士) 图 運転手. ∥택시 운전사 タクシードライバー.

운전-자금 (運轉資金) 图 (経) 運転資金.

운집 (雲集) 图 自動 雲集; 群をなすこと. ∥군중이 운집하다 群衆が群がる.

운치 (韻致) 图 韻致; 風情; 趣(おもむき). ∥운치가 있는 풍경 趣のある風景.

운하 (運河) 图 運河. ∥파나마 운하 パナマ運河.

운항 (運航) 图 他 運航. **운항-되다** 受動

운해 (雲海) 图 雲海.

운행 (運行) 图 運行. ∥천체의 운행 天体の運行. 운행 시간 運行時間. **운행-되다** 受動

울¹ 图 울타리의 略語.

울² (wool) 图 ウール. ∥울 마크 ウールマーク.

울³ 代 우리의 縮約形. ∥울 언니 うちの姉.

울⁴【】[2語幹] 울다(泣く)의 未来連体形.

울고-불고 副 自動 (悔しさなどで)泣き叫ぶ様子. ∥울고불고 난리를 치다 泣き叫びながら騒ぎ立てる.

울금 (鬱金) 图 (植物) ウコン(鬱金).

울긋-불긋 /ulgut'pulgut'/【-끝불긋】 形動 色とりどり. ∥울긋불긋 단풍 색깔 色とりどりの紅葉.

울다¹ /u:lda/ 動 【2語幹】 [울어, 우는, 울면] ❶泣く. ∥사람들 앞에서 큰소리로 울다 人前で大声で泣く. 아기 우는 소리가 들리다 赤ん坊の泣き声が聞こえる. 허영없이 울다 さめざめと泣く. 흑흑흑 울고 있다 しくしく(と)泣いている. 울어서 눈이 붓다 まぶたが泣きはらす. 卑 울리다. ❷鳴く; 吠える. ∥벌레가 울다 虫が鳴く. 새가 울다. ❸ 자명종이 울다 目覚まし時計が鳴る. 뱃고동이 울다 汽笛が鳴る. ❹風などでなびいて音を立てる. ❺縫い物や塗った物にしわがよる. ▶우는 아이 젖 준다 慣 (「泣く子に乳を与える」の意で)求めよさらば与えられん. ▶울고 싶자 때린다 慣 (「泣きたい時になぐってくれる」の意で)何かしたい時に折よくおぜん立てができたことのたとえ. ▶울며 겨자 먹기 慣 (「泣きながら芥子を食べる」の意で)嫌なことをやむを得ずすること.

울-대【-때】图 (解剖) 鳴管.

울대-뼈【-때-】图 (解剖) のどぼとけ. 卑결후 (結喉).

울렁-거리다【-대다】自動 ❶(胸が)わくわくする; どきどきする. ❷むかむかする. ∥속이 울렁거리다 胃がむかむか(と)する.

울렁-울렁 副 他 ❶心がはずんで落ち着かない様子: わくわく; どきどき. ∥가슴이 울렁울렁하다 胸がわくわくする. ❷吐き気がする様子; むかむか. ∥속이 울렁울렁하다 胃がむかむか(と)する.

울리다¹ /ullida/ 自動 ❶ 종이 울리다 呼び鈴が鳴る. 전화벨이 울리다 電話のベルが鳴る. ❷響く; 響き渡る. ∥종소리가 울리다 鐘の音が響く. 북이 울리다 太鼓が響き渡る. 울려 퍼지다 鳴り響く.

울리다² (울다의 使役動詞) ❶泣かせる. ∥아이를 울리다 子どもを泣かせる. ❷鳴らす; 響かせる. 轟かす. ∥북을 울리다 太鼓を鳴らす. ❸感動させる. ∥심금을 울리는 이야기 琴線に触れる話.

울림 图 物体に反射された響き; 鳴り.

울림-소리 图 (言語) 有声音. 卑탁음 (濁音), 안 안울림소리.

울먹-거리다【-께-】自動 泣き出しそうだ; 泣きべそをかく. ∥울먹거리는 소리 泣き出しそうな声. 울먹거리면서 말하다 泣きべそをかきながら話す.

울먹-이다 自動 울먹거리다.

울며-불며 副 泣き泣き; 泣く泣く. ∥울며불며 소리를 지르다 泣き叫きわめく.

울-보 图 泣き虫.
울부짖다[-짇따] 圓 泣き叫ぶ; 泣きわめく.
울분 (鬱憤) 图 鬱憤(ぷん). ‖울분을 터뜨리다 鬱憤を爆発させる. 울분을 풀다 鬱憤を晴らす.
울-상 (-相) 图 泣き顔; 泣きべそ. ‖울상을 짓다 泣きべそをかく.
울쑥-불쑥[-쑥~뿔-] 한하形 不揃いでこぼこした様子.
울어 [ㄹ語幹] 울다(泣く)の連用形.
울울-하다 (鬱鬱-) 形 [하変] 鬱々としている.
울-음 图 泣き; 鳴き. ‖울음을 그치다 泣き止む.
울음-바다[-빠-] 图 大勢の人が同時に泣き出した状態.
울음-소리[-쏘-] 图 泣き声; 鳴き声. ‖아기 울음소리 赤ん坊の泣き声.
울적-하다 (鬱寂-) [-쩌카-] [하変] 憂鬱で寂しい. ‖울적한 마음 憂鬱で寂しい気持ち.
울증 (鬱症) [-쯩] 图 鬱(う)病.
울컥 副 한自 ❶感情が激しく込み上げる様子. ‖울컥 화가 치밀다 かっとなる. ❷吐き気を催す様子.
울컥-거리다[-꺼-] 匐 むかむかする; へどが出そうだ.
울타리 /ult'ari/ 图 垣; 垣根; 囲い. 塀. ‖울타리를 치다 垣根をめぐらす.
울퉁-불퉁[-툼~뿔-] 한하形 でこぼこ. ‖울퉁불퉁한 길 でこぼこした道.
울혈 (鬱血) 图 [医学] 鬱血(けつ).
울화 (鬱火) 图 [鬱憤(ぷん)] 憤り. ‖울화가 치밀다 憤りが込み上げる.
울화-병 (鬱火病) [-뼝] 图 [漢方] 怒りやストレスなどで胸が苦しくてよく眠れない病気.
울화-통 (鬱火-) 图 [鬱화(鬱火)を強めて言う語] 積もりに積もった怒り.
움¹ 图 芽; 若芽. ‖움이 돋다 芽が出る.
움² 图 穴蔵にわらなどで屋根を作った食品貯蔵庫.
움라우트 (Umlaut ド) 图 [言語] ウムラウト.
움-막 (-幕) 图 穴蔵.
 움막-집 (-幕-)[-찝] 图 = 움막(-幕).

움직이다 /umdzigida/ 圓 動く. ‖전지로 움직이는 시계 電池で動く時計. 차가 움직이기 시작하다 車が動き出す. 경찰이 움직이기 시작했다고 한다 警察が動き出したそうだ. 부하가 마음대로 움직여 주지 않다 部下が思うように動いてくれない. 월급을 배로 주겠다는 말에 마음이 움직이다 給料を倍に出すと言われて心が動く. 세계 정세가 크게 움직이고 있다 世界情勢が大きく動いている.
─ 他動詞. ‖손발을 움직이다 手足を動かす. 몸을 움직일 수가 없다 身動きがとれない. 책상을 창쪽으로 움직이다 机を窓際に動かす. 한국을 움직이고 있는 사람들 韓国を動かしている人々. 돈으로 사람 마음을 움직이다 金で人の心を動かす. 움직일 수 없는 사실 動かしがたい事実.
움직임 /umdzigim/ 图 ❶動き; 動向. ‖움직임이 있다 動きがある. 움직임이 둔하다 動きが鈍い. 공의 움직임을 눈으로 따라가다 球の動きを目で追う. 세상의 움직임 世の中の動き. 움직임을 읽어 내다 心の動きを読み取る. ❷向き. ‖반대하는 움직임도 있다 反対の向きもある.
움찔 한自 驚いて急に身をすくめる様子. ‖ぎくり; びくっと.
움찔-거리다 匐 びくびくする.
움츠러-들다 自 [ㄹ語幹] 縮こまる; 縮む; すくむ. ‖추위로 몸이 움츠러들다 寒くて体が縮こまる.
움츠리다 他 縮こめる; 縮める; すくめる. ‖자신도 모르게 목을 움츠리다 思わず首を縮める.
움칠 副 한自 驚いて急に体を動かす様子; びくっと. **움칠-움칠** 副한自.
움칫[-칟] 한自 驚いて一瞬身震いする様子; びくっと. ‖인기척에 움칫하다 人の気配にびくっとする.
움켜-잡다[-따] 他 つかむ; (お腹などを)抱える. ‖팔을 움켜잡다 腕をつかむ. 배를 움켜잡고 웃다 腹を抱えて笑う.
움켜-쥐다 他 握りしめる. ‖지갑을 움켜쥐다 財布を握りしめる.
움큼 依名 …握り; …摑み. ‖쌀 한 움큼 1摑みの米.
움-트다 自 [으変] 芽生える; 萌え出る. ‖싹이 움트다 芽が出る.
움푹 한形 真ん中がへこんでいる様子; ぺこんと. **움푹-움푹** 副한形.

웃-거름 [욷꺼-] 图 追い肥; 追肥.

웃기다 /utkida/ [욷끼-] 他 ❶ [웃다の使役動詞] 笑わせる. ‖이상한 소리를 해서 사람들을 웃기다 おかしなことを言って人々を笑わせる. 웃기는 소리 하지 마 笑わせるなよ. 저 정도로 프로라니 웃긴다 あれでプロだとは, 笑わせる. ❷面白い; おかしい; 滑稽だ. ‖웃기는 짓을 하다 おかしいことをする.

웃는[운-] 自 웃다(笑う)의 現在連体形.

웃다 /ut'a/ [욷따] 自 笑う. ‖아기 같은 생글생글 웃다 赤ちゃんみたいににこにこ笑う. 큰 소리로 웃다 大声で笑う. 무안해서 웃다 照れ隠しに笑う. 자지러지게 웃다 笑いこける; 笑い転げる. 배를 잡고 웃다 腹を抱えて笑う. 기가

막혀 웃다 어이없어 웃다. 웃고 넘길 일이 아니다 笑い事では済まされない. 웃는 얼굴로 이야기하다 笑顔で話す. 잘 웃는 사람 笑い上戸. ▶웃기다. ▶웃는 낯에 침 뱉으랴 (俚) 怒れるこぶし、笑顔に当たらず.

웃-돈【운똔】图 追い銭.

웃-돌다【운똘-】⾃五【-語幹】上回る. ⑦[値を下げる]. ‖공급이 수요를 웃돌다 供給が需要を上回る.

웃어 圓 웃다(笑う)の連用形.

웃어-넘기다 他五 笑い流す; 笑い飛ばす. ‖가볍게 웃어넘기다 軽く笑い流す.

웃-옷【우돈】图 上衣. ‖웃옷을 걸치다 上衣を羽織る.

웃은 圓 웃다(笑う)の過去連体形.

웃을 圓 웃다(笑う)の未来連体形.

웃-음/usum/图 笑い; 笑み. ‖나오는 웃음을 참을 수가 없었다 笑いをこらえきれなかった. 웃음을 자아내다 笑いをさそう. 웃음을 머금다 笑みを浮かべる. 쓴웃음을 짓다 苦笑いをする.

웃음-거리【-꺼-】图 笑い物; 物笑い; 笑いぐさ. ‖세상의 웃음거리가 되다 世間の笑い物になる.

웃음-꽃【-꼳】图 笑いの花. ‖웃음꽃이 피다 笑いの花が咲く.

웃음-소리【-쏘-】图 笑い声. ‖웃음소리가 끊이지 않는 집 笑い声が絶えない家.

웃-통【욷-】图 ❶上体. ❷上衣. ‖웃통을 벗어던지고 일을 거들다 上衣を脱ぎ捨てて仕事を手伝う.

웅담(熊膽)<漢乃> 熊の胆囊.

웅대-하다(雄大-) 邢 [하요] 雄大だ. ‖웅대한 경관 雄大な眺め.

웅덩이 图 水溜まり; よどみ. ‖웅덩이가 생기다 水溜まりができる.

웅변(雄辯) 图 雄弁; 雄論. ‖웅변 대회 弁論大会.

　웅변-가(雄辯家) 图 雄弁家.
　웅변-술(雄辯術) 图 雄弁術.

웅성-거리다【-대다】⾃ ざわめく; ざわつく; 騒(ざわ)めく. ‖웅성거리는 소리 ざわざわ(と)した声.

웅성-웅성 副 ‹하요自› ざわざわ. ‖웅성웅성 시끄럽게 지껄이며 ざわつきながら.

웅얼-거리다【-대다】⾃ つぶやく; ぶつぶつ言う; もぐもぐする. ‖원가 불만스러운 듯이 웅얼거리며 何か不満げにつぶやく.

웅얼-웅얼 副 ‹하요他› ぶつぶつ; もぐもぐ.

웅자(雄姿) 图 雄姿.

웅장-하다(雄壯-) 邢 [하요] 雄壮だ; 壮大だ. ‖웅장한 건물 壮大な建物.

웅지(雄志) 图 雄志.

웅크리다 他 しゃがむ; しゃがみ込む; うずくまる. ‖길가에 웅크리고 앉아 있는 道端にしゃがんで座っている.

웅음 [偓] 音吟の誤り.

워¹ 图 ハングル母音字母「ㅝ」の名称.

워² 感 牛馬を制する時のかけ声; どう.
　워-워 感

워낙/wɔnak/ 副 ❶もともと. ‖워낙 말이 없는 사람이라 같이 있으면 답답하다 もともと口数の少ない人だから一緒にいるともどかしい. ❷何しろ; とにかく. ‖공부열이 되는데 워낙 더위서 할 마음이 안 생긴다 勉強しないといけないのに, 何しろ暑くてその気にならない. ❸あまりにも. ‖워낙 인기가 있어서 금방 매진되다 あまりにも人気があってすぐ売り切れる.

워드 프로세서 (word processor) 图 ワードプロセッサー; ワープロ.

워력 图 ‖いきなり飛びかかったり抱き寄せたりする様子: ぐいと. ❷突然ある感情が込み上げる様子. ⑰왜락.

워밍업(warming-up) 图 ウォーミングアップ.

워크숍(workshop) 图 ワークショップ.

워키토키(walkie-talkie) 图 ウォーキートーキー; トランシーバー.

원¹(圓) 图 丸いもの; 円. ‖원을 그리다 円を描く.

원²(元) 图 (姓) 元(ウォン).

원³(元) 图 (歷史) (中国王朝の)元 (1271～1368).

원⁴(怨) 图 [원망(怨望)·원한(怨恨)の略語] 恨み.

원⁵(願) 图 ‹하요他› [소원(所願)の略語] 願い. ‖원을 풀다 願いがかなう.

원⁶(元) 感 予想外のことで驚きや不満を表す時に発する語: あら; まあ; 何と. ‖원, 기가 막혀서 말이 안 나온다 まあ, あきれて物が言えない.

원⁷/wɔn/ 依名 韓国の貨幣の単位: …ウォン. ‖한 개 만 원입니다 1個1万ウォンです.

원⁸(元) 依名 中国の貨幣の単位: …元.

원-⁹(元·原) 接頭 元の…. ‖원위치 元の位置.

-원¹⁰(願) 接尾 …願. ‖휴직원을 내다 休職願いを出す.

원¹¹(元) 图 (數學) 方程式で未知数の個数を表わす語: …元. ‖일원 이차 방정식 一元二次方程式.

-원¹²(員) 接尾 その仕事に携わっている人を表わす語: …員. ‖공무원 公務員.

-원¹³(院) 接尾 …院. ‖대학원 大学院.

-원¹⁴(園) 接尾 …園. ‖동물원 動物園.

원가(原價)【-까】图 原価. ‖원가에 판매하다 原価で販売する.

원-거리(遠距離) 图 遠距離. ⑳근거리(近距離).

원격(遠隔) 图 ‹하요邢› 遠隔. ‖원격 제어 장치 遠隔制御装置. 원격 조종 遠

원경 (遠景) 冏 遠景. ㉠근경(近景).

원고¹ (原告) 冏 《法律》 原告. ㉠피고(被告).

원고² (原稿) /wongo/ 冏 原稿. ‖원고 마감 原稿の締め切り. 강연 원고 講演の原稿.

원고-료 (原稿料) 冏 原稿料.

원고-지 (原稿紙) 冏 原稿用紙. ‖사백 자 원고지 400字詰め原稿用紙.

원군 (援軍) 冏 援軍. ‖원군을 요청하다 援軍を要請する.

원귀 (寃鬼) 冏 怨霊.

원근 (遠近) 冏 遠近. ‖원근 조절 遠近調節.

원근-감 (遠近感) 冏 遠近感.

원근-법 (遠近法) 冏 遠近法.

원금 (元金) 冏 元金. 元(が)と(利子).

원기 (元氣) 冏 元気; 精気. ‖원기를 회복하다 元気を回復する.

원-기둥 (圓-) 冏 《数学》 円柱.

원내 (院內) 冏 院内 ❶ 病院など院と名の付く機関の内部. ❷ 国会の内部. ‖원내 교섭 단체 院内交渉団体.

원년 (元年) 冏 元年.

원단 (寃魂) 冏 冤魂; 怨魂.

원대-하다 (遠大-) 動 《하変》 遠大だ. ‖원대한 계획을 세우다 遠大な計画を立てる.

원동-기 (原動機) 冏 原動機; エンジン モーター.

원동-력 (原動力) [-녁] 冏 原動力. ‖자신감은 성공의 원동력이다 自信は成功の原動力である.

원두-막 (園頭幕) 冏 畑を守るための番小屋.

원두-커피 (原豆 coffee) 冏 炒(い)った コーヒー豆を挽いて入れたコーヒー.

원래 (原來·元來) /wəlle/【월-】冏 当初; 本来. 元々の姿. 本来の姿. 元来の計画 当初の計画.

— 副 元来; そもそも; 土台. ‖원래 말이 있는 사람이다 もともと口数の少ない人だ. 원래 있던 자리 もともとあった場所.

원로 (元老) 【월-】冏 元老. ‖법조계의 원로 法曹界の元老.

원로-원 (元老院) 【월-】冏 元老院.

원론 (原論) 【월-】冏 原論. ‖경제학 원론 経済学原論.

원료 (原料) /wəllyo/【월-】冏 原料. ‖원료를 해외에서 조달하다 原料を海外から調達する. 소주의 주원료는 무엇입니까? 焼酎の主な原料は何ですか.

원룸 (one-room) 冏 ワンルームアパートの略.

원룸-아파트 (↔one-room apartment) 冏 ワンルームマンション.

원류 (源流) 冏 源流.

원리¹ (元利) 【월-】冏 元利; 元金と利息.

원리-금 (元利金) 冏 元利金.

원리² (原理) 【월-】冏 原理. ‖상대성 원리 相対性原理. 원리 원칙대로 하다 原則通りにする.

원만-하다 (圓滿-) /wənmanhada/ 動 《하変》 円満だ. ‖원만한 성격 円満な性格. 두 사람 사이는 원만하다 2人の仲は円満だ. 원만하게 해결하다 円満に解決する. **원만-히** 副

원망¹ (怨望) 冏 《하変》 恨み; 恨むこと. ⓐ한(恨). ‖자신을 원망하다 自分を恨む.

원망-스럽다 (怨望-) [-따] 形 《ㅂ変》 恨めしい. 恨めしそうな 気持ち. **원망스레** 副

원망² (願望) 冏 《하変》 願望.

원맨-쇼 (one-man show) 冏 ワンマンショー.

원목 (原木) 冏 原木.

원무 (圓舞) 冏 円舞; 輪舞.

원무-곡 (圓舞曲) 冏 《音楽》 円舞曲, ワルツ.

원문 (原文) 冏 原文.

원반 (圓盤) 冏 円盤.

원반-던지기 (圓盤-) 冏 《自》 《スポーツ》 円盤投げ.

원병 (援兵) 冏 援兵; 援軍.

원본 (原本) 冏 原本.

원-불교 (圓佛敎) 冏 《仏教》 韓国で創始された仏教の一派.

원-뿔 (圓-) 冏 《数学》 円錐.

원사 (原絲) 冏 原糸.

원사이드-게임 (↔one-sided game) 冏 ワンサイドゲーム.

원산 (原産) 冏 原産.

원산-지 (原産地) 冏 原産地.

원상 (原狀) 冏 原状. ‖원상으로 돌리다 原状に戻す. 원상 복구 原状復旧.

원상-회복 (原狀回復) [-/ 뢰-] 冏 《하変》 原状回復. **원상회복-되다** 受動

원색 (原色) 冏 原色.

원색-적 (原色的) [-쩍] 冏 原色; 露骨. ‖원색적인 비난 露骨な非難.

원색-어 (原索動物) 【-동-】冏 《動物》 原索動物.

원생 (院生) 冏 大学院·少年院など院に所属している人.

원생 (原生) 冏 原生.

원생-대 (原生代) 冏 《地》 原生代.

원생-림 (原生林) [-님] 冏 原生林.

원생-지 (原生地) 冏 原生地.

원생-동물 (原生動物) 【-동-】冏 《動物》 原生動物.

원서¹ (原書) 冏 原書. ‖논문을 원서로 읽다 論文を原書で読む. 원서 강독 原書講読.

원서² (願書) 冏 願書. ‖원서를 내다 願書を出す. 입학 원서 入学願書.

원석 (原石) 冏 原石.

원성(怨聲) 图 怨声(ﾀﾞｼ); 恨みの声. ‖원성을 사다 恨みを買う. 원성이 자자하다 不満や恨みの声が高い.

원소(元素) 图 [化学] 元素. ‖원소 기호 元素記号.

원수¹(元首) 图 元首.

원수²(元帥) 图 [軍事] 元帥.

원수³(怨讐) /wɔːnsu/ 图 怨讐(ﾀﾞｼ); 仇(ｶﾀｷ); 仇(ｱﾀ). ‖은혜를 원수로 갚다 恩を仇で返す. 원수를 갚다 仇を討つ. ▶원수는 외나무다리에서 만난다 [諺]「仇は一本橋の上で出くわす」の意で)嫌な相手に限って会ってしまうものだ.

원수-지다(怨讐−) 自 敵同士となる.

원숙(圓熟) 图 形動 円熟. ‖원숙한 연기 円熟した演技.

원숙-기(圓熟期) [−끼] 图 円熟期.

원순−모음(圓脣母音) 图 [言語] 円脣母音.

원숭이 /wɔːnsuŋi/ 图 [動物] サル(猿). ▶원숭이도 나무에서 떨어진다 [諺] 猿も木から落ちる.

원숭이-띠 图 申年生れ.

원숭이-해 图 申年(申年).

원시¹(原始) 图 原始. ‖원시 생활 原始生活.

원시-안(原始眼) 图 原始眼.

원시-공동체(原始共同體) 图 ＝원시 공산체(原始共産體).

원시-공산체(原始共産體) 图 原始共産制.

원시-림(原始林) 图 原始林.

원시-시대(原始時代) 图 原始時代.

원시-인(原始人) 图 原始人.

원시-적(原始的) 图 原始的. ‖원시적인 방법 原始的な方法.

원시²(遠視) 图 遠視. ㉠근시(近視).

원시-안(遠視眼) 图 [医学] 遠視眼.

원심¹(原審) 图 [法律] 原裁判; 原審.

원심²(圓心) 图 [数学] 円心.

원심³(遠心) 图 遠心力. ‖구심(求心).

‖원심 분리기 遠心分離機.

원심-력(遠心力) [−녁] 图 遠心力. ㉠구심력(求心力). ‖원심력이 작용하다 遠心力がはたらく.

원아¹(院兒) 图 孤児院など保護施設の児童.

원아²(園兒) 图 園児. ‖유치원 원아 모집 幼稚園園児募集.

원안(原案) 图 原案. ‖원안대로 처리하다 原案通りに処理する.

원앙(鴛鴦) 图 ❶[鳥類] オシドリ(鴛鴦). ❷[比喩的に] 仲睦まじい夫婦. ‖원앙 같은 부부 おしどり夫婦.

원앙-새(鴛鴦−) 图 ＝원앙(鴛鴦).

원앙-침(鴛鴦−) 图 鴛鴦が刺繍してある枕.

원액(原液) 图 原液.

원양(遠洋) 图 遠洋. ‖원양 어선 遠洋漁船.

원어(原語) 图 原語.

원어-민(原語民) 图 ネーティブスピーカー.

원예(園藝) 图 園芸.

원예-사(園藝師) 图 園藝師; 庭師.

원예-작물(園藝作物) 【−장−】 图 園芸作物.

원외(院外) [−/−ʷe] 图 院外.

원-위치(原位置) 图 元の位置.

원유(原油) 图 原油. ‖원유 생산국 原油生産国.

원음(原音) 图 原音.

원인¹(原人) 图 原人; 原始人. ‖자바 원인 ジャワ原人.

원인²(原因) /wɔːnin/ 图 原因. ㉠결과(結果). ‖원인을 밝히다 原因を明らかにする. 사고의 원인을 찾아내다 事故の原因を突き止める.

원인³(猿人) 图 猿人.

원인⁴(遠因) 图 遠因. ㉠근인(近因).

원자(原子) /wɔndʒa/ 图 [物理] 原子.

원자-가(原子價) [−까] 图 [化学] 原子価.

원자-량(原子量) 图 [化学] 原子量.

원자-력(原子力) 图 原子力. ‖원자력 발전소 原子力発電所.

원자-로(原子爐) 图 [物理] 原子炉.

원자 번호(原子番號) 图 原子番号.

원자-폭탄(原子爆彈) 图 原子爆弾. ⑱원폭(原爆).

원자-핵(原子核) 图 [物理] 原子核.

원-자재(原資材) 图 原資材.

원작(原作) 图 原作. ‖동명 소설을 원작으로 한 영화 同名小説を原作にした映画.

원장¹(院長) 图 院長.

원장²(園長) 图 園長. ‖유치원 원장 幼稚園園長.

원장³(元帳) 【−짱】图 元帳; 原簿.

원-장부(元帳簿) 图 元帳; 原簿.

원-재료(原材料) 图 原材料.

원저(原著) 图 原著; 原作.

원적(原籍) 图 原籍.

원-적외선(遠赤外線) 【−/−저꽤−】 图 遠赤外線.

원전(原典) 图 原典. ‖원전을 찾아보다 原典に当たる.

원점(原點) 【−쩜】 图 原点. ‖원점으로 돌아가다 原点に立ち返る.

원정(遠征) 图 自他 遠征. ‖원정을 가다 遠征に行く. 원정 경기 遠征試合; アウェーゲーム.

원제(原題) 图 原題.

원조¹(元祖) 图 元祖.

원조²(援助) /wɔndʒo/ 图 他 援助. ‖경제적 원조를 받다 経済的な援助を受ける. 기술 원조 技術援助. 원조 교제 援助交際.

원죄¹(原罪) 【−/−ʷe】 图 [キリスト教] 原罪.

원죄²(冤罪) 【−/−ʷe】 图 他 冤罪.

원주¹ (圓周) 图 〈수학〉 円周.
원주율 (圓周率) 图 〈수학〉 円周率.
원주² (圓柱) 图 円柱.
원주-민 (原住民) 图 原住民.
원-지름 (圓-) 图 〈수학〉 円の直径.
원천 (源泉) 图 源泉; 源. ‖지식의 원천 知識の源泉, 활력의 원천 活力の源.
원천 과세 (源泉課稅) 图 〈法律〉 源泉課稅.
원천 징수 (源泉徵收) 图 〈法律〉 源泉徵收.
원체 (元體) 图 ❶もともと; 本来; もとから. ‖원체 몸이 약하다 もともと体が弱い. ❷とても; あまりにも. ‖원체 비싸서 못 샀다 あまりにも高くて買えなかった.
원초 (原初) 图 原初.
원초-적 (原初的) 图 原初的. ‖원초적 본능 原初的本能.
원추 (圓錐) 图 〈수학〉 円錐.
원추-형 (圓錐形) 图 〈수학〉 円錐形.
원추리 (植物) ワスレグサ(忘れ草).
원칙 (原則) 图 /wənchʼik/ 图 原則. ‖원칙을 내걸다 原則を掲げる. 원칙을 고수하다 原則を守る[貫く]. 원칙에 어긋나다 原則に反する.
원칙-적 (原則的) 【-적】 图 原則的な.
원-컨대 (願-) 图 願わくは; どうか.
원탁 (圓卓) 图 円卓.
원통 (圓筒) 图 〈수학〉 円筒.
원통-형 (圓筒形) 图 円筒形.
원통-하다 (冤痛-) 图 [하변] 恨めしい; 無念だ; 非常に残念だ.
원판 (原版) 图 原版.
원폭 (原爆) 〔원자 폭탄(原子爆彈)の略語〕 原爆.
원-풀이¹ (怨-) 图 [하变] 恨みを晴らすこと.
원-풀이² (願-) 图 [하变] 願いがかなうこと.
원피스 (one-piece) 图 ワンピース.
원-하다 (願-) 图 /wənhada/ 他 [하变] 願う; 望む; 求める; 希望する. ‖자유를 원하다 自由を願う. 원하는 일이 이루어지다 願いがかなう. 일을 도와줄 사람을 원하다 仕事を手伝ってくれる人を求める. 원하는 대학에 들어가다 希望する大学に入る.
원한 (怨恨) 图 恨み; 怨恨. 働 원(怨).‖원한을 품다 怨恨を抱く.
원해 (遠海) 图 遠海. 汎 근해 (近海).
원형¹ (原形) 图 原形. ‖원형을 보존하다 原形を保つ.
원형² (原型) 图 原型. ‖원형을 뜨다 原型を写し取る.
원형³ (圓形) 图 円形. ‖원형 극장 円形劇場. 원형 탈모증 円形脱毛症.
원형-질 (原形質) 图 〈生物〉 原形質.
원호¹ (圓弧) 图 〈수학〉 円弧; 弧.
원호² (援護) 图 他 援護.
원혼 (冤魂) 图 恨みを抱えたまま死んだ人の魂.
원화 (原畫) 图 原画.
원활-하다 (圓滑-) /wənhwalhada/ 图 [하变] 円滑だ; 〈物事の進み具合が〉順調だ. ‖원활한 운영 円滑な競技運営. 교섭이 원활하게 이루어지다 交渉が円滑に運ぶ. 공사가 원활하게 진행되고 있다 工事が順調に進んでいる.
원활-히 副
원흉 (元兇) 图 元凶.
월¹ (月) 图 文.文章.
월² (月) /wəl/ 图 ❶月. ‖월 삼십만 원의 아르바이트 月30万ウォンのアルバイト. 月平均収入 平均月收. ❷월요일(月曜日)の略語. ‖수업은 월, 수, 금요일에 있다 授業は月, 水, 金です. ─ 依존 …月. ‖삼월 3月. 유월 6月. 시월 10月.
월간 (月刊) 图 月刊.
월간-지 (月刊誌) 图 月刊誌.
월간 (月間) 图 月間. ‖월간 계획 月間計画.
월경¹ (月經) 图 [하变] 月経; 生理.
월경² (越境) 图 [하变] 越境.
월계-관 (月桂冠) 【-/-게-】 图 月桂冠.
월계-수 (月桂樹) 【-/-게-】 图 〈植物〉 ゲッケイジュ(月桂樹).
월광 (月光) 图 月光.
월권 (越權) 【-꿘】 图 [하变] 越権. ‖월권 행위 越権行為.
월급 (月給) /wəlgɯp/ 图 月給; 給料. ‖월급을 받다 月給をもらう. 월급이 오르다 給料が上がる. 월급날 月給日.
월급-쟁이 (月給-) 图 -쨍-] 〔やや見くびる言い方で〕 月給取り.
월급-제 (月給制) 【-쩨-】 图 月給制.
월남 (越南) 【-람】 图 ❶ 自 北朝鮮から軍事境界線を越えて韓国に行くこと. ❷ (国名) ベトナム.
월동 (越冬) 【-똥】 图 自 越冬. ‖월동 준비 冬構え.
월드~와이드~웹 (World Wide Web) 图 〈IT〉 ワールドワイドウェブ. 働 웹.
월드-컵 (World Cup) 图 ワールドカップ.
월등-하다 (越等-) 【-뜽-】 图 [하变] ずば抜けている; はるかに優れている. **월등-히** 副 월등히 키가 크다 ずば抜けて背が高い.
월례 (月例) 图 月例.
월말 (月末) 图 月末. 汎 월초 (月初).
월반 (越班) 图 自 飛び級.
월별 (月別) 图 月別; 月ごと. ‖월별로 계산하다 月別に計算する.
월병 (月餅) 图 月餅.
월보 (月報) 图 月報.
월부 (月賦) 图 月賦; 分割払い; ローン.

‖월부로 구입하다 分割払いで購入する.

월북(越北)【하자】 韓国から軍事境界線を越えて北朝鮮に行くこと.

월색(月色)【-쌕】图 月光.

월석(月石)【-쎅】图 月の表面にある石.

월세(月貰)【-쎄】图 月払いの家賃またはそのような賃貸タイプ. ‖월셋방(月貰)賃貸アパート.

월수(月收)【-쑤】图 月収.

월수입(月收入)【-쑤-】图 月収.

월식(月蝕·月食)【-씩】【하자】【天文】月食.

월액(月額)图 月額.

월-요일(月曜日)/wʌrjoil/图 月曜日. ⑱月(月). ‖월요일 아침부터 月曜日の朝から遅刻する. 월요일에는 수업이 없다 月曜日は授業がない. 월요일 밤 月曜日の夜.

월일(日日)图 ❶月と太陽. ❷日月.

월장(越墻)【-짱】【하자】塀を越える.

월중(月中)【-쭝】图 月中.

월차(月次)图 ❶月次. ❷その月の有給休暇. ‖월차를 내다 有給休暇を取る.

월척(越尺)图 釣り上げた魚が一尺を超えること、またはその魚. ‖월척을 낚다 一尺を超える魚を釣る.

월초(月初)图 月初め; 月の初め. ⑳월말(月末).

월출(月出)【하자】月の出.

웨 ハングルの母音字母「ㅞ」の名称.

웨딩-드레스(wedding dress)图 ウェディングドレス.

웨이스트(waist)图 腰; ウエスト.

웨이터(waiter)图 ウェーター. ⑳보이.

웨이트리스(waitress)图 ウェートレス.

웨이트ˆ트레이닝(weight training)图 ウエイトトレーニング.

웩 急に吐き出す様子[音]: げえっと.

웩-웩【하자】

웩웩-거리다【-꺼-】【자】げえっと音を立てながら吐き出している.

웬 /we:n/ どんなわけの…; どうした…; 何の…. ‖웬 선물이에요? 何でプレゼントですか. ▶웬 떡이냐 (「どういうお餅か」の意で) 思いがけない幸運に巡り合った時に発する語.

웬-만큼 /we:nmankʰum/ ❶ほどほどに; そこそこ(に). ‖게임은 웬만큼 하고 공부해라 ゲームはほどほどにして勉強しなさい. ❷かなり; 相当. ‖공부도 웬만큼 한다 勉強も相当できる.

웬-하다 /we:manhada/【하ㅂ】まあまあだ; まずまずだ; 普通だ; 並大抵だ.

‖웬만한 사람이라면 안 참는다 普通の人なら我慢しない. 웬만한 일로는 안 운다 並大抵のことでは泣かない.

웬-일【-닐】图 (意外の意味で) 何のこと; どういうこと. ‖웬일이세요? どうしたんですか.

웰빙(well-being)图 肉体的·精神的バランスを保ち、健康な心身を維持することによって幸せな暮らしを追求する生活様式.

웰터-급(welter級)图 (ボクシングで) ウェルター級.

웹(web)图【IT】〔ワールド ワイド ウェブの略語〕ウェブ.

웹-마스터(web master)图【IT】ウェブマスター.

웹ˆ사이트(web site)图【IT】ウェブサイト.

웹ˆ서핑(web surfing)图【IT】ネットサーフィン.

웽 ❶虫が飛ぶ音: ぶん. ❷ものが風を切って飛び去る音: ぴゅん. ❸強い風がものに当たって出す金属音: ひゅう.

웽-웽 【하자】ぶんぶん; ひゅうひゅう; ぴゅうぴゅん.

웽웽-거리다【자】しきりにぶんぶんと音を立てる.

위[1] 图 ハングル母音字母「ㅟ」の名称.

위[2] /wi/ 图 ❶上; 上の方. ‖서류는 책상 위에 있습니다 書類は机の上にあります. 세 살 위의 누나가 있어요 3歳上の姉がいます. 추위서 위에 하나 더 입었어요 寒いので上にもう一枚着ました. ❷(時間的に) 前; 上述. ‖위의 내용과 같다 上記の内容と同様である.

위[3] (位)图 地位; 職位.
— 图 順位や等級を表わす語: …位. ‖대회에서 이 위를 하다 大会で2位になる.

위[4] (胃) /wi/ 图【解剖】胃; 胃腸. ‖위가 약하다 胃が弱い. 위에 부담을 주다 胃に負担をかける.

위[5] (魏)图【姓】魏(ウィ).

위[6] (緯)图 緯線 (緯線)の略称. ⑳경(經).

위-경련(胃痙攣) /wigjʌŋnjʌn/ 【-년】图【医学】胃痙攣(攣). ‖위경련을 일으키다 胃痙攣を起こす.

위계(位階)【-/-계】图 位階.

위관(尉官)图【軍事】尉官.

위광(威光)图 威光.

위구(危懼)【하자】危惧.

위구-심(危懼心)图 危惧の念. ‖위구심을 갖다 危惧の念をいだく.

위-궤양(胃潰瘍)图【医学】胃潰瘍.

위급-하다(危急-)【-그파-】【하ㅂ】危急だ; 緊急だ. ‖위급한 상황 緊急を要する状況.

위기(危機) /wigi/ 图 危機. ‖위기를 면하다 危機を免れる. 위기가 닥쳐

오다 危機가 迫る.
위기-감(危機感)〖명〗危機感.
위기-관리(危機管理)【-콸-】〖명〗危機管理.
위기-의식(危機意識)【-/-이-】〖명〗危機意識.
위기-일발(危機一髮)〖명〗危機一髮. ‖위기일발의 상황 危機一髮の状況.
위대-하다(偉大-)/widehada/〖형〗〖하변〗偉い;偉大だ. ‖위대한 지도자 偉大なる指導者.
위도(緯度)〖명〗〖地〗緯度. ⑪경도(經度).
위도-선(緯度線)〖명〗〖地〗緯線.
위독-하다(危篤-)【-도카-】〖형〗〖하변〗危篤だ. ‖위독한 상태 危篤状態.
위력(威力)〖명〗威力. ‖위력을 발휘하다 威力を発揮する.
위령(慰靈)〖명〗〖하변〗慰靈.
위령-제(慰靈祭)〖명〗慰靈祭.
위로(慰勞)/wiro/〖명〗〖하변〗慰勞;慰労. ‖병상에 있는 친구를 위로하다 病床の友を慰める. **위로-받다**〖受身〗
위로-금(慰勞金)〖명〗慰労金.
위로-연(慰勞宴)〖명〗慰労会.
위문(慰問)〖명〗〖하변〗慰問. ‖위문 공연 慰問公演. **위문-받다**〖受身〗
위문-금(慰問金)〖명〗慰問金.
위문-품(慰問品)〖명〗慰問袋;慰問品.
위반(違反)/wiban/〖명〗〖하변〗違反. ‖교통 법규를 위반하다 交通法規に違反する. 선거법 위반 選挙法違反.
위배(違背)〖명〗〖되변〗違背;違反;もとること. ‖규약에 위배되다 規約に違反する.
위법(違法)〖명〗〖하변〗違法. ‖위법 행위 違法行為.
위법-성(違法性)【-쎙】〖명〗違法性.
위벽(胃壁)〖명〗〖解剖〗胃壁. ‖위벽이 헐다 胃壁がただれる.
위병(衛兵)〖명〗〖軍事〗衛兵.
위병-소(衛兵所)〖명〗〖軍事〗衛兵所.
위산(胃酸)〖명〗胃酸.
위산-과다증(胃酸過多症)【-쯩】〖医学〗胃酸過多症.
위상(位相)〖명〗位相.
위생(衛生)/wisεŋ/〖명〗衛生. ‖위생상 좋지 않다 衛生上よくない. 공중위생 公衆衛生. 정신 위생 精神衛生. 비위생적인 가게 不衛生な店.
위생-법(衛生法)【-뻡】〖명〗〖法律〗衛生法.
위생-적(衛生的)〖명〗衛生的.
위생-학(衛生學)〖명〗衛生学.
위선[1](僞善)〖명〗〖하변〗偽善.
위선-자(僞善者)〖명〗偽善者.
위선[2](緯線)〖명〗〖地〗緯線. ⑪위(緯).

⑦경선(經線).
위성(衛星)/wisʌŋ/〖명〗〖天文〗衛星. ‖인공위성 人工衛星. 통신 위성 通信衛星.
위성-국(衛星國)〖명〗衛星国.
위성-도시(衛星都市)〖명〗衛星都市.
위성-방송(衛星放送)〖명〗衛星放送.
위성-중계(衛星中繼)【-/-게】〖명〗衛星中継.
위성-통신(衛星通信)〖명〗衛星通信.
위세(威勢)〖명〗威勢. ‖위세를 떨치다 威勢をとどろかす.
위스키(whiskey)〖명〗ウイスキー.
위시-하다(爲始-)〖他〗〖하변〗〖主に위시한·위시하여의 形で〗…を始めとする; …を始めとして. ‖미국을 위시한 선진국들 アメリカを始めとする先進国.
위신(威信)〖명〗威信. ‖국가의 위신이 걸린 문제 国家の威信がかかった問題.
위-아래/wiarε/〖명〗❶上下;上下. ❷目上の人と目下の人.
위안[1](慰安)〖명〗慰め;慰安. ‖위안이 되는 말 慰めになる言葉. **위안-받다**〖受身〗
위안-부(慰安婦)〖명〗慰安婦. ‖종군 위안부 從軍慰安婦.
위안[2](元)〖依名〗〖他〗中国の貨幣の単位;…元.
위암(胃癌)〖医学〗胃癌.
위압(威壓)〖명〗〖하변〗威圧.
위압-감(威壓感)【-깜】〖명〗威圧感.
위압-적(威壓的)【-쩍】〖명〗威圧的. ‖위압적인 태도 威圧的な態度.
위액(胃液)〖명〗〖生理〗胃液.
위약(違約)〖명〗〖하변〗違約.
위약-금(違約金)【-끔】〖명〗〖法律〗違約金.
위양(委讓)〖명〗〖하변〗委譲. **위양-되다**[-받다]〖受身〗
위엄(威嚴)〖명〗威厳.
위엄-스럽다(威嚴-)【-따】〖형〗威厳がある. **위엄스레**〖副〗
위엄-차다(威嚴-)〖형〗威厳がある;厳めしい;威厳に満ちている. ‖위엄찬 태도 威厳に満ちた態度.
위업(偉業)〖명〗偉業. ‖위업을 달성하다 偉業を成し遂げる.
위염(胃炎)〖명〗胃炎;胃カタル.
위용(威容)〖명〗威容. ‖위용을 과시하다 威容を誇る.
위원(委員)/wiwʌn/〖명〗委員. ‖상임 위원 常任委員. 논설위원 論説委員.
위원-장(委員長)〖명〗委員長.
위원-회(委員會)【-/-훼】〖명〗委員会.
위인[1](偉人)/wiin/〖명〗偉人. ‖존경하는 위인 尊敬する偉人. 위업을 달성한 위인들 偉業を成し遂げた偉人たち.
위인-전(偉人傳)〖명〗偉人伝.
위인[2](爲人)〖명〗〖主に…위인의 形で〗人;人柄;人となり. ‖형편없는 위인 取

위임 (委任) [하타] 委任. ∥전권을 위임하다 全権を委任する. **위임-되다** [수動]

위임-장 (委任狀) [-짱] 图 委任状.

위자-료 (慰藉料) 图 慰謝料.

위장¹ (胃腸) 图 胃と腸; 胃腸.

위장-병 (胃腸病) [-뼝] 图 胃腸の病気.

위장-약 (胃腸薬) [-냑] 图 胃腸薬.

위장-염 (胃腸炎) [-념] 图 (医学) 胃腸炎.

위장² (胃臓) 图 胃.

위장³ (偽装) [하타] 偽装: そうであるかのように装うこと. ∥위장 결혼 偽装結婚.

위정 (爲政) [하自] 爲政(いせい).

위정-자 (爲政者) 图 爲政者.

위조 (偽造) 图 偽造. ∥사문서를 위조하다 私文書を偽造する. 지폐 위조 偽造紙幣; 偽札. **위조-되다** [수動]

위조-죄 (偽造罪) [-쬐/-쮀] 图 (法律) 偽造罪.

위조-품 (偽造品) 图 偽造品.

위주 (爲主) /widʒu/ 图 [主に위주로・위주의の形で] …を主として; …中心の. ∥교과서 위주로 문제를 내다 教科書を中心に問題を出す. 채소 위주의 식생활 野菜中心の食生活.

위중-하다 (危重-) [하変] 病が重い; 危篤だ. ∥병세가 위중하다 病勢が重篤だ.

위증 (偽証) [하自他] 偽証.

위증-죄 (偽証罪) [-쬐/-쮀] 图 (法律) 偽証罪.

위-쪽 图 上; 上方の方; 上側. ↔아래쪽.

위-채 (-棟) 图 棟が2つ以上ある場合, 上の方にある棟. ↔아래채.

위촉 (委嘱) [하타] 委嘱. ∥자문 위원을 위촉하다 諮問委員を委嘱する. **위촉-되다**[-받다] [수動]

위촉-장 (委嘱狀) [-짱] 图 委嘱状.

위축 (萎縮) 图 [되自] 萎縮. ∥위축된 듯한 표정 委縮したような表情.

위-층 (-層) 图 上の階. ↔아래층(-層).

위치 (位置) /witɕʰi/ 图 [되自] 位置; 立場. ∥책상 위치를 바꾸다 机の位置を変える. 중요한 위치를 차지하다 重要な位置を占めている.

위카메라 (胃 camera) 图 胃カメラ.

위-카타르 (胃 catarrh) 图 (医学) 胃カタル; 胃炎.

위탁 (委託) 图 [하타] 委託. ∥업무를 위탁하다 業務を委託する. **위탁-받다** [수動]

위탁-금 (委託金) [-끔] 图 委託金.

위탁-인 (委託人) 图 委託人.

위탁 판매 (委託販売) 图 委託販売.

위태-롭다 (危殆-) /witʰɛrop̚t͈a/ [-따]

[형] 危険だ; 危ない. ∥생명이 위태롭다 命が危ない. 위태로운 국면 危うい局面. **위태로이** [부]

위태위태-하다 (危殆危殆-) [하変] 非常に危ない; 見てひやひやする. ∥위태위태한 상황 ひやひやする状況.

위태-하다 (危殆-) [하変] 危うい; 危ない; 危険だ.

위-턱 [解剖] 上あご. ㉘상악(上顎). ↔아래턱.

위턱-뼈 [解剖] 上あごの骨. ㉘상악골(上顎骨).

위통 (胃痛) 图 胃痛.

위트 (wit) 图 ウイット; 機知.

위-팔 图 上腕; 上腕.

위패 (位牌) 图 位牌.

위편 (韋編) 图 韋編(いへん) (書物を綴じる革の紐).

위편-삼절 (韋編三絶) 图 韋編(いへん)三絶; 韋編三たび絶つ.

위풍 (威風) 图 威風.

위풍-당당 (威風堂堂) [하変] 威風堂々. ∥위풍당당한 모습 威風堂々とした姿.

위-하다 (爲-) /wi:hada/ [하타]
❶ (人を) 大事にする; 大切にする. ∥어머니를 위하는 마음 母を大切に思う気持ち. ❷ […하기 위하여[위해]の形で] …するために; …を目的に. ∥원하는 대학에 들어가기 위해 열심히 공부하다 希望する大学に入るため一生懸命勉強する. ❸ […을[를] 위하여[위해]の形で] …のために. ∥건강을 위해 매일 걷고 있다 健康のため毎日歩いている. ❹ […을[를] 위한]の形で] …のための. ∥미래를 위한 투자 未来のための投資. 사회인들을 위한 강좌 社会人のための講座.

위-하수 (胃下垂) 图 (医学) 胃下垂.

위해 (危害) 图 危害. ∥위해를 가하다 危害を加える.

위헌 (違憲) 图 [하自] 違憲.

위헌-성 (違憲性) [-썽] 图 違憲性.

위험 (危険) /wiɦʌm/ 图 [하変] 危険; 恐れ. ∥위험한 일 危険な仕事. 다른 문제를 일으킬 위험이 있다 他の問題を起こす恐れがある.

위험-성 (危険性) [-썽] 图 危険性.

위협 (威脅) /wiɦjʌp̚/ 图 [하타] 威嚇; 脅すこと; 脅かすこと. ∥코앞에 칼을 들이대면서 위협하다 鼻先に刀をつきつけて脅す.

위협-적 (威脅的) [-쩍] 图 威嚇的. ∥위협적인 말 威嚇的な言葉.

위화-감 (違和感) 图 違和感. ∥위화감을 느끼다 違和感を覚える.

윈도 (window) 图 (IT) ウインドー.

윈도쇼핑 (window-shopping) 图 ウインドーショッピング.

윈드서핑 (windsurfing) 图 《スポーツ》 ウインドサーフィン.
윗-길【위낄/윋낄】图 上方の道.㉠아랫길.
윗-니【원-】图 上歯.㉠아랫니.
윗-도리【위또-/윋또-】图 ❶上半身.㉠아랫도리. ❷윗도리옷の略語.
윗도리-옷【위또-온/윋또-온】图 上着.㉠윗도리.
윗-돌【위똘/윋똘】图 上の方に積まれた石.㉠아랫돌.
윗-면(-面)【원-】图 上の面.㉠아랫면(-面).
윗-목【원-】图 (オンドル部屋で)下座.㉠아랫목.
윗-몸【원-】图 上体.
윗몸-일으키기【원-】图 上体起こし;腹筋運動.
윗-물【원-】图 ❶川の上流の水. ❷〔比喩的に〕組織の中で上の方.㉠아랫물.《속》「上流の水がきれいでこそ下流の水もきれいだ」の意で上に立つ者が行ないが正しければ下の者の行ないも正しい.
윗-배【위빼/윋빼】图 お腹の臍の上の腹.
윗-변(-邊)【위뼌/윋뼌】图《数学》多角形の上辺.
윗-부분(-部分)【-위뿐/-윋뿐-】图 上の部分.㉠아랫부분(-部分).
윗-사람【위싸-/윋싸-】图 ❶目上の人. ❷自分より身分や地位が上の人.㉠아랫사람.
윗-옷【위돋】图 上着.
윗-입술【원닙쑬】图 上唇.㉠아랫입술.
윗-자리【위짜-/윋짜-】图 上座.㉠아랫자리.
윙¹ (wing) 图 ウイング.
윙² 图 (하自) ❶蜂などが勢いよく飛ぶ音;ぶん. ❷機械のモータなどが回る音;びゅん. ❸風が木の枝や電線などにぶつかって鳴る音;ひゅう;びゅう.   **윙-윙** 剾 (하自) ぶんぶん;ひゅうひゅう;びゅうびゅう.
윙윙-거리다 国 しきりにぶんぶんと音を立てる.
윙크 (wink) 图 (하自) ウインク.
유¹ 图 ハングル母音字母「ㅠ」の名称.
유² (有) 图 有.‖유가 있다.
유³ (酉) 图 《十二支の》酉.
유⁴ (兪) 图 (姓) 兪(ユ).
유⁵ (柳) 图 (姓) 柳(ユ).
유⁶ (劉) 图 (姓) 劉(ユ).
유⁷ (類) 图 類.
유⁸ (U·u) 图 (アルファベットの)ユー.
유가 (油價)【-까】图 原油価格.
유-가족 (遺家族) 图 遺族;遺家族.
유가^증권 (有價證券)【-까-꿘】图 (經) 有価証券.
유감 (遺憾) /jugam/ 图 遺憾,残念.

不満なところ.‖유감의 뜻을 표하다 遺憾の意を表する. 나한테 유감 있어요? 私に不満であるんですか.
유감-스럽다 (遺憾--)【-따】 [形][ㅂ変] 遺憾だ;残念だ.‖유감 스럽게 생각하다 遺憾に思う.   **유감-스레** 剾
유감없-이 (遺憾--)【-가멉씨】 剾 遺憾なく;十分に.‖실력을 유감없이 발휘하다 実力を遺憾なく発揮する.
유감-천만 (遺憾千萬) [-] 遺憾千万.
유-개념 (類槪念) 图 類概念.
유객 (遊客) 图 遊客.
유격-대 (遊撃隊) 【-때】 图 《軍事》遊撃隊.
유격-수 (遊撃手) 【-쑤】 图 (野球で) 遊撃手;ショート.
유격-전 (遊撃戰) 【-쩐】 图 《軍事》遊撃戦.
유고 (遺稿) 图 遺稿.
유고슬라비아 (Yugoslavia) 【国名】 ユーゴスラビア.
유골 (遺骨) 图 遺骨.
유공 (有功) 图 有功;功労があること.‖국가 유공자 国家功労者.
유과¹ (油菓·油果) 图 小麦粉やもち米の粉で生地を作り, 適当な大きさに切り油で揚げて蜂蜜や水飴を塗った後, もち米を炒ってつぶした粉やゴマなどをまぶした韓国の伝統菓子.
유과² (乳菓) 图 乳菓.
유곽 (遊郭) 图 遊郭.
유괴 (誘拐) 【-/-꽤】 图 (하他) 誘拐.‖초등학생을 유괴하다 小学生を誘拐する.   **유괴-되다** [-당하다] 受動
유괴-범 (誘拐犯) 图 《法律》誘拐犯.
유교 (儒敎) /jugjo/ 图 儒敎.‖유교의 실천 도덕은 인의이다 儒敎の実践道徳は仁義である.
유구무언 (有口無言) [-] 「口はあるが発する言葉がない」の意で弁明の余地がないこと.
유구-하다 (悠久-) [形][하変] 悠久だ.‖유구한 역사 悠久な歴史.   **유구-히** 剾
유권 (有權) 【-꿘】 图 有権.
유권-자 (有權者) 图 有権者.
유권 해석 (有權解釋) 图 有権解釈.
유급¹ (有給) 图 有給.㉠무급(無給).‖유급 휴가 有給休暇.
유급² (留級) 图 (되動) 留年.‖학점이 모자라서 유급되다 単位が足りなくて留年する.
유기¹ (有期) 图 ㉠무기(無期).
유기-형 (有期刑) ㉠《法律》(無期).
유기² (有機) 图 ㉠무기(無機).‖유기 비료 有機肥料.
유기-물 (有機物) 图 有機物.㉠무기물(無機物).
유기-산 (有機酸) 图 《化学》有機酸.
유기-적 (有機的) 图 有機的.‖유

유기적인 관계. 有機的인 관계.
유기-질 (有機質) 图 有機質. ⑪무기질(無機質).
유기-체 (有機體) 图 有機體.
유기-화학 (有機化學) 图〖化學〗有機化學. ⑪무기화학(無機化學).
유기 화합물 (有機化合物) 图〖化學〗有機化合物. ⑪무기 화합물(無機化合物).
유기² (鍮器) 图 眞鍮製의 器.
유기³ (遺棄) 图[하타] 遺棄. ‖아이를 유기하다 子どもを遺棄する. 시체 유기 死体遺棄. **유기-되다** [受動]
유기-음 (有氣音) 图〖言語〗激音; 有氣音. ⑪무기음(無氣音).
유기 호흡 (有氣呼吸) 图 酸素呼吸. ⑪산소 호흡(酸素呼吸).
유난 /ju:nan/ 图 言動などが突飛なこと; 普通でないこと; ひときわ目立つこと. ‖유난을 떨다 大げさだ. 돈에 대한 집착이 유난하다 金への執着が普通でない. **유난-히** 副 ひときわ; とりわけ; 格別. ‖손이 유난히 흰 사람 手がひときわ白い人. 오늘은 유난히 덥다 今日は格別暑い.
유난-스럽다 [-따] 〖ㅂ変〗格別だ; はなはだしい; 尋常ではない. ‖막내에 대한 애정이 유난스럽다 末っ子に対する愛情が格別だ. **유난-스레** 副
유네스코 (UNESCO) 图 ユネスコ.
유년¹ (幼年) 图 幼年.
유년-기 (幼年期) 图 幼年期.
유념 (留念) 图[하타] 留念.
유능-하다 (有能-) 〖하여〗有能だ. ⑪무능하다(無能-). ‖유능한 인재 有能な人材.
유니버시아드 (Universiade) 图 ユニバーシアード; 国際学生競技大会.
유니세프 (UNICEF) 图 ユニセフ.
유니섹스 (unisex) 图 ユニセックス.
유니언 잭 (Union Jack) 图 ユニオンジャック. ✤イギリスの国旗.
유니폼 (uniform) 图 ユニホーム.
유단-자 (有段者) 图 有段者.
유-달리 (類-) /ju:dalli/ 副 ひときわ; 特に; 格別に. ‖유달리 튀는 행동 ひときわ目立つ行動. 수학은 유달리 잘하지 못하다 数学が特に苦手だ. 오늘은 유달리 덥다 今日はひときわ暑い.
유당 (乳糖) 图〖化學〗乳糖. ⑪젖당(-糖).
유대 (紐帶) 图 紐帯で; つながり; 絆. ‖가족 간의 유대 家族間の絆.
유대² (←Judea) 图 ユダヤ. ‖유대인 ユダヤ人.
유대-교 (-敎) 图〖宗敎〗ユダヤ教.
유도¹ (柔道) 图〖スポーツ〗柔道.
유도² (誘導) 图[하타] 誘導. ‖학생들을 안전한 장소로 유도하다 生徒を安全な場所に誘導する. **유도-되다** [受動]
유도³신문 (誘導訊問) 图〖法律〗誘導訊問.
유도-체 (誘導體) 图 誘導体.
유도-탄 (誘導彈) 图〖軍事〗誘導弾; ミサイル.
유독¹ (有毒) 〖하형〗有毒. ⑪무독 (無毒). ‖유독 성분 有毒な成分. 유독 가스 有毒ガス.
유독² (唯獨・惟獨) /judok/ 副 ❶ ただ独りで; ただ一つ. ‖유독 단것만 좋아한다 ただ甘い物が好きだ. ❷ ひときわ. ‖올 겨울은 유독 눈이 많다 今年の冬はひときわ雪が多い.
유동¹ (油桐) 图〖植物〗アブラギリ (油桐).
유동² (流動) 图[하자] 流動.
유동-물 (流動物) 图 流動物.
유동-성 (流動性) 图[-性] 流動性.
유동-식 (流動食) 图 流動食.
유동 자본 (流動資本) 图〖経〗流動資本. ⑪고정 자본(固定資本).
유동 자산 (流動資産) 图〖経〗流動資産. ⑪고정 자산(固定資産).
유동-적 (流動的) 图 流動的. ‖유동적인 상황 流動的な状況.
유동³ (遊動) 图[하자] 遊動.
유두 (乳頭) 图 乳頭; 젖꼭지.
유들-유들 [-류-/-드류-] 〖하형〗しゃあしゃあ. ‖유들유들하게 생긴 얼굴 しゃあしゃあとした顔.
유라시아 (Eurasia) 图〖地名〗ユーラシア.
유락 (遊樂) 图[하자] 遊楽; 行楽. ‖유락 시설 行楽施設.
유람 (遊覽) 图[하타] 遊覧.
유람-객 (遊覧客) 图 遊覧客.
유람-선 (遊覽船) 图 遊覧船.
유랑 (流浪) 图[하자] 流浪. ‖유랑 생활 流浪[放浪]生活.
유랑-민 (流浪民) 图 流浪の民.
유래 (由來) 图[하자] 由来. ‖서울이라는 지명의 유래 ソウルという地名の由来.
유량 (流量) 图 流量.
유러달러 (Eurodollar) 图〖経〗ユーロダラー.
유럽 (Europe) 图〖地名〗ヨーロッパ.
유려-하다 (流麗-) 〖하여〗流麗だ. ‖유려한 문장 流麗な文章.
유력 (有力) /ju:rjɔk/ 〖하형〗有力. ‖유력한 후보 有力な候補. 유력한 근거 有力な根拠. 이번 선거에서는 그 사람이 이길 것이라는 견해가 유력하다 今回の選挙では彼が勝つとの見方が有力である.
유력-시 (有力視) [-씨] 图[하타] 有力視.
유력-자 (有力者) [-짜] 图 有力者.
유령 (幽靈) 图 幽霊; お化け. ‖유령 회

사 幽會会社. 유령의 집 お化け屋敷.
유례¹(類例) 명 類例. ∥그런 유례를 찾아볼 수 없다 他に類例を見ない.
유료(有料) 명 有料. 무료(無料). ∥유료 화장실 有料トイレ. 유료 주차장 有料駐車場.
유류¹(油類) 명 油類.
유류²(遺留) 명 하타 遺留.
  유류-분(遺留分) 명 [法律] 遺留分.
  유류-품(遺留品) 명 遺留品.
유륜(乳輪) 명 乳輪.
유리¹(遊離) 명 자동 流離. ∥현실과 유리된 발상 現実と遊離した発想. 유리 遊離状況.
유리²(琉璃)/juri/ 명 ガラス. ∥유리를 깨다 ガラスを割る. 유리가 깨지다 ガラスが割れる. 유리 조각 ガラスの破片.
  유리-관(琉璃管) 명 ガラス管.
  유리-면(琉璃綿) 명 ガラス綿; ガラスウール.
  유리-병(琉璃甁) 명 ガラス瓶.
  유리 섬유(琉璃纖維) 명 ガラス繊維.
  유리-알(琉璃-) 명 ガラスの玉.
  유리-창(琉璃窓) 명 ガラス窓.
  유리-컵(琉璃cup) 명 ガラスのコップ.
유리⁴(瑠璃) 명 [鉱物] 瑠璃(ﾙﾘ).
유리-수(有理数) 명 [数学] 有理数. 무리수(無理数).
유리-식(有理式) 명 [数学] 有理式. 무리식(無理式).
유리-하다(有利-)/ju:rihada/ 형 [여변] 有利だ. 불리하다(不利-). ∥유리한 조건 有利な条件. 상황이 유리하게 전개되다 状況が有利に展開する.
유린(蹂躪・蹂躙) 명 하타 蹂躙(ジュゥリン). ∥인권 유린 人権蹂躪. **유린-되다**[-]피동
유림(儒林) 명 儒林(ジュリン).
유만부동(類萬不同) 명 하타 ❶ 類似しているところは多いが同じではないこと. ❷ 度を越すこと; 分際に合わないこと; とんでもない; ほども知らないこと; 積ね持ち場도 유만부동이다 盗人猛々しいにもほどがある.
유망(有望) 명 하타 有望. ∥장래가 유망한 젊은이 将来有望な若者.
  유망-주(有望株) 명 ① 有望株. ホープ. ∥수영계의 유망주 水泳界のホープ.
유머(humor) 명 ユーモア. ∥유머 감각 ユーモア感覚.
유머레스-하다(humorous-) 형 [여변] ユーモラスだ. ∥일상을 유머레스하게 그린 소설 日常をユーモラスに描いた小説.
유머레스크(humoresque) 명 [音楽] ユーモレスク.
유명¹(有名)/jumjŋŋ/ 형 하타 有名. ∥유명한 사람 有名人. 사과 산지로 유명한 곳 リンゴの産地として有名なところ. 그 산은 산세가 험하기로 유명하다 あの山は山勢が険しいことで有名だ. 친구는 작가로서 유명해졌다 友だちは作家として有名になった.
  유명-무실(有名無實) 명 하타 有名無実. ∥유명무실한 법률 有名無実な法律.
  유명-세(有名稅) [-쎄] 명 有名税. ∥유명세를 치루다 有名税を払う.
유명²(幽明) 명 幽明. ▶유명을 달리하다 幽明を異にする.
유모(乳母) 명 乳母.
  유모-차(乳母車) 명 乳母車; ベビーカー; バギー.
유목¹(遊牧) 명 하타 遊牧.
  유목-민(遊牧民) [-뭉민] 명 遊牧民.
유목²(流木) 명 流木.
유무(有無) 명 有無. ∥경험의 유무 経験の有無.
유문(幽門) 명 [解剖] 幽門(ユウモン).
유물¹(遺物) 명 遺物.
유물²(唯物) 명 唯物. ⑪유심(唯心-).
  유물-론(唯物論) 명 唯物論. ②유심론(唯心-). ∥변증법적 유물론 弁証法的唯物論.
유미-주의(唯美主義) [-/-이] 명 唯美主義; 耽美主義.
유민(流民) 명 流民.
유밀-과(油蜜菓) 명 =유과(油菓).
유발(誘發) 명 하타 誘発; 引き起こすこと. ∥사고를 유발하다 事故を誘発する. **유발-되다** 피동
유방(乳房) 명 [解剖] 乳房.
  유방-암(乳房癌) [유ː방남] 명 [医学] 乳癌.
유배(流配) 명 자동 流罪; 島流し.
  유배-지(流配地) 명 配所.
유-백색(乳白色) 명 乳白色.
유별(有別) 명 하타 (特別な基準において) 区別があること.
  유별-나다(有別-) [-라-] 형 格別だ; 普通ではない; 変わっている; 風変わりだ. ∥하는 짓이 유별나다 やってることが変わっている. 유별나게 잘해 주다 格別に扱う.
유별²(類別) 명 하타 類別.
유보(留保) 명 하타 留保; 保留. ∥결정을 유보하다 決定を保留する. **유보-되다** 피동
유복-자(遺腹子) [-짜] 명 父の死後に生まれた子.
유복-하다(裕福-) [-보카-] 형 [여변] 裕福だ. ∥유복한 어린 시절 裕福な幼少時代.
유부(油腐) 명 油揚げ.
  유부-국수(油腐-) [-쑤] 명 [料理] 油揚げをのせた麺; きつねうどん.
  유부-초밥(油腐醋-) 명 [料理] いな

유부-남 (有婦男) 图 既婚의 男性; 妻帶者.

유부-녀 (有夫女) 图 既婚의 女性.

유-분수 (有分數) 〔主에 '…도 유분수지'의 形으로〕 …(하)는 데에도 한도가 있다. ∥착각도 유분수지 勘違いにもほどがある.

유불 (儒佛) 图 儒仏.

유불선 (儒佛仙) 图 儒教와 仏教와 仙道.

유비 (類比) 图 되国 類比.

유비-무환 (有備無患) 图 備えあれば患(うれ)いなし.

유빙 (流氷) 图 流氷.

유사¹ (有史) 图 有史. ∥유사 이래 有史以来.

유사² (類似) /ju:sa/ 圄形 類似; 似通うこと. ∥유사한 작품들 類似した作品. 범행 수법이 유사하다 犯行の手口が似通っている.

유사-성 (類似性) [-썽] 图 類似性.

유사-점 (類似點) [-쩜] 图 類似点.

유사-품 (類似品) 图 類似品.

유사-시 (有事時) 图 有事の際; 非常時. ∥유사시에 대비하다 有事に備える.

유산¹ (有産) 图 有産. ⟨→무산(無産)⟩. ∥유산 계급 有産階級.

유산-계급 (有産階級) 图 有産階級. ⟨→무산 계급(無産階級)⟩.

유산² (乳酸) 图 [化学] 乳酸.

유산-균 (乳酸菌) 图 [化学] 乳酸菌. ∥유산균 음료 乳酸菌飲料.

유산 발효 (乳酸醱酵) 乳酸発酵.

유산³ (遺産) /jusan/ 图 遺産. ∥막대한 유산을 남기다 莫大な遺産を残す. 세계 문화 유산 世界文化遺産.

유산⁴ (流産) 图 되国 流産. ∥자연 유산 自然流産. 아이가 유산되다 子どもが流産する.

유산소 운동 (有酸素運動) 图 有酸素運動.

유상 (有償) 图 有償. ⟨→무상(無償)⟩. ∥유상 원조 有償援助.

유상 계약 (有償契約) [-/-/게-] 图 (経) 有償契約.

유상 증자 (有償增資) 图 (経) 有償増資.

유상 행위 (有償行為) 图 有償行為.

유상² (油狀) 图 油状.

유상³ (乳狀) 图 乳状.

유상-무상 (有象無象) 图 有象無象.

유색 (有色) 圄形 有色. ∥유색 인종 有色人種.

유색-체 (有色體) 图 [植物] 有色体.

유생 (幼生) 图 [動物] 幼生.

유생² (有生) 图 有生(しょう); 生き物.

유생³ (儒生) 图 儒者.

유시¹ (由緖) 图 由緒. ∥유서 깊은 곳 由緒ある場所.

유서² (遺書) 图 遺書. ∥유서를 남기다 遺書を残す. 유서가 발견되다 遺書が見つかる.

유선¹ (有線) 图 有線. ⟨→무선(無線)⟩. ∥유선 방송 有線放送.

유선² (乳腺) 图 [解剖] 乳腺.

유선-염 (乳腺炎) [-넘] 图 [医学] 乳腺炎.

유선³ (流線) 图 流線.

유선-형 (流線型) 图 流線型.

유성 (有性) 图 《生物》 有性. ⟨→무성(無性)⟩.

유성 생식 (有性生殖) 图 有性生殖. ⟨→무성 생식(無性生殖)⟩.

유성² (油性) 图 油性. ⟨→수성(水性)⟩. ∥유성 볼펜 油性ボールペン.

유성³ (流星) 图 [天文] 流星; 流れ星.

유성-군 (流星群) 图 [天文] 流星群.

유성⁴ (遊星) 图 [天文] 遊星; 惑星.

유성-음 (有聲音) 图 [言語] 有声音. ⟨→무성음(無聲音)⟩.

유세 (有勢) 图 圄形 有税.

유세² (有勢) 图 히国 威張ること; 自慢げにすること. ∥아들이 일류 대학에 들어갔다고 유세하다 息子が一流大学に入ったと言って威張る. 유세를 떨다 自慢をしている.

유세³ (遊說) 图 邑国 遊説. ∥선거 유세를 하다 選挙の遊説をする.

유-소년 (幼少年) 图 幼年と少年.

유속 (流速) 图 流速.

유송-관 (油送管) 图 =송유관(送油管).

유수 (流水) 图 流水. ∥세월은 유수와 같다 歳月は流れる水の如し.

유수² (有數) 圄形 有数. ∥부여는 한국 수의 관광지이다 扶余は韓国有数の観光地である.

유수-지 (遊水池) 图 遊水池.

유육 (留育) 图 히国 止育.

유순-하다 (柔順-) 圄 [하変] 柔順だ. ∥유순한 태도 柔順な態度.

유스 호스텔 (youth hostel) 图 ユースホステル.

유시 (酉時) 图 [民俗] 酉(とり)の刻(午後5時から午後7時まで).

유식-하다 (有識-) [-시카-] 圄 [하変] 知識や学問があること; 有識. ⟨→무식하다(無識-)⟩. ∥유식한 사람 物知りな人.

유신 (維新) 图 히国 維新. ∥메이지 유신 明治維新.

유신-론 (有神論) [-는] 图 有神論. ⟨→무신론(無神論)⟩.

유실¹ (流失) 图 되国 流失. ∥홍수로 다리가 유실되다 洪水で橋が流失する.

유실² (遺失) 图 遺失. ∥유실물 보관 遺失物保管.

유실-수 (有實樹) [-쑤] 图 [植物] (柿・栗・ナツメなど)実がなる木.

유심 (唯心) 图 唯心.

유심-론(唯心論)【-논】 图 唯心論. ↔유물론(唯物論).

유심-히(有心-) 图 注意深く. ‖유심히 살펴보다 注意深く調べる.

유아[1](乳兒) 图 乳兒.

유아-기(乳兒期) 图 乳兒期.

유아[2](幼兒) 图 幼兒. ‖유아 교육 幼児教育.

유아-기(幼兒期) 图 幼兒期.

유아-독존(唯我獨尊)【-쫀】 图 唯我独尊.

유암(乳癌) 图 乳癌.

유액(乳液) 图〔医学〕乳液.

유야-무야(有耶無耶) 되자 うやむや; 曖昧. ‖계획이 유야무야되다 計画がうやむやになる.

유약(釉藥·油藥) 图 釉薬(うわぐすり); 上薬.

유약-하다[1](幼弱-) 【-야카-】 图〔하변〕幼弱だ.

유약-하다[2](柔弱-) 【-야카-】 图〔하변〕柔弱だ. ‖유약한 정신 柔弱の精神.

유언(遺言) 图〔하변他〕遺言.

유언-장(遺言狀) 【-짱】 图 遺言状.

유언-비어(流言蜚語) 图 流言飛語; デマ. ‖유언비어를 퍼뜨리다 デマを広める.

유업(遺業) 图 遺業.

유에프오(UFO) 图 ユーフォー. ÷unidentified flying objectの略.

유엔(UN) /juːen/ 图 国連; 国際連合.

유엔-군(UN軍) 图 国連軍; 国際連合軍.

유여(遺與) 图〔하변他〕残してやること.

유역(流域) 图 流域. ‖낙동강 유역 洛東江流域.

유연[1](柔軟) /jujʌn/ 图〔形〕柔軟なこと; 柔らかいこと. ‖유연한 사고방식 柔軟な考え方. 유연한 몸놀림 柔らかい身のこなし.

유연-성(柔軟性)【-쎙】 图 柔軟性.

유연-체조(柔軟體操) 图 柔軟体操.

유연[2](油煙) 图 油煙.

유연-하다(悠然-) 图〔하변〕悠然としている.

유영(游泳) 图〔하변自〕遊泳.

유예(猶豫) 图〔하변他〕猶予. ‖판결을 유예하다 判決を猶予する. **유예-되다** 受動.

유용[1](有用) 图〔形〕有用; 役に立つ. ↔무용(無用). ‖유용한 물건 有用な品物.

유용-성(有用性)【-쎙】 图 有用性.

유용[2](流用) 图〔하변他〕流用. ‖공금을 유용하다 公金を流用する.

유용-금(流用金) 图 流用金.

유용-지(遊園地) 图 遊園地.

유원-하다(悠遠-) 图〔하변〕悠遠だ.

유월(←六月) /juwʌl/ 图 6月. ‖유월부터 팔월까지를 여름이라고 한다 6月から8月までを夏と言う. 유월은 가정의 수호신 주노의 달이다 6月は家庭の守護神ジュノーの月である.

유유-상종(類類相從) 图〔하변自〕類は友を呼ぶこと; 同気相求めること.

유유-자적(悠悠自適) 图〔하변自〕悠々自適. ‖유유자적한 시골 생활 悠々自適な田舎の生活.

유유-하다(悠悠-) 图〔하변〕悠々としている.

유음(流音) 图〔言語〕流音. ÷韓国語の「ㄹ」など.

유의[1](有意)【-/-이】 图〔形〕有意.

유의[2](留意) /jui/【-/-이】 图〔하변自〕留意; 心がけること. ‖건강에 유의하다 健康に留意する. 유의 사항 留意事項.

유의-어(類義語)【-/-이-】 图〔言語〕類義語.

유익하다(有益-) /juːikʰada/【-이카-】 图〔하변〕有益だ. ↔무익(無益-). ‖유익한 이야기 有益な話. 여름 방학을 유익하게 보내다 夏休みを有益に過ごす.

유인[1](誘引) 图〔하변他〕誘引; 誘き寄せること. **유인-되다** 受動.

유인[2](有人) 图〔하변〕有人. ↔무인(無人). ‖유인 위성 有人衛星.

유인-물(誘引物) 图 印刷物; プリント.

유인-원(類人猿) 图 類人猿.

유일(唯一-) /juil/ 图〔形〕唯一. ‖유일한 바람 唯一の願い. 유일한 즐거움 唯一の楽しみ. 내가 유일하게 만들 수 있는 요리 私が唯一作れる料理.

유일-무이(唯一無二) 图 唯一無二. ‖유일무이한 존재 唯一無二の存在.

유일-신(唯一神)【-씬】 图〔宗教〕唯一神.

유임(留任) 图〔하변自〕留任.

유입(流入) 图〔하변自〕流入. ‖인구가 도시로 유입되다 人口が都市に流入する.

유자[1](柚子) /judʒa/ 图〔植物〕ユズ(柚子).

유자-나무(柚子-) 图〔植物〕柚子の木.

유자-차(柚子茶) 图 柚子茶.

유자-청(柚子淸) 图 柚子の蜂蜜漬け.

유자[2](遺子) 图 遺児; 遺子.

유자-관(U字管)【-짜-】 图 U字管.

유작(遺作) 图 遺作.

유장-하다(悠長-) 图〔하변〕悠長だ.

유저(遺著) 图 遺著.

유적(遺跡·遺蹟) /judʒʌk/ 图 遺跡; 古跡. ‖신라 시대의 유적 新羅時代の遺跡. 고대 로마의 유적 古代ローマの

유전 遺跡.
유전¹ (油田) 图 油田.
유전² (油轉) 图自 油轉.
유전³ (遺傳) /judʒən/ 图 되자 遺傳. ‖격세 유전 隔世遺傳. 유전 인자 遺傳因子.
유전-병 (遺傳病) [-뼝] 图 〖医学〗 遺傳病.
유전-성 (遺傳性) [-썽] 图 遺傳性.
유전-자 (遺傳子) 图 遺傳子.
유전자 돌연변이 (遺傳子突然變異) 图 〖生物〗 遺傳子突然變異.
유전자-형 (遺傳子型) 图 〖生物〗 遺傳子型.
유전-학 (遺傳學) 图 遺傳學.
유전-체 (誘電體) 图 〖物理〗 誘電體.
유정 (有情) 图形 有情.㊉無情(無情).
유정-관 (油井管) 图 油井管.
유제¹ (乳劑) 图 〖化学〗 エマルジョン; 乳劑.
유제² (油劑) 图 油劑.
유-제품 (乳製品) 图 乳製品.
유조-선 (油槽船) 图 油槽船; タンカー.
유조-차 (油槽車) 图 タンクローリー.
유족 (遺族) 图 遺族.
유종 (有終) 图形 有終. ▸유종의 미를 거두다. 유종의 미를 거두어 有終の美を飾る.
유종미 (有終之美) 图 有終の美.
유죄 (有罪) [-쬐] 图形 有罪. ㊉無罪(無罪).
유지¹ (有志) 图 ❶ 地域の有力者; 影響力のある人. ‖지방 유지 地方の有力者. ❷ 有志.
유지² (乳脂) 图 乳脂肪の略語.
유지³ (乳脂) 图 〖化学〗 油脂.
유지⁴ (油紙) 图 油紙; 油紙.
유지⁵ (遺志) 图 遺志. ‖유지를 받들다 遺志を継ぐ.
유지⁶ (維持) /judʒi/ 图形 維持. 保つこと. ‖정권을 유지하다 政権を維持する. 중립적인 입장을 유지하다 中立的な立場を維持する. 건강을 유지하다 健康を保つ. 현상 유지 現状維持. 유지-되다 受動
유지-비 (維持費) 图 維持費.
유지-매미 (油脂-) 图 〖昆虫〗 アブラゼミ(油蟬).
유-지방 (乳脂肪) 图 乳脂肪. ㊇유지(乳脂).
유착 (癒着) 图自 癒着(ㅊ). ‖정경 유착 政治と経済の癒着.
유창-하다 (流暢-) /jutʃʰaŋhada/ 图 [하변] 流暢だ. ‖유창한 영어 실력 流暢な英語力. 한국어를 유창하게 하다 韓国語を流暢に話す. 유창-히 圖
유채 (油菜) 图 〖植物〗 アブラナ(油菜); 菜の花.
유채-꽃 (油菜-) [-꼳] 图 〖植物〗 アブラナの花; 菜の花.
유채-색 (有彩色) 图 有彩色. ㊉무채색 (無彩色).
유책 (有責) 图形 有責.
유책-행위 (有責行爲) [-채캥-] 图 〖法律〗 有責行爲.
유체¹ (流體) 图 〖物理〗 流体.
유체² (遺體) 图 遺体.
유추 (類推) 图他 類推.
유추-해석 (類推解釋) 图 類推解釋.
유출 (流出) /jutʃʰul/ 图自 流出. ‖귀중한 문화재가 국외로 유출되다 貴重な文化財が国外へ流出する. 두뇌 유출 頭脳流出.
유충 (幼蟲) 图 〖昆虫〗 幼虫. ㊇애벌레.
유충-제 (誘蟲劑) 图 誘引剤.
유취 (乳臭) 图 乳臭.
유층 (油層) 图 〖地〗 油層.
유치¹ (乳齒) 图 乳歯.
유치² (留置) 图他 〖法律〗 留置.
유치-장 (留置場) 图 留置場.
유치³ (誘致) 图他 誘致. ‖공장을 유치하다 工場を誘致する. 유치-되다 受動
유치-원 (幼稚園) /jutʃʰiwon/ 图 幼稚園. ‖유치원 원아 幼稚園園兒.
유치-하다 (幼稚-) /jutʃʰihada/ 图 [하변] 幼稚だ. ‖유치한 사람 幼稚な人. 유치한 논의 幼稚な議論. 유치하게 굴다 幼稚にふるまう.
유쾌-하다 (愉快-) /jukʰwɛhada/ 图 [하변] 愉快だ. ㊉불쾌하다(不快-). ‖유쾌한 모임 愉快な会. 유쾌하게 하루를 보내다 愉快に1日を過ごす.
유탁-액 (乳濁液) 图 〖化学〗 乳濁液; エマルジョン.
유탄¹ (柳炭) 图 〖美術〗 主にデッサンに使われる柳の炭.
유탄² (流彈) 图 流弾; 流れ弾.
유탄³ (榴彈) 图 〖軍事〗 榴彈.
유태 (猶太) 图 猶太 (← Judea) の漢字表記.
유태-교 (猶太敎) 图 〖宗教〗 ユダヤ教 (-敎).
유택 (幽宅) 图 墓.
유-턴 (U turn) 图他 Uターン.
유토피아 (Utopia) 图 ユートピア.
유통 (流通) /jutʰoŋ/ 图自 流通. ‖현재 유통되고 있는 화폐 現在流通している貨幣. 유통 경로 流通経路.
유통-량 (流通量) [-냥] 图 流通量.
유통-업 (流通業) 图 流通業.
유통-파 (流通派) 图 流通派.
유폐 (幽閉) [-폐/-폐] 图他 幽閉.
유포 (流布) 图他 流布. ‖유언비어를 유포하다 デマを流布する. 유포-되다 受動

유품(遺品) 圏 遺品.
유-하다(柔-) 鬪【하얀】❶ 柔らかい. ❷〈性格が〉穏やかでのんびりしている. 國 강하다(剛-).
유학¹(儒學) 圏 儒學.
유학²(遊學) 圏㊊ 遊學.
유학³(留學) /juhak/ 圏㊉ 留學. ‖미국으로 유학을 가다 アメリカへ留學する.
유학-생(留學生)【-쌩】圏 留學生. ‖국비 유학생 国費留学生.
유한¹(遺恨) 圏 遺恨.
유한²(有閑·有閒)【하얀】圏 有閑.
유한-계급(有閑階級)【-/-게-】圏 有閑階級.
유한-마담(有閑 madame) 圏 有閑マダム.
유한-부인(有閑夫人) 圏 有閑夫人.
유한³(有限)【하얀】圏 有限. ㊉무한(無限). ‖유한한 자원 有限な資源.
유한-급수(有限級數)【-쑤】圏《數學》有限級數. ㊉무한급수(無限級數).
유한-소수(有限小數)《數學》有限小數.
유한-책임(有限責任) 圏《法律》有限責任.
유한-화서(有限花序) 圏《植物》有限花序.
유한-회사(有限會社)【-/-쒜-】圏 有限会社.
유합(癒合) 圏㊋ 癒合.
유해¹(遺骸) 圏 遺骸;遺体;亡き骸.
유해²(有害)【하얀】圏 有害. ㊉무해(無害). ‖유해 물질 有害物質. 아이들에게 유해한 책 子どもに有害な本.
유해-성(有害性)【-씽】圏 有害性.
유행(流行) /juhɐŋ/ 圏㊉ 流行. ‖미니스커트가 유행하다 ミニスカートが流行する. 유행을 따르다 流行を追う. 유행의 첨단을 걷다 流行の先端を行く.
유행-가(流行歌) 圏 流行歌.
유행-병(流行病)【-뼝】圏 流行病.
유행-성(流行性)【-씽】圏 流行性. ‖유행성 독감 インフルエンザ.
유행성-이하선염(流行性耳下腺炎)《醫学》おたふく風邪.
유행-어(流行語) 圏 流行語.
유혈(流血) 圏 流血. ‖유혈 참사 流血の惨事.
유혈-극(流血劇) 圏 血まみれの争い;流血の事件.
유형¹(類型) 圏 類型. ‖옛날이야기를 몇 가지 유형으로 분류하다 昔話をいくつかの類型に分類する.
유형-적(類型的) 圏 類型的.
유형-학(類型學) 圏 類型學.
유형²(有形) 圏 有形. ㊉무형(無形). ‖유형 문화재 有形文化財.

유형-무형(有形無形) 圏㊎ 有形無形. ‖유형무형의 은혜를 입다 有形無形の恩恵をこうむる.
유혹(誘惑) /juhok/ 圏㊉ 誘惑. ‖청소년을 유혹하는 잡지 青少年を誘惑する雑誌. 유혹을 이겨 내다 誘惑に打ち勝つ. 유혹에 빠지다 誘惑に陥る.
유혹-받다[-당하다] ㊉㊉
유혹-적(-的)【-쩍】誘惑的.
유화¹(乳化) 圏《物理》乳化.
유화-제(乳化劑) 圏《化學》乳化劑.
유화²(油畫) 圏《美術》油絵.
유화³(宥和)【하얀】圏 有和. ‖유화 정책 有和政策.
유화⁴(硫化) 圏㊉㊎《化學》硫化.
유황(硫黃) 圏《化學》硫黄.
유황-불(硫黃-)【-뿔】圏 硫黄が燃える時の青い炎.
유황-빛(硫黃-)【-삗】圏 硫黄の色;薄い黄色.
유황-천(硫黃泉) 圏《地》硫黄泉.
유효(有效) /juhjo/ 圏㊎ 有效. ㊉무효(無效). ‖유효한 수단 有効な手段. 시간을 유효하게 쓰다 時間を有効に使う. 유효 기간 有効期間.
유효-성(有效性)【-씽】圏 有効性.
유효-수요(有效需要) 圏《經》有效需要.
유휴(遊休) 圏 遊休. ‖유휴 시설 遊休施設.
유흥(遊興) 圏㊉ 遊興.
유흥-비(遊興費) 圏 遊興費.
유흥-업(遊興業) 圏 風俗営業.
유흥업-소(遊興業所)【-쏘】圏 風俗の店.
유흥-장(遊興場) 圏 遊興の場所.
유흥-시설(遊興施設) 圏 遊興施設のある所.
유희(遊戲)【-히】圏㊉ 遊戲.
유희-적(遊戲的) 圏 遊戲的.

육¹(陸)《姓》陸(ユク).
육²(六) /juk/【꾝】㊅ 六. ‖이십사 나누기 사는 육이다 24 割る 4 は 6 である.
— 冠 6…. ‖육 개월 6 か月. 육 분 6 분.
육각(六角)【-깍】圏 ❶ 六角. ❷ 太鼓·笛·笛などの 1 組みの楽器.
육각-형(六角形)【-까켱】圏《數學》六角形.
육감¹(六感)【-깜】圏 第六感.
육감²(肉感)【-깜】圏 肉感.
육감-적(肉感的)【-쩍】圏 肉感的.
육갑(六甲)【-깝】圏 ❶ 육십갑자(六十甲子)の略称. ❷〔見くびる言い方で〕人の言動.
육-개장(肉-醬)【-깨-】圏《料理》ユッケジャン(牛肉を煮込んで細かくちぎり, ネギや水に戻した干しゼンマイなどを一緒に入れて煮込んだ辛味のあるスープ).

육교(陸橋) /juk̚kjo/ 【-교】 图 歩道橋. ‖육교를 건너다 歩道橋を渡る.

육군(陸軍)【-꾼】图【軍事】陸軍. ⑳공군(空軍)·해군(海軍).

육군^사관학교(陸軍士官學校)【-꾼-교】图 陸軍士官學校. ⑳육사(陸士).

육-대주(六大州)【-때-】图 六大州. ‖오대양 육대주 五大洋六大州.

육도(陸島)【-또】图 陸島.

육로(陸路)【융노】图 陸路.

육류(肉類)【융뉴】图 肉類.

육면-체(六面體)【-면-】图 六面體.

육박(肉薄·肉迫)【-빡】图 自他 肉薄.

육박-전(肉薄戰)【-빡쩐】图 肉薄戰.

육-반구(陸半球)【-빤-】图【地】陸半球. ⑳수반구(水半球).

육법(六法)【-뻡】图 六法.

육법-전서(六法全書)【-뻡 전-】图【法律】六法全書.

육부(六腑)【-뿌】图【解剖】六腑. ‖오장 육부 五臟六腑.

육사(陸士)【-싸】图 육군 사관학교(陸軍士官學校)의 略称.

육상(陸上) /juk̚saŋ/ 【-쌍】图 ❶陸上; 陸地. ❷육상 경기(陸上競技)의 略語. ‖육상 선수 陸上選手.

육상-경기(陸上競技)【-쌍-】图 陸上競技.

육성¹(肉聲)【-썽】图 肉声.

육성²(育成)【-썽】图 自他 育成. ‖인재를 육성하다 人材を育成する. **육성-되다** 自变.

육수(肉水)【-쑤】图 ❶肉でだしをとっただけ. 肉汁.

육순(六旬)【-쑨】图 60歳.

육식(肉食)【-씩】图 肉食. ㉠채식(菜食)·초식(草食).

육식^동물(肉食動物)【-씩 똥-】图 肉食動物.

육식-성(肉食性)【-씩썽】图 肉食性.

육식-조(肉食鳥)【-씩쪼】图【鳥類】肉食鳥.

육식-충(肉食蟲)【-씩-】图【動物】肉食虫.

육신(肉身)【-씬】图 肉身; 体; 肉体.

육십(六十) /juk̚ɕip̚/ 【-씹】图 60歳; 60; 六十. ㉠예순.
— 冠 60.…. ‖육십 명 60人. 육십 분 수업 60分の授業.

육십-갑자(六十甲子)【-씹깝짜】图 干支; 十干と十二支の組み合わせ. ⑳육갑(六甲).

육십진-법(六十進法)【-씹찐 뻡】图【数学】六十進法.

육아(育兒)【유가】图 自他 育兒. ‖육아 일기 育兒日記.

육아-법(育兒法)【-뻡】图 育兒法.

육안(肉眼)【유간】图 肉眼. ㉠맨눈. ‖육안으로 보다 肉眼で見る.

육영(育英)【유경】图 自他 育英. ‖육영 사업 育英事業.

육욕(肉慾)【유곡】图 肉欲; 色欲.

육이오(六二五)【유기오】图 =육이오 사변(六二五事變).

육이오^사변(六二五事變)【-】图【歷史】1950年 6月 25日に起きた朝鮮戦争の韓国での呼び方. 韓国 戦争(韓國戰爭)とも言う.

육이오^전쟁(六二五戰爭)【-】图 =육이오 사변(六二五事變).

육정(六情)【-쩡】图 六情(喜·怒·哀·楽·愛·悪).

육종¹(肉腫)【-종】图【医学】肉腫.

육종²(育種)【-종】图【農学】育種.

육중-하다(肉重-)【-중-】形【하変】大きくて重い; どっしり(と)している. ‖육중한 철문 どっしりとした鉄門.

육지(陸地) /juk̚t͈ɕi/ 【-찌】图 陸地.

육질(肉質)【-찔】图 肉質.

육체(肉體) /juk̚tɕʰe/ 图 肉体; 体. ‖육체와 정신 肉体と精神. 육체적 고통 肉体的の苦痛.

육체-노동(肉體勞動)【-】图 肉体労働. ㉠정신노동(精神勞動).

육체-미(肉體美)【-】图 肉体美.

육체-적(肉體的)【-】图 肉体的. ‖육체적인 피로 肉体的な疲労.

육체-파(肉體派)【-】图 肉体派.

육촌(六寸)【-】图 ふたいとこ; またいとこ.

육친(肉親)【-】图 肉親.

육탄-전(肉彈戰)【-】图 肉弾戦.

육포(肉脯)【-】图 干し肉; 乾燥肉; ジャーキー.

육풍(陸風)【-】图【地】陸風. ㉠해풍(海風).

육하-원칙(六何原則)【유카-】图 記事を書く時守るべき基本的な原則: 5wlh. ╇誰が·いつ·どこで·何を·どうやって·なぜのこと.

육해공-군(陸海空軍)【유캐-】图《軍》陸海空軍.

육회(肉膾)【유괴/유훼】图【料理】ユッケ.

윤¹(尹) 图【姓】尹(ユン).

윤²(潤) 图 艶.
윤-나다(潤-) 自 艶が出る.
윤-내다(潤-) 他 艶を出す.

윤간(輪姦)图 自他 輪姦.

윤곽(輪廓) /jungwak̚/ 图 輪郭. ‖사건의 윤곽 事件の輪郭. 윤곽이 잡히다 輪郭をつかむ.

윤기(潤氣)【-끼】图 艶. ‖얼굴에 윤기가 있다 顔に艶がある.

윤년(閏年)图【天文】閏(うるう)年. ㉠평년(平年).

윤달(閏-)图【天文】閏(うるう)月.

윤락(淪落)【윤-】 ⓝ ⓗⓙ 売春. ‖윤락 행위 売春行為.
윤락-가(淪落街)【율-까】 ⓝ 売春街.
윤락-녀(淪落女)【율랑-】 ⓝ 売春婦.
윤리(倫理)【율-】 ⓝ 倫理. ‖사회 윤리 社会倫理.
윤리-관(倫理觀)【율-】 ⓝ 倫理観.
윤리-적(倫理的)【율-쩍】 ⓝ 倫理的.
윤리-학(倫理學)【율-】 ⓝ 倫理学.
윤번(輪番)【윤-】 ⓝ 輪番; 回り番.
윤번-제(輪番制)【-쩨】 ⓝ 輪番制.
윤색(潤色) ⓝ ⓗⓣ 潤色.
윤작(輪作) ⓝ ⓗⓣ 輪作.
윤작-제(輪作制)【-쩨】 ⓝ 輪作制.
윤전(輪轉) ⓝ ⓗⓙ 輪転.
윤전-기(輪轉機) ⓝ 輪転機.
윤택-하다(潤澤-)【/ju:nt^hɛkʰada/】【-테카트】 ⓗⓢ 潤沢だ; 富裕だ; 裕福だ; (生活に)ゆとりがある. ‖윤택한 살림 ゆとりのある暮らし.
윤허(允許) ⓝ ⓗⓣ 允許(ぃん゙)‖王の許可.
윤활(潤滑) ⓝ ⓗⓟ 潤滑.
윤활-유(潤滑油)【-류】 ⓝ 潤滑油.
윤활-제(潤滑劑)【-쩨】 ⓝ 潤滑剤.
윤회(輪廻)【-/-刂】 ⓝ ⓗⓙ《仏教》輪廻.
-율(率) 接尾〔母音および ㄴ で終わる子音に続いて〕…率. ‖회수율 回収率.
율격(律格)【-껵】 ⓝ《文芸》律格.
율동(律動)【-똥】 ⓝ 律動; リズム.
율동-적(律動的)【-똥-】 ⓝ 律動的.
율령(律令) ⓝ 律令(ﾘ゛ﾄﾘ゛ﾖ゛ｳ).
율모기【동물】 ⓝ ヤマカガシ.
율무【植物】 ⓝ ハトムギ(鳩麦).
율법(律法)【-뻡】 ⓝ 律法.
율사(律士)【-싸】 ⓝ 律師.
율시(律詩)【-씨】 ⓝ《文芸》律詩.
융(絨) ⓝ フランネル.
융기(隆起) ⓝ ⓗⓙ 隆起. ㉠침강(沈降).
　융기ː해안(隆起海岸) ⓝ 《地》隆起海岸.
융단(絨緞) ⓝ 絨毯(ｼ゛ﾕ゛ｳﾀ゛ﾝ); カーペット.
융모(絨毛) ⓝ 絨毛(ｼ゛ﾕ゛ｳﾓ゛ｳ).
융비-술(隆鼻術) ⓝ《医学》隆鼻術.
융성(隆盛) ⓝ ⓗⓙ 隆盛.
융성-기(隆盛期) ⓝ 隆盛期.
융숭-하다(隆崇-) ⓐ ⓗⓢ もてなしなどが非常に丁寧で手厚い. ‖융숭한 대접 手厚いもてなし.
융자(融資) ⓝ ⓗⓣ 融資. ‖융자를 받다 融資を受ける.
융점(融點) ⓝ《化学》融点. ≒녹는점(-點).
융털(絨-) ⓝ ❶絨毛(ｼ゛ﾕ゛ｳﾓ゛ｳ). ❷絨毯の柔らかい毛.
융털-돌기(絨-突起) ⓝ《生物》柔突

융통(融通) ⓝ ⓗⓣ 融通. ‖돈을 융통하다 金を融通する.
융통-성(融通性)【-썽】 ⓝ 融通性; 融通. ‖융통성이 있다 融通がきく.
융합(融合) ⓝ ⓗⓣ 融合. ‖핵융합 核融合. **융합-되다** 融合する.
융해(融解) ⓝ ⓙⓣ 融解.
융해열(融解熱) ⓝ《物理》融解熱.
융해점(融解點)【-쩜】 ⓝ《物理》融解点; 融点. ≒녹는점(-點).
융화¹(融化) ⓝ ⓗⓣ 融化; 混じり合う. ‖기쁨과 슬픔이 융화되다 喜びと悲しみが混じり合う.
융화²(融和) ⓝ ⓗⓣ 融和. ‖서로 융화되다 互いに融和する.
융화-책(融和策) ⓝ 融和策.
윷【윧】【民俗】 ⓝ ❶ユッ. ✥15 センチくらいの丸い木を半分に割って 4 本にした遊び道具. 遊び方は双六に似ている. ❷윷놀이(ユンノリ)で, 4 本の윷が全部裏側で出ること.
윷-점(-占)【윧쩜】【民俗】 ⓝ お正月に윷を投げて出た結果でその年の吉凶を見る占い.
윷-짝【윧-】 ⓝ 윷놀이の윷.
윷-판【윧-】 ⓝ ① 윷놀이の駒を動かすゲーム盤. ② 윷놀이をする場所.

윷-놀이【/junnori/】 ⓝ ⓗⓣ【民俗】ユンノリ. ✥윷で遊ぶゲーム. お正月にする代表的な室内ゲームで, 4 つの윷の裏側と 1 つの表側で도・개・걸・윷・모の順で 1・2・3・4・5 の進み方をして先に駒が出たチームが勝つ.

으 ハングル母音字母「ㅡ」の名称.
으깨다【/w^ʌkkɛda/】 ⓗ (立体物に力を加えて)押しつぶす; つぶす; 押しつぶす. ‖감자를 으깨다 ジャガイモをつぶす.
-으나語尾 ⇨ -나². ‖월급은 적으나 일은 편하다 給料は少ないが仕事は楽だ.
-으나마 語尾 ⇨ -나마².
-으나마나 語尾 ⇨ -나마나.
-으냐고 語尾 ⇨ -나고. ‖이사간 집은 넓으냐고 물어보았다 引っ越しした家は広いのかと聞いてきた.
-으냐는〔-으냐고 하는의 縮約形〕⇨ -냐는. ‖그 사람의 어떤 점이 좋으냐는 질문을 받았다 彼のどういうところがいいのかという質問を受けた.
-으니 語尾 ⇨ -니³.
-으니까 語尾 ⇨ -니까를 強めて言う語.
으드득 副 ⓗⓣ ❶ 非常に硬いものを力強く噛み砕く音: がりっと; ばりっと. ❷ 歯ぎしりをする音: ぎりりと. ‖이를 으드득 갈며 분해히다 ぎりりと歯噛みして悔しがる. **으드득-으드득** ⓗⓙ がりっ(と); ばりばり(と); ぎりり(と).
으드득-거리다【-꺼-】 ⓘ ① がりがり(ばりばり)と音を立てながら噛み砕く. ② ぎりりと歯噛みをする.

으뜸 /uˀtum/ ❶ 多くのものの中で一番優れているもの、または一番のもの; 一番; 最高; 頭。 ‖설면에서는 으뜸이다 滑面の面では最高だ。 ❷ 基本や根本になるもの。
으뜸-가다 自 一番だ; 最高だ; 上だ。 ‖마을의 으뜸가는 부자 村一番の金持ち。
으뜸-꼴 图 〈言語〉 基本形。
-으라고 語尾 ⇨ -라고². ‖애한테 빨리 먹으라고 재촉하다 子どもに早く食べるようはかす。
-으라니 語尾 ⇨ -라니.
-으라니까 語尾 ⇨ -라니까³. ‖전부 먹으라니까 싫다 全部食べてと言ったら嫌だって。
-으라면 語尾 ⇨ -라면². ‖지금 당장 갚으라면 갚아야지 今すぐ返済しろと言うなら返済しないと。
-으라면서 語尾 ⇨ -라면서².
-으라지 語尾 ⇨ -라지².
-으란 語尾 ⇨ -란².
-으란다 語尾 ⇨ -란다².
-으래 語尾 ⇨ -래².
-으래서 語尾 ⇨ -래서².
-으래요 語尾 ⇨ -래요².
-으랴 語尾 ⇨ -랴.
-으러 語尾 ⇨ -러.
으레 副 ❶ 決まって; 必ず; いつも; 間違いなく。 ‖모험에는 으레 위험이 따르기 마련이다 冒険にはいつも危険がつきものだ。 일요일에는 으레 늦게 일어난다 日曜日は決まって遅く起きる。 ❷ 言うまでもなく; 当然。
-으려 語尾 ⇨ -려.
-으려거든 語尾 ⇨ -려거든.
-으려고 語尾 ⇨ -려고.
-으려기에 語尾 ⇨ -려기에.
-으려나 語尾 ⇨ -려나.
-으려네 語尾 ⇨ -려네.
-으려느냐 語尾 ⇨ -려느냐.
-으려는가 語尾 ⇨ -려는가.
-으려는데 語尾 ⇨ -려는데.
-으려는지 語尾 ⇨ -려는지.
-으려니와 語尾 ⇨ -려니와.
-으려다가 語尾 ⇨ -려다가.
-으려도 語尾 ⇨ -려도.
-으려면 語尾 ⇨ -려면.
-으려면야 語尾 ⇨ -려면야.
-으려무나 語尾 ⇨ -려무나.
-으려오 語尾 ⇨ -려오.
-으련다 語尾 ⇨ -련다.
-으렴 語尾 ⇨ -렴.
-으렵니-까 [-렴-] 語尾 ⇨ -렵니까.
-으렵니다 [-렴-] 語尾 ⇨ -렵니다.
으로 /ulo/ 助 〔子音で終わる体言に付いて; 母音で終わる子音の場合は로〕 ❶ 目的や方向を表わす: …に; …へ。 ‖집으로 돌아가다 家に帰る。

산으로 놀러 가다 山へ遊びに行く。 ❷ 目的地への経路を表わす: …を。 ❸ 通過する位置を表わす: …から。 ‖문틈으로 볕빛이 새어 나오다 戸の隙間から明かりが漏れる。 ❹ 変化の結果を表わす: …に。 ‖카페로 꽃집으로 바뀌었다 カフェが花屋に変わった。 앞쪽으로 앉다 前の方に座る。 사장으로 취임하다 社長に就任する。 ❺ 理由・原因・変化の対象を表わす: …で。 ‖맹장염으로 입원하다 盲腸炎で入院する。 빈 깡통으로 저금통을 만들다 空き缶で貯金箱を作る。 ❻ 材料・道具などを表わす: …から; …で。 ‖크레용으로 색을 칠하다 クレヨンで色を塗る。 ❼ 資格などを表わす: …として。 ‖학생으로 참가하다 学生として参加する。 ❽ 一定の時・時間を表わす。 ‖이 프로젝트도 올 여름으로 끝난다 このプロジェクトも今年の夏で終わる。
으로-하여금 助 ⇨ 하여금.
으로-부터 助 ⇨ 로부터.
으로-서 助 ⇨ 로서.
으르다 他 [르変] 脅かす; 脅す; 怖がらせる; 威嚇する。 ‖위협적인 말투로 으르다 威圧的な言い方で脅す。
으르렁 副 〈하自〉 ❶ 獣のうなる様子〔うなり声〕。 ❷ いがみ合う様子; がみがみ言い合う様子。 **으르렁-으르렁** 〈하自〉
으르렁-거리다 自 ① 〔獣が〕うなる。 ‖사자가 으르렁거리다 ライオンがうなる。 ② いがみ合う; 対立する。
으름 アケビの実。
으름-덩굴 图 〈植物〉 アケビ(木通)。
으름장 图 言葉と行動of脅かすこと; 脅し; 威嚇; 脅迫。 ▶ 으름장을 놓다 脅す; 威嚇する。
-으므로 語尾 ⇨ -므로.
으˘변칙˘활용 (-變則活用) 【-치콰룡】 图 〈言語〉 = 으 불규칙 활용(-不規則活用)。
으˘불규칙˘용언 (-不規則用言) 【-칭농-】 語尾 으変則用言。 +크다・쓰다・모으다など。 韓国の学校文法では認めていない。
으˘불규칙˘활용 (-不規則活用) 【-치콰룡】 图 〈言語〉 으変則活用。 +用言の語幹の으が母音の前で脱落する活用。 바쁘다→바빠、 쓰다→써など。 韓国の学校文法では認めていない。
-으세요 語尾 ⇨ -세요.
으스대다 自 威張る。 ‖일 등 했다고 으스대다 1位になったと威張る。
으스러-뜨리다 他 砕きつぶす。
으스러-지다 自 ❶ 〔硬いものが〕砕ける; つぶれる。 ❷ 〔骨が〕砕ける; 〔皮膚・肉が〕つぶれる。 ‖뼈가 어스러지다 骨が砕ける。
으스러-트리다 = 으스러뜨리다.
으스름 〈하形〉 光などがおぼろなこと。
으스름-달 [-딸] 图 おぼろ月。

으스름-달밤【-빰】图 おぼろ月夜.

으스스囲匣寒さや恐ろしさに,身の毛がよだつように感じる様子: ぞっと; ぞくぞく(と). ‖으스스 한기가 느껴지다 ぞくぞく(と)寒気を覚える.

으슥-하다[-ㅅㄲ-]囫[하않] 不気味なほど奥まっている: ひっそり(と)している; ひっそり(と)静まり返っている.

으슬-으슬囲匣寒気を感じる様子: ぞくぞく. ‖열이 있는지 몸이 으슬으슬하다 熱があるのか体がぞくぞくする.

으슴푸레囲匣光・明かりなどが薄明るい様子. ‖으슴푸레 밝아 오는 아침 하늘 うっすらと明るくなってくる朝の空.

으시대다〔目〕 으스대다の誤り.

으쓱¹囲匣急に寒気や恐怖を感じて体がすくむ様子.

으쓱²囲匣気取ったり肩をそびやかす様子. ‖어깨를 으쓱하다 肩をそびやかす.

으쓱-하다囫[하않]囲匣

으쓱-거리다[-대다]〔-거[때]〕〔他〕(肩を)そびやかす; 気取る; 威張る.

으아〔感〕❶幼児の泣き声:わん. ❷感嘆して出す声:ああ; やあ; わあ.

으악〔感〕驚いた時や人を驚かす時に出す声:わっ. ‖으악 하고 비명을 지르다 わっという悲鳴を上げる.

으앙〔感〕幼児の泣き声:わん; おぎゃあ; あ. **으앙-으앙**〔感〕

으응〔感〕❶(友人や目下の者に対して)了解や承諾の意を表わす語: うん; そう. ‖으응, 그럴게 うん,そうする. ❷曖昧に答える時や反問する時に発する語: ううん; ああ; え. ‖으응, 그래? え, そう? ❸気に入らない時やいらだしい時に発する語: えい; ううん; ちぇ. ‖으응, 아니라니까 ええい, 違うってば.

으흐흐囲匣わざと陰険に笑う声: うふふ. ‖으흐흐 소리를 음흉하게 웃다 うふうふと陰険そうに笑う.

윽박-지르다[-빡짜-]〔他〕[르変]頭ごなしに叱り込める; 押さえつける; どやしつける. ‖이유도 없이 학생들을 윽박지르다 理由もなく学生たちをどやしつける.

은¹ (銀)图〔鉱物〕图 シルバー.
은² (殷)图〔姓〕殷(ウン).
은³/un/題尾❶(子音で終わる体言に付いて; 母音の場合は는)…は. ‖오늘은 날씨가 좋다 今日はいい天気だ. 남동생은 중학생이다 弟は大学生だ. 이 사전은 어휘가 빈약하다 この辞書は語彙が不十分だ. 너랑은 말하고 싶지 않다 君とは話したくない. 지금은 서울에 있다 今はソウルにいる. 아직은 아이라 아직도 아이다. 돈은 없지만 시간은 있다 お金はないが, 時間はある. 그 사람이 그런 말을 할 줄은 몰랐다 あの人がそんなことを言うとは思わなかった. ❷〔…은 아니다の形で〕…ではない. ‖그렇

611

게 유능한 사람은 아니다 そんなに有能な人ではない. 유명한 곳은 아니나 有名なところではない. ❸〔…은 못 된다の形で〕…にはなれない. ‖대기업 사장은 못 되었지만 중소기업 사장 정도는 되겠지요 大企業の社長にはなれないだろうが, 中小企業の社長くらいならなれるでしょう. 회사원은 되고 싶지 않다 会社員にはなりたくない.

-은題尾❶〔ㄹ以外の子音で終わる動詞の語幹に付いて; 母音およびㄹ語幹の場合は-ㄴ〕過去連体形を作る. ‖어제 먹은 피자는 맛있었다 昨日食べたピザはおいしかった. ❷〔ㄹ以外の子音で終わる形容詞の語幹に付いて; 母音およびㄹ語幹の場合は-ㄴ〕現在連体形を作る. ‖높은 산 高い山. 좁은 방 狭い部屋.

-은들題尾 ⇨-ㄴ들.

은거 (隱居)图〔하않〕隱居. ‖은거 생활 隱居生活.

은공 (恩功)图 恩惠と功労; 恩. ‖은공을 잊지 않다 恩を忘れない.

은광¹ (恩光)图 ❶天からの雨や露の惠み. ❷目上の人や神の恩恵.

은광² (銀鑛)图 銀鉱石.

은근-하다 (慇懃-)囫[하않] ❶慇懃だ. ‖은근한 태도 慇懃な態度. ❷いぶし銀だ. ‖은근한 매력 いぶし銀の魅力. ❸密だ. **은근-히** 은근히期待する.

은닉 (隱匿)图〔하않〕隠匿. ‖은닉 행위 隱匿行為.
은닉-죄 (隱匿罪)【-죄/-쮀】图〔法律〕隱匿罪.

은덕 (恩德)图 恩徳.

-은데題尾 ⇨-ㄴ데².

은-도금 (銀鍍金)图〔하않〕銀めっき.

은둔 (隱遁・隱遯)图〔하않〕隱遁(⅛). ‖은둔 생활 隱遁生活.

은막 (銀幕)图 銀幕. ‖은막의 여왕 銀幕の女王.

은-메달 (銀medal)/unmedal/ 图 銀メダル.

은-물결 (銀-)【-껼】图 月光が映って銀色に見える波.

은밀-하다 (隱密-)囫[하않] 隱密(⅛)だ; 内密だ. **은밀-히**囲

은박 (銀箔)图 銀箔.
은박-지 (銀箔紙)【-짜】图 アルミホイル; アルミ箔.

은반 (銀盤)图 銀盤.

은-반지 (銀-半指)图 銀の指輪.

은발 (銀髮)图 銀髮. ‖은발의 노신사 銀髮の老紳士.

은방울-꽃 (銀-)【-꼳】图〔植物〕スズラン(鈴蘭).

은-백색 (銀白色)【-쌕】图 銀白色.

은본위제 (銀本位制)图〔経〕銀本位制.

은-비녀 (銀-)图 銀製のかんざし.

은-빛 (銀-)【-삗】圀 銀色.

은사¹ (恩師) 圀 恩師.

은사² (銀絲) 圀 銀糸.

은사³ (恩賜) [하他]【歷史】恩賜.

은사⁴ (恩赦) [하他]【歷史】恩赦.

은상 (恩賞) 圀 恩賞.

은색 (銀色) 圀 銀色.

은-세계 (銀世界)【-게】圀 銀世界; 雪景色.

은-수저 (銀-) 圀 銀製のさじと箸.

은신 (隱身) [하他] 身を隱すこと.

은신-처 (隱身處) 圀 隱れ場所.

은어¹ (銀魚) 圀【魚介類】アユ(鮎).

은어² (隱語)【言語】隱語.

은연-중 (隱然中) 〔主に은연중에の形で〕知られñがずに; 隱然たる中に; それとなく. ∥은연중에 속뜻을 내비치어 그렇게나く말をほのめかす.

은유 (隱喩) [하他] =은유법(隱喩法).

은유-법 (隱喩法)【-뻡】圀【文芸】隱喩法. メタファー.

은은-하다 (隱隱-) /ununhada/ [하变] 濃くなく奥深くて品がある; 奥ゆかしい. ∥은은한 멋 奥ゆかしい趣. 은은한 향기 かすかな香り. **은은-히** 凰

은인 (恩人) 圀 恩人. ∥생명의 은인 命の恩人.

은-장도 (銀粧刀) 圀 銀装飾を施した女性用の小刀.

은제 (銀製) 圀 銀製. ∥은제 식기 銀製食器.

은-종이 (銀-) 圀 銀紙.

-은지 語尾 ⇨ -ㄴ지.

은총 (恩寵) 圀 恩寵.

은-커녕 凰 …はおろか. ∥반성은커녕 도리어 소리를 치다 反省はおろかかえって大声を上げる.

은-테 (銀-) 圀 銀縁. ∥은테 안경 銀縁眼鏡.

은퇴 (隱退)【-/-퉤】[하自] 引退.

은폐 (隱蔽)【-/-페】圀 [하他] 隱蔽(㥞). ∥사실을 은폐하다 事実を隱蔽する. **은폐-되다** 受動

은하 (銀河) 圀【天文】銀河.

은하-계 (銀河系)【-/-게】圀【天文】銀河系.

은하-수 (銀河水) /unhasu/ 圀 天の川.

은행¹ (銀行) /unɦeŋ/ 圀 銀行; バンク. ∥은행에 돈을 찾으러 가다 銀行にお金を下ろしに行く. 한국의 중앙은행은 한국 은행이다 韓国の中央銀行はソウル銀行である. 골수 은행 骨髓バンク. 은행장 銀行の頭取.

은행-권 (銀行券)【-꿘】圀 銀行券.

은행-원 (銀行員) 圀 銀行員.

은행² (銀杏) /unɦeŋ/ 圀 銀杏.

은행-나무 (銀杏-) 圀【植物】イチョウ(銀杏)の木.

은혜 (恩惠) /unhe/ 【-/-혜】圀 恩惠; 恩. ∥은혜를 입다 恩惠をこうむる. 은혜를 베풀다 恩惠を施す. 부모님 은혜 親の恩.

은혼-식 (銀婚式) 圀 銀婚式. ✥結婚 25周年を祝って行なう式.

은화 (銀貨) 圀 銀貨.

은-회색 (銀灰色)【-훼-】圀 銀色を帯びた灰色.

을¹ (乙) 圀 (十干の)乙(ぉっ); 乙(きのと). ∥갑을 甲乙.

을² /ul/ 助詞 〔子音で終わる体言に付いて; 母音の場合は를〕 ❶ …を. ∥술을 마시다 酒を飲む. 대학을 졸업하다 大学を卒業する. 산을 넘어가다 山を越えていく. ❷ …が. ∥나는 가을을 좋아한다 私は秋が好きだ. 시간을 모르겠다 時間が分からない. 운전할 수 있나요? 運転ができますか. ❸ …に. ∥전차를 타다 電車に乗る. 선생님을 만나다 先生に会う. 서울에 있는 대학을 가다 ソウルにある大学に行く. 나는 형을 많이 닮았다 私は兄にかなり似ている. ❹ 사람을 따라서 가다 人についていく. 〔動作性名詞に付いて〕 …(し)に. ∥여행을 가다 旅行に行く. 병문안을 가다 お見舞いに行く. 출장을 가다 出張する. ❺ 〔…을 위하여・…을 위해서の形で〕 …のために. ∥가족을 위하여 일하다 家族のために働く.

-을³ /ul/ 語尾 ❶ 推測・予定・意志・可能性・現状などの意を表わす; …する; …であろう. ∥돈은 아마 안 받을 것이다 お金はたぶん受け取らないだろう. 앉을 자리가 없다 座ることができない. ❷ 時間を表わす名詞の前に用いられる. ∥웃을 때가 좋을 때마다 笑う時が良い時だ. 밥을 먹을 시간이 없다 ご飯を食べる時間がない. ❸ 수・리・뿐などの依存名詞の前に用いられる. ∥그 사람은 내 얘기를 듣고 있을 뿐이었다 彼は私の話を聞いているだけであった. 웃을 수밖에 없다 笑うしかない.

-을걸 【-껄】語尾 ⇨ -ㄹ걸.
-을게 【-께】語尾 ⇨ -ㄹ게.
-을까 語尾 ⇨ -ㄹ까.
-을래 語尾 ⇨ -ㄹ래.
-을망정 語尾 ⇨ -ㄹ망정.

을미-사변 (乙未事變) 圀【歷史】1895年に日本の刺客が景福宮を襲撃して王妃の明成皇后を殺害した事件.

-을뿐더러 …だけでなく; …のみならず. ∥몸에도 좋을뿐더러 가격도 싸 口においしいだけでなく値段も安い.

을사-조약 (乙巳條約)【-싸-】圀【歷史】乙巳保護条約(1905年).

-을수록 語尾 ⇨ -ㄹ수록.

을씨년-스럽다【-따】形【ㅂ変】(天気が曇って薄ら寒い); (雰囲気などが)荒涼としてもの寂しい.

을종 (乙種)【-쫑】 图 甲·乙·丙·丁に分類した時の乙種.

읊다 [음따] 他 詠む. ‖시를 읊다 詩を詠む.

읊-조리다 [음쪼-] 他 吟じる; 吟詠する. ‖시를 한 수 읊조리다 詩を1首吟じる.

음¹ (音) 图 ❶ 音. ❷ 漢字音. ❸《音樂》

음² (陰) 图 ❶《物理》陰極. ❷《易学》で》陽に対して消極的で受動的な面. ❸《漢方》成分や体質などを陰陽説で捉えた時に消極的で冷たいこと. ㊉陽(陽).
▸음으로 양으로 陰に陽に. 선생님께서 음으로 양으로 도와주셨다 先生が陰になり日向になり助けてくださった.

음³ (嗯) 感 相手が言ったことに肯いたり, 悩む時に出される声: ううん; んー. ‖응, 글쎄ん-, そうだわね.

-음 語尾 ㄹ以外の子音で終わる用言の語幹につく名詞形語尾. ‖믿음 信じること. 밝음 明るさ.

음가 (音價)【-까】 图《言語》音価.소릿값.

음각 (陰刻) 图 《他《美術》陰刻. ㊉양각(陽刻).

음감 (音感) 图 音感. ‖절대 음감 絶対音感.

음경 (陰莖)【-/-께】图《解剖》陰茎.

음계 (音階)【-/-게】 图《音樂》音階.

음극 (陰極)【-끅】 图《物理》陰極. ㊉양극(陽極).

음기 (陰氣)【-끼】 图 ❶ 陰気. ❷《漢方》体内の陰の気. ㊉양기(陽氣).

음낭 (陰囊) 图《解剖》陰囊.

음달 (陰-) 图 日陰. ㊉양달(陽-).

음담-패설 (淫談悖說) 图 猥談; 卑語で下卑た話.

음덕¹ (陰德) 图 陰徳.

음덕² (蔭德) 图 祖先の徳; 余徳.

음독¹ (音讀)【-똑】图《他 音読. ㊉묵독(默讀)·훈독(訓讀).

음독² (飲毒)【-똑】 图《他 服毒自殺. ‖음독자살 服毒自殺.

음란 (淫亂)【-난】 图《他形 淫乱. ‖음란 비디오 アダルトビデオ.

음량 (音量)【-냥】 图 音量.

음력 (陰曆)【uummnjok/-녁】 图 旧曆. ㊉양력(陽曆).

음료 (飲料)【-뇨】 图 飲料; 飲み物.

음료-수 (飲料水)【uː.mnjosu/-뇨-】图 飲料水; 飲み水; 飲み水. ‖시원한 음료수 冷たい飲み物.

음률 (音律)【-뉼】 图《音樂》音律.

음매 感 牛や子牛の鳴き声: モウモウ.

음모¹ (陰毛) 图 陰毛.

음모² (陰謀) 图《他 陰謀. ‖음모를 꾸미다 陰謀を企む.

음미 (吟味) 图《他 吟味; 味わうこと.

음반 (音盤) 图 音盤; レコード盤. ㊉레코드판.

음복 (飲福) 图《他 法事や祭祀の後, お酒や料理などの供え物を分けて食べること; 直会(なおらい).

음부 (陰部) 图 陰部.

음산-하다 (陰散-) 形《하変》 ❶ (天気が) 暗くて薄ら寒い. ❷ (雰囲気などが) 暗くてものさびしい; うら寂しい. ‖음산한 뒷골목 風景 うら寂しい裏通の風景.

음색 (音色) 图 音色. ‖음색이 곱다 音色がきれいだ.

음성¹ (音聲)【uːmsʌŋ】 图 音声; 声. ‖귀에 익은 음성 耳慣れた声. 음성이 좋다 声がいい.

음성-다중-방송 (音聲多重放送) 图 音声多重放送.

음성-언어 (音聲言語) 图《言語》音声言語. ㊉문자 언어 (文字言語).

음성-학 (音聲學) 图《言語》音声学.

음성² (陰性) 图 陰性. ㊉양성(陽性). ‖음성 반응 陰性反応.

음성-모음 (陰性母音) 图《言語》韓国語の母音の中で「ㅓ·ㅔ·ㅕ·ㅖ·ㅜ·ㅟ·ㅡ」などの母音. ㊉양성 모음(陽性母音).

음소 (音素) 图《言語》音素.

음속 (音速) 图《物理》音速.

음수 (陰數) 图《数学》負数. ㊉양수(陽數).

음순 (陰脣) 图《解剖》陰脣.

음습-하다 (陰濕-)【-스파-】形《하変》陰湿だ.

음식 (飲食)【uːmʃik】 图 食べ物; 料理. ‖음식을 많이 만들다 料理をたくさん作る. 음식이 입에 안 맞다 料理が口に合わない. 매운 음식 辛い食べ物.

음식-물 (飲食物)【-싱-】图 飲食物; 食べ物.

음식-점 (飲食店)【-쩜】图 飲食店; 食堂.

음악 (音樂)【uːmak】 图 音楽. ‖좋아하는 음악 好きな音楽. 클래식 음악 クラシック音楽. 영화 음악 映画音楽.

음악-회 (音樂會)【으마꾀/으마꿰】 图 音楽会.

음양 (陰陽) 图 ❶ 陰陽. ‖음양의 조화 陰陽の調和. ❷〔主に음양으로の形で〕色々な面で.

음양-도 (陰陽道) 图 陰陽道.

음양-오행설 (陰陽五行說) 图 陰陽五行説.

-음에도 語尾 ⇨ -ㅁ에도.

음역¹ (音域) 图 音域. ‖음역이 넓은 가수 音域の広い歌手.

음역² (音譯) 图《他 音訳.

음영 (陰影) 图 陰影.

음욕 (淫慾) 图 淫欲.

음운 (音韻) 图 音韻.

음운-론 (音韻論)【-논】 图《言語》

음울-하다 (陰鬱-) 形 [하에] 陰鬱だ.
韻512.
음융-하다 (陰融) 形 [하에] 陰鬱だ.
음유~시인 (吟遊詩人) 名 《文芸》 吟遊詩人.
음-이온 (陰 ion) 名 《物理》 陰イオン; マイナスイオン. 逆양이온(陽-).
음자리-표 (音-標) 名 《音楽》音部記号. ∥높은 음자리표 ト音記号.
음-전극 (陰電極) 名 《物理》 陰極. 逆양전극(陽電極).
음-전기 (陰電氣) 名 《物理》 陰電気. 逆양전기(陽電氣).
음-전자 (陰電子) 名 《物理》 陰電子. 逆양전자(陽電子).
음절 (音節) 名 《言語》音節.
음절~문자 (音節文字) [-짜] 名 《言語》音節文字.
음정 (音程) 名 《音楽》 音程. ∥음정을 맞추다 音程を合わせる.
음조 (音調) 名 音調.
음주 (飲酒) 名 [하자] 飲酒. ∥음주 운전 飲酒運転.
음지 (陰地) 名 ❶日陰. 逆양지(陽地). ❷ [比喩的に] 恵まれない環境.
음지~식물 (陰地植物) [-싱-] 名 陰地植物; 陰生植物.
-음직스럽다 [-쓰-따] 接尾 [ㅂ変] ⇨ -ㅁ직스럽다.
-음직하다 [-지카-] 接尾 [하에] ⇨ -ㅁ직하다.
음질 (音質) 名 音質. ∥음질이 깨끗하고 音質がクリアで.
음치 (音癡) 名 音痴.
음침-하다 (陰沈-) 形 [하에] 陰気だ. ∥음침한 목소리 陰気な声.
음탕-하다 (淫蕩-) 形 [하에] 淫らだ; ふしだら.
음파 (音波) 名 《物理》 音波.
음표~문자 (音標文字) [-짜] 名 《言語》 =표음 문자(表音文字).
음풍-농월 (吟風弄月) 名 [하자] 風と明るい月を相手に詩歌を作り楽しむこと.
음핵 (陰核) 名 《解剖》 陰核.
음향 (音響) 名 《音響》. ∥음향 효과 音響効果.
음험-하다 (陰險-) 形 [하에] 陰険だ. ∥음험한 수법 陰険な手口.
음훈 (音訓) 名 《言語》 音訓.
음흉-스럽다 (陰凶-) 形 [ㅂ変] 陰険そうだ. **음흉스레** 副
음흉-하다 (陰凶-) 形 [하에] 陰険だ; 陰気で企みが多い. ∥음흉한 웃음 陰険な笑い.
읍¹ (邑) 名 《行政》 地方行政単位の一つ.
읍² (揖) 名 [하자] 挨拶の一つ(胸の前で両手を組んで顔の上げ腰を前に丁寧に屈して伸ばしながら手を下げる).
-읍니까 語尾 -습니까の誤り.
-읍니다 語尾 -습니다の誤り.

-읍시다 [-씨-] 語尾 ⇨ -ㅂ시다. ∥같이 먹읍시다 一緒に食べましょう. 같이 찾읍시다 一緒に探しましょう.
응 /ɯŋ/ 感 ❶同年輩や目下の者に答えたり、答えを促す時に出す声: うん; あぁ; そう. ∥응, 알았어 うん, 分かった. ❷同年輩や目下の者の言動が気に入らない時に不服の意を表わす: ううん; ふん. ∥응, 그게 아니라 ううん, そうじゃなくて.
응가 名 〔幼児語で〕うんち, または排便とこと.
— 感 子どもに排便をさせる時の声: うんうん.
응결 (凝結) 名 [하자] 凝結.
응고 (凝固) 名 [하자] 凝固. ∥피가 응고되다 血が凝固する.
응급 (應急) 名 [하자] 応急; 救急. ∥응급 조치 応急措置.
응급-실 (應急室) [-씰] 名 病院の救急処置をする部屋.
응급~치료 (應急治療) 名 応急手当. 逆구급 치료(救急治療).
응낙 (應諾) 名 [하자] 応諾; 承諾. ∥쾌히 응낙하다 快く承諾する.
응답 (應答) 名 日答. 逆양답(陽-).
응답 (應答) 名 [하자] 応答; 返答. ∥질의응답 質疑応答.
응당 (應當) 副 当然. ∥응당 해야 할 일 当然すべきこと.
응대¹ (應對) 名 [하자] 応対.
응대² (應待) 名 [하자] 応接; 接待. ∥따뜻한 응대를 받다 暖かい接待を受ける.
응모 (應募) /ɯːnmo/ 名 [하자] 応募. ∥현상에 응모하다 懸賞に応募する. 응모 자격 応募資格.
응분 (應分) 名 応分; 相応; 分相応. ∥응분의 대가 分相応の代価.
응석 名 [하자] (子どもが) 甘えること. ∥응석을 부리다 (子どもが)甘える; 甘ったれる.
응석-꾸러기 名 甘えん坊.
응석-받이 [-바지] 名 甘ったれな子.
응소 (應訴) 名 [하자] 《法律》 応訴.
응수¹ (應酬) 名 [하자] 応酬.
응수² (應手) 名 [하자] 応手.
응시¹ (應試) 名 [하자] 受験. ∥대입 응시생 大学受験生.
응시² (凝視) 名 [하자] 凝視; 見据えること. ∥상대방을 응시하다 相手を凝視する.
응애-응애 副 赤ん坊の泣き声: おぎゃあおぎゃあ.
응어리 名 しこり; (心の中の)わだかまり. ∥마음의 응어리가 풀리다 わだかまりが解ける.
응어리-지다 自 しこりができる; わだかまりできる.
응얼-거리다 [-대다] 自他 人が聞き取れないことを口の中でぶつぶつ言う.
응용 (應用) /ɯːnjoŋ/ 名 [하자] 応用.

응원(應援) 응용 문제 応用問題. 응용언어학 応用言語学. **응용-되다** 受動

응원-단(應援團) 応援団.
응원-가(應援歌) 応援歌.
응전(應戰) 自他 応戦.
응접(應接) 自他 応接; もてなし.
응접-실(應接室) [-씰] 応接室; 客間.
응집(凝集) 自他 凝集. ‖ 모두의 힘을 응집하다 全員の力を凝集する. **응집-되다** 受動
응징(膺懲) 自他 膺懲(ょぅちょぅ); 懲らしめること.
응찰(應札) 自他 応札. ‖ 응찰 가격 応札価格.
응축(凝縮) 自他 凝縮. ‖ 현재의 심정을 응축한 한마디 今の心境を凝縮した一言. **응축-되다** 受動
응축-기(凝縮器) [-끼] 物理 凝縮器.
응축-열(凝縮熱) [-충녈] 物理 凝縮熱.
응-하다(應-) 自 [하変] 応じる. ‖요구에 응하다 要求に応じる. 도전에 응하다 挑戦に応じる.
응혈(凝血) 自他 凝血.
의¹ ハングル母音字母「ㅢ」の名称.
의²(義) 義を守ること.
의³(誼) 情誼; よしみ; 仲.
의⁴ /ui/ 助 …の. ‖어머니의 반지 母の指輪. 한국의 경제 문제 韓国の経済問題. 할아버지의 한국 방문 祖父の韓国訪問. 상부로부터의 명령 上層部からの命令. 우리의 소원 我らの願い. 아이들의 꿈 子どもたちの夢. 나의 친구 心の友. 언론의 자유 言論の自由.
의거-하다(依據-) 自 [하変] 依拠する; よる; 基づく; 根拠とする. ‖규정에 의거해서 처벌하다 規定によって処罰する. 원칙에 의거하다 原則に基づく.
의견(意見) /ui:gyən/ 意見; 見解. ‖의견을 듣다 意見を聞く. 의견을 말하다 意見を述べる. 다수의 의견에 따르다 多数の意見に従う.
의결(議決) 自他 議決. ‖만장일치로 의결하다 満場一致で議決する. **의결-되다** 受動
의결-권(議決權) [-꿘] 法律 議決権.
의결^기관(議決機關) 議決機関.
의과^대학(醫科大學) [-꽈-] 医科大学; 医学部.
의관(依舊) 衣冠.
의구¹(依舊) 形 (自然が)昔と変わらないこと.
의구²(疑懼) 自他 疑懼(ぎく).
의구-심(疑懼心) 疑懼の念; 疑念. ‖의구심을 갖다 疑念をいだく.
의국(醫局) 医局.
의기(義氣) 義気.
의기-소침(意氣銷沈) 自他 形 意気消沈.
의기-양양(意氣揚揚) 自他 形 意気揚揚. ‖의기양양하게 意気揚々と.
의기-충천(意氣衝天) 自他 意気衝天.
의기-투합(意氣投合) 自他 意気投合.
의-남매(義男妹) 他人同士だが, 兄弟の契りを結んだ兄妹または姉弟.
의논(議論) 自他 相談; 話し合い.
의당(宜當) 当然. ‖의당 해야 할 일 当然すべきこと.
의대(醫大) 〔의과 대학(醫科大學)의 略語〕医科大学; 医学部.
의도(意圖) /ui:do/ 自他 意図. ‖의도한 것의 반도 못 하다 意図したことの半分もできない. 적의 의도를 알아채다 敵の意図を見抜く.
의도-적(意圖的) 意圖的. ‖의도적인 접근 意図的な接近.
의례(儀禮) ❶儀礼. ❷形式や格式だけを備えた礼儀. ‖의례적인 인사 儀礼的な挨拶.
의-롭다(義-) 形 [ㅂ変] 正義感がある; 正義感が強い. ‖의로운 사람 正義感のある人. **의로이** 副
의뢰(依賴) /uirwe/ 自他 [/-뤼/] 依頼. ‖강연을 의뢰하다 講演を依頼する. **의뢰-받다** 受動
의뢰-서(依賴書) 依頼書.
의뢰-심(依賴心) 依頼心.
의뢰-인(依賴人) 依頼人.
의뢰-자(依賴者) 依頼者.
의료(醫療) /uirjo/ 医療. ‖의료 기관 医療機関. 의료 사고 医療事故.
의료^보험(醫療保險) 医療保険.
의료-비(醫療費) 医療費.
의류(衣類) /uirju/ 衣類; 衣料.
의리(義理) 義理. ‖의리를 지키다 義理を立てる. 의리가 없다 義理を欠く.
의무¹(義務) /ui:mu/ 義務. ‖⑦권리(權利). 의무를 다하다 義務を果たす. 납세의 의무 納税の義務.
의무-감(義務感) 義務感.
의무^교육(義務敎育) 義務教育.
의무²(醫務) 医務.
의문(疑問) /uimun/ 自他 疑問. ‖의문을 갖다 疑問をいだく. 의문에 답하다 疑問に答える. 의문을 떨쳐 버릴 수 없다 疑問をぬぐい切れない. 이번 시험에 합격할 수 있을지 의문이다 今度の試験に合格するかどうか疑問だ.

의문^대명사(疑問代名詞)【명】《언어》 疑問詞.

의문-문(疑問文)【명】《언어》 疑問文.

의문-부(疑問符)【명】 疑問符; クエスチョンマーク(?).

의문-시(疑問視)【명】〔타〕 疑問視.

의문-점(疑問點)【명】 疑問点.

의뭉-스럽다【ㅡ따】【형】【ㅂ변】 見かけによらず腹黒いところがある. **의뭉스레** 【부】

의뭉-하다【형】【하연】 見かけによらず腹黒い.

의미(意味)/ui:mi/【명】〔타〕 意味. ‖이 단어는 무슨 의미입니까? この単語はどういう意味ですか. 의미도 없이 웃다 意味もなく笑う. 역사적 의미를 갖다 歷史的意味を持つ. 저 미소는 뭘 의미할까? あの微笑みは何を意味するのだろう. 좋은 의미든 나쁜 의미든 어느 쪽에도 쓰인다 いい意味でも悪い意味でも, どのての意味にも使われる. 그 사람 말을 틀린 것은 아니다 ある意味では, 彼の言っていることは間違いではない. 의미가 없는 일 意味のないこと.

의미-론(意味論)【명】《언어》 意味論.

의미심장-하다(意味深長ー)【형】【하연】 意味深長だ. ‖의미심장한 한마디 意味深長な一言. 의미심장한 발언 意味深長な発言.

의병(義兵)【명】 義兵.

의병^제대(依病除隊)【명】〔자〕《軍事》 現役の軍人が病気などによって予定より早く除隊すること.

의복(衣服)【명】 衣服; 服.

의붓-딸【ㅡ붇ㅡ】【명】 繼娘.

의붓-아들【ㅡ부ㅡ】【명】 繼息子.

의붓-아버지【ㅡ부ㅡ】【명】 繼父.

의붓-어머니【ㅡ부ㅡ】【명】 繼母.

의붓-자식(ー子息)【명】【분자ㅡ】 繼子.

의사^1(義士)【명】 義士.

의사^2(意思)/ui:sa/【명】 意思. ‖의사 통일을 꾀하다 意思統一を図る. 의사를 밝히다 意思を述べる.

의사-소통(意思疏通)【명】〔자〕 意思の疎通.

의사^3(擬死)【명】《動物》 擬死.

의사^4(議事)【명】 議事.

의사-당(議事堂)【명】 議事堂. ‖국회 의사당 国会議事堂.

의사-록(議事錄)【명】 議事錄.

의사-봉(議事棒)【명】 国会などで議長が開会・議案の上程・可決・否決・閉会などを宣言する時にテーブルを叩くもの.

의사^5(醫師)/uisa/【명】 医師; 医者. ‖의사 면허 医師免許.

의상(衣裳)【명】 衣裝. ‖민족 고유의 의상 民族固有の衣裳.

의상-실(衣裳室)【명】 女性服の仕立屋.

의서(醫書)【명】 医書.

의석(議席)【명】 議席.

의성-어(擬聲語)【명】《언어》 擬声語. ⑩의태어(擬態語).

의수(義手)【명】 義手. ⑩의족(義足).

의술(醫術)【명】 医術.

의식^1(意識)/uisik/【명】〔타〕 意識. ‖남의 눈을 의식하다 人の目を意識する. 여성들을 의식해서 만든 제품 女性を意識して作った製品. 의식을 잃다 意識を失う. 의식을 회복하다 意識を取り戻す. 연대 의식이 희박하다 連帶意識が薄い. 죄의식 罪の意識.

의식-불명(意識不明)【불ㅡ】【명】 意識不明.

의식-적(意識的)【ㅡ쩍】【명】 意識的. ⑦무의식적(無意識的). ‖의식적인 행동 意識的な行動.

의식-화(意識化)【ㅡ시콰】【명】〔타연〕 意識化.

의식^2(儀式)【명】 儀式; 式典; セレモニー. ⑩예식(禮式).

의식주(衣食住)【ㅡ쭈】【명】 衣食住.

의심(疑心)/uisim/【명】〔타〕 疑心; 疑い. ‖의심을 품다 疑心をいだく. 너를 의심하고 있는 것이 아니다 君を疑っているわけではない. 다들 그 사람이 범인이라고 의심하고 있다 皆が彼を犯人だと疑っている. 나는 내 눈을 의심했다 私は自分の目を疑った. 의심을 살 만한 행동을 하다 疑いを買うような行動をする. 의심이 풀리다 疑いが晴れる. 의심의 여지가 없다 疑いをさしはさむ余地がない.

의심-받다【ㅡ닫따】【자】

의심-스럽다(疑心ー)【ㅡ따】【형】【ㅂ변】 いぶかしい; 疑わしい; 怪しい; 怪しいところがある. ‖그 사람 말에는 몇 가지 의심스러운 점이 있다 彼の話にはいくつかいぶかしい点がある. **의심스레**【부】

의심-쩍다(疑心ー)【ㅡ따】【형】【ㅂ변】 疑わしい; 怪しい. ‖의심쩍은 말투 怪しい言い方.

의아-하다(疑訝ー)【형】【하연】 いぶかしい; 疑わしい; 何かがおかしい; 変なところがあって納得がいかない.

의안^1(義眼)【명】 義眼.

의안^2(議案)【명】 議案.

의약(醫藥)【명】 医薬. ‖의약 분업 医薬分業.

의약-품(醫藥品)【명】 医薬品.

의역(意譯)【명】〔타연〕 意訳. ⑦직역(直譯).

의연(義捐)【명】〔타연〕 義捐.

의연-금(義捐金)【명】 義捐金.

의연-하다^1(依然ー)【형】【하연】 依然としている; 前と変わらない. ‖구태의연하다 旧態依然としている.

의연-하다^2(毅然ー)【형】【하연】 毅然としている. ‖의연한 태도 毅然たる態度.

의외(意外) /ui:we/【-/-ㅞ】图 意外. ∥의외의 성과 意外な成果. 이야기 내용은 의외로 심각했다 話の内容は意外に深刻だった.

의욕(意欲) /ui:jok/图 意欲. やる気. ∥의욕이 넘쳐흐르다 意欲が溢れ出る. 의욕에 불타다 意欲に燃える. 의욕을 잃다 意欲を失う. 창작 의욕 創作意欲. 의욕이 안 생기다 やる気がわかない.

의욕-적(意欲的)【-쩍】图 意欲的. ∥의욕적인 태도 意欲的な態度.

의용(義勇) 图 義勇.
의용-군(義勇軍) 图 義勇軍.
의원¹(醫院) 图 医院.
의원²(議院) 图 議院.
　의원`내각제(議院内閣制)【-쩨】图 議院内閣制. ⑱ 내각 책임제(内閣責任制).
의원³(議員) /uiwon/ 图 議員. ∥국회 의원 国会議員. 대의원 代議員.
　의원-면직(依願免職) 图 依願免職.
의의(意義) /ui:i/【-/-이】图 意義. ∥의의 있는 일 意義のある仕事. 역사적인 의의 歴史的な意義.
의인(義人) 图 義人.
의인-법(擬人法)【-뻡】图 《文芸》擬人法.
의인-화(擬人化) 图 하動 擬人化.

의자(椅子) /uidʒa/ 图 椅子. ∥의자에 앉다 椅子に座る. 의자가 두 개 모자라다 椅子が2つ足りない. 안락의자 安楽椅子. 흔들의자 ロッキングチェア.

의장¹(意匠) 图 意匠. デザイン.
　의장-권(意匠權)【-꿘】图 《法律》意匠権.
　의장`등록(意匠登録)【-녹】图 意匠登録.
의장²(議長) 图 議長. ∥국회 의장 国会議長.
　의장-단(議長團) 图 議長団.
의장-대(儀仗隊) 图 儀仗隊.
의장-병(儀仗兵) 图 儀仗兵.
의적(義賊) 图 義賊.
의전(儀典) 图 儀典.
의절(義絶) 图 하動 義絶; 勘当.
의젓-하다【-젇타-】[形] 落ち着いている; 鷹揚(おうよう)だ. ∥의젓한 태도 鷹揚な態度.
의정(議定) 图 하動 議定.
　의정-서(議定書) 图 議定書. ∥의정서를 체결하다 議定書を締結する.
　의정-안(議定案) 图 議定案.
의제(議題) 图 議題. ∥의제로 올리다 議題に上げる.
의족(義足) 图 義足. ⓐ의수(義手).
의존(依存) /uidʒon/ 图 하動 依存. ∥원료의 대부분을 외국에 의존하고 있다 原料の大半を外国に依存している. 의존심이 강하다 依存心が強い.
의-좋다(誼-)【-조타】[形] 仲がいい; 仲睦まじい. ∥의좋은 형제 仲のいい兄弟.
의중(意中) 图 意中. ∥의중을 떠보다 意中を探る.
의지(意志) /ui:dʒi/ 图 意志. ∥의지가 강한 사람 意志の強い人. 의지력으로 끝까지 밀고 나가다 意志の力で最後まで押し進める. 자유 의지 自由意志.
　의지-박약(意志薄弱) 图 (形) 意志薄弱.
의지-하다(依支-) /uidʒihada/ 自他[하変] ❶もたれる. ❷ 頼る. ∥부모에게 의지하다 両親に頼る.
의처-증(疑妻症) 图 《医学》妻の行動を異常に疑う変態的な性格や病的な疾状.
의탁(依託·依托) 图 하他 依託.
의태-어(擬態語) 图 《言語》 擬態語. ⓐ의성어(擬聲語).
의표(意表) 图 意表. ∥의표를 찌르다 意表をつく.
의-하다(依-) /uihada/ 自[하変] ❶よる. ∥과다 복용에 의한 부작용 服用過多による副作用. ❷ 基づく. ∥법에 의해 처벌을 받다 法に基づいて処罰を受ける.
의학(醫學) 图 医学. ∥동양 의학 東洋医学. 임상 의학 臨床医学. 의학 박사 医学博士.
　의학-적(醫學的)【-쩍】图 医学的.
의향(意向) 图 意向. ∥의향을 묻다 意向を尋ねる.
의협(義俠) 图 義俠.
　의협-심(義俠心)【-씸】图 義俠心; 男気(おとこぎ).
의-형제(義兄弟) 图 義兄弟.
의혹(疑惑) 图 하動 疑惑. ∥의혹이 생기다 疑惑が生じる. 의혹을 사다 疑惑を招く. 의혹에 싸여 있다 疑惑にも包まれている.
의회(議會) /uihwe/【-/-ㅞ】图 議会.
　의회`정치(議會政治) 图 議会政治.
　의회-주의(議會主義)【-/-ㅟ-이】图 議会主義.
이¹ ハングル母音字母「ㅣ」の名称.
이² /i/ 图 ❶(人や脊椎動物などの)歯. ∥이를 닦다 歯を磨く. 이가 나다 歯が生える. 이가 빠지다 歯が抜ける. ❷(皿や道具などの)歯; 縁(ふち); 刃. ∥이가 나가다 刃がこぼれる. ▸이(가) 갈리다 (悔しさで)歯ぎしりする. ▸이를 갈다 歯ぎしりする. ∥이를 갈며 분해하며 歯ぎしりして悔しがる. ▸이를 악물다 歯を食いしばる. ▸이 없으면 잇몸으로 산다 [실지] 《俚》「이 없으면 잇몸으로 산다(歯がなければ歯茎で生きる)」の意で)必要なものがなくても何とかな

이³ (昆蟲) 名 シラミ(虱). ▶이 잡듯이 샅샅이.
이⁴ (利) 名 利益; 利得.
이⁵ (李) 名 (姓) 李(イ).
이⁶ (里) 名 (行政) 最も小さい行政区域.
이⁷ (理) 名 理.
이⁸ (E·e) 名 (アルファベットの)イー.
이⁹ 冠 [이것의略語] これ. ∥이와 같다 これと同じ.
이¹⁰ (二·貳) /i/ 数 二. ∥일, 이, 삼 1,2,3. 이 더하기 삼은 오다 2足す3は5である.
— 冠 (E·e) 名 ∥이월 2月. 이 학년 2年生. 이 개월 2か月.
이¹¹ /i/ 代 [この…] ∥이 책 この本. 이 점에 대해서 この点について.
— 冠 [이것의縮約形] これ. ∥이도 저도 아니다 あれでもこれでもない. 이와 같은 모양 これと同じ形.
이¹² /i/ 助 [子音で終わる体言に付いて;母音の場合は가] ❶…が. ∥여동생이 전화를 하고 있다 妹が電話をしている. 선생님이 화를 내다 先生が怒る. 고향이 그립다 故郷が懐かしい. 물이 마시고 싶다 水が飲みたい. ❷[疑問文などで新しい話題として]…は. ∥이름이 무엇입니까? お名前は何ですか. 생일이 언제입니까? 誕生日はいつですか. ❸…이 되다(の形で)…になる. ∥봄이 되다 春になる. 내년에 딸이 중학생이 된다 来年娘が中学生になる. ❹[…이 아니다(の形で)]…ではない. ∥내가 꿈꾸던 생활이 아니다 私が夢見ていた生活ではない. 우리 사정을 이해해 줄 사람이 아니다 私どもの事情を理解してくれる人ではない. ❺[넘다·모자라다などの動詞文で]数量을 표시한다. ∥학생수가 삼 만 명이 넘는 대학생 学生数が3万人を超える大学. 돈이 오만 원이 모자라다 お金が5万ウォン足りない.
이¹³ 依名 …人. ∥저기 서 있는 이 あそこに立っている人.
-이¹⁴ 接尾 ❶[一部の名詞に付いて]その特徴を持つ人であることを表わす. ∥덜렁이 慌て者. 멍청이 間抜け; あほう. ❷[子音で終わる固有名詞に付いて]語調を整える. ∥희영이가 왔다갔다 熙瑛が来たりきたり(寄っていった).
-이¹⁵ /i/ 接尾 ❶[一部の動詞の語幹に付いて]使役動詞を作る. ∥먹이다 食べさせる. 죽이다 殺す. ❷[一部の動詞の語幹に付いて]受身動詞を作る. ∥놀이다 置かれる. 덮이다 覆われる. ❸[一部の動詞に付いて]名詞を作る. ∥놀이 遊び. 먹이 えさ. ❹[一部の形容詞に付いて]名詞を作る. ∥깊이 深さ. 넓이 広さ. ❺[一部の形容詞に付いて]副詞を作る. ∥높이 高く. 많이 たくさん; 多く. ❻[一部の名詞に付いて]副詞を作る. ∥날날이 毎日, 점점이 点々と.

이간 (離間) 名 (する他) 離間.
이간-질 (離間-) 名 (する他) 仲違いさせること. ∥지역 주민들을 이간질하다 地域住民を仲違いさせる.
이-갈이 名 歯が生え変わること.
이감 (移監) 名 (する他) 移監. 이감-되다 名
이-거 /igo/ [이것의縮約形] これ; これは. ∥이거 얼마예요? これはいくらですか. 이거보다 저게 더 좋아 보인다 これよりあれがよさそうだ.
이거나¹ 助 ⇒거나¹. ∥말이거나 아들이거나 상관없다 女の子でも男の子でもかまわない.
-이거나 語尾 ⇒-거나².
이거나와¹ 語尾 ⇒-거나와¹.
-이거나와² 語尾 ⇒-거나와².
이거든 助 …であるなら; …は.
이건¹ /igon/ [이것은의縮約形] これは. ∥이건 누구 책이야? これは誰の本なの. 이건 너무한다 これはひどい.
이건² [이거나의縮約形]⇒것⁸.
이건마는 助 …であるが; …だが; …でありながら. ∥부자이건마는 구두쇠다 かなりお金持ちだが, けちだ.
이건만 助 이건마는의縮約形.
이걸 /igol/ [이것을의縮約形] これを; これ. ∥이걸 사고 싶어 これを買いたい. 이걸로 하겠습니다 これにします.
이-것 /igot/ [-건] 代 ❶これ. 助 ❷これは. ∥이것이 제 최신작입니다 これが私の最新作です. 제 것은 이것입니다 私のはこれです. 이것만은 안 된다 これだけは駄目だ. ❸こいつ; この子. ∥이것이 너무 말을 안 듣는다 こいつあまりにも言うことをきかない. 내가 이것 때문에 살고 있어 私はこの子があるから生きていけます; この子は私の生き甲斐です.

이것-저것 [-걷쩌걷] 名 あれこれ. ∥이것저것 필요한 것을 샀습니다 あれこれ必要なものを買いました.
이게 /ige/ 代 [이것이의縮約形] ❶これが; これは. ∥이게 뭐예요? これは何ですか. ❷こいつが; こいつには. ∥이게 꽤 건방지게 이야기하더라 かなり生意気だな.
이견 (異見) 名 異見.
이경 (二更) 名 二更(夜9時から11時まで).
이고 /igo/ 助 ❷2つ以上の事柄を対等に並べる……で. ∥여기가 내 방이고 저기가 남동생 방이다 ここが私の部屋であそこが弟の部屋だ. ❷2つ以上の事柄を並べ立てる. ∥…도 …도. ∥밥이고 빵이고 먹을 게 아무것도 없다 ご飯もパンも, 食べものが何もない.
이고말고 助 …であるとも; …だとも. ∥좋은 사람이고말고 いい人だとも.

이골 圐 ある方面やことに慣れきっていること. ▶이골이 나다 あることに完全に慣れている;あることをうんざりするほど長く続けている.

이-곳 /igot/ 【-곤】 때 ここ. ‖이곳에 사는 사람들 ここに住んでいる人々.

이공-계 (理工系) 【-/-게】 圐 理系と工学系.

이과 (理科) 【-꽈】 圐 理科. ㉠문과 (文科)

이관[1] (耳管) 【-꽌】 圐 (解剖) 耳管;エウスタキオ管.

이관[2] (移管) 【-꽌】 圐 他동 移管. **이관-되** 自受身

이교 (異敎) 圐 異敎.
  이교-도 (異敎徒) 圐 異敎徒.

-이구나 어미 ㄸ㊀⇒-구나[2].

이구-동성 (異口同聲) 圐 異口同音.
  ‖이구동성으로 답하다 異口同音に答える.

이국 (異國) 圐 異國.
  이국-적 (異國的) 【-쩍】 圐 異國的. ‖이국적인 정서 異國情緒.

이권 (利權) 【-꿘】 圐 利權.

이그러-지다 圁 일그러지다의 誤り.

이글 (eagle) 圐 (ゴルフで) イーグル.

이글-거리다 囼 ❶ (火が) かっかと燃え上がる. ❷ (怒りなどに) 燃える. ‖분노로 이글거리는 눈빛 怒りに燃えている目.

이글-이글 【-/-리】 圓 自動 ❶ (火が) かっかと燃え上がる様子. ‖숯불이 이글이글 타오르다 炭火がかっかとおこっている. ❷ (情熱·怒りなどが) 燃え上がる様子.

이기 (利己) 圐 利己. ㉠이타 (利他).
  이기-심 (利己心) 圐 利己心.
  이기-적 (利己的) 圐 利己的;自己中心的. ‖이기적인 사람 自己中心的な人.
  이기-주의 (利己主義) 【-/-이】 圐 利己主義. ㉠이타주의 (利他主義).

이기[1] (利器) 圐 利器. ‖문명의 이기 文明の利器.

이기[2] 어미 助詞이다の名詞形. ‖사윗감은 의사이기를 바라다 婿候補は医者(である)ことを望む.

이기는 圁他 이기다 (勝つ)の現在連体形.

이기다[1] /igidá/ 圁他 ❶ 勝つ;打ち勝つ;負かす;勝利する. ㉠지다. ‖시합에서 이기다 試合で勝つ. ‖말레이시아를 일 점차로 이겼다 マレーシアに1点差で勝った. ❷ (感情や欲望などを) 抑える;堪える. ‖유혹을 이기지 못하고 먹어 버리다 誘惑に勝てずに食べてしまう. ❸ (병이나 병気などに) 耐える. ‖병을 이기다 病気に耐える. 여러움을 이겨 내다 困難を克服する.

이기다[2] 囼 (土や粉などを) こねる;練る. ‖밀가루를 이기다 小麦粉をこねる.

❷ みじん切りにしてたたく.

이기다 囼 ⇒기로[2]. ‖아무리 사장이기로 그런 말을 해서는 안 된다 社長だとはいえ、そういうことを言ってはいけない.
  이기로서니 囼 ⇒기로서니.

이기에[이겨에] 自他 이기다 (勝つ)の連用形.

이기에 囼 ⇒기에. ‖지금은 학생이기에 학업에 전념하고 싶습니다 今は学生なので学業に専念したいです.

이기-작 (二期作) 圐 二期作.

이긴 圁他 이기다 (勝つ)の過去連体形.

이길 圁他 이기다 (勝つ)の未来連体形.

이-까짓 【-낃】 圐 これしきの…;このくらいの…. ㉠요까짓·까짓. ‖이까짓 일로 고민하다니 これくらいのことで悩むなんて.

이-깟 【-깓】 圐 이까짓の縮約形.

이끌다 /íkkulda/ 囼 【ㄹ語幹】 이끌어, 이끄는, 이끌면 ❶ 引く;引っ張る;連れる. ‖두 아이를 이끌고 일자리를 찾아 나서다 2人の子供を連れて職探しに出かける. ㉠데리다;率いる. ❷ 導く;率いる. ‖성공으로 이끌다 成功に導く.

이끌-리다 圁 〔이끌다の受身動詞〕 ❶ 引かれる;引っ張られる. ‖아버지 손에 이끌리어 가다 父に手を引かれて行く. ❷ (心)が惹(ひ)かれる. ❸ 熱心な姿に心に余りに이끌리다 一生懸命な姿に心を惹かれる.

이끼 (植物) コケ(苔). ‖이끼가 끼는 돌 苔が生える. 이끼가 낀 바위 苔むした岩.

이나 /iná/ 囼 〔子音で終わる体言に付いて;母音の場合は-나〕 ❶ …でも. ‖시간도 있으니까 쇼핑이나 해야겠다 時間もあるから買い物でもする. ❷ …くらい;…なら. ‖아이들이나 좋아할 과자 子どもなら喜びそうなお菓子. 열 명이나 모일까？10人くらい集まるかな. ❸ …も. ‖한 달에 책을 열 권이나 읽는다 1か月に本を10冊も読む. ❹ …であるが. ‖직함은 전문 연구원이나 월급은 없다 肩書は専門研究員であるが、給料はない.

이-나마[1] 囼 (それほどよくはないが これ) だけ(でも);これすら(も).

이나마[2] 囼 ⇒나마[1]. ‖이것이나마 지고 갈래? これでも持っていく?

이남 (以南) 圐 以南. ㉠이북. ❷ 韓国.

이내[1] (以內) 圐 以內;内. ‖십 일 이내에 제출할 것 10日以内に提出すること.

이내[2] (時間的に) すぐ;たちまち;直ちに. ‖자리에 눕자 이내 잠이 들었다 横になってすぐ寝入った. ❷ (空間的) の近くに;すぐ.

이내[3] 〔文語として〕 나의を強めて言う語.

이냐 囼 ⇒냐[1].

이냐고 囼 ⇒냐고[1]. ‖한국 사람이냐

이냐는 〔이냐고 하는 縮約形〕⇨ 나는¹. ‖한국 문화의 특징이 무엇이냐는 질문을 받아 韓国文化の特徴は何なのかという質問を受けた.

이-낭 このまま; この状態で.
이낭-저낭 どうにかこうにか.
이-네 この人たち.
이-년 〔이 여자(女子)를 욕하는 말〕(ののしる言い方で)このあま.
이념 (理念) 理念. ‖교육 이념 教育の理念. 전인 교육의 이념을 내걸다 全人教育の理念を掲げる.

이놈 (離農) 離農.
이-놈 〔이 남자(男子)를 욕하는 말〕(ののしる言い方で)この野郎.
이농 (離農) 離農.
이뇨 (利尿) 〖한의〗 利尿. ‖이뇨 작용 利尿作用.
이뇨-제 (利尿剤) 〖薬〗 利尿剤.
이는 〘⇦ㄹ語幹〙 일다(起こる)の現在連体形.

이니¹ ⇨ 니¹. ‖일요일이니 놀러 가자 日曜日だから遊びに行こう.
이니까 이니¹을 強めて言う語.
이니² 이니¹. ‖무슨 일이니? 何事なの.
이니셔티브 (initiative) 图 イニシアチブ; 主導権.
이니셜 (initial) 图 イニシャル; 頭文字.
이닝 (inning) 图 〖野球〗 イニング; 回.
이다¹ /ida/ 〘타〙 ❶ 〔頭上に〕載せる. ‖머리에 짐을 이다 頭に荷物を載せる. ❷〔比喩的に〕いつも; 一年中眼をいだいている山. ‖일년 내내 눈을 이고 있는 산 一年中雪をいただいている山. 흰 구름을 이고 있는 산들 白雲をいただいている山々.

이다² 〘타〙 葺(ふ)く. ‖초가지붕을 이다 藁屋根を葺く.

이다³ /ida/ 〘⇦子音で終わる体言に付けて;母音の場合は다〙 …だ; …である. ‖한국의 수도는 서울이다 韓国の首都はソウルである. 한국의 제이의 도시는 부산이다 韓国の第2の都市は釜山である. 삼 더하기 사는 칠이다 3足す4は7だ. 내일은 쉬는 날이다 明日は休みの日だ. 언니는 중학교의 영어의 선생님이다 姉は中学校の英語の先生である. 한국의 어린이날은 오월 오일이다 韓国の子どもの日は5月5日である.

이다⁴ 〘…이다 …이다の形で〙 …やら …やら. ‖떡이다 과일이다 엄청 먹었다 餅やら果物やらいっぱい食べた.

이-다음 この次; 今度. ⓘ이담. ‖이 다음은 뭐지? この次は何だっけ.
이-다지 こんなにまで; これほど.
이단 (異端) 異端.
이단-시 (異端視) 〖하타〗 異端視.
이단-자 (異端者) 異端者.
이단⁻평행봉 (二段平行棒) 〖体操〗 (の)段違い平行棒.

이-달 /idal/ 图 今月. ‖이달 중에 신제품이 나온다 今月中に新製品が出る. 이달에는 출장이 두 번이나 있다 今月は出張が2回もある. 이달로 책방에서의 아르바이트가 끝난다 今月で本屋でのアルバイトが終わる. 이달 초에 今月の初めに. 이달 말에 今月の末に.

이-담 이다음의 縮約形.
이당-류 (二糖類) 【-뉴】 〖化学〗 二糖類.
이-대로 このまま; このように.
이더구나 〘종〙 ⇨ 더구나. ⓘ이더군. ‖알아보니까 거짓말이더구나 調べてみたらうそだったの.
이더군 이더구나의 縮約形.
이더냐 〘종〙 ⇨ 더냐. ‖어떤 사람이더냐? どういう人だったの.
이더니 〘종〙 ⇨ 더니. ‖얌전한 사람이더니 많이 변했다 おとなしい人だったが、ずいぶん変わった.
이더니라는 〘종〙 이더니를 強めて言う語.
이더라 〘종〙 ⇨ 더라¹. ‖만나 보니까 괜찮은 사람이더라 会ってみたらいい人だったよ.
이더라도 〘종〙 ⇨ 더라도¹.
이던데 〘종〙 ⇨ 던데¹.
이던지 〘종〙 ⇨ 던지. ‖얼마나 끔찍한 상황이던지 지금 생각해도 소름이 끼친다 どれほどすさまじい状況だったのか、今思い出しても鳥肌が立つ.

이데올로기 (Ideologie ᴰ) 图 イデオロギー.
이동¹ (異動) 图 異動. ‖인사 이동 人事異動.
이동² (移動) /idoŋ/ 〖하자타〙 移動. 移すこと; 移ること. ‖왼쪽으로 이동해 주십시오 左の方に移動してください. 병력을 이동시키다 兵力を移動させる.
이동-되다 〘자〙
이동-도서관 (移動図書館) 图 移動図書館. ⓒ순회도서관(巡廻図書館).
이동-성 (移動性) 【-썽】 图 移動性. ‖이동성 고기압 移動性高気圧.
이동-식 (移動式) 【-씩】 图 移動式.
이동-통신 (移動通信) 图 移動通信.
이두 (吏讀・吏頭) 图 〖言語〗 吏読(읍); 吏吐.
이두-박근 (二頭膊筋) 【-끈】 图 〖解剖〗 二頭膊筋; 上腕二頭筋.
이득 (利得) 图 利得. ‖부당 이득 不当利得.
-이든¹ 〘종〙 ⇨ 든¹.
-이든² 〘어미〙 ⇨ 든².
이든지 〘종〙 ⇨ 든지¹.
-이든지² 〘어미〙 ⇨ 든지².
이듬-해 /idɯmhɛ/ 图 翌年.
이등 (二等) 图 2等; 2番; 2位.

이등-병 (二等兵) 圀《軍事》二等兵.
이등변^삼각형 (二等邊三角形)【-가켱】圀《数学》二等辺三角形.
이-등분 (二等分) 명 하타 二等分.
이따가 /i²taga/ 囝 後ほど; 後で. ⑩이따. ‖이따가 또 전화할게 後でまた電話する.
이따금 /i²tagɯm/ 囝 時たま; 時折; 時々; ちょくちょく. ‖이따금 어깨에 통증을 느낀다 時折肩に痛みを感じる.
이-따위 代園 こんなもの; こんな. ‖이따위는 필요 없다 こんなのは要らない.
이때-껏 [-낃] 囝 今まで; 今に至るまで.
이라¹ 働 ⇨ 라¹. ‖너무 느린 사람이라 답답하다 あまりにものろい人だから, じれったい.
이라² 働 이라고의 略語.
이라고 働 ⇨ 라고¹. ⑩이라. ‖고향이 부산이라고 했다 故郷が釜山だと言って. 눈에 좋은 약이라고 해서 사왔다 目にいい薬だと言うから買ってきた.
이라느니 働 ⇨ 라느니.
이라는 働 ⇨ 라는.
이라니¹ 働 ⇨ 라니¹.
-이라니² 語尾 ⇨ -라니².
이라니까 働〔이라고 하니까의 縮約形〕⇨ 라니까.
이라도 働 ⇨ 라도¹.
-이라도 語尾 ⇨ 라도².
이라든지 働 ⇨ 라든지.
이라며 働 이라면서의 縮約形.
이라면 働 ⇨ 라면².
이라면서 働 ⇨ 라면서.
이라서 働 ⇨ 라서. ‖사정을 아는 사람이라서 의논을 했다 事情を知っている人だから相談をした.
이라손 働〔…이라손 치더라도의 形で〕…であっても.
이라야 働 ⇨ 라야¹. ‖꼼꼼한 사람이라야 이 일을 할 수 있다 几帳面な人でなければこの仕事はできない.
이라야만 이라야를 強めて言う語.
이라지 働 ⇨ 라지¹.
이라크 (Iraq) 圀《国名》イラク.
이란¹ (Iran) 圀《国名》イラン.
이란² 働 ⇨ 란⁴.
이란다 働〔이라고 한다의 縮約形〕⇨ 란다¹. ‖한국 사람이란다 韓国人だそうよ. 가장 중요한 건 돈이 아니라 건강이란다 最も重要なのはお金ではなく健康なの.
이란성^쌍생아 (二卵性雙生兒) 圀 二卵性双生児.
이랄 働 ⇨ 랄¹.
이랍니까 [-람-] 働 ⇨ 랍니까¹.
이랍니다 [-람-] 働 ⇨ 랍니다¹.
이랍시고 [-씨-] 働 ⇨ 랍시고.
이랑¹ 働 ⇨ 랑¹. ‖빵이랑 과자랑 パンやらお菓子やら.

이랑² 畝(ん). ‖밭이랑 畑の畝.
이래 (以来) 圀 以来; (…て) 以来. ‖유사 이래 有史以来.
이래¹〔이리하여·이리하여의 縮約形〕こうして; このようにして.
이래²〔이라고 해의 縮約形〕⇨ 래¹. ‖대학생이래 大学生だって.
이래도 ❶〔이러하여도의 縮約形〕こういうふうにも. ❷〔이리하여도의 縮約形〕こういうふうにしても; ここまでしても.
이래라-저래라〔이리하여라 저리하여라의 縮約形〕ああしろこうしろ.
이래서¹ 働 ⇨ 래서¹.
이래서²〔이리하여서의 縮約形〕こうして; こういうふうで. ❷〔이러하여서의 縮約形〕こうだから; こんなんだから.
이래서야 ⇨ 래서야¹.
이래야¹ こういうにしたら; こういうふうにすれば; こうしてはじめて. こういうふうにすれば勝つ.
이래야² ⇨ 래야¹. ‖재산이래야 낡은 집이 한 채 있을 뿐이다 財産と言っても古い家が1軒あるだけだ.
이래요 ⇨ 래요¹. ‖대학생이래요 大学生だそうです.
이래-저래 どうやらこうやら; あれこれの理由で; あれやこれや. ‖은행에서 돈을 찾아서 이래저래 다 써 버렸다 銀行からお金を下ろしてあれこれで全部使ってしまった.
이랬다-저랬다 [-랟따~랟따]〔이리하였다가 저리하였다가의 縮約形〕ああしたりこうしたり; 気まぐれに. ‖하루에도 몇 번 마음이 이랬다저랬다 한다 一日に何度も気持ちが揺れる.
이러고〔이리하고의 縮約形〕こういうふうにして.
이러고-저러고〔이러하고 저러하고의 縮約形〕どういうの; 何と言っても.
이러나-저러나 とにかく. ‖이러나저러나 합격해야 할텐데 とにもかくにも合格しないといけないんだが.
이러니-저러니〔이러하다느니 저러하다느니의 縮約形〕なんだかんだ; どうのこうの. ‖이러니저러니 해도 제 집이 최고다 なんだかんだ言っても自分の家が一番だ.
이러다¹ 働 이러다가의 略語.
이러다² /irəda/ 固〔이리 하다의 縮約形〕こうする. ‖이러지도 저러지도 못하다 にっちもさっちも行かない.
이러다가 こうしていては; こんな有り様では. ⑩이러다. ‖이러다가 큰일나겠다 こうしていては大変なことになる.
이러면 働 이러하면의 縮約形.
이러므로 こうなので; こういうわけで.
이러이러-하다 刓《하変》これこれだ; しかじかだ. ‖이야기의 내용은 이러이러하다 話の内容はしかじかだ.
이러저러-하다 刓《하変》そんなこんな

이러쿵-저러쿵 /irokʰuŋdʑʌrokʰuŋ/ 副(하다) あれやこれや; ああだこうだと. ‖今更になって いまさら いまさら いまさら いまさら いまさら いまさら ‖이제 와서 이러쿵저러쿵 말하는 건 좋지 않다 今更あれこれや言うのはよくない.

이러-하다 形 [하연사] こうだ; この通りだ. 圈이렇다.

이러하면 副 こうしたら; こうすれば. 圈이렇다.

이러면 副 こうすると.

이럭-저럭 【-쩌-】 副 ❶そうこうしているうちに; いつの間にか. ❷なるがままに; 何とか. ‖이럭저럭 지낼 만하다 何とかやっていけそうだ.

이런¹ /iron/ 冠 ❶このような…; こんな…. ‖기업은 이런 사원을 원한다 企業はこのような社員を望む. 이런 일로 울면 안 돼 こんなことで泣いては駄目だよ.

이런² 感 思いがけないことや気の毒なことを聞いたり見たりした時に発する語; あら; まあ; おやおや. ‖이런, 우산을 갖고 오는 걸 잊어 버렸네 あら, 傘を持ってくるのを忘れちゃった.

이런-대로 副 (満足ではないが)まあまあ; それなりに.

이런-즉 副 [이러한즉의縮約形] こういうわけで; こうなって.

이렇다 /irotʰa/ 【-러타】 形【ㅎ変】 [이러하다, 이러다의縮約形] ❶ 이야기의 결말은 이렇다 話の結末はこうだ. 이렇게 늦을 리가 없다 こんなに遅れるはずがない.

이렇-듯 【-러튼】 [이러하듯의縮約形] こうであるように; このように.

이렇듯-이 【-러트시】 [이러하듯이의 縮約形] こうであるように; このように; この通りに.

이레 名 7日; 7日間.
이렛-날 【-렌-】 名 7日の日.

이력〈履歴〉/irjʌk/ 名 ❶履歴; 経歴. ‖이력을 쌓다 経歴を積む. ❷ たくさんの経験から得たこと.

이력-서〈履歴書〉 【-써】 名 履歴書.

이런마는 副 ⇒ 런마는.

이런만 副 ⇒ 런만.

이례〈異例〉名 異例. ‖이례의 사태 異例の事態.

이례-적〈異例的〉 冠 異例の. ‖이례적인 시청률을 기록한 드라마 異例的な視聴率を記録したドラマ. 이례적인 조치 異例的な措置. 이례적인 일 異例的なこと.

이로구나 助 [子音で終わる体言に付いて; 母音の場合は로구나] …を表わす; だなあ; だねえ. ‖벌써 삼월이로구나 もう3月だねえ.

이로도 【-ㅔ-】 助 ⇒ 로도¹.

이론¹〈異論〉名 異論.

이론²〈理論〉/iron/ 名 理論. ‖이론과 실천 理論と実践. 경제 이론 経済理論. 상대성 이론 相対性理論.

이론-가〈理論家〉 名 理論家.
이론-적〈理論的〉 冠 理論的.
이론-화〈理論化〉 名(하他) 理論化.

이-롭다〈利-〉/iroptʰa/ 【-따】 形【ㅂ変】 [이로워, 이로운] 有利だ; ためになる; 利する; いい. ‖적당한 운동은 건강에 이롭다 適当な運動は健康にいい.

이루¹〈二壘〉名 〈野球で〉2 壘.
이루-수〈二壘手〉名 〈野球で〉2 壘手; セカンド.
이루-타〈二壘打〉名 〈野球で〉2 壘打.

이루²〈耳漏〉名〈医学〉耳漏(ジロウ); 耳垂れ.

이루³ 副 [下に打ち消しの表現を伴って] すべて, 全部; いちいち. 到底. ‖이루 말할 수 없는 고통 到底言葉にできない苦痛.

이루는 冠 이루다(成す·成し遂げる)の 現在連体形.

이루다 /iruda/ 他 ❶ 成す; 作る; 作り上げる; 築く. ‖문전성시를 이루다 門前市を成す. 가정을 이루다 家庭を持つ. 성황을 이루다 盛況を呈する. 조화를 이루다 調和がとれる; 調和する. ❷ 遂げる; 成し遂げる; 実現する; 果たす; 達する. ‖목적을 이루다 目的を成し遂げる〔達成する〕. 오랜 꿈을 이루다 長年の望みを果たす. 잠을 이루지 못하다 眠れない.

이루어[이루워] 他 이루다(成す·成し遂げる)의 연용형.

이루어-지다 /iruədʑida/ 自 ❶ 成る; かなう; 成立する. ‖꿈이 이루어지다 夢がかなう. 협상이 이루어지다 話し合いが成立する. ❷ 結ばれる. ‖이루어질 수 없는 사랑 結ばれない恋; かなわぬ恋.

이룩-하다 /irukʰada/ 【-루카-】 他〔하変〕 成し遂げる; 達成する; 作り上げる. ‖한반도의 통일을 이룩하는 길 朝鮮半島の統一を成し遂げる道.

이룬 冠 이루다(成す·成し遂げる)의 과거연체형. ‖꿈을 이룬 사람들 夢を成し遂げた人々.

이룰 冠 이루다(成す·成し遂げる)의 미래연체형.

이류¹〈二流〉 名 二流.
이류²〈異類〉 名 異類.

이륙〈離陸〉名(하自) 離陸. 反착륙(着陸).

이륜-차〈二輪車〉名 二輪車.

이르는 冠 [르変] 이르다(着く·到達する)의 현재연체형.

이르다¹ /iruda/ 形 [르変] [일러, 이른] 早い. 反늦다. ‖포기하기에는 이르다 諦めるにはまだ早い. 이른 아침부터 早朝から; 朝早くから. 이른 봄 早春.

이르다² /iruda/ 自 [러変] [이르러, 이르는] 到る; 到達する; 到達する. ‖목적지에 이르다

目的地に着く。무사히 정상에 이르렀다 無事頂上に到達した。❷至る; 及ぶ; 達する。‖위급한 상황에 이르다 危急な状況に至る。나이 오십에 이르다 齢(よわい)50に至る。신의 경지에 이르다 神の境地に達する。인구가 백만 가까이에 이르다 人口が100万近くに達する。

이르다³ /iruda/ [르変] [일러, 이르는] 言う; 話す。‖여러 번 일렀는데도 말을 안 듣는다 何回も話したにもかかわらず言うことを聞かない。옛 사람이 이르되 古人が言うには。

이르다⁴ [르変] 告げ口する; 言いつける。‖선생님께 이르다 先生に言いつける。선배한테 이르다 先輩に告げ口する。

이르러 [르変] 이르다(着く·到着する)の連用形。

이른 [르変] 이르다(着く·到着する)の過去連体形。

이른 바 圖 いわゆる。‖이른바 수재라는 사람들이 다니는 학교 いわゆる秀才と言われる人たちが通っている学校。

이를 [르変] 이르다(着く·到着する)の未来連体形。

이를-테면 圖 例えば言えば; 言わば; 言うなれば。‖이를테면 한국의 미소라 히바리 같은 가수 例えば言えば韓国の美空ひばりのような歌手。

이름 /irum/ 图 名前; 名; 名称。‖이름이 뭐예요? お名前は何ですか。여기에 이름을 써 주세요 ここに名前を書いてください。역 이름을 잊어 버리다 駅の名前を忘れる。이름이 알려지다 名が知られる。이름을 대다 名を乗る。이름을 짓다 名前をつける。정의라는 이름하에 正義という名の元に。신제품의 이름 新製品の名称。▶이름을 날리다 名をとどろかす; 名をはせる。▶이름을 남기다 名を残す。▶이름을 팔다 名前や名声を利用する名を売る。▶이름(이) 없다 無名だ; 知られていない。이름 없는 가수 無名の歌手。▶이름(이) 있다 有名だ。이름 있는 가게 有名な店。

이름-씨 (言葉) 图 名詞。

이름-자 (-字) [-짜] 图 名を表わす字。

이름-표 (-標) [-표] 图 名札。‖이름표를 달다 名札をつける。

이리¹ 图 白子(しらこ)。

이리² (動物) 图 オオカミ (狼)。

이리³ /iri/ 圖 こちらへ; こっちへ。‖이리 와라 こちらにおいでよ。▶이리 뒤척 저리 뒤척 잠이 안 오다 寝返りばかり打っている様子。

이리-저리 圖 ①あちこち; あちらこちら。‖이리저리 뛰어다니다 あちこち走り回る。②あれこれと; あれやこれや。‖이리저리 핑계를 대다 あれやこれやと逃げ口上を並べる。

이리⁴ 圖 このように; こんなに。‖왜 이리 바쁠까? なんでこんなに忙しいんだろう。

이립 (而立) 图 而立。30歳。

이마 /ima/ 图 額; おでこ。‖이마가 넓은 額が広い。이마에 땀이 배이다 額が汗ばむ。

이마-빡 图 이마の俗語。

이마-빼기 图 이마の俗語。

이만 圖 これで; このくらいで; この辺で。‖이만 해 두자 このへんにしておこう。그럼 이만 물러가겠습니다 ではこの辺でお暇します。

이만-저만 (하形) [下に打ち消しの表現を伴って] ちょっとやっとのことではない様子; かなり; 相当。‖손해가 이만저만 아니다 ちょっとやっとの損害ではない。이만저만 바쁜 게 아니다 相当忙しい。

이-만큼 /imank'um/ 图 圖 これくらい; これほど。‖이만큼 먹을래요 これだけ食べます。강아지가 벌써 이만큼 컸다 犬がすでにこのくらい大きくなった。

이만-하다 形 [하変] このくらいだ; この程度だ; これくらいだ。‖이만하면 되겠어요? このくらいでいいですか。

이맘-때 图 今時分; 今頃。‖내년 이맘때 来年の今頃。

이맛-살 [-마쌀/-맏쌀] 图 額のしわ。‖이맛살을 찌푸리다 眉間(額)にしわを寄せる。

이메일 (email) 图 (IT) Eメール; 電子メール。

이며 圆 ⇨면¹。‖빵이며 과자며 パンやらお菓子やら。

이면¹ (裏面) 图 裏面; 裏側。㋠表面(表面)。‖이면에 쓰세요 裏面に書いてください。그 말의 이면에 있는 그 言の葉の裏面にあるもの。

이면-사 (裏面史) 图 裏面史。

이면-지 (裏面紙) 图 (コピーや印刷の)裏紙。

이면² 圆 ⇨면²。

이면서 圆 ⇨면서⁴。‖주부이면서 학생이다 主婦でありながら学生だ。

이명¹ (耳鳴) (医学) 图 耳鳴り。

이명² (異名) 图 異名。

이모 (姨母) /imo/ 图 おば(母の姉妹)。

이모-부 (姨母夫) 图 おばの夫。

이모-작 (二毛作) 图 二毛作。

이모-저모 图 色々な面; あれこれ。‖이 모저모 살펴보고 사다 あれこれ調べてから買う。

이모티콘 (emoticon) 图 (IT) 絵文字。

이목 (耳目) 图 耳目。▶이목을 끌다 人目を引く。

이목구비 (耳目口鼻) /i:mok̚k'ubi/ [-꾸-] 图 目鼻立ち; 顔立ち。‖이목구비가 뚜렷하다 目鼻立ちがはっきりしている。

이무기 伝説上の動物(呪いによって龍になれなかった大蛇).

이문(利文) 图 利鞘(½½); マージン. ‖이문을 남기다 利鞘を稼ぐ.

이물¹(船首) 图 船首; 舳先(¾¾). ⑳선수(船首). ⑪고물.

이물²(異物) 图 異物.

이므로 理由などを表わす: …だから; …なので. ‖학생이므로 학업에 전념해야 한다 学生だから学業に専念すべきだ.

이미 /imi/ 副 もう; すでに. ‖지금 시작해서는 이미 늦었다 今からではもう遅い. 그 일은 이미 알고 있다 そのことはすでに知っている. 이미 엎질러진 물이다 覆水盆に返らずだね.

이미지(image) 图 イメージ.

이미테이션(imitation) 图 イミテーション.

이민(移民) /imin/ 图 自 移民. ‖누나는 작년에 미국으로 이민 갔다 형은 작년 미국에 이민했다.

이-민족(異民族) 图 異民族.

이바지 하 貢献; 寄与. ‖나라에 이바지하다 国に貢献する.

이발(理髪) /i:bal/ 图 自 理髪; 散髪. ‖이발하러 가다 散髪しに行く.
　이발-관(理髪館) 图 理髪店; 床屋.
　이발-사(理髪師) 【-싸】 图 理髪師; 理容師.
　이발-소(理髪所) 【-쏘】 图 理髪店; 理容院; 床屋.

이방-인(異邦人) 图 異邦人.

이번(一番) /ibon/ 图 今回; 今度. ‖이번 여름에 해외여행을 간다 今度の連休에 海外旅行に行く. 이번 달 今月. 이번 주 今週.

이벤트(event) 图 イベント.

이변(異変) 图 異変. ‖이변이 생기다 異変が起こる.

이별(離別) /ibjəl/ 图 自 別れ; 離別. ‖작년에 그 사람하고 이별했다 去年彼と別れた. 생이별 生き別れ. 이별을 고하다 別れを告げる.
　이별-가(離別歌) 图 別れの歌; 離別の歌.
　이별-주(離別酒) 【-쭈】 图 別れの酒; 離別の酒.

이복(異腹) 图 異腹; 腹違い; 異母. ‖이복형제 異腹兄弟.

이-봐 感 [이 보아의 縮約形] おい. ‖이봐, 어디 가는가? おい, どこへ行くんだ.

이부¹(二部) 图 二部. ‖이부 합창 二部合唱.

이부²(異父) 图 異父.

이부-자리 图 掛け布団と敷き布団の総称. ‖이부자리를 깔다 布団を敷く.

이부-작(二部作) 图 二部作. ‖이부작 드라마 二部作のドラマ.

이부-제(二部制) 图 (学校や工場などで)授業や操業などを午前・午後の昼間・夜間の二部に分けて行なう制度.

이북(以北) 图 ❶以北 ❷北朝鮮.

이분¹(二分) 图 他 二分.
　이분-법(二分法)【-뻡】图 二分法.

이-분²(異-) 图 異分.

이-분자(異分子) 图 異分子.

이불 /ibul/ 图 布団; 掛け布団. ‖이불을 개다 布団を畳む. 이불을 깔다 布団を敷く. 여름 이불 夏布団.
　이불보(-褓)【-뽀】 图 布団を包む大きなふろしき.

이비인후-과(耳鼻咽喉科)【-꽈】 图 耳鼻咽喉科.

이빨 /i'pal/ 图 ❶[이²의 俗語]歯. ❷動物の歯.

이사(理事) 图 理事.
　이사-국(理事國) 图 理事国. ‖상임 이사국 常任理事国.
　이사-회(理事會)【-훼】 图 理事会.

이사(移徙) /isa/ 图 自 引っ越し; 転居. ‖서울로 이사 가다 ソウルに引っ越しする. 새로 이사한 곳을 알리다 新しい引っ越し先を知らせる.

이-사분기(二四分期) 图 第二四半期.

이삭 图 穂; 落ち穂.
　이삭-줍기【-쭙끼】图 他 落ち穂拾い.

이산(離散) 图 自 離散.
　이산-가족(離散家族) 图 離散家族.

이-산화(二酸化) 图〔化学〕二酸化.

이삿-짐(移徙-)【사짐/삳찜】图 引っ越し荷物. ‖이삿짐 센터 引っ越しセンター.

이상¹(以上) /i:saŋ/ 图 以上. ⑪이하(以下). ‖칠십 점 이상이면 합격이다 70点以上なら合格だ. 더 이상 연기할 수 없다 これ以上延期できない. 이상에서 말한 바 以上で[ここまで]述べたこと.

이상²(異狀) /i:saŋ/ 图 異状. ‖전원 이상 없음 全員異状なし.

이상³(理想) /i:saŋ/ 图 理想. ‖이상과 현실의 갭 理想と現実のギャップ. 이상을 추구하다 理想を追求する. 이상을 실현하다 理想を実現する.
　이상-적(理想的) 图 理想的.
　이상주의(理想主義)【-/-이】 图 理想主義.
　이상주의-자(理想主義者)【-/-이-】 图 理想主義者.
　이상-향(理想鄉) 图 理想郷.
　이상-형(理想型) 图 理想のタイプ.
　이상-화(理想化) 图 他 理想化.

이상⁴(異常) /i:saŋ/ 图 形 異常; 異様; 奇妙; 不思議; おかしいこと. ‖기계에 이상이 있는 것 같다 機械に異常があるようだ. 이상한 꿈을 꾸다 変な夢を見る. 기계에서 이상한 소리가 나다 機械から変な音がする.

맛이 이상하다 味がおかしい. 이상 기온 異常気溫. **이상-히** 團

이상야릇-하다 (異常-) 【-나르타-】 蔅【하옂】 (表現できないほど)妙だ; 変だ; 不思議だ. ‖기분이 이상야릇하다 妙な気分だ.

이색 (異色) 图 異色.
이색-적 (異色的) 【-쩍】 图 異色的.
이-생 (-生) 图 この世; 現世.
이서 (裏書) 图【하옂】 裏書き.
이설 (異說) 图 異說.
이성¹ (異性) 图 異性. 圍 동성 (同性).
이성² (異姓) 图 異姓; 他姓.
이성³ (理性) /iːsəŋ/ 图 理性. ‖이성에 따르다 理性に従う. 이성을 잃다 理性を失う.
이성-론 (理性論) 【-논】 图 理性論; 合理主義.
이성-적 (理性的) 图 理性的. ‖이성적인 판단 理性的な判断.
이세 (二世) 图 ❶ 次の世代. ❷ 世代を継ぐ子ども. ‖이세가 태어나다 2世が生まれる. ❸ 移民などで生まれた子ども. ‖재일 교포 이세 在日同胞 2 世. ❹ (王や敎皇などと同じ名前の) 2代目.
이송 (移送) 图【하옂】 移送. **이송-되다** 受動
이수 (履修) 图【하옂】 履修. ‖전공 과목을 이수하다 專攻科目を履修する. 이수 학점 履修单位.
이순 (耳順) 图 耳順; 60歲.
이슈 (issue) 图 イシュー; 争点.
이스라엘 (Israel) 图〖国名〗 イスラエル.
이슥-하다 【-쓰카-】 蔅【하옂】 (夜が) 更けている. **이슥-히** 團
이슬 /isul/ 图 ❶ 露. ‖이슬에 젖다 露にぬれる. 형장의 이슬로 사라지다 刑場の露と消える. 밤이슬 夜露. ❷ [比喩的に] 涙. ‖이슬이 맺히다 涙ぐむ. ❸ (女性の) 下り物.
이슬-방울 [-빵-] 图 露のしずく.
이슬-비 图 小糠雨.
이슬람-교 (Islam敎) 图〖宗敎〗 イスラム敎.
이슬-점 (-點) 【-쩜】 图 露点.
이승¹ 图 この世; 現世. 圍 저승. ▶ 이승을 떠나다 この世を去る.
이승² (二乘) 图〖数学〗 二乘.
이시여 ⇨ 시여.
이식 (移植) 图【하옂】 移植. ‖심장 이식수술 心臟移植手術. **이식-되다** 受動
이심 (二審) 图〖法律〗 二審.
이심전심 (以心傳心) 图【하옂】 以心傳心.
이십 (二十) /iːsip/ 颫 20歲; 20; 二十.
— 圉 20··. ‖이십 년 20年. 이십 일 20日.
이십사-절기 (二十四節氣) 【-싸-】 图

二十四節氣.
이-쑤시개 /iːs͈uɕiɡɛ/ 图 爪楊枝.
이씨조선 (李氏朝鮮) 图〖歷史〗 李氏朝鮮. 圓 이조 (李朝).
이-앓이 图 齒痛.
이앙 (移秧) 图【하젅】 田植え.
이앙-기¹ (移秧期) 图 田植えの時期.
이앙-기² (移秧機) 图 田植え機.
이야¹ ⇨ 야¹.
이야² ⇨ 야².

이야기 /ijagi/ 图【하젅】 ❶ 話; 話し合い. ‖귀가 솔깃해지는 이야기 耳寄りな話. 이야기가 끊어지다 話が途切れる. 따분한 이야기 つまらない話. 남의 이야기가 아니다 他人事ではない. ❷ 話題. ‖이야기를 바꾸서 말하겠지만 話題を変えて悪いけが. ❸ 物語; 昔話. ‖옛날이야기 昔話. ❹ 事情; 言い分. ‖저쪽 이야기도 들어보자 向こうの言い分も聞いてみよう.
이야기-꾼 图 語り手.
이야기-책 (-冊) 图 ① 昔話の本. ② 小說本.
이야깃-거리 [-끄거-/-긷꺼-] 图 話題; 話の種. 回 얘깃거리.
이야-말로 團 これぞ; これこそ.
이야말로 團 ⇨ 야말로.
이양 (移讓) 图【하젅】 移讓. ‖권리 이양 權利移讓. **이양-되다** 受動
이어¹ 團 ❶ 引き続き; 続いて; 相次いで. ‖언니에 이어 여동생도 서울 대학교에 들어갔다 姉に続いて妹もソウル大学に入った.
이어² 團 ⇨ 이어.
이어-서 團 = 이어.
이어-다 이다 (である) の連用形.
이어-달리기 图【하젅】 継走; リレー競走.
이어-받다 [-따] 團 継ぐ; 受け継ぐ; 継承する. ‖가업을 이어받다 家業を継ぐ.
이어-지다 圁 繋がる; 続く. ‖관계가 계속 이어지다 関係がずっと続く.
이어-짓기 [-짇끼] 图【하젅】 連作; 連作 (連作).
이어폰 (earphone) 图 イヤホン.
이언정 團 (子音で終わる体言に付いて; 母音の場合는언정) であっても; …いりとも. ‖화나는 일이언정 그렇게 말을 하면 안 된다 腹立たしいことであってもそういうふうに言ってはいけない.
이엉 图 屋根や塀などを葺 (ふ) くわら.
이에요 團 ⇨ 예요. ‖학생이에요 学生です. 여기는 살기 좋은 곳이에요 ここは住みやすいところです.
이여 團 ⇨ 여². ‖소년이여, 야망을 가져라 少年よ, 大志をいだけ.
이역¹ (二役) 图 二役. ‖일인 이역 一人二役.
이역² (異域) 图 異域; 異国; 外国.

이열치열 (以熱治熱) 〔「熱は熱で治める」の意で〕暑い時に熱いものを食べて夏を乗り越えること; 力には力で制すること.

이영차 大勢の人が力を合わせるために一斉に出す声.

이온 (ion) 图 《化学》 イオン.

이완 (弛緩) 图 自サ 弛緩. ‖근육이 이완되다 筋肉が弛緩する.

이왕 (已往) 图 ❶すでに. ❷そうなると決まった以上; どうせ; せっかく. ‖이왕 할거면 즐겁게 해라 どうせやるなら楽しくやって.

이왕지사 (已往之事) 图 すでに過ぎたこと; 過去のこと.

이외 (以外) /i:we/ 【-/-웨】 图 以外; その他. ‖관계자 이외 출입 금지 関係者以外立入禁止. 버스 이외에는 교통 수단이 없다 バス以外の交通手段がない.

이용¹ (利用) /i:jon/ 图 他サ 利用. ‖통근 버스를 이용하다 通勤バスを利用する. 지위를 이용하다 地位を利用する. 화력을 이용하다 火力を利用する.
 이용-되다[-**하다**] 自サ
 이용-도 (利用度) 图 利用度.
 이용-률 (利用率) 【-뉼】 图 利用率.

이용² (理容) 图 理容.
 이용-사 (理容師) 图 理容師.
 이용-원 (理容院) 图 理容店; 理髪店.

이웃 /iut/ 【-은】 图 自サ ❶隣. ‖이웃 나라 隣国. 이웃끼리 싸우다 隣同士でけんかする. 이웃으로 이사 온 사람 隣に引っ越してきた人. ❷隣人; 隣家. ❸近所. ‖이웃에 사는 사람 近所に住む人.
 이웃-사촌 (-四寸) 【-싸-】 图 隣人のよしみ; 遠くの親戚より近くの他人.
 이웃-집 [-읃찝] 图 隣の家; 隣家.

이원 (二元) 图 二元. ‖이원 삼차 방정식 二元三次方程式.
 이원-론 (二元論) 图 二元論.
 이원-제 (二院制) 图 二院制.

이월¹ (二月) /i:wol/ 图 二月. ‖이월 십사일은 밸런타인데이이다 2月 14日はバレンタインデーである.

이월² (移越) 图 他サ 繰り越し; 繰り越すこと.
 이월-금 (移越金) 图 繰越金.

이유 (理由) /i:ju/ 图 理由; わけ; 言い訳. ‖이유를 밝히다 理由を明かす. 이유를 대다 言い訳をする. 일신상의 이유 一身上の理由. 건강상의 이유로 그런 건 이유가 안 된다 そんなことは理由にならない.

이유 (離乳) 图 自サ 離乳.
 이유-기 (離乳期) 图 離乳期.
 이유-식 (離乳食) 图 離乳食.

이윤 (利潤) 图 利潤; 儲け. ‖막대한 이윤을 내다 莫大な利潤を上げる.
 이윤-율 (利潤率) 【-뉼】图 《経》 利潤率.

이율 (利率) 图 利率. ‖연이율 年利率.

이율-배반 (二律背反) 图 二律背反. ‖이율배반적인 논리 二律背反的な論理.

이윽고 [-끄] 副 やがて; ほどなく. ‖이윽고 봄이 되다 やがて春になる.

이음-매 图 継ぎ目.

이음-새 图 つなぎ目.

이음-줄 [-쭐] 图 ❶つなぎ糸. ❷《音楽》スラー.

이음표 (-標) 图 物결표(~) ·붙임표(-) ·줄표(—)の総称.

이응 图 ハングル子音字母「ㅇ」の名称.

이의¹ (意義) 【-/-이】 图 異議を唱え; 異論. ‖이의 없음 異議[異論]なし.

이의² (異義) 【-/-이】 图 異義. ㋐同義 (同義).

이의³ (異議) 【-/-이】 图 自サ 異議. ‖이의를 제기하다 異議を唱える.

이-이 この人.

이익 (利益) /i:ik/ 图 利益; 得. ㋐損失 (損失) ·손해 (損害). ‖이익을 배분하다 利益を配分する. 이익을 추구하다 利益を求める. 공공의 이익 公共の利益.
 이익-금 (-金) 图 利益金.
 이익 사회 (利益社會) [-싸-] 图 利益社会. ㋐공동 사회 (共同社會).

이인 (異人) 图 異人. ‖동명인 同名異人.

이인-삼각 (二人三脚) 图 二人三脚.

이인-승 (二人乘) 图 二人乗り.

이-인칭 (二人稱) 图 《言語》 =제이 인칭 (第二人稱).

이임¹ (移任) 图 自サ 転任.

이임² (離任) 图 自サ 離任.

이입 (移入) 图 他サ 移入. ‖감정 이입 感情移入. **이입-되다** 自サ

이자¹ (利子) /i:dʒa/ 图 利子; 利息. ㋐원금 (元金). ‖비싼 이자로 高い利子で. 이자를 붙여서 갚다 利子をつけて返す.

이자² (胰子) ⇨ 자¹. ‖교육은 국민의 권리이자 의무이다 教育は国民の権利であり義務である.

이장¹ (里長) 图 (行政区域で一番小さい単位である)이(里)の長.

이장² (移葬) 图 他サ 改葬. **이장-되다** 自サ

이재¹ (異才) 图 異才.

이재² (理財) 图 自サ 理財. ‖이재에 밝다 理財にたけている.

이재³ (罹災) 图 自サ 罹災 (災害); 被災.
 이재-민 (罹災民) 图 罹災者; 被災

者.
이-적¹ (異) 图 今;現在.
이적² (異蹟) 图 ❶奇異한 행위. ❷《키리스트教》奇跡.
이적³ (移籍) 图(하자) 移籍.
이적⁴ (利敵) 图(하자) 利敵. ‖이적 행위 利敵行為.
이적⁵ (離籍) 图(하타) 《法律》離籍.
이적-되다 《하타》
이전¹ (以前) 图 以前;前;かつて. ‖이후(以後). ‖이전의 생활 以前の生活.
이전² (移轉) 图(하타) 移転. ‖사무실을 이전하다 事務所を移転する. 이전 등기 移転登記. **이전-되다** 《하타》
이전-투구 (泥田鬪狗) 图 泥仕合.
이점 (利點) 【-쩜】 图 利点;メリット.
이정 (里程) 图 里程.
이정-표 (里程標) 图 里程標.
이제 /idʑe/ 图 ⑦ ❶今;ただいま. ‖항상 쓰던 것이지만 이제는 필요 없다 いつも使っていたのだが今はもう要らない. 이제부터는 공부를 열심히 하겠습니다 これからは勉強を頑張ります.
— 剾 ただ今;もう;これから. ‖이제 장마는 끝났다 もう梅雨が明けた. 이제 집에 다 왔다 もうすぐ家に着く.
이제나-저제나 剾 今か今かと. ‖이제나 저제나 기다리다 今か今かと待つ.
이제-야 剾 今になって;(今になって)やっと. ‖어머니의 마음을 이제야 알 것 같다 母の気持ちが今になってやっと分かるような気がする.
이젤 (easel) 图 《美術》イーゼル.
이조 (李朝) 图 《歷史》〔이씨 조선(李氏朝鮮)의 略語〕李朝.
이종 (姨從) 图 いとこ(母の姉妹の子).
이종-사촌 (姨從四寸) 图 =이종(姨從).
이종² (異種) 图 異種. ‖이종 교배 異種交配.
이주 (移住) 图(하자) 移住. ‖브라질로 이주하다 ブラジルに移住する.
이주-민 (移住民) 图 移住民.
이주-지 (移住地) 图 移住地.
이죽-거리다 【-꺼-】 固 皮肉りながら憎たらしく言う.
이중 (二重) 图 二重. ‖이중으로 싸다 二重に包む.
이중-가격 (二重價格) 【-까-】 图 二重価格.
이중-고 (二重苦) 图 二重の苦労;重なる苦労.
이중-과세 (二重課稅) 图 二重課税.
이중-국적 (二重國籍) 【-쩍】 图 二重国籍.
이중-모음 (二重母音) 图 《言語》二重母音.
이중-생활 (二重生活) 图 二重生活.
이중-인격 (二重人格) 【-껵】 图 二重人格.
이중-주 (二重奏) 图 《音楽》二重奏.
이중-창 (二重唱) 图 《音楽》二重唱.
이-즈음 图 この頃;最近.
이즘 (ism) 图 イズム;主義.
이지 (理智) 图 理知.
이지-적 (理智的) 【-쩍】 理知的.
이지² 图 ⇨ 이4.
이지러-뜨리다 他 (一部分を壊したりして) 本来の形をなくす.
이지러-지다 囸 ❶(一部分が欠けたりして) 本来の姿がなくなる. ❷(殴られたりして) 形が醜く変わる.
이지러-트리다 他 =이지러뜨리다.
이직¹ (移職) 图(하자) 移職.
이직² (離職) 图(하자) 離職.
이진-법 (二進法) 【-뻡】 图 《数学》二進法.
이질¹ (姪妹) 图 ❶姉妹の子ども. ❷妻の姉妹の子ども.
이질² (異質) 图 異質. ㉔同質(同質).
이질-적 (異質的) 【-쩍】 異質. ‖이질적인 요소 異質な要素. 이질적인 문화 異質の文化.
이질 (痢疾) 图 《医学》赤痢.
이집트 (Egypt) 图 《国名》エジプト.
이-쪽 /itɕ͈ok/ 图 こちら方;こっち;こちらの方;こちら側;当方. ㉔저쪽. ‖이쪽 방을 좀 더 넓게 이쪽の部屋がもう少し広い.
이쪽-저쪽 【-쪼-】 图 あちらこちら;あっちこっち. ‖이쪽저쪽을 번갈아 보다 あちらこちら交互に見る.
이-쯤 /itɕ͈ɯm/ 图 このくらい;この辺;この辺り. ‖이쯤에서 그만두자 この辺でやめよう.
이차 (二次) 图 ❶2次. ‖이차 시험 2次試験. ❷(食事会などの)二次会. ‖이차 갑시다 二次会に行きましょう.
이차-곡선 (二次曲線) 【-썬】 图 《数学》2次曲線.
이차-방정식 (二次方程式) 图 《数学》2次方程式.
이차-산업 (二次産業) 图 =제이차산업(第二次産業).
이차-적 (二次的) 二次的. ‖이차적인 피해 二次的な被害.
이-차원 (二次元) 图 二次元.
이-착륙 (離着陸) 【-창-】 图(하자) 離着陸.
이채 (異彩) 图 異彩. ‖이채를 띠다 異彩を放つ.
이채-롭다 【-따-】 囹 《ㅂ変》異色だ.
이채로이 剾
이체¹ (異體) 图 異体.
이체² (移替) 图 振込み;振替. ‖자동 이체 自動振替.
이치 (理致) 图 理致;道理. ‖이치에 맞다 理にかなう.
이코노미 (economy) 图 エコノミー.

이코노미클래스 (- class) 图 에코노미클라스. ‖이코노미 클래스 증후군 에코노미클래스症候群.

이퀄 (equal) 图 이콜(=).

이큐 (EQ) 图 EQ; 感情指數. ✢ Emotional Quotient의 略語.

이타 (利他) 图 利他. 〔⇨이기(利己).

이타-적 (利他的) 图 利他的.

이타-주의 (利他主義) 【-/-이】 图 利他主義. 〔⇨이기주의(利己主義).

이탈 (離脫) 图 (하自) 離脫; 離れること, はずれること. ‖궤도를 이탈하다 軌道をはずれる.

이탈리아 (Italy) 图 《国名》 イタリア.

이탓-저탓 (-닷탓) 图 (하自) ああだこうだとけちをつけること.

이태 图 2年; 二年間. ‖이태 동안 2年間.

이탤릭 (italic) 图 《欧文書体の》イタリック.

이-토록 副 〔이러하도록의 縮約形〕こんなに; このように; このくらい. ‖이 일이 이토록 힘든 줄 몰랐다 この仕事がこんなに大変とは思わなかった.

이튿-날 【-든-】 图 ❶ 翌日; 次の日. ❷ 다음날. ‖밤새 기침이 나더니 이튿날은 괜찮았다 一晩中咳が出たが, 翌日は大丈夫だった.

이틀 /ittʰɯl/ 图 2日; 二日間. ‖이틀이나 굶었다 2日間何も食べていない.

이파 (異派) 图 異派.

이파리 (離瓣花) 图 木や草の葉. ‖나무 이파리 木の葉.

이판-화 (離瓣花) 图 《植物》 離弁花. 〔⇨합판화(合瓣花).

이팔-청춘 (二八青春) 图 二八; 16歳頃の青春.

이-편 (-便) 图 ❶ こちら; こちらの方; こちら側. ❷ 自分の方.

이하 (以下) /iːha/ 图 以下. 〔⇨이상(以上). ‖기대 이하의 결과 期待以下の結果. 소수점 이하 小数点以下.

이하부정관 (李下不整冠) 图 李下に冠を整(たょう)さず.

이하-선 (耳下腺) 图 《解剖》 耳下腺. (俗)귀밑샘.

이하선-염 (耳下腺炎) 【-념】 图 《医学》 耳下腺炎.

이학 (理學) 图 理学.

이합 (離合) 图 離合.

이합-집산 (離合集散) 【-집싼】 图 離合集散.

이항 (移項) 图 (하他) 《数学》 移項.

이항-식 (二項式) 图 《数学》 二項式.

이항 정리 (二項定理) 【-니】 图 《数学》 二項定理.

이-해¹ 图 この年; 今年.

이해² (利害) /iːhɛ/ 图 利害. ‖이해가 상반되다 利害が相反する. 이해관계 利害関係. 이해득실 利害得失.

이해³ (理解) /iːhɛ/ 图 (하他) 理解. ‖상대방의 입장을 이해하다 相手の立場を理解する. 内容を正しく理解する. 이해가 안 가다 理解できない; 理解に苦しむ.
 이해-되다 【-받다】 受動
 이해-력 (理解力) 图 理解力.
 이해-심 (理解心) 图 理解する気持ち; 思いやり.

이행¹ (移行) 图 (하自) 移行.

이행² (履行) 图 (하他) 履行, 実行. ‖공약을 이행하다 公約を履行する. **이행-되다** 受動

이형 (異形) 图 異形.

이-형질 (異形質) 图 《生物》 異形質.

이혼 (離婚) 图 (하自) 離婚. 〔⇨결혼(結婚). ‖합의 이혼 協議離婚. 황혼 이혼 熟年離婚.

이화 (梨花) 图 梨花.

이화² (異化) 图 異化. 〔⇨동화(同化). ‖이화 작용 異化作用.

이-화학 (理化學) 图 理化学.

이후 (以後) /iːhu/ 图 以後; 以降. 〔⇨이전(以前). ‖밤 아홉 시 이후에는 아무것도 안 먹는다 夜9時以降は何も食べていない.

이히히 副 滑稽なまたは間抜けな笑い声.

익다¹ 【-따】 图 ❶ 慣れている. ‖손에 익은 일 手慣れた仕事. 귀에 익은 노래 聞きなれた曲. 눈에 익은 풍경 見なれた風景. ❷ なじんでいる. ‖낯이 익은 사람 顔なじみ. (俗)익하다.

익다² /ikˈta/ 图 ❶ 実る; 熟する. ‖잘 익은 토마토 よく熟したトマト. 벼가 익어 가는 가을 を들판 稲が実る秋の野原. ❷ 煮える; しっかり火が通っている. ‖감자가 아직 덜 익었다 ジャガイモがまだ煮えていない. ❸ 漬かる; 発酵する. ‖김치가 맛있게 익었다 キムチがおいしそうに漬かった. (俗)익하다.

익명 (匿名) 【-/-] 图 匿名.

익모-초 (益母草) 【-/-] 图 《植物》 ヤクモソウ(益母草).

익-반죽 【-빤-] 图 小麦粉などにお湯を加えながらこねること, またはこねたもの.

익사 (溺死) 【-싸] 图 (하自) 溺死(でき); 水死.

익살 /ikˈsal/ 【-쌀] 图 滑稽(けぃ); おどけ. ‖익살을 부리다 おどける.
 익살-꾸러기 图 =익살꾼.
 익살-꾼 图 おどけ者; ひょうきんもの.
 익살-스럽다 【-쌀-따] 图 [ㅂ変] 滑稽だ; おどけていて面白い. ‖익살스러운 짓을 해서 사람을 웃기다 滑稽なことをして人を笑わせる.
 익살-스레 副

익숙-하다 /ikˈsukʰada/ 【-수카-] 图 [하여] 慣れている. ‖익숙한 손놀림 慣れた手つき. 혼자 사는 게 익숙하다 一人暮らしに慣れている.

다 1人이다는 것에 익숙해져 있다. 새 선생님한테는 왠지 익숙해지지 않는다 新しい先生にはなぜか慣れない.

익애(溺愛) 图 〔해설(溺愛)〕 溺愛.
익월(翌月) 图 翌月.
익일(翌日) 图 翌日. ⑪다음날·이튿날.
익조(益鳥) 【-쪼】 图 益鳥. ⑪해조(害鳥).
익-히[이키] 副 ❶(이미 보았거나 들어서)前부터; 以前부터; すでに; とっくに. ‖소문을 들어서 익히 알고 있다 うわさを聞いてすでに知っている. ❷よく; 十分. ‖익히 알고 있는 사람 よく知っている人.
익-히다¹[이키-] 他〔익다¹의 使役動詞〕❶熟れさせる. ❷(새로운 기술을)身につける. ‖새로운 기술을 익히다 新しい技術を身につける. ❸なじませる.
익-히다²/ikʰida/[이키-] 他〔익다²의 使役動詞〕❶煮る; 火を通す. ‖고기를 익히다 肉に火を通す. ❷発酵させる.
인¹ 图 繰り返すうちに中毒になる癖. ▶인(이) 박이다 癖がつく; 中毒する.
인²(仁) 图 仁.
인³(印) 图 印; 印章; 印影.
인⁴(印) 图 (姓) 印(イン).
인⁵(寅) 图 〔十二支의〕寅(い).
인⁶(燐) 图 《化学》燐.
인⁷ 图 …である; …이다. ‖고등학교 선생님인 언니 高校の先生である姉. 会社員인 친구 会社員の友人.
인⁸ 图 이다(である)의 現在連体形.
인⁹ 图 〔ㄹ語幹〕일다(起きる)의 過去連体形.
-인¹⁰(人) 接尾 …人. ‖동양인 東洋人. 사회인 社会人.
인가¹(人家) 图 人家.
인가²(認可) 图 他 認可. ‖인가가 나오다 認可が下りる. 인가를 받다 認可を取りつける.
인가-증(認可證) 【-쯩】 图 《法律》認可証.
인각(印刻) 图 他 印刻.

인간(人間) /inɡan/ 图 ‖인간관계 人間関係. 인간공학 人間工学. 인간 소외 人間疎外. ❷〔気に入らない人や人柄の悪い人を見くびる言い方で〕やつ. ‖저 인간한테 될 기대하겠어요? あんなやつに何を期待するんですか. ▶인간 만사는 새옹지마라 [諺] 人間万事塞翁が馬.
인간-고(人間苦) 图 浮世の苦しみ.
인간-독(人間 dock) 图 《医学》人間ドック.
인간-문화재(人間文化財) 图 人間国宝.
인간-미(人間味) 图 人間味. ‖인간미가 있는 사람 人間味のある人.
인간-사(人間事) 图 世の中の出来事.
인간-상(人間像) 图 人間像.
인간-성(人間性) 【-썽】 图 人間性; 人柄.
인간-소외(人間疎外) 【-/-웨】 图 人間疎外.
인간-적(人間的) 图 人間的.
인감(印鑑) 图 印鑑.
인감-도장(印鑑圖章) 【-또-】 图 印鑑登録してある印鑑.
인감-증명(印鑑證明) 图 印鑑証明.
인건-비(人件費) 【-껀-】 图 人件費.
인걸 副 ➡ㄴ걸.
인격(人格) /inʰkjək/ 【-껵】 图 人格; 人柄. ‖인격 형성 人格の形成. 이중인격 二重人格.
인격-권(人格權) 【-껵꿘】 图 《法律》人格権.
인격-신(人格神) 【-껵씬】 图 人格神.
인격-적(人格的) 【-껵쩍】 图 人格的.
인격-주의(人格主義) 【-껵쭈-/-껵쭈이】 图 人格主義.
인격-화(人格化) 【-껴콰】 图 他 人格化. 인격화-되다 自

인견(人絹) 图 인조견(人造絹)의 略語.
인견-사(人絹絲) 图 人造絹糸.
인계(引繼) 【-/-게】 图 他 引き渡すこと; 引き継ぐこと. 인계-되다[-받다] 自

인계-인수(引繼引受) 图 他 =인수인계(引受引繼).
인계-자(引繼者) 图 引き渡す者.
인고(忍苦) 【-꼬】 图 忍苦.
인공(人工) /inɡoŋ/ 图 人工; 人造. ‖인공 호수 人工湖. 인공 잔디 人工芝.
인공-림(人工林) 【-님】 图 人工林. ⑪자연림(自然林).
인공-미(人工美) 图 人工美. ⑪자연미(自然美).
인공-수정(人工受精) 图 《医学》人工授精.
인공-위성(人工衛星) 图 人工衛星.
인공-적(人工的) 图 人工的.
인공-지능(人工知能) 图 人工知能.
인공-호흡(人工呼吸) 图 人工呼吸.
인과(因果) 图 因果.
인과-관계(因果關係) 图 因果関係.
인과-율(因果律) 图 因果律.
인과-응보(因果應報) 图 因果応報.
인광(燐光) 图 燐光.
인구(人口) /inɡu/ 图 ❶人口. ‖상주인구 常住人口. 노동력 인구 労働力人口. ❷世間の口. ‖인구에 회자되다 人口に膾炙する.
인구-동태(人口動態) 图 人口動態.
인구-밀도(人口密度) 【-또】 图 人口

밀도.
인구^정태 (人口靜態) 图 人口静态.
인구^통계 (人口統計)【-/-게】图 人口統計.
인구^피라미드 (人口 pyramid) 图 人口ピラミッド.
인구^어족 (印歐語族) 图【言語】印欧語族; インドヨーロッパ語族.
인권 (人權)【-꿘】图 人權. ‖인권 보장 人權保障. 인권 유린 人權蹂躪.
인근 (隣近) 图 近隣.
인기 (人氣)【-끼】图 人気. ‖인기가 있다 人気がある. 인기가 있는 텔레비전 프로 人気のあるテレビ番組. 인기가 급상승하고 있는 가수 人気急上昇中の歌手.
인-기척 (人-)【-꺽】图 人の気配. ‖인기척이 나서 돌아보다 人の気配を感じて振り返る.
인내 (忍耐) /inne/ 图 忍耐; 耐え忍ぶこと. ‖인내심이 강하다 忍耐強い.
인내-력 (忍耐力) 图 忍耐力.
인내천 (人乃天) 图【宗教】すべての人間は天のようだという天道教(天道教)の基本教義.
인년 (寅年) 图 寅年. ‖범해.
인대 (靭帶)图【解剖】靭帶.
인덕¹ (人德)【-떡】图 人德.
인덕² (仁德) 图 仁德.
인데 囲 ➡노데¹. ‖사람은 좋은 사람 인데 木は나쁘다.
인덱스 (index) 图 インデックス.
인도¹ (人道) 图 人道.
인도-적 (人道的) 图 人道的. ‖인도적인 지원 人道的支援.
인도-주의 (人道主義)【-/-이】图 人道主義.
인도² (人道) 图 歩道.
인도³ (引渡) 图 引き渡すこと. ‖권리를 인도하다 權利を渡す.
인도⁴ (引導) 图 (하哩) 引導; 導くこと.
인도⁵ (印度) (國名) 图 インド.
인도게르만^어족 (Indo-German 語族) 图【言語】インドヨーロッパ語族.
인도네시아 (Indonesia) 图 (国名) インドネシア.
인도-양 (印度洋) (地名) 图 インド洋.
인도유럽^어족 (Indo-Europe 語族) 图【言語】=인도게르만 어족(→語族).
인동 (忍冬) 图【植物】スイカズラ(忍冬).
인두¹ 图 火熨斗(ひ); 焼き鏝(こて).
인두² (咽頭) 图 ➡ㄴ늘.
인들 囲 ➡ㄴ늘.
인디아 (India) 图 (国名) インド.
인디언 (Indian) 图 アメリカインディアン.
인력¹ (人力)【일-】图 ❶ 人力(じんりき). ‖인력으로는 어쩔 수 없다 人力では

うしようもない. ❷ 労働力. ‖인력 부족 労働力不足.
인력-거 (人力車)【-끼】图 人力車.
인력² (引力)【일-】图【物理】引力. ‖만유인력 万有引力.
인류 (人類) /illyu/【일-】图 人類. ‖인류의 역사 人類の歴史.
인류-애 (人類愛) 图 人類愛.
인류-학 (人類學) 图 人類学.
인륜 (人倫)【일-】图 人倫.
인망 (人望) 图 人望. ‖인망이 두터운 사람 人望の厚い人.
인맥 (人脈) 图 人脈. ‖인맥을 형성하다 人脈を作る.
인면 (人面) 图 人面.
인면-수심 (人面獸心) 图 人面獸心.
인멸 (湮滅·堙滅) 图 (하哩) 隱滅. ‖증거 인멸 証拠隠滅. **인멸-되다** 受動
인명¹ (人名) 图 人名. ‖인명 사전 人名辞典.
인명-록 (人名錄)【-녹】图 人名録.
인명² (人命) 图 人命. ‖인명을 중시하다 人命を重視する. 인명 구조 人命救助.
인문 (人文) 图 人文.
인문-계 (人文系)【-/-게】图 文系.
인문-주의 (人文主義)【-/-이】图 人文主義.
인물 (人物) /inmul/ 图 ❶ 人物; 人. ‖등장인물 登場人物. 위험한 인물 危険な人物. ❷ 人材. ‖추천할 만한 인물이 없다 推薦するほどの人材がない. ❸ 顔立ち; 容姿. ‖인물이 뛰어나다 容姿が端麗である. ❹ 人柄.
인물-평 (人物評) 图 人物評.
인물-화 (人物畫) 图【美術】人物画.
인민 (人民) 图 人民. ‖인민재판 人民裁判.
인보이스 (invoice) 图【経】インボイス; 送り状. ⊕송장(送狀).
인복 (人福)【-뽁】图 人付き合いがよく, その人たちに助けてもらえる德.
인본-주의 (人本主義)【-/-이】图 人本主義.
인부 (人夫) 图 人夫.
인분 (人糞) 图 人糞.
인사¹ (人士) 图 人士. ‖유명 인사 有名人士.
인사² (人事) /insa/ 图 (하哩) ❶ 挨拶; 礼. ‖새해 인사 新年の挨拶. ❷ 人事. ‖인사 이동 人事異動.
인사-권 (人事權)【-꿘】图 人事権.
인사-란 (人事欄) 图 (新聞や雑誌などの) 消息欄.
인사-말 (人事-) 图 挨拶の言葉.
인사-법 (人事法)【-뻡】图 挨拶の仕方.
인사불성 (人事不省)【-썽】图 人事不省. ‖인사불성이 되다 人事不省になる.

인사-성 (人事性)【-성】㊅ 礼儀正しく挨拶する性質. ‖인사성이 밝다 常に礼儀正しく挨拶する.

인사-조 (人事調)【-조】㊅ 紋切り型の挨拶.

인사-치레 (人事-) 하자 真心のこもっていないうわべだけの挨拶; 形式的な挨拶; 社交辞令.

인사이드 (inside) ㊅ インサイド. ㊆アウトサイド.

인산¹ (人山) ㊅ 人山.

인산-인해 (人山人海) ㊅ 非常に多い人の群れ; 黒山人だかり. ‖인산인해를 이루다 黒山の人だかりになる.

인산² (燐酸)【-싼】㊅〘化学〙燐酸.

인삼 (人蔘) /insam/ ㊅〘植物〙チョウセンニンジン(朝鮮人蔘); コウライニンジン(高麗人蔘). ⑳▲고려인삼.

인삼-근 (人蔘根) ㊅ 朝鮮人蔘の根.

인삼-주 (人蔘酒) ㊅ 朝鮮人蔘を漬けた酒.

인삼-즙 (人蔘汁) ㊅ 朝鮮人蔘の汁, またはそのジュース.

인삼-차 (人蔘茶) ㊅ 朝鮮人蔘茶.

인상¹ (人相) ㊅ 人相; 顔つき; 表情. ‖인상이 안 좋은 남자 人相の悪い男. 인상을 찌푸리다 顔をしかめる.

인상² (印象) ㊅ 印象. ‖인상이 별로 좋지 않다 印象があまりよくない. 첫인상 第一印象.

인상-적 (印象的) ㊅ 印象的. ‖인상적인 장면 印象的な場面.

인상-주의 (印象主義)【-/-이】㊅ 印象主義.

인상-파 (印象派) ㊅〘美術〙印象派.

인상³ (引上) /in:saŋ/ ㊅ 引上げ. ㊆인하(引下). ‖임금을 오 퍼센트 인상하다 賃金を5%引上げる. ❷ 値上げ. ‖운임을 인상하다 運賃を値上げする.

인상-되다 受動

인상-률 (引上率)【-뉼】㊅ 引上げ率; 値上げ率.

인상-액 (引上額) ㊅ 引上げ額.

인상-착의 (人相着衣)【-/-차긔】㊅ 人相と身なり.

인색-하다 (吝嗇-)【-새카-】㊋〘하変〙吝嗇(%)だ; けちくさい; けちだ. ‖인색한 사람 けちな人; けちん坊. 인색하게 굴다 けちだ.

인생 (人生) /insɛŋ/ ㊅ 人生; 生き方. ‖인생의 목표 人生の目標. 허무한 인생 虚しい人生. 인생 경험이 풍부하다 人生経験が豊富だ. 인생은 짧고 예술은 길다 人生は短く芸術は長し.

인생-관 (人生觀) ㊅ 人生観.

인생-무상 (人生無常) ㊅ 人生無常.

인선 (人選) ㊅ 하타 人選.

인성¹ (人性) ㊅ 人性.

인성² (靭性) ㊅ 靭性.

인세 (印稅)【-쎄】㊅ 印税.

인센티브 (incentive) ㊅ インセンティブ.

인솔 (引率) ㊅ 하타 引率. ‖학생들을 인솔하다 学生[生徒]たちを引率する.

인솔-자 (引率者)【-짜】㊅ 引率者.

인쇄 (印刷) /inswε/ ㊅ 하타 印刷. ‖연하장을 인쇄하다 年賀状を印刷する.

인쇄-되다 受動

인쇄-물 (印刷物) ㊅ 印刷物.

인수¹ (人數)【-쑤】㊅ 人数.

인수² (因數) ㊅〘数学〙因数.

인수-분해 (因數分解) ㊅〘数学〙因数分解.

인수³ (引受) /insu/ ㊅ 하타 引き受け; 引き継ぎ. ‖회사를 인수하다 会社を引き継ぐ.

인수-인계 (引受引繼)【-/-게】㊅ 하타 引き継ぎと引き受け; 引き渡し. ‖업무를 인수인계하다 業務を引き渡す.

인술 (仁術) ㊅ 仁術; 医術. ‖인술을 베풀다 仁術を施す.

인슐린 (insulin) ㊅〘生理〙インシュリン.

인스턴트 (instant) ㊅ インスタント. ‖인스턴트 라면 インスタントラーメン. 인스턴트식품 インスタント食品.

인스톨 (install) ㊅ 하타〘IT〙インストール.

인스피레이션 (inspiration) ㊅ インスピレーション. ㉒영감(靈感).

인습 (因習) ㊅ 因習. ‖인습에 얽매이다 因習に縛られる.

인시 (寅時) ㊅ 寅(냨)の刻(午前3時から午前5時まで).

인식 (認識) ㊅ 하타 認識. ‖현실 인식 現実認識. 인식 부족 認識不足.

인식-론 (認識論)【-녕논】㊅ 認識論.

인신 (人身) ㊅ 人身.

인신-공격 (人身攻撃) ㊅ 하타 人身攻撃.

인신-매매 (人身賣買) ㊅ 하자 人身売買.

인심 (人心) ㊅ ❶ 人心; 民心. ❷ 人への思いやり; 人情. ‖인심이 후하다 人情に厚い. 인심을 쓰다 気前をよくする. ▶인심(을) 잃다 人心が離反する; 評判が落ちる. ▶인심이 사납다 不人情だ; 人心が荒れている.

인양 (引揚) ㊅ 하타 引揚げ.

인어 (人魚) ㊅ 人魚. ‖인어 공주 人魚姫.

인연 (因緣) /injʌn/ ㊅ 縁; 因縁; ゆかり. ‖부모 자식 간의 인연 親子の縁. 인연을 맺다 縁を結ぶ. 인연을 맺고자 공부하고는 인연이 없다 学問には縁がない. 인연이 있으면 또 만나겠죠 ご縁があったらまた会うでしょう. ▶인

인영 (印影) 명 印影.
인용 (引用) /iːnjoŋ/ 명 他 引用. 성경의 한 구절을 인용하다 聖書の一節を引用する. 직접[간접] 인용 直接[間接]引用. **인용-되다** 受動
인용-구 (引用句) 【-꾸】 명 引用句.
인용-문 (引用文) 명 引用文.
인용-부 (引用符) 【-뿌】 명 引用符(「 」, " ").ᆩ따옴표(-標).
인원 (人員) /inwʌn/ 명 人員; 人数. 참가 인원 参加人員. 인원이 부족하다 人数が足りない.
인원-수 (人員數) 【-쑤】 명 人数. ‖인원수 제한 한 人数制限.
인위 (人爲) 명 人為.
인위-적 (人爲的) 【-쩍】 명 人為的.
인의 (仁義) 명 /-이/ 仁義.
인의예지 (仁義禮智) 명 仁・義・礼・智の四端.
인의예지신 (仁義禮智信) 명 仁・義・礼・智・信の五常.
인자¹ (仁者) 명 仁者.
인자요산 (仁者樂山) 명 仁者は山を楽しむこと.ᆩ지자요수(智者樂水).
인자² (因子) 명 因子. ‖유전 인자 遺伝因子.
인자-하다 (仁慈-) 형 하여 慈愛に満ちている. ‖인자한 할머니 慈愛に満ちたおばあさん.
인장 (印章) 명 印章.
인재¹ (人材) /indʒɛ/ 명 人材. ‖인재를 발굴하다 人材を発掘する. 유능한 인재를 등용하다 有能な人材を登用する. 인재 육성 人材の育成.
인재² (人災) 명 人災.
인적 (人跡・人迹) 명 人跡; 人影. ‖인적이 없는 곳 人影のない所.
인-적² (人的) 【-쩍】 명 人的. ᆩ물적(物的).
인적 자원 (人的資源) 【-쩍 짜-】 명 人的資源. ‖풍부한 인적 자원 豊富な人的資源.
인절미 명 白い餅にきな粉をまぶしたもの.
인접 (隣接) 명 自 隣接. ‖인접한 나라 隣接している国家.
인정¹ (人情) /indʒʌŋ/ 명 ❶人情; 情け. ‖인정을 베풀다 情けをかける. ❷世間の義理. 人間の義理. ‖인정상 그럴 수는 없다 義理上そうするわけにはいかない.
인정-머리 (人情-) 명 인정(人情)の俗っぽい言い方.
인정사정-없다 (人情事情-) 【-업따】 형 情け容赦ない. **인정사정없이** 圍 인정사정없이 때리다 情け容赦なく殴る.
인정² (認定) /indʒʌŋ/ 명 他 認定; 認めること. ‖패배를 인정하다 敗北を認める. **인정-받다** 受動
인정~신문 (人定訊問) 명 法律 人定尋問.
인제 튀 今になって; 今. ‖일이 인제 끝났다 仕事が今終わった.
인조 (人造) 명 人造.
인조-견 (人造絹) 명 人絹; レーヨン. ᆩ인견(人絹).
인조-품 (人造品) 명 化学的に合成して作ったものの総称.
인조-석 (人造石) 명 人造石.
인조-인간 (人造人間) 명 人造人間.
인종 (人種) 명 人種. ‖인종 차별 人種差別. 유색 인종 有色人種.
인종 (忍従) 명 自由 忍従.
인주 (印朱) 명 朱肉.
인준 (認准) 명 他 法律 公務員の任命などに関する承認. ‖총리 인준 (国会での)総理の承認.
인중 (人中) 명 (鼻と唇の間の)人中.
인증¹ (人證) 명 法律 人証.
인증² (引證) 명 他 引証.
인증³ (認證) 명 他 認証.
인지¹ (人指) 명 人差し指.
인지² (印紙) 명 印紙. ‖수입 인지 収入印紙.
인지-세 (印紙税) 명 [-쎄] 印紙税.
인지³ (認知) /indʒi/ 명 他 認知. ‖자기 자식이라고 인지하다 自分の子どもである と認知する.
인지과학 (認知科学) 명 認知科学.
인지-도 (認知度) 명 認知度.
인지 튀 …なのか, …やら. ‖사람이 많아서 누가 누구인지 모르겠다 人が多くて誰が誰なのか分からない.
인지상정 (人之常情) 명 人情の常.
인질 (人質) 명 人質. ‖인질로 삼다 人質にする; 人質をとる.
인질-극 (人質劇) 명 人質をとって起こす騒ぎ.
인책 (引責) 명 自 引責. ‖인책 사임 引責辞任.
인척 (姻戚) 명 姻戚. ‖인척 관계 姻戚関係.
인천 (仁川) 명 地名 仁川(インチョン). 京畿道(京畿道)の道庁所在地.
인체 (人體) /indʒʰe/ 명 人体. ‖인체 해부 人体解剖. 인체 실험 人体実験. 간장은 인체 最大の분비 기관이다 肝臓は人体最大の分泌器官である.
인출 (引出) 명 他 (預金を)引き出すこと; 下ろすこと. ‖예금 인출 預金の引き出し.
인치 (inch) 依名 …インチ. ❶1インチは約2.54cm.
인칭 (人稱) 명 人称. ‖삼인칭 3人称.
인칭대명사 (人稱代名詞) 명 言語 人称代名詞; 人(亻)代名詞.

인코너 (in+corner 日) 图 〔野球で〕インコーナー. ⊕아웃코너.

인코스 (in+course 日) 图 〔野球で〕インコース. ⊕아웃코스.

인큐베이터 (incubator) 图 インキュベーター; 保育器.

인터내셔널 (international) 图 インターナショナル.

인터넷 (Internet) 图 インターネット.
 인터넷ˇ전화 (Internet 電話) 图 インターネット電話; IP 電話.
 인터넷ˇ카페 (Internet café) 图 インターネットカフェ.

인터럽트 (interrupt) 图 〔IT〕 インターラプト; 割り込み.

인터뷰 (interview) 图 匣自他 インタビュー.

인터체인지 (interchange) 图 インターチェンジ; インター; IC; ジャンクション.

인터페론 (interferon) 图 〔医学〕 インターフェロン.

인터폰 (interphone) 图 インターホン.

인터폴 (Interpol) 图 インターポール; 国際刑事警察機構.

인턴 (intern) 图 インターン.

인테리어 (interior) 图 インテリア.

인텔리 ←intelligentsia 露) 图 インテリ. ‖인텔리풍의 남자 インテリ風の男.
 인텔리겐치아 (intelligentsia 露) 图 インテリゲンチャ.

인텔리전트ˇ빌딩 (intelligent building) 图 インテリジェントビル.

인파 (人波) 图 人の波; 人波; 人込み. ‖인파를 헤치고 나아가다 人波をかき分けて進む.

인편 (人便) 图 人づて. ‖인편으로 보내다 人づてに送る.

인품 (人品) 图 人柄; 人品.

인풋 (input) 图 匣他 インプット. ⊕아웃풋.

인프라 (←infrastructure) 图 〔インフラストラクチャの略語〕インフラ.

인프라스트럭처 (infrastructure) 图 インフラストラクチャー.

인플레 (←inflation) 图 〔經〕 〔인플레이션의 략어〕インフレ. ⊕디프레.
 인플레이션 (inflation) 图 〔經〕 インフレーション. ⊕디프레이션.

인플루엔자 (influenza) 图 インフルエンザ.

인하 (引下) /inːha/ 图 匣他 ❶ 引下げ. ⊕인상(引上). ‖금리를 인하하다 金利を引下げる. ❷値下げ. ‖가격을 인하하다 値段を下げる; 値下げする.
 인하-되다 受動

인-하다 (因─) /inhada/ 匣 〔하變〕 匣. ‖폭설로 인한 추돌 사고 大雪による追突事故. 부주의로 인해 발생한 사고 不注意によって起きた事故.

인해ˇ전술 (人海戦術) 图 人海戦術.

인허 (認許) 图 匣他 認許.

인형 (人形) /inhjəŋ/ 图 ❶ 人形. ‖인형의 집 『人形の家』(イプセンの戯曲). ❷ 〔比喩的に〕かわいい子.
 인형-극 (人形劇) 图 〔文芸〕 人形劇.

인화[1] (人和) 图 匣自 人和(ﾆﾝﾜ).

인화[2] (引火) 图 匣自 引火. ‖인화 물질 引火性物質.

인화[3] (印畵) 图 匣他 印画; 現像; 焼きつけ. ‖필름을 인화하다 フィルムを現像する.
 인화-지 (印畵紙) 图 印画紙.

인회-석 (燐灰石) /-/-훼-/ 图 〔鉱物〕燐灰石.

인후 (咽喉) 图 〔解剖〕 咽喉.
 인후-염 (咽喉炎) 图 〔医学〕 咽喉炎.

일[1] /iːl/ 图 ❶ 仕事. ‖컴퓨터 관련의 일을 하고 있다 コンピューター関連の仕事をしている. 무슨 일을 하세요? お仕事は何ですか. 일을 찾고 있다 仕事を探している. ❷ こと. ‖사람 일이란 알 수 없다 人のことは分からない. ❸ 用事; 事情. ‖집에 일이 생겼다 家に用事ができた. ❹ 〔主に저지르다と伴って〕事故; もめ事. ‖일을 저지르다 もめ事を起こす. ❺ (お金や労力の)要る)行事.

일[2] (日) /il/ 图 ❶ 日; 1 日. ‖일 평균 생산량 1日平均生産量. ❷ 일요일 (日曜日)の略語. ‖토요일은 쉬다 土日は休む. ❸ 일본(日本)の略語. ‖한일 관계 日韓関係.
 ─ 依名 …日. ‖삼 일 3 日.

일[3] (一) /il/ 圂 1; 一. ‖일 더하기 이는 삼이다 1 足す 2 は 3 である. 일, 이, 삼 1,2,3.
 ─ 閺 1…. ‖일 학년 1 年生. 일 개월 1か月. 일 월 1 月.

일[4] 匣 이다(である)의 未来連体形.

일[5] 匣 〔ㄹ語幹〕 일다(起こる)의 未来連体形.

-일[6] (日) 接尾 …日. ‖근무일 勤務日. 기념일 記念日.

일가 (一家) 图 一家; 一族. ‖일가를 이루다 一家を構える.

일가-견 (一家見) 图 一見識. ‖일가견이 있다 一見識ある.

일각[1] (一角) 图 一角. ‖빙산의 일각 氷山の一角.

일각[2] (一刻) 图 一刻. ‖일각을 다투다 一刻を争う.

일간[1] (日刊) 图 ❶ 日刊. ❷ 〔일간 신문(日刊新聞)の略語〕日刊新聞.
 일간-지 (日刊紙) 图 日刊紙.

일간[2] (日間) 图 ❶ 朝から夕方までの 1 日間. ❷ 近いうちに. ‖일간 찾아뵙겠습니다 近いうちに伺います.

일갈 (一喝) 图 匣他 一喝.

일-감 [-깜] 图 仕事; 仕事の材料. ‖일감을 집에 가지고 오다 仕事を家に持ち込む.

일개 (一介) 图 一介. ‖일개 과장이 사장한테 말대꾸를 하다니 一介の課長が社長に口答えをするなんて.

일-개미 (昆虫) ハタラキアリ(働き蟻).

일-개인 (一個人) 图 一個人. ‖이것은 일개인의 문제가 아니다 これは一個人の問題ではない.

일근 (日勤) 图 [하자] 日勤.

일급¹ (一級) 图 1級. ‖일급 건축사 1級建築士.

일급² (日給) 图 日給.

일급-제 (日給制) [-쩨] 图 日給制.

일기¹ (一期) 图 ❶一期. ❷一生; 生きている間. ‖칠십 세를 일기로 세상을 떠나다 70歳で生涯を閉じる.

일기² (日記) /ilgi/ 图 日記. ‖일기를 쓰다 日記をつける. 그림일기 絵日記.

일기-장 (日記帳) [-짱] 图 日記帳.

일기-체 (日記體) 图 《文學》 日記形式で書いた文体.

일기³ (日氣) 图 天気; 天候.

일기-예보 (日氣豫報) /ilgijebo/ 图 天気予報.

일까 …だろうか(か); …はずだろうか. ‖저 사람은 누구일까? あの人はだれだろう.

일깨우다 他 悟らせる; 教え悟らせる; 思い知らせる. ‖시간의 중요성을 일깨우다 時間の大切さを思い知らせる.

일-꾼 /iłk'un/ 图 ❶人手; 働き手; 労働者. ❷공사장 일꾼 工事現場の労働者. ❷人材. ‖함께 일할 일꾼을 모집합니다 一緒に働く人材を募集します.

일-내다 [-래-] 图 もめ事を起こす; 事故を起こす.

일년-근 (一年根) [-련-] 图 《植物》 一年生植物の根.

일년-생 (一年生) [-련-] 图 ❶1年生の学生. ❷一年生植物.

일년-초 (一年草) [-련-] 图 《植物》 一年草.

일념 (一念) [-렴] 图 一念.

일다¹ /iːlda/ 图 [ㄹ語幹] [일어, 이는, 인] ❶(なかった現象が)起こる. ‖정전기가 일다 静電気が起こる. 블로그 붐이 일다 ブログブームが起こる. ❷(波・泡などが)立つ. ‖파도가 일다 波が立つ. 거품이 일다 泡が立つ. 보풀이 일다 毛玉ができる. ❸盛んになる; おこる. ‖살림이 일다 暮らし向きがよくなる.

일다³ 他 [ㄹ語幹] (米・砂金などを)とぐ. ‖쌀을 일어서 밥을 짓다 米をといでご飯を炊く.

일단¹ (一端) [-딴] 图 一端.

일단² (一段) [-딴] 图 1段.

일단³ (一團) [-딴] 图 一団.

일단⁴ (一旦) /iłt'an/ [-딴] 图 とりあえず; 一旦. ‖일단 해 보자 とりあえずやってみよう.

일-단락 (一段落) [-딸-] 图 [하자] 一段落; 一区切り. ‖일이 오늘로 일단락되었다 仕事が今日で一段落した.

일거 (一擧) 图 一挙.

일거-양득 (一擧兩得) 图 [하자] 一挙両得.

일거에 (一擧-) 剛 一挙に; 一気に. ‖홈런을 쳐서 일거에 삼 점을 얻다 ホームランを放って, 一挙に3点を上げる.

일-거리 [-꺼-] 图 仕事. ‖일거리가 많다 仕事が多い.

일거수-일투족 (一擧手一投足) 图 一挙手一投足.

일걸 [일] 图 ⇒ ㄹ걸¹.

일격 (一擊) 图 一撃. ‖일격을 가하다 一撃を加える.

일견 (一見) 图 一見. ‖일견 강해 보이지만 사실은 그렇지 않다 一見(して)強そうに見えるが実はそうではない.

일계 (日計) [-계] 图 日計.

일고¹ (一考) 图 [하자] 一考. ‖일고의 가치도 없다 一考にも価しない.

일고² (一顧) 图 [하자] 一顧.

일곱 /ilgop/ 图 7人; 7つ; 7. ‖현재 부하가 일곱 있다 現在部下が7人いる.

— 冠 7…. ‖일곱 살 7つ[歳]. 일곱 시 7時. 일곱 개 7個.

일곱-째 図 冠 7つ째; 7番目; 7番目の.

일과¹ (日課) 图 日課.

일과² (一過) 图 [하자] 一過. ‖태풍이 일과한 후 台風一過の後.

일과-성 (一過性) [-썽] 图 一過性.

일관 (一貫) 图 [하자] 一貫. ‖일관된 태도를 취하다 一貫した態度をとる. 시종일관 終始一貫.

일관-성 (一貫性) [-썽] 图 一貫性.

일관 작업 (一貫作業) 图 一貫作業.

일괄 (一括) 图 [하자] 一括. ‖회비를 일괄해서 납부하다 会費を一括納付する.

일광 (日光) 图 日光.

일광-욕 (日光浴) [-뇩] 图 [하자] 日光浴.

일교차 (日較差) 图 日中の気温差. ‖일교차가 크다 日中の気温差が激しい.

일구 (一口) 图 ❶一口. ❷異口同音.

일구-이언 (一口二言) 图 [하자] 食言; 二枚舌.

일구다 田畑を作るため土を掘り起こす. ‖밭을 일구다 畑を掘り起こす.

일국 (一國) 图 一国.

일군¹ (一軍) 图 一軍.

일군² (一群) 图 一群.

일당¹ (一黨)【-땅】 图 一党. ∥택시 강도 일당 タクシー強盗団. 일당 독재 一党独裁.

일당² (日當)【-땅】 图 日当.

일당백 (當百)【-땅-】 图 1人で百人を相手にすること; 一人当千; 一騎当千.

일대¹ (一大)【-때】 冠 一大. ∥일대 사건 一大事件.

일대² (一代)【-때】 图 一代.
　일대-기 (一代記) 图 一代記. ∥어느 예술가의 일대기 ある芸術家の一代記.

일대³ (一帶) /ilt'ɛ/【-때】 图 一帯. ∥이 일대는 고급 주택지다 この辺一帯は高級住宅地だ.

일대-사 (一大事)【-때-】 图 一大事.

일도-양단 (一刀兩斷)【-또-】 하자 一刀両断.

일독 (一讀)【-똑】 하他 一読.

일동 (一同)【-똥】 图 一同. ∥직원 일동 職員一同.

일등 (一等)【-뜽/ilt'ɯŋ/】 하自 1等; 第一; 一番; 1位; 最高; 最上. ∥일등에 당첨되다 1等が当たる. 일등으로 도착하다 一番に到着する.
　일등-급 (一等級) 图 1等級. ∥내신 일 등급 1等級. 韓国の大学入試における内申書の最高ランク.
　일등-병 (一等兵) 图〔軍事〕一等兵.
　일등-품 (一等品) 图 一等品.

일란성:쌍생아 (一卵性雙生兒)【-쌍-】 图 一卵性双生児.

일람 (一覽)【-람】 하他 一覧.
　일람-표 (一覽表) 图 一覧表.

일랑 動 ∥…などは. ∥집안 일일랑 걱정하지 마 家のことなどは心配しないで.

일러두-기 图 凡例. 卽 범례(凡例).

일러두다 他 言いつけておく; 申しつけておく.

일러-바치다 他 告げ口する; 言いつける. ∥선생님께 일러바치다 先生に言いつける.

일러스트 (←illust) 图〔イラストレーションの略語〕イラスト.

일러스트레이션 (illustration) 图 イラストレーション.

일렁-거리다 [-대다] 自 揺れる; ゆらゆらする; 揺れ動く; ゆらめく. ∥바람에 일렁거리는 불빛 風に揺られる明かり.

일렁-이다 自 水面に浮いて波に揺れる.

일렁-일렁 副 하自 水面に浮いて波に揺れる様子: ゆらゆら.

일련 (一連) 图 一連. ∥일련의 사건 一連の事件.
　일련-번호 (一連番號) 图 一連番号.

일렬 (一列) 图 一列. ∥일렬로 서다 一列に並ぶ.

일례 (一例) 图 一例. ∥일례를 들다 一例を挙げる.

일로 (一路) 图 一路.

일루¹ (一縷) 图 一縷. ∥일루의 희망 一縷の希望.

일루² (一壘) 图〔野球で〕1塁.
　일루-수 (一壘手) 图〔野球で〕1塁手; ファースト.
　일루-타 (一壘打) 图〔野球で〕1塁打.

일류 (一流) 图 一流. ∥일류 디자이너 一流のデザイナー. 일류 대학 一流大学.

일류미네이션 (illumination) 图 イルミネーション.

일률 (一律) 图 一律.
　일률-적 (一律的)【-쩍】 冠 一律. ∥일률적인 기준 一律の基準. 일률적으로 가격을 천 원씩 올리다 一律に千ウォンずつ値上げする.

일리 (一理) 图 一理. ∥그 말에도 일리가 있다 その話にも一理ある.

일말 (一抹) 图 一抹. ∥일말의 미련 一抹の未練.

일망-무제 (一望無際) 图 一望千里.

일망정 動 ⇨ ㄹ망정¹. 빈말일망정 칭찬을 들으면 기분이 좋은 게 인간이다 たとえお世辞であろうとも, ほめられるとうれしいのが人間である.

일망-타진 (一網打盡) 图 하他 一網打尽. ∥절도단을 일망타진하다 窃盗団を一網打尽にする.

일맥-상통 (一脈相通)【-쌍-】 하自 一脈相通ずること. ∥일맥상통하는 데가 있다 一脈相通するところがある.

일면 (一面) 图 一面. ∥사물의 일면만을 봐서는 안 된다 物事の一面だけを見てはいけない. 의외의 일면 意外な一面.

일명 (一名) 图 一名; 別名.

일모-작 (一毛作) 图 一毛作.

일목-요연 (一目瞭然) 冠 一目瞭然. ∥두 사람의 차이는 일목요연하다 両者の違いは一目瞭然だ.

일몰 (日沒) 하自 日没. ↔ 일출(日出).

일문¹ (一門) 图 一門. ∥김씨 일문 金氏一門.

일문² (日文) 图 日本語で書かれた文.

일문-일답 (一問一答)【-땁】 하自 一問一答.

일미 (一味) 图 非常に美味しい味.

일박 (一泊) 하自 1泊.

일반 (一般) /ilban/ 图 一般. ⑦특별(特別). ∥일반 상식 一般常識. 일반 가정 一般の家庭.
　일반-개념 (一般概念) 图 一般概念.
　일반-론 (一般論)【-논】 图 一般論.
　일반-석 (一般席) 图 一般席.
　일반-성 (一般性)【-씽】 图 一般性.
　일반-인 (一般人) 图 一般人.
　일반-적 (一般的)【-쩍】 冠 一般的. ∥일반적인 경향 一般的な傾向.
　일반-직 (一般職) 图 一般職.
　일반-화 (一般化) 하他 一般化.
　일반 회계 (一般會計)【-/-회계】 图 一般会計. ⑦특별 회계(特別會計).

일방 (一方) 图 一方.
　일방-적 (一方的) 图 一方的. ‖일방적으로 결정하다 一方的に決める.
　일방-통행 (一方通行) 图 一方通行.
일백 (一百) 数图 百;百の…. ‖일백 번 百回.
일벌 (一벌) [昆虫] ハタラキバチ(働き蜂).
일벌-백계 (一罰百戒) 【-께 /-께】 (하自) 一罰百戒.
일변 (一變) (하自) 一變. ‖사태가 일변하다 事態が一變する.
일변-도 (一邊倒) 图 一邊倒.
일별 (一瞥) (하他) 一瞥.
일보¹ (一步) 图 一步;第一步. ‖일보 전진 一步前進. 사고가 나기 일보 직전에 事故になる一步手前で.
일보² (日報) 图 日報.
일-복 (一福) 图 [比喩的に]いつもやることが多いこと;仕事が多いこと.
일본 (日本) /ilbon/ 国名 日本. 略 일(日). ‖일본 사람 日本人. 일본어 日本語.
일봉 (一封) 图 一封. ‖금일봉 金一封.
일부 (一部) 图 一部. ‖일부 지역에서 一部の地域で. 계획을 일부 변경하다 計畫を一部變更する.
일부-다처 (一夫多妻) 图 一夫多妻.
일부러 /ilburə/ 圖 わざと;故意に. ‖일부러 그런 게 아니다 わざとそうしたのではない. ◇わざわざ. ‖일부러 그럴 필요는 없다 わざわざする必要はない.
일부ʸ변경선 (日附變更線) 图 [地] = 날짜 변경선(變更線).
일-부분 (一部分) 图 一部分;一部.
일부-일처 (一夫一妻) 图 一夫一妻.
　-夫一妻.
일부-종사 (一夫從事) (하自) 1人の夫だけに仕えること.
일뿐더러 圍 ⇒ ㄹ뿐더러¹.
일사병 (日射病) 【-싸뼝】 图 『医学』日射病.
일사부재리 (一事不再理) 【-싸-】 图 『法律』一事不再理.
일사부재의 (一事不再議) 【-싸-/-싸-이】 图 一事不再議.
일-사분기 (一四分期) 图 第一四半期.
일사불란-하다 (一絲不亂-) 【-싸-】 图 [하愛] 一絲も亂れない. ‖일사불란하게 행동하다 一絲亂れず行動する.
일사천리 (一瀉千里) 【-싸-】 图 一瀉(しゃ)千里. ‖일사천리로 일을 처리하다 一瀉千里に事を運ぶ.
일산 (日産) 【-싼】 图 ❶日産. ❷日本産.
일산화-탄소 (一酸化炭素) 【-싼-】 图 『化學』一酸化炭素.
일-삼다 (-따) 他 ❶從事する. ❷没頭する;ふける. ‖비행을 일삼다 非行に走する.
일상 (日常) /il²saŋ/ 【-쌍】 图 日常;普段. ‖일상의 번거로움 日常の煩わしさ.
일상-사 (日常事) 图 日常の事.
일상-생활 (日常生活) 图 日常生活.
일상-적 (日常的) 图 日常的.
일색 (一色) 【-쌕】 图 ❶一色. ❷ずば抜けた美人. ❸[一部の名詞に付いて]…ばかり. ‖까만 구두 일색이다 黑い靴ばかりである.
일생 (一生) /il²saɛŋ/ 【-쌩】 图 一生;生涯. ‖암 연구에 일생을 바치다 癌の研究に一生を捧げる. 구사일생으로 살아나다 九死に一生を得る. 일생을 마감하다 生涯を閉じる. 여자의 일생『女の一生』(モーパッサンの小說).
일석-이조 (一石二鳥) 【-씨기-】 图 一石二鳥.
일선 (一線) 【-썬】 图 一線;第一線. ‖일선에서 물러나다 第一線を退く.
일설 (一說) 【-썰】 图 一說. ‖일설에 의하면 一說によると.
일성 (一聲) 【-썽】 图 一聲.
일세 (一世) 【-쎄】 图 ❶一世;當世. ‖일세를 풍미하다 一世を風靡(ʊʊ)する. ❷1世. ‖재일 동포 일세 在日同胞1世.
일소¹ (一笑) 【-쏘】 (하自他) 一笑. ‖일소에 부치다 一笑に付す.
일소² (一掃) 【-쏘】 图 一掃. ‖악습을 일소하다 惡習を一掃する. **일소-되다** 受動.
일-손 【-쏜】 图 ❶人手. ‖일손이 모자라다 人手が足りない. ❷仕事の手. ‖일손을 멈추고 잠시 쉬다 仕事の手を休めてしばらく休息する. ▶일손을 놓다 仕事の手を休める;仕事をやめる. ▶일손이 잡히다 仕事に意欲が出る.
일-손씨 图 仕事の腕前;手ази腕. ‖일솜씨가 뛰어난 사람 腕のある人.
일수¹ (日收) 【-쑤】 图 ❶日收. ❷日濟(し).
일수² (日數) 【-쑤】 图 日數. ‖근무 일수 勤務日數.
일수록 /il²surok/ 【-쑤-】 圖 …であればあるほど. ‖건조할 때일수록 감기가 유행한다 乾燥している時ほど風邪が流行する.
일순¹ (一瞬) 【-쑨】 图 一瞬.
일순-간 (一瞬間) 【-쑨-】 图 一瞬間.
일순² (一巡) 【-쑨】 (하自他) 一巡.
일시¹ (一時) 【-씨】 图 ❶一時(じ);しばらく. ‖일시 귀국 一時歸國. ❷[主に일시에の形で]同時に;一氣に. ‖일시에 일어나다 同時に起こった出来事. ❸[副詞的に]しばらくの間(に).
일시-금 (一時金) 图 一時金.
일시-불 (一時拂) 图 一時払い.
일시-적 (一時的) 图 一時的. ‖일시

일일² (日日)【-씰】图 日時.
일식¹ (一式)【-씩】图 一式. ‖서류 일식 書類一式.
일식² (日食)【-씩】图 日本料理; 和食. ‖일식집 日本料理店.
일식³ (日蝕·日食)【-씩】图 自他 [天文] 日食.
일신¹ (一身)【-씬】图 一身.
일신-상 (一身上)【-씬-】图 一身上. ‖일신상의 이유로 회사를 그만두다 一身上の理由で会社を辞める.
일신² (日新)【-씬】图 自他動 日進. ‖분위기를 일신하다 雰囲気を一新する.
일신-되다 受動
일신-교 (一神敎)【-씬-】图〔宗敎〕一神敎. ⇔다신교(多神敎).
일실 (一室)【-씰】图 一室.
일심¹ (一心)【-씸】图 一心.
일심-동체 (一心同體) 图 一心同體.
일심-불란 (一心不亂) 图 自他 一心不亂.
일심² (一審)【-씸】图〔法律〕一審.
일쑤 〔[…이] 일쑤(이)다の形で〕…すろのが常だ; …しがちだ. ‖비만 오면 잠기기 일쑤다 雨が降るたびに水浸しになるのが常だ.
일약 (一躍) 圖 一躍. ‖일약 유명 인사가 되다 一躍名士となる.
일어 (日語) /iró/ 图 日本語. ‖일어는 조금 할 수 있다 日本語は少しできる. 일어 책 日本語の本. 일어과 학생 日本語学科学生.

일어-나다 /iróhnada/ 自 ❶ 起きる; 起き上がる. ‖아침 일찍 일어나다 朝早く起きる. ❷ 立ち上がる; 立つ. ‖벌떡 일어나서 인사를 하다 がっと立ち上がって挨拶をする. ❸ 起こる; 生じる. ‖지진이 일어나다 地震が起きる. 사건이 일어나다 事件が起こる. 건강 붐이 다시 일어나다 健康ブームが再び起こる.

일어-서다 /iróshdá/ 自 ❶ 立ち上がる; 起立する; 立つ. ‖자리에서 일어서서 座席から立ち上가다. 폐허에서 일어서다 廃墟(허)の中から立ち上がる. ❷ 立ち直る. ‖좌절했다가 다시 일어서다 挫折から立ち直る.

일언 (一言) 图 自他動 一言.
일언-반구 (一言半句) 图 一言半句; 一言. ‖일언반구도 하지 않다 一言も言わない.
일언지하 (一言之下) 图 一言の下. ‖일언지하에 거절하다 一言の下に断られる.
일-없다【이럽따】形 ❶ 必要がない; 要らない; 用がない. ❷ 構わない; 関係ない.
일없-이 圖 일없이 왔다 갔다 하다 用もなく行ったり来たりする.

일역 (日譯) 图 他 日本語に翻訳すること, また翻訳したもの.
일엽-편주 (一葉片舟) 图 一艘(쌩)の小舟.
일왕 (日王) 图 日本の天皇.
일요 (日曜) 图 日曜. ‖일요 신문 日曜新聞.

일-요일 (日曜日) /iriyoil/ 图 日曜日. 略日(日). ‖일요일에는 늦게 일어난다 日曜日は遅く起きる. 일요일 오후에 친구를 만나러 나갔다 日曜日の午後に友だちに会いに出かけた.

일용¹ (日用) 图 自他動 日用.
일용-품 (日用品) 图 日用品.
일용² (日傭) 图 日雇い.
일원¹ (一元) 图 一元. ‖일원 이차 방정식 一元二次方程式.
일원-론 (一元論)【-논】图 一元論.
일원-화 (一元化) 图 自他動 一元化.
일원화-되다 受動
일원² (一員) 图 一員.

일월¹ (一月) /irwŏl/ 图 1月. ‖일월은 삼십일일까지 있다 1月は31日まである. 작년 일월은 특히 추웠다 去年の1月は特に寒かった.
일월² (日月) 图 自他動 日月(じつ).
일월-성신 (日月星辰) 图 日月と星辰.

일으키다 /irŭkhida/ 他 ❶ 起こす; 立たせる. ‖몸을 일으키다 体を起こす. 말썽을 일으키다 一悶着起こす. 넘어진 아이를 일으켜 주다 転んだ子どもを起こしてやる. 소송을 일으키다 訴訟を起こす. 분쟁을 일으키다 紛争を起こす. 전기를 일으키다 電気を起こす. 경련을 일으키다 痙攣(けい)を起こす. 복통을 일으키다 腹痛を起こす. 식중독을 일으키다 食中毒を起こす. ❷ 引き起こす; 巻き起こす; 立てる. ‖혼란을 일으키다 混乱を巻き起こす. 먼지를 일으키다 ほこりを立てる. ❸ 身を立てる.

일의대수 (一衣帶水)【-/이리-】图 一衣帶水(海や川によって隔てられている)に近いこと.
일익 (一翼) 图 一翼. ‖일익을 담당하다 一翼を担う.
일인-이역 (一人二役) 图 一人二役.
일인-자 (一人者) 图 第一人者.
일-인칭 (一人稱) 图〔言語〕=제일 인칭(第一人稱).
일일 (一日) /iril/ 图 1日; 1日間. ‖1일 승차권 1日乗車券. 일일 생활권 1日生活圈.
일일-이 (——)【-리리】圖 いちいち; 一つ一つ; ことごとに. ‖일일이 설명을 하다 いちいち説明をする. 일일이 찾아다니면서 부탁을 하다 いちいち訪ね回りながらお願いをする. 일일이 점검하다 一つ一つ点検する.

일일-천추 (一日千秋) [명] 一日千秋.

일임 (一任) [명] [하타] 一任. ∥권한을 대표 간사에게 일임하다 権限を代表幹事に一任する. **일임-되다**[-받다] [수타]

일자¹ (一字) [-짜] [명] ❶一字. ❷'一'字의 뜻. 입을 일자로 다물다 口を一文字に結ぶ.

일자² (日字) [-짜] [명] 日付; にち; 日の丸の旗.

일-자리 /iʎ̚t͈ɕari/ [-짜-] [명] 職; 仕事. ∥일자리를 구하던 職をさがす. 일자리가 생기다 仕事が見つかる.

일자-무식 (一字無識) [-짜-] [하자] 一字無識.

일장¹ (一場) [-짱] [명] 一場; 一しきり.

일장-기 (日章旗) [-짱-] [명] 日章旗; 日の丸の旗.

일장일단 (一長一短) [-짱-딴] [명] 一長一短. ∥어느 쪽도 일장일단이 있다 いずれも一長一短がある.

일장-춘몽 (一場春夢) [-짱-] [명] 一場の春夢.

일전¹ (日前) [-쩐] [명] 先日; 先日; この間. ∥일전의 일로 先日のことで. 일전에 산 옷 この間買った服.

일전² (一轉) [-쩐] [명] [하자] 一転. ∥심기일전하다 心機一転する.

일전³ (一戰) [-쩐] [명] [하자] 一戦. ∥일전을 벌이다 一戦を交える.

일절 (一切) [-쩔] [부] 〔下に打ち消しの表現を伴って〕全く; 絶対; 一切. ∥술은 일절 못 마십니다 お酒は一切飲めません.

일정¹ (日程) /iʎ̚ʨʌŋ/ [-쩡-] [명] 日程. ∥일정을 짜다 日程を組む. 일정을 마치다 日程を終える. 의사 일정 議事日程.

일정-표 (日程表) [-쩡-] [명] 日程表.

일정² (一定) /iʎ̚ʨʌŋ/ [-쩡-] [명] [하형] 一定. ∥일정 기간 一定期間. 일정한 수준에 달하다 一定の水準に達する. 크기가 일정하다 大きさが一定している. 간격을 일정하게 하다 間隔を一定にする. **일정-히** [부]

일제¹ (一齊) /iʎ̚ʨe/ [-쩨] [명] 一斉. ∥일제 단속 一斉取り締まり. 일제 사격 一斉射撃.

일제-히 (一齊-) [부] 一斉に; 一気に. ∥일제히 출발하다 一斉に出発する.

일제² (日帝) [-쩨] [명] [歷史] 〔「日本帝国主義(日本帝國主義)」の略語〕日本帝国主義.

일제시대 (日帝時代) [명] [歷史] 日本が朝鮮半島を植民地化していた時代 (1910~1945).

일제³ (日製) [-쩨] [명] 日本製. ∥일제 차 日本製の車.

일조¹ (日照) [-쪼] [명] 日照.

일조-권 (日照權) [-쪼-] [명] [法律]
日照権.

일조-율 (日照率) [명] 日照率.

일조² (一朝) [-쪼] 〔일조일석(一朝一夕)の略語〕一朝.

일조-일석 (一朝一夕) [-쪼-썩] [명] 一朝一夕. 卿일조(一朝).

일조³ (一助) [-쪼] [명] [하자] 一助.

일족 (一族) [-쪽] [명] 一族.

일종 (一種) [-쫑] [명] 一種. ∥고래는 포유류의 일종이다 クジラは哺乳類の一種である.

일주¹ (一週) [-쭈] [명] 1週; 1週間.

일주² (一周) [-쭈] [명] [하자] 一周. ∥세계 일주 世界一周.

일-주일 (一週日) /iʎ̚ʨ͈uil/ [-쭈-] [명] 1週間. ∥일주일에 한 번 1週間に1度. 회사를 일주일이나 쉬다 会社を一週間も休む. 일주일 동안 집에만 있었다 一週間の間、ずっと家にいた.

일지¹ (日誌) [-찌] [명] 日誌. ∥근무 일지 勤務日誌.

일지² [-찌] [보] …だろうか; …なのか. ∥그 사람이 범인일지 모르겠다 あの人が犯人(なの)かも知れない.

일지라도 [-찌-] [보] …といえども; …で も; …であっても. ∥상대가 어린애일지라도 거짓말을 해서는 안 된다 相手が子どもといえども、うそをついてはいけない.

일지언정 [-찌-] [보] …ではあって…で あっても. ∥자기 자식일지언정 말을 함부로 해서는 안 된다 自分の子供であっても乱暴な言い方をしてはいけない.

일직 (日直) [-찍] [명] 日直.

일-직선 (一直線) [-찍썬] [명] 一直線. ∥일직선으로 나아가다 一直線に進む.

일진¹ (一陣) [-찐] [명] 一陣.

일진² (日辰) [-찐] [명] その日の運勢; 日がら. ∥일진이 안 좋다 日が悪い.

일진-일퇴 (一進一退) [-찐날-/-찌날-] [명] [하자] 一進一退.

일찌감치 [부] 早めに. ∥일찌감치 집을 나서다 早めに家を出る.

일찍 /iʎ̚t͈ɕik̚/ [부] 早く(に); 早めに. ∥아침 일찍 일어나다 朝早く起きる. 일찍 아버지를 여의다 早くに父を亡くす 〔失う〕. 평소보다 조금 일찍 집을 나서다 普段より少し早めに家を出る.

일찍-이 [부] かつて; 今まで. ∥일찍이 본 적이 없는 대장관 かつて見たことのないパノラマ.

일차¹ (一次) [명] ❶1次. ∥일차 시험 1次試験. ❷(飲み会の)一次会.

일차 방정식 (一次方程式) [명] [数学] 1次方程式.

일차 산업 (一次產業) [명] = 제일차 산업(第一次產業).

일차-적 (一次的) [명] 一次の. ∥일차적인 책임 一次の責任.

일처-다부 (一妻多夫) [명] 一妻多夫.

일천-하다 (日淺-) [형] [하변] 日が浅い.

일체¹(一切)[명] 全部; すべて. ∥재산 일체를 기부하다 すべての財産を寄付する.

일체²(一體)[명] 一体; 同体.
　일체-화(一體化)[명][자] 一体化.

일촉-즉발(一觸卽發)[명] 〔쪽발〕一触即発. ∥일촉즉발의 위기 一触即発の危機.

일촌-광음(一寸光陰)[명] 寸時; 寸刻.

일축(一蹴)[명][하다他] 一蹴; 軒み事や提案をすげなくはねつけること; 蹴ること. ∥요구를 일축하다 要求を一蹴する.

일출(日出)[명][하다自] 日の出. 砂 일몰(日沒).

일취-월장(日就月將)[명-장][명][자] 日進月歩.

일층(一層)[부] 一層; ひときわ. ∥경계를 일층 강화하다 警戒を一層強める.

일치(一致)/ilchʰi/[명][하다自] 一致. 의견이 일치하다 意見が一致する. 언행 일치 言行一致. 일치단결 一致団結.

일침(一針)[명] ❶一針. ❷〔比喩的に〕厳しい忠告. ∥일침을 가하다 頂門の一針を加える.

일컫다(-따)[타][ㄷ変] 称する; 名乗る; 呼ぶ; 言う. ∥신문은 사회의 공기라고 일컬어진다 新聞は社会の公器と言われる.

일탈(逸脫)[명][하다自他] 逸脫. ∥일탈 행위 逸脫行為.

일-터[명] 仕事場; 職場.

일파(一派)[명] 一派.

일편(一片)[명] 一片.
　일편-단심(一片丹心)[명] ひたすら思い続ける変わらない心.

일품¹(一品)[명] 一品.

일품²(逸品)[명] 逸品.

일-하다 /i:lhada/[자][하였] 仕事する; 働く. ∥열심히 일하다 一生懸命働く. 밤낮없이 일하다 昼夜を分かたず働く. 일하러 가다 仕事しに行く.

일한(日韓)[명] 日韓. ∥일한 사전 日韓辞典.

일행(一行)[명] 一行; 同勢.

일화(逸話)[명] 逸話; エピソード.

일확-천금(一攫千金)[명] 一攫千金. ∥일확천금을 노리다 一攫千金をねらう.

일환(一環)[명] 一環. ∥환경 정비의 일환으로 環境整備の一環として.

일회-성(一回性)[-썽/-쎙][명] 一回性.

일회-용(一回用)[-/-용][명] 使い捨て. ∥일회용품 使い捨ての品.

일흔 /ilhɯn/[수][관] 70歳; 70. ∥일흔 일곱 六十七. ∥일흔을 고희라고도 한다 70歳を古希とも言う.

읽다(익-) 読むこと; 書く. ∥말하기・듣기・쓰기.

읽는(잉-)[타] 읽다(読む)의 現在連体形.

읽다 /ik'ta/[익따][타] ❶読む. ∥큰 소리로 책을 읽다 大きい声で本を読む. 소비자 동향을 읽다 消費者の動向を読む. ❷読み取る. ∥사람의 마음을 읽다 人の心を読み取る. 진의를 읽다 真意を読み取る. ⑤ 읽히다.

읽을-거리[-꺼-][명] 読み物; 読み答えのある物.

읽은[타] 읽다(読む)의 運用形.

읽은[타] 읽다(読む)의 過去連体形.

읽을[타] 읽다(読む)의 未来連体形.

읽-히다¹[일키-][자] 〔읽다의 受身動詞〕読まれる. ∥최근에 많이 읽히는 책 最近よく読まれる本.

읽-히다²[일키-][타] 〔읽다의 使役動詞〕読ませる. ∥학생들에게 라쇼몽을 읽히다 学生たちに『羅生門』を読ませる.

잃는[타] 잃다(無くす・亡くす)의 現在連体形.

잃다 /iltʰa/[일타][타] ❶無くす; 失う; 紛失する; 落とす. ∥자신을 잃다 自信をなくす. 신용을 잃다 信用をなくす. 사고로 목숨을 잃다 事故で命を落とす. ❷亡くす; 死なせる. ∥교통사고로 처자식을 잃다 交通事故で妻子を亡くす. 전쟁 중에 아들을 잃다 戦争で息子を死なせる. ❸(機会などを)逃す. ∥기회를 잃다 機会を逃す. ❹(道に)迷う. ∥길을 잃다 道に迷う.

잃어[이러][타] 잃다(無くす・亡くす)의 運用形.

잃어-버리다[이러-][타] 完全に失う; 完全に亡くす.

잃은[이른][타] 잃다(無くす・亡くす)의 過去連体形.

잃을[이를][타] 잃다(無くす・亡くす)의 未来連体形.

임¹[명] 恋い慕う人.

임²(任)[명][姓] 任(イム).

임³(林)[명][姓] 林(イム).

임간(林間)[명] 林間.
　임간-학교(林間學校)[-교][명] 林間学校.

임계(臨界)[-/-계][명] 臨界.

임관(任官)[명][하다自] 任官. **임관-되다** 受動

임금¹[명][歷史] 王; 君主.

임금²[명][歷史] 賃金. ∥임금 노동자 賃金労働者. 명목 임금 名目賃金. 임금 체불 賃金未払い.

임기(任期)[명] 任期. ∥임기가 만료되다 任期が満了する.

임기-응변(臨機應變)[명][하다自] 臨機応変.

임대(賃貸)[명][하다他] 賃貸.
　임대-료(賃貸料)[명] 賃貸料.
　임대-차(賃貸借)[명][法律] 賃

임면 (任免) 〖명〗〖하타〗 任免.
임명 (任命) 〖명〗〖하타〗 任命. ∥주일 대사로 임명하다 駐日大使に任命する.
임명-되다[-뒤다] 受動
임무 (任務) /immu/ 〖명〗 任務. ∥임무를 완수하다 任務を全うする. 특수한 임무를 띠고 출발하다 特殊な任務を帯びて出発する.
임박 (臨迫) 〖명〗〖자〗 差し迫ること; 切迫すること.
임사 (臨死) 〖명〗〖자〗 臨死.
임-산부 (姙産婦) 〖명〗 妊産婦.
임상 (臨床) 〖명〗〖자〗 臨床. ∥임상 실험 臨床試験.
임석 (臨席) 〖명〗〖자〗 臨席; 臨場.
임시 (臨時) /imʃi/ 〖명〗 臨時. ∥임시 뉴스 臨時ニュース. 임시로 고용하다 臨時に雇う.
임시 국회 (臨時國會) 【-구회/-구꿰】 〖명〗 臨時国会.
임시-변통 (臨時變通) 〖명〗〖타〗 一時逃れに間に合わせること.
임시-비 (臨時費) 〖명〗 臨時費.
임시-적 (臨時的) 〖명〗 臨時; 一時的. ∥임시적인 일 臨時の仕事.
임시 정부 (臨時政府) 〖명〗 臨時政府.
임시-직 (臨時職) 〖명〗 臨時職.
임신 (姙娠) /imʃin/ 〖명〗〖타〗 妊娠. ∥임신 삼 개월 妊娠 3か月.
임신-부 (姙娠婦) 〖명〗 妊婦.
임야 (林野) 〖명〗 林野.
임업 (林業) 〖명〗 林業.
임용 (任用) 〖명〗〖타〗 任用; 採用. **임용-되다** 受動
임원 (任員) 〖명〗 役員.
임의 (任意) 〖명〗 任意. ∥임의의 두 점을 연결하는 직선 任意の2点を結ぶ直線. 임의적인 방법 任意の方法.
임의 동행 (任意同行) 〖명〗 任意同行.
임의 수사 (任意搜査) 〖명〗 任意捜査. 対강제 수사 (強制捜査).
임의 출두 (任意出頭) 〖명〗 〖-뚜/이미-뚜〗 任意出頭.
임자¹ /imdʑa/ 〖명〗 主; 持ち主; 主人. ∥땅 임자 土地の持ち主; 地主. 임자 있는 몸 主のある のぎ. ▶임자를 만나다 ① 持ち前の実力を発揮できる相手にめぐり合う. ② 好敵手に出会う.
임자² 〖대〗 (中年以上の夫婦で) 夫が妻を呼ぶ語.
임자-씨 (-氏) 〖言語〗 体言. 同 체언 (體言).
임전 (臨戰) 〖명〗〖자〗 臨戰. ∥임전 태세 臨戰態勢.
임종 (臨終) 〖명〗〖타〗 臨終. ∥임종을 지켜보다 臨終を見届ける.
임지 (任地) 〖명〗 任地.
임-직원 (任職員) 〖명〗 役職員.

임진-강 (臨津江) 〖명〗〖地名〗 臨津江.
임진-왜란 (壬辰倭亂) 〖명〗〖歷史〗 文禄慶長の役 (1592〜1598).
임질 (淋疾·痳疾) 〖명〗〖医学〗 淋疾; 淋病.
임차 (賃借) 〖명〗〖하타〗 賃借.
임파 (淋巴) 〖명〗〖生理〗 リンパ. 同 림프.
임파-선 (淋巴腺) 〖명〗〖解剖〗 リンパ腺. 同 림프샘.
임포텐츠 (Impotenz ドイツ語) 〖명〗〖医学〗 インポテンツ.
임-하다 (臨-) 〖자〗〖하변〗 ❶ 臨む. ∥회담에 임하다 会談に臨む. ❷ 面する. ∥바다에 임한 공업 지대 海に面した工業地帯.
임-하다 (任-) 〖타〗〖하변〗 任じる; 任命する.
임학 (林學) 〖명〗 林学.
임해 (臨海) 〖명〗〖자〗 臨海. ∥임해 공업 지대 臨海工業地帯.

입 /ip/ 〖명〗 ❶ (身体部位の) 口. ∥입을 벌리다 口を開ける. 입을 다물다 口を閉じる. 입을 열다 (때다) 話を始める. 입에 물다 口にくわえる. 음식이 입에 맞다 料理が口に合う. ❷ 口癖; 言葉つき. ∥입이 거칠다 口が悪い. ❸ (人の) 口の端. ∥사람들 입에 오르내리다 人の口の端に上る. ❹ 食べる人の数; 家族. ∥입 하나가 늘다 家族が1人増える. ∥임만 살다 行動はしないで口先ばかりだ. ∥입만 아프다 言っても聞かないので無駄だ. ▶입 밖에 내다 口に出す. ▶입에 거미줄 치다 口が上がる; 口が干上がる. ▶입에 대다 (食べ物などを) 口にする. ▶입에 발린 소리 お世辞. ▶입에 오르다 うわさに上る. ▶입에 침이 마르다 この上なくほめたたえる. ▶입에 풀칠하다 糊口 (ここう) をしのぐ. ▶입을 놀리다 口走る. ▶입을 막다 口止めする. ▶입을 맞추다 ① キスする; 口付けする. ② 口裏を合わせる. ▶입을 모으다 口を揃える. ▶입을 씻다 (닦다) 知らんぶりをする. ▶입을 열다 口を開く; 話し始める. ▶입이 가볍다 (싸다) 口が軽い. ▶입이 근질근질하다 しゃべりたくてうずうずする. ▶입이 닳도록 口がすっぱくなるほど. ▶입이 딱 벌어지다 (口がぱかっと開く」の意で) 驚いたり感心したりする. ▶입이 무겁다 口が重い; 口が堅い. ▶입이 심심하다 口淋しい. ▶입이 열 개라도 할 말이 없다 弁解の余地がない. ▶입이 짧다 食べ物の好き嫌いが激しい; 食が細い. ▶입은 비뚤어져도 말은 바로 해라 (句でも) (訓) どんな状況であれ正直に話すべきだ.
— 依존 [数詞の後に付いて] …口. ∥사과를 한 입 베어 물다 リンゴを1口かじる.

입-가 【-까】 〖명〗 口元; 口の辺り.
입-가심 【-까-】 〖명〗 口直し.
입각¹ (入閣) 【-깍】 〖명〗〖하타〗 入閣.

입각²(立脚)【-각】图(하자) 立脚; 基づくこと. ∥평화 유지에 입각한 외교 정책 平和維持に立脚した外交政策. 지금까지의 경험에 입각해서 판단하다 これまでの経験に基づいて判断する.

입-간판(立看板)【-깐-】图 立て看板.

입건(立件)【-껀】图(하자)(法律) 立件. **입건-되다** 受動

입관(入棺)【-꽌】图(하자) 入棺.

입관²(入館)【-꽌】图(하자) 入館.

입구(入口)/ipˀku/【-꾸】图 ❶入口. 参출구(出口). ❷〔電車・バスなどの〕乗車口, 乗り口. ❸〔壺(つぼ)・甕(かめ)・瓶などの〕口. ∥입구가 넓은 병이다 口が広い瓶だ.

입국¹(入國)【-꾹】图(하자) 入国. 対출국(出國). ∥입국 사증 入国査証; ビザ. 입국 절차 入国手続き.

입국²(立國)【-꾹】图(하자) 立国. ∥공업 입국 工業立国.

입금(入金)【-끔】图(하자) 入金; 預け入れ. **입금-되다** 受動

입김【-낌】图 ❶息づかい; 息. ❷〔比喩的に〕影響力. ∥고위층의 입김이 세다 上層部の影響力が強い. ▶입김을 넣다〔權限を利用して〕圧力をかけたり影響力を行使したりする.

입-내【임-】图 口臭.

입니까/imniˀka/【임-】劻 ···ですか; ···でありますか. ∥학생입니까? 学生ですか. 이 아이는 몇 살입니까? この子はいくつ〔何歳〕ですか. 입학식은 언제 입니까? 入学式はいつですか.

입니다/imnida/【임-】劻 ···です; ···であります. ∥저는 한국 사람입니다 私は韓国人です. 이런 일은 처음입니다 こんなことは初めてです. 내일은 어린이날입니다 明日は子どもの日です.

입다/ipˀta/【-따】㊀ ❶着る; 着用する. ∥블라우스를 입다 ブラウスを着る. 잠옷을 입다 寝巻きを着る. ❷〔スカート・ズボンなどを〕はく. ∥치마를 입어 보다 スカートをはいてみる. 바지를 즐겨 입다 ズボンを好んではく. ❸〔損害・傷・被害などを〕こうむる; 負う. ∥피해를 입다 被害をこうむる. 부상을 입다 負傷する. ❹〔助けや恩恵などを〕こうむる; 浴する. ∥은혜를 입다 恩恵をこうむる. 受입히다.

입단(入團)【-딴】图(하자) 入団. 対퇴단(退團). ∥프로 구단에 입단하다 プロ球団に入団する.

입-단속(-團束)【-딴-】图 口止め.

입-담【-땀】图 話術; 話しぶり. ∥입담이 좋다 話術に長けている.

입당(入黨)【-땅】图(하자) 入党. 対탈당(脫黨).

입대(入隊)【-때】图(하자) 入隊. 対제

대(除隊).

입-덧【-떧】图(하자) つわり.

입도-선매(立稻先賣)【-또-】图(하자) 青田売り; 青田買い.

입동(立冬)【-똥】图〔二十四節気の〕立冬.

입때까【-때-】劻 ⇒ㅂ디까.

입디다【-때-】劻 ⇒ㅂ디다.

입력(入力)【임녁】图(하자) 入力. ∥입력 장치 入力装置.

입론(立論)【임논】图(하자) 立論.

입-막음【임-】图 口止め.

입-말【임-】图〔言語〕口語; 話し言葉. 参글말.

입-맛/immat/【임맏】图 ❶食欲; 食い気; 口当たり; 口ざわり. ∥더워서 입맛이 없다 暑くて食欲がない. 내 입맛에는 안 맞다 私の口には合わない. 입맛이 돌다 食欲が出る. 입맛이 떨어지다 食欲がなくなる. 입맛이 당기다 食欲がわく. ❷〔比喩的に〕興味. ∥입맛을 다시다 舌なめずりをする; 舌鼓を打つ; 欲しいと思う. ▶입맛이 쓰다 後味が悪い.

입-맞춤【임맏-】图(하자) 口づけ; キス.

입-매【임-】图 口の形; 口つき.

입멸(入滅)【임-】图〔仏教〕入滅.

입몰(入沒)【임-】图(하자) ❶没入すること. ❷死ぬこと.

입문(入門)【임-】图(하자) 入門.

입문-서(入門書)【임-】图 入門書.

입-바르다【-빠-】㊀(르変)思ったことを正直に言うさま; 歯に衣を着せぬ物言いをする. ∥입바른 소리를 하다 歯に衣を着せぬ物言いをする.

입방(立方)【-빵】图〔数学〕立方.

입방-근(立方根)【-빵-】图〔数学〕立方根.

입방-체(立方體)【-빵-】图〔数学〕立方体; 正六面体.

입-버릇/ipˀporut/【-뻐른】图 口癖. ∥입버릇처럼 말하다 口癖のように言う.

입법(立法)/ipˀpop/【-뻡】图 立法. 参사법(司法)・행정(行政).

입법-권(立法權)【-뻡꿘】图〔法律〕立法権.

입법-부(立法府)【-뻡뿌】图 立法府.

입법-화(立法化)【-뻐퐈】图(하자) 立法化.

입-빠르다【-빠-】㊀ 口が軽い.

입사(入社)【-싸】图(하자) 入社.

입산(入山)【-싼】图(하자) 入山.

입상(入賞)【-쌍】图(하자) 入賞.

입석(立席)【-썩】图〔列車・バス・劇場などの〕立ち席.

입선(入選)【-썬】图(하자) 入選.

입성¹(入聲)【-썽】图〔言語〕入声(にっしょう).

입성²(入城)【-썽】图(하자) 入城.

입소(入所)【-쏘】图(하자) 入所.

입수(入手) /ipʰsu/ 【-쑤】 图 他他 入手. ‖정보를 입수하다 情報を入手する. 입수 경로 入手経路. **입수-되다** 受動

입술 /ipʰsul/ 【-쑬】 图 唇. ‖입술에 침을 바르다 唇をなめる. 입술이 두툼한 사람 唇が厚い人. 입술이 트다 唇が荒れる. 웃[아랫]입술 上[下]唇. ▶입술을 깨물다 唇を噛む.

입시(入試) /ipʰɕi/ 【-씨】〔입학시험(入學試驗)の略語〕入試. ‖대학 입시 大学入試. 입시 제도 入試制度.

입신(立身) 【-씬】图 自 立身.
 입신-출세(立身出世) 【-씬-쎄】图 他他 立身出世.

입실(入室) 【-씰】图 自 入室.

입-심 【-씸】图 口達者.

입-씨름 图 自他 ❶押し問答. ❷言い争い.

입안(立案) 图 他他 立案.

입양(入養) 图 他他 養子縁組.
 입양-아(入養兒) 图 養子縁組した子; 養子.

입영(入營) 图 【軍事】入營.

입원(入院) /ibwʌn/ 图 自他 入院. 凡퇴원(退院). ‖한 달 동안 입원하다 1か月間入院する. 입원 환자 入院患者. 입원 절차 入院の手続き.
 입원-비(入院費) 图 入院費.

입자(粒子) 【-짜】图 粒子.

입장¹(入場) 【-짱】图 自他 入場. 凡퇴장(退場).

입장²(立場) /ipʰdʑaŋ/ 【-짱】图 立場; 境遇. ‖상대방 입장이 되어 생각하다 相手の立場になって考える. 그렇게 되면 내 입장이 곤란해진다 それでは私の立場が困る.

입적¹(入寂) 【-쩍】图 自他 【仏教】入寂.

입적²(入籍) 【-쩍】图 他他 入籍. **입적-되다** 受動

입주(入住) 【-쭈】图 自他 入居.
 입주-금(入住金) 图 入居時に必要な金.
 입주-식(入住式) 图 入居の儀式; 入居祝い.

입증(立証) 【-쯩】图 他他 立証. **입증-되다** 受動

입지(立地) 【-찌】图 立地. ‖입지 조건 立地条件.
 입지-전(立志傳) 【-쩐-】图 立志伝.

입-질 【-찔】图 自他 (釣りの)当たり; 魚信.

입찰(入札) 图 他他 入札. **입찰-되다** 受動

입-천장(-天障) 图 【解剖】口蓋.

입체(立體) 【-체】图 立体.
 입체-감(立體感) 图 立体感.
 입체-경(立體鏡) 图 立体鏡.
 입체-미(立體美) 图 立体美.
 입체-적(立體的) 图 立体的.
 입체-파(立體派) 图 【美術】立体派; キュービズム.

입추¹(立秋) 图 (二十四節気の)立秋.

입추²(立錐) 图 立錐. ‖입추의 여지가 없다 立錐の余地もない.

입춘(立春) 图 (二十四節気の)立春.
 입춘-대길(立春大吉) 立春大吉.

입출(入出) 图 收入と支出. ‖입출 내역 収入と支出の内訳.
 입출-금(入出金) 图 入金と出金.

입하(入荷) 【-파】图 自他 入荷; 出荷(出荷). ‖신상품을 입하하다 新商品を入荷する. **입하-되다** 受動

입하²(立夏) 【-파】图 (二十四節気の)立夏.

입학(入學) /ipʰak/【-파】图 自他 入学. 凡졸업(卒業).
 입학-금(入學金) 【-파끔】图 入学金.
 입학-시험(入學試驗) 【-파씨-】图 入学試験. 凡입시(入試).
 입학-식(入學式) 【-파씩】图 入学式. 凡졸업식(卒業式).

입항(入港) 【-파】图 自他 入港. 凡출항(出港).

입헌(立憲) 图 自他 立憲.
 입헌-군주국(立憲君主國) 图 立憲君主国.
 입헌-주의(立憲主義) 【-/-이】图 立憲主義.

입회¹(入會) 【-푀】【-풰】图 自他 入会. 凡탈회(脫會).
 입회-금(入會金) 图 入会金.

입회²(立會) 【-푀】/-풰/ 图 立ち会い.

입-후보(立候補) 【-平-】图 自他 候補.

입-히다 /ipʰida/ 【이피-】 個 〔입다의 使役動詞〕❶着せる; 着用させる. ❷着せる. ‖아이에게 새 옷을 입히다 子どもに新しい服を着せる. ❸(損害・被害などを)負わせる; こうむらせる. ‖상처를 입히다 傷を負わせる. ❹(表面を)かぶせる; 覆す; 施す. ‖단청을 입히다 丹青を施す.

잇 [읻] 图 (寝具の)カバー. ‖베갯잇 枕カバー.

잇다 /itʰta/ 【읻따】他 【ㅅ変】〔이어, 잇는, 이은〕❶つなぐ; つなげる; 結ぶ. ‖줄을 이어다 紐(ひも)をつないだ. 서울과 부산 간을 잇는 경부 고속도로 ソウルと釜山の間をむすぶ京釜高速道路. ❷継ぐ; 引き継ぐ; 継承する. ‖전통을 잇다 伝統を引き継ぐ. ❸(生計を)立てる. ‖생계를 잇다 生計を立てる.

잇단-음표(-音標) 【읻따늠-】图 【音楽】連音符.

잇-달다 [읻딸-] 自 〔ㄹ語幹〕相次ぐ; 引き続く. ‖문제가 잇달아 일어나다

問題が相次いで起こる. 이 다음에 잇달아 쇼가 있습니다 この後, 引き続いてショーがあります.

잇-대다【읻때-】[他] くっつける; 継ぎ合わせる. ‖책상을 잇대어 놓다 机をくっつけておく. 천 조각을 잇대다 布切れを継ぎ合わせる.

잇-따르다【읻-】[自]〖으変〗 引き続く; 相次ぐ. ‖사고가 잇따라 일어나다 事故が相次いで起こる.

잇-몸【인-】[名] 歯茎.

잇-바디【이빠-/읻빠-】[名] 歯並び; 歯列.

잇-새【읻쌔】[名] 歯と歯の間.

잇-속（利入-）【이쏙/읻쏙】[名] 利得; 実利.

잇-자국【이짜-/읻짜-】[名] 歯形. ‖잇자국이 나다 歯形がつく.

있는【인-】[自] 있다(いる·ある)の現在連体形.

있다[1] /it²ta/【읻따】[自] ❶ある; いる. ‖집 근처에 큰 공원이 있다 家の近くに大きい公園がある. 오빠는 미국에 있다 兄はアメリカにいる. 사고의 책임은 나한테 있다 事故の責任は私にある. 오사카에 친척이 있다 大阪に親戚がいる. 처자식이 있는 사람 妻子のある人. 얼굴에 점이 있는 남자 顔にほくろがある男. 능력이 있는 사람 能力のある人. 정계에 영향력이 있다 政界に影響力がある. 자신이 있다 自信がある. 볼일이 있어서 먼저 가겠습니다 用事があるのでお先に失礼します. 어제 좋은 일이 있었다 昨日いいことがあった. ❷〔時間を表わす名詞に付いて〕…後; …経ったら; …経つと. ‖일주일 있으면 여름방학이다 1週間後は夏休みだ. 한 시간 있다가 다시 전화가 왔다 1時間後また電話がかかってきた. ❸〔…에 있어(서)の形で〕…において. ‖한국어 교육에 있어서 이 점은 중요한 의미를 갖는다 韓国語教育においてこの点は重要な意味を持つ. ❹〔…에게[한테] 있어서の形で〕…にとって. ‖부모한테 있어서 자식보다 소중한 것은 없다 親にとって子どもより大切なものはない. ❺〔…수 있다の形で〕…(することが)できる. ‖내일은 학교에 갈 수 있다 明日は学校へ行ける. 일어로 편지를 쓸 수 있다 日本語で手紙が書ける.

있다[2] /it²ta/ [補動]〔…고 있다の形で〕動きが進行中であることを表わす. ❶…ている. ‖아이들이 공원에서 놀고 있다 子どもたちが公園で遊んでいる. 여동생은 중학교에 다니고 있다 妹は中学校に通っている. 바람이 강하게 불고 있다 風が強く吹いている. 감기가 유행하고 있다 風邪が流行っている. ❷…つつある. ‖태풍이 다가오고 있다 台風が近づきつつある. 사라지고 있는 미풍양속들 消えつつある美風良俗.

있다[3] [補形]〔…아[어] 있다の形で〕状態が続いていることを表わす: …ている. ‖뜰에 꽃이 많이 피어 있다 庭に花がたくさん咲いている. 내 앞에 앉아 있는 사람 私の前に座っている人.

있어 [自] 있다(いる·ある)の連用形.

있은 [自] 있다(いる·ある)の過去連体形.

있을 [自] 있다(いる·ある)の未来連体形.

잉꼬（いんこ·鸚哥[日]）[名]《鳥類》 インコ(鸚哥).

잉꼬-부부（いんこ夫婦）[名] おしどり夫婦.

잉어 /iːŋɔ/ [名]《魚介類》 コイ(鯉).

잉여（剩餘）[名] 剰余; 余り.

잉여ˆ가치（剩餘價値）[名]《経》 剰余価値.

잉잉 [副]〔하自〕 子どもがしきりに泣く声: あんあん.

잉잉-거리다 [自] 子どもが泣きやまない.

잉크（ink）[名] インク.

잉태（孕胎）[名]〔하他〕 ❶妊娠. ❷ある事実や現象が内部からできて成長すること.

잊다 /it²ta/【읻따】[他] 忘れる. ‖약속을 잊었다 約束を忘れた. 숙제를 잊다 宿題を忘れる. 침식을 잊고 연구에 몰두하다 寝食を忘れて研究に没頭する. 시간 가는 것도 잊고 늦게까지 이야기를 하다 時間が経つのも忘れて遅くまで話をする. 은혜를 잊다 恩を忘れる. [受]잊히다.

잊-히다【이치-】[自]〔잊다の受身動詞〕忘れられる. ✣一般的に잊혀지다の形で用いられる.

잎 /ip/【입】[名] 葉. ‖잎이 무성하다 葉が茂る. 나뭇잎이 바람에 날리다 木の葉が風に舞う.

잎-겨드랑이【입껴-】[名]《植物》 葉腋. [類]엽액(葉腋).

잎-담배【입땀-】[名] 葉タバコ.

잎-맥（-脈）【임-】[名]《植物》 葉脈. [類]엽맥(葉脈).

잎-몸【임-】[名]《植物》 葉身.

잎-사귀【입싸-】[名] 葉っぱ; 葉.

잎-자루【입짜-】[名]《植物》 葉柄.

잎-줄기【입쭐-】[名]《植物》 葉軸.

잎-채소（-菜蔬）【입-】[名] (白菜·ホウレンソウなど)葉を食べる野菜.

ㅈ

ㅈ【지읃】图 ハングル子音字母の第9番目. 名称は「지읒」.

자¹(字)图 ❶定規. ❷삼각자 三角定規.
— 依El 長さの単位: …尺. 寸すの10倍. ‖한 자 두 치 정도의 길이 1尺2寸ほどの長さ.

자²(子)图 子(こ). ‖부자 관계 父子関係.

자³(子)图〔十二支の〕子(ね).

자⁴(字)图 字(じ).
— 依El 文字の数を数える語: …字. ‖이백 자 원고지 200字の原稿用紙.

자⁵(者) 依El …者(しゃ). ‖최후에 웃는 자가 승자다 最後に笑う者が勝者である.

자⁶(者) 人に行動を促したり, 自らの行動意思を見せるに発する語: さあ; さて. ‖자, 시작합시다 さあ, 始めましょう.

자⁷(自) …であって …であり, ‖대학 교수자 작가인 친구 大学教授であり作家でもある友だち.

자⁸(自) 자다〈寝る〉の連用形.

-자⁹(者) 接尾 …者(しゃ). ‖노동자 労働者. 인격자 人格者.

-자¹⁰(子) 接尾 …子. ‖유전자 遺伝子. 중성자 中性子.

-자¹¹/t͡ɕa/ 語尾 ❶〔動詞の語幹に付いて〕同年輩の友人や後輩への勧誘または婉曲な命令を表わす: …よう. ‖빨리 가자 早く行こう. 천천히 하자 ゆっくりやろう. ❷ある動作が終わり, 引き続きまた次の動作が行われる様子を表わす: …や否や; …(する)とすぐに; …で急に. ‖나를 보자 안색이 바뀌었다 私を見て急に顔色が変わった. 집을 나서자 비가 오기 시작했다 家を出るとすぐに雨が降り始めた. ❸…(し)ようと, ‖내일 가지고 했다 明日, 行こうと言った. ❹…て, ‖아무리 말해 보았자 소용없다 いくら言っても意味がない.

자가(自家)图 自家; 自分の家. ‖자가 발전 自家発電.

자가-수분(自家受粉)图〔植物〕自家受粉. ㉘타가 수분(他家受粉).

자가-수정(自家受精)图〔植物〕自家受精. ㉘타가 수정(他家受精).

자가당착(自家撞着)图 自家撞着(どうちゃく). ‖자가당착에 빠지다 自家撞着に陥る.

자가용(自家用)图 自家用.

자가용-차(自家用車)图 自家用車; マイカー.

자각(自覺)图 自覚. ‖현실을 자각하다 現実を自覚する. 국가 대표로서의 자각이 부족하다 国家代表としての自覚に欠けている. 자각 증상 自覚症状.

자간¹(字間)图 字間. ‖자간을 넓히다 字間をあける.

자간²(子癇)图〔医学〕子癇(しかん).

자갈图 砂利; 小石.

자개图 螺鈿(らでん). 細工に用いる貝殻.

자개-농(-籠)图〔자개장롱(-欌籠)の略語〕螺鈿のたんす.

자개-장(-欌)图 자개장롱(-欌籠)の略.

자개-장롱(-欌籠)[-농]图 螺鈿のたんす.

자객(刺客)图 刺客; 暗殺者. ‖자객을 보내다 刺客をさし向ける.

자격(資格) /t͡ɕagjək/ 图 資格. ‖수험 자격 受験資格. 의원 자격을 상실하다 議員の資格を失う. 개인 자격으로 발언하다 個人の資格で発言する.

자격-시험(資格試験)【-씨-】图 資格試験.

자격-증(資格證)【-쯩】图 資格証. ‖교원 자격증을 따다 教員の資格を取る.

자격지심(自激之心)【-찌-】图 自分がやったことに対して自分の至らなさを認める気持ち.

자결(自決)图 直他 ❶自殺; 自害. ❷자결, 민족 자결 民族自決.

자계(自戒)图 【-/-케】图 自戒.

자고-로(自古-)副 昔から; 古来. ‖자고로 지피지기면 백전백승이라 했다 古来, 彼を知りこを知れば百戦殆(あや)うからずと言われた.

자괴(自愧)图【-/-케】直他 自ら恥じること.

자구¹(字句)[-꾸]图 字句.

자구²(自救)图 直他 自ら自分を救うこと.

자구-책(自救策)图 自力救済. ‖자구책을 강구하다 自力救済を講じる.

자국¹/t͡ɕaguk/图 跡; 痕跡. ‖여드름 자국이 남다 にきびの跡が残る. 수술 자국 手術の跡.

자국²(自國)图 自国.

자국-민(自國民)【-궁-】图 自国民.

자궁(子宮)图〔解剖〕子宮. ㉘아기집.

자궁-암(子宮癌)图〔医学〕子宮癌.

자궁-외=임신(子宮外姙娠)【-/-웨-】图〔医学〕子宮外姙娠.

자귀-나무图〔植物〕ネムノキ(合歓木).

자그마치 副 少なくとも; …も. ‖몸무게가 자그마치 백 킬로나 된다 体重が少なくとも100キロある. 강연회에 자그마치 오백 명이나 모였다 講演会に500人も集まった.

자그마-하다 圈【하영】小さめだ; やや小さい; 小柄だ. ㉘자그맣다. ‖자그마한 여성 小柄な女性.

자그맣다[-마타]圈【ㅎ変】자그마하다の約約形.

자극¹(刺戟) /t͡ɕa.guk/ 图 他 刺激; くすぐること. ‖감정을 자극하다 感情をくすぐる.

찌르는다. 자극을 받다 刺激を受ける. 자극이 강하다 刺激が強い.
자극-성 (刺戟性) [-씽] 图 刺激性.
자극-역 (刺戟閾) [-녁] 图 刺激閾.
자극-적 (刺戟的) [-쩍] 图 刺激的.
∥자극적인 장면 刺激的な場面. 자극적인 음식 刺激の強い食べ物.
자극-제 (刺戟劑) [-쩨] 图 刺激劑.
자극² (磁極) 图 磁極.
자극-자극 (刺戟-) 튀하他 ❶ 頭がずきずきする様子. ∥머리가 자극자극 아프다 頭がずきずきする. ❷ 人をしきりに苦しめたり, 人にせがんだりする様子. ❸ 軽く押さえたり噛んだりする様子.
자금 (資金) /ja:gɯm/ 图 資金. ∥결혼 자금 結婚資金. 자금 부족 資金不足. 운전 자금을 조달하다 運転資金を調達する. 자금 조달이 어렵다 資金繰りが苦しい.
자금-난 (資金難) 图 資金難.
자금-동결 (資金凍結) 图 資金凍結.
자금-줄 (資金-) [-쭐] 图 資金源, 金づる. 돈줄.
자금-통제 (資金統制) 图 (經) 資金統制.
자급 (自給) 图 하他 自給.
자급-자족 (自給自足) [-짜-] 图 하他 自給自足.
자긍-심 (自矜心) 图 誇りの気持ち.
자기¹ (自己) /jagi/ 图 ❶ 自己; 自分. 냉정히 자기를 돌아보다 冷静に自分を振り返ってみる. 자기 마음대로 하다 自分勝手にする. ❷ 〈恋人・夫婦間・または女性がそれほど親しくない同年代以下の女性に対して〉君; お前; あなた.
— 代 自分. ∥그는 자기가 가고 싶다고 했다 彼は自分が行きたいと言った.
자기-과시 (自己誇示) 图 自己顯示.
자기-류 (自己流) 图 自己流.
자기-만족 (自己滿足) 图 自己滿足.
자기-모순 (自己矛盾) 图 自己矛盾. ∥자기모순에 빠지다 自己矛盾に陥る.
자기-비판 (自己批判) 图 하自 自己批判.
자기-소개 (自己紹介) 图 自己紹介.
자기-실현 (自己實現) 图 自己實現. ⑨자아실현 (自我實現).
자기-암시 (自己暗示) 图 自己暗示.
자기-애 (自己愛) 图 自己愛.
자기-자본 (自己資本) 图 《經》 自己資本.
자기-중심 (自己中心) 图 自己中心; 自己中.
자기-편 (自己便) 图 (自分の)味方で; 仲間.
자기-혐오 (自己嫌惡) 图 自己嫌惡. ∥자기혐오에 빠지다 自己嫌惡に陥る.
자기-희생 (自己犧牲) [-히-] 图 自己犧牲.
자기² (瓷器・磁器) 图 磁器.

자기³ (磁氣) 图 磁氣.
자기-력 (磁氣力) 图 磁力.
자기-장 (磁氣場) 图 磁場.
자기앞-수표 (自己-手票) [-압쑤-] 图 (經) 保證小切手.
자기앞-어음 (自己-) [-아버-] 图 (經) 自己宛為替手形.

자꾸 /ja'k'u/ 튀 しきりに; 何度も. ∥자꾸 전화를 하다 何度も電話をかける. 하품이 자꾸 나오다 あくびがしきりに出る.
자꾸-만 튀 자꾸를 強めて言う語.
-자꾸나 語尾 〔動詞の語幹に付いて〕 -자라り親しみを表わす: …よう(よ); …よ うね. ∥오늘은 맛있는 것 먹자꾸나 今日はおいしいものを食べようね.
자나-깨나 튀 寝ても覚めても; 明けても暮れても; 常時. ∥자나깨나 불조심 寝ても覚めても火の用心.
자낭 (子囊) 图 《植物》 子嚢(ぶう). 即씨주머니.
자낭-균 (子囊菌) 图 《植物》 子嚢菌.
자네 代 〈主に男性が対等な関係の後輩・部下などに対して〉お前; 君.
자녀 (子女) 图 子女; 子ども. ∥자녀분은 몇 명이세요? お子さんは何人いらっしゃいますか.
자년 (子年) 图 子の年.
자는-는 자다(寝る)の連体形. ∥자는 아이 寝ている子ども.

자다 /jada/ 目 ❶ 寝る; 眠る. ∥빨리 자다 早く寝る. 자기 전에 이를 닦다 寝る前に歯を磨く. 잠을 자다 寝る. 푹 자다 ぐっすり眠る. ❷ 〈動いていたものが〉止まる. ∥시계가 자고 있다 時計が止まっている. ❸ 〈風や波が〉止む; なぐ. ∥바람이 자다 風が止む. ❹ 〈商品などが〉眠っている. ∥물건들이 팔리지 않아 창고에서 자고 있다 商品が売れなくて倉庫で眠っている. 해저에서 자고 있는 자원 海底で眠っている資源.
자당 (慈堂) 图 〈他人の母親の尊敬語〉 母堂; 母上; 母君.

자동 (自動) /jadoŋ/ 图 自動. ㉓수 동 (手動). ∥문이 자동으로 열리다 ドアが自動で開く. 자동 소총 自動小銃. 자동 응답 전화 留守番電話. 전자동 全自動.
자동-문 (自動門) 图 自動ドア.
자동-소총 (自動小銃) 图 《軍事》 自動小銃.
자동-식 (自動式) 图 自動式.
자동 인출기 (自動引出機) 图 自動預け入れ払い機 (ATM).
자동-적 (自動的) 图 自動的の.
자동-제어 (自動制御) 图 自動制御.
자동-판매기 (自動販賣機) 图 自動販売機. 同자판기 (自販機).
자동-화 (自動化) 图 하他 自動化.
자동-화기 (自動火器) 图 自動火器.

자-동사 (自動詞) 图 〖言語〗 自動詞.
자동-차 (自動車) /tɕadoŋtɕʰa/ 图 自動車. ‖자동차를 운전 학원 自動車教習所. 자동차 세 自動車税.
자두 〖植物〗 スモモ(李).
자디-잘다 圈 〖ㄹ語幹〗 〖잘다를 강하게 말함〗 非常に小さい; 非常に細かい. ‖자디잔 글씨 非常に小さく書いた字.
자라¹ 图 〖動物〗 スッポン(鼈). ▶자라 보고 놀란 가슴 소댕(솥뚜껑) 보고 놀란다 〖諺〗 (スッポンを見て驚いた者は釜の蓋を見てもびっくりするの意で)何かに驚くとそれと似たようなものを見ても怖がる.
자라-목 图 〖比喩的に〗 短い首.
자라² 圈 자라다(育つ)의 連用形.
자라-나다 圓 育つ; 成長する.
자라는 圓 자라다(育つ)의 現在連體形.
자라다 /tɕarada/ 圓 ❶育つ; 成長する; 大きくなる. ‖훌륭한 청년으로 자라다 立派な青年に育つ. 많이 자랐구나 大きくなったね. ❷伸びる. ‖머리가 많이 자랐다 髪の毛がだいぶ伸びた.
자락 图 ❶ 〖옷자락의 略語〗衣服の裾. ❷〖比喩的に〗 裾野. ‖산자락 山の裾野.
자란 圈 자라다(育つ)의 過去連體形.
자랄 圈 자라다(育つ)의 未來連體形.
자랑 /tɕaraŋ/ 图〖하변〗 自慢; 誇ること. ‖요리 솜씨를 자랑하다 料理の腕前を自慢する. 전국 최대의 규모를 자랑하다 全国最大の規模を誇る.
자랑-거리 【-거~】 图 自慢の種; 自慢の人; (その人の)売り物.
자랑-삼아 【-따】 圖 自慢する; 誇りに思う. ‖형은 일 등한 사실을 자랑삼아 말했다 兄は1位になったことを自慢気に話した.
자랑-스럽다 【-따】 [ㅂ変] 誇らしい; 自慢だ. ‖자랑스러운 아들 自慢の息子. **자랑스레** 圖
자력¹ (自力) 图 自力; 独力.
자력-갱생 (自力更生) 【-껭-】 图〖하변〗 自力更生.
자력² (磁力) 图 磁力; 磁気力.
자료 (資料) /tɕarjo/ 图 資料. ‖자료를 갖추다 資料をそろえる. 資料로 쓰다 資料に使う. 자료 수집 資料集め. 조사 자료 調査資料. 역사 자료 歷史資料.
자루¹ 图 袋. ‖곡식을 자루에 담다 穀物を袋に詰める.
자루² 图 柄; 取っ手. ‖칼자루 刀の柄.
— 依名 鉛筆や包丁などを数える語: …本. ‖연필 한 자루 鉛筆1本.
자르는 圈 〖ㄹ語幹〗 자르다(切る)의 現在連體形.
자르다 /tɕaruda/ 圓 〖자르는〗 ❶切る; 切断する. ‖머리를 자르다 髪を切る. 칼로 무를 자르다 包丁で大根を切る. 반대파를 자르다 反對派を切る. 철판을 자르다 鐵板を切断する. 부장은 그 대목에서 말을 잘라 부下들에게 言葉を切った. ❷〖목을 자르다の形で〗 首にする; 解雇する. ‖문제를 일으킨 과장의 목을 자르다 問題を起こした課長を首にする. **잘리다** 圓
자르르 圖〖한변〗 つやのある様子; つやつや. ‖머리에 윤기가 자르르 흐르는 髪がつやつやしている.
자른 圈 〖ㄹ語幹〗 자르다(切る)의 過去連體形.
자를 圈 〖ㄹ語幹〗 자르다(切る)의 未來連體形.
자리¹ /tɕari/ 图 ❶席; 場所; 所. ‖자리에 앉다 席に着く. 자리를 잡다 席(場所)をとる. 술자리 酒席. 앉을 자리를 확보하다 座る場所を確保する. 자리를 비우다 場所を立つ. 빈 자리가 없다 空いている所がない. ❷跡. ‖차가 지나간 자리 車の通った跡;車輪の跡. 수술한 자리 手術の跡. ❸地位; 職; ポスト. ‖중요한 자리에 있다 重要なポストにつく. 사장 자리에서 물러나다 社長の職を去る. ❹〖數字〗桁. ❺位; (ラ). ‖세 자리 수 三桁の数. 천의 자리 千の位. ❻〖天文〗星座. ‖처녀자리 乙女座. ▶자리(가) 잡히다 ⑴生活が安定する. ⑵(制度·秩序などが)定着する. ▶자리를 뜨다 席をはずす(離れる). ▶자리를 잡다 ⑴席(場所)をとる. ⑵(生活·職場などに)落ち着く.
자리-다툼 图〖하변〗 座席や地位をめぐる争い.
자리-매김 图〖하변〗 位置づけ; 位置づけること. ‖그 작품성을 문학사에서 새롭게 자리매김할 필요가 있다 その作品性を文学史において新たに位置づける必要がある.
자리-바꿈 图〖하변〗 席替え.
자리-보전 (-保全) 图〖하변〗 寝たきり.
자리² 图 ❶敷物; ござ; むしろ. ❷寝具. ‖자리를 펴다 布団を敷く. ❸잠자리의 略語.
자리-잡다 /tɕaridʑapta/ 【-따】 圓 ❶席(場所)をとる. ‖상석에 자리잡다 上座に席をとる; 上座につく. ❷生活が落ち着く; 暮らしが安定する. ‖서울에 자리잡고 잘 살고 있다 ソウルに落ち着いて幸せに暮らしている. ❸位置する; ある. ‖산 중턱에 자리잡은 고급 맨션 山の中腹にある高級マンション.
자리잡-히다 【-자리-】 圓 生活が落ち着く; 暮らしが安定する. ‖서울 가서 자리잡히는 대로 연락 드리겠으니 서울に行って落ち着いたらすぐご連絡差し上げます.
자리-토씨 图〖言語〗 格助詞. ⑨격조사(格助詞).

자립 (自立) /tɕarip/ 【하자】 自立. ‖경제적 자립 経済的な自立.
자립-성 (自立性) [-썽] 图 自立性.
자립-심 (自立心) [-씸] 图 自立心. ‖자립심이 강한 아이 自立心が強い子ども.
자립-적 (自立的) [-쩍] 图 自立의.
자릿-수 (-數) [-리쑤·-린쑤] 图 (數学) 桁(けた)の数. ‖두 자릿수 성장을 지속한다 2桁の成長を続ける.
-자마자 /tɕamadʑa/ 語尾 …するや否や; …するとすぐに. ‖집에 들어오자마자 텔레비전을 켰다 家に戻るや否やテレビをつけた. 저녁을 먹자마자 졸음이 쏟아졌다 夕飯を食べるとすぐに眠気に襲われた.
자막 (字幕) 图 字幕. ‖자막 방송 字幕放送.
자-막대기 (-[-]) 图 物差しとして用いる棒.
자만 (自慢) 图 [하자] 自慢.
자만-심 (自慢心) 图 慢心, おごり.
자매 (姉妹) 图 姉妹. ‖세 자매 3人姉妹.
자매-결연 (姉妹結縁) 图 姉妹縁組み.
자매-교 (姉妹校) 图 姉妹校.
자매-도시 (姉妹都市) 图 姉妹都市.
자매-지 (姉妹紙) 图 姉妹紙.
자매-편 (姉妹篇) 图 姉妹編.
자매-품 (姉妹品) 图 姉妹品.
자매-회사 (姉妹會社) [-/-훼-] 图 姉妹会社.
자맥-질 [-찔] 图 [하자] 水に潜ったり出たりして遊ぶこと.
자메이카 (Jamaica) 图 (国名) ジャマイカ.
자멸 (自滅) 图 [하자] 自滅.
자명-종 (自鳴鐘) 图 目覚まし時計.
자명-하다 (自明-) 【-明-】 图 [하여] 自明の. ‖자명한 일 自明なこと.
자모 (字母) 图 (言語) 字母 (ある言葉を表記するのに用いられるすべての表音文字).
자모-순 (字母順) 图 字母の配列順. ·ㅏ·ㄴ順・アルファベット順など.
자-목련 (紫木蓮) [-몽년] 图 (植物) シモクレン (紫木蓮).
자못 [-몯] 副 思ったよりずっと; かなり. ‖국가 대표 선수에 대한 기대가 자못 크다 国家代表選手に対する期待がかなり大きい. 그는 자못 심각한 표정으로 나를 쳐다보았다 彼はかなり深刻な表情で私を見つめた.
자문[1] (自問) 图 [하자] 自問.
자문-자답 (自問自答) 图 [하자] 自問自答.
자문[2] (諮問) 图 [하자] 諮問.
자문-기관 (諮問機關) 图 諮問機関.
자물-쇠 [-쐬·-쒜] 图 錠; 錠前. ‖자물쇠를 채우다 錠をかける.
자바라 (←喇叭羅) 图 (音楽) 鐃鈸(にょうはち).
자바^원인 (Java 猿人) 图 ジャワ原人.

자박-자박 [-짜-] 副 [하자] さくさく; そろそろ; しずしず. ‖눈길을 자박자박 걸어오다 雪道をさくさくと歩いてくる.
자반 (佐飯) 图 塩物.
자발 (自發) 图 自発.
자발-성 (自發性) [-썽] 图 自発性.
자발-적 (自發的) [-쩍] 图 自発의. ‖자발적으로 참가하다 自発的に参加する.
자방 (子房) 图 (植物) 子房. 顕 씨방(-房).
자백 (自白) 图 [하자] 自白; 自供; 白状. ‖죄를 자백하다 罪を自白する.
자본 (資本) /tɕaːbon/ 图 資本; 元手. ‖막대한 자본을 투자하다 莫大な資本を投資する. 그 사람은 일억 원의 자본으로 장사를 시작했다 彼は1億ウォンの資本で商売を始めた.
자본-가 (資本家) 图 資本家.
자본-거래 (資本去來) 图 (經) 資本取引.
자본-금 (資本金) 图 資本金.
자본-도피 (資本逃避) 图 (經) 資本逃避.
자본^시장 (資本市場) 图 (經) 資本市場.
자본-재 (資本財) 图 (經) 資本財.
자본-주의 (資本主義) [-/-이] 图 資本主義.
자본-축적 (資本蓄積) [-쩍] 图 (經) 資本蓄積.
자부[1] (子婦) 图 嫁. 顕 며느리.
자부[2] (自負) 图 [하자] 自負. ‖한국 최고의 선수라고 자부하다 韓国一の腕前だと自負する.
자부-심 (自負心) 图 自負心. ‖자부심을 가지다 自負(心)を持つ. 자부심이 강한 사람 自負心の強い人.
자비[1] (自費) 图 自費; 私費. ‖자비로 충당하다 自費でまかなう.
자비[2] (慈悲) 图 [하자] 慈悲. ‖자비를 베풀다 慈悲を垂れる. 자비를 바라다 慈悲を乞う.
자비-롭다 (慈悲-) [-따] 图 [ㅂ変] 慈悲深い. 자비로이 副.
자비-심 (慈悲心) 图 慈悲の心.
자빠-지다 /tɕappadʑida/ 動 ❶倒れる; 転ぶ; ひっくり返る. ‖빙판 위에서 자빠지다 凍りついた路面で転ぶ. 바나나 껍질에 미끄러져 자빠지다 バナナの皮ですべってひっくり返る. ❷ [俗談] 横になる; 寝転ぶ; 寝転がる. ‖하루 종일 집에 자빠져 있다 一日中家で寝転んでいる.
자사 (自社) 图 自社. 顕 타사(他社).
자산 (資産) 图 資産; 財産.
자산-가 (資産家) 图 資産家.
자산^동결 (資産凍結) 图 (經) 資産凍結.
자산-주 (資産株) 图 (經) 資産株.
자산^평가 (資産評價) 【-까】 图 (經)

자살 (自殺) 图 하自 自殺. ‖자살 미수 自殺未遂.

자살-골 (自殺 goal) 图 オウンゴール; 自殺点.

자살-관여죄 (自殺關與罪) 【-죄 /-쮀】 图 〖法律〗 自殺関与罪.

자살-방조죄 (自殺幇助罪) 【-죄 /-쮀】 图 〖法律〗 自殺幇助罪.

자상-하다 (仔詳-) /tɕasaŋhada/ 形 [하変] ❶ 細かい; 丁寧だ. ‖자상하게 설명하다 丁寧に説明する. ❷ 優しい. ‖자상한 남편 優しい夫. **자상-히** 副

자생 (自生) 图 自生.

자생-식물 (自生植物) 【-씽-】 图 自生植物.

자생-적 (自生的) 图 自生的.

자생-지 (自生地) 图 自生地.

자서 (自署) 图 하自 自署.

자서-전 (自敍傳) 图 自叙伝.

자석 (磁石) 图 磁石; マグネット.

자석-강 (磁石鋼) 【-깡】 图 磁石鋼.

자-석영 (紫石英) 图 〖鉱物〗 紫石英; 紫水晶.

자선 (慈善) 图 하他 慈善. ‖가난한 사람에게 자선을 베풀다 貧しい人に慈善を施す.

자선-가 (慈善家) 图 慈善家.

자선-냄비 (慈善-) 图 社会鍋; 慈善鍋.

자선-단체 (慈善團體) 图 慈善団体.

자선-사업 (慈善事業) 图 慈善事業.

자설 (自說) 图 自説. ‖자설을 굽히지 않다 自説を曲げない.

자성¹ (自省) 图 하他 自省. ‖자성을 촉구하다 自省を促す.

자성² (磁性) 图 〖物理〗 磁性.

자세 (姿勢) /tɕaːse/ 图 姿勢; 態度; 心がけ. ‖자세가 좋다 姿勢がいい. 적극적인 자세 積極的な態度. 평소의 자세가 좋지 않아 普段の心がけがよくない.

자-세포 (刺細胞) 图 〖動物〗 刺細胞.

자세-하다 (仔細--子細-) /tɕasehada/ 形 [하変] 仔細だ; 詳しい; 細かい. ‖자세하게 검증하다 仔細に検討する. 상황을 자세하게 보고하다 状況を詳しく報告する. **자세-히** 副

자손 (子孫) 图 子孫. 郷손 (孫). ‖유명한 정치가의 자손 有名な政治家の子孫.

자수¹ (自首) 图 하自 自首. ‖범인이 자수하다 犯人が自首する.

자수² (字數) 【-쑤】 图 字数.

자수³ (刺繡) 图 刺繡. ‖자수를 놓다 刺繡をする.

자수-성가 (自手成家) 图 하自 自分の力で財産を築くこと.

자-수정 (紫水晶) 图 〖鉱物〗 紫水晶.

자숙 (自肅) 图 하自 自粛.

자습 (自習) 图 하自他 自習. ‖자습시간 自習時間.

자습-서 (自習書) 【-써】 图 自習書.

자승 (自乘) 图 하他 〖数学〗 自乗; 二乗. 卿제곱.

자승-자박 (自繩自縛) 图 하自 自縄自縛.

자시 (子時) 图 〖民俗〗 子(ᵆ)の刻(午後11時から午前1時まで).

자시다 /tɕaɕida/ 〖먹다의 尊敬語〗 召し上がる.

자식 (子息) /tɕaɕik/ 图 ❶ 子ども. ‖자식이 많다 子どもが多い. ❷〖男の人をののしる言い方で〗やつ; 野郎. ‖저 나쁜 자식 あの悪いやつ. ❸〖男の子をかわいがって〗こいつ. ‖자식, 참 귀엽게 생겼다 こいつ, かわいい顔をしているね.

자신¹ (自身) /tɕaɕin/ 图 自分; 自身. ‖이런 것도 모르는 자신이 한심하다 こんなことも知らない自分が情けない. 제 자신의 문제입니다 私自身の問題です.

자신² (自信) /tɕaɕin/ 图 自信. ‖자신이 있다 自信がない. 자신에 넘치는 태도 自信に満ちた態度. 자신을 얻다 自信を得る.

자신-감 (自信感) 图 自信がわいてくる感じ.

자신만만-하다 (自信滿滿-) 图 [하変] 自信満々だ. ‖자신만만한 態度 自信満々の態度.

자아 (自我) 图 自我.

자아-도취 (自我陶醉) 图 自己陶酔.

자아-실현 (自我實現) 图 自我実現; 自己実現.

자아내다 /tɕaːneːda/ 他 ❶〖ある情感を〗そそる; 抱かせる; 起こさせる. ‖의구심을 자아내다 疑念を抱かせる. ‖웃음을 자아내다 笑いを誘う. ❷紡ぎ出す. ‖실을 자아내다 糸を紡ぎ出す.

자애 (慈愛) 图 慈愛.

자애-롭다 (慈愛-) 【-따】 形 [ㅂ変] 慈しみ深い. **자애로이** 副

자애-심 (慈愛-心) 图 慈愛の心.

자양 (滋養) 图 滋養.

자양-분 (滋養分) 图 滋養分.

자업-자득 (自業自得) 【-쩌-】 图 하自 自業自得.

자연 (自然) /tɕajʌn/ 图 自然. ‖자연을 파괴하다 自然を破壊する. 자연을 즐기다 自然に親しむ. 자연의 혜택 自然の恵み. 자연환경 自然環境.

자연-경제 (自然經濟) 【-꼐】 图 自然経済.

자연-계 (自然界) 【-/-게】 图 自然界.

자연-과학 (自然科學) 图 自然科学.

자연-광 (自然光) 图 自然光.

자연-권 (自然權) 【-꿘】 图 〖法律〗 自然権.

자연-도태 (自然淘汰) 图 〖生物〗 自然淘汰.

자연-력 (自然力) 【-녁】 图 自然力.

자연-림 (自然林) [-님] 명 自然林.
자연-물 (自然物) 명 自然物.
자연-미 (自然美) 명 自然美.
자연 발화 (自然發火) 명 自然発火.
자연-범 (自然犯) 명 (法律) 自然犯.
자연-법 (自然法) [-뺍] 명 (法律) 自然法.
자연-법칙 (自然法則) 명 自然法則.
자연-보호 (自然保護) 명 自然保護.
자연-사 (自然死) 명 自動 自然死.
자연-석 (自然石) 명 自然石.
자연-선택 (自然選擇) 명 自然選擇.
자연-수 (自然數) 명 (数学) 自然数.
자연-숭배 (自然崇拜) 명 (宗教) 自然崇拜.
자연-언어 (自然言語) 명 (言語) 自然言語.
자연-재해 (自然災害) 명 自然災害.
자연-적 (自然的) [-쩍] 관 自然的. ∥자연적 경향의 国民性.
자연 증가율 (自然增加率) 명 自然増加率.
자연-현상 (自然現象) 명 自然現象.
자연-스럽다 (自然-) /tɕajʌnsɯɾjʌpt͈a/ 【-따】 형 [ㅂ変] 自然らしい, 자연스러운 것은; さりげない; 無理がない. ∥자연스러운 반응 自然な反応. 자연스럽게 말을 걸다 さりげなく声をかける. 영어가 자연스럽게 나오다 英語が自然に出てくる. **자연스레** 부

자연-히 (自然-) /tɕajʌnhi/ 부 に; ひとりでに; おのずと. ∥마음이 젊으면 몸도 자연히 젊어진다 心が若ければ体も自然に若くなる. 매일 연습을 하면 자연히 실력이붙는다 毎日練習すればおのずと実力がつく.

자영 (自營) 명 自動 自営.
자영-업 (自營業) 명 自営業.
자오-선 (子午線) 명 (天文) 子午線.
자외-선 (紫外線) [-웨-] 명 (物理) 紫外線.
자욱-하다 [-우카-] 자 [하変] (霧·霞·煙などが) 立ち込める; もやもや(と)する. ∥안개가 자욱한 호숫가 霧が立ち込めている湖のほとり. **자욱-히** 부
자운영 (紫雲英) 명 (植物) シウンエイ (紫雲草); レンゲソウ.
자웅 (雌雄) 명 雌雄. ∥자웅을 겨루다 雌雄を争う.
자원[1] (自願) 명 自ら志願すること. ∥자원봉사 활동 ボランティア活動.
자원[2] (資源) /tɕawʌn/ 명 資源. ∥풍부한 지하자원 豊富な地下資源. 인적자원 人的資源. 자원 개발 資源開発. 에너지 자원이 부족하다 エネルギー資源に乏しい.
자위[1] (---) (眼球や卵などの) 色により区別される部分. ∥계란의 노른자위 卵の黄身. 눈의 흰자위 目の白い部分; 白目.
자위[2] (自慰) 명 自動 自慰.

자위[3] (自衛) 명 自他 自衛.
자위-권 (自衛權) [-꿘] 명 (法律) 自衛権.
자위-대 (自衛隊) 명 自衛隊.
자유 (自由) /tɕaju/ 명 自由. ∥언론의 자유 言論の自由. 신앙의 자유는 헌법에 보장되어 있다 信仰の自由は憲法で保障されている. 가거나 말거나 네 자유다 行くうか行くまいが君の自由だ.
자유-결혼 (自由結婚) 명 自由結婚.
자유-경쟁 (自由競爭) 명 自由競争.
자유-경제 (自由經濟) 명 (経) 自由経済.
자유-권 (自由權) [-꿘] 명 (法律) 自由権.
자유-롭다 (自由-) 【-따】 형 [ㅂ変] 自由だ. ∥자유로운 분위기 自由な雰囲気. **자유로이** 부
자유 무역 (自由貿易) 명 (経) 自由貿易.
자유-민 (自由民) 명 自由民.
자유-방임 (自由放任) 명 自由放任.
자유방임-주의 (自由放任主義) [-/-/-] 명 自由放任主義.
자유-분방 (自由奔放) 명 自由奔放.
자유-시 (自由詩) 명 (文芸) 自由詩.
자유-업 (自由業) 명 自由業. ∥자유업에 종사하다 自由業に従事する.
자유-연상 (自由聯想) 명 自由連想.
자유-연애 (自由戀愛) 명 自由恋愛.
자유-의지 (自由意志) 명 自由意志.
자유-자재 (自由自在) 명 自由自在. ∥영어를 자유자재로 구사하다 英語を自由自在に操る.
자유-재 (自由財) 명 (経) 自由財.
자유-행동 (自由行動) 명 自由行動.
자유-형[1] (自由刑) 명 (法律) 自由刑.
자유-형[2] (自由型) 명 (水泳の) 自由形.
자유-화[1] (自由化) 명 自由化. ∥자유화의 물결 自由化の波.
자유-화[2] (自由畵) 명 (美術) 自由画.
자율 (自律) /tɕajul/ 명 自律. ⇔타율 (他律).
자율 버스 (自律 bus) 명 ワンマンバス.
자율-성 (自律性) [-썽] 명 自律性.
자율 신경 (自律神經) 명 (解剖) 自律神経.
자율-적 (自律的) [-쩍] 관 自律的.
자음[1] (子音) 명 (言語) 子音. ⇨모음 (母音).
자음[2] (字音) 명 (言語) 字音; 漢字の音.
자의[1] (自意) [-/-이] 명 自分の考えや意見.
자의[2] (恣意) [-/-이] 명 恣意.
자의-성 (恣意性) [-썽] 명 恣意性.
자의-적 (恣意的) [-쩍] 관 恣意的. ∥자의적인 해석 恣意的な解釈.
자의[3] (字義) 명 字義.
자-의식 (自意識) [-/-이-] 명 自意識. ∥자의식이 강하다 自意識が強い.

자의식 과잉 自意識過剰.
자이르 (Zaire) 图 国名 ザイール.
자인 (自認) 图 하他 自認;認めること. ‖실패를 자인하다 失敗を認める.
자일 (Seil ド) 图 ザイル(登山用の綱).
자임 (自任) 图 하他 自任. ‖情報通であると自認し自任している 情報通を(もって)自任している.
자자손손 (子子孫孫) 图 子孫代々.
자자-하다 (藉藉-) /tɕaːdʑahada/ 하変 (うわさなどが)広まっている. ‖ 소문이 자자하다 うわさが広まっている. 칭찬이 자자하다 称賛の声がやまない.
자작¹ (子爵) 图 子爵.
자작² (自作) 图 하他 自作. ㉮ 소작(小作).
자작-극 (自作劇) 【-끅】 图 自作自演. ‖그 사건은 자작극으로 끝났다 その事件は自作自演に終わった.
자작-농 (自作農) 【-짱】 图 自作農. ㉮ 소작농(小作農).
자작³ (自酌) 图 하他 手酌.
자작-나무 【-짱】 图 [植物] シラカバ(白樺).
자잘-하다 【자자라다】 하変 おしなべて小さい;みな小粒だ;細かい. ‖자잘한 일을 꼬매꼬매 していた. ‖자잘한 일을 꼬매꼬매 用事.
자장 (磁場) 图 磁場.
자장-가 (-歌) /tɕadʑaŋga/ 图 子守歌.
자장면 (炸醤麺中) /tɕadʑaŋmjʌn/ 图 [料理] ジャージャー麺(炸醤麺).
자장-자장 图 幼児を寝かしつける時の言葉;ねんね;ねんねん.
자재 (資材) 图 資材. ‖건축 자재 建築資材.
자재화 (自在畫) 图 [美術] 自在画. ㉮용기화(用器畫).
자전¹ (字典) 图 字典.
자전² (自傳) 图 自伝.
자전-소설 (自伝小説) 图 自伝小説.
자전³ (自転) 图 하自 (天文) 自転. ㉮공전(公転). ‖지구의 자전 地球の自転. 자전 주기 自転周期.
자전-거 (自転車) /tɕadʑʌngʌ/ 图 自転車. 자전거를 타고 가다 自転車に乗って行く. 낡은 자전거 古い自転車. 자전거가 두 대 있다 自転車が 2 台ある.
자정¹ (子正) 图 夜中の 12 時;午前 0 時.
자정² (自淨) 图 自浄.
자정 작용 (自淨作用) 图 自浄作用.
자제¹ (子弟) 图 子弟;子息. ‖자제분 ご子息.
자제² (自制) 图 하他 自制;抑えること. ‖감정을 자제하다 感情を自制する. 애끓는 마음을 자제할 수가 없다 慕る思いを抑えることができない.
자제-력 (自制力) 图 自制力.
자제-심 (自制心) 图 自制心.
자조¹ (自嘲) 图 하自 自嘲. ‖자조적

인 웃음을 띄우다 自嘲的な笑いを浮かべる.
자조² (自助) 图 하自 自助. ‖자조 정신 自助精神.
자조³ (自照) 图 自照.
자족 (自足) 图 하自 自足. ‖자급자족 自給自足.
자존-심 (自尊心) /tɕadʑonɕim/ 图 自尊心;プライド. ‖자존심이 허락치 않는다 そんなことはプライドが許さない.
자주¹ (自主) 图 하他 自主.
자주-권 (自主権) 【-꿘】 图 自主権.
자주-성 (自主性) 【-썽】 图 自主性.
자주-적 (自主的) 图 自主的. ‖자주적으로 활동하다 自主的に活動する.
자주² /tɕadʑu/ 副 しばしば;頻繁に;何度も;しょっちゅう;よく. ‖한국에는 자주 가는 편이다 韓国にはしょっちゅう行く方だ. 자주 화를 내다 よく腹を立てる.
자주-색 (紫朱色) 图 赤紫色.
자줏-빛 (紫朱ㅅ-) 【-뺃 · -삗】 图 赤紫色.
자중 (自重) 图 하自 自重. ‖각자의 자중을 바란다 各自の自重を望む.
자지 (雌枝) 图 陰茎.
자지러-지다 自 ❶ (驚いて)身がすくむ. ‖뱀을 보고 자지러지다 ヘビを見て身がすくむ. ❷ (笑い声や泣き声などが)わき起こる. ‖간지러움에 자지러지듯 웃다 くすぐったくて身をよじりながら笑う.
자진 (自進) 图 하自 自ら進んですること;自発的にすること. ‖자진 사퇴를 하다 自ら辞退する.
자질 (資質) 图 資質. ‖의사로서의 자질 医師としての資質.
자질구레-하다 形 하変 こまごまとしてしまい. ‖자질구레한 일들을 꼼꼼하게 마친 用事.
자책 (自責) 图 하他 自責.
자책-감 (自責感) 【-깜】 图 自責の念. ‖자책감에 시달리다 自責の念にかられる.
자처 (自處) 图 하他 自任;自負.
자청 (自請) 图 하自 自ら請うこと. ‖내가 자청해서 한 일이다 私が自ら望んでやったことだ.
자체 (自體) 图 自体;そのもの. ‖제도 자체가 나쁜 건 아니다 制度自体が悪いのではない. 생각 그 자체에 문제가 있다 考えるそれ自体に問題がある.
자체-적 (自體的) 图 自主的. ‖문제를 자체적으로 해결하다 問題を自主的に解決する.
자초 (自招) 图 하他 (主に悪いことを)自ら招くこと. ‖화를 자초하다 災いを自ら招く.
자초지종 (自初至終) 图 一部始終;顚末. ‖자초지종을 들어 보다 一部始終を聞いてみる.

자축 (自祝) 图 하他 自ら祝うこと.
자취¹ /dʒaʰwi/ 图 跡; 痕跡; 姿. ‖자취도 없이 사라지다 跡形もなく消え去る. 발자취 足跡. ▶자취를 감추다 姿をくらます.
자취² (自炊) 图 하他 自炊. ‖자취 생활 自炊生活.
자치 (自治) 图 하他 自治. ‖대학 자치 大学の自治.
자치-권 (自治權) [-꿘] 图 [法律] 自治権.
자치-령 (自治領) 图 自治領.
자치-제 (自治制) 图 自治制.
자치-회 (自治會) [-/-췌] 图 自治会.
자칫 /dʒaʰit/ [-칟] 튀 (主に大事を 잘못하면の形で) まかり間違えると; うっかりすると. ‖자칫하면 큰일 나겠다 まかり間違えば大事になる.
자칫-하면 /dʒaʰitamjən/ [-치타-] 튀 ややもすれば; ともすると; ことによると; すんでのところで. ‖자칫하면 사고 나기 쉬운 지역이다 ともすれば事故が起こりやすい地域だ. 자칫하면 終電に乗り遅れるところだった.
자칭 (自稱) 图 하自他 自称. ‖자칭 시인 自称詩人.
자켓 (jacket) 图 ジャケット.
자타 (自他) 图 自他. ‖자타가 공인하다 自他ともに認める.
자탄 (自歎・自嘆) 图 하自他 自ら嘆くこと.
자태 (姿態) 图 姿態; 姿. ‖아름다운 자태 美しい姿.
자택 (自宅) 图 〔집의 尊敬語〕ご自宅.
자퇴 (自退) [-퉤] 图 하自 自ら退くこと.
자투리 图 布切れ; 布の切れ端.
자판기 (自販機) /dʒapʰaŋgi/ 图 〔자동판매기 (自動販賣機)의 略語〕自動販売機. ‖커피 자판기 コーヒーの自動販売機.
자폐-증 (自閉症) [-쯩 /-폐쯩] 图 [医学] 自閉症.
자포-자기 (自暴自棄) 图 하自 自暴自棄; 捨て鉢になること. ‖자포자기에 빠지다 自暴自棄に陥る.
자폭 (自爆) 图 하自 自爆.
자필 (自筆) 图 하他 自筆; 自書. ⑰대필(代筆). ‖자필로 서명하다 自筆で署名する.
자학 (自虐) 图 하自 自虐.
  자학-적 (自虐的) [-쩍] 图 自虐的.
자해 (自害) 图 하自 自害.
자행 (恣行) 图 하自 恣行(しこう); ほしいままに行うこと. ‖나쁜 짓을 자행하다 悪事をはたらく.
자형¹ (字形) 图 字形. ‖T 자형 T字形.
자형² (姉兄) 图 姉の夫; 義兄.
자화-상 (自畫像) 图 自画像.

자화-수분 (自花受粉) 图 하自 [植物] 自花受粉.
자화-수정 (自花受精) 图 하自 [植物] 自花受精.
자화-자찬 (自畵自讚) 图 하自他 自画自賛; 手前味噌.
자활 (自活) 图 하自 自活; 自立. ‖장애인 자활 시설 障害者自立支援施設. 자활 능력 自活能力.
자-회사 (子會社) [-/-쉐-] 图 [経] 子会社. ⑰모회사 (母會社).
자¹ (字畫) [ᆨ] 图 字画.
작² (作) 图 作品; 著作. ‖헤밍웨이 작 ヘミングウェー作.
  ─작 (作) ‖출세작 出世作. 삼부작 3部作. 이모작 二毛作.
작가 (作家) /dʒakka/ [-까] 图 作家. ‖대중 작가 大衆作家. 여류 작가 女流作家. 사진 작가가 되다 写真家になる.
작고 (作故) [-꼬] 图 하自 〔죽음의 尊敬語〕逝去. ‖그의 부친은 작년에 작고하셨다 彼のお父様は去年逝去された.
작곡 (作曲) [-꼭] 图 하他 作曲. ‖뮤지컬을 작곡하다 ミュージカルを作曲する.
  작곡-가 (作曲家) [-꼭까] 图 作曲家.
작금 (昨今) [-끔] 图 昨今; この頃; 近頃. ‖작금의 세계 정세 昨今の世界情勢.
작년 (昨年) /dʒaŋnjən/ [-장-] 图 昨年; 去年. ‖작년에는 무척 바빴다 去年はとても忙しかった.
  작년-도 (昨年度) 图 昨年度.

작다 /dʒa:kʰta/ [-따] 匈 ❶小さい. ‖작은 방에서 다섯 명이 생활한다 小さい部屋で5人が生活する. 목소리가 너무 작다 声が小さすぎる. 일은 이보다 작다 1は2より小さい. 이런 작은 일로 고민하지 마 こんな小さいことでくよくよするな. ❷ (背が)低い. ‖키가 작다 背が低い. ❸ [작은…の形で] 次の; 二番目の; 下の. 작은 아이는 몇 살이에요? 下の子は何歳ですか. ▶작은 고추가 더 맵다 (諺) 山椒は小粒でぴりりと辛い.
작-다랗다 [-따라타] 匈 ㅎ変 かなり小さい.
작달막-하다 [-딸마카-] 匈 ㅎ変 (体格のわりに)背が低い; ずんぐりしている. ‖작달막한 남자 ずんぐりとした男.
작당 (作黨) [-땅] 图 ぐるになること; 群れをなすこと; 徒党を組むこと. ‖작당해서 사기를 치다 徒党を組んで詐欺をはたらく.
작대기 [-때-] 图 長い棒.
작도 (作圖) [-또] 图 作図.
  작도-법 (作圖法) [-또뻡] 图 作図法.
작동 (作動) [-똥] 图 하自 作動. ‖엔진이 작동하다 エンジンが作動する.
작두¹ (←斫刀) [-뚜] 图 押切り; 飼い

작두 葉切り.
작두² (鵲豆) 【-뚜】图《植物》インゲンマメ(隱元豆).
작렬 (炸裂) 【장녈】图 하自 炸裂.
작례 (作例) 【장녜】图 作例.
작명 (作名) 【장-】图 하自他 名付け; 命名.
작문 (作文) 【장-】图 하自他 作文. ∥영어 작문 英作文. 글을 짓다 作文する.
작물 (作物) 【장-】图 作物. ∥식용 작물 食用作物. 원예 작물 園芸作物. 유전자 조작 작물 遺伝子組み換え作物.
작법 (作法) 【-뻡】图 作法(ほう); 物の作り方. ∥문장 작법 文章作法.
작별 (作別) 【-뼐】图 하自 別れ. ∥작별 인사를 하다 別れの挨拶をする.
작부 (酌婦) 【-뿌】图 酌婦.
작사 (作詞) 【-싸】图 하自他 作詞.
작사-가 (作詞家) 图 作詞家.
작살 【-쌀】图 (魚などを捕獲する)銛(もり); 簎(やす).
작살-나다 【-쌀라-】图 自 めちゃくちゃになる.
작살-내다 【-쌀래-】图 他 めちゃくちゃにする.
작살-나무 【-쌀라-】图《植物》ムラサキシキブ(紫式部).
작설-차 (雀舌茶) 【-쌀-】图 新芽でつくった茶.
작성 (作成) 【-썽】图 하他 作成. ∥계약서를 작성하다 契約書を作成する. 서류 작성을 의뢰하다 書類の作成を依頼する.
작성-되다 (作成-) 受動
작시 (作詩) 【-씨】图 하自他 作詩.
작심 (作心) 【-씸】图 하自 決心すること. ∥담배를 끊기로 작심하다 禁煙を決心する.
작심-삼일 (作心三日) 图 三日坊主.
작아 形 작다(小さい)の連用形.
작약 (芍藥) 图《植物》シャクヤク(芍藥).
작업 (作業) /ʧagɔp/ 图 하自 作業. ∥유적 발굴 작업 遺跡の発掘作業. 단순 작업 単純作業. 작업 효율 作業効率.
작업-대 (作業臺) 【-때】图 作業台.
작업-량 (作業量) 【자검냥】图 作業量.
작업-반 (作業班) 【-빤】图 作業班.
작업-복 (作業服) 【-뽁】图 作業衣.
작업-실 (作業室) 【-씰】图 作業部屋; 作業場.
작업-장 (作業場) 【-짱】图 作業場.
작열 (灼熱) 【장녈】图 하自 灼熱(しゃくねつ). ∥작열하는 태양 灼熱の太陽.
작용 (作用) /ʧagjoŋ/ 图 하自 作用. ∥작용과 반작용 作用と反作用. 심리 작용 心理作用. 측면에서 작용하다 側面から作用する.
작위¹ (作爲) 图 하自 作為.

작위-범 (作爲犯) 图《法律》作為犯.
작위-적 (作爲的) 图 作為的. ∥작위적인 정치 공세 作為的な政治攻勢. 작위적인 느낌이 드는 기사 作為的な感じがある記事.
작위² (爵位) 图 爵位.
작은 形 작다(小さい)の現在連体形.
작은곰-자리 图《天文》小熊座.
작은-누나 图 (弟から見て) 2番目の姉; 2番目以下の姉.
작은-달 图 小の月. 反큰달.
작은-따옴표 (-標) 图 内引用符(' ').
작은-딸 图 次女; 長女以外の娘.
작은-북 图 小鼓.
작은-아버지 图 (結婚した)父の弟; 叔父.
작은-어머니 图 父の弟の妻; 叔母.
작은-언니 图 (妹から見て)長女ではない姉.
작은-오빠 图 (妹から見て)長男ではない兄.
작은-형 (-兄) 图 次兄; 長兄以外の兄様.
작은-형수 (-兄嫂) 图 次兄の妻; 長兄の妻以外の兄嫂.
작의 (作意) 【-/자기】图 作意.
작자 (作者) 【-짜】图 ❶作者. ∥작자 미상 作者不詳. ❷(相手をけなす言い方で)やつ; 者. ∥이상한 작자 変なやつ.
작작¹ 【-짝】副 하他 適度に; ほどよく. ∥웃기는 소리 좀 작작해라 ばかな休み休み言え.
작-작² 【-짝】副 紙などを破る音[様子]: びりびり. ∥종이를 작작 찢다 紙をびりびり(と)破る.
작전 (作戰) 【-쩐】图 하自 作戰. ∥작전을 짜다 作戦を練る. 작전을 세우다 作戦を立てる. 공수 작전 空輸作戦.
작정 (作定) /ʧakʧɔŋ/ 【-쩡】图 하自他 ❶心の中で決めること; 決定すること; 決意すること. ∥나는 그 일을 그만두기로 작정했다 私はそれを止めることにした. 단단히 작정을 한 것 같다 固く決意してみたいだ. ❷つもり; 予定; 意図. ∥앞으로 어떻게 할 작정입니까? これからどうするつもりですか. 내일 중으로는 끝낼 작정이다 明日中には仕上げるつもりだ.
작중-인물 (作中人物) 【-쭝-】图 作中人物.
작태 (作態) 图 ふるまい. ∥꼴사나운 작태 みっともないふるまい.
작품 (作品) /ʧakpʰum/ 图 作品. ∥문학상 수상 작품 文学賞受賞作品. 예술 작품 芸術作品.
작품-성 (作品性) 【-썽】图 作品性.
작품-집 (作品集) 图 作品集.
작풍 (作風) 图 作風.
작화 (作畵) 【자콰】图 하他 作画.
작황 (作況) 【자쾅】图 作況; 作柄.

작위¹ (作爲) 图 하自 作為.

‖올해는 작황이 좋다 今年は作柄がよい.

잔¹ (盞) /jan/ 图 ❶ 杯; 盃. ‖잔을 주고받다 杯を交わす. 잔을 받다 杯をもらう. ❷ コップ. ‖잔이 하나도 없다 コップが一つもない. ▶잔을 기울이다 杯を傾ける. ▶잔을 비우다 杯を飲み干す.
— 依존 杯を数える語; …杯. ‖한 잔의 술 一杯の酒.

잔² 图 자다(寝る)の過去連体形.

잔-³ 接頭 〔一部の名詞に付いて〕小さい; 細かい; 軽い. ‖잔글씨 細かい字.

잔-가시 图 魚の小骨. ‖생선의 잔가시를 발라내다 魚の小骨を取り除く.

잔-가지 图 小枝.

잔-걱정 图 -뗑 こまごました悩み事.

잔고 (殘高) 图 残高. 잔액(殘額).

잔광 (殘光) 图 残光; 残照.

잔-글씨 图 細かい字.

잔-금¹ 图 細い線; (手のひらの)細かいしわ. ‖잔금이 많은 손 細かいしわが多い手.

잔금² (殘金) 图 残金. ‖잔금을 치르다 残金を支払う.

잔-꾀 /-/ 图 猿知恵; 小細工. ‖잔꾀를 부리다 小細工を弄(ろう)する.

-잔다 語尾 〔-자고 한다の縮約形〕…しようと言っている; …しようと言っている. ‖술 한 잔 하잔다 一杯やろうと言っている.

잔당 (殘黨) 图 残党.

잔돈 /jandon/ 图 ❶ 小銭. 잔돈 가지고 있는 게 없다 小銭の持ち合わせがない. 잔돈으로 바꾸다 小銭に両替する. ❷ つり銭; おつり. ‖잔돈을 거슬러 받다 おつりをもらう[受け取る].

잔-돌 图 小石.

잔디 /jandi/ 图 〔植物〕シバ(芝). ‖천연 잔디 天然芝. 인공 잔디 人工芝.

잔디-밭 /-받/ 图 芝生.

잔뜩 副 ひどく; かなり; いっぱい; たくさん; たっぷり. ‖화가 잔뜩 나 있다 かなり怒っている. 선물을 잔뜩 가지고 오다 お土産をたくさん持ってくる.

잔루 (殘壘) 【잘-】 图 〔野球で〕残塁.

잔류 (殘留) 【잘-】 图 残留. ‖잔류 부대 残留部隊.

잔-말 图 余計な口出し. ‖잔말이 많다 無駄口が多い.

잔-물결 /-껼/ 图 さざ波. ‖잔물결이 일다 さざ波が立つ.

잔반 (殘飯) 图 残飯.

잔-별 图 小さな星. ‖밤하늘에 잔별이 반짝이다 夜空に小さな星がきらめく.

잔병 (-病) 图 軽い病気.
  잔병-치레 (-病-) 图 自변 病気がちであること. ‖아이가 잔병치레가 잦다 子供が病気がちだ.

잔-뼈 图 ❶ 子供のまだ十分に成長していない骨. ❷ 小骨. ▶잔뼈가 굵어지다 [굳다] 小さい時からある仕事はある

環境の中で育つ. 시장 바닥에서 잔뼈가 굳은 사람 市場で働きながら育った人.

잔-뿌리 图 ひげ根; 側根; 枝根.

잔상 (殘像) 图 残像. ‖머릿속에 강한 잔상이 남다 頭の中に強い残像が残る.

잔설 (殘雪) 图 残雪.

잔-소리 /jansori/ 图 -하자 小言. ‖엄마한테서 잔소리를 듣다 母親から小言を食う. 잔소리가 많다 小言が多い.

잔-손 图 こまごました手数. ▶잔손이 가다 こまごまと手数がかかる.

잔-손질 图 こまごました手入れ.

잔-손금 图 手のひらの小じわ.

잔-솔 图 小松; 若松. ‖잔솔밭 小松の林.

잔-술 (-) 【-쑬】 图 ❶ 杯についた酒. ❷ 一杯単位で売っているお酒; コップ酒.

잔-시중 图 身の回りの細かい手伝い. ‖잔시중을 들다 こまごまと面倒を見てあげる.

잔-심부름 (-) 图 雑用; 雑多な使い. ‖잔심부름하는 아이 小間使い.
  잔심부름-꾼 图 雑用係.

잔악-하다 (殘惡-) /자나카-/ 形 하변 残忍で悪質だ.

잔액 (殘額) 图 残額. 잔고(殘高).

잔업 (殘業) 图 残業. ‖늦게까지 잔업하다 遅くまで残業する. 잔업 수당 残業手当.

잔인-하다 (殘忍-) 形 하변 残忍だ. ‖잔인한 성격 残忍な性格.

잔-일 /-닐/ 图 こまごまとした仕事.

잔잔-하다 /janjanhada/ 形 하변 ❶ (風、波などが) 静かだ; 静まり返っている. ‖잔잔한 호수 静かな湖. ❷ (声・態度などが) 落ち着いている. **잔잔-히** 副.

잔재 (殘滓) 图 残滓(ざい). ‖구체제의 잔재 旧体制の残滓.

잔-재주 (-才-) 图 小細工; 小才. ▶잔재주를 부리다 小細工を弄する; 小才をきかせる.

잔정 (-情) 图 細やかな情. ‖잔정이 많다 情が細やかだ.

잔존 (殘存) 图 자변 残存. ‖잔존하고 있는 낡은 인습 残存している古い因襲.

잔-주름 图 小じわ. ‖얼굴에 잔주름이 늘다 顔に小じわが増える.

잔치 /janchi/ 图 (祝いの)宴会; 祝宴; パーティー. ‖할머니 칠순 잔치 祖母の古希の祝い. 생일 잔치 誕生パーティー.
  잔칫-날 [-친-] 图 お祝い日; 宴会の日.
  잔칫-집 [-친집·-칟찝] 图 宴を催す家.

잔-털 图 産毛.

잔품 (殘品) 图 残品.

잔학-하다 (殘虐-) 形 하변 残虐だ. ‖잔학한 살인 사건 残虐な殺人事件.

잔해 (殘骸) 图 残骸(がい).

잔혹-하다 (殘酷-) /-호카-/ 形 하변 残酷だ. ‖잔혹한 행위 残酷な行為. 잔

혹하기 그지없다 残酷きわまりない.

잘[1] /tɕal/ [副] ❶よく. ‖뭐든지 잘 먹는 사람 何でもよく食べる人. 뜻을 잘 모르는 단어가 많다 意味がよく分からない単語が多い. 잘 잊어 버리다 よく忘れる. 사고가 잘 나는 장소다 事故がよく起きる場所だ. ❷上手に; うまく. ‖피아노를 잘 치다 ピアノを上手に弾く, 글씨를 잘 쓰다 字を上手に書く. 일을 잘 되었다 仕事がうまく運んだ. ❸ 立派に. ‖애들 잘 키웠다 子どもたちを立派に育てた. ❹十分に; じっくり; ぐっすり. ‖김치 잘 익은 게 맛있다 キムチは十分おいしい. 잘 생각해 보세요 じっくり(と)考えてみてください. 잘 잤니? ぐっすり眠れたの? ❺ 無事に; 元気に. ‖잘 지내세요 元気でね. 짐이 잘 도착하다 荷物が無事に着く. ❻ 때에 맞추어; 適時に; 折よく. ‖마침 잘 오셨습니다 ちょうど折よくいらっしゃいました. ❼正しく; ちゃんと; きちんと. ‖약은 제때 먹고 있다 薬はきちんと飲んでいる. ❽ 잘 부탁 드립니다 宜しくお願いします. ▶ 자랄 나무는 떡잎부터 안다[알아본다] [諺] 栴檀(栴)は双葉より芳し.

잘[2] [圖] 자다(寝る)の未来連体形.

잘가닥 [圖] [하自他] 堅いものが打ち当たった時に出る音: かちっと; かちゃんと. ‖자물쇠를 잘가닥 걸다 錠前をがちゃんとかける.

잘가닥-거리다 [-꺼-] [自他] がちゃがちゃする; がちゃがちゃさせる. ‖열쇠 꾸러미를 잘가닥거리다 鍵束をがちゃがちゃさせる.

잘각 [圖] 小さい金属片などがぶつかった時に出る音: かちっと; がちゃっと. ‖잘각 하고 현관문 잠기는 소리가 들리다 がちゃんと玄関のドアが閉まる音が聞こえる.

잘각-거리다 [-꺼-] [自他] がちゃがちゃする; がちゃがちゃさせる.

잘강-잘강 [圖] [하自他] くちゃくちゃ. ‖껌을 잘강잘강 씹고 있다 ガムをくちゃくちゃやかんでいる.

잘그락 [圖] [하自他] 金属性のものが軽くぶつかる時に出る音: じゃらっと. **잘그락-잘그락** [圖] [하自他] かちゃかちゃ; じゃらじゃら.

잘그락-거리다 [-꺼-] [自他] じゃらじゃらする.

잘그랑 [圖] [하自他] 堅い小さいものが地面に落ちたり合ったりした時に出る音: ちゃりんと; ちゃらっと; じゃらっと.

잘그랑-잘그랑 [圖] [하自他] ちゃらちゃら; じゃらじゃら.

잘그랑-거리다 [自他] ちゃらちゃらする; じゃらじゃらする. ‖동전을 잘그랑거리다 小銭をじゃらじゃらさせる.

잘근-잘근 [圖] [하自他] 固いものを噛む様子[音]: くちゃくちゃ. ‖오징어포를 잘근잘근 씹어 먹다 するめをくちゃくちゃ噛んで食べる.

잘깃-잘깃[-긷짤긷] [하形] 堅くて歯ごたえのあるものを噛む様子.

잘-나다 /tɕallada/ [라-] ❶優れている; 偉い. ‖이 동네에서 가장 잘난 사람 この村で一番偉い人. 잘난 체하다 偉そうにふるまう. 잘난 데가 있으니까 인정을 받고 있겠지 優れたところがあるから認められているのでしょう. ❷ 見目好い; ハンサムだ; 容姿端麗だ. ‖잘난 아들이 셋이나 있다 ハンサムな息子が3人もいる. ❸「잘난…」の形で(反語的に)「その程度の」. ‖그 잘난 실력으로 일 등을 하겠다고? その程度の実力で1位になろうって? 잘난 척하기는 偉そうに.

잘다 /tɕalda/ [ㄹ語幹] [자] ❶小さい; 小ぶりだ. ‖감자 알이 잘다 ジャガイモが小ぶりだ. 깨알 같이 잔글씨 ごま粒のように小さい字. ❷細かい; みみっちい. ‖파를 잘게 썰다 ねぎを細かく刻む. 오빠는 사람이 좀 잘다 兄はみみっちい人だ.

잘-되다 /tɕaldweda/ [-/-돼-] [자] ❶うまくいく; 順調だ. ‖장사가 잘되다 商売がうまくいくこと[商売繁盛]を願う. 하시는 일은 잘되십니까? お仕事は順調でいらっしゃいますか. ❷成功する; 立派になる. ‖아들 셋이 전부 잘되었다 息子3人が全部立派になった.

잘똑-거리다 [-꺼-] [自他] 足を引きずる.

잘라 [副] [르変] 자르다(切る)の連用形.

잘라-먹다 [-따] [他] 着服する.

잘래-잘래 [하自他] 頭を軽く横に振る様子. ‖고개를 잘래잘래 흔들다 首を左右に振る.

잘록-하다 [-로카-] [形] [하変] くびれている. ‖허리가 잘록하다 腰がくびれている. 꽃병의 잘록한 부분 花びんのくびれた所.

잘리다 [自] [자르다の受身動詞] ❶切られる; 切断される. ‖선배한테 머리를 잘리다 先輩に髪を切られる. 꼬리를 잘리다 しっぽが切られる. 首になる; 解雇される. ‖직장에서 잘리다 職場を解雇される.

잘못 /tɕalmot/ [명] ❶ 間違い; 過ち; 誤り; 落ち度; 過失; 非. ‖잘못을 저지르다 過ちを犯す. 잘못을 인정하다 過ちを認める; 非を認める. 이번 사고에서 운전기사 쪽에 잘못은 없다 今回の事故で運転手に落ち度はない. 과거의 잘못 前非.
一 [副] 誤って; 間違えて. ‖잘못 읽기 쉬운 한자 読み間違えやすい漢字. 사람을 잘못 본 것 같다 人を見間違えたようだ. 내가 잘못 알았다 私が勘違いをした.

잘못-되다 /tɕalmotˀtweda/ [-못뙤-

/-꿰- 图 ❶ 間違う。∥잘못된 생각 間違った考え。❷ 失敗する。∥하던 사업이 잘못되어 큰 損害를 보다 事業に失敗して大きな損害をこうむる。❸ 不良になる；ぐれる；駄目になる。∥環境에 따라 애들이 잘못될 수도 있다 環境によって子供らが駄目になる場合もある。

잘못-하다 /tʃalmotʰada/ 【-모-타-】 【-ㅁ-타-】【ㅁ変】 間違える；誤る；下手をする。∥내가 계산을 잘못했다 私が計算を間違えた。선택을 잘못하다 選択を誤る。잘못하다간 큰 코 다친다 下手をすると、ひどい目にあう。자칫 잘못했다간 목숨이 위험하다 下手をすると、命が危ない。

잘-살다 /tʃalsa:lda/ 【잘살아、잘사는】 ❶ 豊かに暮らす；裕福だ。∥잘사는 집 아들 裕福な家の息子。❷ 平穏無事に暮らす。∥여동생은 결혼해서 행복하게 잘살고 있다 妹は結婚して幸せに暮らしている。

잘-생기다 個 ハンサムだ；容姿端麗だ；形が整っている。⟷못생기다。∥잘생긴 청년 ハンサムな青年。잘생긴 코 形のいい鼻。

잘-살다¹ 圖 ∥ 湯が盛んに煮えたぎる様子：ぐらぐら。❷ 温度が高く非常に熱い様子。∥온돌방 아랫목이 잘잘 끓다 オンドル部屋の焚き口付近が非常に熱い。

잘-살다² 圖 (顔や頭などが)つやがあって光っている様子：つやつや、てかてか。

잘-잘못 【-본】 圖 よしあし；是非。∥잘잘못을 가리다 是非を正す。

잘-하다 /tʃalhada/ 個【ㅎ変】 ❶ 上手だ；うまい；できる。∥일을 잘하는 사람 仕事ができる人。공부를 잘하다 勉強ができる。노래를 잘하다 歌がうまい。요리를 잘하다 料理が上手だ。❷ (人に)優しい；親切だ。∥이웃 사람들에게 잘하다 近所の人にも優しい。❸ …する。∥울기도 잘하는 아이 よく泣く子。❹【反語的に】情けない。∥이번에도 꼴찌 했니？정말 잘했다 今度もビリだったの？本当に情けない。

잘-해야 圖 せいぜい；たかだか；多くとも。∥모인다 해도 잘해야 열명 정도다 集まっても、せいぜい10人くらいだ。

잠 /tʃam/ 图 眠り。眠ること；寝入ること；睡眠。∥잠을 자다 眠る。잠을 푸다 寝る。금세 잠이 들다 すぐに寝入る。좀처럼 잠을 이루지 못하다 なかなか眠れない。잠을 설치다 寝そびれる。영원히 잠(이) 들다 永い眠りにつく。잠에서 깨어나다 眠りから覚める。잠이 깨다 目覚める。잠이 오다 眠気がさす。잠이 부족한 듯한 얼굴 寝不足な顔。⟶잠을 자야 꿈을 꾸지 (訳)(眠ってこそ夢を見る)(の意)ある結果を得るには順序を踏まなければならないことのたとえ。

잠-결 【-껼】 图 【잠결예의 形에서】 夢うつつ。∥잠결에 우는 소리를 듣다 夢うつつに泣き声を聞く。

잠-귀 【-뀌】 图 寝耳。∥잠귀가 밝다 寝耳がさとい；目ざとい。

잠-그다¹ /tʃamgɯda/ 個【으変】【잠가、잠그는】 ❶ (門・戸などを)閉める；閉じる；閉ざす。∥문을 잠그다 戸を閉める。문을 꼭 잠그고 나가다 きちんと戸締まりをして出かける。금고를 잠그다 金庫の鍵をかける。수도꼭지를 꼭 잠그다 蛇口をしっかり閉める。❷ (ボタンなどを)かける；とめる。∥단추를 잠그다 ボタンをかける。

잠그다² 個【으変】 (水など液体の中に)つける；浸す。∥찬물에 손을 잠그다 冷たい水に手をつける。⟶잠기다¹。

잠기다¹ 【잠그다¹의受身動詞】 閉められる；閉ざされる；閉まる。∥문이 잠겨 있다 門が閉まっている。

잠기다² /tʃamgida/ 個 〔잠그다²의受身動詞〕つかる；浸る。∥홍수로 집이 물에 잠기다 洪水で家が水につかる。❷ ふける。∥사색에 잠기다 思索にふける。명상에 잠기다 瞑想にふける。

잠깐 (←暫間) /tʃam'k'an/ 图 少しの間：しばらくの間；しばらく間。∥잠깐이다 눈을 붙이세요 少しでも眠ってください。잠깐이면 끝납니다 すぐ終わります。
— 圖 ちょっと；少し；少々。∥수업 중에 잠깐 졸았다 授業中少し居眠りをした。잠깐 기다려 주세요 少々お待ちください。

잠-꼬대 图【自】 寝言；たわごと。∥잠꼬대를 하다 寝言を言う。

잠-꾸러기 图 朝寝坊；寝坊助。

잠두 (蠶豆) 图【植物】 = 누에콩。

잠-들다 /tʃamdɯlda/ 個【ㄹ語幹】【잠들어、잠드는、잠든】 ❶ 寝つく；寝入る。∥아기가 이제 막 잠들었다 赤ん坊がたった今寝入った。❷ 永眠する。∥음악의 거장 여기 잠들다 音楽の巨匠、ここに永眠する。

잠망-경 (潛望鏡) 图 潜望鏡。

잠바 (←jumper) 图 ジャンパー。⟶점퍼。

잠-버릇 【-뻐릇】 图 寝癖。∥잠버릇이 고약하다 寝癖が悪い。

잠-보 【-뽀】 图 = 잠꾸러기。

잠복 (潛伏) 图【自】 潜伏。∥지하에 잠복하다 地下に潜伏する。잠복 기간 潜伏期間。

잠복-기 (潛伏期)【-끼】 图【医学】 潜伏期。

잠비아 (Zambia) 图【国名】 ザンビア。

잠수 (潛水) 图【自】 潜水。
잠수-복 (潛水服) 图 潜水服。
잠수-부 (潛水夫) 图 潜水夫。
잠수-정 (潛水艇) 图 潜水艇。
잠수-함 (潛水艦) 图 潜水艦。

잠시 (暫時) /tʃa:mʃi/ 图 しばらく；少しの間。∥잠시도 못 참는다 ちょっとの間も

잠식 656

も我慢できない. 暫時後に会いましょう. 後ほど会いましょう.
── 圖 しばらく; ちょっと. ∥잠시 기다리세요 しばらくお待ちください.

잠식(蠶食)【する他】蚕食(さん). ∥영토를 잠식하다 領土を蚕食する. **잠식-당하다**

잠실(蠶室)图 蚕室.

잠언(箴言)图 箴言(か)(戒めとなる短い句).

잠옷【잠ː옫】图 寝巻き; パジャマ. ∥잠옷으로 갈아입다 パジャマに着替える.

잠입(潛入)【する自】潛入. ∥적지에 잠입하다 敵地に潜入する.

잠-자다【자】 ❶ 眠る. ❷ 잠은 시간이 불규칙하다 寝る時間が不規則である. ❷ 眠る; (能力·価値などが)活用されずにいる.

잠-자리¹【-짜-】图 寝床. ∥잠자리에 들다 寝床に入る. 잠자리를 같이 하다 寝床を共にする. 잠자리를 같이하다 同衾(な)する.

잠자리² /t∫am²dʒari/ 图 (昆虫) トンボ.

잠자코 圖 黙って. ∥모르면 잠자코 있어라 知らないなら黙っていて. 뭘 물어봐도 잠자코 있다 何を聞いても黙りこっている.

잠잠-하다(潛潛-) /t∫amdʒamhada/ 〖하여〗 ❶ 静かだ; ひっそりとしている. ∥잠잠한 바다 静かな海. ❷ 黙っている. **잠잠-히** 圖 잠잠히 듣고만 있다 黙って聞いているだけだ.

잠재(潛在)【する自】潛在. ❷현재(顯在). ∥잠재 실업 潜在失業. 잠재 수요 潜在的需要. 잠재 세력 潜在の勢力.

잠재-력(潛在力)图 潛在力.

잠재-의식(潛在意識)【-/-이-】图 潜在意識.

잠재-적(潛在的)图 潛在的. ∥잠재적 실업 潜在的失業.

잠재우다【他】[잠자다의 使動詞] 寝かせる; 眠らせる. ∥소파에 앉아서 아이를 잠재우다 ソファーに座って子どもを寝かせる.

잠적(潛跡)图【する自】姿をくらます. ∥인기 여배우가 갑자기 잠적했다 人気の女優が急に姿をくらました.

잠정(暫定)图【する他】暫定. ∥잠정 예산 暫定予算.

잠정-적(暫定的)图 暫定的. ∥잠정적인 조치 暫定的な措置.

잠행(潛行)图【する自】潜行.

잡¹(job)图 ジョブ.

잡-²(雜)接頭 雜…. ∥잡수입 雜収入.

잡-것(雜-)【-껃】图 ❶様々な要素が混ざって純粋ではないもの, 2 ふしだらなやつ; 下品なやつ.

잡-곡(雜穀)图 雜穀.

잡곡-밥(雜穀-)【-꼭빱】图 雜穀を混ぜて炊いたご飯.

잡귀(雜鬼)【-뀌】图 正体が分からない様々な鬼(鬼神)の總称.

잡균(雜菌)【-뀬】图 雜菌.

잡기(雜技)【-끼】图 雑技; 技芸.

잡념(雜念)【잠-】图 雜念. ∥잡념이 생기다 雜念が湧く. 잡념을 떨쳐 버리다 雜念を払う.

잡는【잠-】 冠 잡다(つかむ)の現在連体形.

잡다¹ /t∫ap²da/【-따】他 ❶ つかむ; 握る; 取る. ∥운전대를 잡다 ハンドルを握る. 증거를 잡다 証拠をつかむ. 구름 잡는 소리를 하다 雲をつかむようなことを言う. 실権을 잡다 實権を握る. 펜을 잡다 ペンを取る. 政権을 잡다 政権を取る. 자리를 잡다 場所を取る. ❷ 捕る; とらえる; つかまえる. ∥범인을 잡다 犯人をつかまえる[とらえる]. 애 손을 잡다 子どもの手をつかむ. 쥐를 잡다 ネズミを捕る. 레이더가 태풍의 눈을 잡다 レーダーが台風の目をとらえる. 전파를 잡다 電波をとらえる. 말꼬리를 잡다 言葉じりをとらえる. ❸ 担保をとる. ⬚잡히다.

잡다²/t∫ap²da/【-따】他 ❶(場所·計画·日程を)決める; 立てる. ∥일정을 잡다 日程を立てる. 결혼 식장을 잡다 結婚式場を決める. 수술 날짜를 잡다 手術日を決める. ❷(費用を)見積もる. ∥결혼 비용을 대충 잡아 보다 結婚費用をおおよそ見積もってみる.

잡다³【-따】他 ❶(曲がったものを)まっすぐにする. ∥비뚤어진 책상 줄을 바로 잡다 曲がった机の列をまっすぐにする. ❷(주름을 잡다の形で)折り目をつける. ∥바지 주름을 잡다 ズボンに折り目をつける.

잡다⁴【-따】他 ❶(動物を)殺す; ほふる; つぶす. ∥돼지를 잡다 豚をつぶす. ❷(人を)陥れる. ∥생사람을 잡다 人を術中に陥れる. ❸(火を)鎮める. ∥무사히 불길을 잡다 無事鎮火する. ❹(物価を)安定させる. ∥물가를 잡다 物価を安定させる. ❺(心持ちなどを)落ち着かせる. ∥마음을 잡다 気持ちを入れ替える.

잡다-하다(雜多-)【-따-】 〖하여〗 雜多だ. ∥잡다한 물건들을 처분하다 雜多なものを処分する.

잡담(雜談)【-땀】图【する自】雜談; 無駄話. ∥잡담을 주고받다 雜談を交わす. 잡담으로 시간을 보내다 雜談で時間を過ごす.

잡동사니(雜-)【-똥-】图 がらくた.

잡-말(雜-)【잠-】图【する自】 ❶つまらない話. ❷つべこべ言うこと. ∥잡말 말고 썩 꺼져라 つべこべ言わずにさっさと消え失せろ.

잡목(雜木)【잠-】图 雜木.

잡무(雜務)【잠-】图 雜務; 雜用. ∥잡

잡비 (雜費)【-삐】図 雑費.
잡세 (雜稅)【-쎄】図 雑税.
잡-소득 (雜所得)【-쏘-】図 雑所得.
잡-소리 (雜-)【-쏘-】[하自] ❶ 잡말의 俗称. ❷ 雑言.
잡수다 他 〔먹다³의 尊敬語〕召し上がる; お年寄を召す. ‖뭘 잘 잡수세요? 何をよく召し上がりますか.
잡수-시다【-수-】他〔잡수다의 尊敬語〕召し上がる.
잡-수입 (雜收入)【-쑤-】図 雑収入.
잡식 (雜食)【-씩】[하他] 雑食.
  잡식-동물 (雜食動物)【-씩뚱-】図 (動物)雑食性動物.
  잡식-성 (雜食性)【-씩썽】図 (動物)雑食性.
잡신 (雜神)【-씬】図 正体が分からない様々な鬼神(鬼神). ⑩ 잡귀(雜鬼).
잡아 他 잡다(つかむ)의 連用形.
잡아-가다 他〔犯人や容疑者などをつかまえて連行する〕つかまえていく. ‖범인을 잡아가다 犯人を連行する.
잡아-끌다【ㄹ語幹】他 引っぱる.
잡아-내다 ❶〔欠点や過ちなどをさがし出す〕さがし出す. ‖오자를 잡아내다 誤字をさがし出す. ❷〔野球でアウトにする〕‖사진으로 잡아내다 三振でアウトにする.
잡아-넣다【ㄴ타甲】他 つかまえて閉じ込める; 押し込める; 拘禁する. ‖감옥에 잡아넣다 投獄させる.
잡아-당기다 他 引っ張る; 引きよせる. ‖문 손잡이를 세게 잡아당기다 ドアのノブを強く引っ張る. 소매를 잡아당기다 袖を引っ張る.
잡아-들이다 他 ❶〔警察が犯人などを〕逮捕する; 検挙する. ‖절도범을 잡아들이다 窃盗犯を逮捕する. ❷ 押し込める.
잡아-떼다 他 ❶ 引き離す; はがす. ❷ 白を切る; しらばくれる; 否認する. ‖모를 줄 알고 잡아떼다 人が知らないと思ってしらばくれる.
잡아-매다 他 ❶ 一つにくくる; 束ねる. ❷〔逃げないように〕縛りつける; つないでおく.
잡아-먹다【-따】他 ❶ 捕って食べる. ‖두꺼비가 파리를 잡아먹다 ヒキガエルがハエを捕って食う. ❷ 잡아먹다〔人を〕いじめる; 苦しめる. ❸〔時間・費用などを〕食う. ‖생각보다 시간을 많이 잡아먹는 일 思ったより時間を食う仕事. ❹〔空間などを〕占める.
잡아먹-히다【-머키-】自〔잡아먹다의 受身動詞〕食われる. ‖산속에서 호랑이한테 잡아먹히다 山中でトラに食われる. 신상품한테 잡아먹히다 新商品に食われる.
잡아-채다 他 引ったくる. ‖핸드백을 잡아채다 ハンドバッグを引ったくる.

잡아-타다 他〔タクシーなどを〕拾って乗る. ‖택시를 잡아타고 가다 タクシーを拾って乗っていく.
잡역 (雜役)【-녁】図 雑役.
  잡역-부 (雜役夫)【-뿌】図 雑役に従事する人.
잡은 他 잡다(つかむ)의 過去連体形.
잡을 他 잡다(つかむ)의 未来連体形.
잡음 (雜音)【-음】図 雑音. ‖라디오 잡음이 심하다 ラジオの雑音がひどい.
잡-일 (雜-)【잠닐】図 雑用; 雑事.
잡종 (雜種)【-쫑】図 雑種.
잡지 (雜誌)/tɕapˀtɕi/【-찌】図 雑誌; マガジン. ‖학술 잡지 学術雑誌. 잡지를 매월 받아 보고 있다 雑誌を毎月とっている.
잡지-사 (雜誌社)【-찌-】図 雑誌社.
잡채 (雜菜)/tɕapˀtɕʰɛ/【-째】図〔野菜と肉を炒め, 春雨と和えたもの〕韓国風春雨.
잡초 (雜草)【-쵸】図 雑草. ‖잡초가 많이 나다 雑草がたくさん生える. 잡초를 뽑다 雑草を抜く.
잡치다 他 ❶ しくじる; 駄目にする. ‖시험을 잡치다 試験でしくじる. ❷〔気分・機嫌を〕損なう. ‖그 일 때문에 기분을 잡치다 そのことで機嫌を損なう.
잡탕 (雜湯)【-탕】図 ❶〔料理〕韓国風ごった煮. ❷〔比喩的に〕乱雑な様子.
잡화 (雜貨)【자봐】図 雑貨.
  잡화-상 (雜貨商)【-봐-】図 雑貨商.
  잡화-점 (雜貨店)【-봐-】図 雑貨店.
잡-히다¹ /tɕapʰida/【잡피-】自〔잡다의 受身動詞〕捕られる; つかまれる; 取られる; とらえられる. ‖범인이 잡히다 犯人がつかまる[とらえられる]. 약점을 잡히다 弱みを握られる. 멱살을 잡히다 胸ぐらをつかまれる.
잡-히다² /tɕapʰida/【자피-】自〔잡다²의 受身動詞〕決められる; 決まる. ‖결혼식 날짜가 잡히다 結婚式の日取りが決まる.
잡-히다³ /tɕapʰida/【자피-】自〔잡다³이〕寄る. ‖불길이 잡히다 鎮火する. 눈가에 주름이 잡히다 目じりにしわが寄る.
잡-히다⁴ /tɕapʰida/【자피-】他〔잡다¹의 使役動詞〕❶ 握らせる. ❷ 担保にする; 担保に入れる. ‖집을 잡히고 빚을 내다 家を担保に入れて借金する.
잣【잗】図 朝鮮松の実.
잣-나무【잔-】図〔植物〕チョウセンマツ(朝鮮松); ゴヨウマツ(五葉松).
잣-눈【잔-】図 物差しの目盛り.
잣다【잗따】他〔人변〕❶ 紡ぐ. ❷〔ポンプなどで水をくみ上げる〕‖실을 잣다 糸を紡ぐ. ‖펌프로 물을 잣다 ポンプで水をくみ上げる.
잣-대【자때 / 잗때】図 ❶ =자막대기. ❷ 何かを判断する際の基準; 物差し.
잣-죽 (-粥)【잗쭉】図〔料理〕朝鮮松の実の粉を入れて作った粥(⑤).

장¹ (長) 图 (組織などの)長. ∥일가의 장 一家の長.

장² (章) 图 章.
— 依존 …章.

장³ (張) 图 (姓) 張(ジャン).

장⁴ (蔣) 图 (姓) 蔣(ジャン).

장⁵ (場) /tʃaŋ/ 图 ❶시장(市場)의 略. ❷장날(場-)의 略. ▶장(을) 보다 買い物をする. 장 보러 가다 買い物に行く. 장이 서다 市が立つ.

장⁶ (場) 图 場(바). ∥만남의 장 出会いの場. 중력장 重力の場.
— 依존 …場. ∥이 막 오장 2 장 5 場.

장⁷ (腸) 图 (解剖) 腸.

장⁸ (醬) /tʃaŋ/ 图 ❶간장(-醬)의 略語. ❷醬油・味噌類의 総称.

장⁹ (欌) 图 たんすなど寝具・衣類などを入れておく家具의 総称.

장¹⁰ (臟) 图 内臟. ∥오장 육부 五臟六腑.

장¹¹ (張) 依존 (紙・ガラスなど)薄く平たいものを数える語: …枚. ∥종이 열 장 紙 10 枚.

장¹² (長) 接頭 長…. ∥장시간 長時間. 장거리 長距離.

-장 (文) 接尾 大人であることを表わす. ∥노인장 ご老人.

-장¹³ (狀) 接尾 -狀. ∥추천장 推薦狀.

-장¹⁴ (場) 接尾 …場. ∥운동장 運動場.

장가 /tʃaŋga/ 图 男が結婚すること.
장가가다 圓 男が結婚する:妻をめとる. ㊉시집가다(媤-).
장가들다 圓[語幹] =장가가다.
장가들이다 囮 息子を結婚させる.
장가보내다 =장가들이다.

장갑 (掌匣) /tʃaŋgap/ 图 手袋. ∥장갑을 끼다 手袋をはめる. 목장갑 軍手. 벙어리장갑 ミトン.

장갑-차 (裝甲車) (軍事) 图 装甲車.

장-거리 (長距離) 图 長距離. ∥장거리 전화 長距離電話. 장거리 수송 長距離輸送.
장거리 경주 (長距離競走) 图 =장거리 달리기(長距離-).
장거리 달리기 (長距離-) 图 《スポーツ》 長距離競走.

장검 (長劍) 图 長劍.

장고 (長考) (囲碁) 图 長考.

장골 (壯骨) 图 丈夫でがっちりとした体つきの人.

장관 (壯觀) 图 壯觀. ∥장관을 이루다 壯觀を極める.

장관 (長官) 图 大臣. ∥법무부 장관 法務大臣.

장광-설 (長廣舌) 图 長広舌. ∥장광설을 늘어놓다 長広舌をふるう.

장교 (將校) (軍事) 图 将校.

장구¹ (←杖鼓・杖鼓) 《音楽》鼓の一種: チャング. ∥장구채 チャングを打つ칠.

장구² (長軀) 图 長軀. ㊉단구(短軀).

장구-벌레 (昆虫) 图 ボウフラ(孑子).

장구-하다 (長久-) 厖 [하変] 長久だ. ∥장구한 세월 長久の歲月.

장국 (醬-) 【-꾹】图 ❶醬油汁. ❷みそ汁以外의 汁物의 総称. ❸醬油ベ-ス의 汁.

장군 (將軍) 图 將軍.

장군 (將軍) 國 (将棋の)王手.

장기 (長期) 图 長期. ㊉단기(短期). ∥장기 파업 長期ストライキ. 장기 결석 長期欠席.
장기-적 (長期的) 图 長期的. ∥장기적인 견해 長期的な観点.
장기-전 (長期戰) 图 長期戰.
장기-채 (長期債) (経) 图 長期債.
장기-화 (長期化) 图 国自 長期化. ∥불황이 장기화되고 있다 不況が長期化している.

장기² (長技) 【-끼】 图 特技:十八番. ∥장기 자랑 대회 特技自慢大会.

장기³ (將棋) /tʃaŋgi/ 图 將棋. ∥장기를 두다 将棋を指す.
장기-판¹ (將棋-) 图 棋局.
장기-판² (將棋板) 图 将棋盤.

장기⁴ (臟器) (解剖) 图 臟器. ∥장기 이식 臟器移植.

장-기간 (長期間) 图 長期間; 長期. ∥장기간에 걸쳐 長期間にわたって.

장끼 (鳥類) 图 雄のキジ. ㊉까투리.

장난 /tʃaŋnan/ 图 ❶いたずら: 悪ふざけ: (子どもとの)遊び. ∥장난 전화 いたずら電話. 애하고 장난하다 子どもと戯れる. ❷ [장난이 아니다の形で]半端ではない: ただはんぱない. ∥애 하나한테 들어가는 돈이 장난이 아니다 1 人の子どもにかかるお金が半端ではない.
장난-기 (-氣) 【-끼】 图 茶目っけ.
장난-꾸러기 图 いたずらっ子.
장난-꾼 图 いたずらが好きな人.
장난-조 (-調) 【-쪼】 图 いたずらっぽい調子.
장난-치다 囻 いたずらをする:ふざける. ∥수업 중에 친구하고 장난치다가 선생님께 혼났다 授業中友だちとふざけていて先生に叱られた.

장난-감 /tʃaŋnan:kaːm/ 【-깜】 图 玩具:おもちゃ.

장-날 (場-) 图 市の立つ日. ㊉장(場).

장남 (長男) 图 長男. ㊉큰아들.

장내 (場內) 图 場内. ∥장내가 술렁이다 場内がざわつく.

장녀 (長女) 图 長女. ㊉큰딸.

장년 (壯年) 图 壯年. ∥청장년층 青壯年層.
장년-기 (壯年期) 图 壯年期.

장님 [소경의 尊敬語] 图 盲人.

장단 (長短) 图 ❶長短. ❷長所と短所. ❸(歌や踊りなどの)拍子: リズム: 調子. ▶장단(을) 맞추다 拍子[調子]を

取る;リズムを合わせる;調子を合わせる. ▶長短(이) 맞다 拍子[リズム]が合う;調子が合う.

장-단점 (長短點)【-쩜】图 長所と短所. ‖누구나 장단점을 가지고 있다 誰でも長所と短所を持っている.

장대【-때】图 長竿. ‖장대 같이 길다 長竿のように長い.

장대-높이뛰기 (長-)图《スポーツ》棒高跳び.

장대-하다¹ (長大-)【하여】圈 長大だ;長くて大きい;がっしりしている. ‖기골이 장대하다 体格ががっしりしている.

장대-하다² (壯大-)【하여】圈 壯大だ. ‖장대한 계획 壯大な計画.

장도¹ (壯途)【-또】图 壯途;門出. ‖장도에 오르다 壯途につく. 장도를 축하하다 門出を祝う.

장도² (長刀)【-또】图 長刀. ⑪단도(短刀).

장도리 图 釘抜き兼用の金づち.

장-독(醬-)【-똑】图 醬油や味噌などが入っている甕(쒱).

장독-대(醬-臺)【-똑-】图 醬油や味噌などが入っている甕などの置き場.

장-돌림 (場-)【-똘-】图 各地の市を回る行商.

장돌-뱅이 (場-)【-똘-】图 장돌림(場-)の俗称. ‖장바닥을 굴러다니는 장돌뱅이 신세 市場を転々とする商人の身.

장딴지 图 ふくらはぎ;こむら.

장땡【-땡】图 ❶(博打などに)2枚ともに最高数字の10になること. ❷《俗っぽい言い方で》最高;一番. ‖공부만 잘하면 장땡이니? 勉強だけができればいいと思うの?

장래 (將來)/tʃaŋnɛ/【-내】图 將來. ‖장래에 대비하다 将来に備える. 장래의 꿈 将来の夢. 장래에 뭐가 되고 싶니? 将来何になりたいの?

장래-성 (將來性)【-내썽】图 将来性. ‖장래성 있는 기업 将来性のある企業.

장려 (奬勵)【-녀】图 他 奬勵. ‖저축을 장려하다 貯蓄を奬励する.

장려-금 (奬勵金)【-녀-】图 奨励金.

장력 (張力)【-녁】图《物理》張力. ‖표면 장력 表面張力.

장렬-하다 (壯烈-)【-녈-】圈【하여】壮烈だ. ‖장렬한 최후 壮烈な最期.

장렬-히 剾

장례 (葬禮)【-녜】图【하여】葬儀.

장례-식 (葬禮式)【-녜-】图 葬式.

장로 (長老)【-노】图 ❶長老. ❷《キリスト教》長老.

장로-교 (長老敎)【-노-】图《キリスト教》長老教;長老派.

장롱 (欌籠)【-농】图 たんす.

장르 (genre)/tʃaŋɾɯ/ 图 ジャンル.

장마 /tʃaŋma/ 图 梅雨;長雨. ‖장마가 들다[지다] 梅雨入りする;長雨になる.

장마~ 图 梅雨入りする. 장마철이 끝나다 梅雨明けする.

장마-전선 (-前線)图《天文》梅雨前線.

장마-철 (-)【-쩔】图 梅雨期;長雨の季節. ‖장마철이 되다 梅雨入りする. 장마철이 끝나다 梅雨明けする.

장막 (帳幕)【-】图 (帳(くチ))カーテン. ‖밤의 장막이 내리다 夜の帳が下りる. 철의 장막 鉄のカーテン.

장만 /tʃaŋman/图 他 こしらえ;用意;支度;準備;入手;購入. ‖집을 한 채 장만하다 家を一軒購入する. 저녁 반찬을 장만하다 夕食のおかずをこしらえる.

장면 (場面)/tʃaŋmjʌn/ 图 場面. ‖흐뭇한 장면 微笑ましい場面. 감동적인 장면 感動的な場面.

장모 (丈母)图 妻の母;義母. ⑪빙모(聘母). 尊장인(丈人).

장-모음 (長母音)图《言語》長母音.

장문 (長文)图 長文. ⑤단문(短文). ‖장문의 연애 편지 長文のラブレター.

장물 (贓物)图《法律》贓物(くつ);贓品.

장물-죄 (贓物罪)【-죄/-줴】图《法律》贓物罪.

장미 (薔薇)/tʃaŋmi/图《植物》バラ(薔薇). ‖장미는 봄과 가을 두 번 꽃이 핀다 バラは春と秋2回花が咲く. 장미는 영국의 국화이다 バラはイギリスの国花だ. 장미 가시에 찔리다 バラのとげがある.

장미-꽃 (薔薇-)【-꼳】图 バラの花.

장미-빛 (薔薇~)【-ㅁㅣㅃㅕㅅ・-ㅁㅣㅂㅣㅊ】图 バラ色. ‖장밋빛 인생을 꿈꾸다 バラ色の人生を夢見る.

장-바구니 (場-)【-빠-】图 買い物かご.

장발 (長髮)图 長髮.

장방-형 (長方形)图《数学》長方形. ⑪직사각형(直四角形).

장벽¹ (腸壁)【解剖】腸壁.

장벽² (障壁)图 障壁. ‖관세 장벽 関税障壁.

장병 (將兵)图 将兵.

장-보기 (場-)图 買い物.

장본-인 (張本人)图 張本人. ‖사고를 친 장본인 事故を起こした張本人. 소문을 퍼뜨린 장본인 うわさを広めた張本人.

장부 (丈夫)图 ❶丈夫;一人前の男子. ❷대장부(大丈夫)の略語.

장부 (帳簿)图 帳簿. ‖장부를 적다 帳簿をつける. 주문을 장부에 기입하다 注文を帳簿に記入する.

장비 (裝備)图 【하여】裝備. ‖중장비 重裝備.

장사¹ /tʃaŋsa/ 图 自 商賣;商い. ‖술장사 水商売. 장사 밑천 商売の元手. 장사해서 먹고 살다 商売で暮らしている. 장사가 잘되다 商売繁盛する. 장사를 잘하다 商売上手だ. 무슨 장사를 하세요? ご商売は何ですか.

장사-꾼 (-) 图 商売人.
장사-치 (-) 图 =장사꾼.
장사-판 (-) 图 商売の世界.
장사-속 [사쏙/-샅쏙] 图 商売の算段; 商魂.
장사¹ (壯士) 图 ❶豪傑; 強く勇ましい人. ❷力士. ‖세월에 장사 없다 歳月に勝てる者はいない.
장사² (葬事) 图 [하자] 葬式; 儀礼. ‖장사 지내다 葬式をおこなう.
장사-진 (長蛇陣) 图 長蛇の列. ‖장사진을 이루다 長蛇の列を成す.
장삼-이사 (張三李四) 图 張三李四. ✢「張氏の三男と李氏の四男」という意で, 凡な人.
장서 (藏書) 图 [하자] 藏書.
장서-가 (藏書家) 图 藏書家.
장서-인 (藏書印) 图 藏書印.
장성¹ (長成) 图 [하자] 成長して大人になること. ‖장성한 아들 成人になった息子.
장성² (將星) 图 [軍事] 将星; 将軍.
장소 (場所) /tʃaŋso/ 图 場所. ‖때와 장소를 가려서 행동하다 時と場所を弁(わきま)えて行動する. 집합 장소 集合場所.
장손 (長孫) 图 初孫.
장-손녀 (長孫女) 图 初孫娘.
장송 (葬送) 图 [하자] 葬送.
장송-곡 (葬送曲) 图 [音樂] 葬送曲.
장수¹ (商ㅅ) 图 商人; あきんど. ‖두부 장수 豆腐屋さん.
장수² (長壽) /tʃaŋsu/ 图 [하자] 長寿; 長生き. ‖거북은 장수를 상징하는 동물이다 カメは長寿を象徴する動物だ. 장수의 비결 長寿の秘訣. 장수를 누리다 長寿を保つ.
장수³ (將帥) 图 将帥; 将軍.
장수⁴ (張數) 【-쑤】 图 枚数.
장수-잠자리 (將帥-) 图 [昆蟲] オニヤンマ(鬼蜻蜒).
장수-풍뎅이 (將帥-) 图 [昆蟲] カブトムシ(兜虫).
장승 (-性) 图 ❶[民俗] チャンスン(道しるべや村の守護神として村の入り口に立てた男女一対の木像). ❷[比喩的に] 背の高い人; ぼんやり立っている人; のっぽ. ‖장승처럼 서 있다 장승처럼 서 있다 ぼんやり立っている.
장-시간 (長時間) 图 長時間. ✢단시간 (短時間). ‖장시간 노동 長時間の労働. 장시간에 걸친 토론 長時間にわたる討論.
장식 (裝飾) 图 [하자] 装飾; 飾ること. ‖크리스마스트리를 장식하다 クリスマスツリーを飾る.
장식-물 (裝飾物) 【-씽-】 图 装飾品; 飾り物.
장식-품 (裝飾品) 图 装飾品.
장신 (長身) 图 長身. ‖장신을 이용한 효과적인 공격 長身を生かした効果的な攻撃.
장신-구 (裝身具) 图 装身具; アクセサリー.
장아찌 图 [料理] 漬物. ❶大根・キュウリ・ニンニクなどを切干しにして醬油と薬味に漬けたもの. ❷若い大根・白菜・セリなどの塩漬け.
장악 (掌握) 图 [하자] 掌握; 握ること. ‖실권을 장악하다 実権を握る.
장안 (長安) 图 首都. ✢長安が唐の首都だったことから.
장애 (障礙) 图 [하자] 障害. ‖기능 장애 機能障害.
장애-물 (障礙物) 图 障害物; ネック. ⑯걸림돌. ‖장애물을 제거하다 障害物を取り除く.
장애물-달리기 (障礙物-) 图 《スポーツ》 障害物競走.
장애-인 (障礙人) 图 障害者.
장어 (長魚) 图 [魚介類] 「뱀장어(長魚の略語)」 ウナギ(鰻). ‖장어구이 ウナギの蒲焼.
장엄-하다 (莊嚴-) 囲 [하변] 荘厳だ. ‖장엄한 분위기 荘厳な雰囲気. **장엄-히** 圓
장염 (腸炎) 【-념】 图 [医学] 腸炎; 腸カタル. ⑯장카타르(腸-).
장외 (場外) 【-웨】 图 場外. ‖장외 홈런을 날리다 場外ホームランを放つ.
장원¹ (壯元) 图 [하자] [歷史] 科挙に首席で合格すること, またはその人. ‖장원 급제하다 科挙に首席で及第する.
장원² (莊園) 图 [歷史] 荘園.
장유-유서 (長幼有序) 图 〔儒教の五倫の一つとして〕長幼の序.
장음 (長音) 图 [言語] 長音.
장-음계 (長音階) 【-/-게】 图 [音樂] 長音階.
장의-사 (葬儀社) 图 葬儀屋.
장의-자 (長椅子) 【-/-이-】 图 長椅子; ベンチ.
-장이 [接尾] 職人を見くだって言う語: …屋. ‖대장장이 鍛冶屋. 땜장이 鋳(い)掛け屋. 미장이 左官屋.
장인¹ (丈人) 图 妻の父; 義父. ⑯빙장 (聘丈). ⑰장모(丈母).
장인-어른 (丈人-) 图 〔妻の父に対する呼称〕お父さん.
장인² (匠人) 图 匠人; 職人. ‖장인 정신 職人気質.
장자¹ (長子) 图 長子; 長男.
장자² (長者) 图 長者. ‖백만 장자 百万長者.
장작 (長斫) 图 薪; たきぎ. ‖장작을 패다 薪を割る.
장작-개비 (長斫-) 【-깨-】 图 割った薪の一片.
장작-더미 (長斫-) 【-떠-】 图 薪の山.
장작-불 (長斫-) 【-뿔】 图 薪の火.

‖장작불을 지피다 薪を焚きつける.

장장(長長) 非常に長い; 延々. ‖열차가 연결되어 장장 두 시간을 기다리니 列車が延着し長々と2時間も待つ.

장전(裝塡) 하타 装塡(㌢). ‖탄환을 장전하다 弾丸を裝塡する. **장전-되다** 自5

장점(長點) /dʒaŋ/dʑəm/ [-쩜] 名 長所; とりえ. 상 단점(短點). ‖누구에게나 장점과 단점이 있다 誰でも長所と短所がある. 장점을 살리다 長所を生かす.

장정(壯丁) 名 壯丁; 成年に達した男. ‖장정 둘이 들어도 안 움직이는 돌 大の男 2 人が持ち上げても動かない石.

장정²(裝幀·裝訂) 名 하타 裝丁. ‖장정이 화려한 책 裝丁が華やかな本.

장조(長調) [-쪼] 名 音樂 長調. 상 단조(短調).

장-조림(醬-) 名 料理 牛肉の醬油煮.

장족(長足) 名 長足. ‖장족의 발전을 이루다 長足の発展を遂げる.

장중-보옥(掌中寶玉) 掌中の珠.

장중-하다(莊重-) 形 하타 莊重だ. ‖장중한 음악 莊重な音楽. **장중-히** 副

장지¹(壯紙) 名 厚くて丈夫な한지(韓紙).

장지²(長指) 名 長指; 中指. ‖가운뎃손가락.

장지³(葬地) 名 葬地; 埋葬地.

장지-문(障-門) 名 障子; ふすま.

장차(將次) 副 將来; 今後は; これから. ‖저 애는 장차 큰 인물이 될 것 같다 あの子は将来大物になりそうだ.

장착(裝着) 名 하타 裝着. ‖차에 에어백을 장착하다 車にエアバッグを装着する. **장착-되다** 自5

장-출혈(腸出血) 名 医学 腸出血.

장치(裝置) 名 하타 裝置. ‖무대 장치 舞台裝置. 방음 장치 防音装置. 냉난방 장치 冷暖房裝置. **장치-되다** 自5

장-카타르(腸 catarrh) 名 医学 腸カタル. 働 장염(腸炎).

장쾌-하다(壯快-) 形 하타 壯快だ.

장타(長打) 名 野球 で長打. 상 단타(短打). ‖장타를 치다 長打を打つ.

장-탄식(長歎息) 名 長嘆息. ‖하늘을 올려다보며 장탄식을 하다 天を仰いで長嘆息する.

장터(場-) 名 市場.

장-티푸스(腸 typhus) 名 医学 腸チフス.

장판(壯版) 名 ❶ 厚い油紙を張ったオンドル部屋の床. ❷ 장판지(壯版紙)の略.

장판-지(壯版紙) 名 オンドル部屋の

床に張る厚い油紙.

장편(長篇) 名 ❶長編. ㉠中篇(中篇)·短篇(短篇). ❷ 文芸 장편 소설(長篇小說)の略.

장편-소설(長篇小說) 文芸 長編小説. 働장편(長篇).

장폐색-증(腸閉塞症) 【-쯩 /-페-쯩】 名 医学 腸閉塞.

장-하다(壯-) /dʒa:ŋhada/ 形 하타 見事だ; みごとだ; すばらしい; 立派だ; 奇特だ; 殊勝だ; けなげだ. ‖금메달을 따다니 정말 장하다 金メダルを取るなんて本当にすばらしい. 정말 장했다. 장하다 よくやった. あっぱれだ.

장학(奬學) 名 奬學.

장학-관(奬學官) 【-관】 名 教育委員会の責任担当公務員.

장학-금(奬學金) 【-끔】 名 奬學金.

장학-사(奬學士) 【-싸】 名 教育委員会の実務担当公務員.

장학-생(奬學生) 【-쌩】 名 奬學生. ‖장학생을 뽑다 奬學生を選ぶ.

장해(障害) /dʒaŋhe/ 名 障害.

장해-물(障害物) 名 障害物.

장-협착(腸狹窄) 名 医学 腸狹窄(きょうさく).

장화(長靴) 名 長靴. ‖장화를 신다 長靴を履く.

장황-하다(張皇-) 形 하타 長たらしい; 冗長だ; 冗漫だ. ‖장황한 설명을 늘어놓다 長たらしい説明を並べ立てる.

잦다¹ /dʒat'a/ [잗따] 形 頻繁に起こる; たびたびだ; しばしばある; (頻度が)激しい. ‖작년 겨울에는 눈이 잦았다 昨年の冬は雪がよく降った. 요즘 술집 출입이 잦다 最近飲み屋通いが激しい.

잦다² [잗따] 自 (液体などが次第に減って)なくなる.

잦아-들다 自 ㄹ語幹 (液体などが)煮詰まっていく. ‖장조림의 국물이 잦아든다 牛肉の醬油煮の煮汁が煮詰まっている.

잦아-지다 自 たびたび起こる; 多くなる. ‖병원에 갈 일이 잦아지다 病院に行くことが多くなる.

재¹ /tɕɛ/ 名 灰. ‖불에 타고 재만 남다 燃えて灰だけ残る. 담뱃재 タバコの灰. 불이 나서 전부 재가 되었다 火事ですべてが灰になった.

재² 峠. ‖재를 넘어가다 峠を越えていく.

재³(財) 財産(財産)·재물(物物)の略語. 働재터크(テーク).

재⁴(齋) 名 ❶ 法事. ‖재를 올리다 法事を行なう. ❷ 재계(齋戒)の略語.

재-⁵(再) 接頭 再···. ‖재생산 再生産.

-재⁶(財) 接尾 ···財. ‖생산재 生産財. 자본재 資本財.

재가(在家) 名 하타 ❶ 在家. ❷ 仏

재가 在家.

재가² (再嫁) 图 自 再婚.

재가³ (裁可) 图 他 裁可. ∥재가를 받다 裁可される.

재간 (才幹) 图 ❶ 才能. ∥말재간이 뛰어나다 弁舌の才能が秀でている. ❷ 〔…재간이 없다의 形で〕…すべがない. ∥여기에서 빠져나갈 재간이 없다 ここから逃げ出すすべがない.

재갈 图 〈くつわ. →재갈〉を 먹이다 ① くつわをはめる. 입에 재갈을 물리다 口にくつわをはめる. ② 利益を与えて口をふさぐ.

재개 (再開) 图 他 再開. ∥남북 회담을 재개하다 南北会談を再開する.
재개-되다 图 自 南北会談を再開する. **재개-되다**

재건 (再建) 图 他 再建. ∥조직을 재건하다 組織を再建する. **재건-되다** 受動

재-검토 (再檢討) 图 他 再検討. ∥입시 제도를 재검토하다 入試制度に再検討を加える.

재결 (裁決) 图 他 裁決.

재-결합 (再結合) 图 自 縒(よ)りを戻すこと. ∥헤어진 부부가 재결합 별하다 別れた夫婦が縒りを戻す.

재경 (在京) 图 自 在京. ∥재경 동문회 在京同窓会. ✦韓国の場合はソウルにいること.

재경 (財經) 图 財経.
재계 (財界) 图 【-/-게】 財界; 経済界.
재계 (齋戒) 图 【-/-게】 图 他 斎戒.
재(齋) 图 ∥목욕재계 斎戒沐浴.

재고 (再考) 图 他 再考. ∥재고의 여지가 없다 再考の余地がない ∥재고를 촉구하다 再考を促す.

재고² (在庫) 图 在庫.
재고-품 (在庫品) 图 在庫品. ∥재고품을 처분하다 在庫品を処分する.

재교 (再校) 图 再校; 二校.
재-교부 (再交付) 图 他 再交付.
재-교육 (再教育) 图 他 再教育.
재귀 (再歸) 图 再帰.
재귀^대명사 (再歸代名詞) 图 〔言語〕 再帰代名詞.
재귀^동사 (再歸動詞) 图 〔言語〕 再帰動詞.

재규어 (jaguar) 图 〔動物〕 ジャガー.
재기 (才氣) 图 才気. ∥재기에 넘치는 여학생 才気あふれる女子学生. 재기가 발랄하다 才気はつらつとしている.

재기² (再起) 图 自 再起. ∥재기 불능 再起不能. 재기에 성공하다 再起に成功する.

재깍 圖 ❶ 堅い小さなものが触れ合って発する音: かちん; かちゃっ. ❷ 時計が動く時の音: ちくたく. **재깍-재깍** 圖 時計の進む音: かちかち.

재깍² 圖 物事を素早く片付ける様子: てきぱきと; さっさと; 手早く. **재깍-재깍**

圖 てきぱきと; さっさと; 手早く.

재난 (災難) 图 災難; 災い. ∥재난이 거듭되다 災難続きだ. 재난이 닥치다 災難が降りかかる.

재능 (才能) /jɛnuŋ/ 图 才能. ∥재능 있는 신인을 기용하다 才能のある新人を起用する. 재능을 살리다 才能を生かす. 음악에 재능이 있다 音楽の才能がある. 재능을 타고나다 才能に恵まれている.

재다¹ 图 ❶ 素早い; 速い; 敏捷だ. ∥잰걸음으로 골목길을 빠져나가다 早足で小路を抜ける. ❷ 口が軽い. ∥입이 너무 재다 口が軽すぎる.

재다² (才-) 图 気取って威張る; 偉ぶる. ∥일류 대학에 다닌다고 너무 잰다 一流大学に通っているからといってとても偉ぶっている.

재다³ /jɛːda/ 图 ❶(長さ・大きさ・重さなどを)測る[量る]. ∥자로 치수를 재다 物差しで寸法を測る. 키를 재다 身長を測る. ❷ (事の後先について)あれこれと考える. ∥이것저것 재다 보니 진전이 없다 あれこれと考えているから進展がない.

재다⁴ 图 ❶(荷物などを)積み重ねる. ∥창고에 짐을 차곡차곡 재다 倉庫に荷物をきちんと積み重ねる. ❷ (弾丸などを)詰め込む; 込める. ∥총알을 재다 弾丸を込める. ❸ (エゴマの葉・牛肉などを)味付けして重ねる. ∥쇠고기를 재다 牛肉の味付けをする.

재단¹ (財團) 图 〔法律〕 財団.
재단^법인 (財團法人) 图 財団法人.
재단² (裁斷) 图 他 裁断. ∥원피스를 재단하다 ワンピースを裁断する.
재단-기 (裁斷機) 图 裁断機.
재단-사 (裁斷師) 图 仕立屋.

재담 (才談) 图 ウイットに富んだ話.
재-두루미 (鳥類) 图 マナヅル(真鶴).
재떨-이 图 灰皿; 灰落とし.
재래 (在來) 图 在来. ∥재래의 방식 在来のやり方.
재래-식 (在來式) 图 在来式.
재래-종 (在來種) 图 在来種. ⇔外来種(外来種).

재량 (裁量) 图 裁量. ∥담당자의 재량에 맡기다 担当者の裁量に一任する.

재력¹ (才力) 图 才能.
재력² (財力) 图 財力.
재론 (再論) 图 他 再論.
재롱 (才弄) 图 (小さい子どもの)かわいいしぐさ. ∥아기가 재롱을 피우다[떨다・부리다] 赤ん坊がかわいいしぐさをする.

재료 (材料) /jɛrjo/ 图 材料. ∥건축 재료 建築材料. 공작 재료 工作の材料. 송사리를 연구 재료로 삼다 メダカを研

재류 (在留) 图 ⸨自⸩ 在留. ∥재류 자격. 在留資格.
재림 (再臨) 图 ⸨自⸩ 再臨.
재목 (材木) 图 ❶ 材木; 木材. ∥재목상 材木商. ❷ 人材. ∥큰 재목이다 大物になりそうだ.
재무 (財務) 图 財務.
재무-부 (財務部) 图 ⸨行政⸩ 〔財政経済部(財政経済部)の旧称〕財務部.
재-무장 (再武裝) 图 再武装.
재물 (財物) 图 財物; 財産. ⪫재(財).
재미¹ (←滋味) /dʑemi/ 图 楽しさ; 楽しみ; 面白み. ∥책을 읽는 재미 本を読む楽しさ. 애 키우는 재미로 살다 子育てを楽しみに生きる. ▶재미를 보다 成果を上げる; よい結果を得る. 利益を得る. ∥주식으로 조금 재미를 보다 株で少し利益を得る. ▶재미를 붙이다 興味を持つ; 興味を覚える. ∥최근에 요리에 재미를 붙였습니다 最近料理に興味を覚えました.

재미-나다 (←滋味-) 图 興味がわく; 楽しくなる; 面白い; 楽しい. ∥재미나는 놀이 楽しい遊び.

재미² (在美) 图 在米. ∥재미 동포 在米同胞.

재미-없다 (←滋味-) /dʑemiəpˈtʰa/ [-업따] 图 ❶ 面白くない; 楽しくない; つまらない. ∥드라마가 재미없다 ドラマがつまらない. 재미없는 사람 面白くない人. ❷ 承知しない; ひどい目にあう. ∥시키는 대로 하지 않으면 재미없을 겁니다 言う通りにしないとひどい目にあうでしょう.

재미-있다 (←滋味-) /dʑemiitˈta/ [-읻따] 图 面白い; 楽しい. ∥재미있는 나날 楽しい日々. 어제 본 영화는 그런대로 재미있었다 昨日見た映画はそれなりに面白かった. 재미있게 놀다 오세요 楽しく遊んできてください.

재발 (再發) 图 ⸨自⸩ ❶ 再発. ∥수술한 암이 재발하다 手術した癌が再発する.
❷ ⸨自⸩ 再開発.

재-방송 (再放送) 图 ⸨他⸩ 再放送.

재배¹ (再拜) 图 ⸨他⸩ 再拝. ∥돈수재배 頓首再拝.

재배² (栽培) /dʑeːbɛ/ 图 ⸨他⸩ 栽培. ∥유기농 재배 有機栽培. 온실 재배 温室栽培. 물재배 水栽培. 비닐하우스에서 장미를 재배하다 ビニールハウスでバラを栽培する. **재배-되다** ⸨受⸩

재-배치 (再配置) 图 ⸨他⸩ 再配置.

재벌 (財閥) 图 財閥. ∥재벌 이세 財閥 2 世.

재범 (再犯) 图 再犯. ∥재범의 우려가 있다 再犯の恐れがある.

재봉 (裁縫) 图 ⸨他⸩ 裁縫.

재봉-사 (裁縫師) 图 仕立屋.

재봉-틀 (裁縫-) 图 ミシン. ⪫미싱.

재-빠르다 图 ⸨ㄹ変⸩ 素早い; 手早い; すばしこい. ∥동작이 재빠르다 動作が素早い.

재빨리 /dʑeˈpˈalli/ 副 素早く; 手早く; 機敏に. ∥사회 변동에 재빨리 대응하다 社会の動きにいち早く対応する. 그 사람의 진의를 재빨리 알아채다 彼の真意を素早く見抜く.

재산 (財産) /dʑeːsan/ 图 財産. ⪫재(財). ∥사유 재산 私有財産. 재산 상속 財産相続. 고객은 기업의 재산이다 顧客は企業の財産である. 경험을 재산으로 삼다 経験を財産とする.

재산-가 (財産家) 图 財産家; 金持ち.

재산-권 (財産權) [-꿘] 图 ⸨法律⸩ 財産権.

재산-세 (財産稅) [-쎄] 图 財産税.

재산-형 (財産刑) 图 ⸨法律⸩ 財産刑.

재삼 (再三) 副 再三; たびたび. ∥교육의 중요성을 재삼 강조하다 教育の重要性を再三強調する.

재삼-재사 (再三再四) 副 再三再四; たびたび; 何度も何度も.

재상 (宰相) 图 宰相.

재색 (才色) 图 才色. ∥재색을 겸비한 재원 才色兼備の才媛.

재생 (再生) 图 ⸨他⸩ 再生. ∥재생 타이어 再生タイヤ. 재생 장치 再生装置. 재생의 길을 걷다 再生の道を歩む. 동영상을 재생하는 프로그램 動画を再生するプログラム. 재생 능력이 있는 세포 再生能力のある細胞.

재생-지 (再生紙) 图 再生紙.

재생-품 (再生品) 图 再生品.

재-생산 (再生産) 图 ⸨他⸩ 再生産. ∥확대 재생산 拡大再生産. 축소 재생산 縮小再生産. **재생산-되다** ⸨受⸩

재선 (再選) 图 ⸨自⸩ 再選. ∥회장에 재선되다 会長に再選される.

재-선거 (再選擧) 图 再選挙.

재소-자 (在所者) 图 ❶ 一定の所に収容されている人. ❷ 在監者.

재수¹ (財數) 图 運; 縁起; 〔勝負事などの〕つき; 巡り合わせ. ∥그런 말을 하면 재수 나빠 そんなことを言うと縁起が悪いよ. 재수 없는 소리 하지 마라 縁起でもないことを言うなよ. 오늘은 재수가 좋은 날이다 今日はついてる日だ. ▶재수 없는 놈은 뒤로 자빠져도 코가 깨진다 (諺) 〔「運の悪い者は後ろに倒れても鼻がつぶれる」の意〕「運の悪い者はすることなすことがついていない」.

재수² (再修) 图 ⸨他⸩ 〔入学・入社などのため〕浪人すること. ∥좋은 대학에 가려고 재수하다 いい大学を目指して浪人する.

재수-생 (再修生) 图 〔入学・入社などのため〕浪人する人. ∥취업 재수생 就職浪人.

재스민 (jasmine) 图 ⸨植物⸩ ジャスミン.

재스민-차 (-茶) 图 ジャスミン茶.
재심 (再審)(法律) 图 再審.
재앙 (災殃) 图 災禍(か); 災い.
재야 (在野) 图 在野. ‖재야 정치인 在野の政治家.
재연 (再演)(하타) 图 再演.
재외 (在外) [-/-웨] 图 在外. ‖재외 공관 在外公館.

재우다 /ʧɛuda/ 囲 ❶ [자다の使役動詞] 寝かせる; 眠らせる. ❷ [아이를 재우다 子どもを寝かせる. ❷ 泊める. ‖모르는 사람을 집에 재우는 것은 곤란하다 知らない人を家に泊めるのは困る.
재운 (財運) 图 金運.
재원¹ (才媛) 图 才媛.
재원² (財源) 图 財源. ‖노인 복지를 위한 재원을 확보하다 老人福祉のための財源を確保する.
재위 (在位) 图 在位. ‖재위 기간 在位期間.
재의 (再議) [-/-이] 图 他 再議.
재-인식 (再認識) 图 他 再認識; 見直すこと. ‖가정 교육의 중요성을 재인식하다 家庭教育の重要性を再認識する.
재일 (在日) 图 在日. ‖재일 동포 在日同胞.
재임¹ (在任) 图 自 在任. ‖장관 재임중에 大臣在任中に.
재임² (再任) 图 再任. **재임-되다** 受身

재-작년 (再昨年) /ʧɛ:dʒaŋnjən/ [-장-] 图 一昨年; おととし. ‖재작년에 한국에 갔다 왔다 一昨年韓国に行って来た.
재잘-거리다 囲 ぺちゃぺちゃしゃべる.
재잘-재잘 副 하자 ❶ [女の子や子どもが小さい声でよくしゃべる様子]: ぺちゃくちゃ(と). ❷ [小鳥などが]さえずる声[様子]: ピーチクパーチク.
  재적-생 (在籍生) [-생] 图 在籍学生.
  재적-수 (在籍數) [-쑤] 图 在籍数.
재정 (財政) 图 財政.
  재정-난 (財政難) 图 財政難.
  재정-학 (財政學) 图 財政学.
재정경제-부 (財政經濟部) (行政) 日本の財務省と経済産業省の一部に該当する韓国の省庁.
재-정비 (再整備) 图 他 再整備. **재정비-되다** 受身

재주 (才-) /ʧɛdʒu/ 图 ❶ 才; 才能. ‖음악에 재주가 있다 音楽の才能がある. 재주를 타고나다 才能に恵まれている. 재주를 부리다[피우다] 妙技を披露する. ❷ 腕前; 技; 手腕. ‖재주를 발휘하다 手腕を発揮する.
  재주-껏 (才-) [-껀] 副 才能のかぎり.
  재주-꾼 (才-) 图 多才な人.
재중 (在中) 图 在中. ‖이력서 재중 履歷書在中.

재즈 (jazz)(音楽) 图 ジャズ.
재직 (在職) 图 하자 在職. ‖재직 증명서 在職証明書.
재질¹ (才質) 图 才能と気質.
재질² (材質) 图 材質. ‖재질이 딱딱하다 材質が堅い.
재차 (再次) 副 度々; 再び.
재채기 /ʧɛʧʰɛgi/ 图 하자 くしゃみ.
재천 (在天) 图 ❶ 天にあること. ❷ 天意によるもの. ‖인명은 재천이다 人命は天によるものである.
재첩 (魚介類) 图 シジミ(蜆).
재청 (再請) 图 他 ❶ (演奏などの)アンコール. ❷ (会議で動議に賛成する意味で)再度当이動議を請うこと.

재촉 /ʧɛʧʰok/ 图 他 催促; 促すこと; せかすこと; 責め立てること; 早める[速める]こと. ‖돈을 돌려 달라고 재촉하다 お金の返済を催促する. 가을을 재촉하는 비 秋を促す雨. 발걸음을 재촉하다 足を速める. **재촉-받다** [-당하다] 受身

재취 (再娶) 图 後妻.
재치 (才致) /ʧɛʧʰi/ 图 機知; とんち; 機転. ‖재치에 넘치는 답변 機知に富む答弁.
재침 (再侵) 图 他 再侵略; 再侵攻.
재침-당하다 受身
재킷 (jacket) 图 ジャケット.
재탕 (再湯) 图 ❶ 二番煎じ. ❷ 재탕한 약 二番煎じの薬.
재택-근무 (在宅勤務) [-끈-] 图 하자 在宅勤務.
재-테크 (財 tech) 图 (経) 財テク.
재판¹ (再版) 图 하자 ❶ 再版. ❷ 過去にあったことを繰り返すこと.
재판² (裁判) 图 裁判. ‖재판을 받다 裁判を受ける. 재판을 걸다 裁判にかける. 군사 재판 軍事裁判.
  재판-관 (裁判官) 图 裁判官.
  재판-소 (裁判所) 图 裁判所. ㉿법원 (法院).
재편 (再編) 图 하자 再編. ‖정계 재편 政界再編. **재편-되다** 受身
재-편성 (再編成) 图 하자 再編成. ‖업계의 재편성 業界の再編成. 팀을 재편성하다 チームを再編成する. **재편성-되다** 受身
재학 (在學) 图 자 在学. ‖재학 증명서 在学証明書.
  재학-생 (在學生) [-쌩] 图 在学生.
재해 (災害) 图 災害. ‖재해를 입다 災害をこうむる. 재해 보험 災害保険.
재향 (在鄕) 图 在郷.
재현 (再現) 图 하자 ❶ 再現. ❷ 再生.
재혼 (再婚) 图 하자 再婚. ㉑초혼(初婚).
재화 (財貨) 图 財貨.
재-확인 (再確認) 图 하자 再確認.

재활 (再活) 图 (하자) 再び活動すること; 再活動.

재-활용 (再活用) 图 (하타) リサイクル.

재회 (再會) 图 [-/--회] 图 (하자) 再会. ‖십 년만의 재회 10 年ぶりの再会.

잭나이프 (jackknife) 图 ジャックナイフ.

잰-걸음 图 早足; 急ぎ足. ‖잰걸음으로 골목길을 빠져나가다 早足で小路を抜ける.

잼 (jam) 图 ジャム. ‖빵에 잼을 바르다 パンにジャムを塗る. 딸기 잼 イチゴジャム.

잽 (jab) 图 (ボクシングで)ジャブ. ‖잽을 넣다 ジャブを入れる.

잽-싸다 服 (動作が)素早い. ‖잽싸다. ‖잽싸게 먹어 치우다 素早く平らげる.

잿-더미 [재떠-/잳떠-] 图 灰の山.

잿-물 [잰-] 图 ❶ 灰汁. ❷ 苛性ソーダ.

잿-밥 (齋~-) [재빱/잳빱] 图 (仏教)供養のために供える飯.

잿-방어 (~魴魚) [재빵-/잳빵-] 图 (魚介類) カンパチ(間八).

잿-빛 [재삩/잳삩] 图 灰色. ‖잿빛하 늘 灰色の空.

쟁¹ (箏) [쟁] 图 (音楽) 箏(そう).

쟁² (鉦) [쟁] 图 (音楽) 鉦(しょう). ⑱ 꽹과리.

쟁기 图 犂(すき).

쟁반 (錚盤) 图 盆; 大きい皿.

쟁의 (爭議) [-/-의] 图 (하자) 争議. ‖노동 쟁의 労働争議. 소작 쟁의 小作争議.

쟁의-권 (爭議權) [-/-이권] 图 (法律) 争議権.

-쟁이 接尾 〔人の性質・習慣・行動・様子などを表わす語に付いて〕その人をあざ笑う意味を表わす. ‖점쟁이 占い師. 겁쟁이 怖がり. 심술쟁이 意地悪.

쟁이다 他 積み重ねる.

쟁쟁-하다¹ (錚錚-) /tɕɛŋdʑɛŋhada/ 服 [하장] 錚々(そう)としている. ‖쟁쟁한 인물들이 모이다 錚々たるメンバーが集まる.

쟁쟁-하다² (琤琤-) [쟁쟁-] 服 [하장] ❶ 玉を転がすようなきれいな響きだ. ❷ 小声が쟁쟁하게 声が高く冴えている. ❷ (かつて聞いた声や音が)今も耳に残っている. ‖그 목소리가 지금도 귀에 쟁쟁하다 あの声が今も聞こえてくるようだ. **쟁쟁-히** 副.

쟁점 (爭點) [-쩜] 图 争点. ‖쟁점을 분명히 하다 争点を明らかにする.

쟁취 (爭取) [-/-이] 图 (하타) 勝ち取ること. ‖권력을 쟁취하다 権力を勝ち取る.

쟁탈 (爭奪) [-/-이] 图 (하타) 争奪.

쟁탈-전 (爭奪戰) [-쩐] 图 争奪戦. ‖우승배 쟁탈전 優勝杯争奪戦.

저¹ (著) 图 〔著述(述)・著作(作)の略語〕著.

저² /tɕʌ/ ⬚ ❶ 〔나³의謙讓語〕私; わたくし. ‖저는 학생입니다 私は学生です. 그건 제가 하겠습니다 それは私がやります. ✤主格助詞가の前では제になる. ❷ 自分. ‖누가 저더러 하라고 했나? 自分で勝手にやったくせに.

저³ /tɕʌ/ 冠 あの. ‖저 사람은 누구입니까? あの人は誰ですか. 저 배우가 출연한 영화는 재미있다 あの俳優が出演した映画は面白い.
— 冠 〔저것의縮約形〕あれ; それ. ‖이도 저도 아니다 あれでもそれでもない.

저⁴ 國 言葉がつかえたりする時に, つなぎ・呼びかけとして用いる語: あの; あのう; ええと. ‖저, 확인하고 싶은 게 있는 데요 あの, 確認したいことがあります が. 遠慮したりためらったりする時に, 話の始めに用いる語: あのう. ‖저 말씀 좀 묻겠는데요 あのう, ちょっとおたずねしたいのですが.

저-⁵ (低) 接頭 低…. ‖저소득 低所得. 저학년 低学年.

저가 (低價) [-까] 图 廉価; 安価. ‖저가로 팔다 安価で売る.

저-개발국 (低開發國) 图 開発途上国.

저-거 ⬚ 저것의縮約形.

저-것 /tɕʌgʌt/【-껃】 ⬚ ❶ あれ; あのもの. ⓶저거. ‖저것이 무엇입니까? あれは何ですか. 저것이 더 좋아 보인다 あれがもっとよさそうだ. ❷ あいつ. ‖저것이 누구한테 반말이야 あいつ誰に向かってためだんだ.

저-게 〔저것이의縮約形〕あれは; あいつは.

저격 (狙撃) 图 (하타) 狙撃. ‖테러리스트가 장관을 저격하다 テロリストが大臣を狙撃する. **저격-당하다** 受身.

저격-수 (狙撃手) [-쑤] 图 狙撃手.

저고리 /tɕʌgoɾi/ 图 ❶ チョゴリ(民族衣装の上着). ❷ 양복저고리(洋服-)の略語.

저공 (低空) 图 低空. ⊕고공(高空).

저공-비행 (低空飛行) 图 (하자) 低空飛行. ⊕고공비행(高空飛行).

저금 (貯金) /tɕʌgɯm/ 图 (하타) 貯金. ‖세뱃돈을 저금하다 お年玉を貯金する. 저금을 찾다 貯金をおろす.

저금-통 (貯金桶) 图 貯金箱. ‖돼지 저금통 豚の形をした貯金箱. ✤貯金箱の代名詞.

저금-통장 (貯金通帳) 图 貯金通帳.

저금리 (低金利) [-니] 图 低金利.

저급-하다 (低級-) [-끄파-] 服 [하장] 低級だ. ⊕고급하다(高級-). ‖저급한 수준 低級な水準.

저기 /tɕʌgi/ ⬚ あそこ; あちら. ‖저기가 어디예요? あそこはどこですか. 저기 보이는 별이 북극성이다 あそこに見える星が北極星だ. ⓶조기.

저-기압 (低氣壓) [名] ❶《天文》低気圧. [対]고기압(高氣壓). ❷〔比喩的に〕不機嫌.

저-까짓【-짇】[冠] あれくらいの; あれしきの; あの程度の. ‖ 저까짓 놈한테 지다니 분하다 あんなやつに負けるなんて悔しい.

저-나마 [副] あんなものでも.

저-냥 [副] あのまま; あの状態で.

저널 (journal) [名] ジャーナル.

저널리스트 (journalist) [名] ジャーナリスト.

저널리즘 (journalism) [名] ジャーナリズム.

저-네 [代] あの人たち.

저녁 /ʧɔnjɔk/ [名] ❶夕; 夕方; 日暮れ; 夕暮れ. ‖ 내일 저녁에 만나자 明日の夕方に会おう. 아침저녁으로 朝に夕に. ❷저녁밥の略語. ‖ 바빠서 저녁을 못 먹었다 忙しくて夕飯を食べそこねた. 저녁 준비를 하다 夕飯の支度をする.

저녁-나절【-녕-】[名] 日暮れ時; たそがれ時.

저녁-노을【-녕-】[名] 夕焼け. [縮]저녁놀. ‖ 타는 듯한 저녁노을 燃えるような夕焼け.

저녁-놀【-녕-】[名] 저녁노을の縮約形.

저녁-때 [名] 夕方; 夕暮れ時.

저녁-밥【-빱】[名] 夕飯; 夕食. [略]저녁. ‖ 저녁밥을 지을 시간 夕食の支度をする時間.

저녁-상 (-床)【-쌍】[名] 夕食の食膳.

저-년 [代] 〔さげすむ言い方で〕あの女; あのあま.

저-놈 [代] 〔さげすむ言い方で〕あいつ.

저능 (低能) [名] [하形] 低能.

저능-아 (低能兒) [名] 知能の低い子ども.

저-다지 [副] あんなにまで; あれほど. ‖ 라면을 저다지 좋아하는 사람도 없을 거다 ラーメンがあれほど好きな人もいないだろう.

저당 (抵當) [名] 抵当; 担保. ‖ 토지를 저당 잡히고 은행에서 돈을 빌리다 土地を抵当に銀行から金を借りる. 저당을 잡다 抵当に入れる.

저당-권 (抵當權)【-꿘】[名]《法律》抵当権.

저당-물 (抵當物) [名] 抵当物.

저-대로 /ʧɔdɛro/ [副] あのまま; あのように. ‖ 애를 저대로 두어서는 안 된다 子どもをあのように放っておいてはいけない.

저돌 (豬突·猪突) [名] [하自] 猪突.

저돌-적 (豬突的) [名] 向こう見ず; 無鉄砲. ‖ 저돌적으로 달려들다 向こう見ずに突進する.

저-따위 [代] [冠] 〔さげすむ言い方で〕あんな(程度の)もの; あんなふう; あんなやつ. ‖ 저따위 녀석과는 앞으로 만나지 마라 あんなやつとはもう会うのはやめなさい.

저따위-로 [副] 〔さげすむ言い方で〕あんなにいい加減に. ‖ 일을 저따위로 하다니 仕事をあんなにいい加減にするとは.

저래서 〔저러하여서の縮約形〕あのようにして; あのようなので; ああなので. ‖ 성격이 저래서 친구가 없다 性格がああなので友だちがいない.

저러-하다 [形]『하変』 あのようだ; あの通りだ; あんな具合だ. ‖ 실상이 저러하니 어떻게 해야 할까? 実情があのようだからどうしたらいいだろうか.

저런[1] /ʧɔrɔn/ [冠] あのような; ああいう; あんな. ‖ 나도 저런 게 갖고 싶어 私もああいうのがほしい.

저런[2] [感] 驚いたり意外に思ったりした時などに発する語: あら; まあ; おや. ‖ 저런, 아프겠다 おや, 痛そう.

저렇다 /ʧɔrɔtʰa/【-러타】[形]『ㅎ変』[저래, 저런]〔저러하다の縮約形〕あのようだ; あんなふうだ. ‖ 술을 마시면 성격이 저렇다 お酒を飲むと性格がああなるの. 저런 초라한 모습은 안 보이고 싶다 ああいうみすぼらしい姿は見せたくない.

저력 (底力) [名] 底力. ‖ 저력을 발휘하다 底力を発揮する.

저렴-하다 (低廉-) [形]『하変』 低廉だ; 安価だ. ‖ 저렴한 가격 安い価格.

저리[1] (低利) [名] 低利. [対]고리(高利).

저리[2] [副] ❶あのように. ❷あちらに. [작]조리.

저리-로 [副] あちらに; あちらへ. [縮]절로. [작]조리로.

저리다 [形] しびれている. ‖ 오래 앉아 있었더니 다리가 저리다 長く座っていたから足がしびれている.

저-마다 [名] 各自; それぞれ; めいめい; おのおの. ‖ 저마다의 생각을 말해 봅시다 各自の意見を言ってみましょう.

— [副] 各自; それぞれ; めいめい; おのおの. ‖ 사람은 저마다 생각이 있다 人はそれぞれ考えがある.

저-만치 [名] 少し離れたところ; あの辺; そこら辺. ‖ 저만치서 우리를 보고 있는 사람 少し離れた所から私たちを見ている人.

— [副] 少し離れたところに. ‖ 저만치 떨어져서 앉으세요 少し離れて座ってください.

저-만큼 [名] [副] あのくらい; あれくらい; あれほど.

저만-하다 [形]『하変』 あの程度だ; あのくらいだ; あの子くらいの年だ. ‖ 나도 키가 저만하면 좋겠다 私も背があのくらいだったらいいのに. 내가 저만했을 때는 私があの子くらいの年の時は.

저맘-때 [名] あの年頃; あれくらいの時[頃]. ‖ 너도 저맘때는 잘 울었다 お前もあれくらいの時はよく泣いていたよ. [작]조맘때.

저명 (著名) [名] [하形] 著名. ‖ 저명 인

ㅈ

사 著名的士. 각계의 저명한 사람들 각 분야의 저명인사들.
저-모음 (低母音) 图〖言語〗 低母音; 広母音,開母音.
저물다 目 [ㄹ語幹] (日や年が)暮れる. ‖날이 저물다 日が暮れる. 해가 저물면 年が暮れる.
저미다 他 ❶ (薄く)切る. ‖쇠고기를 얇게 저미다 牛肉を薄く切る. ❷ えぐる. ‖가슴을 저미는 듯한 이야기 肺腑をえぐる話.
저-버리다 他 背く;裏切る. ‖약속을 저버리다 約束に背く. 기대를 저버리다 期待に背く. 신뢰를 저버리다 信頼を裏切る.
저벅-저벅 (--쩍-) 副 のっしのっし. ‖저벅저벅 걷는 소리 のっしのっしと歩く音.
저번 (這番) 图 この間;先頃;先日. だって;先日. ‖저번 일요일에 둘이서 영화를 보러 갔다 この間の日曜日に2人で映画を見に行った. 저번에 만난 사람 先日会った人.
저변 (底邊) 图 底辺. ‖저변을 확대하다 底辺を広げる.
저-분 代 あの方.
저서 (著書) 图 著書.
저-소득 (低所得) 图 低所得.
저속 (低俗) 图 [하形] 低俗.
저속-도 (低速度) 图 低速度.
저속-하다 (低俗-) [-소카-] 形 [하変] 低俗だ. ‖저속한 취미 低俗な趣味.
저수 (貯水) 图 [하他] 貯水.
저수-지 (貯水池) 图 貯水池.
저술 (著述) 图 著述. 图 [하他] ‖저술 활동 著述活動. 저술가 著述家.
저습 (低濕) 图 [하形] 低湿. ‖저습 지대 低湿地帯.
저승 图 あの世;冥土;黄泉. (反) 이승.
저승-길 [-낄] 图 黄泉路 (ﾓﾐ);黄泉(-).
저승-사자 (--使者) 图 冥土の使者.
저압-계 (低壓計) [-께 /-깨] 图 〖物理〗 低圧計.
저어 他 [ㅅ変] 젓다 (かき混ぜる) の連用形.
저어-하다 他 [하変] 恐れる;不安に思う.
저열-하다 (低劣-) 形 [하変] 低劣だ.
저온 (低溫) 图 低温. (反) 高温. ‖저온 살균 低温殺菌.
저울 /ṕaul/ 图 秤 (はかり). ‖저울에 달다 秤にかける. 저울로 달아서 팔다 量り売りする.
저울-눈 [-눈] 图 秤の目.
저울-대 [-때] 图 秤の棒.
저울-자리 (-- 天文) = 천칭자리 (天秤--).
저울-질 图 [하他] ① 秤で重さをはかること. ② 天秤にかけること. ‖두 조건을 저울질하다 2人の条件を天秤に
건을 저울질하다 2人の条件を天秤にかける.
저울-추 (--錘) 图 分銅;重り.
저울-판 (--板) 图 皿秤 (ﾊｶﾘ).
저-위도 (低緯度) 图 低緯度.
저율 (低率) 图 低率. (反) 高率.
저은 他 [ㅅ変] 젓다 (かき混ぜる) の過去連体形.
저을 他 [ㅅ変] 젓다 (かき混ぜる) の未来連体形.
저음 (低音) 图 低音. (反) 高音.
저의 (底意) [-/-이] 图 底意 (ﾃ);下心;本心. ‖저의를 알 수가 없다 底意をはかりかねる. 저의가 있는 것 같다 下心があるようだ.
저-이 代 あの人.
저인망 (底引網) 图 底引き網;トロール.
저인망-어업 (底引網漁業) 图 底引き漁;トロール漁業.
저-임금 (低賃金) 图 低賃金.
저자[1] 图 〖古い言い方で〗市場.
저자[2] (著者) 图 著者;作者. ‖지은이.
저-자[3] 代 あの代 「저 사람をさげすむ言い方で」 あいつ.
저-자세 (低姿勢) 图 低姿勢. ‖저자세로 나가는 게 상책이다 低姿勢で出るのが上策だ.
저작[1] (咀嚼) 图 [하他] 咀嚼 (ｿｼｬｸ).
저작-근 (咀嚼筋) [-끈] 图 〖解剖〗 咀嚼筋.
저작[2] (著作) 图 [하他] 著作. 圆 [하著].
저작-권 (著作權) [-꿘] 图 著作権.
저작권-법 (著作權法) [-꿘뻡] 图 〖法律〗 著作権法.
저작-물 (著作物) [-짱-] 图 著作物.
저작-자 (著作者) [-짜] 图 著作者.
저장 (貯藏) 图 [하他] 貯藏. ‖양분을 저장하다 養分を貯蔵する. **저장-되다** 受動.
저-절로 /ʒ͡ʌʤ͡ɔllo/ 副 自然に;おのずと;ひとりでに. 圆 절로. ‖상처가 저절로 낫다 傷が自然に治る. 문이 저절로 열리다 ドアがひとりでに開く.
저조-하다 (低調-) 形 [하変] 低調だ;低い. ‖저조한 취업률 低い就業率.
저주 (詛呪·咀呪) 图 [하他] 呪詛 (ｼﾞｭｿ);呪い;呪うこと.
저주-스럽다 (詛呪--) [--따] 形 [ㅂ変] 呪わしい.
저-주파 (低周波) 图 〖物理〗 低周波.
저지[1] (低地) 图 低地. (反) 고지 (高地).
저지[2] (沮止) 图 [하他] 阻止. ‖법안의 통과를 저지하다 法案の通過を阻止する. **저지-되다** 受動.
저-지대 (低地帶) 图 低地帯. (反) 고지대 (高地帶).
저지르다 /ʤʌʤiruda/ 他 [르変] [저질러, 지지는는] (過ちなどを) 犯す; (問題などを) 引き起こす;しでかす. ‖잘못을 저

지르다 過ちを犯す. 범행을 저지르다 犯罪を犯す. 일을 저지르다 問題を引き起こす.
저질 (低質) 圀 低質; 質が低い.
저-쪽 /ʤʌ́ʦ͈ok/ 代 あちら; あっち; あちらの方; 向こう; 向こう側; 先方. ㉠이쪽. ㉡저쪽이 북쪽이다 あちらが北側だ. 저쪽에 서 있는 사람이 우리 오빠야 向こう側に立っているのがうちの兄なの.
저촉 (抵觸·牴觸·觝觸) 圀自 抵觸. ‖법에 저촉되는 행위 法に抵触する行為.
저축 (貯蓄) 圀他 貯蓄. ‖노후에 대비해서 저축하다 老後に備えて貯蓄する.
저축~성향 (貯蓄性向) 【-썽-】 圀 貯蓄性向. ↔소비 성향 (消費性向).
저-출산 (低出産) 【-출-】 圀 少子化. ‖저출산 문제 少子化問題.
저택 (邸宅) 圀 邸宅.
저-토록 副 [저러하도록의 縮約形] あんなに; ああように; あのくらい.
저-편 (-便) 圀 あちら; あちらの方; 向こう側; 向こうの方 ⇒相手方. 先方.
저하 (低下) 圀自 低下. ‖실력이 저하되다 実力が低下する. 품질이 저하되다 品質が低下する.
저-학년 (低學年) 【-항-】 圀 低学年. ↔고학년 (高學年).
저항 (抵抗) 圀自 抵抗. ‖저항하면 쏘겠다 抵抗すると撃つぞ. 공기의 저항을 줄이다 空気の抵抗を少なくする. 저항 운동 抵抗運動. 저항 정신 抵抗精神. 저항 의식 抵抗意識.
저항-력 (抵抗力) 【-녁】 圀 抵抗力. ‖저항력을 기르다 抵抗力をつける.
저항-심 (抵抗心) 圀 抵抗心.
저해 (沮害) 圀他 阻害. ‖발전을 저해하다 発展を阻害する.
저-혈압 (低血壓) 圀 [医学] 低血圧. ↔고혈압 (高血壓).
저희 /ʤʌ́hi/ 代 [-들] 〖우리の謙譲語〗 ❶私ども; 私たち. ‖저희 먼저 들어가세요 私たちの話も聞いて下さい. ❷ 手前ども; 弊社. ‖저희 회사를 이용해 주셔서 감사합니다 弊社製品をご利用いただきありがとうございます.
적 /ʤʌk/ 圀
적¹ (赤色) [적색의 略語] 圀 赤.
적² (炙) 圀 [料理] 魚·肉·野菜などの串焼き.
적³ (的) 的; 標的; 対象.
적⁴ (敵) 圀 敵. ‖적으로 돌리다 敵に回す.
적⁵ (籍) 圀 籍. ‖대학에 적을 두다 大学に籍をおく. 적을 올리다 籍を入れる.
적⁶ /ʤʌk/ 圀 ❶時期を表わす:…時; …頃; …折. ‖어릴 적 친구를 만나다 幼い時の友だちに会う. ❷経験を表わす:…(した)こと. ‖한국에 간 적이 있다 韓国に行ったことがある. 치마를 입어

본 적이 없다 スカートをはいたことがない.
-적⁷ (的) 接尾 …的. ‖예술적 芸術的. 학문적 学問的.
적갈-색 (赤褐色) 【-깔-】 圀 赤褐色.
적개-심 (敵愾心) 【-깨-】 圀 敵愾(ﾃｷｶﾞｲ)心. ‖적개심을 불태우다 敵愾心を燃やす.
적격 (適格) 【-껵】 圀形 適格. ㉠결격 (缺格). ‖적격 심사 適格審査.
적격-자 (適格者) 【-껵짜】 圀 適格者.
적경 (赤經) 【-꼉】 圀 [天文] 赤経. ↔적위 (赤緯).
적국 (敵國) 【-꾹】 圀 敵国.
적군 (敵軍) 【-꾼】 圀 敵軍.
적극 (積極) 【-끅】 圀 ❶積極. ❷ [副詞的に] 積極的に. ‖적극 지원하다 積極的に支援する.
적극-성 (積極性) 【-끅썽】 圀 積極性. ‖적극성이 부족하다 積極性に欠ける.
적극-적 (積極的) 【-끅쩍】 冠 積極的. ㉠소극적 (消極的). ‖적극적인 태도 積極的な態度.
적금 (積金) 【-끔】 圀他 積み金; 積立金; 月掛け貯金. ‖매월 적금을 붓고 있다 月掛けで積み金をしている.
적기¹ (赤旗) 【-끼】 圀 ❶赤い旗; 危険信号を表わす旗. ❷共産党の赤旗.
적기² (摘記) 【-끼】 圀他 摘記.
적기³ (適期) 【-끼】 圀 適期; 好機; チャンス.
적기⁴ (敵機) 【-끼】 圀 敵機.
적나라-하다 (赤裸裸-) 【-정-】 形 [-变] 赤裸々だ. ‖적나라한 묘사 赤裸々な描写.

적다¹ /ʤʌk̚tʼa/ 【-따】 形 少ない. ‖생각 [했던 것]보다 월급이 적다 思ったより給料が少ない. 전력 소모가 적다 電力の消耗が少ない. 말로 다른 사람에게 상처를 주는 경우도 적지 않다 言葉で人を傷つけることも少なくない.
적다² /ʤʌk̚tʼa/ 【-따】 他 記す; 書く; 書き記す. 쓰다. ‖방명록에 이름을 적다 芳名録に名前を記す. 여기에 연락처를 적어 주세요 ここに連絡先を書いてください. 일의 경위를 적다 事の経緯を書き記す. 메모하다.
적당-하다 (適當-) /ʤʌk̚tʼaŋhada/ 【-땅-】 形 [하変] ❶適当だ; ちょうどよい; ふさわしい. ‖적당한 운동은 건강에 좋다 適度な運動は健康にいい. 적당한 결혼 상대 適当な結婚相手. ❷いい加減だ.
적당-히 (適當-) 副 適当的 하고 있다 仕事がいい加減だ.
적대 (敵對) 【-때】 圀自 敵対. ‖적대 행위 敵対行為. 적대 관계 敵対関係. 서로 적대하고 있다 互いに敵対している.
적대-감 (敵對感) 圀 敵対意識.

적대-국 (敵對國) 圏 敵対国.
적대-시 (敵對視) 圏他 敵視. ‖상대방을 적대시하다 相手を敵視する.
적도 (赤道) 圏 〔天文〕 赤道.
적도-의 (赤道儀) 〔-또-/-또이〕 圏 〔天文〕 赤道儀.
적도-기니 (赤道 Guinea) 圏 〔国名〕 赤道ギニア.
적동 (赤銅) 〔-똥〕 圏 〔鉱物〕 赤銅.
적동-색 (赤銅色) 〔-쌕〕 圏 赤銅色. ㉠구리빛.
적란-운 (積亂雲) 〔정나눈〕 圏 〔天文〕 积乱雲; 雷雲; 入道雲.
적령-기 (適齡期) 〔정녕-〕 圏 適齢期.
적록 (赤綠) 〔정녹〕 圏 赤綠.
적록^색맹 (赤綠色盲) 〔정녹 쌩-〕 圏 〔医学〕 赤綠色盲.
적리 (赤痢) 〔정니〕 圏 〔医学〕 赤痢.
적립 (積立) 〔정닙〕 圏他 積み立て. ‖수학여행 비용을 적립하다 修学旅行の費用を積み立てる.
적립-금 (積立金) 〔정닙끔〕 圏 積立金.
적립^정금 (積立貯金) 〔정닙쩌-〕 圏 積立定期預金.
적막 (寂寞) 〔-막〕 圏形 寂寞(セキ). ‖적막한 산사 寂寞たる山寺.
적막-감 (寂寞感) 〔정-감〕 圏 寂寞感.
적면^공포증 (赤面恐怖症) 〔정-쯩〕 圏 〔医学〕 赤面恐怖症.
적반하장 (賊反荷杖) 〔-빤-〕 圏 盗人猛々しいこと.
적발 (摘發) 〔-빨〕 圏他 摘発. ‖비리를 적발하다 不正を摘発する. **적발-되다** 受身
적법 (適法) 〔-뻡〕 圏他 適法.
적법-성 (適法性) 〔-뻡썽〕 圏 適法性.
적부 (適否) 〔-뿌〕 圏 適否. ‖적부 심사 適否審査.
적분 (積分) 〔-뿐〕 圏 〔数学〕 積分.
적빈 (赤貧) 〔-삔〕 圏形 赤貧.
적삼 圏 単衣の下の着物(チョゴリ).
적색 (赤色) 〔-쌕〕 圏 赤色. ㉠적색(赤).
적색^테러 (赤色 terror) 圏 赤色テロ (革命遂行のために, 無政府主義者などが行なう反権力的な暴力行為).
적석-총 (積石塚) 〔-쌕-〕 圏 積石(つ)塚.
적선 (積善) 〔-썬〕 圏他 積善.
적설 (積雪) 〔-썰〕 圏 積雪.
적설-량 (積雪量) 〔-썰-〕 圏 積雪量.
적성¹ (適性) 〔-썽〕 圏 適性. ‖장사는 적성에 안 맞다 商売は適性がない.
적성^검사 (適性檢査) 〔-썽-〕 圏 適性検査.
적성² (敵性) 〔-썽〕 圏 敵性. ‖적성 국가 敵性国家.
적소 (適所) 〔-쏘〕 圏 適所.
적송 (赤松) 〔-쏭〕 圏 〔植物〕 アカマツ (赤松).

적수 (敵手) 〔-쑤〕 圏 敵手; ライバル; 相手. ‖그는 내 적수가 못 된다 彼は僕の相手にならない. 호적수 好敵手.
적시 (適時) 〔-씨〕 圏 適時. ‖필요로 하는 것을 적시에 공급하다 必要とするものを適切に供給する.
적시-타 (適時打) 圏 〔野球で〕タイムリーヒット.
적시다 /tʃɔksida/ 〔-씨-〕 他 ぬらす; 浸す. ‖물로 적신 수건 水でぬらしたタオル. 눈물이 베개를 적시다 涙で枕をぬらす.
적-신호 (赤信號) 〔-씬-〕 圏 赤信号; 危険信号. ㉠청신호(靑信號). ‖적신호일 때는 건너면 안 된다 赤信号の時は渡ってはいけない. 식욕 부진은 건강의 적신호다 食欲不振は健康の危険信号だ.
적-십자 (赤十字) 〔-씹짜〕 圏 赤十字.
적어 〔活〕 적다(少ない)の連用形.
적어-넣다 〔-너타〕 他 書き込む; 記入する.

적어도 /tʃɔgɔdo/ 圃 ❶ 少なくとも; 少なくも. ‖준비 자금이 적어도 오백만 원은 필요하다 準備の費用が少なくとも 5 百万ウォンは必要だ. 적어도 서른 살은 되어 보인다 少なくとも 30 才には見える. ❷ せめて. ‖적어도 이 문제만큼은 풀 수 있어야 한다 せめてこの問題ぐらいは解けなければならない. 적어도 입상 정도는 하고 싶다 せめて入賞くらいはしたい. ❸ 뒤에도; かりそめにも; いやしくも. ‖적어도 약속을 했으면 그것을 지켜야 한다 仮にも約束したからには, それを守るべきだ. 적어도 교육자라는 사람이 할 짓은 아니다 いやしくも教育者たる者がすべきことではない.

적온 (適溫) 圏 適温.
적외-선 (赤外線) 〔-/-쩨리-〕 圏 〔物理〕 赤外線.
적요 (摘要) 圏 摘要. ‖개정안의 적요 改正案の摘要.
적요-란 (摘要欄) 圏 摘要欄.
적용 (適用) 圏他 適用. ‖새로운 원칙의 적용 新しい原則の適用. 엄벌을 적용하다 厳罰を適用する. **적용-되다** 受身
적운 (積雲) 圏 〔天文〕 積雲.
적위 (赤緯) 圏 〔天文〕 赤緯. ㉠적경 (赤經).
적은 形 적다(少ない)の現在連体形.
적응 (適應) /tʃɔkɯŋ/ 圏他 適応. ‖환경 변화에 적응하다 環境の変化に適応する. 외국 생활에 제대로 적응하지 못하다 外国生活にうまく適応できない.
적응-력 (適應力) 〔-녁〕 圏 適応力. ‖적응력이 강한 식물 適応力の強い植物.
적의 (敵意) 〔-/-쩌기〕 圏 敵意. ‖적의에 찬 눈빛 敵意に満ちた眼差し. 적의

적이 🅟 若干; 多少; いくらか.
적임 (適任) 🅝 適任.
적임-자 (適任者) 🅝 適任者.
적자¹ (赤字) /dʑŏkʔdʑa/ 【-짜】 🅝 赤字. ㉠흑자(黑字). ‖적자 재정 赤字財政. 적자가 나다 赤字になる. 적자를 내다 今年も赤字を出す. 적자를 메울 방도가 없다 赤字を埋める方法がない.
적자² (嫡子) 【-짜】 🅝 嫡子.
적자-생존 (適者生存) 【-짜-】 🅝 適者生存.
적잖다 (-잖타) 🅗 〔적지 아니하다의 縮約形〕 少なくない. ‖적잖은 돈 少なくないお金. **적잖-이** 🅟 적잖게 놀라다 少なからず驚く.
적장 (敵將) 【-짱】 🅝 敵將.
적재 (積載) 【-째】 🅝 🅣 積載. ‖물을 적재한 차량 貨物を積載した車両.
적재-량 (積載量) 🅝 積載量.
적재-함 (積載函) 🅝 荷台.
적재-적소 (適材適所) 【-쏘】 🅝 適材適所.
적적-하다 (寂寂-) 【-쩌카-】 🅗 【하変】 寂しい; もの哀しい. ‖적적한 노후 寂しい老後. **적적-히** 🅟
적절-하다 (適切-) /dʑŏkʔdʑŏlhada/ 【-쩔-】 🅗 【하変】 適切だ. ‖적절한 조치 適切な措置. 적절하게 표현하다 適切に表現する. **적절-히** 🅟
적정 (適正) 【-쩡】 🅝 🅗 適正.
적정-가 (適正價) 【-쩡까】 🅝 =적정가격 (適正價格).
적정 가격 (適正價格) 【-쩡까-】 🅝 適正價格.
적조 (赤潮) 【-쪼】 🅝 赤潮.
적중 (的中) 【-쭝】 🅝 🅐 的中. ‖예상이 적중하다 予想が当たる.
적중-률 (的中率) 【-쭝뉼】 🅝 的中率. ‖적중률이 높다 的中率が高い.
적지¹ (適地) 【-찌】 🅝 適地.
적지² (敵地) 【-찌】 🅝 敵地.
적진 (敵陣) 【-찐】 🅝 敵陣.
적출 (摘出) 🅝 🅣 摘出. ‖종양을 적출하다 腫瘍を摘出する.
적출 (嫡出) 🅝 嫡出.
적토 (赤土) 🅝 赤土(ᇂ); 赤土(ᇂ).
적-포도주 (赤葡萄酒) 🅝 赤ワイン.
적함 (敵艦) 【-캄】 🅝 敵艦.
적합-하다 (適合-) 【-카파-】 🅗 【하変】 適合している; ふさわしい. ‖조건에 적합한 사람 条件にふさわしい人.
적-혈구 (赤血球) 【-켤-】 🅝 【生理】 赤血球.
적확-하다 (的確-) 【-콰카-】 🅗 【하変】 的確だ. ‖적확한 판단 的確な判断. 적확하게 지시하다 的確に指示する.
적황 (赤黃) 【-쾅】 🅝 赤黃.

적황-색 (赤黃色) 🅝 赤黃色.
적-히다 [저키-] 🅐 書かれる; 記される. ‖숙제를 안 해 와서 칠판에 이름이 적혔다 宿題をやって来なかったので黒板に名前を書かれた.
전¹ (田) 🅝 (姓) 田 (ジョン).
전² (全) 🅝 (姓) 全 (ジョン).
전³ (前) /dʑŏn/ 🅝 ❶ 前; 以前. ‖전에 일하던 회사에서는 前の会社では. 전에 같이 놀던 곳 以前一緒に遊びに行った所. 조금 전에 친구한테서 전화가 왔다 少し前に友だちから電話があった. 이 부분은 전부터 좀 이상하다고 생각했다 この部分は前から少し変だと思っていた. ❷ 〔…기 전에의 形으로〕 …(の)前に. ‖말하기 전에 한번 더 생각해 보라 話す前にもう一度考えてみる. 식사하기 전에 손을 씻다 食事の前に手を洗う.
── 🅝 前. ‖전 국회의원 前国会議員.
전⁴ (煎) 【料理】 ジョン(肉·野菜などを薄く切った材料に小麦粉をまぶして鉄なべで焼いた料理の総称).
전⁵ (全) 🅐 全. ‖전 재산 全財産.
전⁶ 〔저는의 縮約形〕 私(ᄂᆞᆫ)は. ‖전 못 갈것 같습니다 私は行けそうにありません.
-전 (展) 🅜 …展. ‖서예전 書道展.
-전 (傳) 🅜 …伝. ‖위인전 偉人伝.
-전 (戰) 🅜 …戦. ‖결승전 決勝戦.
전가 (轉嫁) 🅝 🅣 転嫁. ‖책임을 전가하다 責任を転嫁する.
전각 (全角) 🅝 全角(活字やプリンター出力で, 漢字や普通の仮名の1字分の標準的な大きさ).
전갈¹ (全蠍) 🅝 【動物】 サソリ(蠍).
전갈-자리 (全蠍-) 🅝 【天文】 蠍座.
전갈² (傳喝) 🅝 🅣 言伝(ᄉᆞ); 伝言. ‖고향에서 갑자스러운 전갈이 왔다 故郷から急な伝言が来た.
전개 (展開) 🅝 🅣 展開. ‖새로운 사업을 전개하다 新しい事業を展開する. 캠페인을 전개하다 キャンペーンを展開する. **전개-되다** 🅟
전개-도 (展開圖) 🅝 展開図.
전개-부 (展開部) 🅝 【音楽】 展開部.
전갱이 (魚介類) 🅝 アジ(鰺).
전거 (典據) 🅝 典據(文献上の確かな根拠). ‖전거를 보이다 典拠を示す.
전격 (電擊) 🅝 電擊. ‖전격 사임 電擊辞任.
전격-적 (電擊的) 【-쩍】 🅝 電擊的. ‖전격적인 금리 인하 단행 電擊的な金利引下げの断行.
전경¹ (全景) 🅝 全景.
전경² (戰警) 🅝 戦闘警察(戰鬪警察)の略称.
전골 (料理) すき焼きや寄せ鍋の一種.
전공¹ (專攻) 🅝 🅣 專攻. ‖경제학을 전공하고 있다 経済学を専攻してい

전공² (電工) 圐 電工.
전공³ (戰功) 圐 戰功. ∥전공을 세우다 戰功をたてる.
전과¹ (全科) [-꽈] 圐 全科; 全科目.
전과² (全課) [-꽈] 圐 すべての課.
전과³ (前科) [-꽈] 圐 前科. ∥전과자 前科者. 전과 이범 前科二犯.
전과⁴ (轉科) [-꽈] 하자 転科.
전관 (專管) 하타 專管.
전관 수역 (專管水域) 圐 專管水域.
전광 (電光) 圐 電光.
전광-게시판 (電光揭示板) 圐 電光揭示板. ⑳전광판.
전광-뉴스 (電光 news) 圐 電光ニュース.
전광-석화 (電光石火) 【-서콰】 圐 電光石火.
전광-판 (電光板) 圐 電光揭示板(電光揭示板)의 略語.
전교 (全校) 圐 全校.
전교-생 (全校生) 圐 全校生.
전구 (電球) 圐 電球. ∥꼬마 전구 豆電球. 전구가 끊어지다 電球が切れる.
전국¹ (全國) /ʤəŋguk/ 圐 全國. ∥전국 체육 대회 全国体育大会. 전국 각지 全国各地. 전국에 걸쳐 全国にわたって.
전국-구 (全國區) [-꾸] 圐 全国区.
전국-적 (全国的) [-쩍] 圐 全国的. ∥전국적인 유행 全国的な流行.
전국² (戰局) 圐 戰局.
전군 (全軍) 圐 全軍.
전권¹ (全卷) 圐 全巻.
전권² (全權) [-꿘] 圐 全権. ∥전권 대사 全権大使. 전권 공사 全権公使. 전권을 위임하다 全権を委ねる. 전권을 장악하다 全権を握る.
전권³ (專權) [-꿘] 하자 專権.
전국 (電極) 圐 電極.
전근 (轉勤) 圐 転勤. ∥서울로 전근 가다 ソウルに転勤する.
전근대-적 (前近代的) [-쩍] 圐 前近代的. ∥전근대적인 사고방식 前近代的な考え方.
전기¹ (全期) 圐 全期.
전기² (全機) 圐 全機.
전기³ (前期) 圐 前期. ∥전기 시험 前期(の)試験.
전기⁴ (傳奇) 圐 傳奇. ∥전기 소설 伝奇小說.
전기⁵ (傳記) 圐 伝記.
전기⁶ (轉機) 圐 転機. ∥전기를 맞이하다 転機を迎える.
전기⁷ (前記) 圐 前記.
전기⁸ (電氣) /ʤəngi/ 圐 電気; 電力. ∥전기가 들어오다 電気がつく. 전기를 켜다 電気をつける. 전기 제품 電化製品.

전기-가오리 (電氣-) 圐 《魚介類》 シビレイ(痺鱝).
전기-공학 (電氣工學) 圐 電気工学.
전기-기관차 (電氣機關車) 圐 電気機関車.
전기-기구 (電氣器具) 圐 電気器具.
전기-냉장고 (電氣冷藏庫) 圐 電気冷蔵庫.
전기-다리미 (電氣-) 圐 電気アイロン.
전기-드릴 (電氣 drill) 圐 電気ドリル.
전기-료 (電氣料) 圐 電気料金. ✦主に전기세(電氣稅)が用いられる.
전기-메스 (電氣 mes) 圐 電気メス.
전기-면도기 (電氣面刀器) 圐 電気剃刀(電氣剃刀).
전기-밥솥 (電氣-) 【-쏟】 圐 電気釜; 炊飯器.
전기-분해 (電氣分解) 하타 電気分解. ⑳전해(電解).
전기-불꽃 (電氣-) 【-꼳】 圐 スパーク.
전기-세 (電氣稅) [-쎄] 圐 電気代.
전기-세탁기 (電氣洗濯機) 【-끼】 圐 電気洗濯機.
전기-스탠드 (電氣 stand) 圐 電気スタンド.
전기-스토브 (電氣 stove) 圐 電気ストーブ.
전기-장판 (電氣壯版) 圐 電気カーペット; ホットカーペット.
전기-축음기 (電氣蓄音機) 圐 電気蓄音機. ⑳電蓄(電蓄).
전깃-불 (電氣-) 【-기뿔 /-긷뿔】 圐 電気; 電灯; 明かり.
전깃-줄 (電氣-) 【-기쭐 /-긷쭐】 圐 電線(電線).
전-기생 (全寄生) 圐 《植物》 全寄生.
전-나무 (植物) モミ(樅).
전-날 (前-) 圐 ❶前日. ∥시험 전날 試験の前日. ❷先日.
전-남편 (前男便) 圐 前の夫; 先夫; 前夫. ㉘前妻(前妻).
전납¹ (全納) 하타 全納.
전납² (前納) 하타 前納.
전년 (前年) 圐 前年.
전념 (專念) 圐 專念. ∥연구에 전념하다 研究に専念する.
전능 (全能) 圐 全能. ∥전지전능하신 하느님 全知全能の神様.
전단¹ (全段) 圐 全段. ∥전단 광고 全段広告.
전단² (專斷) 圐 專斷. ∥국정을 전단하다 国政を専断する.
전단³ (傳單) 圐 びら; ちらし. ∥전단을 뿌리다 広告のちらしを配る.
전단⁴ (檀・栴檀) 圐 《植物》 センダン(栴檀).
전달 (傳達) 하타 伝達. ∥명령을 전달하다 命令を伝達する. 의사 전달 意思伝達. 전달 수단 伝達手段. **전달-되다** 受身

전담¹(全擔) 〖하타〗 全部担当すること.

전담²(專擔) 〖하타〗 (あることを)專門に担当すること. ‖대출 업무를 전담하다 貸出業務を担当する.

전답(田畓) 〖명〗 田畑.

전당(全黨) 〖명〗 全党. ‖전당 대회 党大会.

전당²(殿堂) 〖명〗 殿堂.

전당-포(典當鋪) 〖명〗 質屋.

전대-미문(前代未聞) 〖명〗 前代未聞. ‖전대미문의 사건 前代未聞の事件.

전도¹(全圖) 〖명〗 全国. ‖세계 전도 世界全図.

전도²(前途) 〖명〗 前途.

전도³(傳道) 〖하자타〗 伝道.

전도-사(傳道師) 〖명〗 《キリスト教》宣教師; 布教師.

전도⁴(傳導) 〖하타〗 《物理》伝導. ‖전도 열 熱伝導. 전도율 伝導率.

전도⁵(顚倒) 〖명〗 転倒. ‖주객이 전도되다 主客が転倒する; 主客転倒になる.

전도-양양(前途洋洋) 〖하형〗 前途洋々. ‖전도양양한 청년 前途洋々な青年.

전도-요원(前途遼遠) 〖하형〗 前途遼遠.

전동(電動) 〖하타〗 電動.

전동-기(電動機) 〖명〗 電動機.

전동-발전기(電動發電機) 〖-쩐-〗 電動発電機.

전동-차(電動車) 〖명〗 電動車.

전두-골(前頭骨) 〖解剖〗 前頭骨.

전등(電燈) 〖명〗 電灯; 電気.

전등-갓(電燈-) 〖-간〗 電灯の笠.

전등-알(電燈-) 〖명〗 電球.

전라(全裸) 〖절-〗 〖명〗 全裸.

전라-남도(全羅南道) 〖절-〗 〖地名〗 全羅南道.

전라-도(全羅道) 〖절-〗 〖地名〗 〔全羅南道と全羅北道の併称〕全羅道.

전라-북도(全羅北道) 〖절-또〗 〖地名〗 全羅北道.

전락(轉落) 〖절-〗 〖명〗 転落. ‖사업 실패로 노숙자로 전락하다 事業の失敗でホームレスに転落する.

전란(戰亂) 〖절-〗 〖명〗 戦乱.

전람(展覽) 〖절-〗 〖하타〗 展覧.

전람-회(展覽會) 〖절-〗 〖명〗 展覧会. ‖미술 전람회 美術展覧会.

전래(傳來) 〖절-〗 〖명〗 伝来. ‖불교는 중국으로부터 전래되었다 仏教は中国から伝来した.

전략(前略) 〖절-〗 〖명타〗 前略. 〔⇔중략(中略)・후략(後略)〕

전략(戰略) 〖절-〗 〖명〗 戦略. ‖경영 전략 経営戦略. 전략 회의 戦略会議. 전략을 세우다 戦略をたてる. 전략적 제휴 戦略的提携.

전략-가(戰略家) 〖절-까〗 〖명〗 戦略家.

전략-산업(戰略産業) 〖절-싸넙〗 〖명〗 戦略産業.

전량(全量) 〖절-〗 〖명〗 全量.

전량-계(電量計) 〖절-/절-계〗 〖명〗 電量計.

전력¹(全力) /ʤɔːlljɔk/ 〖절-〗 〖명〗 全力. ‖전력 투구 全力投球. 전력을 기울이다 全力を傾ける. 全力を尽くす. 全力をあげる. 전력을 투입하다 全力を投入する.

전력²(前歷) 〖절-〗 〖명〗 前歷. ‖다양한 전력 多様な前歷.

전력³(電力) 〖절-〗 〖명〗 電力.

전력-계(電力計) 〖절-께/절-께〗 〖명〗 電力計.

전력⁴(戰力) 〖절-〗 〖명〗 戦力. ‖전력을 자랑하다 戦力を誇る. 전력이 될 만한 인물 戦力となり得る人物. 전력 증강 戦力増強.

전력⁵(戰歷) 〖절-〗 〖명〗 戦歷.

전령(傳令) 〖절-〗 〖명하타〗 伝令. ‖전령을 보내다 伝令を出す.

전례(典例) 〖절-〗 〖명〗 典例.

전례²(前例) 〖절-〗 〖명〗 前例; 先例. ‖전례가 없는 사기 前例のない巧妙な詐欺. 전례를 깨뜨리다 前例を破る. 전례에 따르다 先例にならう.

전류(電流) 〖절-〗 〖명〗 電流.

전류-계(電流計) 〖절-/절-계〗 〖명〗 電流計.

전리(電離) 〖절-〗 〖되자〗 電離.

전리-층(電離層) 〖절-〗 〖명〗 電離層.

전리-품(戰利品) 〖절-〗 〖명〗 戦利品.

전립-선(前立腺) 〖절-썬〗 〖解剖〗 前立腺.

전말(顚末) 〖절-〗 〖명〗 顚末.

전말-서(顚末書) 〖절-써〗 〖명〗 始末書.

전망(展望) /ʤɔːnman/ 〖절-〗 〖명하타〗 ❶展望; 見晴らし. ‖전망이 좋은 집 見晴らしのいい家. 전망이 불투명한 사업 展望が不透明な事業. 전망이 밝은 일 展望の明るい仕事. 정국을 전망하는 政局を展望する. ❷見通し. ‖앞으로의 전망은 밝다 今後の見通しは明るい.

전망-대(展望臺) 〖절-〗 〖명〗 展望台; 見晴らし台.

전매¹(專賣) 〖절-〗 〖명하타〗 専売.

전매-권(專賣權) 〖절-꿘〗 〖명〗 《法律》専売権.

전매-특허(專賣特許) 〖절-트커〗 〖명〗 専売特許.

전매-품(專賣品) 〖절-〗 〖명〗 専売品.

전매²(轉賣) 〖절-〗 〖명하타〗 転売.

전면¹(全面) 〖절-〗 〖명〗 全面. ‖전면 해결을 꾀하다 全面解決を図る. 전면 지원 全面支援. 전면 광고 全面広告.

전면-적(全面的) 〖절-〗 〖명〗 全面的. ‖전면적으로 개정하다 全面的に改訂する. 계획을 전면적으로 재검토하다 計画

**를 전면적으로 재검토하다.
전면² (前面) 图 前面. ‖전면에 나서는 것을 거부하다 前面に出るのを拒む. 사회 복지를 전면에 내걸다 社会福祉を前面に掲げる.
전멸 (全滅) 하자 全滅. ‖아군이 전멸하다 味方が全滅する. 열 명이 도전했지만 전멸했다 10 人が挑戦したが全滅した.
전모 (全貌) 图 全貌. ‖전모가 밝혀지다 全貌が明らかになる. 사건의 전모가 드러나다 事件の全貌がわかる.
전몰 (戰歿) 하자 戰沒. ‖전몰 장병 戰沒将兵.
전무¹ (全無) 하형 皆無.
전무-후무 (全無後無) 하형 空前絶後.
전무² (專務) 图 〔전무이사 (專務理事)의 略語〕 専務.
  전무-이사 (專務理事) 图 專務理事; 専務取締役.
전문¹ (全文) 图 全文.
전문² (前文) 图 前文.
전문³ (傳聞) 图 伝聞; また聞き.
전문⁴ (專門) /ʤənmun/ 图 專門. ‖유학 업무를 전문으로 하는 회사 留学関係の仕事を専門にする会社. 전문 지식을 필요로 하다 専門知識を必要とする.
  전문-가 (專門家) 图 專門家.
  전문-대학 (專門大學) 图 專門大学. ⊹ 2 年制で日本の専門学校・短期大学に相当する.
  전문-성 (專門性) 〔-썽〕 图 專門性.
  전문-어 (專門語) 图 專門語; 術語.
  전문-의 (專門醫) 图 〔-/무늬/본때〕 專門醫. ‖성형외과 전문의 整形外科の専門医.
  전문-적 (專門的) 图 專門的.
  전문-점 (專門店) 图 專門店.
  전문-직 (專門職) 图 專門職.
  전문-화 (專門化) 하타 專門化.
전문⁵ (電文) 图 電報文(電報文)の略.
전반¹ (全般) 图 全般. ‖업무 전반에 대한 보고 業務全般に関する報告. 전반에 걸쳐 全般にわたって.
  전반-적 (全般的) 图 全般的. ‖물가가 전반적으로 오르고 있다 物価が全般的に上がっている. 이번 대회의 기록은 전반적으로 저조했다 今大会の記録は全般的に低調だった.
전반² (前半) 图 前半. ⊹ 후반(後半). ‖전반 십 분에 골을 넣다 前半 10 分にゴールを入れる.
  전반-기 (前半期) 图 前半期.
  전반-부 (前半部) 图 前半部.
  전반-전 (前半戰) 图 前半戰.
전-반생 (前半生) 图 前半生.
전방 (前方) 图 ❶前方 **❷**方位) 图 方位.

전번 (前-) 〔-뻔〕 图 この間; 前回. ‖지난번 (-番). ‖전번에 만났을 때 この面会った時に.
전범¹ (典範) 图 典範.
전범² (戰犯) 图 戰犯.
전별 (餞別) 하타 餞別.
  전별-금 (餞別金) 图 餞別.
전보¹ (電報) 图자 電報. ‖전보를 치다 電報を打つ.
  전보-문 (電報文) 图 電文. ㉰전문(電文).
전보² (轉補) 图자 転補.
전복¹ (全鰒) 图 (魚介類) アワビ (鮑).
  전복-죽 (全鰒粥) 〔-쭉〕 图 (料理) 鮑粥.
전복² (顚覆) 图하타 転覆; 覆すこと. ‖열차 전복 사고 列車の転覆事故.
전봇-대 (電報-) 图 [-보때/-본때]
  ❶電柱. ❷〔からかう言い方で〕のっぽ.
전부¹ (全部) /ʤənbu/ 图 全部; すべて; 全員; 皆. ‖전부 전부 써 버리다 全部使ってしまう. 눈에 보이는 것이 전부는 아니다 目に見えることが全てではない. 이거 전부 저 사람 작품이다 これ全部があの人の作品だ. 전부 모였다 全員集まった. 그 사람 작품은 전부 읽었다 彼の作品は皆読んだ.
전부² (前部) 图 前部.
전분 (澱粉) 图(化学) でんぷん.
전사¹ (前史) 图 前史.
전사² (戰士) 图 戰士.
전사³ (戰史) 图 戰士; 戦争の歴史.
전사⁴ (戰死) 图하자 戰死.
전사⁵ (轉寫) 图하타 転写.
전산-기 (電算機) 图 〔전자계산기(電子計算機)の略語〕 電算機.
전생 (前生) 图 (仏教) 前世.
전-생애 (全生涯) 图 全生涯.
전서¹ (全書) 图 全書. ‖육법 전서 六法全書.
전서² (篆書) 图 篆書(法).
전서-구 (傳書鳩) 图 (鳥類) デンショバト (伝書鳩).
전선¹ (全線) 图 全線.
전선² (前線) 图 前線. ‖전선에서 싸우다 前線で戦う. 장마 전선 梅雨前線. 한랭 전선이 통과하다 寒冷前線が通過する.
전선³ (電線) 图 電線. ㉰전깃줄(電気-).
전선⁴ (戰線) 图 戰線. ‖서부 전선 西部戰線. 산업 전선 産業戰線. 통일전선을 형성하다 統一戰線を組む.
전설 (傳說) 图 伝説. ‖전설상의 인물 伝説上の人物. 이 마을에는 많은 전설이 전해지고 있다 この村には多くの伝説が伝わっている. 아더 왕 전설 アーサー王伝説.
  전설-적 (傳說的) 〔-쩍〕 图 伝説的. ‖전설적인 인물 伝説的な人物.

전설-음 (前舌音) 〔言語〕 震え音.
전성 (轉成) 〔하다〕 転成.
　전성-어 (轉成語) 〔言語〕 転成語.
　전성 어미 (轉成語尾) 〔言語〕 転成語尾.
전성-기 (全盛期) 〔 〕 全盛期. ‖한국 영화의 전성기 韓国映画の全盛期.
전성-시대 (全盛時代) 〔 〕 全盛期.
전세¹ (前世) 〔仏教〕 前世.
전세² (專貰) 〔 〕 貸し切り. ⑦대절(貸切). ‖버스를 전세 내서 놀러 가다 バスを貸し切って旅行する.
전세³ (傳貰) /dʑonse/ 〔 〕 ジョンセ(不動産賃貸の一形態で,一定の金額を家主に預けて期限つきで不動産を借りる制度.家賃を月々払う必要がなく,解約時には預けた金の全額が戻る).
　전세-권 (傳貰權) 〔法律〕 전세(傳貰)によって発生する権利.
　전세-금 (傳貰金) 〔 〕 전세(傳貰)で不動産を借りる時に家主に預ける金.
　전세-방 (傳貰房) 〔 -빵〕 〔 〕 전세(傳貰)で貸し借りする部屋.
　전셋-집 (傳貰~) 〔-세찝/-셋찝〕 〔 〕 전세(傳貰)で貸し借りされる家.
전속⁴ (戰勢) 〔 〕 戦勢; 戦いの形勢.
전속 (專屬) 〔하다〕 専属. ‖전속 계약 専属契約. 전속 가수 専属歌手.
　전-속력 (全速力) 〔-송녁〕 〔 〕 全速力.
전송¹ (電送) 〔하다〕 電送.
전송² (餞送) 〔하다〕 見送り. ‖역까지 전송을 나가다 駅まで見送りに行く.
전송³ (轉送) 〔하다〕 転送. ‖우편물을 새 주소로 전송하다 郵便物を新住所に転送する.
전수¹ (專修) 〔하다〕 専修.
전수² (傳授) 〔하다〕 伝授. ‖기술을 전수하다 技術を伝授する. **전수-되다** 〔-받다〕 受身.
전술¹ (前述) 〔하다〕 前述. ㉠후술(後述). ‖전술한 바와 같이 前述したように.
전술² (戰術) 〔 〕 戦術.
　전술-가 (戰術家) 〔 〕 戦術家.
전승¹ (全勝) 〔 〕 全勝. ㉠전패(全敗).
전승² (傳承) 〔하다〕 伝承.
　전승 문학 (傳承文學) 〔 〕 〔文芸〕 伝承文学.
전시¹ (戰時) 〔 〕 戦時. ‖전시 체제 戦時体制.
전시² (展示) /tɕɔːnʃi/ 〔하다〕 展示. ‖그림을 전시하다 絵を展示する. **전시-되다** 受身 신서가 쇼윈도에 전시되어 있었다 新書がショーウインドーに展示してあった.
　전시-용 (展示用) 〔 〕 展示用.
　전시-장 (展示場) 〔 〕 展示場.
　전시-품 (展示品) 〔 〕 展示品.
　전시-회 (展示會) 〔-/-훼〕 〔 〕 展示会.

전신¹ (全身) 〔 〕 全身; 体全体. ‖전신 운동 全身運動. 전신 마취 全身麻酔. 전신의 힘 全身の力.
전신² (前身) 〔 〕 前身.
전신³ (電信) 〔物理〕 電信.
　전신-기 (電信機) 〔 〕 電信機.
　전신-주 (電信柱) 〔 〕 電信柱.
　전신-환 (電信換) 〔 〕 電信為替.
전실 (前室) 〔 〕 前妻; 先妻. ‖전실 자식 前妻の子.
전심-전력 (全心全力) 〔-절-〕 〔 〕 全身全霊. ‖전심전력을 기울인 작품 全身全霊を傾けた作品.
전압 (電壓) 〔 〕 電圧.
　전압-계 (電壓計) 〔-께/-꼐〕 〔 〕 電圧計.
　전압-선 (電壓線) 〔-썬〕 〔 〕 電圧線.
전액 (全額) 〔 〕 全額. ‖전액 배상 全額賠償. 퇴직금 전액 退職金全額. 전액을 돌려주다 全額を払い戻す.
전야 (前夜) 〔 〕 前夜. ‖혁명 전야 革命前夜. 폭풍 전야의 고요 嵐の前の静けさ.
　전야-제 (前夜祭) 〔 〕 前夜祭.
전어 (錢魚) 〔魚介類〕 コノシロ(鮗).
전언¹ (傳言) 〔하다〕 伝言; 言付け.
　전언-판 (傳言板) 〔 〕 伝言板.
전언² (前言) 〔 〕 前言.
전업 (專業) 〔하다〕 専業. ‖전업 주부 専業主婦.
전업 (轉業) 〔하다〕 転業; 転職. ‖회사원에서 배우로 전업한 사람 サラリーマンから俳優に転職した人.
전역¹ (全域) 〔 〕 全域. ‖서울 전역 ソウル全域.
전역² (轉役) 〔하다〕 転役.
전연 (全然) 〔副〕 〔下に打ち消しの表現を伴って〕 全然; 全く. ✢日本語のように副詞単独では用いられることはない.
전열¹ (戰列) 〔 〕 戦列. ‖전열에서 벗어나다 戦列を離れる.
전열² (電熱) 〔 〕 電熱.
　전열-기 (電熱器) 〔 〕 電熱器.
전열³ (前列) 〔 〕 前列. ㉠후열(後列).
전염 (傳染) /tɕɔnjom/ 〔하다〕 伝染. ‖전염될 가능성이 높다 伝染する可能性が高い. 풍진은 전염된다 風しんは伝染する. 공기 전염 空気伝染.
　전염-병 (傳染病) 〔-뼝〕 〔 〕 伝染病.
　전염-성 (傳染性) 〔-썽〕 〔 〕 伝染性.
전엽-체 (前葉體) 〔 〕 〔植物〕 前葉体.
전용¹ (轉用) 〔하다〕 転用. ‖여비를 교제비로 전용하다 旅費を交際費に転用する.
전용 (專用) 〔하다〕 専用. ‖사원 전용 식당 社員専用食堂. 여성 전용 배차 女性専用配車. 자동차 전용 도로 自動車専用の道路. 사장님 전용 차 社長の専用車.
　전용-권 (專用權) 〔-꿘〕 〔 〕 専用権.
　전용-선 (專用線) 〔 〕 専用線.

전우 (戰友) 图 戰友.

전운 (戰雲) 图 戰雲. ‖전운이 감돌다 戰雲がたれ込める.

전원[1] (田園) 图 田園. ‖전원 생활 田園生活. 전원 풍경 田園風景.

전원[2] (全員) 图 全員. ‖전원 집합 全員集合. 수험생 전원 합격 受験生全員合格.

전원[3] (電源) 图 電源. ‖전원을 켜다 電源を入れる. 전원을 끄다 電源を切る.

전위[1] (前衛) 图 前衛.

전위-극 (前衛劇) 图 前衛劇.

전위-부대 (前衛部隊) 图 前衛部隊.

전위-예술 (前衛藝術) 图 前衛芸術.

전위-적 (前衛的) 形動 前衛の.

전위-파 (前衛派) 图 前衛派; アバンギャルド.

전위[2] (電位) 图 電位.

전위-계 (電位計) 【-/-게】 图 [物理] 電位計.

전유 (專有) 하他 專有. 凤共有(共有).

전유-물 (專有物) 图 專有物. 凤共有物(共有物).

전율 (戰慄) 하自 戰慄. ‖전율을 느끼다 戦慄がはしる.

전의[1] (戰意) 【-/-지니】 图 戰意.

전의[2] (轉義) 【-/-지니】 自他 転義.

전이 (轉移) 自他 [医学] 転移.

전인[1] (全人) 图 全人.

전인-교육 (全人敎育) 图 全人教育.

전인[2] (前人) 图 前人; 前人(後人).

전인-미답 (前人未踏) 图 前人未踏.

전일-제 (全日制) 图 全日制.

전임 (前任) 图 前任. 凤後任(後任).

전임-자 (前任者) 图 前任者. 凤後任者(後任者).

전임[2] (專任) 하他 専任. ‖전임 강사 專任講師.

전입 (轉入) 하自 転入. 凤転出(転出). ‖전입 신고 転入手続き. 전입 인구 転入人口.

전자[1] (前者) 图 前者. 凤後者(後者). ‖전자를 A, 후자를 B로 한다 前者をA, 後者をBとする.

전자[2] (電子) /ʤəːnʤa/ 图 [物理] 電子.

전자-게시판 (電子揭示板) 图 電子揭示板.

전자-계산기 (電子計算機) 【-/-게-】 图 電子計算機. 回전산기(電算機).

전자-공학 (電子工學) 图 電子工学.

전자-관 (電子管) 图 電子管.

전자-레인지 (電子 range) 图 電子レンジ.

전자-렌즈 (電子 lens) 图 電子レンズ.

전자-론 (電子論) 图 [物理] 電子論.

전자-빔 (電子 beam) 图 電子ビーム.

전자-상거래 (電子商去來) 图 電子商取引.

전자-선 (電子線) 图 電子線.

전자-수첩 (電子手帖) 图 電子手帳.

전자-오르간 (電子 organ) 图 電子オルガン.

전자-우편 (電子郵便) 图 ①電子郵便. ②Eメール; 電子メール.

전자-음 (電子音) 图 電子音.

전자-음악 (電子音樂) 图 電子音楽.

전자-총 (電子銃) 图 [物理] 電子銃.

전자-파 (電子波) 图 電子波.

전자 현미경 (電子顯微鏡) 图 電子顯微鏡.

전자-화폐 (電子貨幣) 【-/-페】 图 電子貨幣; 電子マネー.

전자[3] (電磁) 图 電磁.

전자-장 (電磁場) 图 [物理] 電磁場.

전자-파 (電磁波) 图 [物理] 電磁波.

전-자기 (電磁氣) 图 電磁気.

전작 (前酌) 图 その酒席に参加する前にすでに飲んだ酒.

전장[1] (全長) 图 全長.

전장[2] (戰場) 图 戰場.

전장[3] (前場) 图 (取引所で)前場. 凤後場(後場).

전재[1] (戰災) 图 戰災.

전재[2] (轉載) 하他 転載. ‖무단 전재를 금함 無断転載を禁ず.

전쟁 (戰爭) /ʤəːnʤɛŋ/ 하自 戰爭. ‖전쟁을 일으키다 戦争を引き起こす. 전쟁의 무서움을 모르는 세대 戰爭の怖さを知らない世代. 핵전쟁 核戰爭. 입시 전쟁 受験戰爭. 전면 전쟁 全面戰爭.

전쟁-놀이 (戰爭-) 图 戦争ごっこ.

전쟁-문학 (戰爭文學) 图 [文芸] 戦争文学.

전쟁-범죄 (戰爭犯罪) 【-/-쮀】 图 戦犯罪.

전쟁-범죄자 (戰爭犯罪者) 【-/-쮀-】 图 戦争犯罪者.

전장-터 (戰爭-) 图 戦場; 戦地.

전적[1] (全的) 【-쩍】 图 全的; 全面的; すべて. ‖전적인 동의를 얻다 全的の同意を得る. 전적으로 신뢰하다 全面的に信頼する. 책임은 전적으로 저에게 있습니다 責任はすべて私にあります.

전적[2] (戰績) 图 戰績.

전전 (戰前) 图 戰前. 凤戰後(戰後).

전전 (轉轉) 图 하自 転々. ‖일자리를 찾아서 전전하다 職を求めて転々(と)する.

전전-긍긍 (戰戰兢兢) 图 하自 戰々恐々. ‖언제 해고당할지 몰라 전전긍긍하고 있다 いつ解雇されるか分からなくて戦々恐々としている.

전전-날 (前前-) 图 一昨日.

전전-반측 (輾轉反側) 하自 輾転反側.

전전-불매 (輾轉不寐) 하自 輾転反側.

전정 (剪定) 하他 剪定.

전정-가위 (剪定-) 「명」 剪定ばさみ.
전정² (前提) 「명」 前提. ‖前提として. 비밀을 전제로 이야기를 시작하다 秘密を前提に話を始める. 전제 조건 前提条件.
전제² (專制) 「명」「하타」 専制.
전조 (前兆) 「명」 前兆; 予兆. ‖전조가 보이다 前兆が見える. 불길한 전조 不吉な前兆.
전조-등 (前照燈) 「명」 前照灯; ヘッドライト.
전족 (纏足) 「명」「歴史」 纏足(てん).
전주 (前奏) 「명」「音楽」 前奏.
　전주-곡 (前奏曲) 「명」「音楽」 前奏曲; プレリュード.
전주² (前週) 【-주】 「명」 前週; 先週. ‖지난주 一週.
전주³ (全州) 「명」「地名」 全州(ジョンジュ). 전라북도(全羅北道)의 道庁所在地.
전지 (全紙) 「명」 全紙.
전지² (電池) 「명」 電池. ‖건전지 乾電池.
전지³ (戰地) 「명」 戦地.
전지⁴ (剪枝) 「명」「하타」 剪枝.
　전지-가위 (剪枝-) 「명」 剪定ばさみ. 「同」나무가위.
전지⁵ (轉地) 「명」「하자」 転地. ‖전지 요양 転地療養.
전지-전능 (全知全能) 「명」「하형」 全知全能. ‖전지전능하신 하느님 全知全能の神様.
전직 (前職) 「명」 前職.
전직² (轉職) 「명」「하자」 転職.
전진 (前陣) 「명」 前陣.
전진² (前進) 「명」「하자」 前進; 前に進むこと. 「反」후진(後進)・후퇴(後退).
전진³ (前震) 「명」 前震.
전진⁴ (戰陣) 「명」 戦陣.
전진⁵ (戰塵) 「명」 戦塵.
전질 (全帙) 「명」 完本; 丸本.
전집 (全集) 「명」 全集. ‖세계 문학 전집 世界文学全集.
전차 (電車) 「명」 電車. ‖노면 전차 路面電車.
전차² (戰車) 「명」「軍事」 戦車.
전채 (戰債) 「명」 戦債.
전채² (前菜) 「명」 前菜; オードブル.
전처 (前妻) 「명」 先妻.
　전처-소생 (前妻所生) 「명」 前妻の産んだ子.
전-천후 (全天候) 「명」 全天候.
전철 (前轍) 「명」 前轍. ‖전철을 밟다 前轍を踏む.
전철² (電鐵) /dʒɔnʰtɕʰɔl/ 「명」 電車. ‖매일 아침 만원전철을 타다 毎朝満員電車に乗る. 전철로 통학하고 있다 電車で通学している. 저는 전철로 가겠습니다 私は電車で行きます. 마지막 전철을 못 타다 最終電車に乗り遅れた. 전철이 안 다니는 지역 電車が通らない地域.
전체 (全體) 「명」 全体; 全部. ㉠부분(部分). ‖부서 전체의 의견 部署全体の意見. 전체상 全体像. 전체 회의 全体会議.
　전체-적 (全體的) 「명」 全体的. ‖전체적으로 볼 필요가 있다 全体的に見る必要がある.
　전체-집합 (全體集合) 【-지팝】 「명」「数学」 全体集合. ㉠부분 집합(部分集合).
전초-전 (前哨戰) 「명」 前哨戦.
전축 (電蓄) 「명」 電蓄.
전출 (轉出) 「명」「하타」 転出. ㉠전입(転入).
전치 (全治) 「명」「하자」 全治. ‖전치 삼 개월의 부상 全治 3 か月の負傷.
　전치-사 (前置詞) 「명」「言語」 前置詞.
전칭 (全稱) 「명」 全称.
전토 (全土) 「명」 全土.
전통 (傳統) /dʒɔnʰtʰoŋ/ 「명」 伝統. ‖전통을 지키다 伝統を守る. 전통을 존중하다 伝統を重んじる. 민족의 전통 民族の伝統.
　전통-미 (傳統美) 「명」 伝統美.
　전통-적 (傳統的) 「명」 伝統的. ‖전통적인 생활양식 伝統的な生活様式.
　전통-주의 (傳統主義) 【-/-이】 「명」 伝統主義.
전투 (戰鬪) 「명」 戦闘.
　전투-경찰 (戰鬪警察) 「명」 戦闘警察(スパイ掃討や警備のために編成された警察組織). ⓟ전경(戰警).
　전투-기 (戰鬪機) 「명」 戦闘機.
　전투-력 (戰鬪力) 「명」 戦闘力.
　전투-모 (戰鬪帽) 「명」 戦闘帽.
　전투-원 (戰鬪員) 「명」 戦闘員.
　전투-함 (戰鬪艦) 「명」 戦闘艦; 戦艦.
전파 (電波) 「명」「物理」 電波.
　전파-계 (電波計) 【-/-게】 「명」 電波計.
　전파-망원경 (電波望遠鏡) 「명」 電波望遠鏡.
　전파-수신기 (電波受信機) 「명」 電波受信機.
　전파-탐지기 (電波探知機) 「명」「物理」 電波探知機; レーダー.
　전파-항법 (電波航法) 【-뻡】 「명」 電波航法.
전파² (傳播) 「명」「하타」 伝播.
전패 (全敗) 「명」「하자」 全敗. ㉠전승(全勝).
전편 (全篇) 「명」 全編.
전편² (前篇) 「명」 前編. ㉠후편(後篇).
전폐 (全閉) 【-/-페】 「명」「하타」 すべて閉じること.
전폐² (全廢) 「명」「하타」 全廃.
전폭 (全幅) 「명」 全幅.
　전폭-적 (全幅的) 「명」「찍」 全幅. ‖전폭적인 지지 全幅の支持. 전폭적인 신리 全幅의 信賴.
전표 (傳票) 图 伝票. ‖입금 전표 入金伝票.
전하¹ (殿下) 图 殿下.
전하² (電荷) 图 [物理] 電荷.
전하는 (傳一) 팬 [하変] 전하다(伝える)의 現在連体形.

전-하다 (傳一) /tɕʌnhada/ 팬 [하変] ❶ 伝える. ‖후세에 전하다 後世に伝える. 불교를 일본에 전한 사람 仏教を日本に伝えた人. 전할 말씀이 있습니까? おことづけがありますか. 부모님께 안부를 전해 주십시오 ご両親に宜しくお伝えください. 전해 듣다 伝え聞く. ❷ 伝授する. ‖비법을 전하다 秘法を伝授する. ❸ 〈品物などを〉 渡す. ‖편지를 전하다 手紙を渡す.

전하여 [전해] (傳一) 팬 [하変] 전하다(伝える)의 運用形.
전학 (轉學) 图 [自] 転校; 転学. ‖서울로 전학 가다 ソウルに転校する. 전학 온 학생 転校生.
전할 (傳一) 팬 [하変] 전하다(伝える)의 未来連体形.
전함 (戰艦) 图 戦艦.
전항 (前項) 图 前項. ⑦후항(後項).
전해 (電解) 图 [電気分解(電気分解)의 略語] 電解.
전해-액 (電解液) 图 [物理] 電解液.
전해-조 (電解槽) 图 [物理] 電解槽.
전해-질 (電解質) 图 [物理] 電解質.
전향 (轉向) 图 [自他] 転向.
전향적-으로 (前向的一) 튀 前向きに.

전혀 (全一) /tɕʌnhjʌ/ 튀 〔下に打ち消しの表現を伴って〕全く; 全然; 丸っきり; さっぱり. ‖눈은 전혀 안 남아 있다 雪は全然残っていない. 술은 전혀 못 마신다 お酒は全く飲めない. 전혀 모르겠다 丸っきり分からない. 전혀 진전이 없다 さっぱり進まない.

전형 (典型) 图 典型. ‖학자의 전형 学者の典型.
전형-적 (典型的) 图 典型的. ‖전형적인 한국 사람 典型的な韓国人. 전형적인 예를 들다 典型的な例を挙げる.
전형 (銓衡) 图 [自他] 選考. ‖서류 전형 書類選考.
전호¹ (全戶) 图 全戶; 一家.
전호² (前號) 图 前号.

전화¹ (電話) /tɕʌnhwa/ 图 [自他] 電話. ‖전화를 받다 電話に出る; 전화를 끊다 電話を切る. 전화(를) 해서 답을 듣기로 했다 電話で答えを聞くことにした. 자동 응답 전화 留守番電話. 국제 전화 国際電話. 공중전화 公衆電話.
전화¹**-교환기** (電話交換機) 图 電話交換機.
전화¹**-교환원** (電話交換員) 图 電話交換員.
전화-국 (電話局) 图 電話局.
전화-기 (電話機) 图 電話機.
전화-료 (電話料) 图 電話料金.
전화-번호 (電話番號) 图 電話番号.
전화-벨 (電話bell) 图 電話のベル. ‖전화벨이 울리다 電話のベルが鳴る. 전화벨 소리 電話の音.
전화-선 (電話線) 图 電話線.
전화-세 (電話稅) 【一세】 图 = 전화료 (電話料).
전화-통 (電話筒) 图 전화기(電話機)의 俗語.
전화² (戰禍) 图 戦禍.
전화³ (轉化) 图 [自他] 転化.
전화위복 (轉禍爲福) 图 災い転じて福となすこと.
전환 (轉換) 图 [自他] 転換. ‖방향 전환 方向転換. 성전환 性転換. 발상의 전환 発想の転換. 기분 전환을 위해 드라이브를 하다 気分転換のためドライブをする.
전환-기 (轉換期) 图 転換期. ‖인생의 전환기 人生の転換期.
전환-점 (轉換點) 【一쩜】 图 転換点; 変わり目; 節目; 転機. ‖역사의 전환점 歴史の転換点.
전황 (戰況) 图 戦況.
전횡 (專橫) /一/ 图 [自他] 専横.
전후¹ (前後) 图 [自他] 前後. ‖입사 시 전후 7시間後. 스무 살 전후의 젊은이들 二十歳前後の若者たち. 그 사건을 전후해서 인생관의 변화가 일어났던 것 같다 あの事件を前後として人生観に変化が起きたみたい.
전후좌우 (前後左右) 图 前後左右.
전후² (戰後) 图 戦後. ⑦전전(戦前). ‖전후 세대 戦後の世代.

절¹ /tɕʌl/ 图 [仏教] 寺; 寺院. ‖절에 가다 寺にお参りする.
절² 图 お辞儀; 会釈; 挨拶. ‖공손하게 절을 하다 丁寧にお辞儀をする.
절³ (節) 图 〈文章などの〉節. ‖제1 장 제1 절 第3章第2節.
— 依図 歌などの順序を表わす語: 番. ‖애국가는 사 절까지 있다 愛国歌(韓国の歌)は4番までである.
절⁴ 〔저를의 縮約形〕 私を; 私に. ‖절 잊지 말아 주세요 私を忘れないでください. 그건 절 주세요 それは私にください.
절-간 (一間) 【一깐】 图 〔절¹의 俗語〕寺.
절감¹ (切感) 图 [自他] 痛感. ‖연습의 필요성을 절감하다 練習の必要性を痛感する.
절감² (節減) 图 [自他] 節減. ‖비용을 절감하는 費用を節減する.
절개¹ (切開) 图 [自他] 切開. ‖제왕 절개 帝王切開.
절개² (節槪) 图 志操; 節操.

절경(絶景) 图 絶景.
절교(絶交) 图하자 絶交.
절구¹ 图 白.
　절구-통(-桶) 图 白. ∥절구통 같은 허리 白のような腰(くびれのない腰).
　절굿-공이 [-꾸꽁-/-굳꽁-] 图 杵(きね).
절구(絶句) 图(文芸) 絶句. ∥오언 절구 五言絶句.
절규(絶叫) 图하자 絶叫.
절기(節氣) 图 節気(せっき);二十四節気.
절다¹ 图 [ㄹ語幹] ❶ (野菜などが塩に)漬ける. ∥배추가 제대로 안 절었다 白菜がまだ漬かっていない. ❷染みついている;(ある生活に)浸かっている. ∥가난에 절어 있다 貧乏くささが染みている.
절다² 他 [ㄹ語幹] (足を)引きずる. ∥다리를 절다 足を引きずる.
절단(切斷·截斷) 图하타 切断. ∥철판을 절단하다 鉄板を切断する.
　절단-기(切斷機) 图 切断機.
　절단-면(切斷面) 图 切断面.
절대¹(絶大) 图 絶大.
절대²(絶對) /ɟɔldæ/ 图 ❶ 絶対. ㉠相対(相対). ❷ 《副詞的に》絶対に(に). ∥절대 용서할 수 없다 絶対許せない.
　절대-가격(絶對價格) [-때까-] 图(経) 絶対価格, 貨幣価格.
　절대-개념(絶對槪念) 图 絶対概念. ㉠相対概念(相対概念).
　절대-군주제(絶對君主制) 图 絶対君主制.
　절대-다수(絶對多數) 图 絶対多数.
　절대-등급(絶對等級) 图 絶対等級.
　절대-량(絶對量) 图 絶対量.
　절대-로(絶對-) 副 絶対に;決して. ∥절대로 지지 않겠다 絶対に負けない. 절대로 안 간다 絶対に行かない.
　절대-습도(絶對濕度) [-때-또] 图 絶対湿度.
　절대-온도(絶對溫度) 图 絶対温度.
　절대-안정(絶對安靜) 图 絶対安静.
　절대-음감(絶對音感) 图 絶対音感.
　절대-자(絶對者) 图 絶対者.
　절대-치(絶對値) 图(数学) 絶対値.
　절대-평가(絶對評價) [-때-까] 图 絶対評価.
　절댓-값(絶對값-) [-때깝/-땓깝] 图(数学) 絶対値.
절대-적(絶對的) 图 絶対的(的). ㉠絶対的(相対的). ∥절대적인 권력 絶対的な権力. 절대적인 우위에 서다 絶対的な優位に立つ. 상관의 명령은 절대적이다 上官の命令は絶対だ.
　절대적 빈곤(絶對的貧困) [-때-띈-] 图 絶対的貧困.
절도¹(節度) [-또] 图 節度. ∥절도 있는 몸가짐 節度あるふるまい.
절도²(竊盜) [-또] 图하타 窃盗.
　절도-범(竊盜犯) 图(法律) 窃盗犯.
　절도-죄(竊盜罪) [-또-쬐] 图(法律) 窃盗罪.
절뚝-거리다 [-꺼-] 图 足を引きずる.
절뚝발-이 [-빠리] 图 足を引きずって歩く人;足の悪い人.
절뚝-절뚝 [-뚝-] 副하자 歩く時足を引きずる様子.
절레-절레 副하자 首を左右に振る様子. ∥마음에 안 드는지 고개를 절레절레 흔들다 気に入らないのか首を左右に振る.
절로 副 ❶ [저절로の縮約形] 自然に;おのずと;ひとりでに. ∥너무 기뻐 콧노래가 절로 나오다 嬉しさのあまりひとりでに鼻歌が出る. ❷ [저리로の縮約形] あっちに;あちらに. ∥위험하니까 아이들은 절로 가거라 危ないから子どもはあちらへ行きなさい.
절룩-거리다 [-꺼-] 图 足を引きずる. ∥절룩거리며 걷다 足を引きずりながら歩く.
절룩-절룩 [-뚝-] 副하자 歩く時足を引きずる様子.
절름발-이 图 足を引きずって歩く人;足の悪い人.
절망(絶望) /ɟɔlmaŋ/ 图하자 絶望. ㉠希望(希望). ∥절망 끝에 찾아온 희망 絶望のすえに訪れた希望. 절망의 나머지 絶望のあまり. 절망의 늪 絶望の淵[どん底].
절망-적(絶望的) 图 絶望的. ∥절망적인 상황 絶望的な状況.
절멸(絶滅) 图하자 絶滅. ∥따오기가 절멸의 위기에 처해 있다고 한다 トキが絶滅の危機に瀕しているそうだ.
절명(絶命) 图하자 絶命.
절묘-하다(絶妙-) 圈[하変] 絶妙だ. ∥절묘한 타이밍 絶妙なタイミング.
절박-하다(切迫-) [-바카-] 圈[하変] 切迫している. ∥절박한 상황 切迫した状況.
절반(折半) 图 半分;折半. ∥보유 주식의 절반을 팔다 持ち株の半分を売る. 절반씩 나누어 가지다 半分ずつ分け合う. 이익을 절반으로 나누다 利益を折半する.
절벽(絶壁) 图 ❶ 絶壁. ❷ 《比喩的に》耳の遠い人や道理に疎い人.
절삭(切削) [-싹] 图하타 切削. ∥절삭 가공 切削加工.
절상(切上) [-쌍] 图하타(経) 切り上げ. 切下(切下). ∥평가 절상 評価切り上げ.
절색(絶色) [-쌕] 图 絶世の美女.
절세(絶世) [-쎄] 图形 絶世. ∥절세의 미인 絶世の美女.
절수(節水) [-쑤] 图하자 節水.
절식(節食) [-씩] 图하자 節食.
절실-하다(切實-) [-씰-] 圈[하変]

切実だ. ∥절실한 문제 切実な問題. 人生의 비애를 절실하게 느끼다 人生の悲哀を切実に感じる. **절실-히** 閉

절약(節約)〖名〗〖하他〗 節約; きりつめる. ∥경비를 절약하다 経費を節約する. 시간 절약 時間の節約.

절연(絶緣)〖名〗〖自〗 絶縁. **절연-당하다** 受動

절연-장(絶緣狀)〖名〗 絶緣狀.
절연-체(絶緣體)〖名〗〖物理〗 絶緣体.

절-이다 /tʃŏrida/ 〖他〗漬ける; 塩漬にする; 砂糖漬にする. ∥배추를 소금에 절이다 白菜を塩漬けにする. 유자를 꿀에 절여 두다 柚子をはちみつに漬けておく.

절전(節電)〖名〗〖自〗 節電.

절절 閉 ❶ 물이 몹시 끓거나 뜨거운 모양: ぐらぐら. ❷ 温度가 높이 올라서 대단히 뜨거운 모양: かっかっ. ❸ 아랫목이 절절 끓다 (オンドル部屋の) 焚き口付近が非常に熱い.

절절-이(節節-)閉 ❶ 마디마디. ❷ 말 한 마디 한마디. 一言一言; 一句一句: 一語一句. ∥구구 절절이 옳은 말을 하다 一語一句正しいことを言う.

절절-하다(切切-)〖形〗〖하有変〗 切々としている; 切実だ. ∥절절한 사연 切実な事情. **절절-히** 閉

절정(絶頂)〖名〗〖…頂〗 絶頂; 山頂. ∥인기 절정의 가수 人気絶頂の歌手. 절정에 달하다 絶頂をきわめる.

절정-기(絶頂期)〖名〗絶頂期.
절제(切除)〖名〗〖하他〗切除.
절제(節制)〖名〗〖하他〗節制. ∥술을 절제하다 酒を節制する.
절조(節操)〖名〗節操.
절주(節酒)〖名〗〖自〗節酒.
절지-동물(節肢動物)〖名〗節足動物.

절차(節次) /tʃŏltsʰa/〖名〗手続き; 手順. ∥절차를 밟다 手続きを踏む. 입학 절차를 끝내다 入学の手続きを済ませる.

절차-탁마(切磋琢磨)〖名〗〖하自〗 切磋琢磨.

절찬(絶讚)〖名〗〖하他〗 絶讚. ∥절찬을 받다 絶讚を博する.

절창(絶唱)〖名〗 絶唱.

절충(折衷)〖名〗〖하他〗折衷. ∥두 안을 절충하다 両案を折衷する. 절충안 折衷案.

절취¹(切取·截取)〖名〗〖하他〗 切り取ること.

절취²(竊取)〖名〗〖하他〗 窃取; ひそかに盗みとること.

절친-하다(切親-)〖形〗〖하有変〗 きわめて親しい. ∥절친한 사이 きわめて親しい間柄.

절-터〖名〗 寺の跡地.
절판(絶版)〖名〗 絶版.
절편(-料理)〖名〗 花紋が押された丸い四角の平べったい餠.

절필(絶筆)〖名〗 絶筆.
절하(切下)〖하他〗〖経〗切り下げ. ∥절상(上), ∥원의 평가 절하 ウォンの評価切り下げ.

절호(絶好)〖名〗〖하他〗 絶好. ∥절호의 기회 絶好のチャンス.

젊다 /tʃŏmt͈a/〖形〗 若い. ∥젊은 사람 若い人. 나이에 비해 젊고 행동적이 있다 年の割に若くて行動的だ. 그 사람은 나보다 젊어 보인다 彼は私より若く見える.

젊디-젊다〖形〗〖'젊다'を強めて言う語〗非常に若い.

젊은 閉 젊다(若い)の連用形.
젊은-것 〖-껻〗 〖젊은이를 見くびる言い方で〗 若造; 若者.
젊은-이 〖名〗 若者; 若乘; 若手. ↔ 늙은이.
젊음 〖名〗 若さ. ∥젊음을 유지하는 비결 若さを保つ秘訣.

점¹ 〖名〗 占い; 易. ▶점(을) 보다 占ってもらう, 점 보러 가다 占い(のところ)に行く, ▶점(을) 치다 (吉凶を)占う.

점² /tʃŏm/〖名〗 ❶ 點. ∥점을 찍다 点を打つ. 멀리 있는 사람들이 점처럼 보이다 遠くの人が点のように見える. 협조성이 있는 점을 들어 協調性がある点をあげて, 구두점 句読点. 문제점 問題点. ❷ ほくろ. ∥입가의 점이 매력적이다 口元のほくろが魅力的だ. ❸ 特히 강조하고 싶은 요소; ところ. ∥성능이 좋다는 점을 강조하다 性能の良さを強調する. 배울 점이 많다 勉強になるところが多い. 좋은 점 いいところ. ❹ 〔구름 한 점의 形〕 雲…つ. ∥구름 한 점 없는 가을 하늘 雲一つない秋空. ❺ 目星. ∥점 찍어 둔 사람이 있다 目星をつけた人がいる.

— 依存 ❶ …点. ∥백 점을 받다 100点を取る. ❷ (肉などの)…切れ. ∥고기 몇 점 집어 먹었다 肉を何切れかつまんだ.

-점³(店)〖接尾〗店を表わす語: …店. ∥음식점 飲食店.

점거(占據)〖名〗〖하他〗 占拠. **점거-되다·-[하다]** 受動

점검(點檢)〖名〗〖하他〗点検. ∥엔진을 점검하다 エンジンを点検する. 총점검을 받다 総点検を受ける.

점괘(占卦)〖-꽤〗〖名〗 吉凶を占う時に出た卦('). 占の卦.

점-그래프(點graph)〖名〗 点グラフ.
점도(粘度)〖名〗 粘度.
점-도미(點-)〖名〗〖魚介類〗 マトウダイ(的鯛).
점등(點燈)〖名〗〖自〗 点灯.
점령(占領)〖-녕〗〖名〗〖하他〗占領. **점령-당하다·-[하다]** 受動

점령-군(占領軍)〖名〗 占領軍.
점막(粘膜)〖名〗〖解剖〗 粘膜.
점멸(點滅)〖名〗〖自他〗 点滅. ∥비상등

점묘

이 점멸하다 非常灯が点滅する.
점묘(點描)【하ою】【美術】 点描.
점-박이(點-)【图】 顔や体にほくろが多い人; 体に斑点が多い動物.
점벙 副 自他動 重いものが水中などに落ちる様子; どぶん, じゃぶん, ざぶん.
  점벙-거리다 自他 しきりにじゃぶじゃぶする.
점보(jumbo)【图】 ジャンボ.
  점보-제트기(jumbo jet 機)【图】 ジャンボジェット.
점복(占卜)【图】 占(うら)い.
점선(點線)【图】 点線. ‖점선을 따라 접다 点線に沿って折る.
점성(粘性)【图】【物理】 粘性.
점성-술(占星術)【图】 占星術.
점수(點數)【~쑤】【图】 点数. ❶得点の数. ‖점수를 매기다 点数をつける. ❷品物の数. ‖출품 점수 出品点数.
점술(占術)【图】 占術; ト占(ぼくせん).
  점술-가(占術家)【图】 占い師.
점심(點心)/tʃɔːmʃim/【-씸】【图】 昼食; お昼. ‖점심 먹을나다 お昼にしょうよ. 점심 먹으러 가다 お昼を食べに行く.
  점심-때(點心-)【图】 昼食時; 昼頃.
  점심-시간(點心時間)【-씨-】【图】 昼休み.
점액(粘液)【图】 粘液.
  점액-질(粘液質)【-찔】【图】 粘液質.
점원(店員)【图】 店員.
점유(占有)【图】【하他】 占有.
  점유-권(占有權)【-꿘】【图】【法律】 占有権.
  점유-물(占有物)【图】 占有物.
점입가경(漸入佳境)【-까-】【图】 自動 次第に佳境に入ること; 段々興味深くなること.
점자(點字)【-짜】【图】 点字.
점잔 图 重みのある態度; 大様なこと. ‖점잔을 부리다 大様に取り繕う. 점잔을 빼다 取り澄ます. 점잔을 피우다 おとなしやかなるまいをする.
점잖다/tʃɔːmdʒantʰa/【-잔타】形 ❶ おとなしい; 温厚だ. ‖점잖은 사람이 술만 마시면 달라진다 おとなしい人が酒を飲むと変わる. ❷上品だ; 品格がある. ‖점잖은 말 말を품のある言い方.
점-쟁이(占-)【图】 易者; 占い師.
점점(漸漸)/tʃɔmdʒəm/【图】 だんだん(と); 次第に; 徐々に. ‖나이가 들어 단것이 점점 싫어진다 年をとるにつれて甘い物がだんだん嫌になる. 학문의 세계는 점점 더 분화되고 있다 学問の世界は益々分化している.
점점-이(點點-)【图】 点々と. ‖점점이 흩어져 있는 섬들 点々と散在している島々.
점증(漸增)【图】【하自】 漸増(ぞう).
점지 图 【하他】 申し子を授けること. **점지-받다** 受動

점진(漸進)【图】【하自】 漸進(しん). ㉠急進(急進).
점진-적(漸進的)【图】 漸進的. ㉠急進的(急進的). ‖점진적인 개혁 漸進的な改革.
점-찍다(點-)【-따】他 目をつける; 目をつける; 見当をつける.
점차¹(點差)【图】 点差. ‖이 점차로 이기다 2 점差で勝つ.
점차²(漸次)【图】 次第に; 徐々に; おいおい. ‖일력이 점차 심화되고 있다 軋轢が次第に深まっている. 점차 익숙해지겠지 おいおい慣れてくるでしょう.
점착(粘着)【图】【하自】 粘着. ‖점착 테이프 粘着テープ.
  점착-력(粘着力)【-창녁】【图】 粘着力.
점층-법(漸層法)【-뻡】【图】【文芸】 漸層法.
점토(粘土)【图】 粘土. ㉠찰흙.
  점토-질(粘土質)【图】 粘土質.
점퍼(jumper)【图】 ジャンパー. ㉠잠바.
  점퍼-스커트(jumper + skirt 日)【图】 ジャンパースカート.
점포(店鋪)【图】 店舗; 店.
점프(jump)【图】【하自】 ジャンプ. ‖점프해서 공을 잡다 ジャンプしてボールを取る.
점핑(jumping)【图】 ジャンピング.
점-하다(占-)【他】【하여】 占める. ‖우위를 점하다 優位を占める. 반대 의견이 대세를 점하다 反対意見が大勢を占める.
점호(點呼)【图】【하他】 点呼.
점화(點火)【图】【하自】 点火.
  점화-전(點火栓)【图】 = 점화 플러그 (點火 -).
  점화 플러그(點火 plug)【图】【数学】 点火プラグ.
점획(點畫)【-/-획】【图】 画; 点と画.
접¹(椄)【图】 接木. ‖나무 접을 붙이다 接ぎ木をする.
접²(쭵)〔野菜・果物などの〕100 個. ‖접으로 사는 게 싸다 100個単位で買った方がない.
―― 依存 (野菜・果物などの)100個で数える語. ‖마늘 한 접 ニンニク100個.
접객(接客)【-깩】【图】【하自】 接客. ‖접객 태도 接客の態度.
  접객-업(接客業)【-깨겁】【图】 接客業.
접견(接見)【-껸】【图】【하他】 接見.
접경(接境)【-꼉】【图】 相接する境界.
접골(接骨)【-꼴】【图】【하他】 接骨; 接ぎ.
  접골-원(接骨院)【图】 接骨院.
접근(接近)【-끈】【图】【하自】 接近. ‖접근 금지 구역 接近禁止区域. 태풍이 접근하고 있다 台風が接近している.
접는【점-】【他】 접다 (折る)の現在連体形.

접다 /tɔpʰta/ 【-따】 ❶折る;折り畳む. ∥종이비행기를 접다 紙飛行機を折る. 우산을 접다 傘を折り畳む. 접는 우선 接り畳み傘. ❷捨てる. ❷(自分の意見などを)撤回する;諦める. ∥의사의 꿈을 접다 医者の夢を諦める.

접대¹ (接待) 【-때】 图 他 応対.

접대² (接待) 【-때】 图 他 接待;もてなし.

접대-부 (接待婦) 图 ホステス.

접두-사 (接頭辞) 【-뚜-】 图 [言語] 接頭辞;接頭語.

접목 (椄木·接木) 【접-】 图 他 接ぎ木. ∥사과 나무를 접목시키다 リンゴの接ぎ木をする.

접미-사 (接尾辞) 【점-】 图 [言語] 接尾辞;接尾語.

접-바둑 (接-) 【빠-】 图 置き碁.

접-붙이기 (椄-) 【-뿌치-】 图 他 接ぎ木.

접-붙이다 (椄-) 【-뿌치-】 他 接ぎ木をする.

접사 (接辞) 【-싸】 图 [言語] 接辞.

접선 (接線) 【-썬】 图 ❶(数学) 接線. ❷接触.

접속 (接續) 【-쏙】 图 他 接続;連結.

접속-곡 (接續曲) 【-쏙꼭】 图 [音楽] 接続曲;メドレー.

접속-부사 (接續副詞) 【-쏙 뿌-】 图 [言語] 接続副詞.

접속-사 (接續詞) 【-쏙싸】 图 [言語] 接続詞.

접속-조사 (接續助詞) 【-쏙 쪼-】 图 [言語] 接続助詞.

접수 (接受) /tɔpʰsu/ 【-쑤】 图 他 受付,受け付けること. ∥원서 접수 願書の受付. 인터넷으로 접수하다 インターネットで受け付ける.

접수-처 (接受處) 【接受處】 图 受付(場所).

접시 /tɔpʰʃi/ 【-씨】 图 皿. ∥요리를 접시에 담아 내다 料理を皿に盛って出す.

접시-돌리기 图 皿回し.

접시-천칭 (-天秤) 图 上皿天秤.

접시-꽃 【-씨꼳】 图 [植物] タチアオイ(立葵).

접안-렌즈 (接眼 lens) 图 接眼レンズ.

접어 他 접다(折る)의 連用形.

접어-놓다 【-노타】 他 関わらない;さておく.

접어-들다 自 【ㄹ語幹】 さしかかる;通りかかる;入る. ∥장마로 접어들다 梅雨にさしかかる. 사춘기로 접어들다 思春期に入る. 샛길로 접어들다 わき道に入る.

접영 (蝶泳) 图 [水泳の]バタフライ.

접은 접다(折る)의 過去連体形.

접전 (接戰) 【-쩐】 图 他 接戦. ∥접전을 벌이다 接戦を繰り広げる.

접점 (接點) 【-쩜】 图 ❶接点. ❷接点을 찾다 接点を見いだす. ❷(数学) 接点.

접종 (接種) 【-쫑】 图 他 接種. ∥예방 접종 予防接種.

접지 (接地) 【-찌】 图 他 接地;アース.

접착 (接着) 图 他 接着.

접착-제 (接着劑) 【-쩨】 图 接着剤.

접촉 (接觸) 图 他 接触. ∥접촉할 기회 接触する機会. 접촉 사고 接触事故. 접촉 감염 接触感染.

접치다¹ 图 접치다의 縮約形.

접-치다² 他 접을 강하게 다그다.

접치-이다 自 [접치다²의 受身動詞] 折り畳まれる.

접-칼 图 折り畳み式のナイフ.

접-하다 (接-) /tɔpʰada/ 【저파-】 自 ❶接する;隣り合う. ∥동경은 바다와 접해 있다 東京は海に接している. 많은 사람들과 접하는 직업 多くの人と接する職業. ❷触れる. ∥공기와 접하면 산화된다 空気に触れると酸化する. 서양 문물에 직접 접할 기회 西洋の文物に直に触れる機会. ──他 ❶接する. ∥기쁜 소식을 접하다 吉報に接する. 만화를 통해 일본 문화를 접하다 漫画を通して日本文化に接する.

접-하다² (接-) 【저파-】 他 [하変] 接ぎ木をする.

접합 (接合) 【저팝】 图 自他 接合.

접-히다 【저피-】 自 [접다의 受身動詞] 折り畳まれる.

젓 【젇】 图 塩辛. ∥새우젓 エビの塩辛.

젓-가락 (箸-) /tɔtkarak/ 【저까-/젇까-】 图 箸. ∥나무젓가락 木の箸.

젓-갈 (젓/절갈) 图 塩辛.

젓-국 (젇꾹) 图 塩辛の汁.

젓는 【전-】 他 [시変] 젓다(かき混ぜる)의 現在連体形.

젓다 /tɔtta/ 【전따】 他 [시変] [저어, 젓는, 저은] ❶かき混ぜる;かき回す. ∥설탕을 넣고 잘 젓다 砂糖を入れてよく かき混ぜる. ❷漕ぐ. ∥노를 젓다 櫓を漕ぐ. ❸(首·手などを)振る. ∥고개를 젓다 首を横に振る.

정¹ 图 鑿(のみ). ∥정으로 돌을 쪼다 鑿で石を彫る.

정² (丁) 图 [姓] ❶丁(ジョン). ❷(十干의) 丁(ひのと).

정³ (鄭) 图 [姓] 鄭(ジョン).

정⁴ (正) 图 正. ∥정사 正邪. 정반합 正反合.

정⁵ (情) /tɔŋ/ 图 ❶情;情け;愛想. ∥연인의 정 憐憫の情. 정이 들다 情が移る. 정이 떨어지다 愛想が尽きる;嫌になる. 정이 많다 情け深い. 오는 정이 있어야 가는 정이 있다 魚心あれば水心. ❷(男女間の)情愛. ∥정을 주고받다 情を交わす. ▸정을 쏟다 愛情を注ぐ.

정⁶ 副 本当に. ∥정 가고 싶으면 가거

라 本当に行きたいなら行きなさい.

정⁷(梃·挺) 依존 銃·槍(*)·鎌などを数える語;…丁. ‖銃 세 정 銃 3丁.

정-"(正) 접두 正…. ‖정사원 正社員.

-정(整) 접미 〔金額に付いて〕…也(*). ‖삼만 원정 3万ウォン也.

정가¹(正價) 【-까】 명 正価.

정가²(定價) 【-까】 명 定価.
　정가-표(定價表) 명 定価表.

정각(正角) 명 [数学] 正角.

정각(正刻) 명 ちょうどその時刻. ‖여덟 시 정각에 끝납니다 8時ちょうどに終わります.

정각(定刻) 명 定刻.

정간(停刊) 명 하타 停刊.

정갈-하다 형 하여 (姿や衣服などが)こざっぱりしている; 清潔感がある. ‖정갈한 옷차림 こざっぱりした身なり.

정감(情感) 명 情感. ‖정감 어린 눈길 情感のこもった眼差し.

정강(政綱) 명 政綱.

정강²(精鋼) 명 精鋼.

정강이 명 [解剖] 脛(*);向こう脛.
　정강이-뼈 명 [解剖] 脛骨(*).

정객(政客) 명 政客.

정거-장(停車場) 명 停留所. ‖버스 정거장 バス停留所.

정견¹(定見) 명 定見.

정견²(政見) 명 政見. ‖정견 방송 政見放送.

정결-하다(貞潔-) 형 하여 貞潔だ.

정결-하다(淨潔-) 형 하여 浄潔だ.
　정결-히 부

정-겹다(情-) /tɕəŋɡəpta/ 【-따】 형 [ㅂ変] 情愛があふれ, 情愛がこもっている; 微笑ましい. ‖모녀 간의 정겨운 모습 母と娘の情愛あふれる情景.

정경¹(政經) 명 政経;政治と経済.

정경²(情景) 명 情景. ‖흐뭇한 정경 微笑ましい情景.

정계 【-게】 명 政界.

정곡(正鵠) 명 正鵠(*). ‖정곡을 찌르다 正鵠を射る.

정공(正攻) 명 하타 正攻.
　정공-법(正攻法) 【-뻡】 명 正攻法.

정공²(精工) 명 精工.

정관¹(定款) 명 [法律] 定款.

정관²(精管) 명 [解剖] 精管; 輪精管.

정관³(靜觀) 명 하타 静観. ‖사태를 정관하다 事態を静観する.

정-관사(定冠詞) 명 [言語] 定冠詞.
　⑦부정 관사 不定冠詞.

정교¹(正敎) 명 ❶正しい宗教. ⑦사교(邪敎). ❷ギリシャ正教.

정교²(政敎) 명 政敎;政治と宗教. ‖정교 분리 政教分離.

정교-하다(精巧-) 형 하여 精巧だ. ‖정교한 기계 精巧な機械. **정교-히** 부

정구(庭球) 명 [スポーツ] 庭球;テニス.

정국(政局) 명 政局. ‖혼란스러운 정국 混乱とした政局.

정권(政權) /tɕəŋ²kwən/ 【-꿘】 명 政権. ‖정권을 잡다 政権を握る. 군사 정권 軍事政権. 정권 교체 政権の交替.

정규(正規) 명 正規. ‖정규 교육 正規の教育. 정규 분포 正規分布.
　정규-군(正規軍) 명 正規軍.

정규(定規) 명 定規.

정근(精勤) 명 하자 精勤. ‖정근 수당 精勤手当.

정글(jungle) 명 ジャングル; 密林.
　정글-짐(jungle gym) 명 ジャングルジム.

정기¹(精氣) 명 精気.

정기²(定期) /tɕəːŋi/ 명 定期. ⑦정기(不定期). ‖정기 구독 定期購読.
　정기-간행물(定期刊行物) 명 定期刊行物.
　정기-거래(定期去來) 명 定期取引.
　정기-국회(定期國會) 【-꾀 /-꿰】 명 通常国会.
　정기-권(定期券) 【-꿘】 명 定期券.
　정기-불(定期拂) 명 定期払い.
　정기-승차권(定期乘車券) 【-꿘】 명 定期乗車券.
　정기-연금(定期年金) 명 定期年金.
　정기-예금(定期預金) 명 定期預金.
　정기-적(定期的) 명 定期的. ‖정기적인 행사 定期的な催し. 정기적으로 건강 진단을 받다 定期的に健康診断を受ける.
　정기-총회(定期總會) 【-/-꿰】 명 定期総会.
　정기-항공로(定期航空路) 【-노】 명 定期航空路.
　정기-형(定期刑) 명 [法律] 定期刑.

정기(精氣) 명 精気. ‖정기를 받다 精気がつく.

정-나미(情-) 명 愛着;愛想. ‖정나미가 떨어지다 愛想がつきる.

정-남방(正南方) 명 真南.

정낭(精囊) 명 [解剖] 精囊.

정년(停年) 명 定年;停年. ‖정년 퇴직 定年退職.

정념(情念) 명 情念.

정녕(丁寧·叮嚀) 부 きっと;必ず;確かに.
　정녕-코(丁寧-·叮嚀-) 부 정녕을 強めて言う語.

정담¹(政談) 명 하타 政談.

정담²(情談) 명 情談.

정담³(鼎談) 명 鼎談(*)(3人が話し合うこと).

정답(正答) 명 正答. ⑦오답(誤答).

정-답다(情-) 【-따】 형 [ㅂ変] 仲がよい; 優しく温かい; 懐かしい. ‖정다운 이야기를 나누다 仲良く会話を交わす. 조용한 마을 풍경이 정답다 静かな村の風景

정당 (政黨) 图 政黨. ‖정당 정치 政党政治.

정당² (正當) /dʑʌŋdaŋ/ 图 (形) 正当. ‖정당한 주장 正当な主張. 정당한 이유도 없이 반대하다 正当な理由なしに反対する.

정당-방위 (正當防衛) 图 [法律] 正当防衛.

정당-성 (正當性) 【-썽】 图 正当性.

정당-행위 (正當行爲) 图 [法律] 正当行為.

정당-화 (正當化) 图 (하他) 正当化. ‖자기 행동을 정당화하다 自分の行動を正当化する.

정대-하다 (正大-) 形 (하없) 正大だ.

정도¹ (正道) 图 正道. 〈↔邪道〉. ‖정도를 걷다 正道を歩む. 정도에서 벗어나다 正道を踏み外す.

정도² (程度) /dʑʌŋdo/ 图 程度; ほどくらい. ‖중급 정도의 일본어 실력 中級程度の日本語能力. 타지 않을 정도로 급히 焦げない程度に焼く. 한 시간 정도 기다리다 1時間ほど待つ. 밥 정도는 지을 수 있어요 ご飯くらいは炊けます. 정도껏 ほどほどに.

정도³ (精度) 图 〔정밀도(精密度)의 略語〕精度.

정독 (精讀) 图 (하他) 精読.

정돈 (整頓) 图 (하他) 整頓. ‖정리정돈 整理整頓.

정-들다 (情-) 自 [ㄹ語幹] 親しくなる; 情が移る.

정략 (政略) 【-냑】 图 政略.

정략-결혼 (政略結婚) 【-냑-】 图 政略結婚.

정략-혼 (政略婚) 【-냐콘】 图 =정략 결혼 (政略結婚).

정량 (定量) 【-냥】 图 定量.

정력 (精力) 【-녁】 图 精力. ‖정력이 넘치다 精力にあふれる.

정력-적 (精力的) 【-녁쩍】 图 精力的. ‖정력적으로 활동하다 精力的に活動する.

정련¹ (精練) 【-년】 图 (하他) 精練.

정련² (精鍊) 【-년】 图 (하他) 精錬.

정련-소 (精鍊所) 【-년-】 图 製錬所.

정렬 (整列) 【-녈】 图 (하他) 整列.

정령¹ (政令) 【-녕】 图 [法律] 政令.

정령² (精靈) 【-녕】 图 精霊. ‖정령 숭배 精霊崇拝.

정례 (定例) 【-녜】 图 定例. ‖정례 기자회견 定例記者会見.

정론¹ (正論) 【-논】 图 正論.

정론² (定論) 【-논】 图 定説.

정론³ (政論) 【-논】 图 政論.

정류¹ (精溜) 【-뉴】 图 (하他) 〔化学〕 精溜.

정류² (停留) 【-뉴】 图 (하自) 停留.

정류-소 (停留所) 【-뉴-】 图 停留所.

정류-장 (停留場) /dʑʌŋnjudʑaŋ/【-뉴-】 图 停留所. ‖버스 정류장 バス停留場.

정률¹ (定律) 【-뉼】 图 定律.

정률² (定率) 【-뉼】 图 [数学] 定率.

정률-세 (定率稅) 【-뉼쎄】 图 定率税.

정리¹ (定理) 【-니】 图 [数学] 定理. ‖피타고라스 정리 ピタゴラスの定理.

정리² (整理) /dʑʌɲi/ 【-니】 图 (하他) 整理. ‖파일을 정리하다 ファイルを整理する. 서랍 안을 정리하다 引き出しの中を整理する.

정립¹ (定立) 【-닙】 图 (하他) 定立; テーゼ.

정립² (鼎立) 【-닙】 图 (하自) 鼎立 (ていりつ).

정말 (正-) /dʑʌnmal/ 图 ① 本当. 本当の話. 〈↔거짓말〉. ‖정말이에요? 本当ですか. ② (副) 本当に. ‖정말 있었던 이야기 本当にあった話.

정말-로 (正-) 副 本当に. ‖정말로 한심하다 本当に情けない.

정맥 (靜脈) 图 [解剖] 静脈.

정맥-류 (靜脈瘤) 【-뉴】 图 [解剖] 静脈瘤.

정맥-혈 (靜脈血) 【-매켤】 图 [解剖] 静脈血.

정면 (正面) /dʑʌŋmjʌn/ 图 ① 正面. ‖정면 충돌 正面衝突. 정면을 응시하다 正面を見つめる. 정면에서 후지산이 보이다 正面に富士山が見える. ② 真っ向. ‖정면으로 반대하다 真っ向から反対する.

정면-도 (正面圖) 图 [美術] 正面図.

정명 (正明) 图 (하他) 公明正大なこと.

정무 (政務) 图 政務.

정무-관 (政務官) 图 政務官.

정문¹ (正門) 图 正門; 表門.

정문² (頂門) 图 [解剖] 脳天. ‖정수리 (頂-).

정문-일침 (頂門一鍼) 图 頂門の一針.

정물 (靜物) 图 静物.

정물-화 (靜物畵) 图 [美術] 静物画.

정미 (精米) 图 (하他) 精米; 精白米にすること.

정미-소 (精米所) 图 精米所.

정밀 (精密) 图 (하없) 精密. ‖정밀 검사 精密検査. 정밀 기계 精密機械.

정밀-도 (精密-) 【-또】 图 精密度.

정박 (碇泊·淀泊) 图 (하自他) 停泊.

정박-아 (精薄兒) 图 精神薄弱児 (精神薄弱兒의 준말).

정-반대 (正反對) 图 (도自) 正反対; 裏腹. ‖정반대로 말하다 正反対なことを言う. 정반대의 입장 正反対の立場.

정반합 (正反合) 图 正反合.

정방-형 (正方形) 图 [数学] 正方形. 〈參〉정사각형 (正四角形).

정백 (精白) 图 (하他) 精白.

정백-미 (精白米) 【-뺑】 图 精白米.

정벌 (征伐) 图 (하他) 征伐.

정법 (正法) 【-뻡】 图 正法.

정변 (政變) 명 政変.

정보¹ (情報) /tʃʌŋbo/ 명 情報. ‖정보를 제공하다 情報を提供する. 정보 검색 情報検索. 정보 처리 情報処理. 정보 관리 情報管理. 정보 기관 情報機関.

정보-망 (情報網) 명 情報網. ‖거미줄 같은 정보망 クモの巣のような情報網.

정보-원¹ (情報員) 명 情報員.

정보-원² (情報源) 명 情報源.

정보-지 (情報紙) 명 情報紙.

정보-통 (情報通) 명 情報通.

정보화 사회 (情報化社會) 【-/-해】 명 情報化社会.

정보² (町步) 의존 山林・田畑の面積を町を単位として数える語: …町歩. ‖상정보의 논 3 町歩の田.

정복 (正服) 명 正服; 制服. ‖정복 차림의 경찰관 制服姿の警察官.

정복 (征服) 명 하타 征服. ‖정상을 정복하다 頂上を征服する. 영어 완전 정복 英語完全征服. **정복-되다** 【-당하다】

정부¹ (正否) 명 正否; 正しいことと正しくないこと.

정부 (正負) 명 〔수학〕 正数と負数.

정부³ (正副) 명 正副; 正と副. ‖정부 의장 正副議長

정부⁴ (政府) /tʃʌŋbu/ 명 政府. ‖현 정부 現政府. 임시 정부 臨時政府. 정부 간행물 政府刊行物.

정부-미 (政府米) 명 政府米.

정부⁵ (情夫) 명 情夫.

정부⁶ (情婦) 명 情婦.

정분 (情分) 명 情分; 情誼(誼). ‖정분이 두텁다 情誼に厚い.

정비 (整備) 명 하타 整備. ‖자동차 정비 공장 自動車整備工場. 환경 정비 環境の整備. 도로망을 정비하다 道路網を整備する.

정비-공 (整備工) 명 整備工.

정-비례 (正比例) 명 하자 〔수학〕 正比例. ㉠반비례(反比例).

정-비례² (定比例) 명 定比例.

정사¹ (正史) 명 正史.

정사² (正邪) 명 正邪.

정사³ (政事) 명 政事.

정사⁴ (情死) 명 하자 情死; 心中.

정사⁵ (情事) 명 情事.

정-사각형 (正四角形) 【-가켱】 명 〔수학〕 正四角形; 正方形. ㉠정방형(正方形).

정-사면체 (正四面體) 명 〔수학〕 正四面体.

정-사원 (正社員) 명 正社員.

정산 (精算) 명 하타 精算. ‖차비를 정산하다 運賃を精算する.

정-삼각형 (正三角形) 【-가켱】 명 〔수학〕 正三角形.

정상¹ (正常) /tʃʌŋsaŋ/ 명 正常; 通常. ㉠이상(異常). ‖정상 가격 正常価格. 정상 근무 通常勤務. 정상으로 돌아오다 正常に戻る.

정상-적 (正常的) 명 正常. ‖정상적인 발육 正常な発育.

정상-치 (正常値) 명 正常値.

정상-화 (正常化) 명 하타 正常化. ‖국교 정상화 国交正常化.

정상² (頂上) 명 頂上; トップ. ‖정상회담 トップ会談.

정상-급 (頂上級) 【-끕】 명 トップクラス.

정상³ (情狀) 명 情状. ‖정상을 참작하다 情状を酌量する.

정상 작량 (情狀酌量) 【-장냥】 명 〔법률〕 情状酌量.

정상 참작 (情狀參酌) 명 = 정상 작량(情狀酌量).

정색 (正色) 명 真顔; 改まった表情になること. ‖정색을 하고 따지다 真顔で問いただす.

정서¹ (正書) 명 正書; 清書. ‖보고서를 정서하다 報告書を清書する.

정서-법 (正書法) 【-뻡】 명 正書法.

정서² (情緖) 명 情緒. ‖정서 불안 情緒不安定. 이국 정서 異国情緒.

정석 (定石) 명 定石. ‖정석대로 번트로 주자를 내보내다 定石通りバントで走者を進める.

정선 (精選) 명 하타 精選.

정설 (定說) 명 定説. ‖정설을 뒤엎다 定説をくつがえす.

정성¹ (定性) 명 하타 〔화학〕 定性.

정성² (精誠) /tʃʌŋsʌŋ/ 명 誠意; 真心; 丹念; 丹精. ‖정성을 다하다 誠意を尽くす. 정성 어린 태도 誠意ある態度. 정성을 다해 만들다 丹念に作る.

정성-껏 (精誠-) 【-껃】 튀 誠意を込めて; 真心を込めて. ‖정성껏 음식을 장만하다 真心を込めて料理を準備する.

정세 (情勢) /tʃʌŋse/ 명 情勢. ‖정세 판단 情勢判断. 국제 정세 国際情勢. 한동안 정세를 지켜보다 しばらく情勢を見守る.

정소 (精巢) 명 〔해부〕 精巣.

정수¹ (正數) 명 〔수학〕 〔양수(陽數)의 旧用語〕 正数.

정수² (整數) 명 〔수학〕 整数.

정수³ (定數) 명 定数. ‖의원 정수 議員定数.

정수⁴ (精髓) 명 精髄; 神髄.

정수⁵ (淨水) 명 浄水.

정수-기 (淨水器) 명 浄水器. ‖정수기를 달다 浄水器をつける.

정수리 (頂-) 명 〔해부〕 脳天. ㉠정문(頂門).

정숙-하다¹ (整肅-) 【-수카-】 형 【하변】 整粛だ. **정숙-히** 튀

정숙-하다² (貞淑-) 【-수카-】 형 【하

정숙-하다³ (靜肅-)【-수카-】[형][하변] 정숙하다. 靜肅だ. **정숙-히** 튀

정승 (政丞)(歷史) 相(プロョン). 丞相.

정시¹ (定時)[명] 定時.

정시² (正視)[명][하타] 正視.

정식¹ (正式)[명] 正式; 本式. ㉠약식(略式)... ∥정식 방문 正式の訪問. 정식으로 인가를 받다 正式に認可される.

정식² (定式)[명] 定式.

정식-화 (定式化)【-시콰】[명][하타] 定式化する.

정식³ (定食)[명] 定食. ∥불고기 정식 プルゴギ定食.

정식⁴ (整式)[명](數學) 整式.

정신¹ (精神) /dʑʌŋɕin/ ❶[명] 精神. ∥정신을 집중하다 精神を集中する. 헌법 정신 憲法の精神. 정신 상태 精神状態. ❷[명]. ∥정신을 잃다 気を失う; 失神する. 정신이 없다 気でない; 気が散る; (忙しすぎて)ばたばたする. 정신이 해이하다 気がゆるむ. ▶정신을 차리다 ①意識を取り戻す; 気を確かに持つ. ②しっかりする. ▶정신을 팔다 よそ見をする. ▶정신이 나가다 気が抜ける. ▶정신이 나다 意識に戻る. ▶정신이 들다 意識が戻る; 我に返る. ▶정신이 빠지다 気が抜ける. ▶정신이 팔리다 気を取られる.

정신-감정 (精神鑑定)[명] 精神鑑定.

정신-과 (精神科)【-꽈】[명](醫學) 精神科.

정신-교육 (精神敎育)[명] 精神敎育.

정신-노동 (精神勞動)[명] 精神勞動. ㉠육체노동(肉體勞動).

정신-력 (精神力)【-녁】[명] 精神力. ∥강한 정신력 强い精神力.

정신-머리 (精神-)[명] 정신(精神)의 俗語.

정신-문화 (精神文化)[명] 精神文化. ㉠물질문화(物質文化).

정신박약-아 (精神薄弱兒)[명] 知的障害兒. ㉠정박아(精薄兒).

정신-병 (精神病)【-뼝】[명](醫學) 精神病.

정신-병리학 (精神病理學)【-냐-】[명] 精神科病理學.

정신-병원 (精神病院)【-뼝-】[명] 精神病院; 精神科病院.

정신-분석 (精神分析)[명] 精神分析.

정신-분열증 (精神分裂症)【-쯩】[명](醫學) 精神分裂病; 統合失調症.

정신-사 (精神史)[명] 精神史.

정신-생활 (精神生活)[명] 精神生活.

정신안정-제 (精神安定劑)[명] 精神安定剤.

정신-없다 (精神-)【-시업따】[형] 気がせく; 無我夢中だ; 非常に忙しい. **정신없-이** 튀

정신²연령 (精神年齡)【-녕】[명] 精神年齡. ∥정신 연령이 낮다 精神年齡が低い.

정신²위생 (精神衛生)[명] 精神衛生.

정신²이상 (精神異狀)[명](醫學) 精神異常.

정신-적 (精神的)[명] 精神的. ㉠물질적(物質的)·육체적(肉體的). ∥정신적 타격을 받다 精神的な打撃を受ける. 정신적으로 힘들다 精神的にまいっている.

정실¹ (正室)[명] 正室.

정실² (情實)[명] 情実. ∥정실을 배제하다 情実を排する.

정액 (定額)[명] 定額. ∥정액 보험 定額保険.

정액 (精液)[명](生理) 精液.

정양 (靜養)[명][하자] 静養.

정양-원 (靜養院)[명] 静養所; 療養所.

정어리 (魚介類) イワシ(鰯).

정언-적 (定言的)[명] 定言的. ∥정언적 판단 定言的判断.

정연-하다 (整然-)[형][하변] 整然としている. ∥논리정연한 연설 理路整然たる演説.

정열 (情熱) /dʑʌŋjʌl/【-녈】[명] 情熱. ∥정열을 불태우다 情熱を燃やす. 정열을 쏟다 情熱を傾ける〔注ぐ〕.

정열-적 (情熱的)【-녈쩍】[명] 情熱的. 情熱的に働く 情熱的に仕事に打ち込む.

정염 (情炎)[명] 情炎.

정예 (精銳)[명][하타] 精鋭. ∥정예 부대 精鋭部隊.

정오¹ (正午)[명] 正午. ∥정오를 알리는 종소리 正午を知らせる鐘の音.

정오² (正誤)[명] 正誤.

정오-표 (正誤表)[명] 正誤表.

정온 (定溫)[명] 定温.

정온-동물 (定溫動物)[명](動物) 定温動物; 恒温動物. ㉠변온 동물(變溫動物).

정욕 (情慾)[명] 情欲.

정원¹ (定員) /dʑʌŋwʌn/ [명] 定員. ∥정원을 초과하다 定員を超える. 정원 미달 定員割れ. 이 버스의 정원은 서른 명입니다 このバスの定員は 30名です.

정원² (庭園)[명] 庭園; 庭. ∥정원을 가꾸다 庭の手入れをする.

정원-사 (庭園師)[명] 庭師.

정월 (正月)[명] 正月; 1月. ∥정월 초하루 元日.

정유 (精油)[명][하타] 精油; 精油すること.

정육 (精肉)【-뉵】[명] 精肉.

정육-점 (精肉店)【-뉵쩜】[명] 精肉店; 肉屋.

정-육면체 (正六面體)【-뉵-】[명]《數學》正六面体; 立方体.

정음[1] (正音) 圀 正音.

정음[2] (正音) 圀 훈민정음(訓民正音)의 略語.

정의[1] (定義) 【-/-이】 圀他 定義. ‖개념을 정의하다 概念を定義する. 정의를 내리다 定義を下す;定義づけをする.

정의[2] (情誼) 【-/-이】 圀 情誼.

정의[3] (正義) /tʃɔːŋi/ 圀 正義. ‖정의로운 사회 正義に満ちた社会.

정의-감 (正義感) 圀 正義感. ‖정의감이 강한 사람 正義感の強い人;正義感に溢れる人.

정의-롭다 (正義-) 圀 正義感があふれる. **정의로이** 뢰

정자[1] (丁字) /tʃɔːtʃa/ 圀 丁字形(丁字形)의 略語.

정자-형 (丁字形) 圀 丁字形. 類정자(丁字).

정자[2] (正字) 圀 正字.

정자[3] (亭子) 圀 亭子;東屋.

정자-나무 (亭子-) 圀 村の中心や家の近くにある大樹.

정자[4] (精子) (生理) 精子.

정작 /tʃɔːŋdʒak/ 學 本当に;実際に;いざ. ‖본인은 정작 모르고 있다 本人は実際知らない. 정작 자기가 해 보려고 하면 어려운 법이다 いざ自分でやるとなると難しいものだ.

정장 (正裝) 圀自 正裝. ‖정장을 하고 나가다 正装して出かける.

정장-제 (整腸劑) (薬) 整腸劑.

정재 (淨財) 圀 淨財.

정쟁 (政爭) 圀自 政爭.

정적[1] (政敵) 圀 政敵.

정-적[2] (靜的) 【-쩍】 圀 静的. ㉠動的(動的). ‖정적인 묘사 静的な描写.

정적[3] (靜寂) 圀他 靜寂. ‖새벽의 정적을 깨뜨리는 비명 소리 明け方の静寂を破る悲鳴.

정전[1] (停電) 圀自 停電. ‖태풍으로 하루 종일 정전되다 台風で一日中停電する.

정전[2] (停戰) 圀自 停戰. ‖정전 협정 停戰協定.

정-전기 (靜電氣) (物理) 靜電気.

정절 (貞節) 圀 貞節.

정점[1] (定點) 【-쩜】 圀 定点.

정점[2] (頂點) 【-쩜】 圀 頂點. ‖정점에 달하다 頂点に達する.

정정[1] (訂正) 圀他 訂正. ‖정정 보도 訂正報道. 잘못을 정정하다 誤りを訂正する. **정정-되다** 受自

정정[2] (政情) 圀 政情.

정정-당당 (正正堂堂) 圀 圀形 正々堂々. ‖정정당당한 대결 正々堂々とした対決. 정정당당하게 싸우다 正々堂々と戦う.

정정-하다 (亭亭-) 圀 (하오) かくしゃくとしている. ‖할아버지는 여든이라고 는 믿어지지 않을 만큼 정정하시다 祖父は80歳とは信じられないほどかくしゃくとしている.

정제[1] (錠劑) 圀 錠剤;タブレット.

정제[2] (精製) 圀他 精製. ‖원유의 정제 原油の精製.

정제-당 (精製糖) 圀 精製した砂糖;白糖.

정제-염 (精製鹽) 圀 精製塩.

정제-품 (精製品) 圀 精製品.

정조 (貞操) 圀 貞操.

정족-수 (定足數) 【-쑤】 圀 定足数. ‖의결 정족수 議決定足数.

정종 (正宗) 圀 日本酒.

정좌[1] (正坐) 圀自 正座.

정좌[2] (靜坐) 圀自 靜坐.

정주 (定住) 圀自 定住.

정중-하다 (鄭重-) 圀 (하오) 丁重だ;手厚い. ‖정중하게 사양하다 丁重に断る. 정중하게 대우하다 手厚くもてなす. **정중-히** 뢰

정지[1] (停止) /tʃɔːŋdʒi/ 圀他 停止. ‖대출을 정지하다 貸し出しを停止する. 심장이 정지되다 心臓が停止する. 출장 정지 처분을 받다 出場停止処分を受ける. 정지 신호 停止信号.

정지[2] (靜止) /tʃɔːŋdʒi/ 圀自 静止. ‖정지 상태 静止状態.

정지[3] (整地) 圀他 整地.

정직[1] (定職) 圀 定職.

정직[2] (停職) 圀自 停職. ‖삼 개월 정직 처분을 받다 3か月の停職処分を受ける.

정직-하다 (正直-) /tʃɔːŋdʒikʰada/ 【-자-】 圀 (하오) 正直だ. ‖정직한 아이 正直な子ども. 정직하게 말해라 正直に話しなさい.

정진 (精進) 圀自 精進. ‖학문에 정진하다 学問に精進する.

정차 (停車) 圀自 停車.

정착 (定着) 圀自 定着. ‖일본에 정착하다 日本に定着する.

정찰[1] (正札) 圀 正札. ‖정찰제 正札販売制. 정찰 판매 正札販売.

정찰[2] (偵察) 圀他 偵察.

정찰-기 (偵察機) 圀 偵察機.

정찰-병 (偵察兵) 圀 偵察兵.

정책 (政策) /tʃɔːŋtʃʰɛk/ 圀 政策. ‖금융 정책 金融政策. 정책의 일환으로 政策の一つとして. 새로운 정책을 내놓다 新しい政策を打ち出す.

정책-적 (政策的) 【-쩍】 圀 政策的. ‖정책적인 차원에서 政策的次元で.

정처[1] (正妻) 圀 =정실(正室).

정처[2] (定處) 圀 定まった所. ‖정처 없이 떠나다 当てもなく旅立つ.

정체[1] (正體) 圀 正体. ‖정체가 탄로나다 正体がばれる. 정체를 드러내다 正体を現わす.

정체[2] (政體) 圀 政体. ‖대한민국의

정체는 자유 민주주의이다 大韓民國の政體は自由民主主義である.
정체²(停滯) 图 回비 停滯; 滯. ‖경기가 정체되어 있다 景気が停滞している. 심각한 교통 정체 深刻な交通渋滞.
정초¹(正初) 图 正月初旬; 年の初め; 年初; 年頭.
정초²(定礎) 图 하비 定礎.
　정초-식(定礎式) 图 定礎式.
정취(情趣) 图 情趣; 趣. ‖봄 정취에 매료되다 春の趣に魅了される.

정치 /dʒəŋtʃʰi/ 图 하비 政治. ‖정치 경제 政治経済. 정치상의 대립 政治上の対立. 정치 불신을 가져오다 政治不信を招く. 의회 정치 議会政治. 관료 정치 官僚政治. 정치 체제 政治体制. 정치 활동 政治活動.
　정치-가(政治家) 图 政治家.
　정치-계(政治界) 【-/-계】 图 政界.
　정치-권(政治圏) 图 政治圏.
　정치-권력(政治權力) 【-권-】 图 政治権力.
　정치-꾼(政治-) 图 政治屋.
　정치-단체(政治團體) 图 政治団体.
　정치-력(政治力) 图 政治力.
　정치-범(政治犯) 图 〔法律〕 政治犯.
　정치-부(政治部) 图 政治部.
　정치-자금(政治資金) 图 政治資金.
　정치-적(政治的) 图 政治的. ‖정치적인 움직임 政治的な動き. 정치적인 문제 政治的な問題. 정치적 수완 政治的の手腕.
　정치-철학(政治哲學) 图 政治哲学.
　정치-투쟁(政治鬪爭) 图 政治闘争.
　정치-학(政治學) 图 政治学.
　정치-헌금(政治獻金) 图 政治献金.
　정치-혁명(政治革命) 【-형-】 图 政治革命.
정치-하다(精緻-) 图 하비 精緻だ. ‖정치한 묘사 精緻な描写.
정칙(正則) 图 正則. ㉓변칙(變則).
정탐(偵探) 图 하타 探偵.
정태(靜態) 图 静態. ㉓동태(動態).
정토(淨土) 图 〔仏敎〕 浄土. ‖극락정토 極楽浄土.
　정토-종(淨土宗) 图 〔仏敎〕 浄土宗.
정통(正統) 图 ❶ 正統. ❷ 核心; 的. ‖정통을 찌르다 核心を突く; 的を射る.
　정통-성(正統性) 【-씽】 图 正統性.
　정통-적(正統的) 图 正統. ‖정통적인 작풍 正統な作風.
　정통-파(正統派) 图 正統派.
정통-하다(精通-) 图 精通する. ‖민법에 정통하다 民法に精通している.
정평(定評) 图 定評. ‖정평 있는 작품 定評のある作品.
정표(情表) 图 하타 誠意または感謝のしるし.

정-하다(定-) /dʒəŋhada/ 图 하비 定める; 決める. ‖규칙을 정하다 規則を定める. 법률에 정해진 바에 따라 처벌하다 法律の定めるところにより処罰する. 일정을 정하다 日程を決める. 활동 방침을 정하다 活動方針を決める. 정해진 노래 定番の歌.
정학(停學) 图 하비 停学. ‖무기정학 처분을 받다 無期停学処分を受ける.
정한¹(情恨) 图 情と恨み.
정한²(靜閑) 图 静寂; 閑静.
정한-하다(精悍-) 图 하비 精悍だ.
　정한-히 图
정합(整合) 图 整合.
　정합-성(整合性) 【-씽】 图 整合性.
정해¹(正解) 图 正解.
정해²(精解) 图 하타 精解. ‖국문법 정해 国文法精解.
정형¹(定形) 图 定形.
정형²(定型) 图 定型.
　정형-시(定型詩) 图 〔文芸〕 定型詩.
정형³(整形) 图 整形.
　정형-외과(整形外科) 【-과/-꽈】 图 整形外科.
정화¹(淨化) 图 하타 浄化. ‖사회 정화 社会浄化.
　정화-조(淨化槽) 图 浄化槽.
정화²(精華·菁華) 图 ‖석굴암은 신라 예술의 정화다 石窟庵は新羅の芸術の精華である.
정화-수(井華水) 图 早朝一番に汲んだ井戸水. ✢祈る時や漢方薬を煎じる時に使う.
정확-하다(正確-) 【-콱하-】 图 하비 正確だ; 確かだ. ‖사람 보는 눈이 정확하다 人を見る目が確かだ. 치수대로 정확하게 만들다 寸法通り正確に作る. 정확을 기하다 正確を期す. **정확-히** 图 납기일을 정확히 지키다 納期日を正確にする.
정황(情況) 图 情況; 状況.
정회(停會) 【-/-회】 图 하타 停会.

젖 /dʒətʼ/ 【젇】 图 ❶ 乳; 乳汁. ‖아기에게 젖을 먹이다 赤ん坊に乳を飲ませる〔吸わせる〕. 젖을 빨다 乳を吸う. ❷ 乳房; おっぱい. ‖아기에게 젖을 물리다 赤ん坊に乳を含ませる. 젖이 불다 乳が張る. ✢젖을 떼다 乳離れさせる; 離乳する; 断乳する.
젖-가슴 【젇까-】 图 乳房; 乳房の辺り.
젖-꼭지 【젇-찌】 图 ❶ 乳頭; 乳首. ㉺유두(乳頭). ❷ 〔哺乳瓶の〕乳首.
젖-꽃판 【젇꼳-】 图 乳輪.
젖-내 【젇-】 图 乳のにおい. ▶젖내가 나다 子どもっぽい; 青臭い; 幼稚だ; 未熟だ.
젖-니 【젇-】 图 乳歯. ㉺유치(乳齒).
젖다¹ /dʒətʼtʰa/ 【젇타】 图 ❶ 濡れる. ‖비에 흠뻑 젖다 雨にびっしょり(と)濡

젖다 밤이슬에 젖은 잔디 夜露に濡れた芝生. ❷(感情や思いに)浸る. ‖향수에 젖다 郷愁に浸る. ❸(悪習や癖に)染まる; とらわれる. ‖오래된 인습에 젖어 있다 古い因習にとらわれている.

젖다² 〔전따〕 後ろに傾く; 反る. ⑩젖히다.

젖-당 (-糖) 〔전땅〕 图 《化学》 =유당(乳糖).

젖-이 〔전-〕 图 乳飲み子; 乳児.

젖-멍울 〔전-〕 图 乳の腫れ; 乳房内のぐりぐり.

젖-몸살 〔전-〕 图 乳が腫れて起こる悪寒.

젖-병 (-瓶) 〔전뼝〕 图 哺乳瓶.

젖-비린내 〔전삐-〕 图 ❶乳臭い. ❷子どもっぽい; 幼稚だ; 未熟だ. ▶젖비린내가 나다 子どもっぽい; 幼稚だ; 未熟だ. 젖비린내가 나는 녀석 乳臭い, 青二才.

젖-빛 〔전삗〕 图 乳白色.

젖빛 유리 (-琉璃) 〔전삗뉴-〕 图 曇りガラス; すりガラス.

젖-산 (-酸) 〔전싼〕 图 =유산(乳酸).

젖산-균 (-酸菌) 〔전싼-〕 图 =유산균(乳酸菌).

젖산 발효 (-酸醱酵) 图 =유산 발효(乳酸醱酵).

젖-샘 〔전쌤〕 图 《解剖》 乳腺.

젖-소 〔전쏘〕 图 《動物》 乳牛.

젖-줄 〔전쭐〕 图 ❶=젖샘. ❷[比喩的に]生命の源; 大動脈. ‖한국의 젖줄인 한강 韓国の大動脈である漢江.

젖히다 /dʒət͡ɕida/ 〔저치-〕 「젖다」の使役動詞〕 反らす; のける; 反り返る. ‖몸을 뒤로 젖히다 体を後ろに反らす. ❷(後ろに)倒す. ‖몸을 젖혀 날아오는 공을 피하다 体を倒して飛んでくるボールを避ける. 의자를 뒤로 젖히다 椅子を後ろに倒す. ❸めくる. ‖이불을 젖히고 일어나다 布団をめくって起きる. ❹差し置く. ‖이 문제는 젖혀 놓고 다음 문제로 넘어갑시다 この問題は差し置いて次の問題に移りましょう. ❺[어 (어)] 젖히다の形で] …放しにする. ‖문을 열어 젖히다 ドアを開けっ放しにする.

제¹ (祭) 〔祭祀(祭祀)の略語〕 祭祀. ‖제를 지내다 祭祀を執り行なう.

제² (諸) 图 《姓》 諸(ジェ).

제³ /dʒe/ 图 ❶[助詞가·게の前で用いられて] 私, わたくし. ‖제가 하겠습니다 私がやります. 제가 알고 있는 한 私の知っている限り. ❷[저의の縮約形] 私の. ‖제 생각으로는 私の考えでは, 제차로 가시지요 私の車で行きましょう.

제⁴ (劑) 依名 漢方の煎じ薬 20服. ‖보약 한 제를 짓다 補薬 20服を調合してもらう.

제⁵ (諸) 冠 〔一部の漢語の前について〕 諸; 色々の; 諸々の. ‖자본주의의 제 문제 資本主義の諸問題.

제-⁶ (第) 接頭 第…. 제일 장 제이 절 第1章第2節.

-제⁷ (制) 接尾 …制. ‖가부장제 家父長制. 군주제 君主制.

-제⁸ (祭) 接尾 …祭. ‖위령제 慰霊祭.

-제⁹ (製) 接尾 …製. ❶材料を表わす. ‖금속제 金属製. ❷生産地を表わす. ‖일제 日本製. 미제 アメリカ製.

-제¹⁰ (劑) 接尾 …剤. ‖해열제 解熱剤.

제가¹ (齊家) 图 (하자) 斉家(が). ‖수신제가 修身斉家.

제가² (諸家) 图 ❶諸家. ‖제가의 학설 諸家の学説. ❷제자백가(諸子百家)の略語.

제-각기 (-各其) 【-깍】 副 各自; まちまち. ‖형제라 해도 성격은 제각각이다 兄弟といえども性格はまちまちだ.
—— 图 各自; めいめい; おのおの; それぞれ.

제-각각 /tɕega̠k̚k̠i/ 【-끼】 副 各自; めいめい; それぞれ. ‖하는 일이 제각각 다르다 やっていることがそれぞれ違う.

제갈 (諸葛) 图 《姓》 諸葛(ジェガル).

제강 (製鋼) 图 (하자) 製鋼.

제거 (除去) 图 (하타) 除去; 取り除くこと. ‖지뢰를 제거하다 地雷を除去する. 불순물을 제거하다 不純物を取り除く.

제거-되다 受動

제격 (-格) 图 うってつけ; あつらえ向き. ‖여름에는 냉면이 제격이다 夏は冷麺がうってつけだ. 그런 역에 제격인 인물이 있다 そういう役にうってつけの人がいる.

제고 (提高) 图 (하타) (水準などを)高めること. ‖생산성을 제고하다 生産性を高める.

제곱 图 (하타) 《数学》 二乗; 自乗.

제곱-근 (-根) 〔-끈〕 图 《数学》 自乗根; 平方根.

제곱-비 (-比) 【-삐】 图 《数学》 自乗比.

제곱-수 (-数) 【-쑤】 图 《数学》 自乗数.

제공 (提供) /tɕegoŋ/ 图 (하타) 提供. ‖자료를 제공하다 資料を提供する. 그녀는 우리들에게 모든 정보를 제공해 주었다 彼女は我々にあらゆる情報を提供してくれた.

제공-권 (制空権) 〔-꿘〕 图 《法律》 制空権.

제과 (製菓) 图 (하타) 製菓.

제과-점 (製菓店) 图 パン屋; ケーキ屋; ベーカリー.

제관 (製罐) 图 製缶.

제구¹ (祭具) 图 祭具.

제구² (制球) 图 《野球で》制球.

제구-력 (制球力) 图 制球力; コント

롤.

제-구실 [名] [하自] 本来의 役目; 義務; 勤め. ‖제구실을 못하는 노후화된 기계 本来의 役割이 果たせない老朽化した機械.

제국¹ (諸國) [名] 諸國.

제국² (帝國) [名] 帝國. ‖로마 제국 ローマ帝國.

　제국-주의 (帝國主義) [-주-/-주이] [名] 帝國主義.

제군 (諸君) [代] 諸君. ‖학생 제군 学生諸君.

제기¹ (民俗) ジェギ(紙や布で包んだ銅貨などを地面に落とさないよう蹴り上げる子どもの遊びの一種).

제기² (祭器) [名] 祭器.

제기³ (提起) [名] [하他] 提起; 申し立てること. ‖이론을 제기하다 異論を提起する. 중요한 문제를 제기하다 重要な問題を提起する. **제기-되다** [受動]

제기랄 [感] 思い通りにならなかった時や悔しい時などに発する語; ちょっ; えいくそ; くそっ; くそっ; 畜生. ‖제기랄 또 놓쳐 어 くそっ, また乗り遅れたな.

제-까짓 [-진] [冠] あの程度の; あのくらいの; あんな; あんな. ‖제까짓 거 아무리 해 봐야 소용없다 あんなやつがいくら頑張っても無駄だ.

제꺽 [副] ❶ 物事を手際よく行なう様子; さっさと; 手早く; 素早く. ‖일을 제꺽 해치우다 仕事をさっさと片付ける. **제꺽-제꺽** [副] てきぱきとする. ‖제꺽제꺽 대답하다 てきぱき(と)答える.

제끼다 [他] ❶〈仕事などを〉手早く処理する. ❷〈何かを〉しくる. ‖먹어 제끼다 食べまくる.

제-날 제날짜의 略称.

제-날짜 [名] 決められた時; 所定の日. 제날. ‖리포트를 제날짜에 제출하다 レポートを決められた日に提出する.

제-달 [名] 決められた月.

제당 (製糖) [名] [하他] 製糖.

제대¹ (除隊) [名] [하自] (軍事) 除隊. ⇔ 입대(入隊).

제대² (臍帯) [名] (解剖) 臍帯(ほぞ)のお; へその緒.

　제대-혈 (臍帯血) [名] (医学) 臍帯血.

제-대로 /tʃedɛro/ [副] 〔下に打ち消しの表現を伴って〕❶ ちゃんと; きちんと; まともに; 十分に. ‖제대로 된 물건이 하나도 없다 まともなものが一つもない. 제대로 잠을 못 잤다 十分に寝られなかった. ❷ 思うように. ‖제대로 되는 일이 없다 あらゆることが思うようにいかない.

제도¹ (制度) /tʃeːdo/ [名] 制度. ‖연금 제도 年金制度. 가족 제도 家族制度. 사회 제도 社会制度. 사회 보장 제도 社会保障制度.

제도² (諸島) [名] 諸島. ‖서인도 제도 西インド諸島.

제도³ (製圖) [名] [하他] 製圖.

　제도-기 (製圖器) [名] 製圖器.

　제도-판 (製圖板) [名] 製圖板.

제도⁴ (濟度) [名] [하自] (仏教) 済度(さい).

제독¹ (除毒) [名] [하自] 除毒.

제독² (提督) [名] 提督.

제동 (制動) [名] [하自] 制動; ブレーキ. ‖제동을 걸다 ブレーキをかける.

　제동-기 (制動機) [名] 制動機; ブレーキ.

제등 (提燈) [名] 提灯(ちょうちん). ‖제등 행렬 提灯行列.

제-때 [名] 所定の時; ちょうどよい時. ‖월급을 제때 못 받았다 給料を給料日にもらえなかった.

제라늄 (geranium) [名] (植物) ゼラニウム.

제련 (製鍊) [名] [하他] 製鍊.

　제련-소 (製鍊所) [名] 製鍊所.

제례 (祭禮) [名] 祭礼.

제로 (zero) [名] ゼロ; 零.

　제로섬 (zero-sum) [名] ゼロサムゲーム.

제막 (除幕) [名] [하自] 除幕.

　제막-식 (除幕式) [-씩] [名] 除幕式.

제-멋 [-먿] [名] 思い通り; 自らいいと思うところ; 思い思い; 自分好み. ‖다들 제멋에 산다 皆思い思いに生きている.

　제멋-대로 [-먿때-] [副] 勝手に; 好き勝手に; 自分勝手に; 思いのままに; 思い通りに; 好きなように. ‖남의 것을 제멋대로 쓰다 人のものを勝手に使う. 제멋대로 행동하다[굴다] 好き勝手にふるまう.

제면¹ (製綿) [名] [하自] 製綿.

제면² (製麵) [名] [하自] 製麵.

제명¹ (-命) [名] 天寿. ‖제명대로 살다 天寿を全うする.

제명² (除名) [名] [하他] 除名. ‖규율 위반으로 제명하다 規律違反で除名する.

　제명-당하다 [受動]

제명³ (題名) [名] 題目; タイトル; 題名. ‖책 제목 本の題名. 노래 제목 歌のタイトル.

제모 (制帽) [名] 制帽.

제목 (題目) [名] 題目; タイトル; 題名. ‖책 제목 本の題名. 노래 제목 歌のタイトル.

제문 (祭文) [名] 祭文.

제물 (祭物) [名] 供え物; 犠牲; いけにえ. ‖제물로 바치다 いけにえを捧げる.

　제물-에 [副] ひとりでに; 自ら; おのずと.

제반 (諸般) [名] 諸般. ‖제반 사정 諸般の事情.

제발 /tʃeːbal/ [副] なにとぞ; どうか; なんとか; 是非. ‖제발 부탁 드립니다 なにかお願いいたします. 제발 이번 시험은 통과하기를! どうか今度の試験は受かりますように. 제발 용서해 주세요 どうかお許しください.

제방 (堤防) 图 堤防; 土手. ∥제방이 무너지다 堤防が決壊する.

제법¹ (製法) 【-뻡】 图 製法.

제법² (除法) 【-뻡】 图 〖数学〗 除法; 引き算.

제법³ /tʃebɔp/ 副 なかなか; かなり; 結構; 相当. ∥날씨가 제법 춥다 (天気が)結構寒い. 그는 춤을 제법 잘 춘다 彼はダンスをかなりうまく踊る. 그가 돌아온 지도 제법 되었지만 彼が戻ってきてからかなり経っている. 바람이 제법 차다 風が相当強い.

제보 (提報) 하他 情報の提供. ∥시청자 제보 視聴者からの情報.

제보자 (提報者) 图 情報提供者.

제복 (制服) 图 制服; ユニホーム.

제본 (製本) 하他 製本.

제부 (弟夫) 图 妹の夫; 義弟.

제분 (製粉) 하他 製粉.

제비¹ 图 くじ引き; 抽選. ∥제비를 뽑다 くじを引く.

제비뽑기 【-끼】 图自 くじ引き.

제비² /tʃe:bi/ 图 〖鳥類〗 ツバメ.

제비-족 (-族) 图 〖俗っぽい言い方で〗 若いつばめ.

제비-꽃 (-꼳) 图 〖植物〗 スミレ(菫); オランカッコ.

제비-붓꽃 【-붇꼳】 图 〖植物〗 カキツバタ(杜若).

제빙 (製氷) 하他 製氷.

제빙-기 (製氷機) 图 製氷機.

제사¹ (祭祀) 图 祭祀(サイシ); お祭り. ∥제사(를) 지내다 祭祀を執り行なう.

제삿-날 (祭祀ㅅ-) 【-산-】 图 命日; 忌日.

제삿-밥 (祭祀ㅅ-) 【-사빱/-삳빱】 图 ∥제사が終わって食べるご飯.

제사² (製絲) 하他 製糸.

제사-장 (祭司長) 图 〖宗教〗 祭司.

제삼-국 (第三国) 图 第三国.

제삼^세계 (第三世界) 图 【-/-게】 第三世界.

제삼^세력 (第三勢力) 图 第三勢力.

제삼^인칭 (第三人称) 图 〖言語〗 第三人称; 三人称.

제삼-자 (第三者) 图 第三者.

제삼-차 (第三次) 图 第三次.

제삼차^산업 (第三次産業) 图 第三次産業.

제상 (祭床) 【-쌍】 图 祭祀の時に供える膳.

제생 (濟生) 하自 〖仏教〗 衆生を救うこと.

제석-천 (帝釈天) 图 〖仏教〗 帝釈天(たいしゃく).

제설¹ (除雪) 图 除雪. ∥제설 작업 除雪作業.

제설-차 (除雪車) 图 除雪車.

제설² (諸説) 图 諸説.

제세 (濟世) 图 済世; 世の人々を救うこと.

제소 (提訴) 하他 〖法律〗 提訴.

제-소리 图 〖楽器などの〗 正常な音.

제소리 图 本音; 本心.

제수¹ (弟嫂) 图 弟の妻.

제수-씨 (弟嫂氏) 图 弟の妻. ∗呼称として も用いられる.

제수² (祭需) 图 ❶ 祭祀用の供え物. ❷ 祭祀に使う材料.

제수³ (除數) 图 〖数学〗 除数.

제스처 (gesture) 图 ジェスチャー.

제습 (除濕) 图 除湿.

제습-기 (除濕器) 【-끼】 图 除湿器.

제시 (提示) /tʃeʃi/ 하他 提示; 呈示; 示すこと. ∥조건을 제시하다 条件を提示する. 증거를 제시하다 証拠を示す. 신분증을 제시하다 身分証書を呈示する. 방향성을 제시하다 部下たちに方向性を示す. **제시-되다** 受動

제-시간 (-時間) 图 定時; 定刻; 決まった時間. ∥비행기가 제시간에 도착하다 飛行機が定刻に到着する. 밥을 제시간에 먹다 決まった時間にご飯を食べる.

제씨 (諸氏) 图 諸氏.

제-아무리 副 〖見くびる言い方で〗 いくら…(しようとも); どんなに…(しても). ∥제아무리 머리가 좋다 해도 이 문제는 못 풀 것이다 どんなに頭がよくてもこの問題は解けないだろう.

제안 (提案) /tʃean/ 하他 提案. ∥새로운 계획을 제안하다 新しい計画を提案する. 제안을 받아들이다 提案を受け入れる.

제압 (制壓) 하他 制圧. ∥무력으로 제압하다 武力で制圧する. **제압-당하다** 受動

제야 (除夜) 图 除夜. ∥제야의 종 除夜の鐘.

제약¹ (制約) /tʃe:jak/ 하他 制約. ∥법적 제약을 받다 法的制約を受ける. 시간의 제약이 있어서 자세하게 알아볼 수 없었다 時間に制約があって詳しく調べることができなかった. **제약-받다** [-따] 受動

제약² (製藥) 하他 製薬. ∥제약 회사 製薬会社.

제어 (制御) 하他 制御. ∥제어 장치 制御装置.

제언 (提言) 하他 提言.

제염 (製鹽) 하他 製塩. ∥천일 제염 天日製塩.

제왕¹ (帝王) 图 帝王.

제왕² (諸王) 图 諸王.

제왕^절개 수술 (帝王切開手術) 图 〖医学〗 帝王切開術.

제외 (除外) /tʃewe/ 【-/-웨】 图 하他 除外하다; 除くこと. ∥이번에는 이것을 제외하자 今回はこれを除外しよう. 미성년자는 제외하다 未成年者は除外する.

출장 중인 한 사람을 제외하고 전부 모였다 出張中の一人を除いて全員集まった. **제외-되다[-하다]** 受動

제위(帝位) 图 帝位. ‖帝位に登る 帝位につく.

제위(諸位) 图 各位; 皆様方.

제육(-肉) 图 豚肉.

제육-구이(-肉-)【-꾸-】图《料理》薄く切った豚肉を味付けして焼いたもの.

제육-볶음(-肉-)【-뽀끔】图《料理》豚肉を玉ネギや野菜と一緒に味付けして炒めたもの.

제의(提議)【-/-이】 하他 提議. ‖法 改正を提議する 法の改正を提議する.

제이¹(第二) 第二; 二番目.
제이-심(第二審) 图《法律》第二審.
제이˚인칭(第二人稱) 图《言語》第二人称; 二人称.

제이²(J·j) 图 (アルファベットの)ジェイ.

제이-차(第二次) 图 第二次.
제이차˚산업(第二次産業) 图 第二次産業.
제이차˚성징(第二次性徴) 图 第二次性徴.
제이차˚세계˚대전(第二次世界大戦)【-/-게-】图 第二次世界大戦.

제일(第一) /dʑeːil/ 图 ❶一番; 第一. ‖감기에는 자는 게 제일이다 風邪には寝るのが一番だ. 고객 제일 주의 顧客第一主義. ❷[副詞的に]最も; 一番. ‖제일 좋아하는 노래 一番好きな歌. 세계에서 제일 긴 다리 世界で最も長い橋.

제일-보(第一步) 图 第一歩. 卽첫발.
제일-선(第一線)【-썬】图 第一線. ‖제일선에서 물러나다 第一線から退く.
제일-심(第一審)【-씸】图《法律》第一審.

제일인-자(第一人者) 图 第一人者.
제일˚인칭(第一人稱) 图《言語》第一人称; 一人称.

제일-차(第一次) 图 第一次.
제일차˚산업(第一次産業) 图 第一次産業.
제일차˚세계˚대전(第一次世界大戦)【-/-게-】图 第一次世界大戦.

제자¹(弟子) 图 弟子; 教え子. ‖수제자 愛弟子.

제자²(題字) 图 題字.

제-자리 图 もとの場所; 決められた場所; 自分の場所. ‖쓰고 나면 제자리에 놓아 두세요 使い終わったらもとの場所に置いておいてください.

제자리-걸음 图 하自 足踏み. ‖주가는 제자리걸음을 하고 있다 株価は足踏み状態だ.

제자리-높이뛰기 图《スポーツ》垂直跳び.

제자리-멀리뛰기 图《スポーツ》立ち幅跳び.

제자리-표(-標) 图《音楽》本位記号; ナチュラル(♮).

제자-백가(諸子百家)【-까】图 諸子百家.

제작(製作) 하他 製作; 制作. ‖드라마 制作 ドラマの制作. 제작자 공동 제작 共同制作. **제작-되다** 受動

제재¹(制裁) 하他 制裁. ‖法的制裁를 가하다 法的制裁を加える. **제재-받다[-하다]** 受動

제재²(製材) 图 製材.

제재³(題材) 图 題材.

제적(除籍) 图 除籍. ‖제적 처분 除籍処分. **제적-당하다** 受動

제전(祭典) 图 祭典. ‖スポーツの제전 スポーツの祭典.

제정¹(制定) 하他 制定. ‖헌법을 제정하다 憲法を制定する. **제정-되다** 受動

제정²(帝政) 图 帝政. ‖제정 러시아 帝政ロシア.

제정³(祭政) 图 祭政.
제정-일치(祭政一致) 图 祭政一致.

제-정신(-精神) 图 正気; 本心. ‖제 정신이 아니라 正気の沙汰ではない.

제조(製造) 하他 製造. ‖자동차 부품을 제조하다 自動車の部品を製造する. **제조-되다** 受動
제조-업(製造業) 图 製造業.
제조-원(製造元) 图 製造元.

제주¹(祭主) 图 祭主.
제주²(祭酒) 图 祭祀用のお酒; お神酒(ネ).

제주-도(濟州道) 图《地名》濟州道(ジェジュド).
제주-도(濟州島) 图《地名》濟州島(チェジュド).

제지¹(制止) 하他 制止. ‖관계자 이외의 사람들의 출입을 제지하다 関係者以外の人の出入りを制止する. 제지를 뿌리치다 制止を振り切る. **제지-당하다** 受動

제지²(製紙) 하自 製紙. ‖제지 공장 製紙工場.

제-집 自分の家; 自宅.

제-짝 图 対をなすものの片方; 片割れ.

제창¹(提唱) 하他 提唱.

제창²(齊唱) 图 하他 齊唱. ‖지금부터 교가를 제창하겠습니다 これから校歌を斉唱する.

제철¹ 旬; その時期. ‖제철 과일 旬の果物.

제철²(製鐵) 图 製鉄. ‖제철 공업 製鉄工業.

제철-소(製鐵所)【-쏘】图 製鉄所.

제청(請請) 하他 提案に対して同意を請うこと.

제초(除草) 하他 除草; 草取り.

제초-기(除草機) 图 除草機.

제초-제 (除草劑) 图 除草剤.
제출 (提出) /ʤeʰ/ ul/ 图 [하타] 提出. ‖박사 논문을 제출하다 博士論文を提出する. 사표를 제출하다 辞表を提出する. 다음 달 계획을 제출해 주십시오 来月の計画を提出してください. 원서를 이월 이십일까지 제출하면 안 된다 願書を2月20日までに提出しなければならない. **제출-되다** 受身

제충 (除蟲) 图 [하타] 除虫.
제취 (除臭) 图 [하타] 消臭.
제치다 /ʤečʰida/ 他 ❶ 邪魔にならないようによける; 退(の)ける. ‖걸리는 것들은 한쪽으로 제치다 邪魔になるものは片隅に退かす. ❷ 除外する; 抜きにする. ‖그 녀석은 제쳐 두고 갑시다 あいつは抜きにして行きましょう. ❸ 仕事などを後回しにする. ‖숙제를 제쳐 놓고 놀다 宿題を後回しにして遊ぶ. ❹ 追い越す. ‖선두를 제치다 先頭を追い越す.

제트[1] (Z·z) 图 (アルファベットの)ゼット.
제트[2] (jet) 图 ジェット.
제트-기 (一機) 图 ジェット機.
제트기류 (一氣流) 图 (天文) ジェット気流.
제트 엔진 (jet engine) 图 ジェットエンジン.

제판 (製版) 图 [하타] 製版; 整版.
제패 (制覇) 图 [하타] 制覇. ‖전국 대회를 제패하다 全国大会を制覇する.
제풀-에 圖 自然に; おのずと; ひとりでに; いつの間にか; そうしているうちに. ‖아가가 제풀에 지쳐 잠들었다 赤ん坊がいつの間にか疲れて寝入っている.
제품 (製品) 图 製品. ‖유리 제품 ガラス製品. 반제품 半製品. 신제품 新製品.

제-하다 (除一) 他 [하변] 差し引く. ‖월급에서 세금을 제하다 給料から税金を差し引く.

제한 (制限) /ʤeːhan/ 图 [하타] 制限. ‖응모 자격을 제한하다 応募資格を制限する. 연령 제한이 있다 年齢制限がある. 담배를 하루에 다섯 개비로 제한하다 タバコを1日5本に制限する. 제한 속도 制限速度.
제한-선거 (制限選擧) 图 制限選挙.
제해-권 (制海權) 图 [法律] 制海権.
제헌 (制憲) 图 制憲.
제헌-절 (制憲節) 图 憲法記念日. 7月17日.
제화 (製靴) 图 製靴.
제후 (諸侯) 图 諸侯.
제휴 (提携) 图 [하타] 提携. ‖외국 회사와 외동하다 外国の会社と提携する. 기술 제휴 技術提携.
제-힘 图 自分の力; 自力. ‖제힘으로 문제를 해결하다 自力で問題を解決する.

젠더 (gender) 图 ジェンダー.
젠장 國 젠장맞을의 略語.
젠장맞-을 國 気に食わなかったり忌々しかったりした時, 1人で吐き出す語: ちぇっ; くそ; 畜生.
젠장-할 國 = 젠장맞을.
젤라틴 (gelatin) 图 ゼラチン.
젤리 (jelly) 图 ゼリー.
젬-병 图 〔편할없는 것의俗語〕全く駄目; できないこと. ‖노래는 젬병이다 歌は全く駄目だ.
젯-밥 (祭一) [제빱/젣빱] 图 供えて下げたご飯.

저[1] 圖 [져] 지다(落ちる)의 連用形.
저[2] 圖 [져] 지다(負ける)의 連用形.

조[1] (植物) アワ(粟).
조[2] (曹) (姓) 曹(ジョ).
조[3] (趙) (姓) 趙(ジョ).
조[4] (租) 租.
조[5] (趙) (歷史) (中国王朝の)趙(前403∼前222).
조[6] (調) 依民 口調や態度の様子を表す語: …調; …腰; …ふう. ‖윗사람조로 부탁한다 衰願調で頼む. 시비조로 말대꾸하다 けんか腰に口答えする. 불만조로 대답하다 不満そうに答える.
조[7] (條) 依民 …条. ‖민법 제백팔 조 民法第108条.
조[8] (條) 依民 〔…조로の形で〕…として; …の名目で; …のつもりで. ‖사례 조로 드릴 것입니다 謝礼のつもりで差し上げます.
조[9] (兆) 图 兆.
조[10] 國 あの. 그 녀석 아이구.
조[11] (助) 接頭 助…. ‖조감독 助監督.

조가비 图 貝殻. 패각(貝殻).
조각[1] /ʤogak/ 图 切れ; 切れ端; かけら; 破片; 断片. ‖천 조각 布の切れ端. 유리 조각 ガラスのかけら. 조각을 내다 粉々にする. 조각이 나다 粉々になる; (組織·団体などが)分裂する. **조각-조각** 圖 粉々に.
── 依民 …切れ. ‖치즈 한 조각 チーズ一切れ.
조각-달 [─딸] 图 片月; 弦月; 片割れ月; 弓張り月.
조각-배 [─빼] 图 小舟.
조각-보 (一褓) [─뽀] 图 端切れを縫い合わせて作った風呂敷.
조각[2] (組閣) 图 [하타] 組閣.
조각[3] (彫刻) 图 [하타] 彫刻.
조각-가 (彫刻家) [─까] 图 彫刻家.
조각-도 (彫刻刀) [─또] 图 彫刻刀.
조간 (朝刊) 图 [조간신문(朝刊新聞)의 略語] 석간(夕刊).
조간-신문 (朝刊新聞) 图 朝刊新聞. 碗 조간(朝刊). 砂 석간신문(夕刊新聞).
조갈 (燥渴) 图 [하타] のどが渇くこと.

조갈-증(燥渴症) 【-쯩】 图(漢方) 목 이 몹시 마른 증세.

조감(鳥瞰) 图(하타) 鳥瞰(ちょうかん).

조감-도(鳥瞰圖) 图 鳥瞰図.

조강지처(糟糠之妻) 图 糟糠(そうこう)の 妻.

조개 /dʒoge/ 图(魚介類) 貝.

조개-관자(-貫子) 图 貝柱. ⑩패주 (貝柱).

조개-더미 图 貝塚. ⑩패총(貝塚).

조개-젓 【-젇】图 貝類の塩辛.

조개-탕(-湯) 图(料理) 貝汁; 貝の スープ.

조갯-국 /-개꾹/-갣꾹/图 =조개탕(-湯).

조갯-살 /-개쌀/-갣쌀/图 貝の身; 貝 の干物.

조개-탄(-炭) 图 豆炭.

조객(弔客) 图 弔客; 弔問客.

조건(條件) 【-껀】图 /dʒoʔgən/ 条 件. ‖결혼 조건 結婚の条件. 조건을 달다 条件をつける. 상대방의 조건을 받아들 이다 相手の条件をのむ.

조건-반사(條件反射) 图(生物) 条 件反射.

조건-부(條件附) 图 条件付き. ‖조 건부로 승낙하다 条件付きで承諾する.

조계-종(曹溪宗) 图/-/-게-/图(仏教) 曹溪宗.

조곡(組曲) 图(音楽) 組曲. ⑩모음곡 (-曲).

조공(朝貢) 图(하타자)(歷史) 朝貢.

조교(弔橋) 图 吊橋.

조교[2](助教) 图 ❶(大学の)助手. ❷ (軍の教官を補佐する)下士官.

조교[3](調教) 图(하타) 調教. ‖말을 조 교하다 馬を調教する.

조-교수(助教授) 图 准教授.

조국(祖國) 图 祖国. ‖조국 땅 祖国 の土. 나의 조국 わが祖国.

조그마-하다 圈(하変) やや小さい. ‖조그마한 용기 小さい入れ物. 조그마 한 일로 고민하지 마라 小さいことにく よくよしないで.

조그맣-다 【-마타】 圈(ㅎ変) 조그마하 다の縮約形. ‖우주에서 보는 지구는 조 그맣다 宇宙から見る地球は小さい.

조금 /dʒogum/ 副 ❶少し; 多少; わ ずかに; いくらか. ⑧즘. ‖어제보 다 조금 춥다 昨日より少し寒い. 시간 이 조금 걸릴 것 같다 時間が多少かかり そうだ. 조금 더 왼쪽으로 붙이세요 も う少し左の方に寄せてください. 돈이 조 금밖에 없다 お金はわずかしかない. 조금 이라도 도움이 되고 싶다 いくらかでも 役に立ちたい. ❷ [名詞的に] 少しい くらか. ‖너무 조금이다 あまりにも少ない. 조금만 보태 주세요 いくらかでも 恵んでください. 그렇게 노력했는데 조금도 성과 가 오르지 않았다 あんなに努力したのに

少しも成果が上がらなかった. 체중이 조 금씩 늘고 있다 体重が少しずつ増えて る.

조급-하다[1](早急-) 【-그파-】 圈(하 変) 早急だ; 急いでいる. ‖조급하게 달 려가다 急いで出ていく. **조급-히** 剾 조급히 해결해야 할 문제 早急に解決 すべき問題.

조급-하다[2](躁急-) 【-그파-】 圈(하 変) せっかちだ; 焦っている. ‖조급한 성 미 せっかちな性格. 조급하게 굴다가 실 패하다 焦って失敗する. **조급-히** 剾

조기[1](魚介類) 图 イシモチ(石持).

조기-젓 【-젇】图 イシモチの塩辛.

조기[2](弔旗) 图 弔旗. ‖조기가 이 弔旗を掲げる.

조기[3](早起) 图 早起き. ‖조기 체조 早朝ラジオ体操.

조기[4](早期) 图 早期. ‖조기에 발견 하다 早期に発見する.

조-기[5] 代 あそこ; あちら. ‖조기로 나가 세요 あそこから出てください. ⑨저기.

조깅(jogging) 图(하타) ジョギング.

조끼[1](チョッキ日) 图 胴衣; チョッキ; ベ スト.

조끼[2](ジョッキ日) 图 (ビール用の)ジョ ッキ. ✤ jug から.

조난(遭難) 图(하타) 遭難. ‖산에서 조난당하다 山で遭難する.

조난-선(遭難船) 图 遭難船.

조난-자(遭難者) 图 遭難者.

조-는 冠(ㄹ語幹) 졸다(居眠りする)の現 在連体形.

조달(調達) 图(하타) 調達; まかなうこ と. ‖자금을 조달하다 資金を調達する.

조도(照度) 图 照度.

조-동사(助動詞) 图(言語) 助動詞.

조락(凋落) 图(하타자) 凋落(ちょうらく). ‖가 을은 조락의 계절 秋は凋落の季節.

조랑-마차(-馬車) 图 小馬が引く馬 車.

조랑-말 图(動物) 小型種の馬.

조랑-조랑 剾(하変) ❶(果物や野菜な どがたくさんぶら下がっている様子; 鈴な りに. ‖풋고추가 조랑조랑 달려 있다 青唐辛子が鈴なりについている. ❷ 主な 人に何人かがぶら下がっている様子. ‖자 식이 조랑조랑 달려 있다 子どもを何人 も抱えている.

조라-하다 圈(하変) あのようだ; あんな ふうだ.

조렇다(-러타) 圈(ㅎ変) 조러하다の 縮約形. ‖하는 일이 모두가 조렇다 や っていることがすべてあんなふうだ.

조력[1](潮力) 图 潮力.

조력 발전(潮力發電) 【-빨전】图 潮 力発電.

조력[2](助力) 图(하타자) 助力.

조련[1](調練) 图(하타) 調練; 調教.

조련-사 (調練師) 圀 調教師.
조련 (操鍊・操練) 圀 自 操練.
조령모개 (朝令暮改) 圀 朝令暮改.
조례¹ (條例) 圀 用例の挨拶.
조례² (條例) 圀 条例.
조례³ (朝禮) 圀 自 朝礼; 朝会. 조례(朝禮).
조로 (早老) 圀 [하 自] 早老.
조롱 (嘲弄) 圀 [하 他] 嘲弄(ちょう〜); ばかにすること. ‖ **조롱-당하다** 受動.
조롱-박 [植物] ヒョウタン(瓢簞).
조롱-조롱 圀 自 =조랑조랑.
조루 (早漏) 圀 早漏.
조류¹ (鳥類) 圀 鳥類. ‖ 조류 도감 鳥類図鑑. 조류 독감 鳥インフルエンザ.
조류² (潮流) 圀 潮流. ‖ 시대의 조류 時代の潮流.
조류³ (藻類) 圀 [植物] 藻類.
조륙-운동 (造陸運動) 圀 [地] 造陸運動.

조르다 /tʃorɯda/ 他 [르変] [졸라, 조르니] ❶ 締める; 絞める. ‖ 허리띠를 조르다 ベルトを締める. 목을 조르다 首を絞める. ❷ 졸리다. ❸ せがむ; ねだる; せびる. ‖ 아이가 놀자고 조르다 子どもが遊ぼうとせがむ. 할머니를 졸라서 용돈을 받아내다 おばあさんにねだって小遣いをもらう.

조르르 圓 自 ❶ わずかな水が流れる様子: ちょろちょろ. ❷ 小さいものが素早く動き回る様子: ちょろちょろ; ちょこちょこ. ‖ 아이들이 선생님 뒤를 조르르 따라가다 子どもたちが先生の後ろをちょこちょこついて行く. ❸ 小さいものがなめらかに滑る様子: するする. ⇒주르르.

조르륵 圓 自 ごくわずかしか流れていなかった水などが止まる音[様子]: ちょろり; ちょろっと. ⇒주르륵.

조르륵-거리다[-대다] 【-끼다[때]-】 ちょろちょろと流れる.

조리¹ (笊籬) 圀 研(と)いだ米をよなげる時に使う笊のついた小さなざる.
조리-질 (笊籬-) 圀 他 研いだ米をよなげること.
조리² (條理) 圀 条理;(話などの)筋道; 物事の道理. ‖ 말을 조리 있게 잘하다 筋道を立てて話す; 理路整然と話す.
조리³ (調理) 圀 他 ❶ 調理. ‖ 생선을 조리하다 魚を調理する. ❷ 養生; 摂生. ‖ 산후 조리 産後の養生.
조리-기 (調理器) 圀 調理器.
조리-대 (調理臺) 圀 調理台.
조리-법 (調理法) 【-뻡】 圀 調理法; レシピ.
조리-사 (調理師) 圀 調理師.
조리⁴ 圓 ❶ あのように. ❷ あちらに. ⇒저리.
조리-로 圓 あちらに; あちらへ. ‖ 아이들은 조리로 가거라 子どもはあちらへ行きなさい. ⇒저리로.

조리-개 圀 カメラの絞り.
조리다 圀 煮詰める; 煮付ける. ‖ 생선을 조리다 魚を煮付ける.
조림¹ (料理) 圀 煮付け; 煮物. ‖ 고등어 조림 サバの煮付け.
조림² (造林) 圀 [하 他] 造林. ‖ 인공 조림 人工造林.
조립 (組立) 圀 [하 他] 組み立て; 組み立てること. ‖ 조립식 책장 組み立て式の本棚. 컴퓨터를 조립하다 コンピューターを組み立てる.
조립-건축 (組立建築) 【-껀-】 圀 プレハブ.
조립-식 (組立式) 【-씩】 圀 組み立て. ‖ 조립식 주택 組み立て住宅.

조마조마-하다 /tʃomadʒomahada/ 形 [하変] はらはらする; ひやひやする; びくびくする. ‖ 마음이 조마조마하다 はらはらする. 언제 혼날지 조마조마하다 いつ叱られるかとびくびくする.

조만-간 (早晩間) 圓 遅かれ早かれ; 早晩; そのうち; いずれにしても. ‖ 조만간 대안을 제시하겠습니다 そのうち代案を提示します. 조만간 연락이 올 것이다 早晩連絡が来るはずだ.

조만-때 圀 あの年頃; あれくらいの時. ‖ 조만때 아이들이 제일 귀엽다 あの年頃の子どもが一番かわいい. ⇒저만때.

조망 (眺望) 圀 他 眺望; 眺め.
조매-화 (鳥媒花) 圀 [植物] 鳥媒花.
조명 (照明) /tʃo:mjəŋ/ 圀 他 照明. ‖ 무대 조명 舞台照明. 간접 조명 間接照明. 조명 기구 照明器具.
조명-등 (照明燈) 圀 照明灯.
조명-탄 (照明彈) 圀 [軍事] 照明弾.

조모 (祖母) 圀 祖母; 御祖母さん.
조목 (條目) 圀 条目.
조목-조목 (條目條目) 【-쪼-】 圓 条目ごとに; 事細かく; 細部にわたって. ‖ 조목조목 따지다 事細かに問いただす.
조묘 (粗描) 圀 他 粗描.

조무래기 圀 ❶ がらくた. ❷ (さげすむ言い方で)子ども; がき; ちんぴら.
조문¹ (弔文) 圀 弔文.
조문² (弔問) 圀 他 弔問; 弔い. ‖ 조문객 弔問客.
조문³ (條文) 圀 条文.

조물-주 (造物主) 【-쭈】 造物主.
조미 (調味) 圀 調味.
조미-료 (調味料) /tʃomirjo/ 圀 調味料. ‖ 화학 조미료 化学調味料.

조밀-하다 (稠密-) 形 [하変] 稠密(ちゅうみつ)だ. ‖ 인구 조밀 지역 人口稠密地域. **조밀-히** 圓.

조-바꿈 (調-) 圀 他 [音楽] 変調.
조바심 圀 焦燥感; 焦る気持ち. ‖ 조바심이 나다 いらいらする; いらだちを覚える. 조바심을 내다 いらいらする; 焦る.

조-밥 圀 粟飯.

조변석개 (朝變夕改)【-깨】 图 하팀 朝令暮改.
조부 (祖父) 图 祖父. ‖할아버지.
조-부모 (祖父母) 图 祖父母.
조사¹ (弔詞·弔辭) 图 (言語) 弔詞; 弔辭.
조사² (助詞) 图 (言語) 助詞.
조사³ (助辭) 图 (言語) 助辭.
조사⁴ (照射) 图 하팀 照射. ‖자외선을 조사하다 赤外線を照射する.
조사⁵ (調査) /tʃosa/ 图 하팀 調査. ‖재해지 실정을 조사하다 災害地の実情を調査する. 조사 결과가 나오다 調査結果が出る. 여론 조사 世論調査. 국세 조사 国勢調査.
  조사-단 (調査團) 图 調査団.
  조사-원 (調査員) 图 調査員.
조사⁶ (祖師) 图 祖師.
조산¹ (早産) 图 早産.
조산² (助産) 图 助産.
  조산-사 (助産師) 图 助産師; 産婆.
  조산-소 (助産所) 图 助産所.
  조산-원¹ (助産員) 图 助産師; 産婆.
  조산-원² (助産院) 图 助産院.
조산³ (造山) 图 하팀 造山. ‖조산 운동 造山運動.
  조산-대 (造山帶) 图 (地) 造山帯.
조삼모사 (朝三暮四) 朝三暮四.
조상¹ (弔喪) 图 하팀 弔問; 悔やみ.
조상² (祖上) 图 先祖; 祖先.
조상³ (彫像) 图 (美術) 彫像.
조생-종 (早生種) 图 早生の品種; 極(ジョ).ョ만생종(晩生種).
조서 (調書) 图 調書. ‖경찰에서 조서를 작성하다 警察が調書を作成する.
조석¹ (朝夕) 图 朝夕; 朝晩.
조석² (潮汐) 图 潮汐. ‖조석 간만의 차 潮汐干満の差.
조선¹ (造船) 图 造船.
  조선-소 (造船所) 图 造船所.
조선² (朝鮮) 图 (歷史) 朝鮮.
  조선-시대 (朝鮮時代) 图 朝鮮時代.
  조선-어 (朝鮮語) 图 朝鮮語; 韓国語.
조성¹ (助成) 图 하팀 助成. ‖조성금 助成金.
조성² (造成) 图 하팀 造成. ‖雰囲気などを作り出すこと. ‖택지를 조성하다 宅地を造成する. 산림 조성 山林造成. 면학 분위기를 조성하다 勉学の雰囲気を造成する. **조성-되다** 受動.
조성³ (組成) 图 하팀 組成.
  조성-식 (組成式) 图 (化學) 組成式.
조세 (租稅) 图 租税.
조소¹ (彫塑) 图 (美術) 彫塑.
조소² (嘲笑) 图 嘲笑; あざ笑うこと. **조소-당하다** 受動.
조속-하다 (早速-)【-카-】 形 하팀 早急だ. ‖조속한 대응 早急な対応. **조속-히** 副 조속히 대책을 강구하다

速やかに対策を講じる.
조수¹ (助手) 图 助手.
  조수-석 (助手席) 图 (自動車などの)助手席.
조수² (潮水) 图 潮潮.
조숙-하다 (早熟-)【-수카-】 形 하팀 早熟だ; ませている. ‖조숙한 아이 早熟な子.
조식 (朝食) 图 朝食.
조식² (粗食) 图 粗食.
조신-하다 (操身-) 形 하팀 ふるまいが控え目で慎みがある.
조실-부모 (早失父母) 图 하팀 幼くして父母に死に別れること.
조심 (操心) /dʒo:ʃim/ 图 하팀 気をつけること; 注意; 用心. ‖불조심 火の用心. 불내지 않도록 조심하다 火事を起こさないよう用心する. 몸조심하세요 体に気をつけてください. 횡단보도를 건널 때에는 차를 조심하거라 横断歩道を渡る時は車に気をつけなさい. **조심-조심** 細心の注意を払いながら; 気をつけながら.
조심-성 (操心性)【-썽】 愼み; たしなみ. ‖조심성이 없다 愼みがない; たしなみがない.
조심-스럽다 (操心-)【-따】 形 ㅂ변 注意深い; 愼ましい; 控え目だ; 愼重だ. ‖조심스러운 태도 控え目な態度. **조심스레** 副.
조아리다 他 (頭を)深く下げる.
조악-하다 (粗惡-)【-아카-】 形 하팀 粗悪だ. ‖조악한 상품 粗悪な商品.
조약 (條約) 图 条約. ‖수호 조약 修好条約. 조약을 맺다 条約を結ぶ.
조약-돌【-똘】 图 砂利; 小石.
조어¹ (祖語) 图 (言語) 祖語.
조어² (造語) 图 (言語) 造語. ‖조어 성분 造語成分.
  조어-법 (造語法)【-뻡】 图 (言語) 造語法.
조언 (助言) 图 하팀 助言; アドバイス.
조업 (操業) 图 하팀 操業. ‖조업 단축 操業短縮.
조여-들다 【ㄹ語幹】 = 죄어들다.
조연 (助演) 图 하팀 助演.
조영 (造營) 图 하팀 造営.
조예 (造詣) 图 造詣. ‖조예가 깊다 造詣が深い.
조용-하다 /dʒoŋ:ŋhada/ 形 하팀 ❶ 静かだ. ‖조용한 사람 静かな人. 조용하게 말하다 静かに話す. 애들이 자면 조용해진다 子どもたちが寝ると静かになる. ❷ ひっそり(と)している. ‖방학이라서 학교가 조용하다 学校が休みだからひっそりしている. **조용-히** 副 조용히 걷다 静かに歩く.
조우 (遭遇) 图 하팀 遭遇(ジ³ゥ). ‖역에서 친구와 조우하다 駅で友人と遭遇する.

조울-병 (躁鬱病)【-뼝】 图《의학》 躁鬱(ㄣ)병.
조위-금 (弔慰金) 图 弔慰金.
조율 (調律) 图 하타 調律. ∥피아노조율 ピアノの調律.
조율-사 (調律師)【-싸】 图 調律師.
조음 (調音) 图 하타 調音. ∥조음 기관 調音器官.
조응 (照應) 图 자타 照応.
조의 (弔意)【-의/-이】 图 弔意. ∥조의를 표하다 弔意を表する.
조이다 他 =죄다¹.
조인 (調印) 图 하자 調印. ∥휴전 협정에 조인하다 休戦協定に調印する.
조인-식 (調印式) 图 調印式.
조인트 (joint) 图 하자 ジョイント.
조인트 리사이틀 (joint recital) 图 ジョイントコンサート.
조작¹ (造作) 图 하타 捏造. ∥증거를 조작하다 証拠を捏造する. **조작-되다** 자타
조작² (操作) 图 하타 操作. ∥이 기계는 조작이 간단하다 この機械は操作が簡単だ. 여론을 조작하다 世論を操作する. **조작-되다** 자타
조잘-거리다[-대다] 自 ぺちゃくちゃしゃべる.
조잘-조잘 副 하자 ❶女の子や子どもが小さい声でぺちゃくちゃしゃべる声[樣子]: ぺちゃぺちゃ(と). ❷小鳥などがさえずる声[樣子]: ピーチクパーチク.
조잡-하다 (粗雜-)【-자파-】 형 하변 粗雑だ; 粗悪だ. ∥디자인이 조잡하다 デザインが粗雑だ.
조장 (助長) 图 하타 助長; あおること. ∥사행심을 조장하다 射幸心をあおり立てる.
조장² (組長) 图 組長.
조전 (弔電) 图 弔電. ∥조전을 치다 弔電を打つ.
조절 (調節) /tʃodʒəl/ 图 하타 調節. ∥식사량을 조절하다 食事の量を調節する. 실내 온도를 조절하다 室内温度を調節する. **조절-되다** 자타
조정¹ (朝廷) 图《역사》 朝廷.
조정² (漕艇) 图 자《스포츠》 漕艇.
조정³ (調停) 图 하타 調停. ∥조정 위원회 調停委員会.
조정⁴ (調整) 图 하타 調整. ∥일정을 조정하다 日程を調整する. 의견 조정이 필요하다 意見の調整が必要だ. **조정-되다** 자타
조정⁵ (措定) 图 하타 措定.
조제 (調劑) 图 하자타 調剤; 調合.
조제-실 (調劑室) 图 調剤室.
조제-약 (調劑藥) 图 調剤薬.
조조 (早朝) 图 早朝. ∥조조할인 早朝割引.
조족지혈 (鳥足之血)【-찌-】 图 (鳥の足の意で)非常に少ない量.

조종¹ (弔鐘) 图 ❶弔鐘. ❷〔比喩的に〕事の終末を知らせる兆し.
조종² (操縱) 图 하타 操縱; (人を)操ること. ∥제트기를 조종하다 ジェット機を操縦する. 사람을 교묘하게 조종하다 人を巧みに操縦する. **조종-되다** 자타
조종-사 (操縱士) 图 操縦士.
조종-석 (操縱席) 图 操縦席.
조주 (造酒) 图 造酒.
조준 (照準) 图 照準. ∥조준 거리 照準距離.
조지다 他 ❶打ちのめす; 懲らしめる. ∥야구 방망이로 조져 놓았다 野球バットで打ちのめした. ❷台無しにする; 棒に振る. ∥별것 아닌 일로 신세를 조지다 つまらないことで一生を棒に振る.
조직 (組織) /tʃodʒik/ 图 하타 組織. ∥산악회를 조직하다 山岳会を組織する. 조직을 개편하다 組織を改編する. 사회 조직 社会組織. 세포 조직 細胞組織. **조직-되다** 자타
조직-력 (組織力)【-짱녁】 图 組織力.
조직-망 (組織網)【-짱-】 图 組織網.
조직-적 (組織的)【-쩍】 冠名 組織的. ∥조직적으로 대응하다 組織的に対応する.
조직-체 (組織體) 图 組織体.
조직-화 (組織化)【-지콰】 图 하타 組織化.
조직배양 (組織培養)【-빼-】 图《생물》 組織培養.
조짐 (兆朕) 图 兆朕; 兆し; 前触れ; 予兆; 気配. ∥인플레가 장기화될 조짐을 보이고 있다 インフレが長期化する兆候が見られる. 호전될 조짐이 보이다 好転の気配がうかがわれる.
조차 (租借) 图 하타 租借.
조차-지 (租借地) 图 租借地.
조차 (潮差) 图 潮の干満の差.
조차 /tʃotʃa/ 助 …さえ; …すら; …まで. ∥상상조차 할 수 없는 일이 일어났다 想像すらできないことが起きた. 전문가들조차 해결하기 어려운 문제다 専門家でさえ解決しにくい問題だ. 여자 친구조차도 내 계획에 반대했다 彼女までも私の計画に反対した.
조찬 (朝餐) 图 朝餐; 朝食.
조처 (措處) 图 하타 措置; 処置. ∥조처를 강구하다 措置を講じる.
조촐-하다 형 하변 こぢんまりとしている; 小さいながら過不足なく整っている. ∥조촐한 모임 こぢんまりとした集まり.
조촐-히 副
조촘-거리다[-대다] 自 ためらう; ぐずぐずする; もじもじする. ㉮주춤거리다.
조촘-조촘 副 하자 ぐずぐず; もじもじ. ㉮주춤주춤.
조총¹ (鳥銃) 图《군사》 弔銃. ㉯(弔砲).

조총²(鳥銃) 图 ❶鳥銃. ❷火繩銃.
조치(措置) [하다] 措置. ‖응급조치 応急措置. 긴급 조치 緊急措置. 법적 조치를 취하다 法的措置を取る.
조카(甥) 图 甥.
조카-딸 图 姪. ㉑질녀(姪女).
조카-머느리 甥の妻. ㉑질부(姪婦).
조카-뻘 甥や姪に当たる一族間の関係.
조커(joker) 图 (トランプの)ジョーカー.
조타(操舵) [하다] 操舵; 舵を取ること.
조타-수(操舵手) 图 操舵手.
조퇴(早退) [-/-퉤] 图 [하자] 早退;早引き.
조판(組版) 图 [하다] 組み板; 製版.
조페(造幣) [-/-풰] 图 [하다] 造幣.
조포(弔砲) 图 [軍事] 弔砲.
조폭(組暴) 图 [組織暴力組(組織暴力集)の略語] 暴力団.
조합(組合) /tʃohap/ 图 ❶組合. ‖노동조합 労働組合. 협동조합 協同組合. 조합원 組合員. ❷《数学》組み合わせ.
조항(條項) 图 条項. ‖금지 조항 禁止条項.
조혈(造血) 图 [하다] 造血. ‖조혈 작용 造血作用.
조혈-제(造血劑) [-쩨] 图 造血剤; 造血薬.
조형(造形) 图 [하다] 造形.
조형-물(造形物) 图 造形物.
조형-미(造形美) 图 造形美.
조형-미술(造形美術) 图 造形美術.
조형-예술(造形藝術) [-녜-] 图 造形美術.
조혼(早婚) 图 [하다] 早婚. ㉑만혼(晚婚).
조화¹(弔花) 图 弔花.
조화²(造化) 图 造化(ばっ). ‖조화의 묘 造化の妙.
조화³(造花) 图 造花. ㉑생화(生花).
조화⁴(調和) /tʃohwa/ 图 [하다] 調和. ‖주위와 조화를 이루는 건축물 周囲と調和をなす建築物. 심신의 조화 心身の調和.
조화-롭다(調和-) [-따] 胤 [ㅂ変] 調和がとれている. ‖자연과 인간의 조화로운 공존 自然と人間の調和がとれた共存. **조화로이** 團
조회¹(朝會) [-/-풰] 图 [하다] 朝会.
조회²(照會) [-/-풰] 图 [하다] 照会. ‖신원 조회를 하다 身元の照会をする.
족¹(足) 图 (食用に用いる)牛・豚などの膝から下の部分.
-족²(族) [接尾] …族. ‖만주족 満州族.
족-관절(足關節) [-꽌-] 图 《解剖》足の関節.
족근-골(足根骨) [-끈-] 图 《解剖》足根骨.
족-내혼(族內婚) [종-] 图 族内婚. ㉑족외혼(族外婚).
족두리 [-뚜-] 图 女性の礼装用の冠の一つ.
족-발(足-) [-빨] 图 食用の豚の足首; 豚足.
족벌(族閥) [-뻘] 图 大きな勢力を持つ門閥.
족보(族譜) [-뽀] 图 族譜;家譜;一家の系譜.
족속(族屬) [-쏙] 图 一門.
족쇄(足鎖) [-쐐] 图 足枷(^か). ‖죄인에게 족쇄를 채우다 罪人に足枷をはめる.
족-외혼(族外婚) [-/조궤-] 图 族外婚. ㉑족내혼(族內婚).
족자(簇子) [-짜] 图 掛け軸; 掛け物. ‖벽에 족자를 걸다 壁に掛け物をかける.
족장(族長) [-짱] 图 族長.
족적(足跡·足迹) [-쩩] 图 足跡. ‖한국사에 큰 족적을 남기다 韓国史に大きな足跡を残す.
족제비 [-쩨-] 图 《動物》イタチ(鼬).
족족 [-쪽] 團 …するごとに; …するたびに; 残さず;ことごとく. ‖돈이 생기는 족족 써 버리다 お金が入るたびに使ってしまう. 보는 족족 사들이다 見つけるたびに買い込む.
족집게 [-찝께] 图 ❶毛抜き. ❷〔比喩的に〕ずばりと当てること.
족치다 匭 責め立てる; ひどく責める. ‖범인을 족쳐 자백하게 만들다 犯人を責め立てて自供させる.
족-하다(足-) [조카-] 胤 [여変] 十分だ; 足りる. ‖다운로드는 삼 분이면 족하다 ダウンロードは3分あれば十分だ.
족히 團 十分; 優に. ‖너라면 족히 합격할 것이다 お前なら十分合格するだろう. 백 명은 족히 넘을 것 같다 100人は優に超えそうだ.
존 [≡語尾] 졸다(居眠りする)の過去連体形.
존경(尊敬) /tʃongjŏn/ 图 [하다] 尊敬. ‖존경하는 인물 尊敬する人物. 나는 아버지를 존경하고 있다 私は父を尊敬している. **존경-받다** 匭
존경-심(尊敬心) 图 尊敬する心; 尊敬の念.
존경-어(尊敬語) 图 《言語》尊敬語.
존귀-하다(尊貴-) 胤 [여変] 尊貴だ.
존대(尊待) 图 [하다] 敬うこと.
존대-어(尊待語) 图 《言語》尊敬語; 敬語.
존댓-말(尊待ㅅ-) [-댄-] 图 《言語》尊敬語; 敬語.
존득-거리다 [-끄-] 匦 しこしこする; ねばねばする. ‖존득거릴 정도로 반죽하다 ねばねばするほど練る.

존득-존득 【-뜩-】 [副] [形動] しこしこ;ねばねば. ∥존득존득한 인절미 しこしことした餅.

존립 (存立) [名] [自] 存立.

존망 (存亡) [名] 存亡. ∥회사의 존망이 걸린 문제 会社の存亡がかかった問題.

존명[1] (存命) [名] [自] 存命.

존명[2] (尊名) [名] [이름의 尊敬語] 尊名;芳名;お名前.

존속[1] (存続) [名] [自他] 存続. ∥존속 기간 存続期間.

존속[2] (尊属) [名] [法律] 尊属. ㉠비속 (卑属). ∥직계 존속 直系尊属. 방계 존속 傍系尊属.

존속 살해 (尊属殺害) 【-쌀-】 [名] [法律] 尊属殺人.

존엄 (尊嚴) [名] [形動] 尊厳.

존엄사 (尊嚴死) [名] 尊厳死.

존엄성 (尊嚴性) 【-썽】 [名] 尊厳(性). ∥인간의 존엄성 人間の尊厳性.

존영 (尊影) [名] 尊影.

존재 (存在) /jondʑɛ/ [名] [自] 存在. ∥나는 생각한다 고로 존재한다 我思う, 故に我あり. 존재 이유 存在理由. 존재 의의 存在意義. 귀중한 존재 貴重な存在. 신의 존재를 믿다 神の存在を信じる.

존재-감 (存在感) [名] 存在感.

존재-론 (存在論) [名] 存在論.

존재-사 (存在詞) [名] [言語] 存在詞. ✢文法で,「あり」「をり」「侍(はべ)り」など, 存在に関する意を言う. 日本における韓国語教育では,「있다」「없다」「계시다」などを指して言う場合があるが, 韓国では用いない品詞である.

존중 (尊重) [名] [他] 尊重. ∥다른 사람의 의견을 존중하다 他人の意見を尊重する. **존중-되다**[-뙤다] [受動]

존칭 (尊稱) [名] [他] 尊称;敬称. ㉠비칭(卑称).

존폐 (存廢) 【-/-폐】 [名] 存廃.

존함 (尊啣·尊銜) [名] [이름의 尊敬語] 尊名;芳名;お名前. ∥존함이 어떻게 되십니까? お名前は何とおっしゃいますか.

졸[1] (卒) [名] 将棋の駒の一つ.

졸[2] (卒) [名] [하変] 卒;死去;死亡. ∥이천오 년에 졸하다 2005年に死亡する.

졸[3] [名] [ㄹ語幹] 졸다(居眠りする)の未来連体形.

졸개 (卒-) [名] 手下;配下.

졸고 (拙稿) [名] 拙稿.

졸깃-졸깃 [-긷쫄긷] [副] 噛むと歯ごたえのある様子: しこしこ. ∥고기가 졸깃졸깃하다 肉がしこしこする.

졸깃-하다 [-긷타] [形] [하変] しこしこする.

졸다[1] /jolda/ [自] [ㄹ語幹] 졸아, 조는, 존] 居眠りする;うたた寝する;まどろむ. ∥책을 보면서 졸다 本を読みながらうたた寝する.

졸다[2] /jolda/ [自] [ㄹ語幹] (水気などが)減る;少なくなる;煮詰まる. ∥된장국이 졸아서 짜다 味噌汁が煮詰まってしょっぱい. ㉠졸이다.

졸도 (卒倒) 【-또】 [名] [自] 卒倒.

졸라-매다 [他] ❶きつく締める. ❷[比喩的に] 生活をきりつめる.

졸래-졸래 [副] [하変] 小さいものが動き回る様子: ちょろちょろ.

졸렬-하다 (拙劣-) [하変] 拙劣(拙劣)だ. ∥졸렬하기 짝이 없는 방법 拙劣きわまるやり方.

졸리다[1] /joːllida/ [自] 眠い;眠たい. ∥졸려 죽겠다 眠くてたまらない. 졸리는 것을 참고 공부하다 眠いのを我慢して勉強する.

졸리다[2] [自] [조르다의 受身動詞] 絞められる. ∥목이 졸리다 首を絞められる.

졸병 (卒兵) [名] [軍事] ❶兵卒. ❷[比喩的に] 部下;下っ端.

졸부 (猝富) [名] 成金.

졸속 (拙速) [名] [形動] 拙速.

졸아 [自] [ㄹ語幹] 졸다(居眠りする)の連用形.

졸아-들다 [自] 煮詰まる;小さくなる. ∥국물이 졸아들다 汁が煮詰まる.

졸아-붙다 [-붇따] [自] 煮詰まる.

졸업 (卒業) /jorɔp/ [名] [하変] 卒業. ∥입학(入學). ∥서울대 법대를 졸업하다 ソウル大学法学部を卒業する. 수석으로 졸업하다 首席で卒業する. 만화는 벌써 졸업했다 もう漫画は卒業した. 졸업 여행 卒業旅行.

졸업-생 (卒業生) [-쌩] [名] 卒業生.

졸업-식 (卒業式) [-씩] [名] 卒業式. ㉠입학식 (入學式).

졸업-장 (卒業狀) [-짱] [名] 卒業証書.

졸음 (卒-) [名] 眠気. ∥졸음이 오다 眠気がさす;眠い. 졸음을 쫓다 眠気を覚ます. 졸음운전 居眠り運転.

졸-이다 [他] ❶ [졸다[2]의 使役動詞] 煮詰める;煮詰める. ∥생선을 졸이다 魚を煮つける. ❷ (気をもむ;いらだつ;いらいらする)ハラハラする. ∥합격자 발표를 마음을 졸이며 기다리다 合格者発表を気をもみながら待つ.

졸작 (拙作) 【-짝】 [名] 拙作.

졸-장부 (拙丈夫) 【-짱-】 [名] 臆病者;度量が小さい人.

졸저 (拙著) 【-쩌】 [名] 拙著.

졸졸 /joːljol/ [副] ❶小川や少量の水が流れる音: ちょろちょろ. ∥시냇물이 졸졸 흐르다 小川がちょろちょろと流れる. ❷자子どもや子犬などが後ろについて来る様子: ぞろぞろ(と). ∥애들이 뒤를 졸졸 따라오다 子どもたちが後ろをぞろぞろ(とついて来る.

졸졸-거리다 [自] (小川などが)ちょろちょろ

졸지-에(猝地-) [-찌-] 團 突然; 急に; 不意に; 出し抜けに. ‖화재로 졸지에 고아가 되다 火事で突然孤児になる. 졸지에 당하다 不意をやられる.

졸-참나무 图〔植物〕ナラ(楢).

졸책(拙策) 图 拙策.

졸필(拙筆) 图 拙筆.

좀¹ 图 ❶〔昆虫〕シミ(衣魚). ❷〔比喩的に〕目立たないが少しずつ損害を与える物や人. ▶좀이 쑤시다 じっとしていられない; うずうずする.

좀² /tʃom/ 團 ❶〔조금의 縮約形〕少し; ちょっと; しばらく; 多少. ‖좀 싼 걸로 주세요 少し安いのを下さい. 좀 기다려 줘 올 거예요 しばらく待てば来るはずです. 좀 더 주세요 もっと下さい; もっとほしいです. 좀 더 힘내라 もう少し頑張れ. 어제보다 좀 더 춥다 昨日より少し寒い. ❷〔依頼·要求などの時の〕ちょっと. ‖좀 보여 주세요 ちょっと見せて下さい.

좀³ 團 さぞ; さぞや. ‖저렇게 장시간 일한 뒤라 좀 힘들까? あんなに長時間働いた後さぞ大変だろう.

좀-도둑 [-또-] 图 こそ泥. ‖집에 좀도둑이 들다 こそ泥に入られる.

좀-먹다 [-따] 他五 ❶シミがつく; むしばむ. ‖좀먹은 스웨터 むしばんだセーター. ❷〔比喩的に〕少しずつ損害を与える. ‖나라를 좀먹는 부정부패 国をむしばむ不正腐敗.

좀-생원(-生員) 图 しみったれ; けちくさい人.

좀-생이 图 ❶〔天文〕昴. ❷小さいもの.

좀-스럽다 [-따] 形〔ㅂ変〕みみっちい; けちくさい; こせこせしている. **좀스레** 團.

좀-약(-藥) [-냑] 图 シミの防虫剤.

좀-처럼 團〔下に打ち消しの表現を伴って〕めったに…ない; なかなか…しない. ‖좀처럼 웃지 않는 사람 めったに笑わない人. 실력이 좀처럼 늘지 않다 実力がなかなか伸びない.

좀-체 團 =좀처럼. ‖속마음을 좀체 알 수가 없다 本心がなかなか分からない.

좀-팽이〔さげすむ言い方で〕こせこせする人.

좁다 /tʃopʰta/ [-따] 形 狭い. ㉗ 넓다. ‖길이 좁아서 차가 지나갈 수가 없다 道が狭くて車が通れない. 선택의 폭이 좁다 選択の幅が狭い. 시야가 좁다 視野が狭い. 마음이 좁다 心が狭い. 좁은 문 狭き門. ⑱좁히다.

좁다랗다(-따라타) 形〔ㅎ変〕非常に狭い; 狭苦しい. ‖좁다란 골목길 非常に狭い路地.

좁디-좁다 [-따-따] 形〔좁다を強めて言う語〕きわめて狭い.

좁쌀 图 ❶アワ(粟). ❷〔比喩的に〕きわめて小さいもの.

좁아 形 좁다(狭い)の連用形.

좁은 形 좁다(狭い)の現在連体形.

좁히-다 [조피-] 〔좁다の使役動詞〕狭める; 縮める. ㉗ 넓히다. ‖거리를 좁히다 距離を縮める. 시험 출제 범위를 좁히다 試験の出題範囲を狭める.

종¹ 图 (ニンニク·ネギなどの)花茎.

종² 图〔歴史〕下人; 奴婢; 僕; 人. 〔比喩的に〕人の命令に従って動く人.

종³(鐘) 图 鐘; ベル. ‖종을 치다 鐘を鳴らす. 제야의 종 除夜の鐘.

종⁴(種) 图 ❶種子. ❷種類. ❸〔生物〕種(しゅ). ‖종의 기원 種の起源(ダーウィンの著).
── 依足 …種. ‖잡지 십 종 雑誌 10種.

종⁵(鐘)〔姓〕鐘(ジョン).

종⁶(縦) 图 縦. ㉗ 횡(横). ‖종으로 놓다 縦に置く. 종횡.

-종⁷(種) 接尾 …種. ‖외래종 外来種.

종가(宗家) 图 宗家.

종갓-집(宗家ㅅ-) [-가찝 /-갇찝] 图 宗家.

종가(終價) [-까] 图 終値.

종각(鐘閣) 图 鐘楼.

종강(終講) 图 學 学期最後の講義. ㉗ 개강(開講).

종결(終結) 图 學 終決.

종결²(終結) 图 學 終結. ‖분쟁을 종결하다 紛争を終結する.

종결-어미(終結語尾) 图〔言語〕終結語尾.

종교(宗教) /tʃoŋgjo/ 图 宗教. ‖종교의 자유 宗教の自由. 사이비 종교 えせ宗教. 신흥 종교 新興宗教. 종교 재판 宗教裁判. 민족 종교 民族宗教.

종교-극(宗教劇) 图〔文芸〕宗教劇.

종교-개혁(宗教改革) 图 宗教改革.

종교-사회학(宗教社會學) [-/-훼-] 图 宗教社会学.

종교-성(宗教性) [-썽] 图 宗教性.

종교-심(宗教心) 图 宗教心.

종교-음악(宗教音樂) 图 宗教音楽.

종교-전쟁(宗教戰爭) 图 宗教戦争.

종교-철학(宗教哲學) 图 宗教哲学.

종교-학(宗教學) 图 宗教学.

종교-화(宗教畫) 图〔美術〕宗教画.

종국(終局) 图 終局.

종군(從軍) 图 學 従軍.

종군-기자(從軍記者) 图 従軍記者.

종군위안부(從軍慰安婦) 图 従軍慰安婦.

종기(腫氣) 图 腫れ物; おでき. ‖종기가 생기다 腫れ物ができる.

종내(終乃) 團 ついに; 結局; 最後まで. ‖종내 입을 열지 않았다 最後まで口を割らなかった.

종다리 图〔鳥類〕ヒバリ(雲雀).

종단 (縱斷) 图 [하타] 縱斷. ⑪횡단(橫斷). ∥국토 종단 国土縦断.
종단-면 (縱斷面) 图 縱斷面. ⑪횡단면(橫斷面).
종당-에 (從當-) 圓 結局; 最後に; 最終的に. ∥종당에 해야 할 일 結局やるべきこと.
종대 (縱隊) 图 縱隊. ⑪횡대(橫隊).
종두 (種痘) 图 [의학] 種痘.
종래 (從來) 图 從來. ∥종래의 방식대로 하다 従来のやり方通りにする.
종량-세 (從量稅) 【-냥세】 图 [法律] 従量稅.
종량-제 (從量制) 【-냥-】 图 従量稅制.
종려-나무 (棕櫚-) 【-녀-】 图 [植物] シュロ(棕櫚).
종려-죽 (棕櫚竹) 【-녀-】 图 [植物] シュロチク(棕櫚竹).
종렬 (縱列) 【-녈】 图 [하타] 縱列. ⑪횡렬(橫列).
종례 (終禮) 【-네】 图 [自] (学校などで)日課が終わった後の整理の時間; 帰りの会. ⑪조례(朝禮).
종료 (終了) 【-뇨】 图 [되自] 終了. ∥경기가 종료되다 競技が終了する. 종료 시간 作業の終了時間.
종루 (鐘樓) 图 鐘樓.
종류 (種類) 【/jo:nnju/-뉴】 图 種類. ∥상품을 종류별로 진열하다 商品を種類別に陳列する. 다양한 종류의 책 様々な種類の本. 종류에 따라서는 種類によっては.
종말 (終末) 图 終末. ∥종말을 맞이하다 終末を迎える.
　종말-론 (終末論) 图 終末論.
종목 (種目) 图 種目. ∥올림픽 정식 종목 オリンピック正式種目. 경기 종목 競技種目. 종목별 특점 種目ごとの得点.
종묘¹ (宗廟) 图 宗廟(ぞ).
종묘² (種苗) 图 種苗. ∥딸기 종묘 イチゴの種苗.
종무 (終務) 图 [하自] 御用納め. ⑪시무(始務).
　종무-식 (終務式) 图 御用納めの儀式. ⑪시무식(始務式).
종-무소식 (終無消息) 图 全く連絡がないこと.
종물 (從物) 图 [法律] 従物. ⑪주물(主物).
종반 (終盤) 图 終盤. ⑪초반(初盤)·중반(中盤). ∥종반에 접어들다 終盤にさしかかる.
　종반-전 (終盤戰) 图 終盤戰.
종-벌레 (鐘-) 图 [動物] ツリガネムシ(釣鐘虫).
종별 (種別) 图 [하他] 種別.
종사 (從事) 图 [하自] 従事. ∥상업에 종사하다 商業に従事する.
종서 (縱書) 图 [하他] 縱書. ⑪세로쓰

기. ⑪횡서(橫書).
종성 (終聲) 图 [言語] 一音節末の子音. ⑪끝소리.
종-소리 (鐘-) 【-쏘-】 图 鐘声; 鐘の音.
종속 (從屬) 图 [되自] 従屬. ∥대국에 종속되다 大国に従屬する. 종속 관계 従屬関係.
　종속-변수 (從屬變數) 【-뻔-】 图 [数学] 従屬変数. ⑪독립 변수(獨立變數).
　종속-적 (從屬的) 【-쩍】 图 従屬的. ∥종속적인 관계 従屬的な関係.
　종속-절 (從屬節) 【-쩔】 图 [言語] 従屬節. ⑪주절(主節).
종손 (宗孫) 图 宗家の初孫.
종식 (終熄) 图 [하自] 終息. ∥전쟁이 종식되다 戦争が終息する.
종신 (終身) 图 [하自] ❶終身. ∥종신 고용 終身雇用. ❷臨終; 最期. ∥종신 자식 親の臨終[最期]を見届けた子供.
　종신 보험 (終身保險) 图 終身保險.
　종신 연금 (終身年金) 【-년-】 图 終身年金.
　종신-직 (終身職) 图 終身官.
　종신-형 (終身刑) 图 [法律] 終身刑.
종심 (終審) 图 [法律] 終審.
종아리 (解剖) こむら; ふくらはぎ.
종알-거리다 [-대다] 自他 ぺちゃぺちゃしゃべる.
종알-종알 圓 [하自他] 小声でよくしゃべる様子. ぺちゃぺちゃ(と); ぺちゃくちゃ(と).
종양 (腫瘍) 图 [의학] 腫瘍. ∥뇌종양 脳腫瘍.
종언 (終焉) 图 終焉. ∥종언을 告하다 終焉を告げる.
종업¹ (從業) 图 [하自] 従業.
　종업-원 (從業員) 图 従業員.
종업² (終業) 图 [하他] 終業. ⑪시업(始業).
　종업-식 (終業式) 【-씩】 图 終業式. ⑪시업식(始業式).
종영 (終映) 图 [하他] その日の上映が終わること. ∥종영 시간 映画が終わる時間.
종용 (慫慂) 图 [하他] 慫慂(しょう)(他の人に勧めてそうするように仕向けること). ∥종용을 받아 출마하다 慫慂され出馬する.
종유-동 (鍾乳洞) 图 [地] 鍾乳洞.
종유-석 (鍾乳石) 图 [鉱物] 鍾乳石.
종이 /joŋi/ 图 紙. ∥두꺼운 종이 厚い紙. 가위로 종이를 자르다 はさみで紙を切る. 종이 한 장 紙 1枚. ▶종이 한 장(의) 차이 紙一重の差.
　종이-돈 (-) 图 紙幣. ⑪지폐(紙幣).
　종이-배 (-) 图 紙で折った船.
　종이-비행기 (-飛行機) 图 紙飛行機. ∥종이비행기를 날리다 紙飛行機

を飛ばす.
종이-쪽 명 =종이조각.
종이-컵 (-cup) 명 紙コップ.
종이-풍선 (-風船) 명 紙風船.
종이-학 (-鶴) 명 折り鶴.
종이-호랑이 (-虎狼-) 명 張り子のトラ.
종잇-장 (-張) 【-이장/-읻짱】 명 紙の一枚一枚.
종잇-조각 (-이쪼-/-읻쪼-) 명 紙切れ.
종일 (終日) 명 終日; 一日中. ‖하루 종일 서서 일하다 一日中立って仕事をする.
종일-토록 (終日-) 甼 朝から晩まで; 一日中. ‖종일토록 돌아다니다 一日中歩き回る.
종자 (種子) 명 種子; 種. ㉠씨.
종자-식물 (種子植物) 【-싱-】 명 〔植物〕種子植物.
종-자음 (終子音) 명 =종성(終聲).
종-잡다 (-따) 他 推し量る; 予想がつく. ‖의도를 도무지 종잡을 수가 없다 意図を全く推し量れない.
종장 (終章) 명 終章. ↔초장(初章)・중장(中章).
종적 (蹤跡) 명 足跡; 行方. ‖종적을 감추다 行方をくらます; 姿を消す.
종-적[2] (縱的) 명 物事の縦の関わりやつながり. ㉠횡적(橫的). ‖종적인 관계 縦の関係.
종전 (從前) 명 從前; これまで. ‖종전대로 従前の通り.
종점 (終點) 명 終点. ㉠기점(起點). ‖버스 종점 バスの終点.
종족[1] (宗族) 명 宗族(共通の先祖を持つ一族).
종족[2] (種族) 명 種族. ‖종족 보존의 본능 種族保存の本能.
종종 (種種) 甼 時々; たびたび; しばしば. ‖친구가 종종 찾아오다 友だちが時々訪ねてくる.
종종-걸음 명 早足; 小走り; 急ぎ足. ‖종종걸음으로 사라지다 急ぎ足で去る. 종종걸음을 치다 小走りする; 急ぎ足で歩く.
종주[1] (宗主) 명 宗主; 首長.
종주-국 (宗主國) 명 宗主國. ‖한국은 태권도 종주국이다 韓国はテコンドーの宗主国である.
종주-권 (宗主權) 【-꿘】 명 〔法律〕宗主権.
종주[2] (縱走) 명 他 縱走. ‖한반도를 종주하는 태백산맥 朝鮮半島を縦走する太白山脈. 지리산을 종주하다 智異山を縦走する.
종중 (宗中) 명 一族; 一門.
종지 명 醬油やコチュジャン(コチュジャン)などを入れる短めの小さな器.
종지-부 (終止符) 명 終止符; ピリオド.

㉠마침표 (-標). ▶종지부(를) 찍다 終止符を打つ.
종지-뼈 〔解剖〕ひざの皿.
종착 (終着) 명 終着.
종착-역 (終着驛) 【-짱녁】 명 終着駅. ㉠시발역 (始發驛).
종친-회 (宗親會) 【-/-훼】 명 一族の親睦会.
종파[1] (宗派) 명 宗派.
종파[2] (縱波) 명 〔物理〕縱波. ㉠횡파 (橫波).
종합 (綜合) /jonhap/ 명 他 綜合. ㉠분석(分析). ‖모든 정보를 종합하다 すべての情報を総合する. 전원의 이야기를 종합해서 판단하다 全員の話を総合して判断する.
종합-개발 (綜合開發) 【-깨-】 명 綜合開発.
종합-과세 (綜合課稅) 【-꽈-】 명 綜合課税.
종합-대학 (綜合大學) 【-때-】 명 綜合大学.
종합-병원 (綜合病院) 【-뼝-】 명 綜合病院.
종합-상사 (綜合商社) 【-쌍-】 명 綜合商社.
종합-예술 (綜合藝術) 【-한녜-】 명 綜合芸術.
종합-잡지 (綜合雜誌) 【-짭찌】 명 綜合雜誌.
종합-적 (綜合的) 【-쩍】 명 綜合的. ‖종합적인 판단 綜合的な判断. 종합적으로 생각하다 綜合的に考える.
종합-학습 (綜合學習) 【-하꼽씁】 명 綜合学習.
종-형제 (從兄弟) 명 従兄弟.
종횡 (縱橫) 명 縱橫.
종횡-무진 (縱橫無盡) 명 縱橫無尽.
좆 【裨】 (大人の)男根.
좇다 /jot²ta/ 【좋따】 他 (精神的に)ついて行く; 従う; 追求する; 求める. ‖스승의 가르침을 좇다 師の教えに従う. 명예를 좇다 名誉を追求する.
좇아-가다 自 (やり方・姿勢などについて)行く; 従う; 追従する. ‖그 사람의 방식을 좇아가다 その人のやり方に従う.
좇아-오다 自 (やり方・姿勢などについて)来る; 従う. ‖선배들을 좇아오는 후배들 先輩について来る後輩たち.
좋다[1] /jot²ha/ 【졷타】 〔助3〕 ❶よい; 良い. ‖머리는 좋은데 공부를 안 한다 頭はいいが勉強をしない. 솜씨가 좋다 腕がいい; 上手だ. 일하기가 싫다 天気がいい日は仕事がない. 좋은 술 よい酒. 오늘 회사에서 안 좋은 일이 있었다 今日会社でよくないことがあった. 사이가 좋다 仲がいい. 집안이 좋다 家柄がいい. 자세가 좋다 姿勢がいい. 저 사람은 좋은 사람이다 あの人はいい人. 아, 기분 좋다.

좋다

いい気持ちだ. ❷好きだ. ‖나는 저 애가 정말 좋다 僕はあの子が本当に好きだ. 좋을 대로 하세요 好き(なよう)にしてください. ❸ […の形で] …がいい; …にいい. ‖감기에는 이 약이 좋다 風邪にはこの薬がいい. 마음은 건강에 안 좋다 飲み過ぎは健康によくない. ❹ […아도[어도·해도]좋다の形で] …てもよい. ‖오늘은 공부 안 해도 좋다 今日は勉強しなくてもいい. 비싸도 좋으니까 튼튼한 것으로 주세요 高くてもいいから丈夫なものをください. ❺ […(이)라도 좋다の形で] …でもよい. ‖아무거라도 좋으니까 먹을 것 좀 주세요 何でもいいから食べ物をください. ❻ […기(에) 좋다の形で] …しやすい; …するのに最適だ. 적기에 먹기 좋다 食べやすい. 이런 날씨는 놀기에 딱 좋다 こういう天気は遊ぶには最適だ. ❼ […이[가] 좋지 않다…이[가] 안 좋다の形で] …がよくない; …がすぐれない. ‖안색이 좋지 않다 顔色がよくない. 날씨가 안 좋다 天気がすぐれない.

좋다² [조타] 國 ❶満足した気持ちを表す: よし; いいぞ; いいね. ❷決意·反発などの感情を表わす: よし; 分かった. 판소리(パンソリ)などで鼓手が歌い手に興をよくするために言う掛け声の一つ: いいぞ; よし; よっ.

좋아 [조-] 國 좋다(いい)の連用形.

좋아-지다 /tʃoadʒida/【좋-】 自 ❶ よくなる. ❷ 好ましくなる. ‖경기가 좋아지다 景気がよくなる. 눈이 좋아지는 식품 目がよくなる食品. ❸ 好きになる; 好むようになる. ㉠싫어지다. ‖등산이 좋아지다 登山が好きになる.

좋아하는 [조-] 國 [하영] 좋아하다(好きだ·好むの)現在連体形.

좋아-하다

/tʃoahada/【좋-】 他 [하영] ❶ 好きだ; 好む. ‖좋아하는 음악 好きな音楽. 밝은 색을 좋아하다 明るい色が好きだ. 싱거운 음식을 좋아하다 薄味を好む. ❷ 喜ぶ; うれしがる. ‖이 선물 분명히 좋아할 거야 このプレゼント、きっと喜ぶよ.

좋아하여 [조-아해] 【조-】 他 [하영] 좋아하다(好きだ·好むの)の連用形.

좋아한 [조-] 國 [하영] 좋아하다(好きだ·好むの)過去連体形.

좋아할 [조-] 國 [하영] 좋아하다(好きだ·好むの)未来連体形.

좋은 [조-] 國 좋다(いい)の現在連体形.

좌 (左) 图 左; 左側. ㉠우(右). ‖좌우 左右.

좌경 (左傾) 图 自 左傾; 左翼. ㉠우경(右傾).

좌경화 (左傾化) 图 自他 左傾化. ㉠우경화(右傾化).

좌골 (坐骨) 图 [解剖] 坐骨.

좌뇌 (左腦) 【-/-뉘】 图 [解剖] 左脳. ㉠우뇌(右腦).

좌담 (座談) 图 自 座談.
 좌담-회 (座談會) 【-/-:회】 图 座談会. ‖좌담회를 열다 座談会を開く.

좌르르 ❶ 勢いよく水が流れ出る音[様子]: しゃあしゃあ. じゃあじゃあ. ❷ 砂·砂利·豆などが粒状のものが触れ合う音[様子]: じゃらじゃら. ‖통에 담긴 구슬이 좌르르 쏟아지다 箱に入っていたガラス玉がじゃらじゃらとこぼれる.

좌방 (左方) 图 左方. ㉠우방(右方).

좌변 (左邊) 图 左辺. ㉠우변(右邊).

좌-변기 (坐便器) 图 洋式便器.

좌불안석 (坐不安席) 图 自他 不安·心配などで座っていられないこと.

좌상¹ (坐像) 图 座像.

좌상² (挫傷) 图 挫傷; うちみ.

좌석 (座席) 图 座席; 席. ㉠입석(立席). ‖좌석을 배정하다 座席を割りあてる.

좌석-권 (座席券) 【-꿘】 图 座席券.

좌석-버스 (座席 bus) 图 座席バス. †確実に座れる上、一般バスより停留所が少ないため速い.

좌선 (坐禪) 图 自 [仏敎] 座禅.

좌시 (坐視) 图 他 座視. ‖이번 일은 좌시할 수 없다 今回のことは座視できない.

좌-심방 (左心房) 图 [解剖] 左心房. ㉠우심방(右心房).

좌-심실 (左心室) 图 左心室. ㉠우심실(右心室).

좌약 (坐藥) 图 [藥] 座薬.

좌완 (左腕) 图 左腕. ㉠우완(右腕). ‖좌완 투수 左腕投手.

좌우 (左右) /tʃwa:u/ 图 他 ❶ 左右; 左と右. ❷ 前後左右; 生活 合 관이 건강을 좌우한다 生活習慣が健康を左右する. 좌우 개폐형 냉장고 観音開き冷蔵庫. ❸ そば; かたわら; 周囲; 周り; 辺り. ‖좌우를 살펴보다 辺りを見渡す.

좌우-간 (左右間) 副 とにかく; ともかく. ‖좌우간 설명을 들어 보자 とにかく説明を聞いてみよう.

좌우익 (左右翼) 图 左右翼; 左翼と右翼.

좌우지간 (左右之間) 图 = 좌우간 (左右間).

좌우-명 (座右銘) 图 座右の銘.

좌익 (左翼) 图 ❶ 左翼. ㉠우익(右翼). ❷ 좌익수(左翼手)の略語.

좌익-수 (左翼手) 【-쑤】 图 [野球で] 左翼手; レフト. ㉠좌익(左翼).

좌장 (座長) 图 座長.

좌절 (挫折) /tʃwa:dʒʌl/ 图 自他 挫折. ‖이번 실패로 좌절하다 今回の失敗で挫折する. 좌절의 아픔을 맛보다 挫折の苦しみを味わう.

좌절-감 (挫折感)【名】挫折感.
좌정관천 (坐井觀天)【名】井の中の蛙(かわず).
좌중 (座中)【名】座中.
좌지우지 (左之右之)【する他】意のままにすること;左右すること.
좌천 (左遷)【名】【する自】左遷. **좌천-되다**【-되다】【される】
좌초 (坐礁)【名】【する自】座礁. ‖배가 좌초하다 船が座礁する.
좌충우돌 (左衝右突)【名】【する自】あちこち衝突すること;ぶつかること;突き当たること.
좌측 (左側)【名】左側;左. ⇔우측(右側).
좌측-통행 (左側通行)【名】【する自】左側通行.
좌파 (左派)【名】左派. ⇔우파(右派).
좌판 (坐板)【名】❶座るため地面に敷いた板. ❷(市場などで)物を売るため敷いた板.
좌표 (座標)【名】【数学】座標.
좌표-축 (座標軸)【名】【数学】座標軸.
좌향-좌 (左向左)【名】[号令で]左向け.⇔우향우(右向右).
좌-회전 (左回轉)【名】【-하다】【する自他】左回転;左折.
좍【副】❶一挙に散らばったり広がったりする様子:ぱっと. ‖소문이 쫙 퍼지다 うわさがぱっと広まる. ❷液体が急に幾якに もなって流れ出る様子:ざあっと.
좍-좍【좍】【副】❶雨が激しく降る様子[音]:ざあざあ;じゃあじゃあ. ‖폭우가 좍좍 쏟아지다 ‖暴雨がざあざあ降りしきる. ❷文章などを流暢に読む様子:すらすら. ‖원서를 좍좍 읽어 내려가다 原書をすらすら読み進める.
죄 (罪)/ʧwe/【-/쾌】名】罪;過ち. ‖죄를 짓다 罪を犯す. 죄의식 罪の意識, 다른 사람에게 죄를 뒤집어씌우다 人に罪をかぶせる. 다른 사람의 죄를 뒤집어쓰다 人の罪をかぶる. 죄가 많은 인간 罪深い人間. 죄와 벌『罪と罰』(ドストエフスキーの小説).
죄다[1] /ʧweda/【-/쾌】他】❶(緩んだものを)きつく締める. ‖나사를 죄다 ねじを締める. ❷(巻きつけたものを)締める;引き絞める;たるみをなくす. ‖안전 벨트를 죄다 シートベルトを締める. ❸(隙間を)詰める. ❹(気を)もむ. ‖마음을 죄다 気をもむ.
죄다[2]【-/쾌】副】全部;すべて;すっかり;みなみな. ‖죄다 가져다 全部持っていく. ‖죄다 잊어 버리다 すっかり忘れる.

죄명 (罪名)【-/쾌】名】罪名.
죄목 (罪目)【-/쾌】名】罪目.
죄-받다 (罪-)【-따/쾌-따】自】罰が当たる.
죄상 (罪狀)【-/쾌】名】【法律】罪状.
죄송-스럽다 (罪悚-)/ʧwesoŋsurəp̚ta/【-따/쾌-따】【ㅂ変】〔죄송스러우니〕申し訳ない. ‖죄송스럽게 생각합니다 申し訳なく思います. **죄송 스레**副
죄송-하다 (罪悚-)/ʧwesoŋhada/【-/쾌-】形】【ㅎ変】申し訳ない. ‖늦어서 죄송합니다 遅れて申し訳ありません. **죄송-히** 副
죄수 (罪囚)【-/쾌】名】罪囚;囚人;罪人.
죄악 (罪惡)【-/쾌】名】罪悪.
죄악-감 (罪惡感)【-감/쾌-감】名】罪悪感. ‖죄악감에 시달리다 罪悪感にさいなまれる.
죄악-시 (罪惡視)【-씨/쾌-씨】【する他】罪悪視する.
죄어-들다【-/쾌어-】自】【ㄹ語幹】締まる;引き締まる;締め付けられる. ‖가슴이 죄어드는 느낌 胸を締め付けられるような思い.
죄-이다【-/쾌】自】〔죄다の受身動詞〕締めつけられる.
죄인 (罪人)【-/쾌】名】❶罪人. ❷親の喪中にある人が自分を指して言う語.
죄책 (罪責)【-/쾌】名】罪責.
죄책-감 (罪責感)【-감/쾌-감】名】罪責感. ‖죄책감에 시달리다 罪責感にさいなまれる.
죗-값 (罪ㅅ-)【죄갑/쾌갑】名】罪の代価. ‖죗값을 치르다 罪を償う.
-죠||尾||〔-지요の縮約形〕…でしょう. ‖학생이죠? 学生でしょう?
주[1] (主)【名】❶主(ぬ);主(しゅ);中心. ❷다음 글에서 주가 되는 문장을 찾아라 次の文で主となる部分を探しなさい. 주된 역할 主な役割. 주로 가는 곳 主に行くところ. ❷【キリスト教】神;キリスト. ‖주 기도문 主の祈り.
주[2] (朱)【姓】朱(ジュ).
주[3] (周)【姓】周(ジュ).
주[4] (州)【名】連邦国家などの行政区画:州. ‖캘리포니아 주 カリフォルニア州.
주[5] (洲)【名】洲. ‖아시아 주 アジア州.
주[6] (註)【名】❶注. ‖주를 달다 注をつける. ❷주석 株券·주해 (註解)の略語.
주[7] (株)【名】株券の数をかぞえる語:…株. ‖백화점 주식을 백 주 가지고 있다 デパートの株を100株持っている.
주[8] (週)【名】…週. ‖삼 주 어학 연수 3週間の語学研修.
주-[9] (駐)接頭】駐…. ‖주일 대사 駐日大使.
주가 (株價)【-까】名】【経】株価. ‖주

가가 하락하다 株価が下落する.
주간² (主幹) [名] [하他] 主幹. ‖편집 주간 編集主幹.
주간² (週刊) [名] [하他] 週刊. ‖주간 신문 週刊新聞.
주간-지 (週刊誌) [名] 週刊誌.
주간³ (週間) [名] 週間. ‖주간 일기 예보 週間天気予報.
주간⁴ (晝間) [名] 昼間.
주객 (主客) [名] [하自] 主客.
주객-일치 (主客一致) [名] [하自] 主客一体.
주객-전도 (主客顚倒) [-쩐-] [되自] 主客転倒.
주객 (酒客) [名] 酒客; 酒家; 酒飲み.
주거 (住居) [名] [하自] 住居. ‖주거를 옮기다 住居を移す.
주거-지 (住居址) [名] 住居址.
주거침입죄 (-罪/-#罪) [名] [法律] 住居侵入罪.
주격 [名] 〔밥주걱의 略稱〕 しゃもじ. ‖주걱으로 밥을 푸다 しゃもじでご飯をよそう.
주격-상 (-相) [名] 杓子面(づら).
주걱-턱 [名] しゃくれたあご.
주검 [名] 死体; 屍(しかばね).
주격 (主格) [名] [言語] 主格.
주격-조사 (主格助詞) [-쩍쪼-] [名] [言語] 主格助詞.
주경-야독 (晝耕夜讀) [-냐-] [名] [하自] (「晝は働き夜は勉強する」의 意로) 忙しい中で勉学に励むこと.
주고-받다 /ɟugobatʔta/ [-따] [他] やり取りする; 取り交わす; 交換する. ‖술잔을 주고받다 杯を取り交わす. 명함을 주고받다 名刺を交換する.
주관¹ (主管) [名] [하他] 主管. ‖주관 단체 主管団体.
주관² (主觀) [名] 主觀. ↔客觀(客觀). ‖주관이 뚜렷하다 主観がはっきりしている.
주관-성 (主觀性) [-쎵] [名] 主觀性.
주관-적 (主觀的) [名] 主觀的. ↔客觀的(客觀的). ‖주관적인 판단 主觀的な判断.
주광-성 (走光性) [-쎵] [名] [植物] 走光性.
주교 (主敎) [名] 《カトリック》 主教; 司教.
주구 (走狗) [名] 走狗(そうく); 人の手先.
주군¹ (主君) [名] 主君.
주군² (駐軍) [名] [하自] 駐軍(軍). ‖주군 하다 駐軍する.
주권¹ (主權) [名] [法律] 主權. ‖주권자 主権者. 주권을 행사하다 主権を行使する.
주권² (株券) [-꿘] [名] [經] 株券.
주근-깨 [名] そばかす.
주금-류 (走禽類) [-뉴] [名] [動物] 走禽類.
주급 (週給) [名] 週給.

주기¹ (週期) [名] 周期. ‖자전 주기 自転周期. 올림픽과 아시안 게임은 사년 주기로 열린다 五輪とアジア競技大会は4年周期で開かれる.
주기-운동 (週期運動) [名] 周期運動.
주기-율 (週期律) [名] 《化学》 周期律.
주기-적 (週期的) [名] 周期的. ‖주기적으로 만나다 周期的に会う.
주기² (周忌・週忌) [依名] …周忌. ‖십 주기를 맞이하다 10 周忌を迎える.
주기³ (注記・註記) [依名] 注記.
주년 (周年・週年) [依名] …周年. ‖결혼 십 주년 結婚 10 周年.
주녹 [名] 萎縮すること; いじけること. ▶주눅(이) 들다 萎縮する; すっかりいじける. 気おくれする; 悪びれる. 줄곧 꾸중만 듣더니 주눅이 들었다 叱られてばかりですっかりいじけてしまった.
주는 [冠] 주다(あげる)의 現在連体形.
주니어 (junior) [名] ジュニア.

주다¹ /ɟuda/ [주어]
[他] ❶ やる; あげる; 与える. ‖남동생에게 용돈을 주다 弟にお小遣いをあげる. 화분에 물을 주다 植木鉢に水をやる. 먹이를 주다 えさをやる. 상을 주다 ごほうびをあげる. 피해를 주다 被害を与える. ストレスを与える. 주의를 주다 注意を与える. 변명할 기회를 주다 弁解の機会を与える. 주어진 시간 내에 처리하다 与えられた時間内に処理する. ❷くれる. ‖친구가 생일 선물을 주었다 友だちが誕生日プレゼントをくれた. 그가 나 그것을 나에게 주었다 彼が私にくれた. ❸ (お金を)出す; 払う. ‖이거 얼마 주고 샀니? これいくら払って買ったの. ❹ (力を)入れる (力を)込める. ‖다리에 힘을 주다 足に力を入れる. ❺ (心を)許す. ‖마음を許す. 心を許す. ▶주거니 받거니 さしつさされつ. 술잔을 주거니 받거니 하다 杯をさしつさされつする. 杯を取り交わす.

주다² [補動] ❶ …てやる; …てあげる; …与える. ‖역까지 바래다 줄게 駅まで送ってやるよ. 애한테 책을 읽어 주다 子どもに本を読んであげる. ❷ …てくれる; …てもらう. ‖누나가 취직 선물로 지갑을 사 주었다 姉が就職祝いとして財布を買ってくれた. 선배가 집에까지 바래다 주었다 先輩が家まで送ってくれた. 先輩に家まで送ってもらった.
주당 (酒黨) [名] 酒徒.
주도 (主導) [名] [하他] 主導. ‖행사를 주도하다 イベントを主導する.
주도-권 (主導權) [-꿘] [名] 主導權.
주도-적 (主導的) [名] 主導的. ‖주도적인 입장에 있다 主導的な立場にある.
주동 (主動) [名] ❶ 主動. ‖시위를 주동하다 デモを主動する. ❷ 主動者(主動者)의 略語.
주동-자 (主動者) [名] 主動者; 主導

者. 形**주동(主動).**
주동-적(主動的) 名 冠 主動的.
주-되다(主-) 自 [/-뒈-] 自 〔主に主된의 形で〕主な; 主たる; 中心となる. ∥주된 업무 主業務. 주된 수입 主な収入.
주둔(駐屯) 名 自サ 《軍事》駐屯. ∥주둔 부대 駐屯部隊.
주둔-지(駐屯地) 名 駐屯地.
주둥아리 名 〔입・부리의 俗語〕口; 口ばし. ∥주둥아리를 함부로 놀리다 むやみにしゃべる; むやみにでしゃばる.
주량(酒量) 名 酒量. ∥주량이 늘다 酒量が上がる.
주렁-주렁 副 自形 《果物や野菜などがたくさん下がっているようす》ふさふさ; たわわに. ∥사과가 주렁주렁 열려 있다 リンゴがたわわに実っている. ❷ 主たる人に何人かがくっついている様子; ぞろぞろ. ∥자식이 주렁주렁 달려 있다 子どもを何人も抱えている.
주력¹(主力) 名 主力. ∥회사의 주력 사업 会社の主力事業. 주력 부대 主力部隊.
주력²(注力) 名 自サ 力を注ぐこと. ∥수출에 주력하다 輸出に力を注ぐ.
주력³(呪力) 名 呪力.
주렴(珠簾) 名 珠簾(ﾀﾏｽﾀﾞﾚ); 玉すだれ.
주례(主禮) 名 結婚式の媒酌; 媒酌人. ∥주례를 서다 媒酌の労をとる.
주례-사(主禮辭) 名 結婚式で媒酌人が述べる祝辭.
주로¹(朱鷺) 名 《鳥類》トキ(鴇).
주-로²(主-) 副 主に; 主として. ∥휴일에는 주로 무엇을 하십니까? 休日は主に何をなさいますか. 회원들은 주로 학생들이다 会員は主として学生である.
주루(走壘) 名 自サ 《野球で》走壘.
주룩-주룩 /tʃuruk/tʃuruk/ 副 〔-같-〕 ❶ 雨が激しく降る音; ざあざあ; じゃあじゃあ; びしょびしょ. ∥비가 주룩주룩 내리다 雨がざあざあと降る.
주류¹(主流) 名 主流. 冠 비주류(非主流).
주류²(酒類) 名 酒類.
주류³(駐留) 名 自サ 駐留. ∥외국 군대가 주류하다 外国の軍隊が駐留する.
주르르 副 自サ ❶ ものがこぼれ落ちる様子; ぽろぽろ(と); たらたら(と). ∥눈물이 주르르 흐르다 涙がぽろぽろと〔たらたらと〕流れる. 등에서 땀이 주르르 흐르다 背中から汗がたらたらと〔と〕流れ落ちる. ❷ ずり落ちる様子; ずるずる; つるりと. ∥주르르 미끄러져서 엉덩방아를 찧다 つるりと滑って, しりもちをつく. ❸ 小さいものが素早く動き回る様子; ちょこちょこ. ∥아이들이 주르르 달려오다 子供たちが駆けてくる. 自サ 조르르.
주르륵 副 自サ 液体が一瞬流れて止まる様子[音]; ざあっと; たらり(と). ❶ 물을 주르륵 따르다 水をざあっと注ぐ. 땀이 주르륵 흐르다 汗がたらり(と)流れ落ちる. ❷ 《坂道などで》滑り落ちる様子; ずるっと; ずるずる(と). ∥언덕에서 주르륵 미끄러지다 坂道でずるっと滑る. 自サ 조르륵. **주르륵-주르륵** 副

주르륵-거리다 〔-끼-〕 自 《雨などが》ざあざあ降る様子.

주름 /tʃuruɯ/ 名 ❶ 〔顔や首などのしわ〕顔にしわができる. 얼굴에 주름이 많이 생기다 顔にしわがたくさんできる. 주름진 얼굴 しわの寄った顔. 잔주름 小じわ. ❷ 《衣服のしわ》다림질로 와이셔츠 주름을 펴다 アイロンをかけてワイシャツのしわを伸ばす. 바지 주름을 잡다 ズボンのひだをつける. 주름이 가다 しわになる. ❸ 〔紙や布などの〕しわ.
주름-살 〔-쌀〕 名 しわ. ∥주름살이 늘다 しわが増える.
주름-상자 (-箱子) 名 《カメラの暗箱・アコーディオン・提灯などの》蛇腹.
주름-잡다 〔-따〕 他 《組織などを》牛耳る. ∥정계를 주름잡던 사람 政界を牛耳っていた人.
주름-치마 名 ギャザースカート.
주름-위 (-胃) 名 反芻胃の第 4 胃. 冠 추위(皺胃).
주리다 他 飢える; 腹を空かす; ひもじくなる. ∥주린 배를 움켜쥐다 空腹をかかえる. 애정에 주린 아이들 愛情に飢えている子どもたち.
주립(州立) 名 州立. ∥주립 대학 州立大学.
주마간산(走馬看山) 名 自サ (「走る馬の上から見る」の意で)大ざっぱに見ていくこと.
주마-등(走馬燈) 名 走馬灯; 回り灯篭.
주막(酒幕) 名 《昔の》田舎の宿付きの居酒屋.
주말(週末) /tʃumal/ 名 週末. ∥즐거운 주말을 보내다 楽しい週末を過ごす. 이번 주말에는 뭘 하니? 今度の週末には何をするの.

주머니 /tʃumʌni/ 名 ❶ ポケット. ∥동전을 주머니에 넣다 小銭をポケットに入れる. 바지 주머니 ズボンのポケット. ❷ 懐. ∥요즘 주머니 사정이 좋은 편이 좋다 近頃, 懐具合がよい方だ. ▶주머니를 털다 ① 有り金をはたく. ② 強盗をはたらく.
주머닛-돈 〔-니돈〕〔-닌돈〕 名 ポケットマネー; 小遣い銭.
주먹 /tʃumʌk/ 名 こぶし; げんこつ. ∥두 주먹을 불끈 쥐다 両こぶしをぐっと握る. 주먹을 휘두르다 こぶしを振り上げる. 주먹으로 쥐어박다 げんこつを食らわす.
주먹-밥 〔-빱〕 名 握り飯; おにぎり.

주먹-질〖-찔〗⃞명 하자⃝ 주먹을 휘둘러 때림.

주먹-코 ⃞명 단고 모양으로 생긴 코.

주먹-구구(一九九)〖-꾸-〗 ⃞명 ❶ 대충 짐작으로 하는 셈. ❷ 어림짐작으로 하는 일. ‖회사를 주먹구구식으로 운영하다 会社を丼勘定で運営する.

주모¹(酒母) ⃞명 술집의 여주인.
주모²(主謀) ⃞명 타⃝ 主謀.
 주모-자(主謀者) ⃞명 主謀者.

주목(注目) ⃞명 자타⃝ 注目. ‖주목을 받다 注目を浴びる. 주목할 만한 논문 注目に値する論文. 다시 주목을 받기 시작하다 再び注目を集め始める. 주목의 대상 注目の的. **주목-받다** 受動

주목적(主目的)〖-쩍〗 ⃞명 主目的.

주무(主務) ⃞명 자⃝ 主務. ‖주무 장관 主務 大臣.

주무르다 /ǯumuruda/ ⃞타⃝ 〔르변 [주물러, 주무르는]〕 ❶ [手で]もむ; こねる; こする. ‖어깨를 주무르다 肩をもむ. ❷ 操る; 牛耳る; 意のままにする. ‖정계를 주무르다 政界を牛耳る.

주무시다 /ǯumusida/ ⃞자⃝ 〔자다의 尊敬語〕 お休みになる. ‖안녕히 주무세요 お休みなさい. 주무시고 계시다 お休みになっている.

주문¹(主文) ⃞명 [法律] 〔判決 主文(判決主文)の略칭〕 主文.

주문²(呪文) ⃞명 呪文. ‖주문을 외우다 呪文を唱える.

주문³(注文) /ǯu:mun/ ⃞명 타⃝ 注文. ‖전화로 주문하여 택배로 注文する. 서점에 책을 몇 권 주문하다 書店に本を何冊か注文する. 월로 주문하시겠습니까? ご注文は何になさいますか. 무리한 주문을 하다 無理な注文を出す. **주문-받다** 受動

주문-생산(注文生産) ⃞명 注文生産.
주문-서(注文書) ⃞명 注文書.
주문-품(注文品) ⃞명 注文品.

주물¹(生物) ⃞명 [法律] 主物; 종물(従物).
주물²(呪物) ⃞명 呪物.
 주물-숭배(呪物崇拜) ⃞명 呪物崇拜.
주물³(鋳物) ⃞명 鋳物(いもの). ‖주물 공장 鋳物工場.

주물럭-거리다〖-대다〗〖-껑-때-〗 ⃞타⃝ ❶ もむ; こねる. ❷ 찰흙을 주물럭거리다 粘土をこねる. ❸ いじる.

주물럭-주물럭〖-주-〗 ⃞부⃝ 타⃝ もむ [こねる] 様子.

주미(駐美) ⃞명 駐美. ‖주미 대사 駐米大使.

주민(住民) ⃞명 住民. ‖주민 운동 住民運動.
주민-등록(住民登錄)〖-녹〗 ⃞명 住民登録.
주민-등록증(住民登錄證)〖-녹쯩〗 ⃞명 住民登錄証. ✦17歳以上の人に発行される.

주민-등록표(住民登錄票)〖-녹-〗 ⃞명 住民票.
주민-세(住民稅)〖-쎄〗 ⃞명 住民稅.

주발(周鉢) ⃞명 真鍮製のご飯用の碗.
주방(廚房) ⃞명 厨房; 台所. ‖주방 용품 台所用品.
 주방-장(廚房長) ⃞명 シェフ.
주번(週番) ⃞명 週番.
주범(主犯) ⃞명 [法律] 主犯.
주법(奏法)〖-뻡〗 ⃞명 연주법(演奏法)의 약칭.
주벽(酒癖) ⃞명 酒癖. ‖주벽이 고약하다 酒癖が悪い.

주변 要領. ‖말주변 話す要領.
 주변-머리 주변¹의 俗称. ‖주변머리가 없다 要領が悪い.
주변²(周邊) /ǯubjʌn/ ⃞명 周邊. ‖학교 주변 学校の周辺. 도시의 주변부 都市の周辺部. 주변 장치 周辺装置. 그 사람 주변에는 우수한 인재가 많다 彼の周りには優秀な人材が多い.

주보(週報) ⃞명 週報.
주부¹(主部) ⃞명 [言語] 主部. 反 술부(述部).
주부²(主婦) /ǯubu/ ⃞명 主婦. ‖가정주부 家庭の主婦. 전업 주부 専業主婦.
주불(駐佛) ⃞명 駐佛. ‖주불 대사 駐仏大使.
주빈(主賓) ⃞명 主賓.
주뼛-거리다〖-대다〗〖-뼏꺼때-〗 ⃞자⃝ おずおずする; もじもじする.
주뼛-하다〖-뻗타-〗 ⃞형 ❶ 先の尖端が尖っている. ❷ [ひどく驚いたり恐ろしくて]身の毛がよだつ.

주사¹(主事) ⃞명 ❶ 主事. ❷ 一般職 6級公務員の別称.
주사²(走者) ⃞명 [走] 走者.
주사³(注射) /ǯu:sa/ ⃞명 타⃝ 注射. ‖주사를 놓다 注射する. 예방 주사를 맞다 予防注射を打ってもらう.
 주사-기(注射器) ⃞명 注射器.
 주사-액(注射液) ⃞명 注射液.
 주사-침(注射針) ⃞명 注射針.
 주삿-바늘(注射-)〖-사빠-/-삳빠-〗 ⃞명 =주사침(注射針).
주사⁴(主辭) ⃞명 [言語] 主辞. 反 빈사(賓辞).
주사⁵(酒邪) ⃞명 悪い酒癖; 酒乱. ‖주사가 심하다 酒癖がひどい.
주사위 さいころ; 賽(さい). ▶주사위는 던져졌다 ⃞諺 賽は投げられた.
주산(珠算·籌算) ⃞명 珠算; そろばん. 類 수판셈(數板-). ‖주산을 놓다 そろばんを使う.
주-산물(主産物) ⃞명 主産物.
주-산지(主産地) ⃞명 主産地.
주상¹(主上) ⃞명 [歴史] 主上; 王.
주상²(主喪) ⃞명 喪主.

주상³ (奏上) 图 [하타] 奏上; 上奏.

주상`복합`건물 (住商複合建物)【-보갑껀-】图 住宅と店が一緒に入っている建物; 店舗兼用住宅; 複合型マンション.

주색¹ (主色) 图 主色. ✚빨강·노랑·파랑·초록 (草綠) の 4 色のこと.

주색² (朱色) 图 朱色.

주색³ (酒色) 图 酒色; 飲食と女遊び. ∥주색에 빠지다 酒色にふける.

주색-잡기 (酒色雜技)【-깝끼】图 酒と女と博打; 飲む打つ買う.

주서¹ (朱書) 图 朱書き; 朱書き.

주서² (juicer) 图 ジューサー.

주석¹ (朱錫) 图 真鍮; 錫.

주석² (註釋·注釋) 图 [하타] 注釈. ∥주석을 달다 注釈をつける.

주석³ (酒席) 图 酒席.

주선 (周旋) 图 [하타] 周旋; 幹旋. ∥일자리를 주선하다 勤め口を幹旋する.

주섬-주섬 閁 [하타] 散らかっているものを一つ一つ拾う様子. ∥널려 있는 옷들을 주섬주섬 주워 담다 散らかっている服を一枚一枚拾い入れる.

주성 (走性) 图 走性.

주성 (主星)图 《天文》主星. ✚반성 (伴星).

주-성분 (主成分) 图 主成分. ✚부성분 (副成分).

주세 (酒稅) 图 酒稅.

주소 (住所) /tʃuːso/ 图 住所; アドレス. ∥주소 좀 가르쳐 주세요 住所を教えてください. 주소가 바뀌다 住所が変わる. 주소를 언니 집으로 옮기다 住所を姉の家に移す. 이메일 주소 メールアドレス.

주소-록 (住所錄) 图 住所錄.

주술 (呪術) 图 呪術.

주스 (juice) /tʃuːsɯ/ 图 ジュース. ∥오렌지 주스 オレンジジュース.

주시 (注視) 图 [하타] 注視. ∥동향을 주시하다 動向を注視する.

주식¹ (主食) 图 主食. ✚부식 (副食).

주식² (株式) /tʃuɕik̚/ 图 (經) 株式; 株. ∥주식을 공개하다 株式を公開する. 주식에 손을 대다 株に手を出す. 백화점 주식을 백 주 사다 デパートの株を 100 株買う.

주식`금융 (株式金融)【-끔늉/-끄뮹】图 [經] 株式金融.

주식` 배당 (株式配當)【-빼-】图 株式配当.

주식`시장 (株式市場)【-씨-】图 株式市場.

주식`회사 (株式會社)【-시쾨-/-시퀘-】图 株式会社.

주신¹ (主神) 图 主神.

주신² (酒神) 图 酒神.

주심 (主審) 图 (競技で) 主審.

주악 (奏樂) 图 [하타] 奏樂.

주안 (主眼) 图 主眼; 眼目. ∥복지에 주안을 두다 福祉に主眼を置く.

주안-점 (主眼點)【-쩜】图 主眼; 主眼点.

주안-상 (酒床床)【-쌍】图 酒肴 (レ)膳.

주야 (晝夜) 图 晝夜. ∥주야로 엄중하게 감시하다 晝夜厳しく監視する.

주야불식 (晝夜不息)【-씩】图 晝夜兼行. ∥주야불식으로 공사를 서두르다 晝夜兼行で工事を急ぐ.

주야-장천 (晝夜長川) 閁 晝夜を問わず; いつも; 常に. ∥주야장천 근심이 끊이지 않다 常に心配事が絶えない.

주어¹ (主語) 图 [言語] 主語. ㉗서술어 (敍述語).

주어² 閁 주다 (あげる) の 連用形.

주어-지다 与えられる; 提示される. ∥주어진 조건 与えられた条件.

주역¹ (主役) 图 ㉗단역 (端役). ∥주역으로 발탁되다 主役に抜擢される. 통일の 主役 統一の主役.

주역² (周易) 图 《四書三經のひとつ》周易; 易; 易經.

주연¹ (主演) 图 [하타] 主演. ∥주연을 맡다 主演を任される. 주연 배우 主演俳優.

주연² (酒宴) 图 酒宴.

주영 (駐英) 图 駐英. ∥주영 대사 駐英大使.

주옥 (珠玉) 图 珠玉. ∥주옥 같은 명작 珠玉の名作.

주요 (主要) /tʃujo/ 图 [하타] 主要. ∥주요한 등장인물 主要な登場人物. 한국의 주요 산업은 철강·조선·석유화학 등이다 韓国の主要産業は鐵鋼·造船·石油化学などである.

주요-시 (主要視) 图 [하타] 重要視.

주운 閁 [ㅂ変] 줍다 (拾う) の過去連体形.

주워 閁 [ㅂ変] 줍다 (拾う) の連用形.

주워-내다 他 拾い出す.

주워-담다【-따】他 拾い入れる.

주워-대다 他 並べ立てる; 並べあげて言う.

주워-듣다【-따】[ㄷ変] 聞きかじる; 小耳に挟む. ∥주워들은 이야기 小耳に挟んだ話.

주-원료 (主原料)【-월-】图 主な原料.

주-원인 (主原因) 图 主な要因.

주위 (周圍) /tʃuwi/ 图 周囲; 周り. ∥집 주위 家の周囲. 주위를 둘러보다 周囲を見回す. 주위의 눈을 의식하다 周りの目を意識する. 주위 사람들의 의견을 듣다 周りの人の意見を聞く.

주유¹ (注油) 图 [하자] 注油.

주유-소 (注油所) 图 ガソリンスタンド.

주유² (周遊) 图 [하타] 周遊.

주의¹ (主義) [-/-이] 명 主義. ‖실용주의 実用主義. 민주주의 民主主義.
주의-자 (主義者) 명 主義者.

주의² (注意) /tʃuj/ 명 하자 注意. ❶ 気をつけること. ‖주의를 기울이다 注意を払う. 주의하여 듣다 注意して聞く. 주의가 산만한 사람 注意が散漫な人. ❷ 気をつけるように働きかけること. ‖주의 사항 注意事項. 따끔하게 주의를 주다 厳しく注意する.
주의-력 (注意力) 명 注意力. ‖주의력이 부족하다 注意力が足りない.
주의-보 (注意報) 명 注意報. ‖호우주의보 大雨注意報.

주인¹ (主人) /tʃuin/ 명 ❶ 一家の主. ‖주인 양반 ご主人; 旦那さん. ❷ 所有者; 持ち主. ‖주운 지갑의 주인을 찾다 拾った財布の持ち主を探す. 집주인 家主. ❸ 夫. ‖우리 집 주인 うちの主人; うちの夫.
주인-공 (主人公) 명 主人公; 主; 主役. ‖화제의 주인공 話題の主.
주인-장 (主人丈) 명 〖주인(主人)의 尊敬語〗ご主人.
주인-집 (主人-) [-찝] 명 家主の家.

주임 (主任) 명 主任. ㉯부임(副任).

주일¹ (主日) 명 〖キリスト教〗主日; 日曜日. ‖주일에는 교회에 간다 日曜日には教会に行く. 주일 학교 日曜学校.

주일² (駐日) 명 駐日. ‖주일 대사 駐日大使.

주일³ (週日) 依명 …週間. ‖한 주일 내내 비가 내리다 １週間ずっと雨が降る. 이번 삼 주일 동안 この３週間の間.

주임 (主任) 명 主任.

주입 (注入) 명 하자 注入. ‖체내에 주사액을 주입하다 体内に注射液を注入する.
주입-되다 자동.
주입 교육 (注入教育) [-교-] 명 詰め込み教育; 注入教育.
주입-식 (注入式) [-씩] 명 注入式; 詰め込み方式.

주자 (走者) 명 走者; ランナー. ‖선두주자 トップランナー. 릴레이의 최종 주자 リレーの最終走者.

주자-학 (朱子學) 명 朱子学.

주작 (朱雀) 명 〖民俗〗朱雀(すざく). ✤四方をつかさどる天の四神の一つで、南をつかさどる. ㉯청룡(青龍)(東)·백호(白虎)(西)·현무(玄武)(北).

주장 (主張) /tʃudʒaŋ/ 명 하타 主張. ‖권리를 주장하다 権利を主張する. 강력히 주장하다 強く主張する. 자기주장이 강하다 自己主張が強い. 주장을 굽히지 않다 主張は曲げない.

주장² (主將) 명 主将.

주재¹ (主宰) 명 하타 主宰. ‖모임을 주재하다 集まりを主宰する.

주재² (駐在) 명 하자 駐在.

주재-국 (駐在國) 명 駐在国.

주재-원 (駐在員) 명 駐在員.

주저리-주저리 부 ❶ 小さいものがたくさん垂れ下がっている様子. ‖포도가 주저리주저리 열리다 ブドウがたくさん実る. ❷ あれこれと並べ立てる様子.

주저-앉다 /tʃudʒəntʰa/ [-안따] 자 ❶ 座り込む. ‖다리가 아파 길바닥에 주저앉다 足が痛くて道端に座り込む. ❷ 諦める; 放棄する. ‖아직 반도 못 했는데 여기서 주저앉으면 어떡해요? まだ半分もできていないのにここで諦めてどうするんですか. ❸ ある場所にそのまま住み着く; 定住する. ‖여동생은 일본에 갔다 그대로 주저앉아 버렸다 妹は日本に行ってそのまま定住してしまった. ㉰주저앉다.

주저앉-히다 [-안치-] 타 〖주저앉다의 使役動詞〗❶ 座り込ませる. ‖떠나려는 사람을 억지로 주저앉히다 発とうとする人を無理矢理座らせる. ❷ (計画などを) 諦めさせる.

주저-하다 (躊躇-) /tʃudʒəhada/ 자타 〖하변〗躊躇(ちゅうちょ)する; ためらう. ‖주저하지 말고 들어오세요 躊躇せずお入りください. 주저하는 걸 보니 마음에 안 드나 보군요 ためらうところを見ると気に入らないようです.

주전 (主戰) 명 하자 主戦. ‖주전론 主戦論. 주전 투수 主戦投手; 主力投手.

주전-부리 명 하자 絶えず無駄食いをする癖.

주전자 (酒煎子) /tʃudʒəndʒa/ 명 やかん. ‖주전자를 불에 올려놓다 やかんを火にかける.

주절 (主節) 명 〖言語〗主節. ㉯종속절(從屬節).

주절-거리다 [-대다] 자동 しきりにつぶやく.

주절-주절 부 하자동 しきりにつぶやく様子; ぶつぶつ.

주점 (酒店) 명 飲み屋; 居酒屋.

주접-떨다 [ㄹ語幹] 동 食い意地を張る.

주정¹ (酒酊) 명 하자 酒乱. ‖주정을 부리다 酒に酔ってくだを巻く.
주정-꾼 (酒酊-) 명 酒癖の悪い人.
주정-뱅이 (酒酊-) 명 酒乱; 酔っ払い; 飲んだくれ.

주정² (主情) 명 〖知〗主情.
주정-주의 (主情主義) [-/-이] 명 〖文芸〗主情主義.

주제¹ 명 粗末な格好; 分際. ‖잘 모르는 주제에 나서다 よく分からないくせにでしゃばる. 주제를 모르다 身のほど知らずだ.

주제-넘다 [-따] 형 生意気だ; おこがましい; 出すぎだ; 差し出がましい. ‖주제넘게도 말참견하다 おこがましくも口出しする.

주제² (主題) 图 主題;テーマ。∥회의의 주제로 올리다 会議の主題に取り上げる。

주제-가 (主題歌) 图 主題歌;テーマ曲。

주조¹ (主調) 图 (音樂) 主調。

주조² (主潮) 图 主潮。

주조³ (酒造) 하他 酒造。

주조⁴ (鑄造) 图 하他 鋳造。∥활자를 주조하다 活字を鋳造する。

주종 (主從) 图 ∥주종 관계 主従関係。주종을 이루다 主従をなす。

주주 (株主) [-쭈] (經) 株主。
　주주-권 (株主權) [-꿘] (法律) 株権。
　주주-총회 (株主總會) [-/-훼] 图 株主総会。

주지¹ (主旨) 图 主旨。

주지² (住持) 图 (佛敎) 住持;住職。

주지³ (主知) 图 ⇒주정 (主情)。
　주지-주의 (主知主義) [-/-이] 图 主知主義。

주지⁴ (周知) 图 하他 周知。∥주지의 사실 周知の事実。주지하는 바와 같이 周知の通り。취지를 주지시키다 趣旨を周知させる。

주지-육림 (酒池肉林) [-융님] 图 酒池肉林。

주차 (駐車) 图 /tʃuːtʃʰa/ 하他 駐車。∥주차 위반 駐車違反。주차 금지 구역 駐車禁止区域。
　주차-장 (駐車場) 图 駐車場。

주창 (主唱) 图 하他 主唱;唱えること。∥신학설을 주창하다 新学説を主唱する。

주책 (←主着) 图 無定見でいい加減なこと。▶주책을 떨다 無分別にふるまう;粗忽(そこ)にふるまう;いやらしい。
　주책-바가지 [-빠-] 图 分別のない人;見境がない人。
　주책-없다 [-채겁따] 厖 見境がない。
　주책없-이 주책없이 굴다 見境(も)なくふるまう。

주체¹ 하他 手に負えないこと;困ることと。∥주체할 수 없는 눈물이 흐르다 涙が流れてどうすることもできかねる。▶주체를 못하다 持て余す;てごずる;手を焼く;手に負えない。애가 우니까 주체를 못하다 泣く子を持て余す。

주체² (主體) 图 主体。⑪객체(客體)。
　주체-사상 (主體思想) 图 主体思想。✦「人間中心の新しい哲学思想」と定義された北朝鮮における最高統治理念。
　주체-성 (主體性) [-씽] 图 主体性。
　주체-적 (主體的) [-쩍] 圉 主体的。∥주체적으로 판단하다 主体的に判断する。

주최 (主催) [-/-이] 图 하他 主催。∥부산시가 주최하는 영화제 釜山市が主催する映画祭。주최 측 主催者側。
　주최-자 (主催者) 图 主催者。

주축 (主軸) 图 主軸。∥팀의 주축이 되는 선수 チームの主軸になる選手。행정 개혁을 정책의 주축으로 하다 行政改革を政策の主軸とする。

주춤-거리다 [-대다] 自他 ためらう;もたもたする。∥주춤거리며 앞으로 나가다 もたもたしながら前に出る。

주춤-주춤 图 自他 ぐずぐず;もじもじ。⑰조촘조촘。

주춤-하다 自他 [하變] 立ちすくむ;立ち止まる。

주춧-돌 (←柱礎-) [-춛똘/-춛똘] 图 礎石(いしずえ)。⑰초석(礎石)。

주치-의 (主治醫) [-/-이] 图 主治医。

주택 (住宅) /tʃuːtʰɛk/ 图 住宅。∥무허가 주택 無認可住宅。서울의 주택 사정 ソウルの住宅事情。주택 수당 住宅手当。
　주택-가 (住宅街) [-까] 图 住宅街。
　주택-난 (住宅難) [-땅] 图 住宅難。
　주택-지 (住宅地) [-찌] 图 住宅地。

주-특기 (主特技) [-끼] 图 主な特技;十八番。

주파¹ (走破) 图 하他 走破;走り抜くこと。∥전 구간을 두 시간에 주파하다 全区間を2時間で走破する。

주파² (周波) 图 (物理) 周波。
　주파-수 (周波數) 图 周波数。∥주파수가 맞지 않다 波長が合わない;呼吸が合わない。

주판 (籌板·珠板) 图 そろばん。⑪수판(數板)。∥주판을 놓다 そろばんをはじく;損得の計算をする。
　주판-알 (籌板-) 图 そろばん玉。

주포 (主砲) 图 ❶主砲。❷〔比喩的に〕強打者。

주필 (主筆) 图 主筆。

주한 (駐韓) 图 駐韓;在韓。∥주한 미군 在韓米軍。

주항 (周航) 图 하他 周航。∥동남아 일대를 주항하다 東南アジア一帯を周航する。

주해 (註解) 图 하他 注解。

주행¹ (走行) 图 自他 走行。
　주행-거리 (走行距離) 图 走行距離。
　주행-차로 (走行車路) 图 走行車路。

주행² (晝行) 图 昼行。⑪야행(夜行)。
　주행-성 (晝行性) [-썽] 图 昼行性。

주형¹ (主刑) 图 (法律) 主刑。⑪부가형(附加刑)。

주형² (鑄型) 图 鋳型(いがた)。⑪거푸집。

주호 (酒豪) 图 酒豪。

주홍 (朱紅) 图 朱紅色;緋色。
　주홍-빛 (朱紅-) [-삗] =주홍(朱紅)。
　주홍-색 (朱紅色) 图 =주홍(朱紅)。

주화 (鑄貨) 图 鋳貨。

주황 (朱黃) 图 だいだい色。
　주황-빛 (朱黃-) [-삗] =주황(朱黃)。

주황-색(朱黃色)[명] =주황(朱黃).
주효(奏效)[명][하자] 奏効. ‖금리 인하 정책이 주효하다 金利引下げ政策が奏効する.
주흥(酒興)[명] 酒興.

죽¹ /루k/ [명] 粥(ᅀ); お粥. ‖전복죽 鮑粥. ▶죽 끓듯 하다 非常に気むずかしい. ▶죽도 밥도 안 되다〈「粥にも飯にもならない」の意で〉中途半端で何の役にも立たない. ▶죽을 쑤다 台無しにする. ▶죽이 되는 밥이 되든〈「粥になろうが飯になろうとかまわず」の意で〉結果がどうあれ. ▶죽 쑤어 개 바라지한다〈諺〉〈「せっかく炊いた粥を犬に食わせる」の意で〉犬骨折って鷹にとられる.

죽² /루k/ [부] ❶ 多くの人やものが列になって並ぶ様子; ずらり; ずらっと. ‖많은 사람들이 죽 늘어서 있다 多くの人がずらり[と]立ち並んでいる. ❷飲み物を一息に飲む様子; ぐいっと; ぐっと. ‖맥주를 죽 들이켜다 ビールをぐいっと飲み干す. ❸紙や布などが勢いよく裂ける様子[音]; びりっと, びりびり. ‖종이를 죽 찢다 紙をびりっと破る. ❹動作が素早く行われる様子; さっと. ‖선을 죽 긋다 線をさっと引く. ❺ある状態が長く続く様子; ずっと. ‖지금까지 죽 1 위 했다 今までずっと 1 位だった. 한 시간 동안 죽 기다리다 1 時間の間ずっと待つ. ❻少しも曲がっていない様子; まっすぐ. ‖큰 길이 죽 뻗어 있다 大通りがまっすぐに伸びている. 다리를 죽 뻗고 앉다 足をまっすぐに伸ばして座る. ❼途中でつかえたり速度が鈍ったりしないで順調に進む様子; すらすら. ‖영어 문장을 죽 읽어 내려가다 英文をすらすらと読み進める. ❽回りを見渡す様子; ぐるりと. ‖장내를 죽 돌아보다 場内をぐるりと見渡す. ❾ 大まかに読む様子; さっと. ‖보고서를 죽 훑어보다 報告書をざっと目を通す. **죽-죽**[부] さっと; まっすぐに; ずんずん. ‖남북을 죽죽 뻗은 고속도로 南北にまっすぐに伸びている高速道路.

죽는[중-][관] 죽다(死ぬ)の現在連体形.

죽는-소리[중-][명][하자] 大げさに訴える行為を行う様子; 泣き言. ‖살기 힘들다고 죽는소리를 하다 生活が大変だと泣き言を並べる.

죽다¹[-따][형](盛り上がっているはずの)ところ)がへこんでいる; ひしゃげている. ‖콧날이 죽다 鼻筋が低い.

죽다²/ᅀuk'ta/[-따][자] ❶ 死ぬ. ‖사람이 죽다 人が死ぬ. 병으로 죽다 病気で死ぬ. 객지에서 죽다 旅先で死ぬ. 굶어 죽다 飢えて死ぬ. 느닷이 사는다 하는 절실한 문제 死ぬか生きるかの切実な問題. 죽어라 하고 일하다 死に物狂いで働く. 죽은 듯이 자고 있다 死んだように眠り込んでいる. 눈이 죽어 있다 目が死んでいる. 동점 주자가 죽다 同点の走者が死ぬ. ❷죽이다.(草木などが)枯れる. ‖물을 안 주었더니 나무들이 말라 죽었다 水をやらなかったため植木が枯れた. ❸ (動きが)止まる; やむ. ‖시계가 죽었다 時計が止まった. 바람이 죽다 風がやむ. ❹ (勢い・気力・持ち味などが)衰える; なくなる; 消える; (色などが)さえない. ‖시험에 떨어져 기가 죽어 있다 試験に落ちて気を落としている. 개성이 죽다 個性がなくなる. 풀기가 죽다 糊気が抜ける. 죽은 색 さえない色. ▶죽도록 못 살다 好きでたまらない. ▶죽기보다 싫다 死んだ方がましだ. ▶죽기 아니면 살기로 物狂いに; 必死になって. ▶죽었다 떠나 깨도·깨도] どういうふうにやっても. ▶죽은 목숨 死んだも同然の身; 生きる道がない人. 죽을 고생을 하다 死ぬほどの苦労をする. ▶죽을 둥 살 둥 死に物狂いで; 必死になって. 죽을 둥 살 둥 일을 하다 死にもの狂いで働く. ▶죽자 사자 [살자] 하다 死に物狂いでやる; 必死になってやる. ▶죽지 못해 살다 いやいやながらに生きている. ▶죽은 자식 나이 세기〈諺〉死んだ子の年を数える; 死児の齢(ᅀ)を数える.

── [접미](一部の形容詞の活用形について)その状態の程度がはなはだしいことを表わす; …てたまらない; …て死にそうだ; …でしょうがない. ‖좋아 죽겠다 うれしくてたまらない; 超うれしい. 미워 죽겠다 憎たらしくてしょうがない. 피곤해 죽겠다 疲れて死にそう.

죽도(竹刀)[-또][명] 竹刀.

죽도-화(一花)(一도)[명][植物] ヤマブキ(山吹).

죽마고우(竹馬故友)【중-】[명] 竹馬の友; 幼なじみ.

죽-물(粥-)[중-][명] ❶ 薄い粥. ❷ 粥の汁.

죽-부인(竹夫人)[-뿌-][명] 竹(ᄎ)婦人; 抱き籠.

죽비(竹篦)[-삐][명][仏教] 竹篦(ᄎ).

죽-사발(粥沙鉢)[-싸-][명] ❶ 粥をよそう器. ❷(俗っぽい言い方で)こっぴどく殴られること; こっぴどく怒られること. ‖선배한테 대들다가 죽사발이 되다 先輩に向かってこっぴどく殴られる.

죽-세공(竹細工)[-쎄-][명] 竹細工.

죽세공-품(竹細工品)[-쎄-][명] 竹細工物.

죽순(竹筍)[-쑨][명] 竹(ᄎ)の子. 働 대순(-筍).

죽어[부] 죽다(死ぬ)の連用形.

죽어-나다[자](仕事などが)大変で苦しむ.

죽어-지내다[자] 我慢して暮らす. ‖며누리가 무서워서 죽어지내고 있다 嫁が怖くて尻に敷かれて暮らしている.

죽여-주다 〔俗っぽい言い方で〕たまらない;すごい. ‖국물 맛이 죽여주는 스프의 味がたまらない.
죽염(竹鹽) 图 竹塩.
죽은 冠 죽다(死ぬ)の過去連体形.
죽을 冠 죽다(死ぬ)の未来連体形.
죽을-병 (-病) 图 不治の病. ‖죽을병에 걸리다 不治の病にかかる.
죽을-상 (-相) 图 死にそうな辛い顔. ‖죽을상을 하고 있다 朝から死にそうな顔をしている.
죽음 /jugɯm/ 图 死;死ぬこと;死亡. ‖죽음을 각오하고 싸우다 死を覚悟して戦う. 친구의 죽음 友の死. 죽음으로 몰다 死に追いやる. 죽음을 택하다 死を選ぶ.

죽-이다 /jugida/ ❶ 〔죽다の使役動詞〕 殺す;亡くす;潰す;消す. ‖사람을 죽이다 人を殺す. 모기를 죽이다 蚊を殺す. 때려 죽이다 殴り殺す. ❷ 〈感情などを〉押し殺す. ‖숨을 죽이고 상황을 지켜보다 息を殺して様子をうかがう. 소리를 죽이고 울다 声を殺して泣く. 발소리를 죽이다 足音を忍ばせる. ❸ 〈火を〉消す;〈火気が〉消える. ‖연탄불을 죽이다 練炭の火を消す. ❹ 〔野球で〕アウトにする. ❺ 〈草木を〉枯らす. ‖나무에 물을 안 줘 말려 죽이다 水やりを怠って植木を枯らす. ❻ 〈勢い·速度などを〉弱める. ‖속도를 죽이다 スピードを抑える. ❼ 〔俗っぽい言い方で〕すごい;最高だ. ‖이 찌개 맛 죽인다 この鍋の味, 最高だ.

죽지 (-지) 图 ❶ 腕のつけ根. ‖어깻죽지 肩口. ❷ 鳥の翼のつけ根. ‖날갯죽지 翼のつけ根.
죽창 (竹槍) 图 竹槍.
죽-치다 自 引きこもる. ‖하루 종일 방안에서 죽치고 있다 一日中部屋に引きこもっている.
준 冠 주다(あげる)の過去連体形.
준- (準) 接頭 準…. ‖준우승 準優勝.
준거 (準據) 图 自 準拠. ‖역사적 사실에 준거하다 歴史的事実に準拠する.
준걸 (俊傑) 图 俊傑.
준-결승 (準決勝) [-씅] 图 準決勝. ‖준결승에 진출하다 準決勝に進出する.
준공 (竣工) 图 他 竣工. ‖건물을 삼 년만에 준공하다 建物を3年ぶりに竣공하다. **준공-되다** 受動.
준공-식 (竣工式) 图 竣工式.
준-교사 (準敎師) 图 準教師.
준령 (峻嶺) [-녕-] 图 峻嶺.
준마 (駿馬) 图 駿馬.
준-말 (-) 图 略語;縮約語.
준민-하다 (俊敏-) 脸 形動 俊敏だ.
준법 (遵法) [-뻡] 图 遵法. ‖준법 정신 遵法精神.

준별 (峻別) 图 他 峻別.
준봉 (峻峯) 图 峻峯.
준비 (準備) /jʉnbi/ 图 他 準備;支度;用意. ‖발표 준비에 여념이 없다 発表の準備に余念がない. 저녁 식사 준비를 하다 夕食の支度をする. 여행 갈 준비 旅支度. 손님을 맞이할 준비가 되었다 お客さまを迎える用意ができた.
준비 운동 準備運動.
준비-금 (準備金) 图 ❶ 支度金. ❷ (経)準備金.
준수 (遵守) 图 他 遵守. ‖교통 법규를 준수하다 交通規則を遵守する.
준수-하다 (俊秀-) 脸 形動 俊秀だ;俊美だ.
준엄-하다 (峻嚴-) 脸 形動 峻厳だ;非常に厳しい. ‖준엄한 태도 峻厳な態度. **준엄-히** 副.
준열-하다 (峻烈-) 脸 峻烈だ.
준용 (準用) 图 他 準用.
준-우승 (準優勝) 图 自 準優勝.
준위 (准尉) 图 〔軍事〕准尉.
준장 (准將) 图 〔軍事〕准将.
준족 (駿足) 图 駿足.
준치 (图 〔魚介類〕ヒラ (曹白魚).
준칙 (準則) 图 準則.
준칙-주의 (準則主義) [-/-이] 图 準則主義.
준-하다 (準-) 自 準じる. ‖규칙에 준하다 規則に準じる. 급여는 사원에 준하여 지급하다 給与は社員に準じる.

줄¹ /jul/ 图 ❶ 綱;縄;紐(ひも). ‖빨랫줄 洗濯ロープ. 새끼줄 縄. 줄다리기 綱引き. 생명줄 命綱. ❷ (楽器の)弦. ‖기타 줄 ギターの弦. ❸ 線;ライン;ストラップ. ‖줄을 긋다 線を引く. 흰 줄 白線. 핸드폰 줄 携帯電話のストラップ. 줄무늬 셔츠 ストライプのシャツ. ❹ 列. ‖줄을 서다 並ぶ. 줄을 짓다 列を作る. ❺ 縁故;手づる;コネ. ‖줄을 놓아 찾는 사람을 찾다 手づるを求める. ❻ 行. ‖줄을 바꾸다 行を変える. ▶ **줄(을) 긋다** コネをつける.
줄무늬 셔츠 ストライプのシャツ를 바꾸다 行を変える. ▶ **줄(을) 타다** ❶ 綱渡りをする. ❷ 有力な人との関係を利用する.
— 依存 ❶ …列. ‖두 줄로 쌓아 올리다 2列に積み上げる. ❷ …行. ‖위에서 세 번째 줄 上から3行目.

줄² /jul/ 图 やすり. ‖줄로 쓸다 やすりをかける.

줄³ /jul/ 依存 〔主に〈줄 알다[모르다]の形で〕…すべて(こと)を知る(知らない);…と思う(思わない);…できる(できない). ‖네가 거짓말할 줄은 몰랐다 お前がうそをつくとは思わなかった. 한글을 읽을 줄 알아도 쓸 줄은 모른다 ハングルを読むことはできても書くことはできない. 그렇게 말할 줄 알았다 そういうふうに言うと思った. 결혼한 줄 몰랐다 結婚したのを知らなかった. 헤엄칠 줄 안다 泳げる.

줄⁴ 依名 〔年齢を表わす数詞に付いて〕…代; …の坂. ‖나이가 사십 줄에 접어들다 40代に入る.
줄⁵ (joule) 名 仕事・熱量・エネルギーの単位; …ジュール(J).
줄⁶ 依名 주다(あげる)の未来連体形.

줄거리 名 ❶ 葉以外の茎などの部分. ‖고구마 줄거리 サツマイモの茎. ❷ あらすじ;important;要点. ‖소설의 줄거리 小説のあらすじ.

줄곧 副 絶えず;ずっと. ‖사흘째 줄곧 비가 내리고 있다 3日間ずっと雨が降っている. 남동생은 줄곧 일 등을 하고 있다 弟はずっと1位である.

줄기 名 ❶ (植物の)幹; 茎(こ). ‖고구마 줄기 サツマイモの蔓. ❷ (ものの)筋. ‖등줄기 背筋. 산줄기 山並み.
— 依名 ❶ (にわか雨などの一降り); 一しきり. ‖소나기가 한 줄기 쏟아지다가 わか雨がーしきり降る. ❷ (光などの)一筋. ‖한 줄기 빛 一筋の光.

줄기-채소 (—菜蔬) 名 〔植物〕茎菜(けいさい).

줄기-차다 形 (勢いが)激しい;たゆみない; 粘り強い; 根気強い. ‖비가 줄기차게 내리다 雨が激しく降る.

줄-넘기 [-럼끼] 名하변 縄跳び.
줄다 /ʧuːlda/ 自 [—어, —는, 준] ❶ 減る; 減少する. ‖수입이 줄다 収入が減る. 몸무게가 줄다 体重が減る. ❷ 小さくなる; 縮む. ‖바지를 빨았더니 줄었다 ズボンを洗ったら縮んだ. ❸ 低くなる;下がる;落ちる. ‖식욕이 줄다 食欲が落ちる.

줄-다리기 名하변 (民俗) 綱引き.
줄-달음 名하변 줄달음질の略語.
줄달음-질 名하변 一息に走ること. ㉠줄달음. ‖줄달음질을 놓다 一目散に走る.

줄-담배 名 続けざまに吸うタバコ. ‖줄담배를 피우다 続けざまにタバコを吸う.

줄-무늬 [-무니] 名 縞模様; ストライプ.

줄-사다리 名 줄사다리の縮約形.
줄-사닥다리 [-따-] 名 縄梯子(なわばしご). ㉠줄사다리.

줄-서다 自 並ぶ; 行列する. ‖가게가 문을 열기 전부터 줄서서 기다리다 開店前から並んで待つ.

줄어-들다 自 [ㄹ語幹] 次第に減る; 少なくなる. ‖인구가 줄어들고 있다 人口が減っている [減りつつある].

줄-이다 /ʧurida/ 他 ❶ 〔줄다の使役動詞〕減らす; 減少させる. ‖식사량을 줄이다 食事の量を減らす. 업무 시간을 줄이다 業務時間を減らす. ❷ 小さくする; 縮める. ‖바지 길이를 줄이다 ズボンの丈をつめる. ❸ 切り詰める. ‖지출을 줄이다 支出を切り詰める.

줄임-표 (—標) 名 省略記号(…).

생략표 (省略標).
줄-자 名 巻き尺.
줄-잡다 [-따] 他 少なく見積もる. ‖줄잡아 오백 명은 모인 것 같다 少なく見積もっても 500人は集まったようだ.

줄줄 /ʧuːlʧul/ 副 ❶ 〔液体が絶えず流ざあざあ; じゃあじゃあ; どくどく(と); だくだく(と); だらだら(と). ‖땀을 줄줄 흘리다 汗をだらだらと流す. 이마에서 피가 줄줄 흐르다 額から血がどくどくと流れる. ❷ 〔多くの人々が引き続いて動く様子〕ぞろぞろ. ‖아이들이 줄줄 따라다니다 子どもたちがぞろぞろついて回る. ❸ 〔太い縄などを引きずる様子〕ずるずる. ‖よどみなく順調に進む様子〕すらすら(と). ‖영어책을 줄줄 읽다 英語の本をすらすらと[読む.

줄줄-이 副 列ごとに; 各列に; 幾列にも.
줄-짓다 [-진따] 自 [ㅅ変] 並ぶ列を作る; 連なる. ‖기러기가 줄짓어 날아가다 雁が列を作って飛んでいく.

줄창 副 ⇒줄곧.
줄-타기 名하변 綱渡り.
줄-표 (—標) 名 (言い換えを表わす)ダッシュ(—).
줄-행랑 (—行廊) 【—낭】 〔逃亡(逃亡)의俗語〕逃亡; 一目散. ▶줄행랑(을) 치다[놓다] 逃亡する; 逃げる. 소매치기가 경찰을 보자 줄행랑을 쳤으나 경찰을 見るや否や逃げた.

줌 依名 ⋯握り. ‖한 줌의 쌀 一握りの米.
줌-렌즈 (zoom lens) 名 ズームレンズ.
줍는 形 自 [ㅂ変] 줍다(拾う)の現在連体形.

줍다 /ʧuːpta/ 他 [—따] [ㅂ変] 〔주워, 줍는, 주워〕 拾う. ‖길바닥에 떨어진 담배꽁초를 줍다 道端に落ちたタバコの吸殻を拾う. 낙엽을 줍다 落ち葉を拾う. 밤을 주우러 가다 栗拾いに行く.

숫-대 (主ㅅ—) 【주때/줃때】 名 定見. ‖주대가 있는 남자 定見のある男.

중¹ 名 (仏教) 僧; 坊主.
중² (中) /ʧuːŋ/ 名 ❶ (程度・度合いの)中間; 中. ‖성적은 중보다 조금 위이다 成績は中の少し上だ. 상중하 上中下. 대중소 大中小. ❷ 内部; 中. ‖옥중에서 보낸 편지 獄中からの手紙. 공기 중에 空気中に. ❸ (多くの)中. ‖남자 중의 남자 男の中の男. 열 명 중의 두 명이 일본 사람이다 10人中 2人が日本人だ.
— 依名 ⋯中; 最中. ‖일하고 있는 중입니다 仕事中です. 열심히 공부하고 있는 중입니다 勉強の真っ最中です.

중³ (中) 名 中国(中國)の略語.
중-⁴ 接頭 中⋯. ‖중거리 中距離.
중-⁵ (重) 接頭 重⋯. ‖중노동 重労動.
중간 (中間) /ʧuːŋgan/ 名 中間; 中.

ん中. ‖중간 점검 中間点検. ❷ 途中. ‖근무 시간 중간에 잠시 외출하다 勤務時間の途中にしばらく外出する.

중간-고사 (中間考查) [名] 中間テスト; 中間試験.

중간-노선 (中間路線) [名] 中間路線. ‖중간노선을 걷다 中間路線を歩む.

중간-자 (中間子) [名] 《物理》 中間子.

중간-층 (中間層) [名] 中間層.

중간-치 (中間-) [名] 大きさなどが中ぐらいのもの.

중개 (仲介) [名] [하他] 仲介. ‖매매를 중개하다 売買を仲介する.

중개^무역 (仲介貿易) [名] 《経》 仲介貿易.

중개-업 (仲介業) [名] 仲介業.

중개-인 (仲介人) [名] 仲介人; 仲介者.

중-거리 (中距離) [名] 中距離. ‖중거리 슛 ミドルシュート.

중거리^경주 (中距離競走) [名] =중거리 달리기(中距離-).

중거리^달리기 (中距離-) [名] 《スポーツ》 中距離競走.

중건 (重建) [名] [하他] (寺や宮殿などを)改築すること.

중견 (中堅) [名] 中堅. ‖중견 간부 中堅幹部. 중견 작가 中堅作家. 중견 사원 中堅の社員.

중견-수 (中堅手) [名] (野球で)中堅手; センター.

중-경상 (重輕傷) [名] 重軽傷. ‖중경상을 입다 重軽傷を負う.

중계 (中繼) 【-/-게】 [名] [하他] 中継. ‖생중계 生中継. 프로 야구를 중계하다 プロ野球を中継する. **중계-되다** [受身]

중계-국 (中繼局) [名] 中継局.

중계-망 (中繼網) [名] 中継網.

중계^무역 (中繼貿易) [名] 《経》 中継貿易.

중계-방송 (中繼放送) [名] 中継放送.

중계-차 (中繼車) [名] 中継車.

중고 (中古) /ʧuŋgo/ [名] 中古. ❶ 時代区分の一つ. ‖중고사 中世史. ❷ 中古品. ‖중고차 中古車. 중고를 사다 中古(品)を買う.

중-공업 (重工業) [名] 重工業. [対] 경공업(輕工業).

중과부적 (衆寡不敵) [名] [하自] 衆寡敵せず.

중-과실 (重過失) [名] 《法律》 重過失.

중-괄호 (中括弧) [名] 中括弧({ }).

중구-난방 (衆口難防) [名] 衆口塞ぎ難し.

중국 (中國) /ʧuŋguk/ [名] 《国名》 中国. [略] 중(中).

중국-어 (中國語) [名] 中国語.

중국-인 (中國人) [名] 中国人.

중국-집 (中國-) 【-찝】 [名] 中国料理店; 中華料理屋.

중권 (中卷) [名] (上中下 3 巻よりなる書籍の)中の巻. [関] 상권(上卷)·하권(下卷).

중-근동 (中近東) [名] 《地名》 中近東.

중-금속 (重金屬) [名] 《化学》 重金属. [対] 경금속(輕金屬).

중급 (中級) [名] 中級. [関] 초급(初級)·상급(上級). ‖중급 일본어 中級日本語.

중기[1] (中期) [名] 中期. ‖조선 중기 朝鮮中期.

중기[2] (重機) [名] 重機.

중-남미 (中南美) [名] 《地名》 中南米.

중년 (中年) [名] 中年. ‖중년 부인 中年の婦人.

중-노동 (重勞動) [名] 重労働.

중농 (中農) [名] 中農.

중농-주의 (重農主義) 【-/-이】 [名] 《経》 重農主義.

중뇌 (中腦) 【-/-눼】 [名] 《解剖》 中脳.

중-늙은이 (中-) [名] 中老.

중단 (中斷) /ʧuŋdan/ [名] [하他] 中断. ‖학업을 중단하다 学業を中断する. 심의를 중단하다 審議を中断する. **중단-되다** [受身]

중대[1] (中隊) [名] 《軍事》 中隊.

중대-장 (中隊長) [名] 《軍事》 中隊長.

중대[2] (重大) [名] [하形] 重大. ‖중대한 실수를 하다 重大なミスを犯す. 한국 근대사에 있어서의 중대한 사건 韓国の近代史における重大な事件.

중대-사 (重大事) [名] 重大なこと. ‖국가의 중대사 国家の重大なこと.

중-대가리 [名] 〔俗っぽい言い方で〕坊主頭; いがぐり頭.

중도 (中途) [名] 中途; 途中; 半ば. ‖남의 말을 중도에서 자르다 人の話を途中でさえぎる. 일을 중도에서 포기하다 仕事を途中で諦める.

중도-금 (中渡金) [名] (売買や請負などで)手付金と残金の間に支払う内金.

중독 (中毒) /ʧuŋdok/ [名] [되自] 中毒. ‖연탄 가스 중독 一酸化炭素中毒. 식중독 食中毒. 마약 중독 麻薬中毒.

중독-성 (中毒性) 【-썽】 [名] 中毒性. ‖중독성이 강하다 中毒性が強い.

중독-자 (中毒者) 【-짜】 [名] 中毒者. ‖알코올 중독자 アルコール中毒者.

중동 (中東) [名] 《地名》 中東.

중등 (中等) [名] 中等.

중등^교육 (中等教育) [名] 中等教育.

중-딩 (中-) [名] 중학생(中學生)の俗語.

중략 (中略) 【-냑】 [名] [하他] 中略. [関] 전략(前略)·후략(後略).

중량 (重量) 【-냥】 [名] 重量; 重さ; 目方. [類] 무게. [対] 경량(輕量). ‖중량이 모자라다 重量が足りない. 중량을 속이다 目方をごまかす.

자 재 쟈 재 저 제 져 제 조 좌 좨 죄 죠 주 줘 줴 쥐 쥬 즈 즤 지중량-감 (重量感) [名] 重量感.
중량-급 (重量級) 【-냥끕】 [名] 重量級.
중량^분석 (重量分析) [名] 重量分析.
중력 (重力) 【-녁】 [名] 《物理》 重力.
중력^가속도 (重力加速度) 【-녁까-또】 [名] 重力加速度.
중력^댐 (重力 dam) [名] 重力ダム.
중력-파 (重力波) [名] 重力波.
중령 (中領) 【-녕】 [名] 《軍事》 中佐. [関] 대령(大領)·소령(少領).
중론 (衆論) 【-논】 [名] 衆論.
중류 (中流) 【-뉴】 [名] 中流. ‖한강 중류 漢江の中流. 중류 가정 中流家庭. 중류 의식 中流意識.
중류^계급 (中流階級) 【-뉴-/-뉴게-】 [名] 中流階級.
중립 (中立) 【-닙】 [名] [하自] 中立. ‖중립을 지키다 中立を守る. 중립적인 생각 中立的な考え方.
중립-국 (中立國) 【-닙꾹】 [名] 中立国.
중립-주의 (中立主義) 【-닙쭈-/-닙쭈이】 [名] 中立主義.
중립^지대 (中立地帶) 【-닙찌-】 [名] 中立地帯.
ㅈ
중매 (仲媒) [名] [하他] (結婚の)仲立ち. ‖중매를 서다 (結婚を)仲立ちする.
중매-결혼 (仲媒結婚) [名] 見合い結婚.
중매-쟁이 (仲媒-) [名] 〔さげすむ言い方で〕仲人.
중-무장 (重武裝) [名] [하自] 重武装.
중미 (中美) [名] 《地名》 中米; 中央アメリカ.
중반 (中盤) [名] ❶ 中盤. [関] 초반(初盤)·종반(終盤). ‖경기가 중반으로 접어들다 競技が中盤に入る. ❷ 半ば. ‖삼십 대 중반의 남자 30 代半ばの男.
중반-전 (中盤戰) [名] 中盤戦.
중벌 (重罰) [名] 重罰. [対] 경벌(輕罰). ‖중벌에 처하다 重罰に処す.
중범 (重犯) [名] 重犯.
중병 (重病) [名] 重病. ‖중병에 걸리다 重病にかかる.
중복[1] (中伏) [名] 中伏. [関] 초복(初伏)·말복(末伏).
중복[2] (重複) [名] [되自] 重複; ダブること. ‖설명이 중복되다 説明が重複する. 저번 논문과 중복되는 부분이 있다 前の論文とダブる部分がある.
중부 (中部) [名] 中部.
중사 (中士) [名] 《軍事》 中士. [関] 상사(上士)·하사(下士).
중산^계급 (中産階級) 【-/-게-】 [名] 中産階級.
중상[1] (中傷) [名] [하他] 中傷. ‖중상모략 中傷謀略.
중상[2] (重傷) [名] 重傷. [対] 경상(輕傷). ‖교통사고로 중상을 입다 交通事故で重傷を負う.
중상-주의 (重商主義) 【-/-이】 [名] 《経》 重商主義.
중생 (衆生) [名] 《仏教》 衆生.
중생-대 (中生代) [名] 《地》 中生代.
중성[1] (中性) [名] 中性.
중성^비료 (中性肥料) [名] 中性肥料.
중성^세제 (中性洗劑) [名] 中性洗剤.
중성^토양 (中性土壤) [名] 中性土壌.
중성[2] (中聲) [名] 《言語》 中声; 母音.
중성-자 (中性子) [名] 《物理》 中性子; ニュートロン.
중세[1] (中世) [名] 中世.
중세[2] (重稅) [名] 重税.
중소 (中小) [名] 中小.
중소-기업 (中小企業) [名] 中小企業.
중수 (重水) [名] 重水.
중수-로 (重水爐) [名] 重水炉.
중-수소 (重水素) [名] 《化学》 重水素.
중순 (中旬) [名] 中旬. [関] 상순(上旬)·하순(下旬).
중시 (重視) [名] [하他] 重視. [対] 경시(輕視). ‖가격보다 디자인을 중시하다 価格よりデザインを重視する.
중식 (中食) [名] 昼食; 昼飯.
중신 (重臣) [名] 重臣.
중신-아비 (中-) [名] 〔さげすむ言い方で〕男の仲人.
중신-어미 (中-) [名] 〔さげすむ言い方で〕女の仲人.

중심[1] (中心) /ʧuŋʃim/ [名] ❶ 中心. ‖시내의 중심을 흐르는 강 市内の中心を流れる川. 선생님을 중심으로 사진을 찍다 先生を中心に写真を撮る. 정치 문화의 중심 政治文化の中心. ❷ 定見. ‖중심이 없는 남자 定見のない男.
중심-가 (中心街) [名] 中心街.
중심-각 (中心角) [名] 《数学》 中心角.
중심-력 (中心力) 【-녁】 [名] 《物理》 中心力.
중심-부 (中心部) [名] 中心部.
중심-선 (中心線) [名] 中心線.
중심-인물 (中心人物) [名] 中心人物.
중심-적 (中心的) [名] 中心的. ‖금융계의 중심적인 인물 金融界の中心的な人物.
중심-점 (中心點) 【-쩜】 [名] 中心点.
중심-지 (中心地) [名] 中心地.
중심-체 (中心體) [名] 《生物》 中心体.
중심[2] (重心) [名] 重心. ‖중심을 잡다 重心をとる.
중압 (重壓) [名] [하他] 重圧.
중압-감 (重壓感) 【-깜】 [名] 重圧感. ‖학업의 중압감 学業の重圧感.

중앙 (中央) /ʧuŋaŋ/ [名] 中央. ‖역 중앙에 있는 안내소 駅の中央にある案内所. 한국의 중앙은행은 한국은행이다 韓国の中央銀行は韓国銀行である. 중앙으로 진출하다 中央に進出する.

중앙^분리대 (中央分離帶)【-불-】[名] 中央分離帯.
중앙-선 (中央線) [名] センターライン.
중앙-아메리카 (中央 America) [名] 《地名》 中央アメリカ.
중앙-은행 (中央銀行) [名] 中央銀行.
중앙^정부 (中央政府) [名] 中央政府.
중앙-지 (中央紙) [名] 中央紙. [対]지방지(地方紙).
중앙^집권 (中央集權)【-꿘】[名] 中央集權. [対]지방 분권(地方分權).
중앙아프리카^공화국 (中央Africa共和國) [名]《国名》 中央アフリカ共和国.
중-양자 (重陽子) [名]《物理》 重陽子.
중양-절 (重陽節) [名]《民俗》 重陽(ちょうよう); 菊の節句. 陰暦の9月9日.
중언 (重言) [名][하他] 重言.
중언-부언 (重言復言) [名][하他] 同じことを何度も繰り返して言うこと.
중얼-거리다[-대다] /ʧuŋɔlgɔrida [-dɛda]/ [自他] つぶやく; ぶつぶつ言う. ‖불만스럽다는 듯이 중얼거리다 不満げにつぶやく. 뭔가 중얼거리면서 걸어가다 何かぶつぶつ言いながら歩いて行く.
중얼-중얼 [副][하自他] 小声でつぶやく様子: ぶつぶつ.
중역 (重役) [名] 重役. ‖회사 중역 会社の重役.
중엽 (中葉) [名] 中葉. [関]초엽(初葉)・말엽(末葉). ‖이십 세기 중엽 20世紀中葉.
중요 (重要) /ʧuːŋjo/ [名][하形] 重要. ‖중요한 약속 重要な約束. 중요한 지위를 차지하다 重要な地位を占める. 이번 시험은 나한테 있어서 매우 중요하다 今度の試験は私にとって非常に重要だ. **중요-히** [副]
중요-성 (重要性)【-썽】[名] 重要性. ‖환경의 중요성 環境の重要性.
중요-시 (重要視) [名][하他] 重要視. ‖무엇보다 경험을 중요시하다 何より経験を重要視する.
중용¹ (中庸) [名] ❶中庸. ‖중용지도 中庸の道. ❷(四書の一つの)中庸.
중용² (重用) [名][하他] 重用.
중우 (衆愚) [名] 衆愚. ‖중우 정치 衆愚政治.
중위¹ (中位) [名] 中位.
중위² (中尉) [名]《軍事》 中尉. [関]대위(大尉)・소위(少尉).
중유 (重油) [名] 重油.
중의 (衆意)【-/-이】[名] 衆意.
중이 (中耳) [名]《解剖》 中耳.
중이-염 (中耳炎) [名]《医学》 中耳炎.
중인-환시 (衆人環視) [名][하他] 衆人環視.
중임 (重任) [名] ❶重任; 重要な役目. ‖중임을 맡다 重任を引き受ける. ❷続けて前の役目につくこと; 再任. ‖한국 대통령은 중임이 인정되지 않는다 韓国の大統領は再任が認められていない.
중장¹ (中章) [名] 3章からなる文章や詩句の真ん中の章. [関]초장(初章)・종장(終章).
중장² (中將) [名]《軍事》 中将. [関]대장(大將)・소장(少將).
중-장비 (重裝備) [名] 重装備.
중재 (仲裁) [名][하他] 仲裁. ‖분쟁을 중재하다 紛争を仲裁する.
중전 (中殿) [名] 왕비(王妃)の尊敬語.
중절 (中絶) [名][하他] 中絶. ‖중절 수술 中絶手術.
중절-모자 (中折帽子) [名] 中折れ帽子.
중점 (重點)【-쩜】[名] 重点. ‖말하기 능력에 중점을 두다 話す能力に重点を置く.
중점-적 (重點的) [名] 重点的. ‖문법을 중점적으로 가르치다 文法を重点的に教える.
중졸 (中卒) [名] 〔중학교 졸업(中學校卒業)の略語〕中卒.
중죄 (重罪)【-/-줴】[名] 重罪.
중증 (重症)【-쯩】[名] 重症. [対]경증(輕症).
중지¹ (中止) /ʧuŋʤi/ [名][하他] 中止. ‖회의를 중지하다 会議を中止する. 공사를 중지하다 工事を中止する. 일시 중지 一時中止. **중지-되다** [受身]
중지² (中指) [名] 手の中指. [類]가운뎃손가락.
중지³ (衆智) [名] 衆知. ‖중지를 모으다 衆知を集める.
중진 (重鎭) [名] 重鎮. ‖법조계의 중진 法曹界の重鎮.
중진-국 (中進國) [名] 中進国. [関]선진국(先進國)・개발도상국(開發途上國).
중차대-하다 (重且大-) [形]『하変』 非常に重大だ. ‖중차대한 문제 非常に重大な問題.
중창 (重唱) [名]《音楽》 重唱. ‖남성 이중창 男声2重唱.
중책 (重責) [名] 重責. ‖중책을 맡다 重責を担う.
중천 (中天) [名] 中天; 中空. ‖해가 중천에 떠 있다 太陽が中天に出ている.
중첩 (重疊) [名][되自] 重畳; 重なること. ‖물체들이 중첩되어 보이다 物体が重なって見える.
중추 (中樞) [名] 中枢. ‖중추적인 역할 中枢的な役割. 신경 중추 神経中枢.
중추-절 (仲秋節) [名]《民俗》 仲秋. ✣陰暦の8月15日.
중출 (重出) [名][하自] 重出; 重複.
중층 (中層) [名] 中層.
중-키 (中-) [名] 中背.
중탕 (重湯) [名][하他] 湯煎.
중태 (重態) [名] 重体.
중-턱 (中-) [名] (山などの)中腹.
중퇴 (中退)【-/-퉤】[名][하他] 中退.

중편 (中篇) ❶ 中編. ⑳장편(長篇)·단편(短篇). ❷ 중편 소설(中篇小說)의 준말.

중편소설 (中篇小說) 图《文學》中編小說. ⑳장편(長篇), 단편(短篇).

중풍 (中風)(漢方) 中風. ‖중풍에 걸리다 中風にあたる.

중하 (中蝦)〔魚介類〕クルマエビ科のエビの総称.

중-하다 (重-) 厖[하얗]❶重い. ‖중한 죄 重い罪. ❷大事だ; 大切だ; 重大だ; 重要だ. ‖중한 임무 重大な任務. **중-히** 副義理を重く思う 義理を重んじる.

중학 (中學)〘중학교(中學校)의 준말〙.

중학-교 (中學校) /tʃuŋhakʰkjo/【-꾜】图 中學校. ⑳중학교(中學校).

중학-생 (中學生) /tʃuŋhakʰsɛŋ/【-쌩】图 中学生.

중핵 (中核) 图 中核. ‖조직의 중핵 組織の中核.

중형¹ (中型) 图 中型. ‖중형차 中型車.

중형² (重刑) 图 重刑. ‖중형을 선고하다 重刑を宣告する.

중혼 (重婚) 图[하다自] 重婚.

중화¹ (中和) 图[하다自] 中和. ‖중화 작용 中和作用. 산과 알칼리가 중화되다 酸とアルカリが中和する.

중화² (中華) 图 中華. ‖중화요리 中華料理. 중화 사상 中華思想.

중화민국 (中華民國) 图《國名》中華民國; 台湾.

중화 인민 공화국 (中華人民共和國) 图《國名》中華人民共和国; 中国.

중화학 공업 (重化學工業)〔-공-〕图 重化学工業.

중-환자 (重患者) 图 重態; 重病人.

중후-하다 (重厚-) 厖[하얗] 重厚だ. ‖중후한 남자 重厚な男性.

중흥 (中興) 图[하다他] 中興.

쥐 俚 주다(あげる)의 연用形.

쥐¹ 图 痙攣 (경련); こむら返り. ‖다리에 쥐가 나다 足がつる; こむら返りを起こす.

쥐² (/tʃwi/) 图〔動物〕 ネズミ(鼠). ‖쥐를 잡다 ネズミを捕る.

쥐-구멍 图 ネズミの穴. ▸쥐구멍(을) 찾다 穴があったら入りたい. ▸쥐구멍에도 볕 들 날 있다 ⇨ 待てば海路の日和あり.

쥐-꼬리 图〔比喩的に〕(分量が)非常に少ないこと; スズメの涙ほど. ‖쥐꼬리만 한 월급 スズメの涙ほどの給料.

쥐다 他 握る; つかむ. ‖주먹을 쥐다 こぶしを握る. 손에 자를 쥐다 手に菓子を握る. 실권을 쥐다 実権を握る. 사건 해결의 열쇠를 쥐고 있는 사람 事件解決の鍵を握っている人. 큰돈을 쥐다 大金をつかむ. ⑳쥐이다.

쥐-덫〔-덛〕图 ネズミ捕り. ‖쥐덫을 놓다 ネズミ捕りを置く.

쥐-띠 图 子(ね)年生まれ.

쥐-불 图 陰暦の正月の最初の子の日にネズミを追い払うために田畑の畦(あぜ)道に放つ火.

쥐-뿔 图〔「ネズミの角」の意から〕取るに足りないこと〔もの〕. ▸쥐뿔도 모르다 何も知らない. ▸쥐뿔도 없다 何も持っていつを食らわす.

쥐-새끼 图〔ののしる言い方で〕小さいとにも抜からのないずる賢い人.

쥐-색 (-色) 图 鼠色; 灰色.

쥐-약 (-藥) 图 殺鼠剤; 猫いらず.

쥐어-뜯다〔-따 /-여-따〕他 ❶ かきむしる; むしり取る. ‖머리를 쥐어뜯다 髪の毛をかきむしる.

쥐어-박다〔-따 /-여-따〕他 小突く; 食らわす. ‖머리를 한 대 쥐어박다 頭を1発小突く. 주먹으로 쥐어박다 げんこつを食らわす.

쥐어-짜다〔-/-여-〕他 絞る; 絞り取る; 無理に出させる.

쥐어-흔들다〔-/-여-〕他〔ㄹ語幹〕 揺さぶる; 揺する. ‖멱살을 잡고 쥐어흔들다 胸ぐらをつかんで揺さぶる. ❷〔比喩的に〕牛耳る.

쥐여-살다 自〔ㄹ語幹〕(人に)押さえつけられながら暮らす. ‖아내에게 쥐여살다 女房の尻に敷かれている.

쥐-이다¹ 自〔쥐다の受身動詞〕握られる; つかまる. ‖ 형에게 팔이 쥐여 꼼짝할 수 없다 兄に腕をつかまれて身動きが取れない. 약점을 쥐이다 弱みを握られる.

쥐-이다² 他〔쥐다の使役動詞〕握らせる.

쥐치 图〔魚介類〕カワハギ(皮剝).

쥐-포 (-脯) 图 カワハギの干物.

즈음 低 图 …頃. ⑳즘. ‖끝날 즈음 終わり頃.

즈음-하다 自[하얗]〔主に…에 즈음하여の形で〕…に際して; …に当たって. ‖비상 시국에 즈음하여 非常時局に際して.

즈크 (doek ダ) 图〔布地の〕ズック.

즉 (即) /tʃɯk/ 副 すなわち; つまり. ‖일본 국회는 양원 즉 중의원과 참의원으로 이루어져 있다 日本の国会は二院, すなわち衆議院と参議院よりなっている.

즉각 (即刻) 副 即刻. ‖즉각 실행하다 即刻実行する. 명령을 즉각 실행하다 命令を即刻実行する.

즉결 (即決)〔-껼〕图[하다他] 即決. ‖즉결 처분 即決処分.

즉결 심판 (即決審判) 图《法律》即決裁判. ⑳즉심(即審).

즉답 (即答)〔-땁〕图[하다自] 即答.

즉사 (即死)〔-싸〕图[하다自] 即死.

즉석 (卽席) 【-썩】 名 即席; インスタント. ∥즉석 복권 インスタント宝くじ. 즉석 라면 インスタントラーメン.

즉시 (卽時) 【ʦɯk²ʃi】 副 即時; すぐに; 直ちに; 早速. ∥무슨 일이 생기면 즉시 알려 주세요 何かありましたらすぐに知らせてください. 사건 발생 즉시 경찰에 신고한다 事件発生後すぐに警察に通報する. **즉시-즉시**

즉심 (卽審) 【-씸】 名 즉결 심판(即決審判)의 略記.

즉위 (卽位) 名 自 即位.

즉자 (卽自) 【-짜】 名 ⑦ 즉자(對自).

즉효 (卽效) 名 即效. ∥즉효를 보이다 即效を示す.

즉흥 (卽興) 【-쯩】 名 即興.
즉흥-곡 (卽興曲) 名 [音樂] 即興曲.
즉흥-극 (卽興劇) 名 [演劇] 即興劇.
즉흥-시 (卽興詩) 名 [文藝] 即興詩.
즉흥-적 (卽興的) 名 ⑦ 即興的. ∥즉흥적으로 지은 시 即興的に作った詩.

즐거운 [ㅂ変] 즐겁다 (楽しい)의 현재 연체형.

즐거워 [ㅂ変] 즐겁다 (楽しい)의 연용형.

즐겁다 /ʦulɡəp²ta/ 【-따】 形 [ㅂ変] [즐거워, 즐거는] 楽しい; 愉快だ; うれしい. ∥파티는 즐겁다 パーティは楽しい. 즐거운 한때 楽しい一時. 즐겁게 노래하다 楽しく歌う. 즐거운 비명을 지르다 うれしい悲鳴を上げる. **즐거이** 副

즐겨 즐기다 (楽しむ)의 연용형.
즐기는 즐기다 (楽しむ)의 현재 연체형.

즐기다 /ʦulɡida/ 他 楽しむ; エンジョイする; 好む; 親しむ. ∥낚시를 즐기다 釣りを楽しむ. 제주도에서 여름 휴가를 즐기다 済州島で夏休みを楽しむ. 여생을 즐기다 余生を楽しむ. 자연을 즐기다 自然に親しむ. 즐겨 먹는 음식 好んで食べるもの.

즐긴 他 즐기다 (楽しむ)의 과거 연체형.
즐길 他 즐기다 (楽しむ)의 미래 연체형.

즐비-하다 (櫛比-) 名 [하変] 立ち並んでいる; 櫛比(しっぴ)する. ∥가게들이 즐비하게 늘어서 있다 店がぎっしり(と)立ち並んでいる.

즘 依名 [즈음의 縮約形] …頃. ∥떠날 즘에 비가 오다 発つ頃に雨が降る.

즙 (汁) 名 汁. ∥레몬 즙 レモン汁.
증¹ (贈) 名 贈呈.
-증² (症) 【쯩】 接尾 …症. ∥빈혈증 貧血症.
-증³ (證) 【쯩】 接尾 …証. ∥학생증 学生証. 자격증 資格証.

증가 (增加) /ʦɯŋɡa/ 名 [하自他] 增加. ⇔감소(減少). ∥인구가 증가하다 人口が増加する.

증간 (增刊) 名 [하他] 增刊.
증감 (增減) 名 [하他] 增減.
증강 (增强) 名 [하他] 增强. ∥군사력 증강 軍事力の増強.

증거 (證據) /ʦɯŋɡʌ/ 名 証拠. ∥명백한 증거 明白な証拠. 증거 불충분 証拠不充分. 물적 증거 物的証拠. 증거를 인멸하다 証拠をいん滅する. 증거를 남기다 証拠を残す.

증거 능력 (證據能力) 【-녁】 名 [法律] 証拠能力.
증거-물 (證據物) 名 [法律] 証拠物.
증거 방법 (證據方法) 名 [法律] 証拠方法.
증거 보전 (證據保全) 名 [法律] 証拠保全.
증거-인 (證據人) 名 証人.
증거-품 (證據品) 名 証拠品.
증권 (證券) 【-꿘】 名 証券.
증권 거래소 (證券去來所) 名 証券取引所.
증권 시장 (證券市場) 名 証券市場. 略증시(證市).
증권-업 (證券業) 名 証券業.
증권 투자 (證券投資) 名 証券投資.
증권 회사 (證券會社) 【-꿘-/-꿘훼-】 名 証券会社.

증기 (蒸氣) 名 蒸気.
증기 기관 (蒸氣機關) 名 蒸気機関.
증기 기관차 (蒸氣機關車) 名 蒸気機関車.
증기-선 (蒸氣船) 名 蒸気船; 汽船.
증기-압 (蒸氣壓) 名 蒸気圧.
증기 터빈 (蒸氣 turbine) 名 蒸気タービン.

증대 (增大) 名 [하自他] 增大. ∥수요의 증대 需要の増大. 소득이 증대하다 所得が増大する.

증량 (增量) 【-냥】 名 [하自他] 增量. ⇔감량(減量).

증류 (蒸溜) 【-뉴】 名 [하他] 蒸留. ∥바닷물을 증류하다 海水を蒸留する.
증류-수 (蒸溜水) 名 蒸留水.
증류-주 (蒸溜酒) 名 蒸留酒. ♣醸造酒를 증류하여 얻은 アルコール度数の高い酒. 焼酎, ブランデー, ウイスキーなど.

증명 (證明) /ʦɯŋmjʌŋ/ 名 [하他] 証明. ∥무죄를 증명하다 無実を証明する. 알리바이를 증명하다 アリバイを証明する. 프랭클린은 번개가 전기임을 증명했다 フランクリンは稲妻が電気であることを証明した. **증명-되다** 自動

증명-사진 (證明寫眞) 名 証明写真.
증명-서 (證明書) 名 証明書. ∥재학 증명서를 발급하다 在学証明書を発給する.

증발 (蒸發) 名 [하自] 蒸発. ∥물이 증발하다 水が蒸発する. 사장이 증발했다 社長が蒸発した.

증발-열 (蒸發熱) 【-렬】 名 = 기화열

(氣化熱).
증발-접시(蒸發-)【-씨】图 蒸発皿.
증병(增兵)图 (하타) 増兵.
증보(增補)图 (하타) 増補;改訂増補. ‖개정 증보 改訂増補.
증보-판(增補版)图 増補版.
증빙(證憑)图 証憑(ひょう); 証拠. ‖증빙 서류 証憑書類.
증산(增産)图 (하타) 増産. ↔減産 (감산). ‖식량을 증산하다 食糧を増産する.
증상(症狀)图 病状; 症状. ‖금단 증상 禁斷症狀. 자각 증상 自覺症狀.
증서(證書)图 証書.
증설(增設)图 (하타) 増置; 増設. **증설-되다** (受動)
증세(症勢)图 病状; 症状. ‖증세가 호전되다 病状が好転する.
증세(增稅)图 増税. ↔減稅(감세).
증손(曾孫)图 曾孫; ひ孫.
증-손녀(曾孫女)图 女のひ孫.
증-손자(曾孫子)图 男のひ孫.
증쇄(增刷)图 (하타) 増刷.
증시(證市)图 証券市場(証券市場)の略語.
증식(增殖)图 (하자) 増殖.
증액(增額)图 (하타) 増額. ↔減額(감액).
증언(證言)图 (하타) 証言. ‖법정에서 증언하다 法廷で証言する.
증언-대(證言臺)图 証言台. ‖증언대에 서다 証言台に立つ.
증여(贈與)图 (하타) 贈与. ‖자식에게 재산을 증여하다 子どもに財産を贈与する.
증여-세(贈與稅)【-쎄】图 (法律) 贈与税.
증오(憎惡)图 (하타) 憎悪.
증오-스럽다(憎惡-)【-따】(形) [ㅂ変] 憎たらしい; 憎らしい. ‖증오스러운 눈길을 보내다 憎たらしい目で見る.
증오-심(憎惡心)图 憎悪の念.
증원[1](增員)图 (하타) 増員. ↔감원(減員).
증원[2](增援)图 (하타) 増援. ‖증원 부대를 파견하다 増援部隊を派遣する.
증인(證人)图 証人. ‖증인을 세우다 証人を立てる.
증인-석(證人席)图 証人席. ‖증인석에 앉다 証人席に立つ.
증인-신문(證人訊問)图 (法律) 証人尋問.
증인(證印)图 証印.
증자(增資)图 (하타) 増資. ↔감자(減資).
증정[1](增訂)图 (하타) 増訂.
증정[2](贈呈)图 (하타) 贈呈. ‖기념품을 증정하다 記念品を贈呈する.
증조(曾祖)图 ❶曾祖. ❷증조부(曾祖父)の略語.
증-조모(曾祖母)图 父方の曾祖母.
증-조부(曾祖父)图 父方の曾祖父. ®증조(曾祖).
증조-할머니(曾祖-)图 =증조모(曾祖母).
증조-할아버지(曾祖-)图 =증조부(曾祖父).
증좌(證左)图 証左.
증지(證紙)图 証紙. ‖수입 증지 収入証紙.
증진(增進)图 (하타) 増進. ‖체력의 증진 体力の増進. **증진-되다** (受動)
증축(增築)图 (하타) 増築; 建て増し.
증편(增便)图 (하타) 増便.
증폭(增幅)图 (하타) 増幅. ‖불신의 증폭 不信の増幅. **증폭-되다** (受動)
증폭-기(增幅器)【-끼】图 (物理) 増幅器.
증표(證票)图 証票; 証. ‖사랑의 증표 愛の証.
증회(贈賄)【-/-휘】图 (自) 贈賄.
증회-죄(贈賄罪)【-쬐/-쮀】图 (法律) 贈賄罪.
증후(症候)图 症候; 症状.
증후-군(症候群)图 症候群; シンドローム.

지[1](池)图 (姓) 池(ジ).
지[2](G·g)图 (アルファベットの)ジー.
지[3]/ʨi/ (依名) 【…し[은] 지の形で】…てから; …して以来. ‖일본에 온 지 십 년이 넘었다 日本へ来てから 10 年が経った. 안 본 지도 오래되었다 ずいぶん会っていない.
지[4]/ʨi/ (助) ❶…であって. ‖토마토는 채소지 과일이 아니다 トマトは野菜であって果物ではない. ❷…よ; …のさ. ‖그 사람 꽤 알려진 작가지요 あの人, かなり知られている作家だよ. ❸[疑問文で]…だっけ; …なの. ‖출발은 몇 시지? 出発は何時だっけ.
-지[5] (接尾) …漬け. ‖오이지 キュウリの漬物. 단무지 たくあん.
-지[6](紙) (接尾) …紙. ‖포장지 包装紙.
-지[7](誌) (接尾) …誌. ‖월간지 月刊誌.
-지[8](地) (接尾) …地. ‖출신지 出身地.
-지[9]/ʨi/ (語尾) ❶【…지 아니하다[않다·말다]などの形で】…ではない; …(し)ない; …ない. ‖오늘은 바쁘지 않다 今日は忙しくない. 유명하지 않다 有名ではない. 웃지 못할 일이다 笑えないことだ. 오늘은 가지 말자 今日は行かないことにしよう. ❷…が; …けど. ‖바람만 불지 비는 안 온다 風は吹いているけど, 雨は降っていない. 돈만 있지 교양은 없다 お金はあるが, 教養はない. ❸…でしょう. ‖보면 알겠지 見れば分かるでしょう. 모르면 물어 보겠지 分からなければ聞くでしょう. ❹…なさい. ‖먼저 먹지 先に食べたら. 너도 하나 사지

지가(地價)〖-까〗图 地価.∥지가가 앙등하다 地価が高騰する.

지각¹(地殻)图(地)地殻.∥지각 변동 地殻変動.

지각²(知覚)图 知覚.∥지각이 마비되다 知覚が麻痺する. ❷分別.∥지각 없는 행동 無分別な行動.

지각³(遲刻)/jigak/图 遅刻.∥회의에 지각하다 会議に遅刻する. **지각-히**图

지갑(紙匣)/jigap/图 財布.∥지갑을 잃어 버리다 財布をなくす. 지갑에서 돈을 내다 財布からお金を出す.

지검(地検)图〔法律〕〔地方検察庁〕(地方検察庁의 略称)地検.

지게 背負子(しょい).∥지게를 지다 背負子を背負う.

지게-꾼 背負子で荷物を運ぶ仕事をする人.

지겨운形〔ㅂ変〕지겹다(うんざりだ)의 現在連体形.

지겨워形〔ㅂ変〕지겹다(うんざりだ)의 用言形.

지겹다/jigjəp'ta/〖-따〗形〔ㅂ変〕〔지겨워,지겨운〕うんざりだ;飽き飽きしている;こりごりだ;退屈だ.∥엄마의 잔소리가 지겹다 母の小言にはうんざりだ. 수업 내용이 너무 지겹다 授業の内容があまりにも退屈だ.

지고(至高)图形動 至高.∥지고한 가치 至高の価値. 지고의 高尊善.

지관(支管·枝管)图 支管.

지관(地官)图 風水によって家の敷地や墓場などを選ぶ人.

지괴(地塊)图〔-래〕图 地塊.

지구(地球)/jigu/图 地球.∥지구 온난화 地球温暖化. 지구는 행성의 하나이다 地球は惑星の一つだ. 달은 지구의 주위를 공전하고 지구의 주위를 공전한다 月は地球の回りを公転し,地球は太陽の回りを公転する.

지구-본(地球本)图 =지구의(地球儀).

지구-의(地球儀)〖-이〗图 地球儀.

지구-촌(地球村)图 地球村.

지구(地区)图 地区.∥개발 지구 開発地区. 상업 지구 商業地区.

지구³(持久)图 持久.

지구-력(持久力)图 持久力.∥마라톤은 지구력이 필요한 운동이다 マラソンは持久力が必要な運動だ.

지구-전(持久戦)图 持久戦.

지국(支局)图 支局.

지그시/jigɯ:ʃi/圓 ❶そっと.∥눈을 지그시 감다 目をそっと閉じる. ❷じっと.∥지그시 바라보다 じっと見つめる. 아픔을 지그시 참다 痛みをじっとこらえる.

지그재그(zigzag)图 ジグザグ.∥지그재그로 깁다 ジグザグに縫う. 술에 취해 지그재그로 걸어가다 酒に酔って千鳥足になる.

지극-하다(至極-)【-꾸카-】形〔하変〕この上ない;至極だ.∥지극한 정성 この上ない誠意. **지극-히**圓

지글-거리다【-대다】 ❶じりじりとたぎる. ❷(体が)かっかとほてる. ❸いらいらする;やきもきする.

지글-지글圓形自 じゅうじゅう;じりじり;やきもき;かっかと.∥지글지글 타는 듯한 한여름의 태양 じりじり(と)照りつける真夏の太陽. 속이 지글지글 타다 やきもき(と)気をもむ.

지금(只今)/jigɯm/〖-금〗 ❶今.∥지금 집에 없습니다 今家にはいません. 지금 이 순간이 중요하다 今この瞬間が大事だ. 지금까지의 경험에 입각해서 판단하다 今までの経験に基づいて判断する. 지금까지 연락이 없다 今だに連絡がない. ❷現在;今日.∥책방에서 아르바이트를 하고 있다 現在は本屋でアルバイトをしている. 지금의 젊은이들은 뭘 생각하고 있는지 모르겠다 今の若者は何を考えているのか分からない. ❸〔副詞的에〕今;現在.∥지금 어디에 있니? 今どこにいるの. 지금 살고 있는 동네 現在住んでいる町.

지금-껏(至今-)【-껀】圓 今まで.∥지금껏 한 번도 결석한 적이 없다 今まで一度も欠席したことがない.

지급¹(至急)图形動 至急.∥지급 전보를 치다 至急電報を打つ. **지급-히**圓

지급²(支給)/jigɯp/图他 支給;支払い.∥보너스를 지급하다 ボーナスを支給する. 지급을 늦추다 支払いを延ばす. **지급-되다**圓

지급²불능(支給不能)【-뿔릉】图〔法律〕支払不能.

지급²어음(支給-)【経】支払手形.

지급²유예(支給猶予)【-금뉴-】图 支払猶予;モラトリアム. 예 모라토리엄.

지급²정지(支給停止)【-쩡-】图 支払停止.

지급²준비금(支給準備金)【-준-】图 支払準備金;銀行準備金.

지급²준비율(支給準備率)【-준-】图 支払準備率;預金準備率.

지긋지긋-하다【-귿지귿-】形〔하変〕嫌になる;うんざりする;飽き飽きする;こりごりだ.∥단순 작업은 지긋지긋하다 単純作業は飽き飽きする.

지긋-하다【-그타-】形〔하変〕 ❶年配である.∥나이가 지긋한 사람 年配の人. ❷辛抱強い;じっとしている.∥지긋하게 앉아 있다 じっと座っている. 지

굿-이 图

지기¹ 〈知己〉 图 知己; 親友.

-지기² 腰尾 (「見張り」の意で)…守(も)り; …番. ‖산지기 山守り. 등대지기 灯台守り.

지껄-이다 回 しゃべちらす. ‖마구 지껄이다 むやみにしゃべりちらす. 쓸데없는 말을 지껄이다 無駄口をたたく.

지끈-거리다 回 がんがんする. ‖머리가 지끈거리다 頭ががんがんする.

지끈-지끈 副 (音) 〔頭が〕ひどく痛い様子; がんがん. ‖머리가 지끈지끈 아프다 頭ががんがんする.

지나-가다 /tɕinagada/ 固 ❶ 通りかかる. ‖태풍이 지나간 것 같다 台風が通過したようだ. 내가 불렀는데 친구는 그냥 지나갔다 私が呼んだが友だちは素通りした. ❷ 過ぎ去る. ‖다 지나간 일이야 すべて過ぎ去ったことだよ. 지나간 날들을 過ぎ去った日々. ❸ 〔主に지나가는…の形で〕大した意味もない…. ‖지나가는 말로 물어보지 何気なく聞いてみて. 지나가는 비 通り雨.
— 個 ❶ 通り過ぎる; 経由する; 通りかかる. ‖서울역을 지나가는 버스 ソウル駅を経由するバス. 마침 사건 현장을 지나갔다 たまたま事故現場を通りかかった. ❷ 〔ある考え・思いが〕浮かんでは消える; よぎる. ‖그 생각이 퍼뜩 머릿속을 지나갔다 そのことがはっと頭の中をよぎった.

지나다 /tɕinada/ 固 ❶ 〔時間が〕過ぎる; 経(た)つ. ‖시간이 많이 지나 시간이 많이 경과한. 일본에 와서 벌써 삼 년이 지났다 日本に来てはや3年が過ぎた. 지난 이 년 동안은 논문 때문에 정말 힘들었다 去る2年間は論文のことで本当に大変だった. ❷ 〔期限が〕過ぎる. ‖리포트 제출 날짜가 지났다 レポートの提出日が過ぎた. 점심시간이 지나서 회사로 돌아왔다 昼休みが過ぎて会社に戻ってきた. ❸ 〔…에 지나지 않다の形で〕…に過ぎない. ‖그건 변명에 지나지 않는다 それは言い訳に過ぎない.
— 個 ❶ 過ぎる; 通過する. ‖학교 앞을 지나서 우회전 하세요 学校の前を通り過ぎて右折してください. 지나는 길에의 形で〕通りかかったついでに. 통하가는 것이므로 그 근처를 지나는 길에 들렀으므로 この近くを通りかかったので寄りました.

지나치다 /tɕinatɕʰida/ 固 ❶ 通り過ぎる. ‖못 본 채하고 그냥 지나치다 見ていないかのようにしてそのまま通り過ぎる. ❷ 度を超す; 度が過ぎる; 過度だ; 過剰だ. ‖농담이라고 하기에는 지나치다 冗談にしては度が過ぎる. 지나치게 긴장하다 過度に緊張する. 칼로리를 지나치게 섭취하다 カロリーを過剰に摂取する.

지난-날 图 過ぎる日; 往時; 過去. ‖지난날을 되돌려보다 往時を振り返ってみる.

지난-달 图 先月.

지난-번 〈-番〉 /tɕinanbən/ 图 この間; 前回. 閣指(前番). ‖그 사람은 지난번에도 결석했다 あの人は前回も欠席した. 지난번 회의 때 거론된 문제 前回の会議で取り上げられた問題.

지난-주 〈-週〉 /tɕinandʑu/ 图 先週. 閣指주(前週). ‖지난 주 일요일 先週の日曜日.

지난-하다 〈至難-〉 脳 [하겠] 至難だ.

지난-해 /tɕinanhɛ/ 图 昨年; 昨年.

지내 圖 지내다(過ぎる)の連用形.

지내는 風 지내다(過ぎる)の現在連体形.

지내다 /tɕinɛda/ 固 ❶ 過ごす; 暮らす. ‖하루하루 탈 없이 지내다 毎日無事に過ごす. 놀며 지내다 遊んで過ごす. 요즘 어떻게 지내십니까? 近頃いかがお過ごしでしょうか. 언니는 서울에서 잘 지내고 있다 姉はソウルで幸せに暮らしている. ❷ 付き合う; 交際する. ‖열집 아줌마와는 친하게 지내고 있다 隣の奥さんとは親しくしている.
— 個 ❶ (月日・時を)過ごす. ‖여름 휴가를 별장에서 지내다 夏休みを別荘で過ごす. ❷ (儀式などを)執り行なう. ‖제사를 지내다 祭祀(チェ)を執り行なう. ❸ 〈職責을〉務める; 経験する. ‖장관을 지낸 사람 長官を務めた人.

지내-보다 個 経験[体験]してみる; 付き合ってみる.

지낸 國 지내다(過ごす)の過去連体形.

지낼 國 지내다(過ごす)の未来連体形.

지네 图〈動物〉ムカデ(百足).

지느러미 图 鰭(ひれ). ‖등지느러미 背鰭.

지는¹ 閣 지다(落ちる)の現在連体形.

지는² 閣 지다(負ける)の現在連体形.

-지는 尾 …では; …くは. ‖술이 마시지는 않았다 たくさん飲んではない. 결과가 나쁘지는 않았다 結果が悪くはなかった.

지능 〈知能〉 图 知能. ‖지능이 높다 知能が高い. 인공 지능 人工知能.

지능-검사 〈知能検査〉 图 知能検査.

지능-범 〈知能犯〉 图 知能犯.

지능-적 〈知能的〉 图 知能的.

지능 지수 〈知能指数〉 图 知能指数 (IQ).

지니다 /tɕinida/ 個 ❶ 持つ; 身につける; 所持する. ‖큰돈을 지니고 있다 大金を所持している. ❷ 保有する; 所有する. ‖비싼 보석을 많이 지니고 있다 高い宝石をたくさん所有している. ❸ 受ける; 保有する; 留める. ‖옛 모습을 그대로 지니고 있다 昔の面影をそのまま宿している.

지다¹ /tʃida/ 囯 ❶ 落ちる. ‖해가 지다 日が落ちる. 때가 지다 汚れが落ちる. ❷ (花が)散る;(葉が)枯れる. ‖꽃이 지다 花が散る. 꽃처럼 지다 花と散る. ❸ ある状態になる. ‖장마가 지다 長雨になる. 그늘이 지다 陰になる;陰が生じる. 얼룩이 지다 汚れがつく. ❹ 敵になる. ‖원수가 지다 敵になる.

지다² /tʃida/ 囯 (競技や試合などで)負ける;破れる. ‖싸움에서 지다 戦いに敗れる. 말싸움에서는 누구한테도 지지 않는다 口げんかでは誰にも負けない. 결승전에서 지다 決勝戦で破れる. 재판에서 지다 裁判で負ける. 지는 것이 이기는 것이다 負けるが勝ち.

지다³ 囲 ❶ 背負う;担ぐ. ‖무거운 짐을 지다 重い荷物を背負う. 働 지우다. ❷ (責任などを)負う[とる]. ‖이번 일에 책임을 지고 사임하다 今回のことで責任をとって辞任する. ❸ (恩恵など)をこうむる. ‖많은 신세를 지다 大変お世話になる. 빚을 지다 借金をする.

-지다⁴ /tʃida/ 接尾 [形容詞に付いて]状態の変化を表わす動詞を作る. ‖얼굴이 빨개지다 顔が赤くなる. 더 바빠지다 もっと忙しくなる. 유명해지다 有名になる. 눈이 좋아지는 약 目がよくなる薬.

-지다⁵ /tʃida/ 〔名詞に付いて〕❶ 動詞を作る. ‖그늘지다 陰になる. 얼룩지다 汚れがつく. ❷ 形容詞を作る. ‖건방지다 生意気だ. 멋지다 すてきだ;格好いい.

지단 图 〔料理〕卵の黄身と白身を分けて焼いた錦糸卵. ‖계란 지단을 부치다 錦糸卵を焼く.

지당-하다 (至當-) 囮 [하変] 至当だ;当然だ. ‖그것은 매우 지당한 일이다 それはしごく当然なことだ. 지당하신 말씀입니다 おっしゃることはごもっともです.

지대¹ (地代) 图 地代.
지대² (地帯) 图 ‖평야 지대 平野地帯. 고산 지대 高山地帯.
지-대공 (地対空) 图 地対空. ‖지대공 미사일 地対空ミサイル.
지-대지 (地対地) 图 地対地. ‖지대지 미사일 地対地ミサイル.
지대-하다 (至大-) 囮 [하変] 至大だ;この上なく大きい. ‖지대한 공로 大きな功労.
지덕 (知徳) 图 知徳. ‖지덕을 겸비한 인재 知徳を兼ね備えた人材.
지도¹ (地図) /tʃido/ 图 地図. ‖세계 지도 世界地図. 시가 지도 市街地図. 도로 지도 道路地図. 지도에 나와 있지 않는 강 地図に出ていない川.
지도² (指導) /tʃido/ 图 [하変] 指導. ‖학생 지도 学生指導. 지도를 받다 指導を受ける. 이를 지도 편달을 해주시기 바랍니다 ご指導ご鞭撻のほど宜しくお願い申し上げます.
지도-력 (指導力) 图 指導力. ‖지도력을 발휘하다 指導力を発揮する.
지도-부 (指導部) 图 指導部.
지도-자 (指導者) 图 指導者.
지도-적 (指導的) 图 指導的. ‖지도적인 역할 指導的な役割.
지도-층 (指導層) 图 指導層.
지독-스럽다 (至毒-) 囮 [ㅂ変] かなりひどい;非常にきつい. ‖하는 짓이 지독스럽다 やってることがかなりひどい. **지독스레**
지독-하다 (至毒-) /tʃidokʰada/ 【-도카-】囮 [하変] とてもひどい;ものすごい. ‖지독한 냄새가 나다 ものすごいにおいがする. 지독한 추위 ものすごい寒さ. **지독-히**
지동-설 (地動説) 图 地動説. ↔천동설 (天動説).
지디피 (GDP) 图 国内総生産. **→** Gross Domestic Product の略語.
지라 图 (解剖) 脾臓(ひぞう). ⑳비장 (脾臓).
지랄 图 图 ❶ (ののしる言い方で)気まぐれな言動;気違い沙汰. ‖매일 저지랄을 하고 있어 毎日あの気違い沙汰なのよ. ❷ 지랄병(-病)の略語.
지랄-병 (-病) /-뼝/ 图 癲癇(てんかん). ⑳간질(癇疾).
지략 (智略) 图 知略;知計.
지렁이 图 〔動物〕ミミズ(蚯蚓). ▶지렁이도 밟으면 꿈틀한다 〔諺〕一寸の虫にも五分の魂.
지레¹ 图 梃子(てこ).
지렛-대 [-레때/-렏때] 图 =지레¹.
지레² 副 先立って;前もって. ‖지레 겁먹고 도망가다 先に怖じ気づいて逃げる.
지레-짐작 (←斟酌) 图 [하変] 早合点;早のみ込み. ‖빨리 끝날 거라고 지레짐작하고 다른 사람보다 먼저 교실을 나오다 早く終わるものと早合点して他の人より先に教室を出る.
지력¹ (地力) 图 地力.
지력² (知力) 图 知力.
지령¹ (指令) 图 [하変] 指令. ‖지령을 내리다 指令を下す. 상부의 지령을 받고 행동하다 上部の指令を受けて行動する.
지령² (紙齢) 图 新聞の発行号数.
지령³ (誌齢) 图 雑誌の発行号数.
지로 (giro) 图 銀行振替;郵便振替.
지록위마 (指鹿爲馬) 图 鹿を指して馬となすこと.
지론 (持論) 图 持論.
지뢰 (地雷) 图 〔軍事〕地雷. **지뢰-밭** (地雷-) /-밭/-빧/ 图 地雷原.
지루-하다 (←支離-) /tʃiruhada/ 囮 [하変] 退屈だ. ‖수업이 지루하다 授業

が退屈だ. 지루한 나날 退屈な日々.
지류 (支流) 图 支流. ⟨반⟩본류(本流).
지르다¹ /tʃiruda/ 他 [르变] ❶ [질러, 지르는] 〈声を張り上げる〉叫ぶ. わめく. ‖살려 달라고 소리를 지르다 助けてと叫ぶ. 무서워 비명을 질러 달려가 보았다 誰かの悲鳴を上げたので駆けつけた. 화가 나서 고함을 지르다 怒って大声を張り上げる.
지르다² 他 [르变] ❶〈挿す; かける. ‖ 빗장을 지르다 門(かんぬき)をかける. ❷ 近道する; 横切る. ‖샛길로 질러가다 わき道を近道して行く. ❸ ポケットに押し込む; 入れ込む; 入れてやる. ‖주머니에 삼만 원을 질러 주다 ポケットに3万ウォンを入れてやる. ❹〈火を〉つける. ‖불을 지르다 火をつける.
지르르 圖 (하形) ❶〈油気やつやがある様子; てかてか. ‖개기름이 지르르 흐르는 얼굴 てかてかと脂が光る顔. ❷〈しびれる感じがする様子; ぴりぴり(と).
지르박 (←jitterbug) 图 ジルバ. ‖지르박을 추다 ジルバを踊る.
지름 图 (数学) 直径.
지름-길 [-낄] 图 近道; 捷径(しょうけい). ‖ 노력이 성공의 지름길이다 努力が成功の近道だ.
지리 (地理) 图 /tʃiri/ 图. ‖인문 지리 人文地理. 자연 지리 自然地理. 지리 부도 地理図表. 이 일대의 지리에 밝은 사람 この辺の地理に明るい人.
지리다¹ 囤 小便臭い.
지리다² 囤〈大小便を〉ちびる; 少しもらす. ‖오줌을 지리다 小便をちびる.
지리-멸렬 (支離滅裂) 图 (하自) 支離滅裂.
지리-산 (智異山) 图 (地名) 智異山(ジリサン).
지린-내 图 小便臭いにおい. ‖지린내가 나다 小便臭いにおいがする.
지마는¹ 圄 (体言に付いて) …だが. 圓 -지만. ‖형제지마는 사이가 안 좋다 兄弟だが, 仲がよくない.
-지마는² /tʃimanun/ [語尾] …だが. …けれども. 圓 -지만. ‖비싸기는 하지마는 맛은 좋다 高いけれども味はいい. 그 사람은 아직 젊지마는 생각은 깊다 彼はまだ若いが思慮深い.
지만 圄 지마는의 縮約形.
-지만 [語尾] -지마는의 縮約形.
지망 (志望) 图 (하他) 志望. ‖영문학과를 지망하다 英文学科を志望する.
지망-생 (志望生) 图 志望者. ‖가수 지망생 歌手志望者.
지맥¹ (支脈) 图 支脈.
지맥² (地脈) 图 地脈.
지면¹ (地面) 图 地面.
지면² (紙面) 图 紙面. ‖신문 지면을 통해 알게 된 사실 紙面を通して知った事実.

지면³ (誌面) 图 誌面.
지명¹ (地名) 图 地名.
지명² (知名) 图 知名.
지명-도 (知名度) 图 知名度.
지명³ (指名) 图 /tʃimjʌŋ/ 图 (하他) 指名. ‖후계자를 지명하다 後継者を指名する. **지명-되다** 受動.
지명 수배 (指名手配) 图 指名手配.
지명-전 (指名戰) 图 指名争い.
지명 타자 (指名打者) 图〈野球で〉指名打者.
지명 투표 (指名投票) 图 指名投票.
지목¹ (地目) 图 地目. ‖지목을 변경하다 地目を変更する.
지목² (指目) 图 (하他) 指目; 目星をつけること. ‖그를 범인으로 지목하다 彼が犯人だと目星をつける. **지목-되다**[-당하다] 受動.
지문¹ (地文) 图 地の文.
지문² (指紋) 图 指紋. ‖지문을 채취하다 指紋を採る. 지문이 남다 指紋が残る.
지문-법 (指紋法) [-뻡] 图 (法律) 指紋法.
지문³ (誌文) 图 墓誌.
지반¹ (地盤) 图 地盤. ‖집중 호우로 지반이 약해지다 集中豪雨で地盤が緩む. 정치적 지반을 굳히다 政治的地盤を固める.
지반² (地番) 图 地番.
지방¹ (地方) 图 /tʃibaŋ/ 图 地方. ‖남부 지방 南部地方. 지방에서 전학 오다 地方から転校してくる. 중국의 한 지방에서는 中国のある地方では. 지방 도시 地方都市.
지방 공무원 (地方公務員) 图 地方公務員.
지방-도 (地方道) 图 地方道. ⟨반⟩국도(國道).
지방 법원 (地方法院) 图 (法律) 地方裁判所.
지방 분권 (地方分權) [-꿘] 图 地方分権. ⟨반⟩중앙 집권(中央集權).
지방-색 (地方色) 图 地方色; ローカルカラー.
지방-성 (地方性) [-썽] 图 地方性. ‖사투리는 지방성을 가장 잘 나타낸다 方言は地方性を最もよく表わす.
지방-세 (地方稅) [-쎄] 图 地方税. ⟨반⟩국세(國稅).
지방 은행 (地方銀行) 图 地方銀行.
지방 의회 (地方議會) [-/-혜] 图 地方議会.
지방 자치 단체 (地方自治團體) 图 地方自治体.
지방-지 (地方紙) 图 地方紙. ⟨반⟩중앙지(中央紙).
지방-판 (地方版) 图 地方版.
지방² (脂肪) /tʃibaŋ/ 图 脂肪. ‖동물성 지방 動物性脂肪. 돼지고기에는 지

방분이 많다 豚肉には脂肪分が多い. 피하 지방 皮下脂肪.
지방-간(脂肪肝) 图〔医学〕脂肪肝.
지방-산(脂肪酸) 图〔化学〕脂肪酸.
지방-성(脂肪性) 【-썽】图 脂肪性.
지방-질(脂肪質) 图〔化学〕脂肪質.
지방-층(脂肪層) 图(生理) 脂肪層.
지방³ (紙榜) 图 紙でできている位牌.
지배 (支配) /jibɛ/ 하타 支配. ∥계열사를 지배하다 系列会社を支配する.
지배-되다[-받다/-당하다] 受動 環境에 지배받다 環境に支配される. 감정에 지배되기 쉬운 성격 感情に支配されやすい性格.
지배^계급 (支配階級)【-/-게-】图 支配階級.
지배-권 (支配權)【-꿘】图〔法律〕支配權.
지배-인 (支配人) 图 支配人.
지배-자 (支配者) 图 支配者.
지배-적 (支配的) 【-쩍】图 ∥지배적인 논리 支配的な論理. 당시는 이런 생각이 지배적이었다 当時はこのような考えが支配的だった.
지배-층 (支配層) 图 支配階層.
지배-하 (支配下) 图 ∥강대국의 지배하에 있다 強大国の支配下にある.
지법 (地法) 图〔地方法院(地方法院)의 略語〕地裁.
지변 (地變) 图 地変.
지병 (持病) 图 持病.
지보 (至寶) 图 至宝.
지본 (紙本) 图 紙本.
지부 (支部) 图 支部. ∥지부를 두다 支部を置く.
지부티 (Djibouti) 图〈国名〉ジブチ.
지분 (持分) 图〔法律〕持ち分.
지분-권 (持分權)【-꿘】图〔法律〕持ち分権.
지불 (支拂) /jibul/ 하타 支払い; 支払うこと. ∥현금으로 지불하다 現金で支払う. 월말에 지불하다 月末に支払う. 지불 능력 支払い能力. 지불 준비금 支払準備金. 지불을 늦추다 支払いを延ばす.
지붕 /jibuŋ/ 图 屋根. ∥파란 지붕 青い屋根. 지붕을 이다 屋根を葺く. 한 지붕 밑에 살다 一つ屋根の下で暮らす. 세계의 지붕 히말라야 산맥 世界の屋根ヒマラヤ山脈.
지빠귀 (鳥類) 图 ツグミ(鶇).
지사¹ (支社) 图 支社. ↔본사(本社).
지사² (志士) 图 志士. ∥우국지사 愛国の士.
지사³ (知事) 图 道知事(道知事)의 略語.
지사-제 (止瀉劑) 图 下痢止め.
지상¹ (地上) 图 地上. ∥지상 십 층 地上 10 階.
지상-권 (地上權)【-꿘】图〔法律〕地上権.
지상^낙원 (地上樂園) 图 =지상 천국(天國).
지상-전 (地上戰) 图 陸戦.
지상^천국 (地上天國) 地上の楽園.
지상² (至上) 图 至上. ∥지상 목표 至上の目標. 지상 명령 至上命令.
지상³ (紙上) 图 紙上. ∥지상 토론 紙上討論. 신문 지상을 떠들썩하게 하다 紙上を騒がせる.
지상-파 (地上波) 图 地上波.
지상-파^방송 (地上波放送) 图 地上波放送.
지-새우다 재타 徹夜する; (夜を)明かす. ∥뜬눈으로 밤을 지새우다 まんじりともしないで夜を明かす.
지서 (支署) 图 支署; 派出所.
지석¹ (砥石) 图 = 숫돌.
지석² (誌石) 图 墓誌を記して墓の前に埋めた石.
지석-묘 (支石墓)【-성】图 = 고인돌.
지선¹ (支線) 图 支線. ⑦간선(幹線)・본선(本線).
지선² (至善) 图 하형 至善; この上ない善.
지성¹ (至誠) 图 至誠; まごころ. ∥지성이면 감천이다 まごころを尽くせば天に通ずる. 思う念力岩をも通す.
지성-껏 (至誠-) 【-껃】 彅 誠心誠意. ∥지성껏 간호하다 誠心誠意看病する.
지성² (知性) 图 知性. ∥풍부한 지성의 소유자 豊かな知性の持ち主. 현대를 대표하는 지성 現代を代表する知性.
지성-인 (知性人) 图 知性人.
지성-적 (知性的) 图 知性的. ∥지성적으로 보이다 知性的に見える. 지성적으로 생긴 얼굴 知性的な顔立ち.
지세¹ (地稅) 图〔法律〕地税.
지세² (地勢) 图 地勢.
지소 (支所) 图 支所.
지속 (持續) /jisok/ 하타 持続. ∥우호 관계를 지속하다 友好関係を持続する. 악효가 지속되다 薬効が持続する. 지속 시간 持続時間.
지속-력 (持續力) 【-송녁】图 持続力.
지속-성 (持續性) 【-썽】图 持続性.
지속-적 (持續的) 【-쩍】图 持続的.
지수 (指數) 图 指数. ∥지수 지능 指数 知能指数. 불쾌지수.
지순-하다 (至純-) 圏〔하변〕 この上なく清潔なこと. ∥지순한 사랑 きわめて純潔な愛.
지시 (指示) /jiɕi/ 하타 指示; 指図. ∥계획 중지를 지시하다 計画の中止を指示する. 지시에 따르다 指示に従う. 바로 일에 착수하라는 지시를 내리다 すぐ仕事にかかるよう指示を下す. 부하들을 지시해서 준비하다 部下を指図し

て準備する. **지시-받다** 受動.
지시˝**대명사** (指示代名詞) 名 〖言語〗指示代名詞.
지시-약 (指示藥) 名 〖化学〗指示薬.
지식 (知識) /ʤiɕik/ 名 知識. ‖지식이 풍부하다 知識が豊富だ. 사전 지식이 필요하다 予備知識が必要だ. 그것에 관해서는 아무런 지식이 없다 それについては何の知識もない.
지식-인 (知識人) 名 知識人.
지식-층 (知識層) 名 識者層.
지신 (地神) 名 地神.
지신-밟기 (地神-)【-밟끼】名 〖民俗〗영남 (嶺南)의 각 지방에서 陰暦の正月 15 日頃に 1 年間の家内安全を祈って行なう行事の一つ.
지아비 名 愚夫.
지압¹ (地壓) 名 〖地〗地圧.
지압² (指壓) 名 他 指圧.
지압-법 (指壓法)【-뻡】名 指圧法.
지압˝**요법** (指壓療法)【-얌뻡】名 指圧療法.
지양 (止揚) 名 他 止揚. ‖모순을 지양하다 矛盾を止揚する.
지어【入変】짓다(建てる・つくる)の連用形.
지어-내다【-/-여-】他 作り出す. ‖지어낸 이야기 作り話.
지어-먹다【-따/-여-따】他 決心する; 思い立つ; 一念発起する; その気になる.
지어미 名 愚妻.
지엔피 (GNP) 名 国民総生産. ✢ Gross National Product の略語.
지역 (地域) /ʤijʌk/ 名 地域. ‖지역 주민 地域住民. 공업 지역 工業地域. 상업 지역 商業地域.
지역-구 (地域區)【-꾸】名 〖選挙の〗地方区.
지역˝**대표제** (地域代表制)【-때-】名 地域代表制.
지역˝**사회** (地域社会)【-싸-/-싸훼】名 地域社会.
지연¹ (地縁) 名 地縁.
지연² (遅延) 名 自 遅延; 遅れること. ‖출발이 두 시간이나 지연되고 있다 出発が 2 時間も遅れている.
지열¹ (地熱) 名 地熱.
지열² (止熱) 名 自他 解熱.
지엽 (枝葉) 名 枝葉. ‖지엽적인 문제 枝葉の問題.
지옥 (地獄) /ʤiok/ 名 地獄. ‖생지옥 生き地獄. 수험 지옥 受験地獄. 출근 지옥 出勤地獄. 지옥에 떨어지다 地獄に落ちる.
지옥-도 (地獄圖)【-또】名 〖仏教〗地獄絵.
-지요 語尾 ❶ 話し手の意思・意志を表わす: …ます; …ましょう. ‖제가 가지요 私が行きます. ❷ 〖疑問文で〗同意を求める: …よね. ‖너무 맛이 없지요? あまりにもまずいですよね. ❸ 誘い・勧誘を表わす: …ましょう(か). ‖가시지요 行きましょう.

지용 (智勇) 名 知勇.
지우 (知友) 名 知友.
지우-개 /ʤiuge/ ❶ 書いた文字や絵を消すもの. ‖분필 지우개 黒板消し. ❷ 消しゴム. ‖지우개로 지우다 消しゴムで消す.
지우다¹ /ʤiuda/ 他 ❶ 消す. ‖옷의 얼룩을 지우다 服の染みを消す. 그 일은 기억에서 지우고 싶다 そのことは記憶から消したい. ❷ 落とす. ‖화장을 지우다 化粧を落とす. ❸ 中絶する.
지우다² 〖지다³の使役動詞〗負わせる; 背負わせる; 担がせる. ‖부하에게 책임을 지우다 部下に責任を負わせる.
지원¹ (支援) 名 他 支援; 援助. ‖중소기업에 자금을 지원하다 中小企業に資金を援助する. 지원금 支援金. 지원단체 支援団体. **지원-받다** 受動.
지원² (志願) 名 他 志願. ‖지원해서 입대하다 志願して入隊する.
지원-병 (志願兵) 名 志願兵.
지원-서 (志願書) 名 志願書.
지원-자 (志願者) 名 志願者.
지위 (地位) /ʤiwi/ 名 地位. ‖회사에서 지위가 높다 会社で地位が高い. 여성의 지위가 향상되다 女性の地位が向上する. 사회적 지위 社会的地位.
지육 (智育) 名 知育.
지은【入変】짓다(建てる・つくる)の過去連体形.
지은-이 /ʤiuni/ 名 作者; 著者. 類 저자(著者).
지을 他【入変】짓다(建てる・つくる)の未来連体形.
지읒 [-읃] 名 ハングル子音字母「ㅈ」の名称.
지의-류 (地衣類)【-/-이-】名 〖植物〗地衣類.
지인 (知人) 名 知人; 知り合い.
지자-요수 (智者樂水) 名 知者は水を楽しむこと. 類 인자요산 (仁者樂山).
지자-제 (地自制) 名 〖지방 자치 제도 (地方自治制度)の略語〗地方自治制.
지자-체 (地自體) 名 〖지방 자치 단체 (地方自治團體)の略語〗地方自治体.
지장¹ (支障) /ʤiʤaŋ/ 名 支障; 差し障り; 別状. ‖지장이 생기다 支障が生じる. 지장을 초래하다 支障を来たす. 교통에 큰 지장을 주고 있다 交通に大きな障害を来たしている. 지장이 없으면 얘기를 해 주시지요 差し障りがなければ話してください. 생명에 지장은 없다 命に別状はない.
지장² (地藏) 名 〖仏教〗地藏.
지장-보살 (地藏菩薩) 名 〖仏教〗地藏菩薩.

지장³ (指章) 图 捺印. ⑭손도장(-圖章).

지장⁴ (智將) 图 知将.

지저귀다 /tɕidʑəgwida/ ❶ 〈小鳥などが〉しきりにさえずる. ∥참새가 지저귀다 スズメがさえずる. ❷むやみにしゃべる.

지저분-하다 /tɕidʑəbunhada/ 圈 하옘 ❶ 汚らしい; むさ苦しい; 汚れている. ∥방이 지저분하다 部屋が汚らしい. ❷ 雑然としている; 散らかっている. ∥지저분한 시장통 雑然としている市場. ❸ 下品だ; みだらだ. ∥지저분한 생활 みだらな生活. **지저분-히**

지적 (地籍) 图 地籍.

지적-도 (地籍圖)【-또】图 地籍図.

지-적² (知的) /tɕidʑək/ 【-쩍】 图 知的. ∥지적인 자극 知的な刺激. 지적 노동 知的な労働. 지적인 사람 知的な人. 지적인 분위기 知的な雰囲気を漂わす.

지적 소유권 (知的所有權)【-쩍쏘-꿘】 图【法律】知的所有権.

지적 재산권 (知的財産權)【-쩍째-꿘】 图【法律】知的財産権.

지적³ (指摘) /tɕidʑək/ 图 하옘 指摘. 誤りを指摘する; 間違いを指摘する. ∥그 사람은 많은 사람들이 사실을 오해하고 있다고 지적했다 彼は多くの人が事実を誤解していると指摘した. **지적-되다 [지적-하다]** 受動

지절¹ (志節) 图 志節; 志操.

지절² (肢節; 肢節) 图 手足の関節.

지점¹ (支店) 图 支店. ⑭본점(本店). ∥부산에 지점을 내다 釜山に支店を出す.

지점² (支點) 图 支点.

지점³ (地點) /tɕidʑəm/ 图 地点. ∥목표 지점 目標地点. 통과 지점 通過地点. 마라톤의 반환점 マラソンの折り返し地点.

지정 (指定) 图 하옘 指定. ∥문화재로 지정하다 文化財に指定する. 지정한 장소에 모이다 指定の場所に集まる. **지정-되다** 受動

지정-사 (指定詞)【言語】 图 指定詞. ÷日本における韓国語教育では、이다・아니다を指定詞として品詞分類しているが、現在では、이다は助詞、아니다は形容詞に品詞分類されている.

지정-석 (指定席) 图 指定席.

지정-학 (地政學) 图 地政学.

지조 (志操) 图 志操. ∥지조가 굳다 志操が固い.

지족 (知足) 图 하제 知足.

지존 (至尊) 图 하제 至尊.

지주¹ (支柱) 图 ❶ 家の中の支柱. ∥한 집안의 지주 一家の支柱. 정신적 지주 精神的な支柱.

지주² (地主) 图 地主. ∥부재 지주 不在地主.

지주-근 (支柱根) 图【植物】支柱根.

지중 (地中) 图 地中.

지중-식물 (地中植物)【-씽-】 图【植物】地中植物.

지지¹ (支持) /tɕidʑi/ 图 하옘 支持. ∥국민들에게 지지를 호소하다 国民に支持を訴える. 젊은이들の열광的な支持を得る 젊은이들의 열광적인 지지를 얻다 若者の熱狂的な支持を得る. **지지-받다** 受動

지지-율 (支持率) 图 支持率. ∥지지율이 떨어지다 支持率が下がる.

지지-자 (支持者) 图 支持者.

지지² (地誌) 图 地誌.

지지난-달 图 先々月.

지지난-밤 图 おととの夜.

지지난-번 (一番) 图 前々回.

지지난-주 (一週) 图 先々週.

지지난-해 图 一昨年; おととし.

지지다 /tɕidʑida/ 囘 ❶ 煮とする. ∥생선을 지지다 魚を煮つける. ❷〈鉄板などで〉焼く. ∥돼지고기를 지져 먹다 豚肉を焼いて食べる. ❸ 体を温める. ∥끈끈끈한 온돌방에서 허리를 지지다 熱々のオンドル部屋で腰を温める. ▶지지고 볶는다 人を苦しめる.

지지리 〔下にうち消しの表現を伴って〕ひどく; あまりにも. ∥지지리도 노래를 못하다 あまりにも歌が下手だ.

지지-배배 图 ツバメの鳴き声.

지지부진 (遲遲不進) 图 하제 遅々として進まないこと. ∥경찰 수사가 지지부진하다 警察の捜査がなかなか進まない.

지지-학 (地誌學) 图 地誌学.

지진 (地震) /tɕidʑin/ 图【地】地震. ∥일본은 지진이 많은 나라이다 日本は地震が多い国である. 어젯밤에 큰 지진이 있었다 夕べ大きな地震があった.

지진-계 (地震計)【-/-게】 图 地震計.

지진 단층 (地震斷層) 图 地震断層.

지진-대 (地震帶) 图 地震帯.

지진-파 (地震波) 图 地震波.

지진-아 (遲進兒) 图 遅進児.

지진-제 (地鎭祭) 图 地鎮祭.

지질¹ (地質) 图 地質. ∥지질 조사 地質調査.

지질-학 (地質學) 图 地質学.

지질² (脂質) 图 脂質.

지질-맞다【-맏따】 くだらない. ∥지질맞은 소리를 하다 くだらないことを言う.

지질-하다 圈 하변 取るに足りない.

지짐-이 图【料理】チヂミ. ÷韓国風お好み焼き. ⑭부침개.

지참 (持參) 图 하옘 持参. ∥필기도구는 각자가 지참할 것 筆記用具は各自が持参すること.

지참-금 (持參金) 图 持参金.

지척 (咫尺) 图 至近距離.

지척-거리다 /tɕitɕʰək-/ 囘 〈疲れた足取りで〉よろよろと歩く; よたよたと歩く.

지척-지척[-쩍-] 囝 (하自他) 여 よちよち.

지천(至賤) 囝 ありふれていること. ‖지천으로 늘려 있다 どこにでもありふれている.

지천명(知天命) 囝 天命を知ること; 知命. ✝五十歳の異名.

지청(支廳) 囝 支庁.

지청구 囝 (하他) (言われのない)非難; そしり.

지체¹(肢體) 囝 代々伝わる家柄や身分. ‖지체가 높은 집안 身分が高い家柄.

지체²(肢體) 囝 肢体.

지체³(遲滯) 囝 (되自) 遅滞; 遅れること. ‖경기 진행이 지체되다 競技の進行が遅れる.

지축(地軸) 囝 地軸. ‖지축을 울리다 地軸を揺るがす.

지출(支出) /tɕi*tɕʰul/ 囝 (하他) 支出. ㉠수입(收入). ‖지출이 늘다 支出がかさむ. 지출을 줄이다 支出を切り詰める.

지층(地層) 囝 (地) 地層.

지치다¹ /tɕi*tɕʰida/ 囝 ❶ 疲れる; 疲れ果てる; 疲れ切る; くたびれる. ‖지친 몸을 이끌고 집으로 돌아가다 疲れ切った体で家路をたどる. 기다리다 지치다 待ちくたびれる. 이사하고 나서 지쳤다 引越してくたびれた.

지치다² 囝 (氷の上を)滑る. ‖얼음을 지치다 氷の上を滑る.

지침(指針) 囝 指針. ‖교육 지침 教育の指針. 활동 지침 活動指針.
  지침-서(指針書) 囝 手引書; 指南書.

지칭(指稱) 囝 (하他) 指して称すること.

지켜 囝 지키다(守る)の活用形.

지켜-보다 /tɕik*jəboda/ 囝 ❶見守る; 見届ける. ‖추이를 지켜보다 成り行きを見守る. 임종을 지켜보다 最期を見届ける.

지키는 囝 지키다(守る)の現在連体形.

지키다 /tɕikʰida/ 囝 ❶ 約束. ‖약속을 지키다 約束を守る. 침묵을 지키다 沈黙を守る. ❷ 見張る; 監視する. ‖정문을 지키다 正門を見張る. 아무도 못 들어가도록 수위가 지키고 있다 誰も入らないように守衛が見張っている. ❸ (ある状態を)維持する; 保つ. ‖건강을 지키다 健康を保つ. 아버지로서의 위신을 지키다 父親としての威信を保つ.

지킨 囝 지키다(守る)の過去連体形.

지킬 囝 지키다(守る)の未来連体形.

지탄(指彈) 囝 (하他) 指弾. ‖지탄을 받다 指弾を受ける.

지탱(支撐) 囝 (하他) 支えること; 維持すること. ‖척추는 몸을 지탱하는 기둥이다 脊髄は身体を支える柱だ. **지탱-되다** (受動)

지파(支派) 囝 支派.

지팡이 囝 杖. ‖지팡이를 짚다 杖をつく.

지퍼 (zipper) 囝 ジッパー; ファスナー; チャック. ✝파스너. ✝商標名から. ‖원피스 지퍼를 [내리다] ワンピースのファスナーを上げる[下ろす].

지퍼-백 (zipper bag) 囝 ジッパーつきビニール袋.

지평(地平) 囝 地平. ‖문학의 새 지평을 열다 文学の新しい地平を開く.
  지평-선(地平線) 囝 地平線.

지폐(紙幣) 【-/-폐】 囝 紙幣. ㉠종이 돈.

지표¹(地表) 囝 地表.
  지표-수(地表水) 囝 地表水. ㉠지하수(地下水).

지표²(指標) 囝 指標. ‖교육의 지표 教育の指標.

지푸라기 囝 わらくず. ‖지푸라기라도 잡고 싶은 심정이다 わらにもすがりたい心境だ.

지프 (jeep) 囝 ジープ. ✝四輪駆動の小型自動車. 商標名から.

지피다 囝 くべる; 焚きつける. ‖장작불을 지피다 薪をくべる.

지피지기(知彼知己) 囝 彼を知り己を知ること. ‖지피지기면 백전백승이다 彼を知り己を知れば百戦殆(ほとん)からずだ.

지하(地下) /tɕiha/ 囝 地下. ‖지하 주차장 地下駐車場. 지하 삼 미터까지 파다 地下３メートルまで掘る. 지하로 잠복하다 地下にもぐる. 지하 활동 地下活動. 지하에 잠들어 있다 地下に眠っている.
  지하-경(地下莖) 囝 〔植物〕地下茎.
  지하 경제(地下經濟) 囝 地下経済; アングラ経済.
  지하-도(地下道) 囝 地下道.
  지하-상가(地下商街) 囝 地下商店街.
  지하-수(地下水) 囝 地下水. ㉠지표수(地表水).
  지하-실(地下室) 囝 地下室.
  지하 운동(地下運動) 囝 地下運動.
  지하 자원(地下資源) 囝 地下資源. ‖그 지역에는 많은 지하자원이 매장되어 있다 その地域には多くの地下資源が埋蔵されている.
  지하 조직(地下組織) 囝 地下組織.
  지하-층(地下層) 囝 地下層; 地階.

지하-철(地下鐵) /tɕihatɕʰʌl/ 囝 地下鉄. ‖지하철을 타다 地下鉄に乗る.
  지하철-역(地下鐵驛) 【-력】 囝 地下鉄の駅.

지학(地學) 囝 地学.

지행(知行) 囝 (하他) 知行.

지향(志向) 囝 (하他) 志向; 目指すこと. ‖우리 민족이 지향하는 바 が民族が志向する所. 미래지향적인 관계 未来志向的な関係.
  지향-성(志向性) 【-썽】 囝 志向性.

지향²(指向) 图 <u>하타</u> 指向.
지향-성(指向性)【-씽】图 指向性.
지혈(止血) 图 <u>하자</u> 止血.
지혈-법(止血法)【-뻡】图 止血法.
지혈-제(止血劑)【-쩨】图 止血劑.
지형¹(地形) 图 地形. ‖복잡한 지형 複雜な地形. 지형을 살펴보다 地形を調べる.
지형-도(地形圖) 图 地形圖.
지형-학(地形學) 图 地形學.
지형(紙型) 图 紙型.
지혜(智慧)【-/-혜】 图 知恵; jihe. ‖생활의 지혜 生活の知恵. 지혜가 생기다 知恵がつく. 지혜를 발휘하다 知恵をはたらかせる.
지혜-롭다(智慧-)【-따/-헤-따】 圈 [ㅂ变] 知恵がある; 賢い. **지혜로이** 副
지화자 图 歌や踊りに文えるために曲に合わせて唱える歌声.
지휘(指揮) 图 <u>하타</u> 指揮. ‖수사를 지휘하다 搜査を指揮する. 악단을 지휘하다 樂団を指揮する.
지휘-관(指揮官) 图 指揮官.
지휘-권(指揮權)【-꿘】图 指揮權.
지휘-봉(指揮棒) 图 指揮棒; タクト.
지휘-자(指揮者) 图 指揮者.
직¹ 剧 人や動物が排泄物を出す音: ちゅっ; ぴっ.
직² 剧 ❶ 線などを無作法に引く音[樣子]: さっと. ❷ 紙や布などを裂く音[樣子]: びりっと. **직-직** 剧
-직³(職) 接尾 …職. ‖영업직 營業職. 관리직 管理職.
직각¹(直角)【-깍】图〖數學〗直角. ‖직각 삼각형 直角三角形. 직각으로 교차하는 선 直角に交わる線.
직각-자(直角-)【-깍짜】图 直角の定規.
직각²기둥(直角-)【-깍끼-】图〖數學〗直角柱.
직감(直感)/jikkam/【-깜】 图 <u>하타</u> 直感. ‖여자의 직감 女の直感. 직감으로 대답하다 直感で答える. 그때 아버지한테 무슨 일이 일어났다는 것을 직감했다 その父の身に何か起こったことを直感した.
직감-적(直感的)【-깜-】图 直感的. ‖직감적으로 알아채다 直感的に感じ取る.
직-거래(直去來)【-꺼-】图 <u>하타</u> 直取引.
직격-탄(直擊彈)【-격-】图 直擊彈.
직결(直結)【-결】图 <u>되자</u> <u>하타</u> 直結. ‖생활에 직결되는 문제 生活に直結する問題.
직경(直徑)【-경】图〖數學〗直徑.
직계(直系)【-계/-게】图 直系.
직계-가족(直系家族)【-계-/-게-】图 直系家族.
직계-비속(直系卑屬)【-계-/-게-】图 直系卑屬.
직계-존속(直系尊屬)【-계-/-게-】图 直系尊屬.

직계²(職階)【-계/-게】图 職階.
직계-제(職階制)【-계-/-게-】图 職階制.
직공(職工)【-꽁】图 職工; 工員.
직관(直觀)【-관】图 <u>하타</u> 直觀.
직관력(直觀力)【-관녁】图 直觀力.
직관-적(直觀的) 图 直觀的. ‖직관적인 판단 直觀的な判断. 직관적으로 알아채다 直觀的に感じ取る.
직구(直球)【-꾸】图 (野球で)直球.
직권(職權)【-꿘】图 職權.
직권-남용(職權濫用) 图 職權濫用.
직권명령(職權命令)【-꿘-녕】图 職權命令.
직급¹(職級)【-끕】图 職級.
직급²(職給)【-끕】图 職給.
직기(織機)【-끼】图 織機.
직녀(織女)【-녀】图 織姬.
직녀-성(織女星) 图〖天文〗織女星.
직능(職能) 图 職能.
직능 대표제(職能代表制) 图 職能代表制.
직능-별(職能別) 图 職能別.
직능-제(職能制) 图 職能制.
직렬(直列)【-녈】图 直列. ㉑병렬(竝列). ‖직렬 회로 直列回路.
직로(直路)【-노】图 まっすぐな道.
직류(直流)【-뉴】图 直流.
직립(直立)【-닙】图 <u>하자</u> 直立.
직립-보행(直立步行)【-닙뽀-】图 直立步行.
직립 원인(直立猿人)【-닙워닌】图 直立猿人.
직매(直賣)【-매】图 <u>하타</u> 直売. ‖산지 직매 産地直売.
직매-장(直賣場) 图 直売所.
직면(直面) 图 <u>하자</u> 直面. ‖위기에 직면하다 危機に直面する. 직면하고 있는 어려운 문제 直面している難問.
직명(職名) 图 職名.
직무(職務) 图 職務. ‖직무에 충실한 職務に忠実な人. 직무 평가 職務評價. 직무 태만 職務怠慢.
직물(織物) 图 織物.
직방(直放) 图 覿面(じき). ‖약이 직방으로 듣다 薬が覿面に効く.
직분(職分)【-뿐】图 職分.
직불-카드(直拂 card)【-뿔-】图 デビットカード.
직사(直射)【-싸】图 <u>하타</u> 直射.
직사-광선(直射光線) 图 直射日光.
직사-포(直射砲)〖軍事〗图 直射砲.
직-사각형(直四角形)【-싸가켱】图〖數學〗長方形. ㉑장방형(長方形).
직-삼각형(直三角形)【-쌈가켱】图〖數學〗直角三角形.
직선¹(直線)/tʃikˈsʌn/【-썬】图 直線. ㉑곡선(曲線). ‖직선을 긋다 直線を引く. 직선 코스 直線コース. 직선 운동 直線運動. 일직선 一直線.

직선-거리 (直線距離) 图 直線距離.
직선-미 (直線美) 图 直線美.
직선-적 (直線的) 图 直線的; ストレート. ∥직선적인 사고방식 直線的な考え方. 말투가 직선적이다 言い方がストレートだ.
직선² (直選) [-썬] 图 〔직접 선거(直接選擧)의 略語〕直接選擧.
직선-제 (直選制) [-썬-] 图 〔直接選擧制度의 略語〕直接選擧制度.
직설 (直說) [-썰] 图 [하他] 直說.
직설-법 (直說法) 【-썰뻡】 图 〔言語〕直說法.
직설-적 (直說的) [-썰쩍] 图 直接的; ストレート. ∥직설적인 말투 ストレートな言い方.
직소 (直訴) [-쏘] 图 [하他] 直訴.
직속 (直屬) [-쏙] 图 [하自] 直屬. ∥직속 부하 直屬の部下.
직송 (直送) [-쏭] 图 [하他] 直送. ∥농산물을 산지에서 직송하다 農産物を産地から直送する.
직-수입 (直輸入) [-쑤-] 图 [하他] 直輸入.
직-수출 (直輸出) [-쑤-] 图 [하他] 直輸出.
직시 (直視) [-씨] 图 [하他] 直視. ∥현실을 직시하다 現実を直視する.
직언 (直言) 图 [하他] 直言.
직업 (職業) /ʧiɡəp/ 图 職業. ❀입(業). ∥직업 선택의 자유 職業選擇の自由. 직업 군인 職業軍人. 직업을 갖다 職業に就く.
직업-교육 (職業教育) 【-꾜-】 图 職業教育.
직업-단체 (職業團體) 【-딴-】 图 職業團體.
직업-병 (職業病) [-뼝] 图 職業病.
직업-상 (職業上) [-쌍] 图 職業柄.
직업-소개소 (職業紹介所) [-쏘-] 图 職業紹介所.
직업-의식 (職業意識) [-/지거비-] 图 職業意識.
직업-적성 검사 (職業適性檢査) [-쩍썽-] 图 職業適性檢査.
직역 (直譯) 图 [하他] 直譯. ㉗의역(意譯).
직영 (直營) 图 [하他] 直營. ∥직영 공장 直營工場.
직원 (職員) 图 職員. ∥임시 직원 臨時職員. 구청 직원 区役所の職員.
직위 (職位) 图 職位.
직유-법 (直喩法) [-뻡] 图 〔文藝〕直喩法.
직-육면체 (直六面體) [징늉-] 图 〔数学〕直方体; 直六面体.
직인¹ (職人) 图 職人.
직인² (職印) 图 職印.
직장¹ (直腸) [-짱] 图 〔解剖〕直腸.

직장-암 (直腸癌) 图 〔医学〕直腸癌.
직장² (職長) [-짱] 图 職長.
직장³ (職場) /ʧikʧaŋ/ [-짱] 图 職場. ∥같은 직장을 다니다 同じ職場で働く. 직장을 떠나다 職場を去る. 직장 동료 職場の同僚.
직장-인 (職場人) 图 サラリーマン.
직전 (直前) /ʧikʧən/ [-쩐] 图 直前. ∥경기 종료 직전에 골을 넣다 試合終了直前にゴールを入れる. 나가기 직전에 전화가 걸려오다 出かける直前に電話がかかってくる.
직접 (直接) /ʧikʧəp/ [-쩝] 图 圖 直接. ㉗간접(間接). ∥직접 만나서 이야기를 하다 直接会って話をする.
직접 민주제 (直接民主制) [-쩸-] 图 直接民主制.
직접-비 (直接費) [-쩝삐] 图 〔経〕直接費.
직접 선거 (直接選擧) [-쩝썬-] 图 直接選擧. ㉗직선(直選).
직접 선거 제도 (直接選擧制度) [-쩝썬-] 图 直接選擧制度. ㉗직선제(直選制).
직접-세 (直接稅) [-쩝쎄] 图 〔法律〕直接稅.
직접 인용 (直接引用) [-쩌비뇽] 图 直接引用.
직접-적 (直接的) [-쩝쩍] 图 直接(的). ∥직접적인 효과 直接的な效果.
직접 조명 (直接照明) [-쩝쪼-] 图 直接照明.
직접 화법 (直接話法) [-쩌퐈뻡] 图 〔言語〕直接話法.
직제 (職制) [-쩨] 图 職制.
직종 (職種) [-쫑] 图 職種.
직-직 [-찍] 圖 ❶履き物を引きずりながら歩く音[様子]: ずるずる. ∥구두를 직직 끌면서 걷다 靴をずるずる引きずりながら歩く. ❷(線などを)何度も無造作に引く様子. ∥볼펜으로 선을 직직 긋다 ボールペンで線を無造作に引く. ❸紙などをむやみにやぶる音[様子]: びりびり.

직직-거리다 [-찍꺼-] [자自] ❶無造作に書く. ∥볼펜으로 이름을 직직거리다 ボールペンで名前を無造作に書く. ②(テレビ・ラジオなどから)余計な雑音が出る. ∥텔레비전 화면이 직직거리다 テレビ画面がざあざあと鳴る.
직진 (直進) [-찐] 图 [하自] 直進.
직책 (職責) 图 職責.
직통 (直通) 图 [하自他] 直通. ∥직통 전화 直通電話.
직판 (直販) 图 [하他] 直販; 直接販売.
직판-장 (直販場) 图 直販所; 直売場. ∥농산물 직판장 農産物直売所.
직-하다 [지카-] [보조動] [하変] 〔名詞形…에 付いて〕…そうだ; …できそうだ. ∥믿음직하다 信頼できそうだ. 돈이

-**직하다**² 【지카-】 接尾 〔一部の形容詞に付いて〕かなり…だ; …そうだ。 ¶극직하다 お金が少しありそうだ。

직할(直轄)【지칼】 名 하타 直轄。
직할-시(直轄市)【지칼시】 名 政府直轄の市。 ※1995年から広域市に変わる。
직함(職銜)【지캄】 名 肩書き。
직항(直航)【지캉】 名 하자 直航。
직항-로(直航路)【지캉노】 名 直航便。
직행(直行)【지캥】 名 하자 直行。 ¶직행 버스 直行バス。 현장으로 직행하다 現場へ直行する。
직후(直後)【지쿠/지후】 名 直後。 ¶국회 해산 직후 国会解散直後。 사고는 비행기가 이륙한 직후에 일어났다 事故は飛行機が離陸した直後に起こった。

진¹(津)【진】 名 脂(に)。 ¶송진 松脂。 ▶진이 빠지다 やる気がなくなる。
진²(陣)【진】 名 陣。 ¶학익진 鶴翼の陣。 배수진 背水の陣。 ▶진(을) 치다 陣を張る; 陣取る。 강을 사이에 두고 진을 치다 川を挟んで陣を張る。
진³(眞)【진】 名 ¶진선미 真善美。
진⁴(秦)【진】 名 姓 秦(ジン)。
진⁵(陳)【진】 名 姓 陳(ジン)。
진⁶(辰)【진】 名 〔十二支の一つ(辰)〕。
진⁷(gin)【진】 名 〔蒸留酒の一つの〕ジン。
진⁸(jean)【진】 名 ジーンズ。ジーパン。 ¶진을 한 벌 구입하다 ジーンズを1着購入する。
진⁹ 【진】 지다(落ちる)の過去連体形。
진¹⁰ 【진】 지다(負ける)の過去連体形。
진-¹¹ (津)【진】 接頭 〔一部の名詞に付いて〕色が濃いことを表わす。 ¶진보라 濃いめの紫。
진-¹² (眞)【진】 接頭 真…。 ¶진범을 잡다 真犯人をつかまえる。
진¹³ (陣)【진】 接尾 …陣。 ¶교수진 教授陣。 보도진 報道陣。
-진¹⁴ 語尾 〔-지는の縮約形〕 …では; …くは。 ¶아직 만나진 않았다 まだ会っていない。 그렇게 바쁘진 않아 そんなに忙しくはない。

진가(眞價)【진-까】 名 真価。 ¶진가를 발휘하다 真価を発揮する。 전통 예술의 진가를 보여 주다 伝統芸術の真価を見せてあげる[くれる]。
진-간장(-醬)【진-】 名 濃口醬油; 溜まり醬油。
진갑(進甲)【진갑】 名 還暦の翌年の誕生日。
진검(眞劒)【진검】 名 真剣。
진검-승부(眞劒勝負)【진검씀부】 名 真剣勝負。
진격(進擊)【진격】 名 하자 進撃。
진공(眞空)【진공】 名 物理 真空。 ¶진공 소기 真空掃除機。 진공 포장 真空包装。
진공-관(眞空管)【진공관】 名 物理 真空管。
진공-상태(眞空狀態)【진공상태】 名 真空状態。
진공-펌프(眞空pump)【진공펌프】 名 真空ポンプ。
진군(進軍)【진군】 名 하자 進軍。
진귀-하다(珍貴-)【진귀-】 形 하변 珍しく貴重だ。 ¶진귀한 물건들 珍しく貴重な品々。
진급(進級)【진급】 名 하자 進級。 ¶육 학년으로 진급하다 6年生に進級する。
진기(珍奇-)【진기-】 形 하변 珍奇だ。
진년(辰年)【진년】 名 辰年。※용용해(龍-)。
진-노랑(津-)【진-】 名 濃い黄色。
진-눈깨비【진-】 名 みぞれ。 ¶진눈깨비가 오는 날 みぞれが降る日。
진단(診斷)【jindan/진단】 名 하자 診断。 ¶전치 일 개월의 진단을 받다 全治1か月の診断を受ける。 진단을 내리다 診断を下す。 건강 진단 健康診断。 기업 진단 企業診断。
진단-서(診斷書)【진단서】 名 診断書。 ¶건강 진단서 健康診断書。
진달래【findalle/진-】 名 植物 カラムラサキツツジ(唐紫躑躅)。
진담(眞談)【진담】 名 本当の話。 ⇔농담(弄談)。
진도(進度)【진도】 名 進度。 ¶학과 진도표 学科進度表。 국어 진도가 떨어지다 国語の進度が遅れる。
진도¹(震度)【진도】 名 震度。 ¶진도 팔의 강한 지진 震度8の大地震。
진돗-개(珍島-)【-돋깨/-돋깨】 名 珍島犬。※全羅南道珍島産の小型犬。
진동(振動)【진동】 名 하자 振動。 ¶유리가 진동하다 ガラスが振動する。 핸드폰을 진동으로 해 놓다 携帯をマナーモードにしておく。
진동-계(振動計)【-/-게】 名 振動計。
진동-수(振動數)【-쑤】 名 物理 振動数。
진동-전류(振動電流)【-절-】 名 物理 振動電流。
진동²(震動)【진동】 名 하자 震動。 ¶대지가 진동하다 大地が震動する。
진두(陣頭)【진두】 名 陣頭。
진두-지휘(陣頭指揮)【진두-】 名 하타 陣頭指揮。
진드기(動物)【진드기】 名 ダニ(蜱)。
진득-거리다【-끄-】 自 ねばねばする、べとべとする。
진득-진득【-쯘-】 副 形動 ❶ねばねば、べとべと。 ¶기름때가 손에 진득진득 달라붙다 油垢が手にべたべたとつく。 ❷ねちねち。
진득-하다【-드카-】 形 하변 ❶粘り気がある。 ❷(態度などが) 落ち着いている; 我慢強い。 **진득-이** 副。
진딧-물【-단-】 名 昆蟲 アブラムシ(油虫)。
진-땀(津-)【진-】 名 脂汗。 ▶진땀을 빼다

[흘리다] 脂汗を流す.
진력(盡力)【-질】 图 尽力. ‖재건에 진력하다 再建に尽力する.
진력-나다(盡力-)【질력-】 自 うんざりする; 嫌気が差す.
진로(進路) /ʧillo/【-질-】 图 進路. ‖졸업 후의 진로를 정하다 卒業後の進路を決める.
진료(診療)【-뇨】 图 하他 診療; 病気を診て治療すること. ‖일요일도 급한 환자에 한해서 진료하다 休日も急患に限り診療する.
진료-소(診療所) 图 診療所.
진리(眞理) /ʧilli/【-질-】 图 真理. ‖불변의 진리 不変の真理. 진리를 깨닫다 真理を悟る. 진리를 추구하다 真理を追究する.
진맥(診脈) 图 하他 診脈.
진-면목(眞面目) 图 真面目(ﾆﾝｹﾞﾝ). ‖진면목을 발휘하다 真面目を発揮する.
진물 图 傷口からにじみ出る粘液.
진미(珍味) 图 珍味. ‖산해진미 山海の珍味.
진-밥 图 水分が多い柔らかめのご飯. ↔된밥.
진배-없다【-업따】 形 違いがない; 同然だ. ‖이번 시합은 이긴 것이나 진배없이 한 시합은 勝ったも同然だ. **진배없이** 副
진범(眞犯) 图 真犯人.
진보(進步) /ʧi:nbo/【-질-】 图 自 進歩. ↔퇴보(退步). ‖과학 기술의 진보 科学技術の進歩. 정보 과학은 전후에 크게 진보했다 情報科学は戦後大幅に進歩した.
진보-적(進步的) 图 進歩的. ‖진보적인 생각 進歩的な考え方.
진보-주의(進步主義)【-/-이】 图 進歩主義.
진-보라(津-) 图 濃い紫色.
진부-하다(陳腐-) 形 하変 陳腐だ. ‖진부한 내용 陳腐な内容.
진-분수(眞分數)【-쑤】 图 (数学) 真分数. ↔가분수(假分數).
진-분홍(津粉紅) 图 濃いピンク色.
진사(陳謝) 图 하他 陳謝.
진상¹(眞相) 图 真相. ‖진상을 규명하다 真相を究明する. 진상을 밝히다 真相を明かす.
진상²(進上) 图 하他 進上; 献上.
진선미(眞善美) 图 真善美. ✤認識上の真・道徳上の善・芸術上の美.
진성(眞性) 图 真性. ↔가성(假性). ‖진성 콜레라 真性コレラ.
진솔-하다(眞率-) 形 하変 真率だ. ‖진솔한 태도 真率な態度.
진수¹(眞數) 图 (数学) 真数.
진수²(眞髓) 图 真髄. ‖한국 민족 문화의 진수 韓国民族文化の神髄.
진수³(進水) 图 自 進水.

진수-식(進水式) 图 進水式.
진수-성찬(珍羞盛饌) 图 ごちそう.
진술(陳述) 图 하他 陳述.
진술-서(陳述書)【-씨】 图 陳述書.
진시(辰時) 图 (民俗) 辰(ﾀﾂ)の刻(午前7時から午前9時まで).
진실(眞實) /ʧinʃil/ 图 形 真実. ‖진실을 말하다 真実を語る. 진실한 사랑 真実の恋.
진실-로(眞實-) 副 真に; 本当に. ‖우리가 진실로 바라는 것은 모두의 행복이다 私たちが本当に望むことは皆の幸せだ.
진심(眞心) /ʧinʃim/ 图 まごころ; 本心. ‖진심으로 축하 드립니다 心からお祝い申し上げます. 내 진심은 그런 것이 아닙니다 私の本心はそうではありません.
진압(鎭壓) 图 하他 鎮圧. ‖시위를 진압하다 デモを鎮圧する. **진압-되다** 自動
진언(進言) 图 進言(目上の人に意見を申し述べること).
진언-종(眞言宗) 图 (仏教) 真言宗.
진열(陳列) 图 하他 陳列. ‖상품을 진열하다 商品を陳列する. **진열-되다** 自動
진열-대(陳列臺)【-때】 图 陳列棚.
진열-장(陳列欌)【-짱】 图 ショーケース.
진영(陣營) 图 陣営. ‖야당 진영 野党陣営.
진용(陣容) 图 陣容. ‖대표 팀의 진용 代表チームの陣容.
진원(震源) 图 震源.
진원-지(震源地) 图 震源地.
진위(眞僞) 图 真偽. ‖소문의 진위를 확인하다 うわさの真偽を確かめる.
진의¹(眞意)【-/-지니】 图 真意. ‖상대방의 진의를 파악하다 相手の真意を把握する.
진의²(眞義)【-/-지니】 图 真義.
진-일보(進一步) 图 自 一歩前進すること.
진입(進入) 图 自 進入. ‖대형차 진입 금지 大型車進入禁止.
진입-로(進入路)【-짐노】 图 進入路.
진자(振子) 图 振り子.
진-자리 图 (乳児の大小便で)湿ったところ. ↔마른자리.
진작(振作) 图 하他 振作; 奮い起こすこと. ‖사기를 진작하다 士気を奮い起こす.
진작² 副 ❶ちょうど; すぐその時. ❷前もって; 早くから; もっと早く. ‖진작 연락해 두었다면 前もって連絡しておいた. 진작에 만났으면 좋았을걸 もっと早く会えたらよかったのに.
진재(震災) 图 震災.
진저리 图 ❶(放尿や冷気に触れた後

진혼

)身震い. ‖진저리를 치다 身震いする;ぞっとする. ❷鳥肌が立つほどの嫌悪感. ‖그 사람 이야기는 진저리가 난다 彼のことはうんざりだ.

진저-에일 (ginger ale) 图 ジンジャーエール.

진전(進展) 图 進展. ‖전혀 진전이 없다 全く進展がない. 수사가 조금 진전되었다 捜査が少し進展した.

진절-머리 (−)[진절머리의 俗語] 图 ‖시험이라면 진절머리가 난다 試験ならもうこりごりだ.

진정¹(眞情) 图 真情; まごころ. ‖진정 어린 충고 まごころのこもったアドバイス.

진정²(陳情) 图 [하他] 陳情. ‖국회에 진정하다 国会に陳情する.

진정-서(陳情書) 图 陳情書.

진정³(鎭靜) 图 [하他] 鎭靜; 落ち着かせる. ‖마음을 진정시키다 心を落ち着かせる. **진정-되다** 自变

진정-제(鎭靜劑) 图 [薬] 鎭靜劑.

진정⁴(進呈) 图 [하他] 進呈.

진정⁵(眞正) 图 本当に. ‖진정 옳은 길 本当に正しい道.

진정-코(眞正−) 副 本当に. ‖나는 진정코 그런 말을 한 적이 없습니다 私は本当にそんなことを言ったことはありません.

진-종일(盡終日) 图 一日中; 終日.

진주¹(眞珠·珍珠) 图 真珠.

진주²(進駐) 图 [하自] 進駐. **진주-군**(進駐軍) 图 進駐軍.

진즉(趁卽) 副 =진작².

진지¹/ʧinʤi/ 图 [밥의 尊敬語] お食事. ‖아버지, 진지 드세요 お父さん, お食事です.

진짓-상(−床) 图 ‖진짓상을 올리다 お膳を供える.

진지²(陣地) 图 [軍事] 陣地. ‖진지를 구축하다 陣地を構築する.

진지-하다(眞摯−) /ʧinʤihada/ [하变] 真摯だ; まじめでひたむきだ. ‖진지한 태도 真摯な態度. 진지한 얼굴 まじめな顔.

진짜(眞−) /ʧinʤa/ 图 ❶ 本物. ‖이건 진짜야 これは本物だよ. ❷ 本気; 本当の話. ‖그 사람 말은 어디까지 진짜인지 알 수가 없어 彼のことばはどこまでが本当なのか分からない. ❸ [副詞的에] 本当に. ‖이건 진짜 맛있다 これは本当にうまい.

진짜-로(眞−) 副 本当に; 本気で. ‖진짜로 좋아한다 本当に好きだ.

진찰(診察) /ʧinʧal/ 图 [하他] 診察. ‖환자를 진찰하다 患者を診察する. 진찰을 받다 診察を受ける.

진찰-권(診察券) [−꿘] 图 診察券.

진찰-실(診察室) 图 診察室.

진창 图 ぬかるみ. ‖진창에 빠지다 ぬかるみにはまる.

진척(進陟) 图 [하自] 進捗(ྀ);はかどること. ‖진척 상황 進捗状況. 일이 많이 진척되다 仕事がかなりはかどる.

진출(進出) /ʧinʧul/ 图 [하自] 進出; 進む. ‖결승에 진출하다 決勝に進出する. 메이저 리그로 진출하다 メジャーリーグに進出する.

진취(進取) 图 [하他] 進取. **진취-적**(進取的) 图 進取的. ‖진취적인 사고방식 進取的な考え方. 진취적 기상 進取の気性.

진탕¹−宕 副 思う存分; 飽きるほど. ‖술을 진탕 마시다 酒を思う存分飲む.

진탕-만탕(−宕−宕) 副 嫌というほど.

진탕-으로(−宕−) 副 =진탕(−宕).

진-토(塵土) 图 塵土; 糞土と土.

진통¹(陣痛) 图 ❶ 陣痛. ‖진통이 오다 陣痛が起こる. ❷ [比喩的에] 困難; 苦しみ. ‖민주화의 진통을 겪다 民主化の苦しみを経験する.

진통²(鎭痛) 图 鎭痛.

진통-제(鎭痛劑) 图 鎭痛薬. ‖진통제를 두 알 먹고 자다 鎭痛剤を2錠飲んで寝る.

진퇴(進退) 【−/−퇴】 图 [하自] 進退.

진퇴-양난(進退兩難) 图 進退両難. ‖진퇴양난에 빠지다 進退きわまる.

진퇴-유곡(進退維谷) 图 =진퇴양난(進退兩難).

진폐(塵肺) 【−/−페】 图 [医学] 塵肺. **진폐-증**(塵肺症) 图 [−쯩 /−페쯩] 图 [医学] 塵肺症; 塵肺症.

진폭(振幅) 图 振幅.

진품(珍品) 图 珍品.

진품(眞品) 图 本物.

진-풍경(珍風景) 图 珍しい風景; 珍しい光景.

진-피즈(gin fizz) 图 (カクテルの)ジンフィズ.

진-하다(津−) /ʧinhada/ 厨 [하变] 濃い; 深い. ‖커피맛이 진하다 コーヒーの味が濃い. 화장이 진하다 化粧が濃い. 진한 감동을 주다 深い感動を与える. 피는 물보다 진하다 血は水よりも濃い.

진학(進學) 图 進學. ‖대학에 진학하다 大学に進学する. 진학 지도 進学指導. 대학 진학률 大学進学率.

진해(鎭咳) 图 [하他] 咳を止めること; 咳止め.

진해-제(鎭咳劑) 图 鎭咳薬; 咳止め.

진행(進行) /ʧinhɛŋ/ 图 [하他] 進行; 進むこと. ‖협의가 진행 중이다 協議が進行中だ. 의사 진행이 늦다 議事の進行が遅い. 공사는 순조롭게 진행되고 있다 工事は順調に進んでいる.

진행-성(進行性) [−썽] 图 進行性.

진행-자(進行者) 图 進行係; 司会者. ‖음악 프로그램의 진행자 音楽番組の司会者.

진행-형(進行形) 图 [言語] 進行形.

진혼(鎭魂) 图 [하他] 鎭魂.

진혼곡(鎭魂曲) 图《キリスト教》鎭魂曲。レクイエム.

진혼-제(鎭魂祭) 图 鎭魂祭.

진홍-색(眞紅色) 图 真紅色.

진화¹(進化) 图 自サ 進化. ㉠退化(退化). ‖같은 조상에서 진화한 동물 同じ祖先から進化した動物.

진화론(進化論) 图《生物》進化論.

진화²(鎭火) 图 他サ 鎭火. ‖불길을 완전히 진화하다 火を完全に鎭火する.

진화-되다 自サ

진흙【一흑】图 ❶ 粘土; 赤土. ❷ 泥; 泥土. ‖진흙 투성이 泥だらけ; 泥まみれ.

진흙-탕 图 ぬかるみ. ‖진흙탕길 ぬかるみ道.

진흥(振興) 图 他サ 振興. ‖학술 진흥을 꾀하다 学術の振興を図る.

진흥-책(振興策) 图 振興策.

질¹ 图 陶土.

질²(質) 图 ❶ 質(しつ). ‖질이 좋은 상품 質の良い商品. ❷ 性質; 質(たち). ‖질이 나쁜 사람 質の悪い人.

질³(膣) 图《解剖》膣.

질⁴(帙) 图 帙(ちつ); (本の)セット. ‖문학 전집 한 질을 구입하다 文学全集ワンセットを購入する.

질⁵ 囿 지다(落ちる)の未来連体形.

질⁶ 囿 지다(負ける)の未来連体形.

-질¹ 接尾 その道具を持って行なう動作を表わす. ‖바느질 針仕事. 다리미질 アイロンがけ.

-질² 接尾 [職業や役目に付けて]やや軽蔑する意味を表わす. ‖선생질하다 先生をする. 도둑질하다 盗みをはたらく.

질감(質感) 图 質感. ‖나무의 질감을 살리다 木の質感を生かす.

질겁-하다 [-거버-] 图 自サ 非常に驚く; 仰天する; 泡を食う. ‖경찰을 보자 질겁해서 도망을 치다 警察を見るや泡を食って逃げる.

질겅-거리다 他 くちゃくちゃと噛む. ‖껌을 질겅거리며 씹다 ガムをくちゃくちゃと噛む.

질겅-질겅 副 自サ くちゃくちゃ(と)噛む様子. ‖껌을 질겅질겅 씹다 ガムをくちゃくちゃ(と)噛む.

질경이 图《植物》シャゼンソウ(車前草).

질곡(桎梏) 图 桎梏(しっこく). ‖질곡에서 벗어나다 桎梏を逃れる.

질권(質權) 图【-꿘】图《法律》質權. ‖질권을 설정하다 質權を設定する.

질-그릇【-름】图 素焼き.

질근-질근 副 [多少固いものを]くちゃくちゃ(と)噛む様子. ‖풀뿌리를 질근질근 씹다 草の根っこをくちゃくちゃ(と)噛む.

질급(窒急-) 图【-그바-】图 自変 驚いて息が止まる; びっくり仰天する.

질기다 /jilgida/ 囮 ❶ (材質などが)丈夫だ. ‖이 가죽 가방은 정말 질기다 この革かばんは本当に丈夫だ. ❷ (肉などが)固い. ‖이 쇠고기는 너무 질어 이가 아프다 この牛肉は固くて歯に応える. ❸ 粘り強い; しぶとい. ‖정말 질긴 녀석 本当にしぶといやつ.

질끈 副 きつく締める様子; ぎゅっと. ‖눈을 질끈 감다 目をぎゅっとつぶる. 허리끈을 질끈 동여매다 腰紐(?)をぎゅっと締める.

질녀(姪女)【-려】图 姪(めい). ㉠조카딸.

질다 囮【ㄹ語幹】❶ (ご飯・パン生地などが)水気が多い; 軟らかい. ㉠되다. ‖물을 많이 부었더니 밥이 질다 水を多く入れたのでご飯が軟らかい. ❷ (地面がぬかるんでいる. ‖비가 와서 땅바닥이 질다 雨が降って地面がぬかるんでいる.

질량(質量) 图《物理》質量.

질러-가다 近道して行く.

질러-오다 近道して来る.

질리다 /jillida/ 自 ❶ 飽きる; 飽き飽きする; 飽きがくる; 嫌気がさす; あきれる. ‖맛있는 것도 매일 먹으면 질리다 おいしいものも毎日食べると飽きる. 그 사람한테는 질렸다 彼には嫌気がさした; 彼にはあきれた. ❷ 怯えるこたじろぐ; 血の気が引く. ‖겁에 질리다 恐怖に怯える. 새파랗게 질리다 真っ青になる.

질문(質問) /jilmun/ 图 他サ 質問. ‖궁금한 점이 있으면 질문해 주세요 気になる点があれば質問してください. 질문을 받다 質問を受ける. 질문 공세를 받다 質問攻めにあう. 질문해도 되겠으니까? 質問してもよろしいでしょうか.

질병(疾病) 图 疾病; 疾患; 病気.

질부(姪婦) 图 甥の妻. ㉠조카며느리.

질산(窒酸)【-싼】图《化学》硝酸. ㉠초산(硝酸).

질산-염(窒酸塩)【-싼념】图《化学》硝酸塩.

질산-은(窒酸銀)【-싼-】图《化学》硝酸銀.

질색(窒塞) 图【-쌕】图 自サ 大嫌いなこと; うんざりすること; ぞっとすること; 苦手なこと. ‖복잡한 것은 질색이다 複雑なのは苦手だ. 추운 것은 질색이다 寒いのは苦手だ.

질서(秩序) /jilssʌ/ 图【-써】图 秩序. ‖질서 정연하게 움직이다 秩序正しく動く. 사회의 질서를 문란하게 하다 社会の秩序を乱す. 질서를 지키다 秩序を守る.

질소(窒素)【-쏘】图《化学》窒素.

질소-하다(質素-)【-쏘-】 囮 自サ 質素だ. ‖질소하게 살아가다 質素に暮らす.

질시(嫉視)【-씨】图 他サ 嫉視(しっし). ‖위로부터 질시를 받다[당하다] 周りの

嫉視を浴びる.

질식 (窒息)【-씩】[名] [하自] 窒息.

질식-사 (窒息死)【-씩 싸】[名] [하自] 窒息死.

질의[1] (質疑)【-/지리】[名] [하他] 質疑.

질의-서 (質疑書) [名] 質疑書.

질의-응답 (質疑應答) [名] 質疑応答.

질의[2] (質議)【-/지리】[名] [하他] 物事の是非を問い論議すること.

질-적 (質的)【-쩍】[名] 質的. [対]양적(量的). ‖질적 향상을 바라다 質的向上を望む. 질적으로 뛰어난 제품 質的に優れた製品.

질정 (叱正)【-쩡】[名] [하他] 叱正. ‖질정을 바라다 叱正を請う.

질주 (疾走)【-쭈】[名] [하自] 疾走. ‖전력 질주하다 全力疾走する.

질질 [副] ❶ものをあちこちにこぼす様子: ぽろぽろ. ‖빵 부스러기를 질질 흘리면서 먹다 パンくずをぽろぽろ(と)こぼしながら食べる. ❷鼻水や汗などが流れ出る様子: だらだら(と). ‖콧물을 질질 흘리다 鼻水をだらだらと垂らす. 침을 질질 흘리다 よだれを垂らす. ❸(顔に)油気やつやがある様子: てかてか. ‖기름이 질질 흐르는 얼굴 脂ぎった顔. ❹引きずる様子: ずるずる. ‖바지가 길어서 질질 끌고 다니다 ズボンが長くてずるずる引きずりながら歩く. ❺決まりがなく長々と続く様子: だらだら(と). ‖약속 날짜를 질질 끌다 約束の日にちをだらだらと延ばす.

질질-거리다 [他] だらだらと垂らす. ‖콧물을 질질거리다 鼻水をだらだらと垂らす.

질책[1] (叱責) [名] [하他] 叱責. ‖질책을 당하다 叱責を受ける.

질책[2] (質責) [名] [하他] 過ちを問いただして責めること.

질척-거리다【-꺼-】[自] べちゃべちゃする; どろどろする; べとべとする. ‖눈이 녹아서 길이 질척거리다 雪が解けて道がどろどろしている.

질척-질척【-찔-】[副] [하自] どろどろしたぬかるみを踏む時の感じ: べちゃべちゃ; どろどろ; べとべと.

질타 (叱咤) [名] [하他] 叱咤.

질투 (嫉妬·嫉妒) /ʧiltʰu/ [名] [하他] 嫉妬; ねたみ; やきもち. ‖질투가 심하다 嫉妬深い. 친구의 재능에 질투를 느끼다 友だちの才能に嫉妬を覚える.

질투-심 (嫉妬心) [名] 嫉妬心. ‖질투심이 많다 嫉妬深い.

질퍽-거리다【-꺼-】[自] どろどろする.

질퍽-하다【-퍼카-】[形] 『하変』 (道などが)ぬかるんでいる; 水気が多い. ‖비가 온 뒤라 길이 질퍽하다 雨上がりで, 道はどろどろだ.

질편-하다 [形] 『하変』 ゆったりしている; のんきだ. ‖질편하게 누워 있다 のんきに寝そべっている. **질편-히** [副]

질풍 (疾風) [名] 疾風; はやて. ‖질풍같이 달려가다 疾風のように走っていく.

질풍-노도 (疾風怒濤) [名] 疾風怒濤.

질환 (疾患) [名] 疾患. ‖호흡기 질환 呼吸器疾患.

질-흙【-흑】[名] 陶土; 陶磁器などを作る粘土.

짊어-지다 /ʧilmɔdʑida/ [他] 背負う; 担う; 担ぐ. ‖무거운 짐을 짊어지다 重い荷物を背負う. 나라의 미래를 짊어지고 나갈 청소년 国の未来を担っていく青少年. [使]짊어지우다.

짊어지-우다 [他] 〔짊어지다の使役動詞〕背負わせる; 担がせる.

짐[1] /ʧim/ [名] ❶荷物; 荷. ‖짐이 많다 荷物が多い. 짐을 들어 주다 荷物を持ってあげる. 짐을 싸다 荷造りをする. 이삿짐 引越しの荷物. ❷負担; 重荷. ‖짐이 되다 負担になる.

짐-받이【-바지】[名] (トラック·自転車などの)荷台.

짐-스럽다【-따】[形] 『ㅂ変』 荷厄介になる; 負担になる; 負担に思う.

짐[2] (朕) [代] 朕. ✣天皇や国王の自称.

짐바브웨 (Zimbabwe) [名] 《国名》 ジンバブエ.

짐-수레 [名] 荷車.

짐승 /ʧimsɯŋ/ [名] 獣; 畜生. ‖집짐승 家畜. 날짐승 鳥類. 저 녀석은 인간의 탈을 쓴 짐승이다 あいつは人間の皮をかぶった獣だ.

짐작 (←斟酌) [名] [하他] 推測; 見当; 予想. ‖내 짐작으로는 私の予想では. 대강 짐작은 간다 おおよそ見当はつく.

짐짓【-짇】[副] わざと; 故意に. ‖그는 짐짓 못 들은 척했다 彼はわざと聞こえなかったふりをした.

짐-짝 [名] (梱包された)荷物. ‖사람을 짐짝 취급하다 人を荷物扱いする.

집[1] /ʧip/ [名] ❶家; 家屋; 住まい. ‖새 집을 짓다 新しい家を建てる. 집이 어디세요? お住まいはどちらですか. ❷自宅; 自分の家; うち. ‖아마 집에 있을 거야 たぶん自宅にいるでしょう. ❸家庭. ‖잘 사는 집 裕福な家庭. ❹(動物の)巣. ‖벌집 蜂の巣. ❺入れ物; 容器. ‖칼집 刀のさや. ❻(囲碁で)目. ‖집이 나다 目ができる.

집[2] (輯) [依名] …輯(しゅう). ‖제삼 집 第3輯.

-집[3] [接尾] …屋. ‖빵집 パン屋. 꽃집 花屋.

-집[4] (集) [接尾] …集. ‖논문집 論文集.

집-게【-께】[名] やっとこ; やっとこばさみ. ‖빨래집게 洗濯ばさみ.

집게-발 [名] (カニなどの)はさみ.

집게-벌레 [名] 《昆虫》 ハサミムシ(鋏虫).

집게-손가락【-께-까-】[名] 手の人差し指. [類]식지(食指).

집결 (集結)【-껼】[名] [하自他] 集結.

집계(集計)【-께/-께】 명 하타 集計. ‖득표를 집계하다 得票を集計する.

집광-경(集光鏡)【-꽝-】 명 〔物理〕 集光鏡.

집광-기(集光器)【-꽝-】 명 集光器.

집-구석(-꾸-) 명 〈집・家庭(カテイ)の俗語〉 家庭. ‖하루 종일 집구석에 들어박혀 있다 一日中家に閉じこもっている.

집권¹(執權)【-꿘】 명 執權.
　집권-당(執權黨) 명 政權を握った政黨.
　집권-자(執權者) 명 政權を握った人.

집권²(集權)【-꿘】 명 自 集權. ⇔분권(分權). ‖중앙 집권 中央集權.

집기(什器) 명 什器.

집념(執念)【-념】 명 執念. ‖집념이 강하다 執念深い. 집념을 불태우다 執念を燃やす.

집다 /dʲip'ta/ [-따] 他 ❶ 〈指で〉拾う; 持つ; つまむ; 拾い上げる. ‖손으로 집다 手でつまむ. 길바닥에 떨어진 손수건을 집어 올리다 道端に落ちているハンカチを拾い上げる. ❷〈箸・毛抜き・ピンセットなどで〉はさむ; つまむ. ‖젓가락으로 집어서 먹다 箸でつまんで食べる. ❸ 指摘する; かいつまむ. ‖요점을 집어서 이야기하다 要点をかいつまんで話す. ⇨ 집히다.

집단(集團) /dʲip'tan/ [-딴] 명 集團; 集まり; グループ. ‖정치 집단 政治集團.
　집단 검진(集團檢診) 명 集團檢診.
　집단 농장(集團農場) 명 集團農場.
　집단 본능(集團本能) 명 集團本能.
　집단-생활(集團生活) 명 集團生活.
　집단 안전 보장(集團安全保障)【-따-】 명 集團安全保障.
　집단 요법(集團療法)【-딴뇨뻡】 명 集團療法.
　집단-적(集團的) 명 集團的.
　집단 지도(集團指導) 명 集團指導.

집-단속(-團束)【-딴-】 명 家の管理; 戶締り.

집-대성(集大成)【-때-】 명 하타 集大成.

집도(執刀)【-또】 명 自他 執刀.

집들-이【-뜨리】 명 新居祝いに知り合いを招待すること.

집무(執務)【짐-】 명 하자 執務. ‖집무 중이다 執務中です.
　집무-실(執務室) 명 執務室. ‖대통령 집무실 大統領執務室.

집-문서(-文書)【짐-】 명 家の權利書.

집배(集配)【-빼】 명 集配.
　집배-원(集配員) 명 集配員.

집사(執事) 명 執事.

집-사람(-싸-) 명 〈아내の謙讓語〉家內. ‖집사람은 초등학교 교사입니다 家内は小学校の教師です.

집산(集散)【-싼】 명 하자 集散.
　집산-지(集散地) 명 集散地.

집성(集成)【-썽】 명 하타 集成.

집-세(-貰)【-쎄】 명 家賃. ‖집세를 내다 家賃を払う.

집시 (gypsy) 명 ジプシー.

집-안 명 ❶ 家裏; 身内; 內輪. ‖잘사는 집안의 아이 裕福な家庭の子ども. 집안 살림 家事. ❷ 家柄; 家系; 家門; 一族. ⇨가문(家門). ‖대단한 집안의 출신 すごい家柄の出身.
　집안-사람(-싸-) 명 身內; 親類; 近親者.
　집안-싸움 명 お家騷動; 內輪もめ; 內輪げんか. ‖집안싸움을 벌이다 內輪もめを起こす.

집안-일【-닐】 명 ❶ 家事. ‖애가 셋이나 되다 보니 집안일만 해도 장난이 아니다 子どもが3人もいると, 家事だけでも半端でない. ❷ 家の中のこと.

집약(集約) 명 하타 集約. ‖전원의 의견을 집약하다 全員の意見を集約する.
　집약-적(集約的)【-쩍】 集約的. ‖노동집약적 산업 勞動集約的產業.

집어-내다 他 つまみ出す; 取り出す; 拾い上げる. ‖쌀에서 돌을 집어내다 米から石をつまみ出す. 오자를 집어내다 誤字を拾い上げる.

집어-넣다【-너타】 他 ❶ つまんで入れる. ‖국에 소금을 한 줌이나 집어넣다 スープに鹽を1摑りも入れる. ❷ 放り込む. ‖가방에 물건을 마구 집어넣다 かばんに物をむやみに次第放り込む. ❸〈ある機關に〉無理矢理入れる. ‖病院에 집어넣다 病院に無理矢理入れる.

집어-던지다 他 放り投げる; 投げつける. ‖장난감을 집어던지다 おもちゃを放り投げる.

집어-들다 他 [ㄹ語幹] つまみ上げる; 手に取る; 手にする. ‖돌을 하나 집어들더니 강 쪽으로 던졌다 石を1つ手に取って川の方に投げた.

집어-뜯다【-따】 他 かきむしる. ‖머리를 집어뜯다 髮の毛をかきむしる.

집어-먹다【-따】 他 ❶ つまんで食べる; つまみ食いする. ‖손으로 달랑 집어먹다 手でひょいとつまんで食べる. 고구마 먹탕을 집어먹다 大學芋をつまみ食いする.

집어-치우다 /dʑibʌtɕʰiuda/ 他 〈計畫・事業などを〉途中でやめる; 投げ出す; 放り出す; 斷念する. ‖사업을 집어치우다 事業を途中で投げ出す. 공부를 집어치우고 놀러 나가다 勉強を放り出して遊びに行く.

집-오리(-鳥類) 명 アヒル(家鴨).

집요-하다(執拗)【-뇨-】 形 〈有變〉執拗だ; しつこい. ‖집요하게 따라다니다 執拗

집-일 [-닐] 图 家事.
집적 (集積) [-쩍] (하他) 集積. ‖집적 회로 集積回路.
집적-거리다[-대다] 【-쩍거[-쩍때]-】 圓 쓸데없이 집적거리다 余計なちょっかいを出す.
집정 (執政) [-쩡] (하自) 執政.
　집정-관 (執政官) 图 執政官.
집-주인 (-主人) [-쭈-] 图 家主.
집중 (集中) /dʑiptɕʰuŋ/ [-쭝] 图 (하自他) 集中. ‖인구가 집중하다 人口が集中する. 정신을 집중하다 精神を集中する. 올 한 해는 한국어 공부에 집중하기로 했다 今年1年は韓国語の勉強に集中することにした. 집중 강의 集中講義. 집중 포화 集中砲火.
　집중-공격 (集中攻擊) 图 集中攻擊.
　집중-력 (集中力) [-쭝녁] 图 集中力. ‖집중력이 떨어지다 集中力が落ちる.
　집중-적 (集中的) 图 集中的. ‖한 군데를 집중적으로 공격하다 一か所を集中的に攻める.
　집중-호우 (集中豪雨) 图 集中豪雨.
집-짐승 [-찜-] 图 家畜. ‖가축(家畜).
집착 (執着) /dʑiptɕʰak/ [-착] 图 (하自) 執着. ‖돈에 집착하다 金に執着する.
집-채 图 家 1軒ほどの大きさ. ‖집채 같은 파도 山のような波.
집-터 图 ❶住居址. ❷宅地; 敷地.
집필 (執筆) [-필] (하他) 執筆. ‖논문을 집필하다 論文を執筆する.
　집필-자 (執筆者) [-짜] 图 執筆者.
　집필-진 (執筆陣) [-찐] 图 執筆陣.
집파 (集荷) [지파] (하他) 集荷.
집합 (集合) [지팝] 图 ❶集合. ‖학교 앞에 집합할 것 学校の前に集合すること. ❷(数学)集合.
　집합-개념 (集合概念) [지팝깨-] 图 集合概念.
　집합-론 (集合論) [지팝논] 图 (数学)集合論.
　집합-명사 (集合名詞) [지팜-] 图 (言語)集合名詞.
　집합-체 (集合體) [지팝체] 图 集合體.
집행 (執行) /dʑipʰɛŋ/ [-팽] (하他) 執行. ‖정책을 집행하다 政策を執行する. 형을 집행하다 刑を執行する. 집행 위원 執行委員. 집행-되다 자변.
　집행-권 (執行權) [지팽꿘] 图 (法律) 執行權.
　집행-기관 (執行機關) [지팽-] 图 執行機關.
　집행-력 (執行力) [지팽녁] 图 執行力.
　집행-명령 (執行命令) [지팽-녕] 图 (法律)執行命令.
　집행-부 (執行部) 图 執行部.
　집행-유예 (執行猶豫) 【지팽뉴-】 图 (法律)執行猶豫.
　집행-처분 (執行處分) 图 (法律) 執行處分.
집현전 (集賢殿) [지편-] 图 (歷史) 朝鮮時代初期, 宮中に置かれていた学問研究機関.
집회 (集會) [지푀/지풰] 图 集會. ‖집회를 열다 集会を開く.
　집회-장 (集會場) 图 集会場.
집-히다 [지피] 〔집다の受身動詞〕撮られる; つかまれる. ‖제대로 안 집히다 うまく摑めない.

짓 /dʑit/ {짓] 图 仕事; まね; こと; ふるまい; しぐさ; 擧動. ‖누가 한 짓이니? 誰がやったの, 이게 도대체 무슨 짓이니? これはいったい何のまねなの. 쓸데없는 짓을 하다 余計なことをする. 못된 짓을 하다 悪ふざけをする. 터무니없는 짓을 하다 むちゃくちゃをする. 짓궂은 짓을 하다 意地悪をする. 그런 짓을 하면 벼락 맞는다 そんなことをすると罰が当たるよ. 하는 짓이 형하고 똑같이 야ってることがおにいさんとまったく同じだ.

짓-거리 [진꺼-] 图 짓の俗語. ‖하는 짓거리가 정말 마음에 안 든다 やってることが本当に気にくわない.

짓-궂다 [진굳따] 图 意地悪だ. ‖짓궂은 소리를 하다 意地悪なことを言う. 짓궂은 장난을 하다 여동생을 울리다 意地悪をして妹を泣かせる.

짓-누르다 [진-] 他 (르変) 押さえつけ; 押しひしぐ. ‖반대파를 짓누르다 反対派を押さえつける. @짓눌리다.
　짓-눌리다 [진-] 圓 〔짓누르다の受身動詞〕押さえつけられる; 押される; 押ひしがれる. ‖위압적な雰囲気に짓눌리다 威圧的な雰囲気に押される.

짓는 圓 [ㅅ変] 짓다(建てる·つくる)の現在連体形.

짓다 /dʑitʰa/ [짇따] 他 [ㅅ変] [지어, 짓는, 지은] ❶ 〈家などを〉建てる. ‖새로 지은 집 新しく建てた家. ❷ 〈詩·文章·列·表情などを〉作る. ‖열을 짓다 列を作る. 지어낸 이야기 作り話. 시를 짓다 詩を作る. 미소를 짓다 微笑む. 울음을 짓다 泣き顔にする. ❸ 〈農業を〉営む. ‖농사를 짓다 農業をする. ❹ 〈ご飯を〉炊く. ‖밥을 짓다 ご飯を炊く. ❺〈薬を〉調合する. ‖약을 지어 먹인 약을 調合して飲む. ❻〈名前を〉つける. ‖아이 이름을 짓다 子どもの名前をつける. ❼〈結論を〉出す. ‖결론을 짓다 結論をつける. ❽〈罪を〉犯す. ‖죄를 짓다 罪を犯す.

짓-무르다 [진-] 圓 [르変] 〈熱や湿気で〉蒸れる. ‖발바닥이 짓무르다 足の裏が蒸れる.

짓-뭉개다 踏みつぶす。∥바나나를 짓뭉개다 バナナを踏みつぶす。

짓-밟다 /tʃitp'aːpt'a/ 他 踏みにじる; 蹂躪する。∥자유를 짓밟고 자유를 踏みにじる。⑳짓밟히다.

짓밟-히다 [짇빨피—] 自 〔짓밟다의 受身動詞〕 踏みにじられる; 蹂躪される。∥자유가 공권력에 짓밟히다 自由が公権力に蹂躪される。

징¹ (柾칠에 打つ) 鋲(びょう)。∥징을 박다 鋲を打つ。

징² (징) 〖音樂〗 銅鑼(どら)。

징건-하다 形ハ変 (お腹が)張る;(胃が)もたれる。

징검-다리 飛び石。∥징검다리를 건너다 飛び石を渡る。

징계 (懲戒) 【—/—계】 하他 懲戒。

징계-받다 [—닫따] 被動

징계 처분 (懲戒處分) 懲戒処分。∥징계 처분을 받다 懲戒処分を受ける。

징그러운 形 [ㅂ変] 징그럽다(見苦しい)의 現在連体形。

징그러워 形 [ㅂ変] 징그럽다(見苦しい)의 連用形.

징그럽다 /tʃiŋgwrʌpt'a/【—따】形 [ㅂ変] 〔징그러워, 징그러운〕 見苦しい; 醜い; 気持ち悪い; 気味悪い; いやらしい。∥웃음소리가 징그럽다 笑い声が気味悪い。징그러운 소리를 하다 いやらしいことを言う。

징글-맞다 [—만따] 形 ぞっとするほど気味悪い; 非常にいやらしい。∥징글 맞은 남자 気持ち悪いほどいやらしい男。

징글징글-하다 形ハ変 非常に気味悪い。

징발 (徵發) 하他 徴発。∥토지를 징발하다 土地を徴発する。**징발-당하다** 被動

징벌 (懲罰) 懲罰。

징병 (徵兵) 하他 徴兵。

징병-검사 (徵兵檢査) 徴兵検査。

징병-제 (徵兵制) = 징병 제도(制度).

징병 제도 (徵兵制度) 徴兵制度。

징세 (徵稅) 徴税。

징수 (徵收) 하他 徴収。∥회비를 징수하다 会費を徴収する。

징악 (懲惡) 懲悪。∥권선징악 勸善懲惡.

징역 (懲役) 〖法律〗 懲役。∥무기 징역 無期懲役.

징역-살이 (懲役—) —싸리 하自 服役。∥일 년 동안 징역살이를 하다 1年間服役する。

징용 (徵用) 하他 徴用。∥강제 징용 強制徴用。**징용-당하다** 被動

징조 (徵兆) 兆し; 兆候。∥불길한 징조가 보이다 不吉な兆候が見られる。

징집 (徵集) 徴集。

징집-영장 (徵集令狀) 【—짐녕짱】 徴集令状。

징징-거리다 [—대다] 自 ぐずる; ぐずぐずする; ぶつぶつ言う。∥아기가 밤새 징징대다 赤ん坊が一晩中ぐずる。

징크스 (jinx) ジンクス。∥징크스를 깨다 ジンクスを破る。

징표 (徵表) 徴表。

징후 (徵候) 兆候。∥경기 회복의 징후가 보이다 景気回復の兆候が見られる。

짖다 /tʃitt'a/【짇따】 ❶(犬が)吠える。∥개 짖는 소리가 들리다 犬が吠える声が聞こえる。짖는 개는 물지 않는다 吠える犬は噛まない。❷(ののしる言い方で) しゃべりまくる。

짙다 /tʃitt'a/【짇따】形 ❶(色合い・濃度・程度などが)濃い。㋐濃い。∥화장이 짙다 化粧が濃い。 패색이 짙다 敗色が濃い。농도가 짙다 濃度が濃い。㋑(霧・煙などが)濃い; 深い。∥짙은 안개로 앞이 안 보이다 濃い霧で前が見えない。❷(眉・ひげなどが)濃い。∥눈썹이 짙다 眉が濃い。❸(嫌疑などが)濃い。∥혐의가 짙다 嫌疑が濃い。

짙-푸르다 [짇—] 形 [러変] 濃く青い。∥깊은 바다 속은 짙푸르다 深い海の中は濃く青い。

짚 [집] 〖藁〗(わら)。볏짚의 略語。

짚다 /tʃipt'a/ 他 ❶手や杖で体を支える。∥목발을 짚다 松葉杖をつく。바닥을 짚고 일어나다 床に手をつきながら立ち上がる。❷見当をつける; 推し量る。∥잘못 짚다 見当が外れる。❸(脈)を取る。∥맥을 짚다 脈を取る。

짚-단 [집딴] わらの束。

짚-신 [집씬] 草鞋; 草履。▶짚신도 제짝이 있다 〔諺〕 割れ鍋に綴じ蓋。

짚신-벌레 〖昆虫〗 ワラジムシ(草鞋虫)。

짚이다 自 思い当たる。∥짚이는 데가 있다 思い当たるふしがある。

ㅉ

ㅉ ハングル子音字母の一つ。名称は「쌍지읒」。

짜 (쩌) 짜다(塩辛い)의 連用形。

짜개다 他 (板など固いものを二つに)割る。∥나무 상자를 짜개다 木箱を割る。

짜개-지다 (二つに)割れる。

짜깁-기 [—끼] 하他 かけはぎ; かけつぎ; 寄せ集め。

짜-내다 絞り出す; 絞り上げる; 絞り取る。∥온갖 지혜를 짜내다 あらゆる知恵を絞り出す。

짜다¹ /t͈ada/ 形 ❶塩辛い; しょっぱい。∥국이 너무 짜다 スープがしょっぱすぎる。짠맛 塩辛い味。❷(比喩的に)辛い; けちだ。∥점수가 짜다 点数が辛い。

부자치고는 너무 짜다 金持ちのくせにけち臭い.

짜다² /ˀtsada/ 他 ❶ 組む;組み立てる;作る. ‖장롱을 짜다 たんすを作る. 시간표를 짜다 時間割を組む. ❷ 編む;織る. ‖털실로 장갑을 짜다 毛糸で手袋を編む. ❸ 絞る. ‖참기름을 짜다 ごま油を絞る. ❹ 〔울다の俗語〕 泣く. ‖하루 종일 질질 짜고 있다 一日中泣いている.
── 自 組む;ぐるになる;共謀する. ‖형제가 짜고 나쁜 짓을 하다 兄弟で組んで悪事をはたらく.

짜르르 副 (と形) つやつや(と);てかてか(と). ‖머리에서 윤기가 짜르르 흐르다 髪の毛がつやつやとしている.

-짜리 /ˀtsari/ 接尾 〔金額·数量·年などに付いて〕それに相当することを表わす. ‖만 원짜리 지폐 1万ウォンの紙幣. 열 권짜리 전집 10冊の全集. 세 살짜리 아이 3歳の女の子.

짜릿짜릿-하다 【-릴-리타-】 形 하変 ❶ (電気などに強い刺激で)びりびりする. ‖온몸이 짜릿짜릿하다 全身がびりびりする. ❷ (深く感動して)じんとする.

짜릿-하다 /ˀtsaritʰada/ 【-리타-】 形 하変 ❶ (強い刺激で)びりっとする. ‖짜릿한 쾌감 びりっとくる快感. ❷ (感動して)じんとする.

짜임 图 組織;構成.
짜임-새 图 仕組み;組み立て;構造,構成;結構;体裁. ‖문장의 짜임새 文章の結構. 그럴듯한 짜임새 それなりの体裁.

짜증 /ˀtsadzɯŋ/ 图 いらいらすること;癇癪(かんしゃく);嫌気. ‖짜증이 나는 하루 苛立つ1日. 사소한 일로도 짜증 내다 些細なことでも癇癪を起こす.

짝¹ /ˀtsak/ 图 ❶ 対の片方;相方;ペア. ‖내 짝 私の相方. 짝을 짓다 짝을 이루다 ペアを組む. ❷ […ㄹ 짝이 없다の形で] …きわまる. ‖무례하기 짝이 없다 無礼きわまる.

짝² 依名 対をなすものの片方. ‖양말 한 짝 靴下の片方.

짝³ 依名 ❶ (牛や豚の)肋骨を数える語. ‖쇠갈비 한 짝 牛のカルビ1本. ❷ (リンゴなどの果物を詰めた箱を)数える単位. ‖사과 한 짝 リンゴ1箱.

짝⁴ 依名 〔主にどう짝(…なの形で)〕どちらにも;どうにも. ‖아무 짝에도 못 쓴다 どちらにも使えない.どうにもならない.

짝⁵ 副 ❶ 硬いものが割れたりひびが入ったりする様子. ‖가뭄으로 논이 짝 갈라지다 日照りで田がひび割れる. ❷ 紙が破れる音. ‖편지를 짝 찢어버리다 手紙をびりっと破いてしまう. ❸ ぴったりくっつく様子:ぺたっと. ‖신발 밑창에 껌이 짝 달라붙다 靴底にガムがぺたっとつく.

짝⁶ 接尾 軽んじる意を表わす語. ‖낯짝面.

짝-눈 【ˀ-】 图 大きさが違う目.
짝-사랑 【-ㅆ-】 图 하他 片思い;片恋.
짝-수 〈-数〉 /ˀtsakˀsu:/ 【-쑤】 图 偶数.
⑦홀수〈-数〉.

짝-짓기 【-찓끼】 图 하他 ペアを組むこと;番(つがい)になること.

짝짜꿍 하自 ❶ 乳飲み子が大人の掛け声に合わせて両手を打つこと. 呼吸が合うこと. ‖둘은 짝짜꿍이 잘 맞는다 2人は呼吸が合う.

짝-짝 하他 ❶ 手をたたく音:ぱちぱち. ❷ 紙や布を乱暴に破る音(様子):びりびり. ‖답지를 짝짝 찢다 答案をびりびり(と)破る. ❸ 履物を引きずる音(様子):ずるずる. ‖슬리퍼 소리를 짝짝 내며 지나가다 スリッパを音を立てて引きずりながら通っていく. ❹ 舌を鳴らす音や舌鼓を打つ音:ちゅっちゅっ. ‖입맛을 짝짝 다시다 舌鼓を打つ.

짝짝-거리다 【-꺼-】 他 ⑴ (ガムなどを)くちゃくちゃと噛む. ‖껌을 짝짝거리며 씹지 마라 ガムをくちゃくちゃ(と)噛むな. ⑵ (履物を)引きずる. ‖슬리퍼를 짝짝거리며 돌아다니다 スリッパをずるずる(と)引きずりながら歩き回る.

짝짝-이 图 ちぐはぐ;不ぞろい;片ちんば. ‖짝짝이 양말을 신다 左右不ぞろいの靴下を履く.

짝퉁 图 (ブランドなどの)にせ物;(有名人などの)そっくりさん.

짝-하다 【ˀtsakʰada】 自他 하変 仲間になる;ペアになる.

짠 짜다(塩辛い)の現在連体形.
짠-돌이 图 [比喩的に]けち臭い男.
짠-물 图 ❶ 海水. ❷ 塩辛い水;鹹水.
짠물-고기 图 鹹水魚.
짠-순이 图 [比喩的に]けち臭い女.
짠-지 图 大根·キュウリなどの塩漬け.

짠-하다 形 하変 (胸が)痛い. ‖일년 동안 정든 학생들과 헤어지려니 마음이 찐하다 1年間親しくした学生たちと別れようとしたら,胸が痛い.

짤가닥 副 하自他 堅いものがぶつかった時に出る音:がちゃん.

짤그랑 副 하自他 小銭などの軽い金属がぶつかり合った時に出る音:ちゃりん;ちゃらん.

짤그랑-거리다 【-꺼-】 他 (金属類が触れ合って)ちゃりんと鳴る.

짤가닥 副 하自他 堅い金属型のものが触れ合って発する音:かちゃん;がちゃん.
廛짤칵.

짤까닥-거리다 【-꺼-】 自他 がちゃがちゃする(させる).

짤깍 副 하自他 ❶ 짤가닥の縮約形. ❷ カメラのシャッターを押す音:かしゃっ. 짤깍-짤깍 副 連続してカメラのシャッターを押す音.

짤깍-거리다 [-끼-] 〔自他〕 がちゃがちゃする〔させる〕.

짤랑-짤랑 〔副〕〔하自他〕 小さな硬いものがたくさん触れ合って立てる音: じゃらじゃら.

짤록-하다 [-로카-] 〔形〕〔하여〕 くびれている. ‖짤록한 허리 くびれのある腰.

짤막-하다 [-마카-] 〔形〕〔하여〕 短めだ; 少し短い. ‖커튼 길이가 좀 짤막하다 カーテンの長さが少し短めだ. 머리를 짤막하게 깎다 髪を短めに刈る.

짧다 /'t͡ɕalˀt͈a/ [짤따] 〔形〕 ❶〔長さ·期間などが〕短い. ‖머리를 짧게 자르다 髪を短く切る. 올 여름휴가는 정말 짧다! 今年の夏休みは本当に短い. ❷〔学識·考えなどが〕足りない; 浅い. ‖제 짧은 식견으로는 이해하기 어렵습니다 私の浅い見識では理解に苦しみます. ❸〔元手·資本などが〕足りない. ‖자금줄이 짧아서 불안하다 資金源が足りなくて不安だ. ❹〔食などが〕細い. ‖입이 짧다 食が細い; 好き嫌いが激しい.

짧아 [ㅂ変] 짧다(短い)の活用形.

짧은 [ㅂ変] 짧다(短い)の現在連体形.

짬 〔名〕 暇;(時間的)余裕. ‖짬을 내다 暇を盗む; 時間を作る. 짬을 내서 자동차 학원에 다니다 時間を作って自動車教習所に通う.

짬-밥 [-빱] 〔名〕〔俗っぽい言い方で〕 ❶軍隊でのご飯. ❷軍隊で服務した期間.

짬뽕 (ちゃんぽん 日) /'t͡ɕamˀpoŋ/ 〔名〕 ❶ちゃんぽん. ‖소주만 하고 맥주 짬뽕으로 마시다 焼酎とビールをちゃんぽんで飲む. ❷中華料理の一つ.唐辛子がぴりっと入った辛いスープに魚介類·野菜·麺が入っている.

짭조름-하다 [-쪼-] 〔形〕〔하여〕 塩気が利いている味だ.

짱[1] 〔副〕〔俗っぽい言い方で〕 最高; 充分.

짱[2] 〔副〕〔하自動〕 ガラスなどが急に割れる音: がちゃんと. ‖짱 하고 유리창이 깨지다 짱 하고 窓ガラスが割れる.

짱구 〔名〕 才槌(さいづち)頭.

짱뚱-어 [-魚] 〔名〕〔魚介類〕 ムツゴロウ (鯥魚類).

짱짱-하다 〔形〕〔하여〕 頑丈できびきびしている.

-째 /t͡ɕɛ/ 〔接尾〕 ❶…間; …の間. ‖일주일째 연락이 없다 1週間も連絡がない. ❷全部; …ごと. ‖뼈째 먹는 생선 骨ごと食べる魚. 통째로 삼키다 丸のみにする. ❸…目; …番目. ‖셋째딸 三番目の娘. 오른쪽에서 두 번째 집 右から二軒目の家.

째깍-거리다 [-끼-] 〔自〕 かちかち言う. ‖째깍거리는 시계 소리 かちかち言う時計の音.

째깍-째깍 〔副〕 軽くて固いものがしきりにぶつかって発する音: かちかち.

째다[1] 〔自〕〔服や履物などが小さく〕窮屈だ; きつい.

째다[2] 〔他〕 ❶ 切り裂く; 引き裂く; 破る. ‖소매치기가 주머니를 칼로 째다 掏りがポケットをナイフで切り裂く. ❷〔俗っぽい言い方で〕すっぽかす. ‖약속을 째다 約束をすっぽかす.

째려-보다 〔他〕〔俗っぽい言い方で〕にらむ; にらみつける. ‖매서운 눈으로 상대방을 째려보다 鋭い目つきで相手をにらむ.

째리다 〔他〕〔俗っぽい言い方で〕にらむ.

째보 〔さげすむ言い方で〕兎脣の人.

째어-지다 〔自〕 ❶ 裂ける; 割れ目ができる. ❷〔입이 째어지다の形で〕口もとがほころびる. ‖좋아서 입이 째어지다 うれしくて口もとがほころびる. ⓥ째지다.

짹-짹 〔副〕 スズメなどの鳴き声: チュンチュン; チッチッ.

짹짹-거리다 [-끼-] 〔自〕〔鳥が〕チッチッと鳴く.

쨍[1] 〔副〕〔自〕 金属などが強くぶつかり合う音: がちゃんと; がちゃん.

쨍[2] 〔副〕〔하形〕 太陽が照りつける様子: かんかん; じりじり. **쨍-쨍** 〔副〕〔形〕 かんかんと; じりじりと. ‖태양이 쨍쨍 내리쬐다 太陽がかんかんと照りつける.

쨍강 〔副〕〔하自動〕 軽い金属片がぶつかり合う音: かちん; がちゃん.

쨍강-거리다 [-끼-] 〔自〕 かちかちいう.

쨍그랑 〔副〕〔하自動〕 ガラスや金属などがぶつかった時に出る音: がちゃん.

쩌렁 〔副〕〔하自動〕〔音·声などが〕響き渡る様子.

쩌렁-쩌렁 〔副〕〔하形〕 ❶ 金属類が触れ合って立てる音: ちゃりん; ちゃらん. ❷ 大きい声が響き渡る様子. ‖목소리가 쩌렁쩌렁 울리다 声が大きく響き渡る.

쩌릿!쩌릿-하다 [-릳-리타-] 〔形〕〔하여〕 ❶〔強い刺激で〕ぴりっとする; しびれる; だるい. ‖몸살인지 온몸이 쩌릿쩌릿하다 過労なのか全身がだるい. ❷〔感動して〕じんとする.

쩌릿-하다 [-리타-] 〔形〕〔하여〕 しびれる. ‖다리가 쩌릿해서 일어설 수가 없다 足がしびれて立てない.

쩌쩌 〔副〕 舌打ちする音: ちぇっちぇっ.

쩍 〔副〕 ❶ 固い物体が割れたり切れ目が入ったりする様子〔音〕: ぱかっと. ‖장작이 쩍 갈라지다 薪がぱかっと割れる. ❷〔口を〕大きく開ける様子: ぱかっと. ‖입을 쩍 벌리다 口をぱかんと開ける. ❸ 舌鼓を打つ. ‖입맛을 쩍 다시다 舌鼓を打つ; 舌を鳴らす. ❹ 固いものの表面にしっかりくっつく様子〔音〕: ぺったり. **쩍-쩍** 〔副〕 **쩍쩍-거리다** [-대다] [-끼-] しきりに舌を鳴らす; しきりに舌鼓を打つ.

-쩍다 [-따] 〔接尾〕〔一部の名詞に付いて〕それらしいという意味の形容詞を作る: …しい; …らしい. ‖의심쩍은 사람 疑いしい人

쩔그렁 튀 〔자他〕 がちゃがちゃ.

쩔그렁-거리다 〔自他〕 がちゃがちゃする〔させる〕. ‖열쇠 꾸러미가 쩔그렁거리다 鍵たばがちゃがちゃする.

쩔뚝-거리다 [-대다] 〔自〕 片足をひどく引きずって歩く.

쩔뚝발-이 [-빠리] 图 足の悪い人. 圈 쩔뚝이.

쩔뚝-이 图 쩔뚝발이の縮約形.

쩔뚝-쩔뚝 튀〔自他〕 足を引きずって歩く様子.

쩔레-쩔레 튀〔自他〕 しきりに頭を振る様子. ‖그건 안 된다며 머리를 쩔레쩔레 흔들다 それは駄目だと言って首を横に振る.

쩔룩-거리다 [-대다] [-꺼-] 〔自〕 片足を引きずって歩く.

쩔룩발-이 [-빠리] 图 片足の具合が悪くて歩行に不自由な人.

쩔쩔-매다 [ʧʼʌlʧʼʌlmɛda] 〔自〕 ❶ 慌てふためく; てんてこ舞いする; 途方に暮れる. ‖손님이 많아서 쩔쩔매다 客が多くててんてこ舞いする. ❷ (威嚇などに) 畏縮する; たじたじとなる; たじろぐ. ‖상대방의 질문 공세에 쩔쩔매다 相手の質問攻めにたじろぐ. ❸ てこずる. ‖애한테 쩔쩔매는 엄마가 늘고 있다 子どもにてこずる母親が増えている.

쩝쩝 튀〔자他〕 くちゃくちゃ(と). ‖밥을 쩝쩝 소리를 내며 먹다 ご飯をくちゃくちゃ(と)音を立てて食べる.

쩝쩝-거리다 [-대다] [-꺼-] 〔자他〕 舌を鳴らす. ▶くちゃくちゃと食べる.

쩨쩨-하다 〔형〕[하変] さもしい; けちくさい. ‖쩨쩨하게 굴다 けちくさくふるまう.

쪼가리 图 かけら; 片割れ; 切れ端. ‖헝겊 쪼가리 布の切れ端.

쪼개다 /ʧʼogeda/ 他 分ける; 割る; 裂く; 切り詰める. ‖사과를 반으로 쪼개다 リンゴを半分に割る. 장작을 쪼개다 薪を割る. 월급을 쪼개서 적금을 들다 給料を切り詰めて積み立てをする.

쪼그라-들다 〔自〕[ㄹ語變] 縮む; 小さくなる. ‖울은 물로 빨면 쪼그라든다 ウールは水で洗うと縮む.

쪼그라-뜨리다 他 縮める; 小さくする.

쪼그라-트리다 他 = 쪼그라뜨리다.

쪼그리다 他 (体を) かがめる; しゃがむ. ‖쪼그리고 앉아 땅바닥에 글씨를 쓰다 体をかがめて座って地面に字を書く.

쪼글쪼글-하다 〔형〕[하変] しわしわだ; しわだらけだ.

쪼다¹ 〔さげすむ言い方で〕 間抜け; 腑抜け; あほう. ‖저 쪼다 같은 녀석! あのあほう!

쪼다² 他 突く; つばむ; (鑿などで) 刻む; 彫刻する. ‖비둘기가 땅에 떨어진 과자를 쪼아 먹고 있다 ハトが地面に落ちた菓子をついばんでいる. 정으로 돌을 쪼다 鑿で石を彫る.

쪼들리다 〔自〕 苦しい; 困っている. ‖빚을 갚느라고 생활이 쪼들린다 借金の返済のため生活が苦しい. 돈에 쪼들린다 お金に困っている.

쪼르르 튀〔自他〕 ❶ 少量の液体が流れ落ちる音: じゃあ. ❷ 小股で歩いたり走ったりする様子: ちょこちょこ; ちょろちょろ. ‖강아지가 주인의 부르는 소리를 듣고 쪼르르 달려가다 子犬が飼い主が呼ぶとちょこちょこ走っていく. ❸ 多くのものが続く様子: ぞろぞろ.

쪼르륵 튀〔자他〕 ❶ 液体を注ぐ音: じゃあっ. ‖쪼르륵 하고 우유를 따르는 소리가 들렸다 じゃあっと牛乳を注ぐ音がきこえた. ❷ 空腹の時に腹が鳴る音: ぐうっと.

쪼르륵-거리다 [-꺼-] 〔자他〕 ① (液体が)じゃあっと流れる. ❷ 空腹で腹が鳴る. ‖아침을 굶었더니 뱃속에서 쪼르륵거리는 소리가 난다 朝食を抜いたので お腹がぐうっと鳴る.

쪼아-먹다 [-따] 他 ついばむ. ‖병아리가 모이를 쪼아먹다 ひよこがえさをついばむ.

쪼이다¹ 〔自他〕 日光や日に当たる; 日差しを浴びる. 圈 쬐다.

쪼-이다² 쪼다²の受身動詞.

쪽¹ 图 髪を後頭部で結い上げて簪(비녀)で挿すようにした婦人の髪型.

쪽² 图 (書籍などの)ページ.
— 依名 …ページ; …頁. ‖교과서 삼십 쪽을 보세요 教科書の 30 ページを見てください.

쪽³ 图 気脈. ▶쪽을 못 쓰다 ぐうの音(ね)も出ない; (好きで)目がない.

쪽⁴ 依名 …切れ; …片. ‖사과 한 쪽 リンゴ1切れ.

쪽⁵ /ʧʼok/ 依名 …方; …側; …方面. ‖해가 지는 쪽 日が沈む方. 서쪽 西の方. 창쪽으로 앉다 窓側に座る. 서울쪽을 쳐다보다 ソウルの方を見詰める.

쪽매 [쫑-] 图 寄せ木.

쪽매-붙임 [쫑-부침] 图〔자他〕 寄せ木細工.

쪽-문 (-門) [쫑-] 图 脇戸.

쪽-박 [-빡] 图 ❶ 小さいひょうたん[ひさご]. ❷ [比喩的に] 乞食の道具. ▶쪽박[을] 차다 落ちぶれて乞食になる.

쪽-발이 [-빠리] 图 ❶ 牛などのように蹄が二つに割れたもの. ❷ (足袋をはいている) 日本人の蔑称.

쪽-배 [-빼] 图 丸木船.

쪽-빛 [-삗] 图 藍色.

쪽지 (-紙) [-찌] 图 ❶ 紙切れ. ‖쪽지 시험 小テスト. ❷ 紙切れに書いた置手紙やメモ. ‖쪽지를 남겨 두고 집을 나가다 置手紙を置いて家を出る.

쪽-파 图(植物) ワケギ(分葱).

쪽-팔리다 国 〔俗っぽい言い方で〕恥ずかしい; 恥をかく. ‖ 많은 사람 앞에서 넘어져 쪽팔렸다 大勢の前で転んで恥をかいた.

쫀득쫀득-하다 【-드카-】 刑 [하변] 粘り気がある; しこしこする; もちもちする. ‖ 찰떡이 쫀득쫀득하다 餅がもちもちする.

쫀쫀-하다 刑 [하변] 細かい; けち臭い. ‖ 매사에 쫀쫀하게 굴다 あらゆることにけち臭い.

쫄깃쫄깃-하다 【-긴-기타-】 刑 [하변] しこしこする. ‖ 칼국수 면발이 쫄깃쫄깃하다 手打ちうどんがしこしこする.

쫄딱 剾 すっかり; すべて; 完全に. ‖ 쫄딱 망하다 すっからかんになる; すべて失う.

쫄랑-거리다【-대다】 国 (子犬などが) 体を軽く振る.

쫄래-쫄래 剾 [하변] 小さいものが動く様子; ちょこちょこ. ‖ 개가 쫄래쫄래 따라오다 犬がちょこちょことついて来る.

쫄쫄 剾 ひどく腹が減った様子; ぺこぺこ. ‖ 하루 종일 쫄쫄 굶다 一日中腹ぺこだ.

쫑그리다 刓 (耳をぴんと立てる. ‖ 개가 귀를 쫑그리다 犬が耳をぴんと立てる.

쫑긋【-귿】 剾 [하변] ❶ (耳を)そばだてる様子; ぴんと立てる. ‖ 내가 발표 때 나는 귀를 쫑긋 세웠다 当選者を発表する時, 私は耳をそばだてた. ❷ 口をとがらせる様子. ‖ 쫑긋-이

쫑긋-거리다【-대다】 【-귿끼【귿께】-】 他 (耳を)ぴんと立てる. ‖ 토끼가 귀를 쫑긋거리다 ウサギが耳をぴんと立てる.

쫑긋-하다 【-그타-】 刑 [하변] (動物の)耳がぴんと立っている.

쫑알-거리다【-대다】 国他 ぶつぶつ言う;(女の子などが)つぶやく. ‖ 딸아이는 텔레비전을 보면서 뭔가 쫑알거렸다 娘はテレビを見ながら何かつぶやいていた.

쫓겨-나다 【쫃껴-】 国 追い出される; 締め出される; 首になる. ‖ 집에서 쫓겨나다 家から締め出される. 직장에서 쫓겨나다 首になる.

쫓-기다 /t͈ɕotʰkida/【쫃끼-】 国 〔쫓다の受身動詞〕 追われる; 追いかけられる. ‖ 빚쟁이에게 쫓기다 借金取りに追われる. 원고 마감 시간에 쫓기다 原稿の締め切りに追われる.

쫓는 剾 쫓다(追う)の現在連体形.

쫓다 /t͈ɕotʰt͈a/【쫃따】 他 ❶ 追う. ‖ 범인을 쫓다 犯人を追う. 유행을 쫓다 流行を追う. ❷ 追い払う. ‖ 모기향을 피워 모기를 쫓다 蚊取り線香をたいて蚊を追い払う. ‖ 쫓기다.

쫓아 剾 쫓다(追う)の連用形.

쫓아-가다 /t͈ɕotʰagada/ 他 ❶ 追いかけ, ついて行く. ‖ 도둑을 쫓아가다 泥棒を追いかける. ❷ 追いつく. ‖ 선진국을 쫓아가려면 아직 멀었다 先進国に追いつくにはまだ遠い.

쫓아-내다 他 追い出す; 追い払う; 締め出す. ‖ 집에서 쫓아내다 家から追い出す.

쫓아-다니다 他 ❶ 後ろをついて行く [来る]. ❷ あちこち走り回る. ‖ 여기저기를 바쁘게 쫓아다니다 あちこち忙しく走り回る. ❸ つけ回す; まとわりつく. ‖ 끈질기게 쫓아다니다 しつこくつけ回す.

쫓아-오다 他 ❶ ついて来る. ❷ 異常な 사람이 쫓아오다 変な人がついて来る. ❸ 追いかけて来る.

쫓은 剾 쫓다(追う)の過去連体形.

쫓을 剾 쫓다(追う)의 未来連体形.

쫘르르 剾 ❶ 〔좌르를 강めて言う語〕勢いよく水が流れ出る時の音[様子]; じゃあじゃあ; じゃあじゃあ. ‖ 물이 쫘르르 쏟아지다 水がじゃあじゃあ(と)こぼれる. ❷ 多くの人やものが列になって並ぶ様子; ずらり; ずらっと. ‖ 이 키를 치면 리스트가 쫘르르 뜬다 このキーを押すと, リストがずらりと立ち上がる.

쫙 剾 ❶ 〔좍を強めて言う語〕一挙に散らばったり広がったりする様子; ぱっと. ‖ 소문이 쫙 퍼지다 うわさがぱっと広まる. ❷ 液体が急に幾筋にもなって流れ出る様子; さあっと.

쫙-쫙 剾 【-쫙】 〔좍좍を強めて言う語〕 ざあざあ; じゃあじゃあ. ❶ 폭우가 쫙쫙 쏟아지다 暴雨がざあざあと降り注ぐ. ❷ すらすらと. ‖ 원서를 쫙쫙 읽어 내려가다 原書をすらすらと読み進める.

쬐다 /t͈ɕwe:da/【-쐐-】 国他 〔쪼이다の縮約形〕 ❶ 日光や日に当たる; 日差しを浴びる. ‖ 햇볕을 쬐다 日光に当たる; 日差しを浴びる.

쭈그러-들다 国 [ㄹ語幹] へこむ; 縮む; 小さくなる.

쭈그러-뜨리다 他 しわくちゃにする; ぺちゃんこにする.

쭈그러-지다 国 へこむ; 縮む; しわくちゃになる. ‖ 손가락으로 누르자 쭈그러졌다 指で押したらへこんだ.

쭈그러-트리다 他 = 쭈그러뜨리다.

쭈그리다 他 縮める; 屈む; うずくまる. ‖ 길바닥에 쭈그리고 앉다 道端にしゃがんで座る.

쭈글쭈글-하다 刑 [하변] しわくちゃだ; しわしわだ; しわだらけだ.

쭈뼛-하다 【-뼈타-】 刑 [하변] ❶ (ものの)先が尖っている. ❷ ぞっとする; (身の毛が)よだつ. ‖ 머리끝이 쭈뼛하다 身の毛がよだつ.

쭉 剾 죽²を強めて言う語.

쭉정-이 【-쩡-】 图 しいな.

-쭘 /t͈um/ 接尾 程度を表わす語; …ほど; …程度; …くらい; …頃. ‖ 이쯤이면 식은 죽 먹기다 この程度なら朝飯前だ. 두 시쯤에 가겠습니다 2時頃に行

쯧-쯧 [쯛쯛] 同情する時や残念な時に舌打ちする音: ちぇっちぇっ; まあ. ‖쯧쯧 불쌍하구나 そうだなあ まあ、かわいそうに.

찌 图 (釣りの)浮き. ‖낚시용 찌 釣り用の浮き.

찌개 /tɕ͈igɛ/ 图 [料理] チゲ《魚・肉・野菜・豆腐などに醬油や唐辛子などの調味料を加え煮込んだ鍋料理》. ‖된장 찌개 味噌チゲ. 김치 찌개 キムチチゲ. 두부 찌개 豆腐チゲ.

찌그러-뜨리다 他 押しつぶす; へこませる; ぺちゃんこにする. ‖박스를 눌러 찌그러뜨리다 ダンボールをおす.

찌그러-지다 自 ぺちゃんこになる; 破損する. ‖사고로 차체가 찌그러지다 事故で車体がぺちゃんこになる.

찌그러-트리다 = 찌그러뜨리다.

찌그리다 他 《眉間に)しわを寄せる; 眉をひそめる. ‖얼굴을 찌그리다 眉をひそめる.

찌꺼기 图 かす; 沈澱物; くず; 残り. ‖술 찌꺼기 酒かす. 먹고 남은 찌꺼기 食べ残し.

찌다¹ /tɕ͈ida/ 自 《主に살이 씨다の形で》太る; 体重が増える. ‖살이 찌는 계절 太る季節. 한 달 사이에 삼 킬로나 쪘다 ひと月で3キロも太った. 애가 살이 너무 쪄서 걱정이다 子どもが太りすぎて心配だ. ⇒쩌다.

찌다² /tɕ͈ida/ 自 蒸し暑い; 《폭폭蒸し暑い. ‖푹푹 찌는 날 蒸し暑い日.

찌다³ 他 蒸す; 蒸かす. ‖떡을 찌다 餅を蒸す. 고구마를 찌다 サツマイモを蒸す.

찌-들다 [ㄹ語幹] 自 ❶ 古くなって垢がつく; 汚くなる. ❷ 苦労などでやつれる; 所帯やつれする. ‖생활에 찌든 얼굴 所帯やつれした顔.

찌르다 /tɕ͈irɯda/ 他 [ㄹ変] [찔러, 찌른] ❶ 先の失ったもので刺す; 突く. ‖칼로 찌르다 刃物で刺す. ❷ 突っ込む. ‖주머니에 손을 찌르고 걷다 ポケットに手を突っ込んで歩く. ❸ 密告する; 告げ口する. ‖회사 비리를 경찰에 찌르다 会社の不正を警察に密告する. ❹ (悪臭などが鼻を)つく. ‖악취가 코를 찌르다 悪臭が鼻をつく. ❺ (意表などを)つく; 虚をつく; 正鵠を射る. ‖허를 찌르다 虚をつく. 정곡을 찌르다《正鵠》を得る; 図星を射る.

찌레기 图 [鳥類] ムクドリ《椋鳥》.

찌르르 副 ハァ 지르르を強めて言う語.

찌르륵 副 ハゥ自 ❶ 液体を吸い上げる時に出る音. ❷ ムクドリなどの鳴き声. **찌르륵-찌르륵** 副 ハゥ自

찌르릉 副 ベルが鳴る音: ちりん, ちりりん. ‖초인종이 찌르릉 울리다《鳴》と呼び鈴が鳴る. **찌르릉-찌르릉** 副 ハゥ自

副 ハゥ自 ちりんちりん.

찌릿-찌릿 [—린—린] 副 ハゥ自 ぴりぴり.

찌릿-하다 [—리타—] 副 ハ変 関節などがしびれた感じがする.

찌-우다 /tɕ͈iuda/ 他 《찌다の使役動詞》らせる. ‖살을 찌우다 太らせる.

찌푸리다 /tɕ͈ip͈urida/ 他 ❶ しかめる; ぶっとしている. ‖하루 종일 찌푸린 하늘 一日中どんよりした空.

— 他 (不快感や苦痛で)顔をしかめる. ‖눈살을 찌푸리다 眉をひそめる.

찍¹ 副 人や動物が排泄物を出す音: ちゅっ; ぴゃ.

찍² 副 ❶ 線などを無造作に引く様子: さっと. ‖선을 찍 긋다 線をさっと引く. ❷ 紙や布などを裂く音: びりっ. ‖종이를 찍 찢다 紙をぴりっと破る.

찍³ 副 よくすべる様子: つるり. ‖빙판 길에서 찍 미끄러지다 凍りついた路面でつるりと滑る.

찍는 [쯩—] 찍다(つける・切り落とす)の現在連体形.

찍다¹ /tɕ͈ikt͈a/ 他 ❶ (粉や液体などを)つける. ‖꿀에 찍어 먹다 蜂蜜につけて食べる. ❷ (点などを)打つ. ‖종지부를 찍다 終止符を打つ. 점을 찍다 点をつける. ❸ 頰紅や口紅などに)つける; 塗る. ‖볼연지를 찍어 바르다 頰紅を塗る. ❹ (はんこなどを)押す. ‖서류에 도장을 찍다 書類にはんこを押す. ❺ (印刷物を)刷る. ‖신간을 만부 찍다 新刊を1万部刷る. ❻ (写真を)撮る. ‖사진을 찍다 写真を撮る. ❼ 型に刷す. ‖번탄이 모양으로 찍다 練炭を押し固める. ❽ めぼしいものに印がつける; 目をつけておく. ❾ (ある候補に)票を入れる. ‖누구 찍었습니까? 誰に票を入れましたか? ⇒찍히다.

찍다² [—따] 他 ❶ (刃物などで)切り落とす. ‖도끼로 나무를 찍다 斧で木を切る. ❷ 先が尖ったもので突き刺す. ‖작살로 고래를 찍다 銛《もり》でクジラを突き刺す. ⇒찍히다.

찍-소리 [—쏘—] 名 〔下に打ち消しの表現を伴って〕ぐうの音; 文句; うんともすんとも. ‖찍소리도 못하다 ぐうの音も出ない. 찍소리 말고 거기 있어라 つべこべ言わずにそこにいて.

찍은 他 찍다(つける・切り落とす)の過去連体形.

찍을 他 찍다(つける・切り落とす)の未来連体形.

찍-찍¹ 副 ❶ 履き物を引きずりながら歩く音[様子]: ずるずる(と). ‖구두를 찍찍 끌면서 걷다 靴をずるずる引きずりながら歩く. ❷ 線などを何度も無造作に引く様子: さっさっと. ❸ 紙などをむやみにやぶる音[様子]: びりびり(と).

찍-찍² 副 ハゥ自 ネズミ・スズメなどの

声：チュウチュウ.
쩍쩍-거리다 【-꺼-】 ⒜ ネズミ・スズメなどがチュウチュウしきりに鳴く.
쩍-히다 【쩌키-】 ⒜ 쩍다の受動動詞
❶ (失ったものに) 穴あれる. ‖갈등에 쩍히다 刃物で刺される. ❷ (はんこなどを) 押される. ❸ (印刷物や写真を) 刷られる; 撮られる. ‖주간지에 사진이 쩍히다 週刊誌に写真を撮られる. ❹ めぼしいものに印象つけられる. ‖전과자라는 낙인이 쩍히다 前科者の烙印を押される.
쩐득-거리다 ⒜ ねばねばする.
쩐득-쩐득 【-】 【하아】 ねばねばと.
쩐-빵 ⒜ あんまん, 饅頭.
찔끔[1] ⒜ 【하아】 液体がほんのわずかこぼれる様子: ちょっと; ちょっこり; ぽろっと. ‖눈물이 찔끔 쏟아지다 涙がぽろっとこぼれる. **찔끔-찔끔** ちょろちょろ; ぽろぽろ; ちびちび. ‖술을 찔끔찔끔 마시다 ちびちび (と) 酒を飲む.
찔끔-거리다 【-대다】 ⒜ (小便などを) ちびる; (涙がぽろぽろ (と) こぼれる. ‖눈물을 찔끔거리다 涙がぽろぽろ (と) こぼれる.
찔끔[2] 【하아】 突然のことに驚く様子: びくっと. ‖그 사람은 내 말에 찔끔했다 彼は私の言葉にびくっとした.
찔레 【植物】 =찔레나무.
찔레-꽃 【-꼳】 【植物】 ノイバラの花.
찔레-나무 ⒜ 【植物】 ノイバラ (野茨).
찔리다 【-/ʤillida/】 ⒜ 【찌르다の受身動詞】 ❶ 刺される; 突かれる; 刺さる. ‖벌에 찔리다 蜂に刺される. 손가락에 가시가 찔리다 指にとげが刺さる. ❷ 後ろめたい; 気がとがめる; 良心がとがめる. ‖선생님께 거짓말을 해서 좀 찔린다 先生にうそをついて少し気がとがめる.
찜 ⒜ 【하아】 【料理】 チム (肉や魚などを薬味と一緒に煮込んだり蒸したりしたもの). ‖갈비찜 カルビチム, 생선찜 魚チム.
찜-질 ⒜ 【하아他】 湿布・温泉などの温熱療法; 岩盤浴. ‖모래 찜질 砂風呂.
찜찜-하다 【하아】 気まずい; 気にかかる. ‖쓸데없는 말을 한 것 같아 찜찜하다 無駄口をたたいたようで, 気にかかる.
찜-통 (-桶) ⒜ 蒸し風呂.
찜통-더위 (-桶-) ⒜ 蒸し風呂のような暑さ.
쩡 ⒜ 【하아】 氷や固いものが突然割れる音: かちんと.
쩡그리다 ⒜ (顔を) しかめる. ‖이가 아파 얼굴을 쩡그리다 歯の痛みに顔をしかめる.
쩡긋 【-글】 ⒜ 【하아】 (眉を) ひそめる様子; (顔を) しかめる様子. ‖눈을 쩡긋 감다 目をぎゅっと閉じる.
쩡쩡-거리다 【-대다】 〔징징거리다を強めて言う語〕 ぐずる; ぐずぐず言う; (不平不満を) ぶつぶつ言う. ‖애처럼 쩡쩡거리다 子どもみたいにぐずる.
쩡-하다 【하아】 (感動や痛みのため) 胸がじんとする. ‖그 말을 듣자 가슴이 쩡했다 その言葉が胸にじんとした.
찢-기다 【찓끼-】 〔찢다の受身動詞〕 破られる; 裂かれる; 引き裂かれる; 破れる. ‖희망이 갈기갈기 찢기다 希望がずたずたに裂かれる. 돌에 걸려 넘어지る바람에 바지가 찢겼다 石につまずいて転んだ拍子にズボンが破れた.
찢다 /ʤitt'a/ 【찓 따】 ⒜ 破る; 裂く. ‖서류를 찢다 書類を破る. 아이가 문풍지를 찢었다 子どもが障子を破った. 종이를 찢다 紙を裂く. ⇨찟기다.
찢어-지다 ⒜ 破れる; 裂ける.
찧다 【찓타】 ⒜ ❶ (穀物などを) 搗(つ)く. ‖쌀을 찧다 米を搗く. ❷ (重いものを持ち上げて) 地をならす. ❸ 強く打つ. ‖넘어지면서 벽에 머리를 찧다 転んで壁に頭を打つ. ▶찧고 까불다 勝手に人をおだてたりけなしたりしてなぶる.

ㅊ

ㅊ 【치읓】 图 ハングル子音字母の第10番目。名称は「치읓」。

차¹ (車) /ｄｑʰa/ 图 車;汽車や電車など乗り物の総称。∥자동차 自動車. 국산차 国産車. 외제차를 타고 다니다 外車に乗っている. 차로 회사에 가다 車で会社に行く. 빨리 차에 타라 早く車に乗りなさい.

차² (車) 图 将棋の駒の1つ.

차³ (車) 图 (姓) 車(チャ).

차⁴ (茶) 图 茶;コーヒーや紅茶など各種茶の総称。∥보리차 麦茶. 녹차 緑茶. 차. 차 한 잔 하실래요? お茶はいかがですか.

차⁵ (差) /ｄｑʰa/ 图 ❶ 差;開き;隔たり;違い. ∥실력 차가 크다 実力の差が大きい. 빈부의 차가 심각하다 貧富の差が深刻だ. 삼 점 차로 이기다 3点差で勝つ. ❷ (数学) 差.

차⁶ (次) /ｄｑʰa/ 依名 …したついで;…した折;…したところ. ∥고향에 내려갔던 차에 할머니 산소에도 다녀왔다 帰郷したついでに祖母のお墓参りもしてきた. 마침 밥을 먹으려던 차였다 ちょうどご飯を食べようとしたところだった.

차⁷ 形 차다(冷たい)の運用形.

차⁸ 形 차다(満ちる)の運用形.

차⁹ 形 차다(蹴る・身につける)の運用形.

-차¹⁰ (次) /ｄｑʰa/ 接尾 ❶ …のために;するために. ∥회의차는 출장차 왔습니다 ソウルには出張のために来ました. ❷ …次. ∥제산차 남북 회담 第3次南北会談. (数学) …次. ∥삼차 방정식 3次方程式. ❸ …目. ∥입사 오 년차 入社5年目.

차감 (差減) 图 (他) 差し引き. ∥차감 계정 差引勘定.

차갑다 /ｄｑｈagapʰta/ [-따] [ㅂ変] 형 ❶ 冷たい;冷ややかだ. ∥손발이 차갑다 手足が冷たい. ❷ (視線などが)冷たい;冷淡だ. ∥차가운 시선 冷たい視線. 차갑게 대하다 冷たく当たる.

차고 (車庫) 图 車庫.

차고-앉다 [-안따] 图 居座る;(ある仕事を引き受けて)その地位に収まる.

차곡-차곡 副 ものをきちんと積み上げたり畳んだりする様子:きちんきちんと(と). ∥상자를 차곡차곡 쌓다 箱をきちんと積む.

차관¹ (次官) 图 次官.

차관-보 (次官補) 图 次官補.

차관² (借款) 图 借款(だ?). ∥차관을 도입하다 借款を導入する.

차광 (遮光) 图 (自) 遮光. ∥차광 유리 遮光ガラス. 차광 장치 遮光装置.

차근-차근 副 丹念に;入念に;念入りに;順々に;懇々(だ?)と. ∥차근차근 점검을 하다 念入りに点検する. 차근차근 설명을 해 주다 懇々と説き聞かせる.

차기 (次期) 图 次期. ∥한국의 차기 대통령 韓国の次期大統領.

차남 (次男) 图 次男. ㉕작은아들.

차내 (車内) 图 車内;車中.

차녀 (次女) 图 次女. ㉕작은딸.

차는¹ 連 차다(蹴る・身につける)の現在連体形.

차는² 連 차다(満ちる)の現在連体形.

차다¹ /ｄｑʰada/ 形 冷たい. ❶ 冷たい. ∥손이 너무 차다 手がとても冷たい. 바람이 차다 風が冷たい. 마음이 찬 사람 心が冷たい人. 찬물 한잔 주세요 冷たい水[お冷や]を1杯ください.

차다² /ｄｑʰada/ 自 ❶ 満ちる;みなぎる;溢(あふ)れる;いっぱいになる. ∥욕조에 물이 가득 차다 浴槽にお湯が溢れる. 활기에 차다 活気に溢れる. 희망에 차다 希望に溢れる. 달이 차다 月が満ちる. 자신에 찬 대답 自信に満ちた返事. ❷ (気体などが)こもる. ∥담배 연기가 방 안에 차 있다 タバコの煙が部屋中にこもっている. ❸ 及ぶ;達する. ∥모집 정원이 차다 募集定員に達する. 나이가 차다 (ある)年齢に達する. ❹ 気に入る. ∥마음에 차지 않다 気に入らない. ㉒ 채우다.

차다³ /ｄｑʰada/ 他 ❶ 蹴る;蹴っ飛ばす. ∥공을 차다 ボールを蹴る. 빈 깡통을 차다 空き缶を蹴っ飛ばす. ❷ 振る;はねつける;拒絶する. ∥사귀던 남자를 차다 付き合っていた男性を振る. 굴러들어 복을 차다 転がり込んできた幸運をはねつける. ㉒ 채우다. ❸ 舌打ちをする. ∥억울한 듯이 혀를 차다 悔しそうに舌打ちをする.

차다⁴ /ｄｑʰada/ 他 ❶ (身に)着ける;ぶら下げる. ∥권총을 차다 拳銃を身に着ける. ❷ (時計を)はめる;(手錠を)かけられる. ∥시계를 차다 時計をはめる. 수갑을 차다 手錠をかけられる. ㉒ 채우다. ❸ 引き連れる. ∥부하를 세 명이나 차고 나타났다 子分を3人も引き連れて現れた.

차단 (遮断) 图 (他) 遮断;(必要な通路などを)断つこと. ∥퇴로를 차단하다 退路を断つ. **차단-되다[-당하다]** 受動

차단-기¹ (遮断器) (電気回路の)遮断器.

차단-기² (遮断機) (踏み切りなどの)遮断機. ∥차단기를 내리다 遮断機をおろす.

차도¹ (車道) 图 車道. ㉕찻길(車-). ㉕보도(歩道).

차도² (差度) 图 病気の快方の程度. ∥차도가 있는 것 같다 病状が快方に向かっているようだ.

차-돌 图 ❶ (鉱物) 石英. ❷ [比喩的

차돌-박이 图 牛のヒレ肉.
차드 (Chad) 图 (国名) チャド.
차등 (差等) 图 等等;差.‖차등을 두다 差を置く;差を設ける.
차등-선거 (差等選擧) 图 制限選擧.
차등-화 (差等化) 图 (하他) 他と差をつけること.
차디-차다 形 非常に冷たい.‖차디찬 시선 非常に冷たい視線.
차-떼기 (車-) 图 (主にスイカなど農産物を)トラック単位で取引すること.‖수박을 차떼기로 사들이다 スイカをトラック1台分仕入れる.
차라리 /tʃʰarari/ 副 むしろ;かえって;いっそ.‖선물보다 차라리 현금으로 주는 게 더 좋을 것 같다 / 상품권보다 차라리 현금을 주는 게 좋을 거라고 생각한다. 어머니한테 거짓말을 해야 한다면 차라리 혼나는 게 낫겠다 나 혼자서 그러지 않으면 안 되느니보다 거짓말을 해서 혼나는 게 낫다.
차랑 /tʃʰaraŋ/ 自也 薄い金属類がぶつかり合って出す音:ちゃらん;ちゃらん.⑩~거리다.
차랑-차랑 副 (하自他) ちゃりんちゃりん(と).
차랑-거리다 自 ちゃらちゃらする;じゃらじゃらする.‖포켓の銅銭이 차랑거리다 ポケットの中の小銭がじゃらじゃらする.
차량 (車輛) 图 車両.
차려 感 (号令の)掛け声.‖열중쉬어,차려!起立!休め.気をつけ.
차려-입다 他―[따] 身なりなどを整える;着飾る.‖차려입고 나가다 着飾って出かける.
차력 (借力) 图 (하他) 薬や神霊の力を借りて身体能力を高めること,またはその力.
차력-꾼 (借力-) 图 薬や神霊の力を借りて怪力を出す人.

차례 (次例) /tʃʰarje/ 图 ❶順番;順序;番.‖차례를 지키다 順番を守る.다음은 내 차례다 今度は私の番だ. ❷目次.⑩목차(目次).
— 圏 回数を表す語:…回;…度.‖두 차례나 다녀가다 2回も立ち寄る.
차례² (茶禮) 图 (民俗) 陰暦の1日や15日,忌日,お盆などに行なう昼間の簡単な祭祀.▶차례를 지내다 차례の儀式を行なう.
차례-차례 (次例次例) 副 順々に;順繰りに.‖차례차례 질문을 하다 順次に質問をする.

차리다 /tʃʰarida/ 他 ❶用意する;(食事などの)支度をする;こしらえる.‖食事の支度をする. ❷(店などを)開く;開業する;構える.‖양품점을 차리다 洋品店を開く.살림을 차리다 所帯を構える. ❸弁(わきま)える;取り繕う;体面を차리다 体面をつくろう.격식을 차리다 格式ばる. ❹欲張る;利に走る.‖실속을 차리다 実利を取る. ❺気づく;しっかりする.‖정신 좀 차리다 しっかりしなさい.
차림 图 身なり;服装.‖못차림 身なり.교복 차림 制服姿.
차림-새 图 身なり;装い.‖차림새가 초라해 보이다 身なりがみすぼらしい.
차림-표 (-表) 图 (飲食店などでの)メニュー.⑩메뉴.

차마 /tʃʰama/ 副 〔下に否定や疑問の表現を伴って〕せつなくて堪えられない気持ちを表わす:とても;どうしても;とうてい.‖차마 말을 못하다 どうしても言えない.차마 눈 뜨고는 볼 수 없다 とても見るに忍びない光景.
차-멀미 (車-) 图 (하自) 車酔い.
차명 (借名) 图 (하自) 他人の名義を借りること.
차명-계좌 (借名計座)【-/-계】图 他人名義の口座.
차밍 (charming) 图 (하形) チャーミング;魅力的.
차-바퀴 (車-) 图 車輪.
차변 (借邊) 图 (経) 借り方.⑪대변(貸邊).
차별 (差別) /tʃʰabjəl/ 图 (하他) 差別.‖부당한 차별을 받다 不当な差別を受ける.차별 대우 差別待遇.인종 차별 人種差別.남녀 차별 男女差別.무차별 공격 無差別攻撃.
차분-하다 形 (하形) 落ち着いている;物静かだ;穏やかだ.‖차분한 분위기 落ち着いた雰囲気.차분하게 이야기하다 穏やかに話す. **차분-히** 副.
차비 (車費) 图 交通費;車代;足代.
차상 (次上) 图 詩や文を評価する等級の1つで上位の4等級のうち最上級.
차중 (次中)·**차하** (次下)와 상지상(上之上).
차석 (次席) 图 次席.
차선¹ (次善) 图 次善.‖차선책 次善の策.
차선² (車線) 图 車線.‖차선을 지키다 車線を守る.이차선 도로 2車線道路.사차선 4車線.
차-세대 (次世代) 图 次世代.
차수 (次数) 图 次数.
차안 (此岸) 图 (仏教) 此岸(しがん).⑰피안(彼岸).
차압 (差押) 图 (하他) =압류(押留).
차액 (差額) 图 差額.
차양 (遮陽) 图 ❶(建物の)ひさし. ❷(帽子の)つば.⑩챙.
차-오르기 图 (鉄棒の)逆上がり.
차-올리다 他 蹴り上げる.‖공을 차올리다 ボールを蹴り上げる.
차용 (借用) 图 (하他) 借用.‖무단으로 차용하다 無断で借用する.
차용-어 (借用語) 图 (言語) 借用語.
차용-증 (借用證)【-증】图 借用証.

차용-증서(借用證書) [명] 借用証書.
차원(次元) [명] 次元. ‖次元の違う世界 4次元の世界. 次元が違う話ではないが次元の違う話.
차월(借越) [명] [経] 借り越し.

차이

(差異) /tɕʰai/ [명] 差異; 差; 相違; 違い; ずれ; 開き; 隔たり. ‖양자의 의견에 큰 차이가 없다 両者の意見に大きな差はない. 성격 차이 性格の違い. 의견 차이 意見の相違. 생각에 차이가 있다 考え方に開きがある ‖차이가 나다 差が生じる; 差がある; 開きがある. 품질면에서 차이가 많이 나다 品質の面で差が大きい.

차이-점(差異點) [-찜] [명] 差異点; 違う点.
차이나타운(Chinatown) [명] チャイナタウン; 中華街.
차이-다 □ [차다²의 受身動詞] ❶ 蹴られる; 蹴飛ばされる. ‖엉덩이를 차이다 お尻を蹴られる. ❷ 振られる; はねつけられる; 拒絶される. ‖여자 친구에게 차이다 彼女に振られた.
차익(差益) [명] 差益. ‖차익을 남기다 差益を残す.
차일(遮日) [명] 日よけ; 日覆い.
차일-피일(此日彼日) [-] [부] (期日などをずるずると延ばす様子). ‖원고 마감일을 차일피일 미루고 있다 原稿の締め切り日をずるずると延ばしている.
차임(chime) [명] ❶呼び出しのベル. ❷(音楽)チャイム.
차입¹(差入) [명] [拘置·留置されている者に] 差し入れ[ること].
차입²(借入) [명] [하타] 借り入れ. ㉔貸出.
차입-금(借入金) [-끔] [명] 借入金.
차자(借字) [명] [言語] 借字.
차장¹(次長) [명] 次長.
차장²(車掌) [명] 車掌.
차전-놀이(車戦-) [명] [民俗] 旧暦1月15日に行なう遊戯. ※東西にチームを分け, 縄で作られた大きな輪をぶつけ合う競技. 相手チームの先を地面につけることで勝負を決める. 現在は学校の運動会などで行なう. 無形文化財.
차점(次點) [-쩜] [명] 次点.
차제-에(此際-) [부] この際に; この機会に.
차조 [명] [植物] [차조쌀の略称] モチアワ.
차조기 [명] [植物] シソ(紫蘇).
차조-쌀 [명] [植物] モチアワ(糯粟). ⑳차조.
차종(車種) [명] 車種.
차주(車主) [명] 借り主; 借り手.
차중(次中) [명] 詩や文を評価する等級の1つで上位の4等級のうち2番目. ⑳차상(上上)·차상(上上)·차중(中中)·삼상(上上).

차지¹ /tɕʰadʑi/ [명] [하타] ❶占めること. ‖책상이 방 반을 차지하고 있다 机が部屋の半分を占めている. 중요한 자리를 차지하다 重要なポストを占める. 과반수를 차지하다. 졸업할 때까지 줄곧 수석을 차지했다 卒業までずっと首席を占めていた. ❷取り分; (誰かの)所有(物)になること. ‖부모님께서 돌아가시면 이 집은 누구 차지입니까? 両親が他界したらこの家は誰のものですか. 할아버지 유산은 큰아버지 전부 차지했다 祖父の遺産はすべて伯父のものとなった. 나머지는 전부 내 차지가 되었다 残りは全部私の分になった.
차지²(借地) [명] [하타] 借地. ‖대지(貸地).
차지-권(借地權) [-꿘] [명] [法律] 借地権.
차지³(charge) [명] チャージ.
차-지다 [형] 粘り気がある; 粘っこい.
차질(蹉跌·蹉躓) [명] 齟齬(そご); つまずくこと. ‖인원 배치가 생산 계획에 차질을 가져오다 人員の配置が生産計画に齟齬を来たす.
차-질다 [형] [ㄹ語幹] 粘り気が多い; ねばねばしている.
차차(次次) /tɕʰatɕʰa/ [부] ❶ だんだん; 次第に. ⑳차츰. ‖병세가 차차 호전되고 있다 病状が次第によくなっている. ❷ ゆっくり; 徐々に.
차차차(cha-cha-chá ス) [명] [音楽] チャチャチャ.
차창(車窓) [명] 車窓.
차체(車體) [명] 車体; ボディー.
차출(差出) [명] [하타] 人を選んで差し出すこと.
차출-당하다 [동자]
차츰 [부] だんだん; 次第に. ⑳차차. ‖차츰 의식을 되찾다 次第に意識を取り戻す. **차츰-차츰** [부]
차치-하다(且置-) [타]하여] [主に ···은[는]의 形で] ···はさておいて. ‖내 얘기는 차치하고 네 얘기를 하여라 人の話はさておいて, お前の話をしなさい.
차트(chart) [명] チャート.
차편(車便) [명] 車の便.
차표(車票) /tɕʰapʰjo/ [명] 乗車券; 切符. ‖차표 검사 検札. 차표를 끊다 切符を買う; 乗車券を買う.
차하(次下) [명] 詩や文を評価する等級の1つで下位の4等級のうち1番目. ⑳차상(上上)·차중(中中)·삼상(上上).
차후(此後) [명] 今後. ‖차후의 방침 今後の方針.

착¹ [부] ❶隙間なくくっついている様子; ぴたり. ‖착 둘러싸고 있다 ぴたりとくっついて円座する. ❷2つのものがきわめて密接である様子; ぴったり; ぴたっと. ‖땀에 젖어 옷이 몸에 착 달라붙다 汗で服が体にべったとつく. 엄마 품에

착 안기다 母親にべったりと抱きつく.

착² (着) ❶ものが力なく垂れ下がった様子: だらり. ❷疲れなどで力の抜けた様子: ぐったり. ‖지쳐서 몸이 착 까부라지다 疲れてぐったりたりする.

-착³ (着) 接尾 〔名詞に付いて〕到着地を表わす: …着. ‖동경발 부산착 東京発釜山着. 〔数詞に付いて〕到着の順番を表わす. ‖일착으로 들어오다 1着でゴールインする.

착각 (錯覚)【tʃʰak⁵kak/-각】图 自他 錯覚; 勘違い. ‖착각에 빠지다 錯覚に陥る. 내가 착각을 한 것 같다 私が勘違いをしたようだ.

착공 (着工)【-꽁】图 自他 着工. ㉠완공(完工).

착공-식 (着工式) 图 着工式.

착란 (錯乱)【창난】图 自 錯乱. ‖착란 증세를 보이다 錯乱症状を見せる.

착륙 (着陸)【창뉵】图 自他 着陸. ㉠이륙(離陸). ‖무사히 착륙하다 無事着陸する.

착목 (着目)【창-】图 自他 着目. ㉠착안(着眼). ‖장래에 착목하다 将来に着目する.

착복 (着服)【-뽁】图 自他 着服. ‖공금을 착복하다 公金を着服する.

착상¹ (着床)【-쌍】图 自 着床.

착상² (着想)【-쌍】图 着想; 思いつき; アイデア. ‖착상이 좋다 着想が浮かぶ.

착색 (着色)【-쌕】图 自他 着色.

착색-유리 (着色琉璃)【-쌩뉴-】图 着色ガラス.

착색-제 (着色剤)【-쌕쩨】图 着色剤.

착석 (着席)【-썩】图 自他 着席. ‖전원 착석! 全員着席.

착수¹ (着手)【-쑤】图 自他 着手; 手がけること; 踏み切ること; 乗り出すこと. ‖새로운 사업에 착수하다 新しい事業に着手する. 입사해서 처음으로 착수한 일 入社して初めて手がけた仕事.

착수-금 (着手金)【-쑤-】图 手付け; 手付金.

착시 (錯視)【-씨】图 錯視. ‖착시 현상 錯視現象.

착신 (着信)【-씬】图 自 着信; 発信.

착신-음 (着信音) 图 着信音.

착실-하다 (着実-)【tʃʰak⁵ʔilhada/-씰-】形 自変 ❶真面目だ; 誠実だ. ‖착실한 생활 態度 真面目な生活態度. ❷着実だ; 堅実だ. ‖착실하게 돈을 모으다 着実にお金を貯める. **착실-히** 副

착안 (着眼)【차간】图 自他 着眼; 着目. ㉠착안(着眼).

착안-점 (着眼點)【-쩜】图 着眼点; 目のつけ所.

착암-기 (鑿岩機) 图 削岩機.

착어-증 (錯語症)【-쯩】图 《医学》 語症.

착오 (錯誤)【tʃʰago/】图 自他 錯誤; 誤り. ‖시행착오를 거듭하다 試行錯誤を繰り返す. 제 판단 착오였습니다 私の判断の誤りでした.

착유¹ (搾油) 图 自他 搾油.

착유² (搾乳) 图 自他 搾乳. ‖착유기 搾乳機; ミルカー.

착임 (着任) 图 自他 着任.

착잡-하다 (錯雜-)【-짜파-】形 自変 (心が)複雑だ. ‖착잡한 심경 複雑な心境.

착종 (錯綜)【-종】图 自他 錯綜(綜). ‖착종되는 논리 전개 錯綜した論理展開.

착지 (着地)【-찌】图 自 着地.

착-착 副 ❶きちんとものをあるものがくっついて離れない様子: べったり(と). ‖비에 젖어 옷이 몸에 착 달라붙다 雨にぬれて服が体にべったりつく. ❷척척.

착착 副 ものを手際よく整理する様子. ‖옷을 착착 개키다 服をぱぱっと畳む. ❷척척.

착착 /tʃʰaktʃʰak/ 副 ❶足並みを揃えながら歩く様子: ❷物事が予定や順序通りにはかどる様子: 着々(と). ‖준비가 착착 진행되다 準備が着々と進む. ❷척척.

착취 (搾取)【-쮜】图 他 搾取; 労働搾取. **착취-당하다** 受身

착-하다 /tʃʰakhada/【차카-】形 自変 ❶心根がよい; 善良だ; おとない. ‖마음씨가 착하다 心根がよい. ❷ 착한 아이 おとなしい子ども; いい子.

착화 (着火)【차콰】图 自他 着火; 発火.

착화-점 (着火點)【차콰쩜】图 着火点.

찬¹ (饌) 〔반찬(飯饌)の略語〕おかず.

찬² 冠 차다(冷たい)の現在連体形.

찬³ 冠 차다(満ちる)の過去連体形.

찬⁴ 冠 차다(蹴る・身につける)の過去連体形.

찬가 (讚歌) 图 讚歌. ‖사랑의 찬가 愛の讚歌.

찬-거리 (饌-)【-꺼-】 〔반찬거리 (飯饌거리)の略語〕 おかずの材料.

찬-기 (-氣) 图 冷気 ‖냉기(冷気).

찬동 (賛同) 图 自 贊同.

찬란-하다 (燦爛-)【tʃʰallanhada/찰-】形 自変 燦爛(然)としている; まぶしい; 輝いている. ‖찬란한 태양 まぶしい太陽. 찬란한 문화 유산 輝かしい文化遺産. **찬란-히** 副

찬-물 (饌-)【tʃʰanmul/】图 冷たい水; 冷や水; お冷や; 冷水. ㉠냉수(冷水). ㉡더운 물. ‖찬물 한 잔 주세요 お冷や を1杯 ください. 너무 잠이 와서 찬물로 얼굴을 씻었다 あまりにも眠くて冷水で顔を洗った. ▶찬물을 끼얹다 水をさす.

찬미 (讚美) 图 他 贊美.

찬미-가 (讚美歌) 图 《キリスト教》 贊

찬-바람 图 ❶ 冷たい風. ❷ 《比喩的に》冷たい言動や雰囲気.
찬반(贊反) 图 賛否. ∥찬반 양론 賛否両論.
찬밥 图 ❶ 冷や飯. ❷ 余り物. ∥찬밥 신세다 冷や飯を食う.
찬-방(-房) 图 火の気の全くない部屋.
찬부(贊否) 图 賛否.
찬비 冷雨; 冷たい雨.
찬사(讚辭) 图 賛辞. ∥아낌없는 찬사를 보내다 惜しみない賛辞を送る.
찬성(贊成) 图/〖하〗nsʌŋ/ 图 하印 賛成. ㉮反対(反対). ∥법안에 찬성하다 法案に賛成する. 아무도 그 사람 의견에 찬성하지 않았다 誰も彼の意見に賛成しなかった.
찬성-표(贊成票) 图 賛成票. ∥찬성표를 던지다 賛成票を投じる.
찬송(讚頌) 图 하印 賛頌.
찬송-가(讚頌歌) 图 《キリスト教》 賛美歌. ㉮찬미가(讚美歌).
찬술(撰述) 图 하印 撰述.
찬스(chance) /〖하〗nsɯ/ 图 チャンス. ∥셔터 찬스 シャッターチャンス. 찬스를 놓치다 チャンスを逃がさない.
찬양(讚揚) 图 하印 ほめたたえること.
찬의(贊意) 图 /-/차니/ 图 賛意. ∥찬의를 표하다 賛意を表する.
찬장(饌欌) 图 -쌍 图 茶簞笥(たんす); 食器棚.
찬조(贊助) 图 하印 賛助. ∥찬조 출연 賛助出演.
찬조-금(贊助金) 图 賛助金.
찬찬-하다 图 하变 気立てがまやかで落ち着いている. ㉮찬찬-히 찬찬히 綿密に. ∥찬찬히 살펴보다 綿密に調べる.
찬탄(讚嘆·贊嘆) 图 하印 賛嘆. ∥찬탄의 소리 賛嘆の声.
찬탈(簒奪) 图 하印 簒奪(さん-). ∥왕위를 찬탈하다 王位を簒奪する.
찬함(饌盒) 图 重箱.
-찮다[찬타] [한미] 〔하지 않다의 縮約形〕…しない. ∥만만찮다 侮れない. 심상찮다 尋常ではない.
찰¹ 他 차다(着る·身につける)の未来連体形.
찰² 固 차다(満ちる)の未来連体形.
찰-³ [한미]〔穀物や食べ物が〕粘り気があることを表わす. ∥찰떡 もち米で作った餅. 찰밥 赤飯; おこわ.
찰-거머리 图 ❶ 〖動物〗 ヒル(蛭). ❷ [比喩的に] ヒルのようにしつこくつきまとう人. ∥찰거머리처럼 달라붙다 ヒルのようにへばりつく.
찰-과상(擦過傷) 图 擦過傷; すり傷.
찰그랑 副 薄い金属類が触れ合って立てる澄んだ音: ちゃりん. ∥동전이 떨어지면서 찰그랑 하는 소리가 났다 硬貨が落ちてちゃりんと鳴った.

찰그랑-찰그랑 副 하印 ちゃりんちゃりん.
찰그랑-거리다 ちゃりんと音がする; ちゃりんと鳴る.
찰-기(-氣) 图 粘り気.
찰깍 副 ❶ 軽くて堅いものが打ち当たる音: かしゃ. ㉮철컥. ∥찰깍 하고 카메라 셔터를 누르다 かしゃっとカメラのシャッターを切る. **찰깍-찰깍** かしゃかしゃ(と).
찰깍-거리다 【-끼-】 自印 かしゃかしゃと音を立てる. ㉮철컥거리다.
찰나(刹那) [-라] 图 刹那(せつ-); 瞬間.
찰나-에(刹那-) 副 刹那に; 途端に. ∥넘어지려는 찰나에 転びそうな瞬間に.
찰나-적(刹那的) 图 刹那的.
찰나-주의(刹那主義) [-라-/-나-이-] 图 刹那主義.
찰딱 副 粘り気のあるものがくっついて離れない様子: ぺたりと; ぺたっと.
찰-떡 图 もち米で作った餅.
찰떡-궁합(-宮合) [-궁-] 图 男女の相性がとっても仲良く合うこと.
찰랑 副 하印 ❶ 《いっぱいになった水が》軽く揺れ動く様子[音]. ❷ 《髪の毛などが》さらさらと揺れ動く様子. ㉮철렁.
찰랑-찰랑 副 하印
찰랑-거리다 ❶ 《いっぱいになった水が》軽く揺れ動く. ❷ 《髪の毛などが》さらさらと揺れ動く. ㉮철렁거리다.
찰박 副 思わず溜まった水を踏んだ時の音: ぴちゃん. ㉮철벅. **찰박-찰박** 副 하印 ぴちゃぴちゃ(と); ぱしゃぱしゃ(と).
찰박-거리다 【-끼-】 自印 ぴちゃぴちゃと音を立てる. ㉮철벅거리다.
찰-밥 图 赤飯; おこわ.
찰-벼 图 〖植物〗 モチイネ(糯稲).
찰-부꾸미 图 もち米の粉をこねて焼いた餅.
찰상(擦傷) 图 -쌍 图 擦り傷.
찰싸닥 图 하印 ⇒찰싹.
찰싹 副 하印 ❶ 波が押し寄せてきて岸壁などにぶつかる様子[音]: ざぶんと; ばしゃっと. ❷ 平手で勢いよく打つ様子: ぴしゃり(と). ∥아이 엉덩이를 찰싹 때리다 子どものお尻をぴしゃりとたたく. ㉮철썩. **찰싹-찰싹** 副 하印 ざぶんざぶん(と).
찰싹-거리다 【-끼-】 自印 ざぶんと[ばしゃっと]音を立てる. ∥파도가 찰싹거리며 밀려오다 波がざぶんと押し寄せる. ㉮철썩거리다.
찰지(察知) [-찌] 图 하印 察知.
찰찰 副 《少量の液体が》溢れる様子: ちょろちょろ(と); たらたら(と).
찰카닥 图 하印 軽くて堅いものが打ち当たる音: かしゃ. ㉮철커덕. **찰카닥-찰카닥** 副 하印 かしゃかしゃ(と).
찰카닥-거리다 【-끼-】 自印 かしゃかしゃと音を立てる. ㉮철커덕거리다.

찰카당 [動] 金属などが強くぶつかる時に鳴り響く音: がたん. ⓟ철커덩.
찰카당-찰카당 [動自他] がたんがたんと音を立てる. ⓟ철커덩거리다.
찰카당-거리다 [動] がたんがたんと音を立てる. ⓟ철커덩거리다.
찰칵 [動][動自他] 軽くて硬いものが打ち当たる音: かしゃ. ⓟ철컥. **찰칵-찰칵** [動][動自他] かしゃかしゃ(と).
찰칵-거리다 [-끼-] [動][動自他] かしゃかしゃと音を立てる.
찰-흙 [-흑] 图 粘土. ⓟ점토(粘土).
참¹ /tʃʰam/. 图 本当; 真のこと; まこと. ↔거짓. ‖참과 거짓 まこととうそ: 真実と虚偽. 图 本当に, 本当は.
— 副 実に, 本当に; 非常に. ‖참 예쁘다 本当にきれいだな.
— 感 ❶ すっかり忘れていたことが思い出された時に発する語: ああ. ‖참, 오늘 휴강이다 あ, 今日休講だわ. ❷ 哀れなことを目にした時に発する語. ‖참, 안됐다 ああ, 気の毒に: かわいそうに.

참² 图 聞食. 間食. 夜食.
참³ 图依名 …(しようとした)ところ. ‖나가려던 참이었다 出かけようとしたところだ.

참가(参加) /tʃʰamga/. 图 [動自] 参加. ‖평화 운동에 참가하다 平和運動に参加する. 자유 참가 自由参加.
참가-자(参加者) 图 参加者.
참-개구리 图(動物) トノサマガエル(殿様蛙).
참견(参見) 图 [動自他] 干渉; おせっかい. ‖참견을 하다 おせっかいをやく. 말참견을 하다 口出しする.
참고(参考) /tʃʰamgo/. 图 [動他] 参考. ‖자료를 참고하다 資料を参考にする. 참고로 그 사람 의견도 물어보다 参考までに彼の意見も聞いてみる. 많은 참고가 될 것 같다 大いに参考になりそうだ. 참고문헌 参考文献; レファレンス.
참고-서(参考書) 图 参考書.
참고-인(参考人) 图 参考人.
참관(参観) 图 [動他] 参観. ‖수업 참관 授業参観.
참관-인(参観人) 图 ① 参観者. ② (法律) 参観人.
참극(惨劇) 图 惨劇. ‖참극이 빚어지다 惨劇が起こる.
참-기름 [-끼름] /tʃʰamgirum/ 图 ゴマ油.
참-깨 图(植物) ゴマ(胡麻).
참-나리 图(植物) オニユリ(鬼百合).
참-나무 图(植物) クヌギ(櫟).

참다 /tʃʰa:mta/ [-따] [動自] こらえる; 我慢する; 忍ぶ; 辛抱する; 堪える. ‖울분을 참다 うっぷんをこらえる. 더위는 참을 수 있지만 추위는 참을 수가 없다 暑さは我慢できるが寒さは我慢できない. 조금만 더 참아라 もうしばらく辛抱しなさい. 그녀는 더 이상 참지 못하고 회의실을 나가 버렸다 彼女は辛抱しきれず会議室を出ていってしまった.

참다-못해 [-따모태] 副 こらえられず; 我慢できずに; 辛抱しきれず; 너무 시끄러워서 참다못해 한마디 하다 あまりのうるささにたまりかねて一言言う.
참담-하다(惨憺·惨澹) 图 [形] 惨憺たる(悵)としている. ‖참담한 현실 惨憺たる現実.
참-대 图(植物) マダケ(真竹).
참-돔 图(魚介類) マダイ(真鯛).
참-되다 [뙤-/뛔-] 图 信心がない; 真実だ, 정된 신앙심 真の信仰心.
참-뜻 [-뜯] 图 真義, 真意.
참-마 图(植物) ヤマイモ(山芋).
참-마음 图 真心.
참-말 图 偽りのない話; 本当の話.
참말-로 副 本当に; 実に.
참-매미 图(昆虫) ミンミンゼミ.
참모(参謀) 图 [動他] 参謀. ‖선거 참모 選挙の参謀.
참모-총장(参謀総長) 图 (軍事) 参謀総長. ↔陸軍·海軍·空軍の最高の指揮官
참배(参拝) 图 [動自他] 参拝. ‖신사 참배 神社参拝.
참변(惨変) 图 惨事; むごたらしい事件や事故. ‖참변을 당하다 惨事にあう.
참-빗 [-빋] 图 すき櫛(ﾞ).
참-빗살나무 [-빋쌀라-] 图(植物) マユミ(檀).
참사(参事) 图 参事.
참사-관(参事官) 图 参事官.
참사(惨死) 图 [動自] 惨死.
참-사랑 图 真実の愛.
참살(惨殺) 图 [動他] 惨殺.
참상(惨状) 图 惨状. ‖전쟁의 참상을 알리다 戦争の惨状を知らせる.
참-새 图(鳥類) スズメ(雀).
참새-구이 图 スズメの焼き鳥.
참석(参席) /tʃʰamsʌk/ 图 [動自] 出席; 列席. ‖회의에 참석하다 会議に出席する. 축하 파티에 참석하다 祝賀会に列席する. 참석자 명단 出席者名簿.
참선(参禅) 图 [動自] (仏教) 参禅.
참소(讒訴·讒訴) 图 [動他] 讒訴(ﾞ).
참수(斬首) 图 [動他] 斬首(ﾞ).
참-숯 [-숟] 图 堅炭(ﾞ).
참신-하다(斬新-) 图 [形] [動変] 斬新だ. ‖참신한 아이디어 斬新なアイデア. 참신한 디자인 斬新なデザイン.
참-억새 [-쌔] 图(植物) ススキ(薄).
참여(参与) 图 [動自] 参与; 参加. ‖국정에 참여하다 国政に参与する.
참-오동(-梧桐) 图(植物) キリ(桐).
참-외 [-/차뫼] 图(植物) マクワウリ(真桑瓜).
참-으로 副 本当に; 実に.
참을성(-性) [-썽] 图 忍耐力; 辛抱強さ; 根気. ‖참을성이 있다 辛抱強い.
참작(参酌) 图 [動他] 参酌(ﾞ); 勘量(ﾞ).

酌量(しゃくりょう).) 情状을 참작하다 情状を酌量する.
참전 (參戰) 【하自】 參戰.
참정 (參政) 【하自】 參政.
참조-권 (參政權) 【-권】 名 參政權.
참조-조기 (魚介類) 名 イシモチ(石持).
참치 /tʰamtɕʰi/ ❶ [魚介類] マグロ(鮪). ◆다랑어. ‖참치 회 マグロの刺身. ❷ ツナ. ‖참치 캔 ツナの缶詰.
참패 (慘敗) 【하自】 慘敗. ⇔쾌승(快勝). ‖참패를 당하다 慘敗を喫する.
참-하다 形 [하愛] (얼굴이나 외모가 整っている; しっかりしている. ‖참하게 생기다 整った顔立ちだ; しっかり者に見える. 하는 게 참한 아이 しっかりした子.
참해 (慘害) 名 慘害. ‖참해를 입다 慘害をこうむる.
참호 (塹壕・塹濠) 名 塹壕(ごう).
참혹 (慘酷) 【하愛】 殘酷; 悲慘. ‖참혹한 광경 殘酷な光景. 참혹-히 副
참혹-상 (慘酷相) 【-쌍】 名 悲慘な様相.
참화 (慘禍) 名 慘禍(か). ‖전쟁의 참화 戰禍の慘禍.
참-황새 (-鳥類) 名 コウノトリ(鸛).
참회 (懺悔) 【-/-쾨】 名 [하自] 懺悔(さんげ). ‖참회 錄 懺悔 痛悔の懺悔.
참회-록 (懺悔錄) 【-/-쾩】 名 懺悔錄.
참획 (參劃) 【-/-쾩】 名 [하愛] 參劃.
찹쌀 /tɕʰap͈s͈al/ 名 ⑪粘米. ⇔멥쌀.
찹쌀-떡 名 もち米でつくった餅.
찻간 (車-間) 【차깐/찯깐】 名 車內; 車の中.
찻-값 (茶-) 【차깝/찯깝】 名 喫茶店での勘定.
찻-길 (車-) 【차낄/찯낄】 名 線路; 車道. ◆차도 (車道).
찻-숟가락 (茶-) 【차숟까/찯숟까】 名 ティースプーン; 茶さじ. ◆찻숟갈.
찻-숟갈 (茶-) 【차숟깔/찯숟깔】 名 찻숟가락의 縮約形.
찻-잎 (茶-) 【찬닙】 名 茶の葉.
찻-잔 (茶-盞) 【차짠/찯짠】 名 茶碗; ティーカップ.
찻-집 (茶-) 【차찝/찯찝】 名 喫茶店; コーヒーショップ.
창¹ 名 ❶ [履物의] 底. ‖구두 밑창 靴底. ❷ 구두창의 略稱.
창² (窓) 名 창문(窓門)의 略稱.
창³ (唱) 名 [音樂] チャン. ◆판소리(パンソリ)・잡가(雜歌) などに節をつけて高い声で歌うことまたはその歌.
창⁴ (槍) 名 槍(やり).
-창⁵ (廠) 接尾 …廠(しょう). ‖병기창 兵器廠.
창가¹ (唱歌) 名 唱歌.
창-가² (窓-) 【-까】 名 窓際; 窓辺.
창간 (創刊) /tɕʰaŋgan/ 名 [하愛] 創刊. ‖새로운 타입의 잡지를 창간하다 新し
いタイプの雑誌を創刊する. 창간-되다 [自]
창간-호 (創刊號) 名 創刊號.
창건 (創建) 名 [하愛] 創建; 建立(こんりゅう). ‖나라 시대에 창건된 절 奈良時代に創建された寺.
창고 (倉庫) 名 倉庫; ガレージ. ‖창고 대개방 ガレージセール.
창공 (蒼空) 名 蒼空; 青空.
창구 (窓口) 名 窓口. ‖창구를 일원화 하다 窓口を一本化する. 매표 창구 切符売り場. 민원 창구 (役所などの)受付 窓口.
창군 (創軍) 名 [하愛] 軍隊を創設すること.
창궐 (猖獗) 名 [하自] 猖獗(しょう); はびこること. ‖콜레라가 창궐하다 コレラがはびこる.
창극 (唱劇) 名 チャングッ. ◆パンソリ (판소리)とチャン(창)を中心に劇的な要素で成り立っている韓国の古典劇.
창난-젓 [-] 名 タラのはらわたの塩辛.
창녀 (娼女) 名 娼婦; 売春婦.
창단 (創團) 名 [하愛] 團体を設立[創設]すること.
창달 (暢達) 名 [하愛] 暢達(たつ). ‖문화의 창달 文化の暢達.
창당 (創黨) 名 [하愛] 立党; 結党. ‖창당 대회 立党大会. 신당 창당 新党結成式.
창-던지기 (槍-) 名 [スポーツ] やり投げ.
창립 (創立) 【-닙】 名 [하愛] 創立. ‖창립기념일 創立記念日.
창망 (滄茫・蒼茫) 名 [하形] 蒼茫(そう). ‖창망한 바다 蒼茫たる海原.
창문 (窓門) /tɕʰaŋmun/ 名 窓. ◆창(窓). ‖창문을 열다 窓を開ける. 창문을 닫다 窓を閉める. 창문 너머로 보이는 초등학교 窓越しに見える小学校.
창문-틀 (窓門-) 名 窓枠.
창-밖 (窓-) 名 窓の外; 窓辺.
창백-하다 (蒼白-) 【-배카-】 【하変】 蒼白だ; 青白い. ‖얼굴이 창백해지다 顔面蒼白になる. 창백한 얼굴 青白い顔.
창법 (唱法) 【-뻡】 名 歌唱法. ‖독특한 창법 獨特な歌唱法.
창사 (創社) 名 会社を創ること.
창-살 (窓-) 【-쌀】 名 窓の格子.
창설 (創設) 名 [하愛] 創設.
창성 (昌盛) 名 [하自] 昌盛(しょう).
창세 (創世) 名 創世.
창세기 (創世記) 名 《キリスト教》 創世記.
창시 (創始) 名 [하愛] 創始.
창시-자 (創始者) 名 創始者.
창씨-개명 (創氏改名) 名 [歷史] 創氏改名 (日本の植民地統治下で朝鮮で, 朝鮮姓を廃して日本式の氏名に改名させ, 朝鮮人を天皇制のもとに皇民化しようとした政策).
창안 (創案) 名 [하愛] 創案.
창업 (創業・刱業) 名 [하愛] 創業.

창의-자 (創業者) 【-짜】 創業者
창의 (創意) 【-/-이】 图(하圉) 創意.
　창의-력 (創意力) 图 創意工夫して新しいアイデアを生み出す力. ‖창의력이 뛰어난 작품 創意に満ちた作品.
　창의-성 (創意性) 图 -성/-이성] 图 創意性.
　창의-적 (創意的) 图 独創的.
창자 (創子) 【-ndʑa/ 图(하他) 創作. ‖창작에 몰두하다 創作に没頭する. 創作活動 創作活動. 創作 意欲 創作意欲.
　창작-극 (創作劇) 【-끅】 图 創作劇.
　창작-물 (創作物) 【-장-】 图 創作物.
　창작-집 (創作集) 【-찝】 图 創作集.
　창작-품 (創作品) 图 創作作品. 創作物.
창제 (創製) 图(하他) 創製.
창조 (創造) 图(하他) 創造. ‖천지 창조 天地創造.
　창조-력 (創造力) 图 創造力.
　창조-물 (創造物) 图 創造物.
　창조-성 (創造性) 图 -성/-이성] 图 創造性.
　창조-적 (創造的) 图 創造的.
창졸 (倉卒) 图(하他) 倉卒.
　창졸-간 (倉卒間) 图 倉卒の間.
창창-하다 (蒼蒼-) 【하옛】 图 ❶ (空や海が) 青い. ❷ (草木が) 茂っている. ❸ 行く末ははるか遠い. ‖창창한 앞날 蒼 蒼たる未来.
창출 (創出) 图(하他) 創出; 創り出すこと. ‖새로운 문화를 창출하다 新たな文化を創出する.
창-칼 图 小刀.
창-틀 (窓-) 图 窓枠.
창포 (菖蒲) 图(植物) ショウブ(菖蒲).
　창포-물 (菖蒲-) 图 菖蒲湯.
창피 (猖披) /tɕʰaŋpʰi/ 图(하他) 恥; 恥ずかしさ. ‖사람을 앞에서 창피를 당하다 人前で恥をかく. 창피한 줄을 알아라 恥を知れ. 창피한 시험 결과 恥ずかしい試験結果.
　창피-스럽다 (猖披-) 【-따】 图 [ㅂ変] 恥ずかしい.
창해 (滄海) 图 滄海(ごう).
　창해-상전 (滄海桑田) 图 =상전벽해(桑田碧海).
　창해-일속 (滄海一粟) 【-쏙】 图 滄海の一粟(いっぷ).
창호-지 (窓戶紙) 图 障子紙. ‖창호지를 바르다 障子紙を貼る.
찾는 (찬-) 图 찾다(探す)の現在連体形.
찾다 /tɕʰatt͈a/【찬따】 图 ❶ 探す; 捜す. ‖범인을 찾다 犯人を捜す. 일자리를 찾다 職を探す. ❷ 見つける; 見いだす; 模索する. ‖잃어버린 반지를 찾다 なくした指輪を見つける. 타개책을 찾다 打開策を見いだす. 해외 시장에서 활로를 찾다

海外市場で活路を見いだす. ❸ 取り戻す. ‖주식 시장이 다시 활기를 찾고 있다 株式市場が再び活力を取り戻している. 활력을 찾다 活力を取り戻す. ❹ 求める. ‖애가 울면서 엄마만 찾고 있다 子どもが泣きながらお母さんばかり求めている. 이 디자인을 찾는 손님이 늘고 있습니다. このデザインを求めるお客様が増えています. ❺ 訪ねる; 訪れる. ‖일본을 찾는 관광객이 매년 늘고 있다 日本を訪れる観光客が年々増えている. ❻ 尋ねる. ‖일본어의 원류를 찾다 日本語の源流を尋ねる. ❼ (銀行でお金を下ろす; 引き出す. ‖은행에서 돈을 찾다 銀行でお金を下ろす. ❽ (辞書を)調べる [引く]. ‖단어의 뜻을 사전에서 찾다 単語の意味を辞書で調べる.

찾아 찾다(探す)の連用形.
찾아-가다 ❶ 会いに行く; 訪ねていく. ‖친척집을 찾아가다 親戚の家を訪ねていく. ❷ (預けた物を)受け取りに行く. ‖물품 보관소에서 짐을 찾아가다 荷物預り所から荷物を受け取っていく.
찾아-내다 /tɕʰadʑanedá/ 他 見つける; 見つけ出す; 探し出す. ‖오자를 찾아내다 誤字を見つけ出す. 잃어버린 지갑을 찾아내다 なくした財布を見つけ出す. 타개책을 찾아내다 打開策を見いだす.
찾아-다니다 他 捜し回る. ‖범인을 찾아다니다 犯人を捜し回る.
찾아-뵙다 【-따】 他 [ㅂ変] 〔찾아다의 謙譲語〕 伺う. ‖선생님을 찾아뵙다 先生のところに伺う.
찾아-오다 ❶ 訪ねてくる. ‖멀리서 친구가 찾아오다 遠方から友だちが訪ねてくる. ❷ 取り返してる; 取り戻してくる. ❸ (銀行でお金を下ろしてくる. ‖은행에서 돈을 찾아오다 銀行でお金を下ろしてくる. ❹ 探してくる.
찾아-헤매다 他 捜しあぐねる. ‖친구집을 찾아헤매다 友人の家を捜しあぐねる.
찾은 他 찾다(探す)の過去連体形.
찾을 他 찾다(探す)の未来連体形.
채[1] 图 ❶ 太鼓やどらなどの打楽器を打ち鳴らす道具. ❷ (卓球・テニスなどの)ラケット; (ゴルフの)クラブ.
채[2] 图 ❶ (野菜の)千切り. ‖무를 채썰다 大根を千切りにする. ❷ (野菜の)和え物.
채[3] (蔡) 图(姓) 蔡(チェ).
채[4] /tɕʰɛ/ 圄 まだ; いまだ. ‖채 익지도 않은 고구마 まだ煮えていないサツマイモ. 채 마르지도 않은 옷을 입고 나가다 まだ乾いていない洋服を着て出かける. [生乾きの服を着て出かける.]
채[5] /tɕʰɛ/ 医名 ❶ …軒; …棟. ‖집을 두 채 가지고 있다 家を2軒持っている. ❷ 布団などを数える単位; …組み. ‖이불 두 채 布団2組み.
채[6] /tɕʰɛ/ 医名 状態が続いていることを表

わす; …まま; …のまま. ∥선 채로 졸고 있다 立ったまま眠り込んでいる. 손대지 않은 채로 手つかずのままに.

채결 (採決) 〖명〗〖하타〗 採決. ∥이사회에서 채결하다 理事会で採決する. **채결-되다** 〖수타〗

채광[1] (採光) 〖명〗〖하자〗 採光.
 채광-창 (採光窓) 〖명〗 採光窓; 明かり取り; 明かり窓.
채광[2] (採鑛) 〖명〗〖하타〗 採鑛.
채굴 (採掘) 〖명〗〖하타〗 採掘.
채권[1] (債券) 〖-꿘〗〖명〗〖經〗 債券.
채권[2] (債權) 〖-꿘〗〖명〗〖法律〗 債權.
 채권-자 (債權者) 〖명〗 債權者; 債主.
채근-하다 (採根-) 〖타〗〖하변〗 せかす; 催促する. ∥너무 채근하지 마세요 あまりせかさないでください.
채널 (channel) 〖명〗 (テレビなどの)チャンネル. ∥채널을 돌리다 チャンネルを変える.
채다[1] 차이다の縮約形.
채다[2] 〖타〗 気づく; 感づく. ∥눈치를 채다 気づく.
채다[3] 〖타〗 ❶ 突然強く引っ張る. ❷ひったくる. ∥핸드백을 채어 가다 ハンドバッグをひったくっていく.
채도 (彩度) 〖명〗〖美術〗 彩度.
채록 (採錄) 〖명〗〖하타〗 採錄.
채무 (債務) 〖명〗〖法律〗 債務. ⇔채권(債權).
 채무-자 (債務者) 〖명〗 債務者; 負債者.
채문-토기 (彩紋土器) 〖명〗 彩文土器.
채-반 (-盤) 〖명〗 萩などの細い枝で編んだ縁のない入れ物.
채벌 (採伐) 〖명〗〖하타〗 伐採. ⇨벌채(伐採).
채변-검사 (採便檢査) 〖명〗 検便.
채비 (-差備) 〖명〗〖하자〗 用意; 準備; 支度. ∥여행 갈 채비를 하다 旅行の支度をする.
채산 (採算) 〖명〗〖하타〗 採算. ∥채산이 맞다 採算がとれる. 채산이 맞지 않다 採算が合わない.
 채산-성 (採算性) 〖-썽〗〖명〗 採算性.
 채산-제 (採算制) 〖명〗〖經〗 採算制. ∥독립 채산제 独立採算制.
채색 (彩色) 〖명〗〖하타〗 彩色.
 채색-화 (彩色畵) 〖-새화〗〖명〗〖美術〗 彩色画.
채석 (採石) 〖명〗〖하타〗 採石.
 채석-장 (採石場) 〖-짱〗〖명〗 採石場.
채소 (菜蔬) /tʃʰɛ:so/ 〖명〗 野菜. ⇨야채(野菜). ∥채소 가게 八百屋.
 채소-밭 (菜蔬-) 〖-받〗〖명〗 野菜畑; 菜園.
채송-화 (菜松花) 〖명〗〖植物〗 マツバボタン(松葉牡丹).

채식 (菜食) 〖명〗〖하자〗 菜食. ⇨육식(肉食).
 채식-주의 (菜食主義) 〖-쭈-/-쭈이〗 〖명〗 菜食主義.
 채식주의-자 (菜食主義者) 〖-쭈-/-쭈이-〗 〖명〗 菜食主義者; ベジタリアン.
채신 (採身) 〖명〗 行ない; 品行. ⇨처신.
 채신-머리 채신の俗っぽい言い方.
 채신-없다 【-십따】〖형〗 身持ちが悪い; 威嚴がない; ぶざまだ. **채신없-이** 〖부〗 채신없이 굴다 ぶざまにふるまう.
채-썰다 【타】〖ㄹ語幹〗 千切りにする. ∥무 채썰다 大根を千切りにする.
채용 (採用) 〖명〗/tʃʰɛ:jon/〖하타〗 採用. ∥신입 사원을 채용하다 新入社員を採用する. 채용 시험 採用試験.
채우다 /tʃʰɛuda/〖타〗 ❶ [차다の使役動詞] 満足させる; 満たす. ∥욕심을 채우다 欲を満たす. ❷ [차다の使役動詞] かける. ∥수갑을 철컥 채우다 手錠をがちゃりとかける. 열쇠를 채워 문을 걸다 鍵をかける. ❸ (ボタンを)はめる. ∥단추를 채우다 ボタンをはめる.
채이다 차이다の誤り.
채점 (採點) 〖-쩜〗〖명〗〖하타〗 採点.
채집 (採集) 〖명〗〖하타〗 採集. ∥곤충 채집 昆虫採集. 식물 채집 植物採集.
채쩍 〖명〗 鞭(むち). ∥채쩍을 들다 鞭を入れる[当てる].
 채쩍-질 〖-찔〗〖명〗〖하자〗 ① 鞭打ち. ② 鞭撻(ぺんたつ).
채취 (採取) 〖명〗〖하타〗 採取; 採ること. ∥사금을 채취하다 砂金を採取する. 지문을 채취하다 指紋をとる. **채취-되다**【-되다】 〖수타〗
채-칼 〖명〗 千切り用の包丁.
채택 (採擇) 〖명〗〖하타〗 採択. ∥새 교과서를 채택하다 新しい教科書を採択する. **채택-되다** 〖수타〗
채팅 (chatting) /tʃʰɛtʰiŋ/〖명〗〖하자〗 (IT)チャット. ∥채팅에 빠지다 チャットにはまる.
채플 (chapel) 〖명〗(キリスト教) チャペルまたはそこで行われる礼拝.
채혈 (採血) 〖명〗〖하타〗 採血.
채화 (採火) 〖명〗〖하타〗 採火.
책 (冊) /tʃʰɛk/ 〖명〗 本; 書籍; 図書. ∥책을 읽다 本を読む. 책으로 엮다 本にまとめる. 읽을 만한 책 お薦めの本. 미술 관계의 책을 출판하다 美術関係の図書を出版する. 동화책 세 권을 사다 童話の本を3冊買う. 만화책 漫画の本.
책[2] (冊) 〖명〗 …冊.
-책 (策) 〖접미〗 …策. ∥해결책 解決策.
책-가방 (冊-) /tʃʰɛkkabaŋ/ 【-까-】〖명〗 学生かばんの総称.
책-갈피 (冊-) 【-깔-】〖명〗 本のページとページの間.
책-값 (冊-) /tʃʰɛkkap/ 【-깝】〖명〗 ❶ 本の値段. ❷ 本代.

책-거리 (冊-)【-꺼-】【하自】授業や勉強会などで本を読み終えた後に行なう打ち上げ.

책-꽂이 (冊-) /tʃʰækˀkodʑi/【名】本棚; 書棚.

책동 (策動)【-똥】【名】【他】策動. ∥クーデタを策動하다 クーデターを策動する.

책-뚜껑 (冊-)【-뚜-】【名】本の表紙.

책략 (策略)【챙냑】【名】策略. **책략-가** (策略家)【챙냐카】【名】策略家.

책망 (責望)【-망】【名】【他】(失敗などを)叱ること. ∥책망을 듣다 叱られる.

책무 (責務)【-무】【名】責務. ∥책무를 완수하다 責務を全うする.

책-받침 (冊-)【-빧-】【名】(文房具の)下敷き.

책방 (冊房) /tʃʰækˀpaŋ/【-빵】【名】本屋; 書店; 서점(書店). ∥책방에 들르다 本屋に寄る.

책-배낭 (冊背囊)【名】本入れの背負いリュック.

책-벌레 (冊-)【-뻘-】【名】本の虫.

책사 (策士)【-싸】【名】策士.

책상 (冊床) /tʃʰækˀsaŋ/【-쌍】【名】机; デスク. ∥하루 종일 책상 앞에 앉아 있다 一日中机に向かっている. 책상 위에 놓인 책 机の上に置かれた本.

책상-다리 (冊床-)【-床-】【名】あぐらをかくこと. ∥책상다리를 하다 あぐらをかく.

책상-머리 (冊床-)【名】机の上; 机の前.

책상-물림 (冊床-)【名】書生っぽ; 学者ばか.

책상³-조직 (柵狀組織)【植物】柵狀(ː)組織.

책임 (責任) /tʃʰægim/【-님】【名】責任. ∥책임을 다하다 責任を果たす. 책임을 지다 責任をとる[負う]. 보호자로서의 책임 保護者としての責任. 책임의 소재 責任の所在. 책임이 따르다 責任が伴う.

책임-감 (責任感)【-感】【名】責任感. ∥책임감이 강하다 責任感が強い.

책임-능력 (責任能力)【-녁】【名】【法律】責任能力.

책임-량 (責任量)【-냥】【名】ノルマ.

책임-보험 (責任保險)【名】責任保險.

책임-자 (責任者)【名】責任者.

책임-전가 (責任轉嫁)【名】【自】責任転嫁.

책자 (冊子)【-짜】【名】冊子. ∥소책자 小冊子.

책-잡다 (責-)【-짭따】【他】とがめる; 責める; なじる. ∥책잡히다(責-).

책-잡히다 (責-)【-짜피-】【自】【책잡다の受身動詞】とがめられる; 責められる; なじられる. ∥책잡힐 짓을 하다 責められることをする.

책장¹ (冊張)【-짱】【名】本のページ. ∥책장을 넘기다 ページをめくる.

책장² (冊欌)【-짱】【名】本棚.

책정 (策定)【-쩡】【名】【他】策定. ∥예산을 책정하다 予算案を策定する. 적정가를 책정하다 適正価格を策定する.

책-제목 (冊題目)【-쩨-】【名】本の題目; 本のタイトル.

책-하다 (責-)【채카-】【他】【하変】(過ち・非などを)責める. ∥다른 사람의 잘못을 책하다 人の非を責める.

챔피언 (champion)【名】チャンピオン.

챙【서양(遮陽)의 縮約形】帽子のつば. ∥챙이 넓은 모자 つばの広い帽子.

챙기다 /tʃʰɛŋgida/【他】❶ 取り揃える. ∥필요한 물건을 챙기다 必要なものを取り揃える. ❷ 世話をする; 面倒をみる. ∥부하 직원을 챙기다 部下の面倒をみる. ❸ 整理する.

처¹ (妻) /tʃʰʌ/【名】妻; 家内; 女房. ∥처음나의 처 私の家内で, 内縁の処·内縁の妻.

처² (處)【名】【行政】中央行政機関の1. ∥법제처 法制局.

처가 (妻家)【名】妻の実家.

처가-살이 (妻家-)【名】【自】妻の実家で暮らすこと.

처갓-집 (妻家ㅅ-)【-가쩹 /-갇쩹】【名】= 처가.

처남 (妻男)【名】妻の男兄弟; 義兄; 義弟.

처남-댁 (妻男宅)【-땍】【名】처남の妻.

처-넣다 (-너타)【他】詰め込む; 突っ込む; ぶち込む. ∥감옥에 처넣다 監獄にぶち込む.

처녀 (處女)【名】処女; 乙女; (未婚の)独身女性.

처녀-림 (處女林)【名】処女林; 原始林.

처녀-막 (處女膜)【解剖】処女膜.

처녀-성 (處女性)【-썽】【名】処女性.

처녀-자리 (處女-)【天文】乙女座.

처녀-작 (處女作)【名】処女作.

처녀-장가 (處女-)【名】再婚する男性が処女を妻として迎えること.

처녀-지 (處女地)【名】処女地.

처녀-총각 (處女總角)【名】未婚の若い男女.

처녀-티 (處女-)【名】娘らしさ. ∥처녀티가 나다 娘らしくなる.

처녑【料理】センマイ(千牧). ✤【料理用の】牛の第三胃.

처단 (處斷)【名】【他】処断. ∥즉결 처단 即決処断.

처-담다【-따】【他】やたらに詰め込む.

처덕 (妻德)【名】妻のおかげ; 内助の功.

처량-하다 (凄涼-) /tʃʰʌrjaŋhada/【-량-】【하変】もの悲しい; もの哀れだ. ∥처량한 내 신세 もの悲しい身の上. 처량한 가을밤 もの悲しい秋の夜. 처량하게 보이다 もの悲しく見える. **처량-히**【副】

처럼 /tʃʰʌrom/【助】…のように; …と同じく; …のごとく. ∥아처럼 좋아하다 子どものように喜ぶ. 눈처럼 희다 雪

のように白い. 처음 만났을 때처럼 初めて会った時のように.

처렁 副 (한엵) 薄い金属がぶつかり合って出す音. ちゃりん. 훗사랑. **처렁-처렁** 副 (한엵) ちゃりんちゃりん.

처렁-거리다 自他 ちゃりんと音を立てる.

처리 /處理/ t^{h}ə:ri/ 名 他 [하여] 処理. ‖컴퓨터로 정보를 처리하다 コンピューターで情報を処理する. 혼자서 처리할 수 있는 일 1人で処理できる仕事. 일 처리가 신속하다 仕事の処理が速い. **처리-되다** 受動

처마 /軒/ 名 軒(の).

처마 끝 -[-끝] 名 軒端; 軒端. ‖처마 끝에서 떨어지는 빗방울 軒先から落ちる雨粒.

처마-밑 -[-믿] 名 軒下. ‖처마밑에서 비를 피하다 軒下で雨やどりする.

처-마시다 他 [마시다의 俗語] やたらに飲む.

처-먹다 /-[따] 他 [먹다의 俗語] やたらに食べる; 食う.

처-먹이다 他 [먹이다의 俗語] やたらに食べさせる.

처-박다 /-[빡따] 他 ❶ むやみに打ち込む; つぎ込む. ‖못을 처박다 釘を打ち込む. 노름에 돈을 처박다 博打にお金をつぎ込む. ❷ ものをやみくもに放り込む. ❸ 閉じ込める. 処박다.

처박-히다 /-[바키다] 自 [처박다의 受身動詞] 押し込まれる; 詰め込まれる; 閉じ込められる; 突っ込む. ‖하루 종일 방에 처박혀 있다 一日中部屋に閉じこもっている. 차가 논바닥에 거꾸로 처박히다 車が田んぼに逆さまに突っ込む.

처방 /處方/ 名 処方.

처방-전 /處方箋/ 名 処方箋(전).

처벌 /處罰/ 名 他 [하여] 処罰. ‖규칙을 위반한 사람을 처벌하다 規則に違反した人を処罰する. 처벌을 받다 処罰を受ける. **처벌-당하다** 受動

처복 /妻福/ 名 いい妻を迎える運.

처-부모 /妻父母/ 名 妻の両親.

처분 /處分/ t^{h}ə:bun/ 名 他 [하여] 処分. ‖재산을 처분하다 財産を処分する. 엄중히 처분하다 厳重に処分する. 폐기 처분 廃棄処分.

처분권-주의 /處分權主義/ -[-꿘-/-꿘-이] 名 [法律] 処分権主義.

처사¹ /處事/ 名 仕打ち; 他人に対する好ましくない扱い方. ‖부당한 처사 不当な仕打ち.

처사² /處士/ 名 処士.

처서 /處暑/ 名 (二十四節気의) 処暑.

처세 /處世/ 名 処世; 世渡り. ‖처세에 능하다 世渡りが上手だ.

처세-술 /處世術/ 名 処世術.

처소 /處所/ 名 居場所; 居所; 住所.

처신 /處身/ 名 他 [하여] 身持ち; 行ない; 品行. ‖처신을 잘 해야 한다 身持ち [行ない] に気をつけねばならない. 처신을 잘못하다 身持ちが悪い.

처연-하다 /凄然/ 形 [하여] 凄然としている; うら悲しい. **처연-히** 副

처용-가 /處容歌/ 名 [文芸] 新羅中期から高麗初期まで民間に広まった郷歌 (郷歌) の1つ. 처용が自分の妻を犯した疫病神を追い払うために作った詩歌.

처용-무 /處容舞/ 名 [文化財] 宮中で祝宴中大晦日に踊った宮中舞の1つ. 처용の面をかぶって처용가を歌いながら悪鬼を追い払う舞踊.

처우 /處遇/ 名 他 [하여] 処遇. ‖처우 개선 処遇改善.

처음 /t^{h}ə:ɯm/ 名 最初; 初め. 혻첨. ‖처음부터 잘하는 사람은 없다 初めから上手な人はいない. 처음이 중요하다 最初が肝心だ. 어제 처음으로 한국 영화를 보았다 昨日初めて韓国映画を見た.

처자¹ /妻子/ 名 妻子.

처-자식 /妻子息/ 名 =처자¹.

처자² /處子/ 名 =처녀.

처절-하다¹ /凄切/ 形 [하여] 凄切だ; 身にしみるほど悲しい.

처절-하다² /悽絶/ 形 [하여] 凄絶(절)だ; すさまじい. ‖처절한 싸움 凄絶な戦い.

처제 /妻弟/ 名 妻の妹; 義妹.

처지 /處地/ t^{h}ə:dʒi/ 名 ❶ 置かれている立場. 남의 처지 人の立場. ❷ 間柄; 関係. ‖그런 부탁을 할 처지는 아니다 そういうお願いをするほどの間柄ではない.

처-지다 自 ❶ (気持ちが)沈む; 気落ちする. ‖처진 목소리로 沈んだ声で. 어깨가 축 처져 있다 肩を落としている. ❷ 垂れる. ‖귀가 처진 개 耳の垂れた犬. ❸ 後れを取る; 取り残される. ‖시대에 처지다 時代に取り残される. 유행에 처지다 流行に取り残される. 신제품 개발에 처지고 있다 新製品の開発に後れを取っている. ❹ 劣る; (成績などが) 下がる. ‖성적이 처지다 成績が下がる.

처참-하다 /悽慘-/ 形 [하여] 凄慘(참)だ; むごたらしい. ‖처참한 사고 현장 悽慘な事故現場.

처치 /處置/ 名 他 [하여] 処置; 処分. ‖응급처치 応急処置.

처-하다 /處-/ t^{h}ə:hada/ 自 他 [하여] ❶ (ある立場に) 置かれる; 立たされる. ‖곤경에 처하다 苦境に立たされる. ❷ (危기에 처하다 危機に処する. 실형에 처하다 実刑に処する.

처형¹ /妻兄/ 名 妻の姉; 義姉.

처형² /處刑/ 名 他 [하여] 処刑. ‖반역자를 처형하다 反逆者を処刑する. **처형-되다** 受動

척¹ 副 ❶ 隙間なくくっついている様子: ぴ

척

たり。 ❷2つのものがきわめて密接である様子:べったり。∥사람한테 척 달라붙다 人にべったりとくっつく。 ❸動作が素早く行なわれる様子:さっと;すっと。∥손을 척 내밀다 手をさっと差し出す。 ❹一瞥[一見]する様子:ちらっと見る様子。∥한 번 척 쳐다보다 一瞥を投げる;一瞥する。 척 보기에는 신경질적으로 보이는 남자 一見して神経質に見える男。

척² (蹠)⃞ ❶ものが力なく垂れ下がった様子:だらり。 ❷疲れはてて力の抜けた様子:ぐったり。∥지쳐서 의자에 척 걸터 앉다 くたびれて椅子にぐったり腰かける。

척³ (尺)▣[依名] 長さの単位:⇒尺。
척⁴ (隻)▣[依名] 一隻:∥배 한 척 船1隻。
척결 (剔抉)-결 [하타] 剔抉(ぶつ)すること。あばき出すこと。∥비리를 척결하다 不正を剔抉する。
척관-법 (尺貫法) [-꽌뻡]⃞ 尺貫法。
척도 (尺度)-또⃞ 尺度。
척량 (尺量)-냥 [하타] (ものを)物差しで測ること。
척박-하다 (瘠薄-)[-빠카-] [形][하여] (土地が)はなはだやせている。
척살 (刺殺)-쌀 [하타] 刺殺。
척색-동물 (脊索動物) [-쌕-]⃞ 脊索動物。⇔脊椎動物と原索動物の総称。
척수 (脊髓)-쑤 [解剖] 脊髓。
척수-막 (脊髓膜)⃞ [解剖] 脊髓膜。
척수-염 (脊髓炎)⃞ [医学] 脊髓炎。
척식 (拓殖・拓植)-씩⃞ [하타] 拓殖;拓植。∥척식 회사 拓殖会社。
척주 (脊柱)⃞ 脊柱。
척척¹ ▣ 粘り気のあるものがくっついて離れない様子:べったり。∥비에 젖은 옷이 몸에 척척 달라붙다 雨にぬれて服が体にべったりとつく。 ㉠척착。
척척² ▣ 物事を手際よく整理する様子:てきぱき。∥모든 일을 알아서 척척 처리하다 あらゆることをてきぱきと処理する。 ㉠척착。
척척³ /t͡ɕʰək̚t͡ɕʰək̚/ ▣ ❶足並みを揃えながら歩く様子。 ❷物事が予定や順序通りにはかどる様子:着々(と)。∥일이 척척 진행되고 있다 事が着々と進む。 ❸息が合う様子:ぴったり。∥손발이 척척 맞다 息がぴったり(と)合う。 ㉠척착。
척추 (脊椎)⃞ [解剖] 脊椎(ぷ)。
척추-골 (脊椎骨)⃞ [解剖] 脊椎骨。
척추-동물 (脊椎動物)⃞ [動物] 脊椎動物。
척출 (剔出)⃞ [하타] 剔出(ぶつ)。ほじくり出すこと。
척-하다¹ [처카-] [自][하여] 偉そうにふるまう;威張る態度を取る。
척-하다² ▣[하타] いかにもそうだと見せかけることを表わす:…するふりをする;…ぶる;…顔をする。 ㉠체하다。∥잘난 척하다 偉そうなふりをする。 모르는 척하다 知らないふりをする;知らん顔をする。

척후-병 (斥候兵)[처쿠-]⃞ [軍事] 斥候兵(ㇲ)。
천¹⃞ 布;布地;生地。
천² (千)⃞ [姓] 千(チョン)。
천³ (千) /t͡ɕʰʌn/ ▣[数/冠]⃞ 千。∥천 원 チウォン。 천 명 千人。 ▶천 갈래 만 갈래 찢어지도록 갈기갈기 切れ切れ。 ▶천 길 물속은 알아도 한 길 사람의 속은 모른다 [諺] (「千尋(ろ)の水深は分かっても一尋の人の心は分からない」の意で)人の心は分からないもの。 ▶천 냥 빚도 말로 갚는다 [諺] (「千両の借金も言葉で返す」の意で)処世には話術も必要である。
천객-만래 (千客萬客)[-쟁말-]⃞ [하타] 千客万来。
천거 (薦擧)⃞ [하타] 薦挙;推薦。∥인재를 천거하다 人材を推薦する。
천고마비 (天高馬肥)⃞ 天高く馬肥ゆるころ。∥가을은 천고마비의 계절 秋は天高く馬肥ゆる季節。
천고-만난 (千苦萬難)⃞ 千辛万苦。
천공¹ (天空)⃞ 天空。
천공² (穿孔)⃞ [하타] 穿孔(な)。
천공-판 (穿孔板)⃞ [動物] 穿孔板。
천구 (天球)⃞ [天文] 天球。
천구-의 (天球儀) [-/-이]⃞ [天文] 天球儀。
천국 (天國)⃞ 天国。
천군-만마 (千軍萬馬)⃞ 千軍万馬。∥천군만마를 얻은 듯하다 千軍万馬を得たようだ。
천근만근 (千斤萬斤)⃞ 非常に重いこと。∥오늘은 몸이 천근만근 같다 今日は体が非常に重い。
천금 (千金)⃞ 千金。∥일확천금 一攫千金。
천금-같다 (千金-)⃞ 千金に値するほどの価値がある。 천금같-이 ▣
천기¹ (天氣)⃞ 天気;天候。
천기² (天機)⃞ 天機。
천기-누설 (天機漏洩)⃞ [하타] 天機を漏らすこと。
천년 (千年)⃞ 千年。
천년-만년 (千年萬年)⃞ 千秋万歳。
천년 왕국 (千年王國)⃞ (キリスト教) 千年王国。
천당 (天堂)⃞ 天国。
천대 (賤待)⃞ [하타] 冷遇。∥천대를 받다 冷遇を受ける;冷遇される。
천더-기 (賤-)⃞ のけ者;邪魔者。
천덕-꾸러기 (賤-)⃞ 천더기의 俗語。
천덕-스럽다 (賤-) [-쓰-따] [形][ㅂ변] (身なりや言動などが)下品で卑しい。 천덕스레 ▣
천도¹ (天桃)⃞ 天上界にあると言われる桃。
천도² (天道)⃞ 天道。
천도³ (遷都)⃞ [하타][하자] 遷都;都移り。∥메이지 이년에 동경으로 천도하다 明治2年東京に遷都する。

천도-교 (天道敎) 图 《宗敎》 天道教. ✧1860年최제우(崔濟愚)에 의하여 唱導された동학(東學)を母体とする宗敎.

천동-설 (天動說) 图 天動說. ⑳지동설(地動說).

천둥 (←天動) 图 雷. ‖천둥이 치고 落ちる.

천둥-소리 (←天動-) 图 雷声; 雷鳴. ⑳우렛소리.

천렵 (川獵) 图 《하省》 川猟(川漁).

천륜(天倫) 图 天倫. ‖천륜을 저버리다 天倫に背く.

천리¹ (千里) 【철-】 图 千里.

천리-길 (千里-) 【철-낄】 图 遠い道のり. ‖천리길도 한걸음부터 (俚) 千里の道も一歩から.

천리-마 (千里馬) 图 千里の馬.

천리-만리 (千里萬里) 【철-말-】 图 千里万里. ⑳천만리(千萬里). ‖천리만리나 떨어진 곳 千里万里の隔て.

천리-안 (千里眼) 图 千里眼.

천리-향 (千里香) 【철-】 图 《植物》 서향(瑞香)의 通称.

천리 (天理) 【철-】 图 天と地の自然の道理.

천마 (天馬) 图 天馬.

천막 (天幕) 图 テント. ‖천막을 치다 テントを張る.

천만¹ (千萬) 图 〔名詞に付いて〕程度がはなはだしい意を表わす: 千万(㏾). ‖유감 천만이다 遺憾千万だ.

천만-다행 (千萬多幸) 图 形動 きわめて運がいいこと. ‖일이 그만하길 행이다 事がそれだけで済んで本当に幸いだ.

천만-부당 (千萬不當) 图 形動 〔부당만부당(千當萬不當)の略語〕不当千万; とんでもないこと. ‖천만부당한 소리 とんでもないこと.

천만² (千萬) 图 千万(㏾). ‖천만 원 1千万ウォン. ▶천만의 말씀 とんでもない.
— 副 全然; まったく; 非常に.

천만-금 (千萬金) 图 万金に値するほどの金額や値打ち.

천만-년 (千萬年) 图 千年万年; 千秋万歳.

천만-리 (千萬里) 【-말-】 图 〔천리만리(千里萬里)の略語〕千里万里.

천만-번 (千萬番) 图 きわめて多い回数. ‖천만번을 되뇌다 数えきれないほど繰り返して言う.

천만-에 (千萬-) /cʰɔnmane/ 感 ❶どういたしまして. ❷めっそうもない; とんでもない.

천명¹ (天命) 图 天命.

천명² (闡明) 图 하他 闡明(㏾).

천문 (天文) 图 天文.

천문-대 (天文臺) 图 天文台.

천문-도 (天文圖) 图 天文図.

천문-학 (天文學) 图 天文学.

천문학-적 (天文學的) 【-쩍】 图 天文学的. ‖천문학적인 숫자 天文学の数字.

천민 (賤民) 图 賎民.

천박-하다 (淺薄-) 【-바카-】 形 《하여》 浅薄だ; 浅はかだ. ‖천박한 생각 浅はかな考え. 천박한 지식 浅薄な知識.

천방-지축 (天方地軸) 图 身の程を知らずにしゃべること; 状況判断が全くできていないこと. ‖천방지축으로 까불고 무착대든다.

천벌 (天罰) 图 天罰. ‖천벌을 받다 罰が当たる; 天罰が下る.

천변¹ (天變) 图 天変.

천변-만화 (千變萬化) 图 하自 千変万化.

천변-지이 (天變地異) 图 天変地異.

천변² (川邊) 图 川辺; 川端. ⑳냇가.

천복 (天福) 图 天福.

천부¹ (天父) 图 《キリスト教》 神.

천부² (天賦) 图 하他 天賦. ‖천부적인 자질 天賦の資質.

천부-설 (天賦說) 图 天賦説; 先天説.

천부당-만부당 (千不當萬不當) 图 하形 不当極まりないこと. ⑳천만부당(千萬不當). ‖천부당만부당한 소리 とんでもないこと.

천붕지통 (天崩之痛) 图 王や父の死による大きな悲しみ.

천사 (天使) 图 天使.

천상 (天上) 图 天上.

천상-계 (天上界) 【-/-게】 图 《仏教》 天上界.

천상-천하 (天上天下) 图 天上天下; 全世界.

천생 (天生) 图 生まれつき; 天賦.
— 副 ❶生まれながら; 生まれつき; 初めから. ‖천생 고생할 팔자 初めから苦労する運命. ❷まるで; そっくり. ‖웃는 얼굴이 천생 제 아버지다 笑う顔がお父さんにそっくりだ. ❸ 仕方なく. ‖천생 내가 갈 수밖에 없다 私が行くしかない.

천생-배필 (天生配匹) 图 天が定めた似合いの夫婦.

천생-연분 (天生緣分) 【-년-】 图 天が定めた縁.

천석-꾼 (千石-) 图 千石の米を収穫できるほどの富農.

천성 (天性) 图 天性. ‖타고난 천성 持って生まれた天性.

천세(千歲) 图 〔천추만세(千秋萬歲)の略語〕千歳; 千秋万歳.

천수 (天壽) 图 天寿. ‖천수를 누리다 天寿を全うする.

천수-관음 (千手觀音) 图 《仏教》 千手観音.

천수-답 (天水畓) 图 天水田.

천시 (賤視) 图 하他 見下すこと; さげす

천식(喘息) 图 喘息.
천신-만고(千辛萬苦) 图 自 千辛万苦. ‖천신만고 끝에 성공하다 千辛万苦の末成功する.
천심(天心) 图 天心.
천애(天涯) 图 天涯. ‖천애의 고아 天涯孤独の身.
천양지차(天壤之差) 图 雲泥の差だ. ‖실력이 천양지차다 実力が雲泥の差だ.
천연(天然) /tɕʰənjən/ 图 天然. ㉠인공(人工).
천연-가스(天然 gas) 图 天然ガス.
천연-고무(←天然 gomme) 图 天然ゴム. ㉠생고무(生-).
천연-기념물(天然記念物) 图 天然記念物.
천연-림(天然林) [-님] 图 天然林.
천연-색(天然色) 图 天然色.
천연-석(天然石) 图 自然石.
천연-섬유(天然纖維) 图 天然繊維. ㉠인공 섬유(人工纖維).
천연-수지(天然樹脂) 图 天然樹脂. ㉠합성수지(合成樹脂).
천연-자원(天然資源) 图 天然資源.
천연덕-스럽다(天然-) [-쓰-따] [ㅂ변] 平然としている; 飾り気なく自然だ; まことしやかだ. 천연덕스러운 태도 平然たる態度. 천연덕스럽게 거짓말을 하다 まことしやかなうそをつく. **천연덕스레** 團
천연-두(天然痘) 图 [의학] 天然痘.
천왕-성(天王星) 图 [天文] 天王星.
천외(天外) [天웨] 图 天外. ‖기상 천외 奇想天外.
천우-신조(天佑神助) 图 天佑神助.
천운(天運) 图 天運.
천은(天恩) 图 天恩.
천의(天意) [-/치니] 图 天意.
천의-무봉(天衣無縫) [-/치니-] 图 天衣無縫.
천이(遷移) 图 遷移.
천인-공노(天人共怒) 图 自 誰もが憤慨すること; 許しがたいこと. ‖천인공노할 만행 許しがたい蛮行.
천일-기도(千日祈禱) 图 千日参り.
천일-염(天日鹽) [-렴] 图 天日塩.
천일-홍(天日紅) 图 [植物] センニチコウ(千日紅).
천자(天子) 图 天子.
천자-문(千字文) 图 千字文.
천장(天障) 图 天井.
천재¹(天才) 图 天才.
　천재-적(天才的) 图 天才的. ‖천재적인 피아니스트 天才的なピアニスト.
천재²(天災) 图 天災.
　천재-지변(天災地變) 图 天災地変; 天変地異. ㉠인재(人災).

천재³(淺才) 图 浅才.
천재-일우(千載一遇) 图 千載(㍛)一遇. ‖천재일우의 기회 千載一遇のチャンス.
천적(天敵) 图 天敵.
천정¹(天頂) 图 [天文] 天頂.
천정²(天井) 图 천장(天障)의 오류.
천정-부지(天井不知) 图 天井知らず. ‖땅값이 천정부지로 치솟다 地価が天井知らずに跳ね上がる.
천정-천(天井川) 图 [地] 天井川.
천제(天帝) 图 天帝.
천주-교(天主敎) 图 [宗敎] 天主教; カトリック.
천중-절(天中節) 图 [民俗] 端午の節句. ㉠단오(端午).
천지(天地) /tɕʰəndʑi/ 图 ❶天地. ❷世界; 世の中. ‖신천지 新天地. ❸[一部の名詞に付いて]その名詞が表わすものがありふれていることを表わす: …だらけ. ‖주위에는 박사 천지다 周りは博士だらけ. ▶**천지가 진동하다** 天地を揺るがす.
천지-간(天地間) 图 天と地の間.
천지-개벽(天地開闢) 图 自 天地開闢(㍛).
천지-신명(天地神明) 图 天地神明.
천지(天地) 國 強い驚きや感動の気持ちを表わす: なんと; なんという; なんで; どうして. ‖천지에 이런 일이 있다니 なんということだ.
천지인(天地人) 图 天地人.
천지-창조(天地創造) 图 天地創造.
천직¹(天職) 图 天職.
천직²(賤職) 图 賤職.
천진난만-하다(天眞爛漫-) [-/형] [여변] 天真爛漫だ. ‖천진난만한 아이 天真爛漫な子ども.
천진무구-하다(天眞無垢-) [-/형] [여변] 純真無垢だ.
천차만별(千差萬別) 图 自 千差万別.
천착(穿鑿) 图 自 穿鑿(㍛).
천천-하다 [형][여변] ゆっくりだ; ゆったりとしている; 緩慢だ.
천천-히 /tɕʰəntɕʰəni/ 團 ゆっくりと; ゆるゆると. ‖말을 천천히 하다 ゆっくりと話す. 이 층에서 천천히 내려오다 2階からゆっくりと下りてくる. 천천히 걸어가다 ゆっくりと歩く.
천체(天體) 图 [天文] 天体.
천체-관측(天體觀測) 图 [天文] 天体観測.
천체-력(天體曆) 图 [天文] 天体暦.
천체-망원경(天體望遠鏡) 图 天体望遠鏡.
천추(千秋) 图 千秋.
천추-만세(千秋萬歲) 图 千秋万歳. ㉡만세(千歲).
천치(天痴) 图 白痴. ㉡백치(白痴).

천칭 (天秤)〖명〗 天秤.
천칭-자리 (天秤-)〖명〗〖天文〗 天秤座.
　천칭-좌 (天秤座)〖명〗 =천칭자리.
천태만상 (千態萬象)〖명〗 千態萬象.
천태-종 (天台宗)〖명〗〖仏教〗 天台宗.
천파만파 (千波萬波)〖명〗 千波万波.
천편-일률 (千篇一律)〖명〗 千篇一律.
‖천편일률적인 답안 千篇一律の答案.
천품 (天稟)〖명〗 天性.
천하 (天下)〖명〗 天下.‖천하 명물 天下の名物.▶천하를 얻은 듯 天下を手に入れたように.
천하-무적 (天下無敵)〖명〗 天下無敵.
천하-없어도 (天下-)〖-업씨〗〖부〗 槍(やり)が降っても.
천하에 (天下-)〖부〗 強い驚きや感動の気持ちを表わす: なんと; なんという; なんて;どうして.‖천하에 몹쓸 사람 なんというたちの悪い人.
천하-일색 (天下一色)〖-쌕〗〖명〗 天下一の美女.
천하-일품 (天下一品)〖명〗 天下一品.
천하-장사 (天下壯士)〖명〗 天下一の力持ち.
천하-태평 (天下太平)〖명〗 天下泰平.
천-하다 (賤-)〖형〗 卑しい; 下品だ.ⓐ귀하다(貴-).‖천한 집안의 출신 卑しい家柄の出身.
천학-비재 (淺學非才)〖-째-〗〖명〗 浅学非才.
천해 (淺海)〖명〗 浅海.ⓐ심해(深海).
천행 (天幸)〖명〗 天幸; 天の恵み.
천형 (天刑)〖명〗 天刑.
천혜 (天惠)〖-혜〗〖명〗 天恵.‖천혜의 경관 天恵の景観.
천황 (天皇)〖명〗 天皇.

철¹〖명〗 ❶ 季節; 時.‖여름 철 夏季. 철이 바뀌다 季節が変わる. ❷ 出盛り; 旬; 時季.‖모내기 철 田植えの時季. 딸기 철 イチゴの季. 장마철 梅雨の時季. 철을 만나다 最盛期を迎える. ❸ 제철의 略語.‖철이 지난 옷 季節はずれの服.
철²〖ⁿʰᵒl〗〖명〗 物心; 物分かり; 分別.‖철이 나다 物心がつく; 分別がつく. 철이 없는 사람 物分かりの悪い人.
철³ (鐵)〖명〗 ❶ 鉄. ❷ [比喩的に] 堅固なもの.‖철의 장막 鉄のカーテン.
-철 (綴)〖접미〗 …(の)綴り.‖서류철 書類の綴り.
철갑 (鐵甲)〖명〗 鉄甲.
철갑-선 (鐵甲船)〖-썬〗〖명〗 鉄製の船.
철강 (鐵鋼)〖명〗 鉄鋼.
철거 (撤去)〖명·하타〗 撤去; 立ち退き.‖불법 건축물을 철거하다 不法建築物を撤去する.　**철거-당하다** ⓐ.
철골 (鐵骨)〖명〗 鉄骨.
철공 (鐵工)〖명〗 鉄工.
철공-소 (鐵工所)〖명〗 鉄工所.
철관 (鐵管)〖명〗 鉄管.

철광 (鐵鑛)〖명〗 鉄鉱.
철교 (鐵橋)〖명〗 鉄橋.
철군 (撤軍)〖명·하자〗 撤兵.
철권 (鐵拳)〖명〗 鉄拳.
철그렁 〖부·하자〗 わりと大きい金属類が落ちたりぶつかったりする時の音: がちゃん(と).　**철그렁-철그렁**〖부〗　**철그렁-하다**〖하자〗 がちゃんがちゃん(と).
철그렁-거리다〖자〗 がちゃんと音を立てる.
철근 (鐵筋)〖명〗 鉄筋.
　철근 콘크리트 (鐵筋 concrete)〖명〗 鉄筋コンクリート.
철금 (鐵琴)〖명〗〖音楽〗 鉄琴.
철기 (鐵器)〖명〗 鉄器.
　철기 시대 (鐵器時代)〖명〗 鉄器時代.
철-길 (鐵-)〖-낄〗〖명〗 線路.
철꺽〖부·하자〗 金物などが強くぶつかる時の音: がちゃん; がちゃりと. ❷수갑을 철컥 채워 주다 手錠をがちゃりとかける. ⓐ철칵.
철꺽-거리다 〖-꺼-〗〖자〗 がちゃんと音を立てる.
철도 (鐵道)〖ⁿʰᵒl ptoᵃ〗〖-또〗〖명〗 鉄道.‖철도가 통과하다 鉄道が通じる. 철도가 깔리다 鉄道が敷かれる. 철도 사고 鉄道事故.
　철도-망 (鐵道網)〖명〗 鉄道網.
철두철미-하다 (徹頭徹尾-)〖-뚜-〗〖하형〗 徹底している; 徹底的だ.‖철두철미한 자기 관리 徹底した自己管理.
철-들다〖자〗〖ㄹ語幹〗 物心がつく.‖철들기 전에 부모를 여의다 物心がつかないうちに親と死に別れる.
철-딱서니 〖-써-〗〖명〗 〔철-의 俗語〕 物心; 分別.‖철딱서니 없는 어린 아이 分別のないやつ.
철렁 〖부·하자〗 ❶ 広く深い所に溜まった水が波を打ちながら一度大きく揺れ動く様子. ❷ (驚き·恐れなどで) 急に動悸が激しくなる様子: どきりと; どきんと. ‖일순 가슴이 철렁했다 一瞬心臓がどきりとした.　**철렁-철렁**〖부〗
철렁-거리다〖자〗 ざぶざぶと音を立てる; どきんどきんとする. ⓐ찰랑거리다.
철로 (鐵路)〖명〗 線路.
철리 (哲理)〖명〗 哲理.
철마 (鐵馬)〖명〗 [比喩的に] 汽車; 列車.
철망 (鐵網)〖명〗 金網.
철면 (凸面)〖명〗 凸面.ⓐ요면(凹面).
철-면피 (鐵面皮)〖명〗 鉄面皮.
철모 (鐵帽)〖명〗 鉄製のヘルメット.
철-모르다〖자〗〖ㄹ變〗 物心がついていない; 分別がない.
철문 (鐵門)〖명〗 鉄製の門; 鉄の扉.
철물 (鐵物)〖명〗 金物.
　철물-점 (鐵物店)〖명〗 金物店.
철-밥통 (鐵-桶)〖명〗 公務員(公務員)の俗語.

철버덕 =철벅.
철버덕-거리다 〖-끄-〗 自他 =철벅거리다.
철벅 副 水などがはねかえる音: ぴちゃ. ㉠찰박. **철벅-철벅** 副 (하自他) ぴちゃぴちゃ(と).
철벅-거리다 〖-꺼-〗 自他 ぴちゃぴちゃと音を立てる. ‖ 진창을 철벅거리며 걷다 ぬかるみをぴちゃぴちゃ(と)歩く. ㉠찰박거리다.
철벙 副 (하自他) 重いものが水中などに落ち込む音〔様子〕: どぼん; どぼん; ざぶん. ‖ 물에 책보를 철벙 던지다 プールにどぼんと飛び込む. **철벙-철벙** 副 (하自他) ざぶざぶ; どぼんどぼん(と). ‖ 시내를 철벙철벙 건너다 小川をざぶざぶ(と)渡る.
철벙-거리다 自他 ざぶざぶと音を立てる.
철벽 (鐵壁) 名 鉄壁. ‖ 철벽 수비를 자랑하다 鉄壁の守備を誇る.
철벽-같다 (鐵壁-) 〖-깓따〗 形 守りが鉄壁のように堅固だ. **철벽-같이** 副
철병 (撤兵) 名 (하自他) 撤兵.
철봉 (鐵棒) 名 鉄棒.
철-부지 (不知) 名 ❶分別のない子ども. ❷分別のない人; 世間知らず.
철분 (鐵分) 名 鉄分.
철사 (鐵絲) 〖-싸〗 名 針金.
철-새 〖-쌔〗 名 候鳥, 渡り鳥. ‖ 후조(候鳥). ❶텃새. ‖ 철새 도래지 渡り鳥の渡来地.
철석 (鐵石) 〖-썩〗 名 鉄石.
철석-같다 (鐵石-) 〖-썩깓따〗 形 意志や約束などが鉄石のように堅い. **철석같이** 副
철수 (撤收) 〖-쑤〗 名 (하自他) 撤収; 撤退. ‖ 기지를 철수하다 基地を撤収する.
철심 (鐵心) 〖-씸〗 名 鉄心.
철썩 副 (하自他) =철썩.
철썩-거리다 〖-꺼-〗 自他 =철썩거리다.
철썩 副 (하自他) ❶波が押し寄せてきて岸壁などにぶつかる音〔音〕: ぴしゃっと; ばしゃっと. ❷平手が勢いよく打つ様子〔音〕: ぴしゃり(と). ‖ 애 엉덩이를 철썩 때리다 子どものお尻をぴしゃりとたたく. ㉠찰싹. **철썩-철썩** 副 (하自他) ざぶざぶ ざぶざぶ(と).
철썩-거리다 〖-꺼-〗 自他 ざぶざぶと〔ぴしゃっと〕音を立てる. ‖ 파도가 철썩거리며 밀려오다 波がぴしゃっと押し寄せる. ㉠찰싹거리다.
철야 (徹夜) 名 (하自) 徹夜. ‖ 논문 때문에 철야하다 論文のために徹夜する. 철야해서 완성하다 徹夜して仕上げる.
철-없다 〖처럽따〗 形 頭はなくずける〔ない〕; 幼稚だ; 大人げない. ‖ 철없는 짓을 철없다 子どもっぽい. **철없-이** 副 철없이 까불

다 頭はなくずける.
철옹-성 (鐵甕城) 名 金城鉄壁. ‖ 철옹성을 구축하다 金城鉄壁の構えだ.
철완 (鐵腕) 名 鉄腕.
철의 장막 (鐵-帳幕) 〖-/처레-〗 名 鉄のカーテン.
철인 (哲人) 名 哲人.
철자 (綴字) 〖-짜〗 名 綴字(てつじ); 綴り字.
철자-법 (綴字法) 〖-짜뻡〗 名 〖言語〗 正書法. ㉠맞춤법(-法).
철재 (鐵材) 〖-째〗 名 鉄材.
철저-하다 (徹底-) 〖tʃʌltɕəhada〗〖-쩌-〗 名 〖하形〗 徹底している; 徹底的. ‖ 철저한 생산 관리 徹底した生産管理. 철저한 조사 徹底的な調査. 철저하게 책임을 추궁하다 徹底的に責任を追及する. **철저-히** 副 徹底して; 徹底的に.
철제 (鐵製) 〖-쩨〗 名 鉄製.
철조-망 (鐵條網) 〖-쪼-〗 名 鉄条網; 有刺鉄線.
철쭉 (植物) ツツジ〔躑躅〕.
철쭉-꽃 〖-꼳〗 名 ツツジの花.
철쭉-나무 〖-쭝-〗 名 =철쭉.
철창 (鐵窓) 名 ❶鉄格子の窓. ❷〔比喩的に〕刑務所. ‖ 철창에 갇히다 刑務所に入れられる. 철창 없는 刑務所暮らし. ▶철창 없는 감옥 自由のない生活; 全く身動きが取れない状態.
철창-신세 (鐵窓身世) 名 囹圄(れいご)の身; 牢獄にいる身.
철책 (鐵柵) 名 鉄柵.
철천지원수 (徹天之怨讐) 名 不倶戴天(ふぐたいてん)の敵.
철철 副 液体などがさかんに流れ出たり, あふれ出たりする様子: どくどく. ‖ 피가 철철 쏟아지다 血がどくどく(と)流れ出る. 인정이 철철 넘치는 곳 人情あふれる所. ㉠찰찰.
철철-이 副 季節ごとに. ‖ 철철이 새 옷을 해 입다 季節ごとに服を新調する.
철척 (鐵則) 名 鉄則.
철커덕 副 (하自他) ❶粘り気のあるものが強くくっつく様子〔音〕: べったり. ❷金属などが強くぶつかる時の音: がたん. ㉠찰카닥. **철커덕-철커덕** 副 (하自他) がたんがたん; がちゃがちゃ.
철커덕-거리다 〖-꺼-〗 ①粘り気のあるものが強くくっつく. ❷がちゃがちゃと音を立てる. ‖ 문이 철커덕거리며 닫히다 扉ががちゃがちゃと音を立てて閉まる. ㉠찰카닥거리다.
철컥 副 (하自他) 金属などが強くぶつかる時に鳴り響く音: がたん. ㉠찰카당.
철컥-철컥 副 (하自他) =철카닥철커덕.
철컥-거리다 〖-꺼-〗 がたんがたんと音を立てる. ㉠찰카당거리다.
철컥 副 金属などが強くぶつかる時の音: がちゃり. ‖ 수갑을 철컥 채우다

手錠をがちゃりとかける. ⑪찰칵. **철컥-철컥** 圖 同上.

철탑(鐵塔)【-】 图 鉄塔.

철통(鐵桶)【-】 图 鉄桶.

철통-같다(鐵桶-)【-갇따】 形 鉄桶水を漏らさぬ. ‖철통같은 수비 鉄桶水を漏らさぬ守備. **철통같-이** 副

철퇴¹(撤退)【-/-퉤】 图 他 撤退.

철퇴²(鐵槌)【-/-퉤】 图 鉄槌(穴). ‖철퇴를 가하다 鉄槌を下す.

철판¹(凸版)【-】 图 凸版. ⑪요판(凹版).

철판²(鐵板)【-】 图 鉄板.

철폐(撤廢)【-/-퉤】 图 他 撤廃. ‖수입 제한을 철폐하다 輸入制限を撤廃する. **철폐-되다** 受動

철-하다【처라다】 他 綴(っ)じる, つづる. ‖답안지를 철하다 答案用紙を綴じる.

철학(哲學)【-】 图 哲学. ‖동양 철학 東洋哲学. 실존 철학 実存哲学.

철학-사(哲學史)【-싸】 图 哲学史.

철학-자(哲學者)【-짜】 图 哲学者.

철학-적(哲學的)【-쩍】 图 哲学的. ‖철학적인 문제 哲学的な問題.

철학관(哲學館)【-꽌】 图 占いの所.

철회(撤回)【-/-훼】 图 他 撤回. ‖소송을 철회하다 訴訟を取り下げる.

첨 图 〔처음의 縮約形〕最初; 初め. ‖첨이자 마지막 最初で最後. 첨에는 몰랐다 初めは気がつかなかった.

첨가(添加)【添加mga】 图 他 添加. ‖비타민 C를 첨가하다 ビタミン C を添加する.

첨가-량(添加量) 图 添加量.

첨가-물(添加物) 图 添加物. ‖식품 첨가물 食品添加物.

첨단(尖端)【tʃʰəmdan】 图 先端. ‖첨단 장비 先端装備. 유행의 최첨단 流行の最先端. 시대의 첨단을 걷다 時代の先端を行く.

첨단¹산업(尖端産業) 图 先端産業.

첨단-적(尖端的)【-쩍】 图 先端的. ‖첨단적인 시스템 先端的なシステム.

첨배(添杯) 图 他 酒を注ぎ足して杯を満たすこと.

첨벙 圖 他 重いものが水中などに落ち込む様子〔音〕: どぼん(と); どぶん(と); ざぶん(と). ‖냇가에 첨벙 뛰어들다 小川にどぼんと飛び込む. **첨벙-첨벙** 圖 他 ざぶんざぶん(と); どぶんどぶん(と). ‖시내를 첨벙첨벙 건너다 小川をざぶんざぶん(と)渡る.

첨벙-거리다 ̇ ざぶんざぶんと音を立てる. ‖첨벙거리며 헤엄을 치다 ざぶんざぶんと泳ぐ.

첨병(尖兵) 图 〔軍事〕尖兵(穴).

첨부(添附) 图 他 添付. ‖견적서를 첨부하다 見積書を添付する. 첨부 서류 添付書類.

첨삭(添削) 图 他 添削.

첨예(尖銳) 图 形動 先鋭.

첨예-화(尖銳化) 图 自他 先鋭化. ‖대립이 첨예화 되다 対立が先鋭化する.

첨잔(添盞) 图 他 ＝첨배(添杯).

첨탑(尖塔) 图 他 尖塔(穴).

첩¹(妾) 图 妾.

첩²(貼) 依名 漢方の包みを数える単位: …包; …服. ‖한 첩 1包み; 1服.

첩-³(帖) 接尾 …帳. ‖사진첩 写真帳.

첩경(捷徑)【-경】 图 捷径(穴); 近道. ‖학문에 첩경은 없다 学問に近道はない.

첩보(諜報)【-뽀】 图 他 諜報. ‖첩보 활동 諜報活動.

첩어(疊語)【-】 图 〔言語〕畳語(と°).

첩자(諜者)【-짜】 图 スパイ, 回し者.

첩첩(疊疊)【-】 图 幾重にも重なり合うこと. **첩첩-이** 圖 幾重にも重なり合って.

첩첩-산중(疊疊山中) 图 深い山奥.

첩출(疊出) 图 他 重出.

첫 /tʃʰət/ 冠. 初めての; 初の; 最初の. ‖첫 무대 初舞台. 첫 대면 初顔合わせ. 첫 번째 1番目; 第一.

첫-걸음/tʃʰət'kərum/【천꺼름】 图 ❶ 第一歩. ‖사회인으로서의 첫걸음을 내딛다 社会人としての第一歩を踏み出す. ❷ 初歩; 入門. ‖영어 첫걸음 英語入門. ❸ 初めての道.

첫-나들이【천-】 图 ❶ 初めての外出. ❷ 新婚の妻が初めて外出すること.

첫-날【천-】 图 初日. ‖대회 첫날 大会初日.

첫날-밤【천-빰】 图 新婚初夜. ⑪초야(初夜).

첫-눈 /tʃʰənnun/【천-】 图 初雪. ‖어제 서울에 첫눈이 내렸다[왔다] 昨日ソウルに初雪が降った.

첫눈-에 /tʃʰənnune/【천뉘네】 副 一目で. ‖첫눈에 알아보다 一目で分かる. 첫눈에 반하다 一目惚れする.

첫-닭【천딱】 图 一番鶏. ‖첫닭이 울다 一番鶏が鳴く.

첫-대목【천때-】 图 最初の部分〔場面〕. ‖소설의 첫대목 小説の最初の部分.

첫-돌【천똘】 图 満1歳の誕生日; 初誕生日.

첫-딸【천-】 图 ❶ 初産で産んだ娘. ❷ 初めての娘.

첫-마디【천-】 图 最初の一言.

첫-말【천-】 图 最初の言葉.

첫-맛【천맏】 图 ❶ 最初の一口で感じる味. ❷ あることを初めて経験したときの味.

첫-머리【천-】 图 最初, 一番初め; 先頭, しょっぱな. ❷끝머리. ‖행렬의 첫머리 行列の先頭. 글의 첫머리 書き出し.

첫-물【천-】 图 맏물의 誤り.

첫-발[첟빨] 図 第一歩. ▶첫발을 내디디다 第一歩を踏み出す.

첫-사랑[첟싸-] 図 初恋. 初恋の人.

첫-서리[첟써-] 図 初霜. ‖첫서리가 내리다 初霜が降りる.

첫-선[첟썬] 図 初めて世に出ること.

첫-소리[첟쏘-] 図 〈言語〉 1つの音節で最初の子音. ㉘초성(初聲).

첫-손[첟쏜] 図 一番. 最高. ‖동네에서 첫손 꼽는 부자 村で一番のお金持ち.

첫-솜씨[첟쏨-] 図 初めての手業み.

첫-수 (-手)[첟쑤] 図 〈将棋·囲碁で〉の初手. ‖첫수를 두다 初手を置く.

첫-술[첟쑬] 図 〈ご飯の〉最初の1さじ; 物事を始めたばかりの段階. ㉘막술. ▶첫술에 배 부르랴[㉢]〈最初のひと口でお腹がいっぱいになれるか〉〈何事もすぐ満足できる結果は得られない事.

첫-아기[처다-] 図 初産の子; 初子.

첫-아들[처다-] 図 初産で産んだ息子; 初めての息子.

첫-아이[처다-] 図 初子; ういご.

첫-월급 (-月給)[처뤌-] 図 初任給.

첫-인사 (人事)[처딘-] 図〈自〉 初対面の挨拶.

첫-인상 (-印象)[처딘-] 図 第一印象.

첫-째/tʃʰʌtʃ͈ɛ/[첟-] 國 図図 ❶〔一番上の子どもの意で〕長男や長女. ㉘맏이. ❷〔主に첫째로の形で〕第一に; 始めに; 一番に. ‖감기 걸렸을 때 첫째로 해야 할 일 風邪を引いた時, 一番にやらなければいけないこと.

첫-차 (-車)[첟-] 図 〈列車·電車·バスなどの〉始発. ㉘막차(-車). ‖첫차를 타고 가다 始発に乗って行く.

첫-출발(-出發)[첟-] 図 出だし; すべり出し. ‖첫출발은 좋았다 出だしは好調だった.

첫-판[첟-] 図 ❶あることを始める最初の局面. ❷ゲームや試合などの初戦. ‖첫판에서 이기다 初戦で勝つ.

첫-해[처태] 図 初年; 初年度; あることが始まる最初の年.

청¹ (靑) 図 〔청색(青色)の略語〕青.

청² (淸) 〈歷史〉〈中国王朝の〉淸 (1616~1912).

청³ (請) ❶ 請うこと. ❷ 청촉(請囑)·청탁(請託)の略語.

청⁴ (廳) ❶ 대청(大廳)の略語. ❷ 관청(官廳)の略語.

-청⁵ (廳)〔接尾〕…庁. ‖국세청 国税庁.

청각 (聽覺) 図 聽覺. ‖청각 장애 聽覚障害.

청강 (聽講) 図 〈他〉 聽講.
청강-생 (聽講生)[-쌩] 図 聽講生.

청-개구리 (靑-)[-깨-] 図 ❶〈動物〉アオガエル (青蛙). ❷〔比喩的に〕あまのじゃく; つむじ曲がり.

청결-하다 (淸潔-)/tʃʰʌŋgjʌlɦada/

[하변] 淸潔だ. ㉑불결하다(不潔-). ‖청결한 화장실 淸潔なお手洗い; 청결하게 하다 淸潔にする. **청결-히** 圖

청경우독 (晴耕雨讀) 図〈自変〉 晴耕雨讀.

청계천 (淸溪川) 〈地名〉 淸溪川 (チョンゲチョン). ✚ソウル市内を流れる川. 1950年代から60年代の経済発展とともにその上に一般道路と高架道路を作った. 2003年から川を復元するため撤去を行ない, 川の浄化作業と道路の撤去作業を経て, 今はソウルの観光名所になっている.

청과 (靑果) 図 青果.
청과-물 (靑果物) 図 青果物. ‖청과물상 青果商.

청교-도 (淸敎徒) 図〈宗敎〉 淸敎徒; ピューリタン.

청구 (請求) 図〈他変〉 請求. ‖요금을 청구하다 料金を請求する.
청구-권 (請求權)[-꿘]図〈法律〉 請求権.
청구-서 (請求書) 図 請求書.

청국-장 (淸麴醬)[-짱] 図〈料理〉 日本の納豆より長時間醱酵させた味噌の一種.

청군 (靑軍) 図 青組. ㉘백군(白軍). ✚韓国では赤組は使わない.

청년 (靑年) 図 青年. ㉘젊은이. ‖청년 실업가 青年実業家. 청년 青年団.
청년-기 (靑年期) 図 青年期.

청동 (靑銅) 図 青銅.
청동-기 (靑銅器) 図 青銅器.
청동기 시대 (靑銅器時代) 図 青銅器時代.
청동-오리 (-鳥類) 図 マガモ (真鴨).
청동-호박 完熟して中の種がよく実ったカボチャ.

청량 (淸凉)[-냥] 図〈形〉淸涼.
청량-음료 (淸涼飲料)[-냥-료] 図 淸涼飲料水.
청량-제 (淸涼劑)[-냥-] 図 淸涼劑.

청력 (聽力)[-녁] 図 聽力.

청렴-하다 (淸廉-)[-념-] 図〈形〉 淸廉だ. ‖청렴한 사람 淸廉な人.
청렴-결백 (淸廉潔白)[-념-] 図〈形〉 淸廉潔白.

청룡 (靑龍)[-뇽] 図 ❶青竜; 青い竜. ❷〈民俗〉青竜. ✚四方をつかさどる天の四神の1つで, 東は青竜·西は白虎(西)·朱雀(朱雀) (南)·玄武(玄武) (北).

청맹-과니 (靑盲-)[-니] 一見異常がないように見えるが, 緑内障で視力を失った目, またはその人.

청명 (淸明) 図〈二十四節氣の〉淸明.
청명-하다 (淸明-) 図〈하변〉〈天気がはればれしている. ‖청명한 가을날 はればれとした秋.

청문 (聽聞) 图 卧他 聽聞.
　청문-회 (聽聞會) [-/-해] 图 聽聞会.
청-바지 (青-) /ʧʰəŋbadʑi/ 图 ブルージーンズ; ジーパン. ∥청바지를 즐겨 입다 ジーパンを好んではく.
청백-리 (清白吏) [-뱅니] 图 清廉潔白な官吏.
청백-색 (青白色) [-백-] 图 うっすらと青みがかった白色.
청부 (請負) 图 卧他 請負. ◉도급(都給).
　청부-업 (請負業) 图 請負業.
　청부-인 (請負人) 图 請負人.
청빈-하다 (清貧-) 圈 卧変 清貧に甘んじる.
청사¹ (青史) 图 青史; 歴史.
청사² (廳舎) 图 庁舎.
청-사진 (青写真) 图 青写真.
청산¹ (青山) 图 青山.
　청산-유수 (青山流水) [-뉴-] 图 立て板に水. ∥청산유수로 떠들다 立て板に水を流すようにしゃべりまくる.
청산² (青酸) 图 化学 青酸.
　청산-가리 (青酸加里) 图 化学 青酸カリ; シアン化カリウム.
　청산-염 (青酸塩) [-념] 图 化学 青酸塩.
청산 (清算) 图 卧他 清算. ∥빚을 청산하다 借金を清算する. 삼각관계를 청산하다 三角関係を清算する.
청상 (青孀) 图 青孀寡婦; 青孀寡婦の略語.
　청상-과부 (青孀寡婦) 图 若くして夫に死なれた女性. ⇒청상(青孀).
청-색 (青色) 图 青色.
청소 (清掃) /ʧʰəŋso/ 图 卧他 清掃; 掃除. ∥방을 청소하다 部屋を掃除する. 대청소를 하다 大掃除をする. 교실 청소 教室の掃除.
　청소-기 (清掃機) 图 掃除機. ∥청소기를 돌리다 掃除機をかける.
　청소-부 (清掃夫) 图 掃除人.
　청소-차 (清掃車) 图 清掃車.
청-소년 (青少年) /ʧʰəŋsonjən/ 图 青少年.
청송 (青松) 图 青松.
청순-하다 (清純-) 圈 卧変 清純だ. ∥청순한 아가씨 清純な娘.
청승 图 みすぼらしく哀れな態度や状態. ∥청승을 떨다 哀れにふるまう.
　청승-맞다 [-맏따] 圈 みすぼらしく哀れそうで見苦しい.
　청승-스럽다 [-따] 圈 ㅂ変 いかにもみすぼらしく哀れそうだ. **청승-스레** 圖
청-신경 (聴神経) 图 解剖 聴神経.
청-신호 (青信号) 图 靑信号. ㉠赤信号.
청실 (青-) 图 青色の糸.
　청실-홍실 (青-紅-) 图 民俗 結納の時に用いる青と赤2色の絹糸の束.

청심-환 (清心丸) 图 漢方 心臓の経絡(絡)の熱を解く丸薬.
청아하다 (清雅) 圈 卧変 清雅だ; 清らかだ. ∥청아한 목소리 清らかな声.
청약 (請約) 图 卧他 有価証券・マンションなどの公募や売り出しに応募し、その引受を申し込むこと.
청어 (青魚) 图 魚介類 ニシン(鰊).
청와대 (青瓦臺) 图 韓国大統領の官邸.
청운 (青雲) 图 青雲. ∥청운의 꿈을 안다 青雲の志をいだく.
청원 (請願) 图 卧他 請願.
　청원-경찰 (請願警察) 图 ある施設や機関が費用を負担して警察の配置を要請する制度、またはそれによって配置された警察官.
　청원-권 (請願權) [-꿘] 图 法律 請願権.
　청원-서 (請願書) 图 請願書.
청유-형 (請誘形) 图 言語 勧誘形.
청음 (清音) 图 ❶清らかな音. ❷言語 無声音. ㉠탁음(濁音).
청음-기 (聽音機) 图 聽音機.
청자¹ (青瓷) 图 青磁.
청자² (聴者) 图 聴者; 聴き手. ㉠화자(話者).
청-장년 (青壮年) 图 青壮年.
청-재킷 (青 jacket) 图 デニムジャケット; ジージャン.
청정 (清浄) 图 卧他 清浄. ∥청정 해역 清浄海域. 청정한 공기 清浄な空気.
청주¹ (清酒) 图 清酒.
청주² (清州) 图 地名 清州(チョンジュ). 忠清北道(忠清北道)の道庁所在地.
청중 (聴衆) 图 聴衆.
청진 (聴診) 图 卧他 聴診.
청진-기 (聴診器) 图 聴診器.
청천 (青天) 图 青天; 青空.
　청천-백일 (青天白日) 图 青天白日.
　청천-벽력 (青天霹靂) [-병녁] 图 青天の霹靂(にわか). ∥청천벽력 같은 소식 青天の霹靂のような知らせ.
청천 (晴天) 图 晴天.
청첩-장 (請牒状) [-짱] 图 (結婚式の)招待状.
청초-하다 (清楚-) 圈 卧変 清楚だ. ∥청초하게 핀 꽃 清楚な花.
청촉 (請囑) 图 卧他 特別な計らいを頼むこと.
청춘 (青春) /ʧʰəŋʧʰun/ 图 青春. ∥청춘을 구가하다 青春を謳歌する.
　청춘-기 (青春期) 图 青春期; 青春時代.
청출어람 (青出於藍) 图 出藍の誉れ.
청취 (聴取) 图 卧他 聴取. ∥라디오를 청취하다 ラジオを聴取する.
청취-율 (聴取率) 图 聴取率.
청취-자 (聴取者) 图 聴取者; リス

청-치마 (靑-) 图 デニムスカート.
청탁 (淸濁) 图 清濁.
청탁 (請託) 图 (하他) 請託.
청태 (靑苔) 图 ❶青い苔. ❷《植物》ボンルアオア.
청-포도 (靑葡萄)《植物》アオブドウ(青葡萄).
청풍 (淸風) 图 淸風.
청풍-명월 (淸風明月) 图 淸風明月.
청-하다 (請-) /tɕʰəŋhada/ 他《하変》❶願う;請う;求める. ∥만남을 청하다 面会を求める. ❷呼ぶ;招く;よぶ. ∥도움을 청하다 助けを呼ぶ. ❸《眠りを》誘う. ∥잠을 청하다 眠りを誘う.
청한 (淸閑) 图 淸閑.
청혼 (請婚) 图 (하自) 求婚;プロポーズ.
청황색맹 (靑黃色盲)【-色-】 图 《医学》靑黃色盲.
체¹ (篩) 图 ∥체로 치다 ふるいにかける.
체² (滯) 图 체증(滯症)의 略語.
체³ (體) 图 ❶ 서체(書體)의 略語. ❷ 文章や絵などの格式.
체⁴ (chess) 图 チェス.
체⁵ 感 残念に思ったり,悔しがったりするときなどに発する語;ちぇっ.
-체 (體) 接尾《…體》∥육면체 六面体. 활자체 活字体. 회화체 会話体.
체감 (體感) 图 体感. ∥체감 온도 体感温度.
체강 (體腔) 图《動物》体腔.
체격 (體格) 图 体格. ∥체격이 좋다 体格がいい.
체결 (締結) 图 (하他) 締結. ∥조약을 체결하다 条約を締結する. **체결-되다** 图 (하自)
체계 (體系) /tɕʰegje/【-/-게】图 体系. ∥문법 체계 文法の体系.
체계-적 (體系的) 图 体系的. ∥체계적인 연구 体系的な研究. 체계적으로 관리하다 体系的に管理する.
체계-화 (體系化) 图 (하他) 体系化.
체공 (滯空) 图 滯空. ∥체공 시간 滯空時間. 체공 거리 滯空距離.
체구 (體軀) 图 体軀;体つき;からだ. ∥체구가 작다 体格が小さい;小柄だ.
체급 (體級) 图 《レスリング・ボクシングなどで》体重による級.
체납 (滯納) 图 (하他) 滯納. ∥공과금을 체납하다 公課金を滯納する.
체내 (體內) 图 体内. ↔체외(體外).
체념 (諦念) 图 (하他) ❶ 諦念. ❷断念;あきらめること. ∥만사를 체념하다 すべてを諦める.
체능 (體能) 图 (あらゆることに耐えられる)身体の能力.
체대 (體大) 图 체육 대학(體育大學)의 略語.
체득 (體得) 图 (하他) 体得.

체력 (體力) /tɕʰerjək/ 图 体力. ∥체력이 없다 体力がない. 체력이 달리다 体力がつく. 체력이 약해지다 体力が衰える.
체력-장 (體力章)【-쨩】图 中高生の種目別基礎体力の向上を目的に行なう総合的な体力測定.
체류 (滯留) 图 (하自) 滯留;滯在. ∥파리에 오 일간 체류하다 パリに5日間滯在する.
체면 (體面) /tɕʰemjən/ 图 体面;面目. ∥체면을 유지하다 体面を保つ. 체면이 걸린 문제 体面に関わる問題. 체면을 손상시키다 体面をけがす.
체면-치레 (體面-) 图 (하自) 体面を保つために要すること.
체모¹ (體毛) 图 体毛.
체모² (體貌) 图 =체면.
체벌 (體罰) 图 体罰. ∥체벌을 가하다 体罰を加える.
체불 (滯拂) 图 (하他) 遅配;未払い. ∥임금 체불 賃金未払い.
체-세포 (體細胞) 图《生物》体細胞.
체-순환 (體循環) 图《生物》体循環.
체스 (chess) 图 チェス.
체스보드 (chessboard) 图 チェス盤.
체신 (遞信) 图 通信(?).
체액 (體液) 图《生理》体液.
체약 (締約) 图 (하他) 締約.
체언 (體言) 图《言語》体言. ∥임자씨. ✧韓国語では,名詞・代名詞・数詞の類.
체온 (體溫) 图 体温. ∥체온을 재む 体温を測る. 기초 체온 基礎体温.
체온-계 (體溫計)【-/-게】图 体温計.
체외 (體外)【-/-웨】图 体外. ⑰체내(體內).
체외 수정 (體外受精) 图 体外受精.
체위 (體位) 图 体位.
체육 (體育) /tɕʰejuk/ 图 体育.
체육-관 (體育館)【-꽌】图 体育館.
체육-복 (體育服)【-뽁】图 体操着.
체육의 날 (體育-) 图 体育の日. ✧韓国は10月15日.
체인 (chain) 图 チェーン.
체인점 (-店) 图 チェーン店.
체인지 (change) 图 チェンジ.
체임 (滯賃) 图 遅配賃金;未払い賃金.
체재¹ (滯在) 图 (하自) 滯在.
체재² (體裁) 图 体裁. ∥논문의 체재 論文の体裁.
체적 (體積) 图《数学》体積. ⑰부피.
체제 (體制) 图 体制. ∥자본주의 체제 資本主義体制. 전시 체제 戦時体制. 반체제 운동 反体制運動. 체제를 유지하다 体制を維持する.
체조 (體操) /tɕʰedʑo/ 图 体操. ∥맨손 체조 徒手体操. 기계 체조 器械体操.
체중 (體重) /tɕʰedʑuŋ/ 图 体重. 粵몸무게. ∥체중이 늘다 体重が増える. 체

중을 달다 体重を測る.
체중-계(體重計)【-/-계】[名] 体重計.
체증(滯症) [名] ❶食滯; 食もたれ; 消化不良. ⓐ체(滯). ❷渋滯. ∥교통 체증 交通渋滯.
체지방(體脂肪) [名] 体脂肪.
체-질¹(하는) [名] ふるいにかけること.
체질²(體質) [名] dʒiɭ] [名] 体質. ∥체질 개선 体質改善. 허약한 체질 虚弱な体質, 특이 체질 特異体質. 살이 찌기 쉬운 체질이 아니나 太りやすい体質だ.
체질-적(體質的)【-쩍】[名] 体質的. ∥술은 체질적으로 못 마신다 お酒は体質的に飲めない.
체취(體臭) [名] 体臭. ∥남자의 체취 男の体臭. 작자의 체취가 느껴지는 소설 作者の体臭が感じられる小説.
체코(Czech) [国名] チェコ.
체크(check) [名] チェック. ❶格子編み. ∥체크 무늬 チェック模様. ❷点検. ∥보디 체크 ボディーチェック. **체크-하다** [他] 欠席者をチェックする 欠席者をチェックする.
체크리스트(check list) [名] チェックリスト.
체크아웃(check-out) [名] チェックアウト.
체크인(check-in) [名] チェックイン.
체통(體統) [名] 地位や身分にふさわしい体面; 品格. ∥체통을 잃다 体面を失う.
체포(逮捕) /tɕhepʰo/ [名][他] 逮捕. ∥범인을 체포하다 犯人を逮捕する. 사건의 주범을 체포하다 事件の主犯を逮捕する. **체포-되다** [受動]
체-하다¹(滯-) [自][下変] 食滯する; 食もたれする.
체-하다²/tɕʰehada/ [補動][ハ変] いかにもそうだと見せかけることを表わす; …のふりをする; …ぶる; …顔をする. …척하다. ∥잘난 체하다 偉そうな顔をする; 偉そうにふるまう. 모르는 체하다 知らないふりをする; 知らん顔をする. 자는 체하며 寝ているふりをする.
체험(體驗) [名][他] 体験. ∥귀중한 체험 貴重な体験. 체험해 보지 않으면 모르는 것을 체험해 보지 않으면 分からないこと.
체험-담(體驗談) [名] 体験談.
체현(體現) [名] 体現.
체형¹(體刑) [名] 体刑.
체형²(體型) [名] 体型.
첼로(cello⁴) [名] 〈音樂〉 チェロ.
첼리스트(cellist) [名] 〈音樂〉 チェリスト.
쳇-바퀴 (쳇빠/쳇퀴) [名] ふるいの枠.
쳐 [처] 치다(打つ)の連用形.
쳐-가다【처-】[他] 〈業者がごみなどを〉取り去る; 持っていく. ∥쓰레기를 쳐 가는 시간 ごみを持っていく時間.

쳐다-보다 /tɕʰədaboda/ 【처-】[他] 〔처어다보다의 縮約形〕 ❶見上げる; 仰ぎ見る. ∥먼 산을 쳐다보다 遠くの山を仰ぎ見る. ❷見つめる; じろじろ見る; 見据える. ∥상대방 얼굴을 빤히 쳐다보다 相手の顔をじっと見据える. 멀뚱멀뚱 쳐다보다 まじまじと見る.
쳐-들다【처-】[他] [語幹인] 持ち上げる; もたげる. ∥머리를 쳐들다 頭をもたげる.
쳐-들어가다【처-】[自他] 攻める; 攻め込む; 討ち入る.
쳐-들어오다【처-】[自他] 攻めてくる; 攻め込んでくる.
쳐-부수다 /tɕʰəbusuda/【처-】[他] 打ち破る; 打ち砕く; 攻め負かす. ∥적을 쳐부수다 敵を打ち破る.
쳐-주다【처-】[他] ❶(値)打ちを)計算してやる. ❷認めてやる.
쳐-죽이다【처-】[他] 打ち殺す; たたき殺す.
초¹ 蠟燭(뚝).
초²(抄) [名] 抄錄(抄錄)の略語.
초³(初) [名] 初め; 初頭. ❶十九 세기 초 19世紀初頭. ❷〈野球〉の表. ∥구회 초 9回表. ⓐ末(末).
초⁴(草) [名] ❶草稿; 草案. ❷기초(起草)の略語.
초⁵(楚) [名] 〈姓〉 楚(チョ).
초⁶(楚) [歷史] 〈中国王朝の〉 楚(°) (? ~前 223).
초⁷(醋) [名] 酢. ⓐ식초(食醋). ▸초를 치다 水をさす.
초⁸(秒) [名助數] …秒. ∥삼 초 3 秒. 육십 초 60 秒.
초-⁹(超) [接頭] 超…. ∥초고속 超高速. 초능력 超能力.
초가(草家) [名] 藁屋(ぞ).
초가-지붕(草家-) [名] 藁屋根.
초가집(草家-) [名] =초가.
초-가을(初-) [名] 初秋.
초간(初刊) [名] 初刊.
초간-본(初刊本) [名] 初刊本.
초-간장(醋-醬) [名] 酢醬油.
초개(草芥) [名] 草芥(お); 塵芥(ぉ).
초-겨울(初-) [名] 初冬.
초경(初經) [名] 初経; 初潮.
초계(哨戒)【-/-계】[名][他] 哨戒(紈).
초계-정(哨戒艇) [名] 哨戒艇.
초고(草稿) [名] 草稿.
초-고속도(超高速度)【-또】[名] 超高速度.
초-고속(超高速) [-또】[名] 超高速. ∥초고속도 =초고속도.
초-고압(超高壓) [名] 超高圧.
초-고추장(醋-醬) [名] 酢を混ぜたコチュジャン.
초-고층(超高層) [名] 超高層. ∥초고층 빌딩 超高層ビル.
초과(超過) /tɕʰogwa/ [名] 超過. ∥제한 시간을 초과하다 制限時間を超過する. 예산 초과 予算超過. 초과 근무 過過勤務.

초교 (初校) 初校.
초극 (超克) 图 超克.
초근-목피 (草根木皮) 图 草根木皮.
초급 (初級) 图 初級.
초기 (初期) /tʃʰogi/ 图 初期. ㉠말기(末期). ‖조선 시대 초기의 건축물 朝鮮時代[李朝] 初期の建築物. 셰익스피어의 초기의 작품 シェークスピアの初期の作品. 감기의 초기 증세 風邪の初期の症状.
초-나물 (醋-) 图 セリなどの酢の物.
초-나흗날 (初-) 【-흗-】 图 4日; その月の4番目の日.
초-나흘 (初-) 图 =초나흗날.
초년 (初年) 图 ❶一生の初期. ❷初年.
　초년-고생 (初年苦生) 【-꼬-】 图 若いときの苦労. ▶초년고생은 사서라도 한다[속] 若いときの苦労は買(ゕ)ってもせよ.
　초년-병 (初年兵) 图 初年兵.
　초년-생 (初年生) 图 1年生. ‖사회 초년생 社会人1年生.
초-능력 (超能力) 【-녁】 图 超能力.
초단 (初段) 图 初段.
초-단파 (超短波) 图 〔物理〕 超短波.
초-닷새 (初-) 【-닫쌔】 图 =초닷샛날.
초-닷샛날 (初-) 【-닫쌘-】 图 5日; その月の5番目の日.
초당 (超黨) 图 超党派(超黨派)の略語.
초-당파 (超黨派) 图 超党派. ㊎초당 (超黨).
초대¹ (代代) 图 初代. ‖초대 의장 初代議長.
초대² (招待) /tʃʰode/ 图他 招待; (客として)招くこと. ‖식사 초대를 받다 食事への招待を受ける. 초대에 응하다 招待に応じる. 초대를 거절하다 招待を断る. 새집에 친구를 초대하다 新居に友だちを招く. **초대-받다** 受動
　초대-권 (招待券) 【-꿘】 图 招待券.
　초대-장 (招待狀) 图 招待状.
초-대면 (初對面) 图 自他 初対面. ‖초대면의 인사를 나누던 初対面の挨拶を交わす.
초-대형 (超大型) 图 超大型. ‖초대형 유조막 超大型タンカー.
초동 (初動) 图 初動. ‖초동 수사 初動捜査.
초두 (初頭) 图 初頭. ‖이십 세기 초두 20世紀初頭.
초등 (初等) 图 初等. ㉠중등(中等)·고등(高等).
　초등-교육 (初等教育) 图 初等教育.
　초등-학교 (初等學校) /tʃʰodʊŋhakʼkjo/ 【-꾜】 图 小学校. ‖초등학교 삼 학년 小学校3年生.
　초등-학생 (初等學生) 【-쌩】 图 小学生.

초-등 (初-) 〔초등학생(初等學生)의 俗語〕小学生.
초라-하다 /tʃʰorahada/ 图〔하変〕❶みすぼらしい; お粗末だ; しょぼい. ‖초라한 집 みすぼらしい家. 초라한 옷차림 みすぼらしい身なり. 초라한 밥상 お粗末な食膳. 초라한 살림 しがない暮らし. ❷苦しい. ‖초라한 변명 苦しい言い訳.
초래-하다 (招來-) /tʃʰorɛhada/ 他〔하変〕(主に悪い結果を)招く; もたらす. ‖예상치 못한 결과를 초래하다 予想外の結果を招く. 위험을 초래하다 危険を招く. 불행을 초래하다 不幸をもたらす.
초례 (醮禮) 图 伝統的な結婚式.
초로¹ (初老) 图 初老. ‖초로의 신사 初老の紳士.
초로² (草露) 图 草露.
초록 (抄錄) 图〔하他〕抄錄; 抜き書き. ㊎초(抄).
초록² (草綠) 图 草色; 草葉色; 緑. ▶초록은 동색 [俗] (「草と緑は同じ色」の意で)名は違うが, 結局同類であること; 類は友を呼ぶこと.
　초록-빛 (草綠-) 【-삘】图 =초록색.
　초록-색 (草綠色) 【-쌕】图 緑色; 緑.
초롱 (-籠) 图 灯篭.
　초롱-불 (-籠-) 【-뿔】 图 灯篭の明かり.
　초롱-꽃 【-꼰】图〔植物〕ホタルブクロ(蛍袋).
　초롱초롱-하다 图〔하変〕(目が)澄んでいる; (目が)きらきらする. ‖초롱초롱한 눈동자 きらきらと輝く瞳.
초-만원 (超滿員) 图 超満員. ‖초만원 버스 超満員のバス. 초만원을 이루다 超満員になる.
초면 (初面) 图 初対面. ㉠구면(舊面).
초목 (草木) 图 草木.
초미 (焦眉) 图 焦眉. ‖초미의 과제 焦眉の課題. 초미의 급선무 焦眉の急.
초반 (初盤) 图 序盤. ㊎중반(中盤)·종반(終盤).
초-밥 (-) /tʃʰobap/ 图 鮨; 寿司. ㊎스시. ‖유부 초밥 いなり寿司.
초벌 (初-) 图 反復作業が必要な際の初回. 仕上げ前.
　초벌-구이 (初-) 图 素焼き. ㊎설구이.
초범 (初犯) 图〔法律〕初犯.
초병 (哨兵) 图 哨兵(しょうへい); 歩哨; 番兵.
초보 (初步) 图 初步; 手ほどき. ‖초보 운전 初心者運転. 초보 운전 알림판 初心者マーク; 若葉マーク. 아이에게 태권도의 초보를 가르치다 子どもにテコンドーの手ほどきをする.
　초보-자 (初步者) 图 初心者.
　초보-적 (初步的) 图 初步的な. ‖초보

적인 수준 初步的 水準.
초복 (初伏) 图 初伏. ⑳중복(中伏)·말복(末伏).
초본 (抄本) 图 抄本.
초본 (草本) 图 草本. ㉝목본(木本).
초-봄 (初-) 图 初春.
초봉 (初俸) 图 初任給.
초빙 (招聘) 图④] 招聘(しょう);招くこと. ‖전문가를 초빙하다 專門家を招聘する. 외국에서 음악가를 초빙하다 外国から音楽家を招く. **초빙-받다** 受動
초-사흘 (初-) 【-흘-】图 3日;その月の3番目の日.
초-사흗날 (初-) 图 =초사흘날.
초산 (初産) 图 初産. **초산-부** (初産婦) 图 初産婦.
초산 (硝酸) 图《化学》硝酸. ⑳질산(窒酸).
초산 (醋酸) 图《化学》酢酸. ⑳아세트산(-酸).
초상 (初喪) 图 喪中;喪. ‖초상이 나다 家の者が死ぬ. 초상을 치르다 葬儀を行なう.
초상-중 (初喪中) 图 喪中.
초상-집 (初喪-) 【-찝】图 喪家.
초상 (肖像) 图 肖像.
초상-권 (肖像權) 【-꿘】图《法律》肖像權.
초상-화 (肖像畵) 图 肖像画;似顔絵.
초생 (初生) 图 初生.
초생-달 (初生-) 图 초승달の誤り.
초생-아 (初生兒) 图 初生児.
초서 (草書) 图 草書.
초석 (硝石) 图《化学》硝石.
초석 (礎石) 图 礎石(いしずえ). ⑳주춧돌. ‖민주 정치의 초석 民主政治の礎石.
초선 (初選) 图 初当選. ‖초선 의원 初当選の議員;1年生議員.
초성 (初聲) 图《言語》1つの音節で最初の子音. ⑳첫소리. ㉝중성(中聲)·종성(終聲).
초소 (哨所) 图 哨所.
초속 (秒速) 图 秒速.
초속 (超俗) 图 超俗.
초순 (初旬) 图 初旬;上旬. ⑳상순(上旬).
초승-달 (初-) 【-딸】图 三日月;新月.
초식 (草食) 图④] 草食. ㉝육식(肉食).
초식-동물 (草食動物) 【-똥-】图《動物》草食動物.
초심[1] (初心) 图 初心. ‖초심을 잃어서는 안 된다 初心忘るべからず.
초심-자 (初心者) 图 初心者.
초심[2] (初審) 图 初審.
초심[3] (焦心) 图④] 焦心.
초-아흐레 (初-) 图 =초아흐렛날.
초-아흐렛날 (初-) 【-렌-】图 9日;その月の9番目の日.
초안 (草案) 图 草案.
초야[1] (初夜) 图 初夜. ㉝첫날밤.
초야[2] (草野) 图 草莽(そうもう);片田舎.
초-여드레 (初-) 图 =초여드렛날.
초-여드렛날 (初-) 【-렌-】图 8日;その月の8番目の日.
초-여름 (初-) 图 初夏.
초역 (抄譯) 图④] 抄訳.
초연[1] (初演) 图④] 初演.
초연[2] (硝煙) 图 硝煙.
초연-하다 (超然-) 圈 [하変] 超然としている. ‖초연한 태도 超然たる態度.
초연-히 副
초-열흘 (初-) 图 =초열흘날.
초-열흗날 (初-) 【-랄-】图 10日;その月の10番目の日.
초엽 (初葉) 图 初葉. ⑳중엽(中葉)·말엽(末葉). ‖십칠 세기 초엽 17世紀 初葉.
초-엿새 (初-) 【-엳쌔】图 =초엿샛날.
초-엿샛날 (初-) 【-엳쌘-】图 6日;その月の6番目の日.
초옥 (草屋) 图 草屋.
초원 (草原) 图 草原.
초월 (超越) 图④] 超越;(自分の考え方や立場を)超えること. ‖시대를 초월하다 時代を超越する. 세속을 초월하다 世俗を超越する.
초월-론 (超越論) 图 超越論.
초월-수 (超越數) 【-쑤】图《数学》超越数.
초유[1] (初有) 图 未曾有(みぞ);初めてのこと. ‖초유의 대사고 未曾有の大事故. 초유의 일 初めての出来事.
초유[2] (初乳) 图 初乳.
초-음속 (超音速) 图 超音速.
초-음파 (超音波) 图 超音波. ‖초음파 검사 超音波検査.
초-이레 (初-) 图 =초이렛날.
초-이렛날 (初-) 【-렌-】图 7日;その月の7番目の日.
초-이튿날 (初-) 【-튼-】图 2日;その月の2番目の日.
초-이틀 (初-) 图 =초이튿날.
초인 (超人) 图 超人.
초인-적 (超人的) 图 超人的. ‖초인적인 의지 超人的の意志.
초인-종 (招人鐘) 图 呼び鈴;ベル. ‖초인종을 누르다 ベルを押す.
초-읽기 (秒-) 【-일기】图 秒読み. ‖초읽기에 들어가다 秒読みの段階に.
초임[1] (初任) 图④] 初任.
초임-급 (初任給) 图 初任給.
초임[2] (初賃) 图 =초임급.
초입 (初入) 图 ❶(山などの)入り口. ‖지리산 초입에서 만난 사람 智異山の入り口で会った人. ❷(時期などの)初め. ‖사십 대 초입의 남자 40代になり

초-자아 (超自我) 图 (精神分析学で)超自我. ⑪슈퍼에고. ⑪자아(自我)·이드.

초-자연 (超自然) 图 超自然.
초자연-적 (超自然的) 图 超自然的. ∥초자연적인 현상 超自然的な現象.

초장¹ (初章) 图 3章からなる詩歌の最初の章. ⑪중장(中章)·종장(終章).

초장² (初場) 图 ❶市が立って間もない時; 開店して間もない時. ❷皮切り; 手始め; しょっぱな.

초장³ (醋醬) 图 酢を入れて味付けをした醬油.

초-저녁 (初一) 图 夕暮れ.
초저녁-달 (初一) 【-딸】 图 夕月; 宵月(ぬ).
초저녁-잠 (初一) 【-짬】 图 宵寝.
초-전도 (超電導) 图 (物理) 超伝導.
초점 (焦點) /čhoǰǝm/ 图 焦点. ∥렌즈의 초점을 맞추다 レンズの焦点を合わせる. 초점이 흐려지다 焦点がぼやける. 저출산 문제에 초점을 맞추다 少子化問題に焦点を当てる. 초점이 안 맞는 논의 焦点が定まらない議論.

초조 (焦燥) /čhoǰo/ 图 하다(自他) いらいらしていること; 焦っていること. ∥초조함을 느끼다 焦りを感じる. 초조한 마음으로 달려가다 焦った気持ちで走っていく. 초조하게 결과를 기다리다 いらいらしながら結果を待つ.

초조-감 (焦燥感) 图 焦燥感.
초-주검 (初一) 图 半死半生; 瀕死. ∥초주검이 되다 半死半生の目にあう.

초중고 (初中高) 图 【初等学校(초등학교)·中学校(중학교)·高等学校(고등학교)의 略語】小中高.

초지¹ (初志) 图 初志.
초지-일관 (初志一貫) 图 하다(自) 初志貫徹.

초지² (草地) 图 草地.
초-지대 (草地帶) 图 [地] 草原地帯; ステップ.

초진 (初診) 图 하다(他) 初診.
초창-기 (草創期) 图 草創期.
초청 (招請) /čhočhǝŋ/ 图 하다(他) 招請; 招待. ∥외국인 지휘자를 초청하다 外国人指揮者を招請する. 초청 강연회 招請講演会. **초청-받다** (受動)
초청-장 (招請狀) 【-짱】 图 招請状.

초출 (初出) 图 하다(自) 初出.
초췌-하다 (憔悴-; 顦顇-) 【-하야】 (形) 憔悴している. ∥초췌한 몰골 憔悴した姿.

초침 (秒針) 图 秒針.
초콜릿 (chocolate) 图 チョコレート.
초크 (chalk) 图 チョーク; 白墨.
초탈 (超脫) 图 하다(自) 超脫.
초토 (焦土) 图 焦土.
초토-화 (焦土化) 图 되다(自) 焦土化.

초토-화되다 焦土と化する.
초-특급 (超特急) 【-끕】 图 超特急.
초-파리 图 【昆虫】 キイロショウジョウバエ(黄色猩猩蝿).

초-파일 (初八日) 图 【仏教】 陰暦の4月8日; 釈迦が降誕した日.

초판¹ (初版) 图 最初の時期; 初手; しょっぱな.

초판² (初版) 图 初版.
초-하루 (初一) 图 =초하룻날.
초-하룻날 (初一) 【-룬-】 图 1日; その月の1番目の日.

초행 (初行) 图 하다(自) ある所へ初めて行くこと; 初めての道.

초행-길 (初行-) 【-낄】 图 初めて行くこと[道].

초-현대적 (超現代的) 图 超現代的.
초-현실주의 (超現實主義) 【-/-이】 图 超現実主義.

초혼¹ (初婚) 图 初婚. ⑪재혼(再婚).
초혼² (招魂) 图 招魂.
초혼-제 (招魂祭) 图 招魂祭.
촉¹ (鏃) 图 細長い物の先に付いた尖った物の総称; 先. ∥펜촉 ペンの先.
촉² (燭) 图 【촉광(燭光)의 略語】燭.
촉각¹ (觸角) 图 【動物】 触角. 더듬이.
촉각² (觸覺) 【-깍】 图 触覚.

촉감 (觸感) /čhokkam/ 图 【-깜】 触感; 感触; 触覚. ∥촉감이 좋다 触感がいい. 비단의 부드러운 촉감 絹の柔らかな感触.

촉광 (燭光) 【-꽝】 图 燭光(ろう). ⑪촉(燭).

촉구 (促求) 【-꾸】 图 하다(他) 催促; 促すこと; 強く求めること. ∥주의를 촉구하다 注意を促す. 빠른 대책을 촉구하다 迅速な対策を求める.

촉급-하다 (促急-) 【-끄파-】 (形) 【하変】切迫している; 緊迫している.

촉대 (燭臺) 【-때】 图 燭台(ﾀ̌). ⑪촛대(-臺).

촉망 (囑望) 【-쫑】 图 하다(他) 嘱望. 촉망받는 신인 嘱望される新人.

촉매 (觸媒) 【-째】 图 【化学】 触媒. ∥촉매 작용 触媒作用.

촉박-하다 (促迫-) 【-빠카-】 (形) 【하変】切迫している; 促迫している; 急迫している. ∥일정이 촉박하다 日程が差し迫っている.

촉발 (觸發) 【-빨】 图 하다(自他) 触発.
촉새 【-쌔】 图 【鳥類】 アオジ(青鵐).
촉성 (促成) 【-썽】 图 하다(他) 促成. ∥촉성 재배 促成栽培.

촉수¹ (燭數) 【-쑤】 图 燭光の数値.
촉수² (觸手) 【-쑤】 图 【動物】 触手. ∥촉수를 뻗치다 触手を伸ばす.

촉진¹ (促進) 【-찐】 图 하다(他) 促進. ∥개

발을 촉진하다 開発を促進する. 판매 촉진 販売促進.

촉진²(觸診)【-찐】图 他 (医学) 触診.

촉촉-하다[-초카-] 形 [ㅎ変] しっとりしている. ∥촉촉한 피부 감촉 しっとりとした肌の感触. **촉촉-히** 副 촉촉히 젖어 있다 しっとりとぬれている.

촉탁(囑託) 图 他 囑託. ∥촉탁 사원 囑託社員.

촌¹(村) 图 ❶田舍;村. ❷故郷;国. ∥촌에 좀 다녀왔습니다 国にちょっと行ってきました.

촌²(寸) 区区 親族関係の疎密を示す語;寸. ∥삼촌 おじ, 사촌 いとこ.

촌각(寸刻) 图 寸刻;寸時;一刻. ∥촌각을 다투는 사안 一刻を争う事案.

촌-구석(村-)【-꾸-】 图 片田舎. ∥촌구석에서 살다 片田舎で暮らす.

촌극(寸劇) 图 寸劇. ❷ 토막극 (-劇).

촌-놈(村-) 图 [촌사람(村-)의俗語] いなかっぺ.

촌-닭(村-)【-딱】 图 〔さげすんだ言い方で〕田舎者;田舎育ちの人.

촌-뜨기(村-) 图 〔さげすんだ言い方で〕田舎者;田舎育ちの人.

촌락(村落)【-낙】 图 村落.

촌로(村老)【-노】 图 村老.

촌부¹(村夫) 图 村夫;田舎の男の人.

촌부²(村婦) 图 村婦;田舎の女の人.

촌-사람(村-)【-싸-】 图 田舎者;田舎の人.

촌수(寸数)【-쑤】 图 親等. ❂親子は1親等;兄弟は2親等.

촌-스럽다(村-)【-쓰-따】 形 [ㅂ変] 田舎くさい;野暮ったい;(俗に)ださい. ∥촌스러운 옷차림 좀 (俗に)ださい服装.

촌음(寸陰) 图 寸陰;寸時. ∥촌음을 아끼다 寸時を惜しむ.

촌장(村長) 图 村長.

촌지(寸志) 图 ❶寸志. ❷(誠意を表わすために)先生や記者に渡すお金.

촌철살인(寸鐵殺人) 图 寸鐵人を刺すこと. ∥촌철살인의 한마디 寸鐵警句;短く鋭い警句.

촌충(寸蟲) 图 (動物) サナダムシ(真田虫).

촌-티(村-) 图 田舎っぽさ;野暮ったさ.

촌티-나다(村-) 田舎っぽい;野暮ったい. ∥촌티나는 옷차림 野暮ったい身なり.

촌평(寸評) 图 他 寸評. ∥시사 촌평 時事寸評.

촐랑-거리다[-대다] 自 おっちょこちょいにふるまう;浮かれる.

촐랑-이 图 おっちょこちょい;そそっかしい人.

촐랑-촐랑 副 おっちょこちょいな様子.

출싹-거리다[-꺼-따]【-끼-때】 自 ❶でしゃばる;差し出がましい;ふざける. **촐싹-촐싹** 副 無定見にでしゃばる様子.

출출-하다 形 [ㅎ変] (小腹が)すいている.

촘촘-하다 形 [ㅎ変] ❶(目が)細かい. ∥촘촘한 바느질 細かい縫い目. ❷すきまがないほど詰まっている. **촘촘-히** 副.

촛-농(-膿)【촌-】 图 燭涙(ほうるい). ∥촛농이 떨어지다 燭涙が流れる.

촛-대(-臺)【촏때 / 촏때】 图 燭台(ほうだい);燭檯(ほうるい).

촛-불[촏뿔 / 촏뿔] 图 蠟燭(るうそく)の火. ∥촛불을 켜다 蠟燭をつける.

총¹(銃) 图 [銃] 銃;銃器;ピストル. ∥총을 겨누다 銃を構える. 총을 쏘다 銃を撃つ.

총²(総) 图 すべて;全部合わせて;総勢. ∥총 열두 명입니다 総勢12名です.

총-³(総) 接頭 総…. ∥총선거 総選挙. 총지배인 総支配人. 총결산 総決算.

총각(總角) 图 チョンガー;未婚の男性. ❂처녀총각 未婚の男女.

총각-김치(總角-)【-낌-】 图 小大根(총각무)のキムチ.

총각-무(總角-) 图 葉っぱごとキムチに漬ける小さな大根.

총검(銃劍) 图 銃剣.

총검-술(銃劍術) 图 銃劍術.

총격(銃擊) 图 他 銃擊. ∥총격을 가하다 銃撃を加える.

총-결산(總決算)【-싼】 图 他 総決算.

총경(總警) 图 警察官の階級の1つ.

총계(總計)【-/-계】 图 総計.

총-계정(總計定)【-/-게-】 图 (経) 総勘定.

총-공격(總攻擊) 图 他 総攻撃.

총괄(總括) 图 他 総括. ∥일 년 동안의 활동을 총괄하다 1年間の活動を総括する.

총괄-적(總括的)【-쩍】 冠 総括的. ∥총괄적인 규정 総括的な規定.

총구(銃口) 图 銃口. ❂ 총부리(銃-). ∥총구를 들이대다 銃口を向ける.

총국(總局) 图 総局.

총-궐기(總蹶起) 图 自 総決起.

총기¹(銃器) 图 銃器. ∥총기를 불법 소지하다 銃器を不法に所持する.

총기²(聰氣) 图 聰明さ. ∥총기가 있는 아이 聡明な子.

총기³(總記) 图 総記.

총-대¹(銃-)【-때】 图 銃床.

총대²(總代) 图 総代.

총독(總督) 图 自 総督する.

총-동맹 파업(總同盟罷業) 图 ゼネスト. ❂ 총파업(總罷業).

총-동원(總動員) 图 他 総動員.

총람(總覽)【-남】 图 他 総覧.

총량(總量) 〖-냥〗 图 総量.
총력(總力) 〖-녁〗 图 総力. ‖총력을 기울이다 総力を注ぐ.
총력-전(總力戰) 〖-녁쩐〗 图 総力戦. ‖총력전을 펼치다 総力戦を繰り広げる.
총론¹(總論) 〖-논〗 图 論議.
총론²(總論) 〖-논〗 图 総論. ⇔각론(各論).
총리(總理) 〖-니〗 图 하타 ❶すべてを管理すること. ❷国務総理(國務總理)の略語.
총-망라(總網羅) 〖-나〗 图 하타 すべてを網羅すること.
총망-하다(悤忙-) 圈 하변 忽忙だ.
총명-하다(聰明-) 圈 하변 聡明だ; 賢い. ‖총명한 사람 聡明な人.
총목록(總目錄) 〖-몽녹〗 图 総目録.
총무(總務) 图 総務.
총무-처(總務處) 图 [行政] 総務省.
총본부(總本部) 图 総本部.
총본산(總本山) 图 [仏教] 総本山.
총-부리(銃-) 〖-뿌-〗 图 銃口. 銃口(銃口). ‖총부리를 겨누다 銃口を向ける.
총사령관(總司令官) 图 総司令官.
총-사직(總辭職) 图 하자 総辞職. ‖불신임안이 가결되어 내각이 총사직하다 不信任案が可決されて内閣が総辞職する.
총살(銃殺) 图 하타 銃殺. **총살-당하다** (受動)
총상(銃傷) 图 銃傷; 銃創.
총상-화(總狀花) 图 [植物] 総状花.
총서(叢書) 图 叢書.
총선(總選) 图 総選挙(總選擧)の略.
총-선거(總選擧) 图 하타 総選挙. 略 총선(總選).
총성(銃聲) 图 銃声.
총-소득(總所得) 图 総所得.
총-소리(銃-) 〖-쏘-〗 图 =총성(銃聲).
총수¹(總帥) 图 総帥.
총수²(總數) 图 総数.
총-수입(總收入) 图 総収入. ⇔총지출(總支出).
총아(寵兒) 图 寵児(ちょうじ). ‖시대의 총아 時代の寵児.
총알(銃-) 〖-}} 图 弾丸; 銃弾. 略 탄환 (彈丸). ⇒총탄(銃彈).
총애(寵愛) 图 하타 寵愛(ちょうあい).
총액(總額) 图 総額.
총-영사(總領事) 〖-녕-〗 图 総領事.
총-예산(總豫算) 〖-녜-〗 图 総予算; 総計予算.
총원(總員) 图 総員. ‖총원을 점검하다 総員を点検する.
총의(總意) 图 [/-이] 総意.
총장(總長) 图 総長. ‖검찰 총장 検事総長 사무총장 事務総長. 국립대학의 총장 国立大学の総長.
총재(總裁) 图 総裁. ‖한국 은행 총재 韓国銀行総裁.
총-적량(總積量) 〖-정냥〗 图 総積載量.
총점(總點) 〖-쩜〗 图 総得点.
총중(叢中) 图 大勢の人; たくさんの中; 大勢の中. ‖총중에 가장 영리하다 大勢の中で最も賢い.
총-지배인(總支配人) 图 総支配人.
총-지출(總支出) 图 総支出. ⇔총수입(總收入).
총지휘(總指揮) 图 하타 総指揮.
총질(銃-) 图 하자 銃を撃つこと; 発砲すること; 銃撃.
총채 图 はたき; ちりはたき; ちり払い.
총책(總責) 图 총책임자(總責任者)の略語.
총-책임자(總責任者) 图 総責任者. 略 총책(總責).
총-천연색(總天然色) 图 天然色(天然色)を強調した語.
총체(總體) 图 総体.
총체-적(總體的) 图 総体的. ‖총체적인 위기 상황 総体的な危機状況. 총체적으로 総体的に.
총총(悤悤) 副 (形) 忙しい(慌ただしい)様子; 怱々(と). ‖총총(히) 사라지다 怱々と去っていく. 이만 총총 取り急ぎ.
총총-거리다 国 せかせかと歩く.
총총-걸음 图 急ぎ足; せかせかした歩調.
총총-하다¹ 圈 하변 (星が)きらきら(と)光る; きらめく. ‖별들이 총총한 밤 星がきらきら(と)光る夜.
총총-하다²(叢叢-) 圈 하변 叢叢(そうそう)だ; ぎっしりだ; 隙間なくいっぱいに詰まっている. **총총-히** ‖총총(히) 들어서 있다 多くの家がぎっしりと立ち並んでいる.
총-출동(總出動) 〖-똥〗 图 하자 総出.
총칙(總則) 图 総則.
총칭(總稱) 图 하타 総称.
총-칼(銃-) 图 銃と刀; 銃剣.
총탄(銃彈) 图 銃弾. ⇒총알(銃-)·탄환(彈丸). ‖총탄에 쓰러지다 銃弾に倒れる.
총통(總統) 图 総統.
총-파업(總罷業) 图 하자 ゼネスト. 略 동맹 파업(同盟罷業).
총판(總販) 图 총판매(總販賣)の略語.
총-판매(總販賣) 图 하타 一手販売. 略 총판(總販).
총평(總評) 图 総評.
총포(銃砲) 图 銃砲.
총합(總合) 图 総合.

총화 (總和) 図 ❶総和. ❷全体の和合.

총회 (總會) 【-/-쾌】 図 総会. ‖주주 총회 株主総会.

총회-꾼 (總會-) 図 総会屋.

총획 (總畫) 【-쾌】 図 総画.

촬영 (撮影) /tʰwarjɔŋ/ 【하게】 撮影. ‖야외 촬영 野外撮影, 특수 촬영 特殊撮影.

촬영-기 (撮影機) 図 撮影機.

촬영-소 (撮影所) 図 撮影所.

최[1] (崔) 【-/-쾌】 図 〖姓〗崔(チェ).

최-[2] (最) 【-/-쾌】 ▣ 最…. ‖최고급 最高級.

최강 (最强) 【-/-쾌】 図 最强. ‖세계 최강의 축구팀 世界最強のサッカーチーム.

최고[1] (最古) 【-/-쾌】 図 最古. ‖최신 (最新).

최고[2] (最高) /tʰwe:go/ 【-/-쾌】 図 최저의 설비를 자랑하다 最高の設備を誇る. 최고의 기분 最高の気分. 최고 기온 最高気温. 최고로 재미있다 最高に面白い.

최고-가 (最高價) 【-까/-쾌-까】 図 最高価.

최고-봉 (最高峯) 図 最高峰.

최고-신 (最高神) 図 最高神.

최고-품 (最高品) 図 最高の品物.

최고-형 (最高刑) 図 〖法律〗最も重い刑罰.

최-고급 (最高級) 【-/-쾌】 図 最高級. ‖최고급 와인 最高級ワイン.

최-고조 (最高潮) 【-/-쾌】 図 最高潮. ‖청중들의 흥분이 최고조에 달하다 聴衆の興奮が最高潮に達する.

최근 (最近) /tʰwe:gɯn/ 【-/-쾌】 図 最近. ‖최근의 경제 동향 最近の経済の動向. 최근에 산 옷 最近買った服. 최근 들어 알게 된 일 最近になって分かった[知った]こと.

최다 (最多) 【-/-쾌】 図 最多. 刃最少(最少). ‖최다 득표 最多得票.

최단 (最短) 【-/-쾌】 図 最短. 刃最長(最長). ‖최단 거리 最短距離.

최대 (最大) /tʰwe:dɛ/ 【-/-쾌】 図 最大. 刃最少(最少). ‖최대의 최대한도 最大限度. 최대의 관심사 最大の関心事. 부산은 한국 최대의 항구 도시이다 釜山は韓国最大の港湾都市である.

최대-공약수 (最大公約數) 図 〖數〗最大公約数.

최대-치 (最大値) 図 最大値. 刃最少치(最少値).

최대-한 (最大限) 図 最大限. 刃最少한(最少限). ‖최대한의 노력 最大限の努力. 최대한으로 배려하다 最大限に配慮する.

최대-한도 (最大限度) 図 最大限度.

최댓-값 (最大-〈ㅅ〉) 【-대깝/-쾌댑깝】 図 〖數〗最大値.

최루-탄 (催淚彈) 【-/-쾌】 図 催淚彈.

최면 (催眠) 【-/-쾌】 図 催眠. ‖최면을 걸다 催眠術をかける. 최면 상태 催眠状態.

최면-술 (催眠術) 図 催眠術.

최면 요법 (催眠療法) 図 -노뻡/-쾌-노뻡】 図 催眠療法.

최면-제 (催眠劑) 図 催眠剤.

최상 (最上) 【-/-쾌】 図 最上;至上;最高. 刃最下(最下). ‖최상의 선택 最上の選択. 최상의 기쁨 最上[至上]の喜び.

최-상급 (最上級) 【-/-쾌】 図 ❶最上級. ❷〖言語〗最上級. 刃比較級(比較級).

최-상위권 (最上位圈) 【-꿘/-쾌-꿘】 図 トップクラス. ‖최상위권 대학 トップクラスの大学.

최-상층 (最上層) 【-/-쾌】 図 ❶最上階. ❷社会で最も上流の階層.

최-상품 (最上品) 【-/-쾌】 図 最上級の品物.

최선 (最善) /tʰwe:sɔ:n/ 【-/-쾌】 図 最善. 刃最惡(最惡). ‖최선의 노력 最善の努力. 최선의 방법 最善の方法. 최선을 다하다 最善を尽くす.

최선-책 (最善策) 図 最善の策.

최-선봉 (最先鋒) 図 ❶急先鋒.

최소[1] (最小) 【-/-쾌】 図 最小. 刃最大(最大).

최소-공배수 (最小公倍數) 図 〖數〗最小公倍数.

최소-치 (最小値) 図 最小値. 刃最大치(最大値).

최소-한 (最小限) 図 最小限. 刃最大한(最大限). ‖피해를 최소한으로 막다 被害を最小限に食い止める.

최소-한도 (最小限度) 図 最小限度.

최소-화 (最小化) 【하게】 図 最小化.

최솟-값 (最小-〈ㅅ〉) 【-소깝/-쾌솟깝】 図 〖數〗最小値.

최소[2] (最少) 【-/-쾌】 図 最少. 刃最多(最多).

최신 (最新) /tʰwe:ʃin/ 【-/-쾌】 図 最新. 刃最古(最古). ‖최신 기술 最新技術.

최신-식 (最新式) 図 最新式. ‖최신식 복사기 最新式のコピー機.

최신-형 (最新型) 図 最新型.

최악 (最惡) 【-/-쾌】 図 最惡. 刃最善(最善). ‖최악의 결과 最惡の結果. 최악의 사태는 피하다 最悪の事態は避ける.

최-우선 (最優先) 【-/-쾌】 図 最優先. ‖최우선적으로 해야 할 과제 最優先すべき課題.

최-우수 (最優秀) 【-/-쾌】 図 最優秀. ‖최우수 선수 最優秀選手;MVP.

최음-제 (催淫劑) 【-쉐-】 催淫劑.
최장 (最長) 【-/쉐-】 最長. ↔최단(最短).
최저 (最低) /tʰwe:dʑʌ/ 【-/쉐-】 最低. ↔최고(最高). ‖최저 기온 最低気温. 최저 수준 最低水準.
최저-가 (最低價) 【-까/쉐-까】 最安値.
최저-생활비 (最低生活費) 最低生活費.
최저-임금제 (最低賃金制) 最低賃金制.
최저-한도 (最低限度) 最低限度. ‖최저한도의 생활 最低限の生活.
최적 (最適) 【-쉐-】 最適. ‖최적 온도 最適の温度.
최-전방 (最前方) 【-/쉐-】 最前線.
최-전선 (最前線) 【-/쉐-】 最前線.
최종 (最終) /tʰwe:dʑoŋ/ 【-/쉐-】 最終. ↔최초(最初). ‖최종 단계 最終段階. 최종 보고 最終報告.
최종-심 (最終審) 【法律】 終審; 最終審理.
최종-적 (最終的) 【-쉐-】 最終的.
최-첨단 (最尖端) 【-쉐-】 最先端. ‖유행의 최첨단을 걷다 流行の最先端を行く.
최초 (最初) /tʰwe:tɕʰo/ 【-/쉐-】 最初. ↔최후(最後) ·최종(最終). ‖최초의 방문객 最初の訪問客. 최초로 만든 작품 最初に作った作品.
최하 (最下) 【-/쉐-】 最下; 最低; 一番下; 最下位. ↔최상(最上). ‖최하의 성적 最下の成績.
최하급 (最下級) 【-/쉐-】 最も低い等級.
최하층 (最下層) 【-/쉐-】 社会で最も下流の階層.
최혜-국 (最惠國) 【-쉐에-】 最惠国.
최후 (最後) 【-/쉐-】 最後; 最期. ↔최초(最初). ‖최후의 한마디 最後の一言. 최후의 수단 最後の手段. 장렬한 최후 壮烈な最期.
최후-통첩 (最後通牒) 最後通牒.

추¹ (秋) 【姓】 秋(チュ).
추² (錘) 【-】 ❶ [저울추(-錘)의 略語] 錘(하리). ❷ [시계추(時計錘)의 略語] 時計の振り子. ❸ 錘のように 垂れ下がったものの総称.
추가 (追加) /tʰuga/ 하他 追加. ‖추가 항목 追加項目. 추가 시험 追(加)試験; 追試. 추가로 주문하다 追加で注文する. **추가-되다** 受動 注文이 추가되다 注文が追加される.
추간-연골 (椎間軟骨) 【-년-】 【解剖】 椎間板.

추격 (追撃) 名 하他 追撃. ‖적기를 추격하다 敵機を追撃する. **추격-당하다** 受動
추계¹ (秋季) 【-/-게】 秋季.
추계² (推計) 【-/-게】 하他 推計.
추고 (推考) 하他 推考.
추곡 (秋穀) 秋に収穫する穀物.
추구¹ (追求) /tʰugu/ 하他 追求; (目標として)追う. ‖이윤을 추구하다 利潤を追求する. 이상을 추구하다 理想を追う.
추구² (追究) 하他 追究. ‖진리를 추구하다 真理を追究する.
추궁 (追窮) 하他 追及. ‖책임을 추궁하다 責任を追及する. **추궁-당하다** 受動
추근-거리다 【-대다】 自 (特に男性が女性に)しつこくまとわりつく[まつわりつく].
추근-추근 副 形 ねちねちと; しつこく.
추기¹ (秋期) 秋期.
추기² (追記) 하他 追記.
추기-경 (樞機卿) 【カトリック】 枢機卿(すうききょう).
추기다 他 おだてる; そそのかす; あおる.
추남 (醜男) 醜男(ぶおとこ); しこお. ↔미남(美男).
추녀¹ (屋根の下端の)軒(のき).
추녀² (醜女) 醜女(ぶおんな); しこめ; ぶす. ↔미녀(美女).
추다 /tʰuda/ 他 踊る; 舞う. ‖춤을 추다 (踊りを)踊る; (舞を)舞う.
추대 (推戴) 하他 推戴(すいたい). ‖명예 총재로 추대하다 名誉総裁に推戴する.
추도 (追悼) 하他 追悼. ‖추도식 追悼式.
추돌 (追突) 하他 追突. ‖추돌 사고 追突事故.
추락 (墜落) /tʰurak/ 하自 墜落. ‖비행기가 추락하다 飛行機が墜落する. 추락 사고 墜落事故.
추락-사 (墜落死) 【-싸】 하自 墜落死.
추량 (推量) 하他 推量; 推測.
추레-하다 하形 みすぼらしい; 薄汚い. ‖추레한 몰골 みすぼらしい格好.
추렴 (-出斂) 出し合うこと.
추록 (追録) 하他 追録.
추론 (推論) 하他 推論. ‖조사 결과를 가지고 사고 원인을 추론하다 調査結果から事故原因を推論する.
추류-성 (趨流性) 【-씽】 走流性.
추리 (推理) /tʰuri/ 하他 推理. ‖범인을 추리하다 犯人を推理する. **추리-력** (推理力) 推理力. ‖추리력을 발휘하다 推理をはたらかせる.
추리소설 (推理小說) 【文芸】 推理小説.

추리닝 (←training) 몡 ジャージ. 몡운동복(運動服)·연습복(練習服).

추리다 /tɕʰurida/ 唐 選ぶ;選び出す;えりすぐる. ¶카탈로그에서 사고 싶은 것들을 추려 보다 カタログから買いたい物を選んでみる. 잘된 작품만 추리다 上出来の作品だけ選び出す.

추모 (追慕) 명 _{하他} 追慕.

추문 (醜聞) 명 醜聞; スキャンダル. ¶추문에 시달리다 スキャンダルに悩まされる.

추물 (醜物) 명 ❶醜い物. ❷ふしだらな者.

추방 (追放) /tɕʰubaŋ/ 명 _{하他} 追放. ¶폭력을 추방하다 暴力を追放する. 국외로 추방하다 国外に追放する. 영구 추방 永久追放. **추방-당하다** _{하자}

추분 (秋分) 명 [二十四節気の]秋分.
추분-점 (秋分點) 명 [-쩜] 몡 _{天文} 秋分点.

추산 (推算) 명 _{하他} 推算.

추상¹ (抽象) 명 _{하他} 抽象. _反 구체(具體).
추상-명사 (抽象名辭) 명 _{言語} 抽象名詞.
추상-미 (抽象美) 명 抽象美.
추상-적 (抽象的) 명 抽象的. _反 구체적(具體的).
추상-화 (抽象畫) 명 抽象画.

추상² (秋霜) 명 秋霜.
추상-같다 (秋霜-) [-갇따] 혱 非常に厳しい; 寄りつきがたい威厳がある. ¶추상같은 명령 遅らいがたい威厳のある命令. **추상같-이** 用

추상 (追想) 명 追想.
추상-화산 (錐狀火山) 명 _地 錘状(스)火山; 成層火山. ÷富士山がその例である.

추서 (追敍) 명 _{하他} 追叙(じょ).

추석 (秋夕) /tɕʰusʌk/ 명 _{民俗} チュソク(秋夕); ÷陰暦8月15日の節日(せつ). 韓国の伝統的感謝祭. お盆に似ていて, 新米や物の物を供え祭祀を行ない墓参りをする.

추세 (趨勢) 명 [ ]時代の趨勢. ¶시대의 추세 時代の趨勢. 추세에 따르다 趨勢に従う.

추수¹ (秋水) 명 秋水; 澄みきった秋の水.

추수² (秋收) 명 _{하他} 秋収; 秋の収穫.
추수 감사절 (秋收感謝節) 명 [キリスト教] 感謝祭; サンクスビギンデー.

추수³ (追隨) 명 _{하他} 追随(ずい).

추스르다 /tɕʰusɯrɯda/ 唐 [르変] 担ぐ. ¶ [体などを]意のままに動かす. ¶몸을 제대로 추스르지 못하다 体をろくに動かせない. ❷段取りをする; 片付ける; まとめる; 落ち着かせる. ¶이번 일은 어떻게 추슬러야 할지 모르겠다 今回のことはどうまとめたらいいのか分からない. 마음을 추스르다 心を落ち着かせる.

추신 (追伸·追申) 명 追伸.

추심 (推尋) 명 _{하他} 受け取ること; 取り立て.
추심-어음 (推尋-) 명 _經 取り立て手形.

추악-하다 (醜惡-) [-아카-] 혱 [하変] 醜悪だ; 見苦しい; 醜い. ¶추악한 인간의 이면 醜悪な人間の裏面.

추앙 (推仰) 명 _{하他} 崇めること; 崇め奉ること. ¶국부로 추앙하다 国父として崇める.

추어 (鰍魚·鰍魚) 명 _{魚介類} ドジョウ(泥鰌). ÷미꾸라지.
추어-탕 (鰍魚湯·鰍魚湯) 명 _{料理} チュオタン; ÷韓国風ドジョウ鍋.

추어올리다 唐 ❶持ち上げる. ❷おだてる. ¶아이가 좋다고 아이를 추어올리다 頭がいいって子どもをおだてる.

추억 (追憶) /tɕʰuʌk/ 명 _{하他} 思い出; 追憶. ¶어릴 때를 추억하다 幼時を追憶する. 추억에 잠기다 思い出にふける. 잊을 수 없는 추억 忘れがたい追憶.

추운 혱 [ㅂ変] 寒い(寒い)の現在連体形. ¶추운 겨울 寒い冬.

추워 혱 [ㅂ変] 寒い(寒い)の連用形.

추월 (追越) 명 _{하他} 追い越し; 追い越すこと. ¶추월 금지 追い越し禁止. **추월-하다** _{하他}

추위 /tɕʰuwi/ 명 寒さ. _反 더위. ¶추위를 타다 寒さに弱い. 추위에 떨다 寒さに震える. 추위가 풀리다 寒さが和らぐ. 추위를 많이 타는 사람 寒がり.

추위² (鰌胃) 명 [牛の]反芻胃の第4胃; 皺胃(ひ-胃).

추이 (推移) 명 推移. ¶사건의 추이를 지켜보다 事件の推移を見守る.

추인 (追認) 명 _{하他} 追認.

추잡-하다 (醜雜-) [-자파-] 혱 [하変] みだらだ; いやらしい. ¶추잡한 짓 みだらな行為.

추장¹ (酋長) 명 酋長.
추장² (推獎) 명 _{하他} 推奨.

추적 (追跡) 명 _{하他} 追跡. ¶범인을 추적하다 犯人を追跡する. 추적 조사 追跡調査. **추적-당하다** _{하자}

추적-권 (追跡權) 명 [-꿘] _{法律} 追跡権 (外国船舶が領海内で罪を犯して公海に逃亡した場合, 公海上でその船舶を追跡し捕捉できる権利).

추적-추적 튀 (小雨やみぞれなどが)降り続いている様子; しとしとと. ¶가랑비가 추적추적 내리다 小雨がしとしとと降る.

추접-스럽다 (醜-) [-쓰-따] 혱 [ㅂ変] 汚い; 醜悪だ; 汚らしい; いやらしい. ¶돈에 추접스럽다 お金に汚い. 추접스러운 방법으로 돈을 벌다 汚いやり方で金儲けをする. **추접-스레** 튀

추정 (推定) [名] [他サ]. 推定. ‖추정 연령 推定年齢. **추정-되다** 受動.

추존 (追尊) [名] [他サ]. 追尊.

추종 (追從) [名] [他サ]. ‖추종 세력 追從勢力. 타의 추종을 불허하다 他の追從を許さない.

추진 (推進) /tʰuʤin/ [名] [他サ]. 推進; 推し進めること. ‖녹화 사업을 추진하다 緑化を推進する. 러시아는 민주화와 시장 경제화를 급속히 추진하고 있다 ロシアは民主化と市場経済化を急速に推し進めている. **추진-되다** 受動.

추진-기 (推進機) [名] 推進器. ⇒スクリュー・プロペラなど.

추진-력 (推進力) [-녁] 推進力.

추징 (追徵) [名] [他サ]. 追徵.

추징-금 (追徵金) [名] 追徵金.

추찬 (推讚) [名] [他サ]. 推讚.

추천 (推薦) /tʰuʧʰən/ [名] [他サ]. 推薦. ‖참고서를 추천하다 参考書を推薦する. 의장으로 추천하다 議長に推薦する.

추천-서 (推薦書) [名] 推薦書.

추천-장 (推薦狀) [-짱] [名] 推薦狀.

추첨 (抽籤) /tʰuʧʰəm/ [名] [他サ]. 抽選; くじ引き. ‖추첨하여 정하다 抽選で決める. 추첨으로 순서를 정하다 くじ引きで順番を決める.

추첨-권 (抽籤券) [-꿘] [名] 抽選券.

추첨-제 (抽籤制) [名] 抽選で決めること.

추체 (椎體) [名] [解剖] 椎体(ﾂｲﾀｲ).

추축 (樞軸) [名] 枢軸.

추축-국 (樞軸國) [-꾹] [名] 枢軸国.

추출 (抽出) [名] [他サ]. 抽出.

추측 (推測) /tʰuʧʰɯk/ [名] [他サ]. 推測; 憶測. ‖추측이 맞아떨어지다 推測が当たる. 단지 추측에 지나지 않다 単なる憶測に過ぎない.

추커-세우다 치커세우다の誤り.

추커-올리다 担ぎ上げる; 持ち上げる. ‖업은 애를 추커올리다 おぶった子を担ぎ上げる.

추키다 [他] ❶ 軽く引っ張り上げる; 軽く揺すり上げる. ‖바지춤을 추키다 ズボンを軽く引っ張り上げる. ❷ おだてる; そのかす. ‖공부를 잘한다고 조금 추커주다 勉強ができるといって少しおだてる.

추태 (醜態) [名] 醜態. ‖추태를 보이다 醜態をさらす.

추파 (秋波) [名] 秋波; 色目; 流し目. ‖추파를 던지다 秋波を送る; 色目を使う.

추풍 (秋風) [名] 秋風.
　추풍-낙엽 (秋風落葉) [名] ① 秋風に散る葉. ② [比喩的に] 勢力などが急激に衰えること. ‖추풍낙엽처럼 떨어지다 秋風に散る葉のように落ちる.

추-하다 (醜-) /tʰuhada/ [形][하変] 醜い; みすぼらしい; 卑しい; 見苦しい; みっともない. ‖추한 물골 みすぼらしい格好. 추한 모습을 보이다 醜いところをさらす.

추행 (醜行) [名] 醜行(ｼｭｳｺｳ).

추호 (秋毫) [名] 秋毫(ｼｭｳｺﾞｳ); 毛筋; 少し; いささか. ‖그럴 마음은 추호도 없다 そんなつもりは毛頭ない.

추후 (追後) [名] 後程(ｱﾄﾎﾄﾞ); 後(ｱﾄ).
　추후-에 (追後-) [副] 後ほど; 追って.

축¹ (丑) [名] 〔十二支の〕丑(ｳｼ).

축² (祝) [名] 祝; 祝い.

축³ (軸) [名] 軸; 心棒. ‖회전축 回転軸.

축⁴ (部類; 類) [名] 仲間. ‖젊은 축에 들다 若い仲間に入る. 축에도 못 끼이다 仲間数に入らない.

축⁵ [副] 力なく垂れ下がっている様子; だらり. ‖축 처진 나날을 보내다 のんべんだらりと日々を送る.

축⁶ (軸) [依名] するめ 20枚を数える単位. ‖오징어 한 축 するめ 20枚.

축가 (祝歌) [-까] [名] 祝い歌.

축구 (蹴球) /ʧʰuk̚ku/ [名] 〔スポーツ〕サッカー; フットボール. ‖미식 축구 アメリカンフットボール. 프로 축구 プロサッカー. 축구공 サッカーボール. 축구 선수 サッカー選手.

축-나다 (縮-) [自-] ❶ 減る; 足りなくなる. ‖양식이 축나다 食糧が減る. ❷ やつれる; 衰弱する. ‖고민이 많은지 얼굴이 많이 축났다 悩みが多いのか顔がだいぶやつれた.

축년 (丑年) [-똔] [名] 丑年. 也 소해.

축농-증 (蓄膿症) [-쫑] [名] 〔医学〕蓄膿症.

축대 (築臺) [-때] [名] 〔石垣など〕高く築き上げた台.

축도 (縮圖) [-또] [名] 縮図. ‖인생의 축도 人生の縮図.

축도-기 (縮圖器) [名] 縮図器.

축도-법 (縮圖法) [-또뻡] [名] 縮図法.

축문 (祝文) [-쑨] [名] 祝文; 祝辞.

축-받이 (軸-) [-빠지] [名] 軸受け; ベアリング.

축배 (祝杯) [-빼] [名] 祝杯. ‖축배를 들다 祝杯を上げる.

축복 (祝福) [-뽁] [名] [他サ]. 祝福. ‖많은 사람들로부터 축복을 받다 多くの人から祝福を受ける.

축복-기도 (祝福祈禱) [-뽁끼-] [名] 〔キリスト教〕祝福(ｼｭｸﾌｸ).

축사¹ (畜舍) [-싸] [名] 畜舎.

축사² (祝辭; 祝詞) [-싸] [名] [自サ]. 祝辞.

축산 (畜産) [-싼] [名] 畜産.

축산-업 (畜産業) [-싸넙] [名] 畜産業.

축생 (畜生) [-쌩] [名] ❶ あらゆる畜類. ❷ 〔仏教〕一般衆生.

축생-계 (畜生界)【-쌩-/-쌩계】图 (佛敎) 畜生界.
축소 (縮小) /ɡʰukˀso/【-쏘】图 他自 縮小. *縮小版(縮小版)*. ‖사업을 축소하다 事業を縮小する. 軍미 축소 軍備縮小. **축소-되다** 自変
축소-재생산 (縮小再生産) 图 (經) 縮小再生産. 만 단순 재생산(單純再生産)·확대 재생산(擴大再生産).
축소-판 (縮小版) 图 縮刷版; 縮図. ‖인생의 축소판 人生の縮図.
축소 해석 (縮小解釋) 图 縮小解釈. 만 확대 해석 (擴大解釋).
축수 (祝壽)【-쑤】图 他 長寿を祈ること.
축시 (丑時)【-씨】图 (民俗) 丑(의)刻 (午前1時から午前3時まで).
축약 (祝約) 图 他 祝約.
축원 (祝願) 图 他 祈り; 願い. ‖성공을 축원하다 成功を祈る.
축음-기 (蓄音機) 图 蓄音機.
축의[1] (祝意)【-/-끼】图 祝意.
축의[2] (祝儀)【-/-끼】图 祝いの儀式.
축의-금 (祝儀金) 图 ご祝儀.
축이다 他 濡らす; 水を与える; 潤す. ‖물로 목을 축이다 水でのどを潤す.
축일 (祝日) 图 祝日.
축재 (蓄財)【-째】图 他自 財産.
축적 (蓄積)【-쩍】图 他自 蓄積. ‖자본을 축적하다 資本を蓄積する. 피로가 축적되다 疲労が蓄積する.
축전[1] (祝典)【-쩐】图 祝典.
축전[2] (祝電)【-쩐】图 祝電. ‖축전을 보내다 祝電を送る.
축전[3] (蓄電)【-쩐】图 他 蓄電.
축전-기 (蓄電器) 图 蓄電器; コンデンサー. 만 콘덴서.
축전-지 (蓄電池) 图 蓄電池; バッテリー. 만 배터리.
축제 (祝祭) /ɡʰukˀdʑe/【-쩨】图 祝祭; 祭り. ‖대학 축제 大学祭.
축조 (築造)【-쪼】图 他 築造.
축지 (縮地)【-찌】图 縮地法.
축지법 (縮地法)【-찌뻡】图 縮地をする方法.
축척 (縮尺) 图 縮尺.
축축 副 だらり; ぶらり; ぐったり. ‖날이 더우니까 옷이 축축 처진다 暑いから体がぐったりする.
축축-하다【-추카-】形【하变】‖じめじめしている; 湿っぽい感じだ. ‖축축한 날씨 じめじめとした天気. 땀으로 옷이 축축해서 불쾌하다 汗で服がぬれていて不快だ.
축출 (逐出) 图 他 追い出すこと. ‖협회에서 축출하다 協会から追い出す. **축출-당하다** 自変
축포 (祝砲) 图 祝砲. ‖축포를 터뜨리다 祝砲を打つ.
축하 (祝賀) /ɡʰukʰa/【-카】图 他 祝賀; 祝い. ‖결혼 축하 드립니다. ご結婚、おめでとうございます. 생일 축하합니다. お誕生日おめでとうございます. 축하할 일 祝い事.
축하-연 (祝賀宴) 图 お祝いパーティー. ‖결혼식 축하연 結婚お祝いパーティー.
축하-장 (祝賀状)【주카짱】图 祝賀の旨を書いた書状.
축하-주 (祝賀酒) 图 祝い酒.
축하-회 (祝賀會)【주카-/주카훼】图 祝賀会.
춘계 (春季)【-게】图 春季.
춘곤 (春困) 图 春に感じるだるさ.
춘국 (春菊) 图 〔植物〕シュンギク(春菊).
춘궁 (春窮) 图 春窮.
춘궁-기 (春窮期) 图 春の端境期.
춘란 (春蘭)【출-】图 〔植物〕シュンラン(春蘭).
춘몽 (春夢) 图 春夢. ‖일장춘몽 一場の春夢.
춘부-장 (椿府丈) 〔他人の父親の尊敬語〕父親.
춘분 (春分) 图 〔二十四節氣の〕春分.
춘분-점 (春分點)【-쩜】图 〔天文〕春分点.
춘-삼월 (春三月) 图 春の景色が最もいい陰暦の3月の別称.
춘천 (春川) 图 〔地名〕春川(チュンチョン). ✦江原道의 道庁所在地.
춘추[1] (春秋) 图 ❶ 春と秋. ‖춘추복 合い服. ❷〔나이의 尊敬語〕お年. ‖춘추가 어떻게 되십니까? お年はおいくつでいらっしゃいますか. ✦目上の人にしか使えない.
춘추[2] (春秋) 〔五經の一つの〕春秋.
춘풍 (春風) 图 春風.
춘하-추동 (春夏秋冬) 图 春夏秋冬.
춘향-전 (春香傳) 图 〔文芸〕春香伝 (チュンヒャンジョン). ✦韓国の代表的な古典小説の一つ.
춘화-도 (春畵圖) 图 春画; ポルノ.
출가[1] (出家) 图 自 (佛敎) 出家.
출가[2] (出嫁) 图 自 嫁ぐこと.
출가-외인 (出嫁外人)【-/-웨-】图 嫁いだ娘は他人と同然であること.
출간 (出刊) 图 他 出版; 刊行.
출감 (出監) 图 他 出獄. 만 출옥(出獄).
출강 (出講) 图 他 出講. ‖지방 대학에 출강하다 地方の大学に出講する.
출격 (出撃) 图 他 出撃.
출결 (出缺) 图 出欠.
출고 (出庫) 图 他 出庫.
출관 (出棺) 图 他 出棺.
출구 (出口) 图 出口. ‖나가는 곳. 만 입구(入口).
출국 (出國) 图 他 出国. ‖출국 수속 出国手続き.
출근 (出勤) /tɕʰulɡun/ 图 自 出勤.

출금 ‖차로 출근하다 車で出勤する. 출근시간 出勤時間.
출근-부 (出勤簿) 图 出勤簿.
출금 (出金) 图 하他 出金.
출납 (出納) 图 [-랍] 出納. ‖금전 출납 金銭出納.
출납-계 (出納係) 【-랍꼐/-랍께】 图 出納係.
출납-구 (出納口) 【-랍꾸】 图 出納の窓口.
출납-부 (出納簿) 【-랍뿌】 图 出納簿.
출동 (出動) 【-똥】 图 하自 出動. ‖경찰이 출동하다 警察が出動する.
출두 (出頭) 【-뚜】 图 하自 出頭. ‖법원에 출두하다 裁判所に出頭する.
출렁-거리다 自 ざぶんざぶんと波打つ; だぶだぶする. ‖파도가 출렁거리는 바다 ざぶんざぶんと波打つ海.
출렁-이다 自 =출렁거리다.
출렁-출렁 副 ざぶんざぶん; だぶだぶ.
출력 (出力) 图 하他 出力. ‖입력(入力). ‖검색 결과를 출력하다 検索結果を出力する. 출력 장치 出力裝置.
출로 (出路) 图 出路.
출루 (出壘) 图 하自 (野球で)出塁.
출마 (出馬) 图 하自 出馬. ‖국회의원 선거에 출마하다 国会議員選挙に出馬する.
출몰 (出沒) 图 하自 出没.
출발 (出發) /tʃulbal/ 图 하自 発. 反到着(到着). ‖여섯 시에 출발하다 6時に出発する. 서울을 향해 출발하다 ソウルに向かって出発する. 출발 시각 出発時刻.
출발-선 (出發線) 图 出発点.スタートライン. ‖출발선에 서다 スタートラインに立つ.
출발-점 (出發點) 【-쩜】 图 出発点.
출발-지 (出發地) 【-찌】 图 出発地.
출범 (出帆) 图 하自 出帆; 船出. ‖새로운 내각이 출범하다 新たな內閣が船出する.
출병 (出兵) 图 하自 出兵.
출사 (出師) 【-싸】 图 하自 出兵; 出師(").
출사-표 (出師表) 图 出師の表.
출산 (出産) 【-싼】 图 하自 出産. ‖출산 휴가를 내다 産休を取る. 출산을 앞두고 있 出産を目前に控えている.
출상 (出喪) 【-쌍】 图 하自 喪家から棺が出ること.
출생 (出生) /tʃulsɛŋ/ 【-쌩】 图 하自 出生; 生まれ. ‖서울 출생 ソウル生まれ. 출생 신고 出生届.
출생-률 (出生率) 【-쌩뉼】 图 出生率.
출생-지 (出生地) 【-쌩찌】 图 出生地.
출생지-주의 (出生地主義) 【-쌩-/-쌩-이】 图 出生地主義.

출석 (出席) /tʃulsʰək/ 【-썩】 图 하自 出席. 反결석(缺席). ‖회의에 출석하다 会議に出席する. 출석을 부르다 出席を取る.
출석-부 (出席簿) 【-썩뿌】 图 出席簿.
출세 (出世) 【-쎄】 图 하自 出世. ‖입신 출세 立身出世.
출세-욕 (出世慾) 图 出世欲.
출세-작 (出世作) 图 出世作.
출세-길 (出世ㅅ-) 【-쎄낄/-쎈낄】 图 出世への道; 出世街道.
출소 (出所) 【-쏘】 图 하自 =출옥(出獄).
출시 (出市) 【-씨】 图 하他 売り出し. ‖신제품을 출시하다 新商品を売り出す.
출신 (出身) /tʃulɕin/ 【-씬】 图 出身; ‥生まれ. ‖경상도 출신 慶尚道出身. 문과 출신 文系出身. 학자 출신의 정치가 学者出身の政治家. 출신 학교 出身校. 홋카이도 출신입니다 北海道生まれです.
출연 (出演) 图 하自 出演. ‖텔레비전에 출연하다 テレビに出演する.
출연-료 (出演料) 【-뇨】 图 出演料.
출연-자 (出演者) 图 出演者.
출옥 (出獄) 图 하自 出獄감 (出監)・출소 (出所).
출원 (出願) 图 하他 出願. ‖특허 출원중 特許出願中.
출입 (出入) /tʃuɾip/ 图 하他 出入り. 들락 날락 出入りが多い.
출입-구 (出入口) 【-꾸】 图 出入り口.
출입-금지 (出入禁止) 【-끔-】 图 出入り禁止.
출입국-관리 (出入國管理) 【-꾹꽐-】 图 出入国管理.
출자 (出資) 【-짜】 图 하他 出資. ‖새로운 사업에 거액을 출자하다 新たな事業に巨額を出資する.
출자-금 (出資金) 图 出資金.
출장¹ (出張) /tʃultɕaŋ/ 【-짱】 图 하自 出張. ‖서울로 출장 가다 ソウルに出張する. 장거리 출장 長距離出張.
출장² (出場) 【-짱】 图 하自 出場.
출전¹ (出典) 【-쩐】 图 出典.
출전² (出戰) 【-쩐】 图 하自 ❶戦いに出ること. ❷出場. ‖전국 대회에 출전하다 全国大会に出場する.
출정 (出征) 【-쩡】 图 하自 出征.
출제 (出題) 【-쩨】 图 하他 出題. ‖시험 문제를 출제하다 試験問題を出題する.
출중-하다 (出衆-) 【-쭝-】 形 [하変] 衆に抜きん出ている; 際立っている. ‖인물이 출중하다 容姿が際立っている.
출진 (出陣) 【-찐】 图 하自 出陣.
출처 (出處) 图 出所; 出どころ. ‖소문

의 출처 うわさのでどころ.

출[出] 圖 大量の液体が溢れる様子: じゃあじゃあ.

출출-하다 圏[ㅎ変] 小腹がすいている. ‖좀 출출하다 少し小腹がすいてきた.

출타 (出他) 图 [自] 外出. ‖출타 중 外出中.

출토 (出土) 图 [自] 出土. ‖유물이 출토되다 遺物が出土する.

출판 (出版) /tɕʰulpʰan/ 图 [他] 出版. ‖자서전을 출판하다 自伝を出版する. 자비 출판 自費出版.

출판-계 (出版界) 【-/-계】 图 出版界.
출판-물 (出版物) 图 出版物.
출판-사 (出版社) 图 出版社.

출품 (出品) 图 [他] 出品.

출하 (出荷) 图 [他] 出荷. ⇔입하(入荷). **출하-되다** ⇒全部

출항¹ (出航) 图 [自] 出航. ㉠입항 (入港). ‖부산을 향해 출항하다 釜山に向けて出航する.

출항² (出港) 图 [自] 出港.
출항-지 (出港地) 图 [自] 出港地.

출현 (出現) 图 [自] 出現. ‖산업용 로봇의 출현 産業用ロボットの出現.

출혈 (出血) 图 [自] ❶出血. ‖출혈이 심하다 出血がひどい. ❷損害; 犠牲.

출화 (出火) 图 [自] 出火.

춤¹ /tɕʰum/ 图 踊り; 舞踊; 舞. ‖춤을 추다 踊りを踊る.

춤² ものの高さや丈.

춤³ 【허리춤의 略稱】ズボンやスカートなどの腰の内側.

춤-추다 图 踊る; 舞う.

춥다 /tɕʰupʰta/ 【-따】 圏 [ㅂ変] [추위, 추운] 寒い. ‖날씨가 춥다. 해가 지니까 한층 더 춥다 日が落ちると一段と寒い. 꽁꽁 얼어붙을 정도로 추운 날 い てつくほど寒い日.

충 (蟲) 图 ❶虫. ❷ 회충(回蟲)의 略語.

충격 (衝擊) 图 衝擊. ‖심한 충격을 받다 強い衝擊を受ける. 전 세계에 큰 충격을 준 사건 全世界に大きな衝擊を与えた事件.

충격²요법 (衝擊療法) 【-경⊥뻡】 图 刺激療法.

충격-적 (衝擊的) 【-쩍】 图 衝擊的. ‖충격적인 보고 衝擊的な報告. 충격적인 말 衝擊的な話.

충격-파 (衝擊波) 图 [物理] 衝擊波.

충견 (忠犬) 图 忠犬.

충고 (忠告) /tɕʰuŋɡo/ 图 [自他] 忠告. ‖충고를 받아들이다 忠告を聞き入れる. 충고를 따르다 忠告に従う.

충당 (充當) 图 [他] 充当; まかなうこと. ‖부족한 부분을 충당하다 不足な部分を充当する. 자비로 충당하다 自費でまかなう.

충돌 (衝突) 图 [自] 衝突. ‖의견이

충돌하다 意見が衝突する. 충돌 사고 衝突事故.

충동 (衝動) /tɕʰuŋdoŋ/ 图 [自他] ❶衝動. ‖충동이 일다 衝動が起こる. 충동 구매 衝動買い. 일시적인 충동에 사로잡히다 一時の衝動にかられる. ❷そそのかすこと.

충동-적 (衝動的) 图 衝動的. ‖충동적으로 행동하다 衝動的に行動する.

충렬 (忠烈) 图 忠烈.

충만-하다 (充滿-) 图 [ㅎ変] 充満している.

충매-화 (蟲媒花) 图 [植物] 虫媒花.

충복 (忠僕) 图 忠僕.

충분 (充分) /tɕʰunbun/ 图 [形] 十分; 充分. ‖충분한 휴식을 취하다 十分な休息をとる. 이 정도면 충분하다 この程度なら十分だ. **충분-히** 圖 充分に考えると 十分に考える.

충분-조건 (充分條件) 图 [数学] 十分条件. ㉠필요조건(必要條件).

충성 (忠誠) 图 忠誠.

충수 (蟲垂) 图 [解剖] 虫垂.
+충수염 (蟲垂炎) 图 [医学] 虫垂炎. ↔맹장염(盲腸炎)は俗称.

충신 (忠臣) 图 忠臣.

충실-하다¹ (充實-) 图 [ㅎ変] 充実している. ‖충실한 나날を過ごす.

충실-하다² (忠實-) 图 [ㅎ変] 忠実だ. ‖업무에 충실한 사람 業務に忠実な人. **충실-히** 圖 충실히 재현하다 忠実に再現する.

충심¹ (忠心) 图 忠心.

충심² (衷心) 图 衷心. ‖충심으로 애도의 뜻을 표합니다 衷心より哀悼の意を表します.

충양-돌기 (蟲樣突起) 图 ≒충수 (蟲垂).
충양돌기-염 (蟲樣突起炎) 图 ≒충수염(蟲垂炎).

충용 (充用) 图 [他] 充用.
충원 (充員) 图 [他] 充員.

충적 (沖積) 图 [地] 沖積.
충적-물 (沖積物) 【-정-】 图 沖積物.
충적-세 (沖積世) 【-세】 图 [地] 沖積世.
충적-층 (沖積層) 图 [地] 沖積層.
충적-토 (沖積土) 图 [地] 沖積土.

충전¹ (充塡) 图 [自他] 充塡.
충전² (充電器) 图 [自他] 充電. **충전-기** (充電器) 图 充電器.

충전² (充塡) 图 [自他] 充塡.

충절 (忠節) 图 忠節.

충족 (充足) 图 [自他] 充足; 満ち足りること; 十分なこと. ‖충족되지 않는 욕망 満たされない欲望. 욕구를 충족시키다 欲求を満たす.

충직-하다 (忠直-) 【-지카-】 圏 [ㅎ変] 忠実だ.

충천(衝天) 명 자동 衝天. ‖의기충천 意気衝天; 衝天の意気.

충청-남도(忠清南道) 명 (地名) 忠清南道.

충청-도(忠清道) 명 (地名) 〔忠清南道と忠清北道の併称〕忠清道.

충청-북도(忠清北道) 명 (地名) 忠清北道.

충충-하다 형 (色や水などが)さえない; 濁っている; くすんでいる; 暗い. ‖옷 색깔이 충충하다 服の色が暗い.

충치(蟲齒) 명 (植物) 虫歯. ‖충치를 뽑다 虫歯を抜く. 이를 닦지 않으면 충치가 생긴다 歯を磨かないと虫歯になる. 충치를 예방하다 虫歯を予防する.

충해(蟲害) 명 虫害.

충혈(充血) 명 자동 充血. ‖눈이 충혈되다 目が充血する. 충혈되어 눈이 벌갛다 充血して目が赤い.

충혼(忠魂) 명 忠魂.

충혼-비(忠魂碑) 명 忠魂碑.

충혼-탑(忠魂塔) 명 忠魂塔.

충효(忠孝) 명 忠孝.

췌액(膵液) 명 (生理) 膵液(ネキ).

췌장(膵臟) 명 (解剖) 膵臓.

췌장-암(膵臟癌) 명 (医学) 膵臓癌.

취(植物) 곰취(オタカラコウ)・참취(シラヤマギク)の類, 취이つく山菜の総称.

취객(醉客) 명 酔客.

취급(取扱) /tʃʰwi:guɨp/ 명 하타 取り扱い; 扱い. ‖취급 주의 取り扱い注意. 애 취급을 하다 子ども扱いする. 노인 취급을 당하다 老人扱いを受ける.

취기(醉氣) 명 酔気; 酒気. ‖취기가 돌다 酔いが回る.

취득(取得) 명 하타 取得. ‖재류 자격을 취득하다 在留資格を取得する.

취득-세(取得税) 명 (~세) 取得税. ‖부동산 취득세 不動産取得税.

취로(就勞) 명 자동 就労.

취로-사업(就勞事業) 명 失業者や被災者の救済を目的に政府が実施する各種の公共事業.

취미(趣味) /tʃʰwi:mi/ 명 趣味. ‖취미를 가지다 趣味を持つ. 취미는 음악 감상입니다 趣味は音楽鑑賞です. 취미가 다양하다 趣味が広い. 악취미 悪趣味.

취사¹(炊事) 명 자동 炊事.

취사-반(炊事班) 명 (軍隊などで)炊事を担当する班.

취사-병(炊事兵) 명 (軍事) 炊事を担当する兵士.

취사-장(炊事場) 명 炊事をする場所.

취사²(取捨) 명 取捨.

취사-선택(取捨選擇) 명 하타 取捨選択.

취소(取消) /tʃʰwi:so/ 명 하타 取り消し; キャンセル. ‖약속을 취소하다 約束を取り消す. 예약을 취소하다 予約をキャンセルする. **취소-되다**[-當-] 하타 契約が取り消される. ‖음주 운전으로 운전면허를 취소당하다 飲酒運転で運転免許が取り消される.

취수(取水) 명 하타 取水.

취수-탑(取水塔) 명 取水塔.

취식(取食) 명 하타 ❶ 食事を取ること. ‖취식 시간 食事の時間. ❷ 亜々しく食事にありつくこと. ‖무전취식 無銭飲食.

취약(脆弱) 명 하형 脆弱(ジャク). ‖취약한 기간산업 脆弱な基幹産業.

취약-성(脆弱性) 【-썽】 명 脆弱性.

취약-점(脆弱點) 【-쩜】 명 脆弱なところ; 脆弱な面.

취업(就業) 명 자동 就業; 就職. ‖취업 인구 就業人口.

취업-난(就業難) 【-난】 명 就職難. ‖취업난에 허덕이다 就職難にあえぐ.

취업-률(就業率) 【-녈률】 명 就業率.

취음(取音) 명 하타 当て字; 借字.

취의(趣意) 【-/-이】 명 趣意. ⇒취지(趣旨).

취임(就任) 명 자동 就任. ‖사장으로 취임하다 社長に就任する.

취임-사(就任辭) 명 就任の辞.

취임-식(就任式) 명 就任式.

취입(吹入) 명 하타 吹き込み; レコーディング. ‖음반 취입을 하다 レコーディングをする.

취재(取材) 명 하타 取材. ‖사건을 취재하다 事件を取材する. 취재하러 나가다 取材に出かける. 취재 활동 取材活動.

취재-원(取材源) 명 取材した記事の出所.

취조(取調) 명 하타 取り調べ. ‖용의자를 취조하다 容疑者を取り調べる. **취조-받다**[-當-] 자동.

취주(吹奏) 명 하타 吹奏.

취주-악(吹奏樂) 명 (音樂) 吹奏楽.

취중(醉中) 명 酒に酔っている間. ‖취중에 한 말 酒に酔って言ったこと.

취지(趣旨) 명 趣旨. ⇒취의(趣意). ‖취지를 밝히다 趣旨を述べる. 취지에 어긋나다 趣旨に反する.

취지-서(趣旨書) 명 趣意書.

취직(就職) /tʃʰwi:dʒik/ 명 자동 就職. ‖은행에 취직하다 銀行に就職する. 취직 자리를 구하다 就職口を探す. 취직 활동 就職活動.

취직-난(就職難) 【-난】 명 就職難.

취침(就寢) 명 자동 就寝. ‖취침 시간 就寝時間.

취하(取下) 명 하타 取り下げ; 取り下げること. ‖고소를 취하하다 告訴を取り下げる.

취-하다¹ 〔醉-〕 /tɕʰwi:hada/ 自 하変
❶酔う. ‖술에 취하다 酒に酔う. 분위기에 취하다 雰囲気に酔う. ❷〔薬効が〕回る. ‖약에 취해서 잠들어 버리고 마는 薬効が回ってきて寝入ってしまう. ❸〔深い眠りに〕落ちる. ‖잠에 취해 있다 眠り込んでいる.

취-하다² 〔取-〕 /tɕʰwi:hada/ 他 하変 取る. ‖휴식을 취하다 休息を取る. 연락을 취하다 連絡を取る. 강경한 태도를 취하다 強硬な態度を取る. 응급조치를 취하다 応急措置を取る. 포즈를 취하다 ポーズを取る.

취학 〔就學〕 自サ変 就学.
　취학-률 〔就學率〕 [-향뉼] 名 就学率.
　취학^아동 〔就學兒童〕 名 就学児童.
　취학^연령 〔就學年齡〕 [-녕녕] 名 就学年齢.

취합 〔聚合〕 名 하変 まとめて１つにすること. ‖의견을 취합하다 意見をまとめる.

취항 〔就航〕 名 自サ変 就航.

취향 〔趣向〕 名 趣向;好み. ‖독특한 취향 独特な趣向. 취향에 맞다 好みに合う. 여성 취향의 디자인 女性好みのデザイン.

측 〔側〕 依名 …側. ‖피해자 측 被害者の側. 학교 측의 의견 学校側の意見.

측근 〔側近〕 [-끈] 名 側近. ‖고위직 측근 인사를 만나다 高官の側近に会う.

측도 〔測度〕 [-또] 名 他サ 測度.

측량 〔測量〕 名 他サ 測量.
　측량-기 〔測量器〕 名 測量器械.
　측량-사 〔測量士〕 名 測量士.

측면 〔側面〕 名 側面. ‖측면에서 지원하다 側面から支援する. 정육면체의 한 측면 立方体の一面.
　측면-도 〔側面圖〕 名 側面図.

측방 〔側方〕 [-빵] 名 そば;近所.

측백-나무 〔側柏-〕 [-빽-] 名〔植物〕 コノテガシワ(児手柏).

측백-엽 〔側柏葉〕 [-뺑넙] 名〔漢方〕 コノテガシワの葉. ✚補血・止血・収斂剤に用いる.

측우-기 〔測雨器〕 名〔歷史〕 測雨計. ✚朝鮮4代王, 世宗 23年(1441)に造られた世界最初の雨量計.

측은지심 〔惻隱之心〕 名 惻隠(ソク)の心. ✚孟子の性善説の根底を成す四端(シ)の１つ.

측은-하다 〔惻隱-〕 [-느-] 形 하変 かわいそうだ, 不憫だ. ‖측은한 마음이 들다 かわいそうに思う.

측정 〔測定〕 [-쩡] 名 他サ 測定. ‖거리를 측정하다 距離を測定する.
　측정-기 〔測程器〕 [-쩡-] 名 測程器.

측지-선 〔測地線〕 [-찌-] 名〔數學〕 測地線.

측지-학 〔測地學〕 [-찌-] 名 測地学.

측후-소 〔測候所〕 [ツクーソ] 名 測候所.

층 〔層〕 /tɕʰuŋ/ 名 層;階. ‖이 집 지하 1 層에住む. 위층에 사는 사람 上の階に住む人.
― 依名 …階;…重. ‖십 층짜리 빌딩 10層建てのビル. 오 층 석탑 五重の石塔.

-층² 接尾 …層. ‖주부층 主婦層. 각질층 角質層. 오존층 オゾン層.

층계 〔層階〕 [-/-게] 名 階段.
　층계-참 〔層階站〕 名 階段の踊り場.

층수 〔層-〕 [-쑤] 名 階数.

층운 〔層雲〕 名〔天文〕 層雲.

층적-운 〔層積雲〕 [-쩌구-] 名〔天文〕 層積雲.

층층-다리 〔層層-〕 名 階段.

층층-대 〔層層-〕 名 = 층층다리(層-).

층층-시하 〔層層侍下〕 名 ❶父母・祖父母などと一緒に住んでいて, かしずくべき人が多い立場. ‖층층시하에 살다 父母, 祖父母と一緒に暮らす. ❷かしずくべき上役が多い立場.

층층-이 〔層層-〕 副 ❶層ごとに;階ごとに. ❷重ね重ね.

치¹ 〔値〕 名〔數學〕 値.

치² 〔徵〕 名〔音樂〕 五音音階の 4番目, 七音音階の 5番目の音.

치³ 〔齒〕 名 歯. ▶치(가) 떨리다 歯ぎしりする;切歯する;〔全身が〕震え上がる. 치 떨리는 노여움 震え上がるような憤り. ▶치(를) 떨다〔全身が〕震え上がる.

치⁴ 依名 長さの単位;…寸.

치⁵ 依名 〔이¹の俗語〕 やつ. ‖젊은 치 若いやつ. ❷ある地方または ある時期のものであることを表わす語;…産. ‖어제 치 신문 昨日の新聞. ❸分量などを表わす語;…分. ‖월급 두 달 치 給料 2 か月分.

치-⁶ 接頭〔一部の動詞に付いて〕「上に」の意を表わす. ‖눈을 치뜨다 上目を使う.

-치⁷ 〔値〕 接尾 …値. ‖기대치 期待値. 평균치 平均値.

치경 〔齒莖〕 [-경] 名〔解剖〕 歯茎.

치고 /tɕʰigo/ 助 ❶ …であれば, …ならば. ‖한국 사람치고 이 사건을 모르는 사람은 없다 韓国人であればこの事件を知らない人はいない. ❷ …にしては. ‖영어를 가르치는 사람치고 발음이 좋다 英語を教える人にしては発音がよくない.

치고는 助 치고를 強めて言う語. ‖처음 만든 것치고는 잘 만들었다 初めて作ったものにしては出来栄え.

치골¹ 〔恥骨〕 名〔解剖〕 恥骨.

치골² 〔齒骨〕 名〔解剖〕 歯骨.

치과 〔齒科〕 /tɕʰikwa/ [-꽈] 名 歯科;歯医者. ‖치과 의사 歯科医師.

치국 〔治國〕 名 自サ 治国.

치국-평천하 (治國平天下) 图 治国平天下.

치근 (齒根) 图 【解剖】 歯根.

치근-거리다[-대다] 自 치근덕거리다[-대다]의 縮約形.

치근덕-거리다[-대다][-ㄲ때]- 他 (人に)つきまとって悩ませる. ⑳ 치근거리다[-대다].

치근-치근 图 (하연用) (性格ややり方が)ねちねちする様子.

치기 (稚氣) 图 稚気. ‖치기를 부리다 稚気をふりまく.

치기-배 (一輩) 图 かっぱらい(날치기) やすり(소매치기)などの総称.

치는-법 图 치다(打つ)の現在連体形.

치다¹ 自 ❶ (風·雨·吹雪·雷·波などの現象)が起きる. ‖번개가 치다 稲妻が走る. 벼락이 치다 雷が落ちる. 비바람이 치다 風雨が吹きすさぶ. 눈보라가 치다 吹雪が舞う. 파도가 치다 波が打つ.

치다² /tʰida/ 他 ❶ (値段を)つける. ‖하나에 천 원씩 값을 치면 전부 합쳐서 만 원이다 1個に千ウォンの値段をつけると、全部合わせて1万ウォンだ. ❷ 見積もる; 見なす; 認める; …する. ‖그건 그렇다 치더라도 X는 너무 심하다 それはそうだとしても、Xはあまりにひどい. 없는 걸로 치다 ないことにする. 경제 동향 분석에서는 그 사람을 최고로 친다 経済の動向分析ではあの人を第一人者と認める.

치다³ /tʰida/ 他 ❶ 打つ; 叩く; 殴る. ‖벽에 못을 쳐 박다 壁に釘を打つ. 홈런을 치다 ホームランを打つ. 축제를 치다 祝祭を打つ. 친구 어깨를 치다 友だちの肩を叩く. 북을 치다 太鼓をたたく. 주먹으로 치다 げんこつで殴る. ❷ 弾く; 鳴らす. ‖피아노를 치다 ピアノを弾く. 종을 치다 鐘を鳴らす. ❸ 切り落とす. ‖나뭇가지를 치다 木の枝を切り落とす. ❹ 轢(ひ)く. ‖차가 사람을 치고 달아났다 車が人を轢いて逃げた. ⑳ 치이다. ❺ 千切りにする. ‖대를 천 길로 치다 大根を千切りにする. ❻ (様々な動作を)する. ‖진저리를 치다 身震いをする. 장난을 치다 ふざける. 활개를 치다 闊歩する. 헤엄을 치다 泳ぐ. 화투를 치다 花札をする. 도망을 치다 逃げる. 탁구를 치다 卓球をする. 주말에는 테니스를 친다 週末はテニスをする.

치다⁴ 他 ❶ (丸を)つける; (線を)引く; (絵を)描く. ‖동그라미를 치다 丸をつける. 밑줄을 치다 下線を引く. 묵화를 치다 水墨画を描く.

치다⁵ 他 かける. ふっかける; つける. ‖간장을 치다 醬油をかける. 체로 치다 ふるいにかける.

치다⁶ 他 ❶ (試験などを)受ける. ‖시험을 치다 試験を受ける. ❷ (大声を)出す; 叫ぶ. ‖큰소리를 치다 大声で叫ぶ; 大口をたたく.

치다⁷ 他 (すだれなどを)かける; (テントを)張る; (垣根を)めぐらす. ‖발을 치다 すだれをかける. 텐트를 [천막을] 치다 テントを張る.

치다⁸ 他 ❶ (ひなを)孵(かえ)す. ‖새가 새끼를 치다 鳥がひなを孵す. ❷ (家畜を)飼う. ‖돼지를 치다 豚を飼う.

치다⁹ 他 (かますなどを)つくる. ‖가마니를 치다 かますをつくる.

치다¹⁰ 他 片付ける; 処理する; 掃除する. ‖쓰레기를 치다 ごみを片付ける[掃除する].

치다꺼리 图自 もてなし; 世話. ‖손님 치다꺼리를 하다 客をもてなす.

치-닫다[-따] 自 [ㄷ変] 上へ[1つの]方向に向かって走る. ‖이상주의로 치닫는 경향이 있다 理想主義に走る向きがある.

치-달리다 自 勢いよく突っ走る. ‖한눈도 팔지 않고 치달리다 わきめもふらず突っ走る.

치대다 他 ❶ (洗濯物を洗濯板などに)強くこすりつける. (小麦粉などを)こねる. ❷ (子どもが母親に)だだをこねる; 離れようとしない. ‖아이가 엄마에게 치대다 子どもが母親にだだをこねる.

치도곤 (治盜棍) 图 ❶ 【歴史】 「盗人を治める棍棒」の意で朝鮮時代に盗人の尻をたたいた棍棒の一種. ❷ ひどく叱られること.

치떠-보다 他 칩떠보다の誤り.

치-떨리다 (齒-) 自 ❶ 歯ぎしりする; 歯ぎをくいしばる. ‖치떨리는 모욕 歯ぎしりするほど堪しい侮辱.

치-뜨다 他 [으変] 上目使いをする. ⑰ 내리뜨다.

치렁-거리다 自 (やや重いものが)垂れ下がってぶらぶらする. ‖귀걸이가 치렁거리다 イヤリングがぶらぶらする.

치렁-치렁 图 (하연用) やや重いものが垂れて揺れ動く様子; ぶらぶら.

치렁-하다 [하연用] (髪の毛などが)長く垂れ下がっている. ‖치렁한 머리 長く垂れ下がった髪の毛.

치레¹ 图 装うこと; 見せかけること; うわべだけのこと. ‖치레로 하는 인사 うわべの挨拶.

-치레² [接尾] 图 ❶ 着飾ること; おめかしすること. ❷ うわべを飾ること; 見せかけること. ‖겉치레에만 신경을 쓰고 있다 見てくればかり気にしている. 말치레 お世辞; リップサービス. ❸ 様々なことを経験すること. ‖병치레가 잦다 病気がちだ.

치료 (治療) /tʃʰirjo/ 图 他 治療. ‖상처를 치료하다 傷口を治療する. 치료를 받다 治療を受ける. 치료비 治療費. 집중 치료실 集中治療室.

치루 (痔瘻·痔漏) 图 【医学】 痔ろう.

치르다 /tʃʰiruda/ 他 [으変] [치러, 치르는] ❶ (支払うべきものを)

∥계약 잔금을 치르다 契約の残金を支払う。❷ 経験する；執り行なう；行なう。∥아들 결혼식을 치르다 息子の結婚式を執り行なう。면접 시험을 치르다 面接試験を受ける。

치마 /tɕʰima/ 图 ❶ (韓国の民族衣装[韓服])のチマ。∥치마를 입다 チマをはく。❷ スカート。∥짧은 치마를 입다 短いスカートをはく。주름치마 ギャザースカート。

치마-꼬리 图 胸に巻き付けるチマの帯紐の端。
치마-끈 图 チマについた紐。
치마-저고리 图 (韓国の民族衣装の)チマチョゴリ。
치마-폭 (-幅) 图 布を継ぎ合わせて作ったチマの幅。
치맛-바람 [-빠람/-맏빰-] 图 (「チマの裾から起こる風」の意で)女性がのぼせること；教育ママ的な行動。∥치맛바람을 일으키다 教育ママ的な行動をする。
치맛-자락 [-짜락/-맏짜-] 图 チマの裾。
치맛-주름 [-쭈룸/-맏쭈-] 图 チマのひだ。
치매 (痴呆) 图 痴呆。
치매-증 (痴呆症)【-쯩】图【医学】痴呆(症)；認知症。
치명 (致命) 图 致命。
치명-상 (致命傷) 图 致命傷。∥치명상을 입다 致命傷を負う。
치명-적 (致命的) 图 致命的。∥치명적인 한마디 致命的な一言。치명적인 상처 致命的な傷。치명적인 미스 致命的なミス。
치명-타 (致命打) 图【野球】でとどめの一発。
치-밀다 /tɕʰimilda/【ㄹ語変】[치밀어, 치미는, 치민] (怒りなどが)強く込み上げる。∥화가 치밀다 怒りが込み上げる。
치밀-하다 (緻密-) 图【하変】緻密だ。∥치밀한 성격 緻密な性格。치밀하게 계획을 세우다 緻密に計画を立てる。
치밀-히 副
치-받다¹【-따】圁 (欲·感情などが)強く込み上げる。
치-받다²【-따】圁 突き上げる；(傘などを)高く差す；(相手の言葉に)言い返す。∥우산을 치받다 傘を高く差す。상사의 말을 치받다 上司に言い返す。
치받-치다 圁 ❶ (熱気などが)吹き上がる。❷ (感情などが)込み上がる。∥화가 치받치다 怒りが込み上げる。❸ (息が)つかえる。
치부¹ (致富) 图 金持ちになること。∥주식 투자로 치부한 사람 株の投資で金持ちになった人。
치부² (恥部) 图 恥部。∥치부를 드러내다 恥部をさらす。

치부¹ (置簿) 图 出納の内訳またはその帳簿。❷ (主に悪い意味で)そうであると思うこと。∥나는 그 사람을 졸부로 치부했다 皆彼を成り金だと思っていた。
치사 (致死) 图【自他】致死。❷ 過失致死。
치사-량 (致死量) 图 致死量。
치사-율 (致死率) 图 致死率。
치사² (致詞·致辭) 图 ほめ称えることばやその言葉。
치사³ (致謝) 图【他】感謝の意を表わすこと。∥노고를 치사하다 苦労に感謝する。
치-사랑 图 ❶ 親に対する子どもの愛情。❷ 祖父母に対する孫の愛情。⚑ 내리사랑。
치사-하다 (恥事-) 图【하変】❶ 恥ずかしい。❷ 卑しい；けち臭い。∥돈에 치사하게 굴다 お金に卑しい。
치산¹ (治産) 图【自】治産。
치산² (治山) 图【自】治山。
치산-치수 (治山治水) 图【하自】治山治水。
치석 (歯石) 图 歯石；歯垢。
치-솟다【-솓따】圁 (上方へ)上がる；上昇する；(物価などが)高騰する；跳ね上がる；突き上がる。∥불길이 치솟다 炎が燃え上がる。물가가 치솟다 物価が高騰する。❷ (感情·思いなどが)込み上げる。∥울화가 치솟다 怒りが込み上げる。
치수¹ (-数) 图 寸法；サイズ。∥치수를 재다 寸法を測る。
치수² (治水) 图【自他】治水。
치실 (歯-) 图 デンタルフロス。
치아 (歯牙) 图 이²の尊敬語。
치안 (治安) 图【他】治安。∥치안에 문제가 생기다 治安に問題が生じる。치안이 안 좋다 治安が悪い。
치약 (歯薬) /tɕʰijak/ 图 歯磨き(粉)。∥치약이 떨어졌다 歯磨きがなくなった。
치어 (稚魚) 图 稚魚。
치어-걸 (cheer + girl 日) 图 チアガール。
치어다-보다 [-/-여-] 他 ＝ 쳐다보다。
치어리더 (cheerleader) 图 チアリーダー。
치열¹ (歯列) 图 歯列；歯並び。∥치열을 교정하다 歯列を矯正する。치열이 고르다 歯並びがきれいだ。
치열² (熾烈) (ᇂ);(競争などが)激しい。∥치열한 싸움 熾烈な戦い。이 업계는 경쟁이 치열하다 この業界は競争が激しい。
치-오르다 [르変] 上に向かって上がる；上昇する。
— 颐 (山道などを)一気に駆け上がる。∥험한 산길을 단숨에 치올라 가다 激

치-올리다 쉬운 山道를 一気に駆け上がる.
치-올리다 他 上げる; 押し上げる; ほうり上げる. ‖공을 치올리다 ボールをほうり上げる.
치외=법권 (治外法權) [─꿘/-웨-꿘] 图 (法律) 治外法権.
치욕 (恥辱) 图 恥辱; 恥ずかしいこと. ‖치욕을 당하다 恥辱を受ける.
치욕-스럽다 (恥辱─) [─쓰─따] 形 [ㅂ変] 恥ずかしい. ‖하던 부끄러운 과거의 역사 恥ずかしい過去の歴史.
치욕-적 (恥辱的) [─쩍] 图 侮辱的. ‖치욕적인 말을 듣다 侮辱的なことを言われる.
치우다¹ /tʃʰiuda/ 他 ❶ 退()かす. ‖의자를 한쪽으로 치우다 椅子を片隅に退ける. ❷ (ものが散乱している場所を)片付ける. ‖방을 치우다 部屋を片付ける. 책상 위를 치우다 机の上を片付ける. ❸ 切り上げる; 中止する. ‖하던 일을 치우다 やっていた仕事を中止する. ❹ (娘を)嫁がせる. ‖작년에 막내딸을 치웠습니다 昨年, 末娘を嫁がせました.
치우다² 補 …てしまう. ‖먹어 치우다 食べてしまう. 해 치우다 やってしまう.
치우치다 自 偏る. ‖생각이 한쪽으로 치우치다 考えが偏っている.
치유 (治癒) 图 治癒. ‖병을 완전히 치유하다 病気を完全に治癒する.
치육 (雉肉) 图 [言語] 雉肉.
치읓 [─읃] 图 ハングル子音字母「ㅊ」の名称.
치이다¹ 自 (費用が)かかる. ‖하나에 천 원씩은 치이다 1個に千ウォンはかかる.
치이다² 自 ❶ [치다³の受身動詞] 轢(ʔ)かれる. ‖차에 치이다 車に轢かれる. ❷ 追われる. ‖일에 치여 꼼짝을 할 수 없다 仕事に追われて身動きが取れない.
치자¹ (治者) 图 治者.
치자² (梔子) 图 クチナシの実.
 치자-나무 (梔子─) 图 [植物] クチナシ (梔子).
 치자-색 (梔子色) 图 梔子色.
치장 (治粧) 图 他変 身支度; 身ごしらえ; 着飾り整えること.
치적 (治績) 图 治績.
치정 (痴情) 图 痴情.
치조 (齒槽) 图 [解剖] 歯槽.
 치조=농루 (歯槽膿漏) [─누] 图 (医学) 歯槽膿漏.
 치조=농양 (歯槽膿瘍) 图 (医学) 歯槽膿瘍.
치졸-하다 (稚拙─) [─하다] 形 [하変] 稚拙だ. ‖치졸한 그림 稚拙な絵.
치주-염 (齒周炎) 图 [医学] 歯周病.
치중 (置重) 图 他変 (あることに)重点 [重きを]置くこと. ‖한쪽으로 치중하다 一方に重点を置く.

치즈 (cheese) 图 チーズ.
치지 (致知) 图 他変 致知(事物の道理をきわめ知ること).
치질 (痔疾) 图 痔疾; 痔.
치커리 (chicory) 图 [植物] チコリー.
치켜-들다 他 [ㄹ語幹] 持ち上げる; 揚げる.
치켜-뜨다 他 [으変] (目を)つり上げる. ‖눈을 치켜뜨고 따지다 目をつり上げて問い詰める.
치켜-세우다 他 ❶ 持ち上げる. ❷おだてる; あおり立てる; ほめる. ‖상대방을 치켜세우다 相手をおだてる.
치키다 他 引き上げる; 引っ張り上げる.
치킨 (chicken) 图 フライドチキンの略語.
 치킨-라이스 (chicken + rice 日) 图 チキンライス.
치타 (cheetah) 图 [動物] チーター.
치태 (痴態) 图 痴態. ‖사람들 앞에서 치태를 부리다 人前で痴態を演ずる.
치통 (齒痛) 图 歯痛. ‖치통약 歯痛止めの薬.
치하¹ (治下) 图 支配下. ‖독재 치하 独裁支配下.
치하² (致賀) 图 他変 (同等以下のことを)たたえたり祝ったりすること. ‖업적을 치하하다 業績をたたえる.
치한 (痴漢) 图 痴漢; 痴人.
치환 (置換) 图 他変 ❶ 置換; 置き換え. ❷ [数学] 置換. ❸ [化学] 置換.
칙령 (勅令) [칭녕] 图 =칙명(勅命).
칙명 (勅命) [칭─] 图 勅命.
칙사 (勅使) [─싸] 图 勅使. ‖칙사를 보내다 勅使を遣わす. ▶ 칙사 대접 勅使に対するおもてなしのように)きわめてねんごろに丁重なおもてなし.
칙칙-폭폭 副 しゅっしゅっぽっぽ.
칙칙-하다 [─치카─] 形 [하変] ❶ 色がくすんでいる. ‖색깔이 칙칙한 옷 くすんだ色の服. ❷ 髪の毛や木などが密集していて濃く見える.
칙허 (勅許) [치커] 图 勅許(☆ł); 勅命による許可.
친 치다(打つ)の過去連体形.
친- (親) 接頭 ❶ 直系であることを表わす: 実の…. ‖친어머니 実母; 生母. 친동생 実弟. ❷ 関係が近いことを表わす: 親…. ‖친미 정책 親米政策.
친가 (親家) 图 実家.
친고 (親告) 图 親告.
 친고-죄 (親告罪) [─죄/-줴] 图 (法律) 親告罪.
친교 (親交) 图 親交.
친구 (親舊) /tʃʰingu/ 图 ❶ 友だち; 友人; 友. ‖친구가 많다 友だちが多い. 남자 친구가 생기다 彼氏(ボーイフレンド)ができる. 여자 친구 彼女; 女友だち; ガールフレンド. ❷ 同輩やそれほど親しくない人を指す語. ‖그 사람 믿을

친권(親權)【-꿘】🔲 [法律] 親權.
친권-자(親權者)🔲 [法律] 親權者.
친근(親近)🔲 [形] 親しい間柄であること. ∥친근한 몸짓 親しげな身振り.
친근-감(親近感)🔲 親近感. ∥친근감 있는 목소리 親近感のある声.
친-누이(親-)🔲 実の姉や妹; 実姉.
친-동생(親同生)🔲 実の弟や妹; 実弟.
친-딸(親-)🔲 実の娘.
친모(親母)🔲 実の母.
친목(親睦)🔲 親睦. ∥친목을 도모하다 親睦を図る.
친목-계(親睦契)【-께/-꼐】🔲 親睦を図るための契.
친목-회(親睦會)【-모회/-모훼】🔲 親睦会.
친밀(親密)🔲 [形] 親密. 🔁소원(疏遠). ∥친밀한 사이 親密な間柄.
친밀-감(親密感)🔲 親密感.
친부(親父)🔲 父; 実の父.
친-부모(親父母)🔲 生みの親; 実の親.
친분(親分)🔲 誼(よしみ); 親交. ∥친분이 두텁다 親交が厚い.
친-사돈(親査頓)🔲 夫婦双方の親同士が互いに相手を指す語.
친서(親書)🔲 親書.
친선(親善)🔲 親善. ∥친선 경기 親善試合. 우호 친선 友好親善.
친소(親疎)🔲 親疎.
친-손녀(親孫女)🔲 女の内孫.
친-손자(親孫子)🔲 男の内孫.
친수-성(親水性)【-썽】🔲 [化學] 親水性.
친숙-하다(親熟-)【-쑤카-】🔲 [하변] 親しい; 慣れている. ∥친숙한 사이 親しい間柄.
친-아들(親-)🔲 実の息子.
친-아버지(親-)🔲 実父; 実の父.
친애(親愛)🔲 [形] 親愛. ∥친애하는 학생 여러분 親愛なる学生諸君.
친-어머니(親-)🔲 実母; 実の母.
친-언니(親-)🔲 実姉; 実の姉.
친-오빠(親-)🔲 実兄; 実の兄.
친우(親友)🔲 親友.
친위-대(親衛隊)🔲 親衛隊.
친일(親日)🔲 親日. ∥친일 행위 親日行為.
친일-파(親日派)🔲 親日派.
친-자식(親子息)🔲 実の子ども.
친전(親展)🔲 (手紙の封筒の表に書く)親展.

친절-하다(親切-)/chʰinʤɔlhada/
🔲 [하변] 親切だ; やさしい. 🔁불친절하다(不親切-). ∥친절한 사람 親切な人. 친절한 배려 やさしい心遣い. 친절하게 대하다 親切にす

る. **친절-히**🔲
친정¹(親庭)🔲 結婚した女性の実家. ㉮시집(媤-). ∥친정 어머니 実家の母.
친정-댁(親庭宅)【-땍】🔲 親庭の尊敬語.
친정-집(親庭-)【-찝】🔲 =친정.
친정²(親政)🔲 [自] 親政.
친족(親族)🔲 親族.
친족-권(親族權)【-꿘】🔲 [法律] 親族権.
친족-법(親族法)【-뻡】🔲 [法律] 親族法.
친족-회(親族會)【-조회/-조훼】🔲 [法律] 親族会.
친지(親知)🔲 親しい知り合い. ∥친지를 방문하다 親しい知り合いを訪ねる.
친척(親戚)/chʰinʧʰɔk/🔲 親戚. ∥친척 아저씨 親戚のおじさん. 먼 친척뻘 되는 사람 遠い親戚に当たる人.
친-탁(親-)🔲 (容貌や性格などが)父方に似ていること. 🔁외탁(外-).
친필(親筆)🔲 親筆.
친-하다(親-)/chʰinhada/🔲 [하변] 親しい. ∥친한 사이 親しい間柄. 친한 친구 親しい友人; 親友. 친하게 지내다 親しく交わる.
친-할머니(親-)🔲 父方の祖母.
친-할아버지(親-)🔲 父方の祖父.
친형(親兄)🔲 実兄; 実の兄.
친-형제(親兄弟)🔲 実の兄弟.
친화(親和)🔲 親和. ∥친화 정책 親和政策.
친화-력(親和力)🔲 [化學] 親和力.
친-히(親-)🔲 自ら; 手ずから; わざわざ. ∥친히 써 주시다 手ずからお書きくださる. 친히 마중을 나가다 わざわざ出向く.

칠¹(漆)🔲 ❶ 塗料などを塗って光沢や色をだすこと. ペイント 칠 ペンキ塗り. ❷ 〈옻칠(漆-)の略語〉漆.
칠²(七)/chʰil/🔲 七. 七. 六숫, 칠, 팔 6,7,8 이다. 칠 더하기 삼은 십이다 7 足す 3 は 10 である.
— (七…)🔲 ∥칠 층 7階. 칠 주기 7回忌.
칠³(㉷) 치다(打つ)の未来連体形.
칠거지악(七去之惡)🔲 七去(しちきょ); 七出(しゅっ).
칠-그릇(漆-)【-끋】🔲 漆器.
칠기(漆器)🔲 漆器; 塗り物.
칠레(Chile)🔲 [国名] チリ.
칠리소스(chili sauce)🔲 チリソース.
칠면-조(七面鳥)🔲 [鳥類] シチメンチョウ(七面鳥).
칠보(七寶)🔲 七宝.
칠보-단장(七寶丹粧)🔲 [自] 装身具で身を飾ること.
칠분-도(七分-)🔲 七分づき.
칠삭둥-이(七朔-)【-싹뚱-】🔲 妊娠

7か月目に生まれた子.

칠석 (七夕) 【―썩】 图 七夕.

칠성 (七星) 【―썽】 图 ❶북두칠성(北斗七星)의 略語. ❷칠원성군(七元星君)의 略語.

칠성-당 (七星堂) 【―썽】 图 (仏教) 칠원성군을 모신 사당.

칠성-장어 (七星長魚) 【―썽】 图 (魚介類) ヤメウナギ(八目鰻).

칠순 (七旬) 【―쑨】 图 旬; 70歳.

칠십 (七十) 【ʧʰilɕʰip/―씹】 图 ❶ 70歳; 70; 10十. ❷十旬.

一 名 70···. ‖칠십 명 70名.

칠언 율시 (七言律詩) 【―늘씨】 图 (文芸) 七言律詩.

칠언 절구 (七言絶句) 【― ―】 图 (文芸) 七言絶句. ⑩절구(絶句).

칠원성군 (七元星君) 【― ―】 图 (仏教) 北斗の七つの星の神. ⑩칠성(七星).

칠월 (七月) 【ʧʰirwɔl/―] 图 7月. ‖여름 방학은 칠월부터 시작된다 夏休みは7月から始まる.

칠일-장 (七日葬) 【―짱】 图 死後7日目に行なう葬式.

칠전팔기 (七顚八起) 【―전―】 图 하게 七転八起; 七転び八起き.

칠정 (七情) 【―쩡】 图 七情(喜怒哀楽愛悪欲の感情).

칠첩-반상 (七-飯床) 【―쩝―】 图 ご飯や吸い物などの基本料理以外に7種類のおかずを載せたお膳. ÷첩は, 蓋をしたおかずの器のことで, 3·5·7·9·12 첩の반상がある.

칠칠-맞다 【―맏따】 厖 =칠칠하다.

칠칠-하다 厖 하게 〔主に칠칠치 못하다の形で〕 しっかりしていない; きちんとしていない; 手際がよくない; 大ざっぱだ. ‖하는 짓이 칠칠치 못하다 やることが大ざっぱだ.

칠판 (漆板) 图 黒板. ⑩흑판(黒板). ‖칠판을 지우다 黒板を消す.

칠팔-월 (七八月) 图 7月と8月.

칠-하다 (漆―) 【ʧʰilhada/―] 他 하여 ❶ (塗料を)塗る. ‖벽에 페인트를 칠하다 壁にペンキを塗る. ❷ (あるものに異質なものを)つける. ‖얼굴에 먹을 칠하다 顔に墨をつける. 비누를 칠해서 빨다 石けんをつけて洗う.

칠흑 (漆黒) 图 漆黒. ‖칠흑 같은 어둠 漆黒のような暗闇.

칡 【칙】 图 〔植物〕 クズ.

칡-넝쿨 【칭―] 图 =칡덩굴.

칡-덩굴 【칙꿀】 图 クズの蔓(2); 葛蔓.

칡-뿌리 【칙―] 图 クズの根; 葛根. ‖뿌리처럼 얽히다 クズの根のように絡み合う.

침[¹] 【ʧʰim/―] 图 つば; よだれ. ⑩타액(唾液). ‖아무데서나 침을 뱉는 것은 실례이다 どこでも唾を吐くのは失礼である. 요리책을 보고 있으니 침이 나왔다 料理の本を見ていたら, つばが出てきた. 손에 침을 바르다 手につばをつける. 입술에 침을 바르다 舌なめずりをする. 침을 튀기다 つばを飛ばす. 입술이 마르기도 전에 舌の根も乾かぬうちに. ▶(을) 삼키다[흘리다] よだれが出る; よだれを垂らす[流す]. ▶이 마르다 〔何かについて〕 繰り返し言う; 口がすっぱくなるほど言う. ▶침 발린 말 [?]お世辞.

침[²] 图 ❶ 針. ❷ (時計の)針.

침[³] (鍼) (漢方) 鍼(⑬). ‖침을 놓으다 鍼をおつ. 침을 맞다 鍼をうってもらう.

침강 (沈降) 图 하자 沈降. ⑪융기(隆起).

침강 해안 (沈降海岸) 图 (地) 沈降海岸.

침공[¹] (侵攻) 图 하他 侵攻.

침구[¹] (寢具) 图 寝具; 寝具類.

침구[²] (鍼灸) 图 (漢方) 鍼灸.

침구-술 (鍼灸術) 图 (漢方) 鍼灸術.

침낭 (寢嚢) 图 寝袋; シュラーフザック; スリーピングバッグ.

침노 (侵擄) 图 하他 他の国を不法に侵略すること.

침-놓다 (鍼―) 【―노타】 自 ❶ (経穴に)鍼をうつ. ❷ 厳しく忠告して相手に刺激を与える.

침닉 (沈溺) 图 하自 沈溺.

침대 (寢臺) 【ʧʰimdɛ/―] 图 寝台; ベッド. ‖침대에서 자다 ベッドで寝る. 물침대 ウォーターベッド.

침대-차 (寢臺車) 图 寝台車.

침략 (侵略) 【―냑】 图 하他 侵略. ‖다른 나라 영토를 침략하다 他国の領土を侵略する. 침략자 侵略者. 침략 전쟁 侵略戦争.

침례 (浸禮) 【―네】 图 (キリスト教) 浸礼; バプテスマ.

침례-교 (浸禮教) 图 (宗教) 浸礼教.

침목 (枕木) 图 〔鉄道線路の〕枕木.

침몰 (沈没) 图 하自 沈没. ‖거센 파도에 배가 침몰하다 荒波に船が沈没する.

침몰-선 (沈没船) 【―썬】 图 沈没船.

침묵 (沈黙) 【ʧʰimmuk/―] 图 하자 沈黙. ‖침묵은 금이라 沈黙は金なり. 침묵을 지키다 沈黙を守る. 오랜 침묵을 깨고 대작을 발표하다 長い沈黙を破って大作を発表する. 한동안 침묵이 흘렀다 しばらく沈黙が流れた.

침-방울 【―빵―] 图 つば(のしぶき). ‖침방울이 튀다 つばが飛ぶ.

침범 (侵犯) 图 하他 侵犯. ‖영공을 침범하다 領空を侵犯する.

침상 (針狀) 图 針状.

침상-엽 (針状葉) 图 (植物) 針状の葉.

침-샘 图〔解剖〕唾腺;唾液腺.⇒타액선(唾液腺).

침소(寢所) 图 寢所.

침소봉대(針小棒大) 图〔하变〕針小棒大.

침수¹(沈水) 图 自 沈水.

침수식물(沈水植物) 图〔-성-〕图〔植物〕沈水植物.

침수²(浸水) 图 自 浸水. ∥홍수에 논밭이 침수되다 洪水で田畑が浸水する. 침수 가옥 浸水家屋.

침술(鍼術) 图〔漢方〕鍼術.

침식¹(寢食) 图 寢食. ∥침식을 같이하는 사이 寢食を共にした仲. 침식을 잊고 연구에 몰두하다 寢食を忘れて研究に打ち込む.

침식²(浸蝕) 图 他 浸蝕. ∥침식 작용 浸食作用.

침식³(侵蝕) 图 他 侵蝕. ∥매판 자본에 침식된 민족 자본 買弁資本に侵食された民族資本.

침식-곡(浸蝕谷)【-꼭】图〔地〕浸蝕谷.

침식⁴평야(浸蝕平野) 图〔地〕浸食平野.

침실(寢室) 图 寢室.

침엽-수(針葉樹)【-쑤】图〔植物〕針葉樹. ⇔활엽수(闊葉樹).

침울-하다(沈鬱-) 图〔하变〕❶ 沈鬱(ちんうつ)だ. ∥침울한 표정 沈鬱な表情.❷(天気・雰囲気などが)うっとうしい. **침울-히** 副

침윤(浸潤) 图〔하他〕浸潤.

침입(侵入) /tʃʰimip/ 图 自 侵入. ∥이웃 나라를 침입하다 隣国に侵入する. 도둑이 이 층으로 침입하다 泥棒が2階から侵入する. 불법 침입 不法侵入. 침입자 侵入者.

침잠(沈潛) 图 自 沈潛. ∥사색에 침잠하다 思索に沈潛する.

침전¹(沈澱) 图 自 沈澱. ∥불순물이 침전되다 不純物が沈殿する.

침전물(沈澱物) 图 沈澱物.

침전-지(沈澱池) 图 沈澱池.

침전²(寢殿) 图 寢殿.

침착-성(沈着性)【-생】图 落ち着き;沈着性.

침착-하다(沈着-) /tʃʰimtʃʰakʰada/【-차카-】图〔하变〕(態度や言動が)落ち着いている;沈着だ. ∥나이에 비해 침착한 소년 2階から落ち着いて話す. 침착한 태도 落ち着いた態度. 침착한 행동 沈着な行動. **침착-히** 副

침체(沈滯) 图 自 沈滯;低迷. ∥전반적으로 침체된 분위기다 全体的に沈

滯した雰囲気だ. 경기가 침체되어 있다 景気が低迷している.

침침-하다(沈沈-) 图〔하变〕❶(光などが)暗くて薄暗い.∥침침한 방 薄暗い部屋.❷(目がかすんで)ぼやけて見える. ∥눈이 침침하다 目がかすむ. **침침-히** 副

침통-하다(沈痛-) 图〔하变〕沈痛である. ∥침통한 표정 沈痛な面持ち. **침통-히** 副

침투(浸透) 图 自 浸透. ∥빗물이 침투하다 雨水が浸透する.

침팬지(chimpanzee) 图〔動物〕チンパンジー.

침하(沈下) 图 自 沈下. ∥지반이 침하하다 地盤が沈下する.

침해(侵害) /tʃʰimhɛ/ 图 他 侵害. ∥프라이버시의 침해 プライバシーの侵害. 영토를 침해하다 領土を侵害する. 인권 침해 人権侵害. **침해-당하다** 受身

침-홀리개 图 いつもよだれを垂らしている子.

칩(chip) 图 チップ.❶集積回路.❷木材を細かく切ったもの.❸(賭博などで)賭け金代わりに使う賭け札.

칩거(蟄居)【-꺼】图 蟄居.

칩떠-보다 他 (目を)いからせてにらむ.

칩룡(蟄龍) 图 蟄龍(ちつりょう). 〔比喩的に〕時期を得ずひそんでいる英雄.

칫-솔(齒~-) /tʃʰit'sol/【치쏠/칟쏠】图 歯ブラシ. ∥칫솔로 이를 닦다 歯ブラシで歯を磨く.

칫솔-질(齒~-)【치쏠-/칟쏠-】图〔하他〕歯磨き.

칭송(稱頌) 图 他 功績をほめたたえること;またはその言葉. ∥칭송이 자자하다 稱頌の声が高い.

칭얼-거리다[-대다] 自 むずかる;だだをこねる. ∥아기가 칭얼대다 赤ん坊がむずかる.

칭얼-칭얼 副 (幼児が)しきりにむずかる様子.

칭찬(稱讚) /tʃʰintʃʰan/ 图 他 稱贊;賞贊;ほめること;ほめたたえること. ∥아끼지 않고 칭찬하다 惜しみなく稱讚する. 용기를 칭찬하다 勇気をほめたたえる. **칭찬-받다** 受身

칭칭 副 幾重にも巻きつける様子;ぐるぐる(と). ∥붕대를 칭칭 감다 包帯をぐるぐる巻く.

칭-하다(稱-) 他 稱する.

칭호(稱號) 图 稱號. ∥박사 칭호 博士の稱號.

ㅋ

ㅋ [키읔] 명 ハングル子音字母の第11番目. 名称は「키읔」.

캬 감 ❶いびきをかいて寝ている時の音: ぐうぐう(と). ❷皮膚·のどなどに痛みや刺激を感じた時に出す声.

카나리아 (canaria) 명 《鳥類》カナリア.

카네이션 (carnation) 명 《植物》カーネーション.

카누 (canoe) 명 《スポーツ》カヌー.

카니발 (carnival) 명 ❶《キリスト教》カーニバル; 謝肉祭. ❷にぎやかなお祭り.

카드 (card) /kʰaːduː/ 명 カード. ∥크리스마스카드 クリスマスカード. 신용 카드 クレジットカード. 레드카드 レッドカード.

카드뮴 (cadmium) 명 《化学》カドミウム.

카디건 (cardigan) 명 カーディガン.

카라반 (caravane ⁷) 명 キャラバン.

카랑카랑-하다 형 [하양] (声が)甲高くて澄んでいる. ∥카랑카랑한 목소리 甲高く澄んでいる声.

카레 (←curry) 명 カレー; カレー粉; カレーライス.

카레-라이스 (←curried rice) 명 《料理》カレーライス.

카로틴 (carotin) 명 カロチン; カロテン.

카르테 (Karte ᴰ) 명 《医学》カルテ; 診療録[簿].

카르텔 (Kartell ᴰ) 명 《経》カルテル; 企業連合.

카리스마 (Charisma ᴰ) /kʰarisuːma/ 명 カリスマ(性). ∥강력한 카리스마를 발휘하다 強力なカリスマ性を発揮する. 전설 같은 존재 カリスマ的な存在.

카리에스 (Karies ᴰ) 명 《医学》カリエス.

카메라 (camera) /kʰamera/ 명 カメラ. ∥카메라 앵글 カメラアングル. 수중 카메라 水中カメラ. 위 카메라 胃カメラ. 아름다운 야경을 카메라에 담다 美しい夜景をカメラに収める. 카메라에 찍히다 カメラに撮られる.

카메라맨 (cameraman) 명 カメラマン.

카메룬 (Cameroon) 명 《国名》カメルーン.

카메오 (cameo ⁷) 명 カメオ; 瑪瑙(めのう).

카멜레온 (chameleon) 명 《動物》カメレオン.

카무플라주 (camouflage ⁷) 명 하타 カムフラージュ.

카바레 (cabaret ⁷) 명 キャバレー.

카보베르데 (Cabo Verde) 명 《国名》カーボベルデ.

카빈-총 (carbine 銃) 명 《軍事》カービン銃.

카세트 (cassette) 명 カセット.

카세트-테이프 (cassette tape) 명 カセットテープ.

카세트테이프-리코더 (cassette tape recorder) 명 カセットテープレコーダー.

카-센터 (car + center) 명 自動車整備工場.

카-스테레오 (car + stereo ᴰ) 명 カーステレオ.

카스텔라 (castella ᴾ) 명 カステラ.

카스트 (caste) 명 カースト.

카시오페이아-자리 (Cassiopeia-) 명 《天文》カシオペア座.

카오스 (chaos ᴳ) 명 カオス; 混沌. コスモス.

카우보이 (cowboy) 명 カウボーイ. ∥카우보이 복장 カウボーイの服装.

카운슬러 (counselor) 명 カウンセラー.

카운슬링 (counseling) 명 カウンセリング.

카운터 (counter) 명 ❶(酒場などの)カウンター. ❷(スーパーなどの)レジ係.

카운트 (count) 명 하타 カウント. ∥볼 카운트 ボールカウント. 입장자 수를 카운트하다 入場者数をカウントする.

카운트다운 (countdown) 명 カウントダウン.

카자흐스탄 (Kazakhstan) 명 《国名》カザフスタン.

카지노 (casino ⁷) 명 カジノ.

카카오 (cacao ᴰ) 명 カカオ.

카카오-나무 (-) 명 《植物》カカオの木.

카키-색 (khaki 色) 명 カーキ色. ∥카키색 군복 カーキ色の軍服.

카타르 (Qatar) 명 《国名》カタール.

카타르시스 (catharsis ᴳ) 명 カタルシス. ∥카타르시스를 느끼다 カタルシスを感じる.

카탈로그 (catalog) 명 カタログ.

카테고리 (Kategorie ᴰ) 명 カテゴリー; 範疇(ちゅう).

가톨릭 (Catholic) 명 ガトレッンの誤り.

카투사 (KATUSA) 명 在韓米軍の陸軍に配属している韓国軍人. ✧Korean Augmentation Troops to the United States Armyの略.

카툰 (cartoon) 명 (新聞や雑誌などの)時事漫画.

카트 (cart) 명 (スーパー·ゴルフ場などの)カート. ∥쇼핑 카트 ショッピングカート.

카페 (café ⁷) 명 カフェ; 喫茶店.

카페리 (car ferry) 명 カーフェリー.

카페오레 (café au lait ⁷) 명 カフェオレ.

카페인 (caffeine) 명 カフェイン. ∥카페인이 많이 든 음료 カフェインが多く含まれた飲料.

카페테리아 (cafeteria ˢ) 명 カフェテリア.

카펫 (carpet) 명 カーペット.

카피 (copy) 명 하타 コピー. ⓒ복사(複寫). ∥서류를 카피하다 書類のコピーをとる.

카피라이터 (copywriter) 명 コピーラ

이터.

칵 〖感〗 のどに引っかかったものを吐き出そうとする時の声; げえ. **칵칵** 〖感〗 げえげえ.

칵칵-거리다 [-꺼-] 〖自〗 (何度もしげっとする時の声; げえげえ. ‖목에 가시가 걸려 칵칵거리다 のどに小骨が刺さってげえげえする.

칵테일 (cocktail) 〖名〗 カクテル. ‖프루츠 칵테일 フルーツカクテル.

칸 (-間) 〖名〗 ❶〖家屋の〗間(ま). ❷升目; 欄. ‖빈 칸을 메우시오 空欄を埋めなさい.

— 〖依存〗 部屋の数を数える語: …間. ‖방 한 칸 一間の部屋; 一間.

칸나 (canna) 〖名〗〖植物〗 カンナ.

칸델라 (candela) 〖依存〗 光度の単位: …カンデラ (cd).

칸디다-증 (candida症) 〖名〗〖医学〗 カンジダ症.

칸-막이 [-마기] 〖名〗 ついたて; 間仕切り; 中仕切り. ‖칸막이가 쳐진 사무실 ついたてで区切られた事務室.

칸초네 (canzone¹) 〖名〗〖音楽〗 カンツォーネ.

칸타빌레 (cantabile¹) 〖名〗〖音楽〗 カンタービレ.

칸타타 (cantata¹) 〖名〗〖音楽〗 カンタータ.

칼 /kʰal/ 〖名〗 (刀・包丁・ナイフなどの)刃物の総称. ‖칼을 갈다 刃物を研ぐ. 칼에 손가락을 베이다 刃物で指を切る. 부엌칼 包丁. 잘 드는 칼 よく切れる刀. 연필 깎는 칼 カッター. ▶**칼로 물 베기** 〖諺〗「刀で水を切る」の意でけんかなどをしてもすぐ仲直りすることのたとえ.

칼-국수 [-쑤-] 〖名〗〖料理〗 カルグクス. ❖韓国風手打ちうどん.

칼-끝 [-끋] 〖名〗 刃先; 切っ先.

칼-날 [-랄] 〖名〗 [刃物の]刃. ‖예리한 칼날 鋭い刃.

칼데라 (caldera ス) 〖名〗〖地〗 カルデラ.

칼데라 호 (-湖) 〖名〗〖地〗 カルデラ湖. ❖十和田湖や摩周湖など.

칼-등 [-뜽] 〖名〗 刃物の背.

칼라 (collar) 〖名〗 (洋服の)カラー; 襟.

칼럼 (column) 〖名〗 コラム. ‖신문 칼럼 新聞のコラム.

칼럼니스트 (columnist) 〖名〗 コラムニスト.

칼로리 (calorie⁷) /kʰalloɾi/ 〖名〗 カロリー. ‖칼로리가 낮은 カロリーの 낮은 식품. 칼로리를 과잉 섭취하다 カロリーを過剰に摂取する.

— 〖依存〗 熱量の単位: …カロリー (cal).

칼륨 (Kalium ⁿ) 〖名〗〖化学〗 カリウム.

칼리 (kali ⁿ) 〖名〗〖化学〗 カリ.

칼-부림 〖名〗 刃傷(にんじょう)沙汰. ‖칼부림이 나다 刃傷沙汰が起こる.

칼슘 (calcium) 〖名〗〖化学〗 カルシウム.

칼-자국 【-짜-】 〖名〗 切り傷.

칼-자루 [-짜-] 〖名〗 ❶ 刃物の柄. ❷ 〖比喩的に〗 実権. ‖칼자루를 쥐고 있는 사람 実権を握っている人.

칼-잠 〖名〗 狭くて横向きになって寝ること. ‖좁아서 칼잠을 자다 狭くて横向きになって寝る.

칼-질 〖名〗 包丁さばき. ‖칼질을 잘하다 包丁さばきがうまい.

칼-집 [-찝] 〖名〗 鞘(さや).

칼-집 [-찝] 〖名〗 (魚・肉などにつけた)切れ目. ‖생선을 칼집을 내어 굽다 魚に切れ目を入れて焼く.

칼-춤 〖名〗 剣舞. ‖칼춤을 추다 剣舞を舞う[踊る].

칼칼-하다 〖形〗〖하変〗 ❶ (のどが)からからだ. ‖방이 건조해서 목이 칼칼하다 部屋の中が乾燥していてのどがからからだ. ❷ (味が)少し辛い. ‖국물 맛이 칼칼하다 スープの味が少し辛い.

캄보디아 (Cambodia) 〖名〗〖国名〗 カンボジア.

캄캄-하다 /kʰamkʰamhada/ 〖形〗〖하変〗 ❶ 真っ暗だ. ‖이 방은 대낮에도 캄캄하다 この部屋は昼間でも真っ暗だ. ❷ 〖前途・情報などについて〗全く知らない. ‖앞날이 캄캄하다 先行きが真っ暗だ. 최근의 한국 사정에 대해서는 캄캄하다 最近の韓国の事情については全く知らない.

캐나다 (Canada) 〖名〗〖国名〗 カナダ.

캐-내다 〖他〗 掘る; 掘り出す; 探査する; 探り出す. ‖고구마를 캐내다 サツマイモを掘る. 비밀을 캐내다 秘密を探り出す.

캐넌-포 (cannon 砲) 〖名〗〖軍事〗 カノン砲.

캐다 /kʰɛːda/ 〖他〗 ❶ 掘る; 摘み取る. ‖석탄을 캐다 石炭を掘る. 쑥을 캐다 ヨモギを摘み取る. ❷ 探る. ‖비밀을 캐다 秘密を探る. 생명의 신비를 캐다 生命の神秘を探る.

캐디 (caddie) 〖名〗 (ゴルフで)キャディー.

캐러멜 (caramel) 〖名〗 キャラメル.

캐럴 (carol) 〖名〗 キャロル. ‖크리스마스 캐럴 クリスマスキャロル.

캐럿 (carat) 〖依存〗 宝石の質量を表わす単位: …カラット. ‖이 캐럿의 다이아몬드 반지 2 カラットのダイヤの指輪.

캐리커처 (caricature) 〖名〗 カリカチュア; 風刺画.

캐릭터 (character) 〖名〗 キャラクター.

캐-묻다 【-묻-】 〖動〗〖ㄷ変〗 問いただす; 尋ねる. ‖꼬치꼬치 캐묻다 根掘り葉掘りしつこく聞く.

캐미솔 (camisole) 〖名〗 キャミソール.

캐비닛 (cabinet) 〖名〗 キャビネット.

캐슈-너트 (cashew nut) 〖名〗 カシューナッツ.

캐스터 (caster) 〖名〗 キャスター. ‖뉴스 캐스터 ニュースキャスター.

캐스터네츠 (castanets) 〖名〗〖音楽〗 カスタネット.

캐스팅 (casting) 〖名〗〖하他〗 キャスティング; 配役. **캐스팅-되다** 〖受動〗

캐스팅보트 (casting vote) 图 (회의에서)캐스팅보트.
캐시미어 (cashmere) 图 카시미어.
캐시밀론 (Cashmilon) 图 카시밀론. +商標名から.
캐주얼 (casual) 图 하形 캐주얼. ∥깨주얼한 복장 캐주얼な服装.
캐주얼-슈즈 (casual shoes) 图 カジュアルシューズ.
캐주얼-웨어 (casual wear) 图 カジュアルウエア.
캐처 (catcher) 图 (野球で)キャッチャー. ㉠피처.
캐치 (catch) 图 하他 キャッチ. ∥비밀을 캐치하다 秘密をキャッチする.
캐치-볼 (catch+ball 日) 图 하自 キャッチボール.
캐치-프레이즈 (catch-phrase) 图 キャッチフレーズ. ∥캐치프레이즈를 내걸다 キャッチフレーズを掲げる.
캑 副 のどにつかえたものを吐き出そうと咳き込む声: があっ(と). **캑-캑** 副 げほげほ: ごほごほ.
캑캑-거리다[-대다] 【-꺼[때]-】 自 のどにつかえたものを吐き出そうとしきりに咳き込む.
캔 (can) 图 缶; 缶詰. ∥캔 커피 缶コーヒー. 캔 맥주 缶ビール. 참치 캔 ツナの缶詰.
캔디 (candy) 图 キャンディー.
캔버스 (canvas) 图 キャンバス.
캘린더 (calendar) 图 カレンダー. ㉠달력(-曆).
캠-코더 (camcorder) 图 (ポータブル)ビデオカメラ.
캠퍼스 (campus) 图 キャンパス.
캠페인 (campaign) 图 キャンペーン. ∥환경 보호 캠페인 環境保護キャンペーン. 캠페인을 벌이다 キャンペーンを繰り広げる.
캠프 (camp) 图 キャンプ. ∥캠프를 가다 キャンプに行く. 캠프를 치다 キャンプを張る. 미군 캠프 米軍のキャンプ. 난민 캠프 難民キャンプ.
캠프-장 (-場) 图 キャンプ場.
캠프-촌 (-村) 图 キャンプ村.
캠프파이어 (campfire) 图 キャンプファイア.
캠핑 (camping) 图 하自 キャンピング.
캠핑-카 (camping+car 日) 图 キャンピングカー.
캡 (cap) 图 キャップ. ∥나이트캡 ナイトキャップ.
캡션 (caption) 图 キャプション.
캡슐 (capsule) 图 カプセル. ∥타임캡슐 タイムカプセル.
캡틴 (captain) 图 キャプテン. ∥캡틴을 맡다 キャプテンを務める.
캥 副 キツネの鳴き声: こん(と). **캥-캥** 하自

캥거루 (kangaroo) 图 (動物) カンガルー.
캥 副 キツネの鳴き声: こん(と). **캥-캥** 副 하自
커 [으] 图 크다(大きい)の連用形.
커녕 助 ㉠는커녕; ㉠은커녕.
커닝 (cunning) 图 하自 カンニング. ∥커닝 페이퍼 カンニングペーパー. 커닝하는 걸 들켜 버렸다 カンニングするところを見られてしまった.
커다랗다 /kʰʌdaratʰa/【-라타】 形 【ㅎ変】[커다래, 커다란] 非常に大きい; 巨大だ. ㉠작다랗다. ∥커다란 광고탑 巨大な広告塔. 원을 커다랗게 그리다 円を大きく描く.
커리어 (career) 图 キャリア. ∥커리어를 쌓다 キャリアを積む.
커리어-우먼 (career woman) 图 キャリアウーマン.
커리큘럼 (curriculum) 图 カリキュラム; 教育課程.
커뮤니케이션 (communication) 图 コミュニケーション.
커뮤니티 (community) 图 コミュニティー.
커미셔너 (commissioner) 图 コミッショナー(プロ野球・プロボクシングなどの協会で, 裁断権を持つ最高権威者).
커미션 (commission) 图 コミッション.
커밍-아웃 (coming out) 图 하自 カミングアウト.
커버 (cover) /kʰʌbʌ/ 图 하他 カバー. ∥책 커버 ブックカバー. 이불 커버 布団 커버. 부하의 잘못을 커버하다 部下のミスをカバーする.
커버-글라스 (cover glass) 图 カバーガラス.
커버-스토리 (cover story) 图 カバーストーリー(雑誌の写真などの関連記事).
커브 (curve) 图 カーブ. ∥커브를 돌다 カーブを曲がる.
커서 (cursor) 图 (IT) カーソル. ∥커서를 움직이다 カーソルを動かす.
커-지다 /kʰʌdʑida/ 自 強まる; 強くなる; 大きくなる; 増す; 伸びる. ∥비난의 소리가 커지다 非難の声が強まる. 울음소리가 커지다 泣き声が大きくなる. 부담이 커지다 負担が増す. 키가 커지다 背が伸びる.
커터 (cutter) 图 カッター.
커트 (cut) 图 하他 カット. ∥테이프를 커트하다 テープをcutする.
커트-라인 (←cut+line) 图 (試験などでの)合格ライン; 及第点.
커튼 (curtain) 图 カーテン. ∥커튼을 치다 カーテンをつける[閉める].
커프스 (cuffs) 图 カフス.
커프스-단추 (cuffs-) 图 カフスボタン.
커플 (couple) 图 カップル. ∥어울리는 커플 似合いのカップル.
커피 (coffee) /kʰʌpʰi/ 图 コーヒー. ∥커피를 타다[끓이다] コーヒー

를 넣으다. ∥인스턴트 커피 インスタントコーヒー.

커피-숍 (coffee shop) 图 コーヒーショップ; 喫茶店.

커피-잔 (coffee 盞) 图 コーヒーカップ.

커피-콩 图 コーヒー豆.

커피포트 (coffeepot) 图 コーヒーポット.

컨디션 (condition) 图 コンディション. ∥오늘은 컨디션이 좋지 않다 今日はコンディションがよくない. 컨디션을 조절하다 コンディションを整える.

컨베이어 (conveyor) 图 コンベヤー.

컨베이어-시스템 (conveyor system) 图 コンベヤーシステム.

컨설턴트 (consultant) 图 コンサルタント. 경영 컨설턴트 経営コンサルタント.

컨설팅 (consulting) 图 コンサルティング.

컨테이너 (container) 图 コンテナ.

컨트롤 (control) 图 [하변] コントロール. ∥마인드 컨트롤 マインドコントロール. 컨트롤이 뛰어난 투수 コントロールのいい投手.

컬러 (color) 图 ❶色. 컬러프린트 カラープリント. 팀 컬러 チームカラー. 로컬 컬러 ローカルカラー.

컬러-사진 (color 寫眞) 图 カラー写真.

컬러-텔레비전 (color television) 图 カラーテレビ.

컬렉션 (collection) 图 コレクション.

컬컬-하다 图 [하변] ❶(のどが)からむ. ∥목이 컬컬하다 のどがからむ. ❷(수가) 少し辛い. ❸(声が)かすれる. ∥담배를 많이 피워서 그런지 목소리가 컬컬하다 タバコを吸いすぎたせいか声がからがらする.

컴-맹 (-盲) 图 〔俗っぽい言い方で〕コンピューター音痴.

컴백 (comeback) 图 [하변] カムバック.

컴컴-하다 /kʰəmkʰəmhada/ 图 [하변] 真っ暗だ; 暗い. ∥불이 꺼져 있어 방안이 컴컴하다 明かりが消えていて部屋の中が真っ暗だ. 겨울은 빨리 컴컴해진다 冬は早く暗くなる. ❷깜깜하다.

컴파일러 (compiler) 图 (IT) コンパイラー.

컴퍼스 (compass) 图 コンパス.

컴퓨터 (computer) /kʰəmpʰjuːtʰə/ 图 コンピューター.

컴퓨터-그래픽스 (computer graphics) 图 コンピューターグラフィックス.

컴퓨터-바이러스 (computer virus) 图 コンピューターウイルス.

컵 (cup) /kʰəp/ 图 カップ; コップ. ∥컵에 물을 따르다 コップに水を注ぐ. 월드컵 ワールドカップ.

컵-라면【컵나-】 图 カップラーメン; カップ麵.

컷 (cut) 图 (テレビ·映画の)カット; ショット.

컹-컹 图 [하변] 大きい犬の吠える声: わん わん.

컹컹-거리다 图 (犬が)しきりにわんわんと吠える.

케냐 (Kenya) 图 [国名] ケニア.

케이 (k·k) 图 (アルファベットの)ケー.

케이블 (cable) 图 ケーブル.

케이블-카 (cable car) 图 ❶ケーブルカー. ❷ロープウエー.

케이블-티브이 (cable TV) 图 ケーブルテレビ.

케이스 (case) 图 ケース. ∥바이올린 케이스 バイオリンのケース. 쇼 케이스 ショーケース. 전례가 없는 케이스 前例のないケース.

케이에스 (KS) 图 韓国工業規格. ✤ Korean Industrial Standard の略語.

케이에스 마크 (KS mark) 图 ❶KSマーク. ❷〔俗っぽい言い方で〕ソウルにある京畿高校(K)とソウル大学(S)を出た人. ✤韓国のエリートを指す.

케이오 (KO) 图 KO; ノックアウト. ∥케이오 당하다 KO負けする. ✤ knockout の略語.

케이크 (cake) /kʰeikʰɯ/ 图 ケーキ. ∥생일 케이크 バースデーケーキ. 스펀지 케이크 スポンジケーキ.

케일 (kale) 图 [植物] ケール.

케첩 (ketchup) 图 ケチャップ. ∥토마토 케첩 トマトケチャップ.

케케-묵다【-따】 图 古臭い. ∥케케묵은 생각 古臭い考え方.

켕기다 图 〔主に가 켕기다の形で〕後ろめたい. ∥뒤가 켕기다 後ろめたい.

켜다¹ /kʰjəda/ 他 ❶(明かりを)つける; ともす. ∥불을 켜다 明かり[電気]をつける. 촛불을 켜다 ろうそくの火をともす. ❷(テレビ·ラジオを)つける. ∥라디오를 켜다 ラジオをつける. 텔레비전을 켜다 テレビをつける.

켜다² (鋸鉅-)で挽く. ∥톱으로 통나무를 켜서 반으로 쪼개다 のこぎりで丸太を挽く.

켜다³ (絃樂器)を弾く. ∥바이올린을 켜다 バイオリンを弾く.

켜다⁴ 伸びをする. ∥기지개를 켜다 伸びをする.

켜이다 图 (水が)しきりに飲みたくなる. ∥짠 것을 먹으면 자꾸 물이 켜이다 しょっぱいものを食べたせいで, しきりに水が飲みたくなる.

켜켜-이 副 重ね重ね; 積もり積もって. ∥켜켜이 쌓인 먼지 積もり積もったほこり.

켤레 [依名] 履物を対で数える語:…足. ∥구두 한 켤레 靴 1足. 양말 세 켤레 靴下 3足.

코¹ /kʰo/ 图 ❶鼻. ∥감기로 코가 막히다 風邪で鼻が詰まる. 코를 후비다 鼻をほじくる. 납작코 あぐら鼻. 매부리코 わし鼻. 말기코 ざくろ鼻. 코를 당기다 鼻をかく. ❷洟(涕) 鼻水. ∥코를

코 를 흘리다 涙をたらす. 휴지로 코를 풀다 ティッシュで鼻をかむ. ❸ものの突き出た先. ▶코가 납작해지다 面目を失う; 出端(ばな)をくじかれる. ▶코가 높다 鼻が高い. ▶코가 땅에 닿을 정도로 頭を深々と下げて. ▶코가 비뚤어지게 ぐんぐんと. 코가 비뚤어지게 마시다 ぐんぐん酔っぱらう. ▶코를 찌르다 鼻をつく. 악취가 코를 찌르다 悪臭が鼻をつく.

코² [名] 코가 성기다 スウェーター코가 성기다 セーターの編み目が粗い.

코-감기 (-感氣) [名] 鼻風邪.

코-골다 [自] [ㄹ語幹] いびきをかく. ‖심하게 코고는 사람 いびきがひどい人.

코-끝 [-끋] [名] 鼻先; 鼻の先. ‖코끝이 시리다 鼻先が冷たい. ▶코끝도 볼 수 없다 全く顔を出さない.

코끼리 /kho²kkiri/ [名] [動物] ゾウ(象). ‖코끼리는 코가 길다 象は鼻が長い.

코냑 (←cognac ⁷) [名] コニャック.

코너 (corner) [名] コーナー. ‖코너를 돌다 コーナーを回る. 냉동식품 코너 冷凍食品コーナー.

코드¹ (chord) [名] 《音楽》 コード; 和音.

코드² (code) [名] コード. ‖입력 코드 入力コード.

코드³ (cord) [名] コード. ‖다리미 코드 アイロンのコード.

코디네이션 (coordination) [名] コーディネーション.

코디네이터 (coordinator) [名] コーディネーター.

코-딱지 [-찌] [名] 鼻くそ. ‖코딱지를 후비다 鼻くそをほじくる.

코란 (Koran) [名] 《宗教》 コーラン(イスラム教の聖典).

코러스 (chorus) [名] 《音楽》 コーラス.

코르덴 (←corded velveteen) [名] コール天; コーデュロイ.

코르셋 (corset) [名] コルセット.

코르크 (cork) [名] コルク. ‖코르크 마개 コルク栓.

코-맹맹이 [名] 鼻詰まりの人; 鼻声の人. ‖코맹맹이 소리를 하다 鼻の詰まった声.

코멘트 (comment) [名] [하다] コメント. ‖노코멘트 ノーコメント. 코멘트를 달다 コメントをつける.

코모로 (Comoros) [名] [国名] コモロ.

코미디 (comedy) [名] コメディー.

코미디언 (comedian) [名] コメディアン.

코믹-하다 (comic-) [-카-] [形] [하文] コミカルだ; 喜劇的だ; 滑稽(こっけい)だ.

코-밑 [-믿] [名] 鼻の下.

코-바늘 [名] 鉤針(かぎばり). ‖코바늘 뜨기 鉤針編み.

코발트 (cobalt) [名] 《化学》 コバルト.

코발트-색 (-色) [名] コバルト色; コバルトブルー.

코브라 (cobra) [名] 《動物》 コブラ.

코-빼기 [名] [코의俗語] 鼻.

코-뼈 [解剖] 鼻骨. ⓐ비골(鼻骨). ‖코뼈가 부러지다 鼻骨が折れる.

코뿔-소 [-쏘] [名] 《動物》 サイ(犀). ⓐ무소.

코사인 (cosine) [名] 《数学》 コサイン(cos).

코스 (course) [名] コース. ‖등산 코스 登山コース. 엘리트 코스 エリートコース. 코스를 돌다 コースを回る.

코스닥 (KOSDAQ) [名] 《経》 コスダック. ✦ Korea Securities Dealers Automated Quotations の略語. 日本のジャスダックに当たる.

코스모스¹ (cosmos) [名] 《植物》 コスモス.

코스모스² (cosmos) [名] コスモス; 秩序ある世界. ⓐ카오스.

코스타리카 (Costa Rica) [名] 《国名》 コスタリカ.

코스트 (cost) [名] コスト. ‖생산 코스트 生産コスト. 코스트가 많이 먹히다 コストがかなりかかる.

코-안경 (-眼鏡) [名] 鼻眼鏡.

코알라 (koala) [名] 《動物》 コアラ.

코-앞 [-압] [名] 鼻先; 目の前; 目前. ‖대회가 코앞에 닥치다 大会が目前に迫る.

코-웃음 [名] 鼻先でせせら笑うこと. ‖내 얘기에 그는 코웃음을 쳤다 私の話に彼は鼻先でせせら笑った.

코인 (coin) [名] コイン.

코일 (coil) [名] コイル.

코-주부 (-主簿) [名] [からかう言い方で] 鼻の大きい人.

코치 (coach) [名] [하다]] コーチ. ‖테니스 코치 テニスコーチ. 코치를 받다 コーチを受ける.

코카인 (cocaine) [名] コカイン.

코코넛 (coconut) [名] ココナッツ; ココヤシの実.

코코아 (cocoa) [名] ココア.

코-털 [名] 鼻毛.

코트¹ (coat) [名] コート. ‖코트를 걸치다 コートを羽織る.

코트² (court) [名] コート. ‖테니스 코트 テニスコート.

코트-디부아르 (Côte d'Ivoire) [名] 《国名》 コートジボワール.

코트라 (KOTRA) [名] 大韓貿易振興公社. ✦ Korea Trade Promotion Corporation の略語. 日本の JETRO (日本貿易振興会)に当たる.

코튼 (cotton) [名] コットン.

코팅 (coating) [名] [하다]] コーティング.

코펠 (←Kocher ⁷) [名]

코-풀다 [自] [ㄹ語幹] 鼻をかむ.

코-피 [名] 鼻血. ‖코피를 흘리다 鼻血を流す. 코피가 나다 鼻血が出る.

코-흘리개 [名] 涙(はな)垂れ; 涙垂れ小僧.

콕 [副] 先の尖ったもので刺す様子; ちくり(と). ‖콕 찌르다 ちくりと刺す. **콕-콕**

콘덴서 (condenser) 명 コンデンサー.
콘도 (condo) 명 콘도미니엄의 略稱.
콘도르 (condor ʳ) 명《鳥類》コンドル.
콘도미니엄 (condominium) 명 コンドミニアム. ㊍콘도.
콘돔 (condom) 명 コンドーム.
콘드-비프 (corned beef) 명 コンビフ; コンビーフ.
콘-비프 (corn beef) 명 =콘드비프.
콘서트 (concert) 명 コンサート. ∥콘서트 홀 コンサートホール.
콘센트 (+concentic plug) 명 コンセント. ∥콘센트에 플러그를 꽂다 コンセントにプラグを差し込む.
콘스타치 (cornstarch) 명 コーンスターチ.
콘체르토 (concerto ⁱ) 명《音樂》コンチェルト; 協奏曲.
콘체른 (Konzern ᴰ) 명《經》コンツェルン; 企業連携.
콘크리트 (concrete) 명 コンクリート.
콘택트-렌즈 (contact lens) 명 コンタクトレンズ.
콘테스트 (contest) 명 コンテスト. ∥스피치 콘테스트 スピーチコンテスト.
콘텐츠 (contents) 명 (放送やネットワークなどでの)コンテンツ.
콘트라베이스 (contrabass) 명《音樂》コントラバス.
콘트라스트 (contrast) 명 コントラスト; 対照.
콘트라파고토 (contrafagotto ⁱ) 명《音樂》コントラファゴット.
콘-플레이크 (cornflakes) 명 コーンフレーク.
콜-걸 (call girl) 명 コールガール.
콜드-게임 (called game) 명《野球》コールドゲーム.
콜드-크림 (cold cream) 명 コールドクリーム.
콜라 (cola) 명 コーラ.
콜라겐 (collagen) 명 コラーゲン.
콜라주 (collage ʳ) 명《美術》コラージュ.
콜레라 (cholera) 명《醫学》コレラ.
콜레스테롤 (cholesterol) 명 コレステロール.
콜로이드 (colloid) 명《化学》コロイド.
콜록-거리다 [-대다] 困 [-ㄱ에 때-] ∥ ごほんごほんと咳き込む[咳をする]. ∥감기에 걸려 콜록거리다 風邪を引いてごほんごほんと咳き込む. ㊍쿨룩거리다.
콜록-콜록 튀 ごほんごほんと(し). ㊍쿨룩쿨룩.
콜론 (colon) 명 コロン(:).
콜롬비아 (Colombia) 명《国名》コロンビア.
콜-머니 (call money) 명《經》コールマネー.
콜-시장 (call 市場) 명《經》コール市場.
콜-자금 (call 資金) 명《經》コール資金.
콜콜 튀 (子どもが)鼻息を立てて寝ている樣子: すうすう(と); すやすや(と).
콜콜-거리다 囯 鼻息[鼻息]. を立てる. ∥콜콜거리면서 자고 있다 すうすうと寝息を立てている.
콜타르 (coal-tar) 명 コールタール.
콜-택시 (call taxi) 명 電話で呼び出すタクシー.
콤마 (comma) 명 コンマ; カンマ(,). ∥콤마를 찍다 コンマを打つ.
콤바인 (combine) 명 コンバイン.
콤비 (+combination) 명 ❶ コンビ. ∥명콤비 名コンビ. ❷ 材質が異なる上下１組の洋服. ❸ (洋服の)ジャケット.
콤비나트 (kombinat ᴿ) 명《經》コンビナート.
콤비네이션 (combination) 명 コンビネーション.
콤팩트 (compact) 명 (化粧用具の)コンパクト.
콤팩트-디스크 (compact disk) 명 コンパクトディスク; CD.
콤플렉스 (complex) 명 コンプレックス. ∥콤플렉스를 느끼다 コンプレックスを感じる. 신데렐라 콤플렉스 シンデレラコンプレックス.
콧-구멍 [코꾸-/콛꾸-] 명 鼻の穴; 鼻孔. ㊍비공(鼻孔).
콧-김 [코낌/콛낌] 명 鼻息.
콧-날 [콛-] 명 鼻筋. ∥콧날이 오똑한 미남 鼻筋が通った美男子.
콧-노래 [kʰonnorɛ] [콛-] 명 鼻歌. ∥콧노래를 부르다 鼻歌を歌う. 콧노래를 흥얼거리며 집에 들어오다 鼻歌交じりで帰宅する.
콧-대 [코때/콛때] 명 鼻柱; 鼻っ柱. ∥콧대가 높다 鼻が高い; 傲慢だ. ▶콧대가 세다 鼻っ柱が強い; 意地っ張りだ. ▶콧대를 꺾다 鼻っ柱をくじく; 鼻柱をへし折る. ▶콧대를 세우다 傲慢にふるまう; 鼻にかける.
콧-등 [코뜽/콛뜽] 명 鼻筋; 鼻の頭.
콧-물 [kʰonmul] [콛-] 명 涙(なみだ); 鼻水; 鼻汁. ∥콧물이 줄줄 흐르다 鼻水がずるずる(と)出る.
콧-방귀 [코빵-/콛빵-] 명 鼻であしらうこと; 鼻で笑うこと. ∥콧방귀를 뀌다 鼻で笑う; 鼻であしらう.
콧-방울 [코빵-/콛빵-] 명 小鼻.
콧-소리 [코쏘-/콛쏘-] 명 ❶ 鼻声. ❷《言語》鼻音.
콧-속 [코쏙/콛쏙] 명 鼻の中.
콧-수염 (-鬚髥) [코쑤-/콛쑤-] 명 口ひげ. ∥콧수염을 기르다 口ひげを生やす.
콧-숨 [코쑴/콛쑴] 명 鼻息.
콧-잔등 [코짠-/콛짠-] 명 콧잔등이의 略稱.
콧-잔등이 [코짠-/콛짠-] 명〔俗っぽい言い方で〕小鼻. ㊍콧잔등.

콩[1] /kʰoŋ/ 图《植物》ダイズ(大豆); 豆. ⓗ大豆. ▶콩을 심은 데 콩 나고 팥을 심은 데 팥 난다〔「豆を植えれば豆が出て, 小豆を植えれば小豆が出る」の意〕原因によって結果が生じることのたとえ. ▶콩으로 메주를 쑨다 해도 곧이 듣지 않는다〔「大豆で味噌を作ると言っても信じない」の意〕よくうそをつく者は真実を言っても信じてもらえないことのたとえ.

콩[2] 图 固いところに小さいものが落ちた時の音; とん. **콩-콩** 图 とんとん(と); こんこん(と); どきどき(と). ‖심장이 콩콩 뛰다 心臓がどきどきする.

콩콩-거리다 国 とんとんと音を立てる; こんこん(と)音を立てる.; どきどきする. ‖콩콩거리면서 계단을 올라가다 階段をとんとん(と)のぼる. 가슴이 콩콩거리다 胸がどきどきする.

콩-가루【-까-】图 きな粉. ▶콩가루가 되다 〔何かが〕砕けてばらばらになる. ▶콩가루 집안 いつも争って家族がばらばらになった家.

콩-강정 图 飴(ぁ)に炒り豆をまぶした菓子.

콩고(Congo) 图《国名》コンゴ.

콩-고물【-꼬-】图 味付けをしたきな粉.

콩-국【-꾹】图 大豆の搾り汁.

콩-국수【-쑤】图《料理》冷たくした大豆の搾り汁にうどんまたは素麺を入れて, 塩で味付けをした夏の食べ物.

콩-기름 图 大豆油. ⓗ大豆油(大豆油).

콩-깍지【-찌】图 豆のさや.

콩-나물 /kʰoŋnamul/ 图《植物》豆モヤシ.

콩나물-국图《料理》豆もやし入りの澄まし汁.

콩나물-밥图《料理》豆もやしと一緒に炊いたご飯.

콩나물-시루 图 ①豆もやしを栽培する容器. ②ぎゅうぎゅう詰め[すし詰め]の状態. ‖콩나물시루 같은 만원 버스 ぎゅうぎゅう詰めの満員バス.

콩닥-거리다【-까-】国 ❶〔臼などを〕しきりに搗(つ)く. ❷〔胸が〕どきどきする. ‖콩닥거리는 가슴을 진정시키다 どきどきする胸を落ち着かせる.

콩닥-콩닥 图《하自動》 ごとんごとん(と).

콩-대【-때】图 豆を取った茎.

콩-떡 图 うるち米の粉に炒った黒豆を混ぜて作った餅.

콩-밥 图 ❶豆ご飯. ❷〔比喩的に〕囚人が食べる飯.

콩-밭【-빧】图 豆畑.

콩소메(consommé[7]) 图《料理》コンソメ.

콩-알 图 ❶豆粒. ❷〔比喩的に〕非常に小さいもの.

콩-엿【-녇】图 炒り豆の入った飴(あめ).

콩-잎【-닙】图 豆の葉.

콩-자반 图《料理》豆の醤油煮.

콩-죽 图《料理》ふやかした大豆をふやかしてつぶした米と一緒に炊いた粥(かゆ).

콩-찰떡 图 もち米の粉に炒った黒豆を混ぜて作った餅.

콩쿠르(concours[7]) 图 コンクール. ‖콩쿠르에서 입선하다 コンクールで入選する.

콩트(conte[7]) 图《文芸》コント.

콩팥【-팓】图《解剖》腎臓. ⓗ신장(腎臟).

콰르르 图《하自動》大量の液体が勢いよく流れ出る音: どくどく; ざあざあ.

콰르릉 图《하自動》爆発物や銃砲などの大きな音: どかん.

콰르릉-거리다 国 どかんどかんと鳴り響く; ごろごろと鳴る. ‖금방 비라도 쏟아질 듯이 하늘이 콰르릉거리다 今にも雨が降り出すかのように空がごろごろと鳴る.

콱 图 ❶やわらかなものに勢いよく突き刺さる様子: ぶすっと. ❷〔悪臭などで〕息が詰まりそうな様子: ぐっと; むっと. ‖숨이 콱 막히다 息がぐっと詰まる. ▶콱-콱

콸콸 图 液体が狭い穴から勢いよく流れ出る音: どくどく; ざあざあ. ‖수돗물이 콸콸 쏟아지다 水道水がざあざあと流れ出る.

콸콸-거리다 国〔水が〕ざあざあと流れる.

쾅 图 ❶大砲の発射音: どん; どかん. ❷爆発物の破裂音: どん; どかん. ❸堅いものがぶつかった時の音: がちゃん(と). ‖전화를 쾅 하고 끊다 電話をがちゃんと切る. ▶쾅-쾅 どんどん; どかんどかん.

쾅쾅-거리다 国 どんどんとたたく; どんどんと音を立てる.

쾌감(快感) 图 快感. ‖쾌감을 느끼다 快感を覚える.

쾌거(快擧) 图 快挙. ‖쾌거를 이루다 快挙を成し遂げる.

쾌락(快樂) 图 快楽. ‖쾌락에 빠지다 快楽におぼれる.

쾌락-주의(快樂主義)【-쭈-/-쭈이】图 快楽主義.

쾌속(快速) 图《하形》快速.

쾌속-선(快速船)【-썬】图 快速船.

쾌속-정(快速艇)【-쩡】图 快速艇.

쾌승(快勝) 图《하自動》快勝. ⓗ참패(惨敗).

쾌식(快食) 图 快食.

쾌유(快癒) 图《하自動》快癒. ‖쾌유를 빌다 快癒を祈る. 병이 쾌유되다 病気が快癒する.

쾌재(快哉) 图 快哉(かいさい). ‖쾌재를 부르다 快哉を叫ぶ.

쾌적-하다(快適-)【-쩌카-】 圏《하形》 快適だ. ‖쾌적한 생활 快適な生活.

쾌조 (快調) 图 快調.

쾌주 (快走) 图 (하변) 快走.

쾌차 (快差) 图 (되재) 全快. ∥쾌차를 빌다 全快を祈る.

쾌청-하다 (快晴-) 图 (하변) 快晴だ. ∥날씨가 쾌청하다 天気が快晴だ.

쾌활-하다 (快活-) 图 (하변) 快活だ; 陽気だ. ∥쾌활한 성격 快活な性格. 쾌활한 사람 陽気な人. **쾌활**-히 图

쾌-히 (快-) 图 快く. ∥쾌히 승낙하다 快く承諾する.

쾨쾨-하다 (-/퀘퀘-) 图 [-] かび臭い. ∥코쾨한 냄새가 나다 かび臭いにがする. ⑧퀴퀴하다.

쿠데타 (coup d'État 프) 图 クーデター. ∥쿠데타를 일으키다 クーデターを起こす.

쿠리다 图 悪臭を放つ. ∥쿠린 냄새가 나다 悪臭がする; 非常に臭い.

쿠린-내 图 悪臭.

쿠바 (Cuba) 图 (国名) キューバ.

쿠션 (cushion) 图 クッション.

쿠웨이트 (Kuwait) 图 (国名) クウェート.

쿠키 (cookie) 图 クッキー.

쿠킹 (cooking) 图 クッキング.

쿠페 (coupé 프) 图 (車の)クーペ.

쿠폰 (coupon) 图 クーポン.

국 图 やわらかいものに勢いよく突き刺さる様子: ぷすっ; ぶすりと. **국-국** 图 ぶす. ⑧콕콕.

쿨러 (cooler) 图 クーラー.

쿨럭-거리다 [-대다] [-끼 때-] 图 ごほんごほんと咳き込む[咳をする]. ⑳쿨록거리다.

쿨럭-쿨럭 图 ごほんごほん. ⑳쿨록쿨록.

쿨 /kʰul:kʰu:l/ 图 いびきをかいて寝ている様子: ぐうぐう. ⑳콜콜.

쿨쿨-거리다 图 ぐうぐう(と)いびきをかく. ∥쿨쿨거리며 자고 있다 ぐうぐう(と)寝ている. ⑳콜콜거리다.

쿵 图 重いものが落ちたり倒れたりする時の音: どしん; どすん. ∥쿵 하고 떨어지다 どすんと落ちる. **쿵-쿵** 图 (하변)

쿵쿵-거리다 [-끼-] 图 どしどし歩く; どすんどすん歩く. ∥쿵쿵거리며 복도를 걷다 廊下をどしどし歩く.

쿵덕 图 ごとん.

쿵덕-거리다 [-끼-] 图 ごとんごとんと音を立てる.

쿵덕-쿵덕 图 ごとんごとん.

쿵쾅 图 ❶ 銃砲などの音が入り交じってとどろく音: どん. ❷ 板の間を強く踏み鳴らす音: どん.

쿵쾅-거리다 图 どたばたする. ∥위층에서 쿵쾅거리는 소리가 들린다 上の階でどたばたと騒ぐ音が聞こえる.

쿼퍼 (←功夫 中) 图 カンフー.

쿼트 (quart) 依名 量の単位: …クォート.

퀭-하다 [하변] (目が)落ちくぼんで生気がない.

퀴즈 (quiz) /kʰwidʒu/ 图 クイズ. ∥퀴즈 프로 クイズ番組. 퀴즈 대회에 나가다 クイズ大会に出場する. 퀴즈 문제를 풀다 クイズの問題を解く.

퀴퀴-하다 图 (하변) かび臭い; 悪臭がする; 嫌なにおいがする. ∥퀴퀴한 냄새가 나다 かび臭いにおいがする. ⑧쾨쾨하다.

퀸-사이즈 (queen + size 日) 图 クイーンサイズ.

퀼로트 (culotte 프) 图 キュロット.

퀼팅 (quilting) 图 キルティング.

큐[1] (cue) 图 キュー. ❶ (ビリヤードで)玉をつく時に用いる棒. ❷ (放送などでの)合図.

큐[2] (Q.q) 图 (アルファベットの)キュー.

큐레이터 (curator) 图 (博物館·美術館などの)学芸員.

큐비즘 (cubism) 图 (美術) キュービズム.

큐피 (Kewpie) 图 キューピー(人形).

큐피드 (Cupid) 图 キューピッド.

크기 /kʰugi/ 图 大きさ;···大. ∥크기를 재다 大きさを測る. 발 크기가 어떻게 되세요? 足のサイズはおいくつですか. 실물 크기의 모형 実物大の模型.

크나-큰 冠 非常に大きい….

크낙-새 [-쌔] 图 (鳥類) キタタキ(木叩).

크다 /kʰuda/ 图 [으변] [커] ❶ 大きい. ∥말이 크다 足が大きい. 목소리가 크다 声が大きい. 스케일이 크다 スケールが大きい. 피해가 크다 被害が大きい. 큰 회사 大きい会社. 큰 잘못을 저지르다 大きな過ちを犯す. ❷ (背が)高い. ∥키가 크다 背が高い. ❸ 重い; 重大だ. ∥책임이 크다 責任が重い[重大だ].
—图 [으변] [커, 크는] 大きくなる; 育つ;成長する. ∥이 나무는 추운 데서는 안 큰다 この木は寒いところでは育たない. 아이들 크는 재미로 살다 子どもたちの成長が生き甲斐だ. ⑭키우다.

크라운 (crown) 图 クラウン.

크라프트-지 (kraft 紙) 图 クラフト紙.

크래커 (cracker) 图 (お菓子の)クラッカー.

크레디트 (credit) 图 クレジット.

크레디트 카드 (credit card) 图 クレジットカード. ⑭신용 카드(信用-).

크레바스 (crevasse) 图 (地) クレバス(氷河や雪渓の深い割れ目).

크레용 (crayon 프) 图 クレヨン.

크레인 (crane) 图 クレーン; 起重機.

크레졸 (cresol) 图 (化学) クレゾール.

크레파스 (Craypas←crayon + pastel 日) 图 クレパス. ❈日本の商標名から.

크로스바 (crossbar) 图 (サッカー·ホッケーなどの)タッチライン.

크로스-스티치 (cross-stitch) 图 クロススティッチ.

크로스워드-퍼즐 (crossword puzzle) 圀 クロスワードパズル.
크로스-컨트리 (cross-country) 圀《スポーツ》クロスカントリー.
크로아티아 (Croatia) 圀《国名》クロアチア.
크로켓 (croquette ") 圀《料理》コロッケ.
크로키 (croquis ") 圀《美術》クロッキー.
크롬 (crawl) 圀 《水泳で》クロール.
크롬 (Chrom ド) 圀《化学》クロム.
크루즈-미사일 (cruise missile) 圀《軍事》クルーズミサイル; 巡航ミサイル. 圓 순항 미사일 (巡航-).
크리스마스 (Christmas) /kʰurisumasu/ 圀 クリスマス.
크리스마스-이브 (Christmas Eve) 圀 クリスマスイブ.
크리스마스-카드 (Christmas card) 圀 クリスマスカード.
크리스마스-캐럴 (Christmas carol) 圀 クリスマスキャロル.
크리스마스-트리 (Christmas tree) 圀 クリスマスツリー.
크리스천 (Christian) 圀 クリスチャン.
크리스털 (crystal) 圀 クリスタル.
크리켓 (cricket) 圀《スポーツ》クリケット.
크림 (cream) 圀 クリーム. ‖아이스크림 アイスクリーム. 생크림 生クリーム. 핸드 크림 ハンドクリーム.
크림-소다 (cream + soda 日) 圀 クリームソーダ.
크림-수프 (cream soup) 圀 クリームスープ.
큰 〔으변〕 크다(大きい)の現在連体形.
큰개-자리 圀《天文》大犬座.
큰곰-자리 圀《天文》大熊座.
큰-길 圀 大通り.
큰-놈 圀〔自分の長男をへりくだって言う語〕長男; せがれ.
큰-누나 圀 (弟から見て)一番上の姉.
큰-눈 圀 大雪. 圓대설 (大雪).
큰-달 圀 大の月. 圓적은달.
큰-돈 圀 大金. ‖큰돈을 벌다 大金を稼ぐ.
큰-따님 〔큰딸의 尊敬語〕他人の長女; 一番上のお嬢さん.
큰-딸 圀 長女. 圓장녀(長女).
큰-마음 圀 〔主に큰마음을 먹고의形で〕一大決心をして; 思い切って; 勇気を出して. ‖큰마음을 먹고 복권을 스무 장 사다 思い切って宝くじを 20 枚買う.
큰-며느리 圀 長男の嫁.
큰-물 圀 洪水. 圓홍수(洪水). ‖큰물이 지다 洪水になる.
큰-방 (-房) 圀 ❶大きい部屋. ❷家中で一番大きい部屋.
큰-병 (-病) 圀 大病. 圓중병(重病). ‖큰병에 걸리다 大病を患う.
큰-북 圀《音楽》大太鼓. ‖큰북을 치다 大太鼓を鳴らす.
큰-불 圀 大火; 大火事; 大火災. ‖큰불이 나다 大火事が起こる.
큰-사위 圀 長女の夫.
큰-소리 /kʰɯnsori/ 圀《하합》❶大声. ‖큰소리로 부르다 大声で呼ぶ. ❷大口; 大言(放); 息巻くこと. ‖큰 소리를 치다 いつも大口をたたく〔大言する〕; いつも啖呵(ホ)を切る. 이번에는 틀림 없이 다 잡아 오겠다고 땅땅 치다 今度は捕まえてくると息巻く.
큰-손 圀 ❶《株式市場で》大手筋. ❷《地下経済で》大手筋.
큰-손녀 (-孫女) 圀 最年長の孫娘.
큰-손자 (-孫子) 圀 最年長の孫.
큰-아들 圀 長男. 圓장남(長男).
큰-아버지 圀 父の長兄; 伯父.
큰-아이 圀 兄弟の中で一番上の子.
큰-어머니 圀 큰아버지의 아내; 伯母.
큰-언니 圀 (妹から見て)一番上の姉.
큰-오빠 圀 (妹から見て)一番上の兄.
큰-일 /kʰɯni:l/ 〔-닐〕 圀 ❶大事; 重大なこと; 大変なこと. ‖국가 차원에서는 엄청난 큰일이다 国家レベルでは非常に重大なことだ. 준비하는 게 큰일이다 準備するのが大変だ. 큰일이 나다 大変なことが起きる; 大変なことになる. ❷冠婚葬祭のような重要な行事. ‖큰말의 큰일을 치르다 長女の큰일を執り行なう. 圓대사(大事).
큰-절 圀 韓国の女性が行なう丁寧な伝統的お辞儀(両手を額に当てて膝をゆっくり折り曲げて座り, 頭を深々と下げるもの).
큰-절 圀 大きな寺.
큰-집 圀 ❶本家; 長兄の家. ❷本宅. ❸構えの大きい家. ❹〔俗っぽい言い方で〕刑務所.
큰코-다치다 圓 ひどい目にあう.
큰-할머니 圀 祖父の長兄の妻.
큰-할아버지 圀 祖父の長兄.
큰-형 (-兄) 圀 長兄.
큰-형수 (-兄嫂) 圀 (弟から見て)長兄の妻.

클라리넷 (clarinet) 圀《音楽》クラリネット.
클라리온 (clarion) 圀《音楽》クラリオン.
클라이맥스 (climax) 圀 クライマックス. ‖클라이맥스에 달하다 クライマックスに達する.
클라이언트 (client) 圀《IT》クライアント. 圓서버.
클래식 (classic) 圀 クラシック. ‖클래식 음악 クラシック音楽.
클랙슨 (klaxon) 圀 クラクション. ‖클랙슨을 울리다 クラクションを鳴らす. ※本来は社名のクラクソンの略.
클러치 (clutch) 圀 《自動車の》クラッチ. ‖클러치를 힘껏 밟다 クラッチを力いっぱい踏む.
클러치-페달 (clutch pedal) 圀 《自動

차 등의) 클러치 페달.
클럽 (club) 图 ❶ (사교·친목 등을 위한) 클럽. ‖나이트클럽 나이트클럽. ❷ 골프의 클럽. ‖골프 클럽 골프 클럽. ❸ (트럼프 카드의) 클럽.
클레임 (claim) 图 클레임. ‖클레임을 걸다.
클렌징-크림 (cleansing cream) 图 클렌징크림.
클로렐라 (chlorella) 图 〔식물〕 클로렐라.
클로로포름 (chloroform) 图 〔화학〕 클로로포름.
클로버 (clover) 图 〔식물〕 클로버. ‖네 잎 클로버 네잎클로버.
클로즈업 (close-up) 图 클로즈업. ‖사건의 진상이 클로즈업되다 事件の真相がクローズアップされる. **클로즈업-되다.** 图由
클론 (clone) 图 클론. ‖클론 토끼 クローンウサギ.
클리닉 (clinic) 图 클리닉.
클리닝 (cleaning) 图 他 클리닝. ‖드라이클리닝 ドライクリーニング.
클릭 (click) 图 他 (IT) 클릭. ‖더블 클릭 ダブルクリック.
클린업 (cleanup) 图 (야구에서) 클린업.
클린-히트 (clean hit) 图 (야구에서) 클린히트.
클립 (clip) 图 클립.
큼지막-하다 [-마카-] 形 変 かなり大きい.
큼직-하다 [-지카-] 形 変 かなり大きい; 大ぶりだ. ‖큼직한 바구니 かなり大きい籠(을).
킁킁 副 他 鼻を鳴らす音: くんくん(と); くすん(と).
킁킁-거리다 [-대다] 国 くんくん(と)かぐ; くんくん(と)嗅ぐ. ‖킁킁대며 냄새를 맡다 くんくんとにおいをかぐ.
키¹ /khi/ 图 ❶ (人や足のある動物の) 키; 背丈; 身長. ‖키가 크고 마른 사람 背が高くやせた人. 키가 작은 남자 背の低い男. 많이 먹는데 키가 안 큰다 たくさん食べるのに背が伸びない. 키를 재다 身長を測る. ❷ (物の)高さ. ‖책상 키 机の高さ.
키² [:] 图 箕(ふ).
키³ [:] 图 (船の) 舵.
키⁴ (key) 图 キー. ‖차 키 車のキー.
키니네 (kinine ネ) 图 〔薬〕 キニーネ.
키-다리 图 のっぽ. ⑰난쟁이. ╋人にしか使わない.
키르기스스탄 (Kirgizstan) 图 〔国名〕 キルギス; キルギスタン.
키리바티 (Kiribati) 图 〔国名〕 キリバス.
키보드 (keyboard) 图 キーボード.
키-순 (-順) 图 背の順. ‖키순으로 서 주세요 背の順に並んでください.
키스 (kiss) 图 自 キス. ‖키스 신 キス

**스 シーン.
키우다 /kʰiuda/ 他 〔크다의 사동사〕 育てる; 飼う. ‖애를 키우다 子どもを育てる. 후계자를 키우다 後継者を育てる. 자식들을 잘 키워 내다 子どもたちを立派に育て上げる. 개를 키우고 있다 犬を飼っている. ❷ (才能·勢力などを) 伸ばす; 育む. ‖세력을 키우다 勢力を伸ばす. 꿈을 키우다 夢を育む.
키-워드 (key word) 图 キーワード.
키위 (kiwi) 图 〔식물〕 キウイ.
키읔 [-윽] 图 ハングル子音字母「ㅋ」の名称.
키친-타월 (kitchen towel) 图 キッチンペーパー.
키-펀치 (keypunch) 图 キーパンチャー.
키-포인트 (key+point ㅂ) 图 キーポイント; 要点. ‖문제 해결의 키포인트 問題解決のキーポイント.
키프로스 (Kipros) 图 〔国名〕 キプロス.
키-홀더 (key+holder ㅂ) 图 キーホルダー.
킥¹ (kick) 图 他 (サッカーで)キック. ‖프리 킥 フリーキック. 페널티 킥 ペナルティーキック.
킥² 副 我慢していた笑いが思わずもれる様子: くすっと; くすりと. ‖두 사람은 얼굴을 마주보더니 킥 하고 웃었다 2人は顔を見合わせてくすっと笑った.
킥복싱 (kickboxing) 图 〔スポーツ〕 キックボクシング.
킥오프 (kickoff) 图 他 (サッカーで)キックオフ.
킥킥-거리다 [-대다-] 国 [-꺼 [때]-] 国 くすくす笑う. ‖뭐가 재미있는지 킥킥대다 何が面白いのかくすくす笑う.
킬러 (killer) 图 キラー.
킬로 (kilo) /kʰillo/ 〔킬로미터·킬로그램などの略語〕 …キロ. ‖마라톤의 정식 거리는 42.195킬로이다 マラソンの正式距離は42.195キロである.
킬로그램 (kilogram) 依名 質量の基本単位: …キログラム(kg).
킬로리터 (kiloliter) 依名 体積の単位: …キロリットル(kl).
킬로미터 (kilometer) 依名 長さの単位: …キロメートル(km).
킬로와트 (kilowatt) 依名 電力の単位: …キロワット(kw).
킬로칼로리 (kilocalorie) 依名 熱量の単位: …キロカロリー(kcal).
킬킬-거리다 [-대다] 国 くすくす(と)笑う; くつくつ(と)笑う. ‖만화책을 보면서 킬킬거리다 漫画本を読みながらくすくす(と)笑う.
킷-값 [킫깝/킫깝] 图 背丈に見合ったこと; 年相応のこと. ‖킷값도 못하다 身の丈相応のことができない. 킷값 좀 해라 身の丈にふさわしい行動をしなさい.
킹-사이즈 (king-size) 图 キングサイズ.

E [티읕] 图 한글子音字母の第12番目. 名称は「티읕」.

타¹ (打) 依る 他(㉠). 自タの모범이 되다 他の模範となる.

타² (打) 图 ❶ …ダース. ∥연필 한 타 鉛筆1ダース. ❷ (野球・ゴルフでの)…打. ∥한 타 차로 이기다 1打の差で勝つ.

타³ 图 타다(燃える)の連用形.

타⁴ 图 타다(乗る)の連用形.

타가수분 (他家受粉) 图 (植物) 他家受粉. ㉠자가 수분 (自家受粉).

타가수정 (他家受精) 图 (植物) 他家受精. ㉠자가 수정 (自家受精).

타개 (打開) 图 他动 打開; 乗り切ること, 切り抜けること. ∥교착 상태를 타개하다 膠着状態を打開する. 団결단결하여 난국을 타개하자 一丸となって難局を乗り切る. **타개-되다** 受动

타개-책 (打開策) 图 打開策.

타겟 (target) 图 타깃의 오류.

타격 (打撃) /tʰa:gjʌk/ 图 ❶ 打撃. ∥타격을 가하다 打撃を加える. 타격을 받다 打撃を受ける. ❷ (野球で)打撃; バッティング. ∥타격에 불이 붙다 打撃に火がつく.

타격-률 (打撃率) /-[경뉼] 图 打撃率.

타격-수 (打撃数) /-[쑤] 图 打撃数.

타격-순 (打撃順) /-[쑨] 图 打撃順.

타결 (妥結) 图 他动 妥結. ∥교섭이 타결되다 交渉が妥結する.

타계 (他界) 图 /-/-게/ 自动 他界. ∥선생님은 작년에 타계하셨다 先生は去年他界された.

타고-나다 /tʰagonada/ 他 持って生まれる; 生まれつく. ∥타고난 성격은 어쩔 수가 없다 生まれ持った性格はどうしようもない. 미적 감각을 타고나다 美的感覚を持って生まれる. 타고난 재능 生まれつきの才能.

타구 (打球) 图 (野球・ゴルフで)打球.

타국 (他國) 图 他国.

타깃 (target) 图 ターゲット.

타-내다 (家族や親族から金をがんでもらう; おねだりしてもらう; せびる. ∥누나한테 용돈을 타내다 姉から小遣いをおねだりしてもらう. 참고서 산다고 타낸 돈으로 게임 소프트를 사다 参考書を買うと言ってせびったお金でゲームソフトを買う.

타는¹ 图 타다(燃える)の現在連体形.

타는² 他动 타다(乗る)の現在連体形.

타닌 (tannin) 图 (化学) タンニン.

타다¹ /tʰada/ 自 ❶ 燃える. ∥재떨이 안에서 담뱃불이 타고 있다 灰皿の中でタバコの火が燃えている. 타서 재가 되다 燃えて灰になる. 저녁놀이 붉게 타고 있다 夕焼け空が赤く燃えている. ❷ 焦げる. ∥새까맣게 타 빵 真っ黒に 焦げたパン. 부엌에서 뭔가 타는 냄새가 나다 台所で何か焦げ臭いにおいがする. ❸ (火で)焼ける;(日に)焼ける. ∥화재로 집이 다 타 버리다 火災で家が焼けてしまう. 불이 뜨거워서 얼굴이 많이 타다 日差しが強くて, 顔がかなり日焼けする. ❹ 焦がれる; 焼ける. ∥속이 타다 胸が焦がれる. ❺ 干上がる. ∥연속되는 가뭄으로 밭이 타다 日照り続きで畑が干上がる. ❻ (のどが)渇く. ∥목이 타다 のどが渇く.

타다² (垢などが)つく. ∥때가 타다 垢がつく.

— 他 (刺激などに)敏感だ; かぶれる. ∥부끄러움을 타다 恥ずかしがる. 여름을 타다 夏負けする. 유행을 타다 流行に敏感だ.

타다³ /tʰada/ 图 乗る. ∥버스 앞자리에 타다 バスの前の座席に乗る.

— 他 ❶ 乗る. ∥전철을 타다 電車に乗る. 비즈니스 클래스에 타다 ビジネスクラスに乗る. 국도를 타고 달리다 国道に乗って走る. 시류를 타다 時流に乗る. 리듬을 타다 リズムに乗る. ❷ 登る. ∥산을 타다 山を登る. ❸ 滑る. ∥썰매를 타다 そりで滑る. 스케이트를 타다 スケートをする. ❹ 機会などを利用する; 乗じる. ∥야음을 타고 침입하다 夜陰に乗じて侵入する. 때를 타다 機に乗じる.

타다⁴ /tʰada/ 他 混ぜる; (コーヒーなどを)入れる; 加える; 割る. ∥술에 물을 타다 酒を水で割る. 따뜻한 물에 타서 마시다 お湯に混ぜて飲む. 커피를 타다 コーヒーを入れる.

타다⁵ /tʰada/ 他 もらう; 受け取る. ∥상을 타다 賞をもらう. 보너스를 타다 ボーナスをもらう. 퇴직금을 타다 退職金を受け取る.

타다⁶ 他 ❶ (頭髪などを)左右に分ける. ∥가르마를 타다 髪の毛の分け目をつける; 髪を分ける. ❷ (ひさごなどを)割る; 二つに割る; 挽く. ∥톱으로 박을 타다 鋸で ひさごを挽く.

타다⁷ 他 (弦楽器を)弾く. ∥거문고를 타다 琴を弾く.

타당 (妥當) 图 하形 妥當. ∥타당한 이유 妥当な理由.

타당성 (妥當性) 【-썽】 图 妥当性. ∥타당성을 검토하다 妥当性を検討する.

타도 (打倒) 图 他动 打倒. ∥독재 정권을 타도하다 独裁政権を打倒する.

타동 (他動) 图 他動. ㉠자동 (自動).

타동적 (他動的) 图 他動的.

타동사 (他動詞) 图 [言語] 他動詞. ㉠자동사 (自動詞).

타락 (墮落) 图 自动 堕落. ∥타락한 생활 堕落した生活.

타래 图 糸の束; かせ. ‖타래실 かせ糸. 2かせ; 毛糸 2玉.
— 依存 …かせ. ‖털실 두 타래 毛糸 2かせ; 毛糸 2玉.
타력¹ (他力) 图 他力. ⑦자력(自力).
타력² (打力) 图 〔野球で〕打力.
타령 (打令) [하자] ❶ タリョン(朝鮮時代の曲調の一つ、またはその曲調でできた楽曲). ‖새 타령 鳥タリョン. ❷ 광대(旅芸人)が歌う歌の総称. ❸ 口癖や決まって文句のようなもの. 言うなれば癖. ‖술 타령인다 彼は毎日酒浸りだ. 신세타령 身の上話.
타르 (tar) 图 タール.
타미플루 (Tamiflu) 图 〔薬〕 タミフル. ╋商標名.
타박¹ [하자] 難癖をつけること; けちをつけること. ‖타박을 주다 難癖をつける; けちをつける.
타박² (打撲) 图 打撲.
타박-상 (打撲傷) 图 打撲傷.
타박-타박 元気なく寂しそうに歩く様子; とぼとぼと. ‖해질 무렵의 시골길을 혼자서 타박타박 걸어가다 夕暮れの田舎道を1人とぼとぼ(と)歩く.
타-방면 (他方面) 图 他の方面; 別の方面.
타분-하다 圈 [하変] 〔食べ物の味やにおいが新鮮ではない.
타블렛 (tablet) 图 タブレット.
타블로이드 (tabloid) 图 タブロイド.
타블로이드-판 (—版) 图 タブロイド判.
타사 (他社) 图 他社. ‖자사(自社).
타산 (打算) 图 [하자] 打算.
타산-적 (打算的) 图 打算的; 計算高いこと. ‖타산적인 사람 打算的な人.
타산지석 (他山之石) 图 他山の石.
타살 (他殺) 图 他殺. ⑦자살(自殺).
타생 (他生) 图 〔仏教〕 他生.
타석 (打席) 图 〔野球で〕打席. ‖타석에 들어서다 打席に立つ.
타석-수 (打席數) [—수] 〔野球で〕打席数.
타선 (打線) 图 〔野球で〕打線. ‖타선에 불이 붙다 打線に火がつく.
타성 (惰性) 图 惰性. ‖타성에 빠지다 惰性に流される.
타성-적 (惰性的) 图 惰性的.
타수 (打數) 图 〔野球で〕打数.
타순 (打順) 图 〔野球で〕打順; 打撃順.
타아 (他我) 图 他我. ⑦자아(自我).
타-악기 (打樂器) [—끼] 图 〔音樂〕 打樂器.
타액 (唾液) 图 唾液(だえき).
타액-선 (唾液腺) [—선] 图 〔解剖〕 唾液腺. ⑳침샘.
타-오르다 [르変] 燃え上がる. ‖불길이 타오르다 炎が燃え上がる.
타운 (town) 图 タウン. ‖뉴 타운 ニュータウン.
타워 (tower) 图 タワー. ‖서울타워 ソウルタワー.

타원 (楕圓) 图 〔数学〕 楕円.
타원-체 (楕圓體) 图 〔数学〕 楕円体.
타원-형 (楕圓形) 图 〔数学〕 楕円形.
타월 (towel) 图 タオル. ▶타월을 던지다 タオルを投げる.
타율¹ (他律) 图 他律. ⑦자율(自律).
타율² (打率) 图 〔野球で〕打率.
타율-적 (他律的) 【—쩍】 图 他律的. ‖타율적인 사고방식 他律的な考え方.
타의 (他意) 【—/—이】 图 ❶他意; 他の考え、他の意味. ❷他人の意思.
타이¹ (Thai) 图 〔国名〕 タイ.
타이² (tie) 图 ❶〔ネクタイの略語〕 タイ; ネクタイ. ‖타이를 매다 ネクタイを締める. ❷〔試合や競技で〕タイ. ‖타이 기록 タイ記録.
타-이르다 /tʰairuda/ 他 [르変] 〔タイれって、タイれる〕 言い聞かせる; 教えさとす; たしなめる. ‖앞으로는 지각하지 않도록 잘 타이르더 これからは遅刻しないように十分言い聞かせる.
타이머 (timer) 图 タイマー.
타이밍 (timing) 图 タイミング. ‖타이밍을 맞추다 タイミングを合わせる.
타이어 (tire) 图 タイヤ. ‖스노타이어 スノータイヤ.
타이츠 (tights) 图 タイツ.
타이트 (tight) 图 タイト.
타이트-스커트 (—skirt) 图 タイトスカート.
타이틀 (title) 图 タイトル. ❶ 表題. ‖타이틀을 달다 タイトルをつける. ❷〔映画やテレビの〕字幕. ‖영화 타이틀 映画のタイトル. ❸選手権. ‖타이틀을 잃다 タイトルを失う.
타이틀-매치 (title match) 图 タイトルマッチ. ‖타이틀 매치를 치르다 タイトルマッチを行なう.
타이틀-백 (title + back back) 图 〔映画・テレビで〕タイトルバック.
타이틀-전 (title 戰) 图 =타이틀 매치.
타이프 (type) 图 〔タイプライターの略語〕タイプ. ‖영문 타이프 英文タイプ.
타이프라이터 (typewriter) 图 タイプライター. ⑱타이프.
타이피스트 (typist) 图 タイピスト.
타이핑 (typing) 图 タイプすること. ‖인보이스를 타이핑하여 送り状をタイプする.
타인 (他人) 图 他人.
타일 (tile) 图 タイル. ‖타일을 깔다 タイルを敷く〔張る〕.
타임 (time) /tʰaim/ 图 タイム. ‖타임 카드 タイムカード. 심판에게 타임을 요구하다 審判にタイムを求める.
타임-머신 (time machine) 图 タイムマシン.
타임-스위치 (time switch) 图 タイムスイッチ.

타임아웃 (time-out) 명 타임아웃.
타임-업 (time+up 日) 명 타임업.
타임-캡슐 (time capsule) 명 타임카프슬.
타입 (type) 명 타입. ∥예술가 타입 芸術家タイプ. 새로운 타입 新しいタイプ.
타자¹ (打字) [-짜] 명 タイプライターを打つこと. ∥타자를 치다 タイプを打つ.
　타자-기 (打字機) 명 タイプライター.
타자² (打者) 명 《野球で》打者. ∥사번 타자 4番打者.
타자³ (他者) 명 他者.
타작 (打作) 명 하타 脱穀.
타전 (打電) 명 하타 打電.
타점 (打點) [-쩜] 명 《野球で》打点. ∥타점을 내다 打点を上げる.
타제=석기 (打製石器) [-끼] 명 打製石器.
타조 (駝鳥) 명 《鳥類》ダチョウ(駝鳥).
타종 (打鐘) 명 鐘を打つこと; 鐘を鳴らすこと. ∥타종 시간 鐘を鳴らす時間.
타-죽다 [-따] 짜 焼死する.
타지¹ (他地) 명 他の地方; 他の地域.
타지² (他紙) 명 他紙.
타지³ (他誌) 명 他誌.
타지다 짜 ほつれる. ∥소맷부리가 타지다 袖口がほつれる. 바지 타진 곳 ズボンのほつれ.
타-지방 (他地方) 명 他の地方.
타지키스탄 (Tadzhikistan) 명 《国名》タジキスタン.
타진 (打診) 명 하타 打診. ∥상대방의 향을 타진하다 相手の意向を打診する.
타천¹ (他薦) 명 하타 他薦. 팽 자천 (自薦).
타천² (他薦) 명 하타 他薦.
타파 (打破) 명 打破; 打ち破ること. ∥악습을 타파하다 悪習を打破する.
　타파-되다 짜 —.
타향 (他郷) 명 他郷; 異郷; 客地 (ᇰ).
　타향-살이 (他郷-) 명 자 他郷での暮らし; 客地での生活.
타협 (妥協) 명 하자 妥協; 折り合いをつけること. ∥적당한 데서 타협하다 適当なところで妥協する. 타협을 보다 折り合いをつける.
　타협-안 (妥協案) 명 妥協案. ∥타협안을 제시하는 양상 妥協案を提示する.
　타협-적 (妥協的) [-쩍] 명 妥協的. ∥타협적인 태도 妥協的な態度.
　타협-점 (妥協點) [-쩜] 명 妥協点. ∥타협점을 찾다 妥協点を見出だす.
타화=수분 (他花受粉) 명 《植物》他家受粉; 他花受粉.

탁 /t͈ak/ 튀 ❶ (何かを)強く叩く様子: ぽんと. ∥어깨를 탁 치다 肩をぽんと叩く. ❷ 끈(ᆫ)·繩(ᆫ)など, やや太くて丈夫なものが切れる音[音]: ぷっつり(と). ∥밧줄이 탁 끊어지다 繩がぷっつりと切れる. ❸ 戸などを開け閉めする音: ばたり

(と). ∥바람에 문이 탁 닫히다 風で戸がばたりと閉まる. ❹ 唾や痰(ᆫ)などを吐き出す様子[音]: ぺっと. ∥길바닥에 침을 탁 뱉다 道端にぺっとつばを吐く. ❺ 熱さやにおいで息が詰まりそうになる様子: むっと. ∥숨이 탁 막히다 息が詰まる. ❻ 体中から力が抜けていく様子: がっくり. ∥맥이 탁 풀리다 力がぬける.
　탁-탁 튀.

탁견 (卓見) [-껸] 명 卓見.
탁구 (卓球) [t͈ak͈ku] [-꾸] 명 《スポーツ》卓球; ピンポン. 圏 핑퐁. ∥탁구를 치다 卓球をする. 탁구 시합 卓球の試合.
　탁구-공 (卓球-) 명 ピンポン球.
　탁구-대 (卓球臺) 명 卓球台.
　탁구=라켓 (卓球racket) 명 卓球のラケット.
　탁구-장 (卓球場) 명 卓球場.
　탁구-채 (卓球-) 명 卓球のラケット. ∥탁구채를 휘두르는 라켓をにぎる.
탁류 (濁流) [탕뉴] 명 濁流. ∥탁류에 휩쓸리다 濁流にのまれる.
탁발 (托鉢) [-빨] 명 하타 《仏教》托鉢 (ᆫ).
　탁발-승 (托鉢僧) 명 《仏教》托鉢僧.
탁본 (拓本) 명 하타 拓本.
탁상 (卓上) [-쌍] 명 卓上. ∥탁상 일기 卓上日記.
　탁상=공론 (卓上空論) [-쌍-논] 명 机上の空論.
　탁상=시계 (卓上時計) [-쌍-/-쌍-계] 명 置時計.
　탁상=연설 (卓上演説) [-쌍년-] 명 卓上演説.
　탁상=일기 (卓上日記) 명 卓上日記.
탁송 (託送) [-쏭] 명 하타 託送.
탁아소 (託兒所) 명 託兒所.
탁월-하다 (卓越-) [t͈agwʌlhada] 형 [하변] 卓越している. ∥탁월한 능력을 보여 주다 卓越した能力を示す. 탁월한 수완 卓越した手腕.
탁음 (濁音) 《言語》有声音. 삐 울림 소리. 팽 청음 (清音).
탁자 (卓子) [-짜] 명 テーブル.
탁주 (濁酒) [-쭈] 명 濁り酒; 막걸리.

탁-하다 (濁-) [t͈ak͈ada] 자 [타카-] 형 [하변] 濁っている. ∥방 공기가 탁하다 部屋の空気が濁っている. 탁한 목소리 だみ声.
탄¹ 팽 타다 (燃える)의 과거연체형.
탄² 팽 타다 (乗る)의 과거연체형.
탄갱 (炭坑) 명 炭坑.
탄-내 명 焦げ臭いにおい. ∥탄내가 나다 焦げ臭いにおいがする.
탄도 (彈道) 명 彈道.
　탄도-탄 (彈道彈) 명 彈道彈.
탄두 (彈頭) 명 彈頭.
탄-띠 (彈-) 명 彈薬帶.
탄력 (彈力) [탈-] 명 彈力.

탄력-성(彈力性)【탈-썽】 图 彈力性. ‖탄력성이 좋은 제품 彈力性に富む製品.

탄력-적(彈力的)【탈-쩍】 图 弾力的.

탄로(綻露)/tʰalːo/【탈-】 图 ばれること;露見.

탄로-나다(綻露-) 国 ばれる;露見する;発覚する. ‖잘못을 저지른 것이 탄로나다 過ちを犯したのがばれる. 거짓말이 탄로나다 うそがばれる. 음모가 탄로나다 陰謀が発覚する. 허위 보도가 탄로나다 虚偽報道が発覚する.

탄복(歎服) 图 하他 嘆服;感服;感心. ‖아름다운 경치에 탄복하다 美しい景色に感心する.

탄사(歎辭) 图 嘆辞;感嘆の言葉. ‖탄사를 금치 못하다 感嘆の言葉を禁じ得ない.

탄산(炭酸) 图 (化学) 炭酸.

탄산-가스(炭酸 gas) 图 炭酸ガス.

탄산-나트륨(炭酸 natrium) 图 炭酸ナトリウム.

탄산-소다(炭酸 soda) 图 炭酸ソーダ.

탄산-수(炭酸水) 图 炭酸水.

탄산-염(炭酸塩)【-념】 图 炭酸塩.

탄산-음료(炭酸飲料)【-료】 图 炭酸飲料.

탄생(誕生) 图 하他 誕生.

탄생-석(誕生石) 图 誕生石.

탄생-일(誕生日) 图 誕生日. ✚主に생일(生日)が用いられている.

탄성¹(嘆聲) 图 嘆声. ‖탄성을 올리다 嘆声を上げる.

탄성²(彈性) 图 弾性.

탄성-체(彈性體) 图 弾性体.

탄성-파(彈性波) 图 (物理) 弾性波.

탄소(炭素) 图 (化学) 炭素.

탄소-강(炭素鋼) 图 炭素鋼.

탄소 동화작용(炭素同化作用) 图 (生物) 炭素同化作用.

탄수화-물(炭水化物) 图 (化学) 炭水化物.

탄식(歎息) 图 하自 嘆息;嘆くこと. ‖자신의 불운을 탄식하다 身の不運を嘆く.

탄신(誕辰) 图 誕辰;誕生日.

탄알(彈-) 图 弾丸.

탄압(彈壓) 图 하他 弾圧. ‖탄압을 받다 弾圧を受ける. 언론 탄압 言論弾圧. 인권 탄압 人権弾圧. **탄압-받다** [-당하다] 受動

탄약(彈藥) 图 (軍事) 弾薬.

탄약-고(彈藥庫)【-꼬】 图 (軍事) 弾薬庫.

탄원(歎願) 图 하他 嘆願.

탄원-서(歎願書) 图 嘆願書.

탄자니아(Tanzania) 图 (国名) タンザニア.

탄젠트(tangent) 图 (数学) タンジェント(tan).

탄진(炭塵) 图 炭塵(じん).

탄창(彈倉) 图 弾倉.

탄층(炭層) 图 炭層.

탄탄(坦坦) 분 하다 ❶(道路などが)平らなこと. ❷(将来の道が)平らで障害物がないこと. ‖탄탄한 앞날 坦々たる将来. **탄탄-대로**(坦坦大路) 图 坦々たる大路;順調な道のり.

탄탄-하다 形 하変 堅固で丈夫だ;がっしりしている;健全だ. ‖기초 실력이 탄탄하다 基礎がしっかりしている. 탄탄한 몸매 がっしりした体つき.

탄피(彈皮) 图 薬莢(きょう).

탄핵(彈劾) 图 하他 弾劾(がい). ‖대통령 탄핵 大統領の弾劾. **탄핵 소추권**(彈劾訴追權)【-쏘-꿘】 图 (法律) 弾劾訴追権.

탄환(彈丸) 图 弾丸.

탄흔(彈痕) 图 弾痕.

탈¹ /tʰal/ ❶ 仮面;面;マスク. ❷ (比喩的に)真実を隠すためのみせかけ. ‖탈을 벗다 仮面をぬぐ;仮面を脱ぐ. ▶탈을 쓰다 仮面[皮]をかぶる. 인간의 탈을 쓴 짐승 人間の皮をかぶった獣(けもの).

탈² (頉) /tʰal/ 图 ❶ 異変;異常;問題. ‖무슨 탈이 생긴 것 같다 何か問題が起きたみたい. ❷ (体の)異変;不調. ‖위에 탈이 생기다 胃の調子がよくない. ❸ 言いがかり;けち. ‖탈을 잡다 あらさがしをする;けちをつける;難癖をつける. ❹ 欠点;短所. ‖말이 많은 게 탈이다 口数が多いのが欠点だ.

탈-나다(頉-) 【-라-】 自 問題が起きる;(体などに)異常が生じる. ‖많이 먹어 탈나다 食べ過ぎて腹痛を起こす.

탈-내다(頉-) 【-래-】 他 問題[事故·故障]などを起こす.

탈³ 国 타다(燃える)の未来連体形.

탈⁴ 国 타다(乗る)の未来連体形.

탈모¹(脫毛) 图 하自 脫毛.

탈-것【-껃】 图 《車·飛行機·船など》乗り物の総称.

탈격(奪格)【-껵】 图 (言語) 奪格.

탈고(脫稿) 图 하他 脫稿.

탈곡(脫穀) 图 하他 脫穀.

탈곡-기(脫穀機) 【-끼】 图 脫穀機.

탈구(脫臼) 图 하他 脫臼.

탈당(脫黨) 【-땅】 图 하自 離党. 凡入 입당(入黨).

탈락(脫落)/tʰallak/ 图 하自 脱落;外れること. ‖탈락자 脱落者. 재임용[공천]에서 탈락되다 再任用[公認]から外される. ❷(言語) 接続する語の語形変化または用言の活用において、接続する語の母音、子音、または音節が省略されること.

탈모¹(脫毛) 图 하自 脱毛.

탈모-제(脫毛劑) 图 脱毛剤.

탈모-증(脫毛症) 【-쯩】 图 (医学) 脱毛症.

탈모²(脫帽) 图 하自 脫帽.

탈-바가지 圀 ひさご[ふくべ]で作った仮面.

탈-바꿈 圀 하자 ❶《動物》変態. 変身; 生まれ変わること.

탈법(脱法) 圀 하자 脱法(ほう). ∥탈법 행위 脱法行為.

탈북(脱北) 圀 하자 脱北; 北朝鮮から脱出すること.

탈상(脱喪) 圀 하자 喪が明けること. ⊛해상(解喪).

탈색(脱色) 圀 하타 脱色.
탈색-제(脱色剤) 圀《化学》脱色剤.

탈선(脱線) 圀 하자 脱線; 非行に走ること. ∥전철이 탈선하다 電車が脱線する. 탈선하기 쉬운 나이 非行に走りがちな年.

탈세(脱税) 圀 하자타 脱税. ∥탈세 혐의 脱税容疑.

탈속(脱俗) 圀 하자 脱俗.

탈수(脱水) 圀 하자 脱水. ∥탈수 증세 脱水症状.
탈수-기(脱水機) 圀 脱水機. ∥탈수기를 돌리다 脱水機を回す.
탈수-제(脱水剤) 圀《化学》脱水剤.
탈수-증(脱水症) 圀《医学》脱水症.

탈영(脱営) 圀 하자 脱営.
탈영-병(脱営兵) 圀 脱営兵.

탈옥(脱獄) 圀 하자 脱獄.
탈옥-수(脱獄囚) 圀 脱獄囚.

탈의(脱衣) 圀/타리 하자타 脱衣.
탈의-실(脱衣室) 圀 脱衣室; 更衣室.
탈의-장(脱衣場) 圀 脱衣場.

탈자(脱字) 圀 짜상 脱字.

탈장(脱腸) 圀 하자 脱腸.

탈주(脱走) 圀 하자 脱走.
탈주-병(脱走兵) 圀 脱走兵.

탈지(脱脂) 圀 하자 脱脂.
탈지-면(脱脂綿) 圀 脱脂綿.
탈지-분유(脱脂粉乳) 圀 脱脂粉乳.

탈진(脱盡) 圀 하자 体力や気力が尽きること; 体力や気力を使い果たすこと. ∥탈진 상태이 되다 気力が尽きた状態になる.

탈출(脱出) 圀 하자타 脱出. ∥적지에서 탈출하다 敵地から脱出する. 비상 탈출 非常脱出. 국외 탈출을 기도하다 国外脱出をはかる.
탈출-극(脱出劇) 圀 脱出劇.
탈출-속도(脱出速度) 圀《物》脱出速度.

탈-춤 圀《民俗》タルチュム. ❖韓国固有の仮面劇.

탈취¹(奪取) 圀 하자타 奪取; 奪い取ること. ∥물건을 탈취하다 品物を奪取する.
탈취-당하다 受身

탈취²(脱臭) 圀 하자 脱臭.
탈취-제(脱臭剤) 圀《化学》脱臭剤.

탈탈 튀 ❶(ものが)古くなって壊れかかったような音: がたがた. ❷軽くて薄いものを続けて当てて立てる音: ぱたぱた(と). ∥먼지를 탈탈 털다 ほこりをぱたぱたと叩く. ❸ごっそり; 残らず; 根こそぎ. ∥가진 돈을 탈탈 털리다 持ち合わせをごっそり奪われる.
탈탈-거리다 圓 壊れそうな音がする. ∥고물차가 탈탈거리며 지나가다 おんぼろ車ががたがたと通る.

탈퇴(脱退) 圀/-퇘/ 하자타 脱退. ⊛가입(加入). ∥연맹에서 탈퇴하다 連盟を脱退する.

탈피(脱皮) 圀 하자 脱皮.

탈환(奪還) 圀 하자 奪還. ∥타이틀을 탈환하다 タイトルを奪還する.

탈회(脱会) 圀/-회/ 하자자 脱会. ⊛입회(入会).

탐(貪)/t'am/ 圀 [탐욕(貪慾)の略語] むさぼること; 欲しがること. ∥탐이 많다 欲深い; 欲張りだ. 식탐 食い意地. 탐-하다 囮 [하変] むさぼる; 欲しがる.
탐-나다(貪—) 圓 欲が出る; 欲しい. ∥탐나는 인재 欲しい人材.
탐-내다(貪—) 囮 欲しがる.
탐-스럽다(貪—) 【-따】 ㅐ [ㅂ変] 欲しくなる. ∥탐스럽게 만들었다 欲しくなるほど見事だ.

탐관-오리(貪官汚吏) 圀 貪官汚吏.

탐구¹(探求) 圀 하타 探求.

탐구²(探究) 圀 하타 探究. ∥진리를 탐구하다 真理を探究する. 탐구심 探究心.

탐닉(耽溺) 圀 하자 耽溺(にく). ∥주색에 탐닉하다 酒色に耽溺する.

탐독(耽讀) 圀 하타 耽読(どく). ∥탐정 소설을 탐독하다 探偵小説を耽読する.

탐문(探問) 圀 하타 探問; 聞き込み. ∥탐문 수사 聞き込み捜査.

탐미(耽美) 圀 耽美.
탐미-적(耽美的) 圀 耽美的.
탐미-주의(耽美主義) 圀/-/-이/ 耽美主義.

탐방(探訪) 圀 하타 探訪. ∥유적지 탐방 遺跡地探訪. 탐방기 探訪記.

탐사(探査) 圀 하타 探査. ∥우주 탐사 宇宙探査.
탐사-선(探査船) 圀 探査船.

탐색(探索) 圀 하타 探索.

탐욕(貪慾) 圀 貪欲(よく). ⊛탐(貪). ∥탐욕을 부리다 貪欲を露にする. 탐욕적으로 지식을 흡수하다 貪欲に知識を吸収する.
탐욕-스럽다(貪慾—) 【-쓰—따】 ㅐ [ㅂ変] 貪欲だ; 強欲(よく)だ. ∥탐욕스러운 사람 強欲な人間. **탐욕스레** 튀

탐정(探偵) 圀 探偵.
탐정 소설(探偵小説) 圀《文芸》探偵小説.

탐조(探照) 圀 하타 探照.

탐조-등 (探照燈) 명 探照灯; サーチライト.

탐지 (探知) 명하태 探知.

탐지-기 (探知機) 명 探知機.

탐탁-하다 [-타카-] 형 하여 [주로 打ち消しの表現を伴って] 気に入らない; 好ましくない. ‖탐탁하지 많은 조건 好ましくない条件. **탐탁-히** 분

탐폰 (Tampon^フ) 명 タンポン.

탐험 (探険) 명하태 探検. ‖아마존을 탐험하다 アマゾンを探検する.

탐험-가 (探險家) 명 探検家.

탐험-대 (探險隊) 명 探検隊.

탐험 소설 (探險小說) 명 [文芸] 探検小説.

탑 (塔) /t^hap/ 명 塔. ‖방송용 탑 放送用の塔. 상아탑 象牙の塔. 에펠탑 エッフェル塔.

탑승 (搭乘) 명[-씅] 명자태 搭乗. ‖비행기에 탑승하다 飛行機に搭乗する.

탑승-객 (搭乘客) 명 搭乗客.

탑승-원 (搭乘員) 명 搭乗員.

탑재 (搭載) 명하태 搭載. ‖터보 엔진을 탑재한 자동차 ターボエンジンを搭載した自動車. **탑재-되다** 자동

탓 /t^hat/ 명 ❶本意でない結果を生じた理由; 原因; せい; ゆえに; ため. ‖실패를 남 탓으로 돌리다 失敗を人のせいにする. 이번에 실패한 것은 전부 나 탓이다 今回失敗したのはすべて私のせいだ. 나이 탓인지 눈이 침침하다 年のせいか目がかすむ. 가난한 탓에 지은 죄 貧しきがゆえに犯した罪. **탓-하다** 태 하여 ❶とがめる. 남을 탓하다 人のせいにする.

탕¹ (湯) 명 ❶スープ. ‖꼬리 곰탕 テールのスープ. ❷祭祀(祭祀)に供えるスープ.

탕-거리 (湯-) [-꺼-] 명 スープの材料.

탕-국물 (湯-) [-꿍-] 명 スープ(の汁).

탕² (湯) 명 浴場; 風呂; 湯. ‖탕에 들어가다 湯(風呂)に入る. 남탕 男湯. 여탕 女湯.

탕³ 의존 仕事の回数を表わす: …回. ‖하루에 아르바이트를 두 탕 뛰다 1日に2つのアルバイトにかけ持ちする.

탕⁴ 분 ❶ものを勢いよく打つ音: ぽん. ‖책상을 탕 하고 치다 机をぽんとたたく. ❷銃砲などを打つ音: ずどん. ‖탕 하고 총소리가 들리다 ずどんと銃声が聞こえる.

-탕⁵ (湯) 접미 ❶湯薬を表わす: …湯. ‖갈근탕 葛根(ゕ)湯. ❷スープの種類を表わす: …湯. ‖갈비탕 カルビスープ.

탕감 (蕩滅) 명하태 (借金などを)帳消しにすること. ‖빚을 탕감하다 借金を帳消しにする.

탕관 (湯灌) 명하태 (仏教) 湯灌(ゕ_ん).

탕기 (湯器) [-끼] 명 汁椀.

탕수-육 (糖水肉) 명 (料理) 韓国風の酢豚.

탕아 (蕩兒) 명 蕩児(ば); 遊蕩児.

탕약 (湯藥) 명 (漢方) 湯薬; 煎薬; 煎じ薬.

탕진 (蕩盡) 명하태 蕩尽(ど); (財産などを)使い尽くすこと. ‖재산을 탕진하다 財産を使い尽くす.

탕탕¹ 분 威勢よく大言壮語する様子: ぱんぱん(と). ‖큰소리를 탕탕 치다 ぽんぽんと大口をたたく. ⑧텅텅.

탕탕² 분 ❶ものを勢いよく何度も打つ音: ぱんぱん(と) ‖연단을 탕탕 치면서 열변을 토하다 演壇をぱんぱんとたたきながら熱弁をふるう. ❷連続して銃砲を打つ音. ‖탕탕 하고 총소리가 나다 ずどんずどん[ぱんぱん]と銃声がする.

탕파 (湯婆) 명 湯たんぽ.

탕평-책 (蕩平策) 명 [歴史] 朝鮮時代に、党派の争いを和らげた政策.

태¹ (胎) 명 (生物) 胎(たい); えな.

태² (態) 명 容姿; 姿. ‖태가 곱다 美しい姿だ.

태고 (太古) 명 太古; 大昔.

태고-적 (太古ヘ-) [-쩍/-꼭쩍] 명 大昔. ‖태곳적 이야기 大昔の話.

태교 (胎教) 명 胎教.

태국 (泰國) 명 (地名) タイ.

태권-도 (跆拳道) [-꿘-] 명 《スポーツ》テコンドー.

태그 (tag) 명 タグ; タッグ. ‖태그 매치 タッグマッチ.

태극 (太極) 명 太極.

태극-권 (太極拳) [-꿘] 명 太極拳.

태극-기 (太極旗) [-끼] 명 太極旗; 大韓民国の国旗.

태기 (胎氣) 명 妊娠の兆候.

태-깔 (態-) 명 ❶容姿と色合い. ‖태깔이 나다 着こなしがいい. ❷驕慢(ゕぅぇ_ん)な態度.

태깔-스럽다 (態-) [-따-] 형 [ㅂ変] 驕慢だ; 傲慢だ. **태깔스레** 분

태내 (胎內) 명 胎内.

태도 (態度) /t^hɛ:do/ 명 態度. ‖태도를 분명히 하다 態度をはっきりさせる. 태도가 건방지다 態度が大きい. 진지한 태도 真摯な態度. 강경한 태도를 취하다 強硬な態度をとる.

태동 (胎動) 명자태 胎動.

태동-기 (胎動期) 명 胎動期.

태두 (泰斗) 명 泰斗(ち). ‖경제학의 태두 経済学の泰斗.

태만 (怠慢) 명형 怠慢. ‖직무 태만 職務怠慢. 태만하다는 비난을 면할 수 없다 怠慢のそしりを免れない.

태몽 (胎夢) 명 妊娠の兆しとなる夢.

태반¹ (太半) 명 大半; 大方; 大部分. ‖그의 말의 태반은 거짓이다 彼の話の大半はうそだ. 태반의 사람은 찬성에 대方の人は賛成した.

태반² (胎盤) 명 (解剖) 胎盤.

태백^산맥 (太白山脈) [-짠-] 명 《地》

태백산맥 太白山脈(朝鮮半島の東岸を日本海沿岸に沿って南北に走る山脈).

태백-성 (太白星) [-씽] 図《天文》太白星. ☞金星の別名.

태변 (胎便) 図 胎便(たいべん); かいくそ.

태-부족 (太不足) 図 非常に足りないこと. ‖일손이 태부족이다 人手が足りない.

태산 (泰山) 図 泰山.
태산-같다 (泰山-) [-갇따] 形 山積みだ; 山積している; 非常に多い. ‖걱정이 태산같다 心配事が非常に多い. 할 일이 태산같다 仕事が山積みになっている.

태산-북두 (泰山北斗) [-뚜] 図 泰山北斗.

태생 (胎生) 図 ❶《動物》胎生. ㉠난생(卵生). ‖태생 동물 胎生動物. ❷生まれ; 出身. ‖서울 태생 ソウル出身.

태생-지 (胎生地) 図 生まれた故郷.

태세 (態勢) 図 態勢. ‖돌릴 태세 飛びかかる態勢. 만반의 태세로 임하다 万全の態勢で臨む.

태아¹ (胎兒) 図 胎兒.
태아² (胎芽) 図 胎芽.

태양 (太陽) /tʰɛjaŋ/ 図 ❶ 太陽. ‖태양 전지 太陽電池. ❷《比喩的に》太陽. ‖마음의 태양 心の太陽.

태양-계 (太陽系) [-/-계] 図《天文》太陽系.

태양-력 (太陽曆) [-녁] 図《天文》太陽曆; 陽曆.

태양광 발전 (太陽光發電) [-쩐] 図 太陽光発電.

태양 숭배 (太陽崇拜) 図《宗教》太陽崇拜.

태양-시 (太陽時) 図《天文》太陽時.

태양-신 (太陽神) 図 太陽神.

태양-열 (太陽熱) [-녈] 図 太陽熱; 太陽エネルギー. ‖태양열 주택 太陽熱住宅.

태양-전지 (太陽電池) 図 太陽電池.
태양-초 (太陽草) 図 日干しした赤い唐辛子.

태양-충 (太陽蟲) 図《動物》タイヨウチュウ(太陽虫).

태양-흑점 (太陽黑點) [-쩜] 図 太陽黒点.

태어-나다 /tʰɛənada/ 回 生まれる; 出生する; 誕生する. ‖여자 아이가 태어나다 女の子が生まれる. 태어난 곳 出生地. 태어나서 자란 곳 生まれ育ったところ. 다시 태어난다면 生まれ変わったら.

태업 (怠業) 自他 図 サボタージュ.

태연-자약 (泰然自若) 図 (形動) 泰然自若.

태연-하다 (泰然-) /tʰɛjənhada/ 形〔하変〕泰然としている; 平然としている. 평気な様子を見せている. ‖태연한 태도 泰然たる態度. 태연한 척하며 平気を装う. **태연-히** 副 어른이 들어와도 태연히 앉아 있다 目上の人が入ってきても平然と座っている.

태엽 (胎葉) 図 ぜんまい. ‖태엽을 감다 ぜんまいを巻き締める.

태우다¹ /tʰɛuda/ 他〔으変 役動詞〕燃やす. ❶ 〔타다〕の使役動詞] 燃やす. ❶ 낙엽을 태우다 落ち葉を燃やす. ❷〔タバコを〕吹かす. ‖담배를 태우다 タバコを吹かす. ❸ 焦がす. ‖밥을 태워 버렸다ご飯を焦がしてしまった. ❹ 日焼けする. ‖모래사장에서 등을 조금 태우다 砂場で背中を少し日焼けする. ❺〈気〉をもむ. ‖속을 태우다 気をもむ.

태우다² /tʰɛuda/ 他〔타다〕の使役動詞〕乗せる. ‖아이들 유모차에 태우다 子どもをベビーカーに乗せる. 역까지 모셔 드리겠습니다 駅までお送りいたします. 승客 천 명을 태울 수 있는 배 乗客を千人乗せられる船. 목말을 태우다 肩車する.

태음 (太陰) 図 太陰.
태음-력 (太陰曆) [-녁] 図《天文》太陰曆; 陰曆.

태자 (太子) 図〔황태자(皇太子)の略語〕太子; 皇太子.

태자-비 (太子妃) 図 皇太子妃.
태조 (太祖) 図 太祖; 始祖.
태중 (胎中) 図 妊娠中.
태초 (太初) 図 太初.

태클 (tackle) 図 (ラグビーなどで)タックル. ‖태클을 걸다 タックルする.

태평 (太平·泰平) 図 形動 ❶ 太平; 平和. ‖태평한 세상 太平な世の中. 極楽; のんき. ‖성격이 천하태평이다 性格がひんきそのものだ.

태평-가 (太平歌) 図 太平を謳歌する歌.

태평 세월 (太平歲月) 図 太平な時.
태평-소 (太平簫) 図《音楽》チャルメラ.

태평-스럽다 (太平-) [-따] 形〔ㅂ変〕気楽だ; のんきだ. ‖태평스러운 소리를 하다 のんきなことを言う; のんきに太平楽を並べる.

태평-천하 (太平天下) 図 平和な世の中.

태평양 (太平洋) 図 (地名) 太平洋.

태풍 (颱風) /tʰɛpʰuŋ/ 図《天文》台風. ‖태풍이 휩쓸고 간 지역 台風に見舞われた地域. ▸태풍의 눈 台風の目.

태풍 경보 (颱風警報) 図 台風警報.
태피스트리 (tapestry) 図 タペストリー.

태후 (太后) 図 (歴史) 太后(たい).

택배 (宅配) /tʰɛkpɛ/ [-빼] 図 宅配; 宅配便. ‖택배 서비스 宅配サービス. 택배로 보내다 宅配便で送る.

택시 (taxi) /tʰɛkʃi/ 図 タクシー. ‖택시를 잡다 タクシーを拾う. 택시를 타다 タ

クシーに乗る. 택시 타는 곳 タクシー乗り場. 개인택시 個人タクシー.

택일¹ (擇一) /-리/ 图 自団 択一. ‖양자택일 二者択一.

택일² (擇日) 图 他団 日取り.

택지 (宅地) [-찌] 图 宅地. ‖택지 조성 宅地造成.

택-하다 (擇-) /tʰɛkʰada/ 【태카-】 [하변] 選ぶ; 選択する; 取る. ‖두 가지 중에서 하나를 택하다 2つの中から1つを選ぶ. 어느 쪽을 택해야 할지 잘 모르겠다 どちらを取るのかよく分からない.

탤런트 (talent) 图 タレント. ‖여자 탤런트 女性タレント.

탬버린 (tambourine) 图 [音楽] タンバリン.

탭댄스 (tap dance) 图 タップダンス.

탯-줄 (胎ㅅ-) 【태쭐/탣쭐】 图 へその緒; 臍帯.

탱고 (tango) 图 [音楽] タンゴ.

탱자 カラタチの実.

탱자-나무 图 [植物] カラタチ(枳殻).

탱커 (tanker) 图 タンカー.

탱크 (tank) 图 ❶ ガス 탱크 ガスタンク.

탱크-로리 (tank + lorry 日) 图 タンクローリー.

탱크-차 (tank 車) 图 タンク車.

탱크-톱 (tank top) 图 (上衣の)タンクトップ.

탱탱-하다 [形] [하변] (中身がいっぱいになって)はちきれそうだ; ぴちぴちだ. ‖탱탱한 피부 ぴちぴちと張りのある肌.

터¹ /tʰʌ/ 图 ❶ 敷地;場所;跡地. ‖집을 지을 터를 확보하다 家を建てる敷地を確保する. 공터 空き地. ❷ 基盤; 土台. ‖생활의 터 生活の基盤[土台]. ‖터가 세다 地相が悪くて不運が続く. ▶터를 닦다 地ならしをする; 地固めをする. ▶터를 잡다 敷地を決める; 土台を築く.

터² /tʰʌ/ 图 [依存] 〔普通예の形で用いられ〕予定·意図などを表わす〕…つもり. ‖내일은 꼭 갈 테야 明日は必ず行くつもりだ. ❷ 〔主に…텐데の形で〕…だろうに. ‖돈도 없을 텐데 이런 걸 사니? お金もないだろうにこんなのを買ったの?

-터³ [接尾] …場. ‖전쟁터 戦場. 놀이터 遊び場.

터널 (tunnel) /tʰʌnʌl/ 图 トンネル. ‖터널을 뚫다 トンネルを貫通させる. 긴 터널을 빠져 나가다 長いトンネルを抜け出す.

터-놓다 /tʰʌnotʰa/ 【-노타】 [他五] ❶ (仕切りなどを)取り除く. ❷ 打ち明ける; 本音を言う; 腹を割る. ‖터놓고 하는 말인데 正直言うと; 本音を言うと. 터놓고 이야기하자 腹を割って話し合おう.

터덜-터덜 副 [自団] 元気なく寂しそうに歩く様子: とぼとぼ(と). ‖혼자서 터덜터

덜 걸어오다 1人でとぼとぼと歩いてくる.

터득 (攄得) 图 [하변] 会得; のみ込むこと. ‖새로운 방법을 터득하다 新しい方法を会得する. 장사하는 요領을 터득하다 商売のこつをのみ込む.

터-뜨리다 /tʰʌtɨrida/ [他] 割る; 爆発させる; 暴発する. ‖풍선을 터뜨리다 風船を割る. 웃음을 터뜨리다 爆笑する. 분노를 터뜨리다 怒りを爆発させる. 비밀을 터뜨리다 秘密を暴露する.

터럭 图 (人·動物の体に生えた)長くて太い毛.

터무니-없다 /tʰʌmuːniʌpta/ 【-업따】 [形] 根拠がない; とんでもない; 法外だ. ‖터무니없는 누명 根拠のない濡れ衣. 터무니없는 소리를 하다 とんでもないことを言う. **터무니없-이** 副 価格が터무니없이 비싸다 価格が法外に高い.

터미널 (terminal) 图 ターミナル. ‖버스터미널 バスターミナル.

터벅-터벅 副 とぼとぼ(と); てくてく(と). ‖터벅터벅 걷다 てくてく(と)歩く.

터번 (turban) 图 ターバン. ‖터번을 두르다 ターバンを巻く.

터보제트°엔진 (turbojet engine) 图 ターボジェットエンジン.

터부 (taboo) 图 タブー.

터부룩-하다 [루카-] [形] [하변] (髪の毛·ひげなどが)ぼうぼうだ; もじゃもじゃだ.

터분-하다 [形] [하변] (食べ物の味やにおいが)新鮮ではない.

터빈 (turbine) 图 タービン.

터울 图 (兄弟の)年の差. ‖언니하고는 세 살 터울이다 姉とは3歳違いだ.

터전 图 (生活のための)基盤. ‖생활 터전을 마련하다 生活の基盤を築く.

터-주 (-主) 图 [民俗] 地神.

터줏`대감 (-主大監) 【-주때/-줃때-】 图 ① =터주 (-主). ② [比喩的に] (その集団·地域の)古株; 古顔; 古参. ‖터줏 대감 노릇을 하다 古参役を務める.

터-주다 [他] (塞がっていたところを)開けてやる. ‖길을 터주다 道を開けてやる.

터-지다¹ /tʰʌdʑida/ [自] ❶ 爆発する; 割れる. ‖폭탄이 터지다 爆弾が爆発する. 쌓였던 분노가 터지다 積もり積もった怒りが爆発する. ❷ 起きる; 発生する; 勃発する. ‖문제가 터지다 問題が発生する. 전쟁이 터지다 戦争が起きる[勃発する]. ❸ 発覚する; ほころび; 割れる; 崩れる; 出る. ‖공무원 不正事件이 터지다 公務員の汚職事件が発覚する. 솔기가 터지다 縫い目がほころびる. 풍설이 터지다 風船が割れる. 코피가 터지다 鼻血が出る. ❹ (運などが)一気に開ける. ‖일복이 터지다 仕事の運が開ける. ❺ (悪っぽい言い方で)ぶん殴られる; 論殴(굳)される. ❻ 까놓다가 선

배한테 엄청 터지다 ふざけて先輩にこっぴどくぶん殴られる.
터-지다² [補形] 〔一部の形容詞語幹+아[어]に付いて〕その形容詞が意味する状態の程度がひどい, または駄目であることを表わす. ‖게을러 터지다 だらけ切っている.
터치 (touch) [名] [하自] タッチ.
터치-다운 (touchdown) [名] (ラグビーなどで)タッチダウン.
터치-라인 (touchline) [名] (サッカー・ラグビーなどで)タッチライン.
터치-스크린 (touchscreen) [名] 《IT》タッチスクリーン.
터치-아웃 (touch+out 日) [名] (野球で)タッチアウト.
터키 (Turkey) [名] 《国名》 トルコ.
터-트리다 [他] =터뜨리다.
터틀-넥 (turtle neck) [名] タートルネック.
터프 (tough) [名] [하形] タフ. ‖터프한 남자 タフな男.
터프-가이 (tough+guy 日) [名] タフガイ.
턱¹ /tʰɔk/ [名] あご. ‖턱이 빠지다 あごがはずれる. 턱을 괴고 생각하다 頬杖をついて考える. 아래턱 下あご. 주걱턱 しゃくれたあご.
턱² [名] 平面から少し盛り上がって高くなっているところ; 段差. ‖길이 턱이 지다 道に段差がある.
턱³ [名] おごること; ごちそうすること. ‖한턱 내다 一杯おごる.
턱⁴ [依名] わけ; はず. ‖그럴 턱이 없다 そんなはずがない.
턱⁵ /tʰɔk/ [副] ❶緊張などがほぐれる様子: ほっと. ‖마음을 턱 놓다 ほっと安心する. ❷ある動作を大様(おう)にする様子: でんと; ぬっと. ‖어깨 위에 손을 턱 올리다 肩に手をやる. 문 앞에 턱 버티고 서 있다 門前にでんと構えて立っている. ❸突然倒れる様子: ばたっと. ‖턱 하고 쓰러지다 ばたっと倒れる. ❹息が詰まる様子: ぐっと. ‖그 말을 듣자 숨이 턱 막혔다 それを聞いたら息がぐっと詰まった.
턱-걸이 【-꺼리】 [名] ❶懸垂. ❷辛うじて合格すること. ‖시험에 턱걸이로 붙다 試験に辛うじて合格する.
턱-밑 【텅믿】 [名] あごの下.
턱-받이 【-빠지】 [名] よだれかけ.
턱-뼈 [名] 《解剖》 顎骨(がっこつ).
턱-수염 (-鬚髥) 【-쑤-】 [名] あごひげ.
턱시도 (tuxedo) [名] タキシード.
턱-없다 【터겁따】 [形] とんでもない; 法外だ. ‖턱없는 거짓말을 하다 とんでもないうそをつく. **턱없-이** [副] 턱없이 비싸다 法外に高い.
턱-턱 [副] ❶息が詰まる様子: うっと. ‖너무 더워서 숨이 턱턱 막히다 あまりの暑さに息がうっと詰まる. ❷いきなり立て続けに倒れる様子: ばたばた(と). ‖너무 더워서 체육 시간에 학생들이 턱턱 쓰러지다 あまりにも暑くて, 体育の時間に学生たちがばたばたと倒れる. ❸ところかまわずつばを吐き捨てる様子: ぺっぺっ(と). ‖아무데서나 침을 턱턱 뱉다 ところかまわずぺっぺっとつばを吐き捨てる.
턴테이블 (turntable) [名] ターンテーブル.
털 /tʰɔl/ [名] ❶毛. ‖털이 나다 毛が生える. 닭털을 뽑다 鶏の毛をむしる. ❷羽; 羽根. ‖새 깃털 鳥の羽.
털-가죽 [名] 毛皮. [類]모피(毛皮).
털-갈이 [名] [하自] 毛が生え変わること. ‖고양이는 가을에 털갈이한다 猫は秋に毛が生え変わる.
털-게 [名] 《動物》 ケガニ(毛蟹).
털-구멍 【-꾸-】 [名] 毛穴. [類]모공(毛孔).
털-끝 【-끋】 [名] ❶毛の先. ❷〔主に털끝만큼도 없다の形で〕毛頭ない. ‖만나고 싶은 마음은 털끝만큼도 없다 会いたい気持ちは毛頭ない.
털다 /tʰɔːlda/ [他] 〖ㄹ語幹〗 [털어, 터는, 턴] ❶(ほこりなどを)払う; はたく. ‖먼지를 털다 ほこりをはたく[払う]. 이불을 털다 布団をはたく. ❷(あり金を)はたく; 使い果たす. ‖주머니를 털다 財布の底をはたく. ❸かすめ取る; 盗みをはたらく. ‖빈 집을 털다 空き巣をはたらく. 은행을 털다 銀行強盗をはたらく. [受]털리다. ❹(感情・病気などを)追い払う. ‖쓸데없는 생각을 털어 버리다 邪念を追い払う.
털-리다 /tʰɔllida/ [自] 〔털다の受身動詞〕❶(ほこりなどが)払われる; はたかれる. ❷かすめ取られる; 取られる; 奪われる; もって行かれる. ‖강도에게 돈을 털리다 強盗にお金を奪われる. 지갑을 털리다 財布を取られる.
털-모자 (-帽子) [名] ニット帽.
털-보 [名] ひげの濃い人; 毛深い人.
털-실 [名] 毛糸. ‖털실을 감다 毛糸を巻く.
털썩 [副] ❶重いものを置く様子: どっかり. ‖짐을 털썩 내려놓다 荷物をどっかり(と)下ろす. ❷重々しく座る様子: どっかり. ‖의자에 털썩 주저앉다 椅子にどっかり(と)座り込む.
털어-놓다 /tʰɔrɔnotʰa/ 【-노타】 [他] (悩みなどを)打ち明ける; ぶちまける; 吐露する. ‖비밀을 털어놓다 秘密を打ち明ける. 고민을 털어놓다 悩みをぶちまける.
털어-먹다 【-따】 [他] (財産などを)食いつぶす; 使い尽くす. ‖전 재산을 털어먹다 全財産を使い尽くす.
털-장갑 [名] 毛糸の手袋.
털털 [副] [하自他] ❶(ものが)古くなって壊れかかったような音: がたがた. ❷軽くて薄

ㅌ

いものを続けて当てて立てる音: ぱたぱた(と). ❷ 먼지를 떨털 떨다 ほこりをぱたぱたとはたく. ❸ 疲れ切って歩く様子: とぼとぼ. ‖맥없이 털털 걸어가다 元気なくとぼとぼ歩く.

털털-거리다 自他 がたがたと音を立てる. ‖고물차가 털털거리며 지나가다 おんぼろ車ががたがたと通る.

털털-이 图 (性格が)おおらかな人.

털털-하다 形動 (性格が)堅苦しくない; おおらかだ. ‖털털한 성격 おおらかな性格.

텀벙 副動 重いものが水中などに落ち込む音: どぶん; どぼん. ‖강에 텀벙 뛰어들다 川にどぼんと飛び込む. **텀벙-텀벙** 副動

텀블링 (tumbling) 图 タンブリング.

텁석 【─썩】 副 동작이 크게 거침없이 빨리 움켜잡거나 입에 무는 모양: ぎゅっと. ‖손을 텁석 잡다 手をぎゅっと握りしめる.

텁수룩-하다 【―쑤루카―】 形 【하変】 (髪の毛・ひげなどが)ぼうぼうだ; もじゃもじゃだ. ‖텁수룩한 수염 ぼうぼうと生えたひげ.

텁텁-하다【―터파―】形 【하変】 (口当たり・舌ざわりなどが)さっぱりしない; すっきりしない. ‖입안이 텁텁하다 口の中がさっぱりしない.

텃-밭 【터빧/턷빧】 图 (家の)敷地になっている畑.

텃-새 【터쌔/턷쌔】 图 留鳥(류조). ⇔철새.

텃-세【─쎄】【터쎄/턷쎄】 图動 (地元風を吹かして)よそから来た者に威張ること. ‖텃세를 부리다 地元風を吹かす; 土地者だと威張る.

텅 /tʰəŋ/ 副 내부에 아무것도 없는 모양: がらんと; ぽっかりと. ‖텅 빈 교실 がらんとした教室. 텅 빈 가슴 ぽっかりと穴が開いたような心. **텅-텅** 副 ‖텅텅 빈 전철 がらがらにすいた電車.

텅스텐 (tungsten) 图 《鉱物》 タングステン.

텅텅 副 大口をたたく様子; 大言壮語する様子. ‖큰소리를 텅텅 치다 大口をたたく. ⇨탕탕.

테 ❶图 たが. ‖테를 두르다 たがをかける. ❷헤리(－里)/枠. ‖안경의 眼鏡の 縁. ❸(帽子の)つば. ‖모자테 帽子のつば.

테너 (tenor) 图 《音楽》 テナー; テノール.

테니스 (tennis) 图 《スポーツ》 テニス. ‖테니스를 치다 テニスをする.

테니스-장 (tennis 場) 图 テニスコート.

테두리 图 ❶ (ものの)縁(ふち)/へり. ‖테두리를 두르다 縁取りをする. ❷ (ことの)輪郭. ❸ 範囲; 枠. ‖정해진 테두리 안에서 決っまれた範囲内で.

테라바이트 (terabyte) 略영 (IT) コンピューターの情報量の単位: …テラバイト (TB). ✚1 テラバイトは1 ギガバイトの約 1000 倍.

테라스 (terrace) 图 テラス.

테라 코타 (terra cotta 伊) 图 テラコッタ.

테러 (terror) 图 テロ. ‖테러 행위 テロ行為.

테러리스트 (terrorist) 图 テロリスト.

테러리즘 (terrorism) 图 テロリズム.

테마 (Theme 独) 图 テーマ. ‖논문 테마 論文のテーマ.

테마-송 (Thema + song 日) 图 テーマソング; 主題歌.

테마 파크 (theme park) 图 テーマパーク.

테스트 (test) 图 テスト. ‖기말 테스트 期末テスト. 마이크 테스트를 하다 マイクのテストをする.

테이블 (table) 图 テーブル.

테이블-보 (─褓) 图 テーブルクロス.

테이크아웃 (takeout) 图 (ファーストフード店などの)テイクアウト.

테이프 (tape) 图 テープ. ‖테이프를 끊다 テープを切る; テープカットをする. 카세트테이프 カセットテープ. 공 테이프 空(カラ)(の)テープ.

테이프 리코더 (tape recorder) 图 テープレコーダー.

테제 (These 独) 图 テーゼ.

테크노크라트 (technocrat) 图 テクノクラート; 技術官僚.

테크닉 (technic) 图 テクニック.

텍스트 (text) 图 テキスト; テクスト.

텐데 〔─터+인데의 축약형으로〕 …はずなのに; …だろうに. ‖바쁠 텐데 와 줘서 고마워 忙しいだろうに, 来てくれてありがとう.

텐트 (tent) 图 テント. ‖텐트를 치다 テントを張る.

텔레마케팅 (telemarketing) 图 テレマーケティング; テレホンマーケティング.

텔레비전 (television) /tʰellebidʑən/ 图 テレビジョン; テレビ. ‖텔레비전 프로 テレビ番組. 텔레비전을 켜다[들다] テレビをつける. 텔레비전을 끄다 テレビを消す. 친구가 텔레비전에 나오다 友人がテレビに出る.

텔레파시 (telepathy) 图 テレパシー. ‖텔레파시를 보내다 テレパシーを送る.

텔렉스 (telex) 图 テレックス.

템포 (tempo 伊) 图 テンポ. ‖템포를 맞추다 テンポを合わせる.

토[1] 图 (漢文を読む時の)送り仮名(漢字につける振り仮名); 読点. ‖토를 달다 読点を施す.

토[2] (土) 图 土曜日(土曜日)の略語.

토건 (土建) 图 土建.

토건업 (土建業) 图 土建業.

토고 (Togo) (国名) トーゴ.

토관 (土管) 图 土管.

토굴 (土窟) 图 土窟. ‖토굴을 파다 土窟を掘る.

토기 (土器) 图 土器. ‖토기가 출토되다 土器が出土する. 빗살무늬 토기 櫛目文土器.

토기-점 (土器店) 图 瀬戸物屋.

토끼 /t'o⁴ki/ 图 【動物】兎(うさぎ). ‖토끼가 깡충깡충 뛰어다니다 ウサギがぴょんぴょん(と)跳ね回る. 산토끼 野ウサギ. ▶토끼 둘을 잡으려다가 하나도 못 잡는다 (俚) 二兎を追う者は一兎をも得ず.

토끼-뜀 图 兎跳び. ‖토끼뜀을 뛰다 兎跳びをする.

토끼-띠 图 卯(う)年生まれ.

토끼-잠 图 熟睡できなくてしょっちゅう起きること.

토끼-집 图 兎小屋.

토끼-털 图 ウサギの毛.

토끼-풀 图 【植物】シロツメクサ(白詰草). クローバー.

토끼-해 图 卯(う)年. 묘년(卯年).

토너 (toner) 图 【静電複写で】トナー.

토너먼트 (tournament) 图 トーナメント.

토네이도 (tornado) 图 トルネード.

토닉 (tonic) 图 トニック. ‖진 토닉 ジントニック.

토닥-토닥 圓 【하타】手でものを軽くたたく音; とんとん. ‖어깨를 토닥토닥 두드리다 肩をとんとんとたたく.

토담 (土-) 图 土の壁. ⑳흙담.

토대 (土臺) /t'ode/ 图 土台. ‖토대를 쌓다 土台を築く. 토대가 튼튼하다 土台がしっかりしている.

토댄스 (toe dance) 图 【バレエで】トーダンス.

토라지다 国 すねる; ふてくされる. ‖내 말에 그녀는 토라졌다 私の言葉に彼女はすねた.

토란 (土卵) 图 【植物】サトイモ(里芋).

토란-국 (土卵-) 【-꾹】图 【料理】サトイモ汁.

토란-줄기 (土卵-) 图 ずいき; いもがら.

토로 (吐露) 图 【하타】吐露; 【괴로움을】 토로하여 辛さを吐露する.

토록 閉 ある程度の水準・数量に達したことを表わす; …ほど; …まで. ‖이토록 마음이 아플 줄 몰랐다 これほど胸が痛いとは知らなかった. 이토록 사람을 힘들게 할 줄이야 ここまで人を苦しめるとは.

토론 (討論) 图 討論. ‖시국에 대해 토론하다 時局について討論する. 열띤 토론 白熱した討論. 토론회 討論会.

토르소 (torso ¹) 图 【美術】トルソ.

토마토 (tomato) /t'omat'o/ 图 【植物】トマト. ‖토마토 소스 トマトソース. 토마토케찹 トマトケチャップ.

토막¹ 图 切れ; 切れ端. ‖나무토막 木切れ; 木片. 생선을 토막 내다 魚をぶつ切りにする.
—〈依〉 …くさり; …切れ; …こま. ‖이 이야기 한 토막 物語の一くさり. 역사의 한 토막 歴史の一こま.

토막-고기 [-꼬-] 图 ぶつ切りの魚.

토막-극 (-劇) 【-끅】 图 寸劇. ⑳촌극(寸劇).

토막-토막 圓 切れ切れに; 途切れ途切れに. ‖이야기를 토막토막 끊어가며 途切れ途切れに話をする.

토막² (土幕) 图 穴蔵.

토멸 (討滅) 图 【하타】討滅(とうめつ).

토목 (土木) 图 土木.

토목-공사 (土木工事) 【-꽁-】 图 土木工事.

토목-공학 (土木工学) 【-꽁-】 图 土木工学.

토-박이 (土-) 图 土地っ子. ‖그 사람은 이 지방 토박이다 彼はこの地方の土地っ子だ. 서울 토박이 生っ粋のソウルっ子.

토박이-말 (土-) 图 ➡고유어(固有語).

토벌 (討伐) 图 【하타】討伐(とうばつ).

토사¹ (土沙) 图 土砂.

토사² (吐瀉) 图 【하자】吐瀉(としゃ); 嘔吐と下痢.

토사-곽란 (吐瀉癨亂) 【-광난】 图 霍乱(かくらん); 吐瀉霍乱.

토사구팽 (兎死狗烹) 图 兎死狗烹(としくほう).

토산 (土産) 图 土産(どさん).

토산-물 (土産物) 图 特産物.

토산-종 (土産種) 图 その地方の在来種; 在来品種.

토산-품 (土産品) 图 【その地方の】特産品. ‖토산품 매장 特産品売り場.

토석 (土石) 图 土石.

토석-류 (土石流) 【-성뉴】 图 土石流.

토성¹ (土星) 图 【天文】土星.

토성² (土城) 图 土城.

토속 (土俗) 图 土俗.

토속-적 (土俗的) 【-쩍】 图 土俗的. ‖토속적인 분위기 土俗的な雰囲気.

토슈즈 (toeshoes) 图 【バレエの】トーシューズ.

토스 (toss) 图 【하타】【バレーボール・野球などで】トス.

토스터 (toaster) 图 トースター.

토스트 (toast) 图 トースト.

토시 图 【言語】助詞. ⑳조사(助詞).

토실-토실 【하형】 ほどよく太っている様子; まるまる(と); ぽちゃぽちゃ. ‖토실토실 살이 오른 아기 まるまる(と)太った赤ちゃん.

토-씨 图 【言語】助詞. ⑳조사(助詞).

토양 (土壤) 图 土壤. ‖토양 오염 土壤汚染. 토양 침식 土壤浸食.

토-요일(土曜日) /tʰojoil/ 图 土曜日. ⑱토(土). ‖제이 토요일 제 2 土曜日. 토요일 밤에 만나기로 하다 土曜日の夜, 会うことにする.

토우(土偶) 图 土偶; 土製の人形.

토의(討議) /[-/-이] 图 働他 討議. ‖앞으로의 방침을 토의하다 今後の方針を討議する.

토장(土葬) 图 働他 土葬.

토종(土種) 图 =토산종(土産種).
　토종-닭(土種-) [-딱] 图 地鷄.

토지(土地) /tʰodʑi/ 图 土地; 土壤. ‖비옥한 토지 肥沃な土地. 토지가 딸린 집 土地付きの家.
　토지´대장(土地臺帳) 图 土地登記簿.
　토지-법(土地法) [-뻡] 图 《法律》 土地法.

토질(土質) 图 土質.

토착(土着) 图 働自 土着. ‖토착 문화 土着の文化.
　토착-민(土着民) [-창-] 图 土着民.
　토착-어(土着語) 图 =고유어(固有語).

토치(torch) 图 トーチ; 松明(たいまつ).

토코페롤(tocopherol) 图 トコフェロール(ビタミンE群の総称).

토크(talk show) 图 トークショー.

토큰(token) 图 トークン.

토´킥(toe kick) 图 〘サッカーで〙トーキック.

토테미즘(totemism) 图 トーテミズム.

토템(totem) 图 トーテム.

토파즈(topaz) 图 《鉱物》 トパーズ; 黄玉.

토플(TOEFL) 图 トーフル. ✦ Test of English as a Foreign Language の略語.

토픽(topic) 图 トピック. ‖해외 토픽 海外トピック.

토핑(topping) 图 働他 トッピング.

토-하다(吐-) /tʰo:hada/ 他 働変 ❶ 吐く. ‖먹은 것을 토하다 食べた物を吐く. 피를 토하다 血を吐く. 기염을 토하다 気炎を吐く. 토할 것 같다 吐きそうだ; 吐きそうに. ❷ ふるう. ‖열변을 토하다 熱弁をふるう.

토혈(吐血) 图 働自 吐血.

토호(土豪) 图 土豪.

톡 副 ❶ 急に〘いきなり〙飛び出る様子. ‖애가 골목에서 툭 튀어나오다 子どもが路地からいきなり飛び出る. ❷一言を言い放つ様子: ぽんと; きっぱりと. ‖한마디로 톡 쏘아붙이다 一言できっぱりとはねつける. ❸皮膚・のどなどに辛味の刺激を感じる様子: ひりひり; ぴりっと. ‖톡 쏘는 매운 맛 ぴりっとする辛い味. ❹太くて堅いものが折れる様子〘音〙: ぽきっ; ぽきっと. ‖나뭇가지를 톡 부러뜨리다 木の枝をぽきっと折る.

톡탁-거리다 [-꺼-] 自 どたばたする. ‖에들이 툭탁거리며 싸우고 있다 子どもたちがどたばた(と)けんかをしている.

톡탁-톡탁 副働他 小さく硬いものが繰り返し軽くぶつかる様子〘音〙: こつんこつん.

톡-톡 副 ❶ 続けざまに軽くたたく様子〘音〙: とんとん; ぽんぽん. ‖어깨를 톡톡 때리다 肩をとんとん(と)たたく. ❷ 小さくて硬いものが繰り返し弾ける音: ぱちぱち. ‖콩이 톡톡 튀다 炒り豆がぱちぱちとはねる. ❸ 〘声・笑い声などが〙はじける様子. ‖톡톡 튀는 듯한 말투 はじけるような口調.

톡톡-하다 [-카-] 形 働変 ❶ 余裕がある. ❷ 〘批判・非難などが〙半端ではない; ひどい. **톡톡-히** 副 일당을 톡톡히 받다 日当をたっぷりもらう. 망신을 톡톡히 당하다 大恥をかく.

톤[1] (tone) 图 トーン.

톤[2] (ton) 图 質量の単位: …トン. ‖사 톤 트럭 4トンのトラック.

톨 依名 栗・ドングリなどを数える語: …粒. ‖밤 한 톨 栗 1 粒.

톨-게이트(tollgate) 图 トールゲート; 有料道路の料金所.

톱[1] (top) /tʰop/ 图 トップ. ‖톱으로 합격하다 トップで合格する. 톱을 끊口 トップを切る. 재계의 톱 財界のトップ.
　톱-기사(-記事) 图 トップ記事. ‖사회면의 톱기사 社会面のトップ記事.
　톱-뉴스(top + news 日) 图 トップニュース.
　톱-매니지먼트(top management) 图 トップマネージメント.
　톱-스타(top + star 日) 图 トップスター.
　톱-클래스(top-class) 图 トップクラス. ‖톱클래스의 성적 トップクラスの成績.
　톱-타자(-打者) 图 トップバッター.

톱[2] /tʰop/ 图 鋸(のこぎり). ‖톱으로 켜다 鋸で挽く. 기계톱 電動鋸.
　톱-날 [-랄] 图 鋸の目.
　톱-니 [-니] 图 鋸の歯.
　톱니-바퀴 图 歯車.
　톱-밥 [-빱] 图 鋸くず; のこくず.
　톱-상어(-鯊) 图 《魚介類》 ノコギリザメ(鋸鮫).
　톱-질 [-찔] 图 働他 木挽き.

톳 依名 海苔の束を数える語. 1 톳は 100 枚.

통[1] ❶〘ズボンの股などの〙幅. ‖바지통이 넓다 ズボンの幅が広い. ❷腰回り. ‖허리통이 굵다 腰回りが太い. ❸度量. ‖통이 큰 아줌마 度量の大きいおばさん.

통[2] (桶) 图 桶; 樽. ‖술통 酒樽.
　── 依名 …樽. ‖술 한 통 酒 1 樽.

통[3] (筒) 图 筒. ‖물통 水筒.

통⁴ (統) 〖名〗(行政) 市の行政区域の一つ (洞の下, 班の上).

통⁵ 囲 全然; 全く; からきし. ‖통 소식이 없다 全く連絡がない. 술은 통 못합니다 酒はからきし駄目です.

통⁶ 依名 スイカ・白菜などを数える語: …株; …個. ‖배추 세 통 白菜3株. 수박 두 통 スイカ2個.

통⁷ 依名 〔主に…통에の形で〕…ために; …せいで; …はずみに. ‖비가 오는 통에 계획이 무산되다 雨のせいで計画が霧散する. 앞 사람이 넘어지는 통에 같이 넘어지다 前の人が倒れるはずみに一緒に倒れる.

통⁸ (通) 依名 手紙・文書などを数える語: …通. ‖편지가 세 통이나 와 있다 手紙が3通も来ている.

-통 (通) 圄尾 (情報通) 情報通. 소식통 消息通; 消息筋.

통가 (Tonga) 〖名〗(国名) トンガ.

통-가죽 〖名〗丸ごと剥ぎ取った動物の皮.

통각 (痛覚) 〖名〗痛覚.

통감¹ (痛感) 〖名〗(ハ他) 痛感. ‖잘못을 통감하다 過ちを痛感する.

통감² (統監) 〖名〗(ハ他) 統監.

통계 (統計) /tʰoːŋɡe/ [/-게/] 〖名〗統計. ‖통계를 내다 統計をとる. 인구 통계 人口統計.

통계-연감 (統計年鑑) 〖名〗統計年鑑.
통계-적 (統計的) 〖名〗統計的.
통계-조사 (統計調査) 〖名〗統計調査.
통계-청 (統計廳) 〖名〗(行政) 統計庁.
통계-표 (統計表) 〖名〗統計表.
통계-학 (統計學) 〖名〗統計学.

통고 (通告) 〖名〗(ハ他) 通告. ‖결과를 통고하다 結果を通告する.

통-고추 〖名〗1本丸ごとの唐辛子.

통곡 (痛哭) 〖名〗(ハ自) 痛哭(??); 大声で泣くこと. ‖서러워서 통곡하다 悲しくて号泣する.

통과 (通過) 〖名〗(ハ自) 通過. ‖태풍이 남부 지방을 통과하다 台風が南部の地方を通過する. 예산안이 의회를 통과하다 予算案が議会を通過する.

통과-의례 (通過儀禮) 〖名〗通過儀礼.

통관 (通關) 〖名〗(ハ自) 通関. ‖통관 절차를 밟다 通関の手続きを踏む.

통괄 (統括) 〖名〗(ハ他) 統括. ‖업무를 통괄하다 業務を統括する.

통교 (通交) 〖名〗(ハ自) 通交.
통교-조약 (通交條約) 〖名〗通交条約. ‖통교 조약을 맺다 通交条約を結ぶ.

통근 (通勤) 〖名〗(雑誌などの)通勤.

통근 (通勤) /tʰoŋɡɯn/ 〖名〗(ハ自) 通勤. ‖매일 도심까지 통근하다 毎日都心まで通勤する. 통근 시간 通勤時間.

통금 (通禁) 〖名〗〔통행금지(通行禁止)の略語〕通行禁止.

통기 (通氣) 〖名〗通気.
통기-구 (通氣口) 〖名〗通気孔.

통기-성 (通氣性) [-성] 〖名〗通気性; 風通し. ‖통기성이 좋은 섬유 通気性のいい繊維.

통-기타 (通guitar) 〖名〗(音楽) ギター.

통-김치 (-) 〖名〗(料理) 丸漬けした白菜キムチ.

통-꽃 [-꼳] 〖名〗(植物) 合弁花; 合瓣花(合瓣花).

통-나무 〖名〗丸太; 丸木. ‖통나무집 丸太小屋. 통나무배 丸木舟; くり舟.

통념 (通念) 〖名〗通念. ‖사회적 통념 社会通念.

통달 (通達) 〖名〗(ハ他) ❶ 通達. 각 기관에 통달하다 各機関に通達する. ❷ 精通. 2개 국어에 통달하다 2か国語に精通する.

통-닭 [-닥] 〖名〗丸ごと1羽の鶏.
통닭-구이 [-닥꾸-] 〖名〗鶏の丸焼き.

통독 (通讀) 〖名〗(ハ他) 通読. ‖두꺼운 책을 통독하다 分厚い本を通読する.

통-돼지 [통뙈-] 〖名〗丸ごとの豚.

통렬-하다 (痛烈-) [-렬-] 胚 [하変] 痛烈だ. ‖통렬한 비판 痛烈な批判.
통렬-히 圕

통례 (通例) [-네] 〖名〗通例. ‖통례로 되어 있는 통례になっている. 통례에 따르다 通例に従う.

통로 (通路) /tʰoŋno/ [-노] 〖名〗通路. ‖통로를 막다 通路を塞ぐ. 통로 쪽자리에 앉다 通路側の席に座る.

통론 (通論) [-논] 〖名〗通論.

통-마늘 〖名〗1個丸ごとのニンニク.

통명 (通名) 〖名〗通名; 通称.

통-바지 〖名〗幅広のズボン.

통박 (痛駁) 〖名〗(ハ他) 論駁(??); 反駁. ‖사람들 앞에서 통박을 주다 人々の前で反駁を加える.

통-반석 (-盤石) 〖名〗一枚岩.

통보 (通報) 〖名〗(ハ他) 通報. ‖경찰에 통보하다 警察に通報する. 기상 통보 気象通報. **통보-되다** 受動

통-보리 〖名〗丸麦.

통분 (通分) 〖名〗(数学) 通分.

통분² (痛憤) 〖名〗(ハ形) 痛憤.

통빡 [-빡] 〖名〗《俗っぽい言い方で》意地や気などを働かせること.

통사¹ (通史) 〖名〗通史.
통사² (言語) 〖名〗(言語) 統語.
통사-론 (統辭論) 〖名〗(言語) 統語論; シンタクス.

통-사정 (通事情) 〖名〗(ハ自) 自分の困った状況を人に訴えること. ‖통사정을 해서 돈을 빌리다 困った状況を訴えてお金を借りる.

통산 (通算) 〖名〗通算. ‖통산 타율 通算打率.

통상¹ (通常) 〖名〗通常.
통상-주 (通常株) 〖名〗通常株; 普通株.
통상-환 (通常換) 〖名〗普通為替.

통상² (通商) 〖名〗通商.

통상-대표부(通商代表部) 명 通商代表部.
통상-조약(通商條約) 명 通商条約.
통상-협정(通商協定) [-쩡] 명 通商協定.
통설(通說) 명他 通說. ‖통설을 뒤엎은 발견 通說を覆す発見.
통-성명(通姓名) 명自 初対面の挨拶の時、互いに名乗ること.
통속¹[-쏙] 명 一味;一党: 仲間; ぐる; たくらみ. ‖셋이 한 통속이 되어 사람을 속이다 3人でぐるになって人をだます.
통속²(通俗) 명 通俗.
통속-소설(通俗小說) [-쏘-] 명《文芸》通俗小説.
통속-적(通俗的) 【-쩍】 명 通俗的. ‖통속적인 이야기 通俗的な話.
통속-화(通俗化) [-쏘-화] 명他 通俗化.
통솔(統率) 명他 統率.
통솔-력(統率力) 명 統率力.
통수(統帥) 명他 統帥.
통수-권(統帥權) [-꿘] 명《法律》統帥権.
통신(通信) /tʰoŋʃin/ 명他 通信. ‖통신의 자유 通信の自由. 통신란 通信欄. 통신부 通信簿. 광통신 光通信. 통신 교육 通信教育. 통신 기기 通信機器. 통신 판매 通信販売. 이동통신 移動体通信.
통신-망(通信網) 명《軍事》通信網.
통신-병(通信兵) 명《軍事》通信兵.
통신-사¹(通信社) 명 通信社.
통신-사²(通信士) 명 通信士. ‖무선 통신사 無線通信士.
통신-원(通信員) 명 通信員.
통신-위성(通信衛星) 명 通信衛星.
통역(通譯) /tʰoŋjək/ 명他 通訳. ‖동시통역 同時通訳. 일본어 통역을 맡다 日本語の通訳を引き受ける.
통용(通用) 명自 通用. ‖그런 생각은 지금의 젊은이한테는 통용되지 않는다 そんな考え方は今の若者には通用しない.
통용-구(通用口) 명 通用口.
통용-문(通用門) 명 通用門.
통용-어(通用語) 명 一般に通用する言葉.
통운(通運) 명 通運.
통-유리(-琉璃) [-뉴-] 명 一枚でできたガラス.
통-으로 图 丸のままで;丸ごと. ‖풋고추를 통으로 먹다 青唐辛子を丸かじりする.
통일(統一) /tʰo:nil/ 명他 統一. ‖전체의 의견을 통일하다 全体の意見を統一する. 남북 통일 南北統一. 통일된 의견 統一した意見.
통일-벼(統一-) 명 稲の品種の一つ.

통일-부(統一部) 명《行政》統一省.
통일-안(統一案) 명 統一案.
통장¹(通帳) /tʰoŋdʒaŋ/ 명 通帳. ‖저금 통장 貯金通帳. 은행에서 새 통장을 만들다 銀行で新しい通帳をつくる.
통장²(統長) 명 (行政区域の一つである)統の長.
통점(痛點) [-쩜] 명 痛点.
통제(統制) 명他 統制. ‖통제를 풀다 統制をはずす. 언론 통제 言論の統制. **통제-되다**[-받다·-당하다] 自受
통제-경제(統制經濟) 명《経》統制経済.
통제-구역(統制區域) 명 統制区域.
통제-력(統制力) 명 統制力.
통제-품(統制品) 명 統制品.
통-조림(桶-) 명 缶詰.
통조림-따개(桶-) 명 缶切り.
통조림-통(桶-桶) 명 缶詰の缶.
통증(痛症) [-쯩] 명 痛み. ‖통증을 느끼다 痛みを感じる. 통증이 가라앉지 않다 痛みがおさまらない.
통지(通知) /tʰoŋdʒi/ 명他 通知. ‖시험 결과를 통지하다 試験結果を通知する. 사전에 통지하다 前もって通知する. **통지-되다**[-받다] 自受
통지-서(通知書) 명 通知書.
통지-표(通知表) 명 通知表.
통-째로 图 丸ごと;丸のまま. ‖통째로 삼키다 丸ごとのみ込む. 공식을 통째로 암기하다 公式を丸暗記する.
통찰(洞察) 명他 洞察.
통찰-력(洞察力) 명 洞察力. ‖통찰력이 있는 사람 洞察力がある人.
통첩(通牒) 명他 通牒(2회). ‖최후통첩 最後通牒.
통치¹(通治) 명他 一つの薬であらゆる病気を治すこと. ‖만병통치약 万能薬.
통치²(統治) 명他 統治. ‖신탁 통치 信託統治. **통치-되다**[-당하다] 自受
통치-권(統治權) [-꿘] 명《法律》統治権.
통치-기관(統治機關) 명 統治機関.
통치-자(統治者) 명 統治者.
통-치마(筒-) 명 筒状に縫い合わせたスカート.
통칙(通則) 명 通則.
통칭¹(通稱) 명他 通称.
통칭²(統稱) 명他 総称.
통쾌-하다(痛快-) 形《여変》痛快だ. ‖통쾌한 역전승 痛快な逆転勝ち. 통쾌하기 짝이 없는 모험담 痛快無比の冒険談. **통쾌-히** 图
통탄(痛嘆) 명他 痛嘆.
통-탕 連続してものをたたく音、または階段などを上り下りする音: どんどん.
통탕-거리다 自他 連続してとんとんと

音을 내다. ∥계단을 통탕거리며 올라가 다 階段をどんどん(と)上る.

통-배 (━船) ぽんぽん蒸気; ぽんぽん船.

통통-하다 (━하다) 〖形〗 〖하変〗 まるまるとしている; ぽっちゃりしている; ふくよかだ. ∥통통한 몸매 まるまる(と)した体つき. 통통한 여자애 ぽっちゃり(と)した女の子. **통통-히** 〖副〗

통-틀다 〖他〗〖ㄹ語変〗 ひっくるめる.

통-틀어 /tʰoŋtʰɯrʌ/ 〖副〗 ひっくるめて; 合わせて; まとめて; 全部で. ∥두 사람이 가지고 있는 돈을 통틀어도 십만 원이 안 된다 2人の所持金を合わせても10万ウォンにならない. 생활비는 한 달에 통틀어 얼마나 들어요? 生活費は1か月合わせていくらくらいかかりますか.

통판 (通販) 〖통신 판매 (通信販売)〗의 약칭.

통-폐합 (統廢合) 【-/-폐-】 〖名〗〖하他〗 統廢合. ∥계열사를 통폐합하다 系列会社を統廢合する. **통폐합-되다** 〖受動〗

통풍¹ (通風) 【-/-】 〖名〗〖하自〗 通風; 風通し. ∥창문을 열어 통풍을 하다 窓を開けて風通しをよくする.
통풍-구 (通風口) 〖名〗 通風孔.
통풍-기 (通風機) 〖名〗 通風機.

통풍² (痛風) 〖名〗 〖医学〗 痛風.

통-하다 (通━) /tʰoŋhada/ 【-/-】〖하自〗〖하他〗 ❶通じる. ∥전류가 통하다 電流が通じる. 역으로 통하는 길 駅に通じる道. 영어가 통하지 않는 나라 英語が通じない国. ❷ 通う. ∥마음이 통하다 心が通う. 피가 통하다 血が通う. ❸ 通る; 通用する; 知られている. ∥바람이 잘 통하는 집 風通しのいい家. 그런 사고방식은 이 시대에는 통하지 않는다 そんな考え方は今の時代には通用しない. 만물 박사로 통하는 사람 物知りとして知られている人. ❹ (…통해서) …を通じて; 通して. ∥비서를 통해 전달하다 秘書を通じて伝える. 신문 지상을 통해 반론을 펴다 紙上に反論を載せる.

통학 (通学) 〖名〗〖하自〗 通学. ∥자전거로 통학하다 自転車で通学する.
통학-로 (通学路) 【-항노】 〖名〗 通学路.
통학-생 (通学生) 【-쌩】 〖名〗 通学生.

통한 (痛恨) 〖名〗〖하他〗 痛恨. ∥통한의 세월 痛恨의 歳月.

통할 (統轄) 〖名〗〖하他〗 統轄.

통합 (統合) 〖名〗〖하他〗 統合. ∥하나로 통합하다 一つに統合する. **통합-되다** 〖受動〗

통행 (通行) /tʰoŋhɛŋ/ 〖名〗〖하他自〗 通行. ∥일방 통행 一方通行. 좌측 통행 左側通行.
통행-금지 (通行禁止) 〖名〗 通行禁止; 通行止め. ⓑ**통금** (通禁).
통행-료 (通行料) 【-뇨】 〖名〗 通行料.
통행-세 (通行税) 【-쎄】 〖名〗 通行税.
통행-인 (通行人) 〖名〗 通行人.
통행-증 (通行證) 【-쯩】 〖名〗 通行証.

통화¹ (通貨) 〖経〗 通貨.
통화-량 (通貨量) 〖経〗 通貨量.
통화-수축 (通貨収縮) 〖経〗 通貨収縮.
통화-조절 (通貨調節) 〖経〗 通貨調節.
통화-팽창 (通貨膨脹) 〖経〗 通貨膨脹.

통화² (通話) /tʰoŋhwa/ 〖하自〗 通話; 電話で話すこと. ∥부모님과 통화하다 両親と電話で話す. 어젯밤에 전화했는데 통화 중이었다 夕べ電話したら話し中だった. 通話料.
── 〖依名〗 通話의 回數를 세는 語: …通話. ∥한 통화당 백 원입니다 1回の通話で100ウォンです.

통회 (痛悔) 【-/-혜】 〖名〗 〖カトリック〗 痛悔.

퇴각 (退却) 【-/-】 〖名〗〖하自〗 退却.

퇴거 (退去) 【-/-】 〖名〗〖하自〗 ❶退去. ❷転出. ∥퇴거 신고를 하다 転出届けを出す.

퇴고 (推敲) 【-/-】 〖名〗〖하他〗 推敲(す).

퇴관 (退官) 【-/-】 〖名〗〖하自〗 退官.

퇴근 (退勤) /tʰwe:gun/ 【-/-】 〖名〗〖하自〗 退勤; 退社. ⓐ出勤 (出勤). ∥퇴근 시간 退勤時間. 매일 정시에 퇴근하는 것은 어렵다 毎日定時に退社するのは難しい.

퇴단 (退團) 【-/-】 〖名〗〖하自〗 退団. ⓐ입단 (入團).

퇴로 (退路) 【-/-】 〖名〗 退路. ⓐ進路 (進路). ∥퇴로를 차단하다 退路를 断つ.

퇴물 (退物) 【-/-】 〖名〗 ❶お下がり. ❷成り下がり; 落ちぶれた人.

퇴박 (退━) 【-/-】 〖名〗〖하他〗 退けること; 強く断ること; はねつけること. **퇴박-당하다** 〖受動〗

퇴보 (退歩) 【-/-】 〖名〗〖하自〗 退歩. ⓐ進步 (進步).

퇴비 (堆肥) 【-/-】 〖名〗 堆肥.

퇴사 (退社) 【-/-】 〖名〗〖하自〗 退社. ❶会社を辞めること. ⓐ입사 (入社). ❷一日の仕事を終えて会社を引き上げること. ⓐ出勤 (出勤).

퇴색 (退色) 【-/-】 〖名〗〖하自〗 退色; 色あせること. ∥퇴색한 사진 色あせた写真.

퇴석 (堆石) 【-/-】 〖名〗 堆石.
퇴석-층 (堆石層) 〖名〗〖地〗 堆石層.

퇴역 (退役) 【-/-】 〖名〗〖하自〗 〖軍事〗 退役. ∥퇴역 군인 退役軍人.

퇴원 (退院) 【-/-】 〖名〗〖하自〗 退院. ⓐ입원 (入院). ∥내일 퇴원한다 明日退院する. 퇴원 절차를 밟다 退院の手続きを踏む.

퇴위(退位) [-/뒈-] 명 자 退位.
퇴임(退任) [-/뒈-] 명 자 退任.
퇴장(退場) [-/뒈-] 명 자 退場. ⇔입장(入場).
퇴적(堆積) [-/뒈-] 명 자타 堆積.
퇴적-암(堆積岩) 명 地 堆積岩.
퇴적^작용(堆積作用) [-짜굥/-꿰-짜-꿍] 地 堆積作用.
퇴적-층(堆積層) [-/뒈-] 명 地 堆積層.
퇴정(退廷) [-/뒈-] 명 자 退廷.
퇴조(退潮) [-/뒈-] 명 자 退潮.
퇴직(退職) [-/뒈-] 명 자 退職; リタイア. ‖정년 퇴직 定年退職.
퇴직-금(退職金) [-금/뒈-금] 명 退職金.
퇴진(退陣) [-/뒈-] 명 자 退陣.
‖집행부가 퇴진하다 執行部が退陣する.

퇴짜(←退字) [/tʰweˀˈtɕ͈a/-/뒈-] 명 つき返すこと; 断わること. ‖퇴짜(를) 놓다 새 기획안을 퇴짜를 놓다 新しい企画案をつき返す. ▶퇴짜(를) 맞다 つき返される; 断わられる. 데이트 신청을 퇴짜 맞다 デートの誘いを断わられる.

퇴출(退出) [-/뒈-] 명 자 [-/뒈-]
❶退出. ❷リストラ. **퇴출-당하다** 受動 회사에서 퇴출당하다 会社からリストラされる.
퇴치(退治) [-/뒈-] 명 타 退治.
‖마약 퇴치 麻薬退治.
퇴폐(頹廢/頹敗) [-/뒈-] 명 자 退廃.
퇴폐-적(頹廢的) [-/뒈-] 명 退廃的. ‖퇴폐적인 분위기의 누드.
퇴폐-주의(頹廢主義) [-/뒈 폐-이] 명 デカダンス.

퇴학(退學) [/tʰweˑhak/-/뒈-] 명 자 退學; 退校. **퇴학-당하다** 受動 학점 미달로 퇴학당하다 単位不足で退学させられる.
퇴행(退行) [-/뒈-] 명 자 退行.
퇴화(退化) [-/뒈-] 명 자 退化. ‖진화(進化). ‖퇴화의 흔적 退化の痕跡.
뒷-마루(退ㅅ-) [뙨/뗀-] 명 緣側.
투(套) 依] 명 …方; …調. 말하는 투가 건방지다 言い方が生意気だ. 말투 言方; 口調.
투견(鬪犬) 명 鬪犬.
투계(鬪鷄) [-/-게-] 명 鬪鷄.
투고(投稿) 명 타 投稿. ‖잡지에 투고하다 雑誌に投稿する. **투고-되다** 受動
투고-란(投稿欄) 명 投稿欄.
투과(透過) 명 타 透過.
투과-성(透過性) [-쎙] 명 透過性.
투광(投光) 명 投光.
투광-기(投光器) 명 投光器.
투구[1] 兜(かぶと).
투구[2] (投球) 명 타 投球.

투구-벌레(—) [昆虫] カブトムシ.
투기[1] (投棄) 명 타 投棄. ‖폐기물을 산 속에 투기하다 廃棄物を山奥に投棄する.
투기[2] (投機) 명 자 投機.
투기-성(投機性) [-쎙] 명 投機性.
투기-열(投機熱) 명 投機熱.
투기[3] (妬忌) 명 자 嫉妬; やきもち.
투기-심(妬忌心) 명 嫉妬心. ‖투기심이 강하다 嫉妬深い.
투덜-거리다 자 ぶつぶつ言う. ‖투덜거리면서 나가다 ぶつぶつ言いながら出て行く.
투덜-투덜 부 ぶつぶつ. ‖투덜투덜 불평을 하다 ぶつぶつと不平不満を言う.

투르크메니스탄(Turkmenistan) 명 (國名) トルクメニスタン.
투망(投網) 명 타 投網(とあみ). ‖투망하다 投網を打つ.
투매(投賣) 명 타 投げ売り; 捨て売り.
투명(透明) 명 형 透明. ‖투명한 가을 하늘 透明な秋の空.
투명-도(透明度) 명 透明度.
투명-체(透明體) 명 透明体(水·ガラス·空気など, 光をよく通す物体).

투박-하다[-바카-] [投變] 형 ❶地味で丈夫だ. ❷(言動が)ぶっきらぼうで無愛想だ. ‖투박한 말투 ぶっきらぼうな言い方.
투발루(Tuvalu) 명 (國名) ツバル.
투베르쿨린(Tuberkulin$^\text{D}$) [医学] ツベルクリン.
투베르쿨린^반응(-反應) 명 ツベルクリン反応.
투병(鬪病) 명 자 鬪病. ‖투병 생활 鬪病生活. 투병 일기 鬪病日記.
투병-기(鬪病記) 명 鬪病記.
투사[1] (投射) 명 타 投射. 例 入射(入射).
투사-각(投射角) 명 入射角.
투사^광선(投射光線) 명 入射光線.
투사[2] (透寫) 명 타 透写.
투사-지(透寫紙) 명 透写紙; トレーシングペーパー. 例 トレイシング ペイパー.
투사[3] (鬪士) 명 鬪士.
투사-형(鬪士型) 명 鬪士型; 筋骨型.
투서(投書) 명 타 投書. ‖신문에 투서하다 新聞に投書する.
투서-함(投書函) 명 投書箱.
투석[1] (投石) 명 자 投石.
투석[2] (透析) 명 타 [医学] 透析.
‖인공 투석 人工透析.
-투성이 [/tʰus͈ɔŋi/] 접미 …だらけ; …まみれ; …みどろ. ‖결점투성이의 인간 欠点だらけの人間. 빚투성이의 생활 借金だらけの生活. 땀투성이의 얼굴 汗まみれの顔. 먼지투성이 ほこりまみれ. 피투

투수 (投手) 몡 〔野球에서〕投手. ㉠포수(捕手). ㉡선발 투수 先発投手.

투숙 (投宿) 몡 自他 投宿.

투시 (透視) 몡 自他 透視. ∥투시 능력 透視能力.

투시-도 (透視圖) 몡 透視圖.

투시-도법 (透視圖法) 【-뻡】 몡 透視圖法.

투시-력 (透視力) 몡 透視力.

투시 화법 (透視畫法) 【-뻡】 몡 〔美術〕 透視畫法.

투신¹ (投身) 몡 自他 投身.

투신-자살 (投身自殺) 몡 自他 投身自殺.

투신² (投信) 몡 〔투자 신탁(投資信託)의 略語〕投信.

투약 (投藥) 몡 自他 投薬. ∥투약 시간 投薬時間. 투약구 (病院などの)薬の調合の窓口.

투어 (tour) 몡 ツアー. ∥온천 투어 温泉ツアー.

투여 (投與) 몡 自他 投与. ∥약물 투여 薬物投与. **투여-되다** 自動.

투영 (投影) 몡 自他 投影. ∥작가의 굴절된 심리가 투영된 작품 作家の屈折した心理が投影された作品.

투영-도 (投影圖) 몡 投影圖.

투영-법 (投影法) 【-뻡】 몡 投影法.

투옥 (投獄) 몡 自他 投獄. **투옥-되다** 受動 ∥탈세 혐의로 투옥되다 脱税の嫌疑[疑い]で投獄される.

투우 (鬪牛) 몡 自他 鬪牛.

투우-사 (鬪牛士) 몡 鬪牛士.

투우-장 (鬪牛場) 몡 鬪牛場.

투-원반 (投圓盤) 몡 〔スポーツ〕円盤投げ. ㉠원반던지기(圓盤).

투입 (投入) 몡 他動 投入, つぎ込むこと. ∥병력을 투입하다 兵力を投入する. 설비에 자본을 투입하다 設備に資本を投入する. 전 재산을 사업에 투입하다 全財産を事業につぎ込む. **투입-되다** 受動.

투자 (投資) 몡 自他 投資. ∥설비 투자 設備投資.

투자-가 (投資家) 몡 投資家.

투자 신탁 (投資信託) 몡 投資信託. ㉠투신(投信).

투자 신탁 회사 (投資信託會社) 【-토 쾨/-타쾌-】 몡 投資信託会社.

투쟁 (鬪爭) 몡 自他 鬪爭. ∥계급 투쟁 階級鬪爭. 임금 투쟁 賃上げ鬪爭. 무력 투쟁 武力鬪爭.

투쟁-심 (鬪爭心) 몡 鬪爭心.

투전 (鬪賤) 몡 自他 博打(ばくち).

투전-꾼 (鬪賤-) 몡 博打打ち.

투정 (他動) だだをこねること; おねだりすること. ∥투정을 부리다 だだをこねる. 투정이 심하다 だだこねがひどい.

투지 (鬪志) 몡 鬪志. ∥투지에 불타다 鬪志に燃える. 투지를 불태우다 鬪志を燃やす.

투척 (投擲) 몡 自他 投擲(とう).

투척 경기 (投擲競技) 【-꼉-】 몡 〔スポーツ〕投擲競技. ❖陸上競技で砲丸投げ・円盤投げ・槍投げ・ハンマー投げの総称.

투철-하다 (透徹-) 혬 하변 透徹している; 徹底している. ∥직업 정신이 투철하다 職業意識が徹底している.

투-포환 (投砲丸) 몡 〔スポーツ〕砲丸投げ. ㉠포환던지기(砲丸-).

투표 (投票) /tʰupʰjo/ 몡 自他 投票. ∥무기명 투표 無記名投票. 인기 투표 人気投票. 투표에 부치다 投票にかける.

투표-권 (投票權) 【-꿘】 몡 投票權.

투표-소 (投票所) 몡 投票所.

투표-율 (投票率) 몡 投票率. ∥투표율이 저조하다 投票率が低調だ.

투표-자 (投票者) 몡 投票人.

투표-함 (投票函) 몡 投票箱.

투피스 (two-piece) 몡 ツーピース.

투하 (投下) 몡 他動 投下. ∥폭탄을 투하하다 爆弾を投下する.

투하-탄 (投下彈) 몡 (地上への)投下爆弾.

투함 (投函) 몡 自他 投函.

투합 (投合) 몡 自他 投合. ∥의기투합하다 意気投合する.

투항 (投降) 몡 自他 投降. ∥백기를 들고 투항하다 白旗を揚げて投降する.

투혼 (鬪魂) 몡 鬪魂.

툭 /tʰuk/ 閉 ❶ものを軽くたたいたり軽く当てたりする様子[音]: ぽんと. ∥어깨를 툭 치다 肩をぽんとたたく. ❷無造作にものを投げたり捨てたりする様子: ぽんと. ∥툭 던지다 ぽんと投げる. ❸太くて固いものが折れる様子[音]: ぽきり. ∥나뭇가지를 툭 부러뜨리다 木の枝をぽきりと折る. ❹つっけんどんに言い放つ様子. ∥한마디를 툭 내뱉다 つっけんどんに一言を放つ. **툭툭** 閉.

툭-탁 閉 自他 堅いものが触れ合って発する軽い音: かちかち.

툭탁-거리다 【-꺼-】 自他 どたばたする; 痴話げんかをする. ∥젊은 남녀가 공원 벤치에서 툭탁거리고 있다 若い男女が公園のベンチで痴話げんかをしている.

툭-하면 閉 ともすると; どうすると; ささいなことで; 決まって. ∥그 사람은 툭하면 결근이다 彼はともすると欠勤する.

툰드라 (tundra ͬ) 몡 〔地〕ツンドラ; 凍土帯(凍土帯).

툴툴-거리다 自 ぶつぶつ言う. ∥툴툴거리며 일을 하다 ぶつぶつ言いながら仕事をする.

퉁 閉 ❶太鼓を強くたたく音: どん. ❷重いものが強く当たったり落ちたりした時

の音: どん.
퉁명-스럽다 [-따] 〖형〗〖ㅂ変〗 ぶっきらぼうだ; 無愛想だ; つっけんどんだ. ‖퉁명스럽게 대꾸하다 つっけんどんに返事する. **퉁명스레**

통-방울 〖명〗 真鍮(ちゅう)の玉.
통방울-눈 〖명〗 どんぐり目.
통소 (←洞簫) 〖명〗〖音楽〗 洞簫(どうしょう).
통-탕 〖명〗 強く足踏みをしたりものをたたいたりする音: どんどん.
통탕-거리다 〖자〗 続けざまにどんどんと音がする. ‖위층에서 통탕거리는 소리가 나다 上の階で続けざまにどんどんと音がする.
통통 〖부〗〖하형〗 しまりなく太っている様子: ぶくぶく. ‖통통하게 살이 찐 사람 ぶくぶくに太っている人. ❷ 体の一部が腫れ加わっている様子: ぶくっと. ‖얼굴이 통통 붓다 顔がぶくっと腫れる. **통통-히**

퉤 〖부〗〖하자〗 つばを吐き捨てる様子: ぺっと. ‖퉤 하고 침을 뱉다 ぺっとつばを吐く.
튀각 〖料理〗 小さく切った昆布の揚げ物.
튀기 〖명〗 混血兒(混血児)の俗称.
튀기다¹ /tʰwigida/ 〖타〗 ❶ はじく; 跳ねる; 跳ねのける. 跳ねる; 跳ねる; はじき飛ばす. ‖차가 흙탕물을 튀기다 車が泥水を跳ねる. 침을 튀기며 열변을 토하다 つばを飛ばしながら熱弁をふるう.
튀기다² 〖타〗 (油で)揚げる.
튀김 /tʰwigim/ 〖料理〗 揚げ物; てんぷら. ‖고구마 튀김 サツマイモの天ぷら.
튀김옷 (天ぷらの)衣.
튀니지 (Tunisia) 〖国名〗 チュニジア.
튀다 /tʰwida/ 〖자〗 ❶ 跳ねる; はずむ; はじける. ‖새 공은 잘 튄다 新品のボールはよくはずむ. ❷ 散る; 跳ぶ; 飛び散る. ‖불꽃이 튀다 火花が散る. 기름이 여기저기로 튀다 油があっちこっちに飛び散る. ❸ 逃げ去る; 高飛びする. ‖사장은 부도를 내고 미국으로 튀어 버렸다 社長は不渡りを出してアメリカへ高飛びしてしまった. ❹ (服装·行動などが)目立つ; 浮く. ‖빨간 옷은 너무 튄다 赤い服は目立ちすぎる.
튀어-나오다 [-/-여-] 〖자〗 飛び出す; 飛び出る. ‖골목에서 아이가 튀어나오다 路地から子どもが飛び出す.
튕기다 〖자〗 跳ねる; 跳ね返る; はじき飛ぶ; 飛び散る. ‖튕겨 나온 공을 잡다 跳ね返ったボールを取る.
— 〖타〗 はじく. ‖주판 알을 튕기다 そろばんをはじく. 기타 줄을 튕기다 ギターの弦をはじく.
튜너 (tuner) 〖명〗 チューナー.
튜닉 (tunic) 〖명〗 チュニック.
튜닝 (tuning) 〖명〗 チューニング.
튜바 (tuba) 〖명〗〖音楽〗 チューバ.

튜브 (tube) 〖명〗 チューブ.
튤립 (tulip) 〖명〗〖植物〗 チューリップ.
트다¹ /tʰuda/ 〖자〗〖으変〗[터, 트는] ❶ (芽が)出る. ‖새싹이 트다 新芽が出る. ❷ (夜が)明ける. ‖먼동이 트다 夜が明ける. ❸ (肌が)ひび割れる; あかぎれになる; 荒れる. ‖볼이 트다 頬がひび割れを起こす. 손이 많이 트다 手のあかぎれがひどい.
트다² /tʰuda/ 〖자〗〖으変〗[터, 트는] ❶ (道を)通す; 開く. ‖길을 트다 道を開く. ❷ 도트이다. ❷ 交流する; 親しい付き合いになる. ❸ 取引を始める. ‖거래를 트다 取引を始める.
트라우마 (Trauma ᵈ) 〖명〗〖医学〗 トラウマ.
트라이 (try) 〖명자〗 トライ.
트라이애슬론 (triathlon) 〖명〗〖スポーツ〗 トライアスロン.
트라이앵글 (triangle) 〖명〗〖音楽〗 トライアングル.
트랙 (track) 〖명〗 トラック. ‖트랙을 돌다 トラックを回る.
트랙경기 (track 競技) 〖명〗〖スポーツ〗 トラック競技.
트랙터 (tractor) 〖명〗 トラクター.
트랜스시버 (transceiver) 〖명〗 トランシーバー.
트랜스젠더 (transgender) 〖명〗 トランスジェンダー.
트랜지스터 (transistor) 〖명〗 トランジスタ. ‖트랜지스터 라디오 トランジスタラジオ.
트램펄린 (trampoline) 〖명〗〖スポーツ〗 トランポリン.
트랩 (trap) 〖명〗 (飛行機の)タラップ. ‖트랩을 밟다 タラップを降りる.
트러블 (trouble) /tʰɯrbul/ 〖명〗 トラブル. ‖트러블이 생기다 トラブルが起きる. 트러블을 일으키다 トラブルを起こす: トラブる.
트러스트 (trust) 〖経〗 トラスト.
트럭 (truck) 〖명〗 トラック. ‖대형 트럭을 몰다 大型トラックを運転する.
트럼펫 (trumpet) 〖명〗〖音楽〗 トランペット.
트럼프 (trump) 〖명〗 トランプ.
트렁크 (trunk) 〖명〗 トランク.
트렁크스 (trunks) 〖명〗 トランクス.
트레이 (tray) 〖명〗 トレー.
트레이너 (trainer) 〖명〗 トレーナー.
트레이닝 (training) 〖명〗 トレーニング. ‖가볍게 트레이닝을 하다 軽くトレーニングをする.
트레이드 (trade) 〖명타〗 トレード. ‖선수를 트레이드하다 選手をトレードする.
트레이드-마크 (trademark) 〖명〗 トレードマーク.
트레이싱-페이퍼 (tracing paper) 〖명〗

트레일러 トレーシングペーパー. ㉘투사지(透寫紙).
트레일러 (trailer) 图 トレーラー.
트레킹 (trekking) 图 トレッキング.
트렌드 (trend) 图 トレンド.
트렌디'드라마 (trendy drama) 图 トレンディドラマ.
트렌치-코트 (trench coat) 图 トレンチコート.
트로이^목마 (Troy 木馬) 【-몽-】 (IT) 〈コンピューターの不正プログラムの一つの〉トロイの木馬.
트로이카 (troika ロ) 图 トロイカ.
트로트 (trot) 图《音樂》フォックストロット.
트로피 (trophy) 图 トロフィー. ‖기념 트로피 記念トロフィー.
트롤 (trawl) 图 トロール網の略語.
트롤-망 (-網) 图 トロール網. ㉘ 트롤어망.
트롤-선 (-船) 图 トロール船.
트롤리-버스 (trolleybus) 图 トロリーバス.
트롬본 (trombone) 图《音樂》トロンボーン.
트리니다드^토바고 (←Trinidad and Tobago) 图《國名》トリニダードトバゴ.
트리밍 (trimming) 图 トリミング.
트리오 (trio) 图 トリオ.
트리플^보기 (triple bogey) 图 〈ゴルフで〉トリプルボギー.
트릭 (trick) 图 トリック. ‖트릭을 쓰다 トリックを使う.
트림 图 げっぷ. ‖트림이 나다 げっぷが出る.
트위스트 (twist) 图 ツイスト.
트윈 (twin) 图 ツイン. ‖트윈룸 ツインルーム.
트-이다 图【←트다²の受身動詞】〈遮るものがなく〉開ける. ‖길이 트이다 道が開ける〔通じる〕. 시야가 트이다 視野が開ける. 운이 트이다 運が開ける. 나이에 비해 트인 사람이다 年のわりには開けた人だ. ㉘〈気持ちが〉すっきりする; 晴れる. ‖가슴이 트이다 気持ちが晴れる.
트집 /tʰɯdʑip/ 图 ❶ 割れ目; 裂け目. ❷ 難癖; 言いがかり; けちをつけること. ‖트집조로 말하다 けちをつけるような言い方をする. 트집거리 難癖の種; 言いがかりの種. ‖트집을 잡다 言いがかりをつける; 難癖をつける. 쓸데없이 트집을 잡다 意味もなく難癖をつける.
트집-쟁이 【-쨍-】 图 よく難癖をつける人.
특가 (特價) 【-까】 图 特価.
특강 (特講) 【-깡】 图 (自) 特別講義.
특공 (特功) 【-꽁】 图 特功.
특공-대 (特攻隊) 【-꽁-】 图 特攻隊.
특권 (特權) 【-꿘】 图 特權. ‖특권을 누리다 特權を享受する.

특권^계급 (特權階級) 【-꿘-/-꿘게-】 图 特權階級.
특권-층 (特權層) 【-꿘-】 图 特權層.
특근 (特勤) 图 (自) 時間外勤務.
특급¹ (特急) 【-끕】 图 特急.
특급^열차 (特急列車) 【-끕녈-】 图 特急列車.
특급² (特級) 【-끕】 图 特級.
특기¹ (特技) 【-끼】 图 特技. ‖특기를 살리다 特技を生かす.
특기² (特記) 【-끼】 图 (他) 特記. ‖특기할 만한 사항 特記すべき事項.
특대 (特大) 【-때】 图 特大.
특등 (特等) 【-뜽】 图 特等.
특등-석 (特等席) 【-뜽-】 图 特等席.
특등-실 (特等室) 【-뜽-】 图 特等室.
특례 (特例) 【등녜】 图 特例.
특례-법 (特例法) 【등녜뻡】 图《法律》特例法.
특매 (特賣) 【등-】 图 (他) 特賣.
특매-장 (特賣場) 【등-】 图 特設賣り場.
특명 (特命) 【등-】 图 特命. ‖특명 전권 공사 特命全權公使. 특명 전권 대사 特命全權大使.
특별 (特別) /tʰuk̚p͈jʌl/ 【-뼐】 图 (形) 特別. ㉘一般 (一般). ‖특별 취급하다 特別扱いする. 특별 대우 特別待遇. 특별히 副 特別に 別して. 특별히 달라진 것은 없다 特別変わったことはない.
특별-법 (特別法) 【-뼐뻡】 图《法律》特別法.
특별-세 (特別稅) 【-뼐쎄】 图 特別稅.
특별-시 (特別市) 【-뼐-】 图《行政》特別市. ‖서울 특별시 ソウル特別市.
특별^활동 (特別活動) 【-뼐-】 图 〈學校の〉特別活動. ㉘특활 (特活).
특별^회계 (特別會計) 【-뼐-/-뼐훼-】 图 特別會計. ㉘일반 會計 (一般會計).
특보¹ (特報) 【-뽀】 图 (他) 特報.
특보² (特補) 【-뽀】 图 【特別補佐の略語 (特別補佐官)의 略語】特別補佐官. ‖대통령 특보 大統領特別補佐官.
특사¹ (特使) 【-싸】 图 特使.
특사² (特赦) 【-싸】 图 (他) 特赦 (とくしゃ).
특산 (特産) 【-싼】 图 特産.
특산-물 (特産物) 【-싼-】 图 特産物.
특산-품 (特産品) 【-싼-】 图 特産品.
특상¹ (特賞) 【-쌍】 图 特賞.
특상² (特上) 【-쌍】 图 特上.
특색 (特色) /tʰuk̚s͈ɛk̚/ 【-쌕】 图 特色. ‖특색이 있는 디자인 特色のあるデザイン. 특색을 가지다 特色を持つ.
특석 (特席) 【-썩】 图 特別席.
특선 (特選) 【-썬】 图 (他) 特選.
특설 (特設) 【-썰】 图 特設. ‖특설 매장 特設賣り場.

특성 (特性) [-씽] 圏 特性; 特長. ‖특성을 살리다 特性を生かす. 불에 강한 특성이 있다 火に強い特長がある.

특수 (特殊) [-쑤] 圏 特殊. ‖특수한 경우 特殊なケース. 특수 촬영 特殊撮影.

특수-강 (特殊鋼) 圏 特殊鋼.

특수-성 (特殊性) [-쑤썽] 圏 特殊性.

특실 (特室) [-씰] 圏 特等室; スイートルーム.

특약 (特約) [-]圏 [하他] 特約.

특약-점 (特約店) [-쩜] 圏 特約店.

특용 (特用) [-]圏 特用. ‖특용 작물 特用作物.

특유 (特有) [-]圏 [하形] 特有. ‖특유의 말투 特有の口調.

특유-성 (特有性) [-썽] 圏 特有性.

특이 (特異) [-]圏 [하形] 特異. ‖특이한 재능 特異な才能.

특이^체질 (特異體質) 圏 特異体質.

특임 (特任) [-]圏 特任.

특장 (特長) [-]圏 特長.

특전 (特典) [-]圏 特典. ‖특전을 주다 特典を与える.

특정 (特定) [-]圏 [하自] 特定. ‖특정 상품 特定の商品. 특정한 날 特定の日.

특제 (特製) [-]圏 [하他] 特製.

특종 (特種) [-]圏 特種. ‖특종 기사 特種記事.

특진 (特進) [-]圏 特進.

특집 (特輯) [-]圏 特集. ‖그 사건을 특집으로 다루다 その事件を特集として取り扱う. 특집호 特集号.

특징 (特徵) /tʰukʰʨiŋ/ [-찡] 圏 特徵. ‖특징이 있는 얼굴 特徵のある顔. 범인의 특징 犯人の特徵.

특징-적 (特徵的) [-쩍] 特徵的.

특징-짓다 (特徵-) [-찡진따] 圓 [ㅅ変] 特徵付ける.

특채 (特採) [-]圏 [하他] 特別採用.

특출 (特出) [-]圏 [하自] 特出.

특출-나다 (特出-) [-라-] 圓 特出している. ‖특출난 재능 特出した才能.

특칭 (特稱) [-]圏 特稱.

특파 (特派) [-]圏 [하他] 特派.

특파-원 (特派員) [-]圏 特派員.

특허 (特許) [트커] 圏 [하他] 特許. ‖특허를 받다 特許が下りる. 특허 출원 特許出願.

특허-권 (特許權) [트커꿘] 圏 [法律] 特許権.

특허-법 (特許法) [트커뻡] 圏 [法律] 特許法.

특허-증 (特許證) [트커쯩] 圏 特許証書.

특허-청 (特許廳) [-] 圏 [行政] 特許庁.

특허-품 (特許品) [트커품] 圏 特許品.

특혜 (特惠) [트케/트헤] 圏 特惠.

‖특혜 관세 特惠関税.

특화 (特化) [트콰] 圏 [하他] 特化.

특활 (特活) [트콸] 圏 特別活動(特別活動)の略語.

특효 (特效) [트쿄] 圏 特效.

특효-약 (特效藥) [-] 圏 特效薬.

특-히 (特-) /-/ [트키] [트키] 圉 特に; とりわけ. ‖이 점을 특히 주의해 주십시오 この点を特に注意してください. 특히 이 점을 강조하고 싶다 特にこのことを強調したい. 포도 중에서도 특히 거봉을 좋아한다 ブドウの中でもとりわけ巨峰が好きだ.

튼실-하다 (-實-) 圏 [하変] がっしりしている. ‖튼실한 아이 がっしりとした子ども.

튼튼-하다 /tʰuntʰunhada/ 圏 [하変]
❶〔体〕丈夫だ; 健やかだ. ‖몸이 튼튼하다 体が丈夫だ. 튼튼하게 자라다 健やかに育つ. ❷堅固だ; 頑丈だ; しっかりしている. ‖기반이 튼튼하다 基盤がしっかりしている. 튼튼한 집을 짓다 頑丈な家を作る. **튼튼-히** 圉

틀 圏❶型; 雛形. ‖틀을 뜨다 型を取る. ❷枠; 縁(ふち); 額. ‖사진을 写真の額. 창틀 窓枠 ❸形式; 格式. ❹〔裁縫〕『裁縫-』の略語〕ミシン. ‖틀에 맞추다 型にはめる. ▶틀이 박히다 型にはまる: 決まり切る. 틀에 박힌 인사 決まり切った挨拶. ▶틀이 잡히다 板に付く; 貫祿が付く; 堂に入る.

틀-니 [-리] 圏 入れ歯.

틀다 /tʰɯlda/ 他 [ㄹ語幹] [들어, 트는, 튼] ❶ねじる; ひねる. ‖가스 밸브를 틀다 ガス栓をひねる. 몸을 틀어 뒤를 보다 体をひねって後ろを見る. ❷〔テレビ・ラジオなどを〕つける. ‖텔레비전을 틀다 テレビをつける. 라디오를 틀다〔켜다〕ラジオをつける. ❸〔音楽を〕かける. ‖하루 종일 음악을 틀어 놓고 있다 一日中音楽をかけっぱなしにしている. ❹〔動いている物体の方向などを〕変える; 曲がる. ‖커브를 틀다 カーブを曲がる. ❺〔髪を〕結う. ‖상투를 틀다 髷を結う. ❻〔鳥が巣をつくる. ‖새가 둥지를 틀다 鳥が巣をつくる. ❼〔計画·協議などに〕反対する; 邪魔する. ‖협상을 틀다 協商に反対する.

틀리다[1] /tʰɯllida/ 圓 こじれる; 悪くなる. ‖두 사람 사이가 틀리다 2人の関係がこじれる. 심사가 틀리다 意固地になる; 意地を張る.

틀리다[2] /tʰɯllida/ 圓 違う; 合わない; 間違っている; 食い違う; 駄目になる. ‖계산이 틀리다 計算が合わない. 문제가 너무 어려워서 올 입시는 틀렸다 問題が難しすぎて, 今年の入試は駄目だ. 네 생각은 틀렸어 お前の考えは間違っている.

── 圓 間違える. ‖답을 틀리다 答えを間違える. 계산을 틀리다 計算を間違

틀림-없다 /tʰullimʌ:pˀta/ 【-리멉따】 形 間違いない; 相違ない; 紛れもない。 ‖ 틀림없는 계산 間違いのない計算。 그 남자가 범인임이 틀림없다 あの男が犯人に違いない。 **틀림없-이** 副

틀어-막다 /tʰuromakˀta/ 【-따】 他 ❶ (穴や開口部を)塞(ふさ)ぐ; 封じる。‖ 입을 틀어막다 口を塞ぐ。 귀를 틀어막다 耳を塞ぐ。 아무리 귀를 틀어막아도 들려오는 비명소리 いくら耳を塞いでも聞こえてくる悲鳴。 ❷ 口止めする。 ‖ 비밀이 새지 않도록 금품으로 입을 틀어막다 秘密が漏れないよう金品で口止めする。

틀어-박히다 /-바키-/ 自 引きこもる; 閉じこもる; 立てこもる。‖ 하루 종일 집 안에 틀어박혀 있다 一日中家に引きこもっている。

틀어-쥐다 他 固く握る。‖ 실권을 틀어쥐다 実権を握る。

틀어-지다 自 こじれる; 伸たがいする。‖ 사이가 틀어지다 仲たがいする。

틈 /tʰum/ 名 ❶ 隙間; 割れ目; ひび; 間隔。亀裂。‖ 벽에 틈이 생기다 壁にひびが入る。 문 틈으로 불빛이 새어나오다 戸の隙間から明かりが漏れる。 ❷ 暇; 手間; 間。 ‖ 신문을 볼 틈도 없다 新聞を読むひまもない。 ❸ 機会; チャンス; 隙。 ‖ 틈을 노리다 隙をねらう; 말할 틈을 안 주다 しゃべるチャンスを与えない。

틈-나다 自 暇ができる; 時間がある。‖ 틈만 나면 졸고 있다 暇さえあればうとうとしている。

틈-내다 他 時間をつくる。‖ 틈내서 운동을 하다 時間をつくって運動をする。

틈-바구니 名 틈の俗語。

틈-새 名 わずかな隙。

틈새-산업 (-産業) 名 【経】 ニッチ産業。

틈새-시장 (-市場) 名 【経】 ニッチ市場。

틈-타다 自 機に乗じる; 隙をねらう。

틈-이 /tʰumtʰumi/ 副 片っ間に; 本業のかたわら; 用事の合間。‖ 틈틈이 책을 읽다 合間を見て本を読む。 틈틈이 아르바이트를 하다 片っ間にアルバイトをする。

틔-우다 【틔-】他 (仕切りなどを)取り除いて広くする。‖ 방을 틔우다 部屋の仕切りを取り除いて広くする。

티[1] 名 ❶ ごみ; ほこり。‖ 눈에 티가 들어가다 目にごみが入る。 ❷ きず; 欠点。 ‖ 옥에 티 玉に瑕。

티[2] (T·t) 名 (アルファベットの)ティー。

티[3] 名 それらしい気配や態度を見せることを表わす; くささ; 라. ‖ 반티를 내다 いかにも貧乏くさい; 선생티를 내다 先生っぽくふるまう; 先生面をする。 잘난 티를 내다 偉そうにふるまう。

티격-태격 /tʰigjʌkˀtʰɛgjʌk/ 副自 言い争う様子; なんだかんだ; どうのこうの; ああだこうだと。‖ 티격태격 싸우다 ああだこうだとけんかをする。

티끌 名 ちり; ごみ。‖ 티끌 모아 태산 (諺) ちりも積もれば山となる。

티눈 名 (手のひらや足の裏にできる) 魚の目。 ‖ 티눈이 박이다 魚の目ができる。

티미-하다 【하変】 形 要領が悪い; 賢くない。 ‖ 하는 짓이 티미하다 やっていることが要領が悪い。 저 티미한 녀석 あの愚か者。

티-백 (tea bag) 名 ティーバッグ。

티베트 (Tibet) 名 【地】 チベット。

티브이 (TV) 名 テレビ。

티-샷 (tee shot) 名 (ゴルフで)ティーショット。

티셔츠 (T-shirt) 名 Tシャツ。

티슈 (tissue) 名 ティッシュ。

티스푼 (teaspoon) 名 ティースプーン。

티-없다 【-업따】 形 曇りがない; かげりがない。 ‖ 티없이 맑은 웃음 曇りなき明るい笑い。

티오 (TO) 名 (編制上の)定員。‖ 티오를 늘리다 定員の枠を増やす。 ✦ table of organization の略語。

티읕【-읕】 名 ハングル子音字母「ㅌ」の名称。

티-자 (T-) 名 T定規。

티케이오 (TKO) 名 (ボクシングで)ティーケーオー (TKO)。 ✦ technical knockoutの略語。

티켓 (ticket) 名 チケット。‖ 콘서트 티켓 コンサートのチケット。

티-타임 (teatime) 名 ティータイム。

티탄 (Titan ドイツ) 名 【化学】 チタン。

티푸스 (typhus) 名 【医学】 チフス。 ‖ 장티푸스 腸チフス。

틴 (teen) 名 ティーン。‖ 하이틴 ハイティーン。

틴-에이저 (teen-ager) 名 ティーンエージャー。

틴들 현상 (Tyndall 現象) 名 【物理】 チンダル現象。

팀 (team) 名 チーム。‖ 팀을 구성하다 チームを組む。

팀-컬러 (team + color 日) 名 チームカラー。

팀웍 (teamwork) 名 チームワーク。

팀파니 (timpani) 名 【音楽】 ティンパニ。

팁 (tip) 名 チップ; 心づけ。‖ 팁을 주다 チップをはずむ; 心づけを渡す。

팅팅 副 (形) しまりなく太っている様子、または膨れた様子。ぶくぶく。‖ 팅팅 쪘다 ぶくぶくに太っている。 라면이 팅팅 불었다 ラーメンが伸びきっている。

ㅍ

ㅍ【피읖】 ⓝ ハングル子音字母の第13番目. 名称は「피읖」.

파¹ /pʰa/ ⓝ 〔植物〕 ネギ(葱). ‖파를 썰다 ネギを刻む.

파² (派) ⓝ 派; 派閥.

파³ (fa¹) ⓝ 〔音楽〕 (階名の)ファ.

-파⁴ (派) 接尾 …派. ‖보수파 保守派.

파격 (破格) ⓝ 破格.
  파격-적 (破格的) ⓝ -ㄹ 破格. ‖파격적인 보수 破格の報酬.

파견 (派遣) /pʰaɡjʌn/ ⓝ 하변 派遣. ‖특사를 파견하다 特使を派遣する. 파견 사원 派遣社員. **파견-되다** 受変
  파견-군 (派遣軍) ⓝ 派遣軍.
  파견-단 (派遣團) ⓝ 派遣團.
  파견-지 (派遣地) ⓝ 派遣地.

파경 (破鏡) ⓝ 破鏡; 破局. ‖파경을 맞다 破局を迎える.

파계 (破戒) ⓝ -/-게 ⓝ 하변 破戒.
  파계-승 (破戒僧) ⓝ 〔仏教〕 破戒僧.

파고 (波高) ⓝ 波高.

파고다 (pagoda) ⓝ パゴダ; 塔.

파고-들다 ⓘ ㄹ語幹 ❶入り込む; もぐり込む. ‖이불 속으로 파고들다 布団の中にもぐり込む. ❷掘り下げる. ‖경위를 파고들다 経緯を掘り下げる.

파괴 (破壊) /pʰaɡwe/ ⓝ -/-게 ⓝ 하변 破壊. ‖자연을 파괴하다 自然を破壊する. 가격 파괴 価格破壊. 환경 파괴 環境破壊. **파괴-되다** 受変
  파괴-력 (破壊力) ⓝ 破壊力. ‖가공할만한 파괴력 恐るべき破壊力.
  파괴-적 (破壊的) ⓝ 破壊的.

파국 (破局) ⓝ 破局. ‖파국을 맞다 破局を迎える.

파급 (波及) ⓝ 하변 波及. ‖다른 지역에까지 파급되다 他の地域にまで波及する. 파급 효과 波及効果.

파기 (破棄) ⓝ 하변 破棄. ‖계약 파기 契約破棄. **파기-되다** 受変

파-김치 ⓝ ネギキムチ. ‖파김치가 되다 くたくたになる. 일에 지쳐 파김치가 되다 仕事に疲れてくたくたになる.

파나마 (Panama) ⓝ 〔国名〕 パナマ. ‖파나마 운하 パナマ運河.
  파나마-모자 (panama 帽子) ⓝ パナマ帽.

파-내다 ⓘ 掘り出す; くり抜く.

파노라마 (panorama) ⓝ パノラマ.

파는 連体 ㄹ語幹 팔다(売る)の現在連体形.

파다 /pʰada/ ⓘ ❶(穴などを)掘る; 掘り下げる. ‖연못을 파다 池を掘る. 우물을 파다 井戸を掘る. ❓파이다. ❷彫る. ‖도장을 파다 はんこを彫る. ❸(耳の穴を)ほく. ‖귀를 파다 耳かきをする.

❹(ある内容について)深く掘り下げる; 集中的に勉強する. ‖영어만 파고 있다 英語だけを集中的に勉強している.

파다-하다 (頗多-) ⓝ 하변 すこぶる多い; いくらでもある. ‖그런 예는 파다하다 そんなケースはいくらでもある.

파다-하다 (播多-) ⓝ 하변 (うわさなどが)広まっている. ‖소문이 파다하다 うわさが広まっている.

파닥-거리다 〔-꺼-〕 ⓘ (鳥などが)しきりに羽ばたきする; (魚が)ぴちぴちとはねる. ‖집힌 물고기가 파닥거리다 とれた魚がぴちぴちとはねる.

파당 (派黨) ⓝ 党派.

파도 (波濤) /pʰado/ ⓝ 波濤; 波. ‖파도가 밀려오다 波が押し寄せる. 파도가 일다 波が立つ. 파도가 바위에 부딪혀 부서지고 있다 波が岩に当たって砕けている. 파도가 잠잠해졌다 波が静かになってきた.
  파도-치다 (波濤-) ⓘ 波打つ; 波が立つ. ‖파도치는 바닷가 波打つ海辺.
  파도-타기 (波濤-) ⓝ 波乗り; サーフィン.

파동 (波動) ⓝ 波動; 騒ぎ. ‖석유 파동 オイルショック.

파드득-거리다 〔-꺼-〕 ⓘ (鳥などが)羽ばたきする. ‖새들이 파드득거리며 날아오르다 鳥が羽ばたきながら飛び立つ.

파들-파들 副 ぶるぶる(と); わなわな(と). ‖파들파들 떨다 ぶるぶる(と)震える.

파라과이 (Paraguay) ⓝ 〔国名〕 パラグアイ.

파라다이스 (paradise) ⓝ パラダイス.

파라볼라 안테나 (parabola+antenna 日) ⓝ パラボラアンテナ.

파라솔 (parasol⁷) ⓝ パラソル.

파라슈트 (parachute) ⓝ パラシュート.

파라핀 (paraffin) ⓝ 〔化学〕 パラフィン.

파락-호 (破落戶) 〔-ㄹ코-〕 ⓝ ならず者.

파란¹ (波瀾) ⓝ 波瀾. ‖파란을 일으키다 波瀾を巻き起こす.

파란² 冠 하변 파랗다(青い)の現在連体形.

파란만장-하다 (波瀾萬丈-) ⓝ 하변 波瀾万丈だ. ‖파란만장한 일생 波瀾万丈の人生.

파란-색 (-色) ⓝ 青; 青色.

파랄림픽 (Paralympics) ⓝ パラリンピック.

파랑¹ ⓝ 青.

파랑² (波浪) ⓝ 波浪.

파랑-새 ⓝ 青い鳥.

파랗다 /pʰaratʰa/ 【-라타】 ⓝ 하변 〔파래, 파란〕 ⓝ 青い. ‖파란 하늘 青い空. 얼굴이 파랗게 질리다 顔が青ざめる. ❓파렇다.

파래¹ ⓝ 〔植物〕 アオノリ(青海苔).

파래² ⓝ 하변 파랗다(青い)の連用形.

파래-지다 〔自〕 青くなる;(顔色などが)青白くなる;青ざめる. ‖입술이 파래지다 唇が青ざめる. ⑳퍼레지다.

파렴치 (破廉恥) 图 破廉恥. ‖파렴치한 짓을 하다 破廉恥なことをする. 파렴치가 짝이 없는 녀석 破廉恥極まりないやつ.

파렴치-한 (破廉恥漢) 图 破廉恥な人.

파르르 副 ❶薄くて軽いものの一部が震える様子: かたかた(と); がたがた(と). ‖문풍지가 파르르 떨리다 障子がかたかた(と)震える. ❷ 痙攣(ﾞﾙ)·怒り·寒さなどで体が震える様子: ぶるぶる. ‖화가 나서 입술을 파르르 떨다 怒って唇をぶるぶると震わせる. ❸薄くて軽いものが一気に燃える様子: めらめら.

파르스름-하다 〔形〕〔ㅎ変〕 青みがかっている.

파릇파릇-하다 〔—른르따〕〔形〕〔ㅎ変〕青々としている. ‖파릇파릇한 새싹 青々とした新芽.

파릇-하다 〔—른따〕〔形〕〔ㅎ変〕 やや青い.

파리 /pʰari/ (昆虫) 图 ハエ(蝿). ‖파리채 ハエたたき. ▶파리를 날리다(「ハエを追う(ほど暇だ)」の意で)閑古鳥が鳴く. ▶파리 목숨 (ハエのように)軽んじられるはかない命: 虫から同然の命.

파리-하다 〔形〕〔ㅎ変〕(顔色が)やつれて青白い.

파마 (←permanent) 图 〔ㅎ他〕 パーマ. ‖파마를 하다 パーマをかける.

파-먹다 〔—따〕 他 ❶ (スイカなどの中身を)ほじくって〔스구て〕食べる. ❷ 虫が食う; 蝕まれる. ‖벌레가 파먹은 사과 虫食ったリンゴ.

파면 (罷免) 图 〔ㅎ他〕 罷免; 免職. **파면-하다** 受動

파멸 (破滅) 图 〔ㅎ自〕 破滅.

파문[1] (波紋) 图 波紋. ‖파문이 일다 波紋が広がる. 교육계에 파문을 던지다 教育界に波紋を投げかける.

파문[2] (破門) 图 〔ㅎ他〕 破門. **파문-당하다** 受動

파-묻다 /pʰamutʔta/ 〔—따〕 他 埋める; うずめる. ‖시체를 파묻다 死体を埋める. 베개에 얼굴을 파묻고 울다 枕に顔をうずめて泣く. ⑳파묻다.

파묻-히다 〔—무치—〕 〔파묻다の受動動詞〕 埋められる; 埋まる; 埋もれる. ‖집이 눈에 파묻히다 家が雪に埋もれる.

파벌 (派閥) 图 派閥. ‖당내 파벌 싸움 党内の派閥争い.

파병 (派兵) 图 派兵.

파본 (破本) 图 落丁本.

파-뿌리 图 ❶ ネギの根. ❷ 〔比喩的に〕白髪. ‖검은 머리가 파뿌리가 되도록 부부가 해로하다 夫婦共白髪まで添い遂げる.

파사-현정 (破邪顯正) 图 〔ㅎ自〕 破邪顯正(ﾕﾁﾞ); 正しい道理を打ち立てること.

파삭-거리다 〔—꺼—〕 自 水気がなくぱさぱさしている.

파삭-하다 〔—사카〕 〔形〕〔ㅎ変〕 乾いて壊れやすい.

파산 (破産) 图 〔ㅎ自〕 破産. ‖파산 선고 破産宣告.

파산-적 (—散炙) 图 〔料理〕 ネギと牛肉を交互に串に刺して焼いたもの.

파상 (波狀) 图 波狀. ‖파상 공격 波狀攻撃.

파상-운 (波狀雲) 图 〔天文〕 波狀雲.

파상-풍 (破傷風) 图 〔医学〕 破傷風.

파생 (派生) /pʰasɛŋ/ 图 〔ㅎ自〕 派生. ‖새로운 문제가 파생되다 新しい問題が派生する.

파생-어 (派生語) 图 〔言語〕 派生語.

파생-적 (派生的) 图 派生的. ‖파생적인 문제 派生的な問題.

파선[1] (波線) 图 波線; なみ線(～).

파선[2] (破線) 图 破線(---).

파선[3] (破船) 图 〔ㅎ自〕 破船.

파손 (破損) /pʰaːson/ 图 〔ㅎ自〕 破損; 損壞. ‖기물 파손 器物損壞. 파손된 곳 破損箇所. 집중 호우로 가옥이 파손되다 集中豪雨で家屋が破損する.

파쇼 (fascio[ᴵ]) 图 ファッショ.

파수 (把守) 图 破水.

파수-꾼 (把守—) 图 見張り; 番人.

파수-병 (把守兵) 图 見張り兵.

파스 (←Pasta[ᴰ]) 图 パスタ剤; 湿布. ‖파스를 붙이다 湿布を貼る.

파스너 (fastener) 图 ファスナー; チャック. ⑳지퍼.

파스칼 (pascal) 〔依〕 圧力の単位; …パスカル(Pa).

파스텔 (pastel) 图 パステル. **파스텔-화** (—畫) 图 パステル画.

파슬리 (parsley) 图 〔植物〕 パセリ.

파슬-파슬 副 〔ㅎ他〕 水分や粘り気がなく、ぼろく砕ける様子: ぽろぽろ(と).

파시 (波市) 图 盛漁期に海上で開かれる魚市.

파시스트 (fascist) 图 ファシスト.

파시즘 (fascism) 图 ファシズム.

파악 (把握) /pʰaak/ 图 〔ㅎ他〕 把握. ‖정세를 파악하다 情勢を把握する. 요점을 정확하게 파악하다 要点を正確に把握する. 문제점을 제대로 파악하지 못하다 問題点をきちんと把握していない.

파안-대소 (破顔大笑) 图 〔ㅎ自〕 破顔大笑.

파업 (罷業) 图 〔ㅎ自〕 ストライキ; スト.

파열 (破裂) /pʰaːjəl/ 图 〔ㅎ自〕 破裂. ‖한파로 수도관이 파열되다 寒波で水道管が破裂する.

파열-음 (破裂音) 图 〔言語〕 破裂音.

파오 (包[中]) 图 パオ; ゲル(モンゴルの遊牧民の家).

파우더 (powder) 图 パウダー; 粉. ‖베

파운데이션 (foundation) 图 (化粧品の)ファンデーション. ‖파운데이션을 바르다 ファンデーションを塗る.

파운드 (pound) 依图 ❶ポンド. ❶重さの単位. ❷イギリスの通貨単位.

파울 (foul) 图 ファウル.

파울-볼 (foulball) 图 (野球で)ファウルボール.

파울-플라이 (foul fly) 图 (野球で)ファウルフライ.

파워 (power) 图 パワー. ‖파워가 부족하다 パワーに欠ける.

파이[1] (pie) 图 パイ. ‖애플파이 アップルパイ.

파이[2] (pi·π ˜) 图 《数学》パイ(π).

파이다 间 ❶(파다의受身動詞)掘れる. ❷凹む; くぼむ. ‖파인 곳 くぼんだ所. 卿패다.

파이버 (fiber) 图 ファイバー; 繊維.

파이어니아 (pioneer) 图 パイオニア.

파이트-머니 (fight+money 日) 图 ファイトマネー.

파이팅 (fighting) 感 ファイト; 頑張れ.

파이프 (pipe) 图 パイプ.

파이프라인 (pipeline) 图 パイプライン.

파이프-오르간 (pipe organ) 图 《音楽》パイプオルガン.

파인더 (finder) 图 (カメラなどの)ファインダー.

파인애플 (pineapple) 图 《植物》パイナップル.

파인-플레이 (fine play) 图 ファインプレー.

파일[1] (←八日) 图 《仏教》 陰暦4月8日の釈迦の誕生日.

파일-등 (←八日燈) 图 파일につける祝いの提灯.

파일[2] (file) 图/pha il/ 他他 ファイル. ‖논의 파일 論文のファイル. 회의록을 파일하다 議事録をファイルする.

파일럿 (pilot) 图 パイロット.

파자마 (pajamas) 图 パジャマ. 卿 잠옷.

파장[1] (波長) 图 《物理》波長.
　파장-계 (波長計) 图 [-/-계] 图 波長計.

파장[2] (罷場) 图 市が終わること, または市が終わる頃.

파-전 (一煎) 图 《料理》パジョン(ネギをたくさん入れて作った韓国風のお好み焼き).

파종 (播種) 图 他他 播種する.

파-죽음 图 ぐったりとした状態; 疲れ切った状態; へばった状態.

파죽지세 (破竹之勢) 图 [-쎄-] 破竹の勢い. ‖적들이 파죽지세로 몰려오다 敵が破竹の勢いで押し寄せてくる.

파지 (破紙) 图 反故(は).

파직 (罷職) 图 他他 免職; 罷免(ひ).

파찰-음 (破擦音) 图 《言語》 破擦音.

파천황 (破天荒) こと 破天荒(今まで誰もしたことのないことをすること).

파초 (芭蕉) 图 《植物》バショウ(芭蕉).

파출 (派出) 图 他他 派出.
　파출-부 (派出婦) 图 派出婦.
　파출-소 (派出所) 图 [-쏘] 交番.

파충-류 (爬蟲類) 图 [-뉴] 《動物》爬虫類.

파카 (parka) 图 パーカ(フードつきのゆったりしたジャケット).

파키라 (Pachira 7) 图 《植物》パキラ.

파키스탄 (Pakistan) 图 《国名》パキスタン.

파킨슨-병 (Parkinson病) 图 《医学》パーキンソン病.

파탄 (破綻) 图 自他 破綻. ‖경제가 파탄하다 経済が破綻する.

파토스 (pathos) 图 パトス. 卿에토스.

파트 (part) 图 パート; 部分.
　파트-타임 (part time) 图 パートタイム.

파트너 (partner) 图 パートナー.

파티 (party) 图 パーティー. ‖파티를 열다 パーティーを開く. 댄스 파티 ダンスパーティー.

파파라치 (paparazzi イ) 图 パパラッチ.

파파야 (papaya) 图 《植物》パパイア.

파편 (破片) 图 破片. ‖파편이 튀다 破片が飛び散る.

파푸아뉴기니 (Papua New Guinea) 图 《国名》パプアニューギニア.

파-하다 (罷-) 图 自他 (仕事や学校などが)終わる. ‖학교가 파하다 学校が終わる.
　──他 (仕事などを)終える. ‖일을 파하고 돌아가는 길에 한잔하다 仕事を終えて帰りに一杯やる.

파행 (跛行) 图 自他 跛行(は).

파행-적 (跛行的) 图 跛行的.

파-헤치다 /-pʰahetɕʰida/ 他他 ❶掘り起こす; 掘り返す. ‖무덤을 파헤치다 墓を掘り返す. ❷(人の秘密などを)暴く; 掘り下げる. ‖정치가의 개인적 비밀을 파헤치다 政治家の私事を暴く.

파혼 (破婚) 图 自他 破婚.

팍 　❶ぶつかる様子; ごん. ‖기둥에 머리를 팍 박다 柱に頭をごんとぶつける. 머리를 한 대 팍 쥐어박다 頭を一発ごんとなぐる. ❷立っていたものが倒れる様子; ぱたり. ‖팍 쓰러지다 ぱたりと倒れる. ❸拍子抜けする様子. ‖그림이 팍 새서 하고 싶지 않다 拍子抜けしてやる気が出ない. 畳 **팍팍**.

팍팍-하다 /-パㄱπ-/ 圈 自変 ❶(食べ物などが)水気がなくてぱさぱさしているさまである. ❷(疲れて)足が重い. ‖다리가 팍팍해서 못 걷겠다 足が重くて歩けない.

판[1] /pʰan/ 图 (あることが行われる)場; 場面; ところ; 時. ‖판이 깨지다 (その場

が)興ざめる. 판을 깔고 場を設ける. 싸움판이 벌어지다 けんかが始まる. 집이 이렇게 어려운 판에 무슨 유학이니？ 家計がこんなに苦しい時に何が留学だ.
── 依見 勝負事の回数を表わす語：…局；…回；…度；…戦. ▮바둑을 세 판 연속해서 이기다 碁を3局続けて勝つ. 싸움이 한 판 불다 一戦を交える.

판²(版) 图 版. ▮판을 거듭하다 版を重ねる. ▸판에 박은 듯하다 そっくりだ；瓜二つだ.

판³(板) 图 ❶板. ▮유리판 ガラス板. ❷音盤；レコード.

판⁴ 尾 [ㄹ語幹] 팔다(売る)의 過去連体形.

-판⁵(判·版) 接尾 …版. ▮문고판 文庫版. 보급판 普及版.

판-가름 图 是非·優劣を決めること. ▮승부가 판가름이 나다 勝負がつく.

판각(板刻) 图 하타 板刻.
　판각-본(板刻本) 图 刻本.

판-검사(判檢事) 图 判事と検事.

판결(判決) 图 하타 판결을 내리다 判決を下す. 판결 이유 判決理由.
　판결-례(判決例) 图 判例.
　판결-문(判決文) 图 判決文.
　판결 주문(判決主文) 图 法律 判決主文. 働主文(主文).

판공-비(辦公費) 图 公務の執行に必要な費用.

판국(-局) 图 ある事態が起きている状況や場面. ▮이런 판국에 こんな状況の中で.

판권(版權) 图 ━편 出版権.
　판권-장(版權張) 图 ━편짱 奥付.

판금(販禁) 图 販売禁止. 판금-당하다 受身.

판다(panda) 图 動物 パンダ.

판단(判斷) /pʰandan/ 图 하타 判断. ▮판단을 잘못하다 判断を誤る. 잘못된 판단을 내리다 誤った判断を下す. 판단이 서지 않다 判断がつかない.
　판단-력(判斷力) 图 ━녁 判断力.

판도(版圖) 图 版図(¹);領土. ▮판도를 넓히다 領土[版図]を広げる.

판도라의 상자(Pandora-箱子) パンドラの箱.

판독(判讀) 图 하타 判読.

판-돈[-똔] 图 賭博の賭け金.

판례(判例) 图 法律 判例.
　판례-집(判例集) 图 法律 判例集.

판로(販路)[판-] 图 販路. ▮판로를 개척하다 販路を開拓する.

판막(瓣膜) 图 解剖 弁膜.

판매(販賣) /pʰanme/ 图 하타 販売. ㉗구매(購買). ▮통신 판매 通信販売. 할인 판매 割引販売. 자동판매기 自動販売機. 판매 금지 販売禁止.
　판매-가(販賣價) 图 ━까 売価.
　판매-망(販賣網) 图 販売網.
　판매-소(販賣所) 图 販売所.
　판매-액(販賣額) 图 販売額.
　판매-원(販賣員) 图 販売員.
　판매-자(販賣者) 图 販売者；売る人. ㉗구매자(購買者).
　판매-점(販賣店) 图 販売店.
　판매 카르텔(販賣 Kartell) 图 販売カルテル.
　판매-회사(販賣會社) 图 ━홰─ 販売会社.

판명(判明) 图 되타 判明. ▮그의 잘못으로 판명되다 彼の間違いと判明する.

판목(板木) 图 厚さが6cm以上で幅が厚さの3倍以上の木材.

판본(板本) 图 版本.

판문점(板門店) 图 地名 板門店(パンムンジョム). ✦朝鮮半島の非武装地帯にある要地. 韓国と北朝鮮の会談が開かれる.

판-박이(-) ❶ 版木で印刷すること. ❷(顔·癖など)そっくりであること. ▮얼굴이 아버지의 판박이다 お父さんと顔がそっくりだ.

판별(判別) 图 하타 判別. ▮판별이 안 되다 判別がつかない.

판별-력(判別力) 图 判別力.

판본(板本·版本) 图 版本.

판사(判事) 图 法律 判事.

판서(判書) 图 板書.

판-세(-勢) 图 ━쎄 情勢；形勢. ▮유리한 판세 有利な情勢.

판-소리/pʰan⁵sori/【-쏘-】图 音楽 パンソリ. ✦韓国·朝鮮の伝統芸能の一つ.

판연-하다(判然-) 形 하변 判然としている；はっきりしている；明らかだ. ▮판연한 결과 明らかな結果. 판연-히 副.

판-유리(板琉璃)【-뉴-】图 板ガラス.

판이-하다(判異-) 形 하변 全く違う. ▮하는 짓이 형과는 판이하다 やることがお兄さんとは全く違う.

판자(板子) 图.
　판잣-집(板子 ─)【-자찝/-잗찝】图 板張りの家.

판정(判定) 图 하타 判定. ▮판정 기준 判定基準. 판정을 내리다 判定を下す. 양성 판정을 받다 陽性の判定を受ける.
　판정-승(判定勝) 图 判定勝ち. ▮판정승을 거두다 判定勝ちを収める.
　판정-패(判定敗) 图 判定負け.

판촉(販促) 图 販促;販売促進.

판-치다(-) 图 闊歩する；横行する. ▮깡패들이 대낮부터 판치고 다니다 ごろつきが白昼から横行している. 악덕 업자들이 판치다 悪徳商法が横行する.

판타지(fantasy) 图 ファンタジー.

판탈롱(pantalon⁷) 图 パンタロン.

판판-하다 形 하변 平らだ；平べったい. 판판-히 副.

판형(版型) 명 版型.

판화(版畫) 명 版画.

팔¹ /pʰal/ 명 腕. ∥팔이 아프다 腕が痛い. 양 팔을 벌리다 両腕[両手]を広げる. ▶팔을 걷고 나서다 積極的に乗り出す. ▶팔을 걷어붙이다 =팔을 걷고 나서다. ▶팔이 안으로 굽지 밖으로 굽나〔俗〕近い人の味方をするのが人の常である.

팔² (八) /pʰal/ 명 8; 八. ∥삼 더하기 오는 팔이다 3足す5は8である.
—일 (一) 명 8月. 팔 호실 8号室. 통권 제 팔 호 通巻第8号.

팔 연체 [ㄹ語幹] 팔다(売る)의 未来連体形.

팔-가락지【-찌】 명 腕輪.

팔각(八角) 명 八角.

팔각-정(八角亭)【-쩡】 명 八角形の亭.

팔각-형(八角形)【-까형】 명〔数学〕八角形.

팔-걸이 명 (椅子などの)肘掛け.

팔걸이-의자(-椅子)【-/-이-】 명 肘掛け椅子.

팔˚굽혀˚펴기【-구펴-】 명 腕立て伏せ.

팔-꿈치 명 肘.

팔다 /pʰalda/ 타 [ㄹ語幹][팔아, 파는, 판] ❶(ものを)売る. ㉮사다. ∥술을 팔다 酒を売る. 과일 가게 果物屋. 표 파는 곳 切符売り場. ❷(体·労働力を)売る. ∥일당을 받고 日雇いの労働をする. ❸(名前·良心など を)売る. ∥이름을 팔다 名前を売る; 売名行為をする. 여기저기 팔려 다니다 あちらこちらへ飛ぶ. 돈 때문에 양심을 팔다 金のために良心を売る. ❹(目·気などを)そらす. ∥한눈을 팔다 よそ見する. 웹팔리다.

팔-다리 명 手足; 腕と脚.

팔도(八道)【-또】 명 ❶朝鮮時代の8つの行政区域(京畿·忠清·慶尚·全羅·江原·黄海·平安·咸鏡). ❷(韓国·朝鮮)全土; 全国.

팔도-강산(八道江山) 명 (韓国·朝鮮)全土; 全国.

팔-등신(八等身)【-뜽-】 명 八頭身.

팔딱-거리다【-때-】【-끼[때]-】 타 ❶小さいものがはねて上がる. ❷子どもなどの心臓や脈が軽く打つ. ❸너무 놀라 심장이 팔딱거리다 あまりにも驚いて心臓がどきどきする.

팔뚝 명 前腕.

팔럭-거리다【-ㄲ-】 자 (旗などが)はためく; はたはたと音を立てる. 웹펄럭거리다.

팔랑-이다 자 =팔랑거리다.

팔랑-개비 명 風車(풍차).

팔랑-거리다 자타 (薄く軽いものが)揺れ動く. ∥깃발이 바람에 팔랑거리다 旗が風になびく. 웹펄렁거리다.

팔랑-이다 자타 =팔랑거리다.

팔레스타인 (Palestina) 명〔地名〕パレスチナ.

팔레트 (palette フ) 명 パレット.

팔리다 /pʰallida/ 자 ❶[팔다の受身動詞] 売られる. ∥백만 원에 팔렸다 100万ウォンで売られた. ❷잘 팔리다 よく売れる. 날개 돋친 듯이 팔리다 飛ぶように売れる. ❸〔정신이 팔리다의 形で〕気を取られる.

팔림-새 명 売れ行き; 売れ足.

팔매-질 자타 小石などを遠くに投げること.

팔면(八面) 명 八面.
팔면-체(八面體) 명 八面体.

팔-모가지 명 팔목の俗語.

팔-목 명 手首.

팔방(八方) 명 八方. ∥사방팔방 四方八方.

팔방-미인(八方美人) 명 八方美人. ✤日本語のような否定的意味で用いられることはない.

팔-베개 명 腕枕. ∥팔베개를 하다 腕枕をする.

팔보-채(八寶菜) 명〔料理〕八宝菜.

팔분-쉼표(八分-標)【-푠】 명〔音楽〕八分休(止)符.

팔분-음표(八分音標)【-푠】 명〔音楽〕八分音符.

팔-불출(八不出) 명 おどけ者; たわけ者; おろか者.

팔삭-둥이(八朔-)【-싹뚱-】 명 ❶妊娠8か月足らずで生まれた子. ❷[比喩的に] おろかな人; 間抜け.

팔손이-나무(八-)【-쏘니-】 명〔植物〕ヤツデ(八手).

팔순(八旬)【-쑨】 명 80歳.

팔시간˚노동제(八時間労動制)【-쓰-】 명 8時間労働制.

팔-심【-씸】 명 腕相撲の力.

팔십(八十)【-씹】 pʰalɕʰip /-씹/ 수 80歳; 80; 八十. 여든. ∥팔십이나 먹은 사람이 80歳にもなった人が.
—명 80…. ∥팔십 세를 산수라고도 하며 80歳を傘寿ともいう. 팔십 명 80人.

팔-씨름 자타 腕相撲. ∥팔씨름을 하다 腕相撲をする.

팔아 연체 [ㄹ語幹] 팔다(売る)의 連用形.

팔아-넘기다 타 売り渡す.

팔아-먹다【-따】 명 팔다の俗語. ∥이름을 팔아먹다 名を売る.

팔월(八月) /pʰarwɔl/ 명 8月. ∥팔월의 태양이 내리쬐다 8月の太陽が照りつける.

-팔이 접미〔名詞に付いて〕それを売る人を表わす語; -売り. ∥성냥팔이 소녀 マッチ売りの少女.

팔-일오(八一五) 명 1945年8月15日. 광복절(光復節).

팔자 〈八字〉/pʰalˀt͈ɕa/ [-짜] 图 ❶一生の運; 運勢; 運命; 星回り. ‖팔자가 좋다[나쁘다] 一生の運がいい[悪い]. 외국에 나가서 살 팔자 外国で暮らす運命. 팔자가 세다 星回りが悪い. ▶팔자가 늘어지다 運勢がいい; 運勢がよくなる. ▶팔자를 고치다 ① 成り上がる. ② (女性がいい条件の人と)再婚する.

팔자-땜 〈八字-〉图 〈하나〉 厄払い.
팔자-타령 〈八字打令〉图 〈하나〉 自分の運命について愚痴をこぼすこと.
팔자-걸음 〈八字-〉图 外股(歩き). ‖팔자걸음을 걷다 外股で歩く.
팔-죽지 [-쭉찌] 图 二の腕.
팔짝 图 軽く跳び上がる様子: ぴょんと. ⓖ펄쩍. **팔짝-팔짝** 图 〈하나〉 ぴょんぴょん跳ねる.
팔짝-거리다 [-대다] 〈-끼[때]-〉 国国 ぴょんぴょん跳ねる.
팔짱 /pʰalˀt͈ɕaŋ/ 图 ❶腕組み; 手をこまぬくこと. ‖팔짱을 끼고 생각하다 腕組みして考える. 팔짱을 끼고 보고만 있다 手をこまぬいて見てばかりいる. ❷(2人で)腕を組むこと. ‖두 사람은 사이좋게 팔짱을 끼고 걷고 있었다 2人は仲良く腕を組んで歩いていた.
팔찌 图 腕輪; ブレスレット. ‖팔찌를 하다 腕輪をする.
팔촌 〈八寸〉图 8寸; 8親等.
팔팔 图 湯やスープなどが煮えたぎる様子: ぐらぐら; ぐつぐつ. ‖물이 팔팔 끓다 お湯がぐらぐら沸く. ⓖ펄펄.
팔팔-하다 〈-하다〉 形 〈하나〉 ぴんぴんしている. ‖나이가 들어도 팔팔하다 年をとってもぴんぴんしている.
팔푼-이 〈八-〉 图 出来そこない; 間抜け; とんま.
팝^뮤직 (pop music) 图 ポップミュージック.
팝송 (pop song) 图 〈音楽〉 ポップス.
팝콘 (popcorn) 图 ポップコーン.
팡 图 ❶急に何かが破裂する音: ぽん(と). ⓖ펑. ❷何かを強く蹴る音: ぽん(と). ‖공을 팡 차다 ボールをぽんと蹴る. **팡팡** 图 ぱんぱん; ぱんぱん. ‖폭죽을 팡팡 터뜨리다 爆竹をぱんぱん(と)鳴らす.
팡파르 (fanfare〈フ〉) 图 ファンファーレ. ‖팡파르를 울리다 ファンファーレを鳴らす.
팥 /pʰatˀ/ [판] 图 〈植物〉 アズキ(小豆).
팥-고물 [판꼬-] 图 小豆のさらし餡(あん).
팥-떡 [판-] 图 小豆餅.
팥-밥 [판빱] 图 赤飯.
팥-빙수 〈-氷水〉 [판뼝-] 图 氷小豆; (韓国風の)かき氷.
팥-빵 [판-] 图 あんパン.
팥-소 [-쏘] 图 小豆の餡; あんこ.
팥-알 [파달] 图 小豆の粒.
팥-죽 〈-粥〉 [판쭉] 图 小豆粥. ‖한국에서는 동짓날에 팥죽을 먹는다 韓国では冬至の日に小豆粥を食べる.

패¹ 〈牌〉 图 〈花札などの〉札. ‖〈화투〉 패를 돌리다 〈花札の〉札を配る.
패² 〈牌〉 图 徒党; 組; 連中; 仲間; やから. ‖패를 지어 몰려다니다 徒党を組んで歩き回る.
패³ 〈敗〉 医尾 試合などで負けた回数を表わす: …敗. ‖1승 이 패 1勝2敗.
패가-망신 〈敗家亡身〉 图 〈하나〉 身代を棒に振って身を滅ぼすこと.
패각 〈貝殻〉 图 貝殻. ⓖ조가비.
패-거리 〈牌-〉 图 패². の俗語.
패관^문학 〈稗官文学〉 图 〈文芸〉 稗官(はいかん)文学.
패권 〈覇権〉 [-꿘] 图 覇権(はけん). ‖패권을 잡다 覇権を握る.
패권-주의 〈覇権主義〉 〈-꿘-꿘-이〉 图 覇権主義.
패기 〈覇気〉 图 覇気(はき). ‖젊은이다운 패기가 없다 若者らしい覇気に欠ける.
패기만만-하다 〈覇気満満-〉 形 〈하변〉 覇気にあふれている.
패널 (panel) 图 パネル.
패널^토론 〈-討論〉 图 パネルディスカッション.
패널리스트 (panelist) 图 パネリスト.
패다¹ 国 〈穀物の穂が〉出る. ‖보리가 팰 무렵 麦の穂が出る頃.
패다² 〈파이다の縮約形〉 掘られる; 凹(くぼ)む.
패다³ 他 (手加減しないで)殴る; 殴り飛ばす.
패다⁴ 他 〈斧で薪などを〉割る. ‖장작을 패다 薪を割る.
패드 (pad) 图 パッド; 洋服などの詰め物; 〈生理用〉ナプキン.
패랭이-꽃 [-꼳] 图 〈植物〉 ナデシコ(撫子).
패러글라이딩 (paragliding) 图 〈スポーツ〉 パラグライダー.
패러다임 (paradigm) 图 パラダイム.
패러독스 (paradox) 图 パラドックス; 逆説.
패러디 (parody) 图 パロディー.
패륜 〈悖倫〉 图 〈하나〉 破倫. ‖패륜의 길 人の道に悖(もと)る行為をする人.
패망 〈敗亡〉 图 〈하나〉 敗亡.
패물 〈佩物〉 图 装身具; アクセサリー.
패밀리 (family) 图 ファミリー. ‖패밀리 레스토랑 ファミリーレストラン.
패배 〈敗北〉 /pʰɛbe/ 图 〈하나〉 敗北. ⓐ 승리(勝利). ‖선전한 보람も없か 패배하여 善戦空しく敗北する. 패배를 당하다 敗北を喫する.
패병 〈敗兵〉 图 敗兵.
패색 〈敗色〉 图 敗色. ‖패색이 짙다 敗色が濃い.
패세 〈敗勢〉 图 敗勢.
패션 (fashion) /pʰɛɕɕjon/ 图 ファッショ

ン. ‖패션 업계 ファッション業界.
패션-모델 (fashion model) 图 ファッションモデル.
패션-쇼 (fashion show) 图 ファッションショー.
패소 (敗訴) 图 하자 敗訴. 엔승소(勝訴).
패스 (pass) 하자타 ❶ パス. ‖서류 심사에서 패스하다 書類審査にパスする. 정확한 패스 正確なパス. ❷ 定期乗車券.
패스워드 (password) 图 パスワード.
패스트-푸드 (fast food) 图 ファーストフード.
패스포트 (passport) 图 パスポート. 엔여권(旅券).
패습 (悖習) 图 悪習; 悪弊; 悪風.
패-싸움 (牌-) 图 集団けんか.
패악-하다 (悖惡-)【-아카-】 刱 하자 道理に背き悪い.
패인 (敗因) 图 敗因.
패자 (敗者) 图 敗者. 엔승자(勝者). ‖패자 부활전 敗者復活戦.
패자² (覇者) 图 覇者.
패잔 (敗殘) 图 하자 敗残.
패잔-병 (敗殘兵) 图 敗残兵.
패장 (敗將) 图 敗将; 敗軍の将.
패전 (敗戰) 图 하자 敗戦. 엔승전(勝戰). ‖패전 투수 敗戦投手; 負け投手.
패전-국 (敗戰國) 图 敗戦国.
패주 (貝柱) 图 貝柱. 엔조개관자(-貫子).
패주 (敗走) 图 하자 敗走.
패총 (貝塚) 图 貝塚. 엔조개더미.
패치워크 (patchwork) 图 パッチワーク.
패키지 (package) 图 パッケージ.
패키지-여행 (package 旅行) 图 ツアー.
패키지-프로그램 (package program) 图 (IT) パッケージソフト.
패킹 (packing) 图 하자타 パッキング.
패턴 (pattern) 图 パターン. ‖다양한 패턴 様々なパターン. 행동 패턴 行動パターン.
패퇴 (敗退)【-/-퇴】 图 하자 敗退.
패-하다 (敗-) 하자 敗れる; 負ける. ‖재판에서 패하다 裁判で負ける. 결승전에서 삼 대 이로 패하다 決勝戦で3対2で敗れる.
패혈-증 (敗血症)【-쯩】 图 〖医学〗 敗血症.
팩¹ (pack) 图 하자타 パック. ‖우유 팩 牛乳パック. 얼굴에 팩을 하다 顔をパックする.
팩² 團 小柄な人がもろく倒れる様子: ばたっと; ばったり(と). ‖갑자기 팩 쓰러지다 急にばったりと倒れる. **팩-팩**[※]團

팩스 (fax) 图 〔팩시밀리의略語〕 ファクス. ‖팩스를 보내다 ファックスを送る.
팩시밀리 (facsimile) 图 ファクシミリ. 엔팩스.

팩터 (factor) 图 ファクター.
팩-하다 [패카-] 困 하자 むっとする; むっとなる. ‖팩하고 토라져서 가 버리다 むっとなって行ってしまう.
팬¹ (fan) /pʰɛn/ 图 ファン. ‖팬들에 둘러싸이다 ファンに取り囲まれる. 야구 팬 野球ファン.
팬-레터 (fan letter) 图 ファンレター.
팬-클럽 (fan club) 图 ファンクラブ.
팬² (fan) 图 ファン. ‖환기팬 換気ファン.
팬더 (panda) 图 판다의 誤り.
팬시 (fancy) 图 ファンシー.
팬시-상품 (-商品) 图 ファンシーグッズ.
팬시-점 (-店) 图 ファンシーショップ.
팬지 (pansy) 图 〖植物〗 パンジー.
팬츠 (pants) 图 ズボン; パンツ.
팬케이크 (pancake) 图 パンケーキ.
팬터그래프 (pantagraph) 图 パンタグラフ.
팬터마임 (pantomime) 图 パントマイム; 無言劇; ミーム.
팬티 (←panties) /pʰɛnti/ 图 ショーツ; パンティー.
팬티-스타킹 (panty + stocking 日) 图 パンティーストッキング.
팸플릿 (pamphlet) 图 パンフレット.
팻-말 [팬-] 图 立て札.
팽¹ 團 하자 ❶ 小さいものが速く回る様子. ❷ 急に目頭が熱くなる様子: じいんと. ‖눈물이 팽 돌다 急に涙がいっとにじむ. **팽-팽**[※] くるくる. ‖눈이 팽팽 돌다 目がくるくる(と)回る.
팽² 團 鼻を強くかむ音(音).
팽개-치다 匣 ❶ 放り出す; 投げ出す. ‖가방을 팽개치고 친구 집으로 달려가다 かばんを放り出して友だちの家に走っていく. ❷ 〔仕事などを〕投げ出す. ‖하던 일을 팽개치다 やっていた仕事を投げ出す.
팽그르르 團 小さいものが滑らかに素早く回る様子: くるっと.
팽글-팽글 團 小さいものが軽く連続的に速く回る様子: くるくる(と); ぐるぐる(と). ‖팽이가 팽글팽글 돌다 こまがくるくる(と)回る.
팽-나무 图 〖植物〗 エノキ(榎).
팽나무-버섯【-섿】 图 〖植物〗 エノキタケ(榎茸).
팽대-하다 (膨大-) 困 하자 膨大だ.
팽만-하다 (膨滿-) 困 하자 膨満だ.
팽배 (澎湃·彭湃) 图 하자 澎湃(と); 蔓延. ‖불신 풍조가 팽배한 사회 不信感が蔓延する社会.
팽이 图 独楽(こま).
팽이-채 图 独楽を打つ紐; 独楽を打つ鞭(むち).
팽이-치기 图 独楽回し.
팽이-버섯【-섿】 图 〖植物〗 エノキタケ(榎茸).
팽창 (膨脹) 图 하자 膨張. 엔수축(收

팽팽-하다 縮).‖기구가 팽창하다 気球が膨張する. 도시의 팽창 都市の膨張.

팽창-률 (膨脹率) [-뉼] 图 膨脹率.

팽팽-하다¹ (膨膨-) [하옃] ❶ぴんと張っている. ❷(双方の実力や力が)伯仲している: 五分五分に. ‖두 사람의 실력이 팽팽하다 2人の実力が伯仲している.

팽팽-하다² (膨膨-) [하옃] 膨らんでいる; 張りがある; 弾力がある. ‖주름살 하나 없는 팽팽한 피부 しわ一つない張りのある肌. **팽팽-히**

팩-하다 (愎-) [퍼카-] [하옃] 图 (性格が)偏屈で怒りっぽい.

퍼 图 [우엉] 푸다(汲み取る)의 연용형.

퍼-내다 囬 [하옃] ❶汲み出す. ❷水を汲み出す.

퍼덕-거리다 [-꺼-] 囬 しきりに羽ばたきする; (魚が)びちびちとはねる. ‖새가 날개를 퍼덕거리다 鳥がしきりに羽ばたきする.

퍼덕-이다 囬 =퍼덕거리다.

퍼-뜨리다 囼 広める; 言いふらす. ‖이상한 소문을 퍼뜨리다 変な噂を広める.

퍼뜩 ᄇ ❶(急に思い出したり思い浮かんだりする様子: はっと; ふっと. ‖좋은 생각이 퍼뜩 떠오르다 いいアイデアがふっと思い浮かぶ. ❷素早く片付ける様子: さっと; さっさと. ‖일을 퍼뜩 해치우다 さっさと仕事を片付ける.

퍼렇다 [-러타] 푌 [ㅎ옃] 青みが濃い; 真っ青だ. ‖퍼렇게 멍이 들다 青あざができる. 働 파랗다.

퍼레이드 (parade) 图 パレード.

퍼레-지다 囬 青くなる; 青ざめる. 働 파래지다.

퍼-먹다 [-따] 囼 ❶(ご飯などを)よそって食べる. ❷むさぼり食う; がつがつ(と)食う; かき込む. ‖시간이 없어서 밥을 허겁지겁 퍼먹다 時間がなくてご飯をかき込む.

퍼-붓다 /pʰəbut'ta/ [-붇따] [ᄉ붓] [퍼부어, 퍼부은, 퍼부으니] 囬 (雨・銃弾などが)降り注ぐ; 集中して降りかかる. ‖비가 억수같이 퍼붓다 雨が激しく降り注ぐ. — 囼 (質問・非難などを) 浴びせる. ‖욕설을 퍼붓다 罵詈雑言を浴びせる.

퍼석-거리다 [-꺼-] 囬 ばさばさする; ぼさっとする.

퍼석-퍼석 ᄇ [하옃] 水分や脂気が少ない様子: ぱさぱさ. ‖크래커가 퍼석퍼석해서 맛이 없다 クラッカーがぱさぱさしておいしくない.

퍼석-하다 [-서카-] [하옃] ぱさぱさしている.

퍼센트 (percent) /pʰəsent'ɯ/ 图 パーセント(%); 百分率. ‖이번 수술이 성공할 확률은 몇 퍼센트입니까? 今度の手術が成功する確率は何パーセントですか. 논문의 팔십 퍼센트는 되어 있다 論文の80パーセントはできている.

퍼스널-컴퓨터 (personal computer) 图 (IT) パーソナルコンピューター; パソコン. 働 피시.

퍼스트-레이디 (first lady) 图 ファーストレディー.

퍼스트-클래스 (first class) 图 (航空機・客船など)ファーストクラス.

퍼-올리다 囼 汲み上げる. ‖지하수를 퍼올리다 地下水を汲み上げる.

퍼즐 (puzzle) 图 パズル. ‖퍼즐을 풀다 パズルを解く.

퍼-지다 囬 ❶広がる; 回る. ‖햇살이 퍼지다 日差しが広がる. 전신으로 독이 퍼지다 全身に毒が回る. 나팔 모양으로 퍼지다 漏れ状に広がる. ❷広まる. ‖소문이 퍼지다 うわさが広まる. ❸(ご飯などが)蒸れる. ‖밥이 퍼지다 ご飯が蒸れる. ❹(麺類が)伸びる. ‖라면이 퍼지다 ラーメンが伸びる. ❺元気がない; やる気が出ない; だらしない. ‖퍼져 지내다 だらしない生活をする.

퍼지`이론 (fuzzy 理論) 图 ファジー理論.

퍼트 (putt) 图 [하옃] (ゴルフで)パット.

퍼-트리다 囼 =퍼뜨리다.

퍼팩트-게임 (perfect game) 图 (野球で)パーフェクトゲーム. 働 완전 시합 (完全試合).

퍼포먼스 (performance) 图 パフォーマンス.

퍽¹ ᄇ 非常に; とても. ‖그는 퍽 친절하다 彼はとても親切だ.

퍽² ᄇ 重いものが倒れたり落ちたりする音: ばたっと. ‖퍽 하고 쓰러지다 ばたっと倒れる. **퍽-퍽** ᄇ ばたばたと; ばたばた. ‖병사들이 퍽퍽 쓰러지다 兵士たちがばたばた[ばたばた]と倒れる.

퍽석 [-썩] ᄇ だらしなく尻を床につけて座る様子: ぺたり. ‖길바닥에 퍽석 주저앉다 道端にぺたりと座り込む.

퍽퍽-하다 [퍼카-] [하옃] ❶(食べ物などが水気がなくてぱさばさしている; ぱさついている. ‖빵이 퍽퍽하다 パンがぱさばさしている. ❷(疲れて)足が重い.

펀드 (fund) 图 ファンド.

펀치 (punch) 图 パンチ. ‖펀치를 날리다 パンチを食らわす.

편치-기 (-機) 图 パンチャー.

펄떡-거리다 [-꺼-] 囬 しきりに心臓や脈が打つ. ‖심장이 펄떡거리다 心臓がどきどきと打つ.

펄럭-거리다 [-꺼-] 囬 (旗などが)はためく; はたはたとする音を立てる. ‖만국기가 바람에 펄럭거리다 万国旗が風にはためく. 働 팔락거리다.

펄렁-거리다 囼 (薄く軽いものが)揺れ動く; なびく. 働 팔랑거리다.

펄스 (pulse) 图 パルス.

펄쩍 ᄇ 勢いよく飛び上がる様子: ぴょんと. 働 팔짝. **펄쩍-펄쩍** ᄇ

펄펄 /phʌlphʌl/ 〖副〗 ❶ 湯やスープなどが煮えたぎる様子: ぐらぐら; ぐつぐつ. ‖냄비 물이 펄펄 끓고 있다 鍋がぐらぐら煮え立っている. ❷(体温・温度などが)高い様子. ❸ 勢いよくはねる様子: ぴちぴち. ❹ 雪が飛び散る様子: びゅうびゅう. ‖눈이 펄펄 날리고 있다 雪がびゅうびゅうと舞い散っている.

펄펄-거리다 〖自〗 勢いよくはねる. ‖잉어가 펄펄거리다 コイがぴちぴちとはねる.⇒팔팔거리다.

펄프 (pulp) 〖名〗 パルプ.

펌프 (pump) 〖名〗 ポンプ.

펑 〖副〗 急に何かが破裂する大きな音. ‖펑 소리에 놀라다 ぱんという音に驚く.⇒팡. **펑-펑**.

펑크 (←puncture) 〖名〗 ❶ パンク. ‖타이어가 펑크 나다 タイヤがパンクする. 펑크 상태 パンク状態. ❷(計画などが)おじゃんになること. ‖약속을 펑크 내다 約束をおじゃんにする.

펑퍼짐-하다 〖形〗〖하였〗 丸みを帯びて平べったい.

펑펑 〖副〗 ❶ 液体が小さい穴からあふれ出る様子[音]: どくどく. ‖코피가 펑펑 쏟아지다 鼻血がどくどくと流れ出る. ❷ 雪がたくさん降る様子: しんしん. ‖눈이 펑펑 내리는 밤 雪がしんしんと降る夜. ❸ 金や物などをむやみに使う様子. ❹ 돈을 펑펑 쓰다 金をむやみに使う.

페가수스-자리 (Pegasus-) 〖名〗〖天文〗 ペガサス座.

페넌트 (pennant) 〖名〗 ペナント. ‖페넌트 레이스 ペナントレース.

페널티 (penalty) 〖名〗 ペナルティー. ‖페널티 킥 ペナルティーキック.

페놀 (phenol) 〖名〗〖化学〗 フェノール.

페니실린 (penicillin) 〖名〗〖薬〗 ペニシリン.

페달 (pedal) 〖名〗 ペダル. ‖페달을 밟다 ペダルを踏む.

페더-급 (feather 級) 〖名〗 (ボクシングで)フェザー級.

페디큐어 (pedicure) 〖名〗 ペディキュア.⇒매니큐어.

페로몬 (pheromone) 〖名〗 フェロモン.

페루 (Peru) 〖国名〗 ペルー.

페리 (ferry) 〖名〗 フェリー.

페미니스트 (feminist) 〖名〗 フェミニスト.

페미니즘 (feminism) 〖名〗 フェミニズム.

페소 (peso ス) 〖名〗 メキシコ・アルゼンチンなどの通貨単位: …ペソ.

페스트 (pest) 〖名〗〖医学〗 ペスト; 黒死病(黒死病).

페스티벌 (festival) 〖名〗 フェスティバル.

페어-플레이 (fair play) 〖名〗 フェアプレー.

페이 (pay) 〖名〗 ペイ. ‖페이가 싸다 ペイが安い.

페이드아웃 (fade-out) 〖名〗 フェードアウト.

페이드인 (fade-in) 〖名〗 フェードイン.

페이스 (pace) 〖名〗 ペース. ‖페이스를 유지하다 ペースを維持する. 페이스를 올리다 ペースを上げる.

페이지 (page) 〖名〗 ページ. ‖페이지를 넘기다 ページをめくる.
—〖依名〗 …ページ. ‖열 페이지 10ページ.

페인트[1] (paint) 〖名〗 ペイント; ペンキ. ‖페인트칠을 하다 ペンキを塗る.

페인트[2] (feint) 〖名〗 (スポーツでの)フェイント.

페치카 (pechka ロ) 〖名〗 ペチカ.

페트-병 (PET 瓶) 〖名〗 ペットボトル.

페티코트 (petticoat) 〖名〗 ペチコート.

페퍼민트 (peppermint) 〖名〗 ペパーミント; 薄荷.

펜 (pen) /pʰen/ 〖名〗 ペン. ‖펜을 들다 ペンを執る. 펜끝 ペン先.

펜-네임 (pen name) 〖名〗 ペンネーム; 筆名.

펜-대 (pen-) 〖名〗 ペン軸.

펜던트 (pendant) 〖名〗 ペンダント.

펜션 (pension) 〖名〗 ペンション.

펜스 (fence) 〖名〗 フェンス.

펜싱 (fencing) 〖名〗 (スポーツ) フェンシング.

펜-촉 (pen 鏃) 〖名〗 ペン先.

펜치 (←pincers) 〖名〗 ペンチ.

펜-컴퓨터 (pen computer) 〖名〗〖IT〗 ペンコンピュータ.

펜-클럽 (PEN Club) 〖名〗 ペンクラブ.

펜팔 (pen pal) 〖名〗 文通仲間; ペンパル. ‖펜팔을 하다 文通をする.

펜홀더-그립 (penholder grip) 〖名〗 (卓球で)ペンホルダーグリップ.

펠리컨 (pelican) 〖名〗〖鳥類〗 ペリカン.

펠트 (felt) 〖名〗 フェルト.

펭귄 (penguin) 〖名〗〖鳥類〗 ペンギン.

펴-내다 〖他〗 (本などを)発行する. ‖논문집을 펴내다 論文集を発行する.

펴낸-이 〖名〗 発行者. ⇒발행인(發行人).

펴-놓다 [-노타] 〖他〗 広げておく; 敷いておく. ‖신문을 펴놓다 新聞を広げておく. 이불을 펴놓다 布団を敷いておく.

펴다 /pʰjəda/ 〖他〗 ❶ 広げる; 開く; 敷く; 繰り広げる. ‖교과서를 펴세요 教科書を開いてください. 날개를 펴다 羽をひろげる. 우산을 펴다 傘を開く[差す]. 이불을 펴다 布団を敷く. 반론을 펴다 反論を繰り広げる. ❷ 伸ばす; 張る. ‖허리를 펴다 腰を伸ばす. 다리미로 바지 주름을 펴다 アイロンでズボンのしわを伸ばす. 가슴을 펴고 걷다 胸を張って歩く. ❸ (기를 펴다の形で)伸びのびする. ‖아이가 학교에서 기를 못 펴 子どもが学校でのびのびできない. 기좀 펴고 살고 싶다 一度は伸ばしてのびのびと暮らしたい. ❹ (暮らし向きが)よくなる.

펴-지다 ‖허리를 펴고 살다 暮らし向きがよくなる.

펴-지다 国 縮れたりしわになったり折れ曲がったりしていたものがまっすぐになる. ‖바지 주름이 펴지다 ズボンのしわが伸びる. 우산이 퍼지다 傘が開く.

편¹ 〈片〉图〈姓〉片(ピョン).

편² 〈便〉图 チーム; グループ. 組. ‖편을 짜다 チームを組む. 편을 가르다 組分けする. 우리 편 味方.
—依足 ❶ (対立的に存在するものの)…側; …方(ゕ). ‖상대 편에서 진정이 들어오다 相手の方から苦情が出る. ❷ …便. ‖배편으로 船便で. 비용은 친구 편으로 보내겠습니다 費用は友だちを通してお送りします. ❸ (比較して取り上げた時の)…方. ‖성격은 얌전한 편이다 性格はおとなしい方だ.

편³ 〈編〉图 編. ‖편집부 편 編集部編.

편⁴ 〈篇〉依足 …篇. ‖한 편의 시 1篇の詩.

편견 〈偏見〉图 偏見. ‖편견을 가지다 偏見をいだく.

편곡 〈編曲〉图 (하他)〈音楽〉編曲.

편년-체 〈編年體〉图 編年体(年代の順を追って歴史を記述するもの). ÷『日本書紀』など.

편달 〈鞭撻〉图 (하他) 鞭撻. ‖지도 편달 指導鞭撻.

편대 〈編隊〉图 (하自他) 編隊. ‖편대 비행 編隊飛行.

편도 〈片道〉图 片道. ‖편도표 片道の切符.

편도-선 〈扁桃腺〉图〈解剖〉扁桃腺. ‖편도선이 붓다 扁桃腺が腫れる.

편도선-염 〈扁桃腺炎〉图 【-념】图〈医学〉扁桃(腺)炎.

편동-풍 〈偏東風〉图〈地〉偏東風.

편두-통 〈偏頭痛〉图〈医学〉偏頭痛.

편-들다 〈便-〉/pʰjəndulda/ 国 [ㄹ語幹] [편들어, 편드는, 편든] 肩を持つ; 味方する; えこひいきする. ‖약한 쪽을 편들다 弱い方に味方する. 마누라를 편들다 女房の肩を持つ.

편람 〈便覽〉图 【-】图 便覽. ‖수강 편람 履修便覽; シラバス.

편력 〈遍歷〉图 【-】图 (하自) 遍歷. ‖여성 편력 女性遍歷.

편리 〈便利〉/pʰjəlli/〈便-〉图 (하形) 便利; 便がいいこと. ‖편할 편(不便). ‖통근이 편리한 지역 通勤に便利な地域. 껍질 벗기는 데 편리한 도구 皮をむくのに便利な道具. 교통이 편리하다 交通の便がいい.

편린 〈片鱗〉图 【-】图 片鱗; ほんのわずか.

편마-암 〈片麻岩〉图〈鉱物〉片麻岩.

편모¹ 〈偏母〉图 独り身の母親. ≒홀어머니.

편모² 〈鞭毛〉图〈生物〉鞭毛(ぷん). 편모운동 鞭毛運動.

편-무역 〈片貿易〉图〈経〉片(へん)貿易.

편물 〈編物〉图 編み物.

편백 〈扁柏〉图〈植物〉ヒノキ(檜).

편법 〈便法〉图 【-뻡】图 便法. ‖편법을 강구하다 便法を講じる.

편벽-되다 〈偏僻-〉【-뙤~-뛔-】形 偏っている. ‖편벽된 생각 偏った考え方.

편벽-하다 〈偏僻-〉【-벼카-】形 偏僻だ.

편서-풍 〈偏西風〉图〈地〉偏西風.

편성 〈編成〉图 (하他) 編成. ‖예산을 편성하다 予算を編成する.

편수 〈編修〉图 (하他) 編修.

편승 〈便乘〉图 (하自) 便乘. ‖시류에 편승하다 時流に便乘する.

편식 〈偏食〉图 (하他) 偏食.

편-싸움 〈便-〉图 グループに分かれてたがいに勝負事をすること.

편안-하다 〈便安-〉/pʰjənanhada/【하앉】形 楽だ; 安らかだ; 安楽だ; 気楽だ. ‖마음이 편안하다 気が楽だ. 편안한 마음으로 시험을 치다 楽な気持ちで試験を受ける. 시골에서 편안하게 살고 있다 田舎で気楽に暮らしている. **편안-히** 副

편애 〈偏愛〉/pʰjənɛ/ 图 (하他) 偏愛. ‖장남을 편애하다 長男を偏愛する.

편육 〈片肉〉图〈料理〉ゆでて薄く切った牛肉.

편의 〈便宜〉/pʰjəni/ 【-/퍼니】图 便宜. ‖편의를 봐주다 便宜を図る.

편의-점 〈便宜店〉图 コンビニ; コンビニエンスストア.

편의-주의 〈便宜主義〉【-/퍼니-이】图 便宜主義.

편이-하다 〈便易-〉【하変】形 便利で扱いやすい; 簡単だ.

편익 〈便益〉图 便益. ‖편익을 도모하다 便益を図る.

편입 〈編入〉图 (하自) 編入. ‖시로 편입하다 市に編入する.

편입-생 〈編入生〉图 【-쌩】图 編入生.

편입 시험 〈編入試驗〉图 【-씨-】图 編入試驗. ‖편입 시험을 치다 編入試驗を受ける.

편자¹ 〈蹄鐵〉图 蹄鉄.

편자² 〈編者〉图 編者. ≒엮은이.

편재¹ 〈偏在〉图 (하自) 偏在; 偏って存在すること.

편재² 〈遍在〉图 (하自) 遍在; あまねく存在すること.

편저 〈編著〉图 編著.

편적-운 〈片積雲〉图〈天文〉片積雲.

편제 〈編制〉图 (하他) 編制. ‖조직 편제 組織編制.

편종 〈編鐘〉图〈音楽〉編鐘(べんしょう).

편주 〈片舟〉图 小舟. ‖일엽편주 一葉の小舟.

편중 〈偏重〉图 (하自) 偏重; 偏ること.

‖학력 편중 사회 学歴偏重の社会. 인구가 도시로 편중되다 人口が都市に偏る.

편지 (便紙) /pʰjəːndʑi/ 图 手紙; 書簡. ‖편지를 쓰다 手紙を書く. 선생님께 편지를 보내다 先生に手紙を出す. 친구한테서 온 편지 友だちから来た手紙. 편지를 주고 받다 手紙のやり取りをする. 편지 봉투 封筒.

편지-지 (便紙紙) 图 便箋.

편집¹ (編輯) 图 (하他) 編集. ‖사보 편집을 하다 社内報の編集をする. 잡지 편집 일을 하고 있다 雑誌の編集の仕事に携わっている.

　편집-부 (編輯部) 【-뿌】 图 編集部.
　편집-자 (編輯者) 【-짜】 图 編集者.
　편집-장 (編輯長) 【-짱】 图 編集長.
　편집-회의 (編輯會議) 【-지푀/-지풰이】 图 編集会議.
　편집-후기 (編輯後記) 【-지푸-】 图 編集後記.

편집² (偏執) 图 (하自) 偏執.
　편집-광 (偏執狂) 【-꽝】 图 (医学) 偏執狂; モノマニア.
　편집-병 (偏執病) 【-뼝】 图 (医学) 偏執病; パラノイア.
　편집-증 (偏執症) 【-쯩】 图 = 편집병 (偏執病).

편-짜다 (便一) 图 (勝負のため)チームを組む; 組分けする. ‖편끼리 게임을 하다 チームを組んでゲームをする.

편차 (偏差) 图 偏差.
편찬 (編纂) 图 (하他) 編纂. ‖국사를 편찬하다 国史を編纂する.

편찮다 (便一) /pʰjəntʰantʰa/ 【-찬타】 圈 [편하지 아니하다의 縮約形] 具合がよくない; 体調が思わしくない; 体調が芳しくない. ‖어머니가 요즘 편찮으시다 最近母の体調があまり思わしくない. 많이 먹었는지 속이 편찮다 食べ過ぎたのかお腹の具合がよくない.

편충 (鞭蟲) 图 (動物) ベンチュウ(鞭虫).
편-층운 (片層雲) 图 (天文) 片層雲.
편파 (偏頗) 图 偏頗; 不公平. ‖편파 보도 不公平な報道.
　편파-적 (偏頗的) 图 不公平に偏っていること. ‖편파적인 태도 不公平な態度.
편평-족 (扁平足) 图 扁平足. ⊕평발 (平-).

편-하다 (便一) /pʰjənhada/ 形 [하varying]
❶ 楽だ; 気楽だ; 心地よい. ‖마음이 편하다 気が楽だ; 居心地がいい. 편한 자세로 앉다 楽な姿勢で座る. 다리를 꼬고 앉다 ひざをくずして座る. ❷ ‹…기 편하다의 形で›…しやすい. ‖쓰기 편하다 使いやすい. **편-히** 圓 편히 쉬십시오 ごゆっくりおくつろぎください.

편향 (偏向) 图 (되自) 偏向; 偏った傾向. ‖편향된 사고방식 偏った考え方.
편협-하다 (偏狹一) 圈 偏狭だ. ‖편협한 성격 偏狭な性格.

편형-동물 (扁形動物) 图 (動物) 扁形動物.

펼쳐-지다 【-처-】 图 広がる; 開ける; 繰り広げられる. ‖푸른 바다가 눈앞에 펼쳐지다 青い海が目の前に広がる. 연일 열전이 펼쳐지다 連日熱戦が繰り広げられる.

펼치다 /pʰjəltɕʰida/ 他 広げる; 繰り広げる. ‖신문을 펼치다 新聞を広げる. 방안에 자료를 펼쳐 놓고 논문을 쓰다 部屋中に資料を広げて論文を書く.

폄하 (貶下) 图 (하他) けなすこと. ‖다른 사람의 작품을 폄하하다 人の作品をけなす.

평¹ (評) 图 評; 批評. ‖작품 평이 그다지 좋지 않다 作品の評があまりよくない. 인물평 人物評.
평² (坪) 图 土地区画の単位; …坪. ✚韓国の住宅・土地などは基本的な平(坪)を用いる.

평가 (平價) 【-까】 图 平価.
　평가 절상 (平價切上) 【-까-쌍】 图 (経) 平価切り上げ.
　평가 절하 (平價切下) 【-까-] 图 (経) 平価切り下げ.

평가² (評價) /pʰjəŋ·ŋka/ 【-까】 图 (하他) 評価. ‖평가가 높아지다 評価が高まる. 평가할 만한 책 評価すべき本.

평각 (平角) 图 (数学) 平角.
평결 (評決) 图 (하他) 評決. ‖평결을 내리다 評決を下す.

평균 (平均) /pʰjəŋgjun/ 图 平均. ‖평균을 내다 平均を出す. 평균보다 키가 크다 平均より背が高い. 하루에 평균 두 시간 정도 공부하다 1日に平均2時間くらい勉強する.

　평균-값 (平均-) 【-깝】 图 平均値.
　평균-기온 (平均氣溫) 图 平均気温.
　평균-대 (平均臺) 图 (体操の)平均台.
　평균 수명 (平均壽命) 图 平均寿命.
　평균 연령 (平均年齡) 【-녕-】 图 平均年齢.
　평균-율 (平均率) 【-뉼】 图 平均率.
　평균-적 (平均的) 图 平均的. ‖평균적인 크기 平均的な大きさ.
　평균-점 (平均點) 【-쩜】 图 平均点.
　평균-치 (平均値) 图 (数学) 平均値.

평년 (平年) 图 平年. ❶いつもの年. ❷(天文) 1年が365日の年. ⑰윤년(閏年).
　평년-작 (平年作) 图 平年作.
평단 (評壇) 图 評壇.
평-당 (坪當) 图 坪当たり.
평등 (平等) /pʰjəŋdɯŋ/ 图 (하形) 平等. ‖법 앞에서는 만인이 평등하다 法の前にはすべての人が平等である. 평등한 사회 平等な社会. 평등하게 나누어 주다 平等に分けてやる.
　평등-권 (平等權) 【-꿘】 图 (法律) 平

평론 (評論) /-논/ 图 評論. ‖정치 평론 政治評論.
평론-가 (評論家) 图 評論家.
평론-계 (評論界) 【-′ー/-ㄴ게】 图 評論界.
평론-집 (評論集) 图 評論集.
평맥 (平脈) 图 平脈.
평면 (平面) /pʰjəŋmjən/ 图 平面.
평면-각 (平面角) 图 《数学》平面角.
평면-경 (平面鏡) 图 《数学》平面鏡.
평면-도 (平面圖) 图 平面圖.
평면-적 (平面的) 图 平面的. ‖평면적인 묘사 平面的な描写.
평면-체 (平面體) 图 《数学》平面體.
평면-형 (平面形) 图 《数学》平面形.
평민 (平民) 图 平民; 庶民.
평-발 (平-) 图 扁平足. ⓐ편평족(扁平足).
평방 (平方) 图 《数学》平方. ⓐ제곱.
평방-근 (平方根) 图 《数学》平方根. **평방-근** (一根).
평범-하다 (平凡-) /pʰjəŋbəmhada/ 图 [하変] 平凡だ. ⓐ비범하다(非凡-). ‖평범한 인생 平凡な人生. 평범하게 살아가다 平凡に生きていく. **평범-히** 副.
평복 (平服) 图 平服; 普段着; 私服.
평-사원 (平社員) 图 平社員.
평-삼치 (平-) 图 《魚介類》ヒラザワラ (平鰆).
평상 (平牀·平床) 图 木でできた大きい寝台.
평상-복 (平常服) 图 普段着.
평상-시 (平常時) 图 平素; ふだん.
평생 (平生) /pʰjəŋsɛŋ/ 图 一生; 生涯; 一生涯; 終生. ‖이 은혜는 평생 잊지 않겠습니다 この ご恩は一生忘れません. 평생 소원 終生の念願.
평생-교육 (平生敎育) 图 生涯教育.
평생-토론 (平生-) 【-론】图 一生涯.
평서-문 (平敍文) 图 平叙文.
평성 (平聲) 图 《言語》平声(ᅡᆫ). ⓐ상성(上聲)·거성(去聲)·입성(入聲).
평소 (平素) /pʰjəŋso/ 图 平素; 普段; 日頃; 平生. ‖나는 그날도 평소와 다름없이 여덟 시에 집을 나왔다 私はあの日も普段通り, 8時に家を出た. 나는 평소에는 치마를 안 입는다 私は普段はスカートをはかない. 평소에는 조용한 동네다 平素は静かな町だ. 평소에 생각하고 있던 대로 되다 日頃思っていた通りになる.
평수 (坪數) 【-쑤】图 坪数.
평-시조 (平時調) 图 《文芸》時調(時調)の形式の一つ. ⓐ엇시조(旕時調)·사설시조(辭説時調).
평-신도 (平信徒) 图 《宗教》一般の信者.

평안-남도 (平安南道) 图 《地名》平安南道.
평안-도 (平安道) 图 《地名》〔平安南道と平安北道の併称〕平安道.
평안-북도 (平安北道) 【-또】图 《地名》平安北道.
평안-하다 (平安-) 图 [하変] 平安だ; 穏やかだ; なごやかだ. ‖평안한 얼굴 安らかな顔. 그동안 두루 평안하십니까? お変わりございませんか.
평야 (平野) /pʰjəŋja/ 图 平野. ‖드넓은 평야 広々とした平野. 한국에서 가장 넓은 평야는 호남평야이다 韓国で最も広い平野は湖南平野である.
평양 (平壤) /pʰjəŋjaŋ/ 图 《地名》平壌 (ピョンヤン). ⊕朝鮮民主主義人民共和国(北朝鮮)の首都.
평어 (評語) 图 評語.
평영 (平泳) 图 平泳ぎ. ⓐ개구리헤엄.
평온 (平溫) 图 平温.
평온-하다 (平穩-) 图 [하変] 平穩だ. ‖마음이 평온하다 心が平穏だ. 평온한 나날 平穩な日々. **평온-히** 副.
평원 (平原) 图 平原.
평의-회 (評議會) 【-/-이회】 图 評議会.
평이-하다 (平易-) 图 [하変] 平易だ; 易しい; 分かりやすい. ‖시험 문제가 평이하다 試験問題が易しい. 평이한 말로 쓰다 平易な言葉で書く.
평일 (平日) 图 平日.
평자 (評者) 图 評者.
평작 (平作) 图 平作.
평전 (評傳) 图 評伝.
평점 (評點) 【-쩜】图 評点. ‖평점을 매기다 評点をつける.
평정[1] (平靜) 图 [하変] 平静. ‖마음의 평정을 되찾다 心の平靜を取り戻す. 평정을 가장하다 平靜を装う.
평정[2] (平定) 图 [하変] 平定. ‖천하를 평정하다 天下を平定する.
평정[3] (評定) 图 [하変] 評定.
평준 (平準) 图 [하変] 平準.
평준-점 (平準點) 【-쩜】图 平準点.
평준-화 (平準化) 图 [하変] 平準化.
평지 (平地) 图 平地.
평지-풍파 (平地風波) 图 平和なことろの無駄ないさかい. ‖평지풍파를 일으키다 無駄にいさかいを起こす.
평-천하 (平天下) 图 [하自] 天下を平定する.
평탄-하다 (平坦-) 图 [하変] (道などが) 平坦だ. ‖평탄한 길 平坦な道. 살아가는 길이 평탄하지 못하다 人生行路が平坦ではない.
평판 (評判) 图 評判. ‖평판이 좋다 評判がいい. 평판에 신경을 쓰다 評判を気にする.
평평-하다 (平平-) 图 [하変] 平らだ. ‖땅이 평평하다 地面が平らだ. **평평-**

허 획

평풍(屛風) 명 屛風(병풍).

평-하다(評-)【하변】評する; 批評する. ∥作品を評する 作品を評する.

평행(平行)/pʰjʌŋhɛŋ/【하변】平行. ∥平行移動 平行移動. 평행 사변형 平行四邊形. 평행하는 두 개의 선 平行する2本の線.

평행-봉(平行棒) 명 (体操の)平行棒.

평행-선(平行線) 명 (数学) 平行線. ∥평행선을 달리다 平行線をたどる.

평행-자(平行자) 명 平行定規.

평형(平衡) 명하변 平衡.

평형-감각(平衡感覚) 명 平衡感覚.

평형기관(平衡器官) 명 平衡器官.

평화(平和)/pʰjʌŋhwa/ 명 平和. ∥平和を希求する 平和を希求する. 세계의 평화 世界の平和. 평화 운동 平和運動. 평화 공존 平和共存. 평화 조약 平和條約. 노벨 평화상 ノーベル平和賞.

평화-롭다(平和-)【-따】[하변] 平和だ; 平穏だ; 穏やかだ; 安らかだ. ∥평화로운 시대 平和な時代. 평화로운 나라 平和な国. **평화로이** 튄.

평활-근(平滑筋) 명 (解剖) 平滑筋.

폐¹(肺)/pʰe:/【-폐】명 (解剖)〔폐장(肺臓)の略語〕肺臓; 肺.

폐²(弊)/pʰe:/【-폐】명 ❶〔폐단(弊端)の略語〕弊害. ❷迷惑. ∥남에게 폐가 되지 않도록 하다 他人に迷惑にならないようにする. 다른 사람한테 폐를 끼치다 他人に迷惑をかける.

폐가(廢家)【-/폐-】명 廃家.

폐간(廢刊)【-/폐-】명하변 廃刊. ∥**폐간-되다** 되어

폐강(閉講)【-/폐-】명하변 閉講. ⇔개강(開講). **폐강-되다** 되어

폐결핵(肺結核)【-/폐-】명 (医学) 肺結核.

폐경-기(閉經期)【-/폐-】명 閉経期.

폐-곡선(閉曲線)【-선/-선】명 (数学) 閉曲線.

폐관¹(閉館)【-/폐-】명하변 閉館. ⇔개관(開館).

폐관²(廢館)【-/폐-】명하변 廃館.

폐광(廢鑛)【-/폐-】명하변 廃鉱.

폐교(廢校)【-/폐-】명하변 廃校. ⇔개교(開校).

폐기(廢棄)【-/폐-】명하변 廃棄. ∥폐기 처분 廃棄処分.

폐기물(廢棄物) 명 廃棄物. ∥산업 폐기물 産業廃棄物.

폐기종(肺氣腫)【-/폐-】명 (医学) 肺気腫.

폐단(弊端)【-/폐-】명 弊害. 囹 **폐**(弊). ∥사이비 종교의 폐단 えせ宗教の弊害.

폐-동맥(肺動脈)【-/폐-】명 (解剖) 肺動脈.

폐렴(-肺炎)【-/폐-】명 (医学) 肺炎. ∥폐렴에 걸리다 肺炎を起こす.

폐로(閉路)【-/폐-】명 (電) 閉路.

폐막(閉幕)【-/폐-】명자변 閉幕. ⑦개막(開幕). ∥동계 올림픽이 폐막되다 冬季オリンピックが閉幕する.

폐막-식(閉幕式)【-식/-폐-식】명 閉幕式.

폐-모음(閉母音)【-/폐-】명 (言語) 狭母音; 高母音. 囹고모음(高母音).

폐문¹(肺門)【-/폐-】명 (解剖) 肺門.

폐문²(閉門)【-/폐-】명 (解剖) 肺門.

폐물(廢物)【-/폐-】명 廃物; 廃品.

폐백(幣帛)【-/폐-】명 結婚式場で新婦が新郎の両親にお礼の儀式を行なってから贈るナツメ・干し肉などの品々.

폐병(肺病)【-뼝/-폐뼝】명 (医学) 肺病.

폐부(肺腑)【-/폐-】명 ❶(解剖) 肺腑. ❷(比喩的に)心底. ∥폐부를 찌르다 肺腑をつく.

폐사(弊社·敝社)【-/폐-】명 弊社.

폐색(閉塞)【-/폐-】명하변 閉塞. ∥장폐색 腸閉塞.

폐선(廢船)【-/폐-】명 廃船.

폐쇄(閉鎖)【-/폐-】명하변 閉鎖. ∥공장을 폐쇄하다 工場を閉鎖する.

폐쇄-적(閉鎖的) 명 閉鎖的. ∥폐쇄적인 사회 閉鎖的な社会.

폐수(廢水)【-/폐-】명 廃水. ∥공장 폐수 工場の廃水.

폐암(肺癌)【-/폐-】명 (医学) 肺癌.

폐업¹(閉業)【-/폐-】명하변 ❶閉業. ⑦개업(開業). ❷閉店.

폐업²(廢業)【-/폐-】명하변 廃業.

폐위(廢位)【-/폐-】명하변 廃位.

폐유(廢油)【-/폐-】명 廃油.

폐-음절(閉音節)【-/폐-】명 (言語) 閉音節(子音で終わる音節). ⑦개음절(開音節).

폐인(廢人)【-/폐-】명 廃人.

폐장¹(肺臟)【-/폐-】명 (解剖) 肺臓; 肺. 囹 폐(肺).

폐장²(閉場)【-/폐-】명하변 閉場. ⑦개장(開場).

폐-전색(肺栓塞)【-/폐-】명 (医学) 肺栓塞.

폐점(閉店)【-/폐-】명자변 閉店. ⑦개점(開店).

폐정(閉廷)【-/폐-】명자변 閉廷. ⑦개정(開廷).

폐-정맥(肺靜脈)【-/폐-】명 (解剖) 肺静脈.

폐지¹(閉止)【-/폐-】명하변 閉止.

폐지²(廢止)/pʰe:dʑi/【-/폐-】명하변 廃止. ∥잔업 수당을 폐지하다 残業手

폐차 当を廃止する。법률을 폐지하다 法律を廃止する。**폐지-되다** (廢止-) 受動.
폐지-안 (廢止案) 图 廃止案.

폐차 (廢車) 【-/폐】图 廃車.
폐-출혈 (肺出血) 【-/폐】图 〔医学〕肺出血.
폐포 (肺胞) 【-/폐】图 〔解剖〕肺胞.
폐품 (廢品) 【-/폐】图 廃品. ‖폐품을 재활용하다 廃品をリサイクルする。폐품 수집 廃品回収.
폐하 (陛下) 【-/폐】图 陛下.
폐-하다 (廢-) 【-/폐】 하变 廃する; 廃止する; やめる. ‖군주를 폐하다 君主を廃する.
폐해 (弊害) 图 弊害. ‖사이비 종교의 폐해가 심각하다 えせ宗教の弊害が深刻だ.
폐허 (廢墟) 【-/폐】图 廃墟. ‖폭격으로 폐허가 된 도시 爆撃で廃墟になった都市.
폐-활량 (肺活量) 【-/폐】图 肺活量. ‖폐활량을 늘리다 肺活量を増やす.
폐회 (閉會) 【-/폐회】图 하他 閉会. ‖개회 (開會). ‖폐회를 선언하다 閉会を宣言する.
폐회-사 (閉會辭) 图 閉会の辞.
폐회-식 (閉會式) 图 閉会式. ‖개회식 (開會式).
폐-흡충 (肺吸蟲) 【-/폐】图 肺吸虫.
포¹ (包) 图 将棋の駒の一つ.
포² (脯) 图〔포육 (脯肉) の略語で〕干し肉. ‖오징어포 スルメ.
포개다 /pʰogeda/ 他 重ねる; 積み重ねる; (手や足を) 組む. ‖밥그릇을 포개어 놓다 茶碗を積み重ねておく. 다리를 포개고 앉다 足を組んで座る.
포개-지다 自 (2つが) 重なる.
포격 (砲擊) 图 하他 砲撃. ‖포격을 가하다 砲撃を加える.
포경¹ (包莖) 图〔医学〕包茎.
포경² (捕鯨) 图 자 捕鯨. ❀고래잡이.
포경-선 (捕鯨船) 图 捕鯨船.
포고 (布告·佈告) 图 하他 布告. ‖선전 포고 宣戦布告.
포고-령 (布告令) 图 勅令.
포괄 (包括) 图 하他 包括. ‖몇 가지 현상을 포괄할 수 있는 개념 いくつかの現象を包括できる概念.
포괄-적 (包括的) 【-쩍】图 包括的. ‖포괄적인 설명 包括的な説明.
포교 (布敎) 图 하他 布教. ‖포교 활동 布教活動.
포구¹ (浦口) 图 浦. 入り江などの入り口.
포구² (砲口) 图 砲口.
포근-하다 /pʰogɯnhada/ 形 하变 ❶ (포대기따위가) ふわふわだ. ふんわりしている. ‖포근한 이불 ふわふわの布団. ❷ (冬の気候が) 暖かい. ‖포근한 날씨 暖かい天気. ❸ (雰囲気などが) 和 (なご) やかだ.

포기¹ 图 (白菜など根のついた植物の) 株. ‖포기가 큰 배추 株が大きい白菜. —依存 …株. ‖배추 열 포기 白菜 10 株.
포기² (抛棄) /pʰo:gi/ 图 하他 放棄; 諦めること; 見放すこと. ‖유산 상속을 포기하다 遺産の相続を放棄する。권리를 포기하다 権利を放棄する。꿈을 포기하다 夢を諦める.
포달-지다 形 荒々しい; 毒々しい.
포대 (布袋) 图 布の袋.
포대² (包袋) 图 (紙·革などで作った) 袋. ‖밀가루 포대 小麦粉の袋.
포대기 图 おくるみ.
포도 (葡萄) 图〔植物〕ブドウ (葡萄). ‖건포도 干しブドウ; レーズン. 포도 송이 ブドウの房.
포도-당 (葡萄糖) 图〔化学〕ブドウ糖.
포도-밭 (葡萄-) 【-받】图 ブドウ畑.
포도-색 (葡萄色) 图 ブドウ色.
포도-주 (葡萄酒) 图 ブドウ酒; ワイン.
포도상-구균 (葡萄状球菌) 图〔医学〕ブドウ球菌.
포도-청 (捕盜廳) 图〔歷史〕犯罪者を捕まえる官庁.
포동포동-하다 形 하变 ふくよかだ; ぽっちゃりしている. ‖아기의 볼이 포동포동하다 赤ちゃんのほっぺがふっくらしている.
포럼 (forum) 图 フォーラム.
포렴 (布簾) 图 暖簾 (のれん).
포로 (捕虜) /pʰo:ro/ 图 捕虜; とりこ. ‖포로 수용소 捕虜収容所. 사랑의 포로 恋のとりこ. 욕망의 포로가 되다 欲望のとりこになる.
포르노 (←pornography) 〔포르노그래피の略語〕ポルノ.
포르노그래피 (pornography) 图 ポルノグラフィー. ❀포르노.
포르말린 (Formalin ^ド) 图 ホルマリン.
포르테 (forte ^イ) 图〔音樂〕フォルテ.
포르투갈 (Portugal) 图〔国名〕ポルトガル.
포르티시모 (fortissimo ^イ) 图〔音樂〕フォルティッシモ.
포마드 (pomade) 图 ポマード.
포만 (飽滿) 图 하他 飽満.
포말 (泡沫) 图 しぶき; 飛沫.
포맷 (format) 图 하他〔IT〕フォーマット.
포목 (布木) 图 反物; 生地.
포목-상 (布木商) 【-쌍】图 反物商.
포목-점 (布木店) 【-쩜】图 反物店.
포문 (砲門) 图 砲門. ▶포문을 열다 (攻撃などの) 口火を切る.
포물-선 (抛物線) 【-썬】图〔数学〕放物線. ‖포물선을 그리다 放物線を描く.
포박 (捕縛) 图 하他 捕縛 (ほ-).
포병 (砲兵) 图〔軍事〕砲兵.
포병-대 (砲兵隊) 图〔軍事〕砲兵隊.
포복 (匍匐) 图 하他 匍匐 (ほふく).

포복-절도 (抱腹絶倒)【-쩔또】[명][하자] 抱腹絶倒.

포-볼 (four + balls 日) [명] 《野球で》フォアボール; 四球.

포부 (抱負)/pʰo:bu/ [명] 抱負. ‖ 장래의 포부 将来の抱負. 사장으로서의 포부를 밝히다 社長としての抱負を語る.

포상 (褒賞) [명][하타] 褒賞.

포석 (布石) [명] 布石. ‖ 포석을 깔다 布石となる.

포섭 (包攝) [명][하타] 包摂; 抱き込むこと. **포섭-되다** [자].

포성 (砲聲) [명] 砲声. ‖ 포성이 울리다 砲声が鳴る.

포수¹ (砲手) [명] 砲手; 猟師.

포수² (捕手) [명] 《野球で》捕手. ⇒투수(投手).

포스터 (poster) [명] ポスター.

포스트 (post) [명] ポスト. ❶ 郵便物を投函する箱; 郵便受け. ‖ 포스트 카드 ポストカード; 郵便葉書. ❷ 地位; 部署; 役職. ‖ 중요한 포스트에 있다 重要なポストにいる.

포스트모더니즘 (postmodernism) [명] ポストモダニズム.

포스트잇 (Postit) [명] 付箋; ポストイット.※商標名から.

포슬-포슬 [부] 水分や粘り気がなく, もろく砕ける様子; ぼろぼろ.

포승 (捕縄) [명] 捕縄(ほうじょう); 縄(なわ).

포식¹ (捕食) [명][하타] 捕食.

포식² (飽食) [명][하자] 飽食; たらふく食べること.

포악-하다 (暴惡-)【-카-】 [하변] 暴悪だ. ‖ 포악한 성격 暴悪な性格.

포연 (砲煙) [명] 砲煙.

포엽 (苞葉) [명] [植物] 包葉.

포옹 (抱擁) [명][하타] 抱擁.

포용 (包容) [명][하타] 包容.

포용-력 (包容力)【-녁】 [명] 包容力. ‖ 포용력이 있는 사람 包容力のある人.

포위 (包圍)/pʰo:wi/ [명][하타] 包囲. ‖ 적군을 포위하다 敵軍を包囲する.

포위-당하다 [자타].

포위-망 (包圍網) [명] 包囲網.

포유 (哺乳) [명][하자] 哺乳.

포유-기 (哺乳期) [명] 哺乳期.

포유-동물 (哺乳動物) [명]《動物》哺乳動物.

포유-류 (哺乳類) [명]《動物》哺乳類.

포육 (脯肉) [명] 干し肉. 脯肉.

포의¹ (布衣)【-/-이】 [명] 布衣.

포의² (胞衣)【-/-이】 [명] ⇒양수(羊水).

포의-수 (胞衣水) [명] ⇒양수(羊水).

포인트 (point) [명] ポイント; 要点. ‖ 출제 포인트 出題のポイント. 말의 포인트를 못 잡다 話のポイントがつかめない.

포자 (胞子) [명]《植物》胞子. ❸홀씨.

포자-낭 (胞子囊) [명]《植物》胞子囊(のう).

포자ᵗ**식물** (胞子植物)【-싱-】 [명]《植物》胞子植物.

포자-엽 (胞子葉) [명]《植物》胞子葉.

포자-충 (胞子蟲) [명]《動物》胞子虫.

포장¹ (包裝) [명][하타] /pʰodʒaŋ/ 包装; ラッピング. ‖ 선물을 예쁘게 포장하다 プレゼントをきれいに包装する.

포장-지 (包裝紙) [명] 包装紙.

포장² (襃章) [명] 褒章(ほうしょう).

포장³ (鋪裝) [명][하타] 舗装.

포장-도로 (鋪裝道路) [명] 舗装道路.

포장-마차 (布帳馬車)/pʰodʒaŋma:tɕʰa/ [명] ❶ ほろ馬車. ❷ 屋台.

포즈 (pose) [명] ポーズ. ‖ 포즈를 취하다 ポーズを取る.

포지션 (position) [명] ポジション.

포진 (布陣) [명][하타] 布陣; 陣取ること.

포차 (砲車) [명] 砲車.

포착 (捕捉) [명][하타] 捕捉; とらえること. ‖ 기회를 포착하다 チャンスをとらえる.

포커 (poker) [명] ポーカー.

포켓 (pocket) [명] ポケット.

포켓-형 (-型) [명] ポケットサイズ.

포크 (fork) [명] フォーク.

포크ᵗ볼 (forkball) [명] 《野球で》フォークボール.

포크ᵗ댄스 (folk dance) [명] フォークダンス.

포크ᵗ송 (folk song) [명] フォークソング.

포크-커틀릿 (pork cutlet) [명] とんかツ; ポークカツレツ. ❸돈가스.

포클레인 (Poclain) [명] ショベルカー.

포탄 (砲彈) [명] 砲弾.

포탈 (逋脱) [명][하타] 逋脱.

포터 (porter) [명] ポーター.

포털ᵗ사이트 (portal site) [명] 《IT》 ポータルサイト.

포테이토-칩 (potato chip) [명] ポテトチップ.

포트폴리오 (portfolio) [명]《經》ポートフォリオ.

포플러 (poplar) [명]《植物》ポプラ.

포피 (包皮) [명] 包皮.

포피-염 (包皮炎) [명]《医学》包皮炎.

포학 (暴虐) [명][하자][하변] 暴虐.

포학-무도 (暴虐無道)【-항-】[명] 残虐無道.

포함¹ (包含) /pʰoham/ [명][하타] 包含; 含むこと. ‖ 십 이하는 십을 포함한다 10以下は10を含む. 참가자는 나를 포함해서 다섯 명이다 参加者は私を含めて5人だ. **포함-되다** [자].

포함² (砲艦) [명]《軍事》砲艦.

포합 (抱合) [명] 抱合.

포합-어 (抱合語) [명]《言語》抱合語. ❸고립어(孤立語)·굴절어(屈折語)·교착어(膠着語).

포핸드 (forehand) [명] 《テニス·卓球などで》フォアハンド. ❸백핸드.

포화¹ (砲火) [명] 砲火.

포화²(飽和) 图 飽和. ‖포화 상태 飽和狀態. 포화 지방산 飽和脂肪酸.
포환(砲丸) 图 砲丸.
포환-던지기(砲丸-) 图 《スポーツ》砲丸投げ.
포획(捕獲)【-/-획】图他 捕獲. 포획-되다 受動
포효(咆哮)【-】图自 咆哮(ほう)こう.
폭¹(幅) /pʰok/ 图 幅. ‖폭이 넓은 길 幅の広い道. 폭을 넓히다〔좁히다〕幅を広げる〔狭める〕. 교제 폭이 넓다 交際の幅が広い. 인상 폭 値上げ幅.
—— 依名 掛け軸·絵などを数える語: ...幅(ぷく). ‖한 폭의 풍경화 1幅の風景画...
폭² 圖 ❶깊은 様子: ぐっすり; すっぽり; ずぼっと; 深く. ‖칼로 푹 찌르다 ナイフでぐさりと刺す. 이불을 푹 뒤집어쓰고 울다 布団をすっぽりと被って泣く. 눈 감자 아간다 すっぽりと抱き込む. ❷ 충분한 様子: じっくり; ゆっくり; くっきり. ‖닭을 푹 고다 鶏をじっくりと煮込む. ❸기를 죽이다 様子: がっくり; ばたっと. ‖어깨가 푹 쳐지다 がっくり(と)肩を落とす. 수업 중에 갑자기 푹 쓰러지다 授業中にばたっと倒れる. 画폭. **폭-폭** 圖
폭거(暴擧)【-꺼】图 暴挙.
폭격(爆擊)【-껵】图他 爆擊. **폭격-기**(爆擊機)【-껵끼】图 爆擊機.
폭군(暴君) 图 暴君.
폭-넓다(幅-)【퐁널따】形 幅広い. ‖폭넓은 활동 幅広い活動. 폭넓은 지식 幅広い知識.
폭도(暴徒)【-또】图 暴徒.
폭동(暴動)【-똥】图 暴動. ‖폭동이 일어나다 暴動が起こる.
폭등(暴騰)【-뜽】图他 暴騰. ㉠폭락. ‖야채값이 폭등하다 野菜の値段が暴騰する.
폭락(暴落)【-락】图自 暴落. ㉠폭등. ‖폭락하다 株価が暴落する.
폭력(暴力) /pʰoŋnjək/【퐁녁】图 暴力. ‖언어에 의한 폭력 言葉による暴力. 폭력을 휘두르다 暴力をふるう.
폭력-단(暴力團)【퐁녁딴】图 暴力団.
폭력-배(暴力輩)【퐁녁빼】图 ごろつき.
폭력-적(暴力的)【퐁녁쩍】图 暴力的. ‖폭력적인 해결 방법 暴力的な解決の方法.
폭로(暴露) /pʰoŋno/【퐁노】图他 暴露; あばくこと. ‖부정을 폭로하다 不正を暴露する. 범인의 정체를 폭로하다 犯人の正体をあばく.
폭리(暴利)【-리】图 暴利. ‖폭리를 취하다 暴利をむさぼる.
폭발(爆發) /pʰokpʰal/【-빨】图自 爆發. ‖가스가 폭발하다 ガスが爆発する. 분노가 폭발하다 怒りが爆発する.

폭발-력(爆發力) 图 爆発力.
폭발-물(爆發物) 图 爆発物.
폭발-약(爆發藥)【-빨략】图 爆薬.
폭발-적(爆發的)【-빨쩍】图 爆発的. ‖폭발적인 인기를 누리다 爆発的な人気を誇る. 폭발적인 인구 증가 爆発的な人口の増加.
폭사(爆死)【-싸】图自 爆死.
폭삭【-싹】圖 ❶すっかり. ‖폭삭 늙다 すっかり老け込む. ❷どさりと; どさっと. ‖폭설로 지붕이 폭삭 내려앉다 大雪で屋根がどさっと崩れ落ちる. ㉠폭속.
폭살(爆殺)【-쌀】图他 爆殺.
폭서(暴暑)【-써】图 酷暑; 猛暑.
폭설¹(暴雪)【-썰】图 豪雪; 大雪.
폭설²(暴說)【-썰】图 暴説.
폭소(爆笑)【-쏘】图自 爆笑. ‖폭소를 터뜨리다 爆笑する.
폭식(暴食)【-씩】图自他 暴食.
폭신-폭신【-씬-씬】圖 ふわふわ. ‖폭신폭신한 이불 ふわふわの布団.
폭신-하다【-씬-】形 [하変] ふわふわだ; ふかふかだ.
폭압(暴壓) 图他 暴圧.
폭약(爆藥) 图 爆薬.
폭언(暴言) 图 暴言. ‖폭언을 퍼붓다 暴言を浴びせる.
폭염(暴炎) 图 =폭서(暴暑).
폭우(暴雨) 图 暴雨.
폭원(幅員) 图 幅員(道路や船舶の幅).
폭음¹(暴飲) 图自他 暴飲.
폭음²(爆音) 图 爆音.
폭주¹(暴走)【-쭈】图自 暴走. **폭주-족**(暴走族) 图 暴走族.
폭주²(暴酒)【-쭈】图 暴酒. ‖폭주하다 暴酒して体を壊す.
폭주³(暴注)【-쭈】图他 (仕事などが)処理不能ほど殺到すること. ‖주문이 폭주하다 注文が殺到する.
폭죽(爆竹)【-쭉】图 爆竹. ‖폭죽을 터뜨리다 爆竹を鳴らす.
폭탄(爆彈) /pʰokʰtʰan/ 图 爆彈. ‖폭탄 선언 爆弾発言. 시한 폭탄 時限爆弾. 폭탄을 떨어뜨리다 爆弾を落とす.
폭탄-주(爆彈酒) 图 [俗っぽい言い方で] 宴会などで色々な種類のお酒を混ぜた飲み物.
폭투(爆投)【-투】图他 《野球で》暴投.
폭파(爆破) 图他 爆破. ‖폭파 작업 爆破作業. **폭파-되다** 受動
폭포(瀑布) 图 瀑布; 滝.
폭포-수(瀑布水) 图 =폭포(瀑布).
폭풍(暴風) /pʰokpʰuŋ/ 图 暴風; 嵐. ‖폭풍이 몰아치다 暴風が吹きつける. 폭풍 주의보 暴風注意報. 에밀리 브론테의『폭풍의 언덕』エミリーブロンテの『嵐が丘』. ▶폭풍 전의 고요 嵐の前の静けさ.
폭풍-권(暴風圈)【-꿘】图 暴風域.

폭풍-우(暴風雨) 图 暴風雨.
폭풍[2] (爆風) 图 爆風.
폭한(暴漢)【포칸】图 暴漢.
폭행(暴行)【포캥】图 〖하변〗 暴行. ‖폭행을 가하다 暴行を加える. 부녀 폭행 婦女暴行. **폭행-하다** 巫围
폭행-죄(暴行罪)【포캥쬐 / 포캥쬐】 图 〖法律〗暴行罪.
폰트(font) 图 フォント.
폴더(folder) 图 フォルダー.
폴딱 图 身軽に飛び跳ねる様子: ぴょんと. ‖폴딱 뛰어오르다 ぴょんと飛び跳ねる.
폴라로이드 카메라(Polaroid Camera) 图 ポラロイドカメラ. ✢商標名から.
폴란드(Poland) 图 ポーランド.
폴로(polo)〖스포츠〗 ポロ.
폴로네즈(polonaise 7) 图 〖音樂〗 ポロネーズ.
폴리에스테르(polyester) 图 〖化学〗 ポリエステル.
폴리에틸렌(polyethylene) 图 〖化学〗 ポリエチレン.
폴리오(polio) 图 〖医学〗 ポリオ; 急性灰白髄炎.
폴리페놀(polyphenol) 图 〖化学〗ポリフェノール.
폴립(polyp) 图 〖医学〗 ポリープ.
폴싹 图 崩れ落ちる様子; 〈軽やかに〉飛び跳ねる様子. ‖천장이 폴싹 내려앉다 天井が崩れ落ちる. 계단에서 폴싹 뛰어 내리다 階段から軽やかに飛び降りる.
폴짝 图 身軽に飛び上がる様子: ぴょんと. ‖개구리가 폴짝 뛰다 カエルがぴょんと飛び上がる.
폴짝-거리다[-대다]〖-꺼[때]-〗国 ぴょんぴょん飛び跳ねる. ‖아이가 신이 나서 폴짝거리다 子どもが浮かれてぴょんぴょん飛び跳ねる.
폴카(polka) 图 〖音樂〗 ポルカ.
폴폴 图 いいにおいが辺りに漂う様子: ぷんぷん. ‖고소한 냄새가 폴폴 나다 香ばしいにおいが漂う.
폼(form) 图 フォーム; 様式; 姿勢. ‖공 던지는 폼 投球フォーム. ▶폼을 재다 格好つける; 気取る.
퐁 图 ❶ 狭いところから空気が抜ける音. ❷ 小さな穴が開く様子[音]. ❸ 深い水にものが落ちる音.
퐁당 图 どぼん(と). ‖물에 퐁당 뛰어들다 水にどぼんと飛び込む. **퐁당-퐁당** 图
퐁-퐁 图 ❶ 狭いところから続けざまに空気が抜ける音. ❷ 狭いところから液体が勢いよく湧き出る様子: ごぼごぼ(と). ‖샘물이 퐁퐁 쏟아지다 泉がごぼごぼと湧き出る.
표[1](表) 图〖姓〗表(ピョ).
표[2](表) 图 表. ‖시간표 時間表. 표로 정리하다 表にまとめる.
표[3] (票)/pʰjo/ 图 ❶票; 券; 切符; チケット; 札. ‖표를 예매하다 チケットを前もって買う. 표를 끊다 切符を買う. 표 파는 곳 切符売り場. 왕복표 往復切符. 비행기표 航空券; 飛行機のチケット. 가격표를 붙이다 値札をつける. ❷〈選挙などでの〉票. ‖깨끗한 한 표를 던지다 清き1票を投じる. 고정표 固定票.
—〖依名〗…票. ‖백 표 차 100票の差.
표[4] (標) /pʰjo/ 图 標; しるし; マーク; 札. ‖표를 해 놓은 낱장에 書き込みをしたページに. 별표 星印. 화살표 矢印. 이름표 名札. 표가 나다 目立つ. 표를 내다〈わざと〉目立たせる; 見せびらかす.
표결[1](表決) 图〖하변〗 表決.
표결-권(表決權)【-꿘】图 表決権.
표결[2](票決) 图〖하변〗 票決. ‖표결에 부치다 票決に付する.
표고(標高) 图 標高; 海抜.
표고-버섯[-섣] 图〖植物〗シイタケ(椎茸).
표구(表具) 图〖하변〗 表具.
표기[1](表記) /pʰjogi/ 图〖하변〗 表記. ‖한자로 표기하다 漢字で表記する. 가격 표기 値段の表記. **표기-되다** 巫围
표기-법(表記法)〖-뻡〗图 表記法.
표기[2](標記) 图〖하변〗 標記.
표독-하다(慓毒-)【-도카-】形〖하변〗〈性格・表情などが〉きつい; 毒々しい. ‖표독한 여자 きつい女.
표류(漂流) 图〖하변〗 漂流.
표류-기(漂流記) 图 漂流記.
표리(表裏) 图 表裏.
표리-부동(表裏不同) 图〖하변〗 裏表があること.
표면(表面) /pʰjomjʌn/ 图 表面. ‖이면(裏面)과 매끄러운 표면 なめらかな表面. 표면에 상처를 내다 表面に傷をつける.
표면 장력(表面張力)〖-녁〗图 表面張力; 界面張力(界面張力).
표면-적(表面的) 图 表面的. ‖표면적인 이유 表面的な理由.
표면-화(表面化) 图〖하변〗 表面化.
표면적(表面積) 图 表面積.
표명(表明) 图〖하변〗 表明. ‖사의를 표명하다 辞意を表明する. 출마 의사를 표명하다 出馬の意思を表明する.
표방(標榜)【-빵】图〖하변〗 標榜(ひょうぼう). ‖민주주의를 표방하다 民主主義を標榜する.
표-밭(票-)【-받】图 票田.
표백(漂白) 图〖하변〗 漂白.
표백-제(漂白剤) 图 漂白剤.
표범(豹-) 图〖動物〗 ヒョウ(豹).
표변(豹變) 图 巫围 豹変. ‖태도가 표변하다 態度が豹変する.
표본(標本) 图 標本; 見本; サンプル. ‖동물 표본 動物標本.
표본-실(標本室) 图 標本室.
표본 조사(標本調査) 图 標本調査.

표본-추출 (標本抽出) 图 標本抽出.
표상 (表象) 图 表象.
표석¹ (表石) 图 墓標.
표석² (表石) 图 [하변] ❶ 表示. ∥의사 표시를 하다 意思表示をする. 알기 쉽게 표시하다 分かりやすく表示する. 표시 방법 表示方法. ❷ しるし; 目印. ∥감사의 표시 感謝のしるし. 소지품에 표시를 하다 持ち物に目印をつける. **표시-되다** 受動

표시² (標示) 图 [하변] 標示. ∥동네 이름을 표시하는 町名を標示する. 표시판 標示板.

표어 (標語) 图 標語. ∥표어를 내걸다 標語を掲げる.

표음 기호 (表音記號) 图 [言語] 表音記号.

표음 문자 (表音文字) [-짜] 图 [言語] 表音文字.

표의 문자 (表意文字) [-짜 /-의-짜] 图 [言語] 表意文字.

표적 (的的) 图 標的. ∥적들의 표적이 되다 敵の標的となる.

표적-함 (標的艦) [-저감] 图 [軍事] 標的艦.

표절 (剽竊) 图 [하변] 剽窃(ひょうせつ); 盜作. ∥표절 시비 盜作騷動.

표정 (表情) 图 /pʰjoʤʌŋ/ 表情; 面持ち. ∥즐거운 표정을 짓다 楽しい表情をする. 얼굴 표정이 부드러워지다 顔の表情が柔和になる. 그 말을 듣고 얼굴 표정이 흐려지다 その言葉を聞いて顔の表情を曇らせた. 침통한 표정 沈痛な面持ち.

표정-근 (表情筋) 图 [解剖] 表情筋.

표정-술 (表情術) 图 表情術; ミミック.

표제 (標題) 图 標題; 見出し. ∥표제로 삼다 標題にする.

표제-어 (標題語) 图 見出し語.

표제 음악 (標題音樂) 图 [音樂] 標題音楽.

표주-박 (瓢-) 图 ひさご.

표준 (標準) 图 /pʰjoʤun/ 標準. ∥표준으로 삼다 標準とする. 표준을 정하다 標準を決める.

표준 규격 (標準規格) 图 標準規格.

표준-말 (標準-) 图 =표준어(標準語).

표준-시 (標準時) 图 標準時.

표준-어 (標準語) 图 [言語] 標準語.

표준-음 (標準音) 图 標準音.

표준-형 (標準型) 图 標準型.

표준-화 (標準化) 图 [하타] 標準化.

표지¹ (紙紙) 图 [하타] 表紙. ∥표지를 장식하는 表紙を飾る. 속표지 (本の)とびら.

표지² (標識) 图 [하타] 標識. ∥도로 표지 道路標識. 표지등 標識灯.

표착 (漂着) 图 [하변] 漂着.
표찰 (標札) 图 表札.
표창 (表彰) 图 [하타] 表彰.
표창-장 (表彰狀) [-짱] 图 表彰状.
표출 (表出) 图 [하타] 表出. ∥감정 표출 感情の表出.
표층 (表層) 图 表層.
표피 (表皮) 图 [動植物] 表皮.
표-하다¹ (表-) /pʰjohada/ [하변] 表する; 示す. ∥유감의 뜻을 표하다 遺憾の意を表する. 선물로 호의를 표하다 プレゼントで好意を示す.
표-하다² (標-) 图 [하변] 記す.

표현 (表現) 图 /pʰjohjʌn/ 表現; 言い表し. ∥적절한 말로 표현하다 適切な言葉で表現する. 표현의 자유 表現の自由. 다양한 표현 様々な表現. 말로 표현하기는 어려운 味を言葉で言い表すのは難しい. 자주 쓰는 표현 よく使う言い回し. **표현-되다** 受動

표현-력 (表現力) [-녁] 图 表現力. ∥표현력이 뛰어나다 表現力がすぐれている.

푯-말 (標~) [푠-] 图 標識の杭.

푸 图 ❶両脣を合わせて息を吹き出す音. ❷おならの音.

푸근-하다 [하변] ❶ (冬場の天気が)ほどがよい. ❷心がほのかに暖まる; ほのぼのとしている. ∥그녀를 보고 있으면 마음이 푸근하다 彼女を見ていると心がほのぼのとする.

푸념 图 [하타] 愚痴; 泣き言. ∥푸념을 하다 愚痴をこぼす. 푸념을 늘어놓다 泣き言を並べ立てる.

푸는¹ 图 [우변] 푸다(汲み取る)의 현재 연체형.

푸는² 图 [語幹] 풀다(ほどく・解く)의 현재 연체형.

푸다 /pʰuda/ [우변] [퍼, 푸는] 图 (水・粉状のものなどを道具を使って)汲む; 汲み取る; すくう. ∥두레박으로 물을 푸다 つるべで水を汲む. ❷ (飯や汁を)器に盛る; よそう. ∥국을 푸다 スープをよそう. 밥 한 그릇 더 푸어 주세요 ご飯をもう1杯よそってください.

푸닥-거리 [-꺼-] 图 [하자] [民俗] 巫女の厄払い. ∥푸닥거리를 하다 厄払いをする.

푸-대접 (-待接) 图 [하타] 冷遇. **푸대접-받다[-당하다]** 受動

푸덕-거리다 [-꺼-] 自変 ばたつく; ばたつかせる. ∥날개를 푸덕거리며 날아가는 새 羽ばたきながら飛んでいく鳥.

푸드덕 图 大きい鳥が羽ばたく音; ばたばた.

푸드덕-거리다 [-꺼-] 自変 しきりにばたばたする.

푸들 (poodle) 图 (犬の)プードル.

푸들-거리다 自他 しきりにぶるぶるする;

しきりにわなわなする.

푸들-푸들 ぶるぶる(と); わなわな(と). ‖무서워서 푸들푸들 떨다 怖くてぶるぶると震える.

푸딩 (pudding) [图] プディング; プリン.

푸르께-하다 [형] [하변] 青みがかっている.

푸르다 /pʰurɯda/ [형] [러변] [푸르러, 푸른] 青い. ‖하늘이 푸르다 空が青い. 푸른 바다 青い海. 하늘이 푸르러서 空が青くて. 청운의 푸른 꿈 青雲の志.

푸르뎅뎅-하다 [형] [하변] 薄汚い青みを帯びている.

푸르러 [러변] 푸르다(青い)の連用形.

푸르스름-하다 [형] [하변] 青みがかっている; 青い.

푸르죽죽-하다 【-주 ㄱ-】 [형] [하변] 濁った感じの青色だ; 青ざめる.

푸른 [러변] 푸르다(青い)の現在連体形.

푸른-거북 [图] [動物] アオウミガメ(青海亀).

푸른-곰팡이 [图] [植物] アオカビ(青黴).

푸른-똥 [图] 緑便. ⓗ녹변(綠便).

푸른-백로 (-白鷺) 【-뱅노】 [图] [烏類] ゴイサギ(五位鷺).

푸른-색 (-色) [图] 青; 青色.

푸릇푸릇-하다 【-른푸르타-】 [형] [하변] 青々としている.

푸새[1] [图] 雑草.

푸새[2] [图] 糊づけ.

푸석-돌 [뜽] [图] もろい石.

푸석푸석-하다 【-서 ㄱ-】 [형] [하변] (水分や脂気が少なく)ぱさぱさしている; もろく砕けやすい. ‖얼굴이 푸석푸석하다 顔がさがさしている.

푸석-하다 【-서카-】 [형] [하변] (水分や脂気が少なく)ぱさぱさしている; もろく砕けやすい. ‖푸석한 돌 もろい石.

푸성귀 [图] 野菜; 蔬菜(そさい).

푸줏-간 (-間) 【-주깐/-줃깐】 [图] 肉屋; 精肉店.

푸지다 [형] (食べ物が)豊富だ; いっぱいだ. ‖밥을 푸지게 먹다 ご飯をお腹いっぱい食べる.

푸짐-하다 /pʰuʤimhada/ [형] [하변] (食べ物が)いっぱいある. ‖푸짐한 생일 잔치 ごちそうがたっぷりのバースデーパーティー. 푸짐하게 먹었다 たらふく食べた.

푹 /pʰuk/ [부] ❶ 深い様子で; ぐっすり; ずっぽっと; 深く. ‖모자를 푹 뒤집어쓰다 帽子をすっぽりとかぶる. 진창에 푹 빠지다 ぬかるみにずぼっとはまる. ❷ 十分な様子で; じっくり; ゆっくり; ぐっすり. 고기를 푹 고다 肉をじっくりと煮込む. 푹 자다 ぐっすりと眠る. ❸ 気を落とす様子で; がっくり. ‖어깨가 푹 처지다 がっくりと肩を落とす. ⓗ푹-푹.

푹석 [-썩] [부] どさり; べったり. ‖길바닥에 푹석 주저앉다 道端にべったり(と)座り込む. ⓗ폭석.

푹신-하다 【-씬-】 [형] [하변] ふわふわしている; ふかふかしている. ‖푹신한 이불 ふかふかの布団. ⓗ폭신.

푹-푹 [부] ❶ 湿気が多く蒸し暑い様子で; むしむし. 푹푹 찌는 열대야 むしむしする熱帯夜. ❷ ぬかるみなどにはまる様子で; ずぶずぶ.

푹-하다 【푸카-】 [형] (冬場の天気が)ぽかぽかとしている.

푼[1] (-分) [의존] ❶ 昔の貨幣単位; …文(ɯ). ❷ 값이 없다 一文もない. 重量の単位: 分(ɯ). ❸ 長さの単位: 分(ɯ).

푼[2] [관] [우얼] 푸다(汲み取る)の過去連体形.

푼- [어간] 풀다(ほどく·解く)の過去連体形.

푼-돈 [뜬] [图] わずかな金; はした金; 小銭.

푼수 (-分數) [图] ❶ 程度; 比率. ❷ おどけ者; たわけ者; おろか者. ‖저 푼수 아 のたわけ者め.

푼푼-이 [부] 1 銭 2 銭と; 少しずつ; わずかずつ. ‖푼푼이 아껴 쓰다 1 銭 2 銭と節約する.

풀[1] /pʰul/ [图] 糊. ‖봉투를 풀로 붙이다 封筒を糊で貼る. 풀을 쑤다 糊を作る. ▶풀을 먹이다 糊づけをする. 옷에 풀을 먹이다 服に糊づけをする. ▶풀이 죽다 ① 糊がきいていない. ② 元気がなくしょんぼりしている.

풀[2] /pʰul/ [图] 草. ‖풀이 나다 草が生える. 풀을 뽑다 草を抜く. 풀 Байду하다 草取りをする. 풀을 베다 草を刈る. 소가 풀을 뜯어먹다 牛が草をはむ.

풀[3] [관] [우얼] 푸다(汲み取る)の未来連体形.

풀[4] [어간] 풀다(ほどく·解く)の未来連体形.

풀-기 (-氣) [-끼] [图] ❶ 糊気(のりけ). ❷ 元気; 活気.

풀다 /pʰulda/ [동] [ㄹ変] [풀어, 푸는, 푼] ❶ ほどく; 解く. ‖매듭을 풀다 結び目をほどく. 이삿짐을 풀다 引っ越しの荷物をほどく. 여장을 풀다 旅装をとく, 통제를 풀다 統制をとく. 수수께끼를 풀다 なぞをとく. 오해를 풀다 誤解をとく. ❷ほぐす; 晴らす; いやす. ‖피로를 풀다 疲れをいやす. 긴장을 풀다 緊張をほぐす. 노여움을 풀다 怒りをほぐす[治める]. 한을 풀다 恨みを晴らす. 걸증을 풀다 (のどの)渇きをいやす. ⓗ풀리다. ❸ 解かす[溶かす]; 薄

풀떼기 雑穀の粉で糊のように作った粥(がゆ).

풀려-나다 国 (拘束状態から)解放される; 釈放される. ∥인질들이 우사히 풀려났다 人質が無事釈放された.

풀려-나오다 国 =풀려나다.

풀-리다 /pʰullida/ [国] 〔풀다의 被動詞〕 ❶解かれる; 解除される; 釈放される. ∥계엄령이 풀리다 戒厳令が解かれる. 구속되었다가 풀려 나오다 拘束されていたが釈放される. ❷ほどける; 解ける; とれる. ∥구두끈이 풀리다 靴紐がほどける. 매듭이 풀리다 結び目がほどける. 수수께끼가 풀리다 なぞが解ける. 오해가 풀리다 誤解が解ける. ❸ゆるむ. ∥긴장이 풀리다 緊張がゆるむ. 피로가 풀리다 疲れがとれる. 파마 머리가 풀리다 パーマがとれる. ❹晴れる; 治まる. ∥의심이 풀리다 疑いが晴れる. 화가 풀리다 怒りが治まる. ❹解ける[溶ける]. ∥얼었던 강물이 풀리다 凍っていた川の水が解ける. 찬물에도 잘 풀리는 가루 冷たい水にもよく溶ける粉. ❺(寒さなどが)和らぐ. ∥추위가 풀리다 寒さが和らぐ.

풀-매기 图(하지) 草取り; 草むしり.
풀무 图 鞴(ふいご).
풀-무치 图 〔昆虫〕 トノサマバッタ(殿様飛蝗).
풀-밭 [-받] 图 草地.
풀-벌레 图 草むらに棲む昆虫. ∥풀벌레 소리가 들리는 가을 밤 草むらの虫の音が聞こえる秋の晩.
풀-빛 [-삗] 图 草色.
풀-베이스 (full+base ⽇) 图 〔野球で〕フルベース; 満塁.
풀-뿌리 图 草の根; 草の根っこ.
풀-색 (-色) [-쌕] 图 草色.
풀-세트 (full set) 图 〔テニス·卓球などで〕フルセット.
풀솜 图 真綿.
풀-숲 [-숩] 图 草むら.
풀썩 副 力なく座り込む様子: ぺったり. ∥풀썩 주저앉다 ぺったり(と)座り込む.
풀어 国 [ㄹ語幹] 풀다(ほどく·解く)の連用形.
풀어-내다 国 ❶解きほぐす. ❷解く; 解き明かす; 解読する. ∥어려운 문제를 척척 풀어내다 難しい問題をすらすら(と)解く. 암호를 풀어내다 暗号を解読する.
풀어-놓다 [-노타] 国 ❶개를 풀어놓다 犬を解き放す. ❷(捜索などのため人を)配置する. ∥형사들을 풀어놓다 刑事を配置する.

풀어-지다 /pulɔdʑida/ 国 ❶ほどける; 解ける. ∥매듭이 풀어지다 結び目がほどける. 오해가 풀어지다 誤解が解ける. ❷溶ける. ∥물에 잘 풀어지는 성질 水によく溶ける性質. ❸(麵類が)伸びる. ∥라면이 다 풀어져서 못 먹겠다 ラーメンが伸び切ってしまって食べられない. ❹(目つきなどが)とろんとする. ∥눈이 풀어지다 目がとろんとする.

풀이 图(하지) 解釈; 解説; 説明. ❶単語風이 단어의 説明. 수학 문제를 풀이하다 数学の問題を解説する.
풀-잎 [-립] 图 草の葉.
풀-장 (pool場) 图 プール.
풀-질 图 糊づけ.
풀쩍-거리다 [-꺽-] ぴょんぴょん飛び跳ねる.
풀쩍-풀쩍 繰り返し身体に飛び跳ねる様子: ぴょんぴょん.
풀-칠 (-漆) 图(하지) ❶糊づけをすること. ❷糊口をしのぐこと; 細々(と)暮らすこと. ∥입에 겨우 입에 풀칠 하다 가족이 辛うじて糊口をしのぐ程度だ.
풀-칼 糊べら.
풀-통 图 においが辺りに漂う様子: ぷんぷん. ∥술 냄새가 풀통 나다 酒のにおいがぷんぷんする.
풀-피리 图 草笛. ∥풀피리를 불다 草笛を吹く.

품¹ /pʰum/ 图 ❶ふところ; 胸. ∥아이가 엄마 품에 안기다 子どもが泣きながら母のふところに抱かれる. ❷上着の胸幅; 背幅. ∥보기보다 앞품이 넓다 見た目より胸幅が広い.

품² 图 手間; 手数; 労力. ∥품이 많이 들다 かなり手間がかかる. 품을 팔다 手間仕事をする.

-品 (品) 图 …品. ∥면세품 免税品. 규격품 規格品.

품격 (品格) [-껵] 图 品格.
품계 (品階) [-/-게] 图 位階.
품귀 (品貴) 图(하지) 品薄; 品切れ状態. ∥품귀 현상이 빚어지고 있다 品薄状態が続いている.
품다 /pʰumt͈a/ [-따] 他 ❶抱く. ∥아이를 품어 주다 子どもを抱いてやる. ❷いだく; はらむ. ∥의심을 품다 疑いをいだく. 원한을 품다 恨みをいだく.
품명 (品名) 图 品名.
품목 (品目) 图 品目.
품사 (品詞) 图 〔言語〕 品詞.
품삯 图 労賃.
품성¹ (品性) 图 品性.
품성² (稟性) 图 稟性(ひんせい); 天稟(てんぴん); 天性.
품-속 [-쏙] 图 ふところ; 懐中.
품앗이 图 労力での相互扶助.
품위 (品位) /pʰuːmwi/ 图 品; 品位; 気品; 威厳. ∥품위가 있는 사람 品のある

품- 人. 품위가 없다 品位に欠けている.
품의(稟議)【-/주이】图 稟議.
품의-서(稟議書)图 稟議書.
품절(品切)图[되回]品切れ.‖품절되다 品切れになる.
품종(品種)图 品種.‖다양한 품종 豊富な品種. 품종개조 品種改造.
품질(品質)/p^hu:ndʒil/图 品質.‖품질 관리 品質管理. 품질 보증 品質保証. 품질이 좋다 品質がいい.
품-팔다[品][-口語的]手間仕事をする; 日雇い労働をする; 賃労働をする.
품-팔이(品)[하回]日雇い(労働).
품팔이-꾼图 日雇い労働者.
품평-회(品評會)【-/-외】图 品評会.
품행(品行)图 行状; 行ない; 身持ち.‖품행이 방정하다 品行方正である.
풋-[접頭]❶ 新米の…; 初心の…; 初物の….‖풋사과 初物のリンゴ. ❷ 未熟な…; 青….
풋-것[푿-]图 初物.
풋-고추[푿꼬-]图 青唐辛子.
풋-곡식(-穀食)[푿꼭씩]图 十分に実っていない穀物.
풋-과실(-果實)[푿꽈-]图 十分熟していない果実.
풋-나물[푼-]图 春の若草の和え物.
풋-내[푼-]图 青臭いにおい.‖풋내 나는 녀석 青臭いやつ.
풋-내기[푼-]图 新米; 新人; 青二才; こわっぱ.
풋-사랑[푿싸-]图 幼い頃の淡い恋.
풋-워크(footwork)图 フットワーク.
풋-잠[푿짬]图 浅い寝; 浅い眠り.‖풋잠을 자다 うたた寝する.
풋-콩[푿콩]图 十分に実っていない豆.
풋풋-하다[푿푿-]形[하回] (野菜などが)青臭い; 初々しい.‖풋풋한 첫사랑 初々しい初恋.
풍[풍](風)图 風.
풍²(風)[虚풍(虚風)の略語で]ほら; 大言.‖풍이 세다 大げさだ.
풍³(漢方)图 風.
-풍(風)[被接]…風.‖서양풍 西洋風. 학자풍의 신사 学者風の紳士.
풍격(風格)【-격】图 風格.
풍경¹(風景)图 風景.‖아름다운 풍경 美しい風景. 전원 풍경 田園風景.
풍경화(風景畫)图[美術]風景画.
풍경²(風磬)图 風鈴.
풍광(風光)图 風光; 景色.‖풍광이 수려하다 景色がすばらしい.
풍금(風琴)图[音楽]オルガン.
풍기(風紀)图 風紀.‖풍기 문란 風紀紊乱(然).
풍기다/p^hungida/[自他](におい・香り・気配などを)におわす; 漂わす; 放つ.‖향수 냄새를 풍기다 香水をにおわす. 악취를 풍기다 悪臭を放つ.
풍년(豊年)/p^huŋnjən/图 豊年; 豊作. ㉠[凶年]图.‖풍년이 들다 豊年になる; 豊作になる. 풍년을 기원하다 豊作を祈願する. 풍년 기근 豊年飢饉; 豊作貧乏.

풍덩(風-)[돈본.‖강에 풍덩 뛰어들다 川にどぶんと飛び込む. **풍덩-풍덩**[돈
풍뎅이(昆虫)图 コガネムシ(黄金虫).
풍란(風蘭)【-난】图[植物]フウラン(風蘭).
풍랑(風浪)【-낭】图 風浪.
풍력(風力)【-녁】图 風力.
풍력-계(風力計)【-녁꼐/-녁께】图 風力計.
풍로(風爐)【-노】图 風炉.
풍류(風流)【-뉴】图 風流.
풍만-하다(豊滿-)形[하回]豊満だ.‖풍만한 몸매 豊満な体つき.
풍매-화(風媒花)图[植物]風媒花.
풍모(風貌)图 風貌.
풍문(風聞)图 風聞; うわさ; 風の便り.‖풍문에 의하면 うわさによれば.
풍물¹(風物)图 風物.‖풍물 기행 風物紀行.
풍물²(風物)图[音楽]農악(農樂)に用いられる楽器の総称.
풍미¹(風味)图 風味.
풍미²(風靡)图 風靡(^우).‖일세를 풍미하다 一世を風靡する.

풍부-하다(豊富-)/p^huŋbuhada/形[하回]豊富だ; 豊かだ.‖풍부한 지식 豊富な知識. 경험이 풍부한 사람 経験豊かな人. 상상력이 풍부한 아이 想像力豊かな子ども. 먹을 것은 풍부하게 있다 食べ物は豊富にある.
풍비-박산(風飛雹散)【-싼】图[하自]四方に飛び散ること.
풍상(風霜)图 ❶ 風霜. ❷ 世の中の苦難.‖풍상을 겪다 辛酸をなめる.
풍선(風船)/p^huŋsən/图 風船.‖풍선을 부풀리다 風船をふくらます.
풍설(風雪)图 風雪.
풍성-하다(豊盛-)形[하回]豊富だ; 豊かだ.‖풍성한 식탁 豊かな食卓.
풍속¹(風俗)图 風俗; 風紀.‖조선시대의 풍속 朝鮮時代の風俗. 풍속을 문란하게 하다 風俗を乱す.
풍속-도(風俗圖)【-또】图 風俗図.
풍속-화(風俗畫)【-쇠】图[美術]風俗画.
풍속²(風速)图 風速.
풍속-계(風速計)【-꼐/-께】图 風速計.
풍수(風水)图 風水(陰陽_{다음양})道で, その土地の地勢や水勢を占って, 住居や墓地としてよいかどうかを定めるもの).
풍수-도(風水圖)图 風水図.
풍수-설(風水說)图 風水説.
풍수-지리(風水地理)图 = 풍수(風水).
풍-수해(風水害)图 風水害.

풍습 (風習) 風習. ‖옛날부터의 풍습이 남아 있는 곳 昔ながらの風習が残っている所.

풍신 (風神) 風の神.

풍악 (風樂) 〔音樂〕 プンアク(韓国·朝鮮の伝統音楽).

풍어 (豊漁) 豊漁; 大漁.

풍요-롭다 (豊饒-) 【-따】 形 [ㅂ変] 豊饒(ほうじょう)だ; 豊かだ. ‖풍요로운 가을 豊饒の秋. 풍요로운 생활 豊かな生活. 마음이 풍요로워지다 心が豊かになる.

풍우 (風雨) 風雨.

풍우-계 (風雨計) /-//-게/ 晴雨計.

풍운 (風雲) 風雲.

풍운-아 (風雲兒) 風雲兒.

풍월 (風月) 風月.

풍자 (諷刺) /pʰuntɕa/ 他 風刺. ‖세태를 풍자하다 世相[世態]を風刺する.

풍자-극 (諷刺劇) 風刺劇.

풍자-시 (諷刺詩) 風刺詩.

풍자-적 (諷刺的) 風刺的.

풍작 (豊作) 豊作. ⑦흉작(凶作).

풍장 (風葬) 風葬.

풍재 (風災) 風災; 風害.

풍적-토 (風積土) 〔地〕 風積土.

풍전-등화 (風前燈火) 風前の灯.

풍정 (風情) 風情.

풍조 (風潮) 風潮. ‖사회 풍조를 반영하다 社会の風潮を反映する.

풍족-하다 (豊足-) 【-조카-】 形 豊かだ. ‖살림이 풍족하다 暮らしが豊かだ.

풍지-박산 (風-雹散) /-싼/ 풍비박산(風飛雹散)의 잘못.

풍진¹ (風疹) 〔医学〕 風疹.

풍진² (風塵) 風塵.

풍차 (風車) 風車.

풍채 (風采) 風采. ‖풍채가 좋다 風采がよい.

풍취 (風趣) 風趣.

풍치¹ (風致) 風致.

풍치-림 (風致林) 風致林.

풍치² (風齒) 〔漢方〕 神経痛による歯痛.

풍토 (風土) /pʰuntʰo/ 風土. ‖일본의 풍토 日本の風土. 정치 풍토 政治風土.

풍토-기 (風土記) 風土記.

풍토-병 (風土病) /-뼝/ 風土病.

풍토-색 (風土色) 風土色.

풍파 (風波) ❶ 風波; 波風. ‖가정에 풍파가 일다 家庭に波風が立つ. 풍파를 일으키다 波風を立てる. ❷ 荒波; 辛酸. ‖세상 풍파에 시달리다 世の中の荒波にもまれる. 풍파를 겪다 辛酸をなめる.

풍-풍 (+-) ❶ 穴から水が強く湧き出る様子[音]; おならをする音. ❷ 詰まった気体を出す時の音.

풍풍-거리다 自 しきりに풍풍と音が出る.

풍해 (風害) 風害.

풍향 (風向) 風向.

풍향-계 (風向計) /-/-게/ 風向計.

풍화 (風化) 自他 風化. ‖풍화 작용 風化作用. 비바람에 풍화되다 風雨に(よって)風化する.

풍흉 (豊凶) 豊凶.

퓌레 (purée⁷) ピューレ. ‖토마토 퓨레 トマトピューレ.

퓨마 (puma) 〔動物〕 ピューマ.

퓨전-요리 (fusion 料理) 多国籍料理.

퓨즈 (fuse) ヒューズ.

프라이 (fry) 他 フライ. ‖계란 프라이 目玉焼き.

프라이드 (pride) プライド. ‖프라이드가 강하다 プライドが高い.

프라이드-치킨 (fried chicken) フライドチキン.

프라이버시 (privacy) プライバシー. ‖프라이버시를 존중하다 プライバシーを尊重する.

프라이팬 (frypan) フライパン.

프랑 (franc) 依存 フランス·ベルギーなどの旧通貨単位; …フラン.

프랑스 (France) 〔国名〕 フランス.

프랜차이즈 (franchise) フランチャイズ.

프러포즈 (propose) 自他 プロポーズ. ‖프러포즈를 받다 プロポーズされる.

프런트 (front) フロント. ‖프런트 유리 フロントガラス. 호텔 프런트 ホテルのフロント.

프레스 (press) プレス. ‖프레스 가공 プレス加工.

프레스-센터 (press center) プレスセンター.

프레스코 (fresco⁴) 〔美術〕 フレスコ.

프레젠테이션 (presentation) プレゼンテーション; プレゼン.

프렌치-드레싱 (French dressing) フレンチドレッシング.

프렌치-토스트 (French toast) フレンチトースト.

프렐류드 (prelude) 〔音樂〕 プレリュード; 前奏曲; 序曲.

프로¹ (←procent⁷) /pʰuro/ パーセント(%). ‖5퍼센트. ‖월급이 오 프로 오르다 給料が5パーセント上がる.

프로² (←professional) /pʰuro/ 〔프로페셔널의 略語〕 プロ. ❶아마. ‖프로 야구 プロ野球. 프로 축구 プロサッカー.

프로³ (←program) /pʰuro/ 〔프로그램의 略語〕 番組. ‖텔레비전 프로 テレビ番組.

프로⁴ (←proletariat⁷) 〔프롤레타리아의 略語〕 プロ; プロレタリア.

프로그래머 (programmer) 명 プログラマー.

프로그래밍 (programming) 명 (하동타) プログラミング.

프로그램 (program) 명 プログラム; 番組. ㉺프로.

프로덕션 (production) 명 プロダクション.

프로듀서 (producer) 명 プロデューサー.

프로젝트 (project) 명 プロジェクト.

프로테스탄트 (Protestant) 명 《キリスト教》 プロテスタント.

프로테스탄티즘 (Protestantism) 명 《キリスト教》 プロテスタンティズム.

프로토콜 (protocol) 명 《IT》 プロトコル; 通信規約.

프로파간다 (propaganda) 명 プロパガンダ.

프로판 (propane) 명 《化学》 プロパン. ‖프로판 가스 プロパンガス.

프로페셔널 (professional) 명 プロフェッショナル. ㉺프로. ㉰아마추어.

프로펠러 (propeller) 명 プロペラ.

프로포즈 (propose) 명 (하동자) プロポーズの誤り.

프로필 (profile) 명 プロフィール.

프롤레타리아 (prolétariat ᴾ) 명 プロレタリア. ㉺프로. ㉰부르주아.

프롤레타리아트 (Proletariat ᴰ) 명 プロレタリアート. ㉰부르주아지.

프롤로그 (prologue) 명 プロローグ. ㉰에필로그.

프루트-펀치 (fruit + punch ᴶ) 명 フルーツパンチ.

프리 (free) 명 フリー.

프리랜서 (freelancer) 명 フリーランサー.

프리마-돈나 (prima donna ᴵ) 명 プリマドンナ.

프리미엄 (premium) 명 プレミアム.

프리-배팅 (free + batting ᴶ) 명 《野球》 フリーバッティング.

프리즘 (prism) 명 《物理》 プリズム.

프리지어 (freesia) 명 《植物》 フリージア.

프리-킥 (free kick) 명 《サッカー》 フリーキック.

프린터 (printer) 명 プリンター.

프린트 (print) 명 (하동타) プリント.

프릴 (frill) 명 フリル.

프티-부르주아 (petit bourgeois ᴾ) 명 プチブルジョア.

플라나리아 (Planaria ᴸ) 명 《動物》 プラナリア.

플라네타리움 (planetarium) 명 《天文》 プラネタリウム.

플라멩코 (flamenco ˢ) 명 《音楽》 フラメンコ.

플라밍고 (flamingo) 명 《鳥類》 フラミンゴ.

플라스크 (flask) 명 《化学》 フラスコ.

플라스틱 (plastic) 명 《化学》 プラスチック.

플라이-급 (fly 級) 명 《ボクシングで》フライ級.

플라타너스 (platanus ᴸ) 명 《植物》 プラタナス.

플라토닉-러브 (platonic love) 명 プラトニックラブ.

플랑크톤 (plankton) 명 《生物》 プランクトン.

플래시 (flash) 명 ❶ フラッシュ. ‖플래시가 터지다 フラッシュが光る. ❷ 懐中電灯.

플래카드 (placard) 명 プラカード.

플랜 (plan) 명 プラン. ‖플랜을 짜다 プランを立てる.

플랜테이션 (plantation) 명 プランテーション.

플랜트 (plant) 명 《経》 プラント. ‖플랜트 수출 プラント輸出.

플랫 (flat) 명 《音楽》 フラット(♭). ㉰샤프.

플랫폼 (platform) 명 プラットホーム.

플러그 (plug) 명 プラグ.

플러스 (plus) 명 /pʰulləsɯ/ (하동타) プラス. ㉰마이너스.

플러스-알파 (plus + alpha ᴶ) 명 プラスアルファ.

플레어-스커트 (←flared skirt) 명 フレアスカート.

플로피-디스크 (floppy disk) 명 《IT》 フロッピーディスク.

플롯 (plot) 명 プロット; 構成.

플루토늄 (plutonium) 명 《化学》 プルトニウム.

플루트 (flute) 명 《音楽》 フルート.

피¹ /pʰi/ 명 血; 血筋. ‖피가 나다 血が出る. 피가 맞지 않다 血が止まらない. 피가 번지다 血がにじむ. 피가 돌고 살이 되다 血となり肉となる. 피가 끓어오르다 血がたぎる. 피를 이어받는 血を受け継ぐ; 血筋を引く. 피를 토할 것 같은 심정 血を吐く思い. ▶피가 끓다 血が騒ぐ. 피는 물보다 진하다 血は水よりも濃い. 피도 눈물도 없다 血も涙もない. ▶피를 나누다 血を分ける. ▶피에 주리다 血に飢える.

피² 명 《植物》 ヒエグサ(稗草).

피³ (P·p) 명 (アルファベットの)ピー.

피⁴ 감 人や人の話を嘲笑・軽視する時に発する声: ふん(と).

피⁻⁵ (被) 《接頭》 被…. ‖피교육자 被教育者. 피선거권 被選挙権.

피가수 (被加数) 【一수】 명 《数学》 被加数.

피감수 (被減数) 【一수】 명 《数学》 被減数.

피검 (被検) 명 (되동자) 検査されること.

피겨 (figure) 명 フィギュア.

피겨-스케이팅(- skating) 图《スポーツ》フィギュアスケート.

피격(被擊) 图 襲撃されること. ‖강도에게 피격을 당하다 強盗に襲撃される.

피고(被告) /pʰigo/ 图《法律》被告. ↔ 원고(原告).

피고-인(被告人) 图《法律》被告人.

피-고름 血が混じった膿(う).

피곤-하다(疲困-) /pʰigonhada/ 图《하형》疲れている; くたびれる. ‖장시간 일로 너무나 피곤한 하루 長時間の仕事であまりにも疲れた1日. 사람을 피곤하게 하는 사람 人を疲れさせる人.

피골(皮骨) 图 皮と骨. ‖피골이 상접하다 骨と皮になる.

피구(避球) 图《スポーツ》ドッジボール.

피-끓다[-끌타] 国 血がわく; 血がたぎる; 血が騒ぐ.

피-나다 国 ❶ 血が出る. ❷ 努力・辛苦が一通りではない. ‖피나는 노력 血のにじむような努力.

피난(避難) 图《하자》避難する. ‖산속으로 피난을 가다 山の奥に避難する.

피난-민(避難民) 图 避難民.

피난-살이(避難-) 图 避難生活.

피난-처(避難處) 图 避難所.

피날레(finale 프) 图 フィナーレ. ‖피날레를 장식하다 フィナーレを飾る.

피-눈물 图 血涙. ‖피눈물을 흘리다 血をしぼる.

피는 国 피다(咲く)의 현재 연체형.

피다 /pʰida/ 国 ❶ 咲く. ‖꽃이 피다 花が咲く. 웃음꽃이 피다 笑いの花が咲く. 목련이 필 무렵 モクレンが咲く頃. 개나리가 피기 시작하다 レンギョウが咲き始める. ❷ 炉える. ‖숯불이 철철 피어오르다 炭火がかんかんと燃える. ❸ (かびなど)が生える. ‖벽에 곰팡이 피다 壁にかびが生える. 얼굴에 마른 버짐이 피다 顔に乾癬(꽃)ができる. ❹ (顔色・暮らし向きが)よくなる. ‖잘 먹어서 그런지 얼굴이 피었다 栄養がいいのか顔色がよくなった. 살림이 피다 暮らし向きがよくなる.

피동(被動) 图《言語》受動; 受身. ↔ 능동(能動).

피동-사(被動詞) 图《言語》受身動詞; 受動動詞.

피동-적(被動的) 图 受動的な; 受身(の). ‖피동적인 태도 受身な態度.

피둥-피둥(被動被動) 副《하형》しまりなく太っている様子; ぶくぶく(と). ‖살이 피둥피둥 찌다 ぶくぶくと太る.

피드백(feedback) 图 フィードバック.

피디(PD) 图 プロデューサー. ✢ program director의 略語.

피-딱지【-찌】 图 傷跡などに血が固まってできたもの; かさぶた. ‖피딱지가 앉았다 かさぶたができた.

피-땀(-汗) 图 脂汗; 汗水; 血と汗. ‖피땀 흘려 노력한 결과 汗水流して努力した結果.

피-똥 图 血便.

피라미 图 ❶《魚介類》オイカワ(追河). ❷《比喩的に》ちんぴら; 小物.

피라미드(pyramid) 图 ピラミッド.

피란(避亂) 图《하자》戦争や内乱などを避けること.

피랍(被拉) 图《되자》拉致されること.

피력(披瀝) 图《하타》披瀝(꽂). ‖의견을 피력하다 意見を披瀝する.

피로[1](披露) 图《하타》披露.

피로-연(披露宴) 图《하타》披露宴.

피로[2](疲勞) /pʰiro/ 图《하자》疲労; 疲れ. ‖피로가 쌓이다 疲労がたまる; 疲労が蓄積する. 피로를 느끼지 않을 만큼 만성 피로 慢性疲労. 피로가 풀리다 疲れがとれる. 피로 회복 疲労回復.

피뢰-침(避雷針)【-/-뢔-】 图《物理》避雷針.

피륙 图 生地; 反物.

피리 /pʰiri/ 图《音楽》笛. ‖피리 부는 소년 笛を吹く少年.

피리-새(-鳥類) 图《鳥類》ウソ(鷽).

피마자(匪麻子) 图《植物》トウゴマ(唐胡麻); ヒマシ.

피막(皮膜) 图 皮膜.

피망(piment 프) 图《植物》ピーマン.

피-맺히다【-매치-】 国 ❶ 内出血する. ❷ 悲しみ・恨みが深い; 피맺힌 원한을 품다 恨み骨髄に徹する.

피-바다 图 血の海.

피-범벅 图 血まみれ; 血だらけ.

피보험-자(被保險者) 图 被保険者. ↔ 보험자(保険者).

피복[1](被服) 图 被服; 衣服.

피복[2](被覆) 图《하타》被覆.

피복-선(被覆線) 图 被覆線.

피부(皮膚) /pʰibu/ 图 皮膚; 肌. ‖피부로 느끼다 肌で感じる. 피부가 거칠어지다 肌が荒れる. 햇빛에 검게 탄 피부 日焼けした肌. 피부 감각이 마비되다 皮膚の感覚が麻痺する.

피부-과(皮膚科)【-꽈】 图 皮膚科.

피부-병(皮膚病)【-뼝】 图《医学》皮膚病.

피부-색(皮膚色) 图 肌色.

피부-염(皮膚炎) 图《医学》皮膚炎.

피부-호흡(皮膚呼吸) 图 皮膚呼吸.

피-붙이【-부치】 图 血縁; 血族.

피-비린내 图 血のにおい; 血臭い.

피사-체(被寫體) 图 被写体.

피살(被殺) 图 殺されること; 殺害されること. **피살-당하다** 图《자》

피상(皮相) 图 皮相. ‖피상적인 견해 皮相な見解.

피서(避暑) /pʰisʌ/ 图 避暑. ‖피서를

피서-지 (避暑地) 图 避暑地.
피서-철 (避暑-) 图 避暑シーズン.
피선 (被選) 图 [自] 選ばれること.
피선거-권 (被選擧權) 【-권】 图 被選挙権.
피소 (被訴) 图 [自] 提訴されること; 訴えられること.
피-수식어 (被修飾語) 图 【言語】 被修飾語. ↔수식어(修飾語).
피스톤 (piston) 图 ピストン.
피스톨 (pistol) 图 ピストル.
피습 (被襲) 图 襲撃されること; 襲われること. **피습-당하다** 受動
피-승수 (被乘數) 【-쑤】 图 【数学】 被乗数.
피시 (PC) 图 【IT】 パソコン. ㉠パーソナルコンピュータ. ↔personal computer の略.
피시-방 (-房) 图 インターネットカフェ.
피식 (被殖) 副 声を立てずに歯を見せてちょっと笑う様子: にっと. ‖얘기를 듣고 피식 웃다 話を聞いてにっと笑う.
피신 (避身) 图 [自] 身を隠すこと. ‖위험으로부터 피신하다 危険から身を隠す.
피신-처 (避身處) 图 隠れ家.

피아노 (piano) /pʰiano/ 图 【音楽】 ピアノ. ‖피아노를 치다 ピアノを弾く. 피아노 연습을 하다 ピアノ練習する. 피아노에 맞춰 노래하다 ピアノに合わせて歌う. 피아노 협주곡 ピアノ協奏曲. 그랜드 피아노 グランドピアノ.
피아니스트 (pianist) 图 ピアニスト.
피아니시모 (pianissimo í) 图 【音楽】 ピアニッシモ.
피아니시시모 (pianississimo í) 图 【音楽】 ピアニッシシモ.
피아르 (PR) 图 [他動] PR; 宣伝; 宣伝活動. ↔public relations の略.
피안 (彼岸) 图 【仏教】 彼岸. ↔차안(此岸).
피안다미-조개 (-) 【魚介類】 アカガイ (赤貝). ㉠피조개.
피앙세 (fiancé ƒ) 图 フィアンセ; 男性婚約者. ↔女性婚約者は fiancée.
피어 同 피다(咲く)の連用形.
피어-나다 /pʰiənada/ [自] ❶〔花などが〕咲きあがる; 咲きはじめる; ほころびる. ‖장미꽃이 피어나다 バラの花が咲きはじめる. ❷〔火が〕起こりかける. ‖연탄불이 피어나다 練炭の火が起こりかける. ❸〔顔色・暮らし向きが〕よくなる. ‖살림이 피어나다 暮らし向きがよくなる.
피어-오르다 [自] [르変] 燃える; 燃え上がる; 立ち上る; わき起こる; わき立つ. ‖모닥불이 피어오르다 焚き火が燃え上がる. 아지랑이가 피어오르다 かげろうが立ち上る. 연기가 피어오르다 煙が立ち上る.
피에로 (pierrot ƒ) 图 ピエロ; 道化師.

피에스 (PS) 图 P.S.; 追伸; 追啓. ↔postscript の略.
피에이치 (pH) 图 pH; 水素イオン指数.
피엠 (PM·pm) 图 P.M.; p.m. ㉠エイエム. ↔post meridiem の略.
피우는 胚 피우다(咲かせる・吸う)の現在連体形.

피-우다 /pʰiuda/ [使役動詞] ❶〔피다の使役動詞〕咲かせる; おこす. ‖꽃을 피우다 花を咲かせる. 불을 피우다 火をおこす. ❷〔タバコなど〕吸う. ‖담배를 피우다 タバコを吸う. ❸〔ある行動を〕おこす. ‖소란을 피우다 騒ぎ立てる. 말썽을 피우다 問題をおこす. 바람을 피우다 浮気をする. ❹〔煙などを〕立てる. ‖연기를 피우다 煙を立てる. 향을 피우다 香をたく.
피운 胚 피우다(咲かせる・吸う)の過去連体形.
피울 胚 피우다(咲かせる・吸う)の未来連体形.
피워 胚 피우다(咲かせる・吸う)の連用形.
피읖 [-읍] 图 ハングル子音字母「ㅍ」の名称.
피의-자 (被疑者) 图 [-/-이-] 被疑者.
피임 (避姙) /pʰi:im/ 图 [自] 避妊.
피임-법 (避姙法) 【-뻡】 图 避妊法.
피임-약 (避姙藥) 【-냑】 图 【薬】 避妊薬.
피자 (pizza ƒ) /pʰitɕa/ 图 【料理】 ピザ; ピッツア. ‖피자를 시켜 먹다 ピザの出前を取る.
피자-식물 (被子植物) 【-싱-】 图 【植物】 被子植物.
피장-파장 图 お互い様; おあいこ. ‖어리석기는 피장파장이다 愚かなのはお互い様だ.
피-제수 (被除數) 【-쑤】 图 【数学】 被除数.
피-조개 图 【魚介類】 〔피안다미조개의 略語〕アカガイ(赤貝).
피-조물 (被造物) 图 被造物.
피죽 图 ヒエの粥(か).
피지 (Fiji) 图 【国名】 フィジー.
피지-선 (皮脂腺) 图 【解剖】 皮脂腺; 脂腺.
피질 (皮質) 图 皮質.
피차 (彼此) 图 お互い. ‖피차 마찬가지다 お互い様だ.
피차-간 (彼此間) 图 双方; 両方; 互い. ‖싸워서 피차간에 좋을 게 없다 けんかしてお互いいいことはない.
피차-일반 (彼此一般) 图 お互い様. ‖힘든 건 피차일반이다 大変なのはお互い様だ.
피처 (pitcher) 图 〔野球で〕ピッチャー. ㉠캐처.

피치 (pitch) 图 ピッチ.∥피치를 올리다 ピッチを上げる. 급피치로 추진하다 急ピッチで進める.

피칭 (pitching) 图 自他 (野球で)ピッチング.

피케팅 (picketing) 图 自他 ピケット; ピケティング.

피켈 (pickel) 图 ピッケル.

피켓 (picket) 图 ピケ; ピケット.

피콜로 (piccolo) 图 (音楽) ピッコロ.

피크 (peak) 图 ピーク; 最高潮; 絶頂.∥러시아워의 피크 ラッシュアワーのピーク.

피크닉 (picnic) 图 ピクニック.

피클 (pickle) 图 ピクルス.

피-투성이 图 血まみれ.∥피투성이가 되다 血まみれになる.

피튜니아 (petunia) 图 (植物) ペチュニア.

피트 (feet) 依名 長さの単位; …フィート.

피폐-하다 (疲弊-) [-/-페-] 图 [하変] 疲弊する.

피폭 (被爆) 图 被爆.∥피폭당하다 被爆する. 피폭자 被爆者.

피-하다 (避-) /pʰihada/ 他 [하変] 避ける; 逃れる; よける.∥사람들 눈을 피하다 人目を避ける. 재난을 피하다 災いから逃れる. 비를 피하다 雨をよける.

피하^조직 (皮下組織) 图 (解剖) 皮下組織.

피하^주사 (皮下注射) 图 (医学) 皮下注射.

피하^지방 (皮下脂肪) 图 皮下脂肪.

피해 (被害) /pʰiːhɛ/ 图 被害; ダメージ. ㉠〔=被害(加害)〕.∥피해 의식 被害意識. 농작물 피해가 심각하다 農作物の被害が深刻だ. 다른 사람한테 피해를 주는 일은 되도록이면 삼가시다 他人に被害を与えることはなるべく避けましょう. 홍수로 피해를 많이 보다 洪水で被害が大きい〔甚大だ〕. 폭우로 인 피해를 입다 暴雨で被害をこうむる.

피해-망상 (被害妄想) 图 (医学) 被害妄想.∥피해망상에 사로잡히다 被害妄想にとらわれる.

피해-자 (被害者) 图 被害者. ㉠加害者.

피험-자 (被験者) 图 被験者.

피혁 (皮革) 图 皮革.∥피혁 제품 皮革製品.

픽[1] (pick) 图 (ギター・バンジョーなどの)ピック.

픽[2] 图 ❶疲れて倒れる様子: ばったり(と).∥픽 쓰러지다 ばったり(と)倒れる. ❷あざけり笑う様子: ふん(と).∥어이가 없는지 픽 웃었다 あきれたのか, ふんと笑った.

픽션 (fiction) 图 フィクション. ㉠論픽션.

픽업 (pickup) 图 他 ピックアップ. 픽업-되다 自他

핀[1] (pin) 图 ピン.

핀[2] (피다(咲く)の連用形.

핀란드 (Finland) 图 (国名) フィンランド.

핀셋 (pincette) 图 ピンセット.

핀잔 图 他 面責; 面詰; けんつく.∥쓸데없는 말을 했다가 핀잔을 듣다 無駄口をたたいてけんつくを食わされる.

핀잔-듣다[-맞다] 【-[맏-]따】 自 [ㄷ変] =핀잔먹다.

핀잔-먹다 【-따】 自 けんつくを食わされる.

핀잔-주다 他 けんつくを食わす.

핀치 (pinch) 图 ピンチ; 危機.∥핀치에 몰리다 ピンチに追い込まれる. 핀치 히터 ピンチヒッター.

핀트 (ピント 日) 图 ピント.∥핀트를 맞추다 ピントを合わせる. 핀트가 맞는 이야기 ピントはずれの話.

필[1] (匹) 依名 馬・牛を数える語: …匹; …頭.∥소 세 필 牛3頭. ㉠古い言い方で, 今はマリが一般的である.

필[2] (疋) 依名 織物を数える語: …疋(き).∥비단 두 필 絹2疋.

필[3] 冠 피다(咲く)の未来連体形.

필경 (畢竟) 副 結局.∥필경 예상대로 될 것이다 結局予想通りになるだろう.

필기 (筆記) /pʰilgi/ 图 他 筆記.∥필기시험 筆記試験. 필기 도구 筆記用具.

필기-구 (筆記具) 图 筆記用具.

필기-장 (筆記帳) 图 筆記帳.

필기-체 (筆記體) 图 筆記体.

필납 (必納) 【-】 图 他 必ず納付すること.

필납 (畢納) 【-】 图 (税金などの)納付済み.

필담 (筆談) 【-】 图 自 筆談.∥중국 사람과 필담을 나누다 中国人と筆談する.

필독 (必讀) 【-】 图 他 必読.

필독-서 (必讀書) 【-씨】 图 必読書.

필두 (筆頭) 【-뚜】 图 筆頭.∥필두에 서다 筆頭に立つ.

필드 (field) 图 フィールド.

필드-하키 (- hockey) 图 (スポーツ) フィールドホッケー; ホッケー.

필라멘트 (filament) 图 フィラメント.

필라프 (pilaf 프) 图 (料理) ピラフ.

필름 (フィルム) 图 フィルム.∥필름을 현상하다 フィルムを現像する.

필리핀 (Philippine) 图 (国名) フィリピン.

필멸 (必滅) 图 自他 必滅.

필명 (筆名) 图 ❶文名. ❷筆名; ペンネーム.

필묵 (筆墨) 图 筆墨.∥필묵지연 (筆

필붕 (筆鋒) 圖 筆鋒.
필부-필부 (匹夫匹婦) 圖 平凡な普通の人々. 甲男乙女(甲男乙女).
필사¹ (必死) [-싸] 圖 必死.
 필사-적 (必死的) 圖 必死的. ⑦必死になって戦う 必死に戦う. ⑪必死の努力の結果.
필사² (筆寫) [-싸] 圖他 筆寫.
필생 (畢生) [-쌩] 圖 畢生(ひっせい); 一生; 生涯. ∥필생의 대작 畢生の大作.
필설 (筆舌) [-썰] 圖 筆舌. ∥필설로는 다할 수 없는 고통을 겪다 筆舌に尽くし難い苦しみを味わう.
필수¹ (必修) 圖他 必修. ∥필수 학점 必修単位. 필수 과목 必修科目.
필수² (必須) 圖 必須. ∥필수 조건 必須の条件.
필수-품 (必需品) [-쑤-] 圖 必需品. 生活必需品 生活必需品.
필순 (筆順) [-쑨] 圖 筆順; 書き順.
필승 (必勝) [-씅] 圖自 必勝.
필시 (必是) [-씨] 圖 きっと; 必ず; きっと. ∥필시 그는 해낼 것이다 きっと彼はやり遂げるだろう.
필연 (必然) 圖形 必然. ⑦偶然(偶然). ⑪역사의 필연 歴史の必然.
 필연-성 (必然性) [-썽] 圖 必然性.
 필연-적 (必然的) 圖 必然の; 必然的. ∥필연적 결과 必然の結果. 거절하면 양자의 관계는 필연적으로 악화된다 断れば必然的に両者の関係は悪化する.
 필연-코 (必然-) 圖 必ず. ∥필연코 달성해야 할 목표 必ず達成しなければならない目標.

필요 (必要) /phirjo/ 圖形 必要; 要すること. ∥등산에 필요한 도구 登山に必要な道具. 안경이 필요하ち 眼鏡が必要だ. 家族に知らせる必要がある. 정말 검사를 할 필요는 없다 精密検査の必要はない. 사회가 필요로 하는 사람이 되고 싶다 社会が必要とする人になりたい. 일손이 필요하다 人手が要る.
 필요-성 (必要性) [-썽] 圖 必要性.
 필요-악 (必要惡) 圖 必要悪.
 필요-조건 (必要條件) [-껀] 圖 必要条件.
 필요충분-조건 (必要充分條件) [-껀] 圖 必要十分条件.
필자 (筆者) [-짜] 圖 筆者.
필적¹ (筆跡) [-쩍] 圖 筆跡. ∥필적 감정 筆跡鑑定; 筆跡認証.
필적² (匹敵) 圖自 匹敵. ∥필적할 만한 상대 匹敵する相手.
필지¹ (必至) [-찌] 圖 必至の事実. ∥필지의 사실 必至の事実.
필지² (必知) [-찌] 圖他 必ず知らな

ければならないこと.
필진 (筆陣) [-찐] 圖 筆陣.
필착 (必着) 圖自 必着.
필체 (筆體) 圖 字面; 筆跡.
필치 (筆致) 圖 筆致. ∥필치가 뛰어나다 筆致が秀でている.
필터 (filter) 圖 フィルター.
필통 (筆筒) 圖 筆箱; 筆入れ.
필-하다 (畢-) 圖他 [-하여] 済ます; 終える. ∥병역을 필하다 兵役を終える.
필하모니 (Philharmonie) 圖 《音樂》 フィルハーモニー.
필혼 (畢婚) 圖自 その家の子どもが全員結婚すること, またはその最後の結婚. ⑦開婚(開婚).
필화 (筆禍) 圖 筆禍(ひっか). ∥필화 사건 筆禍事件.
필획 (筆畫) [-/-] 圖 筆画.
필-히 (必-) 圖 必ず.
핍박 (逼迫) 圖自 逼迫. ∥재정이 핍박하다 財政が逼迫する.

핏-기 (-氣) [피끼/핃끼] 圖 血の気. ∥핏기없는 얼굴 血の気のない顔. 핏기가 가시다 血の気が引く.
핏-대 [피때/핃때] 圖 青筋; 太く浮き出た静脈. ∥핏대가 서다 激怒する. ▶ 핏대를 세우다 青筋を立てる.
핏-덩어리 [피떵-/핃떵-] 圖 ❶血塊; 血の塊. ❷赤子; 赤ん坊.
핏-발 [피빨/핃빨] 圖 血走ること; 充血. ∥눈에 핏발이 서다 目が充血する. 핏발 선 눈 血走った目.
핏-빛 [피삗/핃삗] 圖 血のような赤い色.
핏-자국 [피짜-/핃짜-] 圖 血痕.
핏-줄 [피쭐/핃쭐] 圖 ❶血管. ❷血筋.

핑 圖 ❶素早く一回転する様子: くるり; くるっと. ❷急にめまいがする様子: ぐらり; ぐらっと. ❸急に涙ににじむ様子: じいんと. ∥눈물이 핑 돌다 急に涙がじいんとにじむ.
 핑-핑 圖
핑계 /phinge/ [-/-계] 圖 口実; 言い訳; 言い逃れ; 逃げ口上. ∥핑계를 대다 言い訳をする; 口実をもうける. 그 말은 핑계에 불과해서 그 말씀은 言い訳に過ぎない. 감기를 핑계로 아르바이트를 쉬다 風邪を口実にアルバイトを休む.
핑그르르 圖 急に涙ににじむ様子. ∥눈물이 핑그르르 돌다 急に涙がじいんとにじむ.
핑크 (pink) 圖 ピンク.
 핑킹-가위 (pinking-) 圖 ピンキングはさみ.
핑퐁 (ping-pong) 圖 《スポーツ》 ピンポン; 卓球; 卓球(卓球).
핑핑 圖 弾丸などが頭上をかすめる音[様子]: ぴゅんぴゅん.

ㅎ

ㅎ【히읗】 ハングル子音字母の第14番目. 名称は「히읗」.

ㅎ변칙 활용(變則活用)【히읃뺀칙 콰룡】〖言語〗=ㅎ 불규칙 활용(不規則活用).

ㅎ불규칙 용언(不規則用言)【히읃뿔-칭뇽-】〖言語〗⇒ 変則用言. ▶빨갛다·파랗다·커다랗다など.

ㅎ불규칙 활용(不規則活用)【히읃뿔-쾨룡】〖言語〗⇒変則活用.

하¹(下)〖名〗(順序·等級などを上·中·下または上·下に分けた場合の)下. ‖상중하 上中下. 하권 下巻.

하²(河)〖姓〗河(ハ).

하³〖感〗驚き·悲しみ·喜び·嘆きなどを表わす: あぁ、ほう. ‖하、드디어 해냈구나 ああ, とうとうやり遂げたな.

-하⁴(下) 接尾 …下; …(の)もと. ‖지배하에 있다 支配下にある. 담임 선생님의 인솔하에 담任の先生の引率のもとで.

하강(下降)〖名自〗下降.↔상승(上昇).

하객(賀客)〖名〗お祝いの客.

하계(夏季)【-/-게】〖名〗夏季.

하고/hago/〖助〗…と. ‖빵하고 우유 パンと牛乳. 친구하고 한국에 놀러 다녀 왔다 友だちと韓国に遊びに行った. 그 사람은 우리하고 다르다 彼は私たちとは違う.

하고-많다【-만타】〖形〗非常に多い; たくさんある. ‖하고많은 것 중에서 이런 것을 고르다니 たくさんある中でこんなのを選ぶとは.

하관(下棺)〖名自〗埋葬のため棺を墓穴の中に降ろすこと.

하관²(下頷)〖名〗あごを中心とした顔の下の部分. ‖하관이 긴 얼굴 あごの長い顔.

하교(下校)〖名自〗下校.↔등교(登校). ‖하교 시간 下校時間.

하굣-길(下校ㅅ-)【-교낄/-굗낄】〖名〗下校の際. 下校途中.

하구(河口)〖名〗河口.

하권(下卷)〖名〗下巻.⓪상권(上卷)·중권(中卷).

하-극상(下剋上)【-끅쌍】〖名〗下克上. ‖하극상을 일으키다 下克上を起こす.

하급(下級)〖名〗下級(上級).↔상급(上級). ‖하급 공무원 下級公務員.

하급-반(下級班)【-빤】〖名〗下のクラス.↔상급반(上級班).

하급-생(下級生)【-쌩】〖名〗下級生.↔상급생(上級生).

하급-심(下級審)【-씸】〖名〗〖法律〗下級審.↔상급심(上級審).

하기¹(下記)〖名〗下記.↔상기(上記).

하기²(夏期)〖名〗夏期.↔동기(冬期). ‖하기 강습회 夏期講習会.

하기-방학(夏期放學)〖名〗(学校の)夏休み.↔여름 방학(-放学).

하기-시간(夏期時間)〖名〗サマータイム.↔서머 타임.

하기-휴가(夏期休暇)〖名〗=여름휴가(-休暇).

하기는 副 そういえば; もっとも; なるほど. ‖하기는 그럴 가능성도 있겠다 そういえば, そういう可能性もありうるね. 하기는 나라고 못 할 것도 없지 もっとも私とてできなくもない.

하기-야 副 そういえば; もっとも; なるほど. ‖하기야 말로서는 못 할 것이 없지 もっともと口だけならできないことはないさ.

하나

하나 /hana/ 〖数〗1人; 1つ; 1. ‖다 팔리고 하나 남았어요 全部売れて1つ残っています. 韓国語で, 韓国어에서 열까지 셀 수 있어요 韓国語で1から10まで数えられます. ✤後ろに助数詞が付く場合は한の形で用いられる. 한 명 一人.

— 一 〖名〗 ❶1; 1つ. ‖내 소원은 하나입니다 私の願いは1つだけです. 쓸 만한 접시가 하나도 없다 使えそうな皿が1つもない. 애는 딸 하나입니다 子どもは娘1人です. 가게에 손님이 하나도 없다 店にお客さんが1人もいない. ❷一体; 一丸. ‖전 사원이 하나가 되어 全社員が一丸となって. ▶하나 가득 いっぱい(に). 주머니에 하나 가득 사탕을 넣다 ポケットいっぱいに飴玉を入れる. ▶하나밖에 모르다【「1つしか知らない」の意で)愚直で生まじめだ. ▶하나부터 열까지 全部; すべて. 하나부터 열까지 마음에 안 든다 すべてが気に入らない. ▶하나는 알고 둘은 모른다 (「一は知って二は知らない」の意で)見の狭いことのたとえ. ▶하나를 보고 열을 안다 一を聞いて十を知る.

하나같다【-같따】〖形〗(皆)同じだ. ‖부모의 마음은 하나같다 親心は皆同じだ. **하나같-이** 副 例外なく. ‖그 집 사람들은 하나같이 성실하다 その家の人々は皆まじめだ.

하나-님〖名〗〖キリスト教〗神; 神様.

하나-하나 副 一つずつ; 一つ一つ. ‖하나하나 물어가면서 일을 배우다 一つずつ質問しながら仕事を教わる. 그 배우는 표정 하나하나가 살아 있다 その俳優は表情一つ一つが生き生きしている.

하녀(下女)〖名〗女中.

하느-님〖名〗〖カトリック〗神; 神様.

하는 連体【하ᄂ】 하다(する)の現在連体形.

하늘

하늘 /hanul/ ❶空; 天空; 大空. ‖하늘 높이 날아오르다 空高く

舞い上がる。밤하늘의 별 夜空の星. 푸른 하늘과 흰 구름 青い空と白い雲. ❷神;神様;天. ‖운은 하늘에 맡기다 運を天に任せる. ❸天国. ❹天気;空模様. ‖변덕스러운 가을 하늘 変わりやすい秋の天気. ▶하늘과 땅 天と地の違い;雲泥の差. ▶하늘 높은 줄 모르다「天の高さを知らない」の意で)限りない勢いで居丈高にふるまう. ▶하늘을 찌르다 勢いはなはだしい. ▶하늘이 두 쪽이 나도(「空が2つに割れても」の意で)何があっても;何が何でも;どういうことがあっても;どんなことがあっても. 하늘이 두 쪽이 나도 저 사람하고 결혼할 거예요 何があってもあの人と結婚します. ▶하늘의 별 따기[俗](「空の星摘み」の意で)不可能に近いこと. ▶하늘이 무너져도 솟아날 구멍은 있다[俗](「空が崩れ落ちても出る穴はある」の意で)困難な状況でもそれを切り抜ける道はある.

하늘-거리다[-대다] 自 軽くゆらりゆらりと)揺れる;ひらひら(と). ‖꽃잎이 바람에 하늘거리다 花びらが風に揺れる. 하늘거리는 원피스를 입고 있다 ひらひらのワンピースを着ている.

하늘-나라 [-라-] 名 天国.
하늘-다람쥐 名〖動物〗モモンガ(鼯鼠).
하늘-색 (-色) [-쌕] 名 空色.
하늘-소 [-쏘] 名〖昆虫〗カミキリムシ(髪切虫).
하늘-지기 名〖植物〗テンツキ(天突).
하늘-하늘 副自 ゆらゆら(と);ひらひら(と).

하늬-바람 [-니-] 名 西風. ➡船乗りの言葉.

하다¹ /hada/ 他〖하変〗❶(ある行為を)する;やる. ‖숙제를 하다 宿題をする. 공책에 낙서를 하다 ノートに落書きをする. 화장을 진하게 하다 化粧を濃くする. ❷(名詞的表わす行為を)行なう. ‖밥을 하다 ご飯を炊く. 산에서 나무를 하다 山で柴刈りをする. 큰소리로 노래를 하다 大きい声で歌う. ❸(ある表情・形を)する. ‖넥타이를 하고 있다 ネクタイをしている. 무서운 얼굴을 하고 패려el 무기 민을 l 주나 울 얼굴をして怖い顔をしてにらみつける. ❹(ある分野の仕事を)する;従事する. ‖영어 선생을 하고 있다 英語教師をしている. 월급쟁이를 하고 있다 サラリーマンをしている. ❺たしなむ. ‖술을 잘 하다 酒をたしなむ. 담배는 하세요? タバコは吸われますか. 술을 끊고 담배를 결혼하신 적이 있다. 담배는 하세요? タバコは吸われますか. ❻(…이)라고 하다の形で)…と呼ぶ;…と言う. ‖저런 얼굴을 미인이라고 한다 ああいう顔を美人と言う. ❼(…을〕…로〔해서(해서)]하다の形で)…にして;…として. ‖손자를 상대로 하여 바둑을 두다 孫を相手にして碁を打つ. 치즈를 안주로 하여 포도주를 마시다 チーズをおつまみにしてワインを飲む. ❽(…을[를]…기로 하다の形で)…をすることにする. ‖내일부터 영어를 열심히 공부하기로 했다 明日から英語を一生懸命勉強することにした. 오늘부터 담배를 끊기로 했다 今日からタバコをやめる[禁煙する]ことにした.

— 自 ❶…する;やる. ❷앞으로 어떻게 할 생각이야? これからどうするつもりの. 일도 자기 하기 나름이다 仕事もやり方次第だ. 사과가 하나에 천 원이다 リンゴが1個千ウォンをする. ❷できる. ‖영어는 좀 한다 英語は少しできる. ❸思う. ‖술을 좋아하나 해서 물어 보았다 お酒が好きかと思って聞いてみた. 바쁜가 해서 전화를 안 했다 忙しいかと思って電話をしなかった. …という. ‖서울에서 비빔밥이 가장 맛있다고 하는 가게 ソウルでビビンバが一番おいしいという店. 목표를 어떻게 달성할 것인가 하는 문제 目標をどう達成するかという問題. ❺[…고 해서などの形で]理由·原因を表わす;…ので;…から;…たりして. ‖돈도 없고 해서 못 갈 것 같소 お金もないから行けなさそう. ❻[…다(고) 하더라도の形で](としても. ‖돈을 잘 번다 하더라도 稼ぎがいいとしても. ❼[…기로 하다の形で]…ことにする. ‖내일 빨리 출발하기로 했다 明日早く出発することにした. 남자 친구와 헤어지기로 했다 彼と別れることにした. ❽[…것으로[걸로] 하다の形で]…ことにする. ‖아까 그 이야기는 없었던 것으로 합시다 さっきの話はなかったことにしよう.

하다² /hada/ 補動〖하変〗❶[…려(고) 하다]…しようとする形で)意志·意図を表わす;…と思っている. ‖내년에 한국에 가고자 한다 来年、韓国へ行こうと思っている. ❷[…(으)면 하다の形で]願望を表わす;…たい. ‖한 번 만났으면 한다 一度会いたい. ❸[…게 하다の形で]使役を表わす;…させる. ‖빨리 오게 하다 早く来させる. 이유를 설명하게 하다 理由を説明させる. ❹[…어야 하다;…아야 하다;…여야 하다の形で]当為を表わす;…なければならない;すべきだ. ‖내일은 회사에 빨리 나가야 한다 明日は早く会社に行かなければならない. 아침은 꼭 먹어야 한다 朝食は必ず食べなければならない. 오늘은 공부해야 한다 今日は勉強しないといけない. ❺[動詞の活用語尾-기에 助詞까지·로·만·조차などが加わった語に付いて]語意を強める. ‖밤을 새우기까지 하다 徹夜までする. 가끔 만나기도 하다 たまに会ったりもする. 울기만 하다 泣いてばかりいる. 때리기조차 하다 殴りさえする.

하다³ /hada/ [補動] [하图] ❶ [形容詞の活用語尾-기に助詞까지・도・만などが加わった語に付いて]語意を強める. ‖내 입에는 맛있기만 하다 私の口にはとてもおいしい. 예쁘기도 하다 とてもきれい. 밉기까지 하다 憎たらしい. ❷ [‥어야 하다 ‥어야만 하다 ‥어야 하다 ‥어야만 하다の形で]当為を表わす. ‖사람은 부지런해야 한다 人は勤勉でなければならない. 야구 선수는 발도 빨라야 한다 野球選手は足も速くなければならない.

-하다⁴ /hada/ [接尾] [하图] ❶ [一部の動作性名詞に付いて]動詞を作る. ‖외출하다 外出する. 공부하다 勉強する. 노래하다 歌う. 말하다 言う. ❷ [一部の名詞に付いて]形容詞を作る. ‖유명하다 有名だ. 우수하다 優秀だ. ❸ [一部の副詞に付いて]形容詞または動詞を作る. ‖다리가 휘청휘청하다 (足が)ふらふらする. 가슴이 두근두근하다 胸がどきどきする. ❹ [形容詞の活用語尾 -아·-어の後ろに付いて]動詞を作る. ‖무척 기뻐하다 非常に喜ぶ. 아이를 귀여워하다 子どもたちをかわいがる. ❺ [依存名詞 -척·양·듯などの後ろに付いて]補助動詞または補助形容詞を作る. ‖잘난 척하다 偉そうにふるまう; 威張る. 비가 올 듯하다 雨が降りそうだ.

하다못해 /hadamot⁽ʰ⁾e/ [副] せめて; 仕方なく. ‖애가 있으면 여름에 하다못해 물놀이로라도 가야 한다 子どもがいるなら夏にせめてプールでも行かないといけない. 하다못해 내가 가기로 했다 仕方なく私が行くことにした.

하단 (下段) [图] 下段. ↔중단 (中段)·상단 (上段).

하달 (下達) [图] [他] ↔상달 (上達).

하대 (下待) [图] [他] 目下に対する言葉遣いをすること. ↔공대 (恭待).

하도 /hado/ [副] あまりにも. ‖수업 중에 하도 졸려서 죽는 줄 알았어 授業中あまりにも眠くて死にそうだった. 하도 졸라서 사 주었다 あまりにもねだったので買ってあげた.

하도-급 (下都給) [图] (下)請け負い.
하도급-자 (下都給者) [-짜] [图] 下請け人.
하드-디스크 (hard disk) [图] 〖IT〗ハードディスク.
하드보일드 (hard-boiled) [图] ハードボイルド.
하드웨어 (hardware) [图] 〖IT〗ハードウェア. ↔소프트웨어.
하드커버 (hardcover) [图] ハードカバー.
하드 트레이닝 (hard training) [图] ハードトレーニング.

하등¹ (下等) [图] 下等. ↔고등 (高等).
하등-동물 (下等動物) [图] 〖動物〗下等動物.
하등-식물 (下等植物) [-씽-] [图] 〖植物〗下等植物.
하등² (何等) [图] [主に하등의・없다の形で]何の‥ない; 何ら‥ない. ‖하등의 도움이 안 되다 何の役にも立たない. 하등의 이유가 없다 何ら理由がない. — [副] [下に打ち消しの表現を伴って]何ら‥ない. ‖실력과 외모는 하등 관계가 없다 実力と外見は何ら関係がない.

하락 (下落) [图] [自] 下落. ↔상승 (上昇). ‖주가가 하락하다 株価が下落する.
하락-세 (下落勢) [-쎄] [图] (相場などの)下げ足. ↔상승세 (上昇勢).
하략 (下略) [图] [自] 下略; 後略.
하렘 (harem) [图] ハーレム.
하례 (賀礼) [图] 祝賀の儀礼.
하롱-거리다 [自] (言動などが)軽々しい.
하롱-하롱 [副] 軽く揺れる様子; 軽々しい様子.

하루 [图] ❶ (24時間の) 1日. ‖하루에도 몇 번씩 전화를 걸다 1日に何度も電話をかける. 하루에 여덟 시간 일하다 1日8時間働く. 충실한 하루를 보내다 充実した1日を過ごす. 하루 일과를 마치다 1日の仕事を終える. ❷ [하루는の形で] ある日. ‖하루는 그 사람이 나를 찾아왔다 ある日彼が私を訪ねてきた. ▸하루가 멀다고 [멀다 하고] 毎日のように.

하루-같이 [-가치] [副] 長い年月を1日の(変わりなく)一途に. ‖십 년을 하루같이 연구에 몰두하다 10年を一途に研究に没頭する.

하루-건너 [副] =하루걸러.
하루-걸러 [副] 1日おきに; 隔日に. ‖하루걸러 비가 오다 1日おきに雨が降る.
하루-바삐 [副] 1日でも早く.
하루-빨리 [副] 1日も早く. ‖하루빨리 통일이 되기를 바라고 있다 1日も早い統一を願っている.
하루-살이 [图] ❶ 〖昆虫〗カゲロウ. ❷ [比喩的に]はかないもの. ‖하루살이 인생 カゲロウのような人生.
하루-속히 (-速-) [-쏘키] [副] =하루빨리.
하루-아침 [副] [主に하루아침에の形で] 一朝一夕に; 突然. ‖하루아침에 사람이 변하다 突然人が変わる. 하루아침에 만들 수 있는 것은 아니다 一朝一夕に作れるものではない. 로마는 하루아침에 이루어지지 않았다 ローマは1日にして成らず.
하루 종일 (-終日) [副] 一日中. ‖하루 종일 집안에 처박혀 있다 一日中家の中に閉じこもっている. 하루 종일 비가 오고 있다 一日中雨が降っている.
하루-치 [图] 1日分.

하루-하루 图 그 날 그 날의 날; 日一日; 每日. ∥하루하루를 바쁘게 보내다 每日 忙しく過ごす.

— — 圖 日に日に; 日に日に; 日増しに. ∥하루하루 회복되고 있다 日に日に回復し つつある.

하룻-강아지 【-륻깡-/-룯깡-】 图 ① 生まれて間もない子犬. ② 青二才. 하룻강아지 범 무서운 줄 모른다 俚 (「生まれたばかりの子犬は虎の恐ろしさを 知らない」の意で)盲蛇に怖じず.

하룻-길 【-룯낄/-룯낄】 图 1日の道のり.

하룻-밤 【-룯빰/-룯빰】 图 一晩; 一夜. ∥하룻밤 재워 주세요 一晩泊めてく ださい.

하류 (下流) 图 ②상류(上流). ㉮下流 (上流). ∥댐 하류 ダムの下流. 하류사 회 下流社会.

하릴-없다 【-럴업따】 圈 仕方ない; どうすることもできない; なすすべがない. **하릴 없-이** 하릴없이 집에서 뒹굴고 있 다 仕方なく家でごろごろしている.

하마 (河馬) 图 動物 カバ(河馬).

하마터면 /hamat^hǝmjǝn/ 圖 危うく; すんでところで. ∥하마터면 큰일날 뻔했다 危うく大事に至るところだった. 하마터면 차에 치일 뻔했다 すんでのところで車にひ かれるところだった.

하마-평 (下馬評) 图 下馬評. ∥하마 평에 오르다 下馬評に上る.

하마-하마 ❶ 機会などがどんどん近 づく樣子: 今にも. ❷ 今か今かと. ∥결과 발표를 하마하마 기다리다 結果発表を 今か今かと待ちわびる.

하명 (下命) 图 하他 下命.

하모니 (harmony) 图 音楽 ハーモニー.

하모니카 (harmonica) 图 音楽 ハー モニカ.

하물 (荷物) 图 荷物; 貨物. ㉮짐.

하물며 /hamulmjǝ/ 圖 まして; ましてや. ∥하물며 너까지. ましてや お前まで. 大人も持ち上げられないのを ましてや子供が持ち上げられるでしょう か.

하반 (下半) 图 下半.

하반-기 (下半期) 图 下半期. ㉮상반 기(上半期). ∥하반기 계획안 下半期 の計画案.

하반-부 (下半部) 图 下半部. ㉮상반 부(上半部).

하반-신 (下半身) 图 下半身. ㉮상반 신(上半身). ∥하반신 불수 下半身不 随.

하방 (下方) 图 下方. ㉮상방(上方).

하복 (夏服) 图 夏物; 夏服. ㉮동복 (冬服); 춘추복(春秋服).

하복-부 (下腹部)【-뿌】 图 下腹部.

하부 (下部) 图 下部. ∥하부 조직 下部組織. 하부구조 (下部構造) 图 下部構造.

하블싸 圖 失敗や物忘れなどに気づいた 時に発する語: しまった.

하사¹ (下士) 图 軍事 下士. ㉮상사 (上士)·중사(中士).

하사-관 (下士官) 图 軍事 下士官.

하사² (下賜) 图 하他 下賜 (下).

하산 (下山) 图 自 下山. ㉮등산 (登山)·입산 (入山).

하상 (河床) 图 河床; 川底. ㉮강바닥 (江-).

하선 (下船) 图 自 下船. ㉮승선 (乗船).

하소연 图 하他 (事情を切々と)訴える こと. ∥억울함을 하소연하다 無念を訴 える.

하수¹ (下水) 图 下水. ㉮상수 (上水). ∥하수 처리 下水処理.

하수-관 (下水管) 图 下水管.

하수-구 (下水溝) 图 下水溝; どぶ.

하수-도 (下水道) 图 下水道. ㉮상수 도 (上水道).

하수² (下手下數) 图 技量などが劣っ ている人. ㉮상수 (上手).

하수-인 (下手人) 图 下手人.

하숙 (下宿) 图 하自 ha:suk 下宿. ÷ 一般的に学生を対象にし、1日2食が つく.

하숙-비 (下宿費)【-삐】 图 下宿代.

하숙-생 (下宿生)【-쌩】 图 下宿生.

하숙-집 (下宿-)【-찝】 图 下宿屋; 下 宿先. ∥하숙집을 구하다 下宿先を探 す.

하순 (下旬) 图 下旬. ㉮상순 (上旬)·중순(中旬).

하시 (何時) 图 いつ; どんな時.

하악 (下顎) 图 下あご. ㉮상악 (上顎).

하악-골 (下顎骨)【-꼴】 图 解剖 下 顎骨. ㉮아래턱뼈. ㉮상악골 (上顎 骨).

하안 (河岸) 图 河岸; 川岸. ㉮강기슭 (江-).

하야 (下野) 图 하自 下野 (官職を辞し て民間に下ること).

하얀 圈 ㉠변 하얗다(白い)の現在連 体形.

하양 (下野) 图 ❶ 白. ❷ 白色の染料.

하얗다 /hajat^ha/【-야타】圈 ㉠변 【하얘, 하얀】真っ白い; 真っ 白だ. ∥눈이 내려 바깥이 하얗다 雪が 降って外が真っ白だ. 하얀 손수건 真っ 白いハンカチ. ㉮허옇다.

하얘 圈 하얗다(白い)の連用形.

하얘-지다 图 自 ❶ 白くなる. ∥세제에 담 가둔 빨래가 하얘지다 洗剤につけておい た洗濯物が白くなる. 나이가 들어 머 리가 하얘지다 年をとって髪の毛が白く

하여 自他 [하변] 하다(する)の連用形.

하여-간 (何如間) /hajʌgan/ 副 とにかく;ともかく;何はともあれ;いずれにしても;いずれにせよ. ∥하여간 최선을 다할 뿐이다 とにかく最善を尽くすだけだ. 하여간 내가 시키는 대로 해라 とにかく私の言う通りにしなさい.

하여간-에 (何如間-) 副 =하여간. ∥하여간에 이달 말까지는 제출해 주세요 とにかく、今月末までには提出してください.

하여-금 副 […으]로 하여금 …に[게 만들다]の形で]…に[をして]…せしめる;…に[をして]…させる. ∥그 한마디는 나로 하여금 많은 것을 생각하게 만들었다 その一言は私に多くのことを考えさせた.

하여-튼 (何如-) 副 とにかく;ともかく. ∥하여튼 그 안에는 반대다 とにかくその案には反対だ. 하여튼 그 문제가 걱정이다 とにかくその問題が心配だ.

하역 (荷役) 名他 荷役(にぇき). ∥하역 작업 荷役作業.

하염-없다 [-어멉따] 形 ❶〈心が〉うつろで、虚しい. ❷とめどない;限りない. **하염없이** 副 ∥하염없이 눈물이 흐르다 とめどなく涙がこぼれる.

하오 (下午) 名 下午;午後;昼過ぎ. ⇔오후(午後).

하우스 (house) 名 ❶家;ハウス. ∥모델 하우스 モデルハウス. ❷비닐 하우스の略語.

하우징 (housing) 名 ハウジング.

하원 (下院) 名 下院. ⇔상원(上院).

하위 (下位) 名 下位. ⇔상위(上位)・고위(高位). ∥하위 관리 下級官吏. 하위 개념 下位概念.

하의¹ (下衣) 名 [-/-이] ズボン・スカートなど腰より下に着用するもの. ⇔상의(上衣).

하의² (下意) 名 [-/-이] 下意. ∥하의 상달 下意上達.

하이-넥 (←high necked collar) 名 ハイネック.

하이 다이빙 (high diving) 名 〈水泳〉高飛び込み.

하이라이스 (←hashed rice) 名 ハヤシライス.

하이라이트 (highlight) 名 ハイライト. ∥이번주의 하이라이트 今週のハイライト. 개막식의 하이라이트 開幕式のハイライト.

하이볼 (highball) 名 (飲み物の)ハイボール.

하이-비전 (←high television) 名 ハイビジョン.

하이에나 (hyena) 名 〈動物〉ハイエナ.

하이잭 (hijack) 名他 ハイジャック.

하이킹 (hiking) 名自 ハイキング.

하이테크 (hightech) 名 ハイテク.

하이틴 (high + teen 日) 名 ハイティーン.

하이파이 (hi-fi) 名 ハイファイ. ✢ high fidelityの略語.

하이퍼-링크 (hyper link) 名 (IT) ハイパーリンク.

하이퍼-텍스트 (hypertext) 名 (IT) ハイパーテキスト.

하이픈 (hyphen) 名 ハイフン(-). ⇔붙임표(-標).

하이-힐 (←highheeled shoes) 名 ハイヒール.

하인 (下人) 名 下人;下男;下女;しもべ;召使い.

하인-배 (下人輩) 名 下人衆;しもべのやから;下使いら.

하자 (瑕疵) 名 ❶きず;欠点. ❷法的に何らかの欠陥や欠点があること.

하잘것-없다 [-꺼덥따] 形 取るに足りない;くだらない;つまらない. ∥하잘것없는 일로 친구하고 싸우다 つまらないことで友だちとけんかする.

하종-가 (下終價) [-까] 名 〈経〉ストップ安;(その日の)安値. ⇔상종가(上終價).

하중 (荷重) 名 荷重.

하지 (夏至) 名 〈天文〉(二十四節気の)夏至(げし). ⇔동지(冬至).

하지-선 (夏至線) 名 〈天文〉夏至線;北回帰線.

하지-점 (夏至點) [-쩜] 名 〈天文〉夏至点.

하짓-날 (夏至ㅅ-) [-진-] 名 夏至の日.

하지만 /hadʒiman/ 副 けれども;だが;しかし. ∥가난하다. 하지만 행복하다 貧しいが幸せだ. 열심히 했다. 하지만 결과는 좋지 않았다 一生懸命やった、しかし結果はよくなかった.

하직 (下直) 名自他 ❶暇(いとま)ごい;長い別離に先立っての挨拶. ∥하직 인사를 하다 別れの挨拶をする. ❷〈世から離れること;旅立つこと. ∥세상을 하직하다 世を捨てる;あの世に旅立つ;死ぬ.

하차 (下車) 名自 下車. ⇔승차(乘車). ∥도중하차하다 途中下車する.

하찮다 [-찬타] 形 つまらない;くだらない;ちっぽけだ. ∥하찮은 일이다 ちっぽけだ. 하찮은 것이 아니다 大したことではない.

하책 (下策) 名 下策. ⇔상책(上策).

하처 (何處) 名 どこ;どんなところ.

하천 (河川) 名 河川. ∥하천이 범람하다 河川が氾濫(はんらん)する.

하천 부지 (河川敷地) 名 河川敷.

하청 (下請) 名 下請け. ∥하청을 주다 下請けに出す. 대기업 일을 하청 맡다

大手企業の仕事を下請する.
하청-인(下請人) 图 下請け人.
하체(下體) 图 下半身. ⑰상체(上體).
하층(下層) 图 下層. ⑰상층(上層).
　하층계급(下層階級)【-/-께-】图 下層階級. 下流階級.
하치-장(荷置場) 图 置き場. ‖쓰레기 하치장 ごみ置き場.
하켄(Haken^F/하-) 图〖登山で〗ハーケン.
하키(hockey)【スポーツ】ホッケー.
하트(heart) 图〖トランプのカードの〗ハート.
하편(下篇) 图 下巻. ⑪상편(上篇)・중편(中篇).
하품¹/hap^hum/ 图 自団 あくび. ‖하품이 나오다 あくびが出る. 하품을 하다 あくびをする. 나오는 하품을 참다 あくびをかみ殺す.
하품²(下品) 图 下等品. ⑪상품(上品)・중품(中品).
하프(harp)【音楽】ハープ. ‖하프를 뜯다 ハープを弾く. ハープを奏でる.
하프²(half) 图 ハーフ❶半分. ❷混血児.
하프백(halfback) 图〖サッカー・ラグビーなどで〗ハーフバック.
하프코트(half coat) 图 ハーフコート; 半コート. ⑱반코트(半-).
하프타임(half time) 图〖サッカー・ラグビーなどで〗ハーフタイム.
하필(何必)/hap^hil/ 图 どうして; 何で. ‖하필 나를 부를까? どうして私を呼んだろう.
하필-이면(何必-) 图 よりによって; こともあろうに. ‖하필이면 내가 탄 차가 고장이 났다 よりによって私の乗っていた車が故障した.
하하¹ 圓 自団 うれしい時に出す大きな笑い声:ははは.
하하² 圓 ❶あきれて嘆く時の声: はは. ‖하하, 이걸 어떡하지? はは, これをどうすればいいんだ. ❷思い当たった時や納得した時に発する語: ははあ.
하한(下限) 图 下限. ⑰상한(上限).
　하한-가(下限價)【-까】(經) =하종가(下終價). ⑪상한가(上限價).
　하한-선(下限線) 图 下の方の限度. ⑪상한선(上限線).
하행(下行) 图 自団〖首都から地方へ〗下ること. ⑪상행(上行).
　하행-선(下行線) 图 下り車線. ⑪상행선(上行線).
　하행열차(下行列車)【-녈-】图 下り列車.
하향(下向) 图 下向; 下落. ⑪상향(上向).
하향-세(下向勢) 图 下落傾向(に);〔相場の〕下げ足. ‖물가가 하향세를 보이다 物価が下落傾向を見せる.

하현(下弦)图〖天文〗下弦. ⑰상현(上弦).
　하현-달(下弦-)【-딸】图〖天文〗下弦の月. ⑰상현달(上弦-).
하혈(下血) 图 自団 下血.
하회(下廻)【-/-훼】图 自団 下回ること. ⑰상회(上廻). ‖금년도 실적이 예상치를 하회할 전망이다 今年度の実績が予想値を下回る見通しだ.
학¹(鶴)/hak/ 图〖鳥類〗ツル(鶴).
학²(瘧) 图【학질(瘧疾)の略語】マラリア. ‖학을 떼다 ひどい目にあう; あきれ返る.
-학³(學)逐尾…学. ‖경제학 経済学. 물리학 物理学.
학계(學界)【-께/-게】图 学界.
학과¹(學科)【-꽈】图 学科. ‖국문학과 国文学科. 학과별로 学科ごとに.
　학과-목(學科目) 图 学科目.
학과²(學課)【-꽈】图 学課.
학교(學校)/hak^hkjo/【-꾜】图 学校. ‖초등학교 小学校. 학교 교육 学校教育. 학교에 다니다 学校に通う.
　학교-문법(學校文法)【-꾜-뻡】图 学校文法.
　학교-법인(學校法人)【-꾜-】图 学校法人.
　학교-장(學校長) 图 学校長.
학구¹(學究)【-꾸】图 学究.
　학구-열(學究熱) 图 学究熱.
　학구-적(學究的) 图 学究的.
학구²(學區)【-꾸】图 学区.
학군(學群)【-꾼】图〔ソウル・釜山など主要都市で中高新入生の配置のために分けた〕学校群.
학급(學級)【-끕】图 学級; クラス.
학기(學期)【-끼】图 学期. ‖신학기 新学期. 이번 학기 今学期. 학기 말 学期末.
학년(學年)/haŋɲən/【항-】图 学年. ‖같은 학년이다 同じ学年だ. 최고 학년 最高学年. 고학년 高学年.
　── 依名 …年生. ‖초등학교 삼 학년 小学校3年生. 몇 학년이에요? 何年生ですか.
학대(虐待)【-때】图 他団 虐待. ‖포로를 학대하다 捕虜を虐待する. 아동 학대 児童虐待. **학대-당하다** 受団.
학도(學徒)【-또】图 学徒.
학도-병(學徒兵) 图 学徒兵.
학력¹(學力) 图 学力. ‖학력 저하 문제 学力低下問題. 기초 학력이 저하되다 基礎学力が低下する.
학력²(學歷)【-녁】图 学歴. ‖최종 학력 最終学歴. 학력 사회 学歴社会.
학령(學齡)【항녕】图 学齢.
　학령-기(學齡期) 图 学齢期.
학맥(學脈)【항-】图 出身学校を仲立ちとした人脈.
학명(學名)【항-】图〖生物〗学名.
학무(學務)【항-】图 学務.

학문 (學問) /hanmun/ 【항-】 [한] 学問. ‖학문의 자유 学問の自由. 학문에 뜻을 두다 学問を志す.

학문-적 (學問的) 【-쩍】 [관] 学問的. ‖학문적인 관심 学問的関心. 학문적으로 입증되다 学問的に立証される.

학번 (學番) 【-뻔】 [명] ❶ (大学の)学籍番号. ❷ 下2桁を用いる入学年度. ‖몇 학번입니까? 何年度入学ですか. 05학번입니다 2005年度入学です.

학벌 (學閥) 【-뻘】 [명] 学閥.

학보 (學報) [명] 学報.

학부 (學府) 【-뿌】 [명] 学府. ‖최고 학부 最高学府.

학부 (學部) 【-뿌】 [명] 学部. ‖경제 학부 経済学部. 학부 학생 学部の学生.

학-부모 (學父母) 【-뿌-】 [명] 学生の父母.

학-부형 (學父兄) 【-뿌-】 [명] 学生の父兄.

학비 (學費) 【-삐】 [명] 学費. ‖학비를 벌다 学費を稼ぐ. 아이가 셋이라서 학비가 많이 든다 子どもが3人いるので学費がかなりかかる.

학사¹ (學士) 【-싸】 [명] 学士.

학사² (學舍) 【-싸】 [명] 学舎; 校舎.

학사³ (學事) 【-싸】 [명] 学事. ‖학사 보고 学事報告. 학사 일정 学事日程.

학살 (虐殺) 【-쌀】 [한他] 虐殺. **학살-당하다** 受動

학생 (學生) /hakˈsɛŋ/ 【-쌩】 [명] 学生; 生徒. ‖초등학생 小学生. 학생 할인 学生割引. 여학생 女学生.

학생-복 (學生服) 【-쌩-】 [명] 学生服.

학생-운동 (學生運動) 【-쌩-】 [명] 学生運動.

학생-증 (學生證) 【-쌩쯩】 [명] 学生証.

학설 (學說) 【-썰】 [명] 学説. ‖새로운 학설을 주장하다 新しい学説を唱える.

학수-고대 (鶴首苦待) 【-쑤-】 [한他] (鶴のように)首を長くして待ちわびること. ‖축구 팬들은 월드컵을 학수고대하고 있다 サッカーファンはワールドカップを待ちわびている.

학술 (學術) 【-쑬】 [명] 学術. ‖학술 논문 学術論文. 학술 단체 学術団体. 학술 조사 学術調査.

학술-어 (學術語) 【-쑤러】 [명] 学術用語.

학술-적 (學術的) 【-쑬쩍】 [관] 学術的.

학술-지 (學術誌) 【-쑬찌】 [명] 学術誌.

학술-회의 (學術會議) 【-쑬-/-쑬훼이】 [명] 学術会議.

학습 (學習) /hakˈsɯp/ 【-씁】 [한他] 学習. ‖학습 효과 学習効果. 학습 참고서 学習参考書. 새로운 과목을 학습하다 新しい教科を学習する. **학습-되다** 受動

학습-서 (學習書) 【-씁써】 [명] 学習書.

학습-장 (學習帳) 【-씁짱】 [명] 学習帳.

학습-지 (學習紙) 【-씁찌】 [명] 定期的に家庭に配達される学習用問題用紙.

학승 (學僧) 【-씅】 [명] (仏教) 学僧.

학식 (學識) 【-씩】 [명] 学識. ‖학식이 풍부한 사람 学識豊かな人.

학업 (學業) [명] 学業. ‖학업에 전념하다 学業に専念する.

학연 (學緣) [명] 出身学校を仲立ちとした縁故.

학예 (學藝) [명] 学芸.

학예-란 (學藝欄) [명] 学芸欄.

학예-회 (學藝會) 【-/-훼】 [명] 学芸会.

학용-품 (學用品) [명] 学用品.

학우 (學友) [명] 学友.

학우-회 (學友會) 【-/-훼】 [명] 学友会.

학원¹ (學院) /hagwon/ [명] 私設教育機関の総称. ‖운전 학원에 다니고 있다 自動車教習所に通っている. 영어학원 英語塾. 컴퓨터 학원 パソコン教室. 대입 학원 予備校.

학원² (學園) [명] 学園.

학위 (學位) [명] 学位. ‖학위를 받다 [따다] 学位を取る. 박사 학위 博士学位.

학익-진 (鶴翼陣) 【-쩐】 [명] 鶴翼(じ)の陣.

학자 (學者) 【-짜】 [명] 学者. ‖학자적 양심 学者としての良心. 대학자 大学者. 어용 학자 御用学者.

학자-금 (學資金) 【-짜-】 [명] 学資金.

학장 (學長) 【-짱】 [명] 学長; 学部長.

학적 (學籍) 【-쩍】 [명] 学籍.

학적-부 (學籍簿) 【-쩍뿌】 [명] 学籍簿.

학점 (學點) 【-쩜】 [명] (大学や大学院での)単位. ‖학점을 따다 単位を取る.

학정 (虐政) 【-쩡】 [명] 虐政.

학제 (學制) 【-쩨】 [명] 学制.

학질 (瘧疾) 【-찔】 [명] (医学) マラリア. ®말라리아. ®학(瘧).

학창 (學窓) [명] 学窓; 学校. ‖학창 시절 学生時代.

학칙 (學則) [명] 学則.

학파 (學派) [명] 学派. ‖스토아 학파 ストア学派.

학풍 (學風) [명] 学風.

학회 (學會) 【하긔/하퀘】 [명] 学会. ‖국어 학회 国語学会.

한¹ (恨) /haːn/ [명] 恨み; 怨恨; 悔い. ‖한을 품다 恨みをいだく. 한을 풀다 恨みを晴らす. 천추의 한을 남기다 悔いを千載に残す. 지금 죽어도 한이 없다 今死んでも悔いはない.

한² (韓) [명] (姓) 韓(ハン).

한³ (漢) [명] [歷史] (中国王朝の)漢(前403〜前230).

한⁴ (限) [한自] ❶限り; 果て; 切り;

限ること. ‖욕심을 부리자면 한이 없다 欲を言い出せば切りがない. 최종회에 해서 입장료는 오전 원입니다 最終回に限り入場料は5千ウォンです. ❷ 〔…수 있는 한의 形で〕…限り. ‖될 수 있는 한 빨리 들어오세요 できる限り早く帰って来なさい.

한⁵ ❶ 〔하나가 助数詞의 前에 来る形으로〕 1つの; 1(つ)…; 一(つ)…. ‖한 번 1度; 1回. 한 두 개 1つか2つ. 한마디 一言. ❷ 片. ‖한 손 片手. 한시도 片時도. 잠깐 짝 手few. ❸ 同じ. ‖한 학년이다 同じ学年だ. ❹ 約; 내외. ‖한 달은 걸릴 것 같다 約1か月はかかりそうだ.

한⁶ 自他 〔하変〕 하다(する)의 過去連体形.

한-⁷ 接頭 ❶ 大きい; えらい; 偉大だ. ‖한 대통 大通り. 한시름 大きな心配事. ❷ 〔時間的으로〕 盛り. ‖한여름 真夏. ❸ 〔空間的으로〕 真ん中; ど真ん中. ‖서울의 한복판 ソウルのど真ん中.

한-가득 いっぱい(に). ‖한가득 짐이 실이있었다.

한-가락 ❶ 歌의 1曲調. ❷ 〔어느 方面에서의〕 優れた才能. ‖젊은 시절에는 한가락 했다 若い時には鳴らしたものだ. ▶한가락 뽑다 見事なのを披露する. ▶한가락 하다 〔俗っぽい言い方で〕 鳴らす.

한가-롭다 (閑暇—) 〔-따〕 形 〔ㅂ変〕 暇だ; のんびりとしている. ‖한가로울 때 놀러 오세요 暇な時, 遊びに来てください. **한가로이** 副 のんびり(と). ‖한가로이 공원을 거닐다 のんびりと公園を散歩する.

한-가운데 /hangaunde/ 名 真ん中; ど真ん中. 漢 한복판. ‖방 한가운데 部屋의 真ん中. 한가운데 방 真ん中의 部屋. 날짜 변경선은 태평양 한가운데에 있다 日付変更線は太平洋の真ん中にある.

한-가위 名 中秋. ✚陰暦의 8月 15日.

한가윗-날 〔-윋-〕 名 =한가위.

한-가지 名 同じ. ‖가격은 달라도 맛은 한가지다 値段は違っても味は同じだ.

한가-하다 (閑暇—閑暇—) 形 〔하変〕 暇だ; 忙しくない; のんびりする. ‖오늘은 한가하다 今日は暇だ. 한가한 오후 のんびり(と)した午後.

한갓 〔-간-〕 副 ただ; 単に. ‖그것은 한갓 공상에 지나지 않는다 それは単なる空想に過ぎない.

한강 (漢江) 名 ❶ 〔地名〕 漢江. ✚ソウルの中心部を流れる川. ❷ 〔比喩的に〕 水浸し. ▶한강에 돌 던지기(의) 〔「漢江に石投げ」의 意で〕 いくら努力しても効果のないことのたとえ.

한-걸음 名 一足; 一歩. ‖천리길도 한걸음부터 千里の道も一歩から.

한걸음-에 副 一走りに. ‖한걸음에 달려가다 一走りに駆けつける.

한-겨울 名 真冬. 反한여름.

한-결 名 一段; 一層. ‖한결 돋보이다 一段と見栄えがする. 얼굴이 희어서 한결 예쁘게 보이다 色白なので一層きれいに見える.

한결-같다 /hanɡjəlɡat̚ta/ 〔-갇따〕 形 一途だ; 終始一貫している; 変わりない; 皆同じ; 変わらずに同じだ. ‖한결같은 마음 一途な思い. 자식의 행복을 바라는 부모의 마음은 한결같다 子どもの幸せを願う親の気持ちは皆同じだ. **한결같-이** 副 一途に; 一様に; どれも. ‖동화는 한결같이 해피앤딩으로 끝난다 童話はどれもハッピーエンドで終わる.

한계 (限界) /ha:nɡe/ 〔-/-게〕 名 限界. ‖체력의 한계를 느끼다 体力の限界を感じる. 한계에 도전하다 限界に挑む. 한계에 달하다 限界に達する.

한계-상황 (限界狀況) 名 限界状況.

한계-선 (限界線) 名 限界線.

한계-효용 (限界效用) 名 〔経〕 限界効用.

한-고비 名 正念場; 峠; 山場. ‖병이 한고비를 넘겼다 病状が峠を越した.

한과 (漢菓·漢果) 名 油蜜菓(油蜜菓)의 一種.

한-구석 名 片隅. ‖가을이면 왠지 마음 한구석이 허전하다 秋になるとなぜか心の片隅にぽっかりと穴が開いたようだ.

한국 (韓國) 名 〔国名〕 韓国. ‖한국 사람 韓国人. 한국 요리 韓国料理.

한국-말 (韓國-) 〔-궁-〕 名 韓国語.

한국-사 (韓國史) 名 韓国史.

한국-어 (韓國語) 名 韓国語.

한국-인 (韓國人) 名 韓国人.

한국-적 (韓國的) 〔-쩍〕 名 韓国的.

한-군데 名 一か所; 一点; 同じ所; 一堂. ‖한군데로 모으다 一か所に集める. 한군데도 흠 잡을 곳이 없다 一点も非の打ち所がない.

한글 /hanɡɯl/ 名 ハングル. ✚韓国語(朝鮮語)의 表記에 用いられる音節文字. 「偉大なる文字」という意味.

한글-날 〔-랄〕 名 ハングルの日. ✚1446 年のハングル頒布を記念する日. 10月9日.

한기 (寒氣) 名 寒気(さむけ). ‖한기가 들다 寒気がする.

한-길 名 大通り.

한꺼번에 /han'kəbəne/ 一度に; いっぺんに; 一気に; 大挙して; 一まとめに. ‖손님이 한꺼번에 몰려들다 客がいっぺんに押し寄せる. 밀려 있던 일을 한꺼번에 해치우다 たまっていた仕事を一気に片付ける.

한-껏 (限-) 〔-껃〕 副 できる限り(いっぱい); 力の限り; 精一杯; 思い切り. ‖신선

한-공기 한 공기를 한껏 들이쉬다 新鮮な空気を胸いっぱい吸い込む. 한껏 멋을 내다 精一杯めかし込む.
한-나절 图 半日.
한-날 图 同じ日.
　한날-한시 (-時) 图 同じ日の同じ時間帯. 한날한시에 태어나다 同じ日の同時間帯に生まれる.
한-낮 图 真昼. 麼낮.
한날 [-날] 副 単に; 一面. ‖한날 변명에 지나지 않다 単なる言い訳に過ぎない.
한-눈 图 よそ見; わき見. ‖한눈을 팔다 よそ見する.
　한눈-에 /hannune/ 副 一目で. ‖한눈에 알아보다 一目で分かる. 한눈에 반하다 一目惚れする. 시내가 한눈에 들어오는 전망대 市内が一望できる展望台.
한단몽 (邯鄲の夢) 图 邯鄲(然)の夢.
　한단지몽 (邯鄲之夢) 图 =한단몽(邯鄲夢).
한달음-에 副 一走りで; 一足飛びに.
한대 (寒帶) 图 [地] 寒帯.
　한대 기후 (寒帯氣候) 图 [地] 寒帯気候.
　한대-림 (寒帯林) 图 寒帯林.
한-데¹ 图 屋外; 戸外; 家の外.
한-데² 图 一か所; 同じ所; 一軍同所. ‖한데에 모아 두다 一か所に集めておく.
한뎃-잠 [-데짬/-덷짬] 图 野宿; 露宿. ‖한뎃잠을 자다 野宿する.
한도 (限度) /hado/ 图 限度; 限界. ‖한도를 넘다 限度を越える. 참는 데도 한도가 있다 我慢にも限界がある. 한도까지 왔다 限度に来ている.
한-동갑 (-同甲) 图 同い年.
한-동기 (-同氣) 图 (同じ親から生まれた) 兄弟姉妹.
한-동안 图 一時; 一時期; しばらく. ‖한동안 소식이 돌하다 しばらく消息が途絶えている. 한동안 부산에 산 적이 있다 一時期釜山に住んでいたことがある.
한-두 冠 1つか2つ; 1人か2人. ‖두 달은 문제없다 1, 2か月は問題ない. 한두 개만 주세요 1個か2個ください. 우산을 잃어 버린 게 한두 번이 아니다 傘をなくしたのが1度や2度ではない. 한두 명은 오겠지 1人か2人は来るだろう.
한-둘 數 1人か2人. 1つか2つ. ‖찾아오는 사람이 한둘이 아니다 訪ねてくる人が1人や2人ではない.
한들-거리다 [-대다] 自 ゆらゆらする; 軽く揺れる. ‖코스모스가 바람에 한들거리다 コスモスが風に揺れる.
한들-한들 副 (副) (風に) 軽く揺れ動く様子: ゆらゆら.

한-때 /hanʔt͈ɛ/ 图 ひと時; 一時(涼); 一時; かつて. ‖즐거운 한때를 보내다 楽しいひと時を過ごす. 한때 유명했った俳優.
한라-봉 (漢拏峰) [할-] 图 [植物] (濟州島産の)デコポン.
한라-산 (漢拏山) [할-] 图 [地名] 漢拏山. 濟州島にある山. 海抜 1950 m.
한란 (寒暖) 图 寒暖.
　한란-계 (寒暖計) [할-/할-게] 图 寒暖計.
한랭 (寒冷) 图 [地形] 寒冷.
　한랭 전선 (寒冷前線) 图 [地] 寒冷前線. ⑤온난 전선 (溫暖前線).
　한랭지 농업 (寒冷地農業) [할-] 图 寒冷地農業.
한량 (閑良·閒良) [할-] 图 プレーボーイ.
한량-없다 (限量-) [할-업따] 图 限りない; とめどない. **한량없이** 副 限りなく. ‖눈앞이 흐리다 とめどなく涙があふれる.
한로 (寒露) 图 (二十四節気の) 寒露(%).
한류¹ (寒流) [할-] 图 [地] 寒流. ②난류 (暖流).
한류² (韓流) [할-] 图 韓流.
한-마디 图 一言. ‖한마디도 하지 않다 一言も言わない. 한마디도 놓치지 않고 듣다 一言も聞き漏らさない.
한-마음 图 一心; 心を一つにすること. ‖한마음 한뜻 一致団結すること. 한마음 한뜻으로 일하다 一致団結して仕事する.
한말 (韓末) 图 [舊韓末(旧韓末)の略語] 大韓帝国(1897~1910)の末期.
한-모퉁이 图 一角.
한-몫 [-목] 图数(图数) 一人前; 一役. ‖그 사람이 이번 프로젝트의 성공에 한몫했다 彼が今回のプロジェクトの成功に一役買った.
한문 (漢文) [하:nmun] 图 漢文.
　한문-체 (漢文體) 图 漢文体.
　한문-학 (漢文學) 图 漢文学.
한물-가다 /hanmulgada/ 自 ❶ (野菜·果物などの)旬が過ぎる; 盛りを越す. ‖수박도 한물갔다 スイカも旬が過ぎた. 더위도 한풀 꺾인 것 같다 暑さも峠を越したようだ. ❷すたれる; 衰える; ブームが過ぎる; 下火になる. ‖홍콩 영화도 한물갔다 香港映画も下火になった.
한미 (韓美) 图 米韓; 韓国とアメリカ.
한-민족 (韓民族) 图 朝鮮民族.
한-민족 (漢民族) 图 (中国の)漢民族. ⑧한족 (漢族).
한-밑천 [-믿천] 图 一財産; 一山. ‖한밑천 잡다 一山当てる.
한-바다 图 大海原.
한-바탕 /hanbatʰaŋ/ 图 一幕; 一騒ぎ; -しきり. ‖한바탕 소란을 피우다

一騷動する. 비가 한바탕 쏟아질 모양이다 ―しきり雨が降りそうだ. 어제 친구하고 한바탕했다 昨日友だちと大喧嘩をした.

한-반도(韓半島) 图 [地名] 朝鮮半島.

한-발¹〔1歩の意から〕图 少し. ∥뛰어갔지만 한발 늦었다 走っていったが, 少し遅れた.

한발²(旱魃) 图 旱魃(かん). 卿가물.

한밤 (早魃) 图 =한밤중.

한-밤중(-中) 图 真夜中; 深夜; 遅い夜. ∥한밤중에 이상한 전화가 걸려왔다 深夜変な電話がかかってきた. 이 한밤중에 어디 가니? こんな夜遅くどこへ出かけるの.

한-방¹(-房) 图 同室; 同じ部屋. ∥여동생하고 한방을 쓰고 있다 妹と同じ部屋を使っている.

한방²(漢方) 图 漢方.

한방-약(韓方藥) 图 〔-냑〕 漢方薬.

한방-의(韓方醫) 图 〔-/-이〕 漢方医.

한-배¹ 图 乗り合わせること. ∥한배를 탄 운명 同じ船に乗った運命.

한-배²〔동복(同腹)の俗語〕图 同腹.

한번(-番) 图 1回; 1度; いっぺん. ∥단 한번의 기회 たった1度のチャンス. 한번 1回 1度.

――いったん. ∥한번 시작하면 끝까지 해야 한다 1度始めたら最後までやらなければならない.

한복(韓服) 图 韓国·朝鮮の伝統衣装.

한복판 /hanbokp'an/ 图 真ん中; ど真ん中. 興한가운데. ∥뉴욕 한복판에서 테러가 발생하다 ニューヨークのど真ん中でテロが発生する.

한사코(限死-) 圖 命がけで; 必死で; 頑として. ∥범인은 한사코 범행을 부인했다 犯人は頑なに犯行を否認した.

한산-하다(閑散-閑散-) 图 [하변] 閑散としている; 暇だ. ∥휴일이라 거리가 한산하다 休日だから街が閑散としている. **한산-히** 圖

한색(寒色) 图 [美術] 寒色. ↔난색(暖色).

한-세상(-世上) 图 一生; 生涯.

한센-병(Hansen病) 图 [医学] ハンセン病. 興문둥병(-病).

한-소끔 图 1度煮え立つ様子. ∥파를 넣고 한소끔 끓이다 ネギを入れて1度煮立てる.

한속 图 同じ意味; 同じぐらい.

한솥-밥〔-솓빱〕图 同じ釜の飯. ∥한솥밥을 먹다 同じ釜の飯を食う.

한-수(一段) 图 一段; 一枚. ∥실력면에서는 그 사람이 한수 위다 実力面では彼が一枚上手だ.

한-순간(-瞬間) 图 一瞬; 一瞬間. ∥한순간에 일어난 일 一瞬の出来事. 한순간도 잊은 적이 없다 一瞬たりとも忘れたことはない.

한-술 图 〔「1사시」の意から〕わずかな食べ物. ∥한술 더 뜨다 (他よりも [以前よりも])度を増す. ▶한술 밥에 배 부르랴 [ことわざ] (「ひとくちでお腹がいっぱいになれるだろうか」の意で) 何事もすぐ満足できる結果は得られない.

한숨 /hansum/ 图 ❶ 一息. ∥한숨 돌리다 一息つく. ❷ 一休み; 一眠り. ∥밤새 한숨도 못 잤다 一晩中一睡もできなかった. ❸ため息. ∥한숨을 쉬다 ため息をつく. 리포트 쓸 생각을 하니 절로 한숨이 나온다 レポートのことを考えると自然とため息が出る.

한숨-에 圖 一息に; 一気に. ∥한숨에 해치우다 一気に片付ける.

한-스럽다(恨-) 图 [ㅂ変] ため息をつく.

한스-럽다(恨-) 图 [ㅂ変] 恨めしい. ∥지나간 세월이 한스럽다 過ぎ去った日々が恨めしい.

한-시(一時) 图 一時(じ); 片時. ∥한시도 쉴 수가 없다 一時も休めない.

한시(漢詩) 图 [文芸] 漢詩.

한-시름 图 大きな心配事. ∥수술이 성공해서 한시름 놓다 手術が成功して一安心する.

한시-바삐(-時-) 圖 少しでも早く.

한식¹(寒食) 图 寒食. ↔冬至から105日目の日. 民間では墓参りをする.

한식²(韓式) 图 韓国式.

한식³(韓食) 图 韓国料理.

한식-집(韓食-) 〔-찝〕图 韓国料理店.

한심-스럽다(寒心-) 图 [ㅂ変] 嘆かわしい. ∥한심스러운 행동 嘆かわしいふるまい. **한심스레** 圖

한심-하다(寒心-) /hanʃimhada/ 图 [여변] 情けない; あきれる; ふがいなく残念だ. ∥내가 보더라도 한심하다 我ながらふがいない. 눈앞의 이익만 생각하다니 한심하다 녀석이다 目先の利益しか考えないとは, 情けないやつだ. 한심하게 생각하다 情けなく思う. 한심해서 말이 안 나온다 あきれてものが言えない.

한약(韓藥) 图 漢方薬. ∥한약재 漢方用材.

한약-국(韓藥局) 〔-꾹〕 图 =한약방(韓藥房).

한약-방(韓藥房) 〔-빵〕 图 漢方薬局.

한-없다〔-업따〕 /ha:nɔpˀt'a/ 图 [하려 따] 图 切りがない; 限りない; 果てしない; 際限がない. ∥한없는 욕망 人間の限りない欲望. **한없-이** 圖 한없이 넓은 대평원 果てしない大平原. 한없이 울고 싶다 思う存分泣きたい.

한-여름〔-녀-〕 图 真夏. 圓한겨울.

‖작열하는 한여름의 태양 灼熱の真夏の太陽. 세익스피어의 한여름밤의 꿈 シェークスピアの『真夏の夜の夢』.

한역¹ (漢譯) 图 他サ 漢訳.

한역² (韓譯) 图 他サ 韓国語訳.

한영 (韓英) 图 韓国と英国. ‖한영 사전 韓英辞典.

한-영 [-넝] 图 片側; 片隅. ‖차를 피해 한옆으로 비켜서서 車を避け片側によける. 책상 위의 책들을 한옆으로 치우다 机の上の本を片隅にどける.

한옥 (韓屋) 图 朝鮮家屋.

한우 (韓牛) 图 韓国在来種の牛.

한우충동 (汗牛充棟) 图 汗牛充棟.

한-의사 (韓醫師) 图 [-/하-니-/] 漢方医.

한-의원 (韓醫院) 图 [-리우-/-리우-] 漢方医院.

한일 (韓日) 图 日韓; 韓国と日本. ‖최근의 한일 관계 最近の日韓関係.

한일-합방 (韓日合邦) 图 [歷史] 韓国併合.

한-입 [-닙] 图 ひとロ. ‖한입 크기의 빵 ひと口大のパン. 사과를 한입 베어 물다 リンゴをひと口かじる. 한입에 삼키다 ひとロでのみ込む.

한자 /ha.n̚tɕa/ [-짜] 图 漢字. ‖상용 한자 常用漢字. 한자 문화권 漢字文化圏.

한자-어 (漢字語) 图 漢語; 漢字語.

한-자리 图 ❶ 同じ場所; 同じ所; 同座; 一堂. ‖식구들이 오랜만에 한자리에 모이다 家族が久しぶりに一堂に会する. ❷ 重要ポストにつくこと.

한자리-하다 自 [하変] 重要ポストにつく. ‖내 내각에서 한자리하다 新しい内閣で重要ポストにつく.

한자릿-수 (-數) 图 [리수-/리수-] 一桁. ‖한자릿수 성장률 一桁の成長率.

한-잔 (-盞) 图 他サ [1杯の分量から] わずかな酒; 軽く飲む酒. ‖오늘 한 잔 하자 今日1杯やろう. ▶한잔 걸치다 [居酒屋などで] 軽く飲む.

한-잠 图 ❶ 一眠り; 一寝入り; 一睡. ‖흥분해서 한잠도 못 자다 興奮して一睡もできない.

한적-하다 (閑寂--/閒寂-) 图 [-지카-] 厖 [하変] 閑寂だ; 閑静だ; もの静かだ; ひっそりしている. ‖한적한 곳 もの静かなところ. 한적한 주택지 閑静な住宅地. **한적-히** 副

한정 (限定) /ha.nd͡ʑʌŋ/ 图 他サ 限定; 限ること. ‖한정 판매 限定販売. 응모 자격을 20 살까지로 한정하다 応募資格を20歳までに限定する. 한정된 예산 限られた予算.

한정-판 (限定版) 图 限定版.

한족 (漢族) 图 (中国の) 漢民族; 漢族.

한-줄기 图 一筋; ひとしきり. ‖흐르는 한줄기 눈물 流れる一筋の涙. 한줄기 빛이 비치다 一筋の光が差す. 소나기가 한줄기 내리다 夕立がひとしきり降る.

한중 (韓中) 图 韓国と中国.

한중간 (-中間) 图 = 한복판・한가운데.

한증-막 (汗蒸幕) 图 サウナ.

한지 (韓紙) 图 韓国古来の方法で作った紙.

한직 (閑職/閒職) 图 閑職.

한-집 图 = 한집안.

한-집안 图 ❶ 一家; 一家族. ‖한집안 식구처럼 지내다 家族同然のように付き合う. ❷ 親戚; 親戚.

한-쪽 图 一方; 片方; 半分. ‖한쪽의 주장 片方の主張. 사과 한쪽 リンゴ半分.

한-차 (-車) 图 同じ車. ‖한차를 타고 가다 同じ車に乗って行く.

한-차례 副 一しきり; 1度; 1回. ‖한차례 소나기가 지나가다 一しきり夕立が降る.

한-참 /hant͡ɕham/ 图 しばらくの間. ‖한참만에 입을 열다 しばらくたってから口を開く. 한참을 생각하다 しばらくの間考える. 한참을 기다리다 しばらく待つ.
— 副 かなり; ずっと; まだまだ. ‖실력이 한참 처지다 実力がかなり後れを取っている. 목적지까지는 한참 남았다 目的地まではまだまだだ.

한창 /hant͡ɕʰaŋ/ 图 盛り; たけなわ; 最中; 真っ最中. ‖늦더위가 한창이다 残暑たけなわだ.
— 副 最も; 非常に. ‖지금이 한창 먹을 나이다 今が食べ盛りだ. 한창 일할 때 働き盛り. 한창 바쁠 때 전화가 걸려 오다 最も忙しい時に電話がかかってくる. 한창 마시고 있을 때 飲んでいる最中.

한창-나이 图 盛りの年頃.

한창-때 图 盛りの時; 若かりし頃. ‖그녀도 한창때는 미인이었다 彼女も若かりし頃は美人だった.

한천 (寒天) 图 寒天. 他う雨.

한-철 图 最盛期; 盛りもの; 一時期.

한-층 (-層) 图 一層; ひとしお; 一段と; さらに. ‖보안이 한층 강화되다 保安が一層強化される. 성능이 한층 좋아지다 性能がさらによくなる.

한-치 图 ❶ 一寸. ❷ [比喩的に] きわめて短い距離. ‖한치의 오차도 없다 一寸の誤差もない. 한치의 양보도 없다 少しも譲らない.

한탄-스럽다 (恨歎-) 图 [-따] 厖 [ㅂ変] 嘆かわしい. **한탄스레** 副

한탄-하다 (恨歎-) 图 [하変] 嘆く. ‖자신의 불행을 한탄하다 身の不幸を嘆く.

한-탕 〔한바탕의 속(俗)된 말투로〕一発; 一丁. ‖한탕 노리다 一発狙う.

한-턱 图 おごり; 人にごちそうすること.
한턱-내다【―대―】 [동] おごる; 人にごちそうする. ‖저녁을 한턱내다 夕食をおごる.

한테 /hantʰe/ 조 ❶ …에. (i) 行為や 物を受ける人を表わす. ‖엄마한테 다 말할 거다 お母さんにすべて話すよ. 친구한테 필요한 자료를 부탁했다 友だちに必要な資料を頼んだ. 우리들한테 주어진 운명 私たちに与えられた運命. (ii) 物事の適用対象を表わす. ‖나한테도 책임이 있다 私にも責任がある. ❷ …のところに. ‖지금 선생님한테 가야 한다 今先生のところに行かないといけない. 그 책은 나한테 있어 その本は私のところにある. ☆日本語と違い, 人間を表わす名詞に直接付いて, その人物のいる場所に向かうあるいは存在するという意味を表わす. ❸ …から; …に. ‖이 얘기 누구한테 들었어? その話, 誰から聞いたの. 어머니한테 꾸중을 듣다 母に叱られる. ❹ …に; …にとって. ‖부모한테 자식보다 소중한 존재가 있을까? 親にとって子どもより大切な存在があるだろうか. ✜主に会話で用いられる.

한테-서 조 …から. ‖아버지한테서 술을 배우다 父から酒を教わる. 미국에 있는 친구한테서 편지가 왔다 アメリカにいる友だちから手紙が来た.

한-통 图 한통속의 略語.
한-통속 图 ぐる; 悪いことをする仲間; 悪だくみの仲間. 働한통. ‖모두 한통속이다 みんなぐるだ.

한파 (寒波) 图 寒波. ‖한파가 몰려오다 寒波が押し寄せる.

한-판 图 一番勝負; 一局; 一丁; 一番; 一回. ‖바둑 한판 둡시다 碁を一局打ちましょう. 한판 승부를 겨루다 一番勝負を決する.

한-패(―牌) 图 仲間; 一党; 一味; 仝. ‖한패가 되다 仲間に入る.

한-편 (一便) /hanpʰjən/ 图 ❶ 一方; 片方; 片側. ‖벽 한편에 걸어 두다 壁の片側にかけておく. 한편의 말만 듣고 결론을 내릴 수는 없다 一方の話だけ聞いて結論を出すわけにはいかない. 그는 공부도 열심히 하는 한편으로는 것도 열심이다 彼は勉強に励む一方で遊びにも熱心だ. ❷ 仲間; 味方; 同類; 同じチーム. ‖한편으로 끌어들이다 味方に引き入れる.
― 圊 一方では; かたわら; 反面. ‖집을 떠난다니 한편 기쁘기도 하고 한편 섭섭하기도 하다 家を離れるなんて, 嬉しい反面寂しさもひとしおだ.

한-평생 (一平生) /hanpʰjəŋsɛŋ/ 图 一生; 生涯; 終生. ‖한평생 고생만 하다 生涯苦労ばかりする. 이 은혜는 한평

생 잊지 않겠습니다 このご恩は一生涯忘れません.

한-풀 图 (ある程度の)勢い; 意気込み. ‖더위도 한풀 꺾이다 暑さも弱まる.
한-풀이(―恨) 图 (해) 恨みを晴らすこと.

한-하다 (限―) [하변] 限る; 制限する; 限定する. ‖오늘에 한해서 반값입니다 今日に限り半値です.

한학 (漢學) 图 漢学.
한해-살이 图 [植物] 一年生. ⑬일년생(―年生), ⑬여러해살이.
한해살이-풀 图 [植物] 一年生草本.
한화 (韓貨) 图 韓国の貨幣.
할[1] (割) 〔―당〕 图 割. ‖삼 할 3割.
할[2] 自변 [하변] 하다(する)의 未来連体形.

할당 (割當) 【―땅】 图 (하) 割り当て. ‖일을 할당하다 仕事を割り当てる. 이번에 할당받은 일 今回割り当てられた仕事.

할당-량 (割當量) 【―땅냥】 图 割り当て量.
할당-액 (割當額) 图 割り当て金額.
할당-제 (割當制) 图 割り当て制度.
할딱-거리다【―대―】 [자] [ㅋ때―] 自변 (息を)はずませる. ‖숨을 할딱거리며 달려오다 息をはずませながら駆けつける. ⑬힐떡거리다.

할동-말동 圊 (하) するかしないか決まっていない様子. ‖아이가 대답을 할동말동하다 子どもが答えそうで答えない.

할례 (割禮) 图 割礼.
할로겐 (Halogen)ドイ〔化学〕ハロゲン.

할 말 图 言うべきこと; 言いたいこと; 話したいこと. ‖할말이 많다 言いたいことがたくさんある. 할말이 없다 弁明の余地がない.

할망구 〔さげすんだ言い方で〕 ばばあ.
할머니 /halmənɪ/ 图 ❶ 祖母; おばあさん. 働조모(祖母). ‖할머니는 올해 칠순이시다 祖母は今年70歳である. ❷ 祖母世代の一般女性; おばあさん. ‖옆집 할머니 隣のおばあさん.

할머-님 图 할머니의 尊敬語.
할미-꽃 【―꼳】 图 [植物] オキナグサ(翁草).

할복 (割腹) 图 (하) 割腹; 切腹.
할부 (割賦) 图 割賦(ざっ·); わっぷ. ‖할부 상환 割賦償還.
할부-금 (割賦金) 图 割賦金.
할아버-님 图 할아버지의 尊敬語.
할아버지 /haɾabədʑi/ 图 ❶ 祖父; おじいさん. 働조부(祖父). ❷ 祖父世代の一般男性; おじいさん. ‖옆집 할아버지 隣のおじいさん.

할애 (割愛) 图 (하) 割くこと. ‖시간을 할애하던 時間を割いて話をする. 지면을 할애하다 紙面を割く. ✜日本語の割愛の意

味はない.

할인(割引) /harin/ 图 (하다) 割引. ㉗할증(割增). ‖할인 항공권 割引航空券. 할인 쿠폰 割引クーポン. 할인 매장 ディスカウントショップ. 어음을 할인하다 手形を割引く.

할인-권(割引券) 【-꿘】 图 割引券.

할인-료(割引料) 【-뇨】 图 割引料.

할증(割增) 【-쯩】 图 (하다) 割増し. ㉗할인(割引). ‖할증 요금 割増料金.

할짝-할짝 【-짜카-】 圖 (하다) ぺろぺろ.

할퀴다 囤 ひっかく. ‖손톱으로 할퀴다 爪でひっかく. ㉘할퀴이다.

할퀴-이다 囤 〔할퀴다의 受身動詞〕 ひっかかれる. ‖고양이한테 손등을 할퀴이다 猫に手の甲をひっかかれる.

핥다 囤 ❶ なめる. ‖개가 손바닥을 핥다 犬が手のひらをなめる. ❷ 〔災害などが〕 爪あとを残す. ‖태풍이 핥고 지나간 곳 暴風が爪あとを残した所.

핥아-먹다 【-따】 囤 ❶ なめる; なめつくす. ‖개가 접시의 먹이를 핥아먹다 犬が皿の餌をなめる. ❷ (人のものを) 少しずつ だまし取る.

함¹ (緘) 图 (姓) (ハム).

함² (緘) 图 緘(封筒のとじ目に書きつける文字).

함³ (函) 图 ❶ 結婚式の前に新郎側から新婦の家に婚礼の書状や贈り物などを入れて送る箱. ❷ 衣類などを入れておく箱. —[접미] …箱. ‖사서함 私書箱. 우편함 郵便箱; ポスト.

함경-남도(咸鏡南道) 图 (地名) 咸鏡南道.

함경-도(咸鏡道) 图 (地名) 〔咸鏡南道와 咸鏡北道의 倂称〕 咸鏡道.

함경-북도(咸鏡北道) 【-또】 图 (地名) 咸鏡北道.

함구(緘口) 图 (하다) 緘口(ㄲ); 口外しないこと. ‖이 자리에서 들은 내용은 함구해 주세요 この場で聞いた話は口外しないでください.

함구-령(緘口令) 图 緘口令. ‖취재 내용에 대해 함구령이 내리다 取材内容に対して緘口令が敷かれる.

함께 /ham/ke/ 圖 一緒に; 共に. ‖함께 공부를 하다 一緒に勉強する. 함께 놀던 어린 시절 共に遊んだ幼少の項. 함께-하다 【하＋여】 共にする. 〔여생을 함께하다 余生を共にする. 고락을 함께 하다 苦楽を共にする.

함남(咸南) 图 (地名) 咸南; 咸鏡南道.

함대(艦隊) 图 艦隊.

함락(陷落) 【-낙】 图 (하다) 陷落. **함락-되다** 巫動

함락-호(陷落湖) 【-나코】 图 (地) 陷没湖. ㉘함몰호(陷没湖). ✢琵琶湖·諏訪湖など.

함량(含量) 【-냥】 图 含有量. ‖함유량 미달의 제품 含有量不足の製品.

함몰(陷没) 图 (하다) 陷没.
함몰-호(陷没湖) 图 (地) 陷没湖. ㉘함락호(陷落湖).

함박-꽃【-꼳】 图 (植物) オオヤマレンゲの花.

함박꽃-나무【-꼰-】 图 (植物) オオヤマレンゲ(大山蓮華).

함박-눈【-빡-】 图 ぼたん雪; 綿雪. ‖함박눈이 펑펑 내리다 ぼたん雪がしきりに降る.

함부로 /hamburo/ 圖 むやみに; やたらに; みだりに; いい加減に; 勝手に. ‖함부로 사람을 판단해서는 안 된다 むやみに人を判断してはならない. 함부로 말하지 마라 むやみなことを言うな. 함부로 꽃을 꺾지 마세요 勝手に花をとらないでください. 함부로 들어오지 마세요 みだりに立ち入らないでください. 남의 물건에 함부로 손 대지 마시오 人の物に勝手に触らないでください.

함북(咸北) 图 (地名) 咸北; 咸鏡北道.

함빡 圖 ❶ 十分に; たっぷり. ❷ びっしょり(と). ‖비에 함빡 젖다 雨にびっしょり(と)ぬれる. ㉘ 흠뻑.

함석 图 トタン.

함석-지붕【-찌-】 图 トタン葺(ぶ)きの屋根; トタン屋根.

함석-집【-찝】 图 トタン葺きの家.

함성(喊聲) 图 喊声(ッ). ‖함성을 지르다 喊声を上げる.

함수¹ (函數) 【-쑤】 图 (数学) 関数. ‖이차 함수 2次関数.

함수-론(函數論) 图 (数学) 関数論.

함수-표(函數表) 图 関数表.

함수² (鹹水) 图 鹹水(ㅆ); 塩水; 海水. ㉗담수(淡水).

함수-어(鹹水魚) 图 鹹水魚; 海水魚.

함수-호(鹹水湖) 图 (地) 鹹水湖; 塩湖.

함수-탄소(含水炭素) 图 (化学) 含水炭素.

함양(涵養) 图 (하다) 涵養(ッ). ‖덕성을 함양하다 德性を涵養する.

함유(含有) 图 (하다) 含有. ‖비타민 C를 함유하다 ビタミン Cを含有する.

함유-량(含有量) 图 含有量.

함의(/하미/) 图 (하다) 含意.

함자(衛字) 【-짜】 图 〔이름의 尊敬語〕 お名前; ご芳名.

함장(艦長) 图 艦長.

함정¹ (陷穽·檻穽) /ha:mdʒɔŋ/ 图 陷穽(ッ); 罠(ッ); 落とし穴; 計略. ‖함정을 파다 罠を仕かける. 함정에 빠지다 落とし穴にはまる. 함정에 빠뜨리다 罠に陥れる. 함정에서 벗어나다 計略から逃れる.

함정²(艦艇)【명】艦艇.

함지【명】❶(大きな木を四角にくりぬいて作った)容器. ❷함지박의略語.

함지-박(─박)【명】(丸太をくりぬいて作った)ふくべのような容器. ⑱함지.

함축(含蓄)【명】[하타] 含蓄;含み.

함축-미(含蓄美)【─충─】【명】 含みのある美しさ.

함축-성(含蓄性)【─씽】【명】 含蓄性;含み. ‖함축성 있는 표현 含みのある表現.

함흥-차사(咸興差使)【명】 鉄槌玉(の使い). ‖나갔다 하면 함흥차사다 外出すると鉄槌玉だ.

합(合)【명】 ❶〔수학〕和. ‖합을 구하다 和を求める. ❷〔弁証法で〕(正反合の)合.

합격(合格)/hap^kjkρk/【─격】【명】[하자] 合格. ⑪불합격(不合格)・낙방(落榜). ‖입학 시험에 합격하다 入学試験に合格する. 사법 고시에 합격하다 司法試験に合格する.

합격-률(合格率)【─껵뉼】【명】 合格率. ‖높은 합격률 高い合格率.

합격-자(合格者)【─껵짜】【명】 合格者. ‖합격자 발표 合格者の発表.

합격-증(合格証)【─껵쯩】【명】 合格証;合格証書. ‖합격증을 받다 合格証を受け取る.

합계(合計)/hap^kke/【─계/─게】【명】[하타] 合計. ‖합계를 내다 合計を出す.

합금(合金)【─끔】【명】[하자타] 合金.

합금-강(合金鋼)【─끔】【명】合金鋼.

합금-철(合金鐵)【─끔】【명】合金鉄.

합기-도(合氣道)【─끼─】【명】〔スポーツ〕合気道.

합당(合黨)【─땅】【명】[하자] 党が合同すること.

합당-하다(合當─)【─땅─】【형】[하변] 適当だ.ふさわしい. ‖합당한 방법 適当な方法.

합동(合同)【─똥】【명】[하타] ❶ 合同. ‖합동 훈련 合同訓練. 합동 연습 合同練習. 두 학교가 합동으로 연주회를 열었다 2 つの学校が合同で演奏会を催した. ❷〔수학〕合同.

합류(合流)【명】[하자] 合流;合ち合う. ‖대표팀에 합류하다 代表チームに合流する.

합류-점(合流點)【합뉴쩜】【명】 合流点.

합리(合理)/hamni/【하니】【명】 合理.

합리-론(合理論)【명】 合理論.

합리-성(合理性)【─니썽】【명】 合理性. ‖합리성의 추구 合理性の追求.

합리-적(合理的)【─쩍】【명】合理的. ⑪비합리적(非合理的). ‖합리적인 사고방식 合理的な考え方. 합리적 작업 순서 合理的な作業手順.

합리-주의(合理主義)【함니-/함니-이】【명】 合理主義.

합리-화(合理化)【하타】 合理化;正当化. ‖합리화를 추진하다 合理化を進める. 자기의 행동을 합리화하다 自分の行動を正当化する.

합목적(合目的)【명】 合目的.

합목적-성(合目的性)【─쩍썽】【명】 合目的性.

합목적-적(合目的的)【─쩍쩍】【명】 合目的的. ‖합목적적인 수단 合目的的な手段.

합법(合法)【─뻡】【명】[하형] 合法. ⑪불법(不法).

합법-성(合法性)【─뻡썽】【명】 合法性.

합법-적(合法的)【─뻡쩍】【명】 合法的. ‖합법적인 활동 合法的な活動.

합법-화(合法化)【─뻐롸】【명】 合法化. **합법화-되다**[수동]

합병(合併)【─뼝】【명】[하타] 合併;併合.

합병-증(合併症)【─뼝쯩】【명】〔의학〕合併症.

합본(合本)【─뽄】【명】[하타] 合本.

합사¹(合絲)【─싸】【명】[하타] 組み糸.

합사²(合祀)【─싸】【명】[하타] 合祀(ご).

합산(合算)【─싼】【명】[하타] 合算. ‖두 사람의 수입을 합산하다 2 人の収入を合算する.

합석(合席)【─썩】【명】[하자] 合い席.

합섬(合纖)【─썸】【명】〔合成繊維(合成繊維)の略語〕合繊.

합성(合成)/hap^ksʌŋ/【─썽】【명】[하타] 合成. ‖합성 사진 合成写真. 두 개의 영상을 합성하다 2 つの映像を合成する.

합성-섬유(合成繊維)【명】 合成繊維. ⑱합섬(合纖).

합성-세제(合成洗劑)【명】 合成洗剤.

합성-수지(合成樹脂)【명】 合成樹脂. ⑪천연수지(天然樹脂).

합성-어(合成語)【言語】【명】 合成語;複合語.

합성-품(合成品)【명】 合成品.

합세(合勢)【─쎄】【명】[하자] 加勢.

합쇼-체(─體)【─쑈─】【명】〔言語〕丁寧体.

합숙(合宿)【─쑥】【명】[하자] 合宿. ‖단체 합숙 団体合宿. 합숙을 가다 合宿に行く.

합숙-소(合宿所)【─쑥쏘】【명】 合宿所.

합숙-지(合宿地)【─쑥찌】【명】 キャンプ地.

합승(合乘)【─씅】【명】[하자] 相乗り;乗り合い. ‖택시에 합승하다 タクシーに相乗りする.

합심(合心)【─씸】【명】[하자] 心を合わせること;一丸となること. ‖합심해서 문제

합의

를 해결하다 一丸となって問題を解決する.

합의¹ (合意)【-/하기】图 合意; 協議. ‖합의를 보다, 합의점을 찾다 合意点を見いだす. 합의에 이르다 合意に達する. 합의하에 합의의 모토에 별레하다. 합의이혼 協議離婚.
　합의서 (合意書) 图 合意書.

합의² (合議)【-/하기】图 合議.
　합의-기관 (合議機關) 图 合議機関.
　합의-제 (合議制) 图 合議制.

합일 (合一) 图 (意見などが) 一つにまとまること.

합자 (合資)【-짜】图 合資. ‖합자 회사 合資会社.

합작 (合作)【-짝】图 合作.
　합작 영화 (合作映畫) 图 合作映画.

합장¹ (合掌)【-짱】图 合掌.
합장² (合葬)【-짱】图 合葬.

합주 (合奏)【-쭈】图 〖音樂〗合奏.
　합주-곡 (合奏曲) 图 合奏曲.
　합주-단 (合奏團) 图 合奏団.

합죽-하다 (-쭈카-)【하여】歯が抜けたようにすぼまている.

합중-국 (合衆國)【-쭝-】图 合衆国.

합-집합 (合集合)【-찌팝】图 〖数学〗和集合; 合併集合; 結び.

합창 /hapt͡ɕʰaŋ/ 图 〖音樂〗合唱. ‖이부 합창 二部合唱. 전원이 교가를 합창하다 全員で校歌を合唱する.
　합창-곡 (合唱曲) 图 合唱曲.
　합창-단 (合唱團) 图 合唱団.

합체 (合體) 图 合体.

합쳐-지다 (合-)【-처-】合わさる; 一つになる. ‖두 회사가 합쳐지다 2つの会社が合併される. 두 음이 합쳐져서 화음을 이루다 2つの音が合わさって和音になる.

합치 (合致) 图 合致. ‖사실과 합치하다 事実と合致する.
　합치-점 (合致點) 图 一致点.

합-치다 (合-) /hapt͡ɕʰida/ 他 合わせる; 一つにまとめる; 取り混ぜる. ‖두 사람이 가지고 있는 돈을 합치다 2人の所持金を合わせる. 힘을 합치다 力を合わせる. 여러 기능을 하나로 합친 다기능을 갖추다. 신청자는 다 합쳐서 서른 명 정도다 申請者は全部合わせて30人くらいだ.

합판 (合板) 图 合板; ベニヤ板. 삠 베니어합판 (-合板).

합판-화 (合瓣花)【-화】图 〖植物〗合弁花. 삠 이판화 (離瓣花).

합-하다 (合-) /haphada/【하여】他 ‖이와 삼을 합하면 오다 2と3を合わせると5である. 둘이

가진 돈을 다 합해도 십만 원밖에 안 된다 2人の所持金を合わせても10万ウォンにしかならない.

핫-뉴스 (hot news) 图 ホットニュース.
핫도그 (hot dog) 图 ホットドッグ.
핫라인 (hot line) 图 ホットライン.
핫머니 (hot money) 图 〖經〗ホットマネー.
핫-바지【핟빠-】图 ❶綿を入れた男性用ズボン. ❷〔さげすむ言い方で〕田舎者; 愚か者.
핫케이크 (hot cake) 图 ホットケーキ.
핫-팬츠 (hot pants) 图 ホットパンツ.

항¹ (項) 图 項. ‖다음 각 항에 답하시오 次の各項に答えよ.
항-² (抗) 接頭 抗…. ‖항히스타민제 抗ヒスタミン剤.
-항³ (港) 接尾 …港. ‖부산항 釜山港.
항간 (巷間) 图 巷間; 巷(ちまた); 항간의 소문 巷のうわさ.

항거 (抗拒) 图 抗拒.
항고 (抗告) 图 〖法律〗抗告.
　항고-심 (抗告審) 图 〖法律〗抗告審.

항공 (航空) /haːŋgoŋ/ 图 航空. ‖항공 사진 航空写真.
　항공-권 (航空券) 图 航空券.
　항공-기 (航空機) 图 航空機.
　항공-등 (航空燈) 图 航空灯.
　항공-로 (航空路)【-노】图 航空路.
　항공 모함 (航空母艦) 图 航空母艦; 空母.
　항공-법 (航空法)【-뻽】图 〖法律〗航空法.
　항공-사 (航空社) 图 航空会社.
　항공-편 (航空便) 图 航空便.

항구-적 (恒久的) 图 恒久的. ‖항구적인 평화와 안정 恒久的な平和と安定.
항구² (港口) /haːŋgu/ 图 港; 港口. ‖항구 도시 港町.
항균 (抗菌) 图 抗菌.
　항균 물질 (抗菌物質)【-찔】图 抗菌性物質.
　항균-성 (抗菌性)【-썽】图 抗菌性.

항다반-사 (恒茶飯事) 图 日常茶飯事.

항렬 (行列)【-녈】图 傍系男性血族間の世数を表わす語.
　항렬-자 (行列字)【-녈짜】图 世数関係を表わすために血族の間で決められる名前の中の1字.

항로 (航路)【-노】图 航路. ‖항로 표지 航路標識.

항만 (港灣) 图 港湾.

항목 (項目) 图 項目. ‖추가 항목 追加項目.

항문 (肛門) 图 肛門. 삠 똥구멍.

항법 (航法)【-뻽】图 航法.
　항법-사 (航法士)【-뻡싸】图 航法

항변 (抗辯) 图 抗弁;言い返すこと。∥지지 않고 항변하다 負けずに言い返す.

항변-권 (抗辯權)【-꿘】图《法律》抗弁権.

항복 (降伏·降服) /haŋbok/ 图画 降伏;降参。∥무조건 항복 無条件降伏. 항복의 백기를 들다 降参の白旗を掲げる.

항산 (恒産) 图 恒産。∥항산 없이는 항심도 없다 恒産なきものは恒心なし.

항상 (恒常) /haŋsaŋ/ 圖 常に;常時;いつも。∥언제나。∥항상 책을 읽다 常に本を読む。항상 싱글벙글 웃는 사람 いつもにこにこしている人.

항생-물질 (抗生物質)【-찔】图《藥》抗生物質.

항생-제 (抗生劑) 图《藥》抗生剤.

항성 (恒星) 图《天文》恒星。⑳행성(行星).

항성-계 (恒星系)【-/-게】图《天文》恒星系.

항성-년 (恒星年) 图《天文》恒星年.

항소 (抗訴) 图画《法律》控訴。∥항소를 기각하다 控訴を棄却する.

항소-심 (抗訴審) 图《法律》控訴審.

항소-장 (抗訴狀)【-짱】图《法律》控訴状.

항시 (恒時) 圖 いつも;常に;どんな時でも。∥항시 언행을 조심해야 한다 常に言動を慎まなければならない.

항아리 (缸-) 图 かめ;壺(つぼ)。㉑단지。∥물 항아리 水がめ, 김치 항아리 キムチがめ.

항암 (抗癌) 图 抗癌。∥항암 치료 抗癌剤治療.

항암-제 (抗癌劑) 图《藥》抗癌剤;制癌剤.

항온-동물 (恒溫動物) 图《動物》恒温動物。㉑정온 동물 (定溫動物).

항원 (抗原) 图《生理》抗原。㉑면역원 (免疫原).

항의 (抗議)【-/-이】图画 抗議。∥판정에 항의하다 判定に抗議する。항의를 받다 抗議を受ける.

항의-서 (抗議書) 图 抗議書.

항일 (抗日) 图画 抗日.

항쟁 (抗爭) 图画 抗争.

항적-운 (航跡雲) 图《天文》飛行機雲.

항전 (抗戰) 图画 抗戦.

항체 (抗體) 图《生理》抗体;免疫体。㉑면역체 (免疫體).

항해 (航海) 图画 航海。∥태평양을 항해하다 太平洋を航海する.

항해-도 (航海圖) 图 航海図.

항해-사 (航海士) 图 航海士.

항해-술 (航海術) 图 航海術.

항-혈청 (抗血淸) 图 抗血清.

항히스타민-제 (抗 histamine 劑) 图《藥》抗ヒスタミン剤.

해¹ /he/ 图 ❶图; 太陽。∥해가 뜨다 日が昇る. 해가 지다 日が沈む. 해질 무렵 日暮れ方. 해는 또다시 떠오른다『日はまた昇る』(ヘミングウェーの小説)。❷日光; 日差し;日当たり。∥해가 잘 드는 방 日当たりのよい部屋. 해가 기울기 시작하다 日差しが傾き始める。❸日中。∥해가 많이 길어지다 日がだいぶ長くなる。▶해가 서쪽에서 뜨다(「日が西から昇る」の意で)絶対あり得ない.

해² /he/ 图 年。∥새해가 밝아오다 新しい年が明ける. 새해 복 많이 받으세요 明けましておめでとうございます. 그 해 겨울은 눈이 많이 왔다 その年の冬は雪がたくさん降った.
── 图 …年。∥두 해 2年.

해³ (亥) 图《十二支の》亥(い).

해⁴ (害) /he/ 图画画 害;弊害。∥해를 입다 害をこうむる. 해를 끼치다 害を及ぼす. 사람을 해하다 人をあやめる.

해⁵ (解)《數學》解.

해⁶ 自画【하图】하다(する)の連用形.

해⁻⁷ (햇-) 図 その年に初めてとれた野菜·果実·穀物などを表わす語: 新…;初物の。∥해콩 初物の豆.

해갈 (解渴) 图画 ❶渇(かわ)きをいやすこと。❷雨が降って日照りが解消すること。∥어제 내린 비로 가뭄이 해갈되었다 昨日降った雨で日照りが解消した.

해-거름 图 日暮れ; 夕暮れ, たそがれ.

해결 (解決) /hegjəl/ 图画 解決。∥분쟁을 해결하다 紛争を解決する. 문제를 원만하게 해결하다 問題を円満に解決する. 해결하지 못한 사건 未解決の事件. **해결-되다** 自画

해결-책 (解決策) 图 解決策。∥해결책을 찾다 解決策を見いだす.

해경 (海警) 图 海洋 警察대(海洋警察隊)の略語.

해고 (解雇) 图画 解雇。**해고-되다[-당하다]** 自画

해골 (骸骨) 图画 骸骨.

해괴망측-하다 (駭怪罔測−)【-츠카-/-꿰-츠카-】圈【하图】非常に奇怪だ。∥해괴망측한 소문 奇怪なうわさ.

해구¹ (海溝) 图《地》海溝.

해구² (海狗) 图《動物》オットセイ。㉑물개.

해군 (海軍) 图《軍事》海軍。㉑육군 (陸軍)·공군 (空軍).

해군⌒사관학교 (海軍士官學校)【-꾜】海軍士官学校。㉞해사(海士).

해금¹ (奚琴) 图《音楽》奚琴(ケグム).

해금² (解禁) 图画 解禁.

해난 (海難) 图 海難。∥해난 사고 海難事故.

해-내다 🅟 やり遂げる; やり抜く. ‖주어진 일을 해내다 与えられた仕事をやり遂げる.

해녀 (海女) 🅝 海女(☆).

해년 (亥年) 🅝 亥年.

해-님 🅝 〔해를 擬人化한 말방〕お日様. ⑩달님.

해달 (海獺) 🅝 (動物) ラッコ.

해답 (解答) 🅝 🅗 解答; 答え. ⑩답(答). ‖모범 해답 模範解答.
　해답-란 (解答欄) 【-답난】 🅝 解答欄.
　해답-지 (解答紙) 【-찌】 🅝 解答用紙.

해당 (該当) /hedaŋ/ 🅝 🅗 該当; 当該; 当たること. ‖해당 사항 当該事項. 일 피트는 약 일 척에 해당한다 1フィートは約1尺に当たる.
　해당-란 (該当欄) 【-난】 🅝 該当欄.
　해당-자 (該当者) 🅝 該当者.

해당-화 (海棠花) 🅝 (植物) ハマナス.

해도 (海図) 🅝 (地) 海図.

해독¹ (害毒) 🅝 害毒. ‖사회에 해독을 끼치다 社会に害毒を流す.
　해독-물 (害毒物) 🅝 害毒物.
　해독-성 (害毒性) 【-썽】 🅝 害毒性.

해독² (解毒) 🅝 🅗 解毒. ‖해독 작용 解毒作用.
　해독-제 (解毒剤) 【-쩨】 🅝 (薬) 解毒剤.

해독³ (解読) 🅝 🅗 解読; 読み解くこと. ‖암호를 해독하다 暗号を解読する.

해-돋이 【-도지】 🅝 日の出. ⑩일출 (日出). ‖해돋이를 보러 가다 日の出を見に行く; ご来光を見に行く.

해동 (解凍) 🅝 🅗 解凍. ‖냉동식품을 해동하다 冷凍食品を解凍する.

해령 (海嶺) 🅝 (地) 海嶺.

해로¹ (海路) 🅝 海路. ⑩뱃길.

해로² (偕老) 🅝 🅗 偕老; 相老い; 共白髪. ‖백년해로 百年偕老.

해-롭다 (害-) /hɛropˀta/ 【-따】 ⓗ 〔ㅂ変〕 해로워, 해로운 有害だ; 害になる; よくない. ‖인공 색소는 뇌 발달에 해롭다 人工色素は脳の発達に有害だ. 몸에 해로운 음식 体によくない食べ物. **해로이** ⓐ

해롱-거리다 ⓥ 시시낙낙 ふざける; 態度などが軽々しい.

해롱-해롱 🅗 ⓥ へらへら.

해류 (海流) 🅝 (地) 海流.
　해류-도 (海流図) 🅝 (地) 海流図.

해륙 (海陸) 🅝 海陸.
　해륙-풍 (海陸風) 🅝 (地) 海陸風.

해리¹ (海狸) 🅝 (動物) ビーバー. ⑩비버.

해리² (海離) 🅝 🅥 解離.

해리³ (海里) 依 〔単〕海上距離・航海距離의 単位; …海里.

해마 (海馬) 🅝 ❶ (解剖) 海馬. ❷ (魚介類) タツノオトシゴ(竜の落し子).

해-마다 🅐 毎年; 年々. ⑩매년(毎年).

해-맑다 【-막따】 ⓗ ❶ 透き通っている; 澄みきっている. ❷ 明るい. ‖해맑은 웃음 明るい笑い.

해머 (hammer) 🅝 ハンマー.
　해머-던지기 (-) (スポーツ) ハンマー投げ.

해먹 (hammock) 🅝 ハンモック; つり床.

해면¹ (海面) 🅝 海面.

해면² (海綿) 🅝 海綿動物의 総称.
　해면-동물 (海綿動物) 🅝 (動物) 海綿動物.
　해면-질 (海綿質) 🅝 (生物) 海綿質.

해명 (解明) 🅝 🅗 解明; 解き明かすこと. ‖병의 원인을 해명하다 病気の原因を解明する. 진상을 해명하다 真相を解明する. **해명-되다** ⓥ

해몽 (解夢) 🅝 🅥 夢解き.

해-묵다 【-따】 ⓗ 長年にわたっている. ‖해묵은 원한 長年の怨恨.

해물 (海物) 🅝 〔해산물 (海産物)의 略語〕海産物.
　해물-탕 (海物湯) 🅝 (料理) 韓国風海鮮鍋.

해-바라기 /hɛbaragi/ 🅝 (植物) ヒマワリ (向日葵).

해박-하다 (該博-) 【-바카-】 ⓗ 〔하変〕 該博だ; 学識が広い. ‖해박한 지식 該博な知識.

해발 (海抜) 🅝 海抜; 標高.

해방 (解放) 🅝 🅗 ❶ 解放; 解き放すこと. ‖노예해방 奴隷解放. ❷ 1945年8月 15日, 韓国이 日本의 植民地에서 独立했다. **해방-되다** ⓥ

해변 (海辺) 🅝 海辺; 海岸; 海浜. ⑩바닷가.
　해변-가 (海辺-) 【-까】 🅝 海辺; 海浜.

해병-대 (海兵隊) 🅝 (軍事) 海兵隊.

해부 (解剖) 🅝 🅗 解剖.
　해부-학 (解剖学) 🅝 解剖学.

해빙 (解氷) 🅝 🅗 解氷. ⑪결빙 (結氷).

해사 (海士) 🅝 海軍士官学校(海軍士官学校)의 略称.

해산¹ (解産) 🅝 🅗 分娩; 出産.
　해산-일 (解産-) 【-닐】 🅝 臨月.

해산² (解散) 🅝 🅗 解散. ‖국회를 해산하다 国会を解散する. 시위대를 경찰이 강제 해산시키다 デモ隊를 警察이 強制解散させる. 자체 해산 流れ解散. **해산-당하다** 受動

해산-물 (海産物) 🅝 海産物. ⑩해물 (海物).

해삼 (海参) 🅝 (魚介類) ナマコ(海鼠).

해상¹ (海上) 🅝 海上.
　해상-법 (海上法) 【-뻡】 🅝 (法律) 海

해상²(海床) 【명】 〖地〗 海底.
해상³(解喪) 【명】 〖하자〗 喪が明けること. ⑩탈상(脫喪).
해상-도(解像度) 【명】 解像度.
해상-력(解像力) 【-녁】 【명】 解像力.
해상-법(海商法) 【-뻡】 【명】 〖法律〗 海商法.
해서(楷書) 【명】 楷書.
해석¹(解析) 【명】 〖하타〗 解析. ‖구문 해석 構文解析.
해석-학(解析學) 【-써칵】 【명】 〖數學〗 解析學.
해석²(解釋) 【hɛːsʌk】 【명】 〖하타〗 解釋. 擴大 解釋하다 拡大解釈する. 제대로 해석하다 正しく解釈する. 달리 해석하다 別の解釈をする. 선의로 해석하다 善意に解釈する. 그건 해석의 차이이다 それは解釈の相違だ. 그럴께맛대로 해석할 수 없다 そうとしか解釈のしようがない. **해석-되다** 〖수동〗
해설(解說) 【hɛːsʌl】 【명】 〖하타〗 解說. ‖뉴스 해설 ニュース解說. 야구 해설은 정말 재미있다 彼の野球解說は本当に面白い. 한국의 외교 정책에 대해서 해설하다 韓国の外交政策について解說する.
해설-자(解說者) 【-짜】 【명】 解說者.
해소(解消) 【명】 〖하타〗 解消. ‖숙취 해소에 좋은 음식 二日酔いにいい食べ物. 스트레스를 해소하다 ストレスを解消する. 불안을 해소하다 不安を解消する. **해소-되다** 〖수동〗
해송(海松) 【명】 〖植物〗 クロマツ(黑松).
해수(海水) 【명】 海水. ⑪바닷물.
해수-욕(海水浴) 【명】 〖하자〗 海水浴.
해수욕-장(海水浴場) 【-짱】 【명】 海水浴場.
해시(亥時) 【명】 〖民俗〗 亥(ヽ)の刻(午後9時から午後11時まで).
해-시계(-時計) 【-게】 【명】 日時計.
해심(海深) 【명】 海深.
해쓱-하다 【-쓰카-】 【형】 〖하변〗 〈顏が〉 青白い. ‖해쓱한 얼굴 青白い顏. 얼굴이 해쓱하다 顏色蒼白になる.
해악(害惡) 【명】 害惡. ‖남에게 해악을 끼치다 人に害惡を及ぼす.
해안(海岸) 【명】 海岸. ‖융기 해안 隆起海岸. 리아스식 해안 リアス式海岸.
해안-선(海岸線) 【명】 海岸線.
해약(解約) 【명】 〖하타〗 解約; 破約. ‖계약을 해약하다 大口契約を破約する.
해양(海洋) 【명】 海洋.
해양 경찰청(海洋警察廳) 【-때-】 【명】 海洋警察廳. ⑩해경(海警).
해양-수산부(海洋水産部) 【명】 〖行政〗 海洋水産部.
해양성 기후(海洋性氣候) 【-씽-】 【명】 〖地〗 海洋性氣候. ⇔대륙성기후(大陸性氣候).

해어-지다 【-여-】 【자】 すり減る; 着古す. ⑪해지다.
해역(海域) 【명】 〖地〗 海域.
해연(海淵) 【명】 海淵.
해-연풍(海軟風) 【명】 海軟風(昼間海から陸へ向かって吹く風).
해열(解熱) 【명】 解熱.
해열-제(解熱劑) 【-쩨】 【명】 〖藥〗 解熱劑.
해오라기 【명】 〖鳥類〗 シラサギ(白鷺). ⑪백로(白鷺).
해왕-성(海王星) 【명】 〖天文〗 海王星.
해외(海外) 【hɛːwe】 【명】 海外. ‖기업의 해외 진출 企業の海外進出. 해외 유학 海外留学.
해요-체(-體) 【명】 〖言語〗 ですます体. ✚打ち解けた感じの丁寧な言い方で, 話し言葉に広く用いられる. 하서요・계서요・드셔요など.
해운(海運) 【명】 海運.
해운-업(海運業) 【명】 海運業.
해이-하다(解弛-) 【형】 〖하변〗 〈気持ちなどが〉 緩んでいる; たるんでいる; だらけている. ‖여름 동안은 기가 해이하기 쉽다 夏休みの間は気持ちがたるみがちだ.
해일(海溢) 【명】 海溢; 津波.
해임(解任) 【명】 〖하타〗 解任. ‖이사를 해임하다 理事を解任する. **해임-당하다** 【수】
해임-장(解任狀) 【-짱】 【명】 解任狀.
해장(←解酲) 【명】 〖하자〗 迎え酒を飲むこと.
해장-국(←解酲-) 【-꾹】 【명】 二日酔いを覚ますためのスープ.
해장-술(←解酲-) 【-쑬】 【명】 迎え酒.
해저(海底) 【명】 海底. ‖해저 터널 海底トンネル. 해저 탐사 海底探査.
해적(海賊) 【명】 海賊.
해적-선(海賊船) 【-썬】 【명】 海賊船.
해적-판(海賊版) 【-판】 【명】 海賊版.
해전(海戰) 【명】 〖軍事〗 海戰.
해제¹(解除) 【명】 〖하타〗 解除. ‖계엄령을 해제하다 戒嚴令を解除する. 무장 해제 武裝解除. **해제-되다** 〖수동〗
해제²(解題) 【명】 〖하타〗 解題.
해조¹(海鳥) 【명】 海鳥.
해조²(海藻) 【명】 海藻.
해조³(害鳥) 【명】 害鳥. ⇔익조(益鳥).
해죽 【부】 〖하자〗 声を立てて歯を見せてちょっと笑う様子に: にっと.
해죽-거리다 【-꺼-】 〖자〗 にっと笑う.
해지(解止) 【명】 解約.
해-지다 【자】 ‖해어지다의 縮約形〗 すり減る; ぼろぼろになる; 着古す. ‖해진 옷을 입고 있다 着古した服を着ている. 해진 양말 履き古した靴下.
해직(解職) 【명】 〖하타〗 解職; 解任; 免職. ⑩면직(免職).
해질-녘 【-력】 【명】 夕暮れ; 夕方.
해체(解體) 【명】 〖하타〗 解體. ‖해체 공

사 解体工事. 1991년에 소련은 열다섯 개의 공화국으로 해체되었다 1991年にソ連は 15の共和国に解体した.

해초 (海草) 图 海草. ⇒바닷말.

해충 (害蟲) 图 害虫.

해-치다 (害) /he:tɕʰida/ 他 ❶ 害する; 与える影響を; 損ねる. ∥건강을 해치다 健康を害する. 자연 경관을 해치다 自然景観を損ねる. 상대방 감정을 상하게 하는 말을 하다 相手の感情を害する言い方をする. 기분을 상하게 하다 気分を害する. ❷あやめる; 殺す. ∥잘못해서 사람을 해치다 誤って人をあやめる.

해-치우다 (吉) 他 ❶ (仕事などを)片付ける; やってのける. ∥어려운 일을 해치우다 難しい仕事をやってのける. ❷ (邪魔者などを) 片付ける; 除去する. 始末する. ∥배신자는 해치우라 裏切り者は始末しろ.

해커 (hacker) 图 (IT) ハッカー.

해-코지 (害) 图 他 人をいじめること. ∥친구를 해코지하다 友だちをいじめる. 학교에서 해코지를 당하다 学校でいじめにあう.

해킹 (hacking) 图 (IT) ハッキング.

해탈 (解脫) 图 自 (仏教) 解脫(げだつ).

해태 (←獬豸) 图 獅子に似た想像上の動物. ⇒善悪の判断ができ, 火災や災いを追い払うと言われるため, 石像にして宮殿の左右に立てる.

해트 트릭 (hat trick) 图 サッカー・アイスホッケーなどでハットトリック.

해파리 (動物) クラゲ(水母).

해풍 (海風) 图 海風. ⇒바닷바람.

해프닝 (happening) 图 ハプニング. ∥해프닝이 벌어지다 ハプニングが生じる.

해피 엔드 (happy + end 日) 图 ハッピーエンド. ∥해피 엔드로 끝나는 소설 ハッピーエンドの小説.

해학 (諧謔) 图 諧謔(かいぎゃく); ユーモア.
　해학-적 (諧謔的) - 적 图 ユーモラス. ∥해학적인 내용 ユーモラスな内容. 인생을 해학적으로 그리다 人生をユーモラスに描く.

해해 副 自 軽薄に笑う声[様子]; へらへら.
　해해-거리다 自 へらへらする; へらへらと笑う. ∥좋아서 해해거리다 うれしくて

해협 (海峽) 图 (地) 海峡. ∥대한 해협 朝鮮海峽, 도버 해협 ドーバー海峽.

해후 (邂逅) 图 邂逅(かいこう); 思いがけず出会うこと. ∥십 년만에 해후한 두 사람 10年ぶりに邂逅した 2人.

핵 (核) /hek/ 图 核. ∥그 나라는 핵을 보유하고 있다 その国は核を保有している. 핵 보유국 核保有国.

핵-가족 (核家族) [-까-] 图 核家族.

핵과 (核果) [-꽈] 图 核果. ⇒モモ・ウメなど.

핵-무기 (核武器) [-행-] 图 核兵器.

핵-물리학 (核物理學) [-행-] 图 (物理) 核物理学.

핵-반응 (核反應) [-빠능] 图 (物理) 核反応.

핵-분열 (核分裂) [-뿌녈] 图 自 (物理) 核分裂.

핵-불능화 (核不能化) 图 核の不能化.

핵산 (核酸) [-싼] 图 (化学) 核酸.

핵-실험 (核實驗) [-씰-] 图 核実験.

핵심 (核心) /hɛk̚ɕim/ [-씸] 图 核心. ∥핵심을 이루다 核心をなす. 핵심을 찌르다 核心をつく. 핵심에 접근하다 核心に迫る.
　핵심-적 (核心的) 图 核心的. ∥핵심적인 내용 核心的な内容. 핵심적인 역할을 하다 核心的な役割をする.

핵-에너지 (核 energy) 图 (物理) 核エネルギー.

핵-연료 (核燃料) [행뇨-] 图 (物理) 核燃料.

핵-우산 (核雨傘) 图 核の傘.

핵-융합 (核融合) [-늉-] 图 (物理) 核融合.

핵-폭발 (核爆發) [-빨] 图 核爆発.

핵-폭탄 (核爆彈) 图 核爆弾.

핸드-드릴 (hand drill) 图 ハンドドリル.

핸드백 (handbag) 图 ハンドバッグ.

핸드볼 (handball) 图 (スポーツ) ハンドボール.

핸드북 (handbook) 图 ハンドブック.

핸드-브레이크 (hand brake) 图 ハンドブレーキ.

핸드-크림 (hand cream) 图 ハンドクリーム.

핸드-폰 (hand + phone 日) 图 携帯電話. ⇒휴대 전화(携帶電話).

핸들 (handle) /hɛndɯl/ 图 ハンドル. ∥핸들을 잡다 ハンドルを握る. 핸들을 오른쪽으로 꺾다 ハンドルを右に切る. 핸들을 돌리다 ハンドルを回す.

핸들링 (handling) 图 (サッカーなどで) ハンド; ハンドリング.

핸디 (←handicap) 图 핸디캡의 略語.

핸디캡 (handicap) 图 ハンディキャップ; ハンデ; 핸디. ∥핸디캡을 극복하다 ハンディキャップを克服する.

핸섬-하다 (handsome-) 他 ハンサムだ.

핼리 혜성 (Halley 彗星) [-/-해-] 图 (天文) ハレー彗星.

핼쑥-하다 [-쑤카-] 形 他 (顔が) やつれている.

햄[1] (ham) 图 ハム.

햄[2] (ham) 图 ハム; アマチュア無線家.

햄버거 (hamburger) 图 ハンバーガー.

햄버거 스테이크 (hamburger steak)

ハンバーグステーキ.
햄-샐러드 (ham + salad 日) 图 ハムサラダ.
햄스터 (hamster) 图 《動物》 ハムスター.
햄-에그 (←ham and egg) 图 ハムエッグ.
햅-쌀 图 新米. ⊙묵은쌀.
햇- 接頭 新…; 初物の…; 初成りの…; はしりの.
햇-감자 [핻깜-] 图 新ジャガ.
햇-곡식 (-穀食) [핻꼭씩] 图 新穀.
햇-무리 (-) [핸-] 图 日のかさ; 日量(にちりょう).
햇-병아리 [핻뼝-] 图 ❶ その年に孵化(ふか)したひよこ. ❷〔比喩的に〕新米. 駆け出し. ∥햇병아리 기자 駆け出しの記者.
햇볕 /hɛt²pjət/ [해뼏/핻뼏] 图 日ざし. ∥햇볕이 잘 드는 방 日当たりのいい部屋. 햇볕에 말리다 天日に干す. 햇볕에 타다 日に焼ける.
햇볕 정책 (-政策) [핻뼏쩡-] 图 太陽政策. ⊕韓国の対北朝鮮宥和政策.
햇-보리 (-) 图 その年にとれた大麦.
햇-빛 /hɛt²pit/ [해삗/핻삗] 图 日光; 陽光. ∥오랜만에 햇빛을 보다 久しぶりに陽光を見る.
햇-살 [핻쌀/해쌀] 图 日ざし; 日光; 陽光. ∥눈부신 아침 햇살 まぶしい朝の日ざし. 한여름의 따가운 햇살 真夏の焼け付くような陽光.
햇-수 (-數) [해쑤/핻쑤] 图 年数; 足かけ. ∥한국에서 살기 시작한 지 햇수로 삼 년째다 韓国語を勉強し始めて足かけ 3 年だ.
행¹ (行) 图 《文》の行. ∥행을 바꿔 쓰기 시작하다 行を改めて書き始める.
행² (幸) 图 〔다행(多幸)의 略語〕幸.
-행³ (行) 接尾 …行き. ∥서울행 열차 ソウル行き列車.
행각 (行脚) 图 (하다) 行脚. ∥도피 행각 逃避行.
행간 (行間) 图 行間. ∥행간을 읽다 行間を読む.
행군 (行軍) 图 (하다) 行軍. ∥대오를 짜서 행군하다 隊伍を組んで行軍する.
행동 (行動) /hɛŋdoŋ/ 图 (하다) 行動; 挙動; ふるまい. ∥행동으로 옮기다 行動に移す. 극단적인 행동으로 치닫다 極端な行動に走る. 신중하게 행동하다 慎重な行動をとる. 행동이 수상한 남자 挙動不審の男. 마음대로 행동하다 勝手にふるまう.
행동-거지 (行動擧止) 图 行ない; 行ない; 立ち居振る舞い; 挙動. ∥행동거지가 나쁘다 行儀が悪い. 행동거지를 조심하다 立ち居振る舞いに気をつける.
행동-력 (行動力) [-녁] 图 行動力.
행동-반경 (行動半徑) 图 行動半径.

行動範囲.
행동-주의 (行動主義) 【-/-이】 图 行動主義.
행동-파 (行動派) 图 行動派.
행락 (行樂) [-낙] 图 行楽.
행락-객 (行樂客) [-낙깩] 图 行楽客.
행락-지 (行樂地) [-낙찌] 图 行楽地.
행락-철 (行樂-) 图 行楽シーズン.
행렬 (行列) [-녈] 图 《하다》 ❶ 行列. ❷ 《数学》 行列.
행로 (行路) [-노] 图 行路. ∥인생 행로 人生行路.
행방 /hɛŋbaŋ/ 图 行方. ∥행방이 묘연하다 行方が分からない. 행방을 감추다 行方をくらます.
행방-불명 (行方不明) 图 行方不明. ⊛행불(不明).
행보 (行步) 图 行步(ほ); 歩み.
행복 (幸福) /hɛŋbok/ 图 (하다) [形] 幸せ; 幸福. ⇔불행(不幸). ∥행복을 빌다 幸せを祈る. 행복한 인생 幸福な人生. 행복하세요 お幸せに. 시골에서 행복하게 살고 있다 田舎で幸せに暮らしている. 돈은 없지만 행복하다 お金はないが幸せだ.
행불 (行不) 图 〔행방불명(行方不明)의 略語〕行方不明.
행-불행 (幸不幸) 图 幸不幸; 幸福と不幸.
행사¹ (行使) 图 (하다) 行使. ∥실력 행사 実力行使. 묵비권을 행사하다 黙秘権を行使する.
행사² (行事) /hɛŋsa/ 图 行事; 催し; イベント. ∥연중행사 年中行事. 백 주년 기념 행사 100 周年記念行事. 행사를 개최하다 催しを開催する. 행사에 참가하다 イベントに参加する.
행상 (行商) 图 (하다) 行商.
행상-인 (行商人) 图 行商人.
행색 (行色) 图 いでたち; 身なり. ∥행색이 초라하다 身なりがみすぼらしい.
행서 (行書) 图 行書(ぎょ).
행선-지 (行先地) 图 行き先; 目的地.
행성 (行星) 图 《天文》 惑星. ⊙動詞(恒星).
행세 (行世) 图 (하다) ❶ 処世; 世渡り; ふるまい. ❷ 成りすますこと; その人であるようなふりをすること. ∥유부남이면서 총각 행세를 하다 既婚者でありながら独身のふりをする.
행수 (行數) [-쑤] 图 《文》の行数.
행실 (行實) [-씰] 图 身持ち; 行状. ∥행실이 나쁘다 身持ちが悪い. 평소의 행실 이 안 좋다 日頃の行ないがよくない.
행여 (幸-) 副 ひょっとしたら; もし.
행여-나 (幸-) 副 もしかしたら; もしも. ∥행여나 약속 시간에 늦어서 부랴부랴 달려가다 もしかしたら約束時間に遅れるので

はないかと思い急いだ.

행운 (幸運) /hɛːŋun/ 图 幸運. ‖행운을 빌다 幸運を祈る. 행운이 따르다 幸運に恵まれる. 행운의 여신 幸運の女神. 행운을 잡다 幸運をつかむ.

행운-아 (幸運兒) 图 幸運兒.

행원 (行員) 〔은행원(銀行員)의 略語〕行員.

행위 (行爲) /hɛŋwi/ 图 行爲. ‖살인 행위 殺人行爲. 불법 行爲をはたらく, 용서せぬ行爲 許しがたい行爲.

행인 (行人) 图 行人; 通行人.

행적 (行跡・行績・行蹟) 图 行跡(ぎょうせき); 足取り.

행정¹ (行政) /hɛŋdʑɔŋ/ 图 行政. 囲立法(立法)・사법(司法).

행정-관 (行政官) 图 行政官.

행정 관청 (行政官廳) 图 行政官廳.

행정 구역 (行政區域) 图 行政区域.

행정 기관 (行政機關) 图 行政機關.

행정-부 (行政府) 图 行政府. 囲立法부(立法部)・사법부(司法部).

행정 서사 (行政書士) 图 行政書士.

행정 소송 (行政訴訟) 图 〔法律〕行政訴訟.

행정 처분 (行政處分) 图 行政処分.

행정-학 (行政學) 图 行政学.

행정² (行程) 图 行程.

행주 /hɛŋdʑu/ 图 布巾. ‖행주로 식탁을 닦다 布巾でテーブルを拭く.

행주-치마 图 前掛け; エプロン. 囲 앞치마.

행진 (行進) /hɛŋdʑin/ 图 自他 行進. ‖데모 행진 デモ行進. 당당히 행진하다 堂々と行進する.

행진-곡 (行進曲) 图 〔音樂〕行進曲; マーチ.

행차 (行次) 图 自他 〔古い言い方で〕お出で.

행패 (行悖) 图 自他 狼藉(ろうぜき); 亂暴. ‖[横暴に]행패를 부리다 狼藉をはたらく; 横暴にふるまう.

행-하다 (行─) /hɛŋhada/ 他 [하変] 行なう; 実行する. ‖말하기는 쉬워도 행하기는 어렵다 言うは易く行なうは難し. 국민과 약속한 대로 행정을 行ない 国民との約束通りに実行する.

향 (香) 图 香. ‖향을 피우다 香を焚(た)く.

향가 (鄕歌) 图 〔文芸〕新羅中期から高麗初期まで, 民間に流行した詩歌.

향교 (鄕校) 图 〔歷史〕高麗および朝鮮時代に, 地方の文廟とそれに附属した官立学校.

향긋-하다 (香─) /hjaŋɡɯthada/ [─ユチ─] 形 [하変] かぐわしい; 芳(かんば)しい. ‖꽃 냄새가 향긋하다 花の香りがかぐわしい. 향긋한 풀 냄새 芳しい草のにおい.

향기 (香氣) /hjaŋɡi/ 图 香り; いいにおい. ‖향기가 좋은 꽃 香りのいい花. 꽃 향기 花の香り.

향기-롭다 (香氣─) [─따] 形 [ㅂ変] 芳(かんば)しい; かぐわしい; 香ばしい. ‖향기로운 프리지아 냄새 芳しいフリージアの香り. 향기로이 副

향-나무 (香─) 图 〔植物〕イブキ(伊吹).

향낭 (香嚢) 图 香嚢(こうのう).

향내 (香─) 图 香り; 香気.

향-냄새 (香─) 图 お香のにおい.

향년 (享年) 图 享年.

향락 (享樂) [─낙] 图 享樂. ‖향락에 빠지다 享樂にふける.

향락-적 (享樂的) [─낙쩍] 图 享樂的. ‖향락적인 생활을 하다 享樂的な生活を送る.

향락-주의 (享樂主義) [─낙쭈─/─낙쭈이] 图 享樂主義.

향로 (香爐) [─노] 图 香炉.

향료 (香料) [─뇨] 图 香料. ‖천연 향료 天然香料. 합성 향료 合成香料.

향미 (香味) 图 香味.

향미-료 (香味料) 图 香味料.

향방 (向方) 图 行き先.

향-불 (香─) [─뿔] 图 香火; 香を焚(た)く火.

향상 (向上) /hjaːŋsaŋ/ 图 自他 向上. 囲저하(低下). ‖생산성을 향상시키다 生産性を向上させる. 성능이 향상된 신제품 性能が向上した新製品. 성적이 향상되다 成績が向上する. 생활 수준이 향상되다 生活水準が向上する. 품질 향상을 꾀하다 品質の向上をはかる.

향상-성 (向上性) 【─성】 图 向上性.

향상-심 (向上心) 图 向上心.

향수¹ (享受) 图 自他 享受.

향수² (香水) /hjaŋsu/ 图 香水. ‖향수 냄새 香水のにおい. 향수를 뿌리다 香水をかける.

향수³ (郷愁) 图 郷愁. ‖향수를 느끼다 郷愁を覚える.

향수-병 (郷愁病) [─뼝] 图 ホームシック. ‖향수병에 걸리다 ホームシックになる.

향신-료 (香辛料) [─뇨] 图 香辛料.

향악 (郷樂) 图 朝鮮固有の音楽.

향약 (鄕約) 图 〔歷史〕朝鮮時代(1392〜1910)につくられた鄕村の自治規約.

향유 (享有) 图 他 享有.

향응 (饗應) 图 饗應(きょうおう); もてなし.

향-일성 (向日性) 【─성】 图 〔植物〕向日(こうじつ)性; 屈光性.

향지-성 (向地性) 【─성】 图 〔植物〕向地性; 屈地性.

향찰 (鄕札) 图 新羅時代(356〜935)に, 主に郷歌の表記に使われた表記法.

향촌 (鄕村) 图 郷村.

향토(鄕土) 图 郷土. ‖비빔밥은 전주의 대표적인 향토 음식이다 ビビンバは全州の代表的な郷土料理である. 향토 자원 郷土資源.

향토-색(鄕土色) 图 郷土色.

향토-애(鄕土愛) 图 郷土愛.

향토-예비군(鄕土豫備軍) 图 郷土防衛のため予備役で編成された非正規軍.

향-하다(向-) /hja:ŋhada/ 图他【하変】 ❶向く; 向かう. ‖정면을 향해 앉다 正面を向いて座る. 발길이 향하는 쪽으로 걷다 足の向くままに歩く. 요코하마 항을 향해 출항하다 横浜港に向けて出航する. ❷向う. ‖집으로 향하는 걸음 家に向かう足どり. ❸面している. ‖바다를 향해 지어진 집 海に面して建てられた家. ❹目指す. ‖산 정상을 향해 올라가다 山頂を目指して登っていく.

향학(向學) 图 向学.

향학-열(向學熱) 图 【-녈】图 向学の念; 向学心. ‖향학열이 높다 向学心が高い.

향후(向後) 图 向後; この後; 今後.

허[^1] (虛) 图 許(ホ).

허[^2] (虛) 图 虛; 隙. ‖상대방의 허를 찌르다 相手の隙[虛]につけ込む.

허[^3] (感) 感心したり驚いたりした時に発する声: ほう. ‖허, 정말 잘 만들었구나 ほう, 本当に上出来だな.

허가(許可) /hoga/ 图他【하変】 許可; 認可. ‖영업 허가 営業許可. 허가를 받다 許可を得る. 허가가 나오다 許可が下りる.

허가-증(許可證) 图【-쯩】图 許可証.

허겁-지겁(虛怯-) /hɔgɔpʧigɔp/ 图【-찝】(-찝) 非常に慌てている様子: あたふた(と); 慌てて; 急いで. ‖허겁지겁 밥을 먹다 慌てて ご飯を食べる. 허겁지겁 달려가다 あたふたと駆けつける.

허공(虛空) 图 虛空(ぞ). ‖허공을 바라보다 虛空を見上げる.

허구(虛構) 图(하変) フィクション.

허구-성(虛構性) 图【-썽】图 虛構性.

허구-적(虛構的) 图 虛構的.

허근(虛根) 图 〖数学〗虛根. ⇔실근(實根).

허기(虛飢) 图 空腹. ‖허기를 채우다 空腹を満たす.

허기-지다(虛飢-) 图 ひもじい; 腹べこだ; 空腹で苦しい. ‖아침을 안 먹었더니 허기진다 朝食を食べていないので腹ぺこだ.

헤까비 图 幻; 幻影.

허는 图 [語幹] 헐다(壊す·崩す)の現在連体形.

허니문(honeymoon) 图 ハネムーン.

허다-하다(許多-) 图【하変】数多い;

たくさんある; よくある. ‖허다한 일 よくあること.

허덕-거리다[-대다]【-꺼[때]-】图 あくせくする; (生活に)あえぐ. ‖하루하루를 허덕거리면서 살다 毎日あくせくと暮らす.

허덕-이다 /hɔdəgida/ 图 あえぐ; 苦しむ. ‖불황으로 경영난에 허덕이는 중소기업이 많다 不況による経営難にあえぐ中小企業が多い. 가난에 허덕이다 貧困に苦しむ. 산더미 같은 부채에 허덕이다 山のような負債に苦しむ.

허두(虛頭) 图 (文章や話の)始め; 冒頭. ▶허두를 떼다 口を切る; 文章を書き始める.

허둥-거리다[-대다] 图 慌てふためく; うろたえる; まごまごする. ‖지갑이 안 보여 허둥거리면서 가방을 뒤지다 財布が見当たらなくて慌てふためいてかばんの中をくまなく探す.

허둥-지둥 /hɔduŋʤiduŋ/ 图(하변) そそくさと; あたふた; 慌てて. ‖허둥지둥 집을 나서다 そそくさと家を出る.

허드레 图 雜用.

허드레-꾼 图 雜役夫.

허드렛-물【-렌-】图 飲用水以外の用途の水.

허드렛-일 图【-렌닐】图 雜用; 雜役.

허들(hurdle) 图 ❶ハードル. ❷허들 레이스の略称.

허들-레이스(-race) 图 〖スポーツ〗ハードル競走. ☞허들.

허락(許諾) /hɔrak/ 图他(하変) 承諾; 許し. ‖결혼 허락을 받다 結婚の許しをもらう. 시간이 허락하는 한 해 보고 싶다 時間が許す限りやってみたい. 아버지는 내가 차 면허 따는 것을 허락해 주셨다 父は私が車の免許を取るのを許してくれた.

허례(虛禮) 图 虛礼.

허례-허식(虛禮虛飾) 图 虛礼虛飾. ‖허례허식을 일소하다 虛礼虛飾を廃する.

허름-하다 图【하変】 古びている; みすぼらしい. ‖허름한 집 古びた家. 허름한 옷차림 みすぼらしい身なり.

허리 /hɔri/ 图 ❶腰. ‖허리를 펴다 腰を伸ばす. 허리를 굽히다 腰をかがめる. 허리를 삐다 腰を痛める; ぎっくり腰になる. 허리가 굽다 腰が曲がる. 말허리를 자르다 話の腰を折る. ❷(高さや長さのあるものの)中間部分. ‖산허리 山腰. 바늘 허리 針の中間部分.

허리-끈 图 腰紐(ひも).

허리-띠 图 帯; ベルト. ▶허리띠를 졸라매다 出費を抑える; つましく暮らす.

허리-뼈 图 〖解剖〗腰椎(ついい).

허리-춤 图 ズボンやスカートなどの腰の内側. ☞춤.

허리-통 图 腰回り. ‖허리통이 굵다

하 해 하 해 해 허 해 허 해 호 화 홰 회 효 후 휘 휘 휘 휴 흐 희

허망-하다 (虛妄-) 形 [하変] 虚妄だ; むなしい. ‖허망한 결과 むなしい結果.

허무 (虛無) 名 [하多] 虚無; むなしいこと; はかないこと. ‖가끔 인생이 허무하게 느껴질 때가 있다 時折人生がむなしく感じる時がある. 허무한 인생 むなしい人生. **허무-히** 副

허무-감 (虛無感) 名 虚無感.

허무맹랑-하다 (虛無孟浪-)【-낭-】形 [하変] でたらめだ; 全く根拠がない. ‖허무맹랑한 소리 でたらめな話, 何ら根拠のない話.

허무-적 (虛無的) 名 虚無的. ‖허무적인 생각 虚無的な考え.

허무-주의 (虛無主義)【-/-이】名 虚無主義; ニヒリズム. ≒니힐리즘.

허무주의-자 (虛無主義者)【-/-이-】名 虚無主義者; ニヒリスト. ≒니힐리스트.

허물¹ 名 皮膚; 抜け殻. ▶허물을 벗다 脱皮する.

허물² /hʌmul/ 名 過ち; 過失; 非. ‖남의 허물을 책하지 말라 人の非を責めるな. 허물 없는 사람은 없다 過ちは人の常である.

허물다 他 [ㄹ語尾] 取り壊す; 壊す; 崩す. ‖낡은 집을 허물다 古い家を取り壊す.

허물어-뜨리다 他 崩す; 打ち壊す. ‖담을 허물어뜨리다 垣根を壊す.

허물어-지다 自 崩れる; 壊れる. ‖돌담이 허물어지다 石垣が崩れる.

허물어-트리다 他 =허물어뜨리다.

허물-없다【-무럽따】形 気兼ねない. ‖허물없는 사이 気の置けない間柄. **허물-없이** 副

허밍 (humming) 名 〔音楽〕ハミング.

허방 名 くぼ地; くぼみ.

허방-다리 名 =함정(陷穽).

허벅-다리【-따-】名 ももの付け根.

허벅-살【-싹】名 肉もも肉.

허벅지【-찌】名 内もも.

허비 (虛費) 名 [하他] 無駄遣い; 無駄にすること; 空しく費やすこと. ‖예산을 허비하다 予算を無駄遣いする. 시간을 허비하다 時間を空しく費やす.

허사¹ (虛事) 名 無駄なこと; 徒労; 無益な苦労. ‖몇 번이고 전화를 했지만 허사였다 何度も電話したが無駄だった. 노력이 허사가 되다 努力が徒労になる.

허사² (虛辭) 名 〔言語〕虚辞. ↔실사(實辭).

허상 (虛像) 名 虚像. ↔실상(實像). ‖매스컴이 만들어 낸 허상 マスコミがつくり上げた虚像.

허세 (虛勢) 名 虚勢; 空いばり; 見栄. ‖허세를 부리다 虚勢を張る; 見栄を張る.

허송-세월 (虛送歲月) 名 無為に過ごすこと. ‖허송세월을 보내다 毎日を無為に過ごす.

허수 (虛數) 名 〔数学〕虚数. ↔실수(實數).

허수-아비 /hʌsuabi/ 名 ❶かかし. ❷実権のない人; 役立たず. ❸傀儡(然); 操り人形.

허술-하다 形 [하変] ❶みすぼらしい; 粗末だ. ‖허술한 옷차림 みすぼらしい身なり. ❷手薄だ; 不用心だ; おろそかだ. ‖허술한 경비진 手薄な警備陣. **허술-히** 副

허스키 (husky) 名 [하形] ハスキー. ‖허스키 보이스 ハスキーボイス.

허식 (虛飾) 名 [하自] 虚飾; 見栄; 飾り. ‖허식이 없는 사람 飾り気のない人.

허실 (虛實) 名 虚実.

허심-탄회 (虛心坦懷)【-/-회】名 [하自] 虚心坦懐. ‖허심탄회하게 이야기하다 虚心坦懐に話す.

허약 (虛弱) 名 [하形] 虚弱. ‖허약 체질 虚弱体質.

허언 (虛言) 名 [하自] 虚言.

허영 (虛榮) 名 虚栄; 見栄. ‖허영을 부리다 見栄を張る.

허영-심 (虛榮心) 名 虚栄心.

허옇다【-여타】形 [ㅎ変] 白い. 図하얗다.

허예-지다 白くなる. 図하얘지다.

허욕 (虛慾) 名 無駄な欲.

허용 (許容) 名 [하他] 許容; 許すこと. ‖허용 범위 許容範囲. 면회 허용 面会の許可. 약간의 오차는 허용하자 多少の誤差は許容しよう.

허우적-거리다【-대다】【-끄[때]-】自 (その状況から出られなくて)もがく. ‖물에 빠져서 허우적거리다 水におぼれてもがく.

허울 名 見かけ; うわべ; 名目. ‖허울뿐인 저출산 정책 うわべだけの少子化政策. 허울 좋은 변명 体のいい逃げ口上. 허울뿐인 관리직 名ばかりの管理職.

허위¹ (虛威) 名 虚威.

허위² (虛僞) 名 虚偽; 偽り. ‖허위 신고를 하다 虚偽の申告をする. 허위 증언 虚偽の証言. 허위 표시 虚偽の表示.

허장-성세 (虛張聲勢) 名 [하自] 空いばり. ‖허장성세로 말만 앞서고 행동은 없다 空いばりだけで行動に移さない.

허전-하다 /hʌdʒʌnhada/ 形 [하変] 寂しい; 心細い. ‖늘 차던 시계가 없으니까 손목이 허전하다 いつもはずしていた時計がないから手首が寂しい. 왠지 마음이 허전하다 何となく心細い.

허점【-쩜】(虛點) 名 弱点; 弱み; 隙. ‖이 소프트웨어는 보안상의 허점이 있다 このソフトウエアはセキュリティー上の弱点がある. 허점을 노리다 隙を狙う.

허청-대고 副 無計画的に; むやみに; 向

こう見ずに.

허탈(虛脫)[名][形] 虛脫. ‖허탈 상태 虛脫狀態.

허탈-감(虛脫感)[名] 虛脫感.

허탕(虛-)[名] 無駄な; 無駄骨な; 徒労; 駄目. ‖두 시간이나 찾으러 돌아다녔는데 허탕이었다 2時間も探し回ったが, 無駄だった. ▶허탕을 치다 無駄骨を折る; 徒労に終わる.

허투루 見くびって; 軽々しく; いい加減に; ぞんざいに. ‖시골 출신이라고 허투루 보다니 見くびるにも ほどがある. 허투루 대하다 ぞんざいに扱う.

허튼[冠] いい加減な; でたらめな; くだらない; 余計な. ‖허튼 생각을 하다 くだらないことを考える.

허튼-소리[名] でたらめな話; いい加減なこと; 口任せ; 根拠のない話. ‖허튼소리를 하다 いい加減なことを言う.

허튼-수작(-酬酌)[名] でたらめな言動; いい加減なこと; 余計なこと. ‖허튼수작은 부리지 마 余計なことはしないで.

허파/hʌpʰa/[名][解剖] 肺. ▶허파에 바람이 들다 (「肺に風が詰まる」の意で) でたらめにふるまう; つまらないことにもよく笑う.

허풍(虛風)/hʌpʰuŋ/[名] ほら; 誇張. ❀허풍을 떨다[치다] ほらを吹く; 大げさだ. 大ぶろしきを広げる.

허풍-선(虛風扇)[名] 허풍선이(虛風扇-)の略語.

허풍선-이(虛風扇-)[名] ほら吹き. ❀허풍선이.

허풍-쟁이(虛風-)[名] = 허풍선이(虛風扇-).

허-하다(虛-)[形][하変] ❶(体が)弱い(気力が)衰えている. ‖몸이 허하다 気力が衰えている. ❷うつろだ; 穴が空いているようだ. ‖마음이 허하다 心がうつろだ.

허허 [感] 果てしない平原.

허허-실실(虛虛實實)[名] 虛虛実実.

허황-하다(虛荒-)[形][하変] 荒唐無稽だ. ‖허황한 계획 無稽な計画.

헉[副][하変] ❶驚いて息のむ様子に[音]: はっ. ❷疲れ切って出す声; 疲れ切った様子. ‖헉 하고 쓰러지다 ぐったりと倒れる.

헌¹/hʌːn/[冠] 古い; 使い古しの. ‖헌 양말 古い靴下. 헌책 古本.

헌²[名][ㄹ語幹] 헐다(壞す・崩す)の過去連体形.

헌-것[-껃][名] 古物. ⑰새것.

헌금(獻金)[名][하他] 献金. ‖정치 헌금 政治献金.

헌납(獻納)[名][하他] 献納.

헌법(憲法)/hʌnⁿpʌp/[-뻡][名] 憲法. ‖헌법 개정 憲法の改正. 성문 헌법 成文憲法. 헌법을 제정하다 憲法を制定する. 그 조례는 헌법 위반이다 その条例は憲法違反だ.

헌병(憲兵)[名][軍事] 憲兵.

헌병-대(憲兵隊)[名][軍事] 憲兵隊.

헌사(獻辭/獻詞)[名] 献辞.

헌상(獻上)[名][하他] 献上.

헌신(獻身)[名][하他] 献身.

헌신-적(獻身的)[名] 献身的. ‖요즘은 헌신적인 사랑보다 현실적인 사랑이 많다 近頃は献身的な愛より現実的な愛が多い. 헌신적으로 돌보다 献身的に面倒をみる.

헌-신짝[名] 破れた履き物. ▶헌신짝 버리듯(破れた履き物を捨てるように) 未練もなく.

헌장(憲章)[名] 憲章. ‖유엔 헌장 国連憲章. 아동 헌장 児童憲章.

헌정¹(獻呈)[名][하他] 憲政.

헌정²(獻呈)[名][하他] 献呈.

헌-책(-冊)[名] 古本; 古書.

헌-책방(-冊房)[-빵][名] 古本屋.

헌팅(hunting)[名][하他] ハンティング.

헌화(獻花)[名][하他] 献血.

헌화(獻花)[名][하他] 献花.

헐[ㄹ語幹] 헐다(壊す・崩す)の未来連体形.

헐-값(歇-)[-깝][名] 安値; 捨て値. ‖헐값에 팔다 安値で売る.

헐겁다[-따][形] 緩い(締め具合が). 緩い. ‖나사가 헐겁다 ねじが緩い.

헐다¹[ㄹ語幹][自] ❶(口の粘膜などが)ただれる. ‖구내염으로 입안이 헐다 口内炎で口の中がただれる. ❷古びる; 古く なる.

헐다²/hʌːlda/[他][ㄹ語幹] (헐어, 허는, 헌) 壊す; 崩す. ‖담을 헐다 塀を壊す. 선물을 사기 위해 저금통을 헐다 プレゼントを買うために貯金箱を壊す. ❀헐리다.

헐떡-거리다[-대다][-끼[때]-][自他] 息切れする; 息が荒い; (息を)はずませる; あえぐ. ‖숨을 헐떡거리며 달려오다 息をはずませながら駆けつける. ❀헐떡거리다.

헐뜯다[-따] けなす; そしる; 非難する. ‖남을 헐뜯다 人をけなす.

헐렁-거리다[自] ぶかぶかする; だぶつく.

헐렁-하다[形][하変] ぶかぶかだ; だぶついている; 緩い. ‖신이 헐렁하다 靴がぶかぶかだ.

헐렁헐렁-하다[形][하変] だぶだぶだ; だぶついている. ‖헐렁헐렁한 바지 だぶだぶのズボン.

헐레-벌떡 息せき切って; 息をはずませながら. ‖헐레벌떡 뛰어오다 息せき切って走ってくる.

헐리다 [헐다¹の受身動詞] 壊される; 崩れる. ‖집이 헐리다 家が壊される.

헐-벗다[-벋따][自] ❶ぼろをまとう.

‖헐벗은 아이들 ぼろをまとった子どもたち. ❷ (산이) 禿げる. ‖헐벗은 산 禿山.

헐어 圈 [ㄹ語幹] 헐다(壞す·崩す)의 連用形.

헐헐 副 [하similar] 苦しそうに激しく息をする様子: ふうふう.

험난-하다 (險難-) 圏 [하変] 險難だ; 険しい. ‖험난한 여정 険しい道のり.

험담 (險談) 图 [하他] 悪口; 陰口. ‖험담을 하다 悪口をたたく.

험상-궂다 (險狀-) [-굳따] 圏 (表情などが)険しい. ‖표정이 험상궂다 表情が険しい.

험상-하다 (險狀-) 圏 [하変] 険悪だ.

험악-하다 (險惡-) [허마카-] 圏 [하変] 険悪だ; 険しい. ‖험악한 분위기 険悪な雰囲気.

험준-하다 (險峻-) 圏 [하変] (山勢などが)険しい. ‖험준한 산줄기 険しい山並み.

험-하다 (險-) /hɔːmhada/ 圏 [하変] ❶ 険しい. ‖험한 산길 険しい山道. ❷ 厳しい. ‖살기가 험한 세상 厳しい世の中. ❸ 乱暴だ; 荒い. ‖입이 험하다 口が悪い. 사람을 험하게 다루다 人使いが荒い.

헙수룩-하다 [-쑤루카-] 圏 [하変] もじゃもじゃだ; みすぼらしい. ‖헙수룩한 수염 もじゃもじゃのひげ.

헛- /hot/ [헌] 接頭 ❶ むなしい; 無駄な; 偽りの. ‖헛걸음 無駄足. ❷ 誤って; 間違って. ‖헛듣다 聞き間違える.

헛-간 (-間) [헏깐] 图 納屋; 物置小屋.

헛-갈리다 [헏깔-] 圓 入り交じって見分けがつかない; 分かりにくい; 紛らわしい. ‖길이 헛갈리다 道が分かりにくい.

헛-걸음 [헏꺼름] 图 [하自] 無駄足. ‖헛걸음을 하다 無駄足を踏む.

헛걸음-질 图 [하自] 無駄足. ‖헛걸음질을 하다 無駄足を踏む.

헛걸음-치다 圓 無駄足を踏む.

헛-고생 (-苦生) [-쑤카-] 图 [하自] 無駄骨; 骨折り損; 徒労. ‖헛고생을 하다 無駄骨を折る; 骨折り損をする. 노력이 헛고생으로 끝나다 努力が徒労に終わる.

헛구역-질 (-嘔逆-) [헏꾸-질] 图 [하自] 空えずき. ‖헛구역질이 나다 空えずきをする.

헛-기침 [헏끼-] 图 [하自] 空咳; 咳払い.

헛-나이 [헌-] 图 無駄にとった年. ▶헛나이를 먹다 ① 年甲斐もない. ② やり遂げたこともなく年ばかりいく.

헛-다리 [헏따-] 图 見当違い. ‖헛다리를 짚다 見当違いをする.

헛-돈 [헏똔] 图 無駄に使う金; 無駄に使った金; 捨て金. ‖헛돈을 쓰다 金の無駄遣いをする.

헛-돌다 [헏똘-] 圓 [ㄹ語幹] 空回りする; 空転する.

헛-되다 /hot̚twedɑ/ [헏뙤-/헏뛔-] 圏 甲斐ない; 無駄だ; むなしい. ‖헛된 노력 無駄な努力. 헛된 죽음을 하다 無駄死にする. 헛되이 하루하루를 보내다 一日一日を無駄に過ごす.

헛된-말 [헏뙨-/헏뛔-] 图 そらごと; たわごと; 根拠のない話.

헛-듣다 [헏뜯-] 圓 [ㄷ変] 聞き間違える.

헛-디디다 [헏띠-] 圓 踏みはずす; 踏み間違える. ‖계단을 헛디디다 넘어지다 階段を踏みはずして転ぶ.

헛물-켜다 [헌물-] 圓 無駄骨を折る; 骨折り損する; 徒労に終わる.

헛발-질 [헏빨-] 图 [하自] ねらいがはずれた蹴り.

헛-방 (-放) [헏빵] 图 ❶ 的をはずれた射撃. ❷ 無駄足.

헛-배 [헏빼] 图 食べていないのに張る腹.

헛-소리 [헏쏘-] 图 [하自] ❶ (高熱などによる)うわごと. ❷ たわごと; そらごと. ‖술만 마시면 헛소리를 하다 酒を飲むとたわごとを並べる.

헛-소문 (-所聞) [헏쏘-] 图 根も葉もないうわさ; 根拠のないうわさ. ❷ 噂; デマ; 流説. ‖헛소문으로 곤욕을 치르다 根拠のないうわさでひどい目にあう. 헛소문이 돌다 根も葉もないうわさが立つ.

헛-수고 [헏쑤-] 图 [하自] 無駄骨; 骨折り損; 徒労. ‖헛수고를 하다 無駄骨を折る; 骨折り損をする.

헛-웃음 [허두슴] 图 作り笑い; そら笑い; 無理に笑うこと. ‖헛웃음을 짓다 作り笑いをする.

헛-일 [헌닐] 图 [하自] 無駄事; 水の泡. ‖지금까지 노력한 것이 모두 헛일이 되다 今までの努力がすべて水の泡になる.

헛-짚다 [헏찝따] 圓 踏みはずす; 踏み損なう. ‖계단에서 발을 헛짚어 넘어지다 階段で足を踏みはずして転ぶ.

헛-하다 [허타타-] 圏 ひもじい; 空腹だ; 腹が減っている.

헝가리 (Hungary) 图 [国名] ハンガリー.

헝가리ː스트라이크 (hunger strike) 图 ハンガーストライキ. 圈 断食投争(斷食鬪争).

헝겊 [-겁] 图 布切れ.

헝그리ː정신 (hungry 精神) 图 ハングリー精神.

헝클다 圓 [ㄹ語幹] (ものなどを)もつれさせる.

헝클어-뜨리다 圓 もつれさせる; 乱す.

헝클어-지다 圓 (髪の毛·糸などが)もつれる; 絡み合う. ‖바람에 머리카락이 헝클어지다 風で髪の毛が絡み合う.

헝클어-트리다 他 =헝클어뜨리다.

헤 副 (하自) 口をぎこちなく開ける様子: ぱかり; ぽかりと. ‖입을 헤 하고 벌리다 口をぽかりと開ける.

헤게모니 (Hegemonie ᴰ) 名 ヘゲモニー; 主導権. ‖헤게모니를 잡다 ヘゲモニーを握る.

헤드라이트 (headlight) 名 (車で)ヘッドライト; ヘッドランプ; 全전조등(前照燈).

헤드라인 (headline) 名 ヘッドライン.

헤드-슬라이딩 (head + sliding ᴴ) 名 (野球で)ヘッドスライディング.

헤드폰 (headphone) 名 ヘッドホン.

헤드헌터 (headhunter) 名 ヘッドハンター.

헤드헌팅 (headhunting) 名 他 ヘッドハンティング.

헤딩 (heading) 名 他 ヘディング.
　헤딩-슛 (-shoot) 名 (サッカーで)ヘディングシュート.

헤로인 (heroin) 名 ヘロイン.

헤르니아 (hernia) 名 (医学) ヘルニア; 탈장(脫腸).

헤르츠 (Hertz ᴰ) 依名 振動数の単位: …ヘルツ(Hz).

헤매다 /hemɛda/ 自 ❶さまよう; うろつく; 迷う. ‖사경을 헤매다 生死の境をさまよう. 길을 잃고 헤매다가 약속 시간에 늦었다 道に迷って約束の時間に遅れた. ❷ (心や考えなどが)決まらない; 落ち着かない.

헤모글로빈 (hemoglobin) 名 (生理) ヘモグロビン.

헤-벌리다 他 (口を)ぽかんと開ける. ‖입을 헤벌리고 웃고 있다 ぽかんと口を開けて笑っている.

헤비-급 (heavy 級) 名 (ボクシングで)ヘビー級.

헤비-메탈 (heavy metal) 名 (音楽) ヘビーメタル.

헤살 名 邪魔立て; 妨害. ‖헤살을 놓다[부리다] 邪魔立てする.
　헤살-꾼 名 邪魔者.

헤아리다 /he.arida/ 他 ❶ 数える; 計算する. ‖밤하늘의 별을 헤아리다 夜空の星を数える. ❷推し量る; 察する. ‖상대방의 심중을 헤아리다 相手の心中を推し量る. 노고를 헤아리다 苦労を察する.

헤어-나다 自 抜け出る; 抜け出す; 切り抜ける. ‖절망에서 헤어나다 絶望から抜け出る.

헤어-드라이어 (hair drier) 名 ヘアドライヤー.

헤어-밴드 (hair + band ᴴ) 名 ヘアバンド.

헤어스타일 (hairstyle) 名 ヘアスタイル.

헤어-스프레이 (hair spray) 名 ヘアプレー.

헤어-지다 /heʌd͡ʑida/ 自 ❶別れる; 離れる; 離ればなれになる; 散り散りになる. ‖애인과 헤어지다 恋人と別れる. 자식들과 헤어져서 살고 있다 子どもたちと離ればなれになって暮らしている. ❷(皮膚が)荒れる; 張り裂ける. ‖피곤해서 입술이 헤어지다 疲れて唇が荒れる.

헤어-토닉 (hair tonic) 名 ヘアトニック.

헤어핀 (hairpin) 名 ヘアピン; 머리핀.

헤엄 /heʌm/ 名 (하自) 泳ぎ; 水泳. ‖개헤엄 犬かき. 헤엄을 치다 泳ぐ. 강을 헤엄 쳐서 건너다 川を泳いで渡る.

헤지-펀드 (hedge fund) 名 (経) ヘッジファンド.

헤-집다 [-따] 他 ほじくる; ほじくり返す; かき散らす.

헤치다 /het͡ɕʰida/ 他 ❶ 掘り返す. ‖땅을 파 헤치다 土を掘り返す. ❷ (解いて)広げる; ばらまく. ‖꾸러미를 풀어 헤치다 包みを解いて広げる. 앞가슴을 풀어 헤치다 着物の前をはだける. ❸ かき分ける. ‖인파를 헤치고 나아가다 人込みをかき分けて進む. ❹(困難などを)切り抜ける. ‖역경을 헤쳐 나가다 逆境を切り抜ける.

헤프다 形 [으変] ❶ 減りやすい. ❷ (金遣いなどが)荒い; 無駄が多い. ‖씀씀이가 헤프다 金遣いが荒い. ❸口が軽い; 口数が多い. ‖말이 헤프다 口数が多い.

헤헤-거리다 自 うれしそうにしきりに笑う.

헥타르 (hectare) 依名 土地の面積の単位: …ヘクタール(ha).

헥토파스칼 (hectopascal) 依名 圧力の単位: …ヘクトパスカル(hPa).

헬기 (←helicopter 機) 名 ヘリ.

헬가-そ (←helicopter 機場) 名 =헬리포트.

헬렐레 副 (하自) ぐでんぐでんに; でれでれ(と). ‖헬렐레 하게 취하다 ぐでんぐでんに酔う.

헬륨 (Helium ᴰ) 名 (化学) ヘリウム.

헬리콥터 (helicopter) 名 ヘリコプター.

헬리포트 (heliport) 名 ヘリポート; ヘリポートターミナル.

헬멧 (helmet) 名 ヘルメット. ‖헬멧을 쓰다 ヘルメットをかぶる.

헬스-클럽 (health club) 名 スポーツセンター.

헴 感 わざとぜいた咳ばらいの声: おほん.

헷-갈리다 /hetk͈allida/ 【準갈-】 自 ❶ こんがらがる; 見分けがつかない; 分かりにくい; 紛らわしい. ‖둘이 너무 닮아서 헷갈리다 2人があまりにも似ていて見分けがつかない. 헷갈리기 쉬운 표현 紛らわしい表現. 워가 뭔지 헷갈려서 잘 모르

헹다 何が何だかこんがらがってよく分からない。❷〈構造なれが〉入りくんでいる。∥헷갈리는 도로 入りくんでいる道路.

헹 /hjəŋ/ 图 強く鼻をかむ音; ちいんと. ∥헹 하고 코를 풀다 ちいんと鼻をかむ.

헹-가래 图 胴上げ. ∥헹가래를 치다 胴上げをする.

헹구다 /heŋguda/ 他 ゆすぐ; すすぐ. ∥입 안을 헹구다 口の中をゆすぐ, 빨래를 헹구다 洗濯物をすすぐ.

혀 /hjə/ 图 ❶〈動物の〉舌; べろ. ∥매운 고추를 먹었더니 혀가 얼얼하다 辛い唐辛子を食べたら, 舌がひりひりする. 혀 꼬부라진 소리를 하다 ろれつが回らない. ❷〈気鳴楽器の〉リード, 黄[舌]. ▶혀가 짧다 舌足らずだ. ▶혀를 내두르다 舌を巻く; 感心する. ∥혀를 내두를 만큼 훌륭한 연기 圧巻の演技. ▶혀를 내밀다 舌を出す. ▶혀를 차다 舌打ちする.

혀-끝 [-끋] 图 舌先; 舌端. 🌐설단(舌端).

혀-뿌리 图 舌の根.

혀짤배기-소리 [-리] 图 舌足らず. ∥혀짤배기소리를 해서 잘 못 알아듣겠다 舌足らずで話がよく分からない.

혁대 (革帶) [-때] 图 (主に男性用の)ベルト.

혁명 (革命) /hjəŋmjəŋ/ 图 [-] 自他 革命. ∥산업혁명 産業革命, 프랑스혁명 フランス革命. 혁명이 일어나다 革命が起きる.

혁명-가¹ (革命家) 图 革命家.
혁명-가² (革命歌) 图 革命歌.
혁명-아 (革命兒) 图 革命児.
혁명-적 (革命的) 图 革命的.

혁-세공 (革細工) [-쎄-] 图 革[皮]細工.

혁신 (革新) [-씬] 图 自他 革新. ⑤쇄신(刷新). ∥기술 혁신 技術革新.

혁신-적 (革新的) 图 革新的. ∥혁신적인 기술의 도입 革新的な技術の導入.

혁혁-하다 (赫赫-) [혀커카-] 形 [하변] 輝かしい. ∥혁혁한 전공 輝かしい戦功. 혁혁-히 副

현¹ (玄) 图 (姓) 玄 (ヒョン).
현² (弦) 图 (数学) 弦.
현³ (絃) 图 〈弦楽器の〉弦. ∥현을 조율하다 弦を調律する.

현⁴ (現) 图 現. ∥현 정부 現政府, 현 단계 現段階.

현격-하다 (懸隔-) [-껴카-] 形 [하변] 格段だ; 懸隔する. ∥현격한 차이 格段の差. 현격-히 副

현관 (玄關) /hjəŋgwan/ 图 玄關. ∥현관 쪽에 누가 있다 玄関の所に誰かいる. 현관에서 기다리다 玄関で待ってもらう.

현관-문 (玄關門) 图 玄關の戸; 玄関のドア.

현금 (現金) /hjəːngɯm/ 图 現金. ∥현찰(現札). ∥현금 출납부 現金出納簿, 현금 거래 現金取引, 수표를 현금으로 바꾸다 小切手を現金に換える. 현금으로 지불하다 キャッシュで払う.

현금-주의 (現金主義) [-/-이] 图 現金な考え方; 打算的な考え方.

현기-증 (眩氣症) [-쯩] 图 目まい. 현기증이 나다[일다] 目まいがする. 현기증을 느끼다 目まいを覚える.

현대 (現代) /hjəːndɛ/ 图 現代. ∥한국의 제 문제 現代韓國の諸問題. 현대의 과학기술 現代の科学技術. 현대의 젊은이들 現代の若者たち.

현대-문 (現代文) 图 現代文.
현대-식 (現代式) 图 現代式.
현대-인 (現代人) 图 現代人.
현대-적 (現代的) 图 現代的. ∥현대적인 생활양식 現代的な生活様式.
현대-판 (現代版) 图 現代版.
현대-화 (現代化) 图 自他 現代化.

현란-하다 (絢爛-) [-려나-] 形 [하변] 絢爛 (ᡷᠨ)だ; きらびやかだ. ∥해가 지면 네온 빛이 현란하다 日が暮れるとネオンの光がきらびやかだ. 현란한 의상 絢爛たる衣装. 현란-히 副

현명-하다 (賢明-) /hjəːnmjəŋhada/ 形 [하변] 賢明だ; 賢い. ∥현명한 판단 賢明な判断, 그 계획을 포기한 것은 현명했다 その計画を諦めたのは賢明だった. 현명하게 움직이다 賢く立ち回る.
현명-히 副

현모-양처 (賢母良妻) 图 良妻賢母.

현무 (玄武) 图 (民俗) 玄武 (ᡷᠨ). ✦四方をつかさどる天の四神の1つで, 北に配する. ⇔청룡(靑龍)(東)・백호(白虎)(西)・주작(朱雀)(南).

현무-암 (玄武岩) 图 (鑛物) 玄武岩.

현물 (現物) 图 現物. ∥현물 급여 現物給与.

현물-거래 (現物去來) 图 自他 現物取引; 現物売買.

현물-세 (現物稅) 图 現物稅.
현물-환 (現物換) 图 現物為替.

현미 (玄米) 图 玄米.

현미-경 (顯微鏡) 图 顯微鏡.

현상¹ (現狀) /hjəːnsaŋ/ 图 現狀. ∥현상 유지 現狀維持. 현상을 타파하다 現狀を打破する.

현상² (現象) /hjəːnsaŋ/ 图 現象. ∥자연 현상 自然現象, 사회 현상 社會現象. 퓐 현상 フェーン現象.

현상-론 (現象論) [-논] 图 現象論.

현상³ (現像) 图 自他 現像. ∥필름을 현상하다 フィルムを現像する.

현상-액 (現像液) 图 現像液.

현상⁴ (懸賞) 图 自他 懸賞. ∥현상 소설에 응모하다 懸賞小說に応募する.

현상-금 (懸賞金) 图 懸賞金.

현세 (現世) 图 《仏教》 現世. ⑩전세(前世)・내세(來世).

현손 (玄孫) 图 玄孫; 孫の孫; やしゃご.

현수막 (懸垂幕) 图 垂れ幕; 横断幕. ‖현수막을 내걸다 垂れ幕を掲げる.

현시 (顯示) 图 〔하타〕 顯示. ‖自己顯示欲.

현실 (現實) /hjʌːnɟil/ 图 現實. ⑩상(理想). ‖현실 도피 現實逃避. 이상과 현실과의 차이 理想と現實との差. 냉엄한 현실을 직시하다 厳しい現實を直視する. 현실과 동떨어진 인식 現實離れした認識.

현실-성 (現實性) 【-썽】 图 現實性. ‖현실성이 결여된 논의 現實性に欠けた議論.

현실-적 (現實的) 【-쩍】 图 現實的. ⑪비현실적(非現實的). ‖현실적인 선택 現實的な選択.

현실-화 (現實化) 图 〔되다〕 現實化. ‖겁내고 있던 것이 현실화되다 恐れていたことが現實化する.

현악-기 (絃樂器) 【-끼】 图 《音樂》 弦樂器.

현안 (懸案) 图 懸案. ‖현안이 산적해 있다 懸案が山積している.

현역 (現役) 图 現役. ⑩예비역(豫備役). ‖현역 군인 現役軍人. 현역에서 물러나다 現役を退く.

현인 (賢人) 图 賢人.

현장 (現場) /hjʌːndʑaŋ/ 图 現場. ‖공사 현장 工事現場. 살인 현장 殺人現場. 마침 현장에 있었다 たまたま現場に居合わせた. 현장으로 달려가다 現場に駆けつける.

현재[1] (現在) /hjʌːndʑɛ/ 图 現在. ⑩과거(過去)・미래(未來). ‖현재 상황 現在の状況. 지금 현재의 심정 今現在の心境. 아침 열 시의 현재 기온 午前10時現在の気温.
— 圉 現在. ‖현재 살고 있는 동네 現在住んでいる町.

현재[2] (顯在) 图 〔하타〕 顯在. ⑩잠재(潛在).

현저-하다 (顯著-) 形 〔하变〕 顯著だ; 著しい. ‖현저한 효과 顯著な効果. 과학 기술의 현저한 진보 科学技術の著しい進歩. 성적이 현저하게 향상되다 成績が著しく向上する. **현저-히** 圉

현존 (現存) 图 〔하타〕 現存. ‖현존하는 인물 現存する人物.

현-주소 (現住所) 图 ❶ 現住所. ❷ 〔比喩的에〕 現在の状況. ‖한일 관계의 현주소 日韓関係の現状.

현지 (現地) 图 現地. ‖현지 조사 現地調査.

현지¹법인 (現地法人) 图 現地法人.

현지-처 (現地妻) 图 現地妻.

현직 (現職) 图 現職. ‖현직 경찰관 現職の警察官.

현찰 (現札) 图 現金. ⑩현금(現金). ‖현찰로 사다 現金で買う.

현충일 (顯忠日) 图 殉国烈士の記念日. 6月 6日.

현판 (懸板) 图 扁額(がく).

현품 (現品) 图 現品; 現物.

현하 (現下) 图 現下; 目下.

현학 (衒學) 图 衒学(がく).

현학-적 (衒學的) 【-쩍】 图 衒学的. ‖현학적인 태도 衒学的な態度.

현해탄 (玄海灘) 图 《地名》 玄界灘.

현행 (現行) 图 〔하타〕 現行. ‖버스의 현행 요금 バスの現行料金. 현행 선거법 現行の選擧法. 이번에는 현행대로 하기로 했다 今回は現行通りにすることにした.

현행-범 (現行犯) 图 《法律》 現行犯.

현행-법 (現行法) 【-뻡】 图 《法律》 現行法.

현혹 (眩惑) 图 〔하타〕 眩惑(げん); 惑わすこと. ‖과대 광고로 소비자를 현혹하다 誇大広告で消費者を惑わす. **현혹-되다** 自五

현황 (現況) 图 現況. ‖현황 보고 現況報告.

혈거 (穴居) 图 〔하타〕 穴居.

혈관 (血管) 图 《解剖》 血管. ‖모세 혈관 毛細血管.

혈관-계 (血管系) 【-/-게】 图 《解剖》 血管系.

혈구 (血球) 图 《生理》 血球.

혈기 (血氣) 图 血気. ‖혈기 왕성한 젊은이 血気盛んな若者.

혈담 (血痰) 【-땀】 图 血痰.

혈당 (血糖) 【-땅】 图 血糖.

혈당-치 (血糖値) 【-치】 图 血糖値.

혈맥 (血脈) 图 血脈.

혈맹 (血盟) 图 血盟.

혈색 (血色) 【-쌕】 图 血色; 顔色. ‖혈색이 좋다 顔色がいい.

혈서 (血書) 【-써】 图 血書.

혈세 (血税) 【-쎄】 图 血税. ‖국민의 혈세 国民の血税.

혈-소판 (血小板) 【-쏘-】 图 《生理》 血小板.

혈안 (血眼) 图 血眼(まなこ). ‖혈안이 되어 찾고 있다 血眼になって探す. 돈 버는 데 혈안이 되다 金儲けに血眼になる.

혈압 (血壓) /hjʌrap/ 图 血圧. ‖혈압이 높다[낮다] 血圧が高い[低い]. 혈압을 재다 血圧を計る.

혈압-계 (血壓計) 【-께 /-계】 图 血圧計.

혈액 (血液) 图 血液. ‖혈액 검사 血液検査. 혈액 순환 血液循環.

혈액-원 (血液院) 图 血液銀行; 血液センター.

혈액-은행 (血液銀行) 图 ＝혈액원(血液院).

혈액-형(血液型)[혀래켱] 图 血液型.

혈연(血緣) 图 血緣. ∥혈연관계 血緣關係.

혈우-병(血友病)[-뼝] 图 [医学] 血友病.

혈육(血肉)[혀륙] 图 血肉; 血緣; 肉親. ∥혈육의 정 肉親の情.

혈장(血漿)[-짱] 图 [生理] 血漿.

혈전(血栓)[-쩐] 图 [医学] 血栓.

혈족(血族)[-쪽] 图 血族; 血緣.

혈청(血淸)[-청] 图 [生理] 血淸.

혈통(血統) 图 血統; 血筋. ∥혈통이 끊어지다 血統が絶える.

혈투(血鬪) 图 하타 血まみれの戦い.

혈혈-단신(孑孑單身) 图 頼る人もない孤独な身.

혈흔(血痕) 图 血痕.

혐오(嫌惡) 图 하타 嫌惡. ∥자기혐오 自己嫌惡.

혐오-감(嫌惡感) 图 嫌惡感. ∥혐오감을 느끼다 嫌惡感をいだく.

혐의(嫌疑)[-헤미] 图 嫌疑; 容疑. ∥살인 혐의를 받다 殺人の嫌疑をかけられる. 혐의가 풀리다 容疑が晴れる.

혐의-자(嫌疑者) 图 嫌疑者; 容疑者.

협객(俠客) 图 [-깩] 图 俠客.

협곡(峽谷) [-꼭] 图 峽谷.

협공(挾攻) [-꽁] 图 하타 挟攻; 挾み打ちにして攻める こと.

협동(協同)[hjəpt'oŋ][-똥] 图 하자 協同; 共同. ∥산학 협동 産学協同. 협동 작업 共同作業.

협동-조합(協同組合) 图 協同組合.

협동-체(協同體) 图 共同體.

협력(協力)[hjəmnjək][혐녁] 图 하자 協力. ∥협력 단체 協力団体. 협력을 아끼지 않다 協力を惜しまない. 협력 체제를 구축하다 協力体制を整える. 그 사람과 협력해서 문제를 해결한다 彼と協力して問題を解決する. 그 사람은 언제나 협력적이다 彼はいつも協力的だ.

협만(峽灣) [-얀] 图 [地] 峽湾; フィヨルド.

협박(脅迫) [-빡] 图 하타 脅迫; 脅かすこと. ∥협박해서 돈을 갈취하다 脅迫して金を巻き上げる. **협박-당하다** 受動

협박-장(脅迫狀) [-짱] 图 脅迫狀.

협박-죄(脅迫罪) [-빡쬐 /-빡쮀] 图 [法律] 脅迫罪.

협상(協商) [-쌍] 图 하타 協商. ∥삼국협상 3国協商.

협소-하다(狹小-) [-쏘-] 图 [ㅎ変] 狹い; 手狹だ. ∥협소한 공간 狹い空間. 사무실이 협소해지다 事務室が手狹になる.

협심-증(狹心症) [-씸쯩] 图 [医学] 狹心症.

협약(協約) 하타 協約.

협업(協業) 하타 協業. ㉠分業.

협연(協演) 图 하자 ❶共演. ❷コラボレーション.

협의¹(協議)[-/혀븨] 图 하타 協議. ∥그 일에 대해서는 현재 협의 중이다 その件については現在協議中である. 협의에 들어가다 協議に入る. 협의 사항 協議事項. 사전 협의 事前協議.

협의-안(協議案) 图 協議案.

협의-회(協議會) [-/혀븨훼] 图 協議會.

협의²(狹義) [-/혀븨] 图 狹義. ㉠광의(廣義).

협잡-꾼(挾雜-) [-짭-] 图 いかさま師; 詐欺師; ペテン師. ∥협잡꾼에게 사기를 당하다 詐欺師にだまされる.

협정(協定) [-쩡] 图 하타 協定. ∥협정을 맺다 協定を結ぶ. 노사 간의 협정 労使間の協定. 자유 무역 협정 自由貿易協定(FTA).

협조¹(協助)/hjəpʤo/ [-쪼] 하타 助け合う; 協助. ∥사업에 협조하다 事業に協力する. 협조를 아끼지 않다 協力を惜しまない.

협조²(協調) [-쪼] 图 하자 協調. ∥노사 협조 労使協調.

협조-성(協調性) 图 協調性.

협주(協奏) [-쭈] 图 하자 協奏.

협주-곡(協奏曲) [音樂] 協奏曲. ∥피아노 협주곡 ピアノ協奏曲.

협죽-도(夾竹桃) [-쭉또] 图 [植物] キョウチクトウ(夾竹桃).

협착(狹窄) [-짝] 图 하타 狹窄. ∥식도 협착 食道狹窄.

협찬(協贊) [-짠] 图 하타 協贊; 提供.

협회(協會) [혀풰/혀퀘] 图 協會. ∥출판 협회 出版協會.

혓-바늘[혀빨-/혇빨-] 图 ∥혓바늘이 돋다 舌苔ができる.

혓-바닥[혀빠닥/혇빠닥] 图 舌の真んの部分; 舌.

혓-소리 [혀쏘-/혇쏘-] 图 [言語] 舌音. ㉠설음(舌音). ✚ㄴ·ㄷ·ㅌ·ㄸ 등.

형¹(兄)/hjəŋ/ 图 ❶〈弟から見て〉兄. 큰형 長兄. 작은형 次兄. 친형 実兄. ❷〈主に大学の〉先輩. ∥제대하고 복학한 같은 과 형 除隊して復学した同じ学年の先輩. 형만한 아우 없다 兄には勝る弟はいない; 兄にかなう弟はいない.

형²(邢) 图 [姓] 邢(ヒョン).

형³(刑) 图 [형벌(刑罰)の略語] 刑. ∥오년 형에 처하다 5年の刑に処す.

형⁴(形) 图 形(ギョウ). ∥한국의 미는 형보다 선이다 韓国の美は形より線である.

-형⁵(形) 접미 ···形(ギョウ). ∥진행형 進行

形, 삼각형 三角形.

-**형**⁶ (型)〚接尾〛…型(ᄒᆢᆼ). ‖혈액형 血液型. 비만형 肥滿型.

형광 (螢光)图 螢光. ‖형광 도료 蛍光塗料. 형광 물질 蛍光物質. 형광판 蛍光板.

형광-등 (螢光燈) /hjɔŋɡwaŋdɯŋ/图 蛍光灯.

형구 (刑具)图 刑具.

형국 (形局)图 ❶ 狀況; 形勢; 情勢; 局面. ‖불리한 형국 不利な狀況. ❷ (風水で)家の敷地や墓地の形状・方向などの總形.

형극 (荊棘)图 荊棘(ᄏᆟᅵᄀᆞᄁ); いばら. ‖형극의 길 いばらの道; 苦難の道.

형기 (刑期)图 刑期. ‖형기를 마치다 刑期を終える.

형-님 (兄-) /hjɔŋnim/图 ❶〔형〕の尊敬語〕お兄さん; 兄貴. ❷ 弟の妻が兄の妻を呼ぶ〔指す〕語. ❸ 結婚した夫の姉を呼ぶ〔指す〕語.

형량 (刑量)〚-냥〛图 量刑.

형무소 (刑務所)图 교도소(矯導所)の 旧用語.

형벌 (刑罰)图〚하他〛刑罰. 動罰(벌). ‖형벌을 가하다 刑罰を科する.

형법 (刑法)〚-뻡〛图〚法律〛刑法.

　형법-학 (刑法學)〚-뻡칵〛图 刑法学.

형부 (兄夫) /hjɔŋbu/图 (妹から見て)姉の夫; 義兄; 義理の兄. ‖형부가 두 명 있다 義理の兄が2人いる.

형사 (刑事) /hjɔŋsa/图 刑事. ‖베테랑 형사 ベテラン刑事. 민완 형사 敏腕刑事.

　형사-범 (刑事犯)图〚法律〛刑事犯.
　형사-법 (刑事法)〚-뻡〛图〚法律〛刑事法.
　형사-사건 (刑事事件)〚-껀〛图〚法律〛刑事事件.
　형사-소송 (刑事訴訟)图〚法律〛刑事訴訟.
　형사-책임 (刑事責任)图〚法律〛刑事責任.

형상¹ (形狀)图 形相. ‖끔찍한 형상 恐ろしい形相.

형상² (形象·形像)图〚하他〛形象.

　형상-화 (形象化)图〚하他〛形象化.

형색 (形色)图 ❶ 形狀と色. ❷ 外見; 身なり; 顔色; 表情. ‖초라한 형색 みすぼらしい身なり.

형설 (螢雪)图 蛍雪(ᄀᆢᆯᄉᆞᆯ).

　형설지공 (螢雪之功)〚-찌-〛图 蛍雪の功.

형성 (形成) /hjɔŋsɔŋ/图〚하他〛形成すること. ‖인격 형성 人格の形成.

　형성-되다〚되어〛圓 性格は幼い時に形성된다 性格は幼い時に形作られる.

　형성-기 (形成期)图 形成期.

형세 (形勢)图 形勢; 情勢. ‖불리한 형세 不利な形勢. 형세가 역전되다 形勢逆転する.

형수 (兄嫂)图 (弟から見て)兄嫁.

형식 (形式) /hjɔŋʃik/图 形式. ‖소나타 형식 ソナタ形式. 형식뿐인 질의응답으로 끝나다 形式だけの質疑応答に終わる. 형식에 얽매이다 形式にとらわれる.

　형식-미 (形式美)〚-상〛图 形式美.
　형식-상 (形式上)〚-쌍〛图 形式上. ‖형식상의 절차 形式上の手続き.
　형식-적 (形式的)〚-쩍〛图 形式的. ㉧실질적(實質的). ‖형식적인 문제 形式的な問題.
　형식-화 (形式化)〚-시콰〛图〚하他〛形式化.

형언 (形言)图〚하他〛名状; 言い尽くすこと; 言い尽くすこと. ‖말로 형언할 수 없는 아픔 言葉では言い尽くせない痛み〔苦しみ〕.

형용 (形容)图〚하他〛形容. ‖그 비창한 광경은 말로는 형용할 수가 없다 その悲愴な光景は言葉では形容しきれない.

　형용-사 (形容詞)图〚言語〛形容詞.

형이상학 (形而上學)图 形而上学.

형이하학 (形而下學)图 形而下学. ‖물질 세계를 논하는 학문을 형이하학이라고 한다 物質の世界を論じる学問を形而下学という.

형장 (刑場)图 刑場. ‖형장으로 끌려가다 刑場に引かれる. 형장의 이슬로 사라지다 刑場の露と消える.

형적 (形迹·形跡)图 形跡.

형제 (兄弟) /hjɔŋdʒe/图 兄弟. ‖우애가 깊은 형제 友愛の情に満ちた兄弟. 배다른 형제 腹違いの兄弟. 형제 싸움 兄弟げんか. 의형제 義理の兄弟; 義兄弟.

　형제-애 (兄弟愛)图 兄弟愛. ㉧우애(友愛).
　형제-자매 (兄弟姉妹)图 兄弟姉妹.

형질 (形質)图 形質. ‖유전 형질 遺伝形質.

형체 (形體)图 形体; 形; 姿; 跡形. ‖형체도 없이 사라지다 跡形もなく消え去る.

형태 (形態) /hjɔŋtʰɛ/图 形態. ‖혼인 형태 婚姻形態. 토지의 이용 형태 土地の利用形態. 形態的 分類 形態の分類. 形態上の区分 形態上の区分.

　형태-론 (形態論)图〚言語〛形態論.
　형태-소 (形態素)图〚言語〛形態素.
　형태-학 (形態學)图〚生物〛形態学.

형통 (亨通)图〚하他〛 思うようになること; 万事順当に事が運ぶこと. ‖이번에 성공하면 만사형통이다 今度成功すれば何でも思い通りにいく.

형편 (形便) /hjɔŋpʰjɔn/图 ❶ 都合; 状況; 事情; 成り行き. ‖수요에 비해 공급이 부족한 형편이다 需要に比べ供

給不足な状況だ。 형편이 되는 대로 都合がつき次第. 형편에 맡기다 成り行きに任せる. ❷ 暮らし向き. ∥형편이 별로 안 좋다 暮らし向きがあまりよくない. 형편이 풀리다 暮らし向きがよくなる.

형편-없다 (形便-)【-업따】 形 (実力などが)水準以下だ; ひどい; (結果が)思わしくない(内容が)つまらない. ∥일본어 실력이 형편없다 日本語の実力が水準以下である. **형편없-이** 副 大変; 非常に; 相当. ∥자금이 형편이 부족하다 資金が相当足りない. ❷めちゃくちゃに; さんざんに. ∥시합에서 형편없는 깨져 시합에서 さんざんにやられる.

형평 (衡平) 名 衡平(ぐ); 平衡.

형형-색색 (形形色色)【-쌕】 名 色とりどり. ∥형형색색의 네온사인 色とりどりのネオン.

형형-하다 (炯炯)【하여】 形 [하変] 炯炯(ぷ)としている. ∥형형한 눈빛 炯炯たる眼(ぷ).

혜성 (彗星)【-에-】 名〔天文〕 彗星(ぷ). ∥혜성처럼 나타나다 彗星のごとく現れる.

혜안 (慧眼)【-에-】 名 慧眼(ぷ).

혜존 (惠存)【-에-】 名 惠存.

혜택 (惠澤)/hje:tʰɛk/【-에-】 名 恩恵; 恩恵; 特典. 문명의 혜택 文明の恩恵. 장학금 혜택을 받다 奨学金の恩恵をこうむる. 혜택을 주다[베풀다] 恩恵を施す. 회원에게는 할인 혜택이 있다 会員には割引の特典がある.

호[1](戶) 名 戶; 戶数上の家. — 依存 … 名 家・世帯の数を数える語: …戶. ∥십만 호 건설 계획 10万戶建設計画.

호[2](弧) 名〔数学〕弧(ぐ).
호[3](扈) 名〔姓〕扈(ホ).
호[4](號) 名〔姓〕扈(ホ).
호[5](湖) 名 湖(ぐ). ∥바이칼 호 バイカル湖.
호[6](號) 名 号; 雅号. ∥이황의 호는 퇴계 李滉の雅号は退渓である. — 依存 … 名 ❶ 雑誌などが定期的に発行されるその順序を数える語. 다음 호로 끝난다 次の号で終わる[完結する]. ❷ 宇宙船・列車などの乗り物の名前に付ける語. ∥아폴로 십일 호 アポロ11号. 새마을호 セマウル号.

호[7](好) 名 好こと. ∥호경기 好景気.

호가-하다 (呼價-)【-까-】 他 値をつける; (呼び) 値がつく. ∥백만 달러를 호가하는 그림 100万ドルの(呼び) 値がついた絵.

호각[1](互角) 名 互角.
    호각지세 (互角之勢)【-찌-】 名 互角の勢い.

호각[2](號角) 名 呼び子. ∥호각을 불다 呼び子を鳴らす.

호감 (好感) /ho:gam/ 名 好感. ⑦悪感(悪感); 比호감 (非好感). ∥호감이 가는 사람 好感の持てる人. 호감을 사다 好感を持たれる. 호감을 갖다 [품다] 好感をいだく.

호강 名 豪奢に暮らすこと; ぜいたくに暮らすこと; 何一つ不自由なく暮らすこと. ∥호강하고 있다 ぜいたくに暮らしている.

호강-스럽다【-따】 形 [ㅂ変] ぜいたくだ. ∥호강스러운 소리를 하고 있다 ぜいたくなことを言っている. **호강스레** 副

호객 (呼客) 名 (店の人が)通りかかる人を店の中に呼び寄せること; 呼び込み.

호객[2](豪客) 名 豪気な人.

호걸 (豪傑) 名 豪傑. ∥영웅호걸 英雄豪傑.

호격 (呼格)【-껵】 名〔言語〕呼格. ∥호격 조사 呼格助詞.

호경기 (好景氣) 名 好景気. ⑦불경기 (不景氣).

호구[1](戶口) 名 戶口; 戶数と人口. ∥호구 조사 戶口調査.

호구[2](糊口·餬口) 名 ⑦自 糊口(ぐ); 生計.
    호구지책 (糊口之策) 名 糊口の策.
    호구-책 (糊口策) 名 =호구지책.

호국 (護國) 名 ⑦自 護國. ∥호국 영령 護國の英靈.

호기[1](好機) 名 好機. ∥호기를 놓치다 好機を逸する.

호기[2](呼氣) 名 ⑦날숨. ⑦흡기 (吸氣).

호기[3](豪氣) 名 豪気な気性. ∥호기를 부리다 豪気にふるまう.

호기-롭다 (豪氣-)【-따】 形 [ㅂ変] 豪気にふるまうさま; 豪快だ.

호기-심 (好奇心) /ho:gisim/ 名 好奇心. ∥호기심이 많은 아이 好奇心旺盛な子ども. 호기심이 강하다 好奇心が強い. 지적 호기심 知的好奇心.

호남[1](湖南) 名〔地名〕〔全羅南道と全羅北道の併称〕湖南.

호남[2](好男) 名 好男子; 好漢.

호도 (糊塗) 名 糊塗(ぐ); 一時のぎにごまかすこと. ∥진실을 호도하다 真実を糊塗する. **호도-되다** 受

호-되다【-뒈다】 形 きつい; 厳しい; ひどい. ∥호된 훈련을 받다 厳しい訓練を受ける. 호되게 꾸짖다 こっぴどく叱る.

호두 (←胡桃) 名〔植物〕クルミ (胡桃). ∥호두까기 인형『胡桃割り人形』(チャイコフスキーのバレエ音楽).

호들갑 名 軽はずみにふるまうこと; 大げさなこと. ∥호들갑을 떨다 軽はずみにふるまう; 大げさにふるまう.

호들갑-스럽다【-쓰-따】 形 [ㅂ変] 大げさだ; 軽はずみだ; そそっかしい. ∥호들갑스러운 여자 そそっかしい女.

호-떡 (胡-) 名 ホットク (中に黒砂糖

などを入れて鉄板で焼いた熱々の中国式パン).

호락-호락 【-라코-】 *부* *형* ❶ たやすく; やすやすと; おいそれと; むずかず(と); 簡単に. ‖ 그 사람이 그 큰돈을 호락호락 내놓을 리가 없다 あの人があんな大金をおいそれと出すはずがない. 인생은 어느 누구에게도 호락호락하지 않다 人生は誰にもたやすくものではない. ❷ (性格が) くみしやすい様子. ‖ 호락호락한 사람으로는 안 보이다 〈くみしやすい人には見えない.

호랑-나비 (虎狼-) *명* 〖昆虫〗 アゲハチョウ (揚羽蝶). ㉠범나비.

호랑-이 (虎狼-) /ho:raŋi/ *명* ❶〖動物〗トラ(虎). ❷〈比喩的に〉非常に怖い人. ‖담임 선생님은 호랑이 선생님이다 担任の先生は非常に怖い. ▶호랑이 담배 먹을 [피울] 적 (옛날)〈(トラがタバコを吸っていた頃)〉昔昔. ▶호랑이도 제 말 하면 온다 《속》うわさをすれば影がさす.

호령 (號令) *명* *하자* 号令. ‖ 호령을 붙이다 号令をかける.

호로로 *부* *하자* 呼び子などを鳴らす音: ぴいぴい(と). ‖ 호로로 불고 호각을 불다 呼び子をぴいぴいと鳴らす.

호로록 *부* *하자* ❶ 小鳥が羽ばたく音: ぱたぱた. ❷ スープなどをする音.

호로록-거리다 【-끄-】 *자* する. ‖ 죽을 호로록거리며 먹다 粥をする.

호롱 *명* 石油灯の油壺.

호롱-불 【-뿔】 *명* 灯火.

호루라기 *명* 呼び子笛; ホイッスル. ‖ 호루라기를 불다 呼び子を鳴らす.

호루루 *부* 호로로の誤り.

호르르 *부* *하자* ❶ 小鳥が羽ばたく音: ぱたぱた. ❷ 薄い紙などが燃える様子: めらめら.

호르몬 (Hormone^ド) *명* 〖生理〗ホルモン.

호른 (Horn^ド) *명* 〖音楽〗ホルン.

호리다 *타* ❶ 誘惑する; 惑わす. ‖ 눈웃음을 치면서 남자를 호리다 なまめかしい目つきで男を誘惑する. ❷ だます; 欺く. ‖ 노인을 호려서 돈을 뜯다 年寄りをたぶらかして金をたかる.

호리-병 (-胡蘆瓶) *명* ひょうたん; ひさご.

호리호리-하다 *형* *하자* 〈体つきが〉すらっとしている; ほっそりとしている; すんなりしている. ‖ 호리호리한 체형 すらっとした体型.

호명 (呼名) *명* *하자* 名前を呼ぶこと.

호모¹ (Homo^ラ) *명*
　호모 사피엔스 (Homo sapiens^ラ) *명* ホモサピエンス.
　호모 에렉투스 (Homo erectus^ラ) *명* ホモエレクトス.
　호모 에코노미쿠스 (Homo economicus^ラ) *명* ホモエコノミクス.
　호모 파베르 (Homo faber^ラ) *명* ホモファベル.

호모² (homo) *명* ホモ.

호미 *명* 草取りなどに使われる柄の短い小型の鍬(くわ).

호-밀 (胡-) *명* 〖植物〗ライ麦. ㉠라이보리. ‖호밀밭 ライ麦畑. 호밀밭의 파수꾼 『ライ麦畑でつかまえて』(サリンジャーの小説).

호박¹ /ho:bak/ *명* 〖植物〗カボチャ (南瓜); ズッキーニ. ❷〈比喩的に〉ぶす. ▶호박이 넝쿨째로 굴러 떨어졌다 《속》棚からぼた餅.
　호박-꽃 【-꼳】 *명* カボチャの花.
　호박-벌 【-뻘】 *명* 〖昆虫〗クマバチ (熊蜂).
　호박-죽 (-粥) 【-쭉】 *명* カボチャの粥 (かゆ).

호박² (琥珀) *명* 〖鉱物〗琥珀.
　호박-색 (琥珀色) 【-쌕】 *명* 琥珀色.

호반 (湖畔) *명* 湖畔.

호방-하다 (豪放-) *형* *하자* 豪放だ. ‖ 호방한 성격 豪放な性格.

호별 (戶別) *명* 戶別. ‖ 호별 방문 戶別訪問.

호봉 (號俸) *명* 号俸 (職階によって区分した給与体系).

호사 (豪奢) *명* *하자* 豪奢 (ごうしゃ); 豪勢; ぜいたく. ‖ 호사를 누리다 ぜいたくに暮らす.
　호사-스럽다 (豪奢-) 【-따】 *형* 〖ㅂ変〗호사스럽다 하자 豪奢な気配.

호사-가 (好事家) *명* 好事家 (こうずか).

호사-다마 (好事多魔) *명* 好事にも魔多し.

호상 (好喪) *명* 長生きして幸せに死んだ人の葬儀.

호색 (好色) *명* 好色.
　호색-가 (好色家) 【-까】 *명* 好色家.
　호색-꾼 (好色-) 【-꾼】 *명* 助べえ.
　호색-한 (好色漢) 【-새칸】 *명* 好色漢.

호선 (互選) *명* *하자* 互選.
　호선-제 (互選制) *명* 互選制.

호소-하다 (呼訴-) /hosohada/ *타* *하자* 訴える; 呼びかける. ‖ 고통을 호소하다 苦痛を訴える. 눈물로 호소하다 涙ながらに訴える. 여론에 호소하다 世論に訴える. 이성에 호소하다 理性に訴える. 국민에게 호소하다 国民に呼びかける.

호송 (護送) *명* *하자* 護送. ‖ 범인을 호송하다 犯人を護送する. **호송-되다** *자자*

호수¹ (戶數) 【-쑤】 *명* 戶数.

호수² (湖水) *명* 湖水; 湖. ‖백조의 호수 『白鳥の湖』(チャイコフスキーのバレエ音楽).

호숫-가 (湖水ヘ-)【-수까/-숟까】图 湖畔.

호수³ (號數)【-쑤】图 号数. ‖発行号수 発行号数.

호스 (hose) 图 ホース. ‖고무 호스 ゴムホース.

호스텔 (hostel) 图 =유스 호스텔.

호스트-바 (host+bar日) 图 ホストクラブ.

호스티스 (hostess) 图 ホステス.

호스피스 (hospice) 图 ホスピス.

호시탐탐 (虎視眈眈)【虎視眈々(眈)と】. ‖호시탐탐 기회를 노리다 虎視眈々と機会をうかがう.

호신 (護身) 图 護身.
　호신-술 (護身術) 图 護身術.
　호신-용 (護身用)【-농】图 護身用.
　호신-책 (護身策) 图 護身の策.

호실 (號室)【依じ】 …号室.

호언 (豪言) 图 豪語; 大言. ‖호언장담하다 豪語壮言を吐く.

호연지기 (浩然之氣) 图 浩然(ぜん)の気.

호오 (好惡) 图 好悪; 好き嫌い.

호외 (號外)【-〜ㅔ】图 号外.

호우 (豪雨) 图 豪雨. ‖집중 호우 集中豪雨.

호위 (護衛) 图 他動 護衛.
　호위-병 (護衛兵) 图 護衛兵.

호응 (呼應) 图 自動 呼応; 反響; 反応. ‖신제품에 대해 호응이 좋다 新製品に対する反応がいい.

호의 (好意)【-/-이】图 好意; 厚意(恩意)・적의(敵意). ‖호의를 베풀다 好意を施す. ‖호의를 보이다 好意を示す.
　호의-적 (好意的) 图 好意的. ‖호의적인 반응 好意的な反応. ‖호의적으로 해석하다 好意的に解釈する.

호의-호식 (好衣好食)【-/-이-】自動 いい服にいい食べ物; ぜいたくな暮らし. ‖부모 덕으로 호의호식하고 있다 親のお陰でぜいたくに暮らしている.

호인 (好人) 图 好人; 好人物; お人よし.

호재 (好材)【經】 好材料. ⑪악재(惡材).

호적 (戶籍)【/ho:dʒɔk/】图 戶籍. ‖호적에 올리다[싣다] 戸籍に載せる[入れる]. ‖호적에서 빼다 戸籍から抜く.
　호적-등본 (戶籍謄本)【-등-】图 戸籍謄本.
　호적-초본 (戶籍抄本) 图 戸籍抄本.

호-적수 (好敵手)【-쑤】图 好敵手.

호전 (好轉)【도じ】 自動 好転; (調子・状態など)上向くこと. ‖병세가 호전되다 状況が好転する. ‖경기가 호전되다 景気が上向く.
　호전-적 (好戰的) 图 好戦的. ‖호전적인 태도 好戦的な態度.

호젓-하다【-저타-】[ㅅ変] 【하영】 ひっそりとしている; もの寂しい; 深閑としている. ‖호젓한 호숫가 ひっそりとした湖畔.
　호젓-이 【하영】ひっそり(と); 寂しそうに.

호조 (好調) 图 好調. ⑦저조(低調). ‖판매가 호조를 보이다 販売が好調を示す.

호-조건 (好條件)【-껀】图 好条件. ⑪악조건(惡條件).

호족 (豪族) 图 豪族.

호주¹ (戶主) 图 戸主.
　호주-권 (戶主權)【-꿘】图 【法律】戸主権.

호주² (濠洲) 图 【国名】豪州; オーストラリア.

호-주머니 /hodʒumɔni/ 图 ❶ポケット. ‖호주머니에 손을 넣고 걷다 ポケットに手を入れて歩く. ❷懷. ‖호주머니가 비다 懷が寂しい. ‖요즘 호주머니 사정이 좀 안 좋다 最近懷具合がよくない.

호출 (呼出) 图 他動 呼び出し; 呼び出すこと. ‖전화로 호출하다 電話で呼び出す. 호출을 받고 달려가다 呼び出されて駆けつける.

호치키스 (Hotchkiss) 图 ホチキス; ステープラー. ✚アメリカ人ホチキスが発明.

호칭 (呼稱) 图 他動 呼称.

호쾌-하다 (豪快-) 图 【하영】豪快だ. ‖호쾌한 웃음소리 豪快な笑い声.

호크 (hock オ) 图 ホック.

호탕-하다 (浩蕩-) 图 【하영】豪放だ. ‖호탕한 성격 豪放な性格.

호텔 (hotel)/hotʰel/ 图 ホテル. ‖お泊まりは 観光ホテル. 어디 호텔에 묵고 계십니까? どのホテルにお泊りですか. 그 호텔에서 이 박 했다 そのホテルで2泊した.

호통 图 他動 怒号; 怒鳴ること. ‖선생님의 호통에 교실이 조용해지다 先生の怒号で教室が静かになる. ▶호통(을) 치다 怒鳴る; 怒鳴りつける.

호평 (好評) 图 他動 好評. ⑦악평(惡評). 호평을 받다 好評を博する.

호프 (Hof) 图 ビヤホール. ⑪맥주집 (麥酒-).
　호프-집 (hof-)【-찝】图 =호프.

호피 (虎皮) 图 虎の毛皮.

호호¹ 图 自動 (女の人が軽く笑う時の)声. ‖호호 하고 웃다 ほほと笑う.

호-호² (呼-) 图 しきりに息を吹きかける様子. ふうふう.

호호-백발 (皓皓白髮/皜皜白髮)【-빨】图 真っ白い髪の毛; 白髮.

호화 (豪華)/hohwa/ 图 【하영】豪華; ゴージャス; きらびやかなこと. ‖호화 생활 ゴージャスな生活.

호화-롭다 (豪華-)【-따】 图 [ㅂ変] 豪華だ; 豪勢だ; 派手だ. ‖호화로운 실내 豪華な室内. 의상이 호화롭다 衣裳

が派手だ. 호화로운 것을 좋아하는 派手好みだ. **호화로이** 閉

호화-찬란 (豪華燦爛)【-찬-】图 [하타] 豪華絢爛だ; 派手だ. ‖호화찬란한 결혼식 派手な結婚式.

호화-판 (豪華版) 图 豪華版.

호환 (互換) 图 [하타] 互換.

호환-성 (互換性)【-씽】图 互換性.

호황 (好況) 图 好況. ㉠불황(不況). ‖호황을 누리다[보이다] 好況を呈する.

호흡 (呼吸) /hohup/ 图 [하타] ❶人工呼吸. 호흡 곤란 呼吸困難. 호흡을 가다듬다 呼吸を整える. 호흡이 맞다 呼吸が合う; 息が合う.

호흡-기 (呼吸器)【-끼】图 呼吸器.

호흡 운동 (呼吸運動) 图 呼吸運動.

혹¹ /hok/ 图 ❶ こぶ. 낙타 등의 혹 ラクダの背のこぶ. 나무의 혹 木のこぶ. 머리에 혹이 나다[생겼다] 頭にたんこぶができた. ▶혹 떼러 가서 혹 붙이고 온다 [諺] ミイラ取りがミイラになる.

혹² /hok/ ❶ 혹시(或是)의 略語. ‖혹 가더라도 이해하여 줘 もし行けなくても悪く思わないでね. ❷간혹(間或)의 略語.

혹독-하다 (酷毒-)【-또카-】圈 [하타] 非常に厳しい; 手厳しい; 残酷だ; 容赦ない. ‖이 지방의 겨울은 혹독하다 この地方の冬は非常に厳しい. 혹독한 비평 手厳しい批評.

혹사 (酷使)【-싸】图 [하타] 酷使. 혹사하여 쓰는 일; 몸을 혹사하다 体を酷使する. **혹사-당하다** 受動

혹서 (酷暑)【-써】图 酷暑; 猛暑. ‖혹한의 (酷寒).

혹성 (惑星)【-썽】图【天文】惑星; 항성(恒星).

혹시 (或是) /hokɕi/【-씨】 副 もし; もしかして; 万一. ㉠혹(或). ‖혹시 한국 분이세요? もしかして韓国の方ですか. 혹시 못 가게 되면 전화할게 万一行けなくなったら電話する.

혹시-나 (或是-) 副 もしや(と). ‖혹시나 하고 기대를 하고 있다 もしやと期待する. 혹시나 비가 올까 봐 우산을 챙기다 もしや雨が올지 모르니まれ傘を準備する.

혹심-하다 (酷甚-)【-씸-】圈 [하타] 過酷だ.

혹은 (或-) 副 または; あるいは. ‖본인 혹은 보호자의 동의가 필요하다 本人あるいは保護者の同意が必要である.

혹자 (或者)【-짜】代 ある人; ある人.

혹평 (酷評) 图 [하타] 酷評. ‖혹평을 받다 酷評を浴びる.

혹-하다 (惑-)【-카-】回 [하타] 惚れ込む; すっかり惚れる; 夢中になる. ‖광고는 사람을 혹하게 한다 広告は人を夢中にさせる. 그녀는 그 사람의 재산에 혹한 것 같다 彼女はその人

の財産に惚れたみたいだ.

혹한 (酷寒)【호칸】图 酷寒. ㉠혹서 (酷暑).

혹형 (酷刑)【호켱】图 [하타] 酷刑.

혹-혹 (호콕) 副 口をすぼめて繰り返し息を吹きかける様子. ふうふう.

혼 (魂) /hon/ 图 魂;精神;気力. ‖혼이 빠지다(나가다) 魂が抜ける; 気力がなくなる. 민족혼 民族の魂.

혼곤-하다 (昏困-) 圈 [하타] 昏々(恤)としている; 意識がはっきりしない.

혼곤-히 副 혼곤히 잠들다 昏々と眠る.

혼-구멍 (魂-) 图 혼(魂)의 俗語. ‖혼 구멍을 내다 懲らしめる.

혼기 (婚期) 图 婚期. ‖혼기를 놓치다 婚期を逃す[逸する].

혼-나다 (魂-) /honnada/ 国 ひどい目にあう; お目玉を食う; たまげる; こっぴどく怒られる; 大変な思いをする. ‖친구와 싸우다가 선생님께 혼나다 友だちとけんかをしたため, 先生にこっぴどく怒られる. 더워서 혼나다 暑くて大変な思いをする.

혼-내다 (魂-) /honnɛda/ 他 こっぴどく叱る; 懲らしめる; とっちめる. ‖아이가 숙제를 안 해서 혼내다 子どもが宿題をしないのでこっぴどく叱る.

혼담 (婚談) 图 縁談. ‖말 혼담이 들어오다 娘の縁談が持ち上がる.

혼돈-하다 (混沌-·渾沌-) 圈 [하타] 混沌(とんとん)としている.

혼동 (混同) /ho:ndoŋ/ 图 [하타] 混同; 紛らわしいこと. ‖공사를 혼동하다 公私を混同する. 경찰관과 紛らわしい 복장 警察官と紛らわしい服装.

혼란 (混亂)【혼-】图 [하타] 混亂. ‖혼란을 초래하다 混亂を招く.

혼란-스럽다 (混亂-)/ho:llan'surɯpʰta/ 【홀-쓰-따】圈 [ㅂ타] [혼란스러워, 혼란스러운] 混亂している; 混亂としている. ‖머릿속이 혼란스럽다 頭の中が混亂している. **혼란스레** 副

혼령 (魂靈) 图 霊魂.

혼례 (婚禮)【홀-】图 ❶ 婚禮; 婚儀. ❷혼례식(婚禮式)의 略語. ‖혼례를 올리다 結婚式を挙げる.

혼례-식 (婚禮式) 图 結婚式.㉠혼례 (婚禮).

혼미 (昏迷) 图 [하타] 昏迷; 朦朧(怲). ‖정신이 혼미하다 意識が朦朧としている. 혼미 상태 昏迷状態.

혼백 (魂魄) 图 魂魄(宴); 霊魂.

혼사 (婚事) 图 婚姻に関すること.

혼색 (混色) 图 混色.

혼선 (混線) 图 [하타] 混線. ‖전화가 혼선되다 電話が混線する. 혼선이 빚어지고 있다 混線状態である.

혼성 (混成) 图 [하타] 混成.

혼성 부대 (混成部隊) 图【軍事】混成部隊.

혼성-암 (混成岩) 图 混成岩.
혼성-주 (混成酒) 图 混成酒.
혼성-팀 (混成 team) 图 混成チーム.
혼성² (混聲) 图 混声.
 혼성-합창 (混聲合唱) 图 混声合唱.
혼수 (昏睡) 图 昏睡(状).
 혼수-상태 (昏睡状態) 图 昏睡状態. ‖쓰러져서 혼수상태에 빠지다 倒れて昏睡状態に陥る.
혼숙 (混宿) 하자 何人かの男女が同宿すること.
혼신 (渾身) 图 渾身(気). ‖혼신의 힘을 다해 싸우다 渾身の力をふりしぼって頑張る.
혼연 (渾然) 하자 渾然(だ).
 혼연-일체 (渾然一體) 图 渾然一体.
혼욕 (混浴) 图 混浴.
혼용 (混用) 하타 混用.
혼인 (婚姻) 图자 婚姻; 結婚.
 혼인 신고 (婚姻申告) 图 婚姻届. ‖혼인 신고를 하다 婚姻届を出す.
혼입 (混入) 图자타 混入.
혼자 /hondʑa/ 图 1人; 1人ぼっち. ‖혼자 힘으로 1人の力で; 自力で. 애사를 혼자서 결정하다 あらゆることを1人で決める.
— 副 1人で. ‖혼자 살다 1人で暮らす; 1人暮らしだ. 지금 집에 혼자 있다 今家に1人でいる.
혼자-되다 [-/-]-꿰-] 困 = 홀로되다.
혼작 (混作) 图타 混作.
혼잡-하다 (混雜-) /ho:ndʑapada/ 【-자파-】 하형 混雜している. ‖백화점 안은 많은 사람들로 혼잡했다 デパートの中は大勢の人で混雑していた. 혼잡한 시간대를 피하다 混雑する時間帯を避ける.
혼잣-말 [-잔-] 图자 独り言. ‖술에 취하여 혼잣말을 하다 酒に酔って独り言を言う.
혼재 (混在) 图자 混在.
혼전¹ (混戰) 图자 混戰.
혼전² (婚前) 图 婚前.
혼절 (昏絶) 图자 卒絶; 気絶.
혼쭐-나다 (魂-) [-라-] 困 とっちめられる; ひどい目にあう.
혼쭐-내다 (魂-) [-래-] 困 とっちめる; お目玉を食らわす.
혼처 (婚處) 图 ふさわしい結婚相手. ‖혼처가 나다 [생기다] ふさわしい結婚相手が現われる.
혼탁-하다 (混濁·渾濁·溷濁-) [-타카-] 하형 混濁した. ‖혼탁한 선거 풍토 混濁した選挙風土. 혼탁한 세상 濁った世.
혼합 (混合) /ho:nhap/ 图자타 混合. ‖몇 종류의 약품을 혼합하다 数種の薬品を混合する.
 혼합 경제 (混合經濟) 图 混合経済.
 혼합 농업 (混合農業) 【-함-】 图 混合農業.
 혼합-물 (混合物) 【-함-】 图 混合物.
 혼합-액 (混合液) 图 混合液.
 혼합-주 (混合酒) 【-쭈】 图 = 혼성주 (混成酒).
혼혈 (混血) 图 混血.
 혼혈-아 (混血兒) 图 混血児; ハーフ.
홀¹ (hall) 图 ホール. ‖콘서트 홀 コンサートホール.
홀² (hole) 图 (ゴルフで)ホール. ‖홀인원 ホールインワン.
홀가분-하다 /holgabunhada/ 하형 【하변】 ❶ (気持ちが)軽い; 軽快だ; すっきりしている. ‖기분이 홀가분하다 気分が軽快だ. ❷ 身軽だ. ‖홀가분한 복장 身軽な服装. 홀가분한 독신 身軽な独り者.
홀대 (忽待) [-때] 하타 冷遇.
홀더 (holder) 图 ホルダー.
홀딱 /hol²tak/ 副 ❶ すっかり; 全部; 1つ残らず. ‖갑자기 내린 비로 옷이 홀딱 젖었다 急に降り出した雨で服がすっかり濡れた. 속옷까지 홀딱 벗다 肌着まで全部脱ぐ. 월급을 술값으로 홀딱 날리다 給料を全部酒代に飛ぶ. ❷ まんまと; みごとに; ぞっこん. ‖두 사람은 내 말에 홀딱 속아 넘어갔다 2人は私の話にまんまとだまされた. 그녀에게 홀딱 반하다 彼女に首ったけだ; 彼女にぞっこんだ.
홀랑 /hollan/ 副 ❶ すっかり. ‖집에 들어와 옷을 홀랑 벗어 버리다 家に帰るやいなや素っ裸になる. 홀랑 벗겨진 이마 すっかりはげ上がった額. ❷ すっぽり. ‖상자 밑이 홀랑 빠져 버리다 箱の底がすっぽり抜ける. 구멍으로 홀랑 빠져 가다 穴にすっぽりと入る. 이불을 홀랑 뒤집어쓰다 布団をすっぽりとかぶる. ❸ くるり. ‖배가 홀랑 뒤집히다 船がくるりとひっくり返る. ⟶홀렁.
홀로 /hollo/ 副 独りで; 独りでに; ‖홀로 사는 노인이 늘었다 独り暮らしの年寄りが増えた. 홀로 살아가다 独りで生きていく. 홀로 고민하다 独りで悩む.
 홀로-되다 [-/-]-꿰-] 困 ① (配偶者に)先立たれる. ② (一緒にいた人たちがいなくなって)1人になる.
홀리다 困 ほれる; 惑わされる; 魅惑される; つままれる. ‖여우한테 홀린 것 같다 キツネにつままれたようだ.
— 타 惑わす; 魅惑する. ‖분위기로 남자를 홀리다 雰囲気で男を惑わす.
홀-몸 图 独り身; 独身. 劉 独心 (獨身).
홀-수 (-數) /hol²su/ 【-쑤】 图 奇数. 劉 짝수 (奇數). ⟶ 기수 (奇數).
홀-씨 图 (植物) 胞子. ⟶ 포자 (胞子).
홀-아버지 图 独り身の父親.
홀-아비 图 独り身の男. ▶홀아비는 이가 서 말이고 홀어미는 은(銀)이 서 말이라 (諺) 男やもめにウジがわき, 女やもめに

홀-어머니 독신 몸의 모친; 여자홀아비; 싱글마더. ⑳편모(偏母).
꽃이 핀다.

홀-어미 독신인 어머니.

홀연-히(忽然-) 團 忽然(穀)と. 갑자기 종적을 감추다 忽然と姿をくらます.

홀짝 團 ❶ 가볍게 뛰어올라 뛰어 넘거나 하는 모양: ひょいと; ぴょんと. 도랑을 홀짝 뛰어 건너다 溝をぴょんと跳び越える. ❷ 액체를 단번에 들이마시는 모양: ぐいっと; ごくっと. 앙주를 홀짝 마시다 ウィスキーをぐいっと飲み干す. 홀짝. **홀짝-홀짝** 團 ちびちび; ちびりちび(り).

홀짝-거리다 【-꺼-】 围 ① 훌쩍(훌쩍)と泣く. ‖애가 훌짝거리며 울고 있다 子がしくしくと泣いている. ② (スープなどを) ちびちびと飲む. ‖라면 국물을 훌쩍거리다 ラーメンのスープをちびちび飲む. 홀쩍거리다.

홀쭉 團 (形) 갑자기 여위는 모양: げっそり. ‖얼굴 살이 홀쭉 빠지다 頬の肉がげっそり(と)落ちる.

홀쭉-이 뚱 やせばっち.

홀쭉-하다 【-쭈카-】 围 ❶ ほっそり(と)している. ‖홀쭉한 몸매 ほっそりとした体つき. ❷ やつれている; やせおとろえている. ‖살이 빠져 얼굴이 홀쭉하다 やせおとろえて顔がげっそりしている. ❸ (物の形状が) 細長い. ❹ (表面が) へこんでいる; ぺちゃんこになっている. ⇔홀쭉하다. **홀쭉-히** 團

훑이다 個 (衣類の裾などの折り返しがほどけないように)しっかりと縫いつける; しっかりとくくる. ⇔훑이다.

홈¹ 溝.

홈²(home) 홈 베이스의 약어.

홈-경기(-競技) (home game) 團 ホームゲーム. ⑳어웨이 경기(-競技).

홈-그라운드(-home grounds) 團 ホームグラウンド.

홈-끌 中に溝のある彫刻用の鑿(のみ).

홈-닥터(home + doctor日) 團 ホームドクター.

홈-드라마(home + drama日) 團 ホームドラマ.

홈-드레스(home + dress日) 團 ホームドレス.

홈런(home run) /ho:mnʌn/ 團 (野球で)ホームラン; 本塁打. ‖홈런을 치다 ホームランを打つ. 홈런을 날리다 ホームランを飛ばす. 구 회 말에 홈런을 맞았다 9回裏、ホームランを打たれた. 솔로 홈런 ソロホームラン. 만루 홈런 満塁ホームラン.

홈룸(homeroom) 團 ホームルーム.

홈리스(homeless) 團 ホームレス. ⑳노숙자(路宿者).

홈-뱅킹(home banking) 團 ホームバンキング.

홈-베이스(home base) 團 (野球で)ホームベース; ホームプレート. ⑳홈.

홈-쇼핑(home shopping) 團 ホームショッピング.

홈스테이(homestay) 團 ホームステイ.

홈-스틸(home + steal) 團 (野球で)ホームスチール.

홈-웨어(home + wear日) 團 ホームウエア.

홈-인(home + in日) 配自 (野球で)ホームイン.

홈-질 個他 ぐし縫い; 並縫い.

홈-터미널(home + terminal日) 團 (IT) ホームターミナル.

홈-통(-樋) かけひ; かけ樋(どい).

홈페이지(home page) 團 (IT) ホームページ.

홈피(-home page) 團 (IT) 홈페이지의 준말.

홉¹(hop +) 〖植物〗 ホップ.

홉²(合) 陷法 体積の単位: …合. ♣升의 10分의 1.

홍(洪) 〖姓〗 洪(ホン).

홍건-적(紅巾賊) 〖歷史〗 紅巾軍.

홍곡지지(鴻鵠之志) -찌- 〖名〗 鴻鵠の志; 遠大な志.

홍당-무(紅唐-) 〖植物〗 ニンジン(人参); アカダイコン(赤大根). ‖얼굴이 홍당무가 되다 顔が真っ赤になる; 赤面する.

홍두깨 綾巻き.

홍두깨-살 牛の臀部(尻の部分)の肉.

홍등-가(紅燈街) 團 紅灯の巷; 色街; 遊廓.

홍보(弘報) 個他 広報. ‖홍보 활동 広報活動.

홍삼(紅參) 團 朝鮮人参を蒸して乾燥したもの.

홍색(紅色) 團 紅色.

홍수(洪水) /hónsu/ 團 ❶ 大水. ‖집중 호우로 인한 홍수 集中豪雨による洪水. 홍수로 다리가 유실되다 洪水で橋が流される. 차량 홍수 車の洪水.

홍시(紅柿) 團 熟柿.

홍실(紅-) 團 赤い糸.

홍안(紅顏) 團 紅顏. ‖홍안의 소년 紅顏の少年.

홍어(洪魚) 〖魚介類〗 エイ(鱝).

홍역(紅疫) 〖医学〗 麻疹(はしか). ‖홍역에 걸리다 麻疹にかかる. 홍역을 치르다 大変な目にあう. ‖때아닌 폭설로 홍역을 치르다 季節はずれの豪雪で大変な目にあう.

홍엽(紅葉) 團 紅葉; もみじ.

홍옥(紅玉) 團 ❶ 〖鉱物〗 ルビー. ❷ (リンゴの)紅玉.

홍익(弘益) 團 広益.

홍익-인간(弘益人間) 图 널리 인간사회에 이익을 주는 것.
홍-일점(紅一點) [-쩜] 图 紅一点.
홍적-세(洪積世) [-쎄] 图 (地) 洪積世.
홍조¹(紅潮) 图 紅潮. ∥홍조 띤 얼굴 紅潮の顔.
홍조²(紅藻) 图 《植物》 紅藻; 紅藻類の植物.
홍조-류(紅藻類) 图 《植物》 紅藻類.
홍진(紅塵) 图 紅塵(じん).
홍차(紅茶) 图 hong*ha*/ 图 紅茶. ∥홍차를 타다 紅茶を入れる. 홍차에 설탕을 넣다 紅茶に砂糖を入れる.
홍합(紅蛤) 图《魚介類》 ムール貝.
홑-눈[혼-] 图 《昆虫》 單眼; 단안(單眼). ⇔겹눈.
홑-몸[혼-] 图 單身; 独り身.
홑-이불[혼-] 图 一重の薄い布団.
홑잎[혼닙] 图《植物》 單葉; 겹잎.
홑-청[혼-] 图 布団カバー.
홑-치마[혼-] 图 一重のチマ.
화¹(火) /hwa/ 图 怒り; 憤り; 立腹. ∥화를 참다 怒りをこらえる [鎮める]. 화가 치밀다 怒りが込み上げる. 화가 풀리다 怒りがおさまる. 화가 머리끝까지 나다 怒り心頭に発する. ❷ 화요일(火曜日)の略語. ❸ (陰陽五行)の 火.
화²(禍) /hwa/ 图 災い; 災難. ∥화를 입다 災いをこうむる; 災いがふりかかる. 화를 부르다 災いを.
-화³(化) [接尾] [하変] ...化. ∥근대화 近代化. 영화화 映画化.
-화⁴(畫) [接尾] ...画(が). ∥동양화 東洋画.
화가(畫家) 图 画家.
화강-암(花崗岩) 图《地》 花崗岩.
화공¹(化工) 图 〔화학 공업(化學工業)の略語〕化学工業.
화공²(畫工) 图 絵師; 絵書き.
화관(花冠) 图 ❶《植物》 花冠. ❷ 꽃부리. ❷ 보석で飾りをつけた礼装用の女性の冠.
화교(華僑) 图 華僑.
화구¹(火口) 图《地》 火口.
　　화구-호(火口湖) 图《地》 火口湖.
화구²(畫具) 图 画材.
　　화구-상(畫具商) 图 画材商.
화근(禍根) 图 禍根(こん); 災いのもと. ∥화근을 없애다 禍根を断つ.
화급-하다(火急一) [-그파-] 图 [하変] 火急だ. ∥화급한 일 火急の用事.
화기¹(火氣) 图 火気; 火の気. ∥화기 엄금 火気厳禁.
화기²(火器) 图 火器.
화기³(和氣) 图 和気; のどかな気分.
　　화기애애(和氣靄靄) [-] [하形] 和気あいあい. ∥화기애애한 분위기 和気あいあいとした雰囲気.
화끈 圖 [하自] (体・顔などが)急に熱を帯びる様子: ふわっと; ぱっと. ∥그 말을 듣자 갑자기 얼굴이 화끈해졌다 それを言われたとたん, 顔がほてってきた. **화끈-화끈** 圖
화끈-거리다 圓 (顔・体が)ほてる; (肌が)ひりひりする. ∥창피해서 얼굴이 화끈거린다 恥ずかしくて顔がほてる. 뜨거운 햇살에 피부가 화끈거리다 強い日差しに皮膚がひりひりする.
화-나다(火-) /hwanada/ 自 腹が立つ; 怒る. ∥하루종일 화난 얼굴을 하고 있다 一日中怒った顔をしている.
화-내다(火-) /hwaneda/ 他 腹を立てる; 怒る. ∥불같이 화내다 烈火のごとく怒る. 화를 잘 내는 사람이 怒りっぽい人だ.
화농(化膿) 图 化膿. ∥다리의 상처가 화농하다 足の傷が化膿する.
화다닥 圖 慌てて飛び出したり逃げ出したりする様子: ぱっと. ∥문을 열고 화다닥 달려나가다 ドアを開けてぱっと駆け出す.
화단¹(花壇) 图 花壇.
화단²(畫壇) 图 画壇.
화대(花代) 图 花代; 挙げ代; 玉代.
화덕(火-) 图 かまど.
화두(話頭) 图《仏教》 公案.
화-딱지(火-) [-찌] 图 〔화(火)の俗語〕しゃく; 癇癪; 怒り. ∥화딱지가 나다 しゃくに障る; 頭にくる.
화랑¹(畫廊) 图 画廊.
화랑²(花郞) 图《歷史》 新羅時代(356~935)の貴族の子弟による青少年の修養団体.
화려-하다(華麗-) /hwarjəhada/ 图 [하変] 華麗だ; 華やかだ; 派手だ. ∥입고 있는 옷이 좀 화려하다 着ている服が少し派手だ. 도시의 밤은 화려하다 都会の夜は華やかだ. 화려한 무대 華麗なる舞台.
화력(火力) /hwa:rjək/ 图 火力.
화력-발전소(火力發電所) [-빨쩐-] 图 火力発電所.
화로(火爐) 图 火鉢.
　　화롯-가(火爐ㅅ-) [-로까/-롣까] 图 炉端.
　　화롯-불(火爐ㅅ-) [-로뿔/-롣뿔] 图 炉端の火.
화룡-점정(畫龍點睛) 图 画竜(りょう)点睛.
화류(花柳) 图 花柳.
　　화류-계(花柳界) [-/-계] 图 花柳界.
화면(畫面) 图 画面. ∥기동 화면 起動画面. 대기 화면 待ち受け画面; 紙.
화목-하다(和睦-) /hwamokhada/ 图 [하変] 和やかだ; 仲むつまじい. ∥화목한 가정 和やかな家庭.
화문-석(花紋席) 图 花ござ.

화물 (貨物) 图 貨物.
　화물-선 (貨物船)【-썬】图 貨物船.
　화물-열차 (貨物列車)【-렬-】图 貨物列車.
　화물-차 (貨物車) 图 貨物車.
화백 (畵伯) 图 畵伯.
화법¹ (話法)【-뻡】图 話法.
화법² (畵法)【-뻡】图 畵法.
화-병¹ (火病)【-뼝】图 ‖울화병(鬱火病)의略語. 心気症にまる病.
화병² (花甁) 图 花瓶. ☺꽃병(-甁).
화보 (畵報) 图 畵報.
화복 (禍福) 图 禍福. ‖길흉화복 吉凶禍福.
화분¹ (花盆) /hwabun/ 图 植木鉢. ‖화분에 물을 주다 植木鉢に水をやる. 겨울에는 화분을 거실에 들여놓다 冬は植木鉢をリビングに置く.
화분² (花粉) 图【植物】 花粉. ☺꽃가루.
화사첨족 (畵蛇添足) 图 蛇足. ☺사족(蛇足).
화사-하다 (華奢-) 圈 [하变] 派手やかだ; 華やかだ. ‖화사한 옷차림 華やかな身なり.
화산 (火山) /hwa:san/ 图【地】 火山. ‖화산이 폭발하다 火山が爆発する. 화산 활동 火山活動. 해저 화산 海底火山.
　화산-대 (火山帶) 图【地】 火山帶.
　화산-호 (火山湖) 图【地】 火山湖.
화살 图 矢. ‖화살을 쏘다 矢を射る. ‖화살을 돌리다 攻擊·怒りなどの矛先を變える. 엉뚱한 나한테 화살을 돌리고 理由もなく私に怒りを向ける.
　화살-대【-때】图 矢柄.
　화살-촉 (-鏃) 图 矢尻.
　화살-표 (-標) 图 矢印. ‖화살표를 따라가다 矢印に従う.
화상¹ (火傷) 图 やけど. ‖화상을 입다 やけどを負う.
화상² (畵商) 图 畵商.
화상³ (畵像) 图 畵像. ‖선명한 화상 鮮明な畵像.
화색 (和色) 图 ❶和오한 顔色. ❷血色がよくて表情が明るいこと. ‖얼굴에 화색이 돌다 顔に血の気がさす.
화생방-전 (化生放戰)图【軍事】 化学·生物·放射能兵器を使う戰爭.
화서 (花序) 图【植物】 花序.
화석 (化石) 图【地】 化石.
　화석 연료 (化石燃料)【-썽년-】图 化石燃料.
　화석-화 (化石化)【-서콰】图 [되自] 化石化.
화-선지 (畵宣紙) 图 畵仙紙; 宣紙.
화성¹ (火星) 图【天文】 火星.
화성² (化成) 图 [하他] 化成.
　화성-비료 (化成肥料) 图 化成肥料.
화성³ (和聲) 图【音楽】 和声.

화성-암 (火成岩) 图【地】 火成岩.
화소 (畵素) 图 畵素.
화술 (話術) 图 話術. ☺말솜씨. ‖화술이 뛰어난 사람 話術に長けた人.
화승-총 (火繩銃) 图 火繩銃.
화신 (化身) 图 化身(じん).
화실 (畵室) 图 畵室; アトリエ.
화씨 (華氏) 图【物理】 華氏.
　화씨-온도 (華氏溫度) 图【物理】 華氏温度.
화약 (火藥) 图 火藥.
　화약-고 (火藥庫)【-꼬】图 火藥庫.
화엄-경 (華嚴經) 图【仏教】 華嚴(ごん)経.
화염 (火焰) 图 火炎; 炎. ☺불꽃. ‖화염에 휩싸이다 炎に包まれる.
　화염 방사기 (火焰放射器) 图 火炎放射器.
　화염-병 (火焰甁)【-뼝】图 火炎瓶.
화-요일 (火曜日) /hwa:joil/ 图 火曜日. ⑳화요(火曜). ‖매주 화요일 每週火曜日. 다음 주 화요일 来週の火曜日. 화요일 아침에 그 사람한테서 전화가 걸려 왔다 火曜日の朝, 彼から電話がかかってきた.
화음 (和音) 图【音楽】 和音.
화의 (和議)【-/-의】图 [하自] 和議.
화이트-보드 (white board) 图 ホワイトボード.
화이트칼라 (white-collar) 图 ホワイトカラー.
화자 (話者) 图 話者; 話し手. ↔청자(聴者).
화장¹ (化粧) /hwadʑaŋ/ 图 [하自] 化粧. ‖화장을 진하게 하다 厚化粧をする. 오늘은 화장이 진하다 今日は化粧が濃い. 화장을 지우다 化粧を落とす.
　화장-기 (化粧氣)【-끼】图 化粧っ気. ‖화장기 없는 얼굴 化粧っ気のない顔.
　화장-대 (化粧臺) 图 化粧台; 鏡台; ドレッサー. ⑳경대(鏡臺).
　화장-독 (化粧毒)【-똑】图 化粧焼け; 白粉焼け.
　화장-실 (化粧室) 图 化粧室; お手洗い; トイレ. ‖여자 화장실 女子トイレ.
　화장-지 (化粧紙) 图 トイレットペーパー; ちり紙.
　화장-품 (化粧品) 图 化粧品.
화장² (火葬) 图 [하他] 火葬.
　화장-터 (火葬-) 图 火葬場.
화재 (火災) /hwadʑɛ/ 图 火災. ‖화재가 발생하다 火災が発生する.
　화재 경보기 (火災警報機) 图 火災報知機.
　화재 보험 (火災保險) 图 火災保険.
화전 (火田) 图 火田; 焼き畑.
　화전-민 (火田民) 图 火田民.
화제 (話題) /hwa:dʑe/ 图 話題. ‖화제가 되다 話題になる. 화제에 오르다

話題에 上る. 화제를 불러일으키다 話題をさらう[呼ぶ]. 화제를 바꾸다 話題を変える. 화제의 인물 話題の人物. 화제가 부족한 사람 話題の豊富な人.

화젯-거리 (話題-) 【-제꺼-/-젣꺼-】 图 話題の種.

화조 (花鳥) 图 花鳥.
　화조-화 (花鳥畫) 图 《美術》 花鳥画.
화중지병 (畫中之餠) 图 絵にかいた餠; 画餠. ⑩그림의 떡.
화집 (畫集) 图 画集.
화창-하다 (和暢) /hwaʧʰaŋhada/ 【-창】[하여] (天気などが)うららかだ; のどかだ; からりと晴れ上がる. ‖화창한 봄날のどかな春の日. 화창하게 갠 날 からりと晴れ上がった日.
화채 (花菜) 图 《料理》 薄く切った果物を五味子の汁に入れ, 松の実を浮かべた冷たい夏の飲み物.
화첩 (畫帖) 图 画帖; スケッチブック.
화초 (花草) 图 花草.
화촉 (華燭) 图 華燭(ʧ̑ok). ‖화촉을 밝히다 華燭の典を挙げる; 結婚式を挙げる.
　화촉지전 (華燭之典) 【-찌-】 图 華燭の典; 結婚式.
화친 (和親) 图 [하여] 和親. ‖화친 조약 和親条約.
화택-승 (火宅僧) 【-씅】 图 《仏教》 火宅僧; 妻帯僧.
화통-불 (-불) 【-토불/-톧불】 图 かがり火.
화통 (火-) 图 堪忍袋. ‖화통이 터지다 堪忍袋の緖が切れる.
화투 (花鬪) /hwatʰu/ 图 花札. ‖화투를 치다 花札をする.
화평 (和平) 图 [하形] 和平.
화폐 (貨幣) /hwa:pʰje/ 图 【-/-페】 貨幣. ‖화폐 가치 貨幣価値. 화폐 제도 貨幣制度. 상품 화폐 商品貨幣.
화포 (火砲) 图 火砲; 大砲.
화폭 (畫幅) 图 画幅; 絵画; 絵. ‖설경을 화폭에 담다 雪景色を絵にする.
화-풀이 (火-) /hwa:pʰuri/ 图 [하自] 腹いせ; 当たり散らすこと; 八つ当たり. ‖가족에게 화풀이를 하다 家族に八つ当たりをする; 家族に怒りを遷(ɔ)す.
화풍 (畫風) 图 画風.
화필 (畫筆) 图 画筆; 絵筆.
화-하다 (化-) 国 [하여] 化する.
화학 (化學) /hwa:hak/ 图 化學. ‖유기 화학 有機化学. 화학 에너지 化学エネルギー.
　화학 공업 (化學工業) 【-꽁-】 图 化学工業.
　화학 공학 (化學工學) 【-꽁-】 图 化学工学.
　화학 기호 (化學記號) 【-끼-】 图 《化学》 化学記号. ⑩원자 기호(原子記號).
　화학 무기 (化學武器) 【-항-】 图 =

　화학 병기 (化學兵器).
　화학 반응 (化學反應) 【-빠-】 图 《化学》 化学反応.
　화학 방정식 (化學方程式) 【-빵-】 图 《化学》 化学方程式; 化学反応式.
　화학 변화 (化學變化) 【-뼌-】 图 《化学》 化学変化. ⑦물리 변화(物理變化).
　화학 병기 (化學兵器) 【-뼝-】 图 化学兵器.
　화학 분석 (化學分析) 【-뿐-】 图 化学分析.
　화학 비료 (化學肥料) 【-삐-】 图 化学肥料.
　화학 섬유 (化學纖維) 【-써뮤】 图 化学繊維.
　화학-식 (化學式) 【-씩】 图 化学式.
　화학 요법 (化學療法) 【-햩뇨뻡】 图 化学療法.
　화학-자 (化學者) 【-짜】 图 化学者.
　화학적 변화 (化學的變化) 【-쩍 뼌-】 图 化学変化.
　화학 조미료 (化學調味料) 【-쪼-】 图 化学調味料.
화합¹ (和合) [하自] 和合; 打ち解けて仲良くすること. ‖노사 화합 労使和合.
화합² (化合) 图 [하여] 《化学》 化合.
　화합-량 (化合量) 【-향냥】 图 《化学》 化合量.
　화합-물 (化合物) 【-함-】 图 《化学》 化合物.
화해 (和解) 图 [하여] ❶和解. ❷《法律》 和解. ‖화해가 성립되다 和解が成立する. 화해에 응하다 和解に応じる.
화형 (火刑) 图 火刑.
화혼 (華婚) 图 他人の結婚; ご結婚.
화환 (花環) 图 花輪.
화훼 (花卉) 图 花卉(ʧ̑); 草花.

확 /hwak/ 图 ❶ 風が急に強く吹く様子: ひゅうっと; ぴゅうっと. ‖찬 바람이 확 불다 冷たい風がひゅうっと吹く. ❷ (車などが)ようやく通り過ぎる様子: さっと; ぴゅんと. ‖차가 확 지나가다 車がぴゅんと通り過ぎる. ❸ 物事を勢いよく行なう様子: ぐいっと. ‖팔을 확 잡아당기다 腕をぐいっと引っ張る. 불이 확 번지다 火が一気に燃え広がる. ❹ 熱気を帯びてほてる様子: かっと. ‖얼굴이 확 달아오르다 顔がかっかとほてる. ❺ (ある感情が)急にこみ上げる様子: どっと. ‖눈물이 확 쏟아지다 涙がどっとこみ上げる. ❻ (わだかまりがなくなり)気持ちがよくなる様子: すっと. ‖속이 확 풀리다 胸がすっとする.
확-확 [화확] 圖 ❶ 火が盛んに燃える様子: ぼうぼう. ‖불길이 확확 치솟다 炎がぼうぼうと立ちのぼる. ② 熱気を帯びてほてる様子: かっか. ‖얼굴이 확확 달아오르다 顔がかっかとほてる. ③ (わだかまりがなくなり)気持ちがよくなる様

子: すかっと; すっきり. ∥ストレスが確
確 풀리다 ストレスがすっきりとなくなる.

확고(確固)【-꼬】图 形動 確固. ∥확
고한 신념 確固たる信念.

확고-부동(確固不動)【图 形動】確固
不抜. ∥확고부동한 신념 確固不抜の
信念.

확답(確答)【-땁】图 ハ自他 確答.
∥확답을 피하다 確答を避ける. 협력하
겠다고 확답하다 協力することを確答す
る.

확대(擴大)/hwak͈t͈ɛ/【-때】图 ハ他
拡大; 広がること ⇔축소(縮小). ∥규
모를 확대하다 規模を拡大する. 소비
확대를 꾀하다 消費の拡大を図る. 사
진을 확대하다 写真を拡大する. 세력
을 확대하다 勢力を拡大する. 피해는
보다 더 확대될 전망이다 被害はもっと
広がる見通しだ.

확대-가족(擴大家族)图 拡大家族.
확대-경(擴大鏡)图 拡大鏡; ルーペ.
확대=재생산(擴大再生産)【経】
拡大再生産. ⇒단순 재생산(單純再
生産) · 축소 재생산(縮小再生産).
확대=해석(擴大解釋)图 拡大解釋.
⇔축소 해석(縮小解釋).

확률(確率)/hwaŋnjul/【창뉼】图【数
学】確率. ∥당선될 확률이 높다 当選
する確率が高い. 복권이 당첨될 확
률은 백분의 일이다 その宝くじが当たる
確率は100分の1だ.

확률-론(確率論)图【数学】確率論.
확립(確立)【창닙】图 ハ他 確立. ∥외
교 방침을 확립하다 外交方針を確立す
る. 주체성의 확립 主体性の確立. **확
립-되다** 受動

확보(確保)【-뽀】图 ハ他 ❶ 確保.
∥필요한 자재를 확보하다 必要な資材
を確保する. 일주일간의 식량을 확보해
두다 1週間分の食糧を確保しておく.
❷ (チケットなどを) 押さえる. ∥돌아가는
차표를 확보해 놓았다 帰りの切符は押
さえておいた.

확산(擴散)【-싼】图 ハ自 拡散; 広
がること. ∥방사성 물질이 대기 중으로
확산되다 放射性物質が大気中に拡散
する.

확성-기(擴聲器)【-성-】图 拡声器.
확신(確信)/hwakɕ͈in/【-씬】图 ハ他
確信. ∥나는 그의 무죄를 확신했다 私
は彼の無実を確信した. 확신을 가지고
설득하다 確信を持って説得する. 확신
을 가지고 말하다 確信を持って言う.
확신을 얻다 確信を得る.

확신-범(確信犯)图【法律】確信犯.
확실-성(確實性)【-씰썽】图 確実性.
확실-시(確實視)【-씰씨】图 ハ他 確
実視.

확실-하다(確實-)/hwakɕ͈ilhada/【-씰-】
图 ハ変【하변】形 確実だ; 確かだ; 明らかだ; 定か
だ; はっきりする. ∥확실하게 대답을 하지
않다 はっきりとした返事をしない. 당선이
확실하다 当選が確実だ. 확실한 증거 確かな
証拠. 갈지 안 갈지 아직 확실하지 않다
行くかどうかまだ確実でない. **확실-히**圖
안개도 확실히는 안 보인다 霧ではっきり
とは見えない.

확약(確約)【-略】图 ハ自他 確約.
확언(確言)【-어】图 ハ自他 確言.
확언-하다(確言-)【-어-】形 ハ変 確然と
している. ∥확언하지 않은 대답 確然と
しない返事.

확인(確認)/hwagin/ 图 ハ他 確認;
確かめること. ∥안전을 확인하다 安全
を確認する. 예약 확인을 하다 予約の
確認をする. 상대방 의사를 확인하다
相手の意思を確かめる. 확인 소송 確認
訴訟.

확장(擴張)/hwak͈t͈ɕaŋ/【-짱】图 ハ他
拡張. ∥가게를 확장하다 店を拡張す
る. 도로를 확장하다 道路を拡張する.
군비 확장 軍備の拡張. **확장-되다**
受動

확장-자(擴張子)【IT】拡張子.
확정(確定)【-쩡】图 ハ他 確定. ∥법
률안을 확정하다 法案を確定する.
확정-적(確定的)【-쩍】图 確定的. ∥당선
은 확정적이다 当選は確定的だ.

확증(確證)【-쯩】图 ハ他 確証. ∥확증이
없다 確証がない. 드디어 확증을 잡았
다 ついに確証をつかんだ.

확충(擴充)图 ハ他 拡充. ∥생산 라
인을 확충하다 生産ラインを拡充する.
확충-되다 受動

환각(幻覺)图 幻覚. ∥환각 상태에
빠지다 幻覚状態に陥る.

환각-제(幻覺劑)【-제】图【薬】幻覚
剤.

환갑(還甲)/hwa:ngap/【-깝】图 還暦;
回甲(回甲). ∥환갑을 맞다 還暦を迎
える. ▶환갑 진갑 다 지내다 (「還暦も
次の年もとっくに過ぎた」の意で) ずいぶん
長生きしている.

환갑-날(還甲-)【-갑날】图 還暦の
日.

환갑-잔치(還甲-)【-짠-】图 還暦祝
い.

환-거래(換去來)图【経】為替の取
引.

환경(環境)/hwaŋgjɔŋ/图 環境. ∥새
로운 환경에 적응하다 新しい環境に適
応する. 가정 환경 家庭環境. 환경 보
호에 앞장서다 環境保護に取り組む.
사람은 환경에 좌우되기 쉬운 존재다
人は環境に左右されやすいものだ.

환경-권(環境權)【-꿘】图【法律】環
境権.

환경-부(環境部)图【行政】環境省.
환경-오염(環境汚染)图 環境汚染.
환경=호르몬(環境 hormone)图 環

환골-탈태(換骨奪胎) 명 자타 換骨(カン)奪胎(ダツ).

환관(宦官) 명 《歷史》 宦官(カン).

환금(換金) 명 자타 換金; 両替.
　환금 작물(換金作物) 【-짱-】 명 換金作物.

환급(還給) 명 자타 還付.
　환급-금(還給金) 【-끔】 명 還付金.

환기(喚起) 명 자타 喚起. ‖주의를 환기하다 注意を喚起する.

환기(換氣) 명 자타 換気. ‖환기 장치 換気装置.
　환기-창(換氣窓) 명 換気口; 通風口.

환담(歡談) 명 자타 歓談.

환대(歡待) 명 자타 歓待. ‖환대를 받다 歓待を受ける.

환등-기(幻燈機) 명 幻灯機; スライドプロジェクター.

환락-가(歡樂街)【-까】 명 歓楽街.

환란(患亂)【-난】 명 兵乱; 戦乱.

환멸(幻滅) 명 幻滅. ‖실태를 보고 환멸을 느끼다 実態を見て幻滅を覚える.

환물(換物) 명 자타 換物.

환부(患部) 명 患部. ‖환부를 도려내다 患部を切り取る.

환부(還付) 명 還付.
　환부-금(還付金) 명 還付金.

환불(還拂) 명 자타 払い戻し. ‖요금을 환불하다 料金を払い戻す. 환불을 요구하다 払い戻しを求める.

환-브로커(換 broker) 명 為替ブローカー.

환산(換算) 명 자타 換算. ‖달러를 원으로 환산하다 ドルをウォンに換算する.
　환산-표(換算表) 명 換算表.

환상(幻像) 명 幻像.

환상(幻想) 명 幻想. ‖환상을 품다 幻想をいだく. 환상이 깨지다 幻想が壊れる.
　환상-곡(幻想曲) 명 《音樂》 幻想曲; ファンタジー.
　환상-적(幻想的) 명 幻想的. ‖환상적인 이야기 幻想的な物語.

환생(還生) 명 자타 生き返ること; 生まれ変わること.

환성(喚聲) 명 喚声. ‖환성을 지르다 喚声を上げる.

환성(歡聲) 명 歓声. ‖환성이 일다[터지다] 歓声が上がる.

환속(還俗) 명 자타 《佛教》 還俗(ゲン).

환송(歡送) 명 자타 歓送.
　환송-회(歡送會)【-/-훼】 명 歓送会. ⇔환영회(歡迎會).

환수(還收) 명 자타 還収. ‖대부금을 환수하다 貸付金を還収する.

환승(換乘) 명 자타 乗り換え. ‖환승 할인 乗り継ぎ割引; 連絡割引.
　환승-역(換乘驛)【-녁】 명 乗換駅.

환-시세(換時勢) 명 《經》 為替相場.

환심(歡心) 명 歓心. ‖고객의 환심을 사다 顧客の歓心を得る.

환약(丸藥) 명 丸薬. ⇔알약(-藥).

환-어음(換-) 명 《經》 為替手形.

환언(換言) 명 자타 換言; 言い換え.
　환언-표(換言標) 명 =줄표(-標).

환영(幻影) 명 幻影; まぼろし.

환영²(歡迎) /hwanjəŋ/ 명 자타 歓迎. ‖진심으로 환영합니다 心から歓迎します. 따뜻한 환영을 받다 温かい歓迎を受ける.
　환영-회(歡迎會)【-/-훼】 명 歓迎会. ⇔환송회(歡送會).

환원(還元) 명 자타 還元. ‖이익을 사회에 환원하다 利益を社会に還元する. **환원-되다** 자동.
　환원-제(還元劑) 명 《化學》 還元剤.

환유-법(換喩法)【-뻡】 명 《言語》 換喩法.

환율(換率) 명 為替レート.

환자(患者) /hwa:ndʒa/ 명 患者. ‖환자를 진찰하다 患者を診察する. 환자가 실려 오다 患者が運ばれてくる. 중환자; 急病の患者. 입원 환자 入院患者.

환장-하다(換腸-) 자 《하변》 気がおかしくなる; 夢中になる. ‖분해서 환장할 지경이다 悔しくて気がおかしくなりそうだ. 골프에 환장하다 ゴルフに夢中になる.

환전(換錢) 명 자타 両替.

환절(環節) 명 《動物》 環節; 体節.

환절-기(換節期) /hwa:ndʒəlgi/ 명 季節の変わり目. ‖환절기에는 감기 걸리기 쉽다 季節の変わり目には風邪を引きやすい.

환-증서(換證書) 명 《經》 為替証書.

환-차손(換差損) 명 《經》 為替差損.

환-차익(換差益) 명 《經》 為替差益.

환청(幻聽) 명 幻聴.

환초(環礁) 명 《地》 環礁.

환-평가(換評價)【-까】 명 《經》 為替評価.

환풍-기(換風機) 명 換気扇. ‖환풍기를 돌리다 換気扇を回す.

환-하다 /hwa:nhada/ 형 《하변》 ❶(明かりが)明るい. ‖달빛이 환하다 月が明るい. ❷(表情が)明るい; 晴れやかだ. ‖아이들 표정이 환하다 子どもたちの表情が明るい. 환하게 웃다 明るく笑う. ❸(前途が)明るい; 前途洋々だ. ‖앞날이 환하다 未来が明るい. ❹(物事に)明るい; 詳しい; 精通している. ‖한국 정세에 환하다 韓国情勢に精通している. ❺(中身が)透けて見える; (意図などが)見え見えだ. **환-히** 부 속셈이 훤히 들여다보이다 魂胆が見え見えだ.

환호 (歡呼) [명][하타] 歡呼.
  환호-성 (歡呼聲) [―썽] 명 歡呼の声. ∥환호성을 올리다 歡声をあげる.
환희 (歡喜) [/-/] 명 歓喜.
활 /hwal/ 명 ❶弓. ∥활을 쏘다 弓を射る. 활의 명수 弓の名手. ❷《弦楽器の》弓. ∥바이올린의 활 バイオリンの弓.
활강 (滑降) 명[하타] ❶滑降. ❷활강경주(滑降競走)の略.
활강^경주 (滑降競走) [―쭈] 명 滑降競走.
활개 명 ❶《鳥の》翼. ❷《人間の》両腕; 大手(장).
  활개-치다 자 大手を振る; のさばる; 横行する. ∥암표상이 활개치다 ダフ屋がのさばる.
활공 (滑空) 명[하자] 滑空.
  활공-기 (滑空機) 명 滑空機; グライダー.
활극 (活劇) 명 活劇; 乱闘劇.
활기 (活氣) /hwa:lgi/ 명 活気. ∥활기를 띠다 活気を帯びる. 주식 시장이 다시 활기를 찾다 株式市場が再び活気を取り戻す. 활기가 넘치다 活気があふれる.
  활기-차다 (活氣―) 형 活気が溢れる; 活気がある. ∥활기찬 하루 活気のある1日.
활달-하다 (豁達―) 【―딸―】 형【하변】闊達(カッ)だ.
활동 (活動) /hwa:l'toŋ/ 【―통】 명[하자] 活動. ∥밤에 활동하는 동물 夜活動する動物. 봉사 활동 ボランティア活動. 활동 방침 活動方針. 화산 활동 火山活動. 조합 활동 組合活動.
  활동-력 (活動力) 【―통녁】 명 活動力.
  활동-적 (活動的) 【―똥―】 명 活動的. ∥활동적인 복장 活動的な服装. 활동적인 사람 活動的な人.
활-등 【―뜽】 명 弓の背.
활력 (活力) 명 活力. ∥활력을 찾다 活力を取り戻す. 활력을 불어넣다 活力を与える. 활력 있는 사회를 구축하기 위해서 活力ある社会を築くために. 활력이 넘치는 사회 活力にあふれる社会.
  활력-소 (活力素) 【―쏘】 명 活力の素.
활로 (活路) 명 活路. ∥해외 시장에서 활로를 찾다 海外市場で活路を見いだす. 신제품으로 활로를 개척하다 新製品で活路を開拓する.
활발-하다 (活潑―) /hwalbalhada/ 【하변】活発だ. ∥주식 시장의 움직임이 활발하다 株式市場の動きが活発だ. 활발하게 논의되다 活発に議論される. 활발한 아이 活発な子. **활발-히** 부
활보 (闊步) 명[하자] 闊歩. ∥거리를 활보하다 街を闊歩する.

활성 (活性) [―씅] 명 活性.
  활성-탄 (活性炭) [―씅―] 명 活性炭.
  활성-화 (活性化) 명[하타] 活性化.
활-시위 [―씨―] 명 弓の弦(출). ❷시위. ∥활시위를 당기다 弦を張る.
활약 (活躍) /hwarjak/ 명[하자] 活躍. ∥눈부신 활약 目覚しい活躍. 기대 이상의 활약을 하다 期待以上の活躍をする. 정계에서 활약하다 政界で活躍する. 시합에서 대활약을 하다 試合で大活躍をする.
활어 (活魚) 명 活魚(ぎ).
  활어-조 (活魚槽) 명 生け簀.
활엽-수 (闊葉樹) [―쑤] 명【植物】闊葉樹; 広葉樹(针葉樹).
활용 (活用) /hwarjoŋ/ 명[하타] ❶活用. ∥기회를 최대한으로 활용하다 機会を最大限に活用する. 배운 지식을 활용하다 学んだ知識を活用する. ❷《言語》活用. ∥활용형 活用形. 활용 어미 活用語尾.
활자 (活字) [―짜] 명 活字.
  활자-판 (活字版) [―짜―] 명 活字版.
활주 (滑走) [―쭈] 명 滑走.
  활주-로 (滑走路) [―쭈―] 명 滑走路.
활집 [―찝] 명 弓入れ.
활짝 /hwal'tʃak/ 부 ❶《ドアなどを》全開した様子; ぱっと. ∥문을 활짝 열다 ドアを全開にする. 창문을 활짝 열고 窓を開けはなす. ❷ 花などが満開になった様子; ぱあっと. ∥벚꽃이 활짝 피다 桜が満開だ. ❸すっかり晴れた様子; からっと. ∥날씨가 활짝 개다《天気が》からっと晴れる. ❹ 満面に笑みを浮かべる様子; にっこりと. ∥활짝 웃다 にっこりと笑う.
활-터 명 弓場; 射場(ぎ).
활판 (活版) 명 活版.
  활판-술 (活版術) 명 活版技術.
  활판^인쇄 (活版印刷) 명 活版印刷.
활-화산 (活火山) 명【地】活火山. ⇔사화산(死火山).
활활 부 ❶ 勢いよく火が燃え上がる様子; ぼうぼう; めらめら; かんかん. ∥불길이 활활 타오르다 火柱がぼうぼう(と)立ち上る. ❷ 勢いよく服を脱ぎ捨てる様子; さっさと. ∥집에 들어오자마자 옷을 활활 벗어 던지다 家に帰るやいなや服をさっさと脱ぎ捨てる. ❸ 勢いよくうちわであおぐ様子; ぱたぱた.
활황 (活況) 명 活況. ∥주식 시장이 활황을 보이고 있다 株式市場が活況を呈している.
홧김 (火ㅅ―) 【화낄/환낌】 名 腹いせ; 腹立ちまぎれ. ∥홧김에 술을 마시다 腹いせに酒を飲む.
황¹ ❶ 황색(黃色)の略語. ❷ 유황(硫黄)の略語. ❸【漢方】우황(牛黄)などが入っている薬剤.
황² (黃) [姓] 黃(ファン).
황-갈색 (黃褐色) [―쌕] 명 暗褐色.

황공-무지 (惶恐無地) 〔옛 고인 말이〕 恐れ多くて身の置き所を知らないこと.

황공-하다 (惶恐-) 形 [하변] 恐れ多い.

황금 (黃金) 图 黃金.
　황금-률 (黃金律) 【-늘】 图 〔キリスト教〕 黃金律. ╂新約聖書のマタイ福音書にある山上の說敎の一節「すべて人にせられんと思うことは人にもまたそのごとくせよ」のこと.
　황금-만능 (黃金萬能) 图 黃金万能.
　황금-분할 (黃金分割) 图 黃金分割.
　황금-비 (黃金比) 图 黃金比.
　황금-색 (黃金色) 图 黃金色.
　황금-시대 (黃金時代) 图 黃金時代.

황급-하다 (遑急-) 【-그파-】 形 [하변] 慌てている. **황급-히** 慌てて. ‖황급히 달려나가다 慌てて飛んでいく.

황달 (黃疸) 图 〔漢方〕 黃疸(おうだん).

황당 (荒唐) 图 (形動) 荒唐; 荒唐無稽; とりとめのないこと. ‖황당한 소리를 하다 とりとめのないことを言う.

황당무계-하다 (荒唐無稽-) 【-게-】 形 [하변] 荒唐無稽な; でたらめだ. ‖황당무계한 이야기 荒唐無稽な話.

황도[1] (黃桃) 图 黃桃.
황도[2] (黃道) 图 〔天文〕 黃道(こうどう).
　황도-대 (黃道帶) 图 〔天文〕 黃道帶.

황-돔 (黃-) 图 〔魚介類〕 レンコダイ(連子鯛); キダイ(黃鯛).

황동 (黃銅) 图 黃銅.
　황동-광 (黃銅鑛) 图 〔鑛物〕 黃銅鑛.

황량-하다 (荒凉-) 【-냥-】 形 [하변] 荒凉(こうりょう)としている. ‖황량한 벌판 荒凉とした野原.

황막-하다 (荒漠-) 【-마카-】 形 [하변] 荒漠(こうばく)としている. ‖황막한 이국땅 荒漠たる異國の地.

황모 (黃毛) 图 イタチの尾の毛.
황무-지 (荒蕪地) 图 荒蕪地; 荒れ地.
황보 (皇甫) 图 〔姓〕 皇甫(ファンボ).
황사 (黃沙) /hwangsa/ 图 黃砂. ‖황사로 인한 피해 黃砂による被害.

황산 (黃酸) 图 〔化學〕 硫酸.
황-새 (黃-) 图 〔鳥類〕 コウノトリ(鸛).
황색 (黃色) 图 黃色.
황성 (荒城) 图 荒城.

황-소 (黃-) /hwangso/ 图 ❶大きい牡牛. ❷〔比喩的に〕体の大きい人; 大食い; 愚か者.
　황소-걸음 (黃-) 图 ❶牛歩. ❷〔比喩的に〕ゆっくりではあるが, ぬかりのない着實な行動.
　황소-자리 (黃-) 图 〔天文〕 牡牛座.
　황소-개구리 (黃-) 图 〔動物〕 ウシガエル(牛蛙).

황송-하다 (惶悚-) 形 [하변] 恐れ多い.

황실 (皇室) 图 皇室.
황야 (荒野) 图 荒野.

황어 (黃魚) 图 〔魚介類〕 ウグイ(鯎).
황옥 (黃玉) 图 〔鑛物〕 黃玉(ぎょく); トパーズ.
황-인종 (黃人種) 图 黃色人種.
황-적색 (黃赤色) 【-쌕】 图 黃赤色.
황제 (皇帝) 图 皇帝.
황조 (黃鳥) 图 〔鳥類〕 黃鳥; コウライウグイス(高麗鶯). ⑳꾀꼬리.
황족 (皇族) 图 皇族.

황차 (況且) 副 まして(や); いわんや. ‖남들도 흥분하는데 황차 본인이야 어떨할까? 他人でさえ興奮するのだから, まして本人はどうなんだろう.

황천 (黃泉) 图 黃泉(よみ).
　황천-길 (黃泉-) 【-낄】 图 黃泉路(じ). ㉗저승길.

황철-광 (黃鐵鑛) 图 〔鑛物〕 黃鐵鑛.
황체 (黃體) 图 〔生理〕 黃體. ‖황체로 되는 黃體ホルモン.

황-태자 (皇太子) 图 皇太子. ⑳태자(太子).
　황태자-비 (皇太子妃) 图 皇太子妃.
황-태후 (皇太后) 图 皇太后.

황토 (黃土) 图 黃土.
　황토-색 (黃土色) 图 黃土色.
　황토-층 (黃土層) 图 〔地〕 黃土層.

황통 (皇統) 图 皇統.
황폐 (荒廢) 【-/-페】 图 (形動) 荒廢. ‖황폐한 정신 荒廢した精神.
　황폐-화 (荒廢化) 图 荒廢化.
황해 (黃海) 图 〔地名〕 黃海.
황해-남도 (黃海南道) 图 〔地名〕 黃海南道.
황해-도 (黃海道) 图 〔地名〕 〔黃海南道と黃海北道の俳称〕 黃海道.
황해-북도 (黃海北道) 【-또】 图 〔地名〕 黃海北道.

황혼 (黃昏) 图 黃昏(こん); 夕暮れ. ‖황혼이 지다 たそがれる; 夕方になる.
　황혼-녘 (黃昏-) 【-녘】 图 たそがれ時; 夕暮れ時; 夕方.
　황혼-이혼 (黃昏離婚) /hwanghonihon/ 图 熟年離婚.

황홀-경 (恍惚境) 图 恍惚(こう)の境地.
황홀-하다 (恍惚-怳惚-) 形 [하변] 恍惚としている; うっとりする. ‖황홀한 표정 うっとり(と)した表情.

황후 (皇后) 图 皇后.
홰[1] 图 ❶止まり木. ❷횃대の略語.
홰[2] 图 松明(たいまつ).
홰-치다 動 夜明けに鶏が止まり木から羽ばたく.

홰홰 副 ものをしきりに振り回す様子; ものをしきりに振り動かす様子. ‖막대기를 홰홰 돌리다 棒を振り回す.

홱 /hwek/ 副 ❶〔風が〕急に强く吹く樣子: ひゅうっと; ぴゅうっと. ‖찬 바람이 홱 불어오다 冷たい風がぴゅうっと吹いてくる. ❷〔車などが〕素早く通り過ぎる樣子: さっと; びゅんと. ‖차가 홱 지나가다

車がびゅんと通り過ぎる. ❸《物事を》素早く行なう様子: ぽんと; ぽいっと; ぱっと; ぐいっと. ‖가방을 휙 낚아채다 バッグをひったくる. 손을 휙 뿌리치다 ぱっと手を振り払う. 휙 잡아당기다 ぐいっと引っ張る. 공을 휙 던지다 ボールをぽんと投げる. ❹いきなり方向を変える様子: ぐるっと; ぐるりと. ‖고개를 휙 돌리다 首をくるっ回す. **휙-휙** 圖

횃-대 [홷때/홷때] 图 《棒の両端を紐で結んで吊るした》衣紋かけ. 卿竿竹.
횃-불 [횃뿔/홷뿔] 图 松明(따).
행댕그렁-하다 囮 [하圀] がらんとしている. ‖행덩그렁한 시골역 がらんとした田舎の駅.
행-하다 囮 [하圀] ❶《道路などが》まっすぐに伸びている. ‖길이 횅하게 뚫려 있다 道路がすっすと伸びている. ❷가 뿐하다. ‖가구가 없으니 방안이 횅하다 家具がないから部屋の中ががらんとしている.

회¹(灰) [-/훼-] 图 석회(石灰)の略称.
회²(蛔) [-/훼-] 图 회충(蛔蟲)の略称. ▶회가 동하다 そそられる; 欲しがる; 欲が出る.
회³(膾) [-/훼:/훼-] 图 刺身. ‖회를 뜨다 刺身を作る. 회하다 刺身にする.
회⁴(回) [-/hwe/-훼-] 底刁 …回. ‖9회 말에서 역전하다 9回裏で逆転する. 드라마 최종 회 ドラマの最終回.
회갈-색(灰褐色) [-쌕/훼-] 图 灰褐色.
회갑(回甲) [-/훼-] 图 還暦. ‖환갑(還甲).
회갑-연(回甲宴) 图 還暦祝い.
회개(悔改) [-/훼-] 图 [하囡]《キリスト教》悔い改めること.
회견(會見) [-/훼-] 图 [하囡] 会見. ‖기자 회견 記者会見.
회계(會計) [-/훼:게/-] 图 [하囡] 会計. ‖일반 회계 一般会計. 특별 회계 特別会計.
회계-감사(會計監査) 图 会計監査.
회계-사(會計士) 图 会計士. ‖공인 회계사 公認会計士.
회계-연도(會計年度) 图 会計年度.
회계-학(會計學) 图 会計学.
회고¹(懷古) [-/훼-] 图 懷古.
회고-담(懷古談) 图 懷古談.
회고²(回顧) [-/훼-] 图 [하囡] 回顧. ‖지난날을 회고하다 往時を回顧する.
회고-록(回顧錄) 图 回顧録.
회관(會館) [-/훼-] 图 会館. ‖시민 회관 市民会館.
회교(回教) [-/훼-] 图《宗敎》回教; イスラム教.
회교-국(回教國) 图 回教国.
회교-도(回敎徒) 图 回教徒.
회귀(回歸) [-/훼-] 图 [하囡] 回歸.
회귀-년(回歸年) 图《天文》回歸年.

회귀-선(回歸線) 图《天文》回歸線.
회기(會期) [-/훼-] 图 会期.
회담(會談) [-/훼-] 图 [하他] 会談. ‖정상 회담 首脳会談; サミット. 한일 회담 日韓会談.
회답(回答) [-/훼-] 图 [하他] 回答; 返事. ‖회답 주시기 바랍니다 お返事をお願いします.
회동(會同) [-/훼-] 图 [하囡] 会同; 会合.
회람(回覽) [-/훼-] 图 [하他] 回覽.
회람-판(回覽板) 图 回覽板. ‖회람판을 돌리다 回覽板を回す.
회랑(回廊) [-/훼-] 图 回廊.
회로(回路) [-/훼-] 图 回路. ‖신경 회로 神経回路. 사고 회로 思考回路.
회백-색(灰白色) [-쌕/훼-] 图 灰白色.
회보(會報) [-/훼-] 图 会報.
회복(回復·恢復) [-/훼-] 图 [하他] 回復; 取り戻すこと. ‖명예를 회복하다 名誉を回復する. 건강을 회복하다 健康を取り戻す. 의식을 회복하다 意識を取り戻す. 피로회복 疲労回復.
회복-기(回復期) [-끼/훼-끼] 图 回復期.
회복-세(回復勢) [-쎄/훼-쎄] 图 回復の兆し. ‖주가가 회복세를 보이다 株価が回復の兆しを見せる.
회부(回附) [-/훼-] 图 [하他] 回付.
회비(會費) [-/훼-] 图 会費. ‖회비를 내다 会費を払う.

회사(會社) [-/hwe:sa/-훼-] 图 会社. ‖주식회사 株式会社. 회사에 다니다 会社に通う. 회사를 옮기다 会社を移る; 転職する. 회사를 그만두다 会社を辞める.
회사-원(會社員) 图 会社員.
회사-채(會社債) 图 社債. 卿사채(社債).
회상(回想) [-/훼-] 图 [하他] 回想. ‖과거를 회상하다 過去を回想する.
회상-록(回想錄) [-녹/훼-녹] 图 回想録.
회색(灰色) [-/훼-] 图 灰色. ‖회색 하늘 灰色の空.
회생(回生) [-/훼-] 图 [하囡] 回生. ‖기사회생 起死回生.
회선(回線) [-/훼-] 图 回線. ‖전화 회선 電話回線.
회송(回送) [-/훼-] 图 [하他] 回送.
회수(回收) [-/훼-] 图 [하他] 回收. ‖자금을 회수하다 資金を回収する. 앙케이트를 회수하다 アンケートを回収する. 폐품 회수 廢品回收. **회수-되다** 受團
회수-권(回數券) [-꿘/훼-꿘] 图 回数券.
회식(會食) [-/훼-] 图 [하囡] 会食.

회신 (回信) 【-/쾌-】 图 自他 回信; 返信.

회심 (会心) 【-/쾌-】 图 会心. ∥회심의 미소를 띠다 会心の笑みを浮かべる.

회심-작 (会心作) 图 会心の作.

회양-목 (-楊木) 【-/쾌-】 图 (植物) ツゲ(黄楊).

회오 (悔悟) 【-/쾌-】 图 自他 悔悟; 改悟. ∥회오의 눈물을 흘리다 悔悟の涙を流す.

회오리-바람 【-/쾌-】 图 旋風; つむじ風. ∥회오리바람이 일다 つむじ風が巻き起こる.

회원 (会員) /hwe:wʌn/ 【-/쾌-】 图 会員. ∥명예 회원 名誉会員. 신입 회원 新入会員. 회원 모집 会員募集.

회원-권 (会員券) 【-쩐/쾌-쩐】 图 会員券.

회원-제 (会員制) 图 会員制.

회원-증 (会員証) 【-쯩/쾌-쯩】 图 会員証.

회유¹ (回遊·洄游) 【-/쾌-】 图 自由 回遊.

회유-어 (回游魚) 图 (魚介類) 回遊魚.

회유² (回遊) 【-/쾌-】 图 回遊.

회유³ (懷柔) 【-/쾌-】 图 他 懷柔(ᵏᴬⁱᴶᵘᵘ).

회유-책 (懷柔策) 图 懷柔策.

회음 (会陰) 【-/쾌-】 图 (解剖) 会陰(ᵉⁱⁱⁿ).

회의¹ (会議) /hwe:i/ 【-/쾌이-】 图 他 会議. ∥가족회의 家族会議. 대책 회의 対策会議. 국제 회의가 열리다 国際会議が開かれる.

회의-록 (会議録) 图 会議録; 議事録.

회의-실 (会議室) 图 会議室.

회의-안 (会議案) 图 会議案.

회의² (懷疑) 【-/쾌이-】 图 他 懷疑. ∥회의론 (懷疑論) 懷疑論. 회의적 (懷疑的) 懷疑的. ∥회의적인 태도 懷疑的な態度.

회자 (膾炙) 【-/쾌-】 图 自由 膾炙(ᵏᴬⁱˢʰᵃ). ∥인구에 회자되다 人口に膾炙する.

회자-정리 (会者定離) 【-니/쾌-니】 图 会者定離(ᵉˢʰᵃᴶᵒᵘʳⁱ).

회장¹ (会長) /hwe:dʒaŋ/ 【-/쾌-】 图 会長. ∥그룹 회장 グループの会長. 후원 회장 後援会長.

회장² (会場) /hwe:dʒaŋ/ 【-/쾌-】 图 会場. ∥강연 회장 講演会場.

회전 (回転·廻転) /hwedʒʌn/ 【-/쾌-】 图 他 回転. ∥머리 회전이 빠르다 頭の回転が速い. 회전 초밥 回転寿司.

회전-목마 (回転木馬) 【-몽-/쾌-몽-】 图 回転木馬; メリーゴーラウンド.

회전-문 (回転門) 图 回転ドア.

회전-속도 (回転速度) 【-또/쾌-또】 图 回転速度.

회전-속도계 (回転速度計) 【-또-/쾌-또-계】 图 回転速度計.

회전-식 (回転式) 图 回転式.

회전-운동 (回転運動) 图 回転運動.

회전-율 (回転率) 【-눌/쾌-눌】 图 回転率.

회전-의자 (回転椅子) 【-/쾌-저니-】 图 回転椅子.

회전-축 (回転軸) 图 (物理) 回転軸.

회중 (懷中) 【-/쾌-】 图 懷中; ふところ.

회중-시계 (懷中時計) 【-/쾌-계】 图 懷中時計.

회중-전등 (懷中電燈) 图 懷中電灯.

회지 (会誌) 【-/쾌-】 图 会誌.

회진 (回診) 【-/쾌-】 图 自他 回診.

회-청색 (灰青色) 【-/쾌-】 图 青みを帯びた灰色.

회초리 【-/쾌-】 图 (枝で作った)鞭.

회춘 (回春) 【-/쾌-】 图 回春.

회충 (蛔虫) 【-/쾌-】 图 回虫. ⑧(蛔·虫(虫).

회충-약 (蛔蟲藥) 【-냑/쾌-냑】 图 虫下し; 駆虫剤.

회-치다 (膾-) 【-/쾌-】 图 刺身にする.

회칙 (会則) 【-/쾌-】 图 会則.

회포 (懷抱) 【-/쾌-】 图 懷抱(ᵏᴬⁱʰᵒᵘ); 常に胸中にいだく思い.

회피 (回避) 【-/쾌-】 图 他 回避. ∥책임을 회피하다 責任を回避する.

회한 (悔恨) 【-/쾌-】 图 悔恨. ∥회한의 눈물을 흘리다 悔恨の涙を流す.

회합 (会合) 【-/쾌-】 图 自由 会合.

회항 (回航) 【-/쾌-】 图 回航.

회화¹ (会話) 【-/쾌-】 图 会話. ∥영어 회화 英会話. 일상 회화 日常会話.

회화-체 (会話体) 图 会話体.

회화² (絵画) 【-/쾌-】 图 絵画.

회-흑색 (灰黒色) 【-백/쾌-백】 图 灰黒色.

획¹ (画) 【-/쾌-】 图 画(ᵏᴬᵏᵘ).
— 底위 …画.

획² /hwek/ 【-/쾌-】 圖 ❶風が急に強く吹く様子: ひゅうっと; びゅうっと. ∥찬 바람이 획 불어왔다 冷たい風がぴゅっと吹いてきた. ❷(車などが)素早く通り過ぎる様子: さっと. ∥차가 획 지나가다 車がさっと通り過ぎる. ❸(ものを)素早く投げる様子: ぽんと; ぽいっと. ∥쓰레기를 획 버리다 ごみをぽいっと捨てる. 공을 획 던지다 ボールをぽんと投げる. ❹いきなり方向を変える様子: ぐるっと; ぐいっと. ∥고개를 획 돌리다 首をぐるっと回す. ❺(仕事などを)素早く片付ける様子: さっさと. ∥숙제를 획 해치우고는 놀러 나가다 宿題をさっさと片付けて遊びに出かける. ⑧획.

획-획 【쾌쾌】 圖 ぐるぐると; ひゅうひゅう

획기-적 (劃期的)【-끼/-꺽까-】图 画期的.‖획기적인 발명 画期的な発明.

획득 (獲得)/hwek'tuk/图 他 獲得.‖권리를 획득하다 権利を獲得する. 시민권을 획득하다 市民権を獲得する. 외화 획득 外貨獲得.

획득-물 (獲得物)【-둥/-꺽뚱】图 獲得物.

획수 (畫數)【-쑤/-꺽쑤】图 画数.

획순 (畫順)【-쑨/-꺽쑨】图 筆順; 書き順.

획일-적 (劃一的)【-쩍/-해길찍】图 画一的.‖창의성을 무시한 획일적인 교육 創意性を無視した画一的な教育.

획정 (劃定)【-쩡/-꺽쩡】图 他 画定.

획지 (劃地)【-찌/-꺽찌】图 画地.

획책 (劃策)【-책/-꺽책】图 他 画策.

횟-가루 (灰―)【회까-/횏까-】图 石灰.

횟-감 (膾―)【회깜/횃깜】图 刺身の材料.

횟수 (回ㅅ數)【회쑤/횃쑤】图 回数.‖방문 횟수가 늘다 訪問回数が増える.

횡¹ (橫)【-/횡-】图 横.⇔종(縱).‖종횡 縱橫.

횡²【-/횡-】副 ❶風が急に強く吹く様子; ひゅうっと. ❷小さいものが風を切って素早く動く様子; ひゅっと.

횡격-막 (橫膈膜)【-경-/횅경-】图《解剖》横隔膜.

횡단 (橫斷)【-/횡-】 图 他 横断. ⇔종단(縱斷).‖태평양을 횡단하다 太平洋を横断する. 대륙 횡단 철도 大陸横断鉄道.

횡단-면 (橫斷面)图 横断面. ⇔종단면(縱斷面).

횡단-보도 (橫斷步道)图 横断歩道; ゼブラゾーン.‖횡단보도를 건너다 横断歩道を渡る.

횡대 (橫隊)【-/횡-】图 横隊. ⇔종대(縱隊).‖이열 횡대 二列横隊.

횡렬 (橫列)【-녈/횡녈】图 횡렬; 横列(列).

횡령 (橫領)【-/횡-】图 他 横領.‖공금을 횡령하다 公金を横領する.

횡사 (橫死)【-/횡-】图 自 横死.‖객지에서 횡사하다 客地で横死を遂げる.

횡서 (橫書)【-/횡-】图 他 横書き.⇔가로쓰기, ⇔종서(縱書).

횡설수설 (橫說竪說) /hweŋsəlsusəl/ 图 他 どうどう(文文)と; ちんぷんかん(文文)に; どろどろと

しゃべること; だらだらとわけの分からないことをしゃべること.‖횡설수설 말이 많은 사람 だらだらと話が長い人. 겁에 질려 횡설수설하다 恐れをなしてどろどろと話す.

횡액 (橫厄)【-/횡-】图 思いがけない災難や災い.‖횡액을 당하다 思いがけない災難にあう.

횡일-성 (橫日性)【-썽/-생-썽】图《植物》横日性; 屈光性.

횡재 (橫財)【-/횡-】图 自 思いがけない財運にありつくこと.

횡-적 (橫-)【-/횡쩍】图 物事の横の関わりやつながり. ⇔종적(縱的).‖횡적인 관계 横の関係.

횡파 (橫波)【-/횡-】图 ❶(船の)横波. ❷(物理)横波. ⇔종파(縱波).

횡포 (橫暴)【-/횡-】图 他 화변 横暴だ.‖횡포가 심하다 横暴をきわめる.

횡행 (橫行)【-/횡-】图 自 横行.‖밤도둑이 횡행하다 夜盗が横行する.

효 (孝)图 孝; 孝行.

효과 (效果)【-과/hjo:gwa】图 効果.‖경비 절감 효과 経費節減の効果. 약을 먹어도 효과가 없다 薬を飲んでも効果がない. 효과를 가져오다 効果をもたらす. 효과를 거두다 効果を上げる. 연습 효과가 나타나다 練習の効果が表われる. 역효과 逆効果.

효과-음 (效果音)图 効果音.

효과-적 (效果的)【-쩍/-꺽찍】图 効果的.‖효과적인 이용법 効果的な利用法.

효녀 (孝女)图 孝女; 孝行娘.

효능 (效能)图 効能; 効き目.‖기침을 멎게 하는 효능이 있다 咳を止める効能がある.

효도 (孝道)/hjo:do/图 自 孝道; 親孝行.‖효도하고자 할 때 부모는 없다 親孝行したい時には親はなし.

효력 (效力)/hjo:rjək/图 効力.‖조약이 효력을 발하다 条約が効力を発する. 효력을 잃다 効力を失う. 효력이 없다 効力がない. 효력을 발휘하다 効力を発揮する.

효모 (酵母)图 酵母.

효부 (孝婦)图 義理の父母に尽くす嫁.

효성¹ (孝誠)图 孝心; 孝行心.‖효성이 지극하다 孝行心が厚い.

효성-스럽다【-따】形【ㅂ変】親孝行.‖효성스러운 아들 孝行息子.

효성스레 副

효성² (曉星)图《天文》暁星.

효소 (酵素)图《化学》酵素.

효소-제 (酵素劑)图 酵素剤.

효수 (梟首)图 他 梟首(きょうしゅ); さらし首.

효시 (嚆矢)【-/횡-】图 ❶かぶら矢. ❷物事の始め.

효심 (孝心)图 孝心.

효용 (効用) 图 効用. ‖악의 효용 薬の効用. 限界効用 限界効用.

효율 (効率) /hjo:jul/ 图 効率. ‖업무 효율을 높이다 業務の効率を高める. 효율이 떨어지다 効率が下がる. 열 효율 熱効率.

효율-적 (効率的) 【-쩍】图 効率的. ‖자원의 효율적인 이용 資源の効率的な利用.

효자 (孝子) 图 孝子; 孝行息子.

효행 (孝行) 图 孝行; 親孝行.

효험 (効験) 图 効験; 効果. 効目. ‖효험이 뚜렷한 약 効験あらたかな薬.

후¹ (後) /hu:/ 图 ❶ 〔時間的な〕後(で); あと; のち. ‖그후 만난 적이 없다 その後会ったことがない. 저녁 식사 후에 드세요 夕食後に召し上がってください. 흐린 후 개다 曇りのち晴れにでしょう. ❷ 추후(追後)の略語.

후² 剾 口をすぼめて, 軽く息を吹き出す音; ふっ(と). ‖촛불을 후 불어서 끄다 ろうそくの火をふっと吹き消す.

후³ 剾 후유の略語. ‖후 하고 안도의 한숨을 쉬다 ふっと安堵の胸をなで下ろす.

후각 (嗅覚) 图 嗅覚; 臭覚. ‖개는 후각이 발달된 동물이다 犬は嗅覚が発達している動物だ.

후견 (後見) 图 他 後見.
  후견-인 (後見人) 图 〔法律〕後見人.
후계 (後継) 图 /-게/ 後継.
  후계-자 (後継者) 图 後継者. ‖후계자를 선정하다 後継者を選ぶ.
후광 (後光) 图 後光. ‖후광이 비치다 後光がさす.
후궁 (後宮) 图 〔歴史〕後宮.
후기¹ (後記) 图 後記. ‖편집 후기 編集後記.
후기² (後期) 图 後期. ㉠전기(前期). ‖후기 인상파 後期印象派. 조선 시대 후기 朝鮮時代後期.
후끈-거리다 〔-때리-〕[自] 〔하변〕 ほてる; 熱くなる; 熱気でむっとする. ‖열기로 후끈거리는 한낮 熱気でむっとする昼間. 부끄러운 나머지 얼굴이 후끈거리다 恥ずかしさのあまり, 耳までほてる.
후끈후끈-하다 〔形〕 〔하변〕 かっかとする; かなり熱い. ‖방이 후끈후끈하다 部屋の中がかなり熱い.
후년 (後年) 图 後年.
후다닥 剾 〔하他〕 動作が素早く行なわれる様子; さっと; 急に; ぱっぱと. ‖일을 후다닥 해치우다 仕事をさっさとやってのける. 후다닥 뛰어가다 ぱっと駆け出す.
후대¹ (後代) 图 後代. ㉠선대(先代)·전대(前代). ‖후대에 이름을 남기다 後代に名を残す.
후대² (厚待) 图 他 〔하他〕 厚遇; 優遇.
후덕-하다 (厚徳-)〔-더카-〕[形]〔하变〕厚徳だ; 情が厚い. ‖후덕한 사람 厚徳な人.

후덥지근-하다 〔-쩌-〕[形]〔하变〕蒸し暑い; 暑くて息苦しい. ‖후덥지근한 날씨 暑苦しい天気.

후두 (喉頭) 图 〔解剖〕喉頭.
  후두-암 (喉頭癌) 图 〔医学〕喉頭癌.
  후두-염 (喉頭炎) 图 〔医学〕喉頭炎.
  후두-음 (喉頭音) 图 〔言語〕喉頭音.

후두-부 (後頭部) 图 〔解剖〕後頭部.

후드득 剾 ❶ 〔鳥が〕急に羽ばたきながら飛び立つ様子; ぱっと. ‖참새가 후드득 날다 スズメがぱっと飛び上がる. ❷ 〔大粒の雨がいきなり降り出す様子; ぱらぱら. ‖후드득 빗방울이 떨어지다 ぱらぱらと雨が落ちる.

후들-거리다 [自] 〔怒り·疲れ·寒さなどのため〕体が小刻みに震える. ‖너무 추워서 온몸이 후들거리다 あまりにも寒くて全身が震える.

후들-후들 剾 〔하自〕 小刻みに震えたり揺れ動いたりする様子; がたがた; ぶるぶる; がくがく; わなわな. ‖다리가 후들후들 떨리다 足ががくがく震える. 추위에 온몸이 후들후들 떨리다 寒さで全身ががたがた震える.

후딱 剾 動作が非常に速い様子; さっと; さっさと; ぱっと; あっという間に. ‖후딱 청소를 하다 さっさと掃除をする. 하루가 후딱 지나갔다 1日があっという間に過ぎた.

후략 (後略) 图 〔하自〕 後略. ㉠전략(前略)·중략(中略).

후레-아들 图 〔のしる言い方で〕礼儀作法も知らないやつ.

후레-자식 (-子息) 图 =후레아들.

후려-갈기다 [他] 張り飛ばす; 殴り飛ばす; 殴りつける. ‖뺨을 후려갈기다 横っ面を張り飛ばす.

후려-치다 [他] 〔하变〕 ぶん殴る; 殴りかかる. ‖뒷목수를 후려치다 後頭部をぶん殴る.

후련-하다 /hurjənhada/ 〔主に속이 후련하다の形で〕 すっきりする; さっぱりする; すっとする; 気がせいせいする; すがすがしい気持になる. ‖시험이 끝나서 후련하다 試験が終わってすっきりする. 할 말을 하고 나니 속이 후련하다 言いたいことを言ったので, せいせい(と)した.

후렴 (後斂) 图 〔音楽〕繰り返し; リフレーン.

후루루 剾 呼び子を鳴らす音; ぴいぴい(と). ‖호각을 후루루 불다 呼び子をぴいぴい(と)鳴らす.

후루룩 剾 〔汁などの〕音を立てて吸い込む音; ずるずる; つるつる. ‖국물을 후루룩 마시다 汁をずるずる(と)すする.

후루룩-거리다 〔-꺼리-〕[自] 音を立ててする. ‖라면 국물을 후루룩거리며 마시다 ラーメンのスープをすすって飲む.

후리후리-하다 [형][하변] 수리수리하게 생긴 청년. 細くて格好いい. ∥후리후리하게 생긴 청년. すらりとした青年.

후면(後面) [명] 後面. ㉠전면(前面).

후문(後門) [명] 後門; 裏門. ㉠정문(正門). ∥학교 후문 学校の裏門.

후-물림(後-) [명] お下がり.

후미-지다 [자] ❶ 入り江になっている; 入り江が深い. ∥해안이 후미져 있다 海岸が入り江になっている. ❷ 奥まっている; 辺びだ. ∥후미진 곳 奥まった所.

후박-나무(厚朴-) 【-방-】 [명] [植物] ホオノキ(朴の木).

후반(後半) /hu:ban/ [명] 後半. ㉠전반(前半).
　후반-기(後半期) [명] 後半期.
　후반-부(後半部) [명] 後半部.
　후반-전(後半戰) [명] 後半戦.

후발(後發) [명][하자] 後発. ㉠선발(先發).
　후발-대(後發隊) 【-때】 [명] 後発部隊.

후방(後方) [명] 後方. ㉠전방(前方). ∥후방에 배치되다 後方に配置される.

후배(後輩) /hu:be/ [명] 後輩. ㉠선배(先輩). ∥대학교 후배 大学校の後輩.

후보(候補) /hubo/ [명] 候補. ∥대통령 후보 大統領候補, 우승 후보 優勝候補.
　후보-생(候補生) [명] 候補生.
　후보-자(候補者) [명] 候補者.

후부(後部) [명] 後部.

후불(後拂) [명][하자] 後払い. ㉠선불(先拂).

후비다 [타] ほじくる; ほじる. ∥코를 후비다 鼻をほじくる.

후사[1](後嗣) [명] 後嗣; 継ぎ手. ∥후사가 없어서 걱정이다 後継ぎがいなくて心配だ.

후사[1](厚謝) [명][하자] 厚謝.

후생[1](厚生) [명] 厚生. ∥복리후생 福利厚生, 후생 사업 厚生事業.

후생[2](後生) [명] 後生. ∥후생이 가외라 後生畏るべし.

후세(後世) [명] 後世. ∥후세에 이름을 남기다 後世に名を残す.

후속(後續) [명][하자] 後続. ∥후속 부대 後続部隊.

후손(後孫) [명] 後裔(こう); 末裔(まつ); 子孫. ⓥ손(孫). ⓦ후예(後裔).

후송(後送) [명][하자] 後送.

후수(後手) [명] 後手. ㉠선수(先手).

후술(後述) [명][하자] 後述. ㉠전술(前述).

후식(後食) [명] デザート. ⓦ디저트.

후-신경(嗅神經) [명] [解剖] 嗅(きゅう)神経.

후실(後室) [명] 後妻.

후안-무치(厚顔無恥) [명] 厚顔無恥.

후열(後列) [명] 後列. ㉠전열(前列).

후예(後裔) [명] 後裔; 末裔. ⓦ후손(後孫).

후원(後援) [명][하자] 援援; 後押し. ∥신문사가 후원하는 행사 新聞社が後援する催し, 대기업이 후원하는 기획 大企業が後援する企画.
　후원-군(後援軍) [명] 援軍.
　후원-자(後援者) [명] 後援者.
　후원-회(後援會) 【-/-훼】 [명] 後援会.

후유 [감] ❶ 仕事などで苦しい時に出す声. ふうう. ❷ 安堵の胸をなで下ろす時に発する声. ⓦ휴.

후유-증(後遺症) 【-쯩】 [명] [医学] 後遺症. ∥후유증에 시달리다 後遺症に悩まされる.

후음(喉音) [명] [言語] 喉音(たつ). ⓦ성문음(聲門音).

후의(厚誼) 【-/-이】 [명] 厚誼(こう). ∥평소의 후의에 감사 드립니다 平素の厚誼に感謝いたします.

후인(後人) [명] 後人. ㉠전인(前人).

후일(後日) [명] 後日.
　후일-담(後日談·後日譚) 【-땀】 [명] 後日談. 뒷이야기.

후임(後任) [명] 後任. ㉠선임(先任)·전임(前任). ∥후임 인사 後任人事.
　후임-자(後任者) [명] 後任者.

후자(後者) [명] 後者. ㉠전자(前者).

후작(侯爵) [명] 侯爵.

후장(後場) [명] (取引所で)後場. ㉠전장(前場).

후줄근-하다 [형][하변] ❶ (服などが) じっとりとする; くたくたになる. ∥옷이 비에 젖어 후줄근하다 洋服が雨にぬれてくたくたになっている. ❷ (服装・身なりなどが)くたびれている. ∥후줄근한 양복 차림 くたびれた背広姿. ❸ (体が疲れて)くたびれる; くたくたになる. ∥이사하느라고 온몸이 후줄근하다 引っ越しでくたびれた. **후줄근-히** [부]

후진[1](後進) [명][하자] ❶ 後進. ∥후진 양성에 힘쓰다 後進の育成に尽力する. ❷ (車などの)バック; 後退. ㉠전진(前進). ∥차를 후진시키다 車をバックさせる.
　후진-국(後進國) [명] 後進国. ㉠선진국(先進國).

후진[2](後陣) [명] 後陣. ㉠전진(前陣).

후처(後妻) [명] 後妻. ㉠전처(前妻).

후천(後天) [명] 後天.
　후천-성(後天性) 【-씽】 [명] 後天性. ㉠선천성(先天性).
　후천성 면역 결핍증(後天性免疫缺乏症) 【-씽-결-쯩】 [명] [医学] 後天性免疫不全症候群(AIDS); エイズ.
　후천-적(後天的) [명] 後天的. ㉠선천적(先天的).

후추 [명] ❶ 胡椒(しょう)の実. ❷ 후춧가루의 略語.

후춧-가루【-추까-/-춘까-】 图 胡椒の粉. ⑩후추.

후치-사 (後置詞) 图 〖言語〗 後置詞.

후퇴 (後退) 图【-되】 图自 後退. ⑳전진(前進).

후편 (後篇) 图 後編. ⑳전편(前篇).

후-하다 (厚-) 〖-/hu:hada/〗 图 ❶ 人情に厚い;人情深い;情け深い.∥인심이 후하다 人情に厚い. ❷ 手厚い;惜しまない;大盤振る舞いの 手厚くもてなす. ❸ 寛大だ;甘い. ❹ 厚ぼったい(薄-). **후-히** 副

후학 (後學) 图 後学. ⑳선학(先學).

후항 (後項) 图 後項. ⑳전항(前項).

후-형질 (後形質) 图〖生物〗後形質.

후환 (後患) 图 後患.∥후환을 두려워하다 後患を恐れる. 후환을 없애다 後患の根を絶つ.

후회 (後悔) 〖hu:hwe/〗【-/-꿰】 图他 後悔.∥지금 와서 후회하면 뭐 하니? 今になって後悔しても始まらない. 후회해도 소용없다 後悔先に立たず. 몹시 후회하다 ほぞをかむ.

후회-막급 (後悔莫及)【-끕/-꿰-끕】 图 後悔先に立たず.

후루 (厚-) 副 息を強く吹きかける様子;ふうふう(と).

훅[1] (hook) 图 (ボクシングで)フック.

훅[2] 副 口をすぼめて軽く息を吹き出す音;ふっと.∥촛불을 훅 불어 끄다 ろうそくの火をふっと吹き消す.

훅-훅【후룩】 副 图自 暑くて息が詰まる様子;むんむん.∥더워서 교실 안이 훅훅 한다 暑くて教室の中がむんむんしている.

훈 (訓) 图〖漢字の〗訓.

훈계 (訓戒)【-/-게】 图他 訓戒.∥학생들을 훈계하다 生徒を訓戒する. 훈계를 늘어놓다 訓戒をたれる.

훈계'방면 (訓戒放免) 图他 (軽犯罪の人を)訓戒して放免すること. ⑩훈방(訓放).

훈고-학 (訓詁學) 图 訓詁学.

훈공 (勳功) 图 勲功.∥훈공을 세우다 勲功を立てる.

훈도 (薰陶) 图他 薫陶(とう).

훈독 (訓讀) 图他 訓読み. ⑩음독(音讀).

훈련 (訓鍊·訓練) 〖hu:lljən/〗 图他 訓練.∥사격 훈련 射撃訓練. 직업 훈련을 받다 職業訓練を受ける. 훈련을 쌓다 訓練を積む.

훈련-병 (訓鍊兵) 图〖軍事〗訓鍊兵.

훈련-소 (訓鍊所) 图 訓練所.∥직업 훈련소 職業訓練所.

훈령 (訓令) 图【-녕】 图他 訓令.

훈민-정음 (訓民正音) 图 訓民正音. ⑩정음(正音). ✿朝鮮の文字ハングルが15世紀に制定された時の名称,および それを公布した条例の名称.

훈방 (訓放) 图他 〖法〗 訓戒 放免(訓戒放免の)の略語.

훈수 (訓手) 图自 (碁や将棋などで)横から打つ手を教えてやること.

훈시 (訓示) 图他 訓示.

훈장[1] (訓長) 图 〖寺子屋などの〗先生.

훈장[2] (勳章) 图 勲章.∥문화 훈장 文化勲章. 훈장을 가슴에 달다 勲章を胸につける.

훈제 (燻製) 图他 燻製(くん).

훈제-법 (燻製法)【-뻡】 图 燻製法.

훈제-품 (燻製品) 图 燻製品.

훈증 (燻蒸) 图他 燻蒸.

훈풍 (薰風) 图 薫風(くん).

훈화 (訓話) 图自 訓話.∥교장 선생님의 훈화 校長先生の訓話.

훈훈-하다 (薰薰-)【-】 图形 ❶ 心暖まる;心がなごむ;ほのぼのとしている;ぽかぽかとしている.∥훈훈한 이야기 心暖まる話. 실내 공기가 훈훈하다 室内の空気がぽかぽかしている. **훈훈-히** 副

훌라-댄스 (hula + dance 日) 图 フラダンス.

훌라-춤 (hula-) 图 =훌라 댄스.

훌라후프 (Hula-Hoop) 图 フラフープ.

훌렁 副 ❶ 中のものが露出する様子;くるっと;つるりと.∥주머니를 훌렁 뒤집다 ポケットをくるっと裏返す. 이마가 훌렁 벗겨진 사람 おでこがつるりと禿げた人. ❷ ものを軽く捨てたり投げたりする様子;ぽいと.∥양말을 훌렁 벗어 던지다 靴下をぽいと脱ぎ捨てる. ❸ (ものが)いかにも簡単にひっくり返る様子;くるりと.∥보트가 훌렁 뒤집어지다 ボートがくるりとひっくり返る. ⑧훌랑.

훌륭-하다 〖hulljunhada/〗 图形 ❶ 立派だ;見事だ.∥두부는 훌륭한 다이 エット 食品이다 豆腐は立派なダイエット食品である. 훌륭한 연기 見事な演技. ❷ 偉い.∥훌륭한 사람이 되다 偉い人になる. ❸ 十分だ.∥그 정도면 훌륭하다 それぐらいなら十分だ. **훌륭-히** 副

훌쩍 副 ❶ 軽く飛び上がったり一気に飛び越える様子;ひょいと;ぴょんと.∥담을 훌쩍 뛰어넘다 垣根をひょいと飛び越える. ❷ 液体を一気に飲み干す様子;ぐっと;ぐいっと;ごくっと. ❸ 쓴 한약을 훌쩍 마시다 苦い漢方薬をごくっと飲み干す. ⑧훌쩍. ❸ 今までの状態とかなり変わる様子;ぐっと;ぐんと.∥일 년 사이에 애키가 훌쩍 컸다 1年の間に子どもの背がぐんと伸びた. ❹ 軽く行動に移す様子;ふらり;ふらっと.∥훌쩍 여행을 떠나다 ふらっと旅に出る. ❺ (年月が)あっという間に過ぎる様子.∥삼 년이 훌쩍 지나다 3年があっという間に過ぎる.

훌쩍-거리다[-때-]【-꺼[때]-】 图自 ❶ (スープなどを)すする;ちびちびと飲む.∥라면 국물을 훌쩍거리며 마시다 ラー

メンのスープをすすりながら飲む。 ❷ (鼻水をすすりながら)泣く;めそめそする。 ‖鼻から 콧물을 훌쩍거리며 울고 있다 子どもが すすり泣いている。

홀짝-홀짝 [-쩌쿨-] 〖하変〗 しくしく;めそめそする。

홀쭉-하다 [-쭈카-] 〖形〗〖하変〗 ❶ 細長い;ほっそりしている。 ❷ 先が尖って長い。 ❸ げっそりしている。 ‖일이 힘들어서인지 얼굴이 홀쭉하다 仕事が大変だったのか顔がげっそりしている。 ❹ ぺんこむ;お腹がぺちゃんこだ。 ‖제대로 못 먹었는지 배가 홀쭉하다 ろくに食べていないのかお腹がぺちゃんこだ。 ❺ 凹んでいる。 **홀쭉-히** 〖副〗

홈치다 他 (衣服の裾などの折り返しがほどけないように)しっかり縫いつける;しっかりとくくる。

훌훌 ❶ 鳥が羽ばたく様子;すいすい。 ‖새가 훌훌 날아 가더니 鳥がすいすいと飛んでいく。 ❷ 勢いよく続けざまに飲む様子;ぐいぐいと。 ‖국물을 훌훌 마시다 スープを続けざまに飲む。 ❸ 迷っだり物事に気を取られたりしないで早く行なう様子;さっさと。 ‖자리를 훌훌 털고 일어나다 席からさっさと立ち上がる。

훑다 /hulʰta/ 〖훑때〗 他 ❶ しごく。 ‖벼 이삭을 훑다 稲の穂をしごく。 ❷ (隅々まで)調べる;徹底的に調べる;あますところがないように調べる。 ‖강바닥을 훑다 川底を隅々まで調べる。 オジロ이 속을 훑어 내다 イカのはらわたを全部取り出す。

훑어-보다 ❶ (書類などに)目を通す;ざっと目を通す。 ‖서류를 훑어보다 書類に目を通す。 ❷ じろじろと見る;上から下までじろじろ(と)見る。

훔쳐-먹다 [-쳐-따] ❶ 盗んで食べる;盗み食いする。 ❷ 食物をこっそり盗み食いする。

훔쳐-보다 [-쳐-] 他 ❶ 盗み見する;盗み見る;盗み読みする。 ‖문틈으로 훔쳐보다 戸の隙間から盗み見する。 ‖친구 일기를 훔쳐보다 友だちの日記を盗み読みする。

훔치는 훔치다(盗む)の現在連体形。

훔치다 /humtɕʰida/ 他 ❶ 盗む;こっそり取る。 ‖남의 물건을 훔치다 人のものを盗む。 ❷ (涙・汗などを)拭く;ぬぐう。 ‖눈물을 훔치다 涙をぬぐう。 ‖걸레로 마루를 훔치다 雑巾で床をふく。

훔치어 [-쳐] 他 훔치다(盗む)の連用形。

훔친 他 훔치다(盗む)の過去連体形。
훔칠 他 훔치다(盗む)の未来連体形。
훗-날 (後ㅅ-) [훈-] 〖名〗 後日;いつか;将来。 ‖훗날 만날 날이 있겠지요 いつか会う日があるでしょう。

훤칠-하다 〖形〗〖하変〗 (体つきが)すらりとしている。 ‖키가 훤칠한 젊은이 すらりとした若者。

훤-하다 /hwə:nhada/ 〖形〗〖하変〗 ❶ 明るい。 ‖날이 밝을 때 일을 마치자 明るいうちに仕事を終えよう。 불빛이 얼굴을 훤하게 비추다 ライトが顔を明るく照らし出す。 ❷ (事物に)詳しい;精通している。 ‖그 곳 지리는 훤하다 その辺りの地理は詳しい。 ❸ (身なりや顔つきが)すっきりしている。 ❹ (신수가 훤하다 身なりがすっきりしている。 **훤-히** 〖副〗

훨씬 /hwəlɕ͈in/ はるかに;ずっと;一段と。 ‖동생이 훨씬 낫다 弟の方がはるかに立派だ。 여기가 훨씬 살기 좋다 こちらの方がずっと住みやすい。

훨훨 /hwəlhwəl/ ❶ 勢いのいい様子;ふわりふわり(と);ぼうぼう(と);さっさと。 ‖훨훨 날아가는 새 ふわりふわりと飛んでいく鳥。 불이 훨훨 타오르다 火がぼうぼうと燃え上がる。 옷을 훨훨 벗어 던지다 服をさっさと脱ぎ捨てる。

훼방 (毀謗) 〖名〗他 妨害;妨げになること;邪魔すること。 ‖훼방을 놓다 邪魔する。 훼방이 들어오다 妨害する。 일 훼방 놓지 말고 나가라 仕事の邪魔をしないで外で遊びなさい。

훼방-꾼 (毀謗-) 〖名〗 邪魔者;妨害者。

훼손 (毀損) 〖名〗他 毀損(きん)。 ‖명예 훼손 名誉毀損。

휑뎅그렁-하다 〖形〗〖하変〗 (中に何もなくて)がらんとしている;広々としている。 ‖휑뎅그렁한 체육관 がらんとしている体育館。

휑-하다 〖形〗〖하変〗 ❶ (穴などが)大きく開いている。 ‖벽에 휑하게 구멍이 뚫려 있다 壁にぽかんと穴が開いている。 ❷ (目が)くぼんで生気がない;土気色か見える 目が훵하다 しばらく具合が悪かったのか目がくぼんでいる。

휘 〖副〗 ❶ 風が吹きすさぶ音;ひゅうっと;びゅうっと;바람이 휘 불어오다 風がひゅうっと吹いてくる。 ❷ 強く息を吹きつく音;ふうっと。 ‖휘 하고 숨을 내쉬다 ふうっと息を吐き出す。 ❸ 周囲を見回す様子;ぐるっと;ぐるっと。 ‖일대를 휘 둘러보다 辺りをぐるっと見回す [見渡す]。

휘-갈기다 他 なぐり書きする;書き散らす。 ‖볼펜으로 휘갈기다 ボールペンでなぐり書きする。

휘감-기다 〖自〗 〔휘감다의 수동動詞〕 ぐるぐる巻かれる;巻きつく;絡まる;絡みつく。

휘-감다 [-따] 〖他〗 ぐるぐる巻く;巻きつける;絡める。⇒휘감기다。

휘-날리다 〖自〗 ❶ (旗などが風に)翻る;ひらめく;はためく。 ‖국기가 바람에 휘날리고 있다 国旗が風にはためく。 교기가 휘날리고 있다 校旗が翻っている。 ❷ (吹雪などが)吹きすさぶ。 ‖눈보라가 휘날리다 吹雪が吹きすさぶ。

휘-늘어지다
— 他 ❶翻す；ひらめかす；飛び散らす. ∥우승기를 휘날리다 優勝旗を翻す. ❷〈名声などを〉とどろかせる. ∥세계적으로 명성을 휘날리다 世界的に名声をとどろかせる.

휘-늘어지다 自 だらりと垂れる.

휘다 /hwida/ ❶ 曲がる；たわむ；しなう；反る. ∥등이 휘었다 背中が曲がっている.
— 他 曲げる；たわませる；しなわせる.
∥철사를 휘다 針金を曲げる.

휘돌-다 他 ❶ 曲がりくねる；ぐるっと回る. ∥마을을 휘돌아 흐르는 강 町をめぐるりと流れる川. ❷ 一回りする；順ぐりに全部回る.

휘돌-리다 他 回す. ∥접시를 휘돌리다 お皿をぐるぐる回す.

휘-두르다 /hwiduruda/ 他 [르変] [휘둘러, 휘두르니] ❶ 振るう；〈手や体に持ったものを〉大きく振り回す；振り上げる. ∥〈人を思うままに〉動かす. ∥주먹을 휘두르다 こぶしを振り上げる. 몽둥이를 휘두르면 놀려면서 棒を振り回して暴れる. ❷〈権力・暴力などを〉振るう. ∥권력을 휘두르다 権力を振るう. 폭력을 휘두르다 暴力を振るう.

휘둘리다 自 [휘두르다の受身形] 振り回される. ∥권력에 휘둘리다 権力に振り回される.

휘둥그레-지다 〈目を大きく見開く;見張る. ∥놀라서 눈이 휘둥그레지다 驚きの目を見張る.

휘-말다 他 [ㄹ語幹] ぐるぐる巻く；包む. 휘말리다.

휘말려-들다 自 [ㄹ語幹] 巻き込まれる. ∥엉뚱한 일에 휘말려들다 とんでもないことに巻き込まれる.

휘말리다 自 [휘말다の受身動詞] 巻き込まれる. ∥스캔들에 휘말리다 スキャンダルに巻き込まれる.

휘몰다 他 [ㄹ語幹] ❶ せき立てる. ❷〈家畜などを〉追い立てる. 휘몰리다.

휘몰리다 自 휘몰다の受身動詞.

휘몰아-치다 自 吹き荒れる；吹きすさぶ. ∥휘몰아치는 겨울바람 吹き荒れる北風.

휘발 (揮發) 图 他形 揮発.
휘발-성 (揮發性) -성 图 揮発性.
휘발-유 (揮發油) -유 图 揮発油；ガソリン.

휘슬 (whistle) 图 呼子；ホイッスル. ∥휘슬을 불다 呼子を鳴らす.

휘어-잡다 [-어-따] 他 ❶〈ものを〉しっかりと握りしめる；ぎゅっとつかむ. ∥팔을 휘어잡다 腕をぎゅっとつかむ. ❷〈人を〉思いのままにする；支配する. ∥남편을 휘어잡다 夫を意のままにする.

휘어-지다 [-어-] 自 曲がる；しなう；反る. ∥감이 많이 열려 가지가 휘어지다 柿の実がたくさんなって枝がたわむ.

휘영청 〈月などが〉非常に明るい様子；皓々と. ∥휘영청 밝은 달 皓々と明るい月.

휘장 (揮帳) 图 帳(とばり)；垂れ布；垂れ絹. ∥휘장을 치다 帳をめぐらす.

휘장 (徽章) 图 徽章(きしょう)；バッジ. 图배지.

휘적-거리다 [-대다] 自 闊歩する大手を振る；肩で風を切る.

휘적-휘적 [-저쿼-] 副 他 大手を振る様子.

휘-젓다 [-전따] 他 [人変] ❶ かき混ぜる；かき回す. ∥달걀을 나무젓가락으로 휘젓다 卵を箸でかき混ぜる. ❷ 振り回す. ∥팔다리를 휘젓다 手足を振り回す. ❸ かき乱す. ∥사람 마음을 휘저어 놓다 人の心をかき乱す.

휘청-거리다 [-대다] 自 ふらふらする；ふらつく；よろよろする；よろめく. ∥술에 취해 다리가 휘청거리다 酒に酔って足がふらつく. 휘청거리며 걷다 よろよろと歩く.

휘-파람 /hwipʰaram/ 图 口笛. ∥휘파람을 불다 口笛を吹く.

휘파람-새 图 [鳥類] ウグイス(鶯).

휘하 (麾下) 图 麾下(きか)；指揮下.

휘호 (揮毫) 图 他形 揮毫(きごう)；文字や書画を書くこと.

휘황찬란-하다 (輝煌燦爛-) [-찰-] 形 [하変] まばゆいほど輝いている；皓々と輝いている；きらびやかだ. ∥불빛이 휘황찬란하며 明かりがまばゆいほど輝いている. 휘황찬란하며 장식한 무대 きらびやかに飾り立てた舞台.

휘-휘 副 ❶ 何度もかき回す様子. ❷ 죽이 눌어 붙지 않도록 휘휘 젓다 おかゆが焦げつかないようにかき混ぜる. ❷ 振り回す様子. ∥ 휴휴휴; 휴휴휴; 막대기를 휘휘 젓다 棒をひゅっひゅっと[ぐるぐると] 振り回す.

획 /hwik/ 副 ❶〈風が急に強く吹く様子；ひゅうっと；びゅっと. ∥찬 바람이 획 불어오다 冷たい風がびゅうっと吹いてくる. ❷〈車などが〉素早く通り過ぎる様子；さっと. ∥차가 획 지나가다 車がさっと通り過ぎる. ❸〈ものを〉素早く投げる様子；ぽんと；ぽいっと. ∥쓰레기를 획 버리다 ゴミをぽいっと捨てる. 공을 획 던지다 ボールをぱっと投げる. ❹〈垣根などを〉軽く飛び越える様子；ひょいと. ∥담을 획 넘다 垣根をひょいと飛び越える. ❺ いきなり方向を変える様子；ぐるっと；くるりと；ぐいっと. ❻〈仕事などを〉素早く片付ける様子；さっと. ∥숙제를 획 해치우고는 놀러 나가다 宿題をさっとと片付けて遊びに出かける. 國획.

획-획 [획획] 副 ❶ ぐるぐると；ひゅうひゅうと；びゅんびゅんと. ∥밤이라서 차가 획획 빠르게 駆け抜け

けみ. 눈이 획획 돌 정도다 目がぐるぐる回りそうだ.

휠체어 (wheelchair) 名 車椅子.

휩-싸다 他 覆う; 包む. ‖찬 바람이 온몸을 휩싸다 冷たい風が全身を覆う. 어둠이 도시를 휩싸다 闇が都市を包む. ⑨휩싸이다.

휩싸-이다 自 [휩싸다의受身動詞] 覆われる; 包まれる. ‖불길에 휩싸이다 炎に包まれる. 회장은 사람들의 열기에 휩싸여 있었다 会場は人々の熱気に包まれていた.

휩쓸다 /hwip⁷sulda/ 他 [ㄹ語幹] [휩쓸어, 휩쓰는, 휩쓴] ❶ 襲う. ‖대공황이 세계를 휩쓸다 大恐慌が世界を襲う. 태풍이 규슈를 휩쓸다 台風が九州を襲う. ❷ さらう; 総なめにする. ‖올해 아카데미상을 휩쓸다 今年度のアカデミー賞を総なめにする. ⑨휩쓸리다.

휩쓸-리다 自 [휩쓸다의受身動詞] 覆われる; のみ込まれる; 巻き込まれる. ‖폭풍우에 휩쓸리다 嵐に見舞われる. 분위기에 휩쓸리다 雰囲気にのまれる. 격류에 휩쓸리다 激流にのみ込まれる.

휴가 (休暇) /hjuga/ 名 休み; 休暇. ‖여름휴가 夏休み. 하계 휴가 夏季休暇. 삼일 휴가를 내다 3日休みを取る. 휴가를 받다 休みを取る. 휴가에 들어가다 休みに入る.

휴간 (休刊) 名 他 休刊. **휴간-되다** 自変

휴강 (休講) 名 自他 休講.

휴게 (休憩) 名 休憩; 休息. ‖십 분간 휴게하다 10分間休憩する. 휴게 시간 休憩時間.
　휴게-소 (休憩所) 名 休憩所.
　휴게-실 (休憩室) 名 休憩室.

휴경 (休耕) 名 自他 休耕.
　휴경-지 (休耕地) 名 休耕田.

휴관 (休館) 名 自他 休館.
　휴관-일 (休館日) 名 休館日.

휴교 (休校) 名 自他 休校.

휴대 (携帯) /hjude/ 名 他 携帯.
　휴대-전화 (携帯電話) 名 携帯電話.
　휴대-폰 (携帯 phone) 名 携帯電話.
　휴대-품 (携帯品) 名 携帯品.

휴머니스트 (humanist) 名 ヒューマニスト.

휴머니즘 (humanism) 名 ヒューマニズム.

휴식 (休息) /hjuɕik/ 名 自他 休息; 休み. ‖휴식을 취하다 休息する; 休息をとる. 휴식 시간 休息時間.

휴양 (休養) 名 自他 休養.
　휴양-지 (休養地) 名 保養地.

휴업 (休業) 名 自他 休業.

휴일 (休日) 名 休日. ‖로마의 휴일 「ローマの休日」(映画のタイトル).

휴전 (休戦) 名 自他 休戦.
　휴전-선 (休戦線) 名 休戦ライン.

휴지¹ (休止) 名 自他 休止. ‖휴지 상태 休止状態.

휴지² (休紙) /hjudʑi/ 名 ちり紙; ティッシュ; 反故(は); 紙切れ. ‖두루마리 휴지 トイレットペーパー. 휴지 조각이 된 주식 紙切れ同然の株.
　휴지-통 (休紙桶) 名 くず入れ; くずかご; ごみ箱.

휴직 (休職) 名 自他 休職.

휴진 (休診) 名 自他 休診.

휴학 (休學) 名 自他 休学. ‖휴학계 (休學屆) 【-께 /-께/】 休学届け. ‖휴학계를 내다 休学届を出す.

휴한 (休閑) 名 他 休閑.
　휴한-지 (休閑地) 名 休閑地.

휴-화산 (休火山) 名 [地] 休火山. 卿 활화산(活火山)・사화산(死火山).

휴회 (休會) 名 自他 休会.

흄-관 (Hume 管) 名 ヒューム管.

흉 /hjun/ 名 ❶ 傷跡; 痕; 傷. ‖흉이 지다 傷跡ができる. 흉이 남다 傷跡が残る. ❷ 欠点; 弱点; あら.

흉가 (凶家) 名 不吉な家.

흉강 (胸腔) 名 [解剖] 胸腔 (きょうこう).

흉계 (凶計・兇計) 【-/-계/】 名 悪だくみ. ‖흉계를 꾸미다 悪だくみをする.

흉골 (胸骨) 名 [解剖] 胸骨.

흉곽 (胸廓) 名 [解剖] 胸郭.

흉근 (胸筋) 名 [解剖] 胸筋.

흉금 (胸襟) 名 胸襟 (きょうきん). ‖흉금을 털어놓고 흉금을 털어놓고 胸襟を打ち明ける. 흉금 없는 대화를 나누다 胸襟を開いて話する.

흉기 (凶器・兇器) 名 凶器. ‖흉기를 휘두르다 凶器を振り回す.

흉내 /hjunnɛ/ 名 まね. ‖어른 흉내 大人のまね. 우는 흉내 泣きまね.

흉내-내다 他 まねる; まねをする. ‖남의 말을 흉내내다 人の言葉をまねる. 흉내를 잘 내다 まねが上手だ.

흉년 (凶年) 名 凶年. 卿 풍년 (豊年).

흉막 (胸膜) 名 [解剖] 胸膜 ⑨ 늑막 (肋膜).
　흉막-염 (胸膜炎) 【-념】 名 [医学] 胸膜炎 ⑨ 늑막염 (肋膜炎).

흉몽 (凶夢) 名 凶夢; 不吉な夢. 卿 길몽 (吉夢).

흉물 (凶物・兇物) 名 ❶ 性格が陰険な人. ❷ 見た目が醜い人や動物.

흉물-스럽다 (凶物-) 【-따】 [ㅂ変] 陰険だ; 見苦しい; みっともない. ‖상처가 흉물스럽다 傷跡が見苦しい. 방치된 쓰레기가 흉물스럽게 보이다 放置されたごみが見苦しい.

흉변 (凶變) 名 凶変. ‖흉변을 당하다 凶変に見舞われる.

흉-보다 他 悪口を言う; 陰口をきく.

흉부 (胸部) 名 胸部.

흉사 (凶事・兇事) 名 凶事; 不吉な事柄.

흉상¹(凶相·兇相) 图 凶相;凶悪な人相. ‖길상(吉相).

흉상²(胸像) 图 胸像.

흉선(胸腺) 图 [解剖] 胸腺. 예가슴腺.

흉식=호흡(胸式呼吸) 【-시쿠-】 图 胸式呼吸.

흉악(凶悪·兇悪) 图 [하变] 凶悪. ‖범죄 수법이 잔인하고 흉악하다 犯罪の手口が残忍で凶悪だ.

흉악-범(凶悪犯) 【-뻠】 图 [法律] 凶悪犯.

흉악-스럽다(凶悪-) 【-쓰-따】 圈 [ㅂ变] 凶悪だ.

흉위(胸囲) 图 胸囲. 예가슴둘레.

흉작(凶作) 图 凶作. 예풍작(豊作).

흉-잡다 【-따】 他 あら探しをする.

흉잡-히다 【-자피-】 圓 欠点をつかれる.

흉조(凶兆) 图 凶兆. ‖길조(吉兆).

흉측-하다(凶測一·兇測一) 【-츠카-】 圈 [하变] ❶ ぞっとする; 醜い; いやらしい. ‖흉측한 사건 ぞっとするような事件. ❷ 陰険だ; 陰険でたくらみが多い. ‖흉측한 생각을 하다 陰険なことを考える.

흉측-히(凶測一) 圓

흉탄(凶弾·兇弾) 图 凶弾. ‖흉탄에 쓰러지다 凶弾に倒れる.

흉-터 图 傷跡. ‖흉터가 남다 傷跡が残る.

흉포-하다(凶暴一·兇暴一) 圈 [하变] 凶暴だ.

흉-하다(凶一) 圈 [하变] ❶ 不吉だ; 縁起が悪い; まわしい. ‖꿈자리가 흉하다 夢見が悪い. ❷ (顔つきや身なりなどが)見苦しい; 醜い; みっともない. ‖몰골이 흉하다 不体裁だ; 見苦しい.

흉허물-없다 【-무럽따】 圈 気兼ねしない; 気安い; 気が置けない; 遠慮がない. ‖흉허물없는 사이 気心の知れた間柄.

흉허물-없이 圓 흉허물없이 지내다 気兼ねなく付き合う.

흉흉-하다(洶洶一) 圈 [하变] (人心などが)ざわめいている; 落ち着かない; 揺れ動いている; 動揺している. ‖민심이 흉흉하다 民心が揺れ動いている.

흐-느끼다 圓 すすり泣く; むせび泣く; しゃくり上げて泣く. ‖자기 방에서 흐느끼다 自分の部屋にこもってむせび泣きする. 흐느끼는 소리가 들리다 すすり泣きが聞こえる.

흐느적-거리다[-대다]【-꺼 | 때 | -】圓 揺れ動く; ゆらゆらする.

흐느적-흐느적 【-저거-】 圓 [하自] (長さのあるものが)揺れ動く様子: ゆらゆら(と); ふらふら. ‖술에 취해 흐느적흐느적 걷다 酒に酔ってふらふらと歩く.

흐늘-거리다 圓 ふにゃふにゃする; ぐにゃぐにゃする; ゆらゆらする; ふらふらする.

흐늘흐늘-하다 圓 [하变] ふにゃふにゃしている; ぐにゃぐにゃしている. ‖너무 삶아서 흐늘흐늘하다 煮過ぎてふにゃふにゃしている.

흐드러-지다 ❶ (見事に)咲き誇る; 咲き乱れている. ‖흐드러지게 피어 있는 유채꽃 一面に咲いた菜の花. ❷ 豊か.

흐려-지다 /hulрjʌdʑida/ 圓 (水などが)濁る; (天気などが)曇る; (焦点·論点などが)ぼやける. ‖비가 많이 와서 강물이 흐려진다 豪雨で川の水が濁る. 날씨가 흐려진다 天気が曇る. 초점이 흐려진다 焦点がぼやける.

흐르는 圓 [르变] 흐르다(流れる)の現在連体形.

흐르다 /hurɯda/ 圓 [르变] [흘러] **흐르다** ❶ 流れる. ‖유유히 흐르는 한강 悠々と流れる漢江. 구슬땀이 흐른다 玉の汗が流れる. 눈물이 흐른다 涙が流れる. 이마에서 피가 흐른다 額から血が流れる. 고압 전류가 흐른다 高圧電流が流れる. 실내에서 내가 좋아하는 음악이 흐르고 있었다 室内には私の好きな音楽が流れていた. 세월이 흘러 두 사람은 결혼했다 時が流れ, 2人は結婚した. 흘러 가는 구름 流れる白い雲. ❷ (雰囲気などが)漂う. ‖한동안 험악한 분위기가 흘렀다 しばらく険悪な雰囲気が漂っていた. 얼굴에는 빈티가 흐르고 있다 顔には貧乏くささが漂っている. ❸ つやつやしい. ‖윤기가 흐르는 얼굴 つやつや(と)した顔.

흐른 圓 [르变] 흐르다(流れる)の過去連体形.

흐를 圓 [르变] 흐르다(流れる)の未来連体形.

흐름 图 流れ. ‖공기의 흐름 空気の流れ, 역사의 흐름 歴史の流れ. 시합의 흐름이 바뀌다 試合の流れが変わる.

흐리다¹ /hurida/ 圈 ❶ (水などが)濁っている; 澄んでいない. ‖물이 흐려 있다 水が濁っている. 수정체가 흐려서 시력이 떨어지다 水晶体が濁って視力が落ちる. ❷ (明かりなどが)ぼんやりしている; 薄暗い. ‖불빛이 흐려서 앞이 잘 안 보이다 明かりが薄暗くて前がよく見えない. ❸ (天気が)曇っている. ‖흐린 날씨 가 계속되고 있다 曇り空が続いている. ❹ (判断·記憶などが)はっきりしない; 曖昧だ. ‖의식이 흐리다 意識がはっきりしない. 기억이 흐리다 記憶が曖昧だ.

흐리다² /hurida/ 他 ❶ (水などを)濁らせる; 汚(す)す. ‖강물을 흐리다 川の水を濁らせる. ❷ (言葉などを)濁す; ぼかす. ‖말끝을 흐리다 言葉じりを濁す. ❸ (名誉などを)汚(けが)す.

흐리멍덩-하다 圈 [하变] どんよりしている; ぼっとしている; はっきりしない. ‖눈이 흐리멍덩하다 目がどんよりしてい

르. 정신이 흐리멍덩하다 頭がぼうっとしている. 흐리멍덩한 태도 はっきりしない態度.

흐리터분-하다 [형][하변] はっきりしない; しっかりしない; きちんとしていない. ∥저 사람은 언제나 하는 짓이 흐리터분하다 あの人はやることがいつもきちんとしていない.

흐림 图 曇り.

흐릿-하다 [-리타-][형][하변] ぼやけている; どんより(と)している; かすむ. ∥초점이 흐릿하다 焦点がぼやけている. 흑판 글씨가 흐릿하게 보이다 黒板の字がぼやけて[かすんで]見える. 흐릿한 날씨 どんより(と)した天気.

흐물-거리다 图 とろける; とろけ落ちる.

흐물-흐물 閐 とろとろ; ぐじゃぐじゃ; ぐずぐず. ∥흐물흐물 녹아 내리다 ぐじゃぐじゃに溶け落ちる.

흐뭇-하다 [-무타-][형][하변] 微笑ましい; 心温まる; 満足だ. ∥흐뭇한 광경 微笑ましい光景. 흐뭇한 이야기 心温まる話. **흐뭇-이** 閐

흐지-부지 [huʥibuʥi] 閐 (하변) うやむやに; 曖昧に; はっきりせずに. ∥흐지부지 끝나다 うやむやに終わる. 흐지부지 되고 말았다 計画はうやむやになってしまった. 말을 흐지부지하게 하다 はっきり言わない.

흐트러-뜨리다 閐 乱す; かき乱す.

흐트러-지다 图 ❶ 乱れる; かき乱される. ∥대열이 흐트러지다 隊列が乱れる. 바람에 머리가 흐트러지다 風で髪が乱れる. ❷崩れる.

흐흐 閐 (하변) しまりなく笑う声.

흑¹(黑) 图 ❶[흑색(黑色)の略称] 黒. ❷ [囲碁で] 黒い石. ⇨백(白).

흑² 閐 すすり泣く声. **흑-흑** 閐 しくしく.

흑-갈색(黑褐色) [-깔쌕] 图 黒褐色.

흑-내장(黑內障) [흥-] 图 《医学》黒內障; 黒そこひ.

흑-대두(黑大豆) [-때-] 图 《植物》クロマメ(黒豆).

흑막(黑幕) [흥-] 图 黒幕; 裏. ∥뭔가 흑막이 있는 것 같다 何か裏があるようだ.

흑맥주(黑麥酒) [흥-쭈] 图 黒ビール.

흑발(黑髮) [-빨] 图 黒髮.

흑백(黑白) [huk'pek/-빽] 图 黒白. ❶黑と白. ∥흑백 텔레비전 白黒テレビ. 흑백을 가리다 白黒を明らかにする; 白黒をつける. ❷ (碁の)黑石と白石. **흑백논리**(黑白論理) [-빵 놀-] 图 白黑論理.

흑사병(黑死病) [-싸뼝] 图 《医学》黒死病; ペスト. ⇨페스트.

흑색(黑色) [-쌕] 图 黒; 黒色. ❶黑(黒).

흑색-선전(黑色宣傳) [-쌕썬-] 图 デマ; デマゴーグ; 悪宣伝.

흑색인종(黑色人種) [-쌕-] 图 黒色人種.

흑-설탕(黑雪糖) [-썰-] 图 黒砂糖.

흑송(黑松) [-쏭] 图 《植物》クロマツ(黒松).

흑심(黑心) [-씸] 图 腹黑い心; 陰険な心. 흑심을 품다 陰険な心をいだく.

흑연¹(黑煙) 图 黒煙.

흑연²(黑鉛) 图 《鉱物》黒鉛.

흑-염소(黑-) [흥념-] 图 《動物》クロヤギ(黒山羊).

흑인(黑人) 图 黑人.

흑인종(黑人種) 图 黒色人種.

흑자(黑字) [/huk'ʥa/ [-짜] 图 黑字. ∥적자(赤字). ∥흑자를 내다 黒字を出す.

흑-자색(黑紫色) [-짜-] 图 黒紫色.

흑점(黑點) [-쩜] 图 黒点.

흑판(黑板) [-판] 图 黒板. ⇨칠판(漆板).

흔드는 [匜] [ㄹ語幹] 흔들다(揺さぶる・振る)の現在連体形.

흔든 [匜] [ㄹ語幹] 흔들다(揺さぶる・振る)の過去連体形.

흔들 [匜] [ㄹ語幹] 흔들다(揺さぶる・振る)の未来連体形.

흔들-거리다 固 ぐらつく; ぐらぐらする; 揺らめく; ゆらゆらする. ∥이가 흔들거리다 歯がぐらぐらする. 바람에 나뭇잎이 흔들거리다 風に木の葉が揺らめく.

흔들다 /hundulda/ [匜] [ㄹ語幹] [흐들어, 흐드는, 흐든] 图 揺る; 揺さぶる; 揺らす; 揺り動かす; 振る. ∥손을 흔들다 手を振る. 자는 아이를 흔들어 깨우다 寝ている子を揺すって起こす. 다리를 흔들며 이야기를 하다 足を揺らしながら[貧乏揺すりをしながら]話をする. 마음을 흔들다 心を揺さぶる. 나뭇가지를 흔들다 木の枝を揺り動かす. 세계를 흔든 대사건 世界を揺り動かした大事件. ⇨흔들리다.

흔들-리다 /hundullida/ [匜] 〔흔들다の受身動詞〕 揺られる; 揺らぐ; 揺れ動く; 動かされる; 動揺する; 揺らめく; ぐらつく. ∥그 한마디에 마음이 흔들리다 その一言でぐらりと動かされる. 지진으로 집이 흔들리다 地震で家が揺れる. 信用(信頼)の基準が揺れる. 부모님의 반대로 결심이 흔들리다 両親の反対で決心がぐらつく.

흔들어 [匜] [ㄹ語幹] 흔들다(揺さぶる・振る)の活用形.

흔들-의자 (-椅子) [-/-드리-] 图 揺り椅子.

흔들흔들 [匜] [ㄹ語幹] ぐらぐら(と); ぐらぐら. ∥이가 흔들흔들하다 歯がぐらぐらする.

흔적(痕跡・痕迹) 图 痕跡; 跡形. ∥흔적을 남기다 痕跡をとどめる. 흔적도 없

흔쾌-히 跡形もなく消え去る.
흔적기관(痕跡器官) 【-끼-】 图 〈生物〉痕跡器官.
흔연-히(欣然-) 副 快く. ∥흔쾌히 승낙하다 快く承諾する.
흔-하다 /hunhada/ 形 [하여] ありふれている; 珍しくない. ∥흔하지 않을 수 있는 꽃 ありふれた花. 이 모양의 시계는 최근에는 흔하지 않다 この型の時計は最近では珍しい.
흔해-빠지다 形 ごくありふれている; 全く珍しくない; どこにでもある; ざらにある. ∥흔해빠진 내용의 드라마 ごくありふれた内容のドラマ.
흔-히 副 よく; 多く; しばしば. ∥흔히 있는 일 よくあること. 흔히 듣는 소리だ よく耳にする話[こと]だ.

흘겨-보다 他 横目でにらむ; にらみつける. ∥그는 나를 흘겨보았다 彼は私を横目でにらんだ. 매섭게 흘겨보다 目をむいてにらみつける.

흘금-거리다 自 横目でちらちら見る.
흘금-흘금 副 横目で視線を素早く何回か走らせる様子; ちらちら. ∥이쪽을 흘금흘금 보면서 지나가다 こちらをちらちら(と)見て通り過ぎる.

흘긋 【-귿】 副 一瞬ちょっと見る様子; ちらり(と). ∥어깨 너머로 흘긋 보다 肩越しにちらりと見る. **흘긋-흘긋** 副 ちらちら.
흘긋-거리다 【-귿꺼-】 ちらちら見る.
흘기다 他 (横目で)にらむ; にらみつける. ∥눈을 흘기다 横目でにらみつける.
흘깃 【-긷】 副 [하여] じろり, じろっと. ∥흘깃 곁눈질을 하다 じろっと横目で見る. **흘깃-흘깃** 【-긷-】 副 じろり(と).
흘깃-거리다 【-긷꺼-】 ちらちら見る.
흘끔 副 素早く横目で見る様子; ちらっと; ちらりちらり(と). ∥흘끔 훔쳐보다 ちらっと覗き見する. **흘끔-흘끔** 副 (하여)
흘끔-거리다 素早く横目で見る.
흘러 흐르다 (流れる)の運用形.
흘러-가다 自 流れていく; 流れる. ∥강물이 흘러가다 川が流れる.
흘러-내리다 自 ❶こぼれ落ちる; こぼれる. ∥눈물이 흘러내리다 涙がこぼれ落ちる. ❷ずり落ちる. ∥바지가 흘러내리다 ズボンがずり落ちる.
흘러-넘치다 自 こぼれる; こぼれ落ちる; あふれる; あふれ出る; あふれ返る. ∥욕조의 물이 흘러넘치다 湯船のお湯があふれる. 교태가 흘러넘치다 色気があふれる.
흘러-오다 自 流れてくる.
흘레 图 交尾.
흘레-붙다 【-붇따】 自 (動物が)交尾する; つるむ.
흘레-붙이다 【-부치-】 他 (動物を)交尾させる; つるませる.
흘려-듣다 【-따】 他 [ㄷ変] 聞き流す; 聞き過ごす. ∥그런 말은 흘려들으세요 そういうことは聞き流してください.
흘리는 흘리다 (流す)の現在連体形.

흘리다 /hullida/ ❶流す; こぼす. ∥구슬땀을 흘리다 玉の汗を流す. 피를 흘리다 血を流す. 커피를 흘리다 コーヒーをこぼす. 침을 흘리다 よだれを垂らす. ❷垂らす. ∥콧물을 줄줄 흘리다 鼻水をだらだら垂らす. 군침을 흘리다 よだれを垂らす. ❸落とす. ∥어딘가에 지갑을 흘리고 왔다 どこかに財布を落としてきた. ❹崩し書きをする. ∥흘려 쓰다 崩し書きをする. ❺聞き流す. ❻(情報などを)流す; 漏らす. ∥거짓 정보를 흘리다 デマを流す.

흘리든 흘리다 (流す)の過去連体形.
흘리어[흘려] 他 흘리다 (流す)の連用形.
흘릴 他 흘리다 (流す)の未来連体形.
흘림-체(-體) 图 崩し書き.

흙 /hʌk/ 图 土; 土壌. ∥구두에 묻은 흙을 털다 靴についた土を払う. 한 줌의 흙 一握りの土.
흙-구덩이 【흑꾸-】 图 地面に掘った穴.
흙-내 【흥-】 图 土のにおい.
흙-내음 【흥-】 图 =흙내.
흙-담 【흑땀】 图 토담(土-)の誤り.
흙-더미 【흑떠-】 图 盛り土; もりど; の山.
흙-덩어리 【흑떵-】 图 大きめの土の塊.
흙-덩이 【흑떵】 图 土の塊.
흙-먼지 【흥먼-】 图 土ぼこり; 土煙. ∥흙먼지가 일다 土ぼこりが上がる.
흙-무더기 【흥-】 图 土の山.
흙-벽 【-뼉】 【흑뼉】 图 土壁.
흙-손 【흑쏜】 图 (左官用の)こて.
흙-일 【흥닐】 图 土仕事.
흙-장난 【흑짱-】 图 泥遊び.
흙-칠 【흑칠】 图 他 泥がつくこと.
흙-탕(-湯) 【흑-】 图 흙탕물の略語.
흙탕-길(-湯-) 【흑-낄】 图 泥道.
흙탕-물(-湯-) 【흑-】 图 泥水. 略흙탕(-湯-). ∥흙탕물이 튀다 泥水がはねる.
흙-투성이 【흑-】 图 泥だらけ; 泥まみれ; 土まみれ. ∥흙투성이가 된 바지 泥まみれのズボン.

흠¹(欠) /hɯːm/ 图 ❶傷; 傷跡; (品物の)きず. ∥얼굴에 흠이 생기다 顔に傷ができる. 경력에 흠이 생기다 経歴に傷がつく. ❷欠点; あら. ∥흠이 없는 사람은 없다 欠点のない人はいない. 말이 많은 것이 흠이다 口数が多いのが玉にきず

흠² 感 ふん;うん;ふむ. ‖흠, 그럴구나! ふん, そうなんだ.

흠-내다(欠-) 【-따】 佢 (ものに)傷をつける. ‖기둥에 흠내다 柱に傷をつける.

흠모(欽慕) 【하硏】 欽慕(きん)ぼ;敬慕. ‖흠모의 대상 敬慕と美望の的.

흠씬 圓 ❶たっぷりと;十分に;十二分に;嫌というほど. ‖매력을 흠씬 풍기다 魅力をたっぷり漂わせる. 嫌というほど殴る. ❷びっしょり(と). ‖비에 흠씬 젖다 雨にびっしょりぬれる.

흠-잡다(欠-) 【-따】 佢 あらを探す;あら探しをする;けちをつける. ‖흠잡을 데가 없다 非の打ち所がない.

흠-집(欠-) 【-찝】 图 傷;傷跡. ‖차에 흠집이 생기다 車に傷がつく.

흠칫 圓 【-친】 驚いて肩をかすかに動かす様子: びくっと. ‖흠칫 놀라다 びくっと驚く.

흠칫-거리다【-친거-】 回帝 体をびくっと動かす;びくびくする. ‖그녀는 나를 보고 흠칫거렸다 彼女は私を見てびくっとした.

흡반(吸盤)【-빤】 图 (動物) 吸盤. 凾 빨판.

흡사-하다(恰似-) 【-싸-】 圀【하야】 酷似している;よく似ている. ‖두 사람은 생긴 것이 흡사하다 2人はよく似ている. 책 내용이 흡사하다 本の内容が酷似している.

흡수(吸收) /hɯpˀsu/ 【-쑤】 图【하타】 吸收; 吸い取ること; 吸い込むこと. ‖충격을 흡수하다 衝撃を吸収する. 지식을 흡수하다 知識を吸収する. 검은 색은 열을 잘 흡수한다 黒は熱をよく吸収する. 땀을 흡수하다 汗を吸い取る.

흡수-력(吸收力) 图 吸収力.

흡수^스펙트럼(吸收 spectrum) 图 (物理) 吸収スペクトル.

흡수-제(吸收劑) 图 吸収劑.

흡수^합병(吸收合倂)【-쑤-뼝】 图 (会社の)吸收合併.

흡습-성(吸濕性)【-씁썽】 图 吸濕性.

흡습-제(吸濕劑)【-씁쩨】 图 吸濕剂.

흡연(吸煙) 图【하타】 喫煙. 凾 끽연(喫煙).

흡연-석(吸煙席) 图 喫煙席.

흡연-자(吸煙者) 图 喫煙者.

흡음(吸音) 图【하타】 吸音.

흡음-재(吸音材) 图 吸音材.

흡인(吸引) 图【하타】 吸引力.

흡인-력(吸引力)【-녁】 图 吸引力.

흡입(吸入) 图【하타】 吸入; 吸い込むこと.

흡입-기(吸入器)【-끼】 图 吸入器.

흡족-하다(洽足-)【-쪼카-】 圀【하야】 満足している;満ち足りている;十分だ. ‖일이 계획대로 진행되어서 흡족하다 仕事が計画通り進んで満足している. 몸은 피곤하지만 마음은 흡족하다 体は疲れているが心は満ち足りている. **흡족-히** 圓

흡착(吸着) 图【하타】 吸着.

흡혈(吸血)【』협】 图【하타】 吸血.

흡혈-귀(吸血鬼) 图 吸血鬼.

흥¹(興) 图 興;興趣. ‖흥이 나다 興に乗って踊る. 흥을 돋구다 興をそそる. 흥이 깨지다 興ざめる. 흥이 나다.

흥² 圓 鼻をかむ時の音: ちん. ‖흥 하고 코를 풀다 鼻をちんとかむ.

흥³ 感 ❶不満・軽視などの気持ちを表わす語: ふん; へん. ‖흥 하고 콧방귀를 끼다 ふん, と鼻先であしらう. 흥, 어림없는 소리다 ふん, とんでもないことだ. ❷興に乗った時に発する声: ふうん; ふうむ.

흥건-하다(興-)【』변】 (水や汗などが)いっぱいだ; たくさんたまっている. ‖바닥에 물이 흥건하다 床が水浸しになっている. 등줄기에 땀이 흥건하다 背中が汗だくだ. **흥건-히** 圓

흥겹다(興-) 【-따】 圀【』변】 興に乗って楽しい; うきうきしている. ‖흥겹게 놀고 있다 楽しく遊んでいる. **흥겨이** 圓

흥망(興亡) 图 興亡. ‖민족의 흥망 民族の興亡.

흥망성쇠(興亡盛衰)【-/-쉐】 图 栄枯盛衰(えいこ...).

흥미(興味) /hɯŋmi/ 图 興味. ‖공부에는 흥미가 없다 勉強には興味がない. 새로운 일에 흥미를 느끼다 新しい仕事に興味を覚える. 영어에 흥미를 잃다 英語に興味をなくす. 남의 일에는 전혀 흥미가 없다 人のことには全く興味がない.

흥미-롭다(興味-)【-따】 圀【』변】 興味深い; 興味ろい. ‖흥미로운 문제 興味深い問題.

흥미진진(興味津津) 【하형】 興味津々.

흥분(興奮) /hɯŋbun/ 图 興奮. ‖흥분 상태 興奮状態. 흥분을 가라앉히다 興奮を鎮める. 흥분해서 잠을 잘 수가 없다 興奮して眠れない. 사소한 일에도 곧잘 흥분하다 ちょっとしたことにもすぐ興奮する.

흥분-제(興奮劑) 图 興奮劑.

흥신-소(興信所) 图 興信所.

흥얼-거리다【-대다】 回 ❶口ずさむ. ‖유행가를 흥얼거리다 歌謡曲を口ずさむ. ❷ぶつぶつつぶやく.

흥얼-흥얼 圓 何かをしきりにつぶやく様子: ふんふんと; ふがふが. ‖흥얼흥얼 콧노래를 부르다 ふんふんと鼻歌を歌う.

흥이야-항이야【하타】 関係のないことに口出しをする様子.

흥정 图【하타】 取引; 値段の交渉; 駆け引き. ‖가격을 흥정하다 値段の交渉を

홍진비래 する。興정을 잘하다 駆け引きがうまい。興정을 붙이다 仲立ちをする。▶흥정을 붙이고 싸움은 말리랬다 (俚)(「話し合いは取りもち, けんかはやめさせよ」の意で)良い事は勧め悪い事はやめさせよ。

흥정-꾼 图 仲立ち人; 仲介者.

흥진비래 (興盡悲來) 图 (「楽しいことが尽きれば悲しいことが来る」の意で)世の中のことはめぐりめぐること。

흥청-거리다 [-대다] 卧 気の向くままに遊びほうける; ぶらぶらする; ふらつく.

흥청-망청 图 金をむやみやたらに使う様子: じゃぶじゃぶ. ▮돈을 흥청망청 쓰다 金をじゃぶじゃぶ使う.

흥취 (興趣) 图 興趣(쿠). ▮흥취를 돋우다 興趣をそそる.

흥-하다 (興-) 国 (하変) 興る. ㉠망하다 (亡-). ▮시계 산업이 흥한 나라 時計産業が興った国.

흥행 (興行) 图 (하他) 興行. ▮흥행에 성공하다 興行に成功する. 흥행 수입 興行収入.

흥흥 國 相手の話を軽んじて出す鼻声; ふふん; ふんふん.

흥흥-거리다 鼻歌を歌う.

흩-날리다 [흔-] 팀 飛び散る; 舞い散る; ちらつく. ▮바람에 꽃잎이 흩날리다 風で花びらが舞い散る.

흩다 [흗따] 팀 散らす; 散らかす.

흩-뜨리다 [흗-] 팀 散らかす; 乱す.

흩-뿌리다 [흗-] 팀 (雨·雪などが)ばらつく.

흩어-지다 /hutʰədʑida/ 퇴 散らばる; 散る. ▮선풍기 바람에 책상 위에 있던 자료들이 흩어지다 扇風機の風で机の上の資料が散らばる. 친구가 전국에 흩어져 있다 友人が全国に散らばっている.

흩-트리다 [흗-] 팀 =흩뜨리다.

희곡 (戱曲) [히-] 图 戱曲. ▮희곡 작가 劇作家.

희구 (希求) [히-] 图 (하他) 求求. ▮자유와 평화를 희구하다 自由と平和を希求する.

희귀-하다 (稀貴-) [히-] 【-귀-】 圈 (하変) 非常に珍しい. ▮희귀한 보석 珍しい宝石. 희귀하게 생긴 돌 珍しい形をした石.

희극 (喜劇) [히-] 图 喜劇. ㉠비극(悲劇). ▮희극 배우 喜劇俳優.

희극-적 (喜劇的) [히-] 【-쩍】 图 喜劇的. ㉠비극적(悲劇的).

희끄무레-하다 [히-] 圈 (하変) ほの白い; 朦朧とした. ▮희끄무레한 새벽 하늘 白い夜明けの空.

희끗-거리다 [히끋꺼-] 퇴 白い色がところどころ見える.

희끗-희끗 [히끋히끋] 튈 (形動) ところどころ白く; 点々と白く. ▮머리가 희끗희끗하다 髪のところどころが白い; ごま塩頭だ.

희다 /hida/ 【히-】 圈 白い; 色白だ. ㉠검다. ▮흰 종이 白い紙. 흰 테이블보 白いテーブルクロス. 흰 구름 白い雲. 얼굴이 희다 顔が色白だ.

희대 (稀代) 【히-】 图 希代. ▮희대의 살인자 希代の殺人者.

희득-희득 [히득키-] 【히-】 圈 (하変) 白いものが点々と混ざって見える様子.

희로애락 (喜怒哀樂) 【히-】 图 喜怒哀楽.

희롱 (戱弄) 【히-】 图 (하他) 戱弄(?). ▮冷かすこと; 弄ぶこと. ▮지나가는 여성을 희롱하다 通りかかりの女性を冷やかす. 희롱-당하다 쓔身.

희롱-조 (戱弄調) 【히-】 【-쪼】 图 ふざけた調子. ▮희롱조의 말투 ふざけた口の利き方.

희망 (希望) /himaŋ/ 【히-】 图 (하他) 希望; 夢. ㉠절망(絶望). ▮희망을 품은 희망いだく. 희망에 찬 미래 希望に満ちた未来. 희망이 이루어지다 希望がかなえられる. 장래의 희망이 무엇입니까? 将来の夢は何ですか.

희망-자 (希望者) 【히-】 图 希望者.

희망-적 (希望的) 【히-】 【-쩍】 图 希望的. ▮희망적인 관측 希望的な観測.

희미-하다 (稀微-) /himihada/ 【히-】 圈 (하変) かすかだ; ほのかだ; ぼんやりしている. ▮희미한 기억 かすかな記憶. 희미한 불빛 かすかな光. 희미하게 보이다 ぼんやり見える.

희미해-지다 (稀微-) 【히-】 퇴 (記憶などが)薄らぐ; かすんでくる; かすかになる. ▮기억이 희미해지다 記憶が薄らぐ.

희박-하다 (稀薄-) 【히바카-】 圈 (하変) 希薄だ; 薄い; 乏しい. ▮도덕 관념이 극히 희박하다 道徳観念が非常に希薄だ. 이번 계획은 성공할 가능성이 희박하다 今回の計画は成功する可能性が薄い.

희비 (喜悲) 【히-】 图 悲喜. ▮희비가 엇갈리다 悲喜こもごもだ.

희비-극 (喜悲劇) 【히-】 图 悲喜劇.

희비-쌍곡선 (喜悲雙曲線) 【히-】 【-썬】 图 悲喜こもごも. ▮희비쌍곡선을 그리다 悲喜こもごもだ.

희-뿌옇다 [히-여타] 【ㅎ変】 ぼうっと白い; かすむ. ▮안개 때문에 눈앞이 희뿌옇다 霧のため目の前がかすむ.

희사 (喜捨) 【히-】 图 喜捨.

희사-금 (喜捨金) 【히-】 图 喜捨金.

희색 (喜色) 【히-】 图 喜色. ▮희색이 만면하다 喜色満面だ.

희생 (犧牲) /hisɛŋ/ 【히-】 图 (하自他) 犧牲. ▮전 생애를 희생하다 全生涯を犧牲にする. 희생을 치르다 犧牲を払う.

희생-물 (犧牲物) 【히-】 图 犧牲者; いけにえ.

희생-양 (犧牲羊) 【히-낭】 图 犧牲

者; いけにえ. ‖시대의 희생양 時代の犠牲者.
희생-자 (犠牲者) [名] 犠牲(者). ‖전쟁의 희생자가 되다 戦争の犠牲(者)となる.
희생-타 (犠牲打) [名] (野球で)犠牲打; 犠打.
희생^플라이 (犠牲 fly) [名] (野球で)犠牲フライ.
희석 (稀釋) 【히-】 [名] [하他] 希釈.
희소 (稀少) 【히-】 [名] [하形] 希少.
희소-가치 (稀少價值) [名] 希少価値. ‖희소가치가 있는 물건 希少価値のあるもの.
희소-성 (稀少性) 【히-썽】 [名] 希少性.
희-소식 (喜消息) 【히-】 [名] 朗報; 吉報; 喜ばしい知らせ. ‖희소식을 접하다 朗報に接する.
희수[1] (稀壽) 【히-】 [名] 古希. ✣70 歳の別称.
희수[2] (喜壽) 【히-】 [名] 喜寿. ✣77 歳の別称.
희어 【히-】 [形] 희다(白い)の連用形.
희열 (喜悅) 【히-】 [名] [하自] 喜悦. ‖희열을 느끼다 喜悦を覚える.
희한-하다 (稀罕-) /hihanhada/ 【히-】 [形] 『하変』 非常に珍しい; ごくまれだ; 変わっている; 変だ. ‖희한한 꿈을 꾸다 変な夢を見る. 희한한 발상 変わった発想.
희화 (戲畫) 【히-】 [名] 《美術》 戯画; カリカチュア.
희희 【히히】 [副] [하自] せせら笑いの声: ひひ; へへ.
희희-낙락 (喜喜樂樂) 【히히낭낙】 [名] [하自] 喜び楽しむこと. ‖희희낙락하다 嬉々として戯れる.
흰 【힌】 [形] 희다(白い)の現在連体形.
흰-개미 【힌-】 [名] 《昆虫》 シロアリ(白蟻).
흰-고무신 【힌-】 [名] 白いゴム靴.
흰-곰 【힌-】 [名] 《動物》 シロクマ(白熊); ホッキョクグマ(北極熊).
흰-나비 【힌-】 [名] 《昆虫》 白い蝶類の総称.
흰-머리 【힌-】 [名] 白髪. ‖흰머리가 생기다 白髪が生える. 흰머리가 희끗희끗 보이다 白髪がところどころ見える. 흰머리를 뽑다 白髪をとる[抜く].
흰-색 (-色) 【힌-】 [名] 白; 白色.
흰-소리 【힌-】 [名] [하自] 大言. ‖흰소리를 치다 大言を吐く.
흰-쌀 【힌-】 [名] 白米. [類]백미(白米).
흰-옷 【히놋】 [名] 白い服; 白い衣装.
흰-자 【힌-】 [名] 흰자위の略語.
흰-자위 【힌-】 [名] ❶ (卵の)白身. [略]흰자. [対]노른자위. ❷ 白目(眼球の白い部分). [対]검은자위.
흰-죽 (-粥) 【힌-】 [名] 白米の粥(かゆ).
흰-쥐 【힌-】 [名] 《動物》 シロネズミ(白鼠).
흰-콩 【힌-】 [名] 白っぽい豆の総称.
-히[1] /hi/ [接尾] 〔一部の形容詞の語幹に付いて〕 副詞を作る. ‖조용히 하세요 静かにしてください. 솔직히 말하다 率直に話す.
-히-[2] /hi/ [接尾] 〔一部の動詞・形容詞の語幹に付いて〕 ❶ 使役動詞を作る: …(さ)せる. ‖앞자리에 앉히다 前の席に座らせる. 책을 읽히다 本を読ませる. ❷ 受身動詞を作る: …(ら)れる. ‖발을 밟히다 足を踏まれる. 멱살을 잡히다 胸ぐらをつかまれる.
히드라 (Hydra[ギ]) [名] 《動物》 ヒドラ.
히든-카드 (hidden card) [名] 切り札.
히뜩-거리다 【-꺼-】 [自] ひどく目まいがする.
히뜩-히뜩 【히뜨키-】 [副] [하自] ひどく目まいがする様子.
히로뽕 (←philopon[日]) [名] ヒロポン.
히말라야-삼나무 (Himalaya 杉-) [名] 《植物》 ヒマラヤスギ(-杉).
히비스커스 (hibiscus) [名] 《植物》 ハイビスカス.
히스테리 (Hysterie[ド]) [名] 《医学》 ヒステリー. ‖히스테리를 일으키다[부리다] ヒステリーを起こす.
히스테릭-하다 (hysteric-) 【-리카-】 [形] 『하変』 ヒステリックだ. ‖히스테릭한 목소리 ヒステリックな声. 히스테릭하게 소리를 지르다 ヒステリックに叫ぶ.
히스패닉 (Hispanic) [名] ヒスパニック.
히아신스 (hyacinth) [名] 《植物》 ヒヤシンス.
히읗 【-읃】 [名] ハングルの子音字母「ㅎ」の名称.
히죽-거리다[-대다] 【-꺼[때]-】 [自] にやにや笑う; にやにやしている; にやつく. ‖텔레비전을 보며 히죽거리다 テレビを見ながらにやにやしている.
히죽-히죽 【-주키-】 [副] にやにや(と); にたにた(と).
히쭉-히쭉 【-쭈키-】 [副] =히죽히죽. ‖혼자서 히쭉히쭉 웃고 있다 1人でにたにたと笑っている.
히치하이크 (hitchhike) [名] [하自] ヒッチハイク.
히터 (heater) [名] ヒーター. ‖히터를 켜다 ヒーターをつける. 팬히터 ファンヒーター.
히트 (hit) [名] ヒット. ❶ (野球で)安打. ‖히트를 치다 ヒットを放つ. ❷ (映画などで)当たり. ‖영화가 대히트를 쳤다 映画が大ヒットをとばした.
히트-송 (hit song) [名] ヒットソング; ヒット曲.
히트^앤드^런 (hit and run) [名] (野球で)ヒットエンドラン.
히프 (hip) [名] ヒップ.

히피 (hippie) 图 ヒッピー.
　히피-족 (一族) 图 ヒッピー.
히히 副 せせら笑いの声: ひひ(と); へへ(と).
　히히-거리다 自 ひひと笑う; へへと笑う.
히힝 副 馬の鳴き声: ひひーん.
　히힝-거리다 自 (馬が)ひひーんと鳴く.
힌두-교 (Hindu 敎) 图 (宗敎) ヒンズー敎.
힌트 (hint) 图 ヒント. ∥힌트를 주다 ヒントを与える.
힐 (heel) 图 ❶ヒール. ❷ハイヒールの略語. ∥힐을 신었더니 다리가 아프다 ハイヒールを履いたので足が痛い.
힐끔 副 (하取) ちらっと. ∥뒤를 힐끔 돌아보다 後をちらっと振り返る. 소리가 나는 쪽을 힐끔 쳐다보다 音のする方をちらっと見る. **힐끔-힐끔** 副 ちらちら(と). ∥힐끔힐끔 눈치를 보다 ちらちら様子をうかがう.
　힐끔-거리다 他 しきりにちらちら見る. ∥시계를 힐끔거리다 時計をしきりにちらちら見る.
힐끗 {-끝} 副 (하取) じろり(と). ∥인상이 나쁜 남자가 힐끗 쳐다보았다 人相の悪い男の人にじろりと見られた. **힐끗-힐끗** 副 じろじろ.
힐난 (詰難) {-란} 图 (하他) 詰難.
힐문 (詰問) 图 (하他) 詰問.
힐책 (詰責) 图 (하他) 詰責; 詰問. ∥잘못을 힐책하다 過ちを詰問する. **힐책-당하다** 受身

힘 /him/ 图 ❶力. ∥힘이 세다 力が強い. 약 힘으로 버티다 薬の力で持ちこたえる. 바람의 힘 風の力. 힘의 균형 力の均衡. 힘이 있는 문체 力強い文体. 불쌍한 아이들의 힘이 되다 恵まれない子どもたちの力になる. ❷頼り. ∥장남이 힘이 되고 있다 長男が頼りになっている. ❸權力. ∥힘 있는 사람이 큰소리 치는 사회 權力を握っている人が大きな声を吐く社會. ❹暴力. ∥힘으로 해결하다 暴力で解決する.
힘-겹다 [-따] 形 [ㅂ變] 力に余る; 手に余る. ∥힘겨운 일 力に余る仕事. 힘겨운 투병 생활 耐え難い鬪病生活.
힘-껏 {-껃} 副 力の限り; 力いっぱい; 精いっぱい. ∥공을 힘껏 던지다 ボールを力いっぱい投げる. 힘껏 달리다 力いっぱい走る. 힘껏 소리를 지르다 精いっぱい声を張り上げる. 힘껏 노력하다 力の限り努力する.
힘-나다 自 力が出る; 力がわく. ∥힘나는 말 한마디 力の出る一言.

힘-내다 他 力を出す; 頑張る. ∥힘내어 일하다 頑張って働く.
힘-닿다 {-다타} 自 力が及ぶ. ∥아이들을 힘닿는 데까지 공부시키다 子どもたちを力の及ぶ限り敎育する. 힘닿는 데까지 노력하다 力の及ぶ限り努力する. 힘닿는 대로 도와주다 できる限り援助する.
힘-들다 /himdɯlda/ 形 [ㄹ語變] [힘들어, 힘드는, 힘든] ❶力が要る. ∥힘드는 일이라서 남자가 필요하다 力の要る仕事なので男手が必要だ. ❷大變だ; 苦しい; きつい. ∥일이 힘들다 仕事がきつい. 살기가 힘들다 生活が苦しい. 힘든 나날 大変な日々…難しい. ∥취직하기가 힘들다 就職が難しい. 납득하기 힘들다 納得し難い.
힘들-이다 他 努力する; 頑張る. ∥힘들여 번 돈 頑張って稼いだお金.
힘-세다 形 力強い; 力持ちだ. ∥힘센 남자 力持ちの男.
힘-쓰다 /him?s͈uda/ 自 [으變] [힘써, 힘쓰는] ❶力を出す. ❷努力する; 力を出す; 頑張る; 力を注ぐ. ∥환경 운동에 힘쓰다 環境運動に力を注ぐ. ❸手助けする; 援助する.
힘-없다 [히멉따] 形 ❶力がない; 元気がない. ❷無能だ; (立場的に)力がない者の설움 弱い立場の者の悲しみ. **힘없-이** 副 힘없이 대답하다 力なく答える.
힘-입다 {-닙따} 形 人の助けを受ける; 力を得る; あずかる. ∥성원에 힘입다 聲援に力を得る. 격려에 힘입다 激勵に力を得る.
힘-있다 {히믿따} 形 ❶力がある. ❷実체がある.
힘-자라다 自 力が及ぶ. ∥힘자라는 대로 도왔습니다 力の及ぶ限り手助けしました.
힘-주다 自 力を込める; 力を入れる; 强調する. ∥어깨에 힘주다 肩に力を入れる. 힘주어 말하다 强調して話す.
힘-줄 {-쭐} 图 (解剖) 腱(けん); 筋. ∥어깨 힘줄을 다치다 肩の筋を痛める.
힘줌-말 图 强調語; 意味などを强めて言う語.
힘-차다 形 力强い; 元気だ. ∥발걸음이 힘차다 足どりが力强い. 맑고 힘찬 목소리 明るくて力强い声. 힘차게 노래하다 元気よく歌う.
힙합 (hiphop) 图 (音樂) ヒップホップ.
힝 副 强く鼻をかむ音: ちん. ∥힝 하고 코를 풀다 ちんと鼻をかむ. **힝-힝** 副

韓日辞典付録

韓国の祝祭日 ················ 901
行政区域名 ·················· 902
政府組織図 ·················· 906
韓国の姓 ···················· 907
親族名称 ···················· 909
ハングルとIPA(国際音声記号) ·· 910
ハングルとローマ字表記 ······ 912
重要助詞一覧 ················ 913
主要助数詞一覧 ·············· 916
正則・変則活用表 ············ 918
重要動詞・形容詞活用表 ······ 922

● 韓国の祝祭日(休日)

신정(新正) 1月1日　正月
설날 旧暦1月1日　旧正月　✤前後合わせて3日
삼일절(三一節) 3月1日　三一節　✤1919年3月1日の独立運動の記念日
어린이날 5月5日　子どもの日
석가 탄신일(釋迦誕辰日) 旧暦4月8日　釈迦誕生日
현충일(顯忠日) 6月6日　顯忠日　✤国家のために命を捧げた人の忠誠を記念する日
광복절(光復節) 8月15日　光復節　✤日本の植民統治から解放されたことを記念する日
추석(秋夕) 旧暦8月15日　秋夕　✤前後合わせて3日
개천절(開天節) 10月3日　開天節　✤建国記念日
성탄절(聖誕節) 12月25日　聖誕節(クリスマス)

● 行政区域名

大韓民国

서울 특별시	서울特別市	ソウルトゥクピョルシ	Seoul
강남구	江南區	ガンナムグ	Gangnam-gu
강동구	江東區	ガンドング	Gangdong-gu
강북구	江北區	ガンブク	Gangbuk-gu
강서구	江西區	ガンソグ	Gangseo-gu
관악구	冠岳區	グヮナク	Gwanak-gu
광진구	廣津區	グヮンジング	Gwangjin-gu
구로구	九老區	グログ	Guro-gu
금천구	衿川區	グムチョング	Geumcheon-gu
노원구	蘆原區	ノウォング	Nowon-gu
도봉구	道峰區	ドボング	Dobong-gu
동대문구	東大門區	ドンデムング	Dongdaemun-gu
동작구	銅雀區	ドンジャク	Dongjak-gu
마포구	麻浦區	マポグ	Mapo-gu
서대문구	西大門區	ソデムング	Seodaemun-gu
서초구	瑞草區	ソチョグ	Seocho-gu
성동구	城東區	ソンドング	Seongdong-gu
성북구	城北區	ソンブク	Seongbuk-gu
송파구	松坡區	ソンパグ	Songpa-gu
양천구	陽川區	ヤンチョング	Yangcheon-gu
영등포구	永登浦區	ヨンドゥンポグ	Yeongdeungpo-gu
용산구	龍山區	ヨンサング	Yongsan-gu
은평구	恩平區	ウンピョング	Eunpyeong-gu
종로구	鐘路區	ジョンノグ	Jongno-gu
중구	中區	ジュング	Jung-gu
중랑구	中浪區	ジュンナング	Jungnang-gu
부산 광역시	釜山廣域市	ブサン グヮンヨクシ	Busan
강서구	江西區	ガンソグ	Gangseo-gu
금정구	金井區	グムジョング	Geumjeong-gu
남구	南區	ナムグ	Nam-gu
동구	東區	ドング	Dong-gu
동래구	東萊區	ドンネグ	Dongnae-gu
부산진구	釜山鎭區	ブサンジング	Busanjin-gu
북구	北區	ブク	Buk-gu
사상구	沙上區	ササング	Sasang-gu
사하구	沙下區	サハグ	Saha-gu
서구	西區	ソグ	Seo-gu
수영구	水營區	スヨング	Suyeong-gu
연제구	蓮堤區	ヨンジェグ	Yeonje-gu
영도구	影島區	ヨンドグ	Yeongdo-gu
중구	中區	ジュング	Jung-gu
해운대구	海雲臺區	ヘウンデグ	Haeundae-gu
인천 광역시	仁川廣域市	インチョン グヮンヨクシ	Incheon
계양구	桂陽區	ゲヤング	Gyeyang-gu
남구	南區	ナムグ	Nam-gu
남동구	南洞區	ナムドング	Namdong-gu
동구	東區	ドング	Dong-gu
부평구	富平區	ブピョング	Bupyeong-gu
서구	西區	ソグ	Seo-gu
중구	中區	ジュング	Jung-gu

대구 광역시	大邱廣域市	デグ グヮンヨクシ	Daegu
남구	南區	ナムグ	Nam-gu
달서구	達西區	ダルソグ	Dalseo-gu
동구	東區	ドング	Dong-gu
북구	北區	ブクグ	Buk-gu
서구	西區	ソグ	Seo-gu
수성구	壽城區	スソング	Suseong-gu
중구	中區	ジュング	Jung-gu
광주 광역시	光州廣域市	グヮンジュ グヮンヨクシ	Gwangju-si
광산구	光山區	グヮンサング	Gwangsan-gu
남구	南區	ナムグ	Nam-gu
동구	東區	ドング	Dong-gu
북구	北區	ブクグ	Buk-gu
서구	西區	ソグ	Seo-gu
대전 광역시	大田廣域市	デジョン グヮンヨクシ	Daejeon
대덕구	大德區	デドクグ	Daedeok-gu
동구	東區	ドング	Dong-gu
서구	西區	ソグ	Seo-gu
유성구	儒城區	ユソング	Yuseong-gu
중구	中區	ジュング	Jung-gu
울산 광역시	蔚山廣域市	ウルサン グヮンヨクシ	Ulsan
남구	南區	ナムグ	Nam-gu
동구	東區	ドング	Dong-gu
북구	北區	ブクグ	Buk-gu
중구	中區	ジュング	Jung-gu
경기도	京畿道	ギョンギド	Gyeonggi-do
고양시	高陽市	ゴヤンシ	Goyang-si
부천시	富川市	ブチョンシ	Bucheon-si
성남시	城南市	ソンナムシ	Seongnam-si
수원시	水原市	スウォンシ	Suwon-si
안양시	安養市	アニャンシ	Anyang-si
안산시	安山市	アンサンシ	Ansan-si
용인시	龍仁市	ヨンインシ	Yongin-si
과천시	果川市	グヮチョンシ	Gwacheon-si
광명시	光明市	グヮンミョンシ	Gwangmyeong-si
광주시	廣州市	グヮンジュシ	Gwangju-si
구리시	九里市	グリシ	Guri-si
군포시	軍浦市	グンポシ	Gunpo-si
김포시	金浦市	ギムポシ	Gimpo-si
남양주시	南楊州市	ナミャンジュシ	Namyangju-si
동두천시	東豆川市	ドンドゥチョンシ	Dongducheon-si
시흥시	始興市	シフンシ	Siheung-si
안성시	安城市	アンソンシ	Anseong-si
양주시	楊州市	ヤンジュシ	Yangju-si
오산시	烏山市	オサンシ	Osan-si
의왕시	儀旺市	ウィワンシ	Uiwang-si
의정부시	議政府市	ウィジョンブシ	Uijeongbu-si
이천시	利川市	イチョンシ	Icheon-si
파주시	坡州市	パジュシ	Paju-si
평택시	平澤市	ピョンテクシ	Pyeongtaek-si
포천시	抱川市	ポチョンシ	Pocheon-si
하남시	河南市	ハナムシ	Hanam-si

行政区域名			
화성시	華城市	フワソンシ	Hwaseong-si
강원도	江原道	ガンウォンド	Gangwon-do
강릉시	江陵市	ガンヌンシ	Gangneung-si
동해시	東海市	ドンヘシ	Donghae-si
삼척시	三陟市	サムチョクシ	Samcheok-si
속초시	束草市	ソクチョシ	Sokcho-si
원주시	原州市	ウォンジュシ	Wonju-si
춘천시	春川市	チュンチョンシ	Chuncheon-si
태백시	太白市	テベクシ	Taebaek-si
충청북도	忠清北道	チュンチョンブクド	Chungcheongbuk-do
제천시	堤川市	ジェチョンシ	Jecheon-si
청주시	清州市	チョンジュシ	Cheongju-si
상당구	上黨區	サンダング	Sangdang-gu
흥덕구	興德區	フンドクグ	Heungdeok-gu
충주시	忠州市	チュンジュシ	Chungju-si
충청남도	忠清南道	チュンチョンナムド	Chungcheongnam-do
계룡시	鷄龍市	ゲリョンシ	Gyeryong-si
공주시	公州市	ゴンジュシ	Gongju-si
논산시	論山市	ノンサンシ	Nonsan-si
보령시	保寧市	ボリョンシ	Boryeong-si
서산시	瑞山市	ソサンシ	Seosan-si
아산시	牙山市	アサンシ	Asan-si
천안시	天安市	チョナンシ	Cheonan-si
전라북도	全羅北道	ジョルラブクド	Jeollabuk-do
군산시	群山市	グンサンシ	Gunsan-si
김제시	金堤市	キムジェシ	Gimje-si
남원시	南原市	ナムォンシ	Namwon-si
익산시	益山市	イクサンシ	Iksan-si
전주시	全州市	ジョンジュシ	Jeonju-si
덕진구	德津區	ドクチング	Deokjin-gu
완산구	完山區	ワンサング	Wansan-gu
정읍시	井邑市	ジョンウプシ	Jeongeup-si
전라남도	全羅南道	ジョルラナムド	Jeollanam-do
광양시	光陽市	グァンヤンシ	Gwangyang-si
나주시	羅州市	ナジュシ	Naju-si
목포시	木浦市	モクポシ	Mokpo-si
순천시	順天市	スンチョンシ	Suncheon-si
여수시	麗水市	ヨスシ	Yeosu-si
경상북도	慶尙北道	ギョンサンブクド	Gyeongsangbuk-do
경산시	慶山市	ギョンサンシ	Gyeongsan-si
경주시	慶州市	ギョンジュシ	Gyeongju-si
구미시	龜尾市	グミシ	Gumi-si
김천시	金泉市	ギムチョンシ	Gimcheon-si
문경시	聞慶市	ムンギョンシ	Mungyeong-si
상주시	尙州市	サンジュシ	Sangju-si
안동시	安東市	アンドンシ	Andong-si
영주시	榮州市	ヨンジュシ	Yeongju-si
영천시	永川市	ヨンチョンシ	Yeongcheon-si
포항시	浦項市	ポハンシ	Pohang-si
경상남도	慶尙南道	ギョンサンナムド	Gyeongsangnam-do
거제시	巨濟市	ゴジェシ	Geoje-si
김해시	金海市	ギムヘシ	Gimhae-si

마산시	馬山市	マサンシ	Masan-si
밀양시	密陽市	ミリャンシ	Miryang-si
사천시	泗川市	サチョンシ	Sacheon-si
양산시	梁山市	ヤンサンシ	Yangsan-si
진주시	晋州市	ジンジュシ	Jinju-si
진해시	鎮海市	ジンヘシ	Jinhae-si
창원시	昌原市	チャンウォンシ	Changwon-si
통영시	統營市	トンヨンシ	Tongyeong-si
제주도	濟州道	ジェジュド	Jeju-do
서귀포시	西歸浦市	ソグィポシ	Seogwipo-si
제주시	濟州市	ジェジュシ	Jeju-si

朝鮮民主主義人民共和国(北朝鮮)

평양 직할시	平壤直轄市	ピョンヤン ジカルシ	Pyongyang
평안남도	平安南道	ピョンアンナムド	Pyongannam-do
남포 특급시	南浦特級市	ナムポトゥクブシ	Nampho
개천시	价川市	ゲチョンシ	Gaecheon-si
덕천시	德川市	ドクチョンシ	Tokchon-si
순천시	順川市	スンチョンシ	Suncheon-si
안주시	安州市	アンジュシ	Anju-si
평성시	平城市	ピョンソンシ	Pyongsong-si
평안북도	平安北道	ピョンアンブクト	Pyonganbuk-do
구성시	龜城市	グソンシ	Gusong-si
신의주시	新義州市	シンウィジュシ	Sinuiju-si
정주시	定州市	ジョンジュシ	Jeongju-si
자강도	慈江道	ジャガンド	Chagang-do
강계시	江界市	ガンゲシ	Kanggye-si
만포시	滿浦市	マンポシ	Manpo-si
신의주시	新義州市	シンウィジュシ	Sinuiju-si
량강도	兩江道	リャンガンド	Ryanggang-do
혜산시	惠山市	ヘサンシ	Hyesan-si
황해남도	黃海南道	ファンヘナムド	Hwanghaenam-do
해주시	海州市	ヘジュシ	Haeju-si
황해북도	黃海北道	ファンヘブクト	Hwanghaebuk-do
개성 특급시	開城特級市	ゲソン トゥクブシ	Kaesong
송림시	松林市	ソンリムシ	Songrim-si
사리원시	沙里院市	サリウォンシ	Sariwon-si
강원도	江原道	ガンウォンド	Gangwon-do
문천시	文川市	ムンチョンシ	Munchon-si
원산시	元山市	ウォンサンシ	Wonsan-si
함경남도	咸鏡南道	ハムギョンナムド	Hamgyongnam-do
단천시	端川市	ダンチョンシ	Tanchon-si
신포시	新浦市	シンポシ	Sinpo-si
함흥시	咸興市	ハムフンシ	Hamhung-si
함경북도	咸鏡北道	ハムギョンブクト	Hamgyongbuk-do
라선 특급시	羅先特級市	ラソン トゥクブシ	Rason
김책시	金策市	ギムチェクシ	Kimchaek-si
청진시	淸津市	チョンジンシ	Chongjin-si
회령시	會寧市	フェリョンシ	Hoeryong-si

● 政府組織図

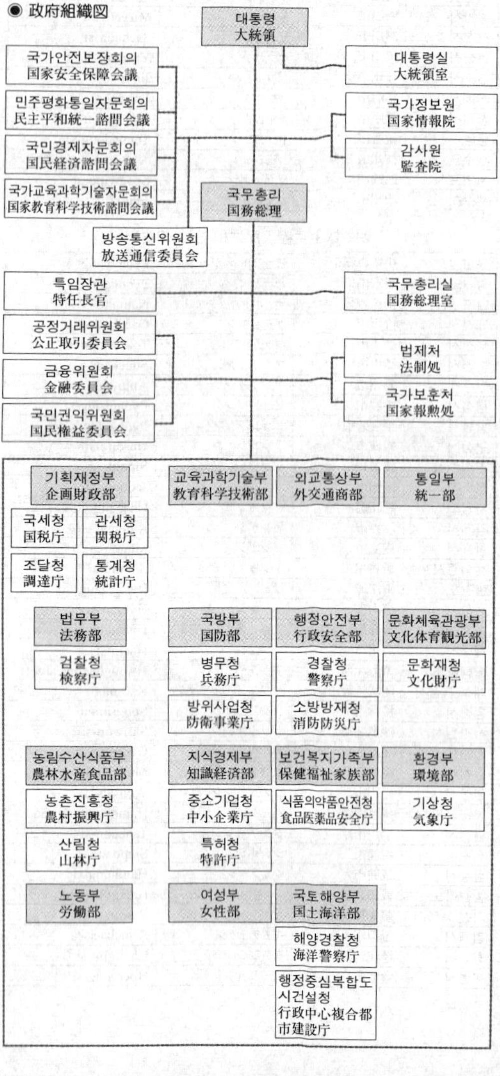

- 대통령 / 大統領
  - 대통령실 / 大統領室
  - 국가정보원 / 国家情報院
  - 감사원 / 監査院
  - 국가안전보장회의 / 国家安全保障会議
  - 민주평화통일자문회의 / 民主平和統一諮問会議
  - 국민경제자문회의 / 国民経済諮問会議
  - 국가교육과학기술자문회의 / 国家教育科学技術諮問会議
  - 국무총리 / 国務総理
    - 방송통신위원회 / 放送通信委員会
    - 특임장관 / 特任長官
    - 공정거래위원회 / 公正取引委員会
    - 금융위원회 / 金融委員会
    - 국민권익위원회 / 国民権益委員会
    - 국무총리실 / 国務総理室
    - 법제처 / 法制処
    - 국가보훈처 / 国家報勲処

- 기획재정부 / 企画財政部
  - 국세청 / 国税庁
  - 관세청 / 関税庁
  - 조달청 / 調達庁
  - 통계청 / 統計庁
- 교육과학기술부 / 教育科学技術部
- 외교통상부 / 外交通商部
- 통일부 / 統一部
- 법무부 / 法務部
  - 검찰청 / 検察庁
- 국방부 / 国防部
  - 병무청 / 兵務庁
  - 방위사업청 / 防衛事業庁
- 행정안전부 / 行政安全部
  - 경찰청 / 警察庁
  - 소방방재청 / 消防防災庁
- 문화체육관광부 / 文化体育観光部
  - 문화재청 / 文化財庁
- 농림수산식품부 / 農林水産食品部
  - 농촌진흥청 / 農村振興庁
  - 산림청 / 山林庁
- 지식경제부 / 知識経済部
  - 중소기업청 / 中小企業庁
  - 특허청 / 特許庁
- 보건복지가족부 / 保健福祉家族部
  - 식품의약품안전청 / 食品医薬品安全庁
- 환경부 / 環境部
  - 기상청 / 気象庁
- 노동부 / 労働部
- 여성부 / 女性部
- 국토해양부 / 国土海洋部
  - 해양경찰청 / 海洋警察庁
  - 행정중심복합도시건설청 / 行政中心複合都市建設庁

● 韓国の姓　(統計庁 2000 年の調査による)

가(賈) ガ	노(路) ロ	복(卜) ボク
간(簡) ガン	뇌(雷) ヌェ	봉(奉) ボン
갈(葛) ガル	뇌(賴) ヌェ	봉(鳳) ボン
감(甘) ガム	누(樓) ヌ	부(夫) ブ
강(姜) ガン	단(段) ダン	부(傅) ブ
강(康) ガン	단(單) ダン	비(丕) ビ
강(彊) ガン	단(端) ダン	빈(賓) ビン
강(疆) ガン	담(譚) ダン	빈(彬) ビン
강(剛) ガン	당(唐) ダン	빙(冰) ビン
강전(岡田) ガンジョン	대(大) デ	빙(氷) ビン
개(介) ゲ	도(都) ド	사(史) サ
견(甄) ギョン	도(陶) ド	사(舍) サ
견(堅) ギョン	도(道) ド	사(謝) サ
경(慶) ギョン	독고(獨孤) ドクコ	사공(司空) サゴン
경(景) ギョン	돈(頓) ドン	삼(森) サム
경(京) ギョン	돈(敦) ドン	삼(杉) サム
계(桂) ゲ	동(董) ドン	상(尙) サン
고(高) ゴ	동방(東方) ドンバン	서(徐) ソ
곡(曲) ゴク	두(杜) ドウ	서(西) ソ
공(孔) ゴン	두(頭) ドウ	서문(西門) ソムン
공(公) ゴン	마(馬) マ	석(石) ソク
곽(郭) グワク	마(麻) マ	석(昔) ソク
교(橋) ギョ	만(萬) マン	선(宣) ソン
구(具) グ	망절(網切) マンジョル	선우(鮮于) ソンウ
구(丘) グ	매(梅) メ	설(薛) ソル
구(邱) グ	맹(孟) メン	설(偰) ソル
국(鞠) グク	명(明) ミョン	섭(葉) ソプ
국(國) グク	모(牟) モ	성(成) ソン
국(菊) グク	모(毛) モ	성(星) ソン
군(君) グン	목(睦) モク	소(蘇) ソ
궁(弓) グン	묘(苗) ミョ	소(邵) ソ
궉(鴌) グォク	묵(墨) ムク	소(肖) ソ
권(權) グォン	문(文) ムン	소봉(小峰) ソボン
근(斤) グン	미(米) ミ	손(孫) ソン
금(琴) グム	민(閔) ミン	송(宋) ソン
기(奇) ギ	박(朴) バク	송(松) ソン
기(箕) ギ	반(潘) バン	수(水) ス
길(吉) ギル	반(班) バン	수(洙) ス
김(金) ギム	방(方) バン	순(荀) スン
나(羅) ナ	방(房) バン	순(淳) スン
난(欒) ナン	방(邦) バン	순(舜) スン
남(南) ナム	방(龐) バン	순(順) スン
남궁(南宮) ナムグン	배(裵) ベ	승(承) スン
낭(浪) ナン	백(白) ベク	승(昇) スン
내(乃) ネ	범(范) ボム	시(施) シ
내(奈) ネ	범(凡) ボム	시(柴) シ
노(盧) ノ	변(卞) ビョン	신(申) シン
노(魯) ノ	변(邊) ビョン	신(辛) シン

신(愼) シン	육(陸) ユク	채(采) チェ
심(沈) シム	윤(尹) ユン	천(千) チョン
십 シプ	은(殷) ウン	천(天) チョン
아(阿) ア	음(陰) ウム	초(楚) チョ
안(安) アン	이(李) イ	초(肖) チョ
애(艾) エ	이(異) イ	초(初) チョ
야(夜) ヤ	이(伊) イ	최(崔) チュエ
양(梁) ヤン	인(印) イン	추(秋) チュ
양(楊) ヤン	임(林) イム	추(鄒) チュ
양(樑) ヤン	임(任) イム	춘(椿) チュン
양(襄) ヤン	자(慈) ザ	탁(卓) タク
어(魚) オ	장(張) ジャン	탄(彈) タン
어금(魚金) オグム	장(蔣) ジャン	태(太) テ
엄(嚴) オム	장(章) ジャン	판(判) パン
여(呂) ヨ	장(莊) ジャン	팽(彭) ペン
여(余) ヨ	장곡(長谷) ザンゴク	편(片) ピョン
여(汝) ヨ	저(邸) ジョ	편(扁) ピョン
연(延) ヨン	전(全) ジョン	평(平) ピョン
연(燕) ヨン	전(田) ジョン	포(包) ポ
연(連) ヨン	전(錢) ジョン	표(表) ピョ
염(廉) ヨム	점(占) ジョム	풍(馮) ブン
엽(葉) ヨプ	정(鄭) ジョン	피(皮) ピ
영(永) ヨン	정(丁) ジョン	필(弼) ピル
영(榮) ヨン	정(程) ジョン	하(河) ハ
영(影) ヨン	제(諸) ジェ	하(夏) ハ
예(芮) イェ	제(齊) ジェ	학 ハク
예(乂) イェ	제갈(諸葛) ジェガル	한(韓) ハン
오(吳) オ	조(趙) ジョ	한(漢) ハン
옥(玉) オク	조(曹) ジョ	함(咸) ハム
온(溫) オン	종(鍾) ジョン	해(海) ヘ
옹(邕) オン	종(宗) ジョン	허(許) ホ
옹(雍) オン	좌(左) ジュワ	현(玄) ヒョン
왕(王) ワン	주(朱) ジュ	형(邢) ヒョン
요(姚) ヨ	주(周) ジュ	호(扈) ホ
용(龍) ヨン	준(俊) ジュン	호(胡) ホ
우(禹) ウ	즙(汁) ジュプ	호(鎬) ホ
우(于) ウ	증(增) ジュン	홍(洪) ホン
우(宇) ウ	증(曾) ジュン	화(化) フワ
운(雲) ウン	지(池) ジ	환(桓) フワン
운(芸) ウン	지(智) ジ	황(黃) フワン
원(元) ウオン	진(陳) ジン	황보(皇甫) フワンボ
원(袁) ウオン	진(秦) ジン	후(候) フ
원(苑) ウオン	진(晋) ジン	후(后) フ
위(魏) ウィ	진(眞) ジン	흥(興) フン
위(韋) ウィ	차(車) チャ	
유(柳) ユ	창(昌) チャン	
유(劉) ユ	창(倉) チャン	
유(兪) ユ	채(蔡) チェ	
유(庾) ユ	채(菜) チェ	

● 親族名称

【父方の親族】

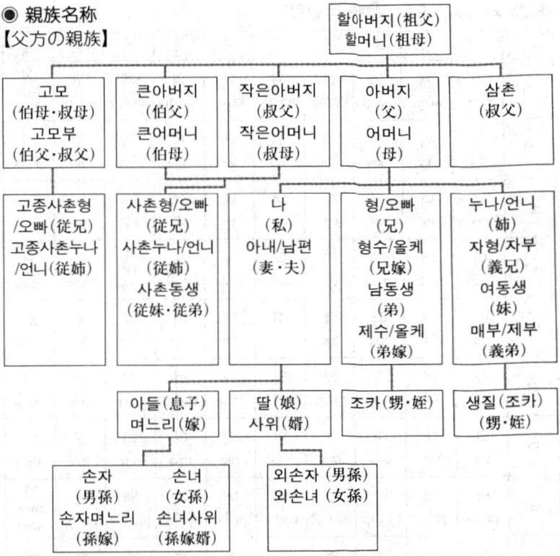

- 할아버지(祖父) / 할머니(祖母)
  - 고모(伯母·叔母) / 고모부(伯父·叔父)
    - 고종사촌형/오빠(從兄) / 고종사촌누나/언니(從姉)
  - 큰아버지(伯父) / 큰어머니(伯母)
  - 작은아버지(叔父) / 작은어머니(叔母)
    - 사촌형/오빠(從兄) / 사촌누나/언니(從姉) / 사촌동생(從妹·從弟)
  - 아버지(父) / 어머니(母)
    - 나(私) / 아내/남편(妻·夫)
      - 아들(息子) / 며느리(嫁)
        - 손자(男孫) / 손자며느리(孫嫁)
        - 손녀(女孫) / 손녀사위(孫嫁婿)
      - 딸(娘) / 사위(婿)
        - 외손자(男孫) / 외손녀(女孫)
    - 형/오빠(兄) / 형수/올케(兄嫁) / 남동생(弟) / 제수/올케(弟嫁)
      - 조카(甥·姪)
    - 누나/언니(姉) / 자형/자부(義兄) / 여동생(妹) / 매부/제부(義弟)
      - 생질(조카)(甥·姪)
  - 삼촌(叔父)

【母方の親族】

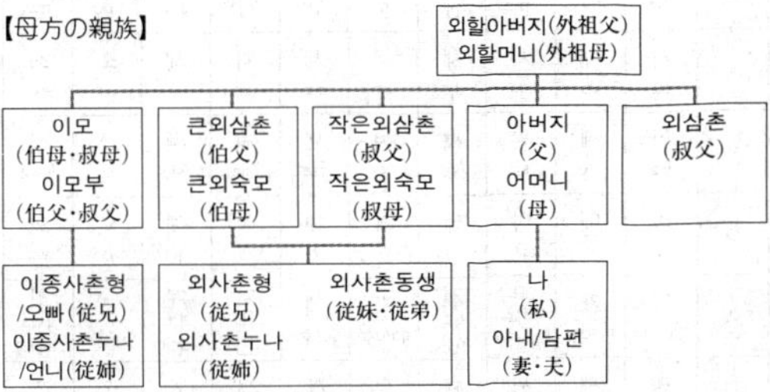

- 외할아버지(外祖父) / 외할머니(外祖母)
  - 이모(伯母·叔母) / 이모부(伯父·叔父)
    - 이종사촌형/오빠(從兄) / 이종사촌누나/언니(從姉)
  - 큰외삼촌(伯父) / 큰외숙모(伯母)
  - 작은외삼촌(叔父) / 작은외숙모(叔母)
    - 외사촌형(從兄) / 외사촌누나(從姉) / 외사촌동생(從妹·從弟)
  - 아버지(父) / 어머니(母)
    - 나(私) / 아내/남편(妻·夫)
  - 외삼촌(叔父)

【配偶者の親族】

- 장인(義父) / 장모(義母)
  - 처형(義姉) / 처제(義妹)
  - 처남(義兄弟) / 처남댁(義兄弟の妻)
  - 아내(妻)
    - 처조카(甥·姪)
- 남편(夫)
- 시아버지(義父) / 시어머니(義母)
  - 시아주버니(義兄) / 시동생(義弟) / 동서(義兄弟の妻)
  - 시누이(義姉妹)
    - 조카(甥·姪)

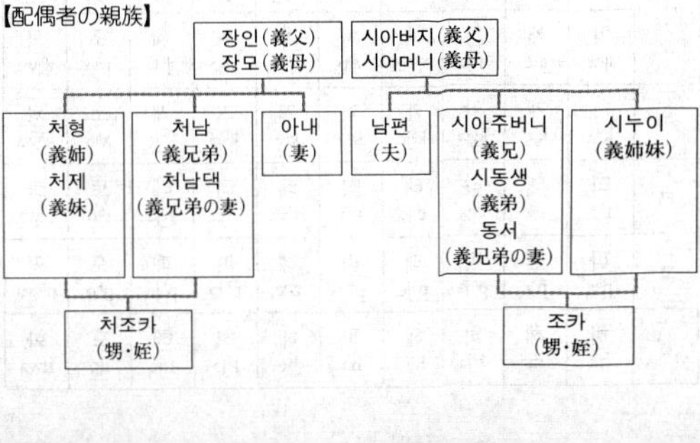

● ハングルと IPA（国際音声記号）

子音\母音	ㅏ	ㅐ	ㅑ	ㅒ	ㅓ	ㅔ	ㅕ	ㅖ	ㅗ	ㅘ
ㄱ	가 ka/ga	개 kɛ/gɛ	갸 kja/gja	걔 kjɛ/gjɛ	거 kɔ/gɔ	게 ke/ge	겨 kjɔ/gjɔ	계 kje/gje	고 ko/go	과 kwa/gwa
ㄲ	까 ʔka	깨 ʔkɛ	꺄 ʔkja	꺠 ʔkjɛ	꺼 ʔkɔ	께 ʔke	껴 ʔkjɔ	꼐 ʔkje	꼬 ʔko	꽈 ʔkwa
ㄴ	나 na	내 nɛ	냐 nja	냬 njɛ	너 nɔ	네 ne	녀 njɔ	녜 nje	노 no	놔 nwa
ㄷ	다 ta/da	대 tɛ/dɛ	댜 tja/dja	댸 tjɛ/djɛ	더 tɔ/dɔ	데 te/de	뎌 tjɔ/djɔ	뎨 tje/dje	도 to/do	돠 twa/dwa
ㄸ	따 ʔta	때 ʔtɛ	땨 ʔtja	떄 ʔtjɛ	떠 ʔtɔ	떼 ʔte	뗘 ʔtjɔ	뗴 ʔtje	또 ʔto	똬 ʔtwa
ㄹ	라 ra/la	래 rɛ/lɛ	랴 rja/lja	럐 rjɛ/ljɛ	러 rɔ/lɔ	레 re/le	려 rjɔ/ljɔ	례 rje/lje	로 ro/lo	롸 rwa/lwa
ㅁ	마 ma	매 mɛ	먀 mja	먜 mjɛ	머 mɔ	메 me	며 mjɔ	몌 mje	모 mo	뫄 mwa
ㅂ	바 pa/ba	배 pɛ/bɛ	뱌 pja/bja	뱨 pjɛ/bjɛ	버 pɔ/bɔ	베 pe/be	벼 pjɔ/bjɔ	볘 pje/bje	보 po/bo	봐 pwa/bwa
ㅃ	빠 ʔpa	빼 ʔpɛ	뺘 ʔpja	뺴 ʔpjɛ	뻐 ʔpɔ	뻬 ʔpe	뼈 ʔpjɔ	뼤 ʔpje	뽀 ʔpo	뽜 ʔpwa
ㅅ	사 sa	새 sɛ	샤 sja	섀 sjɛ	서 sɔ	세 se	셔 sjɔ	셰 sje	소 so	솨 swa
ㅆ	싸 ʔsa	쌔 ʔsɛ	쌰 ʔsja	썌 ʔsjɛ	써 ʔsɔ	쎄 ʔse	쎠 ʔsjɔ	쎼 ʔsje	쏘 ʔso	쏴 ʔswa
ㅇ	아 a	애 ɛ	야 ja	얘 jɛ	어 ɔ	에 e	여 jɔ	예 je	오 o	와 wa
ㅈ	자 tʃa/dʒa	재 tʃɛ/dʒɛ	쟈 tʃja/dʒja	쟤 tʃjɛ/dʒjɛ	저 tʃɔ/dʒɔ	제 tʃe/dʒe	져 tʃjɔ/dʒjɔ	졔 tʃje/dʒje	조 tʃo/dʒo	좌 tʃwa/dʒwa
ㅉ	짜 ʔtʃa	째 ʔtʃɛ	쨔 ʔtʃja	쨰 ʔtʃjɛ	쩌 ʔtʃɔ	쩨 ʔtʃe	쪄 ʔtʃjɔ	쩨 ʔtʃje	쪼 ʔtʃo	쫘 ʔtʃwa
ㅊ	차 tʃʰa	채 tʃʰɛ	챠 tʃʰja	챼 tʃʰjɛ	처 tʃʰɔ	체 tʃʰe	쳐 tʃʰjɔ	쳬 tʃʰje	초 tʃʰo	촤 tʃʰwa
ㅋ	카 kʰa	캐 kʰɛ	캬 kʰja	컈 kʰjɛ	커 kʰɔ	케 kʰe	켜 kʰjɔ	켸 kʰje	코 kʰo	콰 kʰwa
ㅌ	타 tʰa	태 tʰɛ	탸 tʰja	턔 tʰjɛ	터 tʰɔ	테 tʰe	텨 tʰjɔ	톄 tʰje	토 tʰo	톼 tʰwa
ㅍ	파 pʰa	패 pʰɛ	퍄 pʰja	퍠 pʰjɛ	퍼 pʰɔ	페 pʰe	펴 pʰjɔ	폐 pʰje	포 pʰo	퐈 pʰwa
ㅎ	하 ha	해 hɛ	햐 hja	햬 hjɛ	허 hɔ	헤 he	혀 hjɔ	혜 hje	호 ho	화 hwa

ハングルとIPA

(912 頁の 注 1～4) 参照)

ㅙ	ㅚ	ㅛ	ㅜ	ㅝ	ㅞ	ㅟ	ㅠ	ㅡ	ㅢ	ㅣ
괘 kwɛ /gwɛ	괴 kø /gø	교 kjo /gjo	구 ku/gu	궈 kwɔ /gwɔ	궤 kwe /gwe	귀 kwi /gwi	규 kju /gju	그 kɯ /gɯ	긔 kɯi /gɯi	기 ki/gi
꽤 ʔkwɛ	꾀 ʔkø	꾜 ʔkjo	꾸 ʔku	꿔 ʔkwɔ	꿰 ʔkwe	뀌 ʔkwi	뀨 ʔkju	끄 ʔkɯ	끠 ʔkɯi	끼 ʔki
내 nwɛ	뇌 nø	뇨 njo	누 nu	눠 nwɔ	눼 nwe	뉘 nwi	뉴 nju	느 nɯ	늬 nɯi	니 ni
돼 twɛ /dwɛ	되 tø /dø	됴 tjo/djo	두 tu/du	둬 twɔ /dwɔ	뒈 twe /dwe	뒤 twi /dwi	듀 tju /dju	드 tɯ /dɯ	듸 tɯi /dɯi	디 ti/di
뙈 ʔtwɛ	뙤 ʔtø	뚀 ʔtjo	뚜 ʔtu	뚸 ʔtwɔ	뛔 ʔtwe	뛰 ʔtwi	뜌 ʔtju	뜨 ʔtɯ	띄 ʔtɯi	띠 ʔti
뢔 rwɛ /lwɛ	뢰 rø /lø	료 rjo/ljo	루 ru/lu	뤄 rwɔ /lwɔ	뤠 rwe /lwe	뤼 rwi /lwi	류 rju /lju	르 rɯ/lɯ	릐 rɯi /lɯi	리 ri/li
왜 mwɛ	뫼 mø	묘 mjo	무 mu	뭐 mwɔ	뭬 mwe	뮈 mwi	뮤 mju	므 mɯ	믜 mɯi	미 mi
봬 pwɛ /bwɛ	뵈 pø /bø	뵤 pjo /bjo	부 pu/bu	붜 pwɔ /bwɔ	붸 pwe /bwe	뷔 pwi /bwi	뷰 pju /bju	브 pɯ /bɯ	븨 pɯi /bɯi	비 pi/bi
뽸 ʔpwɛ	뾔 ʔpø	뾰 ʔpjo	뿌 ʔpu	뿨 ʔpwɔ	쀄 ʔpwe	쀠 ʔpwi	쀼 ʔpju	쁘 ʔpɯ	쁴 ʔpɯi	삐 ʔpi
쇄 swɛ	쇠 sø	쇼 sjo	수 su	숴 swɔ	쉐 swe	쉬 swi	슈 sju	스 sɯ	싀 sɯi	시 ʃi
쐐 ʔswɛ	쐬 ʔsø	쑈 ʔsjo	쑤 ʔsu	쒀 ʔswɔ	쒜 ʔswe	쒸 ʔswi	쓔 ʔsju	쓰 ʔsɯ	씌 ʔsɯi	씨 ʔʃi
왜 wɛ	외 ø	요 jo	우 u	워 wɔ	웨 we	위 wi	유 ju	으 ɯ	의 ɯi	이 i
좨 tʃwɛ /dʒwɛ	죄 tʃø /dʒø	죠 tʃjo /dʒjo	주 tʃu /dʒu	줘 tʃwɔ /dʒwɔ	줴 tʃwe /dʒwe	쥐 tʃwi /dʒwi	쥬 tʃju /dʒju	즈 tʃɯ /dʒɯ	즤 tʃɯi /dʒɯi	지 tʃi/dʒi
쫴 ʔtʃwɛ	쬐 ʔtʃø	쬬 ʔtʃjo	쭈 ʔtʃu	쭤 ʔtʃwɔ	쮀 ʔtʃwe	쮜 ʔtʃwi	쮸 ʔtʃju	쯔 ʔtʃɯ	쯰 ʔtʃɯi	찌 ʔtʃi
책 tʰwɛ	최 tʰø	쵸 tʰjo	추 tʰu	춰 tʰwɔ	췌 tʰwe	취 tʰwi	츄 tʰju	츠 tʰɯ	츼 tʰɯi	치 tʰi
쾌 kʰwɛ	쾨 kʰø	쿄 kʰjo	쿠 kʰu	쿼 kʰwɔ	퀘 kʰwe	퀴 kʰwi	큐 kʰju	크 kʰɯ	킈 kʰɯi	키 kʰi
퇘 tʰwɛ	퇴 tʰø	툐 tʰjo	투 tʰu	퉈 tʰwɔ	퉤 tʰwe	튀 tʰwi	튜 tʰju	트 tʰɯ	틔 tʰɯi	티 tʰi
퐤 pʰwɛ	푀 pʰø	표 pʰjo	푸 pʰu	풔 pʰwɔ	풰 pʰwe	퓌 pʰwi	퓨 pʰju	프 pʰɯ	픠 pʰɯi	피 pʰi
홰 hwɛ	회 hø	효 hjo	후 hu	훠 hwɔ	훼 hwe	휘 hwi	휴 hju	흐 hɯ	희 hɯi	히 hi

注1) 19種の子音字母と21種の母音字母を組み合わせた文字は399種になるが,実際にはそのすべての文字を使用するわけではない.

注2) ㄱ、ㄷ、ㅂ、ㅈの系列(平音)は,語頭では無声音,語中では有声音で発音する.この表では,k/g のように表記する.

注3) 終声(音節末子音)のIPA表記の例:
낙 /nak/, 난 /nan/, 낟 /nat/, 날 /nal/, 남 /nam/, 납 /nap/, 낭 /naŋ/.

注4) ㄹは,語頭では /r/ で,語末では /l/ で発音する.ㄹが重なるときは /ll/ で発音する.

● ハングルとローマ字表記

1. 母音字

ㅏ	ㅐ	ㅑ	ㅒ	ㅓ	ㅔ	ㅕ	ㅖ	ㅗ	ㅘ	ㅙ
a	ae	ya	yae	eo	e	yeo	ye	o	wa	wae

ㅚ	ㅛ	ㅜ	ㅝ	ㅞ	ㅟ	ㅠ	ㅡ	ㅢ	ㅣ
oe	yo	u	wo	we	wi	yu	eu	ui	i

2. 子音字

ㄱ	ㄲ	ㄴ	ㄷ	ㄸ	ㄹ	ㅁ	ㅂ	ㅃ	ㅅ
g/k	kk	n	d/t	tt	r/l	m	b/p	pp	s

ㅆ	ㅇ	ㅈ	ㅉ	ㅊ	ㅋ	ㅌ	ㅍ	ㅎ
ss	ng	j	jj	ch	k	t	p	h

注1) この表は,2000年に改正された韓国のローマ字表記法に拠っている.

注2) 長母音は表記しない.

注3) ㄱ、ㄷ、ㅂは,母音の前では g, d, b で,子音の前または語末では k, t, p で表記する.

注4) ㄹは,母音の前では r で,子音の前または語末では l で表記する.ㄹが重なるときは ll で表記する.

注5) 終声(音節末子音)のローマ字表記の例:
낙 nak, 난 nan, 낟 nat, 날 nal, 남 nam, 납 nap, 낭 nang.

● 重要助詞一覧

까지	〔限度·到達点〕まで	서울까지 가는 열차를 탔습니다.
		ソウルまで行く列車に乗りました.
		학교까지 한 시간 걸립니다.
		学校まで1時間かかります.
께	〔尊敬〕に	선생님께 드릴 선물을 사러 갑니다.
		先生に差し上げるプレゼントを買いに行きます.
께서	〔尊敬〕が	할머니께서 보내 주신 옷입니다.
		おばあさんが送ってくださった服です.
께서는	〔尊敬〕は	할머니께서는 서울에 살고 계십니다.
		おばあさんはソウルに住んでいらっしゃいます.
도	〔追加〕も	커피도 좋아합니다.
		コーヒーも好きです
마다	〔繰り返し〕ごとに·たびに	아침마다 우유를 한 잔 마십니다.
		毎朝牛乳を1杯飲みます.
마저	さえ·まで	생활비마저 떨어졌습니다.
		生活費さえ底をつきました.
만	〔限定〕だけ·ばかり	둘이서만 이야기하고 싶어요.
		2人だけで話したいです.
		언제나 화만 내고 있다.
		いつも怒ってばかりいる.
만큼	ほど·くらい	이만큼은 먹을 수 있습니다.
		これくらいは食べられます.
밖에	〔限定〕しか	참가자가 열 명밖에 없다.
		参加者が10人しかいない.
보다	〔比較〕より	영화가 생각했던 것보다 재미있었다.
		映画が思ったより面白かった.
부터	〔始まり·起点〕から	두 시부터 시합이 시작됩니다.
		2時から試合が始まります.
		아침부터 비가 오고 있다.
		朝から雨が降っている.
뿐	〔限定〕だけ·のみ·ばかり	내가 가진 것은 이것뿐이다.
		私が持っているのはこれだけである.
에	〔場所·時間〕に·で	지금 도서관에서 공부하고 있다.
		今図書館で勉強している.
		금요일 오후 두 시에 만나자.
		金曜日の午後2時に会おう.
	〔動作主〕に	취재진들에 둘러싸이다.
		取材陣に囲まれる.
에게	〔相手〕に	후배에게 아르바이트를 소개하다.
		後輩にアルバイトを紹介する.
		친구에게 편지를 보내다.
		友だちに手紙を送る.
	〔動作主〕に	사람들에게 떠밀려 밖으로 나오다.
		人に押されて外に出る.
에게서	〔動作主〕から	김 선생님에게서 한국어를 배우다.
		金先生から韓国語を習っている.
에다(가)	〔場所〕に	아까 그 편지 어디에다 두었니?
		さっきのあの手紙, どこに置いたの?

重要助詞一覧

에다(가)	〔追加〕に	치킨에다가 피자까지 먹었다.
		チキンにピザまで食べた.
에서	〔場所〕で	백화점에서 선물을 샀습니다.
		デパートでプレゼントを買いました.
		부산에서 국제 영화제가 열리다.
		釜山で国際映画祭が開かれる.
	〔始まり・起点〕から・を	서울에서 동경까지 약 두 시간 걸린다.
		ソウルから東京まで約2時間かかる.
		아침 여덟 시에 집에서 나왔어요.
		朝8時に家を出ました.
에서부터	から	학교에서부터 걸어왔어요.
		学校から歩いてきました.
에의	〔方向〕への	해외 시장에의 진출
		海外マーケットへの進出
와 / 과	〔並列〕と	빵과 우유
		パンと牛乳
	〔相手〕と	역에서 남동생과 만나다.
		駅で弟と会う.
	〔同伴〕と	남자 친구와 영화를 보러 가다.
		彼氏と映画を見に行く.
(으)로	〔方向・変化・資格〕に・へ	도서관으로 가다.
		図書館へ行く.
		카페가 꽃집으로 바뀌다.
		カフェが花屋に変わる.
		국가 대표 선수로 뽑히다.
		国家代表選手に選ばれる.
(으)로서	〔資格・条件〕として	인생의 선배로서 존경하는 분입니다.
		人生の先輩として尊敬する方です.
		학생으로서 해야 할 일
		学生としてやるべきこと
(으)로부터	〔主体〕から	선배로부터 들은 이야기입니다.
		先輩から聞いた話です.
		선생님으로부터 칭찬받았습니다.
		先生からほめられました.
은 / 는	〔主題・取り立て〕は	오늘은 제 생일입니다.
		今日は私の誕生日です.
		한국의 수도는 서울이다.
		韓国の首都はソウルである.
		그 사람은 유명한 배우는 아니다.
		彼は有名な俳優ではない.
을 / 를	〔対象〕を	밤늦게까지 술을 마시다.
		夜遅くまで酒を飲む.
		한국어를 공부하고 있습니다.
		韓国語を勉強しています.
	〔対象〕が	나는 가을을 좋아한다.
		私は秋が好きだ.
		지금 몇 시인지 시간을 모르겠다.
		今何時なのか時間が分からない.

을 / 를	[相手·対象] に	친구를 만나다.
		友だちに会う.
		전철을 타다.
		電車に乗る.
	[目的] に	여행을 가다.
		旅行に行く.
의	[所有·所属] の	어머니의 반지
		母の指輪
		아이들의 꿈
		子どもたちの夢
		한국의 경제 문제
		韓国の経済問題
이 / 가	[主体] が·は	친구가 학생 식당에서 기다리고 있다.
		友だちが学食で待っている.
		국회 도서관이 어디에 있어요?
		国会図書館はどこにありますか?
	[変化する結果] に	신문 기자가 되고 싶습니다.
		新聞記者になりたいです.
(이)나	[選択] でも·か	커피나 마시자.
		コーヒーでも飲もう.
	[提示] も	케이크를 한꺼번에 세 개나 먹었다.
		ケーキを一度に3個も食べた.
(이)나마	[選択] でも	잠시나마 쉬고 하자.
		ちょっとだけでも休んでからやろう.
(이)든지	[選択] でも	누구든지 할 수 있는 일
		誰でもできる仕事
(이)라도	[選択] でも	밥이 없으니까 빵이라도 먹을래?
		ご飯がないからパンでも食べる?
		심심하니까 비디오라도 볼래?
		退屈だからビデオでも見る?
(이)서	[動作主] で	일요일에는 혼자서 음악을 들으며 커피를 마신다.
		日曜日は1人で音楽を聴きながらコーヒーを飲む.
		둘이서 빗속을 걸어가고 있습니다.
		2人で雨の中を歩いています.
(이)자	[二つの資格] であり	대학 교수자 작가인 친한 친구가 있습니다.
		大学の教授であり作家でもある親友がいます.
조차	[限定] さえ·すら	상상조차 할 수 없는 일이 일어났다.
		想像すらできないことが起きた.
처럼	[比喩] のように	눈처럼 희다.
		雪のように白い.
하고	[同伴] と	언니하고 쇼핑을 가다.
		姉と買い物に行く.
한테	[相手] に	시디를 여동생한테 주다.
		CDを妹にあげる.
		모기한테 물리다.
		蚊に刺される.
한테서	[動作主] から	친구한테서 받은 선물
		友だちからもらったプレゼント

● 主要助数詞一覧

가닥	〔細長いもの〕本	실 한 가닥	糸1本
가마	俵	쌀 열 가마	米10俵
갑(匣)	箱	담배 세 갑	タバコ3箱
개(個)	個	사과 열두 개	リンゴ12個
		돌멩이 다섯 개	小石5個
	〔椅子〕脚	의자 세 개	椅子3脚
	〔お碗〕客	밥그릇 다섯 개	お碗5客
개비	〔ばらのもの〕本	담배 한 개비	タバコ1本
		성냥 세 개비	マッチ棒3本
걸음[발]	歩	한 걸음[발]	1歩
공기(空器)	膳	밥 두 공기	ご飯2膳
권(卷)	冊	책 일곱 권	本7冊
		공책 다섯 권	ノート5冊
그루	株	나무 네 그루	木4株
끼	食	밥 한 끼	1食
닢	枚	동전 한 닢	硬貨1枚
다발	束	장미꽃 한 다발	バラの花1束
단	〔薪・野菜〕束	시금치 한 단	ホウレンソウ1束
달	か月	두 달	2か月
대	〔注射〕本	주사 세 대	注射3本
대(臺)	〔車両・機械〕台	차 열 대	車10台
		텔레비전 백 대	テレビ100台
		비행기 세 대	飛行機3台
대	〔げんこつ〕	주먹으로 한 대	げんこつで1発
	〔カルビ〕	갈비 세 대	カルビ3本
동(棟)	棟	건물 다섯 동	建物5棟
떼기	〔ごく狭い土地〕	밭 한 떼기	ごく狭い畑
마리	頭	젖소 오백 마리	乳牛500頭
		코끼리 한 마리	象1頭
		나비 세 마리	チョウ3頭
	匹	개 한 마리	犬1匹
		고양이 두 마리	猫2匹
	〔魚〕尾	고등어 여덟 마리	サバ8尾
	〔鳥・ウサギ〕羽	참새 다섯 마리	スズメ5羽
		닭 천 마리	鶏1000羽
명(名)	名	축구 선수 열한 명	サッカー選手11名
모	丁	두부 두 모	豆腐2丁
바퀴	周	운동장 세 바퀴	グラウンド3周
방(放)	発	총 한 방	銃1発
번(番)	〔機会〕回	해외여행 여섯 번	海外旅行6回
벌	着	양복 한 벌	背広1着
		여름옷 세 벌	夏服3着
	〔ズボン〕本	바지 두 벌	ズボン2本
병(瓶)	本	소주 열두 병	焼酎12本
봉지(封紙)	袋	과자 일곱 봉지	お菓子7袋
부(部)	部	팸플릿 열 부	パンフレット10部
		신문 다섯 부	新聞5部
분	様	손님 네 분	4名様

사람	人	어른 두 사람	大人2人
사발(沙鉢)	〔どんぶり〕杯	물 한 사발	水1杯
살	〔年〕歳	마흔다섯 살	45歳
손	〔魚〕2尾	조기 한 손	イシモチ1尾
송이	輪・本	장미 한 송이	バラ1輪
		장미 백 송이	バラ100本
	〔ブドウ〕房	포도 세 송이	ブドウ3房
수(手)	〔囲碁・将棋〕手	한 수	1手
수(首)	首	한시 한 수	漢詩1首
알	錠	알약 백 알	錠剤100錠
올	本	실 한 올	糸1本
		머리카락 한 올	髪の毛1本
자(字)	字	한 자, 두 자	1字, 2字
	文字	글자 세 자	3文字
자루	本	연필 열두 자루	鉛筆12本
		부엌칼 한 자루	包丁1本
잔(盞)	杯	소주 다섯 잔	焼酎5杯
		맥주 세 잔	ビール3杯
장(張)	枚	종이 스무 장	紙20枚
		봉투 서른 장	封筒30枚
		김 열 장	海苔10枚
장	〔墓〕基	무덤 두 장	墓2基
접	〔野菜・果物〕100個	배추 한 접	白菜1株
		마늘 한 접	ニンニク1個
접시	〔料理〕皿	낙지볶음 한 접시	イイダコ炒め1皿
정(挺)	挺(ちょう)	소총 세 정	小銃3挺
줄기	筋	빛 한 줄기	一筋の光
채	〔一軒屋〕軒	집 한 채	家1軒
	〔マンション〕戸	맨션 한 채	マンション1戸
	〔布団〕組	이불 세 채	布団3組
척(隻)	隻	배 스물두 척	船22隻
칸(←間)	間	방 한 칸	一間の部屋
켤레	足	운동화 한 켤레	運動靴1足
		양말 일곱 켤레	靴下7足
톨	粒	밤 서른 톨	栗30粒
		쌀 한 톨	米1粒
톳	100枚	김 한 톳	海苔100枚
통	個	수박 다섯 통	スイカ5個
통(通)	〔手紙・メール〕通	편지 세 통	手紙3通
		메일 마흔 통	メール40通
통화(通話)	〔回数〕通話	전화 한 통화	電話1通話
판	〔囲碁〕局	바둑 세 판	囲碁3局
편(篇)	本	한국 영화 다섯 편	韓国映画5本
폭(幅)	幅	그림 한 폭	絵1幅

● 正則・変則活用表

注 1) = は基本形と同じ形であることを表わす.

区分	基本形	丁寧体 -ㅂ니다/-습니다	会話体 -아요/-어요	現在 常体 -ㄴ다/-는다
母音語幹 (正則)	가다 行く	갑니다	가요	간다
	마시다 飲む	마십니다	마셔요	마신다
	사다 買う	삽니다	사요	산다
子音語幹 (正則)	먹다 食べる	먹습니다	먹어요	먹는다
	받다 受ける・もらう	받습니다	받아요	받는다
	입다 着る	입습니다	입어요	입는다
ㄹ(리을)語幹	놀다 遊ぶ	놉니다	놀아요	논다
	만들다 作る	만듭니다	만들어요	만든다
	흔들다 揺する・振る	흔듭니다	흔들어요	흔든다
ㄷ(디귿)変則	걷다 歩く	걷습니다	걸어요	걷는다
	듣다 聞く	듣습니다	들어요	듣는다
	묻다 聞く・尋ねる	묻습니다	물어요	묻는다
러変則	누르다 黄色い	누릅니다	누르러요	= 注 1)
	이르다 着く・至る	이릅니다	이르러요	이른다
	푸르다 青い	푸릅니다	푸르러요	=
르変則	빠르다 速い・早い	빠릅니다	빨라요	=
	서두르다 急ぐ	서두릅니다	서둘러요	서두른다
	자르다 切る	자릅니다	잘라요	자른다
ㅂ(비읍)変則	돕다 手伝う	돕습니다	도와요	돕는다
	맵다 辛い	맵습니다	매워요	=
	시끄럽다 うるさい	시끄럽습니다	시끄러워요	=
ㅅ(시옷)変則	긋다 (線を)引く	긋습니다	그어요	긋는다
	낫다 治る	낫습니다	나아요	낫는다
	짓다 建てる・作る	짓습니다	지어요	짓는다
우変則	푸다 汲む・すくう	픕니다	퍼요	푼다
으変則	끄다 消す	끕니다	꺼요	끈다
	나쁘다 悪い	나쁩니다	나빠요	=
	쓰다 苦い	씁니다	써요	=
ㅎ(히읗)変則	부옇다 ぼやけている	부옇습니다	부예요	=
	빨갛다 赤い	빨갛습니다	빨개요	=
	파랗다 青い	파랗습니다	파래요	=
하変則	말하다 言う・話す	말합니다	말해요	말한다
	일하다 働く	일합니다	일해요	일한다
	좋아하다 好きだ・好む	좋아합니다	좋아해요	좋아한다

正則・変則活用表

注 2) ＊ は活用形がないことを表わす.　　　　　　　　　　　　　　　　　　　　　　(920 頁に続く)

連体形	連用形	丁寧体	過去		連体形
			会話体	常体	(動詞のみ)
-는 動 -ㄴ/-은 形	-아 /-어	-았습니다 /-었습니다	-았어요 /-었어요	-았다 /-었다	-ㄴ /-은
가는	가	갔습니다	갔어요	갔다	간
마시는	마셔	마셨습니다	마셨어요	마셨다	마신
사는	사	샀습니다	샀어요	샀다	산
먹는	먹어	먹었습니다	먹었어요	먹었다	먹은
받는	받아	받았습니다	받았어요	받았다	받은
입는	입어	입었습니다	입었어요	입었다	입은
노는	놀아	놀았습니다	놀았어요	놀았다	논
만드는	만들어	만들었습니다	만들었어요	만들었다	만든
흔드는	흔들어	흔들었습니다	흔들었어요	흔들었다	흔든
걷는	걸어	걸었습니다	걸었어요	걸었다	걸은
듣는	들어	들었습니다	들었어요	들었다	들은
묻는	물어	물었습니다	물었어요	물었다	물은
누른	누르러	누르렀습니다	누르렀어요	누르렀다	＊ 注 2)
이르는	이르러	이르렀습니다	이르렀어요	이르렀다	이른
푸른	푸르러	푸르렀습니다	푸르렀어요	푸르렀다	＊
빠른	빨라	빨랐습니다	빨랐어요	빨랐다	＊
서두르는	서둘러	서둘렀습니다	서둘렀어요	서둘렀다	서두른
자르는	잘라	잘랐습니다	잘랐어요	잘랐다	자른
돕는	도와	도왔습니다	도왔어요	도왔다	도운
매운	매워	매웠습니다	매웠어요	매웠다	＊
시끄러운	시끄러워	시끄러웠습니다	시끄러웠어요	시끄러웠다	＊
긋는	그어	그었습니다	그었어요	그었다	그은
낫는	나아	나았습니다	나았어요	나았다	나은
짓는	지어	지었습니다	지었어요	지었다	지은
푸는	퍼	폈습니다	폈어요	폈다	푼
끄는	꺼	껐습니다	껐어요	껐다	끈
나쁜	나빠	나빴습니다	나빴어요	나빴다	＊
쓴	써	썼습니다	썼어요	썼다	＊
부연	부예	부옜습니다	부옜어요	부옜다	＊
빨간	빨개	빨갰습니다	빨갰어요	빨갰다	＊
파란	파래	파랬습니다	파랬어요	파랬다	＊
말하는	말해	말했습니다	말했어요	말했다	말한
일하는	일해	일했습니다	일했어요	일했다	일한
좋아하는	좋아해	좋아했습니다	좋아했어요	좋아했다	좋아한

正則・変則活用表

区分	基本形	過去 回想 -던	未来 連体形 -ㄹ/-을	仮定 (すれば) -면 /-으면
母音語幹 (正則)	가다 行く	가던	갈	가면
	마시다 飲む	마시던	마실	마시면
	사다 買う	사던	살	사면
子音語幹 (正則)	먹다 食べる	먹던	먹을	먹으면
	받다 受ける・もらう	받던	받을	받으면
	입다 着る	입던	입을	입으면
ㄹ(리을)語幹	놀다 遊ぶ	놀던	놀	놀면
	만들다 作る	만들던	만들	만들면
	흔들다 揺する・振る	흔들던	흔들	흔들면
ㄷ(디귿)変則	걷다 歩く	걷던	걸을	걸으면
	듣다 聞く	듣던	들을	들으면
	묻다 聞く・尋ねる	묻던	물을	물으면
러変則	누르다 黄色い	누르던	누를	누르면
	이르다 着く・至る	이르던	이를	이르면
	푸르다 青い	푸르던	푸를	푸르면
르変則	빠르다 速い・早い	빠르던	빠를	빠르면
	서두르다 急ぐ	서두르던	서두를	서두르면
	자르다 切る	자르던	자를	자르면
ㅂ(비읍)変則	돕다 手伝う	돕던	도울	도우면
	맵다 辛い	맵던	매울	매우면
	시끄럽다 うるさい	시끄럽던	시끄러울	시끄러우면
ㅅ(시옷)変則	긋다 (線を)引く	긋던	그을	그으면
	낫다 治る	낫던	나을	나으면
	짓다 建てる・作る	짓던	지을	지으면
우変則	푸다 汲む・すくう	푸던	풀	푸면
으変則	끄다 消す	끄던	끌	끄면
	나쁘다 悪い	나쁘던	나쁠	나쁘면
	쓰다 苦い	쓰던	쓸	쓰면
ㅎ(히읗)変則	부옇다 ぼやけている	부옇던	부열	부여면
	빨갛다 赤い	빨갛던	빨갈	빨가면
	파랗다 青い	파랗던	파랄	파라면
하変則	말하다 言う・話す	말하던	말할	말하면
	일하다 働く	일하던	일할	일하면
	좋아하다 好きだ・好む	좋아하던	좋아할	좋아하면

正則・変則活用表

重要な用法					
命令 (しろ) - 아라 /- 어라	意図 (しよう) - 려고 /- 으려고	譲歩 (しても) - 아도 /- 어도	理由 (して) - 아서 /- 어서	逆接 (したが) - 지만	否定 (しない) - 지 않다
가라	가려고	가도	가서	가지만	가지 않다
마셔라	마시려고	마셔도	마셔서	마시지만	마시지 않다
사라	사려고	사도	사서	사지만	사지 않다
먹어라	먹으려고	먹어도	먹어서	먹지만	먹지 않다
받아라	받으려고	받아도	받아서	받지만	받지 않다
입어라	입으려고	입어도	입어서	입지만	입지 않다
놀아라	놀려고	놀아도	놀아서	놀지만	놀지 않다
만들어라	만들려고	만들어도	만들어서	만들지만	만들지 않다
흔들어라	흔들려고	흔들어도	흔들어서	흔들지만	흔들지 않다
걸어라	걸으려고	걸어도	걸어서	걷지만	걷지 않다
들어라	들으려고	들어도	들어서	듣지만	듣지 않다
물어라	물으려고	물어도	물어서	묻지만	묻지 않다
*	*	눌러도	눌러서	누르지만	누르지 않다
이르러라	이르려고	이르러도	이르러서	이르지만	이르지 않다
*	*	푸르러도	푸르러서	푸르지만	푸르지 않다
*	*	빨라도	빨라서	빠르지만	빠르지 않다
서둘러라	서두르려고	서둘러도	서둘러서	서두르지만	서두르지 않다
잘라라	자르려고	잘라도	잘라서	자르지만	자르지 않다
도와라	도우려고	도와도	도와서	돕지만	돕지 않다
*	*	매워도	매워서	맵지만	맵지 않다
*	*	시끄러워도	시끄러워서	시끄럽지만	시끄럽지 않다
그어라	그으려고	그어도	그어서	긋지만	긋지 않다
나아라	나으려고	나아도	나아서	낫지만	낫지 않다
지어라	지으려고	지어도	지어서	짓지만	짓지 않다
퍼라	푸려고	퍼도	퍼서	푸지만	푸지 않다
꺼라	끄려고	꺼도	꺼서	끄지만	끄지 않다
*	*	나빠도	나빠서	나쁘지만	나쁘지 않다
*	*	써도	써서	쓰지만	쓰지 않다
*	*	부에도	부에서	부옇지만	부옇지 않다
*	*	빨개도	빨개서	빨갛지만	빨갛지 않다
*	*	파래도	파래서	파랗지만	파랗지 않다
말해라	말하려고	말해도	말해서	말하지만	말하지 않다
일해라	일하려고	일해도	일해서	일하지만	일하지 않다
좋아해라	좋아하려고	좋아해도	좋아해서	좋아하지만	좋아하지 않다

● 重要動詞・形容詞活用表　注1) = は基本形と同じ形であることを表わす.

基本形	現在				
	丁寧体 -ㅂ니다/-습니다	会話体 -아요/-어요	常体 -ㄴ다/-는다	連体形 -ㄴ/-은 形	連用形 -아/-어
가깝다 形 [ㅂ変] 近い	가깝습니다	가까워요	= 注1)	가까운	가까워
가늘다 形 [ㄹ語幹] 細い	가늡니다	가늘어요	=	가는	가늘어
가능하다 形 [하変] 可能だ	가능합니다	가능해요	=	가능한	가능해
가다 動 行く	갑니다	가요	간다	가는	가
가렵다 形 [ㅂ変] かゆい	가렵습니다	가려워요	=	가려운	가려워
가르다 動 [르変] 裂く；分ける	가릅니다	갈라요	가른다	가르는	갈라
가르치다 動 教える	가르칩니다	가르쳐요	가르친다	가르치는	가르쳐
가볍다 形 [ㅂ変] 軽い	가볍습니다	가벼워요	=	가벼운	가벼워
간단하다 形 [하変] 簡単だ	간단합니다	간단해요	=	간단한	간단해
간지럽다 形 [ㅂ変] くすぐったい	간지럽습니다	간지러워요	=	간지러운	간지러워
갇히다 動 閉じ込められる	갇힙니다	갇혀요	갇힌다	갇히는	갇혀
갈다 動 [ㄹ語幹] 替える；取り替える	갑니다	갈아요	간다	가는	갈아
갈아입다 動 着替える	갈아입습니다	갈아입어요	갈아입는다	갈아입는	갈아입어
갈아타다 動 乗り換える	갈아탑니다	갈아타요	갈아탄다	갈아타는	갈아타
감다 動 (目を)閉じる	감습니다	감아요	감는다	감는	감아
감추다 動 隠す；くらます	감춥니다	감추어요	감춘다	감추는	감추어
강하다 形 [하変] 強い	강합니다	강해요	=	강한	강해
갖추다 動 備える	갖춥니다	갖춰요	갖춘다	갖추는	갖춰
같다 形 同じだ；同様だ	같습니다	같아요	=	같은	같아
개다 動 晴れる	갭니다	개(어)요	갠다	개는	개(어)
건너다 動 渡る；抜かす	건넙니다	건너요	건넌다	건너는	건너
걷다 動 [ㄷ変] 歩く	걷습니다	걸어요	걷는다	걷는	걸어
걸리다 動 かかる；かけられる	걸립니다	걸려요	걸린다	걸리는	걸려
검다 形 黒い	검습니다	검어요	=	검은	검어
검푸르다 形 [러変] 黒みがかって青い	검푸릅니다	검푸르러요	=	검푸른	검푸르러

重要動詞・形容詞活用表

注2) ＊は活用形がないことを表わす.　注3) 이다(韓国の学校文法では助詞も含めた.

	過去				未来
丁寧体	会話体	常体	連体形	回想	連体形
-았습니다 /-었습니다	-았어요 /-었어요	-았다 /-었다	-ㄴ/-은 (動詞のみ)	-던	-ㄹ/-을
가까웠습니다	가까웠어요	가까웠다	＊ 注2)	가깝던	가까울
가능었습니다	가능었어요	가능었다	＊	가능던	가능
가능했습니다	가능했어요	가능했다	＊	가능하던	가능할
갔습니다	갔어요	갔다	간	가던	갈
가려웠습니다	가려웠어요	가려웠다	＊	가렵던	가려울
갈랐습니다	갈랐어요	갈랐다	가른	가르던	가를
가르쳤습니다	가르쳤어요	가르쳤다	가르친	가르치던	가르칠
가벼웠습니다	가벼웠어요	가벼웠다	＊	가볍던	가벼울
간단했습니다	간단했어요	간단했다	＊	간단하던	간단할
간지러웠습니 다	간지러웠어요	간지러웠다	＊	간지럽던	간지러울
갇혔습니다	갇혔어요	갇혔다	갇힌	갇히던	갇힐
갔습니다	갔어요	갔다	간	가던	갈
갈아입었습니 다	갈아입었어요	갈아입었다	갈아입은	갈아입던	갈아입을
갈아탔습니다	갈아탔어요	갈아탔다	갈아탄	갈아타던	갈아탈
감았습니다	감았어요	감았다	감은	감던	감을
감추었습니다	감추었어요	감추었다	감춘	감추던	감출
강했습니다	강했어요	강했다	＊	강하던	강할
갖췄습니다	갖췄어요	갖췄다	갖춘	갖추던	갖출
같았습니다	같았어요	같았다	＊	같던	같을
갰습니다	갰어요	갰다	갠	개던	갤
건넜습니다	건넜어요	건넜다	건넌	건너던	건널
걸었습니다	걸었어요	걸었다	걸은	걷던	걸을
걸렸습니다	걸렸어요	걸렸다	걸린	걸리던	걸릴
검었습니다	검었어요	검었다	＊	검던	검을
검푸르렀습니 다	검푸르렀어요	검푸르렀다	＊	검푸르던	검푸를

重要動詞・形容詞活用表

基本形	現在			連体形	連用形
	丁寧体 -ㅂ니다/-습니다	会話体 -아요/-어요	常体 -ㄴ다/-는다	-는 動 -ㄴ/-은 形	-아/-어
게으르다 形 [르変] 怠惰だ	게으릅니다	게을러요	=	게으른	게을러
겪다 動 (苦難などを)経験する	겪습니다	겪어요	겪는다	겪는	겪어
게시다 動 いらっしゃる	계십니다	계세[셰]요	계신다	계시는	계셔
고르다 動 [르変] 選ぶ	고릅니다	골라요	고른다	고르는	골라
고맙다 形 [ㅂ変] ありがたい	고맙습니다	고마워요	=	고마운	고마워
고치다 動 直す;治す	고칩니다	고쳐요	고친다	고치는	고쳐
곱하다 動 (数を)かける	곱합니다	곱해요	곱한다	곱하는	곱해
괜찮다 形 大丈夫だ	괜찮습니다	괜찮아요	=	괜찮은	괜찮아
괴롭다 形 [ㅂ変] 苦しい;辛い	괴롭습니다	괴로워요	=	괴로운	괴로워
굳다 動 形 固くなる;固い	굳습니다	굳어요	굳는다/=	굳는/굳은	굳어
굵다 形 太い;(粒が)大きい	굵습니다	굵어요	=	굵은	굵어
굽다 動 [ㅂ変] 焼く	굽습니다	구워요	굽는다	굽는	구워
귀엽다 形 [ㅂ変] かわいい	귀엽습니다	귀여워요	=	귀여운	귀여워
귀찮다 形 面倒だ	귀찮습니다	귀찮아요	=	귀찮은	귀찮아
그렇다 形 [ㅎ変] そうだ	그렇습니다	그래요	=	그런	그래
그립다 形 [ㅂ変] 恋しい;懐かしい	그립습니다	그리워요	=	그리운	그리워
그만두다 動 やめる	그만둡니다	그만둬요	그만둔다	그만두는	그만둬
급하다 形 [하変] 急だ	급합니다	급해요	=	급한	급해
긋다 動 [ㅅ変] (線を)引く	긋습니다	그어요	긋는다	긋는	그어
기다리다 動 待つ	기다립니다	기다려요	기다린다	기다리는	기다려
기르다 動 [르変] 育てる;伸ばす	기릅니다	길러요	기른다	기르는	길러
기뻐하다 動 [하変] 喜ぶ	기뻐합니다	기뻐해요	기뻐한다	기뻐하는	기뻐해
기쁘다 形 [으変] うれしい	기쁩니다	기뻐요	=	기쁜	기뻐
길다 形 [ㄹ語幹] 長い	깁니다	길어요	=	긴	길어
깊다 形 深い	깊습니다	깊어요	=	깊은	깊어
까다롭다 形 [ㅂ変] 気難しい	까다롭습니다	까다로워요	=	까다로운	까다로워

重要動詞・形容詞活用表

	過去					未来
	丁寧体	会話体	常体	連体形	回想	連体形
	-았습니다 /-었습니다	-았어요 /-었어요	-았다 /-었다	-ㄴ/-은 (動詞のみ)	-던	-ㄹ/-을
게을렀습니다	게을렀어요	게을렀다	*	게으르던	게으를
겪었습니다	겪었어요	겪었다	겪은	겪던	겪을
계셨습니다	계셨어요	계셨다	계신	계시던	계실
골랐습니다	골랐어요	골랐다	고른	고르던	고를
고마웠습니다	고마웠어요	고마웠다	*	고맙던	고마울
고쳤습니다	고쳤어요	고쳤다	고친	고치던	고칠
곱했습니다	곱했어요	곱했다	곱한	곱하던	곱할
괜찮았습니다	괜찮았어요	괜찮았다	*	괜찮던	괜찮을
괴로웠습니다	괴로웠어요	괴로웠다	*	괴롭던	괴로울
굳었습니다	굳었어요	굳었다	굳은/*	굳던	굳을
굵었습니다	굵었어요	굵었다	*	굵던	굵을
구웠습니다	구웠어요	구웠다	구운	굽던	구울
귀여웠습니다	귀여웠어요	귀여웠다	*	귀엽던	귀여울
귀찮았습니다	귀찮았어요	귀찮았다	*	귀찮던	귀찮을
그랬습니다	그랬어요	그랬다	*	그렇던	그럴
그리웠습니다	그리웠어요	그리웠다	*	그립던	그리울
그만뒀습니다	그만뒀어요	그만뒀다	그만둔	그만두던	그만둘
급했습니다	급했어요	급했다	*	급하던	급할
그었습니다	그었어요	그었다	그은	긋던	그을
기다렸습니다	기다렸어요	기다렸다	기다린	기다리던	기다릴
길렀습니다	길렀어요	길렀다	기른	기르던	기를
기뻐했습니다	기뻐했어요	기뻐했다	기뻐한	기뻐하던	기뻐할
기뻤습니다	기뻤어요	기뻤다	*	기쁘던	기쁠
길었습니다	길었어요	길었다	*	길던	길
깊었습니다	깊었어요	깊었다	*	깊던	깊을
까다로웠습니다	까다로웠어요	까다로웠다	*	까다롭던	까다로울

重要動詞・形容詞活用表

基本形	現在 丁寧体 -ㅂ니다/-습니다	会話体 -요/-어요	常体 -ㄴ다/-는다	連体形 -는動 -ㄴ/-은形	連用形 -아/-어
까맣다 形 [ㅎ変] 黒い	까맣습니다	까매요	≈	까만	까매
깎다 動 削る;値引きする	깎습니다	깎아요	깎는다	깎는	깎아
깨끗하다 形 [하変] きれいだ;清潔だ	깨끗합니다	깨끗해요	≈	깨끗한	깨끗해
깨다 動 (眠り・酔いなどから)覚める;覚ます	깹니다	깨요	깬다	깨는	깨
깨닫다 動 [ㄷ変] 悟る;目覚める	깨닫습니다	깨달아요	깨닫는다	깨닫는	깨달아
깨우다 動 起こす	깨웁니다	깨워요	깨운다	깨우는	깨워
꺼지다 動 (火・泡などが)消える	꺼집니다	꺼져요	꺼진다	꺼지는	꺼져
꺾다 動 折る;負かす	꺾습니다	꺾어요	꺾는다	꺾는	꺾어
꾸짖다 動 叱る	꾸짖습니다	꾸짖어요	꾸짖는다	꾸짖는	꾸짖어
끄다 動 [으変] (電気などを)消す	끕니다	꺼요	끈다	끄는	꺼
끊다 動 切る;絶つ	끊습니다	끊어요	끊는다	끊는	끊어
끓다 動 沸く	끓습니다	끓어요	끓는다	끓는	끓어
끓이다 動 沸かす	끓입니다	끓여요	끓인다	끓이는	끓여
끝나다 動 終わる	끝납니다	끝나요	끝난다	끝나는	끝나
끝내다 動 終える	끝냅니다	끝내요	끝낸다	끝내는	끝내
나가다 動 出る;出て行く	나갑니다	나가요	나간다	나가는	나가
나누다 動 分ける;(数を)割る	나눕니다	나눠요	나눈다	나누는	나눠
나르다 動 [르変] 運ぶ	나릅니다	날라요	나른다	나르는	날라
나쁘다 形 [으変] 悪い	나쁩니다	나빠요	≈	나쁜	나빠
나오다 動 出る;出てくる	나옵니다	나와요	나온다	나오는	나와
나타나다 動 現れる	나타납니다	나타나요	나타난다	나타나는	나타나
날다 動 [ㄹ語幹] 飛ぶ	납니다	날아요	난다	나는	날아
낡다 形 古い	낡습니다	낡아요	≈	낡은	낡아
남기다 動 残す	남깁니다	남겨요	남긴다	남기는	남겨
낫다 形 [ㅅ変] よい;優れている	낫습니다	나아요	≈	나은	나아
낫다 動 [ㅅ変] (病気などが)治る	낫습니다	나아요	낫는다	낫는	나아

重要動詞・形容詞活用表

	過去					未来
丁寧体	会話体	常体	連体形		回想	連体形
-았습니다 /-었습니다	-았어요 /-었어요	-았다 /-었다	-ㄴ/-은 (動詞のみ)		-던	-ㄹ/-을
까맸습니다	까맸어요	까맸다	*		까맣던	까말
깎았습니다	깎았어요	깎았다	깎은		깎던	깎을
깨끗했습니다	깨끗했어요	깨끗했다	*		깨끗하던	깨끗할
깼습니다	깼어요	깼다	깬		깨던	깰
깨달았습니다	깨달았어요	깨달았다	깨달은		깨닫던	깨달을
깨웠습니다	깨웠어요	깨웠다	깨운		깨우던	깨울
꺼졌습니다	꺼졌어요	꺼졌다	꺼진		꺼지던	꺼질
꺾었습니다	꺾었어요	꺾었다	꺾은		꺾던	꺾을
꾸짖었습니다	꾸짖었어요	꾸짖었다	꾸짖은		꾸짖던	꾸짖을
껐습니다	껐어요	껐다	끈		끄던	끌
끊었습니다	끊었어요	끊었다	끊은		끊던	끊을
끓였습니다	끓였어요	끓였다	끓인		끓이던	끓일
끝났습니다	끝났어요	끝났다	끝난		끝나던	끝날
끝냈습니다	끝냈어요	끝냈다	끝낸		끝내던	끝낼
나갔습니다	나갔어요	나갔다	나간		나가던	나갈
나눴습니다	나눴어요	나눴다	나눈		나누던	나눌
날랐습니다	날랐어요	날랐다	나른		나르던	나를
나빴습니다	나빴어요	나빴다	*		나쁘던	나쁠
나왔습니다	나왔어요	나왔다	나온		나오던	나올
나타났습니다	나타났어요	나타났다	나타난		나타나던	나타날
날았습니다	날았어요	날았다	난		날던	날
낡았습니다	낡았어요	낡았다	*		낡던	낡을
남겼습니다	남겼어요	남겼다	남긴		남기던	남길
나았습니다	나았어요	나았다	*		낫던	나을
나았습니다	나았어요	나았다	나은		낫던	나을

重要動詞・形容詞活用表

基本形	現在			連体形	連用形
	丁寧体 -ㅂ니다/-습니다	会話体 -아요/-어요	常体 -ㄴ다/-는다	-는 -ㄴ/-은 形	-아/-어
낮다 形 低い	낮습니다	낮아요	=	낮은	낮아
낮추다 動 低める; 下げる	낮춥니다	낮춰요	낮춘다	낮추는	낮춰
낳다 動 産む	낳습니다	낳아요	낳는다	낳는	낳아
내다 動 出す	냅니다	내요	낸다	내는	내
내려가다 動 下りる; 下る	내려갑니다	내려가요	내려간다	내려가는	내려가
널다 動 干す [ㄹ語幹]	넙니다	널어요	넌다	너는	널어
넓다 形 広い	넓습니다	넓어요	=	넓은	넓어
넣다 動 入れる	넣습니다	넣어요	넣는다	넣는	넣어
노랗다 形 黄色い [ㅎ変]	노랗습니다	노래요	=	노란	노래
녹다 動 溶ける	녹습니다	녹아요	녹는다	녹는	녹아
놀다 動 遊ぶ [ㄹ語幹]	놉니다	놀아요	논다	노는	놀아
놀라다 動 驚く	놀랍니다	놀라요	놀란다	놀라는	놀라
높다 形 高い	높습니다	높아요	=	높은	높아
높이다 動 高める	높입니다	높여요	높인다	높이는	높여
놓다 動 置く	놓습니다	놓아요	놓는다	놓는	놓아
누르다 形 黄色い [러変]	누릅니다	누르러요	=	누른	누르러
누르다 動 押す; 抑える [르変]	누릅니다	눌러요	누른다	누르는	눌러
눕다 動 横になる	눕습니다	누워요	눕는다	눕는	누워
느리다 形 (動作などが)遅い	느립니다	느려요	=	느린	느려
늙다 動 老いる; 老ける	늙습니다	늙어요	늙는다	늙는	늙어
늘다 動 伸びる; 増える [ㄹ語幹]	늡니다	늘어요	는다	느는	늘어
늘리다 動 伸ばす; 増やす	늘립니다	늘려요	늘린다	늘리는	늘려
늦다 形 遅い	늦습니다	늦어요	=	늦은	늦어
다니다 動 行き来する; 通う	다닙니다	다녀요	다닌다	다니는	다녀
다다르다 動 至る; 到達する [으変]	다다릅니다	다다라요	다다른다	다다르는	다다라
다루다 動 扱う	다룹니다	다뤄요	다룬다	다루는	다뤄

重要動詞・形容詞活用表

	過去				回想	未来
丁寧体	会話体	常体	連体形		連体形
-았습니다 /-었습니다	-았어요 /-었어요	-았다 /-었다	-ㄴ/-은 (動詞のみ)	-던	-ㄹ/-을
낮았습니다	낮았어요	낮았다	*	낮던	낮을
낮췄습니다	낮췄어요	낮췄다	낮춘	낮추던	낮출
낳았습니다	낳았어요	낳았다	낳은	낳던	낳을
냈습니다	냈어요	냈다	낸	내던	낼
내려갔습니다	내려갔어요	내려갔다	내려간	내려가던	내려갈
널었습니다	널었어요	널었다	넌	널던	널
넓었습니다	넓었어요	넓었다	*	넓던	넓을
넣었습니다	넣었어요	넣었다	넣은	넣던	넣을
노랬습니다	노랬어요	노랬다	*	노랗던	노랄
녹았습니다	녹았어요	녹았다	녹은	녹던	녹을
놀았습니다	놀았어요	놀았다	논	놀던	놀
놀랐습니다	놀랐어요	놀랐다	놀란	놀라던	놀랄
높았습니다	높았어요	높았다	*	높던	높을
높였습니다	높였어요	높였다	높인	높이던	높일
놓았습니다	놓았어요	놓았다	놓은	놓던	놓을
누르렀습니다	누르렀어요	누르렀다	*	누르던	누를
눌렀습니다	눌렀어요	눌렀다	누른	누르던	누를
누웠습니다	누웠어요	누웠다	누운	눕던	누울
느꼈습니다	느꼈어요	느꼈다		느리던	느릴
늙었습니다	늙었어요	늙었다	늙은	늙던	늙을
늘었습니다	늘었어요	늘었다	는	늘던	늘
늘렸습니다	늘렸어요	늘렸다	늘린	늘리던	늘릴
늦었습니다	늦었어요	늦었다	*	늦던	늦을
다녔습니다	다녔어요	다녔다	다닌	다니던	다닐
다다랐습니다	다다랐어요	다다랐다	다다른	다다르던	다다를
다뤘습니다	다뤘어요	다뤘다	다룬	다루던	다룰

重要動詞・形容詞活用表

基本形	現在			連体形	連用形
	丁寧体 -ㅂ니다 /-습니다	会話体 -아요 /-어요	常体 -ㄴ다 /-는다	-는 動 -ㄴ/-은 形	-아/-어
다르다 形 [르変] 異なる:違う	다릅니다	달라요	≒	다른	달라
다치다 動 けがする:負傷する	다칩니다	다쳐요	다친다	다치는	다쳐
닦다 動 拭く:ぬぐう	닦습니다	닦아요	닦는다	닦는	닦아
닫다 動 閉める	닫습니다	닫아요	닫는다	닫는	닫아
달다 形 [ㄹ語幹] 甘い	답니다	달아요	≒	단	달아
닮다 動 似る:似ている	닮습니다	닮아요	닮는다	닮는	닮아
당하다 動 やられる	당합니다	당해요	당한다	당하는	당해
더럽다 形 [ㅂ変] 汚い	더럽습니다	더러워요	≒	더러운	더러워
더하다 動 [하変] 加える:足す	더합니다	더해요	더한다	더하는	더해
던지다 動 投げる	던집니다	던져요	던진다	던지는	던져
덥다 形 [ㅂ変] 暑い	덥습니다	더워요	≒	더운	더워
돌다 動 [ㄹ語幹] 回る	돕니다	돌아요	돈다	도는	돌아
돌리다 動 回す	돌립니다	돌려요	돌린다	돌리는	돌려
돌아가다 動 回る:帰る,戻る	돌아갑니다	돌아가요	돌아간다	돌아가는	돌아가
돕다 動 [ㅂ変] 手伝う:手助けする	돕습니다	도와요	돕는다	돕는	도와
되다 動 なる	됩니다	돼요	된다	되는	돼
두다 動 置く	둡니다	둬요	둔다	두는	둬
드리다 動 差し上げる	드립니다	드려요	드린다	드리는	드려
듣다 動 [ㄷ変] 聞く	듣습니다	들어요	듣는다	듣는	들어
들다 動 [ㄹ語幹] 持つ	듭니다	들어요	든다	드는	들어
들리다 動 聞こえる	들립니다	들려요	들린다	들리는	들려
들어가다 動 入る	들어갑니다	들어가요	들어간다	들어가는	들어가
따뜻하다 形 [하変] 暖かい	따뜻합니다	따뜻해요	≒	따뜻한	따뜻해
때리다 動 殴る	때립니다	때려요	때린다	때리는	때려
떠나다 動 発つ:出発する	떠납니다	떠나요	떠난다	떠나는	떠나
떨다 動 [ㄹ語幹] 震える	떱니다	떨어요	떤다	떠는	떨어

	過去				未来
丁寧体	会話体	常体	連体形	回想	連体形
-았습니다 /-었습니다	-았어요 /-었어요	-았다 /-었다	-ㄴ/-은 (動詞のみ)	-던	-ㄹ/-을
달랐습니다	달랐어요	달랐다	*	다르던	다를
다쳤습니다	다쳤어요	다쳤다	다친	다치던	다칠
닦았습니다	닦았어요	닦았다	닦은	닦던	닦을
닫았습니다	닫았어요	닫았다	닫은	닫던	닫을
달았습니다	달았어요	달았다	*	달던	달
닮았습니다	닮았어요	닮았다	닮은	닮던	닮을
당했습니다	당했어요	당했다	당한	당하던	당할
더러웠습니다	더러웠어요	더러웠다	*	더럽던	더러울
더했습니다	더했어요	더했다	더한	더하던	더할
던졌습니다	던졌어요	던졌다	던진	던지던	던질
더웠습니다	더웠어요	더웠다	*	덥던	더울
돌았습니다	돌았어요	돌았다	돈	돌던	돌
돌렸습니다	돌렸어요	돌렸다	돌린	돌리던	돌릴
돌아갔습니다	돌아갔어요	돌아갔다	돌아간	돌아가던	돌아갈
도왔습니다	도왔어요	도왔다	도운	돕던	도울
됐습니다	됐어요	됐다	된	되던	될
뒀습니다	뒀어요	뒀다	둔	두던	둘
드렸습니다	드렸어요	드렸다	드린	드리던	드릴
들었습니다	들었어요	들었다	들은	듣던	들을
들었습니다	들었어요	들었다	든	들던	들
들렸습니다	들렸어요	들렸다	들린	들리던	들릴
들어갔습니다	들어갔어요	들어갔다	들어간	들어가던	들어갈
따뜻했습니다	따뜻했어요	따뜻했다	*	따뜻하던	따뜻할
때렸습니다	때렸어요	때렸다	때린	때리던	때릴
떠났습니다	떠났어요	떠났다	떠난	떠나던	떠날
떨었습니다	떨었어요	떨었다	떤	떨던	떨

重要動詞・形容詞活用表

基本形	現在 丁寧体 -ㅂ니다/-습니다	会話体 -아요/-어요	常体 -ㄴ다/-는다	連体形 -는 動 / -ㄴ・-은 形	連用形 -아/-어
떨어지다 動 落ちる	떨어집니다	떨어져요	떨어진다	떨어지는	떨어져
뛰다 動 走る	뜁니다	뛰어요	뛴다	뛰는	뛰어
뜨겁다 形 [ㅂ変] 熱い	뜨겁습니다	뜨거워요	≈	뜨거운	뜨거워
마르다 動 [르変] 乾く	마릅니다	말라요	마른다	마르는	말라
마시다 動 飲む	마십니다	마셔요	마신다	마시는	마셔
마치다 動 終える	마칩니다	마쳐요	마친다	마치는	마쳐
만나다 動 会う	만납니다	만나요	만난다	만나는	만나
만들다 動 [ㄹ語幹] 作る	만듭니다	만들어요	만든다	만드는	만들어
많다 形 多い	많습니다	많아요	≈	많은	많아
말리다 動 乾かす	말립니다	말려요	말린다	말리는	말려
말하다 動 [하変] 言う;話す	말합니다	말해요	말한다	말하는	말해
맑다 形 清い	맑습니다	맑아요	≈	맑은	맑아
맛있다 形 おいしい	맛있습니다	맛있어요	≈	맛있는	맛있어
맞다 動 当たる;的中する	맞습니다	맞아요	맞는다	맞는	맞아
맞추다 動 合わせる	맞춥니다	맞춰요	맞춘다	맞추는	맞춰
맡기다 動 任せる	맡깁니다	맡겨요	맡긴다	맡기는	맡겨
맡다 動 引き受ける	맡습니다	맡아요	맡는다	맡는	맡아
맵다 形 [ㅂ変] 辛い	맵습니다	매워요	≈	매운	매워
머무르다 動 [르変] 留まる;停まる	머무릅니다	머물러요	머무른다	머무르는	머물러
먹다 動 食べる	먹습니다	먹어요	먹는다	먹는	먹어
멀다 形 [ㄹ語幹] 遠い	멉니다	멀어요	≈	먼	멀어
멈추다 動 とまる;とめる	멈춥니다	멈춰요	멈춘다	멈추는	멈춰
모르다 動 [르変] 知らない;分からない	모릅니다	몰라요	모른다	모르는	몰라
모으다 動 [으変] 集める	모읍니다	모아요	모은다	모으는	모아
모이다 動 集まる	모입니다	모여요	모인다	모이는	모여
모자라다 動 足りない	모자랍니다	모자라요	모자란다	모자라는	모자라

重要動詞・形容詞活用表

		過去			未来
丁寧体	会話体	常体	連体形	回想	連体形
-았습니다 /-었습니다	-았어요 /-었어요	-았다 /-었다	-ㄴ / -은 (動詞のみ)	-던	-ㄹ / -을
떨어졌습니다	떨어졌어요	떨어졌다	떨어진	떨어지던	떨어질
뛰었습니다	뛰었어요	뛰었다	뛴	뛰던	뛸
뜨거웠습니다	뜨거웠어요	뜨거웠다	*	뜨겁던	뜨거울
말랐습니다	말랐어요	말랐다	마른	마르던	마를
마셨습니다	마셨어요	마셨다	마신	마시던	마실
마쳤습니다	마쳤어요	마쳤다	마친	마치던	마칠
만났습니다	만났어요	만났다	만난	만나던	만날
만들었습니다	만들었어요	만들었다	만든	만들던	만들
많았습니다	많았어요	많았다	*	많던	많을
말렸습니다	말렸어요	말렸다	말린	말리던	말릴
말했습니다	말했어요	말했다	말한	말하던	말할
맑았습니다	맑았어요	맑았다	*	맑던	맑을
맛있었습니다	맛있었어요	맛있었다	*	맛있던	맛있을
맞았습니다	맞았어요	맞았다	맞은	맞던	맞을
맞췄습니다	맞췄어요	맞췄다	맞춘	맞추던	맞출
맡겼습니다	맡겼어요	맡겼다	맡긴	맡기던	맡길
맡았습니다	맡았어요	맡았다	맡은	맡던	맡을
매웠습니다	매웠어요	매웠다	*	맵던	매울
머물렀습니다	머물렀어요	머물렀다	머무른	머무르던	머무를
먹었습니다	먹었어요	먹었다	먹은	먹던	먹을
멀었습니다	멀었어요	멀었다	*	멀던	멀
멈췄습니다	멈췄어요	멈췄다	멈춘	멈추던	멈출
몰랐습니다	몰랐어요	몰랐다	모른	모르던	모를
모았습니다	모았어요	모았다	모은	모으던	모을
모였습니다	모였어요	모였다	모인	모이던	모일
모자랐습니다	모자랐어요	모자랐다	모자란	모자라던	모자랄

重要動詞・形容詞活用表

基本形	丁寧体 -ㅂ니다/-습니다	会話体 -아요/-어요	現在 常体 -ㄴ다/-는다	連体形 -는 動/-ㄴ・-은 形	連用形 -아/-어
못하다 [動] [하変] できない	못합니다	못해요	못한다	못하는	못해
무겁다 [形] [ㅂ変] 重い	무겁습니다	무거워요	=	무거운	무거워
무섭다 [形] [ㅂ変] 怖い	무섭습니다	무서워요	=	무서운	무서워
묵다 [動] 泊まる	묵습니다	묵어요	묵는다	묵는	묵어
묻다 [動] 埋める	묻습니다	묻어요	묻는다	묻는	묻어
묻다 [動] [ㄷ変] 聞く;尋ねる	묻습니다	물어요	묻는다	묻는	물어
물다 [動] [ㄹ語幹] くわえる;囓(*)む	뭅니다	물어요	문다	무는	물어
미끄럽다 [形] [ㅂ変] 滑りやすい	미끄럽습니다	미끄러워요	=	미끄러운	미끄러워
미루다 [動] (期日·期限などを)延ばす	미룹니다	미뤄요	미룬다	미루는	미뤄
미안하다 [形] [하変] すまない;申し訳ない	미안합니다	미안해요	=	미안한	미안해
미워하다 [動] [하変] 憎む	미워합니다	미워해요	미워한다	미워하는	미워해
미치다 [動] (影響を)及ぼす	미칩니다	미쳐요	미친다	미치는	미쳐
믿다 [動] 信じる	믿습니다	믿어요	믿는다	믿는	믿어
밀다 [動] [ㄹ語幹] 押す;推す	밉니다	밀어요	민다	미는	밀어
밉다 [形] [ㅂ変] 憎い;醜い	밉습니다	미워요	=	미운	미워
바꾸다 [動] 替える;変える	바꿉니다	바꿔요	바꾼다	바꾸는	바꿔
바뀌다 [動] 変わる	바뀝니다	바뀌어요	바뀐다	바뀌는	바뀌어
바라다 [動] 願う;望む	바랍니다	바라요	바란다	바라는	바라
바쁘다 [形] [으変] 忙しい	바쁩니다	바빠요	=	바쁜	바빠
반갑다 [形] [ㅂ変] うれしい	반갑습니다	반가워요	=	반가운	반가워
받다 [動] 受ける;受け取る;もらう	받습니다	받아요	받는다	받는	받아
밝다 [形] 明るい	밝습니다	밝아요	=	밝은	밝아
밟다 [動] 踏む	밟습니다	밟아요	밟는다	밟는	밟아
배고프다 [形] [으変] 腹がすいている	배고픕니다	배고파요	=	배고픈	배고파
배우다 [動] 習う	배웁니다	배워요	배운다	배운	배워
버리다 [動] 捨てる	버립니다	버려요	버린다	버리는	버려

重要動詞·形容詞活用表

	過去				回想	未来
丁寧体	会話体	常体	連体形			連体形
-았습니다 /-었습니다	-았어요 /-었어요	-았다 /-었다	-ㄴ/-은 (動詞のみ)	-던	-ㄹ/-을
못했습니다	못했어요	못했다	못한	못하던	못할
무거웠습니다	무거웠어요	무거웠다	*	무겁던	무거울
무서웠습니다	무서웠어요	무서웠다	*	무섭던	무서울
묵었습니다	묵었어요	묵었다	묵은	묵던	묵을
묻었습니다	묻었어요	묻었다	묻은	묻던	묻을
물었습니다	물었어요	물었다	물은	묻던	물을
물었습니다	물었어요	물었다	문	물던	물
미끄러웠습니다	미끄러웠어요	미끄러웠다	*	미끄럽던	미끄러울
미뤘습니다	미뤘어요	미뤘다	미룬	미루던	미룰
미안했습니다	미안했어요	미안했다	*	미안하던	미안할
미워했습니다	미워했어요	미워했다	미워한	미워하던	미워할
미쳤습니다	미쳤어요	미쳤다	미친	미치던	미칠
믿었습니다	믿었어요	믿었다	믿은	믿던	믿을
밀었습니다	밀었어요	밀었다	민	밀던	밀
미웠습니다	미웠어요	미웠다	*	밉던	미울
바꿨습니다	바꿨어요	바꿨다	바꾼	바꾸던	바꿀
바뀌었습니다	바뀌었어요	바뀌었다	바뀐	바뀌던	바뀔
바랐습니다	바랐어요	바랐다	바란	바라던	바랄
바빴습니다	바빴어요	바빴다	*	바쁘던	바쁠
반가웠습니다	반가웠어요	반가웠다	*	반갑던	반가울
받았습니다	받았어요	받았다	받은	받던	받을
밝았습니다	밝았어요	밝았다	*	밝던	밝을
밟았습니다	밟았어요	밟았다	밟은	밟던	밟을
배고팠습니다	배고팠어요	배고팠다	*	배고프던	배고플
배웠습니다	배웠어요	배웠다	배운	배우던	배울
버렸습니다	버렸어요	버렸다	버린	버리던	버릴

重要動詞・形容詞活用表

基本形	現在 丁寧体 -ㅂ니다/-습니다	現在 会話体 -아요/-어요	現在 常体 -ㄴ다/-는다	連体形 -는 動 -ㄴ/-은 形	連用形 -아/-어
벌다 動 [ㄹ語幹] 稼ぐ	법니다	벌어요	번다	버는	벌어
벗다 動 脱ぐ	벗습니다	벗어요	벗는다	벗는	벗어
변하다 動 [하変] 変わる	변합니다	변해요	변한다	변하는	변해
보내다 動 送る	보냅니다	보내요	보낸다	보내는	보내
보다 動 見る	봅니다	봐요	본다	보는	봐
보이다 動 見える; 見せる	보입니다	보여요	보인다	보이는	보여
볶다 動 炒める	볶습니다	볶아요	볶는다	볶는	볶아
부끄럽다 形 [ㅂ変] 恥ずかしい	부끄럽습니다	부끄러워요	≒	부끄러운	부끄러워
부드럽다 形 [ㅂ変] やわらかい	부드럽습니다	부드러워요	≒	부드러운	부드러워
부럽다 形 [ㅂ変] うらやましい	부럽습니다	부러워요	≒	부러운	부러워
부르다 動 [르変] 呼ぶ; (歌を)歌う	부릅니다	불러요	부른다	부르는	불러
부수다 動 壊す; 砕く	부숩니다	부숴요	부순다	부수는	부숴
부지런하다 形 [하変] 勤勉だ	부지런합니다	부지런해요	≒	부지런한	부지런해
부치다 動 (手紙·小包などを)送る	부칩니다	부쳐요	부친다	부치는	부쳐
불다 動 [ㄹ語幹] (風が)吹く	붑니다	불어요	분다	부는	불어
불쌍하다 形 [하変] かわいそうだ	불쌍합니다	불쌍해요	≒	불쌍한	불쌍해
붐비다 動 込み合う	붐빕니다	붐벼요	붐빈다	붐비는	붐벼
붓다 動 [ㅅ変] 注ぐ	붓습니다	부어요	붓는다	붓는	부어
비슷하다 形 [하変] 似ている	비슷합니다	비슷해요	≒	비슷한	비슷해
비싸다 形 (値段が)高い	비쌉니다	비싸요	≒	비싼	비싸
비우다 動 空にする; 空ける	비웁니다	비워요	비운다	비우는	비워
빌다 動 [ㄹ語幹] 祈る; 謝る	빕니다	빌어요	빈다	비는	빌어
빌리다 動 借りる	빌립니다	빌려요	빌린다	빌리는	빌려
빠르다 形 [르変] 速い; 早い	빠릅니다	빨라요	≒	빠른	빨라
빠지다 動 陥る; はまる; 落ちる	빠집니다	빠져요	빠진다	빠지는	빠져
빨갛다 形 [ㅎ変] 真っ赤だ	빨갛습니다	빨개요	≒	빨간	빨개

重要動詞・形容詞活用表

	過去			連体形	回想	未来
	丁寧体	会話体	常体	連体形	回想	連体形
	-았습니다 / -었습니다	-았어요 / -었어요	-았다 / -었다	-ㄴ / -은 (動詞のみ)	-던	-ㄹ / -을
벌었습니다	벌었어요	벌었다	번	벌던	벌
벗었습니다	벗었어요	벗었다	벗은	벗던	벗을
변했습니다	변했어요	변했다	변한	변하던	변할
보냈습니다	보냈어요	보냈다	보낸	보내던	보낼
봤습니다	봤어요	봤다	본	보던	볼
보였습니다	보였어요	보였다	보인	보이던	보일
볶았습니다	볶았어요	볶았다	볶은	볶던	볶을
부끄러웠습니다	부끄러웠어요	부끄러웠다	*	부끄럽던	부끄러울
부드러웠습니다	부드러웠어요	부드러웠다	*	부드럽던	부드러울
부러웠습니다	부러웠어요	부러웠다	*	부럽던	부러울
불렀습니다	불렀어요	불렀다	부른	부르던	부를
부쉈습니다	부쉈어요	부쉈다	부순	부수던	부술
부지런했습니다	부지런했어요	부지런했다	*	부지런하던	부지런할
부쳤습니다	부쳤어요	부쳤다	부친	부치던	부칠
불었습니다	불었어요	불었다	분	불던	불
불쌍했습니다	불쌍했어요	불쌍했다	*	불쌍하던	불쌍할
붐볐습니다	붐볐어요	붐볐다	붐빈	붐비던	붐빌
부었습니다	부었어요	부었다	부은	붓던	부을
비슷했습니다	비슷했어요	비슷했다	*	비슷하던	비슷할
비쌌습니다	비쌌어요	비쌌다	*	비싸던	비쌀
비웠습니다	비웠어요	비웠다	비운	비우던	비울
빌었습니다	빌었어요	빌었다	빈	빌던	빌
빌렸습니다	빌렸어요	빌렸다	빌린	빌리던	빌릴
빨랐습니다	빨랐어요	빨랐다	*	빠르던	빠를
빠졌습니다	빠졌어요	빠졌다	빠진	빠지던	빠질
빨갰습니다	빨갰어요	빨갰다	*	빨갛던	빨갈

重要動詞・形容詞活用表

基本形	現在			連体形	連用形
	丁寧体 -ㅂ니다 /-습니다	会話体 -아요 /-어요	常体 -ㄴ다 /-는다	-는 動 -ㄴ/-은 形	-아/-어
빨다 動 [ㄹ語幹] (衣服類を)洗う	빱니다	빨아요	빤다	빠는	빨아
빨다 動 [ㄹ語幹] 吸う	빱니다	빨아요	빤다	빠는	빨아
빼앗기다 動 奪われる	빼앗깁니다	빼앗겨요	빼앗긴다	빼앗기는	빼앗겨
빼앗다 動 奪う	빼앗습니다	빼앗아요	빼앗는다	빼앗는	빼앗아
뽑다 動 抜く;抜き取る	뽑습니다	뽑아요	뽑는다	뽑는	뽑아
뽑히다 動 選ばれる;抜ける	뽑힙니다	뽑혀요	뽑힌다	뽑히는	뽑혀
뿌리다 動 蒔く	뿌립니다	뿌려요	뿌린다	뿌리는	뿌려
사귀다 動 付き合う	사귑니다	사귀어요	사귄다	사귀는	사귀어
사다 動 買う	삽니다	사요	산다	사는	사
사라지다 動 消える	사라집니다	사라져요	사라진다	사라지는	사라져
살다 動 [ㄹ語幹] 生きる;暮らす;住む	삽니다	살아요	산다	사는	살아
살리다 動 生かす	살립니다	살려요	살린다	살리는	살려
살찌다 動 太る	살찝니다	살쪄요	살찐다	살찌는	살쪄
삶다 動 ゆでる	삶습니다	삶아요	삶는다	삶는	삶아
상쾌하다 形 [하変] 爽快だ	상쾌합니다	상쾌해요	=	상쾌한	상쾌해
새까맣다 形 [ㅎ変] 真っ黒だ	새까맣습니다	새까매요	=	새까만	새까매
새롭다 形 [ㅂ変] 新しい	새롭습니다	새로워요	=	새로운	새로워
새파랗다 形 [ㅎ変] 真っ青だ	새파랗습니다	새파래요	=	새파란	새파래
생기다 動 できる;生じる	생깁니다	생겨요	생긴다	생기는	생겨
서다 動 立つ;建つ	섭니다	서요	선다	서는	서
서두르다 動 [르変] 急ぐ	서두릅니다	서둘러요	서두른다	서두르는	서둘러
섞다 動 混ぜる;交える	섞습니다	섞어요	섞는다	섞는	섞어
세다 形 強い	셉니다	세요	=	센	세
세다 動 数える	셉니다	세요	센다	세는	세
세우다 動 立てる;建てる	세웁니다	세워요	세운다	세우는	세워
속다 動 だまされる	속습니다	속아요	속는다	속는	속아

重要動詞・形容詞活用表

	過去			連体形	回想	未来 連体形
丁寧体 -았습니다/-었습니다	会話体 -았어요/-었어요	常体 -았다/-었다	連体形 -ㄴ/-은 (動詞のみ)		-던	-ㄹ/-을
빨았습니다	빨았어요	빨았다	빤		빨던	빨
빨았습니다	빨았어요	빨았다	빤		빨던	빨
빼앗겼습니다	빼앗겼어요	빼앗겼다	빼앗긴		빼앗기던	빼앗길
빼앗았습니다	빼앗았어요	빼앗았다	빼앗은		빼앗던	빼앗을
뽑았습니다	뽑았어요	뽑았다	뽑은		뽑던	뽑을
뽑혔습니다	뽑혔어요	뽑혔다	뽑힌		뽑히던	뽑힐
뿌렸습니다	뿌렸어요	뿌렸다	뿌린		뿌리던	뿌릴
사귀었습니다	사귀었어요	사귀었다	사귄		사귀던	사귈
샀습니다	샀어요	샀다	산		사던	살
사라졌습니다	사라졌어요	사라졌다	사라진		사라지던	사라질
살았습니다	살았어요	살았다	산		살던	살
살렸습니다	살렸어요	살렸다	살린		살리던	살릴
살쪘습니다	살쪘어요	살쪘다	살찐		살찌던	살찔
삶았습니다	삶았어요	삶았다	삶은		삶던	삶을
상쾌했습니다	상쾌했어요	상쾌했다	*		상쾌하던	상쾌할
새까맸습니다	새까맸어요	새까맸다	*		새까맣던	새까말
새로웠습니다	새로웠어요	새로웠다	*		새롭던	새로울
새파랬습니다	새파랬어요	새파랬다	*		새파랗던	새파랄
생겼습니다	생겼어요	생겼다	생긴		생기던	생길
섰습니다	섰어요	섰다	선		서던	설
서둘렀습니다	서둘렀어요	서둘렀다	서두른		서두르던	서두를
섞었습니다	섞었어요	섞었다	섞은		섞던	섞을
셌습니다	셌어요	셌다	*		세던	셀
셌습니다	셌어요	셌다	센		세던	셀
세웠습니다	세웠어요	세웠다	세운		세우던	세울
속았습니다	속았어요	속았다	속은		속던	속을

重要動詞・形容詞活用表

基本形	現在			連体形	連用形
	丁寧体 -ㅂ니다/-습니다	会話体 -아요/-어요	常体 -ㄴ다/-는다	-는 動 -ㄴ/-은 形	-아/-어
속이다 動 だます	속입니다	속여요	속인다	속이는	속여
솔직하다 形 [하変] 率直だ;素直だ	솔직합니다	솔직해요	=	솔직한	솔직해
숨기다 動 隠す	숨깁니다	숨겨요	숨긴다	숨기는	숨겨
숨다 動 隠れる	숨습니다	숨어요	숨는다	숨는	숨어
쉬다 動 休む	쉽니다	쉬어요	쉰다	쉬는	쉬어
쉽다 形 [ㅂ変] たやすい;易しい;楽だ	쉽습니다	쉬워요	=	쉬운	쉬워
슬프다 形 [으変] 悲しい	슬픕니다	슬퍼요	=	슬픈	슬퍼
시끄럽다 形 [ㅂ変] うるさい	시끄럽습니다	시끄러워요	=	시끄러운	시끄러워
시다 形 酸っぱい	십니다	시어요	=	신	시어
시작하다 動 [하変] 始める	시작합니다	시작해요	시작한다	시작하는	시작해
시키다 動 させる	시킵니다	시켜요	시킨다	시키는	시켜
식히다 動 冷ます	식힙니다	식혀요	식힌다	식히는	식혀
신다 動 (靴などを)履く	신습니다	신어요	신는다	신는	신어
싣다 動 [ㄷ変] 載せる;積む	싣습니다	실어요	싣는다	싣는	실어
싫다 形 嫌だ;嫌いだ	싫습니다	싫어요	=	싫은	싫어
싫어하다 動 [하変] 嫌う;嫌いだ	싫어합니다	싫어해요	싫어한다	싫어하는	싫어해
싸다 形 安い	쌉니다	싸요	=	싼	싸
싸우다 動 けんかする	싸웁니다	싸워요	싸운다	싸우는	싸워
쌓이다 動 積まれる;積もる	쌓입니다	쌓여요	쌓인다	쌓이는	쌓여
썩다 動 腐る	썩습니다	썩어요	썩는다	썩는	썩어
썰다 動 [ㄹ語幹] 切る;刻む	썹니다	썰어요	썬다	써는	썰어
쏘다 動 撃つ;射る	쏩니다	쏴요	쏜다	쏘는	쏴
쏟다 動 こぼす	쏟습니다	쏟아요	쏟는다	쏟는	쏟아
쓰다 形 [으変] 苦い	씁니다	써요	=	쓴	써
쓰다 動 [으変] 書く	씁니다	써요	쓴다	쓰는	써
쓰다 動 [으変] 使う	씁니다	써요	쓴다	쓰는	써

重要動詞·形容詞活用表

	過去				未来
丁寧体	会話体	常体	連体形	回想	連体形
-았습니다 /-었습니다	-았어요 /-었어요	-았다 /-었다	-ㄴ / -은 (動詞のみ)	-던	-ㄹ / -을
속였습니다	속였어요	속였다	속인	속이던	속일
솔직했습니다	솔직했어요	솔직했다	*	솔직하던	솔직할
숨겼습니다	숨겼어요	숨겼다	숨긴	숨기던	숨길
숨었습니다	숨었어요	숨었다	숨은	숨던	숨을
쉬었습니다	쉬었어요	쉬었다	쉰	쉬던	쉴
쉬웠습니다	쉬웠어요	쉬웠다	*	쉽던	쉬울
슬펐습니다	슬펐어요	슬펐다	*	슬프던	슬플
시끄러웠습니다	시끄러웠어요	시끄러웠다	*	시끄럽던	시끄러울
시었습니다	시었어요	시었다	*	시던	실
시작했습니다	시작했어요	시작했다	시작한	시작하던	시작할
시켰습니다	시켰어요	시켰다	시킨	시키던	시킬
식혔습니다	식혔어요	식혔다	식힌	식히던	식힐
신었습니다	신었어요	신었다	신은	신던	신을
실었습니다	실었어요	실었다	실은	싣던	실을
싫었습니다	싫었어요	싫었다	*	싫던	싫을
싫어했습니다	싫어했어요	싫어했다	싫어한	싫어하던	싫어할
쌌습니다	쌌어요	쌌다	*	싸던	쌀
싸웠습니다	싸웠어요	싸웠다	싸운	싸우던	싸울
쌓였습니다	쌓였어요	쌓였다	쌓인	쌓이던	쌓일
썩었습니다	썩었어요	썩었다	썩은	썩던	썩을
썰었습니다	썰었어요	썰었다	썬	썰던	썰
쐈습니다	쐈어요	쐈다	쏜	쏘던	쏠
쏟았습니다	쏟았어요	쏟았다	쏟은	쏟던	쏟을
썼습니다	썼어요	썼다	*	쓰던	쓸
썼습니다	썼어요	썼다	쓴	쓰던	쓸
썼습니다	썼어요	썼다	쓴	쓰던	쓸

重要動詞・形容詞活用表

基本形	現在					連用形
	丁寧体 -ㅂ니다/-습니다	会話体 -아요/-어요	常体 -ㄴ다/-는다	連体形 -는 動 -ㄴ/-은 形	-아/-어
쓰러지다 動 倒れる	쓰러집니다	쓰러져요	쓰러진다	쓰러지는	쓰러져
씻다 動 (手などを)洗う	씻습니다	씻어요	씻는다	씻는	씻어
아깝다 形 [ㅂ変] 惜しい	아깝습니다	아까워요	=	아까운	아까워
아니다 形 …で(は)ない, 違う	아닙니다	아니어요	=	아닌	아니어
아름답다 形 [ㅂ変] 美しい	아름답습니다	아름다워요	=	아름다운	아름다워
아프다 形 [으変] 痛い	아픕니다	아파요	=	아픈	아파
안다 動 抱く	안습니다	안아요	안는다	안는	안아
안타깝다 形 [ㅂ変] 気の毒だ	안타깝습니다	안타까워요	=	안타까운	안타까워
앉다 動 座る	앉습니다	앉아요	앉는다	앉는	앉아
알다 動 [ㄹ語幹] 知る; 分かる	압니다	알아요	안다	아는	알아
앓다 動 患う	앓습니다	앓아요	앓는다	앓는	앓아
약하다 形 [하変] 弱い	약합니다	약해요		약한	약해
얄밉다 形 [ㅂ変] 小憎らしい	얄밉습니다	얄미워요		얄미운	얄미워
얇다 形 薄い	얇습니다	얇아요		얇은	얇아
어둡다 形 [ㅂ変] 暗い	어둡습니다	어두워요		어두운	어두워
어렵다 形 [ㅂ変] 難しい	어렵습니다	어려워요		어려운	어려워
어리다 形 幼い	어립니다	어려요		어린	어려
어리석다 形 愚かだ	어리석습니다	어리석어요		어리석은	어리석어
어울리다 動 似合う	어울립니다	어울려요	어울린다	어울리는	어울려
억누르다 動 [르変] 抑える	억누릅니다	억눌러요	억누른다	억누르는	억눌러
얻다 動 もらう; 得る	얻습니다	얻어요	얻는다	얻는	얻어
얼다 動 [ㄹ語幹] 凍る; 凍りつく	업니다	얼어요	언다	어는	얼어
없다 形 ない; いない	없습니다	없어요	=	없는	없어
없어지다 動 なくなる; いなくなる	없어집니다	없어져요	없어진다	없어지는	없어져
열다 動 [ㄹ語幹] 開ける; 開く	엽니다	열어요	연다	여는	열어
옅다 形 浅い; 薄い	옅습니다	옅어요		옅은	옅어

過去					未来
丁寧体	会話体	常体	連体形	回想	連体形
-았습니다 / -었습니다	-았어요 / -었어요	-았다 / -었다	-ㄴ / -은 (動詞のみ)	-던	-ㄹ / -을
쓰러졌습니다	쓰러졌어요	쓰러졌다	쓰러진	쓰러지던	쓰러질
씻었습니다	씻었어요	씻었다	씻은	씻던	씻을
아까웠습니다	아까웠어요	아까웠다	*	아깝던	아까울
아니었습니다	아니었어요	아니었다	*	아니던	아닐
아름다웠습니다	아름다웠어요	아름다웠다	*	아름답던	아름다울
아팠습니다	아팠어요	아팠다	*	아프던	아플
안았습니다	안았어요	안았다	안은	안던	안을
안타까웠습니다	안타까웠어요	안타까웠다	*	안타깝던	안타까울
앉았습니다	앉았어요	앉았다	앉은	앉던	앉을
알았습니다	알았어요	알았다	안	알던	알
앓았습니다	앓았어요	앓았다	앓은	앓던	앓을
약했습니다	약했어요	약했다		약하던	약할
얄미웠습니다	얄미웠어요	얄미웠다	*	얄밉던	얄미울
얕았습니다	얕았어요	얕았다	*	얕던	얕을
어두웠습니다	어두웠어요	어두웠다	*	어둡던	어두울
어려웠습니다	어려웠어요	어려웠다	*	어렵던	어려울
어렸습니다	어렸어요	어렸다	*	어리던	어릴
어리석었습니다	어리석었어요	어리석었다	*	어리석던	어리석을
어울렸습니다	어울렸어요	어울렸다	어울린	어울리던	어울릴
억눌렀습니다	억눌렀어요	억눌렀다	억누른	억누르던	억누를
얻었습니다	얻었어요	얻었다	얻은	얻던	얻을
얼었습니다	얼었어요	얼었다	언	얼던	얼
없었습니다	없었어요	없었다	*	없던	없을
없어졌습니다	없어졌어요	없어졌다	없어진	없어지던	없어질
열었습니다	열었어요	열었다	연	열던	열
옅었습니다	옅었어요	옅었다	*	옅던	옅을

重要動詞・形容詞活用表

基本形		現在			連体形	連用形
		丁寧体 -ㅂ니다/-습니다	会話体 -아요/-어요	常体 -ㄴ다/-는다	-는 動 -ㄴ/-은 形	-아/-어
예쁘다 形 [으変] きれいだ;美しい		예쁩니다	예뻐요	=	예쁜	예뻐
오다 動 来る		옵니다	와요	온다	오는	와
오르다 動 [르変] 上がる;登る		오릅니다	올라요	오른다	오르는	올라
올리다 動 上げる		올립니다	올려요	올린다	올리는	올려
옮기다 動 移す		옮깁니다	옮겨요	옮긴다	옮기는	옮겨
외롭다 形 [ㅂ変] 寂しい		외롭습니다	외로워요	=	외로운	외로워
외우다 動 覚える		외웁니다	외워요	외운다	외우는	외워
우습다 形 [ㅂ変] 面白い;おかしい		우습습니다	우스워요	=	우스운	우스워
울다 動 [ㄹ語幹] 泣く;鳴く		웁니다	울어요	운다	우는	울어
움직이다 動 動く;動かす		움직입니다	움직여요	움직인다	움직이는	움직여
웃다 動 笑う		웃습니다	웃어요	웃는다	웃는	웃어
의지하다 動 [하変] 頼る		의지합니다	의지해요	의지한다	의지하는	의지해
이기다 動 勝つ;打ち勝つ		이깁니다	이겨요	이긴다	이기는	이겨
이다 動 注3) …だ;…である		입니다	예요/이에요	=	인	어/이어
이렇다 形 [ㅎ変] こうだ		이렇습니다	이래요	=	이런	이래
이루다 動 成す;成し遂げる		이룹니다	이뤄요	이룬다	이루는	이뤄
이루어지다 動 叶う		이뤄집니다	이뤄져요	이뤄진다	이뤄지는	이뤄져
이르다 動 [러変] 着く;至る		이릅니다	이르러요	이른다	이르는	이르러
익히다 動 煮る;火を通す		익힙니다	익혀요	익힌다	익히는	익혀
일어나다 動 起きる;起こる		일어납니다	일어나요	일어난다	일어나는	일어나
일하다 動 [하変] 働く		일합니다	일해요	일한다	일하는	일해
읽다 動 読む		읽습니다	읽어요	읽는다	읽는	읽어
잃다 動 なくす;亡くす		잃습니다	잃어요	잃는다	잃는	잃어
입다 動 着る		입습니다	입어요	입는다	입는	입어
입히다 動 着させる;着せる		입힙니다	입혀요	입힌다	입히는	입혀
잇다 動 [ㅅ変] つなぐ		잇습니다	이어요	잇는다	잇는	이어

重要動詞・形容詞活用表

	過去				未来
丁寧体	会話体	常体	連体形	回想	連体形
-았습니다 /-었습니다	-았어요 /-었어요	-았다 /-었다	-ㄴ/-은 (動詞のみ)	-던	-ㄹ/-을
예뻤습니다	예뻤어요	예뻤다	*	예쁘던	예쁠
왔습니다	왔어요	왔다	온	오던	올
올랐습니다	올랐어요	올랐다	오른	오르던	오를
올렸습니다	올렸어요	올렸다	올린	올리던	올릴
옮겼습니다	옮겼어요	옮겼다	옮긴	옮기던	옮길
외로웠습니다	외로웠어요	외로웠다	*	외롭던	외로울
외웠습니다	외웠어요	외웠다	외운	외우던	외울
우스웠습니다	우스웠어요	우스웠다	*	우습던	우스울
울었습니다	울었어요	울었다	운	울던	울
움직였습니다	움직였어요	움직였다	움직인	움직이던	움직일
웃었습니다	웃었어요	웃었다	웃은	웃던	웃을
의지했습니다	의지했어요	의지했다	의지한	의지하던	의지할
이겼습니다	이겼어요	이겼다	이긴	이기던	이길
였습니다 /이었습니다	였어요 /이었어요요	였다/이었다	*	이던	일
이랬습니다	이랬어요	이랬다	*	이렇던	이럴
이뤘습니다	이뤘어요	이뤘다	이룬	이루던	이룰
이뤄졌습니다	이뤄졌어요	이뤄졌다	이뤄진	이뤄지던	이뤄질
이르렀습니다	이르렀어요	이르렀다	이른	이르던	이를
익혔습니다	익혔어요	익혔다	익힌	익히던	익힐
일어났습니다	일어났어요	일어났다	일어난	일어나던	일어날
일했습니다	일했어요	일했다	일한	일하던	일할
읽었습니다	읽었어요	읽었다	읽은	읽던	읽을
잃었습니다	잃었어요	잃었다	잃은	잃던	잃을
입었습니다	입었어요	입었다	입은	입던	입을
입혔습니다	입혔어요	입혔다	입힌	입히던	입힐
이었습니다	이었어요	이었다	이은	잇던	이을

重要動詞・形容詞活用表

基本形	現在				
	丁寧体 -ㅂ니다 /-습니다	会話体 -아요 /-어요	常体 -ㄴ다 /-는다	連体形 -는 動 -ㄴ/-은 形	連用形 -아/-어
있다 動 ある;いる	있습니다	있어요	있는다	있는	있어
잊다 動 忘れる	잊습니다	잊어요	잊는다	잊는	잊어
자다 動 寝る;眠る	잡니다	자요	잔다	자는	자
자라다 動 育つ	자랍니다	자라요	자란다	자라는	자라
자르다 動 [르変] 切る	자릅니다	잘라요	자른다	자르는	잘라
작다 形 小さい	작습니다	작아요	=	작은	작아
잘되다 動 うまくいく	잘됩니다	잘돼요	잘된다	잘되는	잘돼
잘못하다 動 [하変] 間違える	잘못합니다	잘못해요	잘못한다	잘못하는	잘못해
잘생기다 形 ハンサムだ	잘생깁니다	잘생겨요	=	잘생긴	잘생겨
잘하다 形 [하変] 上手だ	잘합니다	잘해요	=	잘한	잘해
잠그다 動 [으変] (門·戸などを)閉める	잠급니다	잠가요	잠근다	잠그는	잠가
잠들다 動 [ㄹ語幹] 寝入る	잠듭니다	잠들어요	잠든다	잠드는	잠들어
잡다 動 つかむ	잡습니다	잡아요	잡는다	잡는	잡아
재미있다 形 面白い	재미있습니다	재미있어요	=	재미있는	재미있어
적다 形 少ない	적습니다	적어요	=	적은	적어
전하다 動 [하変] 伝える	전합니다	전해요	전한다	전하는	전해
젊다 形 若い	젊습니다	젊어요	=	젊은	젊어
젓다 動 [ㅅ変] かき混ぜる	젓습니다	저어요	젓는다	젓는	저어
젖다 動 浸る;濡れる	젖습니다	젖어요	젖는다	젖는	젖어
졸리다 動 眠たい	졸립니다	졸려요	졸린다	졸리는	졸려
좁다 形 狭い	좁습니다	좁아요	=	좁은	좁아
좋다 形 よい	좋습니다	좋아요	=	좋은	좋아
좋아하다 動 [하変] 好きだ;好む	좋아합니다	좋아해요	좋아한다	좋아하는	좋아해
죄송하다 形 [하変] 申し訳ない	죄송합니다	죄송해요	=	죄송한	죄송해
주고받다 動 取り交わす	주고받습니다	주고받아요	주고받는다	주고받는	주고받아
주다 動 やる;あげる;くれる	줍니다	줘요	준다	주는	줘

	過去			回想	未来
丁寧体	会話体	常体	連体形		連体形
-았습니다 / -었습니다	-았어요 / -었어요	-았다 / -었다	-ㄴ / -은 (動詞のみ)	-던	-ㄹ / -을
있었습니다	있었어요	있었다	있은	있던	있을
잊었습니다	잊었어요	잊었다	잊은	잊던	잊을
잤습니다	잤어요	잤다	잔	자던	잘
자랐습니다	자랐어요	자랐다	자란	자라던	자랄
잘랐습니다	잘랐어요	잘랐다	자른	자르던	자를
작았습니다	작았어요	작았다	*	작던	작을
잘됐습니다	잘됐어요	잘됐다	잘된	잘되던	잘될
잘못했습니다	잘못했어요	잘못했다	잘못한	잘못하던	잘못할
잘생겼습니다	잘생겼어요	잘생겼다	*	잘생기던	잘생길
잘했습니다	잘했어요	잘했다	*	잘하던	잘할
잠갔습니다	잠갔어요	잠갔다	잠근	잠그던	잠글
잠들었습니다	잠들었어요	잠들었다	잠든	잠들던	잠들
잡았습니다	잡았어요	잡았다	잡은	잡던	잡을
재미있었습니다	재미있었어요	재미있었다	*	재미있던	재미있을
적었습니다	적었어요	적었다	*	적던	적을
전했습니다	전했어요	전했다	전한	전하던	전할
젊었습니다	젊었어요	젊었다	*	젊던	젊을
저었습니다	저었어요	저었다	저은	젓던	저을
젖었습니다	젖었어요	젖었다	젖은	젖던	젖을
졸렸습니다	졸렸어요	졸렸다	졸린	졸리던	졸릴
좁았습니다	좁았어요	좁았다	*	좁던	좁을
좋았습니다	좋았어요	좋았다	*	좋던	좋을
좋아했습니다	좋아했어요	좋아했다	좋아한	좋아하던	좋아할
죄송했습니다	죄송했어요	죄송했다	*	죄송하던	죄송할
주고받았습니다	주고받았어요	주고받았다	주고받은	주고받던	주고받을
줬습니다	줬어요	줬다	준	주던	줄

重要動詞・形容詞活用表

基本形	現在 丁寧体 -ㅂ니다/-습니다	現在 会話体 -아요/-어요	現在 常体 -ㄴ다/-는다	連体形 -는 動 -ㄴ/-은 形	連用形 -아/-어
죽다 動 死ぬ	죽습니다	죽어요	죽는다	죽는	죽어
죽이다 動 殺す	죽입니다	죽여요	죽인다	죽이는	죽여
줄다 動 [ㄹ語幹] 減る	줍니다	줄어요	준다	주는	줄어
줄이다 動 減らす	줄입니다	줄여요	줄인다	줄이는	줄여
줍다 動 [ㅂ変] 拾う	줍습니다	주워요	줍는다	줍는	주워
중요하다 形 [하変] 重要だ	중요합니다	중요해요	=	중요한	중요해
쥐다 動 握る	쥡니다	쥐어요	쥔다	쥐는	쥐어
즐겁다 形 [ㅂ変] 楽しい	즐겁습니다	즐거워요	=	즐거운	즐거워
즐기다 動 楽しむ	즐깁니다	즐겨요	즐긴다	즐기는	즐겨
지겹다 形 [ㅂ変] うんざりしている	지겹습니다	지겨워요	=	지겨운	지겨워
지나가다 動 通り過ぎる	지나갑니다	지나가요	지나간다	지나가는	지나가
지내다 動 過ごす	지냅니다	지내요	지낸다	지내는	지내
지다 動 散る:(試合などで)負ける	집니다	져요	진다	지는	져
지우다 動 消す	지웁니다	지워요	지운다	지우는	지워
지치다 動 疲れ果てる	지칩니다	지쳐요	지친다	지치는	지쳐
지켜보다 動 見守る	지켜봅니다	지켜봐요	지켜본다	지켜보는	지켜봐
지키다 動 守る:保つ	지킵니다	지켜요	지킨다	지키는	지켜
짓다 動 [ㅅ変] 建てる;作る	짓습니다	지어요	짓는다	짓는	지어
짙다 形 濃い	짙습니다	짙어요	=	짙은	짙어
짙푸르다 形 [러変] 濃く青い	짙푸릅니다	짙푸르러요		짙푸른	짙푸르러
짜다 形 塩辛い	짭니다	짜요	=	짠	짜
짧다 形 短い	짧습니다	짧아요	=	짧은	짧아
쫓기다 動 追われる	쫓깁니다	쫓겨요	쫓긴다	쫓기는	쫓겨
쫓다 動 追う	쫓습니다	쫓아요	쫓는다	쫓는	쫓아
찌다 動 太る	찝니다	쪄요	찐다	찌는	쪄
찌르다 動 [르変] 刺す;突く	찌릅니다	찔러요	찌른다	찌르는	찔러

重要動詞·形容詞活用表

	過去					未来
丁寧体	会話体	常体	連体形	回想		連体形
-았습니다 /-었습니다	-았어요 /-었어요	-았다 /-었다	-ㄴ/-은 (動詞のみ)	-던		-ㄹ/-을
죽었습니다	죽었어요	죽었다	죽은	죽던		죽을
죽였습니다	죽였어요	죽였다	죽인	죽이던		죽일
줄었습니다	줄었어요	줄었다	준	줄던		줄
줄였습니다	줄였어요	줄였다	줄인	줄이던		줄일
주웠습니다	주웠어요	주웠다	주운	줍던		주울
중요했습니다	중요했어요	중요했다	*	중요하던		중요할
쥐었습니다	쥐었어요	쥐었다	쥔	쥐던		쥘
즐거웠습니다	즐거웠어요	즐거웠다	*	즐겁던		즐거울
즐겼습니다	즐겼어요	즐겼다	즐긴	즐기던		즐길
지겨웠습니다	지겨웠어요	지겨웠다	*	지겹던		지겨울
지나갔습니다	지나갔어요	지나갔다	지나간	지나가던		지나갈
지냈습니다	지냈어요	지냈다	지낸	지내던		지낼
쳤습니다	쳤어요	쳤다	진	지던		질
지웠습니다	지웠어요	지웠다	지운	지우던		지울
지쳤습니다	지쳤어요	지쳤다	지친	지치던		지칠
지켜봤습니다	지켜봤어요	지켜봤다	지켜본	지켜보던		지켜볼
지켰습니다	지켰어요	지켰다	지킨	지키던		지킬
지었습니다	지었어요	지었다	지은	짓던		지을
질었습니다	질었어요	질었다	*	질던		질을
질푸르렀습니다	질푸르렀어요	질푸르렀다	*	질푸르던		질푸를
짰습니다	짰어요	짰다	*	짜던		짤
짧았습니다	짧았어요	짧았다	*	짧던		짧을
쫓겼습니다	쫓겼어요	쫓겼다	쫓긴	쫓기던		쫓길
쫓았습니다	쫓았어요	쫓았다	쫓은	쫓던		쫓을
쪘습니다	쪘어요	쪘다	찐	찌던		찔
찔렀습니다	찔렀어요	찔렀다		찌르던		찌를

重要動詞・形容詞活用表

基本形	現在 丁寧体 -ㅂ니다 /-습니다	現在 会話体 -아요 /-어요	現在 常体 -ㄴ다 /-는다	連体形 -는 [動] -ㄴ /-은 [形]	連用形 -아 /-어
찍다 [動] (点などを)つける;(写真を)撮る	찍습니다	찍어요	찍는다	찍는	찍어
찢다 [動] 破る	찢습니다	찢어요	찢는다	찢는	찢어
차다 [形] 冷たい;冷淡だ	찹니다	차요	=	찬	차
차다 [動] 蹴る	찹니다	차요	찬다	차는	차
착하다 [形] [하変] 心根がよい	착합니다	착해요	=	착한	착해
참다 [動] こらえる	참습니다	참아요	참는다	참는	참아
창피하다 [形] [하変] 恥をかく	창피합니다	창피해요	=	창피한	창피해
찾다 [動] 探す;捜す;見つける	찾습니다	찾아요	찾는다	찾는	찾아
찾아내다 [動] 見つける;見つけ出す;探し出す	찾아냅니다	찾아내요	찾아낸다	찾아내는	찾아내
초라하다 [形] [하変] みすぼらしい	초라합니다	초라해요	=	초라한	초라해
추다 [動] 踊る	춥니다	추어요	춘다	추는	추어
춥다 [形] [ㅂ変] 寒い	춥습니다	추워요	=	추운	추워
취하다 [動] [하変] 酔う	취합니다	취해요	취한다	취하는	취해
치다 [動] 打つ;たたく;弾く	칩니다	쳐요	친다	치는	쳐
친절하다 [形] [하変] 親切だ	친절합니다	친절해요	=	친절한	친절해
친하다 [形] [하変] 親しい	친합니다	친해요	=	친한	친해
캐다 [動] 掘る	캡니다	캐요	캔다	캐는	캐
켜다 [動] (灯りやテレビなどを)つける	켭니다	켜요	켠다	켜는	켜
크다 [形] [ㅡ変] 大きい	큽니다	커요	=	큰	커
키우다 [動] 育てる	키웁니다	키워요	키운다	키우는	키워
타다 [動] 燃える;焼ける	탑니다	타요	탄다	타는	타
타다 [動] 乗る;滑る	탑니다	타요	탄다	타는	타
태어나다 [動] 生まれる	태어납니다	태어나요	태어난다	태어나는	태어나
태우다 [動] 燃やす;焦がす	태웁니다	태워요	태운다	태우는	태워
튀기다 [動] (油で)揚げる	튀깁니다	튀겨요	튀긴다	튀기는	튀겨
튼튼하다 [形] [하変] 丈夫だ	튼튼합니다	튼튼해요	=	튼튼한	튼튼해

重要動詞・形容詞活用表

	過去					未来
丁寧体	会話体	常体	連体形	回想		連体形
-았습니다 /-었습니다	-았어요 /-었어요	-았다 /-었다	-ㄴ/-은 (動詞のみ)	-던		-ㄹ/-을
찍었습니다	찍었어요	찍었다	찍은	찍던		찍을
찢었습니다	찢었어요	찢었다	찢은	찢던		찢을
찼습니다	찼어요	찼다	*	차던		찰
찼습니다	찼어요	찼다	찬	차던		찰
착했습니다	착했어요	착했다	*	착하던		착할
참았습니다	참았어요	참았다	참은	참던		참을
창피했습니다	창피했어요	창피했다	*	창피하던		창피할
찾았습니다	찾았어요	찾았다	찾은	찾던		찾을
찾아냈습니다	찾아냈어요	찾아냈다	찾아낸	찾아내던		찾아낼
초라했습니다	초라했어요	초라했다	*	초라하던		초라할
추었습니다	추었어요	추었다	춘	추던		출
추웠습니다	추웠어요	추웠다	*	춥던		추울
취했습니다	취했어요	취했다	취한	취하던		취할
쳤습니다	쳤어요	쳤다	친	치던		칠
친절했습니다	친절했어요	친절했다	*	친절하던		친절할
친했습니다	친했어요	친했다	*	친하던		친할
캤습니다	캤어요	캤다	캔	캐던		캘
컸습니다	컸어요	컸다	컨	커던		컬
컸습니다	컸어요	컸다		크던		클
키웠습니다	키웠어요	키웠다	키운	키우던		키울
탔습니다	탔어요	탔다	탄	타던		탈
탔습니다	탔어요	탔다	탄	타던		탈
태어났습니다	태어났어요	태어났다	태어난	태어나던		태어날
태웠습니다	태웠어요	태웠다	태운	태우던		태울
튀겼습니다	튀겼어요	튀겼다	튀긴	튀기던		튀길
튼튼했습니다	튼튼했어요	튼튼했다	*	튼튼하던		튼튼할

重要動詞・形容詞活用表

基本形	現在 丁寧体 -ㅂ니다/-습니다	現在 会話体 -아요/-어요	現在 常体 -ㄴ다/-는다	連体形 -는 動 -ㄴ・은 形	連用形 -아/-어
틀리다 動 間違える	틀립니다	틀려요	틀린다	틀리는	틀려
파다 動 掘る;彫る	팝니다	팔아요	판다	파는	팔아
파랗다 形 [ㅎ変] 青い	파랗습니다	파래요	=	파란	파래
팔다 動 [ㄹ語幹] 売る	팝니다	팔아요	판다	파는	팔아
팔리다 動 売れる	팔립니다	팔려요	팔린다	팔리는	팔려
편하다 形 [하変] 楽だ	편합니다	편해요	=	편한	편해
푸다 動 [우変] 汲む・すくう	풉니다	퍼요	푼다	푸는	퍼
푸르다 形 [러変] 青い	푸릅니다	푸르러요	=	푸른	푸르러
풀다 動 [ㄹ語幹] ほどく;ほぐす	풉니다	풀어요	푼다	푸는	풀어
품다 動 抱く	품습니다	품어요	품는다	품는	품어
피곤하다 形 [하変] 疲れている	피곤합니다	피곤해요	=	피곤한	피곤해
피다 動 咲く	핍니다	펴요	핀다	피는	펴
피우다 動 咲かせる;(タバコを)吸う	피웁니다	피워요	피운다	피우는	피워
하다 動 [하変] する;やる	합니다	해요	한다	하는	해
하얗다 形 [ㅎ変] 真っ白い	하얗습니다	하얘요	=	하얀	하얘
해롭다 形 [ㅂ変] 有害だ	해롭습니다	해로워요	=	해로운	해로워
헤어지다 動 別れる	헤어집니다	헤어져요	헤어진다	헤어지는	헤어져
혼란스럽다 形 [ㅂ変] 混乱している	혼란스럽습니다	혼란스러워요	=	혼란스러운	혼란스러워
화내다 動 腹を立てる	화냅니다	화내요	화낸다	화내는	화내
훔치다 動 盗む	훔칩니다	훔쳐요	훔친다	훔치는	훔쳐
흐르다 動 [르変] 流れる	흐릅니다	흘러요	흐른다	흐르는	흘러
흔들다 動 [ㄹ語幹] 揺らす	흔듭니다	흔들어요	흔든다	흔드는	흔들어
흔들리다 動 揺らぐ	흔들립니다	흔들려요	흔들린다	흔들리는	흔들려
흘리다 動 流す;こぼす	흘립니다	흘려요	흘린다	흘리는	흘려
희다 形 白い	흽니다	희어요	=	흰	희어
힘들다 形 [ㄹ語幹] 大変だ	힘듭니다	힘들어요	=	힘든	힘들어

重要動詞・形容詞活用表

	過去					未来
丁寧体	会話体	常体	連体形	回想		連体形
-았습니다 /-었습니다	-았어요 /-었어요	-았다 /-었다	-ㄴ/-은 (動詞のみ)	-던		-ㄹ/-을
틀렸습니다	틀렸어요	틀렸다	틀린	틀리던		틀릴
팠습니다	팠어요	팠다	판	파던		팔
파랬습니다	파랬어요	파랬다	*	파랗던		파랄
팔았습니다	팔았어요	팔았다	판	팔던		팔
팔렸습니다	팔렸어요	팔렸다	팔린	팔리던		팔릴
편했습니다	편했어요	편했다	*	편하던		편할
폈습니다	폈어요	폈다	푼	푸던		풀
푸르렀습니다	푸르렀어요	푸르렀다	*	푸르던		푸를
풀었습니다	풀었어요	풀었다	푼	풀던		풀
품었습니다	품었어요	품었다	품은	품던		품을
피곤했습니다	피곤했어요	피곤했다	*	피곤하던		피곤할
폈습니다	폈어요	폈다	핀	피던		필
피웠습니다	피웠어요	피웠다	피운	피우던		피울
했습니다	했어요	했다	한	하던		할
하얬습니다	하얬어요	하얬다	*	하얗던		하얄
해로웠습니다	해로웠어요	해로웠다	*	해롭던		해로울
헤어졌습니다	헤어졌어요	헤어졌다	헤어진	헤어지던		헤어질
혼란스러웠습니다	혼란스러웠어요	혼란스러웠다	*	혼란스럽던		혼란스러울
화냈습니다	화냈어요	화냈다	화낸	화내던		화낼
훔쳤습니다	훔쳤어요	훔쳤다	훔친	훔치던		훔칠
흘렀습니다	흘렀어요	흘렀다	흐른	흐르던		흐를
흔들었습니다	흔들었어요	흔들었다	흔든	흔들던		흔들
흔들렸습니다	흔들렸어요	흔들렸다	흔들린	흔들리던		흔들릴
흘렀습니다	흘렀어요	흘렀다	흘린	흘리던		흘릴
희었습니다	희었어요	희었다	*	희던		흴
힘들었습니다	힘들었어요	힘들었다	*	힘들던		힘들

2009年5月20日　初版発行

デイリーコンサイス韓日辞典

2009年5月20日　第1刷発行

編　者　尹亭仁（ユン・チョンイン）
発行者　株式会社 三省堂　代表者 八幡統厚
印刷者　三省堂印刷株式会社
発行所　株式会社 三省堂
　　　　〒101-8371
　　　　東京都千代田区三崎町二丁目22番14号
　　　　　　電話　編集　(03) 3230-9411
　　　　　　　　　営業　(03) 3230-9412
　　　　振替口座　00160-5-54300
　　　　商標登録番号　521139・521140
　　　　http://www.sanseido.co.jp/

〈デイリー韓日・960pp.〉

落丁本・乱丁本はお取替えいたします
ISBN978-4-385-12300-4

Ⓡ 本書を無断で複写複製（コピー）することは、著作権法上の例外を除き、禁じられています。本書をコピーされる場合は、事前に日本複写権センター（JRRC）の許諾を受けてください。
http://www.jrrc.or.jp　eメール:info@jrrc.or.jp
電話:03-3401-2382

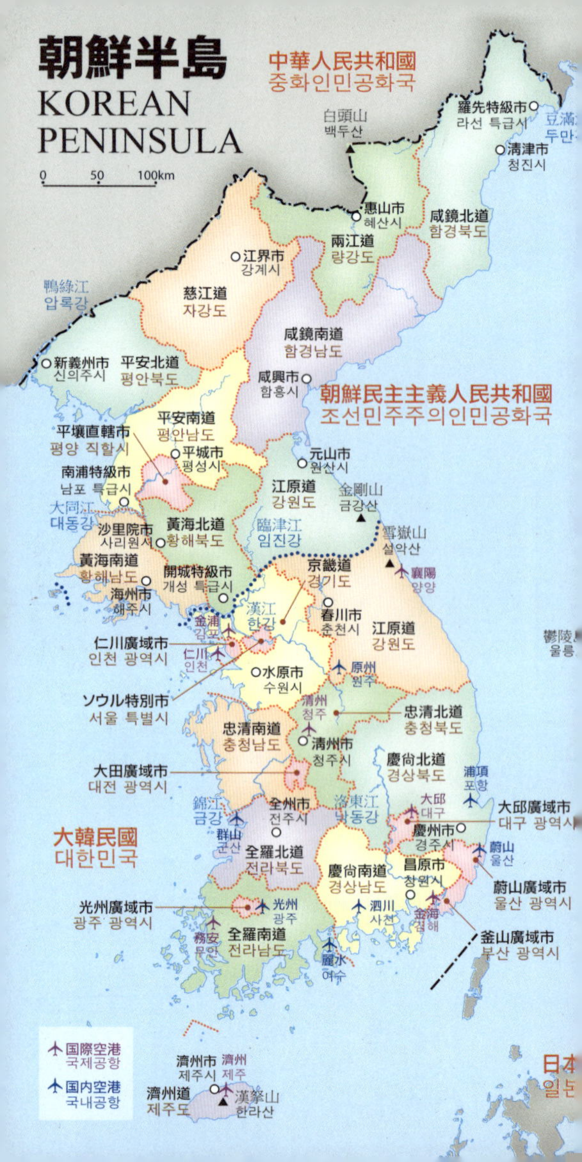

朝鮮半島
KOREAN PENINSULA

0 50 100km

中華人民共和國
중화인민공화국

白頭山
백두산

羅先特級市
라선 특급시

豆滿江
두만강

惠山市
혜산시

清津市
청진시

咸鏡北道
함경북도

江界市
강계시

兩江道
량강도

鴨綠江
압록강

慈江道
자강도

咸鏡南道
함경남도

新義州市
신의주시

平安北道
평안북도

咸興市
함흥시

朝鮮民主主義人民共和國
조선민주주의인민공화국

平壤直轄市
평양 직할시

平安南道
평안남도

平城市
평성시

元山市
원산시

南浦特級市
남포 특급시

江原道
강원도

金剛山
금강산

大同江
대동강

沙里院市
사리원시

黃海北道
황해북도

雪嶽山
설악산

臨津江
임진강

黃海南道
황해남도

開城特級市
개성 특급시

京畿道
경기도

襄陽
양양

海州市
해주시

漢江
한강

春川市
춘천시

江原道
강원도

鬱陵島
울릉도

仁川廣域市
인천 광역시

仁川
인천

水原市
수원시

原州
원주

ソウル特別市
서울 특별시

忠清南道
충청남도

清州市
청주시

忠清北道
충청북도

大田廣域市
대전 광역시

慶尚北道
경상북도

浦項
포항

錦江
금강

全州市
전주시

洛東江
낙동강

大邱
대구

大邱廣域市
대구 광역시

大韓民國
대한민국

群山
군산

全羅北道
전라북도

慶州市
경주시

蔚山
울산

慶尚南道
경상남도

昌原市
창원시

蔚山廣域市
울산 광역시

光州廣域市
광주 광역시

光州
광주

全羅南道
전라남도

泗川
사천

釜山廣域市
부산 광역시

霧安
무안

麗水
여수

日本
일본

✈ 国際空港
  국제공항
✈ 国内空港
  국내공항

濟州市 제주
제주시 제주

濟州道
제주도

漢拏山
한라산